L'Histoire de France

Enrichie des plus notables occurrances
suruenues ez Prouinces de l'Europe & pays voisins, soit en Paix soit en
Guerre: tant pour le fait Seculier qu'Eclesiastic:
Depuis lan 1550 iusques a ces temps.

TOME SECOND.
AVEC SA TABLE.

 A la Royne
Mere du Roy.

DE L'IMPRIMERIE.
Par Abraham H.
1581.

A LA ROYNE

Mere du Roy.

MADAME, encores qu'il n'y aye chose en ce monde si grande ny tant honorable que le souuerain Empire sur les hommes: entre lesquels les Roys paroissent haut esleuez comme Lieutenans de Dieu, pour les conduire & gouuerner. Ce n'est assez toutesfois au Prince de commander, s'il n'y aporte les moyens propres à l'entretien de son Estat. Car bien qu'il feust le plus excellent de son aage, en toutes graces. Si est-ce que le naturel foible, voire glissant au mal plus qu'au bien: ne peut parmy l'eternelle varieté de toutes choses qu'il ne se corrompe assez tost & en fin donne entrée à la corruption de tout son Royaume. Veu que la faute du Prince, grande selon la grandeur de sa puissance: est dautant plus trouuée mauuaise, que par exemple elle s'estand au prejudice de ses sujets: qui se conforment plus volontiers à ses portemës bons ou mauuais qu'ils soyent: qu'aux vertueux effets & sages remonstraces d'autruy. Moindre encor luy sera l'auantage d'auoir trouué le plus excellent peuple & le plus aisé à manier qu'il sçauroit souhaiter. Comme tous disent que les François se laissent conduire à l'appetit de leur Roy. Car ces mesmes accidens qui font broncher les Princes alterent au semblable le naturel de leur peuple. Noz premiers peres ont esté à nostre respect, plus simples & debonnaires qu'on ne sçauroit croire. Tous lesquels neantmoins allans de mal en pis: (comme toutes choses empirent au long aller) ont laissé enfans pires qu'eux. Et nous encor plus meschans que nos ayeulx, produirons des suruiuans au respect de la malice desquelz nous serons estimez meilleurs qu'ils ne sçauroient estre. Bien qu'il semble à aucuns, que nous soyons paruenus à l'extreme vieillesse d'iniquité: en laquelle l'infection de noz vices nous put de si loing: que nous ne pouuons mesmes souffrir le remede, pour nous guerir de tant de maux. Tel à tousjours esté, est & sera le naturel à tous hommes que pour estre plus duicts au mal qu'au bien, à la corruption qu'à l'amandement: cette vertu de laquelle vn peuple se faict remarquer sur le reste des Nations, ne peut estre de longue durée. Car se changeant en tous Estats: elle s'altere peu à peu & en fin degeneré és vices & imperfections qui luy font perdre sa lueur: si le Prince n'y remedie par vn signalé deuoir. Ce n'est donc le commandement ny la bonté du peuple qui rend le Prince bien heureux: veu que ces qualitez tiennent trop de l'incertain. Mais la continue d'vne vertu solide, qui peut obuier à tous incõueniës. Et ores que tous doiuent estimer estre de leur deuoir, d'en empescher l'entrée: Cela neantmoins semble plus particulier à ceux qui ont le desir de commander.

Car, encor qu'ils peussent regner asseurez tout le cours de leur vie ne se donnans peine de l'auenir. Sy est-ce que ne deuans s'estimer nez pour eux seuls. Ains aussi pour tous autres à qui ilz peuuent proffiter (s'ilz ont tant soit peu de ceste genereuse vertu qui nous fait aymer & honorer à tout jamais) le deuoir d'amitié vers le pays & le respect qu'ilz doiuent à leurs successeurs : les pousseront à cercher tous moyens de profiter à autruy. Et sur tout d'assurer plus que d'estandre leur Estat à l'auenir, comme disoit ce Roy de Sparte, Qu'il laissoit le Royaume à ses enfans : non de plus-grande estandue, comme sa femme vouloit : ains de plus-longue, de plus ferme & honnorable durée qu'il ne l'auoit eu de ses deuanciers. Les moyens y sont assez clairs (MADAME) qui ne doibuent estre pris d'ailleurs que du contraire à ce qui cause la ruyne de tous Empires. Car comme il n'y a que la volonté de DIEV, & la suitte des choses de ce monde (desquelles DIEV s'ayde, comme de causes secondes à sa volonté) qui changent, & ruynent les principautez. Aussi le Roy qui se conforme au vouloir Celeste & qui d'ailleurs sçait bien remarquer le motif des accidens humains : affin d'y pouruoir selon l'occasion : il est impossible qu'il ne regne auec tout heur & contentement. C'est pourquoy les plus auisez des anciens : preuoyans en l'inconstance de ce monde, les accidens qui pourroyent changer vne Monarchie : (Comme le bon Pilote preuoit l'orage & dextrement resiste au fortunal qui le menasse) s'esuertuerent de trouuer vn moyen, lequel arrestant la malice des hommes les tint tousjours prests ou peu eslongnez du chemin de vertu. Entre les plus fameux de la memoire ancienne, Moyse fit assez cognoistre, dressant la forme du Gouuernement Israëlitic : ce qu'il auoit apris des plus excellans Estats du passé : & particulierement remarqué en la Monarchie des Egyptiens. Cet accort & resolu Cappitaine, inspiré de DIEV : persuada le peuple d'Israël à se conformer à sa volonté : luy proposant les diuins Commandemans pour arrester les actions de l'ame, & la Police pour le reglement de tout le reste qui concerne le maintien de ceste vie humaine. La reuerence & crainte diuine, eut telle force, que les hommes du commancement, n'osoyent penser & moins faire que le contenu des saintes Loix : si pressées estoyent les functions de l'ame par le souuenir d'vne sainte pieté. Puis les statuts Politics & ordonnances de la Iustice, reglerent si bien les sujets au reste : qu'auec le deuoir des Magistrats, ceste societé humaine commença de se mieux porter que parauant. Et creurent de mieux en mieux les Estats, tãt que les sages Princes se monstrerēt affectiōnez à la conseruation du public plus que de leur particulier. Mais comme tout homme variable de naturel & amy de changement s'ennuie au long aller d'vne chose, & sur tout si elle luy geine le naturel : pour le desir que toutes creatures ont à leur franchise. Les hommes se sont peu à peu emancipez tant de ces estroits liens de Religion : (que la malice des hommes puis les Heresies firent mespriser d'vn chacun) que de la violence des Iusticiers : bonne part desquelz rendirent eux mesmes la justice & profession d'icelle redicule à ceux qui jugent de la vaccation selon le merite des Officiers. Ces deux pilliers vrais fondemens des Republiques, ainsi corrompuz par le depraué naturel du peuple, que le Prince ne sçauoit ou ne daignoit reformer : occasionnerent bien tost aprez la ruyne de tout l'estat. Si bien que les Nations voysines y suruenans à la trauerse n'eurent fort affaire (Si les seditions n'en auoyent ja precipité la fin) à les ruyner par

l'effort

l'effort de leurs armes. Comme donc l'entretien & conduitte d'vne vertu solide, plus que si le Prince ramene la conduitte de son Estat au principe de ceux selon le modelle desquels le sien fut dressé par ses deuanciers: le fera jouyr de la plus heureuse Republique qui viue entre les hommes: Ainsi maniant les affaires selon le naturel des hommes de ce temps: il n'est que trop certain que tout ira de mal en pis. C'est la raison! c'est le clair exemple d'vne vertu notoire qui peuent regler, voire eterniser vn Estat. Au rebours, la nonchalance des Chefs, laissans les affaires se conduyre par hazard sans preuoiance & selon l'humeur des hommes qui en tout temps & en tous lieux ont gauché à leur deuoir, à esté la principalle occasion de la corruption: puis d'vne ruyne entiere de toutes Republiques. De la vient que tous ceux qui ont discouru des affaires d'Estat sur les hommes estiment les Republiques peu differantes à nostre naturel. L'vn & l'autre disent-ils, ont leur naissance, grandeur corruption & fin commune à toutes choses. L'vn & l'autre ont leur excez & causes de malladies, elles se changent & alterent en sorte de leur premiere integrité: que si par la force d'vn accident non preueu: elles ne tombent du tout: sans doubte paruenues à leur vieillesse & dernier periode (que nature disent-ilz ordonne à toutes choses) faudra qu'elles souffrent la ruyne qu'ilz estiment ineuitable: Oppinion, toutes-fois aussi esloignée de raison, que ennemie du deuoir requis à l'entretien de ceste compagnée mondaine. Car pour s'estre trop liez en la consideration des choses naturelles: Et n'auoir dressé les yeux plus haut que porte l'estendue de ce bas monde: (ce que les plus auisez des anciens ont tousjours blasmé) ilz ont priuez eux & les leurs, du plus beau & asseuré moyen qui se puisse trouuer à maintenir & perpetuer la vie des Republiques. Lequel bien pris & praticqué, peut auec le corps eterniser le nom de cette Monarchie Françoise. C'est que le Prince se represente y auoir esté mis de DIEV, non seullement pour commander: Ains pour se faire aymer & admirer de tous les siens, par les vertueux exemples de sa bonne vie. Ce n'est pas le commandement qui fait le grand Roy: Ce n'est pas l'estandue de ses pays: non plus que le naturel guerrier, l'obeissance, ny la richesse ou l'esprit esueillé de son peuple. Et comme respondit Agesilaus ce braue Roy de Sparte à ceux qui luy haut loüoyent la magnificque grandeur du Roy des Perses. Pourquoy est-il plus grand que moy s'il n'est plus juste? Les Tyras & Barbares payens ont tout cela de cõmun auec nous voire y querellent auãtage. C'est de se rẽdre admirable par les effets de ceste ancienne vertu. Les beaux rayons de laquelle rendirent premierement admirables au menu populaire ceux, qui en estoyẽt mieux fournis. Puis les firent appeller Nobles & par grades differẽs, esleuer en fin peu à peu au gouuernemẽt de tout le peuple. Lequel pour se façonner voire prendre à plaisir d'imiter son Prince: (la vie duquel à tousjours esté pour reigle aux sujets) en fin sera de tel naturel & prẽdra pareille habitude q̃ le souuerain, tellemẽt que la Republique maintenue par vn Prince deuotieux, preuoyant & bon justicier: peuple d'ailleurs par vne Nation de mesme humeur & volonté: ne pourra souffrir autre changement que de bien en mieux & jamais de mal en pis. MADAME puis que la vertu grauée au cœur d'aucuns de voz ancestres premiers peres: les à rendus si remarquables sur tous les autres qu'ilz en ont acquis le titre de Nobles. Entre lesquelz ceux qui la faisoient plus paroistre au profit de tous, ont esté faits & nommez Princes,

Roys & Monarques : Ceſt bien raiſon que celle meſme vertu qui à commancé ceſte Nobleſſe & grandeur en l'ame de voz deuanciers : l'entretienne & conſerue au deuoir de voſtre Royalle Majeſté. Doncques MADAME ce grand DIEV, qui nous à donné le Roy Treſ-chreſtien voſtre filz Lieutenant de ſa Majeſté pour nous gouuerner : recerché de luy & de vous tant pour voſtre particulier que celuy de voz François & aſſeurance de ceſte Monarchie : que nous eſtimans dignes de voſtre ſceptre, & vous conformans aux vertueux exemples de ces anciens Chefs, & Policeurs d'Eſtats : vous nous mainteniez libres & aſſeurez en l'exercice de la Religion & juſtice tant neceſſaires entre les hommes. Vous nous preſeruiez de tous accidens qui nous pourroient aduenir pour le different de Religion premierement : de laquelle l'on ne ſe peut paſſer non plus que de la lumiere du Soleil. Les hommes laiſſez hors la bride de la parolle de DIEV : feront comme poulains eſchappez qui ne s'aſujectiront aiſément au jouc des Loix humaines. Ains bien que reprins, ſe jetteront aux chāps des la premiere occaſion, pour s'eſcarmoucher à la ſuitte de leur plaiſirs. Ce bon DIEV di-je, ſous la puiſſance duquel tous Roys regnent, veut auſſi que vous nous reformiez la juſtice. Que vous nous la donniez entiere. Et leuiez le maſque à ceux qui la deſguiſent & en abuſent ſouz l'anctorité de ſon nom. Or comme la Religiō ne peut eſtre reglée & moins entretenue ſi elle n'eſt appuyée de la juſtice. Laquelle au reciproque à beſoin d'vne deuotieuſe pieté. Eſtant la Religion juſte, & la juſtice de ſoy ſainte & Religieuſe. Auſſi l'vne & l'autre doiuent de neceſſité, eſtre maintenues par la Paix qui les preſeruera des excez & indignitez qu'elles ſouffrent au cours des guerres Ciuilles. La douceur de la Religion & Iuſtice ne peut compatir auec la cruauté de ces troubles François. La voix de l'vne & l'autre, eſt trop foible pour ſe faire entendre parmy les horribles cliquetis de nos ſanglantes armes. Combien donc mal'heureux & à jamais deſplorable ſera l'Eſtat de ceſtuy autres-fois ſi floriſſant Royaume ! Sy à l'appetit de ceux qui ſous je ne ſçay quel pretexte, vous veullent faire viure en perpetuelle guerre : nous ſommes contraints de continuer à nous rougir les mains du ſang de noz voyſins & autrement bons amis ? Ce Royaume ne peut ainſi durer. Et DIEV ne vous à conduit au milieu de nous, pour nous faire paſſer la vie en perpetuelles Seditions. Veu doncques MADAME, l'vrgente neceſſité que nous auons d'vn bon & long repos : redonnez nous la Paix, laquelle ſes Treſ-chreſtiens peres & pere grand, nous acquirent par l'effuſion du ſang de noz anceſtres. Ramenez nous au paiſible & heureux Eſtat, auquel vous eſtes née, auez eſté nourrie : & eſleuée pour nous commander. Et n'y aura celuy de nous, je le dis autant eſlongné de flaterie que je ſuis graces à DIEV de contrainte & neceſſité : qui ne s'eſtime heureux de ſupplier DIEV pour le maintien de voſtre grandeur & aſſeurance de voſtre Eſtat. Lequel je ſupplie le tout-puiſſant accroiſtre d'heure à autre en toute proſperité, à l'honneur de cet Empire & contentement des ſujets aſſez miſerables pour ce tēps: les portemés deſquelz j'ay oſé vous repreſenter par ce labeur : non moins pour vous faire cognoiſtre qu'elles ſecouſſes cete Monarchie à receu, non pour le mal'heur & diſgrace de la fortune. (Car l'homme auiſé n'apreuue autre deſaſtre, que le courroux de Dieu & la faute des idiots.) Mais par l'animeux differant de diuerſes & ſimulées paſſions mondaines : Que pour donner à cognoiſtre à chacun le naturel, les moyens

la

la grande & petite valeur des François: lesquels ou leurs suruiuans, pourront juger & peut estre agreer mes frais, mon temps & trauail à courir çà & la, sur l'estenduë de ce Royaume & pays estrangiers (afin de ramasser tant de faits notables couchez en cete Hystoire pour ne laisser mourir auec le corps le nom des plus genereux:) autant que la hardiesse du plus humble de voz seruireurs à vous offrir ce qui peut estre à l'auis d'aucuns, ne merite d'empescher la veuë d'vne Majesté. Persuadé neantmoins que rien ne peut estre grandement profitable au sujet, que ce qu'aprez DIEV le Prince fauorise: & qu'en desseins hauts & loüables, le vouloir vous est assez: je ne crains vous presenter ce qui ne peut desplaire aux plus curieux des choses gentiles. Lesquels pourueus d'vn cœur franc & genereux prenent tout en bonne part: & jugent les actions des hommes, selon le desir duquel elles partent plus que par l'euenement n'y oppinion du commun. Viuez contente en l'heureuse jouyssance detoutes graces diuines.

Roys & Monarques : Ceſt bien raiſon que celle meſme vertu qui à commancé ceſte Nobleſſe & grandeur en l'ame de voz deuanciers : l'entretienne & conſerue au deuoir de voſtre Royalle Majeſté. Doncques MADAME ce grand DIEV, qui nous à donné le Roy Treſ-chreſtien voſtre filz Lieutenant de ſa Majeſté pour nous gouuerner : recerche de luy & de vous tant pour voſtre particulier que celuy de voz François & aſſeurance de ceſte Monarchie : que nous eſtimans dignes de voſtre ſceptre, & vous conformans aux vertueux exemples de ces anciens Chefs, & Policeurs d'Eſtats : vous nous mainteniez libres & aſſeurez en l'exercice de la Religion & juſtice tant neceſſaires entre les hommes. Vous nous preſeruiez de tous accidens qui nous pourroient aduenir pour le differend de Religion premierement : de laquelle l'on ne ſe peut paſſer non plus que de la lumiere du Soleil. Les hommes laiſſez hors la bride de la parolle de DIEV : ſeront comme poulains eſchappez qui ne s'aſujectiront aiſément au jouc des Loix humaines. Ains bien que reprins, ſe jecteront aux chāps des la premiere occaſion, pour s'eſcarmoucher à la ſuitte de leur plaiſirs. Ce bon DIEV di-je, ſous la puiſſance duquel tous Roys regnent, veut auſſi que vous nous reformiez la juſtice. Que vous nous la donniez entiere. Et leuiez le maſque à ceux qui la deſguiſent & en abuſent ſouz l'anctorité de ſon nom. Or comme la Religiō ne peut eſtre reglée & moins entretenue ſi elle n'eſt appuyée de la juſtice. Laquelle au reciproque à beſoin d'vne deuotieuſe pieté. Eſtant la Religion juſte, & la juſtice de ſoy ſainte & Religieuſe. Auſſi l'vne & l'autre doiuent de neceſſité, eſtre maintenues par la Paix qui les preſeruera des excez & indignitez qu'elles ſouffrent au cours des guerres Ciuilles. La douceur de la Religion & Iuſtice ne peut compatir auec la cruauté de ces troubles François. La voix de l'vne & l'autre, eſt trop foible pour ſe faire entendre parmy les horribles cliquetis de nos ſanglantes armes. Combien donc mal'heureux & à jamais deſplorable ſera l'Eſtat de ceſtuy autres-fois ſi floriſſant Royaume ! Sy à l'appetit de ceux qui ſous je ne ſçay quel pretexte, vous veullent faire viure en perpetuelle guerre : nous ſommes contraints de continuer à nous rougir les mains du ſang de noz voyſins & autrement bons amis ? Ce Royaume ne peut ainſi durer. Et DIEV ne vous à conduit au milieu de nous, pour nous faire paſſer la vie en perpetuelles Seditions. Veu doncques MADAME, l'vrgente neceſſité que nous auons d'vn bon & long repos : redonnez nous la Paix, laquelle ſes Treſ-chreſtiens peres & pere grand, nous acquirent par l'effuſion du ſang de noz anceſtres. Ramenez nous au paiſible & heureux Eſtat, auquel vous eſtes née, auez eſté nourrie : & eſleuée pour nous commander. Et n'y aura celuy de nous, je le dis autant eſlongné de flaterie que je ſuis graces à DIEV de contrainte & neceſſité : qui ne s'eſtime heureux de ſupplier DIEV pour le maintien de voſtre grandeur & aſſeurance de voſtre Eſtat. Lequel je ſupplie le tout-puiſſant accroiſtre d'heure à autre en toute proſperité, à l'honneur de cet Empire & contentement des ſujets aſſez miſerables pour ce tēps : les portemēs deſquelz j'ay oſé vous repreſenter par ce labeur : non moins pour vous faire cognoiſtre qu'elles ſecouſſes cete Monarchie à receu, non pour le mal'heur & diſgrace de la fortune. (Car l'homme auiſé n'apreuue autre deſaſtre, que le courroux de Dieu & la faute des idiots.) Mais par l'animeux differant de diuerſes & ſimulées paſſions mondaines : Que pour donner à cognoiſtre à chacun le naturel, les moyens

la

la grande & petite valeur des François : lesquels ou leurs suruiuans, pourront iuger & peut estre agreer mes frais, mon temps & trauail à courir çà & la, sur l'estenduë de ce Royaume & pays estrangiers, (afin de ramasser tant de faits notables couchez en cete Hystoire pour ne laisser mourir auec le corps le nom des plus genereux :) autant que la hardiesse du plus humble de voz seruireurs à vous offrir ce qui peut estre à l'auis d'aucuns, ne merite d'empescher la veuë d'vne Majesté. Persuadé neantmoins que rien ne peut estre grandement profitable au sujet, que ce qu'aprez DIEV le Prince fauorise : & qu'en desseins hauts & loüables, le vouloir vous est assez : je ne crains vous presenter ce qui ne peut desplaire aux plus curieux des choses gentilles. Lesquels pourueus d'vn cœur franc & genereux prenent tout en bonne part : & jugent les actions des hommes, selon le desir duquel elles partent plus que par l'euenement n'y oppinion du commun. Viuez contente en l'heureuse jouyssance de toutes graces diuines.

L'EXCELLENCE DE
l'Histoyre.

<small>Sur-excellēce de l'Histoire à toutes vaccations.</small>

L'ON ne sçauroit plus dignemant exprimer le merite de l'Histoire que l'appellant Maistresse & vray Tresor de la vie humaine, Nourrice de la memoire des Temps,& en vn mot la vraye escolle de sagesse & de toute vertu. Or si la memoire est Tresor de l'entendement, sans laquelle les actions des hommes resteroient manques & inutiles. L'histoire aussi sera la conserue & seul moyen d'affranchir d'vn eternel oubly, les dits & faits memorables de tous humains, & de la Nature mesme. A ces occasions & qu'aprez la cognoissance de Dieu, l'homme n'a que son plaisir & profit pour la principalle fin de sa vie (deux accidens en la rencontre desquelz gist le souuerain bien de cete vie mondaine,) lesquelz l'Histoire fornit plus que toutes autres vacations qui ne dōnent que l'vn ou l'autre voire fort maigrement. Et qu'outre la cognoissance, l'amour & crainte de Dieu(que nous prenōs de l'Histoire sainte plus que d'autres escrits)toutes sortes d'Arts & Sciences desquelles nous puisons tant d'auantages: nous ont esté données & retenues par le seul bien fait de l'Histoire: qui niera qu'elle ne soit, ce que l'homme doiue juger le plus desirable bien qui luy sçauroit auenir? qu'elle ne doiue estre plus loüée & recerchée qu'autre profession? Et que par cōsequent l'Historiographe ne se puisse preualoir sur tous humains?

Or comme le monde est le General sujet de l'Histoire: laquelle y prend les actions Celestes naturelles & humaines pour matiere: ne discourant moins des causes sur-ellementaires & de l'Ordre mis au monde pour y comtempler l'admirable pouuoir & l'incomprehensible jugement de Dieu: que des progrez & effects de la Nature, ausquels elle joint pour plus de plaisir & profit necessaire, les actions des hommes conseruatrices de cete societé humaine:il est tref-necessaire afin de n'offencer Dieu, ne de faillir à la Nature & n'abuser les hommes, que le discours en soit apuié sur Raisons diuines asseurées & probables,esquelles reluysent la Religion, Prudence & bon sçauoir, accompagné de la certitude d'vne experience mondaine, pour mieux tracer à tous hommes les regles plus necessaires à la conduite de leur vie.

<small>L'histoire en quoy plus louable que les autres sciences.</small>

Ie ne m'estendray point en long discours pour monstrer combien sont grans les moyens que l'homme peut tirer de l'Histoire pour discerner le bien du mal,le profit du dommage, l'honneur de ce qui est des-honnesté:Suiure la vertu & se retirer du vice:auec autres mil traits qui se peuuent dautāt mieux comprendre par l'Histoire,que par le narré des sciences : qu'icelles n'ont qu'vn recit d'vne simple raison que chacun pense auoir aussi bonne que celuy qui se veut mesler d'enseigner.Mais l'Histoire outre la raison, à l'exēple des choses passées:desquelles cette

raison

raiſon eſt tellemēt fortifiée quelle ne laiſſe riē à douter qui puiſſe retarder l'hōme de la ſuyure & mettre en effet. Encor eſt-ce tout ce q̄ les ſciéces peuuēt apporter de bien a l'hōme. Mais l'hiſtoire à mil autres traits excellēs & neceſſaires, a ſçauoir qui ne peuuent toutes-fois eſtre cōprins par autre moyen que de l'hiſtoire. Cōme apprendre à ſe bien porter en ſon deuoir, a bien manier ſon meſnage, policer vne ville, gouuerner vn eſtat, remedier aux changemens, pouruoir aux inconueniens prochains, procurer les mutations de mal en mieux, & pluſieurs autres enſeignemens fort notables & neceſſaires: leſquels on peut prendre aucunement des Philoſophes, Orateurs, Theologiens & autres. Mais non ſi bien ne ſi amplement que de l'hiſtoire. Encor faut-il qu'ils les ayent premierement prins & puiſez de l'hiſtoire & cognoiſſance du paſſé. N'eſt-ce pas vn ſingulier proffit que vous tirez de l'hiſtoire, qu'en y voyant toutes ſortes de vertus recommandées d'vne louange perpetuelle: & au rebours tous les vices & imperfections meſpriſées, de vous meſmes & par inſtinct ſecret de nature, uous ſoiez pouſſé d'vn deſir d'honneur d'enſuyure ceux que tel diſcours vous faict cognoiſtre auoir eſté ſi vertueux? Et au contraire hayr & deteſter ceux-cy qui n'ont fait que noircir leur honneur & conſcience d'vn blaſme eternel? par vn meſpris auquel ils ont eſté tenus par vn banniſſement infame ou par quelque punition qu'ils ayent ſouffert en leur vie? N'eſt pas le foudre de Guerre Scipion l'Africain, digne d'eternelle memoire de s'eſtre ſi heureuſement conformé à l'exemple de Cyrus, duquel la vie exprimée par Xenophō, non tant au deſir de la verité, qu'au patron & reſſemblance d'vn ſage & vaillant Prince, fut ſi bien engrauée au cerueau de ce chef Romain & par luy meſme heureuſement pratiquée, que non ſeulément les grandes guerres qui ſuruindrent en Eſpaigne n'y finirent pour l'eſtonnement & merueilles que chacun auoit conceu de luy, & pour le meſpris de tous les Cappitaines qui l'auoient precedé. Mais les voleurs & brigans meſmes l'eurent en telle reuerence, qu'ils le furent veoir & parler, pour changer leur cruauté & Barbarie en l'humaine & vertueuſe douceur qu'ils ſembloient veoir empraintes en la face & naturel de ceſt Empereur. Quelle autre raiſon que du proffit excellent, euſt ſceu auoir ce grand Turc Soliman, en ce que le premier de ſa race qui auoit juſques là meſpriſé & fuy les lettres: feit tourner en vulgaire les Commentaires des Guerres de Ceſar? Auſſi en peu de temps adjouſta-il a ſon Empire l'Aſie mineur & bonne partie de l'Afrique. Qui meſmes auoit aiguillonné Ceſar à l'imitation de ſemblable vertu que Alexandre le Grand, duquel liſant les victoires, ne ſe peut tenir de plorer. Pour ce que ſe voyant en l'aage auquel ce Roy Grec auoit ja domté bonne partie du monde: il n'auoit encor rien faict digne de ſes conceptions. Qui a eſté occaſion de tant de belles conqueſtes à Alexādre, que la vertu d'Achille? laquelle Homere (ſans la Poeſie duquel ce Roy ne pouuoit dormir à ſon aiſe) auoit repreſenté en ſon Poeſme par plaiſir plus qu'à la verité. Le ſeul ſouuenir des vertus & victoires de Miltiades, n'eſchauffa-il pas tellement le cœur à Temiſtocle qu'il n'en pouuoit dormir jour ne nuit pour le deſir de ſe rendre tel ou plus grād q̄ luy? Mais pour laiſſer en arriere, ces exemples eſtrangers. Qui a rendu Charles cinquieſme Empereur tant honoré par ceux de ſon temps, que ce qu'il s'eſt propoſé d'ēſuiure les faicts de Loys 11. Roy de France? La vie duquel il portoit touſiours auec luy repreſentée és fidelles eſcrits de Philippes de Comines Sieur d'Argenton en Poitou? Qu'els ſont les Theologiēs, Philoſophes, Legiſtes ou autres Au-

Imitation de vertu en l'Hiſtoire.

Philosophie

teurs qui vous pourroient ainsi affectionner à la vertu? Les anciens considerans le merueilleux proffit qu'on peut tirer de la Philosophie, l'ont bien appellé conduite de nostre vie. Pour ce notamment qu'elle nous descouure si au naif le bien & le mal, qu'il semble ne tenir qu'à l'homme s'il ne fuyt le pire & prend le meilleur, pour s'accommoder en toues choses, voire s'y rendre heureux & tres-content. Tous ces enseignemēs de vertu neantmoins representez en ces beaux traits de Philosophie ne sçauroient produire aucun fruit. Pour ce que ce sont nuz & simples discours de la raison exprimée par la parolle sans effect, si le tout n'estoit rapporté à la pratique. C'est a dire à l'exemple du bien & du mal qui autres-fois seroit aduenu & aduiendroit d'heure à autre à chacun homme, ainsi que l'on le voit par l'histoire. Ioint que le discours d'esprit quelque bonne raison qu'il aye pour fondement: n'est jamais tenu si vray n'y asseuré: que ce qui à passé le fait & qui a ja esté pratiqué. D'autant qu'vn chacun est si amoureux de sa conception & jugement qu'il le prise ordinairement plus que celluy d'vn autre. N'estimant point tant l'auis & discours d'autruy, qu'il luy vueille bailler l'authorité de croire ces enseignemens, comme si c'estoit chose dōt le faict eust passé deuant ses yeux: ou qu'il feust asseuré estre aduenue auparauant. Or l'histoire n'est que la conserue & asseurance de ceste pratique. Doncques la doctrine qu'on en prend à bien plus de plaisir, plus de grace, & entre mesme auec plus d'efficace en noz esprits, que ne

Plaisir fondé sur la science, vtilité & necessité. Nouueauté & pour la complexité du plaisir & proffit qui s'y pretendent ensemble.

fait ce qu'on tire de la Philosophie ou autres sciences. Dauantage n'estant l'histoire qu'vn vray narré de plusieurs exemples particuliers: ils sont beaucoup plus propres à esmouuoir & enseigner que les argumens, regles, preceptes, ny autres sortes d'enseignemens imperieux des Philosophes. D'autant que les exemples sont particuliers, arrestez sur chacun fait, accompagnez & esclarcis par la lumiere de toutes leurs circonstances. Mais les demonstrations des Philosophes & autres sont generalles, & tendent plus à dōner à entendre & prouuer quelque chose. Ou les exemples passans outre, sont presentez pour mettre en œuure & executer: ne monstrans seulement comme il faut faire, ains impriment vne affection de vouloir ainsi faire, par vne inclinatiō naturelle que tous hommes ont à imiter. Cōme l'on voit les semences des vertus qui restent és cœurs genereux, s'esueiller par vne jalousie & certaine emulation de ceux qu'on leur dit estre ou auoir esté en degré pareil à eux. Et comme en Noblesse de sang & grandeur d'Estat, ils ne veulēt ceder à aucun: encor moins le veulent ils faire en gloire de faicts vertueux: semblables à ceux qu'ils voyent couchez par l'histoire. Outre ce les exemples ont plus de pouuoir a nous persuader, pour la beauté de la vertu qui y est emprainte. Laquelle à telle force, que par tout ou elle se voit, elle se fait desirer & aymer. Et pour ce quelle est tousiours suiuie de la verité: elle plaist & proffite encor plus que la Philosophie ne la Poesie qui la masque & desguise és faicts qu'elle recite. Dautrepart y a il sciēce, pour auoir la cognoissance de laquelle les lettres ne vous sont necessaires & auoir esté ja auparauāt instruit des premiers traits és autres sciēces? Cōme on dict qu'estans toutes jointes & vnies par mesmes liens, l'vne ne se peut cōprendre que par l'ayde des autres? qui ne se peut faire qu'auec vne lōgueur de temps & peine infinie. L'histoire seule vous dispensant de ces fraiz & trauaux n'a besoin du secours d'aucunes d'icelles. Ains estāt toute natiō curieuse de transferer toutes sortes de liures en sa langue naturelle (sans parler de moyens qu'on a de conseruer la memoire des choses autrement que par escrits) elle s'entend ou

de

de viue voix, ou par la simple lecture qu'on y veut faire, sans aucun Docteur. Or le fondement de ce plaisir, vient de ce que le naturel de tout homme, se plaist en la cognoissance de choses diuerses qui y sont plus qu'ailleurs. A cause comme disent aucuns qu'ayant nostre nature vne affectueuse inclination à son bien souuerain: elle le va cerchant en tout ce qu'elle cuyde beau ou bon en ce monde. Mais ne trouuant parmy ces choses caduques rien dequoy se contenter sous la voute du Ciel: elle s'ennuye & se fasche bien tost de si longue peine. Si qu'errāt en la temerité de ses appetis, elle ne cesse de changer continuellement, jusques à ce qu'estant vnie à ceste fin derniere de son bien souuerain (ou est la perfection de toute beauté & bonté) ses souhaits serōt à vn coup assouuis. Soit que la diuersité nous plaise pour la nouueauté: laquelle est agreable à noz sens, veu le desir qui est naturel à tous hommes de sçauoir & cognoistre toutes choses. Et pour ce que plus de choses diuerses se presentent en l'histoire qu'ezautres professions: l'esprit diuers & actif de soy (comme la nature mesme est diuerse & se plaist en la varieté de ses actions,) se resiouit plus en la diuersité d'icelles qu'en la lecture de toutes autres sciences: lesquelles ne visans qu'a vne fin, & ne s'estendans que sur vn sujet: faschent plustost qu'elles ne resiouissent l'homme de si longue estude. Mais l'histoire nous plaist encores dauātage, que le plaisir n'y est pas seul, ains resiouit & proffite ensemble. Car cōme la lecture qui n'apporte qu'vn vain & oiseux plaisir aux lisans, ne peut contenter les plus aduisez: non plus que celle qui proffite seullement sans plaire & resiouir les sens pour les adoucir par quelque allegemēt de plaisir. Aussi celle qui a ces deux points reciproques, est desirée & vniuersellement receuë de toutes sortes de gens. C'est pour cela que Alphonse Roy de Naples fort malade à Capoue: voyant que les Medecins ne luy proffitoient de rien: resolu de ne prendre plus de Medecins, se meit à lire Quinte Curse des faicts & gestes de Alexandre le Grand: esquels il print si grand plaisir, que nature s'en fortifiant, surmonta peu a peu la grandeur & obstination de son mal. Si que retourné sain il donna congé à ses Medecins ne faisant plus côte d'Hipocras & Galien au prix de Quinte Curse. Pour mesme occasion Ferdinand Roy d'Espaigne de malade qu'il estoit, se meit au premier estat de santé, pour le bien que la lecture des histoires de Tite Liue luy en moyēna. Et quoy de Laurens de Medicis, surnommé Pere des lettres? lequel sans aucune ayde de Medecins, bien que fort mallade fut aussi tost guery qu'il eut leu le faict notable de Conrad troisiesme Empereur lequel resolu de faire mourir Guelphe Duc de Bauieres & ruyner auec la place les habitans qu'il tenoit ja long temps assiegez, en fin vaincu par les gracieuses & importunes prieres des Dames & Damoiselles de la ville: il leur permit de sortir vies & bagues sauues: pourueu qu'elles ne prinssent de la ville q̄ ce qu'elles pourroiēt emporter sur leurs espaules. Mais elles non moins asseurées que pitoyables y laissans tous leurs biens, emporterent sur elles le Duc, leurs marys, leurs peres enfans & tous les parens & amys qu'elles peurent. Dequoy l'Empereur mesme receut vn si merueilleux contentement: que deslors il pardonna au Duc son ennemy, ensemble à tout ce dont il auoit parauant si fort juré la ruyne.

Doncques comme il n'y a rien qui vienne parfaict en la lumiere de ce monde & que les sciences mesmes contemplatiues (lesquelles consistans plus en considerations d'esprit qu'autres actions) ne se proposent autre fin que imaginatiue & l'exercice sans effect de l'entendement humain) n'ont eu leur commencemēt

parfaict

parfait. Ains adjouſtans les derniers à l'inuention de ceux qui les auoient precedé nous ont en fin amené les sciences speculatiues à tel eſtat que l'on voit : au iour-d'huy. Il ſe faut aſſeurer que l'hiſtoire a precedé toutes autres doctrines

Theologie. meſme la Theologie à eſté beaucoup plus ſimple au commencement, que lors que noz premiers peres, ſe contentans de regler les actions de leur vie, feuſſent ſpirituelles ou terriennes & corporelles, ſelon la remonſtrance & ſaint aduertiſſement d'vn Prophete ou autre Miniſtre du vouloir ſacré : ils n'auoient le cerueau embrouillé en tant de douloureuſes conſiderations: qui nous ſont depuis ſuruenues par les traditions des hommes qui ſe ſont ingerez de faire autant de liures & commentaires ſur ce qui eſtoit ſimple & vray de ſoy: qu'ils auoiẽt de jugemens diuers les vns des autres. Or deuant qu'il y euſt aucun corps de liures ſacrez c'eſt à dire forme exterieure de ſciẽce Theologale: l'hiſtoire meſmement Eccleſiaſtique ſoit Moſaique, ſoit Grecque, Egyptienne ou autres: nous auoit ja donné & entretenu la memoire tant des hommes deſquels Dieu s'eſtoit voulu ſeruir pour l'entretien & accroiſſement de ſon Egliſe : que de tout ce qui concernoit ſon ſaint vouloir. Encores eſt-il plus certain que la iuriſprudence, c'eſt à dire la ſcience des loix & juſtice: à eſté donée & maintenue par la faueur de l'hiſtoire plus que par autre diſcours que les iuriſconſultes en ayent fait. Car cõme ceſte profeſſion ne conſiſtoit anciennemãt ſoit entre les Hebrieux ſoit entre les Perſes, Egyptiẽs, Grecs, Romains, Gaulois & autres: qu'en la traditiue de certai-

Iuriſprudence. nes & peu de loix: croiſſant la malice des hommes, creut auſſi le deſir de ſe priuilegier & exempter de ces liens ſi eſtroicts. Si que les hõmes taſchans de les interpreter accõmoder aux occurrẽces & faire entẽdre ſelõ leur ſens & appetit de ce qu'ils vouloiẽt faire: ont en fin dreſſé de ſi gros volumes, q̃ la ſciẽce en a eſté depuis beaucoup plus renõmée & mal aiſée à entendre, qu'elle n'eſtoit lors que l'hiſtoire ſeulle comprenoit ce qui eſtoit le principal d'icelle, auec les noms & vie de ceux qui auoient eſté les plus ſignalez aux Gouuernemés de chacun peuple. Ainſi de la Medecine & autres.

Au reſte il n'y a Art, Science, ne vacation, meſmement de celles que nous appellons actiues, & dont la fin giſt plus à faire quelque choſe viſible & corporelle qu'à contempler ny trauailler d'eſprit: qui n'aye prins vie de l'hiſtoire. Car elle les

l'origine des ſciences priſe de l'hiſtoire, a mis en auant & les conſerue plus qu'autre choſe. N'õt pas noz deuanciers premierement remarqué par vn long & aſſidu vſage, pluſieurs faicts & accidens particuliers qu'ils ont mis en apres par eſcrit comme pour les conſeruer au treſor de memoire? Leurs nepueux venans apres en auoir conſideré d'autres & rapporté les leurs auec les premiers qu'ils eſclarciſſoient par vn bon diſcours de raiſon y adjouſtans les cauſes à chacun accident, puis leur effect & apres leurs fins auſquelles chacune occurrence ſe referoit: en ont faict vn art & ſcience telle que par la faueur de l'hiſtoire qui en eſt cõme mere & gardienne, l'homme en peut tirer les moyens pour s'en ſeruir a ſon beſoin, comme nature veut que toutes choſes tournent au proffit & contentement de l'homme.

Outre ce, je dis que l'hiſtoire eſt non ſeullement plus ancienne que toutes autres ſciences. Mais qu'elle a eu cours entre les hommes deuãt meſme l'vſage des lettres. Car comme elles ne furent inuentées toutes à la fois. Ains par diuers hommes, en diuers temps, en diuers pays & pour diuerſes occaſions l'vne apres l'autre pour s'en ſeruir en fin à mieux exprimer & plus fidellement conſeruer le diſ-

cours

cours de la raison:deuant l'inuention de lettres, les hommes ne perdoient pour tant la memoire de ce qui se passoit,non plus que de ce qui s'estoit faict aparauant eux. Car ils laissoient le souuenir des belles choses passées,qu'ils faisoient apprendre de main en main par cœur à leurs enfans. (Comme mesmes les Grecs appeloiēt Nomi pour le chāt)qui estoiēt conseruées en la memoire des hommes par le chant des vers,esquels elles estoient redigées pour les apprendre, chanter & s'en souuenir plus aisément.Et la Poesie semblablement estoit ordinairement chantée és festes,jeux & festins publics. Les Barbares mesmes habitans és terres Neusues Occidentales,sans conserue d'aucunes lettres,ont certaine cognoissance de bien huict cens ans parauant l'arriue des Espagnols en ce païs la,laquelle ils gardent encor par leurs danses & chansons qu'ils appellent Areytos. C'est pourquoy les Grecs l'appellent histoire, ἀπὸ τε ἱσταθαι τὸν ῥοῦν τε χρόνε non pas comme ils disent tous τῆς μνήμης. Pource qu'elle n'arreste le cours & flus de la memoire. Ains seulement du temps, la cognoissance duquel seroit autrement perdue. Qui fait que l'homme ne se peut & ne se pourra iamais passer de la cognoissance & recerche des choses humaines.Si fait bien de tous arts,sciences,& autres vacations, tesmoins tous & tant de peuples nouuellement trouuez. Car toutes nations ont, sinon les lettres & escrits d'vne semblable forme : du moins quelques autres moyens, pour conceuoir & retenir la memoire des plus belles choses qu'ilz iugent deuoir estre sçeuës du passé, pour inciter & reigler les suruiuans à semblable deuoir.

Somme que s'il estoit aussi aisé à chacun,de recueillir & appliquer à son vsage les enseignemens que donne l'histoire,comme infailliblement c'est la regle de la vie humaine:ie serois d'auis que tous hōmes entrassent promptement & de prinsaut és riches & belles campagnes des histoires. Car sçauroit-on imaginer chose plus plaisante ou proffitable que d'estre assis au theatre de la vie humaine, lequel est representé en l'histoire?merueilleusement bien fourny de tout ce qui est requis pour sa perfection?apprendre & deuenir sage sans aucun dāger & aux despens d'autruy:recueillir toutes sortes d'exemples pour les appliquer commodement à son vsage & en tous euenemens?Voire qu'auoir assisté au conseil des plus grands du monde,traittans des choses d'importance:se trouuer aussi à l'executiō qui est vne chose que nous desirons entre plusieurs autres?Amasser en sa memoire tous les temps du monde qui autrement seroit impossible pour la brieueté de ceste vie?Voir le cōmencement,l'auancemēt & la fin des Monarchies?Cōnoistre clairement les causes des maux que le public & particuliers souffrent?En choses hautes& mal-aisées à voir quelqu'vn qui marche& tombe au dāger deuant vous? N'estre iamais despourueu de certaine experience?Et pour le faire court, par les choses passées preuoir sagement(ce qui est le propre d'vn homme auisé)l'auenir en tous ses euenemens & iuger du present comme il appartient? Or puis qu'ainsi est que tant plus vne histoire est riche & plaine de bons enseignemēs:mieux doit on estre preparé en approchant de sa lecture.Veu aussi qu'il y a autant de difficulté à bien iuger des faicts d'autruy:que des siés propres.Et que personne tāt clair voyant puissions nous estre en ce monde,ne sçauroit bien considerer la vie d'autruy qui ne peut regarder à la sienne.Il s'ensuit donc qu'il y a biē affaire a manier les histoires comme il appartient.Et qu'il ne faut pas seulement auoir quelque prudence ciuille,mais estre bien reglé aucours de la vie, auant qu'approcher de

Plaisir sans danger.

De la lecture des histoires & comme il y faut entrer auec discretion.

la.Sinõ qu'õ vueile extrauagüer & estre agité sans cesse d'vne façõ miserable par les vaines imaginations du monde. Car cõme il aduiẽt en vn bãquet sumptueux & richement fourny de toutes sortes de viandes delicates,les vns tastent de cecy & de cela,aucuns en petit nombre s'arrestẽt à vn mesme mets.Ceux qui ont trop grãd appetit trouuent tout bon,& chacun prend plaisir selon qu'il a le pallais disposé.En telle sorte toutesfois que l'on doit tenir mesure:selon que la complexion du corps & nature le requiert en prenãt nourriture certaine,simple, non corrõpuë & conuenable au corps humain,le plus qu'il est possible.Autrement si l'õ excede, ou si l'on force son naturel, le repas apporte plus d'incommodité que de plaisir.Semblablement encores que l'on voye mille choses differentes,mille conseils diuers en toute ceste varieté de la vie humaine : & que chacun juge de ses deportemens & de ceux d'autruy selon son sens & apprehension . Si est-ce qu'il n'y a qu'vn seul chemin à la vraye vertu , & tout homme qui le suit dextrement, doit estre estimé viure comme il est requis. Les autres ressemblent à ceux qui ne tiennent aucune mesure és banquets : car ils ont infinies viandes deuant les yeux qui leur chatouillent l'appetit.Ce pendant ils ne peuuent trouuer ny en leur vie ny en celle d'autruy,chose qu'ils deliberent resolument suyure , & ne sçauent ou tirer.Or si nature à rien donné à l'homme pour en vser ou s'en abstenir: c'est a sa vie & à celle des autres, à quoy il doit regarder de bien pres . Mais qui est-ce je vous prie qui rapporte au cõpas de la vertu,toutes les parolles , toutes les actiõs & celles d'autruy,pour le moins aussi exactement qu'il prendra garde aux viandes qui luy serõt presentées,&qui ne s'estime tres-suffisant &habille à juger de tout? C'est merueilles combien les hommes se trompent en cest endroict,estimant que l'escriture d'vne histoire enseigne celluy qui jette les yeux dessus . Veu qu'elle fournist seullement matiere pour apprendre. Estant de tel vsage,que les viandes d'vn banquet,c'est a dire seruant aux personnes,selon qu'elle trouue leurs esprits disposez.C'est pourquoy nous en voyons aucuns transportez, de la douceur des mots , & courir tellement apres qu'ilz perdent le meilleur. Telles gens ne proffitent non plus a lire les histoires qu'a ouyr iouer d'vn Luth. Ils passent autant de temps pour estre incontinent apres trauaillez de quelque soucy plus fascheux que au parauant.Car il n'y a nul vray plaisir que celuy qui tend à la vertu. Les autres sont aiguillõnez seullemẽt de cette resplẽdissante Image de gloire&s'y se laissent transformer . Tant l'esprit humain est ployable en tout ce qui a lustre & grãd apparẽce.Mais cela ne leur sert de rien,& ne se souuiẽnent pas q̃ les beaux exẽples contenus és histoires ne sont proposez à ceux qui suyuẽt la vertu, sinon affin de mespriser la gloire si elle ne se presente pour loyer vertueux : & se porter modestement quand elle nous accompagne. Et comme personne d'esprit rassis ne faict son comte d'aspirer à mesme gloire,qu'en viuant comme ceux qui y sont paruenus par mesme vertu.Toutesfois nous en voyons plusieurs,qui pour auoir leu de belles choses,font les suffisans & s'estimẽt je ne sçay quoy:ressemblant aux Basteleurs qui veulẽt faire les Princes apres auoir despouillé l'habit de quelque Roy qu'ils representoiẽt sur vn eschaffaut.Il y en a d'autres & en grãd nombre qui ne prennent plaisir qu'a choses nouuelles & estranges, gens de cœur bas,qui à la façon des idiots estiment plus vn manteau d'escarlate,que celluy qui le porte.Et la pourtraiture de quelque embleme que l'Autheur & dispositiõ d'icelluy. Au reste quoy que l'vn des principaux buts de l'histoire, soit de resueiller la stupidité des

hommes

hommes:les munir contre tous les dangers.Et que tant d'exemples y contenus qui ont vne tres-grande efficace pour persuader les bons cerueaux, tendent a cela principallement:il aduient au contraire, neantmoins par la vaine asseurance en laquelle presque tous hommes s'endorment: n'estimans que les mal'heurs d'autruy leur touchēt en rien. De sorte qu'on entend & lit les plus memorables choses du monde sans y prendre garde en sorte que ce soit.Il s'en trouue encor d'autres qui veullent mesmes controler la principalle partie de l'histoire, comme s'il falloit escrire les choses,non pas ainsi qu'elles sont aduenues, ains comme elles doiuēt aduenir. Par ainsi ceste audace d'vne part,la lecture desmesurée & confuse de liures de l'autre, faict que comme par les humeurs corrompues, la santé corporelle empire: l'on acquiert auec la mauuaise habitude de jugement, vn renuersement de raison qui doit estre la plus saine & mieux reglée en nostre vie. Et n'a l'on jamais vocation arrestée.Bref comme la nourriture ne sert de rien aux intemperans:aussi l'on ne recueille fruit quelcōque,de tout ce qu'on lit.Et me semble qu'il y a presque mesme consideration à lire l'histoire, qu'a bien examiner sa vie.La premiere difficulté procede du renuersement de nostre discours,qui nous pousse ou nostre desir encline, & non pas ou les exemples de l'histoire nous deuoient attirer viuemēt.Mais ceste cy n'est pas moindre que les histoires ne nous descriuent les choses aduenues d'vn tel stil,qu'ils ne se contentent pas d'attirer le Lecteur.Ains aussi s'arrestans à leur goust, & voulant y faire accommoder les autres:entreposent leur jugemens, prisent cecy ou cela le plus qu'ils peuuent. Se faisans accroire qu'on doit suyure tout ce qu'ils trouuent bon.Si en cela ils procedoient à la bonne foy, il seroit assé de s'accorder: ou ne point s'arrester à leur dire.Mais il seroit à desirer en tel siecle mesmement,que les histories ne flatassent pas tant les Lecteurs:ressemblans aux Cuisiniers qui ont plus d'esgard à l'appetit qu'a la santé de leurs maistres. Ainsi donc nous sommes souuent trompez & par nostre jugement & par le prejugé de ceux qui ne se contentent d'escrire les choses simplement. l'Hystorie est l'interprete des choses aduenues.S'il a le jugemēt corrrompu,il en prend de son oeuure,comme quand vn bon vin deuient punays estant mis en vn puant vaisseau,ou gasté par quelque autre mauuais artifice. En quoy on ne peut remarquer qu'vne extreme ignorance ou impposture insuportable.Ne voyez vous pas que presque tous Historiēs,attribuēt les grāds exploits à la sagesse & force des hommes?Si que de sols,ils en font des enragez par telle flatterie?Car encor que toute leur cognoissance ne puisse apprehender les choses qui paroissent aux yeux:que leur force & vigueur ne monte non plus que celle du ver de terre. Toutesfois il ne faudra qu'vne victoire de peu de consequence pour leur persuader qu'ils sont dignes de gouuerner tout le monde.Au contraire l'Hystorien craignant Dieu,en disant que les affaires sont executées voirement par l'industrie & force des hommes:mais que la prouidence de Dieu conduict le tout,deliure les hommes de folie & d'idolatrie qui n'est pas moindre mal que l'autre.Cet aduertissement n'est à autre fin que pour biē faire preparer tous ceux qui veullēt feuilleter les hystoires,premier que de venir à la lecture d'icelles. Et les rendre asseurez qu'il y faut entrer fort discrettemēt. Sinon il aduiendra a telz estourdys,comme à certains villageois,qui se trouuans au sac d'vne ville entrerēt en vne belle boutique d'Apotiquaire:& apres s'estre afriandez sur les dragées, confitures & autres choses plaisantes à la bouche: estimans que le reste des drogues

gues eſtoient de meſme ſaueur humerent ſoudain, aualerent & engloutirent tout ce qu'ils y trouuerent: dont les vns deuindrent mallades, & les autres tellemēt frenetiques, qu'outre la riſée qu'ils appreſterent à toute l'armée, s'ils ne moururent bien toſt, tourmentez de langueur: ne ſçeurent onques ſe remettre au premier eſtat de leur ſanté. Car comme il y a des commoditez & incommoditez en noſtre vie, auſſi l'hyſtoire qui eſt la viue Image d'icelle, incommode, ou accōmode beaucoup ceux qui s'y veulent adonner. Mais l'exellence & proffit de l'yhſtoire ſe cognoiſt encor mieux, par la vie eternelle que les hommes & tout ce qui eſt porté par ce diſcours, y reçoiuent. Car toutes choſes vieilliſſent & meurent en fin par le cours du temps. Les ſciences meſmes encor qu'elles ſoient vn merueilleux don d'eſprit: periſſent en fin, ou par le cours des guerres, ou par les innondations d'eau, negligence des hommes ou autrement. Puis comme le temps enfante par fois de grands eſprits, differens des premiers: ceux-cy renouuellent ce qui s'en alloit en decadēce, ou eſtoit ja mort n'en reſtant plus que la ſeule memoire portée par l'hyſtoire. Contre laquelle, choſe du monde non pas le temps meſme qui pert tout: ne peut rien. A ceſte occaſion vn Romain dict fort auiſement que Salamine Iſle Grecque mourroit pluſtoſt, que les choſes qui y auoient eſté faictes par les Grecs. Auſſi fut elle depuis engloutie par vn Deluge d'eaux, comme Egire, Bure, Helie, Crete: de laquelle nous ne voyons auiourd'huy que le tiers de ce que les anciens ont cognu qui pour ce l'appelloient Ecatōpolis. Qu'eſt-il puis peu de temps aduenu ſur Hollande, Friſe & pays voiſins Septentrionnaux? eſquelz, on voit encor en pluſieurs endroits les bouts des clochers & autres ruynes de grandes villes couuertes d'eaux, cōme vous voyez que la mer gaigne en pluſieurs autres endroits? Tout cela eſt perdu & n'en reſte plus que la memoire portée par les eſcrits des Hyſtoriographes qui en ont voulu donner la cognoiſſance à leur poſterité. Mais l'hiſtoire ne mourra iamais.

SOMMAIRE
Du Vintquatriéme Liure.

BVT de l'Autheur à la poursuitte de son histoire. L'Estat de France mil cinq cens septante. Tous Chefs de guerre se retirent en leurs maisons, & les Chefs Protestans à la Rochelle. Le Mariage du Roy auec la fille de L'Empereur continué & accomply auec grandes magnificences. Les Princes Protestans d'Allemagne enuoyent Ambassadeurs au Roy pour luy congratuler ce Mariage & l'entretien de son Edit de paix: Aux pointz de la harangue desquelz il respond, & les renuoye honorablement. Les Catholiques & Protestans commencent à se plaindre les uns des autres. Occasion aux Protestans d'enuoyer deputez en Court pour y faire entendre leurs doleances: & au Roy d'enuoyer Commissaires par toutes ses Prouinces, & entr'autres le Mareschal de Cossé & Prouiere Maistre des Requestes à la Rochelle: tant pour auiser auec la Royne de Nauarre & Amiral aux moiens plus propres à maintenir le Royaume en Paix: que pour ouurir propos d'vn Mariage entre le Prince de Bearn & sa sœur, & aussi d'vne guerre contre l'Espagnol. L'Edit de paix y est examiné. Et sur ce les Protestās s'estendent fort en longues plaintes de la poure execution d'iceluy. A quoy le Mareschal respond. Desbordemens de Riuieres. Esmeutes à Rouen en Normandye, Orenge en Dauphiné & autres endroits sur les Confederez. Taxes sur eux par lettres du Roy, afin de payer le cinquième de leur reuenu, fors les Nobles, pour le payement de leurs Reistres. Synode à la Rochelle general pour les Protestans. Entrée du Roy puis de la Royne dās Paris. Les Roys de France coustumiers de seoir & tenir leur lit de justice au Parlement de Paris, & pourquoy. L'authorité de ceste Court & de la chambre dorée. Harangue que le Roy y fit & la force quil veut estre donnée à ses Editz arrestez en son seul priué Conseil sans autres remonstrances. Tumulte à Paris pour la Croix Gastine & l'occasion. Le Roy enuoya Teligny à la Rochelle, tāt pour asseurer les Protestās de son bon vouloir enuers eux: qu'à la pour suitte du Mariage d'entre le Prince de Bearn & Madame Marguerite sa sœur: & à la guerre de Flandres, pour les faire venir en Court. Surquoy la Royne de Nauarre est conseillée diuersement & de diuers endroitz. Elle va a Paris son filz estant à Bloys bien suiuy de Noblesse Protestante en Court. Mariage du Prince de Condé & Madame la Marquise de l'Isle fille du feu Duc de Neuers. Mariage de l'Amiral & de la Contesse D'entramont en Sauoye. Mariage de Teligny auec Loïse de Coligny fille de l'Amiral. Lignerolles l'un des grans mignōs de son Excellence est tué en Court. Odet de Coligny Cardinal de Chastillon, voullant s'embarquer à Amptone port d'Angleterre pour reueoir la France, est en poisonné par vn sien seruiteur qui depuis est descouuert, pendu & estranglé comme Espion & meurtrier à la Rochelle.

VOvs auez veu par le narré des choses passées, l'estrange cours des guerres tant Françoises que circonuoisynes: de la misere desquelles vous ayant tiré par vn Edit de paix: je ne vous laissois, à mon auis, moins de plaisir en la consideration de choses si rares: qu'à moy de proffit & contentement esperé en l'heureuse jouïssance d'vn repos si deuotieusement attendu. Mais puis que le vouloir de ce grand Dieu, tranchant le cours de laise qu'il nous auoit laissé gouster par deux années: a conuerti nostre plaisir en vn si fascheux ennui: auec l'occasion m'est crué la volonté, de vous representer ce qui nous est suruenu depuis ce temps: auquel le malheur de ce Royaume, ou pour mieux dire la trop ingenieuse subtilité d'aucuns, nous a si peu fait respirer de si longues & penibles couruées: afin de mieux nous eschauffer à la poursuitte de la carriere que leur faute a fait prandre au reste des Francois, mal aisez plus que meschās toutesfois, de s'estre laissé mener à l'indiscret appetit de ceux qui ont abusé de leur creāce. Malheur, malheur à ceux, qui ne se plaisent qu'au mal: & plus mal heureux celuy qui de naturel meschant, s'encourage à faire mal par l'asseurance qu'il prend de couurir & celer ses meschancetez à chacun. Car que les hommes se teussent: les autres choses animées, voire la terre qui tient le corps enseueli: l'ær qui a donné passage a l'Ame pour aller haut ou bas: & Dieu mesme crieront la descouuerte de leurs iniquitez. Que chacun en juge à la capacité de son sens: me suffit d'historier bien qu'auec plus de fidelité, que d'eloquence, les

Bb

L'HISTOIRE DE FRANCE.

Nouembre.
1570.

merueilleux portemens de nos contemporains pour ne faillir a mon deuoir d'eternifer au profit de nos riere nepueus, la memorable rencontre des plus estranges choses qui auindrent jamais en aucun estat de ce monde.

Doncques pour joindre à la memoire du passé, le souuenir des renouuellées seditions Françoises. L'an mil cinq cens septante, l'Estat de ce Royaume estoit tel que la paix solennellemēt jurée par les plus grans de l'vn & l'autre costé: receuë, émologuée, puis en fin publiée pres-que par tous les Parlemens de France: chacun congea ses trouppes mesmemēt les estrangeres. Puis les Catholiques & Protestās reprindrēt le chemins de leurs maisons esquelles beaucoup n'auoient esté veus depuis trois ans: voire que plusieurs des Confederez notammant, que le bruit de tant de faits d'Armes plus que la verité, auoit fait morts: trouuerent en grand desplaisir leurs affaires domestiques en autre estat qu'ils n'esperoient. Quelques femmes mesmes remariées au deceu de leurs maris. Peu se reconcilierent auec ceux qui en furent l'occasion. Plusieurs patienterent, aucuns se tindrent à la vengence, le reste y pourueut selon le cœur & moyens qu'vn chacun pouuoit auoir. En general tous les bons Catholiques & Confederez, comme les pales mariniers eschappez d'vne grosse & longue tempeste: dressoient leurs prieres au Ciel, pour les bien heurer à l'auenir d'vne assurée bonasse, d'vn temps clair & serain, lequel changeant les ennuis passés auec vn plaisir present: leur fist voyr le reste de leurs jours accompagné du repos tant desiré. Des Chefs Protestans aucuns suyuirent les Princes qui se retirerent à la Rochelle auec la Royne de Nauarre: comme l'Amiral, le Conte Ludouic de Nanssau, Teligny, la Nouë & plusieurs autres pour y attendre en plus de seureté, disoient ils, l'execution & auancement de ceste paix. La Charité, Sancerre & Cognac receurēt les garnisons Protestantes que le Roy y auoit ordónées pour deux ans portés par l'Edit: esquelles les Princes mirent tels Gouuerneurs & soldats qu'ils voulurēt. Mais la Rochelle n'en receut pour ne contreuenir aux anciens priuilleges que les Roys tres-Chrestiens luy ont donné & de pere en fils continué jusques à ce jour. Ainsi la plus part des vns & autres s'asseuroient de la bōne volonté du Roy à l'entretien de la paix: qui est en France le principal point a cest effet, veu la deuotieuse reuerence que les sujets ont si long tēps rendue à leurs Princes. Le Roy mesme pour dauantage imprimer ceste oppinion au cœur des siens: jnduit par la Royne sa mere qui ne cerchoit que dignes alliances à ses enfans: poussé d'ailleurs par vn instint naturel qui le mouuoit a se moyener vne femme pour en tirer vn successeur à la fleur de Lys: se resolut de mettre vne prompte fin au propos encommencé de son mariage auec Madame Ysabeau seconde fille de l'Empereur Maximilian. Dōt on prenoit encores vn plus grād augure d'vne paix durable: tant pour le doux & simple naturel de ceste Princesse debonnaire, & de naturel conforme à toutes choses paisibles: que pour la consideration du pere, veu le deuoir d'Empereur de procurer vn restablissement de paix en la Chrestienté. C'est pourquoy les plus auisés receurent vn grād plaisir de ceste alliance: à laquelle le Roy & Royne sa mere estoient aussi menés, tant par le respect de l'ancienne Noblesse de la maison d'Austriche: que du grade qui honoroit le pere sur tous les seigneurs de ce temps. Auoüé de tous les Potentatz le premier Prince de la Chrestienté: bien que les autres comme Souuerains en leurs terres, ne reconoissent l'Empire, ny autre Estat de ce monde pour superieur en chose qui soit. D'autant que par la dexterité de leurs deuanciers, ils se sont acquis sur la nonchalance & fetardise des Empereurs Rommains, ausquels cestui ci a succedé: la souuerainneté de leurs Estats. Occasiō qu'ils se tilrent Roys par la grace de Dieu, comme ne reconoissans autre occasion de leur grandeur. Outre ce l'eguillonnoit à ce vn desir d'estraindre plus fort que jamais l'ancienne confederation d'entre les nations Gauloise & Germaine: & successiuement entre la Françoise & Allemande. Brief toutes choses sembloient s'acheminer au bien & repos de ce Royaume. Les propos de mariage auoient esté entamés dés long temps & si bien poursuiuis la paix faicte, que le mariage conclu & arresté par l'Empereur & les deputés par la majesté treschrestiēne: Nicolas de Neufville dit villeRoy Conseiller & Secretaire d'Estat: y fut enuoyé pour resoudre les particularitez qui si pourroient presenter. La premiere fille de Maximiliā estoit ja promise au Roy d'Espagne demeuré veuf depuis deux ans par la mort de Madame Elisabeth seur du Roy Charles. Ses deux freres Princes de Boheme & quelques autres seigneurs, Dames & Damoiselles la conduirent par mer en Espagne & y demeurerent quelque temps pour mieux l'habituer aux façons Espagnolles. Ayans les choses pris tel auancement pour la seconde: le Conte de Rets premier Gentilhomme de la chambre

Estat de la France l'an mil cinq cēs septante.

Mariage de Charles & Ysabeau d'Autriche seconde fille de L'Empereur Maximilian.

Empereur des Romains

Pourquoy plusieurs Rois & Princes Chrestiens ne reconoissent l'Empereur en rien.

Mariage de Phillippe Roy d'Espagne auec la premiere fille de l'Empereur.

chambre aujourd'huy Mareschal de Gondy fut enuoyé vers l'Empereur, auec ample pouuoir d'executer le surplus: & speciale procuration à Ferdinand frere de l'Empereur pour espouser par parolle de present au nom & comme procureur du Roy, Ysabeau sa niepce. Ce qui se fit à Spire, où les Estats d'Allemagne estoient assemblez, pour auiser & donner ordre aux affaires de l'Empire. Ce qui donna occasion à l'Empereur d'y mener l'Empeiere sa femme & sa fille pour s'aprocher tousjours de France & y paracheuer le mariage encommancé. Les fiançailles furent faites en la grande Eglise par l'Archeuesque de Mayence Electeur: où se treuuerent les Seigneurs assemblez pour la diette Imperialle, le vint & deuxiéme d'Octobre. Puis l'Empereur donna charge de conduire sa fille à l'Archeuesque de Treues Electeur de l'Empire, Iaques Delfs parauant Chanoine de ceste Eglise: tant pour la charge que cest Electeur a de tout temps d'estre Chancellier & Surintendant des affaires de France en Allemagne: que pour en estre Seigneur voisin, & au reste tenu pour suffisant à cest effet: assisté, de l'Euesque de Strasbourg, du Marquis de Bade & du Conte de Solern auec plusieurs autres Seigneurs & Gentils hommes Germains. Et pour entretenir la Fiancée la vesue du Conte d'Aramberghe qui lui estoit vn fidele Truchement pour entendre la volonté des Seigneurs François: auec plusieurs autres Dames & Damoiselles de nom. Le Roy auerti de son acheminement en France, donna jusques à Mezieres pour l'attendre & receuoir. La Ville est frontiere sur les marches de Champagne & de Luxembourg au de là la Meuse. Bien que la place soit petite & serrée: le tout neantmoins fut preparé de sorte, que d'vne place de guerre on en fit vne ville de pôpe & magnificence. De là sa Majesté enuoya le vint quatriéme Nouembre les Ducs d'Anjou & d'Alençon ses freres & le Duc de Lorraine jusques à Sedan quatre lieuës de Mezieres pour la receuoir. Afin que tout ainsi que son Exceléce auoit esté chef & conducteur des Armées Ciuilles en temps pleins de calamité: qu'il fust aussi en temps de paix, d'Amitié & d'Alliance fraternelle: le premier à receuoir ce que sa Majesté deuoit auoir pour le plus cher & precieux en ce monde. Pour les accompagner estoient les Ducs d'Aumalle, de Guise, de Môtmorenci & plusieurs autres. A leur arriuée la Duchesse de Bouillon fille du Duc de Montpencier & Dame de Sedan par son mary, rendit son fruit. Aucuns la mesme nuit remarquerêt vne Estoile sur le Chasteau si claire & luisante, qu'encor' que le temps fust pluuieux & plein de nuages: esclairoit toute la place & son contour, comme si c'eust esté vn petit Soleil en plein midi l'espace de demie heure. Ce qu'ils prindrent en bon augure comme si les Astres se vouloient resjouïr d'vne telle rencontre, dont beaucoup esperoient vne grande felicité auenir à ce poure & tant desolé Royaume. Les autres interpretoient cest accident pour l'honneur & auancement particulier de la maison de Bouillon.

Auertis que la Fiancée auoit couché à Dougi deux lieuës de Sedam en sortirent le vint quatriéme Nouembre & la rencontrerent entre deux villages Balan & Bazeilles. Donc descendus & l'auoir auec toutes sortes de courtoises reuerences, honnorablement receuë: remonterent à cheual pour la mener à Sedam: ou arriuée & descendant de son coche pour monter les degrez du Chasteau, le Roy se treuua à la rencontre qui estoit allé en poste de deux lieuës par de la Mezieres passé par vne Casemate en habit deguisé, & le visage couuert de son manteau pour voir sa destinee: dont auerti son Excellence print occasion de luy monstrer le costé du Chasteau pour la faire tourner celle part, aiant le visage nu & la teste couuerte d'vn Scoffion le Chapeau par dessus: dont le Roy parti, retourna asseurer la Royne sa mere de ce qu'il auoit veu à son desir & contentement. Le festin fut magnifique où la Fiancée souppa à part. Venuz à Mezieres descendirent en la grande Salle des festins où la Royne mere accompagnée de Mesdames Claude & Marguerite de France la premiere Duchesse de Lorraine & des Cardinaux, la receut: & apres les reuerences elle la conduict en la Salle haure où le Roy l'attendoit, lequel l'auoir salué & parlé quelque peu à elle fut, menée en sa chambre reposer attendant le souper auquel elle se treuua le lendemain. L'Electeur aiant faict la reuerence à sa Majesté lui en fit deliurâce en telle sorte. Les deputez de L'Empereur entrez en la chambre du Roy, sa Majesté y arriua auec grand' suitte & la Fiancée apres, se tenant contre L'Electeur. Puis l'vn de ses Docteurs commence à deduire en Latin teste nue, les accords & traictés de mariage faicts & promis entre le Roy Charles & Ysabel. Les fiançailles faictes à Spire par Ferdinant Archeduc D'austrich en vertu du pouuoir à lui enuoyé. La charge des deputez

Mezieres.

Deliurance de la Fiâcée au Roy.

pour la mener & mettre és mains du Roy: laquelle consignation & deliurance ils faisoient presentement, & suplioient la Majesté appreuuer tout ce qui en auroit esté fait: esperans que ce Mariage seroit grandement vtile à la Chrestienté pour l'vnion des Princes & nations voisines. Alors l'Electeur dit en latin qu'il presentoit au Roy, Ysabel sa femme suiuant sa charge. Priant Dieu que le Mariage reüscist à bonne fin. Adonc furent leuës par le Secretaire Brulard qui auoit le departement d'Allemagne, les lettres de pouuoir en latin par lesquelles les Electeurs Euesque de StrasBourg, Marquis de Bade & Comte de Holers estoient nommez: puis Moruillier Euesque d'Orleans & Garde des seaux, (l'estant le Chancelier l'Hospital retiré en sa maison,) auoir sceu du Roy la responce: dit en latin que le Roy auoit veu & entendu le contract de mariage qu'il appreuuoit, & receuoit auec grand contentement Ysabel pour femme: laquelle il promettoit aymer & traicter comme ce qui luy touchoit le plus: remercioit au sursus les deputez de leur peyne. Ce fait l'Electeur la presenta au Roy, & à la Royne mere. Le Roy la saluë: sa mere l'embraça & baisa, la mettant entre deux. Puis elle fut menée se parer pour les espousailles d'vne robe de toille d'argent couuerte de perles, & vn grand manteau Royal dessus de velloux violet semé de fleurs de lys d'or, bordé d'hermines moucheté, dont la queuë tenoit plus de vint aulnes de long: sur la teste vne Couronne à l'Imperialle enrichie de grans diamans, rubis & esmeraudes de prix excessif. Le Roy habillé d'vne robbe de toille d'argent couuerte en borderie de perles & fourrée de loups cerniers comme ses trois freres les Ducz d'Anjou, d'Alençon & de Lorraine. La Duchesse de Lorraine & Madame Marguerite en auoient de pareilz.

Ordre & ceremonies tenues au mariage d'vn Roy de France.

Alloient dixsept rancs de Lansquenets de la Royne portans ses coulleurs. Puis les Suisses du Roy & de ses deux freres, sept tambours, seze trompetes suiuis de plusieurs Gentils-hommes & les Cheualliers de l'Ordre. Apres marchoient ceux du Conseil du Roy à robes longues de velloux noir. Puis les Chancelliers de la Royne mere & du Duc d'Anjou. Les Ambassadeurs. Les quatre heraus d'armes: Les Seigneurs Allemans. Les Cardinaux & Duc de Guise portant le baston de grand Maistre au milieu des deux huissiers de la Chambre, tenans leurs masses d'or. Le Roy suiuoit, à gauche duquel estoit l'Electeur. Puis le Marquis du Mayne au lieu du grand Chambellan. La Royne soustenuë par son Excellence & le Duc d'Alençon à gauche portans la queuë de son manteau. Madame de Montpensier, les Princesses d'Auphin & de la Rochesur-yon. La Royne mere conduite par le Duc d'Vzez, portant sa queuë la Dame de Bressuire sœur du feu Duc d'Estampes. La Duchesse de Lorraine. Madame Marguerite. Les Doüairieres de Guise & de Nemours. Madame de Guise & de Neuers. La Connestable La Maresschalle de Montmorenci & plusieurs autres vestues de toille d'or & d'argent. Et les filles de deux Roynes jusques à septante cinq vestues de toille d'argent frizé: la rue couuerte de drap: Les compagnies de la garde du Roy des deux costez jusques à l'Eglise nostre Dame où le Cardinal de Bourbon les espousa le vint sixiéme Nouembre. Le Roy aagé de vint ans dés la fin de Iuin dernier & la Royne de seze au mesme moys fatal pour la naissance de deux qui se deuoiét rencontrer en mariage. Le tout fait furent jettez escuz pistolets: & nombre de testons pour largesse Royalle. Et fut par le heraut proclamé à haute voix le mariage de leurs Majestez: allans les Aumosniers du Roy cercher les poures par toute la ville pour leur dóner argent. Les tables furent seruies pour le disner marchans deuant la viande, les trompetes & herauts le genou en terre quand ils approchoient de la table du Roy: suiuis des Maistres d'hostel du Roy & des deux Roynes portans le baston de Maistre d'hostel par bas, suiuis par le Duc de Guise grand

Seruice du Roy à table.

Maistre portant le baston esleué. Puis les Seigneurs & Cheualliers de l'Ordre qui portoient les plats. Le Roy fut serui de panetier par le Prince Dauphin, d'Eschanson par le Duc de Longueuille, d'Escuier trenchant par le Duc d'Aumalle. Le Roy estoit au milieu d'vne longue table sous vn d'ays de toille d'or & d'argent: à droite luy estoit la Royne & à gauche la Royne mere: sous la Royne le Duc d'Anjou & son frere apres. La Royne mere estoit accostée de l'Electeur pres duquel estoit la Duchesse de Lorraine. Puis de l'autre costé vis à vis de l'Electeur estoient les Ambassadeurs du Pape, du Roy Catholique, d'Escosse & de Venise. Y auoit deux autres tables és deux costés de la Realle: l'vne pour les Ecclesiastics, pour les Sieurs Allemans, & les Dames de Montpencier, Princesse Dauphin & de Nemours. L'autre pour les Duc de Montpencier, la Pricesse de la Roche, la Doüairiere de Guise la Duchesse de Guise & la Dame de Bressuire:

les

les trompettes sonnoient tousjours : le disner fait le grand aumosnier dit graces : Et le heraut proclama de rechef le mariage à la porte, ou lon fit largesse. Puis on commença la danse, laquelle finie touts se retirerent en leurs chambres, atendans pareil festin au soir. Le vint huitiéme, de Marillac & de saint Bonnet Surintendans des finances firent presens aux Seigneurs Germains. A l'Electeur d'vn buffet de vesselle d'argent doré de grande valeur: & aux trois autres chacun le sien de douze cens escuz. Bien quarante autres eurent chaines d'or. Ce fait le Roy ayant resolu son retour, ordonna Madame Magdaleine de Sauoye vesue du Connestable Dame d'honneur de la Roine, & en son absence pour sa vieillesse Madame de Dampierre de la maison de la Chastaigneraye en Poitou, Mere de la Comtesse de Retz. Et pour Cheualier d'honeur lui fut choisi le Comte de Fesco.

Comme le Roy s'acheminoit à Paris, les Electeurs seculiers & autres Seigneurs d'Allemagne lui enuoyerent leurs Ambassadeurs pour lui tesmoigner le grand plaisir qu'ils receuoyent de l'alliance prinse en leur païs : & aussi pour le prier d'entretenir son Edit de paix: veu le desir qu'ils auoient que son Estat se maintint aussi heureux qu'ils le sauroient desirer du plus intime & affectionné Prince de la Chrestienté. Les Ambassadeurs venus à Villiers-Costerez lui firent cette harangue le vint quatriéme Decembre 1570. *Les Electeurs & autres Allemans enuoyent congratuler le Roy*

SIRE, Les Tres-illustres, Electeurs Palatin & de Saxe & de Brandebourg, Richard Duc de Bauieres, George Friderc Marquis de Brandebourg, Ludouic de Vitemberg, Guillaume Lantgraue de Hesse, Iean Albert Duc de Meckelberg & Charles Marquis de Bade nous ont ici enuoyez pour declarer à vostre Majesté la grande joye qu'ils ont receu de la nouuelle Alliance entre la Majesté Imperialle & la vostre : esperans que doresnauant, d'vn commun accord, vous cercherez de remedier aux grans maux qui trauaillent la Chrestienté. Et que Dieu par sa sainte grace vous donnera vn heureux succez de si vertueuse entreprise. Ce qu'ils le prient de tres-bon cœur de faire, en telle sorte que son saint Nom en soit loüé, & tous gens de bien en reçoiuent contentement. Ils esperent aussi qu'elle sera cause non seulement d'entretenir, mais aussi d'augmenter l'amitié qui a esté de tout temps entre les predecesseurs de vostre Majesté & les leurs. Ce que vostredite Majesté a assez declaré par la response qu'elle a faite aux lettres que quelques vns d'entr'eux vous escriuirent de Hildeberg l'Esté passé. Pour tesmoigner doncques qu'ils ont deliberé de correspondre à la singuliere affection que vostre Majesté par ladite responce demonstre auoir non seulement enuers eux, mais aussi enuers tout l'Empire : ils nous ont donné charge d'offrir de leur part à vostre Majesté toute amitié, plaisir, & seruice : & vous congratuler de la paix par laquelle vous auez par vostre bonté & sagesse appaisé les pernicieux troubles qui auoient esté à leur grand regret suscitez en vostre Royaume. Et parce que la bonté de vostre nature, ne vostre aage n'ont point permis que vostre Majesté aie esté aucunement coulpable des maux par ci dauant auenus. Dieu a regardé vostre Royaume de son œil de pitié, vous mettant au cœur ceste sainte affection à la paix que vous auez demonstrée, qui a esté le seul moyen de conseruer vos sujets & vostre Estat. Donc (Sire) puis que le bien de la paix vous est deu, & la cause des maux de la guerre à autrui : tous ceux qui desirent voir vostre Estat florissant, esperent, que vous essayerez de conseruer la grande reputation qu'auez acquise, en la faisant contre l'auis & volonté de plusieurs. Laquelle ne pouuez mieux conseruer qu'en perseuerant en ce vouloir de faire viure vos sujets en repos & tranquilité : en gardant inuiolablement à chacun la liberté que par vostre Edit de pacification leur a esté promise. Si vous le faites (Sire) & qu'il y ait quelqu'vn qui s'essaye d'empescher vostre dessein, & de nouueau troubler vostre Estat : Nos tres-Illustres Princes & Seigneurs nous ont enuoyez ici pour signifier à vostre Majesté qu'en ce cas ils emploieront tout ce qu'ils ont de forces & de pouuoir pour vous aider a resister à telles entreprises, & maintenir vostre Royaume en paix & repos. *La harangue des Ambassadeurs Allemans*

Considerez (Sire) que la multitude du peuple, comme dit le Sage, est la Couronne du Roy : & le principal commandement, & la principale Loy que Dieu & nature ont donné aux Rois & aux Princes, C'est la conseruation de leurs sujets. Ceux qui desirans vous induire a ne garder point vos promesses : disent, qu'il est impossible qu'vn Estat dure auquel il y a diuersité de Religion : parlent autrement qu'ils ne pensent : ou ils sont ignorans de ce qui s'est fait par ci deuant : & de ce qui se fait encores en plusieurs grans & florissans Estats. Nous ne parlerons point de l'Estat des Turcs, où lon ne force la conscience de personne: *Il y a tousjours eu & en tous tēps diuersité de Religions.*

Decembre, 1570.

& mesmes les Moines Chrestiens habitans au Mont Athos qu'on appelle maintenant la sainte montagne reçoiuent tous les ans aumosnes du grand Seigneur pour prier Dieu pour sa santé, & pour la conseruation de son Estat. C'est vne chose asseurée qu'au Royaume de Pollogne qui est vn des plus grans de la Chrestienté: la Religion Grecque & la Romaine ont eu lieu de tout temps. Et mesm'en plusieurs villes y a Eglise des deux Religions. Et depuis quelques années la pluspart de la Noblesse y fait profession de celle des Protestans : & si ne voyons point que pour cela l'Estat soit troublé, & les grandes charges sont entr'eux indifferemment distribuées. Le changemēt de religion qui s'est fait en Allemagne sembloit au commancement bien plus estrange, que ceux qui se font maintenant. Et touteffois l'Empereur Charles si puissant & si auisé Prince apres auoir par plusieurs années deliberé sur tel affaire: accorda par prouision à Ausbourg l'an mil cinq cents trente, la paix que nous appellons de la Religion. Et l'an mil cinq cents cinquante cinq, ladite prouision fut conuertie en Edit perpetuel. De laquelle paix nous iouissons encores à present: & viuons en repos & en amitié les vns auec les autres. Et les Protestans ne sont moins affectionnez que les Catholicques à suuenir aux affaires de la Majesté Imperialle quand la necessité le requiert. Et combien que les Euesques de Rome ayent esté assez diligens à solliciter ceux de l'Empire qui sont encores sous leur obeissance, à ne nous point endurer: ils n'ont point esté si mal-auisez que de vouloir troubler leur Patrie, pour obeir aux passions d'autrui. Ferdinand de tres-heureuse memoire a esté autant affectionné à l'Empire Romain que Prince de son temps: & touteffois a enduré que la Religion Romaine se soit changée en Siterie & Lusatie qui sont Prouinces de son Royaume de Boëme: & vn peu auant sa mort en quelques lieux d'Austriche. Mais (Sire) sur tous vous doit esmouuoir l'exemple de l'inuictissime Empereur Maximilian nostre souuerain Seigneur & Prince. Car comme vostre Majesté l'a choisi pour Pere, aussi elle doit auoir pour exemple en ce que vos deux Estats ont de commun par ensemble. Personne n'ignore qu'il n'ait ottroyé aux seigneurs & Gentilshommes d'Austriche non seulement la liberté de leurs consciences : mais aussi de dresser Eglises à la forme de celles des Protestans à certaines conditions, lesquelles il leur a iusques à present inuiolablement obseruées, Et pour n'aller seulement qu'à ce qui est voisin de nostre temps, depuis que Constantin le grand eut receu en l'Empire Romain la Religion Chrestienne : Il ne contraignoit point pour cela les Ethnicques de changer leur religion: l'exercice de laquelle ils retindrent libre iusques au temps de Theodose qui ferma les Temples des idolles, parce qu'il les voyoit frequentez de peu de gens, & quasi tant seulement de ceux qui en auoyent quelque proffit. L'on disputoit ce temps-la que c'est autre chose d'estre bon sujet, & estre bon Chrestien: car combien qu'vn sujet soit d'autre religion que son Prince : il ne laisse point pour cela lui faire seruice où la necessité le requiert. Comme nous voyons les Rois de Pollogne & de Moscouuie auoir sous leur obeissance grand nombre de Tartares & Mahometistes, lesquels les seruent fidelement aux guerres qu'ils ont contre leurs voesins, & mesmes contre les autres Tartares qui sont de mesme nation & de mesme religion qu'eux. Plusieurs Princes Chrestiens, & entr'autres l'Euesque de Rome, endurent les Iuifs: desquels ils tirent grand proffit. Nous allegons ces exemples (Sire) pour respondre à ceux qui ont tousiours tasché de persuader à vostre Majesté qu'elle ne doit endurer en son Royaume aucune diuersité de Religion. Ils deuroyēt penser que la liberté que vous accordastes à vos sujets il y aura neuf ans à ce mois de Ianuier : fut cause que plusieurs vindrent à la conoissance de la Religion reformée, de laquelle aucun danger ne peril ne les a peu diuertir : car c'est à Dieu seul qui a puissance sur les consciences des hommes, qui mesmes ne l'ont pas sur la leur propre : tant s'en-faut qu'ils la puissent auoir sur celle d'autrui. Il semble que ceux qui furent cause des premiers troubles & guerres ciuilles en vostre Royaume n'auoyent pas experimenté combien peut la religion au cœur des hommes qui ont la vraie crainte de Dieu : car ils pensoient que la crainte de perdre la vie & les biens feroit que personne n'oseroit opposer à leurs desseins. La necessité puis apres a conduit les choses plus auant, mais comme les Sages ont tousiours iugé, il faut regarder aux guerres ciuilles qui a le tort du commancement. Car depuis qu'elles sont cōmancées, infinies iniustices se font d'vn costé & d'autre, estimant vn chacun cela estre licite qui sert à la conseruation. Il s'est cōmis en ces guerres

Guerres Ciuilles produisent beaucoup de maux & d'Iniustices.

des

des exemples d'inhumanité qu'on n'eut jamais pensé deuoir estre commis par vn peuple duquel la douceur a esté par ci deuant tant renommée. Toutesfois sa bonté est encores apparente, en ce qu'il a tousjours accepté la Paix quand vostre Majesté la leur a proposée, & s'est submis à vostre obeissance. Nous auons veu peu de guerres Ciuilles aux autres nations qui n'ayent pris fin par la totalle victoire de l'vne des parties, & la ruine de l'autre; ou bien de toutes les deux : suruenant vn tiers qui les opprimoit. Telles victoires comme a dit quelque Sage ancien ont eu bien souuent en elles plus de mal que la guerre mesme. Car communement ceux qui sont victorieux se laissent mener à leurs passions, & commettent infinies cruautez; les vns par desir de vengeance, les autres pour auoir le bien de l'innocent, souuent lui font acroire qu'il a fait choses où il n'a jamais pensé. Et combien que les Rois & Chefs se soient essayez quelques fois de moderer telles victoires : il est peu souuent aduenu qu'ils l'ayent peu faire. Mais Dieu n'a point permis (Sire) qu'on soit venu à ce poinct en vostre Royaume : ne que vos mains, ou celles des vostres, ayent en Paix commis quelque chose dont la posterité les puisse accuser. On ne debatoit pas en ces guerres de la grandeur de vostre Majesté, car il n'y auoit personne d'vn costé ni d'autre qui ne la desirast: mais on doutoit de celle que l'Euesque de Rome a vsurpée en la Chrestienté, pour laquelle maintenir il suscite infinis troubles, & fait consumer les forces que lon deuroit opposer aux Turcs, & parauenture l'Itallie sera la premiere qui s'en sentira. Vous deuez, Sire, estimer vos sujetz, qui se sont soustraitz de son obeissance, en ce vous estre plus fideles qu'ilz ne veulent auoir en ce monde autre Seigneur ne faire hommage à autre qu'à vous. Et certes les Empereurs de la Germanie ne receurent jamais tant de dommaiges de leurs ennemis estrangers: que leur a apporté l'affection que leurs sujets ont portées aux Euesques de Rome qui y souloient anciennement susciter troubles quand bon leur sembloit. Ne croyez donc point (Sire) son conseil, ni de ceux qui craignent que le feu s'estaignant en vostre maison, ne s'allume en la leur. Ains estimez que ceux qui vous conseilleront d'obseruer inuiolablement ce que vous auez promis par vostre Edict de pacification : vous seront fideles sujetz & seruiteurs, bons voesins & amis. Et en cas qu'il y ait quelqu'vn qui entreprenne de le violer contre vostre vouloir soit de vos sujetz ou autres : nous signifions de rechef à vostre Majesté qu'en vn tel cas nos Tres-illustres Princes seront tousjours prests d'employer ce qu'ils ont de forces & pouuoir pour vous aider a maintenir vostre Estat en paix & en repos. Et d'autant qu'ils voyent à quoy tendent les praticques & desseins de l'Euesque de Rome : ils veulent bien qu'il sache qu'ils ont deliberé d'auiser doresnauant de plus pres qu'ils n'ont fait jusques à present à n'estre point surpris; & s'opposer plus viuement à ses cruelz desseins qu'ils n'ont fait par le passé. Entre les causes desusdites ils ont occasion de se mescontenter de ceux qui ont esté les auteurs des Troubles en ce Royaume, par ce que les leuées de gens en Allemagne, les passées & montres tant de l'vn des costez que de l'autre : ont porté de tresgrans dommaiges à quelques vns d'entr'eux.

Il reste (Sire) que nous prions Dieu qu'il maintienne vostre Majesté en cette sainte affection qu'elle a mostrée jusques à present à la paix: &lui faire la grace de bien tost voir son Royaume en son ancienne splendeur & reputation. Pour à quoy paruenir nous esperōs que la Roine sera tousjours d'accord auec vous, ensuiuāt en ce la sage clemence & generosité de ceux dont elle est yssue. Nous esperōs aussi que la Royne mere de vostre Majesté ayant long tēps gouerné cet Estat, cōme vn nauire en pleine mer battu de tous costez d'orages & de tormens: & l'ayant en fin cōduit au port de paix& de repos: ne permettra pas qu'on le remette derechef à la misericorde des vents. Nous croyons aussi que Monseigneur vostre frere ne sera pas moins desireux de cōseruer sa Patrie que vostre Majesté mesmes. Et ne doutōs point que Dieu ne lui baille assez d'occasion d'executer heureusemēt en autres choses cette grande vertu qu'il a fait conoistre à tout le monde en sa premiere jeunesse. Nous esperons que Monsieur le Duc vostre frere tous les Princes de vostre sang, & autres Officiers de vostre Couronne: brief tous ceux qui ont quelque part au gouuernement de vostre Estat : penseront combien ils sont redeuables à leur Patrie,& qu'ils ne sauroiēt faire chose qui leur soit plus pernicieuse que de la souiller du sang de ceux qu'elle a produits : ni chose plus loüable que de la maintenir en repos & y faire florir la vertu. Ce que nos tres-Illustres Princes vous supplient tres-affectueusement de

B b iiij

faire. Et pour cet effect nous ont icy enuoyé, s'offrans de leur part a faire en tel cas tous offices de bons parens & voesins, anciens amis & seruiteurs de vostre Majesté: ils vous prient aussi de croire qu'autre chose ne les a fait tenir tels propos sinon le singulier desir qu'ils ont de voir vostre Royaume florissant en paix & en tranquilité: car ils ne doutent point que vostre Majesté de soy mesme n'entende trop bien tout ce qui se pourroit dire en tel cas: & qu'elle n'ait gens en son sage Conseil qui l'aduertisse de tout ce qui est necessaire. Le vint quatriéme Decembre le Roy ayant de viue voix & par escrit entendu ce q les Ambassadeurs ont eu charge de luy exposer, sa Majesté leur fit respôce qu'elle mercie en premier lieu de toute sa plus grande affection mesdits Seigneurs les Electeurs & Princes de la Cordialle demôstration qu'ils luy font de leur singuliere bienueillance & amitié: ayâs enuoyé lesdits Ambassadeurs pour se conjouir & congratuller auec elle de la nouuelle alliâce qu'elle a nagueres côtractée auec l'Empereur par le mariage de sa fille: laquelle alliance elle veut bien faire entendre à mesdits Seigneurs Electeurs & Princes auoir principalement desirée pour auoir conu qu'ainsi que ledit Empereur tient le premier titre & degré d'honneur entre les Princes Chrestiens: Dieu luy a donné aussi de grans sens, prudences, & excellentes vertus de magnanimité, clemence & bonté, qui se doiuent desirer en si haute dignité. Outre ce s'est tousjours montré affectionné a procurer & maintenir vn bon & heureux repos en la Chrestienté. A quoy l'intêtion de sadite Majesté est de luy correspondre, auec telle volonté qu'elle espere au plaisir de Dieu que leurdite commune alliance seruira grandement pour establir vne asseurée tranquilité par toute la republique Chrestiêne. Et si dauantage elle a estimé que la bonne & parfaitte amitié qu'elle a par naturelle inclination auec mesdits Seigneurs les Electeurs & Princes de la Germanie: & qui luy a esté comme hereditairement laissée par ses pere & ayeul: sera par le moyen de ladite Alliance tousjours de plus en plus corroborée, qui sont les principaux fruits qu'elle en a esperé & desire tirer. Et pour le regard de l'autre point de congratulation, qui est de la paix qu'il a pleu à Dieu d'establir en sondit Royaume. Elle leur respond qu'elle ne doute point que mesdits Seigneurs les Electeurs & Princes se ressentent & souuiennent de la grande amitié & bienvueillance que les Roys de tresheureuse memoire Henry & François pere & ayeul de sadite Majesté ont porté aux Princes de l'Empire leurs predecesseurs: ne reçoiuent tousjours vne grande joye & plaisir de ce qu'ils verront succeder & se promouuoir pour le bien, proffit & vtilité de ce Royaume: comme a esté la pacification des troubles. Et prend en bonne part les sages & prudens records que mesdits Seigneurs les Electeurs & Princes luy ont fait faire pour l'entretenement de ladite pacification. Car il n'y a rien en ce monde qu'elle ait tant à cœur, ni à quoy plus constâmant elle perseuere, qu'a trauailler de mettre & conseruer la paix vnion & repos entre ses sujets: comme le vray & seul moyen de la prosperité des Royaumes & Estats. Chacun aussi a peu voir cône ses sujets n'ont point plustost montré l'enuye qu'ils auoient de venir à la conoissance de leur deuoir: qu'elle ne les ait benignement embrassés & receus en sa bonne grace. Au surplus le Roy prie tresaffectueusemêt mesdits Seigneurs les Electeurs & Princes de côtinuer enuers luy ceste bonne volonté qu'ils demontrent. Et qu'ainsi comme luy suyuant les vestiges de ses ancestres & de sa naturelle inclination: les ayme & estime auec toute sincerité de cœur & d'affection autant qu'il est possible: eux aussi luy voullans mutuellement correspondre, se tiennent asseurez qu'en tout temps & occasion ils trouueront sadite Majesté prompte & entierement disposée a employer les moyens que Dieu luy a donnez sans rien y espargner pour la conseruation & acroissement de leurs dignitez & honneurs.

LE Samedy second jour de decembre mil cinq cents septante, le Rhosne fleuue renommé ayant esté retenu en son cours impetueux par vn accidêt aduenu en vn destroit ou il passe nommé le pas de Lecluse pres Geneue: s'enfla tellement que sur les vnze heures de nuict il se desborda si impetueusement autour Lyon & fit vn rauage si horrible qu'il emporta bestial, hommes, femmes, & enfans jusques a enleuer les mestairies & grâges des champs, dont les Lyonnois se trouuerent en grande perplexité: ayans l'eau bien haute en diuers quartiers de leur ville, & voyans quelques Arches de pont du Rhosne & des maisons ruynées par ceste violence qui dura jusques au Lundy ensuyuant. Ce fleuue desbordé fit de grans dommages és autres endroits du D'auphiné & Languedoc. Vn moys auparauât y auoit eu vn pareil deluge en Anuers & le seziéme de Nouembre Ferrarre auoit esté furieusement agitée d'vn tremblement de terre auec grandes & estrâges ruynes. Le Pau d'ailleurs s'estoit aussi desbordé fort impetueusement gastant

beaucoup

beaucoup de pays a l'entour. Tout l'hyuer suyuant fut extraordinairement aspres & rigoureux. Tellement que ce Rhofne tant roide & impetueux & les autres Riuieres de France donnerent paſſage long temps aux hommes, aux Cheuaux & Chariots qui vouloient paſſer ſur la Glace. Les Naturaliſtes ſ'arreſtoient aux cauſes ſecondes, attribuans l'occaſion du tout à ce que l'Automne precedent auoit eſté eſtrange & fort pluuieux. Mais d'autres regardans plus haut ſ'aſſuroient que les extraordinaires effets de la nature: ne preſageoient rien moins qu'vne violente rigueur ſur les humains, les eſtranges portemens deſquels vray jouët de ce faux monde: vous ſeront ci apres repreſentez auec merueille de la malice & vaine incôſtãce d'vn chacũ de nous. *Cauſes ſecondes preſages des premieres ſi elles ſõt extraordinaires.*

Le Roy eſtant à Villiers Cotterets ſur les plaintes des Catholiques ſe tourmentans de l'incommodité qu'ils receuoient par l'Edit de paix és articles qu'ils propoſerent: declara ſa volonté en eſclarciſſant aucuns qui euſſent peu ſembler douteux: en reſtreignant d'autres, & caſſat ceux que bõ luy ſêbla côme on peut voir ſi lon en rapporte la lecture au côtenu de l'Edit. *Plaintes des Catholiques. Interpretation de l'Edit de paix faite par la Declaratiõ de Rouſſillon.*

Les Proteſtans au ſemblable ne ſe trouuans tous aſſeurez pres leurs voeſins ou ils ſ'eſtoient retirez apres la paix & ſe diſans fort incommodez en autres choſes: firent entendre leurs dolleances à la Royne de Nauarre & Admiral qui ſe tenoient à la Rochelle: leſquels en auertirent leurs deputez qu'ils auoyent enuoyez en Court pour receuoir les plaintes & remonſtrances de leurs confederez: afin de les faire conoiſtre au Roy qui leur promettoit y pouruoir ſelon le beſoing. Les deputez eſtoient Bricquemaut le pere, Telligny, la Nouë & Cauagnes: mais Telligny alloit & venoit portant la volonté des vns aux autres. Voila comme à peyne ſortis d'vne longue & malheureuſe guerre: ils ſembloient ſe diſpoſer au commancement d'vne autre ſedition, ou du moins a ſe preparer les vns aux autres ſuffiſantes occaſions pour renouueller vne plus furieuſe guerre que les paſſées. *Plaintes des Proteſtans. Deputez des Proteſtans en Court.*

Doncqves ſur les plaintes qui commançoient a ſe dreſſer d'vn & d'autre coſté ſur l'entretien de l'Edit pacific: le Roy enuoya à la Rochelle le Mareſchal de Coſſé & Proutiere Maiſtre des Requeſtes auec luy, pour aſſeurer la Royne de Nauarre, Amiral & autres de ſa bonne volonté à l'entretenement de ſon Edict: conferer auec eux, eſclarcir & reſoudre aucunes ambiguïtez qui ſembloient occaſioner les meſcontentemens reciproques dont nous auons parlé: afin que le tout rapporté pardeuant ſa Majeſté, y ordonner comme il trouueroit par Conſeil. Mais ſpecialement pour metre la Royne de Nauare en propos du mariage de ſon fils Prince de Bearn auec Madame Marguerite ſa ſœur: & l'Amiral ez termes d'vne Guerre qu'il mõtroit auoir volonté de faire au Roy d'Eſpagne ſur le païs bas, pour reparer pluſieurs offences receuës de ſa part. Et ſur ce leur perſuader de venir en Court, auec aſſeurance qu'ils y ſeroient tous les bien recueilis. Or pour toucher au point public, eſtans aſſemblez le premier Ianuier 1571. la Proutiere joignãt le 1. & le 27. article de l'Edit y remarqua vne côtrarieté: voullãs neantmoins interpreter le tout en faueur des Catholiques qui deuoient r'auoir leurs meubles apparens nõ pris par voye d'hoſtilité en têps de Guerres. Surquoy l'Amiral remonſtra qu'il valloit mieux commencer par les plus grands: n'eſtant a eſperer que les petis euſſent raiſon de ce qu'ils cerchent ſi on la denie aux principaux: comme on refuſe la ville de l'Eſtore à la Royne de Nauarre: & au Sieur Prince de Côdé, Vallery & autres places. Sy qu'il n'a aucũ moyê de ſe mettre à couuert. Ajoutant qu'aucuns des Proteſtans pourueus de benefices & biens Eccleſiaſtiques n'õt encores peu eſtre remis en la jouïſſance d'iceux ſelon l'Edit. Bien touteſfois que l'intereſt ſoit plus grand à ceux de la Religion qu'aux Catholiques Romains: Si eſt-ce qu'ayans eſté ſur cela conſideré que telle recerche entretiendroit pluſtoſt vne aigreur & partialité, qu'il n'ameneroit de bien & ſoullagement: luy ſembloit qu'il valloit mieux laiſſer ainſi le texte, remettant à la Religion & conſciences des cõmiſſaires l'execution de l'article pour la reſtitution des meubles. Quand au 3. article portant reſtitution de la Religion Catholique en la Rochelle, les Commiſſaires y pouruoiront auec les Maires & Eſcheuins auſquels juſqu'à ce jour les Catholiques n'en auoiẽt fait inſtãce. Sur le cinquième apres que la Proutiere eut dit qu'on l'êtendoit autrement que les Côfederez: aſſauoir qu'au lieu ou aura choiſi le Sieur de haute juſtice ſon principal domicille il y ſoit reſident: ſans que le lieu puiſſe eſtre cenſé ny reputé ſon principal domicille ny ayant qu'aucuns de ſa famille: & que l'Amiral dit qu'il ſe tenoit au texte, & qu'autremẽt il faudroit rõpre toute reſte de l'article. Le Mareſchal diſt qu'il rapporteroit le tout au Roy pour en auoir ſa volonté. Sur le 8. Proutiere remonſtra que d'autant que le Roy auoit accordé l'exercice de la Religion pour le Gouuernement d'Orleans, Touraine, le *Le Roy enuoye le Mareſchal de Coſſé a la Rochelle pour entendre les plaintes des Proteſtans. 1 Ian. 1571. Edit de Paix examiné entre les deputez.*

B b iiiij

Mayne & païs Chartrain outre Sancerre, au bourg de Maillé, sur l'asseurance que les Sieurs de Telligny & de la Chassetiere lui donoient que le Sieur de Loüé haut Iusticier de Maille s'y condescedroit: que maintenant sur la plainte dudit Sieur de Maillé sa Majesté disoit n'entendre le forcer à receuoir le Presche. Surquoy Telligny oüi & qu'aussi il fut fait plainte pour Champaigne & Brye à Villenoce où il n'y a point de faux-bourgs: & appartient ledit Villenoce à vn de la relligion : de Maillé la ville où il n'y a ville ne faux-bourgs pour Bourgongne: & pour Bretaigne de Bescheret qui est au Sieur de Laual. Que puis qu'il plaist à sa Majesté remuer celui de Maillé, que semblablement il remuë celui de Villenoce, Mailly la ville & Bescherel ; attendu que lors de l'establissement desdits lieux il fut accordé qu'il ne se feroit eschange ni translation que du consentement & parties oüies. Le Mareschal accorda pour ceux de son departement d'y pouruoir : mais qu'il seroit besoin de se seruir de la translation de Maillé pour les autres de Villenoce & Mailli. Que neātmoins faudroit obtenir declaration du Roy En tout euenement. Lettres audit Sieur de la Proutiere, par lesquelles le Roy attendant que le Sieur Mareschal y pouruest veut que l'exercice se continuë à Maillé. Sur le 10. pour la deffence d'exercice de religion & discipline, fors és lieux permis fut veu vne ordonnance imprimée & intitulée, Ordonnances du Roy sur les deffences de tenir Escolle &c. ni lire en quelque science que ce soit en chambre ou publicq, s'ils ne sont commis de la Religion Catholicque Romaine, auec l'arrest de Parlement. Les lettres du 4. Octobre signées Dolu: par lesquelles il est plus accordé que demandé. Le Sieur Mareschal dit n'en auoir rien obserué, ains suiui l'Edit. Comme aussi le Sieur Amiral a dit qu'il estoit bon de suiure l'Edict. Sur le 23. la Proutiere dit que ceux de la Religion ne se pouuoyent suiuant l'Edit dire exēps des charges ordinaires & extraordinaires imposées durāt les troubles non plus que les Catholicques. Fut respondu qu'or qu'il ne soit bien exprimé, & à cause du mot, imposeront, qui se refere au futur : si est-ce qu'estant cet article joint auec le dernier qui porte qu'ils seront deschargez de toutes impositions faites ou à faire il ni en faut d'autre & surce à esté remis au Roy.

Remontrāces des Protestans en forme de plainte au Mareschal de Cossé.

Apres cela ils remonstrerent és mesmes termes qui suiuent par forme de discours au Mareschal & commissaires, comme les injustices, indignitez, defflances & soupçons esquelles lon s'estoit tousjours estudié d'entretenir ceux de la Religion : estoient cause & seul motif de la naissance, nourriture & accroissement des troubles en ce Royaume: Que le principal but où il falloit viser pour establir vn bon & seur repos estoit de leuer toutes ces deffiances d'vne part & d'autre. Pource lui vouloiēt remarquer les justes occasions qu'ils en auoient: le priant que s'il sçait que sa Majesté en ait eu aucune, les vouloir declarer. En premier lieu que depuis le commencement des premiers troubles cest Edict de pacification estoit le troisiéme qui auoit esté fait. Que mesme auec le second y auoit eu articles secrets comme à ce dernier. Qu'és deux premiers chacun auoit bien peu conoitre comme on s'estoit gouuerné & que l'on sçauoit assez comme sa Majesté auoit resisté de tout son pouuoir auec quelques gens de bien qui aiment ce Royaume & qui prenoient les inconueniens & incomoditez qu'vne guerre y pouuoit apporter, pour empescher le cours des malheurs qui se preparoient. Que neanmoins la force de ceux qui pour leur ambition & inimitiez particulieres & pour faire leur profit de la ruine de ce Royaume ont commandé au Roy, à son Conseil & à tout son Royaume: a esté tellement reconuë & reuerée qu'on n'a peu empescher le cours de leur impetuosité : enquoy on pouuoit conoitre que le Roy estoit tout ainsi qu'vn maistre de nauire qui a son but & dessein de faire vne routte: & ceux de son equipage en veullent faire vne autre toute contraire. Qu'il n'y a point de doute que ceux qui meinent le vaisseau, ne le conduisent la part qu'ils voudront, quoy que ce soit contre la volonté du maistre. Et est ce que maintenant lon à juste occasion de craindre quand lon voit que ceux qui ont cy deuant forcé la volonté du maistre de ce vaisseau: ont toute pareille puissance & autorité qu'ils auoient au parauant. Qu'ils n'aient aussi mauuaise affection qu'ils eurent jamais enuers nous: elle est assez tesmongnée par les effets tout contraires à ce qui à esté promis, par les forces que le Roy entretient sans propos qui ne sont gueres moindres que s'il auoit vne bien forte guerre. Lesquelles outre les ruines du peuple & les deffences inutilles qu'elles apportent, dont il seroit trop plus raisonnable de les retrancher veu mesmement les dettes & grandes affaires que sa Majesté a sur les bras: ne peuuent remarquer autre chose sinon vne deffiance que le Roy a de ceux de la Religion : ou bien que lon leur veut encor courir sus: ainsi que lon a fait semer le bruit par tout. Et ne peut on

pas

pas penser surquoy on pourroit fonder vne occasion de deffiance desdits de la Religion: veu qu'depuis le commencement des premiers troubles jusques à present: ils ont fait entieremēt tous les deuoirs & submissions que fidelles & affectionez seruiteurs & sujets pouuoient faire. Et outre toutes ces precedantes demonstrations ce deuoir dernier auquel ils se sont submis & obligez à paier plus qu'ils n'ont vaillant & n'ont de moien: couronne tellement leur œuure qu'il n'y a aujourd'huy personne qui ne puisse aisément reconoitre de quelle sincerité ils marcherent quand on vit que lors qu'il à pleu au Roy leur ottroier l'exercice de leur Religion, il n'y a eu condition si dure qui leur ait esté offerte, qu'ils n'aient volontiers accepté: tant pour leur deuoir de leurs consciences: que pour faire conoitre au Roy l'enuie qu'ils auoient d'auoir sa bonne grace. Et pour leuer aussi les fausses persuasions, impostures & calomnies dont ils estoient tant outrageusement taxés. Aiant trop mieux aimé paier les folies de ceux qui ont esté cause de ces maux, & qui de gayeté de cœur ont fait ce qu'ils ont voulu: que de contester & s'arrester & par cela empescher le bien d'vne paix tant necessaire en ce Royaume: encores que la necessité & contrainte (comme chacun sçait) aie fait faire ausdits de la Religion tout ce qu'ils ont fait: ne voulans pas aussi entrer en justification pour ramenteuoir les occasions qui les auoient meuz de prendre les armes qui ont esté coneuës & jugées de chacun estre tresjustes & legitimes. Mais d'autant qu'il y a quelques points & particularitez fort claires & manifestes pour les deux dernieres prinses d'armes, semble bien estre à propos d'en coucher & remarquer quelques vns.

Les occasions pour lesquelles les Protestans disent auoir pris les armes.

Le premier donc est la conjuration & conspiration faite à Bayonne: la leuée des Suisses pour l'execution d'icelle qui furent leuez sous pretexte du passage du Duc D'Alue en Flandres: & neantmoins encores que ledit Duc D'Alue fut passé les firent auācer jusques à Chasteau Thierry ville presque au milieu du Royaume. La rupture de la paix faite à Longiumeau par la resolution de se saisir de tous les Ponts & passages comme ils firent. Les entreprises du Cardinal de l'Orraine pour surprēdre feu Monsieur le Prince de Condé & Monsieur l'Amiral quand ils partirent de Noiers, & ceux qui estoient destinez pour ce faire. Quant au lieu de faire-faire raison audit Prince des injustices generales & indignitez particulieres faites à luy par la requeste qu'il enuoia au Roy par vn sien Secretaire contenant aussi l'occasion de son departement: ledit Secretaire fut arresté & emprisonné: & ledit Sieur Prince arriuant à Cosne luy fut apporté lettres par lesquelles estoit mandé aux Baillifs & Seneschaux de luy courir sus & à ceux qui l'accompagnoiēt comme à rebelles & criminels de leze Majesté. La bulle expediée par le Pape en Iuillet pour l'alienation des cinquante mille escus des biens des Ecclesiastiques par laquelle datte se peut aisément juger qu'ele auoit esté resoluë au parauāt: & auoit on conuenu du temps pour l'obtenir. Et l'Edit fait au mois de Septembre mil cinq cens soixante & huit par lequel ils font reuocquer au Roy tous les autres precedés Edits. N'estoit ce pas se moquer de sa Majesté? & nous vouloir entretenir en vne continuelle deffiance de tout ce qu'ils nous promettroient jamais? Or maintenant pour toutes les actions & deportemens dont on vse enuers nous: nous n'auons pas moindre occasion de deffiance que par le passé: veu mesmement comme nous auons ja touché vn mot ci deuāt que ceux qui ont esmeu suscité & entretenu les troubles: sont eux mesmes qui ont aujourd'huy toute l'autorité publique en leur mains: tant des armes que justice & finances, intelligence ancienne auec les Ambassadeurs estrāgers qu'ils entretiennēt ez ligues & associatiōs qu'ils ont faite par la ruine & exterminatiō de la Rellegion. Que lon entretient aussi des gens de guerre sans propos. Que toutes les villes qui ont tenu pour ceux de la Religion & celles qui ont rendu la plus prompte obeissāce, sōt celles ausquelles lon met des garnisōs & qui reçoiuēt les pires & rigoureux traitemēs: les chargeāt & foullāt extraordinairemēt. Bref il semble que lon vueille sur eux pratiquer toutes les rigueurs de l'Edit: en passant sous sillēce tout ce que les Catholiques font, & ce sous la faueur, suport & cōuiuēcs dee Gouuerneurs & Magistrats. Que pource qui cōcerne le fait de la Royne de Nauarre & Messieurs les Prīces & autres, l'ō n'en à autre chose conu que belles parolles & sās aucun effet, en ce qu'on tient écores les places de ladite Dame, cōme l'Estore. En ce que dés le dixiéme Aoust dernier on nous osta Brillac lieu destiné pour les presches. La declaratiō que le Royā fait depuis l'Edit, à Villiers Cōsterets qui rogne & reserre l'Edit de paix enplusieurs articles. La façon que lon se gouuerne tant au fait de la compagnie de Mōsieur le Prince de Nauarre que de son Gouuernmēt ou lon luy baille pour Lieutenāt le Marquis

de

Ianuier.
1571.

Responce du Mareschal de Cossé auec les plaintes des Catholiques sur les portemens des Côfederez

de Villars qui non seulement ne l'est venu cercher comme il doit & que sa charge le requerroit, mais ne luy a pas seulement escrit. Que Monsieur le Prince de Condé ne peut rentrer en sa maison a Valleri: & que ceux d'Achon se vantent qu'il mourra trois cens Gentishome deuant qu'ils en sortent. Que vn Bastard de Lanssac est plus fauorizé qu'vn bastard de Bourbon. Le, reffus que fait Moruilliers d'expedier les prouisions sur les articles secrets: & la responce qu'il fait de ne le vouloir faire pource qu'ils ne sont pas emologuez à la Court, qui est se moquer du Roy & vouloir rendre sa parolle & promesses feintes. Que lon enuoie par toutes les Prouinces de ce Royaume pour sauoir quel moien & volonté lon a dexterminer ceux de la Religiô, & quand il sera temps. Choses que lon scait de ceux mesmes qui sont en telles charges employez & qui s'en vantet. Que le Châcelier de l'Hospital auoit esté demis pour sembler trop homme de bien. Que lon à enuoié en Espagne, Portugal, Italie & autres lieux pour sauoir ce que chacun voudra contribuer pour cest effect. Qu'il s'est fait vne assemblée és quartiers de la Guyenne côposée de douze ou treze y assistant entre autres le Sieur de la Vallette: où il à esté aduisé qu'il n'estoit pas bon de rien commencer encores & principallement cependant que la Royne de Nauatre & Messieurs les Princes & autres qui estoient encores à la Rochelle seroient ensemble. Mais que cela ne pouuoit plus gueres durer, & qu'il falloit ou que ladite Dame & Messieurs les Princes s'en allassent à la Court où se retirassent en leurs maisons. Que s'ils alloient à la Court c'estoit là ou ils les demandoient. S'ils s'en alloient en Bearn & ils n'eussent les moiens de se saisir de leurs personnes en y allant: quand ils y seroient il falloit mettre de si bonnes garnisons le long de la Riuiere de Garonne & autres passages qu'ils n'eussent plus de moien de se rejoindre aux autres forces: & que par ce moien la partie sacheueroit aisément. Que lon à auisé & desseigné auec vn ingenieux pour fortifier Broüage, & que lon y doit commencer au mois de Mars prochain, qui est l'vne des plus insignes & ouuertes deffiances qu'ils nous puissent delaisser. Le Mareschal repliqua en peu de parolles à tout cela que comme il s'asseuroit de la bonne volonté du Roy & de ceux qui apres sa Majesté tiennent les premiers rans en son Conseil pour entretenir vn long & agreable repos à tous ses sujets: Aussi ne pouuoit il penser que la moitié de tant de plaintes ne fussent eslongnes de verité: se persuadant bien qu'ils les croient telles, mais que ceste credulité leur vient en partie d'vne crainte que telles choses n'aujennent (comme tous s'imaginet estre prestz où ja venu ce qui plus les passionne) en partie aussi d'vn faux rapport que gens ecerueuelez & mutins de nature, leur font trop souuent plus que de verité qui y soit. Laquelle ne luy pourroit estre celée en choses de telles consequence. Partant, les prie de les raier de leur cerueau, affin que de choses fausses n'en sortent vn vray effet prejudiciable à tout l'Estat pour le repos, pour le plaisir & auancemét duquel maintenir: tous bons citoiens doiuét oublier les injures passées pour grandes qu'elles soient, lesquelles ont tousjours esté postposées par les plus vertueux de la memoire ancienne, à la consideration de la chose publique. Mesmement aujourd'huy que l'occasion s'en presente plus belle que jamais par cest Edit de paix accordé, puis juré inuiolable d'vne part & d'autre. Quand à ce qui concerne le malcontentement de quelques particuliers, indignez que l'Edit n'est en tout & par tout executé à leur proffit. Le prince hors le commandement duquel nous ne deuons imaginer aucune chose: le veut & l'entend executer ainsi. Estant si bon au reste, si raisonnable & tant amateur du bien indifferemment d'vn chacun sien sujet: qu'il ne differera de prester louïe & satisfaire aux plaintes qu'on luy voudra faire, soit pour le regard du passé, soit pour les occurrences qui se presentent chacun jour. Mais comme apres l'exces d'vn gros orage & ranine d'eau: la terre pour seche qu'elle soit ne peut si tost que l'orage est fini, boire toute l'humeur dôt elle se voit couuerte: Ains faut par necessité qu'elle succe cette liqueur peu à peu & auec le temps: ou bien que l'impetuosité d'vn vent sec, & souuent la viue challeur d'vn agreable Soleil luy aident à enleuer ce qu'elle a de surcroist & la descharger d'autant: Ainsi, bien que nos partialitez aient pris fin par vne bonne & asseurée paix: la tempeste neantmoins de nos guerres plus que ciuilles a esté si grande: nous a chargé le cœur de tant & tant de sorte de mescontentement que la memoire ne s'en peut si tost effacer de nostre esprit. Celuy qui plus est offencé, ne peut si tost digerer l'amertume de ses douleurs: aucun pour bien composé qu'il soit, ne peut oublier si soudain le souuenir de ses pertes, & vieilles injures que les plus forts luy ont fait endurer: si l'autorité du Prince n'y remedie par l'expedient d'vn bon Conseil. Ou en cas que distrait par

les

les occurences de diuerses considerations: Il semble balancer vers l'vn plus que l'autre parti: nous n'atendions le remede de la longueur du temps: le cours duquel nous apportant nouuelles occasiõs d'employer nos Esprits à d'autres choses: ne nous persuadera seulement, ains aussi nous forcera par tãt d'estranges & diuers accidẽs qui s'embarassent à toute heure és affaires des hommes: de mettre sous pied le souuenir de nos anciennes douleurs, pour nous conduire plus heureusement és affaires qui se presenteront à l'auenir. Mais s'il faut juger du merite des plaintes par la justice des occasions: Qui les a plus grandes que nous qui sommes contrains vous craindre plus en paix qu'ẽ guerre? L'espace des deux ãs que les troubles õt duré: nous, ne vous doutiõs & ne vous craigniõs que biẽ peu, pource que nous jouïõs tous à belles armes descouuertes: asseurez que vous ne teniez la campagne qu'a nostre ruine. Aujourd'huy eu esgard au fidele deuoir que tous bons sujets doiuent a leur Prince: nous ne vous deuons soupçonner. Car obeissans au Roy & nous reposans sur l'Edit de paix: nous vous deuons estimer amis, voisins, parens, compatriotes, alliez & conjoincts par vne mesme obeissance que nous deuons à vn seul Prince. Mais considerans vos actions & portemens, nous sommes contraints si nous auons l'honneur & la vie des nostres en quelque pris: nous deffier de vous & vous soupçonner plus que jamais. Quelles occasiõs sçauriez vous auoir de faire en la Rochelle tous ensemble si long sejour? Si durant la Guerre on entamoit propos de paix, vous prestiez les deux oreilles, tous curieux, disiez vous, de reuoir vos maisons & cheres familles. Ce desir q̃ se doit accroistre au lõg aller & plus il est desiré: s'est il esuanouy en d'eux ans? Il y a outre ce pres de six mois que la paix est faite: & neantmoins vous n'auez mis le pied hors la ceinture de la ville. Celuy sans doute seroit habile homme qui persuaderoit aux Catholiques que vostre si long sejour n'est occasionné que de la crainte du peril que vous pourriez encourir en vos maisons. Car maints Seigneurs des vostres demeurent és leurs, en bon repos & telle asseurance qu'ils eussent sceu desirer. Au reste quand le Roy desireroit vous auoir, il ne le feroit en ce temps: autrement il seroit trop mal auisé, & le voulant faire il n'y procederoit contre vn, d'eux ne trois Chefs: ains se voudroit mieux asseurer qu'en cela. Moins y demeurez vous pour vne meilleure expedition de vos publiques affaires. Car la Royne de Nauarre & Messieurs les Princes, ont telle creance vers le reste qu'ils s'en reposeront biẽ sur la suffisance de leur Conseil. Si biẽ que d'estre tant de Chefs ensemble si long temps & en lieu qui commande à la mer & à la terre; & qui par consequent vous donne les intelligences auec toute nation: est vn merueilleux soupçon à tout le parti qui vous a esté contraire. Qui plus est l'appointement & entretien que de fresche memoire lon a fait ici des principaux Chefs & Soldats de vostre confederation, par le moyen & diligence desquels vous seroit aisé de faire vne prompte leuée de gens de guerre: auec lesquels lon se saisiroit aussi tost des villes & autres places voesines du gouuernement d'Onis: ne leur rabat tant soit peu, ains leur hausse fort l'opinion qu'ils ont conceu de vos desseins. D'auantage que font en ce haure, en Brouäge, en Ré & costes prochaines, tant de nauires esquipez en Guerre courãs les vns sur l'Espagnol, l'autre sur le Portugais: cestuy-ci sur le François ceux la sur les premiers qu'ils rencõtrẽt pour les piller? Quand il n'y auroit autre mal q̃ les equipages descendus en terre attendans la vente de leurs buttins, & cependant forcez de viures, sont contrains s'eslargir sur terre pour rançonner les premiers qu'ils treuuent, sans vn monde d'autres incommoditez directement contraire à l'Edit. Cela seul vous deuroit estre plus grande occasion de rompre tout & desnuer ceste ville de si grosse garnison: que n'est la secrette intelligence que vous pretendez auoir à les entretenir.

Sᴠʀ la premiere fut respondu que quand lesdicts Sieurs Princes estoient arriuez à la Rochelle & plus d'vn mois apres: il n'y auoit nuls gens de guerre entretenus: & que lon auoit esté contraint le faire quãd lõ auoit entẽdu que luy d'vn costé venoit auec grãdes forces de pied & de cheual: Et de l'autre costé le Marquis de villars auec nõbre de Compagnées. Aussi que de toutes parts lon voioit en toutes les villes renforcer les garnisons Catholiques. Mais qu'il seroit bien aisé de remedier à cela. Et qu'ils seroit bien aisés de casser ceux qu'ils auoient, pourueu que le mesme fut fait par tout. Sur la seconde, qu'on ne se pouuoit departir qu'on n'eust mis le reiglemẽt qu'il conuenoit mettre par tout ce Royaume pour la leuée des deniers qu'il falloit pour faire le paiemẽt des debtes ẽquoy lon estoit en toutes sortes obligé. Et quelque diligence & solicitation qui en eust esté faite: lon n'auoit sceu obtenir vne seule prouision. Et que facilement on n'auoit pas nouuelles des deputez qui estoient à la Court

Responce des Protestans au Mareschal de Coste.

pour

L'HISTOIRE DE FRANCE.

pour sçauoir s'il se trouuoit quelque difficulté & qu'il falloit bien estre ensemble pour pouruoir a telles despesches. Car aucun ne les voudroit faire estans separez. Que lon s'esbahissoit bien des difficultez que lon faisoit pour cela: veu que c'estoit chose de si grande consequence. Et comme le Roy estoit obligé ainsi que ceux de la Religion: il ne falloit point faire de doute qu'à faute de payement & aux termes promis, qu'on ne fist faire arrest sur tous les marchans & marchandises de France. Et que cela seroit cause de rompre tout le traffic. Au reste qu'ils ne faisoient rien sur mer que bien auouëz, voire de tel auquel seul ils auoient a rendre conte de leurs actions. Voila le sommaire des deuis, esquels se passerent la premiere & suiuante journée de l'an 1571. Se retirant tost apres le Mareschal pour en faire le raport à sa Majesté: dont en auint ce que je vous feray entendre en autre endroit.

Naturel de l'homme legier & indiscret.
Qvi ne s'esmerueillera de l'estrange naturel de l'homme, lequel (sans parler d'vn millier d'autres fautes) pour sa legereté & peu de discretion en toutes choses, ne peut estre rendu content & treuue tousjours quelque chose qui luy desplaist? Voire qui pis est, pour rendre les autres aussi desplaisans que luy: leur donne sans cesse nouuelles occasions de mal contentement. Mais comm'en toutes compagnies bien que le plus grand nombre soit des mal auisez: se treuue tousjours quelques vns, la vertu & discretion desquelles tempere les desirs excessifs du reste de la troupe. La France aussi soustenoit bon nombre de Seigneurs & autres auisez personnages, la sagesse & modestie desquels apaisa peu à peu l'exceciue chaleur de ceux qui pour telles & autres considerations que vous entendrez, eussent aussi tost voulu mettre le feu aux estouppes: lequel nous eust apporté vn mõde de maux plus grans sans comparaison que les premiers. Car sans doute comme l'homme empire & n'amende jamais pour quelque raison & vertueux exemple qu'on luy sache proposer, plus nous yrons auant & plus croistra auec la malice de l'homme, l'incroyable calamité de ces Guerres Ciuilles. Considerant lesquelles me semble que comme le corps cacochime & remply de mauuaises humeurs: or que par la suffisance de quelque bon Medecin il semble auoir repris sa premiere disposition: si n'en peut toutesfois la santé estre si parfaicte & asseurée, qu'aucune de ses parties ne ressentent de ce fardeau excrementeux: pource q̃ la sciẽce du Medecin nepeut estre si heureuse & accõplie qu'elle luy face euacuer tout ce qu'il a de mauuais. Mais faut laisser au bon regime & à l'exercice lesquels auec le temps luy feront vuyder tout ce qui luy peut rester d'occasion de malladie. Ainsi la paix

La paix ne peut assopir si tost la haine du passé.
pour bonne & bien faite qu'elle feust: ne peut si bien remettre l'estat en son entiere disposition que les membres d'iceluy ne ressentent les incommoditez passées. Les guerres ciuiles ressemblent, aux l'ymats, loches & telles autres vermines glueuses, lesquelles rampans sur terre & sur les fruicts d'icelle, laissent tousjours la marque de leur excrement glutineux: mesmement si les seditions sont longues & si enragées que les Françoises. Car outre le mal plaisant souuenir du passé: elles ne laissent que trop de reste de miseres & calamitez ausquelles il vaut mieux fermer les yeux, que cercher à tous propos les moyẽs de s'en venger: esperans que le temps plus asseuré Medecin que les hommes: en emportera auec la memoire les douloureux effects (que nous sentons ordinairement quelque temps apres que les Guerres sont assoupies) par le suruenue de la paix tant desirée.

L'Iuer grãd.
Ceste année l'hyuer fut merueilleusement froid, jusques a glacer si fort la Seine, le Rosne & autres fleuues, que les bestes chargées & charriots passoient dessus. Les fruicts en furent fort endommagez en Prouence & Languedoc: encor que le clymat y soit plus chaut qu'ailleurs: plusieurs mesmes en ont perdu les membres aucuns en sont morts en France.

Mars 1571.
En Mars mille cinq cens septante vn s'emeut vne sedition a Rouën, laquelle aigrit encores d'auantage les cœurs ja vlcerez des vns & autres comme vous entendrez. Suiuant la permis-
Sedition a Rouën pour le Presche.
sion que le Roy donnoit à tous hauts justiciers & ayans fiefs de haubert en Normandie de pouuoir faire presches, entretenir tous exercices de Religion: & y receuoir tous ceux qui si voudroient trouuer. Boudeuille & Protestans de Rouën qui n'en est distant que d'vne demi lieuë: en obtindrent d'abondant nouuelle permission de François de Mont-morency Mareschal de France & Baily de Rouën: dont aduertis les Catholiques delibererẽt les empescher. Les Protestans si acheminent le 4. Mars vn Dimanche de grand matin. Ceux qui sortirent les premiers par la
Villes Catholiques q ne poserent les armes.
porte Cochoise, n'eurent empeschemẽt. Mais ceux qui les suiuoient furent moquez, injuriez, aucuns bien bastus par ceux qui se treuuerent à la porte qu'ils gardoient. Car encores fesoient les gardes en plusieurs villes de France, comme Rouën Orleans. Toloze, Paris & plusieurs autres

tres villes qui n'auoient voulu poser les armes: quelque requeste que les Protestans eussent presentée à cest effect. Or comm'en telles animeuses entreprises, de petis commencemens on s'eschauffe à choses plus grandes: Les Catholiques delibererent de leur empescher le retour & les battre si bien qu'ils n'auroient plus enuie d'y retourner: ce qu'ils firent au retour: car en aiant tué 15. les autres eschaperent qui çà qui là tellement blessez & si fort battus qu'auec l'enuie ils perdirent le moyen d'y retourner si souuent qu'ils eussent fait. Soudain les plaintes en sont faites au Roy par les deputez: lequel estant lors à la chasse en Touraine se montra fort indigné côtre les autheurs d'vn tel remuëment; commanda au Mareschal de Montmorency de s'y acheminer auec telles troupes de Soldats que la force luy demeurast: afin d'en faire puis apres iustice exemplaire à toute la France. Et auec luy deux Conseillers au Parlement de Paris pour faire le proces à ceux qui en seroient coulpables. Mais entrez en ville les autheurs l'auoient ja gaigné a fuir, aucuns des petis furent pendus & les effigies de 300. autres porterêt la peine de corps euadez. Aucuns furent bannis, les autres punis par la bource: si bien qu'auec le tepms la chaude memoire de ce fait s'escoula de la passiô des hommes, faisans voir les choses vn peu autres qu'elles n'estoient parauant.

Peu auparauant vne semblable sedition auint en Orenge ville de D'auphiné qui appartient a ceux de Nansfou portant titre de Principauté, en laquelle neantmoins le Roy tenoit tousiours garnison au Chasteau pour mieux s'asseurer de la ville & du plat païs contre les entreprises d'vn estranger. Vous auez veu côment par l'Edit elle deuoit estre reduce à son propri etaire. Et que de ses sujets ceux qui auoient suyui le parti des Protestans si pourroient retirer & viure en toute liberté de conscience, laquelle leur fut deffendue par les Catholiques du lieu, soudain qu'ils furent de retour. Car y ayans fait entrer nombre de Soldats du Contat Venessin: ils prindrent les armes auec eux, & se ruans sur les Confederez en tuerent grand nombre & quelques femmes mesmes auec eux, laissans fort blecez ceux qui restoient de ceste esmeutte: & y eust eu plus d'insolence & cruauté si ceux de la Garnison (à laquelle commandoit Montejan y laissé par le Mareschal d'Anuille selon la commission du Roy qui l'enuoia en son Gouuernement pour y faire entretenir l'Edit) n'en eussent retiré beaucoup: lesquels sortans en ville appaiserent en fin la sedition du peuple esmeu. Dont le Roy auerti par les plaintes que les deputez luy en firent, & le Prince d'Orenge aussi: il luy permit d'y enuoyer tels que bon luy sembleroit pour tenir la ville & Chasteau en son nom: & gouuerner les sujets comme il verroit estre a faire par raison. Surce il y enuoia Berchon à qui la ville & tout le païs fut rendu sous l'obeissance du Prince. S'oudain qu'il fut là, sans faire autre recerche du passé il cômanda à tous au nô du Prince, qu'ils eussent a viure paisiblement les vns auec les autres & suiure la forme & teneur de l'Edit de paix: souffrant chacû parti le libre exercice de la Religion contraire à la sienne. Les autheurs & côplisses du fait s'estoient retirez hors la ville pour leur seureté: mais considerez les paisibles portemens du Gouuerneur: mesme qu'il n'assistoit aux presches ni autres exercices de Religion protestante: s'asseurerent peu à peu. Et en fin retournerent en leurs maisons, où ils demeurerent paisibles par quelques mois: lesquels expirez il fait prisonniers tous ceux qu'il peut apprehender coulpables de tel accident. Puis ai ât obtenu cômissiô du Roy pour en faire iustice: il en fit faire le proces par nôbre d'Auocats & autres gens de Conseil qu'il fit venir des prochains sieges de D'auphiné & Languedoc, par l'auis & iugement desquels il en fait pendre & estrangler quelques vns: les absens punis en figure & confisque les biens de ceux qui ne leur sembloient meriter la mort. Tout cela fait à la poursuite du Comté Ludouic: lequel residant lors à la Rochelle & y auoir receu les plaintes des sujets de son frere, en enuoia demander iustice au Roy peu apres q̃ le Mareschal de Cossé fut parti de la ville.

Sedition en Orenge de Dauphiné.

Voila comme en plusieurs endroits du Royaume, les Protestans disoient auoir grandes occasiôs de se plaindre: & mesme generallemêt par toute la Frâce ils se tormentoiét fort des patentes que le Roy auoit enuoyées par tout son Royaume à la diligence des Princes, neantmoins Amiral, la Roche-foucauld & autres qui estoient pleges & respondans du total pour faire paier à tous les Protestans routuriers le quint denier de leur reuenu pour acheuer le paiement des Reistres qu'ils auoient fait venir en nombre de sept mil cinq cens & six mil Lansquenets sous le Duc des d'eux Ponts mil cinq cens soixante neuf. Car le Roy leur en auoit auancé vne partie pour les mettre hors du Royaume. Ils disoiēt que c'estoit sans raison

Protestans taxez a paier le 5. de leur reuenu pour le paiement des Reistres.

Mars 1571.

L'HISTOIRE DE FRANCE.

raifon & impoffible de le faire, veu les grandes pertes & incroyables inconueniés qui leur eftoi ent aueunuz tout le cours des guerres. Auec ce qu'il leur falloit nourrir, gager les Miniftres & fuuenir à plufieurs autres fraiz. Ioint qu'ilz n'eftoient exempts de paier les tailles ordinaires & autres impofitions du Roy. Par ainfi ce taux extraordinaire les ennuioit merueilleufement. Voire que plufieurs ne frequentoient les prefches & ne fe dirent de la Religion de deux ans apres afin de n'eftre cotizez. La plus part neantmois pour l'efpoir quilz auoiét en la durée de la paix & defir de voir l'exercice de leur Religion libre par tout: faifoient tout ce qui leur eftoit poffible, & affemblerent les Commiffaires à ce deputez grande fomme d'argent en peu de mois.

Synode à la Rochelle pour les proteftans.

En ce mefme temps les Eglifes Proteftantes de toute la France voulant reftablir l'Eftat & difcipline des Eglifes dont la plus part auoient efté ruinées par l'infolence des guerres: obtindrent du Roy lettres & permiffion de s'affembler & tenir vn Synode general à la Rochelle. Le supplians d'y faire affifter des Catholiques ceux que bon luy fembleroit, affin de voir & luy raporter leurs portemens & ce qui y feroit traité & refolu. Plufieurs Miniftres & autres aiant charge és Eglifes fi treuuerent. Entre autres Anthoine Chandiou, Nicolas des Galars & beaucoup d'autres. Tous lefquels efleurent Theodore de Beze pour y prefider: pour lequel les Princes auoiét prié le Senat de Geneue de l'y enuoier. La Royne de Nauarre, les Princes, l'Amiral & plufieurs autres des plus remarquez Proteftans y affifterent. On y propofa beaucoup de chofes nommément le moien de reftablir les Eglifes diffipées. Puis on fe refolut fur le point de la doctrine. En apres, la difcipline Ecclefiaftique fut mife en auant. On y parla auffi de quelques ceremonies en l'adminiftration de la Cene & de plufieurs autres chofes partie defquelles furent refoluës, les autres differées au prochain Synode.

Entrée du Roy à Paris.

Incontinent apres la paix, les Parifiens auoient commencé a faire leurs preparatifz pour l'entrée du Roy, laquelle fut differée jufques à ce mois de Mars. Tant afin de la faire plus magnifique, & faire juger à tous que le Roy ne vouloit penfer qu'à la paix: comme toutes les figures & infcriptions de cefte entrée le demontroient, auec lefquelles eftoient meflez plufieurs vers Grecs, Latins & François à la loüange du Roy, de la Royne mere, & du Duc d'Anjou. Encores que le peuple, parifien mefmement, fe fcandalifaft affez, de ce qu'au lieu d'obferuer les jeufnes de Carefme en prieres, humbles & fobres deuotions: on ne parloit que de jeux, feftes, danfes & autres mondanitez. Dont les Catholiques tournans tout à la faueur des Confederez: eftimoient le Roy fe vouloir peu à peu emanciper d'vne Religieufe feruitude, au plaifir de la liberté Proteftante. Le Mardy fixiéme jour de Mars fur les dix heures du matin le Roy arriua aux faux bourgs Saint Denis, où il monta fur vn Efchafaut pour voir paffer les compagnies des

Eftatz de la ville de Paris.

Eftats de la Ville, & pour ouyr les harangues, & receuoir les falutations qui luy feroient faites de leur part. Les Moines & Prebftres auec leur equipage marchoient les premiers, fuiuis de l'Vniuerfité, Docteurs és arts & des Lecteurs du Roy. Le Recteur en queuë aiant fes douze Bedeaux auec leurs maffes d'argent doré. Et apres eux les Procureurs & Meffagers des Natiós. Ceux la paffez vint le Corps de la Ville. Premierement dixhuict cens hommes de pied, choifis de tous les meftiers, dont furét faites trois bandes, Auátgarde, bataille & rieregarde diftinguées de leurs couleurs. Puis les menus officiers de la ville jufques au nombre de Cent cinquáte: ils eftoiét fuiuis de cent harquebufiers à cheual ayant trois trompettes deuát eux. Apres marchoient les cent Archiers & les cent Arbaleftiers fuiuis d'vne trouppe de cent jeunes hómes enfans des principaux Bourgois & marchás de la ville en fort braue equipage & tous à cheual: la plus part fur cheuaux d'Efpagne, ou autres cheuaux de feruice. Apres ceux la marchoiét les maiftres des œuures de Charpéterie, Maçonnerie & Cappitaine de l'Artillerie de la ville auffi à cheual, puis les huict Sergens la de ville montez. Marcel preuoft des Marchás fur vne mulle harnachée de velous noir à franges d'or les fuiuoit, derriere lequel eftoient les quatre Efcheuins fur mulles. Les Procureur, Receueur & Greffier fuiuoient. Puis les feze Quarteniers, vintquatre Maiftres ou garde de la Marchádife, & trente deux des principaux Bourgeois & notables Marchás. La compagnie du Cheuallier du Guet compofée de cent cinquante hommes, dôt cinquante eftoiét à Cheual aians deuant eux ledit Cheualier nómé Teftu armé richement & accompagné de fes Lieutenás & Guidon. Venoit apres les vnze vints Sergés à pied, les quatre Sergens fiefiez à Cheual: les cent Notaires, les trente deux Cómiffaires du Chatellet, puis les Sergens de la douzaine de la garde du Preuoft de Paris qui les fuyuoit bien monté, richement

ment

LIVRE VINTQVATRIEME.

ment armé & habillé & suiui de trois Lieutenans Ciuil, Criminel & particulier : puis des deux Auocatz & Procureur du Roy & des vint quatre Conseillers du Chastellet aians en queuë quelques autres Auocats & Procureurs. Ceux-la passez venoient les Generaux des Monnoyes auec leurs six Huissiers & Greffier, suiuis des deux Presidens accompagnez des Changeurs & autres Officiers de la Monnoye. Les Gens de la Court des Aides venoient apres : & auec eux marchoit le General des Finances en la charge de Paris. Tout suiuant venoient les Presidens, Maistres Correcteurs & auditeurs des Comptes. Puis les gens du Parlement aians deuant eux leurs Huissiers suiuis des quatre Notaires & Greffiers criminel & des presentations. Le Greffier ciuil & le premier Huissier portāt robe d'escarlate, vn bōnet quarré de drap d'or fourré de menu verd espuré. Les six Presidens venoient apres vestus de leurs grādes Chappes d'escarlatte, leurs mortiers de velous noir bādez de toile d'or en la teste ainsi qu'il est accoustumé. M. Christofle de Thou premier President auoit sur l'espaule gauche de sa chappe trois petites bandes de toile d'or à la differēce des autres. A leur queuë estoient les Presidens des Enquestes & Conseillers tant Laiz que Ecclesiastiques. Les deux Aduocats & Procureur General. Tous aprochans de l'Eschafaut y montoient pour faire leurs harāgues au Roy : pres duquel estoient ses deux Freres, le Duc de Lorraine, le Prince Dauphin & plusieu autres Princes & grans Seigneurs. Birague Chancelier & dix Maistres des Requestes. Le Preuost des Marchans ayant fait sa harangue, les Clefs de la ville furent presentées au Roy. Peu de temps apres commancerent a marcher ceux qui estoient de sa maison & suitte. Assauoir les Maistres des Requestes, les deux Huissiers de la Chancellerie. Les Grand Audiencer & commis du Côterolleur. Le Chācelier Birague suiui de son Escuyer, Secretaire & de ses laquais. Quelque espace apres, suiuoit le Preuost du Duc d'Anjou accōpagné de ses Lieutenant & Archers. Cent cheuaux legers sous la charge de Montrueil grand Preuost de France. De Camby Capitaine des Guides suiui de ses 4. guides entretenus à la suitté du Roy. Apres vindrent les Pages des Gentilshōmes Capitaines, Contes, Cheualiers de l'ordre & Mareschaux de France bien montez suiuis dudit grand Preuost auec tous ses Officiers. Apres eux estoient les Capitaine, Lieutenāt, Enseigne & Archers de la garde du Duc d'Alençon. Les Capitaine, Lieutenāt & Archers de la garde du Duc d'Anjou. Les Gentilshōmes de la chābre & quelque grās Seigneurs. Les Cheualliers de l'ordre tous richement armez ayans casaques de drap d'or & d'argent fort bien montez sur grans cheuaux. Les Gardes des Suisses du Roy & de ses freres marchoiēt apres suiuis des Haubois & Trompettes. Apres les poursuiuans treze Herautz & le Roy d'Armes vestus de leurs cottes. Puis quatre Pages du Duc de Lorraine, six du Duc d'Alençon, six du Duc d'Anjou & treze du Roy. Trois escuyers d'escurie, dont l'vn portoit le manteau royal, l'autre le chappeau, & le tiers les gātelets. Le premier escuyer portoit l'Armet royal couuert du Mantelet royal de velous pers semé de fleurs de Lys d'or trait fourré d'hermine & couronné d'vne grande courōne close. Apres marchoiēt à cheual les Mereschanx de Danuille & de Tauanes suiuis des sommeliers d'Armes du Roy à pié. Puis marchoit le cheual de parade du Roy ayāt à l'arçon de la selle la Masse d'vn costé, & l'Estoc de l'autre & mené par deux escuyers d'escurie. Le Cōte de Charny grand Escuyer marchoit apres biē monté & armé portant en escharpe l'espée de parade du Roy. Le Duc de Guyse grād Maistre de France le costoioit à main droite portant son Baston de grand Maistre. Le Roy suiuoit, & estant arriué à la porte S. Denis & apres auoir esté salué de l'Artillerie se mit sous vn Ciel de velous pers fort enrichi de broderie d'or porté par les quatre Escheuins : & puis par autres jusques au grand Temple, & de là au Palais. Il estoit armé d'vn harnois blanc curieusement poly, graué & enrichi & paré par dessus d'vn saye de drap d'argent frizé, excellent & tref-richement garni de canetilles & frizé d'argēt. Le reste de son habillemēt estoit de mesme fort sumptueux. Son chapeau de toile d'argēt aussi bordé, enrichi & garni d'vn cordon d'or de grāde valeur auec vn panache blāc semé de grand nōbre de belles perles : estāt monté sur vn excellēt & braue cheual bordé & caparassonné de mesme parure q̄ son saye : aiant deuāt lui ses laquais & escuyers d'escurie. Apres eux estoit l'vn des portemāteaux, l'Huissier de l'ordre & de la chābre, les 24. Archers de la garde du corps. Sur le derriere du Poisle à droite estoit le Marquis de Mayēne grād Chābellā, derriere le Roy. Pres de lui estoiēt les deux freres du Roy. Puis le Duc de Lorraine & le Prince Dauphin suiuis des deux Ducs de Nemours & d'Aumalle, Meru, Thoré, Candale, Conte de Rets, Lāsac, des 200. gētilshōmes, Nācé vidasme de Chartres, du Mās & vicōte d'Auchi auec les

C c

Mars, 1571.

Archers des gardes: de Chemaux Maiſtre des ceremonies. En tel ordre le Roy paſſa par la rue S. Denis & vint du grãd Chaſtellet au Pont noſtre Dame. Puis deſcendit au grand Temple & de là reuint au Pallais où il ſouppa le ſoir habillé d'autres veſtemens magnifiques & Royaux. Le lendemain les Preuoſt des Marchans, Eſcheuins & autres Officiers de la ville de Paris, lui alleret preſenter vn magnifique preſent d'argent doré & de fort grand prix. Specialemet à cauſe de la façon. C'eſtoit vn grãd pié d'eſtal ſouſtenu par quatre Dauphins: ſur lequel eſtoit dreſſé vn chariot de triõphe trainé par deux Lyons portant aſſis Cybelle, Neptune, Pluton & Iuno: & ſur deux Colõnes eſtoit vn Iupiter repreſentant le Roy auec ſa deuiſe accouſtumée PIETE ET IVSTICE: ayant ſur ſa teſte vne couronne Imperialle ſouſtenuë d'vn coſté par le bec d'vn Aigle poſé ſur la crouppe de ſon cheual: & de l'autre coſté par le ſceptre qu'il tenoit. Aux quatre coings du pié d'eſtal eſtoiēt les figures des quatre Rois Charles, aſſauoir le grand, le quint, le ſeptieme & le huitieme. Il y auoit auſſi des Eſcriteaux latins à la loüãge de la Mere, des Freres, de la ſœur & du Roy repreſentez par les dieux & deeſſes ſus nommez.

Preſent des Pariſiens au Roy.

L'entrée du Roy ainſi faite le Dimanche vnziéme de Mars, les Eſcheuins furent auertis que la Roine ſeroit Couronnée à ſaint Denis le Dimanche vintcinquiéme iour du meſme Mois, & au Ieudi enſuiuant feroit ſon entrée en ladite ville afin qu'ils euſſent à ſe tenir preſts & pouruoir à toutes choſes comm'ils auoient fait à l'entrée du Roy. A quoy ils cõmencerent a donner ordre en toute diligence: ſi bien qu'elle y fut receuë le vintneufieme auec preſque plus de magnificence que le Roy. Somme que tel portoit le quart, tel le tiers & tel le tout de ſon reuenu ſur ſes eſpaules. Plus heureux encores que ceux qui ſous le vain eſpoir de Court, d'eſtre veus & recompenſez de l'vn d'eux ſe virent en fin deuoir & preſſez de payer beaucoup plus qu'ils n'auoient vaillant.

Fraix exceſſifs & indiſcrets des François.

Svr ces entrefaittes le Roy curieux de bien regler la Iuſtice de ſon Royaume & ſes Officiers commis à la diſtribution d'icelle: fut conſeillé auoir fait vne entrée magnifique dans la Capitalle ville de ſon Royaume, & la Roine apres lui: d'aller au Parlemēt de Paris cõme principal de tous les Souuerains ſieges de la Iuſtice de Frãce: accõpagné des principaux Seigneurs & Officiers de la Courõne. Pour remõtrer ce qu'on lui auoit fait entēdre & le deſir qu'il auoit que la Iuſtice fuſt diſtribuée à qui elle eſt deuë. On eſtime raiſonnable en vn Eſtat Royal que la volõté du bon Prince ſoit recueillie & obſeruée cõme loy ſouueraine entre tous ſes ſujets. Mais au moyē du mauuais naturel & du peu de jugement des hõmes: joint la varieté & incertitude des accidēs: le Roy meſme a le plus grand intereſt qu'il y aye quelque forme & apparente ſolēnité a faire paſſer ſon vouloir en force de loy & d'ordõnance publique. Meſmement qu'outre ce que la volõté du Prince eſt dautãt plus ſujette a eſtre ſurpriſe & circōuenuë qu'elle eſt ſongneuſemēt eſpié: il n'auient que trop ſouuēt que les fautes en ſont irreparables tant à lui qu'aux ſiēs. Les Parlemēs doncques n'eſtans inſtituez à autre fin que pour repreſenter la Majeſté du Roy en l'egalle diſtribution de la Iuſtice qu'il veut eſtre faite par toute l'eſtendue de ſes terres: Les Rois de France ont touſjours entretenu cette ſolennelle façon de faire: auſſi toſt que ſacrez Rois ils ont fait leur entrée à Paris, declarant leur vouloir ſur la diſpoſition du Royaume: d'autoriſer la Iuſtice & venir au lieu principal de tout le païs où elle s'adminiſtre: pour exhorter ſes Officiers a y bien faire leur deuoir. Leur donnant entr'autres choſes a entendre que tous Eſtats ſont maintenus par la Religion & Iuſtice, ſans laquelle voire l'vne d'icelles les principautez ne peuuent eſtre maintenues: & telles autres choſes qu'on leur a diſcouru parauant qu'y aller. Le Parlement eſt compoſé de plus de ſix vints Conſeillers, diſtribuez en pluſieurs Chambres; chacune deſquelles a deux Preſidens. La principale eſt la premiere qui ſe tient en vne Salle dont le lambris eſt tout d'or moullu, & s'appelle la grand Chambre qui n'eſt que pour vuider les appellations verballes en laquelle on plaide à huis ouuert. Es autres on vuide les proces par eſcript. Le lit de Iuſtice du Roy y eſt. C'eſt a dire qu'il y va quelques fois ſelon les occurrences qui ſe preſentent: & ſe ſied ſur vn tapis de velous ſemé de fleurs de Lys, & ſur ſon chef eſt vn riche poile de drap d'or: les Pairs & autres Seigneurs à ſes coſtez: puis les Preſidens & Conſeillers de çà & de là chacun en ſon rang. Le Roy Charles ſuiuant cette loüable couſtume des anciens y fut le douziéme Mars & leur tint ces propos.

Les Rois de France eſleuz & ſacrez pour autoriſer la Iuſtice en plein Parlement.

Parlemens de France & leur autorité.

Parlement de Paris.

Seance du Roy en ſon Parlement.

Remontrances du Roy Charles 9. aux Gens tenans ſa Court de Parlemeut à Paris.

Tant plus je conſidere la dure & diuerſe fortune, que j'ay couruë depuis mon auenement à la Courõne: plus j'ay a loüer Dieu, & lui rendre graces de la protection qu'il a priſe de mes jeunes ans contre l'injure du temps: plus auſſi je conois l'obligation que j'ay à la Roine

m 2

ma Mere, laquelle me voyant entrer en mon regne en si bas aage que je ne pouuois par nature auoir encores acquis l'experience & jugement necessaire pour gouuerner de moy-mesme vn tel Estat: embrassa la charge de mes affaires, pour l'incomparable affection qu'elle me portoit: & depuis a tousjours soustenue auec telle force & prudence. tant de labeur, de soing & vigilance: que je reconois lui deuoir apres Dieu le salut de moy & de mon Royaume: duquel voiant maintenant les troubles par la prouidence Diuine appaisez : & moy en l'aage : auec les ans, elle m'a donné conoissance de ce qui plus appartient à l'honneur & deuoir de bon Roy. Ce que sur toutes choses de ce monde je desire: & de pouuoir establir si seurement le repos de mes sujets qu'ils ne retourneront jamais aux calamitez qu'ils ont souffertes. Et que par le benefice de la Paix je peux guerir & resoudre les playes faites par l'injure des troubles : comme je voy que pour l'effet de mon intention il est tres-necessaire de mettre viuement la main à l'œuure. Ie suis bien resolu de le faire sans perdre temps : me confiant & appuyant tousjours sur la prudence de la Roine ma mere, laquelle ne faudra en si bonne œuure m'aider selon son zele accoustumé. Ie m'asseure aussi que mon frere le Duc d'Anjou s'y euertuëra de sa part autant que je le desire. Il a ja par si bons tesmoignages fait preuue de sa vertu : il m'a porté si singuliere affection : & en toutes choses rendu tant d'obeissance : que pour ces considerations, & pource qu'il est mon frere, que sa prosperité depend de la mienne: & qu'il a plus d'interest que nul autre apres moy au bien de mon Estat : Ie lui ay donné la Superintendance & charge principalle de mes affaires: bien certain qu'il s'en acquittera tres-dignement & à mon contentement selon la fiance que j'ay de lui. Mon frere le Duc d'Alençon lui aidera doresnauant a porter ce faix. Voulant en second lieu pour la fraternelle amitié que je lui porte, & pour ses merites: me reposer sur lui de toutes les honorables charges que je lui pourray departir. Comme donques je seray secouru de leur trauail & vigilance: I'espere auec le bon Conseil d'eux & des Princes, Seigneurs & autres notables personnages de mon Conseil : que Dieu fauorisant ma bonne intention me fera la grace de remettre mon Royaume en sa force & splendeur. Or c'estant aujourdhui presentée l'occasion de venir en ce lieu suiuant la loüable coustume des Rois mes predecesseurs: j'ay voulu vous rendre participās de ma deliberation: & sur icelle vous declarer aucuns points appartenans à vostre Estat & profession, afin qu'informez de ma volonté, vous vous acquitiez du deuoir que j'y recerche. Ie vous diray que de tous les maux auenus en mō Royaume par la malice du tēps : celui que plus je deplore, & auquel je treuue le remede plus difficile, est la corruption des mœurs en toutes sortes d'hommes & de la discipline en tous Estats. En quelque part de mon Royaume que je tourne les yeux : je voy les choses desuoyées de leur droit chemin, desordōnées & confuses: specialemēt l'Estat de la Iustice si desreiglé, qu'à peine y voit-on plus l'ancienne marque de la Religion & discipline qui y doit estre. Ie n'entens pas disant cela faire prejudice à l'hōneur des gens de bien : mais vous declarer auec mō grand regret vne verité que nul ne peut ignorer. Parquoy dautant que de la Iustice principalement depend la prosperité d'vn Estat & le repos des sujets d'icelui : j'ay proposé proceder viuement à la reformatiō des abus : en quoy je desire que vous Superieurs des autres Iuges en l'administration de la Iustice, faciez les premiers vostre deuoir. Et vous aiās cet hōneur de me representer en ce lieu, siege premier & plus ancien de ma souueraine Iustice: cōmencez par vous-mesmes a reformer les abus qui peuuent estre par cours de temps entrez en cette compagnie. A laquelle par l'autorité que je lui donne je cōmunique ma plus royale preeminence. Ie me repose sur elle de la charge dont je suis plus responsable deuāt Dieu, & redeuable enuers mes sujets: la vie & l'hōneur desquels j'ay mis en vos mains. Toutes lesquelles choses signifient assez la bonne cōscience & integrité de vie qui doit estre en vous. Ie vous admōneste donques de cercher songneusement s'il y a quelqu'vn d'entre vous taché de vice qui ne soit tolerable, & le corriger sans dissimulatiō: afin q̄ le scandale & le blasme ne redonde sur tous. Ne souffrez auarice demeurer en cette maison: chassez-en toutes factiōs & partialitez. Ni permettez brigues ni menées, vices trop repugnās à Iustice. Desquels neantmoins je voy qu'en l'opinion des hōmes cete cōpagnée n'est pas exempte. Ie le vous di mal volontiers. Mais c'est afin que vous y pouruoyez, & que vos bons deportemens à l'auenir esteignent ce blasme de l'opinion des hommes. Au demeurant, je vous commande de garder estroitement mes Edits & Ordōnances: & pensez que je vous ay mis en ce lieu pour obeir à mes loix : non pour leur commander ni les mespriser. Si sur la verification des Edits ou autres lettres que je vous enuoirey : vous trouuez

Estats de France tous corronpus, nonimemēt la Iustice.

Parlement de Paris.

Roy & son deuoir.

Verificatiō des Edits & autres mandemens du Roy.

Cc ij

L'HISTOIRE DE FRANCE.

Mars 1571.

difficulté sur laquelle arrestiez qu'il me faille faire remonstrances : faites les sans vser de longueur je les oiray volontiers. Mais aussi je veux que vous aiant declaré mon intention, vous y obeissiez sans estre en dispute auec moy qui suis vostre Roy & Maistre : qui conois mieux que vous ce qui se doit & peut faire pour le bien & necessité de mon Estat. Les affaires duquel je reserue à moy seul. Parquoy regardez à vous contenir modestement dedans les bornes de vos Estats qui sont establis seulement pour l'administration de la Iustice, correction des crimes, & faire obseruer mes Edits & ordonnances. Obeissans à mes commandemens; j'auray occasion de me loüer de vous : & vous gratifier des honneurs & loyers condignes à vos merites. Qui les mesprisera ne deura trouuer estrange s'il tombe en mon indignation. I'ordonne à vous Presidens, de vous assembler auec quatre Conseillers de ma Court, tels qu'elle deputera à tels jours & heure extraordinaire que vous auiserez : & au lieu que bon vous semblera, soit en ce Palais où s'vne de vos maisons. Et ensemble regarder ce que jugerez expedient pour le bien de ma Iustice & reformation des abus qui s'y commettent : dont vous dresserez memoires & articles que vous m'enuoyerez le plus promptement que faire se pourra.

Autorité & puissance des Parlemens de France autrefois Curateurs des Roys abaissée & amoindrie.

Enuiron ce temps suruint à Paris vn tumulte entre le peuple, lequel eust esté fort dangereux s'il n'eust esté bien tost appaisé : tant par l'autorité du Roy que de la Court de Parlement & des principaux Bourgeois de la ville. Durant les 3. troubles Gastine riche marchand de Paris auoit esté par arrest du Parlement pendu & estranglé pour auoir souffert contre les Edits du Roy les presches estre faits en sa maison, ses biens confisquez au Roy, & sa maison mise par terre : en la court de laquelle pour exemple du fait, on auoit dressé des deniers prouenans de la vente de ses biens : vne croix dorée fort magnifiquement faite de forme pyramidale en laquelle son proces estoit graué tout au long auec la forme de son execution. La Roine de Nauarre & l'Amiral importunez par les heritiers de feu Gastine & generalement de plusieurs Protestans parisiens : remonstrerent si souuent au Roy que telle croix n'estoit qu'vn signal & memoire odieux des troubles passez, & vne occasion d'apporter mille querelles qui en pourroient auenir : Qu'il permist qu'elle fust abatue selon que portoit son Edit, par lequel la memoire des choses passees doit estre ostée de toutes choses. Mais lui aiant d'ailleurs les Catholiques remonstré que le peuple estoit fort indigné de cela : & qu'il estoit à craindre qu'il ne se resolust d'empescher ses Officiers ; & que de ce n'auint vn grand scandale à Paris mere de la France, que toutes les autres pourroient suiure ; il permit qu'elle fust remuée au cymetiere des Inocens : en quoy il pensoit contenter vns & autres. Les Confederez soliciteurs de ce fait, en ce que par le remuant, l'ignominie des condamnez prenoit fin : & les Catholiques en ce que les Protestans demeuroient tousjours notez restant la croix en son entier au veu de tout le monde. Occasion que peu à peu ils en soliciterent la ruine & si viuement, que sur la fin de l'an par les iterees iussions de sa Majesté, les Officiers de la ville y tenans la main auec tous les Guets : elle fut abatue de nuit pour éuiter vne plus grande esmeute que la premiere, en laquelle neantmoins le peuple indigné de ce s'esmeut & s'eschaufa de sorte que se ruant sur les maisons des Protestans, il en pilla trois sur le pont nostre Dame : se licentiant jusques la, que s'il n'eust esté tenu en bride par Marcel Preuost de Paris : le Cheualier du Guet & quelques autres d'autorité suiuis des Archiers, Sergens de ville & plusieurs autres : dont ils s'estoient pour cet effet & par le commandement du Roy accompagnez : sans doute, aucun Protestant conu en Paris n'eust demeuré en asseurance à sa maison. Les Magistrats de ville courans de çà de là auec leur suitte en armes & mettans bonne garde par les cantons : effraierent tellement cette populace apres deux ou trois renuersez morts pour exemple aux autres : que le tout se porta mieux qu'on n'esperoit : faisans voir en somme que comme il n'y a rien plus fier & insolent en prosperité que le peuple : Aussi n'y a il rien plus craintif, doux & humble en aduersité : quand il se voit forcé de passer à la discretion d'autrui. Sans doute il aime à sa poste & craint à la discretion du plus puissant.

Tumulte de Paris pour la croix Gatine.

Naturel du peuple.

Côme ces choses se passoient ainsi, les deputez des Princes firent vn voyage à la Rochelle pour asseurer la Roine de Nauarre, les Princes & ceux qui leur assistoiët de la merueilleuse volonté q̃ le Roy sembloit auoir a maintenir son Edit de paix : & nomément le bon vouloir qu'il leur portoit en particulier. Qu'il y auoit grand espoir que la Roine Mere & son Excellence quitas peu à peu de leurs premieres rigueurs (qu'il falloit adoucir par quelques bons seruices) se confor-

Deputez Protestans vont à la Rochelle asseurer les Princes de la bône volonté du Roy vers eux pour les faire venir en Court.

se conformeroient à mesme volonté. Que le Roy protestoit souuent qu'il vouloit reconoitre & auancer ceux qu'il trouueroit les plus suffisans de son Royaume à lui faire seruice. Qu'eux en particulier auoient estez fort bien receus, caressez & honorez de beaux presens que sa Majesté leur auoit fait : outre ce qu'il se montroit fort affectionné à deux choses, desquelles on lui auoit parlé dés le commencement du traité de Paix. Au Mariage dentre le Prince de Bearn, & Madame sa sœur: Puis à l'entreprise du païs bas. Mais pource que choses de telle consequence ne se pouuoit pas auancer que par l'entreueuë & conference de ceux qui plus auoient de pouuoir à l'execution d'icelles: sa Majesté desire fort qu'ils saillent trouuer à Blois, où ils seront les bien receus comme ils ont charge de leur dire & les en asseurer.

 Aucuns eurent ces nouuelles aggreables : d'autres estoient d'auis de ne rien precipiter: ains meurement auiser & aux moyens de les executer, & à la consequence apres le fait. La plus part n'y treuuoient que tout auantage pour en mieux asseurer le repos du Royaume, & en particulier l'Estat de la Religion Protestante. Surce de Biron fut enuoyé par le Roy à la Rochelle induire & persuader tant la Roine de Nauarre que les Princes & l'Amiral de s'acheminer en Court, pour l'auancement de chose si grande : les asseurans en telle sorte du vouloir de sa Majesté qu'il n'y falloit rien plus : leur remontrant que la simplesse seroit trop grande de souffrir escouler si belle occasion, à l'honneur & profit de toute la France. L'occasion perdue ne leur restoit qu'vn vain repentir de leur faute passée : & vn desplaisir merueilleux que le Roy, la Roine sa Mere & autres plus apparens apres eux, conceuroient à bon droit sur les Protestans : jusques a ramener, peut estre, les affaires à leurs premieres miseres desquelles les Confederez ne sesoient que sortir ; que le Roy commençoit tellement a aimer : que les Seigneurs de Guyse & autres qui plus sembloient les fauoriser, auoient esté comme forcez se retirer de la Court, pour le peu de caresse & maigre visage que le Roy leur fesoit. Toutesfois ils ne furent conseillez d'y aller si tost. Ainsi laissans faire les entrées du Roy & de la Roine à Paris : la Roine de Nauarre demeura encore quelque temps à la Rochelle auec le Prince de Bearn son Fils : lequel accompagné de son cousin Prince de Condé, estoit retourné de la reueuë de ses païs où il estoit allé, tant pour conoitre & contanter ses sujets : que pour voir les places, mesmes les frontieres de son Royaume: & y ordonner selon le besoin. Or desiroit le Roy merueilleusement que ce Mariage print vne fin, tant pour seruir de rafreschissement des anciennes alliances entre les maisons de Vallois, celles de Bourbon & d'Albert (lesquelles deux jointes tiennent le Royaume de Nauarre pour ce jour) que pour establir vn meilleur moien d'appaiser & asseurer l'Estat de la France : ostant aux Confederez tous soupçons qu'on leur voulust nuire à l'auenir. Et pource qu'il voioit plusieurs grans personnages, tant estrangers que naturels de son Royaume, lui desconseiller ce Mariage comme illegitime, & qui ne pouuoit estre que pernicieux à l'vn & l'autre parti : veu la proximité du sang & la contrarieté de Religions. Il pria le Pape lui enuoyer vne dispense, tant pour raison du sang, que pour la difference de Religions : & qu'il permist au reste qu'on y vsast des ceremonies qu'on treuueroit les plus propres & expedientes pour le bien des affaires de tout son Royaume : pour la consideration duquel & de toute l'Eglise Catholique il disoit faire cela plus que pour autre respect. Mais il en fut refusé, & ne feut que par le moien que je diray ailleurs. Ce Pape s'appelloit Pie 5. natif de Bosso petite ville Lombarde pres Alexandrie, esleué de fort bas lieu à ceste haute dignité. Il auoit autresfois esté Inquisiteur de la Foy côtre les heretiques à Millan, où il se porta si fidele & diligent, qu'apres plusieurs grades il fut esleu Cardinal : & en fin Pape de Rome.

 Ayant donc le Roy Charles fait porter ce tesmoignage de bonne volonté à la Roine de Nauarre & au Prince de Bearn son Fils: apres plusieurs remercimês & telles autres parolles d'hôneur: l'offre ne lui sembla de moindre importance q̃ mal-aisé a executer pour la diuersité de religiôs. Au moyen dequoy elle employa quelque tẽps pour auiser à loisir sur ce fait de consciêce. Car aujourdhui les Seigneurs, voire les petis particuliers pour si peu de moiês qu'ils aient: se dispensent eux mesmes & fort libremẽt du deuoir du sang: qui rẽd les parties proches parêtes l'vne de l'autre. Vray est q̃ les Politics disoient que cỗme les loix & ordre Ciuil procedẽt d'opiniô plus que d'vne verité q̃ nature aye establi pour ce fait: qu'aussi telle cỗstitution depẽd de l'autorité & moyẽ particulier du Prince a cort, qui fait & dône les ordonnãces à ses sujets selô le naturel, tant d'eux que des affaires qui se presentẽt. Et pource qu'il n'y a rien d'eternel &

Pourparlé du Mariage entre le Prince de Bearn & Madame Marguerite

Pape Pie 5.

Consultation pour le fait de conscience.

Le deuoir de sang & parenté n'est côsiderable entre les grans, & pourquoy.

C c iij

asseuré en ce monde: faut de necessité que ceux qui sont esleuez au Gouuernement d'vn Estat tel qu'il soit: changent les loix & diuersifient l'ordre politic selon la diuersité des occasions qui s'offrent. Aussi que l'occurrence d'vn si grand bien à venir qu'ils esperoient de la conjonction de deux si proches parens: leur auoit fait aisément contreuenir à telle constitution obseruée par leurs deuanciers, & de laquelle ils ne se voudroient emanciper sans grande consideration: ne fust-ce que pour la crainte que les Seigneurs qui secondent le Prince en son Estat: & peu à peu le reste des particuliers qui prennent droit a se conformer aux mœurs & façon de faire de leur Souuerain: ne s'attribuassent en fin pareille liberté de renuerser ce que les anciens ont auisément ordonné pour le seur entretien de tout l'Estat.

Doncques la Roine de Nauarre craignant seulement que la conscience d'elle & de son Fils y fust blessée: Elle en demanda premierement l'auis d'aucuns des plus renommez Ministres de la France: puis des autres, tant Nobles que de ceux dont elle voyoit le jugement de quelque prix au maniment des affaires de ce monde. Sçauoir si le Mariage pouuoit estre legitime entre deux personnes de Religions si differentes. Elle en eut de viue voix & par lettres la resolution de plusieurs: la plus part desquels conclurent la conjonction legitime contre l'opinion de plusieurs autres toutesfois, lesquels ne se fondans moins sur la raison Diuine que sur les portemens humains: & sur tout raportant les actions passées à celles de leur temps pour mieux juger de l'auenir: s'asseuroient qu'il ne pouuoit estre si heureux qu'ils desiroient Ainsi donc bien que la parolle de Dieu y contrariast, la raison Ciuille neantmoins seruit de fondement aux Politics pour bastir l'edifice dont je vous parleray en autre lieu.

Sur ce le Mariage est conclu & asseuré pour le Prince de Bearn, sans que le Roy fist grande difficulté pour le different de Religion: seulement vouloit que sa sœur fust mariée en face d'Eglise suiuant les ceremonies Romaines: comm' aussi il obtint vne dispence du Pape pour la consanguinité d'entre les pour-parlez. Le Pape ce pendant qui n'appreuuoit cette alliance, & craignoit qu'elle ne succedast au prejudice de la Religion Catholicque aiant enuoié le Cardinal Alexandrin son Neueu vers les Rois d'Espagne & de Portugal pour les induire a guerroyer le Turc, & entrer en ligue auec sa Sainteté & la Seigneurie de Venise: despescha aussi tost vers icelui Cardinal, l'Euesque Saluiati (qui auoit aussi charge d'empescher ce Mariage en France) affin qu'il pratiquast l'alliance des Rois de France & de Portuga par le mariage de Madame Marguerite auec le Portugais Dom Sebastien. Occasion que le Legat Cardinal auoir negotié en Portugal suiuant la volonté du Pape: passa soudain en France, & lors mesme que la Roine de Nauarre s'acheminoit en Court, qu'il treuua & outrepassa courant la poste sans mesme la saluër. Ce fut en Mars qu'il fut fort fauorablement receu, traité & conduit à la Françoise, sans neantmoins emporter rien des fins pour lesquelles il estoit principalement venu: sçauoir pour la rupture de ce Mariage pour l'ouuerture de l'autre: non plus que pour joindre le Roy Tres-chrestien à la ligue sainte. Mais seulement vne promesse qu'il se monstreroit tousjours le fils ainé de l'Eglise: & que tous ses desseins ne tendoient qu'à la seureté honeur & auancement de la religion Catholicque: dont le Pape receuoit de grans tesmoignages dans peu de temps.

La Roine de Nauarre & Comte Ludouic en Court.

Ce pendant la Roine de Nauarré fut tant solicitée d'aller en Court qu'en fin accompagnée du Conte Ludouic & plusieurs autres elle fut treuuer le Roy à Blois: duquel, & de la Roine Mere notamment elle fut amiablement receuë, comme de tous les autres. Brief, le Mariage de son Fils apres plusieurs menées & difficultez faites sur quelques points fut en fin conclud & arresté. Conformes neantmoins de volonté au principal: controuerserent vn peu sur les accessoires d'icelui. Sçauoir est des ceremonies & du lieu auquel tout se paracheueroit. La Mere du Prince ne vouloit permettre que son Fils espousast ni mesmes fust fiancé à la Catholicque: & eust plustost consenti la rupture du Mariage accordé que les ceremonies Romaines. La Roine Mere ne se monstroit moins roide à l'entretien de la Religion pour la conscience de sa fille. Surquoy le Roy pria fort la Roine de Nauarre d'accorder cela tant à lui qu'à sa sœur, Que les ceremonies se fissent à l'accoustumée. Lui remonstrant en outre que le deuoir de sa grandeur lui commandoit de benir & sanctifier le Mariage de sa sœur à l'ancienne forme de la Religion que ses Peres lui auoient laissé de main en main, comme heritage qu'il vouloit garder en son entier. Mais voyant la resolution

contraire

contraire de ceste Roine dit tout haut (comme en cholere) qu'il dispenseroit sa sœur des liens & ordonnances tant de l'vne que de l'autre Religion : & qu'il les feroit espouser par autre plustost que le Mariage se rompist. Ceste parolle comme venuë d'vn tel Roy courut aussi tost par toute sa Court: esueillant les Esprits des François à considerations aussi diuerses qu'estoient legeres les affections qui les passionnoient. Les Protestans aises de la parolle, en prenoient vn plus asseuré presage d'vn bon repos à venir. Au contraire, les Catholicques s'en montroient fort indignez, disans que le Roy changeoit d'humeurs : que les Huguenos lui desroboient le cœur peu à peu : & qu'auec le temps il pourroit aussi quitter la Religion ancienne pour la nouuelle. Grand nõbre des vns & des autres neantmoins y prenoient plaisir : comme lon voit les François si affectionnez vers leur Prince qu'ils prennent à honneur de l'imiter & ensuiure en mœurs, parolles, habits, contenance & toute forme de vie qu'il veut tenir. Voire que plusieurs mesmes des plus remarquez au Royaume disent, haut & clair, qu'ils n'ont & ne veulent suiure autre religion que celle du Prince telle qu'elle soit. Qui est vn grand point a bien maintenir vn Estat à sa deuotion, si le Prince en sçait dextrement vser. Et me semble que si deuotieuse reuerence vient d'vne habitude que le naturel des anciens sujets gangnez par les bons & vertueux portemens de leurs Princes, ont laissé comme heritage naturel & ordinaire à leurs enfans & riere neueux du jourd'hui. Car il n'y a rien qui force plus vn peuple a honorer son Seigneur, que la vertu & douceur naturelle qu'il praticque & fait voir au proffit des siens. La rigueur les fait craindre, & consequemment peu aimer : encor ceste crainte & froide amitié ne durerõt que pour le tẽps que durera l'occasion de craindre: cõme le souuenir de tant de choses passées nous font assez conoistre. Mais la douceur & discretion neantmoins demeure au cœur, & produit ses effects tant que les hõmes qui en ont receu plaisir ou proffit se peuuent remuer sur la terre. Voire que decedans ils font leurs enfans heritiers de celle volonté, non moins que du reste qu'ils leur laissent en heritage. Car si par l'auis des plus excellens naturels qui furent oncques : les vices, les maladies & imperfections tant du corps que de l'esprit des peres, descendent comme succession naturelle aux enfans : beaucoup plustost la vertu, les graces & autres bonnes impressions de l'esprit, vont prandre mesme siege au cœur des enfans (notãmẽt fils sont bien nez) qu'elles auoient en leurs parens decedez. Ainsi fut en fin conclu que les promesses des Espoux à venir, seroient receuës par le Cardinal de Bourbon, hors les ceremonies de l'Eglise Romaine. Quand au lieu nuptial, la Roine de Nauarre ne vouloit accorder que ce fust à Paris; pource qu'elle jugeoit celle ville trop Catholicque & peu affectionnée tant à la maison de Bourbon qu'à celle de Nauarre. Mais le Roy insistant au contraire : lui remonstra qu'il ne vouloit changer l'ancienne & loüable façon de faire que ses predecesseurs auoient entretenu jusques ici: de celebrer les Mariages Royaux en la Capitale de leur Royaume. Ioint que tous en prandroient vn plus grand tesmoignage, & plus ferme asseurance d'vne bonne paix, si les nopces y estoient faites comme sur vn Theatre de toute la France. Qui peuuoit au reste mieux & plustost fournir tout ce qui seroit requis & demandé d'vne & d'autre part que la Capitale de tout le Royaume? Fut en fin accordé que tout se feroit à Paris, & le plus soudain qu'on pourroit.

Estans ainsi ces choses & autres dont je parleray ailleurs reciproquemẽt accordées : la Roine de Nauarre promit qu'elle feroit venir son Fils aussi tost qu'il auroit dressé son train. Et en telle resolution partit de Blois pour aller à Paris lieu destiné à l'accomplissement du surplus.

Peu apres l'Heritier de Nauarre vint trouuer le Roy à Blois, suiui de maints signallez Seigneurs & Gentilshommes Protestans. Le grand nombre desquels pour se monter à pres de cinq cens bien qualliffiez : rendoit la trouppe si grosse, que plusieurs s'apresterent assez d'occasion d'en murmurer. Là fut conclu le Mariage entre les deux parties & ceux qui auoient puissance sur elles. Les principaux Articles du Contract portoient. En ce mesme temps on preparoit le Mariage d'entre Henry de Bourbon fils aisné du feu Prince de Condé auec Marie de Cleues la plus jeune des filles de Neuers surnommée Marquise d'Isles riche & de mesme Religion que lui.

Durant ces propos, l'Amiral veuf de Charlotte de Laual (decedée à Orleans dés les deuxiémes troubles) se Maria auec la Fille du Comte d'Entramont en Sauoye, & tant pour ses vertus que pour la recommandation de ses Ancestres bien renommée en son païs & quartiers circonuoisins. Le Duc de Sauoye l'auoit voulu marier auec vn Gentilhomme sien fauo-

[marginalia:]
Naturel des François, & de leur deuotion vers le Prince auec la raisõ de ce.

L'affection bõne & mauuaise des Peres descend cõme heritage à leurs enfans.

Le lieu des Nocts.

La Royne de Nauarre à Paris.

Le Prince son fils à Blois.

Mariage du Prince de Condé & de la Marquise de L'Isle.

Mariage de l'Amiral & de la Contesse d'Entramont en Sauoye.

rit. Mais elle n'y voulut condeſcendre pour aucunes conſiderations, qui retarderent ce Mariage. L'Amiral y employa la faueur du Roy, lequel en eſcriuit affectueuſement au Duc : l'authorité duquel lui eſtoit neceſſaire, en ce meſmement qu'à l'occaſion du feſtin de ce Mariage il auoit defendu qu'aucun de qualité n'euſt a ſe marier en ſes terres auec eſtrangers ſans ſon ſceu. Le Mariage ſe paracheua dans la Rochelle auec peu de magnificence : comme ſe fit auſſi celui de Telligny auec Loiſe de Coligny fille de l'Amiral qu'il auoit long temps pourchaſſée.

Mariage de Telligny auec la fille de l'Amiral.

En ce temps Lignerolles fut tué en Court par le jeune Villequier ſon ennemi, aſſiſté du Conte Charles, S. Iean frere de Montgommery & autres. Et bien qu'il fuſt le plus grand mignon de Monſieur, ſi eſt-ce, pource qu'aucun n'eſpouſoit la pourſuite qu'en faiſoit la veſue : on dit que la mort lui eſtoit cauſée pour auoir failli enuers ceux qu'il honoroit. Surquoy chacun jugeant de l'occaſion particuliere ſelon la conoiſſance des affaires de Court : les plus auiſez ſe reſoluoient au peu de ſeureté & grand' inconſtance qu'on voit és habitudes des petis enuers les grans à qui ne marche diſcrettement & ne preuoit à l'auenir. De ſimple Gentilhomme il eſtoit venu Cheualier de l'Ordre, Chef d'vne compagnée d'hommes d'Armes & Gouuerneur pour ſa Majeſté en Bourbonnois par la grande faueur qu'il auoit de ſon Maiſtre.

Lignerolles tué en Court.

Vanité & inconſtance de Court.

En meſme ſaiſon Odet de Coligny Cardinal Eueſque & Conte de Beauuois qui depuis le commencement des troiſiémes troubles auoit reſté en Angleterre pour entretenir la Roine affectionnée & ſecourable aux Proteſtans : & la Paix faite employé pour le Mariage de Monſieur & d'elle : voyant le peu d'eſpoir qu'il y auoit : appellé par ſon frere l'Amiral, part de Court pour s'embarquer à Amptone. Mais empoiſonné par vn ſien valet de Chambre au ſentir & manger d'vne pomme : mourut au grand regret des Reformez. L'empoiſonneur fut depuis ſaiſi & en qualité d'eſpion executé à la Rochelle, où il confeſſa tout.

Le Cardinal de Chatillon frere de l'Amiral meurt empoiſonné en Angleterre.

Mais pource que je me ſuis propoſé pour ſujet à mon hiſtoire : le plus memorable de ce qui s'eſt paſſé de nos jours és Prouinces de la Chreſtienté : je ſuis d'auis de laiſſer pour vn temps la memoire des choſes Françoiſes, & vous repreſenter les eſtranges remuëmens des Turcs contre les Italiens & Eſpagnols : leſquels ſe diligentent d'aſſembler leurs forces pour garentir l'Iſle de Chypre de la puiſſance des Mahometans. Pource que l'entrepriſe eſt fort memorable, tant pour le merite de l'Iſle en laquelle a eſté l'vn des plus renommez Royaume qui dependiſt de l'Empire d'Orient : que pour la diuerſité de ſes euenemens merueilleux :
me ſemble expedient vous faire entendre en peu de parolles le naturel de l'Iſle
& la forme de ſon Gouuernement, pour mieux vous eſclarcir de
combien de Maiſtres elle a changé. Et comme de la main des
Pœteuins elle eſt en fin venuë aux Venitiens par droit de
bien ſeance comme les plus forts ſur la race de
Luſignen. Vous y verrez auſſi quelle peine ont pris les Chreſtiens pour ſe
maintenir contre la force des
Othomans.

SOMMAIRE
Du Vintcinquiéme Liure

L'ESTAT ancien, changement & fertilité de l'Iſle de Chypre. Auec les droits & pretenſions que pluſieurs Chreſtiens & Princes de Foy contraire y querellent. Les preparatifs & efforts de l'armée Turqueſque pour s'en ſaiſir, & des Venitiens pour la defendre: armée nauale des Venitiens, Eſpanols & autres Chreſtiens pour rompre les deſſeins du Turc. Leurs diuiſions & partialitez. Famagouſte principal haure de Chypre aſſiegée, batue & priſe auec grande mortalité des Chreſtiens: auſſi malheureux à la defence de Nicoſie & autres cartiers de Chypre, dont le Turc ſe fait ſeigneur à la grande perte des Venitiens & deshonneur de la ligue Chreſtienne trop lente & peu affectionée a ſecourir les Cypriots. Pourſuite des deſſeins de la Guerre en Flandre: l'Amiral en fin perſuade va en Court ou le Mareſchal de Coſſé enuoyé par le Roy à la Rochelle pour ceſt effect le mena. La fauorablement recueily de tous, conſeille au Roy de ſe liguer auec la Royne d'Angleterre & les Allemans. Puis ouure les occaſions & moyens de faire la Guerre a l'Eſpagnol. Ce fait retiré a Chaſtillon enuoye le Capitane Minguetiere deſcouurir en mer. Les eaux ſe desbordent. Tremble terre eſpouuantable. L'Ambaſſadeur & le Cardinal Alexãdrin Nonce du Pape veullent deſtourner le Roy de ce Mariage & de la Guerre du pays bas, auſquels il reſpond. La Negotiation du Cardinal Alexandrin vers l'Eſpagnol & Portugais: tant pour les liguer auec ſa ſainteté & les Venitiens contre le Turc: que pour entamer vn propos de Mariage entre dom Sebaſtien Roy de Portugal & Madame Marguerite de France ſœur du Roy.

Hypre eſt l'vne des belles & plus riches Iſle de la Mediterranée. Elle a vin & huille en abondance, aſſez de froment: les metaux d'airain & de cuiure y faiſonnerent le temps paſſé, & le vitriol fleur d'airain & le Ladanon auſſi. Le Camelot en vient faict de poil dellié des cheures: l'aimant, le ſel blanc dur comme pierre, le ſucre & coton en telle abondance que les Venitiens en fourniſſoient toute l'Europe deuant la deſcouuerte queles Portugois & Eſpagnols ont fait de leurs Indes Orientales & Occidetales des reuenus deſquelles ils fourniſſent aujourdhuy toute la Chreſtienté. On y trouue auſſi Agates, Emeraudes, Criſtal, ametiſte ſimple & autres choſes excellentes. Elle a eſté en ſomme ſi riche que de toutes les nations domtées par les Romains: aucune ne rempliſt plus leurs treſors que celle la reduite en Prouice par Caton ſous Ptollomée dernier Roy Egypte. Auſſi l'appelloiẽt les Grecz l'Iſle Macarie, c'eſt a dire heureuſe. On ne peut dire ſi les habitãs ſont naturels (qu'aucuns nom mẽt Indigenes: les Grecs Amphtochtones) ou eſtrangers. Mais la cõmune voix emporte qu'ils ſont meſlez de Grecs, Feniciens, Syriens, Egyptiens & Eſtiopiens. Soit que le meſlange du peuple de diuers humeurs aye cauſe les delices & corruption des Chyprites: ou le naturel du païs abondant en tout ce qui apporte plaiſir à l'homme: ou bien loyſiueté en laquelle ils ont veſcu long temps: C'eſte Iſle a gaigné le nom de la plus lubricque & diſſolluë nation du monde. Et croy qu'à ceſte occaſion les Grecs ont feint que Venus y eſtoit née, ou quelle fuſt Dame de ceſte Iſle: laquelle à lexemple peut eſtre des Babyloniens d'Aſſyrie, où pour couurir ſes paillardiſes ouurit à ce qu'aucuns diſent l'Eſcolle à la lubricité des filles, leſquelles pour ſe marier ſe preſtoient aux eſtranger: afin que du pris de leur chaſteté elles, achetaſſent celuy qui les voudroit pour mari.

Chypre, & ſa fertilité.

C c iiij

Quand à l'Estat & gouuernement du peuple: si nous voulons recercher l'Estat ancien de Chypre & en parler suiuant ceux qui nous ont laissé ce qu'ils en auoient aprins: nous ne passerons la Monarchie des Egyptiens qui s'asujectirét l'Isle & depuis eux mesmes & les Chipriens domtez par les Perses reconurent le Persan pour Seigneur. Mais s'il en faut parler par conjecture, nous deffaillāt la memoire de choses ancienes: je me persuade q̃ Chypre tant qu'elle a esté Isle, & lors qu'elle tenoit à la terre ferme de Sirie: a tousjours suiui la fortune de celuy qui a maitrisé ses voesins. Les Egyptiēs n'y les Perses n'ont estez les premiers qui ont dōté la Sirie, Grece & Isles de leuāt. Les Assyriens, Medes & Ethiopiēs ont premier qu'eux estēdu leur puissance sur les nations de l'Asie & Affrique. Mais pour ne sembler vouloir amener q̃lque chose nouuelle: je me tiendray à ce que disent Herodote, Strabon, Iosephe & autres historiens qui tesmoignēt que ceste Isle estoit gouuernée par Roytelets que les Grecs appelloient Tiras. Puis domtée pas les Egyptiens, Perses & Macedoniens: en fin la seigneurie de ceste Isle & des autres prochaines est venuë aux Romains au temps de Ptolomée dernier Roy Egyptien sous Caton, qui par le commandement du Senat lui donna forme de Prouince. Depuis la Republique Romaine changée en Monarchie, & icelle diuisée ẽ vne Orientalle & l'autre Occidentalle: les Empereurs Orientaux qui auoient leur siege à Constantinople pour les Chrestiens: maintindrent Chypre deuotieuse jusques à la venuë des Sarrazins. Lesquels cōduits par Hotman (quatriéme Amiral ou Prince Sarrasin) sous l'Empire de Constantin fils d'Heraclée la pillerent toute, comme ils firent aussi l'an 747. sous l'Amiral Maruan au temps de Constantin Copronyme. Puis les Arabes sous Aaron frere de Moseh au temps de Charlemagne qui en jouit par quinze ans, & jusques à ce que Nycephore ayant chassé Yrenée & son fils Constantin, la racheta auec la paix à deniers comtans. Continuans les voyages de la terre Sainte sous Godefroy de Bouillon & autres Princes: Regnaud de Chastillon Gaulois Prince d'Antioche y alla auec armée & s'en fit Seigneur, voyant que les Grecs ne la pouuoient tenir: reconnoissant touteffois l'Empereur des Grecs comme aussi appelloit-lon les Cypriens Grecs. Depuis l'an 1191. lors que Phillippes Roy de France & Richard d'Angleterre passerent en la terre Sainte contre Salladin qui auoit pris Ierusalem: Richard esgaré sur mer par tormente fut contraint d'aborder en Chypre. Dont les Grecs lui deffendirent l'entrée qu'il gagna en fin neantmoins: saccageant l'Isle, & faisant prisonnier Isaac Comene homme factieux & vsurpateur de l'Isle contre le vouloir de l'Empereur son parent. D'où auoir prins force deniers, ostages & mis garnisons par tout: s'en va en Palestine se joindre aux autres. Les Princes estant sur leur retour, & voyant le Royaume de Ierusalem perdu, duquel Guy de Lusignan estoit Roy: Richard lui persuada de le quitter & prandre celui de Chypre (car les Grecs ne portoient tiltre que de Seigneurs de Chypre) en payāt aux Templers certaine somme qu'il auoit emprunté (leur donnant ceste Isle en gage) & qu'il quittast le droit du royaume de Ierusalem & de Syrie. Ce que fit Guy. Ainsi les Anglois se sont portez Rois de Ierusalem: & les Poeteuins, de Chypre: dont ils ont paisiblemēt joüi par 283. ans jusques à ce que les Venitiens leur aient osté par finesse. Voici comment. A Guy mort sans hoirs Emery son frere succeda, lequel espousant Ysabel vesue de Henry Compte de Champagne & seigneur de Tyr eut pour accroissement cest' ancienne peuplade & Colonie de Pheniciens mere de Cartage & autres places. Puis auec les Allemās recouurit & fortifia la ville de Baruch. Mais les grans maistres des Templers & de l'Hospital saint Iean en Ierusalem qui nourrissoient Marie fille de Girard de Montferat la donnerent à Iean de Brenne Prince de Vienne en Dauphiné en mariage: desapointant du Royaume Emery qui ne se soucioit, disoit-il, des affaires de la terre Sainte; dont il mourut de despit. Et lui succeda Iean son fils à Iean Henry de Lusignen qui aspiroit au titre de Roy de Ierusalem qu'il voioit tombé és mains des Allemans. Mais mourant l'an 1230. Alexandre de Lusignan vint à la Couronne secouru par les Genois. Et de son temps S. Lois 9. vint en Chypre, & de là en la terre Sainte. A cet Alexandre succeda Henry 2. qui premier fortifia Famagoste. Et la sist toute semblable à Ptolemaide perduë par les Chrestiens. Hugues de Lusignan vint apres qui se portoit aussi Roy de Ierusalem. Et pour la recouurer passa en France pour accorder les Princes Chrestiens partialisez, faisant Roy de Chypre deuant que partir son fils Pierre. Hugues mourut au voyage 1362. Son fils Pierre incité par le Pape Vrbain 5. vint à Genes, en Allemagne & en France: puis en Guyenne à Edoüar Prince de Galles qui le secourut d'argent (comme aussi fit l'Empereur Charles 4.) pour vnir les Chrestiens contre les Sarrasins

Estat & gouuernement de Chypre.

Roys d'Angleterre cōme Roys de Ierusalem. La maison de Lusignen en Poitou pretend les Royaumes de Ierusalē Chypre & Syrie Tyr & Sydō Colonies de Pheniciens qui ont basti Cartage, Gades Thebes Marseile &c.

raſins. Mais refuzé il enuoya nombre de François & Anglois, leſquels ſurprindrent Alexandrie & la ſaccagerent: n'y demeurans que trois jours. Puis ſe retira en Chypre ou 1 3 7 2. il fut tué par ſon frere en Nicoſie. Le premier ſeptêbre Pierre ſõ fils luy ſucceda ſecouru par les Venitiens & Genoys que ſon pere auoit amené & fut Couronné à Famagoſte le 1 0. Octobre, 1 3 7 2. au Couronnement duquel le premier lieu fuſt donné aux Magiſtrats des Venitiens. Les deux Nations auoient leurs Cytoyens en Chypre auec vn Podeſtat ou Conſul pour faire droict ſous l'autorité du Roy à ceux de la nation que les Inſulaires aimoient plus: encores que le Roy ſêblaſt porter les Genois pour le droit d'hoſpitallité qu'ils auoient pratiqué enuers luy & feu ſon pere: occaſion que le lendemain pluſieurs d'eux vindrent en armes au Palais. Ce que rapporterent les Venitiens au Roy qui les fiſt precipiter du haut des feneſtres en bas. Et de meſme challeur on recercha tous les Genois leſquels on fiſt mourir n'en rechappans qu'vn bien bleſſé qui en porta nouuelles à Genes. La charge de venger cete injure fut dõnée à Pierre Fregoſe auec Domenu Catanée leſquels aſſiſtez de 1 4 mille hommes & 7 0 0 cheuaux aſſiegerẽt & prindrẽt Famagoſte par le moyen de la Royne Clere qui haiſſoit ceux qui auoiẽt ſollicité ſon fils à ce Maſſacre, leſquels furent mis en pieces. La paix fut donnée au Roy à condition que les Genois retiendroiẽt Famagoſte & le Roy ſobligea de leur paier pour quelques années 4 0. mille Eſcus de tribut & pour oſtage les deux fils du Prince d'Antioche qui auoient auſſi ſollicité le Roy contre eux & Iaques de Luſignan lequel ils enfermerent à cauſe qu'il auoit taſché ſenfuir en France pour machiner cõtre la Seigneurie. Le Roy pour ſe venger ſe joinct aux Venitiens. Eſpouſe la fille de Bernabon Seigneur de Milaro lequel luy enuoya 8. cens hommes à cheual. Et la fille conduite à Veniſe fuſt par les Cornaries menée en Chypre. Famagoſte aſſiegé par mer le port fut gaigné. Mais la ville tenant bon, fallut ſe retirer à grand perte. Ainſi les Genois y demeurerent par 5. ans apres leſquels Pierre mort les Inſulaires nomerent Iaques ſon Oncle priſonnier, Roy: que les Genois accompagnerent de dix Galleres: ou arriué, leur donna à pur & à plain Famagoſte en reconoiſſance du traictement & bõ deuoir enuers luy & ſobligea à quelques milliers de Ducats par certaines années. Ayant regné 1 8. ans laiſſa ſon fils qu'il auoit eu en priſon, heritier: lequel taſcha par la corruption de quelques vns auoir Famagoſte: tout fut deſcouuert, les traitres punis & la ville mieux gardée que parauant. Il laſſiegea à 2 0. ans auec telle animoſité qu'il jura n'en partir que la Barbe ne luy griſonnaſt & qu'il feroit mourir ceux qui luy parleroient de ſe retirer. Or comme le Gouuerneur luy remoſtraſt les plaiſirs receus de la Seigneurie: Reſpondit que la Courtoiſie de Genes eſtoit fondée ſur l'vſurpation du bien d'autruy. Mais il falut leuer le ſiege à l'arriuée de l'armée qu'amena Anthoine Grimald qui aprouiſionna la ville. Puis retiré reuiẽt le Roy au ſiege, reſollu de l'auoir par famine & fiſt fermer le port afin que ſecours n'y viures n'y entraſſent. Mais les Genois obeiſſans lors aux François y enuoyerent armée ſous Geoffroy Bouciquant Mareſchal de France Gouuerneur à Genes qui vainquit le Roy, auquel il donna telle conditions de paix qu'il voulut: puis retourna en France. En ce temps Melchée Soudan du grand Caire ſe ſouuenant de la priſe & rauage d'Alexandrie par les Chypriens vint en Chypre 1 4 1 6. mettant tout à feu & ſang: & les Inſullaires en routte print le Roy priſonnier, ſaccagea Nicoſie & emmena preſque tout le peuple captif. Puis le Roy rançoné de ſix vints mille Eſcus & tributaire, retourna mourir l'an 1 4 3 2. laiſſans deux enfans, Anne fiancée à Loys fils du Duc de Sauoye & Iean de peu d'effect qui en ſeconde noces eſpouſa la fille d'vn des Seigneurs de la Morée des Paleologues, ennemie des Ceremonies Romaines que ſuiuoiẽt les Chypriés ſur leſquels elle commandoit plus que ſon mary juſques a y introduire la Religion Grecque. Elle auoit vne nourrice qui la gouuernoit & ſa nourrice vn fils qui faiſoit en ceſte Iſle tout ce qu'il vouloit. Le Roy auoit vn Baſtard nõmé Iaques de grand cœur & ruſé aux affaires: & de la Royne Helaine vne fille nommée Charlotte qu'il donna à Iean fils du Roy de Portugal qui fuſt appellé pour Surintendant aux affaires du Royaume, ſe ſachans les Chypriens d'vn gouuernement de femme: qui remiſt tout en ſon premier Eſtat. Occaſion que le fils de la nourrice le fiſt mourir de poiſon & le tout fut encor remis comme au parauant. Si que le fils de ceſte nourrice traictoit mal Charlotte qui ſen plaignant a ſon frere Baſtard occaſionna la mort de ceſt empoiſonneur. Ce Iaques qui aſpiroit au Royaume eſtoit Eueſque de Nycoſie contre la volonté de l'Egliſe Romaine qui le ſçauoit Baſtard. La Royne pourſuiuãt le meurtre du fils de ſa nourrice fiſt que ce Baſtard ſortiſt & ſen alla à Rodes: & par ainſi fit le mariage de ſa fille auec Lois

Famagoſte port de mer aſſiegé.

Chypre ſaccagée par le Soldan d'Egypte.

Religions differentes en vn eſtat.

fils

L'HISTOIRE DE FRANCE.

fils du Duc de Sauoye qu'elle preſſoit de venir pour s'oppoſer aux deſſeins du Baſtard, lequel ſuiuy de ſecours reuint & campa deuant Nicoſie. Où tous ſes ennemis occis ſe veiſt maiſtre de la place. Le Sauoyen eſtant ſecouru des Venitiens, le Baſtard ſe gouuernant par l'auis de A. Cornarie venitien qui luy donna vne Barque auec cent partiſans: s'enfuit en Alexandrie. Où ſuiuant les Conſtantonopolitains (qui en leurs querelles s'aidēt des Turcs qui les aſſujectiſſoient puis apres:) il demande ſecours au Soudan cōme au Seigneur ſouuerain de Chypre: ſe plaignant qu'il ſils heritier auoit eſté chaſſé par les François. Le Soldan manda à Loys qu'il ſortiſt laiſſant le Royaume à ſon Vaſſal. Mais luy ayant fait entendre que les Baſtards ne ſuccedent; il ſi accordoit, ſans ſon fils qui meu de pitié du Baſtard fiſt tant que Iaques fut declaré Roy: & venu en Chypre tout fut ſien fors le fort de Cerine où Loys & ſō ſecours ſe retira. Charlotte ſa femme ſe retirant ores aux Rodiens pour auoir gens qui furent rompus: or au Pape Pie, ores aux François & tantoſt au Sauoyen ne peut rien faire: ſi que Loys quicta la place & le droit au Royaume & ſe retirāt en Sauoye ſe fiſt Hermite comme ſon pere grand Aymé qui fut depuis Pape a Ripaille: eſtant ſa femme nourrie par les Papes. Iaques eſpouſa Catherine fille du Venitien M. Cornare laquelle mourant 1 4 7 0 il laiſſa groſſe & eut trois enfans que le Senat Venitien fiſt ſoudain conduire à Veniſe, où ils furent bien entretenus leurs vies durāt: afin que s'ils euſſent eſtez en l'Iſle ils n'euſſent ſeruy de couuerture à ceux qui s'en fuſſent vouluſeruir pour remuer meſnage: Iaques ordonna que ſi le fruict legitime venoit à mourir la Royne Catherine jouïſt du Royaume: & juſques à ce que l'enfant fuſt paruenu en aage pour tenir terre. Il ordōna 7. hommes auſquels il recōmanda l'Eſtat dont y auoit aucuns Chypriens, aucuns Venitiens, d'autres Eſpagnols Catalans. Charlotte cependant vraye heritiere fauoriſée de Iean Saplan grand Coneſtable & du Comte de Trypoly deux des ſept Gouuerneurs de Chypre: enuoya vers Mocenicque general Venitien qui lors faiſoit la Guerre en Aſie: le prier d'auoir la cauſe pour recommandée: qui luy reſpond qu'il luy feroit tout plaiſir autant que le public ſe pourroit eſtandre: ſe ſouuenāt des biens & Courtoiſies receus par ſes predeſſeceurs. Mais qu'il y auoit vne obligation particuliere de la Seigneurie vers le Roy Iaques deffunct: l'eſpouſe duquel en eſtoit fille adoptiue & enceinte de laquelle le Senat taſcheroit de garder le droit d'heritage au fruict qui en ſortiroit. Au reſte qu'elle n'eſtoit ſeulle à qui Iaques auoit oſté le Royaume, ains auſſi aux Genois qui en auoient la meilleure part: s'eſtonant qu'elle pēſoit que les Royaumes & leur conqueſtes ne dependoient pas tant des loix que de la force des armes. Pource eſtoit il reſolu de deffendre la femme du Roy: & de fait y mit fortes Garniſons pour les Venitiens. Mais les Eſpagnols entre autres Pierre d'Auille Collonnel de l'infanterie, le Comte de Tripoly, Riccie Marin Neapolitain & Archeueſque de Nycoſie, Catelain qui eſtoit des ſept Gouuerneurs, commencerent a dreſſer menées pour en deſmonter les Venitiens. Cet Archeueſque eſtant à Naples Ambaſſadeur pour le Roy Iaques lors qu'il mourut, conſeilla à Ferdinand fils d'Alfonce Roy de Naples de ſe faire Roy de Chypre. Les moyens eſtoient le mariage de luy & Catherine veſue & d'vn Baſtard de Ferdināt auec la Baſtarde du Roy de Chypre, lequel auroit pour ſō droit le tiltre de Prince de Gallilée & douze mille Ducats de rente & que Ferdinand ſe rendroit deffenſeur de Chypre contre tous. Comme il ſe preparoit à la deffence, il fut deuancé par Mocenique. Les partiaux de l'Archeueſque neantmoins prenans les armes de nuict tuerent au logis de la Royne, Paulin Lappe vn des premiers de la ville & le Medecin de ſa Majeſté. Cornare & Benbe ſon Neueu cerchez & en fin rendus auec promeſſe de vie ſauue furent tuez par Riccie & Triſtan Gibe let Chefs de la conjure. Puis les Eſpagnols entrerent au Palais & prirent la Baſtarde du feu Roy aagée de ſept ans qu'ils fiancerent par Procureur au Baſtard de Ferdinant: lequel ils aduertirent de tout. Les Inſulaires auſſi enuoierent vers la Seigneurie Venitienne pour luy faire trouuer bon la mort de Cornare: forçant la Royne d'eſcrire à Mocenicque que l'arrogance & auarice de l'occis en auoient eſté cauſe: & qu'elle auec ſon fils eſtoit libre & qu'elle gouuernoit ſans deſtourber tout le Royaume. Cependant les conjurez diſpoſoient de tout. Vray eſt que George Contaren, leur mit quelque empeſchement juſques à la venuë des Galleres de Superance Lieutenant de Mocenicque; lequel reffuſé par les Conjurez de rendre les forterreſſes à la Royne: y fait venir Mocenicque par lequel tout fuſt apaiſé fuians les Conjurez où ils peurent, & y laiſſa Garniſons ſuffiſantes contre toutes entrepriſes. En fin l'enfant meurt naturellement ou par accident qui luy haſta la mort. La Seigneurie retira la Royne Catherine; apres

Conſideratiō en matiere d'Eſtat.

Le droit des Venitiēs au Royaume de Chypre.

la mort de laquelle les Venitiens sont portez maistres & ligitimes heritiers de Chypre comme peres de Catherine: le pere selon la Loy entrant és biens & successions de ses enfans. Et en ont jouy par cent ans en toute liberté sans y auoir jamais esté inquietez n'y du Turc n'y du Soldan jusques a l'an 1 5 7 0. que le Turc a poursuiuy les despendances des Royaumes conquis sur le Soldan d'Egypte comme à tous Princes (mesmement à ceux qui ont l'auantage & les forces en main) le droict, comme disoit Brenne Roy Gaulois aux Romains: ou du moins l'aparece & pretexte de raison ne manque jamais pour recercher ce dõt ils ont enuie. *Le droit du Turc sur le Royaume du Chypre.*

Si le Soudan du grand Caire & seigneur d'Egypte pretend droit (comme dit le Pape Pie, & la memoire des choses passées le tesmoignent) sur les Isles de Chypre & de Rodes comme despendantes & hommageables à la Couronne de Palestine sur laquelle il commendoit par les victoires que ses deuanciers auoient autresfois eu sur les Chrestiens: le Turc aujourdhuy successeur d'Egypte ne pouuoit auoir faute n'y du droict n'y d'affection a quereller ces Isles. Si que rien luy sembloit empescher la poursuite de ce qu'on luy auoit osté: que les treues qu'il auoit accordé à l'Ambassadeur Venitien qui luy estoit allé congratuler son auenement à la Couronne apres le deces de Sultan Souliman son pere qui auint 1 5 6 7. deuant Siget en Allemagne auec lequel ils auoient inuiolablement entretenu la Treue dés l'an 1 5 3 9. Et par ce moyen s'estoient merueilleusement enrichis, & acommodez leurs places de tout ce qui leur estoit besoin: n'estant inquietez d'aucuns, par le moyen de la Neutralité qu'ils entretenoient és Guerres que les Chrestiens auoient cependant auec les Barbares. Mais Selim venant à la Couronne: L'Empereur Maximilian & celuy des Perses ayans fait treues auec luy: & assujecti l'Arabie & autres Prouinces qui s'estoient reuoltées: ne manquoit de desir non plus que de moyens d'entreprendre sur les Occidentaux, desquels il haïssoit plus l'Espagnol: sur lequel il deliberoit se venger des pertes passées: se presentant nommément assez fauorable occasion pour la guerre des Mores qu'il deliberoit secourir en Grenade contre le Roy Philippe. Mais son Conseil ingenieusemẽt corrompu luy fit changer d'auis, destournant l'orage sur les Venitiens qui pensoient jouïr d'vn plus long & asseuré repos. Entre autres Iean Mique Espagnol qu'on dit sorti des Iuifs que Ferdinant chassa d'Espagne fort rusé tant pour la viuacité de son Esprit que pour les voyages & trafficqs qu'il auoit faicts en plusieurs lieux de la Chrestienté: met en auant au Turc les incommoditez & deshonneur qu'il receuoit de ceste Seigneurie, à l'occasion de Chypre enclauée parmi les terres de son Empire: l'honneur & proffit merueilleux qui auiẽdroit à tous ses sujets de la prise d'icelle: la coustume des Otomans venus à la Couronne de commencer leur regne par quelque haute entreprise, afin de surpasser ou du moins esgaller la gloire & grãdeur de leurs Ancestres. Que l'Empire basti sur telle façon de faire à pris si heureux progres & auancement si honnorable en la coustume d'icelle: que comme autre chose ne le peut mieux accroistre, aussi rien ne le sçauroit plustost abaisser & perdre du tout, que si par vne paresse & feneantise bastarde, les successeurs mesprisoient d'acroistre leur Estat pour la jouïssance du present. Oncques Prince excellent n'a rien espargné pour obtenir ce grãde honneur, qui rend les viuans semblables aux celestes, en ce que par ce moyen ils sont connus de tous & rendus immortels à toute eternité. Que ceste occasion le rendroit plus loüable que tous ses predecesseurs, pourueu qu'il ne la laissast escouler. Car comme le temps s'en va aussi l'occasion tourne face, senuolle, voire desdaigneuse destre mesprisée, se reuolte au parti contraire. Que ses deuanciers auoient essaié par armes la suffisance de tous mortels: plusieurs desquels ils auoient domté auec grand honneur. Mais quel trophée de toute gloire leur auoit esté basti par les victoires qu'ils auoient obtenu sur les Chrestiens nommément son pere: lequel du viuant d'vn des grans Empereurs qui aye esté en Occident, s'estoit fait Seigneur de Rodes & presque de toute la Panoine & de plusieurs villes obeïssantes à la Seigneurie Venitienne? Qu'il se resouuint à combien de fois il auoit fait trẽbler toute la Chrestienté par la venuë & memorables exploits des deux effroiables armées qu'il auoit fait camper pour la prise de Vienne Bolleuerd de l'Allemagne ou plustost de toute la Chrestienté. Quelles pertes il a fait souffrir à tous les Chrestiens au dernier siege de Maltes. Et bien que la fortune luy eust esté contraire en Allemagne: constant neantmoins en sa resolution il deliberoit d'vn cœur genereux & inuincible de faire voir le dernier effect de sa puissance deuant Vienne, si la mort enuieuse du comble de sa gloire: ne luy eust trãché le fil de si beaux desseins. Et croy que Dieu (disoit il) vous reseruant la prise de ceste place & conqueste *Le droit du Souldan du Caire en Egypte sur les Isles de Rodes & Chypre.* *Venitiens Neutres.* *Les remontrãces & raisons qui fõt entreprendre le Turc sur l'Isle de Chypre.*

de

de Germaine: il a laiſſé, prendre a ſes Ianiſſaires Sighet & Iules deux fortereſſes que les Chreſtiens eſtimoient imprenables, comme pour vous appreſter le chemin à la priſe de Vienne. Puis luy auoir remonſtré qu'il ne deuoit craindre aucun Prince mortel, ſoit pour la paix qu'il auoit auec les Empereurs Chreſtiens & Perſan: ſoit pour les Guerres & diuiſions qui tormentoiẽt la France & l'Eſpagne. Que l'Italie diuiſée à tant de Potentats, n'eſtoit pour ſe bãder contr'vne ſi grande puiſſance que la ſienne. L'Angleterre, Pologne & autres ne demandoiẽt qu'à viure en paix & ſont trop eſlognez pour luy nuire en aucune ſorte: concluoit que la plus belle occaſion ſe preſentoit de prẽdre Chypre ſur les Venitiens: puis ſe ruer ſur Candie & de la ſur la Vierge (ainſi appellẽt les Venitiẽs la capitale de leur Seigneurie pour n'auoir, diſent ils, jamais eſté priſe) laquelle aſſujectie & Rome par apres: vous ſerez vray & aſſeuré ſucceſſeur des Empereurs Romains. Ce qui vous eſt aiſé de faire, conſideré le peu de moiens qu'ont les Chreſtiens de vous en reculer: meſmement les Venitiens & autres d'Italie. Car bien que la memoire du paſſé, recommande pluſieurs des geſtes qu'ils ont autresfois heureuſement fait: ceſte gaillarde vigueur neantmoins & le los de leur ancienne diſcipline miliataire ſ'eſt euanouye par vn ſi long repos auquel ils ſe ſont nourris juſques à preſent en toutes delices mondaines : a briguer honneurs, a trafficquer & courre çà & là pour s'enrichir comme marchans qu'ils ſont: qui fait qu'il y a peu de Soldats parmy eux & moins encores d'experimentez Capitaines: occaſion qu'ils ſont forcez de fier leur ſalut & ſeureté de leur Seigneurie, à la Foy des eſtrangers qu'ils ſoudoient pour la conduite de leur guerre. Dont pourroient ils au reſte trouuer la grande prouiſion de viures qui leur ſera neceſſaire pour dreſſer armée contre la voſtre? D'où viendra tant d'argent qui leur faudra pour ſuuenir à tant & tant de frais qu'ils y ſeront contraincts de faire? Ils ont eu loiſir & moyens d'amaſſer de grans deniers depuis qu'ils ont changé la guerre à la paix : les particuliers ſont riches qui aideront au public: ils ont de grãds reuenus, pluſieurs Doanes, gros peages & gabelles. Mais tout cela & beaucoup d'auantage ſ'eſpuiſera en peu de temps. Ioinct qu'ils ſont grans deſpens à la conſeruation de leurs places, entretiẽ de leurs Officiers, empeſcher que leur ville ne ſe face terre ferme, & autres occurrences qui ſe preſentẽt d'heure a autre. Qui me fait croire puis que les terres de leur Eſtat cõme à l'Eſpagnol ne ſont joinctes: Ains fort ſeparées les vnes des autres : Que leur treſor n'eſt ſi grand qu'on chante . Au rebours tous moiens vous abondent, toutes choſes vous rient, & ne reſte qu'vn ferme propos & courageuſe reſolution d'executer ce qu'on vous propoſe: choſe aiſée ſi vous l'ẽtreprenez. Ils ſe pourront liguer auec quelques vns des Princes Chreſtiens: mais telle confederation n'eſt jamais durable, tachant chacun à faire ſon proffit: Ioint les deffiances qu'on voit n'aiſtre à tous propos parmi tels colleguez.

Le Turc s'arreſtant à ces remonſtrances & autres qu'on luy fit entendre d'ailleurs, deſpecha vn Chaons (c'eſt à nous vn Heraut) auec le Secretaire de l'Ambaſſadeur Venitien pour demander Chypre, & en cas de refus leur denoncer la guerre: que les Venitiens en ſomme prefererent à la redition de ce qu'ils dirent tenir par droit de ſucceſſion & juſtement. Au ſurplus ne s'eſtonnerent des menaces Turqueſques tant pour auoir eſté auerti de leurs menées (comme choſes preueuës esbranlent moins le cœur des hommes) que pour l'eſpoir qu'ils auoient de rendre vains les efforts ennemis. Quant à l'auertiſſement, ils l'auoient receu de Conſtantinople: & par vn preſage qui leur vnit le 13. Septembre, par lequel ils ſoupçonnerent que leur repos ne ſeroit de longue durée. Ce fut que ſur la nuict le feu ſe priſt aux poudres de l'Arcenac pour grande que fuſt la dilligence à les garder. Si qu'en vn moment 30. Cacques bruſlerent auec telle impetuoſité que toute la ville en trembla: trois Tours en furent abbatues où eſtoient les poudres & y eut tel effroy que tous s'eſtimoient comme perdus . Ioint que peu au parauant on mit vn liuret en lumiere prediſant que ce jour y auroit des tonnerres & foudres ſi effroiables que tous les edifices ſ'en iroiẽt par terre. Le nouueau mur de Muran où l'on fait le verre à vn mille de la ville fuſt mis bas, fors du coſté de Murã & tout le monaſtere des Dames de Celeſtrin toutes leſquelles (fors vne qui mourut) en furent mutilées. Aucun vaiſſeau toutesfois n'y fut bruſlé fors quelques vns d'enfondrez. Toutes les verrieres de Muran rompues & le ſon ſi grãd qu'õ l'ouit de Padouë, Treuiſe juſques en Iſtrie & Dalmatie. Si le Senat n'euſt mis quelques mois auant 800. Cacques de poudre en cinq ou ſix forts de pierre couuers de lames de plomb en diuers endroits: la ville euſt veu ſon extremité . En meſme temps le feu ſe prit ne ſçait-on comment à Conſtantinople où il bruſla infinité de maiſons. Auſſi les Moſcouittes

Veniſe la Vierge.

Reſponce des Venitiens au Turc

Preſages de la guerre Venitienne.

Brulement.

LIVRE VINTCINQVIEME. 16

uittes bruslerent toute la poudre que le Turc faisoit garder à la Tane sur le Fleuve Tanais & y mourut grand nombre d'hommes: La diligence de pourvoir à tous inconveniens fut de preparer & envoier tout ce qu'ils jugerent necessaire pour fortifier Trenité & Tamaste premieres villes de Chypre au jourd'hui nommée Nicosie qui est la principale & Famagoste la plus riche pour le beau port qui y est. Cependant avoir sçeu les preparatifs de l'Armée navalle du Turc & des exploits que faisoient ses gens en Illirie & Dalmatie: & que ja Bernard Moripetre Chef des leurs y estoit mort: y ordonnerent pour successeur Fabie Canat: & firent toute diligence d'avancer leur Armée de mer. Cependant ils arresterent tous les Turcs en vn lieu de Venise,& sellererent leurs biens du seau de la Seigneurie:pource que le Turc en avoit autant faict aux Venitiens traffiquans en ses terres,& avoit fait arrester François Barbare leur Ambassadeur n'estans permis à aucun de sortir qu'avec sa garde. Puis aiant donné la charge de l'Armée de mer à Hierosme Zian le 2 3. May luy mettant sollennellement l'enseigne saint Marc en main suivant la coustume: luy cōmanderent se preparer au plustost pour le voyage. L'Espagnol aussi arma ses Galleres ausquelles se joignirent quelques vaisseaux Genois pour le secours Venitien. L'armée Turquesque neantmoins prit la route de Chypre descouverte au premier Iuillet pres Paphos. Dont avant les Turcs mirēt toutes leurs forces à terre à Sallines sans aucun empeschement encor qu'Astor Baillon fut d'avis de leur empescher la descente & les principaux de Nicosie qui presenterent Requeste à ces fins. Mais Nicolas Dandule Gouverneur & Horocas Collateral ne le permirent, veu le peu de gens qu'ils avoient & qu'il ne falloit d'esgarnir les places. Ioinct qu'il y avoit 30.mille jusques aux ennemis & amenoiēt pour exemple que force Paluicin fort estimé pour lors par les Venitiens au fait de guerre avoit eu mesmes avis au Senat de Venise.Les Stradiots (ce sont chevaux legers & avant-coureurs)qui estoient à Saline se retirerent sous Roques à Nycosie,devant laquelle comparust partie de l'Infanterie Turquesque sans Canon n'y Cavallerie le 2. Iuillet qui donna cœur à Palasse Fanéen de sortir dessus,mais il ne fust creu, & le lendemain le reste y vint camper & cinq cēs chevaux Turcs tirerent vers Famagoste pour se saisir de passages & garder les secours & vivres d'entrer en Nicosie.Il y pouvoit avoir lors 13. cens hommes de deffence Italiens, Grecs & insulaires: mais la peste qui y avoit commandé par-avant y continuant en avoit ja emporté beaucoup. Leur Cavallerie estoit de cinq cens Stradiots & quelque Cavallerie des Bans & riere bans & nombre de volontaires. Les Turcs avoiēt 4. mille chevaux six mille Ianissaires,& 25. mille autres Soldats.Le pavillō du General Mustafa Bassa estoit sur les mōts mandians,& là contre l'opinion des Insulaires creusans y trouverent eau douce qui les acommoda fort,festendans jusques à demi quart de lieuë de Nycosie se presentans assez pour attirer les assiegez à l'escarmouche lesquels furent empeschez de sortir pour vn temps: en fin y estans tué leur Collonel d'Infanterie Cortez Macedonien le commandement de ne sortir fut plus estroittement publié & entretenu: quoy voyant les Turcs dresserent leurs Cavalliers,trechées, terrases & levées avec vn fort au mont S. Marine esleué en baterie avec vne incroiable diligence qu'ils continuerent jour & nuict,nonobstant les Canonades des assiegez: d'où ils commencerent la baterie sur les maisons & courtines de la ville. Ils en dresserent vn autre à saint George de Magnane dont ils tiroient aux maisons & deffences. Le 3. au coustau Marguerite entre les forts de Constance & Podocataro,& le 3. sur la colline du mont Tomandie: de la ils firent leur aproches jusques à la contr'-escarpe pour batre mieux la muraille & vis à vis des quatre bastions de la ville firent 4. autres forts à 50. pas pres des murailles, & par quatre jours batirent dés le matin jusques au soir les quatre forts avec soixante Canons sans relasche, fors trois heures sur le midi pour refreschir le Canon à cause de la grande chaleur qui est là. Mais voyans les coups vains,dont les balles s'engrenoient dans le terrin mol: se mirent à pionner esleuant des terrasses d'vne merveilleuse hauteur. Si que nonobstant les Canonnades vindrent à la Contr'-escarpe par trenchées dont ils jettoient la terre contre & dans le fossé de la ville endommageans fort ceux qui se presenterent à la muraille. Leurs forts estoient bien fossoiez bien flancquez & fascinez de tous costez des fascines que la Cavallerie apportoit:pourueus de bonnes cōtr'-escarpes & autres munitions necessaires qui les couuroient des Canonnades & coups d'harquebuse des assiegez.Sur ce ils delibererent abattre le haut des Tours surquoy vne saillie fut resoluë de mille Fantassins cōduits par Pionen Vicentin & Albert Scote Plaisatin lesquels sortirent le 15. Aoust si resolument qu'ils gaignerent deux forts,mettans en tel effroy

Preparatifs de guerre tant naual le que terrestre.

Turcs & Venitiens arrestez d'vne part & d'autre.

Nicosie assiegé.

Aproches & bateries des Turcs.

Baterie.

Sortie des assiegez.

Aoust, 1578.

tel effroy tout le camp que si la Cauallerie les eust suiui & donné en flanc au chaut du combat comme ils l'attendoient, l'ennemi eust receu vne merueilleuse perte. Mais pource qu'on n'auoit espoir qu'é la Noblesse, on ne la voulut souffrir dehors. Si que l'ennemi se reconnoissant tourna teste si furieusement qu'il mit les Chrestiens en desordre: cent furent faits prisonniers les Chefs tuez & plusieurs y demeurerent, le reste se retira en ville: occasion qu'on ne permit plus aucune sortie: si bien que les Turcs firent de la en auant ce qu'ils voulurent, & les battirent en tant de sortes par 45. jours & notammēt au 15. assauts qu'ils leur liurerent: que de 13. cens ne leur en restoit 500. hommes de deffence. Auec ce toutes munitions mesmement la poudre cōmença à leur faillir. Occasion qu'ils enuoierent à plusieurs fois à Famagoste & à la montagne faire entendre leur necessité par lettre chiffrée. Mais l'ennemi garda si bien les passages qu'il prit tous les messagiers fors Iean Baptiste Colomb qui retourna sans proffit, & leur monstroient les Turcs les lettres surprises: afin que desesperez de secours ils se rendissent sans attendre l'extremité laquelle se presenta le dernier Septembre, auquel les quatre premiers Chefs entreprindrent d'enleuer chacun son fort & mettre tout au fil de l'espée. Ils commencerent dés le point du jour, & firent tant par rafreschissement de soldats, que le Bassa de la Carmanie força vn fort de Podocataro presque tous les Grecs & Italiens y estans morts honorablemēt; & ne sceut empescher Horacas auec ses freres & le Capitaine Palasse suiui de plusieurs autres (qui tous y demeurerent) que l'ennemi secouru n'entrast par la, dedans la ville auec telle furie & si sanglant carnage qui dura par six heures, qu'il vaut mieux s'en taire que d'en dire assez. Voire que sans la venuë de Mustafa qui promist la vie à ceux qui l'airroiēt les armes (chacun combattant encores és ruës & cantons de la ville comme ils se pouuoient rencontrer:) Les Turcs n'en eussent pris vn seul à merci. Cela fut le moien à 25. ou 30. des principaux de se sauuer & à peu de la Populace. Presque tous tiennent qu'outre les fautes cy dessus commises de n'auoir empesché la descente à Salines par 25. milles Francomates qu'on y eust peu leuer & faire voir en bataille sur les monts aux ennemis: auec autres forces qu'on y eust peu assembler: & le peu de saillie qu'on fist à Nycosie dés le commencement: qu'on eust encores peu repousser l'ennemi auec la Cauallerie qui estoit en la ville, monstāt à 500. Stradiots outre les bans & riere bans, & les volontaires qui faisoient le nombre de mille tous bons hommes & plusieurs autres moiens cheuaux: dont on eust peu accommoder les harquebuziers. Et disent que d'Andule ne se seruit pas d'vne commodité qui estoit en ville, sçauoir d'vn large entre-deux qui est depuis les murs jusques aux maisons de la ville où il estoit aisé de disposer bōne Cauallerie à vn besoin & troupe de harquebuziers pour donner en flanc à l'ennemi. On dira que les fautes faites sont aisées à remarquer. Il ne faut pourtant s'en taire, puis que les premiers de la nation qui a failli les remarquent. Ioinct que si nous auons esprit nous ensagirons en mesme ou semblable occurrence par la faute d'autruy si elle nous est donnée à entendre. Autremēt si les fautes des premiers nous sont cachées : mille erreurs sur mesme sujet ne proffiteront de rien & viurons lors cōme bestes sans discretion. Non seulemant au fait de la guerre: mais aussi en la Politique & és autres affaires particulieres à chacun.

Mustafa auoir laissé 4. mille Fātassins & mille Cheuaux pour garnisō à Nicosie sous le gouuernemēt de Mustafer l'vn des principaux Chefs: tira droit à Famagoste. Surquoy les Turcs auertis que l'Armée nauale des Chrestiens venoit resoluë de les charger: Aly General de mer qui auoit quatre cens vaisseaux entre lesquels y auoit cent soixante Galleres bien pourueuës & fournies de cent bons hommes chacune. Soixante Galeottes, trois Venitiennes & six Maones à porter viures, autant de palandres pour les cheuaux, dixhuit grosses naux marchādes & le reste Caramusals: n'estoit d'auis de prendre le hazard. Mais l'opinion de Mustafa fut suiuie qui dit que se seroit contre la grandeur & Majesté de l'Empereur s'ils refusoient le cōbat. Promettant à tous que la liberalité du grand Seigneur les reconoitroit chacun selon son merite. Lors tous les esclaues & autres inutiles au cōbat mis à terre pres Famagoste où tous s'estoient ja rendus: & s'aprestant chacun à son deuoir: enuoierent deux Nauires au Cap Saint Euphanie dit anciennement le promontoire Acmas & de la plus outre pour prendre langue du dessein des Chrestiens. Mais aussi tost qu'ils sceurent qu'il retournoient chacun en son païs: auec vne joye incroiable reprenans les captifs & autres laissez en terre ils leuerent l'ancre le seziéme Octobre. Pyaly prenant la route de Constantinople & Haly de Rhodes emmenant la fleur de la jeunesse Cypriotte tresors & infinies despouilles pour presenter le tout à Selim

à &

Assaut furieux.

Nicosie prise d'assaut.

Fautes que les Italiens remarquent à la desfaite en Chypre & prise de Nicosie.

L'entre-ville & mur que les Latins apllent Pomeria.

Conseil en l'Armee naualle du Turc sur la Bataille.

Armée de mer des Chrestiens se rompt & se retire chacū chez soy.

Armée de mer Turquesque se retire chargée de butin

& à Mahomet le principal Bascha y auoit entre autres vn grand Nauire chargé de diuers butins, ou estoient aussi les poudres & vne Damoiselle entre autres laquelle estimant le peché de mourir volontairement, moindre que le mal & deshonneur de tomber entre les mains des victorieux: Et plus grande loüange de mourir auec honneur sa chasteté gardée: que de viure deshonnorée en seruitude perpetuelle: mit le feu aux poudres qui bruslerent tout fors 5. ou 6. Turcs eschapez à la nage pour en porter certaines nouuelles. Semblable à la Grecque Hippo: laquelle se voiāt ès Nauires de ses ennemis aima mieux se precipiter en l'eau que d'estre violée. Comme fit Digne belle par excellēce en Aquilée: laquelle voiant les soldats d'Atile Roy des Huns rauir, violler, & renuerser tout: aima mieux se precipiter d'vne Tour de sa maison au fleuue Natison: que de pratiquer la mercy des victorieux. Vray est que ces deux ne perdirent que leur vie & celle cy auec la sienne celle de plusieurs centaines d'autres. Mais si aura elle sa loüange d'auoir afranchi par vne si prompte mort, la vie de tant de personnes qui autremēt eussent vescu plus que miserables en ce mōde. *Acte courageux d'vne captiue qui se fist brusler auec d'autres pour mourir chaste & libre.*

Quand à l'armée de mer Chrestienne & du deuoir qu'elle fit pour deliurer l'Isle de la force Turquesque, voyci cōme le tout se porta: Les Venitiens mirent la leur les premiers en mer. Puis l'Espagnol leur enuoia sous Iean André Dorie 60. Galleres bien equippées & fournies de tout le besoin. Le Pape à mesme effect en arma quelques vnes, ausquelles se joignirent celle du Duc de Florence sous le cōmandement de Marc Anthoine Colone: Ez deux armées y auoit plusieurs personnages signallez tant pour la Noblesse de leur race que pour la rare vertu dont ils estoient recōmandez au fait millitaire, nōmement auec André Dorie estoit Aluare Bacian, Iean de Cardone, & Ascagne de la Corne en la foy vaillance & pratique duquel s'asseuroit fort le Roy Phillipe. Partis de Messine & arriuez à Otrāte, se retirerēt sur la fin du mois precedent au port de Sude (jadis Amphimalée en Candie) & se joignirent à l'armée Venitienne. Ce fut là qu'ils mirent en deliberation s'il falloit aller secourir Chypre. Les Venitiens & Italliens conclurent au secours, mais Aseague pour Dorie & les Espagnols, dit tout haut & depuis le fit rediger par escript: qu'ēcor qu'ils ne fussēt venus qu'à ceste fin & que c'estoit la plus belle & loüable entreprise qu'ō sçauroit faire. Si est-ce qu'il estoit d'auis que premierquē l'au pacer à l'execution d'icelle, on feust asseuré de deux choses, la 1. de l'Estat & desseins de l'enemy: Et à ceste fin l'on depescha 2. Galleres vers Chypre pour prēdre lāgue tāt de l'Estat de Chypre que de l'Armée Turquesque. La 2. sçauoir l'Estat de l'armée Venitiēne, d'autāt que de jour à autre ils estoiēt auertis du defaut des viures & soldats qui y māquoient. Afin mesme de dōner plus de cœur aux autres de bien faire: Il dit luy sembler bon qu'on reuisitast tous les vaisseaux de l'armée Realle & vouloit que le General des Associez, ses Lieutenās & autres mēbres souffrissent le mesme en leur endroit. Mais que voiāt cōbien lentemēt les alliez rafreschissoiēt leur Armée tormentée de peste & disette de viures: auoit dit qu'il ne pouuoit arrester là, plus haut que de ce mois de Septēbre: Lequel terme encor qu'il s'estimast plus long qu'il ne falloit, & qu'en 8. jours on pouuoit aller de Candie à Chypre: neantmoins il l'atēdroit leallemēt & non plus pour la charge qu'il auoit de son Prince de retourner son Armée si autre occasion ne se presentoit. Sur ce il enuoia les 2. Galées pour espics. On ne fist monstres neantmoins que 15. jours apres la remōstrance: & encores auec telle ruze que pour faire croistre le nōbre des Soldats qui desfailloient le General Venitien auoit (dit il) tellement disposé ses Naux esquifs & Galleres que le soldat se pouuoit aisement transporter d'vne en autre: & que de luy il auoit fait voir à l'œil toute son Armée aussi belle & bien fournie qu'on sceut desirer d'vn tel Roy. Et cōme il visitoit quelques vaisseaux Venitiens, il vit à clair deffaillir la 3. partie de la Chiorme vogueurs, matelots & hōmes necessaires à la marine: mesme qu'ō auoit fait passer plusieurs matelots pour soldats. Si qu'il n'y en auoit vne seule qui peust fournir en soldats, en matelots, cent hōmes. Partant son auis estoit qu'auāt toutes choses on raffreschist & armast bien à point toutes les Galleres Venitiēnes. Que cela fust fait par d'autres que les Capitaines qui auoiēt la charge d'icelles: & sans les pillottes & Mariniers qu'ō auoit mis au nōbre des soldats à la reueuē. Puis qu'ō allast resolumēt charger l'ēnemi. Les 2. Galeotes espies n'outrepasserēt l'Isle de Scarpāthe où quelques Grecs leur dirēt que l'enemi auoit reduit ses Galleres à 160. Les Venitiēs toutefois ne prenoiēt ces raisons en paiemēt, alleguās le deshōneur q̄ les Espagnols acquerroiēt: Si venus si auāt ils se retiroiēt à la veuē de l'enemi sans l'auoir veu en face. La hōte d'auoir tāt cōsumé d'argēt sās aucun proffit. Le dōmage euidēt & infinies incōmoditez dōt ils chargeroiēt

Armée vniē Chrestiēnis.

Raisons qui empeschere. les Chrestiens de charger l'Armée Turquesque, & secourir Chypre.

Reueuē de l'Armée Naualle.

Septē. 1570

Dd

Responce des Venitiens aux Espagnols pour le refus de la bataille.

leur Prince si l'ênemi restât le plus fort sur les Venitiés, ils l'ëcourageroiët par vne tãt soudaine retraitte de les suiure & enuahir les terres sujettes aux Roy d'Espagne. Qu'au reste ils ne prinssët excuse sur eux. Car encor que le nõbre des gallans hõmes qu'ils auoiêt amené soit esclarci par la disgrace d'vne peste: laqlle causée par le chãgemêt de l'air & de la nourriture, en auoit enleué plusieurs milliers: & que semblablemët les viures leur soient accourssis: il leur reste assez neantmoins pour fournir à la bataille, qui ne peut estre que soudaine & courte si tous y marchent d'aussi bon pied qu'eux. Marc Anthoine Colone sur tous s'affectionnoit à ceste resolu-

Le Grade de General partialise les Chefz des Chrestiens.

tion, soit qu'il vist les forces bastantes à cest effect: ou que l'eguillon d'honneur le poussoit au desir d'vne gloire immortelle qu'il pensoit se moienner par vne tant signalée victoire que celle la, en laquelle il se promettoit le commandement sur tous les Chefz comme Lieutenant du Pape: non moins que s'il y eust enuoié vn Legat ou Patriarche: encor que André Dorie debastit ce point d'honneur: ne voulant reconoistre aucun sur luy ñe ses trouppes. Dorie neantmoins s'accorda en fin & les batailles ordonnées demanda la pointe. Ainsi le dixseptiéme

Armée Chrestiéne.

Septembre auant jour firent voile en nõbre de cent quarante Galleres, vnze grosses Naux & huit Nauires marchans: le lendemain ils raderent au Canal d'entre Rhodes & Scarpante attendans des vaisseaux les moins legiers, lesquels venus ils passerent vn peu plus outre & se garerent pres terre ferme. Ayans ainsi singlé trois jours de bon vent: la tempeste les fit arrester à Froides Eaux où Dorie mit derechef son opinion en auant, auerty qu'il fut de la prise de Nicosie: Et quel armée Turquesque n'estoit moins forte que le premier jour s'excusant sur le foible ésquipage des Venitiens. Le General desquels y consentit voiant la saison si auancée comme aucuns ont laissé par escrit, concluant à quelque autre dessein & nommément, à la surprise de Negrepõt. Ce que Dorie contredit pour estre le lieu trop auãt en terre ennemie, leur Armée discõmodée de tout & laquelle pourroit estre enclose en l'Archepelague d'où ils ne sçauroient sortir sans combattre l'Armée ennemie. Concluoit plustost d'entreprendre sur Durazo où Castro-nouo où ailleurs sur la Morée: surquoy fut resolu que l'Armée se retireroit. Ainsi le lendemain arriuerent à l'Isle de Scarpante au port de Tristan où Dorie requist aux Ligues que sans aucun interest de leur amitié, il luy fust loisible de partir auant les autres: deliberant se retirer par l'Archipelague, & tirant la routte des Isles Zante & Cephalenie aller querir la Sicile dont il estoit parti. A quoy on luy fit entendre que tous desiroient aller de compagnie jusques à Candie, & de là à Zante d'où chacun se pourroit retirer où il voudroit: estant à craindre (disoient ils) que si l'ennemi sçauoit leur d'esbandade, il n'enuoyast sur la queuë les cent Galleres qu'il auoit prestes au deshonneur de tous & domage particulier des plus malheureux. En fin apres plusieurs parolles piquantes les vns aux autres nommément de Colone vers Dorie & Charles Dauallos: Dorie promit de les accompagner pour tout le mois. Ainsi le vint-septiéme Septembre tous prindrent la routte de Candie, où allant Collone perdit deux Galleres du Pape qui furent enfondrées par l'impetuosité des vents. Arriuez à Candie

Le Comte de Martinégue mort.

le General de l'Armée Realle print congé de ses associez auec toute courtoysie reciproque du moins en aparence, pour tirer à Messine port de Sicile où il ramena son Armée entiere.

Punition de General d'Armée.

Entre les plus remarquez de l'Armée Venitienne mourut en ce voyage Hyerosme Comte de Martinengue qui auoit esté enuoyé par le Senat à Famagoste auec authorité & charge d'y mener trois mille hommes combattans de renfort. L'armée de retour à Courfou, fut enjoinct par le Senat à Augustin Barbadicque de des-apointer de toute charge Hierosme Zian

Venier General de l'Armée Venitiéne.

Senateur & le mener prisonnier à Venise: au lieu duquel fut mis Sebastien Venier lors Gouuerneur à Corfou. Plusieurs racontent maintes & diuerses occasions de ce fait, attribuans à sa faute la descente en l'Isle & la prise de Nycosie: tant y a que la punition des Generaux malheureux n'a point esté particuliere aux Cartageois. Car il n'y eut onc nation qui ne recerchast le Chef d'Armée pour le desastre auenu en l'Estat quãd il ne se pouuoit couurir d'aucun sien notable deuoir pour obuier à tel inconuenient.

L'Armée Venitienne cependant, ne demeuroit oysiue à Corfou. Car comme aucuns d'Epire, aujourdhui Albanie eurent persuadé les Venitiens d'armer trois mille Fantassins pour prendre le fort de la Chymere que trois cens Turcs gardoient & donné ostages du bon deuoir qu'ils y promirent faire: les Chrestiens suiuis de mille Grecs qui se joignirent à eux assaillirët si resolumët le Rocher & le Costau du Chasteau que les énemis hors d'espoir de secours, l'abandonnerent se coulans la nuict par vn vallon pour s'en fuir s'ils n'eussent estez suiuis &
plusieurs

LIVRE VINTCINQVIEME. 18.

plusieurs d'eux taillez en pieces. Ceux de la Garnison Turquesque de Nouocastro cependant, surprindrent deux Galleres & sept vaisseaux Venitiens qu'on enuoyoit pour la deffence du fort du Cataro. Sur ce Quirin Lieutenant de ceste Armée de mer auec vingtquatre bonnes Galleres vint à la Morée pres le Golphe de Marine où il assiegea par mer & par terre le fort basti depuis deux ans pour l'asseurance du païs, & l'esbranla si bien à Canonnades qu'en cinq heures il l'emporta: y faisant mourir cinq cens Soldats: rasa le fort duquel il emmena à Santes vingtquatre grosses pieces de fonte. Auec cela depescherent Marc Anthoine Quirin auec quatre grosses Naux & treze Galleres qui portoyent deux mille Soldats deslite pour rafreschir ceux de Famagoste où il arriua en neuf jours & sceut par Astor Bailon combien ils estoyent pressez par l'ennemy (qui auoit huit Galleres au port de Constance où il auoit basti vn fort pour empescher l'entrée en la ville aux Insulaires:) qu'il pouuoit emporter ce fort pendant qu'il sortiroit pour abatre la Tour que le Turc auoit dressée; le tout resolu, Quirin surprint les Turcs endormis, prit vne Gallere, en mist trois à fons & les autres en fuitte. Cependant qu'Astor forçoit la tour où il tua quatre cens Soldats & en tira deux pieces d'Artillerie. Ce fait Quirin print les plus riches marchandises & toutes les bouches inutiles à la guerre pour les mener en Candie où faisant voille vn peu eslongné de Famagoste il se rua sur quatre Galleres & vne Nau qui portoyent huit cens Ianissaires & soixante mille pieces d'or & deux Caques pleine d'Aspres qu'on enuoyoit de Constantinople pour la solde des assiegeans.

Famagoste secourue de deux mille Fantasins.

Le vingtcinquiéme Auril les Turcs en nombre de deux cens mille hommes pour l'espoir du butin de Famagoste qu'on disoit beaucoup plus grand que de Nycosie: camperent deuant la ville au lieu qu'on dit Pome d'Adam, ayant planté au bout d'vne lance la teste de Dandulle Gouuerneur de Nycosie par le commandement de Mustafa pour d'auantage les estonner: dresserent leurs plattes formes, trenchées & autres preparatifs de batterie qu'ils auançoyent auec vne extreme diligence par l'aide de quarante mille pionniers deuant que l'Armee Chrestienne arriuast, comme le bruit estoit. Le Capitaine Goet mort, la charge de l'Artillerie fut donnée à Nestor de Martinengue. Sur ce trois cens Cytoiens auec autant d'harquebuziers Italiens sortirent sur l'ennemi, mais vne partie y estant demeurée auec peu d'effect on deffendit les saillies à l'aduenir. Le dix neufiéme May le Turc commence dix forts pour la batterie de septante quatre pieces. Dont quatre Basiliques estoyent d'vne desmesurée grandeur & prenoit ceste furie (apres auoir bien battu les maisons de ville & fort endommagé les habitās) depuis la porte Limisse, jusques à L'arcenac. Et soudain les breches jugées raisonnables ils donnerent l'assaut en cinq endroits: les Basiliques auoyent battu la Tour Nappée & trente trois Canons la porte Limisse, deffendue d'vn haut rempart & d'vn bon Rauelin où s'arresta le General Mustafa: Et afin que les assiegez ne reparassent les breches: les Turcs auoient si bien flancqué leurs rampars que les harquebuziers qui y estoyent accommodez endommagerent fort ceux qui se monstroyent aux remparemens. Occasion que Iean Marmorie ingenieux pour les couurir: dressa des tables & mantellets daissés appuiées de cheurons entrauersez pour mieux desrober la terre à ce necessaire. Mais comme il s'y mpeschoit, vne balle l'emporta de ce monde au grand regret de tous. Voyans donc les Turcs auoir assez rempli le fossé de terre & fait chemin esgal pour aller au rampart ils firent vne porte à leur fort. Et afin de n'estre veuz sortans de là: ils dresserent aux deux costez des deffences de cheurons entrauersez continuez jusques à la muraille le tout à l'espreuue du Canon pour estre armez de claies, facines, terre pressée & sacs pleins de laine, cotton & telle autre matiere amortissant la violence du Canon. Ainsi se rendirent Maistres du Rauelin, du Rampart Nappée, d'Andrutie, du fort du cap Saint, de la Courtine forteresse du haure par le moyen des mines qu'ils y firent, auec vne diligence & industrie grande. Les assiegez voyans les rampars perdus: eurent recours à toutes sortes de feux artificiels qui endōmagerēt fort l'ennemi: outre le pris d'vn Ducat proposé à tous ceux qui aporteroiēt vne de ces balles de laine. Le Seigneur Magie Cheuallier & ingenieux auoit la charge des cōtremines auec lesquelles il esuāta trois mines du Turc. Le 21. Iuing les Turcs mirēt le feu à la mine de la tour du haure & soudain Giambelly fut ordōné pour l'assaut auquel il alla auec vn grād nōbre de soldats si furieusemēt que sās Pierre des Côtes, Nestor de Martinēgue & Astor Baillō suiuis de plusieurs autres, la ville estoit perduë. L'ēnemi repoussé auec grā de perte pource que l'assaut auoit duré cinq heures, à la reueuë des Chrestiens cent y furent desirez: & plusieurs d'eux par la faute de ceux qui ne sçauoyent pas lancer les feux. La nuict

Armée du Turc & le siege de Famagoste.

Sailie des assiegez.

19. May. 1571.

Batterie furieuse.

Assaut en cinq endroits.

21. Iuing 1571.

Assaut repoussé.

Dd ij.

Iuing.
1571.

L'HISTOIRE DE FRANCE.

suiuante lettres leur vindrent de Candie les asseurant que l'Armée de mer s'auançoit pour les secourir, mais ce n'estoit que pour leur faire prendre cœur: la furie du Canon continua sans cesse contre laquelle ils ramparoyent de nuict les breches de toutes matieres pour riches qu'elles fussent. Le vingtseptiéme Iuin, les Turcs mirent le feu à la mine du rempart qui fist telle ouuerture qu'elle descouurit tous les Chrestiens assiegez. Mustafa present auoit ja disposé tous ses gens pour l'assaut & pour les encourager leur remonstra qu'à ce jour finiroyent leurs trauaux & les asseuroit du pris de leurs victoires passées veu les fors des ennemys par terre; le nombre de Chrestiens si diminué; & la faute qu'ils auoyent de toutes

Remonstrã-ce du General Turc pour encourager ses soldats à l'assaut.

choses. Que l'honneur n'y seroit moindre ayant la posterité ceste journée pour jamais recommandable: mais que pour y paruenir il falloit vaincre ceste seule journé. Que la fortune qui n'abandonoit aisément ceux qu'elle à vne fois courtisée: leur donnoit les moyens en main, ceux la mesme par lesquels ils auoyent assujetty le Royaume de Chypre, assauoir vn cœur genereux & constamment resolu és plus hautes & dangereuses entreprises comme estoit ceste cy. La honte que ce leur seroit s'ils estoyent forcez à desmordre la ville qui seulle restoit en toute l'Isle par ceux qu'ils auoyent tant battus & qui sont aujourd'hui aux derniers aboys. Qu'en tout cas il valloit mieux mourir en combatant que denigrer tant soit peu ceste vertu qu'ils auoyent receuë comme heritage de leurs Ancestres auec vn tel soupçon de coüardise. Qu'ils combatoyent justement pour retirer ce que les Venitiens auoyent soustraict à leur Empereur, lequel Successeur des Soldans du Caire (sur lesquels ceux-cy ont emporté Chypre) ne peuuoit que justement demander ce qui est sorti de ses Ancestres. Si les Venitiens en ont ioui ce à esté par la debonnaire liberalité de nostre Prince, en quoy ils se monstrent bien ingrats: & ne peuuent qu'ils n'en soyent tost punis par le juste vengeur des offences. Ne voulez vous leur disoit il apres, vous venger de tant de braues Seigneurs Capitaines & Soldats que ceux-cy ont cruellement mis à mort en si justes querelles? Vous ne sçauriez mieux vous rendre indignes & de l'amitié qu'ils vous ont portée, & du Nom que vous auez renommé par tout le monde si vous en mettez la vengeance sous le pied. Auec tels propos & vn rare exemple qu'il monstroit à tous de bien faire son deuoir à l'assaut: eschauffa tellement le cœur de tous les assistans que s'estoit à qui feroit le mieux. Mais Nestor Martinengue soustint si resolument ceste premiere chaleur que les autres luy venans de secours peurent faire reculer tous les Turcs qui combatirent par six heures auec grande perte des plus asseurez. Trente moururent des Chrestiens & six Capitaines de nom: comme aussi du

Harengue de l'Euesque de Limisse pour animer les Chrestiens à soustenir l'assaut des Turcs.

costé du fort & tour du haure où les Turcs y perdirent encores plus. Nestor eust la cuisse percée d'vne harquebuzade: & bien que le desespoir les forçast d'estre resolus: l'animeuse harengue & continues remonstrances neantmoins de l'Euesque de Limisse (qui portant la croix en ses mains mettoit toute peine d'encourager la troupe) leur aida beaucoup: Insistant sur l'insatiable cruauté des Turcs en cas de victoire: les insollences & desbordemens qu'ils practiquent sur les Captifs. Qu'ils ne combattent que pour vn fol apetit de regner. Mais eux prenoyent les Armes pour la deffence de leur Religion, de leur païs, biens, femmes, & enfans (qui sont les choses qui plus animent les hommes en ce monde). Somme que les femmes & filles si monstrarent si courageuses qu'elles ne craignoient se mesler parmi les soldats pour leur porter tout ce qu'ils auoient besoin. Les Turcs firent sept autres remparts plus

Autre Baterie furieuse.

prochains de la ville où ils porterent les mesmes Canons dont ils delibereroient foudroier tout. Ils auoient encores d'autres pieces qu'il y amenerent: si bien que le vintbuitiéme Iuillet ayant tiré cinq mille Canonnades ils mirent presque toutes les deffences & remparts en poudres s'ils ne les eussent dressé fort pres les vns des autres. Le lendemain ils assaillirent en-

Assaut.
Rauelin gaigné par les Turcs.

cor le Rauellin & Ramparts Napée & donnerent l'assaut en trois autres endroits où ils furent repoussez, toutesfois ils gaignerent le Rauelin. Pource que Nestor voyant les picquiers ne si pouuoir aisément manier pour l'estresseur du lieu: Il les fist retirer: dequoy les autres s'estonnoyent, & comme ils se retiroyent les Turcs entrerent pesle mesle pour s'en saisir:

Friquassée pour griller les Turcs.

Quoy voyant les assiegez mirent le feu à la fricassée. Laquelle auec vn horrible spectacle enleua plus de mille Turcs & bien cinq cens Chrestiens. Ainsi ne restoit du Rauellin que la mine auoit enleué, qu'vne pente que le Turc minoit encore: Puis tirant la terre du fossé se ramparoyent riere la porte à laquelle ils pendirent vne herse pour la jetter s'y l'ennemy y entroit,

LIVRE VINTCINQVIEME.

entroit, deuant laquelle ils dresserent leurs rempars, & se prepararent de l'emporter: sur *Saillie.*
lesquels Astor & Loys de Martinengue sortirent & firent mourir plus de six cens Turcs *Bateries re-*
par la mine à laquelle ils mirent le feu. La dessus les bateries furent renouuellées. Et pour *nouuellées.*
garder leurs deffences & terraces, ponts, eschelles & mantelets du feu Artificiel, Les
Chrestiens & les Turcs les couuroyent de peaux & cuir de bœuf mouilé, iettans au bas
force chanure, sacs de laine & telle autre matiere: le tout bien enlacé auec des cordes.
Outre ce le Turc assembla force boys dont on faict des torches à cause qu'il brule aisément *Moien pour*
& qui put outre mesure. Puis le iettoyent en la ville tout allumé auec des cheurons & *faire quiter*
lates bien poissées dont il sortoit vne flambe si grande qu'on ne pouuoit l'estaindre & dura *l'ennemi*
par quatre iours, dont les Chrestiens furent contraints par l'extreme puanteur ne de la fumée *par feu &*
se retirer en ville qui dōna moyen aux Turcs de trauailler en plus grande liberté, & s'aprocher *puanteur.*
des rampars & murailles de la ville. Laquelle cependant enduroit l'extremité de la force *Extremité*
du feu, & de la faim. Les asnes, chiens, chats, & cheuaux estoyent mangez & n'y auoit *des Fama-*
que du pain & des feues, du vinaigre meslé auec l'eau pour breuuage qui leur faillit peu *gostains.*
apres. Les principaux de la ville considerans cela: & l'auancement des rampars & autres preparatifs de l'ennemy qui croissoit de nombre & de courage par troupes nouuelles & toutes
autres choses necessaires que Selin leur enuoyoit. Que de cinq mille Italliens n'en restoit
que cinq cens, encores bien abbatus. Les plus vaillans des Grecs morts. Qu'il n'y auoit aucun espoir de secours. Prierent les Chefs & mesmement le Seigneur Bracaden d'auiser à
quelque bonne composition plustost qu'atendre la ruine de ceste ville. Qu'ils auoyent tous
faits leur deuoir iusques là; tant qu'espoir les à soustenus. Que les choses estoyent en tel
Estat d'vne part & d'autre qu'il n'y auoit aucune apparence de vie s'y on poursuyuoit. Qu'il *Raison*
falloit se garder de tomber és inconueniens de ceux qui s'opiniastrent sans moien & qui en fin *pour*
ne peuuent obtenir ce qu'ils ont opiniatrement reffusé. Que l'exemple en estoit tout frais *re alie.*
au mal-heureux succes de Nicosie. Que l'ennemy n'estoit si barbare que de violler sa foy s'y *à cōposition.*
il la vne fois promise comme ils monstrerent à Rhodes, Bude & autres lieux. Somme que
c'estoit assez obey aux desirs d'acquerir honneur: & qu'ils auoyent suffisamment satisfaict au
deuoir de leurs charges tant pour leur particulier qu'ü esgard à la Seigneurie Venitienne.
Le General mist peine de leur oster toute crainte, les asseurant du prompt secours: & pour- *Assaut.*
ce depescha vne lettre en Candie pour l'auancer le vingtneusiéme Iuillet. Les Turcs mirent *Assaut par*
le feu à leurs mine qui fit vne grande ouuerture par laquelle ils allerent à l'assaut où ils furent *mer.*
repoussez auec perte d'vne part & d'autre: comme aussi il aduint le lendemain à l'assaut qu'ils
donnerent par mer au haure. Si que croissant d'heure à autre les incommoditez des assiegez,
notamment la faute de blé & de poudre: ils conclurent rendre la ville à honneste composition. Pource le premier Aoust treues leur furent accordées & deux ostages donnez d'vne *Aoust*
part & d'autre attendans les Articles de la compositiō qui furent que tous auroyent la vie *1571.*
entiere: qu'il seroit loisible aux Gouuerneurs, à leurs compagnons & Soldats de sortir armez *Compositiō*
& bagues sauues, l'enseigne desployée, cinq pieces d'Artillerie & trois des plus beaux che- *de Famagos-*
uaux qu'ils eussent & qu'en seureté sans empeschement ils se pourroyent retirer en Candie: *te.*
que des Grecs ceux qui voudroyent se tenir au païs jouyroient de leurs biens comme au parauāt sās les ennuier pour le fait de Religiō. Mustafa general signa cela & se porta fort courtois
vers les Seigneurs sortis de la ville à cest effect. Occasiō que plusieurs se mirēt és vaisseaux pē-
sans se retirer en Cādie. Le 8. Aoust Bracadē enuoia Nestor de Martinēgue faire entēdre q̃ sur
le soir il iroit luy dōner les Clefs laissant Tiepoly en la forteresse qui la luy liureroit aussi tost.
Le priant cependant d'auoir tous les Chrestiens pour recōmandez. A quoy Mustafa dit qu'il *Dissimula-*
verroit volontiers Bracaden pour le merite de ses vertus. Promettant de traicter les Chre- *tion grande*
stiens en telle sorte qu'ils n'auroyent occasion de mal contentement. Martinengue retourné *du General*
à Bracaden & presque tous les autres Chefs auec cinquante soldats furent courtoisement *Turc.*
receus par Mustafa qui les fit seoir. Mais apres les auoir entretenus de diuers propos commença à les callomnier leur mettant sus ainsi qu'aucuns disent, que la nuict passée ils a-
uoyent tué quelques prisonniers Turcs. Et comme ils s'en voulussent purger il les fit tous ga-
rotter & conduire (estans sans armes à la tente du Lieutenant General) sur la place où ils
furent tous massacrez en sa presence: fit coupper les oreilles à Bracaden & le faisant ietter

Dd iij.

L'HISTOIRE DE FRANCE.

Aoust, 1571.

Cruauté des Turcs sur les Chrestiens reduis à coposition.

contre terre. Que ne te vient deliurer, disoit-il, celuy que tu adores, & tels autres blasphemes. Plus de cinquante furent lors tuez, & ceux qui s'estoyent mis sur mer faits Captifs. Entré en la ville, fit pendre & estrangler Thripoli. Nestor de Martinengue caché chez vn Grec contre le commandemêt publié du General, (qui fut de denõcer tous Italiens sur peine de la vie) se rendit à vn Sangiaz ayant charge de Caualerie auquel il promist cinq cens ducats pour rançon qu'il paya dans sept semaines par la liberalité de quelqu'vn qui auoit auctorité vers les marchands François venus au Camp de la ville de Lepte en Barbarie. Voyant toutesfois qu'il le vouloit mener en son Gouuernement contre le Fleuue Euphrates : gaigna vn pescheur Grec auec lequel se mist en vne Barque & de nuict conduit à la voile faite de deux chemises, arriuerent à Lebide, puis monta en vn Nauire François qui alloit en Candie, où bien receu & accommodé d'argent & d'habits (car il n'auoit qu'vn sac) par le Seigneur Latin Cheuallier Romain, fut bien recuilly à Venise par le Duc Loys Mocenique où il recita tout le discours de Chypre : Le Vendredy que les Turcs honnorent fort ils conduirent Bracaden aux lieux assaillis par eux où ils lui faisoyent porter la hote & baiser la terre comme il passoit deuant le General : puis l'esleuerent aux antenes des Galleres pour le monstrer à tous Chrestiens en derision. En fin endurant d'vn cœur genereux & inuincible à toutes peines (souffrant lesquelles encor auoit il la constance de reprocher au Turc son infidele cruauté plus que Barbare) l'escorcherent vif : la peau emplie de paille mise en vne Gallere fut liée à l'antene & portée le long de la coste de Sirie. En septante trois jours que dura le siege furent jettées cent quarante mille Canonades. Des Seigneurs Turcs furent occis. Les Sangias d'Arabie de Natolie & de Tripoly. Soliman Bey Trogats, Framburat Mustafabey. Des Chrestiens tant au siege que par l'Infidelité du General Anthoine Bracaden, Astor Bailon Federich Bailon & Loys de Martinengue, le Cheualier de la Lance Commissaire general de l'Armée. Dauid Nucie Maistre de Camp. Miguan Perusin, Sigismond Comte de Casolde, François de Loby Cremonois, François Troncauille, Hanibal Adam de Firme, Scipion de Tyserne autremêt de Cyra de Castel, Charles Raganasce de Cremone, François Strace, Robert Maluetie, Cesar d'Auerse : Bernardin d'Augubie, François Bugon de Veronne, Iaques de Fabien, Sebastien du Soleil Florentin : Erasme de Firme, Barthelemy de Cernos, Iean Baptiste de Riuart & Iean Francisque Venitien.

Nombre des canonades & des plus signalez morts au siege de Famagoste.

EN ce temps neantmoins le Turc ne se fiant en ses forces tant qu'au secours du Ciel : fit publier vn Edict en Constantinople que tous ordres & Estats se missent en deuoir & inuoquassent la faueur Diuine pour la victoire tant de ceux de Chypre prise à la veuë de l'oiseuse Armée des Chrestiens pleins de partialitez & differens d'honneur : que de son Armée de mer dont je vous parleray tantost. Et comme tous estoyent en ce deuoir la prinse de Famagoste & la reduction de tout le Royaume de Chypre à sa puissance luy fust anoncée : Dont il receut vn tel & si grand plaisir qu'il en fit rendre tesmoignage en toutes les terres de son obeissance par infinies sortes de liesse. Et mesme en auertit l'Empereur Chrestien & le Duc de Salline par gens expres que le Bassa de Bude y enuoya pour les faire participer au plaisir qu'il en receuoit. Deuotion a la verité qui deuroit faire rougir la plus part de nos Chrestiens : Lesquels ne s'adõnant qu'a se moyéner toutes sortes de plaisirs mõdains, s'estimêt estre bié aquitez de leur deuoir s'ils ont cõmandé vne procession pour rêdre graces d'vne victoire ja obtenuë : pour laquelle gaigner neãtmoins ils n'éployét aucun moié n'y d'esprit n'y du corps : ne regardãs que veu l'incertain euenemêt de toutes choses (& notãment és faits de guerre & gouuernement d'Estats) : Il ne faut se reposer sur l'espoir d'vn bien auenir : ains plustost mettre toute peine de preuoir aux incóueniés qui nous peuuét oster le fruit de cest espoir. Ce qu'õ ne peut mieux faire q̃ par deux moies. Par les œuures de pieté & deuotiõ enuers Dieu, qui manie tout à son plaisir : & par l'obseruation d'vne bonne justice : laquelle n'entretiendra moins le bon ordre politic en temps de paix que la discipline millitaire en toutes les guerres qu'on sçauroit mener. Ce faisant il n'y à doute que tous hommes ne fissent tellement leur deuoir : que les Princes & autres esleuez à la conduite d'estat s'en verroient plus heureux qu'ils ne sçauroient penser. Et au rebours, du mespris & contrauention à ces deux points qu'on peut dire vraye & principalle source non de ces detestables guerres ciuilles seulement : Ains aussi de tous les maux qu'aie jamais souffert ce poure & desolé Royaume. Mais de cela vne autre fois plus à loisir

Deuotion des Turcs.

Moiens que doit tenir vn Prince pour estre heureux en paix & en guerre.

Occasion de la ruine des Estats & des maux Particuliers qui nous auiennent.

LIVRE VINTCINQVIEME

loifir. Laiſſons donc L'Othoman joüir paiſiblement de ſi belle conqueſte puis que les Chreſ-tiens ne ſont pour ce coup autre deuoir de luy debatre l'honneur & proffit merueilleux d'vne ſi haute entrepriſe. S'ils dreſſent quelque choſe contre luy, ie le vous ſçauray dire auſſi toſt: permettez moy ſeulement de reuoir mon pays, pour vous bigarrer mon diſcours des prepara-tifs que les François font à leur propre ruine.

Dés le traité de paix, les Cōfederez auoient fait entendre à ſa Majeſté qu'entre tous les moi-ens pour nettoier ſon Royaume de toutes partialitez & le maintenir en vn long & heureux repos, le plus expedient eſtoit de faire la guerre contre vn ennemy eſtranger: ou du moins employer hors le Royaume les forces leſquelles n'y peuuans demeurer oyſiues, prennent la moindre occaſion pour ſuffiſant pretexte à faire la guerre entre elles meſme: ſur le plus beau de la France. Car comme les perſōnes pour ſi peu mal diſpoſées quelles ſe treuuēt: pour ob-uier à la malladie qui ſe forme en elles peu à peu: ſe font tirer du ſang ou prennent purgation ou bien par viollent exercice & autres moiens, taſchent d'euacuer l'humeur pechante qui les menace d'vne malladie prochaine. Ainſi le bien auiſé Prince & tout autre qui a Sur-intēdance ſur vn peuple: le voiant partialiſé en factions qui ne promettent que guerres ciuiles: ou nō-bre des plus grans fachez ou mal conteus ſoit du Prince ſoit de la diſpoſition des affaires: n'a-tendra pas l'effect de ces mal-contentemens qui ne fructifient que ſeditions: ou guerre contre l'eſtranger qu'ils ameneront eux meſmes dans le pays. Ains pour y obuier de bonne heure il diuertira leurs Eſprits ailleurs & les emploians pour le ſeruice du public contre vn eſtranger il purge par ce moien le corps de ſon Eſtat de ce qui le pourroit troubler & abattre en peu de temps. Les Cōfederez donques luy auoiēt fait cette ouuerture d'enuoier tant de forces qu'il a en ſon Royaume (leſquelles n'y peuuent demeurer qu'en mauuais meſnage veu la mauuaitié du temps ou pluſtoſt corruption des hommes) Conquerir les terres neuſues dont les Eſpa-gnols ſe penſent apropriar: ou d'entreprendre la conqueſte du pays bas. Se faiſans fors de leuer dix mille bons fantaſſins & trois mille Caualliers: la moitié deſquels porteront tiltré de No-bleſſe qui ſacrifferont volontairement leur vie pour ſon ſeruice, honneur & l'eſtenduē de ſa puiſſance en l'vne ou l'autre entrepriſe qu'il luy plairoit de choiſir. Et auec ce que le proffit qu'ils en raporteroient excederoit ſans comparaiſon le peu de frais qui luy en conuiendroit faire pour le commencement de l'vn des deux deſſeins. Pource que le Roy auoit touſjours remis l'execution de tels affaires à vn autre temps: ne leur declarant qu'il fuſt de contraire ou conforme volonté a eux en cela: ils eſtimerent (auſſi toſt qu'il leur en fit rafreſchir la memoi-re par leurs deputez) qu'il y auoit auiſé & trouué aparentes les cōmoditez qu'ils luy auoient autrefois declaré. Et pource ils y entendirent & ſi affectionnerent plus que jamais, nommé-ment ſur la conqueſte du pays bas, voiant que le Roy pour n'eſlongner ſes forces de ſoy ne vouloit entreprendre ſur mer. A quoy les pouſſoit fort Ludouic Compte de Naſſau, frere du Prince d'Orenge. Quant à eux ils trouuoient aſſez d'occaſions pour en baſtir l'entrepriſe & aſſez de moiens à la bien conduire, ſe fantaſians encor plus de commoditez apres l'heureuſe execution d'icelle. Voyci en general les raiſons, moyens & auantages qu'ils mettoient en a-uant. Le reſte procede de la dexterité du General qui conduit l'œuure.

Premierement la haine ancienne qui eſt entre les François & les Bourguignons aux vieilles querelles deſquels l'Eſpagnol à ſuccedé: nommément pour les brulemens, pillages & merueil-leuſes pertes que du temps de l'Empereur Charles 5. & de ſon fils ils ont faits ſouffrir aux Frā-çois en Picardie, Champagne, Bourgongne, Piemond & L'ombardie depuis 40. ans en ça: Outre ce l'on ſçait aſſez quel eſt le droit que le Roy de France querellé ſur pluſieurs villes que l'Eſpagnol luy tient au païs bas. L'indigne & eſtrange cruauté cōmiſe par les Eſpagnols ſous Petro Melendes, à la Fleuride ſur Iean Ribaut & autres François qui eſtoient allé peupler le païs ſous l'autorité & commandement du Roy. L'injure tout de frais faicte au Marquis de Fi-nal & la reduction de tout ce païs en la puiſſance de l'Eſpagnol, crainte qu'il ne le rendiſt au François comme il deliberoit faire. Le mauuais traictement que le Roy Philippe a fait à la ſœur du Roi ſa femme tāt qu'elle a eſté en pleine vie ſans pluſieurs autres particularitéz qu'on ne peut raconter. Les moiens de bien conduire le fait ſont le nombre de 15. mille bons hō-mes Confederez qu'ils f'aſſeuroient de leuer pour ceſt effect: & pres de la moitié d'autant de Catholiques volontaires. Les intelligences qu'ils auoient au païs ſur pluſieurs places à l'exé-

Moyens pour oſter les guerres de France.

Eſtat com-parez à la perſonne.

Moyē pour preſeruer vn Eſtat de ruine.

Les ocaſiōs & moyens que propo-ſoient au Roy les Pro-teſtās pour entrepredre la cōqueſte du pays bas.

Dd iiij.

ple desquelles nombre d'autres promettoient se tourner de leur costé: Si le Roy auctorisant l'entreprise: auançoient peu d'argent duquel ils esperoient peu apres trouuer assez dans les villes & au plat païs pour la cõduitte du tout. L'affection merueilleuse que tout le païs bas, Bourgongne mesme porte au Prince d'Orenges & à ses freres. Au cõtraire la haine incroiable qu'ils ont tousjours porté à l'Espagnol: notamment depuis la venuë du Duc Dalue duquel ils se disent si estrangemẽt traitez qu'ils aimeroient mieux souffrir la rigoureuse Seigneurie de tout autre Prince que de l'Espagnol, contre lequel il n'y a doubte aucun qu'à la faueur d'vn beau commencement tout le païs ne se rende à la deuotion du Roy de France: duquel ils se conoissent encor en beaucoup de lieux ses plus anciens sujets & vassaux. Quant aux commoditez le grand honneur qu'aquerroit le Roy de la reduction d'vn tel païs à son obeissance: le proffit merueilleux qu'il y en viendroit quand il se voudroit contenter de la moitié des Taxes & impositions qu'y leue l'Espagnol: & à ses sujets aussi pour la commodité du trafficq qui est plus grand en ces quartiers qu'en aucun autre de l'Europe. Auec mille autres auantages qu'il en pourroit tirer soit qu'il voulust faire la guerre à vn estrangier: ou que se maintenant en paix il desirast praticquer la simple debõnaireté & fidelle obeissãce de ces peuples vers leur Seigneur. Somme que toutes choses bien debatues le Roy en voulut parler au Comte Lodouic lequel retourné à la Rochelle afin de mieux celer son jeu, fit courir le bruit de vouloir se mettre sur mer pour faire la guerre à l'Espagnol. Desait il commanda dresser tout son equipage: & ne restoit que le vent. Mais tournant bride il alla soudain trouuer le Roy en habit desguisé pour tenir la chose plus secrette. Le Roy luy fit entendre l'affection qu'il auoit à l'acheminement de si belle entreprise: qu'il n'y espargneroit ses moiens non plus qu'à maintenir le Prince d'Orenge & ses freres en leur entier. Qu'il auoit au reste assez d'occasion de se retirer de la confederation faite auec l'Espagnol qui a tousjours ennuié la grandeur de la France. Qu'il ne falloit pourtant aller legerement & a l'indiscrette en telles entreprinses. Mais que la chose bien deliberée & les inconueniens preueus on auisast a y proceder par les plus expediens moiens qu'on pourroit trouuer. Sur tout les auertissoit qu'ils ne se fiassent en la paix que leur Roy vouloit faire auec eux par l'entremise de l'Empereur Maximilian: le sommaire de laquelle estoit. Que le Prince d'Orenge & ses freres seroient remis en tous leurs biens dont ils jouiroient à l'auenir paisiblement & en toute asseurance. La memoire du passé mise en oubli pourueu qu'ils posassent les Armes & ne fissent aucunes entreprises cõtre le deuoir de sujet: & qu'ils passassent leur vie hors les terres de son obeissance. Outre ce le Roy Charles luy promet plus qu'il n'eust sceu esperer: escrit fauorablemẽt à son frere le Prince d'Orenge l'auertissant par luy qu'il fist la plus grande leuée qu'il pourroit en Allemagne, & ne cessast cependant de bastir, & de jour à autre entretenir nouuelles intelligences és villes du païs bas attendant les occasions à meurir pour commencer l'entreprise que dessus.

L'Espagnol veut faire paix auec le Prince d'Orenge & ses freres.

Ainsi donc le mariage du Prince de Bearn & la Conqueste de Flandres estoient les deux principalles choses, ausquelles Charles s'affectionnoit le plus. Et pource qu'il vouloit auoir l'auis de l'Amiral sur le tout: outre les premiers qu'il auoit depesché à la Rochelle il y enuoya Artus de Cossé Mareschal de Gounord, tant pour asseurer les Princes de sa bonne volonté que pour affectionner le Prince de Bearn à ce mariage. Et sur tout persuader à l'Amiral faire le voyage de Court. Ce qu'il pouuoit mieux faire qu'vn autre pour l'ancienne conoissance & amitié qu'ils auoient eu ensemble tant en France qu'en païs estranger à la suitte des guerres estrangeres. Auec ce les deputez qui estoient retournez en Court luy auoient rescrit que veu les parolles & portemens tant du Roy que de la Royne & autres Seigneurs: Ils ne voient rien qui le deust retarder d'y aller. Ses Seigneurs de Montmorency mesme ses cousins n'oblioient rien pour le haster: veu qu'ils sembloiẽt gouuerner le Roy qui les auoit appelé ceux de Guyse retirez de Court: l'asseurant par lettres que le Roy auoit vne merueilleuse volonté de le reconcillier auec le Duc de Guyse pour mieux se seruir de luy & de son Conseil au maniement des affaires du Royaume: & qu'il cõmençoit fort à porter bonne affection aux Protestans. Pour leuer mesme toute crainte à l'Amiral de s'y acheminer, le Roy luy enuoia lettres de pouuoir mener cinquante Gentilshommes armez pour sa seureté jusques à la Court, où en fin le Mareschal luy persuada d'aller & l'y conduict auec bon nombre de Gentilshommes. Là ne fut plustost arriué qu'vn nombre infini y accouroit pour le voir comme chose estrange. Le Roy le receut

Mareschal de Cossé à la Rochelle.

receut amiablement & auec grand honneur l'appellant son pere. Si que le releuant comme il se fut mis de genoux pour luy faire la reuerence, protesta qu'il n'auoit veu jour de sa vie plus agreable que celuy auquel il s'asseuroit voir la fin de tous les troubles, & le commencement du repos de son Royaume. Entre autres choses luy tint ces propos en riant : nous vous tenons auec nous maintenāt vous n'en partirez pas comme vous voudrez. La Roine mere, son Excellence, le Duc Dalençon & generallement presque tous les plus aparens de la Court, le receurent plus fauorablement qu'il n'eust sçeu esperer. Et qui plus est toutes ces courtoisies furent soudain suiuies d'vne grande liberalité du Prince qui luy fit deliurer de son espargne cent milles liures pour recompenser les pertes qu'il auoit fait aux guerres passées. Plus luy donna le reuenu pour vn an de tous les benefices qu'auoit tenu son frere Odet de Chastillon Cardinal & Euesque de Beauuois qui estoit decedé à Hantone d'Angleterre comme nous auons dit ailleurs. Outre ce luy fait deliurer cōmission & puissance signée de sa main pour recercher tous les meubles que j'ay dit ailleurs luy auoir esté enleuez à Chastillon & ce les faire rendre par commandemant. Teligny son gendre fut aussi honnoré de plusieurs bien faits. Cauagnes Conseiller à Tolose fut pourueu d'vn Estat de Maistre des Requestes. Somme que plusieurs remarquez entre les Protestans sentirent la liberalité du Prince au grand contentement du reste & desplaisir merueilleux des Catholiques: mesmement de ce que l'Amiral fut remis Conseiller au priué Conseil de sa Majesté pour tenir rang sur tous les Mareschaux fors sur le Duc de Montmorēcy estant Duc & Pair de Frāce. Le Roy luy demāde son auis des choses qui plus luy sembloient d'importance. Communique souuent a luy en secret, luy descouure toute l'entreprinse du pays bas, & le voulant faire General de l'Armée, luy dit qu'il entend que tout se manie & conduise par son authorité. Il se monstroit en somme si priué & fauorable à cest homme & ceux qu'il aymoit: que les Catholiques jaloux d'vn si grand & tant inesperé honneur craignoiēt que le Roy ne deuint Huguenot. Veu qu'il les fauorisoit tellement que tout se manioit en Court par l'auis & entremises de leurs Chefz. Lesquels taschans d'auancer l'entreprinse du païs bas, n'obmetoient rien a proposer au Roy de ce qu'ils pensoiēt profiter à ce dessein. Or pource qu'entre toutes choses necessaires à vne entreprinse de guerroier quelqu'vn: il est fort auantageux de se rendre amis tous les voesins de celuy qu'on veut ataquer: on mit en auant de faire ligue & ferme confederation auec la Royne d'Angleterre & les Princes d'Allemagne desquels autrement on pourroit estre incommodé. Et pource que les Protestans François auoient eu de longue main grande amitié vers ces nations : l'Amiral fut emploié pour auiser aux plus expediens moiens à ce faire.

<small>l'Amiral receu en Court fauorablement.</small>

Pour le regard d'Angleterre la ligue se pouuoit aisement faire tant pource que l'Anglois craint que le François ne se joigne à l'Espagnol qui luy est ennemy: que pour mieux asseurer le trafic & comerce des deux nations duquel depend le principal de la richesse Anglesche. Autre comodité se presenta lors. Assauoir que les Anglois desiroient fort trouuer vn honnorable parti à leur maistresse non moins que les François au Duc d'Anjou auquel l'alliance de telle Roine seroit fort auātageuse & au reciproque fort hōnorable la compagnie d'vn frere de Roy de Frāce: & duquel l'heur luy auoit desja acquis vn renō immortel pour tāt de hautes entreprises qu'il auoit mises à fin. Le Mareschal de Mont-morency eut charge d'y aller mettre la Royne d'Angleterre & son Conseil en propos de l'vn & l'autre point. D'autres furent enuoiés en Allemagne mesmement vers l'Electeur Pallatin auquel le Roy sembloit porter vne affection meilleure & plus ouuerte. Il auoit mesme choisi le Duc Iean Casimir son filz pour son pensionnaire & le Duc Christofle puisné pour le retirer en Court auec entretenement digne de sa maison. Il auoit aussi enuoié Iean Galeas Fregose Genois vers le Duc de Florence pour l'acōmoder d'argent qui luy auoit promis deux cent mil ducats lesquels il vouloit employer à l'entreprise du pays bas.

<small>Ligues du Roy de Frāce auec l'Angloys & Allemās.</small>

L'Amiral voyant ces choses ainsi acheminées, demanda & eut en fin congé pour reuoir sa maison & sujets de Chastillon sur loing : s'excusant d'vne plus longue demeure en Court sur l'importance de ses affaires : auxquelles pour l'inconuenient des guerres passées il auoit jusques là fort mal pourueu. Il y receuoit souuent lettres & messages du Roy qui lui demandoit par fois son auis és matieres de consequence esquelles il montroit ne vouloir rien resoudre sans en auoir son opinion: le priant mesme de retourner au plustost qu'il pourroit. Ce pen-

<small>L'Amiral quite la Court & se retire à Chastillon.</small>

Dd iiiij.

L'HISTOIRE DE FRANCE.

Le Capitaine Minguetiere enuoyé par l'amiral descourir les costes Occidétales.

dant pour mieux se preparer à l'execution de ce qu'il auoit entrepris, il depescha le Capitaine Minguetiere vers les parties Occidentalles & quelques autres auec lui pour bien remarquer les lieux: & les auoir effigiez apres le naturel, dresser vne parfaitte representation de tous ces quartiers tout autre que ceux qui s'en sont meslez iusques ici. Mais il fut depuis pris en combat à l'Isle Espagnolle, où tous ses gens tuez il fut mis aux Galeres d'Espagne.

Eauxdesbordées.

L'Automne de cet an fut fort incommode tant aux personnes qu'aux fruits de la terre pour la vehemence & continuë des pluyes: lesquelles creurent si fort qu'elles firent desborder plusieurs fleuues & riuieres en France : côme Seine, Loyre, & le Rosne aux Escluses mesmemant pres de Geneue: où l'eau découlant des montagnes peu à peu mâgea si auant vn grand quartier de pierre que tombée dans le Rosne empescha le cours ordinaire de ce fleuue: iusques à le faire remonter en haut. Le fauxbourg de la Guilotiere fut presque tout ruiné & les fondemens des maisons minez par l'inondation & desgorgement du fleuue : mesme partie du pont fait de pierre tomba dans l'eau. Grand nombre de maisons és bourgs & villages les plus prochains du Rosne en furent abismez & plusieurs personnes surprises de nuit par ce desbordement d'eaux y finirent piteusement leurs iours.

Tremble terre.
Ferrare.

On vit aussi plusieurs tremble-terres auec grâdissime perte & difformation des lieux esquels ils se sentirent nommeement à Ferrare, Padouë & Venise par trois fois nommément par deux Mois à Ferrare qui en fut presque ruinée comme i'ay dit ailleurs & en vn village contre Geneue duquel les maisons tomberent par terre & auec les arbres des-racinez le fond & campagne changea de forme : peu de personnes touteffois en prenoient presage de nos maux à venir, aians le reste des hommes égard à l'exterieur des Princes plus qu'à autre chose digne de marque : presque tous en somme viuoient contens, & si esperoient encor mieux de l'auenir.

Espagnol faché des portemens du Roy.

Entre ceux qui se montroient fort mal affectionnez aux portemans du Roy en faueur des Protestans : estoit le Pape Pie & le Roy d'Espagne, lesquels lui fesoient ouuertement entendre par lettres le desplaisir qu'ils en receuoient. A quoy se montroit fort diligent l'Ambassadeur Espagnol se plaignant à toute heure & en tout temps au Roy Charles des entreprises qui se brassoient sous main contre son Maistre: & que tous disoient que le Roy autorisoit tout, dont il s'excusoit pour le contenter au mieux qui lui estoit possible. Toutefois les Confederez voyant que cet Ambassadeur assistoit d'ordinaire au Conseil où le tout se demenoit: remarquant d'ailleurs les propos affectionnez que l'Espagnol tenoit souuent ores à la Roine Mere, ores à son Excellence & les secrets deuis qu'ils auoient ensemble la plus part du temps: fit penser aucuns que tous ne tiroient à vne mesme corde : si que prenant de là & de telles autres choses occasion de remarquer plus auant: plus ils s'informerent de chacune particularité, plus ils entroient en soupçon comme nous dirons ailleurs.

Doù les Protestans prirent occasion de soupçon.

Le Pape Pie veut détourner le mariage & les portemés du Roy Charles.

Le Pape Pie auoit ja enuoié le Cardinal Saluiati vers sa Majesté pour le détourner du mariage de sa sœur auec vn hereticque (comme il disoit) le priant lui donner vn plus sain & heureux party. Mais voiant le Roy resolu au paracheuement de ce que dessus : il manda à son Neueu le Cardinal Alexandrin (qu'il auoit enuoyé en Espagne vers le Roy Philippe pour les affaires de la ligue dont je vous ay parlé:) de tourner en France le plustost qu'il pourroit. Le Cardinal n'estoit pas de plus grand lieu que son Oncle, & disoiét les Italliens de France qu'ils le conoissoient pour l'auoir veu cousturier : & que son Oncle aians quelques moiens le mit premierement en vn monastere, d'où sorti par degtez en fin le fit Cardinal. Sa charge consistoit en trois points. Qu'il persuadast le Roy d'entrer en la sainte ligue contre le Turc ennemi de la Religion Chrestienne. De donner sa sœur en mariage au Roy de Portugal plustost que celui de Nauarre : & s'eslongner des propos & conuersations des hereticques de son Royaume : l'asseurant que tels deuis ne lui pouuoient apporter qu'vne asseurée ruine de son Estat & à son Royaume voire à toute l'Eglise Catholicque vn dommage euident & asseuré.

LeCardinal Alexandrin Legat en France.

Comme il alloit en Court il treuua la Roine de Nauarre qui s'y acheminoit aussi. Dequoy auerti, crainte qu'elle ne le deuançast : prend la poste, & donnant à trauers sa compagnie sans la saluer ni aucun de la troupe : picque pour auoir le deuant : dont plusieurs le trouuerent descourtois : attribuant neantmoins le tout à la contrarieté de religions l'excuserent aucunement.

Responce du Roy aux trois points du Legat.

Receu & traité magnifiquement eut pour responce à ses trois points qu'il estoit prest d'entrer en ligue auec les Princes ne se voulât rendre indigne du nom de Roy Tres-chrestien

que

que ſes deuanciers luy ont laiſſé entr'autres tiltres d'honneur ſur les autres Princes, mais que ſans rien precipiter il falloit attendre & en laiſſer meurir les occaſions: voire les éuenemens de telles choſes qu'on verra tourner à de merueilleux auantages à toute la Chreſtienté. Pour le fait du mariage: Il ne pouuoit ſon honneur ſauf, reuoquer la promeſſe qu'il en auoit fait au Prince de Bearn: mais ſouhaitoit que le Pape ſ'aſſeuraſt que tout cela ſe dreſſoit à bonne fin: voire à l'honneur & auancement de la foy Catholique. Meſme que l'extraordinaire faueur qu'il montre aux Huguenots ne tend à autre fin. Il prioit donc bien fort le Pape Pie le tenir pour treſ-cher & premier Fils de l'Egliſe Catholicque. Ce fait il tire vn aneau de ſon doigt & le preſente au Cardinal pour marque & aſſeurance qu'il ne departira jamais de l'obeiſ-ſance du ſaint Siege Apoſtolicque: que le Cardinal refuſa neantmoins, diſant que la parole du Roy jurée ſuffit: le ſuppliant de perſiſter conſtam-ment en vn ſi ſaint auis. Ainſi expedié apres peu de jours il part deſſrayé & ſa ſuitte par tout le Royaume juſ-ques à Lyon, où il fut honnorablement re-ceu & traitté par les Eccleſiaſti-ques: & autres Fran-çois.

SOMMAIRE
Du Vingtſixiéme Liure.

RESOLVTION & preparatifz du Senat Venitien pour reſiſter au Turc, contre lequel en leur faueur le Pape, le Roy d'Eſpagne, le Duc de Florence & autres Potentats ſe liguent auec eux pour les ſecourir d'vne groſſe Armée Naualle qu'ilz dreſſent ſoubz la charge de Dom Iean D'Auſtriche filz naturel de Charles Empereur cõtre Ali Baſcha General des Turcs. Le Gouuerneur du Milannez pour le Roy d'Eſpagne bat & prend Final qui ſe vouloit declarer partiſan du François. Sur les pourſuittes que la vefue & heritiers du feu Duc de Guyſe faiſoient contre l'Amiral pour la mort d'jcelluy: le Roy l'accorde auec le filz aiſné plus proche & apparent heritier du deffunt. L'Eſtat de la France mil cinq cens ſeptãte vn. Charles d'Auſtriche filz de l'Empereur eſt marié auec la fille du Duc de Bauiere. Armée de mer Turqueſque & ſes exploits. Candie & ſa fertilité. Armée de terre pour les Turcs contre les Venitiens en Albanie. Pluſieurs places de laquelle ſe reuoltent du Turc ſouz l'eſpoir des Venitiens. Raguſe & ſa Neutralité. Dulcingue & autres places rendües au Turc. Courſes des Turcs ſur le Golfe de Veniſe. Curſole defendüe contre les Turcs par les femmes habandonnées de leurs maris. Moiens que tindrent les Venitiens à ſe bien conduire en tel affaire & trouuer argent. Armée Naualle des Chreſtiens. Les Conſeilz & deſſeins d'jcelle. Le Roy de Tunes demande ſecours aux Chreſtiens pour eſtre remis en ſon Royaume. Ordre des Armées Chreſtienne & Turqueſque pour le Combat naual. Punition en l'Armée par vn Chef particullier ſans le ſceu du General. Ruſe du Venitien pour eſchauffer l'Eſpagnol à la bataille. Reconoiſſance reciproque des deux armees. Harengue des deux Generaux pour la bataille & des particulliers Chefz à leurs Soldatz. La bataille, victoire & graces rendües à Dieu par les Chreſtiens. Pour quoy & comment la plus part des grans Conſeilliers du Turc ſont Chreſtiens reniez. Ceux qui ont fait la guerre à leur pays, Italiens & Eſpagnols. Plaintes au Roy de France par les Confederez ſur la nulle execution de ſon Edit de paix. Liberalité & aleigreſſe de la Seigneurie de Veniſe pour les nouuelles de la victoire. Deſſeins du Roy Selim Turc apres telle perte. Deſſeins de l'Armée de la ligue. L'armée des Venitiens & ſes exploits.

Ligue des Princes Chreſtiens contre le Turc.

A memoire de ce Prelat Italien me fait ſouuenir du poure Eſtat auquel j'ay n'a gueres laiſſé la Seigneurie Venitiẽne: laquelle la plus part des Princes Chreſtiẽs entretenoiẽt de prieres enuers Dieu & de grãdes cõpaſſiõs plus que d'autres ſecours qu'ils s'appreſtaſſent de lui dõner contre vn ſi grand ennemy: vers lequel neantmoins les Senateurs ne ſe monſtrerent jamais eſtonnez non plus que deſpourueus de moyens. Car au plus chaud de leurs affaires: curieux de remedier à la perte de Chypre qu'ils craignoient (ne ſachãt encore la priſe de Famagoſte) Conſiderans d'ailleurs la puiſſance de celuy à qui ils auoient affaire, & la leur auſſi: crainte de perdre dauatange & pour rauoir ce que deſſus: ſe mirent en fantaſie de recercher quelques Princes Chreſtiens d'vn aide & prompt ſecours en leurs affaires. Surquoy le Pape Pie cinquiéme s'auança le premier non ſeulement à leur eſtre ſecourable. Ains à moienner vne ligue aſſeurée de quelques Seigneurs Confederez contre le Mahometan. Et pource apres quelques propos, allées & venues de leurs Ambaſſadeurs (qui eſtoiẽt pour l'Eſpagnol, Anthoine Perenot dit Granduelle & François Pacieco Cardinaux: auec Iean Zunique ſon Ambaſſadeur pres le Pape Pie. Et pour les Venitiens Michel Surian & Iean Superance) En fin M. Anthoine Colone fut enuoié par le Pape & le Roy Catholique vers la Seigneurie de Veniſe pour negocier ſur les articles d'icelle. Qui furent que pour reſiſter & nuire aux infidelles par mer & terre ils mettroient deux cens Galleres & cent nauires de charge. Fourniroient cinquante mille Fantaſſins & quatre mille cinq cens hommes de cheual, artillerie, viures, argent & toutes autres choſes neceſſaires. La ligue eſtant perpetuelle, les forces ſe trouueroiẽt d'an en an en Mars ou Auril au plus tard, en la mer de leuant pour les emploier

par

pàr les Generaux en toute diligéce contre les ennemis de Christ. Et que cependant les Ambassadeurs des Princes traiteroient tous les ans à Rome en Automne ce qui se deuroit faire au Prin
temps suiuant contre l'ennemy. Le Pape & les Cardinaux fourniroient douze Galleres pour-
u euës de tout le besoin. Et pour l'armée de terre trois mil hommes de pié & deux cens
septante d'armes. L'Espagnol les trois parties des frais de toute la guerre. Les Venitiens les
deux sixiéme. Fourniroient aussi eux deux ce à quoy le Pape estoit obligé par la Ligue de
mil cinq cens trente sept à condition que diuisé en cinq l'Espagnol en paieroit les trois & les
Venitiens le reste. Au lieu dequoy ils armeroient vintquatre Galleres d'hommes & de toutes
autres choses. Au reste qui contribueroit le plus leueroit aussi le plus & à l'egal de l'auance
seroit paié sur le butin. Qu'on prendroit viures és lieux ou l'on se trouueroit à pris raisonnable:
& ne sçauroit le Seigneur tirer prouision du lieu que les Confederez n'eussent premierement
leué ce qu'ils verroient necessaires pour l'Armée. Si l'Espagnol estoit assailli par le Turc: Le
Venitié luy fourniroit 50. Galleres pourueuës d'hômes & autres choses cóme luy reciproquement au Venitien assailly premier. Autant si l'vn ou l'autre entreprenoit sur le Turc ne demandant rien à aucun d'eux. Les trois Chefz assisteroient en toutes consultations, & se vuideroit
tout à la pluralité des voix. Le General tant par mer que par terre seroit Dom Iean d'Austriche
s'il ne pouuoit assister au voiage ou Conseil le Sieur Anthoine Colone Duc de Paliane seroit
Chef. Le General neantmoins ne pourroit porter sa banniere. Ains la commune à la Ligue
de laquelle il se nommeroit le Principal Capitaine. Es entreprises particulieres celuy seroit
Chef qu'eliroient ceux pour l'amour desquels elle seroit faite: lieu estoit reserué à tous autres
Princes Chrestiens d'y entrer, auec les frais, que le Pape seroit tenu dexorter à y entrer. Les
places côquises seroient parties entre les Confederez selon l'accord fait mil cinq cens vintuit
sauf que Tunes, Algier, Tripoly, demeureroient à l'Espagnol, mais tout autre butin seroit parti
à chacun selon qu'il y doit auoir. Ragouse est franche de toutes incommoditez. Des querelles
& contention suruenans pour le fait de la Ligue la decision en estoit deferée au Pape & ses
successeurs. Qu'il ne seroit permis à aucun de faire accord n'y conuenance aucune auec le
Turc sans le consentement des alliez. Depuis fut dit que de tous les differens d'entre gens de
guerre Colone en demeureroit arbitre. Les Ambassadeurs obligerét leur foy, biens & honeur
de leur Prince à l'inuiolable manutention de tout cela. Et fut signé & seélé de leur Armes, le
contract autentique qui en fut fait par Anthoine Marquesan Dataire du Pape publié en plein
Consistoire le vingtiéme May mil cinq cens septante vn. Publications, processions & festes en
furent faites aussi ailleurs, notamment à Venise où ils representerent la victoire qu'ils en esperoient pour mieux encourager leurs hommes.

20. May
1571

En ce temps comme chacun des colleguez leuoient gens & apprestoient toutes choses pour
l'entreprise que dessus. Le Marquis de Final retiroit quelques fuitifs de Millan & autres terres
Italliennes dedans Final place forte sur la terre & frontiere Genoise (dont toutesfois il ne tenoit rien & ne se reconoissoit vassal d'aucun Seigneur) Beltrand d'Albuquerque nepueu du
Duc d'Albuquerque Gouuerneur de Millan auoit fait leuée au Milanes & Lombardie jusques
à quatorze mille Fantasins dont y auoit mille Espagnols naturels, huit mille Italliens & le reste
Allemans pour le fait de la Ligue qui tous prindrent la route de Gennes. Les Espagnols se doutans de quelque intelligence entre le Marquis & les François qui se pouuoient rendre maistres
de la place, menerent ces troupes auec l'artillerie par le commandement du Roy Philipes deuant Final où les enseignes de l'Empereur & du Marquis estoient arborées qu'ils batirent pour
neant: jusques à ce que le Marquis sachans qu'il venoit plus grand nombre de pieces & sans espoir de secours: accorda qu'il sortiroit auec les siens armes & bagues sauues: la place demeurât
au Roy Philipes pour y mettre telle garnison qu'il auiseroit: Le Marquis jouissant du reuenu
de la juridition du païs comme au parauant le siege. Ainsi sortit le seziéme Iuing mil cinq
cens septante vn.

Final battu
& pris par
les Espa-
gnols le 16.
Iuing 1571.

16. Iuing
1571.

Le Roy de France cependant auoir consideré que le vieil different d'entre le feu Duc de
Guise & l'Amiral se renouueloit: mesme que le Duc de Guise estoit freschement retourné en
Court bien accompagné: tellement que plusieurs estimoient qu'il ne faudroit à l'occasion de
venger la mort de son pere sur celuy auquel il imputoit le fait: Pour obuier à plus grand inco-
uenient fit tant qui les accorda & les fit jurer entre ses mains de ne se recercher à l'auenir que
d'amitié.

Le Duc de
Guise & l'A-
miral accor-
dez par le
Roy & les
poursuites
que les heri-
tiers firent
sur la mort
de leur pere

d'amitie. Ce qui sembloit à beaucoup deuoir estaindre du tout les anciennes querelles d'entre ces deux maisons: veu nommément la protestation qu'en auoit autresfois fait l'Amiral deuât le Roy & l'arrest qu'en donna sa Majesté en son priué Côseil mil cinq cens soixante six, duquel la substance & propres mots furent tels. Aiant la Dame de Guise vesue de feu messire François de L'orraine Duc de Guyse en son viuant Pair, grand Maistre & grand Chambellan, de France tant en son nom que comme Tutrice & Curatrice de ses enfans le vingtsixiéme Nouembre mil cinq cens soixante six presenté requeste (en laquelle ses enfans s'estoient signez) à sa Majesté tendant afin de luy estre permis de faire côtre les chargez & coupables poursuitte de ce que dessus en la Court de Parlemêt de Paris & y faire porter les pieces estans par deuers sadite Majesté: surquoy il auroit declaré qu'il retenoit à luy & à son Conseil la conoissance de la matiere principalle & de tout ce qui en depend pour auoir le tout veu en sondit Conseil, faire droit à ladite Dame ainsi qu'il appartiendroit par raison. Et pour cest effect auroit sadite Majesté (assistée de la Royne sa mere) fait assembler les Princes de son sang, & autres Seigneurs Mareschaux de France Cheualliers de son Ordre & Conseillers en sondit Conseil cy dessous nommez. Et en sa presence & desdits Sieurs fait faire lecture des confessions de feu Iean de Poltrot soy disant Sieur de Merey (executé à mort pour ledit homicide) enuoiées au Roy par sa Court de Parlemêt à Paris en vertu de ses lettres patentes & commandement: & de toutes & chacunes les pieces specifiées audit acte du dixseptiéme de cedit mois. Et rapport des autres pieces, Actes & Requestes produites par la ditte Dame, & icelle lecture & rapport fait à sa Majesté: auroit ce jourd'hui fait entendre ausdits Sieurs Cardinal de L'orraine & Dame de Guyse comme semblablement audiêt Sieur de Chastillon Amiral de France les personnes appellées & assistans audit Côseil pour sçauoir s'ils entendoient en recuser aucuns. Lesquels Sieur Cardinal de L'orraine & Dame de Guyse auroiët declaré qu'ils ont presenté Requeste au Roy comme à leur Souuerain & naturel Seigneur: & non à autre remettant à luy d'ordonner en ce fait ce qu'il luy plairoit. Ce que ledit Sieur Amiral auoit de sa part en semblable respondu, qu'il se remettoit aussi à ce qu'il plairoit à sa Majesté d'en ordonner. Apres lesquelles declarations auroit sa Majesté mandé ledit Sieur de Chastillon Amiral & à luy enjoint & commandé declarer en sa presence & des susdits ce qui estoit de verité dudit homicide, en ce que l'on s'en auoit voulu charger & accuser. Lequel auroit respondu qu'il auoit cy deuant dit affermé & declaré à sa Majesté comme il disoit declaroit & affermoit encor côme deuant Dieu, qu'il n'auoit fait, ni fait faire ne aprouué ledit homicide. Le Roy tout ce que dessus bien entendu & au long examiné, & apres auoir pris sur ce l'auis des susdits Princes, Seigneurs & gens de son Conseil qui tous furent d'vn mesme auis: declara ledit Sieur de Chastillon Amiral de France purgé deschargé & innocent du fait dudict homicide & des charges que l'on luy vouloit ou pourroit cy apres pour ce regard imputer. En imposa silêce perpetuel à son Procureur General & à tous autres. Fait inibitions & deffences tant ausdittes parties que tous autres d'en faire cy apres aucune recerche & poursuite ores ni pour l'auenir soit par voye de Iustice ou autrement: & à tous Iuges d'en prendre aucune Court & conoissance. Puis ledit Seigneur prit les parties en sa sauue garde leur enjoignant de viure en amitié sous son obeissance sans aucune entreprise de fait les vns à l'encontre des autres directement ou indirectement. Declarant ceux desdittes parties leurs parens amys ou aliez qui contreuiendront à ce jugement: auoir encouru crime de leze Majesté, comme infracteurs de paix & perturbateurs du repos publicq, & leurs personnes & biens confisquez: lesquels audit cas il vnit & incorpora au domaine de sa Couronne. Deffendit outre ce sa Majesté sous les peines que dessus à toute personne de quelque quallité que ce soit de contreuenir à cest Arrest ne iceluy reuoquer en doute. Voulant iceluy estre enuoyé à toutes les Courts de Parlement Bailliages & Senechaussées d'icelles pour y estre leu publié & enregistré à ce qu'aucun n'en pretendist cause d'ignorance. Fait audit Conseil auquel estoiêt presens Monsieur frere du Roy, les Cardinal de Bourbon, Prince de Condé, Duc de Montpencier & Prince D'auphin, Princes du sang. Les Ducs de Longue-ville & de Neuers Pairs de France le Duc de Montmorency aussi Pair & Conestable le Chancelier, de Vieille-ville & de Bourdillon Mareschaux de France & de Moruilliers. Le vingtneufiéme mille cinq cens soixante six au Chasteau de Molins en Bourbonnois & prononcé aux parties le dernier jour dudit mois. Nonobstant tout cela neantmoins en auint

uint ce que je vous diray en autre endroit mieux à propos.

Pour le regard de l'Estat de la France en general par le cours d'vn an & demi tous les François viuans en paix, s'entretenoient si familiarement par communitez de deuis, comerces, conuiues & autre sorte d'amitié : que auec le temps le Royaume eust recouuert ses premieres richesses : veu l'affectionnée diligence d'vn chacun a remettre par tous moiens de proffit, la perte du passé : si le malin esprit d'aucuns n'eust peu à peu peruerti le bon naturel des autres qu'ils tirerent en fin à leur cordelle. Surquoy on peut remarquer deux choses. La bonté de la terre si fertile en France : qu'à peine la sçauroit on espuiser. Puis la varieté & legere inconstance du naturel François, qui oublie aussi tost ses pertes qu'il est prompt a se remettre au train de ses premiers malheurs : aussi soudain a desirer la paix, que volontaire a prandre le hazard d'vne guerre pitoiable. *Estat de la Frãce 1571. France fertile. François leger & inconstant.*

Pour retourner à la Ligue aians les Confederez donné le Rende-vous de toute l'Armée à Messine de Sicile, Venier General venitien & M. Ant. Colone General des Galleres du Pape y furent les premiers. Iean d'Austrie parti de Barcellonne vint à Genes le 26. Iuillet, d'où il auertit le Pape & Venitiens de sa venuë. Il auoit les deux Princes de Boëme qui auoient conduit leur sœur au Roy d'Espagne : lesquels s'en allerent à Mantouë, & de là trauersans les Alpes tousjours bien festoyez, arriuerent en Allemagne vers le Duc de Bauieres où ja l'Empereur auec Ferdinand & Charles ses enfans, la Roine de Pologne & autres Seigneurs estoient arriuez. Là le 27. d'Aoust les noces d'être Charles d'Austriche & la fille du Duc de Bauieres furẽt celebrées en grãde magnificẽce. Iean d'Austrie arriué à Genes auoit enuoié querir 15. Galleres qui l'attendoient à Naples. Ceux qui les alloient querir surprindrent deuant Cittaveche deux galeotes Turcquesques, lesquelles auoient pris vne barque Chrestienne dans laquelle, outre la marchandise y auoit vn tombeau de Marbre magnifiquement ouuré que le Pape Pie 5. faisoit porter à Bosco petite ville de Lombardie doù il estoit natif, sise pres Alexandrie paliere jadis Cesarée : Il y auoit cent Turcs & dix Chrestiens esclaues. Toutes choses prestes Iean d'Austrie part de Genes auec 12. Galleres & arriua à Messine le 24. Aoust : & sur la fin du mois Iean André Dorie auec 12. Galleres, & le jour suiuant Quirin & Caual auec 60. Nauires en guerre, desquels ils estoient Lieutenans sous le General Venier. Le Conte de Sarne vint auec deux mil hommes, dont il auoit charge pour les Venitiens. Et le 5. Octobre Dom Aluarez Bacian Marquis de sainte Croix auec 30. Galleres. Puis 12. autres. Comme les troupes s'assembloient, le Pape enuoya à Iean d'Austrie vn Goufanon & Enseigne de couleur azurée qu'il auoit auparauant sacré en vne procession faite à Rome au dessus duquel estendart estoient les armoiries d'Austriche & des Princes de la Ligue. Nous les lairrons assembler & accommoder de toutes choses, pour dire ce que les Turcs brassoient contr'eux d'autre costé : car qui ne sçait les affaires que d'vne partie, il ne peut auoir vn plaisir entier n'aiant que la moitié de son desir. Pour mieux vous esclarcir le tout, je reprandray l'affaire des Turcs dés le temps & les lieux ausquels je les ay ci dessus laissez : afin de mieux continuer le fil de mon histoire par vne entiere succession d'vn temps à autre sans interrompre l'ordre ni suitte d'aucune chose. *Armée nauale des Cõfederez de Christ cõtre les Turcs. Aoust 1571. Mariage du fils de l'Empereur Charles d'Austriche & de la fille de Bauieres.*

Le Seigneur des Turcs flaté par l'heureux succez de l'entreprise de Chypre, considerant d'ailleurs les forces qu'il pouuoit mettre en mer contre les Chrestiens : faisoit estat de bien tost tellement rongner l'estenduë de la Seigneurie de Venise qu'ils auroient assez affaire a garder ce qu'ils auoient en Italie. Et bien qu'on l'eust auerti de la Ligue qui se brassoit contre lui entre les Princes Chrestiens : si est-ce que veu les differens qui auoient ja tant de fois empesché les exploits qu'ils attendoient faire : mesme la jalousie d'honneur qui les mit en tel discord qu'ils n'eurent seulement la vertu de prandre la route de Chypre pour secourir Famagoste prise à leur veuë au grand & infame des-honneur de la Chrestienté : Il n'esperoit que ceteci fust de plus heureux effet que la premiere, ni celle de Charles Empereur, & des Venitiens cõtre son pere : laquelle pour semblables occasiõs s'en alla biẽ tost en fumée. Si bien que ne lui manquans d'ailleurs Conseillers pour l'animer à ce à quoy la fortune riante & son naturel le sembloient pousser : fit leuer jusques à 30. mil hommes qu'il donna à Aly Bascha des premiers de la porte, auquel il joignit Fertau Bascha pour commander sur terre & Aly sur mer. Cette Armée qui estoit de deux cens trente trois grosses Galleres auec nombre d'autres vaisseaux partie de Constantinoble le 15. Auril 1571. vint premierement surgir à Castrorosso, d'où *Desseins des Turcs. Armée de mer Turquesque. Armée de mer des Turcs, son voyage & les exploits d'icelle.*

doù ils prindrent la routte de Negrepont où ils ſpalmerent, refirent & accommoderent l'armée de tout le beſoin. Ochyaly Roy d'Algier & celui de Trypoly ſy vindrent rendre. Ni eut pas meſme trente Galeotes de Corſaires commandées pour ſy trouuer qui n'y fuſſent ſous Caracoſſe & autres gaignans leur vie a pirater ſur mer. Puis entrez en l'Archipel ſ'allerent mettre à l'abry au port de Sude (autrefois dit Amphimalée) qu'ils prindrent. Heſtie Dapricorne Daretiue où ils prindrent bien huit milles ames Chreſtiennes. Ils rauagerent la Candie que les anciens appelloient Crete Iſle grande & riche, autrefois peuplée de cent belles Citez: aujourdhui n'y en a que trois: Candie, (Colonie de Venitiens qui donne le nom à l'Iſle) Canie & Retime. L'Iſle n'eſtoit guere moins grande que Chypre riche, mais ſans riuieres nauigeables; ſans beſte auſſi qui porte venin, renommée pour les bons vins qu'on nomme Maluoiſie dont les habitans trafiquent par toute la terre: chargée de beaux ſappins & autres arbres propres à nauires. Soudain mirent en terre deux mil hommes en meſme temps que François Iuſtinian y fiſt deſcendre huit cens Corſes auec leſquels & autres Inſulaires il les força de regaigner le bord. Mais au lendemain venus plus forts ils pilloient & bruloient tout: ſaccagerent Bicorne baſtie en Retin emmenans grande multitude d'Inſulaires: ſi les Corſes & autres du païs ne les euſſent combatus vaincus & tué plus de douze cens des leurs. Le reſte, ſauué l'armée fit voile vers Cerigo, Zante & Cephalenie, où ils ſaccagerent tout: & emmenerent plus de ſix mil perſonnes. De là firent la routte des monts Acroceraunes dits de Chymarioti: où ils arriuerent comme leur armée de terre aſſiegeoit la ville & fort de Dulcigne.

Or pour entendre quelle eſtoit ceſte armée de terre, quelle l'occaſion de ſa venuë, quels les Chefs, les exploits & ſuccez d'icelle, faut entendre qu'au bruit eſpandu de toutes parts de la Ligue & aſſemblée des Chreſtiens: pluſieurs Grecs, Albanois & autres voeſins des terres Venitienes eſleuerent le cœur & deſir à leur premiere liberté: ſi bien que ſ'imaginans pour auenu ou pouuoir aiſément auenir ce qu'ils deſiroient: firent eſtat de prandre les armes contre les Turcs qui les maiſtriſoient, pourueu qu'ils fuſſent aſſeurez de ſecours de la part des Venitiens. Les Gouuerneurs de Dulcigne & Antinari s'allierent auec trois cens Epirotes ou Albanois, par le moien deſquels les païſans & autres Grecs deuoient ſe reuolter du Turc pour les Venitiens ne demandans que ſix mil hommes bien armez, à quoy ilz ſ'obligerent pourueu que ces Gouuerneurs les ſecouruſſent d'artillerie & de ſoldats de leur garniſon pour les conduire. Et pour ſ'aſſeurer d'vn & d'autre coſté ils demanderent deux cens oſtages qu'on leur donna preſque tous parens ou alliez. Ainſi ces Grecs prenans les armes inciterent le reſte à reuolte: leur remonſtrant quel fruit & honneur leur pourroit auenir ſ'ils ſe pouuoient moyenner la jouïſſance de cete liberté & viure ſelon les loix & inſtitutions de leurs anceſtres: deſquels ils auoient eſté ſi long temps priuez ſous la tyrannie du Turc. Se voians touteſfois repus de parolles & que pour neant ils attendoiét le ſecours Venitien: ſe proſternans deuant le General des Turcs qui les enuironnoient de toutes parts le ſuplierent d'auoir pitié d'eux. Les deux cens oſtages euſſent eſté liurez au Turc ſ'ils n'euſſent eſchappez des Albanois fort irritez contre ces Gouuerneurs qui perdirent vne belle occaſion de meurer toute l'Albanie, & peut eſtre à ſon exemple (diſoient ils) toute la Grece en liberté. Auſſi toſt que le bruit fut eſpandu à la porte de Selim qu'aucuns en Albanie ſolicitoient les autres à reuolte. Achma ſvn des principaux Bachatz de la Court & le Belyerbey de Grece firent leuée d'enuiron de ſoixante mil hommes qu'ils menerent vers Scutari & enuoierent quelques trouppes à Suppot, doù les aſſiegez en fin deſeſperez de ſecours ſe retirerent à la faueur de la nuict: n'y trouuerent les Turcs que quinze perſonnes ſans defence. Mais tuerét plus de quatre cens hommes & tout ce qu'ils trouuerent aux villages. Ce pendant vne Gallere partie de Corfou chargée d'hommes & de marchandiſes vint ſurgir à Dulcigne pour les auertir que l'armée Turqueſque y venoit. Caracoſſe la pourſuiuit auec ſes galeres, & l'euſt prinſe ſi les Ragouſins ne lui euſſent ouuert vne aſſeurée retraitte en leur port: contre lequel Caragoſſe voulant ſ'auancer: à coups d'artillerie fut forcé de ſe retirer irrité contr'eux pource qu'aiant commandement par lettre de Selim (qu'il monſtroit) ſur le Golfe de Veniſe ils empeſchoient ſes conqueſtes. De là, veuë la reſolution de la ville il aſſaillit & ruina vne forterſſe prochaine auec ſon Egliſe, & vn Monaſtere de ſaint Benoiſt. Scutari (qu'on nommoit anciennement Scorde & pour raiſon de laquelle ſeulement les Turcs menerent premierement leurs Forces en Albanie) eſt en la coſte d'Illirie ſur vne haute montagne entournée de rochers d'accez mal-aiſé: en vn paſſage ſi fertile qu'on y eſt

contraint

contraint d'en chasser les Haras affin qu'ils ne creuent de trop de gresse. De là sacheminarent à Vlcine au jourd'huy Dulcingue. Pline l'apelle Olchinium: & dit qu'au temps passé on le nommoit Colchinium pource que les Colchiniens l'auoyent bastie. Dont le naturel de ces habitans est tel qu'ils ne peuuent aymer aucun estranger. Comme ils le batoyent auec quatre Canons mal-aysément amenez par les montagnes leur Armée de mer arriua, occasion que les assiegez par mer & par terre firent accord auec Portau General de terre le huitiéme jour du siege, pour sortir à condition que les Soldats & Cytoiens ne seroyent point offencez. Que les Soldats sortiroyent armez & bagues saunes l'Enseigne au vent, & leur preteroyent quatre vaisseaux pour les conduire à Ragouse. Sara Martinengue y commandoit auec bon nombre de Soldats François qu'il auoit mené (apres les guerres de France finies) au secours des Venitiens. Il disoit & quelques autres Chefs aussi: que dés le commencement du siege auant la venue de l'Armée Nauale des Turcs, Voyant la faute de viures & autres choses, il conseilla aux Soldats se retirer auec les vaisseaux qui leur restoyent encor au port, ou qu'ils se rendissent à l'ennemy. Mais qu'ils se resolurent de tenir bon. Iusques à ce que faute de viures ils furent forcez de composer. Que de luy dés le quatriéme jour fesant deuoir de Chef il fut blessé d'une Canonnade & porté demy mort en son lict. Si que lors de la venue de l'Armée de mer; les Soldats estonnez luy demandant son auis de ce qu'ils deuoyent faire: n'eurent autre responce sinon qu'il ne falloit point demander conseil à un mort, & qu'ils se gouuernassent selon l'opportunité. Mais d'autres & nommément des Cytoiens, tesmoins assez suspects en matiere de Capitaines: auoir eu liberté disoyent que les Venitiens n'auoyent cessé jusques au jour de la redition d'amener viures & toutes choses necessaires. Et qu'on auoyt enuoyé du Golfe de Ladrim auant, trois Galleres pour leur porter Artilleries de toute sorte. Lesquelles ne partyrent de Dulcingue qu'un jour deuant la venue de l'Armée Nauasse. Comme que ce feust, le Turc mist les principaux de la ville & quelques Soldats aux Galleres: dequoy les ostages se doutans sacheminerent en certain logis, où voyant qu'on les cerchoit, aimerent mieux se deffendre, faire mourir plusieurs assaillans & brusler auec le logis que d'entrer aux Galleres. Ceux de Budea auertis de tout, & ne voians moië de resister, s'ensuirēt auec leurs biens & familles vers Cataro. La Garnison receut ceux de faction, les autres vagans çà & là furent sagmentez par les Turcs. Ceux d'Antiuari furent si esfrayez de la prinse de Dulcingue que leur GOVVERNEVR ALEXANDRE Donat enuoya soudain vers le Turc la luy offrir aux mesmes conditions qu'il accepta. Et y auoir mis cinq cens Soldats autant qu'à Dulcingue sceut que plusieurs familles embrasserent la secte Mahometane.

FERTAVT surce, resollut auec le General de mer prendre la routte du Golfe de Cataro jadis Zein Rizonique: mais entré en l'Archipel ils perdirent quelques Nauires par la tormente des vens Austraux: puis cessez ils arriuerent le huitiéme Aoust à Nouo-castro traitant doucement ses prisonniers pour alecher le reste. De fait ils enuoyerent semondre Cataro entre-meslans à menaces de toute rigueur, belles promesses d'un doux traitement en cas de redition. Mais aussi tost que la garnison eut resolument respondu qu'on n'en feroit rien. Ils firent mettre tous leurs prisonniers aux ceps & à lauiron, deliurant Martinengue auec treze Capitaines, quatre Senateurs Venitiens, leurs familles & deux Galleres pour le conduire fidellement jusques à Venise. Martinengue se plaignoit que le General fausoit sa foy, ayans promis deliurer tous les Soldats. Mais les Turcs disoyent qu'il n'estoit à presumer qu'il voulust violer sa foy pour des Soldats & qu'il eust plustost retenu ceux qu'il deliuroit. Cataro est en la Dalmatie au Sein Rizonique fort peuplé & en un territoire fertile jadis les Rizons cultiuoient ceste terre. Mais l'insolence de guerre les força de quitter païs & se retirer là. Les Turcs dressans 9. double Canons sur de hauts ramparts batent le fort & les murailles. Mais les assiegez sortyrent si resolument, qu'ils n'eurent le loisir de remener leur Artillerie en leurs vaisseaux. Ochyali & Caracosse cepēdāt aians eu dix jours du General de mer pour voltiger auec 60. Galleres & endomager les haures Venitiēs le plus qu'ils pourroiēt: mirent a feu & sang tout ce qu'ils rencontroient. Puis assiegerēt Corcire la noire ou Milane qu'on nomme Cursole assize en la mer Adriaticque eslognée de Ragouse bien

Dulcigne Estrangers hays.

Dulcigne rendue par composition.

Antiuari.

8. Aoust. 1571.

Martinengue.

Cataro.

Courses d'Ochyali & Caracosse sur le Golfe de Venise.

Corcire.

quatre vints mil. Antoine Contaren Gouuerneur sachant la deliberation de l'armée, animoit & preparoit les Insulaires à la deffence. Mais les voians si pres, il s'enfuit le premier sur vne Fregate qu'il tenoit preste à cest effect: à l'exemple duquel les Citoiens & Insulaires se retirerent à Ragouse: ne restant en Cursole que vint cinq hommes & quatre vints femmes lesquelles plus masles & viriles que leurs maris, armées & ambastonnées à la soldate: deffendirent si genereusement leur ville que les Turcs prindrent parti de retraite pour le vent de Nort qui commençoit à tellement mutiner les ondes qu'il y auoit aparence d'vne grosse tempeste prochaine. Ainsi Ochyali commença razer la coste du Continant, pillant les places de Lisne, Brucie, Lisse, les Isles de Dalmatie & plusieurs autres du Golfe de Venise. Si bien que tant luy que Caracos emmenerent plus de seize cens personnes, captiues brulans tout ce qu'ils rencontroient.

En ce temps la Galleote des Princes de la Ligue partie de Messine, puis d'Otrante pour Corfou: n'ayant que douze hommes fut prise par vne Turquesque, & consequemmant les lettres qui d'auis aux Chrestiens de leuant, de ce qui s'estoit passé pour la Ligue. Si bien que le porteur representé au General & à la Torture pour descouurir les entreprises Chrestiennes: sceurent tout ce que dessus, & partie de ce que je diray cy apres: occasion qu'il despecha vers Selim l'auertir de tout. Puis le dixhuictiéme Aoust prit la routte de Budot trouué Vide fut rasée. Caracos alla vendre partie de ses prisonniers à Ragouse, où ils furent liberalement deliurez de seruitude: & eust tout vendu sans la crainte du General qui s'en seruoit de forças. Le vint septiéme l'armée s'arresta à la Valone, où elle s'acreut de trois mille Ianissaires & d'autant de Spachis esleus outre les ja leuez au Gouuernement d'Albanie: auquel Dulcingue & Antinari furent attribuées. Ce fait le General prent la routte de Corfou y faisant descendre huit cens Cheuaux & mille Fantassins, qui saccagerent tout: donnant jusques aux faux bourgs qu'ils assiegerent & bruslerent en partie, nonobstant les Canonades qui leur pleuuoyent du fort. En fin cinq cens Fantassins & mille cheuaux sortirent de Corfou si brusquement qu'ils les firent retirer: prindrent quelques prisonniers vn Rais renegat dit Baffo compagnon de Caracos Corycéen de nation, pour lequel on voulust donner Iaques Malateste Gouuerneur en Illirie & deux autres de marque auec dix mil escus. Ainsi le siege leué fit Estat d'aller au Sein de Corinthe atendre sur le Golfe de Lepante emmenant deux Naux Venitiennes chargées de marchandises pour y accommoder son armée de tout ce qui luy feroit besoin. Le Courcier venu en toute diligence auec commandement de demeurer au siege de Cataro, & hyuerner là pres: ou de donner bataille si l'ennemy se presentoit: Fut renuoyé porter auertissement des affaires qui auoyent changé depuis, pour auoir sur ce l'auis & mandement de Selim.

Les Venitiens de leur costé preparans auec vn soin extreme tout ce qu'ils sçauoient necessaire à leur armée: voians d'ailleurs que les forces sont vaines en la campagne si le Conseil deffaut à la maison: auiserent de trouuer moien pour encourager les hommes à leur deuoir, & de faire vn fons de deniers pour les necessitez de la guerre. Commanderent à tous leurs sujets d'implorer l'aide du Ciel pour bien heurer leurs affaires tant par prieres particulieres que publicques en processions, jeusnes, oraisons, & autres tels moyens ordinaires en tel cas: prians tous les Potentas Chrestiens d'en commander le semblable en leurs terres: Ce qui fut fait en Italie, France, Espagne, Allemagne & ailleurs. Puis firent publier que tous Cytoiens eussent sous grandes peines a donner par escrit dans deux moys le nombrement de leurs biens & reuenus annuels, tant en leur sujection qu'ailleurs: afin que de là on vist ce qui seroit le plus expedient pour la Seigneurie. Enuoyerent Placide, Ragason en Sicile pour leur apporter prouision de tous blez. Son Aisné Iaques Ragason estoit de retour de Constantinople, où il auoit esté (en grand peril toutesfois, estimé y estre pour autre occasion) pour moyenner la deliurance des Turcs arrestez à Venise, & des leurs à CONSTANTINOPLE: ce qu'il fit: mais retournant fut arresté par le fils de Mahomet principal Bascha qui ne le laissa que par rançon. Pour auoir meilleure somme de deniers fut ordonné au Conseil qu'on suspendroit pour quelques jours les gages qu'on donnoit aux Gentils-hommes qui estoyent en Magistrat. Et la moytié des prouisions distribuées en commun:

LIVRE V·INTSIXIEME.

mum : & qu'on osteroit aux Luarantes la moytié de leur reuenu par six mois. Puis delibererent pour empescher le Turc de monter plus haut au Golfe de Venise : de faire trois forteresses. L'vne à Iustino Poli sur le Golfe de Trieste, l'autre à Pyran au païs Tergestan, & la troisiéme à Vtin au Friol. Auec ce ils auoyent soin qu'il n'y eust en ville aucun ennemy domestique. Aussi que parauant on auoit pris deux Constantinopolitains desguisez en Hermites. Pourueurent à ce que les Chefs ne desrobassent plus la paye des Soldats comme auoit fait vn de Rauene Pelegrin qui s'enfuit apres le fait. Presque en mesme temps vint à Venise vn Ambassadeur que le Turc enuoyoit en France : que la Seigneurie arresta prisonnier & le fit conduire à Veronne pour le garder en vne Tour. Le Seigneur d'Ax sorti de la maison de Noaile estoit lors à Venise voulant aller en Constantinople Ambassadeur pour le Roy de France qui fist (mais en vain) grande instance de le deliurer comme personne franche, & allant à vn Prince auec lequel ils auoyent toute amitié & alliance : joint qu'il ne faisoit que passer par la ville.

Moien pour faire argent
Le Golfe de Venise fortifié.
Espions desguisez en hermes.
Ambassadeur arresté

I Ay tiré l'armée Turquesque de Constantinople. Ie l'ay conduite en plusieurs lieux du Golfe de Venise & de Cataro, en fin je l'ay fait rader au Golfe de Lepanto : où je la laisse pour s'accommoder & attendre le mandement de Selim. Ie vous ay de mesme main representé l'ennuy des Venitiens pour tant de miseres que ceste armée apportoit à leurs sujets : la crainte qu'ils auoyent d'en receuoir d'auantage : les moyens qu'ils subtilisoyent pour y obuier, & en somme l'Estat auquel ils auoyent acheminé leurs affaires : tant pour se garentir par terre, que pour se preparer à vne vengeance par mer, contre les pertes receuës de leur ennemi. Reste donc à vous faire voir les portemens de l'armée Chrestienne, comme elle marcha pour trouuer son ennemi, & qu'elle fut la rencontre.

L Es principaux Chefs de la Ligue Chrestienne assemblez à Messine cependant que le reste des vaisseaux, hommes & prouisions venoyent, & qu'on accommodoit l'armée de tout ce qui luy faisoit besoing : tindrent Conseil de ce qu'ils deuoyent faire quand l'armée seroit en Estat. Sur ceste deliberation qui dura trois jours y eust diuerses opinions : pource qu'ils n'estoyent aduertis que l'armée Turquesque estoit resoluë de les attaquer : occasion qu'aucuns furent d'auis d'aller assieger Nouocastro. Les autres de tourner en Barbarie, veu mesme que le Roytelet estoit là venu depuis peu de jours, faisant grande instance qu'on le remist en son Royaume perdu. L'opinion qui emporta, fut de ceux qui remonstrerent qu'il falloit premierement qu'on arrestast, qu'est-ce qu'on deuoit faire si l'ennemy retournoit à Constantinople auant qu'ils l'eussent rencontré. Et aussi que s'il estoit prest à combatre si l'on luy deuoit donner la bataille. L'vn de ces points resolu, on delibereroit puis apres des moyens qu'on deuroit tenir à l'execution. Et pource que le fait estoit de grande consequence, ils trouuerent bon d'auoir aussi l'auis des plus fameux au fait Millitaire de ceste troupe, encor qu'il n'assistassent au Conseil, lequel n'estoit composé que de Iean d'Austrie Rechesen son Lieutenant : Sebastien Venier, Augustin Barbadicque & vn Secretaire auec Marc Anthoine, & Pompée, Colones, lesquels s'assembloient deliberoyent & resoluoyent si secrettement qu'aucun n'en pouuoit rien presumer. Entre autres Ascagne de la Corne y fut appellé : l'auis duquel fut la resolution de la plus part. A ceste occasion je ne m'empescheray de ce que les autres y voulurent conclure. Il remonstra qu'il y auoit trois choses, chacune desquelles deuoit retarder vn General de se mettre au hazard d'vne Bataille. Quand le dommage receu est plus grand que le bien de la victoire. Lors que François Duc de Guyse General des François en Italie presenta la bataille à Ferdinant de Tollede Duc d'Albe : l'Espagnol eust mal fait s'il eust accepté le combat. Car quand bien le François y eust receu du pire, il ne perdoit que ceste armée & l'autre mettoit en hazard tout l'Estat de son Maistre. Le second, quand on peut voir que l'armée ennemie & pour se rompre bien tost soit par dissentions soit par faute de viures ou par maladie & autres accidens. L'Empereur Charles cinquiéme voyant que l'armée de la Ligue Smalcaldique faite entre les Protestans d'Allemagne n'estoit pour durer : ne voulut jamais accepter le combat, aussi fut il victorieux. Le troisiéme, quand le GENERAL est plus foyble. Vous ne deuez douter des deux premiers points. Car quand nous serions rompus, si est-ce que les moyens nous restent encores assez grans pour nous deffendre de l'ennemy. Que si l'heur nous

Armée Chrestienne se Conseille qu'elle puis...
Roy de Tunes chassé demande d'estre remis par les Chrestiens.
Ceux qui estoient au Conseil de la Ligue.
Harengue d'Ascagne de la Corne sur la resolution que les aultres pren-dre les Chefs de la Ligue.
Raisons pour desfuader vne bataille.

Ee ij.

Septembre.
1571.

Fortune & hazard.

Harégue des Chefs Chrestiens à leur soldats pour la bataille Navale.

Ordre & disposition des vaisseaux Chrestiens pour la bataille.

rit, peut estre, que les Grecs se reuolteront contre le Turc & autres grans auantages nous en pourront venir. Pour le reste, ceste armée est si belle, si gaillarde & si bien pourueuë de tout le besoin: qu'il ne nous reste que le courage d'entreprendre. Ie confesse que la plus part des soldats Espagnols sont bisoings & nõ encor adroits au fait militaire nõ plus que nos Italiẽs & que les Allemans ne sont accoustumez à la guerre de mer. Voire que peu sçauent manier l'arquebuze. Mais l'armée ennemie n'est guere mieux conditionée: veu que l'an passé y est mort de peste & autres maladies plusieurs vieux soldats: joinct le grand nombre de morts en Chypre hommes deslite. I'en dirois autant du nombre & condition des vaisseaux. Quant au reste je suis si peu versé aux praticques de mer que i'en attendray le Conseil d'vn autre, fors que je vous conseille de vous fier en partie au hazard de fortune: d'autant que jamais chose ne fut si bien conduitte en guerre que la fortune n'y ayt eu sa part pour son loz & auctorité. Somme que sortans d'icy en diligence vous preniez la routte de Brindes ou Corfou. Car auoisinez de l'ennemy, vous sçaurez l'Estat de ses affaires & plustost à Corfou si faute de viures ne vous destourne. Car ce lieu estant plus sur le passage, l'armée y repassera se retirant à Constantinople. Sur tout ie vous prie que partant d'icy vous soyez tous resolus au combat quelque part que sur le chemin vous le rencontriez. Pource dés icy donnez ordre à l'apareil qui sera commode & necessaire à ceste resolution. Car si vous attendez à deliberer sur la veuë de l'ennemy: Il auiendra que vos cœurs estonnez de sa venuë, seront poucez çà & là sans sçauoir quel conseil prendre n'y quel moien praticquer au combat. A quoy se conforma la pluralité des voix: si que la resolution prinse d'vn soudain depart, tous s'y mõstrerẽt fort de liberez. Puis on deffendit sur grosses peines de prendre le nom de Dieu en vain & s'entrequereller. On commanda aux Capitaines, Maistres & Patrons des vaisseaux de voir que tout fust accommodé & prest en certain temps. Que chacun exhortast ses soldats à leur deuoir. En General on leur remonstra la Iustice de la cause pour laquelle ils alloient au combat. Et que par ainsi DIEV ne pouuoit que leur estre fauorable en bien faisant. Puis on fit jurer aux Capitaines, soldats & autres de faire leur deuoir en tout ce qu'ils sçauroient leur conseruer & dont ils seroient requis. Assistoit au surplus aux processions & prieres publiques qui vouloit pour la difference des Religions.

Le seziéme Septembre l'armée leua l'ancre, composée de deux cens huit Galleres, six grosses Naux, vintcinq Nauires de charge, & quarante tant Fustes que Fregates & Galleotes. Les hommes de combat montoyent à plus de vint-cinq milles touchant paye & bien deux mille venus au secours auec grand nombre de Gentils-hommes qui y estoyent à leurs despens. Ainsi costoyans la Calabre ordonnerent des troupes comme je vous diray. Iean de Cardone Colonel des bandes Siciliennes fut destiné auāt-coureur de la Flotte à trente mil deuant auec huit Galleres. Deux desquelles seroyent Venitiennes pour espier le chemin de l'ennemy, se tenant le soir huit ou dix mil loing de la Flotte: & conduiroit deux Barques pour auertir l'armée des occurrences. S'il descouuroit vne troupe de Nauires qu'il estimast estre l'ennemy: il tourneroit à l'armée se remettre au lieu ordonné. Iean d'Austrie, Venier & Colone seroyent ensemble en la bataille auec soixante quatre Galleres. A la droite de Dom Iouan, la Generalle du Pape où seroit Colone Lieutenant General de la Ligue & à son costé la Capitane de Sauoye que commandoit de Ligny où estoit le Prince d'Vrbin. A gauche la Generalle des Venitiens, & à son costé la Capitane de Genes où estoit le Prince de Parme. Les deux derniers qui faisoyent ailes à la bataille estoyent la Capitane de Malte: celle de Pol Iourdan Vrsin, & celle de Loumeline. A gauche & à la poupe de la Realle pour conserue estoyent la Capitane du Commandador Major, & la Patrone d'Espagne. André Dorie auoit l'aile droite auec cinquante Galleres. Barbadicque la gauche auec cinquante trois, Aluare Bacian, l'arriere garde auec trante Galleres, desquelles y auoit douze Venitiennes. Puis fut ordonné que tous les Capitaines garniroyent & disposeroyent si bien leurs vaisseaux, qu'il ne resteroit aucune espace entr'-eux pour dõner moyen à l'ennemy d'entrer en leurs rancs dont pourroit venir leur perte. Tous les autres vaisseaux rangez comme dessus. Et pource auroyent hommes experimentez en leurs brigantins & vaisseaux legers pour dresser les ailes & rancs, comme il auoit esté ordonné: laissans quelque interualle entre les deux cornes & le corps de la bataille, capables de trois ou quatre Galleres:

LIVRE VINTSIXIEME. 27.

leres: afin que chacune des Flotes peust librement mouuoir comme la necessité requerroit. Aussi tost que les Flottes seroyent en ordre se rueroyent peu à peu sur l'ennemy se donnant sur tout garde que nulle Gallere empeschée heurtast contre sa voysine, dont les Pilotes auroyent charge: autrement seroyent punis comme on auiseroit. Six grosses Naux iroyent vn ou deux mil deuant la flotte, afin de courir s'il se pouuoit, le front de l'armée: ce qui se peut faire si l'enemi marche à la coustumée ses rāgs dressez en croissants de Lune. François Dode Capitaine de ces Naux fut destiné pour faire qu'aucune ne s'eslōgnast des autres, ains marchassent ensemble. Si elles se trouuoiēt en tel lieu durāt le cōbat qu'elles peussent cōbatre & eussent le vent à gré:qu'elles assaillissent l'ennemi la part où ils verroiēt luy pouuoir porter plus de prejudice. Si le vent manquoit ou qu'elles fussent si eslongnées qu'elles ne peussent donner secours: Cesar d'Aualos qui en estoit Capitaine où l'autre seroit charger leurs esquifs d'harquebuziers fournis de tout: qui seroient conduits au milieu de la bataille attēdās le cōmandement des Princes de la Ligue. Les Capitaines feroient que les soldats ne tireroient qu'au besoin contre l'ennemi. Les armées prestes à combatre: tous Chefs exorteroient leurs gens à bien faire par les raisons susdittes. Bacian deuoit aller auec discretion au secours des plus pressez & prendroit garde que l'ennemi n'eust son arriere garde pour luy fournir d'escorte & support, pour voir quel nombre le Turc auroit de vaisseaux & jugeast lequel seroit meilleur assaillir vne partie ou le tout en gros: & tourner sō industrie où il verroit le plus d'affaires. Les 4. Galleres à deux bancs se deuoient tenir pres les poupes des grosses Galleres, & à chacune dix harquebuzes à croc auec deux grosses pieces d'artillerie. Et du commencement du combat deuoyent donner sur les moindres vaisseaux ennemys. Estans ainsi tous sur le depart: le General ennuoya à chacune des troupes principalles des Goufanons & enseignes diuerses pour s'entreconoistre, commandant qu'on en mist dans toutes les Galleres. Sa bataille eut la banniere de couleur azurée. La Realle portoit vn grand Crucifix & vn Image de nostre Dame de pitié. Et vn autre des armes de tous ceux de la Ligue. Et au Cascis vn Gantelet bleu auec tous ceux de la bataille. La corne gauche portoit vn gallardet jaune à l'hosté & à la corne vn verd à la peno: & à la riere garde vne bandiere blanche sur la poupe. Signals & Bandiere de l'armée Chrestiéne.

Singlant sur ceste resolution arriuerent à Spariumenty où aucunes firent aiguade, d'autres s'accommoderent de boys & autres choses dont le lieu les pouuoit aproprier. Puis mettant à la voille, tindrēt la routte de Corfou dans le Golfe d'Otrante jusques au cap des collonnes nommé par les Anciens Lacimie. Là eut quelque different entre Iean d'Austrie qui vouloit faire Aiguade & Venier qui luy dit qu'il n'en auoit besoin de douze jours. Ainsi ne firent grande diligence de marcher en tout le voiage, soit faute de rames ausquelles plusieurs n'estoient assez duits: soit qu'il fallust tousjours quelque accommodement à telle Flotte & souuent pour le peu de volonté qu'auoient beaucoup de se haster. Voire que sans l'astuce du General Venitien (qui ne vouloit perdre si belle occasion de rōpre du tout, ou du moins diminuer la puissance du Turc par mer auec peu de perte des Venitiens quand l'heur y eust cōtrarié) on n'eust donné bataille. Car plusieurs Chefs estoient mal affectionnez. Venier ennuoia lors dire à Iean d'Austrie qu'il se doutoit qu'il y eust quelques vns à son Conseil d'autre resolution que luy. Et aussi pour les diuerses occurrences qui suruindrēt encor depuis comme vous verrez suffizantes à les descourager: si peu ferme & tant mal liée est au jourdhuy l'amitié entre les humains. Le vintvniéme ils enuoierent Quirin auec vint Galleres reconoistre vintrois Nauires qu'ils auoient descouuert. Mais on les raporta Confederez. Puis enuoierent quatre vaisseaux prēdre l'ague. Lors vn Brigantin de Famagoste parti de Chypre le huitiéme Iuillet & de Candie vintquatre portant lettres au General Venier: luy dit que Famagoste ne pouuoit plus tenir sans secours & autres lettres de Candie pour lesquelles on voyoit qu'ils auoient enuoié 700. Soldats en Chypre 200. caques de poudres, deux de vinaigre, des boullets, cuit à chausser & autres choses. Disoyēt aussi ceux du Brigantin qu'ils auoient esté poursuiuis de l'ennemy qui estoyent pres du Golfe de Lepante. Le 26. Septembre arriuerent à Corfou, où ils attendirēt le reste des vaisseaux plus pesants. Et firēt fort estroites deffences de ne riē mander hors l'Isle de ce que cōceuoit l'armée. De là ils furent à Lencinie dit cap blāc de Corfou. Là les Nauires espionnes reuindrēt, asseurant que l'ennemi estoit à Lepante: puis les Generaux firent reueuës de leurs armées & vne monstre generalle où furent treuuez huit milles soldats L'armée Chrestiéne lente à la voellé.

Les Chrestiens mal vnis de volonté.

21. Septēbre 1571.

Monstre Generalle de l'armée Chrestiéne.

Ee iij.

Octobre.
1571.

Espagnols douze mille Italiẽs, trois mille Tudesques & trois mille auenturiers, non compris les Mariniers. Ieā d'Austrie se pourmenāt de tous costez chacun luy faisoit la saluë d'arquebusades si les coups n'eussent estez deffendus crainte d'auoir faute de poudre. Comme le Venitien faisoit reueuë de la siēne vn Capitaine auec 50. soldats Italiens de ceux que Iean d'Austrie luy auoit presté: se treuuans en la Gallere de Calerge Retimois se querellerent auec ceux du vaisseau: & en fin se bourrerēt si bien que plusieurs tuez les autres resterent fort blessez. Venier y enuoia deux compagnies desquelles se moquans y renuoia l'Amiral & 4. autres compagnies pour luy amener ces factieux: Lesquels firent en sorte qu'ils repousserent toutes ces bandes en presence de Venier qui y alla: & la Gallere enuironnée, presque tous furent taillez en pieces. Les Chefs mutins furēt prins & conuaincus furent aussi tost pendus au mats de la Gallere où leurs corps furent par vne heure seruāt d'exemple aux autres. Or jaçoit que tous disoient que Venier ne pouuoit moins faire pour son honneur & conseruation de son autorité: si est-ce que le General de l'armée s'en tint pour grieuement offencé. Luy semblant que ceste jurisdictiō luy appartenoit sur tout autre: mesmes que les criminels estoient ses soldats: occasion que ceste nuict se passa en grande crainte d'esmeute d'vne part & d'autre: chacun General estant au Cōseil auec tous ses Chefs. Le lendemain toutesfois ils ne parlerent que d'ordonner les batailles, & s'y porterent cōme s'ils eussent voulu combattre: chacune des trois troupes auoit deux grosses Naux deuant soy pour s'en couurir & garder, portant chacune 4. vints pieces d'Artillerie & six cens hōmes. Mais Iean d'Austrie ne parloit plus amiablement n'y auec honneur de Venier il ne le nommoit plus de son nom ny de sa qualité. N'enuioit plus sçauoir de ses nouuelles & estimoit-on que Colone ne luy estoit guere plus affectionné: nomméemēt pource qu'il auoit esté esleu arbitre de tous les differens de l'armée. Faisans voille neantmoins arriuent au port Guischard. Et au 4. Octobre sceurent la perte de Famagoste du 9. Aoust: ayans les soldats esté trois jours sans poudre & autres choses necessaires à leur deffence: sceurent en somme ce que je vous ay dit ailleurs & que les affaires de Candie se portoient si mal que si l'ennemy s'y ruoyt les Insulaires s'en iroient à sa deuotion s'ils n'auoient prompt secours. Ce qu'ils auiserent premier, fut d'apaiser le different des Chefs. Si que d'vn commun auis Barbadicque fut ordonné pour aller vers Colone, afin que par sa prudence & autorité il moiennast la paix. Il fit tant que tout fut assoupy à condition que Dom Iean ne traiteroit rien auec Venier: condescendit neantmoins à conferer auec Barbadique des choses publicques qui viendroiēt au Conseil. En quoy la patience de l'Espagnol & de Colone est digne de loüange: voire d'exemple à tous qui sont à venir, nomméement à ceux qui bouillans de cholere ou faute de jugement se laissent transporter à ce qui plus les passione. En ce qu'ils ont vertueusement preferé le respect du publicq à la consideration de leur particulier: encor que ce particulier importast de quelques choses publicques. Car l'injure qu'ils receuoiēt ne redōdoit à eux plus qu'à leurs nations qu'ils representoient. Voire au General de tous ceux qui les auoient esleus pour Generaux de l'armée Chrestienne. D'autant que par ce fait on donnoit taisiblement à entendre que chacun party auoit failly à bien eslire vn suffisant Chef, puis qu'vn sous Chef entreprenoit de son autorité priuée la punition de tels forfaits: montrant par là qu'ils n'estoient capables de punir ce fait: puis qu'il le faisoit sans leur en parler. Et sembloit à beaucoup que Venier bien qu'offencé & en sa personne la Seigneurie qui l'auoit pourueu de cest Estat pour le maintenir: deuoit pourtant demander reparation de ceste faute au General qui luy eust fait raison par le Conseil des Chefs. Et quand bien il luy en eust denié justice: il eust deu neantmoins patienter attendant vne occasion plus fauorable que celle la qui leur montroit l'armée ennemie tout contre eux resoluë de les deffaire: v̄sant de laquelle il jouit si l'Espagnol & l'Italien partialisez contre luy (comme mil autres Chefs eussent fait) se feussent desbandez de la Flote: a perdre les forces de la Seigneurie sur mer: puis estre cause de la faire reduire au petit pied & luy mesme recerché de ce fait, (comme d'ordinaire les Princes jugent les choses & pesent les entreprises selon l'euenemēt d'icelles plus qu'à la raison & equité.) Iamais exemple ne fut plus remarquable que celui de deux grans Capitaines Grecs en fait, en lieu & occasion semblable. Xerce Roy des Persans auoit couuert toute la mer de je ne sçay quant millions d'hommes pour la ruine des Grecs nomméement des Atheniens. Aristide & Temistocle deux des grans Seigneurs d'Athenes auoient de grandes querelles ensemble: sur le point de combat-

Punition de Meurtre & seditions sans l'auēu du General

4. Octobre. 1571.

Exemple notable pour preferer le profit publiq à son interest particulier.

tre,

tre, Aristide vint prier l'autre de mettre sous pied les riottes passées jusques apres la guerre, & se porter pour la consideration publicque cõme amis en icelle : l'autre non moins genereux ne lui eut plustost accordé, qu'Aristide lui ouure le vray moien de combatre & emporter la victoire sur les Perses : lequel treuué bon de tous,& apreuué par Eurybiades Lacedemonien General de l'Armée fut heureusement praticqué à l'honneur immortel de toute la Grece, & routte infame de l'Armée ennemie, laquelle sans cela eust asseruit toutes les nations ausquelles commande aujourdhui le grand Turc. D'autres jugeoient pour Venier, selon les circonstances du fait: estimans que Iean d'Austrie n'eust fait aucune raison de cela aux Venitiens: & n'y en auoit par grande apparence pour beaucoup de raisons. Ce qui eust tourné non seulement au grand des-honneur du General & de la Seigneurie, mais au dommage irreparable de toute l'Armée pour l'auenir : laquelle doresnauant eust fait si peu d'estat de ce General qu'à l'exemple des vns des autres les soldats n'eussent fait conte de ses commandemens. Si que venant le jour du combat aucun ne lui eust obei,& fust le tout tourné en confusion malheureuse. Il remontroit aussi la grandeur, l'autorité & consequence du fait punissable sur le champ & sans delay. Lequel en tels affaires empire tousjours la matiere plus qu'il ne l'amende. Disoient en outre qu'il valoit mieux profitant au Publicq & punissant vn forfait : contreuenir à ce qui semble raisonnable en general & se mettre puis apres au deuoir de satisfaction (si elle y escheoit) que de souffrir ce qu'en tout cas peut aporter plus de mal que de bien à la generale & particuliere disposition des affaires, ensuiuant en ce l'auis de ceux qui ont dressé les loix Romaines. Ainsi la discretion des vns fit doucement escouler la bouillante challeur des autres. Si que par apres ils delibererent du surplus de leurs affaires : où fut resolu d'assaillir les deux forts du destroit de Lepante: puis fortifier Zante & Cephalonie, pour ce fait,& secours commun enuoyé en Candie, se retirer pour hyuerner chacun chez soy : à ce occasionnez disoient les Occidentaux pour n'auoir de vitailles que jusques à la fin d'Octobre. Et dit on que Iean d'Austrie ni ceux qui l'accompagnoient ne trouuoient bon que l'Armée entrast au Golfe de Lepante cercher l'ennemi comme vouloient les Venitiens, entr'autres Sebastien Venier & Barbadicque : remonstrans par plusieurs raisons qu'on y deuoit entrer, & là inuestir l'Armée Turquesque: promettans à tous vne heureuse victoire de telle entreprise. En fin fut resolu que Barbadicque iroit auec huit Galleres à la bouche du Golfe, essayer d'en tirer les Turcs. Et comme ils estoient és termes d'executer cette resolution, Venier (ja bien auancé en mer) enuoya asseurer Iean d'Austrie que cinquante Galleres des Turcs s'estoient desmembrées:& des emparant l'Armée auoient pris la volte de Leuant: afin que l'Espagnol ne fist plus aucune difficulté d'entrer au Golfe : comme de fait la resolution fut lors prise d'y entrer: encor que parauant son conseil eust pris autre auis comme j'ay dit. Mais à nouuelles occurrẽces nouueaux Conseils que le Turc leur prepara comme je vous diray. Aussi le Cheuallier Gilandrade reuint là de prendre Langue, asseurant que l'Armée dez Ennemis estoit à Lepanto attendant l'occasion de charger les Chrestiens.

Les Chefs Chrestiens contraires en resolution.

Ruse du Venitien pour inciter l'Espagnol au combat.

Le General Turc qui lors rasoit la coste de Lepãto: auerti de la resolution de Selim à dõner Bataille&de l'acheminemẽt des Chrestiẽs pour cet effet: auoit enuoyé nõbre de Corsaires en diuers endroits pour espier & lui raporter l'Estat de leur armée. Caracos entr'autres mõté sur vn Brigantin, vsa de telle industrie& hastiueté qu'il eut loisir de prẽdre langue en Callabre de l'Estat de l'Armée : reconoistre la Flotte & retourner en faire son rapport sans aucun danger: mais il raporta le nõbre des vaisseaux beaucoup moindre qu'il n'estoit:soit qu'il se fust trop hasté à les cõter, ou qu'il ne peust voir la Flotte de l'aslle gauche laqlle auoit à dos l'Isle qui l'epeschoit de la reconoistre : qui fut occasion au General Turc de se resoudre à la bataille: disant cõtre les raisons des plus vsitez aux attaques maritimes : qu'il en auoit expres cõmandemẽt de Selim,&qu'il l'asseuroit d'emporter l'hõneur.Ainsi le septiéme Octobre les deux Fregates espies retournerẽt auertir les Chrestiens que l'Armée Turquesque les venoit trouuer,& s'estoit mise à la voille le mesme jour ayant vent en poupe. Et en mesme instant Iean d'Austrie fit mettre le carré à l'arbre & la Flamme à la Peno (cõme les autres disent arborer l'Estẽdart) pour signal de Bataille.Commãdant leuer toutes les Banieres,Enseignes,Fanõs,Guidõs,Banderolles& mettre tous autres Drappeaux au vent:&que tous s'assemblassent au son du double Canõ.Lui accõpagne de Loys Cardone & Iean Sote son Secretaire les alloit tous visitãt auec

Le General Turc enuoie reconoistre l'armée Chrestiene.

Harangue de Dom Ieã General Chrestien pour animer ses gẽs à la victoire sur le Turc.

L'HISTOIRE DE FRANCE.

vn port joyeux & viſage riāt pour mieux animer chacū à ſon deuoir:auquel il les exorta tous: leur repreſentant la iuſte occaſion pour laquelle ils cōbatoient,l'honneur immortel, le proffit incroiable qu'ils y gāgneroient par vne victoire ſi remarquable.Qu'ē leurs bras guidez par la faueur celeſte repoſoient les richeſſes,l'honneur,la gloire,la liberté, la foy, la Religion Chreſtienne:non deux ſeulement, ains de tous les Baptiſez au nom du Meſſias.Au rebours l'ennemi triomphant de leur honneur & deſpouille,pourroit mettre vn million d'Ames Chreſtiennes en perpetuelle captiuité.Qu'ils ſe preparaſſent donc & ſe tinſſent preſts au mot & ſignal de la bataille.Et cōme Dieu veut quelques fois par petites choſes & de peu de cōſideration preſager grans accidens auenir: le mot redoublé de victoire que pluſieurs ſoldats crierent à la departie de ce Prince, fut occaſion a beaucoup de bien eſperer de ceſte entrepriſe: voici l'ordre qu'ils tindrent au combat: Le Prince Eſpagnol eſtoit au corps de la bataille compoſée de

Ordre de l'armée Chreſtiéne. 62. Galleres deſtenues de trois Capitanes, au milieu deſquelles eſtoit la ſienne, à droit celle de Colone auec lequel eſtoit Pompée, ſon frere Romegas,Michel nepueu du Pape & autres Seigneurs Italiens. A gauche eſtoit Venier que ſuiuoit la Capitane de Contarin Maripetre & Iean Loredan:puis la Capitane Genoiſe où eſtoit le Prince de Parme, & apres la Capitane de Sauoye, commandée par de Ligny: auec luy le Prince d'Vrbin. A l'æſle de la bataille eſtoit la Capitane des Maltois commandée par Pierre Iuſtinien & à gauche eſtoit le Capitane Lomeline en laquelle eſtoit Paul Vrſin. Apres les remonſtrances de chacun Chef, les prieres à Dieu & le desjeuner:on fut tout esbahy que le vēt qui juſques là auoit fauoriſé l'ennemi peu à peu faillit ſe tournat en vne ſi grande malace qu'à peine pouuoiēt ils remuer leurs vaiſſeaux ſans rames:qui donna aſſez de loiſir aux Chreſtiens de ſe preparer & renger leurs batailles.Le General Turc auoit renuoié apres Caracos deux renegats ſur deux Brigantins legers reconoi

Reconoiſſāce de l'ennemy importē de la victoire ou perte de la bataille. ſtre l'armée qui le firēt ſi biē, qu'en ſachant l'ordre & l'Eſtat il perdit beaucoup de l'opiniō premiere:nommeement de ce qu'on luy rapporta le nombre plus grand, l'ordre & reſolution à la bataille & le meſlinge des vaiſſeaux Occidentaux auec les Leuātins:non moins que les autres Chefs & Soldats qui ſautelloient de joie au premier raport de Caracos. Ils ne perdirent cœur pourtant,ains eſtoient à qui deuāçeroit ſon compagnon quoy qu'il fut deffendu ſur peine de la vie d'outrepaſſer la Reale.

Surce l'armée Turqueſque reſſemblant à vne foreſt eſpeſſe & bien toffue:vint à fouurir & eſtendre ſes cornes en forme de croiſſant.Le jour eſtoit beau, & le clair Soleil enuoioit ſes raiōs

Ordre & diſpoſition de l'armée Turqueſque droit aux yeux des Turcs qui les empeſcha d'ordonner ſi bien leur bataille qu'il euſſent peut eſtre fait. Aly & Portau conduiſoient le corps de Bataille compoſée de cent vaiſſeaux,deffendue par Muſtafa Celeby grand Treſorier Tramontant Acmabey & ſon frere fils de Aly, Amat Aga,Sangeat de Fentrant,Alys Caiga Sāgias de Calliopoly, Caracos Cambée fils d'Hairaden Malamur Sangeas de Mathelin,Dely Saliman Guder Gouuerneur de l'Iſle de Chios, Caſſambey Gouuerneur de Rodes, Prouin Aga Sangeas de Napoly de Morée,Diapar Celeby Gouuerneur de Calabe,Darolagan, Dom Domeine,Berincbol, Oſman Reul, Agada Ciaſafer, Dramius Rays & pluſieurs autres de nom,& firent Chefs de l'æſle droite Mahomet Bey auec 55. Galleres. Les Agadel Baſſa,Siroc Sāguiat d'Alexandrie, Caurlaus Afiſcans, Dragan Vſtreſaga & autres luy aſſiſtoient.Ochiali print 4. vints dix Galleres pour la gauche auec Caracciol & Crabe ſes enfans Caragial Carabine & pluſieurs autres experimentez Seigneurs; auxquels aſſi

Saint Force & Saint Flour & Paul ſon frere auoit charge d'vne partie des troupes Venitiénes. Et le Duc de Sarne l'autre. ſtoient grand nombre de Pyrates & Corſaires pour affronter l'æſle droitte de Iean Dorie comme la plus forte.

Voguans les deux armées de tel ordre & diſpoſition que nous auons dit, & s'aprochans tousjours les deux Generaux pour ne faillir d'vn ſeul point à leur pretente:emploierent le reſte du temps à remonſtrer le deuoir à leurs Chefs,Patrons & ſoldats pour les animer au combat encor qu'il ne viſſēt en eux aucun ſigne de faute de courage. Le General Turc entre autres choſes leur mettoit deuant les yeux (encor qu'il n'euſt pas beaucoup d'opinion non plus que les autres Turcs que l'armée Chreſtienne les d'euſt attendre) Les grans auantages qu'ils auoyent juſques ici gangnez ſur les Chreſtiens.Que l'Empire des Otomans en eſtoit tellement auancé

Harengue du General Turc & des particuliers Generaux à leurs Chefs & Soldats. que le bruit de leurs victoires auoit ja pluſieurs fois fait la ronde de ceſt vniuers: Ce ſeroit dōc vne grande faute à eux & à jamais puniſſable,ſi au lieu de corōner d'vn honneur entier le comble de tant de felicitez par la victoire qu'ils eſperoient tous d'emporter ſur trois petis Princes joints contre eux:Ils ſe laiſſoient gourmander à je ne ſçay quels ſoldats de trois jours.Qu'ils ſe

fouuineſſnt

LIVRE VINTSIXIEME.

souuinssent qu'eux mesmes vieux soldats de si long temps aguerris auoient fait contre l'Empereur Charles cinquiéme & depuis contre Philipes son fils, qu'il n'auoient esté moins heureux contre les Venitiens. Qu'ils auoient couru & sans aucune resistance ces jours passez toutes leurs terres & en peu de jours ajouté à l'Empire des Othomans le Royaume de Chypre. Voudriez vous dementir la gloire de vos actes passez vous laissans vaincre à ceux que vous auez tant de fois rompus? Ne vous asseurez-vous pas que si vous emportés l'honneur de ceste journée toutes les richesses & singularitez d'Italie vous sont proposées pour le moindre pris du merite de vos vertus? Qui vous esleueront soudain à l'entiere & riche conqueste de toute l'Europe, seule partie du monde qui vous reste a conquerir? Au rebours si faute de courage vous laissez gangner le dessus aux Chrestiens: que sçauriez vous esperer qu'vne prompte & tresmiserable vengeance de tant & tant d'outrages que jusques icy vous leur auez fait souffrir? Et outre la detestable seruitude en laquelle ils vous tiendront esclaues toutes vos vies: vn deshonneur à jamais & ignominie perpetuelle pour vous & tous ceux qui se reposent sur le bon heur qui vous a tousjours accompagné. Lequel ne vient que du bon vouloir & de la peine qu'on prend à bien faire son deuoir és choses esquelles on est emploié. C'est ce qu'on a tousjours dit que les personnes se faisoient la fortune eux mesmes: car faisans leur deuoir ils venoient à bonne fin de ce qu'ils entreprenoiet: & pource les disoit on heureux. Mais s'ils s'oublioient, tous leurs desseins s'en alloient en fumée & les affaires leurs succedans, comme on dit, à contre poil: on les nommoit malheureux, mal fortunez &tres-miserables. Afin donc que vous entreteniez & le renom & les effects du passé: qu'on voie sortir de vous ce que tous gallans hommes doiuent monstrer à vn besoin. Le deuoir qu'on requiert de vous n'est impossible n'y mal aysé: il est en vos mains. C'est que vous asseuriez que Dieu & son grand Prophete Mahomet vous seront aujourd'hui fauorables, guideront vos harquebuzades, conduiront vos Cymeterres & adresseront tous les coups qui sortiroient de vos Galleres: comme sans leur assistance vous n'auez entretenu ce grand Empire auec moindre felicité que vos deuanciers l'ont heureusement basti: Vous auez à tenir pied ferme contre l'ennemi iusques à la mort: garder bien vos rancs, vous secourir les vns les autres: recharger promptement & sur tout se tenir serrez, & combattre tousjours souz le drappeau: car s'il y a aucun qui faute de cœur se retire du combat, je m'asseure qu'on obeyra au commandement que j'ay fait de mettre soudain le feu dedans son vaisseau.

L'heur & la fortune que c'est & comme ils viennent aux hommes.

Ainsi voguoient les deux armées en bonne deuotion de se rendre chacun maistresse de son ennemy. Le commencement de la bataille vint de l'aelle gauche Venitienne, puis de la bataille qui en ce fut suiuie de la Corne droicte. Voicy comment. Ie vous ay dit que rien ne deuançoit les trois flottes Chrestiennes que six grosses Naux remorchées chacunes par deux Galleres subtiles qui les deuoient laisser & reprendre leur ranc sur le point du combat. Il y en auoit deux à chacune flotte, pour les premieres afronter les Turcs sur lesquels elles vomirent tant de feux, Boulets, chesnes, rasoirs, cartouches, cloux, & telles autres Diableries enuenimées sortans de la bouche de ces quatre vints pieces D'artillerie portées en chacunes d'icelles, quelles firent vn horrible meurtre des Turcs: outre le desordre des Galleres qui ne pouuoient tenir leur ranc contre la furie de ceste tempeste. Les Chefz & Patrons neantmoins pour auoir veu assez d'autres tels combats ne s'estonnerent de si grand deluge: ne faisoient compte de cris & piteuses plaintes des demy morts: ains d'vne opiniatreté & courageuse resolution outre-passerent ces Naux & reprindrent leurs rancs premiers que de charger les Chrestiens. Sur lesquels s'auançans tirerent tant de Canonades tant de coups d'arquebuze, de flesches & autres traits pour vengeance du premier eschec: que plusieurs Chrestiens y finirent leurs jours. Les suruiuans desquels s'auançans de pareille animosité leur respondirent de mesme: enuoiant tout ce qu'ils pouuoient de malediction sur les premiers: & en cest instant les deux armées d'extrement conduictes & s'auançans d'vne vogue redoublée pour se joindre & agraffer bord contre bord, s'entre-heurterent si lourdement que les pointes & esperons en l'eau, donnerent assez de moiens aux vns & aux autres de venir aux mains. Il est malaisé de representer l'Estat auquel ces deux armées se sentirent lors reduites: si ce n'est que le bruit estoit si grand & confus que tous les grondemés du Ciel n'y eussent esté ouys; les plaintes des my morts, les cris des blessez & parolles des vns aux autres: n'estoient seulement vaines. Ains pour neant commandoient les Chefs, sans proffit on battoit le forçat & matelot: tout ce qui se faisoit ne pouuoit venir que

Bataille commence.

Ee iiiij.

de la souuenance du commandement passé ou d'vne praticque de guerre que ceux qui s'estoient veuz en tels affaires auoient treuué la meilleure. Somme que le redoubté tonnerre des Canons, le continu hurlement des stropiats & autres qui bien blecez s'en alloient pasture aux poissons: le froissis & rompement des Galleres, le bruit qui se faisoit és vaisseaux coulans au fons: les cris & choleres des Chefz de Galleres entre-meslez d'vne effroiable image de mort qui se parmenoit de tous costez dedans l'espesse & puante fumée de tant de Canons & harquebuzades qui sortoient de tous costez à la ruine des plus malheureux: n'estonnerét en rien & n'empescherent aucunement les plus sains de faire le deuoir que vous entendrez qu'ils firent à l'abordade.

CEVX qui se sont retreuuez en telles attaques, peuuent aisément juger combien il faisoit chaud & dangereux en ce combat. Car encor que les coups de Canons & harquebusades cessassent apres la charge pour s'estre aprochez de si pres que le loisir leur fust denié de recharger pour la seconde ou troisième fois: si est-ce que les coups de picques & autres long bois, les coups d'espées, cimeterres, estocs, coustelats, flesches, cailloux, & telles autres armes que la fureur bien souuent plus que la discretion mettoit en main au plus eschauffez: firent plus de maux bien que non tant de peur que toutes ces bouches à feu, 3. coups desquels ne portoient le plus souuent de dix qu'elles vomissoient. Mais le Soldat voiant son ennemy si pres: ne pouuoit faillir vn seul coup de ses armes ordinaires. Ceux des hunes, poupes & Chasteaux nommément, s'endommageoient fort: pource qu'ils tiroient plus droit & asseurément que ceux du bas. La misere estoit grande pour tant de blecez, stropiats & autres qui s'en alloient mourir à la veuë de leurs parens & amis sans qu'aucun eust le pouuoir de leur ayder. Car encor que chacun vaisseau fust pourueu de ses Chirurhiens fournis de tout ce qui leur falloit: & aians aucuns d'eux leurs fers & instrumens au feu tous rouges & prests de couper le membre offencé crainte que le venin ne montast plus haut à la ruine de tout le reste: les autres pourueuz de toutes sortes de medicamens pour tant de playes qui se presentoient en vn moment. Si est-ce que la quantité des malades excedans le nombre des Chirurgiens: plusieurs auec le sang qui decouloit sans remede: perdoient la vie au lieu du combat: comme d'autres bruslez des feux artificiels aimoient mieux se precipiter en l'eau pour y trouuer quelque rafreschissement à l'extreme chaleur d'vn si grand mal: que plus long temps attendre les receptes de tous les Medecins. Les plaintes & clameurs de ceux là neantmoins, non entendus des autres pour le bruit du combat n'en descourageoient aucun d'y bien faire le deuoir. Voire s'animer d'autãt plus que chacun s'asseuroit s'aprocher du point de la victoire tant attenduë: laquelle fut douteuse & incertaine pres d'vne heure, riant tantost la fortune à ceux qu'elle habandonnoit soudain pour fauoriser les autres, or icy ores la, d'vne coursse fort inconstante & variable selon le portemét de ceux qu'elle voioit bien ou mal cõbattre leur ennemy. En fin neantmoins resoluë de se montrer partissane de l'vn deux: l'aparence de la victoirre se montra premierement du costé de la Realle de Iean d'Austrie: laquelle comme la premiere auoit furieusement abordé la Realle Turquesque d'Aly Bassa (en chacune desquelles estoit les plus adroicts & courageux Soldats de toutes les deux armées) fit tel deuoir qu'apres vn long & furieux combat, aucuns Soldats la rambade gagnée se jetterent dedans, suiuis de plusieurs qui vouloient estre partissipans de l'honneur & profit, & aussi des coups qu'on y pourroit trouuer. Mais le General Turc ne dementant vn seul point de son deuoir: ne fit là seulement le deuoir de Chef commandãt à tout ce qu'il falloit faire en telle extremité, & ordonnant de toutes choses en homme pratic & vieux guerrier: Mais aussi armé de bonne estoffe auec la targue pour se garentir des coups ennemis & le cimeterre en la droite pour refroidir les plus eschauffez: fit le deuoir d'vn aussi vaillant soldat qu'il estoit possible: à l'exemple duquel tous les Seigneurs, Capitaines & soldats qui l'acompagnoient se resolurent si bien à toute extremité premier que perdre auec ce vaisseau la vie & honneur qu'ils s'estoient conseruée jusques là: que force fut aux Chrestiens bien battus de se retirer: laissans plusieurs de leurs compagnons roides estandus au pied des Turcs qui les mirent soudain hors le bord. Dont indignez le plus genereux, pressez d'autre costé par leurs Chefz notamment par Iean d'Austrie & autres qui l'accompagnoient qui leur representoit la honte & veilaquerie d'auoir laissé sortir de leurs mains le plus grand honneur & butin qui fut jamais fait sur mer, que de gangner les incroiables richesses d'vn General des Turcs: s'animerent si bien les vns les autres qu'ils franchirent encor la rambade: puis donnant plus

Fortune inconstante La Realle Turque assaillie bien desfenduë & en fin gaignée par la mort du General Aly.

auant

LIVRE VINTSIXIEME.

auant aux despens des plus mal-heureux(lesquels d'vne&d'autre part tomboient qui en l'eau, qui au pié de l'ennemi) forcerent le General & le reste des suruiuans de se retirer au Chasteau de poupe, resolu d'y esprouuer tous moiens pour garentir le vaisseau, le bon ou mauuais heur duquel il sçauoit deuoir estre suiui de tous ceux de son armée. Mais comme le bon soldat redouble de force & de courage quand il sent les premiers traits de son entreprise auoir esté suiuis d'vn bon heur : les Chrestiens combatoient lors de jalousie à qui gangneroit premier le lieu de cette retraite : & fut cette mutuelle enuie si fortunée qu'ils entrerent de tous costez remplissans tout de cris effroyables de ceux qui s'en alloient à la mort : faisans ruisseler le sang des Turcs qui n'auoient plus autres armes que les plaintes de tous les costez du vaisseau. D'eux tous, le plus remarquable fut vn soldat Grec de Macedone seruant à l'Arcenac de Venise, qui s'adressant au General le renuersa mort à ses piés : pour la reconoissance duquel acte, Iean d'Austrie le fit Cheualier, & lui donna treze cens Ducats de rente annuelle pour entretenir ce grade auec tel honneur qu'il meritoit, outre la bougette qui auoit esté au feu General, en laquelle on treuua plus de six mil pieces d'or. Soudain la teste en fut éleuée sur vne pique, laquelle Iean d'Austrie porta long temps pour animer les siens & descourager dautant les autres qui combattoint ailleurs : puis abatant les enseignes Turcques y fit arborer les Chrestiennes.

<small>Soldat Grec tue au General Turc.</small>

 Comme les deux batailles de ces Generaux estoient aux prises : Bastien d'Aluaro destiné pour l'Arriere-garde & secourir ceux qu'il conoistroit en auoir besoin : voyant vne Capitane Turcque voguer en diligence pour inuestir la Reale Espagnole : lui va au deuant, & lui liura vn tel combat que plusieurs d'vne part & d'autre y demeurerent. Et peut estre qu'il n'en eust eu le dessus sans la suruenuë de celle qui portoit Cesar Daualos, Pierre de Padille, Pierre Velasque & plusieurs Cheualliers Neapolitains : qui combatirent si resolument que la Turcque cedant au bon heur des Chrestiens tout fut mis au fil de l'espée, qui ne se voulut rendre à merci. En mesme temps Portau combattoit M. Antoine Colone qui adextroit Iean d'Austrie & lui donnoit beaucoup d'affaire : car trois vaisseaux estoient sur vn. Et sans la suruenuë d'vn autre qui portoit trois cens harquebusiers esleus, c'estoit fait du Romain. Car encor que les Turcs ne fussent si bons harquebuziers que les Chrestiens, si est-ce que pour estre la plus part adroits & bien fournis de flechez enuenimées : beaucoup plus en eussent senti les coups mortels. Mais ces nouueaux harquebuziers les descochans des hunes & autres lieux d'où ils combattoient : aidez aussi par la Chiorme à laquelle on auoit promis liberté s'ils faisoient leur deuoir au combat : fallut que Portau & ses compagnons quitassent auec la vie l'espoir de la victoire.

<small>Portau mort.</small>

 Ie vous ay dit que chacune des deux Armées estoit repartie en trois Flottes. Toutes neantmoins s'affronterent presque en mesme temps : occasion que le recit des particularitez n'en pouuant estre si soudain que le fait : Ie ne vous puis representer si tost comme les autres Flottes ont combatu. Car au mesme instant que les batailles se sont abordées : les Cornes aussi se sont entrebatues, voire plus cruellement que les Batailles. Du moins, le combat y fut plus long & plus sanglant, bien que non si remarquable pour la condition des deux Generaux. Ochyali qui conduisoit pres de cent bons vaisseaux : alla resolumēt chercher Iean André Dorie Chef de la Flotte droite cōposée de cinquāte cinq Galleres & deux grosses Naufs qui marchoiēt deuant : lesquelles firent vn grand massacre de Turcs. Mais passant outre & reprenans leur ordre pour se venger de telle perte : donnerent si viuement sur le Genois assisté d'Octaue Gonzague, Vincent Vitelli & plusieurs autres Chefs : que bon besoin lui fut d'ouurir l'Esprit & employer tous les sens à sa defense : notamment, pource qu'il auoit affaire à vn des plus rusez à droit & vaillant Chef d'armée. Ioint aussi qu'il auoit desbandé du milieu de la Flotte, nombre de Galleres, pour prandre l'auantage du vent & charger sur les ailes de la Flotte Turcquesque. Voire que Ochyali s'en fust rendu maistre veu le grand deuoir de lui & de tous les siens qui combattoient à son exemple : si Lois Rechezen Lieutenant de Iean d'Austrie (qui ja triomphoit de la Realle Turcque) voiant vne troupe de Galleres aller de renfort sur André Dorie & que partie de ses Galleres estoient escartées : n'eust prié le Prince Espagnol de mener la Realle à son secours : laquelle lui vint fort à temps : & commença la bataille à s'esgaller en diligence, resolution & cruauté d'vne part & d'autre. Car outre ces Seigneurs, Vasques Coronado, Andrade, & François Done venus auec l'Espagnol & quelques autres Galleres qui le suiuirent

<small>Les Cornes des Armées se joignent.</small>

virent y combatoient si opiniatrement qu'Ochyalli sentit la fortune baisser les espaules. Sur ce vne Capitane Espagnolle en laquelle estoit le fils du Duc de Castille, Iean Velasque, Alexandre Torel & plusieurs Cheualliers de Catelogne: descouurant vne Turque vogant ça & là sans apparence de resolution: luy coururent sus & la prindrent auec grande difficulté toutesfois: où ils trouuerent les enfans d'Aly autresfois General de ceste armée qui cerchoient leur pere de tous costés: ignorans encor l'accident qui luy estoit auenu: & par ce moien le sceurent tout à loisir: pendant que Pierre Iustinien Chef des Galleres de la Religion de Sainct Iean de Malte assailly de trois Naux esquipées en guerre: faisoit tel deuoir auec la seule Capitane de la Religion: qu'il en prit les deux, s'asseurant de l'autre si quelques vaisseaux Turcs à la descouerte de l'enseigne de Saint Iean se ruans sur luy: n'eussent tué plus de cinquante braues Cheualliers sur la Rambade: & fussent entrez dedans: si deux de ses compagnes n'y fussēt suruenues fort inopinément: au bruit desquelles il sort de la Chambre de poupe qui seule luy restoit pour garent de sa vie: & bien que fort blecé firent en sorte toutesfois qu'ils eurent la raison des ennemis. Ochyali sur ces entrefaites secouru d'vn nombre frais de Galleres faisoit partie de ce qu'il vouloit sur les Galleres de Andre Dorie, dix desquelles estoient ja siennes & quinze autres luy venoient de renfort à son secours: si Iean de Cardône General de la Flotte Sicilienne ne leur fut allé au deuant auec huit Galleres. Ainsi leur ferma le passage jusques à tant que la Realle fust au secours de Dorie. Ainsi furent prinses ces Turcques par la suruenue d'autres Chrestiennes. En la Gallere de Cardonne qui n'estoit pas au commencement du combat: estoient le Duc d'Auila & plusieurs autres Cheualliers Siciliens: Henry de Cardonne, Iean Osorie & Diego Henriques qui auoit sur ces Galleres cinq cens Espagnols choisis: la plus part desquels furent bien blecez. Mais voyci qu'on luy rapporte, le grand bruit & confusion qui estoit en l'armée pour quelques vaisseaux qui s'estoient mis en fuite, que les Chrestiens ne poursuiuirent pourtant: ains tornerent teste où ils virent l'ennemi resister plus gaillardement à leurs compagnôs. Dont Ochyali prenant augure de mauuaise issue: quitte les vaisseaux pris pour tirer à la bataille, dont plus il s'aproche peu à peu combatant tousjours neantmoins: il voit assez tost que tout est rompu: & se mettre en fin a vau de routte qui le fait penser à la retraite. Mais les Chrestiens se saisirent d'vn lieu par où ils jugeoient qu'il d'eust passer. Dequoy se doutant Ochyali comme auisé qu'il estoit: fit à l'autre bande se coulant le long de terre ferme où il rassembla quelque trente Galleres: vers lesquelles la plus part des siens se sauuerent à nage. Si le Turc n'en eust ainsi vsé: vn seul n'eust rechappé de la bataille. Le Prince soudain Bacian, Dorie & quelques autres le poursuiuirent jusques à ce que les tenebres de la nuict leur en deffendissent la suitte: à la faueur desquelles il se retira auec quelque trente vaisseaux. Ochiali pensoit de la retraite quand Barbadicque & Mahomet Bey entretenoient leurs gens au combat, & ses deux Generalles agraffées taintes de sang, fumâtes de feux, pleines de Charognes & de plusieurs autres blecez: faisoient tout effort pour emporter le pris de la victoire. Mais le Turc gangnoit de nombre & d'autre chose le Barbadicque, encor qu'il fist tout le deuoir d'vn gallant Chef, secondé de Quirin & Canal Lieutenant du General Venitien: quand Bacien duquel la charge estoit de secourir auec sestrante Galleres les plus pressez: luy vint en aide: Lors commença la chance se montrer à l'auantage des Chrestiens: ausquels outre ce le vent se tourna si fauorable que la fumée tant des canonades que coups d'harquebuze en fut portée contre la face des Turcs: si que ne pouuans bien voir les Chrestiens pour les attaques comme ils l'eussent voulus: eux au contraire descouurans leurs armes & vaisseaux à leur aise: le combat fut fort desauantageux aux Mahomettans qui perdirent grand nombre d'hommes premier que de combattre à leur aise. Plusieurs de leurs ennemis neantmoins y finirent leurs jours, entre autres Barbadicque eut vn œil creué d'vn coup de fleche dont il mourut sur le soir autant regretté de tous ceux de l'armée qui le conoissoient où auoient ouï parler de ses vertus: qu'autre qui soit mort en ceste journée. On dit qu'auoir demandé à qui estoit demeurée la victoire & sçeu que les Chrestiés l'auoiēt emportée il en remercia Dieu & en mourut beaucoup plus content. Ainsi fit Epaminonde raporté demi mort en sa targue de la bataille de Leuctres qu'il auoit gangnée contre les Lacedemoniens. La Gallere de Mahomet Bey prise, & les autres pressées de court tant par les Galleres Venitiennes que celle de l'arriere-garde leur fut impossible de resister à l'auantage qu'y auoient ja gangné les Chrestiens; & fallut en fin quitter le jeu & se sauuer à qui mieux, vers le

lieu

lieu où chacun verroit quelque nombre de Galleres Turcques ensemble: qui fut comme j'ay dit vers la coste sous la faueur d'Ochyalli lequel n'eut loisir d'attendre toutes celles qui peu à peu sy fussent renduës : lesquelles à cette occasion furent prises & saccagées par le victorieux. Somme qu'entre tous les moiens qui seruirent d'auancer la victoire aux Chrestiens, on en remarque deux sur tous : Le vent qu'ils eurent en Poupe dés le commencement du combat : lequel portant la fumée & puanteur de tant de canonades en la veuë des Turcs : les empescha fort de mettre en ordre & encourager les leurs si bien qu'ils eussent fait autrement. Puis la resoluë opiniatreté de la plus part de dix mil Forçats Chrestiens, lesquels aussi tost qu'ils virent l'apparence de Victoire pour les Chrestiens, ne voulurent plus ramer, quelques bastonnades qu'on leur fist sentir. Ains au contraire se saisissans de pierres & cailloux destinez sur la coursie pour estre ruez sur l'ennemi : les lançoient contre les Turcs, plusieurs centaines desquels en furent renuersez dans l'eau.

Apres auoir rendu graces à Dieu d'vne tant signalée Victoire, ils firent la reueuë des prisonniers & esclaues : entre lesquels ils trouuerent douze mil Baptisez aux fers, & le reste Payens & Chrestiens reniez qu'ils firent tous mourir : tant pour les punir de la faute qu'ils ont commis de renier leur loy, c'est a dire l'Estat de leur païs, & leur Foy de Baptesme : que pour les maux qu'ils ont fait depuis endurer à la Chrestienté : soit en public faisant la guerre à tous Royaumes & autres Estats Chrestiens : soit en particulier à vn million d'ames Chrestiennes qu'ils tyrannisent quand ils les treuuent en leur puissance plus que les autres Turcs, voire que les Sauuages propres. Voici la raison qu'auoient les Princes de la Ligue de faire cela. Vn chacun sçait que l'Estat du grand Turc est tellement basti & continué, que les plus grás Seigneurs apres lui, & ceux qui ont les plus beaux Estats & charges de plus grande authorité, sont les Chrestiens reniez : à l'égal desquels depuis que le nombre des Renegats a creu en ses terres : il n'esleue que peu de Turcs à si grandes dignitez. Soit qu'il ne trouue bon ni seur à l'auenir, d'agrandir si fort les naturels de ses terres (comme aucuns Politics disent que ce soit vn des meilleurs moiens que le Prince puisse pratiquer au plus seur entretien de son Estat) ou qu'il trouué plus de fidelité & suffisance en ceux-ci qu'en autres. Pour la suffisance, je me le persuade aisément : veu le naturel du païs desquels plus des deux tiers de ces renegats sortent, assauoir Italie & Espagne. Ie m'asseurerois encor plus à leur fidelité : non qu'ils soient meilleurs de nature que les Turcs : mais la crainte d'vne extreme punition asseurée : & qui plus est la honte immortelle de renier encor vne seconde loy : soit en la faueur des Chrestiens ou autres Payens : quelque grand acte qu'ils peussent executer contre leur Seigneur : les tient en deuoir plus que la raison ni la bonté du naturel. Desquelles deux qualitez ils se montrent bien despourueus, en ce qu'ils ont vne fois renié leur Loy & Baptesme, comme si leur faute estoit irremissible enuers les hommes qui par remontrances ou par le cours du temps pardonnent toutes offenses : lesquelles ensemble ne sçauroient estre assez gràdes pour faire desesperer vn homme de la bonté du Prince. Car je me persuade que tous ces Renegats qui gouuernét l'Estat de Selim, ne sont banis de leurs païs que pour fautes particulieres contre l'Estat, ou contre leur semblable : & nul pour le fait de Religion. Et croy que la seule occasion de tant de renimans est la crainte de punition juste ou non. Si elle est juste, le renegat est condamné. Si injuste, comm' il se treuue des Princes & Seigneurs non seulement ingrats, ains aussi tant cruels en leur ingratitude, que bouschans les ouïes à toutes raisons : & cerchans auec ce tous moyens de desmonter vn personnage de tout honneur, & le faire mourir en fin comme vilain : lui qui a le cœur haut, la raison basse se laisse piper à son courroux : si que poussé d'vn aueuglé desir de vengeance ne se tormente de la loy ou foy qu'il tienne pour se venger. Si est-ce que tel deuroit auoir deux considerations deuant les yeux. La premiere, que toutes choses sont variables : & n'y a passion de haine, d'ingratitude, de cholere & autres affections humaines qui ne change auec le temps, & les moiens que les hommes y apportent. Ils doiuent donc esperer que le cœur de ceux qu'ils ont offencé changera. Secondement, quand vn disgratié auroit la plus apparente occasion du monde de se ressentir du tort qu'on lui tient : si doit il penser que comme les fautes sont particulieres, aussi ne s'en doit il addresser contre l'Estat, ne contre autres que ceux qui sont auteurs de son desastre. Qui ne jugera Mustafa General Turc comandant en Chypre : cruel outre la capacité de la condition humaine : d'auoir ainsi contre sa foy traité barbarement les assiegez en haine de la Seigneurie de Venise ? Aucuns de laquelle lui

auoient

L'HISTOIRE DE FRANCE.

auoient esté ennemis? Car ce n'est pas assez de dire que cela est fait: ainsi font les autres de grãd cœur. Ie n'eusse sceu me vanger autrement: ains il faut voir s'il y a raison en ce qui se fait : & m'asseure qu'il n'y à homme pour meschant qu'il soit: qui ne vueille qu'on die qu'il a raison en ce qu'il fait: ou du moins qui ne cerche quelque couleur ou beau pretexte à son dessein. Autrement si nous ostions la raison d'entre les hommes, nous ne serions plus differents des bestes que de face & parolle. Aussi ceux qui ne voudroient conduire leurs actions qu'au plaisir de leur seule volonté, seroient incontinent mis hors de la compagnie des hommes: pource qu'ils osteroiẽt le Soleil du monde, priuans les hommes de la raison qui est le vray bien de ceste cõpagnie & societé humaine. La plus part d'eux se voians despouillez de toute raison pour couuerture de leurs actes: ont recours aux exemples des anciens. Et disans qu'ils ne font rien de nouueau qui n'aie esté pratiqué par les plus excellens personnages qui furent onques: voire és plus excellẽs Estats qui furẽt jamais & peut estre serõt à l'auenir: Ils amenent l'exẽple d'Alcibiade, Temistocle Arate qui se sont rendus à l'ennemi de leur païs: pour leur monstrer les vrais moiens de dompter la Grece & la rendre de libre, serue & esclaue de leur puissance. Ils en racontent autant des Romains, cõme de Coriolan: lequel curieux de se venger de quelques Romains s'allà faire Chef de leurs ennemis: qu'il amena victorieux jusques aux portes de Rome: laquelle il eust prise & saccagée sans les pleurs de sa mere qui le firent retirer: & fut depuis tué par ses Soldats mesme: enquoy je dis qu'il faut considerer deux points. Premierement que toutes choses se doiuent juger par la raison, & non par exemples: lesquels à la verité affectionnent les hommes à les ensuiure: mais ce doit estre quand ils sont fondez sur la vertu, sur le bien, sur l'honneur, & bonne reputation. Somme que le merite de toutes actions se doit prendre de la vertu : qui n'est que l'effect de la raison: & non pas de l'exemple des hommes: autrement les plus meschans deuroient estre aussi tost imitez que les gens de bien. Au nombre desquels ny ces Grecs ny ces Romains ny autres qui auront fait semblables choses: ne feront jamais mis: encor qu'ailleurs ils se soient monstrez sages, vertueux & pourueus de bonnes parties. Mais comme tous hommes sont nez en corruption, c'est à dire de parens ja corrompus de Pere en fils: ceux là ont rendu en cela trop suffisant tesmoignage de l'imbecilité & fragile condition des hommes: se desuoians tant soit peu de la raison, laquelle ils n'ont sceu ou n'ont pas voullu laisser maistriser leurs passions. Temistocle mesme ne l'a il pas bien tesmoigné en ce que auoir descouuert la plus part des desseins & secrets de la Grece aux Persans, crainte d'estre esleu Chef de l'entreprinse & contre son pays (qui nous doit apres Dieu estre plus cher que nos propres parens) Il se fit soudain estouffer par la beuuande du sang tout chaud du taureau que à ces fins il auoit fait tuer? Luy-mesme donc à condamné les autres Grecs & Romains de ce qu'ils ont passé outre & fait ce qu'il à estimé trop detestable aux Dieux & aux hommes. Second. il y a grande difference d'eux à ceux-cy: car ils ne changeoiẽt que de païs, non de Religion n'y conscience, qui estoit toute vne entre ces Païens: encor qu'il y eust diuersité de Cerimonies: mais en General tous adoroient les faux Dieux, ausquels ils attribuoient toutes passions humaines. Et non pas nous qui nous arrestons à la verité d'vn Dieu certain. Ils ne changeroient pas mesme de loix ne façons de faire de leurs païs. Ains presque tous les retenoient chez les estrangers. Mais ceux-cy pour estre mieux venus prennent plaisir de suiure Religion & Loyx contraires pour d'auantange desplaire à leurs ennemis: entre lesquels ils peuuent viure auec leur Religion premiere. Ressemblans aux petis enfans, lesquels cholerez de peu de chose, se vengẽt par leur mal & propres: despés quãd ils pẽsent biẽ desplaire à leur mere: s'ils la reffusent de disner ou prendre chose qui leur seroit profitable. Si cela ne les retient, du moins la consideration suiuante les doit ensaigir. Qu'ils ne sont aimez ny mesmes respectez que pour l'espoir de seruices: ausquels morts on ne s'en soucie non plus que de chiens. Dauantage ils ne peuuent profiter à aucuns, ny auancer leurs parens & amis. Car ils n'ont point d'heritages parmi les Turcs. Outre ce ils deuroient creuer de despit de la honte qu'ils font souffrir à leurs parens & alliez d'auoir vn Renegat en leur race: mesmement s'il fait la guerre au païs. Mais pource que tous ces Reniez estoient ja sans Dieu & sans foy asseurée: en aiant depuis razé tout ce qui leur en restoit de memoire au cerueau: ils ne se peneront de telles consideratiõs: ains les diront propres à ceux desquels asseruis sous le lien des oppinions & inuentions humaines: (entre lesquelles ils mettent la Religion & police) ne peuuent penser ny faire que ce qu'on leur à apris: non plus que le seruiteur ne sortira des bornes & traditiũes

Raison.

Grans personnages qui ont fait la guerre à leur pays.

Athées & ses incõueniens de L'atheïsme.

de son

de son maistre. Et se mocquent ainsi de notre simplesse, qui nous est ce pendant plus seure, honnorable & auantageuse en l'vn & l'autre monde que tout l'estat de leur miserable vie. Mais il est temps de retourner à ce qui se passa apres la bataille perdue par le Turc.

Ainsi la Bataille finie, les Generaux & autres Chefs se mirent à genoux: remercians Dieu bien deuotieusement de la victoire qu'il leur auoit enuoyée à l'honneur & profit de toute la Chrestienté. Venier visita Iean d'Austrie, & le priant d'oublier le passé, s'embrasserent fort affectueusement: emploiant le reste du jour & la nuict mesme sur le lieu de la bataille à raconter & ouïr le recit des faits & choses memorables qu'vns & autres auoient executé. Les Generaux commandans à chacuns Chefs d'amonnester leurs soldats à ne se persuader que telle fœlicité vint d'eux, ni d'aucun moien humain: ains de la pure liberalité celeste: laquelle, ils deuoient tres-humblement remercier du bien & honeur qu'ils auoient tous receus en si heureuse & notable journée. Le lendemain ils firent reueuë des morts, des Galleres prises & perdues: & du Butin que l'ennemi leur auoit laissé. Des Chrestiens moururent Iean & Bernardin de Cardonne Espagnols, Virginie & Horace Vrsins Romains. Des Venitiens, Barbadique Benedict Superance, Contarin Maripetre, Vincent Quirin, Hierosme Contaren, Marin Contaren, Iean Loredan, André Barbadicque, François Bon, Marc Antoine Lande, Antoine Pasqualigue & plusieurs autres auec Iean Baptiste, Benoist Cypriot, Iaques Metie de Cheronese, Antoine Eudemonique, Cydon, Iaques Tricin, Vicentin: Ierosme Bisance de Cataro, André Calergue & Malateste Rimini la vaillance & dexterité desquels en fait de mer, confermerent ce que plusieurs disent: que les Venitiens sont fort entendus au combat Naual. Somme que les Chrestiens y ont perdu huit mil hommes: au lieu desquels ils recouurerent douze mille Chrestiens que les Turcs tenoiēt esclaues à la chiorme. L'on tient que des Turcs quinze mil moururent au combat: & plus de six mil prisonniers. Des plus signallez estoient Haly General, Acmetbey commandant sur les Ianissaires, Asambey fils Dairadin & son fils Mahomet Bey Gouuerneur de Meteline, Gyder Bey Gouuerneur de Chyos, Capsambey Gouuerneur de Rhodes, Prouin Aga Capitaine de Lebyde, Mustafa Celeby grand Tresorier. Affis Caiga, Sangeas de Gallipoli Tramontant qui cōmandoit sur la Gallere Realle, Caracos & plusieurs autres. Les prisonniers principaux furent Mahomet Bey & Sambey enfans du General. Mahomet Bey, Sangeas de Negrepont. Syroc Bey pris auec sa femme, l'vne des plus belles de Turcquie. Ceux-ci se sauuerent. Fertant Ochyali, Murat Rays auec son fils Benonose. Ally le Chef & Prince des Pirates, Carapero estoit allé en Chypre auec vint grosses Naux des 2 3 3. parties de Constantinople: ainsi ne se treuua parmi les coups. Cent soixante Galleres furent prises, quarante percées & enfondrées & soixante fustes, brigantins & autres vaisseaux pris. Le Chasteau de poupe de la Realle estoit excellémēt beau & plein de grandes richesses & singularitez trois fois plus grande que des autres Galleres. Le Grec qui auoit tué le General Turc y prit l'Estendart, duquel il vendit la hampe à vn Orfeure de Venise: & en tira grans deniers: pource que le manche estoit d'argent doré fort gros & massif, graué autour de lettres Turquesques qui portoient telle substance d'vn costé. Dieu fauorise & accroist les fideles, & Dieu escoute Mahomet és dignes entreprises. De l'autre, Dieu, il n'y a point d'autre Dieu, & Mahomet est le Messager de Dieu. Le Senat l'enuoya racheter, donnant par chacune once le double de ce qu'elle valloit: afin que cette piece fust mise auec le reste du butin & despouilles ennemies au tresor de la Seigneurie. Puis chacun General depescha courrier pour auertir son Prince de tout ce que dessus. Iean d'Austrie enuoya au Pape l'Estendart pris au General Turc plustost qu'à son frere, tant pour le reconoistre Chef de la Ligue, qu'en recompence de celui qui lui auoit enuoyé à son departement. C'est assez de cette bataille, crainte qu'vn si long discours ne nous fist perdre la memoire des affaires de France.

Ie vovs ay dit ci deuant, qu'encor que la plus-part des Confederez François eussent occasion de mener vie paisible & contente en ce Royaume: qu'aucuns neantmoins tant pour le respect du General, que pour leur particulier: estimoient auoir assez de raison à se plaindre: Que l'Edit n'estoit entierement obserué comme le Roy l'auoit promis: notamment pour les impositions qu'on faisoit sur eux contre la teneur de l'Edit. Pour les garnisons Realles qui tenoient encor en Languedo, Dauphiné & ailleurs. Pour nombre d'autres grosses villes qui n'auoient laissé les armes, & gardoient tousjours les entrées comm' en guerre. Pour n'auoir enuoyé Commissaires par tout à l'execution de l'Edit. Pour l'exercice de la Religion, qu'on

ne vou-

Octobre, 1571.

ne vouloit receuoir en tous les lieux portez par iceluy. Pour le reſtabliſſement des officiers Proteſtans en leurs Eſtats premiers. Punitions des contrauentions à l'Edit & pluſieurs autres matieres portées par les articles generaux qui en furent preſentez au Roy:& reſpondu par luy ſeant en ſon priué Conſeil le quatorziéme Octobre mil cinq cens ſeptante vn. Comme vous verrez auec la liſte & partement des Commiſſaires deputez par ſa Majeſté pour l'execution & entretenement des articles de la conference.

Articles generaux preſentez au Roy par les Proteſtans. Et reſpōdus par ſa Majeſté.

PREMIEREMENT pour effectuer ce que ſa Majeſté à accordé pour le payement des Reytres luy plaiſe faire paier la ſomme de quatre cens cinquante mille liures, dheuë à ceſte foire de Septembre à Francfort. Reſponce. Le Roy à cy deuant preſté à Meſſieurs les Princes & à ceux qui les ont accompagnez, la ſomme de deux cens mil liures pour le Licenciement des Reytres: laquelle ils auoyent promis luy rendre & rembourcer dés le premier jour de Nouembre paſſé. Ce qui n'a eſté encor fait. Neantmoins ſa Majeſté aura eſgard à tous les moiens dont l'on ſe pourra auiſer pour recouurer la ſomme de deux cens vingt cinq mil liures.

450. mil l. ſoient paiez par le Roy aux Reytres.

Qui ſera auec leſdits deux mil liures pour leur eſtre deliurez ſi faire ſe peut ſur la fin de la preſente année. 2. Neantmoins s'il ne plaiſt à ſa Majeſté faire rendre à ceux de la Religion ce qui à eſté leué ſur eux de l'impoſition dernierement faite pour le payement des Reytres & Suiſſes: au moins qu'il luy plaiſe ordonner que les exceſſiues taxes ſoient reueuës & ce qui à eſté injuſtement prins & leué ſur eux leur ſoit rendu. Et pour les termes enſuiuant de ladite ſubuention: exempter ceux de ladite Religion du payement d'iceux. Reſponce. Quand à rendre ce qui à eſté leué ou exempter pour l'auenir ceux de la Religion pretenduë reformée de la ſubuention que le Roy leue ſur ſon peuple en trois ans: c'eſt choſe que ſa Majeſté ne peut aucunement accorder, eſtimans qu'à l'vnion & concorde de ſes ſujets appartient grandement l'egalité de traictement & indifferente contribution aux charges publicques. Mais pour le regard de la proviſion ordonnée pour la moderation des taxes exceſſiues, ſadite Majeſté entend quelle ſoit obſeruée: & a ordonné ſur icelles toutes expeditions neceſſaires.

Leuées de deniers ſur les Proteſtās pour le paiemēt des Reytres.

3. Interdire auſſi à tous juges de conoiſtre ny s'entre-meſler du fait de la leuée des deniers ſur ceux de la Religion par les articles ſignez apres l'Edit pour le paiement deſdits Reytres. Et les jugemens donnez par les officiers de Blois & d'Anjou caſſez comme Iuges ja interdits par les lettres de ſa Majeſté côtre & au prejudice de la reſeruatiō par elle faite à ſoy & ſō priué Cōſeil de la conoiſſance de cette matiere.

Conoiſſāce de tels deniers à qui.

4. Ordōner executoire & cōtrainte eſtre depeſchée cōtre les cottiſez par les Cōmiſſaires ja deputez: à mettre incontinent les deniers és mains des Receueurs qui par leſdits Commiſſaires ſont ou ſeront eſtablis.

Le Roy accorde le cōtenu en ceſte matiere.

5. Et d'autant que contre l'Edit en pluſieurs villes & pays, les impoſitiōs faites durāt les troubles ont eſté leuées ſur ceux de la Religion: & en outre pluſieurs impoſitiōs ont eſté faites depuis l'Edit ſur iceux pour les deſpēces paſſées, voire tous les jours ſont octroiées lettres pour en faire en termes generaux, eſquelles ils ſont cotiſez côtre l'Edit dont ils ſont entierement ruinez. Plaiſe à ſa Majeſté ordōner comme elle a fait à aucunes Prouinces les deniers leuez contre les vint trois & quarante cinq articles de l'Edit eſtre rendus & inhibitions deformais en vertu de quelconques lettres obtenues ou à obtenir les cotiſer pour les deſpences paſſées. Et afin qu'il n'y ſoit fait fraude qu'à la cotiſation deſdits deniers qui ſeront impoſez à la requeſte des villes ils y aſſiſteront. Reſponce. Le Roy entend qu'és cotiſations des deniers qui ſe feront deformais és villes & pays: S'il n'y a nul Conſul Eſcheuin, Conſeiller ou autre de ladite aſſemblée qui ſoit de la Religion pretenduë reformée ſoit appellé ordinairement quelqu'vn de ceux de ladite Religion pour y aſſiſter ſi bon leur ſemble & voir qu'ils ne ſoient indueément ſurchargez ou cotiſez contre la teneur de l'Edit & où ils ſeroient en faire plaintes à ſa Majeſté pour y pouruoir.

Accordé.

6. Plaiſe auſſi à ſa Majeſté faire vuider les garniſons qui ſont és pays de Languedo, Dauphiné & autres n'eſtant de frontiere, veu la grande foulle du peuple qui a eſté juſques icy & ne ceſſe encor pour les incommoditez qui y a tousjours d'auoir des ſoldats pour hoſtes en ſa maiſon & vne garniſon dans vne ville. Reſponce. Il a eſté pourueu ſur le contenu en ceſt article, aiant le Roy deſchargé ſes ſujects des garniſons autant qu'il luy a eſté poſſible.

Que garniſons ſoient leuées de Languedo Dauphiné &c.

7. Et pour l'execution de l'Edit faire poſer les armes aux villes de ce Royaume. Et afin que les villes d'Orleans, Lyon, Montpelier, Toloſe, & le pays de Dauphiné ſoient remiſes en la pacification ordonnée y pouruoir de perſonnages, tāt pour l'adminiſtration des villes & pays que diſtribution de la Iuſtice, amateurs de paix & affectionnez à l'obſeruation de l'Edit. Et faire vuider aucuns qui notoirement troublent le repos

Armes ſoiēt poſées

deſdites

desdictes villes & pays. Responce. Sera donné ordre à ce que les habitans des villes ne portent aucunes Armes dans icelles. Et que certain nombre d'entr'-eux bien Qu'alifiez & responsables puissent tenir des Armes en leurs maisons, & non autre sous les peines des Edits. Aussi sa Majesté fera election de certains Maistres des Requestes ou autres bons Conseillers pour enuoyer ez villes & lieux plus necessaires: afin d'y faire garder sesdits Edits & Ordonnances. Huitiéme. DEPVTER des Commissaires pour l'execution de son Edit aux pays de Lyonnois, Dauphiné & Prouence, attendu que Monsieur Molle qui est en Languedo y est occupé pour long temps, & Monsieur de Masparault deputé auec luy, à ceste fin s'en retiennent, & les y faire aller au plustost: veu qu'il y a ja quatorze moys que l'Edit est faict duquel lesdicts pays ne iouissent presque point. Responce. A esté ja pourueu sur le contenu en cest Article, & sera mandé aux Commissaires ja deputez ou autres en leur deffaut de promptement se rendre sur les lieux pour executer le contenu en la Commission qui leur a esté enuoyée. Neufiéme. QVE l'exercice de la Religion soit establi ez lieux ordonnez par l'Edit. Et premierement au Gouuernement du Lyonnois, où tous les deux lieux establis par l'Edit sont ostez & pas vn restably. Responce. LES faux-bourgs de Charlieu demeureront suiuant l'Edit pour l'vn des Presches accordez à ceux de ladicte Religion Refformée : & au lieu de Saint Denys de la Val sera mandé au Sieur de Mandelot, & aux deux Commissaires ordonner l'execution de l'Edit de Lyonnois: Ouyr ceux de ladicte Religion, & autres qui y pourront auoir interest, & leur pourvoir de lieu commode pour cest effect dedans trois moys, dont ils aduertiront le Roy incontinant. Cependant sa Majesté leur a ottroyé par maniere de prouision de pouuoir faire ledict exercice en la Grange de Iean Preuost, au lieu de   Nonobstant que sadite Grange est au pays du Dauphiné attendu que c'est pres de la ville de Lyon, & pour la commodité de ceux du pays de Lyonnois, & par prouision seullement. Dixiéme. Et pareillement ez villes appartenantes à la Royne Mere, & Messieurs Freres du Roy esquelles pour la restriction qui a esté faicte, depuis l'Edit, & contre la teneur d'icelluy à Villiers Costeretz, ledict exercice est reuoqué en doubte. Responce. LES Presches demeureront où ils sont establis, & au surplus sera suiuy le reiglement de Villiers costretz. Vnziéme. Aussi vn grand nombre de maisons des Sieurs hauts Iusticiers, incontinent on est reuoqué en doute par longs proces de la haute Iustice. Pour à quoy remedier, plaise à sa Majesté ordonner qu'en verifiant par lesdicts Sieurs hauts Iusticiers sommairement, & sans entrer en dissention de tiltres, qu'ils estoyent iouyssans de la haute Iustice auant les Troubles: ils soyent remis en l'Estat qu'ils estoyent lors, & leur soit permis ledict exercice : sauf a debatre les droicts de la haute Iustice. Douziéme. QV'IL plaise à sa Majesté faire executer le restablissement des Officiers ordonné par l'Edict: ce qui n'a esté fait. Premierement quant aux Officiers Domestiques du Roy, l'exemple desquels cause vne imitation aux inferieurs Magistrats de troubler par tous moyens les autres Officiers au restablissement & iouissance paisible de leurs Estats. Responce. Pource que l'Estat de la maison du Roy n'a peu estre changé, il a esté fait Estat à part des Officiers Domestiques de sa maison estans de la Religion Pretendue Refformée qui seront payez sur icelluy, & leur sera pourueu par cy apres. Treziéme. De mesme les Preuosts des Mareschaux, Lieutenans, Archiers & autres Officiers des Preuostez, qui nonobstant l'Edit voyre la plus part ayans Ordonnances pour estre remis: Sont toutesfois hors de leurs Estats. RESPONCE. Pour le Preuost, Lieutenant, Greffier, & Archiers de Lyonnois: la Sentence donnée par le siege de la Mareschaucée sortira effect, & Louys du Four soy disant pourueu de l'Estat de Preuost audict Lyonnois viendra estre ouy. Et quant aux Lieutenans & autres Officiers de la Preuosté d'Anjou, & autres Preuostez, & Officiers d'icelles seront remis suiuant l'Edit. Quatorziéme. Pareillement les Capitaines des Chasteaux ne peuuent y estre remis. Ains aux Anciens est ordonné qu'ils iouyront de leurs gages qui sont communement si petis que lesdits Offices sont tousjours mesurez plus au respect de la dignité & autres, que des emolumens : les autres du tout despossedez sans recompence. Responce. Le Comte de Choisy iouyra de tous droicts, prerogatiues & emolumens de Capitaine de Dourdan & garde de la Forest, sauf l'habitation du CHASTEAV: laquelle pour certaines causes demeurera en l'Estat qu'elle est de present. Et quant aux autres Capitaines seront remis suiuant l'Edit. QVINZIEME.

Commissaires soient enuoiez pour executer l'Edit de Paix.

Exercice de Religion soit establi.

Accordé. Officiers soiet remis. en leurs Estats.

Ff.

Auſſi les Baillifs & Seneſchaux de robbe longue, & leſdits Lieutenans generaux , ſont demis de leurs Eſtats combien qu'il ne fut pourueu à leurs Eſtats. Et par ainſi qu'ils ne fuſſent comprins en l'exemption portée par l'Edit : Et quant a ceux qui comme comprins en ladite exéption ne rentrent en leurs Eſtats, la recompence de l'Eſtat de Conſeiller leur eſt deniée : En ſorte qu'ils n'ont ny office ny recompence. Plaiſe à ſa Majeſté ordonner que ſuiuant l'Edit leur ſera baillé vn Eſtat de Conſeiller de la Court & du grand Conſeil, en payant ou receuant le ſurplus de la Iuſte valleur ſelon qu'il eſt porté par l'Edit. Reſponce. Les Bayllifs & Seneſchaux de robbe longue Lieutenans generaux, & ceux au lieu deſquels n'a eſté pourueu au parauant l'Edit: rentreront en leurs offices ſuiuant le vintſixiéme Article. Et quant à ceux au lieu deſquels à eſté pourueu, & qui par conſequent ne doiuent entrer en leurs offices par l'Edit : leur ſera pourueu d'Eſtats de Conſeillers aux Cours de Parlement, & particulierement au Lieutenant de Bar ſur Seine. Seiziéme. Autres qui auoyent eſté pourueuz en tiltres d'Offices, neantmoins leurs lettres leurs eſtans deſpechées par forme de Commiſſion par certain reiglement ordonné deuant les ſeconds troubles : ſont deſmis de leurs Offices, & leurs commiſſions reuoquées ſans qu'ils ayent eu aucune recompenſe. Ains d'Officiers notables ſont rendus priuées perſonnes. Plaira à ſa Majeſté les remettre en leur Eſtats pour le moins rembourſant les pourueuz durant les troubles. Reſponce. Pource qu'il y a Arreſt donné auec connoiſſance de cauſe & grande deliberation au Conſeil du Roy qui fait deciſion de ceſt Article. Et qu'on alegue contre ledit Arreſt, qu'il eſt donné contre vn particulier qui n'a d'eſduit ſinon ce qui eſtoit de ſon intereſt au moyen dequoy il ne doit prejudicier à l'vniuerſel, & ceux qui ont ſemblables cauſes : à eſté auiſé que le tout ſera rapporté au Roy. Surquoy ledit Seigneur declarant ſa volonté à ordonné que ceux qui ont eſté pourueus par Commiſſion rentreront en leurs Eſtats comme s'ils euſſent eſté pourueus en tiltre d'Office : & leur en ſeront baillées lettres. Et pour le regard du Lieutenant du Maiſtre des Eaux & Foreſts d'Orleans, eſt ordonné que tous deux rentreront, & le dernier receu ſera l'alternatif, & en l'abſence de l'autre. Dixſeptiéme. Et combien que l'on ayt remis quelques vns de la Religion en leurs Offices : Si eſt-ce qu'on ne leur a rendu que que la moytié de leurs Eſtats. Pource que l'on a ordonné que ceux qui eſtoyent pourueus durant les troubles jouïroyent par concurrence où alternatiuement: qui eſt autant que les priuer de la moytié des emolumens de leurs Eſtats. Encores l'on denie a ceux qui ont voulu rembourſer ces pourueus durant les troubles , d'y eſtre receus: ce qui plaira à ſa Majeſté leur permettre. Reſponce. On ne peut accorder ceſt Article ſans reünir vne partie des Offices de France, & y mettre vne diuiſion perpetuelle pource qu'il à touſjours eſté à la diſcretion du Roy de faire & créer tous Offices alternatifs, laiſſans les gages aux Anciens, & ceſt Article a ja cy deuant eſté debattu & vuidé. Dixhuitiéme. Es maiſons des villes aſſemblées d'Eſtats Generaux & particuliers, nul de la Religion n'y eſt receu pource que les Magiſtrats Municipaux des villes principalles furent par vn Edit de l'an mil cinq cens ſoixante cinq, mis par le Roy tous Catholiques & ont preſeueré depuis. Dont il auient que pluſieurs impoſitions ſont ordonnées par leſdits Catholiques , & tombent ſur ceux de la Religion: leſquels ne ſont ouys n'y appellez n'y à la deliberation des impoſitions d'icelle. Plaiſe à ſa Majeſté pouruoir à ce que ſous pretexte d'icelle Religion telles oppreſſions & pilleries qui ſe font eſdictes aſſemblées & hoſtelz de villes ne ſoyent tollerez à la foulle & ruine de ſon peuple. Et que ceux qui ont offices perpetuelz eſdictes villes & pays ſoyent reſtablis en l'exercice, gages, penſions, & emolumens d'iceux. Reſponce. Ceux qui tenoyent offices perpetuels des villes y ſeront remis s'ils en ont eſtez oſtez. Quant aux impoſitions y a eſté pourueu ſur autre Article. Et pour le regard des aſſemblées d'Eſtats en ſera parlé au Roy qui ſera auerty s'il luy plaiſt de la forme qui ſe tient en chacune Prouince eſdictes aſſemblées d'Eſtats, auant ordonner ſon bon plaiſir ſur l'entretenement & aſſiſtance deſdits de la RELIGION en iceux. Dixneufiéme. En la ville de PARIS les Profeſſeurs ont eſtez du tout priuez de la faculté de lire ez ſciences qui n'appartiennent en rien à la RELIGION, & des lieux & places des Colleges: par les reſponces faites à Villiers Coterets contre l'expres texte de l'Edit. Plaiſe à ſa Majeſté faire garder l'Edit ſans reſtriction, comme eſt expreſſément porté par icelluy.

Reſponce.

Responce. Ya esté pourueu par les responces qui ont estez faites sur semblables Articles mesmés dernierement à Villiers Costrets. Et depuis le Roy a ordonné que ceux qui exerceront aujourd'hui tels Estats & charges ne seront inquietez n'y recerchez sous pretexte de la Religion. Et quand lesdites places vacqueront, saditte Majesté y pouruoira de telles personnes qu'elle auisera. Vintiéme. Par mesme reiglement a esté deffendu aux Ministres d'habiter ailleurs que és lieux où l'exercice de la Religion est permis contre la liberté otroyée par le quatriéme Article de l'Edit à tous ceux de la Religion. Plaise à sa Majesté casser telle deffence. Responce. Il n'est besoin de prouision generale en ce regard d'autre que selon l'Edit. Et auenant occasions particulieres y sera pourueu selon l'occurrence, & a ces fins sera mandé aux Officiers des villes auertir sa Majesté de ce qui se presentera en ce regard. Vintvniéme. Ordonner pour faire pratiquer ce qui n'a esté executé de l'Edit par les Commissaires qui n'ont fait qu'y passer: & pour punir les contrauentions qui se feront desormais: establir certains Iuges en certaines Prouinces non passionnez. Responce. Sera mandé aux Commissaires qui seront enuoyez selon l'autre precedant Article qu'ils reprennent les arremens des Commissaires precedens. Et le semblable aux Iuges ordinaires des lieux qui en l'absence d'autres Commissaires seront chargez de l'execution de l'Edit. Vintdeuxiéme. Plaise au Roy pourueoir sur les Requestes des Gentilshommes & habitans du païs Messin & Marquisat de Salusses & villes qui en dependent. Depuis le Roy à ordonné que tous les Gentilshommes & autres habitans de Mets & pays Messin auront pour l'exercice de leur Religion: le lieu de Mouthoy sans qu'ils puissent faire ledit exercice ailleurs audit pays. Toutesfois ne seront recerchez pour le fait de la Religion n'y contraints faire aucunes choses contre la liberté de leur consciences. Et seront au reste egallement traitez comme les autres habitans dudit pays Catholiques. Pour le regard de Salusses, les Ministres & autres personnes detenus pour le faict de la Religion seront eslargis & les habitans dudict pays ne seront recerchez pour le fait de ladite Religion n'y contraints faire choses contraire a la liberté de leurs consciences, & seront traittez comme les autres sujets Catholiques sans distinction de Religion, saufs qu'audit Marquisat de Salusses n'y aura aucune assemblée n'y autre exercice de Religion pretendue reformée. Quant aux habitan, le Roy en rescrira au Pape & à Monsieur le Cardinal d'Armignac par deuers lesquels il enuoyera homme exprés de sa part. Et pour le regard de ses autres sujets où ils seroyent empeschez en la jouïssance des biens qu'ils ont audit pays: y sera pourueu par les Officiers de sa Majesté tout ainsi que pour les Catholiques selon l'arrest donné en son Conseil à Paris le vintcinquiéme d'Octobre, mil cinq cens soixante six. Vinttroisiéme. Qu'il plaise à sa Majesté faire jouïr ceux qui sont de la Religion qui ont des benefices de l'effect & execution des Articles accordez par sa Majesté en sesant l'Edit de pacification. Responce. Sera dressé vne declaration pour cest effect aux termes les plus suportables que faire se pourra. Vintquatriéme. Plaise au Roy deffendre à tous Iuges qui pour raison de ladite Religion veulent empescher, que les Peres & Meres Tuteurs & Curateurs n'ayent l'education & nourriture de leurs enfans & mineurs tout ainsi qu'ils auroyent s'ils estoyent Catholiques. Responce. Touchant les Tutelles sur les deux voyes proposées de preferer le Pere ou de suiure les Coustumes des lieux, en sera parlé au Roy. Sa Majesté à ordonné que les Peres ne seront empeschez en la nourriture & institution de leurs enfans selon leur Religion & conscience. Apres la mort desquels ils seront entretenus en la mesme Religion en laquelle leurs susdits Peres les auroyent nourris, & ce jusques à l'aage de quatorze ans complets, & lors ils demeureront en leurs libertez. Vintcinquiéme. Plaise au Roy casser & declarer nuls tous Arrests & jugemens par lesquels ceux qui ont voulu estre receus en offices: ont esté chargez d'informer de leur Religion, & ordonner que l'Edict qui ne permet estre faicte distinction de personnes, sera gardé & obserué. Responce. Quand à la reception des Officiers de ladite Religion: Il n'est besoin d'autre declaration. Voulant sa Majesté que son Edit soit entretenu. Vintsixiéme. Plaise au Roy ordonner que suiuant l'Article vinttroisiéme de son Edit, tous Arrests donnez depuis les troubles contre ceux de la Religion seront cassez, & les parties remises en l'Estat qu'ils estoyent au parauant les troubles sans faire distinction qu'on a voulu faire depuis, & contre l'Edit. Responce. L'Edit aura lieu au vintroisiéme Article d'iceluy fors en ceux qui estoyent de-

Ff ij.

mandeurs où qui de leur fceu, & volontairement ont deffendu & qui n'ont point efté juges abfens & par forclufion. Ne tenant en ce les prifonniers pour prefens. Et fur la difficulté concernant ledit vintttroifiéme Article de l'Edit à caufe des jugemens & procedures de la paix d'entre les deux troubles derniers: en fera fait rapport au Roy pour fçauoir fi l'on tiendra pour paix où pour guerre le temps de la petite paix. Le Roy pour donner toute occafion de repos à vn chacun: veut bien que ledit Article vinttroifiéme de l'Edit foit eftendu & ait lieu au temps de ladite paix d'entre les deux Arrefts & jugemens donnez en matieres ciuilles pendant le dit temps n'aians efté demandeurs ou prefens deffendeurs volontaires fans crainte où emprifonnement de leurs perfonnes. Vintfeptiéme. Et que fuiuant l'Edit au mefme Article, toutes prefcriptions conuentionneles, couftumieres ou legales dont le temps eft efcheu durant les troubles: feront tenuës pour non auenuës. Refponce. Touchant les prefcriptions mentionnées audit Article: Les parties feront ouïes fur l'interpretation de l'Edit quand il fen prefentera quelque different. Vinthuitiéme. Plaife au Roy declarer que les fruits de l'année mil cinq cens feptante prins par voye d'Hoftillité qui n'eftoient en nature lors de la publication de l'Edit ne pourront eftre repetez. RESPONCE. Se faut tenir à l'Edit: & les cas particuliers fe decideront au Confeil priué felon leurs circonftances. Vintneufiéme. Plaife au Roy comme il a caffé les Garnifons, reuocquer auffi les Gouuerneurs particuliers des villes, & pouruoir à ce que la Garnifon de Blaye vuide, fi ainfi fa Maiefté le treuue bon: ou qu'elle ne vine & commette les exactions fur le peuple comme elle fait journellement. Neatmoins que l'exercice de la Religion qui en a efté ofté par la violence des Soldats de ladite Garnifon y foit remis fuiuant l'Edit, & les mortes payes de la Religiõ foiẽt remis en leurs charges. Pour les Gouuerneurs particuliers remis au Roy pour le fait de Blaye. Refponce. Depuis fa Maiefté a declaré fon intention fur ceft Article qui eft que l'exercice de ladite Religion fera aux faux-bourgs ou autre lieu prochain plus cõmode pour eux & la Garnifon oftée de ladite ville. Trente. Plaife au Roy declarer que les prinfes faites tant fur les fujets que Efpagnols & autres eftrangers fur mer deuant la publication de l'Edit faitte à la Rochelle ne feront recerchez: Nonobftant tous Arrefts donnez contre aucuns particuliers & commiffions decernées à l'Ambaffadeur d'Efpagne pour la generalle recerche des depredations par luy pretendues. Des remonftrances faites contre la Commiffion de l'Ambaffadeur d'Efpagne fera fait raport à fa Majefté. Refponce. Le Roy a ordonné que les cõmiffiõs obtenuës pour la recerche des proces & jugemens interuenus fus lesdittes prinfes: furferont jufques à ce que autrement par fa Majefté en foit ordonné, & où il fera requis de permettre lefdits progrets & executions defdittes commiffions & jugemens: declarera que les eftrangers fes voifins alliez & confederez fe peuuent bien contenter de mefme traitement qu'il fait à fes fujets naturels par fon Edit. Qui eft l'oubliance des chofes auenuës durant les troubles. Trente-vn. Plaife au Roy ordonner que les fils & filles qui auront excedé l'age de vintcinq ans, & qui pour la diuerfité des Religions auec leurs Peres & Meres où autres parens qui les ont en charge n'ont efté colloquez en Mariages: pourront fuiuant le droit, fe marier fans que à faute des confentement des fufdits leur puiffe rien eftre imputé, n'y en leurs honneurs, n'y en fucceffion & autres droits. RESPONCE. SVR les Mariages des enfans d'autre Religion que leurs Peres qui fe marient fans leur congé: à ce que les peres ne les puiffent desheriter: Il ne faut point de Loy particuliere pour ce regard. Trente deux. Que les enterremens és lieux où l'exercice eft permis, fe puiffent faire le jour, & és autres lieux. Que les places appartenantes à ceux de la Religion ne leurs feront oftées, & faire punir ceux qui ont defenterré les morts depuis l'Edit publié. Refponce. Sur les fepultures, l'Edit fera obferué. Trente trois. Plaife au Roy declarer fon intention fur les defpouilles & demolitions faictes durant les troubles employées en autres baftimens, qui toutesfois fe congnoiffent encor. Refponce. Touchant la matiere des demolitions fera parlé au Roy: S'il treuuera que bon foit lefdittes matieres mifes en œuure ne foyent enleuées. Le ROY trouue bon qu'il ne foit fait recerche de telles chofes pour le regard de ce qui f'eft paffé durant les troubles, foit pour repeter les matieres où l'eftimation d'icelles ce qui fe treuuera mis en œuure. 34. Que les Officiers des villes efleus durãt les troubles au lieu des decedez demeurerõt en leurs Eftats. Refponce. Pour les Officiers des villes feront les parties ouïes quand elles ne fe pourrõt accorder. 35. Pource que fur le fait des Mariages de ceux de ladite Religion ont efté faits, & fe font par les Officiers & Miniftres

marginalia: La petite paix de l'an 1568. Prefcriptions. Garnifon de Blaie. Prifes fur mer. Mariages d'enfans Proteftans fans le fceu des parens. Enterremẽs. Baftimens de matiere des Catholiques. Officiers des villes. Mariages.

Ministres du Roy des jugemens & ordonnances au proffit desdits de la Religion, plaira à sa Majesté y pouruoir. Responce. Le Roy a reserué à soy la conoissance & jugement des differens qui auiendront sur cest article lesquels y seront reuocquez quand ils se presenteront sans que chose qui puisse auoir esté faite: apporte aucun prejudice à l'interpretation que sa Majesté pourra faire de son Edit. Trente six. Plaise au Roy ordonner que ses Iuges conoistront des differents des mariages & autres causes qui entre les Catholiques ont accoustumé estre jugées par les Iuges Ecclesiastiques. Sans que ceux de la Religion soient tenus comparoistre deuant eux. Et neantmoins que és cas esquels le Pape ou Euesques ont accoustumé de bailler dispense indifferamment: ceux de la Religion seront tenus pour dispensez ou prendre dispense du Roy ou de ses Officiers. Responce. Sera regardé a prendre vn expedient: tant sur les dispences que sur les jugemens de l'essence de Mariage, & en sera prins auis des Presidens & Gens du Roy au Parlement à Paris.

Conoissance de Mariage.

Dispence.

A Lion Desarches, Maistre des Requestes. A Meaux. Aurillot Conseiller à Paris: Montpellier, Bellieure Conseiller à Grenoble. Reins, Bariot Maistre des Requestes & President au grand Conseil. Dauphiné, Villeneufue President à Bordeaux. Orleans la Renye Conseiller au grand Conseil. Le Mans de Thillysore President à Roüen. Tolose Rogier Conseiller à Paris. Bordeaux Fumée Maistre des Requestes. Perigueux Dugatz President de Bretagne. Bretagne Bouguemare. Rouen, Guiotard Conseiller au grand Conseil. Prouence, Angenoux Conseiller à Paris. Voila les moyens que pratiquoient les François pour se maintenir en repos, auquel je les veux laisser quelque temps pour reprendre les Venitiens qui me veulent faire raconter le plaisir extreme qu'ils receurent des nouuelles de la victoire gangnée au Golfe de Lepanto sur le grand Seigneur des Turcs, & ce qu'ils firent de memorable puis apres. Viuoient en grand esmoy: tant pour les pertes passées que pour la crainte que les affaires ne se portassent encor pis. Mais aians sceu que l'armée estoit partie de Messine, auec tel ordre & resolution que nous auons dit: Ils commencerent a mieux esperer. Ainsi attendans fort curieux nouuelles de ce succés. Le dixhuitième Octobre, arriua sur le midy au port de Venise, Vinfroy, Iustinien depesché par Venier deux jours apres la bataille. Entré au port fit tirer vne Canonnade, & soudain alla droit au Palais du Duc à Saint Marc, aprochant duquel il fit soüet ploger quatre enseignes Turquesques pour rejouïssace, à laquelle tous arriuas file à file, & voians la Gallere chargée de butin, redoublerent victoire à pleine bouche, & ne fut si tost descendu qu'il fut porté sur les espaules de la multitude jusques en la Court du Palais: où de genoux dit au Duc qu'il lui apportoit les meilleures nouuelles que de cet ans on eust ouï: Et soudain les lettres de Venier furet leuës tout haut auec vne incroiable liesse de tous, & nommément du Senat qui luy donna l'ordre de Cheuallerie, & luy mist vne chesne d'or au col pour le seruice fait à la patrie. Et auec ce fut renuoié en l'armée. Cependant les Ambassadeurs des Princes vindrent au Palais s'esjouïr au nom de leur Majesté de si bonnes nouuelles. Desquelles ils firent bien tost certains leurs Majestez, nomméement celuy de Frāce le Roy Charles le vintième Octobre qui enuoia lettres à l'Euesque de Paris pour en faire faire les prieres, processions & feuz de joye quelque confederation qu'il eust auec le Turc. Presque tous les Potentas d'Italie y enuoierent, pour ce respect où y eust de grādes liesses. Le Senat ordonna que les Criminels de mort prisonniers: & les detenus pour ne les auoir deferez apres le cri public promettans sallaires aux denonciateurs: feroient mis en liberté. Les larrons sous vintcinq ducats & qui ne seroient assez fors pour tirer l'auiron de mesme. Les condamnez aux Galetés y seruiroient la moitié du temps prefix. Si ceste moitié est expirée seront a plain deliurez fors quelques infames forfais exceptes en l'ordonnance. Les prisonniers pour dettes moindres de cent vintcinq ducats auroient la Seigneurie pour paieur. Si au dessus, les auditeurs accorderoient les parties. Vne chose y fut remarquable qu'aucun ne porta dueil pour leurs parens, alliez ou amys decedez en la bataille: tant la representation du bien public, auoit effacé la memoire des pertes particulieres és cœurs d'vn chacun. Comme les Lacedemoniens apres la journée des Termopyles où sous Leonides, les trois cens Lacedemoniens furent tous tuez par les Perses. Et dautāt que Venier auoit prié le Senat d'enuoyer noueueaux Chefs de Galleres & de la Noblesse jeune pour le mettre au lieu des morts: On esleut 15. des premiers de la Noblesse, & au lieu de Barbadicque Iaques Surāce hōme de merite. Puis mōterēt tous sur la Gallere de Iustinien auec les presens que le Senat enuoioit aux Chefs. Au reste le Senat fit crier que qui

Liste & partemens des Commissaires deputez par sa Majesté du Roy pour l'execution & entretenement des Articles de la Confidence.

Venitiens attendoient en grand esmoy l'ouuerture de l'armée Chrestienne.

18. Octobre 1571. Nouuelles & resjouyssance de la victoire à Venise.

Liberalité de la Seigneurie pour la nouuelle de la victoire.

Public soit preferé au particulier.

Reconoissance deuë à la vertu.

Punition des Chefz mal faisans leurs deuoir

pourroit prendre vif le trahitre qui auoit rendu Antiuari forte d'Art & presque imprenable sans attendre le Canon: il auroit mille escus & celuy cinq cens qui en apporteroit la teste: declarant ce Gouuerneur villain & infame confisquant ses biens à la Seigneurie vsant de pareille Iustice à l'endroit d'Emile Vlin qui estoit son Conseil, & se courrouça fort contre le Gouuerneur de Cursole qui s'en estoit fuy. Cependant la Seigneurie remercia Dom Iean d'Austrie du bon deuoir qu'il auoit monstré vers elle & toute la Chrestienté par lettres: dont la teneur s'ensuit.

Lettre enuoiée depuis la victoire par la Seigneurie de Venise au Seigneur Dom Iean d'Austrie.

Combien grande & de quelle importance est ceste victoire que Dieu à octroié à la Chrestienté auec les tres-heureux nom du Saint Pape & du Roy Catholique, & par le moien de la bonté, vertu, & vaillance de vostre Altesse: elle d'elle mesmes le peut assez conoistre & considerer, veu qu'en ce bien fortuné jour de la victoire n'ont esté seulement brisées les forces de ce tant desloial & cruel Tiran, & que par tant d'années il a desploiées contre le fidelle peuple Chrestié. Mais aussi a esté aux Chrestiës ouuerte la porte de sa ruine & la voye de l'aquest de l'Empire, duquel l'Empereur vostre Pere estoit heritier: le recouurement duquel on voit clairement que Dieu tout puissant auec vn si braue commencement, & auecques tant manifestes demonstrations de sa grace & faueur enuers vostre Altesse: là voulu a elle reseruer. Et pour par fournir si haute entreprise à la grandeur & gloire d'icelle, à laquelle veritablemēt nous tenons & recōnoissons obligez nos Estats, nos vies & nos affections: nous luy offrons tout nostre pouuoir, nostre volōté & nostre foy. Car tant que ceste nostre Cité de Venise durera: elle aura souuenance & memoire de ce grand bien receu de vostre Altesse: qui est à la verité tel qu'il s'oblige & requiert plus les faits que les parolles de ceste nostre republicque: laquelle & nous tous comme à toutes occurrences elle treuuera promps & prets à la seruir & obeyr: aussi en pourra elle voir claire & manifeste aparence en nos visages & en nos cœurs, si oncques nous pouuōs receuoir tant de graces du Seigneur Dieu: & tant de faueur de vostre Altesse: que de la voir en ceste Cité rendue tant affectionnée à la splendeur de son nom. Nous auons pareillement receu grand plaisir & contentement à l'occasion de ce que de ceste bonne victoire est participante la Majesté du Roy Catholique pour l'interest & conseruatiō de ses Roiaumes & Estats: & que tant d'Ames Chrestiennes ont par mesme moien esté deliurées & comme asseurées de depredations miserables. Certainement (Prince Serenissime) ces heureux euenemens sont de telles consequēces: que de tant moins nous deuons & pouuōs douloir de l'efusion du sang Chrestien & de la perte de plusieurs Cheuallereux Seigneurs, lesquels reseruez à mourir en si braues & glorieuses entreprises: ont auec grand honneur premierement sauué leurs ames, puis deliurez leurs parens, Amys, Cytoiens, & toute la Chrestienté de mains tant Impies & Barbares conseruans & accroissans la foy & Religion Chrestienne par la ruine & destruction des conjurez ennemis d'icelle. Dont se peut conoistre que si Iesus-Christ nostre Sauueur à si lōg tēps & par tant de siecles delaié, à donner vne tant signallée & remarquable victoire à son peuple: Il luy a toutesfois en fin donné pleine de tout bien & de toute esperance de l'accomplir & par faire auecques la mesme main de vostre Altesse. Combien que cy deuant il ait icelle deniée a tāt de Roys, Empereurs, & Papes qui l'ōt à diuerses fois procurée & reclamée, & qui mesmes en ont esté estimez dignes. Voiez donc & considerez vostre Altesse de combien elle est obligée & redeuable à sa diuine Majesté: & si elle en ceste cause qui toute touche & appartient au fidelle seruice de Dieu: doit suiure les commencemens & premiers Arrests de tant heureuse fortune, & en esperer de jour à autre meilleurs & plus auantageux succez. Car chacun peut clairement voir que la Majesté diuine par quelque priuilege singulier, l'appelle pour la deffendre & maintenir la gloire de son nom. Laquelle vocation vostre Altesse ne peut faire refus d'accepter & embrasser de tout son cœur, comme venant de la main de Dieu pour l'exaltation de son Saint Nom: grandeur de vous & de vostre frere le Roy Catholique. Quand à nos forces & secours, vostre Altesse s'en doit preualoir & asseurer de tant qu'elle en peut desirer: Et dauantage se promettre la rebellion de plusieurs peuples sujets à son ennemy auec l'assistance & aide des autres Chrestiens: Lesquels combien qu'estrangers & lointains: sont ja esmeus & de plus en plus s'esmouueront de la victoire d'vn si grand PRINCE & de la diuine inspiration qui sera tousjours à vostre ALTESSE seure guide en tous ses pensemens & desseins: & fort bouclier en toutes telles semblables fortunes & heureux progrets. Ainsi sera recouuert & rendu aux Chrestiens le saint Sepulcre de leur Sauueur neur Iesus-Christ & grans Empires acquis à vostre nom eternellement asseurez à vostre Altesse & à ceux qui en descendront. Qui seront en toutes occurrences & perils gardez & deffendus par ce bras tout puissant, par lequel aujourd'hui vous combatez & lequel tient en main l'espée nuë de son ire contre l'ennemi commun pour rendre vos conquestes plus asseurées : & les loüanges de vos victoires plus dignes & desirables. Or sommes nous bien certains que de tout ce que nous vous rescriuons vostre Altesse a d'elle mesme assez grande conoissance. Mais elle nous excusera si luy plaist de tant de hardiesse qu'elle remettra sur le temps present & sur le deuoir, obligation & deuotion nostre enuers elle. Laquelle Dieu nostre Seigneur vueille conseruer & accroistre en toute prosperité de tant que desire toute la Chrestienté. Il eust pour son dixiéme, seize Galleres & 7. cent vint esclaues & le dixiéme du butin. Le Pape vint-sept Galleres, dixneuf gros Canons, trois Canons à pierre: quarante deux petis Canons, & douze cens esclaues. Le Roy, huittante vne Galleres, trante huit gros Canons, six Canons à pierre, huittante quatre petis Canons, deux mille quatre cens esclaues. La Seigneurie autant. Puis Dom Iean d'Austrie se chargea de representer les Seigneurs Turcs au Pape pour en faire à son plaisir. *Butin de la victoire distribué.*

Selim auerti huit iours apres de ceste perte: ne voulut parler à aucun de tout le iour, tant il estoit ennuyé. Et le reste de ses sujets encor plus; ceux mesmement qui ne sauent que c'est de de la guerre craignoiët fort de perdre leur liberté: s'y imaginant ja de voir les Chrestiens à leur trousses. Mais Selim considerant bien cest inconuenient: ne plaignoit pas tant la perte que le deshonneur qu'il en receuoit, se representant les glorieux actes de ses deuanciers. Et n'eust esté qu'il se ressouenoit par fois qu'aucun d'iceux auoient receus bastonnades de la fortune: pour croire que tout est incertain & variable en ce monde: joint la fresche conqueste de Chipre qui le moderoit vn peu: Il en eust esté beaucoup plus fasché. Si bien qu'en fin il se resolut d'oublier la perte passée, rassembler toutes ses forces & employer tous ses moiens pour se venger des Chrestiens. Puis il commanda que l'Ambassadeur Venitien & tous les sujets des Venitiens, du Pape & du Roy Catholique fussent prisonniers. En apres aians fait magnificquement les obseques des morts, & loüé ceux qui s'estoient les mieux portez à la rencontre: chacun s'appreste au mandement de Selim, qui estoit encor à Andrinapoli cependant que celuy qui auoit la charge des ports et Arcenats se dilligentoit à bastir & armer nouuelles Galleres & refaire les vieilles. Fut en outre enjoint seuerement à tous Beglerbeys & Sangiacs des Prouinces que chacun d'eux equipast vne Gallere, sur le printemps. Les Generaux Chrestiens d'autre costé arresterent de s'informer des Captifs, en quel Estat estoient les forts de le Lepanto, Nerite & autres prochains. Et bien que les Captifs les disent bien pourueus: Gabriel Serbelon neantmoins y fut enuoié pour reconoistre tout. Cepēdant fut arresté qu'on n'assiegeroit places que les Galleres ne fussent mises en leur entier. Et pource que l'hiuer ne le pouuoit souffrir, Iean d'Austrie & Colone consultans ensemble resolurent de se retirer à Messine, où ils arriuerent au commencement de Nouembre. *Consideratiō de Selim & ses desseins apres la nouuelle de celle victoire.* *Desseins des Generaux de la Ligue Chrestiēne.*

Venier aiant rabillé sa Flotte enuoia trante grosses Naux de guerre auec six mil soldats qu'Italliens qu'Albanois: ausquels commandoit Paul Vrsin pour assieger le fort Marguerito. Si biē que l'auoir pressé de six Canons & force harquebuzades: Les assiegez se rendirent par composition le quinziéme Nouembre & le razerent pour ne le voir tenable. Vne autre troupe auoit donné à Supot que les Turcs auoient pris, lesquels l'abandonnerent bruslans comme ils se retiroient tout ce qu'ils trouuerent le long de la marine. De là furent battre la Valonne encor que la peste fust fort eschauffée en ce pais là. Le Senat Venitien cependant dressoit tous preparatifs pour auoir vne belle armée sur mer à ce printemps: & cerchoient plus grand nombre de grosses Naux voians le profit que ses six auoient fait: esquelles quatre seuls hommes moururent. Estoient aussi en deliberation de dresser armée par terre, craignant que le Turc ne les assaillist par là. Tel estoit l'Estat de l'Empire des Othomans, de la Seigneurie Venitienne : du Royaume d'Espagne & des Estats tant du Pape que des autres particuliers Seigneurs d'Italie. Mais c'est assez de ceste matiere pour le coup. Voions comme le Royaume d'Angleterre se comporte. *Armée des Venitiens & ses exploits.*

Ff iiij.

SOMMAIRE
Du Vintseptiéme Liure

ASSEMBLEE des Milords d'Angleterre mal contens de la forme du Gouuernement. Le progrez & fin d'icelle. Puis afin de pouruoir à la succession, le Duc de Norfol & autres s'esleuent contre la Royne Elizabeth. L'occasion & malheureuse fin de leur souleuement. Le Duc prisonnier condamné & executé à mort auec les occasions & forme du proces. La Tour ou Chasteau de Londres (capitale d'Angleterre estedüe le long de la Tamise) Où le tresor, Lyons, armes & autres meuble importans à l'Estat sont serrés. Les querelles entre les Roynes d'Angleterre & d'Escosse. Bruit sourd par la France d'vne guerre contre vn estranger. Armée de Strossi & Baron de la Garde auec ses Galleres en Brouage & autres costes pour aller en mer. Naissance d'vn filz au Roy d'Espagne. Gregoire treziéme esleué au Papat qui confirme la Ligue contre le Turc. Armée de la Ligue. Le Duc de Mayene puisné de Guise bien suiuy de Noblesse Françoise va au secours des Venitiens, qui le reçoiuent honorablement. Poursuittes, conclusions & les articles du traitté de Mariage entre le Prince de Bearn & Madame Marguerite. Mort de Jeanne d'Albret Royne de Nauarre & son Testament. L'Amiral pressé retourne en Court à Paris. Les occasions & moyens qu'il deduit au Roy pour faire tourner la guerre Ciuile sur l'Espagnol, à la descharge de la France sur le pays bas. Estat de la Flandre & des Confederez. Ordre que donne le Duc d'Alue au pays bas. Breilhe & autres places de Holande se rendent au Prince d'Orenge : Puis la Zelande & les occasions de la reuolte de Flessinghe & plusieurs autres lieux. Les Protestans François, la Royne d'Angleterre & les Escossois aydent aux Confederez Flamans. Accord entre l'Anglois & l'Espagnol pour le traficq. Mons & Valenciennes surprises par le Comte Ludouic & les François : auec leur representation & ordre qu'ils y donnerent. Armée des Confederez en Zelande & ses exploits. Mal-contentement des Anglois & François Confederez en ces quartiers. L'occasion de la perte de toute discipline militaire & de l'insolence de nos soldats. La vertu nullement respectée & moins reconuë. Le Roy d'Espagne enuoie le Duc de Medina Cely Gouuerneur en Flandres, qui est battu des Gueux de Flessinghe. Mons assiegé & battu par le Duc d'Alue. Ienlis & ses trouppes allans au secours du Prince d'Orenge, desfaites par les Flamans & Espagnols. Le Chef & plusieurs autres prisonniers.

IE vous ay cy deuant representé, l'Estat du Royaume d'Angleterre dés l'auenement d'Henry huictiéme à la Coronne du pays : auec les plus notables accidens qui luy auindrent. Et sur tous les changemens de Religion tant au regne d'Henry que de son fils Edouard, de Marie sa sœur & d'Ysabel qui les a suiuy jusques à present. Reste maintenant à vous esclarcir les plus memorables particularitez qui luy auindrent, apres qu'auoir chassé la Religion de sa sœur : elle y eut remis celle qu'y auoit parauant elle introduit Edoüard sur les commencemens jettez par Henry huictiéme pere de tous. Ce qui luy fut occasion de plusieurs troubles comme je vous veux faire entendre.

Assemblées de nöbre de Seigneurs & Gentilshommes Anglois mal contäs de l'Estat pour le remettre & la Religion Catholique en leur entier. Auec

NOMBRE de Seigneurs & Gentilzhommes Anglois mal-contans de l'Estat, & faschez du Gouuernement non tant d'vne femme, que de ceux qui luy estoient plus fauoris : assemblerent sur la fin de l'an mil cinq cens soixante neuf, afin (disoient ils) de remettre la religion Catholique & le maniement des affaires en leur ancienne splandeur. Et aussi euitans les troubles qui pourroient suruenir en Angleterre apres le decez d'Elisabeth sans enfans (Cōme ils la jugeoient hors d'espoir d'en auoir) y donner ordre selon l'auis cōmun des Estats. Resoluz en cas que la Royne fust déconseillée par ceux desquels ils enuoient la faueur, de la forcer à ce qu'ils estimoient necessaire au bien publicq du Royaume. De fait les Comtes de Northombellant d'Ouestmelland & autres assemblerent le plus de gens qu'ils peurent au quartier d'Yorck : delibere liberez d'entrer au païs, si on ne vouloit faire droit à leurs demandes. Mais la Roine qui ne trouua bonnes leurs fins: non plus que leurs assemblées: assistée de la plus grand part de tout le Royaume: rompit aisément leurs desseins par leuée de gens qu'elle fit & commanda faire au Conte de Sussex Président & Chef du Conseil de sa Majesté en ces quartiers. Si bien que les petis esgarez qui çà qui là au bruit de la venuë de tant de gens contr'eux, & les Contes fuitifs du Royaume: tout le païs fut en peu de jours remis à la premiere deuotion. Voici les occasions que ces mal-contans pretendoient pour justifier leur leuée. Puis l'Arrest qu'Elizabeth leur Roine donna contr'eux: que j'aime mieux vous faire conoitre par leurs propres mots & placards qu'ils semerent par l'Angleterre, que par aucun autre discours miens.

les moiens que tint la Royne pour rōpre coup à leurs desseins.

Nous Thomas Conte de Northombelland & Charles Conte d'Ouestmelland, A tous les fideles sujets de la Roine, & à tous ceux de la vieille Religion Catholicque: Salut. Sçachez que nous auec plusieurs autres bien disposées personnes tant de la Noblesse que autres: auons promis nostre foy à l'auancement de cette nostre bonne volonté & intention qui est que voyans plusieurs desordres & ambitieuses personnes aupres de la Majesté de la Roine, auoir par subtils & cauteleux moyens, & pour s'auancer eux mesmes, mis sous le pié la vraie & Catholicque Religion ordonnée de Dieu: & par le mesme abusé la Roine & destruit le Royaume, cerchans & procurans maintenant la ruine de la Noblesse d'icelui. Pour cet effet nous sommes assemblez pour y resister par force, ou plustost auec l'aide de Dieu & vous bon peuple: afin de pouruoir à redresser telles choses desordonnées: & mesmes a restablir toutes coustumes & libertez anciennes à l'Eglise de Dieu & de ce noble Royaume. Craignans & preuoyans que si nous ne le faisons nous mesmes: nous y pourrons estre contraints & forcez par les Estrangers: au grand hazard & peril de l'Estat, de nos païs: ausquelles choses tous sommes obligez. Dieu sauue la Roine. Puis par la publication de ces placards, la Roine fut conseillée pour mieux rompre leurs forces & desseins, de publier en tous endroits leur jugement & condamnation portée par cet Arrest.

Copie du Placart semé par les malcontans d'Angleterre pour faire prandre les Armes au reste.

La Majesté de la Roine ayant esté sur la fin de l'Esté diuersement informée de quelques murmures secrets qui se faisoient en aucuns lieux de la coste d'Yorck & en l'Euesché de Durant: & mesmes de plusieurs mauuaises Assemblées faites en icelles parties tendans à rebellion: Desquelles encores que par la premiere information la verité en ait esté assez conuë & esclarcie. Ce heantmoins, sa Majesté n'auoit voulu s'en donner garde de si pres, jusques alors que par autres secrettes assemblées & conuenticules renouuellez par les Contes de Northombelland & Ouestmelland, auec plusieurs autres personnes suspectes leurs complisses, sadite Majesté en ait esté plus persuadée auec ce que lesdits deux Comtes faisoient par tous lieux & places ouuerte declaration qu'ils en estoient les autheurs. Surquoy le Comte de Sussex Président du Conseil de sa Majesté aux parties tendantes au North, lui en auoit donné semblable auertissement: & mesmes de la rumeur qui court de tels bruits mauuais soudainement venus & aussi tost passez: & aussi de ce que tost apres il auoit mandé lesdits deux Contes pour conferer auec lui desdits bruits, lesquels comme ils ne pouuoient desnier ce qui en estoit: protesterent en toute simulation qu'ils estoient innocens de tels actes. Offrans d'exposer leurs vies propres contre tous ceux qui entreprandroient de violer les loix. Surquoy s'asseurant ledit Sieur Président, ne leur permit seulement de se retirer: mais aussi leur donna charge & pouuoir d'examiner d'eux-mesmes le fait d'iceux bruits. Touteffois dautant que le feu & pretente de leur trahison estoit desja tant allumé & auancé, que la flamme & fureur en croissoit de plus en plus: sadite Majesté pour ne vouloir entrer en quelque soupçon de sa Noblesse: & desireuse de voir lesdits Contes deschargez d'icelles calomnies: & pour mettre son peuple hors de crainte & en repos: manda audit sieur Président de venir par deuers elle. Surquoy ledit sieur Président ayant deslors (comm' il sembloit) descouuert quelque chose dauantage de leur mauuais propos & desseins: tendit en premier lieu de les adoucir & faire venir vers lui par son escrit; afin de consulter sur cet affaire. En lieu dequoy ne firent lesdits Contes que dilayer auec responces friuolles, lesquelles donnerent occasion audit sieur Président, de les requerir derechef plus affectionnément que par deuant, d'aller le trouuer: ce qu'ils lui desnierent lors tout ouuertement. Tellement que la Roine aigrie de cela, leur fit expedier ses propres lettres de commandement: à ce qu'ils eussent a comparoir par deuant sadite Majesté: dont nonobstant ils auroient fait refus. Voire mesmes auāt que lesdites letres leur eussent esté declarées: auoient

Copie de l'Arrest fait par la Roine d'Angleterre cōtre les Coutes de Northōbellant & Ouest-melland.

Ff iiiij

ja au mespris de sadite Majesté, fait assembler de tel nombre de gens, qu'ils auoient peu, qui n'estoient toutesfois en grand nombre : parce que les plus sages & honnestes auoient refusé de les accompagner. Et de là entrez en vne ouuerte & actuelle rebellion : se sont fortifiez en Armes, & en appareil de guerre : jusques a forcer maisons & Eglises : & faire plusieurs proclamations sous leurs propres noms & de leur authorité. Pretendans d'esmouuoir les sujets de sadite Majesté de suiure leur parti, comme s'ils estoient personnes capables de rompre & suuertir les loix : menaçans & intimidans le peuple, ores qu'ils ne peussent paruenir à leur dessein & pretente : que les estrangers entreroient au Royaume pour l'acheuer. Faisans entendre & & publier dauantage : qu'ils ne pretendoient rien moins que d'attenter contre sa Majesté. Qui est touteffois vn pretexte dont les Trahistres & infracteurs du bien & repos publicq : se couurent ordinairement. Auec ce que leur qualité & suffisance bien remarquée, fera conoitre oculairement qu'ils sont deux personnes aussi mal choisis & mal habiles en toutes choses : que autres qu'on pourroit trouuer en ce Royaume. Tellement que sa Majesté a bien aperceu que la grand' poureté desdits deux Contes, l'vn ne retenant qu'vne petite portion du bien perdu de ses Ancestres : & l'autre presque consomé tout son patrimoine : les auroit peu induire de s'éleuer & s'accompagner sous couleur de plusieurs persuasiõs d'vn grand nombre de gens fauteurs & desesperez : pour satiffaire à leur priuée necessité & ambition. Laquelle touteffois ils ne pourroient deguiser ne couurir sans presomption tres-certaine de trahison & entreprise contre sadite Majesté & l'Estat de son Royaume de long temps cachée & sursise par ceux qui les ont à ceci prouoquez : auec ouuerture de quelques autres plus generales entreprises. A cause desquelles, il a semblé bon à sadite Majesté d'auertir tous ses bons & loyaux sujets de la trahison, rebellion & mauuais comportemens desdits deux Contes (contraire au naturel de la Noblesse) qui ont ouuertement & trahitreusement entré en rebellion, & rompu le repos public, lequel auoit desja continué en ce Royaume par l'espace de vnze ans & plus. Ce qui rend ce fait dautant plus detestable & desplaisant à Dieu (qui nous auoit donné cette longue paix) & montre leur manifeste ingratitude enuers leur souueraine Dame : és mains de laquelle touteffois lesdits deux Contes auoient par ci deuant en particulier & par plusieurs fois fait profession de leur foy & fidelité. Parquoy ladite Majesté a enjoint & exorte tous ses bons sujets, d'éployer tout leur pouuoir & moiens, tant pour la conseruation de ladite Paix cõmune : que pour aprehender & surprendre au pluftost que possible sera : toutes manieres de personnes qui feront & montreront quelque faueur, de fait, conseil ou parolle ausdits rebelles & à leurs entreprises & associez. Et combien que sadite Majesté ait ja voulu & commandé audit Conte de Sussex son President & Lieutenant General aux parties du North : de les proclamer & publier Traistres & Rebelles contre sa Couronne & dignité. Aussi veut & entend sadite Majesté que d'abondant & afin d'oster tout pretexte d'ignorance, par ces presentes : lesdits deux Contes de Nortombelland & Ouestmelland, leurs complisses, adherans & fauorits : soient tenus, publiez & reputez pour tels en tout son Royaume, Païs, Terres & Seigneuries de son obeissance. S'asseurant sadite Majesté, que cet auertissement sera suffisant à tous bons & loyaux sujets, pour les retenir en leurs deuoirs & les garder d'estre seduits par lesdits Rebelles & leurs complices : nonobstant quelques remonstrances ou publications qu'ils pourroient auoir faites ou faire par eux, ou ceux qui n'ont pas la grace de viure en Paix : ains plustost d'émouuoir tumultes à la ruine du Royaume & du peuple. Donné au Chasteau de VVinsors, le vint quatriéme jour de Nouembre mil cinq cens soixante neuf au douziéme au du Regne de sa Majesté. Dieu sauue la Roine.

Mais comme vn inconuenient n'auiét gueres seul : ce ne fut le dernier ni le moindre mouuemét que la Roine sentit en ses païs venir de ses sujets pour mesmes occasions. Car bien que les premiers autheurs de telles entreprises fussent hors : si est-ce que la Cause & vray motif d'iceux restans en son Royaume : il ne pouuoit long temps manquer de Chefs qui renouuellassent les mesmes mal-contentemens : notamment apres qu'ils eurent veu ce tumulte apaisé par le Conseil, conduite & presque seule creance de ceux qui leur sembloient au pris d'eux comme nouueaux venus, tant à l'Estat de Noblesse, qu'au rang & manimés d'afaires qu'ils tenoient en leur puissance. Or comme ceux qui cerchent toute faueur & appui de tous : mandient tous moiens & occasions pour y paruenir : Au motif que dessus, ceux-ci ajouterent qu'il seroit bon puis que la Roine ne vouloit declarer par l'auis des Estats vn successeur

à la

à la Couronne : de pouruoir Marie Stuard (Roine d'Escosse prisonniere en Angleterre) Roine du Païs, par le Mariage d'vn Seigneur Anglois qu'on lui donneroit. Veu que la Couronne luy apartenoit : & que pour en auancer l'effect : le Roy d'Espagne & autres Princes voisins ne leur manqueront de secours. Pource le Duc de Nolfoc fut mis en jeu, agreé de tous comme aiant le plus de moiens qu'autre du Royaume. Lequel au reciproque alleché par l'espoir d'vne Couronne Royalle : promit d'y faire son possible, pourueu que le tout fust tenu secret & diligenté. Ce que la Royne Elisabeth trouua bien mauuais aussi tost qu'elle en fut auertie : doutant de pis à l'auenir. Encores qu'elle fist semblant l'aprouuer, craignant irriter la Noblesse. Laquelle se voiant de plus en plus reculée de Court sans grade ne Estats : par ce que la Royne ne pouruoioit à la succession, resolut faire par force ce qu'elle n'auoit peu obtenir par belles parolles & douces remonstrances ; sçauoir est faire declarer la Royne Marie d'Ecosse Royne d'Angleterre & auancer son mariage auec le Duc de Nolfoc qui les poussoit à la roue. Premierement ils atirerent le secretaire Secile en tel lieu qu'ils eussent peu faire de luy à plaisir où ils luy firent trouuer bon ceste leur deliberation de faire (non par force) declarer à la Royne vn successeur. Mais retourné luy persuada se haster pour remedier à tel inconuenient premier qu'il passast outre. Ce fut d'enuoier querir le Duc de Nolfoc pour parler à elle ; qui y vint : lequel luy aiant juré qu'il n'attentoit à rien moins qu'à ce faire Roy ne autre chose contraire à sa Majesté fut renuoié : & sorti de Londres se retira en sa maison sous la garde d'vn Cheuallier de l'Ordre & quelques douze hommes que la Royne luy donna.

Les Anglois s'esleuent contre la Royne en faueur de la Royne Marie d'Ecosse.

La Royne enuoie vers les autres, & en auoir gangné quelques vns : les fait desbander & esgarer les vns des autres. Puis auoir sceu leur dessein, renuoie querir le Duc : lequel venant fut rencontré par le Capitaine des gardes & mené prisonnier à Londres. D'où nous le ferons sortir quand il sera temps. Les autres sachans son enprisonnement se retirerent ailleurs & assemblent pres de deux mille Cheuaux & autant de gens de pied que piquiers qu'arbalestiers, croissant le nombre de jour à autre. Contre lesquels soudain la Royne leue & enuoie son armée sous la charge de trois Lieutenans, & à bandes separées, qui se montoient à vint cinq mil hommes : en retenant autant pres d'elle à Vuestmoustier contre Londres. Et de fait deslors de ces assemblées elle se trouua assez estonée, jusques à reforcer ses gardes : & ne laissoit-on entrer les personnes si legerement que par le passé. Ce que Secile & Chamerlan Surintendant des finaces faisoient : sachans bien que c'estoit plus à eux & leurs consors à qui on en vouloit qu'aux autres. Et de fait l'assemblée en armes de la Noblesse auoit esté faite entre autres occasions pour entrer en Londres prandre les trois que dessus, remettre les loix Catholiques & la Noblesse aux Estats acoustumez. Le Duc de Norfoc estoit le principal Chef, mais d'autres auoient ja dressé la partie & l'auoient mis en jeu pour mieux authoriser l'effect des mescontentemens qu'ils auoient d'estre reculez de la comunication des charges & honneurs de Court. A quoy ils joignoient le desplaisir de voir la Religion Catholique comme en mespris par tout le Roiaume : puis la mauuaise disposition des affaires. Le changement de la Religion & reculement des anciènes & plus nobles Familles d'Angleterre : au lieu desquelles on y receuoit de nouueaux qu'eux & nombre d'estrangers qui ne peuuent (disoient ils) estre affectionnez au bien de l'Estat, côme les naturels. Et sur tout le peu d'Estat qu'on fait d'slire vn successeur à la Couronne apres le deces de la Royne : la mort de laquelle ne pourra ce faisant aporter qu'vne forme d'Estat, plein de miseres & calamitez : par les guerres ciuilles qui viédront entre ceux qui debattront de la Couronne. Ils communiquerêt ceste intelligence au Duc d'Alue pr Italien au Pape & Roy d'Espagne : puis au Roy de France & deuoit on liurer aux Espagnols du Duc vn haure commode assez pres de Doures : lesquels entrans en Angleterre trouueroiêt les gens du lieu (où estoit la Royne d'Escosse prisonniere) en armes pour sa deliurance. Norfolc aussi en armes iroit à Londres, où la Tour seroit soudain prinse par ses partisans. Et tout le pays de Nort plus Catholique qu'ailleurs se reuolteroit : & en peu de temps mesmes en Irlande on changeroit l'Estat & gouuernement du pays. Sur ceste intelligêce au commencement de l'an mil cinq cens septante deux le Roy estant à Blois le mariage de Monsieur d'Anjou auec la Royne Elisabeth fut mis auât ; pour mieux y paruenir, de Foix y fut enuoié & luy fit-on entêdre que tant de choses & si grandes se brassoient contre sa Majesté, qu'elle ne s'en pouuoit garentir que par l'assistance de la fleur de Lys. La Royne y preste l'oreille plus pour tirer conoissance de ses entreprinses que pour l'effect du mariage, auquel son Conseil ne prestoit gueres l'oreille,

Le Duc de Nolfoc prisonnier.

Armée de la Royne Elizabeth contre ses sujets.

Occasions du renuniement d'Angleterre contre la Royne ou son Côseil.

Ianuier.
1562.

l'oreille la Royne se porta en sorte neantmoins, qu'aucuns François luy descouurent ce qu'elle desiroit sçauoir premier que de leuer armée. L'entreprinse de tuer ces trois Seigneurs fut cõmuniquée à plusieurs mesme au Comte de Pembrot qui ne la treuua seure ne bonne d'autant que pour estre tousjours le Secretaire pres la Royne faudroit le tuer deuant sa Majesté: disant qu'il se declaroit ennemy de ceux qui l'entreprendroient. Aussi cella ne fut executé: joint que Sicile qui auoit espions pres de chacun d'eux pour les esclarer: en fut auerti ce mesme jour. Bref les Chefz de la Royne s'auancent contre eux & pource que l'vn des Chefz trop craintif & paresseux ne mit asses tost les gens en ordre comme vouloient aucuns. Ioinct que plusieurs s'aparesloient de fournir au rende-vous pour la crainte de leurs parens & amis ja prisonniers en la tour, qu'on menaçoit de mort soudaine: & qui dailleurs leurs mandoient qu'ils n'atentassent, rien d'autant qu'ils voioient la Royne en fort bonne volonté: on les surprint de sorte que sans attendre le choc tous s'enfuirent à la premiere descouuerte de l'armée: & se retirerent qui ça qui là hors le Royaume les vns en Flandres pour suiure la grace du Roy d'Espagne. Les autres en Escosse. Les Irlandois aussi se reuolterent sous vn Chef qu'ils esleurẽt. Mais cela ne dura comme rien. Puis on proceda contre le Duc de Norfolc & ses complices par le Seneschal d'Angleterre assisté de neuf Comtes, l'Amiral & dixhuict Barons.

Le douziéme jour de Ianuier la Royne d'Angleterre voulant le proces criminel de Thomas Hauart Duc de Norfolc, estre fait fit assembler les Païs de son Royaume pour assister au jugement dudit proces. George Talbot Comte de Shercuusburg y representa la personne de grand Maistre En son absence la garde de la Royne d'Escosse fut commise à Raphael Salder Cheuallier. Puis la Royne y fit venir huit autres Comtes auec dixsept Lords entre lesquels la procedure fut telle que le Duc fut atteint de crime capital. Ce qui plus l'encharga ou qui dõna plus grande conjecture de ces portemens fut vne missiue trouuée en son Cabinet laquelle il s'efforça renuerser sus vn sien Secretaire à qui il auoit au precedant baillé des blancz-signez de sa main disant que la lettre en estoit vn. La premiere de ces charges fut pour auoir pratiqué d'espouser clandestinement la moderne Royne d'Escosse au desceu de celle d'Angleterre. Contreuenant par là & faisant bresche à l'Ordonnãce & statuts de l'an mil quatre cens vintsept, deffendant à tous Anglois d'espouser vn Prince ou Princesse de païs estrangier sans le faire au prealable entendre au Roy ou Royne d'Angleterre. La seconde que le Duc s'estoit entremis de la sedition esmeué en l'an mil cinq cens soixãte neuf au pays de Septentrion d'Angleterre: dont le pays fut merueilleusemẽt troublé & en dõmagé & la Royne trauaillée par les principalles menées & pratiques d'iceluy Duc. Pour ces occasions il fut saisi & par le commandement de la Royne serré en la tour de Londres attendant qu'on luy fist son proces. Mais en fin la Royne le fit eslargir comme j'ay dit faisant entendre par lettres & messages à la Royne d'Angleterre qu'il estoit grandement marry & repentant d'auoir presumé espouser celle d'Escosse: promettant sous son seing & seel ne se mesler jamais plus auant du fait dudit mariage n'y en autres choses regardans la condition & l'Estat de ladite Royne d'Escosse. Toutesfois il se trouua que la premiere pratique d'entre ladite Royne & ledit Duc nonobstant ces repentances & promesses faites, au contraire auoit tousjours continué sans interruption, Par les artifices & menées d'aucuns personnages qui les ont fait paistre de vaine esperance: tant durant l'emprisonnement de ce Duc que depuis son eslargissement en sa maison jusques à ce qu'il fut dernierement remis en la tour. Outre ce fut attaint d'auoir mis toute peine de priuer la Royne de son Royaume & se l'approprier: changer l'Estat de la Religion & republique: inciter pour ce les sujets à reuolte: & que pour mieux executer telles entreprises sachant le terme qu'auoit tenu Marie n'agueres Royne d'Escosse (laquelle disoient ils s'attribuant le nom & tiltre de Royne d'Angleterre: & auoir conjoinct les armes d'Angleterre & d'Escosse en son cachet & vaisselle d'argent: vouloit par ce moien priuer la Royne Elizabeth legitime Royne d'Angleterre) auroit neantmoins contre tout deuoir de vray sujet voulu se joindre par mariage auec Marie: à elle enuoié lettres à ces fins, & presens reciproques qu'on appelle en France souuenance & en Angleterre Trotons. Luy auroit presté grande seme de deniers & fait plusieurs telles choses nonobstant que deffence luy auroit esté faite de passer outre au mariage ce qu'il auoit promis & signé de sa main. Le troisiéme quãd certains rebelles se sont esleuez n'a guere au quartier de nort & iceux contraints de se retirer en Escosse, Anuers, Brabant. Et a procuré de leur faire tenir argent & pareillement à esté adherant aux Seigneurs d'Escosse ennemis descouuerts

Le proces Criminel du Duc de Norfolc Anglois condamné à mort le 16. Ianuier 1572.

Les Anglois ne veulent aucun Prince estrangier.

de sa

de sa Majesté. Le quatriéme, qu'il auoit eu intelligence & secrette pratique auec l'Euesque de Rome Pape pie: auec le Roy d'Espagne & le Duc d'Alue. Qu'il deuoit receuoir argét du Pape & gens de guerre du Roy le tout par l'entreprinse du Duc d'Alue. Que ceste menée auoit esté conduite par vn Italien nommé Robert Rudolphi. Qu'il auoit promis mettre sus vne bonne & forte armée de ceux de sa nation pour mettre en liberté Marie Royne d'Escosse & l'espouser & de chasser sa Majesté de ses Royaumes & Estat. Le cinquiéme, que cinq lettres de creance furent deliurées à cest Italien l'vne pour le Duc d'Alue, l'autre pour le Pape la troisiéme pour le Roy d'Espagne. Le Duc les aprouuant comme estans faites en son nom & les aiant signées l'Italien partit d'Angleterre le seziéme Mars mil cinqcens septante vn. Et le treziéme de la Royne Elizabeth. Le sixiéme Robert Rudolphy aiant fait ses diligences vers le Duc d'Alue & Euesque de Rome fit tenir les premieres le dixhuictiéme Auril audit an. Le Duc les aiant receu commanda à vn sien Secretaire les dechiffrer & les mettre en vulgaire. Luy les leut le 25. Auril & les garda: le Sommaire estoit que le Duc d'Alue auoit donné bonne audience à Robert & que les Confederez se tinssent prests quand le Roy enuoieroit gens de guerre en Angleterre. Le septiéme que le seziéme Iuin suiuant il receut lettres du Pape par lesquelles il promettoit toute aide pour mettre Marie en liberté puis executer son entreprinse & deliberation. Qu'il auoit comploté auec autres de mouuoir nouuelle Rebellion pres de Londres. Que la ville seroit forcée & cependant certaines compagnies passeroient du pays bas à vn haure d'Angleterre le plus conuenable à ce faire & en cest estat les forces estrangeres sallieroient auec les rebelles & poursuiuroient ce qu'ils auiseroient estre le meilleur & le plus expedient de faire contre la Royne & ses Estats. Que ces entreprises & de ses complices n'estoient point seulement conceuës escrites & concluës: mais aussi les messagiers furent d'Angleterre despechez en Caresme dernier vers aucuns mal zelez enuers la Royne d'Angleterre portans autorité de les asseurer des moiens & deliberations des Principaux de la cóspiration. Outre ce qu'il auoit aussi projecté que au mesme instant que l'Angleterre seroit enuahie, l'Irlande seroit quand & quand assaillie & surprise: afin d'autant plus diminuer les forces de la Royne d'Angleterre où au moins les diuertir de la pouuoir secourir & deffendre. Que par mesme main la Royne d'Escosse seroit enleuée hors du lieu où elle estoit detenuë en habit desguisé, ou de force en mouuant sedition au Royaume: & par ainsi remise en liberté & publiée Roine d'Angleterre & d'Escosse, & que son fils le Prince seroit pareillement mené en Espagne auec semblables deliberations tendans à semer seditions & troubles en Angleterre.

Pour conoitre de ces charges, les Pairs furent (comme dit est) assemblez par ordonnance de la Roine qui apres le serment presté par deuant les Iuges de la Quesnes-benche ainsi appellez par terme du païs, de bien & equitablement juger selon leurs consciences: si ledit Duc estoit coulpable ou non: se retirerent en vne chambre à l'escart pour en deliberer & bailler leur auis, appellé par termes Anglois, Verdict. Pendant cette Consultation, la loy ne les permet de boire, manger, auoir feu ni chandelle, ou parler à personne, si ce n'est aux tesmoins produits contre l'accusé: ou pour sçauoir s'ils estoyent d'accord du fait en charge à eux commis. Ne pouuoyent aussi differer a remettre la decision du negoce à autre saison: ainçois falut qu'ils s'accordassent du fait de ce Duc, auant que partir de là. Apres ils en firent leurs raports ausdits Iuges sur l'absolution ou condamnation dudit prisonnier. Et pource qu'ils le treuuerent Criminel: prononcerent par leur Verdict que selon Dieu & en leur Conscience il estoit coulpable des cas dont il estoit chargé. Qui fut le dixseptiéme jour de Ianuier. Cela fait les Iuges lui demanderent quels moiens & deffences il auoit pour s'exempter & garentir de la peine ordonnée par la loy: ou pour empescher que jugement de mort ne s'ensuiuist. Mais n'ayans ses raisons & deffences esté trouuées receuables: Il fut condamné à auoir la teste tranchée & renuoyé à la prison en attendant le temps de son execution. Toutesfois parce que plusieurs autres estoient chargez du mesme fait estans encores detenuz en la grosse Tour de Londres, son execution fut sursise jusques à tant que leur procez fust instruit & parfait. Seruant le Duc par maniere de dire d'vne Esponge pour espreindre & tirer de lui tout ce que lon pouuoit pour esclarcir la verité & circonstances du fait: comme aussi des entreprises de ses complices & alliez. Surquoy faut noter que par la loy d'Angleterre: si quelqu'vn estant conuaincu de crime (celui de leze Majesté excepté) reclame le benefice de son Clergé auant que jugement de mort soit donné, cette loy est ceremonieuse jusques là: Et tant les ordres de l'Egli-

Iugement des Pairs d'Angleterre, contre le Duc de Norfolc.

Forme de juger d'vn crime Capital en Angleterre.

Le Duc de Norfolc códamné & non executé & pourquoy.

Comme le benefice du Clergé est accordé à vn prisonnier en Angleterre.

Ianuier 1572.

se(qui ont depuis acquis la nature & forme de loy politique) ont jadis esté en reuerance chez les Anglois : que le prisonnier n'est debouté de son Clergé : (que lon peut qualifier quasi comme tonsure) Mais lesIuges font venir par deuant eux le Curé ou le vicaire de la parroisse où ils sont assemblez: luy donnans charge de juger en sa conscience si le prisonnier qui est à la barre, aux fers & aux liens: merite jouyr du benefice de sonClergé. Le Prestre luy baille vn liure des Pseaumes de Dauid & luy monstre & marque vn verset pour voir s'il peut lire ou non. Alors les Iuges demandent au Curé en ces termes LEGIT VT CLERICVS? s'il respond NON LEGIT les Iuges le deboutet du priuilege de sonClergé. Mais s'il respond qu'en sa conscience. LEGIT VT CLERICVS les Iuges le reçoiuent au benefice de son Clergé. Cela fait l'executeur de la haute justice present, d'vn fert chaud auquel est graué la lettre .F. signifiant Felonie: luy imprime au muscle de la main senestre. Puis est deliuré à l'Euesque diocesain pour estre jugé selon les loix Ecclesiasticques. Les fellons, larrons, voleurs & autres malfaiteurs sont receuz au priuilege de leur Clergé. Sauf ceux qui sont attaint de crime de leze Majesté, ou ceux qui ont desrobé vn guelding ou autre beste cheualline. Ainsi le Duc ne ses complices n'en pouuoiet jouyr, bien que plusieurs d'eux le requissét. Et eut en fin la teste tranchée deuant la tour.

Mort du Duc de Norfolc.

Premier que mourir, encor qu'on luy hastait son decez si eut il loisir de parler au peuple & luy faire entendre qu'il estoit accusé de beaucoup de choses vrayes, parmi lesquelles ses ennemis lui en auoient supposé beaucoup de fausses. Confessa donc auoir attenté au Mariage de ceste Royne sans le sceu de sa Princesse qui fut l'occasion pour laquelle il fut premierement mis prisonnier en la tour. Ce qu'il reconoissoit luy estre auenu justemét aussi en auoit il demandé pardon à la Royne: laquelle meuë de douceur & compassion luy remist la punition de sa faute apres que il luy eut juré de se porter à l'auenir tel qu'il deuoit. Ce qu'il reconoissoit pourtant n'auoir fait. Ains auoir retombé en sa premiere faute. Se vouloit aussi descharger de ce qu'on luy imputoit auoir conspiré contre l'Estat de laRoyne: par le moien des negociations des Nunce du Pape & autres enuoiées par le Duc d'Alue. Confessoit seulement auoir failli en ce qu'il n'auoit descouuert les complots qu'ils faisoient au prejudice de sa Maistresse. Quant à ce qu'on le disoit Papiste protesta ne l'auoir esté & ne l'estre en aucune façon. Ainsi mourut constamment le plus grand Seigneur qui fust en Angleterre apres auoir recommandé ses enfans à la Roine. Laquelle l'asseura de les auoir pour recommandez. Et jouït son fils de ses biens fors de l'honneur de Duché qui lors estoit seul en ce Royaume: Plusieurs furent saisis en mesme temps : dont aucuns furent executez, les autres se sauuerent de vitesse en Flandres, France & ailleurs où ils pensoient demeurer plus librement en la seureté de leurs vies. Or pour vous faire entédre sur quoy estoit apuié l'espoir de ce poure Seigneur.

Le fondement de toutes ces choses est tel . Le Roy Henry huitiéme d'Angleterre : espousa plusieurs femmes: la premiere sœur de Charles depuis Empereur, vesue de son frere Arthus qui touteffois ne l'auoit onc conuë à cause de son bas aage cóme lon disoit : de laquelle il eut Marie, puis il repudia la mere faisant declarer le mariage incestueux & la fille bastarde, pour espouser vne Damoiselle Angloise nommée Anne de Boulen de laquelle nasquit Elizabeth à present Royne. Mais luy auoir fait trancher la teste en publicq pour quelque soupçons il se maria auec   Semer de laquelle il eut Edoüard qui luy succeda & mourut en l'aage de seze ans. Marie quoy que declarée bastarde, fut Royne par la volonté du peuple esmeu contre les grans du païs & specialement contre le Duc de North-ombelland qui auoit fait son fils Roy par le mariage de luy & de Ieane de Suffolk a qui il disoit apartenir la Couronne par testament d'Edoüart qui l'auoit institué son heritiere. Mais le pere, le fils & la breu eurent les testes tranchées. Puis Elizabeth succeda à sa sœur Marie decedée sans hoirs. Henry huitiéme eut trois sœurs: l'vne fut mariée au Roy d'Escosse dót sortit Iaques Stuard lequel eut en secondes noces de la Doüairiere de Longueuille sœur du Duc de Guyse vne seule fille Marie qui espousa François deuxiéme, Roy de Fráce. Par ainsi Elizabeth venant a mourir sans hoirs Marie Stuard fille de son cousin germain demeuroit s'il n'y auoit autre empeschement Royne des deux Royaumes. Mais du viuant de Henry huitiéme aucuns tiennent que le Parlement d'Angleterre auoit arresté que les enfans de ceste sœur du Roy marié en Ecosse n'y les descendans d'iceux ne pourroient heriter à la Couronne d'Angleterre pour les considerations qu'auoient euës les Estats du Royaume autheurs dudit Arrest. Venons au reste des particularitez de Londres.

La Tour

LIVRE VINTSEPTIEME. 40;

La Tour est vne grande place carrée, hors & contre le circuit de Londres: aiant en chacun coing vne tour pour deffendre ses courtines entournées de l'eau qu'on a desrobé de la Tamise. Dedans l'enceinte de ce quarré se voit nombre d'edifices destinez à plusieurs Estats & vacations d'Artisans, qui n'y trauaillent que pour la Roine. Laquelle y a ses maistres Officiers & ouuriers de la Monnoye du Royaume: car on ne bat monnoye que là, & la plus commune est le Schelin qui vaut neuf sols françois: & le demi qui en vaut quatre sols & demi. Quant à l'or ils ont l'Angelot & le noble Edoüard. L'or & l'argent y sont en leur pureté plus grande beaucoup que parmi nous: qui falsifions tout: & nous mesmes. Elle y a aussi ses Armuriers, qui ne trauaillent qu'à faire ou nettoier les armes qui y sont si belles & en telle quantité qu'il y en a pour vn grand nombre de milliers d'hommes. Elle y a sa canonnerie & tels autres estats qui sont necessaires à la defense d'vn Royaume. Puis s'esleue au milieu de ce quarré vne grosse & belle Tour en forme de Donjon qui commande à tout le reste. Et là est songneusement gardé le Tresor de la Roine, qui est grand pour le peu de grans affaires qu'elle a eu depuis son auenement à la Couronne: & les biens de plusieurs Seigneurs Gentilshõmes & autres, lesquels confisquez & reünis à la Couronne lui augmentent fort le reuenu que ses predecesseurs ont tousjours fait garder là dedans, pour la seureté qu'ils y ont treuué plus grande qu'ailleurs. Si bien qu'encor que la forteresse ne soit bien flanquée ni accõmodée comm' on les fait aujourd'hui: elle seroit neantmoins difficile a prendre. A l'entrée de cette forteresse elle fait garder ses Lions & autres bestes sauuages: animaux qu'elle fait sortir le premier de l'an pour les faire combatre en veuë de tous contre les dogues. (Ce sont beaux, hardis & puissans chiens) contre les Ours les Taureaux & autres animaux farousches pour en auoir & döner plaisir au lieu où elle se retreuue au commancement de l'an. Et coustumierement lors qu'elle fait son progrez que nous pourrions nommer reueuë de son Royaume & pourmenade par ses terres comme faisoient anciennement les bons Rois: tant pour se faire voir à leurs sujets: que pour les conoistre, remedier à leurs plaintes, & en general döner ordre aux affaires de leur Royaume par l'auis de gens de bien qui les suiuoiẽt pour Conseil. Bien autremẽt que nos premiers Rois de France: & Charlemagne mesme lequel dit Eguinard son Chancelier quelque part qu'il eust besoin d'aller soit en assemblée, soit pour autres affaires il se faisoit mener sur vn charriot que des bœufs tiroient, & qu'vn bouuier conduisoit à la mode vilageoise. Mais la rusée corruption de nos hommes mespriseroit aisement la vertueuse simplicité de ces Anciens, qui furent plus grans que ces moqueurs ne seront jamais.

Sur ce commancement d'année 1572. on sentit en France vn remuëment de nouuelle guerre qu'on disoit estre dressée contre vn Estranger: & pensoient la plus part que ce fust l'Espagnol: pource que le bruit de la conqueste de Flandres croissoit de jour en jour: encor que le Roy voulust qu'on en dressast les preparatifs le plus couuertement qu'on pourroit: crainte d'offencer si ouuertemẽt contre la teneur de l'alliance de son frere Philippe. Les Protestans au contraire si portoient à descouuert pour tirer plus grand nombre d'hommes: & auec ce l'Amiral & le Conte Ludouic conseilloient & pressoient le Roy de diligence: lui remontrant qu'en tels affaires toutes choses meuremẽt deliberées & prestes à l'effect: la tardiueté n'y pouuoit qu'amener vn grand dommage & perte d'occasions irreparables: notamment pour la descouuerte des Conseils & preparatifs, que l'ennemi pourroit faire au contraire. Ia quantité d'argent auoit esté enuoyé au Prince d'Orenge, auquel le Roy mandoit qu'il se diligentast de leuer la plus grande Armée qu'il pourroit, & la faire descendre au païs bas pour là, joindre les siens. Il en auoit aussi fait deliurer à l'Amiral & Conte Ludouic pour cet effet. Dauãtage pour leuer autres troupes de gens sans grans fraiz on faisoit courre vn bruit sourd, qu'vn grand Seigneur entreprenoit vn voyage au Perou, la plus riche terre de toutes les descouuertes par l'Espagnol pour le piller & y faire riche le soldat à jamais: ou du moins combattre & deffaire l'Armée Espagnole retournant de là comme elle vient tous les ans chargée de tout le reuenu & profit que le Roy d'Espagne fait en toutes ses terres: qui se monte le moins à neuf ou dix millions d'or, sans grande somme d'autre argent pour les particuliers & infinité de riches marchandises qu'on en amene en queuë, & en la faueur de l'Armée du Roy. Pour ce fait ils donnoient le rende-vous de leurs gens & Nauires en Brouage & Bordeaux. Le moien estoit que les Espagnols ayans esté plusieurs mois au voyage cassez & alangouriez, & la plus part maladies pour les incommoditez de si longues routes & diuersité de climats qu'ils passent: le rende-vous

Auril.
1572.

des-vous pour se rafreschir aux Essores: Isles appartenantes à l'Espagnol esquelles ils terrissent & se refont peu à peu attendant l'armée nouuelle qui en mesme temps sort d'Espagne pour les aller raffreschir de nouueaux soldats: crainte que si quelques ennemis abordoient la premiere armée si mal menée comme j'ay dit: On ne prit auec les tresors du Roy tout ce qui seroit aporté du Perou. Le François qui pour trois ans de guerre ne demande qu'vn mois de bon temps pour se remettre sur les armes: n'eut plustost sceu le vent de telle entreprise qu'il ne se mit aux champs pour trouuer chefz dignes de commandement. Lesquels ne manqueret non plus: car ils s'asseuroient tellement de ce butin, que la plus part vendirent les vns leurs terres, les autres partie d'icelles, aucuns les arrenterent à longues années: presque tous s'obligerent à leurs creanciers qui leur fournissoient argent pour se mettre en conche, equipper nauires en guerre, & auoir suitte d'hômes asseurez pour faire d'autât plus vne meilleure main sur l'Espagnol. Somme que l'on eust jugé le François n'auoir jamais senti aucune incommodité precedente. Si grande est la legereté de ses Esprits. Et plus grande encor la deuotion qu'il porte aux Princes & Seigneurs qui luy commandent pour faire absolument ce qui leur plaist: sans autrement s'enquerir s'il y a raison ou moien asseuré de l'executer. Leur suffit qu'il y aie quelque apparence. Ie vous parleray plus amplement de ceste entreprise en autre endroit & plus à propos.

Legereté du François.

Creance de Seigneurs Fraçois sur le peuple.

I E vous ay cy dessus fait entendre comme le Roy auoit enuoié le Mareschal de Montmorency en Angleterre pour deux fins. La premiere pour traiter vne Ligue offensiue & deffensiue entre luy & la Royne d'Angleterre. L'autre pour sonder s'il y auroit moien de faire le Mariage de Monsieur son frere auec la Royne. Monsieur luy auoit donné à ces fins vne bien ample procure contenant pouuoir d'y negotier promettant d'auoir agreable & apruuer tout ce qu'il y negocieroit. Pour le premier il trouua cette Princesse & ceux de son Conseil en bonne deuotion. Le second point, fut sans effect. Soit que Monsieur aie depuis reuoqué sa procure: ou que le Conseil de la Royne n'aie trouué le Mariage de la Royne asseuré pour l'Estat du païs: veu l'inegallité d'aage ou pour le peu d'affectiô qu'ils ôt presque tous d'estre cômandez par vn Prince estranger. Tesmoin le Roy Philipes qui y fut assez mal traité & tous ses Espagnols encor pis. Mais la Ligue fut si bien poursuiuie d'vne part & d'autre y aiant le Roy emploié la faueur que les Princes Protestans François peuuoient auoir vers la Royne: que le Mareschal de retour, elle fut arrestée à Blois le dixneufiéme Auril mil cinq cens septante deux. Estans deputé d'vne part François de Montmorency, René de Biragne, Sebastien de l'Aubspine: Esnel & Paul de Foix pour le Roy de France. Et Thomas Hehuued VValsinghuan Ambassadeur pour la Royne d'Angleterre. L'amiral Clinton y fut puis apres enuoié pour la voir sollemnellement jurer au Roy & publier à Paris. La substance portoit qu'ils seroient tenus s'en-tredeffendre côtre qui que ce fut: allié, amy, frere ou Cousin de l'vn des deux sans aucune exception de persônes, parenté, cause ou, alliance, qui puisse estre entre l'vn deux & leurs vassaux. S'entreayderôt de huit vaisseaux armez chargez de douze cens hommes auitaillez pour deux mois & munitionnez aux despens de qui en aura besoin: & de six mil hommes de pié, paiez selon la liste faite par qui s'en seruira. Les François obeyront à l'Amiral ou son Lieutenât d'Angleterre & au reciproque des Anglois. La Royne au lieu de six mille à pié pourra eslire cinq cens lances qui reuiendront à trois mille cheuaux paiez à la Françoise. En plus grand besoin pourrôt demâder plus grand aide l'vn de l'autre à leur discretiô. Cas auenant que les sujets des colleguez seront arreftez comme l'Anglois & Irois en Flandres, Hainaut, Artois, Brabât, Holâde, Frise, Pologne, Prusse, & tous autres lieux: le Roy sera tenu de les redemâder s'ils ne sont en icelluy pays dedans dixhuit jours: en Italie dedans vint trois: en Espagne & Portugal dedans trante trois: sera tenu arrester les sujets & biens de l'arrestant jusques à ce que tout soit restitué & au rebours. Les Anglois ne seront recerchez en France pour le fait de Religion. Trafiquerôt en lieu ou dans quatre mois seront accordez, & y auront estapes & magasins auec Conseillers & Côsuls pour leur fait: exempts de sujection au benage, sujets aux gabelles qui s'accorderont entre les Colleguez & dans ledit temps sans se pouuoir aucunement augmêter. Auront tels priuileges que jadis en Anuers, Bruges, Berghes. S'efforceront tous deux de pacifier l'Escosse. Remettront és mains de l'Escossois ce qu'ils en auroient nouuellement occupez dedans 40. jours. N'entreprendrnnt rien dessus non obstât la Royne qui se plaint aucuns d'eux ont sollicité ses sujets à rebellion & receu ses rebelles. Pourra poursuiure ses actions.

Ligue entre le Roy de France & la Royne d'Angleterre.

Mariage de Monsieur auec la Royne d'Angleterre ne se peut faire.

Comme

LIVRE VINTSEPTIEME. 41.

Comme aussi le Roy en pareil cas. Si guerre ou dissention vient entre les Colleguez apres en estre auertis auront soixante jours de terme à prendre garde à leur faict: apres lesquels pourrōt estre arrestez. Depuis & le 15. Iuin 1572. le tout estant raporté à la Royne d'Angleterre estant à VVesmonster pres Londres: elle jura d'obseruer & entretenir tout le traité, le 14. de son regne en la forme qui suit, tournée du latin comme les precedens articles. Nous Elisabeth par la grace de DIEV Royne d'Angleterre, France, & Hibernie defenseresse de la foy: promettons & jurons en parolle de Royne & foy de Princesse Chrestienne és mains de tres-illustre Duc de Montmorency Pair & Mareschal de France, Gouuerneur & Lieutenant General en l'Isle de France pour le tres-serenissime & tres-puissant Prince Charles .9. Roy de France &c. Et d'Illustres & excellens personnages Paul de Foix, Conseiller au priué Conseil dudit Prince & de Bertrand de Salignac Sieur de la Motte Fenellon Cheuallier de l'Ordre du Roy de France & son Ambassadeur ordinaire pres de nous, sur les sainctes Euangilles de DIEV: que nous entretiendrons & ferons entretenir inuiolablement & sans aucune contradiction tous & chacuns les pacts, conuētions, & articles du Traicté, Ligue, Côfederation & estroite amitié concluë & arrestée le 19. Auril passé entre mes Ambassadeurs & ceux du tres-serenissime & tres-puissant Prince Charles neufiéme par la grace de Dieu Roy de France nostre frere & bon allié sans souffrir qu'aucune chose y soit inuouée par nous ou nos sujets directement ou indirectement au contraire ou prejudice dudit traicté en quelque sorte ou maniere que ce soit. En tesmoin dequoy nous auons mis nostre main en ces presentes en nostre Palais de Vves monster quinziéme Iuin mil cinq cēs septante deux & de nostre regne le quatorziéme signé. Elisabeth.

Sur la fin de ceste auné le Roy Philipes eust vn fils de la fille de l'Empereur dont on fit toute sorte de liesse en Espagne & en Italie mesme. le 17. Decembre en firent à Rome tout autant pour mesme occasion. *Enfant né au Roy d'Espagne.*

Sur la fin d'Auril le Pape Pie cinquiéme mourut: sous le Pontificat duquel je vous ay dict ailleurs que la Ligue Chrestienne auoit eu commencement. Au bruit de son decez diuulgué par toute la Chrestienté: plusieurs Euesques & Cardinaux facheminerent à Rome pour y en eslire vn d'eux qui luy peust succeder. Le Cardinal de Lorraine entre autre y fut par le mandement du Roy Tres-Chrestien. Lequel asseuroit à la Royne de Nauarre & autres Confederez luy auoir donné bons & amples memoires au nouueau Pape pour luy moyenner vne dispence suffizante à ce Mariage: les delays & remises duquel commençoyent à fascher les PROTESTANS qui sembloyent soupçonner quelque chose. Mais le plaisir qu'ils receurent de l'absence du Cardinal, esperans manier le ROY plus librement que jamais: leur fist assez tost effacer telles considerations du cerueau. Les Cardinaux assemblez esleurent le Cardinal Bon Compaigno qui se fit nomer Gregoire treziéme *Pape esleu.* Sacré le neufiéme May lequel dona la dispence & confirma ceste Ligue Saincte entre les Princes, s'obligeant aux mesmes conditions que son predecesseur. Ce qui fut occasion qu'à son exemple & par les remonstrances qu'il leur en fit: chacun s'esuertua pour y trauailler à bon escient, & fournir à tout ce qu'ils verroyent necessaire pour redresser vne autre belle Armée. Le Pape deliura l'estendart de l'eglise à Romegas cōme Lieutenant General d'icelle sous Marc Anthoine Colone pource qu'il s'estoit valleureusement porté en la guerre derniere contre les Turcs deuant Lepanto. Et afin que l'Armée de l'Eglise fut mieux pourueuë: Il donna puissance à quelque Cardinaux d'absoudre toutes personnes tant seculiers que *Moyen d'auoir argent.* reguliers en donnant de leur bien selon leur qualité; dont il esperoit tirer vn grand fons de deniers. D'autre costé Iean d'Austrie diligentoit la sienne au plus de son pouuoir, pour la mener à Corfou: Lieu où se deuoit assembler toute l'Armée Chrestienne dont il deuoit encor estre General. Lequel memoratif des injures passées auoit tant faict enuers la Seigneurie de Venise qu'elle mit vn nouueau Lieutenāt sur icelle (bien côtre la coustume) en la place de feu Barbadique qui represēteroit le General par toute l'armée, lequel toutesfois ne feroit riē sans le Cōseil & auis de Venier: le Senat y nōma pour Lieutenāt Iaque Foscary eu esgard à la recōmadation de ses vertus. En peu de jours les Venitiēs eurēt dressé la leur: & se rendit à Corfou attendās les Confederez de jour à autre. Cependant Sara de Martinēgue aiant rassēblé nouuelles troupes assiegea Nouocastro en Dalmatie sur le Golfe de Cataro & pressoit fort la garnison Mais le Gouuerneur Dalbanie au despartement duquel est ceste place, y venant auec main plus forte, luy fit d'esmordre ce Chasteau & se retirer d'où il estoit parti. *Armée de la Ligue Chrestienne. Armée de la Ligue à Corfou. Nouo-Castro assiegé par Martinēgue.*

Gg

Auril, 1572.

L'HISTOIRE DE FRANCE.

En ce temps & au bruict de la grande Armée que le Turc par les moiens que je vous ay dit ailleurs dreſſoit: pluſieurs Gentils-hommes & autres de France que d'vne que d'autre Religion, ſortirent du Royaume ſous la charge & conduite de Charles de Lorraine Marquis aujourd'hui Duc de Majenne pour ſe treuuer aux entrepriſes de la Ligue contre les Turcs, leſquels on diſoit ſe preparer pour le ſiege de Malte. Arriué à Veniſe la Seigneurie luy fit de grans honneurs & à tous ceux de ſa ſuitte tant pour la memoire de celuy duquel il eſtoit ſorti, que pour la recommandation de ſes vertus: notamment luy donna la charge & conduite des troupes volontaires, leſquelles eſtoient venuës en grand nombre de toutes pars à ce voiage pour la deffence de la foy.

Duc de Majenne va en Italie côtre les Turcs.

En fin les troupes des Chreſtiens joinctes à Corfou: L'armée fut vn long temps le long de la Coſte de la Morée: puis entre Modon & Coron & juſques à l'Iſle de Lerigo autresfoisdite Cytherée. Ils furent auſſi à Nauarrein & batirent le Chaſteau qui eſt poſé ſur vne jettée de terre en mer: attaquerent Modon que nombre de Galleres ennemies fauoriſoyent outre la Garniſon du dedans: aprocherent par fois ſi pres l'Armée Chreſtienne & la Turqueſque qu'on n'en eſperoit qu'vne groſſe & ſanglante bataille: de faict le bruit en a couru tel par la Chreſtienté. Mais ils ne ſe chargerent jamais en gros & ſe retirerent en fin chacun chez ſoy ſans faire choſe grandement memorable, pour n'auoir chacun General ſceu treuuer les moyens de prendre auantage ſur ſon ennemy. Retournons maintenant aux affaires de France.

Armée Chreſtienne & Turqueſque.

La Royne de Nauarre en ce têps ſolicitée de venir en Court à la concluſion de l'alliance encommencée: & y voulant prandre auis de ſes amis &Conſeillers: les trouua fort differens. Occaſion que le temps & la precipitation la reſolurent pluſtoſt que l'apparence des raiſons qu'on luy alleguoit. Ainſi diſpoſée, depeſcha gens pour aller en quelques endroits dedans & dehors le Royaume vers aucuns hommes doctes faiſans profeſſion de ſa Religion: leſquels elle prioit inſtamment luy donner auis, ſi elle pouuoit accorder ce Mariage & com'-elle s'y deuoit gouuerner ſans bleſſer ſa conſcience ny nuire aux Egliſes reformées. Proteſtant qu'en ceſt endroit ny en aucun autre elle ne vouloit en ſorte que ce fuſt rien entreprandre ſi on luy monſtroit qu'il y euſt mal. Les reſponces furent diuerſes ſelon l'humeur des perſonnes à qui elle en demandoit conſeil. Ceux qui regardoient ſimplement à la Paix: & ne conſideroient que l'apparence des choſes, eſtimoient que cet honneur deuoit eſtre humblement accepté. Et non ſeulement eſtoient dauis: ains auſſi prioient la Royne de Nauarre de ne perdre ſi belle occaſion. Quelques autres vn peu verſez aux affaires & maniemens de Court eſtoiét de contraire auis. Ils prioient la Royne de Nauarre de côſiderer quels tours on auoit jouéz au feu Roy ſon mari & deſquels elle ſçauoit faire de beaux diſcours ſouuenteſfois: l'vn deſquels meſmes auoit eſté eſcrit & publié ſous ſon nom pendant les derniers troubles. Que la Royne mere auoit de grãs moiens Que le Roy eſtoit acoſté des ennemis mortels des Princes & de tous ceux de la Religion.Que la Royne de Nauarre ne pourroit joüir du Prince ſon fils ſelon ſon intention apres qu'il ſeroit marié: attendu qu'il prenoit vne femme de plus grand eſprit qu'elle ne pêſoit. Auſſi que la Roine Mere ne laiſſeroit tellemêt ſon gendre, qu'elle ne le tint côme par le pied. Qu'en cas qu'elle vouluſt remuer quelque choſe: elle l'auroit en ſa puiſſance ſelô qu'elle à vne infinité de deſſeins & de moiens pour les executer. Et que ſi le Prince de Nauarre perſeueroit en ſa Religion: tant ſ'en falloit que ce Mariage apportaſt quelque proffit: qu'au contraire c'eſtoit comme vne ſemêce de troubles. Attendu que le Roy, n'y le Duc d'Anjou ſon frere ne le pourroient voir de bon œil. S'ils luy faiſoient bon viſage, ce ſeroit pour le mettre en mauuais meſnage auec les Catholiques. Que de penſer auancer la Religion par tel degré: c'eſtoit temps perdu, veu que les choſes eſtoient en tel train & la maiſon de Valois tellemêt enueloppée auec les Catholiques, que les Huguenots auroiêt encores fort affaire quelque faueur qu'ils euſſent. Ils remonſtroient dauantage, auenant que le Prince de Nauarre print parti ailleurs: il ſeroit redoutable a ſes ennemis. Et n'auroyt faute d'appuy, tandis qu'il fauoriſeroit les Huguenots à bon eſcient. Au contraire ne pouuoit beaucoup auancer de l'autre part pour beaucoup de raiſons qu'ils alleguoyent. Quelques Conſeillers de la Royne de Nauarre deſirans voir ce Mariage acomply pour leur grand bien auenir qu'ils en attendoyent: n'eurent faute de replique à chacun de ces points. Ils diſoyent doncq, que le traittement fait au

Côtinuatiõ du Pourparlé de Mariage entre le Prince de Nauarre & la ſœur du Roy.
Conſeils diuers qu'eut la Royne de Nauarre ſur le Mariage de ſonfils Prince de Bearn.

Francourt & autres.

feu

feu Roy de Nauarre estoit procedé de l'inimitié de ceux de Guyse : auſquels deux accidens
on pourroit facillemét remedier. Que ce Mariage desarçonneroit entieremét ceux de Guyſé
alors que lesPrinces & l'Amiral auec eux, auroient tel accez vers le Roy qu'ō se deuoit propo
ſer. Que la Royne Mere ne pouuoit estre en cholere contre le Prince de Nauarre, & que ceste alliance l'adouciroit. Ioint que venant sur l'aage elle voudroit plustost se resjouïr auec ses
enfans: que les mettre en mauuais mesnage l'vn contre l'autre. Et qu'elle aimoit si tendremét
ſa fille, que ſon gendre auroit part à ceste affection . Que si le Prince de Nauarre estoit souuent pres du Roy ſon beau frere: ce ſeroit vn moien pour aider grandement à ceux de la Religion:& qu'on donneroit tant bon Conſeil à ce Prince, que les filez de ſa belle mere (quand
ores elle entreprandroit) ſeroient bien aiſez a rompre. Et que ſi nouueaux troubles ſuruenoiēt:
elle ne pourroit faire violence à ſon Gendre qu'à ſa manifeste confuſion. Que la perſeuerance
du Prince de Nauarre en ſa Religion, pourroit faire que le Roy voudroit entendre la verité
des choſes:& aſſembler quelque Concile natiōnal pour remettre tout en meilleur train. Quon
cheuiroit bien des Catholiques: La plus part deſquels n'ont autre Religiō que celle des Princes. Et que le Duc d'Anjou n'entreprandroit rien pendant que le Roy porteroit bon viſage à
ſon beau frere. Que ſi le Prince de Nauarre refuſoit ce parti: le Roy cholere extremement, ſ'en
faſcheroit. Que la Royne Mere ne digereroit facillement vn tel meſpris: & que venant le feu
a ſe rallumer: il n'y auoit apparence que d'vne miſere extreme. Ils ajouſtoiēt que le parti eſtoit
recommandable pour la bonne grace, Nobleſſe & auantages que la Royne Mere feroit à ſa fille bien aimée, laquelle auroit le fons du coffre. Et quant à ce qu'on trouuoit eſtrange ce nouueau Conſeil: Ils repliquoient qu'on ne ſe deuoit eſtonner, ſi pendant la fureur des armes : cela n'auoit eſté mis en auant. Que l'ardeur des courages eſtant cōme eſteinte, le Roy bien conſeillé de diuers endroits: auroit trouué ce bon & ſaint expediēt pour ralier ſes ſujets: & que ce
ſtoit luy faire grand tort, d'eſtimer qu'il fuſt ſi meſchant, de vouloir par le moien de ſa ſœur, ſe
vanger de ceux deſquels il n'auoit jamais peu esbranler les cœurs auec toutes ſes forces. Qu'il
auoit infinis autres affaires: & que tant de teſmoignages de ſa ſincere volonté, ne deuoient e-
ſtre tant pris de trauers. Et que c'eſtoit faire tort à la Majeſté Royalle de l'auoir en telle reputation. Quand aux ceremonies du Mariage, il ſeroit aiſé à en accorder. Et que le Roy & Royne ſa Mere n'eſtoient pas ſi ſcrupuleux. Que pour le bien de la paix ils accorderoient à la Royne de Nauarre peut eſtre plus qu'elle ne penſoit. Que Madame feroit ce que ſon frere luy cō-
manderoit: & eſtoit ſi bien apriſe qu'elle ſouffriroit d'eſtre enſeignée. Et n'eſtouperoit pas les
oreilles quand le Prince feroit parler ou preſcher quelques Miniſtres en ſa preſence . Quant
au reſte, ce n'eſtoient nouuelles qu'on deuſt legerement receuoir: attendu que ſi on vouloit
conſiderer le tout de bien pres, les rapporteurs ſe pourroient bien fort tromper.

Mais quelques autres dedans & dehors le Royaume auertis de ce pourparlé, & priez bien *Mariages entre perſō-*
expreſſément par la Royne de Nauarre ſ'en reſoudre : luy en firent de notables auertiſſemens. *nes de diuer-*
La ſomme deſquels côtenoit en ſubſtāce. Que les promeſſes de Mariage & les Mariages meſ- *ſes Religiōs legitimes*
mes faits entre perſonnes de diuerſes Religions eſtoient valables: & meſmes entre les Infidel- *mais non*
les & Idolatres, encores que les Mariages ne ſoient du tout ſans quelque tache : entant qu'ils *tous expedi-*
ne ſe font point en la crainte & reuerence du nom de Dieu. Toutefois Dieu conſeruateur du *ens, & leurs*
genre humain, n'a pas tellement oſté toute difference du bien & du mal de l'entendement des *raiſons.*
plus meſchans: qu'ils ne mettent grande difference entre la conjonction du Mariage, & les
villains desbordemens de pluſieurs . A plus forte raiſon le Mariage eſtoit ferme entre deux
parties dont l'vne craignoit Dieu, & que l'infidelité de l'autre ne pouuoit rompre ce lien . Autrement Saint Paul n'euſt jamais conſeillé à la partie fidelle, de demeurer tant peu que ce
ſoit auec l'Infidelle. Et en apliquant cela aux perſonnes dont eſt queſtion : Diſoyent ne prandre ce mot d'Infideles en ſa ſignification generalle, mettans difference entre les Papiſtes
& autres peuples qui n'ont du tout connoiſſance de DIEV. Finablement concluoyent
qu'il eſtoit loyſible faire Mariage: pourueu qu'vne partie conſentiſt d'habiter auec l'autre,
ſans que celle qui n'eſtoit de la vraye Religion vouluſt contraindre l'autre à choſes illicites . Mais la difficulté eſtoit de ſçauoir, ſi cela eſtoyt expedient. Et pour monſtrer qu'il
ne l'eſtoit. Ils alleguoient que le Seigneur aiant voulu que les Iſraëlites ſ'aliaſſent auec ceux de
leur nation: auoit mōſtré le danger qui pouuoit auenir faiſant autremēt. Aſſauoir diuers maux
que l'experiēce a finalement deſcouuerts. Qu'il y auoit bien quelque exception à cela: Aſſa-

qu'vn Ifraëlite pouuoit efpoufer vne eftrangere. Mais auec certaines cautions & confiderations fort expreſſes. Que l'Apoſtre n'auoit pas dit fans cauſe qu'il ne faut point ſ'acoupler auec les Infidelles. Les Peres & Anciens Docteurs de l'Egliſe aſſauoir Tertulian, Ciprian, Hierofme, Auguſtin entr'-autres auoient fort condamné ces Mariages. La partie affectionnée à la vraie Religion ſe mettre en grand danger d'eſtre tirée par l'autre à vanitez & Idolatries. Que Salomon & pluſieurs autres Roys de Iuda, en eſtoient de beaux mirœrs. Et qu'il falloit confiderer les grans maux auenus par telles conjonctions. Ce confideré fuplioient la Royne de Nauarre de bien auiſer premierement ſi le Prince ſon fils pourroit point eſtre par tel moien attiré à quitter ſa Religion. Si Madame ſœur du Roy auoit quelque affection non ſeulement à ce Prince: ains auſſi à la Religiõ. Ou ſi elle promettoit vouloir acquieſſer à raiſon. Ils luy mettoiẽt en auant les inconueniens. Que ſi elle venoit à mourir la Royne Mere auoit de merueilleux moiens pour eſbranler ſon Gendre. Qu'il y auoit peu d'apparence que la ſœur du Roy peuſt ſi toſt oublier la Court où la quitter ſi ſoudainement. Et que demourant elle n'auroit faute de gens pour la cõfermer en ſa Religion. Sur tout quãd le Mariage ſeroit acõply. Et qu'elle auoit aſſez d'alléchemẽs pour obtenir beaucoup de celuy qu'elle eſpouſeroit. Ils ramanteuoiẽt auſſi à la Royne de Nauarre ce qu'on auoit braſſé au feu Roy ſon mary, l'an 1561. quand le Pape & les ſiens pourſuiuoiẽt de faire diuorce entre ledit Roy ſon mary & elle à cauſe de la Religiõ. Auſſi luy propoſoient ce qu'elle n'ignoroit pas l'Eſtat de la Court, & finalement l'Ire de Dieu ſi en ceſt endroit elle faiſoit choſe quelconque contre ſa gloire. Ces auertiſſemens furent enuoiez és mois de Ianuier & Feurier 1572. à l'occaſion deſquels la Royne de Nauarre eſtoit fort trauaillée en ſon Eſprit. Et quoy que quelques vns luy fiſſent les choſes fort douces & plaiſantes. Si eſt-ce qu'elle y voioit beaucoup de difficultez. Lors meſmement qu'elle confideroit à quelles gens elle auoit affaire. Toutesfois eſtant reſoluë que ce Mariage n'eſtoit illicite: elle conclud auſſi ne faire rien dont ſa conſcience fuſt bleſſée n'y l'honneur & Eſtat de ſon fils reculé. Et euiter toutes occaſions de mal; autant qu'il ſeroit poſſible: & qu'eſtant pres du Roy elle perdroit la vie pluſtoſt que de promettre quelque choſe qui fuſt côtre Dieu: lequel pouruoiroit au reſte. Qui luy fut occaſion de s'acheminer en Court pour y effectuer ce qu'elle auoit tant debattu en ſon eſprit. Meſmemẽt à la perſuaſion de Francourt ſon Chancelier & quelques autres leſquels oppiniaſtres du commencemẽt au contraire: & peu à peu eſbranlez, enfin s'affectiõnerẽt ſi fort à la concluſiõ de ce Mariage par les hautes promeſſes & vaines eſperãces dõt ils ſe laiſſerẽt apaſter: qu'ils pouſſerẽt ceſte Princeſſe à s'acheminer en Court qu'elle trouua à Bloys. Puis auoir reſolu le tout preſqu'au deſir de leurs Majeſtez: elle en part pour treuuer & preparer à Paris tout ce qu'elle jugeoit neceſſaire à l'auãcemẽt & perfectiõ du ſurplus.

La Royne de Nauarre meurt à Paris & l'ordõnance de ſa derniere volonté.

Doncques la Royne de Nauarre arriua dans Paris le quinziéme May pour y recouurer les plus beaux joyaux dont elle vouloit parer la ſolennité nuptialle de ſon fils. Mais elle n'y eut long temps ſejourné qu'auoir curieuſement recerché le plus de ſingularitez dont on ſe pouuoit auiſer: retournant ſe ſentit ſurpriſe d'vn mal qui luy fit rendre l'eſprit le dixiéme Iuin au cinquieſme de ſa maladie. Aucuns diſent que pour auoir trop pené ce jour, & s'eſtre repoſée en ſueur: vne pleureſie l'enleua de ce monde, n'ayant pour la foibleſſe de ſon corps eu la vigueur de reſiſter à la violence du mal: encores qu'elle ne fuſt aagée de quarante trois à quarante quatre ans. Pluſieurs murmuroyent qu'on luy auoit empoyſonné le cerueau, par l'odeur des gans perfumez qu'on luy preſenta. Ce neantmoins afin d'enleuer l'oppinion à chacun, on luy ouurit le coffre, & n'y fut trouuée marque de poiſon aucune. Ains ſeulement vne inflamation & mal de poumons qui luy auoit cauſé la ficure continue. Or bien qu'elle ne fuſt regrettée de tous: ſi fut elle plainte & deſirée de ceux qui la furent voir que d'vne que d'autre Religion. Le Roy meſme, la Royne Mere, ſon Excellence, le Duc d'Alençon, & leurs maiſons en chargerent le dueil par expres commandement, pour teſmoignage du grand deſplaiſir qu'ils en receuoyent. Puis le corps embaumé & mis en Cercueil, fut honorablement conduit en lieu où Henry ſon pere fut inhumé. Deuant que mourir elle fit vne longue remonſtrãce à Tignonuille Gouuernante de ſa fille Caterine, pour la luy reciter & croire le bon Conſeil du Prince ſon frere. Pour fin ſentãt ſon corps s'afoiblir, &

Teſtament de la Royne de Nauarre.

le mal redoubler fit ſon teſtamẽt le 8. Iuin. Par lequel auoir ordõné de ſa ſepulture au cõmun tõbeau de ſes Anceſtres, ſans põpe, & ſuiuant ſa Religion: cõmande à ſon fils de viure & maintenir tous ſes ſujets ſelõ icelle: eſtre auteur & loial gardien de ſa ſœur juſques à la voir mariée

à vn

avn Prince digne d'elle & de mesme profession: Tenir le Prince de Condé & le Marquis de Conty comme ses propres freres & les entretenir auec l'Amiral en toute vnion pour seruir à Dieu: l'institue son heritier vniuersel selon le contract de mariage d'entre son Pere & d'elle: & les conuentions accordées entre le Roy & elle sur le mariage de luy son fils & de Madame Marguerite. Voulant que sa sœur prenne sa legitime selon le droit escrit, & les coustumes des lieux où les biens seront assis: auec toutes ses bagues & joiaux tant siens qu'à elle engagez: ou l'argent qui reuiendra du des-engagement, pourueu que le grand Colier & le grand Ruby balay engagez en Angleterre demeurent hereditaires à la maison de Nauarre. Luy donne aussi par precipu sa bordeure d'Esmeraudes. Voulant que son fils paie les gages de trois années compris ceste cy, à tous ses Officiers & Seruiteurs. Luy recommandant sur tous de Beauuois, Francourt, & de Betune, comme Tignonuille à sa fille. Priant son Cousin le Cardinal de Bourbon, & le Conte de Coligny Amiral d'estre executeurs de ceste sienne derniere volonté.

On ne laissa pourtant de continuer le propos encommencé du Mariage du Prince de Bearn aujourd'hui Roy de Nauarre, Souuerain de Bearn, Duc de Vendosme, d'Albret, de Beaumōt, &c. Pour se preparer d'vne & d'autre part à l'acomplissement d'iceluy. Lequel fut si diligēmēt solicité que le tout fut arresté, puis executé comme vous entendrez. Quant aux Articles conclus & signez le vnziéme Auril mil cinq cens soixāte douze à Bloys, par Charles, Catherine & Ieanne: contre signez par Fizes Brulard & Pinard ils estoient tels.

Premierement ledit Seigneur Roy en faueur & contēplation dudit Mariage donnera en dot à madite Dame sa sœur la somme de 300. mil escus d'or Soleil, vallans 54. solz l'escu: & ce pour tous droits successifs paternels & maternels. Et moiennant ce, en passant le contract de Mariage sera ladite Dame les renonciations requises à sesdits droits successifs paternels & maternels au proffit dudit Sieur Roy & de ses successifs, & aians cause; & promettra les ratifier le lendemain des Nopces, & mondit Sieur le Prince promettra aussi par mesme contract de l'authoriser pour faire ladite ratificatiō. Pource que les grans & importans affaires dudit Sieur Roy, l'incōmodité du tēps, & les despences qui luy tombent sur le bras: ne peuuent permettre de faire deliurer en argent contant la somme de 300. mil escus cōme il desire: l'edit Sieur fera emploier ladite somme en achapt de rente au denier douzme sur la ville de Paris. Duquel reuenu, ladite Dame sa sœur jouïra & par ses mains: afin quelle ait meilleur moien d'entretenir honorablement comme il conuient a sa grandeur, l'Estat de sa maison. Que desdits trois cens mil escus les deux cens mil demeureront propres à la dite Dame: ses successeurs & ayans cause. Et les autres 100. mil escus sortiront nature de meubles. Et du jour que lesdits Sieur Prince & Dame seront espousez: Ils seront vnis & communs en tous biens meubles & conquests immeubles faits durant & constant leurdit mariage. La Royne Mere du Roy pour le singulier amour qu'elle porte à Madame sa fille: luy donnera la somme de deux cens mil liures tournois: laquelle sera emploiée en achapt de rēte sur la ville de Paris pour estre propre à ladite Dame, ses successeurs & aiās cause & de laquelle elle jouïra par ses mains pour l'entretenement de son Estat. Monsieur, & Monsieur le Duc donneront pareillement à madite Dame leur sœur, chacun d'eux la somme de vint-cinq mil liure, faisans ensemble la somme de cinquante mil liures. Laquelle somme sera pareillement emploiée en rente & reuenu annuel qui demeurera propre à ladite Dame & aux siens. En cas de dissolution dudit Mariage par le trespas dudit Sieur Prince: Ladite Dame suruiuant soit qu'il y ait enfans ou non: Il sera en son choix & option de se tenir à communauté du bien: ou renoncer à icelle. Et en cas de renonciation, elle demeurera franchée, & quitte de toutes dettes & ypothecques de ladite communauté: encores qu'elle se fust obligée durant ledit Mariage. Pourra neantmoins ladite Dame reprandre deux cens cinquante mil escus de trois cens mil a elle donnez par la Royne sa Mere, & les cinquante mil liures aussi à elle donnez par Messieurs ses freres & tous les autres biens qui luy pourront estre escheus & auenus durant le Mariage, par succession ou donation de ses parens & Amis: auec son doüaire & tous ses habillemens bagues & joyaux & vaisselle d'argent seruans & destinez à sa personne & à son vsage ordinaire à quelque somme qu'ils se puissent monter: Ensemble les bagues & joyaux qui luy auront esté donnez en faueur dudit Mariage par ladite Dame Royne de Nauarre, & ledit Sieur Prince. Lesquels pour obuier à l'auenir à tous troubles, seront mis en inuentaire. Le cas auenant que ladite Dame decede auant ledit Prince: & que dudit mariage n'y eust enfans: les Successeurs &

Articles du Mariage entre le Prince de Nauarre & de Madame Marguerite sœur du Roy.

ayans cauſe de ladite Dame, auront & recouureront toutes les bagues & joyaux par elle apportez & contenus en l'inuentaire qui en aura eſté fait, auec ledit Sieur Prince: pourueu qu'elle n'en euſt au parauant diſpoſé. Enſemble les deux cens mil eſcus à elle conſtituez en dot: & qui deurôt demeurer propre à elle & aux ſiens: enſemble les deniers à elle donnez tant par la Roine ſa mere que par Meſſieurs ſes Freres: & outre les autres biens immeubles qui ſeroient auenus & eſcheus à ladite Dame par ſucceſſion. Item au cas que ladite dame decede deuant ledit Sieur Prince: & que de leur Mariage y ait enfans: le Gouuernement d'iceux & aminiſtration des biens delaiſſez par ladite Dame, demeurera audit Sieur Prince juſques à ce qu'ils ſoient en aage. Sçauoir les maſles de dixhuit ans & les filles de quinze: ſans qu'il ſoit tenu d'en rendre compte: pourueu touteffois, qu'il entrtienne leſdits enfans ſelon leur qualité: Satifface & ſupporte les charges de la maiſon. Pareillement au cas que ledit Sieur Prince precedaſt ladite Dame & qu'l y ait enfans de leur mariage: elle aura l'aminiſtration & Gouuernement de leurs perſonnes & biens meubles tant qu'elle demeurera en viduité: & juſques à ce que leſdits enfans ſoient paruenus en aage: les fils de dixhuit ans & les filles de quinze. Sans que ladite Dame ſoit tenuë rendre compte ni payer aucun reliqua: pourueu auſſi qu'elle entretienne leſdits enfans, qu'elle ſoutienne & gardé les droits & ſatifface aux autres choſes de la maiſon.

Doüaire. Ledit Sieur Prince doüëra ladite Dame de quarante mil liures de rente & reuenu annuel pour en joüir par elle ſa vie durant, lors que doüaire aura lieu. Et ce ſur le Duché du Vendomois, ſes appartenances & deppandances. Et où ſe trouueroit ledit Duché ne valoir de reuenu annuel ladite ſomme de quarante mil liures: ſera fait ſuppléement juſques à la concurrance de ladite ſomme ſur le Duché de Beaumont, ou autres terres & ſeigneuries plus commodes à ladite Dame à ſon choix & option. Laquelle pouruoira à tous Offices & Benefices d'icelles Seigneuries qui lui ſeront baillées en aſſignation de ſondit doüaire: & ſi aura en icelles tout pouuoir: auec la ville & Chaſteau de Vendoſme pour ſon habitation qu'il lui meublera de tous meubles, ornemens & vſtanciles, juſques à la ſomme de trente mil liures. Sans que ladite ville & Chaſteau ainſi meublez ſoit comptée ou vienne en diminution du reuenu dudit doüaire: que pareillement la faculté de pouruoir auſdits Offices lui ſoit en rien comptée. Il eſt remis au bon vouloir de ladite Dame Roine de Nauarre & dudit Sieur Prince de donner à madite Dame en faueur de ce Mariage des bagues & joyaux de telle qualité & pour le pris qu'il leur plaira. Leſquelles bagues ainſi données en faueur dudit Mariage ſeront miſes par Inuantaire, afin que pour l'auenir il n'é puiſſe eſtre rié reuoqué en doute. Ladite Dame Roine de Nauarre en faueur dudit Mariage qui autrement ne ſe feroit: confirmera entant que beſoin ſera l'article contenu au Contract de mariage d'entre le feu Roy de Nauarre & elle: aſſauoir ledit Sieur Prince ſuccedera à tous les biens tant preſens qu'à venir: & declarera de nouueau ledit Sieur Prince ſon heritier vniuerſel au contenu dudit article. Item eſt accordé en faueur & contemplation dudit Mariage que le premier fils deſcendant deſdits Sieur Prince & Dame futurs eſpoux: ſera declaré heritier vniuerſel dudit Sieur Prince. Et ſ'il y a pluſieurs enfans, les autres auront leur legitime aux biens eſtans és païs de droit eſcrit. Et pour le regard de ceux qui ſont és païs couſtumiers: partageront comme puiſnez ſelon la couſtume des lieux. Et au cas que le premier fils ainſi declaré heritier vniuerſel: mouruſt ſans enfans: le droit d'heritier vniuerſel ſera à l'autre fils plus ainé d'aage, procrée dudit mariage: ainſi conſecutiuement de pere en fils habilles à ſucceder. Et en deffaut de maſle, à la fille ainée dudit mariage. Et auſſi conſecutiuement de fille en fille comme il eſt dit ci deſſus des maſles. Et auenant que ledit Sieur Prince ſuruefquiſt ladite Dame, & conuolaſt en ſecondes noces, n'ayant enfans maſles de ce premier mariage: mais ſeulement des filles; & qu'il y euſt enfans maſles dudit ſecond mariage: en ce cas la Seigneurie de Bearn ſera & appartiendra apres le decez dudit Sieur Prince, à la fille ainée du mariage de lui & de madite Dame au contenu des loix & couſtumes de Bearn. Et ce ſans prejudice de la legitime de ladite fille ainée és biens dudit Sieur Prince, ſituez & aſſis és pays de droit eſcrit: & de telle part & portion qui lui pourra appartenir és biens aſſis en pays couſtumier ſelon les couſtumes des lieux. Item eſt accordé, au cas que ledit Sieur Prince decede le premier, & qu'il y ait enfans de leur Mariage: & que madite Dame conuole en ſecondes noces dont elle ait pareillement enfans: les iſſus du mariage dudit Sieur Prince & elle, ſoient maſles ou femelles ou les deſcendans d'eux: ſuccederont & ſeront heritiers de la moitié de tous les biens, tant meubles que immeu-

ques vnes. Pour conclure que si les torts receus qui rendent la guerre iuste se laissent en arriere ou se dilaient plus long temps, vostre action se passera:vostre droit deuiendra tort & vostre cause legitime semblera pretexte & le point à l'apetit cautionné dont l'occasion qui se monstre vous ne la pourrés laisser sans y laisser de vostre honneur:vous ne la pouuez dilaier sans perdre le proffit de la poursuite. Et si on me dit qu'il faut plus auoir d'esgard au proffit general de la Chrestienté qu'au vostre propre, veu qu'il est au jourd'hui empesché contre le Turc : c'est encores vn des vieils coups d'escrime de ses Ancestres: qui contre tous se sont parez de la guerre des infidelles vsans sous ce beau manteau de plus d'infidellité enuers les fideles que le Turc enuers ceux qu'il tient pour infidelles, S'il est si zelateur, qu'il commence a restablir les Princes en tout ce qu'il leur retient, & vsurpe restablissant vostre Majesté en ses Patrimoines: vn Roy de Nauarre en son Royaume, autrement d'autant est il plus à hair que le Turc. Que plus est haïssable le chien qui mange l'autre, que le Loup mesmes. Ie laisse qu'oncques l'on n'oit parler que par proces qu'ait ma partie contre qui ce soit je sois tenu de differer mon action & poursuitte. Mais qu'est il besoin ores de disputer si elle se doit faire? Considerons plutost comme elle se doit conduire & entretenir. Vous sauez ja commencée Sire, & quelque mine qu'il face autant vous en sçait de gré que si vous auiez mis armées en Campagne sous vos Enseignes, & y eussiez esté en propre personne. Quand il voit que vostre Majesté à receu, fauorisé, honnoré, & gratifié le Comte Ludouic de Nausseau en sa Court & autres Seigneurs & getilshômes qu'il tiêt pour rebelles, quâd il sçait que vostre Majesté à cômuniqué auec le Seigneur de Genlis reuenu de Mons, en esperâce de retourner & mener des forces & choses encores qui passent plus outre, que peut il autre chose penser sinon que vostre Majesté luy voudroit nuire:mais qu'elle fait couuertement ce qu'ouuertement n'oseroit. L'Espagnol (Sire) n'en pense pas moins:autant vous est il ennemy pour luy auoir monstré vostre espée que pour l'en auoir battu. Autant pour auoir descouuert des signes de mauuaise volonté que pour en auoir produicts les effects:en temps & lieu ils le vous garde. Mais vostre Majesté se doit souuenir que le premier coup en vaut deux. La guerre n'est point iuste seulement, mais necessaire si l'on ne veut en auenir vne tres perilleuse:& vous declarant vous ne faictes point vn ennemy mais combattez celluy qui est desja faict. Mais pource que maint bon proces se pert quand la partie est plus forte que le droit : & que le moyen de poursuiure deffaut, je veux maintenant monstrer que la poursuitte vous est tres facile : & ce tant pour l'augmentation de vostre force depuis la paix faicte auecques luy que diminution de la sienne. La Guerre (Sire) ce fait plus par fer que par or, plus par hommes que par argent. La force des hommes consiste en ce qui est dedans le pays sous nous:& dehors sous noz alliez, & en toutes les deux vous le passez. Dedans vos pays au lieu que jadis le peuple fuioit les Armes, il les suit au lieu qu'il fermissoit: il saute au son du tambour. L'espée du Gentil-homme est aguisée du Bourgeois d'esrouillée le soc du laboureur forgé en coustau. Autant que vostre Majesté a de Bourgades autant de Garnisons & pepinieres de Soldats, & non Bisoings mais tresaguerris aiant plus veu de sieges, routes, escarmouches, surprinses en vn an des guerres ciuilles, qu'en dix : jusques là que qui obeissoit en vos guerres commande aux estrangers; & qui estoit Capitaine, a tiltre de Colonel. Et si l'on me dict que ce n'est rien d'auoir des Soldats qui ne les ha obeissans, & que les factiôs non du tout amorties y mettêt la desobeissance. Ie respôs qu'être les hômes particuliers & simples soldats n'y a point de factiô:que s'il en y a restêt entre les Chefs, & les oublierôt à vostre parole:voire mesmes à l'êdroit de l'ênemi où l'vn mettra le bout du pied, l'autre taschera à mettre le tallon côme l'on à veu à la prinse du Haure, lors vostre Majesté verra qu'elle auantage a celluy qui se sert des siens sur celuy qui se sert d'estrangers. Le sujet sert & obeit comme fils, l'estranger comme seruiteur, le serf pour sa vie & pour son honneur auec expectation de ses seruices estant à la veuë de son Maistre & Prince pour se voir de luy recompenser ou chastier. L'estranger, sert seulement pour acquerir des biens:s'il ne vous couste rien, il n'obeit qu'à demi, & ores qu'il soit de vostre solide on n'en peut jouir qu'aux coust & consentement des parties:l'or attire & le fer le repousse, l'or l'attere & la peur de mort l'en retire, & comme chacun laisse les biens pour la vie sauuer: pour ne se hazarder, l'estranger laisse la vie pour le butin qui seul l'inuite a combattre. Ie laisse que

Gg iiiij.

forces estrangeres sont tousjours supportees en vn Royaume,& que le degast d'vn païs en est trop plus grand, & tant que le Cytoien espargne le sang de son Concitoien, l'estranger espargne le sang de son ennemi plus que celle du Paysan:quoy qu'ami & confederé il soit. Dont je laisse a penser à celluy qui a veu la France non aguerrie quand la Noblesse fit teste à l'Italien, Espagnol,Allemant, Anglois & les Reitres liez ensemble:ce qu'elle feroit aujourd'hui que toute quallité de gens tout aagé,& a peine que je ne dis tout sexe, est accoustumé & experimenté aux armes. Or les Estats du Roy d'Espagne ne sont pas pour le jourd'hui ainsi: car outre que l'Espagne n'est pas si peuplée comme la France : les Gentilshommes de toute ancieneté marchent selon le contract qu'ils ont auec le Roy: n'estans tenus que deffendre le païs contre qui l'assailliroit & ne passent trop volontiers les monts Pirenées : comme ainsi soit que vostre Noblesse va cercher la guerre là où elle est fustce en la mer glacialle où en la Zone torride.Au plus grand Camp que l'Empereur ait jamais faict,ne se trouuerent oncques plus de sept mille hommes de pied Espagnols ensemble, & quelque sept ou huit cés cheuaux legers. S'il sen tire de nouueaux se feront Bisoings tels que ceux, qu'à ce grand besoing le Duc de Medinaceli a amenezdemi defaicts de la mer en Flandres. Cependant il faut que l'Espagne fournisse à tout, car estant la coustume de l'Espagnol de reduire les païs en Prouinces, & pour la deffiance,& besoin qu'il en a, & tenir par tout Citadelles Garnisons contre ses sujets il faut qu'il en ennoie és Royaumes de Naples,de Cicille & Nauarre,Barbarie & païs bas,& à Millā il en faut maintenant vn bon nombre contre le Turc & tous les ans pour les Yndes dont elles demeurent en tout bien depeuplée. Les Royaumes de Naples & Cicille & l'Estat de Millan ont affaire a fournir l'armée contre le Turc & Cicille pour estre pres de Naples a besoin de grandes Garnisons comme plusieurs autres lieux,& si l'on me dit que pour la victoire de l'an passé il n'y ait que craindre de ce costé là, vn petit coup desrobé n'a pas mis vn si fort ennemi en terre qu'il ne se puisse promptement releuer, il nous appreste la mort cependant que nous triomphons de la sienne, oncque ne se vit grand Empire qui n'ait vengé sa perte au premier jour, pour maintenir son peuple en l'obeissance craintiue, & l'ennemi en peur & outre ce que en la guerre commencée pour vn soldat ou Capitaine qu'il a perdu,les Crestiens en ont perdu deux,l'Isle de Cypre conquise sans espoir de la luy arracher, suffit bien pour paier les frais des Galleres & instrumens de nauigage qu'ils a perdus : joinct que quand il se voudroit reposer, la Ligue contraindroit le Roy d'Espagne de poursuiure la victoire apres auoir vaincu, d'vser de la victoire. Du bas païs que jadis nous a donné plus de trauaux que toute l'Espagne il peut attendre plus de domaige que de proffit. Car outre ce qu'il a perdu le cœur, & du peuple & de la Noblesse qui est en bon François plus qu'à demi auoir perdu le païs, vne bonne partie des Gentilshommes est executées ou banie les ordonnances qui môtent à 3.mil cheuaux ou six cents lances à cinq cheuaux pour lance sous la charge de quatorze Capitaines: n'en fourniroient pas mil aujourd'hui: car pour n'auoir esté paiez des trois années entieres la pluspart sont sans cheuaux & armes & le pays mal fourni de cheuaux faicts. Bref plusieurs pour fuir la sedition sont allez passer leur temps en diuers lieux,comme ez Courts de l'Empereur,& d'Italie.D'Infanterie il n'en sçauroit trop auoir:car outre ce qu'il a vinthuit places où il tient garnisons ordinaires sur les confins de vostre Majesté, il a tant de bonnes villes, dôt il craint la reuolte qu'il ne les peut pas fournir à demi. Des Yndes, j'ose dire sans crainte d'y passer mesure qu'elles fôt la foiblesse d'icelluy:Car estât que qui acquiert pays,& non force il se ruine d'autant que ce pays acquis ne luy donne point d'honneur, ains faut que l'Espagne sen depeuple pour l'en peupler, tellement qu'il luy en auient comme ceux qui acquierent par quelque faueur, vn honneur qui requiert despence & ne donne point moien d'en faire. Qu'apres maint calcul de l'aubert sont contrains de faire banqueroutte: Si l'on me dit qu'il est armé par mer,& que vostre Majesté ne l'est,& que les Gaulles en sont demi enuironnées: je l'accorde, mais il ne nous peut nuire sur la coste de la grand mer:car il n'y a que Galleres sur la mer de leuant,la coste de Languedo est forte assez,celle de Prouence bien que non fortiffiée par tout bien est elle fortiffiable à peu de frais:s'il met pied a terre,le pays est par nature & par exercice aguerry pour les r'embarrer comme il s'est veu à Marseille ou Charles le cinquiéme se heurta deux fois en bam puis courant nos costes il se deslie d'auec les Venitiens auec lesquels il est ligue contre le Turc que luy est besoigne sur les bras) Qui l'empeschera assez, voila quant aux forces interieures est il affoybly & vous grandement renforcé. Venons

mainte-

maintenant à celles de dehors qui consistent en ce qu'on peut esperer des alliez & confederez Il faut ici considerer que depuis que la France demembrée par partage, s'est rassemblée sous vn Prince: jamais l'Espagne seule quoy qu'elle aie esté reünie de mesme: ne la osé attaquer. Mais ce qu'en auons eu de dōmage a esté par les forces d'Allemagne haute & basse: ou d'Italie reünies toutes ou parties d'icelles sous l'Empereur Charles & le Roy Philipe son fils, auec l'alliance des Anglois qui ne nuisoiēt gueres moins & souuēt auec l'autorité du Pape. Tellemēt q̃ tout calculé, onques neperdismes bataille ou l'Espagnol fit le quart de l'armée ennemie. Si par force il ne vainquoit: moins par son astuce qui ce peut comprendre en vn mot, de ne dire jamais ce qu'il fait: & ne faire jamais ce qu'il dit. Ains plustost nous a tourmēté par l'astuce des malcontaus & subornez qui se retiroient vers luy, que par force & finesse subtiile qui fust en luy. Ores ne sommes nous plus ainsi. L'Anglois requis, jadis espousoit la querelle de tous nos voisins cōtre nous à telle quelle deffence. Mais la Royne Elisabeth vous est Confederée & son ennemie comme la premiere offensée. Ioint que pour l'enuie qu'elle a de Zelande pour les Anglois nouuellement descendus à Flexingh, & pour les hostilitez passées entr'eux: elle y pourra aisément condescendre. Escosse ne nous doit pas nuire pour la tresancienne Ligue qu'elle a auec nostre natiō. Et ne le voudroit pour la haine de l'inquisition d'Espagne. Et ne pourroit, Veu sa foiblesse ordinaire pour les factiōs du Roy de la Royne & des Hameltous brigās le gouuernement estranger qui s'entre-trauaillent assez eux mesmes. L'Allemagne qui le temps passé nous battoit: nous preste aujourd'huy la main & nous presente vne Ligue qui oste d'vn costé les forces de l'Espagnol & de l'autre double les nostres. L'Empereur qui est Chef de cest Empire & pour estre beaupere de tous deux, se pourra en cest endroit monstrer neutral. Et s'il se formalise pour le Roy d'Espagne ou pource qu'il est son beau filz, beaupere & Cousin germain: ou par la succession dont par le naissance de .D. Ferdinand il est joint: se sera auec peu d'effect aiant le Turc voisin en Hongrie, qui durant les trefues par ses continuelles courses luy fait peur & apres la fin d'icelles qui n'est trop loin luy sera la guerre tout à bō escient. Les Ecclesiastiques, partie pour la poureté ne luy peuuent donner aucun secours: partie pour la haine qu'ils ont à l'Espagnol. Et ceux qui ont plus depouuoir & de vouloir pour estre nos voisins & limitrofes de peur d'estre comme entre deux forests enserré entre vostre Majesté & les Protestans: n'oseront s'esbranler. Et encores que qui à de l'argent semble en pouuoir tirer des hommes: si est ce que ou peu ou tard en tireroiēt les Espagnols, si les Princes Protestans les vouloient empescher de tout leur pouuoir & autorité: laquelle ils emploieront tres-volontiers à la ruine du Roy d'Espagne leur capital ennemi s'ils se voient cōjoints auec vostre Majesté. Les Grisons & les Suisses des sept cantons sont tousjours à vostre deuotion. Et les autres qu'ils prisēt plus que tous autres en guerre: ne veullent, cōme ils parlent, vēdre leur sang: lequel ils donneront librement en ceste occasion dont deppend en partie le repos de leur Estat. En Italie le Pape est ligué auec l'Espagnol: mais estans aujourd'huy ses canons pour la plus part enclouëz & ses forces engagées en la guerre du Turc qui est vn ennemy contre qui le plus grand de toute la Chrestienté auroit bien affaire: de ses deux mains il ne vous sçauroit enquoy nuire. J'ajousteray que l'Office du Pape semble estre plus tost de se mettre entre deux combattans que se ranger auec l'vn d'eux: si au grand dommage de la Chrestienté chacun ne voioit le contraire. Les Venitiens pour les mesmes empeschemens ne nous peuuent rien faire. Et joint la Ligue qu'ils ont auec vostre Majesté: se mōstreront neutres. Et afin qu'ils ne se glorifient point de la touche qu'ils donnerent l'an passé au Turc: outre mesme que leur Seigneurie est en tel Estat pour ceste Ligue que victorieuse ou vainque elle s'abaisse tous les ans d'vn quart: ils viuent & se maintiennent par le trafic qui est en Leuant ou Ponent ou en Allemagne. Du Leuāt pour cause de la guerre ils n'apportent rien. Et pourtant n'ont que porter en Ponent tellement que d'vne mesme barriere leurs deux portes sont fermées. Ainsi la guerre desire grans fraiz: les fraiz se font par le traffique & la guerre l'empeschant n'y à moien de la maintenir longuement. Maintenant .D. Iean d'Austriche, ou pour le soupçon qu'il a de vostre Majesté: ou pour l'esperance de quelque bon succez en Barbarie, ne veut aller en leuant: en ce cas il rompt la Ligue que le Roy d'Espagne a auec les Venitiens. Dont sera bien aisé à faire la paix auec lesdits Venitiēs si mattés qu'ils ne peuuēt à la lōgue attādre de la guerre que la ruine de leur Estat & du particulier. Et faire tomber tout l'orage sur les terres de l'Espagnol. Tous les Potentats d'Italie pour vne mutuelle haine ou enuie: viuent en perpetuel-

le

le deffiance: contribuent si peu qu'ils ont de trop, conrre le Turc. Et encores qu'aucuns soient comme tributaires au Roy d'Espagne; ou pour mieux dire à ses gages: Ie ne sçay s'ils le desirent voir si grand. Et ores qu'ainsi fust, les Italiens ne s'entrebattent que volontiers à qui premier passera les Alpes. Le Duc de Sauoye est par le traité de la paix & par la nature de son Estat: enfermé de tous costez neutre: & quand il voudroit estre de la partie: seroit plus enclin à vostre Majesté qu'au Roy d'Espagne: partie pour l'alliance, & partie pour la Duché de Milan qui est trop fort & trop pres de lui. Reste a voir les moiens necessaires à la conduite de cette guerre. Les vns estiment les deniers nerfs d'vne Armée. Les autres y preferent les hommes: Comme que ce soit, l'vn & l'autre vous est à main & à plaisir. Vostre Royaume fourmille de gens qui ne demandent que, ou est-ce? Et ne fut oncques la France tant chargée d'hommes, soit pour la Caualerie, soit pour l'Infanterie: l'vne & l'autre mal disciplinée. Mais puis que nos troubles y ont amené le desordre: auec le nom, sujet & occasion de la guerre, se changea aisément la forme & conduitte d'icelle. Mesmement lors que le soldat se retreuuant loin de retraite & faueur en païs estranger: verra l'insolence de son naturel arrestée par la rigueur d'vne punition autorisée de vostre Majesté: pourueu aussi qu'il soit bien payé & satisfait en la reconoissance de son deuoir. Or la paie ne vous peut manquer pour la liberalle deuotion que tous vos sujets vous rendront: si vous les deschargez de nos mutineries demi enuieillies és entrailles de la France. Tous y contribueront plus largement, & auec plus de gayeté de cœur qu'on ne sçauroit croire. Ioint les moiens que vous auez desja prests. D'ailleurs, bonne troupe de Noblesse & autres mesmement de nostre Religion, passeront partie du temps à leurs propres fraiz. Et qui est bien à considerer: veu l'offre de plusieurs estrangers, on pourra faire la guerre en tel pays dont les naturels fourniront la plus part des moiens à vostre Armée: selon les ouuertures qu'on vous en a desja fait. Dautre part l'Infanterie ne vous montera gueres plus à payer que d'ordinaire. Tant parce qu'en temps de paix il vous en faut vn grand nombre. Et reduisant la guerre comme il faudra au païs de l'ennemi: la guerre mesme fournira le reste & payera à demi les soldats. Ie laisse que les Ecclesiastiques ne voudroient pas estre moins liberaux contre l'estranger, qu'és guerres ciuiles. Non moins volontaires enuers vostre Majesté qu'enuers vos predecesseurs qui au besoin aucunesfois ont prins la moitié, voire presque tous leurs reuenus & le fond mesme. Ie ne toucheray point aux Anates & autres droits suffisans de payer ce qui sera extraordinaire de cette Guerre. Si l'on me dit que le Roy d'Espagne ait moyen d'emprunter la Bource d'Anuers qui est tout son principal fondement: elle ne lui aidera pas beaucoup. Car par les ports de mer que tiennent les Gueux: la trafficque est nulle, & par consequent la Bource mal garnie. Les Marchans ont tant presté qu'ils en sont las: & si peu qui leur en reste pour la haine qu'ils portent à sa façon de Gouuerner: il n'est gueres à son commandement: & la ville d'Anuers est tellement endettée, qu'elle ne s'acquiteroit point pour deux millions d'or: tant qu'il faut qu'elle emprunte à 6. 8. & 12. pour cent. Les Genouois depuis la prinse de Final qui leur importe de 60000. liures tous les ans de perte: ne sont plus si affectionnez à lui. D'ailleurs ne peut il esperer. Et partant estant vostre Majesté plus forte que lui en gens de guerre & égalle en finance: n'y a doute que la guerre ne vous soit facile à entretenir. Or nous pouuons donc justemét & facilement faire la guerre à l'Espagnol: mais ou? Premierement ne la faut faire qu'en vn lieu: car pour auoir embrassé la guerre en plusieurs lieux tout en vn temps: nous auons ruiné toute nos entreprinses. Il n'y a meilleur qu'à la Romaine ou Turquesque, mettre toutes ses forces d'vn costé: de peur que mangeans trop ne digerions mal, & ne soions contrains de reuomir. Et ce lieu ne doit point estre l'Espagne: car c'est vn païs montagneux, auantageux pour le tenant: & où la Noblesse est forcée de se defendre, qui autrement ne bougera du pays. Pour l'Italie, il faut passer les Alpes: & chacun sçait que quoy que le pays ait esté engraissé de nostre sang & honneur: jamais les Lis n'y ont peu bien florir. Il faut (Sire) entreprendre sur le bas païs, où le peuple vous appelle: où l'occasion vous inuite: où la diuision vous ouure les portes de villes, & vous fait breche raisonnable pour donner l'assaut à tout le païs. Iustement irez vous sur les justes pretentions qu'auez sur Flandres, Artois & Henaut, ausquels la seule auersité a fait renoncer à vos predecesseurs: & en viendrez facilement à bout ayant l'ennemi loin & distrait: & vos forces & de vos alliez tout à l'entour. Pour ce faire vostre Majesté pourra traitter accord auec le Prince d'Orange qui tant par vne bonne & forte Armée qu'il a au païs: que par les cœurs du peuple en-

clins

clins à luy, côme liberateur: vous y pourra beaucoup seruir. Et sans doute ne demādera pas mieux, côsideré qu'ores qu'il prospere à son gré dedās le pays jusques à le mettre entre ses mains: il ne se peut maintenir que par vne alliance & faueur. Et apres faire la guerre comme amy du pays & ennemi des ennemys du pays. Vangeur de la tirānie & restituteur de la liberté. Car pour bien côquerir saut cômencer par la côqueste des cœurs & le reste viēt apres tout à son aise. Et pource qu'il sera besoin entretenir comme és premieres guerres de Piedmont, vne seure discipline: Et par consequent bien paier le soldat, afin qu'estant payé il ne pille : Et s'il pille n'ait dequoy se plaindre d'estre puny: Mettre vne bonne & suffisante armée tout à vn coup, pour faire grosse guerre & courte. Et non de petis camps comme jadis car si elle dure, la traffique saut, le païs se ruine, le peuple s'attiedit & se rend prompt à se reuolter. Assaillir le cœur du pays, & non frontieres qui est la vieille escrime, dont les coups ne portent que sur les bras & sur les jambes. Car ainsi couppez vous la racine des nerfz, desquels deppend tout le mouuement. Et n'y aura danger qu'elles couppent les viures, car vous sentant suffisamment fort pour les deliurer: elles ne le voudront le faire. Et ores qu'elles le voudroient ne pourront partie pour estre petites places capables de peu de gens, & partie pour la mer qui vous en dōnera assez, laquelle vous sera ouuerte par tout. Defier le Chef du païs en bataille, par le siege de quelque ville Capitale, riche & foible comme Bruges. Et s'il fuit le choc il ne fuit la perte car le prenant d'assaut ou par composition, vous y gangneres beaucoup d'autre & il y pert toute la sienne. Et s'il se veut hazarder il hazarde tout succez & le jouē en vn coup de dez. Apres l'auoir prinse pour inuiter les autres: si c'est par accord, rendre la liberté: restituer les immunitez: augmenter les priuilleges: & diminuer les exactions. Si c'est par assaut, monstrer exemple de rigueur en la personne non du peuple mais de quelques Chefz hays du peuple mesme. Ne faheurter point en vne petite place forte ou le gain est petit & la perte grande, quand ne seroit que du temps. Mais en lieu dont la surprinse acquiert reputation par tout les pays. Ce faisant les murailles tomberont en vostre main d'elles mesmes: & les portes souuriront sans y mettre la Clefz. L'aiant acquis, vostre Majesté le pourra facilement garder: non par garnisons ny citadelles, aiant l'ennemy si loing: mais comme vray Prince par les raser plus tost & les mettre és mains des villes. Et ainsi serōt les murailles gardées par les hommes qu'auries premierement acquis par vostre liberalité & debonnaireté: & non les hommes asseruis & captifs par rampars de murailles basties pour les emprisonner. Or à plaider ce proces, les despens ne passeront point le principal. Car s'il y à de l'honneur, vostre Majesté y aura du proffit en quoy vous mettrez vostre ennemi fort loin. Et luy osterez le moien de regarder sur vostre Court. Vous euiterez la despence de garnisons: aiant pour frontiere ou lisiere le Brabant. Ou si les Brabançons vous eslizent: la Meuze bien remparée ou remparable de tous costez: & leurs priuilleges veullent qu'au cas qu'aucuns d'iceux soit rompu ils soient absous du serment presté à leur Prince & en liberté de se donner à qui ils veulent. Et plus commode de Princes ne peuuent auoir qu'vn Roy de France pour la raison qu'il n'est ores de discourir. En somme vous acquerez vn païs auquel n'auez prouince qui se puisse comparer en grandeur, beauté, richesses, peuples villes & commoditez tant de mer que de terre & dont sans fouller personne vous pourrez chacun an tirer vn million d'or. L'Allement vous redoutera si puissant voysin. L'Anglois vous respectera, ne se pouuant commodément passer du commerce auec le pays bas. Autant en fera le Danois & le Suede. Vostre peuple s'en enrichira pareillement. L'Espagnol comme en estant loin de terre sans esperance d'y reuenir & forclos de mer y aura perdu le plus beau. Et vous (Sire) qui aures auec l'honneur immortel receu le proffit incroiable de telle victoire: serez à l'auenir si crainct de vos contraires: tant cheri & honoré de vos amis & alliez que vostre bon heur vous tracera assez tost le chemin pour estre le plus grand Monarque de la Crestienté. Ce que le Roy prenoit de si bonne part qu'on l'eust jugé jouyr desja du moins en expectatiue de tout ce qui luy estoit proposé. Et si affectionnoit tellement qu'vn jour de delay lui sembloit dix ans entiers: jusques là qu'il ne se plaignoit que des tēporisemens d'aucuns. Surquoy l'Amiral se conformant à ses hemeurs : pour luy complaire dauantage ; l'asseuroit outre ce que sans doute en matiere de guerre les delays & remises sont fort dangereuses: & outre les incommoditez dont nous auons parlé ailleurs, il disoit qu'on deuoit bien craindre que les intelligences ne se perdissent par telles longueurs, & que les personnes praticquées ne manquassent de cœur au besoin: ou fussent gangnez par l'ennemy ou changeassēt

Delays & temporisemans nuisēt

d'auis

d'auis pensant pour ses longueurs que les moiens ne fussent si prests ne si beaux qu'on leur à fait entendre. Pour ces raisons on pourroit perdre des occasions belles & fort auantageuses à faire choses de grande importances pour tout le Royaume. Surce comme sa Majesté luy eust dit que ce n'estoit assez de conceuoir choses hautaines: qu'il faut estre bien asseuré de ses moiens pour y ateindre: luy demanda quels hommes il y voudroit employer. A ce l'Amiral l'asseure de trois mil Gentilshommes. Et comme le Roy luy eust aussi nommé quelques vns des Catholiques qu'il delibereroit employer: il demande les noms des principaux de ceux que l'Amiral luy auoit nommé pour les conoistre mieux:&le pria d'en faire vne liste pour la luy donner. Ce qu'il fit: puis luy dit qu'il dressast les compagnies & donast les commissions à tels qu'il auiseroit tant de pied que de cheual: commande à ses Thresoriers luy deliurer l'argent qui lui faudra employer sans toutesfois l'astreindre à y mettre la cause de la deliurance des deniers: & qu'vn mandement signé du Roy à la descharge du Thresorier y suffisoit. Puis escriuit à Monducet son Agét vers le Duc d'Alue qu'il tirast de prison & fauorisast le plus qu'il pourroit en son nom tous ceux qui de la desfaite de Ienlis se treuueroient és mains des Espagnols. Ce qu'il fit en partie. Somme qu'il protestoit vouloir faire la guerre à jeu descouuert.

Povr retourner à l'entreprinse de Flandres: les Confederez y voiant le Roy fort affectionné, ne pouuoient penser que le tout ne se portast bien: occasion qu'vn chacun des Chefz faisoit estat d'y employer la plus part de ses moiens, voians que tout y estoit si bien auancé. Apres mesmement auoir sceu qu'on auoit ja partagé le païs bas: le Roy prenant pour soy ce qui estoit outre Hollande, Zelande & Frise qui demeuroient par acort au Prince d'Orenge au secours duquel il promettoit enuoier l'Amiral auec vne forte armée. Attandant laquelle Strossi & le Baron de la Garde furent depeschez pour dresser armée de Galleres & vaisseaux rons sur la coste de Bretaigne: aux fins d'empescher que l'armée que l'Espagnol pourroit enuoier en Flandres ne peut descédre & prejudicier aux troupes de l'Amiral. Ce fut lors que les Protestás cómécerét le jeua descouuert,& se haster plustost q le jour des intelligéces ne portoit: tant pour la crainte que leurs menées ne fussent descouuertes & deuancées par l'énemi veu ces lógueurs de Court: que pour y embarrasser le Roy: ou du moins luy oster toutes matieres & occasions de remises: L'Amiral auoit ja enuoié nombre de Gentilshommes & Capitaines au païs bas:& les autres sur les frontieres n'attendoient que le jour de l'execution & plusieurs d'autre costé pour effectuer leur commission: qui auoient tous tant de cheual que de pied le rendevous en la Picardie à vne journée de Paris. Alors le Comte Ludouic, la Noüe, Ienlis, & quelques autres partent de Paris pour l'execution de leurs entreprises: ausquelles deuant que venir je suis d'auis pour mieux vous donner le tout à entendre: de vous representer l'Estat du Prince d'Orenge & du pays bas. Ce qui me fera reprendre la matiere de plus haut.

Ie vous ay autresfois fait conoistre le vrai motif & malheureux progrez des troubles de Fládres. Vous y auez veu la próte resolutió &les moiés qu'őt eu à se maintenir, ceux qui s'oserent oposer aux desseins du duc d'Alue & de son armée. Ie vous y ay aussi fait voir la poure issue de l'asseurance que le Cóte d'Aigueműt & ses semblables prenoient de leur merite, plus que de leur deuoir: attádans les effects d'vne bien contraire humeur Espagnolle qui par vne mort hóteuse leur fit seruir d'exéple à tous ceux qui trop simples ou mal séfez ne se defiet de ceux, le party desquels ils ont offécé. Ie ne vous ay teu non plus combien de fois les Cófederez Flamás se sont armez: quel heur & malheur les à voulu acompagner: combien de fois ils ont pratiqué les diuers euenemens d'vne guerre incertaine. Somme vous sçauez l'heureuse poursuitte que l'Espagnol fit en terre ferme sur les troupes du Prince d'Orenge, Comte Ludouic & autres Seigneurs, contraints en fin de quiter la Flandre pour reffugier tantost en Allemagne, ores en France & maintenant ailleurs où l'espoir d'vn gratieux recueil les pouuoit conduire. Leur dernier coup, fut l'an mil cinq cens soixante neuf, que se retreuuans en Flandres assistez d'vne troupe de Germains qu'à pié qu'à cheual: Ils choisirent pour le plus expedient de laisser leur païs & s'aller joindre aux François qui par l'aueu du Prince de Condé & sous la charge de Ienlis, Moruilliers & autres dressoyent forme d'Armée en Picardie pour se reallier à leurs freres qui les attendoyent en Poitou: plustost que de tenter derechef le hazard d'vne guerre au païs où l'Espagnol auoit plus d'auantage qu'eux: esperans les affaires Françoises reduittes à tel parti qu'ils se fantasioiét: retourner enséble pour plus heureusemét abatre les cornes à l'Espagnol, triomphant de leurs despouilles. Leur deliberation toutesfois ne pouuant reüscir (comme il

Entreprise sur le pays bas.

Discours des affaires de Flandres.

me il n'y a rien plus incertain que l'euenemẽt du deſſein de l'homme) Au moien de quelques differents qui ſuruindrent entre les Chefs Allemans: ils dreſſerent la teſte de leur armée vers Allemagne: ou paruenus pluſieurs Collonelz donnerent les noms au Duc des deux Ponts qui dreſſoit vne armée pour les Confederez François. Ie vous ay par ſemblable fait entendre comme quand & en quel lieu ces deux armées Françoiſes & Germaine (non les deux Generaux qui moururent premier que ſe voir en meſme armée & preſque meſme mois) ſe joindrent po uruenir au ſiege de Poitiers & la bataille de Montcontour: vn peu deuant laquelle le Prince d'Orenge laiſſant ſes deux freres en France fut ſolicité par les Proteſtans François de retourner en Allemagne praticquer nouueau ſecours: veu la longue ſuitte que la peſte de ces guerres de France, ſembloit trainer à ceux qui conſideroient les affaires de plus pres: aians eſgard que quant elles finiroient pluſtoſt, ſe feroit autant de preparatif ja dreſſé pour les guerres de Flandres, auſquelles les Chefz & principaux Capitaines François luy promectoient toute aſſiſtance. Ioint qu'ils eſperoient que ſi le Roy condeſcendoit de bonne vogle à vne Paix ſeure: luy perſuader entreprendre ou du moins conniuer à la conqueſte de Flandres: tant pour la facilité de l'entrepriſe, veu les moiens qu'ils auoient d'vn & d'autre coſté: qu'eu eſgard au grand auantage qui en viendroit à la Couronne. Mais les guerres de France eurent long traict: & ces moiens furent petis, à faire brûler gens de guerre qui ne marchẽt qu'auec la croix & la baniere.

Ainſi paſſa l'an 1569. 1570. & 1571. a mandier auec peu de fruit le ſecours des Allemans: auec leſquels il demeura juſques en l'an 1572. qu'aiant receu moiens de France & Allemagne (comme je viens de dire) il dreſſa ſix mille Reitres & nombre de Lanſquenets auec leſquels il entreprit de redeſcendre au païs bas: En meſme temps que le Comte Ludouic, Amiral & autres ſolliciroient fort le Roy à cette conqueſte. L'Eſtat en fut dreſſé: le païs meſme diuiſé qui deuoit eſtre au Roy, & qui au Prince, cas auenant de la conqueſte paiſible. Deſſein qui reüſſit auſſi mal que celui de Lois 11. qui vouloit diuiſer les biens de Charles dernier Duc de Bourgongne auec l'Empereur Maximilian: lequel reſpondit plaiſamment à ſes Ambaſſadeurs apres leur auoir fait le diſcours des deux côpagnos Allemans, qui pour auoir le ſoupper franc de leur hoſte: lui auoiẽt vẽdu la peau de l'ours qui gaſtoit tout le païs deuant que l'auoir tué: a uiſons (dit-il) premierement a gagner vne bataille ſur lui & a conquerir ſon païs paiſible: puis nous le partagerons en ſeureté & à loiſir. Ayant touteſfois le Roy Charles preſté l'oreille & conſenti à toutes les ouuertures des Confederez: ſembloit ne treuuer rien plus beau ni plus auantageux à la fleur de Lys. De fait il fournit argent à la praticque, aux intelligences & à la conduite des troupes: il permit leuer hommes en ſon Royaume: Et à l'Amiral & autres Chefs d'y aller. Commanda aux Gouuerneurs des Frontieres fauoriſer en tout ce qu'ils pourroient l'entrepriſe du Comte Ludouic. Si bien qu'aprochant le jour prefix à l'execution de pluſieurs ſecrettes praticques dreſſées par le Comte Ludouic & autres ſur maintes places du païs: & auoir fait ſes preparatifs comme il peut: prit congé du Roy aſſez ſecrettement & auec peu de gens entre au païs pour ſurprendre Mons, capitale de Haynaud, & Valenciens: s'aſſeurãt que les autres Chefs feroient leur deuoir ſur le reſte des places eſquelles ils auoient entretenu juſques là leur intelligences. Faiſant eſtat qu'aiant toutes ces places à deuotion: il pourroit en peu de temps dreſſer forme d'Armée au moien des François qui marcheroient à ſon ſecours; & de pluſieurs fuitifs Flamens & Vallons: Leſquels crainte de l'Eſpagnol ne viuoient qu'au plus obſcur des bois & Foreſts de ce païs: occaſion qu'ils en ont eſté ſurnommez Bouguillions. Auec ce joints à l'Armée que ſon frere auoit: il faiſoit eſtat d'eſtre le plus fort à la campagne. Et en fin l'Eſpagnol chaſſé du païs, & chacun remis en ſa naturelle liberté: s'aſſeuroit d'aiſément effectuer la promeſſe faite au Roy de France.

Or pour mieux vous faire voir les moiens deſquels ils ſe ſont ſeruis tant pour leuer hômes & argent: que ſoutenir les frais de la guerre laquelle je vous veux repreſenter: me ſemble expedient vous faire premierement entendre l'Eſtat auquel le Duc d'Alue aiant chaſſé le Prince d'Orenge l'an mil cinq cens ſoixante huit, comme je vous ay autreſfois diſcouru: policeoit tout le païs bas pour l'entretenir en la ſujection de ſon Maiſtre. Afin qu'auoir veu puis apres ce qui eſt auenu de bien & de mal à l'vn & l'autre (ce que je vous deduiray en peu de paroles) vous puiſſiez mieux juger lequel des deux eſt a imiter, comme celui qui a ſceu donner meilleur parti à ſes affaires. Car c'eſt fort peu que de ſe contenter du plaiſir qu'on prend à la lecture des hiſtoires: jeunes & vieux, bons & mauuais, doctes & ignorans ont cela de comun par-

Prince d'Orenge cerche ſecours de tous coſtez.

Deſſeins des Cõfederez ſur la Flandre & autres païs bas ſujets au Roy Catholique.

Deſſeins des Confederez pour la Flandre.

Ordre & reglement du Duc d'Alue au païs bas.

enſemble

ensemble. Mais le principal deuoir est a remarquer les accidens qu'on y voit tracez pour les accommoder à son particulier : & à l'Estat du païs auquel vn chacun se treuue esleué. Le Duc d'Alue voyant le Prince d'Orenge & ses Freres chassez en France, & tous les ennemis du Roy hors le païs: delibera n'aiant plus affaire de si grandes forces, en licencier la plus part: mesmement les Reistres & Lansquenets fors quelques Regimés qu'il mit à Anuers. Puis il diuisa le reste des troupes desquelles il se vouloit seruir: comme Espagnols & Vvallons és villes & places de consequence par tout le pays bas : selon qu'il en preuoioit le besoin. Pour entretenir tant de Compagnées, fournir aux reparations & fortifications des places, erections des Citadelles appointement de plusieurs Chefs estrangers tant de pied que de cheual pour les auoir tousjours prests & asseurez à vn besoin, & suuenir à mill' autres expediens que la guerre traine de necessité apres elle: ne lui suffisoit le reuenu ordinaire du païs pour estre fort diminué : au moien que plus du tiers des habitans, dés le commencement des guerres & peu à peu quiterent le bas païs mesmement la Flandre, Brabant, Artois & Hainaut: les plus riches quartiers de tout ce qui est venu au Roy Phillipe par l'alliance de la toison d'or auec les tours de Castille. Ioint que le plus asseuré du reuenu ordinaire & extraordinaire vient du traffic de marchandise: laquelle presque seule entretient & nourrit tous ces pays. Il treuuoit aussi les deniers trop cours que son Maistre lui enuoioit auec les Besoings dont il a plusieurs fois accru son Armée. Il fallut donc de necessité qu'il imposast nouuelles taxes & exactions non encores ouyes sur ceux qui auoient jusques la vescu plus à leurs aises, que mal contens du gouuernement Espagnol. C'est ce qui lui donna occasion d'imposer le vintiéme de tout le bien d'vn chacun puis le dixiéme & autres fort extremes & rigoureuses leuées, veu les pertes du passé & la calamité en laquelle les guerres precedentes auoient reduit tout le pays. Le vintiéme fut leué en plusieurs endroits sans contradiction qui peut autrement alterer l'Estat du pays. Mais quand on entendit leuer le dixiéme, & qu'aucuns des principaux eurent consideré & donné a entendre aux communes la consequence de ces nouuelletez : le peuple qui pour les guerres se voioit priué de la plus part des commoditez de son traffic : y resista si viuement, qu'apres auoir veu le Duc d'Alue reiterer les mandemens de son Prince: & prester la main plus animeusement que jamais à l'execution du tout : se formaliza de sorte contre lui & ses Officiers, que sil n'eust moderé cette rigueur, la chose ne se fust passée si doucement qu'elle fit. Plusieurs villes neantmoins ja irritées de ces nouuelles & si estranges exactions non moins que de l'insolence des soldats que le Duc enuoioit de ça de là en garnisons : & des Citadelles qu'il faisoit esleuer és places de la foy desquelles il se doutoit le plus : presta tres-volontiers l'ouye & le cœur à ceux que le Prince d'Orenge & Comte Ludouic, cependant, enuoioient de toutes parts, pour proffiter en si belle occasion : & faire retirer de l'obeissance Espagnolle le plus de places qu'ils pourroient : pour grande que feust la diligence de l'Espagnol à la garde de ses

<small>Bresle & autres places d'Holande se rendent au Prince d'Orenge.</small>

places. Aucunes toutesfois furent surprises aux premiers traits d'vn si notable changement. Comme Bresle par le Comte de la Marche dit de Lumes lequel chassé par le Duc d'Alue a-

<small>Comte de la Marche.</small>

uec plusieurs autres des terres sujetes au Roy d'Espagne, & s'estat retiré en Angleterre, fut contraint de s'en aller pource que les Anglois disoient à la Roine qu'il empeschoit par les courses que ses vaisseaux faisoient sur mer : le traffic du pays. Et parce forcé de se jetter en mer auec le plus de Nauires qu'il peut pour courre ça & là au dommage de l'Espagnol & Portugais : se jetta dedans Bresle auec peu de soldats sur le poinct du jour: & leur fit faire le serment au Prince d'Orenge contre l'espoir du Duc d'Alue qui n'y auoit voulu enuoyer garnison : se fiant en leurs promesses de ne se retirer jamais de la sujection du Roy : comme le Comte de Bossu l'auoit asseuré à leur requeste. Puis quelques autres places firent le semblable : comm' en tout changement d'Estat ceux qui sont les premiers au remuëment des choses nouuelles, ne sont jamais seuls: Ains se voient ordinairement secondez & tiercez de plusieurs autres qui aiment mieux apreuuer par telle assistance l'entreprise des plus hardis au hazard de leur vie & de tout ce qu'ils ont de plus cher sous l'espoir d'vn meilleur changement pour eux : qu'auec peu de perte & en asseurance de ce qu'ils ont le plus precieux en ce monde : viure à la discretion de

<small>Villes d'Holande & Zelande se rendent au Prince d'Orége.</small>

ceux qu'ils haient comme ennemis de leur propre vie. Ainsi plusieurs villes du pays bas renoncerent à l'obeissance Espagnolle, mesmement celles d'Hollade, Zelande & autres Isles voesines: lesquelles comme plus eslognées du Duc d'Alue & ses Officiers, en craignoiet moins la puissance: pour se voir assistez des partisans du Prince d'Orenge duquel la presence & promesse

LIVRE VINTSEPTIEME.

meſſe d'vn prompt ſecours:en fit declarer tel qui n'euſſent autrement oſé côtreuenir aux mandemens du Duc: nomméement celles de Zelande comme Fleſſinghe, Canfer & autres places le mouuement deſquelles pour auoir porté conſequence à tout le païs voire à toute la mer voeſine, jay deliberé vous declarer par le menu premier que paſſer outre. Ioint que l'ordre du temps me côute à ce faire, pource qu'elles ont eſté des premieres à quereller & debattre l'impoſition du 10. Car afin qu'aucun n'eſtime des occaſions des guerres de tout ce païs autrement que la verité porte: Il faut s'aſſeurer qu'il n'y a eu aucune cauſe de Religion en ce fait n'en principal n'en conſequence: Ains ſeulement ſe ſont eſleuez pour vne cauſe Politique ſçauoir eſt vn pur & ſeul meſcontentement des tribus & impoſitions que les Eſpagnols mettoient de jour à autre ſur le peuple nommémét le 10. auquel ils ſe ſont oppoſez afin que la continuatió ne donnant matiere aux Eſpagnols de faire pis & croiſtre de plus en plus leur auarice (côme ils diſoient) inſatiable: telle licence ne gangnaſt ſi auant qu'auoir leué toute la greſſe du poure peuple: ils ne laiſſaſſent le païs en friche & deſpourueu de toute humanité. Vrai eſt que la haine que tout le païs bas porte naturellemét de lôgue main à l'Eſpagnol: Ioint l'extreme rigueur de ces portemens: ont eſté côme cauſes conſequutiues qui ont fait encores plus opiniatrer les Flamens au principal.

La Religion n'eſt cauſe de la guerre qui ſe fait aujourd'hui au païs bas & Iſles prochaines.

Impoſitions cauſe du remuement de Holande & Zelande.

Ie vous ay dit q̃ les principaux moiés du Duc d'Alue à remettre le païs bas en ſon premier de uoir: eſtoiét l'eſtabliſſemét des garniſós, l'erectió des Citadelles & l'impoſitió des Tribus: d'autãt q̃ par le dernier il les affoibliſſoit tellemét q̃ quãdbié ils euſſent reſolu ſ'eſleuer ils ſe voioiét deſnuez de moiens pour luy faire la guerre. Mais ores qu'il ne ſ'eſt treuué place depuis que le Prince ſortit du païs 1567. qui luy aie eſté deuotieuſe: en laquelle il aie pratiqué ces 3. points: pluſieurs d'icelles neantmoins prindrét occaſion de ſ'en plaindre & venger. Le Duc le preuoioit bien, & crainte de pis enuoia garniſon en quelques villes côme en Mildebourg principalle de Zelande, & Magazin de la traite de tous les vins qui de France & d'ailleurs vont en tous ces païs. Il en vouloit faire autant à Fleſſinghe qui eſt côme la clef de ceſte Iſle: meſme y auoit enuoié ſon ingenieux Paciot qui y auoit ja tracé le plan d'vne Citadelle de forme preſque ſemblable à celle d'Anuers. Mais forcé de ſe retirer au Duc pour autres occurrences: L'œuure demeura imparfaite. Dont creuſt & augméta merueilleuſemét le deſdain conceu tant de tel chaſtie-villain (ainſi appellét ils telles forterres qu'ô dreſſent pour manier à baguette & en toute liberté le ſimple peuple) que pour les impoſitiôs dont je vous ay parlé: Tellemét qu'il ne leur falloit qu'vne bien petite occaſion à faire eſleuer perſonnes ſi aigries & animées. Auint que le Duc non content de tenir en bride la premiere place de l'Iſle & autres qui lui ſembloiét d'importance: pour acheuer l'œuure encômencée depeſcha Pacieco auec nombre de ſoldats deſtinez pour la garniſon de Fleſſinghe. Ioint que le Duc craignant qu'à l'exemple de Breſle & autres places, Fleſſingues veu l'aſſiete & cômodité du lieu, ne fiſt entrepriſe pour la liberté (à la quelle les autres l'inuitoiét; leſquelles auoient ja gagné quelques vns des principaux de la ville:) ſ'eſtre ja par ſecrettes menées aſſeuré des portes, Artillerie, poudres, Armes, lieux publics & autres choſes qu'il eſtimoit neceſſaires à ſon deſſein: enuoya ce Chef auec nombre de Soldats pour garniſon qu'il vouloit aſſeurer par l'erection de la Citadelle qu'il y auoit ja deſtiné ſelon le plan que Pacieco ſon ingenieux en auoit jeté ſur le coſté de la porte qui tourne à Rameguin. Mais le malheur vouluſt pour eux, que le meſme jour de ſon arriuée qui fut le ſixiéme Apuril feſte de Paſques, le Curé parochial nômé Brodchner qui auoit eſté abreué de telle entrepriſe conuertit le Texte de ſon Proſne & exortation, en vn auertiſſement qu'il fit au peuple pour ſe donner garde de la conſpiration que les Eſpagnols auoient faite pour ſe ſaiſir de la ville, & punir tous ceux qu'ils eſtimoyent contraires à leurs deſſeins. Deſquels meſmes ils portoyent les noms & ſurnoms par eſcrit. Et au reſte faire des habitans à leur plaiſir & volonté. Voyci quel fut le commencement de la reuolte de FLESSINGHE. Les Mareſchaux & Fourriers des conpagnies entrez en ville auec Pacieco & nombre d'autres pour ordonner des cartiers & logis de leurs troupes: irriterent ſi fort deux ou trois des habitans qui ſe diſoyent plus preſſez que d'autres & que leurs moyens ne portoyent: que ſ'eſtans faſchez auec les Eſpagnols & auoir dit qu'ils ne receuroient tant de Soldats à leurs maiſons: les autres perſiſtans au contraire: en fin de parolles vindrent aux mains: eſquelles les habitans n'ayans le meilleur: ſe mirent à fuir & crier par les ruës qu'on les vouloit ſaccager, qu'on les vouloit tuer & que la Garniſon n'y venoit que pour ruiner du tout les habitans.

Fleſſinghe de Zelande.

6. Apuril, 1572.

Fleſſinghe chaſſe la garniſon de l'Eſpagnol.

L'HISTOIRE DE FRANCE.

Ce bruit ne fut si tost porté par les Cantons, & sur tout au Temple Parochial où la plus part du peuple estoit assemblé pour ouïr le presche du Curé, qui rendit aussi tost ces plaintes pitoiables à tous les assistans: que tous ne coururent aux maisons pour se mettre en armes & se retreuuer à la garde des Cantons, où s'animans les vns les autres, en fin d'vne mesme chaude furent saisir tous les Espagnols & Pacieco le premier. Ce fut lors que tous crierent qu'on fist mourir le fils de ce Duc Tiran (ainsi l'appelloient) pensans que ce fut son fils. Tellement que Pacieco prins fut aussi tost mené en prison estroite. Surquoy sa suite qui ne fesoit que jetter les ancres preste à descēdre & prendre terre: jugea au port & façon de faire du peuple que les premiers estoient descouuerts: occasion que ne prenant le loisir de leuer les ancres & tirer au Cabestan: couperent les cables pour se mettre à la voille & se retirer d'où ils estoient partis, raconter si piteuse nouuelle au Duc d'Alue qui s'en contrista fort: Nommément de la prise de ses gens pour la rançon desquels il offroit tout ce qu'ils eussent voulu en deniers ou autre richesse. Mais ce peuple commandé de collere n'y peust prester l'oreille: Car ils les firēt cruellement mourir, puis trancher les testes & les esleuer sur les murailles en spectacle à tous Espagnols. Et sur ce enuoierent en Allemagne au Prince d'Orenge. Et en France au Comte Ludouic les recercher de conseil & secours en tel besoin: sachans bien que l'Espagnol ne lairoit ce traict impuni s'il y peuuoit quelque chose. Depuis le Duc pensa par plusieurs fois aux moiens qu'il pourroit auoir de la regagner soit par force soit par ruze & finesse d'esprit: jusques à aprouuer l'entreprise de ceux qui luy conseilloient d'equiper nombre de Nauires que grans que petis chargez de soldats aiās la liurée des Gueux, & pour Pauillōs desfeler sur les hunes semblables Bannieres, Pauillons & Enseignes à celle qu'on disoit que le Comte Ludouic porteroit quand il y arriueroit. Car le bruit couroit entre eux qu'il y deuoit arriuer bien tost auec nombre de Nauires au secours de tout le païs. Mais ceste feinte descouuerte par vn Gentilhomme François qui enuoia auertir ceux de Flessinghe du tout: demeura sans effect. Canfer (où estoit l'Arcenac & Magasin de l'Artillerie poudres, balles, harnois & autres munitions de guerre de toutes les Isles) suiuit bien tost l'exēple de Flessinghe. Plusieurs mesmes des habitans de Mildebourg auoient dés le commencement accordé auec les habitās de Flessinghe de se mettre tous à vn mesme jour en liberté: & chasser tous ceux qui se voudroient opiniatrer à suiure le cōmandemēt Espagnol. Mais Beauuois fils de Barlemont Gouuerneur de la ville, tant pour leur rōpre coup: que pour essaier de remettre Flessinghe en sō premier deuoir: y alla au pluftost qu'il peut: vsant de toutes les raisons & moiēs qu'il peust subtiliser vers ces habitās afin d'obuier aux incōueniēs de la guerre: & cōsequemment de l'etiere ruine de ce païs en cas qu'ils persistassēt en leur premiere opiniō. Mais il les trouua si fermes & resolus d'executer leur desseins que lui mesme detenu cōme prisonier fut en fin forcé pour eschapper leurs mains de cōniuer à telles entreprises: & parler plus aigremēt que tous de l'insolēce & desbordemens des Espagnols: notamment és portemēs du Duc d'Alue contre lequel il promit faire reuolter Mildebourg, & luy faire à l'auenir la guerre à feu & à sang d'vn mutuel accord auec eux aussi tost qu'ils l'auroiēt laissé retourner à Mildebourg. En somme il habla si biē: que leur aiant fait croire partie de ce qu'il voullut: eut congé de se retirer à Mildebourg sous l'espoir & asseurance qu'il donnoit de ce nouueau changement. Mais venu prit les armes pour la deffēce de la ville contre les Gueux: la fortifiant & au reste commençant à dresser tous les preparatifs qu'il peut pour la rendre sujecte à son premier Maistre: auec le Chasteau de Ramequin, Ermue, Tregous & places circonuoisines qui ne s'estoient encor fait conoistre partisans des Gueux. Contre les desseins desquels le Duc d'Alue auerti de tout ce que dessus luy enuoia gens, argent, & toutes autres prouisions qu'il estimoit necessaires non seullement à maintenir ses places en leur deuotion premiere: mais à regagner tout ce qui gauchoit à ses mandemens: premier que les Gueux eussent jetté fondemens assez suffisans de la guerre qu'il preuoioit miserable à tout le pays. Voyla les occasions, voyla les desseins du changement auenu en Holande, Zelande & quartiers prochains: pour lesquels mieux & plus particulierement vous faire conoistre: je vous veux representer comme en vne carte premierement le sit & naturel du païs, auec l'humeur & suffisance de ceux qui le cultiuent: Puis viendray à particulariser chacun lieu & place plus remarquable tant d'Holande que de Zelande. Ce faisant je masseure que les moies dont les deux ennemis ont vsé soit par terre soit par mer à bien assaillir & bien deffendre chacune place: vous y seront si au vifs exprimez: que vous n'y desirerez non plus que si vous y eussiez esté en personne. Et ceux qui y auront assisté, se les representeront comme si les attaques duroient encor.

Canfer se rend au Prince d'Orēge.

Beauuois veut regagner Flessinghe.

Mildebourg

Dissimulation notable pour eschaper des mains ennemies.

Apres

Apres la prise de Bresle & Flessinghe: le Duc d'Alue voulut mettre garnison par le païs. Pource il enuoia à Encusen dix compagnies d'Espagnols lesquels passans par Roterodam furent refusez: dont Indigné le Comte de Bossu fit tant que par accord fait entres les habitans (qui tous en Holande & Zelande se maintenoiët francs de garnisons) & les Chefs: que dix soldats entreroient a la fois par la porte my ouuerte attendant le reste jusques à ce que ces dix fussent hors & sans meche. Mais les dix premiers au lieu de passer outre s'arresterent en la porte & en firent entrer d'autres: dont les habitans indignez murmurerent & peu à peu s'eschauffans en tuerent cinq oú six. Dequoy sachez les Espagnols entrerent par force pesle mesle & tuerent 4. où cinq des principaux auec plus de cent des autres plus aparens. Ainsi passerent laissans quelques vns pour garnison jusques à Encuse qui les refusa. Si bien que les habitâs se portans plus opiniatres à la deffence de leurs Preuileges pour la rigueur dont ils auoient traicté ceux de Roterodam qu'ils n'eussent peut estre fait autrement: apres plusieurs allées & venuës par l'intercession de quelques vns: on leur fit grace d'exemption: aians les principaux au nom de tous juré; de ne partir de l'obeissance du Roy Philippe: & de ne contreuenir à ses commandemens. Ce qui fut practiqué és autres villes pour n'irriter dauantage le païs qui sembloit auoir quelque enuie de se sousleuer à la faueur de quelque nouueau changement. Ioint que le Duc ne se voioit tant de forces qu'il eust assez de compagnies pour distribuer en tous les endroits, lesquels il eust bien voulu tenir en deuoir par la crainte de ses troupes. Mesmes en aucuns quartiers il monstra vouloir soulager le peuple entant que son deuoir & la necessité du temps le permettoit. Comme au pays bas, Malines auoit long temps souffert la grande compagnie (ainsi s'appelloit pour estre la mieux fournie) de Dom Pietre laquelle y auoit vsé de tels excés que les habitans n'en pouuans plus souffrir l'insolence: importunerent le Parlement d'en moienner la sortie vers le Duc d'Alue: ce qu'il fit: mais voiant l'Estat de ses affaires se changer en plusieurs lieux: delibera d'y remettre garnison: Et de fait il fit marcher quelques soldats dont vn Doyen de la Confrairie des Ferronniers auerty par vn François: aussi tost assembla la communauté en laquelle toutes choses debatues à l'accoustumée fut resolu de prendre les armes & se maintenir libres. La ville se dit franche & non sujette ne enclauée d'aucun pays comme Grumiche en Frise, Salins en la Franche Comté & telles autres villes. Les Estendars ne demeurerent long temps à estre desploiez & fichez és lieux publicqs. Car cóme vous auez gangné vne de ces principalles Confrairies: elle gangne aisemêt toutes les autres à son parti. Les armes prinses, estônerent fort ceux du Parlement qui est la premiere & plus notable Court de tous les pays bas: & nommément ceux qu'on disoit fauoriser tels desseins Espagnols. Voire qu'en fin (comme le peuple s'esbranle peu à peu & trop tost s'eslance à tout ce qu'on luy propose en sa fureur) ils deliberent de les tuer & l'eussent faict sans l'autorité de ceux qu'ils estimoyent fauorables au menu peuple. Lesquels les auoir asseuré que le Duc leur otroyeroit tout ce qu'ils demanderoyent: poserent les armes & retornerent à leurs mestiers sans y demeurer long temps neantmoins: Car incitez par quelques vns qui leur apportoyent nouueaux auertissements: se remirent en place & resolus de maintenir la ville contre l'Espagnol: refuserent les Garnisons & firent auec le Prince d'Orenge que quelques centaines de gens de pied y entrerent pour la deffence. Lumes y entra auec nombres de Fantassins qui la tint comme je vous diray ailleurs.

Encores que le pays pour estre tel que dessus soit deffensable à peu de gens contre plusieurs: Si est-ce que les habitans non naturels ne stilez à la guerre: & ayans affaire à vne nation des plus guerrieres de ce temps pour la fanterie: furent conseillez de se regler selon les auis & mandemens du Prince d'Orenge, qui leur enuoya Gentilshommes & quelques Capitaines pour conduire leurs affaires selon que le temps & l'occasion se presenteroit. Despescherent quelques Chefs en France & Angleterre pour leuer auec argent le plus de Soldats qu'ils pourroyent: treuuer nommément harquebuziers François dont l'Amiral (sur les promesses duquel le Prince d'Orenge se reposoit pour la plus part) auoit fait promesses. De fait de Crets qui en ce temps vint en France, eut asseurance d'vne bonne troupe d'harquebuziers: & les auoir fait embarquer à Diepe comme ils estoyent la plus part Normans: en mena quelque nombre à Flessinghe où l'Amiral enuoya aussi Gilliers ingenieux, pour esleuer en deffence les places du pays qui n'estoient fortifiées que de terrasses & petites tranchées, en-

May,
1572.

cores si mal conduites qu'auec peu d'effort les Espagnols les eussent peu enleuer d'vn premier assaut. Les autres alerent treuuer le Prince en Holande qui se tenoit à Delph. Lesquels il employa comme vous entendrez vne autre fois. Ce qui se fit neantmoins au desceu du Roy: Et contre le vouloir de plusieurs Catholiques qui en auertirent sa Majesté. Lequel n'y voulut rien ordonner pour lors de contraire au moyen de la faueur qu'il portoit aux Prince de Nauarre & autres Chefs Protestans. Par mesme moyen quelques Chefs Anglois pratiquez par les enuoiez du Prince d'Orenge, leuerent & firent marcher à diuerses fois iusques à quinze cens Anglois presque tous Picquiers fors peu d'harquebuziers, desquels meslez auec quelques François ils faisoient la pointe de leurs charges. Semblablement les Marchans du pays sçachans la faueur que le Conseil de la Royne portoit aux Gueux: esguillonnez aussi du desir de gangner en ce pays: portoient le plus de viures & autres marchandises dont ils pourruoioient l'ennemy de l'Espagnol: le tout par coniuence de la Royne, laquelle ne se voulant declarer ennemie du Roy Phillippe: souffroit que ses sujets (pour n'empescher disoit elle les moiens de les enrichir) portassent telle faueur qu'ils pourroient aux Gueux & partisans du Prince d'Orenge: Comme à la verité plusieurs qui en leur cœur viuent encor à la Romaine dedans Angleterre: accommodoient de victuailles & marchandises le Duc d'Alue & ses Soldats, plus secrettement neantmoins que les autres qui sont tousiours allez tout à descouuert en Holande, Zelande, & autres Isles prochaines: iusques en May 1573. Que le Roy Phillippe & la Roine d'Angleterre s'accorderent de laisser traffiquer leurs sujets reciproquement en tout le pays bas & Royaume d'Angleterre & Irlande comme je diray ailleurs. Ainsi auec le cœur & animosité mutuelle, croissoient peu à peu les moiens des Ostregueux és quartiers plus esloignez du Duc d'Alue par les menées du Prince d'Orenge & secrettes intelligences de ses Confederez: Quand le Prince d'Orenge & Comte Ludouicq portez de la faueur du Roy Charles 9: Et de l'assistance des Protestans François, entreprindrent tout à vn coup sur la Flandres & autres endroicts du pays bas comme je vous veux faire entendre. Et pource que leurs desseins s'adresserent à Mons & Vallenciennes plus ouuertement & mieux à propos que sur autres places: Ie vous veux faire conoistre que c'est de ceste place.

Mons Capitale de Hainaut s'estend sur le pied de la Montagne qu'elle encerne de tous costez. Laquelle s'esleuät au milieu de la ville, porte le Chasteau du Comte du pays: assez fort & treuué suffisant pour estre l'Arcenac & Magazin des armes, pieces, poudres, boulets, & autres munitiös de guerre: voire le tresor des deniers que reçoit le Roy Philippe de tout le pays. La ville est ceinte d'assez bonnes murailles, estoffées de pierre grise, pourueuës de tours bien persées pour flancs & deffences de leurs courtines. Les fossez au reste larges & creux remplis de l'eau de la petite Riuiere qui y passe. Et bien que ceste ville ne soit frontiere: l'on n'a laissé pourtät de la biē fortiffier: l'asseurät de 4. gros Bouleuerds reuestus de pierre grise & pourueus de bas & larges fossez. Du costé de la France elle a vne plaine & grande Campagne. Laquelle aprochant de Mons finist en prairie pour le pasturage dont les habitans accommodent leurs haras. Car le lieu est fort gras & fertille en herbage, pour le voisinage de la Riuiere laquelle retenuë, inonde tous ces quartiers. A l'oposite vers Bruxelle, ce ne sont que bois & bocages entrecoupez. La ville est accómodée de l'eau d'vne fötaine laquelle y sourd outre le cours de la Riuiere: laquelle se joint aux cours de la Haine qui fait porter son nom à tout le pays. Outre ce elle à 2. beaux Estancs qui croissent des sources & petis coulãs d'eau qu'ö y voit en bö nóbre.

Le Comte Ludouic sachät la place telle, & fournie de riches habitans: la jugea meriter d'estre marchädée: Et pource y auoit entretenu son intelligēce auec quelques habitäs: si bien qu'aussi tost qu'il sceut l'étreprise de Bapaumes faillie par l'vn de ses cöpagnons: craingnät que les autres places perdissēt cœur: & que l'Espagnol à cest' alarme soubsönät ce qui estoit au reste des places, ne pouruet à tout: Sur le cömencemēt de May part de Paris assés secrettemēt & accöpagné de peu d'hômes. Car il auoit enuoié deuant 30. hommes que Capitaines que Soldats à Mons faignās de passer outre pour se mettre à la solde de l'Espagnol: cötre le Prince & son frere. Lequel au semblable se hastant sur l'asseurance que Ienlis auec nöbre de cheuaux & 3. compagnies d'harquebuziers si treuueroit le lendemain à la Diane, y entré: Mais il n'y treuua son intelligence tant asseurée qu'il se promettoit. Car de trois cens qui luy auoient juré: deux seuls se declarerent. Anthoine Oliuier Peintre qui depuis a fait la guerre sur la mer & vn autre. Ne laisse pour cela toutesfois d'assembler le peuple, auquel il promist affranchissement de la

tirannie

Les Protestans François & la Royne d'Angleterre aident aux Flamens contre l'Espagnol.

Accord entre l'Espagnol & l'Anglois pour le traffic.

Mons & sa situation.

Entreprise sur Mons par le Comte Ludouic.

tirannie Espagnolle par vn recouurement de leur ancienne liberté: sans oublier à leur desduire les moyens qu'il auoit praticqué tant en France qu'en Allemagne & Angleterre en faueur de tout le pays bas, & pour le maintenir en repos & liberté asseurée: sans plus rien payer au Duc d'Alue. Les habitans neantmoins qui se fioyent plus en leur nombre, prouisions & force de leur place: qu'ils ne craignoyent la force de l'Espagnol qui ne les auoit beaucoup inquietez jusques là: respondirent resoluëment qu'ils s'estoyent bien maintenus sans rien payer & qu'ayans esté doucement traitez par le Duc, ils ne delibereroyent se rendre compagnons de la misere d'auttuy. Partant qu'il se retirast: autrement que sans le respect de sa maison & de ses vertus: ils seroyent en fin contraints de faire chose qui ne luy plairoit gueres. Somme qu'apres plusieurs tels deuis & responces plus animées que parauant: aussi que le Comte sentoit le peuple bransler & s'esmouuoir peu a peu: force luy fut de prendre party de retraite la plus lente & paresseuse qu'ils peuuoit neantmoins: laissant deux Capitaines en queuë auec les harquebuziers. Comme les premiers fussent eslongnez de la ville d'vn quart de lieuë, ils descouurent vne troupe de cheuaux & grosse pouciere en l'aër. Soudain ils crient Ienlis, & à ce mot le plus prompt de tous suiuy de quelques autres, retourne criant dedans dedans: & s'auance si heureusement droict à vne autre porte (voyant celle par laquelle ils estoyent sortis ja fermée) qu'il fait jetter son cheual les deux pieds deuant sur le pont qu'on hauçoit desja: lequel abatu par le lans & pesanteur de ces deux corps, les harquebuziers acourans, eurent assez de loisir d'y entrer. Lors faisans le nombre du secours plus grand: Le peuple qui ja prenoit les armes fut peu à peu estonné, voyant l'entrée & resolus prepartifs de ces estrangers. Somme que le Comte se saisist des Clefs de la maison de ville. Fut au Chasteau, dressa les compagnies: ordonna des corps de gardes: puis voyant le nombre de cinq à six cens hommes n'estre suffizant contre dix mil qu'ils peuuoient estre d'habitans: enuoya prier la Nouë (qui le vintneusiéme du mesme mois entré en Vallenciennes auoit ja reserré par trenchées, soixāte harquebusiers Espagnols dans la Citadelle qu'il esperoit prendre en peu de jours) d'y amener ses forces, & pouruoir à sa place comme il verroit les moyens. Il laissa Fauas Gentil-homme du pays pour la garde des trenchées auec les habitans qui promirent faire merueilles: Mais aussi tost qu'il fust party, deux compagnies y furent enuoyées par l'Euesque de Cambray: lesquelles surprenans auec les Espagnols sortis du fort, la garde des trenchées & de là donnans en la ville en tuerent plus de trois cens, & presque autant d'estouffez qui trauailloyent à qui plustost sortiroit des portes. Le Comte treuua dedans Mons d'armes, Artillerie, poudres & autres munitions de guerre, ce qui luy en falloit: auec grand nombre de deniers. Et donnerent soixante mil liures d'intrade les Receueurs du Roy, a ce contraints par le Comte sans les thresors qui descouuroyent de jour en jour momméement celuy de Viglius President du Parlement du païs, renommé Iurisconsulte & des plus suffisans de sa robbe. Payet eust la charge de la police & du gouuernement en l'absēce du Côte. Rouuray fut esleu Colonel de l'Infanterie. Bernardiere Sergent Major. Et la Meausse grand Maistre de l'artillerie. Il y auoit 8. compagnies d'harquequziers presque tous François qui s'y alloient rendre de jour à autre & quelques Vallons. Il auoit deux compagnies de Corselets (on les veut appeller aujourd'hui hōmes d'armes qui ne meritent estre esgallez aux cheuaux legers de nos peres). Ils faisoient force rondes & patrouilles jour & nuict pour la crainte de tant d'habitans, qui furent traitez doucemēt neantmoins & les Prestres mesmes suiuant la promesse du Comte. On desarma les habitans fors ceux qui s'enrollerēt & firent 3. Enseignes cōmandées par Capitaines François desquelles vne estoit mōtée qu'on nōmoit des Carabins. Au reste on n'y treuua pas grans viures pource qu'elle n'est frontiere & que les habitans ne se doutoient d'aucuns ennemis. Le peu qui y fut trouué fust encor assez mal mesnagé: pource que le Comte n'estimoit voir l'ennemi si pres: Ains s'aller treuuer aussi tost que son frere seroit passé la Meuse.

Le Duc cependāt crainte de pis, delibera d'obuier le plustost qu'il pourroit a ce que tels cōmencemēs ne trainassent vne plus longue queuë de miseres apres eux. Pource enuoia par tout auertir tous ses Chefs de se tenir prests au premier mandement. Et tant pour asseurer Mildebourg & autres places de Zelande: que pour enleuer Flessinghe des mains des habitans premier que secours y allast: fit sortir d'Anuers nombre d'Artillerie auec leurs munitions pour assieger la place veu l'importance d'icelle: tant pource que c'est la Clef de l'Isle & propre pour estre bien fortifiée: que pource qu'elle peut empescher que Mildebourg & autres

Mons pris par les Confederez.

Valenciennes prise par la Nouë & quitee pour aller à Mós.

Ordre que donna le Comte Ludouic à Mōs à Viglius Iurisōn.

Ordre que donne le Duc d'Alue au pays bas contre les Cōfederez. Flessinghe & l'importance d'icelle.

places de Zelande ne reçoiuent aucunes prouisions: d'autant qu'elle est situee à l'embouchement de l'Escaut par lequel tous viures descendent en l'Isle comme je vous ay representé par la carte. Il pouruoioit de mesme main à Mildebourg d'hommes & de viures pour quelques tẽps & pareillement à l'Isle de Tregous voësine de Zelande y enuoiât hommes & prouisions: comme à beaucoup d'autres places. Mais trauaillant en ce deuoir: les Orengez ne se diligentoient moins pour asseurer leurs places & nouuelles cõquestes. Car de Crez & autres menerẽt plus de cinq cens harquebuziers François en Flessinghe, & aussi tost les Anglois y entrerẽt en plus grand nombre: gens ramassez à la desrobée & hors l'aueu du Roy Charles. Vray est que la Royne d'Angleterre bien qu'elle n'autorisast & ne donnast les Commissions aux Capitaines Anglois pour leuer leurs gens: conniuans neantmoins à telles entreprises elle & son Conseil: estoiẽt bien aises que par telle occasiõ ses suiets s'adextrissent & s'habituassent à la guerre qu'ils n'auoient de long temps praticquée: Le Prince d'Orenge fit aussi venir les Lansequenets & enuoia en Escosse leuer le plus de Soldats qu'on pourroit: pendant qu'il dressoit son Armée en Allemagne pour descendre au pays bas: deliberé d'y joindre son frere & les troupes Françoises: lesquelles suiuant l'auis qu'il en auoit de Mondoucet Agent pres le Duc d'Alue pour le Roy: se deuoyent bien tost auancer pour l'execution de la Conqueste de tout le reste de Flandres: aussi tost que toutes les forces des Confederez seroient joinctes. Le Duc d'Alue au semblable qui auoit gens en la Court de France lesquels luy mandoient tout: se prepara au mieux de son possible à rendre tous ces efforts vains, ou du moins y faire son pouuoir. Pource il auoit ja enuoyé haster Fryderich de Brunsuich & autres Chefs Allemans afin qu'ils se diligentassent d'amener leurs troupes pour mieux faire teste aux Germains du Prince: Ainsi de tous costez on dressoit les preparatifs d'vne grosse & sanglante guerre.

Desseins & preparatifs des Confederez pour assujetir le pays bas.

Le Prince d'Orenge à secours de France d'Angleterre Escosse & Allemagne

Mildebourg ataqué par ceux de Flessinghe.

Avssi tost que les estrangers furent arriuez à Flessinghe: le cœur creut aux habitans & à tous les autres du pays, iusques a sortir hors, mettre le feu à la porte de Mildebourg, tirer nombre de Canonnades contre & se preparer pour y entrer: Mais les assiegez auoir bien gabionné & muny le dedans, y rendirent tous leurs efforts vains & fallut qu'ils se retirassent au bruit de la venuë du secours Espagnol qu'ils mettoyent peine d'incommoder neantmoins en toutes sortes. Si bien que tant pour mieux continuer au dommage de l'Espagnol: que pour treuuer moyens suffisans à la solde de tant de Soldats & autres frais de ceste guerre: Ils delibererent de se jetter aux champs pour gangner le plus de places qu'ils pourroyent: & auec ce prendre & dresser grand nombre de Vaisseaux pour faire la guerre sur mer. Et empescher non seullement les viures & autres secours de venir à Mildebourg qu'ils desiroyent prendre pour estre Maistres de l'Isle: Mais aussi que le Roy d'Espagne ne peut enuoyer par mer hommes, argent, marchandises n'y autres choses à son Armée que tout ne passast par leurs mains. Cela resolu fut presque aussi tost executé. Car ils jetterent pres de trois mille Soldats aux champs & dresserent en peu de temps plus de cent cinquante Nauires de toutes sortes. Non pourtant si tost, que le Duc lequel je vous ay dict se preparer à tous inconueniens: n'eust ja enuoyé bon nombre de Soldats & quantité de viures & autres prouisions dedans Mildebourg à l'instante requeste de Beauuois Gouuerneur de la place: lequel ne bastant à tenir la Campagne, donnoit ordre que du moins le dedans fut bien asseuré si le dehors estoit à la deuotiõ de ses ennemis. Les nouueaux venus voulans profiter de l'occasiõ & recõpenser la perte du passé: sortent pour reconoistre & endõmager à leur possible les Soldats qui de jour à autre arriuoient à Flessinghe. Pres de la ville y a vn Chasteau nommé Saubourg, gardé par deux cens Vallons. Pour gangner la place, les Espagnols s'enbusquerent dedans la Cense prochaine attendans l'occasion de surprendre le Chasteau: la garnison duquel sort. Mais les Catholiques les chargerẽt si brusquemẽt qu'ils leur firent tourner dos: les poursuiuant si chaudement qu'ils entrerent quasi pesle mesle eux dedans la place. Si bien que apres quelques volées de Canon ils prindrent parti de quiter la place & se retirer à Flessinghe s'excusans de n'auoir assez tenu, sur la faute de poudres & autres prouisions. A ceste nouuelle les habitans bien effraiez sortent auec ceux de Canfer. Mais receus à belles harquebuzades Espagnolles qu'ils n'auoient encor pratiquées: furent bien tost contraints de retourner: puis y employerent les Estrangers lesquels ne se faisans prier de sortir, se jettent aux champs droit à Saubourg. Mais ils le trouuerent si bien pouruu & la Cense mesme où ils se vouloyent camper pour les affamer, si bien gardée par leurs retranchemens (desquels ils l'auoyent desja

Preparatifs de ceux de Flessinghe tant par mer que par terre & les exploits de leur armées

Saubourg pris par les Espagnols puis quité.

renfermée

renfermée auec le Chasteau) qu'ils jugerent peine perduë de plus y sejourner. Ainsi la troupe Espaguolle dōnoit de jour à autre le passe-temps de l'escarmouche à ceux de Flessinghe qui sortoient sur eux pour contenter les habitans merueilleusement fachez d'vne si prochaine prise. Mais en fin croissant le nombre d'estrangers & le cœur d'aller batre la place du Canon qu'ils auoient à Canfer, Arsenal des munitions du Roy d'Espagne: diminuant d'ailleurs les viures de ceux de Santour qui n'en peuuoient que fort incōmodement estre secourus par Mildebourg: Ils le quitterent pour se retirer à la Capitale qu'ils delibéroient tenir à l'extremité auec le Chasteau de Ramequin où petit nombre d'Espagnols s'estoient fortifiez. Si que les estrāgers joints auec ceux du païs se voians pres de trois mil Soldats Maistres de l'Isle (fors de Mildebourg) se resolurent descendre en la grand terre: voir si les villes voudroient branfler à la faueur de celles qui les premieres s'estoient declarées pour la Confederation. Comme de fait aucunes auoient deliberé d'en augmenter le nombre. Le Prince d'Orenge auoit enuoié Serras pour y commander dés lors qu'ils se furent declarez & qu'ils demanderent secours au Conte de la Marche qui tenoit la Bresle. Lequel aiant vne compagnie de François pour sa garde: apresta l'occasion aux Anglois de s'en fascher. Ioint la faute de paie à quinze florins par mois qui commençoit desja a mancquer pource que le païs n'auoit encor donné ordre de faire vn fons de deniers, affin de pouruoir à toutes occurrences, du moins les plus necessaires. Comme de petit feu naist vn grand embrasement si la matiere n'en est destournée: les Anglois vindrent tumultuairement au logis du Gouuerneur en intention (disoient la plus part des estrangers:) de se rendre maistres de la place si la compagnée des François saisis de leurs armes ne les eussent adoucy. En fin neantmoins pour les contenter fallut leur donner argent. Puis les François prenans exemple sur eux en cela: voulurent aussi estre paiez. Sans doute le General est bien habille s'il peut se seruir de grand nombre d'estrangers plus fors que ses naturels, sans les bien paier: En quoy me semble que de toutes les graces qui sont necessaires à ces Chefs: l'autorité & bonne reputation du passé y est des plus necessaires: Pourueu que les autres graces comme vaillance, liberalité, discretion en toutes choses & telles autres faueurs du Ciel viennent apres. Vous verrez comme se porta cestui-cy en sa charge pour le succez de l'entreprise qu'il fit tant en terre ferme qu'à Tregous & ailleurs. Aians donc les Confederez de Zelande trois mille estrangers de secours auec nombre de Flamens & Vallons, entreprindrent de descendre en terre sous la charge de Serras: laissant le Baily de Flessinghe pour y gouuerner. De Crez fut Colonel des bandes Françoises, desquelles ils laisserent deux compagnées pour la garde de la place. Gilbert Morgan, Breinston & quelques autres commandoient à neuf enseignes d'Anglois. Leurs desseins estoit de s'asseurer d'vn bon nombre de villes du païs bas; aucunes desquelles leur estoient allé faire entendre que tout le pays branloit à leur deuotion. Et que les principalles ouuriroient les portes aussi tost qu'elles verroiēt les forces, armes & banieres de tant d'estrangers. Faisans Estat au surplus que les places munies & croissans de jour à autre de nombre d'hommes qui ne demandoient qu'où est-ce: Ils tiendroient aisément la Campagne pour incommoder l'Espagnol & se joindre au Conte Ludouic s'il auoit affaire d'eux. Descendus par la Riuiere prirent Ausbourg grand village, Ecloy, puis Ardembourg où quelques Bourgeois de Bruges l'vne des principalles de Flandres furent treuuer Serras, l'auertir du bon vouloir que la plus part des habitans auoient pour se rendre partissans du Prince. Surquoy furent renuoiez pour inciter le reste à se declarer & ouurir les portes de la ville. Les Bourgeois retournez treuuerent plusieurs de leur humeur. Mais ils vouloient premierement auiser aux moiens qu'il falloit tenir à la redition d'vne telle place. Pource esleurēt pour le plus expediēt de faire le tout auec l'authorité publicque, par vne generalle resolution de tous où de la plus part des habitans: lesquels à cest effect seroient assemblez en Conseil publicq. Ainsi se faisans voir lens & peu resolus, les choses tirerent en longueur. Si que ceux qui fauorisoient le Duc, Espagnols, Italiēs, & autres Flamens, auertis de ceste menée & de l'armée si voesine: eurent assés de loisir de s'assembler, d'euoier par deuers eux, leur remōstrer les incōueniēs qu'ils se preparoiēt pour jamais à leur posterité & à toute la ville. Qu'en tous cas il valloit mieux fermer les portes aux vns & autres: se porter neutres, & ne desplaire non plus que profiter à aucun des 2. partis. Serras cependant qui les bras croisez attēdoit nouuelles de leur volonté: voiant que les choses prenoiēt vn si lōg trait, & impatiēt de plus lōgue demeure sās entrepredre autre chose, quite la place & s'achemine à Gand Capitale de Flādres: Les habitās de laquelle auertis de sa

Les Anglois se mutinent à Flessinghe

General d'vne armée, son deuoir & les parties qui luy sont necessaires.

Les Confederez de Flessinghe descedent à la grand Terre.

L'HISTOIRE DE FRANCE.

Iuin Iuillet 1572.

Bruges & Gand refusent les Cōfederez.

venuë & de ce qui estoit resolu à Bruges ja cōtraire à son parti: luy refuze les portes & mettēt toute peine par nōbre de soldats qu'ils firent sortir d'incōmoder ses troupes, qui ne firent autre chose qu'escarmoucher les Gantois. Quoy voiant Serras craignant que s'il donnoit plus auant en terre, les autres places à l'exemple de ses principalles ne se declarassent ennemies, & leurs forces jointes ne lui vinssent trēcher le passage de sa retraitte: quitta le dessein d'aller joindre le Comte Ludouic & retourna ses troupes par où il les auoit amenées saines & entieres. Serras

Tregous sommé par les Confederez.

esperant estre plus heureux vers Tregous où il pensoit auoir de bonnes & seures intelligences y conduit ses forces. Et pource qu'il falloit passer par vne bourgade premier que descouurir la ville: il enuoia sur le soir nombre de François harquebuziers pour gangner ceste auenuë: lesquels surprenans de diligence six ou sept Espagnols qui en diuers endroits faisoient les sentinelles, les tuerent sur le champ. Et sauançans sur le reste dedans le bourg auec les Anglois (qui à leur mode se voians pres de joindre l'ennemy menent le plus grand bruit d'armes & de voix qu'ils peuuent) rompent & effraient tellement deux cens autres soldats qui estoient ordonnez pour la garde de la place: qu'ils n'eurent qu'à saisir leur rosty & autres preparatifs de souper pour se retirer bien hastiuement à Tregous sous la faueur des tenebres de la nuit: auertir leur gens de la venuë des Confederes: lesquels sans autre effort se contenterent de sommer la ville de se rendre auec asseurance de bon traitement. Mais comme ils n'en tinssent compte, Serras veu le peu d'effect de sa pratique fit auancer deux pieces de Campagne qu'il y auoit fait mener: & les plaçans vis à vis de la premiere porte en battit quelque temps l'vne des tours desquelles les assiegez tiroient grand nombre d'arquebuzades & mousquets qu'ils auoient pour toutes pieces dont ils blesserent plusieurs Confederez. Comme ils se refroidissent toutesfois peu à peu de tirer Serras fit aprocher ses gens jusques aux fossez: estimant que son intelligence luy aporteroit quelque bon heur. Y auoir neantmoins attendu long temps sans profit & voiant qu'il n'auoit pieces pour faire breche: retira ses troupes à deux lieuës derriere. Ce qui encouragea les tenans pour sortir sur la queuë auec peu de fruict neantmoins. Puis au

Flessinghe ferme les portes à ses Confederez estrangers.

bruit semé de la venuë de cinq cens soldats sortis d'Anuers & d'autres deux cens de Bergues que menoit le fils du Duc: fit estat de ramener ses gens à Flessinghe qui luy ferma les portes l'acusant de trahison pource qu'il n'auoit fait autre chose deuant Bruges, Gand, & Tregous. Les intelligences desquels ils croioient si asseurées qu'on n'y pouuoit faillir: comme plusieurs jugent des entreprinses d'autruy à l'euenement plus qu'a la conduite & possibilité d'icelles. La plus part de ces troupes notamment les François, furent contraints loger à Soutlan grand bourg qu'ils trancherent & accommoderent soudain pour s'y couurir des attaques de l'Espagnol qui n'en estoit gueres esloigné. De fait ceux de Mildebourg Tregous & cartiers voisins, s'assemblerent peu apres: & à vne diane se ruerent si viuement sur eux: qu'apres vne grande deffence & decez de plus de cinquante François & Anglois: fallut en fin ceder à la vio-

Attaque furieuse à Soutlan des Espagnols sur les Confederez.

lence des poursuiuans: lesquels reprenans la charge des premiers & ja lassez: gangnerent jusques au milieu du bourg s'animans les vns les autres pour acheuer le demeurant qui estoit fort esbranlé, sans vne piece de campagne, laquelle tirée droit à eux, les effaroucha de sorte que les plus eschauffez commencerent à se refroidir: lors mesmement qu'aucuns Diepois encourageans leurs soldats sortirent des barrieres pour donner à coup perdu parmi les Espagnols & furent tellement suiuis que s'encourageans les François & Anglois comme à l'enuy: & suiuant l'exemple de leur Chefz: force fut à l'Espagnol de desmordre, & se retirer au grand pas si chaudement poursuiuis toutesfois qu'vne troupe qui s'estoit retirée en vne grange fut soudain grillée sans mercy: & plusieurs des autres bien blessez qui ne se pouuoient si soudainemēt retirer: ils y perdirent 150. hommes & les François le Capitaine Riuiere fort regretté de tous: en haine dequoy tous ceux que les Anglois & Flamens prenoient ne rechapoient jamais du gibet: pource aussi que les Espagnols en auoient pendu des leurs. Ce fait les Anglois delibererent de reuoir l'Angleterre & quiter le païs. Dont Serras indigné força la plus part de dōner leurs cheuaux pour mener l'artillerie qu'ils vouloiēt laisser: fit brusler les tentes & partie de la bourgade. Ainsi l'armée mal menée & sans retraite vaguoiēt les vns de ça les autres de là par 15 jours en grande cherté de viures qu'on leur denioit. Iusques à ce que les habitās de Flessinghe sachans q̃ les Frāçois de la garnisō en auoiēt tiré la nuit par sus les murailles bon nōbre: laisserēt entrer le reste crainte de mutinerie. Pour laquelle euiter on remit sus vne autre ētreprise sur Tregous pour l'auoir de force ou de famine. Ils y menerēt 9. Canōs de baterie pris à Flessinghe

l'Isle

LIVRE VINTSEPTIEME. 53.

L'Isle qu'on nôme vulgairement Tregous s'appelle Beulan plus grande que Zelande eslongnée d'elle de 2. lieuës: elle est sur la Riuiere qu'on nôme   dont viennent à Anuers & autres villes du païs bas les commoditez du vin, blé, chairs, beurre, lait, froumage, bieres, & autres choses que portent les Isles vœsines. Elle approuisionne le païs prochain de blés & pasturages: les eaux mesmes y sont bonnes: Mais Zelande departie en l'Isle de Mildebourg, Tregous & Serixé n'a Riuiere n'y Fontaine n'y Puits, fors vn à Mildebourg: n'y eau douce: ains seulement Citernes où l'eau du Ciel se garde vn mois. Au reste la ville est size en païs Marescageux: ses murailles sont assez bonnes d'estoffe mais mal flanquées & percées: les portes poures & mal accommodées, les fossés petis où les habitans n'auoient que deux compagnies l'vne d'Espagnols l'autre de Flamens & pour toute Artillerie deux Mousquets. Ils se resolurēt neantmoins de tenir encor vne fois sous l'asseurance du secours que le Duc leur auoit promis. Les Confederez gagnerent incontinent les faux-bourgs: où ils s'accommoderent: puis departirent les cartiers à chacune Nation: & firent les aproches de l'Artillerie qu'ils diuiserent en deux pour batre en diuers endroits: resolus de faire vne breche à la porte de la teste, & l'autre du costé des Flamens qui est à l'autre porte oposite: & ce d'autant plus aisément qu'aucun ne faisoit contenance de sortir pour leur debatre la venuë. Les breches furent tost faites. Celle pres la porte de la Teste auoit vintcinq pas d'estēdue où nombre de François & Anglois tous la chemise sur le dos & en plein minuit furent viuement chatouilez par les harquebuzades & coups de picques des assiegez, cependant que de Crez fournissoir l'escalade à la porte: mais pource que les eschelles n'auoir esté bien mesurées furent trop courtes & qu'on tint bon à la breche. l'assaut ne sortit aucun effet que de coups sur les plus eschauffez: mesmes ne firent aucun deuoir à l'autre breche, pource qu'elle ne fut jugée raisonnable pour l'intermissiō de la baterie. Ce peu heureux commencement en desgouta assez & encor plus, le bruit du secours assemblé de Mildebourg, d'Anuers & autres places qui venoit en diligence: tellement que le siege leué on mist quelques troupes de François & nombre d'Anglois à la retraite: tant pour fauoriser l'embarquement des compagnies sans desordre, que pour l'Artillerie & bagage de toutes les compagnies: Iugeant le General que les François s'y porteroient mieux, non pour leur donner dauantage de courage sur les autres: mais pource qu'il les jugeoit plus naturels & mieux vsitez au combat de l'arquebus qu'autre nation. Or ce païs tout fendu & fossoié afin de faire couler l'eau de mer & de pluie dedans les Riuieres, & de là au sein de la grand mer: est de tel naturel qu'on n'y va que par bateaux ou par Digues qui sont hautes leuées de terre ez costez desquelles l'eau est fort profonde. Or, que les harquebuziers ne soiēt plus propres en lieu estroit, soustenus de nombre de Corselets & long bois: aucun tant peu soit experimenté au fait de guerre ne le peut ignorer. Auoir donc employé six sepmaines en ceste Isle: ils commencerent a basteler & faire passer les compagnies pendant que les François & Anglois fauorisoient leur embarquement: estans restés dans le faux-bourg de la ville assemblez en vn fort où ils combatoient ceux qui estoient sortis de la ville: Mais le jeu ne peut durer si long temps que besoin estoit pour les autres prests a passer: Car soit qu'ils se vissent trop rudement chargez: ou qu'ils se fachassent d'y rester si long temps les derniers: Ils desemparerent la place & faisans fuir l'Espagnol apres eux tant que les Digues les pouuoient conduire: furent occasion de la mort de plus de deux cens que d'eux que d'autres, pour le secours desquels ils estoient ordonnez: les plus heureux estoient ceux qui treuuoient bateaux prests: plusieurs desquels enfondroient pour la pensanteur de la charge: ou renuersoient s'ils se mettoiēt trop d'vn bord. Les autres se jettans en l'eau sur les oreilles aimoient mieux perdre Armes, bagages & hazarder la vie si pourement: que de se mettre à la merci de tel qui peut estre leur eust fait bonne guerre. Le Canon fut sauué mais tout le bagage perdu. Serras conducteur de ses troupes se voiant mal voulu de plusieurs qui le deshonnoroient d'intelligences auec l'ennemi: se retira au Prince duquel il auoit esté enuoié: suppliant son Excellence, veu que tout homme notamment ceux qui sont esleuez aux grades de conduite & gouuernement: ne doiuent seulement estre exemps de faute mais aussi de tout soupçon: qu'il luy fust permis de se descharger de tel improperе par le moien des Armes: affigeant & publiant par toutes les villes, que quiconque luy voudroit mettre à sus aucune chose contraire au deuoir de noble & d'hōme de biē: qu'il luy feroit paroistre le contraire par la voye de duel & combat de luy à sa personne. Autrement si aucun ne se presentoit dans tel temps qu'il luy plairoit ordonner: que tel-

Tregous assiegé pour la seconde fois.

Tregous & Zelande & le naturel du pays.

Retraite des Confederez.

Serras se veut descharger par Duel & cōbat de la mauuaise reputation qu'on luy donne.

Hh iiiij.

L'HISTOIRE DE FRANCE.

Le temps ast soupist & miage tout: voire le mauuais bruit des hommes.

le n'y autre chose ne luy fut imputée: tenu de tous à l'auenir net de telles fautes. Mais aucuns luy conseillerent de laisser manger tels bruits au cours du temps, qui effaceroit de la memoire des hommes toutes ces choses mieux que ces placars, duels, n'y autre deuoir qu'il pourroit monstrer en public. Que telles choses estoient du naturel des charognes, excremans, & telles autres choses villaines & corrompues de soy: lesquelles plus elles sont remuées & plus sentent elles: rendans tousjours plus mauuaise odeur que si on les laissoit croupir: d'autant que l'air & la challeur du Soleil en attirant tousjours peu à peu ce qui est humide de ce corps infect: ne laissent en fin que le sec priué de toute mauuaise senteur. Ioint que la plus part des Chefz l'auoient tousjours eu en bonne reputation: & disoient presque tous que les fautes qu'il auoit fait luy estoiēt auenuës par la simplesse de son naturel & faute d'experience plus que de mauuaise volonté qu'il eust à son parti. Il estoit doux, simple & si traitable qu'il accordoit tout ce

Le General d'vne armée & Gouuernement de place quel il doit estre.

qu'on vouloit, suiuant le premier auis qu'on luy donnoit: lequel il laissoit aussi tost pour en pratiquer vn autre de celuy qui plus auoit d'autorité en son endroit. Ainsi n'estant aucunement resolu, falloit qu'il se portast deuant les villes qu'il alla sommer comme vous aues entendu. Ioint qu'il n'auoit jamais commandé en guerre & moins gouuerné vn si confus & malaisé Estat que celuy de Flessinghe, au commencement qu'il se declara pour son Maistre. Comme donc eust il peu conduire trois mil soldats estrangers & si diuers d'humeur de langue & de façons de faire ? Si est ce que la plus part des Princes de ce temps ne pourroient pas autremēt à leurs affaires. Et disent presque tous qu'ils aiment mieux se fier en ces choses d'importance à leurs domestics & conus de longue main: qu'à nouueaux venus. Comme si aucun autre ne peust donner asseurance de sa foy & loiauté. Laquelle au surplus n'est pas seule partie requise à tels gens: ains y a d'autres graces aussi necessaires que celle là: toutes lesquelles manquent le plus souuent en ceux qu'on esleu à ces Grades. Les autres reconoissēt l'erreur mais ils disent pour toutes

Les grans ne se seruēt des vertueux & pourquoy.

excuses: que faute de personnages d'entendemēt, ils sont contraints se seruir de ceux qui les suiuent. Assez de galans hommes les pourroient accompagner s'ils honnoroient la vertu & les personnes qui la pratiquent selon leur merite: car tels gens ne demandent qu'estre emploiez non pour s'enrichir comme font vn tas de malotrus Capitaneaux, ains pour faire paroistre leurs graces & vertus au proffit du public. La Vertu ne hait rien plus que l'oisiueté & n'y à chose qui

Les vertueux desdaignent de courtiser les grans & pourquoy.

desplaise plus à vn cœur genereux, que de croupir és cendres, sans esclairer en si espesses tenebres de nos hommes par la viue lumiere de leurs vertus: laquelle aussi, asseurée de son merite, veut estre recerchée & honorée de tous: n'aiant rien en plus grand desdain que fureter la Court des Princes au long pourchas de ces Estats mondains, qu'on ne galope en ce temps que pour vn proffit particulier sans aucune consideration du public.

Les Anglois puis les François quitter la Zelande.

Depuis la plus part des Anglois creurent en opinion de se retirer en leur païs. Malcontens de la paie & d'autres choses: si bien qu'ils quitterent le seruice du Prince s'embarquans és vaisseaux Anglois qui aportoient le vin, la biere & autres choses dont ils accomodoient ces quartiers pour argent: & n'en demeura qu'vne compagnée. Ce qui fut occasion que l'enuie de se retirer vint assez tost aux François qu'on emploia toutesfois à quelques autres entreprises: notamment à brusler aucuns Nauires de Mildebourg qui estoient à deux lieuës de Flessinghe la plus part chargez de sel & autres hardes. La garnison de Mildebourg sortoit souuent & s'attaquoit de belles escarmouches d'vne part & d'autre ou plusieurs demeuroient tesmoins de leur

Occasion vraie de la desobeissance des soldats & generallement de la corruptiō de la discipline militaire.

vaillance. Mais c'estoit tout ce qui se faisoit pour lors en ces Isles: tellement que les deux tiers de François firent estat de se retirer de là: notamment apres la journée de Saint Bartholomy & la redition de Mons: voians qu'on les appelloit haut & clair trahistres & lasches: contraints de souffrir lors ces indignitez pour n'auoir l'auantage des forces entre leurs mains. Sans doute comme l'insolente peste de ces detestables guerres ciuiles: est tellement generalle: que les guerriers & paisibles y participans à l'egal: s'oublient egalement en leur deuoir. Il y auoit de la faute des soldats comme de ceux qui les auoient enuoiez querir: & pour le bien desquels ils hazardoient leur vie. L'occasion de tout le mal neantmoins me semble proceder des gens de guerre plus que des autres: & de la faute des Generaux plus que des Chefz particuliers & moins encor des soldats, qui en toute guerre obeiront assez, pourueu qu'on leur donne Chefs d'autorité, de cerueau & de valleur: non pas ces Capitaineaux de ce temps qui n'allans à la

Capitaneaux de ce temps.

guerre que pour picorer: donnent toute liberté au soldat pour auoir part au butin. Les autres ores que liberaux, sont de si bas lieu, de vie si ville & abjecte: que mesprisez par les soldats

qui

LIVRE VINTSEPTIEME. 54.

qui les conoiſſent de veuë ou de renom : faut de neceſſité qu'ils leur donnent meſme licence que l'auaricieux pour eſtre ſuiuis : autrement il ſeroit toſt Capitaine ſans gens. La faute ne vient non plus ou du moins entiere, de ces Capitaineaux. Car voiant que peu de gallans hommes demandent les charges en ce temps miſerable : pouſſez d'vn deſir de ſe faire conoiſtre & s'auancer ou acquerir des biens, ſe preſentera au General auec nombre de ſoldats auſſi peu ſuffiſans que lui. Le General faute de vertu le receura pour lui donner commiſſion de leuer le plus de gens qu'il pourra. C'eſt à lui à s'enquerir du merite de tels gallans & les renuoier de Capitaines, Soldats : pour les faire enroller ſous la charge d'vn Chef ſuffiſant. Lequel ſachant que les honneurs doiuent eſtre receus & non demandez : & que la vertu doit eſtre recerchée : ne ſe preſentera à ſon General que pour ſeruir au public : non pour briguer tels grades bien qu'honnorables c'eſt le deuoir lors du General de reconoitre le merite de ce Galland hôme par vn grade honorable & s'autoriſer en icelui. Car côme s'il n'eſt autoriſé du General il n'en ſera en fin plus reſpecté des ſiens que ces Capitaineaux : Auſſi les Soldats le ſachâs autoriſé, cheri & reſpecté de ſon General : ſeront induits à l'exemple de ſa vertu & forcez par l'autorité du pouuoir qu'on lui donne : de faire tout le deuoir. Mais il ne ſe treuue aujourd'hui General qui face cela. Au contraire la vertu meſpriſée & haïe par l'ignorance de preſque tous nos hommes : eſt ſi abbaiſſée qu'on ne tient compte aujourd'hui que d'vn jeune plaiſantin, vert veſtu : lequel pourmenant bien la plume ſur l'oreille, & maniant Dieu à toutes mains : aura plus de charges qu'il ne voudra. Ie ne veux pas dire que les jeunes ne ſoient quelques fois dignes de commander. I'en ſçay à qui la vertu croiſt deuant l'aage. Et ſi ne ſerois d'auis de ceux qui conſeillent à vn General de prendre vns & autres vieux & nouueaux : pource diſent ils que les jeunes ont plus de feu & vont plus bruſquement à vne charge que pluſieurs vieux routiers qui craignent & fuient bien ſouuent. Ie confeſſe tout cela. Auſſi la praticque contraire me dementiroit. Mais pource que qui veut bien conduire vne guerre à bonne fin : doit conſiderer que ſur toutes choſes la diſcipline militaire y eſt neceſſaire : (ſous laquelle on comprend l'obeiſſance, reſpect & autre deuoir du Soldat vers le Chef) & qu'où les jeunes commandent n'y peut auoir de moien : faute de raiſon, jugement & diſcretion que le peu d'age & experience des choſes leur denie : Ie dis que les commandemens en Chef, ne ſe doiuent donner qu'à perſonnes d'autorité, de cerueau & de valleur : qui pourront diſcipliner leurs gens ſinon ſi parfaitement que les Grecs & Romains, voire les Italiens Eſpagnols & François en Piemont : du moins en aprocheront le plus pres qu'ils pourront, par la diſcretion d'vn bon jugement & pratique de ce qu'ils auront veu & leu du paſſé. Vray eſt que je ſuis d'auis que les Lieutenans participaſſent de l'aage & de jeuneſſe. Mais que les Enſeignes tinſent plus de cette jeune challeur bouillante & courageuſe pour conduire le Drapeau és lieux commâdez : ſans auoir la diſcretion des routiers de noſtre temps, qu'il y fait trop chaud : qu'on veut perdre les hommes, & qu'il ſe faut garder à meilleure occaſion : comme firent les cômandez par Gaſpar de Coligny lors Colonel de la Fanterie & depuis Amiral de France : de porter leurs Enſeignes à la breche de Dinan. Ce qu'ils refuſerent, jugeans le lieu trop dangereux : occaſion qu'ils furent degradez des armes à la teſte de l'Armée, declarez villains & incapables de tous grades. Vous auoir donc bien eſclarci de ce que je vous voulois faire entendre : je retourneray au diſcours de noſtre France & premierement vous parleray du voyage de Ienlys pour mener ſes troupes au Prince d'Orenge. Mais il y a ſi long temps que le Duc de Medina-celi eſt ſur la mer : qu'il me ſemble n'auoir ameiné, que pour m'attendre : afin que je le conduiſe au païs bas, où ſon Roy l'enuoye pour y commander au lieu du Duc d'Alue. Laiſſons donc Ienlys, & prenons ce Chef qui vient par mer d'Eſpagne en Flandres auec troupes de Biſoins & nombre d'argent : afin que vous ſçachiez ce qui lui auint ſur mer à l'occaſion des Oſtregueux.

La vertu ne cerche : mais veut eſtre cerchée & honnorée.

Les Chefs doiuent eſtre reſpectez & autoriſez par le General.

Gens de qui on fait Eſtat aujourd'hui.

Quels Capitaines en chef, quels Lieutenans & Enſeignes on doit eſlire.

IE vous ay ci deſſus fait entendre la rigueur de laquelle vſoit le Duc d'Alue ſur le pays bas : & les occaſions qu'il en penſoit auoir. Comme que ce fut neantmoins, le Roy d'Eſpagne dés l'an paſſé auoit ja reſolu en ſon Conſeil d'y enuoyer vn autre perſonnage pour y commander en ſon lieu, & le faire retourner en Eſpagne. Or pource que le Duc lui auoit mandé qu'il auoit faute d'argét & de ſoldats : le Roy aiant encharé au Duc de Medina-celi de l'aller releuer, lui donna deux mil Biſoins : (ce ſont jeunes hommes qui n'ont encor donné leur nom pour s'enroller en guerre.) & quantité de deniers. Il s'eſtoit autres-fois mis ſur mer : mais le vent lui fut touſjours ſi contraire qu'il fut contraint relaſcher : fors celle fois que ſe joignirent à ſa flo-

Le Duc de Medina-celi venant en Flandre eſt batu par les Gueux de Fleſſinghe,

ſe 2 5.

te 25. autres vaisseaux marchands que Italiens qu'Espagnols que Portugais chargez d'espicerie, sucre, drap de soye & autres marchandises propres pour relever le traffic qui se perdoit au pays. Ie vous ay dit aussi que les Gueux avoient nôbre de vaisseaux sur mer equipez en guerre: & qu'outre ce, tous les vaisseaux qui devoient à Anvers ou autres tels endroits de terre: passoient necessairement vis à vis & à la portée d'vne cononade de Flessinghe & Ramequin. Si bien que le Duc descouvert par les Gueux le dixiéme de Iuin, fut contraint de passer à la merci de leurs canonades: crainte desquelles douze Navires marchands se laisserent prendre abordez par ces vaisseaux: notamment ceux qu'ils nomment Flibotz: plusieurs amenerent de bonne vogle, d'autres sallerent eschouër à la coste de Ramequin, nommément ceux où estoient les Bisoins qui de là se retirerêt à Mildebourg. Aucuns furent coulez au fons. Le Duc pour ne se mettre à leur merci descend en vn bateau avec 25. ou 30. plus haut pour prendre terre à l'Escluse, doù il fut à Bruges, puis à Gand & enfin à Anvers, se plaindre au Duc d'Alve de sa fortune & de l'avis qu'il avoit donné à son Maistre auquel il avoit par lettres & messages fait l'Estat du païs plus heureux & paisible qu'il ne le treuvoit. Les Gueux en somme sans aucune perte, firent vn grand butin qu'on esleuoit iusques à la valeur de six cens mil escuz: encor que les soldats ne se ressentissent gueres du pris de ces marchâdises vendues. Ils treuverent bien deux cens mil escus qu'en Ducats qu'en Reaux de Castille & de Portugal. Mais la moitié de tout ce butin ne vint en conoissance. Car les Chefs, Soldats & mariniers en desroberent la moitié: le reste vendu à vil pris comme il avient toujours quand on est pressé de vendre pour faire argent. Si que le tout ne monta à cent mil escus qui furent employez aux affaires du païs plus vrgentes & pressées. Il me semble temps à cette heure de m'acquiter de vous montrer comme le Duc d'Alve se gouverne és autres quartiers du païs bas.

Grand butin que firent ceux de Flessinghe sur la flotte du Duc de Medina-Celi Espagnol.

Le Dvc d'Alve fasché de la perte de ces places: de la venuë de tant d'estrangers ennemis, & encor plus de la prise de Mons: resolut soudain d'employer toutes ses forces à la reprinse: tant pour tenir le reste des places de terre ferme en bride & atente de l'evenement du siege qu'il y vouloit mettre: que pour empescher qu'à la venuë de plusieurs François que les Côfederez y envoioient de iour à autre: le Comte ne peut en fin dresser forme d'Armée pour tenir la campagne aux despens & dommage merveilleux de toutes ses Garnisons. A ces fins il assemble sur la fin de Iuin pres de deux mil qu'Espagnols que Vallons & autant de Lansquenets. Puis avoir fait venir quatre cens cheuaux des Ordonnances du païs: il donne la charge de tout à Dom Federic de Tolede son fils: lequel pour l'avis des Seigneurs & autres Chefs qu'il lui donna pour Conseil: pour forme d'Armée qu'il deliberoit acroistre & autoriser de sa presence selon que les occasions s'y presenteroient: il hasta ses troupes d'aller, non tant pour prendre les assiegez de force que pour empescher (comme i'ay dit) son ennemi de croistre: & pour oster aussi aux assiegez tous moiens de recouvrer viures. En somme les incommoder au plus de son pouvoir, atendant sa venuë & le reste des compagnées qu'il y pourroit conduire: lesquelles il deliberoit emploier ce pendant contre le Prince d'Orenge pour lui empescher le passage de la Meuse. S'asseurât que cette barriere fermée: l'Armée de son fils pourroit à la longue emporter la ville de Mons. Ainsi resolu: Dom Federic s'achemine à Mons avec ses troupes sur la fin de Iuin 1572. lesquelles aprochées de la ville ne peurent estre empeschées pour les sorties & iterées escarmouches des François, qu'elles ne dressassent vn fort d'vne Abbaye distante, vn quart de lieuë des faux-bourgs nomée Bellean pour l'asseurance de toute l'Armée. Où ils demeurerent iusques à la venuë du Duc, comme ie vous diray, escarmouchans sans cesse neantmoins, pour empescher qu'ils n'allassent querir viures & secours: occasion seule de la venuë de ses côpagnées. Car le Duc prevoiot bien qu'ils n'en peuvoient avoir beaucoup: tant pource qu'on n'avoit coustume d'y en mettre ni faire provision aucune de Guerre, pour n'estre Mons ville frontiere: que pour avoir mal mesnagé ce qui y estoit: n'esperans estre si tost resserrez, ains dresser vne Armée pour courre la campagne à la venuë des François & celle du Prince. Ioint que la prinse avoit esté faite sur l'arriere saison des fruits ia mangez. Parquoy les nouveaux se môtrans sur terre encor pendans: il les falloit gagner à coups d'espée, le grain & gerbes mesmement pour lesquelles se dressoient de iour en autre belles escarmouches. Ie vous en reciteray deux qui pourront servir d'exemple. La premiere fut de cinquâte cheuaux & quatre vint harquebuziers chosis, que conduisoit Rouuray: lesquels allans querir les gerbes d'vn champ prochain, furent rencontrez par trois cens Vallons, auec lesquels ils combati-

Desseins du Duc d'Alve.

Mons assiegé par Dôp Federic fils du Duc d'Alve.

Mons mal pouruuë de viures.

Sorties des assiegés pour la gerbe.

rent

rent si bien, qu'a l'aide de leur caualleire ils les menerent batans jusques à leur fort:& reporterent sans perte que d'vn homme, les gerbes qu'ils auoient enuie d'auoir. Mais la seconde bié qu'en plus grand nombre ne leur fut pas si heureuse: car encor qu'ils eussent enfoncez leurs ennemis: neantmoins Iulien Romero y suruenant auec quatre cens Espagnols, leur fit habandonner la place: contrains de reculer au grand pas jusqu'à la contre-escarpe: qui garentit la vie à plusieurs d'eux. Quelque centaine d'Espagnols entreprindrent d'enleuer l'abbaye d'Epinleu pres de la ville que Rouray gardoit auec cent soldats. Mais ils y furent tellement receus que force leur fut de retourner en leurs tentes: reseruans ceste entreprise à plus de loisir & meilleurs moiens qu'ils n'auoient lors. Ils se maintindrent en telles ataques, jusques à la venuë de Ienlis de laquelle je vous veux dire ce que je sçay. Aussi tost que Mons fut pris & que les Chefz eurent donné forme d'Estat à leur conqueste: ils furent d'auis que Ienlis retournast en France, à plusieurs fins: la premiere pour auertir sa Majesté (par l'auis duquel ce mouuement estoit venu, du succez de leur entreprise, de l'Estat qu'ils y auoient donné, des moiens qu'ils auoient de pousser la fortune plus auant: des rem umans d'Holande & Zelande: de la faueur qu'ils receuoient d'Angleterre, d'Escosse & Allemagne: sur tout de la leuée que fesoit le Prince d'Orenge en Allemagne: & de l'espoir de sa prompte venuë. Qu'il luy pleust poursuiure vn si beau commencement. Du moins permettre qu'on leuast le plus de gens qu'on pourroit enuoier en Flandres y joindre le Prince & ses Germains; Contre le Duc d'Alue qui dressoit forme d'Armée. En cas de refus affectionner les Princes & l'Amiral à y enuoier le plus de soldats qu'ils pourroient. Ienlis leur auoir promis qu'il y feroit le possible & particulieremēt asseuré qu'il y emploieroit ses moiens pour en leuer & amener luy mesmes jusques au lieu: part de là & vint en Court auertir le Roy & son Conseil de tout ce que dessus. Ce qui esmeut diuersement les personnes selon la diuersité de leurs passions. Puis auoir eu bonne responce du Roy & permission de leuer gens: asseurance de l'Amiral qui auoit ja enuoié toutes les cōmissions pour dresser les compagnies tant de pied que de cheual: & donné le rendez-vous de toutes à vne journée de Paris, où il esperoit luy mesme trouuer sa compagnée d'hommes d'armes dans ce temps: & conduire le tout: il s'achemina en Picardie où au bruit de la conqueste de Flandres & des grans butins qui les y atendoient: en peu de jours il eut leué de trois à quatre mil Fantassins & deux cens hommes d'armes auec deux compagnées d'arquebuziers montez. L'Amiral qui auoit dit à Ienlis qu'il allast trouuer le Prince d'Orenge pour luy seruir d'auantgarde: voulut que Beau-Ieu Enseigne de sa compagnée de gen-d'armes: y menast trente des siens: d'autres y en menerent ce qu'ils peurent sans acception de quelles consciences ny Religion ils fussent. Le Baron de Renty auoit vn Regiment de neuf enseignes de Fantassins. Iumelles de huit, Berenguaruille de six, Ianissac fut destiné pour cōduire les auant coureurs. Sur le septiéme de Iuillet ils commencent à marcher auec mil & mile insolences que ces gens faisoient sur le païsant nommément les pietons. Aussi tost que le Comte en sceut la desmarche, il luy manda qu'il print le chemin par Cambresis & fallast joindre à l'armée de son frere: tant pour luy faciliter le passage de la Meuse que les garnisons du païs assemblées: luy empeschoient: que pour euiter le hazard d'estre rompus par les troupes que le fils du Duc d'Alue (commandant à l'armée qui assiegeoit Mons) luy pourroit enuoier sur les bras. Ioint qu'il ne seruiroit de rien à Mons veu le bon nombre de gens qu'il y a suffizans pour faire leuer le siege: Et que par ainsi ses troupes n'y seruiroient qu'a manger les viures qui leur faudroient tout aussi tost & seroient en fin contrains de se rendre par famine. Il luy contremanda qu'il ne craignoit l'ennemy. Et qu'estant à Mons & auoir veu ses compagnons il pourroit passer outre. Sur ce les troupes marchent, mais si negligemment & prenant tellement leur aises par les censes & bourgades: que vous les eussiez tenus pour asseurez que l'ennemy estoit à cent lieuës d'elles: & qui pis estoit ils n'auoient aucune guide asseurée, ne bien instruite du chemin qu'il falloit prendre, pour s'esloigner le plus de l'ennemy. En fin venuës pres de Bossu vne lieuë & & demy de Mons: il enuoie cent cheuaux faire la descouuerte: le regiment du Baron de Renti marchoit apres le premier des Fātassins: Iumelle le suiuoit & le reste en fin. Ienlis le Ringraue, Ianissac & autres estoient en queuë, estimans que l'ennemy les d'eust ataquer par là. Mais ils en sentirent plustost la descouuerte par le deuant, qu'ils ne pensoient. Comme le païs est entre couppé & plein de haies & buissons: dont se pensoit preualloir Ienlis pource qu'il estoit fort de fanterie: Les descouureurs l'auertirēt qu'ils auoient veu quelque Caualleire lorée d'vn

bois

Iuillet
1572.

L'HISTOIRE DE FRANCE.

bois:occasion que le Baron de Renty choisit quelques centaines des siens pour enfans perdus: & les separant pour seruir de teste au bataillon, attendre la fortune. Mais aussi tost que la Cauallerie eut descouuert que les cheuaux qui sortoient du bois en la campagne ne prenoit fin: & que nombre d'arquebuziers s'auançoient pour les attirer à l'escarmouche: ils furent si estonnez qu'ils n'eurent qu'a se retirer plustost que le pas. La cauallerie de l'Espagnol qui estoient gens des ordonnances du païs commandez par Noir-carmes & autres, voians ceux cy se retirer si chaudement prirent cœur de les poursuiure. Mesmement que leur cent mosquetaires Espagnols estoiẽt ja aux attaques auec la teste du regiment de Renty. Laquelle intimidée par la fuite de sa cauallerie & suruenuë de tant de gens: se met en route à laquelle estoir desja tout le regiment sur le corps duquel ces descouureurs auoient passé. Si bien que le reste estonné par la fuitte & desordre de tant de gens, ne la fit longue à se desbander. Mais bien trois mil païsans qu'ils auoient tant tormentez & qui les suiuoient crians à Dieu vengeance: les receurent mal courtoisement, fors ceux qui se laissoient mettre en chemise. Plus de douze cens y mourutẽt. Renty Maistre de Camp s'asseurant sur la force de son cheual tua plus de vint païsans deuant que mourir. Ringraue mourut. Ienlis se rendit & Ianissac. Le Baron de Renty menez prisonniers à Anuers & plus de 6. cens autres en diuerses prisons dont y auoit plus de soixante Gentilshommes. Beau Ieu auec sept ou huit arriua la nuit à l'Abaye d'Epinleu ou il donna tant de conoissance & marques de soy que Paiet luy ouurit. Et le lendemain pres de cent harquebuziers entrerẽt à Mons où je suis deliberé les laisser plaindre leur desastre, plus que leur faute particuliere trop ordinaire au François: pour reprendre ceux qui s'aprestent pour solenniser les nopces du Roy de Nauarre dedans Paris: pendant que les plus soupçonneux s'amusoient à pronostiquer le succez de tout ce que dessus.

* *
*

Charge & la deffaite de Ienlis.

SOMMAIRE
Du vinthuitiéme Liure

ENTRE propos du Roy, Royne mere & l'Amiral. Sinode national à Nismes pour les Protestans. Famine en Languedo. Considerations sur le fait de la Religion. Source de la corruption de tous Estats. Le Roy demande & reçoit les villes de gage données aux Confederez pour deux ans premier que le terme fust expiré. Lettres du Roy à tous les Gouuerneurs pour asseurer les Protestans de la Paix. Iugemens diuers des entreprises de Flandres. Armée de Strossi en Brouage. Les Rochellois soupçonnent tout, & leurs raisons. Voiages du Perou. Entreprises sur la Rochelle descouuertes. Lettres des Rochellois à l'Amiral. La responce sur leur deuoir à l'endroit de ceste Armée. Lettres du Baron de la Garde aux Rochellois & leur responce. Consideratiõs & diuers auertissemens que plusieurs Pretestans donnoient & enuoioient à l'Amiral pour le destourner de la Creance de Court & luy faire soupçonner l'auenir. Pourquoy l'Amiral fut constant à ne mal presumer d'aucun. Les fiançailles & espousailles de Henry de Bourbon Roy de Nauarre & de Marguerite de France sœur du Roy.

LE Roy Charles cependant, n'auoit soin que d'acheminer ses desseins à la fin qu'il s'estoit proposé. Quoy fesant il auoit plusieurs personnes a contenter, & ne le pouuoit faire qu'en desplaisant à trois fois autant de grans personnages. Il se persuadoit neantmoins de les entretenir tous, & ne s'en esloigna de guere comme vous verrez. Il disoit que sur toutes choses le mariage de sa sœur & la cõqueste de Flandres luy estoient en singuliere recõmãdation. Que le premier n'estoit differé que par les remises du Pape qui fesoit difficulté d'enuoier sa bulle de dispẽce: & qu'aussi tost venuë, aussi soudain seroit le Mariage accomply. Et comme aucuns luy disoient que le Pape ne l'enuoieroit jamais, il asseura d'y pouruoir en cas de refus. Quant à l'autre, les preparatifs s'auançoient de toutes pars si ouuertement que les Catholiques & nomméement l'Ambassadeur Espagnol n'auoit autre sujet que de se plaindre: auquel le Roy asseuroit que tout ce seroit à son deceu. La Royne Mere aussi l'asseuroit à l'Espagnol deuãt tous. Le Roy disoit au semblable à l'Amiral que sa Mere en estoit ignorante. Laquelle cõme sogneuse de l'Estat de son fils & de la seureté de tout le Royaume: craignãt plus l'incertain euenemant de si hautes entreprises, qu'elle ne s'asseuroit sur l'aparence des raisons qu'aucuns discoureurs amenoient pour faciliter tel dessein: dit au Roy deuant quelques vns du Conseil amis de l'Amiral, qu'elle auoit sceu de bonne part qu'il estoit autheur de ceste entreprise de Flandres: luy remonstre auec vn long discours plein d'affection, quels inconueniẽs luy en auiendroiẽt & à tout son Royaume, dõt il s'excusa fort: l'asseurãt bien qu'õ luy en auoit tenu quelque propos de la part d'aucuns estrãgers de sõ Royaume: & qu'il y auoit esté solicité: mais qu'il n'y voulut jamais prester l'oreille: craignant que telles nouuelletez luy fussent prejudiciables. Somme l'asseura de suiure son Conseil & luy vouloir obeir en toutes choses. Aussi tost il fait venir l'Amiral auquel il cõmunique tout ce que dessus luy jurãt neãtmoins qu'il ne lairoit jamais les choses à demy faites: ains resolumẽt en poursuiuroit les premiers traiõts si biẽ jettez: pource, qu'il falloit haster le fait & y pouruoir en toute seureté, afin qu'il ne luy en auint aucun inconueniẽt n'y à son Royaume. Car, dit il, je n'aurois pas seulemẽt affaire auec l'Espagnol, ains aussi auec tous les naturels de la Frãce. Par ainsi l'Amiral asseuré de sõ bõ vouloir: mi toute peine d'auancer encor plus affectueusement ce qui en estoit commencé.

Entre propos du Roy Royne mere & l'Amiral

Sinode National à Nismes.

En May les Eglises Protestantes du Royaume, assignerent vn Sinode National à Nismes en Lãguedo: ou par la permissiõ & sous l'autorité du Roy qui en fit expedier lettres: plusieurs des
principaux

principaux Ministres de la Frāce furēt assemblez entre autres Béze, Chandiou & des Gallars qui fut esleu pour y presider: où lon reprint la dispute de la doctrine Ecclesiastique. Lors en ce païs de Languedo, mesmement en la coste maritine, bien que le païs soit bon & pourueu de tout ce qui est requis à l'entretien de l'hōme: la famine y estoit si grande que les poures y tomboient roides morts par les rues. Pour y pouruoir entr'autres moiens ils ordonnerent vacations és Courts de la Iustice: afin que les moins riches ne se consommassent en frais pour y aller plaider & poursuiure leur droit.

Famine.

Ie n'oubliray vne chose notable & digne d'estre bien remarquée à l'auenir pour le fait de la Religion: mais elle peut & doit estre estendue à tout ce qui est contredit aux hommes & qui leur est en singuliere affection, soit de Guerre: soit de Police, soit de Religion ou autre Estat. Ie vous ay dit que les moiēs que la plus part des François auoient de se remettre de leurs premieres pertes; par le cours de seze mois qu'ils auoient esté en repos: l'asseurāce que la paix seroit de longue durée: la paisible & amiable conuersation des vns & autres. Ioint le bruit commun que le Roy vouloit enuoier tous les gens de Guerre (que le peuple estime la source ou du moins les instrumens de ses maux) hors de France contre vn Estranger: leur auoient fait perdre le souuenir de leurs calamitez passées; jusques là, que se plaisans en la paisible jouissance de beaucoup de moiens qu'ils auoient de gagner, que la bonté de leurs terres & la diligente subtilité de profiter leur apportoit: n'employans leurs Esprits qu'à s'enrichir, & se donner du bon temps les vns auec les autres: ils oublierent assez tost le deuoir qui leur falloit employer pour agréer à celui qui estoit l'Auteur de toutes leurs commoditez. Ceux entr'autres qui mieux Ciuilisez sembloient auoir l'esprit plus ouuert que le reste: ne se donnans beaucoup de la Religion, & paresseux au fait de conscience, ne se montroient diligens qu'à leur plaisir & profit: se moquoient mesme de ceux qui plus zelez accōplissoient mieux le deuoir de Chrestiens. Aucuns ne trouuoient le chant ni la forme de parler en l'Eglise Protestante conuenable aux personnes. D'autres qui se vouloient faire voir plus zelez s'amusoient a rechercher vne nouuelle forme de discipline Ecclesiastique: treuuans la forme & traditiue de longue main vsitée, mal commode pour le temps. Y en auoit qui l'estimoient peu conforme au naturel de ce à quoy on l'approprioit. Nombre des reformateurs de la discipline, poussez du vent d'vne vaine curiosité, passerent outre: se presumans dignes & suffisans d'amener (disoient-ils) la doctrine à sa perfection: & mōtrer les erreurs de tels dont ils n'estoient dignes de baiser les pieds. Si bien que tel guidé par le vent d'ambition, vn autre de sotte curiosité, & plusieurs meus d'vn bon zele sans jugement asseuré: se sont tellement separez de la compagnée Chrestienne (j'entens de l'vne & l'autre Religion, lesquelles ont vn mesme fondement qui est Iesus Christ duquel elles prennent le nom) que l'Eglise a plus esté ébranlée en temps de Paix au moien de ces differens domestiques: qu'elle ne fut au cours de toutes ces guerres passées, par l'insolence de nos cruelles armes. Esmerueillez vous maintenant comme se peut faire que le bruit des armes soit si grand qu'on ne puisse ouïr les loix parler: ni le Magistrat ordonnant ce qui est requis à la Police: veu que l'Eglise n'a chose plus contraire que la guerre. Vous voiez les armes prejudicier moins beaucoup à l'entretien & auancement de l'Eglise qu'vne longue Paix en vn païs mesmement si bon & si plein de delices que cestuy-cy: ou pour mieux dire parmy vn peuple filz de la fortune, si legier & variable en ses conceptions que la constance ny sçauroit trouuer lieu de demeure. Considerations qui me font asseurer qu'il n'y à moyen plus propre pour esbranler & en fin abatre vne Religion telle qu'elle soit parmy les François, que de leur en permettre l'exercice libre. Car autant que l'homme ayme sa liberté & en abuse toutes-fois: autant hayt il la seruitude & contraincte en laquelle neantmoins il se comporte mieux qu'en la jouïssance de sa franchise: Qui ne voit que tous hommes vont naturellement au contraire de ce qui leur est plus interdit? Tant qu'Anibal fut contrainct faute de places fauorables: vaguer par l'Italie, la necessité la forcé d'ouurir les yeux de son entendement, pour subtiliser toutes sortes de moyens à se guarentir, faire son deuoir & acquerir honneur en trauaillant pour ruiner la seigneurie des Romains. Mais aussi tost que la victoyre qu'il eust sur eux à Canes: luy eut moyenné la prise de plusieurs places, la reduction d'vn nombre de Prouinces, & les grandes commoditez qu'il receuoit sur tout de la Calabre & Terre de labour: nomméement à Capoüe: se voyant comme en franchise & deliuré de necessité de plus faire la Guerre si roide & sans cesse comme au parauant: s'aparessa de sorte parmy les plaisirs & delices

Consideration sur le faict de la Religion.

Les hommes oubliēt Dieu aisement en leur prosperitez.

Les Protestans sont corrompus.

Les choses aysées desplaisent, les mal-aisées plus agreables. Crainte & necessité maintienēt mieux les hommes en leur deuoir que la liberté & l'abondance de grās moiēs.

ces de Capouë: & à son exēple tous ceux de son armée deuindrent si negligens & curieux de leur plaisir: que les Romains si souuēt vaincus:croissans de cœur & d'autres moiens par sa paresse:le forcerent en peu de tēps de se retirer en son païs d'Affricque:pour le secourir cōtre les Romains.Où en fin vaincu;& cōtraint l'abādōner mourut en hōme indigne de ses premieres vertus:viuant sous la tyrānie d'vn Prince estrāger.Ainsi s'est porté Antiochus Roy d'Asie Successeur d'Alexandre.Et plusieurs autres non moins mal-auisez Seigneurs.Somme que c'est la principale occasiō de la ruine de tous Estats nō seulemēt seculiers:Ains l'Estat Ecclesiastique est sujet à semblable inconueniēt.Pource que la raison & les accidens y sont, & ont tousjours esté semblables:Quād furēt les Israëlites (peuple esleu de Dieu pour heritage particulier) deuotieux enuers celuy qui les auoit tiré de captiuité? Au tēps de miseres & quād toutes choses leur tournoiēt à cōtre poil:soit que les seditiōs les trauaillassent:ou les courses des ennemis prochains, ou la famine, ou la peste, ou tel autre accident:qui nous fait tous & force les plus meschās à dresser les yeux au Ciel cōme au lieu duquel seul viēnent les moiēs de nous en affrāchir. Mais deliurez:aussi soudain que la Truie, retournoient à leur bourbier & remachoient leur premier vomissement.Cet exemple suffise à mōstrer que le naturel de l'hōme ne regimbe seulement à l'esperon comme le Poulain quand on luy oste le plaisir de sa premiere franchise: Ains pource qu'il aime sur tous joiaux la liberté;il s'estudie du tout à contrarier à ceux qui le veulent priuer de ce doux fruict. Et ne le peut on qu'à fine force renger à deuotion.

Aiant le Roy fait entēdre aux Protestās son grād deuoir pour maintenir l'Edit de Paix en son entier:les bōnes erres qu'ils auoiēt de sa volonté à cōtinuer de mieux en mieux:Voire jusques à mescōteter les Catholiques.Et aussi le peu de jours qui restoiēt des 2. ans portez par l'Edit: leur redemanda les villes qu'ils tenoiēt pour gages de son bō desir à l'estretiē de la Paix inuiolable. Ce qu'il faisoit pour faire connoistre à tous,que ses sujets ne s'asseurent moins de sa simple parolle,que de tous les gages qu'ils sçauroiēt auoir de luy: Que pour soulager son peuple qui ne peut qu'en estre fort incōmodé.Ils cōmanderēt à ceux qu'ils auoiēt establis pour Gouuerneurs d'en sortir, faire vuider les garnisons,& remettre le tout és mains de ceux que sa Majesté y enuoieroit. Ainsi furēt la Charité,Sancerre & Congnac mises entre les mains du Roy (qui n'y establist autres Gouuerneurs pour lors.) La Rochelle se disoit exempte de Gouuerneurs & garnisōs estrāgeres par le biē fait de leurs Ancestres,lesquels aiās chassé les Anglois de leur ville:Et par ainsi s'estās afranchis & mis en liberté de se dōner à tel prince qui leur plairoit:ou se porter n'eutres:aimerēt mieux que se dire libres ou s'assujetir à d'autres,retourner à l'obeïssāce de la Majesté Tres-chrestienne sous certaines cōditiōs,entre lesquelles ils mettet l'exēption de Gouuerneur & garnison foraine des principalles:qui leur furēt accordées.Et depuis à chacune succession de Roys cōfirmées pour demeurer inuiolables à l'auenir.Au reciproque que sa Majesté pour tesmoigner son bō vouloir vers eux & à l'estretiē de son Edit:enuoie lettres à ses Parlemēs & Gouuerneurs des Prouinces:les faisans certains de la prōpte obeïssance des Cōfederez à la restitutiō de ses villes:& declarāt son intētion estre de les laisser jouïr libremēt de tout ce qui leur apartiet & sans aucune recerche du passé selō le cōtenu en son Edit.Ce qui fut encor de surcroit à l'opinion que tant de gens auoiēt conceuë par les portemēs susdits, de la durée d'vne bōne Paix.Somme que s'efaçant peu à peu du cerueau des François les pertes & ennuis des guerres ciuiles par telles apparences & objet d'autres entreprises qui se presentoient assez contraires à telles seditions:l'on ne parloit en tout le Royaume que du mariage du Roy de Nauarre & de la conqueste de Flandres:à laquelle tous les Protestans & les deux parts des plus remuans Catholiques s'affectionoient comme vous verrez.

Sur ces portemens plusieurs jugeoient à leur fantasie du remuëment & issuë de tant de menées:peu à la verité:& la pluspart selon la diuersité des passions qui les y poussoiēt. Ceux à qui les honneurs estoient deferez n'en pouuoient mal presumer:ou pour estre aueuglez & eslourdis du vent de Court, ou pour l'extremité du desir à les executer.Mesmement ceux qui presumoient de la facilité de cete entreprise selon l'aparēce du discours de l'Amiral. Des autres ceux qui ne se vouloient ingerer à l'entremise d'aucune chose : en jugeoient selon leur sens & la plus part à bonne fin. Les autres, qui estoyent fachez de n'y auoir esté employez & aucuns (mais bien peu) qui auoyent le cerueau vuide de tels affaires autant que de passions : n'en pouuoient presumer que mal. Mesmement du voiage de IENLIS deuant qu'il se fist & ce pour deux raisons. La premiere que le meslinge trop soudain & auec si peu d'occasion de

Occasion de l'hōneur & deshonneur qu'Ānibal receut en Italie.

Ruine de tous Estats & l'occasiō.

Occasion de la corruption & ruine de tous Estats tant seculiers qu'Eclesiastics.

Le Roy demande les villes de gage aux Protestans.

Les villes dōnées pour gages aux Protestans rendues deuant les deux ans finis.

LaRochelle l'vne des quatre villes ne reçoit Gouuerneur ny garnison foraine & pourquoy.

Iugemens diuers de l'entreprise de Flandres & du voiage de Ienlis.

Iuin.
1572.

Soldats Proteſtans & Catholiques: ne ſe pourroit entretenir long temps qu'auec ſcandalle, & peut eſtre la ruine de l'armée pour beaucoup d'occurrences qui auiennent en ces guerres: La ſeconde que les principaux de France ſçauoiēt toute cette menée, les conſeils, deſſeins, moiens, & la fin à laquelle on tēdoit. Ennemis au reſte de ceux qui cōduiſoient ces troupes qui ne pouuoient faillir de deſcouurir le tout à l'ennemi: lequel ſeroit mal habille s'il n'en feſoit ſon profſit. De ces conſiderations ils montoient plus haut, & diſoient que l'aſſemblée de tant de Seigneurs, Gentils-hommes & Capitaines n'auoit point eſté faite tant pour ce mariage que pour attirer les premiers des Proteſtans en ſi beaux rets: deffaillans autres moiens aux Catholiques d'en auoir la raiſon. Et diſoient ſoupçonner cela pour pluſieurs occaſions precedentes. Le bon recueil & meilleur congé du Cardinal Alexandrin les amenoit à ce ſoupçon.

Preſages du malheur Proteſtant.

L'autorité & creance de l'Ambaſſadeur Eſpagnol au Conſeil du Roy & ſes deuis ordinaires auec la Royne Mere & Monſieur le Duc (ſe plaignant toutesfois comme s'il n'en ſçauoit rien) Le Roy à demādé diſoient ils & n'a ceſſé qu'il n'aie heu les villes données en gage pour deux ans aux Confederez deuant que ces deux ans fuſſent expirez. Ceux de Guyſe ſont retournez & bien receus en Court: mieux accōpagnez que jamais, encor que par Conſeil on les eut fait ſortir de Court. Et n'oubliās la mort de la Roine de Nauarre ſe perſuadoiēt: que l'armée du Baron de la Garde en Broüage n'eſtoit que pour ſurprendre la Rochelle ſi proche d'elle: autre-

l'Armée de Stroſſi en Broüage.

ment ſi c'eſtoit pour le ſecours du Prince d'Orenge elle ſe fuſt dreſſée mille fois plus commodement au haure de Grace, à Dieppe où en quelque autre port de Bretagne ou Normandie prochaine de Fleſſinghe. Les delais de ce mariage ne ſont que pour les faire tous venir aux noces, où la plus part d'eux qui y arriuent de jour en autre file à file. La defaite de Ienlis & de toute ſon Armée n'eſt procedée que des auertiſſemens de Court & des faux ſoldats: qui marchans ſous luy ne ſouhaitoient autre choſe que ce qu'ils ont veu. Et ne ſe faut diſoient ils laiſſer pipper par ce mariage & entrepriſes de Flandres. Car ſe ſont deux moiens pour aſſembler & attirer tous les Chefs Proteſtans. Non plus qu'aux executions que le Roy à permis faire des ſeditions de Roüen & Orenge. Car il faut faire quelque choſe pour aſſeurer les hommes. Sur tous les Rochellois ſoupçonnoient merueilleuſement les deſſeins Catholiques. Notamment pour ſe voir entournez d'vne Armée gouuernée par le plus grand de leur ennemis: & que de jour à autre l'on en tiroit toutes ſortes de prouiſions & munitions pour la guerre. Ioint qu'on enrolloit tous les noms des Proteſtans à Lyon & nomméement de ceux qui venoient de dehors, encor qu'on dit que c'eſtoit pour le voiage de Flādres. En meſme temps auſſi le Duc de Neuers ſ'eſtoit ſaiſi de la Charité & y auoit fait entrer ſa cōpagnie d'hōmes d'armes preſque tous Italiés ſous pretexte d'y faire les monſtres. Auec ce les menaces ordinaires des Catholiques: que les Proteſtās ne paſſeroiēt pas les 2. ans de l'Edit ſans malheur. C'eſtoit vn bruit ſourd qui couroit parmi le peuple ſans autheur que pluſieurs tornerent à mauuais preſage: ſelō le Prouerbe commun. Que la voix du Peuple eſt la voix de Dieu: c'eſt à dire, ce que le peuple penſe & fait cou-

Voix du peuple voix de Dieu.

rir ſans autre diſcretiō que d'vn mouuemēt naturel: viēt le plus ſouuent à effet. Sōme que pluſieurs s'aſſeuroient que ſi chacun de ces accidés particuliers ne pouuoit par ſoy eſueiller l'eſprit des hōmes à ſoupçōner quelque choſe des actiōs Catholiques ſur les Proteſtās: que tous enſemble biē peſez, ſeroiēt aſſez ſuffiſātes occaſiōs pour ne ſe fier à eux: notāmēt les cōſideratiōs qu'auoient les Rochellois ſur les portemēs du Baron de la Garde & de ſon armée ſi proche d'eux.

Armée de Stroſſi & Baron de la Garde en Broüage.

Les Rochellois ſoupçōnent ceſte Armée & pourquoy.

Ie vous ay dit cy deſſus que pour mieux fauoriſer l'entrepriſe que le Roy autoriſoit ſur le païs bas: Il n'auoit ſeulement conſenti que le Cōte Ludouic (qui depuis la Paix juſques là, auoit preſque tousjours demeuré à la Rochelle) enuoiaſt Nauires en guerre cōtre l'Eſpagnol & Portugais, ſur leſquels il auoit fait de grādes priſes vendues à la Rochelle: mais auſſi auoit eſté aduis qu'ō y dreſſaſt vne Armée de 7. à 8. mil hommes pour aller au deuāt & ſe faire Maiſtre de l'Armée Eſpagnolle, chargée de richeſſes Peroutieres. Puis afin qu'ō ne penſaſt que telle entrepriſe feuſt authoriſée par ſa Majeſté: ne retourner en France ains aller à Fleſſinghe, y employer les hōmes, richeſſes & Nauires au ſecours du Prince d'Orēge: ſelō la ſecrette confederation qu'il auoit auec luy: lequel fatiguoit l'Eſpagnol d'autre coſté ainſi que je vous ay dit ailleurs. Cōme il n'y a choſe qui plus anime le ſoldat à la ſuitte de la guerre: que l'eſpoir du gain, d'vn gros & aſſeuré butin qu'ō luy met deuāt les yeux: La friādiſe des lingos & autres richeſſes Perouticrs animerēt ſi fort les Frāçois: que les Capitaines en treuuoiēt plus qu'ils ne vouloiēt: & ſi biē en cōche de tout ce qui leur eſtoit requis: que vous euſſiez jugé le moindre, Gētilhōme

de dix

de dix mille liures de rente: pource mesmement que le soldat prenant exemple de ses Capitaines plus braues que Seigneurs de grande maison : (& qui combatans à qui seroit les plus magnifiques & mieux suiuis:auoient les aucuns hipotequez les autres vendu partie de leur bien) sembloit vouloir esgaller ou du moins seconder de bien pres la parade de son Chef. Voila comme Strossi Colonel de la fanterie Françoise, le Baron de la Garde, Lanssac, Belle-ville, Clermont-Tallar, le Vicomte d'Vzes, d'Ouarty & nombre d'autres qui auoient chacun leur vaisseau: treuuerent en moins de rien de 6. à 7. mil tels soldats qu'ils desiroient: la vie, habits, armes, pompes, jeux, & tels autres excez neantmoins de la plus part d'eux : se paioient aux despens du Paysan des Isles & quartiers Maritins de la Saintonge, pource que l'ebarquement se deuoit faire en Broüage des Galleres & quelques autres Nauires rons: & à Bordeaux du reste de l'Armée qui deuoit fournir au Rende-vous que le General lui donneroit.

Depuis le May jusques en Aoust, l'on ne fit qu'eploier le temps à equiper & auitailler les vaisseaux rons et ceux du Baron de la Garde: Tant de Chiorme, Matelots & Soldats que de bons Maistres Patrons Pillottes & Capitaines dignes de commandement: tous lesquels cela fait: attendoient non pas le vent & marée, qui se presenterent assez souuet: Ains le commandement de desmarer & faire voile pour suiure la route qu'on delibereroit tenir. Mais on dilaioit si souuent & auec telles excuses: que plusieurs en soupçonnerent la trop longue demeure. Notament les Rochellois qui ne se mostrerent en cela moins craintis veu la consideratio du passé: que sogneux de faire bône garde, auec les occasions qui se presenterent d'ailleurs. Mesmement ceux qui entendoiet le fait de la mer en faisoiet redoubler la crainte aux principaux. Ils sçauoient que l'Armée de l'Espagnol vient tous les ans en Iuillet ou du moins en Aoust: consequemment qu'il faut aller au denant bien 2. mois parauant: tant pour la longueur du chemin qui est entre le lieu de l'embarquement & les Assores ou ils la delibereroient attendre & lesquelles ne sont moins eslongnées que de 4. cens lieuës: que pour doubler les pointes si on veut seslongner de la terre, pour prendre le largue: ou crainte de vent contraire si on n'alloit 15. iours ou vn mois deuant son arriuée à ces Isles, où elle fait esguade & se rafreschit de tout ce qu'elle à besoin: & de là vient en Espagne à la faueur d'vne autre armée encor plus forte que le Roy luy enuoie pour scorte & asseurance de ses deniers. Outre ce, la prouision qu'ils faisoient pour leurs vaisseaux notament pour les Galleres, n'estoit pas pour vn mois, veu le nombre de gens qu'ils portoient. Or pour aller au deuant l'Armée par de la les Assores, l'atendre, combatre, & de là sans terrir en aucun lieu: aller querir la Flessinghe comme les Catholiques disoient: il ne faut s'aprouisionner pour moins que de 6. mois: veu qu'on ne feroit moins de 12. cens lieuës, or qu'on eust tousjours vent à souhait, & entre 2. escoutes. Mais qui plus est le vent d'aual tient quelque fois si long temps en marent vers ces parties Occidentalles: & au retour ceux d'Amont sont au rebours les plus souuent si longs (comme il n'y a rien de plus inconstant & moins certain que le vent) que l'on est par fois contraint de manger tout sur mer attendant la faueur du vent. Si bien que si l'on n'a viures & longues prouisions pour tenir la mer: ce ne seroit qu'vne risée à tous & trop grande perte à ceux qui plus y auroient hazardé. Dauantage la consideration des Galleres & la qualité du Baron de la Garde General d'icelles: leur donnoient encor moindre espoir en ces voiages que toutes autres choses. Les Galleres ne sont propres que pour le leuant: Mer beaucoup plus calme que ce grand Ocean duquel toutes autres mers s'escoullent. Son mouuement mesme est si paisible que le flus & reflus bruiant de nostre grande mer: semble vne grosse tempeste au respect de la petite & lente aleure de la Mediterranée. Plusieurs Princes les Estats desquels sont bornez de l'Ocean: ont bien des Galleres comme l'Anglois, le Danois, le Suede, & quelques autres : mais c'est plus pour vne montre de grandeur & magnificence Royalle, que pour le profit qu'ils en tirent. Car on ne les voit gueres perdre de veuë les caps & haures de leurs retraites : d'autant que les vents y sont si grans & furieux: qui agitent & troublent la mer d'vn si violent courroux: qu'encor que les Galleres aient la voille, elles seroient aussi tost couuertes & abismées des grosses vagues qui leur briseroient les flancs & tous leurs aparaux. Aussi peu souuet sortet elles d'entre les terres, si le calme & la bonace ne les atire plus haut. Ils n'atendoiet rien de bon non plus, des desseins du Baron de la Garde, tant pour s'estre tousjours mostré enne mi affectioné du parti: que pour la creace qu'il a entre les plus grans Catholiques de ce Royaume. Ils ajoutoient à cela beaucoup de petis propos indiscretement jetez par aucuns Catholiques. Et assez de portemens de quelques autres qui ne leur faisoient presumer qu'vne mauuaise fin

Les Raisons qu'auoient les Rochellois de soupçonner l'armée de Strossi.

Armée ou flotte du Perou.
Les Assores.

Les Galleres & leur qualité.

de tout cela.Mais ce qui plus les ennuioit eſtoit le ſouuenir des munitions & autres choſes ne-ceſſaires à cet embarquemēt que Stroſſi & tous les autres Seigneurs Capitaines & ſoldats a-uoient pris & enleué de la Rochelle,ſous vn dōné à entēdre qu'ils alloient faire vn beau coup ſur l'ennemi pour le ſeruice de la Majeſté:des lingos,marchādiſes & autres richeſſes duquel re-tournās chargez:ils promettoient venir ancrer à la Rochelle & y laiſſer tout en paiant à diſcre-tiō.Ils regretoiēt entr'-autres merueilleuſemēt les pieces de groſſe & menuë artillerie,les bou-lets,poudres,biſcuits & telles autres prouiſiōs de marine dōt ils craignoiēt auoir affaire:& en-cor plus qu'on ne tornaſt les moiēs ſortis d'eux à la ruine de la ville & de tout le parti. Meſme que pluſieurs Catholiques ſi eſtre retirez ſous pretexte de ſ'y acōmoder des choſes requiſes à ſi long voiage:auoient ſecrettement reconu la ville:entreprins de l'enleuer,& ja dreſſé les cō-plots preſts à les executer:ſi le trop grand ſoing des habitans non moins jaleux de la ville que de choſe qu'ils aient pour la plus precieuſe de ce monde:ne les euſt eſtonnez & faict haban-dōner la place,les vns apres les autres le plus couuert & moins negligemment qu'ils peurent. Voicy les premieres plaintes publiques que firent les Rochellois du comportement de ceſte Armée nauale reſcriuant à l'Amiral comme il ſ'enſuit.

Mōſeigneur nous eſperiōs quād dernieremēt vous auertiſmes de ce qui ſe paſſoit par deça par Monſieur le Receueur Bobineau que cete armée Nauale ſ'apreſtaſt pour faire voile & laiſſer ce païs en liberté:mais nous y voions ſi peu d'auācemēt & ſi peu de moiēs qu'il nous ſemble qu'elle ne doit jamais faire le voiage.Car il y a tant de ſoldats en Saintonge & en Gaſcōgne & en arriue tous les jours:que quand il y auroit ſix fois autant de Nauires que l'on en a : ils ne ſe-roient capables de receuoir les troupes:qui ſont cependāt vn extreme degaſt & ruine du païs: ſans les inſolēces eſträges & inſuportables deſquelles ils vſent:encores que Mōſieur de Stroſſi les cōtiene le mieux qu'il peut.Et ſontEſtat toutes les bādes de dōner ſur ceſte ville:& diſent tout appertement que ſans la promeſſe du ſac de ceſte ville ils ne ſe ſuſſent mis aux chāps:& re-ceuōs chacun jour auertiſſemens des païs circōuoiſins par nos amis que tout ce qu'ils peuuēt entēdre d'eux,c'eſt vne entrepriſe ſur ceſte ville,ſoit par toutes les troupes ouuertemēt ou par quelque ſurpriſe:& nous admoneſtent chacun de nous tenir ſur nos gardes.Ce que nous fai-ſons auec grāde incōmodité en ce tēps de la recolte des fruits,& ſera biē pis approchās les vē-dāges auquel tēps nous doutōs d'eſtre chargez de ces bādes:encores que Mōſieur Stroſſi ait fait retirer celles qui y ont eſté,& en 6. ou 7. jours y ont fait grād dōmage.Car il ſ'en preſente encore chacū jour pour ſ'y venir loger juſques à la Leu & au Plōb qui eſt à nos portes. Nous croiōs que leur Majeſté n'entende ces choſes. Mais les euenemās en ſont ſi dāgereux que vne faute faite qui ne ſe recouure jamais en tel cas:ſeroit noſtre entiere ruine,tirās vn trait de lōgue cōſequence.Car le moindre mal dōt on nous menace eſt que pour le moins on mettra 8.cens ſoldats en garniſon en ceſte ville. Cela nous fait douter de quelque chāgement de volōtez de leurs Majeſtez,ſi ainſi eſt ordōné:Et cōbiē que nous n'aions cōneu en Mōſieur de Stroſſi que toute declaratiō de bōne volōté de nous faire bō & hōneſte traitement:toutesfois nous ſōmes en ſuſpend & doutōs de ce que nous deuōs faire.Parquoy auōs en diligence deſpeché le por-teur pour vous ſupplier ce que nous feſons treshumblemēt Mōſeigneur, pour la bonne affe-ctiō que de voſtre grace il vous plaiſt de nous porter particulieremēt & au biē public:Il vous plaiſe en choſe ſi perilleuſe & importāte,nous departir de voſtre bon Cōſeil ſelō la grāde pru-dēce q Dieu vous a largemēt departie:afin que ſelō iceluy nous nous puiſſiōs cōduire & gou-uerner en ceſt affaire cōme nous ferōs en tous autres:& vous ferons perpetuel & tres-humble ſeruice d'auſſi entiere & bonne affection que nous ſaluōs tres-humblemēt vos bonnes graces. Priāt Dieu,Mōſeigneur,qu'il vous cōſerue en toute proſperité.De laRochelle ce penultiéme jour de Iuillet, 1 5 7 2. ſouſcrit. Vos tres-humbles & obeïſſans ſeruiteurs les Maire Eſcheuins & Pairs de la ville de la Rochelle & ſuſcrit à Monſeigneur Monſeigneur l'Amiral. Lors eſtoit Maire en la Rochelle Iaques Henry dit de Monſſidan.Sa reſponce fut telle.

Meſſieurs,j'ay receu voſtre lettre par ce porteur par laquelle vous me faites entēdre les deffiā ces où vous mettēt les diuers bruis qui ſe ſemēt qu'ō vueille faire vne entrepriſe ſur voſtre ville Surquoy je vous diray; que quoy que l'ō veille dire vous n'auez Dieu merci nulle occaſiō de craindre.Car il n'y en a point d'apparence cōme je croy que dés ceſte heure vous en ſerez ap-perceus . Et que ces troupes ſeront parties ou partirōt bien toſt : Vous pouuez aſſeurer que ſi j'euſſe conneu qu'il y euſt eu quelque occaſion de deffiance, je n'euſſe pas failly à vous en auertir: ayant en telle affection voſtre ville & tout ce qui touche voſtre ſeureté & repos que

LIVRE VINTHVITIEME.

s'en auray tousjours soin & m'enploieray de tout mon pouuoir pour la conseruatiõ d'icelle, & le bien de chacun de vous. Ie voy graces à Dieu le Roy si bien disposé à l'entretenement de la paix entre ses sujets: que nous auons tous occasion de le loüer. Et n'aiant pour ceste heure autre chose à vous dire: je n'alongeray ceste lettre que pour me recõmander de bien bon cœur à vos bonnes graces. Priant Dieu Messieurs vous vouloir tousjours tenir en sa S. garde & protectiõ. De Paris le 7. Aoust 1572. Ainsi signé au bas de la lettre. Vostre entieremẽt biẽ bõ ami, Chastillon. & dessus à Messieurs les Maire Escheuins & Pairs de la ville de la Rochelle.

En ce tẽps le Barõ de la Garde General des Galleres retourné de la Court en Broüage & apperceuãt que les Rochellois auoiẽt toute occasiõ d'etrer en soupçon & deffiãce pour l'insolence de l'armée estẽdue en Onis & Saintõge, mit peine de les rasseurer leur rescriuãt cõme il suit.

Messieurs estant arriué en ce lieu: l'vne des premieres choses à esté d'ẽuoier par deuers vous autres le Seigneur d'Audiger: pource qu'on fait courir vn bruit par deça le plus faux & meschãt qu'on sçauroit dire: qui est que nous voulõs vous faire desplaisir & à ceux de vostre ville. Et tant s'en faut que les intentiõs du Roy & de la Roine sa Mere & Monsieur son frere sont que vous soiez soulagez & respectez autant que nulles autres villes de ce Royaume: & me le recõmanderẽt au partir de la Court. I'y veux obeïr & vous respons que s'il y a personne qui entreprenne qui soit sous ma charge de vous offencer en general ou en particulier, je le feray chastier exẽplairement: vous priant bien fort à ceux qui iront & viendront là: les faire accõmoder de ce qu'ils auront besoin en paians de gré à gré. Messieurs je prie nostre Seigneur qu'il vous donne en santé tres-bonne longue & heureuse vie. De Broüage ce quatorziéme Aoust, mil cinq cens septante deux. Signé vostre tresseur & parfaict ami Poulin.

Lettres du Baron de la Garde aux Rochellois.

Les Rochellois qui sçauoient que le Baron estoit ancien ennemi de leur Religion. Et qui incommodoit tout leur traffic & commerce par ses Galleres: n'osans s'irriter & persuadez d'vne grande beneuolence du Roy enuers eux & tous ceux de la Religion: luy respondirent le plus doucement qu'ils peurent comme il fit assez entendre par vne autre lettre qui suit.

Messieurs j'ay receu vostre lettre que m'ont baillé de vostre part les Seigneurs de Coureilles & Gargoullaud. Et suis esté biẽ aise d'auoir entẽdu que vous estes biẽ asseurez du tout du faux bruit qu'on a fait courir & qu'il n'en est rien. Ie leur en ay encores fait entẽdre de viue voix l'intentiõ du Roy & de la Roine sa Mere & Monseigneur qui à le maniment des Armes: & prié le vous dire. Et que je ne m'espargneray jamais en chose que je puisse pour vous garder d'estre offencé côtre qui le voudroit entreprẽdre. Vous le croiez ainsi & qu'il ne se fera riẽ que le Roy ne le cõmãde par bõnes lettres patẽtes. Mais cepẽdãt gardez vous q̃ l'on ne vous trõpe: & aiés en souuenãce l'auis q̃ je vous en dõne: qui ne vous peut sinõ seruir si vous l'ẽsuiuez. Ce que je vous prie de faire & nostre Seigneur vous dõner Messieurs en parfaite santé tresbõne & lõgue vie. De Broüage ce 20. Aoust 1572. souscrit. Vostre tresseur & parfait ami cõme frere Poulin.

Le Baron de la Garde auertit les Rochellois de se deffier & se tenir sur leur gardes.

Pour secrete & bien conduite que feust l'entreprise des Catholiques sur les Cõfederez: pour grãdes que peussent estre les caresses que le Roy leur fesoit: non moindres que l'asseurãce de si delité qu'ils auoiẽt en luy: (occasiõ peut estre de l'indiscrette paresse qui les retiroit de soigneusemẽt remarquer les portemãs de ceux desqls ils se deuoiẽt douter) le feu neãtmoins qui ja lõg tẽps croupissoit sous la cẽdre: rẽdoit par fois telle fumée, que mains particuliers plustost que les plus remarquez, soupçonãs quelq̃ chose de ce qui en estoit: en auoiẽt ja dõné l'auertissemẽt à l'Amiral & quelques autres qui n'en firẽt toutesfois plus d'Estat que luy. On ne laissa pourtãt de lui mõstrer par lettres plus au lõg que de viue voix, ce qu'aucuns pour estre embarassez en mesme dãger ne luy vouloiẽt celer. A ceste occasiõ le prioiẽt de cõsiderer principallemẽt 3. choses. La qualité des persõnes assauoir celle du Roy & ceux qui luy assistoient en cõseil. Puis la siẽne qui represente la plus part de sõ parti. Secõdemẽt les occasiõs que le Roy pẽse auoir de les hayr. Pour le tiers. Cõme en telles occurrẽces les Princes du passé se sont portez vers leurs sujets. Quãt au premier disoient ils, encor que les Cõfederez fasseurẽt de n'auoir de fait ny de parolle offecé le Roy: si se fẽt il neãtmoins offecé d'eux en l'vne & l'autre sorte, voire grãdemẽt. Il à dõc occasiõ de se vẽger, car ils n'õt point d'autre Iuge que luy pour vider le differẽt si l'occasiõ est juste ou nõ. Le moiẽ si presente voire plus fauorable qu'il ne l'eust sceu desirer. Brief ils s'abaissẽt cõme s'eniuié ne luy en est desja venue. Mesmemẽt à vn jeune Prince qui en tel cas ne charge volõtiers son cerueau des consideratiõs s'il en receuroit hõneur ou deshõneur, gain ou perte, biẽ ou mal, haine ou amitié ou bien aucũ autre prejudice de quelque endroit. De lui

Considerations qu'aucuns Protestans firent entendre à l'Amiral & depuis les ont fait publier pour inciter leurs partisans à se dõner garde aux noces du Roy de Nauarre.

Ii iij.

il est sujet & vassal, duquel les Princes suportēt beaucoup moins les offenses & brauades que d'vn estrāger, côtre lequel s'il est loisible de se vāger le doit il pas estre d'auātage sur le sujet qui n'a droit de superiorité, de côpetence n'y de qualité aucune? Ains seulement de nuë & simple obeissance en toutes choses que luy commandera son Prince? C'est pourquoy les Anciēs ont dit & le voions de jour à autre pratiqué: que la haine & courroux du Souuerain vers le sujet qui l'a offencé est à vie, & ne meurt qu'auec le dernier de ses jours. Voire passe de Pere en Fils & comme succession ordinaire descend pour heritage naturel aux heritiers auec le reste des biens du deffunt. Ne faut ici subtillizer en vain que si la vengeance est permise sur l'Estranger elle est desraisonnable, illicite & deshonnorable vers le sujet qui ne doit attendre du Prince que toute douceur, tout bien, & auantage de son viuant: non moins que le fils du bon naturel de son Pere, offensé qu'il soit. Car tout cela sont Maximes du premier aage, auquel les hômes poussez à toutes actiōs par le seul instinct d'vne simple vertu: ne pouuoient ou côme disent nos Courtizans n'auoient l'esprit n'y l'habilesse de penser, dire, ne faire chose tant soit peu desplaisāte à leur voesin. Pour ne sçauoir que c'estoit de faute ny peché ils n'auoient ny Loy ny Magistrat ordonné pour la punition des mal faits dont ils n'auoiēt encores ouï parler. Aujourd'hui les hômes aians auec le tēps changé de naturel: changent auec l'opinion, tout ce qui concerne la maniere de viure par ensemble. Et sur tout aians esté les Roys & Princes Souuerains créez pour cômander, donner Loix, establir forme de viure, & guider à leur apetit ceux qui leur ont dôné tant de pouuoir sur eux: Ils ont en fin gangné ce point qu'il leur faut obeir absolumēt, & sans aucun côtredit effectuer ce qui leur vient en fantasie: prenās droit de condāner & punir les contreuenās à leur plaisir: selon qu'ils auisent pour le biē de leurs affaires. Puis donc qu'ils sont eux mesmes les Loix viues côme disoiēt les Empereurs Romains: ils feront auec le temps que ce qui semble aujourd'hui beau sera laid dans vn mois & au rebours. Ce qui sera treuué bon en vn temps: à peu de mois on l'estimera mauuais: le profitable sera treuué de grand preiudice au bout de l'an. Ce que vous reputez honneur dedans vn an sera suy de tous comme vilain & mal seant à chacun. Brief ce que vous appellez honneur, droit, raison, Iustice, beau, foy, pieté, temperance, chasteté & telles autres vertus: sont biens & auantages introduits par les Roys & Gouuerneurs pour les particuliers: aucuns desquels s'en peuuent preualloir sur les autres. Ce ne sont qu'autant de graces & recommandations particulieres c'est à dire institutiōs des premiers du peuple pour mieux faire viure & comporter les petites & simples personnes par ensemble: & non pour les grās & Souuerains Princes qui sont le droit, l'honneur, la Iustice, la foy, la raison, la pieté & vertu à leurs sujets. Voila pourquoy Cesar ne fesoit difficulté de côtreuenir au droit, foy, raison & pieté: C'est à dire aux ordōnances Politiques de son païs: pourueu que par moiēs tels qu'ils fussent il vint à gangner le Gouuernemēt & Surintendance sur tous. Encor moins ajoutoiēt ils, se faut il fier à l'aparence exterieure des hômes, puis que le dedans est si fort preocupé de passion contraire. Les belles parolles, les bonetades, les caresses, les beaux semblans, les estroits juremans, les iterées promesses, la foy rejurée & tels autres Articles: ne sont qu'autāt d'amielemās qu'on nôme aujourd'hui eau benite de Court: pource que ce sont les premiers trais & plus ordinaires moiēs que les Princes tiēnent aujourd'hui pour atirer les hômes dans les rets & puis les ploier à leurs desseins: côme les Prestres aspergent premieremēt de leur eau consacrée ceux ausquels ils sont puis apres flechir les genoux au Temple pour participer à leurs deuotions. Il faut disoit Lisander General des Lacedemoniēs trôper les petis enfans par oyselets & petis Images qu'on appelle marmosets: & les hômes qui sont en aage de discretion, par sermens & autres plus grandes attestations. Somme que le dire de ne fut jamais mieux receu ny praticqué qu'aujourd'hui qu'où la force du corps ne peut rien il faut vser de celle de l'esprit: qui sont paroles affectées, animeuses promesses, juremās, finesses, ruses & dissimulations ausquelles les simples croient plus qu'il ne leur est expedient. Ce que l'autre vouloit entendre quant il disoit qu'où la peau du Lyon ne profite il y faut accommoder celle du Renard. Pource que c'est vn Animal pleind de subtilles innuentions par lesquelles il vient au dessus de ce qu'il demāde. Tous les Princes & Estats en sont logez là: & tirēt à grand auantage de pratiquer les maximes du Secretaire Florētin, s'acomodans des 2. formes de combat: de celle de l'homme qui gist en l'esprit. Et de celle des bestes qui n'est qu'en la force du corps selon les occasions, pour bien jouër le rolle de la beste & de l'homme ensemble: comme s'ils sortoient de l'Escolle de Chiron le Centaure demi hôme & demi beste: sous l'instruction duquel Achiles & plusieurs autres Princes Grecs furent mis pour bien conoistre &

LIVRE VINTHVITIEME.   60.

praticquer la ruze de faider de ses deux natures. Afin que si le Prince est forcé de contrefaire la beste, qu'il choisisse l'humeur du Renard & du Lion plustost que d'autres brutes. Car comme cestui-cy ne se peut garder des cordes & filets ingenieusement tendus pour le surprendre: le Renard aussi est trop foible pour se deffendre des Loups & autres puissants animaux: à defaut de l'vn ils s'accommoderont de l'autre:& autremēt ne sera point estimé l'homme entre les Courtisans qui ne sçait jouër les deux personnages. Voulans monstrer que le Prince auisé ne peut & ne doit garder sa foy quand elle luy est prejudiciable: soit à l'honneur soit au profit de luy ou des siens. Mesmemant où les occasions & necessitez qui la luy ont faict promettre sont ja passées: au temps corrompu mesmement auquel nous sommes. Brief si l'on n'auoit eu par ci deuant & par plusieurs fois les occasions & propres sujets de tel deffi: il en faudroit parler dauantage. Mais l'experience du passé, disoient ils, nous deuroit rendre plus sages que la raison qui se presente en ce faict si euidente pour nous. Voiez d'auantage à qui vous auez affaire. Nostre Prince ne parle à vous que par l'organne d'autruy. C'est à dire en bon François qu'il est executeur des pensées & desseins de ceux qui le possedent: Assauoir Italiens & Espagnols ou leurs Ambassadeurs pensionnaires. Nations esquelles vous deuez remarquer deux choses. La premiere, qu'elles ne sont point jeunes ny aprentiues cōme la nostre au manimant du monde. Ains vieilles & routieres pour l'inuention & bonne conduite de mille moiens qu'elles peuuent subtilizer pour venir je ne diray à leur honneur (car comme j'ay dit c'est vne trop lourde simplesse de recercher aujourd'hui le point d'honneur en ces affaires) ains au dessus comme que ce soit de telles occurrēces que celles que nous a enfanté la surueuë des guerres ciuiles. Au moien qu'elles ont veu & pratiqué tant de semblables seditiōs & tels autres remarquables accidens qui ont perdu & du tout ruiné tant d'Estats autrefois bien establis, & changé ceux qui restent aujourd'hui en leurs païs: qu'ils peuuent maintenant donner la leçon à toutes autres Nations pour se conduire en semblables occurrences. Ioint l'auantage d'esprit qu'ils ont sur nous. Car si nous auons des graces pour lesquelles les François se peuuent preualloir sur eux(comme il n'y a peuple qui n'aie quelque faueur particuliere pour le faire reluire sur les autres) Aussi ont ils la dexterité d'vn esprit plus ouuert & inuentif que nous: lequel aidé par le souuenir de l'experience du passé: à esté laissé par forme d'habitude naturelle, comme pour heritage de Pere en Fils à ceux que nous voiōs aujourd'hui s'employer pour la ruine de nostre parti. Pour le second point qui est l'occasion de la haine que le Roy nous peut porter: Affin de recercher sans passion s'il à peu ou point d'occasion de nous hair. Toutes occasions de haine viennent du fait ou de la pensée de celuy que l'on hait, si la pensée se monstre mauuaise par quelque portement exterieur, encor qu'elle n'aie sorti effet au prejudice d'aucun. Le Roy pense que nous l'aions offencé en l'vne & l'autre sorte. Car il dit que nous auons tousjours treuué mauuaise la forme tant de sa vie que de son Gouuernement: & en special pour le fait de Religion, de laquelle il nous à voulu priuer, & fait punir comme heretiques grand nombre de miliers de ceux qui nous ont precedé. Occasion des premieres, secondes & troisiémes guerres de France esquelles nostre portement luy a esté l'autre occasion de nous hair: atribuant a nostre seule entreprise: le miserable Estat & presque entiere ruine de son Royaume. Nous disons bien que ceux de son Conseil sont animez à nous recercher de la vie pour le fait de Religion: & par consequent forcez de nous tenir sur la deffēciue: Que nous n'auons pris les Armes qu'ē consequēce, par force & necessité: à laquelle on ne doit imputer,(ains à l'occasiō d'icelle) la ruine de l'Estat. Mais ceux qui le possedēt luy destournēt les yeux pour ne bien peser telles excuses. Et par ainsi attribuant tout à nostre faute: nous hait & nous veut poursuiure cōme ennemis jurez de la Courōne qu'on luy a mesme fait a croire que nous luy vouliōs oster. Donques le meurtre de tant de miliers de Seigneurs & autres Catholiques tōbez sous le trāchāt de nos espées: tant de places sacagées, tant de païs ruinez, tant de grosses plaintes mesmes que nous auons fait de luy parmi les Estrangers, & par escits, & de viue voix par ceux que nous leurs auons enuoiez Ambassadeurs pour l'auācemēt de nos affaires: sont les vraies occasiōs de son maltalent & offence, qu'il vēgera s'il peut sur les plus endormis & paresseux de nous tous. Mais qui vient le plus à considerer est la Religion de laquelle nous auons jusques icy fait profession diuerse à la sienne, en laquelle il est né, baptizé, nourri & elleué parmi nous: & laquelle, fondement & premiere occasion de tous les remumans François : & consequamment de tous les maux, comme ils disent, qui sont depuis suruenus en ce Royaume: ses Conseil-

Italiens.
Espagnols.

Italiés pour quoy d'ordinaire plus fins & habiles que le François Allemand & autre leur vesin.

Occasion de la haine des Catholiq̄s contre les Protestans.

Religion diuerse.

Ii iiij.

lers luy sont extremement hair. Si que luy auoir persuadé que son ESTAT ne peut prosperer sous la diuersité de deux Religions: & qu'il n'en doit souffrir que celle sur laquelle son Estat à esté fondé: lon fait en fin resoudre d'employer tous ses moiens pour exterminer de son Royaume auec la Religion tous ceux qui en ont fait profession ouuerte. Nous auons de belles raisons pour luy monstrer que nostre cause est bonne, voire suffisante pour conuaincre les plus obstinez qui voudroient nier que deux Religions diuerses se peuuent compatir en vn Estat. Mais le Roy ne les à jamais entendu par l'astuce de nos auersaires, qui nous ont tousjours esté barrieres en tels affaires, crainte que nous eussions accez à saMajesté: & sans parler de raisons: il n'y a chose qui le doiue empescher d'ensuiure,(si toutes choses sont bien pesées à la ballance d'vn ferme jugemant) l'exemple & forme de gouuerner qu'auec tout heur entretiennent les Germains, Polonois, Suedes, Danois, Suisses, Anglois, Escossois, & Duc de Sauoye. Les Espagnols mesmes si jurez Catholiques: en leurs païs bas permettent plus de diuersitez de Religions qu'il ny à presque d'Estats. Le Turc, leMoscouite & le Pape qui plus est entretiennent pour le bien, dit il, de son Estat les Chrestiens & Iuifz és villes de son obeissance: qui ne sont pas neantmoins de diuerse cõme nous: Mais de fort contrairesReligionsChrestienne & Iudaique. Y en a qui passent outre sasseurans de maintenir auec raisons suffisantes que les Estats desChrestiens ont tousjours esté les moindres, les plus mal reglez, & de plus courte vie, que ceux desPayens comme vous diriez Perses, Indois, Egyptiens, Grecz, Romains, Tartares & autres : tous lesquels neantmoins n'ont jamais fait difficulté d'entretenir diuerses voire du tout contraires Religions parmi eux. Ce n'est pas, disent ils, pour licencier les hõmes à suiure telle Religion qu'ils se pourroient fantasier. Mais seulement pour montrer puis que tant d'excellens Estats Paiens depuis le commencement du monde se sont tant bien & si longuement entretenus sans auoir eu neantmoins aucune conoissance du Saint & sacré vouloir de Dieu auec tant & si diuerses deuotions celestes: que nostre Estat se pourra bien maintenir encor que nous fussions de diuersesReligions: pourueu qu'on disposast tellement le peuple qu'il sust sogneux à pratiquer deux choses. L'amour au seruice de Dieu&l'obeissance à ce que les Gouuerneurs ordoneront sur nous:qui sont les deux pilliers & vrais fondemés de tous Estats.De dire à cela com'aucuns font que cesPrinces permetét la diuersité de Religiõs pource qu'ils les ont ja treuué plantées trop auant & fort anciennes en leur Estat. Ce qu'ils ne seroient si elles y eussent esté aussi nouuelles qu'en France: il n'y à aucune aparence. Car outre ce qu'on ne doit estimer chose jeune ce qui à resisté aux efforts de tous Chrestiens par soixãte ans & depuis le commécement du Roy François premier sous lequel seulement la Religion commença de bourjonner.On la voit aujourd'huy plus forte, plus enuieilie qu'elle ne fut jamais icy ne en autre lieu: voire croitre de jour en jour à la perte&diminutiõ de sa contraire. Encor donc que nous peussions juger par la consideration de nos raisons de ce que le Roy doit faire: ne jugeons touteffois par icelles de ce qu'il peut : & moins encor de ce qu'il veut. Car puis qu'il n'entéd nos raisons&que peut estre il ne les treueroit bõnes selon que les cerueaux des hõmes sont differents à conceuoir vne chose pour bonne qu'elle soit: ne nous abusons point en nostre bon droit. Ains veillons à nostre seureté plus que jamais: veu les extraordinaires & trop grandes faueurs qu'on nous a fait jusques icy: lesquelles semblent nous auoir plongez les sens en vn trop grand oubly de nostre deuoir. L'inconstance des choses humaines & le trop variable naturel de l'homme, acourcit la durée du bien & plaisir de cemonde pour le changer en vn long & facheux cours d'ennuy& danger incroiable. Puis donc que le Roy est ja persuadé à nous haïr,& pour nostre fait&pour nostre pensée, comme contraires à son aise & ennemis jurez de sonEstat: persuadons nous aussi veu son naturel chaud & bouillant: qu'il ne nous a jusques icy recerchez & poursuiuis pour nous quiter à la remise. Mais plustost qu'il se represente vn deshonneur qu'il acquerroit à jamais de nous laisser viure en la gloire de luy auoir par tant d'années fait teste & à tous les Potentats de la Chrestienté qui ont souuent couplé leurs moiens pour mieux nous arrester soit au commencement soit au milieu ou fin de la carriere.Il n'y à sorte de gens si jaleux de l'honneur que lesPrinces,plus encor que les amoureux de leurs Maistresses.Comme ils se voient esleuez sur tous: aussi pensent ils auoir tel auantage sur leurs sujets qu'il ne leur soit loisible seulement de penser & moins de contrarier à ce qu'ils ont vne fois imaginé.Plus encor se feroit on moquer si lon se persuadoit qu'ils eussent pitié du degast & perte des biens: voire de la vie propre de leurs sujets, Nobles

ou au-

LIVRE VINTHVITIEME.   61.

ou autres qu'ils soient. Car, disent ils, la terre est grasse qui renouuelle auec peu de labeur ses fruits d'an en an; en tout euenement païs gasté leur vaut mieux que pays perdu. La Noblesse (disent-ils) ne se perd non plus. Car pour deux mil Gentils hommes & Capitaines morts en vne Guerre ou le jour seul d'vne bataille: le Prince en peut faire de dix mille vilains autant de Nobles dés le lendemain. Quant au decez des autres: ceux qui pour diuerses consideratíons ne suiuent le train des armes: en bastissent plus en vn mois qu'il n'en meurt en toute vne guerre: notamment en France en laquelle bien qu'apres la mort de deux millions de personnes depuis le commencement de ces mutineries: on voit encor neantmoins fourmiller les hommes plus que jamais sur l'estenduë de toutes les Prouinces de la fleur de Lys. Somme que les Princes se persuadãs que tout le reste des humains est né pour eux, comme toutes choses sont faites pour l'homme: ne faisans aucun Estat de toutes les actions de leurs sujets, si elles ne se font à leur respect: mesurent toutes choses à leur plaisir & contentement particulier: s'ils en reçoiuent hôneur ou profit ou les deux ensemble ils auouënt tout: si au rebours tout leur est en sorte desplaisant qu'il ne faut parler que d'vne prompte fuite pour euiter leur fureur & indignation soudaine.

Vous repliquerez qu'il n'est point inconuenient de croire que nostre Prince ne se souuient plus du passé: ores qu'il eust eu autresfois quelque occasion de nous en vouloir: tant pource que plusieurs autres Princes ont vertueusement pardonné leurs offenses: que pour la foy qu'il nous a donné de mettre le passé en oubli. Ioint les promesses iterées, les honneurs, caresses & auancement qu'il nous fait. Ce qu'aucuns Princes ont fait est rare & pour la malice de nos hommes ne peut estre pris en exemple ce jourdhui: mais bien plustost le mal, les meurtres cruautez & assassinats du passé: comme nous sommes tous plus enclins de naturel à suiure le mal, qu'à pratiquer le bien & la vertu de nos deuanciers. Pource que la plus part des hômes sont meschans, & peu sont vertueux: Presque tous & chacun en son particulier ensuit le grand plustost que le petit nombre. Dauantage ce qu'aucuns Princes ont vertueusement pratiqué l'oubli de leurs offences: est venu pour l'vne des deux occasiõs que je diray ou pour les deux ensemble lesquelles manquent au cas qui se presente. Sçauoir est les personnes qui leur assistans au Conseil & raportans toutes occurrences au bien du public plus qu'au particulier du Prince, ni du leur propre: les destournoient de suiure l'instint que tous hommes presqu'ont naturel à la vengeance. Mais ici tout le Conseil du Roy nous est ennemi juré à nostre entiere ruine. L'autre, que plusieurs Princes ont esté si debonnaires & de tant simple naturel qu'ils estimoient meschanceté à vn Roy de punir vne offence. Mais aujourdhui lon appelle cette vertueuse simplicité: vraie sotie & trop lourde bestise. Mesmement à vn Prince de naturel chaud, brusque, bouillant & actif comme est le nostre, l'humeur duquel ne simbolise en rien auec cette simple simplicité de plusieurs anciens. Somme que tous les autres ont tousjours instamment poursuiuis la vengeance des injures qu'ils pensoient & qu'on leur fesoit souuent acroire auoir receu: car ils s'y portent à l'appetit de leur Conseil. C'est pourquoy les Anciens ont sagement resolu qu'il valoit mieux à vn Estat Monarchique auoir vn mauuais Prince assisté & conduit par l'auis d'vn bon Conseil, c'est à dire de gens de bien: qu'vn bon Prince gouuerné par mauuaises gens. Tels Princes ne se souuiendront seulement, ains poursuiuront toute leur vie la reparation d'vn desplaisir receu: & y tiendront tousjours les moiens qu'on leur proposera. Aucuns y vont par voye ouuerte, c'est assauoir par force d'armes (côme l'Empereur Charles cinquiéme fit du commencement contre les Germains: & en Espagne contre ceux qui s'appelloient la sainte vnion, esleuez contre ceux lesquels introduisoient vne mauuaise forme de Gouuernement en Espagne fauoris du Roy, & la plus part estrangers 1519. Ainsi en a fait le Roy Charles depuis 1560. Iusques aujourd'hui qu'il semble vouloir nous combatre d'vne plus rusée façon: voiant que l'autre lui a bien peu auancé ses affaires. Les autres pour ne profiter rien à jeu descouuert: y emploient (comme on dit) la peau du renard, puis que celle du lyon n'y sert de rien. Pource y procedent par feintes & dissimulations: caressans, honorans & auançans par toutes sortes de moiës ceux desquels ils ont juré la mort: & y ajoutent s'ils voient qu'il y aye quelque reste de deffi: tant de juremans & si execrables protestatiõs que plusieurs sont en fin comme forcez de les croire. Lors pour n'auoir fait aucun aprest de deffence, ils sont aisément sots-pris: je voulis dire surpris en leurs couches ou en quelque assemblée qu'on aura fait à propos. Tous ces Princes neantmoins, bien que tenans diuers moiens en la conduite

Princes qui ont remis les offences & qui non.

Ii iiiij

L'HISTOIRE DE FRANCE.

de leurs entreprises: se ressemblent touteffois en vne chose. Qu'ils n'en veulent qu'aux premiers Chefs: lesquels morts pour la creance qu'ils auoient sur le reste: tous sont aisément joug au commandement du parti contraire. Aussi ne seroit ce pas se venger, que de poursuiure & recercher jusques à la derniere piece du naufrage. Mais cruellement maitriser & comme disoient les anciens manger les hommes à la canibale. Tous Estats en ont tousjours vsé ainsi: l'Empereur Charles 5. mesmement, soit en Allemagne, soit en Espagne. Mais sur toutes nations qui me seblent auisées en cecy: l'Anglois si porte tressagement. Car comme il n'y a Royaume qui aye souffert plus d'esmeutes & de remumans seditieux: ores pour le different de l'Estat entre les maisons d'Yorch & de L'Anclastre: tantost pour le motif de Religion: encor que plusieurs batailles y aiet estées gangnées: & tout vn party forcé de caler à l'impetuosité du vent contraire: le victorieux neantmoins s'est tousjours contenté d'asseurer son bon heur par le decez des plus aparans Chefz de son ennemy: tenans les autres qu'il licencioit soudain chacun à sa demeure; pour aussi bons amis que ses partisans.

Le Prince ne doit faire la guerre contre ses sujets.

De dire qu'vn Prince genereux tels qu'ils doiuent estre tous & qu'on les doit croire, pourueus d'vne vraie & entiere vertu: ne voudra jamais vser de ces façons desrobées à se vanger mesmement sur ceux, la victoire desquels ne luy peut estre honnorable & encor moins auātageuse en autre chose que ce soit. Ains y procedera plustost s'il est resolu à la vengeance par voie de fait, pour aprester plus de matiere à sa gloire par le moien d'vne vaillance & dexterité d'Esprit qu'il pourroit employer à la conduite de son enrreprise. Cela est tousjours reuenir au deuoir du temps passé: le naturel de nos hommes ne se veut plus regler à l'estenduë d'vne si estroite vertu, pour deux occasions. Assauoir pour la qualité des hommes & pour le respect du fait en soy. Pour le premier les Princes font aujourd'huy si peu d'estat de leurs sujets qui se dressent contre eux: qu'ils ne les estiment dignes de combatre ny employer leurs moiens Royaux contre leurs desseins. D'autāt que se sont, disent ils, simples creatures, nées pour obeir seulement & la plus part à seruir ceux qui ont le plus de puissance: vn genereux Lyon ne fera jamais estat des petites bestes: ains s'ataquera seulement à celles qui semblēt auoir vne plus grande ou pareille puissance à la sienne. Ioint qu'en tout cas, il ne se faut jamais mettre au hazard d'aquerir deshonneur voire peut estre de sentir tout en vn instant son entiere ruine, comme fait celuy qui entreprend vne guerre côtre qui ce soit: le naturel delaquelle est si variable que celuy qui semble le plus puissant est le plus souuēt vaincu. Quelle perte donc & quel deshonneur acquerroit le Prince si par la perte d'vne bataille ou de plusieurs, il estoit contraint de dōner la carte blanche à ses sujets & former le reste de sa vie à leur apetit? Sans doute la perte & le deshonneur redoublēt au vaincu par plus petits que soy. D'autre part quand ils estimeroiēt leurs sujets dignes d'vne guerre: il n'est expedient au Prince d'y consentir par plusieurs raisons. Premieremēt ce seroit les acoustumer comme à vn droit d'egalité & peu à peu les faire entrer en competence auec leur Souuerain. Si bien qu'à la longue (comme toutes choses empirant peu à peu, la liberté qu'on donne à l'homme le conduit en fin à vne licence desbordée:) le sujet voudroit conoistre du deuoir de son Prince: & apres s'attribueroit le droit & puissance de le desmettre s'il le pensoit sortir de son deuoir. Dont pourroit en fin venir l'inconuenient de changer l'Estat Royal en Democratic ou du moins en Aristocratic: chose la plus dōmageable & qui aporteroit le plus de deshonneur à vn Prince qu'autre du monde. Ceux qui par le raport des affaires du passé à celles de leur temps: jugent des incidēs auenir: sçauēt qu'il n'y a rien plus dangereux au Prince que d'accoustumer son peuple à reconoistre & pratiquer ses forces. Le naturel des armes c'est à dire de la puissance, aporte tousjours le desir à l'homme d'en vser à son profit & dommage d'autruy. Par consequent si les sujets se voient si forts qu'ils aient moien de se mettre en liberté: il n'y a moiens, vie, biens, honneur, conscience & s'ils ont encor chose plus chere, qu'ils ni emploient pour jouir du bien de leur franchise: que tous estiment le plus beau & plus excellent joiau que la nature aye donné à tous hommes.

Voie de fait & Guerre ouuerte se doit fuir.

Si le respect des sujects destourne le Prince de côtester auec eux; la quallité du fait luy descōseillera dauātage. Car toutes voies de fait sont pleines de dāger: incertaines, variables, sujectes à perte & deshōneur incroiable pour bien cōduites qu'elles soiēt. Au cōtraire la voie secrette qu'il peut tenir par vne acorte dissimulation de son dessein, est toute asseurée: pleine de proffit pour lui & pour l'Estat de tout son Royaume, qu'il estime ne pouuoir remettre en Paix que par ce moien. On ne sçauroit à cela respondre que deux choses, assauoir que celle voie n'est pas

asseurée

asseurée à l'execution. Secondement quand elle seroit asseurée apres vne entiere execution de Chefs : si est-ce que les guerres ne lairront pour cela de recommancer. Car si l'on ne tue que les Chefs principaux : les autres se ressentans de cela se remettront en deffence & recommanceront comme de plus belle. Il est aisé de satiffaire à cela. Car pour le moins cette voye est beaucoup plus asseurée, soit en l'execution, soit à l'auenir que l'autre : sçauoir est de faire la guerre à descouuert laquelle ne finira jamais que par la ruine de tout l'Estat. Au reste il n'y a pas tant de fraiz, ni de peine ni de souci : & auec ce aucun du parti n'est en danger. Outre plus c'est autant despescher d'ennemis qui ne mordét plus. Car comm'on dit plus de morts moins de contraires. En tout euenement & pour couper broche à toute replique. Or qu'il y aie des incommoditez en cette voie (comme il n'y a dessein ni action qui ne soit suiuie, voire accompagnée de quelque inconuenient) il y en a tousjours moins qu'en l'autre, qui est longue cete-ci courte : l'autre sujette à vne infinité de fraiz, cette ci sans aucune despence que d'vn jour ou d'vne nuict : la descouuerte incertaine & variable pour l'inconstance naturelle de la guerre : cette-ci toute asseurée, veu que tous les Chefs sont en vn lieu, sans soupçon ni aucunes Armes de deffence : au lieu, dis-je, où ils sont les plus hais : où il y a plus de leurs ennemis : où le Roy & tous les Chefs contraires qui l'accompagnent commandent à baguette, auec infinis Soldats & autres ennemis pourueus d'armes requises à cet effet : si bien qu'il semble n'y rester que la hardiesse a cōmander ce meurtre, veu que l'occasion y est si propre & l'execution si facile.

Pour le troisième point. Si nous auons l'entendement si stupide, ou preocupe de quelques considerations mondaines qui nous destournent de nostre deuoir : du moins soions sages en ceci par l'experiēce & remarque des accidens qui sont suruenus tant à ceux du passé qu'à nous mesmes. Il ne se treuue nations d'entre les modernes plus foisonnantes en telles cruautez que l'Italienne & l'Espagnolle : qui sera pour verifier encor plus ce que dessus. Vous a lon pas autresfois leu le Conseil que le Roy Tarquin donna à son fils (lequel feignant le faché des mauuais portemans de son Pere, s'estoit retiré chez les Gabins ses ennemis) coupant la teste de tous les pauots de son jardin : ne lui donna-il pas à entendre par là qu'il lui falloit tuer en vn jour tous les principaux pour se rendre le reste souple & deuotieux à sa volonté ? ainsi fut il fait. Antonin Caracalle irrité contre les Alexandrins de ce qu'ils auoient fait & recité quelques vers de sa vie : les alla voir faignant vne reueuë des plus propres à la guerre. Assemblez les fit tous tailler en pieces : & commanda à tous les Romains qui l'auoient suiui d'égorgeter chacun son hoste la nuict suiuant. La boucherie fut si grande qu'il n'osa faire cōpter les corps : ains escriuant de cela au Senat Romain, lui manda qu'il ne se falloit mettre en peine pour sçauoir quels & combien y auoient esté meurtris : qu'on se contentast qu'ils auoient bien merité la mort. Desiroit pas Nero apres auoir veu joyeux le feu forcener par les plus beaux endroits de Rome : que tous les Romains n'eussent qu'vne teste pour la trancher soudain ? pource qu'il les voioit de contraires portemans aux siens ? Seruius Galba auoir fait venir le peuple de trois villes de Portugal pour traiter, disoit-il, ce que le bien de leurs affaires requeroit : en choisit neuf mille des plus gailars qu'il desarma, & en auoir fait mourir partie vendit le reste à l'encant. Antonin Comode s'estudioit par fois à projecter & mettre à effect le plus de meurtres & cruautez qu'il pouuoit : Iulien Gouuerneur d'vne Prouince son plus fauorit, qu'il embrassoit & baisoit ordinairement, l'appellant son Pere & cher mignon : ne fut il pas secretement tué par luy ? Deuant que venir aux Italiens issus en partie de ceste race Romaine : Ie veux vous montrer que ceux qu'on estimoit anciennement les plus sages & mieux policez ne si pouuoient commander non plus. Lysander General des Lacedemoniens, ne fit il pas sous couleur d'amitié venir à soy huict cents Milesiens, puis les fit tous tailler en pieces ? Pour vous faire entendre que bien fondez & policez que soient les Estats (comme estoit celuy de Lacedemone) les Princes neantmoins se laissent maistriser à l'appetit de vengeance pour petit vent qui les pousse à cruauté : laissant tousjours la bride lasche de leur courroux ou l'appetit sensuel guidé par la seule apparence d'vne fauce raison, les peut conduire. Cleomenes Roy de Lacedemone ne fit il pas sous pretexte d'amitié & profit du Public, assembler les Ephores principaux Chefs de Sparte, & vrais Contreroleurs de l'Estat : puis les fit tous esgorgeter ? Artaxerce Roy Persan apres la victoire sur son frere Cyrus, voiant qu'il ne pouuoit auoir le dessus des dix mil Grecs venus au secours de son frere decedé au combat : fist tant par belles parolles qu'il persuada à leurs Chefs, auoir mis en oubli le courroux autresfois conceu contr'eux

& qu'à

& qu'à present esmerueillé de leur constance & vertu Guerriere: jura de leur donner tous les moiens qu'ils auiseroient pour retourner en leurs païs. Mais auſſi toſt que ſur l'aſſeurance de ſes courtoiſies ils ſe furent aſſemblez auec les principaux Chefs de ſon Armée pour en deliberer, & auiſer aux moiens qu'ils deuoient tenir pour ſe faciliter vn retour heureux en la Grece: ils furent tous maſſacrez: & fut contrainte leur petite Armée de créer d'autres Chefz en leur place. Cet excellent Chef d'armées Nicolas Picinin apres auoir fait infinis ſeruices au Pape & à Robert Roy de Naples: ne fut il pas inſtamment prié de venir à auec ſoy & ſerment du Prince & puis neantmoins apres toutes les courtoiſies dont ils ſe peurent auiſer inhumainemẽt tué? Par quel autre moien que de diſſimulations, feſtins, & autres careſſes ouuertes, Oliuerot ſe moiena il la Seigneurie de Ferme qu'ẽ tuant ſon oncle qui en eſtoit Seigneur & les plus grãns de Ferme qu'il auoit inuité auec ſon Oncle à vn banquet? Auſſi fut il par meſme moyen mis à mort auec Vrſin & quelques autres par Ceſar Borgia le plus diſſimulé Seigneur qui fut onc en Italie. Qui ne cõduit jamais autrement ſes deſſeins, dont il eſt tant loüé par quelques Italiens qui l'eſleuent ſur tous les plus excellens Chefz de leur temps. Son pere Alexandre ſixiéme Pape n'eſt il pas loüé par les meſmes Italiens pour le Seigneur qui parloit le plus de Paix, Foy, & pieté: qui neãtmoins fuioit le plus l'entretien & pratique de ces vertus ſi elles ne luy eſtoient auantageuſes? Caſtruccio Caſtracani ſe fit par meſme moien Seigneur de Luques. Anthoine Spinole Gouuerneur pour les Genois en Corſe auoir juré & donné ſa foy aux premiers de l'Iſle: les appelle au Conſeil & de la au banquet, ou ils leur fit à tous trencher les teſtes: Et pour parler des Eſpagnols, Ferdinand d'Aragon en fit autant aux principaux de ſon Royaume apres les auoir fait venir à Naples ſous la foy & parolle de Roy: mais il les fit auſſi villainement mourir qu'honneſtement il les auoit banqueté. Ne fut pas tout tel le feſtin que le Duc d'Alue fit ces ans paſſez aux Comtes d'Aiguemont, d'Horne & autres deſquels apres le conuy il fit voler les teſtes ſur l'eſchafaut? Que fit Chriſtierne deuxiéme Roy de Danemarch, ſur les habitans de Holme l'vne des principalles villes de Suede. Mil cinq cens dixſept? Charles ſeptiéme noſtre Roy pour acheter la Paix fit amitié auec le Duc de Bourgongne. Et pour le mieux aſſeurer pource qu'il y auoit occaſion de deffi au moien de la mort de ſon pere Duc d'Orleans que le Bourguignon auoit fait tuer à la porte Barbette à Paris: en jura les articles ſur l'hoſtie conſacrée. Puis le fit venir à Montereau Faut-yone pour le feſtoier: mais en fin il fut tué ſur le pont par Tanegui du Chaſtel l'vn des ſeruiteurs du feu Duc d'Orleans qui n'en euſt oſé ſeulement penſer la vengeance ſ'il n'en euſt eſté auoüé. Dont infinis maux auindrent à nos Peres.

SOMMETANT DE viue voix que par miſſiues & autres diſcours qu'on enuoia à l'Amiral: ont mit toute peine luy faire entrer en fantaſie qu'on n'aimoit point les **Confederez** quelque ſemblãt qu'on leur fiſt. Qu'on ſe preparoit à ſe vẽger du paſſé: & qu'il ſe falloit douter ſans ſ'aſſeurer en la foy, ſerment, accors faits, ny places données par le Roy pour arres de ſon bõ vouloir. Et qu'il **falloit croire** que les Catholiques ont cela pour articles de foy depuis & parauant le Concile de Conſtace auquel Iean Hus & Ieroſme de Prague furent bruſlez contre la foy & ſauf conduit de l'Empereur Sigiſmond. Qu'il ne faut garder la foy aux heretiques. Ioint qu'à vn ſecret Conſeil tenu entre les peres au dernier Concile de Trente: il fut diſoient ils reſolu. Qu'on peut & doit on tuer tous les heretiques. Ou du moins ne pardonner aux Chefz d'iceux; enſuiuant en ce le dire de ceux qui en ont donné leur auis. Qu'vne teſte de Saumõ vaut mieux que de cent Grenouilles. Remontroiẽt auſſi que les Princes reſiliſſent de leur foy, accors, promeſſes & traitez faits par crainte, force ou neceſſité; ſoudain que ceſſe l'occaſion ſur laquelle ils ont eſtez faits. Notamment que les Politics tiennent ceſte maxime infalible, que le Prince ne doit garder les conuentions faites auec ſes ſujets armez. On ajoutoit à cela le meurtre des Normans pres Roüen: outre ce la ſimple & maigre punition qui en auoit eſté faite par la faueur qu'ils auoient trouué en Court. Les homicides faits par ceux de Troye en Champagne ſur quelques Confederez retournans du Preſche. Que ceux de Roüen & Orleans menaçoient les Preſches d'vne prompte fin les deux ans paſſez: comme on murmuroit auſſi entre les Catholiques courtiſans, meſmement Italiens. Que l'armée de mer qui ſe dreſſoit à Bordeaux & en Broüage ſous coulleur d'aller au ſecours du Prince d'Orenge, n'eſt qu'vne feinte pour ſurprendre la Rochelle & autres lieux voiſins des Confederez. Car les Galleres ſont vaiſſeaux ineptes en telle mer: & au reſte elles feroient plus grande prouiſions de vituailles

LIVRE VINTHVITIEME.

étuailles qu'elles ne font. Pour fin & pour mieux le reueiler sinon par la consideration de son particulier, du moins pour le respect du General & particulieremant de tous les autres qu'il voioit enuelopez en mesme hazard & qui se disoient porter le danger sur les espaules. On lui remontra que ce que dessus n'estoit pour appreuuer, ains pour detourner le mal qu'on craignoit auenir. Car, disoient-ils, si vous n'y obuiez mesprisant tous bons auertissemans: ils ne lairront pour toutes vos raisons & considerations imaginaires a faire plus de maux peut estre que ne sauriez penser: & puis ne restera que les larmes & vaines plaintes à ceux qui vous suruiuront. Car le fait auenu qui nous pourra faire raison & justice du mal que les plus grans du Royaume nous auront moyenné? Quel reconfort donc le cas auenu? Quel moien & vengeãce vous sera de dire si vous eschappez je ne le pensois pas. Ie n'eusse jamais creu telle chose: il ne m'auiendra plus. l'y donneray bien ordre vn' autre fois. Ce sont parolles de petis enfans peu pratics au maniment du monde. Telles verues sont indignes d'hommes qui pour la discretion d'vn bon jugemant aidé par la praticque d'vne longue suite d'années: doiuent preuoir, puis destourner si desastreux inconueniens que ceux qui nous panchent sur la teste. Car on n'y peut faillir qu'vne fois: non plus qu'és fautes de guerre où il va tousjours de la vie, laquelle perdue ne se peut recouurir par la plainte des suruiuans. Somme que tous ceux-la se fantasians desja voir la mort voltiger sur leurs espaules: & n'estimans treuuer rampart ni moien asseuré contre tant de maux qu'ils se promettoient qu'en quittant Paris: concluoient à vne soudaine retraite, en laquelle ils se fesoient bien fort de preuenir les inconueniens qu'on leur aprestoit.

L'Amiral neantmoins qui eust en autre chose peu donner bon auis à vn malade: tousjours constant & asseuré en la bonté du Roy, recuillit & renuoya ceux qui de diuers endroits lui aporterent ces raisons & auertissemens auec vn assez mauuais visage. Ne leur respondant sinon que si par le passé il y auoit eu occasion de se deffier: que Dieu guidant tout par sa volonté: auoit tellement flechi le cœur du Roy: qu'il le falloit louër de ses portemens, plus que soupçonner de mauuaise foy. Confessoit que Monsieur leur estoit ennemy: mais que par bons seruices il seroit adouci. Que les Ligues procurées par le Roy en Angleterre, Flandres Allemagne: & les appointemens des deux fils Palatins, faisoient foy de la bonté du Prince. Que les affaires aloient si bien en Flandres (nonobstant la deffaite de Ienlis pour laquelle le Roy prometoit vn autre meilleur secours) que l'Agent du Roy pres le Duc d'Alue donnoit continuement auis au Prince d'Orenge de tous les desseins du Duc & le Prince à l'Agent tous les siens. Que l'Armée de Stroffi & Baron de la Garde n'estoient pres de la Rochelle que pour attendre la Flotte d'Espagne, la combattre: puis singler à la Flessinghe pour se joindre au Prince d'Orenge & faire apres la guerre à descouuert. Pour son particulier, que le Roy l'auoit accordé auec le Duc de Guise & donné sa sœur non tant pour femme au Roy de Nauarre que pour arre de sa foy à tous les Huguenots: ainsi que parloit le Roy quelquesfois: pour mieux se marier d'amitié auec eux: & leur seruir de comble de toute seureté. Partãt qu'on ne lui en parlast plus. L'homme, disoit-il, n'auroit jamais repos s'il vouloit interpreter toutes occurrences à son desauantage. Et vaudroit mieux mourir cent fois, que viure en perpetuel soupçon: notamment sous ceux qui ont toute puissance sur nous. Qu'il estoit saoul de telles allarmes: la longue suitte de ses vieux ans n'auoit esté que trop rompue de semblables frayeurs. Bref qu'en tout euenement il auoit assez vescu. De fait, de ceux qui ont de plus pres remarqué ses ordinaires façons de viure: aucuns l'ont estimé las & ennuié, les autres saoulé de plus long temps viure veu le desbordement qu'il detestoit en plusieurs choses de ce monde.

Laissons tels presages qui ne seruent qu'à nous attrister & rendre chagrins à l'atente de l'euenement de ce qui doit auenir: pour nous rejouïr vn peu en la veuë de tant de magnificences Royalles qui se font à Paris. Pour doncques vous bigarrer la retentiue de la diuersité de tant de choses memorables qui se passoient en mesme temps au plus beau de nostre France: & notamment du mariage Royal duquel je vous ay autresfois tenu quelque propos: & ensemble des estranges remumans qui le suiuirent dont toute l'Europe non que la France fut abreuuée: Sachez que le Roy Charles voiant toutes choses bien disposées à si haute journée, resolu d'en voir la fin: fit en sorte contre l'auis neantmoins des plus grans Catholiques de son Royaume & presque de tous les Ambassadeurs estrangers: qu'il fut arresté d'vne & d'autre part, que les Fiançailles & Espousailles se feroient en mesme jour deuant la principalle entrée du grand Temple

Forme de Fiançailles

Aoust.
1572.
& espousailles du Roy de Nauarre Protestant & de Madame Catherine.

Temple de Paris qui porte le nom de nostre Dame par les mains du Cardinal de Bourbon sur vn eschafaut haut esleué en veuë de tous ceux qui voudroient y assister. Quoy fait le Roy de Nauarre, Prince de Bearn, Duc de Vendosme, de Beaumont & d'Albret, Comte de Foix d'Armagnac & de Bigore: se pourroit retirer pour aller au Presche & sa femme entrer au Temple pour ouïr la messe que diroit le mesme Cardinal. Ce qui ne fut pourtant aussi tost executé que le sembloit desirer sa Majesté. Car aucuns jours se passerent en festes & Banquets attendans la solennité que l'on dilaioit pour diuers respects de jour à autre: mesmement pource que le Cardinal de Bourbon n'y osoit toucher crainte d'offencer sa conscience sans estre dispencé du Pape. Comme il fut en fin aiant renuoié querir vne plus ample dispence que celle qu'on

Noces du Roy de Nauarre & de Madame Catherine de France.

luy auoit fait tenir: & furent espousez le dixhuitiéme Aoust mil cinq cens septante deux. Ce fait chacun se retira où le deuoir de conscience luy commandoit. Puis les deuotions parachenées des deux costez: tous se treuuerent au festin singulier & magnifique le possible: suiui par trois jours entiers d'infinies sortes de jeux, pompes & magnificences telles qu'on peut penser estre ordinaires à tels Princes & Seigneurs qu'estoient ceux qui honoroient de leur presence ceste solēnite Royale: que les Anciens apeloient Court planiere à laquelle toute qualité d'hommes que naturels qu'estrangers estoient honorablement receuz.

Preuost de l'Hostel & grand preuost de France.

En ce mesme temps le Roy bien informé de la suffisance & vertu notoire de Nicolas de Beaufremont Baron de Senescey: luy donna pour reconoissance de ses merites le baston & Estat de grand Preuost de l'Hostel (qu'auoit autresfois exercé Montreul auec l'Estat de grand Preuost de France) quelques contradictions que luy eussent peu donner les Mareschaux de France comme pretendans la jurisdition & puissance telle leur apartenir occasion que depuis sa mort aucun n'en auoit esté pourueu.

* *
*

SOMMAIRE
Du vintneufiéme Liure

'AMIRAL retournant du Conseil du Roy est blecé au bras d'vne harquebusade secrette. Conseil d'aucuns Protestans apres ce fait. L'amiral tué, en son logis. Journée Sains Barthelemy qu'on nōme Matines de Paris où presque tous les Chefs & Seigneurs Protestans furent despeschez. L'aubespin fleury. Les rachapez de Paris. Le corps de l'Amiral trainé, mutilé, puis pendu par les pieds au gibet de Montfaucon. Le Roy veut & mande à tous les Gouuerneurs que ses Edits de paix soient entretenuz. Le Roy va en son Parlement se plaindre de l'insolence des Protestans. Declaration du Roy sur le motif de cete Journée. Defend tout autre exercice de Religion que la siēne. Instructiōs a tous les Gouuerneurs sur leur charge contre les Protestans de leurs Prouinces. Moiens que tindrent les Catholiques pour empescher que le reste des Protestans ne s'esleuast par la France à l'occasion des Matines de Paris. Le Jubilé. Arrest au Parlement de Paris contre l'Amiral, Briquemaut & Canagnes prins, interrogez gehennez, penduz & estranglez à Paris. Meurtres des Protestans és autres endroitz du Royaume & notamment és Capitales des Prouinces à l'exemple de Paris comme à Roüen, s'Orleans, Lyon, Tolose, Bourdeaux, Poitiers, Angers, Nantes, Tours, Troye, Sens, Dijon & autres. Le Roy de Nauarre obeist au Roy & en fin le Prince de Condé: ausquelz on donne Officiers & seruiteurs Catholiques. Consideration sur le fait de la Saint Barthelemy tant de la part des Catholiques qu'autres. Causes du malheur de tous hommes.

ES trois jours suiuans les Noces Royalles, ne furent qu'autant de festes & renouuellées solennitez exquises. Le quatriéme qui fut vn Vendredy vintdeuxiéme dudit mois, l'Amiral retournant du Louure où le Conseil se tenoit y presidant Monsieur selon sa coustume: fut attainct d'vne harquebuzade à trois balles venant d'vne fenestre trelissée d'vn logis prochain, ainsi qu'il lisoit vne Requeste qu'on auoit prié de presenter au Conseil: l'vne luy emporta le maistre doit de la droite: l'autre balle le bleça au bras gauche pres du carpe & sortit par l'olocrane. Il montra la maison de laquelle estoit sorti le coup, qui fut soudain enfoncée: mais n'y furent treuuez que l'harquebuz & vn laquais auec la seruante: estant ja l'arquebuzier sorty par derriere vers le Cloistre Saint Germain de l'Auxerrois: ou le cheual prest auec les pistolles l'emmena, jusques à la porte Saint Anthoine, d'où monté sur vn cheual d'Espagne fittant qu'il se sauua de vitesse quelque diligence qu'on sceut faire apres. Aucuns disent qu'il ne sortit de Paris veu la faueur & seureté qu'il y treuuoit plus grande qu'ailleurs. Le Roy bien fasché qui joüoit à la paume & le Duc de Guise auec luy: en quita le plaisir, jurant qu'il en feroit punition exēplaire à l'auenir. Et sur ce fit interroger ceux qui furent treuuez dedans le logis. Le laquay dit que pour le peu de jours qu'il estoit à cest harquebuzier qu'il ne le conoissoit que du nom de Bolland, de sa garde. Les plaies pensées par les plus experts Chirurgiens entre autres par Anthoine Paré Chirurgien du Roy & le plus renommé de la France: on eut bon espoir de la blessure. Le Roy auquel ja le Roy de Nauarre & autres Seigneurs Confederez auoient fait leurs plaintes: & demandé justice d'vn tel attentat: La Royne mere & presque tous les Seigneurs Catholiques le furent voir, pour le consoler & offrir leurs moiens à vne prompte guerison. Et sur ce le Roy confessant que sur sa foy & bien vueillance il estoit venu en Court &: partant quoy qu'il sentist la douleur des blessures: que l'injure & outrage neantmoins estoit fait à sa personne: l'asseura qu'il estoit resolu d'en faire justice si exemplaire qu'il en seroit memoire à jamais. Surquoy l'Amiral en remit la vengeance à Dieu, & au Roy le jugement. Et

L'Amiral blessé.

pource

Aoust 1572.

L'HISTOIRE DE FRANCE.

pource qu'il doutoit de la longueur de sa vie: le suplioit l'ouïr sur certains points necessaires à la conseruation de son Estat. Mais par l'entreuenuë de quelques suruenans cela fut rompu.

Par ainsi qui bien considerera le succez des choses passées, croira facilement que les Protestans estoient en grand esmoy: & qu'outre ce que dessus, ils prenoient l'occurrence de cette blessure pour vn effet confirmatif des presages susdits. Elle aporta sans doute assez de matiere à tous de discourir diuersement sur ce qui en pourroit succeder: notamment à ceux à qui le fait touchoit de plus pres. Les vns en faisoient auteur le Duc de Guise: comme le plus aparent ennemi qu'eust l'Amiral. Les autres accommodoient cet accident au presage qu'ils auoient ja donné d'vn grand malheur à venir: puis qu'on s'estoit adressé à vn tel Chef: & donnans à penser que cela venoit de plus haut: disoient que c'estoit le commencement de ce qu'ils auoient tant de fois mais aussi vainement predit, que Cassandre la ruine des Troïes. Puis qu'ils auoient failli à le tuer qu'ils feroient quelque recerche pour la punition du fait: mais que ce ne seroit que pour mieux endormir le reste: jusques à ce que leur entreprise fust toute preste & vœisine de l'execution. Partant conseilloient tous; & nommément le Vidame de Chartres d'emmener le blecé hors de là ou de le laisser: pource qu'il ne valloit mieux que mort: soit que les balles fussent empoisonnées à la ruine du reste: soit que le coup ne fust mortel. (veu le lieu où il estoit duquel ils s'asseuroient qu'il rechaperoit moins que de cent tels coups que cetui-la) & se retirer tous chacun au lieu où il pense auoir plus de moiens: afin de se conseruer & auec eux tout le reste du party reformé: duquel on doit craindre la ruine en tel lieu, & pour tel accident plus que pour autre inconuenient qui lui sçauroit auenir. Teligny neantmoins plus incredule qu'autre de la troupe: Briquemaut extremement affectionné à l'Amiral, & quelques autres firent tant que la demeure fut arrestée & resoluë par entr'eux: pour deux raisons. La premiere, que l'accident n'estant suruenu que d'vne querelle particuliere: asseurez d'ailleurs de la bonne volonté du Roy qui en promettoit faire telle recerche & si exemplaire punition que les viuans n'en receuroient moins de contentement que les à venir d'exemple a se mieux porter en telles affaires: il n'estoit, disoient-ils, raisonnable, honneste ni expedient à leur party: de fonder occasion d'allarme sur ce qu'on peut faire éuanouir en peu de temps: voire dont on s'esclarcira en trois heures. Auec ce, il leur seroit encor moins honnorable d'abandonner au bon du fait, celui lequel depuis longues années, n'a rien eu cher ni voulu espargner pour la conduite, seureté, honneur & auancement du petit troupeau: lequel apres Dieu ne lui est moins redeuable que chacun à son propre pere: veu que l'entretien, seureté, & conseruatiõ de la vie ne fut jamais moins estimée que le premier don d'icelle. Mais que pour ne sembler auoir en mespris les bons auertissemans qu'ils auoient ja receus de tant d'endroits: encor qu'ils ne peussent croire le dessein des Catholiques si estrange qu'on le faisoit: arresterent de supplier sa Majesté de permettre qu'on emmenast le blessé à Chastillon sur Loin deux journées de là, en cas que son mal le peust souffrir. Sinon que nombre de Gentilshommes espars çà & là par vne si grande estenduë que celle de la nonpareille de France: vinssent faire leur demeure en la rue & au plus pres de la maison de l'Amiral: pour mieux s'asseurer s'ils descouuroient chose plus grande de la part de ceux de Guyse. Le Roy ne treuuat bon le premier poinct se conforma au second, & fut executé.

Plusieurs qui auoient moins de renom & plus de sens, craignans pis que les autres dautant plus aisez à tromper que plus ils s'asseuroient en la belle apparence de ceux qui ne leur vouloient aucun bien: delibererent de pouruoir à l'auenir & donner parti à leus affaires au mieux qu'ils pourroient: ores que le tems si court & les moiens ne les fauorisassent gueres pour estre si pressez & tant eslongnez de leurs maisons: la voye qu'ils y tindrent fut d'auertir les principaux Chefs de ceux qui n'estoient partis pour les Noces: de s'apprester & faire ce qu'on leur commanderoit. Que si l'Amiral estoit blessé la maladie estoit curable: mais qu'il auoit le cerueau aussi sain que jamais. Les autres treuuerent pour le plus expedient d'y aller eux-mesmes: pour mieux asseurer & diligenter ceux qui auoient resté par vn fidele rapport de ce qu'ils auoient veu & ouï dedans Paris. Ne presageans au reste rien de bon, pour ceux qui feroient plus longue demeure en telle ville & parmi tant d'ennemis: apres vn tel eschec que celui de l'Amiral. De fait s'il eust esté conduit en sa maison de Chastillon: outre les Chefs qui l'eussent accompagnez sortans de là: plus de mil cheuaux l'y fussent allé treuuer, pour entreprendre ce qu'il eust voulu: attendant le reste qui en moins de rien eust fourni au Rendez-vous. Mais le

Conseil d'aucuns Protestans apres la blesseure de l'Amiral.

Roy

Roy pour empescher cela : luy offrit chambre dedans le Louure pour s'y retirer. Que si la douleur de ses playes ne le permetoit ; il promit lui enuoier pour sa seureté vne compagnée des Soldats de sa garde. Ce qui fut aussi tost raporté à l'Amiral : lequel s'en contentant le remercia treshumblement. Et furent ainsi mis cent harquebuziers sous Cousseins deuant son logis par le commandement du Roy : Lequel outre ce rescriuit à beaucoup de Gouuerneurs & à ses Ambassadeurs pres les Princes Estrangers. Affin qu'ils sissent entendre à tous combien cest acte luy desplaisoit, duquel il promettoit si rigoureuse punition que tous seroyent retardez d'en oser attenter vn semblable à l'auenir. Aucuns neantmoins augmenterent leur premier soupçon quand ils virent entrer au Louure six crocheteurs chargez d'armes. Mais Teligny tousjours constant aux promesses de Court (esquelles toutesfois il sembloit ne suiure pas tant sa volonté que son destin) en desperssuada plusieurs, ausquels il sit croire que c'estoit peurs paniques que telles fraieurs qu'on se donnoit sans occasion : & que les Armes seruiroyent au combat que le R o y auoit ordonné estre faict vn de ces jours au Chasteau. Tous en general experts Medecins ez maladies d'autruy : & qui sesoyent leçon à presager les desastres à leurs Amis : se montrerent fort mal accorts a preuoir la longue cheute de leurs infortunes. Voyla comme toutes choses s'offroyent d'elles mesmes à l'auancement du dessein Catholique. Le Roy curieux d'assembler en vn les Chefs Confederez en print l'occasion sur l'ouuerture qu'eux mesmes luy en auoyent faict : pensans asseurer le blessé. Ainsi leur fit à tous marquer logis en la ruë de l'Amiral.

 V o v s voyez qu'estans les affaires de France en tel Estat il estoit impossible que tous en general n'eussent les sens preoccupez de diuerses affections. Car les Catholiques non contens de viure tousjours asseurez ayans l'autorité de l'Estat par deuers eux : aspiroyent d'vn ardent desir à mettre fin à ce qu'ils auoyent de longue main comploté contre leurs aduersaires. Quand aux Confederez aucuns nourris non soulez du vent de Court : passoyent joyeusemant le temps sous l'espoir d'vne promesse Royalle : viuans en attente que les entreprises conceuës pour le seruice de la Majesté sur les Estrangers, reüsissent l'effect qu'ils s'estoient fantasiez. Les autres ne pouuans habandonner le premier dessi & soupçon qu'ils s'estoient ja imprimez ne conceuoient moins de desplaisir & regret des portemans Catholiques: que de l'asseurance qu'auoient leurs compagnons és parolles de leurs ennemis. Mais tous en general estoyent accompagnez d'vne crainte non pareille : les Catholiques que leur dessein ne reüscit aussi heureusement qu'ils s'estoyent proposé Comme toutes personnes sont moins asseurées sur le faict de l'execution, qu'au commencement d'vne haute entreprise. Ceux cy que ce qu'on doutoit ja des Catholiques ne sortist à effect au desauantage de tout le party. Car pour beaucoup de tesmoignages qui apparoissoiët euidens de plus en plus : presque tous commençoyent à s'esueiller du profont sommeil de paresse, auquel les caresses de Court les auoyent enseuelis : & se reconoissoyent de sorte que si le faict eust esté dauantage remis : les choses ne se fussent portées comme vous entendrez. Dont s'aperceuans les Capitaux ennemys des Confederez : & ne voulans suir à si belle occasion de trancher les racines à leurs vieux ennuys qui sembloyent bourjoner & croitre à veuë d'œil : inciterent assez tost nombre de forains retreuuez dedans Paris pour en peu d'heure auoir toute raison du passé. Ce fut de tuer les plus renomez d'eux en vne nuict : se faisans forts d'en faire apreuuer l'execution au R o y, Royne Mere & Monsieur apres le fait beaucoup mieux qu'auant le coup pour la grandeur & douteux hazard de si haut dessein. Ainsi curieux de profiter l'occasion qui se presentoit si fauorable : auoir marqué les maisons & donné les noms des principaux & autres plus signalez apres eux : sur les deux heures apres la minuict du Samedy venant au Dimanche vintquatrième Aoust sirent batre la cloche sainct Germain de l'Auxerrois pour signal à tous les auertis & autres de mesme volonté de tuer les plus marquez & mieux conus Huguenots qui estoyent en Paris. Alors les Gardiens de l'Amiral enfoncerent ses portes & l'auoir tué en son lict jeté par la fenestre ; puis trainé en la ruë & sa maison saccagée rendirent en peu de temps toutes les maisons voesines vefues d'habitans & des plus beaux meubles qu'ils en peurent enleuer. Apres que la troupe de Coussins eut commencé le jeu & accommodé l'Amiral de la façon que dessus : Les autres gardes & la Noblesse preste à cest effet, se porterét de mesme sur les autres cartiers prochains du Louure.

L'Amiral tué. Iournée de S. Bartelemi. Matines Parisiennes.

K k

Le Comte de la Roche Foucaud.

Le Comte de la Roche foucaud non moins cherement aimé pour ses Gentilesses de Court & autres vertus qui luy estoyent familieres du ROY CHARLES que de Henry deuxiéme à la suite duquel il auoit passé la plus part de ses jeunes ans : trop asseuré ez plaisirs & continuë des recreations de Court : espreuua en mesme instant que estant le doux plus amy de la Nature que la rigueur & cruauté : on peut gangner les simples par douceur & courtoisie plus que par menaces & autres portemans qui eussent aisément mis les hommes en soupçon d'vne volonté mauuaise. Tellement qu'esueillé par ceux qui luy aporterent le bon jour mortel : à peine eut il loisir de les reconnoistre & se despersuader qu'ils fussent ceux auec qui le soir deuant il auoit mené si joyeuse vie : qu'il la sentist aussi tost suiuie d'vn si triste & piteux reueille matin : que force luy fut d'aller viure en l'autre monde : pour exemple à tous qui trop simples & non assez soupçoneux : jugent des portemans humains, à l'aparence plus qu'à la verité d'iceux.

Teligny.

Teligny de Montreul en Poitou depuis peu de temps fait Gendre de l'Amiral qui l'aimoit vniquemant non moins pour la douceur & simple vertu de ses portemans : que pour sa dexterité au maniment de tous affaires Guerriers & Politics : Le premier se laissa pipper aux trompeux espoir des vanitez mondaines. Mesme que pour n'estre encor assez rompu à la praticque de ce faux monde : & embrassant d'vn soin merueilleux, l'ombre pour le vray & solide corps qu'il deuoit cercher : ne vouloit croire l'eschec des Catholiques jusques à ce que poursuiuy & tué d'harquebuzades comme il pensoit gangner sur les tuiles des maisons prochaines à son logis : print en gré la departie de l'Ame qui s'en vola paiée de son propre erreur : faisant conoistre que homme pour rempli de graces & fauorisé qu'il soit de toutes personnes, comme il estoit chery & recommandé de tous que d'vne que d'autre Religion : ne peuuoit estre dit heureux deuant le jour que la nature expressemant ordonné pour faire le jugement de la vie passée selon le merite de nostre dernier Estat. Comme les Catholiques estoient eschauffez apres ceux que dessus & autres voisins de l'Amiral : Ceux des Gardes firent sortir nombre de Gentils-hommes (que le Roy de Nauarre auoit le soir deuant faict coucher en son Antichambre) pour les tuer sur le Pont du Chasteau.

Le Baron de Pardailan.

Le Baron de Pardailan naturel Gascon & duquel la suffisance soit en faict millitaire soit en matiere d'Estat : bien que croissant auec l'auancée suite de ses jours ne luy eust moins acquis de bruit que de creance & d'amitié parmi ses Confederez : n'aiant toutesfois que depuis ce jour bien remarqué mais trop tard, qu'infinie estoit la troupe des mal auisez : & que les Protestans aueuglez sourds & recreuz à tout , fors qu'à leur bien : ne peuuoient auoir autre fin pour issuë de ceste miserable vie qu'vn desespoir de tout bien , en calant aux rigueurs de leur desastre : se persuada pour le seul reconfort de la perte de sa vie : qu'il seroit beau mourir pendant que la vie estoit entiere & sans reproche.

Le Baron de Pilles.

Mais le Baron de Pilles Perigordin qui sorty du printemps de son aage, entroit en son Esté bouillant pour luy rendre la main preste & soudaine à tous hazards : auoit plus de cœur à se plaindre que de force à resister & moins de sagesse , à patienter son infortune : jetant courtes larmes neantmoins à si longs souspirs : & despitant les Autheurs d'iceux auec les instruments de leur volonté : tomba parmi les Espieux & Halebardes de la Garde du Roy : Lesquelles luy faisant rendre le dernier souspir de sa vie : finirent auec le cours de ses ennuis , ses jeunes mais hautains desirs qui ne luy estoyent que menuës pencées & encor en herbe pour produire quelque belle fleur à l'auenir. de Leyran sujet au Roy de Nauarre, eschapé d'vn nombre de coups qui luy faisoyent rendre le sang de tous costez : gangne la chambre de la Royne de Nauarre qu'il vit ouuerte fort à propos : où il treuua bien qu'animeusement poursuiuy, la douceur & pitié plus Naturelle aux Dames, que la raison à ceux qui preocupez de quelque passion ne pensent qu'à executer comme que ce soit ce qu'ils ont vne fois imprimé en leur ceruieau.

Le Baron du Pont en Bretagne surnommé de Soubize.

Le Baron du Pont en Bretagne surnommé de Soubize pour l'aliance prise auec Damoyselle Catherine de Parthenay seule heritiere de Soubize : auoit ja esté renuersé corps sans ame par vn autre corps de Garde comme il vouloit aller treuuer l'AMIRAL aussi tost qu'il fut auerty de l'entreprise Catholique. Ce Gentil-homme aussi vaillant que l'espée, mis en Iustice sur la separation de son mariage & demi vaincu , sans desir toutesfois de se tenir au jugemant des hommes : viuoit merueilleusement ennuié du desplaisir de sa propre vie. Si bien qu'assailli de tous endroits, estimât que celuy peuuoit bien peu qui ne pouuoit mourir : ceda à la violéce de ceux qui luy precipiterét
la fin

la fin de sa dolente & fascheuse vie. Ainsi l'Ame ennuyée du seiour mortel, se descompagna du corps pour cercher ailleurs vne demeure plus paisible. Puuiaut Claueau de Poitou parmy les fruits de la penible vie duquel, la fortune auoit tousiours moissonné quelque espy d'amertume: ne fust plus tost sorti de Paris, que suiui de ceux qui luy hasterēt la mort pour le piteux loiër de tant de choses qu'il auoit executé auec honneur: fut en fin forcé de laisser auec la vie sa compagne de lict (qu'il auoit mené à Paris voir les solennitez Realles) és mains & deuotion d'vn Catholique qui l'espousa apres sa mort comme il auint à plusieurs autres. *Puuiaut*

Pendant que les plus affectionnez Catholiques couroient deça dela au dommage des plus malheureux que d'vne que d'autre Religion: La cloche du Palais batoit sans cesse pour sinal à la populace d'acheuer le reste par toute la ville. Cōme les oiseleurs engluent & prenent plustost les oiseaux és lieux où ces bestiolles craignēt & doutent le moins: Ainsi desCatholiques ceux qui poussez d'vn desir de vengeance sur leurs ennemis particuliers, ou qui nourris & esleuez par la picorée des guerres passées ne cerchoient que le butin: eurent lors beau moien de se cōtenter. Sur le point du jour les Duc de Guise, de Neuers, d'Aumale & autres bien suiuis pour resueiller ceux qui dormoiēt aux faux bourgs S. Germain (où pour la beauté du lieu grande Noblesse auoit choisi sa demeure) voulās sortir par la porte Bussi furēt retardez: Pource que le portier auoit pris vne Clef pour l'autre qu'il estoit retourné querir à sa maison. Ce qui dōna loisir à la plus part de se sauuer à fuite. Si que le Vidasme de Chartres, Côte de Mōtgōmery, Frontenay, Caumont, Colombieres & plusieurs autres estoiēt ja à cheual quād ceux ci sortirent de la porte pour auoir estez auertis par vn qui expres tteuua moien de sortir de la ville: furent neantmoins suiuis jusques à Montfort. Mais pour l'auantage qu'ils auoient, peu y demeurerent. Marchant le reste secret & en diligence jusques à ce qu'auoir fini leurs affaires: Ils prindrent l'expedient de se retirer en Angleterre pour la proximite de la mer qui les y porta. Cependant les ruës de Paris se pauoient de Corps. Les portes & maisons teintes en sang: encourageoient le Peuple se sembloit à si eschauffer de plus en plus & combatre à qui plus en tueroit. Si que les plus animez trainans les meurtris à la Riuiere pour les enseuelir au ventre des poissons: faisoiēt rougir la Seine d'vn si nouueau & tāt inesperé carnage. Apres mesmemēt qu'ō eut fait entēdre au Peuple. Que les Huguenots pour tuer le Roy auoient voulu forcerle Corps de garde, & que ja ils auoient tué plus de 20. soldats Catholiques. Alors ce Populace guidé d'vn desir de Religiō: joint à l'affectiō qu'il porte à son Prince, en eut meurtri beaucoup dauantage: Si quelques Seigneurs contents de la mort des Chefs: ne l'eussent souuent destourné. Plusieurs Italiēs mesmes courās montez & armez par les ruës tant de la ville que des faux bourgs: auoir ouuert leurs maisons à la seure retraite des plus heureux: mōstrerent assez qu'ils ne haioient tant les personnes que les opiniōs qu'elles s'estoiēt imprimes au cerueau. Outre la Noblesse plusieurs du tiers Estat & gens de marque furent tuez en ceste challeur. *Le Vidame. Montgomery & les Protestans du faux bourg saint Germain se sauuen t & comment*

Francourt Manceau issu de bas lieu mais coneu par ses Estudes: Puis renōmé entre les Protestans pour leur auoir seruy a persuader aux Germains de les secourir aux secons & troisiémes troubles: Et reconu pour autres deuoirs par vn Estat de Chācellier de Nauarre: fit voir de son viuāt que cōme le fait des guerres n'est la vacation qui seule peut auancer son professeur: On pouuoit aussi acquerir hōneur autremēt que par les Armes. Voire que le renō qu'elles dōnent est d'aussi foible & petite durée que celuy des lettres & manimant d'Estat auquel il excelloit ses cōpagnons: est asseuré & de vie eternelle. Rien ne lui fut deffence contre la mort neātmoins: Ains cōme chacū est tiré par son destin qui luy est ordōné deuāt le premier de ses jours: aussi tost que desguisé pour eschaper il eust esté reconu: fut si chaudemāt acheué qu'heureux de mourir sans auoir loisir de se plaindre, voire d'y penser seulemēt: & qu'eussent cōtre l'aueugle & sourde, mort, profitā tant de raisons? Montra à ses suruiuans pour fruit de sa fin, que celuy estoit indigne de cōpassion qui aiāt par tant de diuerses occurrences espreuué la folatre legiereté de fortune ne se rejecte seulemēt entre ses bras: Ains son espoir surmōtant la raison, met toute peine de faire embarquer les autres en mesme mer de plaisir & cōtentemāt de ce mōde, qui plus ami de Gloire que de vraie vertu: à tousiours trōpé ceux qui n'asseurent le pied de leur fondement que sur la simple aparence du premier objet qu'on leur presente. La place President premier aux Generaux: de quelque simple & doux naturel qu'il feust: extremēmant hay neātmoins: & pour sa Religion en laquelle il s'estoit tousiours porté des plus zelez: Et pour inimitiez particulieres: mōtra biē que n'aiāt autre force ne hardiesse que de mourir, luy restoit la *Francourt Chancellier de Nauarre. le Sieur de Messine l'est aujourd'huy*

La Place President aux Generaux.

Aoust. 1572.

L'HISTOIRE DE FRANCE.

seule vertu de souffrir sans larmes n'y plaintes feminines: les coups redoublez de ses ennemis. Puis le corps trainé en l'eau, fut habandonné de l'ame laquelle s'affranchit par vn tant precipité depart (si elle compatit aux passions corporelles) des hazards, maladies, inimitiez & autres ennuis vrais appanages de la vieillesse des suruiuans. Pierre de la Ramée Picard de en Vermandois Ancien Proffesseur à Paris d'Eloquence & Philosophie: s'estoit acquis par toute l'Europe vn grand bruict en l'vne & l'autre vacation. Mais entre autres deuoirs de Philosophie celuy l'auoit plus recommandé, par lequel il mettoit peine de reduire à la pratique & vsage ordinaire de ceste vie humaine: toutes les considerations des Philosophes Grecs & Latins. Lesquelles autrement seruent de peu & mesmes ne recréent l'homme que d'vne vaine speculation: qui ne fait qu'esueiller l'esprit sans aucun profit. Mais luy ramenant ces discours vagues & esguerez à la consideration d'vn bien certain & asseuré: sembloit reprendre la traditiue de Solon, Thales, Socrate & autres excellens Philosophes Grecs: qui raportans la Philosophie celeste à la naturelle: & faisans voir par effect ce que leurs deuanciers n'auoient que fantasiez: reuestoient d'vne solide & profitable action politique, ceste autre fois nuë & simple apparence de vertu. Quand à l'autre, il auoit ja assez montré de quantes belles fleurs, & de combien de fruicts excelléts estoit riche l'Eloquence Grecque, Latine & Françoise. Encor que je ne sçay quelle collegialle fureur, l'aiant ja forcé à vne guerre literalle contre Charpentier autre Professeur en Philosophie: alentist aucunement la chaude & animeuse poursuite de ses Estudes. En quoy nous faut infaliblement remarquer & tenir pour asseuré: que comme il ne s'est peu faire au cómencement des lettres & origines des sciences: qu'auec l'acroissemant des Artz ne s'est cruë l'enuie entre les Proffesseurs d'iceux: Aussi la diuersité des temps nous enfantant diuers personnages pour illustrer & remettre ce que l'ignorance ou paresse de leurs deuanciers ont laissé fener: auec la diuersité des moyens qu'elle leur a donné pour y paruenir: leur a laissé vne reciproque jalousie pour y trauailler à qui mieux: laquelle guidée par la raison au but d'vne consideration publicque, ne peut que plaire & profiter à tous. Mais se proposant vne gloire & vaine ambition populaire en ses ombrageux combats, plus que le profit de ceux à l'instruction desquels ils sont ordonnez: à la moindre pique & facheuse occasion Scolastique: se conuertit en haine immortelle, qui ne peut faillir a produire tels fruicts que dessus. Si est-ce que ces contentions scolastiques fondées sur vne ambitieuse jalousie descrire ou dire mieux que les autres, est chose trop basse & qui sent son Escolier trop opiniatre. Mais si elles s'adressent à vouloir combatre ce qui est si excellent & si apertemant, vray qu'on ne le peut imiter ou contredire: me semble vne vraye folie priuée de tout sentiment. Somme que la Ramée accort & subtil à escrire plus qu'à mourir: fut si bien recerché par les enuoyez de son ennemy: que mort à dagades fut precipité du haut de son Colege en bas. Ainsi le corps trainé pour pasture aux poissons: fut laissé de son ame qui pourra jouir du renom & merite de ses escrits. De Lomenie Secretaire des finances. Rouilard Conseiller en Parlemant viuant à la Catholique, Mais aians quelques opinions Protestantes sur lesquelles ses ennemis prindrent occasion de le faire mourir: de Chapes & Robert Aduocats fameux en mesme Court, le Capitaine Salcede Espagnol bien qu'ennemi des Reformez & plusieurs autres personnes remarquées pour auoir pareille issuë, furent en fin traites à la Catholique: espreuuants qu'or que nul ne puisse fuir la mort: Si est-ce que le destin ne l'auance pas tant que nostre propre faute. Car qui nous trompe que nous mesme? Que la vanité & desraison de nos desirs? Lesquels esguerez en l'agreable & desmesurée contemplation du jouët (je veux dire object) de ce faux monde (qui trahitre nous repaist d'vn doux fuitif & incertain) faute de juger de bié toutes choses: nous moiène la seule & vraie occasion à nos infortunes? Lesquelles nous pourrions euiter neantmoins, si nous viuions discrets en toutes choses? (Comme la promptitude de l'esprit, la solidité du cerueau, & l'heur de la memoire ne nous sont donnez pour autre fin.) Où si nos ames peuuoient preuoir nos desastres & presager les bons & mauuais accidens qui nous doiuent auenir. Mais tout cela nous manquant, reste la condition de l'hóme telle que ceste vie si belle en apparence, pert soudain & en vn seul matin tous les fruits qu'en si long téps &auec tant de peines nous auós cueilli, en la piquante & rabouteuse pleine de ce móde. Sans doute la vie est cóme vn petit pré, sous les fleurs & herbes duquel le Serpét est caché pour picquer celuy qui ne marche auec discretion. Si quelque chose plaist à la veuë: C'est pour nous engluer & charmer nos esprits plus que parauant: & non pour faire

Pierre de la Ramée Professeur à Paris en Eloquence & Philosophie

Lomenie Secretaire Rouilard Cóseiller, les Chapes & Robert Auocats & autres.

La vaine & miserable vie des hommes.

jouir

jouïr l'homme d'vn bien solide & asseuré. Voire que mile plaisirs ne vallent vn seul ennuy que le plus heureux pourra rencontrer à la fin de son voiage. Ce qui a donné occasion à plusieurs des plus excellens naturels d'entre les Anciens. Considerans comme la nature pouruoiant les Bestes brutes de tout ce qui leur estoit necessaire à la conduite de leur vie: elle faisoit naistre l'homme en pleurs, croistre en souspirs, viure en paine & finir en malheureux) la despouiller du nom de mere pour l'appeller sauuage Marastre de la nation humaine: auec laquelle il vaudroit beaucoup mieux ne naistre point, que de viure sous les extremes rigueurs d'icelle. Mais ces Païens ne consideroient pas l'occasion pour laquelle ce mal nous est promis dés le premier de nos jours: & au contraire l'asseurance d'vn bien entier & perdurable qui nous atend en la belle troupe des bien heureux. Voila comme le dernier jour ferma les yeux a la chere lumiere de plus de mile Protestans.

Entre les Seigneurs François qui furent remarquez auoir garenti la vie à plus de Confederez, les Ducs de Guyse, d'Aumale, Biron, Bellieure, & Vualsingham Ambassadeur Anglois les obligerent plus: le Roy mesme sauua la vie à plusieurs autres qui l'asseurerent d'aller à la Messe & quiter leur Religion. Comme il fit en fin promettre au Roy de Nauarre & Prince de Condé peu au parauant marié auec la puisnée fille de Neuers Marquise d'Isles ausquels il donna à entendre qu'il ne vouloit plus souffrir autre Religion que la sienne. Quelques vns de son Conseil & du Parlement luy remonstrerent l'incroiable & pernicieux inconuenient de la licence que la Populace prenoit par les Armes qu'on luy auoit mis en main: & qu'on mettoit par là en grand danger plusieurs gens de bien ausquels leurs ennemis particuliers feroiēt aisément perdre la vie par ce seul moien. Auec ce qu'il seroit beaucoup meilleur & plus seur proceder contre les coulpables par voie ordinaire & de justice: que par voie de fait qui est plaine d'infinis dangers. A l'exemple du Senat Romain qui treuua mauuais les portenans de Galba sur les Ministres de Nero, nommant Nimphidius & ses complices que ses Soldats tuerent d'auctorité priuée sans leur faire le proces premierement que mourir. Occasion que le Roy sur le champ vers le soir du Dimanche, fit faire deffence à son de trompe qu'autres que ceux de la Garde & les Officiers de la ville ne prinsent les armes ne prisonner sur la vie: Ains que tous à l'auenir fussent mis ez mains de Iustice & qu'ils se retirassent en leurs maisons clauses. Ce qui deuoit appaiser la fureur du Peuple & donner loisir à plusieurs de se retirer hors de là. De ceux qui resterent neantmoins, plusieurs retomberent au premier danger. Car comme la beste vne fois eschauffée ne se rapaise pour le premier moyen qu'on veut tenir à l'adoucir: Aussi vn tel peuple composé de si differens humeurs: vne fois mis en furie pour telle occasion mesmemant que dessus, ne se peuuoit si tost reconoistre. Ains si alteré du sang Huguenot ne cerchoit que les moyens de donner vne autre pinsade aux rechapez de sa premiere chaleur. Vray est que ceste poursuite sembloit se refroidir à ceux qui n'eussent voulu tenir aucun moyen à leur vengeance ou desir insatiable de gangner. Mais aux poursuiuis, le Peuple ne paroissoit rien quicter de sa fureur: encor qu'à diuerses fois le Roy iteraft ses premieres deffences à tout homme sur peine de la vie de ne prendre Armes ny prisonniers sans son congé. Si bien que le presque dernier jour de la Sepmaine, fut peu moins remarqué de meurtres particuliers qu'auoient esté les autres.

Voyla comme l'Amiral & autres ses partissans montrerent que la Gloire des plus heureux s'escoulant comme Nege au Soleil: & n'y ayant rien plus trompeux que l'espoir des grandeurs & telles beautez de ce monde: qu'en fin miserable est celuy lequel y pose le fondemant de ses desseins. En quoy se voit a plein combien la fortune (si nous ne disons la derniere de nos fautes) peut retrancher du vray & solide honneur de nos vertueuses conceptions: si nous n'auons l'entendement assez bon pour les executer aussi heureusement qu'elles ont esté conceuës. Ainsi furent les Confederez saisis de ce que le Vulgaire appelle mourir: qui n'est pourtant que la fin d'vne prison obscure aux esprits genereux. Mais intollerable ennuy à ceux qui ont mis tout leur espoir en l'orde fange de ce monde & vanitez de Court plus variable & inconstante que la fortune mesme. En general tous les decedez pour le faict de conscience, semblent s'estre voulus conformer au Papillon, lequel voletant autour la lumiere dont il esmerueille la splendeur: en fin en espreuue la vertu qui le brusle mourant pour trop aimer. Aussi les Confederez ne prenans si grand plaisir qu'à l'exercice & maintien de leur RELIGION: en espreuuerent la vertu, qui leur fit changer

Protestans sauuez & par qui comme les Seigneurs d'Audam le Baron de Paulin la Curée de Duresort dit Duras, Gamache Gramontauec promesses de viure Catholiquemant sans plus porter Armes.

Le Roy cōmande qu'on face cesser le meurtre & la pillerié

de vie & estimer heureux de mourir pour ceste cause: resolus que la mort qu'ils estiment leur donner entrée à la gloire perdurable: seruoit à tous de seul moien & asseuré reconfort du miserable Estat de ceste vie: qu'ils eussent autrement estez contraints de trainer parmi les ordures de la vanité de ce monde.

L'aubespin fleuri.

L'aubespin à demi sec & desnué de feuilage: fleury neantmoins au Cimetiere saint Inocent à Paris sur le midy du Lundy: fut estimé miracle du Peuple qui y acourut de tant d'endroits qu'il y falut metre gardes: mais on tient que ce fut l'artifice d'vn Cordelier pour faire croire que la France recouuroit sa belle fleur perduë contre tout espoir humain. Et de fait cela ne fit qu'eschauffer le peuple d'auantage. Si qu'estimans que Dieu appreuuoit par là ses actions: s'en alla tout furieux droit au logis de l'Amiral duquel ils prindrent, trainerent & deschirerent le corps en mil lieux: Puis luy auoir coupé le membre & la teste qu'on garda, trainerent & pendirent le Tronc par les pieds au Gibet de Montfaucon: duquel il fut apres descendu & enterré secrettement.

Le corps de l'Amiral trainé & pédu à Montfaucon: puis despendu & enterré secrettement.

Le Roy va en Parlemét auouër & au toriler le fait de Paris

Le 26. le Roy accompagné des plus grans va ouïr messe de bon matin: & auoir rendu graces à Dieu d'vn si heureux euenemant, fait assembler toutes les chambres de son Parlement (dit la Court des Pairs & l'ancien lict de Iustice des Roys) en la Chambre dorée: où suiui de Messieurs ses freres & autres premiers de la Court: Apres s'estre plaint des portemans du feu Amiral & autres qui l'auoient secondé en ses entreprises dressées sous le nom de la Religion: leur montra en quels dangers d'vne prompte ruine : il auoit mis son poure Royaume. Pource neantmoins qu'il auoit esté dés le berceau nourri d'vn lait de douceur & iusques là entretenu de clemence & misericorde plus que de rigueur & cruauté: leur auoit tousjours pardonné les choses passées. Eux au contraire croissans en meschanceté & ingratitude pour venir au comble de toute iniquité: auoient osé ajouter à leur premiers desmerites le plus vilain & detestable acte qu'on eust sceu imaginer : assauoir de le tuer auec ses freres la Royne sa Mere & tout ce qu'ils eussent treuué de la race de Vallois . Voire mesme son cher Cousin le Roy de Nauarre pour esleuer le Prince de Condé Roy de France affin de mieux conduire tout le Royaume à sa fantasie : & peut estre auoir aussi puis apres meurtri le Prince de Condé & tous les vrays heritiers du Royaume: se faire Roy luy mesme de tous les François. Pour ces raisons auoit esté contraint d'vser de remedes extremes & violents à vne maladie si desesperée affin: de desraciner comme que ce fust vne si estrange & dangereuse peste de son Royaume. Il vouloit donc que tous sçeussent que ce qui estoit auenu contre les Huguenots auoit esté fait & dressé par la volonté & seul commandement de sa Majesté. Ordonnant d'informer de la conjuration tant de l'Amiral que de ses complices: y proceder selon les Loix & forme accoustumées és crimes de leze Majesté: y donner Arrest & executer les conuaincus selon la charge portée par leur proces . Surquoy de Thou premier President auoir loüé vn tel faict comme retirant au graue propos du Roy Loys vnziéme qui disoit ordinairement : que celuy qui ne sçait dissimuler estoit indigne de regner: rend humbles graces à sa Majesté au nom de tout le Parlement: lequel sera d'oresnauant Estat que par cest accident bien qu'estrange (duquel le corps de la France chargé d'humeurs si corrompues auoit bon besoin) la source & toutes occasions de tant de maux qui ont affligé ce desolé Royaume : sera tairie d'autant que les principaux Auteurs de nos guerres ciuiles enleuez de ce monde le reste du peuple se tiendra coy & sans se remuer: qui donnera moien a tous de viure en paix & d'establir vn asseuré repos en tout le Royaume . Lors Pibrac Auocat du Roy luy demande s'il plaist à sa Majesté que l'accident soit enregistré au Greffe du Parlement pour en conseruer la memoire à la posterité . Puis s'il n'entend pas que les deux Estats Ecclesiastic & Iudiciaux soient reformez; en apres s'il neuut pas qu'on cesse & mette fin à tant de meurtres qui se font d'heure à autre en tant d'endroits d'vne si grande ville que Paris. Auquel il respond que son plaisir est que la memoire en soit enregistrée. Qu'il pouruoira au second point : pour le tiers il commande que sur l'heure on aille deffendre à son de trompe & à peine de la mort en tous les cantons de la ville : qu'aucun ne fust si hardi de tuer ame viuante, de piller ne tourmenter aucun fors ceux qui seront ordonnez pour ce faire . Le vintihuitiéme jour il enuoye lettres aux Gouuerneurs de ses Prouinces voulant faire entendre à tous que seul il estoit l'auteur de tout ce qui estoit auenu. Et nomméement en fait expedier & publier vne declaration expresse telle qui suit.

Le Roy se plaint des Protestans.

De Thou premier President confirme les propos du Roy.

Pibrac Auocat du Roy semblablement.

Sa Majesté

Sa Majesté desirant faire sçauoir & connoistre à tous Seigneurs Gentilshommes & autres de ses sujets: la cause & occasion de la mort de l'Amiral & autres ses aderans & complices dernierement auenuë en ceste ville de Paris le vintquatrième jour du present mois d'Aoust: d'autant que ledit fait leur pourroit auoir esté deguisé autrement qu'il n'est. Sadite Majesté declare que ce qui en est ainsi auenu à esté par son expres commandement & non pour cause aucune de Religion, ne contreuenir à ses Edits de pacification qu'il à tousjours entendu comme encore veut & entend obseruer, garder & entretenir: ains pour obuier & preuenir l'execution d'vne malheureuse & detestable conspiration faite par ledit Amiral Chef & autheur d'icelle, & sesdits adherans & complices en la personne dudit Seigneur & contre son Estat, la Royne sa Mere, Messieurs ses freres, le Roy de Nauarre, Princes & Seigneurs estans pres d'eux. Parquoy saditte Majesté fait sçauoir par ceste presente declaration & ordonnance à tous Gentilshômes & autres quelconques de la Religion pretenduë reformée: qu'elle veut & entend qu'en toute seureté & liberté: ils puissent viure & demeurer auec leurs femmes enfans & familles en leurs maisons sous la protection dudit Seigneur Roy tout ainsi qu'ils ont par cy deuant fait & pouuoient faire suiuant le benefice desdits Edits de pacification: Commandant & ordonnant tresexpressement à tous Gouuerneurs & Lieutenans Generaux en chacun de ses païs & Prouinces & autres ses Iusticiers & Officiers qu'il appartiendra: de n'attenter ne souffrir estre attenté ne entrepris en quelque sorte & maniere que ce soit: és personnes & biés desdits de la Religiô, leursdittes femmes, enfans & familles sur peine de la vie contre les delinquans & coulpables. Et neantmoins pour obuier aux troubles, scandales, soupçons & deffiance qui pourroiét auenir à cause des Presches & assemblées qui se pourroient faire tant és maisons desdits Gentilshommes qu'ailleurs: selon & ainsi qu'il estoit permis par les susdits Edits de pacificatiô: sadite Majesté fait tresexpressement inhibition & deffences à tous lesdits Gentilshommes & autres estâs de ladite Religion: de ne faire assemblées pour quelque occasion que ce soit: jusques à ce que par ledit Seigneur apres auoir pourueu à la tranquilité de son Royaume en soit autremêt ordôné. Et ce sur peine de desobeissance & de confiscation de corps & biens. Est aussi expressémêt deffendu sur les mesmes peines, à tous ceux qui pour raison de ce que dessus auroiét ou retiendroient des prisonniers, de ne prendre aucune rançon d'eux: & d'auertir incontinent les Gouuerneurs des Prouinces ou Lieutenâs Generaux du nô & qualité desdits prisonniers. Lesquels sadite Majesté ordonne les relascher & faire mettre en liberté: si ce n'est toutesfois qu'ils soient des Chefs qui ont eu commandement pour ceux de la Religiô: ou qui aient fait des pratiques & menées pour eux. Et lesquels pourroient auoir eu intelligence de la conspiration susdite: auquel cas ils en auertiront incontinent sadite Majesté pour sur ce leur faire entendre sa volonté. Ordonnant aussi que doresnauant nul ne soit si hardi de prendre & arrester prisonnier aucun pour raison de ce dessus: sans l'expres commandement dudit Sieur ou de ces Officiers. Et de n'aller courir n'y prendre par les champs Fermes & Metairies aucuns cheuaux, juments, bœufs, vaches & autre bestial: biens, fruits, grains ny choses quelconques: & ne messaire ne mesdire aux Laboureurs. Mais les laisser faire, & exercer en paix & auec toute seureté leur labourage & ce qui est de leur vacation & ce sur les peines susdites. Fait à Paris le vintuitiéme jour d'Aoust, 1572. Signé Charles & au dessous Fizés. Puis leur fait expedier d'autres lettres auec amples memoires & instructions sur le fait de leur charge selon que les occasions requeroient. Celles du Comte de Charny portoient.

Le Roy considerant l'emotion n'agueres auenuë en ceste ville de Paris en laquelle a esté tué le feu Amiral de Chastillon & aucuns Gentilshômes qui estoiét auec luy pour auoir malheureusemét conspiré d'atteter à la personne de sa Majesté, de la Roine sa Mere & de Messieurs ses freres, du Roy de Nauarre & autres Princes & Seigneurs estans pres d'eux, & à son Estat: que ceux de la Religiô pretenduë reformée: ne sachans au vrai les causes & occasiôs d'icelle emotion: seront pour s'esleuer & mettre en armes comme ils ont fait les troubles passez: faire nouuelles pratiques, menées & desseins contre le bien de sa Majesté & repos de son Royaume: S'il n'y estoit par elle pourueu & fait conoistre la verité aux Gentilshômes & autre sujets de ladite Religion comme ce fait est passé: Et qu'elle est en leur endroit son intention & volonté. Et estimant que pour y remedier il est tres-grand besoin que les Gouuerneurs des Prouinces de son Royaume aillent par tous les endroits de leur Gouuernemês. Elle veut que pour ceste occasion Monsieur le Comte de Charny, grand Escuier de France, son Lieutenant General au

Aoust.
1572.

Moien que rendrent les Catholiques pour empescher que le reste des Protestans ne s'esleuast par la France à l'occasion du fait de Paris.

gouuernement de Bourgongne: aille diligemment par les villes & lieux dudit Gouuernement: où estant arriué il auisera les meilleurs moiens qu'il pourra de faire viure en paix, vnió & repos tous les sujets de sadite Majesté tant de l'vne que de l'autre Religion: & pour y paruenir fera doucement appeller en public ou en particulier ainsi qu'il verra estre pour les mieux & plus à propos pour le bien & seruice de saMajesté: les Gentilhommes des lieux où il yra:& aussi les Bourgeois des villes d'iceluy Gouuernement qui seront de la Religion: ausquels il declarera & fera entendre la verité de ladite emotion auenuë en ceste ville: pource que l'on pourroit auoir desguisé le fait autrement qu'il n'est. Et leur dira que saditeMajesté aiant descouuert que sous ombre de la blessure dudit feu Amiral de laquelle elle vouloit faire faire la justice selon le bon ordre qui y auoit ja esté donné: Iceluy Amiral & lesGentilshommes de saReligion qui estoient en cette ville auec luy: sans atendre l'effect de ladite justice, auroient fait vne meschāte malheureuse & detestable conspiration, contre la personne de saditeMajesté, de la Royne sa mere, Messieurs ses freres, du Roy de Nauarre & autres Princes & Seigneurs estans pres d'eux & contre l'Estat: ainsi mesme qu'aucuns des principaux adherans de ladite conspiration reconoissans leur faute, l'ont confessé: elle a esté contrainte à son grand regret pour obuier & preuenir vn si meschant,pernitieux & detestable dessein: & non pour aucune cause deReligiō: ny pour contreuenir à son Edit de pacification,de permettre ce qui est auenu le Dimanche vint quatriéme jour du mois d'Aoust en la personne dudit Amiral & ses adherans & complices: entendans sadite Majesté que ce nonobstant lesdits de la Religion puissent viure & demeurer en toutes libertez & seureté auec leurs femmes,enfans & famille en leurs maisons: sous sa pro-

Sauuegarde des Gouuerneurs aux Protestans paisibles

tection & sauue-garde: comme elle les y maintiendra & fera maintenir s'ils se veullent contenir doucement sous son obeissance comme elle le desire. Voulant que à ceste fin ledit Sieur Comte de Charny offre & baille ses lettres de sauue garde de bonne & autentique forme:qui seront de telle force & vertu que si elles estoient données & prinses de saMajesté.Et qu'en vertu d'icelles,ils soient conseruez de toutes injures,violences & oppressions: auec instructions & deffences tres-expresses à ceux de ses sujets Catholiques quels qu'ils soient,de n'attenter sur peine de la vie aux personnes,biens ne familles desdits de la Religion qui se contiendront doucement en leurs maisons: & si aucuns estoient si temeraires & mal auisez à faire chose contre lesdites deffences, & violler lesdites sauue-gardes: sadite Majesté veut que punition prompte, rigoureuse & exemplaire en soit faite afin que cela serue pour contenir les autres de ne faire le semblable.Qui est le vray&seul moié de l'asseurāce que saditeMajesté peut bailler ausdits de la Religion: auec parolle & promesses qu'elle leur donne : de leur estre bon Prince & begnin protecteur & conseruateur d'eux & de tout ce qui leur touche: quand ils demeureront & viuront sous leur obeissance: sans entreprendre ou faire chose contre son seruice & volonté. Et parce que sa Majesté a souuent coneu que les entreprises & deliberations faites par lesdits de la Religion contre son seruice: ont esté resolus entre'eux & assemblées és Presches que les

Exercice de la Religion deffendu

Gentilshommes auoient liberté de faire faire en leurs maisons & Fiefz: ledit Sieur le Comte de Charny fera entendre particulierement aux Gentilshommes qui ont acoustumé faire lesdits Presches,que saditeMajesté considerant qu'il n'y à rien qui tant esmeuue & anime les Catholiques contre ceux de la Religion que lesdits Presches & assemblées: & que les continuās il est tout certain que cela est cause d'épirer & augmēter lesdites emotions:Que pour ceste occasion sadite Majesté desire qu'ils les facent cesser:jusques à ce qu'autrement par elle en soit ordonné: & qu'ils s'accommodent à cela comme à chose qui sert grandement a l'effect de son intention: qui est de ramener doucement sesdits sujets a vne vraye & parfaite amitié, vnion & concorde les vns auec les autres, mettant toute diuision & partialitez en oubly. Et d'autant que cela leur pourra sembler dur au commencement: ledit Sieur Comte de Charny regardera à leur faire dire doucement & sans qu'ils en puissent entrer en aucune mauuaise conjecture. CAR aussi sadite Majesté veut proceder en toute vraye sincerité à l'endroit de ceux qui se conforment à sa volonté & obeissance, en laquelle il les exorte de viure auec toutes les meilleures persuasions qu'il pourra & asseurera d'estre en ce faisant seurement maintenus & conseruez comme les autres sujets Catholiques: ainsi que sadite Majesté veut qu'il face. Et affin que sesdits sujets Catholiques sachent comme ils auront à se conduire en cecy: ledit Sieur Comte de Charny leur dira que ce n'a jamais esté & n'est encores l'intention de sadite Majesté,qu'il soit fait aucun tort, injure ou oppression à ceux de ladite

ladite Religion : qui comme bons & loiaux sujets se voudroient contenir doucement en son obeissance. Declarant ausdits Catholiques que s'ils s'oublioient tant que d'offencer ceux de la Religion qui se porteront tels enuers sadite Majesté : & ceux aussi qui auront à cette fin prins d'elle ou dudit Sieur le Comte de Charny lettres de sauuegarde:elle les fera punir & chastier sur le champ comme transgresseurs de ses commandemēs sans aucune esperāce de grace, pardon ou remission. Ce que celui Comte de Charny leur exprimera & declarera auec les plus expresses parolles qu'il lui sera possible. Et fera aussi executer bien estroitement. Et apres que suiuant l'intention de sadite Majesté il leur aura par cette voie douce (qui est celle qu'elle aime le mieux) cerché les moiens d'asseurer le repos entre sesdits sujets : & de mettre quelque asseurance entre les vns & les autres: Ceux qui se conformeront en cela à la volonté de sadite Majesté: elle les y consortera & leur fera tous les meilleurs & plus doux traitemens qui lui sera possible. Mais s'il y auoit quelques vns de la Religion qui se rendissent opiniatres & rebelles à sadite Majesté, sans auoir esgard ausdites demonstrances:& fussent assemblez en armes faisans menées & pratiques contre le bien de son seruice : ledit Sieur Comte de Charny leur courra sus,& les taillera en pieces,auant qu'ils aient moien de se fortiffier & joindre ensemble.Et pour cet effet assemblera le plus de forces qu'il lui sera possible, tant des ordonnances du ban & arriere ban : qu'autres gens de guerre & Soldats à pied des Garnisons & habitans Catholiques des villes de sondit Gouuernement. Et assiegera ceux qui se tiendront & rendront forts és villes de l'estenduë dudit Gouuernement : de maniere que la force & autorité en demeurera à sadite Majesté. Fait à Paris, le trentiéme jour d'Aoust 1572. Signé Charles,& plus bas Brulard. Celle du Duc de Guyse est du dixhuitieme Septembre qui suit.

Mon Cousin, encores que je vous aie par toutes mes precedentes assez fait entendre & conoitre combien je desire que tous mes sujets tant de la Noblesse qu'autres qui sont profession de la nouuelle Religion : & se contiennent doucement au dedans de votre Gouuernement : soient par vous maintenus & conseruez en toute seureté sous ma protection & sauuegarde : sans qu'il leur soit en leurs personnes,biens & facultez donné aucun trouble ni empeschement. Ce neantmoins j'ay esté auerti que en quelques endroits de mon Royaume il s'est fait & continué beaucoup de saccagemens & pilleries des maisons de ceux de ladite nouuelle Religion tant aux champs qu'aux villes sous couleur de s'emotion auenuë en ma ville de Paris le vint quatriéme du mois d'Aoust dernier passé : chose qui m'est infiniment desplaisante & desagreable : & à laquelle je desire estre pourueu. Au moien dequoy, mon Cousin, je vous prie que sur tant que desirez me faire conoitre l'affection que vous portez au bien de mon seruice,vous ayez à prendre ce fait à cœur : & à conseruer & maintenir au dedans de vostre Gouuernement, selon ce que je vous ay dit cy deuant & tres-expressément escrit : que tous ceux de la nouuelle Religion qui se contiendront doucement,soient par vous conseruez sans souffrir qu'il leur soit vsé d'aucune violence,soit pour le regard de leurs biens ou de leurs personnes non plus qu'à mes autres sujets Catholiques. Et là où il leur auroit esté fait quelque tort ou outrage contre ma volonté que je vous ay ci deuant déclarée : encores presentement je veux & entens que vous faites faire vn bien exemplaire chastiment de ceux qui se trouueront coulpables : de sorte que leur punition serue d'exemple pour tous les autres : & que je me puisse voir obey en cet endroit comme je veux estre par tout:& mes commandemens receus de tous mes sujets auec autre reuerence qu'ils n'ont esté par le passé. Vous asseurāt,mon Cousin, que la plus agreable nouuelle que je puisse aprendre de vous, ce sera d'ouïr dire que vous auez fait quelque bon chastiment de ceux de qui j'auray esté desobei. Et sur ce je prieray Dieu, mon Cousin, qu'il vous ait en sa sainte garde. Escrit à Paris le 18. jour de Septembre 1572. Signé Charles & plus bas Brulard.

Lettres & memoires du Roy au Duc de Guyse, pour sa charge de Chāpagne.

Le mesme jour on celebre le Iubilé par le cōmandement du Roy où tous assisterent pour rendre graces à Dieu de ce que le tout s'estoit porté à leur desir : & tesmoigner aussi qu'il ne vouloit qu'vne Religion en son Royaume, & que tous ses sujets tinsent mesme forme de vie que la sienne.

Le Iubilé. Le Roy ne veut qu'vne Religion.

Ce mesme jour le Roy fit publier vn Edit,par lequel il veut estre sceu le vray & seul auteur de tout ce qui est auenu pour se deliurer de la conjuration des Huguenots. Veut toutesfois que sans prejudicier à ses autres Edits de pacification:tous les Gouuerneurs & autres ses Officiers maintiennent les Huguenots en Paix:& toutesfois ne les laisser jouïr des assemblées pres-

Le Roy auouë estre auteur de tout, veut toutesfois entretenir ses Edits de

L'HISTOIRE DE FRANCE.

Aoust 1572.
Paix & auec ce deffend tout exercice de Religion.

ches ny autres exercices de leur Religion. Que s'ils attentent quelque chose côtre cette sienne volonté ils les declarent encourir la peine de la vie & confiscation de tous leurs biens.

Arrest du Parlement contre l'Amiral Briquemaut & Cauagnes.

La Court de Parlement auoir apreuué ce que le Roy en auoit fait & dit: deputa commissaires pour faire le proces aux coupables. Et pource que Briquemaut & Cauagnes furet saisis le premier en habit de palefrenier chez Vuallinghan Ambassadeur pour la Royne d'Angleterre & reseruez à vne solennelle execution. Leur arrest suiuit bien tost & en forme & en effect celuy de l'Amiral: par lequel: affin que j'euse des mots propres. Veu par la chambre ordonnée par le Roy en temps de vacation: les Informations faites apres la mort interrogatoires, confessions & denegations de quelques prisonniers: les papiers, lettres & autres enseignemants produits à mesme fin. L'Amiral est declaré auoir esté attaint & conuaincu du crime de leze Majesté, perturbateur & violateur de Paix: ennemy de repos, tranquilité & seureté publique: Chef principal auteur & conducteur de ladite conspiration faite contre le Roy & son Estat. Sa memoire damnée, son nom suprimé à perpetuité. Et pour reparation desdits crimes ordonne que son corps si trainer se pouuoit, sinon en figure: seroit pris par l'executeur de haute justice: mené conduit & trainé sur vne claie depuis les prisons de la Consiergerie du Palais: jusques à la place de Greue: & illec pendu à vne potence: qui pour ce faire seroit dressée & erigée deuant l'hostel de ville & y demeureroit pendu l'espace de 24. heures & ce fait seroit porté & pendu au gibet de Montfaucon au plus haut & eminent lieu les enseignes, armes & armoiries dudit seu trainées à cues de cheuaux par les Rues de Paris & autres villes bourgs & bourgades où elles seroient treuuées auoir este mises à son honneur: & apres rompues & brisees par l'executeur de la haute justice en signe d'ignominie perpetuelle en chacun lieu & carrefours où l'on à acoustumé faire cris & proclamatiós publiques. Toutes ses armoiries & pourtraitures soit en bosse ou peinture, tableaux & autres pourtraits en quelques lieux qu'ils soient cassez, rasez, rompus, & lacerez. Enjoignant à tous juges Royaux de faire executer chacun en son ressort, pareille laceration d'armoiries: & à tous ses sujets du ressort de Paris: de n'en garder ou retenir aucune. Tous les biens feodaux dudit seu mouuans de la Couronne de France remis & incorporez au domaine d'icelle: & les autres fiefz & biens tant meubles qu'immeubles, acquis & confisquez au Roy. Declarant les enfans de l'Amiral ignobles, villains routuriers, infames, indignes & incapables de tester ne tenir Estats Offices, dignitez & biens en France. Lesquels si aucuns en ont sont declarez acquis au Roy: ordonnant que la maison Seigneuriale & Chastel de Chastillon sur Loin qui estoit l'habitation & principal domicile dudit Coligny: ensemble la basse Court & ce qui depéd du Principal manoir: serót demolis rasez & abatus: & deffendu de jamais y bastir ny edifier: & que les arbres plátez és enuirons de la maison & Chastel pour l'embelissement & decoration d'icelle, seront coupez par le millieu: & en laire dudit Chasteau vn pillier de pierre de taille erigé: auquel sera mise & aposée vne lame de cuiure en laquelle sera graué & escrit le present arrest. Et que doresnauát par chacun an le vint quatriéme Aoust seront faites prieres publiques & processions generales dedans Paris pour rendre graces à Dieu de la punition de la conspiration faite contre le Roy & son Estat. Pareils arrests sorts pour le demolissement des maisons furent donnez contre Briquemaut & Cauagnes: prononcez & executez le vintseptiéme & vintneusiéme Octobre mil cinq cens septante deux. Le premier sur vn fantosme au lieu du corps de l'Amiral ja pendu par le peuple & despendu par autres. Ces deux furent executez sur les personnes propres, le Roy present deuant

Qui tua l'Amiral.

lequel ils protestoient du tort qu'on leur faisoit de les pendre pour vne telle occasion. Voila comme ces deux moururent: mais on ne sçait au vray qui tua l'Amiral encor que le plus de voix en face auteur vn Allemand nommé Besme: car d'autres se sont vantez luy auoir donné coup mortel. Apres que Galba l'Empereur fut mort, Othon fit tuer Iunius & Lacon auec plusieurs autres. Aucuns de ceux mesme qui n'estoint empeschez de cete tuerie: tant pour se faire voir du parti: bien qu'ils en fussent fort esloignez: Que pour atraper quelque recompense, souillerent leur mains & espées au sang des meurtris voire jusques emporter au Prince les testes des principaux: lesquels Vitelius fit depuis recercher & mourir exemplairement. Surquoy plusieurs consideráns le naturel des hômes: puis remarquans en particulier chacune de leurs actions: treuuoient Brutus & l'Amiral assez aprochans de mesmes desirs. En ce disóit ils que le premier ne fut poussé à la conjure contre Cesar par haine, ny d'aucune enuie de vengeance, auarice ny autre motif que d'affranchir son païs. (Encores que Cassius & ses complices
plices

plices eussent autres desseins) de la seruitude en laquelle ils pensoient que Cesar le voulust sousmettre. Et par mesme moien acquerir honneur immortel par vn exploit si audacieux. Au semblable cestui-cy, estimant ses labeurs bien emploiez à descharger la conscience de son party du pesant faix des traditions ausquelles les Catholiques le vouloient assujetir: s'estoit ja tracé la voye pour acquerir sous la charge & autorité d'autruy: vn durable renom entre les siens. Leur mort neantmoins furent bien differentes: car l'vn mourut volontairement, & se tua apres la bataille perdue contre Octaue, nepueu de celuy qu'il auoit tué. L'autre fut forcé à la mort par le seruiteur de celuy qui l'accusoit d'auoir fait mourir son pere. Il semble neantmoins qu'il y aie plus de constance en cestuy-cy qu'en Brutus qui se tua n'osant apres la perte de son Armée, comparoistre deuant son ennemy, de crainte duquel il se tuoit. Ioint que failly de cœur; il se desesperoit de ses moiens qui luy restoient beaux & grans. Assauoir vn General commandement sur toute la mer & païs prochains. Encores que Cassius (qui restoit entier auec son armée) eust esté deffait par ses ennemis. Ce qui ne fust auenu s'il eust sceu le bon Estat de Brutus. Mais cestui-cy mourut auec telle resolution à la mort, que sans crainte aucune de ceux qui le tuoient en luy respondant aux parolles franches qu'il leur tenoit: & moins encores desesperant des moiens qu'il eust soudain employé si on ne l'eust serré de si court: ne sembloit prendre la mort moins en gré que celuy, qui ennuié de viure sous vn labirinthe & mer infinie d'ennuis: est bien aise de changer l'Estat present, pour vne plus heureuse condition à l'auenir.

Ie vous ay parlé des lettres & forme d'Edit que le Roy enuoia dés le vintsixiéme jour à tous les Gouuerneurs de Prouinces. Ceux là & autres Magistrats auoir receu ses lettres si comporterent aucuns selon l'Edit: les autres au desir de l'humeur de long temps allumé contre les Protestans: ceux mesmement qui presumerent leurs actions deuoir estre agreables aux plus grãs de la suitte du Roy. On les repartit en trois endroits à Lyon, pour les egorger & tirer en l'eau (apres le refus du bourreau neantmoins qui ne vouloit proceder que par autorité de justice. Et les soldats de la Citadelle qui se dirent destinez à la guerre & non à si vile proffession) Certains habitans sous la conduite de Morinel & le Cloesale: firent piteusement taindre les lieux & rues où ils auoient estez resserrez, & rougir mesme le Rosne, du sang de plus de huit cens Bourgeois. Vn Italien Luquois garda la teste qu'il coupa à vn autre Luquois Protestant, bani de son pays par la Seigneurie pour auoir la somme d'argent qu'elle auoit proposé à celuy qui le feroit mourir. Plusieurs autres Italiens qui sont en grand nombre dedans Lyon, furent veus en diuers lieux se resjouïssans de tel exploit: comme si la France deuoit bien tost estre vefue de ses enfans naturels pour y receuoir les estrangers en plus grande seureté & profit que parauant; ou pour la joie qu'ils reçoiuent de voir la Religion Protestante assez contraire à leurs desseins, finir par tout le Royaume. Mais ce qui fut trouué encores plus cruel fut que comme on les jetoit en la Riuiere: aussi tost qu'vn Apothicaire eust dit que la graisse de leurs corps estoit profitable à plusieurs choses: & qu'on en pourroit tirer grand argent si on la vouloit vendre: on y vit soudain courir tant de peuple que c'estoit à qui mieux descouuriroit les ventrailles & en tireroit plus de graisse, pour la vendre à ceux qui la demandoient. Tous ces corps flotans au gré des vens & ondes du Rosne: furent poussez en diuers lieux comme à Tournon, Vienne, Valence, Viuiers, Bourg, Saint Esprit, Auignon & autres lieux riuerots: les habitans desquels sembloient auoir en horreur vn tel spectacle, plus qu'aprouuer l'occasiõ d'iceluy: mesmement ceux d'Arles la plus ancienne & mieux peuplée ville de Prouence: laquelle faute d'eau de puits & de fontaine: est contrainte boire le Rosne: & s'accommoder de ses eaux en toute necessité: si bien qu'encor que les Citadins soient des plus fermes Catholiques: si est-ce que pour l'incommodité auenue: soit pour ne trouuer bonne telle façon de proceder contre ses ennemis: ils detestoient merueilleusement les auteurs d'vne telle cruauté. Occasion que les Catholiques de Prouence deuenus plus doux & paisibles que par le passé, par l'objet de telle & si estrange nouueauté sont demeurez depuis en bon repos: encor qu'ils ayent assez de boute feux vns & autres pour enflamer les cœurs des Prouenceaux. Ailleurs comme jay dit le meurtre fut grand ou petit selon l'humeur de ceux qui auoient creance sur le reste du peuple. Les Toloseins n'en firent beaucoup mourir. Car la plus part s'estoient ja retirez qui à Montauban qu'aux autres endroits de plus seur accez. Le Baron de Montferrand Gouuerneur à Bourdeaux n'y eust peu rien faire s'il n'eust en ce temps & sous autre pretexte fait

Comme les Catholiques se portent és autres endroits de la France à l'exemple de Paris.

Meurtres de Lyon.

Graisse tirée des corps Protestans vendue à Lyon.

Arles.

Tolose.

Bourdeaux.

Septembre
1572.

Rouen.

fait entrer quelques bandes de soldats qui en meurtrirent enuiron trente: empeschant les Magistrats & autres Citadins de la ville qu'on n'en tuast dauantage. Ceux de Rouen si montrerent plus eschaufez. Car encor que Carrouges leur Gouuerneur voulust attendre vn plus ample auis de sa Majesté: si est-ce que les habitans soit pour l'ancienne haine qu'ils portent aux Protestans: soit pour le jugement donné contr'eux à l'occasion du tumulte de Boudeuille: ils ouurirent les prisons où le Gouuerneur les retenoit: & en firent vn grand carnage. Ceux de Meaux, Orleans & autres lieux les imiterent de pres. Tours, Angers, Nantes, Reims, Poitiers & autres villes si porterent plus doucement. En Prouence nommément le Comte de Tende Gouuerneur ne voulut croire aux lettres que la Mole natif d'Arle lui aportoit. Depuis mort en son lict & comme aucuns veulent dire subtilement empoisonné: eut le Mareschal de Rets pour successeur au Gouuernement. De Gordes aussi ne se porta si rigoureux en Dauphiné. Non plus que S. Heran en Auuergne: meu de la mesme consideration que le Comte de Tende pour auoir receu parauāt vne declaration du Roy touchant la mort de l'Amiral contraire aux lettres qu'on lui aportoit. Somme qu'en moins d'vn mois plus de vint mil Protestans tomberent sous la fureur des Catholiques.

Le Prince de Condé fait prisonnier pour auoir refusé la messe.

En ce temps & le 9. de Septembre voulant le Roy que tous ses sujets fussent de mesme Religion que lui: enuoya querir le Prince de Condé auquel il dōna choix de l'vne de trois choses: de la messe, de la mort, ou d'vne perpetuelle prison. Auquel aiant respondu qu'il ne prendroit jamais la premiere: dit que quand bien l'vne des deux autres fust en la puissance du Roy, que Dieu neantmoins, estoit par dessus pour faire du tout à son plaisir. Somme que la consideration du temps presant, les persuasions de ses parens auec les inductions d'vn Ministre dit du Rosier & de quelques autres l'esbranlerent en sorte comm' aussi firent le Roy de Nauarre que peu à peu ils condescendirent à la volonté des Catholiques: & à leur exemple plusieurs Seigneurs, Gentilshommes & autres se formerent à la Catholique. La Roine Mere dona pour Chancelier au Roy de Nauarre   de Mesme dit de Malassise & le pourueut d'autres Gentilshommes & Officiers: comm' elle fit aussi à Monsieur le Prince de Condé, afin de mieux les entretenir au deuoir & obeissance de la Majesté Tres-chrestienne.

Don vint l'entreprise des matines de Paris.

Tous recerchent l'origine & vraie source d'vne telle entreprise, de laquelle plusieurs ont discouru tant de viue voix que par escrit. Vous jugerez qui plus & moins se feront eslongnez du but. Car en aiāt chacun deuié au desir de la passion qui les maitrisoit: ne se faut esmerueiller si preoccupez d'affection que tous montrent auoir à leur parti: peu d'eux aient treuué le vray motif d'vn tel accident. Les Catholiques bien que differens en la cause, s'accordent neantmoins de l'auteur: que tous auouënt le Roy, veu mesme que depuis il s'est declaré tel en Parlement, & par lettres à ses Ambassadeurs en païs estranges. Mais ils sont differens en ce que les vns sont la cause de ce fait de longue main premeditée: & pour le repos de l'Estat qui autrement eut en apparence perpetuellement agité le corps de nostre France: les autres maintiennent qu'elle fut prise sur le champ, & que née de l'occasion qui se presenta lors: elle fut executée aussi tost que le sujet le sembla requerir. Vns & autres ont des raisons pour justifier leur auis. Celles des premiers sont, Que les Rois sont ordonnez de Dieu pour Gouuerner & vser de toute puissance sur leurs sujets. C'est pourquoy Dieu dit aux Israëlites que le droit du Roy estoit de faire tout ce qu'il lui plairoit tant des personnes que des biens d'icelles. Et ne faut, disent-ils, subtilizer pour interpreter cela des Tyrans. Car le peuple ne demandoit qu'vn Roy, s'asseurant que Dieu les pouruoiroit d'vn bon Prince. Ioint que Dieu n'eust voulu mal pouruoir son peuple esleu. Et auec ce que Saül, Dauid, Salomon, ni ses successeurs ne furent oncques Tyrans: ains vrais Rois encor qu'ils aient failli en quelque chose particuliere comme il ne peut auoir rien de parfait en ce monde. C'est pourquoy les Romains poussez d'vn mesme instinct de nature: ont esleu & confirmé Auguste leur Empereur autorisant la loy royalle par laquelle le peuple, c'est à dire tous les Estats: lui donna & en sa personne à tous ses successeurs: tout le droit, toute puissance & autorité qu'il s'estoit maintenu & conserué jusques là. Voila pourquoy ils nous ont laissé par escrit que les Rois ne sont sujets à loix: autrement veu la peine qu'ils ont à manier vn si grand corps: ils seroient de pire condition que le moindre de leurs sujets. Ils confessent bien qu'il y a tousjours eu deux sortes de bons Rois, les vns esleus, les autres Rois nez & hereditaires. Que ceux-la n'ont autre puissance que celle sous les articles & conditions de laquelle ils sont appellez au Gouuernement. Mais que la bri-

Droit & puissance d'vn Roy.

de n'est pas ainsi serrée aux derniers, qui ont à ceste occasion droit de dire & faire ce qui leur plaist: pourueu que cela ne tende à la Ruine de l'Estat pour la conseruation & accroissement duquel, Nature les fait venir comme de pere en fils. Si doncques tel Roy qu'est le nostre, semble faire tort à aucun de ses sujets: comme de les bannir ou confisquer leurs biens, ou faire mourir quelques vns d'eux: il faut faire joue à sa puissance pour n'auoir les sujets autre remede que patience & prieres à Dieu de luy flechir le cœur: encor qu'il fist mal. Ioint (pour y ajouter le droit de nature) que ce n'est au cheual (qui n'est que pour seruir) à regimber cōtre l'esperon qui le picque. Doncques le deuoir du sujet est de se persuader, que le Roy ne praticque ses voies extraordinaires sans grāde occasion, bien qu'elles luy soiēt inconeuës: plustost que se preparer à la vengeance contre le vouloir de l'Apostre qui ne demande que prier Dieu pour le Magistrat encor, dit il, qu'il soit meschant. Que dira l'on doncques en ce fait où l'occasion est si manifeste? Soit qu'on le considere comme priuée personne, soit comme publique: il à tresjuste cause de se venger de ses ennemis particuliers qui le sont aussi de son Estat: duquel il luy estoit impossible voir le repos asseuré que par le deces de ceux qui luy ont fait la guerre, tant de fois brulé ses places, saccagé son Royaume, tué ses sujets, armé les estrangers contre sa Couronne & qui plus est mesprisé la liberale largesse de tant de dons, de tant d'Estats, charges & honneurs qu'il leur auoit fait par le passé, pour les ranger à deuoir de reconoistre la paternelle douceur de sa Royalle Majesté. Dauantage la Raison naturelle & le consentement de tous veullent que quand nos affaires sont tellement disposées que force nous est de tōber en l'vn des 2. inconueniés: qu'il nous est loisible & plus auantageux de choisir le moindre, & fuir celuy qui nous semble le plus prejudiciable à l'Estat de nos affaires. A beaucoup plus forte raison tous hommes de sain jugement, eussent conseillé le Roy de praticquer ce qu'il a fait. Car veu que l'Estat de son Royaume estoit si troublé, voire de si court menacé d'vne ruine ineuitable: que la continuē des guerres luy eust moienné s'il ne se defaisoit des Chefz de ce parti: à l'exemple de plusieurs autres Monarques, il a beaucoup mieux aimé se priuer (contre sa naturelle inclinatiō toutesfois) d'aucuns Chefs Huguenots incōpatibles auec ceux des Catholiques (lesquels il auoient tousjours plus aimé) que de se confiner en guerre perpetuelle que la diuision & partialité de ces deux sortes de sujets luy eust amené. Somme que le Roy voiant qu'il ne pouuoit qu'à la longue ranger à force d'armes les Huguenots au deuoir d'obeissance: soit pour estre comme desesperez ou pour les secrettes intelligences & autres moiés qu'ils entretenoient en son Royaume; se resolut d'en auoir la fin comme que ce fust: instruit assez que les Princes veu la puissāce qu'ils ont sur leurs sujets: ne doiuent estre si scrupuleux qu'ils ne pratiquent la finesse du Renard ou la force du Lyon n'auroit lieu. Et ne se faut, ajoutent ils, arrester au naturel & jeunesse du Roy comme incompatibles à vne si grande, si longue & resoluë dissimulation de son premier dessein. Car pour le naturel il est si bien discipliné: qu'il ne peut degenerer de ses predecesseurs, lesquels mesmement Loys & Charles huitiéme apreuuoient la dissimulation & la disoient propre à vn Prince sur toutes autres vertus. Moins se faut il esbahir de la jeunesse. Car le temps porte que les jeunes apprennent & conçoiuent plustost mille fois qu'au temps passé: & se treuuent en toutes choses plus soudains & habilles que leurs deuanciers pour si peu qu'ils soient bien nourris. Mesmement s'ils hantent cōpagnies comme nos Princes qui ont tant de matieres d'exercices pour se rendre habilles & accomplis en toutes choses deuant l'aage. Brief le sommaire de leur auis est que comme les Rois ont estez preordonnez de Dieu & esleus des Peuples pour les gouuerner & non au contraire: qu'aussi doiuent ils gouuerner en Iustice. Quoy faisant ils considerent ceste qualité de Gouuerneurs (qui est le droit, l'autorité & ce que nous appellons aujourd'hui Majesté à commāder) còmme la cause qui fait que la personne n'est plus commune mais sainte, sacrée & inuiolable: à laquelle pour estre bon & fidelle Citoien de la Monarchie & communauté: il faut rendre seruice & obeissance. Voire d'autant plus reueremment que nous y pouuons contempler vn vif Image de ce tresgrand, Eternel & Souuerain Monarque de l'vniuers. Et quiconque y desobeyt doit estre tenu & puni comme seditieux & rebelle: non pas au Roy seulement ains à l'Estat c'est à dire à l'autorité puissance & Majesté qui vient d'en haut: & consequemment de Dieu puis qu'ils effectuent ce pourquoy ils sont ordonnez sur nous. Car en ce qu'ils sont appellez en la parolle sainte, ès Histoires & Poësies profanes: icy Conseillers: là Tuteurs, ores Gouuerneurs, maintenant Nourriciers, tantost Conducteurs, & Pasteurs du Peuple: Il est

certain

De deux maux faut choisir le moindre.

Deuoir des Roys & comme ils ont estez esleuz.

Septembre de 1572.

La raison ne se doit tousjours dire.

certain que ces noms seroient vains & ridicules si leurs persõnes ne seruoient à la chose publique de Conseil, deffence, Gouuernement, entretien & conduite en leurs affaires: & si d'affection paternelle ils ne procuroient le bien & salut du peuple. Somme que le Roy semble celuy: qui comme personne publique, ne veut ne fait & n'attente rien de sa propre volonté: sinon qu'elle soit fondée sur la raison vniuerselle: amonesté par la propre conscience de ceste dignité Royalle, que ce n'a pas esté l'ambition populaire qui aye fait esleuer l'Estat au comble de telle Majesté: mais la modeste vertu esprouuée entre les bons, qui se sont volontairement soubmis à vn qui leur seroit comme la bouche des loix & bonnes disciplines. Ce qui leur moiennera telle creance vers les sujets, qu'ils ne se voudront curieusement enquerir du motif & occasion des portemans du Prince: encor que par fois ils semble dur à plusieurs du peuple: autrement peu à peu naitroit vn nombre si effrené de controlleurs qu'en fin le Roy seroit peut estre conseillé & incité d'en faire autant commeCleomenes desEphores Lacedemoniens. La raison de toutes actions disoit vn sage Romain: ne se peut & ne se doit dire si l'on ne veut laisser corrompre & aneantir beaucoup de bonnes institutions au grand desauantage du public.

Aucvns des Catholiques, nomméement ceux qui apres le fait en laisserent quelques discours par escrit: & tel qui suit attribuent tout au juste courroux que le Roy prit contre les Protestans apres la blessure de l'Amiral, sur le rapport qu'on luy fit que desesperez d'auoir justice de ce fait pour la faueur qu'auoient ceux de Guise: se la vouloient faire eux mesmes: tant sur les auteurs de la blessure que sur les personnes de leurs Majestez & de Messieurs ses freres: à quoy, disent ils, le Roy du commencement presta volontiers l'oreille: se persuadans quelque chose de ce raport estre vray veu les hautains portemãs & parolles de brauades que plusieurs des Protestans apres la blessure de leur Chef, tenoient haut & clair & deuant tous: jusques à menacer mesmes ceux de Guise (qu'ils faisoient auteurs de tout) de les aller forcer en leurs maisons & faire pis s'ils n'auoient prompte justice de ceste blessure. A quoy ils ajoutoient les propos de l'Amiral blessé: lequel comme le Roy, Roine mere & autres l'alassent consoler leur dit: qu'il pourroit par ce coup demeurer impotent d'vn bras: mais aussi sain de ceruueau que jamais: & que si leurs Majestez ne l'eussent si lõg temps retenu leur aiant plusieurs fois demãdé son congé: ce mal luy fut auenu: qu'il ne pouuoit atendre autre en Paris, mais que Dieu donneroit ordre à tout. Surquoy ceux qui doutoiẽt les artifices rusez de celuy les esprits duquel affinez par la continuë de nos guerres: voire les sens ja vsé à la conduite de tant de troupes: faisoiẽt presumer que son cœur vlceré du deshõneur qu'vn jeune ret auroit pris vn vieil oiseau, plus que de la consideration d'autre mal: ne reposeroit jamais qu'il n'eust remis ses freres en campagne, pour se venger à descouuert de la plaie qu'on luy auoit fait en crainte & cachete: furent d'auis de donner suitte au premier coup par vne soudaine mort des principaux Confederez. Mesmement dirent ils au Roy, que sur l'occurrence de la blessure les premiers s'assemblerent au logis de l'Amiral:& ne demeura long temps à courir vn bruict (duquel le Roy fut à l'instant auerti par deux personnages lesquels y auoient fait nombre) que les Huguenots s'apprestoient pour s'asseurer de leurs Majestez. Si que le Roy pressé d'y obuier, fut conseillé de preuenir leur dessein par vne execution soudaine de tous cesChefs sans s'amuser aux informations & jugemans ordinaires requis és cas particuliers: non és occurrences qui concernent la vie ou l'Estat des Princes. Les mieux versez au maniment de ce môde sont d'auis qu'és maladies extremes & dangereuses il est loisible & besoin d'vser de remede prompt, extreme & hazardeux: qu'il falloit incontinent aller au deuant de la conjuratiõ, la preuenir & destourner promptement sur la teste des conspirateurs l'encombrier & le meschef qu'ils machinoient contre le Roy & les siens: & que sans plus tarder sur l'heure mesme il falloit mettre la main aux armes & se depescher d'eux. Le Roy la Royne mere & Messieurs ses freres disoient qu'vne telle execution soudaine, rigoureuse & extraordinaire estoit voirement digne de l'audace & meschanceté de ces malheureux: Mais qu'il leur sembloit plus equitable & plus digne de la clemence dont le Roy auoit tousjours vsé en leur endroit: estoit de faire plus amplement informer & proceder contre eux: & ce pendant faire prandre prisõniers ceux que l'on disoit auoir conjuré. Alors les anciens remonstroient qu'il falloit ici commencer par l'execution. Que en vne chose si euidente & vn peril si grand & si proche, il seroit bien dangereux d'attendre vne si longue trainée d'informations de delais & de procedures. Qu'on auoit affaire à des hommes

Conseil qu'on donnoit au Roy contre les Protestans.

trop

trop audacieux & en trop grand nombre pour cuider executer ces prinses de corps. Que le Roy estoit pressé du temps. Que les choses de plus grande consequence se tournent bien souuent en moins de rien: & pendent comme à vn fillet. Et que si dans la nuict prochaine l'on ne venoit à bout des conspirateurs: c'estoit fait du Roy & de tout le Royaume. A cela respond sa Majesté qu'elle n'auoit point seulement à conseruer sa vie, mais aussi son nom & bonne renommée en son entier. Que si l'on faisoit informer plus auant, & que les conjurez estans prins prisonniers fussent conuaincus: il auroit pourueu aux deux. Car que diroient les nations estrãges, disoit-il, sinon que pour venger les vieilles injures on auroit requis & affecté ce pretexte de conjuratiõ? Ajoutoit à cela que le Royaume luy auoit esté tellemẽt laissé par ces Ancestres & aussi que dés son jeune aage la Royne sa mere l'auoit instruict & enseigné par sa prudence, & accoustumé aux Loix de la justice de telle sorte, qu'il ne voudroit jamais condamner personne sans l'auoir ouy: ne permettre que celuy fust tué qui n'auroit esté condamné: & feroit grande conscience de souffrir à l'endroit du moindre de ses sujets qu'il fust puni comme coulpable de crime sans luy auoir faict faire & parfaire son proces. Qu'il aimoit mieux encourir le danger de sa vie que d'entamer sa reputation ou blesser son ame: mais qu'il esperoit puis que la chose estoit ja descouuerte que tous ces dangers pourroient estre euitez sans tuer personne. Laissez je vous supplie ceste esperãce. Sire, dit l'vn de ces vieillards, car tels conjurez pourront parauanture bien estre tuez si l'on y va incontinent: mais de les prendre il est impossible si ce n'est vn ou deux & encores non sans meurtre que vous voulez neantmoins euiter: & quand bien vous vous sauueriez de leurs aguets, pour le moins ne pourrez vous eschapper vne autre guerre ciuile: & alors serons nous contraints de voir par la quatriéme fois les pilleries bruslemens, ruines, degasts & embrasemens dont vos Gaules fument encores trop miserablement. Et en voulant par trop espargner vos ennemis certains & jurez: vous aurez contre vostre intention esté cruel enuers la patrie, & prodigue de vos bons & loiaux sujets. C'est ce blasme (Sire) d'auoir comme trahy le pays: c'est ceste charge & remords de conscience qu'il faut craindre & auoir en horreur. Car au reste tout homme de bien & equitable: appreuuera vn acte si beau & si necessaire: lequel nous sçauons vous estre loisible par toute raison & droict humain: & n'y auroit pas faute d'exemple que nous pourrions vous alleguer si la matiere requeroit vn long discours plustost qu'vne prompte execution. Et pourtant, Sire, sauuez vous, sauuez la Royne vostre Mere, sauuez nous tous, sauuez le pays. Voila les raisons qu'aucuns Catholiques ont fait publier pour montrer qu'elle occasion le Roy a eu de commãder ce qui fut fait au vintquatriéme Aoust.

I L S confessent tous mais les deux parts detestent les cruautez pratiquées sur les Francez: ausquelles mesmes ils eussent bien voulu obuier. Mais le peuple poussé d'vn extreme amour qu'il porte à son Prince peu moindre qu'est sa reuerẽce enuers Dieu (auquel il sembloit vouër si en sacrifices tant de corps pour offrandes expiatoires de ses pechez:) si trouua tant animé qu'il fut, disent ils, impossible de seulement atiedir la bouilante fureur de tant de testes. Ce n'est aujourd'hui, ains de tout temps telle à esté la Nature de la Populace: que ou bien elle se tient coye oysiuemant ou bien se mutinant d'vne extreme violence se desborde à toute cruauté: & ne garde moien n'y mesure quelconque. Outre ce il n'y a jamais faute parmi les hommes en quelque part du monde que ce soit de haines, enuies, noises, querelles, & proces de tous lesquels maux nostre France à raison de trois precedens troubles regorgeoit de toutes parts. Et par tant, tandis que les vns peussent à reuãger leur Prince: les autres à vãger leurs injures particulieres: les autres à saouler leur haines: les autres à piller & butiner on ne se souuient point de la volonté du Roy: on n'oit point ses Edits: on luy fait n'aistre infinies occasions de doleurs, regrets & facheries. Car il ne fut en sa vie en telle peine, & ne porta onques rien si impatiemmant: que d'entendre la mort de ceux qu'il desiroit conseruer en toute sorte. Il auient presque ordinairement en telles seditions & tumultes que les moins sages y ont plus de puissance & authorité. Car le Conseil des prudens n'est receu ny escouté sinon lors, que le temps est calme & tranquille. Mais aussi tost qu'en vne ville où abordent des hommes de toutes parts & diuerses nations comme est Paris: la poincte de la fureur se mesle parmi les esprits de quelques vns: soudain & quasi en vn moment elle prouigne & s'estend à merueilles passant de l'vn à l'autre auec vne celerité incroiable. Et au moyen de la participation & contagion du mal, comme par vn solennel serment ce fait vne liaison de courages & mutuelles, volontez qui agrandit ce

Peuple & son naturel.

L'HISTOIRE DE FRANCE.

Septembre. 1572.

dit ce parti & lui donne des forces excessiues: dont il deuiēt de plus en plus insolent & redoutable. Et tout ainsi qu'vne grande Riuiere quand elle est desbordée rompt & brise ce qu'on luy veut opposer, ou bien passe par dessus & ni à remede quelconque pour l'arrester & ramener à son droit & ordinaire cours, que celuy du temps: aussi leur estoit, disent ils, impossible, d'appaiser vne telle multitude d'hommes si effarouchez & soustenus: mesmement pour occasion si grāde que cete cy. Et moins encor la ranger au train acoustumé de sa vie par autre voie que celle du jour. Ajoutez à ce point la consideration de nostre naturel & le los qui est comme hereditaire à ce peuple François. Il n'y eut onques nation qui ait tant reueré ou plus saintement honoré l'Estat Royal que la nostre : ne qui auec plus d'affection vehemente d'amour & plus de fidelité se soit maintenuë & cōportée à l'endroit de son Prince souuerain. Estre conu de lui ou nommé par sa bouche nous semble vn tresgrand auantage : voire jusques à mettre en cela le comble de nos souhaits & felicité humaine.

Fidelité & reuerence des François vers leurs Prince.

Les Protestans au contraire bien qu'ils ne se peussent du commencement fantasier, que le Roy qui leur auoit jusques là montré si beau semblant en fust le promoteur : se persuaderent au long aller veu l'humeur de ceux qui le gouuernoiēt & la continuë de fieure en chaud mal : qu'il auoit de longue main dissimulé son dessein pour couler le temps & preparer toutes choses cependant à l'execution d'vn si haut projet, quand l'occasion si presenteroit fauorable. S'est treuué bon nōbre d'autres qui jugeans du fait auenu selon les circonstances d'icelui & nommément au raport du passé auec les considerations tant du naturel & façons de faire des personnes que des choses qu'ils voioient se comporter lors de cette entreprise : n'ont pas voulu donner auis si aigre contre les vns ni contre les autres : ains estimans que le fait fust auenu inopinément & sans plus longue preuoiance : disent que le tout apres la blesseure est suruenu par occasion & à maniere de dire par contrainte tirée d'vne chose à l'autre. Voici comment. Ils mettent le Roy & la pluspart de son Conseil comm' ils font aussi les Protestans hors de toute conspiration : veu le comportement des choses tant precedantes que suruenuës depuis le fait : & disent qu'apres que l'harquebusier eut failli l'Amiral (ce que plusieurs attribuent à la querelle particuliere des deux maisons de Guyse & de Coligny) les Catholiques presumans que les fauoris de l'Amiral, (veu le grand nombre de partisans qu'il auoit) en recerchoient vne vengeance : consideré nommément l'amas & prouisions d'armes qu'aucuns de leurs Chefs faisoient de jour à autre (aux fins toutesfois de preuoir, disoient-ils, à plus dangereuses entreprises de ceux de Guyse) donnerent subtilement à entendre à leurs Majestez : que le tout se trainoit à leur desauantage : soit qu'on leur en voulust ou à d'autres, veu que le remuant qui en viendroit ne pourroit tendre qu'au sac & rauage d'vne si grosse ville que Paris. Qu'il valoit mieux preuenir que d'estre surpris : à eux mesmement, l'autorité desquels seroit tousjours vers les sujets, le justification des entreprises executées à leur aueu : si bien que leur Majestez persuadées par telles & autres raisons : pressées d'ailleurs à l'execution d'vne chose, la longueur & retardement de laquelle importoit à tant de Seigneurs & autres Catholicques de la vie & perte de tous leurs moiens, laschèrent la bride à ceux, qui n'estoient à ce retenus que de la crainte de les offenser. Comme que ce fut les choses se porterent ainsi qu'auez entendu, c'est à dire si mal que rien plus, non pour les Protestans seulement : ains aussi pour plusieurs bons Catholiques, trainez par secrettes passions particulieres à mesme malheur que celui qui atendoit leurs ennemis.

Auis des Protestans sur le meurtre de la S. Barthelemy

Plusieurs s'empeschent a discourir sur le merite d'vn tel accident : & nōmément de la mort de l'Amiral & autres plus signalez apres lui. Les vns disent qu'ils seront à jamais des-honorez pour ce que la mort leur semble infame & malheureuse tant pour l'occasion que pour la forme d'icelle. Les autres au contraire, les deschargeans de toute conspiraton : les tiennent morts pour l'enuie seule qu'on portoit à leur vertu : & par consequent les estiment heureux d'estre affranchis de l'enuie de ce mōde. Mais heureux sur tout, pour estre morts possesseurs de la vertu qui les esclairoit en tous endroits. Car, disent-ils, comme nul ne doit estre dit heureux auant le dernier de ses jours : quelque vie vertueuse qu'il aye tousjours mené veu l'incertitude des choses mondaines qui le peuuent destourner au mal. Aussi ceux qui n'aians jamais forligné de la vertu : meurent en la possession d'icelle : peuuent estre dits heureusement triompher de l'enuie, & ensemble de l'opinion de tous ceux qui ne jugent bien ni rondement du merite

Iugement sur les merites de la mort de l'Amiral & autres Chefs

heureux & bien fortuné qui.

rite

LIVRE VINTNEVFIEME. 73.

rite des hommes. Ils difent dauantage, que qui voudra bien efplucher l'eftat de cette vie humaine : ne lui ſçauroit treuuer que deux ſortes de fin. L'vne belle, honeſte, profitable & bien heureuſe : l'autre contraire. Si l'on ne veut attribuer celle de ces gens icy à l'vne des deux : ils s'aſſurent du moins que celuy fait belle fin, qui en mourant s'affranchiſt de tous ennuis. Et bien que pluſieurs voire tous ſe vouluſſent attribuer cela, eſtant la Mort, commune aux bons & mauuais : & aſſeurée fin à toutes les actions du corps. Si eſt ce que cela eſt particulier à ceux qui emploiez au maniment de grandes affaires : empeſchent le long cours de leur vie, d'infinis milions de ſoucis. Tels ne ſe doiuent dire mourir, ains viure à perpetuité : s'ils laiſſent à leurs Neueux matiere de profiter en la conſideration de leur vie premiere : la mort de laquelle donant vie à la gloire de leurs faits (puis que l'enuie eſtaint l'honneur du viuant) imprime en nos eſprits auec vn regret d'eux, vn deſir de nous conformer à ce qu'ils auront enfanté de bon pour les ſuruiuans. Au rebours ſi gauchans à leur deuoir : ils employent leurs moiens à autre fin que celle pour laquelle ils ſont eſleuez ſur le reſte des hommes : outre le dommage qu'ils font de ne profiter au publicq comme ils ſont obligez & le deſplaiſir que les bons reçoiuent du pouuoir & autorité qu'on leur a donné : auec le deshonneur immortel qu'ils ſe moiennent & à toute leur race (ſuiuie d'vn eternel reproche d'eſtre venus de mauuais deuanciers) ils font que toute la poſterité ſe repreſente leurs actions paſſées pour les fuir comme celles des autres pour les enſuiure. Comme que ce ſoit neantmoins qui conſiderera bien la choſe en ſoy, le precedent & conſequent à icelle auec toutes les circonſtances du fait : dira que jamais gens ne furent tant aueuglez : onques ceux qui plus ont fait profeſſion de fineſſe ne furent mieux affinez : Depuis que le monde eſt : creatures ne furent ſi bien priſes à la pipée : Car on ne les ſçauroit totalement excuſer de faute, veu la longue pratique de ſi grandes affaires qu'ils auoient conduict : laquelle les deuoit rendre ſages à leurs deſpens, voire dignes d'en faire leçon à autruy. Mais qui les rend ſur tout inexcuſables : eſt le peu de compte voire la riſée qu'ils faiſoient, deſdaignans les remonſtrances & aſſeurez auertiſſemans qu'on leur donnoit de leur prochain deſaſtre. Surquoy plus il y penſe & plus y treuue je matiere de conſideration. Sans doute la quallité de ces perſonnages : la grandeur de l'inconuenient auquel ils ont paré de la teſte, & ce qui en eſt depuis auenu : meſemble bien meriter, que tous meſmement les grans y regardent de plus pres qu'ils ne font. Car ce n'eſt aſſez de diſcourir du fait auenu, qui ne peut eſtre qu'il ne ſoit fait : ce n'eſt aſſez meſme d'y reconoiſtre la faute des hommes : Ains ſi nous voulons ſembler mieux auiſez : il en faut recercher l'origine & vraye ſource pour ſe garder du moins à l'exemple d'autruy de tomber en meſme inconuenient. Les plus excellens en tous ſiecles : s'empeſchans à faire voir la cauſe de tels deſaſtres & notables incidens que ceux dont j'ay parlé : en attribuent l'euenement au ſeul courroux de la Fortune : diſans qu'elle nous aueugle, qu'elle nous esblouiſt ſi fort la vigueur de noſtre entendement, quand elle nous veut faire le jouët & vraye matiere de ſon inconſtance : que force nous eſt de la laiſſer maitriſer ſur nous en toute liberté : ne nous reſtant aucun pouuoir d'empeſcher que la force de ſon ire, ne nous rende auſſi malheureux qu'elle à vne fois projeté. De moy toutesfois qui ne puis reccuoir és actions humaines aucun bon n'y mauuais heur, hazard n'y fortune quelconque : maintiendrois volontiers que nous faiſons noſtre fortune, noſtre bon où malheur nous-meſmes. Si par vne ſage conduite noſtre entrepriſe reüſcit à noſtre deſir nous nous, faiſons vne bonne fortune : Si au rebours nous marchons indiſcrets, mal preuoyans & mal deſtournans ce qui peut rompre ou retarder nos deſſeins : c'eſt ceſte faute, c'eſt noſtre indiſcrette preuoyance qui fait la mauuaiſe fortune. Et non choſe aucune qui ſoit ſur le pouuoir des hommes. Pluſieurs neantmoins qui n'ont le cerueau aſſez fort pour bien remarquer la ſuite & variable cours des accidens humains : ne ſe peuuent perſuader qu'il n'y aye vn certain bon où mauuais heur : à raiſon deſquels on appelle les hommes bien où mal fortunez, bien ou mal heureux, pource qu'il ſemble à l'inſuffiſance du cerueau des hommes & ſur tout à la petite capacité du vulgaire : qu'és actions eſquelles on en voit des malheureux, les plus ſages y failent ſouuent, & ne ſi peuuent conduire à leur plaiſir. Mais c'eſt touſjours la faute de ces ſages leſquels s'oublient les vns plus, les autres moins ſouuent : & ſe laiſſent tranſporter au vent d'Ambition, à vn apetit d'honneur, d'auarice, de vengeance, de plaiſir, de cholere où à telles autres conſiderations mondaines, qui leur ſont autant de pierres de chopemant, pour les faire broncher au plus beau chemin du monde : faute qu'ils em-

Deux ſortes de fin où mort des hommes.

Faute des Proteſtans morts à Paris.

Tous meſmement les Grans doiuent regarder les inconueniens des autres.

Cauſe des maux & inconueniens des hômes.

L l

L'HISTOIRE DE FRANCE.

Septembre 1572.

ploient leur sens & esprits aileurs qu'à ce qu'ils entreprennent où qui leur est de plus d'importance. Mais je suis d'auis, que comme l'homme bien né & pourueu d'vn bon sens: peut marcher auisément en toutes choses & se porter discret en toutes ses actions: pourueu au reste des moiens humains selon l'Estat & condition de vie en laquelle il se voudra maintenir: Si d'vn bon jugement il preuoit les accidens (comme il fera aisément s'il n'employe ses sens aileurs) que s'acomodant des bons & destournant les mauuais: Il est impossible qu'il soit trompé n'y malheureux en ses affaires: s'il n'est forcé de se sous-metre à quelque inconuenient par vne voye bien extraordinaire: comme de l'enuie & meschanceté d'vn plus puissant que luy ou autrement. Celuy des Anciens qui se moquant de fortune dit. Que toute vertu requise a se bien gouuerner estoit en nous, si nous auions sagesse: n'a pas dit autre chose que le Romain qui a laissé par escrit que la sagesse de l'homme maitrise & gouuerne les Astres. N'est-ce pas assez dit pour auoir compassion des miseres Françoises? Voions donc si les calamitez Flamandes sont moindres où dignes de plus grande pitié.

Nullum numen abest si sit prudentia sed te nos facimus fortuna deam cœloque locamus.

Sapiens dominabitur Astris.

* *
*

SOMMAIRE
Du Trentiéme Liure

VITTE du siege de Mons. Le Duc d'Alue veut empescher l'entrée au Prince d'Orenge & à son Armée, qui descend d'Allemagne au pays bas. Les places qu'elle prent. Lettres du Roy à ceux de Sancerre pour receuoir garnison Catholique. Si les Protestans peuuent porter la croix. Du Rozier Ministre renonce sa foy & fait tourner plusieurs Seigneurs & autres à la foy Catholique. De son progrez & repentance. Lettres du Roy aux Gouuerneurs pour oster la Religion Protestante & establir la Catholique : auec le deuoir des Ecclesiasticqs aians charge. Forme d'abjuratiõ qu'on enuoie aux Gouuerneurs pour y contraindre les Protestans : auec la creãce qu'ils doiuent tenir. Le Roy oste tous les Estats aux Protestans, or qu'ils abjurassent. Le Roy de Nauarre & Prince de Cõdé enuoient lettres excusatoires du passé au Pape, qui les reçoit en sa bergerie, & leur escrit paternellement. Joye publique à Romme & en plusieurs lieux pour la Journée Saint Barthelemy. Feste & solennité de la journée Saint Michel. Le Roy de Nauarre escrit en ses pays pour y abolir la Religion Protestante que sa Mere y auoit plantée. Mais on ne veut rien changer : ses sujets le disans captif. Autant en fit le Duc de L'orraine. Sigismond Roy de Pologne meurt. La Royne mere enuoie l'Euesque de Valëce en Pologne dresser les preparatifs pour faire entrer Monsieur en l'election du Royaume, auec ses harengues aux Estats.

IE vous ay dit cy dessus que tant que le fils du Duc commanda aux troupes qui campoient deuant Mons : les attaques sembloient s'y dresser par forme de plaisir & ordinaire exercice qu'y prenoient ces guerriers, plus que d'opiniatre inimitié qui fust entre les deux parties : comme si les Espagnols ne fussent bastans ou n'eussent charge de faire plus que cela : & les assiegez n'aians espoir de croupir long temps entre des murailles : veu que le Prince leur amenoit vne si grosse armée. Mais s'ils eussent sceu ce que je viens de dire : ils eussent autrement pensé à eux. Le Duc d'Alue qui en fut plustost auerty, s'asseura soudain par les portemans Parisiens, du bon heur de ses affaires. Tellement qu'encor qu'il vit la grosse troupe des Germains qui ramenoient le Prince d'Orenge en ses pays : ne fit estat toutesfoys d'employer toutes ses forces pour luy en boucher les passages. Ains auoir ordonné quelques troupes pour garder les bords de la Meuse : ne fit difficulté de mener le reste de ses forces auec vintquatre Canons & huit Couleurines deuant Mons : resolu de le prendre au nez du Prince & de ses Germains. Les assiegez coneurent aussi tost sa venuë tant par la salue des Canonades & infinis coups d'harquebus que ses gens tirerent : que pour les differens portemans des soldats de Dom Federich qui commencerent à se manier autrement que par le passé. Car aiant fait vne teste de ses Espagnols, ils donnerent aux faux bourgs de Bertemond qu'ils gangnerẽt en fin. Mais croissant auec le nombre le cœur des assiegez : les Espagnols furent forcez d'abandonner leur conqueste : si que les François eurent assez de moien pour mettre le feu aux maisons & bruslerent le faux bourg, tellement que de trois jours ils ne s'y vindrent camper. En fin le lieu

Suitte du siege de Mons en Hainaut.

Le Duc veut empescher le passage de la Meuse au Prince & battre Mõs tout ensemble.

septembre.
1572.

L'HISTOIRE DE FRANCE.

desert fut repris & se retrancherent comme au mitan de la ruë: gardant le Temple vers eux affin qu'ils eussent plus de moiens à leur deffendre si on les y venoit incommoder. De là ils commencerent leurs tranchées qui prenoient hors le faux bourg, les continuant jusques au paué & de là au rauelin de la porte. Et pource qu'ils y vouloient aller par diuers endroits: ils en conduirent deux autres sur ceste chaussée d'estanc qui est tout de contre & fort estroite: si que les aiant amenées jusques au Tapecul:emboucherent toutes les trois en vne. Là ils dresserent vne forme de Blocus s'y fortifians de planches, soliueaux, facines, sacs de terre & telles autres matieres qu'ō treuue à propos, ou qu'on y aporte pour se couurir & y loger vn bon corps de garde, lequel y reposoit jour & nuict, resolus de le tenir pour tirer l'eau du fossé: & par ainsi aller plus librement à l'assaut. Ce qui leur fut impossible pour l'opiniatre deffence de nōbre d'harquebuziers que le Comte auoit logé dans la Contre-escarpe qui les empeschoit de couper la retenuë d'eau qui leur restoit. Sur ces entrefaites: Le Duc voiant les commoditez que les tenans receuoient de l'Abaye d'Epinleu:tant pour les sorties & retraites qu'ils pourroyent faire par là en toute seureté:que pour les viures qui leur venoient de ce quartier: delibera de leur enleuer la place. C'est vn simple edifice distant d'vne Canonade de Mons:que Payet qui y cōmandoit auoit aucunement accōmodé pour la seureté de 150. harquebuziers qui le tenoient & l'auoient ja si bien deffendu sous Rouuray par cy deuant, que les Espagnols furent contraints s'en retourner les mains pendantes à leur General. Le Duc fit placer deuāt l'Abaye trois Canons & vne Couleurine:dont il fit battre le portail incessamment. Il y enuoia 54. Canonades dont l'edifice fut tellement esbranlé que voiant Payet qu'il ne falloit plus que trois ou quatre coups à le voir par terre,& donner assez d'ouuerture à l'Espagnol d'y entrer:delibera l'abandonner & en fit sortir ses gens qu'il conduit escarmouchans tousjours jusques en la ville à toute seureté sans perte d'vn seul:sous la faueur neantmoins des barricades qu'on auoit par auant dressées sur la chaussée. Et aussi d'vn nombre de cheuaux & 30. harquebuziers qui sortirent pour luy fauoriser sa retraicte:lesquels soustenans la chaude poursuite que la cauallerie de l'ennemi faisoit deça & delà le pauéːdōneret en fin assez de moien à tous de se retirer à couuert. Ainsi l'Espagnol maistre de la place y auoir laissé Garnison telle qu'il luy sembloit nenecessaire:ramena le reste à la poursuite des retranchemens & autres œuures necessaires pour auancer la furieuse batterie de la ville. Pour les estonner & se faciliter de plus en plus la prinse de la place:Il leur enuoia vn soldat que ses gens auoient pris à vne escarmouche pour les auertir de la mort de l'Amiral & de tant d'autres Seigneurs & Capitaines qui l'auoient accōpagné: en somme de ce que vous auez veu cy dessus. Dequoy bien esbahis n'en firent toutesfois semblant: Ains le renuoierent au Camp pour luy donner à cōnoistre qu'ils ne vouloient receuoir gēs qui leur apportassent mauuaises nouuelles & qu'ils s'en tourmentoiēt encor moins. Sōme que les trois choses ausquelles le Duc se monstroit le plus affectionné, estoiēt les trāchées deuant les portes pour empescher les saillies des assiegez. L'auācemēt de la batterie qu'il vouloit diligenter & continuer sans intermission. Puis les preparatifs à l'assaut auquel aiant deliberé faire sa batterie à la porte de Bertemōt, il voioit 3. choses luy prejudicier. Le Rauelin qui couuroit la porte & deffendoit les deux courtines & le fossé. L'eau qui estoit dedans, puis l'espaule que les tenans auoient fait sur la Contres-carpe pour loger nōbre d'arquebuziers qui pussent deffendre l'entrée au fossé en cas que le Rauelin allast par terre: empescher aussi par ce moien la cōduite de leurs tranchées qu'elles ne vinssent ouurir la Contres-carpe pour entrer au fossé. Il donna neantmoins tel ordre à tout, qu'auec grand nōbre de Pionniers pour remuer terre & porter toutes matieres necessaires à leur ouurage, diligence & resolution de soldats: & ce qu'il peuuoit aporter de luy, sçauoir est la conduite & autorité à toutes choses, qu'il gagna jusques aux fossez: delibere de les nettoier d'eau pour faciliter l'accez de la breche que son Artillerie pourroit faire. Cōtre laquelle neātmoins les assiegez s'estoiēt pourueus de bons rāpars & plattes formes qu'ils auoiēt esleué riere les murs és plus foibles endroits où ils jugeoiēt que la batterie se pourroit plustost adresser. Ils s'estoient aussi retranchez à mesme fin, & outre cey auoit de long tēps pour la deffense de chacune porte vn bō Rauelin fossoié & estoffé de mesme matiere que les murailles & portes de la ville hors lesquelles ils auoient esté bastis.

LA batterie fut diuerse. Car le Duc partit ses pieces en trois endroicts. Il en destina six pour battre en la ville à coup perdu, affin d'estonner les habitans & effrayer le

L'Abaye d'Epinleu batu & enleuée par les Espagnols.

Assiegez en Mons comme auertis des Matines Parisiennes.

Trois choses necessaires à considerer à qui veut en louer vne place d'assaut.

Preparatifs des assiegez à l'assaut.

Batteries de Mons.

plus

plus de Soldats qu'il pourroit. Il les logea aux faux-bourgs sur vn mont qui commande en la ville, & pource incommodoit fort le dedans. Puis distribua le reste en deux endroicts. Toutes neantmoins n'auoyent qu'vne mire, sçauoir est le Rauelin & muraille de Bertemont où il deliberoit faire breche. Les trois premiers jours de sa batterie furent employez à leuer les deffences qui estoyent le portal, quelques Tourions qui flanquoyent les Courtines & le Rauelin sur lequel il insista dauantage pour le voir la seureté de tout cest endroict & sa composition de bonne estoffes: Ils s'amuserent du commencement à batre la porte de Bertemont apuyé de deux Tours: le haut desquelles ils batirent par deux jours de dix Canons qui le percerent à jour sans autrement l'offenser. Tellement qu'ils le voulurent batre au pied: mais le Rauelin le couuroit qui estoit bien gardé. Ce fait auec huit pieces qu'ils auoyent placées bas sur le bord de l'estand qui vient au fossé de Bertemond, batirent en sorte les deffences qu'ils les raserent tant à droit qu'à gauche: puis employans le reste de leurs Canons contre le Rauelin: Entretindrent en sorte la batterie qu'ils le renuerserent presque tout en poudre. N'en restant aux assiegez que le derriere où ils s'estoyent retranchez & gabionez pour l'assaut. Ils battirent aussi la Tour Saint André composée d'vne espaisse & forte ettofe & toute de brique contre laquelle grand nombre de Canons ne peurét autre chose que la percer: mais si à cler que les assiegez ny pouuoyent loger en seureté. Toutesfois pour remedier à cest inconuenient, ils pratiquerent dedans le rempart qui estoit derriere la Tour, vn flanc où ils logerent trois Canons & deux Couleurines sur rouës qui endomagerent fort l'Espagnol & s'en pensoyent encor mieux preualoir à l'assaut. Ils reseruerent aussi pour cet effect vn autre flanc sur la platte forme qu'ils auoyent esleuée à l'autre costé de la porte Bertemond, où ils logerent cinq autres pieces dont l'Espagnol ne les sceut desloger quelque deuoir que fissent ses pieces à cest effect. Il employa quatre jours suiuis de quatre nuicts pour faire la batterie que j'ay dict: & continuerent ces grondemans de Canons pres d'vn mois auec peu d'interualles, tant pour plus grande ouuerture, que pour donner moins de repos & de crainte de sortir aux assiegez; lesquels toutefois pourueuz d'hommes, de Canons, de poudre, viures & autres choses requises comme j'ay dit: ne se tourmentoient fort de telles scopeteries qui ne les empeschoyent de sortir où ils en voioyent l'occasion, tantost à cheual ores à pied comme ils pensoyent estre pour le mieux. Barlete Gentil-homme Valon sorti par vn trou de l'Ecluse du fossé auec dixhuit harquebuziers surprint si chaudement les premieres gardes, qu'il leur fit d'esfroy quiter leurs tranchées apres la mort de vint-cinq ou trente qu'ils renuerserent dans leurs corps de garde. Mais comme il feust à la retraicte pour le nombre d'ennemis qui acouroit à la charge: il eust vne harquebuzade dedans les Reins dont il mourut quelques jours apres qu'il fust retiré en ville. Les assiegez ce pendant preparoyent toutes matieres à la defence de la breche. Tellement que l'auoir comblée de lenes, licts, sacs & telles autres matieres ordinaires, & le Reuelin au semblable: Ils se tenoyent aussi forts que parauant. La Nouë entreprenoit de deffendre la breche auec cent Gentils-hommes & nombres de picquiers & harquebusiers choisis. Auec ce ils deliberoient de loger cinquante harquebusiers dedans ce qui restoit du Rauelin & deux cens sur la Contrescarpe pour plus grande deffence de ce lieu qui portoit coup à tout ce front de ville. Sur ce voyant le Duc qu'il ne pouuoit enuoyer ses gens à l'assaut à pied sec, au moyen qu'on n'auoit sçeu trancher & netoyer le fossé d'eau pour les empeschemens que j'ay dit: fit faire des bateaux couuers à l'espreuue des harquebuzades, percez à petites Canonieres pour nôbre d'arquebuziers qu'il il vouloit metre & les enuoyer ainsi couuers sur l'eau du fossé jusques à la breche. Puis y faire selon le cœur & les moyens qui s'y presenteroyent. Et pour aller au Rauelin & le gangner, fit dresser vn pont de cordes, pipes & planches qu'ils ostoyent quand ils vouloient.

Les preparatifs des assiegez.

Les preparatifs d'aller à l'assaut sur l'eau.

EN ce temps le Comte de Mansfeld amena à l'Espagnol trois cens Reitres de renfort: asseurant la venuë du Prince d'Orenge prochaine, duquel à ceste occasion nous desduirons les desseins & exploits de l'armée Germaine qu'il amena en veuë des Môs & de ce qui luy suruint puis apres: ce que l'ordre du temps me conuie à deduire. Ioint que la venuë & crainte de ceste armée retarda non seulement l'assaut de Mons: ains aussi beaucoup d'autres entreprinses que l'Excellence du Duc auoit resolu d'executer au desauantage des assiegez. Lesquels d'autre costé se preparoient à tous euenemans qui leur eussent peu venir de ceste part.

L'HISTOIRE DE FRANCE.

septembre.
1572.
Armée du Prince d'Orenge & ses exploits jusques à la veuë de Mons.

Aiant le Prince d'Orenge par le moien de l'argent que le Roy de France luy auoit enuoyé & quelques faueurs receuës en Allemagne: leué sept mil cinq cens Reitres, quatorze mil Lansquenets & trois mil de Vallons: passé le Rhin, & delibere de gangner vn passage sur la Meuse pour de là joindre les forces que son frere auoit en Henaut. Acheminé pour cest effect auec ses deux freres Henry & Christophle de Nassau, le Comte de Berby, Feltre Mareschal Maistre de Camp & autres Colonels Allemans se fait Maistre du passage de   sur la Meuse, & met en route nombres de Vallons & quelques Reitres lesquels sortis des Garnisons du pays & contrée de Namur luy pensoient defendre l'entrée au pays bas. Là quelques centaines de Francez-harquebuziers & nombre de cheuaux ramastez de Bourgongne, Champagne, Picardie & cartiers circonuoisins: le furent trouuer pour luy faciliter le passage de la Riuiere; lequel gagné, & sachant la diligente & furieuse batterie de Mons: crainte de pis se diligente pour enleuer le siege: ou donner bataille au Duc. Gangnant pays somme Rulemonde à donner passage & fournir viure à son Armée: laquelle en auoir faict refus fut escalée d'vn costé & les portes bruslées de l'autre: si que les Vallons entrez de force y firent vn terrible mesnage sur ceux qu'ils trouuoyent en armes & contredisans à leur vouloir. De mesme fureur il enuoya sommer Niuelles qui refusoit l'entrée pour l'espoir d'vn prompt secours de l'Armée Catholique si prochaine, à laquelle ils auoyent enuoyé donner auertissement de telle venuë. Mais aussi tost que le Prince en eut fait aprocher son Armée, se mirent en deuoir de complaire au plus fort & composerent à vne somme d'argent auec quantité de viures qu'ils donnerent pour l'Armée. Laquelle tire droit à l'ennemy resoluë de le combatre. Le Duc auerti de l'acheminement & resolution de ces troupes, ne bouge ains reserre ses troupes; distribue ses pieces ez endroits où il en auoit plus de besoin, & fortifie son Camp au mieux qu'il peut.

Rullemonde & Niuelles prinse par le Prince d'Orège.

Le Duc ne bouge ne sort du Cāp pour accepter la Bataille.

Il se contente de faire sortir cinq cens cheuaux pour reconnoistre les troupes. Le Prince qui le sceut aussi tost, desbande quatre compagnies de Reitres sous la charge d'Henry son frere lequel chargeans son ennemy sans autrement le reconnoistre que de prime veuë: le presse si fort qu'il le mena battant peste mesle jusques à ses retranchemans: si bien que l'Infanterie estimant à la resoluë desmarche de ceux-là: que toute l'Armée les suiuist fust en grand bransle de desloger sans le commandement & auctorité des Chefs qui peu à peu asseurerent les Soldats. Le Comte Henry perdit quinze ou seze hommes blecez des harquebuzades sorties des retranchemens jusques ausquels il auoit couru pensant estre suiuy des douze cens cheuaux qu'il menoit. Retourné à son frere & l'auoir asseuré de l'estonnement auquel il auoit laissé l'Espagnol: L'encourage d'y auancer le gros de son Armée. Ce qu'il faict en donnant jusques au moulin qui est sur le haut de Giumagne où il retint toutes les compagnies en bataille par quatre heures attendant quelques choses de son ennemy, qu'il vouloit atirer à la bataille par vne montre des ses troupes & infinis coups de Canons qu'il luy fit tirer au trauers de son Camp fort long temps: ausquels le Duc ne respondit que Canonades reciproques, auec peu de mal d'vne & d'autre part. En fin il fit sortir troupes d'harquebuziers pour escarmoucher à la faueur des Vallons, bocages & fossez qui estoyent entr'eux. Ce qui dōna occasiō au Prince de prier ses Colonels de s'auancer sur eux pour faire prendre autre party à leur General. Ce qu'ils firēt sous sa cōduite de telle affectiō qu'ils dōnerēt jusques aux trāchemās des Espagnols: lesquels les receurēt auec tel nōbre de harquebuzades qu'ils en tuerent peu, mais en blesserēt plusieurs nomémāt nōbre de cheuaux. Leur resoluë demarche fut telle en somme que plusieurs dirent que s'il eust fait marcher sa fanterie, quelle y eust faict plus de mal aux Espagnols. Si bien que consideré l'auantage du lieu & la nuict qui le pressoit: se retira pour loger à Carillon pres Saint Guelin où toutesfois n'y trouua presque que boire ny manger au moyen du degast que l'Espagnol y auoit ja fait pour d'autant plus incommoder ceste Armée. La nuict passée ainsi peu commodément pour gens qui auoyent trauaillé: Le Prince fut conseillé de faire vn pont sur la Riuiere de Guimach qui va à Saint Guelin & auoir passé ses troupes auertir son frere de sa venuë & prendre resolution ensemble du par sus. Mais le Duc auoit desja faict sortir à couuert mil ou 1200. Espagnols: lesquels costoyans tousjours la Riuiere l'empescherent de sa pretente. En mesme temps le Duc receut 2000. cheuaux que luy auoit amené l'Euesque de   & autres troupes le venoient joindre pour acroistre son armée de jour en jour qui estoit de 12. mil que Espagnols que Vallons & presque

Armée du Duc.

autant

LIVRE TRENTIEME.

autant de Lanſquenets auec quatre mil cinq cens Reitres qui luy eſtoyent venus de diuers endroits. La deſſus le Prince receut nouuelles que ſon frere luy enuoioit cent ſalades pour luy aider à forcer vne auenuë : qu'au reſte les Compagnons ſe portoyent bien, & fort deliberez de ſouſtenir les efforts de l'Eſpagnol. Surquoy il mit de rechef au Conſeil ſi l'on deuoit retourner voir l'enemy : à quoy la plus part donnant la voix, l'Armée marcha droit au meſme moulin pour y demourer plantée en bataille par cinq heures attendans l'Eſpagnol : lequel le ſçachant retourner, cerche ſon auantage. Pource ſe ſaiſit d'vne Coline prochaine qui eſtoit ſur la venuë du Prince, & laquelle auoit vn Ruiſſeau à coſté, duquel l'Eſpagnol eſperoit eſtre deffendu & y fit ſoudain porter quelques miliers de fagots que de paille que d'autre matieres ſeche & bruſlable, affin qu'à la lueur de tant de flames, ſes pioniers peuſſent conduire les tranchées qu'il auoit deſſigné ſur le mont, affin d'y enſerrer les pieces d'Artillerie qu'il y vouloit faire ouyr aux Confederez. Le tout executé comme il auoit comprins reſolut de n'en ſortir, & ſe faire ſeulement ſentir par nombre des Canonades qu'ils enuoiroient au Prince d'Orenge de là en hors. Et deffait auſſi toſt qu'il ſe fut preſenté en veuë, le Duc luy enuoya vne ſalue de ſes pieces auſquelles & autres coups entreſuyuans les Proteſtans reſpondirent par vn long temps : le Prince neantmoins attendoit autre choſe de l'Eſpagnol, qui ne vouloit faire couller le jour qu'en Canonades & quelques eſcarmouches dreſſées d'vne part & d'autre. Si bien que le Prince voiant les partiſans du Roy Charles qui le ſuiuoient, commencer à jouër au mal contant & ſe vouloir retirer quelque en fuſt l'occaſion; jugeant d'ailleurs la reſolution du Duc d'Alue par ſa longue demeure : fit Eſtat de ſe retirer vers Niuelles. Mais le Duc qui ne le vouloit ſi toſt laiſſer repoſer : enuoya 120. Eſpagnols pour luy donner vne camiſade la nuict ſuiuant. Il eſtoit couuert de 800. Reitres mipartis aux deux auenuës du Camp Eſpagnol. Et plus en là logeoit les Lanſquenets aſſez pres des Vallons. Les Fantaſſins Eſpagnols pour n'eſtre deſcouuers prindrent à gauche ſillans le long d'vn petit Ruiſſeau qui lauoit le pied du pendant ſur la teſte duquel eſtoient les Reitres. Si bien qu'ils n'en eurent l'alarme que par les cris & plaintes des fuiars. Car paſſant ceſte Caualerie les Eſpagnols chargerent ſi rudement le premier Regiment des Lanſquenets : qu'auoir rompu le corps de garde ſur lequel ils auoient renuerſé les Sentinelles : Ils firent vne grande boucherie du reſte. Puis ſe mirent à la retraicte en laquelle ils ne perdirent qui vaille le parler. Le jour venu le Prince fiſt battre aux champs & ſonner à cheual pour tirer à Malines, où ils furent 3. jours à repoſer l'armée. Puis y laiſſa 120. Lanſquenets & 500. Reitres pour ſeureté des habitans : entre leſquels 2500. portoient armes, licentia le reſte qui ſe mecontentoit fort de la paye qui leur manquoit. Et faillit le Prince meſme à tomber en inconuenient parmi eux, leſquels il auoit aſſeuré (ſe fiant aux promeſſes des François) de leur faire toucher paye auſſi toſt qu'ils ſeroient entrez en Henaut. Ainſi reſolu de quiter la Flandre & abandoner les aſſiegez qu'il baiſoit ſans les toucher : Il manda à ſon frere & aux François qui l'acompagnoient, le ſuccez de ſes affaires, & comme lui eſtant impoſſible de le ſecourir il deuoit ſouſtenir vn ou deux aſſaux : puis ſ'il voioit l'ennemy opiniatre à la prinſe, ſe retirer auec le meilleur nombre des Gentilshommes & autres qu'il pourroit. Aiant paſſé Auctemdem trauerſa le Rhein à Orſon & ſe retira en Delphes, plus de force pour les aſſiduez Requeſtes entremellées de menaces des Colonels qui luy demandoient la paye, que de bone vogle. Les lettres leuës en plein Conſeil des principaux aſſiegez pource que le Comte eſtoit au lict fort tourmenté d'vne fieure continuë : bien qu'ils fuſſent fort eſtonnez des Matines de Paris : ſi prindrent ils la reſolution de faire encore mieux que ne mandoit le Prince ſ'ils pouuoient : aians la confideration de ne laiſſer à la boucherie tant de Chefs & vaillans ſoldats qui eſtoient là venus pour ſon ſeruice. Et ſur tout, tant de poures familles d'habitans qui ne deuoient comme ignorans leur entrepriſes, porter la peine de ce deſaſtre. En fin toutesfois importunez par les plaintes du peuple & peu de reſolution des ſimples ſoldats notammant des Catholiques, aucuns deſquels ſe mutinoient ouuertement contre les principaux Chefs, & d'autres aimoient mieux ſe deſrober des murailles en bas que d'attendre plus long ſiege; commençans tous peu à peu à deſeſperer de tous moiens : veu principalemãt la mort de tant de Sieurs & Capitaines remarquez, veu la Retraite de l'armée du Prince d'Orenge à laquelle ils auoient plus d'eſpoir : veuë la reſolution & preparatis du Duc d'Alue à la prinſe de la place, joint les diuiſiõs où pour mieux exprimer les deffiãces qui entroiẽt ja au cœur de quelquesChefs des aſſiegez : Ils reſolurent d'entendre à quelque bonne compo-

Trenchez de nuict.

L'Eſpagnol chargé de nuict vn Regiment de Laſquenets du Prince.

Le Prince en danger de ſon Armée mal cõtente faute de paiemẽt.

Ll iiij

Septembre.
1572.

sition à laquelle son Excellence n'estoit moins affectionnée pour emporter l'honneur d'auoir gangné vne telle place poureuë de tels hômes & sans pertes d'aucun de valleur (que le General doit conseruer comme son œil) en si peu de temps. A ces fins la Nouë, Senarpon & Saucourt furent depputez pour la moienner: lesquels en fin l'acorderent auec telles conditiôs que les Gentilshommes & Capitaines sujets du Roy sortiroient auec vn cheual, leur armes & bagages. Les soldats auec leurs armes, meche allumée sur le serpentin. Qu'ils jureroit ne porter jamais armes à l'auenir contre le Roy Philippes s'il n'auoit guerre contre les Franc. fors au Comte Ludouic pour lequel les François firent qu'il pourroit jouïr de l'accord. Ils presterent ce serment au Maistre du Camp estans sortis en la campagne. Pour l'asseurance de foy inuiolable: Le Duc leur donna le Baron d'Aubigny &   parent du Duc d'Ascot pour lesquels la Nouë, Saucourt, le Capitaine Colmont & son fils demeurerent au camp du Duc lequel tint bien sa foy. Et la composition accordée ne traicta point mal les habitâs de Mons eu esgard qu'ils n'auoient esté participans à l'intelligence du Comte Ludouic. Pour le regard des sortis ils se retirerent, & ne marcherent long temps ensemble: Les vns retournât en France les autres suiuirent quelque teps le Comte jusqu'en Allemagne. Il s'en alla a Meurs & de là à Cologne où les portes luy furent fermées contraint de loger aux faux-bourgs. Puis il se retira à Delembourg maison qui appartiét à son frere: laissant par ce moien le Duc d'Alue paisible possesseur de tout le païs bas qui est en terre ferme. Car aussi tost qu'il eut laissé Garnison à Mons & ordonné des affaires comme il pensoit estre expedient: Il mena ses troupes contre les villes & autres places que le Prince d'Orenge luy auoit enleué à sa venuë. Mais si elles auoient esté promptes à quiter son party: elles ne le furent moins à se remettre en l'obeïssance premiere, s'en retirans les Garnisons du Prince crainte du siege. Le Duc n'oublia pas à les punir selon qu'il pensoit qu'elles meritassent. Affin toutefois que je ne m'esgare si loing à recercher la memoire des choses estranges, que je vous face peu à peu perdre le souuenir des affaires domestiques: Ie vous prie vous remettre en memoire l'Estat des affaires de France tel que je vous ay representé cy dessus.

Ie vous ay dit que plusieurs François retirez en Sancerre pour garend de leur vie, d'autant qu'ils la sçauoient ville de guerre & affectionnée de tout temps à leur party: si retreuuans jusques à cinq cens, resolurent de faire garde aux portes & si tenir cloz & couuers au mieux de leur pouuoir. Ce qu'entendu par les Catholiques, le Roy leur enuoia mesmes lettres qu'il auoit enuoïé par Audenars aux Rochellois fors que ces mots n'estoient aux autres. Vous amonestans que sur tout le seruice que vous desirez nous faire, & pour euiter tous inconueniês vous receuiez les gens de guerre qu'auons ordonné au Sieur de la Chastre Gouuerneur & Lieutenant General au pays de Berry. Les mettans en nostre ville & Chasteau d'icelle pour vostre garde & conseruatiô sans y faire difficulté ny vser d'excuses que ci deuant n'en auez eu, ny n'auriez à present besoin, ny autre quelconque excuse ny dellay, que ne pourrions oyr de bonne part. Attendu que tel est nostre vouloir pour nostre seruice & pour vostre bien & conseruation: aiant ordonné lesdits gens de guerre estre paiez & entretenus affin qu'ils ne vous tourment en foulle. Ains seulement pour vostre conseruation. Surce le cinquième de Septembre la Chastre Bailly de Berry leur enuoia vne declaration du Roy pour faire cesser les Presches. A quoy ils n'obeirent la voians contraire à l'Edit de Paix mil cinq cens septante. Puis obtint commission du Roy pour y establir garnison & fut jusques à Montigny pour le leur communicquer. Conferans ces lettres auec ce qui se faisoit par tout le Royaume: s'assemblent le seziéme Septembre pour auiser à la responce qu'ils enuoierent par Loys de Sampre laquelle fut en somme qu'attendu la malice du temps, les tueries & massacres de ceux de la Religion continuäs de toutes parts comme ils en sont certainement auertis: s'estans tousjours comportez fidelement & n'aians nul juste occasion d'estre recerchez: il estoit aisé à voir qu'on tendoit à les tuer & traiter comme les autres. Et veu que par priuilleges de leursComtes ils sont exempts de garnison: ils ne la pouuoiët receuoir. Suppliant treshumblemët d'estre excusez: car sinon qu'ils voullussent de propos deliberé auancer leurs jours & se precipiter eux mesmes: ils ne pouuoient faire autrement. Surce crainte de surprinse: ils accomoderent la bresche pres la porte Serrure, que le ComteMartinégue auoit fait aux autres troubles. Et pour estre maintenuz ils enuoierent en Court vers de Fontaines premier Escuier du Roy & gendre de la Comtesse de Sancerre pour le supplier d'en prandre la cause en main: faire entendre au

Roy

Mons se réd à composition de vie & bagues sauues.

Lettres du Roy à ceux de Sancerre pour receuoir garnison.

Responce des Sancerrois.

Sancerrois se disent exempts de garnisons.

Roy l'inocence de ceux qui viuoient paisiblement & sans besoin de garnison. Sur tout ils luy faisoient enteudre que les laissans en paix : cent des principaux s'obligeroient à luy & l'asseureroient sur leurs vies qu'ils ne feroiét rien contre l'Edit de Paix. Il leur enuoia Cadaillet dit de Chiron valet de Chambre & veneur du Roy antien seruiteur du feu Comte de Sancerre, homme accord & propre pour gangner la volonté des habitans : desquels il esbransla la plus part & les gangna en fin à la deuotion Catholique. Et parce que Fontaines leur auoit escrit qu'ils enuoiassent vers luy : ils en despescherent cinq des plus notables auec Cadaillet pour faire entendre leur portemans estres autre qu'on ne luy auoit raporté. Mais faisans ce qui leur fut conseillé : demanderent pardon à sa Majesté au nom de tous les habitans. Et outre ce prierent Fonteines pour aller à Sancerre les gouuerner : se faisans forts de lui faire entrer. Le vint sixiéme du mois Cadaillet y arriua & les deputez apres, qui furent desauouëz en pleine assemblée : enuoians prier de Fôteines de ne se haster point côme resolus de ne receuoir aucun Catholique. Surce la Chastre conseilloit de proceder contre eux par voie de fait. Mais Louis de Fonteines fut suiui qui conseilloit d'atendre vn peu : ce qui ne fit qu'asseurer dauantage les refugiez, lesquels neantmoins preuoians auec plusieurs des naturels & originaires les inconueniens de la guerre que tel refus ameneroit, delibererent assez tost se retirer sous la marque de la croix pour aller librement par tout. Pource aucuns disputerent si cela se pouuoit faire en bonne consciéce. Les vns disans que le signe estoit indiferent de soy & que la croix blanche estoit l'Enseigne ancienne des François : laquelle les Protestans mesmes pourroient porter contre l'Espagnol & Bourguignon ou autre ennemy du Royaume. Les autres considerans la circonstance du temps & qu'outre ce aux autres guerres contre ceux de la Religion : elle a tousjours esté la marque des Catholiques : estant lors plus speciallemét le signal des meurtriers qui en portoiét tous par trophées : Il fut dit qu'il ne leur seroit loisible d'en porter. Et que suiuant le Prouerbe (qui ne voudra ressembler au Loup qu'il n'affuble pas sa peau) Ceux qui en estoient venus là : deuoient plustost reconoistre leur infirmité, que d'approuuer tel fait. Mais la plus part n'en tint conte. Somme que le vintneufiéme du mois Sampré aiant chargé la croix reuint auecque sa responce côforme à ce que dessus : qui mit les refugiez en plus grâd soin que deuât comme vous entendrez ailleurs.

Si les Protestans peuuent porter le signal de la croix en ces guerres

Hugues Sureau dit du Rozier autreffois l'vn des plus suffisans Ministres d'Orleans : estoit lors des matines de Paris, en vne petite Eglise distante vne lieuë de Paris. D'où quatre jours apres il delibera partir & contrefaisant le Catholique sortit hors du Royaume. Mais interrogé par le Iuge de la premiere ville où il arriua : treué variant & craintif, puis ajuré par serment qu'il estoit : aiant tout confessé fut mis prisonnier. Où du commencement il se resolut à la mort pour sa conscience, encor qu'il eust ja l'entendement fort embrouillé touchant la succession personnelle en l'Eglise Catholique. Mais cette resolution ne fut qu'vne bouffée de vent qui passa soudain. Car se representant la grandeur de la persecution generale par toute la France : la trouua tout autre que les precedentes calamitez lesquelles il auoit tousjours estimé estre autant de visitations & verges ordinaires par lesquelles Dieu purge son Eglise : les jugeans marques certaines des enfans de Dieu. Mais d'autât qu'en cette derniere se voioit comme vne ruine entiere de l'Eglise sans apparence d'aucun restablissement, commeça à l'estimer vn tesmoignage de l'indignation de Dieu. Comme s'il eust declaré par là qu'il auoit en detestation & condamnoit la profession & exercice de la Religion Protestante. Veu mesmement qu'il estoit retourné par tant de fois à les frapper & en fin les renuerser du tout : comme voulant ruiner cette Eglise, & fauoriser la Catholique. Surce, la chair qui ne regarde que le danger present, demandant à se sauuer, gangna le dessus : & se resolut de reconoitre & auouër l'Eglise Romaine vraye Eglise en laquelle il desiroit estre receu. Ce qu'il declara le jour mesme au Iuge : esperant estre soudain eslargi pour se retirer hors la France, & s'apliquer à quelque chose pour y passer le reste de ses jours. Les autres prisonniers de mesme religion firent côme lui, vaincus par son autorité, & les raisons qu'il alleguoit. Par ainsi sortirent aussi tost. De lui non content de ce escriuit le mesme aux principaux de son Eglise, pour môtrer qu'il faisoit le tout de franche volonté. Et à sa famille mesme, l'exortant se ranger à cette ancienne Eglise dont ils estoient tous sortis. Le Iuge ce pendant auoit auerti le Roy de sa prise, & des grans signes de sa conuersion à l'Eglise Catholique. Voire auoit ja reçeu mandement de sa Majesté de le lui enuoier. Occasion qu'il fut mené en Court où il declara tout ce dessus. Et fit tout ce qu'il

Le Ministre du Rozier renonce la Religion qu'il fait quiter à plusieurs aux grans & petis & côme il c'est porté diuersement entre les hommes.

Octobre
1572.

peut pour suader au Roy de Nauarre, Prince de Condé & autres de quitter leur Religion, aller à la Messe & viure en somme à la Catholique. Tant qu'il fut à Paris on le menoit de costé &d'autres vers les Sieurs, Dames, Damoiselles& autres Protestans qui l'auoient ouï prescher, pour les diuertir de ce qu'il leur auoit autresfois persuadé: & alloit aussi souuent lui mesme pour esbraler tous ceux qu'il pourroit. Encor que tous s'estonnassent fort de le voir ainsi trasformé: &ne se peussent persuader qu'il dist de cœur ce qui sortoit de sa bouche. Et s'il en treuuoit aucuns desplaisans de la faute qu'ils pensoient commettre bien que par contrainte: il leur proposoit tous les argumens qu'il pouuoit à les confirmer en l'Eglise Catholique: leur apprenant à s'endormir en leur mettant comme des oreillers sous les coudes: ainsi que parle Ezechiel. Il n'auoit pas mesme opinion que les Catholiques, sur plusieurs poincts. Mais s'y laissoit gagner peu à peu: disant que combien que le corps de nostre Seigneur ne soit point en ce qu'on montre à la Messe: neantmoins on se pouuoit licitement agenouiller, puis que c'est là vn tel quel reste & vraye trace du vray Sacrement de ce precieux Corps ; & qu'en regardant le Sacrement, or qu'il soit fort different & eslongné de l'institution de Iesus Christ, & de l'administration ancienne : il suffit que nous leuions le cœur au Ciel. Auquel lieu seulement est le vray Corps viuant en nostre Seigneur qui regne & siassied à la dextre de Dieu son Pere. Mesmes il escriuit lettres à Madame de Bouillon à Sedan par le commandement du Duc de Montpencier son Pere : pour l'atirer à mesme estat. Et bien qu'il sentist en soy la condanation comme lui-mesme a escrit de sa propre consciëce pour les poincts dont on est aujourdhui en debat: & qu'il n'eust aucunes raisons qui le contentassent pour approuuer la doctrine, ceremonies& disciplines des Catholiques: voir' que ses amis lui remontrassent ses fautes: il estoit neantmoins tellement gagné qu'il ne delibereroit faire autre demeure qu'à Paris,où je suis deliberé de le laisser pour le reprandre quand il en sera temps.

Estans les choses en tel estat : le Roy pour s'asseurer dauantage contre ses sujets ; enuoie à tous les Gouuerneurs de ses Prouinces ses lettres patentes pour maintenir les Reformez paisibles en bon & asseuré repos telles qui suiuent.

Lettres Patentes du Roy à tous les Gouuerneurs de ses Prouinces pour les y faire tous retirer& accomplir le contenu en icelles pour le repos du Royaume.

CHARLES par la grace de DIEV Roy de France, A tous ceux qui ces presentes lettres verront, Salut. Comme pour preuenir l'effet de la malheureuse& detestable conspiration faite par le feu Amiral & aucuns ses complices & adherans sur nostre personne, celle de nostre tres-honorée Dame & Mere, de nos tres-chers & tres-amez freres les Ducs d'Anjou & d'Alençon, Roy de Nauarre & autres Princes & Seigneurs estans pres de nous : aians esté contraints faire proceder à l'encontre d'eux par l'execution que chacun a peu entendre ; sans que nostre intention fust que pour raison de ce, aucuns de nos sujets entreprissent les vns sur les autres qui fust pour alterer le repos public,& offencer le particulier; ni que l'innocent portast l'iniquité&faute du coulpable: neatmoins estans la nouuelle couruë par tous les endroits de nostre Royaume&obeissance : les peuples tant des villes que du plat païs, se sont tellement esmeuz, tant pour la deffiace en laquelle ils entrerët:& le dáger auquel ils nous pésoient estre: que pour les inimitiez esceuës pour les dommages&interests qu'ils auoient souffert de ceux de la nouuelle oppinion durant les troubles passez : que par vne licëce effrenée, infinis meurtres, pilleries &rauissemans auroient esté commis sur plusieurs personnes de ladite nouuelle opinion : auec telle fureur que l'autorité de nos Officiers & ministres de Iustice auroit eu peu de force à les contenir & reprimer. A quoy desirans pouruoir & remedier, n'aians rien plus cher&en recõmandation que la conseruation de nos sujets;&ne permetre que le sang d'iceux soit par tels moiens respandu:comme le deuoir d'humanité&office de bon Prince le requiert. Apres auoir mis l'affaire en deliberation, & pris sur ce l'auis de la Roine notre Dame & Mere, nosdits freres Roy de Nauarre & autres Princes Seigneurs & Gens de nostre Conseil priué : Auons par leur bon Conseil & commune deliberation ordonné, & ordonnons que tous les

Les Gouuerneurs enuoyez en leurs Prouinces.

Gouuerneurs de nos Prouinces s'achemineront prõptement chacun en leurs Gouuernemens: pour en iceux faire cesser tous troubles, tumultes, émotions, meurtres, pilleries, rançõnemens, rauissemens de biens meubles & occupation des immeubles, bestail, vins, grains & generallement toutes voies de fait : faire punir & chastier exemplairement ceux qui les auroient commises :principalement depuis la publication de notredite declaration. Et donner ordre à l'auenir que tels inconueniens n'auiennent. Ce que nous leur enjoignons tresexpressement ; & nous auertir du deuoir & diligence qu'ils y auront rendu : à ce que nous en puissions demeurer

rer satisfait. Et affin que nostre volonté soit du tout conuë & que nul n'en pretendât cause d'ignorance: ne puisse couurir sa mauuaise volonté sous faux pretexte. Nous auons de rechef defendu sur peine de la vie à toutes persônes de quelque Estat, qualité & condition qu'ils soiêt de ne tuer, meurtrir ny attenter par voie de fait aux personnes ni biens d'aucuns de ladite nouuelle oppinion. Ordonnons & entendons que les biens qui auroient esté pris sur eux où aucuns d'eux: soient restituez & rendus promptement. Et les detenteurs d'iceux à ce faire contraints par emprisonnement de leurs personnes & toutes autres voies de rigueur. Que ceux de ladite nouuelle oppinion qui ne se trouueront chargez d'auoir entrepris contre nostre personne & Estat depuis nostre Edit de pacification: ne rien attenté contre iceluy Edit: ne puissent estre recerchez ny molestez en leur personne & biens par voie de justice ny autrement, pour raison des choses auenuës durant les troubles passez & parauant ledit Edit. Et si aucuns estoient detenuz prisonniers molestez ou empeschez ou leurs biens saisiz: qu'ils soient mis à pleine & entiere deliurance. Et à ceste fin pour entiere obseruation de nostre intention: Enjoignons ausdits Gouuerneurs nos Officiers aians l'autorité de justice & aux Maires & Escheuins des villes: prandre en leur garde & protection ceux de ladite nouuelle oppinion. Pouruoir que les esmotions, meurtres & pilleries cessent & n'auienent icy cy apres en aucune sorte sur peine de nous en prandre à eux où il se treuueroit de leur faute, negligence ou dissimulation. Voulons aussi que lesdits Gouuerneurs & nos Lieutenans Generaux en chacune desdites Prouinces: se transportent par les villes & lieux de leurs Gouuernemens. Et fassent faire les cheuauchées aux Preuosts de noz treschers & amez Cousins les Mareschaux de France, par les endroits qu'ils verront les plus necessaires: pour chastier & punir promptement les voleurs, meurtriers & autres gens mal viuans, à la foule & opression du peuple. Feront aussi lesdits Gouuerneurs chacun en son esgard assembler la Noblesse de chacun Bailliage de leurs Gouuernemens en la ville principalle & autres de leur Bailliage qu'ils verront plus à propos. Pour leur declarer nostre vouloir & intention conformément à ce que dessus. Et dauantage en la principale ville du Bailliage & autres où ils passeront en leur gouuernement: feront venir par deuers eux tous les Officiers de Iustice, & aussi les Maires, Escheuins & quelques vns des principaux Citoiens: ausquels ils declareront de viue voix nostre intention. Leur faisant cômandement de l'ensuiure chacun en son esgard. Auiser auec eux des reglemens qui seront necessaires pour le repos & tranquilité des sujets: lesquels ils feront mettre par escrit, auec injuntion de les obseruer. Et s'il est besoin d'autre prouision, nous en auertiront pour y satisfaire. Et pour autant qu'en ces esmotions & desordres que l'on à veuz, les Officiers de Iustice se sôt excusez qu'ils n'auoient la force suffisante pour refrener la fureur & insolence du peuple ny aprehender les mal-faitteurs & les punir: nous voulons & entendons que lesdits Gouuerneurs commandent de par nous aux Maires & Escheuins des villes, s'assembler & faire Election de certain nombre de bons & notables Citoiens & amateurs du bien & repos publicq. Lesquels seront tenuz d'auoir armes en leurs maisons pour eux & leurs seruiteurs. Et assister lesdits Maires & Escheuins touteffois & quantes que besoin sera. Ausquels Maires, Escheuins & habitans susdits: enjoignons en tous cas d'esmotion populaire, sedition ou autre force publicque d'assister & accompagner les Iuges pour nous faire obeir & nostre Iustice, faire cesser les troubles; prandre & aprehender les mal-faitteurs les faire punir sur peine de nous en prandre ausdits Maires & Escheuins qui refuserôt, auec lesdits Citoiês & autres forces des villes, desquelles ils pourront disposer, d'assister lesdits Officiers. Et és cas susdits nous voulons & entendôs que tous lesdits Officiers de nostre Iustice aillent en personne où seront lesdites esmotions: pour les faire cesser, prandre & aprehender les auteurs & coulpables: les constituer prisonnier pour apres, & le plus promptement que faire ce pourra: instruire & iuger leur proces. Et afin que l'autorité de nostre Iustice soit respectée & obeïe: & que la force luy en demeure: lesdits Maires Escheuins & habitans ainsi esleuz accompagneront & assisteront en personne lesdits Officiers. Et aussi à ce que le repos se puisse mieux maintenir dans lesdites villes par l'vnion & intelligence tant de noz Officiers que de ceux qui ont le Gouuernement desdites villes & les principaux habitans d'icelles: enjoignons ausdits Officiers Maires & Escheuins de s'assembler vne fois la sepmaine; & là deliberer des choses qui seront requises pour le bien desdites villes & y pouruoir promptement. Et où ils verront estre besoin d'auertir le Gouuerneur: le ferôt en diligence afin que rien ne demeure en arriere. Outre ce entendons que les deliberations

qui

Nouembre 1572.

qui se resoudront esdites assemblées: le Iuge qui y presidera, face proces verbal qu'il representera au Gouuerneur pour montrer la diligence dont ils auroient vsé à l'execution de nostre vouloir. Si donnons en mandement &c. Depuis neantmoins il fut conseillé leur en enuoier d'autres, & telles qui suiuent.

Autres lettres du Roy aux Gouuerneurs de ses Prouinces differentes aux premieres.

Le Roy ayant conu que la declaration qu'il a faite sur les occasions qui se sont n'a gueres presentées en cette ville de Paris: les memoires & instructions de sa volonté qu'il a enuoyées de toutes parts aux Gouuerneurs de ses Prouinces & Lieutenans generaux en icelles ; & lettres particulieres aux Seneschaux & à ses Courts de Parlemens & autres Ministres & Officiers de Iustice, n'ont peu jusques ici empescher le cours des meurtres, pilleries & saccagemens qui se font faits en la plus part des villes de ce Royaume au grand desplaisir de sa Majesté. A auisé pour le plus singulier remede enuoier tous les Gouuerneurs en chacun de leurs Gouuernemens: asseuré qu'attendu leur qualité & pouuoir qu'ils ont de sa Majesté, ils sçauront bien faire suiure & obseruer son intention: laquelle pour plus amplement declarer sadite Majesté a fait depescher ses lettres patentes qui leur seront baillées: lesquelles il entend qu'ils facent exactement obseruer. Outre le contenu desquelles Monseigneur le Duc de Guyse Gouuerneur & Lieutenant general pour sadite Majesté en Champagne & Brye : fera venir deuers lui les Gentils hommes de la nouuelle oppinion residans en son Gouuernement. Leur dira que le vouloir & intention du Roy est de conseruer eux & leurs femmes, enfans & familles : les maintenir en la possession & jouissance de leurs biens. Pourueu que de leur part ils viuent paisiblement, rendans à sa Majesté l'obeissance & fidelité qu'ils lui doiuent. Ce que faisans le Roy aussi les gardera qu'ils ne soient par voye de Iustice ni autrement, inquietez ni molestez en leurs personnes & biens: pour raison des choses faites durant les troubles & deuant l'Edit de pacification au mois d'Aoust mil cinq cens soixante dix. Apres les amonestera amiablement ne perseuerer plus longuement en l'erreur des nouuelles oppinions, & de reuenir à la Religion Catholique: se reconcilians à l'Eglise Catholique, Apostolique & Romaine: en la doctrine & obeissance de laquelle les Rois ses predecesseurs & leurs sujets ont tousjours sainctement vescu: & ce Royaume s'est songneusement conduit & maintenu. Leur remontrant les malheurs & calamitez qui sont auenuës en cedit Royaume depuis que ces nouuelles oppiniós sont entrées és esprits des hommes. De combien de meurtres elles ont esté causes. Quelles ont desuoié ceux qui sont tombez du droit chemin qu'ont tenu leurs Ancestres. Elles les ont fait separer premierement de l'Eglise, apres de leurs plus proches parens. Se sont aussi éslongnez du seruice de leur Roy, voire de l'obeissance & fidelité qu'ils lui doiuent cóme lon a veu depuis ce regne. Que jaçoit que les Auteurs & Chefs de cette part aient voulu couurir leurs actions du tiltre de Religion ou de conscience: toutesfois les œuures & effets ont assez montré, que le nom de Religion n'estoit qu'vn masque pour couurir toutes machinations & desobeissance: & sous ce pretexte assembler, suborner & gagner gens. Les astraindre & par serment faire jurer en la Cause, sous ce tiltre de religion. Et par telles voies les distraire de la naturelle affection qu'ils doiuent à leur Roy : consequemment de son obeissance. Estant assez notoire, que quelque commandement qu'ait peu faire le Roy, à ceux de la nouuelle oppinion : ils ne lui ont obei depuis son regne : sinon autant qu'il plaisoit à leurs Chefs. Au contraire quand leursdits Chefs ont commandé prandre les armes: s'esleuer, s'emparer des villes, brusler Eglises, piller & saccager, troubler le Royaume, le remplir de feu & sang: Ceux qui s'estoient ainsi desuoiez à les suiure, oublioient toute loyauté & tout deuoir de bons sujets pour obeir & executer leurs commandemens. Lesquelles choses si les Gentils hommes veulent bien considerer : ils jugeront facilement cóbien seroit leur conditió malheureuse & miserable: s'ils perseueroiét plus longuement. Car ils peuuent bien d'eux-mesmes estimer que le Roy enseigné par l'experience de tant de dangers : dont il a pleu à Dieu preseruer lui & son Estat : aiant esprouué les malheurs & calamitez que ce Royaume a souffert par les surprises des Chefs de cette Cause; leurs adherans & complices : qu'il ne se seruira jamais volontiers d'vn Gentil homme son sujet qui tiendra autre Religion que la Catholique: & en laquelle aussi le Roy suiuant ses predecesseurs veut viure & mourir. Il veut aussi pour oster toutes deffiances entre ses sujets, pour esteindre la source des discors & seditions: que tous ceux, principalement les Gentilshommes desquels il se sert és lieux plus honorables, qui desireroient estre de lui reconus pour bons & loiaux sujets, qui voudront auoir sa bonne grace, & estre de lui employez és charges de son seruice selon

lon leurs degrez & quallitez: facent profession de viure doresnauant en mesme Religion que la sienne. Aiant esprouué que les discords & guerres ciuilles ne cesseront en vn Estat où il y aura diuersité de Religion. Et qu'il est impossible à vn ROY maintenir en vn Royaume, ceste repugnance de Religion à la sienne: ne disirent en leur cœur que changemēt de Roy & d'Estat. Par les raisons susdites le Sieur Duc deGuise,pour les amener à mesme fin, s'esforcera de persuader la Noblesse & autres personnes qualifiez de ladite nouuelle opinion, de retourner d'eux mesmes & de franche volonté à la Religion Catholique: & d'abjurer la nouuelle sans attendre plus expres commandement du Roy. Car en quelque sorte que ce soit ledit Seigneur est resolu faire viure ses sujets en sa Religion: & ne permettre jamais ny tolerer quelque chose qu'il en puisse auenir qu'il y ait autre forme & exercice de Religion en son Royaume que de la Catholique. Ledit Sieur de Guise cōmuniquera aux principaux Officiers & Magistrats aians la principalle charge & aministration de la Iustice des villes de son Gouuernement la declaration de sadite Majesté: afin qu'ils entendent qu'elle est son intention & la bonne fin à laquelle elle tend au repos & vnion de ses sujets. Pour par ledit Sieur de Guise & lesdits Officiers & Magistrats, estre procedé auec vne mesme intelligence & correspondence à l'effet que dessus. A ce que le fruit, & vtilité en puisse reüssir telle que sa Majesté desire: non seulement pource qui le peut regarder, mais l'vniuersel de son Royaume. Les Baillifz & Seneschaux qui ne sont de la quallité requise passeront Procuration pour resigner dedans vn mois leurs Offices à Gentilshommes capables de la qualité portée par l'Edit sur ce fait qui les pourront tenir & exercer. Et à faute de ce faire sa Majesté les declare maintenant comme des lors priuez de leurs Offices. Et afin qu'ils n'aient occasion de coulleur de remise & excuse: elle entend & leur permet qu'ils puissent resigner leurs ditsEstats sans pource paier aucune finance. TousBaillifs & Seneschaux residerōt en leurs Bailliages & Seneschaucées sur peine de priuation. Et où ils ne pourroient ce faire pour autre empeschement: Seront tenus resigner. Ce que sadite Majesté entend pareillement qu'ils puissent faire sans paier finance. Tous Archeuesques & Euesques resideront sur leurs beneffices & ceux qui par vieillesse, indisposition de personnes, ou autrement ne pourroient prescher & anoncer la parolle de Dieu & eux mesmes edifier le peuple à faire autres functions appartenans à leurs charges & dignitez: seront tenuz prandre vn conducteur. Ils assigneront pension honneste & raisonnable telle, qu'il sera auisé selon les fruits & reuenu du beneffice. Les Curez pareillement resideront sur leurs beneffices. Ou seront admonnestez de les resigner à autres qui resideront en personne & feront deuoir de leurs charges. Les Archeuesques & Euesques s'informeront de ceux qui tiendront les Abaies & Priorez & autres beneffices qui sont en leurs Dioceses de quelle quallité ils sont & le deuoir qu'ils rendent à l'aministration de leurs beneffices. Dont ils feront procez verbaux qu'ils mettront és mains des Gouuerneurs qui les enuoieront, puis apres à sa Majesté, pour y pouruoir ainsi qu'elle verra estre à faire par raison. Feront resider actuellement les Curez és lieux de leurs beneffices, ou pouruoiront à iceux d'autres personnes capables selon les dispositions canoniques.

POVR mieux paruenir à l'execution de cest Edit il voulut commencer par les plus grans. Et pource fit tant que le Roy de Nauarre & Madame sa sœur, le Prince de Condé, sa femme & autres de la Court acquiescerent aux remōstrances & menaces qu'il leur fit. Notáment apres que des Roziers Ministre d'Orleans (lequel pris ce jour là & mene au Roy luy auoit promis de recompenser par vne contraire profession de conscience, les fruits de tant de presches qu'il auoit faits à la Protestante) eut persuadé le Prince qu'il deuoit suiure la Religion Romaine. Ce Ministre en cōuertit beaucoup d'autres & à mesme fin fut enuoié auec Maldonat Iesuiste à Mets & à Bouillon pour remettre la Dame du lieu fille du Duc de Montpensier au train de ReligionRomaine.Mais se moquant de sa conuersion, fut la premiere cause & secondement les lettres qu'il receut de ses amis refugiez en Allemagne: q̃ des Roziers retiré à Hildeberg fit par escrit publier & imprimer vne autre abjuration de ce qu'il disoit auoir esté forcé de confesser tesmoignant par là l'inconstance des hommes: & combien est grande la varieté ou comme dit Salomon la vanité des choses de ce monde. Mais pour reprandre le premier propos. Le Roy afin de coupper broche aux feintes & dissimulations en tel cas accoustumez aux autres Protestans: Fut conseillé de faire pratiquer vne forme d'abjuration que chacun feroit deuant les Curez de sa Parroisse telle qui suit. Premierement lesdits desuoiez voulans retourner au giron

Diuersité de Religion incompatible en vn Estat.

Estats Protestans.

Le Roy fait abjurer la Religion au Roy de Nauarre sa sœur Prince de Condé & d'autres.

Des Rosiers Ministre renie sa Religion & la fait renier auPrince de Condé & autres.

Des Rosiers retourne Protestant

Forme d'abjuration d'heresie confession

Nouembre 1572.
de foy que doiuent faire les desuoyez de la foy Catholique pretendans estre receus en l'Eglise, & par ce moyen auoir l'ame sauuée.

ron de l'Eglise se doiuent presenter à leurs Curez ou Vicaires pour estre instruits de ce qu'ils deuroiët faire. Ce fait estoient enuoiez au reuerëd Euesque & Diocesain, son Vicaire ou Official pour faire ladite abjuration & confession en la forme & maniere suiuante. Ie natif de &c. diocese de &c. demourant à &c. reconoissant par la grace de Dieu la vraye foy Catholicque & Apostolique de laquelle par ma coulpe & faute je me suis desuoié & separé depuis &c. & desirant retourner au troupeau de la vraie bergerie Chrestienne, qui est l'Eglise Catholicque, Apostolique & Romaine. Confesse auoir abjuré & anatematisé encores à present par deuant vous, Monseigneur & superieur, j'abjure & anatematise toute erreur d'heresie, Lutherienne, Caluiniste & Huguenotique: & toute autre heresie quelle qu'elle soit: de laquelle j'ay esté ci deuãt entaché & diffamé. Consens à la foy de nostre mere sainte Eglise. Ie vous suppli au nom de Dieu, de son Fils Iesus Christ, de la glorieuse vierge Marie sa mere, de tous les saints & saintes de Paradis: qu'il vous plaise me receuoir au trouppeau & bergerie du peuple de Dieu qui vit sous l'obeissance du Pape Vicaire ordõné de nostre Sauueur Iesus Christ en ladite Eglise. Me submettant de porter patiemment & faire volontiers la Penitence qu'il vous plaira m'ordonner pour l'absolution de mes fautes que j'ay cõmises, pendant que j'ay vescu esdites sectes. Dequoy je demande & requiers pardon à Dieu & à ladite Eglise, & à vous qui estes ordonné Pasteur de Dieu le Createur, absolution: auec telle penitence que jugerez estre salutaire pour la satisfaction de mes pechez & offences. Et à ce que conoissiez que de bon cœur j'ay fait & fais ladite abjuration. Ie confesse dauantage deuant Dieu & vous, que je croy ce qui est contenu au symbole des Apostres, cellui de saint Athanase & autres confessions de foy faites & aprouuées par les saints Conciles de l'Eglise Catholique, Apostolique & Romaine, dont la sainte

Creance des Catholiques.

te Eglise Romaine vse en la Messe. Assauoir, Ie croy vn seul Dieu le Pere Tout-puissant, Createur du Ciel & de la Terre & toutes choses visibles & inuisibles. Et en vn seul nostre Seigneur Iesus Christ Fils vnique engendré de Dieu le Pere, auant la constitution du monde, Dieu de Dieu, Lumiere de Lumiere, vray Dieu de vray Dieu, engëdré non pas crée, consubstanciel au Pere, par lequel toutes choses ont esté faites: qui par nous hommes & pour notre salut est descendu du Ciel, & a esté conceu du saint Esprit, a pris chair humaine de la vierge Marie, & a esté fait homme, a souffert & a esté crucifié pour nous, sous Ponce Pilate: a esté enseueli, est descendu aux enfers, le tiers jour est ressuscité, ainsi que les Escritures l'auoient tesmoigné & predit: puis monté au Ciel, & est assis à la dextre de Dieu son Pere, & de rechef viendra glorieusement juger les vifs & les morts. Le Royaume duquel sera eternel. Ie croy au sainct Esprit, Seigneur & viuifiant qui procede du Pere & du Fils & qui auec le Pere & le Fils est ensemble adoré & glorifié: lequel a parlé par les Prophetes de mesme foy. Ie reconois la sainte Eglise

Batesme.

Catholique & Apostolique. Ie confesse vn Baptesme par lequel les pechez sont remis, & attens la resurrection des morts & la vie eternelle. Ie croy pareillement, reconois & confesse tout ce qui est contenu aux liures tant du vieil que du nouueau Testament, approuuez par ladite sainte Eglise Catholique, Apostolique & Romaine, selon le sens & interpretation des saints Docteurs, receus par elle: rejettant toute autre interpretation fauce & erronnée. Ie reconois

Les Sacremens.

les sept Sacremens de ladite Eglise Catholique, Apostolique & Romaine auoir esté instituez par nostre Seigneur Iesus Christ & qu'ils sont necessaires pour le salut du genre humain, encore que tous ne doiuent de necessité estre à tous conferez. Assauoir je reconois que lesdits sept sacremens sont le Baptesme, la Cõfirmation, l'Eucharistie (qui est le S. sacremët de l'autel) Penitence, l'Extreme onction, & l'ordre de Mariage. Et que lesdits sacremens conferent grace, & que d'iceux le Baptesme, la Confirmation & Ordre ne peuuent estre reiterez sans sacrilege. Que lesdits sacremens ont l'effet que ladite Eglise enseigne. Et que la forme & vsage auquel ils s'aministrent aux Chrestiens est sainte & necessaire. Ie reconois aussi que la Messe est

De la messe.

vn sacrifice & oblation du vray Corps & sang de Iesus Christ sous les especes de pain & de vin meslez auec eau: lesquelles matieres de pain & de vin sous lesdites especes sont en la Messe par les parolles seruans à la Consecration qui sont dites & prononcées par le Prestre; transsubstantielles & transmuées en la substãce dudit corps & sang de Iesus Christ: nonobstant que les qualitez & accidens demeurent esdites espesses apres ladite consecration. Et que la Messe est salutaire & proffitable tant aux viuans qu'aux trespassez. Ie conoy la Concomitance, c'est à dire

De la Concomitance.

que receuant le corps de Iesus Christ sous l'espece de pain seulement, l'on reçoit pareillement le sang de Iesus Christ. Ie confesse que la priere & intercession des Saints pour les viuans & tres-

trespassez est sainte & bonne & salutaire aux Chrestiens, & n'est contraire en sorte que ce soit à l'honneur de Dieu. Que les prieres faites en l'Eglise pour les fideles trespassez leur profitent à la remission de leurs pechez & diminutions des peines encouruës par iceux. Qu'il y a vn Purgatoire où les Ames qui sont detenuës sont secouruës par les prieres des fideles. Ie confesse qu'il faut honnorer & inuoquer les saints regnans auec Iesus Christ: & que ceux intercedent pour nous enuers Dieu, & leurs reliques doiuent estre reuerées. Que les commandemens & traditions de l'Eglise Catholique, Apostolique & Romaine tant ceux qui appartiennent à la forme & Ceremonie du seruice diuin, & d'assister à icelles (que je croy estre pour atirer le peuple Chrestien à pitié & conuersion à son Dieu, commes, jeunes abstinances de viandes, obseruations des festes & autres pollices Ecclesiasticques selon la tradition des Apostres & saincts peres continuées depuis la premitiue Eglise jusques à ce temps: Et depuis introduits en l'Eglise par l'ordonnance des Consiles receuz en icelle de long temps ou de n'a gueres) sont saints & bons ausquels je veux & dois obeir comme prescripts & ditez par le saint Esprit; auteur & directeur de ce qui sert à l'intention de la Religion Chrestienne & de l'Eglise Catholique, Apostolique & Romaine. Ie croy pareillement & accepte tous les articles du peché originel & de la iustification. I'affirme asseurément que nous deuons auoir & retenir les Images de Iesus Christ, de sa sainte Mere, de tous les saints & leur faire honneur & reuerance. Ie confesse le pouuoir des indulgences auoir esté laissé en l'Eglise par Iesus Christ à l'vsage dicelle estre grandement salutaire. Côme aussi je connois & confesse l'Eglise de Rome estre la Mere & Chef de toutes les Eglises & laquelle est conduicte par le Saint Esprit. Et que toutes pretenduës inspirations particulieres y contreuenantes sont sugestions du Diable, Prince de dissension qui veut separer l'vnion du corps misticque du Saueur du monde. Finallement je promets estroitement garder tout ce qui est statué & ordonné par le Consile dernierement tenu à Trête. Et promets à Dieu & à vous de ne me jamais departir de l'Eglise Apostolique & Romaine. Et où je le ferois (ce que Dieu ne vueille) je me soumes aux peines des Canôs de ladite Eglise faits, statués & ordonnez côtre ceux qui tombêt en Apostasie laquelle abjuration & confession de foy jay signé.

Purgatoire.

De [sa]ints.

Tradition de l'Eglise.

Des Images

Pardons & indulgéces.

Primat du Pape & de l'Eglise Romaine sur les autres.

Vovs ne vites jamais tant de croisez, tant de patenotiers, tant de largesses aux trous des Eglises & Parroisses: tant de chandelles & autres telles deuotions Catholiques. Dont aucuns Prestres se rioient ouuertement: lesquels s'assurans que telles craintiues deuotions leur naissoient sur le bord des leures: & que leurs ames pour auoir ja prins vn ply tout contraire à cetuy cy: se formeroient à l'Epicurienne plustost que à la Romaine: s'y p laisentoient à gorge ouuerte de leurs prieres plus que des offrâdes dôt ils se seruiôet côme de despouilles & trophées d'honneur: pour brauer de la victoire de tant d'ames en apparence alterées de ces deuotions Catholiques: disans neantmoins qu'ils vouloient praticquer d'vne charité Chrestienne & fraternelle ce qui est porté en la sainte escriture. Que les Anges se rejouissêt plus d'vne ame conuertie que de cent autres. Nonostant tout cela neantmoins le Roy priue tous les Protestans encor qu'ils abjurassent leurs consciences, de tous Estats, charges & honnneurs qu'ils auoiêt parauât. Soit qu'ils fussent de Iustice, de finance ou autre vocatiô fors de petites charges: pour ueu qu'ils pratiquassent l'abjuration cy dessus exprimée. Il peut tirer vn grand argent de cela, comme tout & sans aucun respect de merite est venal en France, voire la France mesme si on pouuôit trouuer vn acheteur qui la peust paier. L'Edit fut tel.

Conuersion des Protestans à la Catholique.

Le Roy oste à tous les Estats renduz aux Protestans.

Le Roy considerant combien ses Officiers & Magistrats de la Iustice & ceux qui ont le maniment & aministration de ses finances qui sont de la nouuelle opinion, seroient suspects & odieux, & mettroient en grande deffiance ses sujets Catholiques s'ils exerçoient à present leurs Offices apres ces emotions fraichement auenuës: pour cause que lesdites Offices de Iustice & finances demeureroient à ceux qui les tiennent. Et que cela pourroit ramener au peuple, nouuelle occasion de s'esmouuoir. Et mesmes ne seroiêt par ce moien ceux de nouuelle opinion sans danger & inconuenient en leurs personnes, encores qu'ils abjurassent ladite nouuelle opinion & fissent profession de la sainte foy & Religion Catholique & Romaine: sa Majesté desirant euiter & obuier aux maux & nouueaux troubles qui seroient pour en auenir: a auisé de faire deporter lesdits Officiers de l'exercice de leursdites Offices jusques à ce que par elle en eust esté autrement ordonné. Que neantmoins obeissans cependant iceux Officiers à sa volonté & viuans paisiblement en leurs maisons, sans rien attenter, praticquer ny rien entreprendre prandre contre son seruice: ils seront paiez de leurs gages. Et ceux qui voudront resigner leursdites Offices à personnes Catholiques se retirans par deuers sa Majesté; elle leur pouruoira fort honnorablement. Et pour le regard des menus Officiers sans gages qui ne se treuuent facheux, comme Notaires, Sergens & autres ausquels leurs Offices n'atribuent point d'autorité, & ne peuuent estre si odieux ni en deffiances au peuple comme les autres : sa Majesté a auisé que iceux menus Officiers qui voudroient abjurer ladite nouuelle oppinion, & faire profession de ladite foy & Religion Catholique, Apostolique & Romaine pour y viure doresnauant : seront continuez en l'exercice & jouïssance de leurs Estats. Et que les autres menus Officiers qui voudront persister en leur nouuelle oppinion, se departent de leurs susdits Estats, jusques à ce qu'il y ait esté autrement pourueu par sadite Majesté : ce qui est pour les inconueniens qui leur pourroient auenir s'ils exerçoient leursdits Estats à cause de la grande deffiance & soupçon qu'ont lesdits Catholiques de ceux qui sont de la nouuelle oppinion. Et toutesfois sadite Majesté aiant mis en consideration que la plus part d'iceux Officiers n'ont autre moien de viure que l'exercice de leursdites offices : elle veut qu'ils soient en liberté de pouuoir resigner leursdites Offices à personnes Catholiques & capables. Et lors qu'ils se retireront vers elle pour cet effet : elle leur fera la plus grande grace & moderation de finances qu'il sera possible. Laquelle resolution, vouloir & impression de sadite Majesté : elle veut estre declarée ausdits Officiers de ladite nouuelle pretendue opinion : tant pour ses Gouuerneurs & Lieutenans generaux de ses Prouinces : que par ses Gens tenans ses Cours de Parlemens, Chambre des Comptes, Cours des aides, Gens du grand Conseil, Tresoriers de France, Generaux de nos Finances, Baillifs, Seneschaux, Preuosts, Iuges ou leurs Lieutenans & chacun d'eux comme à lui appartiendra. Et à cette fin veut & entend sadite Majesté, qu'ils aient chacun en leur regard a faire appeller par deuant eux particulierement & à part, chacun de sesdits Officiers de ladite nouuelle opinion qui seront de leurs Corps, Charges, Sieges & Iurisdictions. Et les amonnester de se conformer en cet endroit à l'intention de sadite Majesté, telle qu'elle est ci dessus. Et si aucuns desdits Officiers de Iustice ou Finance de ladite nouuelle opinion, aians autorité à cause de leursdits Estats s'efforcent & veulent retourner au seing de l'Eglise Apostolique & Romaine : leur sera dit que sadite Majesté l'aura agreable : n'aiant rien en plus singuliere affection. Et que cela lui donnera tant plus de fiance & d'asseurance de leur bonne volonté. Et que sadite Majesté ne les exclura de se seruir d'eux à l'auenir. Mais leur pouruoira ci apres selon que leurs deportemans le meriteront. Et ce pendant veut neantmoins veu les raisons ci dessus dites, qu'ils se deportent de l'exercice de leursdits Estats & Offices jusques à ce que par elle en soit ordonné. Et par ce qu'en plusieurs lieux & endroits de ce Royaume on a fait proceder par voye de saisie sur les biens de ceux de ladite nouuelle opinion qui sont morts, ou qui sont absens & des autres qui sont cachez, & ceux aussi qui estoient demeurez en leurs maisons : encor que sadite Majesté ait desja fait entendre par sa declaration du vintuitiéme d'Aoust dernier, qu'elle vouloit & entendoit que lesdits de la nouuelle opinion entrassent en leurs biens : toutesfois affin qu'en cela il ne soit aucunement douté de sadite intention, ni fait chose contreuenante à icelle : elle declare de nouueau, veut & entend que suiuant ladite declaration faite du vintuitiéme d'Aoust, lesdits de la nouuelle opinion qui sont encor viuans, presens ou absens : ne se trouueront chargez & coulpables de ladite derniere conspiration, ni auoir attenté contre sadite Majesté ou son Estat : ni pareillement fait choses contre ses ordonnances: de ne reconoitre autre que sadite Majesté ou ceux qui auront autorité de commander sous elle. Et là où ils sçauront que lon attenteroit à l'encontre d'icelle, sadite Majesté, de son Estat & seruice : de lui reueler incontinent & à ses Officiers comme ses bons & loiaux sujets. Et pour oster toute doute de soupçon tant à la Noblesse, qu'autres à cause qu'en la declaration du vintquatriéme du mois dernier passé sont cotenus ces mots : si ce n'est toutesfois qu'ils soient des Chefs qui ont eu commandement pour ceux de ladite nouuelle oppinion : ou qu'ils aient fait des praticques ou menées pour eux, & lesquels pourroient auoir eu intelligence de la conspiration susdite : sadite Majesté declare qu'elle n'entend que des choses faites & passées durant les troubles precedans l'Edit de Pacification du mois d'Aoust mil cinq cens soixante dix, soit faites aucunes recerches : ne qu'aucun en soit molesté en sa personne ou biens : que pour ce regard jouïssent du benefice de l'Edit : mais que les susdits mots s'entendent seulement de ceux, qui ne se trouueront auoir adheré ou estre coulpable de la derniere

niere conspiration faicte contre la personne de sadicte Majesté & son Estat. Et que les autres qui sont mis prisonniers soyent mis en liberté. Et quand à ceux qui voudroyent faire profession de foy & retourner à la Religion Catholicque: sadicte Majesté desire que ses Gouuerneurs & Officiers les excitent & confortent le plus que faire ce pourra à l'effect & execution de ceste bonne volonté. Que leurs parens & amis soyent aussi exhortez à faire le semblable de leur part. Et que si aucun les offensoyent en leurs biens: sadicte Majesté veut que prompte & rigoureuse punition en soit faicte. Et afin que l'on suiue la forme qui a esté tenuë en la profession de foy que font ceux qui retournent à l'Eglise Apostolicque & Romaine: Ie vous enuoye ce present memoire.

Sur ces entrefaictes le Roy pour tousjours mieux s'asseurer de la volonté & conscience des Princes Protestans: leur auoir faict renoncer leur Religion à Paris où ils alloyent à la Messe, leur fit escrire au Pape auquel par Iean de Duretort dit Duras expres enuoyé pour ce faict: Ils tesmoignent vn merueilleux desplaisir d'auoir esté desmembrez de la communion de l'Eglise par la fausse doctrine dont ils auoyent esté abreuez dés leur jeunesse. Dequoy ils n'attribuent la faute à leurs parens, ains à certains meschans garnimans qui les auoyent seduicts. Que toutefois par la grace de D I E V ils reconnoissoient l'erreur & le detestoyent de tout leur cœur. Partant le supplient comme vray Pere & Souuerain Pontife de leur pardonner l'offence, les receuoir au sein de l'Eglise & d'attendre d'eux à l'auenir comme de bons & de vrais enfans: toute reuerance filiale: dont ils supplient les asseurer par lettres: Affin que persuadez de sa misericorde ils puissent à l'auenir viure en bon repos de conscience. Duras (duquel le Pere mort au siege d'Orleans auoit eu grandes charges sous le Prince de Condé aux premiers troubles:) porta les lettres ausquelles le Pape respond auec Bulles amples de son pouuoir, tant pour faire connoistre ceste Conuersion à tous: que pour inciter ces Princes à faire la guerre à leur ancien party. Voicy leurs lettres. *Le Roy de Nauarre & Prince de Condé escriuent au Pape.*

TRESSAINCT Pere l'esperance que j'ay de la Paternelle affection que portez tousjours comme Vicaire de D I E V en terre à ce que ses enfans desuoyez pour quelque temps de nostre Mere Saincte Eglise Apostolicque & Romaine, & se repentans & reduisans soyent benignement receuz: à tellement vaincu le doute qu'autrement je pouuois auoir de la juste seuerité de vostre Saincteté: qu'apres auoir esté conforté par le Roy Tref Chrestien & par la sage & prudente admonition de la Royne Madame ma belle Mere: Messieurs ses freres, Monsieur le Cardinal de Bourbon mon Oncle & de mon Cousin le Duc de Montpensier à ceste persuasion: Ie me suis finalement resolu que vostre dicte Saincteté reconnoissans pour l'vn des siens par les premieres marques que j'ay receuë en ladicte Eglise en la foy en laquelle j'ay esté Baptizé: & ne m'imputant l'institution qui depuis m'a esté donné (dont il n'estoit point en moy veu mon bas aage faire jugement ou election d'elle) ne desdaignera de mourir le bras de son Indulgence. Et en receuant la Confession de ceste mienne penitence & reduction ou obeyssance comme je l'ay tesmoignée & protestée en la presence du Nonce de vostre Saincteté: me receuoir au Giron d'icelle Eglise; dont je vous reconnois Chef: me receuoir & reputer desormais pour treshumble & tresobeissant & tresdeuot fils: Comme j'en supplie treshumblement vostre Saincteté à laquelle j'espere rendre bien tost solennelle submission pareille à celle de mes predecesseurs Roys par personnages expresses que je delibere enuoyer vers vostre dicte Saincteté sy tost qu'il luy plaira l'auoir agreable: ainsi qu'elle entendra par le Gentilhomme que despeche à present le Sieur Cardinal de Bourbon mon Oncle tant pour cest effect qu'aussi pour supplier treshumblement vostredicte Saincteté de ma part, qu'en approuuant le Mariage dont il à pleu au Roy me honnorer auec Madame sa sœur: nous donnez & octroyez pour la consanguinité qui est entre nous la dispence qu'il sera necessaire: auec telle absolution que nous & nostre posterité en demeurions deschargez enuers D I E V & vostre dicte Saincteté: Laquelle tressainct Pere je supplie le Createur vouloir longuement conseruer & maintenir pour le bien, regime & gouuernement de sadite sainte Eglise. A Paris le troisiéme d'Octobre. *Lettres du Roy de Nauarre au Pape Gregoire troisiéme de ce nom.* *Dispence du Mariage du Roy de Nauarre.*

NOSTRE trescher fils en IESVS-CHRIST Salut & benediction Apostolicque. Nous n'auons leu chose plus agreable que les lettres de vostre Majesté. Car ce que peut *Responce du Pape au Roy de Nauarre.*

vn Pere souhaitter & estimer d'auantage, que voir son Fils trescher, releué de la mort? Ou quelle mort peut on trouuer plus pernicieuse & miserable que celle de l'Ame? Et quelle vie doyuent les hommes plus desirer & aymer que la foy Catholicque de laquelle quiconque est descheu s'est ensemble aliené de l'esperance & charité? C'est à dire qu'il a faict perte entierement de tout son bien. Car selon que nous auons de foy, nous aymons dict Sainct Gregoire. Et autant que nous aimons, autant nous donnons d'esperance. Parquoy Sainct Paul appelle la foy subsistance, & vray fondement des choses qu'on espere. Nous deuons desirer premierement ceste foy estre des Chrestiens maintenuë & perpetuée inuiolablement en son integrité. Apres si quelqu'vn s'est separé d'icelle que aussi tost il y soit remis. Ayant donc leu les lettres de vostre Majesté touchant vostre reduction à nostre Mere Saincte Eglise, de laquelle la deception & impieté d'autruy vous auoit distraict & separé lors que pour la simplicité de vostre bas aage, n'auiez le jugement d'y penser : nous auons rendu infinies graces à DIEV. Et encores que fussiez absent de Corps, vous auons eu present en Esprit chery & embrassé de cœur & de pensee : n'ayans moindre joye & plaisir que ce pasteur & ce pere qui nous est proposé en l'Euangile. Et auons aussi voulu dire comme luy, esjouyssez vous auec moy car j'ay trouué vne breby qui estoyt perdue & ce mien fils estoit mort & il est ressuscité ; il estoyt perdu & il est trouué. C'est à present que vous estes nostre Fils restitué à nous & à ceste Eglise militante par la grace de DIEV sous l'Enseigne duquel vous vous estes enrollez & donné la foy au Sainct Sacrement de Baptesme. Là haut aussi vous luy estes & à l'Eglise triomphante tellement conjoinct : que ceste verité mesme tesmoigne qu'il y a fort grand joye au Ciel de vostre Conuersion & resipissance. Il reste que à ces deux poincts que nous voyons en vos dites : lettres assauoir. desplaisir & repentance des offences passées & profession de la vraye foy, vous ajoutez ce troisiéme de Sainct Ciprian. Celuy, dit il, faict penitence lequel captiuant ses affections & volontez en l'obeyssance des commandemans de DIEV : obtempere à ces Ministres par ses officieux seruices & bonnes œuures se rend DIEV propice & fauorable. Ce que nous esperons de vostre Majesté, par le moyen de la grace de DIEV lequel vous à retiré de si grandes tenebres pour vous donner l'heureuse jouyssance de sa lumiere amirable. Et nous promettons aussi que tousjours vous vous y representerez deuant les yeux ses benefices & faueurs. Et que tout ce que vous auez de richesses, de dons d'Esprit, de grandeur & puissance : (dont vous estes de ceste beneficence diuine heureusement accomply) vous le refererez & en vserez du tout en la gloire & loüange de DIEV. Et que par ce moyen vous-vous persuaderez que ce n'est pas assez que vous entendiez qu'elles doyuent estre vos actions : si ensemble vous ne faictes ce que vous entendez estre vostre deuoir. Car ceux qui oyent la Loy ne sont point justes deuant DIEV : ains ceux qui la mettent en effect seront justifiez. Et tout ainsi que les œuures ne sont pour rien comptez : si elles n'acompagnent la foy : Ainsi la foy est morte sans les œuures. Esleuez l'honneur de vos pensées à choses dignes de vostre Majesté & vertu Royalle : & connoissez ceste grace & debonnereté infinie de DIEV enuers vous. Car il preserue & garde les vns dés leur enfance en leur innocence & pureté de vie. Et permet les autres tomber affin, que d'autant plus ardamment ils se leuent pour combattre, que ignominieusement ils estoyent tombez deuant les yeux de ce grand Capitaine : Et que par ceste ardeur & vertu ils esfacent toutes tachées & ignominie dont ils estoyent auparauant souillez. Qui en vsera de ceste façon & auec ceste profession de penitence & de foy : donnera les fruicts dignes de ces deux vertus : se pourra bien promettre & attendre les salaires que DIEV à reseruez à ceux qui l'aiment, plus grands que les yeux ny les oreilles ny tout autre sentiment peuuent perceuoir & comprendre. Et de ceste mesme grace & recompense seront bien heurez le Roy Tres-Chrestien, la Royne, le Cardinal de Bourbon & le Duc de Montpensier par lesquels DIEV a voulu que fussiez si sainctement induict & persuadé à la reunion de l'Eglise Catholique. Leur foy & vertus vous doiuent estre à imitation, & d'autant que vous esperez plus grande recompense par ce qu'il est croyable que vostre reduction sera cause que par vostre exemple plusieurs se reduiront. Consideré que la vie du Prince est la reigle des actions du peuple. Nous vous enuoyons la dispence que vous demandez, & s'il suruient autre chose enquoy nous

puissions

puissions par l'auctorité Apostolique gratifier à vostre Majesté, nous desirons en estre auertis: Dispence affin de vous donner argument tresmanifeste de nostre bien veillance & affectionnée volonté du Mariage. en vostre endroict. Donné à Rome de Saint Pierre de sous le séel du Pescheur le premier jour de Nouembre Mil cinq cens soixante douze l'an premier de nostre Pontificat.

Tressainct Pere apres auoir baisé la Saincteté de vos pieds en toute humilité.

PAR mes dernieres lettres j'auertissois vostre saincteté que le Roy de Nauarre, sa sœur Lettres du le Prince de Condé & ses freres mes Nepueux : ensemble la Marquise de l'Isle ma Nie-Bourbon ce, laquelle ledict Prince de Condé auoit espousée hors l'Eglise : estoyent par la bon- enuoiée au té & misericorde infinie de nostre bon DIEV tout puissant, venus à ceste resolution Pape. qu'ils ont abjuré l'erreur de la Religion dont ils estoyent inbus dés leur enfances. Receu nostre Religion Catholicque, Apostolicque & Romaine, & d'icelle fait publicquement libre & volontaire profession. En quoy certainemant nous n'auons pas eu peu a faire. Car ayans prins l'auis des plus recommandez en doctrine & bonne vie & plus signalez Docteurs que nous ayons en la faculté de Theologie : ensemble de quelques Euesques pour me conforter & ayder en l'affection & solicitude que j'auois de desraciner ceste peste & pernicieux erreur graué & empreinct en l'interieur de leurs cœurs : Nous y auons employé beaucoup de jours, le plus souuent sans nul effect : & neantmoins apres nous estre plusieurs foys rassemblez & conuenuz sur ceste mesme occurrance : finalement ont veu à descouuert & conu les piperies, mensonges & abuz de leus Ministres. Et ont confessé ouuertement qu'il n'y a autre Eglise que l'Apostolicque & Romaine. En ceste creance asseurez ; l'ont ambrassé non point par simulation, ains auec si grande gayetté & sincerité de cœur : qu'il me seroit impossible le dire n'y penser seulement : sans vn plaisir extreme & contentement indicible. Car de toute l'anxieté d'esprit & facheries dont par plusieurs ans passez j'estois inquietté pendans qu'ils estoyent tenus captifs dans les liens de ceste heresie : Ie me sens par ce seul benefice de DIEV du tout alegé & garenty. A l'infinie bonté duquel, je dois & rendray toute ma vie graces imortelles. Et quant à vostre Saincteté par la persuasion & sainctes monitions de laquelle j'ay entreprins la peine de ce Saint œuure : Ie luy dedie vne seruitude perpetuelle. Et reçoy auec elle vne joye infinie pour la si saincte conuersion de mes Nepueux à la reünion de l'Eglise : lesquels promettent par leurs actions que jamais ils ne desuoyeront de l'obeyssance de la Sainte & inuiolable Eglise Romaine. Ce que ayant conneu par l'auis des susdicts Docteurs, Euesques, du Nonce de vostre Saincteté qui m'a tousjours assisté en toutes ces choses, & duquel l'ayde m'a esté tresagreable : les auons receus au Giron de l'Eglise sous la faueur de vostre grace. Attendans & implorans pardon & benediction plus ample de vostre Saincteté. Laquelle affin d'impetrer & vous faire plus grande preuue de reduction, penitence & sincere obeyssance enuers le siege Apostolicque : ont deliberé presenter leurs Requestes à la Saincteté de vos pieds. Quant à moy de peur qu'en ce faict de Religion, il ne semble que je ne leur vueille interdire ce qui est de mon deuoir : & si fort mesloigner des Loix de Nature & du sang de mes ayeux : Ie supplie à genoux tres-humblement ceste vostre beatitude : qu'il luy plaise tirer des tresors de l'Eglise, l'Indulgence qu'elle leur connoistra propre & selon le merite de leurs offenses. Et ayant esgard à l'institution & education qu'ils ont de leurs enfance receuës auec le lait : leur ouurir en leur penitence les bras du benefice de vostre indulgence : & leur pardonner gracieusement ce qu'ils ont offensé deuant qu'ils eussent receu la doctrine de la Sainte Eglise Catholicque. Et approuuer par son auctorité Apostolicque leurs Mariages : afin qu'eux & leur posterité en demeurent deschargez, & qu'ils puissent à leur Salut en toute vertu & saincteté passer le reste de leur vie. Car plus ils se resentiront de l'indulgence & benediction de vostre Saincteté : d'autant plus demourront astraincts & obligez à rendre le seruice qu'ils luy doiuent, à receuoir ses commandemens en l'obeissance de ceste vostre Saincteté & Apostolicque authorité.

TRESSAINT Pere je prie le tout puissant de vouloir conseruer & maintenir vostre

Mm ij.

Nouembre, 1572.

Responce du Pape au Cardinal de Bourbon.

Sainteté: pour le bien & regime de son Eglise & de toute la Chrestienté. De Paris le troisiéme Octobre.

NOSTRE fils & bien aimé Salut & dilection Apostolique. Par vos lettres & celles de nos chers enfans les Roy de Nauarre & Prince de Condé: lesquelles auons leu plusieurs fois auec tant de plaisir & contentement qu'il est possible: Auons conu de quel bien & don de grace DIEV à par sa bonté eux, vous & nous son Eglise heureusement fauorisez. Car des tenebres d'impieté, les a retirez à la tresagreable lumiere de la verité Catholique. Et de la mort releuez à la vie, a voulu que d'vne si sainte & celeste entreprinse, vous fussiez autheur & moyen: auec tant de soucieuse peine pour puis apres recompenser en abondance & bien heurer eternellement le merite de vostre zele & parfaicte affection: que nous en vne si grande jouyssance de tous biens fussions remplis de plus grand plaisir que se peut dire. C'est aussi la sentence des Saints Peres qui connoissoyent cela par experiance: que l'Euesque Symbolise & participe par je ne sçay qu'elles simpathie en la joie que l'Eglise reçoit de voir en elle se maintenir & acroistre l'honeur de Dieu. Parce que la gloire de l'Eglise est celle de son Prelat & Pasteur. A ceste Eglise ces Tres-illustres, & treschers enfans sont restituez & remis à leur premier integrité de foy. Et auons esperance de la bonté & misericorde infinie de Dieu: que ceste joye tant particuliere que publicque viendra à l'acroissement & comble de sa perfection à l'occasion que par vn tant insigne & remarquable exemple: plusieurs seront poussez & induicts reprandre le chemin pour rentrer en l'Eglise dont ils estoyent fouruoyez & eslongnez entierement. Quant aux peines que vous auez prinses pour effectuer vn si Saint œuure: nous ne le pouuons loüer que par parolles de ce Tres-Saint Pere Gregoire. Si nous considerons exactement (dit-il) les choses inuisibles, c'est vn plus grand miracle conuertir le pecheur par la parolle & predication & consolation de propos Saints: que ressusciter vn Corps mort. Car en cestuy est ressuscité la chair encore mortelle. En l'autre est viuifié l'Ame pour viure eternellement. Or si c'est chose familiere & commun à tous ceux qui sont tenus captifs & aueuglez en l'obscure ignorance de leurs vices: Auoir aussi à contre-cœur & aussi grief que la mort de se tirer de ceste obscurité à la tres-delectable lumiere de vertu: Il est certainement encor plus difficille à ceux qui sont enseuelis dans les tenebres de l'hereticque impieté, de s'en pouuoir eschapper & affranchir. Car le Diable les tient plus auant plongez & estroitement liez voyant qu'il n'y a autre crime par lequel il puisse des-vnir & separer les hommes de l'Eglise, & les rendre ennemys d'icelle. Et que tant que la foy tiendra son siege dans le cœur: Il n'y a esperance de Salut. Et qu'aussi tost qu'elle en est dehors, ne reste que l'attante d'vne ruyne perpetuelle & future damnation. DIEV vous ayant donc faict grace que ayez peu faciliter & donner heureux succez à la difficulté d'vne telle occurrance: que reste il sinon que tant qu'il sera en nous possible, nous rendions treshumbles graces à cestuy nostre DIEV: & les recommandons de nostre affection ses enfans? Nous leurs escriuons & desirons que vous leur confermiez par parolles les promesses que nous leurs faisons: à sauoir que nous les auons à jamais treschers & que nous ne perderons vne seule occasion où nous puissions demonstrer à faire paroistre nostre paternelle affection en leur endroit. Nous leur enuoyons les dispences qu'ils demandent, & s'il y a autre chose enquoy nous puissions vous & eux grattiffier, ce nous sera plaisir d'en estre aduertis.

DE Saint Pierre de Rome sous le seel du Pescheur, le premier Nouembre mil cinq cens soixante douze, de nostre pontificat l'an premier.

Lettres du Prince de Condé au Pape.

TRESSAINCT Pere l'humble confiance que nous auons en l'amour saincte & paternelle affection que vous auez tousjours euë enuers les vrays enfans de DIEV: & de la grace & douceur de laquelle vostre bonté constumiere vsa à l'endroict de ceux qui pour quelque temps égarez & distraicts de vostre troupeau, se veullent d'vn cœur contrit & humilié retourner à la Sainte & Catholique Eglise: nous a tellement eslongnez la crainte & doute que autrement nous pouuons auoir justement de la meritée rigueur de vostre seuerité: que apres auoir esté doucement & Sainctement amonestez par nostre trescher & treshonnoré Seigneur & Oncle Monsieur le Cardinal de Bourbon: & prins le Saint auis

des

des plus speciaux Religieux, Docteurs de la Sainte faculté de Theologie: n'ont voulu, ne nous aussi douter que la Sainte Conuersion du pecheur ne soit à nostre bon DIEV tresagreable: Nous auons estimé Pere tres Saint que nous estans retournez maintenant à la foy de nostre premiere creance: la marque de laquelle nous auons par vos Ministres cy deuant receuë au Saint Sacrement du Baptesme: Vostre Saincteté ayant esgard au desplaisir & repentance que maintenant nous auons de nos offences passées procedées plus de l'instruction & education (que nous encores jeunes & tendres d'esprit & jugement auons receuë de l'autruy) que de nostre malice & connoissance: ne nous refusera s'il luy plaist de nous ourir maintenant les bras du benefice de son indulgence:& de nous receuoir au Giron d'icelle Sainte Eglise Apostolique & Romaine, en laquelle par protestation de doresanauant d'y viure & mourir, nous vous reconnoissons pour Chef & Vicaire General de DIEV en terre. Comme tel nous daignez desormais tenir & reputter pour vos tres-humbles, tresdeuots enfans & simples brebis de vostre Saint troupeau. Receuant en nous la Confession de nostre foy, Creance & reduction, penitence & obeissance que nous faisons à jointes mains de cœur deuost & d'esprit humilié aux pieds de vostre Saincteté: semblable à celle que nous auons actuellement faite par deça du tesmoignage de laquelle il plaist bien au Roy nostre Souuerain Seigneur nous honnorer, & vous en faire la foy par les lettres qu'il en escrit presentement à vostre Saincteté. Et à laquelle aussi Tressainct Pere reconnoissons l'offence que nous mal conseillez, auons commise enuers DIEV & vostre Saincteté au Mariage qui est accomply entre nous deux Cousins germains enfans de frere & de la sœur, contre l'ordonnance & institution de nostre Mere Sainte Eglise. Supplions treshumblement vostre Saincteté nous la remettre & pardonner. Et icelle approuuant nous accorder vostre grace & dispence de consanguinité. Et nous en donner telle absolution que nous & nostre posterité en demourions deschargez enuers DIEV & vostre Saincteté. Laquelle Tres-Saint Pere nous supplions le Createur vouloir longuement conseruer & maintenir pour le bon Gouuernement & augmentation de sa sainte Eglise. A Paris le troisiéme Octobre. La responce en fut telle, plus affectueuse neantmoins.

Dispence du Mariage du Prince de Condé.

BIEN aimez & Nobles enfans en IESVS-CHRIST Salut & benediction Apostolique. Loüé soit DIEV Pere de nostre Seigneur IESVS-CHRIST, Pere de misericorde & consolation qui nous consolle en toutes nos afflictions. Car aussi nous ne deuons vser d'autres termes en vne si parfaicte joye, laquelle nous à leué tout desplaisir & enuie que jusques à present nous auons porté de la perte de vostre Salut en la separation de l'Eglise. Et de ceste mesme joye l'vne & l'autre Ierusalem ceste terrestre & la celeste est remplie. Nous auons leu vos lettres tesmoin de biens & faueurs que DIEV vous à de sa grace liberallement departie pour vostre si libre & allegre profession de foy & Reünion de nostre Mere Eglise vnique, & hors de laquelle il n'y a point de Salut. Or d'où la malicieuse fraude d'autruy vous auoit retirez & separez: la vostre affection & franche volonté vous à remis. De sorte que ceste separation ne vous peut tourner à blasme. Et vostre reduction vous reüssit à honneur & loüange perpetuelle. Ayans donc leu vos lettres: Nous nous sommes resjouys d'vne aise & contentement indicible. Car par icelle nous connoissons que vous auez raporté la gloire de triomphes sur le Diable lequel s'estoit emparé de la forteresse de foy. C'est assauoir qu'il auoit renuersé le fondement de Salut. Maintenant celuy aux yeux duquel toutes choses sont nues & descouuertes: enseigne que faict cest ennemy estant chassé. Quand l'Esprit immonde (dit-il) est sorty de l'homme il marche par les lieux secs & arides: cerchant repos & n'en trouuant point. Alors il dit, je retrouueray en ma maison dont je suis sorty. Vous donc treschers enfans veillez & resistez & confirmez en la foy, & parez le bouclier de ceste foy contre les darts enflammez: de peur que s'il vous surprend despourueuz ne vous aduienne ce qui s'ensuit: Et la fin de cest homme est pire que le commmancement. Soyez aussi auertis qu'il vous faut soustenir vn autre combat. Car DIEV estant renoncé non seulement par parolles, ains aussi par œuures: Sathan s'efforcera de vous oster ceste demonstration de foy, laquelle reluit aux œuures. A ceste cause donnez peine

Responce du Pape au Prince de Condé & à sa femme.

que ceste foy que vous portez soit aussi demonstrée & paroisse en vos actions exterieures, affin que tous connoissent que là ou abonde le peché, la grace y abonde dauantage. Aussi persuadez vous que vostre foy & vertus sont dignes d'hommes Chrestiens. Ioint l'Excellence de vostre sang Royal & Tres-illustre rang que vous tenez, seront occasion de Salut à plusieurs. Car comme les actions & mœurs des Princes sont en la veuë & regard d'vn chacun: nous esperons que par vostre exemple plusieurs seront induicts à reprandre la foy Catholique, & se maintenir en l'integrité d'vne vertueuse vie. Or vous serez excitez à ces vertus que nous auõs dictes & aux fruicts dignes de penitence: quand vous aurez cet heur de vous remettre deuant les yeux, la souuenance des benefices & faueurs que vous auez receu de nostre Dieu immortel. Car au lieu de peine vous auez raporté de sa debonaireté graces & misericorde: sans faire preuue de cete tresgriefue sentence de Saint Gregoire. Les pecheurs tiennent les yeux ouuerts en la peine, lesquels ils ont fermez en la coulpe. Finalement hastez vous d'autant plustost paruenir à Dieu que vous en estiez eslongnez: & pensez qu'il est scrutateur de vos cœurs & que vos plus intimes & secretes cogitations luy sont manifestes. Cheminez deuant luy en sincerité de vie, & d'vn cœur parfaictement Chrestien. Quant à la dispence que vous demandez, nous vous l'octroions de bien bon cœur, & ne vous manquera à jamais rien de nostre part de tout ce qui se peut esperer d'vn Pere tres-debonnaire à l'endroit de ses enfans bien nez & vertueux;, pour tels aussi nous vous auoüons & ambrassons d'vn saint baiser & bien veillance paternelle. Obeissez au Cardinal de Bourbon vostre Oncle, & vous persuadez qu'il vous est diuinement donné du Ciel. De Saint Pierre à Rome sous le séel du Pescheur le premier Nouembre mil cinq cens soixante douze, l'an premier de nostre pontificat.

Congratulation du Roy Tres-Chrestien auec le Pape Gregoire tresiéme de ce Nom pour l'extirpation des heresies de son Royaume, & augmentation de la Religion Catholique & Romaine aux Indes Orientales.
 CHARLES neufiéme de ce Nom par la grace de DIEV Roy de France Tres-Chrestien: ayant volonté & soin d'auancer la gloire & honneur de DIEV & de suprimer toutes heresies semée à son grand regret en son Royaume: & abolir les sectateurs d'vne Religion nouuelle pretenduë toutefois Reformée: apres longues prieres qui ont esté faictes par sa Majesté l'espace de douze ans, & par ses tres-humbles tresaffectionnez sujets. Finalement à eu bonne issue de sa sainte affection: pource qu'en peu de temps contre l'attente de toute raison humaine & jugement de la prudence de la chair: plus ont esté occis en vn seul jour qu'en douze ans, ausquels les Canons, dagues, pistoles & Soldats estoyent en furie. Chose qui resjouyt sa grandeur & Majesté, & l'incite à reconnoistre que telle tant inopinée victoire, ne vient de luy ne de ses forces: ains du Seigneur des Armes & des batailles, Dieu tout puissant auquel il rend grace & se recommande tous les jours. Au surplus ce qui augmenta sa joye est qu'apres l'election de nostre Saint Pere le Pape Gregoire tresiéme de ce nom plus diuinement faite que humainement: nouuelles luy sont venuës de l'heureux accroissemét de l'Eglise Vniuerselle Catholique aux Indes & parties Orientales. Et pour vn si grand benefice qui est la pacification de son Royaume & dilatation de la Religion Chrestienne & diminution de ses auersaires: Le Roy estant absent de corps present d'Esprit auec la Sainteté du Pape & du venerable College des Reuerendissimes Cardinaux en sa Sainte Chappelle de Paris fondée par son ayeul de tres-heureuse memoire Saint Loys: esperant auoir meilleur progrez, ne cesse d'en rendre grace à DIEV. Toutes ces choses furent publiées au Consistoire du Pape, auquel assistoyent les Cardinaux, entr'-autres Charles Cardinal de Lorraine l'An de grace Mil cinq cens septante deux le tresiéme jour de Septembre, & escrit en lettres d'or aux Linteaux des Posteaux de la susdicte Saincte Chapelle.
 LE PAPE auoir receu les nouuelles de tout ce que dessus, suiuy du College des Cardinaux en va rendre graces à DIEV à Saint Marc. Le jour suiuant en celebre vne Messe solennelle, puis publié vn Iubilé pour remercier DIEV d'auoir deliuré la FRANCE & son Eglise de ses ennemis, de la conseruation du pays bas, & de la victoire sur les Turcs. Puis prie DIEV donner vn ROY à la Pologne affectionné à maintenir & croistre l'Eglise Catholicque. Sur le soir on fit jouër le Canon du Chasteau Saint
Ange

LIVRE TRENTIEME. 84.

Ange & dreſſoyent aucuns François les feux de joye pour la victoire de l'Egliſe Romaine ſur les Proteſtans. On y fit auſſi des Proceſſions ſolennelles auſquelles les Pape aſſiſta auec les Cardinaux & grand nombre de Relicques, puis la Meſſe fut chantée par vn Cardinal en la Chappelle Saint Loys, au deuant laquelle ſe voioit la Congratulation cy deſſus tranſcrite par le moien du Cardinal de Lorraine du titre Saint Appolinaire: auquel le Ios eſtoit du tout attribué.

Sur ce le Roy curieux de remettre & aſſeurer la foy Catholique & Romaine: non ſeulemẽt en ſon Royaume : Mais auſſi en toutes les terres des Princes qui tenoient de luy : communiqua ſon deſſein au Roy de Nauarre, lequel voiant que le Roy vouloit faire tenir meſme traditiue en Bearn, Foix, Nauarre & autres païs ſujets au Roy de Nauarre : fit que le Prince dreſſa vne deffence en forme d'Edict à tous ſes ſujets de Bearn de ne faire n'y ſouffrir aucun exercice de la Religion Proteſtante: ains aller tous à la Meſſe & ne viure aucunement que à la Catholique, Apoſtolique & Romaine. Du viuant de la Royne ſa Mere, les Eſtats de Bearn feſtoient aſſemblez tant pour le faict de la Religion que autres affaires du pays, & par vn auis General, la Religion Romaine auoit eſté chaſſée de tous ces quartiers. Pour la remettre & porter cet Edict auec lettres particulieres à quelques vns des principaux, Grammond y fut enuoyé lequel y fit ce que entendrez ailleurs.

Le Roy de Nauarre eſcrit en ſes pays pour oſter la Religion & y eſtablir la ſeule Catholique.

Henry par la grace de Dieu Roy de Nauarre, Seigneur Souuerain de Bearn à tous preſens & auenir Salut. N'aiãs riẽ tant deſiré depuis qu'il a pleu à Dieu nous appeller a la ſucceſſiõ de noſdits Royaume & païs: ſinõ que les ruines & deſolatiõs qui y eſtoiẽt auenuës tant pour les diuiſiõs premieremẽt tollerées & depuis introduites pour le fait de la Religion : que des terres & troubles qui les ont ſuiuis: puiſſent eſtre par quelque bõ ordre & reglemẽt redreſſées & reparées. Et eſtimãt que le meilleur Cõſeil que nous pouuiõs & deuiõs prẽdre en affaire de ſi grãd poix & importãce eſtoit de la Roine noſtre treſchere & treshonorée Dame & belle Mere: pour la ſinguliere prudence, ſageſſe & vertu qui eſt en elle. Du ſemblable la Roine noſtre treſchere & treſaimée cõpagne & eſpouſe & de noſtre treſcher & treſaimé Oncle Monſieur le Cardinal de Bourbon : Pour le zele & affection & tres-parfaicte amour que chacun d'eux nous porte: Nous auons par leurdit Conſeil & auis. Et pour nous reſoudre en ces diuiſions & diſtractiõs de Religion à ce qui ſeroit ſalutaire tant à nous qu'à noſdits Royaume & païs: entientiement voulu ouïr vne Cõference volontaire & amiable de beaucoup de grans & ſuffiſans perſonnages & Docteurs Catholicques en Theologie, qui nous ont eſté repreſentez par noſtre dict Oncle. Deuant leſquels eſtant admis & introduits aucuns des plus ſçauans Miniſtres d'oppinion contraire: apres pluſieurs diſputes par pluſieurs & diuers jours traittez entr'eux, auroiẽt leſdits Miniſtres par ſi grands & euidens teſmoignages & argumens, eſté conuaincuz par leſdits Catholiques qu'ils auoyent franchement reconeu & conſeſſé. Comme entr'autre à fait Maiſtre Hugues Sureau dit de Roziers & leurs compagnons & Miniſtres de la ville d'Orleans & autres endroits de ce Royaume: qu'ils auroient merueilleuſement eſté ſeduits en leurs erreurs & aidés à faire faillir les autres. Et icelles reuoquans & abjurans & ſ'en repentans, ont requis eſtre receus & recueillis au giron de l'Egliſe Catholicque, Apoſtolique & Romaine: dont nous auons rapporté tel fruict que reconoiſſans celle Egliſe eſtre la ſeule Colonne de verité: Sur laquelle tous Roys & Princes Chreſtiens doiuent appuier & eſtablir la Religion de leur Eſtat. Et deſirans à ceſte cauſe que tous nos ſujets ſoyent à noſtre imitation & exemple induits à ſuiure ceſte voie. Et les choſes qui par cy deuant auoient eſté ou faites ou ordonnées contre, & au prejudice de l'ancienne & treſlouable forme de ladite Egliſe Catholicque Apoſtolique & Romaine, en ſorte caſſées, abrogées & reuoquées qu'il n'y ait plus occaſion entre nos ſujets de les tenir en diſtraction & diuiſion. Et la memoire des querelles, contentiõs, jugemens, Arreſts & autres choſes ſuruenuës à cauſe deſdites diuiſions qui pourroient laiſſer à la poſterité quelque ſemence de piques, haines ou reproches, tellement aſſopis que nous puiſſions voir toutce qui appartient : premierement à l'honneur & ſeruice de Dieu reduict en ſon ancienne ſplendeur & vnion ſelon l'ordre & inſtitution de noſtre dite Mere Sainte Egliſe Catholicque Apoſtolique & Romaine: & noſdits peuples viuans paiſiblement & en concorde enſemble deliurez de tant d'oppreſſions, vexations, foulles & dommages qu'ils ont eu pour leſdites diuiſions & guerres & où il y auoit à craindre qu'ils ne recheuſſent, ſi l'n'y eſtoit

Edict du Roy de Nauarre pour abolir la Religion en ſes pays.

Mm iiij.

pour la bonté de Dieu pourueu de remede; que nous penfons conforme à fa volonté. Sçauoir faifons que nous pour toutes ces caufes, auons par les fufdits auis de la Royne noftre dite Dame & belle Mere, de noftre compagne & efpoufe, dudit Sieur Cardinal de Bourbon noftre Oncle & plufieurs autres notables perfonnages de noftre Confeil, dit ftatué & ordôné, difons, ftatuons & ordonnons voulons & nous plaift ce qui fenfuit.

 Premierement que ladite Religion Catholicque, Apoftolique & Romaine foit remife en tous les lieux & endroits de nofdits Royaume & païs où l'exercice d'icelle pour lefdites diuifions ou reglemens furce interuenus à efté delaiffé & intermis, pour y eftre librement, & feule exercée fans aucun trouble ou empefchement. Defandans tout autre exercice de Rêligion nouuelle. Et pour obuier à toutes occafions de meffiance & de foupçon entre nofdits fujets & aux conuenticulles & fecretes affemblées qui fe pourroient encores fufciter & entretenir, fi les Miniftres de ladite nouuelle Religion eftoiët foufferts en nofdits Royaume & païs. Ordonons que tous lefdits Miniftres de quelque qualité & condition qu'ils foient: aient à vuider & fortir hors noftre Royaume & païs, fi ce n'eft qu'ils fe reduifent a ladite Religiô Catholicque, Apoftolique & Romaine: & abjurent leurs erreurs. Auquel cas entendons qu'ils foient conferuez & puiffent demeurer en feureté en nofdits Royaume & païs & non autrement. Voulons auffi que tous Euefques & Prelas, Abbez, Chappiftres, Curez, Commandeurs & autres perfonnages Eclefiaftiques fortis hors nofdicts Royaume & païs à caufe defdits troubles: rentrent en l'entiere & paifible poffeffion & jouiffance de leurs Euefchez, Abayes, Commanderies, Benefices, biens & reuenuz. Et en perçoyuent les dixmes & autres droicts qui leur appartiênent: côme ils fefoient au parauât lefdites diuifiôs & qu'ils en euffent efté defaifis. Nonobftant les ordonnances furce faites pour la difpofition & difpenfation defdits biens: & de l'inftitutiô de certain Confeil qu'on difoit Ecclefiaftique: lequel à la requefte & remonftrâce des Sindics de noftre dit pays, nous auons fupprimé & aboly: fuprimons & aboliffons par ces dites prefentes. Voullons & nous plaift que les Commiffaires, fermiers & receueurs eftablis au Royaume & Gouuernement defdits benefices, foient contraints d'en rendre compte &; les deniers dont ils fe trouueront redeuables & reliquataires & felon la particuliere nature & quallité des benefices dont ils feront procedez: eftre rendus & reftituez aux Titulaires defdits benefices qu'ils conoiftront auoir efté priuez à caufe defdites troubles. Et les autres deniers où il n'y a aucune perfonne priuée qui ait interefts: eftre mis en noftre main jufques à ce que par nous en foit autrement ordonné. Et en reuoquans tous jugemens, arrefts, procedures, faifies, rentes & decrets, donnez à l'occafion & pour le fait des troubles furuenuz à caufe de ladite Religion & diuifion de nofdits fujets, tant viuans que morts depuis le commencement defdits troubles: auons iceux Iugemens, arrefts, procedures, faifies, ventes & tout ce qui f'en eft enfuiuy dés aprefent caffé & anullé: voullons iceux eftre oftez & raiez des regiftres de nos Courts tant Souueraines que inferieures: enfemble tout ce qui reftoit de monumens publique foit tableaux ou autres chofes qui foit pour difamer & deshonnorer leur memoire & de leur pofterité. Et moiennant ce voullons que tous Gentilshômes, Officiers & autres perfônes de nofdits fujets de quelque quallité & condition qu'ils foient: rentrent en tous & chacuns leurs biens droits & actions honneurs, Eftats, Offices, charges, dignitez dont ils eftoient pourueuz. Et defquels ils jouïffoiët & euffët peu jouïr fans lefdits troubles, jugemés & arrefts interuenus contre eux à l'occafion d'iceux troubles. Et afin que pour les chofes ainfi reftablies & remifes en leur premier Eftat, nul n'entrepregne par reproche ou autrement des chofes fufciter quelque querelle ou altercation: nous voullons que la memoire de toutes chofes paffées d'vne part & d'autre dés & depuis lefdits troubles & efmotions en nofdits Royaume & pays, demeure eftainte & affoupie: comme de chofe non auenuë. Et ne fera loifible à nos procureurs Generaux, ny autres perfonnes publiques ou priuée quelconque en quelque temps ny pour quelque occafion que ce foit: en faire mentiô, proces & pourfuite en aucune Court ny Iurifdition. Defendans à tous nos fujets de quelque Eftat ou quallité qu'ils foient: qu'ils n'aient à renouueller la memoire, f'attaquer, injurier, ny prouoquer l'vn l'autre par reproche de ce qui c'eft paffé: difputer, contefter, quereller, ny foutrager ou offencer de fait ou de parolle. Mais fe contenir & viure paifiblement enfemble comme fujets nez fous mefme Ciel nourris fur mefme terre, obligez à mefme Prince & viuâs fous mefme loix, ftiles & couftumes font tenus de faire fur peine aux contreuenans d'eftre punis comme infracteurs de paix & perturbateurs

turbateurs de la tranquilité publique.

Si donnons en mandement à nostre trescher & tresaimé Cousin le Sieur de Gramont Gouuerneur & nostre Lieutenant General representant nostre personne en nosdits Royaume & pays: Gens de la chambre de nostre Royaume & Court souueraine de Bear ou Baillif, Seneschaux, Alcaides & autres nos Iusticiers & Officiers qu'il apartiendra ou leurs Lieutenans: que cete nostre presente ordonnance ils facent lire publier & enregistrer en leurs Courts & Iurisdictions, & icelle entretenir, garder & obseruer inuiolablement & de point en point & du contenu jouir & vser plainement & paisiblement ceux qu'il apartiendra. Cessant & faisant cesser tous troubles & empeschemās au contraire. Car tel est nostre plaisir en tesmoin dequoy auons à ces presentes signée de nostre main fait mettre & apposer le séel de nos Armes. Donné à Paris le seziéme jour d'Octobre mil cinq cens soixante douze. Signé Henry. Et sur le reply par le Roy de Nauarre Brodeau & Séelle sur double queuë. Les reformez neantmoins & plusieurs Catholiques sujets du Roy de Nauarre, se persuadans que leur Prince estoit captif & qu'il n'auoit seruiteur aucun autour de soy qui ne luy fust vn espion aposté par le Conseil des Catholiques qui auoient fait l'Edit: ne se soucierent de cela. Ains se tenans sur leurs gardes se maintindrent (nonobstant diuerses algarades) en l'Estat auquel la Royne les auoit laissez. Esperans que si leur Roy sortoit de prison il leur tiendroit vn langage droitement contraire aux patentes que dessus.

A mesme fin le Duc de Lorraine deffend semblable exercice de Religion en tous les endroits de son obeissance. Permettant neantmoins à chacun de vendre tous ses biens & pouruoir à ses affaires dedans vn an pour vider le pays & cercher ailleurs demeure. *Le Duc de Lorraine veut aussi chasser la Religiō Protestante de son pays.*

Ie vous ay dit cy dessus quelques choses des faueurs que le Roy sembloit montrer au feu Amiral, Comte Ludouic & autres Confederez, contre le Roy d'Espagne pour la conqueste du païs bas à son proffit & estendue de la Couronne de France. Dont plusieurs jugeoyent qu'il y auoit entre ces deux Princes quelque semence de querelle pour l'enuie que chacun d'eux portoit à son semblable. Ce que dessus auenu, le Roy Charles luy escriuāt l'esclarsist du tout & l'asseure entre autre qu'il apparoist maintenant & fort à descouuert où tendoient ses desseins du passé: lesquels auerez par les accidens suruenus depuis, le doiuēt assez asseurer de son amitié & de la foy qu'il veut continuer en son endroit & luy en faire preuue à toutes les occasiōs qu'il voudra. Somme que tout son but est à ruiner non les Princes Chrestiens ses alliez & bons amis: mais les heretiques & ses sujets reuoltez de son obeissance. Et pour en rendre plus ouuert tesmoignage: il fit marcher quelques vieilles bandes Françoises tirées du Piedmond en Picardie pour garder ces quartiers des entreprinses du Prince d'Orenge en faueur de son bon frere le Roy d'Espagne. La plus part des Protestans restés de telles assignations se retiroient és lieux mieux asseurez que là où ils estoient recerchez. Entre autre les deux fils ainez de l'Amiral auec leur sœur vefue de Teligny & le Comte de la Val ainé des enfans de Dandelot vont à Geneue puis à Berne & Basle sejourner entre les Suisses qui les fauorisoient de leur pouuoir: je vous diray ailleurs ce qu'ils firent depuis. Car je vous veux premierement faire voir les pratiques dressées pour le Royaume de Pologne. *Le Roy de France escrit au Roy d'Espagne pour l'asseurer de son amitié. Les enfans de feu Amiralde Dandelot.*

La Royne mere n'aiant rien en plus singuliere recommandation que d'auancer la grandeur de Messieurs ses enfans: à tousjours estimé ne le pouuoir faire plus honnorablement qu'ē les faisant pouruoir chacun d'vne Couronne Royalle: soit par election, soit par alliance qui les pourroit amener au comble d'vn si grand honneur. Et d'autant qu'elle sçauoit que Sigismond Roy de Pologne estoit fort malade: elle cōmuniqua à Iean de Monluc Euesque de Valence le dessein qu'elle auoit de faire porter propos à Sigismond de donner sa sœur à Monsieur son fils, auec asseurance de le faire receuoir par les Estats Roy de Pologne veu qu'il estoit hors d'espoir d'auoir enfans. Ioint que si le Roy attaint d'vne malladie fort dangereuse venoit à deceder: que celuy qu'ō y auroit enuoié mettroit peine de gâgner la faueur de quelques Seigneurs du Royaume, sous l'auis & cōduite desquels on pourroit puis apres y enuoier gēs de marque. Si bien que les guerres finies par la paix qui auoient retardé ceste negociation: & auoir rap̄ l'Euesque de Vallance à Blois en Feburier mil cinq cens soixante douze: elle resolut d'y enuoier Balagny auec lettres de l'Euesque son oncle adressée au Roy Sigismond. Auoir parlé à l'Archeduc Ferdinand & long temps communiqué auec l'Empereur: arriua en Pologne en plein Esté la peste estant fort esmeuë par tout le Royaume: ou il commença à poursuiure sa pre- *La Royne Mere enuoie en Pologne pour y faire eslire Monsieur le Duc Roy du pays.*

Mm iiij.

L'HISTOIRE DE FRANCE.

Nouembre 1572.

Sigifmond Roy de Pologne meurt.

miere inſtruction aſſauoir de tirer vne promeſſe du Roy de donner ſa ſœur à Monſieur & de procurer vers les Eſtats qu'il fuſt receu pour ſucceſſeur à la Couronne. Sur ce Sigiſmond m'curut le ſeptiéme Iuillet occaſion qu'il ſe miſt à ſemer par tout les loüanges des vertus dudit Sieur pour venir au ſecond point. Puis y laiſſant vn Secretaire de l'Eueſque de Vallence retourna en France pour aſſeurer au Roy de ce qu'il auoit manié: lequel des la fin de Iuillet fut auerti de la mort de ce Roy & de la pourſuitte que faiſoit l'Empereur pour auancer l'Archeduc Ferdinand ſon fils à ce Grade. Comme auſſi faiſoit le Moſcouite, le Roy de Suede, le Duc de Pruſe & le Vainode de Tranſiluaine nommé en Hongrie Battory Iſtuan que les Latins diſent Stefanus Battory, de ſimple Gentilhôme Vaiuode pour l'excellence de ſes vertus. Qui l'occaſionna d'auancer l'effect de ce pour parler, afin de pouruoir ſon frere d'vn ſi beau & grand Royaume: enquoy il n'eſtimoit cõtreuenir à l'aliance & deuoir d'amitié qu'il auoit auec l'Empereur, par ce qu'il ne pourſuiuoit ſeul ains qu'en tout cas les autres le pourroient emporter ſur luy. Il ne reſtoit qu'vn perſonnage ſuffiſant à l'execution de telle charge. Pour effectuer laquelle l'Eueſque de Vallence fut eſleu tant pour les rares vertus de ce Prelat, que pour la conoiſſance de bonnes habitudes qu'il auoit laiſſé en ce païs. Ioint que preuoiant les tempeſtes qui deuoiẽt ennuier la Frãce: il n'eſtoit marri de s'en abſẽter pour n'eſtre occulaire teſmoin des maux qu'il euſt bien voullu deſtourner s'il euſt peu. Il partit de Paris le premier Aouſt mil cinq cens ſoixante douze. Dont arreſté à Challons par vne malladie, il entendit l'effet des matines Pariſiennes qui le fit haſter pour preuenir les mauuaiſes nouuelles qui en pourroient eſtre eſpanduës par l'Allemagne. Meſme que Manegre Lieutenant du Gouuerneur de Verdun l'arreſta comme priſonnier en Lorraine; d'où ſorty par lettres du Roy, Royne mere & de ſon Excellence: dõne iuſques à Straſſebourg où il treuua Bazin refugié qu'il amena pour luy ſeruir en ceſte negociatiõ. Mais venu à Francfort les Colonels des Reitres le firent arreſter pour auoir paiement de ce qui leur eſtoit deu par le Roy des gages de la derniere guerre ſous Meſſieurs les Princes. En fin neantmoins Monluc plaida ſa cauſe & obtint gain de cauſe le vint deuxiéme de Septembre. Puis il donna iuſques à Lipſe en Saxe au commencement d'Octobre. Party de là il deſpecha en Pologne Bazin & vn Gentilhomme Polaque pour euenter les affaires & les luy mander. Sur le quinziéme du mois il paruint à vne ville frontiere de Pologne où il receut leur lettres par leſquelles ils le haſtoient d'y aller deuant l'aſſemblée des Eſtats, auſquels il enuoia ſes lettres pour auoir licẽce de les aborder. De là il s'achemina à Piſdreich puis à Couin: & donnant plus outre il ſceut du Chaſtelain de Laudan nouuelles des Competiteurs au Royaume. Pour retarder leſquels & baſtir vn fondement aſſuré de ſa charge: eſcriuit les lettres qui ſuiuent aux Officiers du Royaume ſur la fin d'Octobre mil cinq cens ſoixante douze.

Monluc Eueſque de Vallance.

A tres Illuſtres, Reuerandiſſimes, Spectables, Magnifiques, Genereux Seigneurs: les Archeueſques, Eueſques, Pallatins, Chaſtelains, & autres Seigneurs Officiers: & à toute la Nobleſſe du treſample Gouuernement de Pologne, Lituanie, Ruſſie, Pruſe, Maſonie aſſemblez à Varſauie ſes treshonnorez Seigneurs paix & felicité.

MESSIEVRS, le Roy Tres-Chreſtien m'auoit deſpeſché pour aller deuers vous & auec moy vn de ſes Conſeillers du Parlement de Grenoble ſuiuant ce qu'il vous auoit eſcrit par le Seigneur Andreas Meuſmery Gentilhomme de voſtre nation. Mais il eſt auenu que ledit Conſeiller eſt demeuré mallade: & de ma part je l'ay eſté aſſez longuement & comme j'auois recouuerte la ſanté & m'eſtois acheminé pour ſatiſfaire à ma charge: ils me ſont ſuruenus d'autres empeſchemẽs que vous entẽdrez ſ'il vous plaiſt par le Sieur Kraſoſki & par le Sieur Bazin Officier du Roy tres-Chreſtien que je vous enuoie expreſſement: vous priant que apres que vous les aurez ouïs, il vous plaiſe de m'auertir en quel lieu, & auquel temps vous voudrez que je me preſente à vous. Car je ne ſuis pas deliberé m'approcher de plus pres que ce ne ſoit auec voſtre congé. Cependãt afin que vous ne ſoiez en peine des cauſes de ma venuë & que pour eſtre arriué tard, autres n'aient le moien de preocuper vos eſprits en la pourſuite qui ſe fait de voſtre Couronne: il me ſemble deuoir ſommairement vous faire entendre que le principal point de ma charge, eſt de vous declarer la bonne, ſincere & fraternelle intention du Roy de France mõ Maiſtre enuers vous & voſtre Royaume: pour lequel ce que j'eſpere vous receurez fort volontiers & ſerez bien aiſe qu'il vous preſente Monſieur le Duc d'Anjou ſon frere, qui eſt

pour

pour le dire en vn mot son bras droit sur lequel il s'apuie entierement & pour le fait de la guer- re & pour le fait du gouuernement du Royaume. Tellement qu'il ne vous presente pas vn enfant qui ait besoin luy mesme d'estre gouuerné: Mais vous presente vn Prince d'aage com- petant, Prince experimenté en toutes choses qui sont necessaires pour heureusement porter le faix, soit pour la Paix soit pour la guerre d'vne grande & puissante Couronne. Comme est la vostre. Il ne vous presente pas vn Prince qui vous apporte vne troisiéme ou quatriéme Re- ligion non vsitée & conuë ny entenduë parmy nous: Mais vn Prince vrayement Catholique de Religion non de faction & qui est de telle & si grande prudence & experiance qu'il si gou- uernera si sagement que bien qu'il y ait quelque diuersité de Religion entre vous: il vous cō- seruera les vns & les autres en toute sureté. Il ne vous presente pas vn Prince qui vous apporte ny mœurs ny coustumes Barbares & inusitées: Mais au contraire il se presentera à vous auec tel intention: qu'auecque la ciuilité qu'on voit reluire en là France de la où il part, il luy sera fa- cille de s'accommoder & embrasser vos mœurs & coustumes qui sont certainement pleines de prudēce & ciuilité. Il ne vous presente pas vn Prince qui en lieu de vous apporter vn repos amene auec soy vne inimitié & vne guerre auec ceux qui ont puissance de vous dōner la pei- ne. Ains au contraire il vous presente vn Prince qui n'a point d'ennemis qui pour raison de sa personne ny du lieu où il part, puissent estre offencez contre vous: si vous luy faite cest hon- neur de l'appeller pour estre vostre Roy. Qui plus est comme il n'a point d'ennemis aussi a il beaucoup d'amis qui luy portent si bonne volonté & leur puissance est si grande, que l'on pourra dire que les forces de vostre Royaume en seront redoublées. Vostre Nation a tousjours aimé la nostre aussi honnoré & fauorisé de la vostre. Vostre Noblesse hantera nostre Royaume la nostre vous visitera vous hātera, vous seruira s'il venoit occasion qu'il en fust besoin. Le Roy ne vous presente pas vn Prince qui soit poure & necessiteux & qui soit contraint de recom- penser les siens des Offices & Estats qui pour raison doiuent estre reseruez à vous & à ceux de vostre Nation. Mais vous presente vn Prince qui de soy est si riche & a tant de pays qui luy apartiennent, où il à tant d'Officiers d'Estats & de benefices que non seulement il aura moien de recompenser ceux de sa nation: mais aussi en pourra gratifier plusieurs d'entre vous qui au- ront enuie de faire quelque sejour en Frāce. Le Roy ne vous presente point vn Prince qui soit tāt voisin de vos païs que pour auoir les forces voisines vueille ou puisse entreprādre sur vos frā chises, libertez & loix obseruées. Mais au contraire il vous presente vn Prince qui n'aura force que les vostres: qui ne prendra appuy, soustien ny grandeur sinon sur vostre amour & fidelité & obeissance. Bien est vray que la où vos autres ennemis voudroient assaillir vostre Royaume il aura tousjours de bons amis qui se joindront à vous pour la Couronne & les anciens li- mites de vostre pays. Sur ce attendant que je me puisse approcher pour plus amplement vous faire entendre ce qui m'a esté commandé par le Roy tres-Chrestien & par mondit Seigneur le Duc d'Anjou son frere: je vous supplie, Messieurs, vouloir considerer & examiner le conte- nu de ceste lettre & vouloir reconoistre qu'en l'election que vous ferez de mondit Seigneur: il ne vous peut auenir perte ni dōmage ni incomodité aucune. Au cōtraire vous en deuez es- perer & pouuez vous promettre l'augmentation & la grandeur de ceste puissante Couronne l'amplification le repos & sureté de vostre pays. Le bien & l'auancement d'vn chacun de vous qui aurez vn Prince bon, sage, prudent & liberal.

Cecy pour le fils du Roy de Suede qui n'a que huit ans & pour l'Archeduc Herueste fils de l'Em- pereur qui est jeune.

ceci est pour le Moscoui- te qui est de la foy Grec- que.

Pour ledit Moscouite.

Moscouite & l'Empe- reur desquels le Turc ne voudroit pas qu'il fus- sent plus grans.

Cecy est pour le Duc de Prusse & pour vn pe- tit Duc d'Al- lemagne qui à esté nommé.

Pour le fils de l'Empe- reur.

Cecy est dit pour le fils de l'Empe- reur pour le Duc de Saxe & pour le Moscou- uite.

Nouembre.
1572.

SOMMAIRE
Du Trentevniéme Liure

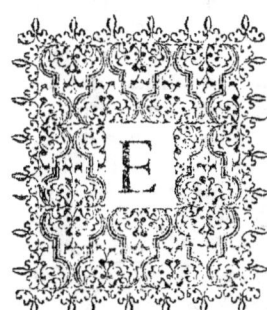

ESTAT de la France depuis la journée du vintquatriéme d'Aoust dite les Matines de Paris. L'Estat & portemans du reste des Confederez en France depuis la bastonnade. La Rochelle se resout à ne receuoir garnison ny aucun Catholique pour luy commander. Et reçoit tous les Confederez qui y voulurent refugier. A son exemple Sancerre, Montauban, Nysmes & plusieurs quartiers de Languedo, Quercy, Dauphiné & autres prennent les Armes pour mesme fin. Diuers effets des calamitez & persecutions. Strasbourg redouble la garde & les Suisses prennent les Armes crainte des Catholiques François. Moiens & preparatifs du Roy pour rauoir les villes qui se liguent en son Royaume. Discours si la prise de ces Armes est legitime: auec les occasions qu'alleguent les Protestans a la reprinse d'icelles. Gouuernement d'aucunes villes Protestantes. Lettres du Baron de la Garde & de Stressi aux Rochellois auec leur responce. Ordre que les Rochellois commencent a donner à leur deffence: & les preparatifs des Catholiques pour les assieger par mer & par terre. Lettres du Roy aux Rochellois. Lettres de Biron a eux mesmes qui tasche par tous moiens d'y entrer comme Gouuerneur. Lettres du Roy de Nauarre aux Rochellois. Castres en Albigeois surprins par la Croisate sur les Protestans. Plusieurs autres lettres du Roy aux Rochellois a mesmes fins de laisser entrer le Gouuerneur, leur donnans exercice de Religion priuatiuement à tous autres, & les exemptans de garnisons. Lettres de la Royne Mere, de Monsieur, & de Biron, & du Baron de la Garde aux Rochellois auec leurs responces. Estat de Languedo: & comme ceux de Nismes se resolurent. Estat de Viuarets, Dauphiné & Vezelay. Duchelar & autres places surprises par les Protestans. Estoille nouuelle. Esmeutes à Bourdeaux sur les Protestans. Sancerre auec la resolution des y retirez & la representation de la place auec son paysage. Ligue & association entre les Rochellois & y refugiez. Du Vigen depute par le Roy vers les Rochellois outragé & comment. Les Rochellois enuoient encourager les Seigneurs Cappitaines & autres refugiez en Angleterre. D'où ils demandent secours. Vn Loup entre de plein jour en la Rochelle & des interpretations qu'on donna sur la mort de ceste beste. Prouisions & fortifications de la ville. Guerre declarée. Solemnité de l'Ordre Saint Michel. L'Isle de Ré prise par les Galieres. La Frasque prise par les Rochellois. Chasteau de Sancerre surpris par de Racan frere de Fontaines Gendre de la Contesse de Sancerre. Les Protestans de Languedo, Quercy & pays voisins se liguet pour faire la guerre aux Catholiques du pays. Estat de Montauban. Estats des Protestans assemblez à Realmont.

ENCOR que les narrez precedans vous esclarcissent assez de l'Estat auquel demeura la France depuis le vintquatriéme d'Aoust jour voüé aux matines de Paris, jusques aux preparatifs qu'vns & autres dresserent pour de rechef ensanglanter la miserable face du païs de leur naissance. Si est-ce que auoir consideré que ce mien labeur pourroit tomber és mains d'autres que des François qui n'en peuuent presumer ce qu'vn naturel peut du lieu qué luy est connu par plusieurs autres moiens: en faueur des curieux du passé: je vous parleray en general de l'Estat de ce Royaume; puis viendray à particulariser les portemans des François en chacun endroit d'icelluy. Ce qui vous facilitera tellement la conoissance des guerres & autres signallez accidens auenus par deux ans entiers & consecutis au jour Saint Barthelemy: qu'il vous semblera les auoir veuz couler comme deuant vos yeux. Moienant aussi que gratieux vers l'auteur à ne desmembrer le corps d'vn tel discours à parcelles: vous aiez la constance de poursuiure jusques à la fin & de mesme atdeur que vous en aurez leu le commencemét.

Me semble qu'on ne sçauroit mieux exprimer l'Estat du païs qu'en vous faisant entendre les desseins des vns & des autres: puis les moiens qu'ils tindrent à l'execution d'iceux: ensemble les portemans du reste, qui demeurez paisibles aimoiēt mieux se tenir cois pour treuuer quelque seureté à leurs personnes, & juger des coups d'autrui attendans la fin d'vn tel commancement: que se jetter à vn bal incertain que plus resolus qu'eux, auoient osé commancer. Ie parleray premierement des Confederez comme de ceux qui premiers firent estat de se jetter aux champs pour sauuer leur vie. Aucuns à la fuite en païs estranges: les autres és lieux de France qui leur semblerent de plus asseurée retraitte. Estat de la France depuis le 24. jourd'Aoust 1572.

Comme donques en tous les endroits de la France les Catholiques fissent vne si chaude poursuitte sur les Confederez: ceux qui auoient eu loisir de se retirer du Royaume, en prenoient les moiens selon que s'y presentoient les occasions. Les Bretons, Normans, Picards & autres qui auoisinēt la mer Anglesche: bien qu'auec peu de moiens, voire que n'aians aucuns que le seul espoir de trainer la viote par quelques moiens qui se pourroient presenter entre les Anglois: s'abandonnerent (recerchez & forcez par leurs voisins) à la merci des ondes pour courroucée & esmeuë de grosses tempestes que la trouuerent la plus part d'eux. En fin neantmoins ils prindrent terre en Ile qui auoit autresfois esté à plusieurs, lieu d'asseurée retraite. Les autres plus voisins des Suisses & Allemans: aimerent mieux cercher lieu de refuge parmi eux: que se mettre au hazard de perdre la vie en leurs maisons. De ceux qui resterent en France, les vns aimerent mieux casaner en leurs biens & ores viuoter en grand souci cachez pres de ceux qu'ils estimoient leurs amis: ores s'abandonner à la merci de leurs contraires qui les ont en fin fait prendre tel parti qu'ils ont voulu. Les autres se persuadans treuuer vne demeure si non paisible, du moins plus asseurée entre ceux qu'ils auoient treuué cōformes de mœurs, de vie, de conscience & Religion à la leur: se retirerent és places autresfois Protestantes. Lesquelles prindrent aussi tost la resolution de se maintenir libres des entreprinses Catholiques: tant pour auoir esté maintenuës depuis les troubles en telles franchises: que pour l'estrange raport des desseins ennemis que faisoient ceux qui de tous endroits y refugioiēt pour le garand & seureté de leur vie. Ie lairray les refugiez s'accomoder s'ils peuuent en païs estrange, & m'en tairay jusques à ce qu'y auoir esté pour bien recercher l'estat auquel ils ont vescu: & les auoir tiré de là (esperans reuoir encores vn jour les grasses cōpagnées de la fleur de Lys:) vous faire entendre leurs portemens ensemble & les desseins qu'ils ont bastiz, conduits & mis à fin pour se vanger des injures passées. M'arrestant pour le coup à vous representer au vray les diuers remumans des Protestans restez en France depuis l'eschec receu à la journée S. Berthelemy. Car auoir veu comme se pourmenerent les plus voēsins d'Angleterre, Suisse & Allemagne; Reste à considerer la desmarche de ceux qui cultiuent le milieu de la France & autres quartiers qui respondent au Sus & auoisinent la grand mer Oceane. Les desseins & portemēs des Franēois Confederez apres la journée de Paris.

Les Pœteuins, quelques Xainctongeois & Angoumoisins auec nōbre des plus eslognez donnerent à la Rochelle. Des François & leurs voēsins, ceux qui n'eurent moien de courir si auant: demeurerent à Sancerre. Le reste se retira en Quercy veu la commodité de Montauban, & Languedo pour la consideration de Nismes & autres places esquelles les Confederez auoient tousjours demeuré les plus puissans. Ainsi Terrides autresfois dit Serignac eschapé des matines Parisiennes: arriua sur la fin de Septembre à Montauban qu'il treuua comme ja deliberé de fermer les portes aux Catholiques. Mesme qu'au premier bruit des nouuelles de Paris: les Montalbanois auoient conseillé ceux des villes prochaines qui leur estoient venus demander leur auis comm' ils se porteroient en tel affaire: de fermer & bien garder les portes. Comm' entr'autres à ceux de Millaud principalle de Rouergue, & Puylaurens capitale de Lauraguez. Mais auoir consideré ce que Terrides raporta auoir veu & senti: se resolurent à vne deffence perpetuelle. Tellement que les remōtrances des Viscomte de Monclar, & Baron de Paulin ausquels le Marquis de Villars auoit sauué la vie à Paris pour s'en seruir aux affaires du Roy: & qu'il auoit enuoié vers eux pour les persuader à se porter obeissans à sa Majesté: ne les peurent aucunement esbranler. Aussi que le nombre de Soldats & autres qui de Tolose & ailleurs s'y retiroient de jour en jour: les occasionnoit assez pour s'animer à la deffence. De là Terrides se pourmenant és places voēsines & visitant ceux de sa conoissance: fit en sorte que tant par ses remontrances que par l'exemple de Montauban: plusieurs autres villes, Seigneurs & Capitaines des païs voisins, se resolurent à mesme parti de se bien garder, munir & aprouisi- Mōtauban.

onner

onner de tout ce qui eſt neceſſaire au fait de la guerre. En meſme temps Reyniers Gentilhomme voiſin de Montauban rechapé comme pluſieurs ſe retira auec ſa famille dans Villemur ville, Chaſteau & Vicomté à trois lieuës de Montauban ſur vne meſme Riuiere. Elle eſt au Roy de Nauarre. Mais pource qu'il diſoit y auoir quelque hypoteque, il s'y retira auec vn grand nombre de Soldats qui le furent trouuer en ce lieu. Somme que pluſieurs autres villes & fortes places à l'exemple des principalles ſe pourueurêt au ſemblable de tout ce qu'elles jugerent requis à leur deffence. Comme Quoſſades, Viole, Negrepeliſe, S. Anthonin, les Chateaux de Malauſe, Flognac, l'Abbaye de Belle perche pour la commodité du paſſage de Garonne. Au païs de l'Auraguez, Puylaurens, S. Paul d'Amiate, Viterbe &c. En Albigeois Realmond, Loubers, Roquecourbe. De Languedo, Niſmes. De Rouergne, Millaud. Du Viuarez, Aubenas, Vſez, Auduzes, Gabian: comm' auſſi firent les villes de Geuaudan & les Seuenes. Celles de Foix firent de meſme comme Mazere & le Madazil, leſquelles auoir appellé le Viconte de Caumont pour leur aſſiſter, tout frais venu de Paris y ajouſta quelques villetes & chaſteaux voeſins. Le Vicomte de Gourdon prit auſſi Cadenat & Cadeillat au haut Quercy. Les Montalbanois ſortis pour ſurprandre Buzet à trois lieuës de Toloſe ſur le Tarn: s'en ſaiſirent, & y mirent Yolet pour commander au paſſage qui eſt de coſequence à tout le païs. Le Vicomte Paulin ne voulant eſtre des derniers ſe mit en campagne & prit de force Lombers, ſurprit Albam: fit fermer Tillet comm' auſſi pluſieurs autres villes d'Albigeois ſe mirent en ſemblable deffence. A l'exemple deſquelles depuis beaucoup d'autres en diuers païs ont eſté faites Proteſtantes: comme je vous feray conoitre ſuiuant (auec le cours du temps peur de rien confondre) le fil de l'hiſtoire encommancé.

Donques les deſſeins Proteſtans eſtoient de s'aſſeurer de leur vie par fort diuers moiens: aucuns par les armes, pluſieurs à bien fuir; les autres par vne profeſſion nouuelle & Catholique, & bon nombre par vne ſecrette demeure és lieux où ils ſembloient eſtre plus cachez. Ceux qui n'ayans deſemparé le lieu de leur demeure ordinaire, ſous l'eſpoir de quelque fauorable traitement qu'ils attendoient par le moien de leurs amis & de l'execution des lettres que le Roy auoit enuoié par toutes ſes Prouinces: furent diuerſement traitez, ſelon le diuers naturel des Gouuerneurs & Officiers Royaux auſquels le Roy auoit eſcrit & enjoint de les maintenir en paix & toute ſeureté. Sans doute comme les hommes pechent autant ou plus par exemple que de leur naturel: pluſieurs meuz de zele de religion, eſtimoient faire ſacrifice à Dieu, de haſter la mort à ceux qu'ils penſoiāt l'auoir merité. D'autres pouſſez d'vne enuie côtre leurs prochains: Ceux ci d'vn appetit de vengeance ſur ceux qu'ils eſtimoient leur tenir tort. Ceux la brulans d'vn deſir d'auarice pour auoir les biens de leurs voiſins. Et tels agitez par el vent d'ambition pour ſe preualoir des Charges & Eſtats Proteſtans: non moins que grand nombre eſperans viure à l'auenir en vn aſſeuré repos ſi ceux du parti contraire eſtoient decedez. Tous eſtimoient en general eſtre ſuffiſamment diſpenſez (par exemple des grans qui leur auoient autoriſé les matines de Paris) de la faute qu'ils pourroient comettre ſi auec la vie ils faiſoient perdre les biens & le ſouuenir meſme de la France à ceux qu'ils diſoient auteurs & nourriciers de tant de guerres ciuiles dont ils auoient eſté tormentez par le paſſé. Ainſi la pluſpart des Proteſtans craignoient la mort, & tous en general la perte de leurs biens qu'ils voioient deſirez de tous endroits. Somme que pluſieurs conſideré les portemens des Gouuerneurs, la pluſpart deſquels ne ſe trauailloient pas fort de bien entretenir les Edits du Roy pour obuier à tant d'inſolences & miſeres incroiables qui ſe faiſoient à leurs yeux: remarquoient le peu; voire nul eſtat qu'ils font du menu peuple: le trauail duquel neantmoins eſt apres Dieu le ſeul moyen d'entretenir leur vie & continuer leurs portemens ſi fiers. Et neantmoins je ſçay que ce n'eſt d'aujourdhui que cet humeur a pris pied au coeur des François. Qui touteffois ne doit excuſer & couurir ſa faute du manteau de ſa vieille couſtume: veu que ſans la Loy de Dieu, la raiſon de nature (& comme aucuns diſent,) le deuoir d'humanité nous pouſſe à faire beaucoup plus de conte de nos ſemblables bien qu'inferieurs, que nous ne faiſons en ce temps. Iules Ceſar le plus grand Capitaine qu'eurent jamais les Romains, teſmoigne par ſes hiſtoires que les Gaulois de ſon temps y a plus de ſeze cens ans (aux vices deſquels nos peres ont herité plus qu'à leur bien & honneur qu'ils acquirent par autre moien) ne faiſoient aucun Eſtat du peuple quils manioient comme Maitres leurs eſclaues & ſeruiteurs. Mais puis que la Religion Chreſtienne nous rend tous eſgaux en l'autre vie; & meſme en cete-ci quant à l'ame (principale

LIVRE TRENTEVNIEME. 88.

pale & la plus noble partie de l'homme il n'est pas raisonnable que la difference des biens & honneurs mondains qui sont toutes choses vaines: nous face aucunement mespriser ceux que la seule & vaine opinion des hommes plus que la verité: rend moindres que nous. Voila pourquoy peu de Gouuerneurs & autres Officiers voians le peuple si acharné sur ces miserables: luy faisoient entendre la volonté du Roy. Et moins encor punissoient ils la licence desbordée que l'impunité du premier mal fait, luy donnoit à la poursuitte du surplus: tant pour n'estre soupçonné fauoriser ce parti: que pour y voir en quelques endroits vne impossibilité d'y obuier. Ioint la conniuence de laquelle la plus part paroient à tous desordres, qu'ils ne voient que trop volontiers. Auec l'excuse qu'ils prenoient sur l'exemple de ce qui estoit auenu dans Paris. Ce que tous interpretoient vn certain commandement & signal haut esleué de la Capitalle de France pour en faire autant sur tous les membres du Royaume, qu'on auoit fait sur la teste d'icelluy. Tant importe de mettre les Armes és mains d'vn peuple indiscret, de donner moien de venger les querelles particulieres à celuy qui ne peut y tenir moien ny vser de raison aucune. De despouiller en somme le Magistrat ordinaire de sa puissance, pour la transporter à ceux qui n'ont de jugement pour en vser; non plus que les armes mesmes lesquelles comme outils insensez se manièt de force plus que de discretion. Laquelle ne sçauroit estre en chose qui de soy n'a de sens ny mouuement aucun. Les plus heureux en somme furent les plus poures & ceux qui plus trouuerent de bons amis. Lesquels demy persuadez par les Maistres des Prouinces que le Roy les vouloit entretenir en Paix: Firent en fin estat d'y attendre l'euenemèt que Dieu voudroit enuoier aux entreprises du Roy & de son Conseil.

Inconuenient que les petis prénent sur les grans.

Inconuenient de mettre les armes en la main du peuple.

La calamité des hômes & persecutiō qui leur auiēt, soit pour le regard de l'Ame soit pour la cōsideratiō du corps ou autre chose qui nous suruiēt pour nous causer ennuy perte & desplaisir: produit 2. forts diuers effets. Et croy qu'elle se cōforme au naturel du cœur qu'elle trouue disposé à l'vn & l'autre. C'est assauoir à cōstance & à legereté. Ceux qui pourueuz d'vn cœur genereus s'asseurēt de l'injustice du mal qu'ō leur fait souffrir par la discretiō d'vn jugemēt qu'ils ont à discerner le biē d'auec le mal qui est en ce mōde: demeurēt resolus. Et plus on leur en fait souffrir, plus mettēt ils peine d'y resister & cōtredire à ce qu'ils voiēt estre mauuais & pernicieux du cōtraire. Les autres serōt abatus du premier coup: & plus on les chargera plus s'humilierōt ils à la pesateur de la charge. Ce qui ne peut proceder q̄ de l'vne des 2. occasiōs ou de deux ensēble. Sauoir est de la faute du cerueau qui ne pouuāt comprandre que à tort on le gehenné: que injustemēt on le presse & trauaille l'on sans fin: vient peu à peu à s'imaginer qu'il y a de sa faute: & en fin persuadé qu'il souffre meritoirement & à grande raison: se conforme au desir de ses poursuiuans. Si l'on n'en veut attribuer le motif à faute de courage: lequel amenāt vne crainte de souffrir chose estrange & non acoustumée, contraire au plaisir, repos & auancemāt qu'on receuoit parauāt: en peu de tēps on voit le patiēt cōduit à cōfesser toutes choses, pluftost que souffrir tant soit peu de mal. Cela peut auenir à plusieurs pour les deux occasiōs ensemble comme je vous feray voir ailleurs mieux à propos. Somme que l'estonement fut si general par toute la France, que la crainte s'en espandit au de là les lisieres du Royaume: nommement à Strasbourg pour le doute qu'eurent les habitās des François qui à petites bandes se retiroient en Allemagne pour la seureté de leur vie. Car les Strabourgeois se tenans serrez & sur les Armes à la garde de leur place: ne s'en asseurerent jusques à ce qu'ils seurent comme le tout c'estoit porté entre les François. Mais les Suisses sembloiēt auoir plus d'occasion de craindre quelque nouueau remument parmy eux: veu la discrepence d'humeurs ja de long tēps alterées pour la differance de la Religion entre les Cantons de leur ancienne communauté. Si bien que entrez en soupçon & deffiance des vns des autres: ils firent soudain leuées de gēs de guerre pour la deffēce de chacun païs ja esmeus à raison des nouuelles qui estoient venues de France & du bruit qui couroit par les Cantons, que si le Roy pouuoit emporter vne pleine & asseurée victoire sur les Protestans de son Royaume: ne faudroit (veu le peu disoient ils ou point d'amitié que les Princes portent à tels forme de Gouuerneurs) à partialiser ceste communauté, pour faire ruiner les Suisses par ensemble. Et auec le païs, leur faire perdre l'anciē honneur qu'ils s'estoient acquis, non seulement de s'estre vnanimēt entretenuz en bonne amitié jusques aujourd'huy: mais d'estre appellez & cheremēt apointez par tous les Princes de ce temps pour la deffence & protection tant de leurs Estats que de leurs propres personnes. Aucuns disoient qu'il attaqueroit les Bernois le plus grand & mieux peuplé Canton de Suisses.

Diuers effects de la calamité & persecution

Strasbourg redouble la garde de la ville & ne laisse entrer personne que bien estimé.

Les Suisses font leuée de gens de guerre pour s'asseurer cōtre les Catholiques.

Puis

Oct. Nouë.
1572.

Puis Zurich, & en apres tout le reste qui fait profession d'autre Conscience que de la Romaine : fondans l'occasion de ces querelles & nouueaux remumans sur la non vray semblance que ceux ci endureroient à l'auenir (veu l'estrangeté du fait auenu en France) que les autres Cantons Catholiques enuoiassent leurs gens au Roy pour faire la guerre au reste de leurs freres. Tant pour le respect d'vne mesme religion (les Professeurs de laquelle doiuent s'entr'aimer & s'entre-secourir l'vn l'autre) que pour la crainte, que le Roy ayant acheué ses ennemis en son Royaume : ne fist ruer les Cantons Catholiques de long temps afriandez à la paye des François, sur le reste des Suisses leurs patriotes. Ie vous diray ailleurs ce qui en auint. Car je ne veux de si loin m'eslongner du souuenir des miseres Françoises, encor plus miserables que je ne les sçaurois exprimer. Voila donc l'Estat des vaincus. Voici en general le comportement des victorieux.

Desseins du Roy & les moiensqu'il tinta mener à fin.

Moiens que tint le Roy à rauoir les places qui se lignoiét.

Presque tous se persuadoient veu les Chefs Protestans abatus, & le reste des Confederez en si petit nombre, qu'on se moquoit de ceux qui en faisoient Estat : que leurs Majestez ne cerchoient plus qu'asseurer la France d'vn bon & eternel repos. Car outre la raison apparente à tel desir : les lettres ci dessus enuoiées aux Gouuerneurs faisoient foy que tel estoit leur intention. Pource touteffois qu'à nouuelles occurrances nouueaux conseils : le Roy sachant la resolution des Confederez refugiez tant en estranges païs que aucunes places de son Royaume pour fermer les portes à ses commandemens : change de desseins, & fit Estat d'employer tous ses moyens à les ramener à leur deuoir. Il y proceda diuersement. Premier que praticquer la voye de fait, il voulut sonder si les remontrances, promesses entremeslées de menaces & la creance qu'aucuns de leurs Chefs restez & gardez à cet effet : auoient autresfois eu parmi eux : ne pourroit lui moienner ce qu'il ne vouloit gagner par force, qu'apres tous les autres moiens perdus & hors d'espoir. Il auoit commandé à tous Gouuerneurs & autres Officiers de ses Prouinces, se retirer chacun en son Gouuernement : affin d'épescher toutes leuées des Protestans. Et si comporter au reste selon les memoires & instructions dont je vous ay parlé. Ils se porterent comme vous auez veu : jusques à ce que voiant la resolution des Confederez (qui eschapans de jour à autre se retiroient és places resoluës) croitre & se munir de toutes choses necessaires à leur deffence : Le Roy cōmanda à chacun Gouuerneur de leur faire entendre quel estoit leur deuoir : le bien qu'ils pouuoient receuoir de se ranger à sa volonté. Au contraire le dōmage qui leur en pourroit venir, & l'impossibilité de tenir auec si peu d'hōmes contre tant de forces. Faisans la plus part de tels Ambassades par quelques Protestans reseruez des matines de Paris à tels & autres effets. Dautāt neantmoins qu'il ne vouloit faillir à son dessein d'abolir la Religion Protestante en son Royaume : & le nettoier de toutes seditions : il dressa les preparatifs d'vne guerre future, en cas que la douceur de ce premier moien ne lui peust moyenner ce qu'il eust bien voulu auoir sans les fraiz, peine & hazard de la rigueur des armes. Et pour ce commanda la reueuë & montre en armes à toute sa Gendarmerie : Enjoignant tant aux Chefs qu'aux hommes d'armes & Archers des Compagnies de se tenir en leur Garnison, jusques à ce qu'il pluît à sa Majesté d'en ordonner autremēt. Voila l'estat de la France depuis le jour S. Berthelemy jusques aux preparatifs de la guerre dont je vous veux parler. Estat di-je representé par les desseins des vns & des autres. Ensemble les moiens qu'ils tindrent à l'execution d'iceux : en quoy la miserable condition des Protestans vous est assez descouuerte. Pour exprimer laquelle encor plus neantmoins, je n'oublieray vne chose qui pourra grandement seruir à l'auenir. Et à l'occasion de laquelle ce parti bien que mal mené d'ailleurs : a esté conduit presque jusques à l'extreme fin de ses miseres. Et oseray dire, qu'elle ne lui a moins prejudicié, que la rigueur de ses ennemis. Mais dautant plus ennuïé que l'inconuenient ne venoit que d'eux mesmes, sans que leurs auersaires y aportassent rien du leur. C'est l'opinion que le tiers d'eux auoit, que la guerre entreprinse contre le Roy n'estoit legitime ni possible. Cōme les raisons ci dessous discouruës & auec le piteux cours, le plus malheureux euenement tant des guerres Ciuiles nées l'vne de l'autre (nommément le desastre de la S. Berthelemy) le faisoient euidamment conoître.

La prinse des armes contre le Roy pour la Religion n'est legitime ni possible.

Pour montrer la guerre illegitime ils mettoient en auant, le respect de la qualité du Roy. Contre laquelle sacrée & inuiolable, n'estoit permis de s'esleuer. Puis la consideration de la cause pour laquelle on prend les armes. En quoy ils debatoient tant par raisons, que par autorité des plus excellans en tous aages. Et par exemples des plus fameux accidens qui auin-

auindrent onques. Pour le premier ils difoient, que veu le reciproque deuoir d'entre le Prince & fes fujets: Comme il eft ordonné de Dieu pour commander: auffi le fujet eft né pour obeyr fans qu'il aie le pouuoir de prefcrire n'y reigler cefte obeiffance, autrement ce ne feroit eftre fujet ains vrai Contrerolleur des mandemens du Roy. Ce que Dieu luy mefme à voulu signifier au peuple qu'il a mieux aimé de tout le monde. Lors qu'il luy demãda vn Roy luy refpondant qu'il en auroit vn: Mais qu'il feroit fimplemẽt & abfolument ce qu'il luy plairoit. Aquoy le peuple acquieffant le print paifiblement fous ces conditions. C'eft pourquoy l'Apoftre admonefte vn chacun Chreftien de prier Dieu pour le Magiftrat: Encor, dit-il, qu'il foit mefchãt & fcandaleux. Senfuit dõcques f'il fort de fon deuoir ordinaire, qu'on doit foufrir pluftoft que refifter à fa volonté, laquelle peut eftre feulemẽt changée par l'ordõnance du Dieu qui l'y a mis & non du peuple qui l'a receu comme ordonnance neceffaire à la confernatiõ de la focieté humaine: qui autremẽt f'en alloit de confufion en vne prompte & affeurée ruine. C'eft pourquoy les Apoftres & Anciens Peres qui les ont fuiuis, voire mefme Iefus Chrift: En general tous les Chreftiens de la primitiue Eglife, ne voulurent onques contefter contre les Empereurs Romains aufquels ils fe voioient fujets par ordõnãce diuine. Nonobftãt les horribles & cruelles perfecutions qu'eux & leurs fatellites faifoient de jour à autres fur leurs poures & miferables corps. Ains tant f'en faut qu'ils f'aidaffent des moies d'offencer les perfecuteurs: qu'ils refufoiẽt la deffenciue; parans par toutes armes vne cõftante, vertu & patience continué, pour vray & affeuré ornemẽt de leur Chreftiẽne. Dequoy les hiftoires Ecclefiaftiques font fi replies qu'il n'eft befoin d'empefcher le papier. Vrai eft que par cy deuant on refpondoit à cela que Chrift, les Apoftres & autres Chreftiens fidelles qui ont fouffert martire fous la cruauté des Romains: fe font deftournez de toute deffence, pource qu'ils fe reconoiffoient perfonnes pures priuées & cõme fimples Miniftres enuoiez de Dieu, non pour fonner la Trompete & batre aux champs, pour faire leuée d'hõmes & cõbatre pour vn Royaume. Ains prefcher la parolle & par le clair retautimãt d'vne voix celefte, appeller les plus eflongnez du vrai trouppeau, pour fe venir & fe ranger au fein de la bergerie Chreftiẽne. Mais que les Cõfederez auoiẽt le Magiftrat fous l'autorité & cõduite duquel ils marchoient en troupes pour maintenir ce qu'ils n'euffent voulu, difoient-ils, entreprendre fans fon aueu Aujourd'hui donc, que tous les Chefs (deux ou trois defquels leur pouuoient reprefenter le Magiftrat) font deceddez: à l'aueu de qui peuuent ils continuer leurs anciens deffeins? Car eftant aujourd'hui tous priuez & particuliers, n'y aiant vn feul d'eux defcendu d'aucune branche de la fleur de Lys: fous qui peuuent ils f'affembler pour rendre leur entreprinfe & port d'armes legitimes & approuuez de gens de bien? De dire que le Roy & ceux qui luy affiftoiẽt, ont mal fait de tuer ainfi les Chefs. Et qu'outre ce ils ont excedé mefure fur le refte. Pofons le cas qu'ainfi foit. Si eft-ce que la faute d'vn n'excufe les pechez de l'autre: Auffi le fait particulier de quelque Catholique fur les Chefs Confederez, ne legitime le mauuais deffein du refte d'iceux. Et moins encor fait, qu'il foit permis au fujet de faire raifon foy mefme du tort qu'on a fait à fon compagnon. Non plus qu'il à droit d'ordonner de la punition de quelque mal fait auenu au Royaume. Voyons d'auantage, combien dangereufe eft la confequence de tels atentas vne fois permis en vn Eftat. Sans doute il n'y a forte de malcontens pour quelque occafion bonne, mauuaife où ridiculle quelle foit: qui n'entreprégne f'efleuer. Et partialifant vne partie des fujets: faire du pis qu'il pourra contre fes ennemis. Ce qui ne fçauroit auenir que par la ruine ou grand defaftre de tout l'Eftat. Ainfi que les factions de Bourgongne & d'Orleans en France des Rozes blanches & rouges en Angleerre, des Blancs & noirs à Florẽce. Les Guelphes & Gibelins en Italie & Allemagne; ailleurs ainfi des autres nous font affez connoiftre. Mais fi la Loy deffendant toute prinfe d'armes, puniffoit auffi toft le fait que le deffein mis en euidence: Il n'y a doute que tout ne fe portaft felon raifon & equité. Pource que la plus part des hommes jugent de chacune chofe par l'aparence ou euenement d'icelle: comme aucuns font felon le naturel & merite qu'ils y connoiffent.

Povr l'impoffibilité, difoyent-ils, nous n'auons aucuns Chefs dignes de commander en tiltre de General d'armée: auquel la vertu n'eft feulement requife: ains auffi l'autorité pour fe faire obeyr, la creance vers les Soldats; les biens, la vaillance, la generofité, refolution, conftance, liberalité, & autres moiens neceffaires à gangner & f'acquerir des hõmes. Toutes lefquelles

N n

L'HISTOIRE DE FRANCE.

qualitez neceſſaires à vn General manquent en tous les Chefs qui reſtent, encor que la vertu leur ſoit familiere. Où ſont dauantage les moiens pour tirer ſecours eſtranger? Où ſont les villes qui peuuent fournir de viures, d'armes, d'artillerie, de poudre à vn beſoin? De retraite aſſeurée pour nous repatrier en cas de baſtonnade? Où ſont les deniers ſi neceſſaires à la conduite de la guerre? Où ſe pourront trouuer les hommes apres ſi grand carnage? Vn ſeul Prince voire à peine vn ſeul Gentilhomme oſe leuer la teſte pour ſe joindre & declarer Chef de deux ou trois deſeſperez qui veulent branler. Voions au conrraire l'ennemi pourueu de tout cela, & plus encor. Le Roy n'eſt plus comme on diſoit par le paſſé, en bas aage, & gouuerné par autrui Ains auec l'aage il a creu de cœur, de force, d'eſprit & de moiens pour nous perdre tous. Son Conſeil ne fut jamais ſi grãd, ne ſi animé contre nous. Non vn ſeul mais tout le Royaume: meſmes les deux tiers des noſtres preſts à luy faire plus de ſeruice qu'il ne voudroit deſirer, voire contre nous meſmes ſi nous prenons les armes. Outre plus il proteſte haut & clair qu'il nous veut tous maintenir en paix: Qu'il a auctoriſé la journée de Paris pour ſe vanger des particulieres injures qu'il ſe ſentoit auoir receu de l'Amiral & autres ſes adherans: affin de donner vn repos d'autant plus aſſeuré au reſte de ſes ſujets. Somme que tout bien conſideré, diſoient-ils, le piteux projeƈt & encor la plus malheureuſe fin de nos guerres paſſées: nous font aſſez euidemment connoiſtre combien deſplaiſent à ce grand Dieu toutes telles entrepriſes: veu qu'il n'a jamais benit l'effect de nos armes. D'autant que nous auons touſjours eſté de mal en pis. Nous auons fait mourir vn million de Confederez. Nous auons touſjours acreu la perte de nos biens, de nos Eſtats, auec le piteux rauage de toute la France en general. Et ſommes encor moins aſſeurez de noſtre vie, de nos biens, de noſtre conſcience & Religion qu'au parauant les premiers troubles.

<small>Cauſes du mauuais progrez ez affaires des Proteſtans.</small>

Aucuns au reſte de ceux là atribuoient la cauſe de ſi malheureux euenement à la prouidence de Dieu; qui n'auoit oncques voulu benir leur port d'armes. Et les autres (qui cõme plus guerriers & acouſtumez au maniment des armes: en jugeoient naturellement & par l'apparance des accidens) à la mauuaiſe cõduite de l'Amiral & autres Chefs qu'ils auoiẽt ſuiui: Les aƈtions deſquels ils auoient ſi haut loüé de leur viuãt qu'ils les mettoient hors de Parãgon de tous les Capitaines du monde. Maintenant ils faiſoient leçon (côme ſeuls reſtez pour la conduite des armes) des fautes de l'Amiral: inferãs par là que ſi leur affaires ſe ſont touſjours mal portées du viuant de ces grans Capitaines: qu'il n'y auoit apparance aucune de les amẽder apres leurs decez. A quoy ils ajouſtoiẽt le deſordre & meſpris de toute diſcipline militaire qui croiſt de jour à autre entre les François. Si bien que les Chefs deſpourueus de ſuffiſance: & les ſoldats du deuoir d'obeiſſance & viuãs pires qu'Athées & Canibales en ce Royaume: Dieu, diſoient-ils, rẽdoit par tant de preuues, autãt de teſmoignages qu'il nous falloit deſeſperer d'eſtre jamais heureux au port des armes priſes pour le faiƈt de la Religion.

<small>Prouidence de Dieu.</small>

<small>Fautes de l'Amiral & d'autres Chefs en la conduite de leur guerre.</small>

<small>Choſes requiſes a toutes entrepriſes.</small>

Au ſurplus quand la raiſon, quand l'autorité, quand l'exẽple de tous les plus grans qui furẽt onques. Quand toutes les Loix diuines & humaines: Quand tout cõbattoit contre le Roy, pour rẽdre le port des armes côtre luy legitime & poſſible. Si eſt-ce que ceſte ſeule Cõfederation, diſoiẽt-ils, deuoit detourner les ſujets d'entreprẽdre contre ſon Prince: ſçauoir eſt, la perte incroiable voire indicible tant de perſonnes que de biẽs, Places, Prouinces & de toutes autres choſes qui ſont au Royaume: qui n'en peut raporter qu'vne finale & hõteuſe deſtruƈtiõ pour l'vn & l'autre parti. Les mieux pourueus de jugemẽs & qui auec le naturel, joignent l'acquiſitif que la remarque des accidẽs paſſez leur apporte: cõfeſſeront touſjours que ceux qui entreprenent choſes hautes, meſmemẽt de telle importãce: premier que mettre leur projet en lumiere & rien executer: ne doiuẽt ſeulemẽt bien conſiderer ſi leur entrepriſe eſt juſte puis ſi elle eſt poſſible: mais auſſi trouuer les moiẽs pour luy faire reüſſir bõne fin. Hé Dieu quel biẽ, diſoiẽt-ils, quel auãtage ont receu les ſujets Frãçois de tãt de leuées, de tant d'iterez remumãs d'armes, plus poure & plus miſerable voire plus deplorable que ne ſçauroient croire ceux qui n'ont ny cerueau pour en juger auec raiſon, ny l'experiance des choſes pour en preſumer ce qui en eſt: plus deteſtable que ne voudriẽt croire ceux qui maitriſez de leurs ſottes paſſions (d'enuie, d'auarice, d'ambition, de vengence & tels autres peſtes d'vne ame pourueuë de bonne nature) ne veulent viure qu'à la continue de telles guerres pour s'enrichir, ou autremant contenter leurs damnées affeƈtions. Mais ceux qui ont le cerueau raſſis & la connoiſſance de telles praticques humaines: ſoit pour en auoir ouï parler, ou en auoir leu de ſemblables ez Hiſtoires
du paſſé:

du passé: Et encor plus ceux qui ont senti les souetades: ceux qui ont souffert la perte de leurs biens, le banissement du pays de leur naissance; les stropiats les Alangonois pour la longueur des maladies qu'ils en ont acquis. Ceux qui ont perdu leurs parens ou amis en somme ceux qui ont reçeu quelque pinsade au malheureux cours de ces guerres Ciuiles: seront les premiers à dire haut & clerc que la fin de telles Tragedies, n'en peut estre que sanglante & detestable. Puis donc que la fin de nos desseins nepeut estre que miserable. Pourquoy les enfantons nous? De qu'elle aueuglée rage leur faisons nous voir la precieuse lumiere du jour qui ne deuroit estre employé qu'en repos, qu'en profit au contentement d'vnchacun?

Quelques vns respondoyent que cela ne doit retarder les sujets à cercher les moiens par les armes (puis que toute autre voie leur manque) de s'afrachir des calamitez & seruitudes incroiables esquelles ils ont esté nourris jusques ici, soit en Corps ou ez biés de ce mōde: soit en esprit & deuoir de conscience. Car cōme il n'y a entreprinse ny chose du mōde qui n'aie auec soy ses cōmoditez & incōmoditez: Et que pourtant il ne faut laisser de s'i employer sur la crainte que les incōmoditez surpasserōt leur contraire: Aussi, bien qu'ils prenoiēt tous ces maux & miserables desastres estre les vrais & necessaires Apanages des guerres Ciuiles: qu'ils ne doiuēt pourtant desister leur entreprinse. Esperant que le bien qui en viendra par l'affranchissemēt de tant de seruitudes surpassera de beaucoup toutes les pertes qu'ils pourroient souffrir de la durée de ces guerres. D'autāt qu'ils n'y peuuēt obuier. Ils sçauēt bien que S. Paul dit qu'il ne faut faire mal, affin que bien en auienne. Mais ils sont aussi certains & resolus que l'Apostre comme priuée personne qu'il estoit & simple Ministre enuoyé pour prescher le faict de cōscience & non reigler les actions politiques & entreprinses qui concernent l'entretien & acroissemēt ou reformation d'vn Estat: n'a parlé que des actions particulieres de Chrestien à Chrestien & non des publicques cōme celle-cy, qui se font par l'auctorité de toute vne cōmunauté: Pour le bië non d'vn ou de 2. ains de tout le pays & de l'Estat en general. Outre plus, disoiēt-ils, toutes les calamitez (à la cōsideration desquelles on nous veut faire deporter de nos entreprises) ne nous sont point particulieres. Mais cōmunes auec les Catholiques. Lesquels en sentent autāt que nous, voyre plus eu esgard au party. Nous n'auons faict perte de tant ne si grands Chefs. Car nous ne les auions pas. Et ont plus perdu à vne seule journée de Dreux que nous en tout le cours des guerres. Car le jour de Saint Berthelemy n'est faction de guerre: Ains finesse & tromperie de laquelle les habilles se sont laissez coiffer (comm'à vne guerre de Renards:) encores moins de Soldats pource que nous n'en auons tant. Ioinct qu'ils ont plus assiegé de Places que nous. Deuant lesquelles se perd & se mutile trois fois autant d'hommes que dedans. Ils ont aussi perdu plus de biens. Car ils en ont plus. Ils tiennent les grans Estats & les plus beaux reuenuz du Royaume. Quand on n'y conteroit que les Eclesiastiques, Financiers, Marchans & Iusticiers. Voire que leurs richesses sont vne des occasions qui rendent nos Soldats si prompts au son du tambour & si constans à souffrir la longueur des guerres: pour l'asseurance qu'ils ont du butin à s'entretenir tousjours d'vne telle picorée qui ne leur peut manquer. Au contraire sur qui prendroit le Catholique s'il ne desroboit les siens mesmes? Sur des poures Marchans qui premier que de debusquer vendent tout pour mettre en armes & cheuaux: asseurez de se recompenser aux despēs du Catholique. Nous n'auons au reste aucun fons de deniers que nous, puissions perdre que celuy que nous pouuons faire à la sueur de nostre Corps au despens des Catholiques: aussi tost que les armes sont prinses. De Places nous en auons si peu mais si bien pourueuës de bons hommes: que le gain leur est perte asseurée. Si bien que leurs grandes pertes surmontant les petites receptes qui leur vienent: leur font assez connoistre que le jeu ne vaut pas la chandelle qu'ils y bruslent. Mais tout cela n'est rien dict n'y à propos respondoyent les refroidis (ainsi les appelloyent ils) Car si les guerres Ciuiles sont miserables (comme rien n'est plus à fuyr que les seditions) voulez vous les entretenir & vous y rejeter pour ceste seule raison que les calamitez en sont inseparables? Cete raison ne partit jamais de teste bien faite. Car au contraire l'inseparabilité s'il faut ainsi parler, vous en doit plustost separer ou vous faire voir les plus sots & les plus estourdis qui furent oncques, de se precipiter de gayeté de cœur à vn mal que vous auez desja preueu ne pouuoir euiter, si vous faites cela. Encor moins estes vous excusables pour la cōmunauté de telles miseres. Car comme le bien qui auiendroit aux Catholicques leur seroit propre & ne vous seroit en rien auantageux: Aussi le mal

Il ne faut faire mal affin que bien en auienne.

Les Catholiques endurent plus de pertes que les Cōfederez.

Moiens de s'entretenir entre les Protestans.

Nn ij.

L'HISTOIRE DE FRANCE.

qu'ils en souffrent leur doit demeurer: & ne deuez estre si despourueuz de sens que à l'exemple des chiquaneurs (lesquels opiniatres en proces ne craignent despendre tout leur bien sur vn differand mal fondé ou mal conduit: affin de ruyner leur parties aduerses) vous vueillez entrer en misere pour y faire enfoncer vos ennemis. Ou du moins patiëter vos pouretez, & disgraces par la consideration de la misere d'autruy. Il n'y a que les ames perdues & destinées au feu de perdition qui tiennent ce langage: que la consolation des miserables est auoir ses pareils. Si ce n'est que ceste consolation, soit limitée au discours de la raison, laquelle se proposans les miserables en leur particulier, diminuent & amoindrissent autant le souuenir de leur disgraces par ce deuis ordinaire & familier fondé sur la raison des vrais exemples de ceux qui ont couru mesme fortune. Mais il n'y a rien de semblable à ce faict. Au par sus ceste raison ne les deliure de fautes pour vne autre consideration. C'est que la perte est tousjours plus grande à eux qu'aux Catholiques. Vne place prinse leur importe elle pas dix fois plus que dix au Roy plus fort qu'eux? Comme ils confessent vn homme mort ne leur est il pas de plus d'importance que dix au Prince, auquel les Soldats fourmilleront tant qu'il aura estat? La grandeur des pertes ne doit estre mesurée au nombre, mais à l'Estat & qualité de chacun party. Si bien que le mal est tousjours aux Confedez & tourne tousjours en fin le desastre sur eux. Tellement que plus dureront les guerres & plus perdront ils. Si qu'en fin desnuëz de Chefs & de Soldats, d'armes & de retraite faudra qu'ils gemissent sous la joüe du victorieux s'il ne leur faict graces. C'est pourquoy le conseil qu'on leur donnoit du commancement des guerres, est aujourd'huy trouué bon & salutaire: comme lors ridicule & hazardeux. Qu'ils deuoyent haster la guerre & coucher de tout aux premirs troubles. Mais ils ont semblé ceux qui vont le petit trot quand il faut aller au grand galop. Ou les Pirates & escumeurs de mer qui ne sont que demie caché sur le fuiard qu'ils pensent auoir aussi tost atteint jusques à ce que le voyans plus leger de & meileure voile, ils mettent toutes voilles hors, pour recompenser la perte du passé. Mais ils le voyent terrir ou eschoüer contre quelque lieu de deffance & gagner la rade d'vne ancre ou de quelque Haure d'asseurée retraicte: Si bien que la proposition demeure tousjours en son entier: que si la fin n'est bonne, l'entreprinse ne se doit executer encore qu'elle soit juste & possible. Mais pour leur oster, disoyent ils, tous pretextes de dresser leur entreprise: Il ne leur faut que faire connoistre la grandeur des moyens du R O Y, l'animosité de son party à constamment poursuiure la ruyne des Confederez. Et au rebours le peu de leurs moyens, l'inconstante resolution tant des Chefs qui restent, que de Soldats aussi mal animez que ceux cy: Si que le tout meurement consideré il ne leur reste pour toute coulleur qu'vn espoier que D I E V les aydera & fera tout reüscir à la gloire de son saint Nom, à la benediction du prochain & à l'acroissement & seureté de son Eglise. Surquoy, disent ils, com'ils ne veulent poinct espluccer ce que D I E V veut, ce qu'il fera ou qu'il ne fera pas: aussi ne se peuuent persuader que ce soit le deuoir d'vn bon Chrestien de boucher les yeux à toutes raisons aparantes, mespriser la consideration de tous moyens humains, rejecter de soy tout bien & seureté qu'on luy offre pour se precipiter à tous hazards, s'enfondrer de gayeté de cœur à tous perils, & pertes euidentes & mal encontres asseurées: affin d'atendre l'euenement de ce que D I E V ne luy asseure qu'en faisant son deuoir. Sa grandeur, ses merueilles & pour le dire en vn mot sa toute puissance n'est point mise en doute. Nous en sommes tous certains & resolus: mais c'est qu'il est tout bon & tout puissant quand il luy plaist, & ne veut estandre les richesses de sa bonté sur tous ceux qui la desirent & qui mesprisent d'employer la vertu de leur esprit à se bien conduire & praticquer les moyens qu'il leur à donné (non pour estre laissez vains & se rouiller: ains pour les mettre en euidence) attendant la gueule baie que la Mane leur tombe du Ciel. Que la pierre jete encore vne fois source d'eaux, & tels autres merueilles que D I E V à voulu faire autrefois pour conuaincre l'incredulité des hommes de ce temps là & monstrer ensemble la toute puissance de sa Diuinité. Puis doncque croyant tout cela nous n'auons plus affaire de tels moyens extraordinaires: D I E V nous veut faire trauailler. Il veut que nous employons les moyens ordinaires qui sont de faire & suyure ce qui à de l'apparence de possibilité, pour tourner tout à nostre bien & profit de nostre prochain. Or la possibilité doit estre consideree selon les moyens de vous &
de vostre

Consolatiō des miserables n'est d'auoir ses pareils.

Les Protestans perdent plus à la longueur des guerres Ciuiles que les Catholiques.

Causes de la longueur des guerres Ciuiles en France.

De la toute puissance de Dieu.

Dieu n'opere plus par miracle ne moiens extraordinaires.

de voſtre aduerſaire qui ſont tels en ce faict que vous auez entédu: puis dōc qu'il n'y en a au- Pourquoy
cuns il faut iuger que la fin en ſera malheureuſe & dommageable. Parquoy il ne la faut entre- les Prote-
prendre. Pour le dire en bref ils en gagnerent tant ſoit pour le poix de ces raiſons: ſoit pour ſtans ont re-
la conſideration de leur calamité preſente: que la pluſpart ne mettoit plus en auant qu'vne pris les ar-
contrainte & neceſſité qui les forçoit de prendre les armes pour leur deffence. Leſquelles ils mes.
euſſent volontiers enterrez, s'ils euſſent eſté aſſeurez de couler ceſte vie en paix & repos tant
deſiré. Mais voyans le Roy d'vn coſté, les Catholiques de l'autre à ſon exemple ne tourner
la veuë que ſur eux pour les traicter comme les autres: Ils furent, dirent-ils, neceſſitez à la def- Neceſſitez
fence que Dieu, que la Nature, que la Loy des Princes meſmes, de pitoyable faict iuſte à ſe deffen-
& legitime en cas qu'on n'aye autre moyen de garentir ſa vie. D'autant que ce n'eſt mon deſ- dre.
ſein de iuger de ces factions, n'y balancer le merite de deux parties: ains ſeulement de coucher au vray le faict, les raiſons & les moyens qu'vn chacun a tenu pour ſe maintenir: Ie reti-
reray la plume pour ce regard: me ſuffiſant de dire, comme ie ſuis aſſeuré que ſi le Roy euſt
bien fait executer les lettres & memoires qu'il enuoya à ſes Gouuerneurs & ſur tout ſongneuſement punir les contreuenans à ſa volonté, d'entretenir les Confederez paiſibles en toute douceur & repos aſſeuré: les villes Proteſtantes n'euſſent eſté ſi remplies qu'on les vit depuis.
Et ſi la meilleure part des habitans ſe fuſſent retirez quand elle euſt veu le deſir du Roy
executé ainſi qu'il le promettoit, & que chacun de ſes ſujets le deſiroit: Mais l'auarice, le
zele aueuglé, l'ambition & telles autres baſtardes affections qui maiſtriſoyent le cœur de
ceux qui auoient quelque pouuoir en chacune Prouince: ennuyerent tellement le reſte
des Confederez; que force leur fut de ſe ralier auec les autres qui du premier coup de
tambour s'eſtoyent declarez vouloir viure ou mourir comme ils auoient eſté enſeignez par
le paſſé.

CEVX qui tindrent fermes neantmoins: Reſpondoient à tout cela tant de viue voix
que par eſcrit retenu & publié. Ou ils monſtrent quel eſt le deuoir & puiſſance du Magiſtrat. Iuſques où l'on luy doit obeyr. Quand reſiſter & en quelles choſes prendre les ar- Qui a meu
mes contre luy. Occaſion que ie ne m'en chargeray dauantage le cerueau. Ie diray ſeu- la pluſpart
lement que la pluspart des Confederez qui ſe reſolurent à la deffenciue: s'animerent à des Prote-
prendre les armes pour vn deſir de venger la mort de tant de leurs compagnons: plus ſtans à pren-
que par la force de toutes les raiſons qu'on leur alleguoit. Car aujourd'huy le temps dre les ar-
eſt venu tel: où pour mieux dire les hommes ayans commencé vne choſe bonne ou mes pour la
mauuaiſe, ſe plaiſent tant à la continuë de leur premiers traicts: Que remonſtrance ne quatrième
les peut deſtourner de la pourſuitte, aimans mieux ce ſemble (ie parle de ceux qui n'ont fois.
le cerueau pour iuger le merite de l'entrepriſe qu'ils font ou qu'ils fauoriſent auec d'autres, la creance deſquels ils ſuiuent plus que la raiſon) laiſſer le jugement de leurs actions
à la ſuitte du temps (qui en fera iuger la poſterité ſelon l'euenemant plus qu'à leur deſir ny ſelon le merite de l'entrepriſe:) que de marcher en toutes choſes diſcretement
& auec raiſon. Somme que le iugement que faiſoyent bonne part des Confederez ſur
la repriſe des armes: ie dicts Sieurs, Gentils-hommes, Cappitaines, Miniſtres & toute autre ſorte de gens qui deſtournoyent le plus d'hommes qu'ils pouuoient de tels deſſeins: prejudicia ſi fort à l'entrepriſe de plus reſolus: que voyans aucuns d'eux ſe deporter par les remonſtrances de ceux cy: Les autres incertains quel party ils deuoyent
ſuiure: à peine les Proteſtans ſe peurent accorder pour ſe deffendre vnanimement contre
les Catholiques. Voire que n'euſſent eſté les nouuelles qui ſur ceſte incertitude leur venoyent de pluſieurs endroicts de l'animeuſe & cruelle pourſuite qu'on faiſoit ſur leurs
freres eſpars deça & delà. Ioinct les grands preparatifs que le Roy faiſoit tant en France qu'ailleurs pour leuer gens & ſe diſpoſer à vne guerre prochaine: dont les Confederez ne pouuoyent eſperer qu'vne aſſeurée & entiere ruyne de ce peu qui reſtoyt à leur
party. Conſideré meſmement qu'ils n'auoyent aucuns Chefs de nom, & que les plus
grans qui auoyent autrefois conduict leurs troupes ſous le PRINCE de CONDE &
l'Amiral, leur conſeilloyent vne retraicte paiſible. Et en cas de refus les menaçoyent de
les abandonner pour ſeruir le ROY contre eux: Comme il luy auoyent promis &
juré aux Matines Pariſiennes: ils n'euſſent oſé ſe promettre aucune bonne yſſuë en leurs
affaires. Ne meſmes peu auoir les moyens de ſe reſoudre à la deffenſiue contre ceux deſ-

Nn iij.

quels ils n'esperoyent aucune faueur. Mesme que de ceux qui maintenoyent les places, plusieurs n'y demeuroyent que pour ganguer temps & le plus d'hommes qu'ils pourroyent à leur opinion : affin de rendre les villes ez mains du Roy. Voyre que bon nombre des principaux & autres qui sembloyent les plus zelez & mieux resolus à tous euenemens : quiterent prinse & abandonnerent leurs compagnons aussi tost qu'ils sentirent le remument de l'Armée Reale. Bref ceux qui estoyent treuuez les mieux auisez : qui plus mesprisoyent la calamité en laquelle ils voioyent leur party prest d'estre reduict : & qui en autre temps eussent esté le vray pourtraict d'vne constance asseurée contre tous perils : baisserent la teste, parans le col à la deuotion des plus forts. Comme que ce soit ne m'empeschant point au jugemens de l'heur qui pouuoit accompagner l'vn & l'autre dessein : je recite simplement ce qui est auenu aux vns & autres: & nommément au places qui tindrent contre les entreprinses Catholiques.

La misere à tousjours esté autant mesprisée & poursuiuie que le bon heur che ry & fauorisé.

PLVSIEVRS de ces villes se laisserent manier à la coustumée, par le plaisir & volonté des Gentils-hommes voysins qu'elles y establirent Gouuerneurs pendant les troubles. Mais beaucoup d'autres notamment la Rochelle, Montauban, Sancerre & grand nombre de celles de Gascongne, Querçy & Languedo: n'en voulurent d'autres que les Maires, Consuls & tels autres plus aparans d'entr'-eux : qui de tout temps, disoyent-ils, en auoyent eu le Gouuernement assistez pour Conseil des Pairs & Escheuins, Iurats, & tels autres les plus signallez des habitans. Que le Maire du Pallais n'estoit anciennement autre que Sur-intendant sur les principaux affaires de France : à son exemple, les Maires de chacune ville y auoyent telle auctorité & puissance que les Baillifs & Seneschaux sur les Prouinces, lesquelles ne reconnoissent autres Chefs ny de la Iustice ny des Finances, ny du reste de la Police qu'eux. Mais que tout estant aujourd'huy si fort alteré de son premier naturel : n'esperans plus de mercy en la fureur des Catholiques : Ils craignoyent, disoyent-ils, que les Gentils-hommes se portans vers eux comme beaucoup de Seigneurs font sur leurs sujets en ce Royaume : n'eussent plus d'esgard à leur plaisir & proffit particulier : qu'au bien & auancement de l'Estat de chacune ville. Si bien que les Gentils-hommes n'y ayans que libre & seur accez : les Clefs des portes, le signal, les gardes, regardes, reueuës, le mot du guet, les despeches, les Finances & telles autres choses despendoyent du Maire & de son Conseil. Voila le changement d'Estat que la miserable longueur des guerres nous à produict.

Gouuernemens des villes Françoises sous les Maires d'icelles : refusans la Noblesse pour commander.

Baillifs & Seneschaux Gouuerneurs des Prouinces.

LE Roy cependant, auoir sceu la resolution de tout ce party : ne trouua rien plus expedient au bien de ses affaires, que d'enuoyer vers chacune ville en particulier : leur remonstrer par ses Gouuerneurs (ausquels ils enjoinct se retirer chacun en son Gouuernement) le deuoir d'obeyssance qu'elles doiuent toutes rendre à sa Majesté. Le bien qui leur en pouuoit auenir & les inconueniens du contraire. Pour quelque chose qui fust auenuë en son Royaume, qu'il falloit oublier le passé pour se bien porter à l'auenir : puis que choses faictes ne peuuent qu'elles ne soyent auenues. Qu'il n'entendoit contreuenir à ses premiers Edicts : Ains permettre à chacun sa liberté de conscience sans aucune recerche de Religion. Voulans toutefois pouruoir aux moyens de rigueur, en cas que la douceur de ces remonstrances ne les peust flechir à sa deuotion : commanda à ses Gouuerneurs de Prouinces d'assembler cependant le plus d'hommes qu'ils pourroyent pour renger les Confederez à son desir. La Chastre Gouuerneur de Berry fut commandé de se pouruoir contre les refugiez en Sancerre. Biron declaré par le Roy Gouuerneur de la Rochelle, Saintonge & pays Donis, & le Côte du Lude Gouuerneur en Poitou, pour remettre la Rochelle au deuoir de sa premiere obeissance: Le Marquis de Villars nouuellement pourueu de l'Estat d'Amiral & Gouuerneur de Guyenne, fut enuoié de Court affin de tanter tous moiens pour rendre Montauban & telles autres places à la submission Catholique. Pour mesme fin le Mareschal D'anuille s'achemina à son Gouuernemẽt de Languedo pour enleuer Nismes & autres places qui se rédoiét Côfederées des mains de ceux qui s'y attribuoiẽt desja quelque puissance. Tous en general furẽt amplemẽt instruits de la volõté du Roy. A laquelle se conformãs, firent ce qu'ils peurẽt à l'entiere executiõ dicelle. Cõme je suis deliberé de vous faire entẽdre apres que j'auray parlé des Rochellois: de l'Estat & retraite desquels, sa Majesté, tous les Catholiques & mesmes presque tous les Confederez sembloient se trauailler plus que d'autres choses qui leur fust

Ordre que donne le Roy pour rauoir les villes qui se preparent à la deffẽce.

en quelen quelque respect. Occasion que je m'y arresteray dauantage pour mieux vous representer le siege qui fut mis deuant ceste ville, Sancerre, Quosade, Sommieres & autres en diuers cartiers de France. Et notamēt d'Harlan en Holande batue par les Espagnols. Toutes lesquelles assiegées en vn mesme temps: sentirent neantmoins diuers euenemens, plus heureuses les vnes que les autres comme je vous feray voir.

Pour donques vous representer au vray l'Estat des villes cy dessus mentionnées: & comme elles se comporterent depuis le vintquatriéme Aoust, jour dedié à la deuotion des Catholiques: Ie commanceray par la Rochelle, tant pource qu'elle a esté la premiere sur ses gardes: que pour auoir esté exemple à toutes les autres: & les auoir conduit comme par la main pour entreprendre ce qu'elles n'eussent peut estre seulement ozé conceuoir en leur esprit. Vous auez veu cy dessus les desseins & preparatifs de Strossy & Baron de la Garde sur l'entretien de leur Armée de mer. Elle estoit si voisine des Rochellois & composée de tant de guerriers leurs anciens ennemis: qu'ils pensoient auoir assez d'occasion d'en craindre quelque surprinse, comme je vous ay dit ailleurs. Où je vous ay fait voir les lettres qu'ils en escriuoient à l'Amiral. Depuis, & le vintneufiéme Aoust, ils furent auertis de ce qui estoit auenu à Paris. Occasion qu'ils commencerent a redoubler les gardes. Mesmement apres auoir ouï asseurer à plusieurs fuitis, qu'ō en faisoit autāt par toutes les villes du Royaume. Belleuille, Roches Baritaud & plusieurs autres que Seigneurs Gentilshommes & Soldats de ceste armée: estoient lors dedans la ville. Lesquels voiant qu'on se desfioit d'eux plus que auparauant: & les esclairoit on de si pres qu'ils n'eussent sceu quand ils en eussent eu le vouloir: rien executer au prejudice de la ville: prindrent parti de se retirer au plus tost qu'ils peurét. Ce qui leur fut permis, & d'empoter tout ce qu'ils auoient auec eux. Encor que le bruit courust qu'ils deliberoiét de se saisir de la ville à la faueur de l'armée Nauale. Puis les Rochellois escriuirent à Strossy & Baron de la Garde qui estoient en Broüage pour entendre d'eux plus à plain comme le tout s'estoit passé à Paris & ailleurs. Aux fins aussi de descourir leur intentions s'il estoit possible. Le Baron leur fist ceste responce par escrit.

La Rochelle a seruj d'exemple à toutes les autres.

Messieurs, nous estions ensemble le Sieur de Strossy & moy quand vostre homme present porteur est arriué: & auons veu vos lettres: estans merueilleusement marris des mauuaises nouuelles qu'on faict courir en vostre ville. Et quant aux dommages que dictes auoir receu aux lieux circonuoisins. Vous sçauez bien que c'est par negligence de nous en auoir auerty. Car dés l'heure j'eusse bien remedié comme je fais a present, qui est que les gens & vaisseau du Sieur de Belleuille s'en viennent auec les autres. S'ils ne le font j'y remediray bien. De Monsieur de Belleuille & Roche Baritaud je leur escri de s'en venir incontinēt si leur santé le peut porter. Des autres ils ne sont mallades; Ie m'asseure qu'il n'y en a pas vn qui ne s'en vienne. Au reste faictes tant pour le seruice du Roy, pour vous mesmes & à ma Requeste; que sur la couleur de ce sujet vous ne retirez point ces poures mal conseillez de la Religion, comme il y en a desja beaucoup. Mais les renuoyez chacun en leur mesnages & ils feront beaucoup mieux. Et vous asseurez du Sieur Strossy & de moy: que nous ne permetterons jamais que piece qui soit sous nostre charge vous offence n'y en secret ny public. Car outre ce que leurs Majestez nous ont dict de viue voix, & par trois courriers qui sont venus depuis ce qui est auenu à Paris: Ils nous ont mandé de vous soulager & respecter en tout ce que nous pourrons: Et faire obseruer l'Edict de pacification generallement par tout, & vous auertir à la verité des causes dont est suruenu le tumulte. Et encores que je sache que vous auez esté auertis de vostre costé par gens toutesfois passionnez, j'en ay dict à vostre depputé present porteur ce que j'en ay sceu de diuers Lieux: qui vous le sçaura mieux reciter que je ne le vous pourrois escrire, qui me gardera de faire ceste plus longue. Ne voulant faire tort à sa suffisance. Bien vous asseure je, que si me voulez croire auec l'auis de la plus part de vos bons Citoyens: vous viurez en paix & en repos. Et remetres par ce moyen vostre ville en la grandeur & reputation qu'elle a esté autrefois. Messieurs je prie nostre Seigneur vous donner en bonne santé longue & heureuse vie. De Broüage ce dernier jour d'Aoust 1572. Ainsi signé. Vostre tres-cher & plus cher amy, Poulin, & dessus, A Messieurs messieurs les Maires, Iurats, Pairs de la Rochelle.

Lettres du Baron de la Garde aux Rochellois.

MESSIEVRS je viens presentement de receuoir vostre lettre touchant quelque compagnies dequoy vous vous plaignez. Ie ne suis d'autre opinion que celle que m'auez connus; qui

Lettres responsiue de Strossy aux Rochellois.

est d'obseruer la Iustice & particulierement tenir la main au soulagement du peuple & le vostre. Il est vray que auions pour le certain donné le rende-vous pour nous embarquer au dernier de ce mois. Il est suruenu ce qu'auez entendu à Paris. Surquoy le Roy nous à mandé craignant que cela ne commist desordre, tenir la main à la Paix & vnion de tout le monde. Ce que nous desirons faire & vous prie de vous en asseurer, vous priant aussi comme je m'asseure que ferez, en faire le mesme pour ensuiure son intention. N'estant la presente à autre effet je me recommande tres-humblement à vos bonnes graces priant Dieu vous tenir en sa garde. De Broüage ce dernier Aoust mil cinq cens soixante douze. Strossi dit aux deputez de la ville que si la Rochelle estoit en crainte & se vouloit aider de son conseil & moien, il leur donneroit pour leur garde & seuretté telles compagnies & de telle Religion qu'ils voudroiēt. Mais le tout raporté en la ville, les Rochellois ne furent d'auis de suiure ce conseil: n'y desroguer à leurs priuileges qui sont de ne receuoir aucune garniso: ains de garder eux mesmes leur ville & maintenir leur Religiō jusques à la derniere goute de leur sang. Et parce qu'ils estoiēt mal munis pour soustenir vn siege, fut auisé qu'on procederoit en ces affaires sant grand bruit & le plus secretement qu'ils pourroient.

Strossi conseille & veut aider les Rochellois.

D'autant que la Rochelle est assise sur la grand mer Occeane: estant limitrophe & tenuë pour vne des Clefs de France: elle à acoustumé mesmes en temps de guerre, d'estre armée pour sa garde & conseruation: Par la conduite du Maire assisté des Escheuins & Paits d'icelle. A cette cause estant depuis les troubles diuisée en huit quartiers, ils esleurent huit Cappitaines dont chacun en son quartier enrolle hommes propres pour les armes. Les vefues & autres personnes suffisantes fournissent d'hommes pour la garde. Ainsi cerchans les moiens de se garantir sans grand changement: en donnerent la charge à huit Cappitaines aians chacuns deux cens hommes sans gages & viuans à leurs despens. Voire que plusieurs durant le siege ont logé & nourry des soldats forains, paié l'eprunt & satifait aux autres charges de la ville: encor qu'ils aient passé plus de neuf mois en ceste fatigue de guerre sans vser de leur negociation & trafic acoustumé. Outre ces compagnies d'habitans naturels estoit celle du Maire de ville & qui de tout temps à esté la plus belle comme composée de cent de la maison de ville & de ceux qui demeuroiēt pres de luy qu'on apelle entre les barrieres du Maire. Et qui luy assistent jour & nuict quand il les mande. D'Arandel en estoit Lieutenant assisté d'vn nombre de soldats estrangers choisis pour plus grande asseurance de ceste troupe.

Ordre que les Rochellois donnerent pour le dedans de la ville.

Compagnie du Maire Iaques Henry.

Or pour vous faire entendre de quels gens ils furent secourus: comme ils se porterent à les entretenir & conduire tout en sorte, que inconuenient n'y auint auquel ils ne peussent remedier: representez vous les grans & magnifiques preparatifs de l'Armée nauale dont je vous ay parlé. Car en fin tous ces beaux & magnifiques appressts vindrent à neant. Et peu à peu comme nege au Soleil, s'escoula l'espoir de combatre l'Espagnol: plus que le desir de ses richesses. Car venant le Septembre & voiant le Roy que les Rochellois fermoient si obstinément les yeux à sa volonté: & mesmes qu'ils disposoient toutes choses à vn siege prochain: comme s'ils eussent esté auertis du dessein de leurs ennemis: commanda au Mareschal de Biron, Comte du Lude & autres Chefs de leuer plus de gens qu'ils pourroient, prendre les places voesines de la ville, s'accomoder puis faire le gast & ordonner des quartiers à l'Armée qu'il deliberoit enuoier deuant sous la charge de Monsieur. Et d'autant qu'il faisoit estat de l'assieger par mer & par terre: il fit rompre au grand desplaisir & perte incroiable de beaucoup, le dessein de ceux qui esperoient voiager en mer: non pas l'armée qu'ils auoient preparée à cest effet. A laquelle il manda se saisir des Isles maritimes de Xaintonge & Poitou. Comme de Marennes, Oleron, Broüage, Soubize, Marans & autres lieux desquels on pourroit tirer faueur contre les Rochellois. Puis prendre & tenir la Rade à Chef de baie, pour fermer le passage à tous ceux qui voudroient par vaisseau entrer en la Rochelle & en sortir pour aller ailleurs. Donnant toutes charges pour cest effet au Baron de la Garde qui deuoit amener ses Galleres fournies & nōbre de vaisseaux rons, ausquels depuis par le vouloir de Monsieur, le Vicomte d'Vzas fut laissé pour commander tant à l'armée nauale qu'aux haures, & toutes autres choses qui en pourroit despandre.

Preparatifs de Catholiques pour assieger la Rochelle par mer & par terre.

Armée de Strossi & Baron de la Garde.

L'Armee de mer neantmoins de laquelle jusques icy nous auons parlé: n'estoit plus ce qu'elle auoit esté. Car par ce qu'elle auoit esté composée de Confederez & Catholiques tant Seigneurs, que Gentilshommes, Cappitaines, soldats, Mariniers & Matelots qui estoient la

plus

LIVRE TRENTEVNIEME. 103

plus part Protestans: aussi tost que les nouuelles des Noces furent espanduës par la France: les Confederez ne craignans moins entre eux, que s'ils eussent esté à Paris: abandonerent la place, dont la plus part sans dire à Dieu tira droit à la Rochelle. Occasion que n'y pouuans tous viure à leur bourse, on les distribua aussi tost par compagnies, sur le gouuernement. Duquel on les retira comme je vous diray par l'auertissement qu'on eut que le Mareschal de Biron y acheminoit ses troupes pour s'assujetir toutes les places vœsines. Et lors les Capitaines & Soldats furent distribuez ez maisons des habitans pour y estre nourris selon les moyens qu'auoit le Maistre du logis sans aucun excepter. Les autres Gentilshommes & forains qui auoient assez de moiens d'eux: se nourrissoient à leur bourse & des prouisions qu'ils auoient tiré des champs sur les Catholiques. Le premier soin qu'eurent les Rochellois, fut d'aprouisioner la ville de tout ce qu'ils jugeoient necessaire à vn tel siege. Et sur tout diligenter la recole des fruits du gouuernement & des vins specialement desquels ils serrerent en peu de jours plus de trente mille tonneaux, qui leur seruirent comme vous entendrez. Secondement mettre tant sur les hommes, prouisions que forteresses & munitions de guerre: vn tel ordre qu'inconuenient n'y auint qui peust occasionner la perte de la place. L'autre consideratiõ fut d'enuoier recercher de secours tous leurs Confederez qu'ils sçauoient pourueuz non moins de volonté que de moiens à la manutantion du party. Notament les retirez en Angleterre & ceux de Quercy & Languedoc. Ie vous diray ce qui en auint quand l'occasion se presentera. Maintenant pour ne rien confondre: je ne traicte que ce qui c'est passé dedans & autour la ville tant par les vns que par les autres au dommage reciproque des plus malheureux. *Preparatifs & ordre que donnerent les Rochellois pour soustenir le siege qu'ils esperoiët auoir.*

Le Baron de la garde en ce temps demanda aux Rochellois pour le seruice de sa Majesté grande prouision de blez, vins, chairs & poissons sallez: les blasmant aussi de faire en leur ville trop grande garde & de retirer les hommes fugitifs & mal conseillez. Ce qui estoit disoit-il vn presage de guerre. Les Rochellois respondirent le second de Septembre qu'ils n'auoient aucuns viures sinon quelques moulués pour vn mois seulement. Et qu'ils retirent les autres prouisions de jour à autre du païs de Poitou & Xaintonge. Que les vins estoient la pluspart ez caues dont ils ne pourroient estre tirez qu'ils ne fussent gastez. Et ne s'atendoient à recueillir beaucoup de vin és vandanges prochaines. Tant pour les choses passées que pour la saison trop tardiue. Qu'ils ne gardoient leurs portes plus estroitement que de coustume. Et auoient commandement de sa Majesté souuent reiteré: & priuilege de ce faire. Et qu'au reste ne se trouueroit ville en tout le Royaume plus paisible que la Rochelle. Qu'ils ne receuoient en icelle outre quelques poures Marchans & autres personnes: que de ses troupes & de celles de Monsieur de Strossi. *Plaintes du Baron de la Gaade aux Rochellois. Les Rochellois respondent ne vouloir desgarnir leur villes mal pourueuë.*

Il y auoit en la rade de Chef de baie vn fort beau & bon Nauire nommé le Prince qui apartenoit aux heritiers du feu Baron de Piles par don que luy en auoit fait la Royne de Nauarre, pour reconoistre les seruices qu'il auoit fait à la Cause. Auquel deuant qu'aller à Paris y auoit laissé le Cappitaine Prouençal pour y commander & cercher sa fortune sur mer. Il estoit lors de retour de ses voiages ésquels il auoit fait grand proffit. Mais les Galleres l'inuestirent soudain dont il fut fort blasmé & encor plus pour ne s'estre allé excuser: ains auoir suiuy les Catholiques lesquels depuis tirerent grand commodité de ce vaisseau. *Le Prince rendu au Baron de la Garde.*

Entre les troupes de Strossi estoient plusieurs Protestans qui pensoient que l'Armée fust dressée pour fauoriser leur Religion: dont aucuns sur l'auertissement du fait Saint Barthelemy auec leurs armes & equipage se retirerent à la Rochelle laquelle par ce moien fut promptement armée & pourueuë tant de vaisseaux que de bon nombre de soldats. Outre lesquels si rendirent tant en ce mois que les deux suiuans bien cinquante Gentilshommes, cinquante cinq Ministres & quinze cens soldats plus de la moitié de Poitou, Xaintonge & Onis. Si trouuerent aussi quelques soldats de Paris, Orleans, Tours, Bourdeaux & autres endroits de ce Royaume. Comme les Magistrats mettoient peine de faire leur deuoir en la Republique, aussi les Ministres estoient soigneux des exortations & prieres accommodées à la necessité du tẽps. Et d'autant qu'ils tienent le vray vsage du jeusne estre pour rompre les cœurs, humilier les personnes & les disposer aux prieres: & que ceste affliction estoit la plus grande qu'ils eussẽt receuz en ce Royaume: Le Consistoire ordõna le jeusne public le Mercredy & Ieudy neufiéme & vnziéme de Septembre: ou le peuple se trouua assez bien disposé pour auoir gemy & *Ieusne ordóné a la Rochelle.*

Nn iiiij.

L'HISTOIRE DE FRANCE.

Sept.Octo.
1572.
souuent pleuré depuis les nouuelles de Paris.

Moiens que tient le Roy à auoir la Rochelle.
Le Roy, à qui la Rochelle estoit vne espine au pied qui l'ennuioit fort : ne cessoit d'y porter la main : & trauailloit fort à ce que le Mareschal de Biron Gouuerneur de la Rochelle y fust receu. Esperant que s'il pouuoit jetter ce fondemẽt, le reste seroit assez aisé à bastir. Aiant pour vray semblable que les Rochellois aimeroient mieux le receuoir sans autre suitte que de son train : que d'encourir l'indignation du Roy & s'exposer à vne si cruelle guerre que celle dont on les menaçoit. Aussi que ce Mareschal auoit esté requis par eux pour leur Gouuerneur sur tous les Seigneurs qui n'estoient de leur Religion. Ioint que les Depputez à la derniere Paix auoient fait entendre auxRochellois qu'il estoit l'vn des plus deuotieux à la Paix,& qui l'auoit procurée & auancée de tout son pouuoir. Et mesme à Paris auoit retiré en l'Aarcenal plusieurs personnes de la Religion. Entr'autres deux deputez de la Rochelle à la Court & à Paris.Et toutesfois affin qu'il fust mieux receu, le Roy le faisant acheminer en son Gouuernement,enuoia deuant Audenars accompagné de l'vn de ces deputez auec la lettre suiuante.

Lettres du Roy aux Rochellois.
Chers & bien-aimez, nous estimons appartenir à l'affection d'vn Roy : de tenir nos sujets bien auertis de nostre intention : affin qu'estans informez de la sincerité d'icelle,ils sachent ce qu'ils doiuent ensuiure.& ne soient abusez par inauertance ou autrement. Dautant moins en occasion d'importance comme est celle qui s'est presentée ces derniers jours. Surquoy encor que ne doutions aucunement de votre obeissante volonté: & que n'ajoutiez foy aux rapports si aucuns vous estoient faits autrement que à la verité : nous vous auons bien voulu faire la presente que vous enuoiõs par le Sieur d'Audenars expres pour vous faire sçauoir,que le feu Amiral&autres ses adherans estans en cette ville : auoient certainement & euidãment conspiré contre notre personne,celle de la Roine notre tres-honorée Dame&Mere,de nos tres-chers & tres-aimez freres les Ducs d'Anjou & d'Alençon, le Roy de Nauarre& autres Princes & Seigneurs:&estoient prests à executer leur damnable entreprise lors que moins nous y pensions & que moins ils en auoient d'occasion. Ce qu'ils eussent fait n'eust esté que Dieu nous inspirent, & nous faisant toucher cõme au doigt cette conjuration par preuues plus certaines que ne desirions : nous n'auons peu du moins que de les faire tomber au lieu qu'ils nous auoient preparé. Dont nous rendons grace à notre Seigneur,& nous asseurons que tous nos bons sujets en receuront vn merueilleux bien& contentement. Les auisant au surplus & vous en particulier : que cela n'a esté fait à cause ou pour haine de Religion ni pour contreuenir à nos Edits de Pacification : lesquels auions tousjours entendu comme entendons obseruer, garder & entretenir inuiolablement. Ains seulement pour obuier à l'execution d'icelle conspiration. Declarant à tous nos sujets quelconques de la Religion pretendue reformée:notre intention estre qu'en toute seureté& liberté ils puissent viure & demeurer auec leurs femmes,enfans& familles en leurs maisons,sous la protection de nos Edits. Ne voulans que pour raison de ce leur soit mesfait ni medit,ni attente à leurs personnes & biens sur peine de la vie des delinquans & coulpables.Voila l'interieur de nostre intention que serons t'estroitement obseruer. Estant asseurez que nosdits sujets en seront tresaises & contens: & que vous entr'autres portans empreinte au cœur comme vous faites toute naturelle affection & obeissance enuers nous : ne vous laisserez aller à croire autre chose que la verité ci dessus dite. Moins permettrez aucune emotion,prinses d'armes & violences contre vos concitoiens en votre ville. Et n'aurez communicatiõ auec eux, dont nous serions tresmarris. Mais au contraire voulons & amonestons sur tout le seruice que nous desirez faire : de vous maintenir tousjours fidelement en notre obeissance & protection comme nos bons&loiaux sujets:viuans vnis en bonne amitié les vns auec les autres sous l'obseruation de nos Edits : qui est le plus grand contentement & plaisir que nous sçauriez donner. Estans trescertains que trouuerez de tant plus nous votre Roy,enclin & disposé à vous conseruer& fauoriser par tous les moiens qui serõt en nous. Ainsi que l'auons declaré à l'vn de vos Citoyens lequel nous vous renuoions auec ledit Sieur d'Audenars Maistre d'hostel de notre sœur laRoine deNauarre.Auquel vous ajouterez telle foy que feriez à nous-mesmes. Donné à Paris le trantiéme Aoust. Pareillement le Mareschal de Biron escriuit aux Rochellois par le mesme Audenars ce qui s'ensuit.

Lettres du Mareschal de Birõ aux Rochellois.
Messieurs,le Roy enuoie vers vous le Sieur d'Audenars Maistre d'hostel de la Roine de Nauarre,auec vn de vosPairs:pour vous faire entendre sa volonté & intention sur ce qui est interuenu. A quoy je m'asseure que vous-vous reglerez: & aimerez beaucoup mieux obeir à la
volonté

volonté de sa Majesté que de vous sumettre à vne infinité de malheurs qui pourroient succeder auenant le contraire. La lettre de sadite Majesté & ce que vous diront les dessusdits de sa part, vous doit donner assez d'asseurance de sadite bonne volonté en vostre endroit. De moy vous me trouuerez tousjours prest à m'employer de toute affection pour vous, de tous les moiens que Dieu m'a donnez. Et me remettāt aussi sur tous les desusdits je feray fin me pour recommander bien affectueusement à vos bonnes graces & supplie le Createur vous donner, Messieurs, en santé parfaicte heureuse & longue vie. De Paris ce premier de Septembre.

AVDENARS arriué à la Rochelle le septiéme de Septembre ayant donné les lettres aux Rochellois & communiqué ses instructions, n'oublia rien à l'execution de sa charge tant enuers les Magistrats que le peuple de l'vne & l'autre Religion assemblez pour cet effet en la maison de ville. Et comme on luy eust remonstré que le Roy deffendoit par ses lettres patentes de faire aucune assemblée pour l'exercice de la Religion. Et que la Rochelle se pourroit beaucoup mieux entretenir en paix & concorde auec la continuation dudit exercice comme au parauāt. Veu que la plus grāde part & les principaux en font profession. Dauantage que toute matiere de deffiance leur seroit ostée s'il plaisoit à sa Majesté commander que l'Armée qui estoit autour de leur portes de laquelle ils receuoient milles torts & incommoditez, se retirast. Et que le commerce sans lequel ils ne pouuoient s'entretenir leur demeurast libre comme auparauāt. Respondit qu'en premier lieu sa creance portoit que sa Majesté leur accordoit tout exercice de la Religion en la ville: pourueu qu'ils n'y admyssent aucuns estrangiers ou forains. Et qu'ils receussent le Sieur de Biron leur Gouuerneur. Qu'il auertiroit le Roy de leur bonne volonté vnion & concorde. Ensemble des torts qui leurs estoient faits par l'Armée nauale. Les asseurant l'intention de sa Majesté estre que les armées se retirassent & que le Sieur de Biron estant arriué en la ville, feroit incontinent effectuer ladite intention. Et afin qu'ils fussent mieux resolus de la volonté du Roy: il estoit d'auis qu'ils enuoiassent quelqu'vn pour auertir sa Majesté de ce que dessus: & le suplier tres-humblement que son bon plaisir fust de leur accorder l'exercice de la Religion selon les Edits precedās & faire despecher lettre à ceste fin: ce qui fust aprouué de tous. Audenars promist outre ce, escrire lettres au Baron de la Garde au grand contentement des Rochellois. Aussi parla il particulierement à aucuns qui auoient le maniment des affaires de la ville, auec promesses de grans presens & Estats desquels le Roy auoit deliberé de reconoistre leur bonne volōté. Et luy auoit cōmandé de les en asseurer. Et entr'autres dit à des Mortiers que le Roy tirant le seruice de luy tel qu'il esperoit: qu'il le pouruoiroit d'vn Estat de President ou Maistre des Requestes. Et bien que l'exemple de Francourt fust recent: & que les Rochellois doutassent de la foy qu'on tenoit à ceux de leur Religiō: neantmoins pour tousjours acheminer leurs affaires, continuans leurs premiers propos, ne luy donnerent aucun mescontentement. Tellement qu'il estimoit que sa legation seroit fructueuse au Roy & à luy honnorable & fort auantageuse.

Negociatiō d'Audenars à la Rochelle.

Ce que le Roy accordoit aux Rochellois.

Cependant le Mareschal de Biron s'aprochoit des quartiers de la Rochelle: accompagné de sa femme, de Brisembourg sa sœur auec autres Dames & Damoiselles. Train resentant plus la paix que la guerre. Estant arriué à Niort dix lieuës de la Rochelle: s'acosta fort des Gentilshōmes Protestans ausquels il persuada aisément, qu'il ne cerchoit que le repos du Royaume & le biē de la Rochelle. Detestoit les massacres & les auteurs de si malheureuse entreprinse. Pria Cigongne Gentilhomme d'Onix pres de la Rochelle (qui auoit tousjours fait grande profession auec les Confederez) de venir en la ville, estimant que les Rochellois le respecteroient pour la conformité de Religion. Mais eux aians suspects tous ceux qui venoient de ceste part: trouuerent estrange l'Ambassade de Cicongnes par ce que le droit de voisinage & sa professiō luy commandoit d'estre deffenseur de ceste Cause. Le Mareschal de Biron enuoia aussi l'vn des deputez de la ville: ensemble Boisseau l'vn de ses gens pour amplement auertir les Rochellois de l'intention dudit Sieur: & enuoia par le susdit Boisseau autres lettres du Roy.

Approches du Sieur de Biron pour entrer en la Rochelle.

Chers & bien aimez comme nous desirons sur toutes choses la conseruation de nos bons & fidelles sujets: nous voulons aussi leur donner entiere occasion de s'asseurer de nostre bonne & sincere intention. Nous vous auons ces jours passez despeschez le Sieur d'Audenars & auec luy vn de vos Concitoyens pour vous declarer & rendre capables de nostre volonté: à laquelle nous estimons que vous serez conformez comme bons & obeissans sujets sont tenus de faire. Neātmoins nous n'auons voulu delaisser vous enuoier nostre cher & bien aimé le Sieur de Biron

Lettres du Roy aux Rochellois.

L'HISTOIRE DE FRANCE.

Biron Cheualier de nostre Ordre Cappitaine de cinquāte hommes d'Armes de nos ordōnāces, Conseiller en nostre Conseil priué & grand Maistre de nostre Artillerie. Lequel nous auons choisi, fait & créé Cappitaine & Gouuerneur de nostre ville de la Rochelle & païs d'Onix. Pour vous faire entendre encore plus particulierement nostre vouloir & intention: auquel nous vous enjoignons & amonestons d'obeir & ajouter telle foy que vous feriez à nostre propre personne. A Paris le huitiéme jour de Septembre. Auec ce le Mareschal de Biron ennoia aux Rochellois vne telle lettre du Roy de Nauarre.

Lettres du Roy de Nauarre aux Rochellois.

Messieurs, combien que je ne doute nullement de vostre fidellité au seruice du Roy mon Seigneur & entiere obeissance à ses commandemens: si n'ay je pas voulu passer l'occasion qui se presente de vous escrire par Monsieur de Biron despeché deuers vous par sa Majesté: sans vous faire la presente pour vous prier comme celluy qui desire vostre bien & conseruation autant que vous mesmes pourrez faire : de vouloir auec tout honneur & respect que les bons & fidelles sujets doiuent à leur Prince entendre ce que le Sieur de Biron à encharge & commādement de vous dire: & vous renger & sumettre si librement & franchement à l'intention de sa Majesté qu'elle puisse conoistre que vous ne dependez que d'icelle: & que vous n'auez volonté que la sienne seulle. C'est ce me semble le moien que vous auez à tenir pour vous conseruer & maintenir. Et pour vous releuer & garentir des perils qui vous menassent. Si vous en vsez autrement, considerez je vous prie que l'election que sadite Majesté à fait dudit Sieur de Biron pour commander en vostre ville sous son autorité: ne vous est pas peu fauorable pour estre icelluy Sieur de Biron comme vous conoissez tresbien, Cheualier d'honneur & tant desireux & amateur de la paix, qu'il se comportera auec vous en toute douceur & sans vser de rigueur ne violence quelconque. L'asseurance que j'en prens m'en fait vous prier encores cete fois de rendre vne prompte obeissance. Et de ne douter aucunement de la bonté de sadite Majesté, enuers laquelle encores que je la trouue de bonne affection en vostre endroit: je m'éploiray tousjours pour vous faire plaisir d'aussi bon cœur que je supplie le Createur, Messieurs, vous tenir en sa saincte garde. De Paris ce dixiéme Septembre.

Lettres des Rochellois au Sieur de Biron luy faisant leur plaintes de leur armée de mer.

BOISSEAV fit entendre aux Rochellois que le Mareschal de Biron s'en venoit à Surgeres & desireroit communiquer auec aucuns du corps de ville deputez par les Citoïes. Et pour cest effect bailla vn passe port de son Maistre sur lequel les Rochellois deputerent Morisson & de Harandel, escriuant par eux le vint troisiéme Septembre au Mareschal, luy faisant entendre la detresse en laquelle ils sont par l'armée de mer & de terre. Qu'on leur couppe viures de toutes pars comme à des ennemis. Combien que le Roy les tient par ses lettres pour bons & fidelles sujets. Et s'esmerueillent comme on enjambe ainsi licentieusement contre l'intention de sa Majesté. Leur est grief que l'armée de mer les ennuie tant, laquelle a esté par le majeur part accommodée à la Rochelle de viures, munitions & Artillerie de laquelle à present on les bat par mer & batteroit on volontiers par terre. Qu'ils sont contraints se maintenir en telle garde & seuretté comme s'ils auoient affaire aux ennemis de la Courōne. Car la puissance & autorité qu'il ā peuuent aisément remedier à ces maux. Et que cela fait, s'aprocheront de bonne affection de sa grandeur pour en toute asseurance receuoir ses commandemens sous l'obeissance de sa Majesté: se raportans des particularitez aux Dputez de leur ville.

Le Sieur de Biron deteste les massacres.

LES Deputez arriuez à Surgeres communiquerent longuement auec le Mareschal qui les tira à part & commança, auec grandes larmes à desplorer la condition de ce temps & de ce poure Royaume: detestant l'entreprinse & execution de Paris. Puis loüe Dieu de ce que son nom ne se trouueroit escrit entre ces gens la. Promettoit de faire retirer toutes forces si tost qu'il seroit en la ville. Et que si l'on auoit doute de luy: qu'il se contenteroit y entrer luy troisiéme voire pour deux ou trois heures seulement. Affin que l'intention du Roy estant effectuée: il peust mettre ce païs en liberté. Autrement le Roy se malcontentât d'eux, n'oublieroit rien pour leur faire sentir sa juste indignation. De là il s'auance à la Iarrie à deux lieues de la Rochelle pour en entendre plus aisément nouuelle. Et outre lesdits deputez qu'il enuoia depescha aussi de l'Aubouïniere & Boisseau le vintsixiéme de Septembre qui tous quatre concluoient à son entrée pensans par là euiter de grandes calamitez. Mais aucuns des Rochellois jugeans ceste entrée de grande consequence, par ce qu'il trouueroit en ville grand nombre d'hommes à sa deuotion; comme quelqu'vn auoit ja asseuré. Veu d'autre part le bruit qui couroit de son entrée

Le Sieur de Biron se cōtente y entrer luy, troisiéme.

trée par tout tant par ce Royaume que par les païs estrangers. Si que ceux qui voudroient donner secours à la Rochelle d'hommes, viures ou munitions: seroient par ce bruit retardez voire du tout destournez. A ces occasions estoient d'auis qu'on ne le receust tant que les armées seroient si pres. Ainsi donc auoir ouy la creãce & discours de ces deputez de L'aubouïniere & Boisseau: le Conseil du Maire composé des plus signalez Gentilshomes & autres forains auec les ordinaires de la ville assemblez pour en conferer: fut auerty que les Galleres estoient à Chef de baie, où vn trompette du Baron de la Garde aporta deux lettres aux habitans de ce mesme jour. Par l'vne il disoit que le jour auparauant il auoit receu lettre du Roy, de la Royne & de Monsieur: par lesquelles l'auertissoient que le Sieur de Biron deuoit estre receu ce jour en leur ville. Et qu'il si trouuast afin qu'eux deux auisassent à ce qui seroit requis pour le seruice de sa Majesté. Et si le Sieur de Biron n'estoit encores arriué: les prioit luy faire sçauoir de ses nouuelles. L'autre lettre contenoit qu'il pensoit enuoier la susdite par vn Gentilhomme. Mais voiant les armes en leur main, qu'il auoit donné ceste charge à son trompette. Les priant de penser qu'ils auoiét vn bon Roy & grãd pour chastier ceux qui ne luy voudroiét obeir. A la mesme heure arriua vn messager de Montauban qui portoit auertissemẽt que ceux de Castres cappitalle d'Albigeois aians receu là vn Gentilhomme leur voisin pour Gouuerneur auec grandes promesses de maintenir ceux de l'vne & l'autre Religion: partie d'eux auoit esté mise au fil de l'espée: Le Gouuerneur aiant cõtre sa promesse mis de nuict en la ville plusieurs gens d'armes & soldats. De ces deux occurrences & autres ceux du Conseil recueillirent vne manifeste resolution d'vn meurtre general & surprise de leur ville. Si qu'à la presdisnée le Maire fit assembler tous les Bourgeois & habitans de la ville pour leur faire entendre l'intention de sa Majesté & dudit de Biron. Tout le peuple s'escria à haute voix qu'il ne deuoit estre receu en la ville jusques à ce que les armées fussent congées ou tellement retirées que tout soupçon & deffiance fussent leuez.

Castres d'Albigeois surprise sur les Protestans.

Resolution generalle de ne receuoir Biron.

Le Mareschal de Biron attendant la responce de ceux de la Rochelle: receut auertissement que le Cappitaine Pourpry (qui les nouuelles de Paris & la simulation de l'embarquement entendus s'estoit retiré des troupes de Strossi) deliberoit le charger. Car il auoit quelques Argolets qu'il tenoit au païs d'Aunis où il auoit fait beaucoup de pillages. Et ores qu'il fust estimé vaillant & hazardeux: neantmoins pour les grandes & justes plaintes qu'on faisoit de luy: le Maire & son Conseil ne le voulurent receuoir en ville n'y l'auoüer aux champs. Sur cest auertissement le Mareschal monta incontinant à cheual & retourna à Surgeres où les Rochellois s'excusérẽt fort enuers luy, pour auoir aucunemẽt fauorisé les entreprises de cest hõme: auquel mesme ils auoient donné congé ne s'en voulans aider quelque affaire qui se presentast. Occasion que Pourpry se retira de là à peu de jours & depuis se tua luy mesme volontairement de crainte de tomber vif és mains de ses ennemis. Ce mesme jour les Rochellois firent responce au Mareschal comme il s'ensuit.

Pourpry veut charger Biron.

Monseigneur vostre lettre receuë & vostre volonté entenduë de venir en ceste ville par le rapport qui nous à esté fait de vostre part par les Seigneurs de Moreilles & de Treilmaynard: nous auõs au plustost que possible nous à esté apres auoir entendu le commun auis des habitans de ceste ville: depesché le porteur ne trouuant aucun des nostres qui aye voulu entreprendre le voiage, pour vous supplier ce que nous faisons tres-humblemẽt, Monsieur, puisque sa Majesté nous à fait tant d'honneur de s'asseurer de nostre tres-humble obeissance & fidellité conneuë: qu'il vous plaise n'en entrer en doute & ne trouuer estrange si en ce temps si perilleux estans enuironnez d'vne armée terrestre & nauale: nous sommes en vne merueilleuse deffiance. Mesmement sachant que les massacres continuent par tout comme n'agueres est auenu à Castres par l'entrée d'vn Gouuerneur qui à voulu tout mettre au fil de l'espée ce qui estoit de la Religion. Dont toutefois partie se sont sauuez & sont aux mains contre les autres. Aussi qu'il y a huit mois que toutes ces trouppes nous enuironnent à ceste mesme intentiõ & non autre. Ce que Dieu mercy ils ont sailly à executer par deux ou trois surprinses. Et encores n'agueres sous l'assurance de vostre venuë: conspiration à esté faite par aucuns de nos Citoiens par intelligẽce que nous auons cõmencé à descouurir. Et ceste intention nous à esté apertemẽt declaré par Monsieur le Baron de la Garde lequel pensant que vous fussiez en ceste ville comme il nous à escrit: s'est presenté auec ses Galleres pour vous venir trouuer à ce matin. Ces choses sont de grand poix (car il y va de nos vies) que combien que n'auons jamais

Lettres des Rochellois à Biron.

eu que

L'HISTOIRE DE FRANCE.

Septembre. 1572.

eu que tref-bonne & honnorable reputation de vostre grandeur, bonté & bonne grace: nous sommes contrains vous supplier tref-humblement nous faire tant de bien & de faueur qu'en demonstrant par vn effect certain, la bonne volonté qu'il vous plaist nous declarer: vous contenter pour le present de n'entrer en ceste ville. Et surseoir jusques à ce que les choses soient plus coyes & paisibles & toute occasion de deffiance tolluë. Et de crainte des trouppes de pied & de cheual qui peuuent forcer nostre liberté en laquelle sa Majesté nous a permis viure: sous l'entiere obeissance de laquelle nous conseruerons à jamais ceste ville au peril de nos vies. Et vous ferons tousjours tref-humble seruice d'aussi bonne affection que nous salüons tref-humblement vostre grandeur. Prians Dieu. Le vint septiéme arriuerent à Surgere d'Audenars & Treillaux filles auec lettres du Roy, de la Royne mere & de Monsieur, telles que les voiez cy dessous.

Lettre du Roy aux Rochellois de Paris 14 Septembre.

CHERS & bien aimez nous auons receu auec singulier contentement vos lettres du dixiéme de ce mois lesquelles outre ce que particulierement nous à fait entendre le Sieur d'Audenars porteur d'icelles: nous ont tant plus confirmé l'asseurance que auons de vostre droite intention & fidellité & qu'en ces presentes occasions vous continuerez au deuoir des bons & loiaux sujets comme nous sommes bon Roy: voullans qu'en conoissiez tousjours tant mieux les effets, & en quelle recommandation vous nous estes. Ainsi donc serez auertis. Premierement que nous vous sçauons tresbon gré des paisibles deportemans dont escriuez auoir vsé en cesdites occasions: qu'il n'y a eu esmotion ny alteration en vostre ville: que tous noz sujets de l'vne & l'autre Religion se contiennent en repos: & que vos actions respondent à nostre volonté en l'obseruation de nos Edits de pacification sous le benefice desquels desirez estre

Le Roy permet aux Rochellois seul, exercice de leur Religion & priuatiuement à tous autres de son Royaume auf quels il la euidemment deffendu.

maintenuz. Qui nous sont tresagreables nouuelles. Estimans bien que deuez estre tref-asseurez de nostre bonne volonté: laquelle en general & particulier à esté abondamment tesmoignée: mesmes touchans nos Edits lesquels vous amonestons & ordonnons d'entretenir & obseruer & encores que par nos dernieres declarations & pour les considerations y mentionnez & que vous mesmes pouuez juger eussions inhibé & deffendu toutes assemblées & Presches tant ez maisons des Gentilshommes que ailleurs par nostre Edit de pacification jusques apres auoir pourueu à la tranquilité de nostre Royaume en aions autrement ordonné. Neantmoins conoissans vostre droite intention ne voulons que soiez compris esdites deffences. Mais que soiez exceptez & puissiez faire exercice de la Religion pretenduë reformée comm'auparauāt. Entendans neantmoins & vous ordonnant que ne receuiez aucuns estrangers dedans vostre ville sans le congé & permission du Sieur de Biron vostre Gouuerneur. De l'affection, valleur & integrité duquel auons entiere asseurance. N'y qu'ametiez ausdites assemblées & Presches autres personnes que les habitans & domiciliez de tout temps en ladite ville. Au demourant nous faisons partir & reuenir les forces tant de mer que de terre qui estoient en vos quartiers. Voulans que si aucune prinse de vaisseaux & autres choses auoit esté faite sur vous: elles soiēt incontinant restituées. Non seulement permetons mais ordonnons expressément que le libre commerce & trafic soit remis & continué. Et pour vous demonstrer quelle asseurance auons de vostre fidellité & affection que viurez paisiblement & en vnion: & vous conseruerez de tous inconueniens: nous escriuons presentement audit Seigneur de Biron vous faire sçauoir

Le Roy exēte les Rochellois de garnison.

que n'entendons vous faire bailler aucune garnison: & que nous contenterons pourueu que conoissiez, respectiez & obeissiez audit Seigneur de Biron comme deuez. Ce que vous enjoignons de faire tenant le lieu qu'il fait. Et estant personnage de telle estime & vertu. Voila les meilleures & plus conuenables prouisions que pouuons vous bailler. Vous recommandant tousjours vostre deuoir & obeissance. Sur tout ne receuoir aucuns estrangers n'y auoir pratique ou intelligēce auec eux: estās inseparables de nous suiuāt vos priuileges que vous auons tref-volontiers confirmé. Et au surplus ne faites faute de croire ledit Sieur de Birō & luy obeir comme à nous mesmes en ce que luy faisons presentement entendre & continuerons cy apres à luy mander de nostre intention. Et aussi croiez entierement ledit Sieur d'Audenars lequel nous vous renuoions presentement par delà. De Paris le dixneufiéme Septēbre.

Lettre de la Roine mere aux Rochellois de Paris 19. Septembre.

Messieurs, les lettres qu'auez escrites au Roy, Monsieur mon fils & à moy: nous ont esté tref-agreables: & estime que vous receuerez auec entiere affection & reconoissance la respōce qu'il vous faict. Et que de sa part vous dira le Sieur de Biron. Vous asseurant bien, que vous ne luy sauriez faire plus de seruice que continuans comme vous faites à viure en repos, vnion & amitié

amitié sous son obeissance. Ce qui luy sera aussi grand plaisir d'entendre que vous respectiez ledit Sieur de Biron vostre Gouuerneur conformemãt au lieu qu'il tient & à sa valeur & merite: duquel vous receuerez tout bon & gratieux traitement. De ma part je vous prie bien fort de croire que je moieneray tousjous ce qui sera pour vostre bien & auantage. En perseuerant par vous au deuoir de bons & loiaux sujets. Priant Dieu vous auoir, Messieurs, en sa garde sainte.

Messieurs, par ce que le Roy mon Seigneur & frere fait particulierement entendre son intention au Sieur de Biron & à vous sur les lettres que luy auez escrites & ce qu'il desire que faites & continuez pour son seruice & contentement: je ne vous seray longue lettre. Seulemẽt me remetray sur les siẽnes. Vous disãt neãtmoins que m'auez fait plaisir de m'escrire & auertir du bon ordre qui est en vostre ville & l'vnion, paix & amitié en laquelle vous viuez. Qui me sont nouuelles tres-agreables & seront de tant plus quãd persevererez comme je m'asseure en ceste bonne affection. Mesmement que ledit Sieur Roy mon frere vous en à donné tant d'occasion & vous gratifie ainsi que verrez par ses lettres & effets. Au demourant vous luy ferez seruice & vous sera honneur & auantage d'honnorer & respecter ledit Sieur de Biron selon le lieu qu'il tient & sa valleur & merite & luy obeir. Dont je vous prie bien fort & nostre Seigneur qu'il vous ayt en sa garde. Escrit à Paris le dixnetiéme Septembre. Signé Henry. Le Mareschal de Biron neantmoins aiant receu la lettre des Rochellois telle que dessus. Fut fort faché & par sa responce leur eust volontiers fait entendre combien leur graticusetté luy estoit mal agreable: sinon qu'il fut retenu d'vne esperance de paruenir à ses desseins par autre moien & pourtant il escriuit aux Rochellois la lettre suiuante.

Lettres de Monsei-gneur frere du Roy aux Rochellois.

Messieurs, j'ay entendu par vostre lettre & par les Seigneurs de Laubouïniere & Boisseau ce qui se passa hier en la Rochelle. Dont je suis tres-marry vous assurant deuant Dieu & mon honneur que l'intention & commandement du Roy estoiẽt au contraire: cõme je moustrerois par vne lettre de sa Majesté escrite au Sieur Barõ de la Garde & au Sieur de Moreilles & Treil mainard & autre dudit Sieur Baron à moy. Qui faisoit mention du commandemẽt qu'il auoit. Mais je ne sçay quel vent à couru ou quel humeur d'aller au contraire. Tant y a qu'il n'a sçeu aucunes nouuelles ny receu lettre de moy esperant le lendemain que arriuerois en vostre ville l'aller trouuer pour le faire retirer selon les lettres que le Roy luy en à escrit. Or encor que à mon grand regret je ne fais ce que j'estimois estre au contentement du Roy & au repos de vostre ville, du païs des enuirons & de tout le bien public du Royaume: si est-ce que je ne laisseray à despescher au Roy pour luy faire entendre ce qui s'est passé: auec toutes excuses accompagnées d'artifices pour les faire admettre & pour auoir des lettres de sa Majesté reiteratiues auec exprès commandement pour faire retirer lesdites Galleres & forces de ce païs. Ce pendant je vous prie bien affectueusement & instamment vous contenir en la bonne volonté que lesdits Sieurs de Laubouïniere & Boisseau vous ont laissez & que me mandez par vostre lettre. Qui est que voulez demourer en l'obeissance du Roy: & ostans lesdites forces & deffiances: vous demourez en vostre premiere opinion de me receuoir selon l'intention du Roy qu'il vous à fait entẽdre tant par lettre que par moy & par ceux des vostres que l'on vous à enuoiez en poste qui sont les sieurs de la Mothe & Bouhereau. Et vous prie croire que sans le desir que j'ay que la bonne intention du Roy fust executée & ne fut sophistiquée par autrui: que je n'eusse prins telle charge pleine de peine, trauail & calonnie. Car j'ay assez d'empeschemẽt en l'Estat & Office que j'ay en ce Royaume. Je vous prie, Messieurs, bien affectueusement que sa Majesté ne soit point deceuë de la bonne opinion qu'il à de vous & de l'assurance que je luy ay donnée. Qui sera fin me recommandant affectueusement à vostre bonne grace priant. De Surgeres ce vint sixiéme septembre. Le Baron de la Garde sur ces menées mettoit grande peine de faire entendre aux Rochellois qu'il estoit leur amy & fort desireux de leur bien & repos. Or par ce qu'ils se plaignoient souuẽt que le commerce leur estoit empesché par les Galleres qui contraignoient d'aller en Ré ou Brouäge les vaisseaux qui desiroient venir à la Rochelle: il s'escusoit fort par lettres disant que les vns estoient forbans & Pirates qu'il vouloit faire punir par justice. Et que les autres de leurs bon gré auoient pris port ez lieux susdits. Bref qu'il ne vouloit empescher leur commerce & trafic en aucune sorte. Les Rochellois firent responce aux lettres du Roy, de la Royne mere & de Monsieur selon que le tout est icy couché.

Lettres du Sieur de Biron aux Rochellois.

Le Baron de la Garde aux Rochellois.

Lettres responcieus des Rochellois au Roy.

SIRE nous randõs graces immortelles à vostre Majesté, de l'assurance de nos intentions & fidellitez.

Octobre 1572.

fidelitez qu'il vous à pleu declarer par vos lettres closes enuoiées par le Sieur d'Audenars: lesquelles nous ont d'autant plus resjouïs entendans voftre volonté & commandement de rapeller ou enuoier loin de nous les forces qui nous tiennent comme aſſiegez huit mois à, par mer & par terre: & renouueller vn repos & tranquillité, reſtabliſſant le commerce ceſſé. Ce que auſſi Monſieur de Biron noſtre Gouuerneur nous à promis faire, ce qui n'a point eu d'effet. Mais ſe ſont de plus pres aprochées & aſſemblées. Et à meſme jour que le ſieur de Biron ſapprocha & n'eſtoit qu'a deux lieuës de ceſte ville: Monſieur le Baron de la Garde ſapprocha auſſi auec ſes Galleres & Nauires pour entrer auec quelques intelligences d'aucuns eſtans au dedans, deliberez de ſeſleuer. Ce qui nous mit en vn merueilleux eſmoy aiant ce meſme jour eſté auertis des nouueaux mal-traitemens faits à ceux de la Religion en aucunes villes & lieux non gueres eſlongnez de nous, par ceux qui commandoient en icelles ſous l'autorité de voſtre Majeſté. Parquoy fuſmes contraints ſupplier ledit ſieur de Biron de ſurſoir de venir en ceſte ville, juſques à ce que par la retraite & eſlongnement des forces nous puiſſions en ſeureté & liberté telle qu'il plaiſt à voſtre Majeſté le receuoir, l'honnorer, luy obeir comme noſtre deuoir le porte & ſuiuant vos Edits de pacification puis qu'il vous plaiſt iceux y eſtre entretenuz. Ce que ſupplions treſ-humblement voſtre Majeſté (Sire) n'imputer à aucune mauuaiſe intentiõ: ains nous excuſer en ceſte part & cõtinuer celle voſtre cõfiance & certaine aſſurãce de noſtre loyauté & treſ humble & entiere obeiſſance. Comme nous aſſurons que ſous icelle vous conſeruerez nos biens & nos vies dediez à jamais au ſeruice de voſtre Majeſté. Prians Dieu (Sire) qu'il luy plaiſe icelle maintenir en ſa grace auec toute proſperité. De voſtre ville de la Rochelle ce vintneufieſme Septembre.

A la Royne mere.

MADAME n'aians jamais eſté en autre volõté & intention que de porter toute obeiſſance treſ-humble à vos Majeſtez: & ſachans le deſir qu'auez de noſtre bien & repos: nous auons fait & faiſons tout deuoir d'y continuer. Combien que ſoions eſtrangement troublez par les forces qui nous enuironnent huit mois à & plus. Toutefois puis qu'il a pleu à vos Majeſtez qu'elles ſe retirent: nous en receurons vn grand & ſingulier bien. Et dont rendons graces treſ-humbles à voſtre Majeſté, Madame. Ce qui nous donnera moien de receuoir, reſpecter & obeir à Monſieur de Biron noſtre Gouuerneur ſous l'obeiſſance de vos Majeſtez. En laquelle perſeuerons à jamais au deuoir de treſ-bons, treſ-fidelles & treſ-loiaux ſujets. Et d'auſſi bonne affection que nous prions Dieu, Madame, vous croiſtre en ſa grace tout heur & proſperité.

Monſeigneur les lettres qu'il à pleu à voſtre Excellance nous eſcrire, nous ont ſeruy comme d'vn eſperon au cheual courant ſa carriere: nous rechauſant d'autant plus au deuoir du treſ-humble ſeruice & obeiſſance à leur Majeſté & à vous. Enquoy nous continuerons à jamais, aiant receu ceſt auantage que d'entendre le commandement de faire departir les forces qui nous tiennent depuis huit mois, comme aſſiegez. Dont nous deſirons & attendons l'effet pour auoir moien de viure en repos & tranquilité auec tel reſpect, honneur & obeiſſance qu'il a partient receuoir Monſieur de Biron & les commandemens de leurs Majeſtez & de voſtre Excellance. Laquelle nous prions Dieu, Monſeigneur, vouloir augmenter en ſa grace de toute felicité.

Conſeil de la Rochelle

LES Rochellois neantmoins, voians que ces forces ne deſplaçoient: ains ſe portoient ja comme ennemies continuerent en leur premiere reſolution. Or d'autant qu'aux affaires qui ſe preſentoient à la Rochelle leur eſtoit beſoin tenir pres de la perſonne du Maire vn Conſeil d'hõmes affectionnez au party & à la conſeruation de la ville. Combien que le Conſeil euſt accouſtumé eſtre choiſi de vintcinq Eſcheuins & ſoixante & quinze Pairs que font les cent de la ville. Toutefois par ce que les Bourgeois & forains auoient pareil intereſt en ceſte cauſe que ceux de la maiſon de ville: fut deliberé y admetre des Eſcheuins, Pairs Bourgeois & eſtrangiers quatre de chacune deſdites quallitez. Entre les Eſcheuins furent nommez Pierre, Lieutenant general à la Iuſtice, des Mortiers, Villiers, Moriſſon. Et Huet, & par ce qu'il y auoit cinq Eſcheuins, furent ſeulement nommez trois Pairs auec quatre Bourgeois. Pour les forains furent éleuz quatre Gentilshommes. Languillier, ſaint Eſtienne, Rocheſnard & les Eſſars. Et du conſentement de tous fut appellé pour aſſiſter au Conſeil Etambé autrefois Preſident de la Chambre des comptes à Nantes. Aucuns deſiroient qu'il y euſt à ce Conſeil quelques Miniſtres. Mais ils ſ'excuſerent ſur l'importance de leur charges. Promettant tant ceux de la ville que les forains de ſi trouuer toutes fois & quantes qu'ils y ſeroient appellez. Et par ce

qu'il

LIVRE TRENTEVNIEME. 107.

qu'il y auoit en ville beaucoup de soldats refugiez qui n'auoient moyen de s'entretenir. S. E-
stienne fut esleu pour commander aux gens de cheual & dressa vne Cornette qu'il tint aux
champs pour empescher que l'ennemi ne fourrageast le païs d'Onis nommé le Gouuernement de la Rochelle. Les autres qui n'auoient moyen furent appointez par le Maire. De l'auis
du mesme Conseil des Essars, la Riuiere le Lys, le Normand & Virollet dresserent chacun v-
ne compagnée de six vints harquebuziers forains paiez à dix liures par mois. Outre ce quatre autres Cappitaines auoient chacun de vintcinq à trante soldats forains payez comme dessus qu'on nommoit les quatre petites compagnées. Puis la ville auoit huit autres compagnées
chacune de deux cens hommes pour le moins sans celle du Maire. Deux cens autres volontaires y retirez sans s'enrooller se garderent pour les occasions esquelles ils esperoient faire
leur deuoir.

<small>Soldats en-rollez à la Rochelle.</small>
<small>Gens de guerre en la ville.</small>

    Comme les Rochellois resolus à leur deffence dressoient les preparatifs pour se maintenir
contre l'effort de leurs ennemis : les autres cartiers plus eslongnez de la France ne tarderent
gueres à prandre mesme resolution & tendre à mesme fin que ceux-ci. Montauban se resolut
assez tost comme je vous diray ailleurs. Peu fallut que ceux de Nismes ne rendissent la ville
à leur Gouuerneur. Plusieurs des principaux estonnez de la cheute d'vn si gros orage que celui de Paris (l'impetuosité duquel distilloit encor en tant d'endroits du Royaume :) s'escou-
loient en diuers lieux. Quelques autres quittoient la Religion se retirans de bonne heure ce
leur sembloit és villes Catholicques cercher le pardon qu'ils esperoient auoir par tel moien.
Aucuns detestoient la Religion & l'abjuroient à descouuert. Ce pendant Ioyeuse Lieutenant
pour le Roy en Languedo sollicitoit le reste à receuoir la Garnison du Roy. Eux respondent
apres plusieurs semōces qu'ils veulēt obeir au Roy. Toutesfois à cause des meurtres si frequēs
de leurs freres: qu'ils ont juste occasion d'estre sur la garde. Ioyeuse rechargeoit les asseurant
par tous moiēs propres de la bonne volonté du Roy, qui les vouloit entretenir en paix sous le
benefice de ses Edits. Il y a siege Presidial à Nismes, ressortissant au Parlemēt de Tolose : à cause de ce la pluspart des habitans sont de robe longue & Iusticiers : bonne part desquels estoient
d'auis qu'on preuint la bonne grace du Roy par la reddition de la ville. Mais la pluspart du
peuple & aucuns des principaux, entr'autres Clausone Conseiller zelé à son parti & de creance en ville : maintindrent qu'il ne se falloit rendre puis qu'en ouurant les portes il faudroit
tandre les poitrines aux glaiues des meurtriers. Occasion que crainte que les partisans de
Ioyeuse qui jour & nuict hors & dedans praticquoient tous moiens de se rendre les plus
forts : establirent grosse Garde où tous assistoient pour remarquer les sortans & entrans en ville. Surce les Consuls assemblent le Conseil de ville pour se resoudre en telle occurrence.
Où y eut diuersité d'auis ; tendans plusieurs à se rendre pluftost qu'opiniatrer auec si peu
de moiens à vne euidente ruine. Les autres gangnerent neantmoins : qui opinerent qu'il
ne se falloit point haster : ains prandre Conseil sur les occurrances. Que Dieu leur assisteroit, & que s'il falloit mourir en vne juste deffence (ce qu'ils taschoient d'euiter) encor cela seroit plus supportable que de se liurer és mains des brigans qui leur feroient mesme
grace qu'à ceux de Paris, Lyon, Rouēn, Castres & autres villes. Que la mort de ceux qui
resistoient à l'injuste fureur de l'ennemi : estoit plus douce & honneste que de se laisser
massacrer par les bourreaux. Que cette resistance estoit legitime de droit Diuin & humain. Qu'ils ne leuoient point les armes les premiers ; en surprenant mesme l'ennemi s'il
leur estoit possible : ains repoussoient seulement par deffence legitime la violence des
massacreurs armez du nom & autorité du Roy. Que si ils y mouroient, leur mort seroit
precieuse deuant Dieu, qui pour certain les regarderoit en pitié & leur donneroit quelque ouuerture en si grandes extremitez. Qu'il falloit en silence & patience, auoir recours
à celui qui aiant fait la plaie y sçauroit aplicquer le remede conuenable. Qu'au delay de
se rendre n'y auoit aucun danger : ouy bien en cette precipitation conseillée par les
mal-asseurez : veu qu'en different, les moyens de resister ou d'eschapper se presenteroient
ou se feroient voir plus ouuertement. Les remontrances & autres raisons gangnerent la
pluralité des voix : qui conclurent de ne receuoir Garnison : ains attendre vn temps plus
doux. Et que ce pendant on respondroit paisiblement au Baron de Ioyeuse. Ils auertissent

<small>Estat de Languedoc.</small>
<small>Nismes.</small>
<small>Raisons sur lesquelles ceux de Nismes se resolurent au refuz de garnison Catholique.</small>

Oo

Nouembre, 1572. Prouence.

ceux de Seuenes & Viuarets de leur resolution & les exorterent à semblable deuoir, pour les voir assaillis de mesmes armes qu'eux. Quant à ceux de Prouence le vieux Comte de Tende mort & son fils le Comte de Someriue : le Gouuernement fut donné à Gaspart du Saux dict Tauanes Mareschal de France qui feut au lieu du Marquis de Vilars fait Amiral employé en Guyenne ; comme je vous diray ailleurs. Il tint les Prouenceaux si craintis que rien ne se remua.

Estat du Viuarets.

LE Roy auoit enuoyé pour Gouuerneur en Viuarets Logieres Cheuallier de l'ordre. Les Protestans toutefois y estoyent les plus forts. Mesmement dans Aubenas, Priuas, le Pouzin & Villeneufue qui sont les principalles & plus importantes places du pays. Les Catholiques voyans les incommoditez du Pouzin qui commande au Rosne, s'en saisirent soudain.

Ville Neufue de.

Mais Villeneufue se voulut du commancement maintenir neutre. Elle est petite ville sise en lieu commode pour les habitans qui y ont leur bailliage resortissant par apel à Nismes. Les Catholiques & Protestans s'estoyent accordez à se deffendre & maintenir tous ensemble:

Neutralité pour se deffendre contre tous.

disans qu'ils estoyent freres & Concitoyens. Et qu'il falloit de commune volonté resister à ceux qui troublet le repos de la France. Ils accordent en somme par serment solennel d'eslire deux Capitaines des deux Religions qui tour à tour feroyent les rondes, patrouiles & reueuës tant de nuict que de jour : en telle sorte que le Catholique veilleroit sur les Protestans & l'autre au rebours. Affin d'euiter toute mauuaise opinion Mirebel fut esleu par eux. Et Baron par les Protestans. Ainsi continuerent leurs trafics & particuliere negoces jusques à ce que aucuns Catholiques auertirent le Gouuerneur de s'approcher de la ville auec forces qu'ils assurerent de mettre dedans. Logieres se presente auec commandement au nom

Villeneufue surprinse par les Catholiques.

du Roy à Mirebel de luy ouurir ce qu'il faict. Et auoir mis Gardes aux portes reçoit les troupes qui de toutes pars s'assemblerent autour de luy : pendant que Baron glissé dehors & à son desceu se retire à Mirebel petite villette prochaine où auec Pradelle Gentilhomme

Mirebel pris par les Protestans.

du lieu, il se saisit du Chasteau & fut depuis la retraicte de tous les Protestans. Mesmes qu'ils se mirent à la fortifier comme ils entendoyent. Logieres tachant de persuader à tous qu'il les vouloit entretenir sous le Benefice des Edicts Royaux : interpelle Aubenas & Priuas. Mais resoluës de se conformer à l'exemple de Nismes à ne receuoir Garnison : Ils aymerent mieux achepter le repos que Valeton paya au double. Quelque Protestans du pays se saisirent aussi de la ville & chateau de Chelar en mesme moys apres la derniere Paix. Le Capitaine la Mote fut delaissé Gouuerneur au Chasteau auec petite Garnison. Les nouuelles de Paris ouyes & se retrouuant la Mote à Valence où il asseuroit de Gordes de sa Place : fut auerty de la prise d'icelle. Car ceux de la ville ayant tenu le

Cchellar surpris par vne cauerne sur les Catholiques.

Chasteau aux autres guerres : auoyent faict vne Cauerne sous terre pour s'y sauuer s'ils eussent esté forcez quand le Capitaine la Torrette les assiegea : la Cauerne alloit respondre en vne des caues de la ville & n'y auoyt que cinq ou six des principaux qui le sçauoyent. Lesquels se voyans traitez autrement qu'ils ne desiroyent : Et sur tout forcez à la Messe : Ioinct la crainte de la Garnison qui les menaçoit de mort. Ils leuerent la pierre qui bouchoit l'entrée de la cauerne par laquelle entrans de nuit & tuans la garnison du Chasteau & ceux qui se deffendirent s'asseurerent de la place. Surce le Baron de Ioieuse ne cessoit d'escrire à ceux de Nismes & les exorter de faire cesser les Presches suiuant les Edits

Presches ostez en Languedo.

afin de n'estre declarez rebelles. Ce qu'ils firent & ne preschoient que de nuit. Ou (comme en toutes choses deffendues le desir croist) y alloit plus de peuple que de jour : s'accommodant par ce moyen & à l'intention du Roy & à la necessité du temps. Ceux des Seuenes & Viuarets se conformerent à leur exemple : mais resisterent tousjours aux Garnisons qu'on

Remonstrãces au sieur de Ioieuse pour ne receuoir garnison à Nismes.

leur offroit, remonstrans les refuser pour la seureté tant de leurs vies que de leurs consciences. Prians Ioyeuse de juger droitement de leur intention. Qu'ils n'aiment rien tant que la paix & le repos pour rendre telle obeissance au Roy qu'ils doiuent. Et qu'il ne tiendra à eux ; pourueu que par bons moiens on leur oste toute juste deffiance. Si au contraire on suit le train accoustumé de tendre les filets & embusches, & qu'on se gouuerne comm' on a fait le passé : ils sont prests de souffrir tous les maux du monde plustost que tendre le col au cousteaux des brigãs & massacreurs. Que c'est à faire à gens insensez de se precipiter de gayeté de cœur à vn peril si euidet. Là dessus ils mõstrent l'iniquité des meurtres publics. Et auoir descouuert lesperjures & malheurtez cõmises en ce faisant : maintienēt qu'il est permis par droit diuin & humain

s'opposer

s'opofer à la violence des meurtriers. Et qu'ils ne prennent poinct les armes contre le Roy: ains contre des brigans qui abufent furieufement & impunement de l'auctorité Roiale. Nous fçauons bien, ajouftoyent-ils, quelle eft noftre portée ; qu'elle & combien grande eft la puiffance de noz ennemis. Mais nous ne doutons nullement que D I E V jufte vengeur n'affifte en temps propre à nous poures opreffez, pour nous faire la grace de garentir & defendre nos vies contre la violance des brigans: ou finir nos jours en vne saincte refiftance qui tefmognera à la pofterité combien eft deteftable l'iniquité de nos ennemys. Et qu'elle a efté noftre conftance & grandeur de courage a maintenir jufques au bout vne jufte querelle. Remetant l'euenement à D I E V & bien joyeux au milieu de tant d'angoiffes d'eftre affiegez à tort. Et d'auoir pour apuy vne bonne confcience qui nous fera auoir vn fuccez heureux en la vie & en la mort.

Qvant au Dauphiné les Proteftans efpars qui ça qui là : n'y tenoyent vne feule place. Et y auoit garnifon Catholique en toutes les villes. La Nobleffe, Iufticiers & financiers effroyez de la tempefte Parifiene qui continuoit en tant d'endroits : fe cachoyent, peur du Tonerre. Ioinct les affectueufes prieres que de Gordes leur Gouuerneur leur en faifoit. Et les aparentes menaces d'vn autre portemant que paifible. De tous ces refroidis les vns fe cachoyent, les autres vidoyent pays : plufieurs abjurerent leur Religion comme vn millier de Francez. Mombrun arrefté par les promeffes & menaces que le Roy luy fit tant par lettres que meffages & inftamment folicité à fe tenir coy par deGordes: n'oza remuer n'y atenter chofe qui foit. Vous verrez comme il fe porta par apres. *Eftat de D'auphiné. Proteftans refroidis reuoltez. Mombrum.*

Parmy ces preparatifs & recommancement de nouuelles mais plus grandes douleurs que les paffees : aparut au Ciel vne nouuelle eftoille grande comme l'eftoille du jour & merueilleufement claire fur le commancement de la nuict, aupres la Caffiope ayant la figure comme d'vn Rhombe ou l'zOenge. La parution en fut remarquée par Corneille Geme Aftronome: le 9. Nouëbre fur le foir. Et dit qu'elle ne bougea de fa place l'efpace de trois femaines. Et eft en opinion com'-auffi plufieurs autres qu'elle reffembloit à l'Eftoille qui aparut aux Sages qui vindrét adorer Iefus Chrift en Bethelem apres fa naiffance. Elle fut veuë l'efpace de neuf mois ou enuiron en France, Angleterre, Efcoffe, Allemagne & autres endroits auec grande merueille de plufieurs. *Eftoille nouuelle.*

Pour n'oublier ce qui eft auenu aux païs voifins du Dauphiné & Viuarets: auffi toft que les nouuelles des deuotiōs Parifiennes furent femées au païs de Vellay tenant au Viuarets: Rochebonne Gouuerneur & Senefchal du Puy fit entédre à chacun que l'intentiō du Roy eftoit que tous allaffét à la Meffe. Et qu'il auoit affez de moiens pour les y faire obeïr: ils ne fe môftroiét tels que fa Majefté defiroit. Les vns quitteret leur Religiō, les autres fe retireret au Viuarets ou hors du Royaume. Aucūs conillerent atédās la pluie à paffer. Ceux de S. Voy qui eftoiēt tous de la Religion: apres auoir publié le Ieune pour leur abaiffer les cœurs, & efleuer leurs efprits en haut: continuerét les preches. Le Capitaine Vachereffes qui aux dernieres guerres auoit cōmādé au Chafteau de Deueffet: fachāt que le Chafteau de Beaudifné eftoit aifé à fortifier à caufe de fon affiete fur vn haut roc, hors de fape & de mine, & n'eftant cōmandé d'aucune môtagne: delibera de s'en emparer. Mais craignāt que les Catholiques y miffent garnifon & pour ofter toute doute qu'il s'en vouluft faifir: fort de Dezague ville du Viuarets 3. lieuës de Beaudifné & fuiui de quelque foldats met le feu au corps du logis de ce Chafteau qui n'eftoit pour lors flāqué ny tenable en cet Eftat. Ce qui fit pēfer à tous qu'il n'auoit enuie de fi retirer. Mais reuenu toft apres auec 50. foldats quelques Maçons & Charpētiers: repara le lieu en toute diligēce. Les Catholiques alors batēt le Toque-fain par tout le Vellay: puis rafamblāt biē 2. mil que foldats que Payfans, y vont pour empefcher la fortificatiō qui ne ceffa pourtant: plufieurs foldats Artifās tenāt l'arquebuze prefte d'vne main & l'inftrumēt à trauailler de l'autre. Si biē qu'auertis 2. jours apres que fecours de 150. foldats venoient aux affiegez de Viuarets: fe retirerēt en dilligēce: lefquels toutefois furent pourfuiuis par le fecours & la garnifon joints en vn. Peu toutefois y furent tuez. Depuis Vachereffes fit plufieurs courfes fur les bourgades qu'il força à la contribution du Chafteau pour en entretenir la Garnifon. Quelque temps apres S. Vidal Gouuerneur du Vellay & de Barge Gouuerneur du Viuarets tacherent mais en vain de furprendre la Place qu'ils trouuerent tousjours bien gardée *Eftat du pays de Vellay. Beaudifné. Ruze.*

L'HISTOIRE DE FRANCE.

Nouembre, 1572.
Ispaly.

Le Capitaine Guyard du Puy en Vellay, se saisit Dispaly petite ville & Chasteau apartenant à l'Euesque du Puy & situé à la veuë de la ville du Puy. Et le garda quelque téps auec beaucoup d'incommoditez pour ses voysins. Puis Saint Vidal l'assiegea, mais n'y gangnant rien qu'vne harquebuzade: Il pratiqua vn Capitaine de la Garnison lequel aydé par quelque Soldats siens, tua Guyard & auec sa teste rendit la Place au Gouuerneur. D'ailleurs le Montejou renommé pour la prise & mort de la Motte Goudrin: passé du D'auphiné au Viuarez & de là en Velay où il auoit esté faict Chef: se mit peu de moys apres en campagnée auec quelques troupes pour essayer de reprandre le Chasteau de Fay que le Capitaine Mathias reuolté aux Catholiques auoit rendu. Mais tombé en embuscade & sa Compagnie deffaicte fut tué sur le Champ combatant à cheual pource qu'il ne se pouuoit soustenir sur ses jambes à cause des maux soufferts en prison pour la mort de la Mote Gondrin. Depuis Saint Vidal reprit les Chasteaux de Saint Quentin & de Chatenil où il fit pendre vn Ministre. Et suiuant sa victoire assiegea la ville de Tense assisté des troupes que ceux de Lyon luy auoyent enuoyé de renfort. Ayant Canoné la place comme les assiegez parlementoyent: vn Catholique de la ville trouua moyen de faire entrer les assiegeans, qui en firent vne grande boucherie. Car apres les auoir cruellement meurtris: ils leur fandoyent le ventre leur arrachoyent les boyaux & entrailles pour y cercher de l'Or. D'autant qu'ils en auoyent surprins vn aualant quelques pieces d'or qui pensoit se sauuer a composition. De là les Catholiques attaquerent le Chasteau de Mons pres Saint Paul que l'Ange auoit surprins quelque temps auparauant. Et bien qu'il fust fort d'assiete: toutefois apres qu'on eut osté aux assiegez la fontaine qui est à la porte du Chasteau: ils se rendirent vie & bagues sauues. Mais on en tua la plus part. Le Baron de Saint Prie en mena six en son Chasteau pres Saint Estienne de Forests où aucuns les auoir tué on les fit porter en la place de Saint Estienne pour effrayer leur Compagnons & asseurer les Catholiques. Ceux de Saint Voy tous de la Religion éfrayez de tant de victoires & cruautez; enuironnez de Garnisons à deux lieuës autour & se voir à descouuert en lieu champestre: cesserent de prescher. Mais furent tellement tormentez que plusieurs furent forcez de se sauuer au Viuarez. Ils estoyent plus de de huict cens familles qui depuis douze ans n'auoyent ouï de Messe: instruicts par Bonefoy qui auoit esté leur Vicaire & depuis retiré à Geneue fut renuoyé là pour Ministre. Ie vous garde le surplus à autre endroit. Reprenons les affaires des Rochellois.

Montejou, Fay.

Tense assiegée.
Protestans fendus & euentrez pour y cercher or.

Saint Voy.

Le Sieur de Biron poursuit dentrer en la ville.

Le Mareschal de Biron poursuiuant son entreprise: s'en alla en Brouäge pour conferer auec Strossy & Baron de la Garde. Puis du premier Octobre escriuit aux Rochellois offrant eslongner toutes les forces qui estoyent autour leur ville tant par mer que par terre: & les faire retirer au lieu d'où ils ne pourroyent auoir juste deffiance. Et moyennant qu'ils bailleroyent seureté conuenable de se maintenir en la ville sous l'obeyssance des Edits de sa Majesté. Et qu'ils receuroyent celuy que le Roy voudroit enuoyer pour son seruice. Ce fait le Baron de la Garde par vne lettre du mesme jour escriuit aux Rochellois qu'il s'emerueille com'ils font difficulté de receuoir le Mareschal de Biron: parce que le Roy qui a grande fiance en eux: pense que cela soit desja executé: les assurant qu'en general & en particulier il s'employra pour les gens de bien de leur ville, s'assurant qu'ils ne refuseront les offres dudict Sieur de Biron qui sont honnestes & auentageuses.

Le Baron de la Garde aux Rochellois.

Lettres de Strosse aux Rochellois pour la Paix ou la guerre.

Strosse aussi duquel les lettres estoyent plus respectées: leur propose qu'il choisissent la Paix ou la Guerre. Sçauoir la Paix en obeyssant à la Majesté qui est le seul moyen de conseruer leur vies, biens & honneurs. Deliurant la France des grande calamitez. Comme au contraire la guerre bien sanglante ne leur peut manquer sils continuent en leurs dilayemans. Sur quoy les Rochellois ayans receu lettres toutes d'vn mesme Conseil & de mesme argument: se sentoyent reduicts à grande necessité. Et parce qu'il leur sembla raisonnable de deux maux occurrans eslire le moindre: trouuerent resolument par tout discours: que la Paix telle qu'on leur vouloit donner: estoit le plus grand mal & la guerre le moindre. Si que cerchans quelque bonne & ferme asseurance contre tant d'incertitude: ne trouuerent remede plus propre que la deffiance. Pource toutes choses debattues leur firent vne briefue responce, contenant en somme qu'on leur promettoyt beaucoup & que rien ne s'effectuoyt. Que personne de ce monde ne sçauroyent estre plus desireux d'vne bonne paix qu'ils estoyent. Qu'on leur faisoit entendre vne droicte intention

Resolution des Rochellois.

Lettres responciues des Rochellois au Baron de la Garde & Strossi sur leur resolution.

& sin-

& sincere affection de sa Majesté. Et que neantmoins ils estoyent molestez & foulez contre ceste intention. Au reste que leurs lettres precedentes & leurs paisibles comportemans monstrent clairement la bonne volonté qu'ils ont au seruice de leur Majestez. Le Mareschal de Biron enuoya en ville la Riue Gentilhomme Protestant pour sçauoir plus entierement la volonté des Rochellois les prians par lettres de l'esclarcir de toute leur intention. Au semblable Douarty de mesme Religion & qui aux precedens troubles auoit sejourné longuement à la Rochelle: escriuit aux Rochellois à sa Requeste, les priant faire Estat des remonstrances de la Riue. Qu'ils se doyuent asseurer des promesses que leur fera le Sieur de Biron & qu'ils se donnent garde de donner argument aux malins d'executer de plus grandes cruautez par toute la France. Le Baron de la Garde escriuit aussi aux Rochellois qu'il à bon espoir que tout se portera bien. Et leur donne conseil de deputer deux de la maison de ville qui allent trouuer le Mareschal de Biron pour arrester auec luy la forme qu'il faut tenir pour faire retirer les forces qui sont autour la ville. Et pareillement les estrangers estans en la ville. Et qu'en son particulier ils doyuent autant esperer de luy que d'amy qu'ils ayent. Les Rochellois à ce continuerent leurs precedentes responces, & par ce qu'ils escriuirent bien au long au Mareschal de Biron par la Riue & que la lettre est de cõsequance, vous la verrez.

Lettres d'aucuns Protestans aux Rochellois en faueur de Biron.

MONSEIGNEVR apres auoir rendu responces aux lettres qu'il auoit pleu à vostre grandeur nous escrire par vostre trompette: nous auons receu le jour d'hier par Monsieur de la Riue la recharge que nous auez enuoyées, desirant d'entendre nostre resolution sur ce que nous auez escrit & ce que demandons. Aussi auons entendu ce que ledit Sieur de la Riue nous a dict de vostre part. Vous supplians tres-humblement de nous excuser si plustost ne vous auons fait responce: Et par escrit qui nous à esté rapporté de vostre part par Monsieur de Thonay Boutonne. Car d'autant qu'il ne portoit que parolle: nous pensions auoir satisfaict par parolle. Mais nous sommes tresdeplaisans de ce que comme nous pensions auoir faict que, par nos lettres du vintsixiéme Septembre, nous ne vous auons mieux esclarcy nos volontez tres-bonnes & plus affectionnées pour le bien & seruice de sa Majesté & la vostre sous son obeyssance. Dont vous supplions tres-humblement nous excuser. La briefueté de nostre responce à peut estre donné cause de l'obscurité. Si est-ce que par tout ce que vous auez escrit & faict dire par vos deputez: il nous à semblé vous auoir mis deuant les yeux le miserable & calamiteux Estat de ce temps: & mesmement de ceste ville. La tresjuste douleur que nous auons de nous voir si long temps hostilement traictez. L'orreur des exemples prochains. Les causes toutes claires de nostre crainte & deffiance: non point de vostre grandeur mais de plusieurs ennemis apertemant declarez de cete poure ville. L'extreme peril auquel nous sommes exposez. Et le desir affectionné que nous portons au bien, repos, vnion & tranquilité commune. Nos comportemans paisibles en occasions s'y esmeuës & troublées. Et la singuliere affection & sainte liberté en laquelle sa Majesté nous à declaré nous vouloir maintenir. Pour ces causes auons supplié vostre grãdeur, comme faisons encor treshumblement, Monseigneur: de ne prendre en mauuaise part l'eslongnement que auons fait de vous donner entrée en ceste ville. Que au parauant qu'y entrer il vous pleust enuoyer si loin toutes les forces qui nous causent telles craintes: que nous puissions estre hors de tout doute & vous receuoyr en toute seureté, paix & repos suiuant les Edicts de Pacification. Et vous pouuez bien asseurer qu'il n'y à eu de nostre age Gouuerneur mieux venu, respecté, honoré & obey que vous serez de nous, si ce bien nous estoit auenu. Et donneriez moien à quelques poures gens: lesquels s'ensuians sauuez des massacres: & autres qui ne peuuans demeurer en seureté en leur maisons se sont retirez en ceste ceinture à couuert: de prendre leur liberté ailleurs & à nous de les en faire sortir le plus doucement que nous pourrions. Ce que auenant, ne pouuons honnestement faire & en seureté mesme de nous pour le nombre qui y est. Car d'estrangers il n'y en a vn seul, bien y sont quelques vints où trente Gentils-hõmes: plusieurs de nos voisins & qui pour n'estre pillez, saccagez & tuez en leur maisons: sont venus ici. Ausquels n'auõs peu refuser honeste retraite. Tous lesquels y sont en pareille deuotion que nous. Et n'y a celluy de nous qui n'aie receu vn tres-grand mal contentement du rapport qu'on nous a dit vous auoir esté fait & qu'on vous à esté cercher en vostre logis à la Iarrie le soir que vous partistes, pour vous outrager. Car nous

Lettres responciues des Rochellois au sieur de Biron.

Comme les Rochellois veulent receuoir le Sieur de Biron.

Estrangers nul en la Rochelle mais nombre de volsfins.

n'y auons pensé. Ce sont peut estre quelques coureurs qui tiennent les Champs desbandez des compagnies de l'armée & lesquels n'auons voulu receuoir en nostre ville & n'approuuons leurs actions en aucune chose & moins en celle là : Mais font beaucoup de nuissance & telles que si ne craignions trop entreprendre : ferions saillie sur eux pour les tailler en pieces. Comme du tout & de l'Estat de ceste ville : Le Sieur de la Riue vous pourra faire le discours. Nous vous supplions tres-humblement ne nous imputer ceste insolence, de laquelle nous n'auons rien sceu que par rapport & serions bien marris de l'auoir consenty. Ains vous assurer que nous desirons tous faire treshumble seruice à vostre grandeur d'aussi bonne affection que saluons treshumblement vos bonnes graces, & prions DIEV, Monseigneur. Le Baron de la Garde qui n'estoit moins affectionné à la reduction de la Rochelle : leur enuoya deux lettres à mesme fin.

Lettres du Baron de la Garde aux Rochellois.

MESSIEVRS incontinent que nous eusmes veu voz dernieres lettres Monsieur de Biron, le Sieur Strossy & moy : commançasmes à faire acheminer les gens de pied & les eslongner de vostre ville. Affin que personne ne peust dire qu'on vous veuiles faire aucunes surprinses. Et du costé de la mer je fis renuoyer les Mariniers que j'auois faict venir en Brouäge pour armer quelques vaisseaux en volonté de les tenir si pres de voz Rades que ceux qui ont faict armer des Gallions : n'eussent osé sortir de vostre Haure. Nous auons faict tout cecy afin que sa Majesté connoisse que l'on ne vous à donné jamais occasion de vous plaindre comme vous auez faict. Voulans en tout & par tout comme nous deuons vous gratifier. Mais estant auerty hier matin de diuers endroicts & de personnages veritables que je croy : que vous autres permetez encores demeurer là entour vostre ville des compagnies des gens de cheual & de pied : Faictes armer & equiper des Vaisseaux dans vostre Haure & aussi au Plomb : Que journellement vos Chaluppes & Gallions font des depredations sur les poures sujets de sa Majesté. Et s'estans mis au deuoir de vouloir faire descendre en l'Isle de Rhé sans que jamais il leur ayent baillé occasion leur faire desplaisir sinon que l'on voulust prendre en mauuaise part la fidelle obeyssance qu'ils deuoyent au Roy, ainsi que DIEV le commande. Mettant ces choses en consideration & qu'il n'y a jour qui n'importe beaucoup à la foulle & dommage des poures innocents : Ie suis bien voulu moy mesme venir icy. Afin qu'il n'y aye plus d'allées & venues. Et que cependant on ne permette à ceux qui vous veulent mettre en la guerre, continuer en leurs pilleries & volleries pour vous dire franchement, que si & quand vous n'y pouruoyrez pour tout Dimanche prochain : nous y pouruoyrons ainsi que nous sommes obligez pour le deuoir de nos charges. Quant à moy je desireroys que vous voulussiez prendre la peine de deputer deux de vos Cytoiens pour venir jusques icy. Affin que nous auisissions les moyens qu'il faut tenir à vne chose de si grande importance : Et si ne voulez croire ma foy & mon honneur que je vous oblige de les vous renuoyer incontinant. Et s'il y a quelqu'vn qui en doute je vous enuoiray deux personnages de qualité qui ne bougeront d'entre vos mains jusques à ce qu'ils soient retournez. Ils respondirent à cela comme s'ensuit.

Turies à Bourdeaux.

Monseigneur nous auons tant de fois satisfaict au contenu de vostre lettre : & monstré par effet que nous sommes en tout deuoir de l'obeissance de sa Majesté (ce que nous ne trouuons de vostre part ayants tousjours vos forces autour de nous qui nous guerroyent :) que nous ne pouuos plus escrire que ce que nous vous auons escrit n'aguere sur ce : n'aians rien de nouueau sinon que nous sommes auertis qu'on à massacré ceux de la Religion à Bourdeaux. Et quant à nous n'auons rien entreprins n'y fait sinon de nous conseruer. Ce que nous ferons Dimanche & tous jours aydant DIEV. Auquel nous prions, mon Seigneur, vous changer la volonté de nous mal faire & nous mettre en liberté.

Autre lettre du Baron de la Garde.

Messieurs encores que m'ayez auerty par vostre lettre d'arsoir : auoir satisfait tant de fois à ce que vous escriuois. Si veux-je bien encore vous faire ceste cy pour la derniere que vous escriray jamais, si je ne vois bié par effet que vous aiez changé d'oppinion & de façon de faire. Car voulans dire la verité vous sçauez bien qu'ō ne vous à jamais guerroié encores qu'ē aiez donné toutes les occasiōs auec les armes descouuertes. Quant est de ma part ne vous ay jamais requis que vous laississiez entrer piece de ceux qui sont sous ma charge en vostre ville. Mais au cōtraire ay tousjours dit de vous garder : Puis q̄ le Roy se fioit en vous autres. Par ainsi je vous

prie

prie autant affectueusement que je puis de vous contenter de cela. Et est beaucoup. Et ne permerez que ceux qui se disent estre à la solde de vostre ville ou bien à l'entretenement, vinent sur les poures sujets. Et ceux qui nauigent pour gangner leur vie qui ne vous ont jamais fait desplaisir ny ceux de l'Isle de Ré dont la plus part sont de la Religion que dites vostre, soient ennuiez. Quant à ceux qui ont esté executez à Bourdeaux & autres lieux de ce Royaume je vous en diray la cause qui est pource qu'ō les à trouuez aux rolles des cōspirateurs côtre le Roy, la Royne mere, Messieurs ses freres. Et le vous peut faire croire le bon & hônesté traitement qu'ont les gens de bien qui sont aux villes, bourgs & villages lesquels viuēt en paix & sont honnorez & respectez, comme ils estoient au parauant les troubles, sans que en fait ny en dit on les offence aucunement. Voila qui me fait encor entreprendre de vous prier attendant la responce des lettres que vous auez escrites au Roy qui ont esté enuoiées en diligēce: empescher qu'il ne se face aucun mal ni desplaisir à personne. Et si voulez entretenir quelques gens pour vostre garde, faites le à vos despens, personne ne vous en garde. Me promettant cela je seray retirer les miens & me permets tant de Monsieur de Biron qu'il en fera le semblable. Estans ces choses si raisonnables si vous n'estes deliberez du tout de vous perdre: Ie tiens pour certain que les accepterez ne voulās autre chose de vous que vostre promesse comme je vous donne la mienne. Surce je priray Dieu, Messieurs, vous donner la grace de me croire plus que ceux qui ont tant d'enuie de vous mettre en guerre comme jay volonté de vous voir en repos. De ma Gallere Realle ce dixiéme Octobre.

Monseigneur nous sōmes bien marris qu'il ne vous plaist vous contenter de ce que nous vous auōs escrit. Enquoy pouuiōs auoir satisfait à nostre deuoir & en auez veu les effets de nostre part. Ce que ne voions de la vostre qui nous amonestez de paix: Et cōbienque huit ou neuf mois nous aues fait la guerre ouuerte prenans nos biens, vous voulez faire croire toutefois que c'est nous qui menons les armes. Chacun voit le contraire. Car il ne nous peut estre imputé auec raison que nous aions fait vn seul acte qui ne soit de tres-paisibles & obeissās sujets de sa Majesté. Qui ne faisons mais par force soustenons la guerre que vous nous faites: & nous en couurōs le mieux qu'il nous est possible. Chose permise pour juste & naturelle deffēce à nostre grand regret, perte & dommage. Et si nos voēsins ont eu quelque foulle ce n'a pas esté que par ceux de vos trouppes, que pour leurs insolēces n'auons voulu receuoir en ceste ville plus long temps que pour le respect de vous & de Monsieur de Strossi: conseruans ceste poure ville en son integrité. Laquelle suiuant vostre Conseil tres-bon en ceste part, nous de liberons garder par la grace de Dieu, comme nous sommes tenuz: pour obuier à ce que tels massacres n'auiennent comme és villes prochaines, que nous croions estre innocentes du crime que leur imposez. Et vous pouuons dire vne fois pour toutes, que tant que nous oirons & verrōs telles & si horribles nouuelles: & serons ainsi traitez cōme vous cōtinuez: nous nous plaindrons à bonne occasion deuant Dieu & nostre Roy. Qui est tout ce que vous pouuons promettre vous suppliant humblement, Monseigneur, de vous tenir pour satisfait puis que nous suiuons vostre Conseil. Et entrer en volonté de nous laisser viure en paix, repos & libertez & icelles affectuant nous prions Dieu.

Surce Douarty escrit au Maire le suppliant luy permettre enleuer de la Rochelle soixante quintaux de biscuit pour le nauire du Sieur Strossi sur lequel il deuoit aller: comme aussi le reste des vaisseaux auoient commandement de se retirer. Mesmes les gens de pié estoient commādez de se retirer promptement en Picardie. Demandoient outre quelque vins & de l'artillerie ajoutant qu'il n'eust fait ceste demande sinon qu'il sçauoit bien que cela ne pouuoit incommoder la ville & qu'il le pouuoit aisément executer. La reponce fut que les biscuits estoient aux particuliers qui sen estoient munis par ce qu'ils ne receuoient plus de farines ny de bleds à cause des passages qui leur estoient fermez, comme il sçauoit tres-bien. Quant aux vins: vandanges ne sont encores faites & n'espere qu'en recueillir pour la prouision de la ville. Touchant l'Artillerie le Maire disoit auoir satisfait par vne autre lettre. Laissons les affaires Rochelloises en si douteux estat pour voir si au cœur de la France les Protestans estoient plus asseurez.

Povrce que je vous ay cy deuant parlé de SANCERRE: & que j'ay assez de matiere pour vous en dire encore dauantage: je suis d'auis de vous effigier la ville & son contour pour mieux vous faire entendre ce que je vous diray ailleurs du dedans & du dehors de

Responces des Rochellois au Baron de la Garde.

Lettres & demandes Douarty aux Rochellois.

Sancerre & son paisage representez apres le naturel.

O o iiij

Octobre.
1572.

ceste place assiegée comme vous verrez cy dessous. Elle est assise au millieu & comme au centre du Royaume de France, au pays & Duché de Berry sur vne haute & roide montagne. Pource l'on n'y peut aller sans y monter de toutes pars: qui fait la place naturellement forte. L'endroit le plus accessible est entre le Midy & l'Occident tirant à Bourges. Elle prend forme ouale & presque ronde. Occasion qu'elle est bien peu flanquée par dehors & n'y a point mesmes que huit ou neuf tours à la ceinture des murailles. Elle contient pres de deux mille cinq cens pas de tour & quatre portes presque vis à vis & oposites l'vne à l'autre: sçauoir est porte Feuhard apelée vulguairement porte Cesar vers Septentrion au plus haut: & porte vieil au plus bas vers midy qui est la longueur de la ville d'enuirō sept cens pas. Sa largeur depuis porte saint André vers Occident jusques à porte Oison vers Orient est de cinq cens cinquante pas. Le Chasteau est situé au plus haut du mont entre porte Cesar & porte Oison y seruāt de muraille à la ville à laquelle il commande comme vne Citadelle. Il y a vne autre montagne plus haute apelée Lorme au loup si pres de la ville qu'elle peut commander au dedans: enuironnée de tous costes de collines & montagnettes, lesquelles com'aussi celle qui porte la ville sont presque toutes plantées en vignes qui rendent des vins fort renomez en la France: desquels ils trafiquent sur Loyre: les eaux de laquelle n'en passent qu'à vn quart de lieuë vers le leuant au port saint Thibaud où y a dix ou douze maisons entre lequel & la ville y a vne petite campagne de prairies & terres labourables. Et à vn trait d'arc vers la ville vn beau grand bourg fermé de murailles dit saint Satur du nom de l'abaie assez ancienne qui y est fondée. Vn peu plus haut & au pié du mont est le village de Fontenay ainsi dit à cause des belles fontaines qui y sōt: où les habitans or qu'ils aient plusieurs puits dedans la ville: vont prendre l'eau & lauer lexiues. Menestreul autre bourg en remontant de l'autre costé de la montagne en est à vn quart de lieuë. Il y a au reste plusieurs autres villages circonuoisins comme Cheueniol, Verdigny, Dury en vaux, Buc & autres. Le pays en somme est fort bon & fertile tant de blez que d'autres fruits necessaires à la vie humaine. Reste maintenant à vous faire conoistre l'Estat de la ville.

Ie vous ay cy deuant representé la crainte & partialité esquelles viuoient les retirez en Sancerre & les occasions d'icelles. Puis effigié la ville & son paisage apres le naturel. A present je vous veux monstrer comme ces passions creurent de plus en plus en leurs esprits. Mesmemant par la venuë des Cappitaines Durbois & autres lesquels dés le premier & suiuans jours d'Octobre auec plusieurs soldats tant de pied que de cheual: se presenterent en veuë de la ville. Sur lesquels aucuns sortirent à l'escarmouche, laquelle n'aiant pris fin notable; fut suiuie d'vne sortie que firent les Cappitaines la Fleur & Montauban sur les trouppes logées & barriquadées à Cheueniol. Sur lesquels ceux cy donnerent si brusquement que Durbois pris auec d'autres & quarante laissez pour morts: encouragerent les habitans d'ozer dauantage qu'ils n'auoient fait.

Sortie de ceux de Sancerre.

Vovs croiez bien que le reffuz d'entrée ne pouuoit amener que diuisions à Sancerre. Car les partisans de Fontaines & les amis des Deputez qui luy auoient obligé leur honneur de luy faire entrer: remuoiēt toutes pierres pour executer leur promesse. Remōstrās aux autres qu'estant beau frere du Comte, il aimoit la ville & auroit interest si la place estoit ruinée & les habitans destruits. Ioint qu'il ne demandoit l'entrée auec force, ains seulement luy dixiéme. Ne vouloit outre entrer au Chasteau: voire n'empeschoit qu'on ne fist garde pour s'asseurer. Mais les habitans & refugiez raportans à cela l'Estat des autres prouinces & comme sur telles feintes promesses l'enuoié par le Mareschal d'Anuille pour persuader à ceux de Castres à se porter obeissans aux Edits du Roy: auoit de nuit fait entrer contre sa parolle plusieurs cōpagnies de soldats qui les auoient ruinez. Et qu'à tel exemple & plusieurs autres semblables, Les Rochellois demouroient constans en leur opinion: se resolurent en ce que quand de Fontaines eust eu le vouloir d'accomplir ce qu'il disoit il: ne sçauroit l'executer n'y eux mesmes fauoriser en rien son dessein contre tous ceux de l'autre party qui s'y estoient retirez. Allegans que le temps estoit venu pour ne croire plus aux parolles & promesses des hômes. Et moins encor à l'affection que plusieurs Seigneurs disent porter à leurs sujets pour la conseruation de leur ville. Car le Roy a d'autres moiens assez pour les recompencer de telle perte. Que s'il entroit nul n'oseroit luy contredire à faire tout ce que bon luy sembleroit. Auec ce que son honneur ne luy permettoit coucher vne nuit en ville hors le Chasteau. Et ne souffriroit jamais que les habitans qui ne luy estoient pas seulement inferieurs mais comme sujets: luy

La Creuz.

deussent

LIVRE TRENTEVNIEME. 111.

deuſſent rien preſcrire: n'y rien faire en ville contre ſon vouloir. Le vint neufiéme Octobre il arriua à Coſne deux lieuës de Sancerre où pluſieurs de la ville luy furent faire la reuerance qu'il receut humainement. Ce qui cauſa plus de partiallitez que parauant. Et pource qu'il ſçauoit quelle eſtoit l'autorité & reſolution des refugiez en Sancerre: les pria de luy enuoyer quelques vns pour leur parler. Iean Minier d'Orleans & Iean Girardin Medecin d'Auxerre y furent deſpeſchez apres que deux Gentilshommes y furent entrez pour oſtages. Mais ſçachant qu'il n'auoit charge de les aſſurer de leur conſcièce & exercice de Religion en Sancerre: leur promettant toutes autres choſes en auantage: retournerent ſans rien faire. Adonc il ſe reſolut de les auoir par autres moiens. Il auoit comme j'ay dict gangné pluſieurs des habitans & entre autres Labertauches & Charles Luchet Capitaines qui commandoient au Chaſteau: leſquels luy gangnerent auſſi toſt ceux qui leur aſſiſtoient à la garde. Ils y porterent poudres, meches, viures & autres prouiſions ſecretes qu'ils y iugerent neceſſaires auec les plus precieux de leurs meubles. Alleguans pour excuſe qu'ils ne ſaſſeuroient des refugiez en ville deſquels ils ſe diſoient menacez. Puis firent murailler & ramparer les auenuës du Chaſteau pour aller en ville: crainte d'eſtre forcez par là: Et deſmurailleront la porte de Fer qui reſpond aux Champs pour y donner entrée aux Catholiques, comme je vous diray ailleurs. *Entrée en Sancerre refuzée au Sieur de Fontenes.*

Le chaſteau de Sancerre gangné par les partiſans de Fontenes.

En ce temps comme il n'y auoit moyen qu'on ne pratiquaſt pour reduire la Rochelle à la Catholique: Le Roy commanda à Durand Procureur de la maiſon de ville & de pluſieurs particuliers de la Rochelle en la Court de Parlement à Paris: eſtant de la Religion Proteſtante d'aller à la Rochelle où il auoit beaucoup d'Amis & connoiſſans, auſquels il pourroit perſuader quelque choſe au contentement de ſa Majeſté & profit de la ville. Et qu'en tout il ſe gouuernaſt par l'auis du Mareſchal de Biron, lequel ſur cela eſcriuit aux Rochellois ce qui ſenſuit.

Meſſieurs, le Roy auoit opinion que m'euſſiez receu en voſtre ville: veu ce que luy en auez aſſuré tant par vos lettres que par Monſieur d'Audenars Maiſtre d'hoſtel de la Royne de Nauarre & par Treille aux filles de voſtre corps de ville. Il y à bien voulu enuoier Monſieur Durand qui eſt voſtre Procureur de ville pour vous aſſurer en premier de la volōté de ſa Majeſté: le deſir qu'il a que viuiez en repos & paix auec contentement. Et ſçauoir de quoy vous aurez à plaindre pour là deſſus y pouruoir. Il m'a apporté lettre pour cet effect leſquelle je vous communiquerois ſi j'eſtois en voſtre ville. Et encores le ferois à quelqu'vn des voſtres ſi en voulez enuoier vers nous & dont vous auriez contentement attendant que vous viſſe en corps. Et n'eſtant cete d'autre effect: Ie feray fin de S. Iean D'angely. *Lettres du Sieur de Biron aux Rochellois.*

Les Rochellois ſe meſcontenterent de Durand ſur tous ceux qui auoient embaſſadé l'entrée du Mareſchal de Biron en ville: tant pour les lieux dont il venoit, que pour eſtre aux gages & Conſeil de la ville laquelle à leur auis il conſeilloit treſmal en ceſt affaire. De Thou premier Preſident de Paris eſcriuit lettres par luy au Lieutenant & Moriſſon: les conuiant gracieuſement à procurer la Paix telle que les Majeſtez deſireroient fort qu'ils receuſſent. Toutefois ceux du Conſeil eſperans ſe ſeruir de Durand, ne luy monſtrerent que bon viſage: & firent reſponce par luy au Mareſchal Sieur de Biron remonſtrans que de leur part ils ont touſjours effectué tout ce qu'ils auoiēt promis. Que de l'autre part s'execute tout le contraire. Car de jour à autre, ils ſont reſſerrez & leurs commoditez retrāchées. Ceux qui auoient acouſtumé de trafiquer auec toutes ſortes d'eſtrāgers: n'ont pas moien de traficquer auec leur voiſins. Que leur marchandiſes ſont pillée à leur veuë. Et que le Sieur de Roian a fait prendre en Olone deux Nauires de la Rochelle chargées de drogueries & eſpiceries de la valeur de quinze à ſeize mil eſcus. Pluſieurs autres Nauires chargez de bled & de vin ont eſté pillez par l'armée de mer. Et de nouueau vn Nauire venant de terre Neufue à eſté arreſté. Somme qu'ils enuoient auec Durand, Martial Congnard l'vn des Bourgeois de la ville pour entēdre du Mareſchal de Birō ce qu'il luy plaira communicquer. Lequel reſcriuant aux Rochellois du vingtvniéme Octobre, ſe plaignoit de n'auoir receu telles reſponces qu'il atendoit. Et de ce que Congnard n'auoit aucunes lettres n'y memoires. Et que le tout n'eſt que vent en belles parolles. Et que s'ils euſſent enuoyé quelques vns des leurs auec pouuoir de conclure & arreſter: les forces ſeroient à preſent eſlongnées. Les prie donc affectueuſement de ſe reſoudre auec du Vigen. Lequel reſcriuit de S. Iean d'Angely au Maire le dixhuitiéme Octobre qu'il eſtoit enuoié par leurMajeſté pour leur communiquer affaires de conſequance. Requerant à ceſte fin paſſeport neceſſaire pour ſa ſeureté. Le Maire fit reſponce qu'il ne pouuoit accorder l'entrée en la ville *Reſponces des Rochellois par Durant.*

Le Sieur de Vigen.

Oo iiiij.

Sept. Octo.
1572.

pour beaucoup d'occasions qu'il sçauoit bien. Que s'il lui plaist se rëdre à Tadon village pres la porte S. Nicolas, on entëdra volōtiers sa charge: & lui fut enuoié passeport tel qu'il desiroit.

Sur ces menées les Rochellois preuoians de l'Estat & suitte des affaires: que ces troubles ne se pouuoient apaiser sans grande difficulté; pour ne laisser en arriere les moiens qui se presentoient à leur deffence, s'allierent tant ceux de la ville que les estrangers par serment solennel: promettans de maintenir leur Religion, s'opposer de toutes leurs forces aux ennemis d'icelle, procurer & auancer tous moiens necessaires pour vne telle deffence enuers tous ceux du Royaume & autres qui auroient affection à leur parti: & de ne parlementer & conclure aucune Paix sans l'auis de tout le peuple.

Association des Rochellois & refugiez.

Du Vigean ayant receu passeport vint à Tasdon le vintdeuxième Octobre; & le furent trouuer Languillier, Villiers & des Mortiers deputez du Conseil, ausquels fist entendre l'intention de leur Majesté & plusieurs propos de la part de Biron. Mais comme c'estoit la mesme remonstrance qui auoit esté faite par tous les autres, aussi eut il pareille response que les precedans. Partant retourna coucher à Ciguognes trois lieuës de la Rochelle, où arriuerent de nuict quelques soldats se disans de la Cornette de S. Estienne lesquels ayans forcé la maison & tué deux ou trois des hommes du Vigen & lui blessé en son lict d'vn coup d'espée: emmenerent les cheuaux & emporterent le meilleur de ses hardes. Languillier son parent & ami remonstra soudain au Maire & principaux du Conseil l'indignité de ce fait, duquel nous serons, disoit-il, tous chargez. Et que les ennemis de la Religion prendroient grande occasion à denigrer tous ceux qui sont dedans la Rochelle, voire toute l'Eglise de Dieu s'ils n'en faisoient vne Iustice exemplaire: veu que l'injure estoit faite aux Majestez, desquelles il estoit Ambassadeur. Et ensemble à ceux de la ville qui l'auoient fait venir sous leur passeport & saufconduit. Or comme tout le peuple detestast l'acte: les Ministres qui lors preschoient confirmerent le mesme: remonstrans que par les droits Diuin & des Gens, les Ambassadeurs estoient nommez saints & inuiolables pour la seureté qu'ils deuoient auoir parmi toute Nation. S. Estienne neantmoins auoüa ce qui auoit esté fait, asseurant qu'il le maintiendroit de bonne guerre à toutes personnes bien entendues au fait militaire: ajoutant qu'il ne retourneroit jamais à la Rochelle si on ne vouloit auoüer ce fait. Toutefois apres que plusieurs lettres d'asseurance lui furent escrites par les Rochellois: en fin se rendit en ville. Et estant au Conseil & parlant de ce qui s'estoit passé dist qu'il receut auertissemēt qu'on auoit veu aupres de Ciguognes quinze ou seze hōmes bien mōtez & armez. Si que les jugeans ennemis qui s'assemblassent pour le charger: commanda à quelques vns des siens d'y aller & se rendre les plus forts. Pour à quoy paruenir, de premiere entrée en tuerent deux ou trois & blesserent du Vigen qu'ils ne conoissoient. Mais auoir sceu qui il estoit se retirerent. Or la maison de Siguongnes leur estoit suspecte d'autant que le sieur dudit lieu frequentoit ordinairement les ennemis de la ville & desconseilloit les amis d'y entrer. Au reste que le Maire aiāt donné passeport à du Vigen, deuoit auertir les Cōpagnies qui estoient à la campagne: ou pour le moins le faire accompagner par vn Trompette ou Tambour deputé. Que celui qui a les armes en main doit tant qu'il peut rendre son parti le plus fort contre ceux qu'il ne conoist. Par ainsi ceux qui auoit ja esté arrestez pour ce fait, furent relaschez & S. Estienne retourna à sa compaignie montrant tousjours neantmoins vn grand mescontentement de ce qu'on auoit trop recerché ce fait: & imputoit le tout à quelques particuliers qu'il estimoit enuieux de sa prosperité & ennemis de sa personne. En ce tēps le Capitaine la Dauge qui auoit cōmandé aux trois troubles fut jugé, puis executé à mort diffamé pour ses voleries.

Le Vigen Ambassadeur blessé & volé par les Protestans.

Ambassadeur sauuagez.

Les Rochellois respondirent au Mareschal de Biron par du Vigen le vintquatrième de ce mois. Qu'ils n'auoient point entrepris de lui satisfaire de vent ou de parolles comme il leur auoit escrit: Ains qu'ils estimoient lui auoir tellement satisfait qu'il auoit occasion de se contenter. Qu'ils ne cerchoient qu'en seruant à Dieu auoir paix & seureté. Et qu'ils entendoient tousjours du contraire. Neātmoins, par ce que les massacres continuent sur les plus obeissans: qu'ils ont doncques juste occasion de se tenir sur leurs gardes. Que les droits diuin, naturel & des gens leur permettoit veiller pour leur cōseruation & seureté. Que s'il eust executé ce que tant de fois il a promis: ils lui eussent obei, respecté & honnoré sur tous les Gouuerneurs qu'ilz ont eu jamais en leur ville. Au reste s'excuserent fort de ce qui estoit auenu à leur grand regret au Sieur du Vigen: tant enuers lui que le Sieur de Biron & autres. Les prians tous de ne leur imputer tel fait qu'ils n'auoient conseillé ni trouué bon. Et portoient vn grand desplaisir

Les Rochellois respondēt au sieur de Biron.

de ce

de ce qne le Sieur de Vigen auoit esté si mal traicté au retour de son Ambassade.

COMME les Rochellois n'attendans rien moins que le siege: se preparoient à la deffence: vn grand Loup vieux & gris, entra de plein jour dedans la ville par le Coy de la grande boucherie. C'est vn canal de pierre assez estroit destiné pour vider ez fossez le sang, entrailles & autres immondices de la boucherie. Dont s'esbairent assez de personnes tant pour le moien qu'il auoit tenu à passer par vn tel conduit: que pour l'occasion d'vne venuë si rare à tels animaux: l'ordinaire sejour desquels sont les bois & grans marets fort eslognez de la ville. Car ceux qui sont autour, leur ont tousjours esté trop clairs & petis pour en couurir la race. Si bien que comme l'entrée de si cruelles & furieuses bestes, fit craindre à aucuns des plus superstitieux vne grande mortalité d'hômes au dedans, à la charogne desquels elles leur sembloient facheminer, veu l'occurrence des guerres & siege prochain. Aussi la soudaine mort qu'on luy donna: fit presager les autres plus fermes en leur resolution: (ou pour encourager les moins asseurez) que les Catholiques perdroient au siege, plus que ceux qui ne pensans qu'a se bien courir, ne vouloient que repousser l'effort de leurs ennemis qui les venoient endommager. Mais laissons la simplicité de ceux cy & fine acortise des autres, pour juger au vray de chacune chose. Ce loup sorty des bois pour aller en queste: & poursuiui par les chiens de chacune bourgade jusques aux marets de la ville: ne sauisa qu'il se sentit plustost enfermé entre la ville & le faux bourg de Cognes dit saint Eloy (qui n'estoit encor abatu ains s'estandant fort loin en pointe & comme vis à vis du faubourg saint Nicollas & Tasdon: faisoit representer la terre d'entre deux, en forme de langue) jusques au bout duquel forcé d'aller: & d'ailleurs atiré par l'odeur de telles infections: fut contraint pour se garantir de se jeter dans ceste Cloaque: hors laquelle aperceu dans la ville & mieux chassé que jamais: fut aussi tost mis à mort sur le paué.

Vn loup entre en plein jour dedans la Rochelle & les presages qu'on en faisoit.

CEVX qui venoient de France, apportoient nouuelles que le Roy preparoit de grandes forces contre la Rochelle: & que toutes autres affaires estoient laissées pour y vacquer. Et pource que les Rochellois auoient ja enuoié quelques hommes & lettres en Angleterre dont ils n'auoient eu aucune responce: deliberent de faire entendre l'Estat de leurs affaires aux Vidasmes de Chastres, Comte de Montgommery & autres leurs freres rechapez de Paris. Et s'il estoit possible esmouuoir la Royne d'Angleterre & son Conseil à prandre compassion des Eglises Françoises pour la conformité de la Religion qui estoit és deux Royaumes. Car quant à ceux qui restoient en France la plus part abandônoient leur côscience pour sauuer leur vies & les biens. Les autres estoient controllez de si pres qu'ils n'auoient moiens de s'assembler. Et ceux qui auoient les armes en main, auoient aussi les ennemis à leurs portes. Pour ces causes le Conseil deputa le jeune Perdillan, & Claude du Moulin, Ministre de Fontenay en Poitou & Iean Dauid, Pair de la maison de ville. Puis le quinziéme du mois enuoierent apres eux Iean de la Place Bourgeois ausquels il donna lettres. Et pareillement vne à la Nouë pour luy faire tenir au pays bas, ou l'on l'estimoit estre pour lors : auec amples memoires & procurations pour tirer viures, munitions de guerre & tout autre secours necessaire. Or pour ce que les lettres estoient de mesme substance: vne suffira pour monstrer quelle estoit la negociation des Rochellois en Angleterre.

Les Rochellois enuoièt en Angleterre cercher secours d'hommes d'autres moiens.

Monseigneur depuis les horribles massacres dont Dieu vous à retiré & vous a preserué par sa grace: nous auons par diuers messages par mer & par terre, fait deuoir de vous faire entendre l'Estat de ceste ville & resolution qu'auons prinse auec aucuns Gentilshommes qui se sont redus en ceste ville: Mais nous n'auôs aucune nouuelle de vous, dont nous sômes en esmoy tât pour le respect de vostre personne, que l'importance des affaires. Qui nous a fait enuoier en Angleterre ou l'on nous a asseuré vostre retraite auoir esté faite : les presens porteurs vous ferôt entendre comme toutes choses se passent & lesquels il vous plaira croire de ce qu'ils vous diront de nostre part. Vous supplians tres-humblement, Monseigneur, nous faire tant de bien & d'hôneur que de nous conseiller & aider en ceste grande necessité à maintenir la gloire de Dieu & la conseruation de ce qui reste des gês de bien en ce miserable Royaume. Vous asseurât que nous vous ferons à jamais tres-humble & affectionné seruice d'aussi bon cœur que nous saluons tres-humblement vos bonnes graces. Priant Dieu, Monseigneur.

Lettres des Rochellois au Comte de Montgoumery & Vidalme de Chastres de mesmes substance.

Les Depputez firent voilles pour aller en Angleterre la nuit du vint cinquiéme Octobre. La guerre estoir lors ouuertement declarée, pour ce que tous ceux qu'on conoissoit estre de la Rochelle, estoient retenuz prisonniers & mis à rançon. Tous les vaisseaux qui vouloient aller

Guerre declairée.

aller à leur haure estoient arrestez & les marchandises appartenantes aux Rochellois saisies & confisquées. Somme tous actes d'hostilité exercez contr'eux, comme aussi de leur part ils se preparoient à la deffence : & n'en faisoient pas moins leurs soldats contre les Catholicques.

Tout le mois passé & le Nouembre, se porterent doux & secs come le plus beau printemps qu'on eust peu voir. Ce qui aporta grande commodité pour les vandanges tant à les faire, que serrer les vins qui entrerent en ville enuiron vint cinq mil tonneaux. Depuis le matin jusques au soir les chariots & cheuaux chargez de toutes prouisions, passoient és portes d'vne suitte continuelle. Si bien que la ville qui receuoit peu de commoditez par mer, estoit par ce moyen auitaillée par la terre. Ce mesme temps ainsi beau & serain donnoit moien à faire les reparations necessaires. La porte des deux moulins qui estoit l'endroit de la ville le plus foible: fut fortifié par vn fort en tenaille, reuestu de pierre de taille du costé de la mer ; & le reste de son tour muni de fossé large & profond. L'on trauailloit fort vers Cognes à la contr'escarpe de l'esperon & hors la porte S. Nicollas pour retrancher selon la commodité des eaux. L'on remparoit en plusieurs endroits depuis la place du chateau, jusques à la tour d'aix suiuant les desseins de Robert Chinon ingenieux duquel on se seruoit : encor qu'aucuns le soupçonnassent parce qu'auparauant il auoit fortifié Brouage sous les commandemens de Stroffi & Baron de la Garde. La plupart du trauail se faisoit par les volontaires tant habitans qu'estrangers. D'autre part la ville entretenoit plusieurs ouuriers & journaliers à ses despens. Sur ce le Baron de la Garde escriuit aux Rochellois le septième Nouembre qu'il ne faisoit que venir de la Court & auoit à leur communiquer choses qui importoient le seruice du Roy & leur grand contentement. Par ce les prioit de deputer deux d'entr'eux qui le vinssent trouuer. Et que si les deputez doutoient de l'asseurance de leurs personnes il enuoiroit deux Gentilshômes en leur place. Les Rochellois respondirent qu'aucun des leurs ne vouloient prendre le hazard de sortir de la ville en temps si perilleux. Que s'il lui plaisoit d'enuoier sa creance par escrit ils lui feroient responce.

En ce temps le Roy delibera faire sa saint Michel & celebrer la solennité de son ordre au Temple notre Dame de Paris, où les preparatifs estans faits. Le Roy venu dans le Cueur s'assit à main droite sous vn daiz de drap d'or & vn peu plus bas au mesme costé estoiét assis le Duc d'Anjou son frere, les Ducs de Montpensier, Neuers & de Guise, le Mareschal de Tauannes, le Prince Dauphin, la Chappelle aux Vrsins, Rubêpre & Villequier le jeune. De l'autre costé du cueur à gauche y auoit vn autre daiz aussi de drap d'or sous lequel n'y auoit personne. Mais y estoiét seulement les ecussons & armoiries des Rois d'Espagne, de Dannemarc & de Suede: Vn peu plus bas estoient assis le Roy de Nauarre, les Ducs d'Alençon & d'Vsez, le Prince de Condé, de Sansac, de Losses, de Chauigny, le Comte de Rets & Villequier l'ainé. Tous ces Seigneurs estoient habillez de blanc & couuerts de leurs grans manteaux de drap d'argent auec la grande queuë trainant en terre. Le chapperon de velous Cramoisi, enrichi de broderie d'or & de grande quantité de perles & pierres precieuses auec le grand Collier de l'ordre par dessus. Au deuant du Roy dans le cœur estoient assis sur des sieges couuerts de drap d'or, les maistres des Ceremonies, les Huissiers, Tresorier, Greffier & Chancellier de l'ordre tous vestus de grandes robbes de satin blanc auec les chapperons de satin cramoisi. En cet equipage le Roy & ces Seigneurs assisterent la veille de S. Michel à vespres. Et le jour à la messe & à vespres & vigiles pour les ames des Cheualliers trespassez. Puis changerét de liurée. Car le lendemain en la celebration du seruice des morts : assisterent le Roy & ces Seigneurs susdits tous vestus de grans manteaux, & chapperons à bourlets noirs auec le grand collier de l'ordre par dessus : excepté le Roy qui auoit le manteau & chapperon viollet. Puis allans à l'offrande premierement marchoit le Roy seul precedé par les Officiers de l'ordre tenant vn Cierge en main (suiui du Duc d'Anjou son frere qui presenta son offerte). Le Roy estât retourné en son siege, le Duc d'Anjou precedé par les susdits alla ainsi presenter son offerte lui seul : comm' aussi fit le Duc d'Alençon & le Roy de Nauarre, puis les autres Seigneurs. Ainsi le Roy renouuellant l'ordre des Cheualiers de France : voulut nommément que le Roy de Nauarre & Prince de Condé y assistassent comme freres de l'ordre. Lequel plus rempli des deux tiers qu'au temps passé : aussi estoit-il plus autorisé au têps de nos peres qu'aujourdhui. Côme peu de belles institutions anciennes demeurent en leur entier si elles durent long temps sans estre reformées. Il fut establi par le Roy Lois vnzième l'an   auquel temps on les appeloit Cheualiers sans reproche.

che. Parce qu'aucuns n'y estoient esleuz qui eussent fait acte reprochable en leur vie. Les Gentilshommes Catholiques presenterent vne requeste au Roy luy donnant entendre que le nōbre des Nobles estoit encores fort grand en son Royaume. Le suppliant d'asseurer vne seule Religiō entre ses sujets assauoir la Catholique sur laquelle l'Estat de son Royaume & sa Courōne mesme auoient esté fondez. Luy promettant employer la vie & tous leurs moiens pour la maintenir en son entier: ce que le Roy mit peyne de faire comme vous entendrez.

Requeste des Cheualliers de l'Ordre au Roy.

D'autant que l'Isle de Ré distante de la Rochelle d'enuiron deux lieuës de mer estant du Gouuernement d'Onix, est de grande importance pour la ville: tant à cause du voesinage que des bonnes Rades qui y sont. Et qu'estāt à la puissāce des Rochellois ils pourroient plus commodément nauiger & auoir viures & toutes prouisions par la mer: le Conseil de la ville delibera y enuoier pour la surprendre & s'en rendre maistres si faire se pouuoit. A quoy fut esleu vn Chef qui le huitiéme Nouembre fit equiper quatre Nauires & plusieurs chalupes prenant de chacune compagnie quelques soldats qu'il fit embarquer sur le soir affin qu'ils ne fussent descouuers. Or ce mesme jour deux Galleres s'estoient approchées sous pretexte d'auoir apporté en ville les lettres du Baron de la Garde. En l'vne desquelles nommée la Fiasque estoiēt deux ingenieux du Roy l'vn nommé Augustin & l'autre Greguet, qui retiroient le plan de la ville & sondoient la profondeur de l'eau en cest endroit auquel depuis la Caraque fut posée pour empescher l'entrée & sortie de la Rochelle: comme il sera dit cy apres. Les Rochellois aians mis à la voile: rencontrerent les Galleres à l'ancre par de la Chef de baye où le premier Nauire chargea la Fiasque si promptement que ceux de la Gallere n'eurent moien de faire grande resistance & moins de loisir à se retirer. Et ne faut douter que les forçats à qui on crioit liberté ne fauorisassent le party des assaillans. A l'entrée Greguet & quelques autres furent tuez. Furent aussi prins prisonniers Paul Emile, neueu du Comte de Fiasque Genois & Cappitaine de la Gallere auec l'ingenieux Augustin. Mais il y eut telle confusion entre ceux de la ville, partie pour l'obscurité de la nuit, partie pour l'affection de butiner: qu'ils se blessoient les vns les autres & mesmes en tomba quelqu'vns en la mer. L'autre Gallere qui estoit au Côte de Rets auertie aux despens de la Fiasque: coupa les cables & se sauua à la fuite donnant la larme en l'Isle de Ré. Qui fut cause que les Rochellois se contentans de leur prinse retournerent sans passer outre. Le lendemain liberté fut donnée aux forçats. Le jour suiuant les soldats furent de rechef embarquez pour aller en Ré sous la conduite de Renoliere Gentilhomme de Poitou & du Cappitaine Sauuage sergent major. Mais lors qu'ils furent prests de faire descente le frais creut si à coup qu'ils furent contraints de retourner sans rien faire.

L'Isle de Ré

Galleres attaquées la Fiasque prinse auec le Sieur Paul Emilie & Augustin ingenieux.

Svr ces entrefaites le Roy conduit Madame Claude sa sœur Duchesse de Lorraine en ses païs. Pendant l'absence duquel peu s'a lut qu'il n'auint vn autre grand tumulte à Paris. Plusieurs afriandez aux pilleries passées qui ne leur auoient gueres duré ny profité entre leurs mains: voulans recommancer les butins acoustumez sur les Protestans. Ou plustost sous ce pretexte saccager les meilleures maisons des Parisiens. Mais la sage preuoiance de Loys Gouzague Duc de Neuers y obuia si dextrement, que le feu en fut esteint presque plustost qu'alumé.

Le Roy conduit sa sœur en Lorraine.

Ie vous ay dit cy deuant qu'aucuns de Sancerre s'estoient feintement saisiz du chasteau pour y faire entrer les Catholiques. Apres longues dissimulations & s'estre asseurez de trente trois soldats qu'ils auoient gangné entre les habitans: le neufiéme Nouembre ils refuserent ouuertement les rondes & le changement des gardes qu'on y enuoioit pour le soupçon d'eux. Ils firent sortir Sainpré, vers Racan frere de Fontaines que Loys Dargent, & Simon Renaut auoient esté querir & fait venir au Chasteau de Buzanluré vne lieuë & demie de Sancerre. Lequel s'y estant acheminé auec sa trouppe & embusqué aux ruïnes des Temples saint Romble trois cēs pas de la ville: escalla la fausse braie du Chasteau. Mais n'y entra que dixsept soldats auec luy pource que la sētinelle de saint Denis tira sur eux & dōna l'alarme sur la surprinse du Chasteau: le Cappitaine Pasquelon sort par la porte Oison & empescha le reste d'y entrer ramenant vn soldat dit Pantauge, Lequel asseura que dixsept seulement y estoient entrez. Que la caualerie de Fontaines & autre infanterie estoient à saint Satur & lieux circonuoisins de Sancerre. Et qu'auec le secours de la Charité & autres places voesines ils delibereroient rendre la place Catholique. De Racā entré & le Cappitaine durbois auec six autres pris à Chuueniol armez: joints aux trente quatre de la ville qui fournissoiēt le nombre de soixante de deffence en tout ou enuirō: se mit en tout deuoir d'asseurer la place & gangner la ville sur l'asseurance

Sancerre.

Chasteau pris par le Sieur Racan frere du Sieur de Fontaines.

L'HISTOIRE DE FRANCE.

Nouembre.
1572.

Pieté nulle en guerre.

Parens posł posez au seruice du Roy.

rance d'vn prompt secours que les habitans empescherent par la compagnie de Pasquilon sorty hors pour le combattre à la faueur des vignes & autres auantages que le naturel du pays donne aux Fantassins. Les autres ce pendāt sous les Cappitaines la Fleur, Montauban, Buisso & les refugiez se barriquent & barrent les auenuës du Chasteau crainte d'y estre forcez. Et pour empescher les assiegez bruslent la premiere porte du Chasteau auant le jour: contre lesquels ils jectoient grand nombre de grosses pierres de dessus les tours du costé saint Denis & autres endroits. Dés la mine, harquebuzades n'y manquerent d'vne part & d'autre. Ceux de la ville amenerent deuant les assiegez, & pour butes à leurs coups leur peres, meres, femmes & enfans & autres personnes plus affectionnez. Mais l'affection au seruice du Roy, l'espoir d'estre bien recōneuz de la prise de ceste place, ou la force des estrangers qui commandoient au Chasteau: Vainquit la pietté & tout autre zele qu'eussent peu auoir les habitans de Sancerre retirez en ce Chasteau. Duquel les harquebuzades ne cessans, blesserent quelques vns de ces poures parens qu'on leur auoit presenté pour les esmouuoir à compassion d'vn si present peril de leur vie. Ioint que pour faire les aproches & se couurir des coups Catholiques: ils leur faisoient porter fagosts aisses, sacs & telles autres matieres propres à leur dessein. Perçoient tous les logis prochains de Chasteau pour y rafuster les harquebuziers puis: menerent nombre de maçons & vignerons pour sapper le grand corps de logis du Chasteau vers Septantrion. Ou pour n'estre percé, on ne les peut empescher d'aller & ouurir en quatre endroits ceste vieille & espesse muraille pour y faire entrer trois soldats de front: Les assiegez ce pendant jectoiēt force prieres du haut de la tour saint George. Mais à cause du balet du toit où ils sapoient auec les ais & mantellets de bois dont ils se conuroient: ils ne peurent estre offencez. Ces tours gangnées pour y donner l'assaut quand il seroit temps; firent apporter quantité de bois pour brusler la seconde porte que les autres remparoient au dedans. Les Sancerrois voiant que les grandes Escuiries qu'on sapoit estoient pleines de foin qui empeschoit l'entrée y mirent le feu: mais ce foin bruslant offuscoit tout. Eschaufant de sorte les voutes & le lieu où ou il estoit: qu'il seruoit comme de rampart contre ceux qui y auoient mis le feu. Ce que les assiegez touteffois ignorans, pour barrer ceste entrée se trauaillerent de faire creuer, tomber & abattre la vouste pour s'y fortifier. Et mirent le feu sur ce corps de logis qui estoit vn beau & grand grenier plein de bled, meubles,& fagots. De sorte que le toit, & tout le logis fut soudain embrazé. Et mesme le feu gāgna la vis de la tour saint George & brusla le petit tourrillon qui estoit au haut.

Tout cela ne se faisoit sans grande mortalité & blesseures de part reciproque, mesmemēt des habitans pour estre plus à descouuert. Ioint que le cœur redoubloit aux assiegez de voir le secours si pres, jusques à oïr comme aussi de la ville, les trompettes & tambours battre aux champs pour les venir soustenir. Mesmes qu'ils voioient passer les batteaux chargez de soldats au port saint Thibaut, au bas & à mille pas du Chasteau. Si que les assiegeans crainte que le secours n'y entrast: firēt en toute diligēce apoter & jeterforce eaux dedans le feu & tirer auec crochets & autres engins de fer les pieces de bois bruslantes, le foin fumant, & tout ce qui empeschoit l'entrée laquelle ils estoient resolus de faire à toute perte dedans le Chasteau. Somme que ce dessein chaudement poursuiuy: estonna tellement les assiegez qu'ils se resolurent de quiçter la place. S'aparessans de sorte en toutes leurs actions que Martinet (habitant retenu au Chasteau crainte qu'il ne descouurit leurs desseins) trouua moien de se jetter dans les vignes du costé de la porte Oison. Puis entré en ville il n'eut pas plustost raconté le peu de resolution des assiegez: que les habitās plus animez sur cet auis: y entrerent sur les cinq heures du soir sans grande resistance. Le Cappitaine Laurens y fut le premier lequel gangnant la vis de la tour saint George pour eschaufée qu'elle fust: monta tout au haut où criant ville gangnée tous s'encouragerent à la reprise de la place que les Catholiques tindrent dixsept heures. Racam & autres voians le secours tarder se retira. Vn page du Roy, y fut tué: Cadaillet qui auoit conduit l'entreprinse blecé & porté en ville fut assommé par les habitans. Le butin y fut assez grand des armes & argent & autres meubles que les retirez & habitans y laisserent. Le lendemain apres midy tous assemblez aux halles pour rendre grace à Dieu de telle reprinse fut remonstré par François de la Mare dit du Claireau Ministre du lieu: Qu'il y auoit quatre ans qu'au mesme jour le dixième Nouembre Dieu auoit aussi deliuré Sancere des Catholiques de Bourges & autres, qui la pensans assieger auoient amené leur artillerie jusques à Cheueniol

ueniol demie lieuë de là. Dont ils se retirerent espouuantez sans aucune poursuite. Ce feu bruslant au Chasteau auoit causé que les passans raporterent à Paris la prise de Sancerre qui en fut imprimée & publiée par tout. Ceste reprise encouragea plusieurs à maintenir la ville côtre tous euenemēs. Elle en refroidit d'autres & des plus riches de la ville, lesquels quitans & emmenans tout ce qu'ils auoient: mesmes plusieurs portans les armes contre, furent occasion de grandes incommoditez que leurs partisans soufrirent par apres comme je vous diray en son lieu: pour voir que font les compagnons de ceux cy & autres endroits de la France.

Aussi tost que les nouuelles des meurtres faits à Tolose sur les Protestans: furent espanduës en Quercy païs prochain: ceux de Mantauban, Seconde ville du païs se contenterent de mettre les Catholiques en prison crainte que le peuple ne se ruast sur eux. Puis les licencierēt où bon leur sembla, fors vn qui opiniastre à son mal & injuriant ceux qui auoient toute puissance sur luy fut tué, comme l'on le menoit en prison. Peu apres ils receurent lettres de sa Majesté par lesquelles il entendoit qu'ils feussent maintenuz en paix & repos de conscience & bonne grace de sa Majesté: pourueu qu'ils se soufmissent à leur Gouuerneur. Or com'ils, vescussent incertains de la continuë du mal ou de l'effet à la bonne volonté du Roy: Le Baron de Terrides, Regniers, Mouleins, Verglac & plusieurs autres reschappez des Matines Parisiennes: leur auoir au long recité les estranges auantures du passé comme j'ay dit ailleurs: Les persuaderent en fin que l'intention des Catholiques n'estoit autre que d'exterminer auec les Protestans tout l'exercice de Religion autre que Catholique. Le tout mis au Conseil & debatu de part & d'autre: Tant par les habitans qu'estrangers qui s'y trouuerent: la resolution fut qu'on prendroit ouuertement les armes. Lors furent esleuz Chefs respondans au premier Consul (qu'ils reconoissent pour seul Gouuerneur en ces troubles) pour dresser compagnies & pouruoir aux affaires de guerre. Et de mesme main de Terrides & autres se pourmenans par le païs pour inciter à leur exemple les autres places: enuoierent gens à la Rochelle, Nismes, Millaud, Castres & autres endroits les auertir de leur resolution & les exorter à leur deuoir. A quoy tous se confirmerent fors ceux de Castres. Lesquels refusans le secours des Vicomte de Paulin, & Baron de Panas furēt surpris, aucuns tuez, les autres du tout rēgez à la deuotion des Catholiques que leur Gouuerneur y fit entrer de nuit sous la faueur des quatre compagnies qui y estoient de long temps en garnison: apres leur auoir promis tout bon traitement s'ils se vouloient conformer à la volonté du Roy. Somme que la resolution de ces villes sceuës de toutes pars, encouragea grand nombre des Protestans à leuer la teste & oser dauantage qu'ils n'eussent fait s'ils se feussent veu desnuez de retraite. Les Montalbannois auoir entendu les desseins & preparatifs des Rochellois: prindrent encor plus de courage. Si qu'auoir ordonné leur trouppes, aprouisionné la ville, & dressé leurs preparatifs de leurs fortifications en cas de siege: ils se jettent aux champs donnans la conduite & surintendance des affaires de guerre au Barō de Terrides pour l'auoir tousjours coneu des plus zelez & resoluz au party. Et ce qui aporte grande creance vers le peuple: sans aucune consideration de son particulier, mettant l'ambition & auarice (source de toutes les tempestes qui tormentent la mer de ceste vie humaine) tellement sous pied: qu'il n'a autre soin que du General. Leurs premiers exploits furent de renforcer le Chasteau de Terride place forte en Gascongne qu'il maintient estre sien encor que feu son frere aie laissé vne heritiere. Entreprenans sur Rabastins & Albigeois. Ce qui ne succeda pour estre leurs eschelles trop courtes. Prenent par escallade Buzet sur le Tar à trois lieuës de Tolose ou Yolet demoura Gouuerneur pour oster tout le trafic aux Tolozains de ce costé là. S'asseurent de Villemur ou Regnier cōmanda. Somme qu'auoir surpris nombre d'autres places: assuré celles qu'ils auoient tenu aux autres troubles: mis garnison aux passages: & sans cela entretenans nombre d'hommes prets à tenir la campagne: ils entendirent en peu de temps que les choses qui parauant sembloient desesperées commençoient à s'affermir & prendre pied en Quercy, Rouergne, Lauraguais, Albigeois, Comté de Foix, Bigorre, Bearn & autres plus prochains. Or pource que resoluz de faire la guerre ils desiroient y mettre vn ordre au sceu & gré de tous les Estats ne feust ce que pour se conoistre tous: se respondre les vns aux autres, & s'entresecourir à vn besoin: Ils assignerent vne journée à Realmont en Albigeois où se trouuerent deputez de tous endroits. Entre autres les Baron de Terrides autrement appellé le Baron de Serignac, Vicomte de Lomague, les Vicomtes de Paulin, de Gordon & de Panats la Bastide, Regnies, Moulins, Yolet & autres: apres longue
deliberatiō

Montauban

Les Protestans de Quercy, Foix, Languedoc Rouergne &c.

Castres.

La croix.

Estat de Quercy & Montauban

Le Barō de Terrides dit Baron de Serignac

Estats assemblez à Realmont.

L'HISTOIRE DE FRANCE.

Nouembre.
1577.

Les generalitez de Quercy, Languedo, Gascoingne est departie aux Protestans.

deliberation de la guerre ils departirent les Gouuernemēs. Le Vic̄ote de Gourdon eut Quercy, ou Cadenac, Seneuieres Souillac & autres places tenoiēt fort. De Terrides eut l'autre partie de Quercy, Vers Mnotauban & la Gascoingne. Le Lauraguez escheut au Vicomte de Paulin ou Puylaurans, ancienne, riche & forte place, tenoit pour luy gouuernée par Senas. Le Vicomte de Panats, fut establly en Rouergne auec le Baron de Panats, son frere luy assistoit à Mil'aud. Le Vicomte de Caumont auoit pour sa generalité le Comté de Foix, & le pays de montagne où y auoit plusieurs places Protestantes. Pour fin fut arresté que si l'vn d'eux auoit besoin de secours en son quartier, les autres Generaux seroient tenuz d'y aller & luy obeir auec toutes leurs forces pour euiter la jalouzie qui se pourroit autremēt mettre entre ceux qui jouissent de pareil Grade. Chacun retourné en sa Generalité, s'efforce de faire la guerre & combattre par maniere de dire comme à l'enuy les vns des autres, desquels je vous lairray le discours en autre saison pour ne confondre l'ordre des temps qui me semble asseurer la verité d'vne histoire plus qu'autre chose. Et beaucoup mieux esclarcir les occurrances qui si voient que si on y procedoit autrement. Pour ce coup je ne vous parleray que des entreprises de ceux de Montauban.

Ordre des temps esclarcit fort la derité de l'histoire.

L'Estat & entreprise des Montalbanois.
Mouricoux assiege batu & abandonné par les Protestans.
Realuille quitée.

Auoir pris par composition Villedieu, Chasteau voesin & la tour d'Orgueil à trois lieuës d'eux: aspirans plus haut ils assemblerent les forces du pays jusques à deux mille harquebuziers & quelque Caualerie trainans vn canon qu'ils auoient fait fondre à Montauban deuant Monricou sise sur la Riuiere d'Aneron apartenante à la vefue de Negrepelisse. Mais la resolution des assiegez fut telle qu'auoit soustenus trois assauts & vne escallade: forcerent les Protestans mal pourueuz de poudres & de boulez de quicter la place pour entreprendre sur Realuille ou les Catholiques estoient en assez bon nombre pour leur faire demordre la place après la mort & blessure de plusieurs Protestans. De là ils tirerent à Vioule où ils perdirent aussi leurs temps. Si que sachans toutes les garnisons encouragées sur le malheureux succez des autres places, se retirerent à Montauban & y ramenerent l'artillerie qui n'en ã party depuis à cause des pertes receuës: resoluz au reste de bien garder ce qu'on tenoit & vser de surprinses plus que de force ouuerte: Ce qui leur succeda mieux, comme vous entendrez en autre lieu.

SOMMAIRE
Du Trentedeuxiéme Liure.

ATENTES du Roy pour forcer les Rochellois s'ils ne reçoiuent Gouuerneur & Garnisons. La Rochelle est representée auec toutes ses commoditez & priuileges d'icelle. La venue de la Noue pour persuader les Rochellois à receuoir les conditions de paix que le Roy leur offroit & les deuis que plusieurs Ministres & autres eurent auec luy. L'Edit du Roy pour faire retourner les Protestans refugiez en leurs maisons : comme plusieurs firent. Ligue entre le Roy de Dannemarc & la ville de Lubec pour faire guerre au Roy de Suede. Inconueniës qu'aportent à vn Estat les malcontens du Gouuernement d'iceluy. Occasions des guerres d'entre les Roys de Dannemarc joint à ceux de Lubec & le Roy de Suede. Batailles Nauales & la paix entr'iceux suiuie du rauage piteux du Moscouite en Liuonie pendant que le Tartare sacageoit la Moscouie apres auoir Bruslé Moschou Cappitalle du Royaume. Les troupes que Biron mene sur Gouuernement de la Rochelle: dont il prend toutes les places. Puis la Grimenaudiere apres quelques volées de Canon qui font reserrer tous les Protestans en la ville: auoir bruslé & gasté tout ce qu'ils n'y auoient peu trainer. Lettres du Roy à quelques particuliers de la Rochelle. Resolution & preparatifs des Sancerrois à leur deffence. Estat de Dauphiné. Si les armes prises par les Protestans sont justes. Et qui doit premier poser les Armes dit Roy ou des Protestans. Police & reglemēt que les Protestans de Languedo, Quercy, Dauphiné & pays vœsins establissent pour leur conseruation contre les Catholiques. Escarmouches entre les assiegez de la Rochelle & les Catholiques, desquels ils refusent les Conferences & Parlemens de paix, & pourquoy. Armée du Roy deuant Sancerre & ses efforts. Lettres du Roy & de Biron aux Rochellois. Intelligence de Puy Gaillard pour surprendre la Rochelle descouuerte & punie sur les entrepreneurs. La Noüe esleu Chef pour la guerre dans la Rochelle. Les diuisions & partialitez qui s'y mettent. Les assiegez enuoient gens pour auoir secours d'Angleterre. Lettres de son Excellence à la Noue & d'autres à la Noblesse y retirée auec les restonces. La palissade des Nauires Catholiques pour entrauerser & boucher le haure de la Rochelle. Forts Catholiques à port Neuf & à la pointe de l'Eguille dite de Courcelles.

Vous auez veu par le discours des choses passées, en quel Estat se maintenoient les villes & autres places Protestantes resoluës de se deffendre contre les Catholiques. Et ensemble les diuers moiens que le Roy praticquoit pour les amener à son obeissance: Soit par douces remonstrances de leur deuoir, de leur impuissance & de la grandeur de ses moiens: Soit par l'entremise tant des Gouuerneurs de ses Prouinces que des Seigneurs & autres Chefs Confederez à qui on auoit sauué la vie à Paris, pour les emploier à persuader leurs compagnons de se soubsmettre à la mercy des Catholiques. Mais à present que sa Majesté voioit le peu d'effet que tous ces moiens auoient reüscy à le faire respecter de ses sujets, comme il esperoit: changeant d'auis il se resolut de les humilier à sa volonté par force d'armes, & toutes autres voies de rigueur qu'il pourroit praticquer à leur desauantage. Et pource qu'il voioit que la reduction de la Rochelle portoit coup au reste des autres : toutes choses mises sous pied, il delibera dresser les plus grans preparatifs qu'il pourroit contre ceste place & contre Sancerre tout ensemble. Pour sonder encor le cœur des Rochellois neantmoins & leur laisser quelque espoir de rentrer en grace s'ils se conuertissoient de bonne heure : il leur enuoia ses patentes pour leur declarer la guerre à feu & à sang, s'ils ne se vouloient renger à autre deuoir que le passé. Et le tout par le mesme Mareschal de Biron auquel aussi tost qu'il l'eut auerty du refus des Rochellois à luy ouurir leurs portes, il enuoia les patentes qui suiuent pour les leur faire tenir.

CHARLES par la grace de Dieu Roy de France à nostre Amé & feal le Sieur de Biron *Patentes du*

L'HISTOIRE DE FRANCE.

Nouembre 1572.
Roy au Sieur de Birō pour commander aux Rochellois de luy obeir & receuoir:autrement de les y contraindre par toutes voies.

Cheuallier de noſtre ordre Conſeiller en noſtre Conſeil priué, grand Maiſtre & Capitaine general de noſtre Artillerie: Noſtre Lieutenant à la Rochelle & pays d'Onis, Salut. Combien qu'auant & depuis que le feu Admiral & ſes complices ont eſté preuenus en leur malheureuſe conſpiration: Nous aions donné à nos ſujets de la Rochelle toute occaſion de s'aſſeurer de noſtre droite & ſincere intention: les voulans maintenir, conſeruer & traiter comme nos bōs ſujets; Sans leur rien imputer des troubles paſſez n'y auoir aucune mauuaiſe affection enuers eux: Ce que par pluſieurs fois leur auons mādé & teſmoigne, meſmemēt par vous leur Gouuerneur: Leur ordonnant de vous receuoir & obeyr ainſi qu'ils doiuent & comme repreſentant noſtre perſonne & enuoyé pour leur dite conſeruation: neantmoins à noſtre treſgrand regret auons veu que ſans aucune cauſe ils eſtoient entrez en deffiance & crainte: laquelle eſtimions du commancement qu'ils ſ'imprimoiēt pour ne bien comprandre noſtredite intention: ou eſtre pouſſez par aucune ſeditieux ennemis de leur repos.Et auons appliqué tous moiens & remedes conuenables pour leur oſter icelle crainte. Et eſperions qu'ils ſe deuſſent fier en nous & noſtre bonne volonté: dont ils ne peuuent aucunement douter. Mais nous cōnoiſſons à preſent auec plus de certitude qu'il n'eſt requis pour noſtre contentemēt & pour leur bien: que delaiſſans la naturelle affection & obeiſſance de bons ſujets laquelle ils diſent toutesfois auoir en plus grande recommandation que leurs propres vies:& la vouloir expoſer pour noſtre ſeruice. Ils ſont obſtinément tous effets contraires & dommageables: Tant ſen faut qu'ils vous aient receu & tenu compte de nos commandemens, meſme ont excedé indignemēt ceux qui alloient pour les amoneſter de leur deuoir: Retirent en noſtre ville de la Rochelle gens de guerre & ſoldars: praticquent & font notoirement & ſecretement tout ce qu'ils peuuent pour ſe fortiffier encontre nous leur Roy: & continuent de mal en pis. De ſorte que ſelon Dieu & Iuſtice nous auons toute occaſion & ſommes cōtraints d'en prendre raiſon par les armes: puis que la voie douce & amiable & par nous ſi fort deſirée & recerchée ni à peu faire aucun fruict. Et pour y pouruoir de noſtre part & nous aider des moiens qu'il a pleu à Dieu nous donner: Nous faiſons dreſſer vne belle & puiſſante armée ſous la conduite de noſtre treſcher & treſaimé frere le Duc Danjou & de Bourbonnois noſtre Lieutenant General repreſentant noſtre perſonne, accōpagné de nos treſchers & treſamez freres le Duc Dalençon & Roy de Nauarre & de nos treſchers & amis Couſins les Princes de Condé & Dauphin & autres Princes & Seigneurs & Officiers principaux de noſtre Royaume. Nous demourant touſjours vn deſir qu'ils ſe reconnoiſſent comme ils doiuent & euitent ce qui eſt preparé.Pour ces cauſes & afin de tant plus faire paroiſtre noſtredite ſincere intention & combien nous aimons la douceur & clemence auant que d'vſer des armes: Nous vous mandons & ordonnons que vous faſſiez cōme nous faiſons treſexpres commandemēt par ces preſentes à noſdits ſujets de la Rochelle: enuoiant à ceſte fin par deuers eux ou autremēt leur faire ſçauoir ceſte fois pour toutes & pour la derniere: de receuoir par effet nos cōmandemens: vous tenir & obeyr cōme à leur Gouuerneur & noſtre Lieutenant repreſentāt noſtre perſonne: faire ſortir tous eſtrangers & autres n'y eſtans de long temps habitans.N'auoir aucunes pratiques & intelligences auec eux:Licentiēt toutes forces ſoit par mer & par terre: Ceſſer toutes voies d'hoſtilité & faire deuoir de bons & obeiſſans & fidelles ſujets. Auquel cas nous voulons & entendons qu'ils ſoient maintenus & conſeruez. Les prenant à noſtre protectiō & ſauue garde: Sans qu'il leur ſoit n'y à aucun d'eux meſfaict ores ny à l'auenir en corps ou biens pour cauſe de Religion ou autrement: oubliāt les choſes paſſées juſques à preſent,ne qu'ils ſoient empeſchez en la jouyſſance de leurs priuilleges.Et où ils ſeroient ſi mal conſeillez dont receurions treſgrand deſplaiſir & mal contentement: de ne ſatisfaire promptement à ce que deſſus:& voudroient vſer de remiſes & excuſes, ſe fonder ſur leurs deffences & autres artifices & moiens que ne pourrions prandre que pour aſſeurance de mauuaiſe volonté & oppiniaſtreté: vous leurs declariez, comme leurs declarons par ces preſentes qu'aians failli à leur deuoir & obeiſſance de bons ſujets: cōtemné nos cōmandemēs nous voulons qu'ils y ſoient reduits & pourſuiuis par les armes cōme rebelles, perturbateurs de noſtre Eſtat & indignes de noſtre bōne grace. A ces fins & audit cas, vous ordōnōs treſexpreſſemēt de cōmēcer à leur nuire par tous moiēs q̄ vous pourrez.Cōmādāt à ceux qu'ils ont admis en ville qui ſōt de leur parti ou auroiēt aucune intelligēce auec eux. Et ſeroiēt ſi temeraires de les fauoriſer par inaduertance ou autremēt: de ſē retirer incōtinant & y renōcer. Sinō ordōner à nos Officiers de proceder à l'écōtre d'eux, Par ſaiſies de leurs biēs & autres voi-

Declaratiō de guerre aux Rochelois faite par patētes du Roy.

es que de raiſon: comme enuers Criminels de leze Majeſté. Promettant en bonne foy & parolle de Roy auoir agreable, tenir ferme & ſtable, authoriſer & approuuer tout ce que par vous & autres de par vous ſera dit, fait & executé en ceſt endroit & ce qui en deſpend: Nonobſtant que le cas requiſt mandement plus ſpecial & choſes quelconques a ce contraires. Car tel eſt noſtre plaiſir. Donné à Paris le cinquiéme Nouembre mil cinq cens ſoixante douze: Et de noſtre regne le douziéme, ainſi ſigné Charles & plus bas de Neufuille. Cependant pour maintenir le reſte de ſes ſujets en deuoir & les deſtourner de preſter ſecours à ceux qui ſe voudroient bander contre luy. Il fit publier l'Edit que vous auez veu cy deſſus par tout ſon Royaume.

MAIS premier que vous faire voir le reſte des preparatifs que Monſieur dreſſoit pour le ſiege de la Rochelle: Ie veux vous repreſenter le ſit & païſage d'icelle au plus prez du Naturel. Ioint que tous comprandront mieux les plus notables particulliaritez qui ſy ſont veuës d'vne part & d'autre. La ville prend le haut d'vne Coline le pied de laquelle battu d'vn coſté de la mer, ſ'eſtend au reſte ſi lentement ſur la plaine que malaiſement jugeriez vous la ville ſi eſleuée ſi vous ne la regardiez de loin, & luy rapportiez le ſit de la Fons & autres Bourgades voyſines. Son aſſiette eſt aſſez auancée ſur le cours de la mer Occeanne laquelle y entre par vn Canal fait tout exprés pour y faciliter dauantage l'entrée & ſortie des Nauires qui y traficquét. Elle ne prend forme certaine ny ordinaire: Ains comme elle a eſté baſtie a pluſieurs fois & accreuë de murailes ſelon les occaſions: auſſi elle eſt fort pointue pour le nombre des encongneurés auancées en forme d'Eſperons & longues Tenailles qu'elle à qui luy ſeruent de Baſtions & Rauelins plus aſſeurez pour ſa deffence. Le circuit de la place eſt diuers ſa face regarde la grand mer contre les Bruiantes impetuoſitez de laquelle: elle pare ſes hautes & larges murailles eſtoffées de groſſes pierres de taille deffendue de trois groſſes Tours & depuis peu de temps flanquées d'vn Gabus & de la Tenaille comme je diray tantoſt. Le derriere de la ville eſt terre ferme de 300. pas ou enuiron tirant vers Poitou. Les deux autres endroits ſont Mareſts. Ceux qui ſont à droite entrát en la ville par la porte de Congne, ſont douceins, par ce qu'ils ne ſont remplis que d'eaux de pluye: au moien que les habitans n'y laiſſent couler la mer. L'eau de laquelle ils retiennent au foſſé de la porte des Moulins par vn larron qu'ils y ont dreſſé: les autres Mareſts de la gauche ſont ſallans. Mais aujourd'hui l'œuure en eſt preſque perdu à l'occaſion des incommoditez que les guerres Ciuiles y ont amené. Au delà ces Mareſts c'eſt terre ferme en laquelle on ſort par la porte S. Nicolas pour donner en Saintonge & Angoumois.

La repreſentation de la ville.

POVR le regard de ſon païſage: Elle eſt ſiſe en vn beau, bón & fort endroit de païs: non moins pour y receuoir toutes les commoditez que le temps de Paix deſire: que les auantages propres & neceſſaires à vne guerre. Le païs eſt deſcouuert & preſque tout chargé de vignobles fors le cartier d'eſtine pour les Maretz ſalans qui augmentoient les reuenus des Citadins en ſaiſon paiſible plus qu'ils n'ont fait depuis ces guerres, l'inſolence deſquelles a oſté auec le vouloir, les moiens ſoin & induſtrie aux Rochellois d'entretenir l'ouurage du ſeel. Mais le vin y a tous jours eſté en grande abondance: lequel diſtribué en pluſieurs pays nommémant en Bretagne, Angleterre, Eſcoſſe, Flandres, Holande & autres cartiers du Nort: leur donne beaux moyens d'en rapporter grand argent, bleds, cuirs, toille & telles autres marchandiſes qu'ils voient les plus neceſſaires à la ville. Encor que les pays de Poitou, Saintonge, Angoumois & le Gouuernement meſme qu'on appelle pays d'Onis: leur fourniſſent en abondance tout ce qui leur eſt requis d'ailleurs. Si bien qu'ores que la terre ferme leur apporte grandes commoditez. Le Haure neantmoins ſemble eſtre plus auantageux pour en receuoir ſoit en paix ſoit en guerre tout ce qui leur eſt neceſſaires N'y ſçauroit auoir cinq cens ans au plus que la grand mer y amene les grans vaiſſeaux pour le trafic du pays. Et peu auparauant la ville n'eſtoit qu'vne petite Bourgade laquelle ſe peuplant comme la mer croiſſoit & de plus en plus y aportoit de commoditez ſoit pour la peſche, ſoit pour la cómerſe des lieux circonuoiſins ſoit pour le traſport des richeſſes du lieu en pays eſtranges: fut en fin eſleuée en droit de cómun͞ té auec pouuoir d'en ceindre de murailles, tout ce quartier qui ſémbloit le plus propre pour le trafic de mercóme j'ay dit ailleurs. Au reſte tout ce pays qu'on appelle Onix eſtoit Poitou & encores par deça compris ſous le nom & terres des Comtes de Poitou comme j'ay dit ailleurs. Le premier deſquels Guillaume eut vne fille Alienor laquelle repudiée par le Roy Loys le piteux eſpouſa Henry Roy d'Angleterre. Auquel ſous le nom de Comté de Poitou elle porta en dot entre autres biens & Seigneuries, la Rochelle petite pour lors ſans y mentionner ne ſpecifier

La Rochelle eſt icy repreſentée auec les pays voiſins & autres ſiénes commoditez.

Origine de la Rochelle.

Pays bons eſtoit Poitou.

aucunement le pays d'Onix n'y vſer d'autre forme de particularité par le contract qui ſeparaſt ce lieu de Comte de Poitou. Ainſi les Roys d'Angleterre en ont jouï & aſſeuré les Franchiſes & priuilleges que la Royne Allienor leur en auoit continué de Pere en fils. Le principal deſquels eſtoit le droit de communauté donné à Niort mille cens nonante neuf auec juſtice haute, moienne & baſſe, cens, rentes & domaines. Ce que les Chartres tant Latines que Françoiſes ſpecifient aſſez amplement. Ioint qu'il n'y auoit encores Chaſteau ne forterefſes n'y gardes qu'au temps des Anglois. Leſquels crainte des François leurs voyſins y eſleuerent le Chaſteau ſurnommé de Vauclair duquel on voit encores les ruines aujourd'huy: dreſſé en ce lieu pour commander au haure qui venoit juſques là. Car la mer n'ayant encor pris la courſe vers Tadon, Netré & Saint Nicolas: ſeſgajoit ſur toutes les prairies prochaines du Chaſteau. Contre lequel ſe faiſoit l'embarquement & deſcente de tout le trafic de la ville. Mais comme la mer croiſt touſjours de vaze peu à peu: Elle en laiſſe tant à ſes refius & retirades: & à ſa venuë elle jettoit petit à petit tant de pierres, grauier, cailloux, bourbier, limon & telles autres excremans de ce grand corps: qu'auec peu d'artifice on luy boucha ſon alleure vers la porte des Moulins. Si bien que les habitans commandez encor par les Anglois, la voyant prendre ſon cours plus naturel vers Saint Nicolas: Ils transporterent le haure au lieu où ils eſleuerent deux Tours de la Cheſne auec la Tour de la Lanterne qui furent enſemble la muraille, baſties pres qu'en vn temps. La Garniſon des Anglois toutesfois demouroit touſjours au Chaſteau pour tenir en bride & deuotion aſſeurée les Citoyens: Du jouc deſquels, bien que faſchez d'eſtre ſujets à vne ſi rigoureuſe ſeruitude: ne ſe peurent tirer neantmoins juſques au temps du Roy Charles ſeptieſme. Soudain apres que les Pœteuins eurent chaſſez les Anglois de Poitiers pour eſleuer la Fleur de Lys ſur les murailles. Alors ceux cy animez à leur exemple, treuuerent le moyen que je vous ay dict ailleurs de chaſſer leur Garniſon à Bourdeaux. Et ſe rendre au Roy ſous les conditions que j'ay dict en autre endroit. Ainſi commencerent les priuileges deſquels me ſouuient auoir amplement diſcouru en autre lieu. Et pour leſquels vous verrez cy apres vne guerre memorable à jamais. Voila ce qui me ſemble en general de la ſituation de la ville que vous comprandrez mieux par vn Narré plus particulier & ſpecial: Autrement à peine ſçauriez vous comprandre l'aſſiette & campegement de l'Armée Royalle: ny meſmes les attacques & deffences d'vne part & d'autre ſi je ne vous expoſois le dedans & le dehors plus à deſcouuert: Ie ne parle à ceux qui ont non ſeulement bien faict leur deuoir dehors ou dedans. (Car cela n'eſt aſſez pour comprandre l'aſſiette & force d'vn lieu.) Mais qui ont ſongneuſement remarqué le ſit, le plan & le contour de la place: auec tout ce qui deuoit eſtre bien obſerué en vn tel ſiege: La France ne fut jamais tant pourueuë de vaillans hommes, ne mieux garnie de gens de cerueau baſtans à bien comprandre vne choſe gentille. Ie laiſſe donc cecy à tous eſtrangers & autres François qui n'ont faict que nombre au ſiege ou quelque deuoir: Mais aſſez mal reconneu la place & ſon païſage.

Pour venir au particulier. La ville eſt de moienne eſtendue, fort ſerrée de maiſons toutes bien pourueuës d'habitans & par ce peuplée de grand nombre de riches hommes que la continuë des guerres Ciuiles à rendus duits & leurs enfans meſmes comme nez aux armes pour en auoir entendu le ſon & Cliquets dés le ventre de la mere. La porte de Congne affin de commancer à la plus renommée: de tout temps à eſté triple, bien eſtofée, bien pourueuë de Creneaux & marchecoulis, de larges & profonds foſſez auec ſuffiſans Rauelins pour ſes deffences. Mais d'autant qu'elle ne gardoit aſſez les courtines & pans de murailles de la ville: par l'auis de Scipion Vergano de Conean ingenieux Venitien expert & vaillant pour ſon Eſtat: On dreſſa à gauche de la porte vn haut eſperon reueſtu de groſſes pierres de taille. Non ſi grand & ſi auācé de ſes murailles toutesfois: que les courtines en ſoient aiſément deffendues: bon de foſſez au reſte & bien aſſeuré de ſon rampart qu'on luy à faſſiné par derriere pour ſon Artillerie & autres commodités auec la Santinelle dreſſée ſur le ſin bout pour deſcouurir en tous endroicts. Au reſte les trois portes de Congne ſe ſuiuoyent de droit fil l'vne l'autre. Mais pource que l'experience (plus aſſeurée Maiſtreſſe de toutes choſes que la raiſon ne toutes conſiderations de l'eſprit humain) à deſcouuert le danger de telles portes meſmement és retraites paſſées: on changea la premiere & la miſt on plus bas pour entrer en la ville tirāt ſur la main droite. Sortant de là pour tirer àdroit: les murailles ne ſont droi-

tes

res, ains fort fineufes en forme de tenailles jufques à la Tour de Moureilles qui eft haute & large & qui deffend tout ce quartier. Au lieu de cete Tour y auoit anciennement vne maiſon qui appartenoit à l'Abbaye de Moureille pres Luçon & S. Gemme en Poitou. Les Religieux, Abbé & Couuent de laquelle l'eſchangerent auec certaines rentes que les Maire & Eſcheuins leur donnerent à leur commodité. René Pinchon Pariſien en eſt aujourd'hui Abbé par la liberalité du feu Comte du Lude. Les affaires & maiſon duquel il auoit ſi bien manié : qu'il n'euſt ſceu de moins reconoitre le merite de ſes vertus; ſignalées non ſeulement pour l'excellance de ſa doctrine : mais auſsi pour vn rare exemple d'vne vie ſainte & irrepreheſible. Mais outre ces bonnes parties, la viuacité & promptitude d'eſprit, l'a ſi fort recommandé au manimët de tous affaires : qu'il eſt aujourd'hui l'vn des quatre Sindics que tout le Clergé de France a choiſi pour la cõduite des affaires Eccleſiaſtiques pres la Majeſté Treſ-chreſtienne. Donques au lieu de cete maiſon les Rochellois y baſtirent cete Tour 1 3 9 9. ſous Iean de Chillon Maire de la ville & 1 4 1 0. ſous Hue de Belot Maire fut paracheuée auec ſes courtines & tourettes. Tout ce cartier n'eſt employé qu'en marets & la pluſpart ſalans : ainſi nommez pour l'œuvre du ſel qu'on y a fait autreffois auec vn grand proffit & commodité pour la ville. Cete Tour eſt ſuiuie de la porte S. Nicollas qui mene en Saintonges, forte d'aſsiete & de main d'homme non moins que du voiſinage des marets à gauche : & de la mer qui à droit bat ſes murs, & aux grandes marées emplit ſes foſſez. Dés la porte S. Nicollas jufques à celle des moullins, c'eſt tout Mer. Pour maintenir laquelle contre vne Armée Naualle, y a premierement à quelque centaine de pas de la porte S. Nicollas vn Boulleuerd qu'on nomme le Gabuz, fondé ſur la graue de l'inuention & modelle du meſme ingenieux pour flanquer & deffendre toute cete coſte juſques à la porte, & meſme juſques à la groſſe Tour ſurnommée de S. Nicollas. Elle eſt groſſe, forte & bien munie de toutes pieces & ſortes d'armes pour la deffence de la ville. Tout joignant eſt celle de la Cheſne peu moindre : mais auſsi forte & mieux pourueuë. Ainſi nommée pource qu'on y tend la Cheſne qui prend à l'autre Tour pour empeſcher les Nauires d'entrer ou ſortir hors le Haure ſans congé. Pour la tandre & garder y a vn Capitaine gagé de la ville qui reſidant en la Tour eſt nõmé Capitaine de cete Tour : & renouuellé d'an en an pour l'importance que ceſte place ſemble tirer apres ſoy. En laquelle giſt vn des principaux points de la ſeureté de la ville : tant pour eſtre l'entrée & garde du Haure que pour ſeruir ces deux Tours comme d'Arſenal des armes, poudres, artilleries & telles autres prouiſions de guerre.

La grande Mer coule par l'entre-deux de ces Tours & ſur le pied d'icelles, pour entrer dedans le haure long, large, net & aſſeuré. Au reſte accommodé d'vn long & beau Cay eſtoffé de grandes pierres de taille tout couuert de grans logis : le bas deſquels (qu'ils nomment Chaiz) eſt deſtiné par les proprietaires à receuoir les marchandiſes des nauires qui veulent trafiquer en ce port. Deſcendus à la Cheſne, s'ils ont fait, la marée venuë (qui ne faut de douze heures en douze heures deux fois le jour) ſe retirent à chef de baye (dont je vous parleray tantoſt) pour y eſpier le vent & la commodité de faire voile où bon leur ſemble. A cete Tour de la Cheſne prend la muraille de la ville, haute & forte, toute de pierres de taille & bien taluée pour mieux reſiſter aux furieuſes & bruiantes ondes de cet Ocean. De droite ligne elle s'eſtend ſur la graue juſques à vne autre Tour preſque auſsi groſſe & de meſme eſtoffe nõmée la Tour de la Lanterne : pource que le Maire y faiſoit autreffois mettre ſelon les ſtatuts politics de la ville, vn gros cierge ou autre maſsif flambeau dans vne lãterne de pierres qui eſt eſleuée ſur vn des coſtez des hautes galleries de la Tour, pour adreſſe & ſignal de ſeureté à ceux qui voyageans ſur mer auroiẽt eſgaré leur route : ou ſeroient pourſuiuis d'ennemis, ou bien ſurpris de quelque autre accident. Et auſsi pour les auertir aians relaſché, des bancs, eſcueils, aſnes, coſtes, ſables & autres lieux dangereux qui auec vn grand hazard ſe rencontrent en cete Mer : tant par ceux qui tiennent la route d'Eſpagne que d'Angleterre allant à mõt & à val. Cete loüable couſtume neantmoins s'eſt perduë depuis peu de temps : ſoit que les mariniers plus experts qu'au temps paſſé, conoiſſent les batures & tous autres lieux dangereux deſquels ils ſe gardent aiſémẽt; fors qu'ẽ tẽpeſtes extraordinaires. Ou qu'autre occaſiõ face ceſſer ce qui en tout cas profite plus qu'il ne peut nuire. Cõm'on l'obſerue en pluſieurs endroits à l'exẽple du Fat de Meſsine. (Car les Pheniciẽs & ceux d'Egypte ont eſté les premiers voyageurs & traffiquans ſur mer) fait par Soſaſtres, Excellent Architecte Guidien aux deſpens & Requeſtes de Ptolomée Phi-

La Tour de Moureille & ſon origine.

Tour de la Cheſne.

Le Haure de la Rochelle.

Lanterne de la Rochelle.

Le Far & flambeau des mariniers.

P p iij

ladephe Roy d'Egypte: esleué sur vne Tour que soustient vn haut Rocher dans vne petite Isle prochaine d'Alexandrie à laquelle peu à peu le Limon, Vaze & Grauier que les flots du Nil y ont amené: l'ont joint & rendu mesme terre. Depuis les Romains en dresserēt de tels à Puzol au port Dostie que l'Empereur Antonin Pie fit redresser: à Rauenne, Messine, Genes & nos Roys à Boulongne, Corban & plusieurs autres endroits de ce Royaume. A cete Tour on laisse la graue haute esleuée pour brider les furieuses courses des grandes Marées: & tirant a-droit on trouue assez tost la porte des Moulins bien munie & fortifiée de tout temps. Henry d'Albret Roy de Nauarre & Gouuerneur de Guyenne pour la Majesté Tres-Chrestienne auoit entreprins de bien fortifier ceste ville: y amena vn Ingenieux à plusieurs inuentions & modelles imparfaicts duquel Scipion fut contrainct s'accommoder. Entr'-autres il esleua vn Bouleuard deuant ceste porte qui en a demourée plus forte & asseurée que parauant. Et plus haut à costé auoit jeté les fondemens & preparatifs d'vne autre en forme de Tenaille pource que le premier n'estant assez auancé ne descouuroit si loin qu'il estoit requis. Scipion à reuestu cestuy là & lié auec le premier, l'accommandant de ses fossez qu'il a fait aprofondir pour y prandre plus d'eaux. Si bien qu'il en a rendu l'auenuë beaucoup plus malaisée. Tellement que de ceste porte on deffend (sans les vieilles Tours. Lesquelles assez fortes & rejettées hors les murs gardēt toutes les courtines jusques à l'autre Bouleuard surnommé de la porte Neufue lequel au semblable est accommodé comme dessus flanqué d'vn & d'autre costé) jusques au Bouleuard nommé de l'Euangile lequel est plus grand & large que tous les autres. Et pour l'accommoder ils ont ouuert le pied des murailles de la ville, pour y enuoyer gens & munitions au besoin & tout à couuert. Depuis ce lieu tirant à mont, les murailles sont fort courbes, pourueuës de grand nombre de Tours pour flans & deffances à leurs courtines jusques à la grosse Tour qu'on nomme la Tour d'Aix forte & de bonne estoffe. Laquelle outre la commodité de ses canonnieres, seruoit de plate forme à l'Artillerie qu'on y place pour commander à toute la Campagne qu'elle descouure. Car elle fait vne encongneure en cest endroit. A ceste occasion elle deffend deçà & delà jusques en Congne. Les Rampars, terre plains, plates formes & endroits spacieux entre les maisons & murailles de ville pour y alligner de belles tranchées, ne manquent au dedans soit pour soustenir les pieces ou pour appuier les plus foibles murailles en cas qu'on vouluft braquer le Canon contre. Mesmement entre ces deux derniers Boulleuers desquels nous venons de parler. Et dauantage ez lieux esquels ils ont plus douté la force & le peu d'espesseur des murailles: Ils ont à l'opposite au dedans fait grandes & larges trāchées soustenuës de fortes murailles au derriere le parapet desquelles l'harquebuzier & picquier ne pourroit faillir les premiers qui s'auantureroient pour gangner la place en cet endroit. Les Marets, au reste entre-couppez de mille fossez esquels la mer se joue à plaisir quand on luy veut laisser la bride, continuent jusques là. Si qu'il est malaisé d'y camper & moins d'y placer le Canon. Les fossez de ville y sont fort larges, nets & profonds: finissans en fons de cuue, Escarpez du bas, pourueus au reste d'vn nombre de Casemates qui sont au pied des encongneures de la muraille que j'ay dit seruir de flancs auec leur côtre escarpes esleuées jusques à moitié des murailles qui ne laissent que leur parapet pour bute au Canon: bien pour ueuë d'alées & corridor sur lequel trois hommes iroient aisément de front. La mer outre cela remplit les fossez jusques au delà du Bouleuard de l'Euangille ez grosses Marées. Plus outre, les fossez sont fort bas & larges & plus profonds que les autres. Iusques à vne forme de Bouleuard ancien que l'esperon auoisine d'assez prez. Tous deux auec le cartier commandez par le clocher du Temple de Cogne qui ne sert plus que de plate forme: haut esleuée pour vedete & autres vsages guerriers: Car estandant sa veuë sur toute la Campagne il descouure aisément toutes les auenuës de la ville à laquelle mesme il commande. Le Temple est ruiné fors la partie plus prochaine des murs lesquels en sont soustenus & mieux accommodez que parauant pour en estre apuiez par le derriere contre la violence du Canon. Et d'ailleurs si biē aproprié de canōnieres & autres choses requises à ces murailles qu'elles en reçoiuēt grādes cōmoditez.

Ainsi vous voiez quelles estoient les fortifications de cete ville l'an 1570. jusques à ce jour. Laquelle pour estre port de mer & par ainsi Frontiere, à esté mise au rang des Clefs de France: fondée d'auoir à ces occasions sa garde ordinaire & en possession imemoriale d'entretenir ses fortifications, lesquelles neātmoins ont esté jusques aux troubles de France assez simples pour se voir bien muniée du costé maritin & sans crainte vers terre ferme.

Vous

LIVRE TRENTEDEVXIEME.

Vous voiez le plan, le sit & deffence de la Rochelle tant par terre que par mer: laquelle entre par le canal que j'ay nommé ci dessus & qu'on doit proprement nommer le Haure de la Rochelle: qui vient de Chef de baye qu'on nōme vulgairement che de bois. C'est vn endroit de la grand' mer que tous Nauires qui doiuent à la Rochelle, ont trouué plus propre & mieux couuert de vents pour y mouiller l'ancre, y rader & faire tel sejour que leurs affaires permettent: esloigné d'vne grande lieuë de la ville. Ce grand corps humide descendant vers la Rochelle se serre & estrecist, contraint par deux costez de terre qu'ils appellent pointes, pource que la terre s'auance en mer cōme en aiguisant, l'vne de ça, l'autre de la: passé lesquelles s'auançant tousjours & rēplissant peu à peu le haure Rochellois; elle jette cōme despite de s'estre veuë ainsi pressée ses vagues escumantes contre les murs & répars de cete ville blanche. Ainsi font tousjours appellée les Anglois pour les rocs voesins qui sont & aparoissent blancs aux voiageurs sur mer venans en ville. Comme le flus ordinaire & perpetuel de cet Element amene pour le plaisir, pour le profit & contentement des Citoiens, toutes sortes de richesses: aussi le reflus alternatif de ce vague & non jamais paisible Ocean: les ramene & conduit en toutes les parties du monde non que de la Chrestienté. Or pour bien conoitre la Baye de la Rochelle, il faut noter trois choses. Ce qui est proprement le haure; puis les vases & la rade apres. La Baye afin que sans confondre les termes on conoisse le propre nom de chacune chose: sans s'y abuser comme on fait en plusieurs endroits: est tout le coulant d'eau qui depuis le lieu de pleine mer ou demeurent & radent les Nauires: s'estend pour lauer les murailles de la ville jusques à Tadon au de la S. Nicollas. Et pource que cete pointe de terre blanche qui paroist à ceux qui viennent par mer à la Rochelle est l'endroit qu'on trouue le plus propre à la demeure des Nauires: nos ayeulx l'ont prins pour le commencement de ce coulant ou bras de mer: l'appelant Che de baye pource que la mer commance dés là son cours vers la Rochelle. Ainsi est de toutes les autres entrées de mer en terre qu'on appelle communement Bayes si elles sont longues, si courtes on les nomme Anses; ou autrement selon le langage du païs. Mais le vulgaire ignorant & en tout indiscret, nommément sé termes de la langue naturelle: corrompt aisément toutes appellations pour si peu d'aparance qu'il y aye au contraire. Cete sauuage race de mathelots a corrōpu ce mot de Chef de baye l'appellant che de bois pource qu'elle y voioit quelque forme de bois taillis au dessus. Mais le lieu auoit ce nom cent ans deuāt que le bois y fust. Et dés lors que les proprietaires cultiuoient cet endroit: cōme meilleurs mesnagiers que ceux qu'ils ont laissé depuis. Elle a aussi corrompu ce mot de Coups de vague en quoüé de vache, lieu d'vne maison à deux lieuës de la ville où y a vn petit canal de mer pour la descente des moindres vaisseaux, cōme Bretons & d'autres qui veulent charger des vins. Mais c'est assez de cela. Venons particulariser les trois eudroits de notre Baye Rocheloise. Tous Nauires n'entrent pas au haure. Car il n'est propre que pour les barques, ramberges, galiotes & tels autres vaisseaux de cent cinquante à deux cens tonneaux au plus. Car s'ils passent deux cens, il faut attendre le gros d'eau & les grandes marées. Vray est qu'on y voit des Hourques & tels autres Nauires Septantrionaux jusques au port de 300. & 350. tonneaux. Mais cela vient de la forme des vaisseaux, lesquels aians le fons large & s'eslargissans tout à coup depuis la quille en haut: ne tiennent pas tant de profond la moitié que nos nauires François, ni les autres mesmes qui tirent trois brasses plustost que ces gros nauires deux. Aussi ne sont ils si frians de voille que les notres: mais plus durs & plus asseurez contre les flots que ceux-ci. Chacune nation a son particulier. Les vaisseaux deschargez ou qui n'ont affaire en ville, sortent la chaine baissée s'ils n'attendent que le temps ou la marée sur les vases. Car ils sont là parez. Les vases sont tout ce que la mer retournant laisse à descouuert hors le haure de la ville. Au reste peu de Nauires demeurent sur les vases, s'ils ne sont prests d'entrer y attendans la marée ou la chaine baissée ou le vent à faire voille en pleine mer. Tous entrent au haure pour leur seureté. Car par ce que la rade & toute la baye est sujette aux vents d'aual nommément de Siroest vent impetueux: Mesmement en hiuer: ni la rade ni les vases ne les sçauroient garentir de perte. La rade est depuis l'entredeux des pointes jusques contre la pointe de Ré & le large de la mer à la veuë de Ré, & de che de baye. Elle est ouuerte aux veuës d'aual. Occasion que les Nauires leuent l'ancre soudain qu'ils preuoient le mauuais temps & vont prandre l'abri de Ré à la Police qui les couure de ces dangers. C'est vne autre rade à vne lieuë de la ville qui seroit belle & bien plaisante au trafic de mer, si les Rochellois y vouloient souffrir

Ché de Bayé
Rochelle pourquoy appellée ville blanche.
La Baye de la Rochelle.
Le haure de la Rochelle & quels Nauires y peuuent entrer.
Les Vases.
La Rade de la Palice.

P p iiij

Nouembre 1572.

L'HISTOIRE DE FRANCE.

A quels vẽs gift la Rochelle.

les baſtimens à ceux qui viennent du Perou, des Aſſores, des Canaries & autres routes d'Eſpagne ou Portugal. Toute la baye & la muraille de la ville que les groſſes Tours flanquent porte droitement Eſt-Oeſt. Si bien que pour eſtre deſcouuerte des vents d'aual elle ne craint d'autres vẽts que ceux-la: leſquels par fois y ſont merueilleux, & y ont cauſé de grãs naufrages.

Le Roy conoiſſant que tous les moiens dont il auoit vſé pour faire entrer Biron en la Rochelle n'auoient de rien profité: y employa la Nouë nouuellement venu de Flandres, lequel aimant la Paix plus que la Guerre, encor qu'il ſoit l'vn des plus auiſés & reſolus guerriers de France: ſe trauailla pour perſuader aux Rochellois la Paix que ſa Majeſté eſtimoit profitable à eux & à tout le Royaume. Et y auoit grande apparence qu'il peuſt executer vne telle entrepriſe. Parce qu'il n'y auoit en France Gentilhomme de la Religion plus ſignalé que lui pour le maniment des armes & affaires de conſequence. Ioint qu'aux troiſiémes troubles il auoit eſté Gouuerneur de la ville. Comm' il alloit pour cet effet accompagné de Gadaigne, trouuer Biron: rencontra vn Miniſtre auquel il fit beaucoup de diſcours de l'affection qu'il auoit à maintenir l'Egliſe de Dieu. Et encor qu'il fuſt enuoyé de la part de ſa Majeſté: ſi eſt-ce qu'il deſiroit ſeruir à Dieu, promettant ne jamais donner conſeil contre la liberté des Egliſes. Ce fait il deſpecha vers les Rochellois de Teiles & ce Miniſtre pour les auertir de ſa charge & venuë vers eux pour les diſpoſer à receuoir ſon Conſeil. Auſſi pour lui rapporter vn paſſeport. Ces nouuelles entenduës altererent aucunement les Rochellois; meſmement pource qu'ils s'eſtoient ja reſolus de ſe gouuerner par ſon Conſeil & du Comte de Mongommery auſquels ils auoient eſcrit en païs eſtranges pour ſe retirer auec eux. Voire qu'aucuns doutoient

Les Rochellois delibererent ſur la reception du Sieur de la Nouë.

ſ'il le falloit receuoir, diſans qu'en matiere d'Eſtat lon ne doit entreprendre choſe qui de ſoy & ſans autre occurrance peut apporter vn euenemant douteux. Partant que ſa charge leur eſtãt ſuſpecte comme venant de part ennemie: n'eſtoiẽt d'auis de le receuoir. Mais les remontrances de tout le reſte gagnerent l'auis de ces particuliers: auſquels ils perſuaderent aiſément que n'aians plus affaire que d'vn Chef de valleur & d'autorité: le Sieur de la Nouë leur eſtoit comme diuinement enuoyé pour eſtonner & rompre l'ennemi: encourager & bien conduire les aſſiegez: veu tant de beaux traits guerriers & politics qu'il auoit ſi heureuſement mis à fin, à l'entretien & accroiſſement de tout le parti. Ioint qu'outre ce, pour auoir eſté conu de cœur genereux & vrayement Noble: ils ſ'aſſeuroient qu'il aimeroit mieux mourir que tacher ſon nom & dementir l'honneur de ſa vie paſſée par vne deſertion ignominieuſe à lui & toute ſa race. Partant requeroient inſtamment & comme à mains jointes qu'imputant cet accident qui lui eſtoit auenu: à la miſere du temps plus qu'à la droiture de ſon naturel: ils le receuſſent & l'ouyſſent, d'auſſi bonne affection qu'auparauant. Reſolution priſe de l'ouïr, le Conſeil lui enuoia lettre portant en ſomme, puis qu'il auoit choſes importantes à leur communiquer: qu'il ſ'auançaſt (pour vſer des termes de la lettre,) juſques à Tadon. Tel jour qu'il vous plaira dont vous nous auertirez: & ſi voulez quelque ſcorte pour votre perſonne & de ceux qui ſeront auec vous tels qu'il vous plaira nous faire ſçauoir, nous la vous donerons. Somme que la Nouë arriua à Tadon le dixneufiéme de ce mois, où ſe rendirent Languillier, Roche Enard, Viliers & Mereau deputez de la ville: auſquels il fit entendre que le meurtre auenu à Paris: le Roy commanda aux François qui eſtoient dedans Mons enHainaut qu'ils euſſent à remettre la ville entre les mains du Duc d'Alue & ſ'en retourner en France le plus ſoudainemẽt qu'ils pourroient. Et dautant qu'entre les ſoldats François eſtoient pluſieurs Catholiques Romains, qui

Relatiõ de la Nouë cõme ſorti de Mons il eſt venu és mains des Catholiqs & par eux enuoyé aux Rochellois.

ſans autre auis vouloient ſuiure le Conſeil du Roy. Pour euiter plus grande confuſion: l'on fut contraint de receuoir vne Paix hatée & peu auantageuſe pour les aſſiegez: Et par ce que lui fut mis en oſtages: perdit la commodité de ſuiure les troupes de Flandres. Occaſion que feſtant rendu ſous la foy de Monſieur de Longueuille Gouuerneur & Lieutenãt pour ſa Majeſté au païs de Picardie: Puis cõmandé d'aller en Court, fus enuoyé par leurs Majeſtez pour vous propoſer là Paix que le Roy entend vous bailler; laiſſant entrer vn Gouuerneur en cete ville & par ce moien euiter le ſiege & ſac d'icelle & dõner rafraichiſſement à toutes les Egliſes de ce Royaume. Et ce faiſant leurs Majeſtez m'ont chargé de vous aſſeurer que receuans voſtre Gouuerneur & vous comportans cõme bons & loyaux ſujets: l'exercice de la Religion vous demoura en telle liberté que l'auez continué juſques à preſent. Toutesfois ſi m'en demandiez conſeil je ſerois d'auis que n'en fiſſiez rien, qu'auecques bonnes aſſeurances. Et vous diſpoſer à vn accord qui ſoit profitable à vous & à tous noz freres. Auſſi bien la fin de toutes les guerres eſt de paruenir à vne bonne Paix.

Les

LIVRE TRENTEDEVXIEME. 119.

Les deputez qui n'auoient charge de respondre ains seulement de raporter ce qu'ils auroient entendu: commencerent à discourir de beaucoup de choses auec luy. Et mesmement le prierent fort d'embrasser le party de l'Eglise qui estoit si rudement assaillie par tout ce Royaume & que Dieu qui l'auoit souuent benit pour mesmes causes, auroit ceste defance tres-agreable. Le lendemain plusieurs de la ville le furent trouuer à Tadon pour le voir & luy faire tous bons offices. Mesmes les Ministres estrangers enuoierent deux de leur côpagnie pour luy faire entêdre l'esperance qu'ils auoient qu'il embrasseroit cete cause pour l'ardeur & sainte affection qu'il monstroit en la deffence de l'Eglise de Dieu. Et que par ce moien se pourroient vanter d'auoir receu de la main de leurs ennemis l'instrumêt de leur deliurance. A quoy il respond que c'estoit tout son desir & intention de seruir à Dieu, & maintenir son Eglise. Voire qu'il s'estimeroit plus heureux d'estre portier en icelle que grand Maistre au Palais des Roys. Surce le Côseil de la ville auoir meurement deliberé & s'estre resolu sur la charge de la Noue fit responce. Qu'ils auoient juste occasion de ne receuoir le Mareschal de Biron. Et partant qu'il plaise à sa Majesté leur donner vn Gouuerneur de la Religion; ou les laisser viure paisiblement les vns auec les autres comme ils ont fait jusques à present, en tout deuoir & obeissance enuers sa Majesté. Surce la Noue requist de conferer auec six ou sept Ministres de quelques points qui touchoient sa conscience. Ce qui fut fait le vintroisième dudit mois entre les deux portes de saint Nicollas. Et auoir entendu leur auis sur les causes de cete guerre. Et se sentant satiffait de leur responce, promit de demourer en ville & faire pour la deffance de cete cause tout ce qu'il luy seroit possible. Dequoy tout le peuple fut autant resjouy que de toute autre bonne nouuelle qu'il eust peu entendre. Ce fait pour rendre raison au Roy de son Ambassade, s'en alla à saint Iean Dangely trouuer Biron & de Gadaigne.

Les Ministres vont persuader le sieur de la Noue d'embrasser le party.

Responces des Rochellois au sieur de la Noue pour le fait de Gouuernement.

Le dixneufiéme Nouembre le Roy fit publier vn Edit, commandant à tous ceux qui estoient hors du Royaume ou dans les villes occuppées par les Protestans retourner dans leurs maisons. Ce faisant tout le passé leur estoit pardoné. Auec deffence de les molester en leurs corps & consciences pourueu qu'ils se continssent en paix. Et quant aux rebelles à ce commandement: les menaçoit de confisquer leurs biens: protestant que ce qu'il auoit fait chastier l'Amiral & ses adherans: n'estoit pas pour exercer vne rigueur infinie sur ses sujets de la nouuelle opinion. Ainsi son intention auoir esté de pouruoir à la conseruation de son Royaume par vn remede si necessaire: encor qu'en apparance il fust fort violent. Pour le regard de plusieurs qui pour euiter la fureur du peuple s'estoient retiré en pays estranger ou dans les villes que les rebelles tenoient: luy comme vn bon pere de famille auoit pitié de les voir tant souffrir ainsi banis de leurs maisons. Et pourtant leur commandoit de reuenir incontinant chez eux: les assurant qu'ils y pouuoient venir en toute asseurance pourueu que ce fust dans trois sepmaines apres. Et que ceux qui estoient dans les villes saisies par les seditieux: eussent à se retirer vers le Gouuerneur de la Prouince pour luy bailler leurs noms & promettre deuant Dieu, d'estre à l'auenir fidelles sujets du Roy. S'ils s'obstinoient à demourer là & mespriser sa grace: qu'ils s'asseurassent d'en receuoir le chastiment deu aux obstinez & endurcis. Qu'il confisquera leurs biens s'ils ne comparoissent dans le terme prefix: afin qu'ils sachent que c'est d'abuser de la douceur de leur Prince. Declarant qu'il les en auertit de bonne heure: afin que les rebelles qui seront chastiez ne puissent pretendre aucune cause d'ignorance.

Edit du Roy pour faire retourner les Protestâs en leurs maisons.

Cest Edit fut soudain porté aux Ambassadeurs de la Majesté pres les Princes estrangers: nomément en Allemagne, Suisse & Angleterre pour en faire retirer les y refugiez & supplier les Princes ne les y souffrir contre l'intention du Roy. En somme plusieurs n'y pouuans demeurer commodément: soit à faute d'argent, soit pour l'indisposition de leurs personnes: ou qu'ils se reposassent sur l'asseurance qu'on leur donnoit & autres occasions: reuindrent en France où la plus part se trouua mieux qu'ils n'auoient esperé. La Motte Fenelon sur tous, se porta dextrement vers les retirez en Angleterre pour les en tirer & afoiblir autant le secours que le Comte de Mongomery en pensoit tirer pour les mener à la Rochelle rompre l'armée Nauale des Catholiques. Semblablement l'Ambassadeur du Roy aux sieurs des Ligues sollicita fort qu'ils chassassent les Protestans retirez parmy eux, afin de les faire retourner en France. Mais ils n'y voulurent entendre.

Plusieurs Francez retournét des pays estrangés ou ils s'estoient sauuez.

Le Baron de la Garde cependant escriuit du vintvniéme dudit mois vne lettre fort gracieuse par laquelle prioit les Rochellois de luy enuoier les deputez qu'il auoit demandez: prome-

Lettres du Baron de la Garde aus Rochellois.

P p iiij

L'HISTOIRE DE FRANCE.

Nouembre. 1572.

tant apres leur auoir fait entendre le commandement de leurs Majeftez & de Monfieur frere du Roy: les renuoier en toute affurance. Les prioit auffi que le corps & equipage de la Gallere prinfe nômée la Fiafque feuffét côferuez. Et qu'il efperoit faire juftice des traiftres qui auoiēt fait la prinfe. Les remercioit au refte de l'honnefte traitement qu'ils font au fieur Paul Emille. Recommandoit auffi vn nommé Auguftin, paintre que Monfieur luy auoit donné au partemant de la Court pour luy reprefenter au naturel toute la Guienne & les riuages de la mer depuis Cap berton, jufques en terre d'Oeft qui eft de la Calais. A quoy les Rochellois refpondirent le vintroifiéme du mois. Qu'il ne pouuoit ignorer leurs comportemans defquels le Roy mefmes n'en faifoit doute. Que toutes ces Promeffes n'eftoient que parolles fans effect. Que parlant de paix il faifoit guerre mortelle. Comme ils en auoient de bons memoires par luy dônez au Capitaine Carle & au Seigneur Paul Emille. Et quant au Capitaine Auguftin qu'il nommoit peintre, C'eft vn ingenieux lequel lors qu'il fut pris auoit retiré le plan de cete ville & fes fortifications. Et que neantmoins lefdits Paul Emille & Auguftin, n'ont eu que fort bon traitement: combien que l'on tue & maffacre les noftres en tous endroits. Quant à la creance qu'il à du Roy: qu'il la peut enuoier par efcrit afin qu'ils y refpondent s'il eft befoin.

Refponces des Rochellois.

Donques la Nouë retourné en ville le vintfeptiéme du mois: fut le lendemain receu au Confeil: où il donna entendre qu'il falloit communiquer aux Eglifes qui fubfiftoient encores. Et mefmement a Montauban, Nifmes & Sancerre: afin de moienner quelque bon accord & retarder d'autant les forces de l'ennemy. Mais ceux du Confeil n'y vouloient entendre pour quelques raifons. Sur tout parce qu'on leur auoit raporté que la ville de Sancerre auoit failly d'eftre furprinfe en parlementant. Mais pour vous aporter plus de plaifir par la bigarrure de diuers fujets à cete hiftoire: je veux enlacer icy les notables occurrences des pays Septentrionaux peu moins tourmentez de guerres ciuiles que les François.

Puis que le premier & principal motif de vous faire voir cete hiftoire, à efté prins fur les guerres ciuiles des François: il ne fera mal à propos de vous faire connoitre quelques chofes des feditions auenuës entre les Suedois. Sachez donc que 1560. fur le commencement de la guerre contre le Roy de Danemarc, le Roy Henry fils de Goftaue fit prandre prifonnier fon frere, Iean Duc de Finland en vn fien Chateau, foupçonnant qu'il fe vouluft efleuer contre lui autant hai que fon frere bien aimé de tout le peuple: lequel d'ailleurs eftoit allié du Roy de Pologne fon ennemi. Durant cete guerre, Henry tormēta fes fujets en tant de fortes que grans & petits commencerent à s'efleuer contre lui mil cinq cens foixante huit, jufques à deliurer de prifon le Duc de Finland, lequel du confentement des Eftats du Royaume, affiegea fon frere Henry qui s'eftoit retiré dedans Stockholn: remontrant par efcrit imprimé que Henry dés fon auenement à la Couronne auoit rejeté les anciens Côfeillers du Royaume, fe laiffant gouuerner par certains jeunes mignons de Court. A l'occafion dequoy il auoit attiré la haine & les armes des Princes fes voifins contre le Royaume: Et que toutes les calamitez furuenuës de puis, procedoient des fources qu'il particularifoit affez, affauoir. Qu'il auoit à grand tort foupçonné fon propre frere, fous pretexte qu'il eftoit allié du Roy de Pologne. Qu'il detenoit plufieurs places au Roy de Pologne. Qu'il n'auoit jamais voulu condefcendre à vn bon & auantageux accord pour le païs. Retenoit les Ambaffadeurs des villes maritimes, fans faire aucun conte de leurs propofitions. Faifoit prandre les Nauires des Princes eftrangers, côme du Roy d'Efpagne. Et les arreftoit au port de Stockholn, auec grandes incommoditez des amis de la Couronne. Qu'il auoit donné charge à vn certain Capitaine nommé George Perfe de faire tuer le Duc Iean fon frere & le petit fils d'icelui. Puis liurer fa vefue és mains des Ambaffadeurs du Mofcouite qui attendoient cete proye dés vn an au parauant; comme venus expres en Suede pour cet effet. Que l'intention d'Henry auoit efté d'exterminer auec fon frere tous fes autres parens, & la Nobleffe de Suede, comme l'effay f'en eftoit fait voir l'an precedent en la ville d'Vpfale, où plufieurs Seigneurs Gentilshômes & perfonnes notables auoient efté maffacrez, notament le Comte de Vvefterick, Baron Heringfholin, Coufin du feu Roy, fes deux fils (l'vn defquels Henry tua de fa propre main) & trois autres Cheualliers qui eurent la gorge coupée en prifon. Que George Perfe executeur de tels meurtres, auoit efté recompenfé & remis en charge au lieu du fuplice par luy merité. Outre tout cela on propofoit que Henry auoit fait mourir cruellement & injuftement plufieurs de fes fujets, pour enrichir de leur defpouilles ce Perfe & tels autres garnemens. Qu'en l'ignominie & opprobe de nom Royal:

Ligue entre le Roy de Dānemarc & Lubec pour faire la guerre au Roy de Suede.

Malcontens du Gouuernement en vn Royaume.

il auoit

il auoit espousé & fait Royne vne sienne putain, de race la plus ignoble de tout le Royaume, & mesprisé l'alliance des Princes voisins & Seigneurs estrangers. Bref qu'il auoit renuersé tout l'Estat du Royaume, violé son serment, enfraint les loix diuines & humaines, & declaré qu'apres qu'il auroit fait tuer tous les Suedes les vns apres les autres, qu'il s'enfuiroit en Russye, laissant le Royaume en proye à celui qui premier l'occuperoit. Sans vouloir permettre au Roy de Polongne ni à autres de pacifier les affaires, ni d'enuoyer secours contre le Roy Danemarc & la Seigneurie de Lubec. Cete declaration portoit plusieurs autres accusations, lesquelles n'exprimoient en somme qu'vn notable tesmoignage de l'ire de Dieu contre ce Roy: lequel ses ennemis representoient tellemant priué de tout bon sens qu'il prenoit à jeu de conspirer contre soy-mesme & contre son Estat: l'efficace de laquelle fut telle, qu'incontinant apres cete publication le peuple quitta tout ouuertement Henry, lequel fut rendu auec sa ville de Stockholm és mains du Duc Iean qui le fit serrer en la mesme prison où il auoit esté detenu l'espace de plusieurs années, & mania depuis les affaires au gré de tous.

Pour dire quelque chose de longues & cruelles guerres, d'entre les Rois de Danemarc, Suede & leurs alliez: mesmemant qu'elles finerent en ce temps ici: faut entendre qu'en l'an mil cinq cens soixāte les Seigneurs de Lubec, ville maritime en la mer Baltique, s'estre liguez auec Frideric Roy de Dānemarc pour maintenir, disoiēt-ils, la nauigatiō en ses libertez anciennes: denōcerēt la guerre à Henry Roy de Suede fils de Gostaue. Se plaignās des torts faits aux marchans de Lubec & Dannemarc en la mer de Suede & de plusieurs autres exces. Sur tous de l'empeschement qu'Henry donnoit au trafic, notammēt en Liuonie. Voicy les occasions. Comme la Liuonie feust ruinée par les continuelles & furieuses courses du Moscouite: elle se desmembra en plusieurs Seigneuries. Le grand commandeur des Cheuālliers Theutoniques Seigneur du Duché qu'il ne pouuoit plus garentir, se rendit vassal du Roy de Polongne. Magnus Duc d'Holsace frere de Federic Roy de Dannemarc eut l'Euesché de Hapseil, Dorpat & son terroir. Narue, Velin, & Vitesten demeurerent au Moscouite: Reuel & Raualie se rendirent au Roy de Suede Henry. Occasiō de la guerre contre ceux de Lubec qui y trafiquoiēt. Mais Henry opposoit à cela les droits de ses predecesseurs: & auoit vn an auparauant escrit amiablement aux Seigneurs de Lubec prians que leurs marchans gardassent les preuileges à quoy ils disoient n'y estre aucunement astraints, tellement qu'auant la guerre ouuerte, le Roy de Suede print quelques nauires de Lubec. Et comme les choses se preparoient à la guerre le corps de cete ville libre escriuit: à l'Empereur Ferdinand, qu'ils estoient contraints prandre les armes pour maintenir leurs bourgeois & empescher les efforts du Roy de Suede. Et que pour cest effet, ils s'estoient alliez du Roy de Dannemarc non moins interessé qu'eux. Outre ce demanderent secours aux Estats de l'Empire. Si que Ferdinand promit donner ordre à pacifier ces troubles au plus tost qu'il seroit possible. Ce pendant les Seigneurs de Lubec enuoient Ambassade vers le Moscouite, afin de l'induire à prandre les armes contre le Roy de Suede, luy remontrant l'interest qu'il y auoit. Ils n'obtindrent rien toutesfois, à cause de l'aliance qui lors estoit entre ces deux Princes. Pour cela ils ne laisserent se mettre en campagne & sur mer aussi. Mais il donna promptemant tel ordre par tout, quoy que Frederic & ceux de Lubec eussent vne puissante armée: que par terre ils ne gangnerent au commancement qu'vn Chasteau nommé Esbourg, & le pays d'alentour. Le neufiéme de Nouembre les troupes du Roy de Dannemarc, s'amasserent de diuers garnisons jusques à sept compagnies de gens de cheual, & vintquatre Enseignes de gens de pied, courans sus aux Suedes campez deuant l'Emstat, qu'ils mirent en route. Si qu'en la poursuitte faite par les gens de cheual suiuis de deux mille harquebuziers: trois mille Suedes furent tuez & perdirent auec leurs Enseignes quarante piece de Canon, grande quantité de poudres & autres munitions de guerre. Le Comte Gauthier de Schuartzembourg se porta vaillamment en ceste rencôtre où il estoit Colonnel des gens de cheual. Au mois de May de l'année suiuante y eut bataille nauale au port de Boruholin, entre les Nauires de Dānemarc & de Suede. Mais qu'apres vn long & furieux cōbat: les Suedois emportent l'honneur & profit de la journée. Car huit Nauires de Dannemarc se sauuent à toutes voiles: trois autres furent prinses assauoir l'Amiralle vne nommée la Biche, & la tierce Hector. Les Suedes traiterent fort rudement les prisonniers: voire que la plus part moururent de faim & en prison, aiant esté premieremēt tondus & enfroquez comme moines & releguez en diuers lieux de Suede. Ceste victoire haussa le cœur aux Suedes lesquels

Guerre entre les Roys de Dannemarc joint auec ceux de Lubec & le Roy de Suede pour la nauigation.

Bataille sur mer entre les Roys de Dannemarc auec ceux de Lubec & le Roy de Suede.

Decembre.
1572.

quels enuiron six sepmaines apres vindrent presque au mesme endroit assaillir la Flotte de Lubec & Danemarc, aiant vn Amiral nommé l'Inuincible, au moien duquel ils demeurerent les Maistres le premier jour : Mais au moien que le jour suiuant ce Nauire embrasé de feu qui se print à la poudre, coula au fond auec vn autre: siq les Suedes furent deffaits perdans en ceste rencontre la valeur de plus de cent mil escus. Depuis ce temps, jusques en l'an mil cinq cens soixante huit la guerre continua, mais non si aprement à cause des troubles suruenus en Suede comme je vous ay dit cy dessus. Mais au commencement de Nouembre en l'an sus mentionné, l'armée de Dnanemarc laquelle peu de temps au parauāt auoit dōné la chasse par terre aux Suedes: entra dans le Royaume & print vn fort Chasteau nommé Vvardebourg assis sur vn roc pres de la mer. Apres cela Frederic irrité de la mort de ses deux principaux Cappitaines l'vn desquels estoit decedé de malladie, l'autre auoit esté tué d'vne mousquetade par les assiegez: entra dans la Suede, & malgré toute resistance mit tout ce qu'il rencontra à feu & à sang.

Paix finalle entre les Roys de Danemarc & de Suede.

Deux ans apres Frederic assembla les Estats de Dannemarc, pour auiser specialement aux moiens de continuer la guerre contre Iean Roy de Suede frere de Henry lors prisonnier. Mais par l'intercession de l'Empereur Maximilian, des Rois de France & de Polongne & de quelques Princes d'Allemagne: les affaires demeurerent en surseance jusques sur la fin de l'an mil cinq cens septāte que la Paix fut concluë à Stetin en Pomerauie entre les deux Roys & la Seigneurie de Lubec par les Articles de laquelle, les vns rendans ce qui auoit esté prins sur les autres, chacun demeuroit en ses limites anciens & la nauigation libre & asseurée à tous. Celuy des trois qui violeroit la Paix se condamne a paier amande d'vn million d'or. Et pource que le Roy de Danemarc s'estoit deporté de faire la guerre durant les troubles de Suede entre Henry chassé par le peuple & Iean son frere depuis Roy : Iean luy paia pour ses interets cent cinquante mil Dalers.

Armée & rauage des Tartares en Liuonie, & Finland de Suede.

Mais le Moscouite d'espité d'auoir perdu sa proye (à sauoir la femme de Iean Seur du Roy de Pologne qu'Henry luy auoit promise) & qu'on auoit renuoié de Suede ses Ambassadeurs les mains pendantes: pour se vanger quitta la Liuonie dans laquelle il s'estoit jeté 1571. sur la fin de Iuin: pour entrer au Duché de Finland des apartenances du Suedois. Ou les Moscouites firent d'estranges rauages: Somme qu'auoir tout mis à feu & sang: emmenerent plusieurs milliers de personnes en tresmiserable captiuité.

Armée & rauage des Tartares en Moscouie.

Contraints en fin neantmoins de se retirer pour la venuë des Tartares en nombre de soixāte dix mil cheuaux, lesquels assiegerent à l'improuiste Moschou Capitale de Moscouie: & assez tost mirent le feu en la plus part des maisons qui ne sont que de bois & cheuilles. Si que l'auoir veu embrasée & tué grand nombre de personnes: emmenerent les autres pour esclaues malgré la resistance que nombre de Moscouites les suiuans en queuë leur voulurent faire: la plus part desquels furent en fin rompus & taillez en pieces. Voila comme les Roys sont les vrais Magistrats de la Diuinité pour punir les hōmes & s'entrechastier eux mesmes. Voire ceux qui pensent estre les plus asseurez en ce monde. Plus à loisir je vous representeray au naïf l'Estat du Cham de Tartarie & du Seigneur de Moscouie. Reprenons à present les guerres ciuiles des François: desquelles me semble vous auoir proposé le plus notable effet au siege que le Roy preparoit deuant la Rochelle.

Armée de Biron qu'il amene au gouuernement de la Rochelle.

Donques le Mareschal de Biron qui auoit eu commandement de sa Majesté d'entrer au Gouuernement & reserrer les Rochellois le plus pres qu'il luy seroit possible: ayant sept cornettes de caualerie, dixhuit Enseignes de gens de pied, cinq cens pionniers & deux coleurines: Le quatriéme Decembre fit entrer ses troupes au Gouuernement par deux endroits. Au passage du Beraud vers Poitou, auec des vaisseaux menez expres pour trauerser le passage qui est sur le chemin de Luçon à la Rochelle. Et par la Bastille à deux grands lieuës du Beraud sur le chemin de Mauzé à Marans.

Les troupes Protestantes esgueres-es hors la ville se retirent.

Lors pour les Rochellois estoient en Garnison le Capitaine Normant à Marans, la Musse là Nuailé & Virolet à Andilly auec chacun sa compagnie d'harquebuziers. Et la Rhé du Puis Belliart auec vint hommes gardoit le Chasteau de Charon en veuë du Beraud. Où se voiant forcé auertit le Capitaine Normant de se sauuer. Mais ne voulant se retirer sans voir l'ennemi, le descouurit soudain de deux costez. La Musse auoit party de Nuaile sur la minuict. Et bien qu'ils jugeassent tous que s'ils s'engageoient: le secours de la ville (qui ne voudroit si loin auancer ses gens pour le besoin qu'elle en auoit:) ne leur seroit que trop tardif : Le Capitaine Normant toutesfois voulut voir de plus pres la contenance des Catholiques. Pource auoir commādé au Capitaine Enseigne de retirer tous ceux

de pié

de pied auec quarante harquebuziers montez & dix autres sortis de la ville pour l'assister à sa retraite: demeurerent en queuë. Mais aussi tost forcez de gangner vn Chasteau prochain qu'on nomme la Grimenaudiere sise en moitié du chemin de la Rochelle à Marans où se rendit Virollet auec sa compagnie: pour talonez qu'ils fussent des Catholiques firent contenance toutesfois de vouloir garder la place. Ce pendant Biron faisoit auancer sa caualerie attandans les gens de pied auec les deux couleurines pour battre ce lieu: voiant le peu d'estat qu'ils faisoient de sa semonce & mesme qu'ils auoient retenu & bandé les yeux à son trõpette pource qu'il estoit entré sans responce à sa chiamade. La place est fermée de fossé plein d'eau & hors du fossé du costé du bois y auoit vne grange pleine de fourrage. Où Normant mit le feu pour oster à l'ennemy le moien de s'en accommoder. Mesme à cause du feu & grosse fumée il fut contraint placer ses pieces beaucoup plus loin qu'il n'eust fait. Les Catholiques tirerent cinquante coups desquels ils abatirent vne des tours, laquelle d'vne encougneure flanquoit les deux courtines du Chasteau. Toutesfois empeschez à quelques legieres escarmouches des assiegez sortis hors: joint que la nuit s'auançoit fort, reseruerent l'assaut au lendemain matin. Se contentant le General s'asseurer des assiegez par les corps de garde qu'il establit autour la place. De laquelle neantmoins les tenans se voians loins de secours, en lieu mal pourueu de tout ce qui estoit requis à vn siege, & menacez du tranchant de l'espee ennemie: se resolurent de sortir sous la faueur de la nuit qui les couuroit des si noires & espesses tenebres que le corps de garde qu'ils faucerent à la sortie: ne les eust sceu discerner pour les tirer. Virolet qui voioit ses cheuaux de plus grand pris que ceux de ses harquebuziers: aima mieux se mettre au hazard de perdre la vie & tout ce qu'il auoit, que laisser l'espoir de les sauuer. Ainsi le trompete aueugle sonnant le signal de place gangnée, fit à l'instant ramplir le Chasteau de Catholiques. Lesquels ni trouuerent grand butin: courans dés la Diane apres ceux qui ne pouuoient estre qu'à demie lieuë de là. Mais joints auec les premiers que conduisoit Renoliere porte Enseigne, se tindrẽt serrez. Et marchans à la faueur des hayes, vignes, taillis, fossez & tels autres auantages qu'ils trouuerent par les chemins: escarmouchans sans cesse neantmoins, se coulerent assez tost dedans la ville pour conter le succez des arres & premier trait du siege futur. Ainsi Marans, Charon, Nuailé, la Grimenaudiere & telles autres places que les Rochellois s'estoient gardez pour eslargir & d'autant mieux entretenir leurs forces, prises: les refugiez en la Capitale n'esperoient rien moins qu'vn siege prochain d'armée Reale. Ce fait de Biron prit pour son quartier le bourg de saint Sandre, Strosse Colonel des bandes Frãçoises se retira à Pilleboreau & six Enseignes de Goas se logerẽt à Ronssay. Ainsi les autres s'accomoderent aux cartiers qui leurs furent distribuez & se firent tous munir de tranchées, terrasses, barricades & choses propres pour se garentir des courses de ceux de la ville. A la premiere auenuë desquelles fut mis le Cappitaine saint Martin, surnommé le Luterien pource qu'il auoit esté autresfois Protestant. Il auoit douze cens braues soldats & qui ont tousjours fait le deuoir. Du Ga Colonel d'vn regiment des vieilles bandes Françoises fort fauory de Monsieur fut logé à Nestré quelque deuoir que les Rochellois peussent faire pour mettre le feu au bourg & luy oster toutes ses commoditez. Ce jour Flogeac Saintongeois auec douze cheuaux alla visiter ceux de Pilleboreau où comme ils estoient encores en desordre sur la commodement de leurs logis, en fut tué quelques vns du camp. Ce pendant ceux de la ville ne cessoient de demolir & mettre le feu ez maisons & villages prochains emportans ou gastans les viures restez au Gouuernement. Toutesfois ceux du camp trouuerent en plusieurs endroits grand nombre de vins & de foins: qui leur aiderent fort à passer leur hiuer. Adonc les Rochellois qui ne doutoient plus qu'on preparoit contre eux vn grand siege: assez estonnez, comme la nouueauté & commencement de toutes choses tristes, mesmement non acoustumées, engendre vn certain estonnement au cœur des personnes: despecherent homme le septième du mois de rechef à leurs Deputez en Angleterre aux Vidame & Comte de Mongommery, pour leur faire entendre le besoin qu'auoit la ville d'vn bon & prompt secours.

D'ailleurs le Roy Charles s'esforçat par tous moiẽs d'affoiblir les Rochellois. Et persuadé, que retirat la Noblesse de la ville ils n'auroiẽt cœur & moien de se cõseruer: pour n'entẽdre la plus part d'eux cõme il se falloit pouruoir contre vn si long siege. Aussi qu'ils n'auoient hõme de telle experiance & autorité qui sous ses commandemẽs peust venir & manier les cœurs des Rochellois comme il estoit bien requis en ceste occurrance: enuoia lettres à Languillier & la Roche

La Grimenaudiere assiegée batuë & prinse par les Catholiques.

Armée Catholique s'auance & prend ses cartiers.

Degast que ceux de la ville firent au tour.

Les Rochellois escriuẽt de rechef en Angleterre.

Decembre 1572.

& la Roche Enard, donnant ordre que les autres Gentils hommes fuſſent ſollicitez de ſortir hors la ville par tous moyens & les plus propres deſquels on peut auiſer.

Lettres du Roy à de Languillier

Monſieur de Languillier, j'enuoie le ſieur de Biron en ma ville de la Rochelle, de laquelle je lui ay donné le Gouuernement pour y commander & y eſtablir mon intention ſuiuant mes Edits. Et d'autât que je ſuis auerti que vous eſtes dedans ladite ville : & que les habitans vous y ont receu : je vous prie & commande comme votre Roy, vous retirer en votre maiſon pour vous y comporter & viure ſous l'obſeruation & benefice de mes Edits. Ce que ſi vous faites j'entens & veux que vous y ſoyez auec votre famille maintenu, gardé & conſerué ſans qu'il vous ſoit fait aucun deſplaiſir. Mais auſſi on cas que ne vouliez obeir à ce que je vous mande, ſortir de ladite ville & faire acte de ſujet tel que vous m'eſtes : je vous auiſe que je feray proceder a l'encontre de vous & de vos biens comme criminel de leze Majeſté. Le premier parti vous ſera plus vtile & honorable. Et partant ſoiez ſi ſage & bien conſeillé que de le ſuiure & ambraſſer. Priant Dieu, Monſieur de Languillier, vous auoir en ſa garde. Eſcrit à Paris ce dixiéme jour de Nouembre. Sur quoy Languillier auoir communiqué ces lettres, & auſſi toſt reſolu de n'en effectuer le contenu, reſpondit.

Lettres de Languillier au Roy.

SIRE, ayant hier ſeulement receu la lettre qu'il a pleu à votre Majeſté m'eſcrire de long temps : j'ay bien oſé prendre la hardieſſe de vous faire reſponce pour vous rendre conte, certain & veritable de mes comportemans depuis la mort auenue de tant d'illuſtres perſonnages à Paris : & laquelle je voiois approcher de moy tous les jours par ſemblable voye de ville en ville comme faiſois-je par pluſieurs maiſons particulieres en tout le plat païs. Qui fut cauſe qu'en premier lieu pour la ſeuretté de ma vie : je me retiré à quatre lieuës de chez moy, cerchant l'abry d'vn ſi impetueux orage. Ne me pouuant perſuader ce que je vis bien toſt apres pour l'aueu qu'il vous pleut faire de ce qui s'eſtoit paſſé. Choſe qui m'augmêta de beaucoup l'eſtonnement en quoy j'eſtois. Et me fit changer de deſſein que j'auois pris de me tenir coy ſous l'aſſeurance qu'il ſembloit que votre Majeſté vouluſt donner à mes freres. Et ſemblablement receuât ſur tels propos pluſieurs lettres de Monſieur du Lude, du Sieur de la Haye Lieutenant de Poictou & du Baron de Belleuille mon neueu ; auec tres-viues perſuaſions de me contenir là où j'eſtoy. Mais m'aiant eſté enuoyé par ledit ſieur de la Haye meſmes, vne lettres d'Edict publié & impirmé portant par expres de ſe ſaiſir de tous ceux qui pourroient auoir eu quelque commandement aux troubles qui ſe ſont paſſez : je deliberay lors ſur cela de m'en venir en cete ville : pour auec plus de temps reſpirer & auoir en conſideration quelque ſeureté de l'auenement des choſes qui ſe paſſoient. Surquoy en fin je me ſuis reſolu apres auoir veu l'Edit ſolennel que votre Majeſté a enuoié par vos Prouinces : contreuenant du tout à la treseſtroite promeſſe que vous auez faite à Dieu, à tant de Princes eſtrangers & à vos poures ſujets de nous maintenir en liberté de nos conſciences, ſeureté de nos vies & jouiſſance de nos biens. Auez declaré neantmoins ne vouloir permettre en tout votre Royaume autre exercice de Religion que celui de la Romaine en laquelle graces à Dieu (qui m'a fait ſi grande miſericorde de me donner la vraye conoiſſance du but de mon ſalut) j'aimerois mieux eſtre mort de mille morts que de me ſousmettre jamais. Parquoy je vous ſupplie treſ-humblement de ne vouloir trouuer eſtrange ne mauuais que je paſſe le reſte de mes jours en lieu où la Parolle de ce grand Dieu qui vous permet de regner, floriſſe & ſoit purement anoncée. Car il n'y a nulle autre cauſe je vous jure par le meſme Dieu (Sire) qui me peuſt empeſcher d'obeir promptement & de bon cœur à tous les commandemens qu'il vous plairoit de me faire. Mais le fait de la Conſcience emporte tant : & eſt ſi inuiolable que pour nulle choſe je n'y voudrois contreuenir. Si eſt-ce pourtant que je ne doneray cet auantage à Gentilhomme, Capitaine, n'autre qui ſoit né votre ſujet : d'auoir tousjours eu en plus ſinguliere recommandation la grandeur de votre Eſtat, la proſperité & bonne ſanté de tous les Rois vos predeceſſeurs, ſous le tres-heureux regne deſquels j'ay depuis mon plus jeune aage porté auſſi alegrement les armes que compagnon que j'aye eu de mon temps. Et feray toute ma vie pour meſmes cauſes, de meilleur cœur que jamais : quand il aura pleu à ce bon Dieu de vous illuminer. Et que je verray en toute ſeureté & liberté ſa parolle preſchée par le païs de votre obeiſſance. Dequoy (Sire) je fay treſ-humblement requeſte au Seigneur Dieu vous faire bien toſt la grace : en vous donnant d'ailleurs auec treſ-heureſe & longue vie le comble de felicité. A la Rochelle ce huitiéme de Decembre mil cinq cens ſoixante & douze. L'vne

LIVRE TRENTEDEVXIEME. 122.

L'VNE des choses qu'on estime des plus necessaires en vn siege, est la commodité de l'eau auec telle abondance qu'elle ne puisse estre ostée & diuertie. La Rochelle a grand nombre de puits doux qui ne tarissent jamais, sans compter les puits sallez. Et outre elle a trois fontaines qui ont leur source du village de la Fons & viennent par conduits sous terre en trois endroits de la ville. Parce le treziéme Decembre de Biron amena de grandes forces en ce village pour rompre les tuyaux & leurs cours, de telle sorte que ceux de la ville n'en receussent l'vsage accoustumé. Occasion que d'eslors on fit deffence en ville qu'aucun n'eust à vser & se seruir de ces fontaines. Gardes mesmes y furent establies pour mieux faire praticquer les deffences du Magistrat crainte d'empoisonnement. Mais les fontaines ne cesserent de jetter l'eau en pareille abondance que de coustume: & tost apres tout le peuple s'en seruit comme auparauant. Iugeant vn chacun que telles eaux qui viennent de loin ne pouuoient estre aisément empoisonnées: comme aussi ne pourroient estre empeschées ni diuerties pour le grand nombre des bonnes sources qui se rendent dedans ces tuyaux. Ainsi conurent les Catholiques que la Rochelle ne pouuoit estre prinse par la disette des eaux. Cependant escarmouche se renforçoit d'vne part & d'autre entre la ville & la Fons où les Rochellois perdirent cinq ou six soldats entr'autres le Capitaine Alemagne Lieutenant du Capitaine Normāt. Les Catholiques y perdirent plus d'hommes & entr'autres S. Genest Guidon de Biron. En mesme temps que ceux de Sancerre toutes choses debatues prindrent telle conclusion en leurs affaires que je vous diray.

Eaux de la Rochelle.

De Biron veut destourner l'eau qui vient en la Rochelle mais en vain.

Escarmouce entre la ville & la fons.

Par remonstrances des vns aux autres ils firent estat de se resoudre à guerre ouuerte. Parce esleurent pour Chef & Gouuerneur de la ville le Bailly Ioaneau qui l'auoit esté aux derniers troubles. Dresserent vne compagnie de cinq cens habitans cōmandez par Martignon, y compris cent vignerons auec leurs fondes desquelles ils auoient fait preuue par ci deuant qu'on nommoit Pistolles de Sancerre. Les refugiez furent repartis és compagnies de la Fleur qui cōmandoit à petit nombre de Cauallerie qui s'y treuua. De Montauban, du Buisson, Pasquelon & le Capitaine Doriual. D'Aubigny auoit charge sur les volōtaires: faisans tous les estrangers armez nombre de trois cens soldats & trois cens cinquante habitans. Martignon le Pere estoit sergent Major. Puis establirent vn ordre tant à la Police de la ville qu'au fait militaire. Et dautant que les refugiez soupçonnoient plusieurs habitans qu'ils disoient auoir fauorisé la prinse du Chateau; fut ordonné qu'au Conseil de la ville n'assisteroient qu'vnze estrangers qu'ils nommerent. Ce fait ordonnerent des trouppes qui deuoient aller chacun jour au fourrage & queste de viures pour maintenir la place qu'ils pourueurent de ce qu'ils peurent oster à leur ennemi qui ja grossissoit & peu à peu s'auançoit sur eux. Notāment le Capitaine Cartier d'Orleans, à la compagnée duquel aucuns de Sancerre s'estoient jettez pour de jour à autre ennuier leurs compagnons: lesquels passerent tout ce mois de Decembre en telles escarmouches attendans le gros de l'armée qu'vns & autres esperoient en bref. Le sixiéme de ce mois Riual autrement la Pomme conuaincu d'auoir rançonné & pillé par les villages contre les deffenses, mesmes d'auoir chauffé les pieds à vne femme du bourg de Menetreol pour auoir argent d'elle: fut pendu & estranglé: & deux autres soldats auec vne chambriere fouëtez, pour larcin. Touteffois ils se montrerent trop paresseux. (Car bien que les plus auisez fassent d'vn siege) à la recolte des fruits. Et de dautant que le Bailly s'abusant és forces du Roy qu'il n'estimoit suffisantes pour faire trois Armées: persuada à plusieurs qu'il lairroit Sancerre comme ville sienne apres la prinse de la Rochelle, Montauban & Nismes; deuant lesquelles il estimoit deuoir emploier toutes ses forces. Occasion qu'ils ne s'emploierent à recercher autant de prouisions qu'il leur falloit: ni mesmes à ramparer ni retrancher la ville comme il estoit requis: non plus que faire le Gast à S. Satur, Fontenay & autres villages où les Catholiques s'accommoderent comme ils voulurent.

Les Sancerrois se resoluent à la guerre & leurs preparatifs.

Iustice de Sancerre.

Fautes des Sancerrois.

CEPENDANT les Ministres firent celebrer le jusne à la Rochelle le seze & dixhuitiéme de ce mois: pour mater les cœurs & rendre les hommes plus obeissans qu'ils n'estoient.

Iusne celebré à la Rochelle.

EN MESME temps Gourdes Gouuerneur en Dauphiné n'oublioit aucun moien propre à maintenir le païs en Paix: tachant par lettres & autres voies de persuader à tous Chefs & autres Protestans de suiure la Religion Catholicque comm'il disoit estre l'intention de sa Majesté qu'il n'y eust que cete Religion en son Royaume: & de faire poser les armes à ceux qui les auroient pris de leur mouuement propre ou par l'exemple des autres. Or comme tous

Estat de Dauphiné.

les

Decembre, 1572.

les D'auphinois & leurs voisins sont communement plus consciencieux & plus gens de bien que nos François: desquels l'abondance de tous biens & la continuë licéce des armes, a eu plus de force a corrompre leur nature, que la poureté & le labourieux repos de ceux qui pour la plus part viuent ez montagnes: Aussi ne voulans rien faire contre le deuoir de conscience bié qu'ils refusassent le premier point: si est-ce qu'ils douterent long temps du second : jusques à publier leurs raisons d'vne part & d'autre. Ceux qui disoient qu'il falloit mettre les armes bas puis que le Roy le commandoit: vsoient de ces raisons. Que le Prince auoit toute puissance sur eux fors que sur la conscience, qui ne se doit & ne se peut deffandre par armes. Que l'exéple de la primitiue Eglise le montre assez, en laquelle vn seul Chrestien ne s'est ingeré de maintenir vne chose spirituelle & dont la deffence apartient à vn Dieu seul, par moiens terriens & fragiles qui sont en la puissance du Magistrat seul. Auec ce que l'euenemant malheureux de tant de guerres ciuiles encommancees pour le fait de la Religion, montre assez combien peu Dieu benist telles entreprinses. Somme que presque tous en vindrent là, d'estimer raisonable de poser les armes & debattre seulement qui les deuoit poser les premiers des Catholiques & Protestans. Ceux là se fondoiét en droit & en l'autorité Royale. Le droit veut, disoient-ils, que ceux qui maistrisent cessent les derniers en ce qui sera reciproquement accordé entre les parties. Ioint que l'autorité & honneur du Roy seroit interessé de faire autrement. Car ce seroit acte d'obeissance à lui qui a toute puissance de commander.

Les Armes mal prinses pour la Religion.

Qui doit poser les armes les premiers des Catholiques & Protestans.

LEs autres au contraire, ont aussi laissé leurs raisons par escrit, disans que si on dispute par le droit il n'y a celuy qui ne confesse qu'on ne peut justement requerir quelqu'vn qu'il cesse de parer, de mettre la main au deuant & de se deffandre: que premier on n'aie cessé de tirer, de fraper & d'offencer. Car estant toute chose qui à vie naturellemant aprinse à la conseruer : c'est consequammant vn ordre du tout naturel, que qui la veut oster, doit cesser premier que celuy qui ne tache qu'à le retenir. Et ne se peut presumer qu'il en laisse la volonté tant qu'il en retiéne les moiens ja desploiez entre ses mains. Pour donc vider cela il faut voir, disent-ils, qui est l'agresse & qui l'agresseur. Qui poursuit & qui sauue sa vie. Qui tire les coups & qui met le bouclier au deuant. Peu de mois auant ces derniers troubles les Protestans, disoient-ils, montrerent bien qu'ils se fioient du tout en la parolle à eux donnée: rendant auant le terme les villes baillées pour se couurir des coups Catholiques. Ils estoient tous paisibles & auoient tellement effacé de leur esprit tout souuenir de guerre : qu'à peine se souuenoient ils où estoient leurs armes. Le vintquatriéme Aoust ils furent par vn mauuais conseil, presques tous meurtris dedans & deuant le Palais Royal & puis apres par toute la France. Encor toutesfois ne prismes nous les armes. Mais partie de nous se contenta de fuir, partie de fermer la porte par vn mouuemant naturel à la mort qui nous poursuiuoit. Finalement aucuns des nostres se resolurent de fermer les portes contre ceux qui auec grosses armées venoient pour leur couper la gorge dans leurs maisons . Et apres infinies protestations, voians les glaiues teints du sang de nos freres apreslés contre le leur: cercherent les moiens de s'en parer & se couurir au moins mal qu'il leur fut possible. Nous auós donc pris les armes pour nostre deffance. Par consequét c'est à eux qui poursuiuét nostre mort de mettre bas les premiers. La Loy Ciuile pemet à l'esclaue poursuiui par son Maistre courroucé l'espée au poing, luy fermer la porte de sa chambre mesme, pour s'y sauuer. Et s'il la veut forcer, de la barrer le mieuxqu'il pourra: & s'il s'efforce plus outre, de se metre contre luy pour luy empescher l'entrée: Que s'il n'est le Maistre qui fait cete violence: mais quelques galans de Maistres Seruiteurs qui sous l'autorité du Pere de famille le veulent tuer: il n'y a doute que la Loy ne luy permette encor dauantage. Et que si on luy dict qu'il ouure hardiment qu'on ne luy sera point de tort & qu'il le refuse tant qu'il verra les armes en main, il n'y a aucun qui le condamne: d'autant qu'en l'espouuentement où il est reduit ne peuuant s'il ouure & qu'on le veille tromper, auoir recours qu'à se jeter par les fenestres: il ne peut estre asseuré qu'on n'ay point de volonté pour luy nuire tant qu'il voit qu'on aye les moiens en main. Or les Roys sont appellez Peres du peuple. Par consequant ils doiuent traiter leurs sujets comme enfans. Il est donc plus permis aux enfans qu'aux Esclaues: comme il est plus requis des Peres que des Maistres. Estant chose asseurée que les sujets doiuent estre tenus en autre ranc que les Esclaues. Le Pere jetera son espée bas: fera retirer ceux de qui on se meffie: chatira les bourreaux : & s'aprochant pour consoler ses enfans, les deschargera de toute crainte, leur tandant sa main de toute humanité pour leur faire metre les armes bas . Que si

La deffance permise à l'esclaue cótre só maistre & à l'enfant contre son pere.

son

LIVRE TRENTEDEVXIEME. 123.

l'on dit qu'il y va de l'honneur & reputation d'vn Roy de faire le semblable: Ils respondent au contraire que le plus honorable titre qu'ont & eurent jamais tous les Roys du monde, est de porter titre de Pere du peuple. Veu que les titres se donnent pour l'effect. Et cest effect conuient à ce nom là. Il va bien de l'honneur entre deux ennemis à qui premier laissera les armes car ils combatent à qui sera le plus fort & emportera l'auantage: Mais icy n'y a rien de semblable: veu que nous ne debattons que pour la deffenciue. Voyre que l'honneur des Catholicques sera perdu s'ils cessoyent de vouloir forcer les sujets à ce que la raison & la bonté naturelle les peut mieux induire que les armes pour les mener en triomphe. Son honneur est de se monstrer benin & doux: cercher tous moyens de les regangner & les retirer du desespoir où il les a mis. Autrement sous vn pretexte de conseruer leur reputation: ils la perdēt acquerant celle de gens inhumains. Au reste les sujets ne veulent entrer en cōpetance auec luy: qui doit montrer qu'il est non tant le plus fort: que meilleur Prince qu'ils ne sont bons sujets: Les bons Princes sont estimez l'Image de Dieu en terre. Dieu au quel les hōmes sont plus tenus qu'aux Roys: veut auoir cest honneur de nous aimer premier que nous luy. Et ne le pouuons aimer premier qu'il ne nous aie aimé. Il ne se courouce jamais injustement comme les Princes à toute heure. Et toutefois il cesse plustost de nous hair que nous luy. Et despouille plustost ses Armes que nous nostre rebellion; L'amour est vne grande vertu, & naturellement veut commancer du plus parfaict, du vray Prince vers ses sujets, du vray Pere enuers ses enfans: descendant plustost que montant. Et lors par vne certaine reflection les enfans commancent à aymer le Pere & les sujets le Prince. Et comme c'est aux Peres de commancer: aussi est-ce à eux mesme de recommancer s'il s'interromp, & s'ils viennent à deffiance de cercher les moyens de les asseurer. Voyla comme se persuadans que c'estoit aux Catholicques à mettre premieres les Armes bas: ils se resolurent en fin, de e conseruer par vne juste deffance tant que leurs poursuiuans seroyent armez. Ce qu'ils se persuadoyent d'autant plus juste: qu'outre les raisons que dessus & les exemples du passé qui les aprenoyent à se mieux couurir & plus soupçoner les portemans de leurs ennemis qu'ils n'auoyent fait jusques la: ils ne pensoyent faire aucun tort à personne, si se tenans sur la deffenciue seulement, ils ne faisoyent desplaisir à aucun, qu'estans violentez par ceux mesmes qui les contraindroyent de les molester. Puis publierent les Articles qui suiuent pour le reglement de la guerre & police, pendant que ces troubles auroyent cours en ces païs de Languedo, D'auphiné & cartiers prochains.

Premierement que cōme les Niniuites à la voix de Ionas: Les fideles aussi à la voix de Dieu courroucé parlant par ses seruiteurs ses verges & menaces: publient & obseruent estroictemēt & sans hypocrisie par autant de jours que l'Eglise auisera en chacune ville ou Dieu les aura retirez: vn Saint & Chrestiē leusne qui serue à les humilier abatre & mater la chair & esleuer l'Esprit à Dieu. Que par prieres publicques & tresardentes, auec vn continuel amandemāt de vie du plus grād jusques au plus petit: ils facent cōme de nouueau, ainsi qu'au temps de Iosias paix & alliance auec ce grād Pere de famille irrité pour leurs pechez. Et sur ce l'vn auec l'autre conjoincts par vraie foy & charité: Ils anoncent la mort du Seigneur, celebrans sa memoire en l'action de la sainte & sacrée Cene. Que cela fait en chacune ville estans assemblez en lieu publié: Ils jurent pour eux & leur posterité, d'accomplir inuiolablement les Loix qui suiuent assauoir. 1. Qu'en attēdant qu'il plaise à Dieu (qui a les cœurs des Roys en sa main) de changer celuy de leur Roy, & restituer l'Estat de France en bon ordre ou susciter vn Prince voisin qui soit manifesté par sa vertu & marques insignes estre liberateur de ce poure peuple affligé: apres le serment fait, ils eslisent auec voix & suffrage publicques en leurdite ville ou Cité vn Chef ou Majeur pour leur cōmander tant en fait de guerre pour leur deffense & conseruation: que de la Pollice ciuile: affin que le tout y soit faict par bon ordre. 2. Qu'à chacun desdicts Majeurs ils eslisent vn Conseil de vintquatre hommes. Lesquels & pareillement le Majeur sera pris & choisi sans acception de la qualité: soit des Nobles ou d'entre le peuple tant de la ville que du plat païs: Comme ils seront conus propres pour le bien public. 3. Qu'outre lesdits vintquatre Conseillers qui seront ordinaires auec le Majeur qui sera le 25. y ayt 75. hommes esleuz lesquels seront nombre de cent: qui seront pareillemēt indifferemment pris tant des habitās des villes que du plat pays. Pardeuāt lesquels pourrōt appeller les parties ez causes criminelles seulement. C'est assauoir où il y auroit cōdamnation de

Marginalia:
- Si le Roy est deshonoré de poser les armes plustost que ses sujets.
- Les Roys comparez aux Peres.
- Roys Image de Dieu à l'exemple duquel ils se doiuēt gouuerner vers leurs sujets
- Chef esleu.
- Conseil au Chef.
- Grand Conseil pour la Iustice.

Q q

Ianuier.
1573.

L'HISTOIRE DE FRANCE.

mort, baniſſement ou mutilation de membres. 4. Que ſans le Conſeil des vintquatre le Majeur ne puiſſe reſoudre ny faire aucune choſe de la guerre & de la Police qui peuuent tomber ſous deliberation & des choſes de plus grandes importances. Que le Conſeil des vint cinq ne puiſſe autre choſe determiner ſans le Conſeil des cent comme pour Loy nouuelle ou abrogation d'aucune Ordonnance des Monnoyes, leuée de deniers, accord de Treues ou Paix ez choſes directement touchante au public & d'importance. 5. Que les choſes ordonnées par les Chefs & Conſeils: Soyent dilligemment executées & volontairement, ſans aucune cunctation comme deuant D I E V ſur peine de correction exemplaire. 6. Que tous les ans aux Calendes de Ianuier les vintcinq ſe deppoſent de leurs charges en l'aſſemblée des cent & puis demourans perſonnes priuées (ſinon du nombre des cent) par l'auis d'eux tous, on procede à nouuelle election d'autres. Aſſauoir d'vn Majeur & vint-quatre Conſeillers qui ſeront choiſis comme eſt dict cy deſſus. Et dont ne ſeront eſleus ceux qui ſeront nouuellement deppoſez : ſil eſt trouué bon à la pluralité des voix. Excepté le Majeur qui ne pourra eſtre appellé à meſme charge qu'il n'y ayt deux ans d'interualle pour le moins. Mais demeurera du nombre des vintquatre Conſeillers pour ceſte année : En ſorte qu'il n'y en aura que vinttrois à eſlire de nouueau. Et puis le nouueau Majeur qui ſera le vintcinquiéme. Et auenant la mort de quelqu'vn d'eux dans l'An : ſeront aſſemblez les cent qui y pouruoyront pour le reſte de l'année ſelon qu'ils verront eſtre bon. 7. Que ces vintcinq le jour enſuiuant leur election, caſſent les ſeptante cinq & en eſliſent autant en leurs places comme deſſus. Dont ſeront exclus ceux qui en auront eſté l'année derniere ſeulement, & ſoit ainſi pourſuiuy ceſt ordre tant que beſoin ſera. 8. Que ſi quelqu'vn dudict Conſeil des cent eſt appelé à quelque charge Ciuille ou militaire : ſoit depoſé d'entre les cent, ſinon qu'il fuſt enuoyé en qualité de Commiſſaire pour traicter de Paix, Guerre ou autre affaire public auec Princes ou Republicques. 9. Que ceux qui ſeront comptables ne puiſſent eſtre appelez à charge aucune quelle ſoit, juſques apres la reddition & cloſture de leurs comptes. Et qu'ils ayent payé le relliqua ſils ſont redeuables. Et ſi aucun donnoit voix & ſuffrages à vn comptable ſoit condamné à vint eſcus d'amande, qu'il payera promptement à peine de priſon. 10. Que les Officiers ordinaires de la Iuſtice ſils ſont conneuz gens de bien : demeureront en leur premier Eſtat pour l'exercer comme de couſtume : & juger abſolument des cauſes de leur premiere Iuriſdiction : auec Conſeil de douze de la qualité requiſe. Et ſi leſdicts Officiers ordinaires ne ſont gens qui ayent accouſtumé de s'aquitter de ! : deuoir & hors de toute chiquanerie : en les deſmettant : Le Majeur & Conſeil de chacune ville en pourra eſtablir d'autres de la qualité requiſe & neceſſaire pour exercer l'Eſtat de Iudicature. Et ſeront leſdicts Officiers ſujets à Cenſures, Repprimendes & chaſtimens ſil y eſchet. 11. Qu'entre tous leſdicts Chefs & Conſeils particuliers ils eſliſent vn Chef General à la façon de Dictateur Romain pour commander en la campagne : Auquel auſſi ceux des villes & Citez obeyront en tout ce qui ſera de ſa charge pour le benefice commun de leur conſeruation. La façon d'eſlire ce Chef General ſeroit bonne ſi comme les Ioniens, Doriens, Bœtiens, Acheres, Dolopes, & autres peuples des douze floriſſantes villes de Grece, qui pour auiſer à leur Eſtat s'aſſembloyent deux fois l'an. Ou comme le Conſeil des Amphitions du temps de Pauſanias : Les Majeurs & Conſeils des villes ſe pouuoyent aſſembler en quelque lieu & villes commodes pour toutes. Mais pource que cela leur eſt malaiſé pour maintenant : Ils pourront apres vne Sainte priere chacun MAIEVR & Conſeil aſſemblé endroict ſoy : proceder à l'election d'vn Chef General. Et enuoyer chacun Majeur & Conſeil ſon vœu & ſuffrage à celluy de la ville qui par vn auis courant ſera trouué plus propre à recueillir tous les auis des autres affin : que là ſelon la pluralité des voix & ſuffrages qui y ſeront enuoyez de dehors : Ioints auec celluy de dedans. Celluy ſoit ſolemnellement declaré & prononcé Chef General d'entre les membres à qui D I E V par le plus de voix l'aura voulu accorder. 12. Et combien que les neceſſitez des guerres n'attendent pas toujours le Conſeil. Et que comme l'on dict la guerre ſe face à l'œil : Neantmoins qu'il ſoit eſleu par meſme moyen & par la meſme voix que deſſus, vn Conſeil au Chef General, duquel il ſoit tenu de prendre auis toutes-fois & quantes que l'occaſion ſi preſentera

General pour la guerre.

Conſeil au General d'Armée.

LIVRE TRENTEDEVXIEME. 124.

presentera & que la necessité du temps & des affaires le permettra. 13. Que par mesmes moyens soyent esleuz cinq Lieutenans au General, qui luy succederont selon qu'ils seront nommez vn apres la mort ou desmise de l'autre en mesme ou semblable charge pour euiter toute confusion desordre & inconuenient, qui pourroit auenir par l'entreprinse que les ennemis pourroyent faire en trahison ou autrement contre le General : pour priuer les membres de conduicte par sa mort. 14. Que tous lesdicts Chefs & Lieutenans soyent gens qui ayent tant que faire se pourra la crainte de DIEV, son honneur, sa gloire & son Eglise en souueraine recommandation. Et auec la prudence soyent accompagnez de quatres choses que l'on sçait deuoir estre en vn grand Cappitaine. Sçauoir est de science Militaire, de magnanimité, de hardiesse, de reputation & creance, & de prosperité en ses entreprises. 15. Que les Conseillers des Chefs des villes & de la campagne outre la connoissance de l'Art de la guerre & de la Pollice : soyent de ceux que Ietro beau Pere de Moyse luy conseilloyt d'auoir pour soulagement : hommes vertueux, qui craignent DIEV, & hommes veritables, qui ayent en haine l'auarice. 16. Qu'ils prennent garde à ce que dict le Sage : Que la repentance suit de pres le Conseil leger. Et que la plus part des fautes en la Guerre & en l'Estat ne se peuuent faire qu'vne fois. Partant qu'ils n'oublient se garder d'en faire : & n'oublient à remedier à tout ce que par Conseil se pourra remedier & pouruoir. 17. Que sur les deniers & tresor public (quoy qu'il ne doiue estre en cet affaire de Religion & necessité comme à se conseruer apelé le nerf de la Guerre) chacun endroict soy en chacune Cité essisent de gens de bien & sans fraude tant pour receuoir que pour deliurer, & autres pour contreroller, & sur tous vn Contrerolleur General establis au lieu où ils aduiseront le mieux & gens superintendans aux Finances, tous comptables au Conseil pour euiter toute fraude & maluersation. 18. Et pour obuier aux Calomnies lesquelles souuent sont esparses à sus aux Chefs & principaux membres du Corps par l'Artifice des ennemis ou par ambition ou autres semblables pestes que le Diable fait souuent glisser & cerche d'introduire en l'Eglise : Ou qui naissent de quelque soupçon legerement pris par les Soldats ou par le peuple : Et pour empescher les desordres qui en aduiennent bien souuent. Qu'il soit loysible en chacune ville à vn chacun, d'accuser pardeuant le Majeur & son Conseil tous ceux soyt de la Noblesse, ou autres Chefs ou membres qu'ils penseront machiner, praticquer ou faire quelque chose contre le bien public de la Religion & de la deffence commune du Corps. Et s'il auenoit que le soupçon fust sur le Chef & le Conseil ou partye d'iceluy : l'acusateur pourra requerir que les cent soyent assemblez pour le bien public. Aquoy seront tenuz satiffaire le Majeur & le Conseil. Et là pardeuant eux tous, proposer son accusation affin d'y estre pourueu comme ils verront estre bon. Et ne se tienne pourtant aucun de ceux qui seront ainsi accusez pour offense de l'accusateur, qui ne doit estre mené que d'vne bonne conscience. Ains plustost l'acusé soit aise & joyeux que DIEV face à tous ses compagnons paroistre son innocence si elle y est. 19. Que suiuant les jugemens qui s'ensuiueront soit faicte punition condigne des coulpables sans auoir esgard à telles fautes, ny ez autres aux seruices passez, que les coupables leurs parens & amis peuuent auoir faicts. Affin que la vertu à laquelle parmy les hommes est deuë reconnoissance & guerdon : ne soit satisfaicte de ses merites au prejudice de la gloire de DIEV & de la seureté commune : Auec la remission de la peine deuë à la faute : Ains soit l'vne tousjours guerdonnée & l'autre chastiée & punie : & qu'aussi aux faux accusateurs soit imposée peine suiuant les Loix, Ordonnances & coustumes des lieux. 20. Que la necessité de tenir Armée en Campagne passée : Le General en remetant sa charge entre les mains du Conseil : ne desdaigne point, ny les autres Chefs inferieurs pareillement leur temps accomply, de retourner comme parauant personnes priuées ou auoir moindre charge. 21. Que l'on introduise & obserue tres-estroictement depuis le Chef General, jusques aux moindres Chefs & membres la discipline Eclesiasticque & religieuse ordonnée & introduicte par cy deuant par les Sinodes tenus en la France auant la derniere dissipation des Eglises par les Ministres & Anciens d'icelle. Affin que par ce moyen on voie à l'œil le Regne de DIEV & le sceptre de sa parolle estably & entretenu : & le regne

Qualité du General & ses Lieutenans.

Calomnies.

Acuser les soupçonnez

Q q ij.

de Sathan auec la cohorte des vices que le monde & la chair entretiennent destruicts, chassez & abollis d'entre les fidelles, comme il apartient à vrays enfans de lumiere. Estans asseurez qu'en ce faisant ils seront benis à la ville & aux champs. Ils habiteront en toute seureté, rien ne les espouuentera, le cousteau meurtrier ne passera point par leur terre. Cinq d'entr'-eux poursuiuront cent de leurs ennemis: & cent, dix mille. Le Seigneur establira son alliance auec eux & les fera croistre & multiplier en paix & abondance de toutes choses necessaires. La ou au contraire s'ils mesprisent les ordonnances de DIEV viuant: s'ils laissent regner les vices & desbauchez parmy eux: La peur, le tremblement, les maladies & autres langueurs & toutes sortes de mallédictions les poursuiuront: Le Seigneur tiendra tousjours sa face courroucée contre eux. Ils mourront par la main de leurs ennemys & finiront sans que nul les poursuiue. Le Seigneur ajoustera aussi s'il ne voit vn amandement: sept fois au double de leurs playes: comme il en a menacé son peuple d'Israël en la place duquel ils ont sans doute esté plantez. 22. Qu'à l'execution d'vne si Sainte œuure qu'est l'establissement & obseruation de la discipline Ecclesiasticque, à vn frain tant saint & necessaire les Magistrats tiennent la main aux Consistoires dans les villes. Et à la campagne le General, son Conseil & autres Capitaines & tant qu'il y aura de gens de bien en l'armée. 23.

Qu'on introduise aussi & qu'on praticque le plus exactement que faire se pourra entre tous les Capitaines, Chefs, Majours & Soldats la discipline millitaire de laquelle ne sera besoin de faire beaucoup d'Articles & ordonnãces estant la multitude d'icelles, si leurs Chefs font leur

Discipline militaire.

deuoir, superflue: & ne le faisans point, pernitieuse & dõmagable. Il suffira que toute la discipline militaire soit puissante d'enseigner sous la Loy de DIEV. Et de faire praticquer aux Soldats l'Art & Mestier des Lacedemoniens, lequel en somme consistoyt en trois choses: A bien obeyr à leurs Officiers: à porter gaiement les trauaux de la Guerre: & a vaincre ou mourir au combat. Qu'ils se souuiennent de ce que Iudas Machabéen, respondit aux cœurs faillis: Que la victoire ne gist pas en la multitude & au grand nombre des Soldats: Ains la force est du Ciel. Partant qu'en inuoquant continuellement le Seigneur ils suiuent en leurs entreprises l'exemple de ce bon Machabéen contre Nicanor & autres ennemis du peuple de DIEV & n'oublient ce que Gedeon assisté du Seigneur fit de beau & de gaillard auec trois cens Soldats, contre les Madianites: Car à vray dire tout ainsi que les ennemis au temps de Machabéen: aussi bien aujourd'huy les meschans assaillent ils ce poure peuple confus par leur injustice, trahison & desloyauté. Voulans abattre le seruice de DIEV & destruire hommes, femmes & enfans. Et au contraire les fidelles combatent pour la gloire de DIEV: pour la deffence de son Eglise & pour leur vie & conseruation. 24. Que les Cappitaines s'estudient à faire exercer les Soldats aux armes, au combat, à l'escarmouche, à soustenir ou liurer vn assaut. Et que le General en particulier s'estudie à apprendre à toute l'Armée de se renger en vn clein d'œil si besoin est en bataille: en plusieurs & diuerses à garder leurs rangs: à se rallier selon le lieu les gens ou selon les ordres, rangs & constitution de bataille de l'ennemy ou autre necessité occurrente. 25. Que les Chefs & principallement le General harenguent souuent l'armée; & les particulieres compagnies pour encourager, retenir, louër, blasmer ou autrement renger le Soldat, selon l'occasion qui se presentera. 26. Que les Soldats Chrestiens ayent honte qu'il se trouue entr'-eux querelles, brigues & debats: N'ayans jamais esté trouuez entre les Soldats (quoy que prophanes) de l'armée d'Annibal en vn si long temps qu'il fit la guerre aux Romains: Bien que son armée fust com-

Ennemis comme traitez.

posée de Soldats de diuerses nations & langues: Qu'ils considerent quelle vergongne ce seroit à vn homme, si les membres s'entrequerelloyent l'vn l'autre: Quel reproche ce seroit à vn Pere de famille si on voyoit ses enfans s'entrepicquer. Et partant qu'ils auisent de combatre

Rigueur aux ennemis armez.

en toute vnion & concorde la querelle du Seigneur cõme deuãt sa face. 27. Et pource qu'il à esté enseigné tant par theoricque que par praticque & experiëce: que de 3. voies du traictemẽt

Douceur aux autres.

qu'õ peut faire aux ennemis la moiéne à esté tousjours dõmageable cõme celle qui n'acquiert point d'amis & ne priue point d'ẽnemis: Que tous les Chefs & conseils se resoluët à faire praticquer exactemẽt ces .2 extremitez. Sçauoir est toute rigueur enuers les traistres & seditieux armez. Et toute douceur qu'il sera possible enuers les Catholicques paisibles. 28. Que de ceux

la nul

LIVRE TRENTEDEVXIEME.   125

là nul ne soit espargné. Et qu'à ceux cy ne soit faict aucun outrage ne force en leur conscience, honneur, vie & biens. Ains soyent conseruez en amitié & en paix comme patriottes & freres bien aimez en leur communicquant la doctrine de Salut auec toute charité & affection Chrestienne: autant qu'ils se voudront rendre capables & dociles pour la receuoir: Sans vser en leur endroict pour regard de la foy que d'vn bon exemple que chacun s'efforcera de leur donner en bien viuant. Suffisant moyen s'il plaist à DIEV le benir, auec predication de l'Euangile: pour les amener à la connoissance du Souuerain bien de l'homme. 29. Vray est que pour autant que l'Estat afflige des fidelles pourroyt auoir besoin de viures, munitions & deniers: les François Catholiques (ainsi traictez que dict est) Pourront estre priez de les en secourir. Et auenant qu'ils refuzassent de le faire: y pourront en cas de grande necessité estre contraincts par tous les plus honnestes moyens dont on se pourra auiser. Ce qui ne pourra tourner à blasme si on considere que Dauid en la necessité s'est serui des pains de proposition. 30. Surquoy les Chefs & Conseils seront auertis de bien & songneusement mesnager tout ce qui pourra tomber en mesnage & proffit publicque: pour ne rien despendre susperflument. Et n'auoir à charger les Amis plus que de besoin. Prenans garde à ce que Tite Liue dict, que la guerre se nourrist elle mesme. Comme l'Enseigne tres-bien le long temps qu'Anibal à mené la Guerre en Itallie sans auoir ayde ou argent frais, de la republicque de Carthage. 31. On sçait bien que quand on sera contrainct de camper: Si le Soldat est instruict & commandé de se contenter de l'ordinaire du bon homme auec toute modestie & crainte de DIEV: Cela auiendra aisément si outre la parolle de DIEV & les Loix militaires qui leur doiuent seruir de bride & de conduicte: Le Cappitaine ou Soldat considere le traictement qu'il voudroit luy estre faict s'il estoit en la place du bon homme. Voire tout le village en Corps sera bien aise de dresser Estappe, fournir munitions, argent & autres commoditez entre les mains de ceux qui seront establis pour les receuoir. 32. Ceste bonne & modeste façon de loger: outre que c'est le deuoir du Soldat Chrestien d'ainsi le praticquer: contentera infiniment le cœur du peuple, des villes & du plat pays qui sçait combien ceste querelle est iuste & la deffence contraincte. Au contraire le party des ennemis meschant, traistre, desloyal & volontaire: tellement qu'au lieu que par le passé les desbauches & desordres auoyent alienté le bon homme des fidelles: en sorte qu'en vn bien grand village quand on y alloit pour y loger à peine trouuoyt on à qui parler: Maintenant auec vn tel deportement, le bon homme s'efforcera de recuillir le Soldat. Et de faire au reste tous les bons offices qui luy sera possible contre les ennemis de la Paix & societé ciuille des François. 33. Qu'il y ayt vn ou plusieurs bons Preuosts de Camp: accompagnez de bon nombre d'Archers pour punir à la rigueur & promptement les fautes que le Soldat desbauché pourroit faire contre la Loy de DIEV & la police de l'Armée. 34. Que les Chefs se souuiennent de ce que Polibe dit. Que la partye la plus requise en vn grand Cappitaine est, qu'il connoisse les Conseils & le naturel de son ennemy. Et partant ne soyent iamais sans vn bon nombre d'espions, desquels ils doyuent & peuuent auoir à rechange de toutes pars. 35. Qu'ils ayent entre toutes leurs maximes de negotiation ceste cy en singuliere recommandation: de ne se fier iamais en ceux qui tant de fois & par si insignes & prodigieuses trahisons ont viollé & rompu la foy, le repos & la paix publicque: ne iamais se desarmer tant qu'ils feront poursuitte contre la doctrine de Salut ou contre la vie de ceux qui en font profession: se gardans bien de faire iamais de ces Paix qui seruent d'instrumens à massacres. Que s'il auenoit de tomber en quelques termes d'accord: ce soit auec telles conditions qu'auant tout œuure soit resolument estably ce qui est expedient pour la gloire de Dieu. Et apres cella si bien auisé à la seureté des poures Eglises, qu'elles ne soient iamais plus à la mercy des Loups & Tigres.

La guerre se nourrist

Espions.

Le deffier.

Ie vous ay ci dessus deduit comme, en quelque temps & pourquoy le Ministre du Rozier quita sa Religiõ. Apres que la premiere ardeur qui l'auoit poussé à se rēdre Catholique fut vn peu refroidie: il cōmāça peu à peu à sentir vne guerre interieure en luy mesme. Principalemēt s'il estoit employé pour conuertir quelqu'vn à la Catholique. Puis vn autre moyen suruint

Le Ministre de Rozier se desdict & retourne Protestant.

Q q iij.

Decembre.
1572.

L'HISTOIRE DE FRANCE.

pour luy faire penser à soy. Quand le Duc de Mompencier l'enuoya auec Maldonat Iesuite le quatriéme Nouembre pour ramener Madame de Bouillon qui estoit à Sedan à la Religion Romaine. Car demeuré chez vn Gentilhomme sur la frontiere : pendant que Maldonat disputoit à Sedan, il receut lettres & offres de ses amis pour le retirer. Alors il commança à regreter sa vie passée. Si que Maldonat de retour, & luy auoir faict entendre que le Comte de Rets les demandoit à Mets : Ils y allerent pour destourner les Protestans de leur foy. Il y parla vne fois en public pour monstrer que l'Eglise Romaine est celle en laquelle il se faut ranger & demeurer. Le reste du temps il ouyt Maldonat & Maurus preschans & disputās des points de la Religion. Ou il se persuada encor plus de reprandre sa premiere creance. Tellement que le dixneufiéme Decembre, le Comte retourné d'vn voyage, & leur auoit fait dire qu'il falloit partir au lendemain : on luy aporta lettres pour l'auertir que sa femme & enfans estoyent en lieu seur hors le Royaume & qu'il auisast à luy. Occasion que le lendemain sur les neuf heures du matin il sort sans estre conneu ny repris par ceux qui furent enuoyez le retenir. Il va jusques à Strasbourg, puis à Heyldelberg : Ou auoir reconnu sa faute deuant plusieurs, en escriuit luy mesmes vne Confession imprimée & publiée en plusieurs endroicts. Et depuis ce temps il vesquit en grande angoisse d'esprit. Si que s'estre retiré à Franfort où il reprit sa premiere vaccasion de Correcteur à l'Imprimerie : Il mourut enuiron trois ans apres. Vray & asseuré tesmoing de la fragillité & inconstance des hommes.

Les Catholiques vont jusques aux vazes attaquer les Nauires des Protestans.

La nuict du seiziéme le Nauire du Cappitaine Roulet Boisseau Rochellois estant sur les vazes pres la ville : fut assailly assez furieusement par quelques Pataches fourniz des Soldats de Lansac qui deuoyent estre secouruz par les Galleres. Tellement que le Cappitaine Gendarme Lieutenant de Boisseau & deux Soldats se jetterent d'effroy en la mer où ils furent noyez & quatre autres se sauuerent en la Chalupe. Mais Boisseau & les Soldats qui luy restoyent se deffandirent si courageusement, que les assaillans furent contraints se retirer auec perte de trois hommes & cinq de blecez. Peu apres la Nouë voyant la Ieunesse des assiegez, bouilir de trop grand ardeur descarmoucher : la conduisoit aux ataques si heureusement qu'il fit quiter aux Catholicques les maisons & lieux qu'ils s'attendoyent garder. Quoy voyans aucuns d'eux se mirent à chasser pres Tadon où ils auoyent dressé forte ambuscade pensans atttirer ceux de la ville qui ne sortirent toutesfois que pour reconnoistre l'entreprise de l'ennemy.

Virolet se retire aux catholiques puis en sa maison ou il est tué.

Vovs auez veu comme le Cappitaine Virollet fut pris à la Grimenaudiere. Cependant ceux de la ville luy reseruerent sa compagnie & procuroyent tous moyens pour le deliurer. Mais il escriuit au Maire que ceux de la ville estoyent trop longs à deliberer sur sa rançon. Et que Monsieur d'Estrosse l'ayant payée l'auoit pourueu d'vne compagnie entretenuë auec promesse qu'il ne seroit forcé en sa conscience, remerciant le Maire de sa bonne volonté. Depuis on se mecontenta de luy des deux costez. Si que frustré de son esperance il se retira en sa maison où ne fut plustost arriué qu'vn Catholicque sien ennemy le tua. Les gens de guerre cependant commençoyent à se schaufer d'vne part & d'autre : & n'entendoit on plus parler que de sortiez & furieuses ataques soit à pied soit à cheual esquelles se montra la Charité des particuliers de la Rochelle grande enuers les Soldats blecez. Mesmemant pour encourager dauantage les assiegez escarmouchans les Dames portoyent vin, confitures, dragées, vinaigre pour raffraichir les Canons d'harquebuze, linges, œufs, estoupes & telles autres matieres pour les blessez. Mais d'autant que par la frequance des sorties le nombre des blessez croissoit à l'exemple des troubles precedens : furent establis Commissaires pour dresser le logis de sainte Marguerite où autrefois estoyent les Nonains qu'on appelloit les Sœurs Noires : affin d'accōmoder ce logis & le pouruoir de choses necessaires pour l'entretenement des blessez.

Deuoir des femmes assiegez.

Prouisions pour les blessez.

La nuict du vintquatriéme Decembre sur les huit heures du soir, ceux du Camp vindrent auec grandes forces à quatre Moulins à vent pres la porte de Congne esquels estoyent quelques Soldats & autres qui veilloyent pour auoir des farines. Or parce que le Maire auoit receu aduertissement de l'entreprise Catholicque : il auoit commandé que tous ceux qui estoyent ez Moullins se retirassent en ville. Neantmoins le desir qu'ils auoyent de recouurer des farines : leur fit mespriser le commandement & l'entreprinse de l'ennemy. Surquoy

comme

comme ils n'eussent aucune Sentinelle ains fussent en continuel debat à qui engreneroit le premier : ceux du Camp arriuerent, lesquels sans aucune resistance en tuerent quelques vns à l'arriuée prindrent bonne quantité de grains & farines, mirent le feu aux Moullins, puis se retirerent auec trante prisonniers. Sur le vintcinquiéme du moys le verglas estoit tel que les cheuaux ne se pouuoyent tenir. Neantmoins sortirent de la ville aucuns Gentilshommes & Soldats pour aller à la guerre vers Chaysay où entr'-autre Flojac fut tellement blessé d'vne harquebuzade qu'il en mourut peu de jours apres. Le trentiéme de ce moys les Rochellois enuoyerent homme expres en Angleterre vers les Vidame, Comte de Mongommery & leurs Deputez tant pour sçauoir de leurs nouuelles, que pour leur faire entendre l'Estat de la ville, combien on se reposoit sur le secours de par delà : & que lors n'y auoit à Ché de Baye que les cinq Galleres & trois grans Nauires qui de faict ne mestoyent pas grand empeschement à l'entrée. Car le quatriéme de Ianuier lors qu'on celebroit la Cene y arriua vn petit Nauire chargé de harents forets malgré les Galleres qui firent grand effort pour l'empescher d'entrer. Surce ils furent auertis que Biron auoit receu soixante pieces d'Artillerie entre lesquelles y auoit trente six Canons & vn double Canon qu'on nommoit Mitaine, parce que plusieurs disoyent qu'on ne prendroit la Rochelle sans Mitaine, c'est à dire sans difficulté : & vne piece nommée le Frezay pour le son qu'elle rendoit plus espouuentable que les autres, & raportant au cry de cet animal qu'on dict presager grande mortalité. Receut auec ce grand quantité de poudre & tels autres preparatifs de batterie: auec assurance que Monsieur s'achemineroit auec toutes ses forces & plus grand espoir d'enleuer la ville au premier assaut.

Froid & verglats.

Les Rochellois escriuent en Angleterre.

Artillerie des Catholiques & Prouision pour icelle.

Biron escriuit aux Rochellois du huitiéme Ianuier qu'il auoit faict tenir leurs dernieres lettres au Roy par le Sieur de Gadaigne qui estoit de retour : & auoit commandement de sa Majesté d'entrer en ville pour leur faire entendre la derniere resolution de sa Majesté: parce, requeroit qu'on enuoiast par ledit Gadaigne suffisant passeport & hostages. La responce fut qu'ils ne pouuoyent enuoyer hostage pour beaucoup de considerations qu'il pouuoit bien juger: & requeroyent qu'on leur enuoyast les lettres de sa Majesté auec la creance & instructions du Sieur de Gadaigne affin de faire responce selon que Dieu leur conseilleroit. Dequoy de Biron non content escriuit de rechef le dixiéme suiuant. Que les lettres du Roy côtienét beaucoup de points qui sont remis sur la creance du Sieur de Gadaigne. Et d'autant que lettres n'ont point de replicque : Ils ne pourroyent bien comprendre l'intention de sa Majesté sans la parolle du porteur. Au reste qu'il ne s'estoit jamais veu que de Prince à Prince les Ambassadeurs ne fussent librement ouys. Et seroit chose trop estrange si les sujets rejectoyent l'Ambassade de leur Souuerain. Dont par toutes Nations ils en receuroyent tresgrand blasme s'ils se randoyent si difficiles. Et particulierement escriuit les mesmes choses à la Nouë: ajoutant qu'il auoit l'esprit trop gros pour tirer le subtil & juger les raisons des Rochellois s'ils ne luy faisoyent entendre plus particulierement. Et qu'il auoit tousjours craint ce qui aduient où il y a diuersité de testes & d'oppinions quand l'on propose d'entrer en quelques faicts & moyens pacifiques. Si l'on estimoit que cela ce fist par faute de moyens & de forces: ils verroyent bien le contraire à son grand regret. Les Rochellois luy firent responce continuans leurs premiers propos, sçauoir de ne conferer auec ledict Gadaigne que par escrit, pour plus aisément entendre sa charge & y faire responce: affin d'obuier à beaucoup de calomnies desquelles ils sont chargez à tort. Et s'asseurent que ceux qui peseront bien leurs actions: ne trouueront dequoy les blasmer en cet endroict. Encores que par les sorties & escarmouches ceux de la ville fussent façonnez & aguerris à leur deuoir : Toutesfois la perte des hômes leur importoit de tant: qu'elles furét jugées plus dômagables en ce téps que la vaillâce sêbloit s'acquerir trop cheremêt pour les assiegez. Par ainsi le Côseil fut d'auis qu'on ne fist sortie de 4. jours pour le plus. Ce qui sembloit dur à quelques Capitaines & soldats accoustumez de voir l'énemi tous les jours. Parce deux soldats forains voias les portes fermées & sans auoir esgard à deffance faite par le Conseil: desendirêt dâs le fossé par vne lôgue eschelle pres le bastion de l'Euangille, par laquelle les pionniers & maneuures qui besongnoient aux fossez & contre escarpes, auoient accoustumé de descendre & monter. Si qu'auoir passé la contre escarpe trouuerent à combattre plus pres qu'ils ne pensoient, où l'vn d'eux fut tué. Ce qui donna tel a-

Le sieur de Biron veut moienner vn Parlemêt

Conference refusée par les Rochellois que par escrit.

Sorties deffedues pour conseruer les soldats.

L'HISTOIRE DE FRANCE.

Ianuier. 1573.

larme à la ville qu'il fut impossible de plus contenir la plus part des autres qu'ils ne sortissent au secours des leurs. Tellement que la Nouë auerty de ce & qu'aucuns de la ville estoient fort engagez: assembla soudain nombre de cheuaux & Fantassins. Auint que les Catholiques y auoient ce jour amené leurs plus grandes forces & s'estoient mis en trois trouppes pour attirer & enuelopper ceux de la ville: toutesfois ils estoient tellement embusquez & la plus part au village de la Fons: que ceux de la ville jugerent leurs forces assez grandes pour resister à ceux qui paroissoient. Si bien que la Nouë ne craignit de diuiser ses troupes & les faire combattre en tous les endroits où les Catholiques se monstroient. Ou, bien qu'ils feussent en plus grand nombre & que l'escarmouche eust duré plus de cinq heures sans qu'autre chose les separast que l'obscurité de la nuit: furent seulemẽt tuez trois ou quatre de la ville & enuiron vingt blessez. Les Catholiques au semblable ne s'en retournerent sans perte reciproque desquels les Capitaines la Sale & le Fouillou tous deux blessez furent menez prisonniers en ville.

Escarmouche du 13. Ianuier.

Pour reprendre l'Estat de Sancerre laquelle je vous ay laissée se preparant contre vn siege prochain. Le troisiéme Ianuier la compagnie du Comte Briene & vne autre de Cauallerie parurent & firent alte sur le chemin de Bourges. Puis le neufiéme deux trouppes de cauallerie se monstrerent sur la Cresle vn quart de lieuë pres sur le chemin de sainte Geme. Vne heure apres deux osts, d'autres gens à cheual lesquels joints aux premiers & quelque peu escarmouchez par les sortis, se tindrent en bataille jusques au soir que leurs cartiers & logis faits: furent accomodez à S. Satur, Fontenay, Sury en vaux & autres villages prochains de la ville. Le dixiéme cinq Enseignes des vieilles compagnies du regiment de Goas, se logerent à saint Satur où se rengerent aussi plusieurs soldats ramassez de Cosne & places voesines pour si fortifier non sans escarmouche d'vne part & d'autre. Quinze jours apres huit Enseignes des vieilles compagnies de Serriou: cinq nouuelles & autres gens ramassez s'arresterẽt à Menestreol vn quart de lieuë de Sancerre & cartiers voesins. Occasion que les compagnies de la Chastre, Briene, Rosteing Torsi & Cartier, furent logées à Buy, Sury & là autour. Auec lesquels les Nobles & autres gens du pays se rengerent soudain. Sans lesquels l'armée estoit de quatre à cinq cens cheuaux & pres de cinq mil Fantassins. Seze Enseignes de pionniers portant la liurée des villes qui les auoient enuoiez. Le tout commandé par la Chastre Gouuerneur de Berry: accompagné de Sarriou Gascon Maitre de camp auec partie de son regiment le reste duquel estoit deuant la Rochelle. Menou, Montigny & de Vitry Cheualiers de l'Ordre Parassis, Maupas Vauurile & Menotou de Bonant, Pessoliere & autres. Ainsi les habitans s'aperceurent trop tart de leur faute de n'auoir approuisionné la place de bonne heure. Pour y remedier ils ordonnerent que les poures & nombre de femmes & enfans auec tous ceux qui ne pouuoient seruir qu'à manger, feussent mis dehors. Mais la pitié & autres occasions empescherent l'execution de ce qui leur nuit plus qu'ils ne pensoient. Le treziéme la Chastre les enuoia sommer par vn tambour de se rendre à luy leur Gouuerneur. Mais le Bailly le retint sans responce dont plusieurs se mescontenterent & sur tous la Chastre. Le reste du mois fut emploié en attaques legieres qu'ils dresserent d'vne part & d'autre pour empescher les preparatifs qu'ils dressoient reciproquement pour s'acomoder & deffandre de leurs ennemis. Retournons à la Rochelle.

Siege de Sancerre.

Armée Catholique deuant Sancerre.

L'ABBE de Guadaigne ennuié de ne pouuoir conduire sa charge en la forme prescripte par le Roy. Et connoissant que son Ambassade estoit moins autorisée que des autres qui tous auoient communiqué en ville ou dehors: escriuit le quinziéme de ce mois à la Nouë luy faisant entendre son desir que eux deux peussent conferer ensemble en quelque lieu où se pourroient trouuer aucuns de la ville si bon leur sembloit: pour declarer l'intention & bonne volonté de sa Majesté. Qu'il estoit fort desireux de la paix & repos public. Et qu'il ne connoissoit meilleur moien depuis que le malheur auoit voulu qu'on fist profession de deux Religions diuerses: que de se rendre si familiers, que tous d'vn mesme accord peusse nt prendre celle qui seroit la plus conforme à la verité. Tenant pour seditieux, tumultueux & ennemis de Dieu tous ceux des deux partis qui preschent & persuadent le peuple de deffandre la sienne auec les armes. Et encores qu'il feust & eust tousjours continué en la Religion Catholicque: Si est-ce que pour l'effect susdit: il s'estoit acquis beaucoup de bons amis de la Religion Reformée. Et que toute sa vie côtinueroit à desirer le bien & contentement de tous. Surquoy les Rochellois qui ne voyoient suffisante occasion pour changer leur premier auis: vsoient tousjours de pareille

Conferéce demãdée par l'Abbé de Gadaigne.

pareille responce & ne vouloient venir à aucun abouchement. Ioint que d'autant que cela contreuenoit à leur association: ils ne le pouuoient faire sans le consentement de tout le peuple qui n'y consentiroit jamais. Estât persuadé que le Roy & ses Ambassadeurs ne tandoient qu'à leur surprinse & ruine de leur ville. Disoient outre que l'argument de Biron n'auoit grand poix car c'est autre chose des Ambassadeurs que les Princes s'entr'enuoient où toute raison & fidelité est gardée: que des Ambassadeurs d'vn Prince à ses sujets ausquels il n'estime estre tenu garder aucune foy ne promesse, sinon entant que l'obseruance luy en soit commode & proffitable. D'autre part y auroit danger que la presence de Gadaigne ne resfroidist beaucoup d'hômes qui autrement n'estoient gueres eschauffez. Outre ce qu'il n'est pas vray semblable que tout homme qui à serment au Pape: procure jamais le bien de ceux de la Religion. En fin Biron ne pouuant amener les Rochellois au point qu'il s'attendoit: leur enuoia les lettres du Roy. Leur mandant que quand à la creance & instruction que Gaidaigne n'execedroit le commandement du Roy. Combien qu'il est content de signer ce qu'il dira de la part de sa Majesté. Les lettres estoient telles. Chers & bien aimez nous enuoions le Sieur de Gadaigne vers vous pour vous faire entendre nostre intention sur la lettre que nous auez escrite du quatorziéme de ce mois: vous le croirez comme si c'estoit nous mesmes. Escrit à Paris le vintsixiéme jour de Decembre, mil cinq cens septante deux, Signé Charles. Le vintiéme Ianuier les Rochellois aians veu ces lettres, respondirent à Biron qu'ils auoyent receu la lettre du Roy portant creance par laquelle n'estoient non plus instruicts de la volonté du Roy qu'au parauant. Parce prient les esclarcir parescrit de ladite intention: affin que s'il y auoit autant de douceur & clemence qu'il leur auoit faict entendre: Ils fissent deuoir de la receuoir de tout leur cœur comme chose qu'ils desirent le plus en ce monde d'estre reconneus de leur Prince pour treshumbles & obeyssans sujets. A quoy ils ont tousjours tendu & tendront toute leur vie. Le suppliant ne trouuer mauuais dequoy ne veulent proceder par abouchement auec le Sieur de Gadaigne veu le siege si pressé qu'ils ont à leurs portes. Qu'il peut juger combien telles façons sont dangereuses en tel temps. Partant requierent bien humblement ladite intention leur estre enuoyée par escrit. Occasion qu'auoir receu la response des Rochellois leur rescriuit ce qui s'ensuit.

Messieurs, c'est moy qui ay vn tresgrand regret dequoy vous ne voulez ouyr Monsieur de Gadaigne venant de la part du Roy pour vous faire entendre la benignité de sa Majesté & sa bonne grace estre telle que vous sçauriez & deuez desirer. Mais il voit que tant plus l'on se veut employer à faire quelque chose pour vous: tant plus vous reculez: & me sache grandement de voir le Roy estre traité si indignement par ses sujets: & plus si c'estoit par Estrangers ennemis. De vous enuoyer par escrit ce que le Sieur de Gadaigne vous a à dire de la part de sa Majesté: ne se doit jamais, ne faire ne demander de vous: sinon apres qu'il aura satisfait au commandement qu'i là de parler à vous, que tres volontiers il vous lairra par escrit. Qui est le moyen de vous deliurer d'vn siege dont estez si pressez, comme vous mandez & serez. Et surce me recommandant affectueusement à vos bonnes graces je priray Dieu vous donner, Messieurs, bonne santé & longue vie. Du Camp deuant la ville de la Rochelle, ce vintcinquiéme Ianuier mil cinq cens septante trois, & au dessus vostre affectionné & seruiable amy, Biron.

Ceux du Camp qui s'attendoient de prandre la Rochelle plustost par ruze que par force: pensoient auoir bonne intelligence en ville par le moien d'vn Gentilhomme qui leur faisoit entendre qu'il desireroit faire vn bon seruice au Roy. Et neantmoins il communiquoit le tout au Maire & à quelques vns des principaux du Conseil en esperance, comme il disoit, d'attirer des meilleurs Capitaines du Camp & bon nombre de soldats, que ceux de la ville desferoient tout à leur aise & affoibliroyent autant l'ennemy. Or luy faisoit on de belles & grandes promesses tant en terre qu'en argent de la part des Catholiques. Et estoit sur le point de toucher vne bonne somme de deniers. Ainsi les dixsept & dixhuit Ianuier, entrerent en ville quelques Soldats bien en conche de Puygaillard & Saint Martin surnomé le Lutherien. Toutesfois le Maire ayât assemblé & pris auis de quatre ou cinq hommes esquels il communiquoit ordinairement les affaires plus importans: Trouua que petite execution bien asseurée, valoit mieux que grande entreprise trop hazardeuse. Et qu'il falloit desfaire ceux des ennemis qui estoient ainsi entrez en ville sous pretexte de religion: plustost que d'attendre que plus grand nombre

Ianuier 1573.
Entreprise de Puygaillard pour surprendre la Rochelle euentée. Auec la disposition & execution des marchans.

y entrast qui pourroient trouuer en ville beaucoup d'hommes propres à fauoriser leur entreprise. A ces fins le Maire commanda le soir, que tous Capitaines se rendissent à leur garde. La plusplart de ces marchands s'estoient mis en la Compagnée de Normand qui en fit tuer cinq, puis jetter par dessus les murailles pres la porte Neuue : trois autres furent mis en prison pour descouurir par leur tesmoignage leur entreprise plus au long. Ces trois se nommoient le Capitaine Iacques de Saux de l'Isle Iourdain, Iean Nantel corporal du Capitaine Caban & Pierre Guillochon dit Guitiniere Picardoise qu'ils nõmoient le massacreur de Tours. Leur procez fut fait & Guillochon interrogé le premier, confessa qu'il estoit venu auec le Capitaine Saux par le commandement de Puygaillard, lequel lui auoit donné harquebuz, fournimēs & morion doré : & lui auoit commandé d'obeir au Capitaine Saux : & que leur intention estoit de s'emparer de cete ville auec l'intelligēce que Puygaillard disoit y auoir. Deux Capitaines l'vn nommé Birare, l'autre Langlois deuoient entrer en habit deguisé pour commander à ceux qui seroient de la faction. Et qu'il y auoit vn Serrurier duquel Guillochon ne sçauoit le nom que Puygaillard disoit auoir des fausses clefs : & que dedans Dimanche ceux du Camp deuoient s'aprocher pour executer l'entreprise : & qu'à son arriuée il auoit reconu quatre de ses compagnons. Iean Martel confessa que Biron lui auoit commandé de se retirer au quartier de S. Martin & suiure les soldats qui entreroient en la Rochelle pour faire ce que le Capitaine Saux lui commanderoit. Ajoutant que s'il faisoit cela, il seroit riche à jamais & acquerroit grand honneur. Aussi le Capitaine S. Martin lui auoit dit que bien tost il en enuoieroit d'autres. Que le signal & mot du guet estoit, Badin. Qu'en sa presence S. Martin rompit vn douzain en deux, & en bailla vne moitié à l'vn disant, que cela s'entrerencontreroit bien ensemble à point nommé. Le Capitaine Iacques de Saux confessa outre ce que dessus, que Puygaillard lui auoit dit, auoir deux portes en ville à sa deuotion, par lesquelles il esperoit entrer. Et qu'il auoit deux cens hōmes en ville qui fauoriseroient leur entreprise. Et qu'il y auoit deux Capitaines qu'vn nommé la Croix lui monstreroit, ausquels il deuoit obeir. Et deuant que partir du Camp, le Capitaine S. Martin print vn douzain & le rompit en deux auec les dens. Puis ayant tiré à part la Croix lui en bailla vne moitié disant quelque propos qu'il ne peut entēdre. Le mot du guet estoit Badin en baillant le petit doigt en crochet & tirant le bout de l'oreille. Outre confessa que Puygaillard aiant le plan de la Rochelle lui monstra deux portes, sçauoir S. Nicolas & celle des Moulins lesquelles estoient à leur deuotion.

PARCE que ceux du Camp auoient bruslé les Moullins prochains de la porte de Congnes, l'on se doutoit en ville qu'ils en feroient autant de quelques autres qui restoient : & mesmement du moullin à vent de la Brande qui n'estoit qu'à trois cens pas de la contr'escarpe. Le Capitaine Normand auoit demādé ce moullin qui lui auoit esté ottroyé & du cōmencement delibera de le fortifier. En fin conoissant qu'il ne se pouuoit garder : se contenta en tirer quelque profit. Les meusniers le faisoient moudre le jour, & le soir se retiroiēt en la ville. Et pour la garde de ce qui estoit dedans y tenoit vn soldat seulement. Auint la nuict du vint troisiéme Ianuier que ceux du Camp auec l'eslite de leur Infanterie menerent deux Coulleurines pour prandre le mollin. Et à la faueur de la Lune aians bracqué leurs pieces fort pres, tirerent seze coups. Le soldat qui estoit dedans tira quelque harquebuzade sans s'estoner : le Capitaine Normand aiant comme plusieurs autres receu l'alarme & accouru aux rampars crioit à son soldat comme s'il y en eust eu plusieurs qu'il encourageoit à la deffence, les asseurant d'vn promt secours. Mais en fin le soldat demanda à parlementer & fit composition pour ceux qui n'estoient auec lui. Les Catholiques neantmoins le voians seul dehors le retindrent prisonnier. Et parce qu'il n'auoit aucun moien de payer rançon (il estoit chaudronnier de Ré) delibererent de le mettre aux Galleres. Mais comme il fut ja razé & vestu en forçat : trouua moien d'eschapper & se retirer en ville raconter si plisante nouuelle à ses compagnons.

De Biron bat vn moullin où vn seul soldat se fait faire composition de vie sauue.

Iusques alors tout s'estoit conduit à la Rochelle sous l'aueu & autorité du Maire qui s'est tousjours porté non seulemēt Chef à la Police, mais aussi Cappitaine de la ville pour y commander par toutes voyes où il conoissoit le besoin. Mais dautant que les affaires croissans de jour à autre : il ne pouuoit assister à toutes occurrances : nommément à la conduite des Sorties & autres entreprises qui se dressoient sur les Catholiques : fut resolu d'vn consentement vniuersel, que pour les loüables parties qu'on auoit conu & pratiquoit d'heure à autre en la Nouë : il seroit reconu & suiui de tous cōme souuerain Chef des Gens de guerre, sans dirminution

La Nouë éleu Chef des gens de guerre à la Rochelle.

des

des droits du Maire, en toutes autres choses selon qu'il auoit esté traité par l'Aliance faite entre les habitans de la ville & les forains. Ce qu'il accepta pour le respect du General de la cause & seureté de la ville plus que d'vn mouuement particulier que plusieurs de ses amis ne sembloient soliciter que trop souuent. Lors mesmement qu'ils luy faisoient souuenir du Grade de Sur-intendant & Gouuerneur tant de la Rochelle que du pays d'Onis que les Princes luy auoient donné le laissant aux troisiémes troubles Lieutenant General en tous ces cartiers. Or comme la ville feust ja presque diuisée en deux factions. Atendans aucuns le Comte de Mongomery pour se laisser conduire à sa discretion. Et les autres treuuans la Nouë de plus agreable commandement: il ne se feut long temps comporté en cete charge, qu'en plusieurs autres endroits on ne sceut assez tost l'autorité qu'il s'estoit moiené à la Rochelle. Si que l'enuie suiuant la vertu comme l'ombre le corps: luy suscita dehors & dedans assez de Contreroleurs à ses actions. Somme que peu à peu lors commança de se descouurir le feu des partialitez Rocheloises: lesquelles aporterent aux assiegez les incommoditez que vous entenderez cy apres. Or pour au vray vous en esclarcir les occasions: je vous feray conoitre que si le fondement de leurs riotes fut bon: que les moiens qu'ils tindrent à bastir dessus, furent assez diuers pour associes & pour gens qui tendoient à vn mesme but: assauoir à la deffance de la Rochelle. C'est à dire à maintenir leur Religion par la conseruation de cete ville en laquelle presque les plus signalez Protestans estoient ja retirez. Et laquelle prise, chacun s'asseuroit que le reste des places Françoises: ne feroient longue deffece si elles ne se rendoient à la premiere semōce de l'Armée Reale. La Nouë & plusieurs autres que Gētilshōmes qu'habitās & refugiez en ville: pretēdoiēt cōseruer toutes les Eglises de Frāce par la paix que le Roy & Mōsieur juroient d'étretenir inuiolable. Les Rochellois au contraire la pensoiēt mieux maintenir par vne Guerre, puis qu'ils ne s'asseuroiēt en aucune paix venāt des Catholiques. Surquoy on remarquoit deux notables cōsideratiōs en ceux la. Car cōme gēs de guerre ils estimoiēt beaucoup des moiēs du Roy qu'ils auoient veu: & bien peu de ceux des Protestās qu'ils reconoissoiēt assez. Et cōsequēmēt se represētoient toutes les Eglises brûler si Dieu n'y operoit par autres voies que les ordinaires. Voires qu'en tout euenemēt, les biens d'vne petite Paix pendāt laquelle ils se pourroiēt tous reconoistre & encourager à plus beaux desseins: leur profiteroit plus mille fois que les rigueurs & incroiables incomoditez de la cruelle guerre qui se presētoiēt cōtre eux. Les Rochellois au cōtraire & la pluspart des refugiez auec eux: se represētant le peu d'asseurāce qu'ils auoiēt tant de fois trouué és promesses Catholiques: se persuadoiēt que la bōté de la Nouë trōpoit le jugement qu'il faisoit des parolles & sermēs iterez des Catholiques. Lesquels cōme nous empirōs tous plus que nous ne meilleurōs: ne sçauroiēt estre, disoiēt-ils, que plus meschās & plus ennemis qu'ils n'estoient aux cruels meurtres de Paris. L'autre occasiō vint de la charge qu'ō luy auoit donné trop limitée: & cōme reseruée plus ample au Cōte de Montgommery duquel il auoit entendu le peu d'affection en son endroit: auec le dessein qu'il faisoit en Angleterre de conduire & manier tout, venu qu'il seroit en ville, d'vne main plus haute & liberté plus grand que celle qu'il jugeoit plus asseurée. Si bien que preuoiant les euenements de ce que dessus & les dangereux inconueniens qui s'ensuiuroient si restans eux deux en ville ils se vouloient maintenir egaux: aima mieux preuenir par sagesse tel desastre: que d'estre dit l'occasion d'aucun tant soit petit inconuenient au party. Voila les vraies, premiere & seconde occasiōs des differens qui auindrent en la Rochelle: poursuiuans d'vn costé & d'autre en ce qu'ils s'estoient fantasiez pour le meileur. Si bien que comme nous nous plaisons tous naturellement en nos opinions: leurs premieres aprehensiōs furent suiuies & peu à peu maintenuës auec tels portemans qu'ils vindrent à se desplaire les vns aux autres. Si qu'en fin le soupçon s'y meslant la presence de la Nouë ne fut moins desplaisante à quelques vns: qu'à luy le sejour en ville facheux & plein d'ennuy: ne recerchant autre chose qu'vne bonne & honorable occasion pour profiter aux Eglises en autre endroit qu'entre ses enuieux: laquelle se presenta assez tost pour recercher secours des refugiez en Angleterre: veu qu'on n'auoit receu aucunes nouuelles de tous ceux qu'ō y auoit enuoié. Tellement que la Nouë leur persuada en fin d'y enuoier vn personnage signalé & de creance vers la Royne d'Angleterre & les Francez refugiez en son Royaume: esperant que la charge luy en deust estre donnée. Mais le peuple & tous ceux qui n'estoient transportez d'affection l'auoient en telle estime: qu'ils sembloient desesperer des affaires s'il s'absentoit d'eux. Ainsi la voix tomba sur Languilier, lequel entreprist le voiage aussi alegrement

Les partialitez de la Rochelle & les occasions d'icelle

Languillier enuoié haster le secours d'Angleterre.

L'HISTOIRE DE FRANCE.

Feurier 1573.

alegremeut qu'il en fut prié. On lui dona Mereau l'vn des Bourgeois du Conseil qui fut chargé de procuration & autres suffisantes instructions à cet effet. Ils partirent en la Galliotte du Sauuage la nuict du vint septiéme Ianuier sans estre descouuers par l'armée de mer : combien qu'en la rade de Che de Baye fussent trois grans Nauires, cinq Galleres & vint deux pataches.

Le vint neufiéme Ianuier on escarmoucha fort deuers Tadon où trois de la ville furent blessez & nombre des Catholiques. Au landemain parce que plusieurs du Camp tant de cheual que de pied & pionniers estoient vers la pointe de Coureille : ceux de la ville furent escarmoucher à Ronsay, où ils en tuerẽt quelques vns. Mais ils se retirerẽt assez tost pour le secours qui s'y auançoit. Sur ce les Catholiques pour mieux brider les entrées & sorties du Haure: dresserent vn fort à la pointe de Coureille où l'on mit quelques pieces pour batre dedans la mer & enfondrer tous vaisseaux qui ne voudroient ameiner au plaisir de ceux qui commandoient au fort, & à l'autre qui estoit vis à vis sur l'autre pointe au dessous de che de Baye.

Fort à Coureilles autre mét la pointe de Leguile.

Le troisiéme Feurier jour de Caresme prenant, autrement Mardi-gras, la Nouë sortit auec 25. cheuaux & quelque nombre d'infanterie vers Tadon, pour attirer à l'escarmouche aucuns du Camp qui s'estoient logez à la Courbe & à la maison de Coureilles. A mesme fin il fit sortir deux Gallions ayans chacun deux berches en prouë pour donner en flanc au fort de Coureilles. La Caualerie fit vn peu Alte tant pour descouurir l'ennemi, que pour secourir les leurs. Sur ce commandez par la Nouë de donner dedans, ceux de Coureilles chargerent si resolument que tout ce qui se trouua en leur chemin fut mis au fil de l'espée. Ce pendant les compagnies de gens de pied qui estoient à Nestré vindrent à grand haste au secours de leurs compagnons, de façon que sur la retraitte l'escarmouche fut plus aspre qu'au commencement. Les Rochellois toutesfois la souftindrent jusques à la nuict : mais auec perte reciproque. Ce mesme jour les Galleres amenerẽt de Brouage à Che de Baye vn grand vaisseau qu'on nommoit la grand Caraque prinse aux 3. troubles sur les Venitiens par les Confederez : alors restant sans matz & despourueuë d'equipage n'y auoit que le corps qui estoit d'enuirõ huit cens tonneaux. Ils s'en seruirent comme je vous diray ailleurs. En ce temps Monsieur estant à S. Messant en Poitou à quatorze lieuës de la Rochelle escriuit à la Nouë la lettre suiuante.

Sortie vers Coureilles.

La Caraque

Lettres de son Excellence à la Nouë.

Monsievr de la Nouë, le Seigneur de Biron m'a fait entendre ce que lui auez mandé. Surquoy je vous veux bien auertir qu'estant issu de la maison dont je suis & si proche du Roy Monseigneur & frere : outre l'honneur qu'il m'a fait de me donner la charge & autorité que j'ay en son Royaume : je n'ay jamais eu, ni auray autre volonté que la conseruation de ses bons sujets. Et n'y a rien dequoy je suis plus marri, que voir respandre le sang de ceux que je voudrois conseruer, se reconnoissans & remettans au deuoir & obeissance que les sujets doiuent à leur Roy, Prince naturel & Souuerain Seigneur. A cete cause estant sur mon partement pour m'acheminer au Camp où je seray dedans trois jours : je vous ay bien voulu escrire la presente. Laquelle seruira tant pour vous que tous ceux de ladite ville. Pour vous asseurer que reconoissans le Roy comme vrais & bons sujets : & remettans ladite ville en son obeissance & entre mes mains : je vous promets toute asseurance de leurs vies & biens, sans qu'il leur soit fait aucun tort, mal ni desplaisir : & qu'ils seront entierement conseruez. Autrement & si dedans le jour mesme que j'arriueray là, vous n'y auez satiffait : je suis tout resolu auec les forces que j'ay & celles qui viennent encores : d'assieger la ville sans y perdre vne seule heure de temps & la prandre par force. Et faire faire tel chastiment & punition de ceux qui s'y trouueront, que cela seruira d'exemple à tous les autres. Priant Dieu sur ce, Monsieur de la Nouë, vous auoir en sa sainte garde. Escrit à S. Messant le second jour de Feurier 1573. Signé Votre ami Henry. Et au dessus, A Monsieur de la Nouë. De là il s'acheminа à Niort. Les Rochellois auertis soudain de sa venuë firent haster les fortifications : & crier que tous deux fois le jour allassent à la hotte, sur peine de dix liures d'amande pour la premiere fois & confiscation de biens pour la seconde. Or comm'on y besognoit en diligence, les pionniers de la ville qui estoient enuiron deux cens sous la conduitte d'vn Chef nommé Fiémoreau alloient coupper & querir des fascines és endroits les plus propres & prés de la ville : ne peuuans s'estendre gueres loin à cause que ceux du Camp tenoient la pluspart des villages & maisons prochaines, desquelles ils sortoient à tous propos pour les empescher : Et les Protestans les soustenoient pour auancer le seruice des maneuuriers. Or cõme l'enuie de telle coustume qui se pratiquoit de jour en jour par forme d'exercice entre les soldats, creust au cœur des Rochellois voians

Fortifications hastées.

que

LIVRE TRENTEDEUXIEME. 129.

que par ces firiques. fouurage demeuroit en arriere: le Normant à la compagnie duquel estoit escheuë l'escorte des pionniers: auertit la Nouë que si on n'y obuioit on ne tireroit grand auantage de ces fortifications ainsi hastées. Ce consideré la Nouë choisit vn nombre de Caualliers & Fantassins le cinquiéme Feurier pour en embusquer partie & attirer l'énemy: pour luy auoir coupé chemin de retraite, luy faire perdre auec l'enuie tous moiens de jamais l'ennuier en cet affaire. Il auint comme il auoit preueu. Car les Catholiques ne vouloient faillir de harasser ses pionniers & par occasion treuuer les moiens de s'exercer au jeu de l'harquebuze. Cestoit la compagnée du Cappitaine la Porte, membre du regiment de Saint Martin lequel sortant à l'accoustumée sur ces pionniers s'auança si fort qu'il se laissa couper la queuë. Si bien que le Normant le pressant en teste & la Nouë à dos fut en fin contraint d'habandonner plus de quarante de ses compagnons à la mort, pour se retirer à Fetilly où chaudement poursuiuis furent tous tuez: fors ceux qui sous l'espoir d'vn prompt secours tindrent bon en vne chambre qu'on ne peut forcer, tant à faute de bois & paille pour y mettre le feu: qu'aussi pour n'auoir le loisir que telle execution sembloit requerir. Ainsi la Nouë en laissant plus de soixante corps sans ame: en ramena quarante prisonniers ausquels on donna en fin liberté: faisant les Rochellois plus d'estat de leur despence que de l'argent qu'ils eussent peu donner pour la rançon. Mais ceux qui furent reconus massacreurs estoient soudain enuoiez au magasin. Ainsi apeloient ils la voirie. Sur la fin arriuerent quatre vints cheuaux du camp pour secourir les leurs, mais la campagne estoit ja vuide de combatans. *Escarmouche pour l'escorte des pionniers pres Fetilly.*

CE mesme jour la Carraque fut amenée entre les deux pointes de Chef de baye & Coureilles si pres de la ville que les canons pouuoient aisément donner en tous les endroits de la Rochelle. Ce vaisseau fut percé & enfoncé en la vase: & tellement chargé de pierres, terre & autres matieres: qu'ils l'accommoderent en forme de fort & plateforme pour seruir tant de corps de garde, à y boucher l'auenuë de la mer: que pour batre en ruïne & autrement incommoder les assiegez: lesquels à ces occasions entreprindrent la nuit suiuante de faire telles aproches de ce vaisseau qu'ils y peussent mettre le feu auec bois, paille, gouldrons & autres artifices qu'ils porterent à cet effet. Mais ce peu qui y trauailla, n'est suiuy & secouru du reste: joint la difficulté qui s'y presentoit conut que ce Nauire estoit chargé de vase & de mousse si espesse, pource que de long têps les fons n'auoient esté siuez n'y recourus: & qu'on ne pouuoit endommager qui ne l'eut mis bien haut. Ainsi le feu fut tost estaint. Auec ce que la marée venant les força d'y faire peu de sejour. Puis les Catholiques pour plus grande seureté de ce passage: y amenerent le dixhuitiéme jour plusieurs moiens & petits vaisseaux qu'ils enfondrerent deça & de là; la Carraque, tirât d'vne terre autre: si biê liez & fort vnis les vns aux autres que les Marées ny les vens mesmes ne pouuoient endommager cete chaine de Nauires qu'ils nommerent la palissade tirée depuis le fort de Port neuf, côme en droite Ligne jusques à l'autre bord n'y laissant qu'vne passée pour leur commodité. En ce temps on vit plusieurs du camp trauerser à pied & à cheual le destroit de la mer: & cheminer sur les vases d'vne pointe à l'autre. Ce que les plus anciens de la Rochelle n'auoient veu ny ouy parler jusques à ce jour dont il ne se faut emerueiller neantmoins: pource que la mer amenant tousjours par succession de temps force vaze & autres villenies auec soy: qu'elle laisse en retournant: est cause que peu à peu le Haure croit & hausse de vases sur lesquelles on peut aller à morte marée quand le courant est retiré & non en pleine Lune & grande marée. Puis ceux du camp dresserent deux forts l'vn à Port neuf pres de la mer, l'autre à la mothe saint Michel, qui est entre ce port & le village S. Maurice. Les soldats qui y estoient & qui faisoient escorte à leurs pionniers furent le quatriéme Feurier attaquer aucuns de la ville qui estoient à vne petite maison appellée la Corderie distante vne harquebuzade de la Tenaille des deux moulins. Tellement que ceux de la ville furent contraints se retirer. Mais ceux du camp ne sejournerent gueres en la maison pour les Canonades qu'on leur enuoia. Ains comme il se retiroient furent chargez par la cauallerie qu'auoit mené la Nouë lequel soudain rechargé par ceux du camp sentit l'escarmouche pour quelque temps bien chaude pour les siens. Mais la plus grand perte qu'y receurent les Protestans, vint de la carraque les pieces de laquelle donnoient dedans la porte des deux Moulins sur l'arene de la mer qui est toute couuerte de cailloux, le nombre desquels rejaillissans sur ces soldats occasionna la mort à trois où quatre & en blesserent plusieurs autres par l'inconuenient desquels on conut que la porte ne deuoit estre de ce costé pour y sortir en temps de

La Carraque posée pour soustenir & deffendre la palissade.

La palissade ou chaine de Nauires pour boucher le Haure de la Rochelle faite le dixhuitiéme Feurier.

Les vases de la Rochelle se haussent peu à peu.

Les forts de port neuf & de saint Michel.

Escarmouche à la porte des moulins.

guerre

L'HISTOIRE DE FRANCE.

Feurier 1573.

Cōpagnie nouuelle des volontaires.

guerre. Sur ces entrefaites la Nouë curieux de faire participer tous les renfermez en ville au bien & mal de ce siege & les rendre tous esgaux à vn mesme euenement : outre les huit compagnées de la ville, cinq grandes & quatre petites estrangeres & celle du Maire : il en dressa vne de volontaires, laquelle le dixiéme Feurier fit monstre en la place du Chasteau de vint mousqueteres, cinquante cinq piquiers tous aians corsellets à l'espreuue, & trente harquebuziers. Les deux parts de la compagnée estoient Gentilshommes ou segnalez pour quelque commandement passé. Monsieur estant à Mauzé bourg distant de la Rochelle d'enuiron sept lieuës : escriuit aux Rochellois & à la Noblesse qui estoit en ville : & parce que les lettres sont presque d'vn mesme argument on entendra assez l'intention de son Excellence par celle des Gentilshommes.

Lettres de Monsieur à la Noblesse retirée à la Rochelle.

Messieurs, je n'ay jamais pensé que fussiez tant eslongnez de la reconoissance que vous deuez au Roy Monseigneur & frere, portans le titre & marque de Noblesse comme vous faites : estimant que si la voix de sa bonne & droite intention fust paruenuë jusques à vous pour vous faire conoitre de quel soin & paternelle affection il desire vous tirer du peril & extremité où vous estes reduits : que vous n'eussiez pris le parti que tous bons & affectionnez sujets feront tousjours pour rendre obeissance au commandement de leur Prince. Mais sçachant que jusques ici la verité vous a esté desguisée. Et au contraire figuré vn courroux & ire irreconsiliable de lui : je veux humainement excuser la resolution que vous auez jusques ici suiuie. Et pour ne vous y laisser plus errer, ains vous ramener au chemin auquel je m'asseure que vous aspirez : vous auertir que cōme la Noblesse Frāçoise a cete prerogatiue sur toute Nation, de singuliere fidelité & deuotion enuers son Roy & Prince : aussi est il tant affectionné enuers icelle ; qu'il ne desire rien plus que sa conseruation, & la fauoriser en toutes choses dignes d'elle. Il me deplairoit donc par trop qu'estant par deuoir & obligation naturellement tenu enuers ladite Noblesse de la mesme affection : je visse deuant mes yeux perdre ceux de vous, qui desirent ne s'eslongner de sa bonne grace & faueur ; laquelle je sçay y estre tant enclinée qu'en le requerant, vous-vous deuez promettre non seulement la seureté de vos personnes & biens : Mais autant de bon traitement que bons & fideles sujets doiuent esperer, en lui rendant le deuoir tel qu'il appartient. Chose qui me fait croire que comme bien conseillez, vous ne voudrez vous perdre & precipiter au danger & inconuenient auquel vous estes menacez. Ains vous reseruer à meilleure occasion pour faire seruice à votre Prince : & non le contraindre à faire sentir la rigueur & seuerité de sa main à ses propres sujets. La responce fut telle.

Lettres des Rochellois à Monsieur.

Monseigneur, si suiuant l'intention de la Majesté du Roy notre souuerain Seigneur, par sa responce à nos tres-humbles requestes, les forces qui depuis dix mois tiennent ce païs & le ruinent se fussent retirées & ne nous eussent reduits au dernier point & necessité de la conseruation de nos vies, en l'exercice de nostre Religion : Et que nous n'eussions conu le mal traitement de nos autres freres & consujets de sa Majesté : nous ne fussions tombez en deffiance, ni en danger de voir que notre salut nous fust tourné en reproche de dureté & obstination : ains serions au premier estat paisible auquel nous viuions sous l'obeissance de sa Majesté de laquelle auons tousjours esté tres loyaux & fideles sujets, sans aucunement nous en distraire ni eslongner ne degenerans en rien de nos majeurs. Touteffois en cete extremité, la letre qu'il a pleu à votre tres-illustre Grandeur nous escrire, nous a grandement recréez : entendans par icelle l'honneur qu'il vous plaist nous faire de nous promettre la bonne grace de sa Majesté. De laquelle faueur votre, vous rendons graces immortelles : vous suppliāns treshumblement (Monseigneur) qu'il vous plaise immortaliser votre Grandeur d'vne tres-magnifique gloire de la reduction de ce turbulent Estat, en vne bonne, sainte & seure Paix, & tranquilité en tout son Royaume : en laquelle puissions seruir à Dieu en l'exercice de notre Religion. Et rendre à la Majesté du Roy toute deuë obeissance : & treshumble seruice à votre tres-illustre Grandeur. Prians Dieu, Monseigneur, vous tenir en ses graces en tout heur & prosperité. De la Rochelle, ce treziéme Feurier mil cinq cens soixante & treze.

Responce de la Noblesse à Monsieur.

La Noblesse fit responce, que combien qu'elle soit du tout deuotieuse au seruice de son Roy : neantmoins n'a peu paruenir à ce but qui est son principal dessein, que d'obtenir la bonne grace de son Prince. Et ce mal est auenu par le rapport d'aucuns flatteurs, & hommes qui

se

se nourrissent en troubles comme le poisson en l'eau : & rendent raison de leur prinse d'armes qui ne fut onques volontaire sinõ entant que la necessité les a forcez, de le vouloir. Ne conoissans pour le present autre moien propre pour la conseruation de leurs vies spirituelle & temporelle: que la retraite en lieux forts & bien munis: jusques à ce qu'il plaise à sa Majesté y pouruoir par les voies ordinaires qui sont les tenues d'Estats & Cessiõs de Concilles libres. Supplians tres-humblement l'Excellence de Monsieur d'auoir esgard à leurs justes plaintes & pour le moins ne leur imputer ce qui procede de la faute d'autruy: & qu'en toutes autres choses demoureront tres-humbles sujets de sa Majesté, & tres-humbles seruiteurs de son Excellence.

✻ ✻
✻

Feurier.
1573.

SOMMAIRE.
Du Trentetroisiéme Liure.

ARRIVEE de Monsieur en son camp, auec plusieurs Princes, Seigneurs & Capitaines. Les Anglois surprennent & desgraissent tous les Nauires des François, Flamens & Vvallons refugiez en Angleterre, & l'occasion pourquoy. Ysabeau fille du Roy Charles est leuée au Baptesme au nom de l'Emperiere & de la Royne d'Angleterre. Conference acordée entre les Catholiques & assiegez dans la Rochelle auec les Articles d'icelle. L'auis du Conseil & des Ministres sur iceux. Resolution des Estats de Quercy, Foix, Ville longue, Lauraguais & Albigeois à Realmont contre les Catholiques. Armée du Marquis de Villars en Quercy & pays voisins, pourueu de l'Estat d'Amiral par le decez de Coligny. Places prises tant par luy sur les Protestans: que par eux sur les Catholiques. Estat de l'an mil cinq cens septante trois. Batterie & diuers assauts à Sancerre soustenus par les assiegez: auec resolution du General de les forcer par famine & nombre de blocus bien retranchez. Duc d'Aumalle tué deuant la Rochelle auec plusieurs autres Seigneurs & Cappitaines de nom. Ministres refusent la paix & pourquoy. Le Parlement neantmoins se continue pour icelle. Armée du Mareschal d'Anuille en Languedo contre les Protestans. Siege, batterie & prise de Sommieres à composition par le Mareschal apres la mort de Candalle & plusieurs autres. Le Comte de Montgommery dressant son Armée en Angleterre pour le secours des Rochellois: leur escrit & les assure. La Nouë se retire auec quelques vns de la Rochelle & pourquoy. L'Amiral assiege en vain Quossades. Puis auoir pris quelques forts, son Armée se rompt aussi tost qu'il en eut enuoié les meilleures trouppes a Monsieur pour le renforcer contre les Rochellois. Estat des Confederez qui ce pendant s'assemblent a Anduze pour le Reglement de leurs affaires.

Son Excelence arriuée au Camp.

LE MERCREDY deuxiéme Feurier le Duc d'Anjou frere de sa Majesté party de Paris le dixiéme Ianuier auec le Duc d'Alençon frere de son Excellence: Le Roy de Nauarre, Prince de Condé, les Ducs de Montpencier & Prince Dauphin son fils, de Longueuille, de Bouillon, Guyse, d'Aumale & de Neuers, du Marquis de Maiene, des Mareschaux de Cossé & de Rets, Biron, Comte de Rochefoucaut, Chauigny, Moluc, la Valette, Mauleurier, Paumy, Puygaillard, Clermont, du Gas, Cosseins & plusieurs autres: arriua au Camp. Et pour reconoistre la ville & ses deffances en approcha si pres vers Cogne qu'vn Sergent planta l'halebarde sur la contre escarpe du fossé & à la mesme heure ceux de saint Sandre tirerent vintneuf coups de canons & coleurines pour sa venuë. Comme aussi la plus part des compagnies Fantassines prestes à leur deuoir: luy firent vne telle salue d'harquebuzades, qu'il eut occasion de s'en contenter. Ce jour les assiegez se trouuerent fort clairs à leurs gardes pour reconoistre & faire le deuoir à cete venuë Seigneuriale, dont plusieurs furent blasmez. Mais ils donnerent espoir de reparer la faute en autre endroit. Or son Excellence, Monsieur le Duc, le Roy de Nauarre, Messieurs les Princes de Condé & Dauphin, les Ducs d'Aumalle, Guyse, Longueuille, Bouillon, Neuers, le Comte de la Rochefoucaut, le Grand Prieur de France & plusieurs autres logerent à Nieul, vne lieuë de la Rochelle. Où ils demeurerent jusques à la fin du siege. Le lendemain on escarmoucha en trois endroits: auec peu de perte. Le jour suiuant la Nouë sortit vers Cogne auec vint cinq cheuaux & deux cens hommes de pied. Prindrent quelques cheuaux de l'artillerie & cinq prisonniers entre lesquels estoit sainte Coullombe. Ce jour la Brume estoit si espesse que Monsieur auec peu de compagnie aprocha fort pres des troupes de la Nouë sans y penser. Mais on ne le voulut

Cartier des Princes.

LIVRE TRENTETROISIEME.

lut charger de peur d'embuscade qu'on n'eust peu descouurir à cause de l'espesseur de ce Nuage qui sauua la vie & rançon à plusieurs Catholicques. Le quatorziéme ceux de la ville sortis, prindrent vn Cappitaine Enseigne & quatre autres entre lesquels fut Malemusse Gentilhomme Beausseron de la maison du Duc de Longueuille: lequel auoir payé sa rançon demeura pour suiure le bon ou mauuais heur des assiegez.

POVRCE que la Royne Elizabeth d'Autriche estoit acouchée à Paris d'vne fille dés le vint-septiéme Octobre Mil cinq cens septante deux, le Roy enuoya vers la Royne d'Angleterre la prier qu'elle fust Comere: tant pour entretenir la Confederation jurée par ensemble comme je vous ay dit ailleurs: que pour destourner par vne telle signifiance d'amitié particuliere, le secours que le Comte de Montgommery esperoit leuer dans son Royaume pour entrer en la Rochelle. A ces fins furent enuoyez à diuerses fois en Angleterre de la Mauuissiere, Chasteau neuf de Bretagne & Saint Iean frere de Montgommery qui ne le peurent toutesfois despersuader en son dessein: Ainsi la Royne y enuoya le Milord de Vuencestre Catholicque. Comme il estoit sur son voyage, trauersant la mer de Douure à Bologne sur vn petit Nauire, suiuy neantmoins de trois autres passagers: fut assailly par quelques Coursaires Francez & Vualons lesquels ne pouuans aborder son Nauire plus leger à la voille que le Poste qui les portoit: se ruerent sur l'vn de sa compagnie qu'ils pillerent apres auoir tué quelques vns qui s'estoient mis en deffance. Le bruit de cet accident porté en Angleterre: irrita tellement la Royne & son Conseil, nommement les Catholiques: que la Commission fut aussi tost donnée à l'Amiral de se saisir de tous les Nauires estrangers qu'il rencontreroit sur ses costes. L'Amiral y enuoya son Lieutenant Horstot qui equipa l'Hirondelle l'vn des moyens Nauires de la Royne & quelques autres petis, auec lesquels non de force mais prians les Cappitaines estrangers de luy aller parler pour leur communicquer choses d'importance de la part de sa Majesté: de laquelle ils ignoroyent la Commission & l'occasion d'icelle: les desgresserent tous auec vn merueilleux butin qu'ils y trouuerent. Car comme il y eust en toutes ces costes plus de soixante Nauires bien equipez que de France que portans les aueuz du Prince d'Orange: vn seul d'eux n'estoit sans prise. Ains la plus part riches de pillages faits sur toutes nations Catholicques. Tous mis à blanc & la plus part prisonniers en Angleterre: furent occasion que l'entreprinse du Comte de Montgommery fut de beaucoup retardée. Le Milord cependant vint en France pour assister au Baptesme de cete Princesse qui fut baptisée le second Feurier Mil cinq cens septante trois. Le Parrain fut le Duc de Sauoye: Les deux Maraines Marie d'Espagne Emperiere: mere de la Royne & la Royne d'Angleterre. Les noms desquels luy furent donnez Marie Elizabeth. Le député de l'Imperatrice porta l'Enfant au Sacre auquel seruirent Loys de Bourbon Marquis de Conty & Charles Monsieur frere du Prince de Condé. Mais reuenons au siege de Sancerre.

La Royne d'Angleterre priée d'estre comere du Roy Charles.

Nauires François & Vualons desgressez en Angleterre.

Baptesme de Marie Elizabeth fille du Roy Charles 9.

LE deuxiéme Feurier les Catholicques commancerent de trancher & fortifier la plus proche maison du costé de la ville du village de Fontenay où ils dresserent vn fort à 4. cens pas de la ville. Et auoir employé les pioniers à faire les gabions les jours precedans: ils en firent trainer nombre de Saint Satur a Fontenay, s'aprochans tousjours de la ville. Cependant les Sancerrois enuoyerent de tous costez cercher secours & faire entendre l'Estat de leurs affaires: Quelques Soldats aussi se retirerent à eux qui les auertirent des preparatifs & desseins Catholiques. Le huitiéme, l'Artillerie arriua par eau au port Saint Thibaud. Et joüa le Canon dez le treziéme Feurier. Puis le dixneufiéme la baterie commança plus furieusement qu'ils n'eussent jamais creu. Ils auoyent douze pieces de bateries & quatre Couleurines. Et pource qu'ils furent auertis, mais peut estre finement, qu'ils seroyent batus entre le Chasteau & la Porte Cesar: Et qu'on y donneroit l'assaut en faueur des rochers proches de la muraille: ils trauaillerent pour abatre le chappeau de la Porte, craignans la ruine des esclats au dedans. Et au dehors que si la ruine y tomboit elle ne seruist aux Catholiques. Ils fortifierent aussi les plus foibles endroits du Chasteau & continuërent la tranchée jusques à Porte Cesar: metant le tout en defface. Mais il ne furet attaquez par là. Ains les vouloit on empescher par ce moïe: affin qu'ils ne reparassent vers la porte vieil, lieu plus foible & plus accessible ou la baterie & assaut se doneroit. Le 13. l'artillerie fut amenée à S. Satur d'où ils tiret 4. coups pour sonder la ville: l'vn desquels tua vne fille du seul vét de la balle. Puis commâceret vn fort de terre sur le chemin de Saint Thibaut aux Ardilliers: firent vne Palissade au Camp Saint Ladre au dessus

Preparatifs au siege de Sancerre 1573.

Feurier.
1573.

de la Perriere où ils logerent quelques Enseignes: trainerent nombre de gabions en plusieurs endroits pour se couurir des attaques Protestantes. Les pioniers aussi tranchoyent les chemins & toutes les auenuës de la ville, pour arrester la course des assiegez s'ils vouloient sortir. Le quinziéme ils roulerent deux grans mantelets de boys, de Fontenay jusques au pié des vignes pour couurir les Soldats & les aprocher au pied des murailles le jour de l'assaut. Les deux jours suiuans ils trainerent deux pieces d'Artillerie au Camp S. Ladre & six sus L'orme au Loup: qui est vne montaigne haute au midy de Sancerre qui luy commande. Ce que plusieurs trouuerent estrange, veu qu'aux autres sieges on auoit jugé ce mont trop eslongné de la ville pour y faire baterie à profit. Et neantmoins les assiegez n'ont receu tant d'incommoditez d'ailleurs. Le dixneufiéme ils commancerent à taster la muraille entre Porte vieil & Porte Saint André. Somme depuis le vintiéme jusques au vintcinquiéme continuans la baterie: ils tirerent plus de trois mil cinq cens canonades auec telle furie & tāt d'esclats qui sortoyent des murs, maisons & autres endroits : que plusieurs ne croiroyent pas si peu d'hommes y estre morts. Car en tout le siege n'est point mort vintcinq personnes du Canon. Surce les assiegez remparoyent la nuict & faisoyent le jour tout le deuoir qu'ils pouuoyent à se munir contre l'effort de ceux qui se presenteroyent à l'assaut. Et pource que tous assistoyent aux Gardes, Maistre Iean de Lery Ministre du lieu qui auoit demeuré dix mois en l'Amerique s'auisa de faire vn lict d'vn linceul lié par les deux bouts & pendu en l'air à la façon des Sauuages Ameriquains: Ce qui fut à l'instant ensuiui de tous qui si trouuerent beaucoup plus alegres & disposts à toutes factions, que s'ils eussent couché sur les paillasses: Ioint qu'ils estoient netz de toute vermine. La nuict du vintquatriéme, les Catholicques s'efforcerent de surprendre le Rauelin: mais ils en furent repoussé si bien que le Cappitaine Diuory des vieilles bandes y fut tué auec vintcinq autres. Le Cappitaine la Bussiere Enseigne de la Fleur y fut aussi blessé & en mourut quelque jours apres. Tournons au siege de la Rochelle.

Sortie de Nauires Rochellois.

LE Cappitaine Mirant qui commandoit sur deux petis vaisseaux : estoit sorti du Haure de la Rochelle, comme plusieurs autres qui estoient allez les vns en Angleterre, pour fortiffier l'armée du Comte de Montgommery: Les autres couroyent fortune sur la mer contre leurs ennemis au nombre desquels on tenoit tous Catholicques & mesmes ceux de la Religion qui menoyent de la marchandise en lieux suspects. Mirant auoit fait quatre prinses de viures & autres prouisions de ville qu'il y eust volontiers fait entrer, mais il doutoit que l'armée de mer qui estoit fort grande & croissoit tous les jours ne le desualisast à l'entrée: Toutesfois curieux de rentrer & d'ailleurs forcé de la necessité pource qu'or qu'il eust des bleds luy & ses gens n'auoyent pain ny biscuit n'y autre prouision pour tenir la mer : Voyant le vent propre se hazarda de passer la nuict le quinziéme Feurier. Et combien que la Carracque & les deux forts de Correilles & Port-neuf auec les vaisseaux qui estoyent en rade luy tirassent incessamment Canonnades & nombre de coups d'harquebuz: si n'y eut il qu'vn coup qui donna en l'vne de ses prises: les esclats duquel blesserent deux hommes. Conduit neantmoins par la lueur de la Lune la clarté de laquelle fauorisoyt egalement les Catholicques pour les canonner & poursuiure : & les Protestans pour trouuer la route de leur entrée à trauers la palissade: fit tant qu'il se trouua dedans la Chesne au grand desplaisir de toute l'armée & non moindre contentement des assiegez qui prenoyent ces vaisseaux pour auant coureurs de l'Armée du Comte de Montgommery: Mais il ne portoyt que cinquante tonneaux de vin de Bourdeaux & vint-cinq tonneaux de froment & quelques autres petites prouisions. Le lendemain Monsieur disna au fort de Correilles & au retour pour auoir le chemin plus libre sa Garde bailla l'alarme vers Saint Nicolas soustenuë de deux cens cheuaux. Les assiegez s'espreuuerent de sorte contre ces Fantassins qu'ils confesserent au retour n'auoir oncques treuué gens plus resolus que les gardes de son Excellence se montrerent, aussi estoit la troupe de Soldats choisis. L'escarmouche dura plus de quatre heures pendant laquelle nombre de Caualiers portans chacun l'harquebuzier en Crope furent batre l'estrade vers la Fons: où ils trouuerent assez tost rencontre de laquelle ils enleuerent trois prisonniers & quatre pieces de grand cheuaux. Ie vous ay parlé de la charge de l'Abbé de Guadaigne & de ses articles concernans l'intention de sa Majesté vers les Rochellois. Biron ne les vouloit enuoier que ce ne fust en Parlement. Et à ces fins sollicitoit la

Escarmouche des gardes de son Excellence.

Nouë

LIVRE TRENTETROISIEME. 132.

Nouë par plusieurs lettres pour faire cõdescendre les Rochellois à l'abouchemẽt & que pour le moins on parlast hors la ville. Lequel d'ailleurs ne cessoit de remonstrer que si l'affaire de l'Abbé de Guadaigne se traitoit par escrit, ce que Monsieur n'accordera pas : Ce ne seroit jamais fait. Qu'on connoist, disoit-il, assez par les procez des Iusticiers que les escrits n'ont jamais de fin, & mettent les choses en longueur. Mais ceux du Conseil se deffandoient de l'association : par laquelle tous Parlemens auec l'ennemi estoient interdits : Si ce n'estoit du consentement de tout le peuple. En fin la Nouë obtint pour accorder les diuersitez d'oppinions qu'on vseroit partie d'abouchement & partie d'escrit. Iusques à ce jour tant de la Carracque que des forts auoit esté tiré en ville pres de trois cens Canonades sans qu'aucun en fust offencé : Les maisons seules en patirent. Ceux du Camp trauailloient fort cependant & sur tout de nuict à faire leurs approches. En ce mesme temps des Bruieres Gentilhomme Angeuin entra en la Rochelle où il fut bien receu & apointé de vint-cinq liure par mois, pource qu'il auoit autresfois porté les armes auec les Protestans. Deux autres qui entrerent auec luy en eurent autant fournis de boys, vin & chandelle en leur logis, mais celuy cy y alloit lors à autre fin. Car praticqué par Puigaillard pour gangner quelques vns de ceux qui s'estoient retirez en ville : Il tascha de persuader son entreprinse à la Riuiere le Lys & au Cappitaine la Musse son parant tous Angeuins : les assurãs que le Roy ne oublieroit vn si bon seruice : & que Monsieur reconnoistroit telle fidellité : promettant à chacun vint mil liures en deniers & deux mil escus de rente en terres. Mais la Musse qui à cause de sa religion auoit quité la compagnie du Baron de Belleuille, connoissant combien ce fait importoit : reuela le tout au Maire ayant premier tiré promesse de luy auec serment que celuy qu'il vouloit accuser ne seroit mis à mort. Toutesfois Bruieres fut mis prisonnier en la Tour du Garrot où il demeura jusques à la Paix sans autre mal. En ce temps le Boulleuard du Gabuz qui est entre la Porte & la Tour de Saint Nicolas pour estre basty sur le grauier de la mer & n'auoir ferme fondement enfonça de nuict & se baissa de plus de la hauteur d'vn homme.

<small>Bruieres. Entreprinse de Puygaillard par le moien des Bruieres sur la Rochelle. Le Gabuz saint Nicolas.</small>

Svivant ce que le Conseil de la ville auoit accordé à la Nouë de conferer auec les deputez de Monsieur partie par abouchement, partie par escrit : Biron luy escriuit du vintvnieme Feurier qu'il auoit fait entendre le tout à Monsieur lequel l'auoit trouué tres-bon. Combien que le Sieur de Guadaigne eust commandement de ne conferer qu'en la ville. Promet que le Sieur de Strossy, Guadaigne & luy se trouueront le lendemain à midy au Moulin D'amboisse pres la porte de Congne, pourueu qu'il soit asseuré que la Nouë & quelques vns des plus dignes & principaux si rendent pour traiter ensemble tout ce qui sera necessaire pour le bien & repos que sa Majesté, desire à ses sujets : & les tirer hors des miseres esquelles ils sont tombez. Cependant ceux du Conseil entrerent en eslection de ceux qu'ils deuoient enuoyer pour conferer auec les deputez de Monsieur au lieu assigné. Quant à la Nouë plusieurs debatoyent qu'il n'y deuoit aller parce qu'il estoit Chef des armes & qu'il y auoit danger qu'on fist quelque tort à sa personne : Dont la ville receuroit merueilleuse perte. Et que les Chefs ne deuoyent parlementer sans grande necessité. D'autre part, disoit la Nouë, qu'il auoit de bons amis au Camp qui luy pourroyent descouurir chose de consequance & telle qu'ils ne communicqueroyent volontiers à autres qu'à luy. Pour ces raisons il fut esleu & auec luy P. Pierres Lieutenant General, Mortiers & Morisson, lesquels sortirent pour le Parlement le Dimanche vint-deuxiéme Feurier. Mais l'entreueuë fut differée au lendemain pource que nombre de cheuaux fit contenance de les charger. Dont Biron s'excusa & en tança fort les auteurs de tel retardement. Le peuple neantmoins en murmuroit autant que de la Conferance accordée contre la teneur de l'association. Le lendemain toutesfois ils y donnerent commancement au lieu & heure assignez & se trouuerent de la part de Monsieur, Biron, Strosse, Villeguier & l'Abbé de Guadaigne. Le Comte de Rets y fut sur la fin comme aussi de la ville si rendirent lesdicts deputez. L'Abbé discourut de l'intention & clemence du Roy : Et que passé ce coup ne se falloit plus attendre de pouuoir fleschir sa Majesté par aucunes Requestes & prieres : Puis que le Roy s'estoit mis en plus grãd deuoir qu'il n'estoit cõuenable pour sa grandeur. Et que tous les autres sujets de mesme religiõ se reputeroiẽt bien heureux, s'ils pouuoiẽt impetrer de sa Majesté la moytié de ce qu'il offre à ceux de la Rochelle. Pourtant parlant aux deputez de la ville dit. Messieurs vous y auiserez meurement & ne laisserez couller ceste

<small>Conference & parlemẽt des deputez. Relation de l'Abbé de Guadaighne en sa conference.</small>

R r ij.

L'HISTOIRE DE FRANCE.

occasion qui à mon auis ne se presentera jamais si fauorable. Il ajousta beaucoup de parolles pour esclarcir la bonne volonté du Roy: comme aussi les autres conseilloient les mesmes choses autant qu'il leur estoit possible. Mais les deputez de la ville y dirent leurs auis comme particuliers respondans à plusieurs points mis en auant. Et quant au faict de leur Commission, dirent auoir seulement charge de receuoir les Articles de sa Majesté, entendre la creance du Sieur de Guadaigne & rapporter le tout au Conseil de la ville. Si bien que les Articles leur estans deliurez: promirent d'en faire tenir la responce le plustost qu'ils pourroient. Les articles presentez au Conseil furent treuuez tels.

S1 le Roy estoit autant rigoureux Prince, qu'il est doux & clement: Il n'eust respondu aucunement à la lettre que les Maire, Escheuins, Pairs, Bourgeois & habitans de la Rochelle luy ont escrite du quatorziéme de Decembre: De laquelle le contenu n'est pas digne de sujets qui veulent estre estimez fidelles & obeissans à leur Roy: Et auoir l'honneur de Dieu & de ses commandemens en quelque recommandation. Car sous coulleur de Religion, il sembleroit plustost qu'il se couuast vne pure & manifeste rebellion: voulans ignorer & desguiser la bonne & Sainte intention de sa Majesté, pour precipiter eux, leurs femmes, familles & maisons en vne euidente & ineuitable ruine: au grand regret & desplaisir de sa Majesté. 2. Laquelle menée à pitié & commiseration digne d'elle: à voulu de rechef & pour la derniere fois, enuoier par deuers eux: Afin de sentir s'il y à moien de les rendre capables de sa droite intention. Et leur ouurir les yeux, pour leur faire voir & connoistre les Artifices & mensonges desquels ils ont esté abusez. 3. Aiant à cet effect choisi & deputé le Seigneur de Guadaigne, auquel il a donné charge s'y transporter, apres neantmoins que lesdits Rochellois luy auront enuoié bon & suffisant passeport & quelqu'vn des principaux d'entre eux, Bourgeois de ladite ville pour entre les mains du Seigneur de Biron estre ostages & pleiges du traictement qui luy sera fait en ladite ville. 4. Comme ledit Sieur Guadaigne aura esté introduict dedans ladite ville, declarera auoir commandement expres de faire entendre sa charge, que l'intention & bonté de sa Majesté soit ouïe. Et que chacun connoisse le danger proche & eminant ou ils se treuuent pour les en tirer. 5 Et combien que le Roy n'est obligé de rendre compte & justifier ses actions à nul: & moins à ses sujets. Et qu'il suffise qu'elles soiët si equitables deuāt Dieu qu'il n'en puisse estre repris. Mais le sujet doit obeyr à son Prince, obseruer ses Ordonnances selon le commandement de Dieu & le droit de fidellité: sinon il apartient au Prince le punir & faire rigoureusement chastier. 6. Toutesfois connoissant sa Majesté l'erreur ou sont tombez & retenuz les habitans de la Rochelle pour leur auoir esté les choses passées desguisées auec tant d'Artifices: est contant se soubmettre jusques là, que de leur faire declarer les justes occasions qui l'ont contraint faire punir feu Gaspart de Colligny & ses complices. Combien qu'elles soient de present si notoires à tout le monde qu'il ne s'en doiue plus douter. 7. Chacun à peu connoistre par les effects & ce qui s'en est ensuiui, la peine que le Roy à prinse pour appaiser & mettre fin aux troubles de son Royaume: & remettre ses sujets en bonne Paix & en chasser les miseres, ruines & calamitez que la Guerrey nourrissoit. Aiant fait l'Edit de Pacification desdits troubles au moys d'Aoust, mil cinq cens septante. Lequel il a fait non seulement publier: mais exactement establir, suiure & obseruer indifferamment par tous ses sujets. Si que la rigueur que sa Majesté tenoit: faisoit estimer qu'il fauorisoit dauantage ceux qui faisoient profession de la nouuelle oppinion que les autres. Aiant recerché, poursuiui & fait le Mariage de Madame sa sœur auec le Roy de Nauarre pour d'autant plus assurer & establir le repos de cedit Royaume: & faire perdre aux seditieux & tumultueux, l'esperance de ne pouuoir jamais faire renaistre lesdits troubles. De façon que les choses estant en tel Estat que les gens de bien sujets à sa Majesté auoient toute occasion se promettre, jouyr d'vne perpetuelle & bien asseurée Paix: Et mesmement ceux de la Rochelle ausquels sa Majesté auoit peu auparauant si liberallement confirmé les Preuileges, franchises & libertez accordez par ses predecesseurs, pour en jouyr paisiblemët. 8. Et se voioit que sadite Majesté n'attendoit autre chose apres auoir asseuré la Paix en cedit Royaume, qu'à pouruoir aux affaires qu'elle a auec ses voisins pour se rendre amis ceux qui l'ont tousjours esté de cete Courone. 13. Ains auoit sa Majesté trop plus d'occasiō d'estimer que la demōstratiō qu'ils ont jusques ici fait de luy vouloir rēdre obeïssāce: à esté faite affin de gagner tēps de fortifier leur ville: assembler viures, retirer Soldats & faire tous autres preparatifs de desobeïssance & d'hostilité stillité. 14. L'on à veu aussi le recueil qu'ils ont fait au Sieur de Vigen & prise qu'ils ont faite de l'vne des Galleres de sadite Majesté laquelle le Baron de la Garde auoit enuoyé vers eux pour leur porter lettres. 15. Ils ont aussi refusé de receuoir ledit Seigneur de Biron leur Gouuerneur. 16. Ce que voiant sa Majesté s'est resoluë d'y proceder par la force. Et non seulement assembler vne bonne & puissante armée sous la charge dudit Sieur de Biron pour les assaillir. Mais y enuoier Monsieur le Duc d'Anjou son frere & Lieutenant General : & ne rien espargner pour si rendre obey. 17. Non que sa Majesté vueille la ruine de ladite ville,& des habitans de laquelle il reconnoist certainement ne luy pouuoir reuenir que toute perte. Ains a les bras ouuers pour les receuoir toutesfois & quantes qu'ils satifferont à ce qu'ils doiuent. 18. N'entend aussi sadite Majesté les forcer en leurs conscience. Mais au contraire est content qu'ils jouïssent de graces & libertez promises par son dernier Edit de Pacification comme elle auoit commandé au Sieur de Biron les y conseruer. 19. N'aiant sadite Majesté reuoqué ledit Edit de Pacification. Mais seulement prohibé la continuation des presches & assemblées à cause des maux & inconueniens qui en pourroient auenir. Comme ledit Seigneur de Guadaigne sçaura bien dire. 20. Confessant neantmoins sa Majesté qu'elle desireroit grandement voir tous les sujets reduits à vne mesme Religiō. Et faire profession de celle qu'il tient à l'exemple de ses predecesseurs. Aiant esprouué depuis son auenement à la Couronne : les conjurations pernicieuses & entreprises qui ont esté faites & dressées sous ce masque de Religion & pieté esdites assemblées. 21. Pour ces considerations, sadite Majesté à fait amonester plusieurs de ses sujets de retourner en la Sainte Religion Catholique : & de laisser cete nouuelle opinion. Mais il ne se trouuera qu'aucun y ait esté contraint par Loix ny par ordonnance faite par sadite Majesté. Aiant les Euesques & Prelats de ce Royaume, dressé vne forme d'abjuration laquelle on a fait suiure à ceux qui ont de leur bon gré voulu quiter ceste nouuelle opinion & non autrement. 22. Aiant sadite Majesté fait commandement au Seigneur de Guadaigne promettre & asseurer au Maire, Escheuins & Bourgeois de ladite ville de la Rochelle au cas qu'ils luy rendent obeissance, ouurant les portes au Seigneur de Biron ou autre aiant charge de sadite Majesté, l'y receuant comme il apartient pour y maintenir l'autorité de sadite Majesté, & n'estre plus à la discretion des mutins : leur faire ceste grace de leur permettre l'exercice de leur Religion auec pareille liberté que sadite Majesté leur à octroié par sondit Edit de Pacification & sans qu'il en soit rien diminué & alteré: dont leurs seront despechez telles lettres qu'ils reconnoistront leur estre de besoin. 23. Et ou aucuns ne se pouuans contenter de ladite intention de sa Majesté pour quelque occasion que ce soit : voudroient se retirer hors de ladite ville ou du Royaume & aller viure ailleurs pour quelque temps ou autrement: sadite Majesté leur permettra le pouuoir faire auecque toute seureté pour leurs femmes, familles & biens desquels ils pourroient disposer à leur discretion. 24. Mais aussi ou lesdits Rochellois mal conseillez se monstreront opiniastres & ne voudront accepter la grace qui leur est offerte auant que de passer plus outre à l'expugnation de ladite ville : ledit Seigneur de Gaudaigne declarera qu'ils seront jour & nuit poursuiuis le plus viuement qu'on pourra pour en auoir la fin. N'estant conseillée ny deliberée sa Majesté y obmettre aucune chose affin de les faire seruir d'exemple memorable à la posterité. 25. Et pource que l'on à entendu qu'ils s'entretiennent en quelque oppiniō & esperance d'estre à l'extermité assistez & secourus d'Angleterre où de Montgommery acompagné d'vn nōbre de François : Ledit Sieur de Gaudaigne leur fera entendre & connoistre que ce sont Artifices qui les abusent & ruinent: attendu que sadite Majesté est en bonne Paix auec la Royne d'Angleterre. Laquelle luy à mandé de nouueau qu'elle veut cōtinuer & entretenir le traicté de Paix dernier fait auec sa Majesté. Et ne souffrir que ses rebelles soient assistez ny aucunement fauorisez de ses sujets. Estant cōme est le naturel de tout Prince, ennemie mortelle de toute rebellion. 26. Au regard de Montgommery il cerche pluftost d'obtenir grace & misericorde par deuant sa Majesté: que de rien entreprēdre. Et quand il auroit mauuaise volonté il seroit fort mal suiui des François. Car la plus grand partie de ceux qui ont passé en Angleterre & aux Isles sont retirez en leurs maisons où ils sont conseruez & maintenuz en toute seureté comme Coulombiers & autres. 27. Le Seigneur de Gaudaigne parlera particulierement aux principaux de la ville pour leur faire entendre l'intention de sa Majesté: Voir la faute qu'ils commettent & le peril où ils sont pour tomber sans espoir de grace & misericorde s'ils s'oppiniastrent en leur rebellion. Mais où ils

L'HISTOIRE DE FRANCE.

Feurier 1573.

se retireront & enuoiront deuers Monsieur frere de sa Majesté il les receura gracieusement.

Quant à ce que sa Majesté dit que le Comte ne sera suiui des Frances refugiez en Angleterre, telle en fut l'occasion. Sa Majesté auoit donné toute charge à la Mote Fenelon son Ambassadeur pres la Royne d'Angleterre, d'inciter tous François à se retirer par sauue-gardes & passeports pour lesquels on luy auoit enuoié blancs signez & tous autres moiens qu'il verroit propres à cet effet : Affin de despouiller le Côte du secours qu'il esperoit. De fait l'Ambassadeur si porta si dextremēt : qu'il en despersuada beaucoup qui se retirerent en leurs maisons où ils furēt assez paisibles tāt que la desflāce de la Roch.elle leur assura la vie. Cōme entr'autres Colōbiers, le jeune Viscomte Bourry, Gausseuille & plusieurs autres de toutes qualitez : mesmes que plusieurs firent nombre au Camp des Catholiques campez pour la prise de cete ville.

Conseil des Rochellois assemblé sur les articles du Roy & sa resolution.

Quand les articles du Roy apportez par l'Abbé de Gadaigne furent communiqués au Cōseil le vintcinquiéme Feurier : aucuns cōseillerēt sur le doute du secours & faute de viures : d'auiser à la Paix. Mais la plus part estoient de cōtraire opinion estimās pour ceste heure qu'ō ne pouuoit faire paix qui ne fust plus dangereuse que la guerre. Le mesme Conseil demanda l'auis à tous les Ministres qui estoient en ville lesquels respondirent qu'il falloit attēdre secours de Dieu puis qu'il ne paroissoit aucune asseurāce en la paix. Le jour suiuāt par l'auis du Conseil le Maire fit assembler le peuple à S. Yon pour entendre son auis sur les Articles & respōce de la ville. Le fait estant proposé vn Ministre forain aiant charge de ses cōpagnons propose 3.

Auis des Ministres.

points. Le premier de bien considerer l'intention des ennemis ausquels on auoit affaire : remerciant le Maire & Messieurs de la ville de l'Humanité dont ils auoiēt vsé enuers leurs freres refugiez parmi eux ajoutant vne exortatiō de perseuerāce : Et à ne se lasser de porter la Croix de Iesus Christ. Le second point estoit de garder l'vnion & societé qui doit estre entre tous les fideles : Affin de ne traiter aucune paix particuliere, ains cōme il estoit cōuenable y cōprandre la liberté & repos de toutes les Eglises de ce Royaume. Le 3. qu'ō ne pourroit rien esperer de certain des Articles du Roy pour deux cōtrarietez manifestes. L'vne qu'il ne disoit n'auoir reuocqué l'Edit de Pacification duquel le principal estoit l'exercice de la Religion qu'il auoit neantmoins interdit & prohibé par tout le Royaume. L'autre qu'aiant deffandu generallemēt ledit exercice, neātmoins le permetoit à la Rochelle dont estoit aisé à recueillir qu'il permetoit ce qu'il ne vouloit point. Et à la premiere occasiō auroit plus d'esgard à sa volōté qu'à vne permissiō forcée par laquelle il dōnoit à ceux qu'il estimoit rebelles ce qu'il n'accordoit aucunement aux plus obeïssans de son Royaume & qui s'estoient contenus en leurs maisons. Puis vn Ministre de la ville au nō du Consistoire appreuua ce que dessus : exhortant le peuple à vnion & concorde les vns auec les autres. Qui estoit le moiē de les cōseruer de la viollance de leurs ennemis. Parlerent aussi quelques vns du tiers Estat & mesmemāt I. Biraud de S. Iean d'Angelly : lequel discourut qu'en S. Iean lors qu'elle fut assiegée par l'armée Reale cōposée de Reitres, Souïsses, Itallíens & grād nōbre de Francez : le Roy y estāt en personne & toute la Court jusques aux Dames & Cardinaux : n'y auoit que 600. hommes des habitans & forains & pour toute Artillerie vne piece de campagne, 3. passeuollans, 9. fouconneaux auec trois milliers de poudre seulemēt. Et encores qu'ils fussent furieusemēt battus & que les breches fussent si grādes que la ville sembloit estre vn village : Si est-ce que rien ne les incōmoda tant que les parlemens qui dōnoient les moiens à l'ennemi de faire ses aproches, de se munir à son aise de ce qui luy deffailloit, & faire branler des hōmes qui sans cela se fussent monstrez fermes cōme rochers. De ces parlemens en fin on vint à vne cōposition hōnorable pour les assiegez qui pouuoient sortir ou demourer en toute asseurance de leurs vies & biens. Mais à la mode de Court la cōposition fut patiquée à rebours & y en eut plusieurs de massacrez, pillez, rançonnez & femmes violées. Cōbien que la liberté des maux ne fust en telle licence & autorité qu'elle est de present & depuis le coup d'essay fait à Paris. Parce concluoit à ce qu'on ne fist autre respōce à ces Articles que par escrit : Et que la ruine de cete ville viēdroit des Parlemens plustost que des Canons ennemis. Aians ainsi parlé & quelques autres vnis d'oppinion auec eux : fut arresté que les Parlemens estoiēt trop dangereux & que sans iceux on traiteroit le tout par escrit. Auec ce qu'on ne receuroit Paix qui ne fut generalle & à l'auancemēt de toutes les Eglises de ce Royaume auec communication à celles qui subsistent & ont les armes en main. Par ainsi fut enuoyée la respōce aux Articles du Roy telle qui suit.

Parlemans d'Angleterre.

Resolution des Rochellois sur les articles du Roy.

S I oncques les Maires, Escheuins, Pairs, Bourgeois & habitans de la Rochelle, furent à

bon

LIVRE TRENTETROISIEME. 134.

bon droit remplis de tristesse, deuil & desplaisir extreme : C'est apresent que à pres s'estre mis en tout deuoir de recourir à la Majesté du Roy leur souuerain Seigneur, & luy faire entendre cõme ils ont fait par plusieurs fois & amplement par leurs dernieres lettres du treziéme de Decembre auec tres-humbles supplications, les justes occasions de leur deffiance, contre les forces armées contre eux & contre tous ceux qui font profession de la Religion Reformée selon la parolle de Dieu en ce Royaume : La conseruation de leur salut leur est imputée à rebellion : De laquelle ils sont aussi eslongnez cõme ils ont de tout temps fait paroir, qu'ils estoient tres-fidelles, tresloiaux & tresobeissans sujets de sa majesté. Ne s'estans aucunement distraits de l'obeissance d'icelle. En laquelle Messieurs les Princes & les Seigneurs Gentilshõmes de ladite Religion : Et mesme feu Monsieur l'Amiral ont tousjours fait deuoir d'entretenir lesdits de la Rochelle. Les assurant par plusieurs rescriptions de la droite intention de sa Majesté : & tollissant toute deffiance ausdits Rochellois. Et mesmes par les lettres à eux escrites par ledit Seigneur Amiral du 20. Aoust vn peu auparauant sa mort, les causes de laquelle lesdits de la Rochelle remettent au jugement de Dieu. Et n'ont mis les armes en main pour faire guerre à sa Majesté ny à autres quelconques. Ains seulement pour empescher d'estre forcez, viollentez massacrez & saccagez comme ils estoient menacez & poursuiuis non pas à cause d'aucune rebelliõ : Mais pource qu'ils viuoient paisiblemẽt en leur Religion : comme tant d'autres bons & obeissans sujets de sa Majesté, qui ont esté preuenus de telles violances, la furie desquelles lesdits de la Rochelle n'eussent jamais esuitées sans vne manifeste & miraculeuse assistance de Dieu. Aiant autour deux & mesmes en l'enceinte de leurs murailles, les forces preparées à cete fin : Ausquelles il ne pleut à Dieu permettre d'executer leur tant damnable & cruelle entreprise : De laquelle lesdits de la Rochelle ne s'aperceurent qu'ils n'eussent quasi le glaiue à la gorge. Dont ils ont supplié tres-humblement sa Majesté de les deliurer. Ce qu'il leur à promis. Neantmoins ils ont esté tousjours assiegez par mer & par terre. Leurs marchandises, Nauires, biens & possessions prises pillez & rauis. Et tous efforts d'armes & actes d'hostillité contre eux exercez par l'armée que sa Majesté disoit estre dressée à autre effet. Laquelle a soustraict & coupé tant qu'il luy a esté possible ausdits de la Rochelle : tous moiens de viure. Et mesmes auparauant qu'il fut mention des cruautez executées quasi par tout ce Royaume : Sans que lesdits de la Rochelle eussent fait aucune demonstration de prandre les armes. Que si le Baron de la Garde & autres n'eussent ainsi exercez la Piraterie : Lesdits de la Rochelle n'eussent ataqué les Galleres qui tenoient la bouche de la mer, empeschant l'entrée des Nauires Marchans Terreneuuiers & autres estans à la voile pour y arriuer. Ce qui estoit leur faire guerre ouuerte contre l'intentiõ de sa Majesté. Chose qui fut apertemant connuë par leur marchandises prises qui estoient encores en la Gallere qui à esté prise, en laquelle furent trouuez Augustin & Greguet Ingenieux. Lesquels auec ladite Gallere s'estoient auparauant & le mesme jour approchez de la Rochelle pour en dresser le plan & inuenter moiens de la surprandre. C'estoient les lettres que le Baron de la Garde feignoit d'enuoier ausdits de la Rochelle. Lesquels en cete part n'y autre n'ont entendu faire autre chose que se garentir & deffandre d'vne ouuerte viollance : & non faire injure n'y force à aucun. Car l'outrage fait au Sieur de Vigen n'a esté faite par eux, ne de leur vouloir, ny expres ou tacite consentemant. Et n'ont jamais approuué vn si malheureux acte commis par ceux, qui pour en euiter la digne punition se sont retirez de ladite Rochelle au Camp du Roy. Dont lesdits Rochellois ont prié le Sieur de Biron faire Iustice : & de leur part en ont fait metre vn des Complices sur la Rouë. Mais auoit esté ledit Sieur de Vigen dignement receu & oy desdits de la Rochelle. Qui luy auoient offert escorte de gens de cheual pour sa seureté. Laquelle il refusa. Leur estant donc imputé les outrages & autres choses susdites : Ils connoissent que sa Majesté est tresmal informée du fait, de la bonne volonté, intention & integrité des actions & innocences desdits de la Rochelle. Lesquels sans la manifeste force de l'armée de mer, qui sous la cõduite du Baron de la Garde à mesme heure & comme à point nommé se presenta ; & qu'à bonne raison il craignoient : Eussent en toute obeissance de sa Majesté, receu, honnoré & respecté ledict Sieur de Biron entrant en la Rochelle en paix, comme vn bon Gouuerneur. Et ainsi ont ils tousjours faict comme ils auroyent auparauant au Sieur Beaupuy Lieutenant dudict Sieur de Biron venant de la part de sa Majesté. Laquelle lesdicts de la ROCHELLE supplient tres-humblement d'interpreter en meilleure part ce qu'ils n'ont faict jusques à present non tant pour crainte de leurs biens & vies

Responce des Rochellois aux articles presẽtez par l'Abbé de Gadaigne au nom du Roy

R r iiij.

L'HISTOIRE DE FRANCE.

que pour leur falut & exercice de leur religiõ: qui leur eft cõmun en ce que tant de Seigneurs Gentilshommes & peuple de ce Royaume, bonne partie defquels à mefme fin fe font retirez en la Rochelle pour y viure felon les Edits de Pacification qu'il a pleu à fa Majefté eftablir. Lefquels Edits puis qu'il plaift au Roy declarer n'auoir caffez ny reuocquez : Lefdits de la Rochelle en louënt Dieu & rendent graces immortelles à fa Majefté. Supplians tres-humblement icelle les y vouloir maintenir & tous fes autres fujets de la Religion. Et fa Majefté trouuera en eux fuiuant le commandement de Dieu toute obeiffance, fidelité & loiauté fans qu'il foit befoin d'armes ny forces aucunes pour les y contraindre. Lefquelles ils fupplient tres-humblement vouloyr incontinent licencier & retablir vne bonne, Sainte & inuiolable Paix & tranquillité en tout fon Royaume. Ceffans toutes perfecutions remettant & reftituant chacun en fes biens, honneurs & degrez, Maintenant fes bons fujets & les conferuant en toute pieté. Et chatiant les mefchans par fa bonne Iuftice. C'eft le defir & affection defdits de la Rochelle & de tous autres fujets de fa Majefté de pareille condition & Religion. Puis donc qu'il plaift à fa MAIESTE leur declarer fon intention eftre telle. Et que ce bien eft cõmun à tous ceux qui font en pareille calamité & affliction : Lefquels font touchez de mefme defir: lefdits de la Rochelle fupplient tref-humblement fa Majefté & Monfeigneur reprefentant fa perfonne, de mettre en effet cete bonne volonté: auec telles feuretez qu'on ne puiffe plus auoir de doubte, crainte ne deffiance ny moien de rompre vn fi faint reftabliffemẽt d'vn biẽ & repos de ce Royaume. Et que pour cet effet il plaife à Monfeigneur permettre aufdits de la Rochelle, de le faire entendre à ceux des autres villes & Eglifes reformées de ce Royaume: pour eftre auec eux dreffez les Articles & fermes affurances d'vne fi fainte refolution. Ce qu'ils ne peuuent nullement obmettre, y eftans obligez par la regle de charité qui eft vn des principaux points de leurdite Religion. Et par la foy & promeffe qu'ils fe doiuent les vns aux autres. Supplians auffi tref-humblent fa Majefté & Monfeigneur, n'entrer en aucune fufpicion qu'il fe foit traicté és affemblées & Prefches de ladite Religion, autre chofe que le feruice de Dieu, & ce qui eft de la doctrine Chreftienne. Et qu'il leur plaife, fi aucun foupçon eftoit entré en leurs Efprits: iceluy leuer & prandre vne plaine & entiere confiance & affurance de l'integrité defdits de la Religion reformée. Car autrement comme les exemples des Anciens Payens & hiftoires des chofes paffées nous enfeignẽt: il feroit bien difficille voire du tout impoffible traicter & arrefter aucune chofe de valleur & lõgue durée. Signé Iacques Henry pour Maire, & plus bas H Philippes pour Greffier.

CEpendãt on ne laiffoit d'efcarmoucher & fefchaufer à la guerre de part & d'autre. Mefme le lendemain du parlement, la Nouë forti auec quinze ou feze Piftoliers chargea pres de trente Catholiques fi brufquement qu'il les mit eu route. Toutesfois en fin il fe trouua engagé & voefin de fa mort fil n'euft efté fecouru par le Cappitaine Marfaut qui en receut vne piftollade dont il mourut. En ce temps le Cappitaine Cadet qu'on difoit Turc de nation, fut executé à Nieul par le commandement de Monfieur à l'occafion des voleries dont on le chargeoit. Nonobftant les prieres & requeftes de plufieurs tant Seigneurs que Cappitaines qui moienoient fa deliurance. Dont fon Excellence fut louée de tous en la jufte punition des volleurs.

Iuftice des rolleurs au camp des Catholiques.

AL'ISSVE de cefte affemblée fur l'auertiffement que les Catholiques auoient trente deux pieces de batterie dedans la Fons, & fatendoient efcarmoucher à l'apresdifnée de toutes leurs forces pour enfoncer & furprandre les affiegez entre midy & vne heure: ceux du camp fe prefenterent de tous coftez entre midy & vne heure fur lefquels les affiegez fortirent pour les joindre de pres en forte que croiffant le combat peu à peu leur dura l'animofité reciproque plus de fix heures. La Nouë y perdit fon cheual & y euft laiffé la vie fi la bonté de fa cuiraffe ne l'euft garenty de plufieurs harquebuzades qu'il y receut. Il y perdit trois Cappitaines & fix autres foldats de nom fans vn grand nombre de blecez qui fen retournerent en ville dont les compagnons raporterent les morts. Les Catholiques auffi y laifferent plufieurs Chefs & plus de cinquante foldats. Les femmes felon qu'elles auoiẽt fait cy deuãt encourageoient fort leurs gens: leurportant vin & confitures exquifes & toutes chofes propres pour les blecez. Tellement qu'aucunes porterent du vin parmy ceux qui efcarmouchoient: entre autre vne jeune fẽme fe hazarda de defpouiller au plus fort de l'efcarmouche vn mort des ennemis duquel elle reporta l'efpée & l'harquebuze qu'elle difoit auoir aquife au dãger de fa vie. Toute la nuit fuiuãte les foldats & piõniers du camp trauaillerent pour loger les pieces, pendant que grand nombres

Les femmes

Les pieces logées.

nōbres de tābours battoient: affin que ceux de la ville n'étendissent le bruit des charriots qui trainoient l'artillerie pour la placer & faire jouër à leur cōmodité. Le vintseptiéme aucuns forains amis de la Nouë, raportans l'Estat de la ville à celuy de l'armée Reale: pour luy persuader vne sortie sans retour: s'assemblerent à son logis & luy dirent franchement, qu'ils ne se vouloient perdre non plus qu'estre cause de la perte d'aucun. Estans biens certains qu'il n'y auoit pas de bled pour vn mois & à peine y auroit il des poudres pour autant de temps. Qu'il ne falloit esperer secours d'Angleterre pour l'aliance que le Roy auoit contractée & puis peu de jours reconfirmée. Et quand bien il en viendroit, faudroit vn trop grand secours pour forcer vne armée telle que chacun le peut voir. Qu'on n'entend aucune nouuelle d'Angleterre, de tant d'hommes qu'on y a enuoiez qui est bien signe que tout y va mal pour nous. Que le premier coup de Canon ayant jouë contre cete ville: ne faudra plus parler de la Paix, sinon qu'on la veille receuoir la corde au col & la verge blanche en main. Que plusieurs de ceux qui ne sont acoustumez aux batteries, les oyans s'en iroient cacher dedās les caues. Que ceux de la ville estoient pour la plus part ingrats enuers eux & ne leur rendoient qu'injures au lieu du bien qu'ils leur procuroient tous les jours. A quoy aucuns des assistans ne repliqua vn seul mot. Et sembloient plusieurs approuuer ces remonstrances, fors que le Maire arriuant sur la fin de ce propos accompagné de quatre ou cinq du Conseil. Les Mortiers & Robert Dauid, entr'autres contredirent à quelques points qu'ils auoient entendu. Mais le tout fut interrompu par la Sauzay autresfois Lieutenant General à la Iustice qui s'attaqua à ceux du Conseil & particulierement aux Mortiers pour quelques bruits qu'on auoit fait courir de luy: les taxans en somme de ce qu'ils faisoient la guerre à leur fantasie & aux despens du poure peuple. Ainsi l'assemblée se departit sans aucune resolutioin.

<small>La Nouë persuadé par aucuns de se retirer & pourquoy</small>

 LE dernier de Feurier sur les 8. heures du matin ceux du Camp commancerent leur batterie contre les deffances qui estoient depuis la Tour d'Aix jusques au boulleuard de l'Euangile. Et contre le Clocher de Congnes, parce qu'il y auoit deux pieces en haut lesquelles incommodoient fort les Catholiques. La batterie fut de huit Canons & deux Coulleurines, aucun ne s'estonna toutesfois & sembloient mesme que le Canon eust encouragé ceux de la ville. Les gens de guerre se rendoiēt soudain en leur quartier. Le reste du peuple hommes, femmes & enfans allerent au lieu ou l'on commandoit pour ramparer & fortiffier selon que ceux qui auoient charge des fortifications l'ordonnoient. Cependant on faisoit charrier nombre de balles de laine, fascines, sacs pleins de terre pour mettre ou l'on battoit: & tels autres preparatifs de breches. Surce vn Trompette de Camp apres quelque volées somma la ville de se rendre pensant que le Canon auroit effraié les assiegez. Dit aussi que Monsieur demandoit que la Nouë allast parlemanter au Camp & qu'il enuoieroit en sa place Strosse: Le Conseil de la ville cependant, assemblé au matin & interrompu pour la baterie: fut remis à l'apresdinée ou aucuns Ministres enuoiez par leurs compagnons, remonstrerent le mespris qu'on faisoit de la parolle de Dieu. Que la Iustice n'estoit exercée ainsi qu'elle deuoit. Qu'on changeoit les auis du peuple contre la clause expresse de l'association qui auoit esté faite & jurée par tous les fidelles qui estoient en ville. Prierent en fin les Magistrats d'effectuer leurs remonstrances, puis quelles estoient raisonables. Sur les trois heures du soir la batterie cessée: La Nouë entreprit faire vne sortie auec cent hommes passant par la porte de Congne pour donner dans les prochains gabions. Comme aussi à mesme heure le Capitaine Normant sortant par la porte Neufue auec 50. harquebuziers deuoit donner de l'autre costé. Le Normant executa sa charge heureusement & sans perdre qu'vn homme & deux des siens blessez qui firent perdre la vie à plusieurs Catholiques. Mais la Nouë fut empesché par la Caualerie de l'ennemi & ne peut poursuiure son entreprinse. Ceux de la ville fortiffierent toute la nuict suiuante & commancerent à ramplir de terre la Tour de la vieille Fonteine. Mirent aussi au tour du cloché de Congne du costé de la batterie, des balles de laine esperant par ce moien garétir le Cloché. Ou pour le moins incommoder d'autant la batterie de l'ennemi.

<small>Batterie des Catholiques.</small>

<small>Sommatiō à la ville.</small>

<small>Remonstrāces des Ministres au Conseil de la ville.</small>

<small>Sortie des assiegez.</small>

 TOVS sçauent combien grande est la force de l'Eloquence. Mesmement si elle s'esgaie sur vn sujet de merite: de la raison & Iustice duquel tous se tiennēt assurez. Alors vn personnage de creance, acommodant ses raisons & exemples au naturel du peuple qu'il veut esmouuoir par l'excellence de son bien dire: luy fait prendre telle impression que bon luy semble. A cete occasion la Nouë sachant en quelle auctorité estoient les Ministres parmi les Rochellois &

<small>Eloquence & la force de bien dire.</small>

R r iiij.

Mars.
1573.

Ministres distribuez par les compagnies.

autres refugiez auec eux: fut d'auis de les departir par toutes les compagnies de gens de guerre pour les rendre plus souples & obeissans aux entreprises qui se pourroiēt faire à l'auenir. Pource les Ministres qui estoient trois de la ville & cinquante quatre estrangers, departirent tellement leurs charges qu'on en donna à toutes les compagnies selon la grādeur d'icelles certain nombre pour faire les prieres au soir & au matin. Et mesmes exhorter ez Corps de Garde les Dimanches & autres jours selon que la commodité se presenteroit. Car souuent vne mesme compagnie faisoit plusieurs Corps de garde eslongnez les vns des autres. Vne partie demourant en la garde qui leur estoit ordonnée par le Sergēt Major: & le reste où le besoin l'appelloit. uis fut arresté entre les Ministres que ceux d'entre eux qui estoiēt les mieux disposez, feroient telle faction de guerre que leur santé le permettoit, & que tous neantmoins continuassent tant qu'ils pourroiēt de trauailler és fortifications qui se faisoient de jour & de nuit. Vaqueroiēt

Mallades.

aussi à la visitation des mallades & blessez. Combien qu'en tout le siege fort peu se trouuerent attaints de malladies naturelles ce que les Theologiens attribuoiēt à la prouidence de Dieu, & les Medecins à l'exercice du corps. Pour aussi obuier aux inconueniens qui peuuent auenir la nuit durant vn siege, depuis le premier jour de la batterie on ne cessa de faire regardes,

Patrouilles & regardes.

Patrouilles & Rōdes redoublées toutes les nuits esquelles les Ministres assistoient plus souuēt que tous autres comme ceux à qui on se fioit plus qu'au reste. Reprenons la memoire de Sancerre.

Le quatriéme Mars Garguet soldat Protestant & de long temps prisonnier à Concressaux eslargy, fut enuoié par Bonniuet auec grandes promesses pour entrer en ville & rapporter l'Estat & desseins des assiegez. Descendu au fossé sur la minuit & remonté auec vne corde par la sentinelle à qui il s'estoit nōmé: fut mené au Gouuerneur duquel subtillement interrogé & veu variant fut enuoié prisonnier & si fort gehenné qu'il en est mort. Les Catholiques ce pendant poursuiuirent leurs tranchées nommément à l'endroit de la grange Londis: se gabionnerent dedās le fossé: firēt cānonieres sur la cōtre-escarpe. Et vn pōt de bois couuert de claies sous lequel ils alloient à couuert jusques au pied du rauelin sās estre offencez. Si bien que les assie-

Estat de l'an 1573.

gez estimans qu'ils le deussent miner ou se loger dessous: firent des puits pour les contreminer & se preparerent de leur empescher l'entrée par là. Or pource que durant les mois de Ianuier, Feurier & Mars l'injure du temps fut grande, les glaces, neiges, verglats, & frequentes pluies combatoient fort les assiegeās, dont se resjouissoient les tenans qui n'en estoient pas tant incōmodez pour estre plus à couuert & auoir plus de preparatifs contre telles occurrences. Le huitiéme les Cappitaines Pillart & Martinat bruslerent ce pont fait de bois carré auec bois,

Pōt de bois bruslé par les sorties de Sancerre.

gresses & autres matieres propres aux feuz artificiels. Les Catholiques neantmoins continuerēt de cauer sous le rauelin & y refirēt vn autre pont plus fort que le precedāt. Si que les Protestans sortis ne sceurent brusler encor qu'ils l'endommageassent fort. Enuiron ce temps le Cappitaine Querrieres Lieutenant de Goas fut tué d'vne mousquetade pres les gabions & tranchées sous la porte saint André. Le dixiéme sur les dix heures du soir le Cappitaine Montaubā sort auec cinquāte harquebuziers, fauce vn corps de garde du Cappitaine Verriere sous la porte saint André: tua dix soldats deux putains & enmena trois prisoniers qui auertirent qu'on mi noit le Rauelin & sous la grāge Loudis. Pour à quoy obuier dés le matin ils commencerent sept puits en diuers endroits dans les tranchées affin d'esuanter les mines. Ce mesme jour cinq

Accident notable des Cerfs & Biches passāt par l'armée pour aller à Sancerre.

bestes sauuages que Cerfs que bisches estonnées du son des Canons, sortirent des bois: & passans à trauers le camp Catholique où elles dōnerent l'alarme, approcherent si pres de Sancerre que deux furent tuez par les harquebuzades de la ville ou vn cerf y fut amené, l'autre qui tomba à la portée de l'harquebuze entre les fossez & tranchées des Catholiques: fut long tēps debattu par nombre d'harquebuziers. Vn du camp neantmoins luy auoir mis la corde au col le traina aux tranchées. Le douziéme les assiegez furent auertis que les mines continuoient & qu'il y auoit de poudre pour deux mil coups sans celle que le Roy enuoioit. Que les Rochellois auoient deffait grand nombre d'ennemis & des premiers. Ce qui les resjouit & encouragea fort. Tellement que crainte que la mine ne fist sauter le portal & la plate forme de porte vieil, affin d'empescher l'accez libre que les Catholiques eussent eu d'entrer par là on cōmēça par l'auis du Cappitaine la Pierre qui du siege de Mōs s'y estoit retiré: vne secōde trāchée & vn rāpart au derriere tout le lōg trauersāt la grāde ruē, depuis la maisō de Nualet jusques à la grāge de Londis. Et furēt muraillées les huis & fenestres de toutes les maisōs de ce rāg là, n'y laissant que les Canonnieres qui flanquoiẽt de toutes pars. Le treziemeBertechon prisonnier dés le cinquiéme Iãuier: descendit par vne corde des murailles en bas en plein jour: & fit entẽdre aux Catholiques l'estat des assiegez: En quoy il nuisit beaucoup. Le Capitaine la Minée qui l'auoit fait eslargir en fut soupçonné & mis en prison par le Preuost. Mais trouué non coulpable fut eslargi. Sur les neuf heures du soir les Catholiques pensans surprendre la ville: des tranchées se jetterent au fossé sans estre apperceuz. Mais allans à la breche de Londis pour y entrer: furent tellement receuz que plusieurs d'eux y demourerent estans les autres forcez de les y abandonner. Cete nuict trois pionniers furent pris qui dirent que les mines s'auançoient fort: l'vne desquelles estoit ja bouchée & preste à joüer. Et parce que l'vn disoit y auoir trauaillé & en estre sorti le jour precedant: on le mena le lendemain dans les tranchées pour y reconoitre l'endroit des mines & pour trauailler à les euenter. Or pource qu'ils craignoient la prinse du Rauelin de Porte vieil, veu qu'ils trauailloient jour & nuict à le miner sans qu'on les peust empescher. La nuict on le trancha par le milieu: & en firent comme vn second & tout nouueau, qui fut en deffance dés le matin. La nuict du dixseptiéme le jeune Martinet sortit auec quarante soldats, lesquels surprenans les logez & fortifiez en la maison de l'estang, en tuerent dixhuit & emmenerent vn prisonnier qui les asseura d'estre batuë le lendemain de grande furie. Que les mines estoient prestes à joüer: & que le Ieudi suiuant ils auroient l'assaut. De fait ils commancerent à battre de furie sur les six heures du matin de seze pieces. Ils menerent la nuict suiuante six pieces de batterie au Carroy mareschaux, sur le chemin de Menestreol dont la breche depuis la grange Londis tirant à porte Oyson fut continuée & agrandie de plus de trois toises: & y emploierent tous leurs efforts à la gagner. Ils firent trois batteries au Camp S. Ladre, à l'orne du Loup & au Carroy: aians rompu & leué les deffences des murailles. Voians donc la breche de plus de trois cens pas & bien vnie, disposerent leurs forces en cete sorte. Le Regiment de Sarriou donna au bout de la breche tirant à porte Oyson au lieu dit la Grange londis. Pour les fauoriser, la Chastre, sa compagnie d'hommes d'armes & autres gens de cheual se mirent à pied pour y combatre. Les Sancerrois ordonnerent à les soutenir, le Capitaine la Fleur, Chaillou & Montauban, ses Lieutenant & Cornette auec bien soixante harquebuziers deux desquels furent emportez auant l'assaut par le Canon qui ne laissoit de joüer par tout, pour empescher que les assiegez ne se disposassent à la deffence. La plus part des Catholicques glissans par les tranchees jusques au fossé, dõnerent brauement jusques à la breche au haut de laquelle mesme, sept montere̅t pensans marcher plus outre & suiuis des leurs crier, Ville gangnée: quand les assiegez se presenterent en gros & s'encourageans les vns les autres r'esforçoient à terrasser les plus eschaufez des Catholiques. Ce pẽdant les six Enseignes de Goas donnerent au Rauellin de Porte vieil & à la platte-forme de Baudin soustenus par Montigny Lieutenant du Comte de Brienne & nombre de Gentilshommes pour les encourager & secourir au besoin. Contre lesquels le Capitaine Pasquelon Lieutenant du Capitaine Buisson & le Sergent de la Ranaudiere destinez pour la deffance de ce lieu auec cinquante harquebuziers & le sergent Allegre & le Corporal Lescu commandant à ce Rauelin: les receurent si animeusement que le Capitaine Cabaçolle & plusieurs autres soldats renuersez forcerent l'Enseigne ja montée au haut de remporter la moitié de son Drappeau, suiui du reste de la troupe. En mesme temps les compagnies nouuelles (fors celle de Tessier) donnerent à la grand breche embrassans depuis la platte forme de Porte vieil, jusques à l'autre bout de la breche tirant à la porte S. André. Ausquels se presenterẽt le Capitaine Martignon & le jeune Martinet son Enseigne, où se porterẽt en sorte qu'ils n'en peurẽt estre enleuez. D'ailleurs le Capitaine Texier s'efforçoit à prandre la ville par escallade à la porte Cesar: où il fut joint de si pres qu'auoir perdu nombre de soldats & autres blessez fut contraint se retirer. Mais l'effort fut plus grand à la breche Loudis. Car le Regimant de Serriou repoussé: Boniuet, les Nobles du païs, Cartier & nombre d'autres que le desir d'honneur & espoir de pillage esguillonnoient à leur deuoir: donnerent la seconde charge si brusquemant qu'aucuns monterent jusques au bout de la breche. Mesme le Capitaine Fontaine Cornette de Cartier y fut blecé d'vne Grenade sur le pied dont il retourna boiteux. Se plaignant dautant plus que lors qu'il estoit dedans Sancerre aux autres sieges pour les Protestans il n'y auoit receu aucun mal. Ce pendant quatre Enseignes suiuies de quatre à cinq cens soldats, descendirent resolument dans le fossé. Mais au lieu de se presenter à la breche se serrerent au bout & coin de la muraille

Les Catholiques disposent leurs troupes à l'assaut & les assiegez pour les soustenir.

Assaut general à Sancerre.

de la

L'HISTOIRE DE FRANCE.

Mars. 1573.

de la ville qu'õ battoit encor:ne cessant tousjours le Canõ de jouër:les esclats duquel furêt si grãs que tõbãt du haut de la muraille en bas,ils furêt en fin cõtraints de desloger.En sõme,cet assaut se porta si heureusemẽt pour les assiegez:qu'estimãs les Catholiques y auoir epmloié l'effort de toutes leurs troupes:voians d'ailleurs tous les assiegez s'y estre bien portez:Les vignerõs mesmes diuisez en tous les endroits dangereux auec leurs fondes & cailloux, & les femmes aussi s'estre presentées au combat de main à main: outre les autres deuoirs faits par elles: Et sur tout quẽ pour dixsept morts & quelques blecez, les Catholiques en auoient perdu plus de cinquante aux fossez & bien deux cens blecez dont la plus part l'estoient à mort: ils s'encouragerent tellement qu'ils ne firent plus d'estat que de la famine, qui commançoit à les presser. Vn soldat dit Ialot,pris en combattant par vn rondachier duquel il estoit trainé par la breche: n'eust plus tost crié à ses compagnõs qu'ils le tuassent plustost que souffrir qu'il feust emmené: vit le rondachier tombé d'vne harquebuzade & à l'instant relleué tua de sa dague celluy qui le vouloit reprandre. Et ainsi se retira auecques les siens. Voire que le vintiéme, jour de Pasques ils sortirent si resolument dans les tranchées qu'ils les firent abandonner plus de quarante pas. Mais furent en fin forcez de les quiter, & se retirer en ville apres la mort reciproque de plusieurs soldats. Les vignerons aussi sortis à leur faueur trainerent en ville nombre de gabions, claies & fassines: nonobstant que les Catholiques tirassent nombre de coups de Canõs chargez de grenades & tels autres feuz artificiels pour mettre le feu en ville, à laquelle ils nuisirent peu toutesfois par ce moien.Le vinttroisiéme ils continuerẽt de trainer & charrier leurs gabions de toutes parts.Et en assemblerẽt grand nombre au Camp saint Ladre comme s'ils eussent voulu dresser nouuelle batterie.Occasion que les assiegez s'esforcerent à se trancher & reparer mieux que parauant: mesme fortifiserent le rauelin de saint André pensant qu'ils deussẽt battre là. Mais ce n'estoit qu'vn fort qu'ils y bastissoient. Et arrengerent autour cent gabions le tout de cent cinquante pas de longueur. Auec trois plattes formes du costé de la ville, sçauoir est deux aux deux bouts & vne au milieu, sur laquelle le Canon fut mis.Ce pendant les soldats estoient tousjours aux tranchées: si bien gabionnez & remparez qu'il y auoit presque autant de fossez, gabions & tonneaux que de soldats: se trainans comme tauppes sous terre tous à couuert pour tirer harquebuzades sur le bord du fossé & contre le Rauelin de Porte vieil, où les deux sentinelles estoient si proches plus de trois sepmaines, qu'vn mantellet de

Maison de bois pour les harquebuziers.

bois de demy pied les separoit. Si que le premier qui mettoit le bout de l'harquebuze ou pistolle en sa cannoniere tiroit son compagnon. Ils roulerent aussi toute nuit vne grande maison de bois à double estage: du plus haut de laquelle les soldats commandoient au Rauelin, faire de gros bois carré, double & remplie de bourre entre deux. Tout cela incommodoit si fort

Mauuissiere veut moiẽner accord.

les assiegez que le quatorziéme ils firent telle sortie qu'ils leurs firent abandonner leurs tranchées & se retirer en leur fort. Le dixseptiéme la Mauuissiere despeché par le Roy, enuoia lettres au Grenetier Sergent Major de Sancerre, portant que comme il auoit tousjours esté amy des habitans, continuant sa bonne volonté, il s'offroit en passant pour leur faire plaisir:Que s'ils vouloient auiser d'vn lieu seur où il peust parlementer auec eux il s'essaieroit & s'emploieroit vers le Sieur de la Chastre pour trouuer quelque bon moien d'apointemant. On le remercia

Pionniers Catholiques.

verballemẽt sans luy rien accorder. Or la plus part des Pionniers Catholiques estoient morts & tuez deuant la ville.Et par ce que ceux qui restoient mouroient de faim:ne beuuoient que que de l'eau & presque tous mallades de grandes froidures: furent renuoiez en ce temps & les paysans du pays mis en leur lieu pour trauailler tant au grand fort qu'aux Ardilliers trassé en forme de croix à deux pointes à chacun bout. Les assiegez ne sortirent pour les empescher

La Chastre delibere de prandre Sãcerre par famine sans perte d'hõmes.

crainte de perdre leurs hommes, fors le Buisson auec vintcinq harquebuziers qui fit abandõner l'astellier aux Ardilliers. Mais à la descouuerte du secours de Fontenay fut contraint de se retirer. Le vintneufiéme la Chastre continuant son dessein d'affamer plus que de forcer la place: fit emmener huit Canons du Camp saint Ladre, & six autres le lendemain au port saint Thibaut. Ne demeurant des seze pieces que deux Coulleurines placées au grand fort.Venons maintenant au siege de la Rochelle.

Le Duc d'Aumalle tué d'vne moienne.

LE troisiéme de Mars sur les quatre heures de l'apresdinée, comme les vns & les autres ne tachassent qu'à se nuire par la furie de leurs canons:vne moienne fut tirée par les assiegez du dessus du Cauallier du Bouleuard de l'Euãgile,laquelle perçant vn Gabion plein de terre rencontra Claude de Lorraine Duc d'Aumalle, Pair de France & Lieutenant General pour le

LIVRE TRENTETROISIEME. 137.

Roy en son païs & Duché de Bourgongne auquel elle perça la poitrine le renuersant mort sans pouuoir dire vne seule parolle. Chef autāt regretté des Catholicques pour le lustre de ses vertus, qu'autre qui soit mort y a long temps. Mais quoy nos jours sont contez & prefix à tous.

Svr le commancement de Mars ceux de Quercy, Foix, Ville longue, Lauraguais & Albigeois s'assemblerent à Realmont à mesme fin que ceux d'Auduze, où se treuua Artigues enuoié par les Rochellois pour les recercher de quelque secours. Leur remontrat la necessité de la ville de laquelle sembloit dependre la cōseruation de tout l'Estat des Protestans: & le grand besoin qu'elle auoit d'estre secouruë. Ils l'asseurerēt qu'ils feroient marcher trois mil harquebuziers & trois cens cheuaux le plus pres de Santonge qu'ils pourroient pour entreprendre selon l'occasion. Mais apres que tous furent retirez de l'assemblée, & que le Capitaine Pujols auquel ils en vouloient donner la charge, eut par mesgarde esté tué par l'vn des siens: aucun ne s'en soucia. Pendāt cete assemblée Castebrem surprit la ville d'Alet vne lieuë plus haut que Limoux sur la Garonne: bon Euesché & tellement situé que le Canon n'y peut aller que malaisément. D'ailleurs l'Amiral surprit aussi Montlaur entre Narbonne & Carcassonne. Fut ordonné au reste par ces Estats que Serignac commanderoit en General au Quercy qui est vers Montauban, à Ville longue & au Lauraguay. Que le Vicomte de Gourdon commanderoit au haut Querci, Perigord, Limousin & Auuergne. Le Visc. Paulin à l'Albigeois, & le Visc. de Caumōta Foix. Mais depuis sa mort Guymerie y cōmāda: lequel touteffois sorti pour les affaires publicques pour aller à Nismes: treuua au retour les portes fermées. Esquelles on receut le Baron de Montagu encor qu'il fust Catholique. Cete distribution de Gouuernement fit entreprendre la conqueste de plusieurs places comm' à l'enui les vns des autres. Si bien que le Capitaine du Puy surprit S. Seruin en Rouergne. Le Capitaine Rampet prit aussi S. Romman à trois lieuës de Millau. Et comm' au retour de cete assemblée, Serignac passant à Puylaurens fut auerti que du Padiel auoit assiegé le Capitaine Angely auec quatre vint soldats dans le village de Douillé à trois lieuës de Puylaurens, atendant plus de forces pour en auoir raison: le chargea tellement auec quarante soldats & six vints harquebuziers à l'heure mesme que les assiegez sortirent sur les Catholiques au signal qu'il leur auoit donné: qu'il en tua plus de deux cens & mit toutes ses forces nouuellement venuës en route. Enuiron ce temps ceux de Bearn enuoierent vers ceux de Nismes, Seuenes & Montauban pour entendre leur Estat & les asseurer du leur. Ils leurs enuoierēt les coppies des lettres que le Roy de Nauarre leur auoit enuoié pour les remettre en l'Eglise Catholique & Romaine auec les responces qu'ils lui auoient fait.

Je vous ay dit ci dessus que l'Amiral auoit congeé ses troupes: aucunes desquelles il auoit distribué pour Garnisons, tāt pour se rafreschir & accomoder que pour empescher les desseins Protestans & maintenir les Catholicques en deuotion. Enuiron ce mois il les rassembla pour la plus part à la requeste de plusieurs Gentilshōmes du païs offensez des courses de S. Geniez demeurant au haut Quercy. Lequel neantmoins se voiant assiegé & battu en sa maison se deffendit longuement sur l'espoir du secours que le Visc. de Gourdon General du païs lui deuoit enuoier. Comm' aussi il y fit le possible, non pour combatre en gros touteffois: ains par attaques desrobées & surprinses ordinaires qu'il faisoit sur le Camp. Si bien que plus de deux cens hommes y moururent des Catholicques. Nonobstant cela touteffois fut contraint se rendre à composition de vie & bagues sauues. Mais conduit à Cahors & recerché de sa vie passée: fut executé à l'instante poursuitte de ses ennemis. Le reste de ses gens conduits par vn sergent se retira dans vne roche prochaine, d'où les Catholicques ne le peurent tirer. Ains à la venuë de mil harquebuziers & cent sallades que tira de Montauban mais trop tard des Moullins: sortirent & se joignirent auec le secours. Vn mois apres l'Amiral assiegea Brisenel petite ville au haut Rouergne, où la Montilliere se deffendit assez long temps & auec auantage, de plus de cent hommes qu'il y fit mourir des Catholicques. En fin neantmoins fut contraint se rendre vie & bagues sauues. Vous verrez ailleurs comme les Montalbanois sortis en campagne se porterent en leurs quartiers. Sur la fin de May le Capitaine Deisme surprit par escallade Soreze en Lauraguez à deux lieuës de Puylaurens: Aiant de nuict passé ses eschelles au de là l'eau sur le pied des murailles apres que les jours precedens il eut donné quelques fausses alarmes aux soldats de dedans. Le Capitaine Stopinian surprit aussi Montesquiou à deux lieuës de Tolose, dont il incommodoit fort le trafic & libertez des Tolosains. Puis sur la fin de Iuillet

La Rochelle demande secours.

Alet. Montlaur.

Departement des Generallitez & Gouuernement des Prouinces Protestantes.

Armée de l'Amiral.

S. Geniez assiegé & pris par l'Amiral.

Soreze surpris sur les Catholicques.

Soreze, Mōtesquiou,

le

Mars.
1573.
Lodesue le Mas saintes Puelles surpris par les Protestans.

La Noue remet le parlement.

le Baron de Fougeres surprit Lodesue ville Episcopalle & bien riche size és montagnes de Languedo, en mesme temps que le Cappitaine la Graue surprit le Mas saintes Puelles vne lieuë de Castelnaux Dary.

IL A esté dit cy dessus que l'on auoit accordé selon l'auis du peuple de ne communiquer autrement par escrit pour le danger des Parlemens. Mais la Noue remonstra au Conseil le contraire: pour les raisons cy deuant deduites & qu'il ne falloit despandre de l'auis d'vne populace de laquelle le jugement estoit variable & incertain. Et que qui voudroit voir bien tost vne bonne fin falloit vser d'escrit & de parlement. Ceux du Conseil persuadez de son autorité & de ses raisons ensemble: condescendirent à sa volonté. Et pour satisfaire aucunement au peuple: Le Dimanche, premier jour de Mars on fit assemblée à saint Yon luy donnant à entendre l'auis du Conseil, & qu'on auoit esleu pour le parlement la Noue, le Lieutenant General & Morisson. Sur ce bien que plusieurs du peuple murmurassent d'vn tel changement: si est-ce qu'aussi tost que Strossy & Mandreuille furent enuoiez de la part de Monsieur pour ostages pour commencer le parlement: on accorda qu'on ne tireroit d'vne part ne d'autre iusques a pres le retour des deputez de la ville. Ceux de son Excellence, estoient les Comte de Rets, & de Biron. Les Protestans furent conduits au village de la Fons, ou estoit Monsieur lequel leur dit qu'ils n'auroient point de secours d'Angleterre, & le disoit sçauoir par vne lettre de Languillier qui auoit esté surprise. Parce qu'il n'accorderoit autre chose que ce qui estoit contenu és articles du Roy apportez par l'Abbé de Gadaigne. Qu'il auoit fait entendre les mesmes choses, & offert pareille condition à ceux de Montauban qui auoient trouué le tout auantageux pour eux. Et estimoit que dés ceste heure ils s'estoiët renduz. Ce pendant plusieurs de la ville sortoient pour communiquer à ceux du Camp & s'embrassoient vns & autres à la soldade; comme si tous eussent esté d'vn mesme party. Aucuns de la ville qui regardoient dessus les murailles à la faueur de cete petite treue: estimoient que telle communication & priuautez auec l'ennemy, estoit de dangereuse consequence pour le regard de la ville mesmement: mais on n'y sceut pouruoir pour l'heure. Le lendemain ceux du Camp poursuiuirent leur batterie contre le Clocher de Cognes, la Tour d'aix & quelques autres deffances. Tellement qu'vne partie du Clocher tomba par la violence de cinq cens Canonnades: ensemble deux couleurines bastardes qui estoient dessus & furent fort endommagées. Les assiegez aussi tiroiët en tous les endroits ausquels ils pensoient plus les incommoder.

Montauban
Parlement sur la treue.

La tour de Cognes tombée & les deux couleurines.

Les Ministres refusent la paix.

VOYANT le Conseil de la ville que sur la poursuite de cete Paix plusieurs sembloient se paresser qui en pouuoient trainer d'autres à leur opinion: voulut en auoir l'auis des Ministres ausquels il proposa quelques points. A vn seul desquels neantmoins ils respondirent, pource que de l'euenement d'iceluy despandoit la resolution des autres. Sauoir qu'on ne deuoit rien conclure de la paix, dont estoit question sans auertir & sçauoir l'auis des autres Eglises qui estoiët de bout. Car outre l'obligatio generale qu'elles ont les vnes aux autres: il y auoit aussi promesse particuliere d'ainsi en vser. Et furent esleuz cinq Ministres, pour discourir le tout amplement en la presence du Conseil.

Differance d'oppinions sur la proposition de la paix.

SI que le Mardy troisiéme Mars, le Conseil estant assemblé au matin lesdits Ministres, firët entendre la resolution de leurs assemblées. Où la Noue remostra qu'il estoit necessaire de faire la Paix: autremét que ceste ville estoit perduë qui tiroit en sa ruine toutes les Eglises de ce Royaume. Cóme au contraire de sa coseruatio deppédoit tout le corps des autres. Et que la necessité rendoit licite ce qui autrement seroit reprehensible. Les Ministres proposerent principalement quatre points, le premier de l'vnió des mébres de l'Eglise auec leur Chef Iesus-Christ duquel deppendét la cójonction desdits membres qui se nomme la communion des Saints, par laquelle nous sommes obligez de procurer tant le bien de nos freres que le nostre propre. Et ne pouuons nous departir d'eux: & cercher notre repos à part sans nous separer du Chef & des membres. Car encore que les Rubenites & Gadites auec la demie lignée de Manassé seussent bien accommodez par de là le Iourdain: Si est-ce qu'ils promirent d'accompagner leurs freres aux guerres qui se presentoient. Et de ne retourner en leurs maisons que leurs freres ne seussent pareillement logez & accommodez. Vrie enuoié du Camp vers le Roy: ne voulut coucher auec sa femme ce pendant que l'armée du Seigneur campoit durement sous les tentes. Le second point fut de la promesse & du serment que ceux de la Rochelle auoient dónez & receuz des freres de Montauban & Nismes. Chose de telle consequence qu'il n'estoit raisonnable

Remonstrãces & raisons des Ministres

Ligues & allocrations

LIVRE TRENTETROISIEME. 138.

raisonnable de s'en dispencer legerement. Car celuy qui ne garde voire à son dommage la foy promise en particulier: n'abite point au Tabernacle de Dieu. Combien plus cela est requis pour le regard des choses publiques & mesmement quand elles concernent la gloire de Dieu? Iosué aiant fait Alliance par sermet auec les Gabaonites, qui estoient menteurs, encores qu'il feust prié par le peuple de ne leur garder la foy: Toutesfois il eut plus d'esgard à la Religion du serment qu'à toutes autres considerations. Comme aussi pour mesme fait Dieu ne laissa impuny & vengea sur le peuple & sur la race de Saül, la destruction qu'il fit des Gabaonites: rompant la foy jurée par ses predecesseurs & les autres lignées: aians juré de ne donner leurs filles aux Gabaonites ne voulans rompre leur serment aymerent mieux leur conseiller de rauir lesdites filles. Le troisiéme point fut que quand nous serions, disoient-ils, tombez en la necessité pretenduë: encores ne faudroit il se precipiter comme personnes qui n'auroient plus d'esperance en Dieu. Mais conoistre que c'est luy qui domine sur la necessité: laquelle il donne & oste comme bon luy semble. Car encores que quelques femmes eussent mangé leurs enfans au siege de Samarie: la ville ne tôba pourtant entre les mains des ennemis. Iudic reprend a bon droit ceux de Betulie qui auoient limité le temps du secours de Dieu, promettans de rendre la ville s'ils n'estoient secouruz dans cinq jours. Le quatriéme point estoit que graces à Dieu on estoit bien eslongné de telles necessités. Et y auoit de toutes choses necessaires pour trois mois: auec grande esperance de quelque bon secours. Au reste remontroient que cete ville seroit diffamée, si elle receuoit Paix sans l'auis des autres Eglises qui sufisoient. Mesmemët qu'elle auoit moien d'attendre bien loguement. Par ce prierent affectueusement les Sieurs du Conseil de ne rien faire qui leur peust estre justement reproché: & dont la repentence feust trop tardiue à l'auenir. Les autres neantmoins persistoient en leurs remôstrances. Et bien qu'ils confessassent que Dieu pouuoit aisément deliurer la Rochelle: ne conoissans toutesfois en cest endroit l'expresse volonté de Dieu, maintenoient que ces argumens estoient aussi probables pour la ruïne que pour la conseruation. Se falloit donc bien donner garde que trainans, ces choses en longueur: l'ennemy n'eust l'auantage par force ou par surprise sur nous. Et lors disoient-ils, nous sentirons combien la Paix estoit plus douce que la discretion de l'ennemi Par ainsi la diuersité des oppinions empescha pour ce coup la resolution à la Paix proposée. Et pource que ce mesme jour le peuple fut assemblé au son de la cloche: les Lieutenant & Morisson rendans raison de leur chage: y furent où le Lieutenant dit que Monsieur leur auoit remôstré à part le danger où estoient ceux de la ville, & combien il estoit desireux d'vn bon accord. Ce qu'il promettoit entretenir en toute seuretté sur sa vie & son honneur. Sur ce les forains qui estoient en ville auec la permission du Conseil, esleurent de També pour assister aux Parlemens auec les deputez de la ville & requerir pour leurs Eglises, ce qu'ils verroient leur estre necessaire.

E N ce temps son Excellence voiant que les affaires se pourroient acheminer à vne Paix. Et curieux d'y comprendre auec la Rochelle, les autres places qui tenoient à mesme fin: escriuit à ceux de Montauban, & à la Noblesse qui s'y estoit retirée: leur faisant entendre sur tout la bonne volonté qu'il leur portoit. Voire particuliere à tous autres pour estre sa ville & son pays de son Comté de Quercy, qu'il voudroit fauoriser sur tous. Sur ce les solicitoit de dresser articles qu'il promettoit de faire accorder par le Roy sô frere. Les prioit aussi de ne faire courses ny actes d'hostilité contre les troupes de l'Amiral, que la Valete conduisoit pour lors. Et qu'il donneroit ordre qu'elles se contiendroient sans les incommoder en rien. Surquoy les Montalbanois enuoierent des Moulins, vers son Excellence pour sonder s'il y auoit moien de tirer vne bône Paix de sa Majesté. Mais de ne rien faire sans l'auis des deputez de la Rochelle auec lesquels ils pourroient communiquer. Sur ce Biron escriuit à la Nouë, ce mesme jour. Qu'il estoit venu vn homme expres de Montauban vers Monsieur, pour luy requerir asseurance de leurs personnes, de leurs biens & liberté en leurs maisons. Et que cela fait ils quiteroiët les armes: sinon qu'ils offroient les porter pour le seruice du Roy & commandement de mon Seigneur. Que lesdits de Montauban, se plaignoient grandement dequoy l'on ne leur auoit fait entendre bien au long la volonté du Roy. Et que si on eust representé sa clemence long temps qu'ils eussent prins le chemin qu'ils prennent de present. Qu'il voudroit bien que ceux-là ne monstrassent le chemin à ceux de la Rochelle: Mais que les Rochellois se missent les prmiers en deuoir. Tout cela ne vint que de ce que je vous ay dit: Car les Mont albanois

Monsieur escrit à ceux de Mont au ban pour dresser articles de paix lesquels luy enuoient leurs deputez.

Lettres de Biron à la Nouë.

asseurez

Mars 1573.

L'HISTOIRE DE FRANCE.

asseurez que le Roy proposoit la Paix aux Rochellois qui ne la vouloient receuoir particuliere, ains generalle & par l'auis de leurs autres freres : toutes choses deliberées resolurent d'y enuoyer & prendre le mesme parti que les Rochellois trouueroient le plus expedient pour leurs Eglises. Mais leurs deputez se laisserent aller à l'auctorité de Monsieur. Si bien qu'excedans leur charge ils accorderent & promirent outre cela, de faire consentir leurs Citoyens à chose lesquels ils rejeterent depuis auec vn grand deshonneur de ceux qui veulent representer sous vn mesme masque les personnes du maistre & du valet tout ensemble.

Parlement continué pour la Paix

LE Quatriéme Mars le Parlement fut commancé dés le matin, où se trouuerent du Camp les Côte de Rets, Biron, Villequier & Guadaigne. De la ville, la Nouë, Lieutenant, Morisson & Detambé, ausquels les Catholicques dirent n'auoir autre charge de Monsieur que d'accorder à la ville l'exercice libre de la Religion selon le dernier Edit : sans y comprandre le Gouuernement : auquel & en tout le reste du Royaume seroit accordé liberté de conscience sans aucun exercice. A quoy ceux de la ville remontrerent que la liberté est fort serue en laquelle on n'auoit moien de seruir à Dieu. Et qu'eux qui tenoient les enfans morts sans le Baptesme pour damnez : & jugeoient à bon droit les Mariages se deuoir faire en l'Eglise : ils ostoient à ceux de la Religion tout moien de pouruoir à tels inconueniens. A quoy le Comte de Rets respondit: Si vous faites les Baptesmes & Mariages de votre Religion en vos maisons, en petite compagnée sans presches & chant de Pseaumes : vous n'en serez point recerchez. C'est tout ce que le Roy vous veut accorder pour maintenant. Et notez que si vous-vous contentez de son offre & liberallité : il tiendra ce qu'il aura promis. Mais si vous obtenez dauantage par importunité ou autrement : il n'en tiendra rien. Et comme les Depputez de la ville suiuant leur principale charge demandassent temps & loisir pour communicquer le tout aux autres Eglises desquels ils estoient tenus par charité & promesse procurer le bien & repos tout ainsi que de la Rochelle : Le Comte repliqua, apres l'accord fait vous aurez assez de moien & de loisir de communicquer ce que bon vous semblera. Mais ceux de la ville remontrerent que la communication seroit ridicule apres l'accord : & qu'elle deuoit preceder. Aussi qu'ils n'auoient charge de requerir n'accorder autre chose pour cete heure. Au commancement de ce Parlement auoit esté accordé, que tout ce jour on ne tireroit ni ne ramparoit d'vne part ni d'autre. A cete cause ceux du Camp se pourmenoient à pied & à cheual en grand nombre à la veuë des murailles. Comme aussi ceux de la ville tant hommes que femmes regardoient en toute asseurance par dessus les murs. Toutesfois parce que ceux de la ville apperceurent quelques pionniers du Camp qui trauailloient : ils firent le semblable vers la Tour D'aix & en vn endroit où ils ne pouuoiët estre veus de ceux du Camp. Surquoy ce Parlement fut remis au Vēdredi suiuant, auquel les Deputez n'auancerēt gueres dauantage qu'aux jours precedens. Si que reprenans assez tost l'Estat premier, le Comte de Rets se retirant des tranchées au cartier fut blecé d'vne harquebuzade aux reins. Au 5. Mars neantmoins le Conseil

Le Comte de Rets blesse aux reins.

fut assemblé, auquel furent apellez six Ministres pour auiser quelle resolution on deuoit prendre sur le traité de la Paix. Où l'on remontra qu'il falloit regarder jusques où l'on pourroit se restraindre touchant l'Edit de Pacification auec les autres Eglises. Mais que si on ne le pouuoit obtenir d'autant que l'ennemi n'en vouloit ouïr parler : l'on deuoit requerir pour les autres les mesmes conditiõs & seuretez qu'on pourroit impetrer pour soy : & ne laisser pour cela de poursuiure & paracheuer l'accord tant necessaire. Mais les Ministres continuans leurs precedens

Les Ministres continuerent à detourner la Paix de la Rochelle

auis : dirent que les Parlemens ne pouuoient apporter que de grans maux : ce qu'on auoit ja bien senti tant à l'auancement de l'ennemi qu'en vn grād refroidissement tombé sur plusieurs de la ville. Tellement qu'vne dangereuse diuision se commençoit à former parmi eux : des vns demandans & les autres reprouuans la Paix dont estoit question. Mais on deuoit, disoient-ils, bien plus fort craindre les mauuais fruits desdits Parlemens s'il auenoit que la Paix fust concluë & arrestée. Car les forains se retirans de la ville, & icelle commandée des plus grans massacreurs du Royaume : Car pour le moins les principaux de la ville seroient meurdris & cruellement massacrez. Voire que si on n'auoit point espargné les villes les plus obeissantes : que feroit-on à celle qu'on estime la plus rebelle ? Or ce mal ne se verroit seulement au dedans du circuit de la Rochelle : mais s'estendroit generallement & sans grande resistance sur tous les autres endroits de ce Royaume. Quant à la necessité : n'y auoit pas grande apparence d'en faire si souuent bouclier, pour vouloir assujettir sous sa pesante main toutes raisons Diuines.

Car

Car les Commiſſaires de la Police ſaſſeurent de toutes choſes en ville propres à ſouſtenir vn ſiege, du moins pour quatre moys. Et n'oyt on toutesfois parler que de la famine à ceux qui abondent en tous biens. Au reſte le poure peuple ſe contente & ne murmure point. Ains ſe conſole au Seigneur qui ne delaiſſe les ſiens. Puis les Miniſtres ſ'adreſſerent aux gros de la ville pour leur remonſtrer qu'ayans ſi bien commancé auec l'Inuocation & aſſiſtance de DIEV: ils ſeroyent mocquez ſ'ils quitoyent ſi lachement vne ſi ſainte entrepriſe ſans meilleure occaſion. Et deuoyent obuier qu'on ne diſt que le cœur leur euſt ſailly au beſoin. Et qu'au lieu de ſ'aſſermir en l'aſſurance de la parolle de DIEV: qu'ils ſ'eſtoyent appuyez ſur de roſeaux trop foibles. Et apres auoir mis à bon eſcient la main à la charue, ſe ſeroyent amuſez à regarder derriere eux. Que profite l'on, en euitant la fumée de tomber dans le feu? Et par vn plus grand danger ſe vouloir garentir du moindre? Si vous aymez voſtre Religion, voſtre honneur, voz biens, voſtre honneſte liberté: aprenez de deux maux à euiter le plus grand. Car la guerre portant le maſque de Paix ne ceſſe point d'eſtre guerre. Comme le Loup eſt touſjours Loup encores qu'il ſoit veſtu de peaux de brebis & d'aigneaux. Puis ſe tournans aux Gentils-hommes. Et vous Meſſieurs de la Nobleſſe quand on vous demandoit entrans en ville la cauſe de voſtre retraicte: vous reſpondiez que c'eſtoit pour auoir l'exercice de voſtre Religion & aſſeurances de vos perſonnes & biens. Conſiderez qu'elle liberté de conſcience l'on vous accorde, qui ne pourroit ſatisfaire à aucune Nation quelque Barbare qu'elle fuſt. Car quelle permiſſion eſt-ce de Religion quand tout exercice eſt interdit? Eſt-ce permettre la vie quand on deffend le manger & le boyre? Au reſte quelle aſſurance trouuerez vous de laiſſer vne place forte pour loger en vn pays foible & parmy ceux qui ont juré voſtre mort & n'ont point changé ſi empirer n'eſt changement? Car la beſongne eſt tellement auancée, qu'on ne peut ſ'arreſter en ſi beau chemin. Et les maſſacres qu'on veut authoriſer comme ſi c'eſtoyent actes heroicques & magnanimes: ne ſeront jamais bien receuz & approuuez qu'on n'aye fait mourir tous ceux qui les reprouuent & ſ'en peuuent reſentir. Sur quoy comme Chaillou euſt dit que DIEV eſtoyt aſſez puiſſant pour nous garentir de tous ces maux, & nous pouuoir donner vne Paix bonne & aſſeurée voire meſme malgré noz ennemis, Luy fut reſpondu par les Miniſtres que ceſt argument de la puiſſance de DIEV ſe deuoit pluſtoſt alleguer en la deffance d'vne bonne cauſe, qu'en la diſertion & dellaiſſement d'icelle. Et nous falloit regarder principallement la volonté de DIEV qui ſe manifeſte en la connoiſſance des perſonnes, de la cauſe & des temps. La reſolution du Conſeil fut en ſomme, de ſoubſtenir juſques à l'extremité plus toſt que d'accorder choſe qui fuſt d'eraiſonnable. Et qu'on n'enuoyeroit plus de deputez. Ains la reſponce ſe feroit par vn tambour. Le tout rapporté au peuple en vne aſſemblée faite à ceſte fin: tous dirent vnanimement qu'il falloit preferer vne juſte guerre à vne Paix honteuſe & ſuſpecte. Et qu'ils auoyent encores aſſez de moyens graces à Dieu pour tenir longuement. Pluſieurs meſmes ſe rejouïſſoient des Parlemens rompus. Eſtimans qu'vn jour de Parlement leur portoit plus de nuiſance que dix de guerre.

CE jour furent pendus en la place du Chaſteau les trois marchans dont il à eſté parlé cy deſſus. Sçauoir Iacques de Saux & ſes compagnons qui long temps auoient eſté condamnez à mort. Mais aucuns auoyent eſté d'auis qu'on differaſt l'execution, de peurque ceux du Camp ſ'en vouluſſent vanger ſur les priſonniers qu'ils pourroyent auoir de la ville.

LE Vendredy ſixiéme Mars on propoſe au Conſeil qu'il ne falloit auoir tant d'eſgard à ce qu'il auoit eſté accordé par le Conſeil & le peuple, comme à ce qui ſe deuoit accorder. Car les depputez de la ville auoient promis aux depputez de Monſieur de retourner au Parlement. Leur remonſtrant qu'il ne falloit ainſi ſe gaber de tels hommes qui ſauoyent bien ſ'en reuencher ſur le General ou particulier des premiers trouuez. D'autre part qu'il falloit propoſer demandes nouuelles. Sçauoir l'exercice de la Religion pour les autres places qui tiennent fort & pour tous ceux qui ſont de preſent en pays eſtranges. Ce qui ne pourroyt bonnement ſe faire ſans parlement. Et que le danger eſtoit ſi pres de la porte qu'il ne failloit paſſer tant de journées à conſulter ſans execution. Et com'-aucuns Miniſtres là preſent diſent qu'il ſembloit qu'on les appellaſt en Conſeil pluſtoſt pour ſe mocquer d'eux veu ce qui auoit eſté reſolu: que pour ouyr les remonſtrances de la parolle de DIEV: Chailou

Toute puiſſance de Dieu.

Reſolution du Conſeil de la Rochelle de ſouſtenir juſques à l'extremité.

Marchans de ville pendus au Chaſteau.

Diuerſitez d'oppinions en la ville.

L'HISTOIRE DE FRANCE.

Mars. 1573.

dit nous auons auſſi la parolle de DIEV & quand vous parlez ainſi ce ſont vos auis propres que vous auancez. Surquoy Robert Dauid prenant la parolle dit qu'il auoit chargé de pluſieurs bons Bourgeois de prier le Conſeil qu'il ne paſſaſt outre ſans communicquer le tout au peuple qui ſe plaignoit fort de ce qu'on auoit changé l'auis general ſans occaſion. Touteſfois il fut reſolu que ſans prendre l'auis du peuple l'on parlementeroit à la preſdinée. *Parlement continué.* Si qne les Deputez d'vne part & d'autre aſſemblez au lieu acouſtumé: ceux du Camp dirent que le ROY faiſoit pareille offre aux villes de Montauban & Niſmes qu'à la Rochelle: ſans y comprandre aucunement Sancerre parce qu'elle n'eſtoit au ROY comme les autres, & *Nobleſſe aſſemblée pour dreſſer Articles à vne bonne Paix.* qu'il falloit s'adreſſer au Sieur dudit lieu ſi bon leur ſembloit. Sur ce voiant la plus part de la Nobleſſe, que ce peuple & le commun des Cappitaines & Soldats (qui comme gens aguerris prenoyent ce ſiege pour exercice de leur vacation: ſans autrement conſiderer les douteux euenemens d'vne ſi cruelle guerre) ne pouuoyent aucunement preuoir le mal que la continue des armes leur pourroit amener: les voulut perſuader par autre moyen à la concluſion d'vne bonne Paix: Pource le ſeptiéme Mars s'aſſembla pour faire entendre au reſte la neceſſité qu'ils auoyent tous d'vne prompte & bonne Paix. Sans laquelle la ville ſe precipitoit à ſa ruyne: trainant auec ſoy la deſolation de toutes les Egliſes de ce Royaume. Qu'on reconnoiſſoit bien qu'eux tous s'eſtoyent aſſociez aux perils & euenemans de la guerre auec ceux de la ville pour auancer tous enſemble comme bons Citoyens & freres vnis en la maiſon de DIEV, la gloire d'icelluy: Et participer en comun au benefice de la Paix. Mais d'autant qu'on les voyoit ſi opiniaſtres à la guerre & conſtans à leur mal, continuer auec ſi peu de moyens la deffance de leur ville, qui ne pouuoit long temps ſubſiſter contre les forces Reales: on les auoit voulu apeller pour enſemble auiſer aux moyens les plus propres & auantageux qu'ils pourroyent ſubtilizer pour acheminer le tout à vne bonne Paix, & ſauoir la plus auantageuſe qu'ils pourroient. A quoy tous preſtans louié & les mains: furent à l'inſtant dreſſez Articles pour les preſenter aux deputez Catholiques dés le premier Parlement qui ſe tiendroit: atendant lequel nous reprendrons les affaires de Sancerre.

Neceſſitez de Sancerre diuulguez par vn furiard. COMME la Chaſtre continuaſt ſon deſſein d'affamer plus que de forcer Sancerre: au commancement d'Auril vn Chirurgien de Villiers Saint Benoiſt Soldat, ſauta la muraille & ſ'alla rendre à la Chaſtre auquel il aſſeura que les aſſiegez n'auoyent de viures que pour vn moys & pluſieurs autres choſes qu'il reuela au grand plaiſir du General Catholicque, qui n'atendoit que telles nouuelles pour n'en auoir eſté bien auerty iuſques là. Le troiſiéme les Cappitaines la Fleur, Pillard & Paquelon auec ſoixante harquebuziers ſortent & ſ'embuſquent ez vignes pour ſurprendre le Corps de Garde de Pignoles poſé d'ordinaire ſous les Noyers qui ſont au long du chemin. Atendans l'occaſion paſſa Serriou Maiſtre de Camp d'vn Regimant Fantaſſin & commandant en l'armée aprés la Chaſtre: ſuyui de ſix autres ſans les charger comme inconnu & crainte de faillir à plus beau coup. Mais le Corps de Garde les deſcouurit: viuement pourſuyui neantmoins cinq y demeurerent au ſecours deſquels comme ceux du grand fort vinſſent à la haſte leur couper chemin: les virent pluſtoſt ſerrez qu'ils n'euſſent creu. La nuict vne Eſcadre de la Fleur ſort aux tranchées, rompt & met en piece deux grans mantelets de boys à l'eſpreuue des harquebuzes ſur rouës. Et à la veuë de ceux qui les auoyent abandonné en emporterent les matieres. Le quatriéme ils *Famine cōmance.* tuerent le premier aſne duquel le quarrier fut vendu quatre liures. Le ſixiéme au ſoir vn Miniſtre ſortit pour amener ſecours. Et le dixiéme en plein jour quelques vns ſortirent par Porte Vieil leſquels ſuiuis de vignerons & goujats chargez de feu, paille & fagots mirent le feu en la maiſon Rouliere qui auoit eſté retirée au Camp Saint Ladre. Et bien qu'elle ne *Sancerre circuié de tranchées & bloquées de 7. forts.* feuſt qu'à la portée de l'harquebuze du grand fort: ſi eſt-ce qu'on ne la ſceut garentir du feu. Somme que la Chaſtre voyant qu'il ne les pourroyt auoir par force ouuerte qu'auec grande perte des ſiens: reſolut de bloquer la ville. La fit ceindre & circuir de larges & profondes tranchées leſquelles auoyent quatre Mil trois cens dix pas de tour: gardées par ſept forts, preſque tous à la portée de l'harquebuze l'vn de l'autre, où ils peuuoyent aller & venir à couuert par les tranchées: les forts meſmes n'eſtoient eſlongez des murailles que de trois cens pas. Dont les Santinelles ſ'auançoyent à dixhuit & vint pas pres l'vne de l'autre & le plus ſouuent doublez. Outre ce la Chaſtre faiſoit faire toutes les nuicts garde à ſa Compagnie de cinquante hommes d'armes: Toute la Nobleſſe & autres du pays eſtans

ordinaire-

LIVRE TRENTETROISIEME. 140.

ordinairement auec luy à Saint Satur. Les autres troupes de cheual qui auoient quartiers en villages prochans, venoient souuent faire montre en la Campagne entre la Perriere & Fontenay. Ainsi les assiegez se voians desja comme dans le fossé & au sepulchre : penserent de plus pres à eux. Et comme le Conseil eust ja mis ordre aux viures : pour mieux encor neantmoins les regler : ils firent lors plus exacte recerche par toutes les maisons où les Chefs de famille estoyent enquis par serment de declarer la quantité du bled qu'ils auoyent : la moytié duquel en payant estoit enleué sur le champ & porté au Magazin. Ce qui continua trois ou quatre fois depuis : jusques à emporter tout ce qui se treuuoit au grand desplaisir de plusieurs dont sortirent beaucoup de querelles. Le vin aussi fut taxé vn sol la pinte. Mais sur la fin fut permis de vendre le blanc & le meilleur clairet seizé deniers. Le vintcinquiéme Mercadier sortir pour aller cercher secours en Languedo. Il passa dextrement : mais estant pres Nerou et sept lieuë de là fut arresté & mené à la Chastre au quel il declara tout. Venons aux Rochellois.

Les Catholicques continuans à leuer leurs deffences des assiegez. Et tous reciproquement à se nuire par Canonades & escarmouches qu'ils entretenoyent de jour à autre : Le quatorziéme du mois furent leuës les lettres que le Comte de Montgommery & les deputez d'Angleterre auoyent enuoyées du seiziéme Feurier : par lesquelles il escriuoit que sur la procuration que les Rochellois auoyent enuoyé l'on auoit trouué quarante mil liures sans interest. Et que de ce il auoit equippé quarante cinq vaisseaux de guerre sans quinze autres partis de la Rochelle, & quinze ou vint chargez de munitions auec. Lesquels il esperoit les secourir dans vn mois. Ce qui les resjouyt & encouragea fort. Comme aussi firent les nouuelles que ceux de Sancerre auoyent soustenuz trois assaux & se portoyent constamment en leur auersité. Si bien qu'aucuns sortirent à vne heure apres minuict. Lesquels se glissans dans les tranchées & metans au fil de l'espée tout ce qu'ils rencontroyent : se retirerent auec perte de douze Soldats & autant de blecez. La Noue cependant qui faisoit tout le possible pour ramener les Rochellois à vne bonne composition : à laquelle pour le peu d'asseurance qu'ils y voyoyent & le secours qui s'offroit ; Ils ne vouloyent entendre : Auerty d'ailleurs que le Comte de Montgommery ne luy vouloit guere de bien pour quelque rapport qu'on luy auoit faict de luy : Joint à ce les considerations dont j'ay parlé cy dessus & sur tout la crainte que la continuë des partialitez qu'il voyoit : ne causast quelque desordre & plus grand mal en cete ville : fut conseillé de se retirer plustost que d'attendre la venuë de ce secours duquel plusieurs ne l'aimoient pas fort. dont la pluspart fut aussi fachée que de celluy duquel apres Dieu : Ils esperoient plus de secours. Tant pour les rares vertus, que pour son entiere & connuë affection au parti & au particulier de la ville.

Svr ce les Catholicques menerent plusieurs pieces prez le Treuil Menard voysin du Moulin de la Brande, auec grande quantité de Gabions & telles autres maneuures pour l'asseurance tant des Canons que des Officiers de l'Artillerie. Qui fut occasion aux assiegez de trauailler en toute d'illigence riere la plate forme du Bouleuard de l'Euangile, crainte qu'on ne fist effort en ces endroicts. La journée ne sa passa sans Canonnades reciproques. Et sur le soir le Cappitaine la Fons estant de garde à vne Casematte, mena quelques Soldats à la Ladrerie : où il trouua nombre de Catholicques à table qu'il tailla en pieces sans s'arrester à l'offre des grandes rançons qu'ils promettoyent. La nuict suiuante les Catholicques firent leurs aproches jusques au bout de la vigne du Treuil Mesnard où ils dresserent & remplirent leurs Gabions & amenerent leurs Canons plus pres pour batre le bastion de l'Euangille : Continuans leurs tranchées depuis Palera jusques à la Contrescarpe du bastion : si Gabionnans de sorte qu'on ne les pouuoit que rarement offenser. Occasion que les assiegez preuoyans les inconueniens de tel voysinage : sortirent sur les dix heures au soir du vintiéme Mars, rompirent les Gabions, renuerserent les balles de laine, sacs, tables & telles autres matieres à se couurir. Et donnerent si brusquement dedans les tranchées qu'ils y en laisserent plus de 60. qui n'en parlerent jamais : sans vn grand nombre de blecez. Puis retournez en trouuerent six des leurs à dire & quelques vns blecez. Mais les Catholiques rabillerent aussi tost leur perte. Voire que dés le lendemain sur les 5. heures du matin : commancerent à faire jouër toutes leurs pieces en diuers lieux : les volées desquelles n'estoyent moindres de

Lettres du Comte de Montgommery aux Rochellois.

Noue se retire de la Rochelle & pourquoy.

Sf ij.

Auril.
1573.

Batterie furieuſe.

Baterie continuē.

ſeize,vint,vinthuit,trente,trentedeux Canonades. La plus part toutefois ſans nuire & à coups perdus à la ruyne des maiſons. Le vintdeuxiéme ſur les cinq heures du matin, la batterie reconmança juſques ſur les ſix heures du ſoir. Cependant les aſſiegez, doublerent les gardes meſmes ez Carrefours de la ville, crainte d'intelligence pour le bruit qui couroit que les Catholicques ſe vouloyent ceſte nuict ſaiſir d'vne Tour d'entre la porte Rambaut & le Baſtion de l'Euangile. Le vintquatriéme ſur le midy recommancerent leur baterie plus furieuſe que les precedantes depuis la Tour d'Aix juſques au baſtion de l'Euangile & les deux Tours du Chaſteau. Entremeſlans tousjours quelques coups à la ruyne des maiſons eſquelles il faiſoyent aſſez de mal. Et pource que les aſſiegez ſceurent qu'on vouloyt batre du Coulombier, ſe mirent à retrancher auec telle dilligence qu'en peu de temps la terraſſe fut auſſi haute que la muraille entremeſlée de boys & terrier eſpez de vints pieds, eſleuans plus arriere vne terraſſe de la hauteur d'vne toiſe & autant de largeur, enfermée entre des ays couſuës & clouées à des pilotis pour tenir la terre ferme. Et entre ces deux terraſſes vne tranchée large de trois pas dedans le Iardin de l'Hoſpital. La nuict ils ſentirent vn tramblement de terre pour vne des mines Catholicques fenduë ſur cent cinquante Pionniers. Depuis le dernier Feurier juſques là ils tirerent douze mil ſept cens nonante coups du Canon. En ces entrefaictes pluſieurs ſe retirerent en ville où ils porterent toutes nouuelles du Camp. Comme auſſi quelques Soldats des moins reſolus ſe retirerent aux Catholiques les auertir de tout l'Eſtat des aſſiegez. Surquoy on prit occaſion d'en ſoupçonner pluſieurs: tellement que le Maire en mit hors aucuns deſquels on ne s'aſſeuroit gueres que Gentilshommes qu'autres. La nuict du vintſept pres de mil Catholicques ſe preſenterent à la porte Maubec pour gangner la Contr'eſcarpe, deſcēdre au foſſé & s'emparer des Caſemattes. Mais viuement pourſuiuis furent en fin contrains ſe retirer y laiſſans nombre des leurs. Le lendemain nombre de Caualerie ſe preſenta vers Tadon ſur leſquels douze ou quinze des aſſiegez ſortirent ou Lourie Gentilhomme Poeteuin fut arreſté ayant eſté ſon cheual tué d'vne Piſtollade. Ce jour le Capitaine Prouenſal fut tué d'vne Canonade & le Capitaine Sauuage mourut d'vn autre coup qui luy emporta la jambe. Il eſtoit Sergent Major en ville acort & pratic Soldat: Gargouilaut euſt ſon Grade. Lors le Regimēt du Cōte du Lude & ſa Caualerie s'aprocherent de Neſtré à Tadon pour d'autant plus ſerrer les aſſiegez par vne autre armée qui les battroit de ce coſté là. Comme de fait ſon Excellence ne le voiant aſſez fort pour garder toutes ces auenuës: luy enuoia des Suiſſes pour renfort & nombre de pieces dont il battoit aſſez ſouuent les aſſiegez, que je lairay en l'Eſtat que deſſus: pour vous repreſenter ce qui ſe faiſoit en meſme temps ez autres endroits de la France.

Le Comte du Lude & les efforts de ſes troupes vers S. Nicolas.

En meſme temps que les Gouuerneurs furent enuoiez pour auoir l'œil ſur leurs Prouinces apres les Matines de Paris: le Mareſchal D'anuille Lieutenant pour le Roy en Languedoc y fut enuoié pour remettre tout le païs en deuotion Catholique. Mais y aians trouué les bigarrures dont je vous ay parlé: Et ne peuuāt auoir autre raiſon d'eux qu'auoit eu le Baron de Ioieuſe ſon Lieutenant au Gouuernemant: delibera de rāger tout par force à ſon obeiſſance. Pource auoit remontré aux Eſtats du païs & principallement à ceux de Toloſe Capitale de Languedoc la conſequence de tels accidens & combien ils en receuroiēt d'incōmoditez ſi on n'y obuioit de bonne heure: les requit de luy aider de moiens à dreſſer vne belle & forte armée pour aſſieger Niſmes: laquelle prinſe il s'aſſeuroit eſtre ſuiuie par exemple de toutes les autres & viuroit lors vn chacun en Paix. Il aſſembla les Garniſons & la Nobleſſe du païs dont il fit 6. Cornettes de Caualerie; puis cinq mil harquebuziers: ſans les cōpagnées du Lionois & nōbre de volōtaires du païs: faiſant toute l'infanterie nombre de dix mil pietons qui conduiſoient 14. pieces de baterie. Le païs en ſomme luy promit 300. mil liures pour ſubuenir aux frais de la guerre en laquelle il eſperoit bien faire choſe de grande loüange. Mais vne occaſion rōpit le cāp à ſon premier deſſein. Il y a vne petite ville voiſine de Beſiers & Montpellier qu'on appelle Sōmiere aſſez forte d'aſſiete & cōmandée d'vn ancien Chaſteau eſleué ſur le ſommet de la mōtagne au pendant de laquelle eſt le contour de la ville abreuée des eaux de la Vidone qui court au pié. Le Baron de Ioyeuſe y auoit laiſſé ſes cheuaux de ſeruice auec nōbre de Soldats par forme de Garniſon ſans toutesfois qu'il ſe doutaſt des Proteſtans. Saint Gremian peu apres ſurprit la place & ſe ſaiſit du Chaſteau enſemble de tout ce qui eſtoit au Baron. Le Mareſchal auoit entrepriſe

Armée du Mareſchal d'Anuille en Lāguedo contre les Proteſtans.

Sōmiere repreſentée.

entreprise sur Nismes & sur vne ancienne ville au Comte de Cursol nommé Vzez : Mais cela n'ayant bien succedé & auoir trauersé ce cartier : prit par composition le Chasteau Saint Geny : entra de force dedans Cauuisson & saprocha de NISMES pour l'assieger. Toutesfois pour ne laisser vn ennemy si pres de MONTPELLIER & que son armée n'eust com' en barbe tels gens qui ne les iroyent que trop souuent reueiller : se resolut de batre & emporter premierement Sommiere : s'assurant comme il en auroit aussi grande aparance, d'executer plus aisément ses autres desseins puis apres. Il battit la ville en deux endroicts tant du costé du Chasteau que joignat le Rauelin de la ville entre le Bourguet & la Riuiere. Il y fit breche raisonnable trouuant la muraille tendre & de foible estoffe. Mais ceux qui furent à l'assaut ne la peurent gangner : au moyen que les assiegez tirant d'vne haute & vieille Tour qui estoyt dedans & presque vis à vis de la breche : descouuroyent trop aisément ceux qui alloyent à l'assaut auquel plus de cent Catholicques moururent & dauantage de blecez. Si bien qu'il fallut agrandir & aplanir la breche & deuant tout abatre cete Tour qui fut soudain par terre. Laquelle neantmoins tombant par pieces & gros cartiers de pierres de taille qui s'entretenoyent tout contre la breche : seruit de Gabions aux assiegez pour tirer les Catholicques aussi à leur aise que par-auant. Si bien que le second assaut ne fut moins mortel que le premier : Sur-ce Candale arriua au Camp beau frere du General & gendre de feu Conestable. Lequel acompagné de cent bons cheuaux & douze enseignes de Gascons (qui se moquans de la longue paresse des Languedos : se promettoyent bien le pillage de Sommieres pourueu que l'on les gratifiast de la pointe du premier assaut) asseura le Mareschal qu'il luy feroit voyr de galans hommes s'il les vouloit honnorer de quelque belle charge. Dequoy le General fort rejouy : voulut faire preuue de leur valeur au lendemain à la reprise des assauts precedens : Pource l'Artillerie ayant joüé & fait ce que les Officiers desiroyent : tout le Camp fut en armes pour fauoriser l'assaut des Gascons : lesquels se porterent si animeusement que plus de trois cens y demeurerent que le reste laissa pour retourner à leur cartier. Dont leur Colonel ne fut moins faché que le General de l'Armée : regretans la vie de tant de braues Soldats tuez par leurs voysins mesmes. Les assiegez cependant viuoient fort incommodez de viures dont ils n'auoyet eu le loysir de faire prouisions, pour y auoir esté comme surpris par leur Gouuerneur. Ils n'auoyent moindre faute de poudre & autres prouisions de siege. Tellement que si ceux des Seuenes, NISMES, Viuarez, Giuodan & Rouergue ne les eussent secourus de six vints Soldats qui aporterent ce qu'ils peurent à grand trauail, sous la conduite d'vn des freres de Germian & de Mont-vaillant : ils se fussent renduz assez tost. Le dernier de ces Soldats auxiliaires, fut pris & mené au General. Et pource qu'enquis du nombre & de ce qu'ils auoyent porté & du dessein de ceux qui les auoyent enuoyé, il ne vouloit rien descouurir : Il fut tant batu, gesné & tormenté en tant de sortes, qu'il en deuint enflé comme vne tone : patientant jusques à la mort si estrange sans vouloir descouurir chose qui peut aporter aucune incommodité à ses partisans. En fin neantmoins la perseuerance de quatre mois la deuant, sembla si longue & facheuse aux assiegez, qu'ils prindrent resolution toutes choses manquantes de rendre la ville à composition de vie & bagues sauues à la premiere occasion qui s'en presenteroit. Veu mesmement que les cinq mil Canonnades qu'ils y auoyent ja receuz, auoyent leué leurs deffances & brisé toutes les murailles de la ville. A quoy le General eust volontiers consenty s'il n'eust esperé les auoir par force d'armes qu'il estimoit voye plus honnorable qu'à composition. Ainsi que pensent presque tous les guerriers de ce teps : lesquels faisans plus d'Estat des graces du Corps que de l'esprit : preferent la fureur, vaillance & tels autres mouuemans impetueux esquels les bestes brustes nous precedent : aux finesses, ruzes & telles autres subtilitez d'esprit particulieres à l'homme : Si bien qu'auoir persuadé son beau frere de Candale à vanger la mort de ses Capitaines & Soldats : dispose son armée & nombre de Caualerie entr'-autres pour sousteuir les assaillans. Contre lesquels les assiegez ses baricaderent où ils estimoient estre besoin. Et mesmemant mirent des Gabions hors la breche aux deux costez d'icelle entre les murs & les fausses brayes pour leur seruir de flancs & tirer à couuert ceux qui voudroient gangner la breche. Somme que Candale montrant l'exemple de braue Chef & vaillant Soldat tout ensemble : fut blecé d'vne harquebuzade auec plusieurs autres qui luy furent compagnons à l'assaut & à la mort. Dont le General fut merueilleusement faché. Il estoit d'vne des plus anciennes & nota-

Sommiere assiegé par le Mareschal d'Anuille.

Les Gascós de Candale se promettét le pillage de Sommieres.

Patience d'vn soldat Protestant en la torture sans rien descouurir.

Candale tué à l'assaut de Sommieres.

Auril.
1573.

L'HISTOIRE DE FRANCE.

bles familles de Gascongne : venuë de la maison de Foix en laquelle les Seigneuries de Candale le Captalar de Busch & plusieurs autres places estoient venuës. Voila comme les assiegez tenoient contre l'espoir de tous. Mais enfin pressez dehors & dedans, & fort incommodez de tout : Le quinziéme Auril force leur fut de prandre la composition de vie & bagues sauues: sortans apres que le Mareschal eut enuoié ostages à Nismes pour leur seureté: tambour batant, enseigne desploiée & la meche allumée sur le serpentin : sept iours leur estant ordonné pour emporter tout ce qu'ils auoient & se retirer où bon leur sembleroit. Qui fut pour la plus part aux Seuenes, Nismes & Vzez. Depuis le Mareschal voiant les preparatifs de ceux de Nismes & la perte de plus de deux mil des meilleurs de son armée, il quitta l'étreprise de l'enleuer. Occasion que l'armée rompue & repartie en garnisons pour la refraischir, les Catholiques de ces cartiers se retirerent sans entreprandre grandes choses pour le reste de cet an.

Ie vous ay dit ailleurs que le Roy pour empescher les Protestans de s'esueiller au son de Matines Parisiennes & maintenir le reste en Paix : auoit enuoié ses Gouuerneurs par les Prouinces pour leur persuader sa bonne volonté & les entretenir tous en vn repos reciproque. Et en cas de refus dresser forces pour les rāger par toutes rigueurs à reconnoistre leur deuoir. Parce le Marquis de Villars pourueu pour la secōde fois de l'Estat d'Amiral de France: auoir sur le commancement de l'an ramassé vne armée de dix mil hommes és cartiers de Touraine, Anjou, Bourdellois, L'audanois & Agenois dont y auoit huit mil pietons le reste à cheual & traināt huit pieces de batterie : passa la Garone suffisamment auerty de la resolution des Protestans à se deffandre plustost que souffrir aucun Catholicque maistrizer en leurs places. Et de premier abord auoir pris Maloze & L'abbaye de Belleperche petites places où il ne treuua resistance: assiegea la place de Terride que le Sieur du lieu auoit suffisamment pourueu d'hommes poudres & prouisions. Le lieu au reste se deffendant assez de soy mesme contre vne plus grande armée. Faillis de cœur neantmoins pour l'espouante qu'ils virent en leurs Chefs apres quelques vollées de Canons : Ils parlementerent & rendirent la place bien qu'ils fussent plus de six vints hommes dedans. Le payement du Capitaine Fargues & autres qui auoient parlementé & rendu le Chasteau fut vne corde qui les soustenoit des fenestres du Chasteau en bas pour quelque desplaisir fait à la Vallette. Le reste fut mis a rançon. Puis assiege & bat Flaugnac apartenant à Roquefeuile & le prit apres que la garnison se fut de nuict retirée à Quosfades sous la conduite du Ministre la Fontaine. Cependant comme il seiournoit à Mouchac on luy fit quelque ouuerture de Paix pour laquelle auācer il enuoia querir Serignac, la Caze, Moullins & autres. Lesquels à sa Requeste articulerent ce qu'ils vouloient demander. Mais aiant enuoié le tout au Roy : Sa Majesté les remit à sa declaration faite le vinthuitiéme Aoust parauant. Flaugnac pris l'Amiral osta aux Protestans tout ce qu'ils auoient gagné en Gascongne au delà Garone. Dont encouragez, Les Catholiques le supplierent d'esleuer ses conceptions à plus haux desseins : luy persuadans que l'heur de ces premiers traicts ne luy promettoit qu'vne asseurée conqueste de tout ce que les ennemis tenoient en Quercy & païs voisins. Ainsi persuadé de repasser la Garone enuoia sommer & en cas de refus reconnoistre Quossade qui importoit fort au grand passage de tout le pays. La Motte Pujols y commandait à six cens harquebuziers qu'il reünit soudain des places prochaines : & s'aprouisiōna si bien qu'ils prindrēt tous resolution de mourir plustost que s'assujetir aux Catholiques desquels ils n'esperoient aucune mercy. Mais y auoir campé trois semaines sans y donner aucun assaut remarquable. Et jugeant de l'asseurance des assiegez par les continuelles sorties qu'ils faisoient sur ses troupes qu'ils endommageoient jour & nuict : Luy venans d'ailleurs plaintes de toutes pars de l'insolence que les Soldats commettoyent sur tout le pays : Ioint l'incommodité de l'hiuer qui fut fort rude en ceste année : se resolut d'accomplir ce que son Excellence luy mandoit estant campée pour la prise de la Rochelle de luy enuoyer bon nombre des meilleures troupes qu'il eust en son armée. Ainsi il quita la place auec grande incommodité des siens. Puis choysit vint Compagnies les plus belles qu'il eust & les donna à Goas pour conduire deuant la Rochelle. Ce qu'entendu par le Vicomte de Gourdon, auquel les trouppes de l'Amiral auroyent ja enleué vne ville auec grande effusion de sang de ceux qui voulurent resister : Surprend vne de ces Compagnies au passage de Dordonne où il en tailla la plus part en pieces. Le reste marchant sous Goas fut bien receu & les trouppes bien recueillies par son Excellence, qui voyoit à son grand regret son armée s'esclaircir trop de jour à autre pour les continuelles sorties

Armée du Marquis de Villars Amiral de France en Gascongne & ses exploits.

Terride pris par les Catholiques.

Flaugnac pris.

Quossade assiegée par les Catholiques & abādonnée par eux.

L'Amiral enuoie sous Goas les meilleures troupes de son armée à Monsieur deuant la Rochelle.

LIVRE TRENTETROISIEME. 142.

ties des assiegez. En ce temps le Baron de Grandmont enuoyé à Bearn par le Roy de Nauarre pour remettre la Religion Catholicque en son premier credit: fut pris en ces quartiers & la plus part de ses gens mis en pieces. Cependant ceux de Languedo & pays voysins assemblerent les Estats à Anduze où ils dresserent tant la forme d'vne discipline militaire que deuoyent tenir leurs gens de guerre: que les contributions necessaires à leur entretien. Et ensemble de la Iustice qu'ils deliberoyent exercer autrement que le passé. Depuis ce temps l'Amiral n'ataqua place de valeur. Ains ses gens courans le pays & faisant le gast de tous costez: Mesmemant autour Montauban qu'on menaçoit d'vn siege prochain pour tousiours plus endommager leurs ennemis estanduz par garnison: furent en fin forcez à se retirer où je les lairray preuoir & donner ordre à leurs affaires: pour reprendre les efforts du siege de la Rochelle, & le succez des entreprinses de ceux qui la desiroyent secourir: tant habitans que refugiez en Angleterre. Lesquels auoir obtenu quelque faueur de la Royne du pays & plus encor d'aucuns principaux du Royaume:
encourageoyent le Comte de Montgommery &
Chefs qui luy assistoyent: de metre toute
peine de fasseurer de cete place:
auec espoir de plus grand
secours, si le dessein
pouuoit reüscir
selon son
espoir.

Grandmont pris par les Protestans.

Estats Protestans assemblez à Anduze dressent vn ordre & reglement à leurs affaires tant guerrieres que Politiques.

L'Amiral congée ses troupes.

Sf iiij.

SOMMAIRE
Du Trentequatriéme Liure.

ASSAUTS à la Rochelle. Nombre de Chefs Protestans effarouchez des Matines Parisiennes rechapent tant en Angleterre, qu'ez Isles de Gerzay & Grenezay: plusieurs autres refugient en Allemagne. Exiliez & leur miserable condition. Secours que la Royne d'Angleterre donna aux retirez en Angleterre, auec l'ordre qu'ils tindrent pour entrer en la Rochelle. Armée des Catholiques deuant la Rochelle & les reciproques auantages des deux. Des droits & pretentions des Espagnols, François, Portugais & autres sur les terres nouuellement descouuertes. Retraitte de l'Armée Protestante. Belle-Isle prise par les Protestans & sa representation. Harengue au Cardinal de Lorraine au Roy, luy offrant secours d'argent au nom du Clergé de France contre les Protestans auec certaines conditions. La Royne d'Angleterre mal contente du Comte de Montgommery. Comte de Rets Ambassadeur en Angleterre pour le Roy. Les Protestans se remuent en Bassigny.

POVR retourner au siege de la Rochelle. Comme les Catholiques se feussent emploiez à leuer les deffences, rompre les murs, miner dans la ville, se Gabionner & dresser tous les preparatifs d'vn assaut General que vouloit donner son Excellence: ils emploierent en canonades & tels autres moiens le mois d'Auril jusques au septiéme jour, que sur les six heures du matin commencerent à batre en furie depuis la Vieille Fontaine jusques à la Tour d'Aix & Boulleuard de l'Euangille, de sorte que la muraille depuis la Fontaine jusques au Boulleuard fut mise bas. Puis les Casemattes gangnées & la breche si large & tellement aplanie qu'on la jugea raisonnable: tous se disposerent à l'assaut, auquel ils delibererent aller sous vn pont de bois quils dresserent, marchant sur rouës sous lequel pouuoient trois soldats de front, & long de trente six pieds, auec mantellets coullans couuers de fer peur du feu. Et s'estendoient depuis la contre-escarpe, qu'ils auoient ouuert en plusieurs endroits, pour donner aux fossez, jusques au Boulleuerd. Toutesfois l'vne des casemattes fut reprise par ceux qui l'auoiet quitée encouragez du secours qui leur vint bien à propos. Pendāt le debat de ces casemattes neātmoins le Canō des Catholiques jouoit tousjours & en plusieurs endroits ou l'on voioit le plus de gēs se preparer à la deffēce, pour donner d'autant plus de courage & de moiens aux Catholiques de saisir le Bouleuard, & le haut des breches. A quoy s'efforçans les soldats conduits par nombre de rondachiers glissez sous la faueur du pont, s'y auancerent si resolument que sans l'oppiniastre deffence des assiegez secouruz de toutes sortes de feuz artificiels qui endommageoient fort les Catholiques, non moins que de l'animosité des femmes qui leur fournissoiēt de tout ce qui leur estoit de besoin, la Rochelle des lors eust esté Catholique. Car la Noblesse estoit cōmandée à l'assaut. Et entre autres y fuiēt blecez les Ducs de Neuers & de Maiēne, Clermōt, duGaz & plusieurs autres. Sōme que les blecez se retirans & quelques vns des rōdachiers veuz par terre & grand nombre de soldats tournans teste pour se voir stropiats de diuers membres: force fut aux assiegeans de cercher vn plus asseuré repos en leurs tranchées. Quatre Chefs, & cinquante soldats des assiegez y moururent: plusieurs aussi y furent blecez qui resterent inutilles à la deffence de la ville. Mais le nombre des Catholiques tripla pour ce jour. Le lendemain matin les assiegez firent

Assaut des Catholiques à la Rochelle.

vn feu

LIVRE TRENTEQVATRIEME. 143.

vn feu au haut du Bouleuard de l'Euangille, à la fumée & ombre duquel ils remparerent tout: Et sans estre veus tuerent & blecerēt plusieurs Catholiques lesquels se delibererent de retenter la fortune. Et de fait se presenterent à l'assaut pour la seconde fois. Mais ils n'en raporterent que des coups, y trouuās les assiegez plus resolus que parauant, pour le bon succez du premier effort. Surquoy Monsieur qui ne vouloit laisser reposer les habitans non plus que les Catholiques, resolu à vn autre assaut general & forcer la ville en plusieurs endroits: pour d'autant diuertir les forces des assiegez qui par ce moien ne pourroient estre suffisans à soustenir le grād effort qu'il leur vouloit faire donner en vn endroit: dés le dixiéme matin fit mettre toute son armée en estat: redoublant neantmoins la furie de son artillerie qui tiroit de tous costez: Et Notammant au Bolleuard de l'Euangille jusques à la Vieille Fontaine. Apres auoir auerty le Cōte du Lude de son dessein & commandé d'employer tous les moiens à forcer la place de son costé: Il fit aussi donner l'escallade à la porte des deux Moullins en mesme temps. Le tout reüssit comme vous entendrez. L'assaut fut grand & furieux au Boulleuard de l'Euangille & cartiers prochains esquels Monsieur fut conseillé du commencement par Scipion Ingenieux de s'adresser plus tost qu'en autres endroits que cet (Italien qui les auoit tous fortifiez aux troisiémes troubles sous les Princes) estimoit plus forts, & comm'imprenables: non pas cestuy qui faisoit comm'vn coin de la ville, lequel forcé pour n'estre deffendu d'ailleurs donnoit entrée en ville plus aisée beaucoup que les autres cartiers. Mais les assiegez bien que les petites tours qui le flanquoient feussent abatues: auoient encor vne casematte derriere dont ils tirerent si dru & menu sous le pont par lequel venoient les Catholiques qu'auec ceux qui tiroient des Gabions du haut en teste des assaillans: & la challeur des grenades, sercles, pots, lances & tels autres artifices bouillans: impossible fut de les forcer. Occasion qu'ils entreprindrent d'enleuer cette casematte comme je vous diray. Le Comte du Lude ce pendant fit auancer vn regiment de l'anterie jusques à la Tour du moulin presque tout à couuert. Mais ils furent tellement saluës de quantité d'harquebuzades, qu'il leur prit asses tost enuie de retourner d'où ils estoient venuz. Le commencement de ceux qui furent destinez pour gangner la tenaille de la porte des deux Moullins fut plus heureux. Car y auoir presenté & fourny nombre d'eschelles: ils donnerent au dessus crians ville gangnée pour encourager les autres à les suiure. Mais aussi tost les assiegez qui les attendoient: s'affronterent aux premiers montez si chaudement, que les resistans renuersez par terre & les fuiars sautans du haut en bas, occasionnerent le reste craintif qui montoit assez negligemment, de se retirer à grand haste. Ce qu'aperceu par les femmes & goujats, qui sortirent pour descendre en bas: les suiuirēt à la faueur des harquebuzades qu'on tiroit du fort, en despouillerent vn grand nombre laissans plus de trente morts és fossez, & és endroits prochains. La perte ne fut moindre en general de trois cens hommes de guerre. Le douziéme jour les Catholiques emploierent les Pionniers pour remuer la terre contre le Boulleuard de l'Euangille au pied duquel ils estoient posez, minans dessous afin de l'enleuer & se faire voie dans la ville. Les assiegez auertis de ce dessein contreminerent dans la tranchée qu'ils aprofondirent, se rehaussans de la terre qui en sortoit. Et se retranchans encor au derriere qu'ils creuserent à costé du Boulleuard: afin que par maniere de fauce porte ils peussent aller charger les Catholiques embesongnez à leur mine. Auoir ainsi dressé les moiens d'vne part & d'autre: en trauaillans à la mort reciproque des deux costez. Les Chefs Catholiques sentans ja le Boulleuard branfler & ne cessans la furie des Canonades, encouragerent les soldats, qui estoient pres du Boulleuard à l'assaut auquel ils combatirent aux mains plus de trois heures: apres que la pointe du Boulleuard fut renuersée sur pres de vint assiegez dont peu eschaperent. Ce qui ne se fit sans perte des Catholiques, plus de deux cens desquels se sen tirent enseuelis en mesme ruyne. Le quinziéme les assiegez sortirent, mais auec peu d'effet, quelques soldats & Pionniers y furent atrapez. Mais la sortie du seziéme sur le soir leur fut plus dommageable qui fut faite tant par le canal de la Vieille Fontaine que par le flanc de dessous le Caualier du Boulleuard de l'Euangille, là plusieurs Catholiques furent tuez, desquels ils remporterent les armes en ville. Le Cappitaine la Musse y mourut de trois harquebuzades fort regretté des assiegez. Le dixhuitiéme Coffins Maistre de cāp d'vn regiment Frāçois de la garde du Roy estant aux tranchées fut frappé d'vne harquebuzade dont il mourut comme en furie & chaude langueur. Son corps fut porté en son païs auec honneur d'estre vn des plus resoluz & fidelles Chefs de ce temps. Au dixneufiéme nombre de vaisseaux furent

Assaut General des Catholiques en diuers endroits de la Rochelle.

La mine du Boulleuard de l'Euangille joué

Coffins mort.

Sſ iiiij.

Auril 1573.

L'HISTOIRE DE FRANCE.

Armée de mer que le Comte de Montgommery amene d'Angleterre pour le secours des Rochellois.

descouuers en mer que les assiegez jugerent soudain estre le secours des refugiez en Angleterre. Pource despecherent le Capitaine Miran. Lequel porté d'vn petit gallion outrepassa la chesne & pallissade de Nauires ennemis, quelque nombre de cononnades & harquebuzades qu'ils lui tirassent. Puis aproché du secours biē reconu, fit le signal aux assiegez que c'estoit le secours. Lequel apperceu par les Catholicques, mit en grand esmoy toute l'Armée qui le jugeoit beaucoup plus grand qu'il n'estoit. Ioint qu'on auoit fait entendre à son Excellence, & le bruit en estoit commun & tenu comme pour certain par tout le Camp : que la Roine d'Angleterre auoit refusé son aide aux François pour ne contreuenir à l'alliance jurée auec le Roy de France. Dauantage qu'il n'y auoit assez de refugiez pour dresser forme d'Armée & faire effort qui valust : pour auoir esté tous les Nauires François desgressez à l'occasion de l'injure faite à l'Ambassadeur que la Roine enuoioit en France. Si bien que tout le Camp esmeu d'vn tel desesperé secours plus que s'ils en eussent esté auertis, chacun se tint sur ses armes. Et la plus part mesmement les Protestans qui suiuoient l'Armée de son Excellance prests d'entreprendre quelque chose si l'Armée Nauale descendoit en terre. Pour à quoy obuier & tenir tant de gens en ceruel, Monsieur fit monter à cheual toute la Cauallerie pour se presenter sur la coste de la marine & receuoir l'ennemi si son armée Nauale ne bastoit à cōbattre ces nouueaux venus. Contre lesquels il fit mener six canons sur la pointe de che de Baye : & outre ce fit marcher nombre de Compagnies fantassines pour s'embarquer & remplir ses Nauires qui estoient comme pris au despourueu pour les occasions que dessus. Les Protestans neantmoins n'entreprindrent rien & se passa le jour sans combatre. Occasion qu'à la marée du soir toutes ces compagnées furent menées pour remplir les vaisseaux Catholicques : lesquels par ce moien n'auoient plus tant d'occasion de craindre qu'auparauant. Or pour vous dire quelle estoit cete armée & à quelle fin elle fut auāćee jusques là : il faut que j'en reprēne la matiere de plushaut.

Retraite du Comte de Montgommery en Angleterre, & sa venuë à la Rochelle.

L'espouuante que les matines de Paris aporterent aux Protestans de toute la France.

LA journée de S. Barthelemy du 24. Aoust 1572. qu'aucuns à l'imitation des vespres de Sicile appellent les Matines de Paris : apporta telle espouuante à tout le reste des Protestans : que les plus resolus en autres affaires sembloient les moins asseurez au sejour qu'ils faisoient en France : mesmement quand ils entendirent l'animeuse poursuite qu'en aucuns lieux les Gouuerneurs des Prouinces : és autres endroits plusieurs de la Noblesse Catholicque & par tout le Royaume la commune & menu peuple faisoient sur tous ceux qu'ils soupçōnoient auoir auctorisé le parti des decedez. Ce qui leur sembla suffisante occasion de se retirer hors le Royaume. Mais parce que tous n'en eurent le loisir ni le moien : il n'y eut gueres que ceux qui demeurent sur les fins & extremitez de la France qui cercherent lieu de plus asseurée retraite en païs estranges. Les Bretōs, & des Normans ceux qui aprochent plus le cartier de Bretaigne comme le Comte de Montgommery, Coulombieres & plusieurs autres se retirerent és Isles de Gersay & Grenezay : tant pour le prochain voisinage d'icelles aux païs de France & d'Angleterre : que pour l'espoir d'vn plus asseuré sejour. Aussi les peut-on remarquer pour vn lieu destiné par nos deuanciers pour Retraitte à ceux qui de ces quartiers & autres prochains estoient banis du Royaume de France. Comme fut Pretextatus Euesque de Rouën l'an 580. auoir cōfessé en l'assemblée des Prelats biē que frauduleusemēt, qu'il auoit conseillé à Mercuée d'aspirer au Royaume; & en priuer Chilperic 1. son Pere : puis espouser Brunehaut sa tāte.

Les Sieurs Comte de Montgōmery, le Capitaine Lorges, Coulōbiers & autres Normans & Bretons se retirent aux Isles de Gersay & Grenezay.

Representation des Isles de Gersay & Grenezay.

CES Isles qu'on nomme communement Grenezay pource que celle la est la plus grande & mieux frequentée des marchands : sont trois en nombre. Celle de Grenezay, de Gersay & du Cerf, presqu'en tous endroits hautes de rochers forts en quelques lieux où ils mettent vedetes & sentinelles jour & nuict : peuplées & cultiuées de toutes sortes de François, mesmement Bretons & Normans qui en sont voësins, plus que d'Anglois. A l'occasion dequoy le peuple parle François & simboliseroit du tout à son premier naturel, s'il n'estoit alteré par la conuersation ordinaire des Anglois, de la Nation desquels sont les Gouuerneurs & presque tous autres Officiers. Ils ont garde de leur Nation : tant pour s'asseurer des surprinses Françoises que pour ne se fier du tout aux habitans pour la fresche memoire de la surprinse d'icelles. Car il n'y a pas long temps qu'elles appartenoient à la fleur de Lyz. Et celle du Cerf la derniere ainsi nommée du Capitaine Serf : lequel absent en Frāce prenant du Roy la solde de trois cens hommes qu'il y deuoit auoir pour la deffence d'icelle : donna pour son absence & auarice occasion aux Anglois de la surprandre : sans autre resistance que de dix ou douze soldats simples mortes paies qu'ils y trouuerent pour toute deffense. Encores apres cete prinse, la

spiritu-

LIVRE TRENTEQVATRIEME. 144.

spiritualité respondoit à l'Euesque de Coutances en Normandie, duquel ces habitās prenoiēt les ordres & autres degrez & deuoirs Ecclesiastiques, pour lesquels l'Euesque en tiroit profit & grand reuenu. Mais depuis la Royne Elisabeth qui à changé cette Religion Catholique en Protestante: non seulement cela s'est esuanouy, & n'a son plus en rien reconeu cest Euesque: Mais a assigné le reuenu à l'Euesque de Canturbery où Vincestre lequel y entretient certains Ministres pour anoncer en chacune Parroisse la parolle de Dieu en François. A l'entretetien & nourriture desquels, certains reuenus & anciens Prieurez, Confreries & autres charges Ecclesiastiques sont affectez. Il y a plusieurs petites Parroisses: Ou à mieux parler à la Françoise plusieurs villages poures & mal peuplez. Et n'y a de lieu fourny de gens que la descente du Haure. Assez bon bourg pour le trafic qui s'y fait tant des François que des Anglois & autres nations qui y veulent debiter ou acheter marchandises en temps de guerre. D'autant que les Roys d'Angleterre pour mieux enrichir & peupler les Isles: leur ont donné le priuillege. Que tous y serōt receuz en frāchise. Soit qu'il entre, soit qu'il en sorte sans qu'aucū fust Il Anglois, puisse prādre Nauire tel qu'il soit à la veuë du Chasteau: autrement il sera poursuiuy. Et s'il est prins confisqué à la Royne & les biens rendus aux proprietaires auec amende raisonnable. Le Haure est en forme de Croissant, si dangereux pour estre paué de roches pointuës qu'on y voit comme graines semées dans vn champ (à l'occasion dequoy je croy que l'on la nommé Grenezay) que l'on n'y ose entrer que sous la guide de quelqu'vn du lieu. Le Bourg fait le fōs du Haure, esleué en forme de rampars & chargé de plusieurs pieces d'artillerie pour deffendre l'entrée en reste. Et s'arondissant en forme de Croissant: à main gauche y a le vieil Chasteau esleué sur vne mōtagne: & à droite vn autre Chasteau assez fort où se tiēt le Gouuerneur Maistre Leton qui autres fois a porté vne des Enseignes Angloises à Roüen, Lors que Montgōmery en fut chassé par le Roy de Nauarre & les Catholiques. Esquels deux Chasteaux il n'est permis au Frāçois d'ētrer que les yeux bādez non plus qu'ez autres forts d'Angleterre. Tāt ceste natiō est soigneuse de biē garder son auātage. Et plus que nous, qui cōme sots estimōs sagesse neātmoins de cōmuniquer tout aux estrāgers qui en fōt leurs côtes de risée puis apres. L'Isle au reste pour estre si mal peuplée, est si peu cultiuée, qu'outre les pastures qui rēdent quātité de laitage & le Haure qui de son trafic apporte quelque cōmodité: le païs ne seroit suffisāt à nourrir le tiers de ce qu'il cōtient. Gerzay qui en est esloignée à demie veuë est plus fertile. Et par la dilligēce du Gouuerneur Maistre Polet (qui l'a cōm'en don de la Royne à la charge d'y entretenir tant de peuple & d'y faire cultiuer tant de terre) si peuplée de poures Normans principalement, que tous y viuent à leur aise. Montgommery, Colombiers & autres se retirerent à Gersay (les Bretons & autres à Grenezay) où aiant fait venir sa femme, enfans & le plus beau de ses meubles: en Decembre il s'achemina en Angleterre où sa famille le suiuit apres qu'il eust entendu par les lettres des Rochellois comme ils s'estoient resolus de tenir contre tous efforts Catholiques, sous l'espoir des forces qu'ils entendoient estre en Angleterre: lesquelles ils prioient de les aller secourir, luy offrant toute faueur s'il se vouloit porter Chef & conducteur de l'armée qu'il y meneroit sous la faueur qu'il pourroit tirer d'Angleterre veu les aliances qu'il y auoit contracté parauant.

Ministres dequoy entretenus es Isles.

Franchise en temps de guerre.

Grenezay & la representation du Haure.

La veuë des forts d'Angleterre défendue aux estrangers.

 LES Normans, François & Picards trauerserent jusques en Angleterre où ils furent receus auec autant voire plus de faueur par la Noblesse & autres plus aparens qu'és guerres passées. Peu apres quelques vns des autres carriers du Royaume s'y retirerent pareillement, & en tel nombre qu'il montoit de trois à quatre mil hommes. Dont les deux tiers eussent porté armes, Si auec le vouloir ils en eussent eu les moiens. Les Champannois, Bourguignons, Lionnois & autres des carriers vœsins: trouuerent le plus court & expedient à refugier aux Allemagnes où la plus part neātmoins furent du commencement plus mal & autremēt receus qu'ils n'esperoient. Si peu fauorable & heureuse se voit aujourd'huy la conditions des miserables. Et notamment de ceux qui sont bannis de leur pays. Ce qu'ils trouuoient d'autant plus estrange qu'ils s'estoient parauant imaginez de receuoir quelque faueur de ceste nation: tant pour le deuoir d'humanité qui pousse toute ame genereuse à bien vegner son prochain: mesmement de condition si miserable que la leur: que pour l'auoir veu autresfois si prompte à son secours. Mais afin que le jugement d'aucuns qui pour auoir esté mal traictés de quelques particulliers taschent le plus souuent & par cholere d'esbranler la reputation & merite de toute vne Natiō: ne soit receu de plusieurs au deshonneur des gens de bien: je diray comm'en passant presque

Noblę des Protestans Francez biē recuillis en Angleterre.

Bannis & leur miserable conditiō

la Noblesse

Auril 1573.

L'HISTOIRE DE FRANCE.

Armée de mer que le Comte de Montgommery amene d'Angleterre pour le secours des Rochellois.

descouuers en mer que les assiegez jugerent soudain estre le secours des refugiez en Angleterre. Pource despecherent le Capitaine Miran. Lequel porté d'vn petit gallion outrepassa la chesne & pallissade de Nauires ennemis, quelque nombre de canonnades & harquebuzades qu'ils lui tirassent. Puis aproché du secours bien reconu, fit le signal aux assiegez que c'estoit le secours. Lequel apperceu par les Catholicques, mit en grand esmoy toute l'Armée qui le jugeoit beaucoup plus grand qu'il n'estoit. Ioint qu'on auoit fait entendre à son Excellence, & le bruit en estoit commun & tenu comme pour certain par tout le Camp: que la Roine d'Angleterre auoit refusé son aide aux François pour ne contreuenir à l'alliance jurée auec le Roy de France. Dauantage qu'il n'y auoit assez de refugiez pour dresser forme d'Armée & faire effort qui valust: pour auoir esté tous les Nauires François desgressez à l'occasion de l'injure faite à l'Ambassadeur que la Roine enuoioit en France. Si bien que tout le Camp esmeu d'vn tel desesperé secours plus que s'ils en eussent esté auertis, chacun se tint sur ses armes. Et la plus part mesmement les Protestans qui suiuoient l'Armée de son Excellance prests d'entreprendre quelque chose si l'Armée Naualle descendoit en terre. Pour à quoy obuier & tenir tant de gens en ceruel, Monsieur fit monter à cheual toute la Cauallerie pour se presenter sur la coste de la marine & receuoir l'ennemi si son armée Naualle ne bastoit à combatre ces nouueaux venus. Contre lesquels il fit mener six canons sur la pointe de che de Baye: & outre ce fit marcher nombre de Compagnies fantassines pour s'embarquer & remplir ses Nauires qui estoient comme pris au despourueu pour les occasions que dessus. Les Protestans neantmoins n'entreprindrent rien & se passa le jour sans combatre. Occasion qu'à la marée du soir toutes ces compagnées furent menées pour remplir les vaisseaux Catholicques: lesquels par ce moien n'auoient plus tant d'occasion de craindre qu'auparauant. Or pour vous dire quelle estoit cete armée & à quelle fin elle fut auäcée jusques là: il faut que j'en repréne la matiere de plushaut.

Retraite du Comte de Montgommery en Angleterre, & sa venue à la Rochelle.

L'espouuante que les matines de Paris aporterent aux Protestans de toute la France.

Les Sieurs Comte de Montgomery, le Capinel orges, Coulôbiers & autres Normans & Bretons se retirent aux Isles de Gersay & Grenezay.

LA journée de S. Barthelemy du 24. Aoust 1572. qu'aucuns à l'imitation des vespres de Sicile appellent les Matines de Paris: aporta telle espouuante à tout le reste des Protestans: que les plus resolus en autres affaires sembloient les moins asseurez au sejour qu'ils faisoient en France: mesmement quand ils entendirent l'animeuse poursuite qu'en aucuns lieux les Gouuerneurs des Prouinces: és autres endroits plusieurs de la Noblesse Catholicque & par tout le Royaume la commune & menu peuple faisoient sur tous ceux qu'ils soupçônoient auoir auctorisé le parti des decedez. Ce qui leur sembla suffisante occasion de se retirer hors le Royaume. Mais parce que tous n'en eurent le loisir ni le moien: il n'y eut gueres que ceux qui demeurent sur les fins & extremitez de la France qui cercherent lieu de plus asseurée retraite en païs estranges. Les Bretôs, & des Normans ceux qui aprochent plus le cartier de Bretaigne comme le Comte de Montgommery, Coulombieres & plusieurs autres se retirerent és Isles de Gerzay & Grenezay: tant pour le prochain voisinage d'icelles aux païs de France & d'Angleterre: que pour l'espoir d'vn plus asseuré sejour. Aussi les peut-on remarquer pour vn lieu destiné par nos deuanciers pour Retraitte à ceux qui de ces quartiers & autres prochains estoient banis du Royaume de France. Comme fut Pretextatus Euesque de Rouên l'an 580. auoir côfessé en l'assemblée des Prelats biê que frauduleusemèt, qu'il auoit conseillé à Merouée d'aspirer au Royaume; & en priuer Chilperic I. son Pere: puis espouser Brunehaut sa tâte.

Representatió des Isles de Gersay & Grenezay.

CES Isles qu'on nomme communement Grenezay pource que celle la est la plus grande & mieux frequentée des marchands: sont trois en nombre. Celle de Grenezay, de Gersay & du Cerf, presqu'en tous endroits hautes de rochers forts en quelques lieux où ils mettent vedetes & sentinelles jour & nuict: peuplées & cultiuées de toutes sortes de François, mesmement Bretons & Normans qui en sont voësins, plus que d'Anglois. A l'occasion dequoy le peuple parle François & simboliseroit du tout à son premier naturel, s'il n'estoit alteré par la conuersation ordinaire des Anglois, de la Nation desquels sont les Gouuerneurs & presque tous autres Officiers. Ils ont garde de leur Nation: tant pour s'asseurer des surprinses Françoises que pour ne se fier du tout aux habitans pour la fresche memoire de la surprinse d'icelles. Car il n'y a pas long temps qu'elles appartenoient à la fleur de Lyz. Et celle du Cerf la derniere ainsi nommée du Capitaine Serf: lequel absent en Frâce prenant du Roy la solde de trois cens hommes qu'il y deuoit auoir pour la deffence d'icelle: donna pour son absence & auarice occasion aux Anglois de la surprandre: sans autre resistance que de dix ou douze soldats simples mortes paies qu'ils y trouuerent pour toute deffense. Encores apres cete prinse, la

spiritu-

Auril 1573.

Proteſtans Frāçois mal receuz en Allemagne & pourquoy

la Nobleſſe & d'entre le peuple ceux qui ont charge du public ont par œuures charitables & courtoiſies liberallitez effacé le deſdaigneux meſpris & vilains actes de la populace : qui peut eſtre ſemblent l'eſtre oubliez vers les François: La faute du vulgaire qui n'euſt oncques le jugement bien arreſté : ne doit prejudicier à tous ceux qui pouſſez ou d'vn inſtint d'humanité ou d'vne religieuſe deuotion, ou memoratifs de l'eternelle inconſtance de toutes choſes: Et ſur tout combien eſt variable l'Eſtat, & ſujete à changemēt l'incertaine cōdition de tous hommes: ſe ſont efforcez de ſoulager ceux qui à vray dire eſperoient plus au hazard qu'à la faueur de ceux qui du commancement leur firent vn fort mauuais recueil. A l'occaſion peut eſtre du bruit que ſoudain apres la journée de Paris les Catholicques firent ſemer au nom du Roy en pluſieurs païs, nommément és Allemagnes. Deſquelles veu le ſecours qu'elles auoient donné par trois fois à ſes ſujets: on craignoit la pitié & compaſſion vers les Proteſtans François leurs Confederez. Car pluſieurs eurent charge de publier en tous ces cartiers & aucuns firent imprimer la conſpiration de l'Amiral & ſes adherans contre le Roy, ſa mere, freres & autres de ſon Conſeil. Et que cela deſcouuert le meurtre de Paris ne ſ'eſtoit enſuiui pour autre occaſion.

Les pmiers rapports animēment les hommes & ne s'euanouiſſent qu'auec le temps ou par raports contraires.

Laquelle leur ſembla ſi aparēte, que les refugiez n'en pouuoient eſtre regardez que d'vn mauuais œil. Comme les premieres nouuelles, nous affectionnent touſjours : n'eſtans empeſchées par raports contraires ou differens à icelles: notāment ſi elles viennent de la part des Grans ou qu'elles concernent choſe de haute conſequence. Voire nous animent & eſmeuuent dauantage que ce que nous entendons puis apres, ſi il n'eſt mieux auctoriſé ou confirmé par plus euidentes raiſons : dautant que le cerueau ne laiſſe aiſemēt la premiere impreſſion qu'il ſeſt ja engraué, non plus que le tableau ſa premiere coulleur : de laquelle meſme il reſtera touſjours quelque choſe encor qu'on nous face preſumer puis apres l'affaire ſ'eſtre autrement portée que nous n'auions entendu par le premier recit. Outre ces conſiderations, Ceux qui ſe plaignoient du mal plaiſant recueil que les Allemans leur auoient fait: Meſmement le menu peuple, doiuent conſiderer que telle indiſcretion n'eſt propre & naturelle à l'Allemand plus qu'à vne autre Nation. Encor qu'il y en aie de plus courtoiſes & debonnaires, aux affligez meſmement que les autres. Car la populace d'Angleterre n'a de rien mieux receu les autres Frāçois. Voire qu'outre ce que la pluſpart y a eſté miſe en pourpoint & deualiſez de toutes choſes par les Anglois : ils y ont eſté ſi indignement traittez que ſans mettre en jeu la miſere de la priſe & cruauté des meurtres qu'on a fait de pluſieurs d'eux ſur la mer : ils ont beaucoup plus grande occaſion de ſe plaindre d'eux que les autres n'ont des Allemans. Et pour ſainement juger de ce que deſſus, Tout cela ne vient tant du naturel de la miſere, que de l'vniuerſelle corruption des hommes. Car comme tous les chiens ſautent ſur celui auquel les autres abayent: auſſi l'homme miſerable & affligé par quelques vns, eſt meſpriſé des autres & peu à peu haï de tous qui en fin ſe diſpenſent de le pourſuiure comm'ennmi : & notamment les exillez & ſuitifs de leur païs quelque occaſion qu'ils aient de ſortir hors la terre qui leur eſtoit naturelle. Pourquoy cela ? C'eſt que l'homme eſt malin & meſchant de ſon naturel eſtant corrompu dés le ventre de ſa mere. Conſequément nous ſōmes tous prōpts à preſumer que les fuitifs ſont pour leurs demerites & forfaits exilez de leur païs, plus qu'à nous enquerir de l'occaſion de leur ſuite.

Banis ou fuitifs pourquoy ſont meſpriſez de tous, & ſouuent pourſuiuis comme ennemis.

Laquelle meſme ſi on nous la veut dire injuſte & meſchante: nous ne la croirons telle. Ains aimerons mieux nous perſuader ce que le naturel de la miſere apporte d'elle meſme, qui eſt que l'homme eſt tombé en telle diſgrace par ſa faute. Ne pouuans croire que les hōmes ſoient ſi meſchans que de faire vn tel tort à autrui ſans bonne occaſion: que de ſouffrir la verité nous eſtre deſcouuerte pour la juſtification des affligez leſquels ordinairement ſont pluſtoſt reputez menteurs que veritables en leurs diſcours. Mais ſans nous engager plus auant au prejudice de notre hiſtoire, reprenons les erres de nos fuitifs.

De ceux qui engagez au cœur de la France n'auoient le temps, les moiens ou la volonté de paſſer outre: aucuns flechirent le genouil à leurs ennemis & firent ce qu'on leur commanda. Les autres ſ'eſgarans qui çà qui là ſe tindrent cachez : juſques à ce que le temps leur euſt ouuert vn parti qu'ils peuſſent ſuiure : qui fut de ſe retirer és villes eſquelles, en peu de temps ils reſolurent à peine de leurs vies de ne ſouffrir aucun changement en la Religion, priuileges & immunitez qu'ils ſ'eſtoient maintenus juſques là. La Rochelle la premiere : l'exemple de laquelle fut bien toſt ſuiui par Sancerre, Montauban, Niſmes, Vſez & autres places que les Proteſtās ſ'aſſeurans peu à peu les vns auec les autres, ſurprindrent ſur les Catholicques.

Villes qui les premieres ſe reſoluent à la deffence.

Eſquelles

LIVRE TRENTEQVATRIEME. 145.

Esquelles plusieurs conillans encor par cy par là se jeterent deliberez de prandre la fortune & de courre mesme risque que les habitans d'icelles. Lesquelles en fin dedans peu de mois furent assiegées battues & furieusement assaillies par les armées Catholiques comme vous auez veu cy dessus & verrez encor à l'auenir.

Les Iugemens de Dieu, sont si grans & les accidens qui suruiennent au cours des choses humaines tant variables & inconstans: que l'homme ne sçauroit faire aucun dessein pour asseuré qu'il pense estre: qu'il ne le voie en trauersé de quelque occurrence qui luy retranche ou du moins retarde le cours de son entreprinse. Ie le dis pour les Catholiques lesquels estimans peu les moiens des Protestans: asseuroient le Roy que les rechappez des deuotions Catholiques, ne s'en releueroient jamais. Et de fait leur estat fut tel vn mois apres la journée S. Barthelemy: que tous ne se pouuoient vray semblablement asseurer de ne voir plus trouppes Protestantes qui leur fissent teste en ce Royaume: les Chefs d'icelles estās tous decedez en moins de huit jours. Les villes neātmoins les empeschent comme vous auez veu & verrez cy apres. Lesquelles toutesfois ne se sont resolués à tenir que apres auoir sceu la resolution de la Rochelle: laquelle leur dōna le mesme espoir qu'elle auoit, sçauoir d'vn grand & prompt secours qu'elle attendoit des refugiez en païs estranges, au moien du Haure auquel toutes nations peuuent aborder. Notamment de ceux qu'ils entendoient s'estre retirez és Isles & Royaume d'Angleterre. A ces fins ne tarderent à despecher messagers de toutes pars. Specialement en Angleterre, Holande & Allemagne où ils estimoient leurs Confederez s'estre retirez. Et mesmement à tous les Princes qu'ils estimoient fauoriser leur party. De fait ils dilligenterent si bien leurs affaires depuis le mois de Septembre, qu'ils eurent promesse de Montgommery & autres François d'vn bref secours auquel plusieurs Anglois faisoient estat de se joindre, encores que leur Majesté ny prestast consentement expres: leur suffisant qu'elle ny contredist expressément par deffences publiées sur les terres de son obeissance. Le Prince d'Orange ne leur peut aider pour estre tous ses vaisseaux & gens de guerre bien fort empeschez contre ceux du Duc d'Alue. Mesmemēt pour la prinse & deffēce de Mildebourg, Arlem & autres places. Biē les asseuroit il, que Mildebourg pris dont il faisoit estat: il les aideroit de toutson possible pource qu'il n'auroit plus affaire de tant de Nauires. Au moien que Mildebourg sien toute la Zelande seroit à sa deuotion. Moins encor receurent ils de faueur des Allemans qui ne peuuent sortir qu'à grans fraiz: impossibles à ces petites communautez. Et encor moins la Noblesse pour estre esparse & dissipée en mille endroits. Vn seul moien leur restoit donc haster le secours d'Angleterre à quoy ils n'espargnoient ny gens ny argent. Et encor moins les raisons & remonstrances qu'ils jugeoient propres à eschauffer la Royne & les Lordz d'Angleterre pour leur prester quelques secours. Comm'au semblable ils faisoient vers les François qu'ils craignoient encor rester estonnez de l'Orage Parisien.

Le sommaire des raisons & but de toutes les depesches des Rochellois, tendoit à les inuiter à reconoistre leur deuoir tant enuers la Religion que le pays de France. Aux fins de s'aller joindre à eux que le Roy menaçoit d'vn siege prochain pour la grandeur & heureuse yssue duquel, il faisoit estat d'y emploier toute sa puissance. Leur remonstrant en outre l'obligation qu'ils deuoient à tant de parens, amis & alliez qui chaudement poursuiuis par les Catholiques & n'aians eu loisir, ou moiens, ou la volonté de gangner plus auant pays: s'estoiēt retirez en ceste ville comme la plus seure & affectionnée retraicte de tout le Royaume. D'ailleurs qu'ils considerassent qu'à l'exemple de la Rochelle plusieurs autres villes & fortes places enclauées au milieu de la France auoient ja secoüé le jouc Catholique, principallement sous l'espoir que la Rochelle seroit promptement secouruë par ceux qui de France s'estoient retirez en Allemagne, Suisse, Frize, Holande, Escosse & Angleterre, au moien du Haure de la ville qui estoit encor ouuert pour receuoir par mer toutes les forces & moiens qu'on leur voudroit amener. Que si ces raisons ne les émouuoient comme plusieurs en auersstez mesmement ont moins de respect aux choses diuines, à la vertu, à l'honneur & autre loüable deuoir qu'à la crainte de perdre les biens, les Estats, les plaisirs accoustumez de la liberté charnelle & autres tels inconueniēs esquels ils doutent de tomber s'ils ne font leur deuoir: du moins qu'ils considerent que si aucun ne s'opposant à la violence des Catholiques, ceste ville & autres qui tiennent à sa faueur, perdues: Les ennemis viennent à triompher de leurs despouilles & se baigner de joye en leurs desastres & calamitez. Qu'eux or qu'ils soient plus esloignez

Les raisons pour lesquelles les Rochellois veullent persuader les François Protestans de les secourir &c.

des

Auril.
1573.

des coups feroient infalible perte non seulement de tous leurs biens & autres moiens de ce monde: Ains, si la distance des lieux leur sert de barriere pour ne voir, ils entendront bien tost que leurs femmes violées & prostituées en derision à l'incroiable lubricité des ennnemis: ne seront plus qu'esclaues de la tirannie des victorieux. Leurs enfans macquereaux de leurs infames paillardises & detestables montures de ceux qui n'ont conceu & dressé les preparatifs de ceste horrible tragedie: que pour se veautrer sas crainte comme pourceaux en l'orde infamie de leurs meschancetez ordinaires. Que c'est vn vray abuz & qui ne tombe qu'au cerceau des coions & lasches à tout vertueux deuoir, de se persuader que le Roy rassasié de tant de sang respandu par le meurtre des principaux de la Religion, pardonneroit aisément au reste de son poure peuple. Que c'estoit encor vne plus grand' folie (affin de ne dire meschanté à celluy qui n'aiant offencé, requiert pardon d'vn acte loüable à ceux qui veulent combattre contre Dieu & ses esleuz.) S'ils estimoient pouuoir moienner leur retour en France par vn asseuré pardon des choses passées: sur ce que les restez de tant de massacres; simples de nature & la plus part jeunes Gentilshommes, personnes volages, marchans & tels autres qui pour n'estre experimentez aux affaires de ce monde, se laissoient piper aux belles paroles de leurs Chefs: lesquels sous le masque d'vn bien public, d'vne liberté Euangelique, d'vn deuoir de conscience & deffence de la gloire de Dieu: les auoient attirez par le nez, comme buffles en toutes les entreprises qu'ils auoient dressé pour l'interest de leur particulier plus que du bien public. Il ne faut s'attendre là. Ains monter plus haut & s'asseurer que si les Catholiques se sont tousjours portez leurs ennemis par le passé: qu'ils feront encor pis à l'auenir pour en acheuer la race: non seulement sur ceux qui tiennent bon, Ains aussi en fin sur tous ceux qui, se laissent ainsi sotement amadouër à leurs ennemis. Les trois Paix si solemnellement faites: si Religieusement jurées par le Roy, son Conseil, sa mere & tous les membres & Officiers de la Couronne: si superstitieusement autorisées par les Estats: Côfirmées & publiées par les Courts souueraines qu'on nommé Parlements: Tant de promesses & juremens particuliers du Roy & de son Conseil d'entretenir les Edits de Paix moquées en fin: & aussi resolument violées que sils eussent deu receuoir vn grand guerdon de Dieu, pour auoir rompu si sacrée parolle qu'ils auoient donné aux Protestans: les deuoient bien asseurer qu'on ne peut plus en rien esperer non pas seulement desirer rien de certain & asseuré de la bouche du cœur, de la pensée & côscience des Catholiques. Veu mesmement quand il n'y auroit autre preuue que la maxime

Parolle &
foy violée
à plusieurs.

qu'ils tiennent tous. Et dont les Papes & Princes mondains font bouclier à tous ceux qui les reprennent de n'entretenir leur foy & promesse à eux donnée. Que la foy ne doit estre aucunement gardée aux hereticques. Ils nous nomment tels que nous les estimons. Comme l'exéple du Pape monstre euidemment au Concille de Côstance auquel Iean Hus & Hierosme de Prague furent bruslez tous vifs comme hereticques contre la foy tant du Papa que de l'Empereur Sigismond qui leur auoit outre ce enuoié amples saufconduits & garde suffisante pour les faire venir en toute seureté au Concille, qu'il disoit vouloir seulement oyr les raisons desquelles ils faisoient apuy pour le fondement de leur reformation. Et que feit depuis le Pape Leô dixiéme au Ducs de Ferrare & d'Vrbin, voire au Cardinal de Siene du titre de S. George sinon que l'estrangler en prison apres que sous sa foy reiterée & asseurance qu'il en auoit outre ce donné à l'Ambassadeur Espagnol: il le fust venu trouuer à Romme? N'en fit pas autant le Duc de millan predecesseur de François Sforce & Fernand Roy d'Arragon, à Nicolas Piquinin l'vn des plus excellens Cappitaines qui fust en l'Italie de son temps? Et Gonsalue le grand Cappitaine par le mandement du mesme Roy à Cezar Borgia Duc de Valentinois fils du Pape Alexandre, qu'il retint prisonnier au Chasteau de Naples? Comme se porta le Roy Loys vnziéme contre les Chefs qui sous le bien public luy auoient fait la guerre auec le Comte de Charrollois? Mais sans cercher les exemples plus loin qu'à notre porte, Castelnau Briquemaut, Ville-mongy & autres Gentilshommes en l'an mil cinq cens cinquante neuf ignorans les faits & exemples anciens: se laisserent-ils point lourdement tromper pour auoir aussi tost les testes tranchées à Amboise? Quant à eux, ajoustoient ils; n'vsoient de tant de parolles, n'enuoient si souuent lettres sur lettres simplement pour les attirer & rendre participās d'vn mesme desastre qu'est celluy qui les menace sils ne sont promptement secouruz. Et encor moins pour se resjouyr comme on dit en commun prouerbe, d'auoir compagnons en leur misere. Mais la gloire de Dieu de laquelle comme seruiteurs de sa Diuine Majesté, ils doiuent

non seule-

non seulemēt desirer entant qu'en eux estoit l'auancement & grandeur: ains aussi inciter pour leur deuoir vn chacun à faire le semblable; puis qu'ils sont tous à vn Maistre: tous membres d'vn mesme corps: & freres en vne mesme Eglise. Dauantage pour la seureté de leur vie en particulier. D'autant que l'asseurance d'icelle sera lors veuë, qu'elle sera inseparablement jointe à la leur. Et par ainsi commune & generale à tous les poures fideles disperfez sous la tyrannie de leurs ennemis. Outre ce pour le bien du Royaume qui autrement s'en va ruiné. Pour l'Estat du païs, & signamment de ceux qui tant de fois si & quand ils en ont esté requis: ont ouuert leurs portes pour le repos & seureté de tous ceux qui poursuiuis pour le nom de Dieu vagoient çà & là comme brebis esgarées hors le lieu de leur naissance. Vray est que reconoissans ce qu'ils ne peuuent nier, confessent à leur grand regret qu'ils sont le peuple plus haï, plus detesté & plus animeusement poursuiui par le Roy & les Catholicques de France, qu'autres qui soient en tout le Royaume. Mais desirent aussi qu'vn chacun s'asseure qu'ils monstreront par effet quand Dieu les reduisant à l'extremité voudra faire preuue de leur constance: Que s'ils pensoient racheter l'asseurance, le bien & le repos de leurs freres par le hazard de leurs vies, voire l'effusion de la derniere goutte de leur sang: ils voudroient prier tous refugiez és païs estranges, & autres restez en la France qui ne se sont encor souillez és ordures des ennemis: de demeurer en leur estat. Tant s'en faut qu'ils les vueillent precipiter en vn plus grand danger que celuy duquel ils esperent auec l'aide du Ciel, sortir à leur honneur: Si tous ceux qui ont vn general & particulier interest au bon & mauuais euenement de ces guerres: cooperent auec eux au progrez & execution d'vne si loüable entreprise.

OR pour mieux vous faire entendre comme, en quel pays & à qui ces remontrances furent enuoiées: me semble necessaire de vous faire premierement voir l'Estat de ceux à quelles s'adressoient: & les moiens qu'ils tenoient pour accomplir ces requestes Rochelloises. Il vous faut donc sçauoir qu'en ce temps & depuis le Nouembre 1572. jusques au quinziéme Feurier de l'an suiuant; les François Protestans, nommément les Normans & ceux qui pour les fins que dessus, estoient sortis de la Rochelle pour mieux se recompenser des pertes receuës; pour mieux affoiblir les Catholicques de tous leurs moiens, & se preparer au secours des Rochellois: conclurent de tenir pour ennemis tous ceux qui faisoient profession d'autre Religion que de la leur, de quelque Estat ou condition qu'ils fussent: Et s'estimans vser du droit de guerre s'ils incōmodoient l'ennemi en quelque façon que ce fust: estendirēt l'effet de leurs desseins non seulement à tous François pour Nobles, marchands ou autres quelques paisibles qu'ils peussent estre des Catholicques: mais à toutes Nations, fors qu'aux Anglez & ceux qui par bon congé leur feroient foy du Prince d'Orenge leur Confederé. Si bien que pourueuz de petits Nauires de cinquante à soixante tonneaux au plus, fourniz d'equipage, bons harquebuziers & prouisions ordinaires selon que le temps & la necessité leur permettoit: couroient sur la mer auec vn tel heur que peu de Nauires eschappoient leurs longues mains: auec tel ordre & moien touteffois qu'on pratique ordinairement és guerres marines. Car ils leurs crioient ou par vne vaine cononade, ou par vne grande huée ils leur donnoient le signal d'ameiner. Ce que le passant ne craignoit faire s'il estoit des Confederez. Car ils le laissoient aller à sa volonté. Que s'il ne vouloit mettre tout bas: prenant ce refus pour vn deffi de guerre, ils le saluoient de Canonades. Le cachant & s'approchans tousjours jusques à l'abordage, & fin du combat. Aussi n'y a si petit marinier qui ne sçache qu'il faut caller & ameiner à vn passant deuant vn Nauire de guerre en signe d'honneur & superiorité. Mesmes vn Pirate le doit faire passant deuant vn plus fort que lui. Et l'accommoder de ce qu'il demandera courtoisement. Tels sont les prerogatiues que la force & le temps ont acquis à ceux qui ont plus de moiens de se faire craindre. Ne doutez que les Grecs, Romains & autres vieilles Nations ne praticquassent le mesme sur la mer: encor que leurs trop simples & par trop oublieux Historiographes s'en taisent comme clercs d'armes. Lesquels ne doiuent oublier aucunes choses memorables qui nous peust donner l'entiere conoissance de leur Estat & forme de viure plustost que de charger leur pappier & perdre le temps à nous representer des prodiges, menteries, vaines trainées de parolles & mille autres telles fables mensongeres qui leur ont apporté plus de des-honneur que de proffit à la posterité. Telles estoint les façons de faire à ces Marins gens d'armes. Tellement qu'auoir bien rangué toutes les costes de France, Flandres, Espagne, Portugal & Angleterre: en moins de quatre mois ils eussent fourni tant en argent fait, que

Les François Protestans refugiez en Angleterre s'enrichissent des courses qu'ils font en mer sur toutes Nations.

marchan-

marchandises Latines, pour plus de deux millions d'or. Dont ils commençoient non seulement à s'accommoder pour subuenir aux necessitez presentes: Mais dresserent le front si haut: qu'ils osoyent esperer de leuer en peu de jours Armée de mer suffisante pour rompre la Royalle qui les attendoit à ché de Baye. Et outre ce auoir auitaillé & pourueu la ville de tout le besoin: tenir la rade & se porter Maistres de toute la mer, jusques à la fin de la guerre au merueilleux desauantage des Catholicques de quelque pays qu'ils eussent peu estre. Nomméement des Francez, puis des Portugais, Espagnols, Italiens & Flamens: Lesquels auoyent jusques là continué en toute seureté leur trafic ordinaire és pays bas: quand nombre des plus gros Marchans estrangers & domestiques d'Angleterre, voyans leur trafic rompu ou à vray dire bien retardé: s'estre plaints à la Royne & à son Conseil d'vne entreprise tant audacieuse que d'empescher le commerce & trafic à tout vn Royaume qui autresfois s'est attribué la Seigneurie de la mer sur toute Nations: firent en sorte par secrets moyens que charge & commission fut deliurée à l'Amiral Chlinton d'y pouruoir & netier la coste de ces Pirates & escumeurs de mer. Ainsi les nommoyent ceux qui leur portoyent plus d'enuie que d'amitié. L'Amiral d'ailleurs solicité par aucuns Anglez non moins faschez qu'vn tel heur continuast à gens si miserables qu'ils auoyent esté: que poussez d'vn desir d'auoir en peu de jours & sans danger ce grand tresor que les François s'estoyent moyenné auec vne non moindre longueur de temps que grand hazard de leur vie. (Car les Marchans ne sont tant simples que par le passé, d'entreprendre aucun voiage qu'ils ne soient equipez demy en guerre demy en marchandise: Si qu'aux abordages se voit ordinairement de beaux & furieux combats.) Ne se fist fort prier d'enuoier Holestot equiper deux Nauires. Dont l'vn dit l'Hirondelle estoit à la Royne de quatre cens tonneaux fort de bois & bié pourueu d'artillerie grosse & menuë (principalle force des Anglez qui n'abordent gueres. Ains menacent seulement de faire couller au fons si l'on n'ameine.) Lequel ne demeura long temps à sortir de la Tamise

Tamise principalle Riuiere d'Angleterre.

plus grosse & plus renommée Riuiere de tout le Royaume: non tant pour la multitude de ses eaux propres ny d'autres Riuieres qui se rendent à elle: que pour le renom de Londres: Capitalle & la plus belle ville du pays dedans laquelle ses eaux passent & au dessus se meslent au flus & reflus de l'Occean. Le montant duquel est la principale occasion de la grandeur de la Tamise. Laquelle de soi est si petite & reçoit si peu d'eaux à la suruenuë des autres Riuieres qui s'y deschargent: qu'à cinq bonnes lieuës de Londres qui sont dix mil du lieu: elle n'est plus grande ne si forte pour porter qu'Oise, Some, Dordonne, Vienne, le Tar ou telle autre Riuire commune de France.

Aussi tost qu'Holestot fut en mer: il descouure six equipages que François que Flamás confederez, Riches de cinq cens mil liures pour les prises qu'ils auoient fait les jours passez: à la rade des Dunes, desquels il enuoie prier les Chefs d'aller parler à luy. Tant pour le seruice de la Royne qui l'auoit là enuoié à ceste fin comme il disoit: que pour leur particulier leur faisant entendre qu'elle dressoit armée pour les remettre en France & conduire à la Rochelle. Mais aussi tost que joieux de ces faintes nouuelles, ils furent à bord de l'Anglez: Ils veirent tous leurs vaisseaux (aucun desquels ne fit resistance leurs Chefs absens) pleins d'Anglez qui s'accagerent tout. Et non contens du pillage enfermerent seize des Cappitaines en prison dans la chambre du contremaistre: aussi pourement traictez, que rigoureusement menacez d'estre tous jectez en l'eau auec reproches (pensant conuertir leur honneur en oprobre & vilenie) comm'ils estoient si audacieux d'attaquer auec petits nauirots de trente à quarante tonneaux ces grans vaisseaux de trois à quatre cent. Pource que le jour precedent vne barque de la Rochelle, de quarante tonneaux auoit pris apres vn long & cruel combat par la mort de dix ou douze, vne Hourque de trois cens tonneaux: en laquelle ils auoient trouué cent mil liures d'argent fait & plus de cent mil liures en vins d'Espagne, Muscadelle bastard, succres, espiceries & autres riches marchandises que les Catholiques aportoient d'Espagne. Ce qui leur fit d'autant plus porter impatiemment leur prison: qu'ils esperoient recueillir grádes commoditez d'vne si rare prise. Cóme Holestot eut ainsi commencé l'execution de sa charge: il se met à courre toutes les costes d'Angleterre. Et n'en fait pas moins à tous les autres Francez: qui le voulurent aussi legerement croire que les premiers. Car il ne fut pitoiable qu'à ceux qui pour auoir ouï le vent de sa rigueur: luy oserent monstrer par effet qu'ils ne le reconoissoiét pour tel qu'il se disoit. Et ceux la qui luy firent teste eschapperent seuls si animeuse poursuite: Ainsi les

Officiers

LIVRE TRENTEQVATRIEME.

Officiers soldats & matelots de l'Amirauté d'Angleterre partagerent la valleur de 2. millions d'or pour bien petite occasion disoient les poursuiuis. Car affin que je n'oublie les raisons qu'ils alleguoiēt pour leur deffence. A aucuns des Anglois mesmes ne treuuoiēt honestes n'y profitable à tout le païs telles poursuites. L'hōneur de toute la Nation ne demeure chargé par la faute de quelques particuliers. Ores qu'il y eust eu de la faute des Francez:ceux qui estoiēt estimez les plus fermes Protestās d'Angleterre (car les 2. tiers du peuple sont Catholiques & n'atendēt qu'vn chāgemēt pour faire voir qu'elle à jusques icy esté l'impressiō de leur cœur) disoient que ces degresseurs (ainsi les appellent les Francez) ne deuoiēt s'oublier si auāt que de les ruiner du tout attendu le temps miserable de leur exil : & banissement plus digne de pitié que de si rigoureuze punitiō. Quelque faute qu'aucuns eussēt peu faire sur le rauage des biēs estrangers. Et quelques meubles qu'aucuns d'eux osterent à l'Ambassadeur de la Roine d'Angleterre insciēmant toutesfois cōme vous entendrez. Mesmes quand ceux qui en furēt accusez auroient fait ce butin: veu le peu de valleur, & aussi que tant de gens ne deuoiēt porter la peine de la faute d'autrui. Tous hōmes non passiōnez, disoient ils, & qui jugent auec discretion dirōt que ces Officiers Admirallistes ne deuoiēt indifferēment saccager plus de 800. que Frācez que Flamans en 20. equipages qu'ils ruinerēt auec les Nauires mesmes : sans rendre chose qui soit que bien peu des plus chetis vaisseaux. Ains s'estre deuëmēt enquis & informez du fait: punir cōm'ils firent les coulpables & rēdre du moins les biēs aux autres & les prises à ceux à qui elles appartenoient. Ce qui les a contrains & dōné occasion de retourner à leur premiere vie & courre la mer cōtre toutes Nations: Soudain que par la liberalité de leurs amis ils peurēt se remettre en equipage & puis de rechef ont esté vollez par les mesmes Officiers qui semblēt les auoir voulu nourrir com'oisons en muë, pour en viure quand ils seroiēt bien gras ainsi que je vous diray cy apres. Ce qui leur faisoit croire qu'il y auoit autres occasions de les piller que le desplaisir receu de l'Ambassadeur volé. Voicy la verité du fait.

 Sur le cōmencement de Ianuier 1573. la Roine d'Angleterre enuoia le Comte Vuonster pour leuer au Cristianisme la fille du Roy de Frāce qui le mois precedēt s'en auoit enuoié prier par Mauuissiere. Quand il s'embarqua outre le Nauire auquel il estoit, 2. autres le suiuoient en l'vn desquels il auoit quelques meubles & hardes de chambre: auec lesquelles 3. ou 4. marchās François auoiēt mis quātité de marchādises pour les vēdre à Paris ou à la Court de Frāce. Le Comte ne se fust plustost embarqué à Douure qu'vn petit Nauire Rochellois qui estoit là prez à la rade: le vit à la voille & soudain apres pour prēdre les Frācez qu'ō disoit de jour à autre s'en retourner en France Catholiques ou Protestās qu'ils fussēt, s'il y alloiēt pour viure à la Catholique: ausquels ils faisoiēt plus de mal qu'aux autres. Le malheur des vns & des autres voulut que les soldats se trouuās sans Chef qu'ils auoiēt peu deuāt descēdu à Douure: aborderent ce Nauire marchāt cependant que le Cōte craignāt ces escumeurs, gangnoit la Frāce où il terra à sauueté. Quelques Anglez furēt tuez en la deffence du bord & les hardes du Cōte prises auec les marchādises des autres: l'Ambassadeur en fut aussi tost auerti lequel outre les plaintes qu'il en fit en Frāce, en dressa de telles à sa Majesté qu'elles ne retardarēt seulemēt mais apporterēt plusieurs autres incōmoditez au desseins des refugiez. Soit à ceux qui se preparoiēt pour se treuuer à l'armée qu'ō dressoit pour le secours de la Rochelle: Soit à tous autres qui retirez en ce païs pour y mener vie paisible & solitaire: preferoiēt leur repos particulier à tout auācemēt de la cause pour laquelle les autres querelloiēt si animeusemēt cōme vous entēdrez plus à plein par le fil de ceste histoire. Et pour n'oublier le jugemēt que plusieurs en dōnoiēt d'vne part & d'autre. Tous asseuroiēt l'audace trop grāde si l'on doit appeller vice ce qui se fait insciēmant, que de s'adresser à vn Ambassadeur & luy piller ces meubles. Voire que cela redonde au deshōneur de sa Majesté. Mais les autres maintenoiēt qu'ō deuoit cōsiderer l'ignorāce de ses soldats & le petit nōbre d'iceux. Car ils n'estoiēt vne 12. pour lesquels plus de 800. ont esté punis si auaricieusemēt, que plusieurs en craignēt la vengeāce sur ceux qui n'en peuuēt mais. Dauātage ce qui fut pris ne valloit mille liures & ont tesmoigné les Anglez que lēs Lords ont eu plus d'esgard à l'interest de sa Majesté qu'au dōmage receu: falloit il dōc, disoiēt les prisonniers, perdre 2. milliōs d'or pour si peu? Et qu'il leur sēbloit plus grief, retarder voire rōpre l'entreprise qui se faisoit pour le biē & hōneur de la Courōne d'Angleterre cōm'aucuns François desesperez se vātoiēt d'esja? Outre ce l'Ambassadeur à plusieurs fois tesmoigné, qu'il ne se vouloit rēdre partie contre les accusez: aussi poursuiuis par le fisc & personne publicque. 9. ou dix

Ambassadeur d'Angleterre vollé.

Auril.
1573.

expierent par leur col la faute de leurs cōpagnons abfens, ou qui en efuiterent la punition par faueur. Car biē qu'ils ne feuffent que 12. ou 15. au fait: Si eſt-ce que tout l'equipage fut ſi curieuſement recerché qu'encor qu'il miſt le Nauire au fons & ſe fourraſſent en diuers equipages pour n'eſtre connuz: Si furent ils treuuez preſque tous & pluſieurs pendus par leurs compagnons meſmes: qui faute de Bourreaux garentirēt par ſi villain acte leur vie du dernier fouſpir en l'Iſle de Vuich. Ils diſent donc que la friandiſe de ſi grandes richeſſes accōpagnée d'vne enuie que pluſieurs portoient au bon heur de leur trouppe ſi miſerable: ſous le pretexte de maintenir tant l'hōneur de ſa Majeſté que celuy du Royaume & le proffit de tous les ſujets: par la continuation du comerce & traffic de marchandiſe qui ſans doute eſtoit empeſché par ces Pirates Francez: à fait par les moiens de ceſte cource d'Holeſtot & autres: qu'vne autre fois peut eſtre tous bannis & fuitifs de leur païs pour quelque cauſe que ce ſoit: apprendront par l'exemple de ceux cy à ne faire, ne dire choſe deſplaiſante à ceux entre leſquels ils ſe retirent a-

Deuoir des Bannis & Fuitits.

uec atente de quelque plaiſir d'eux. Outre ce de n'entreprendre & moins executer choſe dont la fin ne ſoit autoriſée & aſſeurée à ceux qui l'entreprendront. C'eſtoit choſe bien mal preueuë à leurs Chefs & autres de qui les Frācez fauouoient: d'entreprandre de courre la mer, d'Angleterre meſmement ſans eſtre aſſeurez que leurs priſes ſeroiēt appreuuées, receuës & debitées au païs qu'ils s'eſtoiēt imaginé leur deuoir eſtre aſſeurée retraicte. S'ils euſſent eſté ſages ils ſe fuſſent reiglez à l'exemple des François qui aux troubles de l'an 1568. juſques en l'an 1570. receurent preſque ſemblable & auſſi rigoureux traictement des Anglois qui leur faiſoient perdre la plus part de leurs priſes. Les forçans au reſte vendre à vil pris celles qu'ils leur permettoiēt vēdre apres que pour le congé ils en auoiēt receu le plus beau & le meilleur. Mais nous ne ſerōs jamais bien auiſez qu'apres le fait. Le Frāçois cōmence & pourſuit toutes choſes aſſez heureuſemēt mais faute d'arreſt & diſcretion: il ne preuoit ordinairemēt la fin de ſes deſſeins. Si bien que ceux qui ne courēt ſi legeremēt en beſongne cōm'entr'autres l'Italiē & Eſpagnol: y procedans auec vne meureté de jugement & cerueau plus raſſis que nous ne faiſons: raportent

Comme les François refugiez en Angleterre ſe deuoient porter.

plus d'hōneur & proffit de leurs entrepriſes que noſtre Nation n'a fait juſques icy. Et diſoient pluſieurs que ſi le Frācez euſt eſté aſſeuré par le cōſeil de la Roine cōm'il eſtoit bien aiſé du cōmancemēt: Et qu'au reſte il ſe fut fait aimer des premiers cōme il en auoit le moiē auec tāt de richeſſes: il euſt fait ce qu'il euſt voulu en ce païs la. Autremēt qui voudroit contreuenir à ces 2. points il faudroit eſtre de telle cōdition qu'eſtoiēt à ce qu'ō dit les fuitifs de Troye qui deſcendirent ſi forts en Italie qu'ils ſ'impatronirent peu à peu demi par force demi par amour d'vne bonne partie du païs qui les auoit receuz. Mais tel exēple ne doit & ne peut eſtre ſuiui. Ains pluſtoſt ſe faut mirer à celuy des Allemans qui forcez de guerpir leurs maiſons par les rigoureuſes pourſuites des Eſpagnols ſous faueu de Charles 5. Empereur lors des guerres Ciuiles d'être luy & les Proteſtās ſous Iean Federic Duc de Saxe & le Lantgraue de Heſſen: & refugier en Angleterre ſous Edoüard 6. Se cōtentoiēt de viure ſujets aux Loix & couſtumes du païs. Mais le Francez impatiēt de repos & qui ne ſçauroit porter ſon aiſe quand on la luy voudroit donner: ne peut durer long temps en vn Eſtat: que variable & inconſtant comm'vne femme il ne remuë quelque nouueauté: qui luy tourne ordinairement plus à ſon deſauantage que proffit & honneur. Ainſi furent accommodez ceux qui ſous les hazardeuſes faueurs de la mer: ſe penſoient releuer de leurs pertes anciēnes.

Le Cōte de Montgómery ſort de la France va à Gerzay puis en Angleterre moiēne ſecours aux Rochellois.

Peu de tēps deuāt que les Anglois paſſaſſent le temps à degreſſer les Frācez: Et lors que les fuitifs du chāp de la fleur de Lis cōmençoient à gouſter & ſe repaiſtre peu à peu de la Piraticque à laquelle il ſembloit que la neceſſité les auoit mariez: Le Cōte de Montgómery aiant eſchapé la deuotiō des Matines Pariſiēnes, par la viteſſe & lōgue alleine de ſa Caualle, quelques jours erré incōnu pour la chaude pourſuite qu'ō faiſoit de luy en tous endroits, ſur les confins de Normādie: Puis paſſé à Gerſay & y auoir demeuré auec Coulōbieres (qui peu apres retourna en Frāce ſous l'aſſeurāce que le Roy lui enuoia de la liberté de ſa cōſciēce & ſeureté de ſa vie) & pluſieurs autres courās meſme fortune juſques à ce qu'il y euſt veu ſa fēme, enfās & le plus beau de ſes meubles: paſſa en Angleterre ſur la fin de l'ā 1572. où auoir fait la reuerēce à la Roine Elizabeth. (Laquelle faiſat ſō progrez, ſejournoit lors à Amptōcourt le plus agreable ſejour de tout le païs) cōmēça la pratique du ſecours auquel les retirez en la Rochelle, l'auoiēt animé dés qu'il demeuroit aux Iſles. Si que pour dreſſer les preparatifs d'vne armée de mer, auoit ja enuoié par les Haures & autres endroits d'Angleterre ſignifier la reſolutiō des Rochellois. Et

LIVRE TRENTEQVATRIEME. 148.

auec le desir, le besoin qu'ils auoiēt d'estre secourus d'eux. Mais cōme il s'eploioit de jour à auter tant vers les Anglez que Francez refugiez, pour sçauoir la volōté, l'Estat & moiens de tous ceux qui voudroiēt estre de la partie. Nomēemēt de ceux ausquels il auoit dōné cōgé par escrit de faire la guerre sur mer en son nō & profit de la Cause qui leuoit le 5.e de chacune prise: L'incōueniēt que dessus luy fut assez tost raporté. Tellemēt que ce fut à luy selō les prieres que les detenus prisōniers luy en firēt aussi soudain: de se trāsporter en court & supplier la Roine auec son Conseil de cōmāder aux Officiers de l'Amiral, les deliurer tous auec ce qu'ō leur auoit osté s'ils se trouuoiēt exēpts de ce qu'ō leur imposoit. Nomēement ceux qui faisoiēt Estat de l'accōpagner sur mer. Mais il treuua les oreilles du Cōseil si fort estouppées du prejugé qu'en auoiēt fait l'Amiral & ses gēs: qu'impossible luy fut d'estre secouru de plus de 60. Encor apres vn lōg tēps qu'on emploia sur les informations du vol de l'Ambassadeur & tous deualisez, sans armes ne autres moiens de se jeter sur mer. Ce qui luy vint fort mal a point. Car sans ce desastre il esperoit leuer 1200. harquebu. Francez, tous aguerris & de pied marin. Lesquels assistez d'autāt de mariniers la plus part desquels sont soldats pour le jourd'hui & de pareil nōbre d'Anglez: luy eussent fait vne armée pour se faire craindre sur toute la mer. Se voiant donc frustré de cet endroit: mit toute peine de recōpēser ce deffaut par vn plus grād nōbre d'Anglois: A quoy effectuer y emploia toute la faueur des alliāces qu'il auoit parauāt cōtracté en ce païs & autres habitudes acquises de lōgue main. Lesquelles accōpagnées de la pitié & cōpassiō qu'il proposoit à tous les Lords du païs: & de la merueilleuse charge de butins qu'il metoit aux yeux de tous Anglez qui le suiuroient: fit en sorte qu'il eut espoir des plus grans de leuer de dix à douze mil Anglez equipez, embarquez & fournis de tout le besoin d'vne guerre aux propres frais des Lords qui s'offroiēt de grāde volonté à l'effet de si haute entreprise. Laquelle sans doute eust sorti effet tel que les Protestās le projetoiēt: si les animeuses & iterées remōstrāces de la Mote Fenelon Ambassadeur pour sa Majesté Franceze: n'eust peu à peu esbrāslé le Conseil de la Roine: Et en fin tellement esmeu la Royne d'Angleterre, que crainte du deshōneur qu'elle acqueroit & tout le païs d'auoir rōpu la foy, la Ligue & Cōfederation si solēnellemēt jurée l'an passé à Londres & Paris deuant l'vne & l'autre Majesté: Non moins que d'vne guerre perpetuelle entre ces 2. Nations: fut resolu de ne dōner aucun secours au Cōte: ains seulemēt luy permettre de faire & cōtracter auec ses sujets ce qu'il pourroit en particulier: declarāt ne vouloir empescher ses sujets de procurer leur bien & proffit particulier non plus qu'elle n'entēdoit nuire en aucune sorte de ses moiens à la Courōne de Frāce. Pour mieux esclarcir la matiere: & d'vn mesme trait proffiter à nostre posterité: me semble bon d'inferer icy les principalles raisons alleguées d'vne part & d'autre pour auācer & empescher l'effet de ceste entreprise. De la part des Protestans cōme demādeurs & les premiers en querelle: outre les raisons cy dessus recitées cōme Generalles à tous ceux desquels ils imploroiēt l'aide & faueur: aucuns en presenterēt & en auoiēt ja presenté à la Roine deuant l'arriuée du Comte de plus particulieres & plus expresses pour le tēps & Estat de sa Couronne. L'Ambassadeur d'autre costé proposoit cestes cy tant au Cōseil qu'à la Roine en particulier & priuemēt à chacun de ceux qu'ils estimoiēt auoir plus de voix & d'autorité au Cōseil. Sās doute si les premieres eurent quelqs forces d'eschauffer le peuple & la plus part des Lords Anglez: les dernieres furent mieux & plus soigneusement pezées au cerueau des plus aagez. Lesquels se cuidans asseurer au changement qui pourroit auenir non seulement à la Couronne mais à la Religion & Estat d'Angleterre: Se pensoient moiēner vne faueur contre toutes les disgraces qui pourroient auenir à ce Royaume: elles furent en somme de tel poids & gangnerent si auant que tous ceux qui auoient l'entreprise du Comte à cœur & qui estoiēt presque resolus de luy aider de tous leurs moiens comme j'ay dit ailleurs: furent par la deffence de la Royne tellement refroidis qu'on n'en ouyt oncques plus parler. L'entreprise neantmoins ne laissa de sortir effet tel que vous entendrez.

Or auoient desja les Rochellois fait sortir à diuerses fois plus de 20. barques à la veuë des Catholiques lesquels cōmandoiēt & au canal & à la rade de Ché de Baie Au moien que portées d'vn bō vēt qu'elles attēdoiēt premier que partir, elles estoiēt par surprise plustost passées hors leur veuë qu'ils n'auoiēt le loisir de virer au cabestā & leuer l'ācre pour faire voille à la suite de ces legiers vaisseaux. Aucuns desquels estoient enuoyez au Cōte pour l'auertir de leur Estat & fournir aux preparatifs d'vne armée. Les autres pour prendre ce qu'ils pourroyent de prouisions sur l'ennemy, & soudain rentrer en ville à la faueur d'vne telle surprise ou d'vne

Tt ij.

Francez de-grellez en Angleterre comme deliurez.

Le Comte de Montgōmery refuse du secours & pourquoy

Auril,
1573.

grande marée, & fort vent qui les pourroit pousser dans la ville pour la crainte que viures ne manquassent à soustenir l'effort d'vn si puissant siege Royal. Surce le Comte de Montgommery asseuré que ceste place enleuée & le Haure bouché, tout moien & espoir de rentrer en France seroit osté à luy & à tous les sortis du Royaume: Resolut de haster son enteprise le plus qu'il pourroit. Esperant que le fruit de sa dilligéce s'il secouroit la ville à temps & à son besoin: pourroit suppléer au peu de force qu'il y meneroit. Pource asseuré de la pluspart des Chefs Francez qui auoient pourueu leurs soldats & Mariniers selon les moiens que les deputez de la Rochelle leur auoient eslargi, par l'emprunt qu'ils auoient fait de quelques deniers qu'ils auoient pris au nõ du corps & Colliege de la ville en vertu de la procuration qu'ils auoient à cet effet: dóna à tous le Rende-vous à Plemhue & Falmhue 2. beaux Haures d'Angleterre tirãt au cartier d'Oest ez confins de Cornoaille: Pour de là partir au premier vent qui se presenteroit fauorable à son dessein. Si bien que la pluspart des François, auoir fourni au Rendez-vous, firent vne armée de 50. à 60. voilles dont les 40. estoiét Nauires de guerre. Les dix plus grans Anglois, le reste Francez. Mais la pluspart petites barques de 50. à 60. tõneaux presques toutes à diuerses fois sorties de la Rochelle pour haster le secours que le Comte promettoit à ceux, qui pour les mesmes poursuites s'estoient retirez en ceste ville. L'Amiral où estoit le Côte nõmé la Prime Roze de 3. à 400. tonneaux, auoit esté vendu par la Royne à vn Marchant sien sujet qui à son desceu en auoit accõmodé les François. Pour lesquels elle disoit à l'Ambassadeur n'entédre preiudicier à l'accord & confederation solennellement faire & jurée auec le Roy de France. Le Vic'amiral où estoit Champernon gendre du Côte estoit de 250. tonneaux & les autres Nauires Anglois presque de semblable portée, leur auoient esté louëz pour argent par quelques particuliers du païs qui moiénãt sõme de deniers les auoiés equippez en guerre. Mais en sorte que la Roine pour mõstrer sa bõne volonté à maintenir la Paix auec le Roy de France: ne voulut oncques permettre qu'aucun vaisseau portast piece de bronze. Ains toutes de fonte de fer qu'on nõme Vreteuil qui ne sont de beaucoup si auantageuses que les autres. Et dauantage les Rochellois au nom, dilligence, peine & frais, desquels tout se manioit: ne peuuoiét par contract fait auec les Anglois se seruir des Nauires plus de trois mois pour le pris accordé entr'-eux: s'ils ne bailloient vne plus grãde somme les trois mois passez.

Quel secours la Royne & les Anglois dõnent aux Protestans François & auec quelles conditions.

Armée de mer des Protestans François pour entrer en la Rochelle & la deliurer du siege Royal

L'EQVIPAGE estoit de huit cens harquebuziers François: y comprenans tant ceux qui estoient sortis de la Rochelle principalle force de ceste armée: que les autres que le Comte auoit leué par l'Angleterre. Lesquels presque tous se rengerent sous les Enseignes de son fils, le Cappitaine Lorge, Languillier, Berre le jeune, Paiet, Maison-fleur, la Meosse, les Mausonnieres, Nepinuille, & autres Chefs: de vaisseaux auec la compagnie de ses gardes qui estoient de cinquante soldats auquels il donna la plus part des mousquets à fourchette que les Deputez de la Rochelle auoient fait faire à Londres. Les Nauires François pouuoient auoir autant de matellots & mariniers de combat: desquels on se sert aujourd'huy à l'abordage des Nauires où les mariniers entrent souuent des premiers tant parce qu'ils sçauent plus dextrement jetter le grappin, arrester le vaisseau, manier les cordaiges, porter le corps aussi tost que la main aux aubans & en tous maneuures auoir le pied plus legier, plus marin & asseuré que les soldats: qu'aussi que par vne longue vsance de guerroier, ils ont esté depuis peu de temps pratiquez, presqu'aussi bons guerroieurs sur mer que les soldats mesmes. Les Nauires Anglois deuoient fournir quatre cens Auxilliers: presque tous picquiers & flechiers ayant plusieurs d'eux le corselet fourny de toutes pieces. Mais d'autant qu'on à trouué par experience que telle sorte d'armes sert aujourd'huy plus à la deffence qu'à l'offencifue. Et que les picquiers chargez de long boys & lassez de si pesantes armes sont du tout inhabilles à frãchir le bord de l'enemi: le Côte leur auoit dõné nõbre d'harquebuziers François qui deuoyent les premiers sauter à bord. Leurs Chefs estoient le jeune Vuinter, le jeune Pouluretot, le jeune Margan duquel l'aisné ces jours passez auoit mené en Holande quelque centaines d'Anglois au seruice du Prince d'Orenge. Edoüard Eguieus Fainard & qui conduisoient la barque de Brigiesse & Chef de la Carracque laquelle à son retour à Porsemhue brusla depuis auec grande perte d'hommes & de ce qui estoit dedans par la faute d'vn Page qui laissa indiscretement tõber le mochoer d'vne chandelle sur la poudre à Canon qui estoit sous la chambre du Chef. Morgan auoit leué vne Compagnie de deux cens Anglois picquiers presque tous corsellets. Lesquels furent distribuez tant à l'Amiral où il estoit qu'aux autres mandez du païs. Le reste des Chefs Anglois n'auoient que l'equipage ordinaire de leurs vaisseaux. Le surplus des Na-

LIVRE TRENTEQVATRIEME. 149.

uires estoient equippez en marchandise: entre lesquels aucuns estoient destinez à porter les prouisiõs d'armes, poudres, boulets, farines, bleds, biscuits & autres prouisiõs que les Deputez auoient fait pour munir la ville de tout ce qui lui estoit necessaire. Outre lesquelles prouisions y auoit plusieurs Anglois qui sous la faueur & en queuë de ceste armée, portoient autant de marchandises qu'ils estimoiët necessaires à telle ville. Où ils deliberoiët charger vins & autres commoditez qu'ils pourroient trouuer pour le retour en Angleterre: si le passage eust esté ouuert & le traffic fauorisé d'vne telle armeé que ceste cy. De l'ordonnance, signal & forme quelle tint tant à son voiage, qu'à se presenter au combat: me semble expedient de vous parler premier que passer outre: affin de ne laisser chose necessaire ou remarquable qui vous peust esclarcir tout le progrez de ceste entreprise.

LA disposition que le Comte auoit prescrit à ses Nauires pour le combat de mer, fut prise sur le raport qu'on luy fit de l'Estat & force de l'armée Catholicque. De laquelle plusieurs sortis de la Rochelle & autres qui s'estoient retirez de ceste armée, luy auoient fait le recit. Par lequel cõnoissant ses vaisseaux plus foibles de corps, moins pourueuz de soldats & pieces à feu: Mais plus en nombre, meilleurs Mariniers & bien resolus: Ordonna que moins de trois n'aborderoiët vn Nauire. Ains selon la force de tous ses vaisseaux: peu ou plus se jetteroiët sur vn des Catholicques ausquels ils seroient guidez. L'Amiral ou commandoit le Comte, assisté des Capitaines Pajet & Morgan auec deux cens harquebusiers François: choisit cent picquiers corsellets, Anglois secondés par Fainard, qui auoit vn fort Nauire de cent tonneaux bien artillé & pourueu de bõs picquiers, entremeslez de quelques harquebuziers, tiercé par Iean Pic qui cõmandoit à vne Carauelle du port de soixante tõneaux ou y auoit quarante harquebuziers sans les Mariniers, deuoient aborder l'Amiral Catholicque. Non tout à vn coup ains se secourans l'vn l'autre comme je vous diray. Le Vic'amiral ou commandoit Champernon auec Languillier & le jeune Fainart auec quelques autres Chefs François, vintcinq harquebuziers de la Nation mesme & d'autant d'Anglois picquiers, outre quelque douzaine de Gentilshommes Anglois qui auoient suiui le Vic'amiral, deuoient fournir à la seconde charge secours de la barque de Briglesse Angloise de deux cens tõneaux biē pourueuë, & du Capitaine Iean Boisseau Amiral des Rochellois que son frere Roulet Boisseau suiuoit au mesme hazard. Quatre autres Nauires auoient la troisiéme charge sur le troisiéme Catholicque. Et ainsi du reste consecutiuement qui tous deuoient tapper à bord aussi tost qu'ils auroient veu l'Amiral meslé entre les ennemis. Car telle est la forme de long temps vsitée au combat de mer, que l'Amiral monstre par effet exemple de bien faire aux siés. En sorte toutesfois qu'vn des trois de chacune charge premier que l'attaque se fist, coullant sur le Nauire ennemy: Luy deuoit enuoier sa vollée pour luy faire jetter la sienne & ses harquebuzades. Et à mesme instant les autres deux ou trois Nauires associez à la charge, deuoient l'aborder aussi tost que l'ennemi auroit jeté son feu. Non pas tous ensemble mais les 3. Nauires fournissãs l'vn apres l'autre de tous leurs soldats & meilleurs Mariniers au plus grand qui seroit ja abord cõbatant l'ennemi. Ce qui fut ordõné pour euiter la cõfusiõ si tous les 4. Nauires eussent agrafé le bord d'vn seul Nauire tous ensemble, ils se seussent aussi tost entreblecez qu'ils eussent offencé les ennemis. Aussi n'est ce pas l'vsance d'aborder ez deux costez. Ains d'vne bande seule & sur la hanche du Nauire. Or pour mieux asseurer ce que dessus, fut auisé que chacun porteroit vne Banderolle blanche à son artimõt de derriere. Outre les enseignes, banieres & pauillons, guidõs, cornettes & autres marques de liurées, desquelles on est coustumier d'embellir les vaisseaux qui font voille. Que si pour le cõbat ou autre occurrence l'Amiral plus auancé que sa troupe, vouloit qu'ils vinssent à luy: il promettoit desleuer son enseigne à son Besle entre Lartimon, & son grãd mast. Et tirer vne Canonade pour estre mieux suiui de nuit. Et affin qu'aucun ne s'esgarast faisant fauce route: il portoit le feu sur son derriere qu'on descouuroit de bien loin. Poursuiuant le voyage dés le matin tous passoient sous le vent de luy: le saluãt de quelques pieces pour sçauoir s'il ne leur vouloit rien commander. Le soir venu tous se mettoyent au vent de luy: pour en receuoir les commandemens de la nuict. Tels estoyent les honneurs & marques de son Amirauté: auec le grand pauillon de croix rouge sur champ blanc, esleué sur le baston du grand mastereau du gros mats. Et pour difference le Vic'amiral & autres laissoyent voltiger le leur, sur le haut du mast de deuant. Quant aux autres marques & signals qu'on donne pour obuier qu'aucun Nauire ne s'esgare de la trouppe: ou qu'on ne face vne fauce cache sur celuy qui seroit par quelque

L'ordre qu'on deuoit tenir au cõbat.

Forme d'abordage.

Les signals que les Nauires auoiēt pour le voiage & s'entreconnoistre les vns des autres entre les ennemis

Tt iij.

Auril.
1573.

accident trop esloigné des autres : fust commandé que celuy qui se verroit par quelque accident poursuyui par vn autre qui connoistroit ; d'amener son grand bourset de hune, & l'ayant reguindé le remettre soudain bas. A quoy respondroit le poursuiuant ameinant le sien aussi tost qu'il auroit eu connoissance de l'autre. Que si tel ou autre accident suruenoit de nuict : celuy qui dependroit sur l'esgaré monstreroit le feu à sa grande hune. Et l'autre luy respondroit de deux. Autrement qui faudroit à cela se soumettroit paisiblement à la rigueur du droit de la marine. Ayant donc chacun Chef promis & juré tant à l'Amiral qu'entr'eux mesmes de fournir à toutes ces Ordonnances & se tenir tousjours prest les vns des autres au vent de l'Amiral, que tous deuoyent suiure comme Guidez par le plus beau Nauire de l'armée : Partirent sur ceste resolution de Falmhue le seixiéme Auril Mil cinq cens septante trois sur les trois heures du soir, poussez d'vn Norouest qui leur seust si fauorable qu'auoir ce mesme jour receu les Nauires de Bristou en haute mer le dixneufiéme, ils descouurirent sans aucun empeschement en leur route, la ROCHELLE auec les costes prochaines de tout le pays presque couuertes de peuple qui venoyent voir l'issue du combat auquel tous s'asseuroyent : Et tout le Haure de ceste ville bouché en deux endroits pour leur empescher l'entrée. Car Monsieur sçachant le dessein des Protestans & qu'ils estoyent resoluz de combatre son armée & entrer en la ville qui leur demandoit secours : Employa tous ses moyens pour rompre coup à tout ce qu'ils s'estoyent Imaginé : mesmement au combat & a l'entrée. Or pour vous le donner mieux à connoistre je vous representeray le Haure & toutes ses auenues. Il est grand & large & assez preffond d'eaux : long d'vne lieue depuis ché de Baye à la ville. Outre laquelle il court vn demy quart de lieue apportât mille comoditez aux passages d'oleroir. A l'entrée des deux pointes de Courcille & Ché de Baye qui sont deux pointes presque vis à vis l'vne de l'autre : Il a de largeur demie lieue qui est vn mil d'Italie & Angleterre, puis il ccourt a la ville s'estresissât tousjours si peu neanmoins qu'il a pres d'vne lieuë à la portée de l'harquebuze qui sortiroit de la ville. Ce n'est tout que la grand mer Occeanne quand vous passez Courcille ou ché de Boys ainsi nommé le mot corrompu par le vulgaire pour Ché de Baye pource que cet endroit est la teste, commencement & entrée de ce Haure qu'aucuns nomment Baye en terme de marine. Or qu'il soit si long & large, tous Nauires neantmoins n'y peuuent pas entrer & mesmes on n'y peut pas descendre par tous endroits. Car il y a vn canal qu'il faut tousjours suiure mesmement à morte & basse mer : autrement si vous pensez aller deçà ou delà vostre vaisseau touchera. Vray est que ez grandes marées & ez pleines Lunes, la mer y jette tant d'eaux qu'on y peut aller seurement si le vent est propre : Monsieur donques pour se rendre Maistre du Canal & comander en tout temps ez deux costez d'iceluy : Fut conseillé d'entrauerser sur tout le Haure à demie canonade de la ville : vne haie de Nauires lesquelles enfondrées dans les vases l'vn à costé de l'autre & bien liez ensemble auec grosses chaisnes de fer fortes amarrées & puissans cordages bien goldronnez : empescheroient qu'autres Nauires ne peussent passer outre deça n'y delà de quelque costé que ce fust. Et affin qu'en grandes marées les petis Nauires ne peussent passer dessus : Il fit attacher & entrauerser aux mats de ces Nauires ; d'autres aussi gros mats attachez à iceux par des boucles de fer, lesquelles haussant & baissant selon l'eau & la hauteur des mars esleuez ez Nauires enffondrez selon le flot ou gisant des marées qui montent & descendent sans cesse : Seruoient en tout temps cõme d'vne barriere à tous ces quartiers. Puis pour empescher que les assiegez ne sortissent pour brusler ou autremét deffaire ceste pallissade : Il y fit venir de Broüage vn grãd & fort Nauire Venitié qu'aux 3. troubles le Capit. Sore Vic'amiral Protestãt auoir pris sur les Italiés en la Mâche d'Angleterre nõmé la Caracque de 7. à 800. tonneaux. Si que l'auoir rempli de pierres & cailloux, puis enfondré plus bas presque au bout de ceste haie de Nauires : y logea quelques canons. Pour l'asseurance desquels & garde de toutes ces auenues il y ordonna 2. Enseignes d'harquebuziers tant pour batre dedans la ville à coup perdu & en ruyne comme l'occasion se presenteroit : que pour descouurir par tout & commander à tous ces endroits. En sorte que les Catholiques s'y portans à son desir en ont beaucoup endõmagé la ville : Outre leurs saillies qu'ils leur ont deffendu d'entreprendre. Tellement qu'apres plusieurs efforts rendus vains par le soin & diligence des Gardiens ; force leur à esté de laisser la pallissade en son entier. Esperans que la trouppe de Montgommery rompant l'armee Catholicque, auroit puis apres ayseement raison de ces deux Enseignes : qui ne s'oppiniatreroient à leur ruyne. Ou qu'en fin quelque gros vent de Suroest soufflant à tempeste : l'esbranleroit de sorte que peu à peu tout s'en iroit à vau

Armée d'Angleterre s'approche de Ché de Baie

Description du Haure de la Rochelle.

La Chaisne ou pallissade de Nauires dont les Catholiques ont entrauersé la largeur du Haure de la Rochelle pour en deffendre l'entrée aux Protestans.

l'eau, contre les murailles de la ville. Sans doute la pallissade estoit si bien jointe & si forte, qu'il sembloit qu'autre effort ne la peust enleuer delà. Ioint la faueur qu'elle auoit des forts qui sont sur les deux costez de terre sur lesquels, s'estend l'armée Catholicque laquelle à vn besoin y peut enuoyer autant de pieces, d'harquebuziers & de Nauires mesmes qu'il en estoit besoin si l'on descouuroit quelque entreprise pour la deffaire.

CESTE armée estoit cõposée de 9. bons Nauires dont celluy, qui se nommoit Charles du nõ du Roy estoit le plus grãd de 4. à 500. tõneaux. Ce n'estoit toutesfois l'Amiral ains celuy qu'on appelloit le grand Biscain ou estoit Iean de Luz Vicomte Duzés Lieutenant de l'Amiral Marquis de Villars & commandant en ceste armée de mer en l'absence du Baron de la Garde. Ces vaisseaux bien pourueuz fors que de mariniers pour les raisons que je diray ailleurs : se tenoient d'ordinaire à l'encre selon que le vent leur promettoit. Car il y a des endroits pour rader à tous vents. Toutesfois l'Amiral auoit commandent de combatre à l'encre & se tenir coy sous la faueur de la coste de Ché de Baye : Pource qu'estant fort haute elle les couuroit de tous vents d'amont. Et nomméement de ceux qui estoient necessaires pour y amener les Nauires d'Angleterre. C'est pourquoy Monsieur entr'autres occasions, fut conseillé pour l'abry que ses vaisseaux receuoient sous la hauteur de cete pointe: de ne les faire combatre à la voile. Or pource que les Nauires n'estoient tousjours en vn lieu: ains selon le vent & occasion ; Ils alloient de jour à autre çà & là. L'Amiral auoit fait jetter autant de boyes en mer vis à vis de ceste pointe qu'il y auoit de vaisseaux : affin qu'à la premiere veuë des Protestans chacun vint promptement à sa mire pour se camper tous de front : chacune des six Galleres entre deux vaisseaux. Ce qui faisoit l'auantage beau des Catholicques, car tous leurs Nauires & Galleres en vne extremité se feussent aisément entr'aydez. Puis la pointe de Ché de Baye sur laquelle plusieurs pieces estoyẽt placées eussent battu & peut estre coulé à fonds auec les autres canonnades tant des Nauires que des Galleres : Tous ou vne partie des Nauires Confederez, qui les eussent esté aborder. Dauantage ils eussent combatu à couuert & sans aucunement estre incommodez des vents, desquels la hauteur de la coste les couuroit. Outre ce ils auoyent moyen d'estre secouruz & rafraichis de Soldats : Si le combat eust tiré en longueur (comme si celluy duquel nous parlerons tantost qui en ce mesme lieu se donna entre les Espagnols & les François) qui de l'armée feussent descendus par petis bateaux dedans leurs Nauires. Voyre que si en vn inconuenient ils eussent veu l'affaire mal baster pour eux : Ils se pouuoyent tous retirer en sauueté sur la terre contre laquelle ils estoyent encrez à la faueur des forts, larges & profondes tranchées ja de long temps preparées pour cest effet. Ou bien s'eschouër sur la Graue à la seule perte de quelques vaisseaux. Mesmement qu'auec tout cela ils n'incommodoyent l'armée de terre en rien qui soit. Et ne la destournoyent de dresser escarmouches, fournir aux bateries ordinaires, continuer aux mines & sapes encommancées, donner assauts, remplir les Escallades & generallement de faire tous actes & deuoirs de guerre contre les assiegez non plus que s'il n'y eust eu aucune armée de mer. Car l'AMIRAL asseuré du commandement & puissance sur toute la mer, pource que tous les vaisseaux qui sortis de la Rochelle, Dieppe, coste de Poitou, Saintonges, Normandie, Bretaigne & autres endroits de France s'estoyent retirez en Angleterre auoyent le Rende-vous à Falmhue ou ils redressoyent tous leurs equipages : Estimoit n'auoir besoin d'entretenir tous les Soldats qui luy estoient destinez & necessaires pour la deffence de son armée jour & nuict dedans ses vaisseaux : ains se contentans de la garde qu'y faisoient quelques matellots & peu de soldats : faisoit son compte de prandre le reste aussi tost qu'il entendroit la venuë des Confederez. Desquels Monsieur sçauoit les desseins & le nombre : Voire auec la force des equipages, la resolution qu'ils auoient tous d'entrer & secourir ceste ville. Non seulemẽt par le moien de l'Ambassadeur du Roy qui a tousjours entretenu de grans amis en ce pays, aux fins d'estre auerty de tout ce qui s'y pourroit faire pour & contre le Roy de France : Mais aussi par plusieurs particuliers qui n'estoient que trop aises de s'insinuër és graces du Roy : Par tels & semblables moiens de seruice. Voire que les Confederez se persuadoient : qu'en la trouppe des Protestans que François que Anglois y en auoit qui n'y sejournoient pour autre intention, que pour descouurir les secrets & plus cachées entreprises des vns. Et des autres & aussi tost par hommes expres en asçauentoient l'Ambassadeur qui ne failloit à son deuoir. C'est chose asseurée que le mesme jour que l'armée partit de Falmhue vne patache poussée de mesme vent, partit de

Armée de mer des Catholicques sa disposition pour le cõbat sa force & ses moiẽs & la resolution de laquelle elle atendoit celle des Protestans.

Armée naualle des Catholicques & ses auantages.

la premiere veuë soudain qu'elle eust veu les Nauires appareiller pour en porter les nouuelles sur la coste de Bretaigne: les habitans & garnisons de laquelle esmeus à ce rapport; en firent courir l'alarme par toute la lisiere de la mer. Si bien que tout le pays maritin se mit en armes craignant que le Comte n'y voulust descendre feignant d'aller ailleurs. Ou que forcé de quelque mauuais temps qui eust peu suruenir comme tous euenemens sont incertains és faits de mer mesmement: il eust voulu relascher en quelque lieu & y terrir attendant meilleure occasion à ses affaires. Dequoy pour s'asseurer dauantage & selon ce que Monsieur auoit ja ordōné sur toutes les costes de Bretaigne & Poitou: ils auoient dressé des feugades pour signals de lieuë en lieuë à la façō d'Angleterre, pour s'auertir les vns les autres & se tenir en armes pour empescher la descente des Protestans. Mais le Comte pour n'estre en rien retardé & s'il estoit possible surprandre l'armée Catholique laquelle il estimoit ne se douter de sa venuë: ne voulut passer entre les terres: ains laissant ces costes & Isles prochaines qui luy demeuroient à gauche: fust conseillé, veu mesmes qu'il auoit le vent arriere de prandre le largue de la mer. Ainsi fist sa routte hors la veuë des Bretons qui le craignoyent plus qu'ils n'esperoyent proffit de sa venuë. La Patache neantmoins ne demeura. Ains y auoir fait son recit continuë à siller jusques au dixhuitiéme du mois qu'elle arriua à ché de Baye pour informer Monsieur de tout ce qu'elle auoit veu. Et, que l'armée ne faudroit de paroistre à la diane du lendemain si l'on ne la descouuroit dés ce jour. Occasiō que les Nauires s'estre venuz encrer chacun derriere sa boye en forme de haye à costé les vns des autres: commencerent à se remplir de soldats & mariniers qu'on y fist embarquer tout ce jour & la nuit suiuant. Si bien que l'Amiral se voiant fourny de tout ce qu'il demādoit se resolut d'attendre tous bons & mauuais euenemēs de ceste journée. Car à vray dire il ne manquoit de chose plus que de bons & affectionnez mariniers dont il auoit plus de faute que les Protestans. Car presque tous les mariniers de Frāce sont Protestās nommeement ceux de Normandie qui sōt les plus experts de France. Ceux qui viuent plus à la Romaine sont les Bretons & Poiteuins comm' Ollonois & quelques Basques. Mais on auoit persuadé au Comte qu'ils n'eussent sceu estre à moitié pres du nombre requis. Et que si l'Amiral en eust eu à suffisāce, qu'il eust entrepris choses que la faute des mariniers luy fist laisser. Encor luy auoit on raporté que le Roy de Pologne ne se fioit à la plus part de ceux qu'il auoit. Cōme y estans beaucoup d'eux retenus par force, qui se feussent suiuāt l'occasiō allez rēdre à leurs Confederez. Cōme plusieurs s'y estoient renduz depuis la journée de Paris sceuë par la France. Nommeement de ceux desquels le Baron de la Garde, Strossi & autres auoient dressé leur armée de mer en Brouäge dés le commencement de l'année en l'an mil cinq cens septante deux. Quant aux autres mariniers Catholiques ils faisoient estat que faute de paie ils n'y demeureroient plus affectionnez qu'eux: Se plaignans au reste aussi bien que les soldats Catholiques tant de la paie que de la picorée qu'ils trouuoient fort maigre, voire nulle sur les Protestans, qui despouillez de toutes richesses & Commoditez ne portoient que des coups dont ils chargeoyent les Catholiques sur lesquels se prenoient les grans butins. Ils se persuadoient au reste que les Catholiques auoient vn grand desauantage sous les Cōfederez. Car de tous leurs Soldats bien peu auoit le pied marin: ains estoient tous mallades au moindre vent de la mer, voire à quelque sejour qui falloit faire sur les vaisseaux. Pource qu'ils n'auoient pas accoustumé la guerre marine comme les Protestans. Lesquels depuis mil cinq cens soixante huit, auoient tousjours fait la guerre par mer courans non seulement les costes de France, Espagne, & Angleterre: mais toutes les parties de l'Europpe & d'Affricque. Voire que plusieurs Chefs d'iceux, soudain que les Paix estoient faites en France: entreprenoient les longues routes de la Val. Et faisoient à l'enuy les voiages au Perou, aux Indes & autres parties tant du Leuāt que du Ponant sur les nouuelles conquestes de l'Espagnol & Portugais en haine de ce qu'ils auoient conseillé & aidé le Roy de France ez guerres Ciuilles contre eux. Et ne cessoient de jour à autre d'employer tous leurs moiens & secrettes praticques pour exterminer leur Religion de France. Et bien que beaucoup de voyages leur aient esté mal-heureux: si est-ce qu'ils en ont tiré de grandes richesses nommeement des terres nouuellement domptées par les Espagnols. Qui d'vne singuliere & à jamais remarquable vertu: Mais par vn seul tiltre de plaisir & bien sceance, s'atribuoient la proprieté & Seigneurie de ces païs Barbares qui ne leur estoient plus propres qu'à eux, disoient-ils, quelque jugement qu'en aye donné le Pape Alexandre. Lequel contreuenant ce leur sembloit à la Nature, & aux Loix

Pollitiques

Polliticques par lesquelles nul ne doit enjamber sur la possession d'autrui. Mais poussé du zele de Religion Chrestienne qu'il esperoit estre preschée en ces païs : mipartit à l'Espagnol & Portugais le nouueau mōde. Qui depuis à esté presqu'autant renommé,par l'ext reme rigueur Espagnolle ez parties Occidētales: & gracieux traffic des Portugais qui n'entretiennent leurs Indes en Leuāt que par vn doux & proffitable commerce de marchādises: que les braues cōquestes de ces autresfois excellens Romains. Donques la longue pratique & continuē vsage de l'Art marin: praticqué de jour à autre par les Confederez depuis sept ou huit ans (car les Bretons & Normans mesmemēt Dieppois y sont routiers dés le temps de nos vieux peres voire qu'ils querellent l'honneur de cest Art sur toutes les Nations du monde) apportoit vn merueilleux auantage pour combatre sur la mer aux Protestans. Voire que tous s'asseuroient que les Catholiques seroient aussi tost mallades & mal disposez au combat (ceux qui ont voiagé me rendront tesmoignage combien est fascheux le mal de mer & comme il rend l'homme si abatu qu'il est du commencement du tout inhabille à aucune action) emporteroient quand il n'y auroit autre auantage pour eux, l'honneur de ceste journée. Outre plus ils auoient esté persuadez par les Rochellois, ausquels ceux de l'armée Catholicque qui se retiroient en la ville en grand nombre l'auoyent de jour en jour asseuré: que les Soldats faschez d'vn si long siege autant que de la mort de Parens & Amis qu'ils y auoient ja perdus : Desesperez de la prinse, veu le deuoir & resolution des tenans: Craignans d'ailleurs la descente des Protestans : ne demeuroient en l'armée que Forcez. Et qu'à vne bonne occasion, la plusparts retireroiēt à eux. De fait c'est chose asseurée que ces considerations ne les animoiēt moins, que l'incroiable haine qu'ils portoiēt aux Catholicques pour le sang espandu par toute la France sur leurs Parens & Amis. Qui les mettoit d'autant plus en fureur qu'ils n'esperoiēt de reuoir jamais leurs cheres familles s'ils n'auoyent recours au moien des armées qui se presentoient. Vous verrez toutesfois quels furent les effets de telles imaginations.

Ainsi s'aprochoit l'armée Protestante de Ché de Baye sur les dix heures du dixneufiéme Auril, quand elle descouurit quinze Nauires à l'encre de Laguillon. Lesquels à la descouuerte firent voille vers Charon. Aussi en eurent ils beau loisir. Car aucun ne les poursuiuoit & ne les fut on mesmes reconnoistre s'ils estoient marchans ou prouisionneurs de l'armée Catholicque comme on disoit. Ainsi les Protestans n'en firent compte pour se haster de surprendre ou trouuer en desarroy l'armée de Ché de Baye. Quand s'estre aprochez de la pointe de Semblanceau (partie de l'Isle de Ré) vers la Rochelle : Ceux qui gardoient le fort que les Catholicques y auoient dressé aux mesmes fins qu'à ché de Baye & ailleurs, les saluerent de quelques Canonades mais sans dommage aucun. S'auançoient tousjours neantmoins la croix rouge Banniere d'Angleterre arborée aux matereaux des hunes selon le Conseil prins dés Angleterre pour d'auantage estonner les François: leur donnant entendre que la Royne auctorisoit l'entreprise de ses vaisseaux & moiens. Puis sillant droit au vent des Nauires ennemis jusques à vne Canonnade des Catholicques: l'Amiral n'y fut plustost arriué qui marchoit tousjours le premier resolu de donner dedans pour l'oppinion qu'il auoit d'estre suiui & secondé de tous les autres: qu'il ne fust saluē de quelques coups de Canons: Que ceux de la pointe de Ché de Baye luy envoierent sans grand effet fors d'vn, qui donnans assez bas fit tōber de ses eclats quelques vns qui en receurent plus de peur que de mal: faisant neātmoins assez large ouuerture aux ondes lesquelles s'enflans peu à peu & entrās par là & par les Sabords en abondance au moyen d'vn grain de vent qui s'esleua sur mesme heure: Empescherent pour vn temps les Matelots à franchir l'eau du Nauire qui autrement eust esté mal propre au combat. Alors les Galleres se preparoient à tirer sur eux. D'autre costé Monsieur auerti à Nieuil, où estoit son logis, par l'Enseigne de la Vauguion duquel la Compagnée faisoit la garde sur la marine: que l'Armée Protestante s'auançoit. Et estant venu au Plomb suiui des Roy de Nauarre, Princes, Ducs, Comtes & autres Seigneurs de son Armée. Et auoir commandé à tous de se tenir prests : marchoit le long de la coste descouurant l'Armée jusques à Che de Baye où estoient affustez les deux canons & coullewrines qui tiroient sur les Protestans, lesquels au mesme temps firent descharger trois canons droit à la grosse troupe où estoit son Excellence: mais ils ne sceurent porter si auant, pource qu'ils n'estoient que de vertueil. En ces entrefaites le Comte ne se voiant suiui que du Vic'amiral & seze autres vaisseaux: quelques canonades qu'il eust jetté pour signal aux plus lasches de s'aprocher & le suiure, quelque ordonnan-

Tt iiiij.

L'HISTOIRE DE FRANCE.

Auril. 1573.

ce mesmes qu'il eust au parauant fait pour limiter à chacun le lieu, l'ordre & le temps de son deuoir. Et que le reste que François qu'Anglois & à cause d'eux les marchands (qui eussent du moins serui de nombre faisans ressembler l'Armée plus forte) auoient ja amené & baissé les voilles à plus d'vne grand lieuë derriere: fust conseillé de prandre le largue & se mettre à vau le vent. Si que guindant son bourcet de hune pour prandre plus d'erre: fut suiui de tous, qui auec lui mouillerent à demie lieuë plus bas que les Catholicques. Ce qui leur fit croire que pour ce jour Mongommery ne vouloit faire autre chose: la mer cōmençant ja à se retirer, de laquelle il lui falloit par necessité attēdre le retour & marée. Le frere du Roy ce pendant dōna ordre de faire remplir ses vaisseaux, de soldats: enuoyer en Brouäge pour faire retourner deux Galleres qui y auoiēt esté enuoiées deux jours au parauāt. Despescher vers Bordeaux & le long de la coste de Bretagne pour faire amener tous les Nauires qui se trouueroiēt propres pour combatre. Fit outreplus armer nombre de Barques, Challuppes, Pataches & autres petits Nauires qui auoient des viures au Plomp. Et le lendemain les fit conduire au derriere son Armée du costé de la ville, tant pour seruir au combat que pour empescher les assiegez de sortir sur la Pallissade à la faueur qu'ils pensoient receuoir de leurs Confederez. Auec ce enuoia querir quatorze Nauires Olonois que les Protestans auoient laissé à l'encre à trois lieuës du Plomb chargez de sel qu'ils eussent peu prendre & sen fussent beaucoup serui. Par ainsi le lendemain matin ils vindrent de renfort a l'Armée de sa Majesté. Et entrerēt és vaisseaux pour nouueau secours: Les Vicomtes de Turenne, de Pompadour & plusieurs Gentilshommes & Cappitaines signalez pour le desir de complaire à Monsieur: qui fit aussi placer de nouueau quatre canons sur la coste de ché de Baye pour fauoriser le combat de ses Nauires si on les venoit attaquer: à quoy tous s'attendoient. Si que la coste estoit ja couuerte de plus de douze cens cheuaux, sans le menu peuple qui de nouuelle venuë esperoit vn nouueau changement. Ie ne vous diray quels vœux, quels souhaits & preparatifs firent les deux Armées pour s'asseurer au combat de la Diane: Mais vous asseureray je bien, que les plus resolus n'estoient pas asseurez de suruiure le lendemain: ausquels les Chefs mettoient deuāt les yeux la vie & la mort d'autant plus honorable, Que plus elle estoit vertueuse a ceux-ci qui combatoient pour la vie, pour l'honneur, les biens & la seureté d'eux & de leurs familles. A ceux-la pour le deuoir de sujets que la Majesté d'vn Prince requeroit d'eux: & tous ensemble pour la gloire de Dieu, liberté de consciences, asseurance du bien public & repos tant d'eux que de leur païs naturel. Tant est & a tousjours esté le cerueau de l'homme tresle & aisément corrompu: qui se passionne aussi tost és choses mauuaises qu'il a legerement imprimées pour bonnes & loüables. Si est-ce que si la lascheté d'aucuns leur apporta vn blasme & vitupere qui les accōpagnera toute leur vie: elle moienna bien en recōpense autant de seureté à tous ceux qui ce jour eussent esté honnorablement renuersez pasture à ces monstres marins. Car cete journée se passa aussi paisiblement qu'auoit esté la venuë de cete Armée furieuse & bien resoluë au combat. Voire que la fraischeur de la nuit leur refroidit encor dauantage leur premiere challeur. Mesmement apres qu'ils eurent sceu que Monsieur auoit commandé à chacun des siens de s'aller rafreschir: La nuit venuë les auoit aussi tost fait retourner au mesme endroit d'ou ils estoient partis: Et estimant qu'à ceste heure les Protestans tenteroient le combat au retour de la marée. Mais comme la nuit se passa plus paisible qu'on n'eust estimé: aussi feit le matin du lendemain apres lequel deux des quatre Galleres que nous auons dit, s'estre placées deuant les Nauires Catholiques rengeant neantmoins la coste de port Neuf, sur les dix heures du jour suiuant par le commandement de son Excellence: pour mieux reconoistre l'armée, dessein & resolution des Protestans: s'auancerent en pleine mer à la faueur du calme qui apaisa les vndes bruiantes du jour precedent. L'vne apres l'autre tirent l'espace d'vne heure nombre de Canonades tant à l'Amiral qu'elles n'endommagerent que d'vn seul coup: qu'à trauers l'armée, mais sans profit. Car vn seul coup n'endommagea pour aller trop haut ou trop bas quelque belle mire qu'elles eussent à vne telle trouppe. L'occasion fust qu'elles ne s'approcherent assez, au moien qu'estans sorties de la rade ou pour brauer ou pour sōder de quelles pieces estoient pourueuz les Nauires Confederez: Ou bien pour les endommager de Canonades: apres leur premiere salue, Nepinuille qui auoit vn Nauire de deux cens tonneaux bien equipé leur enuoia deux coups de deux grandes Couleurines qui battoient en prouë de son vaisseau. Puis Faynard Anglois les rechargea d'vne telle sorte de coups: qu'elles perdirent bien tost l'enuie non seulement

Armée des Protestans se retire.

Harengue des Chefs que Catholicques que Protestans à leurs soldats pour les animer au combat du l'endemain.

Deux Galleres attacquent l'Armée des Protestans.

ment d'entrer plus auant sur l'armée, mais de faire en ce lieu plus longue posade sans se retirer à leurs compagnies: emportans neātmoins cest honneur d'auoir sondé sans grande perte les pieces, moiens & resolutions des Protestans. Ce qui pouuoit beaucoup seruir pour vn combat aux Catholiques s'ils eussent voulu ataquer les Confederez. Comme plusieurs d'eux estoient resoluz: Si ce que je vous diray tantost ne fust auenu.

 LES Galleres ne se feurent plustost retirées que les Protestans qui tous auoiēt appareillez se remirent sur les ancres. Où ils ne demeurerent gueres neantmoins sans se mettre tous à la voille pour courir sur cinq Nauires qu'ils descouurirent en mer lesquels ils reconeurent aussi tost pour Confederez. Dont le principal estoit François Bouchard, qui conduisoit la Fleurissante de Dieppe, retournās d'vn voiage de L'aual, où auoir fait quelques prinses de sucre, de toilles & espiceries: Il venoit trouuer bien equipé l'Armée Protestāte de laquelle il auoit ouy nouuelles à son retour. Puis aussi tost retournez à leur rade cinq autres Nauires releuerent soudain pour cacher sur deux Galleres. Lesquelles enuoiées en Brouäge deuant la venuë des Protestans n'auoient eu le loisir de retourner se joindre aux autres que ce jour: auquel elles se preparoient de passer outre voians la commodité que le temps doux & la bonasse sous vn petit fraiz leur presentoit. Elles s'auancerent jusqu'au deça d'Olleron, ne cessans de tirer Canonades contre les Nauires, mesmement contre Poluretot Anglois, qui leur respondoit de grand asseurance & trois petits vaisseaux François qui le secondoient de bien près. Tellement qu'a-pres plusieurs coups reciproques & de peu de proffit: Ceux cy craignās que si vn calme entier les prenoit ils ne seussent mis à fons par les Galleres: Qui craignoient aussi vn plus grand vent qui eust peu suruenir pour porter les voilles sur elles: tournerent vers l'Isle Day, se retirās cōme aussi feirent les Confederez. Aucuns desquels neantmoins s'esgarerent de l'armée la nuit venuë. Pource que les Tenebres les aiant surpris deuant qu'estre à la veuë de l'armée: errerēt çà & là par la mer en danger d'estre perduz & pris par les Catholiques s'ils en eussent esté auertis. Jusqu'au lendemain matin qu'ils reprindrent le gros de leur trouppe laquelle par l'escarmouche des quatre Galleres, dont je vous ay parlé trouua par experiēce que ce vaisseau n'est moins asseuré de tous Nauires en temps calme: que dangereux à tous autres vaisseaux. Au moien que ne pouuant le Nauire s'auancer pour combattre que a la faueur de ses voilles: Si le vent faut, par necessité il demeure comme vn rocher entre les ondes exposé à dix mille Canonades que la Gallere (laquelle sans la faueur du vent court d'vne roideur merueilleuse par la force de ses rames) luy jectera, jusqu'à ce qu'elle le voie coulller a fons s'il ne veut ameiner. Je ne parle des vaisseaux qui ont des pieces de tel calibre qu'elle. Aussi est elle coustumiere premier que combatre de sonder par escarmouches la portées des pieces ennemies. Et si elle en sent la volée aussi grosse & longue que la sienne: elle prend bien souuent autre party que de combat comme vous auez veu. Autrement elles seules eussent merueilleusement incommodez tous les Nauires Protestans. Car encor qu'vn fraiz s'esleue pourueu qu'il ne vente à tempeste: le Nauire ne sçauroit tant gangner sur elle s'il ast à toutes voilles: qu'elle s'en pourra reculler à force de rames aidées de son trinquet & grand artimon: Que le vent pousse presqu'aussi roide que les voilles d'vn Nauires. J'entens si fort auancées en mer elle ne se voient fort recullées de la coste de terre. Car lors en peu de temps & premier qu'elles eussent joint les terres: elles pourroient estre prinses par les Nauire. D'autant que pour le peu de soldats qu'on y met qui souuēt n'excedent pas le nombre d'vne douzaine: elles ne pourroient resister à vne si grande force. Vray est qu'aucunes ont esté prinses par les Protestans. Mais ça tousjours esté par surprise & encor les pourroit on dire imprenables en ceste sorte si elles eussent esté pourueuës d'esquipage. Mesmement de soldats comme elles deuoient estre par les Ordōnance de la mer. Encores qu'elles soient plus basses & descouuertes au combat que les Nauires qui sont de plus haut bois. Mais telle n'a pas aujourd'huy dix hommes de deffence. A ces quatriémes troubles le Baron de la Garde pour ne retomber és inconueniens qui luy estoient auenus és troisiémes troublesles: à renforcé de pauesades, mosquetiers, strapontins & pourueu au reste comme vous entenderez ailleurs.

 Pendant ces exploits: les assiegez asseurez de la venuë de leurs Partisans qu'ils coneurent aux croix rouges & canonades Catholiques: leuerent plusieurs feugades aux lieux plus esleuez de la ville pour tesmoignage de l'incroiable plaisir qu'ils receuoient de tel secours. Et se voians confirmez par le contre signal que l'Amiral leur donna: auoient sur les dix heures de la nuit

Deux Galleres sortās de Brouäge empeschees de se joindre à l'armée de Ché de Baye

Discours, considerable sur le combat & auantage des Galleres & des Nauires.

Les Rochellois font sortir quelques soldats pour auertir l'armée de son deuoir &c.

nuit despeché quatre soldats & autant de mariniers dans vne Challuppe pour se hazarder sur la palissade, saluër la compagnie de la part des assiegez & luy faire entendre l'estat & resolutiõ des tenans. Le bruit des auirons fust ouy par la garde de la Carraque jusques à laquelle ces auanturiers s'estoient ja auancez. Mais apres qu'il leur eurent respondu qu'ils estoient du Prince à bord duquel ils disoiẽt aller: (ainsi se nõmoit l'vn plus des grãs vaisseaux de l'arméeCatholique,) ils les laisserent passer outre. Mais soudain ils les virent tourner à gauche & à force redoublée de tous leurs auirons gangner le largue & tirer droit à l'Amiral Protestant. A l'occasion dequoy ils furent poursuiuiz de quelques harquebuzades qui neantmoins ne les empescherent en rien. Arriuez à bord ils presenterent lettres au Comte de la part du Maire nouueau qui se nommoit Maurisson succedant à la Mairie de Iacques Henry & du Conseil. Lequel par icelles l'asseuroit de la joie que tous les assiegez auoient receu de sa venuë à cause de laquelle les assiegez bien que reduits à deux mil hõmes de deffence, peu de prouisions, moins de poudre, beaucoup de pans de muraille par terre: Les Catholiques prests de rafraischir les assauts & escallades: estoient neantmoins tous resolus de creuer plustost que de faire aucune composition auec eux: encourageant tous animeusement à soustenir tels assauts qu'on leur presenteroit jusques à trois mois: pour lesquels ils disoient auoir encor assez de viures & munitions estans bien mesnagées. A ceste cause qu'ils l'auertissoient de ne hazarder son armée à vn combat general contre les Catholiques: qu'ils estimoient plus forts pour les auantages tant du nombre d'hommes que de la force & bonne prouision des Nauires, à la roideur desquels tous leurs petits vaisseaux & barquerottes n'estoient à comparer. Ioint le renfort de quinze ou vint Nauires qui de l'Aiguillon & autres Haures prochains leurs estoient venuz ce jour mesme: dont l'armée s'estoit renforcée de mariniers, soldats & autres prouisions. Que ce que ils desiroient le plus de luy, Estoit qu'il cerchast les moiens de leur enuoier vn bon Chef tant pour conduire & regler l'infanterie, que pour assouplir les differens qui estoient entre leurs Chefs sur le commandement & conduite des armes. Comme ordinairement il auient entre pareils de pouuoir ou qui ne s'estimoient moins qu'esgaux de merite bien que different en charge & honneurs. Outre ce quelque nombre de soldats fraiz & des mieux deliberez pour soullager les plus harassez de si longues veilles & courues continuës qu'ils auoient souffert depuis six ou sept mois. Auec le plus de poudres & quelques prouisiõs de bouches qu'il y pourroient faire entrer. Le Conseil des Cappitaines fust party en deux. La plus part fut d'auis de mettre au commencement de la nuit les poudres, bleds, chairs, biscuits & autres prouisions apportées à cet effet & conduites par vn nombre des plus resolus soldats. S'asseurans que si ce peu de rafraichissement y entroit: que les assiegez, veu leurs lettres se pourroient maintenir vn an entier contre tous les efforts des Catholiques. Voire que le bruit de tel secours entendu par la France: Ioint la resolution des tenans, dix mille Confederez qui jusques alors n'auoient osé regarder vn Catholique que de trauers: leueroient la teste & tiendroiẽt la campagne en leur faueur: Outre le grand nombre qui en diuers lieux du Royaume, ne cessent de courir en toute liberté: Pource que le Roy auoit le plus entier & asseuré de ses forces deuant ceste ville. Ce pendant l'armée pour ne rester oysiue entreprendroit vne autre conqueste: ou tiendroit la rade pour empescher les viures à l'ennemy qui en seroit affamé en peu de jours. Veu que plus des deux tiers de ses prouisions luy venoient par mer: estans le Poitou & Saintonge mangez jusqu'à l'extremité pour vn si long sejour de telle armée. Surquoy Languillier voiant le peu d'affection que la plus part auoient à l'execution de cet auis: se presenta pour y entrer: du moins auec quatre Chefs qui vouloient estre participans au mesme hazard auec luy. S'asseurans que les assiegez outre le plaisir de son retour (Car ils l'auoient prié d'aller en Angleterre pour auancer le secours: Et y auoit tellement trauaillé qu'il feut de beaucoup plus hasté qu'il n'eust esté) ils en prandroient telle asseurance que les Catholiques n'auroient occasiõ de s'en contéter. Mais l'auis de ceux fut suiuy qui jugeoiẽt estre le plus seur & expedient à l'armée, d'attendre vn vent d'aual: de la faueur duquel les barques poussées contre la pallissade: la romproiẽt ou aisement passeroient outre. Mesmement d'vne maline auec la force & impetuosité des ondes, lesquelles principallement en pleine Lune sont furieuses & brisent si fort en ce cartier, que rien pour bien fondé qu'il soit ny peut demeurer entier. Puis que les assiegez auoiẽt pour soustenir encores trois mois: resjouiz & cõfirmez par la venuë de l'armée: qu'il valloit mieux jouër au plus seur, ne hazarder vn seul soldat de la vie duquel manquant de gens, ils deuoient
estre

estre plus soigneux que de la mort d'vne douzaine d'enemis:& employer cependāt l'Armée selon que l'occasion leur en presteroit les moyens qui se presentoient desja grans. Que le profit qu'ils pourroient faire à la cause incommodans l'ennemi, dautant qu'ils auançoiēt les affaires de tout le parti: n'apporteroient moins d'aduantage & d'asseurance à toutes les places de la France qui tenoient pour eux: que si toute l'Armée entroit saine & entiere dans la ville. Surquoy aucuns ja auertis du mal contentement auquel pour plusieurs raisons viuoient les Protestans qui de tous les cartiers de Saintonge n'osoient leuer l'œil crainte de bastonnades: & ensemble de l'espoit ja de loin côceu de la venuë du Comte, ils ne desiroient qu'vn Chef pour se deliurer des ennuis passez: & s'asseurer des places sur lesquelles aucuns auoient bonnes intelligences: conseillerent de faire descente en ce païs. Auec asseurance qu'en moins de quatre jours plus de deux mil viendroient à croistre le nōbre de leurs forces, auec lesquelles ils pourroient puis apres entreprandre chose notable pour la deliurance des Rochellois: qui feroient tout deuoir de leur costé. Mais l'auis de ceux fut suiui qui persuaderent la conqueste de Belle-Isle fauorisée d'vn Chasteau imprenable sans canon: comm'entreprise qui n'estoit si dangereuse & beaucoup plus profitable pour la retraite des Nauires & entretien de l'Armée.

CELA resolu on mit soudain en auant la prinse de Belle-Isle & Isle Dieu. Consequemment le desplacement de l'Armée, en laquelle, plusieurs ausquels peut estre, on n'auoit communicqué le motif du Conseil: ou qui n'en pouuoient pour leur particulier interest ou autres considerations approuuer les raisons: trouuoiēt cete demie secrette departie dautant plus à contrecœur, qu'elle leur sembloit trop soudaine pour vn deuoir d'honneur: & dommageable pour le respect tant des assiegez que de l'armée mesmes, en cas que les Catholicques eussent voulu employer tous leurs moyēs à les rompre la pluspart espouuantez cōme ils estoient à la departie, de laquelle ils ne pouuoient entendre la raison. Sans doute ils estimoient la Rochelle prise & saccagée, puis que les Protestans qui n'estoient là venus que pour son secours si presse; s'en alloient non seulement sans combatre, mais sans faire aucun essay pour y entrer: sans subtilliser aucune ruse ou autre moien pour les secourir. En somme les baisans sans les toucher, voire sans y enuoyer ceux que les habitans leurs auoient depeschez, sous l'espoir d'vn bref retour pour entendre de leurs nouuelles. Les autres forains de la ville ne s'en trouuoient moins scandalisez tant pour le deuoir d'honneur pour lequel accroistre ils s'estoient acheminez jusques là: que pour la presence des Anglois. La pluspart desquels ignorans les raisons que le Conseil auoit eu d'vn si soudain deslogemēt: pouuoit atribuer le tout à faute de cœur disans le contraire de Cesar parlant de l'heur de sa victoire côtre le fils de Mitridate. Venu, veu j'ay fui: plustost qu'à vne sage & meure preuoyance de l'auenir. Aucuns mesmes s'estans ja excitez au combat pour la memoire de la longue & furieuse bataille qui fut en ce lieu mesme de Ché de Baye entre les Espagnols partisans des Frāçois, & les Anglois joins aux Poeteuins sous la charge du Comte de Penbrot, & Ieā Dangle l'vne des anciennes races de Poitou: voüoient jusques à la derniere goutte de leur sang pour reparer la perte & la mort bien qu'honorable de tant de braues Gentilshommes leurs deuanciers.

LA chaleur de ce grand luminaire celeste cōmençoit à eschauffer la face de cet Element humide, quand le Comte curieux de soudain executer cete resolution jetta le signal à tous pour appareiller. Ce qu'ils firent dautant plus soudain qu'outre ce que chacun craignoit de demeurer loin de l'Amiral & pres des ennemis: le descouurant ja à la voille ils le virent poussé d'vn Suest qui venant bruire parmi les Aubans des Nauires Confederez: leur sembla fauorable à l'execution de l'entreprise de Belle-Isle & Isle Dieu. Cete-ci petite, mal peuplée pres la coste de Poitou: l'autre de laquelle le nom respond à la verité Belle, riche en bleds & pasturage. Bien peuplée, plus auancée en la mer vers la coste de Bretagne, d'vn langage si estrange & malaisé qu'il est au François plus fascheux que le bas Breton. De sept lieuës d'estenduë. Mais toutes deux si hautes de rochers & fortes d'auenuës, deffendues de deux forts Chasteaux bien bastis, flanquez & entournoiez de grandes douues auec les prouisions necessaires tant de viures que de grosse artillerie. Mesmement celui de Belle-Isle où commandoit le Cappitaine Francisque Italien à pres de trois cens hommes de deffence presque tous harquebuziers, sans la populace sous le Gouuernement du Comte de Rets: peuplée au reste d'hommes de courage s'ils sont bien menez. Et la pluspart, de long temps auoient ja esté aguerris par l'exercice que leur en auoit fait faire Sourdeual qui par vn long temps en auoit esté Gouuerneur. Monsieur

L'armée des Protestans se retire de ché de Baye & pourquoy.

Belle-Isle assiegée par les Protestans. La description d'icelle & l'Isle Dieu.

Langage de Belle-Isle.

Auril 1573.

Monsieur enuoie a pres les Confederez

sieur ce pendant qui dés le Lundy au soir voiant leur irresolution auoit determiné de les aborder & les enuoier combatre jusques au lieu où ils estoient: les voiant demarez au point du jour, enuoia vne Gallere en queuë pour les suiure. Mais tant pour auoir le vent trop fraiz, que pour la dilligence de laquelle ils desplacerent: se trouuas tous de meilleure voile qu'on n'eust pensé: elle ne sceut aller assez auant pour reconoistre la route. Ains raporta seulement qu'ils s'estoient en peu de temps si esloignez qu'elle en auoit perdu la veuë: qui les occasionna d'y renuoier vne challupe, pour sçauoir ce qu'ils deuiendroient. Si les affaires de mer se portoiēt mal pour les Protestans celles des assiegez n'eurent gueres vn meilleur succez. Car resjouiz de la tant attenduë venuë de Montgommery, s'asseurans qu'ils feroient autre effort, sortirent sur le camp du Roy, à la faueur qu'ils esperoient de leur secours. Mais Biron qui auoit charge de l'artillerie & tranchées que les assiegez estimoient desgarnies pour estre empeschez ailleurs: les trouuerent neantmoins tellement pourueuës qu'ils n'y gangnerent pas beaucoup. Et furent en fin contraints se retirer estonnez de ce qu'ils ne sentoient autre remuëment de leur secours, lequel pensoit à sa retraite & surprise de Belle-Isle.

Les occasiōs qui esmeurent les Protestans d'en treprendre la cōqueste de Belle-Isle & les grādes cōmoditez qui y sont.
Routte des marchans & autres voiageurs en Mer.

LA principale occasion qui poussoit les Confederez à cete entreprise: fut l'auantage que les Chefs de Marine proposoient au Comte, comme merueilleux s'il se pouuoit rendre Maistre de telles places, nomméement de Belle-Isle, sise en tel lieu de la grand mer que tous les Nauires de quelque nation, de quelque langue & Religion qu'ils soient venans d'amont aual ou montans du Sus au Nort: Allemans, Anglois, Escossois, Flamans, Irois, Hollandois, Frizons, François, Espagnols, Portugais, Venitiens, Italiens, Grecs, & tous peuples traficquans ou se jetans sur mer pour autres occasions que du commerce: il faut de necessité s'ils ne se veulent exposer à grans dangers des rocs, Sables, pierres, escueils & autres inconueniens de mer qu'ils viennent là prandre la conoissance de cete Isle: laquelle à ceste occasion fournie de bōs Nauires & pourueuz de bons soldats commandera toute la grand mer: prandra & lairra ce que bon luy semblera de tous Nauires Marchans, soit qu'ils courent le largue de haute mer ou qu'ils ayment mieux faire leur route entre les terres. A quoy l'Isle Dieu luy peut beaucoup aider. Mais pour l'occasiō plus particuliere à ce fait les Cōfederez furent à ce poussez pour les viures & toutes sortes de prouisions qui par la mer venoient à l'armée Catholique de Normandie, Bretaigne, costes marines de Poitou, Saintonge, Gascogne, & Espagne. Car encor que le Roy eust dés le commencement de ses preparatifs pourueu que son armée fust fournie de viures tāt par mer que par terre: afin qu'il ne fust empesché de ce costé là de paruenir au but de sō dessein. Et que les pays Frāçois luy en amenasset ce qu'ils pouuoiēt tant par charrois que par le cours des Riuieres: toutesfois pource que l'Onis duquel est Capitale ville la Rochelle, auoit ja esté despouillé de ses commoditez par les habitans (qui preuoians par le dessein de la journée de Paris les incommoditez de la Cause, auoit commencé à s'accommoder de tous les fruits de ce pays qui consiste plus en vins que autres reuenus). Que la Saintonge pays beau & fertil en toutes choses, estoit du tout mangée: tant pour le reste des calamitez que luy auoient apporté les troisiémes troubles de l'an mil cinq cens soixante huit jusques à mil cinq cens septāte: que pour l'insolence & desbordement de l'armée que Strossy auoit entretenu és confins de Broüage dés Ianuier mil cinq cens septante deux jusques au siege de la Rochelle. Laquelle auoit couru la plus part de Poitou & Saintonge non moins auec vn mespris voire desdain que ruine & abatardissement de la discipline militaire que le Poitou pour auoir soustenu pres de deux ans consecutifs deux puissantes armées auec la licence qu'vn chacun sçait: ne s'estoit peu rauoir si soudain & que neantmoins ils fournissoient de bleds, vins, chairs, & telles autres prouisiōs amenées du haut pays & aucunes de Bretaigne, Anjou & Touraine jusques à Niort par charrois & Riuieres & de là par la Seure qui les porte à Marans. Puis jusques à port Neuf & autres lieux prochains où en auoit esté ordonné. la distribution. Ne pouuoit fournir cent mile bouches (qui est aujourd'huy le simple gendarme & plus failly soldat qui n'aye vne douzaine de goujats & maquereaux à la suitte de son bagage?) Esperoient que leur couppant la trafic de la mer, ils seroiēt en moins d'vn mois reduits à telle extremité de famine: qu'ils seroiēt côtraints de leuer hōteusemēt le siege: ou d'y croupir auec plus d'opiniatreté que de sagesse. Dauantage comme telles entreprises sagement conceuës bien conduites & courageusement executées se treuuent fauorisées de plus de commoditez qui d'heure à autre se descouurent (lesquelles neantmoins on ne preuoit pas quand on desseigne l'entreprise en son Esprit) que d'inconuel'inconueniens qu'on pourroit preuoir. Ils se proposoient qu'ez pays maritins de Poitou, Saintonge, & autres plus auancez: Comme Quercy, Languedo & Dauphiné, les Protestãs assemblez & sur les armes contre les Catholiques du pays sceuë la descente, la force & resolution de l'armée: redoubleroient courage, s'esueilleroient l'Esprit pour subtiliser tous moiens à leur fauoriser vne descente en terre. Et que s'ils pouuoiẽt prendre quelques places le gain qu'ils feroient aisément du plat pays duquel toutes les forces & garnisons seruoient à remplir l'armée de Monsieur: donneroit occasion au reste de s'unir & dresser telle armée qu'elle bastẽroit non seulemẽt pour faire leuer le siege de la Rochelle, ains à regagner leurs vieilles cõquestes: d'autãt plus aisémẽt que ni trouuãs pour resistance aucun Catholique de marque ny d'execution pource que tous auoient eu commandement de suiure Monsieur: Tous les Protestans restez de la journée de S. Berthelemy: qui ne s'estoient peu resoudre si tost prandre les armes pour la Religion pour espier le temps d'vn plus asseuré parti: reprandroient les armes en leur faueur plustost que de viure en crainte de mort & en tous cas deshonorez à toutjamais pour le peu ou nul compte qu'ils auroient fait de leur conscience & honneur. De fait le jour auparauant, leur estoit venu vne barquerotte de Brouage & Isles prochaines les auertir de la joïe que tous les Saintongeois & voisins des Bordellois auoient de leur venuë. La promptitude à s'esleuer s'ils descendoient plus bas. Qu'il n'y auoit en Brouage que vint des habitans portãs armes pour la garde. Que les quartiers prochains estoient tous deschargez de Garnisons. Que mil auoient ja tenu propos de coupper gorge à tous les Catholicques soupçonnez de menées & factions. Que plusieurs Chefs Protestans auec cinq cens cheuaux couroient de Montauban à plus de vint lieuës à l'entour; jusques à emporter les prouisions des fauxbourgs de Tolose. Et s'estoient rendu maistres de la pluspart des fortes places du païs voisin. Que le traffic sur la Garonne, Dordogne, le Tar, Lot & autres riuieres prochaines ne se faisoient que sous leur permission: dont ils receuoient de grans tributs pour la Cause. Que le Marquis de Villars Amiral de Frãce pour le decez de Gaspart de Colligny qui auoit pour neant assiegé quelques places auec la perte de beaucoup de ses hommes: auoit par commandement exprés renuoyé son Infanterie au siege de la Rochelle: plus du tiers de laquelle neantmoins, auoit esté taillez en pieces par les Saintongeois, nommément a S. Sauenien: & que les rechappez ne differoient aux goujats & ragages d'vne Armée qui marche en campagne. Somme que n'y aiant rien à craindre en aucun endroit: toutes choses leur semblant rire, & se presentant les commoditez plus grandes qu'elles ne furent jamais, ils s'esmerueilloient fort comme on vouloit prendre autre resolution que d'vne honorable voire espouuantable descente en l'vn des plus beaux & commodes cartiers du Royaume.

Auisque les Protestans de Saintonge donnerẽt au Comte de Montgomery.

A I N S I doncques le Comte resolu dés le soir de desrader tant pour les occasions susdites que pour y rafreschir son armée de toutes commoditez qui lui manquoient à ché de Baye. (Car il y auoit peu de Nauires qui eussent apporté d'Angleterre prouisions de victailles pour plus de quinze jours) le vintvnième du mois dés le matin il leue l'ancre & donnant par le son d'vne cononade le signal à tous de le suiure: fit que le reste des vaisseaux s'appareilla. Si que poussé d'vn vent de Suest il fut le lendemain vintdeuxième à la rade de Belle-Isle éloignée de la Rochelle de   lieuës qu'il pensoit surprandre du costé de la grand mer. Mais le Capitaine qui auoit descouuert la route que les Protestãs auoient fait tirans la volte de Ché de Baye se tenoit sur ses gardes: auoit de nouueau muni & fortifié le Chasteau: reforcé toutes les auenuës tant du bourg que de l'Isle entiere. Et outre ce receu en mesme temps de l'armée Catholique renfort de soixante soldats que Monsieur voiant le desplacement de l'Armée & se doutant de la verité auoit fait embarquer dans vn petit Nauire qui alloit en queuë de l'Armée comme vn des Confederez sans qu'aucun le sceust discerner pour ennemi: Du moins aucun ne s'enquerant qu'il estoit. Dont le Chef asseuré plus que deuant lors que le Comte print le largue pour aller descendre du costé de la grand' mer, tira droit pour terrir au Chasteau qui regarde l'opposite & quartier de la grand' terre. Tout aussi tost quelques Enseignes descendent és petits bateaux, & à force d'harquebuzades s'approchent de la coste tant pour reconnoistre les auenuës que pour les gangner si l'occasion estoit fauorable. Mais le rocher estoit si herissé de cailloux, si rabotteux, si haut & si fendu de noirs precipices: qu'il leur fut impossible de gangner le haut de l'Isle que peu d'arquebuziers & grand nombre de païsans deffendoient auec grande animosité. Et joint la deffaueur des ondes qui par lames redoublées tranchoient si impetueusement contre ces pierres, qu'on ne s'en pouuoit approcher qu'auec la perte ou

Attacques à Belle-Isle.

te ou grand danger de la vie. Par ainſi la nuict ſe paſſa en veilles, gardes, quarts & ſentinelles d'vne part & d'autre juſques au lendemain. Auquel neantmoins la Mer ne ſe monſtra plus fauorable aux Proteſtans que le jour precedent, qu'ils emploierent en Canonades & coups d'autres pieces qu'ils faiſoient voller ſur les Dubes contre tous ceux qui ſy preſentoient. Leſquels leur reſpondoient d'autres pieces legieres & coups de moiens mouſquets qu'ils auoient fait trainer du CHASTEAU ſur le bord de l'Iſle à ceſte fin. Ce jeu dura juſques au ſoir que le COMTE voiant deuenir la mer plus calme & tranquille: print eſpoir d'vn plus heureux effort qu'il deliberoit luy meſme faire au lendemain. Si que le vint quatriéme tous furent commandez d'y faire dés le matin leur coup d'eſſay. Et de gangner la deſcente que les jours au parauant on auoit reconeu par forme d'eſcarmouches, où le Cappitaine Paiet ſe trouua pour en faire plus aſſeuré rapport au General. Tellement que quatre Enſeignes Françoiſes & deux d'Anglois deſcenduës au pied du roch, En fin monterent juſques au haut. Et preſque auſſi toſt on vit toutes les autres és endroits que chacune auoit voulu ataquer. Le meurtre ne fut autre que du Cappitaine Temier, deux autres ſoldats blecez & des Belliſlois deux & quelques autres blecez d'harquebuzades. Leſquels auec le reſte furent ſi chaudement pourſuiuis par les victorieux auſſi toſt que les Francez ſe furent ralliez ſur le haut de l'Iſle: qu'ils furent menez batans juſques au Bourg, auquel ils firent teſte juſques au ſoir. Mais les harquebuziers du Cappitaine Lorge rafraichiz de nouueaux ſoldats, redoublerent tellement la ſcopeterie que par la mort de ſept ou huit des plus reſoluz: ils ſe veirent maiſtres du bourg & les chaſſerent juſques au Chaſteau: que le Comte enuoia ſoudain ſommer de ſe rédre. A quoy le Chef ne voullut preſter l'oreille voiant l'aſſiete, forces & munitions du lieu auec l'eſpoir d'vn prompt ſecours que luy deuoit le voeſinage tant de l'armée que de la Bretaigne de laquelle l'Iſle ne ſeſloigne que de quatre lieuës. Met peine d'encourager ſes gens à la deffence de la place, leur remonſtrant l'honneur qu'ils acquerroient d'aculer vne telle armée deuant ſi petit lieu: meſmes côtre les premiers efforts de ſa pointe & fureur. Au côtraire quel deshonneur ce ſeroit fils prenoient autre reſolution qu'honorable quand vne armée trois fois plus grande ſy preſenteroit. Qu'ils ne ſe deuoient eſtonner de l'heureuſe deſcente en ceſte Iſle, non plus que de la furieuſe pourſuite des Proteſtans, veu que les premieres rencontres ſont touſjours plus chaudes & gaillardes que les autres ataques & pourſuites de guerres à toutes nations. Mais ſur toutes aux François, nomméement à gens deſeſperez qu'ils eſtoient pour le regret d'auoir eſté ſi reſolument receuz par l'armee Catholique: Laquelle ils ſ'imaginoient deuoir fuyr à leur deſcouuerte. Les aſſeurant que fil le voulloient ſouſtenir ſeulement deux ou trois: jours que leur courage bouillant ſe refroidiroit auſſi toſt qu'il ſeſtoit eſmeu à la tant laſche retraite des habitans qui leur auoient abandonné le bourg. Qu'ils regardaſſent les forces & toutes autres commoditez qu'à le Chaſteau de ſe deffendre: & nomméement de receuoir ſecours de mer par ceſte armée meſme qui leur auoit fait quiter la rade de Ché de Baye. Qu'ils conſideraſſent leur deuoir & à quoy l'honneur des armes les obligeoient. Mais ſur tout qu'ils ſe miſſent deuant les yeux l'eſpoir que Monſieur auoit en leur vaillance & loiauté. Auec l'aſſeurance d'eſtre auſſi dignement reconeuz de leur loial deuoir que griefuement & meritoirement puniz fils y contreuenoient par laſcheté & coüardiſe. Les prioit en fin de ne ſouffrir que ceux qui fuitiz de France & partis d'Angleterre, pour y retourner auec toute reſolution de combattre, auoient donné ſi poure commencement à leur entrepriſe: peuſſent recouurer leur honneur par vne conqueſte de la plus importante Iſle qui ſoit à la Fleur de Lys. De laquelle infaliblement dependoit le piteux rauage de tous leurs biens, le deshonneur de leurs femmes, la perte de leurs enfans & ruyne entiere d'eux & de tout ce qu'ils auoient de plus cher & precieux en ce monde.

MAIS tout cela ne fut que parolles ſans effet, qui ne peurent penetrer ces cœurs refroidiz. La plus part deſquels eſtimans les Proteſtans plus Diables qu'ils n'eſtoient noirs: ou que curieux de nouueauté & changement, faſchez d'vne ſi longue obeiſſance qu'ils auoient porté aux Catholiques: ils ſe voulluſſent ſe ſoubmettre aux commandemens des Confederez pour l'eſpoir de plus grand butin. luy reſpondirent, meſmement les nouueaux venuz qu'ils eſtoient de la Religion, & qu'ils vouloient voir & ſecourir leurs freres. Conſequammant qu'il ſe haſtaſt de faire la plus honnorable compoſition qu'il pourroit. De fait dés le ſoir plus de trente ſortirent qui ſe mirent ſous les Enſeignes Proteſtantes. Meſmement apres que Payet & Pouretot

LIVRE TRENTEQVATRIEME. 155.

& Poluretot pour lesquels d'autres du Chasteau furent ostages se veirent receuz au Chasteau pour moyenner & receuoir la composition à laquelle le Chef & autres condescendirent. Si que le lendemain le Chef se rendit vie, armes & dagues sauues. Ce qui fust tenu à tous ceux qui se voulurent retirer ailleurs. Mesm'au Chef lequel pour certaines considerations s'estant rendu à si peu de gens, sans bresche & ayant tels auantages se retira auec sa femme à Poluretot qui les mena en Angleterre où peu de jours apres l'Anglois mourut pour s'estre trop eschauffé. Ce mesmes jour deux barques chargées de Soldats Catholicques, enuoiées par Monsieur au secours des assiegez: s'aprocherent du lieu ja rendu dont aucun ne s'aperceust que le Capitaine Raillard Gouuerneur de l'Isle Dieu & quatre ou cinq Chefs qui les premiers descédirét à terre: Mais comme ils vouloyent regangner leurs Nauires, viuement poursuiuis furent pris. Les autres cependant mirent à la voille & gangnerent à fuir. Mais aussi tost que ceux cy furent presentez au Comte, Raillard pour estre conuaincu, disoyent-ils, d'estre grand corsaire Catholicque, de Nation Espagnol: mais qui naturalizé en France auoit de long temps serui les François: fut tué auec quelques autres. Apres le Chasteau fut pourueu d'autres Soldats & le reste de l'armée enuoyé par Enseignes se rafraischir chacune en son quartier. Si bien que la garde de l'Isle & Chasteau establie, les auenuës reparées, les habitans jusques aux plus poures commandez de retourner en leurs maisons: Et vacquer à leur trauail comm'auparauant pour la nourriture des Soldats; ausquels il fut deffendu de faire aucun desplaisir aux paysans sur paine de la hart: Le Comte commença d'ordonner de l'armée de mer, laquelle il diuisa en plusieurs trouppes. Commandant que six vaisseaux tenteroyent soudain la prise de l'Isle Dieu, voltigeroyent entre les terres vers la coste de Bretaigne pour amener en l'Isle les prouisions qu'ils pourroient prandre sur mer. Quelques vns iroyent pour mesmes fins jusques à la Manche d'Angleterre. Les autres tiendroyent le large de la mer courans par fois jusques aux costes de Gascongne & d'Espagne. L'Amiral, Vic'amiral & quelques autres ne deuoyent partir de la radde pour assister aux occurrances qui pourroyent suruenir. En sorte que par ces courses ils esperoyent non seulement incommoder, voyre affamer l'Armée Catholicque: Mais aussi de faire en peu de temps vn merueilleux proffit en ceste Isle. Côme s'y declarans la guerre à tout le monde contraire à leur Religion, ils destinassent belle Isle pour retraicte & Magazin de toute praticque qu'ils pourroient faire en ceste guerre. Ce qui me remet en memoire les desseins de nos premiers François: lors que les Romains auoir dompté par nos propres seditions & guerres Ciuilles, la vertueuse opiniatreté de nos Gaulois: gouuernoyét ce beau pays sous la langue & ordônance Romaine. Lesquels n'aspirans à autres chose qu'à retourner en leur antié païs, duquel ils estoiét empeschez par les armées Italiénes: furét en fin côtraints de courir & rauager toutes les mers & viure de la Piratique tât en Leuât qu'é Ponât & Septétrion. Establissât les plus fortes Isles de l'Occeá pour retraite asseurée à tous ceux qui pour l'aage, sexe ou côdition de viure n'estoient propres au maniemét des armes. A l'occasion desquelles ils furent tant craints & redoutez par tous les Seigneurs & Republicques de ce téps là: que les Grecs en firét le Prouerbe Aye le François pour ami, & non pour voisin. Car ne pouuans rentrer au païs qui leur estoit deu: Il fallut par necessité de viures, qu'ils courussent toutes les costes d'Europe Asie & Affricque auec l'espouuentement des plus asseurez qui leur vouloient contredire.

En ce téps côme le Roy se treuuast court de deniers, necessaires tât à la côduite de ses armées qu'il auoit en 5. endroits de son Royaume à l'étretien desquelles il faisoit des frais incroiables: Qu'à l'apoinctemét d'vn grand nôbre de personnes, dont la faueur & seruice luy sont necessaire, soit en France soit en pais esträgers: fut côseillé de recercher le secours des Ecclesiastiques qui ne luy mäquoiét au besoin. Pource auoir cômuniqué auec les principaux d'iceux à Fôtainebleau: exposé les necessitez ausquelles il les prioit de luy assister: & auoir deliberé tous ensêble de le secourir en tout ce qu'ils pourroiét, prierét le Cardinal de Lorraine luy faire entendre auec leur bône & deuotieuse volôté: Les moiens desquels ils entendoient fauoriser ses entreprises. Il parla en ceste sorte.

SIRE la Vertu de son naturel est de telle force, qu'elle atire tout le môde à la contempler, louër. Et aimer & si on la pouuoit voir en substance à la verité ainsi qu'elle est: elle exciteroit vn tel spectacle de son amour, admiration & joye dans noz cœurs, qu'il seroit impossible à tout homme la pouuoir exprimer par parolle ou par autre moyen & action exterieure quelle qu'elle fust. Ores est elle d'autant plus admirable, quand elle se voit ez rares personna-

Le Cappitaine Raillard & autres Catholiques pris & tuez.

Ordre que donne le Côte apres son arriuée & pres la prise de Belle-Isle.

Les Francez anciés Corsaires en mer.

May. 1573.

Harengue que fit au Roy Charles 9. le Cardinal de Lorraine Charles pour le Clergé de France à Fontenebleau 28. May. 1573.

V ij

ges, desquels la vie mesmes mise deuant les yeux des autres leur sert de miroer pour contempler & imiter : C'est pourquoy les Historiographes en leurs discours n'ont remarqué que les excellentes vertus des grans. Et nous quand nous lisons leurs liures, prenons vn singulier plaisir à les considerer & les mettre en nostre memoire. Et pour laisser vne infinité de tels exemples que nous trouuons en leurs escrits : I'en prendray seulement deux pour paruenir peu à peu a m'acquiter de la charge qu'il a pleu à Messieurs & freres qui sōt icy presens me donner & imposer deuant vostre Majesté. Tous deux d'autant plus recommandables qu'ils sont extraits de la sainte Escriture. L'vn est d'vne excellente force, conjointe auec vne singuliere temperance. Et l'autre d'vne rare Iustice, accompagnée d'vne sage prudence.

Av temps d'Abraham qui feust surnommé Pere des fideles pour auoir le premier receu en son corps, le signal de Foy qui est la Circoncizion pour luy, ses enfans, successeurs & toute sa famille : Auint que quatre Roys se liguerent pour faire guerre contre cinq autres Roys qui estoyent en ce temps là Seigneurs Souuerains en leurs terres. Encores qu'elles ne seussent de si grande estenduë que celles des Roys d'aujourd'huy. Les cinq armerent soudain & mettent leurs forces aux champs pour s'opposer à cest effet. Mais comme est le hazard de la guerre : Les quatre deffont les cinq & font sur eux vn grand butin & emmenent les prisonniers chez eux. Entre lesquels estoit Loth le frere d'Abraham & incroiablement de luy aymé. Ce qu'il monstra bien quand il eust receu ces tristes nouuelles. Car connoissans bien que ceux qui sont victorieux, le plus souuent ne sçauent vser de leur victoire & bien souuent se trouuent escartez en departissant entre eux leur butin. Et aussi ayant pleine confiance & promesse de D I E V de la deffendre : y arriua sur les champs auec ce qu'il peut. Et sans espargner temps ny diligence le jour mesmes les poursuiuit & fit tant d'armes qu'il recouura tout son butin. Et retira de leurs mains tous les prisonniers de sa terre & de ses voisins. Puis apres rendant butin & prisonniers à ceux a qui ils appartenoient : n'en voulut oncques retenir la valleur d'vne esplingue. Voila, Sire, vn bel exemple de force joint auec vne grand temperance. L'autre est du bon Roy Iozias lors qu'il commença à regner sur le peuple de Dieu en l'aage de huit ans. Et est escrit au quatriéme liure des Roys & au liure de Paralipomenon où il est dit que sur l'aage de dixhuit ans voyant son peuple desbauché de la vraye Religion ; comme enragé apres toutes sortes de Dieux estranges : demanda Conseil à D I E V de ce qu'il auoit affaire : Assembla tous les Prestres & Seigneurs de son peuple, puis brusla tous les vaisseaux de Baal du Soleil & de la Lune, des Planettes & de toute l'armée du Ciel. Desmollit toutes les maisons des Hereticques & Idollatres, couppa leur boys, destruit les hauts lieux & leurs autels : brisa leurs Idolles, ruyna leurs Temples & les remplit d'os de morts Sacrifia le Sacrificateur des hauts lieux sur leurs autels & mit a neant tout ce qui estoit repugnant à la volonté de D I E V. Prohiba toute autre Religion que la vraye. De maniere que sans aucunes batailles à peu d'armes par forme de Iustice, il remist en son Royaume la vraye & saine Religion restablissant l'entier & Saint seruice de D I E V. Voila, Sire, vn acte de Iustice accompagné de grande prudence. Et consequemmant deux excellents faits & vifs pourtraits des singulieres vertus remarquez en deux grans personnages qui ont par ce moyen donné vn extreme contentement au peuple de ce temps là. Et tiré leurs cœurs à les contempler, louër & amirer. Et gangné quāt & quand leurs volontez à leur obeyr, à les aimer reuerer & honnorer. De façon qu'aujourd'huy mesmes en rememorant cela : nous y prenons plaisir & sentons en nous vne certaine affection que nous leur portons tous morts qu'ils sont. Ie ne poursuiuray ces deux histoires plus loin, Sire : me remettāt à la lecture ou discours que vous en faites faire à vostre Majesté. Si vous diray-je, Sire, non pour vous flater : ja à Dieu ne plaise que nous vouliōs en ce lieu entreprādre. Mais pour la verité dōt tout le mōde pourra porter tesmoignage. Sçachāt biē cepēdant & cōnoissāt q̄ vostre modestie est si grāde, que le prēdrez de nous pluftost cōme vn desir qu'auons qu'ainsi soit : que pour vne verité en vous auenuë, encores qu'elle y soit. Et pour telle recōnuë de tous vos bōs & fidelles sujets. C'est que l'vn & l'autre exēple ce voit ce jourd'hui accōpli & viēnent representer en vous. Clouis qui eut ce beau titre de Pere de l'Eglise. Celuy de vos predecesseurs Roys, qui premier fut Chrestien : Au moins qui ait fait professiō & exercice de la Foy Catholique : Estāt baptizé & sacré par S. Remi en la noble & antiēne Eglise de Reims : En laquelle par la grace de Dieu & de vos predecesseurs Roys auez esté oint & sacré : Combien que je soie indigne que luy aie succedé : feit ouurir les Eglises des Chrestiens : leur donna pleine liberté : chassa toute Idollatrie. Et peu à peu fit florir la foy par tout son Royaume :

pour raiſon dequoy il feuſt ſurnōmé *Pater Religionis* Pere de Religion. Cōme aiant eſté Abraham Pere des fidelles. Et ainſi l'ai-je leu dans vn vieil liure que j'ay trouué entre les memoires de mon Dioceſe. Ce nom, Sire, vous eſt deu à tres-grand droit. Car ſi celuy eſt Pere qui engēdre: celuy n'eſt pas moins Pere qui fait renaiſtre & rend la vie. Si celuy eſt Pere qui nourriſt & cōſerue: Celuy n'eſt pas moins Pere qui entretient & maintiēt ce qu'il à fait renaiſtre & reſſuſciter: fait encores à preſent par la grace de Dieu florir & obſeruer. Cōmēnt doncques ne vous appartiē droit ce beau titre de Pere de Religion cōme à Clouis & en ſomme ce beau titre de Pere de l'Egliſe? Aiant nouuelles que quelques vns pilloiēt & butinoiēt voſtre Royaume, emmenoiēt vos Princes & Seigneurs meſmes vos proches parens priſonniers leſquels je ne nōme point de peur de renouueller vne ſi amere memoire: vous auez leué vos yeux à Dieu: en luy auez eſperé: en ſes promeſſes auez mis voſtre cōfiance: en luy vous eſtes armé. Qu'en eſt il auenu? Dieu vous à fait la grace & dōné telle force qu'apres pluſieurs batailles & villes repriſes & remiſes ſous voſtre obeiſſance: qu'aiant amaſſé ce qu'eſtoit en vos mains de voſtre petite famille & dōnāt ſur ceux qui cōme victorieux ne ſçauoiēt jouir de leur victoire: vous auez nō ſeulemēt recouuert le butin qu'ils auoiēt fait ſur vous & vos voiſins: retiré vos priſonniers, ſurprins & atrapé ceux meſmes qui auoient couru, maſſacré, rançonné, meurtri & bien vſé de la victoire & du butin qu'ils auoiēt fait. C'eſt, Sire, en quoy nous remarquons que reſſemblez à ce grand Pere Abraham. C'eſt la grace jointe auec la tēperance, qui gangne nos cœurs pour en amirer, louër & hōnorer les effets. Et quāt à l'autre exēple, Sire, y euſt il oncques Roy ou Prince, qui mieux que vous reſemblaſt à Ioʒias? Il peut ſouuenir à voſtre Majeſté, qu'au cōmencemēt des troubles, cōme vous auiez aſſemblé vne partie de vos Eſtats en voſtre Chaſteau de S. Germain pour auiſer auec vous, y dōner ordre & y mettre quelque fin. Vn faux Prophete enfant de Baal du païs de Bourgongne (ne l'eſtimāt digne d'eſtre nōmé) voulant abuzer de l'eſcriture & de voſtre jeuneſſe: vous nōma & dit que ſeriez vn jour vn Ioʒias, parlant pour ſon parti & le diſoit bien à vn autre intention. Mais ſi eſt ce qu'il diſoit la verité & mieux qu'il ne pēſoit: mettāt en auāt vne prophetie qu'il voit maintenāt accōplie à ſa cōfuſion. Et que ſes cōpagnons confeſſeroiēt eſtre veritable fils viuoient maintenant. A la verité Dieu vous à mis le ſceptre en la main, en voſtēdres ans cōme à luy. Vous n'auez eu oncques choſe plus à côtre cœur que voir en voſtre Royaume tant de fauces Religiōs, tant de tēples baſtis pour le Diable, tant de faux Prophetes. Le zelle de Dieu vous māgeoit de voir vos poures & miſerables ſujets ſi desbauchez de la foy & Religion. Vous y auez deſlors ſi dextremēt procedé: que cōduiſant tous vos deſſeins prudemment: vſant d'vne ſainte ſimulation, d'vne diſſimulation pleine de pieté, Et puis à peu d'armes faiſant Iuſtice droitemāt & extraordinairement pour la neceſſité du tēps & de l'exigence des perſonnes: vous auez tout à vn coup purgé voſtre Royaume des faux Prophetes, de leurs Tēples, des blaſphemes, d'hereſies, des voluptez de tout l'exercice de mauuaiſe & dānée Religiō. Reduiſant voſtre peuple desbauché, à la cōnoiſſance & au ſeruice du vray Dieu. Et le reduiſant à l'obeiſſance de la vraie Egliſe Catholique, Apoſtolicque & Romaine. Voila, Sire, vn acte de Iuſtice accompagné de prudence, par lequel reſſemblez au bon Roy Ioʒias. C'eſt en quoy non ſeulement eſgallez: Mais de beaucoup ſurpaſſez la grandeur, la gloire & la lumiere de vos predeceſſeurs en ce beau nom de Treſ-chreſtien. Ils ont eu affaire particulierement aux Arriens, aux Albigeois, ou quelques autres hereticques qui lors eſtoiēt en petit nombre & debiles forces. Voſtre Majeſté à eu affaire à groſſes armées, à forces incroiables, à des batailles inſuportables, à vn ramas general de toutes les plus dangereuſes hereſies, pernitieuſes entrepriſes, diabolicques inuentions, temeraires executions qui furent oncques. Ie ne dis veuës mais ſeulement Imaginées & figurées par les hommes. Et touteſfois, Sire, en commençant de voſtre enfance, & en eſtant hors de voſtre jeune aage, vous auez autant executé par armes & temperence comme Abraham. Et quand & quand par Iuſtice & prudence comme Ioʒias: Que ſans flaterie & veu les difficultez: vous auez autant deffendu, ſecouru, purgé, nettoié, & remis le peuple de Dieu: que fit le bon Pere Abraham & que fit le bon Ioʒias. Ce ſont les deux voire les quatre vertus, qui en vous reluiſent plus claires que en nuls de vos predeceſſeurs. Ce ſont, Sire, les vertuz qui de leur naturel attraient ceux qui les regardent à y prādre plaiſir, à les aimer & honnorer. Et d'autāt plus en noſtre endroit, que nous les auons praticquées & conuës en voſtre perſonne. Et maintenant les remarquons en ceſte voſtre libe-

Vu ij.

ralle & Royalle face. C'est ce qui gangne nos cœurs, Sire, à vous aimer & vous obeïr & vous d'autant plus en nostre endroit que nous les auons praticquées & touchez en vostre personne: cause de vous reuerer & qui force là dedans nostre impuissance à penser dire & faire chose en vostre endroit pour reconnoissance de ce que nous ne pouuons & toutesfois pour ne demeurer ingrats, le voulons penser, dire & faire. Quel heur & joye nous est-ce qu'aucuns demeurans en leurs vaisseaux en vn coing. Autres se jetans dans les barques à la misericorde de Dieu & à la pitié des vents: en vne si horrible tourmente & fortune comme a esté celle que nous auons eu l'espace de dix ans, & puis aiant tous estez escartez: Nous nous trouuons neātmoins aujourd'hui par calme tous ensemble en vn mesme lieu deuāt vostre Majesté? Aussi ne feust oncques veu qu'au commandement d'vn Roy: on se soit si tost assemblé que nous nous sommes congregez apres la lecture des lettres qu'il a pleu à vostre Majesté nous enuoier. On ne vit oncques en assemblée, si grande vnion de volontez. Car par tout il y a tousjours aucun qui y contredit & fait difficulté ou empesche ou tasche à tenir les choses en longueur. Mais icy tout le monde comme il est conduit de mesme zele & aspire de mesme volonté: Oiant seulement le premier mot de la proposition: On ne vit oncques si grande alegresse que quand en ceste assemblée on a tenu propos & monstré de pres l'esperance de se presenter deuant la face & voir l'œil d'vn si grand Roy & si bon zellateur de l'honneur de Dieu & a qui Dieu a en si peu de temps mis tant de graces, par qui il a tant fait de miracles, à la souuenance desquels nostre esprit demeure comme abruti & estonné. Messieurs mes freres & Compagnons cy presens, portent assez bon tesmoignage de ceste allegresse en leur visage & contenance. Si suis-je marri que Dieu n'a dōné santé à Monsieur le Cardinal de Bourbon pour vous exprimer au vif cōme il sçauroit tresbien faire: ce qu'il en a luy mesmes, veu & conneu ez cōgregatiōs qui ont esté faites en sa presence. Il m'eust relleué d'vne grād peine à cause de mon insuffisance: Et suis extremement marri que je ne puis dire deuāt vostre Majesté, Sire, comme je l'ay veu & à desir receuoir vos bons cōmandemens. Si mettray peine de vous desduire au moins mal que je pourrai: sinon la challeur de l'extreme affection qu'il vous porte: La flambe de l'amour dont il embrasse vos vertus: l'ardeur du zele qu'il a à vostre Majesté: à tout le moins l'effet par lequel il vous supplie treshumblement, Sire, vouloir juger de son cœur non ingrat mais reconnoissant vos singulieres vertus & les grans biens faits qu'il a receu de vous: se mettant en deuoir de monstrer exterieurement tout ce qu'il peut & plus qu'il ne peut pour faire foy de ce qu'il tient caché dedās son cœur: qui ne peut sortir n'y, par parolle, n'y par cōtenance, n'y par aucun signe externe. Et tout ainsi que auez surpassé & imité Abraham & Iozias qui recōneurent leurs belles vertus. Et cōme ce Clergé qui represente toute l'Eglise Gallicanne est assemblé pour vous rendre graces de vos Illustres & heroiques faits: Aussi Melchisedech qui estoit lors le Sacrificateur du tres-haut Dieu: se presenta deuant Abraham: retournant de la bataille pour le remercier & luy cōgratuller. Helias aussi se mit en deuoir auec les autres Prestres de reconnoistre Iozias du tout ce qui estoit en sa puissance.

Premierement il est dit que Melchisedech offrit à Dieu en action de graces pour Abraham & le succez de son entreprise: pain & vin. Mais ce qu'il fit lors en figure, nous offrirons à Dieu Sire, pour vous non pain & vin: mais le vray Auguste sacrifice du precieux corps & sang de son cher fils: sous les especes de pain & de vin. Remerciant sa Majesté des grādes graces qu'il vous à faites & à nous par vostre moien. Et des grans dons qu'il vous a departis & à nous aussi des grādes & esmerueillables choses qu'il a executées par vos vertus. C'est ce grand Sacremēt des Sacremens, lequel si bien & vaillāment: aussi heureusemēt auez sçeu deffendre: par lequel auez tant combatu: lequel auez tant honnoré comme aujourd'hui mesmes que nous en celebrons l'octaue de la feste: nous n'y prions pas seulement à l'accoustumée. Car vous y estes tousjours nommé & presenté deuant la face du tres-haut D I E V qui crea le Ciel & la terre: Mais nous y ajoustons & meslons de nos plus ardentes affections & deuotions particulieres: y priant autrement pour vous que pour les autres R O Y S: d'autant qu'auons plus receu de vous que de nul autre. En outre Melchisedech benist A B R A H A M disant *Benedictus Abraham de excelso qui Creauit Celum & Terram* benist soit Abraham par le tres-haut D I E V qui crea le Ciel & la terre: Sire, encores que D I E V vous ayt estably Roy sur nous & que son vouloir soit que nous soions sous vostre obeyssance, pour estre toutes nos vies comme nous sommes vos tres-humbles & tresobeissans sujets & seruiteurs: Si est-ce que vous

aiant

aiant esgard au lieu que nous tenons: Vous estes nostre fils & enfant de l'Eglise, receuant de nous comme de vos Peres spirituels les Sacremens & les benedictions en la distribution desquels Dieu nous à ordonné ses Ministres. Et partant nous ne ferons difficulté de vous benir en disant, soyez benist, Sire, soiez benist Pere de la Religion, par le tres-haut Dieu qui à créé le Ciel & la terre. Soiez benist en esprit, en corps & en vertu, en santé, en grandeur & en prosperité deuant vos amis & vos ennemis: deuant les estrangers, deuant vos sujets maintenant & toute vostre vie. Benist, dis-je, d'vne grace non mondaine: mais d'vne, Sçauoir est celle du Dieu tres-haut qui n'a pas moins monstré de puissance nous ouurant maintenant son Ciel & renouuellant vostre titre: qu'il fit lors qu'il crea le Ciel & la terre. Nous n'y oblierons pas l'autre benediction & loüange de Dieu: reconnoissans tres-volontiers auec vous, Sire: que de luy vient vostre bien & le nostre. Que c'est celuy qui est auteur & largiteur de vos vertus & de vos victoires. Et partant auec les graces que nous vous rendons luy dirons *Benedictus Deus excelsus quo protegente hostes in manibus tuis sunt.* Et loüé soit le Souuerain Dieu qui a liuré tes ennemis en tes mains. Et ainsi qu'Abraham donna à Melchisedech les decimes de tous ses biens: aussi estant par nous benist de Dieu: Vous nous maintiendrez en tous noz droits, franchises, priuilleges & libertez. Car quant aux autres biens, nous n'en demandons aucuns à vostre Majesté. Nous voulons seulement praticquer la parolle d'vn des cinq Roys desquels nous auons par cy deuant parlé. Lequel accompagné du bon Melchisedech dit à Abraham. *Da michi animas cetera tolle tibi* donne moy les ames pren tout le reste pour toy. Ainsi nous vous disons, Sire, donnez nous seulement les ames, prenez & emportez tout le reste. Prenez noz biens, nos moyens, nos personnes vsez de tout ce que nous auons & en ordonnez comme de vostre propre bien. Mais à la charge & condition, Sire, que vous ne toucherez au spirituel n'y au temporel, qui est necessaire pour nous entretenir, & que vous nous donnez les ames. C'est que nous ne vous demãdons que les ames. Nous n'en voulõs qu'aux ames: nostre proie, nostre gain, nostre butin sont les ames. Nous les voulons restituer & conseruer à Dieu & à son Fils auquel elles ont tant cousté. Ne touchez point aux ames, laissez nous en faire. Permetez les nous & les laissez à nostre puissance. Vous vous monstrerez quand & quand zellateur de leur salut à cause de la main forte que Dieu Vous à donnée pour les adresser, pour les y contenir & nous y ayder. Or, Sire, la premiere ame que nous vous demandons est la vostre. Donnez nous vostre ame, la nous donnant, vous la donnez à Dieu. Vous la donnez & à luy & à nous quand la tiendrez nette: quand vous la tiendrez pure. Quand vous y tiendrez la vraye & viue foy Catholicque, Apostolicque & Romaine. Quand vous y aurez la crainte de Dieu empraincte: quand vous la tiendrez purgée de tout vice: quand vous l'ornerez d'vne volonté & efficace de bien faire, & d'vn zelle d'extirper les herezies, les blasphemes, les crimes, les delices, les maluersations & autres telles choses qui prouocquent l'ire de Dieu sur nous. Et sur tout, Sire, quant donnerez meilleur ordre aux desreiglées prouisions des benefices, aux violences, & extortions dont l'on vse aujourd'huy contre vostre Clergé pour l'aliance des troubles & autres occasions, lesquelles peut estre vous ont forcé contre vostre vouloir; de fermer les yeux & dissimuler. Nous sçauons bien le peu de moyen qu'auez eu de reconnoistre les vostres & ceux qu'auez employé. Mais, Sire, nous sommes contraints vous dire qu'il n'y a chose qui plus prouocque Dieu à courroux: & qui plustost auance sa dure & vengeresse main sur nos testes: que l'indigne traittement de son sanctuaire & des personnes & des choses qui en sont. Ne donnez les benefices à gens indignes, encores moins à gens d'espée & gens mariez. Pouruoirez y selon les Saints Canons & les Concordats: en dechargeant vostre conscience deuant Dieu. Le peuple est souuent puni de ses fautes pour auoir de mauuais Roys. Mais ne le sont aussi les Roys moins pour telle façon de faire. Ils en perdent leurs biens, leurs Empires, leurs Couronnes, leurs races. Et voiet tout cela à leur grand regret & irremediable repẽtance trãsporter non seulement de leur race à vn autre mais à celle de leurs ennemis. De ceste pureté de vostre ame, Sire, viendra la pureté de la foy, de Religion Chrestienne & seruice de Dieu par tout vostre Royaume. De ceste pureté, viendra la pureté & candeur des mœurs de vostre peuple. De ceste pureté viendra la Paix & le repos public par tout vos pays. De ceste pureté, viendra abondance de tous biens par toutes vos terres. De ceste pureté, viendra vn heureux siecle qui fera florir vostre Royaume en foy, en sujets, en terres, en biens, en Paix, en tranquilité, en repos. Dónez nous donc les ames & prenez le reste. Or ne sommes nous pas cõ-

Benefices mal conferez en France.

Mars, 1573.

tents de vous remercier & reconnoiſtre à la maniere de Melchiſedech. Si nous n'y ajoutons ce que fiſt le Sacrificateur Helias auec ſa Synagogue au bon Roy Ioſias. Il eſt eſcrit qu'il ouurit tous les coffres & treſors du Temple où il y auoit des grandes, entieres & anciennes richeſſes. Encores qu'il y euſt eu aupara uant & euſt des lors, de grans troubles au moien des hereſies & Idollatries auſquelles on auoit donné cours. Sire, pour n'eſtre veuz ingrats enuers vous: vous auoir ouuert nos cœurs à cauſe de vos incôparables faits & plus glorieux que ne furent onques ceux de Ioſias: Nous vous ouurons nos treſors. Nous vous offrons & donnons non ſeulement ce qu'auons, mais plus que nous ne pouuons. Quand il a eſté queſtion le temps paſſé de ſecourir les Roys vos predeceſſeurs en leurs plus grâdes & vrgens affaires: Le plus qu'on leur ait voulu & peu donner de la part du Clergé, ont eſté deux decimes. Encores ne ſ'eſt il praticqué qu'à l'extreme neceſcité. Et ſi eſtoit alors l'Egliſe la plus aiſée & riche qu'elle fut onques auparauant. Dieu le ſçait, Sire, & le pourroiêt teſmoigner gens a ce cônoiſſans. Entr'autres le Sieur Marcel que nous ſommes ceſte année cours de plus de 600. mille francs de deniers qu'auons accouſtumé de leuer. Et ce pour raiſon des troubles de Languedoc, Guyenne & Berry. Et ſi ce peut auoüer que depuis que vous eſtes Roy, auez tiré de voſtre Egliſe ſommes incroiables. Et que ſ'il falloit aujourd'hui vendre tout noſtre reuenu: on ne pourroit trouuer les ſommes que voſtre Egliſe liberallemêt & de bon cœur vous à accordez. Toutesfois, Sire, nous nous deliberons faire tous efforts pour rachapter pres 1100. mil liures de rente qui ſont engagées en l'Hoſtel de la ville de Paris: dont vous ne receuez rien. A celle fin que iceux deniers eſtant d'eſgagez, vous & voſtre poſterité en puiſſiez eſtre ſecourus à voſtre bon plaiſir, & maniées par vos Officiers, Receueurs & Treſoriers côme de vos propres deniers. Sans que nous & les noſtres nous en mellions aucunement. Ce nous ſeroit choſe impoſſible, fournir tout à vne fois & pour ceſte cauſe nous demandôs ſeulement deux termes Noël & S. Iean. Et ja à Dieu ne plaiſe, Sire, que nous voulons vendre le bien de l'Egliſe & que nous vous priuions du plus beau, du meilleur & du plus prompt de vos ſecours que vous & vos ſucceſſeurs pourriez onques auoir au beſoin. Et ferions vn tort irreparable à voſtre Royaume qui a ſon principal appuy & recours à l'Egliſe: Et aux poures pour leſquels ce bien eſt deſtiné pour racheter ce que nous auôs vendu. Nous entendons qu'il vous plaiſe nous preſter toute aide: & faire expedier toutes les prouiſions qui deppendent de voſtre auctorité & de vos Courts Souueraines. Comme auſſi il vous plaira nous aſſiſter aux treshumbles ſuplicatiôs qu'il faudra preſenter à noſtre S. Pere le Pape: l'autorité duquel nous voulôs côſeruer. Pour ceſt effet ſont Deputez 4. de Meſſieurs les Eueſques & auec ceux de voſtre Côſeil qui ont ceſt hôneur d'eſtre appellez à ceſte dignité. Leſquels ſe retireront à Paris & là mettront en eſcrit tous les moiens pour faire deniers dont ils ſe pourront auiſer. Et enuoierons des coppies par tous les Dioceſes à celle fin que chacun choiſiſſe de pluſieurs expediâs, celuy qu'il trouuera pour ſon regard le plus cômode. Et en ajouſter d'autres ſ'il luy en auient quelque auis. Et par ainſi que chacun d'vn accord trauaille à amaſſer ceſte ſomme le plus prôptemêt que faire ſe pourra. Ce ſera ſ'il plaiſt à voſtre Majeſté, Sire, à la charge de 2. choſes. La premiere que vous nous maintiendrez en Paix & nous ferez jouir du bien d'icelle en la cueillette & perceptiô de nos biês, de nos droits & de nos preuilleges. L'autre eſt que les gens de guerre ne courront n'y atenteront ſur nos terres, nos meubles & autres biens: Les degaſtans à faute de diſcipline militaire côme ils ont fait par cy deuant. Car à faute de ces deux points ou de l'vn tant ſeulement: impoſſible nous ſeroit à noſtre grâd regret fournir ladite ſomme & mettre en execution la bonne volonté que nous en auons. Nous ſçauons bien, Sire, que ce preſent eſt trop plus petit que ne merite voſtre grâdeur, voſtre vertu & le bien que le Clergé à receu de vous. Mais c'eſt ce que nous pouuôs & plus. Que pleuſt à Dieu que nous peuſſiôs dauâtage affin que mieux conneuſſiez noſtre bon cœur, qui nous à fait encores paſſer plus outre. Car voiât que Monſieur voſtre frere en la force de voſtre bras & ſous voſtre heureuſe côduite: à batallié les batailles de Dieu & d'vn ardent zelle dont on ſ'a veu touſjours bruſler pour l'honneur de Dieu & la deffence de ſon Egliſe: Sans jamais ſe laſſer de ſa forte & valheureuſe main: apres tant d'ânées & trauaux miſt ſous voſtre marchepied tous vos ennemis côjurez côtre Dieu & voſtre Royaume. Et que Dieu non moins remunerateur des biês faits, que vêgeur de mal faits, apres vous auoir reſtitué voſtre Courône: luy en a miraculeuſement, diuinement, & comme du Ciel enuoié vn autre: loier & guerdon de ſa foy, de ſon zelle & de ſa vertu, accroiſſant la voſtre d'vn autre Chreſtien grand & floriſſant Royaume. Car vous eſtes

mesmes

Quel ſecours les Roys de Frâce ont eu de leur Clergé.

Secours que demandent les Eccleſiaſtiques au Roy pour rachetter les biês de l'Egliſe alienez par le Roy.

Conditions ſous leſquel les ils veulent ſecourir le Roy.

Reconoiſſance que les Eccleſiaſtiques font au merite d Monſieur depuis Roy de Pologne.

mesmes chair, mesmes os, & mesmes sang. Et remplissez l'vniuers de vos loüanges & merites De maniere qu'il semble que vous assujettissât les deux extremitez de la Chrestienté: Ils veulét tout reduire sous vostre Empire, pour le moins sous le respect de vostre œil & amitié. Nous ne voulons estre si ingrats qu'il parte d'icy sans action de graces, sans recônoissance de ses merites, sans quelque tesmoignage de nous vos bōs & fidelles sujets, sâs quelque guerdon d'honneur. Permettez nous donc, Sire, que du vostre (car tout est à vous) nous luy fassions outré & par dessus ladite somme, jusques à huit cens mil Francs pour luy presenter auant qu'il se departe d'auec vous. Si nous ne pouuons le tout, à tout le moins vne partie & puis l'autre par lettres d'eschange ou autrement. Quand en bonne santé, heur & felicité suiui de bonnes prieres, souhaits & acclamations de vos peuples pour sa bonne santé & prosperité: il sera paruenu au Royaume que Dieu luy à manifestement donné. Ce n'est pas tout, Sire. Nous vous voulōs faire encores vn autre present tel que fist Helias au Roy son Maistre. En coffretant les thresors du Temple pour luy offrir tout ce qu'il trouueroit: Il rencontra vn liure tout poudreux & moysi. C'estoit le Deuteronome qui est vne ample declaration de toute la Loy de Dieu. Ce liure auoit esté long temps inconnu & ne l'auoit veu, ny leu ny sacrificateur ny possible homme qui vesquist: le bailla à Saphan Chancellier qui le leust & luy enchargea l'emporter au Roy. Suppliant sa Majesté le vouloir lire. Ce que le Roy fist apres que l'on luy eust presenté. Et apres l'auoir leu: ces parolles furent adressées autant au Roy comme aux sujets. Si tu obeys à la voix du Seigneur ton Dieu en gardant & faisant tous ces commandemens lesquels il te commande aujourd'huy: Lors le Seigneur Dieu te constituera le Souuerain sur toutes les Nations de la terre. Tu seras benist en la ville & pareillement aux champs, le fruit de ton bestiail, le fruict de tes vaches & le fruict de tes trouppeaux & brebis: le Seigneur Dieu touurira son bō tresor du Ciel afin qu'il dōne pluye sur la terre en son temps. Et qu'il benisse toutes les œuures de tes mains. Au contraire si tu n'obeys, viendront sur toy toutes ces maledictions & te saisiront. Tu seras maudit en la Cité & pareillemēt maudit aux champs, Maudit sera le fruit de ton ventre, le fruict de ta terre, le fruict de tes vaches & de tes brebis. Le Seigneur Dieu t'enuoiera malediction & trouble jusques à ce qu'il l'ait fait perir. Le Ciel sera d'ærain & la terre de fer en lieu de pluye tu n'auras que la poudre & de la cendre: Dieu te fera tresbucher deuant tes Ennemis. Ta charōgne sera viande aux oiseaux du Ciel & autres plus grandes menasses & horribles qui sont escrites en ce passage. Il rompit ces habillemens, commença à plorer, demanda Conseil à Dieu de tout ce qu'il auoit affaire. Et tost apres manda tous les Sacrificateurs & Anciens de son Royaume: fist vne belle Procession allant de son Pallais au Temple auec eux, & tout son peuple apres. Fit lire haut & clair tout le côtenu en ce liure. Fist jurer tout le monde de garder & obseruer inuiolablement tout ce qui estoit commandé: punist & chassa tous ceux qui n'y vouloient obeyr, acheua & nettoia son Royaume de maniere qu'il fust aimé de Dieu & regna heureusement l'espace de trente vn an. Et à cause de cela furent les menasses desquelles Dieu l'auoit menacé luy & son peuple: destournées de son regne & differées par long temps apres. Ce Liure, Sire, que nous auons trouué parmy les thresors de l'Eglise: Et lequel à l'imitation de Helias nous vous presentons aujourd'huy pour lire c'est le liure de la Loy des commandemés de Dieu & de sa Sainte Eglise & des Saints Canons & Conciles où est declaré la volonté de Dieu. Auec promesses à ceux qui y obeyront, de posterité de tous biens & menaces horribles à ceux qui y contreuiendront. Ce liure à esté long temps en poudre & comme. *Silent leges inter arma* les Loix treuuent silence entre les armes: aussi n'a on tenu compte de ce liure. Ce n'a esté vostre faute, Sire, mais en à esté cause la misere du temps & l'occasion que l'on n'y a preueu sur vostre jeunesse. Et à vray dire vne bonne partie de la faute tumbé sur nous autres Ecclesiasticques qui auons negligé la residence, mesprisé la predication & delaissé le deuoir dont nous sommes obligez en nos trouppeaux. Nous vous presentons aujourd'huy ce liure. Aidez nous, Sire, à le nettoier & mettre en vsage. Vous suppliant le vouloir premierement lire & obseruer de point en point sans feintise. Estant desplaisant à bon escient de ne l'auoir plustost ainsi fait. Et puis apres le faire enseigner; & garder à tout vostre peuple par tout vostre Royaume: allant le premier à la procession, par bonne exemple. Et prenant du tout Conseil auec Dieu & auec les plus Catholiques & fidelles seruiteurs de vostre Couronne: pour acheminer & faciliter ce bel œuure. Messieurs les Deputez receurõt à Paris de toutespars, les plaintes & doleances de tous ceux du Clergé: mettront par memoi-

Don de 800000. l. que le Clergé de France fait au Roy de l'Espagne.

Don que le Clergé fait au Roy, du liure saint des Commandemés de Dieu. Faute des Ecclesiasticques. Auertissement du Clergé au Roy Charles pour bien viure.

Y u iiij.

May 1573.

Reformation des Vniuersitez.

res & articles ce qui appartiēdra à la reformatiō. Pour puis apres en estre sous l'autorité du S. Pere resolu & ordonné. Et pource que de l'institution & education de la jeunesse deppend la bonne ou mauuaise vie des sujets: Aidez nous, Sire, à reformer toutes les Vniuersitez de vostre Royaume & specialement celle de Paris. Nous auons prié Monsieur le Cardinal de Bourbō qui est cōseruateur des priuileges Apostolicques, Messieurs l'Euesque de la Vaur, qui à autresfois esté lecteur, l'Euesque d'Auxerre, vostre grand Aumosnier, l'Euesque d'Angiers vostre Confesseur qui entend fort bien cela, d'y vouloir vacquer auec tels de vostre Court de Parlement qu'il vous plaira deputer. Car nous ne le pouuons faire sans vostre autorité ny sans vos lettres & intercession à nostre saint pere le Pape: pour surce depescher sa commissiō. C'est pour vne bonne œuure & pour rendre plus aisée la lecture & excellence de ce beau liure duquel nous vous faisons present. Si ainsi faites tout cela, comme nous vous requerons, Sire, vous destournerez de vostre Chef & de celuy de vos enfans, toutes les menasses que Dieu en extreme rigueur a faites esdits saints liures. Vous deliurerez & affranchirez vostre peuple de la vengeance de la main de Dieu; vous adoucirez le Ciel, vous amolirez la terre: vous conseruerez à vous & à vostre posterité ce fleurissant & beau Royaume. Vous prospererez, sous la faueur de ce puissant & bon Dieu. Vous aurez en paix & repos abondance de tous biens. Vous serez vraiement pere des fidelles, pere de la Religion, pere de la patrie reluisant & autant renommé que Abrahā: plus glorieux que Iozias, plus digne du nō Tres-chrestien que pas vn de vos predecesseurs. C'est, Sire, l'alegresse de vostre Clergé que j'ay charge de vous faire entēdre. C'est l'action de graces de laquelle je me suis chargé vous remercier. C'est le petit present que j'ay de leur part à vous offrir. Nous vous suplions tres-humblement, Sire, vouloir prendre le tout en gré & en bonne part: Comme sortant d'vne bonne, entiere & affectionnée volonté de vous obeir & seruir comme vos tres-humbles & tres-obeissans seruiteurs, Orateurs & sujets tels que nous desirons estre tousjours estimez & tenuz de votre Majesté. Priant Dieu, pour leur succez & prosperité de votre personne & de tous les votres de votre Royaume & de vos affaires & me recommandant tres-humblement à vostre bonne grace.

Languillier va trouuer la Royne d'Angleterre pour luy demander plus grand secours.

Vovs auez veu cy deuant les desseins du Comte de Montgommery, pour secourir les Rochellois & les exploits de son armée, auec la conqueste de Belle-Isle, puis comme il ordonna de ses vaisseaux. Maintenant je vous diray le surplus. Belle-Isle prise, Languillier partit le vint sixiéme Auril pour aller en Angleterre recercher la Royne de plus grand secours. Mais agité des vents merueilleux & tempestes extraordinaires: fut contraint relascher à saint Yues, assez pres du cap de Cornouaille, d'où en May il s'achemina pour raconter le succez de toute l'entreprise à la Roine, laquelle il supplia de leur octroier plus grand & asseuré secours que celuy qu'ils auoient mené. Mais elle, soit qu'elle feust poussée d'vn bon & non feint vouloir vers la fleur de Lys: Soit que desesperant de ce que les refugiez luy auoient promis: elle ne se sentist assez forte pour espouser leur party. Ou qu'elle ne pensast raisonable n'y expediēt encor qu'elle en eust la volonté de contreuenir à la Ligue faite auec la Couronne de France: ne leur donna autre responce que de mal contentement. Non seulement de ce que le Comte auoit tiré aucuns de ses sujets à son parti. Mais sur tout pour auoir sans son congé expres arboré le pauillon d'Angleterre au plus haut de ses Nauires. Dont elle donnoit aparence à l'exēple des Princes de ce siecle: de ne se fascher pas tant des desseins & progrez de l'entreprise, que de la malheureuse execution d'icelle: à laquelle sembloit la croix rouge d'Angleterre n'auoir receu qu'infamie pour le peu de faueur qu'elle y auroit aporté. Au surplus respondoit à ce qu'on luy mettoit auant: qu'elle ne trouuoit estrange la fin de telle entreprise: tant pource qu'elle auoit esté si saintement conceuë & deuotemēt encommencée pour maintenir la gloire de Dieu, le repos du pays & la liberté de cōscience à tous leurs freres Fançois: que pour la variable inconstance de toutes choses humaines ausquelles Dieu & la nature ne veulent ordinairement permettre que les hommes voire les plus auisez, donnent tousjours heureuse fin. Qu'elle n'estoit point ignorante des moiens que le Comte & ceux qu'il auoit choisiz pour l'effet de son dessein, y auoient tenuz. Et comme à l'apetit d'vn simple raport ils s'estoiēt sequestrez de ceux qui luy eussēt dōné la victoire en main. Mais se faschoit plus du bruit que les premiers de l'armée en faisoiēt courir, qu'elle leur auoit promis toute assistāce en cas que leur entreprinse sortist quelque heureux effet: mesmemēt s'ils entroient à la Rochelle. Et sur tout de ce que ses bannieres auoient esté cōme prostituées en derision & mocquerie: non seulement

La Royne d'Angleterre mal contente côtre le Comte de Montgōmery & ses compagnōs.

aux

aux François, mais à tous ceux qui entēdront les nouuelles de ceste legiere entreprise. Et à ce qu'on luy proposoit que si elle ne vouloit auoir esgard au deuoir de charité qui lui cōmādoit de secourir ses freres faisant profession de mesme Religiō qu'elle, qui auoit autresfois esté persecutée pour mesme fait: du moins elle eust quelque esgard au proffit de son Royaume. Qu'elle ne laissast perdre vne si belle occasion tant d'enrichir son païs que de nuire perpetuellement à tous ses ennemis. Qu'outre le proffit, l'honneur s'y obligeoit deux seules fins que tous se proposent en toutes leurs actions. Mais qu'icelle abandonnée auec le proffit tout l'honneur qu'acquirent oncques les Anglois pour le fait de mer, se perdoit vers les Nations estranges, aussi tost que chacun auroit entendu que pour si peu ou du tout nulle occasion, elle auroit si legerement abandonné ses freres. Fit responce que quand bien elle auroit volonté de rompre la Confederation faite auec son bon frere le Roy de France: qu'elle y estoit si mal disposée & les occasions qui s'y presentoient si petites : qu'elle n'estoit aucunement deliberée de declarer la guerre ne se porter ennemie des François. Partant leur aiant fait entendre qu'elle n'estimoit pas tant le parti du Comte & ses fauoris que du Roy de France auec lequel elle auoit iuré Ligue, fraternité & perpetuelle alliance & confederation contre tous : leur donna belle occasion de n'esperer aucun moien de ce pais. Si que le Comte trois semaines apres la prise de cete place, sans secours & menacé de cinquante voilles que Monsieur preparoit à sa ruine. Apres auoir desnué le fort de toutes munitions, bruslé le logis, & tiré tout ce qu'il peut de l'Isle tant en argent esgallé par chacune parroisse: qu'en fruits & autres emolumens: desplaça pour se retirer à l'Isle d'Vvich, d'où il depescha en Court pour sçauoir si sa venuë & retraitte en ce Royaume seroit agreable à sa Majesté. Laquelle lui fit telle responce comme si fort fasc̄hée de sa disgrace : elle en attribuast la faute à lui plus qu'aux autres. Occasion qu'il renuoya son fils le Capitaine Lorge pour faire tant que son sejour ne fust ennuieux ni à elle ni à aucun de son Cōseil. Ce qu'on luy accorda & apres auoir tiré argent des Canons, fruits & autres prouisiōs tāt de Belle-Isle que du cinquieme qu'il prenoit de toutes les prises que les François faisoient sur la mer combatant pour la Cause & en son aueu: il se retira sur le commencement du mois de Iuillet à Vdinton en Cornoaille lieu apartenant à son beau frere Chāpernon Vic'amiral de ces costes: apres auoir enuoié le Capitaine Lorge son fils auec quatre cens harquebuziers au secours du Prince d'Orenge, qui auoit bien affaire d'hommes tant pour rafrechir & auittailer Aerlem presque reduite au desespoir: que pour faire teste à trois mil cinq cens qu'Espagnols qu'Italiēs vieux soldats des Garnisons d'Italie venuz auec 500. cheuaux Italiēs au secours du Duc d'Alue qui tenoit tousjours le siege deuāt Aerlem sous son fils, Chiapin Vitelly & autres Chefs Catholiques. Les Capitaines Pajet, Maison-Fleur dit l'Huillier Parisien, Cateuille & autres Chefs, y furēt aussi auec ce qu'ils peurent leuer d'harquebuziers Francez cōme je vous diray ailleurs.

Sur le commencement de ce mois, Monsieur enuoia le Comte de Rets Ambassadeur vers la Roine d'Angleterre : lequel bien accompagné & fourni de toutes choses requises pour l'ornemēt de son train: surpassa aisément la magnificence de tous les Ambassadeurs precedens. Car outre ce que les autres se moienent de singulier pour rendre leur charge remarquable: il fit porter de France en Angleterre tout ce qui lui estoit propre à son boire, manger & agencement de maison. Ce que les Anglez estimerent fort : jugeans cela vne vraye magnificence Reale. Laquelle prenant tout de soy, veut montrer qu'elle n'a besoin d'autrui, pour dependre tant soit peu d'vne liberalité estrangere. Tels estoient les premiers & plus excellens Ambassadeurs des Nations Grecque & Romaine deuant qu'ils fussent en charge & ennūy à ceux vers lesquels ils estoient enuoiez. Si jaloux au reste de l'honneur de leurs Maistres : qu'ils faisoient conscience de receuoir aucun present si l'on ne prenoit le refus en mauuaise part: asseurez que comme de receuoir tout est vn tesmoignage de grande auarice : & au rebours refuser tout de Barbarie & d'inciuilité: Aussi tenoient ils le moien qui ne prejudicioit à la grandeur de ceux qui les enuoioient. Et ne desplaisoit à ceux qui pesoient par là reconoitre le merite de leurs vertus. Bien eslongnez du naturel de ceux qui ne briguent leurs charges que pour s'y enrichir & souuent au mespris & desauantage de leur Maistre. Il y estoit enuoyé à deux fins principales. La premiere pour detourner la Roine de secourir les Rochellois. La deuxiéme pour la despersuader ce que les Protestans y refugiez lui auoient fait entendre de la grandeur & inouie cruauté des massacres Francez. Comm'elle sceut son arriuée à Douure : bien qu'elle feust sur le

Le Comte de Montgōmery abandōne de ses vaisseaux qui busquoient fortune à tous costez est forcé de quiter belle-isle.

Le Comte de Montgōmery mal receu en Angleterre.

Le Cappitai ne Lorge aisné des enfās du Cōte de Mōtgōmery mene quatre cens harquebuziers Francez au secours du Prince d'Orenge en Hollande.

May 1573.

Ambassadeurs & leur deuoir Dons & presens s'ils doiuent estre receuz

poinct de faire la visite & pourmenade par son Royaume qu'ils appelent Progrez de la Roine qu'elle est coustumiere de faire tous les ans. Estant à Grenovvich sur la Tamise à deux mil de Londres, elle lui alla au deuant vers Douure. Où d'arriuée, il se sceut si dextrement porter qu'il lui persuada le premier point, auquel d'ailleurs elle n'estoit pas trop affectionée. Non que cela vint de son naturel & propre mouuemēt. Ains gāgnée par les raisons qu'aucuns de son Conseil que les Protestans appelloient pensionnaires de France, lui mettoient de jour à autre deuant les yeux. Trois principalement. L'alliance si solennellement jurée entre elle & le Roy de France son beau frere, de s'entresecourir enuers tous & contre tous sans aucun excepter qui ne feust par auant leurs alliez. Le dangereux exemple qu'elle donneroit à ses sujets & autres

Raisōs pour lesquelles la Roine d'Angleterre fut despersuadée de secourir les Protestans Frāçois.

estrāgers si elle secouroit les Frāçez rebelles à leur Prince: de se reuolter à pareille ou pour autre occasiō cōtre le Magistrat, que Dieu n'establist que pour estre honoré & obey, cōme le vray image de son autorité & puissance Diuine. Puis l'inconuenient des guerres qui en sourdroient entre elle & le Roy de France: qu'elle doit juger plus puissant que lors que les Anglez portez par les Bourguignons, Bretons & Nauarrois, donnerent tant d'affaires au Royaume de France, duquel ils auoient d'ailleurs presque le tiers en droit d'heritage successif & paisible nomméement la Gascongne, Guienne, Saintonge, Poitou & cartiers voesins : de la faueur de tous lesquels elle se voit excluse maintenant appellée seulement par vne petite troupe de bannis. Lesquels outre ce qui leur est cōmun auec tous les autres de promettre tout & sciemmant plus qu'ils ne peuuent tenir, pour inciter vn Prince estranger à les remettre en leurs biens : Il y auoit grande aparence que si par quelque accident la Paix se faisoit en France: toutes les forces du Royaume ne se tournassent contre elle, à qui ces refugiez n'ont jamais voulu promettre ville ny place de retraitte pour s'i accommoder.

De la journée de saint Barthelemy.

POVR le regard du jour de saint Barthelemy. Il luy osta du cerueau beaucoup de persuasions qu'elle s'estoit fantasiée par le raport des premiers: nomméement apres qu'il eust au long discouru, que pour auoir eu l'Amiral telle suite en sa demeure à la Court & par toute la France: qu'il estoit sans comparaison mieux accompagné que le Roy mesme : & que paroissant ainsi plus grand que son Maistre le Roy, n'auoit peu suporter en luy, ce qu'elle Royne ne pourroit trouuer bon en la personne d'aucun de ces Millordz. Que comme l'ambition à tousjours

Ambition la peste des Estats.

esté la plus dangereuse peste de la société humaine: Ainsi les plus aparens en vn Estat, aussi tost qu'ils se sont veuz fauorisez de plus de moiens que leurs semblables ou compagnons: au lieu de s'étretenir en cest auātage & l'emploier au proffit & auancement de l'Estat: ils ont soudain aspiré à la souueraineté d'iceluy. Tel à tousjours esté le naturel des hōmes ambitieux mesme-mētde monter cōme par degrez au sommet d'honneur sans se cōtenter de raison: & moins encor bien balencer les moiens qu'ils doiuent tenir à tel auancement. Occasion que les vns sont

Comme les puissans en chacun Estat s'en sont faits Princes.

tombez dés le commencement, les autres dés le mitan de leur course & aucuns du plus haut en bas auec plus de perte que les premiers. Ainsi Pisistrate renuersa l'Estat populaire des Atheniēs pour en faire sa principauté. Nabis en Sparte. Agatocle & Denis en Sicile. Par mesme moiē Silla se voiāt assisté de gēs de guerre, cōuertit l'Estat Aristocratic & populaire des Romains en pure Tirannie sous le gracieux voille de Dictature, laquelle finie par sa volōtaire desmission & retournée à sa premiere forme: fut long temps agitée par les vēs ambitieux de Pompée & Cesar: Cestuy la pour ne voulloir de pareil ny compagnon en l'Estat: & cestuy cy ne pouuant souffrir vn superieur: employerent toutes les forces que le païs leur auoit donné pour jouër à boute hors. Auquel Pompée estant mort: Cesar, vsurpant le titre de Dictateur se fit le premier Monarque des Romains: Le Roy mon Maistre auoit des exemples plus voesins & particuliers

Vsurpation de la Couronne de Frāce.

que ceux là, pour se garder de la trop grande puissance de l'Amiral. Car il auoit appris que la feneantise des premiers Rois, auoit donné trop d'occasions aux Pepins les plus ambitieux de leur temps, d'aspirer à la Couronne qu'ils vsurperent en fin. Sur lesquels aussi & par la faueur d'vne si longue suite de tant de Nobles & autres deuotieux aux Capetz: La Couronne Franceze changea d'heritiers & de race: de laquelle ceux de Vallois sont descenduz. Mais ceux

Estats des Grecs changez par les plus puissās.

qui vertueusement puissans, ne se destournent de la raison, vsent de leur creance & autorité à l'auancement du public plus qu'à leur particulier: Comme fit Thesée entre les Atheniens, en faueur desquels apres leur auoir establi vne forme de Gouuernement populaire meilleure que celle dont chacune bourgade vsoit à part: il se deposa du nom & puissance de Roy qu'ils luy auoient donné, pour viure plus paisiblement auec eux. Vne longue suite d'années apres

LIVRE TRENTEQVATRIEME. 160.

se retrouuans embrouillez de seditions ils donnerent toute puissance à Solon de reformer l'Estat: à la souueraineté duquel il feust aisément paruenu s'il eust creu le Conseil de ses amis les plus puissans d'Athenes. Mais voulant praticquer au proffit du païs, le tiltre de sage que le merite de ses vertus lui auoient acquis par toute la Grece: il ne voulut aucunement enjamber sur la liberté du peuple: ains en auoir reformé l'estat, il mourut depuis aimé de tous les Atheniens & renommé par tous les Grecs comme l'vn des plus excellens personnages que la Grece porta jamais. La France non plus, n'a jamais esté despourueuë de bons ni de mauuais exemples. Car comme Charles Martel eust toute la puissance des Francez entre main: reconu le plus sage & vaillant de tous les Seigneurs du Royaume, auquel les Rois n'estoient lors estimez non plus que femmes:(pour auoir trop dementi la genereuse vertu de leurs deuanciers:) ne voulut jamais touteffois accepter la Couronne que la pluspart de ses amis lui conseilloient de prandre. Aimant mieux commander aux Roys, que de l'estre auec telles incommoditez qui les suiuët d'ordinaire. Mais tels exëples sont rares. Et se treuuent plus de ces puissans Seigneurs qui emploient leurs moiens à s'agrandir & se moienner vne souueraineté sur le reste: qu'à s'entretenir en leur premiere condition, pour loüable qu'elle soit. Occasion que plusieurs considerans les inconueniens de cete Ambition, portée par l'autorité d'vne si grande puissance: y ont voulu obuier par moiens plustost que se fier à la vertu de ces puissans Citoiens quelque apparëte qu'elle feust. Laquelle à vrai dire est ordinairemët, sinô mise bas & terrassée: du moins couuerte & obscurcie si long temps par ces venteux nuages d'Ambition: qu'elle est de peu de fruit à tout Estat. Sur tous les Atheniens semblent y auoir mieux pourueu par vne institution politique laquelle ils nômerent Ostracisme. Qui estoit vne forme de bannissemët pour vn temps: duquel estoient poursuiuiz, les plus vertueux & plus puissans qui feussent en la ville. Crainte que par leur Eloquence & telle autre force d'Esprit: par leur gloire creance & renömée: ou par leurs richesses & autres tels puissäs moiës, ils ne flechissët le cœur du peuple a dire & faire ce qu'il leur plairoit. Mesmes on lit que Damô precepteur de Pericle fut banni seulement pource qu'il sembloit au commun peuple qu'il feust trop sage. Ainsi fut banni Aristide par ce peuple desguisant l'enuie qu'il portoit a sa gloire en l'appellant crainte de tyrannie. Car cete maniere de bannissement qui s'appelle Ostracisme, n'estoit point vne punition ordonnée pour aucun crime: ains, disoit-on, (pour lui donner honneste couuerture:) que c'estoit seulement vn rabais & diminution d'autorité trop grande & d'vne puissance trop excessiue pour vn Estat de chose publique & populaire. Mais à la verité ce n'estoit autre chose qu'vn moien de contenter doucement & gracieusement l'enuie que le peuple conceuoit contre quelque particulier: lequel ne desploioit sa malueillance que contre celui dont la grandeur lui faschast en aucun mal irreparable: Mais pource que telle si eminentes autoritez & puissances s'entretiennent en vn Estat Royal par vn lien plus roide & asseuré qu'au populaire. Voire que le bannissement n'a pour le jourd'hui telle force qu'en Athenes. Mesmement pour ce qu'ils bannissoient les plus excellens d'eux, alors qu'ils voioient leur gloire & puissance seulement commencer à croistre & grandir au prejudice du public: & que l'autorité & puissance de l'Amiral estoit ja toute formée comme paruenuë au presque dernier degré de l'honneur auquel on craignoit qu'il tendist. Le Roy fut conseillé de lui coupper les racines de sa grandeur. Et de mesme main esbrancher ce qu'elles auoient ja poussé hors terre. Ce qu'il jugeoit ne pouuoir faire plus seurement que par la mort de celui, la faueur & moiens duquel n'estoient que trop soupçonnez par tout le Royaume. Surquoy comme la Roine se feust enquise pour quelle raison doncques tant d'autres François non coulpables de cete ambition & d'autres du tout insuffisans à porter armes, auoient esté compris & enseuelis en mesme misere: respondit qu'il n'y auoit le quart des morts qu'on lui auoit raporté dont il s'en asseura sur sa Foy. Et mesmes requit son Ambassadeur de Vual Singhan qui pour lors estoit à Paris pour en rendre tesmoignage à sa Majesté. Voire que le Roy auoit porté vn grand regret & merueilleux desplaisir de ceux qui estoient decedez plus par l'aueuglée fureur d'vne populace eschauffé contr'eux: pource qu'on les disoit auoir conspiré contre le Roy & ses freres; que par commandement ni tant soit petit aueu de sa Majesté. Somme que la Roine du moins en apparence, satisfaite par le rapport du Comte: retourna peu apres à Grennuvich accompagnée de l'Ambassadeur Francois. Lequel se porta si dextrement en sa charge: qu'elle a depuis

Les plus puissans & vertueux amis.

Ostracisme des Atheniens.

Bannissement d'Athenes pour quoy ne peut estre praticqué en France.

dit

May 1573.

dit & fait conoitre à plusieurs qu'elle s'en contentoit fort. Quelque temps apres le President de Tours fut depesché vers la Royne, pour la prier de permettre que la Roine d'Escosse Marie Stuard retenuë en Angleterre : feust visitée afin de la consoler. Et voir de par sa Majesté ce dont elle auroit affaire pour lui suuenir en ses necessitez : ce qui fut fait sur la fin de Iuin.

Les Protestans prenent Choiseul en Bassigny.

Av mois de May les Protestans de Picardie, Champagne & Bourgongne faisans le nombre de deux cens tant à pied qu'à cheual : entreprindrent sur quelques places de Bassigny en faueur des intelligences qu'ils y praticquerent. De fait ils prindrent Choiseul, chasteau fort. Mais pour n'estre secondez & secourus de prouisions par ceux qui les auoient mis en besongne, & autres qui leur auoient iuré secours : ils furent soudain assiegez, & en fin forcez à quiter la place. Vne partie se sauua subtilement : les autres furent pris par composition ; aucuns tuez & les prisonniers relaschez auec le temps.

VOILA doncques en somme, ce que je vous veux dire pour le coup ; de l'Estat de France, Pologne & Angleterre. Maintenant je veux entrer en propos des accidens encor plus remarquables, du moins plus plaisans que tous les passez ; si vous me prestez l'ouïe & la veuë, aussi fauorable que je vous ay fait les fraiz, le temps & partie de mon aage pour les recueillir & disposer par telle Traditiue que vous verrez au liure suiuant.

✱ ✱
✱

161.

SOMMAIRE
Du Trentecinquiéme Liure.

MINES des Catholiques contre les Rochellois. Suitte de la negociation de Pologne, par Jean de Monluc pour faire eſlire Monſieur Roy de Pologne, auec la premiere & ſeconde harengue d'iceluy aux Eſtats. Priuileges des Polaques & l'offre de l'Ambaſſadeur ſur iceux. Diuiſions, neceſſitez & mal contentemens commencent à ſe monſtrer en l'Armée Catholique deuant la Rochelle. Sortie des aſſiegez. Aſſaut General. Ville Neufue ſurpriſe ſur les Catholiques, Eſtat de Languedo & Dauphiné qui enuoiẽt cercher ſecours en Allemagne contre les Catholiques. Pourſuittes que fait le Mareſchal d'Anuille contre eux par armes & par forme de Juſtice. Monbrun ſe declare & prend les Armes auec les Proteſtans. Monſieur le Duc d'Anjou eſleu Roy de Pologne: auec les demandes des Polonois & reſponces des Ambaſſadeurs. Efforts de l'Armée Catholique contre Sancerre qui demande ſecours de tous coſtez. Treues ſuiuies d'vne Paix faite en Juin Mil cinq cens ſeptante trois deuant la Rochelle en laquelle Sancerre n'eſt compriſe & pourquoy. Eſtrange famine de Sancerre. Deputez en Court pour les refugiez en Angleterre pour la negociation de la Paix. Edit de Paix.

AFFIN de continuër le ſiege de la Rochelle. Le vint quatriéme les Catholiques recõmancerent leur batterie qui dura juſques à neuf heures de l'auant-diſnée: laquelle ceſſée ceux de la ville aians contreminé ſous le Bouleuard de l'Euangille & y auoir mis le feu, firent creuer la mine des Catholiques auec peu de dommage neãtmoins pource qu'ils n'y auoient mis aſſez de poudre. Les Parlements toutesfois continuoiẽt tousjours, ſe faiſans de jour à autre quelque ouuerture de bonne condition pendant que les Canonades, coups d'harquebuz & feuz artificiels ſe pratiquoient d'vn & d'autre coſté au dommage des plus malheureux. Sur le ſoir du vint cinquiéme, les Catholiques mirent le feu à la mine du Bouleuard de l'Euangille qu'ils auoient plus auancée que l'autre, pour la faire ſauter en meſme inſtant que leur Canon joüoit. Mais la terre tomba à quartier. Occaſion que tant de gens ne moururent que ſi elle euſt autremẽt joüé. Les Catholiques toutesfois ſe jetans des tranchées aux foſſez: monterent brauement au rauelin où ils furent repouſſez par trois fois & y furent bleſſez quelques vns de nom. D'autre coſté le Comte du Lude fit auancer nombre de cuiraſſes pour ſouſtenir ſes harquebuziers à la porte ſaint Nicolas: où ils furent ſi reſolument que paſſans la contre-eſcarpe, gangnerent le foſſé d'où en fin ils furent chaſſez auec peu de perte des leurs. Cependant on ne ceſſoit pas aux autres endroits: ains trauailloient les Catholiques ſans ceſſe à miner la ville, pour contregarder leurs ſoldats qui ne ſe pouuoient que perdre combatant à déſcouuert. Ainſi firent tomber le coin du Bouleuard de l'Euangille qu'ils auoient ja preſque tout miné. Toutesfois les aſſiegez ſ'en eſtoient retirez & n'y perdirent vn ſeul homme. Mais il en demeura quelque vintaine à l'effort qu'ils firent apres que la mine eut joüé & nombre de Catholiques. Leſquels coneurent le peu d'auantage des mines, en ce qu'elles laiſſent preſque tousjours des flancs de la terre qu'elles leuent aux deux coſtez: riere leſquels les aſſiegez ſ'accommodans ſoudain auec ſacs pleins de terre, barriques & autres preparatifs: tiroient auſſi ſeurement qu'a la faueur des plus aſſeurez gabions qu'ils euſſent ſceu dreſſer. Puis les aſſiegez ſortirent par vn trou qui reſpondoit aux Caſemattes & donnerent à la premiere pres du Boulleuard que les Catholiques auoient gangné couuerte d'aix & planches: où ils ſ'eſtoient tellement retranchez & gabionnez pour aller couuerts à la mine de la muraille: qu'il eſtoit fort malaiſé de les en chaſſer. En fin neantmoins ils la debatirent tant, qu'en auoir déſcouuert vne partie, ils en chaſſerent ceux qui ne ſe voulurẽt dauantage

Auril 1573.

Effort à S. Nicolas.

Mines ne ſeruent de gueres ſi elles ne ſont bien conduites,

dauantage opiniastrer à la deffence. Ils l'abandonnerét toutesfois presqu'aussi tost, voians l'impossibilité de la garder apres qu'ils eurent fait du pis qu'ils peurent. Ce mesme jour le Maire enuoia à son Excellence les articles de Paix, que le Conseil & le peuple auoient trouué bons pour leur seureté. Mais pource qu'vn si long sujet pourroit estre ennuieux à quelqu'vn: je vous veux à presét parler de l'Election d'Henry de Vallois frere de Charles neufiéme en Roy de Pologne: & vous faire voir quand, ou, par qui, comment, auec quelles difficultez, contre qui & sous quelles conditions il fut appellé à la Couronne du Royaume de Pologne.

Negociatió du Sieur de Valence en Pologne.

Ie vous ay cy deuant parlé, de la negociation de l'Euesque de Valence Iean de Monluc en Pologne: & des lettres qu'il auoit enuoiées aux Estats: tant pour sçauoir quand ils luy voudroient donner licence de les aller trouuer: que pour imprimer au cerueau des Polonois les rares vertus de l'Excellence de Monsieur. Veu que auec les mal contentemens que les Polonois receurent des Ambassadeurs de l'Empereur: Les choses sembloient aller au gré du François. La faueur duquel neantmoins fut vn long temps empeschée par les nouuelles des Matines Parisiennes, que les Ambassadeurs des Competiteurs firent retentir de toutes parts. Mais l'Euesque de Valence y poureut si dextrement: que de viue voix & par le discours enuoiez cà & la en l'vne & l'autre langue: & par personnages qu'il depeschoit en toutes les parts du Royaume: il effaça bien tost l'oppinion qu'ils s'estoient imprimée du naturel autre que doux & vertueux de la race de Vallois. Puis despescha en France pour luy enuoier Lansac le jeune, affin de luy aider en choses si mal aisées & de grand importance. Somme qu'il leur remons-

Persuasions de Monluc pour induire les Polonois à eslire Monsi. ur Roy de Pologne.

tra outre les grans vertus de Monsieur, qu'aucun de ses Competiteurs ne pouuoient estre receu qu'il n'aportast beaucoup d'incommoditez au Royaume: lesquelles il desduit amplement aux Estats. Et qu'au contraire le Duc d'Anjou n'auoit inimitié contre personne: ains bonne correspondance auec tous leurs voisins. Et nomméement auec le Roy des Turcs du secours & amitié duquel enuers eux & en sa seulle faueur il les asseuroit: autant que de son inimitié en cas qu'ils en voulussent eslire vn autre que luy. Consequemment, or qu'il ne peust aporter autre commodité: aussi ne falloit il craindre aucun trouble ny incóuenient de sa part. Ajoutant à ce qu'on ne pouuoit nier qu'il ne fust Prince de grande maison: experimété en toutes affaires, soit Guerrieres soit Politiques ou autres. Tel en somme que ses lettres & discours imprimez le despaignent: sans oublier les grandes commoditez qui viendroit à la Pologne des Royaume & pays alliez à la fleur de Lys: Plus sans comparaison que des autres: non plus que ses amples responces à ceux qui par liures imprimez le disoient Autheur des matines Parisiennes l'euenement desquelles il attribuoit du tout à la fureur du peuple ennemy mortel de la Religion Protestante: non moins que des professeurs d'icelle & signamment des Chefs qui l'auoiét long temps fait continuër és miseres passées. Sur ce les Polonois assignent vne journée au cómencement de Ianuier à Varsouie: pour auiser du jour & lieu ou l'Election se pouuoit faire & de l'ordre qu'il y faudroit tenir. Mais le jour de l'Election fut differé jusques en Auril. Ce pendant arriua à Coüins ou Monluc s'estoit presque tousjours tenu, le Doien de Die auec nouueaux memoires & lettres adressées au plus propres à ceste Election, qui les receurent fort gracieusemét. Puis y vint l'Abbé de l'Isle qui ayda fort à l'Euesque. Apres la Diete de Ianuier il enuoia ses gens deça de la pour gangner les vns & entretenir les autres à la deuotion Françoise. Le Doié de Die, fut enuoié vers le Cardinal Commendon, que le Pape y auoit enuoié. Aucuns l'estimerent à ce sollicité par le Roy pour procurer que Monsieur feust esleu à cause qu'il estoit bon Catholique: & auec le temps restabliroit en Pologne la dignité du siege Romain. Craignant toutesfois Monluc qu'il fauorisast l'Empereur: enuoia sous main le sonder. Au mois de Mars, Lansac y arriua despesché par le Roy pour le seconder & secourir au jour de l'Eection lequel aprochant l'Euesque se resolut de faire traduire sa harengue en Polonois, puis imprimer en Latin, & Polonois pour la semer és mains de la Noblesse, de laquelle les deux parts n'entendoient Latin. Et ceux qui l'entendoient n'eussent sceu descouurir le but de ses conceptiós.

Harengue de Monluc imprimée & publiée par Pologne.

Par ainsi au lieu que les autres Ambassadeurs ne donnoient que trente deux exemplaires de leurs harengues escrites à la main: il en sema quinze cens imprimez à Cracouie si secretement que aucun n'en sceut rien. Le troisiéme Auril Monluc accompagné de Lansac & Abé de l'Isle, fut à Varsouie: où d'entrée il eust question auec l'Ambassadeur d'Espagne pour la su-

Diferens pour la preeminence entre les Ambassadeurs.

periorité d'honneur & degré de preeminance. Finallement fut arresté que le Cardinal Commendon, seroit oy le premier. Puis les Ambassadeurs de l'Empereur & Monluc apres, suiuy de celuy

LIVRE TRENTECINQVIEME. 162.

de celuy d'Espagne, qui fasché ne se monstra point. Au commencement de l'assemblée les Ambassa-Gentilshommes Polonois de la Religion Protestante aiant fait instance pour leur seureté : les deurs oyz & Catholiques protesterent qu'ils mourroient plustost que d'endurer qu'il y eust jamais guer-leurs rancs. re au Royaume pour la Religion. Audience donnée aux Ambassadeurs: celuy de Preuse fut le premier oy pource qu'il estoit comme domestique & enuoié par vn Prince qu'on estime comme Pollonois. Le second fut le Cardinal de Commendon. Au troisiéme jour les Ambassadeurs de l'Empereur furent appellez, & leur harengue prononcée par Rozamberg, mal ouy pour parler trop bas, d'vne voix foible & sans action ny vehemence: Soudain Monluc appellé pour haranguer: fit du mallade pour sçauoir ce qu'auroient dit les autres & y respondre deuant tous si besoin estoit. Ainsi ses partisans luy enuoierēt coppie des harengues des Competiteurs qu'ils auoiēt dōnées dés le soir. Ce qui luy seruit fort. En celle pour Ernest il trouua cinq points contre Monsieur. Premierement recommandant l'Archeduc Ernest de la conoissance du langage Bœmien, il concluoit que le François saute de lague Polonoise: ne pourroit bien dresser & conduire de long temps son Estat. 2. Si vn Prince lointain estoit esleu il seroit inuutile & ne les pourroit secourir au besoin. 3. Les Princes d'Austriche & d'Allemagne ny le Roy de Dannemarc, ne luy donneroient jamais passage. 4. L'Empereur estoit sage, humain & ennemy de toute cruauté. Qui sçauoit gouuerner ses sujets sans guerre ciuile, sans inhumanité ny effusion de sang: & entretenir en Paix la diuersité de Religion. 5. Ils auoient mis en leurs harengue les articles que Monluc dés le commencement de son arriuée auoit donné à vn secretaire d'vn des Palatins il trauailla toute nuict pour y respōdre. Et fallut mettre cinq autres feuilles au lieu de celles qu'on couppa de l'impression. Le dixiéme Auril enuoié querir & reuerence faite à tous, seans dans vn grand pauillon en pleine campagne sit: sa harengue en Latin telle quelle suit en François.

HARENGVE DE L'EVESQVE DE VA-
lence Ambassadeur du Roy Tres-chrestien en l'assemblée te-
nuë à VVarsouie pour l'Election d'vn nouueau
Roy apres le deceζ du Sereniss̄ime
Sigismōd Auguste. Pronōcée
le dixiéme Auril.
1573.

C'EST la façon des Roys & Princes Souuerains cōme tirée & aprise de nature, Tres-reuerens, Tres-illustres, Illustres, & Notables, Magnifiques, & Genereux Seigneurs Archeuesques, Euesques, Palatins, Chastelains, Tres-renommez & Tres-preux Cheualliers. Que combien qu'ils semblent pour la distance des païs où ils habitent, difference des mœurs & diuersité des langues, estre du tout en tout separez; & n'auoir rien de commun ensemble: Toutesfois la splendeur d'vne Majesté Royalle & supreme degré de dignité, les associe & rend cojoints les vns auec les autres d'vne tres-estroite liason. Tellemēt que quelque malheur, auersité ou incōueniēt qui auiēne à l'vn d'ētr'eux: Chacun le repute propre & particulier à soy mesme: tant ils ont acoustumé de retenir ou conseruer diligemment ceste hōneste coustume & ornement de la dignité Royalle par Ambassades, par lettres missiues & par tous Offices reciproques de courtoisie. Mesmement les Roys de France, Lesquels de toute memoire se stants efforcez de faire à l'enuy voire de surmonter tous autres Princes Chrestiens en ceste belle & Royalle façon de faire: Ont tousjours aymé, chery & honnoré les Roys de Pologne sur tous autres Princes de la Chrestienté: d'autant qu'ils ont esté pour la plus part deuots enuers Dieu, sages & vaillans autant ou plus que nuls autres Princes Chrestiens. Ainsi que nous auons de main en main apris de nos predecesseurs. Ce qui a esté cause que le Roy Tres-chrestien n'agueres auerry du trespas de feu vostre Serenissime Roy: en a certes porté grand regret en son cœur: comme il a deu tant pour son regard que pour le vostre. Pour le sien d'autāt que par mort non meure, Ains auancée il auoit perdu vn Roy sien allié & amy. Et pour le vostre d'autant qu'il estoit decedé fort mal à propos & en temps fort incommode pour vostre chose publique: parce qu'il desire singulierement & de tout son cœur que vous & ce tres-heureux Royaume de Pologne soiez conseruez sains & saufs, sans perte ny dommage quelconque. Ayant ceste opinion que par vne grace speciale & benefice de Dieu : La Pologne à esté reseruée comme vn ferme rampart & asseuré Boulleuard pour soustenir, arrester & repousser les

efforts

Auril
1573

efforts & excurtions des Nations barbares tresapres & tresfarouches comme vne forteresse inexpugnable pour couurir & deffendre le reste de la Chrestienté. C'est pourquoy je juge tresprudemment, que vos affaires doiuent estre en singuliere recommandation & affection à tous Princes Chrestiens. Au moyen dequoy entendant tresbien que ce dont vous estes plus en peine maintenant & qui plus vous donne de pensemēt, est de choisir & eslire vn Roy qui prenne en main espouse les affaires du Royaume. Et qui puisse pouruoir au deuoir de votre chose publicque: il vous a voulu faire tesmoigner par moy, la bonne affection & amour qu'il vous porte: m'aiāt à cet effet premieremēt depesché pour son Ambassadeur par deuers vous, parce qu'il estoit biē auerti de lōgue main que j'ay toute ma vie esté fort affectioné enuers votre nation. Et puis craignant qu'estant seul je ne pliasse ou succōbasse dessous le faiz d'vne si pesante charge: a de rechef enuoié vn autre Gentilhōme de la noble & anciēne famille de Noäilles Abé reuerēd des Abaies de l'Isle & de S. Amand son Cōseiller & maistre des Requestes de son hostel. Et finalement encores le magnificque Seigneur de Lanssac l'vn des Cheuallers de son ordre de S. Michel, Capitaine de l'vne des Cōpagnies d'hommes d'armes de ses Ordōnances pour m'assister en cete legation: auec instruction & mādemens qui cōme j'espere ne vous sembleront importuns, fascheux ni inutiles. Le premier desquels est que sa Majesté Tres-chrestienne, desire non seulement renouueller & entretenir l'antienne amitié qui a tousjours esté entre vous & les Gaulois: mais aussi souhaite l'augmenter & estraindre dauantage par quelque nouueau lien. Le second est que si durāt ce siege vaccant & entreregne, il vous suruenoit d'auanture quelque affaire ou danger; pour auquel obuier vous jugeassiez auoir besoin du secours ou de l'entremise de vos amis: vous fussiez auertis par nous, que tout ce qu'il a de moien & de puissance de soymesmes ou de ses amis: & toutāt d'autorité que peut auoir la Couronne de France, est à votre deuotion. Le troisiéme que si en l'assise & assemblée du Conseil que vous estes prests à tenir sur l'election du Roy, vous auisiez de mettre sur le tablié en consideration les Princes estrangers: il vous requiert tref-humblemēt qu'il vous plaise receuoir & admettre au rang des plus fauorables competiteurs son trescher frere le Duc d'Anjou, de Bourbonnois & d'Auuergne. Voila les trois chefs principaux de notre legation: pour lesquels executer je delibere de n'y vser point de fraude & tromperies, ni de petits messages secrets sous main, ni de parolles feintes accommodées au temps seulement, ni de calomnies faucement & impudemment controuuées, ni de prieres ambitieuses, ni libelles diffamatoires & detractions semées a l'encontre des autres competiteurs: ni de vaines promesses & du tout impossibles à tenir. Mais estant François de Nation & consequamment franc, simple & ouuert de nature: j'ay proposé de traitter auec vous rondement, veritablement & sincerement. Or tout ainsi que les bons & sages Peres de familles quand il est question de marier leur fille: ont accoustumé de s'enquerir diligemment en premier lieu des conditions & qualitez tant de l'esprit que du corps & en second lieu des biens & facultez de celui qui la demande en mariage: je delibere de vous discourir de la maison, de la Noblesse, de l'aage, des mœurs, de la dexterité d'entendement en l'execution de grandes affaires; de la suffisance, experience, felicité aux armes & en tout l'art militaire du Serenissime Duc. Et puis apres des commoditez & auantages que vous en pouuez atendre. Et vous promettre de lui pour le bien de vos affaires: Ce que je vous deduiray le plus brieuemēt & en moins de parolles qu'il me sera possible, dautant que l'indisposition & imbecillité de ma personne qui va tous les jours croissant de plus en plus: ni la matiere qui est de soy manifeste & notoire ne requiert pas autrement que je vous vse de grand langage. Et pourtant vous supplieray-je bien humblement de me vouloir prester vos esprits pour vn peu de temps à escouter ententiuement ce peu que j'ay à vous dire. Et me faire cete grace à moy qui suis tref-affectionné seruiteur au bien de votre patrie, de vouloir donner par votre accoustumée & singuliere douceur: toute attentiue & beneuolence audience au discours de mon oraison.

Il y a trois points principaux que j'ay accoustumé de remarquer en vos affaires auec grāde admiration: par lesquels j'estime qu'il est auenu que vous seuls presque entre toutes les Nations du monde: auez retenu le priuilege & la faculté d'eslire vos Rois. Par mesme moien auez aussi constamment conserué jusques à present tous les autres ornemens de liberté ou dignité: la ou les autres Nations qui souloient estre aussi libres & jouir de tous droicts de franchise: estans maintenant despouillées de toutes telles libertez: sont abatues & prosternées par terre

Nations quelles libres en la Chrestienté & quelles non.

LIVRE TRENTECINQVIEME.

terre: regardées des paſſans non ſans grand esbahiſſement comme charongnes mortes de liberté eſtainte. Et de là meſme eſt auſſi auenu à voſtre grand honneur & loüange, que vos aſſemblées pour eſlire, auſquelles ſi grande multitude de nobles hommes à accouſtumé de conferer: ont touſjours eſté fort nettes de la peſte de corruption dont celles des Romains eſtoiẽt antiẽnemẽt infectées. Au moyen dequoy vous auez acquis vne grande & glorieuſe renommée d'integrité & probité, de force, de cœur, de loyauté & fidellité enuers voſtre patrie. Or entre les choſes que j'ay obſeruées & remarquées, il faut metre en premier lieu la concorde, conjonction & humanité de vos cœurs: laquelle ayant eſté receuë par vos anceſtres: & comme logée en Pallais bien orné: a treſlonguement flory entre vous & conduit vos affaires tresheureuſement au bout que vous euſſiez ſceu deſirer. Au ſecond lieu puis apres faut mettre voſtre pieté, amour & charité enuers les enfãs de vos Roys decedez. Laquelle à touſjours eſté elle, q̃ cõbien que vos predeceſſeurs les euſſent peu forclore de la ſucceſſion du Royaume: neãtmoins preſque touſjours les ontſubrogez au lieu de leurs Peres decedez. Cõme fils en euſſent eſté legitimes ſucceſſeurs & heritiers. Enquoy ils ont dõné clairement entendre à tout le mõde: pourquoy ils auoient touſjours retenu ſi conſtãment le droit d'eſlire leurs Rois. C'eſt aſſauoir affin que ſi leurs Roys vouloiẽt mal adminiſtrer la choſe publicque, ou biẽ diminuer leurs franchiſes & libertez: ils les remiſſent en plus ſaine volonté & les retinſſent en office à tout le moins pour l'amour & charité qu'ils auroient enuers leurs propres enfans. Et parce moien, ces grans perſonnages ont treſprudemment pourueu à la dignité & à la conſeruation de ce Royaume. Donnans bon ordre qu'il ne peut eſtre rien fait & decreté couſtumelieuſemẽt à l'encontre des Roys qui auroyent bien merité de la choſe publicque: ny iniquement ny ingratement alencontre de leurs enfans. Au troiſiéme lieu finallement, ſe preſente voſtre felicité tres-grande en toutes choſes. Car par les ſuffrages & ſages elections de vos anceſtres: ont touſjours eſté eſleuz des Roys qui tres-longuement ont fait guerre à l'encontre des tres-puiſſans ennemis de ce Royaume: & preſque touſjours les ont conduits à l'heureuſe fin. Qui à force d'Armes ont touſjours reprimé les inodations des Barbares qui ſe desbordoyent ſur la Pologne. Et ont ajouſtées aux Limites de ce Royaume le pays qu'ils conqueroyent ſur eux. Qui ont contrainct par pluſieurs fois les Bohemiens, les Hongres, les Tartares & les Moſcouites peuples certainement tres-belliqueux apres les auoir rompus en Bataille: chaſſez à val de route, deſtrouſſez leurs bagages & deſſaiſis de leurs Camps: contraints de retourner à leur confuſion à leurs propres demeures. Et queſt-ce autre choſe cela & comme le doit on nommer: ſinon voſtre bon heur & felicité ſinguliere à eſlire ſagement voz Roys? Laquelle vous deuez eſperer pour aſſiſtance à executer encores ce grand affaire qui maintenant ſe preſente? Combien, qu'il y ayt quelque choſe qui ſemble faire voſtre condition pire que celle de vos anceſtres: ambrouillant & en meſlant voſtre condition de nouuelles difficultez. Car en ſi grand nombre de Competiteurs qui ſe preſente: vous aurez de la peine & faſcherie à vous reſoudre de celuy que vous deuez eſlire. Et quand vous en aurez choyſi vn: les autres ou bien aucun d'iceux, ſ'en ſentiront offencez. Mais ſi vous me voulez vn peu preſter l'oreille: Ie vous deliureray facilement en deux mots. Si les Competiteurs vous ſont amis comme ils veulent eſtre dits & tenuz pour tels. Ils deuront porter patiemment que vous ayez pluſtoſt voulu pouruoir au bien de voſtre choſe publicque, que non pas ſeruir à leur particuliere affection. Les autres neuds ſi d'auanture ils en demeurent quelques vns: la concorde Mere nourrice & tres-fidelle gardienne de voſtre liberté: les diſſoudra tous. C'eſt elle, tres-Nobles Cheualliers, qui auec voſtre honneur & loüange à maintenu la liberté en Pollogne comme vn treſſeur, & treſample Teatre de tout le mõde: eſtant chaſſée preſque de tout autre païs & à peine trouuat lieu ne place où elle ſe peuſt arreſter & fermer. C'eſt voſtre vnion & cõcorde qui a ſi longuemẽt deffendu & conſerué vos maiſons, vos femmes vos enfans, la dignité & gloire de voſtre nom. Que ſi d'auanture par quelque ſiniſtre deſtinée, elle ſe departoit d'auec vous: Incõtinẽt la diſcorde ſe mettroit en ſon lieu qui touſjours eſt cõtraire ennemie de repos, dePaix & dẽ toute felicité: Cõme elle eſt couſtumiere de renuerſer ce deſſus deſſous, les maiſons excellẽtes des Citez opulãtes, des choſes publicques tres-puiſſantes & des Royaumes tres-floriſſans. Auſſi vous jetteroit elle diuiſez en diuerſes factions a prendre les armes pour les conuertir contre vos propres entrailles: & à

Election
Roy.

X x

L'HISTOIRE DE FRANCE.

vous faire entretuer les vns les autres, & à commettre toutes sortes de meschancetez. Bref à la sujection & destruction entiere de vostre Estat. Dont Dieu vous vueille bien garder comme j'espere qu'il fera. Car estans bons & sages, desireux de loüange & honneur: Vous prendrez bien garde à cela que la concorde qui est certainement le plus rare & le plus precieux ornement de toute vostre nation: jamais ne vous soit arrachée d'entre les bras: ny par crainte de guerre, ny par finesse, ny par embusche de qui que se soit. C'est elle qui vous ouurira le chemin pour sçauoir desmeller & desuelopper les difficultez fort embrouillées: C'est celle qui vous mettra deuant les yeux comme si elle vous monstroit au doigt: celuy que vous deuez eslire pour vostre Roy. Affin que vous ne puissiez aucunement faillir à le discerner entre les autres: Elle vous signifie que vous le deuez choisir orné & doüé de six principalles parties. Lesquelles sont telles qu'il soit de Nation renommée, de maison Illustre, d'aage meur, de bonnes meurs, exercité à manier affaires, & experimenté aux armes, accompagné de bon heur. Et s'il y en a vn entre tous les Competiteurs qui sont doüé, enrichy & orné de tant d'excellantes parties & d'esprit & de corps, C'est (si je ne me suis bien trompé). Le Tres-Illustre Duc d'Anjou (& les autres me pardonnent si je le dis ainsi) lequel vous jugerez comme j'espere par vos suffrages vtile & necessaire à entretenir vostre Royaume en repos & en felicité.

Premierement il est de Nation François. Et vous n'auez jamais eu occasion d'inimitié, nulle haine nul different à desmeler auec la France: ains au contraire entre vous & nous pour la conformité des mœurs, il y a tousjours eu grande amitié & grande conjonction. Les Nobles Polonois comme ils sont trestudieux & amateurs de toutes choses loüables: sont venus souuent auec grans frais & grans labeurs, visiter le pays de France: les Gentils-hommes François ont aussi visité le Royaume de Pologne: où ils ont tousjours esté fort courtoisement receuz par les vostres. Brief pour dire tout en vn mot, si l'on considere la constance à obseruer les anciennes Loix, si la gloire acquise par armes; Si l'excellence de la Noblesse, si la vaillance de la Gendarmerie, si la douceur & humanité des mœurs: il ne se trouuera point de Nations en tout le monde, qui soyent si conformes les vns auec les autres en toutes choses que la Franceze & la Polaque. Vostre chose publicque fondée sur tres-bonnes Loix, a tres longuement flory & à esté tres-heureusement conseruée en vn mesme Estat. La Gaule à tousjours esté fort estimée & prisée par les Nations estrangeres de sçauoir bien administrer la Iustice & rendre droit à vn chacun. Soit que l'on regarde le temps deuant la Natiuité de nostre Seigneur Iesus-Christ auquel les Druides les gouuernoyent: Soit que l'on considere les temps posterieurs esquels elle a receu & ambrassé la Religion Chrestienne lors que l'on a institué les Parlemens. Qui semblent auoir esté diuinement concedez à nos ancestres: affin que jusques au plus bas & plus petit du peuple mais principallement aux Nobles & aux Gentils-hommes: Il fut loysible d'agir & poursuiure leurs droicts en Iustice à l'encontre des Roys mesmes. Car l'institution des Parlemens est telle que nostre Roy peut estre appellé en Iustice deuant eux, par tout ses sujets qui pensent que l'on leur face tort. Et voit on bien souuent qu'en chose de tres-grand poix le Roy dechet de sa cause & pert son procez. Dont est auenu que les Princes estrangers ont eu si bonne opinion du Parlement de Paris: que s'ils auoyent quelque different qui requist grande connoissance du droit, seuerité des Loix & integrité de Iuges: ils auoyent recours à ce Noble Senat comme à vne franchise & Temple de Iustice. Frideric second ayant procez contre le Pape Inocent quatriéme: Le Comte de Namur à l'encontre de Charles de Vallois, Philippe Prince de Tarente à l'encôtre du Duc de Bourgongne, le Duc de Lorraine à l'encôtre de Guy de Chastillon son beau frere: Le Duc de Sauoye à l'encontre du Dauphin de Viennois: Le Roy de Castille à l'encontre du Roy de Portugal se sont contentez de faire plaider leurs causes deuant le Senat & Parlemēt de Paris. Il y a vne autre raison principalle qui nous rend vnis & tresconjoints auec vous. C'est assauoir la Gloire acquise par armes: laquelle est cōmune à vostre Natiō & à la nostre. Vos predecesseurs O Tref-vaillās Cheualliers n'ont eu jamais faute de cœur n'y de vaillāce n'y de bon heur. Mais biē ont eu faute cōme nous aussi, de bons escriuains qui sçeussent elegāmēt coucher par escrit les beaux faits des armes qu'ils ont prudēmēt, vaillāmēt & heureusemēt execcutez. Car nous auōs apprins par Historiés non Polacques ains estrāgers, que vos majeurs ont planté

Iustice en France.

Princes estrāgers qui ont voulu plaider au Parlement à Paris.

LIVRE TRENTECINQVIEME. 164.

planté leurs enseignes victorieuses jusques en Istrie, Sclauonie, d'Almatie, Croace, Missie, Hongrie, Boheme, Pologne, Russie & jusques en la plus part de la grande Allemagne. Et que là se sont posez & ont pris possession apres en auoir chassez par armées les Garnisons des Romains. Et vous mesmes qui possedez ceste puissante Prouince laquelle depuis à esté surnommée Pologne : auez acquis gloire immortelle d'armes par tant de guerres continuelles, tant de victoires tres-sanglantes : Tant de pays que vous auez ajousté à vostre Seigneurie. Les Gaulois aussi semblablement il y a plus de neuf mil ans : comme tesmoignent les Historiens Grecs & Latins: conquirent par Armes, l'Asie mineur auec la plus grand part de l'Europe. Et affin qu'il demeurast quelques marques & monumans de tant de victoires : imposerent le nom des Gaules aux Prouinces qu'ils auoyent subjuguées comme sont Galatie ou Gallogrece en Asie, Gaule Sisalpine en Italie, Portugal, Celtiberie, Gallice en Espagne, Cornuaille en Angleterre, Vuestfalie en Allemagne & plusieurs autres tres-nobles Prouinces qui jusques aujourd'huy, retiennent le nom des Gaulois dont elles ont tiré leurs origines ou par qui elles ont esté subjuguées. Sous Charles le grand sous Loys debonnaire & leurs successeurs ayans releué leur valleur : Ils reduisirent sous l'Empire des Gaulois, toute l'Espagne, la Germanie, la Boheme, la Hongrie & toute l'Italie. Mais sous la domination des Vallois dont est issu le Tres-Illustre Duc d'Anjou, la renommée de leur vertu à esté si grande, que toutes les Nations des Chrestiens qui sont de quelque nom : ont prins de tres-bons ROYS de la maison de France & des Princes Gaulois. Les Espagnes eurent jadis pour leur ROY Alphonse fils du Comte de Tolose. l'Angleterre depuis cinq cens ans ença, à tousjours eu ses Roys de la Gaule. Le premier fut Guillaume Duc de Normandie & depuis Estienne Comte de Bloys duquel la succession & Royaume dure jusques à Henry second: duquel la posterité jusques a noz temps commande tres-heureusement aux Anglois. Ceux de Naples, ceux de Hongrie & vous * mesmes auez eu quelque fois vos Roys de la Gaule. L'Empire de Constantinople à esté possedé & administré l'espace de soixante ans par les Gaulois. Les Royaume de Sirie, Palestine & Cipre ont semblablement esté tenuz l'espace de cent ans par les Gaulois la plus part desquels ont esté de la maison de Lusignen en Poitou, qui auec les armes en auoyent despossedé les Turcs & les Mores. Ie y ajousteray la tierce gloire qui est commune entre vostre Nation & la nostre. Il n'y a personne qui sans contredit ne confesse que vostre Cheuallerie (O tres-vaillans Cheualliers) ne soit sur toutes autres excellentes tant en nombre qu'en prouësse & vaillantise. Aussi ont les Gaulois eu de tout temps vne tres-belle & tres-vaillante Gendarmerie. Dequoy je puis prendre plusieurs exemples tant de Plutarque, Apian & Polibe que plusieurs autres autheurs. Mais je me contenteray d'vn seul tesmoignage qui est au Commentaire de Cesar de la guerre d'Affricque, où il escript en ceste sorte. Il auint vne chose presque incroyable a dire, C'est que des gendarmes Gaulois moins de trente hommes, chasserent & mirent à val de route deux mille cheuaux Numides. Et me vient en memoire vn autre exemple de bien plus fresche d'acte. Mille hommes d'armes FRANÇOIS faisans trois mil hommes armez, furent enuoyez contre le Turc au secours des Hongres, lesquels chargerent si impetueusement l'auantgarde des ennemis qu'ils deffirent & exterminerent trente mil cheuaus Turcs. Mais suruenant l'arriere garde Turquesque : Ils se trouuerent habandonnez de leurs alliez & furent de toutes pars enuironnez par les Turcs où ils moururent sur le champ en combatant vaillamment excepté trois seulement. Au demeurant je suis certain que vous desirerez & à bon droict en ceux qui se presentent pour Competiteurs, qu'ils soyent de maison Illustre : Car il est raisonnable que vous qui estes issus de tresanciennes & tres-nobles familles : vous eslisez vn Roy qui soit nay d'extraction Illustre & de longue succession des Princes & de Roys. Autrement si vous faisiez le contraire il auiendroit peut estre qu'il seroit mesprisé des vostres mesmes. Et les Princes mesmes voysins dont aucuns vous sont ennemis descouuerts ; Autres amis & conjoints par alliance ne feroiēt pas tant de conte de la grādeur & dignité que ceste Courōne le requiert. Mais quāt au Tres-Illustre Duc d'Anjou je ne vous mettray point en auant vn Roy Clouis, vn Charles le grand, vn Loys debonnaire qui jadis ont esté Roys de France & Empereurs. Seulemēt vous reciteray en peu de parolles, ce que je ne puis pour mō deuoir obmettre

*Il dit cecy pource que le petit fils de Charles Martel Roy d'Hongrie arriere Neueu de S. Loïs fut declaré Roy de Pologne par les Estats, & Cazimir le Grād, apres la mort duquel les Estats-le receu cherent fort pour prendre la Couronne: sut si ainé des Polaque, qu'ils se contenterent d'estre gouuernez par les Lieu tenans. Voire par sa Mere seule & recentemēt ses fil'es pourRoines aians debou té tous les Princes voisins oresqu'ils n'eussent accoustumez d'estre gouuernez par femmes

Xx ij.

touchant la famille des Vallois, de laquelle le sereniſſime Duc tire ſa race de plus pres : Les Vallois ont pluſieurs choſes communes auec les autres Illuſtres familles. Mais ils ont entre autres trois principaux honneurs & ornemens ſingulieres qui leurs ſont propres & particulliers. Le premier eſt que depuis douze cens ans ença, tout tant de Roys qu'il y a eu au monde, ont touſjours cedé la prerogatiue d'honneur & preference de dignité au Roy de France : Si ce n'a eſté depuis dix ans ença. Et ne s'eſt jamais trouué Prince qui de cela ayt voulu debatre n'y eſtriuer auec eux. Mais ceſte incommodité auec pluſieurs autres, doit eſtre atribuée au bas age de noſtre Prince. Le ſecond point d'honneur, eſt la longue durée de leur Empire. Car depuis ſix cens ans ença, les Vallois par continuelle ſucceſſion des Roys contre vne infinie multitude d'ennemys, ſe ſont touſjours conſeruez juſques aujourd'huy, La Couronne de France qui eſt vn certain ſigne & indubitable argument que D I E V fauoriſe ceſte famille. Au troiſiéme lieu d'honneur faut mettre la bonne affection que les Vallois ont touſjours retenuë & gardée de s'obliger par biens faicts toutes ſortes de Nations. D'autant qu'il n'y a peuple, ny Nation en toute la Chreſtienté (excepté la voſtre ſeulement) qui n'ayt imploré & experimenté la foy, humanité & liberalité des Vallois. Les Vallois ont remis en la ville de Romme & en leur ſiege les Papes par vint fois : les reſtituant en leur ancienne dignité & liberté dont ils eſtoyent dechaſſez. Les Vallois ont bien ſouuent deliuré les Chreſtiens qui eſtoyent en la Paleſtine, la Sirie, l'Egypte & l'Affricque, de la ſeruitude des Mores. Les Roys d'Eſpagne trauaillez de ſeditions inteſtines, meſmement lors qu'il y auoit guerre entre vn fils Baſtard & vn legitime, ont eſté ſecouruz par les Gaulois. Ils ont remis les Roys d'Angleterre en leurs pays dont ils en auoyent eſte chaſſez par leurs ennemis. Ils enuoyerent jadis au jeune Alexius Empereur de Conſtantinople, ſecours d'vne puiſſante Armée contre vn Tiran qui le trauailloit. Ils octroyerent fort liberallement aux Hongres vne tres-belle Gendarmerie contre les Turcs. François de Vallois premier de ce nom grand Pere du Roy qui regne a preſent : rendit de bonne foy au Roy d'Eſcoſſe ſon Royaume qu'il auoit par armes oſté aux Anglois. Auſſi deliura il la ville de Romme qui auoit eſté priſe pillée & ſaccagée par les Eſpagnols: la tira hors de la ſeruitude dont elle eſtoit fort griefuement oppreſſée. Et par meſme moyen mit auſſi dehors de captiuité le Pape Clement.

Henry de tres-heureuſe memoire Pere du Duc d'Anjou : oſta de rechef le Royaume d'Eſcoſſe des mains des Anglois qui l'auoyent occupé. Il amena vne tres-puiſſante Armée ainſi qu'il auoit eſté accordé entre luy & ſes Confederez juſques à la Riuiere du Rhin : par l'approchement de laquelle, les Princes Allemans qui auparauant eſtoyent fort eſtonnez, & preſque proſternez en en terre, s'eſtans derechef redreſſez & remis ſus : rendirent la gloire de leur ancienne vertu & liberté Germanicque en ſon premier eſtat & vigueur. Octauian Farneze Duc de Parme,duquel le Pere auoit eſté n'agueres proditoirement occis en la ville de Plaiſance qui eſt l'vne des plus belles, des plus nobles & plus fortes d'Italie : luy ayant eſté ſurprinſe le meſme jour par les Soldats de l'Empereur Charles, moyenant l'intelligence & trahiſon des meurtriers de ſon Pere : Et affin qu'il eſpreuuaſt toutes ſortes d'afflictions de la part dudit Empereur, duquel toutesfois il auoit eſpouſé la fille naturelle : eſtant aſſiegé par le Pape Iulle troiſiéme ayans conſpiré ce Pape & l'Empereur de luy oſter l'Eſtat de Parme : C'eſt a dire le deſpouiller de tous ſes biens : recourut au ſecours & à la clemence de noſtre bon Roy Henry. Qui comme il eſtoit tres-benin, auec pitié de voir ce poure Duc affligé & oppreſſé de tant de calamitez : ayant conduit de la France en Italie vne tres-puiſſante Armée:contraignit les gens du Pape & de l'Empereur de leuer leur ſiege de deuant Parme. Ainſi ce Duc qui jamais n'auoit bougé du Camp de l'Empereur contre les François : eſtant depuis ſecouru des biens & des armes d'iceux : deffendit ſa vie, ſa liberté, ſes biens & Eſtats contre la cupidité de cet Empereur ſon beau Pere. Qu'ils faillent donc promener ceux qui mettent en auant que l'amitié des Gaulois & leur alliance vous ſera innutile, pource qu'ils ſont trop loin de vous. La famille de laquelle le Sereniſſime Duc à tiré ſon origine : eſt celle qui s'eſt touſjours eſtudiée de faire plaiſir à toutes ſortes de gens: qui à produit tant de Roys, tant de Ducs & de Princes ſi excellens, non ſeulement aux François:mais auſſi aux autres nations. Charles le quint Empereur, entre les autres ornemés de ſa grádeur, ſouloit mettre au premier lieu, que du coſté maternel il eſtoit extrait de la maiſon de Fráce. Ceux de Naples ont auſſi de biẽ vaillans

LIVRE TRENTECINQVIEME.

lans Roys de cete mesme famille, aux descendans desquels les Hongres de commun consentement offrirent longues années depuis, le Royaume des Hongres. Et vos ancestres voians qu'il en estoit si heureusement prins aux Hongres, voulurent que le Roy Loys de Hongrie qui estoit descendu de ces premiers François & Ducs d'Anjou, fust aussi Roy de Polongne. J'estime que à l'Election de vostre Roy, vous mettrez vne grande consideration à l'aage. Par ce que vos affaires sont en tel Estat que vous ne pouuez plus longuement demourer sans Roy qui par luy mesme gouuerne & administre le Royaume. Or est le Duc Tres-Illustre aagé de vint trois ans. Mais d'vne si riche taille, si belle disposition de sa personne, de santé si ferme & si robuste: qu'il semble auoir ataint le trentiéme an de son aage. De sorte qu'il est meur & apte à embrasser les choses que vous jugerez vtiles & necessaires pour le bien du Royaume. Il y a encores trois autres belles quallitez, desquelles il faut que vostre Roy soit orné : en discourant desquelles il est force que je parle du Duc Tres-Illustrissime. Mais je le feray sous bride si sobrement, que je n'en puisse en vostre jugement encourir suspiscion, ny de meteur, ny de flateur. Cela est naturel qu'il n'y a personne qui puisse sans fascherie ou enuie ouyr les louanges d'vn homme viuant. Quand est donques aux mœurs du Tres-Illustrissime Duc d'Anjou, je ne diray que ce petit mot. Ces jours passez, il y eut certains meschās & malins, qui se sont efforcez en semant quelques libelles diffamatoires, de denigrer & deschirer sa bonne renommée enuers vous. Toutesfois encores, n'y a il eu pas vn qui ait osé escrire que ces mœurs feussent deprauées & corrompuës, ou bien mal aptes au gouuernement de la chose publique. Ains ont seulement cōtrouué certaines colōnies ineptes & dignes de moquerie. Mais il va bien qu'ē choses si manifestes, ils peuuent estre sur le champ conuaincuz de manterie, par le tesmoignage des gens de bien. Car comme ainsi soit que les yeux de tous & sujets & estrangers soient fichez sur les Princes, mesment quand ils sont jeunes: il n'y a celuy qui peut si longuement couurir ne cacher ses vices quand aucuns y en auroit, ny simuler vne probité & integrité de mœurs. Parquoy il me semble que ceux la faillent bien lourdement, qui se voulans enquerir de la vie & des mœurs des Princes: pensent en trouuer quelque chose d'asseuré par couuertures legieres, par petits bruits cōmuns, par libelles diffamatoires, ou par lettres missiues dont on ne sçait qui sont les auteurs. Dauantage vous desirez auoir vn Roy qui soit tout stillé & apris à manier affaires d'Estat: ce qui certes est à vous vne tres-grande prudence. Par ce qu'il n'y à rien si mal à apropos, ne si dangereux pour vne chose publique: que d'auoir vn Roy tel que luy mesme ait besoin qu'vn autre le regisse ; qui pour estre ignorant & non versé aux affaires: renuoie toutes choses necessaires à l'administration du Royaume, à la volonté de ses parens ou de ses Gouuerneurs : voire quelque fois de ses flatteurs. Au contraire le Tres-Illustrissime Duc d'Anjou dés son enfance à tousjours esté nourry au Gouuernement de la chose publicque, entrant au priué & plus estroit conseil de son frere. Ou il se traicte de la Paix de la guerre, des alliances, des gens de pied, des gens de cheual, de la soulde d'iceux, de la fortification des places, & de tous autres negoces publicques. Mais depuis cinq ans ença, il a prins le soin & charge de tout le Royaume entierement, auec l'assistance toutesfois de certains Conseillers hommes sages & prudens qu'il à voulu faire seoir au conseil quand & luy comme ses Peres: les a tousjours embrassé auec vne grande douceur. Tellement que le mesme jour qu'il seroit par vous esleu Roy: Il pourroit comme Prince bien exercité aux affaires, pouruoir au besoin de vostre chose publicque & aux deliberations de tous negoces qui se pourroient presenter, sçauroyent ajouster son jugement à vostre tres-prudent conseil. Quand à l'experience de la guerre, je n'ay pas proposé de le vous presenter comme vn Annibal, vn Scipion. vn Marcus Marcellus, vn Fabius Maximus. Ny ne veux pas vous le paindre tel que l'on le puisse ou doiue comparer auec son Pere, ny auec huit Charles & douze Lois tous Roys ses progeniteurs, qui ont tousjours esté tres-vaillans, & tres-heureux Cappitaines. Car son aage n'est pas encor si cōfirmé, que des maintenāt il puisse arriuer à la gloire que ses ayeulx ont acquis à la guerre & au fait des armes. Mais trop bien je le vous puis dire estre celuy, qui à dsja passé presque tout son aage sous les tentes & pauillōs: qui à souffert la faim, la soif, le veiller, le froid, les pluies & challeurs plus vehemētes. Et a telles autres injures du Ciel est du tout endurci & accoustumé. Qui est celuy qui par la discipline de tres-excellēs Capitaines qu'il a tousjours eu allētour de luy: par souuēt cōmunicquer auec eux: par vsage & experiēce Realle a appris à biē

X x iij.

loger vn camp, le fortiffier, s'enuironner de tranchées, assieger villes, les prādre ou bien garder, donner bataille ou bien cōbatre à enseignes desploiées, soustenir & repousser les soudaines incursions des ennemis, les aller batre jusques chez eux, les deffaire en bataille rāgée, puis se saisir de leur camp. Toutes ces parties de l'art millitaire sont en luy plus grandes que son aage ne porte: & ce qui est le principal, il a tousjours temperé la gloire de toutes ses victoires & l'insolence qui cōmunement accompagne les vainqueurs: d'vne singuliere humanité & clemēce. I'ay donc maintenant attaint le but ou je tendois. Car je vous ay declaré vn Prince qui a toutes les qualitez requises en vn Roy, auquel ne se peut rien desirer de ce qui est necessaire à vn tres-bon Monarque. Mais les aduersaires objicent au Tres-illustrissime Duc l'ignorance de vostre langue vulgaire, cōme si c'estoit vn extreme empeschement pource qu'ils ne treuuent autre chose que reprēdre en luy. Ie ne veux pas dire que ce ne soit quelque chose. Mais toutesfois il ne se peut pas côter entre les empeschemens perpetuels qui soient pour durer à tousjours. Ie sçay biē que l'eloquēce & facilité de biē dire, est necessaire aux Euesques, aux Prescheurs, aux Auocats & Orateurs. Mais les Roys ont accoutumé de cōmander, non des pieds mais de la teste, non de la lāgue, mais de la raison du bō jugemēt de la clarte d'esprit & de l'autorité. Mais je diray dauātage que le Duc Tres-Illustrissime en vn seul an, pourra acquerir tant de cōnoissance de vostre langue, cōme il luy en sera besoin pour entendre les plaintes & queremonies des sujets & à negotier les choses publicques. C'est doncques vn deffaut qui se peut rabiller au plus en vn an. Et si ne le faut appeller deffaut, d'autant que vos Roys ont accoustumé d'expedier les affaires non seuls. Ains tousjours par l'auis & conseil de vos autres Seigneurs qui auez accoustumé d'assister à vostre Roy. Et si à plus c'est que vous sçauez presque tous parler latin & Italien lesquelles lāgues luy sont plus familieres: dont le Duc Tres-Illustrissime pourra vser auec vous cependāt qu'il mettra peine d'apprendre vostre vulgaire. Ce qui luy sera fort facille par l'exēple d'vn François qui aiant demeuré 3. ans seulement en vostre païs: a le premier rāgé tout vostre parler sous les reigles de Grāmaire. Le grād Seigneur & le Roy de France ont des peuples sous leur obissance si different les vns des autres pour la diuersité de lāgues: qu'ils n'ōt pas vne seule parolle entr'-eux cōmune. Les Venitiēs qui sont en Italie cōmādēt prudēmēt & heureusemēt aux Sclauons desquels le langage approche bien pres du vostre. Parquoy je ne pense pas qu'il y ait personne de vous qui pour le seul deffaut de la langue, juge qu'il le faille rejetter ou refuzer.

De la langue Polaque.

Il y a vne autre Requeste que l'on dit que vous luy deuez proposer. C'est assauoir qu'il eslargisse vos cōfins de quelque grāde & notable Prouince. Qu'il aporte quant & soy, Grāde quātité d'or ou plusieurs autres commoditez pour enrichir & amplifier ce Royaume: Ce sont de belles choses certes, grādes, vtilles & hōnorables & tresdignes de l'obseruāce & pieté que vous portez à vostre patrie. Mais telles ne vous desplaise, que les pouuez plustost souhaitter que nō pas esperer. Car il est mal aisé voire impossible de treuuer vn Prince qui peust satisfaire à vos desirs. Mais puis qu'ainsi vous plaist, nous mettrons peine que si vous auiez cōmancé à porter quelque affection paternelle au Tres-Illustrissime Duc d'Ajou: Pour cela vous ne la perdrez pas. Car il n'est pas si destitué de moiēs & d'amis que de soy-mesme, il ne puisse faire quelque chose qui tourne grandement au proffit de vostre païs. La premiere commodité qu'en pourriez tirer est: que si vous l'eslisez vostre R o y vous n'en pourriez receuoir incommodité ny dommage quelconque en vos affaires. Cela certainement est quelque chose, Voire que si vous y regardez de bien pres: Vous jugerez que c'est vn point de grande importance. Car il se peut faire qu'vn Prince bon, prudent & sage, qui a d'autres Royaumes pourroit estre tres-vtilles: pour quelque particuliere occasion, mettroit cestuy cy en tresgrand danger. Comme l'on pourroit dire de celuy, si aucun en a qui auroit de grandes inimitiez à l'encontre d'autre Tres-puissant Prince & des querelles antiennes touchant ses confins. Car celuy là s'il venoit à estre vostre Roy, incontinent au premier jour cōuertiroit toutes vos forces à deffendre ce qui seroit à luy propre & aux siens: Celuy là feroit que ceux qui vous estoiēt amis parauāt, vous deuiēdroiēt mortels ennemis. Celuy là jetteroit & vous & vos affaires en de tresgrās trauaux & dangers. Là où vous pourriez viure sous vn Roy en Paix, en repos & en tresgrande felicité. Là ou le Tres-Illustre Duc d'Anjou n'a aucunes inimitiez contre Prince quelconque, nul differend pour ses limites & Confins: rien qui puisse tomber en dispute de maniere

toutes

LIVRE TRENTECINQVIEME.

que toutes les forces qui sont en se Royaume tout ce que luy mesme en à de soy ou qu'il aura jamais. Tout cela, disje, ne s'emploieroit qu'à la conseruation, augmentation & amplification de vostre chose publicque. Il y a encores vne autre incommodité laquelle à mon auis estes deliberez de fuir & euiter. C'est que vous n'eslisiez pour vostre Roy vn qui par cy deuant vous auoit esté ennemy. Car s'il estoit question de faire d'vn ennemy, vn alié & associé pour vn temps : comme il auint quelque fois de faire Ligue & joindre vos forces auec luy : Vous penseriez que vous ne deuriez jamais faire alliance n'y association auec luy, encores que facillement elle se peust rompre que premierement vous n'eussiez bien auisé, pourueu & asseuré vos affaire. De maniere que vostre chose publicque n'en peut receuoir perte ny dommage à aucun. Or s'il est ainsi qu'en chose qui ne doit durer qu'vn bien peu de temps : Il faille de si pres prendre garde : combien plus estimeroit tout le monde ceste si soudaine mutation de volonté estre perilleuses? Voire (pardonnez moy si je le dis) d'eshonneste que celuy qui deuant hier vous mesprisoit, que de tout temps vous auoit porté vne haine mortelle, apres demain deuint tout soudain vostre Roy & vostre Seigneur? Mesmement s'il estoit tel que il eust accoustumé d'vser de ses sujets comme d'esclaues & abuzer de leurs vies & de leurs biens comme Tyran inhumain? Certainement il n'est pas vray-semblable que cestuy là vous voulust commander d'autre sorte qu'il auroit accoustumé de commander aux siens. Cela ne vous seroit ny honneste ny honnorable ny seur auec ses sujets, acourroient tous en trouppe à vous, aspireroyent à vos biens, vous osteroyent tous vos Estats, Offices, Magistrats & autres ornemens de dignité : Penseroyent que vos commoditez seroyent leur incommoditez. Et par ainsi la haine que vous cuideriez estre esteinte, facillement se ralumeroit & se rengregeroit. Iamais n'y eut, croyez moy, societté feable ny asseurée entre ceux qui sont dissemblables. Sigismond vostre Roy fils de l'Empereur Charles quatriéme, d'autant qu'il vous mesprisoit au pris des estrangers qu'il auoit amené : fut par vos ancestres chassé & debouté du Royaume. Qu'eust ce donc esté si celuy la eut alors eu tant de forces comme il en à maintenant? Mais je me retiens. Car vous entendez facilement ce que je veux dire encores que je me taise. Le Tres-Illustrissime Duc d'Anjou vous deliurera de tout ce danger & de toute ceste incommodité. Car il est yssu de race & maison qui est & à tousjours esté fort aimée de vostre Nation. D'autant qu'il y a tousjours eu comme j'ay dit auparauant, entre vous & nous amitié tresgrande. Et quant aux Offices, Benefices, Dignitez & Estats qui se doiuent conceder seulement à ceux du pays : Il ne faudroit ja que vous en seussiez en peine, ains en tout repos. Car la Gaulle est recommandée & aimée par les estrangers. Mesmes pour la clemence & douce temperance de l'aer. La fertilité de la terre, la grandeur du reuenu, plaisance des lieux, & abondance tresgrande des choses requises & necessaires à l'aisance, commodité, & delices de la vie humaine. Si qu'à peine trouuerez vous vn François qui ayt voulu veillir en paix estrange s'il n'a esté banny du sien. Tellement que si le Tres-Illustrissime Duc amienne d'auanture de la France quelque petit nombre d'hommes pour son seruice domestiques. Ceux là certainement ne se pourront pas longuement passer de reuoir leurs biens, leurs femmes, leurs enfans, leurs amis & parens lesquels retournans en leurs maisons ou demeurant par deça quelque temps : il pourroit recompencer, enrichir & honnorer de ses propres biens pour vous reseruer à vous autres ceux de ce Royaume icy. Car il a de succession paternelle huit Prouinces dont les trois portent titre de Duché & les cinq de Comtez. Et en icelles y a neuf Euesches de tres-grande estenduë & de bon reuenu. Enuiron deux cens Abbayes, & pres de mille Priorez. Y a forces Offices Estats & dignitez, comme Bailliages, Seneschaucées, & Cappitaineries, lesquels il peut donner à qui bon luy semble tout ainsi que s'il estoit Roy. Ces Prouinces là seroyent à vostre chose publique, & à vous tres-grand proffit & de nulle charge. Car il ne sçauroit auenir aucune necessité qui côtraignist d'assembler vos forces pour les secourir & deffendre de l'incursion des ennemis. Il est vray que ses biens ne sont pas si grans qu'il vueille promettre des montagnes d'or, comme l'on dit. Mais aussi ne sont ils pas si petis que l'on les doiue mespriser ne contemner. Ses richesses ne sont pas Royalles. Mais telles qu'elles sont, bien sortables à vn fils de Roy, & telles qu'elles pour le moins sont elles certaines & prestes à jouy. Nrous vous proposons choses vraies & subsistantes, non pas esperances en l'air. Nous ne disons pas qu'il aura, mais qu'il à. Nous ne vous rejetons rien en arriere du temps auenir, de ce que vous auez proposé

Biens & Apanage du Duc d'Anjou.

d'eſperer ou exiger de luy. Son Apennage luy à eſté depuis cinq ans en ça aſſigné tres-ample comme au frere du Roy non par cas d'auanture, par benefices de ſort, non en don : Mais par l'auis &decret de ceux qui ſont ordonnez à tel affaire. Et leur decret a depuis eſté confirmé par Arreſt de la Court de Parlement du conſentement de tous. Voire mais le Roy, ce diſent quelques vns, luy oſtera tel Apannage toutes & quantes fois qu'il luy plaira: Ils pronoſtiquēt au Duc Tres-Illuſtriſſime qui a ſi bien merité de notre choſe publique: ce que juſques au-jourd'huy n'arriua jamais en France: Les Ducs de Mantoüe & de Ferrare, l'Infante de Portugal, la Ducheſſe de Sauoye, la Royne d'Eſcoſſe ont de treſ-grans dommaines en la France. Dont on ne leur fit jamais diſpute ny difficulté quelconque. Mais en ce lieu, penſons vn petit & examinons ce que vous pouuez eſperer de ſes biens. Si le Patrimoine de vos Roys eſt diminué: vous auez beſoin d'vn Roy qui de ſes biens vous puiſſe ſoullager. Le Duc Tres-Illuſtriſſime a de l'argent tout preſt & tout content duquel il peut acquiter les dettes publiques: & ce faiſant garder & conſeruer voſtre credit: Voire & paier la ſoude de gens de guerre eſtrā-gers ſi beſoin eſtoit. Et pour ſoudoier les gens de cheual, qui aux confins de Podolie & Ruſſie, ont deſja fait la guerre deux ans entiers, s'il leur eſt deu aucune choſe de leurs gages. Voila les trois chefs du premier article. Et puis du reuenu annuel de ces Prouinces là qui procede par apēnage, on apporteroit tous les ans en Pologne quatre cēs cinquāte mil florins. Qui ſeroit autāt cōme ſi tout nouuellemēt on auoit deſcouuert quelque mine d'or en vos pays. Quelques autres articles ſuiuēt encores leſquels j'entēs que ceux qui en ce lieu ōt deuāt moy parlé pour les Competiteurs, ont inſeré dedans leurs Oraiſons. Dequoy je m'eſjouy auec moy meſ-me: que des Ambſſadeurs, enuoiez par vn ſi grand Prince ne peuuent nier qu'ils aient em-prunté de mes eſcrits, les offices qu'ils vous ont faites. S'ils le confeſſent, ils les ont priſes par vn emprunt de moy. S'ils nient ils me les ont deſrobées. Car il y a pluſieurs d'entre vous qui peuuent teſmoigner que ces articles là feurent par moy diuulguez dés l'entrée de mon Am-baſſade: Quoy? Si je ne feuſſe donc point venu, certainement comme vous voiez: ils n'auoiēt pas propoſé de vous rien offrir. De maniere qu'ils eſperoient vous faire ſortir des mains ce tres-ample Royaume au regard ſeulement de la face de leurs Ambaſſadeurs. Il y a dauātage, que le Tres-Illuſtriſſime pourroit à ſes deſpens armer & ſoudoier vne flotte de vaiſſeaux qui vous ſeroit tres-neceſſaire pour conquerir quelque Noble Port de mer & eſtappe de trafic de mar-chādiſe. Vous entēdrez aſſez ce que je veux dire. Et quāt à la nauigatiō de Naruy: nous ſōmes ceux qui pouuōs plus que nuls autres Cōpetiteurs fournir & effectuer ce q̄ vous deſirez. Il eſta-bliroit en la ville de Cracouie vne Vniuerſité laquele il garniroit d'hōmes ſçauās & de Maiſtres excellēs en toutes diſciplines qu'il y appeleroit de toutes les parties du mōde: ſous la cōduite deſquels partie de votre jeuneſſe ſeroit inſtituée en la conoiſſance des bonnes lettres. Et par-tie en l'excercice de toutes ſortes d'armes. Et là meſme ou bien en Frāce ſi bon vous ſēbloit, il entretiendroit à ſes deſpens cent jeunes Gentils-hommes à l'eſtude. Si vous jugiez que pour repouſſer quelque guerre eſtrangere, ou pour recouurer les choſes qui autresfois ont bien eſté voſtres: vous euſſiez beſoin de gens de pied forains : il feroit venir de la Gaſcongne des harquebuziers choiſis & les rendroit par mer à ſes deſpens en tel lieu que vous auiſeriez : les ſoudoyant de ſes propres deniers & lui meſme voudroit eſtre le Chef & conducteur de l'en-trepriſe. Mais il me faut en cet endroit vn petit arreſter. Il y a quelques vns entre vous eſmeus comme j'eſtime de l'amour du païs : qui diſcourent ainſi en eux meſmes. Si nous eſliſons ce Duc treſ-Illuſtriſſime, Cependant que nous attendrons ſa venuë de par deçà, le Moſcouite qui eſt tout preſt à nous enuahir, nous engloutira & deuorera. Mais je les prie qu'ils ſouffrent ſeulement que je les admonneſte, que pour le moins ils ſe ſouuiennent qu'ils ſont Polaques leſquels quand ils ont euz de bons & experimentez Capitaines ont tant de fois rompu & deſ-fait en bataille les Moſcouites, les Tartares & les Hongres. Il y en a d'autres leſquels je tais ex-preſſement le nom. Et à la mienne volōté qu'ils euſſent ſeulement ſollicité leurs affaires ſans parler de leurs competiteurs. Car ils diſent que vous n'en deuez eſperer ni attendre aucun ſe-cours : parce qu'ils ſont trop eſlongnez de vous. Ils y ajouſtent apres que lon ne peut cōdui-re juſques à vous aucun ſecours de gens de guerre, S'il ne plaiſt aux Princes de la maiſon d'-Auſtriche leſquels j'entens nommer en tout honneur. Quant à moy je n'eſtime pas qu'il y ait pas vn d'eux, qui vouluſt tant de mal à votre païs, que de refuſer paſſage; Et empeſcher vn ſi grand Prince, leur parent & allié qui vous ameneroit du ſecours. Et ſi ne me ſouuient d'auoir

jamais

jamais leu, que la mer ait esté close ni fermée à personne. Et touteffois quand cela auiendroit les François sçauent par quel moien ils ont accoustumé de se faire voye & ouurir le chemin.

Le Duc tres-Illustrissime a vne Armée toute preste de Galleres que mal gré les vents se menent à rames. Il a flotte de Vaisseaux ronds tous equippez en guerre. Il a soldats tous prests que sur mon honneur je puis affermer que depuis le jour qu'il aura entendu son ellection dedans trente jours apres il pourra arriuer à Dansic, & là vous aiant saluëz si la necessité pressoit s'en iroit tout droit en Liuonie. Ce qui ne vous doit pas sembler estrange. Car je vous auise que de nos Ports on peut arriuer à Dansic en dix journées de nauigation seulemét. Il y a plus qui vous apporteroit vne perpetuelle & inuiolable Ligue & alliance auec le Roy de France, par laquelle il seroit expressement dit & specifié de quelles forces on vous deuroit secourir quand besoin seroit. Vous auriez commerce & societé de traffic & tres-estroite alliance auec tous François qui vous apporteroiét des danrées de France: dont les estrangers ne se peuuent passer. Et vos Marchans emporteroiét aussi en la France les marchandises dont vous abondez qui seroit vn grand proffit pour l'vne & l'autre nation. Ces choses là sont à l'auanture petites, mesmement si on les veut conferer à l'amplitude d'vn si grand Royaume. Toutesfois vous les receurez s'il vous plaist de bien bon cœur & prandrez en bonne part: attendu mesmement que ce ne sont qu'accessoires & que quant & quand cela, vous pouuez auoir vn Roy prest & appareillé à toutes choses. Ce que nous vous disons & offrons sous telle condition, que si Reallement nous ne l'effectuós: nous porterons patiemment si vous refusez à receuoir le Duc Tres-Illustrissime: lequel j'espere qu'à l'aide d'vn Tres-puissant Prince il obtiendra quelque chose dont il auindroit vn grand acroissement à l'amplitude de vostre Royaume: Voire, mais si le Turc (disent ils) en faueur du Duc Tres-Illustrissime concedoit la Valacquie: il seroit force qu'il deppendist totallemét du bon plaisir du Turc. Mais sçachent ceux là que les Roys de France n'ót point accoustumé de despédre de la volonté d'autruy. Et y a plus que je leur maintien & afferme que le Duc Tres-illustrissime à le cœur logé en si bon lieu & si magnanime, qu'il n'endureroit jamais estre tributaire du Turc. Quant à vos priuilleges, franchises, libertez & immunitez: quant à vos Estats, Offices & Benefices qui se doiuent donner à ceux du païs seulement: il ne faut ja que nous nous en mettions en peine. Car telles choses sont vostres & non nostres. Et quant à nous, vous demeureront tousjours saunes & entieres, sans que jamais nous y aspirions. Les Articles susdits auroient à l'auanture besoin de plus particuliere exposition. Mais si la personne du Duc Tres-Illustrissime vous est agreable: nous en traiterons plus dilligemment par lettres quand il vous plaira ou auec certains deputez, s'il plaist aux Estats en commettre quelques vns à cet effet. Et ce pendant si d'auanture vous mettez en doute nostre foy: nous sommes contens que la personne d'Ambassadeurs posée, on nous mette en quelque Chasteau prisonniers si dedans le quinziéme jour de Iuillet: il ne represente quatre mil harquebuziers Gascons en telle partie de ce Royaume que bon vous semblera. Je sçay tresbien que j'auois proposé de garder & retenir par tout le discours de mon oraison, brieueté auec d'ilucidité. Mais la malice de certains calomniateurs me contraint de sortir malgré moy hors de ma deliberation: parce qu'il y a eu quelques malins & meschans qui aimans la langue & la plume venale à qui plus leur donne, & s'estans loëz à pris d'argent pour ce fait: ont pensé que le Duc tres-Illustrissime estant doué de si rares vertus: pourroit facilement estre esleu & choisi par vous pour vostre Roy: comme vous estes tous tres-affectionnez au bien & à l'honneur de vostre païs. Parquoy pour cuider y mettre empeschement & obuier à cetui vostre jugement: ils ont pensé comment ils pourroient vous jetter la poudre aux yeux. Et n'ont trouué meilleur expedient que de controuuer certaines calomnies sottes & ineptes certainement: mais venimeuses pourtant & appropriées au temps.

PREMIEREMENT ils nous reprochent que nous n'auons nulles inimitiez ouuertes à l'encontre des Turcs. Mais pourquoy est-ce qu'ils ne reprennent cela mesme aussi bien en plusieurs autres Nations qui ne firent jamais oncques guerres au Turc s'ils n'y eussent esté contraints par toute necessité? Quant à nous, nous auons autresfois chassé les Turcs & les Maures de la Palestine, de la Syrie, de l'Egypte, de l'Affricque & des Espagnes. De laquelle façon de faire nos Rois ont esté retirez non par negligence ou paresse: mais par les guerres qui nous estoient commencées par autres Princes nos voisins, au grand prejudice & dommage de la Foy & Religion Chrestienne. Et maintenant nous auons retenu le traffic & cómerce autant com-

Nauigation de France à Dansic.

Priuileges des Estats de Pologne.

Offre des Ambassadeurs François.

Auril.
1573.

me la necessité & commodité de nos affaires & l'vtilité de la chose publicque Chrestienne, nous à semblé le requerir. Il y a en Gaule deux tres-Nobles Prouinces opposées à la coste d'Affrique, lesquelles s'il y eust eu guerre entre les Turcs, & nous pendant que nous estions empeschez à la guerre contre les Espagnols & contre les Anglois: & depuis distraits en guerre ciuiles par l'espace de quarante ans: lesdites Prouinces eussent esté couruës, pillées, saccagées & à l'auanture bruslées par les coursaires. Dont il y a tousjours grand nombre en ces mers la.
Il nous en est dauantage auenu vn autre proffit & commodité qui est que nos marchans nous apportent d'Alexandrie & des autres Ports & estapes. Qui sont entre les mains des Turcs, des Espiceries, Drogues medecinalles & autres Marchandises des Indes, en dix journées de nauigation seulement & ce à bon pris. Lesquelles si les Turcs nous eussent esté ennemis: il nous eust fallu acheter & prandre des mains des Portugais. Et encores la plus part corrompuës & gastées. Ainsi quand à ce qui touche l'vtillité publique, ceux qui sont mediocremêt versez aux affaires: côfesseront que nos Roys ont fait tres-prudêment, voyant bien qu'ils ne pouuoyent par armes vaincre vne si aspre & puissante Nation: ils ont estimé qu'il valoit mieux retenir la bonne grace de leur Prince: affin que si quelque fois la necessité le requeroit: ils puissent vn peu arrester son impetuosité & le rendre quelque peu plus traitable aux Chrestiens affligez. En quoy l'euenement à monstré combien ils ont proffité. Ie vous puis alleguer le frere du Cardinal de Trente, comme Noble & vaillant Cheuallier, outre plusieurs Cappitaines des bandes Espagnoles qui auoient esté pris prisoniers en Affricque: & aussi plusieurs Cheualliers de Malte hommes tres-Nobles que tous rendent tesmoignage que par la grace, priere & recômandation de notre Roy, ils ont esté deliurez des mains des Turcs. Mais en choses si claires & si notoires, Ie vous en allegueray vn exemple encor plus clair & plus notable, pris des faits de Charles le quint Empereur, & de François premier de ce nom, Roy de France: lesquels j'entens tousjours nommer à leur gloire & honneur. Charles donc Empereur aiant imaginé vn singulier artifice pour aigrir la guerre qu'il preparoit commencer au Roy François: tira à sa cordelle tous les Princes d'Allemagne & les Anglois associez en vne Ligue, affin, ce disoit-il, de contraindre le Roy, voulust ou non de reuocquer l'Ambassadeur qu'il tenoit aupres du Turc. Cela estoit vn beau pretexte. Mais à la verité il estoit expres arresté par le traitté de leur Ligue, qu'ils partiroient entre eux le Royaume de France, qu'ils auoient desja deuoré en esperance. Parquoy les Anglois assaillans d'vn costé le Royaume par le bas, Charles entra d'autre costé par le haut: auec vn tres-puissant excercite composé d'Italiens, d'Espagnols de Wallons & Allemãs. Mais aiãt trouué le Roy plus prest & appareillé de côbattre côtre l'vne & l'autre armée, qu'il n'esperoit: il pensa qu'il lui falloit pouruoir à son retour. Et affin qu'il peust retirer son armée saine & sauue: Encor que ce feust sãs auoir rien fait: Il offroit aux Chrestiês la Paix tant desirée, laquelle finallement fut composée entre eux auec tres-equitables conditions. Mais du rappel de l'Ambassadeur s'il en fut parlé vous l'entendres cy apres. Charles promettoit de rendre dedans vn an, comme il auoit fait plusieurs fois au parauant, le Duché de Milan, au Duc d'Orleans second fils de France. Le Roy estant requis & prié tres-instamment par l'Empereur de faire en sorte que le Turc concedast la Paix en Chrestienté, trauaillée de si longues guerres: promit de s'emploier à la faire. Mais il y eut ce point ajousté que l'Empereur Charles & le Roy des Romains Ferdinad enuoierêt Ambassadeurs quant & celuy de France. Ie fuz esleu & choisi par le Roy François, pour Chef d'vne si belle, si honnorable & si Chrestienne entreprinse & Ambassade. Et bien que je feusse par le chemin, surpris d'vne fieure ardente aux plus grandes challeurs de l'esté: Toutesfois je fis tant par mes journées, que j'arriuay à Constantinople, menant quand & moy l'Ambassadeur de l'Empereur Charles, homme Wualon, Docte & sçauant en toutes sortes de disciplines. Celuy de Ferdinad estoit Italien hôme d'Esprit, fort aigu & bien sçauant: qui promptement fut par mon moien deliuré de la prison où il estoit detenu fort estroitement. Ie presentay ces deux Ambassadeurs demandans la Paix au grand Seigneur & ajoustay à leur requeste, le credit & la grace du Roy mon maistre, auec prieres tres-chaudes & affectionnées. Finallement la Paix, fut composée ainsi que l'on la desiroit. Et Ie ramenay ces deux Ambassadeurs commis en ma sauue garde par le milieu de de la Hongrie, tant que je les rendis sains & saufs au Roy Ferdinãd qui pour lors estoit à Viêne Prince certes tres-debonnaire. Duquel fait & toutes les fois qu'il m'en souuient, & m'en souuient fort souuent, je rens graces immortelles à Dieu tout puissant. Et luy en rendray tant que
je viuray

Pourquoy la France a Paix auec le Turc.

Espiceries d'Alexãdrie en France.

L'Empereur Charles le quint le Roi Anglois & autres Princes bandez contre le Roy de France.

Paix entre l'Empereur & Roy François premier.

Monluc Euesque de Valence.

je viuray de ce qu'il me fit lors la grace d'eftre honnoré d'vne fi belle & honnorable legation & de ce qu'il luy a pleu de conduire à chef & à point defiré mes trauuaux infinis. Et de ce que par mon entremife je deliuray lors de ruïne & extermination toute apparente les Hongres qui jadis fappelloient les freres des Gaulois. Ie vous ay allegué ceft exemple affin que ceux qui ont fi mauuaife oppinion des François: fçachent & entendent que les François ont toufjours efté prompts à donner fecours à la chofe publique, & Chreftienne quand elle feft trouuée affligée. Et que le nom des Roys de France, à toufjours efté de tres grande autorité enuers toutes Nations eftrangeres. Et affin qu'ils apprennent qu'il eft bien mal aifé de juger des Confeils des Princes, defquels le plus fouuent on n'entend pas la raifon. Charles le quint comme vous fçauez tous, a efté vn prudent, fage & heureux Empereur. Qui a toufjours tafché par tous moiens & manieres de mettre en mauuaife oppinion & tirer en haine le Roy fon allié & beau frere, enuers toutes les Natiõs Chreftiẽnes. Et n'y auoit pas encores quatre mois qu'il tenoit ces propos là: quãd foudain chãgeãt de Cõfeil, ce qu'il auoit vn peu au pauant blamé & reprouué tresignominieufemẽt: il l'ẽbraffa pour foy & pour les fiẽs tres-affectueufemẽt. En fecond lieu ils nous objectent la cruauté & ne faignent pas d'affermer que noftre Roy eft vn Tyran inhumain. Quant à moy, tres-renommez Cheuallicrs, j'ay jufques icy eftimé que celuy feul eftoit Tyran qui par force & à tort vfurpe le bien d'autruy. Qui trauaille les peuples de courfes, bruflemens & faccagemens. Qui chaffe les Roys legitimes hors de leurs paternels heritages. Qui pour fon proffit ou fon plaifir inuente de nouueaux genres de tourmens & de cruautez pour faire mourir & tourmenter les innocens. Qui dreffe fes confeils & toutes fes pẽfées à opprimer la chofe publicque: à defpouiller les peuplez de leurs libertez, à fouller les fujets de tref-griefues tailles & actions. C'eft celuy la certainement que l'on doit tenir pour vn Tyran, la vie duquel eft toute contaminée & fouillée de meurtres, de forcemens, de pilleries & autres femblables crimes publics. Mais côbien ces mœurs là font eflongnées de noftre Roy, & de la maniere de viure de tous les François: vous qui n'eftes preuenuz d'aucune priuée paffion (vous dis-je) le pourrez fainemant juger, tant parce que de longue main vous en auez peu apprandre, que parce que vous en entendrez cy apres. Charles neufiéme de ce nem noftre Roy à prefent regnãt le jour propre qu'il fucceda à fon frere lequel f'appelloit François le jeune: & appella à foy le Prince de Coudé qui peu deuãt auoit efté conftitué prifonnier, & le tint toufjours en grand honneur, aupres de fa perfonne. Auffi tira il de prifon & ofta des fers deux cens autres hommes partie Nobles partie de plus baffe mais honnefte condition neantmoins; lefquels pour eftre fufpectz auoir confpiré contre le Roy: auoient efté emprifonnez. Ce qui l'auoit induit à ordonner ceft eflargiffement: n'auoit point efté vne puerile legereté ou temerité, ains l'auis & confeil de bien grans perfonnages: lefquels eftimoient qu'il falloit pardõner à vne fi grande multitude: de peur que qui les puniroit, cela ne feuft occafion de fuporter de grans troubles par la France. Preuoians quel orage & quelle tempefte pendoit à la chofe publicque, f'il euft autrement fait. Auffi f'eftudia il de remettre par faintes Loix & bons Edits, l'ãtienne difcipline & vieille façon de viure. Qu'en eft il auenu depuis? Cefte grande bonté de noftre Prince & fi grande tranquilité de temps: elle a efté fuiuie d'vne tref-grande ingratitude, rebellion, troubles & confufion de toutes chofes que quelques particuliers ont fufcité. Le poure Prince à veu l'efpace de dix ans & plus tous entiers, les malheureufes & funeftes armées ciuilles que jamais n'auoient efté oyes entre nous: que la diuifiõ de Religiõ & la difcorde de deux tres-puiffantes familles, nous ont apportez. Il a veu fa Nobleffe prefque toute, il a veu le peuple & la lie du populace diuifées en deux parts: comme nous lifons qu'il auint jadix aux Romains encores qu'ils feuffent hommes fages & auifez. Et comme il eft toufjours auenu aux guerres Ciuilles, on receuoit au camp au nombre de foldats les plus vitieux & les plus perdus hommes du monde: Affin que pour le moins par cefte voie ils en peuffent affembler tant plus grand nombre. Cela eft malheureufement fuccedé en noftre païs à ceux, que l'on appelle vulgairement de la Religion Reformée. Il n'y auoit point d'occafion pourquoy quelques vns nous deuffent ainfi fouller aux pieds, fi nous auons efté trauaillez de feditions inteftines. Il n'y a pas dequoy fe vanter & glorifier fi fort: qu'ils fçauent commander à leurs fujets fans y emploier le fer ny refpandre le fang humain. Le malheur qui nous eft en cela auenu: ne doit eftre imputé ny a folie ny a Tyrannie. La difcorde de la Religion a bien apporté à l'Efcoffe, à l'Angleterre & à l'Allemaigne comme à nous vne trefpeftillente guerre. Le païs bas de

Flandres

Charles le quint Empereur.

Cruauté des Frãçois. Tiran.

Guerre Ciuilles entre les Frãçois.

L'HISTOIRE DE FRANCE.

Flandres ni les Espagnes mesmes sous Charles le quint&sous Philippe à present regnāt, n'ont pas esté deliurées de tels seditieux mouuemés. Et y en a encor jusqu'au jourd'hui és païs bas de bié viues reliques. Et tels remuemés n'ont point esté assopis ni appaisez sans grande effusion de sang. Il y a en la Gaule des familles trespuissantes, telles que les vnes se peuuent conferer aux Rois. Et si à vne grande multitude de Gentilshommes & Cheualliers & du tiers Estat, des gens de pied qui en nombre & prouesse se font par tout bien renommer. Or ceux qui gouuernent les Prouinces moindres & commandent à des sujets plus nez & accoustumez à seruir que non pas aporter armes: Ceux-la certes ont bien moien de viure en Paix & demeurer en repos. Mais je reuien au fait. Notre Roy que ceux appellent Pharaon, estant contraint de supporter tant d'atentats & presomptueuses entreprises: a tousjours monstré vne singuliere clemence & bonté enuers tous: il a par trois fois liberallement concedé la Paix à ceux qu'il auoit deffaits & rompus: Desirant acheuer & esteindre la guerre ciuille qui à accoustumé de prendre fin trescalamiteuse & funeste: plustost par Paix que non pas par victoire, suiuant en cela le jugement & auis des tressages hommes dont nous lisons ainsi en Ciceron. Toutes choses sont miserables és guerres ciuilles: mais il n'y a rien qui le soit tant que la victoire mesmes. Laquelle si bien elle succede aux meilleurs, les rēd les plus fiers, & plus impuissans à retenir leurs choleres. On ne sçauroit remarquer en douze ans tous entiers que notre Roy a regné: qu'ils appellent Tyran trescruel, aucune trace de cruauté: nul n'a jamais esté par son commandement tué ne blessé, ni despouillé de ses biens. Mais ils s'efforcent par calomnies sottement & impudemment controuuées, de rejetter la mort du feu Amiral & de quelques autres Gentils hommes sur la cruauté du Roy: De laquelle il a tousjours esté fort eslongné. Mais il est bien facile de refuter leur calomnie par vne seule parolle. Car ce qu'ils n'ont esté deuant occis, est vn certain argument que le Roy n'auoit oncques mis en son cœur de le faire. Il les a eu cent fois aupres de lui à la Court, ensemble principallement à Blois il y a vn an: Là où ils eussent peu estre massacrez fort commodement sans aucune crainte ne danger: parce que la coulpe en eust esté vray semblablement rejettée sur le Duc de Guyse qui se plaignoit que son feu pere auoit esté tué proditoirement par le commandement de l'Amiral. A cete plainte eussent tenu la main ses proches parens & alliez; comme aussi eussent fait vn Duc de Mōtpensier, vn Duc de Nemours, vn Duc de Neuers, qui pour certaines offēces particulieres lui estoiēt declarez mortels ennemis. Mais ce qui est auenu à Paris, certainemēt c'est par cas fortuit qui l'a fait soudainemēt naistre sans, que persōne l'ait sceu preuoir cōtre l'esperāce & opinion de tout le mōde. Car combien qu'ils eussent tres-grieuement offencé le Roy: & qu'ils fussent lors mesmes accusez de leze Majesté pour auoir conjuré: toutesfois le Roy qui estoit de sa nature plus enclin à clemence: eust mieux aimé les faire prendre au corps que non pas les massacrer. Tel estoit son auis que lon informast dilligēment de tout le fait. Et ce pendant que tout le negoce fut reserué à la conoissance du Parlement de Paris. Mais comme il a accoustumé d'auenir aux tumultes: soudain que le populace poussé de fureur, s'excite: aussi escheut lors la chose autrement que lon ne desiroit. Dont le Roy fut fort courroucé & troublé. Car il voioit qu'il y auoit és païs bas, deux puissantes armées. Assauoir celle du Duc d'Alue & celle du Prince d'Orange, dont l'vn & l'autre eust tres-volontiers entreprins de deffendre l'vne des parts: qui eust esté le moien de faire passer la guerre des païs bas en France. Il sçauoit dauantage que les Euangelicques, qu'ils appeloient: pour venger la blessure faite à l'Amiral & la perte qu'ils auoient receuë ez païs bas: prendroient facilement les armes ainsi qu'ils auoient fait au parauant. Il preuoioit aussi de l'autre costé, que plusieurs Catholiques seroient tres-prompts à faire la guerre contre ces Reformez, s'ils entreprenoient de rien remuer. Et le Prince d'Orāge d'autre costé n'eust pas voulu faillir à ces Reformez. De maniere qu'il falloit necessairement que nous tumbassions en vne quatriéme guerre Ciuille. Laquelle n'eust apporté que l'extreme ruine & desolation derniere au Royaume qui partant d'années en auoit desja esté affligé. Parquoy affin que les hommes de l'vne & de l'autre faction, faissassent tout pensement de guerre & feussent d'estournez de vouloir vanger leurs injures: les Princes les pressans, & le Parlement de Paris, dont l'autorité à tousjours esté tres-grande parmy nous, luy en faisant instance: Il à fallu qu'il ait approuué le fait, quant à l'Amiral & quand aux Capitaines qui auoient commandé sous luy aux guerres precedentes. Il y a plusieurs telles occurrences qui se presentent deuant les yeux des Roys, qui bien souuent les destournent de ce qu'ils auoient

Misere des guerre Ciuilles.

Iournée S. Barthelemy exculée.

LIVRE TRENTECINQVIEME. 169.

auoient conclu & arresté parauant. Theodosius Empereur, Religieux & debonnaire tres-vtille à prouiguer la Religion Chrestienne, s'il y en à jamais eu: oubliant son humanité accoustumée, commanda qu'on fist mourir six mille hommes dedans la ville de Thessalonique: pour ce que ceux de la ville auoient abatu son Image. Mais en aiant esté griefuement repris & blasmé par saint Ambroise, il reprint vne autre fois sa Clémence auec luy: Laquelle il sembloit auoir deposée, & la retint tousjours depuis tant qu'il vescut: Dont il est aujourd'huy côté entre les deuots & tresbons Empereurs par le cōsentemēt Vniuersel de tous les Historiēs. Que ces calomniateurs donques qui rejetent en arriere de soy toute crainte de Dieu, & frotant toute honte hors de leurs fronts, mesprisent le commun nœud & lien de la Religion: cōsiderent maintenant s'ils peuuent à bon droit appeler vn Roy Pharaon traistre & tiran, lequel en toutes ces occasions s'est monstré si clement, si doux & humain, que lors mesme il enuoia soudain par la poste en toutes les Prouinces de son obeissance pour empescher qu'il n'auint rien de semblable aux autres villes de son Royaume. Et deffendit bien expressément auec commination de tres-griefues peines aux contempteurs de son Edit: que l'on n'exerçast aucune cruauté. A son Edit toutes les autres villes obeirēt, excepté six seulemēt, esquelles les soudaines impetuositez du populace, irrité des torts & dommages qu'ils auoient receuz au parauant: ne se peurent pas facilement refrener. Mais comment que cetoit, cet Edit la fut cause que cent mille hommes ne furent pas lors massacrez. Au reste le Duc Tres-Illustrissime requis de dire son opinion sur ce fait: n'en voulut jamais opiner. Disant qu'il reputoit que ce luy seroit deshōneur s'il estoit d'auis de faire mourir hors la guerre, ceux qui par tant de fois il auoit deffaits & rompuz en bataille: fort mal content que ceux à qui la fortune de guerre, auoit pardōné seussent ainsi meurtriz par des bourreaux, & par vne lie de populace. Aians tousjours esté fort eslongné non seulement de cruauté: mais aussi de trop grande seuerité. L'on n'a jamais veu qu'il se soit courroucé, qu'il soit sorty des gons vne seule fois: jamais n'offensa personne, jamais ne dit injure à homme, jamais ne mit la main en cholere sur homme viuant quel qu'il feust. Ceux là qui s'adressent à luy il les reçoit tous humainement, il honnore les Gentilshommes, il caresse les soldats de dons & presens & de tous moiens qu'il peut. Aussi est il aymé, courtisé & honnoré par tous & François & Estrangers qui en ont conoissance: par la douceur de ses mœurs pour l'humanité & courtoisie dont il vse enuers toutes sortes de gens. Toutesfois nos beaux Clandestins escriuains, qui ne meritent pas qu'on leur ajouste foy quelconque, quand ils n'auroient autre raison que ce qu'ils n'osent par declarer leurs noms: se sont persuadez qu'ils n'ont affaire d'aucuns tesmoins. Et pensent que ce soit pour eux qu'il a esté dit, anciennemēt calomnié hardiment: Car il demeure tousjours quelque chose de suspition. Quand a moy il me suffiroit de nier le tout seulement: mais au moins qu'ils disent ce que l'on trouue qu'vn calomniateur dit vne fois deuant Iulles Cesar. S'il suffit de nier qui sera jamais condampné? Auquel je repliqueray ce que Iulianus tres-predēmēt respondit. Mais s'il suffit d'accuser qui est celuy qui pourra jamais estre assuré de sa vie & de son honneur? Toutesfois afin qu'il ne vous en demeure aucun scrupulle en vos cœurs: je vous allegueray des tesmoignages, des indices & presumtiōs qui ne se sçauroiēt desdire ny refuter ny par risée ny par raison. I'ay pour tesmoin sinodal, le Duc Tres-Illustrissime qui m'aiant escrit de sa main fort amplement: tesmoigne que le Roy estoit fort esloigné de ce fait. Et afferme constamment que quant à luy: il n'a jamais esté auteur ny aprobateur de tel conseil. Or si Marcus Artilius Scaurus, viuoit maintenant: je le prendrois pour Auocat de ma cause. Scaurus Alphenne, auec vne tresapre & picquante harengue l'auoit accusé de trahison, Et luy pour refuter tant de Chefs & articles de son accusation: dit seulement. Alfenus Varus dit que Scaurus fait prendre les armes aux Latins contre les Romains: Scaurus le nie, auquel pensez vous des deux qu'il faille plustost croire? Aussi moy suiuant l'exemple de ce grand personnage: me puis seruir de pareille raison pour deffendre la cause du Sereníssime Duc: Certains escriuains, loüez à pris d'argent, disent que le Duc Tres-Illustrissime à esté cause de la mort de l'Amiral & des autres Nobles qui furēt tuez quant & luy: Le Duc Tres-Illustrissime le nie. Auquel pensez vous qu'il faille plustost ajouster foy? Quant aux cojectures. La premiere est que dedans les Prouinces qui sont de l'Apennage du Duc tres-Illustrissime il n'y a eu homme tué; personne blessé, personne à qui l'on ait fait tort ou injure quelconque. Or s'il eut esté si cruel que ceux cy disent, il ne falloit qu'escrire aux Cappitaines & Gouuerneurs de ses villes, non qu'ils massacrassent les reformez: car nos

Naturel du Duc d'Anjou Henry de Valoys.

Princes

Princes n'ont point accoustumé d'vser de parolles si cruelles ne si sanglantes.C'estoit assez de dire qu'ils n'empeschassent point la fureur du peuple. Ma seconde conjecture est que le Duc Tres-Illustre, fait si grand conte de ce Royaume tresample:que souuentesfois faisant tres-honnorable mention de vous, il dit qu'il aimeroit mieux estre Roy & Cappitaine d'vne si grande & vaillante Noblesse, que d'auoir cinquante millions d'or de reuenu annuel. Et lui qui naturellement est doüé d'vn bon sens, jugement, sagesse & prudence: pouuoit bien penser que ce massacre là, pourroit bien aporter de grans empeschemens à ce negoce. Parquoy il n'y aura jamais homme de discours entier, qui juge qu'il ait mieux aymé perdre ce Royaume tres-ample, dont il est si fort desireux: que de pardonner à ces Nobles la, où de reseruer de les faire massacrer à vn autre temps plus commode, où il n'y eust eu crainte ne dangier aucun. Mais ces escriuains icy, affin qu'ils ne laissassent atenter chose qui puisse retarder votre jugement & volonté de l'honnorer, ou à tout le moins vous tenir quelques jours en doute & balance: ils se tournent à parler des choses auenir.Le Duc Tres-Illustrissime, disent-ils, excitera vne guerre ciuille entre vous.C'est autant comme s'ils disoient, ce Duc la que la nature à doüé de grãd clemence & debonnaireté:tout soudainement comme s'il estoit frappé de la foudre, deuiendra de tres-humain qu'il est hôme tres-inhumain,aspre & farouche ennemy, d'amy ingrat, de Prince conuoiteux d'honneur, & de bonne reputation, parjure au lieu de religieux & deuot enuers Dieu.Et qu'est-ce autre chose dire cela, sinõ cõtrouuer des songes à plaisir pour vous abuser & tromper malicieusement si vous n'en prenez bien garde? Mais posons le cas puis qu'ils le veullent ainsi que le Duc Tres-Illustrissime, oublie ses anciennes façons & mœurs voire soy mesme:Il vous aportera,ce disent-ils, la guerre. Vraiement ce seroit vn beau conseil & digne d'vn si grand Prince.Mais je leur oppose fort à propos le dire anciẽ de Cassianus. A qui en vient le bien? Qu'elle vtilité pourroit il esperer de suiure tel Conseil? Là où au contraire il y a plusieurs occasions, qui le pourroient & deuroient destourner & retirer du pensement d'esmouuoir aucune guerre. Ie voudrois qu'ils me dissent eux les premiers, quelles occasions pourroit pousser le Duc Tres-Illustrissime à susciter guerre entre les siẽs:affin, disent-ils, qu'ils contraigne les Euangeliques,de reuenir malgré eux à la Religion des Catholiques. Mais aurez vous tant de loisir & tant de repos des ennemis de dehors, que vous vous puissiez laisser esmouuoir par seditions intestines & domestiques à vous faire la guerre les vns aux autres? Ie vous en fay Iuge vous mesmes.Mais je vous diray ce qu'ils songent.Quand je demande à qui cest qu'il en auient bien:c'est,disent-ils,affin que vous qui estes tres-côjoints par proximité de sang, par anciennes alliances & tres-douce conuersation: il vous jete à son auenement en combustion de toutes choses & soy mesme en grande destresse, grans ennuis & grans perils. Ce que toute personne de sain jugement confessera,ne pouuoir tomber en l'entendement d'hôme s'il n'est furieux & troublé de son sens. Tant s'en faut qu'il puisse arriuer à vn Prince tres-desireux d'honneur & de loüange. Au contraire, il y a plusieurs occasions qui le pourroient & deuroient retirer du pensement d'vne telle guerre. La premiere est la crainte de se perjurer & fausser sa foy. Dequoy ceux mesmes qui sont les plus nonchallans, ont accoustumé de conte. Car il n'y a personne si abandonnée des Medecins, qui ne deteste & mette en abomination le nom de perfide & perjure. En second lieu faut mettre le soin de conseruer la bõne reputation:laquelle à acoustumé de retenir les hommes, mesme de basse & plebeyenne condidition: non seulement les Princes qui sont tres-estroitement obligez à faire & tenir ce qu'ils ont juré & promis. Tiercement s'il vouloit atenter contre vous chose aucune de ce qu'ils disent: il se mettroit luy mesme en tres-grand danger de perdre sa vie & ses biens.Ce Duc la qui s'il estoit votre Roy pourroit jouir de son Royaume si heureusement, sans aucun sien labeur par votre seule beneuolence. Et qui pourroit viure en tres-grande gloire & en tres-bonne reputation enuers les Nations estrangeres. Ce Duc la, dis-je, abandonneroit la France, qui l'ayme & l'honnore comme vn Dieu, pour venir icy semer à son auenuë des semances de guerre ciuille parmy vous autres, qui si bien merité de luy. Et luy mesme voudroit il bien se venir de gaieté de cœur precipiter en tres-grãs dangers & trauaux le sçachãt & le voiãt? A qui en pourroit il bien auenir? Car quand à luy, autre fruit ne pourroit il attendre que de viure cy apres en perputuelle angoisse de cœur, en coutinuelle destresse de crainte, ou bien qu'il seroit contraint de s'en retourner finallement aux siens en grand deshonneur. Ie ne voy point qu'elle yssue ny quel fruit il peut esperer de ceste infortunée & malheureuse guerre ciuille. Mais posé le cas qu'il

feust

feuft d'entendement fi mouffe, qu'il ne peuft preuoir les dangers qui luy en prendroient &
qui le menaceroient. Suppofons qu'il foit fi conuoiteux de guerroier que pour cela il en oublie toute autre chofe: qu'ils m'enfeignent doncques auec quelles forces, auec quellesar-
mes & auec quels foldats il pourra attenter, Ie ne diray pas acheuer vne fi perilleufe & fi hazardeufe entreprife. A belles dents ou à beaux ongles: Ie le crois. Car il viēdra tout defarmé n'ayāt
autres forces ny armes ny autres excercites que la bienueillance que vous luy portez. Mais ils
difent que vous mefmes luy fournirez gens & armes par effet. Et pourquoy ne l'auez doncques fait du temps de voftre Roy decedé, qui eftoit Catholique auffi bien comme luy? Qui
auoit efté nay & nourry parmy vous en voftre pays. Qui par biens faits & prefens auoit obligé
à foy la meilleure partie de vous?

 M A I S affin que je vienne finalement au nœud principal de toute cefte matiere: reftent
deux points feulement à vous difcourir: lefquels j'efpere vous prouuer facilement & qu'iceux
prouuez decideront & termineront le tout entierement. Le premier point eft qu'il n'y a incommodité ne peril quelconque que l'on peuft imaginer: que vous ne deuffiez pluftoft redouter de la part de tous ceux qui pourfuiuent ce Royaume, que de la part du Tres-Illuftriffime Duc. Car il n'y a perfonne de tous les Competiteurs, n'y d'entre vous mefmes qui n'ait
les moiens plus prompts & plus grans pour troubler voftre Paix: Car fi vous elliffiez pour
voftre Roy l'vn de vos competiteurs voefins: Celuy la certainement en trois jours pourroit
mettre dedans la Pologne, les forces & armées qu'il auoit laiffées en fon pays. Et fi ceftoit
l'vn d'entre vous qui feuft efleù Roy, foit qu'il feuft Catholique, ou Euangelique, & qui vo-
laft fa mauuaife volonté du pretexte de vouloir reformer & reftituer en fon entier la Religiō:
Tous fes alliez, tous fes parens, tous fes amis, tous obligez & deppendans, luy affifteroient
par le moien defquels il pourroit efmouuoir guerre ciuille entre vous. Et tourner vos forces
à la perte & ruyne de vous mefmes. Là où vous entendrez tresbien encores que je m'en tai-
fe, que tous ces moiens là deffaudroient au Duc Tref-Illuftriffime, quand bien il auroit volonté de remuër quelque chofe entre vous. Car il viēdroit fans armes, il viendroit de pays fort
eflongné du votre, il viendroit inconeu à vous tous. Et pourroit il auoir donc aucun confidēt
entre vous auquel il vouluft commetre & communiquer vn fi dangereux Confeil? Il n'auroit
aucuns alliez, aucuns parens, aucuns amis anciens qui le peuffent accompagner à entreprandre ou executer vne fi hazardeufe entreprife. Brief affin que je parle plus clairement: il n'y a
homme f'il n'eft preuenu de paffion particulliere, qui ne confeffe que le Tres-Illuftriffime
Duc, f'il voulloit attenter chofe aucune de ce que l'on dit: n'euft plus d'occafiō d'auoir peur
de vous que non pas vous de luy. L'autre point que j'ay referué pour la conclufion de ma harāgue: eft que tout ce que vous fçauriez efperer ny defirer de Roy, q̃ vous eflirez quel qui foit:
certainement le Duc Tres-Illuftriffime, fans aucun delay le vous rendroit promptement fait
& parfait: parce que fes aduerfaires mefmes ne voudroient pas nier qu'il ne foit doüé de tres-
excellentes parties & d'efprit & de corps. Et quant au meurtre de Paris, je vous ay approuué
par tres-viues raifons qu'il en faut rejeter la coulpe fur autre que fur luy. Et vous prie biē fort
que l'vne defdites raifons ne vous tombe point de la memoire. C'eft que le Duc Tres-Illuftriffime fçauoit bien que le bruit d'vne fi grande executiō & fi inufitée, vous deftourneroit, pour
le moins vous detiendroit quelques jours, de faire ce qu'il defire: attendu que vous hayffez
naturellement toutes cruautez. Parquoy il faut que fes auerfaires confeffent que ce Prince là
qui eft tenu de tous ceux qui le conoiffent pour hôme de bon fens, & qui eft defireux d'amplifier & augmenter fa dignité: euft pluftoft voulu retirer de la mort ceux qui ont efté maffacrez. Ou bien f'il n'euft peu obtenir, en faire referuer ce maffacre en quelque autre temps: que
de perdre toute efperance du Royaume qu'il auoit desja conceu en fon cœur. Et pource qu'il
ne la pas fait: c'eft argumēt tref-certain qu'il ne la voulu faire. Vous auez befoin d'vn Roy, qui
de longue main ait appris de traiter les negoces publiques. Et luy eftant excercité & verfé lō-
guement aux affaires: pourra le jour mefme qu'il fera efleu, pouruoir à tous vos affaires eftant
fecouru de voftre tres-prudent Confeil & jugement. Et fera tout preft pour adminiftrer votre
chofe publicque heureufement & fagement. Vous demandez vn Roy qui ait efté foldat. Parce
que tant de milliers de Nobles & vaillans Cheualliers, fe fafcheroient fort de porter les armes
fous vn Cappitaine non experimenté. Et luy comme vous auez entendu: a longuement porté
les armes, à commandé aux batailles, à combatu par plufieurs fois contre des puiffans ennemis &

mis & en a heureusement emporté la victoire. Tellement que vous auez vn homme tout prest soit à entretenir la paix soit à faire la guerre. Si vous demandez quels biens il a : je ne veux pas dire qu'ils sont infinis; mais bien veux je asseurer qu'ils sont tous presens : de maniere que si nous auons promis quelque chose pour lui: il peut accoplir la promesse tout incontinant par lui mesme & sans secours d'autrui. Si vous attendez qu'outre les prieres du Roy Tres-chrestien je vous ajouste encores la grace & le plaisir que vous ferez à d'autres Princes: nous sommes bié contens d'estre vaincus en cela par les autres competiteurs. Car j'ay protesté dés le commencement de ma harangue que je ne voulois vser d'abitieuses prieres. Vous sçauez & conoissez assez les qualitez qui sont necessaires à vn Roy, desquelles si le Duc tres-Illustrissime est doüé: il ne voudroit pas ajouster à ses merites les prieres ni la grace d'autrui. Tellement que s'il obtient de vous la dignité qu'il pretend, il se delibere de l'atribuer seulement à votre humanité, à la bonne opinion que vous aurez de lui, & à l'amour que vous portez à votre païs. Touteffois affin qu'il ne semble que nous soions seuls & destituez d'amis ; j'appelleray à notre secours la memoire du tres-bon Prince qui fut jadis votre Roy. I'etens de Lois Roy d'Hongrie & de Pollongne duquel la cendre & l'heureuse souuenance vous prie aujourdhui que par vos voix & suffrages vous vouliez honnorer de sa couronne Royalle vn sien parent, vn qui est extrait de sa race & de son sang. Celui-la, di-je vous prie & requiert tres-instament qu'en faueur de lui duquel vous auez eu les principaux Chefs priuileges & immunitez: Que vous souuenant d'vn si grand benefice, vous choisissiez pour votre Roy vn Prince né de la famille dont lui a tiré son origine. Ce que si vous le faites ajouterez vn grand accroissement de vos loüanges enuers les Nations estrangeres : Quand elles entendront que vous aurez conformé vos suffrages au fait & jugement de vos ancestres.

Roy de Pologne & d'Hongrie de la maison de France.

Parquoy Tres-reuerens Seigneurs; Et vous Illustres & magnificques Pallatins, Chastellains, Vous tres-renommez & tres-vaillans Cheualliers, de la part du Roy tres-Chrestien je vous presente ce qui soit au bien, honneur & accroissement de votre chose publicque : le Serenissime Duc d'Anjou, de Bourbonnois & d'Auuergne. Receuez le tout prest & apareillé à Gouuerner votre chose publicque comme s'il estoit né pour vous, & s'il estoit votre fils. Vous pouuez faire que vous soyez ses parens, ses freres, ses alliez & prochains. Car il abandonnera ceux qu'il a en France, laquelle est fort élongnée de vous. Et par ce moien la proximité du sang auquel il diroit à Dieu pour jamais : ni les importunes prieres de ses amis, ni la memoire de son antienne familiarité & conuersation: le pourroient retirer ne detourner du vray & droit chemin. Il ne seroit point besoin pour auoir accez à lui de mandier la recommandation de ses proches parens, ni acheter la grace venale de ses courtisans, ni de lui faire aucuns indignes seruices, ou de gangner le port ou faueur de quelques corrompus domesticques. Car vous auriez tous entiere ou pleine puissance de le voir, de l'aprocher & de lui parler. Car en la France où il est, il donne audience à tous. Il ne refuse de parler à personne & renuoie tout le monde auec vne treshumaine responce. Il seroit tesmoin participant & compagnon de vos labeurs & de vos dangers, ô tres-vaillans Cheualliers: & par sa liberalité soullageroit vos incommoditez. Votre seale Pieté, Religion & deuotiõ, ô tres-reuerens Prelats. Vos seuls merites & seruices à la chose publicque, O magnificques Palatins. La seule recordatiõ de votre prouesse, ô tres-vaillans Cheualliers, le pousseroit deliuré & despouillé de toute priuée affection à vous aimer caresser & honnorer. Ie vous prie donc de rechef autant qu'il m'est possible au nom du Roy tres-Chrestien que vous choisissiez & élisiez pour votre Roy ce Prince qui ne vous peut nuire en chose quelconque: ains vous peut estre vtile à toutes choses. Qui est tout prest & appareillé à prandre pareillemét le soin de deffendre & ampliffier votre chose publicque. Qui ne voudroit pour rien diminuer vos libertez, priuileges & immunitez. Qui ne pourroit l'effectuer quand il voudroit l'attenter. Qui auroit le jugement sain & entier non preueu d'aucune passion d'alliance ni de parenté pour sagement ordonner de vos affaires. Qui à deliberé (si vous le faites votre Roy) d'employer toutes ses pensées, toutes ses affections & tous ses conseils pour ateindre à ce seul but, que jamais vous ne vous puissiez repentir de l'auoir fait. Et qu'il puisse estre surnommé à bon droit veritablement sans flaterie par vous & par votre posterité, le bon Roy prudent & vaillant & pere du païs.

La seconde

LIVRE TRENTECINQVIEME. 171.

La seconde Harangue faite & prononcée par le mesme Euesque de Vallence en l'assemblée des Estats de la Noblesse de Polongne lors qu'il fut licentié le 25. jour d'Auril. 1573.

Quand je côfere mon arriuée vers vous, auec le cōgé que vous me dōnez & auec mon departemēt: Ce n'est pas à dire que j'en fois esmeu pourtāt, parce que cela seroit trop eslōgné du respect & de l'obseruace que je vous porte. Mais biē, diray-je, que je souffre facilemēt que mō cœur soit distrait en plusieurs differēs & diuers pēsemēs. En premier lieu se presente à ma memoire ce qui m'auint tout au cōmancemēt de ma legatiō: que je ne pēse pas vous estre tōbé si tost de la souuenāce. C'est que soudain que je fus arriué sur vos cōfins: Ie pēsay qu'il me fallut arrester là pour quelques jours pēdāt que je pourrois auoir nouuelles de vous touchāt ce que vous auriez resolu de moy. Car je ne voulois pas temerairemēt entreprandre de m'approcher plus pres de vous, sans le vous auoir premieremēt fait entēdre & que vous l'eussiez trouué bō. Au moien dequoy je vous en escriuis à tous en cōmun: & ainsi q̃ vous auez accoustumé vous me fistes humainemēt biē tost respōce. Vous m'assignastes pour m'a demeure certaine & cōmode, la petite ville qui vulgairemēt s'appelle Couin: pource que lors il n'y auoit aucune suspitiō de peste. Auquel lieu, encores qu'il me fust assez incōmode pour moy maladif mesmement en tēps d'hiuer: Ie demouray volōtiers 7. mois presque tous entiers. Et de peur qu'en chose quelconque je vous offēsasse, à peine mis-je dix fois en tout ce tēps là le pied hors de la maisō. I'ay tousjours fait office d'Orateur nō d'explorateur ny d'espiō. Depuis quād mes Collegues magnificques furēt arriuez: alors on nous dōna cōgé & permissiō de parler auec vous, sur les instructiōs & mādemēs que nous auōs apportez de la part du Roy tres-chrestiē. Dōt nous en auions exposé vne partie de viue voix & par escrit assez clairemēt cōme j'espere: & auōs retenu à vous dire le demeurāt jusques à ce que nous eussions vn peu de lumiere & de certitude de la volōté que vous portez au Duc tres-Illustrissime. Et maintenāt que nous attēdōs la respōce tāt desirée de nous: à tout le moins qui fust digne de tāt de trauaux que nous auōs prins, j'entēs au cōtraire qu'il nous en faut retourner. Ie sçay biē que vous en auez autāt ordōné de tous les autres Ambassadeurs & Orateurs. Mais il n'est pas raisonable cōme tres-bien vous sçauez de faire passer sous mesme Loy & mesme cōditiō ceux dōt la raison est dissēblable & differēte. Nous auōs plusieurs choses cōmunes auec les autres Orateurs. Mais aussi nous en auōs à part plusieurs propres & particulieres. Ils ont le chemin ouuert & seur pour retourner en leurs maisons. Ils peuuēt en 4. journées si bō leur sēble se rendre chez soy. Mais nous qui sommes si loin du lieu d'où nous sōmes partis: sommes en grād soucy non seulemēt du labeur du chemin lequel je ne pourray pas quāt à moy supporter sinō en faisāt petites journées. Mais aussi de plusieurs autres choses. Nous auōs faute de tout presque ce qui nous est necessaire pour nostre retour. Et si n'ē peut on faire prouisiō en si peu de tēps. Il y a encores vne autre incōmodité qui touche à moy seul. C'est que me trouuāt indisposé de malladie qui me trauaille fort & cōtraint par la foiblesse de mon corps, qui me va tous les jours en empirant: I'auois proposé d'appeler des Medecins pour tascher à recouurir ma force & sāté duquel propos je ne me puis departir sās peril de ma vie. Et de ceste incōmodité s'il vous plaisoit me soullager, vous feriez certainemēt chose tres-digne de vostre accoustumée courtoisie & humanité. Car cōme vous deuez attēdre vne entiere obeissance de nous: aussi esperōs nous q̃ vous vserez en nostre endroit pour le moins de vostre douceur & graciēuseté singuliere: à ce que nous puissiōs sejourner en ce lieu tāt que nous ayōs fait prouisiō des choses necessaires pour nostre voiage: & que j'aie vn peu proueu au fait de ma sāté. Toutesfois s'il est ainsi que vous ne puissiez pas seulemēt faire cela sans incōmodité de vos affaires: nous vous declarōs que nous remetōs & nous mesmes & toutes nos besōgnes entieremēt à vostre prudēce & bōté. Et que nous prādrons en bōne part & supporterōs patiēmēt tout ce qu'il vous plaira en ordōner. Seulemēt vous requerōs nous auec toute instāce qu'il nous est possible: qu'il vous plaise benignemēt & attētifuemēt escouter ce qui me reste encores a desduire de certains Chefs & Articles de mō Oraisō. Ces jours passez je vous ay fait vne harāgue vn peu plus lōguette, par laquelle vous auez peu entēdre quelle affectiō le Roy tres-Chrestien auoit enuers vous. Et ce que le tres-Illustre Duc pourroit faire pour amplifier la grādeur & pour l'vtillité de ce Roiaume. Lesquelles choses cōme certainemēt elles feurēt de vostre grace par vous escoustées attentifuemēt & benignement: aussi ont elles esté oïes & prinses par d'aucūs tresmalignemēt. Qui se laissās aller à leurs priuées passiōs, n'obmetēt à remuër pier re aucune pour essaier à distraire totallemēt vostre cœur & affectiō du tres-Illustrissime Duc. Car ils taschēt à oppugner par diuers artifices les offres que nous vous auons faites. Le Roy de

Y ij.

L'HISTOIRE DE FRANCE.

May 1573.

Frāce,diſet ces meſdiſans,ne ſçauroit accōplir vos promeſſes:parce qu'il eſt poure.Il n'eſt pas ſi poure qu'il ne tienne vne cour plus magnificque que Prince autre quelcōque de la Chreſtiē-té.Les gēs de cheual Allemās que lō appelle vulgairemēt Reiſtres depuis dix ans ençà,ont re ceu de luy 6.millōs d'or.C'eſt à dire 60.fois cēt mil eſcus.I'y ajouteray encore vne autre par-tie qui vous ſēblera biē eſtrāge.Lō païe maintenāt la ſoulde à ces Reiſtres Allemās qui leur e-ſtoit deuë par le feu Prince de Cōdé & le feu Amiral pour auoir ſerui la factiō cōtraire au Roy. Et n'y a riē qui l'ait eſmeu à vſer de telle liberallité que pour maintenir le credit & la reputatiō de la foy du nō des Frāçois:Il n'eſt pas ſi poure qu'il doiue encore aucū reſte du dot qui auoit eſté promis & cōuenu a la treſ-Illuſtriſſime Ducheſſe de Sauoye ſa tāte n'y : aux Sereniſſimes Roine d'Eſpagne & de Nauarre & la Ducheſſe de Lorraine ſes ſeurs.Et ſi n'a pas en cela deſpē-du moins de 20.fois 100. mille eſcus.Car à chacune de ces Princeſſes là,à eſté dōné 400.mil le eſcus pour le dot & cēt mil eſcus pour leurs bagues.Et vous meſmes pourrez juger qu'il ny a riē qui empeſche que le Duc treſ-Illuſtre ne puiſſe eſperer quelque choſe de la liberallité du Roy ſon frere qui l'aime ſi tēdremēt.Mais ſuppoſōs qu'il ſoit ainſi que veullēt ces meſdiſans icy: Que le Roy ne luy veille riē dōner.Ie veux qu'ils ſçachēt qu'il à ſi grādemēt merité de toute la Frāce:que tous les Eſtats du Roiaume ont deliberé de l'accōpagner quād il partira pour ſe ve-nir vers vous:nō ſeulemēt auec larmes & regrets:Mais auſſi auec treſriches preſēs.Ils debattēt auſſi de merueilleuſes calōnies,l'article par lequel je vous ay offert quāt à lui 4.mille harque. Gaſcōs.Ce Duc là,diſet ils,veut opprimer les Polacques lors qu'ils ne peſerōt pas & ne ſe tiē-drōt pas ſur leurs gardes.Mais il n'eſt pas poſſible d'opprimer ſi grād nōbre de nobles & vail-lās Cheualliers qui ſous vn Chef genereux & experimēté,pourroiēt facilemēt ſurmonter & dōter tous les ennemis de ce Roiaume.Or j'ay dit que ces Gaſcōs là ſeroient pour ēnuoier en Liuonie nō pas en Pologne,ſi vous en eſtes d'auis.Par ainſi appert que c'eſt article là ſe doit re-ferer à voſtre volōté nō pas au plaiſir du Duc.Il viēt apres vn autre article qui pourroit biē te-nir en ſuſpēs les ētēdemēs des hōmes les plus prudēs.Ce Duc là,diſent ils,ne peut en façō quel conque venir en Pologne:parce qu'ils afferment que les Princes de la maiſon d'Auſtriche & ceux d'Allemagne ne le permetrōt jamais.Mais quād à moy je trouue 3.fautes en c'eſte ſorte de Calōnie.La premiere faute eſt qu'ils faignent que l'Empereur ſoit ennemi de noſtre Roy. Mais je leur demāde pourquoy luy à il dōc dōné ſa fille en mariage? Et eſt il vray ſēblable qu'vn beau Pere nō prouocqué, nō irrité,ſe declare auerſaire & ennemi d'vn ſ.ē gēdre & de telle dignité?Il porteroit fort aigremēt,diſet-ils,ſi le Duc treſ-Illuſtriſſi. eſtoit eſleu Roy. Mais qu'eſt ce autre choſe cela ſinō ajouſter des menaces aux prieres:& que vouloir d'eſtourner de leurs pourſuites,les autres cōpetiteurs par crainte de ſon inimitié? Vous pouuez certes facile-mēt cōnoiſtre que cela ne vint jamais en penſée à l'Empereur qui eſt Prince treſprudēt. La 2. faute eſt qu'ils maintiēnēt que les Princes d'Allemagne refuſerōt paſſage au Duc treſ-Illuſtre. Ie croy que vous auez tous bōne ſouuenāce,que Charles le Quint Empereur fit vne treſ aſpre guerre aux Princes d'Allemagne.Là où les Roys de Frāce ont touſjours eſté fort bons & grās amis des Princes de Germanie.Mais poſons le cas qu'ils ſoiēt oubliās & ingras de tous benefi-ces.Ce que certainemēt nul hōme de biē ne jugera jamais de Princes de ſi bō ſēs & de ſi grāde prudēce.Touteſfois quelle occaſion auroiēt ils de ſe vouloir declarer ennemis de leur amy & cōfederé? Par lequel ils n'auroiēt eſté prouocquez & irritez de tort ou d'injure quelconque? Parce,diſet ils,qu'ils ſeroiēt marris ſi celuy qui auroit eſté recōmādé par eux eſtoit rejeté. Ie voy qu'il y a en cela des menaces tacitemēt ajouſtées aux prieres.S'il falloit ajouſter foy à ces gēs ici qui nous ſōt tāt cōtraires:de quelque part ḡ la fortune ſe tourne,il ne peut faillir qu'il n'y ayt touſjours guerre entre vous & les Princes de la maiſon d'Auſtriche & d'Allemagne. Mais je vous prie,prenez garde & cōſiderez là ou tend ce langage.Si vous meſpriſez leurs prieres:il vous ſerōt cōme ennemis.Si vous n'eſliſiez celui qu'ils vous recōmādēt:Ils vous voudrōt puis apres cōtraindre d'eſlire malgré vous vn de ſes enfans.Et par ainſi le droit d'eſlire petit à petit vous ſeroit oſté:Et le Roiaume pour lequel cōferer & gouuerner l'authorité ſouueraine à tous-jours eſté riere de vous:ſeroit touſjours deuollu par droit hereditaire aux deſcēdās du Roy dece-dé.Mais quāt au point duquel il eſt queſtiō maintenāt:Ie puis aſſeurer deuāt l'aſſēblée de tāt de nobles perſōnages:qu'il ya quelqs vns entre les Princes d'Allemagne qui ſōt tous pres & ap pareillez de cōuoier & faire eſcorte eux meſmes ſil eſt beſoin au Duc treſ-Illuſtriſſ.Et ſi ne lui voudroiēt pas faillir à ce beſoin les Reiſtres qui depuis quelques années ont eſté à la guerre & cōbatu ſous luy.Tellemēt que par mer & par terre,le chemin ſeur luy ſera ouuert.Ie viēs à leur

Richeſſe d'vn Roy de France.

3. faute touchāt le Roy de Dānemarc duquel ils parlēt si resoluëmēt & si asseuréemēt cōme si toute leur vie ils eussent esté de son cōseil priué. Ce Roy là, disēt ils, luy fermera la mer. Et commēt cela, veu qu'il nous est allié de treseftroite alliāce? Ses predecesseurs se sont autresfois cōserué le Royaume de Dānemarc, par le moiē & secours des Gascons. Pourquoy dōcques nous refuseroit il le passage? Ils le feroient, ce disent ils, en faueur de l'Empereur. Voire mais les Roys ont accoustumé de faire leurs affaires nō pas celle des autres. Ne pesez pas que le Roy de Dānemarc qui autremēt est Prince sage, prudēt & bien auisé, se veile legerement departir de l'alliāce du Roy trespuissāt son allié, sans estre prouocqué d'aucun tort ou injure n'y tiré d'aucune esperāce. Mais mettōs qu'il soit ainsi que ceux cy veullēt. Du tēps de la guerre qui a duré quelques années entre le Roy de Dānemarc & celuy de Suede: Les Dannois n'ont jamais peu empescher le cours de la nauigatiō des vaisseaux de Suede en Frāce. Et me viēt presentemēt en memoire d'vn point que je ne puis laisser eschapper. Entre les Ambassadeurs de Suede qui maintenāt sōt par deuers vous il y a vn Gētilhōme excellēt certes & bien exercité en ceste nauigatiō. Ce Gētilhōme, disje, par cōmādemēt du Roy son Maistre à sollicité mō Neueu, fils de mō frere auec grādes promesses pour cōduire des Gascōs en Suede & en estoiēt d'accord si n'eust esté que le Roy qui auoit proposé d'exhorter les Sereniʃsimes Roys de Dānemarc & de Suede à faire paix ensēble fit deffēse que les Gascōs ne sortissēt hors la Frāce. Et s'il est ainsi que ce Gētilhōme là qui maintenāt est Ambassadeur par deuers vous esperoit de cōduire les Gascōs en Suede malgré les Dannois: Pourquoy n'ē pourroit on autāt estimer du Duc tres-Illustrissime? Ie n'ajouteray que ce mot seul sur ce point. Que si outre l'honeur & la gloire q̄ le Duc tres-Illustrissime a desja acquise: s'ajoustoit encore la tressāple dignité de ceste Courōne: il s'acqueroit & se gāgneroit les cœurs de tous les autres Princes, affin que je ne die riē d'auātage: Quād à ce que j'ay dit qu'il y a des Galleres toutes prestes pour nostre tres-Illustre Duc: quelqs vns se mocquēt & disēt que je me mōstre par cela ignorāt de la marine. Mais quāt à moy je cōfesse qu'ils sōt tresdoctes à inuēter & cōtrouuer des Calōnies. Aussi m'aperçoy-je qu'ils sōt peu exercitez en la nauigatiō. Ie puis dire q̄ sur les Galleres j'ay visité presque toute la coste de l'Affricque & les plus nobles Isles de la Grece: outre les villes qui sōt assises le lōg de la mer mediterranée & Adriaticque. Sur les Galleres, j'ay voiagé le lōg des costes de toute l'Angleterre, toute l'Escosse & toute l'Ibernie & ay enuirōné toutes les Isles Orcades. Mais encores q̄ les Galleres fussēt inutiles en ceste mer: Ce que certainemēt est faux, j'ay dit qu'il y a flotte equippée de Galleres & de Nauires & ny a persōne qui puisse nier qu'il n'y ayt grād nōbre de Nauires en la Frāce s'il n'est de nature bien obstiné cōtre l'experiēce. Quāt à ce que j'ay dit qu'il aporteroit de l'argēt. Il y en a qui le reprēnēt cōme si nous estiōs venus à la foire pour achapter vn Roiaume. J'ay dit q̄ nous estiōs Ambassadeurs & Orateurs nō pas Marchās & trafficqueurs. Nous auōs offert de l'argēt pour employer aux necessitez publicques de ce Roiaume. Nō pas en intētiō que vous y deussiez auoir aucun esgard en l'electiō de vostre Roy. Car les Roiaumes ont accoustumé de s'acquerir nō point par argēt: mais par la seule vertu & par la biē veullāce d'hōmes sēblables à vous. Ou par ceux qui par force d'armes les cōquerēt & ostēt des mains de leurs ennemis. Mais nostre tres-Illustrissime Duc, encore qu'il ait embrassé en son cœur toutes les parties qui peuuēt estre en vn fils de Roy: Toutesfois il n'espere pas attraire, n'y gāgner vos cœurs par autre chose que par la seule gloire & renōmée de sa vertu. Et si outre & par dessus ces tāt rares & excellētes parties d'esprit & de corps: Il y a encores quelques vnes jointes de la fortune: pourquoy n'aura il peu les vous presēter aussi quāt & sa persōne & sa vie? Si vous auez proposé de ne requerir en luy autre chose que foy, verité, integrité, prudēce, prouesse & vaillance: Il n'est jà besoin que nos auersaires se trauaillēt tāt de cela, cōme si nous sōdiōs tout nostre espoir de surmōter nos Corriuaux en nōbre de deniers seulemēt. Ains au cōtraire si vous voiez qu'il lui defaille partie aucune de celles qui sōt necessairement requises en celuy que l'ō veut eslire pour vtille Roy: rejetez moy arriere tout son argēt, toutes ses Seigneuries & ses biēs, lesquels toutesfois en vn Prince au demeurant orné de tāt de vertus, s'ils se rēcōtrēt auec tāt d'autres loüables qualitez ne doiuēt estre ne mesprisez, ne rejetez. Toutesfois il n'y aura jamais disputes ne differēs de cela entre luy & vous. Car si vous dressez vostre cogitatiō à peser seulemēt ses merites: celuy sera certainement vne grande accession d'honneur, de gloire & reputation: quant tout le monde entendra, que pour le choisir entre les autres: vous n'auez eu regard à autre chose qu'à sa vertu. Et si d'auanture il y a quelque necessité qui vous contraigne de requerir quelques richesses pour l'establissement de vos affaires: Luy pour la singuliere amitié qu'il vous porte, accomplira & mettra en effet a-

Roy de Danemarc.

*Nauigation
[...]
[...]*

Galleres.

L'HISTOIRE DE FRANCE.

May.
1573.

combles mesure, tout ce qui par nous en son nom vous à esté offert. Et s'il ne pésera point que pour cela sa dignité en puisse estre aucunement diminuée. Attédu que le monde esçait assez que sans liens aucuns, sa personne est tres-digne de dignité Royale. Et partant n'a il ja besoin de recommandatiōs n'y de deniers ny de la faueur des autres Princes. Car il est tel que vous le deuez souhaiter. Premierement d'vne Natiō qui de tout téps à esté fort amie de la vostre: & puis d'vne famille qui entre tous les Chrestiens possede le premier lieu d'honeur : son aage est tresapte à supporter les trauaux & à entreprendre le soin du gouuernement du Royaume. Il est de longue main duit & versé en l'administration de la chose publicque , & en l'art militaire exercité plus que son aage ne porte. Car autāt de fois qu'il à combatu en bataille rangée, ce qu'il à fait bien souuent: autāt de fois a il emporté victoire de ses ennemis. Lesquelles choses estans telle cōme certainemēt elles sōt: ce Prince qui seble auoir esté n'ay pour vous, ne sera jamais refuzé par vous. Si ce n'est que l'on en produise vn autre auquel il doiue estre postposé en aucune chose, ce qui ne se peut faire nullemēt. Car c'est vn Prince tel qu'il se peut comparer à tous les Princes de la terre. Parquoy de peur que quelqu'vn ne vous surprēne & ne vous abuze: je desire fort q vous soiez tous bien informez & auertis de ce qui se machine. Il y en à qui font leur effort pour tascher a debouter ce grand Prince de la petitiō de ce Royaume. Et à c'est effet loué a pris d'argēt certains hōmes afamez & de nulle reputation. Et les atirēt pour surprēdre ceux, qui ne s'en donnent bié garde. Mais il vous sera bien aisé à descouurir leurs trōperies. Car ce sont toutes calōnies si ineptes & si eslongnées de toute verisimilitude & verité: quelles ne meritēt pas qu'on les refute ny qu'ō leur responde deuāt tāt de gēs de bié graues & non preuenuz d'aucune passion. Cessent dōc au moins pour quelques jours les injures, detractiōs & mesdisances meschāmāt cōtrouuées. Et reconoissent ces ouuriers de bourdes & d'artifices mēsongeres : qu'ē affaires de si grād poix & de si grande importance, deuant vn si exceliēt & prudēt Senat, deuant vne si freqūētée assistance de tant de Nobles & vaillās Cheualliers: il ne faut pas cōbatre de Calomnies de faussetez, n'y de trōperies: Mais de raisons & de certains argumēs. Et si vous Seigneurs, pour vostre singuliere prudēce arrestez cela en vostre entēdemēt: il ne vous reste plus riē sinō de prier de tresardētes prieres Dieu tout puissāt & tout bon: que pour metre heureuse fin à ce grād & haut negoce: Il vous face tous demeurer fort cōjoints. En jetāt bié arriere de vous toutes dissētions & discordes. Qu'il luy plaise cōseruer treslōguemēt ce tresāple Royaume sain & sauf en son entier. Et vous aussi O tresreuerēds Seigneurs, Prelats, tres-Illustres Palatins, tresmagnifiquesCastellās: Et vous tres-Nobles Gētilshōmes & tres-vaillās Cheualliers de Pologne, de Lituanie. Il veuille preseruer & tenir clos & couuers de tout meschef & de toute perte & ruine en vos biens & Estats entiers. Et à nous qui sōmes Ambassadeurs enuoiez de la part d'vn si grād Roy: Et qui est tāt vostre amy: il face la grace cōme nous desirōs singulieremēt par sa soueraine bōté & clemence: que ou demeurās icy ou nous en departās: nous puissiōs par vos labeurs apporter quelque proffit à vostre chose publicque. Et quād à ce qui touche à moy particuliéremēt. Il cōduise à fin desirée: C'este miēne legation: qui est la secōde vers vous, & la 15. vers les autres Princes. Tellemēt qu'à vous & à vos successeurs il en demeure vne joïe & perpetuelle memoire de mō nom de ce que je vous auray le premier offert vn Roy sage, prudēt, vaillant, deuot & fort affectionné au bien de vos affaires. Il est téps de reprendre le siege de la Rochelle & vous reseruer le sur plus de la Negociation de Pologne en son temps & ordre.

Monluc Euesque de Valence.

Le premier May les Rochellois pour tesmoigner le peu de crainte qu'ils auoiēt du siege presāt: plātēret vn may en signe de resjouïssāce qu'ils tesmoignoiēt par le son de plusieurs tābours trōpetes & harquebuzades tirées des murailles en hors pouruoians toutesfois au mieux qu'ils peuuoiēt à leur seureté. Car se treuuās fort incommodez par ce pont de bois: mirēt toute peine de le faire brusler. Mais il n'y auācerēt gueres, tāt pour la resistāce des Catholi. que pour en estre la matiere couuerte de fer. La nuit du 9. neātmoins aiās cōtreminé, firēt quitter aux assiegeans leur mine & le corps de garde qu'ils detfēdoiēt ou ils demeurerēt: jusques à 9. heu. du matin, que les Catholiques y tirerēt 3. canonades dōt ils rēplirēt le creux de terre. Puis le lēdemain sur la diane firēt sortie par la porte des 2. moullins 120. harquebuziers qui surprindrēt & taillerēt en pieces le corps de garde qui estoit en la trāchée de la Corderie. Sur ce tout le peuple fut semōd de se trouuer au Boulleuard de l'Euāgile pour oïr les Articles que Mōsieur leur enuoioit. Lesquels pour n'auoir esté trouué assez auātageux, n'empescherēt les sorties. Mesmes que le dixiéme à dix heures du soir quatre cens harquebuziers & cinquante cheuaux sortirent par la porte Maubec, droit aux maisons ruynées de Congne: ou surprenans le Corps de garde meirent tout en fuite hors cinquante qui y demeurerent, pour auertissement aux autres

Sortie des Rochellois.

LIVRE TRENTECINQVIEME. 173.

de se tenir mieux sur les armes: dont les Catholiques indignez & curieux de reuäge sur les 2. heures du matin, donnerent si brusquement jusques sur le haut du Boulleuard Euangelicque que le treuuans abandonné d'vne legere garde de fuiars: Ils eurent loisir de passer outre & faire plus de maux s'ils eussent esté mieux suiuis. Mais se contenterent d'emporter le drappeau du Capitaine Riuiere le Lis. Puis le 3. auant jour estimans les assiegez endormis cõm'auparauant: montreent à la breche de la vieille Fontaine où ils treuuerent teste qui les fit assez tost retirer. Sur le soir les assiegez sortirẽt par le Boulleuard auec feux artificiels & matieres seiches pour brusler le pont, leurs gabions & autres couuertures: Si chaudement que les Catholiques abandõnerent leurs corps de garde pour l'incõmodité du feu & de la fumée qui les gâgnoit. En ce tẽps cõmençoit la famine de gangner parmi le peuple. Non qu'il n'y eust assez de prouisions pour les grans & autres aisez. Mais le menu peuple n'aiant fait prouision, souffroit desja beaucoup. Si bien que despourueuz des cõmoditez de terre & tournans les yeux à la marine: furent cõme tous estonnez d'vn nouueau & non jamais praticqué moien de viure que la mer leur laissoit à son retour. C'estoit vne quantité de sourdons que les poures peschoiẽt bien qu'auec hazard pour la deffence de la Caracque & autres Nauires prochains: d'icelle parmi les vases de la marée. Auec lesquels ils trouuoiẽt des moufles, palourdes, petoncles, & tels autres coquillages en telle quantité, que les poures s'en nourrirent assez commodément. Pour lesquels fauoriser à la pesche: on leur donnoit souuent nombre d'harquebuziers affin d'escarmoucher & retarder les Catholicques qui les vouloyent empescher & les affamer. Occasion de plusieurs belles attacques esquelles nombre de soldats moururent d'vne part & d'autre. Les Theologiens, demy asseurez que la ville estoit imprenable (assailie & desfẽduë pour l'occasion & par les gens que vous auez veu;) sur la resolution qu'ils faisoient de la promesse que Dieu fait, de n'oublier ains exaucer les siens en la Requeste de leur angoisse: attribuoient vne tant extraordinaire faueur à la seule largesse du Ciel, qui sçait en son temps & cõm'il faut secourir les affligez. Les naturels au rebours, considerans l'incertaine & variable rencontre de tãt d'accidens humains: ne reconoissoient pour cause de ce casuel euenement, que la violence continuë de tant de foudroiantes pieces d'artillerie: laquelle ennemie de toutes choses naturelles: Voire des elemens mesmes: ne troublant moins le repos du poisson que des hommes & des oiseaux (qui lors se presentoient fort rares en l'er) auoit tellement esmeu ce genre d'animaux escailez: que se retirans tous du lieu naturel & ancien qui ça qui là pour cercher ailleurs demeure plus paisible: partie se seroit auancée en ceste coste pour y cercher leur aise & seureté. D'autres aussi comm'entremeteurs pour accorder oppinions si contraires: auouans que tout vient de Dieu: mais qu'il se sert des moiens humains, pour y faire mieux reluire sa volonté: ne se trauaillerent moins à d'autant plus animer les assiegez à la continuë du siege: qu'ils les asseuroient que Dieu & la nature mesme, de toutes choses, les Elemens & toutes sortes de creatures, se presentoient pour fauoriser leur dessein. Comme que ce feust, encor que le menu peuple s'y fist voir mieux nourry & plus encouragé q paraist: les grans & principaux, Ministres notamment, s'en seurent bien preualoir à rendre les passions du peuple & des soldats plus soupples & aisées à manier, és occurrences qui se presenterent. En ceste cy mesmement, en laquelle les deux tiers de gens de guerre, se conformans au premier auis: pour le peu de loisir que les factions guerrieres (& à aucuns vne liberté naturelle) leur donne, d'empescher leur cerueau de tant de considerations: n'en croissoient de courage seulemẽt contre les Catholiques: Ains aussi s'entr'animoiẽt si fraternellement, que plusieurs seurent veus ozer dauantage qu'ils n'auoiẽt fait par le passé. Ils se porterẽt ailleurs & en autres accidens comme vour verrez en autre endroit.

Les premiers traits de famine prochaine, neantmoins estonnerent quelques habitans. Lesquels preuoians qu'ils seroient en fin appellez à la participation d'vn mesme malheur: eussent volontiers & dés lors sans attendre la venuë d'vn si fascheux accident: conseillé au Magistrat de changer la guerre en vne Paix telle qu'on leur eust voulu presenter. Mais la resolution de la plus part empescha, & promptement rompit coup à l'entrée de tels Conseils, qu'ils auoient ja articulez par Requeste qu'ils presenterent, sans autre effet que du soupçon & haine cachée qu'ils engrauerent aux cœurs du reste de leurs compagnons. Lesquels fermes en leurs desseins & voians ceux là changer d'aparence plus que de cœur & volonté: dont mesmes ils abandonnerent celuy auquel ils auoient persuadé presenter la Requeste: prindrent auec l'occasion plus d'enuie de bien esclarcir leurs desguisez portemẽs: affin qu'il leur ostassent tous moiẽs de leur

Yy iij.

May.
1573.

Estat miserable des blecez & malades Catholiques.

prejudicier à l'auenir. Or cōme tels & autres incōueniens estoient lors presqu'vniuerselz par la France: Si les assiegez auoient du mal : les Catholiques n'en estoient pas exemps. Car encor que les Princes & autres de commandement ne manquassent de chose qui feust: Si est-ce que le soldat, Fantassin mesmement commençoit fort à souffrir, faute de paie, qui s'eust pourueu de tour le besoin. Occasion qu'auec les longues & rigoureuses veilles: ils receurent tant d'incommoditez, que les fieures, puis les flus de ventre & de sang, disenteries & autres especes de malladies sestās incorporées auec eux: la mort en emportoit de jour à autre vn grand nombre. Qui n'estoient toutesfois si pitoiables que les blecez & stropiats: lesquels mesprisez des Medecins, Apothicaires & chirurgiens, (bonne part desquels aimoient mieux curer les bources que les corps) representoient vn si estrange & hideux spectacle sur eux mesmes: chargez de vers rampans de tous costez, d'infecte pourriture & toute sorte de vermine qui s'engendroit de leur poureté & plaies non medicamentées: que le plus cruel passant aupres, n'y eust sceu ny voulu arrester les yeux: Si comme fils de quelque Tygre il ne se feust resjouy de les voir piteusement mourir deuant luy. Surquoy plusieurs remarquoient vne estrange vanité & assez soudaine inconstāce des choses humaines. Que ceux qui remarquez d'vne tant preuuée hardiesse s'asseuroint d'emporter la ville, n'auoit pas trois mois: se vissent par gens de petit nom & qui trois mois passez n'eussent osé se resoudre à la deffenciue: chassez à la mort en si peu de temps qu'ils auoient emploiez au siege. Et bien que son Excellence eust destiné vne grosse bourgade pour la retraite des blecez & autrement indispos: auec bons moiens & personnes pour en auoir tel soin que le Chrestiē doit auoir de son frere. Si est-ce que la plus part des soldats retournans blecez : & des malades ceux qui auoient vescu auec moiens: aimoient mieux rester en leurs cartiers & souffrir toute extremité, que de se mesler auec les autres.

Diuisiōs en l'armée Catholique deuant la Rochelle.
Catholiques de 3. sortes. Fidelles Malcontans & Nouueaux.

Le mal du corps neātmoins, n'estoit la seule ny la plus grāde maladie de l'Armée Reale. Ains la diuisiō des Chefs: tous lesquels Catholi. (ou se faignās l'estre peu exceptez) estoiēt apelez fidelles, ou malcōtans, ou nouueaux qui auoiēt l'Ame Protestante. Ils apeloiēt fidelles ceux qui n'auoiēt chāgé d'alleure. Malcontēs ceux qui se fachoiēt de n'estre emploiez, n'y honorez selō leur merite: ou qui se persuadoient que les affaires du Royaume & de l'Armée mesme se manioient autremēt & par d'autres persōnes qu'elles ne deuoiēt. Or cōme les Catholiques fidelles & Malcōtēs ne fissent les deux tiers des troupes: Ceux du nouueau zele estoiēt en si grād nōbre: que sans le souuenir des Matines Parisiēnes qui les tenoient encor cōme tous eslourdis: la plus part eussent ozé entreprēdre sur le reste. Et cōme les hōmes passionez, metēt le plus souuēt toute cōsideration de dāger hors la fantasie: auoir sondé les cœurs des Malcōtēs qu'ils treuuerēt ploiables à leurs desseins: Ioint le bruit qui courut assez tost, lors qu'ō esperoit prēdre la ville: que la Rochelle gāgnée on feroit biē autremāt châter les Huguenots & Catholiques de nouuelle forme: ils resolurēt l'executiō de plusieurs cachées entreprises: mesmemāt de presenter vne Requeste au Roy pour auoir Iustice des massacres & en cas de refus se pouruoir selon les moiēs, tāt pour faire leuer le siege que pour asseurer les Protestās plus qu'ils n'estoiēt. Ne leur restoit qu'vn Chef pour autoriser & croitre leurs desseins: A quoy ils trauailloient assez pour esbrāler vn Prince: leāl neātmoins pour malcōtēt qu'il feust & quelā desir qu'il eust ā se faire mieux voir & plus renomer qu'il n'estoit: ne voulut se resoudre si tost ne cōm'ils desiroient. Dōques le feu de telles passiōs secretes, demeura couuert sous les cēdres de faintise & dissimulatiō: jusques à ce que plus eschaufé par les accidās qui s'offrirēt depuis: les estincelles en paruēt à toute la France au grād estonemāt de plusieurs cōme je vous feray voir en autre endroit. Le dixseptième auoir amené de nuit quelques pieces sur le bord du fossé pour rompre les casemattes & deffences: Les Catholiques tirerent à la casematte ronde du retranchement. Tant pource qu'on y entroit par la ville, que pour les trois pieces qui estoient au dessus & leur commandoient fort: En fin ils les desmolirēt. Sur ces entrefaites le Cōte de Mōtgōmery se journāt à Belle Isle où il pēsoit atēdre la venūe de Languillier: delibera de secourir les Rochellois. Sinon de gēs, pour le moins de poudre dōt il les jugeoit auoir plus de faute que d'autres choses.

Le Comte de Mōtgōmery enuoie secours aux Rochellois.

Par ce depescha le Capitaine la Meosse auec cinq petis vaisseaux pour se hazarder d'entrer portant quelques miliers de poudre, quantité de blé & autres prouisions. La Meosse aiant fait voile quelque tēps & auerti de l'Estat de l'Armée nauale des Catholiques: joint que le vent ne luy vint fauorable, se resolut à ne passer outre. Ains attendre vne meilleure opportunité. Le Capitaine Arnaut parauant Lieutenant du Capitaine Pip estoit auec luy, cōmandant à vn

petit

petit vaisseau qui portoit sa portion de poudre & de blé auec sept soldats. Lequel se voulut efforcer de passer outre:tellemēt que luy sousflant vn Noroest aussi tost qu'il eust descouuert l'Isle de Ré, & auoir fait mettre tous ses gēs bas: il faignit estre pescheur, & passer pres l'armée pour y vendre son poisson. Si que s'auançant peu à peu à demie voile n'aiant que son haut bourcet & la misene deffrellée en forme de pescheur tel qu'il se disoit à ceux qui luy commandoient d'ameiner: aussi tost qu'il se vit contre la Carraque & au mitan du Canal pour passer outre: Il abat sa grand voile qu'il amure aussi tost, & guindant la suadiere haut: voullut siller à toutes voiles, mais il n'auoit assez de vent. Occasion qu'auoir fait prandre les rames à tous les siens d'vne vogue redoublée outre passa toutes les Canonades & coups d'harquebuz, qu'on luy tiroit, aussi tost qu'il fust approché de la Carraque de laquelle les soldats ne se mōtrerēt chiches d'harquebuzades. Vne seule desquelles toutesfois ne les toucha fors le Cappitaine qui en receut vne au bras. Mais en fin se coulla dedās la ville, resjouissāt fort les assiegez de son secours encor qu'il feust bien petit eu esgard à la faute de poudres qui commançoit à manquer parmy eux. Ce neātmoins pour asseurer les Catholiques que le secours estoit grand & tel qu'ils desiroient: firent dés le lendemain jouër toutes leurs pieces & tirer grand nōbre d'harquebuzades distribuans la poudre à qui en vouloit des soldats. Et mesmes dés la nuit firēt courir plusieurs charriots par la ville, pour dōner à entendre aux Catholiques de la ville, espiōs & autres soupçonnez: que c'estoit la poudre nouuelle dont ils rēplissoient le Magazin. Sur ce le Cappitaine Arnaut racōta les moiens, bōne volōté & l'Estat des affaires des Refugiez en Angleterre: prenans tous bon courage à l'auenir. Le Vicomte d'Vzas qui commandoit à l'armée de mer, tancé par Monsieur, d'auoir fait si mauuaise garde, & merueillensemāt ennuié du blasme que tous lui donnoient d'vn tel accident: tomba en vne fieure, laquelle le minant & croissant peu à peu le fit en fin mourir de destresse & desplaisir qu'il en auoit cōceu; fort regretté neātmoins de tous les Catholiques pour la memoire de sa fidelité & resolutiō en tous affaires guerriers. Les assiegez au contraire se resjouissans en l'issue de ceste entreprise & prenans tous bon courage à l'auenir: resolurēt de sortir le 23. de ce mois. Pource 400. soldats furent partis en 2. bandes. L'vne conduite par Marronniere se deuoit jeter aux tranchées & enfiller le plus auant qu'ils pourroient. Puis se retirer au lieu ou l'autre bande les deuoit secourir & seruir d'escorte pour la retraite. Mais cōme les premiers eurent dōné viuement, fait abandōner les tranchées & enclouë plusieurs pieces par la mort de 150. Catholiques; voians les autres qui fuioiēt de toutes pars: la plus part des soldats s'amusa au butin qu'ils veirent si beau de tous costez. Mesmemēt au bagage & meubles des Comtes de Rets, Strossi & autres: au lieu de passer outre & de faire cōme il auoit esté ordōné. Si que les plus chargez retournans en ville sans ordre n'y obeissance: furent occasiō que Marronniere restant sur la queuë pour fauoriser la retraite de telles gens contre le secours qui vint de la Fons: fut blecé dont il mourut apres & plus de 30. auec luy. La resistāce desquels fut occasion de sauuer la vie à ceux qui se montrerēt là, curieux du butin plus que de l'hōneur; que les soldats ne cerchent pour le jourd'hui. 8. enseignes auec grande quantité de cuirasses, morions, rondaches, espieux, halbardes, espées, harquebuzes & autres armes furēt em portées en ville. Sur ce les Suisses nouuellement venuz au cāp & auoir fait les mōtres de leurs trouppes, entrerēt en garde pour mieux asseurer l'artillerie & les tranchées cōtre les assiegez.

Le 25. & 26. l'artillerie ne cessa de jouër, tāt pour esplaner les breches, que pour fauoriser les mines qui estoiēt closes, seellées & prestes à sauter. Mesmemēt cōtre le Boulleuard Euāgelique & ses deffences: pendāt que toute l'Armée estoit en armes & disposée à vn assaut General qu'on vouloit liurer apres le jeu des mines. Surquoy les assiegez descouurans le bataillon des Suisses entre la Fons & Ronssay: leur tirerēt quelques vollées de canons lesquelles en auoir desmēbré quelques vns, les firent retirer plus bas à costé des Frācois qui esperoiēt au saut des mines plus qu'en autre effort faisans: tous Estat d'ētrer teste baissée dans la ville aussi tost qu'ils y verroiēt l'entrée qu'on leur promettoit grāde & spatieuse par l'ouuerture de ces rabouillieres. Sur le midy Monsieur estant arriué au fort S. Martin: le feu fut mis à vne petite mine qui selon la coutume, breche pour 2. hōmes de frōt. Les assiegez soudain y coururēt pour la rāparer cependāt qu'ō mettoit le feu à la seconde qui s'ouurit plus largemēt. Toutesfois il y falloit vn peu monter: à la deffense de laquelle comme plusieurs accourussent estimans qu'elle fust seule: le feu fut mis à la derniere qui fit vne grande ruine & se renuersa presque toute en la ville laissant comme des flancs & parapects aux assiegez, desquels neantmoins elle engloutit plus

Le Cappitaine Arnaut entre en la Rochelle malgré l'armée naualle des Catholiques.

Sortie des assiegez sur les tranchées Catholiques.

Suisses venuz de renfort aux Catholiques.

Les mines des Catholiques jouent pour vn assaut General.

de 50. personnes se presentent toutes fois à la deffence, se gabionnás selon les commoditez qui se presentoiët. Et pource que du Gast lors estoit en garde auec son Regiment, il demáda & eut la pointe de l'assaut auec nombre de Gentils-hommes qui le voulurent accompagner. Les enseignes y marcherent resoluëment, suiuies par bon nombre de soldats. Mais le Colonnel & autres premiers blecez & chaudement poursuiuis fallut en fin desmarcher en arriere. Alors Goas destiné pour la recharge & se prometant vn plus grand heur: se presenta brauement aux assiegez lesquels ne s'en estonnerent qu'à la longue. Car en si viuement enfoncez fallut à plusieurs des tenans quitter la breche pour se couurir & defendre sous les retranchemés ausquels les Catholiques n'oserent donner. Tellement que les assiegez secourus reprindrent peu à peu leur place que Pouillac leur voulut faire quitter auec ses Gascós ausquels le second rafraischisement auoit esté laissé. Mais la quantité des feux & flammes artificielles: Ioint le nombre des Capitaines roides estédus sur la breche & aux fossez: descouragea ceux cy peu à peu. Ioint que chaudement recerchez & le Collonnel blecé ne voulurent plus long temps debatre leur prise: Ainsi ces trois Regimans se retirerent pour mettre leurs Collonnels à sauueté dont le premier se fit porter en Cour pour se guerir: les autres moururent bien tost apres. Or si de ce costé on se tastoit si menu: le Comte du Lude n'estoit à repos. Car, auoir disposé les siens, ils gangnerét par Escallade le Gabuz & le Nauire prochain. Mais à la fin on leur tira tát de coups, que pour n'estre secourus fallut quitter prise. Tel fut l'effort des soldats & des mines lesquelles ne leur furent si auátageuses qu'ils esperoient au moien des flancs qu'elles laissoient. Nommeément à la breche qui cóprenoit depuis le Boulleuard de l'Euangile jusques à la vieille Fontaine: que les Capitaines & soldats y ordonnez & merueillesemét secourus de la hardiesse des femmes, filles & chambrieres (bonne part desquelles bien embastonnées faisoient deuoir de soldats) defendirent côme vous auez veu: Encor que l'ardeur des Catholiques fut fort grande & qu'ils feussent rasreschis par deux fois en cest endroit & à la breche joignant le Boulleuard. Si bien que leur perte ne feust moindre de quatre cês cinquáte hômes sans le double des blecez pour quarante qu'y perdirent les assiegez. Lesquels redoublans de courage pour le bon heur du passé: firent sortir au 27. pour harasler leurs ennemis trouppe de Goujats pourueuz de meschâtes armes & vestus de chemises blanches l'espée nuë au poing pour dôner l'alarme aux tranchées voisines, en sorte qu'ils eurent loisir de se retirer par Congnes. Le 29. les assiegeans descêdirent deux Canós dans le fossé pour acheuer les Casemattes & le parapel des assiegez. Auquel jour le Maire permit à pres de 60. poures gens qu'hommes que femmes inutiles à la deffence de la ville: qu'on deschargeroit d'autant, de se retirer où bon leur sembleroit pour viure plus à leur aise qu'ils ne faisoient auec les assiegez.

D'autant que Mirebel ville Protestante est voisine de ville-Neufue de laquelle on descou ure le dedás pour estre plus esleuée: Les refugiez de ville-Neufue auoient plus grand desír d'y retourner. Et l'eussent entrepris. Mais le doubteux euenement de Sômieres: les retarda. Sur ces entrefaites vn soldat serrurier sorti de ville-Neufue asseura la Pradelle du moien de la surprendre côme fut Nismes aux troisiémes troubles. Sous les murs de la ville, y a vn pertuis grille de treillis de fer par où s'escoulle l'eau de la pluie: qu'il promettoit arracher & y entrer le premier. Ce que le Baron ne treuuát seur: la Pradelle toutesfois l'incita à l'entreprise. Il en communique à ceux d'Aubenas & autres: l'vn desquels en auertit Logieres qui fut cause de luy faire rêforcer la Garnison & emprisonner tous les reuoltez, tellement que cete entreprise print plus de longueur. Si que de Logieres auoir passé beaucoup de nuits en armes & ne voiant rien bouger: estima le tout faux bruit. Cependant le Baron amena de Priuas à Mirebel nôbre de soldats. Mais en sorte que de Logieres le sceut: occasion de fermer les portes, redoubler les gardes, fasseurer des reuoltez & se pourmener toute nuit en armes à la lumiere de plusieurs torches, lanternes & fallots qu'il fit dresser par les ruës. Or les Protestans n'y peurent aller à l'heure dite qui estoit l'heure d'apres minuit: pource que le Baron auec d'autres dilaierent: ne treuuant l'entreprise possible. La Pradelle neantmoins les fit tous acheminer par les costaux & lieux plus esgarez toute nuit & approcher du fossé à l'heure mesme que le Gouuerneur estimát cela vn autre cassade puis qu'ils auoient tant tardé: s'estoit allé reposer & à son exéple tous les autres retirez au corps de garde, ou apesantis de sommeil. Tellement que les premiers des entrepreneurs auoir surpris & taillé en pieces le Corps de garde muët & ja demi mort: crioient par les ruës ville gangnée, apres auoir ouuert vne porte au gros de leurs trouppes. Sur ce le Gouuerneur bien esbahy

LIVRE TRENTECINQVIEME. 175.

esbahy se sauue en sa maison assez forte:& les Catholiques s'emparent de 2. Tours: l'vne au Téple fort haute & l'autre à la grand porte où les Protestans auoir taillé en pieces tout ce qui se mettoit en deffence, nomméement les Prestres qui estoient venus au Synode de tous costez: les bastirent trois jours durant, auec perte neantmoins des deux costez. En fin se rendent & auec de Logieres sortent à composition de vies: sauues: attribuans tout le desastre au Gouuerneur. Ceste prise mit tout le pays en telle fraieur: que si les soldats ne se feussent amusez au butin: ils eussent heureusement entrepris sur les autres places. Ainsi le chemin de Viuarets à Nismes fut rendu libre: & prindrent quelques autres petites places voisines. Puis le Poussin forte d'assiette sur le bord du Rosne. Et fortifierent Curssol bonne ville située vis à vis de Valence.

Les Protestans de Languedoc Seuenes & Viuarets esleuent S. Romain pour Chefde leurs trouppes.

En mesme temps ceux de Languedo, entreprindrent sur quelques places voesines de Nismes, comme Florenssac, forte place assez pres de Narbonne, auec d'autres villettes & Chasteaux côme je diray ailleurs. Or pour appaiser les differeds qui s'esmouuoiët entre leurs Chefs de puissance esgalle, si que l'vn ne vouloit souffrir que l'autre luy commandast: Ceux de Nismes, Seuenes & Viuarets, furent d'auis d'eslire & enuoier querir à Geneue, saint Romain pour la preuue qu'il auoit tant de fois fait de sa fidelle affection au party,& autres vertus qui le recomandoient entre les gens de guerre. Il s'estoit retiré apres se voir garenty des matines de Paris. Ils enuoierent aussi depuis en Allemagne vers l'Electeur Palatin, specialement affin d'auoir secours ou promesse en cas de plus grande necessité.

Les François enuoiét en Allemagne cercher secours.

Or bien que le Mareschal d'Anuille, eust perdu bon nombre d'hommes deuant Sommieres, si est-ce qu'il ne se reposa pas. Ains poursuiuit plus viuement que jamais les Protestans, de sa charge: non par armes toutesfois; Ains par forme de Iustice, saisissant & faisant vendre les biens de la plus part selon le mandement qu'il en auoit. Le neusiéme May il enuoia ses Cômissions au Seneschal de Vellay & aux autres de son Gouuernemët ausquels il enjoignoit y proceder selon le contenu des articles qui suiuent.

Portemens du Mareschal d'Anuille contre les Protestans de Lamguedo &c.

Ayant le Roy par ces lettres patentes & autres mandemens enuoiez A Monseigneur d'Anuille Mareschal de France, Gouuerneur & Lieutenant General pour sa Majesté, au pays de Languedo: par lesquelles est enjoint aux Officiers de sa Majesté de proceder à la saisie reelle des biens meubles & immeubles de ses sujets, qui de nouueau se sont rebellez, ou ceux qui leur adherent & fauorisent: & en la vente des meubles, paction des dettes qui leur sont deuës, arrentement des immeubles, adjudication & confiscation d'iceux. Et faire entrer les deniers qui en prouiendront desdites ventes arrentemens & dettes entre les mains du Thresorier de de l'extraordinaire pour les employer au fait de sa charge. Ce que mondit Sieur à fait entendre ausdits Officiers par plusieurs depesches. Toutesfois lesdits Officiers jusques à present n'auroient fait leur deuoir comme ils sont tenuz. Et parce moien lesdits rebelles & leurs adherás jouyssent encores la plus part de leurs biens. Ce qui les rend plus obstinez en leur rebellion & y demeurent d'autant plus fortifiez au grand reculement du seruice du Roy, veu la faute des deniers pour employer au fait de la guerre principal nerf d'icelle. Et ses bons sujets en demeurent de tant plus surchargez. Et desirant mondit Sieur que les mandemens & ordonnances de sa Majesté soient entierement accomplis & executées à ordonné ce que s'ensuit.

Vente des biens des Protestans pour fournir à l'armée Catholique.

Premierement que seront faites defences à voix de trompe & cry public: A tous rentiers fermiers & debiteurs desdits rebelles & leurs adherans, de ne leur faire aucun paiement de ce à quoy ils sont obligez sur peine d'estre contraints au paiement desdits dettes & obligations. Sera enjoint à tous qui sont debiteurs, obligez ausdits rebelles ou qui en sont auertis: de declarer à la Iustice les sommes de deniers & autres choses qu'ils deuroient sur peine d'estre punis comme fauteurs desdits rebelles. Et sur mesmes peines sera enjoint de declarer à la Iustice ou Commissaires qu'elle depputera les meubles, Marchandises, fruits & danrées qu'ils auront en leur pouuoir appartenans ausdits rebelles & fauteurs. Sera aussi enjoint à tous Notaires & personnes publiques de declarer à la Iustice & Commissaires, les obligations qu'ils ont receus en faueur desdits rebelles. Lesquelles proclamations seront faites aux villes & autres lieux estans en l'obeissance du Roy: à ce que personne n'en puisse pretédre cause d'ignorance. Et sera fait Estat par les Thresoriers de Frâce & Generaux des finaces des gages & pensions deuz ausdits rebelles sur les deniers du domaine du Roy & sur les greniers à sel, acquictemens & sur les tailles pour faire entrer lesdits gages & pensions entre les mains dudit Thresorier de l'extraordinaire au profit du Roy. Et pour les employer au fait de sa charge. Et

Yy iiiij.

à ces fins les Officiers du Roy seront tenus bailler par rolle ausdits Thresoriers & Generaux les noms des Officiers & autres qui sont tenus pour rebelles, & retirez aux lieux occupez par iceux. Seront lesdits Officiers tenus chacun en son endroit & dans la jurisdiction : de faire vendre lesdits meubles, fruits & denrées : & mettre à ferme les immeubles à pris d'argent ou en d'autres : à la plus grande commodité du Roy que faire ce pourra. Et quant à ceux qui se trouueront arrentez, feront procez verbaux des arrentemens. Feront obliger les rentiers & fermiers au payement du prix contenu en iceux arrentemens au proffit du Roy. Et en tout ce que dessus seront tenus y appeller le Procureur du Roy des villes & lieux où il y en aura. Et aux lieux où le Procureur du Roy ne sera point : y appelleront les Côsuls des lieux. Et du tout en dresserōt Estat abregé signé par eux & dudit Procureur du Roy & Côsuls, contenāt lieu par lieu, la vēte des meubles à qui appartient & aux personnes ausquelles elles seront deliurées, & à quel prix. Le mesme feront quant aux arrentemēs des autres dettes qui se trouuerrōt deues ausdits rebelles : lesquels Estats serōt enuoiez à mondit Sieur pour les faire contreroller & les mettre entre les mains dudit Tresorier extraordinaire pour en faire la leuée, & les employer au fait de sa charge par les ordōnances de mondit Sieur; & pour s'en rendre comptable. Sera deffendu à tous Gouuerneurs, Gentilshommes, Capitaines & soldats & generallement à tous autres de ne s'oy approprier lesdits biens ni donner empeschement aux commissaires qui sont deputez à la vēte ou exaction : sur peine de la vie sans auoir esgard aux prouisiōs qui pourroient auoir esté obtenuës par surprise ou autrement pour jouïr desdits biens. Lesquelles demoureront cassées & annullées. Et au deffaut qu'ils ne trouueroient personnes appellées pour arrenter lesdits biens : seront baillez aux Consuls de lieux, qui s'en rendront Cōmissaires : & sequestre, faire au preallable sommaire verification à combien tous les biens se pourroiēt arrenter tous fraiz faits. Sera procedé à l'execution de ce que dessus : nonobstant toutes oppositions & subterfuges qui se pourroient faire par moien d'autres creanciers, & sous pretexte des charges ordinaires & extraordinaires imposées sur lesdits biens. Desquelles charges ordinaires & extraordinaires en sera fait Estat par les Commissaires pour en faire le payement. Et sauf à se pouruoir tant sur les oppositions que subterfuges. Sera procedé aux arrentemens à prix d'argent si possible est, & à deniers auancez : ou à tout le moins en partie ou en termes les plus courts que faire ce pourra. Les Commissaires qui procederont, prandront garde qu'il n'y soit commis aucun monopole ou intelligence. Et de ne prandre aucuns fermiers qui ne soient bien & deuëment cautionnez : Et s'ils trouuent que les yssuës ne fussent raisonnables : & qu'il y eust plus grande perte : ils pouruoiront à faire leuer les rentes & autres deniers, & en chargeront les Consuls comme dessus. Et s'ils ne trouuoient à arrenter à prix d'argent les terres labourées à hautes encheres & en terres portans pastel : les arrenteront en blé, vin, huile & pastel à la meilleure condition que faire pourront & pour vne année & cueillette tant seulement.

Sçauront lesdits Commissaires & se feront representer les procedures faites par ci deuant sur les saisies, ventes, arrentemens & leuées de dettes sur ce faites. Et reprendront lesdites procedures pour mettre à executiō ce qui reste à faire. Ou de nouueau y procedderont cōme ils jugeront estre expedient pour le seruice du Roy. Contraindront tous comptables & ceux qui sont chargez desdits biens : de remettre deuers eux, leurs comptes. Et s'informeront diligemment des abus & maluersations qui pourroient auoir esté commis par les Commissaires ja deputez. Ensemble de tous recelemens formelz desdits biens. Et contraindront ceux qui les ont en leur pouuoir : de les mettre en euidence. Et à tous Notaires aussi deuers eux liures de leurs nottes & prothocolles aux fins de faire extrait de ce qui sera necessaire pour la verification des dettes desdits rebelles. Vsant à l'effet que dessus des cōtraintes accoustumées, condānation des amendes & emprisonnemens de personnes. Sera enjoint aux Gouuerneurs, Capitaines, Gentilshommes, Iusticiers, Officiers, Preuosts, leurs Lieutenans & tous autres sujets du Roy : de bailler main forte si besoin est & requis en sont ausdits Commissaires. Lesquels procedans au fait que dessus, s'informerōt diligemment & secretement des lieux, de demeure & autres choses qui sont faites sur les sujets du Roy. Par qui & de quelle authorité sont faites, & en auertiront mondit Sieur pour y pouruoir. Et à ces fins contraindront tous Greffiers & Consuls de leur bailler vn double des assietes & departemens de tout ce que dessus. Les Officiers des Seneschaussées & sieges Presidiaux, ensemble le Procureur du Roy : feront mettre à execution dans quinze jours apres la reception des presentes Instructions. Renuoyeront les procez verbaux

LIVRE TRENTECINQVIEME. 176.

baux à mōdit Sieur dans le tēps contenu ſpecificatiō d'icelles és villes & lieux de leur reſſort en l'obeiſſance du Roy. Et ce à peyne de priuation de leurs Offices. Contraignant tous les Officiers Subalternes & à eux reſſortables, de faire leur deuoir de leur part ſur meſmes peynes & comdamnations d'amādes: ſans que les vns ſe puiſſent excuſer enuers les autres, & iuſques à auoir obey. Seront faites defences aux paieurs de leurs gages tant des recetes ordinaires, domaine que autres de ne le paier ſans auoir ordonnance de mondit Sieur, apres auoir veu le deuoir qui ſera fait par leſdits Officiers. Leſquels gages demeureront ſaiſis & arreſtez au proffit du Roy entre les mains des paieurs & receurs d'iceux. Sera permis auſdits Officiers & Commiſſaires ordonner des frais neceſſaires pour l'execution de ce que deſſus moderément toutesfois, & dont ils en dreſſeront vn Eſtat, qui pareillement ſera enuoié à mondit Sieur, pour le taxer & moderer encores ſi beſoin eſt. Seront enuoiez par le Threſorier & Receueur de l'extraordinaire, meſſagers expres pour intimer ce que deſſus auſdits Officiers, Receueurs & paieurs, & en raporteront les exploits. Et tout ce que deſſus ſera executé ſans retardation des Commiſſaires particulierement expediez à l'effet que deſſus, au deſchargement deſdits Officiers leſquels ne leur en donneront aucun empeſchement. Ains toute aide, faueur & aſſiſtance ſur les peynes que deſſus.

Pour le regard du Dauphiné: je vous ay dit comme Montbrun, raportant les grandes forces du Roy, au peu de moiens des Proteſtans reſtez au Royaume: fut perſuadé de ſuiure le bon eſpoir que le Roy & de Gordes luy donnoient des grans auantages qui luy viendroient s'il demeuroit en ſa maiſon. Depuis neātmoins eſueillé par le raport du bon ſuccez qui accompagnoit les deſſeins de ceux de Languedo, Seuenes & Viuarets & autres quartiers: ſe repentit d'auoir ſi long temps demeuré oyſif en temps de guerre. Pource auoir cōmuniqué auec quelques Proteſtans du pays: furent d'auis d'entreprendre ſur Valence, Monteil & le Creſt: villes notables du Dauphiné, ſous la faueur de quelques Proteſtans muets y retirez. Mais ceſte reſolution communiquée à ceux de Viuarets, & le tout deſcouuert: meſmes les trouppes du Viuarets, qui auoient paſſé le Roſne pour cet effet miſes en route par la Comapgnie d'hommes d'armes de Gordes: feurent conſeillez de laiſſer ce deſſein. Donnans ordre ce pendant qu'on ſe ſaiſiſt d'Orpierre, Serre & autres lieux du Diocéſe de Die. Ce fait accompagné de dixhuit cheuaux & vintdeux ſoldats aſſeurez: ſe met aux champs ſur la fin de Mars pour entreprēdre ſelon que les occaſions ſe preſenteroient: Et ſans ſauoir où il deuoit tirer, tant les bons ſuccez des Catholiques auoient eſtonné d'hommes. Au meſme temps Lediguieres de Morges & Champolly ſe ſaiſiſſent de la ville de Meuſe & autres villettes és montagnes voeſines du Dauphiné. Ce qui fit reprendre cœur à beaucoup d'autres. Sur ce de Gordes auertit ſa Majeſté de l'Eſtat du pays & de tout ce qui eſtoit ſuruenu faiſant en autre choſe tout le deuoir à luy poſſible. Ce pendant Montbrun rencontre quelques vns de ſa trouppe qu'il met en pieces & courant deçà de là, ſe rend aſſez redoutable à tout le pays.

Eſtat du Dauphiné.

Montbrun prend les armes pour les Proteſtans.

Vous auez veu cy deuant le ſoin & diligence de Monluc, à l'execution de ſa charge pour faire eſlire Monſieur, Roy de Pologne. Depuis le dixiéme Auril iuſques au troiſiéme May: l'on procede à l'Election d'vn des cinq principaux Competiteurs. Aſſauoir l'Archeduc Erneſt, le Roy de Suede, le Duc d'Anjou, le Roy de Moſcouie & le Vaiuode de Tranſiluanie. Car il y en auoit d'autres comme Rozemberg, l'vn des Ambaſſadeurs de l'Empereur: lequel venu en Pologne & voiant que pluſieurs des Seigneurs Polonnois le preferoient à d'autres, voulut briguer ſous main. Cōm'auſſi vn des Seigneurs de Pologne. Monluc ſ'emplia tout ce temps auec ſes coadjuteurs pour entretenir ſes Partiſans & adoucir ſes cōtraires. Auſquels ne prejudicia peu l'auis que les Polonois receurent de Turquie que Selim, auroit plus agreable le Duc d'Anjou Roy de Pologne qu'aucun des autres auec leſquels il à diferend. Car les Eſtats ſe vouloient maintenir en Paix auec luy. Somme que toutes choſes debatuës & meurement conſiderées Monſieur fut eſleu Roy le neufiéme May ſur les Polonois & autres peuples qui en dependent: dont les François feurent extremement joyeux. Ce plaiſir toutesfois fut vn peu atiedy, quand on leur preſenta pour ſigner les articles & conditions ſous leſquelles les Eſtats auoient entendu le receuoir pour Souuerain. Et meſmes quelques articles à part pour le repos de la France, que les Ambaſſadeurs aſſeuroient obtenir du Roy Charles, & notammant à l'auantage des Proteſtans, qu'ils auoient entendu fort tourmentez pour la conſcience côtre la teneur de l'Edit de Paix dernier. Comme ſi teſmoignans le deſir d'eſtre ainſi mainte-

May.

Pretendans au Royaume de Pologne.

Le Duc d'Anjou eſleu Roy de Pologne.

nus-

nus de lui, qu'ils suplioient son frere se porter vers les Protestans François : ils vouluſſent faire Charles exemple à son frere de toute vertu&bon Gouuernement qu'ils attendoient de lui. Toutesfois esperans que sa Majesté y pouruoiroit,& se voyans en manifeste danger de trebucher fils refusoient, les signerent comme vous verrez ailleurs.

Les Estats debatirent long temps de leur preeminence sur les commoditez ou incommoditez qu'vn chacun apporteroit au Royaume:vray moien de droitement juger de toutes choses. Pour les commoditez,ils consideroient la bonne nourriture qui fut trouuée en tous peu differente, fors au Moscouite : que tous jugent extremement cruel à ses sujets. Mesmes la correspondance des mœurs en leur Nation qu'ils ne treuuerent qu'en Piast en l'Infante & en Monsieur. La Paix auec les Turcs &Tartares dont ils ne s'asseuroient qu'en Monsieur & en l'Infante. L'augmentation du Royaume qu'ils n'esperoient qu'en Monsieur & en l'Infante par mariage : se persuadans que le Moscouite leur promettoit rendre tout ce qu'il auoit vsurpé sur eux: affin de gangner tout le reste.La Seigneurie de la mer qu'ils ne voioiẽt qu'enMonsieur & le Suedois tant que ses seigneuries se pourroient estendre; & notamment des pirates qui empeschent le traffic de Nerue. La communication de la langue en tous,par la Latine, au Moscouite par la Russienne.Mais ils esperoient que Monsieur auroit tost apris la Pollonoise. Puis sils auoient accoustumé de viure sous les Loix. En quoy,fors le Moscouite,furent trouuez semblables. Or comme les auantages furent trouuez plus grans du costé de Monsieur: aussi les incommoditez moindres qu'en autres.Car tous se trouuerent,où trop jeunes ou trop auancez sur l'aage, pour vn long & heureux gouuernement d'Estat. Le voisinage de tous les concurrens fut trouué suspect à la seureté &paisible entretien du Royaume. Tous differens de mœurs & de nature aux Pollonois: auec lesquels les Francez ont plus de conformitez qu'autre Nation qui soit. Les autres eussent eu sans doute guerre contte les Turcs & Tartares aussi tost que l'Election en euſt esté faite,côme mesmes ils en estoiẽtdesja menacez: nommément auec le Moscouite& Valacque. La mer d'ailleurs leur euſt esté soudain empeschée,& le traffic rompu : Dont vient la principalle richeſſe du païs que Monsieur promettoit rendre libre& la mer paisible : tant par ses Alliances & Confederations des Princes auec la fleur de Lys, que par nouuelles forces qu'il y ameneroit. Quant à la tyrannie & cruauté vers les sujets : il n'y en eut jamais moins qu'en France. Où nous viuons si franchement & d'vne si priuée communication auec notre Souuerain : Qu'il semble vn Prince esleu pour Gouuerner ses amis : plus qu'vn Monarque pour commander à sa volonté. Voire que s'asseurans de la bonne affection que la race de Vallois à tousjours porté à ses sujets : ne firent difficulté apres en auoir esté quelque peu sollicité par aucuns de leur Religion, de supplier la Majesté accorder aux Francez Protestans les articles qui suiuent.

DEMANDES que fait la plus grande part de la Nobleſſe Pollonnoiſe faisant profeſſion de la Religion Proteſtante, preſentées à treſreuerent Seigneur Iean de Monluc Eueſque & Comte de Vallence,Conseiller au priué Conseil du Roy Treſ-Chreſtien : Et à Magnificque Seigneur Guy de S. Gellais Sieur de Lanſſac, Cheuallier de l'Ordre & Ambaſſadeurs du Roy.

Premierement qu'il plaise au Roy Tres-chrestien abolir pour jamais la memoire de toutes choses auenuës en France à cause des troubles & guerres ciuilles. En apres que sa Majesté accorde par sa bonté à tous qui le voudront : de viure paisiblement par toute la France sans estre recerchez ni molestez en sorte que ce soit pour la Religion Reformée dont ils feront profession. Qu'on ne les recerche point en leurs maisons : pourueu qu'ils se comportent suiuant les Edits,& ne soient contraints d'assister à ceremonie quelconque de l'Eglise Romaine. Que le Roy tres-Chrestien permette à ceux qui voudront sortir de France : de vendre & disposer de leurs biens comme il leur plaira. Et emporter l'argent hors du Royaume. S'ils ayment mieux laiſſer leurs biens & en tirer le reuenu tous les ans: que cela leur soit loisible sans empeschement. Et quand ils voudront retourner ou demourer en France, qu'il leur soit permis: pourueu qu'ils ne se soient retirez en terre d'ennemis de la Couronne : ou de ceux auec qui le Roy n'a aucune alliance. Dauantage,que le Roy Tres-chrestien pour souuenance perpetu-

LIVRE TRENTECINQVIEME. 177.

petuelle de clemence & benignité: remette & restablisse en leurs biens, Noblesse & honneurs precedans : tous ceux qui ont esté condampnez pour ceste pretenduë conspiration de Paris, au mois d'Aoust mil cinq cens soixante douze ou leurs enfans & heritiers. Nonobstant tous Edits, arrests, Iugemens & Ordonnances s'il y en à: que le Roy cassera & mettra au neant pour certaines, grandes & iustes causes. Que les heritiers de ceux qui ont esté massacrez à Paris au mois d'Aoust & és jours suiuans, en quelques villes de France par la fureur du peuple enragé: soient paiez par le commandement du Roy, qui en cest endroit rendra sa douceur perdurable à jamais, du prix & valleur des Estats, que les massacrez tenoient. C'est à dire autant que chasque Estat ou Office à accoustumé d'estre vendu soit restitué. Que ceux qui sont bannis de France, à cause de la Religion: où qui effraiez des massacres s'en sont retirez: y puissent seurement & librement reuenir sans estre recherchez du passé. Ains remis en leurs biens, honneurs & Estats. Moiennant qu'ils quittent les armes & se remettent en la protection du Roy. Que le Roy, en traittant plus doucement les villes & places qui auront l'exercice de la Religion reformée jusques au jour que ces articles cy, seront presentez à sa Maiesté Chrestienne: veuille oublier premierement toutes injures & leur accorder pour l'auenir libre exercice de Religion comme elles ont eu par ci deuant. Les exempte de toutes garnisons, pourueu qui se rendent au Roy & posent les armes. Qu'on face diligentes informations contre ceux qui ont massacré outrepassans les Edits du Roy & soient chastiez. Que pour faire les Presches Baptiser les enfans & solenniser les Mariages: le Roy eslise & accorde vn lieu en chacune prouince de France.

Nous Iean de Monluc, Euesque & Comte de Valence, Conseiller au priué Conseil du Roy Tres-chrestien : Et Guy de S. Gellais Sieur de Lansac, Cheuallier de l'Ordre & Capitaine de cent hommes d'armes, Ambassadeurs de la Maiesté Tres-chrestienne vers les tres-Illustres Estats de Pollongne : promettons & jurons deuant Dieu qu'en faueur des tres-Illustres, Magnificques & Genereux Seigneurs & Cheualliers qui fauorisent au tres-Illustre Duc d'Anjou, en la demande qu'il a faite du Royaume de Pollongne : Le Roy Tres-chrestien accordera & donnera aux François qui voudront faire Profession de la Religion Euangelicque : les huit premiers articles sus mentionnez. Et obligeons sa foy Royalle pour cet effet. Quant au dernier article touchant les lieux qu'on doit assigner à chasque Prouince pour l'exercice de la Religion: nous promettons de faire tant par sollicitations & prieres enuers le tres Illustre Duc d'Anjou: qu'il obtiendra cela du Roy Tres-chrestien. Fait à Plosko le quatriéme jour de May, mil cinq cens soixante & treze sous nos seings & seeaux.

Ce fait le dixiéme May l'Euesque escriuit à leurs Maiestez, les auertissans de cete Election : affin qu'ils pourueussent à leurs affaires pendant que les Ambassadeurs de Pollongne se preparoient pour aller en France querir leur nouueau Roy qui estoit deuât la Rochelle. Dont il partit comme je vous ay declaré pour aller à Paris : où lon attendoit les Ambassadeurs Pollonois & Monluc, de la venuë desquels ceux de la Religion Protestante auertis, enuoierent vers eux leur recommander l'Estat du Royaume. Et les prier de faire tant, enuers le Roy : que leurs freres & compagnons fussent plus gratieusement traittez, & les choses restablies en meilleur Estat. Les Pollonois arriuerent à Mets au commancement d'Aoust : où Charles de Cars Euesque de Langres les alla recueillir, & haranguer comme il sçauoit bien faire. Puis arriué à Paris ne fut question que de jeux, mascarades, jouxtes, tournois, combats à pied & à cheual: auec tels autres passetemps de Princes pour les bien vegner : Et gratiffier la venuë des principaux de ce Royaume. Où nous les lairons pour reprendre ceux de Sancerre.

Les Protestans emploient les Ambassadeurs de Pologne pour les deliurer de la guerre.

Les assiegez apres auoir sceu la prise de Marcadier, depescherent la Croix le septiéme jour du mois à mesme fin, auquel ils donnerent les lettres qui suiuent,

May. 1573.

Messieurs, ayans entendu la faueur & benediction de Dieu en vostre endroit: vos heureux succez & euenemens: nous asseurans que serez aussi joieux d'entendre de nos nouuelles & les victoires que nous auons jusques à present obtenuës sur nos ennemis par la bonté & assistance de nostre Seigneur: Nous enuoions ce porteur expres par deuers vous: qui vous dira au long de l'Estat de nos affaires: Vous fera entendre comment nous auons tous bon courage & sommes resolus moiennant la grace de Dieu, de plustost mourir que de rien faire contre son honneur. Vous suplians treshumblement Messieurs, selon les moiens qu'on nous à asseuré qu'auez en main, de nous secourir: affin qu'en bref nous puissions estre plainement deliurez

Les Sancerrois demandêt secours des autres Eglises Frâçoises & notamment à ceux de Languedoc.

de ceux

May.1573.

L'HISTOIRE DE FRANCE

de ceux qui nous tiennēt assiegez il y a quatre mois. Lesquels cōbien que les ayons ja repoussez à l'assaut qui nous liurerent le dixneufiéme de Mars:apres nous auoir battus de pres de six mil coups de Canon, ne font mine ne aucun semblant de desloger ny descamper : Ains au cōtraire ont fait plusieurs forts & blocuz pres & és enuirons de nous: pretendans par ce moien nous affamer. Dés le vint cinquiéme du dernier mois, nous auons despesché autre messager qui vous portoit mesmes nouuelles. Mais il fut prins de l'ennemy, qui le tient encores, Et parce que ne doutons nullement de vostre bonne volonté: & que vostre cause & la nostre sont vnes. Nous finerons par nos tres-humbles recommandations à vos bonnes graces & saintes prieres. Prians Dieu, Messieurs, vous maintenir tousjours en sa sainte protection & fauoriser vos saintes entreprinses. De Sancerre ce septiéme May. 1 5 7 3. Par vos tres-humbles freres & seruiteurs. Ioanneau.la Fleur, au nom de tous.

Fort de bois basty par les Catholiques.

LEs Catholiques bastirent vn autre grand fort de boys carré, fort espais pour resister aux harquebuzades & coups de mousquets que les assiegez auoient pour toute artillerie. Il auoit plusieurs estages & quatre tourelles aux quatre coins pour ses flancs:qu'ils feirent apporter par pieces au dessus du pré Vallier,où il fut dressé le seziémeMay.Mais d'autant qu'il estoit tāt plus dommageable aux assiegez,qu'il estoit le plus proche de la ville, & pouuoit aucunemēt commander au Rauellin & plattes formes prochaines : se resolurent de le brusler à quelque prix que ce fust. Ainsi sur les neuf heures du soir, suiuis de vignerons & goujats chargez de feu, paille, fagots & telles autres matieres bruslables: vont si resolument jusqu'au fort qu'ils y mirent le feu quelque grand deuoir que fissent les assiegez à la deffence : Ausquels mesmes vindrent pour secours se glissans par les tranchées, ceux du grand fort & ceux de Pignolles, lesquels partie des sortis soustindrent jusques à ce qu'ils vissent le fort tout en feu,ou plusieurs resterent bruslez &d'autres estouffez pour ne pouuoir sortir.Quelques vns y demeurerēt des

Fort de bois bruslé par les Protestans.

sortis & quatre blecez dont deux moururent apres & se retira le reste enmenant trois prisonniers pour faire entendre l'Estat des Catholiques. Le vintneufiémé ils sortirent pour attirer le corps de garde de Montreueille, en ambuscade: mais descouuerts n'eurent qu'à se bien deffendre d'vne part & d'autre: Quelques assiegez y furent prisonniers & peu de blecez: Perceuaux y fut tué.Reuenons aux Rochellois.

Iuin. 1573.
Lettres du Comte de Montgommery aux Rochellois.

Le deuxiéme Iuin, deux soldats enuoiez du Comte de Montgommery, presenterent ses letttres par lesquelles il faisoit entendre qu'à l'occasiō de peu de forces qu'il auoit,il estoit contraint de faire voile en Angleterre,où Languillier estoit ja allé pour auoir de grans vaisseaux affin de pouuoir à toute seureté par mer& se rendre victorieux contre les Catholiques.Ce que Languillier n'aiant sceu obtenir il estoit forcé d'y aller luy mesme:les prient d'auoir patience & qu'ils tiennent bon , se tenans tousjours sur leurs gardes , leur promettant estre de retour pour les secourir le plustost qu'il luy sera possible : Les Catholiques ce pendant trauailloient nuict & jour, nomméement à descendre & asseurer les gabions dans le fossé pres le Bouleuard de l'Euangile , comme aussi ils auoient mis pres la porte de saint Nicolas outtre

Efforts des Catholiques deuāt Monsieur.

ceux qu'ils auoient mis le Dimanche parauant que les assiegez sortis rompirent:Si que le Canon prest le quatriéme:deuant Monsieur estāt aux tranchées on voulut faucer vne Casematte affin de gangner plus auant aux fossez. Mais la deffence que les assiegez faisoient de la muraille:les força de reculer y laissans grans nombre de blecez . Toutesfois on perça deux Tours pour les tenir en sujection, crainte qu'ils ne descouurissent le lieu ou l'on faisoit les mines . Le cinquiéme ils sortirent vers Tadon: surprenans & tuans tout ce qu'ils trouuerent & renuerserent les gabions dressez pour battre la Tour de la porte saint Nicolas& les Baricades qui y estoient.Le cinquiéme & sixiéme jour ne feirent que battre les Casemattes & le Caualier de la Vieille Fontaine,d'où descouuerts,ils se sentoient fort incōmodez.Le sixiéme plusieurs

Les Rochellois en mettēt plusieurs des plus aparens prisonniers pour estre suspects.

des plus aparens dela ville furent faitz prisonniers pour estre suspects & vouloir prendre vne Paix telle que les Catholiques vouloient,plus qu'vne si miserable guerre.Considerās sur tout la famine qui s'apprestoit fort pour la faute des bleds. Le septieme,vn Catholique pensāt estre suiuy, mōta sur les six heures du matin jusques au haut de la petite breche pres la vieille Fontaine & y demeura assez long temps faute de garde: Mais s'emploiant en vain à renuerser vne piece dans le fossé,se retira voiant qu'on venoit de toutes pars à l'alarme qu'vne sentinelle plus hardy à crier qu'à frapper,auoit donné à tout le cartier . Aussi ceux de Tadon amenerēt plusieurs petites pieces à leurs nouueaux forts,pour tirer tant à ceux qui alloient pescher,qu'à

la Chesne

la Chefne & au Gabus. L'onziéme Monfieur manda aux affiegez qu'ils enuoiaffent fix des principaux pour le Parlement, & que f'humilllians leur accorderoit plus qu'ils n'auoient demandé. Mais aucun n'y vouloit aller crainte de danger, les autres ne le trouuoient bon, de peur qu'on ne les retint ou maltraitaft ou du moins on ne les forçaft de figner chofe qui contreuint à leur liberté. Le douziéme fur le matin on plâta quatorze efchelles entre deux Tours fans eftre defcouuerts, puis pres de cinquante monterent au haut, chaffans ceux qu'ils y rencontrerent, reconoiffans les tranchées & deffences. Mais pour n'eftre fuiuy & furuenant fecours de toutes pars fallut reculer. Surce Monfieur enuoia les Deputez pour parlementer. Les Catholiques voians que la force ouuerte ne leur auoit que bien peu auancé leurs affaires: voulurent efprouuer fi les furprifes ne leur pourroit plus profiter. Pource le douziéme du matin furent à l'affaut par furprife auec nombre d'efchelles qu'ils dresferent à la petite breche pres la Vieille Fontaine, jufques à y monter plus de cent que Gentilshommes que Capitaines & foldats: dont aucuns gangnerent jufques au haut du Cauallier, fur lequel ils furent affez long temps. Mais auoir reconu les retranchemens & contre-efcarpe, gabionnés au dedãs du retranchement & les flancs d'iceluy: auiferent à leur retraitte auffi toft qu'ils fe veirent faluëz de nombre d'harquebuzades qui leur venoient de toutes parts, apres la mort des premiers & plus hauts montez, lefquels neantmoins treuuans les murailles vuides de gens qui tous f'eftoient retirez pour repaiftre & fe repofer des longues veilles: euffent tout gangné f'ils euffent efté bien fuiuis.

Surprinfes des Catholiques môtez par efcalade jufques au haut du Cauallier de l'Euangille

IE vous ay dit que les Parlemens n'auoient ceffé de f'entretenir. Soit que Monfieur fuft à ce confeillé pour auoir deux cordes à fon arc: affin que fi le moien de la guerre ne luy fuccedoit: que la matiere fe prefentant pour monftrer fa clemence & pitoiable bonté vers les fujets de fa Majefté Realle: il leur fift accorder plus qu'ils n'efperoient. Ou que les affiegez y fuffēt d'autre part perfuadez, pour auoir plus de moiens de tirer auertiffement de l'Eftat Catholique. Ce jour, la refolution du Parlement fut telle: que trois des plus aparens de la ville fortiroient le lendemain pour aller jufques au premier moullin au deuant de fon Excellence. Et luy vfer de fupplicatiõs tref-humbles pour gangner fa bône grace. Et que pour cet effet il leur enuoieroit le lē demain vn paffeport (ce qu'il fit) mais parce que par iceluy ils eftoiēt nômez rebelles ils ne Parlemēterēt point. Ce mefme jour Môfieur voulāt vifiter la mine qui eftoit prefte de jouer à la vielle Fôtaine: ne fut reconu vn par foldat qui luy tira vne harquebuzade chargée d'vne balle & de quelques dragées. Mais de Vinfo grãd Efcuier voiãt le feu au ferpetin, fe mit au deuãt & receut le coup à trauers du corps: dõt toutesfois & à grãd peine il guerit en fin: Mõfieur toutesfois fut attaint des dragẽos fur la freze de fa chemife & au poing de fa mãche. Puis le quinziéme, le Parlemēt fut côtinué qui ne dura guerres, pour ce que les Rochelois dirēt que les Catholiques eftans fur la contre-efcarpe, reconoiffoient le foffé & faifoient trauailler les pionniers. Si bien qu'efchauffez fur ce à tirer, fept Catholiques y demeurerent & vn des affiegez. Le feiziéme on parlemēta de rechef où fe trouua la Noüe. Et d'autant que les Catholiques fe ruoient ordinairement fur les femmes qui alloient pefcher des Sourdons & autres coquillages, aucunnes defquelles ilz prindrent comme les plus belles: Nombre d'harquebuziers f'abillerent en femmes auec efpées & piftolles fous les cottes, leurs cõpagnons preftz à le fecourir f'ilz en auoient befoin. Ainfi pefchans & conduitz par les femmes, veirent auffi toft les Catholiques fe desbander de leurs corps de Garde pour s'en faifir. Mais ces hommaffes, les chargerent de telle forte que plufieurs ruez mortz le refte n'euft qu'à fuir en diligence: auffi toft refroidis en amour qu'ilz s'y eftoient montrez efchauffez de la defcouuerte de ces femmes. Sur ce nombre de Cannonades furent tirées par les Catholiques, lefquelles eftoient tefmoignage de la refjouïffance que tous prenoient de la venüe des Ambaffadeurs de Pologne qui venoient pour faluër Monfieur Roy de Pologne. Ilz luy feirent la Harengue au nom des Eftats. On ne laiffoit pour cela à tirer Cannonades d'vne part & d'autre: mefmement le Comte du Lude fit trainer quelques Couleuurinnes au Fourneau, mafuré d'vne ancienne maifon fciituée entre Tadon & la pointe du Coureille fur le bord des vafes defquelles ilz tirerent bien trente coups tant contre le corps de Garde de la Chefne qui eftoit de bois: que fur les murailles: pour ruyner les maifons & autrement incommoder les affiegez. Puis les Catholiques firent jouër leur mine le vint-vniéme au foir auec grand efpoir d'entrer bien auant en la ville. Mais elle laiffa vn haut flanc à l'endroit de la vieille Fontaine, où parauant n'y en auoit aucun

Parlemēs fe continuent toufjours & pourquoy.

Rebelles.

Monfieur en danger de mort.

Seruiteur fidelle garde par vne mort volontaire la vye à fon Maiftre.

Treues non tenues.

Ruze pour atirer les Catholiques fous habit de femes forties à pefcher.

Monfieur declaré Roy de Pologne

Mine jouë mal.

& au

L'HISTOIRE DE FRANCE

& au lieu qu'on ne peuuoit monter jusques au Cauallier de laditte Fontaine:Elle fit la montée à pied droit. Ioint qu'elle renuersa la terre par dehors de telle façon qu'elle fit tomber vn des Canons Catholiques dans le fossé qui fut tout couuert de terre auec la Casematte que les assiegeans gardoient. Ce pendant le Comte du Lude renforçoit tousjours sa batterie, ayant approché les pieces jusques à la contre-escarpe de la porte saint Nicolas qu'il batoit auec le clochier d'icelle. Sôme que croissans les necessitez de part & d'autre: le nombre de bons hômes qui diminuoit de jour en jour: Crainte de pis aux Rochelois: & à Monsieur vn extreme desir de prendre possession de la Courône de Pologne, auec vn desplaisir de voir tant de miseres en France par vne si malheureuse reprinse de nouuelles Guerres: furent les occasions de les faire tous condescendre à vne bonne Paix: les Articles de laquelle bien debatus, furent en fin arrestez telz que vous verrez le vintquatriéme du mois, esquelz toutesfois le Roy ne voulut comprendre Sançerre. Permit que les habitans eussent le benefice des Presches, Mariages & Baptesme seullement. Aussi les Gentilzhommes ayans fief de Haubert, qui se seroient retirez dedās les villes de la Rochelle, Nismes, & Montauban, Lesquelles auroient l'exercice pur & libre de la Religion tant au Baptesme & Cene qu'au Mariage. Et que le lendemain ilz retourneroient pour faire signer au Roy de Pologne les Articles. Sur ce les Nobles & Capitaines furent assemblez S'ilz trouueroient ces Articles bons. Puis le peuple fut conuocqué par le Trompette mesme fin au Boleuard de l'Euangille. Tout fut agreé le vintcinquiéme & atendant qu'ilz fussent signez du Roy de Pologne qui estoit en l'Isle d'Olleron, Treues furent accordées pour six jours: pendant lesquelz, il enuoiroit les Articles au Roy pour les signer. Aussi furent les treues & surceances de tout acte guerrier publiées en la ville & au Camp: Dont feux de joye furēt faitz & esleuez de toutes parts en la Rochelle. Le sixiéme, les Catholiques commancerent à se retirer des gardes & à oster canons, gabions & tels autres outilz de Guerre. Si bien que des le jour suiuant: les François vns & autres commancerent à se visiter & s'entrecarasser tous. Puis la Nouë, Clermont, & autres Protestans, Suiuans les Catholiques entrerent pour voir l'estat & fortification de la ville, en laquelle le dixiéme Iuillet Biron entra par Congne auec quatre trompettes du Roy & vn Heraut d'Armes faisant soudain publier la Paix par tous les cantons. Puis auoir disné au logis du Maire fut reconduit le mesme jour hors icelle. En laquelle soudain entrerent plusieurs nauires & petitz vaisseaux chargez de toutes sortes de prouisions. Si est ce que deuant que vous declarer les conditions de la Paix, il me semble que je vous dois faire voir ce qui se passoit en mesme temps hors & dedans Sançerre assiegée pour mesme fin & pareille occasion que la Rochelle. Puis vous auoir proposé ce que les François refugiez en Angleterre & Allemagne debatoient par leurs deputez au conseil du Roy sur la conclusion de ceste Paix: je vous en feray voir la substance entiere.

[Marginalia: Paix accordée en laquelle en fin Sancerre est comprise auec Montauban & Nismes.]

[Marginalia: Treues.]

[Marginalia: Paix publiée à la Rochelle.]

[Marginalia: Le Sieur de Biron entre en la Rochelle.]

Pour retourner donques à Sancerre le deuxiéme Iuin la Croix reuint de Languedo, & forcé de coucher en vn blé pres les tranchées pour la bonne garde des sentinelles: des le matin aussi tost qu'il vit la sentinelle tourner le doz, saute la tranchée à si grand haste que son chapeau y demeura. Il rapporta que Priuas où il auoit esté & plusieurs autres villes & Chasteaux de Languedo & Viuarez tenoiēt pour eux. Qu'ilz auoiēt enuoyez argent pour souldoyer Reytres qui s'acheminoyent à Sancerre, & que huit cents cheuaux auec deux mil harquebuziers estoient ja sur les frontieres de Suisses. Ce qui les encouragea fort, encores que la famine les pressast beaucoup. Laquelle croissant de jour à autre, fit praticquer à ce peuple par trois mois, choses non jamais veuës n'y ouyes en histoire du monde. Si que la famine de Samarie où les meres mangerent leurs enfans & où les testes d'asnes & fientes de pigeons se vendoient cherement. L'histoire tragicque & prodigieuse du siege de Ierusalem où ceste mere honorable dont parle Ioseph s'armant contre les loix de nature, occit & mangea le propre fruict de son ventre auec horreur des plus cruelz qui le veirēt. Ce qui auint à Numance assiegée par Scipion, & autres histoires des miserables & prodigieuses necessitez passées: ne serōt plus mises en doubte. Car ceux cy mangerent premierement tous les asnes, mulletz & cheuaux, tuez neātmoins & venduz à la boucherie crainte d'infection du sang & tripailles si tous en tuoyent en leur particulier. Et fut ordonné que la liure plus grasse ne se venderoit que trois souz, & la maigre deux. Toutesfois en Iuillet & Aoust se vēdit 20 & vint-deux. Les testes, tripes, foye & le reste plus cher côme plus friāt mesmemēt du cheual dont la chair est meilleure. Car biē qu'elle soit plus mollasse cruë, boullie est plus ferme & meilleure que rostie, elle approche plus du goust de bœuf

[Marginalia: Iuin. 1573.]

[Marginalia: Famine de Sancerre estrange & non oye.]

que de

que de porc.Ils en faisoyent bons potages & patisserie:L'engeance des chats faillit en moins de 15.jours.Puis la faim pressant leur aguisat l'esprit à faire des ratieres:plusieurs se prindrēt à chasser aux rats,taupes & souris.Les poures enfans mesmemēt bien aises quand ils pouuoient auoir vne souris qu'ils cuisoyent sur les charbons la deuorans d'vne grāde auidité:Sans vuider ny escorcher le plus souuēt:&n'y auoit queuë,patte ny peau de rat qui ne feust deuorée.Les chiēs genereux & fidelle animal, furēt traictez cōme les moutons en autre saison.Les gras se vādoiēt 6. liures,les cuisses de leuriers rosties estoient trouuées tandres comme rables de lieures.Mais les petits chiens de lait tenus pour marcassins & petits faons:Bien que la chair de chiē soit fort sade & douçastre.Dés ce mois bien soixante dix du poure peuple: Sortirent & fut ordōné que tous se contenteroyent de demi liure de pain par jour. Mais connu à la huitaine que c'estoit trop: fut remis à vn quarteron,puis l'on vint à vne liure par semaine & venant tout le blé à faillir au Magazin:sur la fin du moys aucun n'en eut du tout.Et comme sur le commencement de Iuillet restoient encor vint cheuaux de seruice reseruez à l'extremité: Le ventre qui n'a point d'oreille pour ouïr raisons : & la necessité maistresse des Arts auiserent aucuns d'essayer si les cuirs de beufs,de vaches,peaux de moutons & autres (mesmes seichās par les greniers) pourroient fournir au lieu de chair.Ainsi les auoir pelées, raclées, eschaudées & cuites: Ils y prindrēt tel goust que si tost qu'ils feust sceu: tous y courroiēt de toutes parts.Ceux qui en auoiēt les acoustroyent ainsi ou les rostissoyent sur le gril comme trippes, les mettoyent en vinnaigretté: où s'ils auoyent de la gresse ils les mettoyent en fricassée ou pasté en pot. Celles des veaux estoyent les meilleures & rapportans aux trippes de mouluës. De là on vint aux cuirs de bœufs, vaches, cheuaux, chiens & autres bestes. Les oreiles d'asnes estoyent meilleures que celles de pourceaux: Pour bien acoustrer les peaux, il les clouoyent & estandoyent sur vne haie pour brusler & racler le poil plus aisément comme d'vn pourceau : Et les auoir laissé tramper vn jour ou deux : changeant d'eau souuent en vsoyent comme ils vouloyent. Vne liure ou vn pied en quarré se vendoit douze ou quinze souls. Tel peau à vallu en detail plus de trente souls, cela faillant on se print au parchemin blanc. Mais les lettres, tiltres, liures imprimez & escrits en main : feussent ils de six vints ans, les auoir raclé & fait bouillir jusques à ce qu'en les tirant on les vist glutineux : on les faisoit comme trippes, aucuns les aprestoyent auec herbes & espices en façon de hauchepot. Les Soldats & autres les gressoyent du suif de chandelle. Et les auoir grillé sur les charbons les trouuoyent fort delicates:à telles,les carractaires imprimez & escrits à main paroissoyēt & pouuoit on lire dans les morceaux qui estoyent au plat prests à manger. Les licots, poiltrats, cropieres & tous autres harnois de cheual tant vieux & vsez feussent ils,estoyent couppez par piece bouillies, grillez & fricassez esquels ont voioyt encore les trous des coustures sur les bancs ou ils se vendoyent bien chairement & à grand presse. Les enfans mettoyent leur saintures sur les charbons pour en desjeuner comme d'vn boiau de trippes. Les vieux deuantiers de peaux pour noir & gras qu'ils fussent des sauetiers & autres artisans. Les nerfs de bœufs & autres bestes ayant seruy quatre ou cinq ans sur bast d'asnes & mullets & à d'autres vsages. Ceux ou pendoyent les boutailles à vinaigre. Les pieds de Cerfs, Biches, porte clefs, les poitras faits de vieux cuirs & de vielles sauattes dont les vignerons se seruoyent pour plier les vignes: furent couppez,cuits & fricassez. Les cornes de pieds de cheual amassez sur les fumiers. Les vieilles cornes de bœufs & vaches:les vieux oz recueillis par les ruës furent cuitz, rongez de plusieurs qui ne laissoyent rien en arriere parmy les ordures. Non plus que si les canes & poulles y eussent graté & bequeté. Somme qu'il n'y auoit ruëlle qui ne fust recerchée pour remplir le ventre de ce que les chiens & pourceaux laissoient. Tout ce qui auoit humidité goust ou saueur,net,&salle bon ou mauuais qu'il feust ne leur estoit que trop rare pasture.Malediction de Dieu, disoient lors ceux qui plus enduroient : puisse acabler la detestable rage de ceux qui seront les premiers aucteurs de nous faire rentrer en vne autre guerre Ciuile: qui ne peut estre que plus malheureuse que les passées. Veu qu'aucun ne s'amande:Ains empirons tous au long aller.Sont les François si barbares qu'aucun esguillon de pitié ne les meuuēt à cōpassion de nos miseres?Vous nous estes ennemis dira quelcun.Quand les plus cruels & desnaturez sauuages vous auroient fait mille fois plus de maux que nous qui ne faisons ḡ nous deffādre, encor auriez vous mercy en-nous voiāt endurer tant de pouretez.Enquoy plusieurs d'eux prenoyent vn asseuré tesmoignage que les pilliers de nos guerres, s'apuient sur autre fonde-

Iuillet, 1573.

Z z.

Juillet. 1573.

ment que de Religion laquelle ne sert aujourdhui que de masque aux passions des hommes. Tout cela n'est comme rien en esgard aux miseres qu'ils ont depuis souffert, retournans à la premiere nourriture des hommes anciens qui se repaissoyent d'herbes & fruicts plus que de chair. Car ceux qui auoyent des Iardins les estimoyent plus qu'vne bonne Mestairie. Et outre qu'ils s'en nourrissoyent aprestans les herbes en toutes façons qu'ils se peuuoyent aui-ser: Ils les vendoyent à leur mot & ne se vendoit la feuille moins d'vn liard & quatre deniers. Bref crainte des larrons on y faisoit garde la nuict en armes comme sur les murailles. Occasion que les poures mangeoyent indifferamment de toutes sortes d'herbes & racines sau-uages jusques à la Ciguë: dont plusieurs deuenuz enflez & empoisonnez mourirent poure-

Paradin en l'histoire de notre tẽps.

ment. Et ne s'en vouloit aucun deporter faute de mieux encor que l'on leur remonstrast le danger. Leur ventre sourd & affamé n'auoient point d'oreilles. Quelqu'vn raconte qu'en la famine qui auint à noz Peres mille cinq cens vint-huit plusieurs s'empoisonnerent de ceste raci-ne, & vn Medecin dit auoir veu vn Paysant & sa femme hors du sens pour en auoir mangé.

Matheole en ses commentaires sur Dioscoride.

La praticque en estoit là beaucoup plus ordinaire. Aussi plusieurs estoyent tourmentez d'vn fleux de ventre si foibles & des-vtiles, qu'ils ne se pouuoyent soustenir. Ceux qui auoyent de la graine de lin de Senefoin ou Saint Foin & autres que l'on ne s'estoit jamais auisé de man-ger: les faisoyent moudré ou les pilloyent dans les mortiers & en faisoyent du pain. Com-

Pain estrange.

me de toutes sortes d'herbes meslées auec vn peu de son: mesmes on en a fait de la paille de froment trempée & decouppée menu pillée & broyée. Les coquilles de noix pillées dans les mortiers & mises en poudre seruoyent de farine: dont on faisoit paste & pain. Ainsi des ardoi-ses pillées, dont la farine passée auec des sacs à rendu le pain, destrampant la paste auec eauë, sel & vinaigre: le suif des chandelles, loing & autre vieilles gresses seruoyent en potages & fritures. Les cheuaux reseruez furent mangez à vint-cinq souls la liure. La teste huit li-

Lament. 45.

ures, la langue trois liures, dix souls le pied, trente souls la liure de foye, & de mol vint-huit s'est trouué foye à quatorze liures, le cœur dix liures, la peau dix liures, les trippes seize souls la liure dont plusieurs faisoyent andouilles. La liure de gresse de cheual trente souls, le sang de cheual vint-huit liures. Car ayant fait des boudins auec peu d'herbes, il y en eut quarante liures vendus à quatorze souls la liure quelque deffence & pollice qu'on y eust mis.

Fiantes & escremens des hõmes & beste.

Aussi tels rançonneurs furent tous pillez apres le siege. Ainsi parle IEREMIE de ceux de IERVSALEM lesquels auoir accoustumé de manger viandes de-licates: perirent par les ruës & se paissoyent de la fiente des hommes & des bestes durant le siege. Car c'est chose asseurée que les fiantes & excremens humains y ont esté amassez pour manger. Mesmement

Leuit. 26. Deut. 28.

de cheual qu'ils disoyent trouuer meilleure que pain de son. Amassoyent toutes sortes d'or-dures & villannies par les ruës gratans sur les fumiers pour y desenterrer les vieux oz, vieles cornes & autres inmondices incroyable. Voire dont la puanteur estoit assez pour empoi-

Pere & mere mangent leur enfant & en sont bruslez.

sonner ceux qui les manioyent: Ce n'est encore rien DIEV proteste qu'il reduira les des-obeyssans en tel Estat que durant le siege il sera que leurs meres mangeront leurs enfans. Le vint-vniéme Iuillet, Simon Potard vigneron & Eugene sa femme, & Philippes de la Feuil-le autrement l'Emerie vieille femme qui se tenoit auec eux, mangerent la teste, la cervel-le, le foye & la fressure de leur fille aagée de trois ans morte de faim & de langueur: les deux cuisses, jambes & pieds dans vne chaudiere auec vinaigre, espices & sel prestz à met-

Anthropophages mangeurs d'hõmes.

tre sur le feu: les deux espaules, bras & mains tenans ensemble auec la poictrine fendüe & ouuerte appareillées pour manger. Les Americains au Bresil & plusieurs autres Sauuages mangent bien les hommes: mais ils sont leurs ennemis. Les trois prisonniers confesserent le faict: mais dict la Mere qu'à son grand regret la vieille l'auoit ainsi decouppé à son absence remõstrant à son mary que ce seroit dommage de le mettre pourrir en terre & que le foye estoit fort bon pour guerir son enflure. Si bien que retournée & ayant à leur suasion mangé de la fressure ja cuite & trouué bonne: S'apprestoyent d'acheuer l'enfant. La vieille mou-rut le lendemain en prison. Or pource que les Iuges sceurent qu'ils auoyent fait cela au jour qu'ils auoyent eu l'aumosne de potage d'herbes & de vin chose suffisante pour passer la journée: par ainsi qu'vn apetit desordonné & bestial leur auoit fait faire: Ioint qu'ils e-stoyent renommez d'iurongnerie, gourmandise & cruauté vers leurs enfans, s'estre mariez contre le commandement de l'Eglise qui vouloit qu'ils attendissent asseurance de la mort du premier mary d'Eugene. Et Potard aussi conuaincu d'auoir fait vn homicide hors la ville pendant le siege: fut condamné à estre bruslé vif: la femme estranglée & son corps auec la vieille deterrée: bruslez, morts, traynez de la prison sur vne claye iusques au lieu du supplice. Le vint-troisiéme Iuillet. Les Iuges eurent aussi grand esgard à la consequence du fait & à l'exemple que les autres y eussent peu prendre, si on les eust chastié plus doucement. Car il estoit à craindre que la famine croissant: les soldats & le peuple ne se feussent seulement adonez à manger les corps des morts, de mort naturelle & les tués en guerre ou autrement. Ains qu'on se seust en fin tué l'vn l'autre pour se manger. Comme la resolution de gens desesperez, est ordinairement telle de mourir plustost comme que ce soit: que s'abandonner à ceux desquels ils n'esperent que toutes cruauté: Ceux qui ne se sont veus en telles extremitez: ne peuuent si bien comprendre toutes les circonstances de tel fait, que ceux qui les ont veuës & pratiquées à l'œil. On lit bien que durant la famine de mille quatre cens trante huit, vne paysanne pres Abeuille n'aiant que manger desroba plusieurs petits enfans, & les desmambrant par pieces les salloit comme pourceaux. Et parce que sa maison estoit escartée des autres: quelques brigans y retirez pour vn soir: treuuerent les pieces de ces petits corps salez. Dont estonnez l'accuserent & la firent brusler viue par Iustice: encor qu'elle allegast n'auoir autres choses pour se nourir. Mais que Françoise aye jamais esté si cruelle, que se nourir de ce qui a pris nourriture d'elle: on ne l'ouyt jamais dire qu'à Sancerre. Que ceux donc qui sont auteurs & coadjuteurs de tant de miseres: auisent bien quel comte ils en rendront deuant celuy qui les souffre viure pour les punir d'autant plus rigoureusement qu'ils auront eu de temps pour s'amander sans amandement. C'est vn poure jeu que de prendre plaisir à se faire manger les vns aux autres: Voire d'estre l'occasion de tant d'autres pouretés qui auienent en ce Roiaume. Somme que ceste poureté croissant d'heure à autre: on fut encor contraint d'en chasser plusieurs: aucuns desquels eschappoyent, les autres renuoyez à coups de bastons, & ne pouans ny voulans rentrer en ville: viuotoyent des bourgeons de vignes, des mores des hayes, d'escargots, de limaces rouges, d'herbes sauuages & telles autres choses esquelles ils treuuoyent que bonne que mauuaise substance. Si qu'apres auoir languy, moururent entre les tranchées & fossez de la ville. On trouua entre autre le corps d'vn vigneron & de sa femme morts pres l'vn l'autre dans les vignes: & deux de leurs enfans qui pleuroyent & crioyent piteusemant, le plus jeune aagé de six semaines que la Dame Portier veufue de Millesens enuoya querir pour le nourir par charité. Et sans doute n'eust esté l'aumosne de quelques riches maisons: beaucoup plus feussent morts. Or si plusieurs mouroyent drus par les vignes, pres la Contrescarpe & aux fossez: beaucoup plus decedoyent ez maisons & par les ruës. Voire que tel jour on en enterroit vint cinq & trante morts de faim. Presque tous les jeunes enfans sous douze ans sont morts. Peut estre que c'este chaleur naturelle de jeunesse qui appete tousjours de manger pour s'en nourir: comme le feu de l'huille en vne lampe ou le suif au feu de la chandelle: venant à manquer de matiere, s'esuanouit soudain: occasion de la mort. Car ayans l'estomach chaud & digerans mieux que les plus aagez: Ioint qu'ils n'auoyent telle patience & discretion: faillant la nourriture, faillit la vie. Respiroyent neantmoins jusques a ce que les os leur perçassent la peau: crians d'vne voix lamentable & qui eust esmeu les plus Barbares à compassion auant que rendre l'esprit. Vn jeune enfant de cinq ans, auoir languy long temps & allant par les ruës pour cercher à manger: nature luy faillit en fin & tomba deuant ses Pere & Mere. Lesquels l'aperceuoyent à veuë d'œil, les nerfs & vaines se retirer pour mourir à l'instant. La plus part en somme se plaignoyent de langueur. Si que couchez pour reposer quand on auoit relasché des courueés ordinaires, ils n'osoyent estendre les jambes. Car alors les gouttes crampes & les rattes leur faisoyent vne extreme douleur. Sur la fin de Iuillet vous eussiez veu tant de poures personnes languissantes couchées par les ruës, hideuses & ressamblantes corps morts deterrez plus que languissans: qui d'vne voix cassée, rauque & piteuse l'amentoyent leur miserable condition! helas si nous auions mangé vn morceau de pain de son, nous nous porterions bien. Les autres plus denuez disoyent! helas encor que nous eussions des balles restantes de son, nous ne les sçaurions piller n'y destremper veu nostre foiblesse. Les poures meres conduisans leurs enfans au Cimetiere & trainans par la main ceux qui leur restoient! Helàs mou enfant, disoyent elles, tu ne garderas gueres d'aller apres. Plusieurs voioient & entendoient ces choses. Mais ils n'auoyent dequoy y remedier. Et connoissans la playe n'auoyent l'emplastre n'y les drogues pour y aplic-

Ieunes meurent de faim plus que les plus aagez & pourquoy

Iuillet,1573
lament.

quer & voiroyent oculairement la prophetie en praticque. Les petis ont demandé du pain: mais nul ne leur en rompt point. Somme qu'il fallut par force tuer les cheuaux reseruez qui se vendoyent à la boucherie, tel jusques à cent cinquante escus, duquel ailleurs on n'eust sçeu auoir dix: vne chieure venduë à detail à cinquante cinq liures, six vaches gardées pour nourir les enfans furent aussi despeschées. Dont telle a monté trois cens liures. La poulle se vendoit trante liures, autant le poullet, l'œuf six souls, les gerbes que les Goujats & autres rapportoient se vendoient au poix de l'or. Tel a ressasé cinq souls de cinq espis de bled: les femmes ostoient la vieille paille de leurs licts & des berceaux pour y amasser le grain, & en faire bouillie à leurs petits. Les chardons leurs estoient artichaux, & les autres comme espinars. Les graines du ressort verdes & les tandrons des vignes estoient delicats. Brief on y a tué en trois mois enuiron deux cens que cheuaux, asnes que mullets n'en restant qu'vn au lieu duquel on tua vn asne pris sur l'ennemy. Tellement que la famine y a tué en moins de six semaines six fois plus de peuple que les Armes n'ont en sept mois & demy que le siege y a esté. Où

Mors en Sancerre.

seulement sont morts de force huitante quatre. Et plus de cinq cens de famine sans deux cens autres si alengouris qu'ils sont presque tous decedez. Qui ne s'ebayra: voire qui ne doit trembler oyant telles choses? Sans doute comme les eschappez ont matiere de loüer DIEV. Aussi les autres doiuent mettre peine de ne plus tourner en telles miseres & n'estimer que ces calamitez soyent venuës pour les pechez des assiegez: Ains à l'exemple de tous autres qui en doiuent faire leur proffit. Car comme disoit IESVS-CHRIST aux Iuifs de son temps: Ceux sur lesquels la Tour de Siloé tomba, & ceux desquels Pilate mesla le sang auec les Sacrifices: n'estoyent pas plus grands pescheurs que les autres. Mais que si ceux qui sçauoyent ces choses ne s'amandoient ils perissoyent tous malheureusement. Sur la fin de Iuin n'aians nouuelles de secours, se resolurent d'y enuoyer personnes qualifiez porter parolle, Qu'ils doneroyent la moytié, voire plustost tous leurs biens à ceux qui les viendroient

Les Cappi. la Fleur &c. pour cercher secours Effort des Catholique.

secourir contre leur ennemy: duquel ils n'attendoyent que la mort. Parce les Capitaines la Fleur, la Pierre, la Minée & la Croix furent esleuz & priez d'y aller. A quoy ils s'accorderent aisement, auec chacun sa lettre de creance, sa procuration de pouuoir & argent pour les frais: Crainte que si quelqu'vn estoit prins que les autres paracheuassent le voiage: resolus de les faire sortir à cheual à la faueur d'vne roide escarmouche qu'ils donneroyent sur les tranchées Catholicques. Ainsi sortis sur les neuf heures du soir par le Rauelin de la porte vieille, descendus ez vignes & passez sur la chaussée de l'estang sous la Fontaine de Pignolles: trauerserent les tranchées entre les forts desquels ils tuerent la sentinelle & se mirent à

Les sortis de Sacerre sót poursuiuis à la piste par Cartier. &c.

leur voiage. Puis les autres retournerent auec vn prisonnier. Mais deux heures apres les Catholiques cuidant surprandre les assiegez donnerent de grand furie jusques à la Contrescarpe du costé de porte Serrure: d'où ils enfilerent & se coullerent par le fossé de la ville jusques à la grande vieille breche du champ Saint Martin. Ou ils feirent grand effort & peu s'en fallut qu'ils ne faussassent la garde qui y estoit bien petite. Car les Soldats auoir escarmouché & donné passage aux Capitaines la Fleur, se rafreschissoyent & beuuoyent par les maisons n'estans encors retirez en leurs Corps de garde. Ausquels l'alarme donnée ils coururent de toutes parts. Et bien qu'assez tard, si est-ce que les Catholiques se retirerent qui auoyent resolu dés le soir de faire cet effort pour surprandre la ville. A quoy ils feussent peut estre paruenuz, sans l'escarmouche dont nous auons parlé: Le matin venu ils descouurent la piste des cheuaux, & aussi tost crient qu'ils auoyent pris les sortis. Mais pource qu'ils en nommoient dix sept & auec la Fleur, le Buisson & Claireau Ministre qui estoyent en ville: ils n'en firent comte. Toutesfois le Capitaine Cartier & autres furent enuoyez apres en toute dilligence prenans tous les cheuaux frais qu'ils rencontroyent. La Fleur & ses Compagnós donnerent jusques à Diou sur Loyre: d'où passez à la Nocle & n'y pouuans entrer furent à Ternan vne lieuë de là. Ou ils s'arresterent voyans leur cheuaux trop las & harassez de plus de vint lieuës qu'il y a de SANCERRE là. Mais Cartier arriué à Diou & auerty par l'Hoste chez lequel auoit logé la Fleur, de ce que l'Hoste mesme leur auoit conseillé: donna jusques à TERNAN d'où furent contraints se sauuer par le derriere dans les boys habilez en Paysans & la barbe raze. Mais auoir perdu la guide & ne se pouuans resoudre du chemin qu'ils deuoyent prendre: la Pierre & la Minée s'en allerent en Suysse où ils paruindrét en fin. La Fleur rebroussa chemin vers Loyre: Si que reconnu & chargé par celuy

qui

qui l'auoit passé la Riuiere (qu'il auoit trop prié d'aller boire auec luy) criant au voleur fut tarrassé par les Paysans qui venoient à la foyre : puis mené prisonnier à Moulins en Bourbonnois par le Preuost des Mareschaux du lieu, duquel il fut soudainement enuoié querir par la Chastre. La Croix aussi rencontré à pied par les gens de Cartier qui s'en retournoient auec les cheuaux : croians que les Maistres se feussent sauuez : fut amené à S. Satur dont la Fleur & la Croix escriuirent à Sancerre par le commandement de laChastre cōme ils auoient esté pris. Ce qui en estonna fort. Ce neantmoins resolurent dés le premier Iuillet de tenir bon & de ne se mettre à la mercy de leurs ennemis. Toutesfois ne voulans tenir aucun par force : fut crié que tous ceux qui ne se voudroient ou pourroient contenter des moiens qui restoient : qu'ils vidassent autrement s'ils murmuroient on les jetteroit des murailles en bas. Puis reparerent le Rauelin de la porte Vieil : Les plates formes prochaines & l'escarpe du fossé. Mirent Corps de garde à la Chiffre Saint Denis & coupperent la petite cerisaie auec les arbrisseaux qui estoient au dessous dans le fossé, crainte de surprinse de ce costé. Le seisiéme sçeurent que l'enuoié par le Ministre qui estoit allé cercher secours : auoit esté prins & pendu à Bourges. Au dixhuitiéme Saint Pierre les auertit de la Paix que le Roy donnoit à ceux de la Rochelle Nismes & Montauban sans y comprendre Sancerre. Et comme les assiegez ne le voulussent croire en serment : les asseura que s'ils y vouloient enuoier : la Chastre les y feroit seurement conduire : Affin que retournez ils ne feussent plus si oppiniastres à leur mal, & ce pour la composition qu'ils ne croioient. Surce comme tous viuoient mal contens de leurs Capitaines prins, faute de secours, de la paix dont ils estoient exclus & sur tout de l'extreme famine qu'ils patientoient plusieurs Soldats & autres aimerent mieux sortans la ville & les tranchées se mettre au hazard de la mort pour cercher vie ailleurs : que de se nourrir de ce que le plus vil animal eust dedaigné pour pasture. Aucuns furent tuez aux tranchées. Les autres prisonniers & quelques vns eschapperent pour se retirer ou ils pourroient. Puis on fit reueuë des gens de guerre & monstre particulieres des Compagnies. Buisson auoit encore septante cinq Soldats Martignon de la ville en auoit deux cens. Celle de la Fleur estoit de treize à cheual & quarante huit Fantassins. Oriual en auoit cinquante deux non compris dix Ministre & vint soldats de Saint Satur & lieux prochains. C'estoit la Compagnie des volontaires. Ils auoient donc prés de quatre cens dixhuit soldats restez de huit cens que la famine plus que la guerre auoit si bien esclarci. Apres que le Bailly Ioahaneau les eut exhorté à patience ou à se retirer s'ils n'estoient assez resolus : Tous jurerent de mourir plustost que ne perseuerer. Puis les mal accomodez furent distribuez ez logis des morts & absens.

Comme ces choses se manioient en France : le Roy tres-affectionné de voir son frere en possession du Royaume de Pologne, & par consequent de mettre vne prompte fin à ces Guerres Ciuiles, lesquelles seules l'empeschoient ce sembloit d'en aller prendre la jouissance : donna recharge à la Mote Fenelon Ambassadeur en Angleterre de remettre en auant les propos encommencez d'vne Paix & repos asseuré qu'il auoit promis non aux Francez domestiques seulement : ains aussi à tous ceux qu'il auoit entendu estre refugiez en Angleterre, Allemagne, Suisse & autres cartiers ou ils s'estoient retirez : crainte d'vne continuë des Matines Parisienes. Sa Majesté leur en auoit fait ouuerture dés lors que le Traité de Paix fut commencé au siege de la Rochelle. Ioint que pour retrancher à vn coup toutes occasions de Guerres Ciuiles : il se persuadoit qu'il ne falloit faire la Paix auec les Rochellois seulemant & refugiez auec eux : Ains aussi par vn mesme moien auec tous ceux qui s'estoient retirez en pays estrange nomemant Angleterre : dont les Catholiques doutoient plus le secours & descente que d'Allemagne & autres endroits ou ils sçauoient les Protestans refugiez n'y estre trop bien receuz tant s'en faut que leur creance en eust peu tirer aucun secours. l'Ambassadeur entretenoit le Vidame de Chartres, Comte de Montgommery, Languilier, Pardalan Segur & plusieurs autres retirez parmi les Anglois : en opinion d'vn bon desir que le Roy auoit à leur retour en France pour les faire tous jouir du repos tant desiré. Eux au reciproque ne demandans pas mieux : sembloyent ne manquer que de permission du Roy pour enuoyer personnages suffisans à conditionner cete retraite, pour jouyr en seureté du bien qui leur y estoit promis. Pource l'auoir eu par le moyen de l'Ambassadeur : ils puterent Francioti & Popeliniere : celuy cy François & l'autre Italien aagé de quatre vint ans, ancien seruiteur de la Couronne & remarqué d'auoir bien fait son denoir en plusieurs chargesque les Roys Franc. 1. & Henry 2. luy

Le Capitaine la Fleur & la Croix prisonniers.

Nūbre des Soldats de Sancerre.

Reueuë des Cōpagnies de Sancerre

L'HISTOIRE DE FRANCE.

auoient donné depuis 50. ans: notamment en dix honorables Ambaſſades qu'il auoit mis afin pour eux vers des plus grans Princes de l'Europe. Arriuez en Court, Francioti parla en ces termes.

    Sire, il y a quelque temps qu'aucuns des Gentilshômes vos ſujets qui ſont de preſent en Angleterre, nous prierent de faire ce voiage vers voſtre Majeſté. Ce que nous accordaſmes volontiers, peſāt ne pouuoir Courōner nos ſeruices paſſez d'vn plus ſignalé deuoir que ceſtuicy, qui appartient à la Pacification de voſtre Eſtat. Mais nous feuſmes contraints de differer par vne grande malladie qui me detenoit. Maintenant, encores que debile pour l'aage & pour la malladie, dont je ne ſuis encores du tout deliuré nous venōs vers voſtre Majeſté priez affectionémēt par leſdits Gentilshōmes: mais vraiement cōmandez par vn deſir que de tout tēps nous auons eu au bien de ce Royaume, pour aſſeurer de leur part voſtre Majeſté: de leur fidelité & de uotion enuers vous, de la ſinguliere joïe qu'ils reçoiuent vous voiant enclin à les receuoir en voſtre protection, & enſemble pour entendre plus au long la bōne intētion de voſtre Majeſté à la pacification de ſon Roiaume. Nous vous peuuōs dire, Sire, autant que nous en peuuons ſentir par la familiere conuerſation que nous auons auec eux: qu'oncq nous ne viſmes ſujets mieux diſpoſez à receuoir les bons cōmandemens de leur Prince que ceux là. Et qu'ils ne ſouhaittent rien plus apres l'hōneur de Dieu, que le repos de voſtre Roiaume par la pacificatiō des troubles qui y ſont maintenant. Vous ne deuez point vous eſmerueiller, Sire, ſi en quelques lieux de voſtre Roiaume ils ſont en armes: & ſils ne font peut eſtre ſi grāde demōſtratiō d'eſtre affectiōnez à la paix, cōme voſtre Majeſté requerroit. Outre ce que par tout où eſt le bruit des armes il y a quelque choſe d'inconſideré: Il n'y a doute, que par les choſes qui ſont paſſées depuis quelques mois en ça: ils peuuent auoir eſté tellemēt eſtōnez, qu'ils ne peuuēt encor' bien reuenir à eux meſmes: Tant ils ſont preocupez de deſfiāce & ſaiſis de crainte. Et c'eſt vers eux principallement, Sire, que ſe doit monſtrer voſtre benignité. C'eſt à voſtre Majeſté en eſt endroit de venir au deuāt d'eux. & cōme Pere, de leur tendre la main: affin qu'ils n'entrent en deſeſpoir de leur mōſtrer viſage & effets vraimēt paternels. Et cōme bon Medecin leur oſter les cauſes de leur inquietude, excuſāt les malades de ce qu'ils pourroiēt faire ou dire, moins à propos & accuſant la malladie de la peine & ennuy qu'elle aporte. Ce faiſant, Sire, je ne doute aucunemēt que ne les trouuiez capables de raiſon & prōts à voſtre ſeruice. Il y a 2. choſes qui meuuēt principallemēt ceux de la Religiō, Sire, l'etiere liberté de leurs cōſciences & la ſeureté de leurs vies. Quāt au premier, ſur lequel ils ſe plaignēt des abuz introduits par ſucceſſiō de tēps en l'Egliſe: & ſont cōtraints pour tāt d'auoir leurs aſſeblées à part, pour ſatisfaire à leur cōſcience, il ne le faut point trouuer eſtrange. Qui en feroit meſme le Pape Iuge, ou l'appelleroit à ſon ſimple ſerment: Il ne voudroit pas nier que la face qui eſt aujourd'hui en l'Egliſe Romaine, ne ſoit treſdifferente de celle de la primitiue. Auſſi vos ſujets ne ſont pas ſeuls qui ſ'en plaignēt: les Allemās, Suiſſes, Hongres, Danois, Suedes, Polacs, Anglois, Eſcoſſois & grand nombre des Eſpagnols & Italiēs ſils oſoiētſ'en plaignēt tout haut. Il ſe trouue journellemēt, qui au milieu des feux, la maintiēnēt treſcōſtāmēt. Et afin qu'on ne trouue point eſtrāge les differēs qui ſōt en la Religiō Chreſtiēne, Sire, les Chreſtiēs qui ſont ſous Preſte Iean en Æthiope, les Armeniens, les Georgiēs & les Grecs ſont treſdifferēs, & en doctrine, & en ceremonies, & entre eux & auec les Romains. Et les Grecs meſmes ne ſont pas du tout d'accord auec les Moſcouites qui diēt tenir leur cōfeſſiō. Specialmēt la pluſpart eſtimēt ſottiſe aux Chreſtiēs de recognoiſtre l'Eueſque de Rome. Et arrogāce & tyrānie à luy de s'attribuer puiſſāce ſur tous vos ſujets. Dōc ils n'ōt point le cerueau autremēt fait q̄ le reſte des hōmes en ceci. Ēn'eſt point d'aujourdhui, Sire, qu'ōeſt en ces cōtrouerſes. Car outre ce que dés lōg tēps il y a diuerſes eſpeces de Chreſtiens au monde il ne ſ'eſt paſſé ſiecle qui n'aye eu des perſonnes notables en doctrine & en meurs en tous lieux, ores plus, ores moins, ores doucement, ores aigrement, ores ouuertement, ores couuertement, reprenans & deteſtans les abus qui entroient en l'Egliſe Romaine tant en la doctrine qu'-aux meurs: comme toutes hiſtoires teſmoignēt. C'eſt pourquoy les plus auiſez des anciens comparent l'Egliſe a vne Nef. Penſez, Sire, que vous voiez vne Nef qui a eſté long temps ſur mer ſans que les Mariniers ſe ſoient ſouciez ou de vuider la pompe, ou de n'eſtoier le vaiſſeau. Et ſils y ont mis quelque fois la main: ça eſté par mānier d'acquit: trouuerez vous eſtrange qu'elle ſoit puante, & que les Paſſagers trouuans vn Vaiſſeau, qu'ils eſtiment plus net, ſ'y mettent pluſtoſt que de pourrir en telle putrefaction? Elle eſt auſſi comparée

Egliſe Chreſtienne à qui comparée.

parée à vn corps humain. Sa nature est que tous les jours, viuant le plus modestement & sobrement qu'il peut, il si engendre, comme disent les Medecins, quelque chose qui à besoin d'estre jettée hors par purgation. Que si l'hôme s'adōne à delices, yurongneryes, gourmandises, & autres excez de toutes sortes & en outre, ne prenne jamais medecine à bon esciēt, mais se flatte en son mal & se fait acroire qu'il est bien sain: fait on doute qu'il ne soit bien tost plain de corruption, & pour tomber en grands inconueniens? Or le mesme est auenu à l'Eglise Romaine, dequoy, Sire, nous ne voulons estre creuz mais en produirons tesmoings Moynes & Sorbonnistes mesmes qui ont vescu trois cens ans passez. Elle estoit au cōmencement pouure de biens, mais fort riche des dons de Dieu. Et la charité des hommes, s'entretint incontinent des vns & s'appauurit des autres: les delices y entrerēt, l'ignorance s'y fourra, la simonie y domina. Si on appelloit des sinodes pour y remedier, c'estoit le malade qui se deuoit luy mesme couper la jābe, & de force d'auoir des biens, ne sentoit point son mal: Ils estoiēt juges en leurs causes & censeurs en leurs vices, dont les Papes en fin mōterent en telle grandeur, que sans ramenteuoir icy les choses passées, nostre aage les à veuz, lors mesmes qu'on crioyt contre leurs insolēces, & qu'il failloit pour le moins auoir honte: faire la guerre aux Empereurs & Rois, deposer les Princes, reuerser les Estats à leur gré, & prēdre l'espée cōme ils disent de S. Pol, laissāt les clefz de S. Pierre és mains des petits chapelains. Telles malladies requierent souuent des remedes aussi violens qu'elles. Et ne faut s'estōner, Sire, si les consciēces gouuernées par telles gens se sont en fin ennuyées de telz gouuerneurs. Et en ont & en votre Roiaume & par tout mui muré alēcōtre: Mais pour laisser les questions particulieres à part & venir à ce qu'aucuns tiennēt pour reigle infaillible, q̄ deux Religiōs ne sçauroiēt demeurer d'accord en vn Roiaume & sans sedition. Nous maintenōs au contraire qu'encor que le sujectsoit d'autre Religion que son Prince: Il ne laisse point de luy estre fidelle seruiteur & sujet. Car autre chose est bien seruir Dieu autre chose seruir son Prince. Ilz ne doutēt point, Sire, de vostre Souuerainneté, de voz droits de la puissance que vostre Majesté a sur eux, de l'obeyssance qu'ilz vous doiuent. Mais ilz disputent de la souuerainneté que le Pape veut exercer sur leurs Ames & des droitz qu'il pretēt sur leur consciences. Ilz ne disputent point si vous estes Roy de France, si leurs corps doiuent estre employez à vostre seruice. S'ilz tiennent leurs biens de vostre Majesté. Tout cela leur est hors de doute. Mais bien si le Pape est Lieutenant general de Christ en terre. S'il assigne le Ciel ou l'Enfer à qui il veut. S'il est Roy des Roys, si c'est à luy comme il dit en ses Canons, de distribuër les Royaumes & Principautez selō que bon luy semble, d'ordonner, de deposer vn Roy, vn Empereur. Cōme d'autant plus excellent qu'eux que le Soleil l'est plus que la Lune. S'il ne peut jamais faillir. Si tout ce qui sorte de l'escrain de son estomac doit estre tenu cōme Oracle, & choses semblables qui sont plus à l'auantaige de vostre Grandeur, Sire que chose qui puisse estre. Veu qu'ils ont bié esté si hardis de deposer aucuns de voz predecesseurs, & absoudre leurs sujetz naturels, du serment de fidellité que naturellement ils leur deuoient. Ce qu'ils disputent dōc ne prejudicie point à vostre Estat, mais à celuy du Pape, seulement. I'ay fait cōme chacun sçait, plusieurs voyaiges par toute l'Europe pour vostre Majesté & les Rois voz predecesseurs. Et ay obserué qu'en tous Royaumes & Estats, on fait difference entre bon Chrestien & bō sujet. Entre homme bien seruant Dieu & bien seruant son Prince. Et qu'on y tollere sans dōmaige ne du superieur ne de l'Estat, diuerses Religions: pourueu qu'au reste elles suiuent les loix politiques. Nous ne disons point icy, que les Romains receuoient le seruice de toutes sortes de Dieux & à tous batissoient des temples d'où quils vinssent. Que le Turc tient les Chrestiens qu'il estime infideles, leur permetrant tout exercice par tout où ils sont: aux moines mesmes dedans Pera c'est à dire aux fauxbourgs de Cōstantinople. Que mesme il donne pension à quelques vns & que plusieurs Princes Chrestiens. Et le Pape mesmes qui ne veut pas qu'on souffre, ceux qu'il tient pour Heretiques, souffre les Iuifz pour le prouffit qu'il en tire. Qui ne disputēt pas s'il faut inuocquer la Vierge Marie. Mais s'elle est vierge, & tiennent que non & en dient, comme de Iesus-christ des parolles impertinentes à Rome aux oreilles du Pape mesmes. Mais sans aller plus loing que votre porte, Sire, En Allemagne on voit en mesme Empire sous mesme Prince, en mesmes villes, sous mesme toict, gens de diuerse Religion viuans paysiblement les vns auec les autres, & contribuans egallement & de mesme affection aux charges des Guerres & demandes de leurs Superieurs. Et fut contraint Charles le Qint Empereur, apres beaucoup de sang respandu de l'accorder estant victorieux, à l'instāce & menace

Si deux Religions se peuuent maintenir en vn Estat.

du feu Roy Henry voſtre Pere, de bône memoire, auquel les Allemãs ſont tenus du repoz qu'ils ont aujourdhui en la Côfeſſiõ d'Ausbourg, & Ferdinãd depuis l'accorda en ſes païs & Roiaumes de Boeme & Hõgrie, & en Auſtriche meſme quoy que treſaffectiõné à ſa Religiõ & au ſiege Romain. En Moſcouie & païs du meſme Seigneur:le Prince eſt Grec & vne bône partie de ſes ſujets. Et neãtmoins il à des Tartares ſes ſujets differẽs de Natiõ, lãgue, & Religiõ, cõbatãt ſous meſmes enſeignes, cõtre les Tartares voiſins de meſne Nation, langue, & Religiõ qu'eux Et en Pologne, Sire, duquel Royaume il à pleu n'agueres à Dieu honnorer mon Seigneur voſtre frere: Il y trouuera des Egliſes Latines & Grecques de toute anciẽneté. Et de nouueau pluſieurs faiſans profeſſion de la confeſſion d'Ausbourg & des Proteſtans de France & aſſez d'autres differens. Mais qui eſt plus des Iuifs & des Tartares Ydolatres: Viuans paiſiblemẽt enſemble & en toute reuerẽce enuers leur Prince. Et ſans ſortir de voſtre Royaume, Sire, peu auant ces miſeres dernieres: l'on à veu vos ſujets de la Religion lors qu'ils penſoient que voſtre Majeſté les vouluſt employer contre l'eſtrãger: ſi promps & ſi alegres que rien plus. Et pour mon particulier côme eſtant de la Religion puis dire auec verité que je ne voudrois ceder à aucun quelque bon Catholique qu'il ſe diſt en volonté de vous faire treshumble ſeruice. C'eſt vraiement vne choſe deſirable de voir tout vn peuple viuant ſous meſme Religion. Mais les violences n'y ſeruent de rien. Il faut que Dieu le face, le cœur ſe peut arracher du corps par force, mais l'oppinion qui eſt au cœur ne ſe peut. Et tout au mieux que l'on puiſſe auancer en ce point par la force, c'eſt que de pluſieurs perſonnes qui euſſent bien & ſimplement veſcu en leur Religion: l'on en fait des hypocrites, quand on leur en fait veſtir vn autre contre leur gré. Puis donc que la diuerſité de Religions eſt compatible auec l'vnion des ſujets en vn Eſtat. V. M. ne doit craindre d'en accorder la liberté aux voſtres. Quant nous parlons de liberté, Sire, nous n'entendons point vne licence de croire ce qu'on veut en ſon cœur ſans eſtre recerché, & n'eſtre point inquieté au fait de la Religion. C'eſt la liberté des Libertins, premier degré pour trebuſcher en Atheiſme. Nous parlons de l'exercice de la Religion. Car tout ainſi que qui promet liberté de ſon corps à quelqu'vn: luy promet de le laiſſer aller, venir, ſe promener & choſes ſemblables pour ſon exercice: auſſi qui promet liberté de conſcience, entend qu'il y ayt dequoy l'exercer en prieres, en Preſches & autres choſes qui ſont mouuemens & exercices fortifians l'ame, comme les autres le corps. Mais en la forme de l'accorder, faut regarder d'y tenir telle voie, qu'elle ne ſoit point cauſe de trouble. Sur ce cy nous ne voions cauſe plus prochaine des maux auenus en voſtre Royaume, Sire, que l'inegalité qu'on à entretenuë entre vos ſujets, egaux toutesfois en fidelité & affection enuers voſtre Majeſté, és priuileges de la Religion. Il n'y a doute quand en vne meſme famille, de deux enfans naiz de meſme pere & mere, les parens traittent l'vn comme baſtard & l'autre comme legitime: que ceſtuy cy qui ſe promet touſjours impunité ne face à l'autre infinies algarades. Cela eſt naturel meſme entre les animaux. Le meſme doit on eſtimer en ce fait, tant que voſtre Majeſté mettra ceſte inegalité entre ſes ſujets de diuerſe Religion, qu'en la diſtribution des charges & dignitez on y ayt eſgard & és autres choſes qui doiuent eſtre communes que les vns preſchent icy les autres là, les vns par tout, les autres en certains lieux: Il y aura touſjours des indignitez d'vn coſté & des indignations de l'autre. Mais au contraire ſi comme l'egallité eſt la mere d'amitié, voſtre Majeſté les traité egalement: Alors ils s'entrembraſſeront comme freres, & ſera vraiement couppée la racine des maux qui depuis dix ans à bourjonné en votre Royaume. On dira qu'aujourd'huy voſtre Majeſté auec reputation, ne le peut pas faire. Ains, pluſtoſt di-je aujourd'huy qu'auparauant, & auec plus d'honneur & d'vtilité en toutes ſortes. Lors qu'ils auoient armées en Campagne: ſi voſtre Majeſté leur euſt accordé ceſte entiere liberté, ceux qui en euſſent ouyparler de loin l'euſſent peu pluſtoſt, peut eſtre atribuer à la neceſſité qu'à voſtre liberalité. Et lors ſembloit comme neceſſaire de marchander & conceder le moins qu'on pouuoit. Mais aujourd'huy qu'ils n'ont plus d'armes, ne d'armées dignes de ce nom & que chacun les veuſt comme reduits à toute extremité: Si voſtre Majeſté le leur accorde chacun conoiſtra que votre pure liberalité & l'amour que voſtre Majeſté porte à ſes ſujets vous y aura induit. Et les eſtrangers jugeront ſans doute, que ce n'eſt point à leur Religion que vous en voulez: voians que vous leur permetez entierement de l'exercer. Bref eſtant neceſſaire de leur accorder exercice, il eſt plus propre pour la paix de le permetre par tout egallement, que pour matiere de nouueaux troubles faire comme par cy deuant. Voila, Sire, quant à la liberté de leurs conſciences, ce qu'en bonne conſcience pour le ſeruice que nous deuons à voſtre Majeſté nous eſtimons le plus expedient. Pour la ſeureté de leurs vies qui eſt le ſecond point: nous ſommes aſſeurez que voſtre Majeſté y aura eſgard. Il eſt à preſumer que veu les choſes paſſées, ils ſont en merueilleuſe deffiance. Laquelle ne ſe peut oſter ſans treſapparentes ſeuretez leſquelles votre parolle aujourd'huy à vray dire ne leur peut donner. Votre Majeſté ſçait les grans meurtres & excez qui ont eſté commis & perpetrez par l'inſolence du peuple és plus notables villes de votre Royaume. Votre Majeſté meſme teſmoigne en ſes Edits que ç'à eſté contre ſa volonté & intention. Vos Gouuerneurs n'y ont peu mettre ordre, les bons Bourgeois ne l'ont peu empeſcher. S'ils ſe retirent les voila en pareil danger. Votre promeſſe, Sire, les aſſeure bien de voſtre bonne volonté enuers eux. Mais non que vous aiez puiſſance de les garětir en tous lieux contre tant d'ennemis, ſans quelque moien extraordinaire. Veu qu'ils ont ſenty le contraire en leurs perſonnes ou de leurs plus proches: & que l'impunité des meurtres enhardiſt plus les ſeditieux que les menaces de voſtre Majeſté ne les eſpouuentent. Pour la fin, Sire, penſez que vous oyez la France qui implore voſtre ayde. Qui ſe plaint de n'auoir eu repoz depuis dix ans, d'auoir eſté ſaccagée de guerres, d'eſtre preſſée de famine, & menacée par conſequent de peſte, qui ſont trois fleaux ſuffiſans à mettre bas en peu de temps le plus floriſſant Eſtat du monde. Et quant il plaira à voſtre Majeſté, nous faire ceſt honneur de nous ouïr dauantage ſur ces propos, nous eſperons luy en donner telles raiſons qu'elle ſ'en contentera. Surquoy ſa Majeſté conſiderant l'importance de tant de diuerſes occurrences, leſquelles vne ſur autres naiſſoient de jour à autre en ſon Royaume: fut conſeillé de ſigner & autoriſer les articles de Paix que le Roy de Pologne ſon frere luy auoit enuoié. Tellement que les luy auoir renuoiés, auec auertiſſemēt particuliers pour le bien de ſon ſeruice & inſtantes prieres de ſe retirer à Paris pour y dreſſer les preparatifs de ſon voiage en Pologne: la paix fut publiée à Paris & à la Rochelle telle qui ſuit.

Edict de Pacification du mois de Iuillet, 1 5 7 3.

CHARLES par la grace de Dieu Roy de France à tous preſens & auenir, Salut. Noſtre intention à touſjours eſté & eſt à l'exemple de nos predeceſſeurs de regir & gouuerner noſtre Royaume & receuoir de nos ſujets l'obeïſſance qui nous eſt deuë pluſtoſt par douceur & voie amiable que par force. Au moien dequoy aiant noſtre treſcher & treſaimé bon frere le Roy de Pologne, entiere connoiſſance de noſtre vouloir: à ſuiuans nos mandemens & le pouuoir ſpecial que luy auons enuoié à ceſte fin: Commis & depputté aucuns principaux perſonnages de noſtre Conſeil priué eſtans pres de luy, pour ouïr & entendre les plaintes & doleances & ſupplications du Maire & Eſcheuins, Pairs, Conſeillers, Manans & habitans de noſtre ville de la Rochelle: Gentils-hommes & autres qui ſ'y ſont retirez. Et comme ainſi ſoit qu'en fin noſtre dit treſcher, treſamé, bon frere ait (ſous noſtre bon plaiſir) accordé par l'auis de nos treſchers treſamez freres le Duc d'Alençon, & Roy de Nauarre: de nos treſchers, treſamez Couſins les Princes de Condé, Prince Dauphin, Duc de Longueuille, de Guyſe, de Neuers, & d'Vzes Sieurs de Monluc, Côte de Retz, de Biron, de Villequier, de la Chappelle aux Vrſins, de Loſſe, de la Vauguion, de S. Supplice, de Malicorne, de Suſe le Grād Prieur de Chāpagne & autres grans & notables perſonnages eſtans pres de luy, auſdits de la Rochelle, Gentilshommes & autres retirez en icelle les points & Articles qui ſeront cy apres ſpecifiez: tant pour eux que pour les habitans de nos villes de Montauban & Niſmes Gentilshommes & autres retirez en icelles & aucuns autres nos ſujets pour leſquels ils ont ſupplié. Sçauoir faiſons que nous, conſiderans que ne pourrions mieux faire que d'enſuiure le conſeil qui nous eſt dōné par noſdits freres & Princes & Seigneurs de-ſuſdits: leſquels pour le zele qu'ils ont à l'honneur de Dieu auec l'experiance des choſes & l'affection qu'ils portent au bien de nos affaires: ont plus de conoiſſance de ce qui fait beſoin & eſt neceſſaire pour le bien de noſtre Royaume : auons par l'auis & bon conſeil de la Roine noſtre tres-honnorée Dame & Mere: de nos treſchers & amez Couſins les Cardinaux de Lorraine & de Guyſe, de noſtre treſcher & feal Chancellier, des Seigneurs de Moruilliers, de Laſſac, de Limoges, de Foix, des Preſidés de Thou, Seguier & Hennequin, Seigneurs de Chiuerny, de Mande, & de Royſſy Conſeillers reſpectiuement en noſtre Conſeil priué: pour les cauſes & raiſons deſuſdites & autres bonnes & grandes conſiderations à ce nous mouuans dit, declaré, ſtatué & ordonné: diſons ſtatuons & ordonnons par ceſtuy noſtre preſent Edict perpetuel & irreuocable, voulons & nous plaiſt ce qui ſenſuit.

Z z iiij

L'HISTOIRE DE FRANCE

1. Premierement que la memoire de toutes choses passées depuis le 24. jour d'Aoust dernier passé à l'occasion des troubles & esmotions auenuës en nostre Royaume: demeurera estainte & assoupie côme de choses nô auenuës. Et ne sera loisible à nos Procureurs Generaux n'y autres persones publicques ou priuées pour quelcôque temps n'y pour quelque occasiô que ce soit en faire mention, proces ou poursuittes en aucune Court ou jurisdiction. 2. Deffendant à tous nos sujets de quelque Estat & qualité qu'ils soient: qu'ils n'aient à se renouueller la memoire, s'attaquer, injurier n'y prouocquer l'vn l'autre pour reproche de ce qui s'est passé: en disputer, quereller ny outrager ou offancer ny de fait ny de parolle : se contenir & viure paisiblemêt ensemble comme freres & amis bons Citoyens : sur peine ausdits contreuenans d'estre puris comme infracteurs de Paix & perturbateurs du repos public. 3. Ordonnons que la Religion Catholique Romaine sera remise & restablie en tous les lieux & endroits de cestuy nostre Roiaume & païs de nostre obeïssance, ou l'exercice d'icelle à esté intermis: pour y estre librement & paisiblement exercée sans aucun troubles ou empeschemens, sur les peines susdites. Et que tous ceux qui durant la presente guerre se sont emparez des maisons, biens & reuenuz apartenans aux Ecclesiastiques & autres Catholiques: & qui les tiênent & occupent: leur en delaisseront l'entiere possession & paisible jouïssance en toute liberté & seureté. 4. Et pour dôner occasion à nos sujets manans & habitâs de nosdittes villes de la Rochelle, Montauban & Nismes de viure & demeurer en repos: leurs auons permis & permettons l'exercice libre de la Religiô pretenduë reformée, dans lesdites villes: pour iceluy faire faire en leur maisons & lieux à eux apartenans. Hors toutesfois des lieux & places publicques, pour eux leurs familles & autres qui s'y voudroient trouuer. 5. Et quand à tous les autres de ladite Religion pretêduz reformez qui sont demourez en icelles Religion, jusques à present: leur permetons se retirer en leurs maisons ou ils pourront estre & demeurer: & par tous les autres endroits de nostre Royaume aller venir & viure en toute liberté de conscience. Et aux Gentilshommes & autres aiant haute Iustice, qui sont semblablement demourez jusques à present en ladite Religion portans les armes auec les susdits habitans desdites villes & depuis ledit vintquatriéme jour d'Aoust dernier: permetons aussi viure en mesme liberté de conscience en leurs maisons & y faire seulement les Baptesmes & mariages à leur façon acoustumée sans plus grande assemblée. Outre les parens, parrins & marrines jusques au nombre de dix. Fors & excepté en nostre Court, n'y à deux lieuës à l'entour d'icelle: en la ville, Preuosté & Viconté de Paris n'y à deux lieuës à l'entour d'icelle ville. 6. Enjoignons à nos Baillifz, Seneschaux, Iuges ordinaires & autres subalternes chacun en leur ressort: de pouruoir à l'enterrement des morts de ceux de ladite Religion pretenduë reformée le plus cômodement que faire se pourra sans scandalle. 7. Au cas qu'aucuns d'icelle Religion eussent esté contraints faire promesses & obligations & bailler caution pour changer de Religion: nous les auons cassées & declarons nulles & de nul effet & valleur, 8. Seront receuz indiferament aux Vniuersitez, Escoles, Hospitaux, malladeries & aumosnes publiques les Escoliers mallades & poures de quelque Religion qu'ils soient. 9. Permetons à tous nos sujets estans de ladite Religion, de pouuoir vendre ou alliener leurs biens : se retirer librement auecques leurs deniers & autres meubles ou bon leur semblera : ou jouir du reuenu d'iceux en quelque lieu qu'ils se voudront retirer: soit dedans ou hors le Royaume : pourueu que ce ne soit és terres des Princes auec lesquels nous pourrions auoir guerre. 10. Demeureront lesdits de la Rochelle, Montauban & Nismes & autres cy dessus, quittes & deschargées de tous deniers, meubles, dettes, arrerages des rentes, fruits, reuenuz des Ecclesiastiques & autres qu'ils feront apparoistre suffisamment auoir(depuis le vintquatriéme d'Aoust dernier) par eux esté prins & leuez. Sans qu'eux & leurs commis ou ceux qui les ont baillez & fournis, en puissent estre aucunement tenuz ny recerchez pour le passé, present ou l'auenir. 11. Aussi de tous les actes d'hostilité, leuée & conduite de gens de guerre: fabrication de monnoie, fonte & prinse d'artillerie, monitions & confections de poudre & salpetres, prinses & fortifications & entreprinses des villes, demolitions de Temples, maisons & autres lieux, prinses de Nauires, Galleres & autres biens en mer, establissement de justices, jugemens & execcutions d'icelle tant en ciuilité qu'en criminalité, voiages, intelligences, traitez & negotiations faites pour leurs secours & conseruation: Et generallement tout ce qui à esté par eux fait & geré & negocié pour cest effect tant au dedans qu'au dehors nostre Royaume (depuis ledit vintquatriéme jour d'Aoust) encore qu'il d'eust estre plus particullierement exprimé &

specifié

LIVRE TRENTECINQVIEME. 184

specifié: sans que pour aucune des choses desusdites ou autres passées, leur soit à eux ou à leur posterité, imputé aucun crime de rebellion, desobeissances ou de leze Majesté. 12. Declarons que nous tenons & reputons tous les dessusdits pour nos bons, loyaux, fidelles sujets & seruiteurs. A la charge qu'ils nous jureront toute obeissance & fidellité: se deporteront & se desisteront entierement de toutes associatiõs qu'ils ont dedãs ou hors nostre Royaume. Et ne feront doresnauant: aucune leuée de deniers sans nostre permission, enrollemens d'hommes, congregations, ny assemblées autres que celles qui leur sont permises cy dessus & sans armées, sur peine d'estre punis rigoureusement comme comtenteurs & infracteurs de nos commandemés & ordonnances. Tous prisonniers de guerre ou autres qui sont detenus és prisons, Galleres ou ailleurs pour le fait de la Religion à l'occasion des presens troubles: seront eslargis & mis en liberté, sans paier aucune rançon. N'entendons toutesfois que les rançons qui auront desjà esté paiées, puissent estre reppetées sur ceux qui les auront receuës. 14. Ne seront lesdits de la Religion sur chargez, ne soullez d'aucunes charges ordinaires ou extraordinaires plus que les Catholiques. 15. Auons declaré & declarons tous deffaux, Sentences, Iugemens, Arrests, procedures, saisies & ventes, decrets faits & donnez contre lesdits de la Religion pretenduë reformée, qui sõt ou õt esté dedãs lesdites villes de la Rochelle, Mõtaubã & Nismes depuis ledit vint quatriéme jour d'Aoust dernier: ensemble l'execution de ceux tant en Ciuillité qu'en criminalité cassées, reuocquées, & annullées. Et demeurerõt les proces au mesme Estat qu'ils estoiêt auparauant: & reutreront les dessusdits en leurs biens temporels quelconques saisis, ventes & adjudications, fermes & dons qui en pourroient auoir esté faits par nous aucunement sans faire aucun renboursement. 16. Et pour le regard des heritiers, vefues & autres ayans droit de ceux de la Religion qui sont decedez esdites villes: y ont esté ou porté les armes pour eux depuis le vintquatriéme jour d'Aoust en quelque endroit de nostre Royaume que ce soit: leur permetons de rentrer en la possession & jouïssance des biens delaissez par lesdits decedez & les maintenir en bonne fame & renommée. 17. Tous Officiers desdites villes de la Rochelle, Montauban & Nismes tant Royaux que autres de quelque Religion qu'ils soient: & qui ont esté priuez à l'occasion d'icelle guerre & des presens troubles: sont remis en leurs Estats charges & Offices. Et les autres Officiers des autres villes & lieux, obserueront nos declarations sur ce faites & publiées. 18. Et affin que la Iustice soit renduë sans aucun soupçon à nos sujets de nosdites villes & autres qui se sont retirez en icelles depuis le vintquatriéme jour d'Aoust: nous auons ordonné & ordonnons & voullons & nous plaist, que les procez & differens meuz & à mouuoir entre parties estans de contraire Religion; tant en demandant qu'en deffendant en quelque matiere ciuille ou criminelle que ce soit: soient traittez en premiere instances par deuant les Baillifz, Seneschaux & autres nos Iuges ordinaires suiuant nos ordonnances. Et où il escherroit appel en aucune de nos Cours de Parlemens, leur sera par nous pourueu seulement par l'espace d'vn an à conter du jour de la publication de ces presentes, des Iuges non suspects tels qu'ils nous plaira. Excepté toutesfois la Court de Parlement de Tolose pour le regard de ceux de Montauban. Et ce pendant ne pourront estre contraints de comparoir personnellement. 19. Parce que plusieurs particulliers ont receu & souffert tant d'injures & dommages en leurs personnes & biens: que difficillement ils pourront en perdre si tost la memoire comme il seroit bien requis, pour l'execution de nostre intention: voulans euiter tous inconueniens & donner moien à ceux qui pourroient estre en quelque crainte retournans en leurs maisons, d'estre priuez du repos attendant que les rancunes soient adoucies. Nous auons accordé & accordons à ceux desdites villes de la Rochelle, Nismes & Montauban: qu'ils jouyront de leurs priuileges anciens & modernes, droits de Iurisdictions & autres esquels ils serõt maintenus & conseruez sans auoir aucune garnison ne qu'il y soient faits Chasteaux, forts ny Citadelles: si ce n'est du consentement des habitans d'icelles. Lesquels pour demõstration & seureté de leurs obeissance, obseruation & entretenement de nos vouloir & intention: bailleront pour deux ans quatre des principaux bourgeois habitans de chacune desdites villes estans de la Religion pretenduë reformée. Lesquels seront par nous choisis entre ceux qu'ils nommeront. Et changez de trois en trois mois ou tel autre temps qu'il sera auisé. Et seront mis en telles villes & lieux qu'il nous plaira ordonner à cinquante lieuës pour le plus loin desdites villes: excepté en nos villes de Paris, & Toloze. Et affin qu'il n'y ayt occasion de plainte ou soupçon: nous commetrons esdites villes des Gouuerneurs, gens de bien & affectionnez a no-

Priuileges de la Rochelle Nismes & Montauban.

Ostages Protestãs.

Gouuerneurs.

L'HISTOIRE DE FRANCE.

seruice, qui ne seront suspectz: voulans neantmoins que la garde de leur ville, tours & forteresses, demeurent entre les mains desdits habitans suiuant leurs anciens preuilleges. 20. Voulons semblablemēt qu'apres la publication de notre present Edict fait en notre Camp & Armée: les Armes soient generallement posées. Lesquelles demeureront seulement entre noz mains, & de nostre trescher & tresaymé Frere le Roy de Pologne. Ordōnons que les forces tant de terre que de mer: soient retires de deuāt lesdittes villes: les fortz faits tant d'vne part que d'autre rompuz & demoliz. Le libre commerce & passage remis par toutes les villes, bourgz & bourgades pōts & passages de notre Roiaume. Les forces & garnisons qui ont esté mises à l'occasion du present trouble & depuis le vint quatriéme jour d'Aoust, és villes & autres places, maisons ou Chasteaux appartenants à noz sujetz de quelque Religion qu'il soient: Videront incontinant pour en laisser la libre & entiere jouissance comme ils auoient auparauant que d'en estre dessaissis. 21. Les meubles qui se trouueront en nature & qui n'auront esté pris par voie d'hostilité, depuis le 24. d'Aoust dernier: seront renduz à ceux à qui il apartiēnent: en rendant toutesfois aux achepteurs le pris de ce qu'ils auront estez venduz par l'autorité de justice: ou par autre mandement ou commission publique. Et pour l'execution de ce que dessus, serōt contraints les detenteurs desditz biens meubles sujetz à restitution, incontinant & sans delay nonobstāt toutes oppositions ou exceptions: les rendre & restituer aux proprietaires pour le pris qu'il en aurōt payé. 22. Et pour le regard des fruicts & immeubles: vn chacun rentrera en sa maison, & jouira reciproquemēt des fruicts de la cueillette de la presente année: nonobstant toutes saisies ou empeschemens faits au contraire, depuis le 24. jour d'Aoust. Cōme aussi chacun jouira des arrerages des rētes qui n'aurōt pas esté prinses par notre cōmandemēt, permission ou ordōnāce de nous ou de notre justice. 23. Samblablemēt tous tiltres, papiers, enseignemens ou documēs quyont esté pris: seront respectiuement rendus & restituez à ceux à qui ils appartiendront

24. Ordonnons, que ceux de la Religion, demoureront aux Loix Politicques de nostre Royaume: Asçauoir que les Festes seront gardées. Et ne pourront ceux de ladicte Religion besógner vendre n'y establer lesdits jours: a bouticques ouuertes. Et aux jours maigres esquels l'vsaige de chair est deffendu par l'Eglise Catholicque & Romaine, les Boucheries ne seront ouuertes. 25. Et pour obuyer aux contrauentions qui se pourroyent commettre en plusieurs de noz villes: Les Baillifz & Seneschaux, ou leurs Lieutenans, feront par les principaux habitans desdittes villes jurer l'entretenement de nostre present Edict: se mettre les vns en la garde des autres: se charger respectiuement & par actes publicqs: & respondre Ciuillement des contrauentions qui se feroient audit Edict dans lesdittes villes par les habitans d'icelles, où bien representer & mettre entre les mains de Iustice les contreuenans. Si donnons en mandement à noz Amez & Feaux, les Gens tenants noz Cours de Parlements, Chambres de noz Comptes, Cours de noz Aydes, Baillifz, Seneschaux, Preuostz & autres noz justiciers & Officiers à qui appartiendra, & à leurs Lieutenans: que cestuy nostre present Edict & ordonnance Ilz facent publyer & enregistrer en leurs Cours & Iurisdictions: & icelluy garder & obseruer inuiolablement de point en point: & du contenu jouir & vser plainement & paisiblement tous ceux qu'il appartiendra: cessent & faisent cesser tous troubles & empeschemens au contraire. Car tel est nostre plaisir. En tesmoing dequoy nous auons signé ces presentes de nostre propre main & à icelles (affin que ce soit chose ferme & establye à tousjours) fait mettre & apposer notre seel. Donné au Chasteau de Boulongne au mois de Iuillet lan de grace mil cinq cens soixante & treiziéme & de nostre Regne le treiziéme. Signé Charles & à costé Visa & plus bas Par le Roy estant en son Conseil De Neufuille, & seellé du grand seel, de cire verd lié d'vn las de soye rouge & verd auec le contreseel de cire verd.

*Encor que tel fut l'Edict de Paix, publyé pour faire poser les Armes à tous: Et descharger la France d'vn monde de calamitez, qui se peuuent ymaginer mieux, qu'exprimer par aucun discours. Si est ce que Dieu mōtra bien, qu'il n'auoit encor vsé les verges de son ire, desquelles il vouloit chastier les Frāçois: Car la Guerre continuoit en plusieurs autres endroits de la France, comme je vous representeray cy apres. Et pour premierement parler du siege, qui s'entretenoit encor deuant Sancerre: Ie vous diray en peu de parolles, quelle en fut l'issuë, si vous voulez vous ressouuenir de ce que je vous ay dit ailleurs. Pour mieux joindre à la memoire du passé, ce qui suruint puis apres: & que tous seront tresjoieux de sçauoir, non moins, que le departement de Monsieur deuant la Rochelle, pour aller prendre à Paris le Nom, Titre, Armes & puis-

<small>Monsieur part dedeuant la Rochelle pour voir les Isles & se retirer à Paris.</small>

& Puiſſance de Roy de Pologne. Car auoir licencié ſon Armée, & ſeſtre, auec ſes plus fauoritz mis és Galeres, pour viſiter les Iſles prochaines, apres que les plus apparens ſortis de la Rochelle & ſuyuis d'vn nombe de Fantaſſins, luy eurent en toutte humilité offert leur ſeruice: deſcend à Namtes, d'où ſuiuant la leuée de Loyre, il donne juſques à Paris: Où il fit ſon entrée, &receut les ſermés des Ambaſſadeurs Polaques, venuz pour luy offrir la Couronne du Royaume &l'emmener en Pologne, entetenuz & de tout accommodez par le Roy, allans & venans par tout à grans fraiz: treuuans en ce Royaume beaucoup de choſes rares & excellentes: mais des plus remarquables la Majeſté de cete Court de Parlemant & l'amirable diuerſité des hommes de ſçauoir, qui ſe retreuuent en l'Vniuerſité de Paris: Mere &fondemant de toutes bonnes lettres, de tous Arts & Diſciplines excellentes. Que ſi nombre d'eux, diſoient aucuns, auoient treuué les Mecenas &maintien, digne de leurs ſuffiſance: s'aſſeuroient qu'eſgalez aux Anciens, ils auroient deſjà trouué reconnoiſſance & moyens dignes de
leur rare
veſtu.
* *
*

Aoust.
1573.

SOMMAIRE
Du Trentesixiéme Liure.

ES Protestans François autres que Rochellois, ne veulent receuoir l'Edit de Paix & donnent ordre pour faire la guerre aux Catholiques: spettialement en Languedoc & Dauphiné auec la Requeste qu'ils presentent au Roy pour auoir une Paix plus fauorable & asseurée. La harengue au Roy plaintiue de ceux de Dauphiné & pays voisins sur les impositions du peuple: auec les responces du Roy à icelles. Parlement à Sancerre pour la reddition de la place. Comme les Ambassadeurs de Pologne ont suiuy à la Paix de France. Sancerre renduë à composition. Estat des Rochellois. Treues & Guerre en Languedoc. Or le Roy depute quelques vns pour luy raporter les necessitez du peuple. Les Protestans s'y liguent. Et auec ceux de Quercy, Dauphiné & pays voisins: donnent vn ordre & reglement à leurs affaires. Exploits & portemens de l'Armée des Chrestiens liguez contre les Turcs & au rebours. Auec la conqueste de Tunes par Dom Jean d'Austrie sur les Turcs. Requeste des Ambassadeurs Polonois au Roy pour les Protestas. Voyage du Roy en Pologne.

LE narré des choses passées vous a fait entendre, auec le miserable Estat des François: l'Ordre que sa Majesté pensoit donner à leur miseres par l'octroy & publication de l'Edit de Paix arrestée deuant la Rochelle: en la paisible jouyssance duquel la plus part des Catholiques & Protestans asseuroient la continuë du repos qu'ils auoient si longuement attendu. Mais comme toute medecine pour bonne qu'elle soit, ne peut operer guerison au corps de tous: bien qu'ils soient tourmentez d'vne mesme maladie: Ainsi la Paix ne peut estre conuertie en bien à tous les sujets de sa Majesté. Tellement que des François aucuns se reposans du tout sur l'execution de cet Edit: Ceux de Quercy, Languedoc & generallement tous ceux qui depuis le Lyonnois & Saintonge s'aprochent de la mer de Leuant: ne se peurent contenter de ce que le Roy y auoit mis en leur faueur. Pource disoient-ils, que leur ennemis & les auteurs des meurtres estoient tousjours prests & seuls fauoriz Conseillers de sa MAIESTE. Desquels à ceste raison ils ne peuuent attendre qu'vne autre journée de Sainct Barthelemy puis que le Roy se conduisoit par leur auis. Que toutes les Eglises de France estoient priuées de l'exercice public de la Religion à eux accordé si solennellement par l'Edit de l'an mil cinq cens septante. Et que tout le contenu en l'Edit de la Rochelle: & ce qu'en leur promettoit d'ailleurs: n'estoient que paroles sans effet. Ils voioient mesmes la plus part de ces articles captieux & abolissants toute Iustice des cruels massacres de leurs freres: toute ordre & discipline Ecclesiastique sans laquelle, (les compagnies des fidelles ne se peuuent entretenir:) mises bas en tout le Royaume. Qu'en somme cela leur estoit vne vraie & asseurée denonciation des seconds massacres s'ils n'y obuioient de bonne heure. Ioint que l'Edit de Paix auoit esté negocié auec quelques particuliers hors leur charge: l'auis desquels ne pouuoit preiudicier au general des Eglises de France: Auec lesquelles ils auroient tous promis ne faire rien n'y accorder aucune chose sans le consentement vniuersel de tous. Pourtant ils deliberent de communiquer l'affaire à leurs associez. Pour aquoy paruenir estimerent estre expedient d'assigner vne assemblée Generalle en quelcune de leurs villes. Aquoy l'occasion se presenta fauorable leur aiant esté enuoié cet Edit aussi tost qu'il fut signé: pour se regler à l'auenir selon l'intentiõ de sa Majesté portée par iceluy. Parquoy despeschent vers le Roy de Pologne qui estoit encore en Guyenne, pour l'en remercier tres-humblement: Et le supplier par mesme moien puis que ce fait concernoit le General, & falloit que ceux de la Religion entendissent comme le tout s'est oit passé: il luy pleust faire tant vers le Roy qu'il leur seust permis de s'assembler en quelque lieu commode & leur en faire expedier lettres: ce qui fut fait. Puis le tout signifié par leurs prouinces: s'assembleret à Millaud en Rouergue & puis à Montauban. On auoit longuement

Edit de la Paix n'est receu ny obserué de tous.

Les Protestans de Languedoc, Quercy, Prouéce, Dauphiné & autres endroits ne veulent receuoir l'Edit & pour- quoy.

Assemblée des l'Estats Protestans à Millaud & Montauban

guement deliberé de leurs affaires pour establir vn meilleur ordre à l'auenir: ils diuiserent le Languedoc en deux Gouuerneurs, dont l'vn fut ordonné à Montauban, l'autre à Nismes pour le païs voësin pour les Seuenes & Viuarets, à chacun desquels ils créerent vn Gentilhomme de marque pour la conduite de la guerre auec gages suffisans. Lesquels neantmoins respondirent aux Estats du pays: desquels ils prenoient l'auis & le maniement des finances. Les Estats en chacun Gouuernement estoient composez des plus notables des prouinces, en telles fortes toutesfois qu'en choses d'importance il y auoit des Estats particuliers en chacun Diocese, qui s'assembloient pour en conferer par vn ou plusieurs deputez aux Estats du Gouuernement Par l'auis desquels le Gouuerneur se deuoit conduire & mesmes les finances estoient en leurs main. Pour continuër ce reglement ils ordonnent que les soldats se contenteroient de leurs gages: sans fourager ne fouller le plat pays. Et pource cotisoient les villes & villages mesmes Catholiques: affin d'entretenir les garnisons. Ceux qui paioient volontairement estoient soulagez comme en temps de Paix & en plusieurs lieux les paysans trauailloient en seureté. Occasion que plusieurs bourgades & villes Catholiques, s'accommodoient à ces contributions crainte de pis. Outre plus pour fournir au gros des affaires: & auoir vn fons de deniers prest à toute occurrence: ils prindrent le reuenu des benefices y establissans commissaires à cet effet. Le Vicomte de Paulin fut esleu pour le cartier de Montauban & pays adjacens, saint Romain pour Nismes & lieux voisins. Somme que la preuoiance de ceux cy & le loisir que les Catholiques leur donnerent à ce faire pendant qu'on ne s'empeschoit pas fort d'eux en Court: feirent qu'auec le temps ils garnirent plusieurs places desquelles ils pouuoient jetter en campagne sous la conduite de leurs Gouuerneurs, pres de vint mil hommes. Afoiblissant les Catholiques par le reuenu des benefices & contributions qu'ils faisoient venir de toutes pars. Ioint qu'à leurs exemples plusieurs & des Catholiques mesmes, pour si peu malcontens qu'ils fussent d'ailleurs: se rengerent a leurs troupes sous vn desir de reformer l'Estat de la France comme je vous diray ailleurs.

Ceux du Gouuernement de Nismes s'assemblent à mesmes fin, puis apres en autre endroit où ils deliberent demander au Roy quelque Paix plus ferme & mieux conditionnée que l'Edit de la Rochelle qui leur sembloit deffectueux, & non receuable en trop d'articles. Pour cet effet ils enuoierent vers sa Majesté Yollet, Philippy & Chauagnac auec charge de le remercier de la bonne affection qu'il proteste auoir pour remettre son Royaume en Paix. Que ce remede est tres-necessaire pour restablir l'Estat qui tombe en ruyne manifeste s'il n'y est promptement pourueu. Qu'ils sont en volonté de luy rendre toute obeïssance comme à leur Souuerain Seigneur. Mais d'autant que la piteuse souuenance dez massacres, montre combien il est dangereux qu'vn Roy & Seigneur soit gouuerné par les mauuais Conseils des meschans Conseillers: ils prioient le Roy ne s'estonner si eux qui auoient interest en cecy: auoient meurement auisé aux plus seurs moiens d'establir vne bonne & seure Paix. Qu'il estoit auenu par les artifices des Conseillers pernicieux: que le Roy contre son naturel s'estoit declaré par lettres patentes Chef & auteur de l'entreprinse de Paris laquelle il auoit desauoué quelques jours parauant: en quoy sa reputation estoit beaucoup amoindrie enuers les Nations estrangeres. Pour son regard ils pensoient sa volonté estre autre que les effets n'estoient aparus. Mais ils craignoient que ses Conseillers n'eussent tousjours vne mesme deliberation. Et partant n'auroient du moins faire que de pouruoir à leur seureté. Aprenans pour le moins aux despens de leurs compagnons qu'on auoit traitez si iniquement à se mieux couurir. Les demandes estoient que pour asseurer la Paix & euiter nouueaux troubles, ceux de la Religion eussent garnisons entretenues aux despens du Roy és villes qu'ils tenoient. 2. Qu'outre ces villes le Roy en baillast deux en chacune prouince de son Royaume choisies par quatre Deputez deux de la Religion & autant de Catholiques. Lesquelles seroient aussi gardées par ceux de la Religion aux despens du Roy. 3. Que l'exercice libre & public de la Religion, soit permis en tout lieu du Royaume & à tous ceux qui le demanderont. 4. Que pour administrer Iustice à ceux de la Religion: nouueaux Parlemens fussent erigez en chacune prouince de Iuges de la Religion. 5. Que pour l'entretenement de leurs Ministres: lesdits de la Religion fussent deschargez des dismes que demandent les Prestres. 6. Que les auteurs Conseillers & executeurs des massacres: fussent punis comme brigas & perturbateurs du repos public. Semblablement ceux du Gouuernement de Montauban s'assemblerent à mesme fin en Aoust, & dresserent les articles

L'HISTOIRE DE FRANCE.

ticles qui suyuent portez à sa Majesté.

Requeste des Protestâs de Quercy Languedo & pays circonuoecisins.

Sire: Nous Vicomtes, Barons, Gentilshommes, & autres soubsignez: Faisans profession de la Religion reformée, tant de nostre nom particulierement & de noz adherans: que comme deputez par les Eglises reformées de Guyenne, Viuaretz, Geuaudan, Seneschaussée de Toloze, Auuergne, haute & basse Marche, Quercy, Perigord, Limosin, Agenois, Armignac, Cominges, Coustraux, Bigorre, Albert, Foix, Lauraguay, Albigeois, Païs de Castres & ville longue, Mirepoix, Carcassonne, & autres païs & Prouinces adjacentes: Assemblez par la permission, & sous le sauf côduit de Mõsieur apresent Roy de Pologne Frere de vostre Majesté en la ville de Môtaubâ. Apres auoir veu plusieurs letres missiues de vorre Majesté cõtenans declaratiõ de sa bõne intentiõ & volõté à restablir & maintenir vne bõne & ferme Paix en ce Royaume: Rendre les deuoirs de vostre Royal Office à tous voz sujets, commencans à ceux de la Religion: Lesquels vostre Majesté veut & entend embrasser & traitter: desirant en toute faueur & protectiõ de liberté & droits de bons & naturels sujets, pouruoir par raysons & droittures à la requeste que par eux sera faite & presentée treshumblement à vostre Majesté, sur toutes les particularités qui leur sembleront estre necessaires à l'entretenement d'vne vraye & entiere Payx: Protestants en cest effect, Supplions treshumblement de tout nostre cœur ce qui s'ensuit sur les instances & reiterées promesses de Monsieur vostre Frere Roy de Pologne.

Premierement: Nous protestons deuant Dieu & ses Anges, qu'il n'est jamais entré en notre cœur auant ces derniers troubles, ou depuis, d'oster ou sustraire à vostre Majesté noz deuoirs de treshumbles, trsobeyssans & fidelles sujetz. Ains d'vne vraye amour & ferme loyauté de sujets: Auons tousjours reconnu & reconnoissons que telle est nostre vacation & condition naturelle de par Dieu, de rendre à vostre Majesté toutes choses deues par les fidelles sujets, à leur Roy & souuerain Seigneur. Que si vostre Majesté à prins à desplaisir ce que par nous à esté fait, dit, protesté & executé depuis le mois d'Aoust 1572. jusques à present: Nous le supplions treshumblement se souuenir de voz lettres du vintquatriéme dudit mois d'Aoust. Et mettre en votre tressage cõsideration, les tresjustes occasiõs qui nous ont incité & mis en toute force & contrainte les armes en la main: auec toutes choses requises & necessaires à vne juste deffence. Tournés voz yeux vers ces poures deffunts massacrez & executez cruellement à mort en plusieurs villes de vostre Royaume, souz pretexte de conspiration & toutesfois en hayne de la Religion reformée. Et regardez au petit residu, eschappé des massacres auec vne vraye componction de Pere de Patrye. Entrez en vous mesmes, contemplez profondemẽt & entẽtiuement les benefices que vostre Majesté reçoit de la singuliere & amirable bõté de Dieu: Et la dessus vous vous esmerueillerez auec nous, tant de nostre cõseruation que de ceste ouuerture de Payx en vostre Royaume. Tout ainsi que feroit vn bon pere de famille en la maison, quand apres auoir veu massacrer en sa face aucuns de ses enfans naturels en manifeste danger d'estre ruine: Il voit remettre par la grace de Dieu tout le residu de ses enfans auec la maison en vn bon & seur estat. Que si lon trouue mauuais & indigne de vostre Royalle grandeur de faire ouuerte signification & protestation d'vn tel regret: ce seroit souz correction faire encor plus de tord: Premierement à Dieu: puis à vostre conscience, à vostre honneur & sincerité, à vostre justic & Royal office: & jetter sur voz sujets de la Religion tant massacrés que viuans: vn perpetuel opprobre accõpagné de reproche de pretenduë reformation, conspiration & rebellion. A quoy nous auons à penser sur toutes choses qui sont necessaires apres le seruice de Dieu. Car aussi par mesme moyen lon justifiroit en clairs termes & ouuertemẽt tant les auteurs que les executeurs des massacres. Ce qui nous seroit reprochable & impossible à dissimuler. Et partãt pour le premier article nous tenãs à vostre letre du 24. Aoust, nous supplions treshumblemẽt vostre Majesté suyuant les traces qui en furẽt cõmancées sur la blessure du feu Cõte de Colligny, Amiral de France, selon le narré de vostre letre: de faire justice exemplaire des dits massacreurs par Iuges specialement commis, non suspects en egal & pareil nombre des deux Religions. Assauoir autres que les Cours de Parlemens & presidialles, de Paris, Tolose, Bourdeaux, Roüen, Orleans & Lion, desquelles les principaux Presidans & Conseilliers sont reputez pour auoir esté les fauteurs & approbateurs & consultateurs desdits massacres de ceux qui ont esté executez en leurs villes. Mesmes en voz prisons & Conuents. Et le plus tost que faire se pourra deputer & ordonner lesdits Iuges par tout où besoin sera, Leur enjoignant sur grandes peynes y proceder dilligemment & rondement: sans support, conniuence ny dissimulation

lation de Iustice. Or par la, voftre Majefté commencera à aracher des cœurs de vofdits fujets de la Religion, la iufte & grande deffiance qu'ils ont conceuë de fe voir liurez & abandonnez à la cruauté des maffacreurs. Et reprendront pluftoft en feureté l'occafion de fe fier en voftre fimple parolle & promeffe. Auffi voftre Majefté fe fouuiendra s'il luy plaift, qu'en certaines lettres de mandement & declaration enuoiée aux Gouuerneurs & vos Lieutenans par les Prouinces ez mois de Septembre, d'Octobre & Decembre: eft referuée la punition de ceux qui fe trouueront chargez de la confpiration faite contre voftre perfonne. Et des intelligences, menées & conduites faites durant la derniere Paix. Qui pourroit eftre caufe que fous ce faux pretexte de confpiration, nous où aucuns de nous feroient à l'auenir recerchez & moleftez en ce Roiaume: foit par voie de Iuftice où autrement. Pour obuier à telles calomnies & impreffions: plaira à voftre Majefté reuoquer en termes expres ladite confpiration. Et declarer quelle nous tient, connoift & repute toufjours pour vos fidelles fujets: innocens & incoupables de toute confpiration & rebellion. Que inhibitions feront faites à vos Auocats & Procureurs Generaux: leurs fubftituez & tous autres de faire jamais pourfuite ny metion de reproche. Que le mefme foit declaré duditfeu Sieur Amiral, Comte de la Roche-Foucaut, Sieur de Bricquemaut, de Cauaignes & autres maffacrés & executez à mort pour ladite pretenduë confpiration. Et tous Arrefts & Iugemens donnez & procedures faites fous ce pretexte contre ceux de ladite Religion: Caffez & declarez de nul effet & valleur: donnez fous fauce calomnie: declarans les deffuncts reftituez en leurs bonnes renommées, leurs honneurs & leurs biens & droits & fucceffion. Et les enfans qui pour la charge du Pere deffunct, fe trouueront emprifonnez: foient promptement deliurez & reftituez en leurs honneurs & libertez ez mains de leurs plus proches parans. Ordonnāt que ceux aufquels leurs Eftats, dignitez & Offices fujets à finances qui ont efté donnez: Seront tenus d'en payer la finance aufdits, telle qu'elle fera arbitrée par parans & amis communs. Et neantmoins que leurs meubles & argent leur feront rendus & les detenteurs à ce contraints par toute voie de Iuftice. Que pareillement toutes declarations, ordonnances & reiglemens faicts contre ceux de la Religion depuis le vint-quatriéme d'Aouft feront caffez, reuocquez & declarez de nul effect & valleur. Et pour efteindre la memoire defdits jugemens, Arrefts, executions d'iceux: Enfemble lefdites declarations, ordonnances & reiglemens: foient raiez & oftez de tous regiftres des Cours tant fouueraines que fubalternes, Et iceux jugemens, Arrefts, executions, declarations, & ordonnances & reiglemens eftre caffez & effacez. Soint auffi abattus tous mouuemens, marques, veftiges defdittes executions. Auec les liures & actes diffamatoires contre les perfonnes, memoire & pofterité defdicts deffuncts executez. Mefmes en efpecial foient abollies, fupprimées & tant que befoin eft interdites, les Proceffions Generalles & ordinaires: ordonnées tant par Arreft du Parlement de Paris en memoire defdits maffacres: que par autres Arrefts de Tolofe caffez par Arreft de voftre priué Confeil, Touchant la prinfe de la maifon de ville aux premieres troubles. Et le tout fait en la prefence de quatre notables perfonnages dont deux feront de la Religion aians perfeueré durant les troubles: les proces verbaulx de la procedure furce faits expediez, baillez à ceux qui aurōt pour cet effet charge & procuratiō expreffe. Qu'il foit declaré que juftement & pour bōne occafiō ceux de la Religiō ont prins les armes refiftans & guerroians en ces derniers troubles comme contrainrs pour les viollances à forcer dont ils ont efté ataquez & efpouuantez. Et d'autant que par l'ouye de la parolle & difcipline Ecclefiaftique: Vos fujets font mieux contenuz en office & deuoir de toute fujection. Premierement enuers DIEV: puis enuers voftre Majefté & tous autres fuperieurs, qu'il vous à pleu leur donner: Supplient tres-humblement & de toutes leurs affections, leur departir en ceft endroict le plus de voftre faueur. Et en ce faifant ordonner que par conceffion & perpetuel benefice, l'exercice de leur Religion & difcipline Ecclefiafticque fera libre à toufjours & par tout en ce Royaume tant public que priué: y comprenans nommément la liberté d'honnefte fepulture fans diftinction de temps & cimetiere public: de laquelle plufieurs Catholicques ont efmeu fouuent des riottes grandes & differans ez villes ou n'eftoyent permis lefdits exercices. Et toutes exemptions d'exercice de ladite RELIGION octroyez ez terres & villes tant de la Royne voftre tres-honnorée Mere, que de Monfieur Roy de Pologne frere de voftre Majesté & autres de vostre souueraineté, soyent reuoquez & declarez de nul effet pour l'auenir. Et pour obuier aux soupçōs qui plusieurs fois ont esté mis au deuāt touchāt les cueillettes faites & leuées entre ceux de la Religiō, du paiemēt des dixmes des lieux où sera fait ledit exercice: mesmes atendu que les dixmes de leur nature sont d'estinez audit Ministere. Que nuls de ceux de la Religion ne seront nōmez ny cōtraints par vos Officiers, Vniuersitez, Colleiges & cōmunautez à quelcōques ceremonies & cōtributiōs contraires à leur Religiō. Et tant que besoin est soit fait interdition mesmes à vos Cours & Vniuersitez, d'exiger en quelque endroit de ceux qui sōt pourueuz en quelque office ou degré, les sōmes acoustumées en l'Eglise Romaine cōtraire à leurdite religiō. Que toutes les maisōs rētes & reuenus des Colleiges & Escolles destinées à l'instructiō de la jeunesse: Serōt cēsez & repputez pour affectez à tousjours à vos sujets qui voudrōt estre receus sans faire distinctiō de Religion: ny pour le Receueur & Regēt: ny pour les disciples & les Officiers Cōsuls des villes & Lieutenās. Et serōt lesdits Escolles & Colleiges tenus d'y entretenir Recteur & Regēt des 2. Religiōs pour la satiffactiō & instructiō des vns & des autres sans fraude & partiallité. Que les Mariages des Prestres & persōnes

Mariages des Prestres

Ecclesiastiques qui sōt de presēt & serōt à l'auenir de ladite Religiō: serōt declarez legitimes. Et de mesmes leurs enfās de leurs Mariages tāt pour la successiō, que d'autres droits de vraie legitimatiō. Et tāt le Pere que les enfās declarez capables de leurs Offices, Estats & administratiō publique. Que la decisiō des Mariages sils sont legitimes ou nō: sera faite doresnauāt par les Cōsistoires & autres assēblées Ecclesiast. de ceux de ladite Religiō. Ou biē par les juges superieurs de vostre Iustice qui sont ou serōt de ladite Religiō. Que les Tuteurs des pupilles, le Pere desquels estoit de la Religiō: Serōt tenus les faire instruire & instituer en ladite Religion de leur Pere. Au moins jusques en aage de puberté ainsi que vostre Majesté l'a autrefois ordōné. Que le mesme beneficè d'exercice de la Religiō, soit accordé & dōné aux manās & habitās qui sōt de la Religiō au Côté de Venisse & Archeuesché d'Auignō. Et qu'il plaise à vostre Majesté faire tāt enuers le Roy de Nauarre: que toutes choses demourerōt en Nauarre & Bearn au mesme Estat qu'la feue Roine de Nauarre le laissa au tēps de son decez. Faire aussi enuers le Pape & Archeuesque d'Auignō: que vostre cōcessiō & bon plaisir en cest endroits, soit cōfirmé & approuué en forme deuë spécialemēt pour la restitutiō & reintegration de ceux dudit Côté de Venisse. Que les Frāçois qui ont porté les armes auec les Bearnois: joirōt du biē & benefice dudit Edit. Quād à l'administratiō de la Iustice, vostre Majesté cōsiderāt sil luy plaist les deportemēs de vos Cours de Parlemēs cōtre ceux de la Religiō specialemēt de vostre ville de Tolose dōt on peut juger qu'elle est & pourra estre à jamais leur intētiō: A ceste cause sera vostre bon

Iustice.

plaisir leur bailler Iuges non suspects. Et ordōner que tous les proces d'être les parties des 2. Religiōs, serōt jugez tāt en Ciuil qu'ē Criminel ez instāces tāt souueraines que subalternes en pareil nombre: dōt la moitié soit Catholique & l'autre moitié de la Religiō. Et où toutes les 2. parties seroiēt d'vne Religiō: que tous les Iuges puissēt estre prins & mis d'vne mesme Religiō: ostez les suspects. Et pour cet effet soit establi vne Chābre pour le ressort de chacun Parlemēt en vos villes paisibles & non suspectes à ceux de la Religion. Que toutes prouisiōs & declaratiōs obtenuës durās ces troubles & depuis le 24. Aoust dernier par les Catholiques cōtre les sētēces, jugemēt & arests dōnez parties en tēps de Paix au proffit de ceux de la Religiō: seront reuoquez de nul effet & valeur cōme obtenus par surprinse: demeurās lesdits Arrests en leur force & vertu executoires suiuās vos Ordōnāces, encores que ceux qui ont eu lesdits Arrests aiēt esté Ecclesiastiques & de l'Eglise Romaine. Que tous les sieges de Iustices qui ont esté d'āciēneté & parauāt ces troubles ez villes presentemēt tenuës par ceux de la Religiō, & sont maintenāt: sils ont esté trāslatez y soiēt restituez & les Iuges remis dés apresent & sans autres formalité en l'exercice de leurs Estats, dignitez & Offices tāt de vostre Majesté que des Sieurs subalternes & toutes prouisiōs cōtraires reuoquées: Les gages & pēsiōs païées tāt du passé que pour l'auenir. Et pource que plusieurs de la Religiō ont eu par resignatiō & à pris d'argēt suiuāt l'vsage de vostre permissiō. Aucunes Offices soit de judicature ou autres peu auant le commancement des premiers troubles: Lesquels aucunz, les resignataires de la Religion & pour la juste crainte des massacres n'ont peu obtenir lettres de don ny faire admettre à vostre Majesté la resignation: Cependant aucuns ont paié la finance promise en tout ou en partie: Les autres en ont passé obligatiō & caution de paier dedās vn brief delay, lequel passé les cautiōs ont esté cōtraintes au paiemēt de ce qui n'est raisōnable. Plaira à vostre Majesté declarer lesdites obligations rions promesses resolues & non faites.Et ordoner sans auoir esgard aux jugemēs qui sur ce pourroiēt estre interuenus.Lesquels aussi serōt declarez nuls & de nul effet:que les deniers pource regard paiez soit aux resignás ou à leurs hoirs serōt rēdus aux resignataires de la Religiō preuenus de juste empeschemēt. Et au paiemēt n'ē auroit esté fait:q̃ l'obligatiō demeurera sans effet.Ceux de la Religiō serōt admis indifferā-mēt aux Estats,charges & offices tāt de judicature qu'autres fās restrictiō de Religiō:specialemēt de resignataires & leur receptiōs reuoquées & mises en la chābre qui sera erigée pour le jugemēt de leur proces. Que toutes prescriptions conuentionnalles,coustumieres ou legales dont le temps pourroit estre escheu De la poli-durant ou depuis le commancement des premiers troubles & autres auenus depuis, & jusques à present: ce. seront estimées & tenues pour non auenues. Quant aux polices vostre Majesté peut auoir conu combien en c'est endroit la partialité,difference & distinction des persōnes pour la Religiō ap̃porte du desordre & confusion par toutes les villes & lieux ou les Catholiques surmontent en nombre & auctorité, ceux de ladite Religion: les tenans tousjours comme degradez, indignes & priuez des charges & administrations politiques.Partant sera vostre bon plaisir outre les declarations ja faites par vos Edits:quand à la capacité de ceux de ladite Religion, communication & participation desdites charges : ordonner que doresnauant par toutes les villes & lieux de ce Roiaume, lesdits charges seront administrées esgallement entre les Catholiques & ceux de ladite Religion:mesmes pour euiter les susdites charges deffendues par vostre Majesté. Que lesdits de la Religion demeurent quittes & deschargez de toutes assemblées tant Generales que particulieres: establissement de Iustice, police & reiglement, negociations, meubles, debtes, arrerages de rente & reuenuz, couppe de boys, vente de biens meubles, arrentement des immeubles & droits apartenans aux Ecclesiastiques & autres Catholiques, cotisations: & impositions des deniers & autres choses susdite ny pareillement ceux qui les ont baillez & fournis en puissent estre aucunement recerchez pour le present n'y à l'auenir.Ains les sommes pour cet effet payées par vosdits Officiers ou autres, seront allouées par vos Chābres des Comptes, Thresoriers des Finances ou autres en vertu de c'est Edit sans autres prouisions. Et que tous comptables soit de recepte par eux establie ou autre maniement de quelque choses que ce soit: seront tenuz verifier leur comptes de leur maniment, par deuant ceux qui ont eu commandement general sur eux & ausdits Conseils Prouinciaux.Et le semblable soit fait de tous ceux qui ont eu maniment & charges de deniers durant ces precedans troubles depuis l'an 1 5 6 7. Et le reliqua qui se trouuera deu par lesdits comptables ou autres detteurs desdits deniers:sera emploié à l'acquit & deschargement des dettes de ceux de ladite Religion faits à l'occasion des troubles & conduites de la guerre. Et ce fait lesdits comptables demeureront quittes desdites administrations & maniment: Et entierement deschargez en aportant l'acquit de ceux qui leur auront commande à ces derniers troubles , faits auec l'auis des Consuls & Prouinciaux & suiuant leur reiglement sans qu'à l'auenir, eux n'y leurs successeurs en puissent estre aucunement recerchez. Interdisant à vostre Chambre des courtes & autres Iuges ordinaires ou extraordinaires toute jurisdiction & connoissance: & à vos Procureurs Generaux & particuliers, les poursuittes. Demeureront aussi quittes & deschargez lesdits de la Religion de tous actes d'hostilité, leuées & conduites de gens de guerre, fonte & prinse d'Artillerie & munitions, confections de poudre & salpestre, demantellement & desmolissement de Temples & maisons, fortifications & reparations de villes & lieux Par eux tenuz, & generallement de tout ce qui à esté par eux fait & negotié durant ces dits troubles & autres precedans. Encores qu'il n'ait peu estre plus particulieremēt declaré: sans que pour aucune des choses susdites & autres auenues esdits troubles à eux ny à leur posterité en General ou en particulier soit à jamais imputé aucun crime de rebellion de desobeissance & de lezé Majesté ne leur soit fait aucun reproche: Nonobstant toutes declarations, d'Edits & Ordonnances que vostre Majesté pourroit auoir faits au contraire. Et entend que besoin seroit les reuocquer & declarer de nul effect & valleur tant pour ce regard que toutes autres choses precedantes lesdits troubles. Toutes choses prinses par personnes priuées sans autorité public, que Magistrats, Gouuerneurs, Consuls, Capitaines ou autres commis par eux ou par les assemblées des communautez d'vne part ou d'autre: seront rendus à qui elles apartiendront si elles sont en Nature. Sinon leur valleur & juste estimation. Et quand aux meubles & autres choses prinses par hostilité encor qu'ils se treuuent en Nature: ne seront recerchez n'y sujets à restitution . Que les fruits de la presente année qui ont esté prins & leuez jusques au jour & datte de ces presentes: seront declarez n'est sujets à restitution, d'vne part n'y d'autre pour obuier aux proces & differans qui à cete occasion se pourroient engendrer auec vos sujets. Que lesdits de la Religion ne pourront estre contraints n'y tirez en Iustice pour le paiement des impositions ordinaires & extraordinaires faites par les Catholiques durant les presentes ou precedans troubles & en demeureront quites & deschargez. Pource que par tout ou nous auons Guerroié pour nostre deffense, les frais ont esté si excessifs & insuportables, que la plus part de nous en sommes grandemens endetez & engagez. Plaira à vostre Majesté nous permetre vne imposition & cottisation entre nous tous de la Religion. A tout le moins jusques à six vints mil liures pour estre emploiez à l'entier acquitement de nos debtes. Et pour les leuer, nous octroier toutes contraintes necessaires comme pour vos propre deniers.Plaise aussi à vostre Majesté permettre ausdits de la Religion qui aux troubles passés ont recepté du bien temporel des Ecclesiastique & ont fourny reallement le pris de leur achept:qu'ils puissent continuer la possession & jouyssance des biens par eux acheptez pour asseurance de leurs deniers & jusques à ce que le rēboursemēt d'iceux soit fait par les Ecclesiastiques ou autres qui les voudrōt & pourrōt achapter à la charge d'ē laisser la possession incōtinēt apres le pris à eux rēdu.

 Reste maintenant le point principal. Assauoir les moiens d'vne vraye & juste seureté pour la te- Seurete nue, durée & entretien perpetuel & inuiolable des promesses & Ordonnances de vostre Majesté sur tout ce que dessus pour vne ferme & perdurable Paix. En quoy nous sommes tresmarris & desplaisans de proposer & demander à vostre Majesté par nostre hūble supplicatiō les moiēs qui nous sōt pertinens & raisonnables & à vous necessaires pour establir à jamais vne bōne & ferme Paix en ce Roiaume. Car nous eussiōs mieux aimé que les moiēs nous eussēt esté proposez par vostre beneuolāce & faueur paternelle & de vostre propre mouuemēt. Mais puis qu'il plaist à vostre Majesté nous permettre & tāt honorer de la vous demāder: Nous suppliōs treshūblemēt vostre bōté, que vostre plaisir soit pour le biē de vostre Estat, le repos de vostre esprit, la grādeur & fermeté de ceste Courōne, biē & repos comūn de tous vos sujets: cōtracter vniō & alliāce de nouuelle promesse cōjōctiō & amitié perdurable auec tous les Princes, Potētats, Republiques d'Allemagne & Suisses, les Roine d'Angleterre & d'Escosse affin de maintenir d'vne cōmune main, vniō & cōsētemēt, L'vniō tāt entre eux & leurs sujets qu'ētre vostre Majesté & tous vos sujets entiers, tāt ceux qui se nōmēt Cathol. que de la Religiō reformée. Et ce en toutes choses ciuilles & humaines. Que les alliez, jurerōt & promettrōt l'ētretenemēt de ladite vniō, cōjoinctiō & amitié pour la cōmune cōseruatiō de tous en l'Estat & cōmuniō que dessus en toutes choses ciuilles & humaines: & tout ainsi qu'il se feroit si tous estoiēt d'vne Religiō. Et ce au derroit des païs terres & Seigneuries desdits Rois, Princes, Potētats & Republiques. Promettrōt & jurerōt aussi que où aucuns desdits Sieurs Roys où leurs successeurs, Princes, Potētats & Republiques entretiēdrōt ladite vniō: si aucuns viollēt la foy publique & promesse tant desdits alliez que d'être aucuns de leurs sujets: Ceux qui la tiēdrōt de leur part, pourrōt cōtraindre par toutes voies d'armes les cōtreuenās. Et mesme serōt tenus à la seule requisitiō à l'interest des obseruateurs de ceste vniō de quelque Religiō qu'ils soiēt. Que vostre Majesté se desportera expressemēt de toutes ligues & promesses qu'elle a faites cōtre ceux de la Religiō. Que pour euiter vne cōspiratiō & vespres Siciliēnes cōtre ceux de la Religiō en ce Roiau. Auōt par special preuillege & permissiō perpetuelle la garde des lieux & villes q̄ nous tenōs à presēt. Et outre quelques villes de chacunes Prouinces telles qu'elles serōt auisées par 8. notables personages choisis par 2. que vostre Majesté deputera & autres q̄ ceux de la Religiō reformée nōmerōt. Que les Garnisons de vostre Majesté soient logées seulement ez villes de frontieres & d'ancienne garnison: ou bien au plus loin que faire se pourra desdites villes & lieux presentement tenus par ceux de la Religion. Et que soit en allant ou reuenant desdites Garnisons, ne pourrent loger grand nombre de cheuaux auec leurs armes sans le consentemēt desdits de la Religiō. Ains y viurōt & se logerōt si modestemēt qu'il n'ē puisse auenir soupçō n'y incōueniēt. V. M. prēdra en bōne part s'il vous plaist d'estre supplié biē hūblemēt: Que vos Gouuerneurs & Lieutenās generaux qui viēdrōt passer & visiter lesdites villes que nous tenōs presētemēt pour lesdits de la Religion: n'y puissent venir forts ny accōpagnez que de leur train ordinaire & accoustumé en tēps de Paix. Et qu'ils soiēt amonestez de tellement se comporter esdites villes & lieux: que ceux de la Religiō n'aiēt occasiō d'être en crainte n'y soupçon. Et le semblable soit gardé par ceux de la Religiō: Que riē ne sera desmoli desdites villes & lieux gardez par ceux de la Religiō de ce qui à esté fait par fortificatiōs, sinō en tāt qu'il se trouuera expediāt pour leur seureté: ni leur riē demāder ni oster de leurs munitiōs de guerre & armes soit d'artillerie ou autres. Et pour le plus grand & meilleur effet de Vostre Roialle autorité & bonne volōté à l'ēdroit de ceux de la Religiō & sincere obseruatiō des articles de ceste Paix: Nous suppliōs treshūblemēt V. M. qu'ē plaine assēblée de vostre cōseil priué premieremēt, puis en vostre Court de Parlemēt de Paris & plaine audiāce par V. M. Les Roines vos treshonnorez Mere & espouse & nos souueraines Dames: M. vos freres Sieurs Princes de vostre sāg: les Sieurs Mareschaux de Frances & Cōseillers de V. Cōseil priué, sera cōfirmé & juré l'ētretenemēt d'étiere, perpetuelle & fidelle obseruatiō des articles de ceste Paix. Et que le mesme soit fait par tous les Presidās, Conseillers, vos Auocats & Procureurs & chacun d'eux en tous vos Cours de Parlemēs & Cours Presidialles. Que pour la mutuelle asseurāce d'vne obeissāce & fidelité perpetuelle: ceux de la dite Religiō par tout ce Roiau. generallemēt & solēnellemēt auec les Catho. Renouuelleront ce juremēt de fidelité deuāt vos Officiers sur les lieux: auec cōditiōs & promesses reciproque de n'executer onq̄s plus à l'auenir aucūs massacres les vns cōtre les autres en general ou en particulier, cōmādez par quelques personnes q̄ ce soit sās nul excepter. Ains sera delaissé toute cōnoissāce de crime & vēgeāce publique aux cours de V. Iustice acordées en ces articles de paix. Et affin de paruenir peu à peu à vne vraie reintegrāce d'amitié entre tous vos sujets des 2. Religions. Suppliōs treshūblemēt V. Majesté ordōner que chacun an lesdits juremēs soiēt renouuellz durant 5. ans tant par vne assemblée d'Estats principaux qui sera en l'vne des villes plus paisibles en chacune Prouince: Qu'en assemblées Generalles des habitās de chacune ville capitalle du Diocese qui se tiendra en diuers temps entre ceux desdites Religions. Sauoir est de l'assemblée principalle par les Deputez de l'vne & l'autre Religion tant de la Noblesse que du cōmun de toutes les Prouinces: & de l'assemblée de chacun Diocese & Bailliage par semblables Deputez desdits Dioceses & Bailliages. Là où promettront & jureront non seulemēt ferme Paix & amitié reciproque: Mais aussi exposer leur vie pour le seruice de vostre Majesté. Specialemēt a maintenir c'este vnion & Pacification côtre tous infracteurs & perturbateurs sans nul excepter cōme dessus. Finalement nous esperons que vostre Majesté trouuera bon si nous vos treshumbles seruiteurs & sujets: cōtinuons ceste garde sans offance n'y hostillité sur la surseance & cessation qu'il à pleu à vostre Majesté nous cōmander. Fait à Montauban le 25. Aoust 1573. Signé Paulin, Gourdon &c.

Cōme ceux là articulloiēt les demādes qu'ils firent à la Majesté. Les Prouençaux & Dauphinois deliberent aussi luy faire plaintes & le supplier d'y prouuoir. A ces fins Deputerēt gens lesquels se rencontrerent à Tarare auec ceux de Languedo & Quercy qui alloient à mesmes fins se presenter au Roy: deuant lequel vn pour tous harengua comme s'ensuit.

Sire auāt que d'ētreprēdre la charge qui nous à esté cōmise par vos treshumbles & tresobeissans sujets les gens du tiers Estat de vostre païs & Cōté de Prouēce, Forcalquier & terres adjacentes: Nous auons bien preueu 3. points qui rēdront nostre legation odieuse: du moins sans faueur telle que nous eussions volontiers desiré pour retourner en nostre païs exorateurs cōme nous en sōmes sortis Orateurs & cōme tels nous presentōs à vostre Majesté. Le premier est que c'est chose mal seante aux sujets de s'enquerir des affaires particulieres de leur Roy, & vouloir tirer raison de l'administratiō d'iceux. Le 2. que les sujets doiuēt estre asseurez de la bōne affectiō de leur Prince & qu'il ne les greuera de subsides extraordinaires sans grādes causes & vrgētes necessité. Et par ainsi l'impositiō ne gist au Cōtrerolle de ses sujets. L'autre q c'est vne chose intollerable & indigne de sujet de vouloir imposer Loy & retrāchemēt aux affaires d'Estat, dōt il n'a cōnoissance que par cōjecture & superficiellemēt. A la verité ces 3. points nous ont fait refuzer plusieurs fois nostre legatiō. Et ne fussions cōdescēdus à l'accepter sans 3. autres cōsideratiōs qui nous ont esté exposées en l'assemblée des 3. Estats tenus au mois de Iuillet dernier en vostre ville d'Aix. L'vne de vostre bōté & clemāce naturelle & assez experimētée enuers vos sujets: De laquelle nous deuōs esperer benigne & fauorable audiance en l'Estat si desplorable de vostre païs de Prouēce duquel peut estre vostre Majesté n'est fidellemēt & deuēmēt auertic. L'autre que de tout tēps les bōs Roys, Princes & Potētats, ont nō seulemēt escouté les plaintes & doleāces de leurs peuples: mais caressé & receu amiablemēt, les Deputez à telles & si importables charges. Le dernier qu'en extremité il faut auoir recours frāchemēt & librement à celuy qui de luy mesme y peut appliquer le remede necessaire. A quoy nous pourrions ajouster que plusieurs choses se font sous l'autorité du Roy & sont cōmises a leur deceu: dōt ils sçaurōt quelque fois mauuais gré à ceux qui ne les ont auertis. Nous auōs, Sire, preposé toutes ces cōsideratiōs, affin que chacun entende que nous ne venons ici cōme mutins, rebelles & seditieux. Que nous n'auōs charge de cōtreroller vos deniers, nous enquerir particulieremēt de l'ēploy d'iceux où reuocquer en doubte la fidellité ou integrité de ceux qui sont cōmis au maniémēt de vos fināces. Mais seulemēt pour faire entēdre à la verité cōbiē de charges, impositiōs, aydes, subsides, tailles, taillons, creuës & autres tribuz que paie & suporte le poure & miserable Estat. Or, Sire, vous pourrez treuuer estrāge que nous qui sommes Deputez pour la Prouēce: entremeslōs aussi les doleāces & remōstrāces du tiers Estat de vos Prouinces de Lāguedo & Dauphiné. Toutesfois je qui porte la parolle, suis assisté des Deputez dudit païs ici presēs & qui m'ē ont dōné la charge nous estās fortuitemēt rēcontrez à Tarare aiās vne mesme legatiō & Ambassade. C'est pourquoy, Sire, pour ne facher vostre Majesté de la repetition de semblables propos & veu que nos doleances sont sur mesme point & tendant à vn mesme but: ils m'ont choisi seul pour parler au nom esgal des trois Prouinces. Ce que j'ay d'autant plus volontiers & hardiment entrepris & accepté: que vous auez experimenté, Sire, ma loiauté preud'homie & sincerité en vostre pays de Prouence, auquel il à pleu à vostre Majesté m'esleuer en l'vne des premieres dignitez de vostre Parlement. Sire, vostre Cōmté de Prouence est de l'anciē Royaume d'Austrasie jusques à René Roy de Sicile qui en fit donnation au Roy Loys 11. Et est tousjours demeuré en la puissance des Ducs de Lorraine & de Bar, du temps de

Harangue plaintiue au Roy par les Protestans de Dauphiné, Prouence & Lāguedo & pays circonuoisins.

Discours sur l'estat & ancienne du Comté de Prouence

Aoust 1573

Prouence taillable fous François 1.
Viennois & Dauphiné.
Languedo.
La France taillable fous Charles 7. feulement pour la guerre des Angl.
Impositions fur le vin. Gabelles du fel.
Aydes.

ce bon Roy René qui à esté veu par aucuns estäs encore en vie. Les Prouencaux ne paioient lors tailles, impositions, aydes, fubsides, gabelles, ny tribuz quelconques. Car il viuoit opullement & magnifiquement du reuenu de son domaine: estant paisible auec tous ses voisins & passant le temps à faire des peintures telles & si excellantes, qu'elles se voient encores à present au Palais d'Aix ville Capitale de Prouence. Le Roy Loys prenät possession du païs de Prouence: leur accorda & confirma les exemptions qu'ils auoient du temps du bon Roy René. Et ont duré jusques au grand Roy Fräçois premier, lequel pour la necessité de la deffense du païs lors que l'Empereur Charles le quint y descédit: rendit le peuple d'iceluy taillable & sujet aux autres impositiös de son Roiaume. Le païs de Viènois & Dauphiné, Sire, lors qu'il fut vëdu à vos predecesseurs Roys par Messire Humbert Dauphin: Iouissoit de pareilles frächises & libertez que celui de Prouëce. Autät estoit il au tëps de Raimöd & Berangier Cöte de Tolose pour le païs de Lägued. Et à vrai dire, par toutes les Prouinces de ce Roiaume on n'auoit oï parler de tailles, subsides & impositiös jusques à ce que les Anglois aians vsurpé la meilleure partie du Roiaume: force fut de leuer grandes armées pour faire cesser les vsurpatiös. Et parce que le dömaine Roial estoit tenu par les Anglois: les François, la fidellité & deuotion desquels surpasse celle de toutes autres Natiös de la terre: accorderët au Roy Charles 7. de les cotiser & tailler. Et lors seulemët cömancerët les tailles cöme les Registres de la Court de Parlemët & chäbre des Cöptes font foy. Ces tailles legeres & de peu d'estime ne pouuäs suffire à si gräde entreprinse il demäda aux Estats qu'ils luy aidassët en ceste necessité. Et lors l'ö accorda le 20. des vins puis le 8. & 4. Finallemët on vint aux Gabelles sur le sel & toutes ces impositiös furët nömez aydes. Ce qui tesmoigne la fin de leur inuëtiö & que c'estoit seulemët pour auoir lieu tät que les guerres dureroiët cöme expressemët portët les Registres desdites Cours & chäbre des Cöptes. Toutesfois le peuple Fräçois est si obeïssät à son Roy, qu'il les à cötinuez & païées libremët estäs cötés de les cötinuer cöbië qu'elles aiët cessé quelque tëps après que les Anglois furët du tout chassez: Le gräd Roy Fräçois autät vexé & trauaillé de guerres qu'il estoit pëst bië: deceda heureusemët sans auoir surchargé le peuple que de l'impositiö du 20. denier sur la vëte des marchädises & de quelques deniers sur le Clergé. Le Roy Henry a bië rehaussé les decimes & establi les droits du domaine reserué le passage, domaine forain & impositiö foraine. Quäd au poure peuple pour son gräd soulagemët, il fut seulemët surchargé du Taillon, saintemët ordöné pour le Roy & la gëdarmerie. Et toutesfois chacun sçait que ce bö Prince fut accablé de tät d'affaires & guerres que rië plus. Aujourd'hui, Sire, c'est le cötraire. Du tëps du Roy Loys 11.

Tailles du Royaume cöbien elles ont creué depuis Loys.

les tailles ordinaires de Dauphiné estoiët de 70. mil li. Celles de Lägued de 132. mil li. Du tëps du gräd Roy Fräçois & en là après sa prinse à Pauie elles furët creuës en Dauphiné de 40. mil li. & en Lägued de 67. mil 800. liures. Ce qui doit estre tenu à peu de chose attëdu l'vrgente necessité de moienner la deliuräce du Roy & de Messeigneurs ses enfäs. Du tëps du Roy Henry, Les tailles de Dauphiné & Lägued furët laissez au mesme Estat, que du tëps du Roy Fräçois cöme aussi les tailles nouuellemët imposées sur la Prouëce qui furët de 4. vints 6000. liures. Le Taillö n'estoit de ce temps là que de 32. mil liures. Pour la Prouëce 27. mil. Pour le Dauphiné de 57. mil 362. liures. Pour le Lägued. Depuis vostre regne, Sire, du tout paisible sans dissentiös ciuiles: L'ordinaire des tailles est de 512. mil 90. liures. Celuy de Prouence de 376. mil 108. liures. Celuy de Dauphiné de 258. mil 118. mil liures. Et les creuës de 2. 3. & 4. souls pour liure mötant à plus de la moitié desdites sommes. Le taillon est redoublé, l'on à mis sur les 5. souls pour muy de vin. L'on a fait imposition sur les huiles pour les consignatiös sur les proces. Leuées de deniers ont esté faites ja par 6. fois par commissions extraordinaires & empruntz tant Generaux que particuliers: Montans en Prouence douze cent mil liures y comprenans la cotisation des Paroisses. En Dauphiné à neuf cens mil liures sans toucher à la vente des biens Ecclesiastiques & aux decimes qui quadruplent l'ancienne cotisation: ensemble l'emprunt General n'agueres fait sur les villes paiable à trois années: dont la derniere escheut l'an passé. Et au nouueau subside sur les draps. Nous ne parlerons point de plusieurs menuës cueillettes de deniers faites sur ces trois Prouinces pour la soulde, fourniture & entretenement des guerres durät les troubles ciuils: Mais l'insolence faite au plat pays: La concussion & rançonnement du poure peuple desdites Prouinces excede en extimation toutes les tailles, aides, creuës, subsides, impositions, emprunts, decimes & autres leuées ordinaires & extraordinaires: Car l'homme de guerre n'estant paié de la solde, se desborde en toute liberté & pilleries,

exactions

ex actiõs rançõnemẽt & autres actes qui ne se cõmetteroiẽt en païs d'ẽnemis ou de cõqueste. *Le bon Roy*
Voila, Sire, vn poure peuple desnué de sa gresse, de sa chair & de son sang. Represẽtez vous, Si- *acomparé*
re, vne vraie anatomie du corps humain, auquel ne reste que la peau & les os & encores foulez. *au bon pas-*
Car vostre peuple luy ressẽble par vne grãde sympathie. Il ne demãde qu'à se resouder & refai *teur qui tõd*
re. Mais il ne peut auãcer tant d'ẽprunts, speciallemẽt auec la guerre. Vn vray Roy est cõparé à *cher ses Bre-*
vn bõ Pasteur duquel le propre est de tõdre & nõ pas d'escorcher. Vous supplient dõt treshum- *bis.*
blemẽt les gẽs du tiers Estat de ces Prouinces desolées, Sire, qu'il plaise à vostre Majesté pour
uoir à la Generalle Pacificatiõ des troubles. Et aiãt esgard aux miseres, pouretez, ruines, calamitez, desolatiõs, meurtres, assassinats, saccagemẽt de villes, cõcussiõs, exactiõs, oppressiõs, pille
ries, rãçonemẽs, meschãcetez, viollemẽs de fẽmes, desloratiõs de vierges & autres maux qui en
sont prouenus. Reduire lesdites Prouinces en bõne trãquillité, vniõ & cõcorde par telles Loix
que vostre Majesté trouuera raisonable. N'estant plus possible de viure en tel desordre que le
mal du tẽps apporte esdites Prouinces. Lesquelles sont tant espuisées de deniers & moiẽs qu'à
grãd peine les gẽs du tiers Estat pourrot auoir la seule cõmodité de viure. D'autãt que les gens *But de la re-*
de guerre ont tout pillé & rauagé. N'estãt resté grãd bestial n'y argẽt dõt le peuple ait moiẽ de *queste pour*
s'accõmoder. Causes qui apportẽt necessité de supplier vostre Majesté, Sire, de descharger pour *remetre les*
le tẽps de dix ans le tiers Estat desdites Prouinces de toutes tailles, creuës, aides, subsides & de *tailles en*
toutes autres impositions ordinaires & extraordinaires. Et le tẽps escheu reduire le tout aux ter *l'Estat du*
mes & Estat qu'ils estoiẽt du tẽps du Roy Loys 11. du moins sous le regne du Roy Frãçois pre *temps de Loys 11. ou*
mier. Toutessois en cas de necessité & icelle durãt, lesdits gẽs du tiers Estat s'offrẽt volontiere- *du moins de*
mẽt à vostre Majesté sans aucune restrinctiõ de tous leurs biẽs & leurs vies, Ce que nous vous *Francs. 1.*
supplions, Sire, de biẽ peser & ordõner à gẽs de biẽ, affectiõnez au public & fidelles de s'enquerir *Recerche*
à quels vsages jusqs ici tãt de deniers leuez sur vostre poure peuple ont esté employez. Et qu'à *de l'admi-*
l'auenir les gẽs de guerre soiẽt biẽ paiez. Qui est le seul moien de les faire viure & faire cõtenir *stration des*
sous vne bõne reigle & discipline militaire. Et lesdits gẽs du tiers Estat priront Dieu pour vo- *deniers.*
stre grãdeur. Plusieurs Catholi. treuuerẽt ces demãdes fort estrãges & hautaines: Mais les De
putez de Lãguedo principallemẽt y cõtinuerẽt & parlerẽt encor plus haut en plain cõseil deuãt sa Majesté. Si biẽ que la Roine Mere esbahie de voir gens à demi perdus, si asseurez en leur
hardiesse: leur dit doucemẽt qu'il ne se falloit si eschauffer veu leur Estat & la qualité du tẽps
où ils se trouuoiẽt. Et que si le Prince de Cõdé estoit viuãt au meillieu de la Frãce auec 20. mil
cheuaux & 50. mil hõmes de pied, il ne voudroit demãder la moitié de ce qu'ils attẽdoiẽt. Puis
on parla particulierement à chacun des Deputez. Mais il auoit esté resolu en l'assẽblée de Millaud qu'ils ne feroiẽt autre chose que presenter la Requeste & rapporter la respõce du Roy aux
Estats par l'autorité & auis desquels on se gouuerneroit: Quelque tẽps apres le Roy leur fit dõner à tous cetet responce & en mesme jour apres leur auoir dit en substance ce qui suit. *Responce*
 du Roy aux
Le Roy aiãt entẽdu les remõstrãces qui luy ont esté faites par les Deputez de ceux de la Reli- *articles de*
giõ pretẽduë reformée enuoiez vers luy: vsant enuers eux de sa clemẽce & douceur naturelle: *Languedo.*
leur à declaré de bouche l'asseurãce qu'ils doiuẽt prẽdre de sa bõne grace, faueur & protectiõ,
lors que par effet ils se rẽdrõt tels enuers luy que tous bons & loiaux sujets doiuẽt estre à leur
Princes. Ce qu'ils ont assez cõnu par son Edit dernier, sous le benefice duql ils ont toute deuë
satisfactiõ de ce qu'ils ont tousjours demãdé de liberté de ladite Religiõ, seureté de leurs perso
nes & biẽs. Et pource qu'ils declarẽt, n'auoir autre. volõté que d'obeir & satisfaire au cõmãdemẽt de sadite Majesté: Elle à auisé pour les en rẽdre plus capables: enuoier Mõsieur d'Vzez le
Sieur d'Acier & le Sieur de Queluz Cheualliers de sõ ordre deuers Mõsieur Dãuille Mareschal
de Frãce Gouuerneur & Lieutenant General en Lãguedo pour luy dire de sa part: qu'ils aient
à faire ellectiõ de quelq ville au lieu de sõ Gouuernemẽt proche de Mõtaubã & plus à propos
qu'il auisera. Et là se retirer, auertissans ceux de la pretẽduë Religion reformée d'y enuoier les
Sieurs où autres pour cõferer auec eux par ledit Sieur Mareschal de ce qui concerne leurs repos, seureté & cõseruatiõ de la Paix & autres choses apartenãs à l'executiõ dudit Edit. Aussi le
fait de la Iustice, laquelle ledit Sieur entẽd estre faite en toute integrité & equité. Et y auiser pa
reillemẽt des prouisiõs qui serõt necessaires sur les particulieres deppendances de ce cas. Afin
que le 15. du mois de Decẽb. prochain, que sa Majesté espere estre de retour en la ville de Cõ-
piegne du voiage qu'elle à fait presẽtemẽt sur la Frõtiere de sõ Roiau. pour cõduire sõ frere le
Roi de Pollogne s'ẽ allãt: & auerti du tout par ledit S. Maresl. Dãuille il y dõne tel ordre, qu'il

Aaa iiij.

L'HISTOIRE DE FRANCE

Aoust 1573
Treues.

verra estre necessaire. Et d'autant qu'elle à esté requise par les Deputez de prolonger la suspention d'armes qui leur auoit esté cy deuant accordé: Sadite Majesté desirant restablir la tranquillité parmi ses sujets: en escrit audit Sieur Mareschal de faire cesser toute hostilité: pourueu que lesdits de la Religion donnent ordre de leur part qu'il ne soit entreprins aucune chose au contraire. Comme il est auenu ces jours passez. Ce que je leur deffend tresexpressement. Fait à Villiers Cotrets le 18. d'Octobre 1573. Signé Charles, & plus bas Fizes.

Responce du Royaux-Prouençaux & Dauphinois.
Charges du Roy

Le Roy à receu de bône part les remôstrances & Requestes des deputez de Lâguedo & Prouence. Les à asseurez de leur donner tant de soulagement que ses affaires pourront permettre: Desplaist merueilleusement à sa Majesté que son poure peuple à tant souffert par l'injure des troubles, pour la pacificatiô desquels il a fait publier sô Edit qu'il entêdobseruer. Et entât qu'il luy sera possible tendre la main à plus grande Pacificatiô. Faisant entêdre sa Majesté à tous ses sujets qu'il est chargé des Apânages de Messieurs ses freres, mes Dames ses sœurs, de l'êtretenemêt de la Roine, Des douaires des Roines sa Mere & d'Escosse: Assignats de la feu Roine Alienor, Duchesse de Berry de Frâce: dôt les Roys son ayeul & Pere n'estoiêt chargez. Outre vne infinité d'autres grâdes affaires: dont sesdits ayeulx & Pere sont laissé redeuable: qui à esté cause de surcharger son dit peuple auec sô grâd regret. Fait à Villiers Cotrets le 18. d'Octo. 1573.

Aoust 1573 Sancerre
Parlement à Sancerre pour la reditiô de la place
Ambassadeurs de Pologne ont forti serui à la Paix

Pour retourner à la suitte & continuation du siege de Sancerre. Entre les sortis pour cercher secours & prêdre langue ou il pourroiêt: vn aiant fait 8. voiage sorti le 27. Iuillet & auoir saucé la Sâtinelle rêtra le 6. Aoust raportât nouuelle de l'esectiô de Monsieur au Roiaume de Pologne, de la Paix côcluë & que Sancerre estoit remise au vouloir du Côte. Toutesfois il asseuroit ce qu'ô luy auoit dit qu'il falloit que le siege se leuast dâs 8. iours, côme ils furêt mal auertis & plusieurs autres choses ce qui leur à fort prejudicié. Ce mesme jour quelques Capitaines parlemêterêt au Rauelin S. André. Puis Môtigny auec Ioanneau des moiens de leurs deliurance à laquelle la Chastre estoit incité tant pour la côpassion qu'il en auoit: que pour s'aprester a accôpagner son Excellêce en Pologne côme Môsieur l'auoit ordôné. A quoy au sli la misere incitoit les assiegez: biê que resolus de creuer fils ne voioiêt moiê de s'asseurer, que leur persuada Môtigny auquels ils se fioiêt plus: leurs Protestât quils seroiêt traitez doucemêt. A ce leur aiderêt fort les Ambassadeurs de Pologne venus pour querir Monsieur qui dressoit les preparatifs de son voiage. Car aiâs sceu que Sâcerre estoit encore assiegée: interpellerêt Môluc & de Lâssac de leur promesse faite au nô du Roy de mettre en liberté toutes les villes & places molestées pour la Religiô. Ce que ne leur pouuât estre hônestemêt denié: Les Sancerrois demy morts se virêt deliurez par gens si esloignez plus que par le secours de leurs voisins. Sur ce plusieurs Capitaines & soldats, impatiês de la lôgueur de ces Parlemês se mutinerent, pres à sortir s'ils n'eussêt esté receus par les raisôs & auctorité de leurs Chefs: Ausquels la Chastre fit entêdre le onziême Aoust que quoy que l'on craignist de se rendre à luy: il asseuroit neantmoins tous les assiegez de la ville d'vn bon traitement. Ce qu'ils n'atendoient pas & qui les resjouyt d'autant plus fort. Cependant le Capitaine la Fleur prisonnier à Bourges, rompu & brisé à la torture estoit fort tourmenté par Maistre Anthoine Fradel Sieur de Loye Lieutenant criminel: le frappant d'vne latte de bois sur le ventre pour luy faire confesser les auertissemens & intelligences que les assiegez auoiêt auec les Gêtilshommes du pays qui ne le voulut onc declairer: Apres auoir prié Dieu le 13. Aoust fut pêdu & estrâglé. Puis son corps jeté en vn fossé du Preschaud. L'vn des vaillans & auisez Chefs de nostre têps. Sur ce les Parlemês côtinuoiêt de jour à autre: ostages furêt donnez des 2. costez. Et les Articles de la Paix leus en Sancerre sur l'asseurance de laquelle les Sancerrois estoiêt plus incitez à capituller que pour autre effet jusques a promettre 36. mil liures à la Chastre pour les frais de son armée & 2. mil escus pour les blessez obuiât par la au Sac de la ville, & racheptât les meubles qui estoiêt autremêt côfisquez, & aussi pour l'asseurâce de leurs vies. A la charge qu'on permettroit que les marchans estrâgers iroiêt acheter du vin: dont y auoiêt encor plus de mille poinssons & autres meubles sans la vête desquels ils disoiêt qu'ô n'y sauroit satisfaire, En quoy furêt côprins les reffugiez & habituez par Ioanneau. Les Articles portoiêt que les habitans & reffugiez y pourroiêt exercer leur Religiô en la forme permise pour la generalité tenant le parti de la Religion pretêduë reformée par l'Edit fait par le Roy sur la Pacificatiô des troubles en Iuillet an present au chasteau Boulôgne. Le Roy leur pardônera tout ce qui est auenu à Paris le 25. Aoust 1572. Sans quils puissent estre recerchez d'aucune chose: les receuâs par sa bôté acostumée à la seureté de leur vie qu'ils tiêdrôt de sa grace speciale. Rentrôt en la proprieté & jouissance de tous leurs biens

Le Capitaine la Fleur pendu & estrâglé à Bourges.

Articles de la Capitulatiô & reditiô de Sancerre.

LIVRE TRENTESIXIEME.

desquels les dons que sa Majesté en pourroit auoir fait sont reuocquez. Et pour leurs meubles, Le sieur de la Chastre à requis pour euiter au sac d'iceux & desordre qui se pourroit ensuiuir de la licēce qu'ō dōneroit aux soldats qu'ils se voulussent acorder de 40. mil liu. à paier dedās le 25. du mois pour estre departies par forme de donatif aux Capitaines & soldats blessez & au tres selon ce qu'il verra estre raisonnable. Pource sera permis aux habitans & refugiez de vendre & disposer & mener leurs meubles ou bon leur semblera sans aucun passeport. Le cinquiéme la Chastre promet faire ratifier le tout au Roy: signé cependant de luy & autres Seigneurs qui luy assistoyent en Conseil: auquel les susdits promettent luy remettre la ville entre mains pour y entrer comme il auisera si tost que ladite ratification leur sera presentée signée de sa Majesté: laquelle attendant dedans le vintquatriéme du mois, surceace de tous actes guerriers fut accordée d'vne part & d'autre: sans que les Catholiques puissent aprocher de la ville plus pres. Et les assiegez descendre plus bas que de coustume, sans permission expresse dudit sieur. Et pour entretenir le tout ostages furent donnez des deux costez. Ces articles signez par les Chefs Catholiques & Protestans le dixneufiéme Aoust mil cinq cens septante trois. Ceux de la ville commencerent lors d'auoir pain & viande par les Catholiques, & le Vendredy suiuant communiquerent ensemble. Le surplus accomply, les Capitaines Buisson, Chaillou & Montauban enmenerent six vints harquebuziers conduits en seureté jusques à Chastillon sur Loyre sept lieues de Sancerre. Puis la Dame de la Chastre & son mary entrent en Sancerre où l'exercice Catholique fut remis & les murs, portes & tranchées toutes ruinées demeurant la ville sans Orloge, cloches ny autres marques de ville. Sur le soir du douziéme Septembre les Archiers du preuost firent sortir le Bailly Ioanneau de son logis & à quelques pas de la le tuent & le jettent en vn puis. Il estoit homme graue, de bon entendement & grande creance vers les habitans. Mais opiniastre & long en exccutions güerrieres. Le Bailly de Berry, le Capitaine Durbois & quelques autres furent laissez à Sancerre, & vint cinq dans le Chasteau aux despens de la ville. Contre laquelle furent tirez cinq mil neuf cens & quinze cannonades. Quatre vints quatre personnes moururent. Plusieurs furent tuez és vignes. Mais la famine en à tué six fois plus. Cent quarante furent blecez, de douze à treze cens Catholiques moururent deuant. Entre lesquels Quiriers Lieutenant de Goas, la Lobiere guidon du Comte de Briene, le Capitaine Cabassolle & autres sans vn grand nombre de blecez.

Sancerre démantellée & reduite en village.
Le Bailly Ioanneau tué & jeté en vn puits.
Morts au siege de Sancerre.
Septembre 1573.

Ie vous ay dit cy dessus que les Eglises Protestantes s'estoient associées en l'assemblée de Realmont pour se maintenir d'vn commun auis contre les Catholiques: auec lesquels outre ce ils s'entrepromirent tous de ne rien negocier ny conclure que par le consentement de chacun d'eux. Vous auez aussi veu l'Estat du siege de la Rochelle. Et comme l'Edit de Paix y fut conceu & publié, auquel Nismes & Montauban estoient compris. Ce que ceux de Quercy & Languedo treuuerent fort estrange. Ceux la pource qu'ils n'auoient donné charge à des Moullins & la Place premier consul de Montauban de consentir à vne Paix particulliere ains generalle pour la seureté de toutes les Eglises. Enquoy toutesfois ils ne se monstrerent seulement affectionnez à conclure ceste Paix: Mais comme Procureurs du Roy, contre les Rochellois, pour leur persuader au nom de leurs pays d'accepter telle Paix, qu'ils estimoiēt tresnecessaire à tout le Royaume. Ceux de Languedo plus faschez qu'on l'eust jurée pour eux, sans en auoir jamais donné charge à personne, de sorte qu'ils en entendirent plustost la conclusion qu'ils ne sceurēt qu'aucun feust allé vers le Roy de Pologne pour cest effet. Au moyen dequoy desauoüans taisiblement tout ce que ces deputez auoient accordé, Supplierent le Mareschal d'Amuille & l'Amiral, d'obtenir du Roy vne surceance d'armes jusques à la fin de Septembre mil cinq cens septante trois. Pendant laquelle il leur fut permis s'assembler à Montauban, pour dresser & euuoier au Roy vne Requeste. Ce qu'ils firent par Yollet, Chauignac, Philippy & Boisse Auocat pour le Roy de Nauarre au Comté de Foix. Vous auez la Requeste & la responce à icelle en autre endroit plus propre que cetuy cy.

Les Protestans de Quercy & Languedo refusent la Paix.
Enuoient au Roy.
Septembre, Octobre 1573.

Povr continuer la memoire de ce qui se passoit en Languedo & pays voisins, desquels je vous ay represēté les desseins & portemens passez: Ils auoient surpris beaucoup de places és principalles desquelles ils entretenoiēt garnisons au dommage & plus grans ennuy des prochains Catholiques. Cōme en Viuarets ils tenoiēt Aubenas, Priuas, Villeneufue de berg, le Pont & plusieurs forts, villettes & villages jusques au pres du Puy en Auuergne à cinq, six & huit lieues l'vn de l'autre en pays bossu ou le Canon ne pouuoit marcher aisément. En Languedo

Les places que les Confederez en Languedo & carriers voisins auoient surprise sur les Catholiques.

A aa iiiij

Septembre.
1573.

Lodesue, Chef de Diocese auec vintcinq ou trente villages cloz & murez, Gabian, Petreride, Cabrieres: le tout de vint lieuës d'estenduë ou enuiron. Vsez, Chef de Diocese la plus forte & en plaine, à trois lieuës de Nismes, auec Cinquante ou soixante forts & villages dudit Diocese. Entre autre saint Ambrois & Leuans bonnes villes en endroits de difficille accez. Nismes Chef de Diocese, Anduse à sept lieuës au pied de Montagnes des Seuenes, Vezenobe, Sauue, Gaugez, le Vigan. Tout le pays des Seuenes de vintcinq lieuës d'estenduë dedans

Viuaretz.
Languedo.
Les Seuenes
Giuaudan haut & bas.
Rouergne.

lequel y a soixante ou quatre vints villages ou forts de difficile accez d'où la messe est bannie. Au pays du haut Giuaudan voesin desdits Seuenes Mariojoux, ville close & la seconde du Pays apres Mande: les Chasteaux de Peyre & Marchastel, de malaisé accez. Au bas Giuaudan qui est dedans les Seuenes. Florac, ville appartenant au Marechal de Danuille. En Rouergne, Milaud l'vne des meilleures, plus fortes & riches villes, Cressel, Compeyre, Senerac, saint Lehous saint Rozelle, saint Roman, le Tar passage sur Riuiere, le pont de Camerez, Morieux, saint Anthonin bonne ville & autres forts. Au pays Castrain Castres, Viane, la Cauue ville dans les Montagnes, plusieurs petis forts. En Albigeois, Lombez & Realme, villes closes vne lieuë

Albigeois.
Lauragay.
Carcassay.
Foix.
Azil
Quercy haut & bas.

l'vne de l'autre & quelques petis forts. En Lauraguay pays prochain, Puylaurens bonne & forte ville en bon pays, Buzet à quatre lieuës de Tolose. Mostesquiou, & plusieurs forts de terre. En Carcassais, Alet Capitalle, Chef du Diocese & plusieurs villages clos de vint cinq lieuës d'estanduë. Au pays de Foix, Mazeres, bonne ville battuë autres fois & laquelle en cinq jours à enduré deux mille coups de Canon. Le Mas ville d'Azil, ou il y a mine de salpestre pour fournir le pays. Le Carla auec Mazeres sont riuieres qui empeschent que le bois & autres marchandises ne peuuent venir à Tolose, ce qui leur apporte grande incommodité. Aux enuirõs y a plusieurs forts & villages. En Quercy Montauban, Chef de Diocese, Caussade cy deuant assiégée en vain, bonne ville à quatre lieuës de Tolose. Au haut Quercy Cadenat, sur la Riuiere de Loth, Cardaillac, la Trôquere & autres petis forts & bourgades. Tout le pays de Bearn

Bearn.

estoit à la deuotion desdits de la Religion Protestante. Ils auoient pour Gouuerneurs au Pousin le Capitaine Pierre Gourde, à Aubenas le Capitaine Poiet, à Villeneufue de Berg le Capitaine Boron. A Priuas vn Gentilhomme du pays. Au haut Viuarets sainte Grene bien accompagné. A Vzez le Capitaine Bouillargues. Aux forts circonuoisins comme à saint Ambrois, Leuans & autres y auoit des Gouuerneurs particuliers. A Nismes estoit saint Cosme. Le Capitaine Gremian auoit Anduze. Sauue le bas Giuaudan & commandoit generallement en tous ces quartiers là, bien suiuy & ne laissat les Catholiques en repos. Le Baron de Beaufort gouuernoit le Vigan, Vignerie & Gangez. Pour le haut Giuaudan Chauagnac (deputé auec Phillipy Procureur General des aydes de Languedo à Montpelier) Rouergne auoit pour General le Vicomte de Panak son frere gouuerneur de Millaud & Colonel de l'Infaterie. Fougiers auoit

Capitaines & Chefz des Confederez en Languedo & pays voesins.

Lodesue prise.

Lodesue d'où l'Euesque se sauua & a esté amassé à la prise de ceste ville vne somme de deniers, de cent mil escuz. Le Vicõte Paulin auec troupe de Caualerie és pays de Castres & Albigeois. En Lauraguay Senegas, le Vicomte de Caumont, Au pays de Foix. En Carcassois vn Gentilhomme du pays. Le Vicomte de Varlac en Quercy, à Villemur cõmandoit Regnyes Le bas Quercy auoit pour General le Vicomte Lomaigne dit Serignac frere du feu Terride. Le Vicomte de Gourdon au haut Quercy. Quand au pays de Bearn la Caze y tenoit la Campagne. Les Catholiques & Protestans, joints & vnis ont tousjours respondu que quand leur Roy sera au pays ils luy obeiront. Mais tant qu'il demeureroit prisonnier entre les mains du Roy de France ils ne poseroient les armes. Pour le Regard de Montauban, il ne voulut reconnoistre de Gouuerneur depuis les premiers troubles. Ains le premier Cõsul y a presque pareille autorité & puissance que le Maire à la Rochelle: l'exemple de laquelle plusieurs autres ont suiuy depuis les troisiémes guerres ciuilles. Les Seigneurs toutesfois Gentishommes, Capitaines & soldats forains, y sont receus à s'y refugier ou autrement accommoder. Mais non auec tel contentement qu'on ne voie assez clairement que la liberté des Gentilshommes ne peut compatir auec l'egalité du tiers Estat. Mesmement és villes où la forme du Gouuernement raporte plus à vn Estat populaire qu'Aristocratic où Real. Outre ces moiens y auoit le nerf de la guerre: asçauoir l'argent qu'on auoit moien de recueillir par chacun an, des biens Ecclesiastiques specialement: enquoy on auoit dressé vn reiglement. Mais il y a tousjours des particuliers qui s'enrichissent du public & s'en donnent (comme on dit) par les jouës. Quand au Dauphiné, Montbrun trouua moien en ce temps la, de se saisir de Menerbe, qui est vne forte place

Responce des Bearnois aux Catholiques François & à leur Roy mesme.

Moiens que les Comte de Rets en Languedo auoient de faire la guerre.

Dauphiné.

LIVRE TRENTESIXIEME. 192.

au Comté de Veniſſe & de Nious ville de Dauphiné: ou peu à peu il ſurprit pluſieurs places, & attiroit gens à ſoy. Tellement que luy & Mirebel eſtoient eſtimez auoir trois mil hommes de pied & cinq cens cheuanx. Ils feirent des courſes autour de Grenoble au grand effroy de tout le pays. Prennent de force l'Abbaye de Virieu ou ils mirent la garniſon au fil de l'eſpée. Se rendirent maiſtres de la campagne en peu de mois. Tel fut au reſte le reglemement qu'ils donnerent à leurs affaires: & à la Conference que le Roy leur auoit accordé comme nous auons dit cy deſſus.

Premierement apres auoir entendu tant de la part de ſa Majeſté & des lettres du Mareſchal d'Anuille Gouuerneur & Lieutenant general en Languedo, auſſi par la bouche de leurs deputez en Court ce qui à eſté mandé par le traitté, conference & reſolution d'vne bonne & ferme Paix, loüent & remercyent Dieu, de la grace qu'il leur a faite en ceſt endroit. Et pour l'obeyſſance & reuerence qu'ils portent au cōmandement de ſa Majeſté & le ſingulier deſir qu'ils ont de voir ladite Pacification ſeurement eſtablye en ce Royaume: treuuent tresbon d'en cōferer & traitter auec les Seigneurs à ce deputez & nommez par ſadite Majeſté en la forme & aux Conditions qui ſont contenües en la treshumble ſupplication qu'ils en enuoyent preſentement à mondit Seigneur le Mareſchal. Ce pendant conſiderans que ceſte negociation peut auoir long traict ſelon la mauuaiſe ou droite intention qu'on y apportera. Et qu'il eſt difficile d'en demeurer ſi toſt reſolu. Auſſi qu'il ne ſe peut faire quand bien on tomberoit d'accord cōme il le faut eſperer Dieu aydant: que l'execuriō des principalles promeſſes ſe paracheue ſi toſt veu que pour l'experience du paſſé il eſt aſſes notoire a chacun, qu'en tout temps ſoit de Paix ſoit de Guerre & de ſurceances d'armes: il eſt treſneceſſaire à ceux de la religion de ſe tenir ſur leurs gardes & ſe conduire prudemment pour s'oppoſer aux pratiques, machinations, entrepriſes ſecrettes & ſurpriſnes que les Ennemis braſlent journellement a la totalle ruyne deſdits de la Religion. Que par tout où les Armes ont eſté leuées, notammant és villes principales y aura garde & en ſera le reglement bien obſerué pour la ſeureté d'icelles & cōmune obſeruation des Egliſes en general & en particulier. Et ayant eſté jugé tresçertain que comme le ſalut & conſeruation de tous ceux de la Religion depend de l'vnion, bonne intelligence & coreſpōdance mutuelle qui doit eſtre entre eux eſtroitement gardee & jurée: le meſme defaut leur apporte vne ruyne apparente & ineuitable. Tous & chacuns les aſſiſtans & deputez en vne aſſemblée tant pour eux que pour les abſens François qui ſont dedans & dehors le Royaume: ont de rechef comme de nouueau contracté vnion entiere, aſſociacion & fraternité mutuelle parfaite & perdurable à jamais en toutes choſes Saintes & Ciuilles: tant entre toutes les Egliſes de France generallement qu'entre tous ceux de la Religion reformée Regnicolles & autres de la ville & Archeueſché d'Auignon ville & Principauté d'Orange, Marquiſat de Saluces & païs Meſſin: promis & juré la main leuée à Dieu les vns enuers les autres de ſe tenir & maintenir enſemble fidellement en ladite vnion & y perſeuerer continuëmant juſques à la mort: Ne faire tous enſemble qu'vn meſme Corps: S'y communiquer touttes choſes requiſes d'vne Sainte, Ciuille & fraternelle communication vniuerſellement vtilles & neceſſaires à ladite vnion & conjonction treseſtroitte deſdites Egliſes & de tous ceux en particulier qui feront profeſſion de ladite Religion cōme freres & domeſtiques en la maiſon d'vn Seigneur. S'expoſer les vns pour les autres au beſoin quand en ſerōt requis, ſans eſpargnier leurs moyens, perſonnes & biēs meſmes aux plus eſlōgnez. Se tenir touſjours biē auertiz reſpectiuemēt de tout ce qui pourra ſeruir à la conſeruation & ſeureté, les vns des autres: Meſmes enuoier ſecours d'hommes la part où il apparriendra & ſelon la neceſſité des requerans. Sur tout ont promis & juré de ne ſe departir aucunement de ladite vnion: ne prandre aucun autre contraire ou neutre party quelques cōmoditez & conditions qui leur ſeroient preſentées. Et generallemēt ne faire n'y contracter rien de l'Eſtat & reſtabliſſement dont eſt queſtion pour le bien de ce Royaume, ſans le conſentemēt des vns & des autres au prejudice de ceſte vniō, retenāts tousjours leur entiere fidelité à l'Eſtat de France. N'ayants autre but, que la gloire de Dieu, l'auancement du Regne de Chriſt, le bien au ſeruice de ceſte Couronne, & le commun repos de ce Royaume: Et ſerōt les preſentes promeſſes & re-vnion & juremehts faits par toutes les Egliſes particulierement. Ce que chacun depucé pourſuyura en toute ſollicitude.

Entre tous & par tout generalement, toutes Loix diuines & humaines conſtitutions, tant Eccleſiaſtiques que Militaires de la juſtice police & fināces faites par toutes aſſemblées legitimes

Reglemant que donent à leurs affaires preſētes & auenir les Proteſtans de toute la France.

Aſſociation renouuelée entre les Proteſtans

Les Loix cōmandēt aux Eſtats des Proteſtans:

Septembre.
1573.
Les Estats aux Chefs de guerre & Magistrats ciuils les Chefs & Magistrats aux So dats & autres qui gardent les villes & pays cōmun.

Estats Generaux.

Electiō d'vn General qui aura le Gouuernement d'vn pays & conduite des troupes.

Conseil de la Generalité.

Puissance du General.

Different entre les Generaux.

Reglement sur les places prises.

Puissāce des Generaux limitée.

times & specialllememt par ceste presente : auront la superiorité & domination par dessus tous tant generaux, Magistrats, Gouuerneurs, Diocesains, Capitaines & autres Officiers publiques: Que tout le reste des personnes faisans profession de la Religion reformée de quelque Estat & condition qu'ils soient: aient à icelles obeyr respectiuement sur peyne d'estre retranchez de l'vnion ciuille de l'Eglise reformée cy dessus iurée. Que les Estats Generaux seront conuoquez de six en six mois & assignez en tel iour & lieu qui sera auisé par tels personnages qui seront à cest effet esleuz à la fin de chacune assemblée generale. Que doresnauant ne seront receuz en l'assemblée desdits Estats Generaux, aucuns personnages qui ne soient Depputez par l'assemblée de la Generalité en laquelle seront appellez les Principaux de la Noblesse de la generalité pour faire electiō d'vn de la Noblesse & d'vn autre du tiers Estat. Que pour chacune generalité sera esleu par l'assemblée de chacun pays & generalité vn Magistrat, pour assister & oppiner en l'assemblée desdits Estats Generaux. En laquelle assemblée generale, sera pour vu prealable & auant proceder à aucune deliberation: choisi & esleu vn personnage de ladite assemblée, tel qu'il sera auisé pour conduire l'action; demeurant tousiours la preference & preseance à Messieurs les Generaux, suiuant leurs receuz, desquels ils s'accorderont entre eux, ou bien comme en leur discord sera auisé en ladite assemblée. Sera aussi esleu apres, vn Greffier pour retenir & expedier les actes desdits Estats, qui à ces fins prestera le serment en tel cas requis & accoustumé. Les assemblées particulieres de chacune generalité, seront conuoquées & assignées par le General & Conseil de la generalité, de trois mois en trois mois, en telle ville & iour qui sera par eux auisé: Lequel Conseil general sera doresnauant estably par l'assemblée de ladite generalité, d'vn nombre de personnages de l'integrité & preud'hommie, experiance & fidelité requises: sans qu'autre y puisse assister de quelque Estat & conditon qu'il soit. Et sans lequel Conseil ne pourront lesdits Generaux, despescher aucuns affaires d'Estat sous quelque pretexte que ce soit: Si ce n'est pour la simple execution des armes. Ce qu'ils pourront faire auec le Conseil des Gentilshommes & Capitaines de leur suitte. Lesquels General & Conseil, conoistront de tous affaires d'Estat concernans la police militaire & fināces: soit entre villes, Dioceses & autres negoces publiques de toute ladite generalité Sans se mesler aucunement du fait de la iustice ciuille ne criminelle & sous quelque pretexte que ce soit. Nonobstant tous reiglemens precedens au contraire. Et où il escherra quelque controuuerse sur les limites, ressort & distribiution d'vne Generalité à l'autre: Sera decidé par arbitres esleuz du commun consentement des Generaux contendans & leur Conseil respectiuement. Les Generaux seront tenus de se trouuer ausdits Conseils pour y presider & opiner le plus souuent qu'ils pourront & en leur absence ledit Conseil auisera à la presidence & conduite de l'action. Les villes & lieux qui seront prins par cy apres ne pourront estre distraits de leur ancien & naturel ressort en tant que faire se pourra: Soit pour reigle de la Iustice, police, imposition & contribution des deniers ou autres charges ordinaires & extraordinaires. Les Gouuerneurs particuliers seront esleuz en la forme & maniere contenuë au reiglemens d'Anduze & Realmont. Et respondront de l'obeissance au General & Conseil de la Generalité. Ausquels General & Conseil en apartiendra la destitution en cas de forfaiture ou autre iuste occasion: à la plainte, requisition & auis de l'assemblée Diocesaine. Et n'y pourront lesdits Gouuerneurs particuliers auoir aucun lieu. Et quand à la suspention de Messieurs les Generaux; N'appartiendra qu'a l'assemblée de leur Generalité. Sauf que la destitution en appartiendra à l'assemblée des Estatz Generaux. Les Generaux par ensemble & auant soy departir, seront dresser vn Estat d'ordre & discipline militaire par l'auis des Gentilshommes & Capitaines estās en cete l'assemblée: Lesquels serōt exortez de prandre & renouueller les ordonnances iadis faites par Messieurs les Princes & icelles faire estroitement garder & obseruer chacun en l'endroit de sa Generalité en ce quelles ne desrogeront au premier reiglement. Et n'entreprendront par ci apres Messieurs les Generaux aucune chose pour le fait de la Iustice, Police, & finances. Ains se contenteront de l'intendance & conduite de la guerre, garde & protection du pays de leur Generalité: de la presidence & voix deliberatiue qu'ils auront audit Conseil General. Declarāt nul & non valable tout ce que par cy apres sera attenté au cōtraire à la charge de respondre de ladite contrauention. Qu'en chacune Generalité par l'auis de la prochaine assemblée, sera fait Estat certain des compagnies de gens de guerre tant de cheual que de pied necessaires pour la tuition & defence du pays de Chacune Generalité: Et ordonneront leurs

depar-

LIVRE TRENTESIXIEME. 193.

departemens & moiens de les entretenir aux plus grand foulagement & moindre foule que faire fe pourra; en gardant l'egualité requife fans exemption, faueur ny fupport d'aucun lieu ne ville. Et par mefme affemblée fera auifé à la demolition des forts non tenables qui feront en ladite Generalité. Et ne pourront auffi lefdits Generaux & Gouuerneurs Diocefains donner aucune exemption ne fauuegarde à ceux de contraire party portans les armes contre nous ou retirez és villes contraires. Que par Meffieurs les Generaux & Confeil feront efcrites lettres à tous Gentilshommes & autres perfonnes de marque qui ont efté & fe difent encores de la Religion pour les porter & fe joindre auec nous. Et aporter en cefte commune deffence tous les moiens que Dieu à mis en leur pouuoir: Sur peyne d'eftre retranchez de l'vnion ciuille des Eglifes reformées: Cenfez & reputez deferteurs & ennemis de cefte caufe; Que la Iuftice Ciuille fera cy apres exercée par les ordinaires en premiere inftance. Et s'il efchet appel fera decis par les Prefidiaux où ils feront eftablis. Et és prouinces ou il n'en y a point, fera decis par arbitres, fuiuant les reglemens cy deuant faits en l'affemblée de Realmont. Lefquels en ceft endroit feront entierement gardez, fi n'eft en tant qu'a iceux eft defrogé par les prefens: Sans que Meffieurs les Generaux, & Confeil de la Generalité f'en puiffent aucunement entremefler: Si ce n'eft pour donner main forte, aux fins que les jugemens qui f'en enfuiuront foiêt effectuellement executez. Et pour le regard des matieres criminelles, fera eftably en chacune Generalité ou n'y a point de fiege Prefidial, vn Lieutenant de Senefchal de robbe courte qui fera choifi & efleu par l'affemblée de toute la Generalité. Auquel fera par mefme moien fait Eftat & pourueu de tel nombre de foldats, harquebuziers à cheual qu'il fera auifé pour faire la capture des delinquans tant en la ville qu'aux champs: Lequel quand aux Preuoftables fera & parfera le proces à l'affiftance du Magiftrat ou autre Officier Royal. Et en leur deffaut d'un Auocat gradué des plus qualifiez. Et apres le jugera en l'affiftance des Magiftrats & Officiers ou Auocats plus fameux eftâs en nôbre porté par les Ordonnâces. Et fera ledit jugemêt executé fans appel & en dernier reffort. Et par mefme moien jugera les appellations criminelles qui furuiendront efdits pays ou il n'y aura point de Prefidial. Et où il y aura prefidial, jugeront lefdites matieres, ciuilles & criminelles fuiuant leur couftumes & ordonnances Royaux Mefmes les matieres Preuoftables. Quant au demeurant de ladite Iuftice fera gardé le reglement de Realmont. Et pour le regard de la police fera adminiftrée par les Confuls & autres Officiers publiqs des villes & villages, fuiuant leurs couftumes anciennes: fans qu'ils y puiffent eftre aucunement troublez ny empefchez par Meffieurs les Generaux & Confeil: ny pareillement par les Gouuerneurs Diocefains: Ains feront à ces fins gardez & entretenuz tous les priuileges, ftatuts municipaux, franchifes & libertez des corps des villes & autres lieux qui feront à l'obeiffance de la Religion. Aufquels Confuls & autres adminiftrateurs publiqs fera enjoint de garder entierement les Ordonnances Royaux, faites fur le fait de la police. Et leurs jugemens f'ils en ont de tout temps la Iurifdiction feront exemptez par prouifion nonobftant & fans prejudice de l'appel, lequel f'il y efchet deuoluera pardeuant ledit Lieutenant du Senefchal en la forme que deffus. Et pareillement appartiendra audit Lieutenant, auffi la conoiffance de tous faits qui eftoient attribuez au Preuoft des Marefchaux, en la forme & maniere qui eftoit porté par ledit caier de Realmont & à ceft effet demeurera fuprimé & efteint ledit eftat de Preuoft des Marefchaux. Et fera enjoint à tous Generaux & Confeil Gouuerneurs, Diocefains, Capitaines, Confuls & autres adminiftrateurs publiqs chacun endroit foy de prefter main forte à tous Officiers de juftice, fpeciallement audit Lieutenant tant pour la capture, que execution de fes jugemens à la premiere requifition: fur peyne de refpondre en leur nom propre de la coniuence qu'ils feront, laquelle fera denoncée à l'affemblée de la Generalité pour en ordonner. Et par mefme moien eft faite deffence à tous les fufdits de ne recourir & eximer de la Iuftice aucun prifonnier, foit par nature criminelle ou Ciuille fur peyne d'eftre punis comme pour crime de leze Majefté. Seront exortez Meffieurs les Miniftres de la parolle de Dieu, & autres du Confiftoire de furueiller aufdits crimes & diffolutiôs qui fe commettent journellement pour en faire la delation & donner les auertiffemens aux juges Prefidiaux ou audit Lieutenant du Senefchal, findic de la caufe ou autres qu'il appartiendra: bailler inftructions & moiens à veriffier les cas denoncez aux fins que la punition condigne f'en enfuiue. Et affin qu'ils ayent le moien de mieux f'employer au fait de leur charge feront exortez lefdits Generaux & Confeil faire payer lefdits Miniftres par quartiers des

Proteftans retirez neutres ou remottez.

La Iuftice.

Police.

Miniftres.

penfions

Septembre 1573.

L'HISTOIRE DE FRANCE.

pensions à eux assignées des plus clairs & liquides deniers de la recepte generale: sans plus vser de billettes & autres moiens indignes & illusoires comme à esté fait cy deuant au grand scandale de toutes gés de bien. Et pareillement sera enjoint ausdits generaux & Conseil, pouruoir qu'en toutes villes & autres lieux qui sont de la Religion, l'exercice d'icelle y soit establi pour côtenir toute espece de persônes souz la Césure & discipline de l'Eglise. Et Pour le regard

Finances.

des finances prouenâs des deniers Royaux tant ordinaires qu'extraordinaires & autres publics: l'administration, conduite & distribution en appartiendra au Conseil de la Generalité: sans que lesdits Generaux en puissent rien ordonner s'il n'est comme estant du Conseil de la Generalité & y presidans. Sera estably vn Receueur General en chacune Generalité & pareillemẽt vn particulier en chacun Diocese qui seront bien cautionnez. Et seront tenus les receueurs particuliers porter les deniers de leur recepte Diocesaine chacun mois és mains dudit Receueur General. Et pareillement tous les Consuls des villes & lieux feront la cuillette des deniers de leurs Consulats & les metront entre les mains du Receueur Diocesain, aux quartiers portez par l'Estat qui à ces fins en sera dressé par ledit Conseil de la Generalité sans prejudice des Generalitez villes & lieux où il y a coustume contraire. Inhibé aux Sieurs Iurisdictionelz de quelque degré quils soient, d'empescher la leuée des impositions & des deniers publics en leurs terres, soient Royaux ou Ecclesiastiques. Doresnauant ne se pourra faire emprunt ou autre imposition extraordinaire si n'est par deliberation des Estats particuliers, & apres le departement en sera fait en ladite assemblée. Est enjoint ausdits Conseils Generaux faire rendre compte à tous côtables qui ont eu maniement des affaires depuis ces troubles: sans admettre ny receuoir aucune requeste de recusation au fait desdites finances de la part dudit Comptable. Et ne pourront lesdits Comptables estre receuz en aucune charge & Office publique: que au prealable ils n'aient apporté le reliqua de leur precedente administration. Et pareillement leur sera enjoint de faire rendre conte des fruits des benefices qui ont esté receuz par aucuns Gentilshommes & Capitaines, sans arrentement ny autorité publique, tant de l'année

Fruits leuez des benefices.

precedente que presente. Sera aussi deffendu à toutes sortes de gens de guerre & autres aians charges publique Mesmes en ceste cause: de n'attenter droitement ou indroitement sur les biens & fruits destinez au public: Sur peyne de crime de peculat, qui sera aigrement puny par le General & le Conseil de la Generalité. Et affin qu'ils n'en puissent pretendre cause d'ignorance, sera cest article couché expressément en acte de proclamations qui se feront desdits arrentemens. Quant aux Gouuerneurs Diocesains, & s'il suffit d'en auoir vn seul où il sera besoin

Gouuerneurs Diocesains.

de plusieurs en vn Diocese: l'assemblée prochaine de chacune Generalité: en deliberera & ordonnera selon qu'elle trouuera expedient, pour le bien du pays de la Generalité. Seront exortez tous Generaux, Conseils, Gouuerneurs & Officiers publics, de faire bien & exactement obseruer le contenu en ce reiglement & autres precedens: Ausquels par iceluy n'est derogé: chastier les desobeissans & rebelles, lesquels en defaut de pouuoir estre aprehendez & contraints, soient declarez des apresent ennemis de nostre cause & repos public: tenus & reputez pour retranchez de l'vnion Ciuille des Eglises. Et comme tels inhibé à tous consors de ladite vnion, leur donner aucun confort, faueur, conseil n'y assistance. Ains au contraire les poursuiure communement par toutes voies & rigueurs en tels cas requises & ordonnées par lesdits reiglemens. Fait & arresté audit Millaud le seziéme jour du mois de Decembre l'an mil

Dauphiné Audances.

cinq cens septante trois.

En ce temps le sieur du Chasteau de Peraud assis sur le bord du Rosne se saisit d'vne ville nommée Audances en Dauphiné & y mit bonne garnison pour les Protestans. Surprend le Chasteau de Malleual en Forests. Les Lyonnois fort incommodez assiegerent le Chasteau de Peraud qui pour estre despourueu d'hommes fut ruiné affin qu'il ne leur nuisit plus de là en

Mars.

auant. Sur la fin de Mars Montbrun ayant assemblé quelques trouppes, vint és quartiers de Dauphiné costoyez du Rosne & se fait maistre de plusieurs villettes comme l'Oriol, Liuron, Alet, Grane, & Roynac, fait des courses par tout le païs: allant assaillir les Catholiques jusques aux portes de Valence, Crest & Monteil: dresse des intelligences dans les villes. Lesquelles ayant esté descouuertes & quelques vns en peine à cause d'icelles: plusieurs Gétilshômes de la Religiõ ne voyãs plus aucun moié de subsister en leurs maisõs, se retirẽt aux troupes de Mõtbrun. Lequel quelque temps apres deffit Cinq Côpagnyes de Gens de pied, alors que le Prince Dauphin y fut enuoyé pour Gouuerneur. Ceux de Villeneufue vn peu au parauant auoyent taillé

en

en pieces quelques trouppes Catholiques auec peu de perte & prins vne petite ville nommée Aubenas assez pres du Rosne: apres auoir mis au fil de l'espée toute la garnison qu'ils disoient composée de Massacreurs Lyonnois pour la pluspart.

Au mois de Decembre precedent, estoit auenu notable changement à Oranges. Berchon Gouuerneur pour le Prince ne faisoit guerre quelconque à ceux d'Auignon & du Comtat. Ains tenoit tout en paix. Mais ne se tenant sur ses gardes quelques habitans Dauphinois côduits par vn Capitaine du païs nommé Glandage se saisissent de la ville & Chasteau d'Orange & contraignirent le Gouuerneur de se retirer bien à haste à Courteson en la mesme Principauté. Cela fait Glandage cômence à resueiller ceux du Comtat & les visiter de pres faisant degrades courses & pillages. Il disoit tout haut qu'il n'estoit point Huguenot, mais que la pointe de son espée l'estoit. Ce qui mettoit les Confederez en haine de plusieurs, encores qu'ils ne fussent cô sentans à telles entreprises. Quelques mois apres comme Glandage estoit aux champs auec ses trouppes: Berchon par l'industrie de quelques Citoiens d'Orange: regaigne la ville & le Chasteau à la grande frayeur des Protestans neantmoins, qui estoient au païs. Car le bruit cô mun estoit que ce Gentilhomme auoit familliere accointance auec le Cardinal Armignac, Legat du Pape. Et ceux d'Auignon pensoient bien à ce coup atraper Oranges, mais il furent trompez, car ce Gentilhomme gouuerna les affaires paisiblement & maintint les Catholiques & Protestans tous en paix.

Decembre.

Oranges.

En ce mesme temps les Catholiques penserent auoir trouué l'occasion propre pour surprêdre Nismes. Il y à vne villette pres de là nommée Marguerité dans laquelle estoit sainte Iale auec bonne garnison. Lequel par l'entreprinse de quelques Catholiques de Nismes. Marchâde auec vn Capitaine des Confederez de la ville, luy promet vne grande somme d'argent sil luy liure la place. Ce Capitaine fait entendre la menée à saint Romain Gouuerneur qui luy commande de declarer à sainte Iale, qu'il est prest de luy faire vn bon seruice en cest endroit: arrester du marché & prandre jour pour executer le tout. Incontinant ce Capitaine souz pretexte d'aller faire quelque trousse: va trouuer sainte Iale, accorde auec luy, reçoit argent & assigne le jour & le moyen qui estoit de donner entrée par vne porte. Saint Romain part puis apres auerty de tout. Au jour assigné la porte promise demeure ouuerte. Les soldats de la garnison estoient cachez sans faire aucun bruit & attendoient sainte Iale auec ses trouppes en bonne intention de les recompenser de leur visite: mais les autres en ayant ouy quelque vent: encores que de Viuarets & Dauphiné plusieurs se fussent assemblez auec sainte Iale pour l'execution: toutesfois aucun ne bougea. Tellement que personne ny gaigna que ce Capitaine qui toucha argent sans rien liurer.

Nismes sur laquelle les catholiques entreprenêt

Quelque temps apres, entreuint l'emprisonnement des Mareschaux. Et le Mareschal d'Anuille comme participant de leur entreprise fut priué de son Gouuernement de Languedo & iceluy baillé au Prince Dauphin auec le Dauphiné comme je vous diray ailleurs. Lettres soudain furent enuoiées au Parlement de Tolose pour l'auertir de ces choses. Et commandement fait à d'Acier non trop grand amy du Mareschal d'Anuille, d'assembler ses forces & se ranger auec le Prince Dauphin. Ce pendant le Mareschal d'Anuille se tenoit quoy & faisoit sa charge encor que son frere fust prisonnier. Mesmes au mois de Ianuier depuis il auoit auerty bien particulierement le Roy de tout l'Estat du pays de Dauphiné, Viuaretz, & Languedo. Et montré par plusieurs raisons qu'il falloit que le Roy pacifiast son Royaume ou eust de grandes forces en ses pays, affin d'y forcer ceux de la Religion qui y occupoient plusieurs places. Mais ayant receu les lettres que le Roy enuoioit à d'Acier, lesquelles furent surprinses par la garnison du Pousin: & descouuert par ce moyen les embusches qu'on luy tendoit: Il commença de s'approcher de ceux de la Religion, communiquer auec saint Romain Gouuerneur de Nismes & prandre quelques villes. En quoy toutesfois il ne fut pas trop diligent. Car les Catholiques le deuancerent. Toutesfois il se saisist de Montpelier, Beaucaire, Lunel & Pezenas: Encores perdit il incontinant Pezenas par le moyen d'vn de ses Capitaines auquel il auoit baillé la ville & vne sienne petite fille de deux ans en garde. Mais je vous ay reserué l'ample discours de tous ces remuëmens en leur lieu.

Emprisônement des Mareschaus de Montmorency & de Cossé.

Le Maresch. d'Anuille se declare mal côtent: se ligue auec les Protestâs & surprend le plus de places qu'il peut en Languedo.

Pezenas pris & repris

Pour continuer la memoire des Rochellois: ce pendant enuoierent Artigues vers ceux de Languedo, leur faire entendre l'extremité en laquelle le siege les auoit reduit: n'ayans moien de remettre leur ville en deffence s'ils ne les secouroient. Les auoir trouué à Montauban: luy firent

Les Rochellois demandêt secours de deniers des autresE glises qui leur promettent faut ci fe&.

firent respōce qu'il estoit raysonnable que chacun s'euertuast d'y faire son deuoir, atendu mesmement que Dieu s'estoit serui de ce seul moyen pour conseruer le reste de la Religion en ce Royaume. Mais depuis separez ils n'en tindrent conte: Ains luy donnerent seulement les Articlesde la requeste que je vous ay fait voir cy dessus, le chargeāt de les porter à la Rochelle pour les cōmuniquer & sçauoir où estoit le Cōte de Montgōmery & quelle estoit sō affection vers eux. Pour ce qu'ils pretendoiēt l'enuoyer supplier de prēdre la charge de les cōduire s'y on retournoit à la Guerre, comme ils n'auoient pas grande esperance d'obtenir le contenu de leur requeste. Puis il leur rapporta que tous auoient approuué leurs Articles, & les prioient d'y continuer auec asseurance qu'ils ne leurs manqueroient au besoin. Qu'au reste le Comte de Montgommery estoit à Plemhuë d'Angleterre assez affectionné en leur endroit.

Treues en Languedo & païs voisins.

Ie vous ay cy dessus parlé d'vne treue accordée & assez bien maintenuë entre les Catholiques & Protestans de Languedo & païs voisins. Comme la fin en approchoit plusieurs s'emploierent à la continuer. Et bien qu'à l'instance des Catholiques elle fut prolongée jusques au quinziéme Nouembre: aux conditions que les cōtributions payées par les Catholiques pour jouïr de leurs biens assis hors les villes : fussent continuées & que Montbazons fut donné en ostage pour la seureté de saint Cesaire (qui peu de jours au parauant auoit esté prins au passage du Rosne venant d'Allemagne où il estoit allé auec de Vaux Ministre pour negocier) retenu par le Roy, pour de luy tirer toutes les intelligences des Protestans François en Allemaigne. Comme la treue se negoçioit, toutessois ceux de Roquebrune & les fins de Castres, d'Albigeois se saisirent de Bouslas petite ville à demye lieuë de Castres. Sur ce les Estats de

Bouslas prins par les Protestans.

ces pays assignez à Millaud au premier Nouembre & remis au premier Decembre, en fin furent tenuz: où le deputé des refugiez en Allemaigne fut ouy. Prometant toute faueur & assistence de la part des y retirez & des Germains leurs confederez. On ouyt aussi les enuoiez de

Estats assemblez à Millaud.

la plus part des Eglises Protestantes: & rafreschirent là l'vniō & reiglemāt dōt je vous ay parlé ailleurs. Quand aux deputez vers la Majesté, le Roy les renuoya pour deliberer sur le contenu

Deputez du Roy pour remedier aux affaires de Languedo.

de leur requeste vers les Mareschal d'Anuille, & Duc d'Vzez, Queluz Seneschal de Rouergne, Touchon premier President de Grenoble, & le premier President d'Aiz en Prouence. Sur ce les Estats de Millaud deputerent pour les païs Protestās Yollet & Monuaillāt auec l'Hospital Cōseillier au Parlemēt de Tolose. Clausonne & Philippi Conseillers au presidial de Nismes

Deputés des Protestans.

Entre la fin de la treue de Nouembre & prolongement d'icelle jusques au quinziéme Feurier mil cinq cens septante quatre, qu'on negotioit: les Protestans de Languedo, surprindrent plusieurs places entre autres Florenssac, riche ville pres de port de la mer de Leuant. Où

Treue prolongée.

ils deualiserent quelques gens d'armes de la compagnie du Mareschal, qui s'en plaignit fort aux Estats de Millaud, les menaçans de les y aller assieger & ruiner tous si on ne la luy rendoit en tel estat que deuant la prinse. A quoy ils respondirent qu'ils ne pouuoient abandonner

Florenssac & Miramōt surpris par les Protestans.

leurs freres appreuuans tout ce qu'ils auoient fait, dautant que le prolongement n'estoit cōclu. Ceux de Lauraguays aussi, conduits par le Capitaine la Salle, surprindrent Miramont pres Tolose. Et ceux de saint Anthonin, se saisirent de Barem, & du Chasteau voisin, mais

Suprise de places en Languedo.

pour auoir fait mauuaise garde, les habitans mesmes reprindrent la place, par la mort de plus de quatre vints Protestans, qui y demeurerent.

Vovs auez veu cy deuant les reciproques entreprinses des Turcs & des Chrestiens. Mesmement la conqueste du Royaume de Chypre, que le Turc malgré la Ligue Chrestienne, osta à la Seigneurie Venitienne. Et la memorable victoire que les Chrestiens emporterēt à Lepante sur l'armée Turquesque. Or pource que je ne vous ay que legierement touché ce qui leur auint puis apres. Ie veux maintenant discourir à fons, comme les vns & les autres se porterent jusques a ce temps cy: apres l'euenement de deux si notables occurrences.

Le General Venier aiāt fait quelques courses en diuers endroits de la mer Mediterranée, fut appelé par les Venitiēs qui se vouloiēt entretenir encores en amitié auec l'Espagnol. Et luy substituerent Iacques Foscarin, prouisseur General dē Zara & Gouuerneur de Dalmatie, Pource que Dom-Iean ne se pouuoit compatir auec luy quelque reconciliation qui seust passée: au moien qu'il auoit fait executer à mort aucuns de ses soldats qui auoient mal parlé de luy & de la Seigneurie de Venise. Foscarin donc s'embarqua soudain pour aller trouuer Iean Daustriche & Marc Anthoine Colonne, qui estoient à l'ancre en l'Isle de Corsou. Alors Venier estoit en l'Isle de Zante d'où il partit pour faire entreprinse sur l'Isle de Lucade, aujourd'huy nōmée

LIVRE TRENTESIXIEME. 195.

mé Saincte Maure: toutesfois sans aucun effect. Tellement qu'apres auoir enuoyé vne partie de ses Galleres en Candie & ramené les autres à Corfou, la mer demeura comme asseurée aux Chrestiens pour quelques moys. En ce temps que les Espagnols & Venitiens employoient à preuoir ce qui estoit le plus expedient pour la commodité de leurs affaires: Le Pape Pie vint à mourir, au lieu duquel fut esleu Gregoire treziéme lequel entretint la Ligue: Mais vn peu moins ardamment que son predecesseur. La Flotte d'Espagne cependant festoit retirée à Sicile, où le Roy là fit arrester, pour la refraichir & puis employer ses forces ez Guerres lors allumées en Flandres & autres pays bas. Tellement que les Venitiens commançoyent à porter tout le faix, & furent contraints d'emprunter argent, en telle sorte que huit Gentils-hommes de leur ville, presterent au public la somme de cent cinquante mille Ducats. Pour asseurance de laquelle ils furent esleuz Procureurs de Sainct Marc. Sur le Printemps de l'an Mil cinq cens septante deux, l'Armée des Venitiens conduicte par Sarra Martinengue alla assieger Castelnoue en Sclauonie, où se trouuerent aussi les Galleres desquelles Venier retournant à Corfou, estoit General auec vne suite de grand nombre d'autres petits Vaisseaux. Hemolas Tiepolo Cappitaine Venitien courut cependant auec quelques Fregates jusques en Calabre, & Ancone, où il surprint & deffit quelques Pirates Turcs le Chef desquels nommé Recamatore, se pensant sauuer en terre à cause que sa Fregate estoit arrestée: fut tué des Calabrois puis escorché, sa peau emplie de foin penduë au mast d'vne Gallere, pour marque de la mort de ce Coursaire qui en son temps fit mille maux aux Chrestiens qui tomboyent en sa puissance. Quand au siege de Castelnoue, les Venitiens furent contraincts le leuer, à cause du grand secours que Selim y enuoya. Cependant le sejour de Iean d'Austriche, & des Galleres d'Espagne en Sicile: recula fort les affaires de la Ligue. Car les Turcs commencerent à releuer la teste plus audacieusement que jamais. Ce qu'aperceu par le General Foscarin, il enuoya l'vn de ses Lieutenans à Messine auec vint Galleres pour prier Iean d'Austriche de se mettre à la voile & l'accompagner jusques à ce qu'il seroit joinct à la Flotte des Venitiens en l'Isle de Corfou, affin de poursuiure ensemble leurs ennemys. Mais Iean d'Austriche qui attendoit le mandement du Roy, propose ses excuses & ne bougea. Les choses trainans en longueur quelques sepmaines: finalement, par le mandement du Conseil d'Espagne, Iean d'Austriche enuoya vint-deux Galleres fournies de cinq mil hommes de pied Espagnols & Italiens sous la charge du Cheuallier Gilandrade, pour se joindre aux Galleres du Pape & des Venitiens & aller à Corfou tandis que luy auec les autres Galleres feroit voile en Barbarie contre Tunes & Argier, où le Roy Philippe vouloit qu'il allast, afin d'empescher les Turcs en plusieurs endroits & separer leurs forces. Mais les Venitiens & le Pape se plaignoient que le Roy Phillippe contreuenoit aux articles de la Ligue: Et que les affaires requeroient que d'vn commun effort on chassast l'ennemi jusques en Constantinople: Aucuns mesme d'entre les Venitiens, disoient que l'Espagnol estoit jaloux de leur prosperité. Et que ce qu'il disoit redouter quelque remument en ses pays bas, de la part du Roy de France: estoit vn pretexte: d'autant que ces deux Roys auoient telle intelligence ensemble qu'ils n'auoient aucune enuie de s'entrepiquer: bien que plusieurs & les François mesme ment, se fissent trop legerement à croire du contraire. Que quand l'Espagnol verroit que le fruit, que l'on pretendoit auoir du pretexte de la guerre des François ez païs bas, seroit recueilli: Il feroit son proufit particulier de la Flotte qu'il gardoit en Sicile, Laquelle ne temporisoit là, que pour quelque autre secrete entreprise. Mais les affaires se portans autrement en France & ez païs bas come vous auez veu: Iean d'Austriche receut mandement à Palerme, où il se preparoit pour faire voile en Afrique; de retourner à Messine: Puis s'embarquer & s'aller joindre auec toutes ses forces à la Flotte des Venitiens & du Pape à Corfou, pour delà prendre la route tous ensemble en Leuant. D'autant neantmoins qu'il tardoit trop à faire ses aprests (soit par nonchalance ou de propos deliberé) les Galleres du Pape & des Venitiës bien equippées firent voile de Corfou en la mer de Candie: afin de joindre les ennemis qui auoient vne puissante Flotte & leur donner bataille pour la seconde fois: laquelle asseureroit ou bien osteroit aux Turcs presque tout ce qu'ils possedoyent en la Mediterranée: A cause que les Insulaires estoiët aux escoutes pour tendre les mains aux victorieux. En mesme tëps les Venitiens prindrent diuerses Places sur les Turcs. Et cependant leur armée de mer print port en l'Isle

Pape Pie à meurt.

Gregoire 13. esleu.

Moiens d'auoir argent.

Armée Venitienne & ses exploits.

Ligue malseure entre les Princes Chrestiens.

Doute que l'Espagnol à du portement des François sur le temps du mariage du Roy de Nauarre & la fille de France.

Bbb

L'HISTOIRE DE FRANCE.

Octobre. 1573.

de Zante auec fort grande esperance d'vne seconde victoire. Surce Iean d'Austriche ayant donné ordre aux prouisions de ses vaisseaux partit de Messine & arriua à Corfou pensant y trouuer les Confederez. Mais se trouuant seul y entra en merueilleuse collere contre les Venitiens: qui accusoient au contraire son retardement. Disans auoir esté contraints de se haster pource que l'ennemy se renforçoit de jour a autre. Defait comme les Confederez se reposoyent: les Turcs auoyent ramassé & remis en mer plus de deux cens vaisseaux sous la conduite d'Ochialy. Si qu'au sortir du d'estroit de Gallipoly ils estoyent venus en l'Archipelague, puis en la mer Mediterranée, afin de rencontrer les Venitiens. Et pour cest effect mouillé les Anchres autour de Cheronesse esperans attrapper les Venitiens qui estoyent en l'Isle Cerigo, & auoir la reuanche du premier combat. Les Venitiens au contraire s'asseuroyent d'vne nouuelle victoire, laquelle ils estimoyent pouuoir obtenir, ne permettant aux ennemys de se renforcer dauantage les vns & les autres, estans en telle volonté cercherent les moyens de l'executer: finalement aprocherent & y eut vne viue escarmouche & forces Canonnades de tous costez. Mais la nuit suruenante les separa, tellement que sans venir aux mains se retirerent chacun au port d'où il estoyt party. Les Venitiens quitterent incontinant Cerigo, pour aller au deuant IEAN D'AVSTRIGHE qu'ils trouuerent prez l'Isle de Zante. Et s'estans tous joincts, firent voile vers la Morée afin de trouuer Ochialy lequel ne se sentant assez fort reprint sa route en toute dilligence. Mais afin de se garentir en attendant meilleure commodité, ou se retirer du tout, ou de charger les Confederez à son auantage: Il alla surgir au Haure de Modon pour mettre sa Flotte à seureté. Car ce port est tel que l'on ne sçauroyt chasser les vaisseaux ne les faire combatre s'ils ne veulent. Les Confederez faisoyent tout leur possible pour les attirer: mais ils ne peurent. Et pendant qu'ils attendoyent quelque tempeste qui dissiperoit l'Armée des Turcs: vne autre tempeste, assauoir disette de biscuit & d'eau douce, les contraignit de se retirer de la Morée & retourner à Zante, puis de la en l'Isle de CORFOV: A peine estoyent ils sortis de la Morée que treze Galleres & autre vaisseaux partis d'Espagne sous la charge du DVC de Sesse & de Iean André Dore auec force viures & munitions arriuerent à Corfou. La dessus on entra en deliberation de ce qui estoyt à faire. Si qu'apres plusieurs discours, Foscarin fut d'auis où de poursuiure les Turcs ou d'assieger Castelnoue en Sclauonie: Mais Iean d'Austriche rejecta tout cela, alleguant la rigueur de l'hiuer. A quoy s'accorda MARC ANTHOINE COLOMNE. Tellement qu'ils se retirerent tous deux au Far de Messine en Sicile. Surce le Pape craignant que Iean d'Austriche ne fist voile en Espagne au Printemps & que par vne telle separation des forces de la Ligue, les Turcs ne deuinssent plus orgueilleux & remuans que jamais: enuoya son Secretaire pour exorter Iean d'Austriche à hyuerner là & se preparer pour le Printemps. Pource mesme effect il escript au ROY Phillippe & exorta les Venitiens de tenir bon. Eux au contraire se persuadant encor plus que par le passé, que l'Espagnol vouloit auoir le profit & l'honneur sans trauail & à peu de frais. Le Pape ne vouloit rien hazarder & cerchoit repos au dommage d'autruy. Et qu'eux demeureroyent en arriere pour porter la perte & la honte du tout: Finalement, commencerent de regarder aux moyens d'entrer en quelque accord auec Selim ce qu'ils pratiquerent puis apres, comme je vous diray ailleurs. Cependant ESTIENNE VENIER honnorable vieillard, retourna à Venise: où il fut solennellement receu & chery de tous pour les bons seruices par luy faicts à la republique, mesmes en ceste sienne extreme vieillesse. Car lors il approchoit de l'aage de quatre vints ans. D'autre costé les Turcs deliurez d'vn peril euident, prindrent la routte de l'Helespont, incontinent apres que les Confederez furent partis de la Morée, & allerent hyuerner au goulfe de Constantinople, où attendant la venuë du Printemps: ils se preparerent pour soustenir par mer & par terre l'effort des Chrestiens, du retour desquels ils se tenoyent pour asseurez. Aussi le Pape & les autres Chefs de la Ligue, entendans quels preparatifs faisoit Selim, pensoient, mais assez l'entemant, à leurs faires: les Venitiens, lesquels pour y auoir plus d'interest: firet vne leueé de 12. mil hômes en Italie, pour les enuoier en Candie & autres Isles de leur apartenance. Ils augmenterent aussi la Flotte de 5. grosses Galleres bien

Haure de Modô.

Armée Turque.

Nouuelle armee des Venitiens.

LIVRE TRENTESIXIEME. 196

bien armées & equippées pour la Guerre sous la charge d'Anthoine Bragadin. Et ordonerent qu'on equipperoit encores de nouueau trente Galleres moienes pour les joindre à la Flotte Generalle, laquelle estoit composée de plus de trois cens Galleres fournies pour le combat. Les Turcs soignoient aussi à leurs affaires & s'embarquerent les premiers: Car enuiron le 15. de Iauier vne partie des leurs se mit à la voile & vindrēt assieger Cataro, dressans des plateformes & Blocus tout autour, pour empescher les assiegez de sortir n'y d'estre secourus en aucune sorte & les prēdre par famine. Les Venitiens y enuoiēt incōtinēt 30. Galleres par Iaques Superantio Prouiseur General de la mer: auecques quelques troupes sous la charge de Pol Vrsin, Prospere Colomne & Moret de Calabre, lesquels assaillirēt de telle sorte les Turcs par mer & par terre qu'ils les cōtraignirēt d'abādōner leurs Blocus, lesquels ils ruinerēt & apres le gain de 17 pieces d'artillerie, deliurerēt Cataro auec grāde mortalité des Turcs. Ce qui irrita Selim dauātage q parauāt & les siēs aussi qui auoiēt vne flotte de 400. voiles diuerses & vne puissāte armée en terre, menaças de s'eparer de Cādie, de Corfou ou Zara. Car en ce tēps Selim n'auoit affaire que cōtre les Cōfederez aiāt pacifié auec l'Empereur Maximiliā. Or les Venitiēs ne pourouyoiēt pas moins sōgneusemēt à leurs affaires, aiās vne armée nauale de 300. Galleres desquelles Iean d'Austriche, Marc AnthoineColomne, Foscarin & Superātio auoiēt la principale charge. La ligue fut cōfermée à Rome pour l'ānée 1573. & sēbloit bien que l'ō feroit de grādes choses en si grād appareil. Defait des le cōmecemēt y eut quelques récōtres, specialemēt en Dalmatie ou les Venitiēs dessirēt quelques Turcs & gāgnerēt vn grād butin specialemēt de bestail: Mais la flotte de la ligue ne fit riē tout l'Esté que courir en la mer Hadriatique sās aller cercher de trop pres l'ēnemi. Tellemēt que les Venitiēs reduits en merueilleux dāgers si les choses eussēt cōtinué en ceste lōgueur: Et apperceuās, disoiēt ils, qu'ils seroient les perdās au cas que Selim demeurast lōg tēps leur partie auerse: firēt poursuiure la negociatiō de Paix dōt ils s'estoiēt auisez tost apres la victoire de Lepante. Sur ce que Iea d'Austriche qui s'estoit retiré en Sicile sur la fin de l'Esté, s'embarqua au port de Termini auec toute la flotte de 105. Galleres & de 40. grās vaisseaux. Si qu'au 7. jour d'Oct. 1573. il arriua sur le midy en Barbarie. Puis suiui de 9. autres Galletes Espagnoles cōduites par André Dore & de 14. appartenātes au Pape & aux Florētins, sous la charge du Duc de Sesse entre dās la Goulette. Où entendant que 3000. Mores & Turcs qui estoiēt là pour la Garnisō de Tune en deslogeroiēt: y enuoia le lēdemain 2500. Soldats Lesquels auoir sceu que plus de 14. mil hōmes auoiēt quitté la place: s'ē emparēt sās aucune resistāce. Il y auoit au Chasteau enuirō 200. Mores ordōnez pour la seureté de la place par Amida Roy de Tunes fils de Muleasses (lequel estoit mort en Sicile aiāt eu les yeux creué par le cōmādemēt de sō fils). Lesquels se rēdirēt incōtinēt à Iean d'Austriche. Cōme il sejournoit là ceux de Biserte peu eslōgnez de là: l'auertirēt qu'estāt suruenuē quelque mutinerie entr'eux, 400. Turcs de la garnisō de Tunes y estoiēt acouruz pour se saisir de ceste place lesquels auoiēt esté repoussez. Pourtāt ils demandoiēt secours pour les asseurer d'eux: suiuāt qu'oy on leur en uoia quelques EnseignesEspagnoles sous la cōduite du Capitaine Salazar qui receut ceste ville en la protectiō du Roi d'Espagne. Quāt au Roy Amida, pource qu'il auoit fauorisé les Turcs & dejeté les vrais successeurs de Muleasses: serré dās vne Gallere auec sa fēme & ses enfans fut enuoié en Sicile. Au lieu duquel fut establi Muleassesqui se rendit vassal du Roy Philippes. Apres cela Iean d'Austriche fit bastir vne forte Citadelle composée de six Bouleuars entre la Goulette & Tunes commandant à toutes les deux places. Et de telle sorte que celle qui à autrefois esté dressées en Anuers par le Duc d'Alue. Puis y auoir laissé pour Gouuerneur Gabriel Serbellon Millannois Grand Prieur de Hongrie fortifia Tune, & commis pour la garde du fort de la Goulette Pierre Carrere Espagnol, se retira pour estre employé ailleurs cōme je vous diray en autre endroit.

Il à esté dit que sur le commencement d'Aoust les Ambassadeurs Polonois entrerent en France pour enmener le Duc d'Anjou leur Roy: lequel fist son entrée à Paris en grande magnificence le 14. Septembre où se trouuerēt lesdits Ambassadeurs assauoir l'Euesque de Posnauie, le Palatin de Siradie, le Chastelain de Guesnen, le Comte Gorque, le Castellan de Saure, le Duc de Olica Mareschal de la Court du grād Duché de Lithuanie, le Capitaine de Besse de Samech, les 2. fils des Palatins de Cracouie & Riouie, le Capitaine Dodalanouie & le Sieur de Tomice Vne partie de ses Ambassadeurs estoit Catholique & l'autre Protestante, le Capitaine

Siege de Cātaro par les Turcs & le deuoir des Venitiens à les faire desmordre.

Armée de la Ligue Chrestienne contre le Turc & ses exploits.

Tunes prinse par Dom Iean d'Austrie.

Bizerte en Barbarie rendue au Roy d'Espagne.

Ambassadeurs Polonois traitez

Bbb ij.

L'HISTOIRE DE FRANCE.

de Zamech homme docte fist vne harangue en Latin au Roy esleu au nom des Estats de Pologne, que nous auons laissé pource qu'elle ne concerne la France. Ils furent magnifficquemēt receuz & traitez. La Royne mere entr'autres leur fist vn banquet aux Tuilleries auec des appareils de grans frai, & les rochers, theatres, salles & toutes sortes de passetemps d'escrits en vers latins par Iean d'Orat Poete du Roy & imprimez à Paris. Puis furent priez & solicitez de s'employer pour faire obtenir à ceux de la Religion Protestante quelque Estat plus paisible. Ceux qui estoient refugiez en Allemagne & en Suisse leur presenterent vne Requeste par laquelle ils les prioient d'interceder enuers le Roy. Premierement qu'il luy pleust reconnoistre lesdits de la Religion pour ses fidelles sujets. Permettre en son Roiaume exercice libre & General de la Religion sans distinction de lieux n'y de personnes. Establir des Iuges equitables pour connoistre du tort ou du droit des massacres & y pouruoir pour destourner l'ire de Dieu de dessus le Roiaume. Octroier pour le moins ez villes que ceux de la Religion tenoient en ce temps: libre & public exercice dās lesdites villes & en tous les Bailliages certains lieux cōmodes pour ledit exercice: Finallemēt pouruoir tellemēt aux necessitez de ses sujets, que toute deffiāce leuée & les sedicieux reprimez: ceux de la Religion eussent moiē de viure en paix: & seruir à Dieu. Les Ambassadeurs Polonois cōsiderant l'Estat des affaires, pēserent beaucoup faire pour ceux de la Religion s'il presentoient quelques Articles au Roy en leur faueur. Dont le premier seroit qu'il pleust au Roy faire vne abolition de tous les troubles & confusions auenuës en France & ordōner qu'on n'en parleroit plus. 2. Qu'il seust permis à tous de viure en liberté de conscience sans estre recerchez n'y contraints d'aller à la Messe: se retirer de France si bon leur sembloit vendre leurs biens & emporter l'argent ou en tirer le reuenu par chacun an pourueu qu'ils ne demeurēt en terres d'ennemis ou chez ceux qui n'ont alliance auec le Roy. 3. Que les heritiers des massacrez rentrent ez biens, honneur & dignitez de ceux ausquels il succedēt. Nonobstāt tous Arrest. 4. Que le Roy rende ausdits heritieres la valeur des Estats de ceux qu'on à massacré 5. Qu'il soit loisible à ceux qui sont hors du Roiaume: y rentrer & en leurs biens & honneurs, pourueu qu'ils posent les armes & se remettent en la protection du Roy. 6. Que les villes que tiennent ceux de la Religion ne soient point recerchez pour ce fait n'y cōtraintes de receuoir Garnisons & puissent auoir l'exercice libre publicq, & cependant laissent les armes en se rēdāt au Roy. 7. Qu'on informe contre ceux qui ont massacré & meurtri contre les Edits du Roy: & que punition en soit faite. 8. Que pour les Presches, Baptesmes & Mariages le Roy accorde & assine vn lieu en chasque Prouince du Royaume.

Plusieurs Gentilshōmes & autres personnes Protestantes aians eu cōmunication de ces Articles: despecherent gens pour aller en Court vers les Ambassadeurs & apres les auoir humblement remerciez de leur bonne volōté enuers leurs Eglises: leur remōstrer quelques choses sur les Articles qu'ils treuuoiēt defectueux, incōmodes & dōmageables en quelques endroits n'y aiant pas vn seul que le 7. qu'ils estimassent estre en leur faueur. Partāt les supplioiēt d'estimer q̄ cōme le soin qu'ils ont de leurs freres & de la Frāce: leur faisoit penser de plus prez à ces Articles. Aussi ils prioient les Ambassadeurs de bien considerer ce qui estoit expediant, de peur qu'en voulant proffiter aux Eglises Françoises: ils ne leur nuissent grandemēt. Ces remōstrāces firent changer d'auis aux Ambassadeurs cōme il appert par leur Requeste que nous auons y cy inserée, selon que par cy deuant elle à esté traduite du latin.

Roy Tres-chrestien & Seigneur tres-clemāt. Aiant par la grace de Dieu depesché nos affaires auec nostre Serenissime esleu Et estant dechargez du principal de nostre Legation: nous feussions tres-volōtiers reposez pour le moins quelque tēps, sinon que la cōjonction maintenāt establie entre les 2. plus puissans Roiaumes de tous asçauoir France & Pologne, aussi grāde que celle que nature a mis entre vostre Majesté & vostre frere nostre Serenissime esleu: nous eust fait auec le souci que nous auons des affaires de nostre Paix, pēser aussi & nous soucier de l'Estat de Frāce en ce qui cōcerne nostre cōcorde ciuille & Paix ferme des vns auec les autres. Outre laquelle conjonction il y a quelques tresgrādes & tresimportātes causes qui nous ont amenez à ce deuoir. Nous principallemēt qui sōmes de la religiō reformée, d'vser de suplicatiō & intercessiō enuers vostre Majesté. Que si quelqu'vn pēse que nous aiōs entrepris cela mal à propos ou sās necessité: il faut qu'vn tel hōme cōfesse que la cōjonctiō & amitié de ses 2. Roiaumes luy deplaist: & qu'il n'ētēd point quelle à esté nostre intētiō quāt nous auōs esleu nostre Serenissime Roy. Il est certain, que nous & tous ceux qui auec vn droit jugement sont affectionnez à la Pologne: auons principallement regardé & cerché sur tout d'eslire vn bon Roy

Les Ambassadeurs Polonois intercedent enuers le Roy pour les Protestans.

Requeste des Ambassadeurs de Pologne au Roy de Frāce.

Et qui feuſt pour le bien d'vn trefpuiſſant Roiaume. Et qui eſtant conjoint par ſi eſtroite amitié & alliance auec la Pollogne : en tiraſt honneur, obeyſſance, conſeil & ſecours : pourueu que luy de ſon coſté mutuellement l'aidaſt & maintint ſelon que les occaſions le requeroyent. Sur cela nous auons eſleu noſtre Sereniſſime Roy. En quoy faiſans nous n'aurons pas appaiſé comme il euſt eſté à deſirer nos anciens & tres-puiſſans ennemis. Au contraire nous auons eſmeu & offencé tout ouuertement nos voiſins. Les demandes & Requeſtes deſquels ne furent accordées par les voix d'Eſtats de Pologne. Or auant que nous principallement qui ſommes de la Religion Reformée en Pologne : fuſſions d'auis de bailler le Royaume au frere de voſtre Majeſté : d'autant que nous ne pouuions eſperer obtenir ce qui nous auoit induit de l'eſlire entre tous autres, ſinon que la France recouuraſt ſa premiere puiſſance, grandeur, richeſſe & ſplandeur : Nous auons eſté d'auis d'employer tout noſtre trauail à ce que par noſtre interceſſion & affection treſgrande plaine de pieté & fidelité enuers la France : les guerres Ciuilles qui par tant d'années ont ſi fort endōmagé voſtre Royaume, feuſſent abollies pour jamais à conditions commodes & par vne Paix ferme & ſtable autant auantageuſe pour l'vn que pour l'autre party. Lequel poinct pour ceſte cauſe à eſté ſoigneuſement traicté auec l'Eueſque de Vallence & le Sieur de Lanſac Ambaſſadeurs de voſtre Majeſté. Et derechef eſt ramentu maintenant de tant plus grande affection, que la meſme differance & diuerſité d'opinions touchant la Religion, eſt ſuruenuë en voſtre Royaume comme en Pologne. Où toutesfois la Paix publicque & commune tranquilité à eſté conſeruée : par ce que noz Roys Sereniſſimes & de ſainte memoire Sigiſmond tant premier que ſecond, ont donné liberté de conſcience a chacun. Laquelle auſſi nous eſperons que noſtre Sereniſſime eſleu, nous maintiendra. Meſmement ſi voſtre Majeſté luy monſtre vn exemple imitable pour regner paiſiblement. Pour ceſte cauſe nous eſtimons que tout ce que voſtre Majeſté ordonnera & eſtablira au Royaume de France : aura grand poix enuers noſtre Sereniſſime eſleu, pour faire qu'il encline d'vn coſté ou d'autre. Et ſelon cela neceſſairement nous auons eſperance où crainte des affaires de noſtre pays. Outre ces grandes cauſes eſquelles le ſalut de l'Eſtat de deux ſi puiſſans Royaumes conſiſte : il y a auſſi la conjonction & amitié que nous auons auec ceux qui portent le nom de Chreſtien. Car qui eſt celuy ſil n'eſt ennemy du nom de Chriſt, qui n'ayt regret & ne ſoit faſché juſques au bout, les voir ſ'entre deſchirer & entretuer, pendant que la force & le courage croiſt aux Nations cruelles & du tout ennemys du nom Chreſtien? Nous conjoignons auſſi à ces cauſes les Requeſtes de beaucoup de Princes d'Allemagne & les l'armes de tant de milliers de perſonnes qui chaſſées de leur pays ſont en Allemagne, Suyſſe & autres lieux : leſquelles ayant eſtimé que noſtre interceſſion vaudroit beaucoup en ce temps enuers voſtre Majeſté : n'ont ceſſé en preſence quant elles nous ont rancontrées : & par lettres de nous prier & ſupplier d'employer toute la faueur & credit que Dieu par ſa puiſſance & grace nous donneroit. Tans enuers voſtre Majeſté que noſtre Sereniſſime eſleu, a ce qu'il y ayt Paix en France. Et que les innocens & affligez ſoient ſoulagez. Parquoy l'eſgard que nous auons au Royaume de Pologne, lequel nous deſirons eſtre treſpaiſible par vne tranſquilité ciuille eſt treſferme par ſa ſocieté & conjonction auec le Royaume de France : & en toutes ſortes le vouloir florir & abonder en gloire & honneur: l'attente & l'eſperance que nous auons de noſtre Sereniſſime eſleu, laquelle comme nous auons monſtré nous conceuons de l'Eſtat du Royaume de France qui eſt le pays de ſa naiſſance : finalement la conjonction de l'vn & de l'autre Royaume : la pitié & les Requeſtes de ceux auſquels nous n'auons peu ne deu refuſer ce que nous pouuions en ceſt endroit: font que nous ſuppliōs voſtre Majeſté par ceſt eſcrit, que ſelō ſa Royalle clemēce & benignité enuers les ſiēs: il luy plaiſe pouruoir & remedier à vne ſi lōgue & grande calamité d'armes ciuilles par vne equitable & treſferme Paix. Et cōbiē qu'au mois de May dernier quāt nous eſtions en Pologne pour auiſer ſur noſtre Sereniſſime eſleu: nous aiōs ſuffiſāmēt traitté de ceſt affaire auec les Sieurs de Vallēce & de Lāſac Ambaſſa. de voſtre Majeſté. Et que meſme nous aiōs couché par Articles quelques moiens commodes de Pacification, leſquels ils ont jurez par parolles expreſſes au nom, & en la foy de voſtre Majeſté. Toutefois à cauſe de la grādeur des affaires du Royaume de Pologne : à cauſe auſſi que nous ignorions les choſes neceſſaires pour la grande diſtance des lieux & les bruits qui ſont communemenr faux : pourtant auſſi que les Ambaſſadeurs de voſtre Majeſté diſoyent ne pouuoir donner tout ce que nous leur demandions : Alors & pourtant nous remettoyent au temps que nous serions en France pour obtenir le reste de vostre Majesté. Voyans aussi auec nostre grand regret & estonnement que les poincts & Articles qu'on nous à jurez n'ont esté accordez à ceux de la Religion. Et apperceuans finalement que cela fait que peu de gens jouyssent du bien de la Paix en vostre Royaume : Et que ceux là mesme ausquels on la accordée, se pleignent pour estre greuez & oppressez de conditions tresdures & trespesantes. Et que ceste Paix semble auoir si peu d'equité & fermeté que rien plus. Pour ces causes nous confians en la clemance & faueur de vostre Majesté enuers nous : Auons trouué bon d'exposer de rechef & plus amplement à vostre Majesté, les moiens lesquels estans establis & conseruez : Il semble non seulement à nous, mais à plusieurs d'Allemagne bien affectionnez à la France : Et à quiconque pese l'affaire comme il faut, & en toute sincereté : qu'on peut auoir vne Paix asseurée & remettre vostre Royaume en la dignité, grandeur & splendeur qui à tant esté renommée par tout le monde.

Egalité fondemant de Paix. En premier lieu l'on sçait que le moyen pour paruenir à vne tres-ferme Pacification est, qu'ez conditions l'on apperçoiue vne egalité c'est à dire qu'on ayt esgard autant que faire se peut, que l'vne n'y l'autre partie ne soit greuée : Ains soit esgallement respectée. Les plus puissantes & Excellantes Nations ont suyui ceste esgalité. Nommément les Romains, quant ils ont communicqué à ceux mesmes de leurs ennemys qu'ils auoyent vaincuz, tous droicts & preuilleges comme Mariages, habitations à Rome, jouyssance des commoditez d'icelle : & ce d'autant qu'ils voyoient que ceste Paix estoyt la meilleure qui auoit en soy plus dequité : & qu'au contraire celle qui chargeoit & greuoit l'vne des parties n'estoit jamais de longue durée n'y mesme proffitable au victorieux. Pour ceste cause nous supplions autant que se peut faire & deuant DIEV, vostre Majesté Tres-Chrestienne, par ceste sienne faueur & grace que nous experimentons journellement tres-expresse enuers nous, pour la conseruation & seureté de son Royaume : & de celuy de son frere: par la sauueté du nom Chrestien : Et communion qui est entre nous tous, qu'il luy plaise entendre & applicquer sa Royalle clemence à appaiser ces pernicieuses contentions & combats d'Armes ciuiles, par quelques conditions equitables, & esgalement

Edits de Ianuier d'Aoust commodes aux deux parties. Or il appert par deux Edits principallement, assauoir par celuy de Ianuier & par celuy qui depuis fut fait au mois d'Aoust : que vostre Majesté n'est pas trop esloignée de la. Et quand à cest Edict du mois d'Aoust, combien qu'il soit plus restrainct que celuy de Ianuier : Toutesfois il est aisé à conjecturer par les deux ans qu'il à esté entretenu : Et par l'admirable vnion & conjonction des cœurs de ceux de l'vne & de l'autre Religion qui croissoit de jour à autre : Combien ferme & durable tranquilité il eust peu apporter à la France. Parquoy puis que vostre Majesté connoist clairement par experiance & par effects : les commoditez & profficts de ce troisiéme Edit de Pacification : Nous supplions au nom de DIEV, que vostre Majesté le veillé conseruer & retenir sur tout ce que nous esperons que vostre Majesté sera tant plustost, que ce troisieme Edit à esté fait & publié vostre Majesté estant ja de plus grand aage : ayant vn jugement plus certain, vne volonté plus libre, que quand les autres auoient esté faits: Mesmes il à esté declaré par parolles plus sainctes & plus solemnelles : tellement qu'il ny a en celuy aucune excuse qu'on puisse prandre sur vostre aage. Et pourtant s'il estoit aucunement diminué ou enfraint, cela touche non seulement à l'Estat de la France, mais aussi à la reputation de vostre Majesté, à sa foy & honneur tant enuers les hommes de nostre temps, que de ceux qui viendront cy apres. Quand nous auons leü cest Edit & ces mots contenuz en iceluy. Asçauoir qu'il sera perpetuel & ireuocable: Et nous nous souuenons qu'il à esté confirmé par serment expres: nous ne pourrions jamais estre induits à penser que vostre Majesté le voulust aucunement alterer ou effacer. Et toutesfois nous voions auec vn extreme regret, qu'il est rompu par effet. Sans que nous en puissions trouuer aucune cause. N'y sçauoir comment cela à esté licite : Car encores que ces personnages les principaux de la Religion reformée, eussent forfait en quelque chose: certainement il ny a nulle raison & nul droit de punir les fautes de quelque petit nombre de particuliers sur tous vniuersellement. Et que les inocens en soyent incommodez & chastiez. Voire mesme que le Roiaume en souffre. Et n'a on peu d'esroger à cest Edit par les ordonnances suiuantes : veu qu'au quarante troisiéme Article d'iceluy, il est expressément & nommément dit : Que ce qui seroit ordonné puis apres au prejudice d'iceluy : ne seroit

d'aucune

d'aucune valeur. Auſsi ne diſõs nous pas qu'il ſoit encores directemẽt rõpu par aucun Edit de voſtre Majeſté. Au contraire en la declaration du maſſacre de Paris imprimé le vint huitiéme d'Aouſt: voſtre Majeſté declare haut & clair qu'elle ne veut pour cela qui eſtoit auenu, rongner aucune choſe de ſon Edit. Mais qu'elle entend le conſeruer & maintenir. Ce qu'il plaiſe à voſtre Majeſté obſeruer & ne ſouffrir que rien y ſoit alteré & rompu contre ſa tant ſaincte & expreſſe promeſſe: Et contre la tranquilité & proffit de ſon Roiaume: mais qu'elle le retabliſſe & entretienne: C'eſt là le point principal de noſtre ſupplication & dequoy nous requerons tresjnſtamment voſtre Majeſté. Dauantage pource qu'il ne ſe peut faire que la mort de tant de perſonnes n'aye apporté vn grand changement & brouilis affaires: Nous auons a ſupplier voſtre Majeſté de certaines choſes en eſpecial, ce que nous faiſons le plus humblement qu'il nous eſt poſsible. Que comme elle aboliſt par le ſecond Article du troiſiéme edit, la memoire de toutes injures & offences paſſées, ſans que jamais il y en ait recerché pour l'auenir. Et que ſemblablement elle le permet en reſpondant à noſtre ſeconde demande: Auſsi elle puniſſe iuſtement & ſeuerement les crimes perpetrez hors de la guerre contre voſ Edits par la meſchanſeté de quelques particuliers. Comme nous auons entendu qu'on à commis beaucoup d'horibles cas tant ſur les corps que ſur les biens de grand nombre de poures inocens & femmes enceińtes & de petis enfans. C'eſte requeſte fondée en equité & juſtice eſt plus que neceſſaire: de peur que la guerre ne ſoit vne couuerture & cachette pour brigander au lieu qu'on à accouſtumé d'entreprandre la guerre principallement pour empeſcher les brigandages. Laquelle choſe nous ayant eſté promiſe par les Ambaſſadeurs de voſtre Majeſté qui ſen ſont fait forts: meſmes l'ont jurée comme appert par le ſeptiéme Article de noz demandes: Nous nous aſſeurons du tout qu'on ne la voudra point obmettre. Outre plus comme il à eſté fait en toutes les pacifications paſſées, Et comme il nous à eſté promis au quatriéme Article de noz demandes. Que voſtre Majeſté reſcinde tous les jugemens d'Edits & Arreſts faits depuis le vint-quatriéme d'Aouſt mil cinq cens ſeptante deux. Et pourvoye à l'honneſte memoire de ceux qui ſont morts: où bien à ceux contre leſquels tous jugemens auroyent eſté faits. Ou bien que bons Iuges & non corrompus ſoyent donnez à leurs heritiers. Ce que nous voyons qu'ils deſirent ſur toutes choſes; qu'ils connoiſſent les cauſes & en jugent de rechef. Veu que ceux qui en ont connu ſont deboutez de cela par l'Edit de Pacification: comme eſtant ſuſpects. Et qu'auſsi ils ont bien monſtré ayans jugé des morts ou dez abſens ſans les ouyr. N'ayant meſme donné audiance à aucun de leurs parés ou procureurs qui deffendiſſent les accuſez. Auſsi que les heritiers de ceux qui ont eſté occis en ce maſſacre faict à Paris & en pluſieurs autres lieux de France eſtans remis en leur entier: Nonſeulement leurs meubles & immeubles leur ſoyent renduz: Mais auſsi y plaiſe à voſtre Majeſté ordonner, que le pris & valleur des Eſtats qu'ils auroyent, c'eſt à dire autant que chaſque Eſtat ou office à accouſtumé d'eſtre vandu, leur ſoit reſtitué. Que ceux qui ſont bannis de France a cauſe de la Religion: ou qui effrayez des maſſacres ſen ſont retirez: y puiſſent ſeurement & librement reuenir & rentrer en leurs biens, honneurs & offices. Comme par cy deuant il à eſté arreſté par le vint-ſixiéme Article du troiſieme Edit & ſelon qu'il nous à eſté promis à noſtre ſixiéme demande. Qu'il ſoit permis à ceux qui ſe voudront retirer de France: vendre leurs biens, en diſpoſer à leur plaiſir & emporter le pris d'iceux hors du Royaume. S'ils ayment mieux ne les vendre point & en receuoir le reuenu tous les ans, que cela leur ſoit permis ſans aucune fraude. Dauantage qu'ils puiſſent librement retourner en France quãd bon leur ſemblera pour y demeurer: pourueu qu'ils ne ſe feuſſent retirez vers les ennemis declarez du Royaume, comme il à eſté requis par le ſecond Article de noz demandes. Qu'à ceux qui apres le maſſacre eſtans induicts par menaces, par cruauté, par ſerment ou par quelque autre moien: ont abjuré la Religion de laquelle ils faiſoyent profeſsion: Soit permis ſans dommage ny ſans fraude comme deuant leur ſerment, retourner à leur premiere Religion & jouir de leurs premiers preuilleges qui leur ſont permis par le troiſiéme Edict. Que toutes les villes & places tenuës aujourd'huy par ceux de la Religion refformée, ou leſquelles ont poſé leurs armes apres la Pacification de la Rochelle: ou qui ont eu l'exercice de la Religion par le 3. Edit: faient cy apres ſemblablement. Et qu'en chaſque Bailliage ſoient aſsignez lieux pour l'exercice de la Religion, cõme il eſt ordonné par le troi-

L'HISTOIRE DE FRANCE.

Octobre. 1573.

siéme Edit. Et pour oster tout soupçon, qu'il plaise à vostre Majesté accorder aux villes & places que tiennent ceux de la Religion, & ausquelles le libre exercice de la Religion, à esté permis par le troisiéme Edit: qu'elles n'aient cy aprés aucune Garnison. Ains jouyssent de leurs anciens & nouueaux preuilleges, libertez & inmunitez. Dautant aussi que les villes ont esté tant endommagées, & que plusieurs Gentilshommes & gens de tous Estats faisans profession de la Religion, ont esté massacrez. Et que presque tous les biens dés suruiuans dont la plus part à quitté la Religion, ont esté pillez : qu'il plaise à vostre Majesté, les absoudre & quitter de l'argent deu au Reitres. Car aussi ceux qui font profession de la Religion reformée disent qu'ils ne sont pas obligez en leur propre nom aux Reytres. Et que ceux qui s'estoient obligez particulierement, ont esté tuez en ce massacre de Paris. Que toutesfois auparauant, ils n'ont point refuzé de aider à faire lesdits deniers. Mesmes disent s'y estre emploiez & auoir fait pour paier ceste dette, vne bonne somme de laquelle soixante mil escuz ont esté pillez par my ceste calamité auenuë à Paris. Et que ceux qui auoient charge de cest argent, incontinant qu'il fut receu: sont maintenant comptables du reste en la chambre des comptes. Or n'estiment il pas estre equitable qu'vne mesme chose leur soit demandée deux fois. Finalement d'autant que Sancerre à esté rudemét assiegée & receuë à tresdures cõditions depuis que les Ambassadeurs de vostre Majesté ont receu & juré nos demandes par lesquelles nous estoit promis que de là en auant, l'on ne feroit violence à personne pour cause de la Religion: Nous supplions vostre Majesté que selon les promesses il luy plaise adoucir & alleger la pesanteur des conditions imposées à ceux de Sancerre & leur quiter l'amende pecuniere: ou s'ils en ont paié les recompenser. Oster aussi les garnisons de la ville desquelles ils doiuent estre affranchiz par le troisiéme Edit. Et par nostre septiéme demande.

Argent deu aux Reitres.

Sancerre.

Outre ceste requeste pour ceux de la Religion ces Ambassadeurs en firent d'autres pour diuers particuliers de la part desquels ils en auoient estez suppliez, Notament par Madamoyselle de Bourbon jadis Abesse de Iouerre, fille du Duc de Montpensier. Laquelle aiant quitté l'habit, s'estoit retirée en Allemagne, chez l'Electeur Palatin, ou elle fut receuë honorablemét & est maintenant mariée au Prince d'Orenge. Ce qu'ils demandoient pour elle estoit. Qu'il pleut au Roy faire tant enuers le Duc de Montpensier: que sa fille eust dequoy s'entretenir selon le rang quelle doit tenir: Estant fille d'vn Prince du sang. Ils intercedoient pour la Contesse d'Entremont veufue de l'Amiral: laquelle estoit detenuë prisoniere à Turin. Et prierent le Roy de moienner son eslargissement enuers le Duc de Sauoye. Auec permission de viure en sa Religion par tout ou bon luy sembleroit, Aussi estant particulierement priez de la part de ceux de Chastillon enfans de l'Amiral, retirez à seuretté en Suisse : Ils remonstrerent au Roy que l'Amiral auoit esté massacré sans aucune conoissance de cause: & contre tout droit & equité. Qu'on l'auoit accusé aprés sa mort & condemné sur cela par les Iuges incompetans & recusez par lettres expresses du Roy accordées audit Amiral comme criminel de leze Majesté. Que le tout auoit esté fait & executé sans en faire sçauoir chose quelconque à sa veufue ny à ses enfans. Ce qui faisoit penser que le Roy auoit esté circonuenu en cest endroit. A ces causes prioient le Roy de nommer les Seigneurs des ligues ou autres Princes & Grans Seigneurs estrangers alliez de la Couronne ou autres Iuges non suspects, pour reueoir ce proces de l'Amiral: & en prononcer la sentence selon la verité. Que Charles puisné desdits Seigneurs de Chastillon detenu à Marseille: par le commandement du Roy fut mis en liberté & renuoié à sesdits freres ou autres prochains parans. Dauantage qu'il pleust au Roy moienner vers le Duc de Sauoye que lesdits de Chastillon peussent jouir des biens qu'ils ont en ses païs, attendu que leur Pere ny eux ne s'ont jamais offencé.

Princesse d'Orenge fille du Duc de Montpensier.

Comtesse d'Entremõt veufue de l'Amiral.

Enfans de l'Amiral.

LES Articles demandez pour ceux de la Religion en general & pour ses particuliers: fachoiét aucuns du Conseil qui eussent bien voulu que les Ambassadeurs Polonois se feussent contentez de negotier auec leur Roy. Toutesfois de peur de plus grand inconueniant: on leur promit de les contenter. Et particulierement a quelques vns desdits Ambassadeurs que ses sujets de la Religion seront plus doucement traitez. Et qu'il donneroit contentement à chacun comme la Roine Mere leur en donnoit bon espoir. Ainsi donc on remit les Ambassadeurs à Mets & les asseura on qu'ils verroient là, combien le Roy les respectoit.

EN ceste saison & pendant la continué des reiterées magnifisances qui furent dressées en plusieurs endroits, Mesmement a Paris en faueur des Polonois: se dressoient les preparatifs du voiage

Voiage du Roy de Pologne.

LIVRE TRENTESIXIEME.

voiage du Roy de Pologne. Lequel au commancemét conseillé d'aller par mer pour ne s'exposer à la mercy de plusieurs Allemans de Religion Protestante qui d'ailleurs haioient extremement le François: pour les meurtres faits sur leurs freres par toute la France: occasionna le Roy d'ëuoier en Angleterre. Partie pour supplier la Roine de fauoriser ce sien dessein & l'assister de quelques vns des plus commodes vaisseaux qu'elle eust pour cõduire son frere jusques en son Roiaume. L'Ambassadeur honnorablement recuilly, eut pour excuse qu'elle ne pouuoit esloigner ses Nauires des costes de son Roiaume insulaire: duquel ils sont & ont tousjours esté la plus seure & plus prompte defence qu'elle y pouuoit auoir. Ioint qu'elle sçauoit la haine de l'Espagnol contre ses païs telle, qu'aussi tost qu'il la sentiroit desgarnie de ses forces il y atenteroit vne descente pour y faire le pis de son pouuoir. Ainsi retourné on mit en deliberation de l'y faire porter sur les meilleurs Nauires de France. Mais le tout fut rompu par la nouuelle resolution d'y aller par terre: sur l'espoir que luy prometoit l'Empereur & quelques autres Princes qui d'ailleurs pourroient adoucir l'aigreur de ceux de foy contraire. Tellement que sur le mois d'Octobre, il part accompagné de grand nombre de Seigneurs, Gentilshommes, Capitaines & autres qu'il aimoit le plus: Et desquels il esperoit tirer plus de seruice. Laissant les Protestans aussi joyeux de l'absence de tant d'ennemis qu'il enmenoit: que les Catholiques Ecclesiastiques mesmement, se montroient faschez de l'esloignemét d'vn tel Prince qu'ils estimoiét leur appui & heureuse deffance contre leurs auersaires. Le Roy & la Roine sa Mere le conduirent jusques aux frontieres du Roiaume: Où le Roy sentit son mal tellement rengreger, qu'il fut contraint d'y atendre la fin de sa malladie comme vous entendrez ailleurs.

Le Roy de Pologne part.

Bbb iiiij.

SOMMAIRE
Du Trenteseptiéme Liure.

Octobre.
1573.

L'AVTEVR vous auoir representé les differens que les Catholiques & Protestans auoient à qui les premiers poseroient les armes: auec les raisons alleguées d'vne part & d'autre: il met les occasions que les Protestans Alleguent pour les troubles de l'an mil cinq cens septante quatre: Auec les plaintes & raisons contraires des Catholiques. Occasions que les Catholiques malcontens disent auoir, pour induire Monsieur à sortir de Court & prandre les Armes. Assemblée d'Estats Generaux demandée. Desseins de la Haye Lieutenant de Poitou & ses portemens. Occasions par lesquelles les Catholiques malcótens se disent forcez à prandre les armes pour la reformation de l'Estat. Diuisions & malcontentemens en la Rochelle. Entreprinses pour surprandre la Rochelle descouuertes & plusieurs tant habitans naturelz que forains, & refugiez prisonniers puis executez à mort. Nauires & Pirates des Catholiques pris à la Rochelle & les Chefz executez. Lettres du Roy aux Rochellois desauouant tout & mostrant qu'il ne demande que l'entretié de son Edit, Pensne ordôné à la Rochelle. La Noue & autres voñ aux Rochellois, pour les persuader entrer en Ligue auec les Protestans & Catholiques vnis. Raisons des Rochellois pour ne prandre les armes. Association des Rochellois auec les Confederez & mal contens. Preparatifs & fortifications de la Rochelle. Declaration & protestation des Protestans & Catholiques associez. Entreprinses des Italiens & Espagnols tenans Tunes, contre les Tures & Mores du pays. Les Venitiens malcontens du Pape & Roy d'Espagne, qui ne leur aident, font Paix auec le Turc: dôt leurs associez sont bien faschez. Tunes & la Goulete assiegées, battues assaillies & en fin prinses & razées par les Turcs. Le Roy escrit & enuoie saint Sulpice & autres aux Rochellois pour leur depersuader la Guerre. Leur responce. Le Comte de Montgommery retiré aux Isles de Grenezay, & solicité par les malcontens, descend en Normandie & ses portemens. Diuers Iugemens sur les desseins du Lieutenat General de Poitou. Entreprises des Protestans d'enleuer Monsieur de Court estant à S. Germain en Laye, Fuitte de la Court al andónant le Roy. Desseins des Protestans & Catholiques vnis en la reprise des armes. Declaration de Monsieur & du Roy de Nauarre (plus esclairez que deuant,) de n'auoir aucune intelligence auec ces entrepreneurs. Les Mareschaux de Montmorency & de Cossé, persuadez en fin d'aller en Court, y sont emprisonnez. Le Comte de Coconas, la Mole & autres prisonniers interrogez, gehennez, sont executez à mort par arrest de Parlemēt de Paris. Plusieurs quittent la Court. Fontenay le Comte, Lusignan, Pons, Brouage & plusieurs autres places de Poitou, Saintonge & quartiers voisins, surprinses au jour du Mardy gras par les Confederez sur les Catholiques. La Noue decalainé General des trouppes en attendant vn plus grand. se met aux champs pour assembler le plus de forces qu'il peut & doñe ordre à tout. Puis se retire à la Rochelle, pour s'esseurer des Rochellois & les conforter en si petis commencemens d'vne heure entreprise. Puis pourvoir aux Isles & quartiers voisins. Moiens que tint le Roy pour dresser armée & rópre coup aux desseins des malcomés. Brouage, son origine, sa representatiō & comoditez. Preparatifz à faire la guerre sur mer. Capitaines Rochellois, courent toutes les mers & font de gras butins à la cause. Normans & leurs voisins s'arment sous le Comte de Montgommery & leurs exploits contre lesquelz Matignon dresse armée Catholique. La Royne mere s'employe courageusement pour la paix Generalle: & particulierement pour la reconciliation de ses enfans. On dresse ce pendant trois armées Catholiques contre les Protestans & associez. Le Duc de Montpensier en Poitou, Matignon en Normandie, & le Prince Dauphin en Dauphiné & Languedo auec les exploits de ces armées. Saint Lo, Damfron, Carentan & autres places Normandes assiegées, battues & prises sur le Comte de Montgommery & Colombieres par Matignon auec la mort de ces Chefs. Talemond en Poitou assiegé, battu & pris à composition sur les Protestans. Fontenay le Comte & sa representation assiegé, battu, mais en vain assailly par le Duc de Montpensier qui leue son armée de deuāt. Lettres du Roy aux Gouuerneurs de ses Prouinces pour maintenir ses sujets en Paix. Ennuy & malladie du Roy qui escrit derechef aux Gouuerneurs pour les asseurer de son mal & autoriser sa mere en sa regence du Royaume. Mort du Roy Charles, son naturel, son exercice, ses vertus, obseques, pompe & enterremēs des Roys de France: auec la forme des conseils & ordre de l'assiete des conuoieurs, pendant le seruice aux funerailles d'iceux. Guerre entre les Valaques pour le Gouuernemant aucuns desquels apelent les Zosaques Polonois, les autres le Turc à leur aide, la fin & choses plus memorables dicelles. Henry Roy de Pologne auoué successeur legitime & le plus proche au Royaume de Frāce. Lettres de Regence de la Royne mere. Moiens qu'elle tint pour se mieux autoriser en la Regence.

LIVRE TRENTESEPTIEME. 200.

ous auez veu comme, & à quelles conditions la Paix fut faite. Et que neantmoins la pluspart des Protestans ne vouloient poser les armes, notammant ceux de Languedo & pays voesins, desquels vous aues veu les raisons cy dessus. Ce que plusieurs toutesfois tant Confederez que Chatoliques & estrangiers trouuoient assez cru. Et mesmement les Catholiques qui disoient le Roy s'estre mis en tout deuoir de bon Prince, voire de pere tresamiable à ses sujets. En ce mesmemēt qu'il leur à donné la Paix, au temps qu'il en auoient plus & luy moins de besoin : comme estans sur son auantaige en toutes choses. Eux au rebours au pis qu'il leur fust auenu, s'ils eussent esté de plus prez &plus opiniastrement poursuiuiz. Que c'estoit bien loin de quitter premiers les armes selon le deuoir de tout sujet : qu'au contraire ils les retiennent & manient encor apres que le Roy à posé les siennes. Ceux au contraire respondoient en public &particulier par parolles &discours imprimez. Qu'ils ne faisoiēt rien qu'auec toutte justice & raison, d'autant plus euidente, que la necessité ne les y pressoit moins que jamais. S'asseurans que comme la langue exprime le plus souuent le rebours de ce que le cœur pense: Aussi que les desseins Catholiques ne sont moins dressez contre eux que si les Armées marchoient en cāpagne pour leur ruyne. Ils n'ont que trop de moyens à leur nuyre disoient ils, sans jetter trouppes armées sur leurs Prouinces. L'on ne se doit moins garder & moins estimer ennemy celuy qui combat à couuert &par voyes recelées, que celuy qui marche la teste leuée pour auoir la fin de ses aduersaires. Le Roy, disent ils, nous promet beaucoup. Mais detourné d'effectuer sa bonté naturelle en nostre endroit, par ses mauuais Conseilliers capitaux ennemis de nostre party & Religion: nous ne sentons que le vent de ses promesses. Il est nostre Roy: nous luy sōmes sujets & sçauons, quel est nostre deuoir enuers sa Majesté. Mais aussi le deuons nous desirer plus fauorable enuers nous. Or les Roys, quand ils sont bons sont appellez Peres du peuple, & par consequent ils doiuent traitter leurs sujets comme enfans. Et la Loy qui donnoit aux maistres puissance de vye & de mort sur les esclaues, qui depuis fut fort moderée par les Empereurs: n'eut oncques lieu sur les enfans. Dōt appert qu'en ce cas, il est beaucoup plus permis aux enfans, qu'aux esclaues. Et plus requis des Peres, que des maistres. Estāt chose toute asseurée que les sujets doiuent estre tenus en autre rāg que d'esclaues. Quel sera donc l'office d'vn pere en cest endroit? D'vn pere dis-je (s'ainsi le faut nommer) que les enfans de la bonté desquels il a si souuent mal-vsé, ne redoutent pas sans grande occasion, voiās leurs freres tout freschement morts deuant leurs yeux. Sera ce seullement de leur monstrer bon visaige, de leur parler doucemēt d'vne paix, de leur montrer la main? Mais quand ils la voient armée d'vn glaiue tout sanglāt? Quand ils le voiēt enuironné de ceux qui les ont tuez &de leurs plus grāds ennemis? Mais quād ils sçauēt que luy mesme à cōmandé puis auoüé tous les meurtres: est il possible qu'ils le puissent reputer aucunemēt pere? Et quād bien ils seroiēt si foz pourront ils bien hausser leurs yeux pour luy comtempler le visaige ou prēdre garde à ce qu'il dit? Que fera donc vn bon pere pour oster ceux de desespoir qu'il deust traitter ainsi qu'enfans&pour les garder s'il poursuit de se precipiter tout outre? il jettera pour le moins son espée. Il laissera toutes ses armes bas: il fera retirer ceux de qui il se messie. Il cassera ses Satellites &cōdemnera tous leurs forfaits. Lors s'approchant de ses enfans, il les consolera de parolles, les deschargera de toute crainte & leur tendra sa main plus doulce. Alors il ne faut parauenture pas douter: qu'ils ne s'atendrissent, qu'ils ne fondent en larmes & ne se jetent comme à ses pieds: s'ils sont vne fois asseurez que ces façons luy procedent du bon du cœur. Que si l'on dit qu'il y va de la reputation d'vn Roy de faire le semblable: nous respondons qu'il n'est donc pas honorable à ce Roy la de porter tiltre de pere de son peuple. Veu que les tiltres se dōnent pour l'effect & cest effect conuient à ce nom la. Entre deux cōbatans en vn duel, il y à de l'honneur à qui fait quitter les armes a sa partie. Entre deux Princes a qui contraindra son ennemi vaincu, desnué de ses armes, hors de tout espoir, de requerir la paix. Car on combat à qui sera le plus fort & le plus puissant. Mais quand entre le pere & les enfans pour la rigeur extreme du pere on en vient là: l'honneur du pere est acheué de perdre, s'il essaie de les vouloir forcer de leur faire rendre les armes, les pied sur la gorge : de les mener en triomphe liez au derriere de son chariot. Ce luy est dis-je vn trop lourd deshōneur de le faire. C'est se rendre ignominieux soy mesme & pourchasser sa honte à ses despens. Son honneur est de se monstrer begnin & doux, enclin à pitié, cercher tout moien de les regangner & les retirer du desespoir où il les à mis. Et le Prince qui ne suit ceste voie, souz vn faux pretexte de conseruer sa reputation : la perd en ce point,

Différens à qui la Paix faite, pose-roit les armes les premiers. Auec les raisons alleguées d'vne part & d'autre.

Roys sont Peres du Peuple

point, & acquiert celle d'vn tiran inhumain. Pource aussi qu'on pense que ses sujets viennent en competence auec luy & qu'il veut monstrer qu'il est plus fort qu'eux. Comme ainsi soit qu'il d'eust mõstrer s'il luy estoit possible, qu'il est meilleur Prince qu'ils ne sont bons sujets & plus benin & clement qu'ils ne sont obeissans. Les bons Princes sont estimez estre l'Image de Dieu en terre. Dieu à qui les hommes sont plus tenuz qu'aux Roys & Princes, veut auoir cest honneur de nous aimer premier que nous luy. Et ne le pouuons aimer que premier il ne nous ait aimez. Il ne se courrouce jamais injustement comme les hommes à toutes heures. Et toutesfois il cesse plustost de nous hayr que nous luy. Despouille plustost les armes que nous nostre rebellion. L'amour est vne vertu non petite, & naturellement veut commencer de plus parfait: du vray Prince vers ses sujets: de vray Pere vers ses enfans: descendant plustost que mõtant. Et lors par vne certaine reflixion, les enfans commencent à aimer le Pere, les sujets le Prince: Et comme c'est aux Peres de commencer: aussi est-ce à eux mesmes de recommencer s'il s'interrompt & s'il viennent à deffiance de cercher les moiens de les asurer. Brief concluoient ils, qu'on considere le droit ou l'honneur: S'il est tousjours requis à vn Roy de quitter les armes premier que ses sujets, à plus forte raison l'est il requis à vn Prince mal conseillé, duquel le mieux traité des Protestans est sujet à mille calomnies & en hazard de perdre cent fois la vie chacun jour.

VOYLA les raisons en somme par lesquelles plusieurs milliers de Protestants furent inuitez non seulement à continuër leur port d'armes, mais aussi à faire pis qu'ils n'auoient encores fait. Persuadez que les Princes ne faisans grand estat d'eux: on ne leur sçauroit faire plus de tort, que de leur vouloir oster auec la vie, la liberté de leur ame, leurs biens, femmes, enfans & tout ce que Dieu leur auoit presté en ce monde: par moiens gauches & inconuz quand les aparens & descouuerts (qu'ils estimoient la force des armes) n'y pouuoit rien faire. Or ne fut ce pas tout, ains comme les hommes s'affectionnent aux exemples plus qu'a autres choses. Voire se fantaient aisement ce qui se conforme à leur humeur & premiere opinion: ces raisons jointes à celles que j'ay discouruës cy dessus au liure precedent: auec l'exemple d'vn assez bon-heur qui conduisoit les desseins de ceux de Languedoc & peuples circonuoisins: anima si fort peu à peu toutesfois, les cœurs ja vlcerez des autres Confederez: qu'ils ne feirent difficulté de changer leur aise & repos auec l'imagination d'vn plus auantageux contentement, que nombre Catholiques mal contens leur persuaderent en peu de jours.

Ie vous ay cy dessus fait voir la Paix faite deuant la Rochelle. Et comme plusieurs, François n'y voulurent obeir fors les Poiteuins, Saintongeois & leurs plus proches, qui s'y assujetirent par le Conseil des Grans & sur l'espoir d'vn mieux auenir. Les esprits des hommes neanmoins variables selon les occurrences: auec les impressions que plusieurs donnerent à moindres qu'eux: furent occasion qu'en peu de temps ceux cy formerent leur malcontentement à cet Edit. Et par consequent contre l'vniuerselle disposition de tout l'Estat. Ils faidoient des raisons cy dessus alleguées par les Dauphinois, Languedocs & leurs voisins: ausquelles ils ajoutoient les auertissemens qu'on leur auoit enuoié pour certains, mesmement les plus enclauez en la France qui n'auoiẽt le moien ny la hardiesse de faire prescher ny assister à aucune assemblée selon la liberté de leur conscience (que le Roy neantmoins vouloit maintenir libre par tout) assauoir que le Conseil du Roy ne tramoit qu'vne autre deffaite plus sanglante & generalle que celle de saint Barthelemy. Ce qu'ils confirmoient par nombre de lettres qu'ils disoient auoir esté surprises: par quelques meurtres sur aucuns particuliers Protestans: & par la descouuertes des entreprises sur les places de la Religion: mais sur tout ils insistoient en ce que l'Edit de Paix faisoit si petite part à la parolle de Dieu: Que la liberté portée par iceluy estoit vne pure & vraie tiranie de cõsciéce: laquelle ne peut estre que serue, si elle n'entẽd la parolle de Dieu, par la predicatiõ de son Euangille & publique administration de ses Sacremens D'ailleurs le fruict, le bien & tout l'auantage de la Paix est pour ceux qui opiniatrement se sont bandez contre les Commandemens du Roy. Qui plus animeusement porterẽt les armes contre les Catholiques. Et qui premiers voire quasi seuls ont ozé fermer les portes aux Lieutenans de sa Majesté. Au rebours, ceux qui ont assisté ou de quelque chose fauorisé les Catholiques contre les Protestans: ont du tout esté oubliez: encores qu'on leur promist les maintenir en tout exercice de leur Religion. Ceux aussi lesquels atendans par toute la France en repos, l'execution des Edits faits apres la saint Barthelemy: qui ne promettoient que liberté de
conscience

LIVRE TRENTESEPTIEME. 201.

conscience que repos aux personnes, qu'asseurance de biens, estats, honneurs, charges & d'autres moiens qu'il pouuoient auoir: se voyent par cete Paix forcloz & priuez de ce qu'il esperoient si iustement pour le merite de l'obeissance renduë à leur Souuerain. Estimans donc que les armes estoient le plus court & asseuré, du moins plus honnorable moien d'auoir du Roy ce qui leur auoit tant de fois promis: arresterent lors de se mettre au hazard & coucher de leur reste pour fuïr le deshonneur d'auoir esté nourris à l'engrais affin d'estre à vn besoin esgozilez comme porceaux.

Les Catholiques au contraire treuuoient cete contrauention à l'Edit merueilleusement estrange. Premierement pource que le Roy si leur auoit donné ceste paix sans y auoir esté contraint & forcé com'aux autres troubles. Car ny peu de Protestās s'estoient ozé esleuer côtre luy apres les matines Parisiennes. Et dauantage auoit tellement battu & affoibly ceux qui s'y estoient emancipez: qu'il ne leur restoit que les derniers abois comme la Rochelle, Sancerre & autres places peuuoient tesmoigner. Leur aiant donc donné la Paix & au plus dur temps de leur miseres & qu'ils n'en pouuoient plus: ils en auoient d'autant plus d'occasion de croire & s'asseurer que le Roy & son Conseil qui la luy auoit persuadé: vouloit faire viure desormais tous ses sujets en Paix & oubly de tout le passé. Pource ne leur restant plus aucune matiere de crainte: leur deuoir estoit d'vser de l'heur comme il se presentoit, sans alterer le repos des autres pour trouuer pis sous l'espoir d'auoir mieux. Dauantage comme ceux des Protestans qui viuent au milieu de la France, desnuée d'exercice de Religion pretenduë reformée: ne peuuent en ce temps rien faire sans l'intelligence des Rochellois & autres plus esloignez qui leur prestent retraites & tout autre secours: ils treuuoient vne grande simplesse aux Pœteuins, Rochellois, Sainttongeois, Angoulmoisins &autres qui tous jouyssent à pleine voile du repos de seureté portée par l'Edit: de rien innouer à l'appetit de ceux la, qui se plaignent non tant pour l'asseurance d'auoir mieux: que pour atirer au mesme sac de miseres ceux cy, dont ils enuient l'heureuse condition. Tellement que tant pour telles, qu'autres considerations plusieurs, raportans le naturel des François, des Seigneurs mesmement à l'Estat, presans: eurent opinion que nombre de grans Catholiques & autres faschez que les affaires ne se conduisoient autrement: auoient remué tout cet affaire, curieux d'effectuer aucuns desseins proposez au siege de la Rochele. Que mesmes de ce siege on auoit taché d'animer vn Prince à presenter vne requeste au Roy au nom de plusieurs Catholiques & des Protestās pour paruenir à vne reformation d'Estat, auoir raison des massacres, & faire rendre comte des finances & autres affaires qu'ils disoiēt si mal mesnagées. Mais le Mareschal de Montmorency, ne fut d'auis qu'elle feust presentée crainte d'ofencer leurs Majestez: luy conseillant de n'entreprendre rien que ce qu'elles auroient agreables. Somme que plusieurs Catholiques esloignez de Court & reculez des faueurs presentes, auoient animé plusieurs d'vne & d'autre Religion, pour satiffaire au mal contentemēt que plus du tiers de Francez se treuuerent auoir sur le maniment de l'Estat à ce enhardis tant pour l'absence du Roy de Pologne duquel l'autorité formidable à tous, auoit jusques à lors tenus leurs volonté suspenduë & sans effet: que pour la maladie du Roy lequel hors du Royaume & persecuté d'vne griefue maladie, sembloit ne pouuoir aucunement retarder leurs desseins. Ces Catholiques tant de la Noblesse, Eglise que du tiers Estat plusieurs fois assemblez pour maintenir, disoient-ils, la Police seulement & conseruation des anciennes Loix de ce Royaume, qu'ils disoient reduit au plus poure & miserable Estat qu'il estoit quasi possible de voir: pour estre principallemēt gouuerné par le Côseil & entiere côduite des estrāgers, les Princes du sang reculles, voire côme captifs & vne infinité de Gentilshōmes encores refugiez en païs estrange & priuez non seulement d'aquerir grace au seruice du Roy selon qu'auoyent fait leurs predecesseurs: mais aussi comme spoliez ou du moins empeschez en la jouissance de leurs biens & reuenuz: Les Estats & dignitez accruës outre le nombre accoustumé de tout temps: & qui pis est deferez à personnages indignes tant d'extraction que d'aucun merite ou vertu qui fust en eux: Que neantmoins ils auoient tellement offusqué l'entēdement d'aucuns: & en sorte captiué le Conseil de sa Majesté: qu'il ne voioit que par leurs yeux & n'oioit que par leurs oreilles: estant l'impunité de tous maux si vulgaire: les meurtres & assaissinats si cōmuns que au lieu que ce grand Empire Romain auoit eu son Fimbria: la France en auoit vn milier. Que les emprunts, tailles & subsides, à l'apetit des Italics, auoient penetré jusques aux entrailles du poure peuple, qui estoit tous les jours rongé jusques aux os, par ces cruelles sangsues

Plaintes & Raisons des Catholiques au cōtraire.

Paix de 1573 est volontaire non forcée.

Occasions des troubles des malcontens qu'on apela Politics.

Occasions du malcontentement d'aucuns Catholiques.

qui

qui emploioient ces deniers (ne pouuant faire honnestemant tout entrer en leurs coffres) à la soulde des estrangers pour piller & meurtrir ceux de la bourse & sustance desquels ils estoiët soldoyez. Brief que tout estoit tellement renuersé sans dessus dessous: que l'on ne voioit plus aucune trace de Iustice & de l'anciënes plädeur dont ce Royaume auoit flory par dessus tous autres depuis tant de centaines d'années. Et que ce n'estoit de merueilles veu que les plus anciennes Loix & ordonnances, estans pour le iourd'huy non mocquées seulement mais chassées des quatre coins de ce Royaume: autre chose aussi ne pouuoit regner en icelluy que vne pure & toute manifeste confusion. Outre ce ils leurs vouloient persuader qu'vns & autres auoient esté bien trompez de penser que les guerres passées leurs aient estez faites pour le different de Religion. Car combien que le nom & titre de Religion, courust en la bouche & de l'vn & de l'autre party: neantmoins l'on pouuoit voir aysément que la guerre n'estoit pas fondée du tout la dessus. Qu'il estoit bien vray que le Roy n'aimoit pas la Religiö, que son apelle refformée. Et auoit à l'apetit d'aucuns recerché & molesté ceux qui en faisoient profession iusques à faire distinction de leur fidelité d'auec ses suiets Catholiques & quasi les notter de rebellion. Qui estoit la cause que ceux à present conoissäts l'inegalité dont l'on auoit vsé à l'endroit desdits de la Religion, & le reffus deny de l'exercice d'icelle auoir en apparence esté cause de tous les maux qui sont auenus en France: Estoient aussi resolus maintenant (encor que de leur part ils protestassent de viure & mourir en la Religion Catholique Romaine) de poursuiure par toutes voies legitimes auec ceux de ladite Religion, ceux qui mesnagent ce poiure & desolé Royaume. Et s'adjoindre d'vn bon cœur à la cause des Protestäs, affin que l'Edit de Ianuier, fust entretenu & restably en France, sans aucune exeption ne modification qui estoit le principal moien duquel depend l'entiere vnion des suiets du Roy. Et consequammët le recouurement de la premiere Paix, & ancienne splandeur de ce Royaume. Et que pour assurance d'vn si grand bien, ils vouloient aussi demander & poursuiure sur toutes choses l'assemblée des Estats: chose qu'ils iugeoient tous la plus necessaire, & qui pratiquée du temps des predecesseurs Roys, auoit donné tousjours bonne & heureuse yssue à tous differens & telle que l'on eust sceu desirer. Et qui sembloit ne deuoir estre oublié en ce temps si calamiteux & où cela estoit plus requis que jamais, & plus necessaire qu'aucune autre chose. Or bien que grand nombre de Seigneurs & autres se feussent entretenuz ia lon temps y auoit de tel discours: si est-ce que considerans qu'vn Chef leur estoit necessaire pour autoriser le progrez & execution de si hauts desseins: ils en auoient ia & par plusieurs fois fait parler à vn Prince auquel on auoit mis ces propos & autres en auant. Mais sur tout ces malcontens luy representoient le peu d'estat qu'on faisoit de sa personne en Court: les petis moiens eu esgard, à sa grandeur, qu'on luy donoit & com'aregret pour s'entretenir: les portemens de plusieurs qui ne sembloient destinés que pour esclairer ses actions: la deffiance qu'on auoit de son Excellence. Les recerches curieuses que les Capitaines des gardes faisoient par tout & iusques sous les lits des hommes, armes & d'autres choses qu'on soupçonoit estre recelées à son logis & du Roy de Nauarre. Les propos qu'on faisoit courre de jour à autre qu'il vouloit entreprandre sur le Roy & son Estat. Ce qu'il estoit, ce qu'il deuoit & peuuoit estre: l'espoir que les deux tiers des Francez ont en luy: mesmemant depuis le depart du Roy de Pologne: les beaux moiens qui se presentent auec les occasions si iustes d'estre plus grand: l'incurable maladie du Roy: la faueur que de toutes pars les Princes estrangers luy offrent en la conduite & finale execution de si belle & sainte entreprise: l'assistance de tous les Fräçois, & surtous des Protestäs: le desplaisir qu'ont tous Estats de ce que ces affaires ne se gouuernent comme par le passé. Somme que n'oublians aucuns moien pour le rendre malcötent: le tournerët en sorte qu'il se resolut en fin de s'affranchir de tant de fascheries qu'il iugeoit receuoir en Court par vne prompte & secrete retraite vers Sedam, affin de ioindre auec le Roy de Nauarre, Prince de Condé & autres Seigneurs, les Comtes Ludouic, le Duc Christofle, fils de l'Electeur Palatin, le Baron de la petite Pierre & autres qui luy promettoiët la cöduite d'vne armée Germaine sous la faueur de laquelle: jointe auec le reste des François qui se deuoiët esleuer en mesme temps, reformeroiët l'Estat de la France pour luy faire reprandre sa premiere splandeur. Les Politiques & Publicains Catholiques, ainsi nomma l'on ces Malcontens ajoutoient à ces raisons quelques autres remonstrances à tous Estats, non sans plusieurs picques & inuectiues contre aucuns qui estoient en autorité. Or entre ces reformez, Iean de la Haye Lieutenant General de Poitou.

(homme

But des Catholiques malcontens

Assemblée d'Estats.

Les occasiös de malcontenteman que plusieurs Catholiques proposoient à Monsieur pour le faire sortir de Court & l'induire à prendre les armes.

La Haye Lieutenät de Poitou.

LIVRE TRENTESEPTIEME. 202.

(homme bien renommé entre ceux de son temps pour sçauoir les lettres & les armes conjointes ensemble) ce feist assez remarquer en se monstrant à ce commencement des plus eschauffez: jusques à dresser quelques trouppes composées d'vne & d'autre Religion, qui depuis furent nommées les trouppes du publicq. Mais comme la resolution du cœur suit de bien loin la soudaineté de la parolle: les plus chauds parmy ces discours, se feirent voir les plus refroidis au seul commencement de l'entreprise. Les petis persuadez par les raisons des Chefs, & tous atirez par l'autorité des grans: commencerent la chasse. Aucuns des Seigneurs & autres de moïenne qualité les guiderent. Mais les grans s'atendans à qui debusqueroit le premier, en fin n'y trenuans grande aparence de forces, estimerent s'en pouuoir retirer à loisir, estre sans coulpe & hors de blasme s'ils se tenoient cois sans rendre aucun tesmoignage de leur volonté comme l'oiseau lequel poursuiuy par l'espreuier se tient pour asseuré, s'il a seulement la teste dans le buisson qui luy laisse le derriere à descouuert proye aux chasseurs qui le poursuiuent. Comme que soit les Pœteuins, Saintongeois & autres leurs voisins: persuadez comme dessus. Et d'ailleurs voians leurs compagnons en Dauphiné, Languedo & carriers prochains faire assez heureusement la guerre ouuerte à leurs ennemis & ne auoir pour cest Edit voulu laisser les armes: se jetterent en fin à la campagne comme je vous diray apres vous auoir parlé des Rochellois, qu'on y vouloit atirer & les faire repartir en mesme temps. Entre lesquels suruint deux accidens assez memorables sur la fin de ceste année. Le premier fut d'vne lettre assez prolixe, (aprez plusieurs autres auertissemens semblables qu'ils receurent) le dixieme Decembre d'vn qui se nommoit toutesfois se disoit auoir esté autresfois de la Religion reformée. Mais n'agueres à son grand regret & pour euiter la fureur de la derniere persecution: côtraint abjurer la Religion, & se tourner du costé des plus forts, dont depuis il auoit pleu à Dieu, le retirer & reconoistre sa faute, qu'il ne pensoit mieux, à son auis pouuoir reparer qu'en auertissant ceux de la Rochelle du grand malheur & extreme desolation qui leur estoit prochaine ainsi qu'il sçauoit de bonne part, pour auoir esté conuié par aucuns Seigneurs Catholique auoient assez de pratiques & intelligences dans leur ville. Aucuns delaquelle marchandoient de bien pres auecques ceux qui s'estoient tousjours monstrez leurs plus capitaux ennemis. Entre lesquels les Comte du Lude & Puygaillard ne furent oubliez. Lesquels aussi pour l'exccutiô de ces choses, auoient leurs gens plus prez de leurdite ville qu'ils ne pensoient. Qu'ils se deuoient bien donner garde du dedans, pource qu'il y en auoit des principaux & mesmes de ceux qui auoient commandé pour le fait de la guerre qui prestoient l'oreille à ces pratiques & auoient bonne part à ces complots jusques à en nommer quelques vns tant Citadins que forains. Ce personnage au demeurant alleguoit tant de circonstances: Et faisoit les choses si vray semblables qu'il en resta bien peu qui n'ajoustassent foy & par auanture par trop à ce qui estoit contenu en ladite lettre. Voire qui en soupçonnoient beaucoup dauātage. Ainsi qu'vn peuple à tousjours acoustumé faire les choses plus grādes qu'elles ne sont quād mesme la crainte de quelque peril accompagne telles imaginations. Ces lettres n'estoient souscrites ne signées du personnage qui les enuoioit. Mais pour rendre le fait plus odieux & formidable: y auoit seulement au pied d'icelle le carractere d'vn cœur transpercé d'vne espée. *Bruit d'vne entreprise sur la Rochelle*

Iacques Henry exerçoit encores pour lors la Mairye a cause du deces de Iehan Morisson & Pierre Miguonneau tous deux Maires successiuemēt en laditte année par le decez du premier. Lequel voyāt ses lettres diuulguées par toutte la ville: y voulut aussi de sa part pouruoir pour obuier au trouble & soupçon, qu'il veoit s'engendrer entre les Citoiens, qui n'en attendoient rien moins que leur ruine. Les habitans lors plus naturels à la guerre, que pratics à la descouuerte de telles ruzes: que les plus fins & malicieux de la ville (comme aucuns disoient) dressèrent pour se venger de leurs ennemis, & de mesme main s'asseurer du Gouuernement de la ville, cômencerēt à se douter de quelque entreprinse, & apprehender de fait plus le peril, que les affaires du dedans. Estoient en piteux estat pour estre encores leurs breches toutes presque esplanadées & ouuertes. Voire les tranchées des Catholiques en l'estat qu'ils les auoient laissés Or y auoit il pour lors en la ville, nombre de soldats forains, qui s'estoient fait remarquer durant le siege: & lesquels pour l'experience, que lon auoit de leur valeur & affection, zelle à leur Religion: & aussi en attendant que la Paix fut mieux asseurée, & la ville aucunement reparée *Soldats de la Rochelle se plaignēt de n'auoir esté assez reconus.*

auoient

truoient tousjours esté assez secretement entretenuz par les Rochellois depuis le siege leué. Mais comme l'Estat du marchād, & du soldat est communement incompatible: aussi ces soldats, dont aucuns estoient paruenus au degré de Capitaines, ne demeurerēt gueres, qu'ils ne mōstrassent assez ouuertement leur mescontentement desRochelois.Disans aucuns d'eux qui appreheēdoient plus leur suffisance. Qu'ils n'estoient en rien reconnus selon qu'ils auoient merité. Que lon ne faisoit plus conte d'eux & que ce n'estoit pas les belles promesses que lon leur auoit faites au plus fort de la besongne: C'est aussi ordinairement la coustume d'vn peuple (ce qu'vn Capitaine Grec sçauoit bien reprocher aux Atheniens) quand la guerre suruiēt de chercher par tous moiens l'ayde de ceux, qui sont en opinion d'estre soldats & gens de guerre, les carasser infiniment pendant les affaires: puis quand la paix est suruenuë, les mespriser & plus souuent tourmenter. Les habitans disoient au contraire. Qu'ilz estoyent demeurez en leur debuoir. Et que ceux qui sçauent que c'est de leur puissance & moyens: jugeront qu'ilz ne se sont point oubliés en cest endroit. Que si ceux qui fondoiēt ces querelles, ne se sentoient suffisamment reconuz: ils deuoient aussi considerer qu'ils n'auoient esté aux gages, ne fait seruice à vn Roy ou quelque autre Prince, duquel ils eussent à l'auanture peu retirer sallaire & econnoissance de la qualité qu'ils la demandoient. Et toutesfois disoient ils, lon sçait assez comme les plus grands & riches Princes en vsent pour le jourdhuy. Qu'en tous cas, la vraye reconnoissance leur estoit demeurée, sçauoir la liberté de conscience & le pur exercice de leur Religion: s'ils ne fussent venus pour maintenir laquelle, ils ne les eussent receus auec eux. Quoy qu'il en ayt esté, les plaintes de ces soldats, n'estoient que trop publiques. Et en fin leur ont porté plus de dommages que de proufit, pour les sinistres opinions que le peuple s'imprima d'eux. Qui estoit en somme que pour se faire grands & paruenir aux degrez où leurs plus familiers les cōnoissoient aspirer: ils fissent quelque marché au desauātage de la ville. Cōme mesmes lon disoit aucuns d'eux auoir esté pratiquez par certains Catholiques reuoltez de la Religion Protestante & fugitifs de la ville: qui portoient impatiamment d'estre hors de credit & authorité, qu'ils auoient autresfois eu en la ville de leur naissance: laquelle ils disoient estre gouuernée à l'appetit seulement de trois ou quattre personnages de petite qualité, & encore de moindre suffisance d'esprit: qui estoient cause de tous les maux suruenus en icelle: & de toutes les calamitez que lon voit en la France.

De ce cy & de ceux aussi qui tramoient toutes ces pratiques: fut entre autres soupçonné Iaques du Lyon dit Grandfief natif de la ville & autresfois Capitaine de la Tour de la chesne, hōme accord, & de gentil esprit: mal content neantmoins, qu'il n'estoit respecté à son desir, & qu'il voioit les Protestans maistres en ville. Il s'estoit retiré aux champs & durant le siege porté les armes au Camp du Roy. Depuis lequel leué, & la paix suruenuë: il s'estoit encor retiré en vne sienne maison distante v'ne lieuë de la ville: monstrant assez appertement le desplaisir qu'il auoit de ne pouuoir entrer aux charges, estats, & credit qu'il y auoit eu autres-fois. Il y alloit neantmoins & venoit ordinairement auec assez familiere frequentation des Capitaines. Qui fut cause, joint la priuauté qu'il auoit en la maison du Comte du Lude, à laquelle il alloit & reuenoit souuent: que lon creut assez aysement qu'il brassoit quelque chose au prejudice des habitans. Si qu'estans aucuns de ces Capitaines & soldats suspectz, emprisonnez & mis à la gehēne, auoir accusé Grād fief, on enuoya gens pour se saisir de sa Personne. Mais ceux qui en prindrēt la charge, fut par animosité particuliere, ou qu'ainsi leur eust esté comādé, le tuerēt sur le champ dans sa maison, le Samedy 12. jour dudit mois de Decembre: Ce qui fut toutesfois trouué trop cru & assez indiscretemant fait, & dont plusieurs se scandalisèrēt: tant pour estre de Grand fief, bien apparenté, & allyé des principalles maisons de la ville: que pour le moyen qu'on ostoit à la ville de sçauoir la verité du tout par sa deposition: ou si l'on nen peuuoit rien tirer, rechercher l'origine de ces lettres du cœur nauré & la source de l'entreprise basties sur icelles, soupçōnées à plusieurs. Presques aussi tost furent depputez Commissaires pour faire le procez aux emprisonnez. Tellement que bien peu de jours aprez, ils furent mis sur la rouë, ayant au prealable confessé le fait à la gehaine: voire trop plus que lon ne leur demandoit. Presque tous neantmoins à l'heure du supplice abjurerent publiquement tout ce qu'ilz auoient dit & confessé, allegans que la rigueur extraordinaire d'vne gehaine trop violente: leur auoit fait dire chose qu'ilz n'auoient oncques pensé ny veu ny entēdu: & moururent la dessus.

Ceux

LIVRE TRENTESEPTIEME.

Ceux qui furent executez pour ce fait estoiēt soldats de valleur. Et d'autāt plus fauorisez du cō-mun, que le deuoir qu'ils auoiēt rēdu durāt le siege les auoit assez recōmādez: Manion, la Porte, la Plate, la Salle, & Turgis qui par leurs cōfessiōs en accuserēt assez d'autres tāt des Citadins quedes resfugiez des plus apparās desquels fut vn nōmé Guillaume Guy de la maisō des Batailles l'vne des plus antiēnes & hōnorables familles de la Rochelle & duquel les predecesseurs ont de Pere en fils cōsequitiuemēt exercé la Mairie & les premiers Estats de la ville auec grād hōneur, aiāt esté mis à la questiō pour y tirer ce que l'on desiroit sçauoir de luy fut en fin cōdāné d'auoir la teste transchée. Ce qui fut executé le Mardy vint-neufiéme Decembre au grand regret de la plus part des Rochellois & autres qui se trouuerēt en la ville tant pour la jeunesse & bōne Nature du personnage que pour le respect & honneur de la maison dont il estoit yssu.

Pendant ces brouilleries & executions Dominicque Lichany autresfois Argentier d'vne Princesse tenoit vn Nauire en Guerre nommé l'Hirondelle auec vne Galliotte pour cercher ses auentures. Sortant de la Riuiere de Bourdeaux où il faisoit ordinairement sa retraicte: couroit çà & là par les rades de la Rochelle intimidant à ce que disoyent les Rochellois tous Marchans qui n'y vouloyent trafficquer auec plusieurs extortions dont il reuenoit vne infinité de plainctes au Magistrat de la part des Marchans de la Rochelle. Disant que le trafficq de la ville n'estoit ny seur ny libre au moyen dudict Lichany qu'ils disoyent pirater & escumer toutes les costes prochaines de la ville. Aduint ce mesme jour que Lichany fut mouiller autour l'Isle de Ré où il fut si longuement que les Rochellois eurent loysir de armer deux Nauires & quelques Pataches sur lesquels ils mirent pres de trois cens hommes sous la charge de Sauion & Cappitaine Normant ausquels l'equipage se rendit sous promesse de vie sauue laquelle toutesfois ne leur fut gardée. Car estans amenez à la Rochelle & vn Marchant Breton s'estant rendu partie contre eux pour quelque somme de deniers qui luy auoyent osté: L'on procede criminellement contre eux. Si qu'en peu de jours il y en eut dix executez à mort entre autres le Cappitaine Auenture & le Neueu dudict Lichany, & bon nombre d'autres fouëtez. Lichany & son reste ne peurēt estre aprehādez pource qu'ils estoiēt en l'Isle de Ré lors q̄ se fist l'abarquemēt à la Rochelle. Toutesfois auec la Periere furēt depuis executez par effigie du supplice de la roue. Ce que toutefois na se passa sās grād murmure des Catholicques pour n'auoir differé à l'appel des cōdānez. Ainsi fait executer à mort à la seule occasiō cōme ils disoyent de ce qu'ils auoyent porté les Armes au Camp du Roy durant le siege de la Rochelle.

L'irondelle de Dominique Lichany prise à la Rochelle & ses compagnōs executez.

Ce fait les Rochellois escriuirent au Roy le dix neufiéme Decembre se plaignans de l'infraction de l'Edit & suplians qu'aiant esgard à ses promesses il retienne & punisse les principaux auteurs de si malheureuses entreprises. A quoy sa Majesté des le deuxiéme Ianuier Mil cinq cens septante quatre leur respondit par les lettres qui suiuent faits à Saint Germain en Laye CHERS ET BIEN AIMEZ &c. Par lesquels desauouant à pur & à plain toutes les entreprinses que dessus dont ils se plaignoient: Il les asseure de sa bonne volonté à l'entretiē & entiere execution de son Edit. Se mōstrant au reste joyeux de la punition qu'ils auoiēt faite de tels perturbateurs du repos public. Cela fut cause que pour contenir ceux qui cōmançoiēt à s'effaroucher: ces lettres portans forme d'Edit aux Maire & Escheuins de la ville furēt publiees & le jeusne ordōné cōme est la coustume des Eglises Protestantes alors qu'ils se sentent menassez de quelque afflictiō & qu'ils voient de loin venir l'orage: reuenons doncq à nos Protestās & Catholiques vnis pour cōmēcer vne 5. guerre. Les Seigneurs & plusieurs autres ainsi resolus de remuer: ne voulurēt pourtāt cōmēcer. Les Protestās sur tout qu'ils n'eussent les Rochelois associez. Tāt pour les grādes cōmoditez qu'il en esperoiēt tirer à vn besoin: q̄ pour l'aisāce du port duquel l'ō va par tout & peut on entretenir inteligēce auec toutes natiōs. Sur tout pour le nōbre des Capitaines & bōs soldats qu'ils y sçauroiēt estre soit des naturels & habituez en la ville soit des forains qui depuis le siege y auoiēt esté secrettement entretenus jusques à vne plus grande asseurance de Paix. Et pource les auoir fait sonder par plusieurs lettres, auertissemens, grands espoirs, intimidations & autres moyens qui toutesfois ne seruoyent de gueres pour l'asseurance que le Roy & autres leur donnoyent par lettres & messages du libre & perpetuel exercice de leur Religion & autres promesses pourueu qu'ils se voulussent tenir coys: En fin la Nove, MIREMBEAV, la CAZE Monguyon & autres de creance enuers eux y allerent sur l'assignation d'vne Cene, qui se deuoit celebrer par tout le Gouuernement & autres quartiers dont le peuple s'y treuue ordinairement. Or pource

Le Roy escrit aux Rochellois de sauouāt tou te entrepri se sur leurs ville & ne desirant que l'entretien de son Edit.

Ieusne ordōné à la Rochelle.

Les Rochellois solicitez pour se liguer auec les Protestans & Catholiques vnis.

La Nouë & autres vont à la Rochel le persuader aux habitās de se join dre au party

Ccc

L'HISTOIRE DE FRANCE.

qu'auec le bruit, la crainte d'vne guerre future croiſſoyt de jour a autre entre le peuple (qui redoute & feſtonne pluſtoſt a chacune occurance, pour n'auoir le jugement ſi net n'y tant affiné par la diſcretion des accidans humains) les Rochellois ſe resjouyſſoient aſſez à leur preſence: Mais de la Nouë ſur tous, lequel y entra le troiſiéme Ianuier Mil cinq cens ſeptante quatre. Meſmes que ſa venuë agreable à pluſieurs, donna occaſion de l'aymer encores dauantage par l'iſſuë de ce que vous entendrez. Car outre ce que tous jettoyent les yeux ſur luy: comme ſeul General conducteur des trouppes qu'ils pourroyent à vn beſoin jeter en Campagne: Pour amortir neantmoins les ſoupçons que ſes enuieux euſſent peu ſemer contre luy de ſa ſortie de la Rochelle: rendit tel compte de ſes actions paſſées en public & particulier des plus aparans de la ville: que ne laiſſant aucune matiere de maluueillance contre luy: Et proteſtant en plein Conſiſtoire viure touſjours ſelon la pure doctrine de l'Euangile: Voire mourir ſi beſoin eſtoit pour maintenir la liberté de conſcience & le repos de tous ſes freres: qu'il en acquit l'honneur & renom d'vn des plus accomplis Gentils-hommes de toute la France. Soit pour la conduite & factions de la guerre: ſoit pour la vertu de ſes portemans priuez & domeſtics: eſquels pluſieurs dementent le bon heur de leurs actions Guerrieres. Mais plus encor pour la douceur & afable humilité dont il gangne le cœur

Moiens que tint la Nouë pour perſuader aux Rochellois de prandre les armes pour la 5. fois

de ceux qui le frequêtent. La creance en ſome que ce perſonnage s'eſtoit jà de lôgue main acquiſe par my ce peuple: joincte aux remonſtrances qu'il leur faiſoit. Auec vn aſſuré eſpoir qui leur donnoit de voir en bref vne bien plus belle Armée, vn plus grand Chef & pour le faire court tous moyens humains beaucoup plus auantageux qu'ils ne leur peres n'auoyent oncques veu: tourna les Rochellois ſi d'extremet: qu'en fin toutes leurs raiſons pour ſe maintenir Neutres s'eſuanouyrent comme neige au Soleil. A ce qu'ils, ſe diſoyent

Raiſons qu' alleguoyent les Rochellois pour ne prandre les armes.

fauoriſez & en plaine jouyſſance de ce qu'ils auoyent ſi longuement au hazard de leur vies & pertes de leurs biens pourchaſſé du Roy: Sçauoir eſt la liberté de conſcience & publicq exercice de Religion. Il opoſoit que cela leur ayant eſté donné par force, leur ſera oſté quant l'occaſion qui eſt la contraincte ceſſera. Ce qui auiendra indubitablement ſi leurs freres pourſuyuis, ſont ruynez faute d'eſtre ſecouruz par eux. Eſtant hors de toute apparance que le Roy les laiſſaſt ſeuls en ſon Royaume jouyſſans d'vne Religion ſi diuerſe à

Raiſon ſecõde des Rochellois pour ne re prandre les armes ſur la foy promiſe au Roy de viure en paix ſelô ſon Edit

la ſienne. Il rejectoit auſſi ce qu'ils diſoyent: Que la promeſſe & foy donnée au Roy de Pollongne pour l'antretien de la Paix: deuoit eſtre, voyre ſeule occaſion ſuffiſante de ſe maintenir paiſibles, veu que D I E V par ſon Royal Pſalmiſte Dauid commande tenir: feuſt-ce à ſon dam la Foy promiſe. Ce qu'il accordoit ſi le Roy faiſoit le ſemblable. Car diſoit-il comme il y a vne obligation mutuelle & reciprocque en tous accords: Celuy qui contreuient le premier, ſe departant du bien de ceſte obligation: deſlie conſequamment l'autre de ſon deuoir. Or que les Catholicques ne facent cela, qui ne le voit? Veu qu'ils ont taſché, & taſchent de jour à autre de vous ſurprendre & ruyner. Et bien que telles entrepriſes vinſſent de quelques particuliers. Voire que les aduertiſſemens que nous tenons aſſeurez des maſſacres qu'on veut encores vne fois faire de nous: feuſſent faux: Il ne faut que deſtourner voz yeux ſur voz poures freres de Dauphiné, Languedo & cartiers prochains que l'Armée du Roy tient à la veile de leur mort & ruyne aſſeurée s'ils ne ſe deffendent courageuſement. Puis que l'Egliſe de Dieu & amas de ſes fidelles: n'eſt qu'vn corps (bien qu'inuiſible, que par ſes membres) peut on les recercher & meurtrir qu'on ne vous maſſacre auſſi? Non plus que qui couperoit les bras d'vn homme, tout le corps ſeroit bien ſadre s'il ne ſentoit, s'il ne ſen plaignoit en ſon entier. Il n'y a qu'vne differance en ceçy: c'eſt qu'on ne vous ataque pas ſi ouuertement, ne de ſi pres. Mais comme l'ennemy qui prend vne ville par mines qu'il commance ſous terre vn quart de lieuë des foſſez: la prend auſſi bien & eſt autant ennemy que celuy qui la prend d'aſſaut & à deſcouuert. Ainſi ne deuez vous pas moins eſtimer ces deſſeins eſtre dreſſez contre vous, que ſy l'ennemy tournoit recamper vne autre fois deuant voz murs. Dauantage il faut tenir ſa Foy, c'eſt vne regle generalle. Mais il y en a vne autre qui n'eſt moins certaine: Qu'on n'eſt obligé de tenir ce qui n'eſt pas en ſa puiſſance & qu'ô à promis au hazard de ſon prochain: ſãs l'auẽu duquel on procede indiſcrettemẽt en cela. A plus forte raiſon ne les pouuez vous faire auec l'intereſt de la gloire de D I E V. Nous diſons dauantage que c'eſt redoubler la faute que d'executer telles promeſſes. Herodes promiſt

folle-

follement à sa fille la teste de Saint Iehan Baptiste : & encor fut il plus indiscret quant il accomplit. Ainsi Iephte promist sotement de sacrifier à D I E V ce qu'il rencontreroit entrant en sa maison & plus meschamment quant il luy sacrifia sa fille. Qui niera qu'il n'y aile de la gloire de D I E V & de l'interest de nostre prochain entretenans ceste Paix ? D I E V nous commande il d'abandonner noz prochains recherchez de leur vie pour la Religion à la mercy de noz ennemys ? Ne veut il pas qu'on maintienne ce Corps d'Eglise dont il est Chef selon les moyens qu'il nous met en main ? Et a ce qu'ils se disoyent d'esnuez d'hommes, de biens & de tous autres moyens, par la longue rigueur du siege qui auoit perdu tout le pays: respondoit qu'ils ne les incommoderoyent en rien. Mesmes qu'on ne les emploiroit sinon par l'aduis du M A I R E & de son Conseil. Ils demandoyent seulement leur assistance pour rendre leurs forces plus formidables aux ennemys, en ce qu'on les verroit tous vnis de moyens comme de volontez : Ioint que ce leur seroit vn blasme & tache d'eternel d'eshonneur : qu'ayans esté secourus & fauorisez en leurs afflictions par tant de gens de bien forains, qui se retirerent auec eux pour courre mesme risque de bien & de mal, de mort & de vie: Ils les abandonnassent au bon du faict quant ils se voyoient deliurez du danger. Les prioyent d'ailleurs qu'ils ne s'arestassent aux plus que vaines & trop infidelles promesses des Catholicques, en la continuë de la liberté de conscience. Car si pendant ceste Guerre, encores qu'ils fussent Neutres : Les Catholicques se peuuoyent rendre Maistres de leur ville par intelligence, surprinse ou autrement : sans doubter les promesses seroyent bien tost oubliées. Voire l'esplandae de toute la ville trop tost faicte : fors du lieu ja designé pour y dresser vne Citadelle qu'ils nomment des-ja Chastie villain : en perpetuel tesmoignage de leurs actions passées. Comme ils sçauent que les Catholicques s'asseurans d'estre tousjours auctorisez du Roy, mesmement si le ur dessein reussist bien : sont nuict & jour apres pour y bastir des menées secrettes & gangner le plus d'hommes qu'ils peuuent. Comme la derniere entreprinse des Comte de Lude & Puigaillard les en peut assez rendre sages. Somme que la plus part des principaux, se laissans vaincre à telles persuasions, ioint l'affection qui auoyent tous les Cappitaines & Soldats : ils se liguerent en fin auec le reste de leurs freres : sous les conditions que je vous desduiray, apres vous auoir declaré, comme la Nouë se porta aux affaires particulieres des Rochellois. Car ne voulant rester oyseux en telle saison : Et voyant qu'il auroit ja gangné le cœur de tous les forains & de la pluspart des naturels : leur auoir aisément persuadé qu'ils se deuoyent comme sages & preuoyants l'orage preparer à tous euenemās : Incita le Maire & son Conseil de s'employer & partie des moyens de la ville, aux fortifications & prouisions d'icelle. Puis qu'en tout temps ils auoyent par leurs preuilleges & anciennes coustumes des villes frontieres, pouuoir de se tenir tousjours munis contre le besoin. Parce prié d'y auiser & remettre les choses en meilleur Estat : S'employa premierement à reuisiter les ruynes & demolitions de la ville: qui estoyent telles que la longueur & furie d'vn tel siege les auoit laissées. Et sur tout ordonna de la maniere de les redresser & reparer. Mesmes pour le regard du Bouleuard de l'Euangile qui n'auoit plus forme que d'vne petite taniere ou clapier : comme celuy qui auoit le plus esprouué la furie du Camp & de tous les autres efforts des Catholicques. Toutesfois l'on y commança à trauailler en si grande diligence : qu'en assez peu de temps, il fut rendu plus fort & de plus grande deffence que auparauant. Les breches furent restablies de fascines & bonnes terrasses attendant le temps & la commodité de les manteler. Le fossé qui depuis le Bouleuard jusques à la vieille Fontaine estoit presque comble, tant du bris des murailles que d'autres choses : fut par extreme labeur assez diligemment nettoyé & remis en son premier estat. Vne Contrescarpe menée & conduitte depuis ledict Bouleuard jusques à l'Esperon de Congnes. Aussi le Rauelin qui est hors la ville sur le bort du fossé vis a vis du Caualier de la vieille Fontaine: qui depuis en son honneur & memoire à esté nommée le fort de la Nouë. Somme qu'en toutes ses reparations & laborieuses fortifications : La Nouë auec le M A I R E & principaux de la ville n'espargnoit ne trauail ne dilligence. Ains veoyt à l'œil la conduitte du tout soir & matin. En quoy Maninuille luy aida d'esprit, d'inuentions & de telle dilligence qu'il en acquit auec vn bon nom, la bonne volonté d'vn chacun. Il fut aussi donné ordre pour les

Raison 3. des Rochellois pour ne reprendre les armes.

Association des Rochellois auec les Protestans & Catholiques vnis.

La Nouë s'emploie à fortifier, munir & pouuoir la Rochelle pour vne 5. guerre.

Ccc ij.

Magazins tant de poudres que de toutes autres munitions. Et gens deputez pour ceſt effect tant dedans que dehors leRoiaume pour fournir la ville du plus neceſſaire.Puis eſtimãs auoir preparé toutes choſes à vn bon Eſtat à l'auenir, & voians le bruit de Guerre ſ'auancer de plus en plus: quelques places ia priſes auſquelles il falloit dõner reglemãt & que meſmes la Nouë eſtoit apelé de pluſieurs endroits:ils ſ'aſſemblerent pour dreſſer vne forme de Declaration des occaſiõ qu'on leur auoit dõné pour reprẽdre les armes,& de ceux contre leſquels ils proteſtoient les emploier,& de la fin à laquelle ils vouloiẽt adreſſer leurs deſſeins. Elle fut aſſez toſt baſtie eſtãt la Nouë reconeü vnanimemẽt de la Nobleſſe de Poitou,Saintonge, Angõmois ville & Gouuernement de la Rochelle pour cõmander eſdites Prouinces & y faire la guerre, ſous l'autorité d'vn plus Grand dont il ſauouoit.Et duquel il diſoit lors la qualité eſtre telle qu'vn chacun ſ'eſtimeroit heureux de luy faire ſeruice cõme eſtãt du rang de ceux qui auoiẽt puiſſance de cõmander aux quatre Mareſchaux de France. Dont chacun ſe cõtenta apres les remercimens faits par la Nouë à la Nobleſſe de l'hõneur qu'ils luy faiſoient de luy offrir & preſter obeïſſance:attendant le Chef General qui de bref ſe preſenteroit & ne ſeroit en rien ingrat en la reconnoiſſance de leur bon zelle & prompt ſeruice rendu ſi apropos à leur patrie & à la cauſe Generalle. Leur declaration portoit ces mots.

Declaratiõ des Catholiques & Proteſtans aſſociez.

 Eſtant plus que notoire à chacun, que ceux qui faiſoiẽt profeſſion de la Religion reformée, ſe cõtenãs ſous l'autorité & obeïſſance des Edits du Roy, aient eſté inhumainement maſſacrez. Et que ceux qui ont eſchappé la fureur de tant de meurtres, ſont tenuz ſous des conditions ſi dures & inſupportables que la mort leur ſeroit quaſi autant deſirable.Eſtant leur vie recerchée par toutes ſortes d'Artifices, la Iuſtice deſniée à leur juſtes plaintes, & priuez en la pluſpart du Roiaume de l'exercice de la Religion.Aiant par cy deuant employé pour l'obtenir les ſupplications des Princes eſtrãgers & ſpecialemẽt des Ambaſſadeurs de Pologne.Leſquels on eſperoit deuoir auoir quelque efficace en vne cauſe ſi equitable. Tant ſ'en faut que leſdits de la Religion aient obtenu quelque choſe par telles voies, qu'ils en ſont rendus plus odieux.Car au lieu de leur dõner quelque ſoulagement & repos aſſeuré:on a taſché de les ſurprẽdre.Comme l'ẽtrepriſe de la Rochelle en rend ſuffiſant teſmoignage.Ces cõſiderations des choſes paſſées, auec la cõnoiſſance du peril prochain:les preparatifs qui ſe font dedans le Roiaume pour leur faire la guerre:les leuées des eſtrangers tant Suiſſes, Allemans qu'Italiens:les menees ſecrettes par les Prouinces affin de maſſacrer ceux qui reſtent:ont tellemẽt forcé leur patiẽce:& les ont jetez en telle neceſſité:que ne pouuans auoir recours à autre remede:ils ont eſté contraints venir à celuy des armes pour leur tres-juſte deffence.Nous donquesGentilshõmes & autres de la Religion: atteſtons deuant Dieu, que nous ne les auons priſes que par neceſſité extreme, pour conſeruer noſtre Religion dont on nous a priuez injuſtemẽt: & nos vies maſſacrées par tant de tueurs & nos biens comme ja expoſez en proye.Declarons auſſi noſtre intentiõ n'eſtre de faire la guerre ſinon aux maſſacreurs, perfides & autres qui par force ouuerte ou par trahiſon pouſſez de haine & d'appetit de vangeance: ne tendent qu'à noſtre totale ruyne. Et quand aux Catholiques qui voudront paiſiblement viure en leurs maiſons: nous ne les tenons pour ennemis, mais pour amis & cõpatriotes.Et n'entendons aucunemẽt les moleſter en leurs maiſons.Ains empeſcherõs de noſtre pouuoir toute viollãce en leur endroit.Ne deſirãs riẽ plus,ſi non que par vne legitime cõuoccation d'Eſtats de ce Roiaume, où les Loix ſont reuerſées & tout mis en confuſion:Soit eſtabli vn bon ordre & les choſes remiſes en leur anciẽne Grãdeur & dignité: que puiſſions par vne bonne & aſſeurée Paix viure les vns auec les autres en toute concorde & amitié.Pour aquoy paruenir, nous emploirõs volontairement nos vies, nos biens & autres moiens que Dieu nous donnera : eſtans aſſeurez que la Iuſtice de noſtre cauſe, approuuera deuant toute la Chreſtienté noſtre Sainſte & loüable reſolution.

 Me ſouuient vous auoir cy deuant repreſanté les reciproques efforts des Turcs & Chreſtiens ſur la mer de Leuant. Puis auoir tranſporté Dom Iean & ſon Armée Eſpagnolle à la conqueſte de Tunes en Affrique : contre les remonſtrances du Pape & Venitiens, toutesfois, qui liguez deſiroient qu'à comunes & vnies forces ils s'adreſſaſſent à leur ennemy.Maintenant pour vous faire connoiſtre l'effect de ce deſplaiſir & ce qui depuis auint aux Italiens & Eſpagnols laiſſez en Affrique. Sçachez qu'en Ianuier mil cinq cens ſeptante quatre,Gabriel Serbellon Milanois, Grand Prieur d'Hongrie & Gouuerneur à Tunes:auec cent cinquante cheuaux,

deus

LIVRE TRENTESEPTIEME. 205.

deux cens pictōs & quatre mille Mores courut apres quinze cens Turcs & trois mille Arabes qui fourageoient le pays autour de Tunes: Mais quand il falut venir aux mains, ses Mores l'abandonnerent par vne fuite honteuse. Tellement que les Chrestiens perdirent sur leur retraite cent cinquante hommes prins prisonniers & deux canons. Le vint-vniéme jour de Feurier ensuiuāt, les Turcs surprindrent vne place nomméeCanisum en d'Almatie & y tuerēt plus de mil le personnes aians pillé le bourg. Puis se retirerent auec leur butin sans que ceux du Chasteau osassent sortir sur aucun d'eux. Cependant la negotiation de Paix entre Selim & les Venitiens se poursuiuoit à Constantinople. Si qu'apres plusieurs solicitations de l'Ambassadeur de Venise, finalement ils s'accorderent. La prinse de Tunes & de la Goulette que Selim ne vouloit pas laisser ez mains du Roy d'Espagne: fut cause que cest accord fut pluſtost cōclu que les Venitiens n'osoient esperer. Tellemēt que le treziéme jour de Mars Marc Anthoine Barbaro leur Ambassadeur, apporta de Cōstantinople à Venise la ratificatiō & confirmatiō de la Paix faite & cōcluë entre Selim & les Venitiēs le 11. jour de Feuri. precedēt. Par ainsi le Roiaume de Cypre luy est demeuré: mais les Venitiēs aimerēt mieux perdre cela & acheter la Paix à deniers cōtās: que de se maintenir en fraieur cōtinuelle & perte euidēte de leurs hōmes sans, preuoir aucun bon euenemēt en leurs affaires. Ceste Paix troubla fort le Pape & ne despita moins l'Espagnol: tellement qu'à Rome, en Italie, en Allemagne & ailleurs, les Venitiens estoient fort mal voulus, voire cōme deschirez d'vn chacun par beaucoup d'outrages. Mais ils enuoyerent Nicolas del Ponte leur Ambassadeur vers le Pape pour luy faire entendre les raisons qui les auoyent contraints d'entrer en ce chemin. Remonstrans entre autres choses qu'eux seuls auoient perdu leur places, leurs hommes & leurs finances, sans auoir esté beaucoup soulagez de la Ligue. Ce qui fut desduit si viuement & au long, que le Pape s'en contenta, du moins en aparēce. Les Venitiens s'excuserent aussi vers le Roy d'Espagne & les autres Princes. Puis depescherent vn nouueau Ambassadeur en Constantinople, pour ratifier en leur nom cete Paix. Et enuoierent de fort riche presens de vaisselle d'or & d'argent à Selim, auec vint-cinq prisonniers des principaux de sa Court prins en la deffaite de Lepante. Specialement le Roy d'Espagne recueillit humainement Iean Superence Gentilhomme Venitien qui s'estoit allé trouuer pour declarer les causes qui mouuoiēt la Seigneurie à faire Paix auec le Turc: & confessant de parolles qu'ē cet endroit, les Venitiens s'estoient portez en sages Mondains. Luy de sa part cōmença à penser de plus pres aux affaires de la Goulette. Comme de fait tout le fardeau de la guerre tourna incontinant sur ce costé là. Car les Mores de Tunes complorerent de s'emparer de la Citadelle neufue & en exterminer les Espagnols, Mesmes ils en tuerent quelques vns trouuez à l'escart. Au moyē dequoy Serbellon mit en cāpagne mil hōmes de pied conduits par Salazar lesquels surprenans les Mores à leur auātage, en tuerent presque 1200. & escarterent tellemēt le reste que ceste entreprinse s'esuanouīt aussi tost. Pour cela les Espagnols ne furēt pas asseurez. Car Selim n'aiāt pour lors pēsée qui le trauaillast tant que la prinse de Tunes & la Goulette auec la nouuelle forteresse de Serbellon: estāt d'accord auec l'Empereur Maximilian & les Venitiens, resolut chasser les Espagnols hors de Barbarie. Pourtāt il fit equipper vne plus grāde flotte que parauāt sous la charge d'Ochialy & vne puissante armée par terre, dont Siuan Bassa eut la conduite pour serrer de toutes pars la Goulette & la Citadelle. Defait il s'y porta de telle sorte que Dom Iean d'Austriche ne se sentant assez fort pour attaquer Ochialy qui empeschoit que l'on donnast secours de viures ou de gens à Serbellon n'y à Carrere qui commandoient en ces forts: pria les Princes d'Italie de le secourir: affin qu'il peust donner bataille à Ochialy & destourner le siege de la Goulette, remonstrant tout ce qu'il pouuoir pour obtenir à ces fins. Surquoy les Genois, Florentins & Neapolitains firent responce, qu'ils ne pouuoient rien fournir en ceste guerre: ains estoiēt forcez de garder leurs hommes & leurs deniers pour faire teste au Turc qui prendroit occasion de courir sus s'il les voioit despourueus de forces. Par ainsi Selim aiāt empesché par mer & par terre qu'on dōnast secours aux assiegez: sur les mois de Iuillet & d'Aoust fit battre les deux forteresses de soixante grosses pieces sans relasche n'y intermission que pour rafrechir les pieces. Tellement que tous Bouleuars, remparts & murailles furent renuersez sen dessus dessous: Puis auoir fait donner quelque assaut par mer & par terre auec les animeuses remonstrances d'Ochialy & Sinan les deux Generaux d'Armées: Finalement les deux places furent emportées de viue force & tous les assiegez mis au fil de l'espée, fors quatorze seulement qui furent menez prisonniers à Constantinople. Apres cela

Paix entre les Venisiēs & le Roi des Turcs.

Gueres en Affrique entre les Espagnols & les Turcs pour Tunes.

Tunes & la Goulete prinses par les Turcs sur les Espagnols & Italiens.

Ccc iij.

Ochialy & Sinan firent defmanteler Tunes, rafer à fleur de terre les murailles de la Citadelle & baftir vn fort en forme de Haure. Lequel deflors & depuis fut muny le mieux qu'ils peurent affin de feruir de retraicte aux Turcs pour fortir de là & molefter l'Efpagne, Italie & les Ifles qui ne font encores en leur puiffance. Depuis cefte prinfe les Efpagnols ne firent rien de memorable contre les Turcs. Ains à mieux aymé leur Roy Phillippe, negotier & en fin conclurre vne Treue auec cet ancien ennemy, pour fe vanger des Flamens fes fujets. Ainfi Selim demeura Maiftre fur mer comme deuant. Et auec la peu conftante amitié des hommes, la Ligue entre les Veniciens, le Pape & le Roy Catholicque fefuanouyt peu à peu comme d'elle mefme : ainfi que je vous ferois connoiftre plus a plain fi le fouuenir des renouuellées miferes de France, ne m'en defroboit la memoire. Pour doncques continuer les preparatis de nos cinquiémes mal-heurs : reprefentez vous ce que j'ay defcouuert cy deffus, & vous comprendrez mieux ce que je vay dire le plus fimplement qu'il me fera poffible.

COMME chacun preftoit l'ouye & fes paffions ; au bruit d'vne guerre future : Le Roy bien que mallade, curieux d'en eftaindre le feu neantmoins : mefmement vers la Rochelle & cartiers voyfins : defpefcha Saint Sulpice lequel entra en la Rochelle le vint-fixiéme jour de Ianuier auec charge expreffe de fa Majefté de faire entendre aux Maire & Efcheuins de la ville, le mefcontentement & grand defplaifir que fa Majefté auoit de ce qui eftoit aduenu en ladite ville touchât le fait de l'entreprife & confpiration mentionnée cy deffus, de laquelle ceux qui auoyent efté executez pour ce regard : auoyent comme l'on difoit rejeté toute la coulpe & praticque fur aucuns de fes Miniftres & Officiers : Lefquels en ce faifant ne pouuoyent moins que d'eftre foupçonnez de defobeyffance aux Edicts de fa Majefté. Où bien croire qu'il ne feuffent aduouez & induicts a ce faire par fon commandement exprez : ce qui luy reuenoit d'autant plus à contre cœur : que fon defir eftoit grand, d'entretenir de fa part & faire entretenir trefeftroictement fes Edicts : Auec punition tant feuere & rigoreufe fur les contreuenans : que ce feroit chofe exemplaire a la pofterité. Difant auffi que fadite Majefté aduoüera bien en ceft endroict les premieres executions qui fen eftoyent enfuiuies, pourueu que l'on y euft procedé fans paffion. Puis eftendant fon propos plus auant allegua que le Roy trouuoit merueilleufement eftrange qu'ils fe laiffaffent ainfi mener par le nez à quelques Gentils-hommes Mal contans de voir les chofes fi pacificques en la France. Et qui pour fe vanger de leurs paffions particulieres, ne demandoyent que troubler le Ciel & la terre pour baftir leur Grandeur de la ruyne d'autruy : & pefcher en eau trouble. Et mefme faire rentrer en ces miferes ceux qui pour la playe fi frefche & non encores confolidée ne deuoyent rien plus fuyr. Que c'eftoit chofe fort dangereufe à toutes perfonnes, mefmes à vne communauté compofée de beaucoup d'auis & differantes humeurs que de croire de legier, comme ils auoyent fait maintenant, adjouftant foy aux faux rapports de beaucoup de perfonnes vagabondes qui ne pouuoyent viure fans la guerre : lefquels leur auoyent perfuadé cefte entreprife fur leur ville auoir efté du fceu & confentement du Roy qui n'y auoit oncques penfé : luy ayant fa Majefté donné charge de les affeurer cela, fur fon honneur & parolle. Et que la malladie dont il eftoit detenu, ne luy auoit point efté fi griefue : que d'entendre que l'on jugeaft ainfi finiftrement de fon intention qui n'auoit oncques efté & ne feroit que bonne & Sainte à l'endroit de fon peuple : & mefmes des Rochellois, lefquels quelque chofe qui euft paffé par cy deuant il reconnoiffoit pour fes bons & fidelles fujets & comme tel defiroit fa Majefté les maintenir & conferuer fous la protection de fes Edits. En fin leur parla ainfi.

IE maffeure Meffieurs que vous ne doubtez point de la bonne volonté de noftre Roy quelque chofe que aucuns muttins & ennemis du repos publicq, vous veulent perfuader au contraire. Auffi peu voudrois-je croire que vous qui deuez encores fremir au feul fouuenir de tant de miferes & cruautez que vous auez veuës à l'œil & touchez au doigt : voire plus que aucunes autres de ce Royaume : fi outre la perte des biens qui eft peu de chofe vous voulez confiderer la mort de tant de vos plus proches parans & amis vos concitoyens qui tous pour fexempter des miferes qu'aporte neceffairement auec foy la fin de la guerre : n'ont doubté de teindre de leur fang voz remparts, brefches & baftions. Il feroit, dif-je bien difficile de penfer feulement que ayant fi cherement achapté vn fi precieux gage que la Paix, & auec tel & fi

recom-

recommandable pris : vous feuſſiez maintenant tant deſpourueuz de jugement & ſi prodigues, de voz biens vies, & honneurs : que de vouloir rentrer ſans cauſe & conſideration aucune au labirinthe, duquel DIEV vous à tirez miraculeuſement. Nous auons tous eſté ſpectateurs & teſmoins occulaires des miſeres de ceſte derniere guerre : vous dedans & moy dehors voſtre ville. Ie ſçay pour mon particulier, de quoy m'en reſſentir pour la perte de mon propre frere. Mais parlant du General : Ie croy que celuy qui en aura veu la centiéſme partie & conſeillera neantmoins prendre le chemin pour y tirer : ne ſera jamais eſtimé homme de bien. Ains au jugement de ces poures payans meſmes, il ſeroit condamné comme ennemy du repos de ſa patrie. Ie vous aduoüe qu'il faut entrer en Guerre pour puis apres viure en Paix. Et c'eſt la fin principalle d'icelle. Et qui vous engarde de viure & jouyr de l'Edit du Roy ſelon que ſa Majeſté l'entend ? Vous direz que pour voſtre particulier vous auez peu d'occaſion de vous meſcontenter. Mais que la cauſe de voz freres & qui ſont de meſme Religion vous y appelle. Vous dites que ceux de Languedo ſont maſſacrez. Et qu'il y a des appreſts pour leur courir ſus. Ie ne veux point diſputer combien ces poures gens ſ'abuſent d'auoir retenu les Armes juſques a preſent ; ſans ſe vouloir conformer à la Paix. Car ceſt choſe claire, mais de trop long diſcours. Auſſi qu'ils ne ſont d'eſtoffe n'y de qualité pour venir about de ce qu'ils entreprenent : Mais propres ſeulement a piller & courir le plat pays & ſeduire les plus ſimples par quelques petites villes & Bourgades qu'ils ſurbornent & ſurprennent de jour à autre ſous pretexte de Religion, de laquelle toutesfois ils ne ſont aucunement guidez. Le Roy ne peut croire que ayez deſir n'y ſeulement penſé de vous joindre à telles gens, deſquels l'opiniaſtreté ne ſera de longue durée : pourueu que vous vous conteniez ſans vous remuer ne pour l'vn ne pour l'autre. Et de ce je vous en prie affectueuſement, pour le bien que je vous deſire. Et la principalle charge que j'ay de la part de ſa Majeſté & de Monſeigneur ſon frere & de la Royne ſa Mere qui tous deſirent infiniment voſtre bien : & qui ont ferme aſſeurance que vous ne vous abuſeriez n'y meſprandriez point tant, que de vous liguer auec ce petit nombre de mutins & rebelles, leſquels ſa MAIESTE eſpere de brief faire rentrer en leur deuoyr, au grand ſoulagement de tous ſes bons ſubjects zelateurs du repos de ce Royaume.

Aſſez d'autres propos leur tint la deſſus Saint Sulpice, auſquels ne fut faicte autre reſponce, ſinon Qu'ils n'auoyent jamais creu que le Roy leur feuſt autre que bien affectionné à les faire jouyr de ſon Edict. Moins encores que du conſentement de ſa Majeſté l'on euſt voulut entreprandre ſur leurs biens & vies de leurs femmes & enfans. Comme il fut auenu ſi DIEV par ſa bonté ne leur euſt deſcouuert la malheureuſe conjuration dernierement entrepriſe : de laquelle les conjectures & circonſtances eſtoyent ſi vrayes ſemblables, la deppoſition & confeſſion des accuſez ſy certaine & conforme auec celle meſme de ceux qui depuis furent executez pour le faict de l'Hirondelle : dont cy deſſus eſt parlé ; que l'on ne la pouuoit aucunement ignorer. Mais que de prandre les Armes pour ceſt effect où s'eſtre remué tant ſoy peu comme l'on auoit faict entendre au Roy : C'eſtoit vne pure Calompnie & faux donné à entendre forgée en la bouticque de leurs ennemis inueterez : Et que tant que ſadite Majeſté continueroit la bonne volonté qu'elle monſtroit à l'entretien de ſon Edit : eux auſſi de leur coſté ne ſ'oubliroyent tant que de ſortir de l'ancienne & hereditaire loyauté de leurs predeceſſeurs au ſeruice de la Couronne de France : en laquelle ils deſiroyent viure & mourir, pour la laiſſer ſacrée & inuiolable à leur poſterité. Mais qu'ils ſupplioyent treshumblement ſa Majeſté, ne trouuer eſtrange la priere qu'ils ſe deſliberent de bref luy faire auec aucuns de ſa Nobleſſe qui pour ceſt effect & non a autre intention ſ'eſtoyent retirez à la Rochelle. D'autant auſſi qu'aucuns d'eux ne ſe ſentoyent aſſeurez en leurs maiſons. Qui eſtoit en ſomme qu'il pleuſt à ſa Majeſté pourueoir aux doleances de ceux qui par l'Edit eſtoyent priuez de tout exercice de Religion. Qui leur eſtoit choſe plus dure que la mort. Et qui eſtoit cauſe du deſordre & remuſement de meſnage que l'on voioit a preſent en Languedo. A quoy il eſtoit aiſé de remedier. Et qu'ils ſ'aſſeuroient tant de la bonté du Roy qu'il ne faudroit d'y pourueoir ſans ſ'amuſer aux paſſions de ceux qui luy conſeilloient le contraire. Et qu'ils auoient bonne enuie de faire ceſte remonſtrance au Roy, & de quelques autres affaires importans le ſalut & proffit de ſon Eſtat, pour la bonne oppinion qu'ils auoient que le tout ſe-

Reſponce des Rochelois à Saint Sulpice.

L'HISTOIRE DE FRANCE.

roit interpreté, & prins en bonne part de sa Majesté. Comme aussi les executions de ceux de ladite conspiration, & de ceux aussi de l'Hirondelle qui auoient esté condamnez si justement qu'ils ne demandoient pour leur descharge que les procedures, informations & confessions des delinquans. Lesquelles à ces fins ils prierent Saint Sulpice de les presenter au Roy pour connoistre s'il y auoit eu faute en leur endroit. Et s'il auoient eu occasion de se deffier. Saint Sulpice accepta l'offre. Et les aians asseurez, que le Roy prendroit en bonne part ce qu'ils entendoient remonstrer: soffrit luy mesmes de s'y employer & leur faciliter l'accez en tout ce qui luy seroit possible. Mais connoissant que les choses estoient bien autrement disposées qu'il n'eust pensé: & qu'il ne se falloit pas arrester aux propos de ceux de la ville: encores qu'en apparence il fist grande demonstration de s'en contenter, dés le lendemain de son arriuée il print congé d'eux & s'en alla faire son rapport au Conseil du Roy, de tout ce que vous auez veu cy dessus.

S. Sulpice part de la Rochelle pour se retirer en Court

Comme ceux la dressoient leurs preparatifs: Ils n'oublierent à y solliciter le Comte de Montgommery. Tant pource qu'ils sçauoient assez les occasions de son mal contentement: que pour la bonne oppinion qu'ils auoient de sa valleur au fait de guerre. Pour son regard, hay en France & mal venu en Angleterre, à l'occasion de ce que je vous ay dict ailleurs: Il s'estoit retiré aux Isles de Gerzay qui auoisinent les costes d'Angleterre, Bretagne & Normandie où la Royne le souffroit demeurer à la priere de quelques Seigneurs & Gentils-hommes Anglois ses parens & alliez: desquels estoit aussi le Gouuerneur de Gerzay où le Capitaine Lorges & Gallardon dit le Refuge, ses fils & gendre sortis du seruice du Prince d'Orange (auquel ils auoient mené quatre cens harquebusiers François contre le Duc d'Albe) l'estoient allé trouuer. Il auoit desjà escrit aux Rochellois, s'offrant de bonne volonté à leur faire seruice s'ils auoient affaire de luy en quelque chose. Mais la Nouë auec lequel absent, neantmoins, il auoit eu aux derniers troubles quelque matiere de pique (laquelle peut estre se feust plus eschauffée s'ils se feussent veuz) auoit jà tant gangné en ceste ville: qu'il fut conseillé de prandre les offres & suiure l'espoir qu'on luy proposoit par Colombiers & autres Gentils-hommes Normants lesquels le voulant atirer au parti, luy faisoiët l'aparance de leurs desseins si grande, & belle: La descente en Normandie s'aisée: la surprise de quelques places maritimes si facile: & la conqueste tant asseurée: que son destin le força d'en prendre le hazard tel que vous verrez ailleurs apres, vous auoir representé le commancement des entreprinses publicaines & Protestantes.

Comte de Montgomery retiré aux Isles de Gerzay ez solicite par les Malcontens

Le Comte de Montgomery se resout de descendre en Normandie auec les Malcontens.

Entre tous les Catholiques Malcontens dont je vous ay parlé, la Haie Lieutenant General en Poitou, se montroit le plus animeux & affectionné à l'auancement & poursuitte de ce parti. Il auoit dés le Nouembre passé, enuoié aux Estats de Languedo qui se tenoient à Millaud en Rouergue, quelques deputez au nom des 3. Estats de Poitou pour y faire embrasser ce qu'il auoit projeté pour le bien public: affin qu'estant auoüé par telle assemblée, il eust d'autant plus de creance vers les autres Confederez & Catholiques Malcontens. Et comme celuy qui propre à la robe & à l'espée, honoroit la profession des armes par la conoissance des bonnes lettres: particularisoit bien autrement & estandoit bien plus auant les raisons qu'il disoit auoir pour la justification de ses desseins. Faisant entendre sur tous à la Noblesse, que c'estoit à elle à reformer les abbuz qui deshonnoroyent ce Royaume, ou le Roy ne le voudroit faire par vne legitime conuocation des Estats. Qu'elle ne deuoit souffrir que le Roy induict par certains mignons de Court, se ruinast par dons excessifs qu'il faisoit chacun jour à personnes indignes de sa liberalité. Qu'en tels dons, les finances du Royaume estoyent la pluspart employées. Qu'elle ne deuoyt souffrir que l'argent destiné pour l'entretien de la Gendarmerie de France, fust indignement employé ailleurs. Ne que six hommes seuls maniassent le Royaume. Et que les Estats & charges honorables que les predecesseurs Roys estoient coustumiers de donner à ceux qui d'ancienneté leur auoient fait seruices remarquables: feussent données à estrangers & autres sans merite. Et qu'en faisans rendre les dons immenses à plusieurs, & restablissans l'Estat de la France en sa premiere splendeur: on acquiteroit le Roy d'vne bonne partie de ses dettes. Que les choses estant bien ordonnées: les subsides seroient moindres & en consequance s'accroistoit le bien & reuenu d'vn chacun, Qu'il n'y a Loy Paienne, qui permete à vn Roy leuer sur son peuple tel tribut qui luy plaist & sans necessité. Puis à ceux de sa robbe il remon-

Lieutenant General de Poitou Chef des Politics du pays & les occasiõs de sõ remuemesnage.

LIVRE TRENTESEPTIEME.

remontroit outre ce que deſſus que le ſerment, Que les Officiers font au Roy, n'eſt tant à ſa perſonne qu'à l'Eſtat du Royaume, lequel ils jurent de maintenir & conſeruer à leur pouuoir. A quoy ils contreuiennent & ne ſaquitent enuers Dieu, & les hommes, ſils ne ſoppoſent aux charges du peuple: S'ils ne deſirent que l'Egliſe de Dieu ſoit pourueuë de bons & doctes Miniſtres: S'ils ne treuuoient mauuais que les plus honorables charges en la Iuſtice (qui ſont choſes ſaintes & ſacrées, deuës au merite,) ſoient ainſi expoſées à l'ambition de ceux qui ont plus d'argent. Et que les deniers qui en prouiendrôt non plus que les deniers extraordinaires ne ſoient emploiez au profit de la Couronne, ains prodigallement donnez au parauant qu'ils ſoient desbourſez. Et que les Arreſts des Cours Souueraines donnez auec conoiſſance de cauſe: ſoient caſſez par vne lettre de Chancellerie. Et qu'il ne ſoit permis és Courts Souueraines de modifier & interpreter les Edits du Roy. Que ſils ne ſoppoſent à tels abus: Ils ſeront à bon droit Iugez flateurs par la poſterité, non zelateurs de l'Eſtat, auquel les vertueuſes perſonnes ne ſont reconuës: Ains les degrez & merites confondus & renuerſez le deſſus deſſous. Or com'il ne ſuffit à l'eſtomac corrópu & rêply de mauuaiſes humeurs de ſen repaiſtre & entretenir juſques à l'ouuerture de la malladie qui ne peut eſtre longue à venir: Ains auſſi corromt les bonnes viandes qu'on luy donne par la force de la mauuaiſe habitude qu'il a en ſoy: auſſi les Partiſans de la Haye non contens de ſe plaire à telles perſuaſions, mettoient toute peine non ſeulement de les engrauer au cerueau de pluſieurs autres, ains de les rendre par vne aſſociation couuerte, compagnons au progrez & conduite de leurs deſſeins. Les Proteſtans ſur tous & nommement la Nouë & les Rochellois, qui toutesfois ne donnoient pas tant de creäce au Lieutenant, que la Nouë & pluſieurs autres pour la conſideration de ſes portemans paſſez, auſquels il ſeſtoit touſjours monſtré leur plus animeux & mortel ennemy. Qui leur donnoit occaſio de ſe perſuader, qu'il eſtoit pouſſé par la Royne mere, à les recercher pour mieux deſcouurir l'Eſtat de leur affaires & conoiſtre à l'œil les mauuais ſeruiteurs du Roy. Aucuns toutesfois l'eſtimoient picqué d'vne vraie animoſité particuliere, pour les faueurs que P. Rat Cóſeilier à Poitiers receut par le moien du Mareſchal de Rets, lors qu'il y fut fait & receu Preſident: nonobſtant toutes les brigues & menées qu'il auoit peu dreſſer côtre luy. Ioint le reſſus d'vn Eſtat de maiſtre des Requeſtes de l'Hoſtel du Roy. Ceux qui le conoiſſoient, ont penſé que comme les grans Eſprits ſe fantaſient de grans honneurs & auancemens: il ſeſtoit imaginé que les diuiſions du Royaume luy ſeroient eſchelle pour monter ou il aſpiroit. Et qu'en tous cas, on auroit touſjours affaire de luy en Paix ou en guerre ſil ſe faiſoit lors conoiſtre à tous, homme d'entrepriſe & haute execution. Comme que ce ſeuſt, les Proteſtans ſe montroient en la recerche de la conferance qu'il deſiroit auoir auec eux: pouſſez de diuerſes fins. Les Rochellois comme l'aſpic crainte du charme, eſtoupe les deux ouyes par la terre & bout de ſa queue qu'il ſe renuerſe ſur la teſte: ne vouloient aucunement voir ny entendre ſes raiſos: ne pouuans aprehander qu'il euſt aucune occaſion de mal contentement. Veu meſmement qu'il eſtoit bien recuilly en Court. Et moins encor de ſujet à prandre les armes contre ceux d'eſquels ils le diſoient la creature. Ioint qu'on les auoit aſſeuré, qu'il auoit declaré à la Royne mere ſes menées & deſſeins: meſmes comme, qui & pourquoy il auoit enuoié à Millaud, vers les Proteſtans de Languedo, pour preuenir (à ce qu'il reſpondoit à quelques vns de la ville:) ſil auenoit qu'ils en auertiſſent la Majeſté, com'il eſtoit aiſé à croire qu'ils le feroiét. Au côtraire la Nouë & quelques autres qui pèſoient bien parer aux coups: lui preſterêt ſouuát audiéce. Mais côme ils ſe voioiét importunez de la cómuniquation des affaires: de n'entreprendre la leuée des armes les vns ſans les autres: de luy ayder d'hommes, & autres moiens, à la côduitte des deſſeins, qu'il leur declaroit, & pluſieurs autres choſes par luy propoſées: Il ne ſceut tirer d'eux qu'vne promeſſe à tout cela, pourueu que parauát il monſtraſt par effet, qu'il eſtoit vrayement Malcontent, & ſoigneux du bien de l'Eſtat vniuerſel, par la prinſe des places, eſquelles il ſe vantoit auoir toutte puiſſance. Ne faiſans au reſte, aucun cóte des ſeuretés, qu'il leur offroit de ſa Foy, leur donnant en hoſtages, ſa femme, ſes biens, meubles, ſes plus proches parans, & tout ce qu'ils leur ſcauroient demander. Occaſion que ſe voiant reduit à ce point, d'achapter ſi cherement, & peut eſtre par la perte de ſa vie, la creance parmy ceux, quy ne luy volurent jamais de bien: ayma mieux neantmoins, comme il eſtoit courageux, & nonchallant de ſa perſonne: les aſſeurer de la prinſe de Poictiers en peu de jours, & en tramer des lors les

Les Rochellois & la Nouë ſe deſient mais diuerſemát de la Haye Lieutenant de Poitou.

Iugemans de pluſieurs ſur le remuemant du Lieutenant de Poitou.

Ccc iiiij

moyens : que de souffrir le deshonneur d'auoir manqué d'vn seul point de son deuoir & promesse au bon du fait. Pour ce encor que les partisans de sainte Soline son ennemi, fussent plus forts q̃ les siẽs dãs Poitiers. Et qu'ayãt ja failly à s'en faire maistre: il les eust esueillé pour mieux en garder la ville cõtre ses entreprises: asseuré neãtmoins que s'il y pouuoit être auec ses domestiques desguisez, il dõneroit aisement l'ouuerture des portes aux Protestãs qui en attendroient l'heure à demie lieue pres : il communiqua son dessein à vn musnier de la porte saint Ciprian sous la faueur duquel & habit de Prestres, marmotant dans son breuiere il entre dedans: Mais se conoissant descouuert par le musnier: Et sentant les preparatifs de ceux de dedans: il se retire au plustost. Aussi les Protestans, se retirerent de luy plus loin qu'ilz n'auoient fait: Se persuadans que tous ses desseins pour estre tousjours euentez, & luy se sauuans tousjours sans estre poursuiuy par aucuns Catholiques, encor qu'il y eust de grans Seigneurs, & nombre de compagnies en Poitou: fussent autant de ruzes pour les amuser seulement & sonder en ces entre faites, l'Estat de leurs affaires affin d'y obuier à son plaisir.

TANT de soupçons neantmoins, non plus que les preparatifs du Duc de Montpencier, que le Roy faisoit descendre en Poitou, pour apaiser par la langue ou à main forte le commencement de ces mutineries: & moins encor le peu de creance qu'il se vit au bon du fait auoir entre les Seigneurs, Gentilshommes & Capitaines dont il se faisoit fort aux Protestans: ne luy firent perdre courage. Ains comme desesperé en habillement dissimulé, il recerche promptemant tous ceux qui luy auoient autresfois promis pour en dresser forme d'armes. Si qu'enuoiant de ça de là il leue six cens soldats en Poitou & bien deux cens cheuaux, que d'vne que d'autre Religion, auec lesquels il se jete en campagne rodant auec ses troupes qu'on nommoit du public, les places du haut Poitou: pour en surprendre quelques vnes & y dresser vne retraite de ses moiens comme je vous diray ailleurs apres vous auoir comuniqué ce que les Catholiques en general firent par impression Publier & courir de tous costés pour la justification de leur port d'armes.

Remonstrances des Catholiques vnis aux Princes, Parlemens, Gouuerneurs & autres François sur la disposition du Royaume: y fondans les occasions de la prinse de leurs armes.

Occasions de la prise des armes Catholiques.

D'AVTANT que les plus saints & necessaires remedes pour restablir les choses mal disposées en ce Royaume, sont ordinairement si cachez & couuerts, que le fruit desirable ne s'en peut tirer & aperceuoir: par ce que les premiers Princes & Seigneurs n'ont aucune conoissance des affaires d'Estat desquels ils sont esloignez par aucuns injustes vsurpateurs du Gouuernement & enuieux de la prosperité de ceste Couronne. Et aussi par la crainte & deffiance, que les mesmes ont bien sceu par leurs artifices nourrir & entretenir entre plusieurs bons personnages: & vniuerselement entre le commun du peuple. Pour ce regard, ceux qui desirent vn tant necessaire restablissement: ont projetté quelques premieres formes & moiens, desquels on se pourroit ayder pour faciliter & paruenir à l'execution desdits remedes qui semblent toutesfois estre extraordinaires à aucuns, pour la difficulté que ils y jugent. Et pource ny prestent leur consentement ny aucune resistance, Neantmoins la bonté de Dieu, qui par tant de fois à releué ceste Couronne, comme il faut esperer qu'il fera encores par sa grace: n'a point permis que tous ceux qui en ont proposé les moiens & ouuertures: demeurent si generalemés esteints & amortis par les menaces qui leur ont esté faites, jusqu'a les priuer pour la pluspart de la vie, biens & Estats: qu'il n'en reste encores quelques vns & en bon nombre qui prennent ceste cause en main & en presentent leurs tref-humbles requestes & supplications à sa Majesté, pour le bien commun de tous ses sujets. Et qui en tout cas, n'auront recours à armes ny forces: que pour empescher que leurs ennemis mauuais seruiteurs de ceste Couronne, puissent nuire. Cõme leur intention est de ruiner & se defaire de ceux qui ne veulent adherer à leurs pernicieux desseins & deliberations. Supplians à ceste cause lesdits Catholiques, tous Princes, Seigneurs, Gouuernéurs, Lieutenans Generaux de sa Majesté, Cours Souueraines les y vouloir assister comme pour l'interest qu'ils y ont, s'y doiuent preparer. A quoy ils ne doutent point que le Roy mesme, selon sa bonté & inclination naturelle: pourroit volontiers consentir sans la mauuaise & fausse persuasion qu'on luy donne. Que donc à ce coup, chacun s'efforce pour remettre & s'il se pouuoit dire, restituer ceste Couronne: en considerant auec pitié

pitié l'Estat deplorable d'icelle.

PREMIEREMENT la ruïne notoire du peuple qui est vraiement la ruyne de sondit Estat. Or que son peuple ne soit ruyné: il ne se voit point seulement en l'estat des poures paysans & laboureurs: mais aussi de tous artisans & marchans, de l'Eglise entierement destruite:& de la Noblesse laquelle aiant consumé ses biens, est contrainte ne poursuiure plus les actes vertueux. Et ne peut estre renduë ne faite digne & capable d'aucuns honneurs & grades quelques vaillans, courageux, hazardeux, vertueux & modestes qu'ils soient eux & leurs enfans. Tous autres hommes sauans, Iurisprudens, Theologiens & de tant de sainte vie qu'ils puissent estre: sont sans esperance d'auoir jamais Offices ne benefices. Mais les Offices sont vendus indiscretement, les deniers en prouenans encores que la vendition soit vn des premiers maux du Royaume: neantmoins en sont dônez & profusement dependuz auant que l'Officier les ayt desbourcez. Les Estats & charges plus honnorables, & qui n'appartiennent qu'aux Princes: sont administrez & maniez par personnes de basse quallité & indignes de tel maniement au mespris de telz Seigneurs, Princes & autres qui les suiuent de degré en degré. De façon que parmi ce Royaume, ez plus hauts lieux & premiers Estats y sont establis certaines personnes qui jusques icy ont esté sans nom & sans titre d'aucunne famille: pleins maintenant de plus grands thresors, & possesseurs de plus belles maisons de France. Les grandes & plus illustres maisons, demourans ce pendant par ce moien du tout aneanties: & la memoire de leurs predecesseurs, & des genereux actes & fidelles seruices qu'il ont fait à cest Estat, esteins. De sorte, qu'à cest exemple sera à craindre que plusieurs preuoïas telz traittemens pouuoir tomber sur eux: se contenteront (sans s'attacher à autre seruice) de conduire leurs affaires priuez. Les Cours de Parlement, seul refuge & defense de tout droit & justice: ont esté interdictes par ordonnâces faites à l'affection de deux ou de trois, faire aucunnes modifications, ne restrictions à la verification des Edits. Et de la les particuliers ont le plus souuent tel pouuoir qu'ils rôpent toutes Loix, Ordônances & Arrestz. Et tout ce qui est le mieux estably en Frâce est renuersé à leur seulle affection. Les benefices possedes souz pretexte d'œconomat tant de temps qu'on veut: sans aucun titre ne prouision titulaire à la ruyne des barimens & edifices qui sont biens publics. La plus part donnez en mariages & retenuz en douaire: au scandalle mesmes de ceux qui n'ensuyuent la profession. Qui semblent excusables sur les plaintes qu'il font de l'alteration qu'ils pretendent en l'Eglise Catholique: à cause de l'indigne disposition & administration qui en est faite. Et qui est plus pernicieux: sont la plus part possedez par gens lesquels en tirent les deniers hors le Royaume sans qu'aucun les depende (côme il se deuroit faire) sur les lieux pour vser des offices charitables ausquels il sont tenus, & faire resentir aux poures laboureurs (du sang desquels ils receuillent les reuenus) le fruit deu à leurs trauaux. Comme semblablement la plus part des Estats de France, outre qu'il sont aucuns ez mains de personnes indignes: sont encores tenuz par estrangers & sans aucun merite. Auec tel ennuy à la Noblesse de France, qu'elle ne ressent plus (estans ces charges & degrez és mains de telles personnes) comment & souz qui elle pourroit obeyr, & faire seruice aux guerres & autres affaires publics. S'aneantissant par la tellemêt, pour ne voir plus de lieu destiné à la vertu: le loyer estant separé d'icelle, qu'elle ne recherche ains s'esloigne, de ce à quoy elle est de tout têps dignement & vertueusement attachée. Par l'auis d'esquels estrangers & aucuns d'eux, à esté transigé sans en faire entendre au Roy la consequence, sur crime public & cômis l'vn des plus grands maux qui se peut commettre en l'Estat. Qui estoit la substraction des deniers & thresors du Royaume par les Thresoriers: & mesmement Thresoriers des guerres. Ce n'estoit autre faute ou delict (s'il estoit) qu'auoir vendu les villes, fait perdre des batailles, rompre & abandonner les plus belles & grandes entreprises qui se peuuent proposer. Et neantmoins sâs amener cela en consideration ont transigé & fait cesser le fait de la Iustice pour le fait de cinq cens mil liures. Et laquelle toutesfois encores n'a esté employée aux affaires du Royaume, amortissement ou rachapt des rentes ou domaine du Roy: Ains à priuez vsaiges. La despence c'est à dire les exactions & consommation des deniers, depuis l'an mil cinq cens soixante vn, sur l'Eglise seule se monte à cinquante ou soixante millions. Sans infinies autres charges comme Daces sur les proces, prouisions, erections & venditions d'Offices nouueaux, droits de Doüane, vendition pe petis seels, d'Offices, de procureurs, augmentation de tailles & infiniz autres & tels que la moindre partie à excedé sans considerer les deniers de l'Eglise, tout ce que ce

bon

L'HISTOIRE DE FRANCE.

bon Roy Loys douziéme prenoit d'ordinaire: encores qu'il eust de grandes guerres qu'il a soustenuës esquelles il à obtenu heureuses victoires: mené & entretenu armée hors le Royaume: pensions aux estrangers, grande gendarmerie, les gens de guerre bien paiez & son peuple tellement soustenu que le nom de pere du peuple luy en est demeuré & decedant a laissé les thresors de France pleins de grans deniers. Au contraire maintenant le peuple est mangé, la gendarmerie point paiée, toute pieté, Religion & discipline mesprisée & delaissée: point de Iustice: les meurtres non parmy le Royaume & lieux esloignez de nous: ains és lieux ou Iustice est deuë sans aucune punition. Mesmes que ceste injure est contre nostre France: que aucuns sans cœur (comme est le naturel de tels pusilanimes de loger en soy toute espece de cruauté) ont gens gagez pour tuer ceux de la bouche desquels ils voient la verité preste à sortir: s'ils preuoient que les fidelles seruices, loiautez & patience de ceux contre qui ils portent enuie: soient sur le point de faire conoistre ausdites Majestez, leurs indignitez & mauuaises administrations. Les guerres entre nous sans determination ne fin: l'vn abaissé prest à prandre la Loy d'obeissance: incontinant nouuelles pratiques pour vous releuer, tenans tousjours les choses en brasle pour empescher que clairemēt telles ruzes ne se puissēt apperceuoir. Desdaignās tellemēt la Noblesse, & faisās si petit estat des grās Princes & Seigneurs: qu'il semble qu'ils ne sont nez que pour estre instrumens de leurs passions: les nourrissant en telles diuisions & inimitiez, qu'ils n'ont aucun autre but que dresser guerre les vns contre les autres; les faisans ainsi tuer a tous hazards és sieges, assauts de ville, efforts de la bataille & autres perils. Cependant eux sont à leurs plaisirs, espuisans les biens du Royaume sans faire autre estat de ceste Noblesse. Mais pour toute recompense osent dire que l'on fera plus de Gentilshōmes en vn jour, que l'on n'en tueroit en trois batailles. Et que tous sont hommes, nez en mesme climat, & composez de mesmes Elements. Le peuple non seulement destruit, mais mort en sorte que de cent feux en vne Parroisse, n'en reste que trente ou quarante. Et neantmoins ce qui reste ruyné. Et ruyné qu'il est, chargé toutesfois de toutes & telles tailles qu'il fut onques. De façō que pour les paier, tous presques ont vendu jusques aux lits & robbes de leurs femmes, aucuns la tuille de leurs maisons. Sans que de tout cela, s'en prenne pitié. Mais ose l'on dire s'il y a de l'argent en la moelle de leurs jambes, qu'il faut rompre les os pour l'auoir. De ceste poureté l'Eglise & la Noblesse qui ne tire rien que du labeur du paysan: n'a plus de pouuoir ny de moiens. Ce pendant les administrateurs de cest estat, emploient ces grans deniers en tels vsaiges particuliers qu'il leur semble bon: sans faire voir au Roy ceste misere, ne faire penser le peril ou il tombe. Et qui est plus à craindre, se rendent insatiables: faisans du peuple comme de bœufz & instrumens aratoires. Et continuans & augmentans les imposts, rendēt le peuple du tout impuissant & par la necessité desobeissant. Chose que l'on doit fuyr sur tout Car ceste licence, estant vne fois passée: encores que ce soit à faute de pouuoir: il est à craindre qu'il la resente & en vse par faute de vouloir, quand il en aura le pouuoir. A quoy les choses si endommagées, desolées & desesperées qu'elles sont: ne se voit legitime remede que par la libre conuocation & assemblée des Estats: laquelle leurs Majestez doiuent permettre. Et que les pays s'assemblent pour regarder chacun endroit soy, l'alienation du domaine pour le rachepter, par les plus expediens moiens qui se pourront trouuer. Regardans ce qu'ils pourront faire pour tous ensemble. Apres rapporter ausdits Estats Generaux leurs moiens: les offrir, proposer & en subuenir au Roy en ceste grande necessité, afin de le contenter. Luy remonstrer les defaux qui sont en l'administration de l'Estat de l'Eglise & de la Iustice. Et d'autant que ceux ausquels telle sainctes propositiōs & remōstrances sont desagreables, pour quelques interests particuliers: s'efforcent les faire trouuer odieuses à sa Majesté: Luy mettent deuant les yeux que l'assemblée d'Estats n'est qu'en l'vn des trois cas. Assauoir le jeune aage, malladie & prison: Lesquels par la grace de Dieu cessent. La responce est prompte que tels remedes & propositions ne sont pas Estats pour l'administration du Royaume, aucun ny pense. Mais ce sont remonstrances & doleances, ouuertures & remedes que l'on luy veut donner pour abolir la misere en laquelle est ceste France, qui à flory deuant tous Royaumes, & maintenant est faite miserable & pitoiable à tous les voisins. Et sur ce se souuiendra s'il luy plaist sa Majesté & ceux qui estoiēt lors en son conseil: des offres des depputez Catholiques de Guyene & autres Prouinces, de faire trouuer moien de paier les debtes & rachepter son domaine dedans six ans. Et au bout de ce temps, qu'ils trouueront tousjours hommes & argent pour faire

Assemblée d'Estats Generaux.

LIVRE TRENTESEPTIEME.

faire les guerres qui feroient neceſſaires & non point lesguerres inteſtines. Pour leſquelles faire ceſſer, regardez maintenant vous Meſſieurs, de la Religion reformée: que les armes que l'on peut dire toutesfois vous eſtre juſtes en tant quelles vous ſont neceſſaires: n'eſtans principalement que defenſiues pour vous côſeruer & vos vies: ont eu peu de pouuoir & effect à obtenir & maintenir ce pourquoy vous vous eſtes tât trauaillez & tant de fois hazardez. Partant vous propoſans cela deuant les yeux, ne vous atachez pas tant aux points qui vous concernêt que n'aſſiſtiez à ceſte œuure: ne voulans neantmoins & n'ayant eſté noſtre intention, vous faire côtemner à l'Eſtat des conſciences. Mais pluſtoſt vous affectionner à le deffendre. Conſiderans qu'en repos public, ſeruice du Roy & conſeruation de ſon Eſtat n'y a rien contraire, mais tout digne de pitié & Religion. Et en ce faiſant, embraſſez auec nous ces dignes & vraimêt Chreſtiennes remonſtrâces, pour tous enſemble ſupplier & requerir Meſſeigneurs les Princes, Cours de Parlement, Mareſchaux de Erance, Gouuerneurs des Prouinces & Lieutenans Generaux de ſa Majeſté: Meſſieurs les Eccleſiaſticques, la Nobleſſe & tous autres fidelles ſujets: qu'ils facent entêdre à ſadite Majeſté leſdites remonſtrances afin qu'vnanimemêt conjoints par vn meſme conſentement de volontez: nous obtenions à leur priere & interceſſion ladite libre conuocation d'Eſtats tant neceſſaire: ou puiſſent eſtre entenduës & propoſées nos juſtes doleances, l'affection que nous auons de ſecourir & aider aux affaires de France. Et les remedes qui ſe pourront ouurir, pour en tirer le fruit qui ſen peut attendre & eſperer. Et que ce pendant ſa Majeſte, ne vueille tellemêt fermer la porte de ſa juſtice: qu'elle face arreſter ou offêſer ceux, qu'elle eſtimera auoir donné quelque auis: ou aſſiſté à ces ſaints propos. Ains eſloigner de ſon oreille ceux, qui luy propoſeroient & voudroient continuer les perſuaſions d'vſer côtre eux de ſeueritez deſquelles ils ſont publiquement menaſſez. Nous joignans tous maintetenans & raportans nos ſaints zeles, pouuoirs, affections & effets en toute humilité & obeiſſâce neceſſaire, pour empeſcher l'execution des treſcertains & publics ennemis de ce poure Eſtat & des fidelles ſeruiteurs d'icelluy. Enquoy nous ſoions tellement conduits & reglez que nous ne cerchions ne ſuiuiôs aucuns moiens, qui ne ſoient vraiement dignes de Chreſtien & bons ſeruiteurs de ſon Prince. Vous Proteſtons de noſtre part, que nous qui ne voulons departir de noſtre Religion Catholique Chreſtienne: ne deſirons rien plus qu'auec raiſonable contentement d'vn chacun ſoiez ſatiſfaits, non par armes, guerres & violences: ains par conſentemêt de voz côcitoiés ſous l'autorité & par cômandement de ſa Majeſté. Pour laquelle ſeule & pour la grandeur & reſtabliſſement (ſi ainſi l'oſons dire) de ſa Couronne, Proteſtôs auoir entré en ceſte ſainte volonté & deſir. Et que pour ſentir le fruit que nous en attendons par la benediction de Dieu: auons abandonné comme abandonnons nos vies, Eſtats, honneurs & biens quelſconques. Sans conſideration d'autres maux & perils: deſquels Dieu par ſa grace nous conſeruera. Lequel nous ſupplions nous faire bien toſt voir & ſentir les effets & heureux ſuccez de ſi ſaintes ouuertures. Regretans autant que pourriez: & auec bônes & juſtes raiſons, les occaſions, qui ſeroient vous douloir des mauuais Offices & rigueurs exercées ſur vous. De qui les vies nous ſont auſſi cheres & precieuſes que les noſtres propres. Et qui pouuez & deuez croire leſchoſes paſſées n'eſtre auenuës du commandement de ſadite Majeſté. Et moins du conſentement & aſſiſtance de nous. Ains par quelques paſſiôs & affectiôs particulieres de perſonnes ſans titre & qualité dont ils ſoient dignes. Leſquels maintenant nous vous prions eſloigner de vous & du tout oublier: auec propos de reconciliation & amitié perpetuelle.

Or comme és guerres ciuilles, tout ordre de guerre & diſcipline militaire eſt abaſtardie: oc caſion que le deffi & publication du motif de prendre les armes, eſt d'ordinaire poſterieur à l'effect: auſſi les Proteſtans ne volurent faire publier ceſte leur proteſtation: qu'aprez auoir fait du pis qu'ils peurent aux Catholiques. Aſçauoir aprez qu'ils eurêt prins les places & cou ru és lieux que je vous diray maintenant. Ils auoient deux fins principalles. Premierement de faire ſortir Monſieur hors de Court. La deuxième, de prendre les armes par tout & en meſme temps, ſouz ſaueu & autorité de ſon Excellence contre ceux qu'ils diſoiêt manier le Roy à leur plaiſir. Et pour le premier point pluſieurs Catholiques & ſes domeſtiques meſmes luy auoient jà mis à l'œil, voire perſuadé les ſoupçôs & deffiances que le Roy auoit de luy. Et outre ce, les indignités qu'il receuoit de jour à autre par ceux qui gouuernoient ſa Majeſté à leur fantaſie. Ce qu'ils luy montroient par pluſieurs accidans. Et meſmes quand il n'y auroit autre

Deſſeins des Proteſtans & Catholiques vnis en la reprinſe de leurs armes

Occaſions qui meuuoiẽt Môſieur à ſortir de Court.

choſe

L'HISTOIRE DE FRANCE.

chose que le refus du Grade de Lieutenant General par toutte la France. Et le poure apanage dont il jouissoit, insuffisant à fournir seulement l'ordinaire de sa despece hors lequel le deuoir de son Excellence qui ne pouuoit auoir moins qu'auoit eu le Roy de Pologne, requeroit l'entretien des plus habilles Seigneurs, Gentilshommes & Capitaines de la France, qui ne le pourroient suiure sans apointement honnorable: Outre les menus plaisirs & autres parties casuelles pour lesquelles il deuoit faire fons d'vn extraordinaire: Veu mesmement l'espoir & honnorable attente que tous les François d'vne & d'autre Religion : que tous estrangers amis de ceste couronne ont conceu de luy, depuis le partemēt du Roy de Pologne. Faisans tous ses côseilliers Estat, que Monsieur hors de ceste captiuité, seroit Chef & des Protestans & dés Catholiques politics qui prēdroiēt les armes pour reffor mer & mieux policer l'Estat de ce Roiaume. Mōsieur à ce plusieurs fois sollicité, auoiēt dōné le jour de la sortie au Mardy gras. Car jà les Catholiques vnis & les Protestans associez auoient chacun selon ses moyens donné ordre côme ils en auoient esté priés, de surprendre ce mesme jour le plus de places, & s'asseurer de plus grand nombre de gens & quantité d'armes qu'ils pourroiēt. Mais pour l'execution de ce second point ne se trouua presque que les Protestans sur piez pour l'executer, s'excusants les Seigneurs Cotholiques sur la tête de la sortie de Mōsieur & les vanitez de court, lesquelles par nouuelles occurrēces entraueroient le cours de leurs desseins. Or afin que vous jugies bien au vray tant de sa sortie, que de ce qui depuis auint en consequence d'icelle, je vay vous dire comme le tout se passa : puis je vous esclarciray le progtez & execution finalle de la leuée des Protestans.

Les Chefs du party, auoient ordōné qu'vn Chef auec le plus de cheuaux qu'il pourroit assembler: se presenteroit à jour nommé au lieu où la Court seroit pour faire scorte à Monsieur. Et sorty auec le Roy de Nauarre, Prince de Condé & autres: le conduire en seureté au lieu où il voudroit aller. Puis auoir leué les armes & leurs desseins commencez à executer selon leur projet: faire & publier la declaration de son Excellence affin de monstrer à tous l'occasion de son remüement. Les moyens qu'il vouloit tenir à la conduitte de son armée. Et la fin à laquelle il tendoit auec tous ceux qui luy auoient jurez secours & seruice à leur possible. Somme que ce Chef accompagné de deux cens cheuaux, compare en veuë de saint Germain en Laye

Entreprise de S. Germain en Laie.

où estoit la Court sur la fin de Feburier. Mais son Excellence conseillée par la Molle son plus fauory, considerant l'importance de leur dessein & l'ennuy qu'en receuroit sa Majesté auoit jà descouuert tout ce dessein au Roy & à la Royne sa mere. Ce qui le fit rentrer ez bonnes graces de leur majestez, & oublier le soupçon qu'elles auoiēt conceues de luy, non tant pour ses portemens que de ses domestiques, lesquels ne desiroient que s'enleuer de Court pour les occasions susdittes & autres que vous entēdrez cy aprez. Ceste descouuerte fut occasion que le Roy ne partit du lieu. Mais tous ceux qui l'ignoroient & qui se resouuenoient des bruicts qui auoient jà couru par tout, que Monsieur & le Roy de Nauarre auec plusieurs autres Malcontans, vouloient se retirer pour entreprendre sur l'Estat : se persuadās que ceste trouppe n'estoit que les auantcoureux d'vne armée qui s'auançoit pour prendre le Roy & toutte sa suyte: l'imprimerent vn tel effroy au cerueau, qu'aucun ne mit en deliberation de conseil s'il deuoit debusquer

Fuyte de la Court abandonant le Roy.

ou non. Ains fuyans tous à vau de route & selon qu'ils se treuuerent prestz sans autrement attendre leurs commoditez: les cheuaux (& bateaux à ceux qui descendoient sur la riuiere) eurent assez à faire en la journée des esperons, pour les sauuer de l'espouuante qui les accompagna jusques dedans Paris: où le Roy se retira dés le lendemain auec Monsieur & le Roy de Nauarre, le Cardinal de Lorrayne, les Ducs de Lorrayne, de Guyse, d'Aumalle & plusieurs autres seigneurs: Et aussi tost Monsieur & le Roy de Nauarre pour leuer le bruit de ce que l'on leur imposoit firent & publierent ces declarations.

Declaration du Duc d'Alençon portant tesmoignage de sa bonne volonté & affection vers la Majesté du Roy. Auec resolution de s'opposer de tout son pouuoir à ceux qui luy serōt rebelles.

Nous François filz & frere de Roy Duc d'Alençon & Pair de France. Ayant entendu qu'aucuns imposteurs ont malheureusement & meschantement dit & semé de faux bruits contre Nous, nostre honneur & le deuoir que nous auons & voulons toute nostre vie porter au Roy nostr noſtre ſouuerain Seigneur & frere en ce qu'ils diſent que nous fauoriſons l'entrepriſe qui fut dernierement faite contre ſa Majeſté à ſaint Germain en Laye: & que nous nous deuions rẽdre leur Chef. Nous auons ſupplié treſ-humblement ſadite Majeſté pour faire conoiſtre noſtre droite intention: nous permettre faire ceſt eſcrit ſigné de noſtre main: Par lequel nous certiſſions à vn chacun que ceſt choſe du tout fauſſe & controuuée. Et à laquelle nous n'auons jamais penſé. Et que tant s'en faut que nous nous feuſſions voulu tant oublier: que nous ſommes reſoluz ainſi que le deuoir de nature & des Loix diuines & humaines nous le commande: de mettre & expoſer noſtre propre vie, & tout ce que Dieu nous à donné de moiens, amis & ſeruiteurs pour celle de noſtredit Seigneur & frere: pour la conſeruation & manutention de ſa Couronne & Eſtat & des bons fidelles & loiaux ſujets. Et de nous opoſer & courre ſur ceux qui luy ſont rebelles & troubleront le repos & tranſquilité de ce Royaume. En teſmoin de ce nous l'auons ſigné de noſtre main. Au Bois de Vincennes le vint quatriéme Mars. L'an mil cinq cens ſoixante quatorze.

Nous Henry, par la grace de Dieu, Roy de Nauarre, Seigneur Souuerain de Bearn, Duc de Vandoſmois, ayans entendu qu'aucuns impoſteurs &c. Comme l'autre. *Declaratiõ ſemblable du Roy de Nauarre.*

Ainſi les Chefs apaiſez & leurs declaratiõs publiées: on le fit ſçauoir aux Mareſchaux de Montmorẽcy & de Coſſé. Les priant de venir en Court pour le ſeruice du Roy. A quoy en fin bien qu'aſſez enuis: voire deſtournez par la plus part de leurs amis: ils obeirent & trouuerent le Roy au boys de Vincennes. Puis on recerca par le moien de Brinon (qui deſcela toute l'entrepriſe) ceux qui les auoyent induits à ce point. Si que l'onziéme & douziéme Auril, furent ſoudain pris Ioſeph de Boniface dit la Mole Gentilhomme fort aymé de Monſieur. Annibal Comte de Coconas, le Capitaine ſaint Martin, Frãçois Tourtay autresfois Secretaire de grand Champ & Grandry: par la deppoſition deſquels pluſieurs euſſent bien voulu faire conoiſtre que ceux de Montmorency & le Mareſchal de Coſſé, feuſſent des premiers de la partie. Meru, Thoré, le Vicomte de Turene, le jeune la Nocle dit la Fin, Grand Champ & pluſieurs autres ſe retirerent de bonne heure. Ce fait pour s'aſſeurer encor plus, on oſta les eſpées au Duc d'Alençon & Roy de Nauarre. Et leur tut dit par le Roy qu'ils ne s'auançaſſent pas de ſortir, car l'ouuerture leur ſeroit deſniée. Auſſi leur fit on quiter pluſieurs de leurs domeſtiques: leur en donnant d'autres en leur place. Puis le treziéme Auril, les Preſidans de Thou & Hannequin deputez par le Roy pour faire le proces, oüyrent Monſieur & le Roy de Nauarre, Puis les autres tout le mois d'Auril, juſques a ce que l'Arreſt fut prononcé & executé le trentiéme du mois en Greue à Paris ſur la Mole, Coconas & Tourtray. Leur proces portoit meſme forme de procedure. *Les Mareſchaux de Montmorẽcy & de Coſſé ſont enfin perſuadez d'aller en Court. La Mole & Coconas priſonniers. Pluſieurs Gentilſhõmes & autres ſe retirẽt de Court craĩte d'y eſtre pris. Monſieur & le Roy de Nauarre reſſerrez.*

Veu par la Court les grans Chamberes & Tournelle aſſemblées: Le proces criminel extraordinairemẽt fait pour raiſon de la conſpiration & conjuration faite contre l'Eſtat du Roy & ſõ Royaume: à la requeſte du Procureur General du Roy à l'encontre de Ioſeph de Boniface, Seigneur de la Mole priſonnier és priſons de la conſiergerie du Palais de Paris. Concluſiõs dudit Procureur General, ouy & interrogé par ladite Court pluſieurs fois icelui de la Mole ſur leſcrimes & delits à luy impoſez. Et tout conſideré: il ſera dit que la Court à declaré & declare ledit Boniface attaint & cõuaincu de crime de leze Majeſté. Et pour la reparation d'icelle: La condenné à eſtre decapité ſur vn eſchafaut qui ſera dreſſé en la place de Greue. Son corps mis en quatre quartiers qui ſeront attachez à quatre potéces leſquelles ſeront miſes hors les quatre principalles portes de ceſte ville: & la teſte miſe ſur vn poteau qui ſera planté en ladite place de Greue. A declaré tous & chacuns les biens dudit la Mole acquis & confiſquez au Roy. Et neantmoins au parauant ladite execution: La Court ordonne que ledit Boniface ſera mis en torture & queſtion pour ſçauoir par ſa bouche ceux qui ſont participans de ladite conjuration. *Arreſt du Parlement de Paris contre la Mole & Coconas.*

Or pource que les Mareſchaux de Montmorency & de Coſſé eſtoiẽt eſtimez les premiers auteurs de ce deſſein: apres pluſieurs lettres & meſſages à eux enuoiez pour les faire venir en Court: en fin ils ſe laiſſerent aller aux belles parolles de Court & furent contre le Conſeil de leurs amis, treuuer leurs Majeſtez au boys de Vincennes. Le Mareſchal de Montmoremcy ſejournoit pour lors à Dammartin bourg & Chaſteau plaiſant à ſix lieuës de Paris: que ſon pere debatit long temps & en fin gangna par pluſieurs Arreſts de Parlement de Paris ſur ceux de Guyſe. Il y recuillit neantmoins fort honnorablement le Duc de Lorraine, & Madame ſa femme *Empriſonnemant des Mareſchaux de Montmorécy & de Coſſé en la Baſtille de Paris.*

L'HISTOIRE DE FRANCE.

femme auec le Cardinal de Lorraine & leur fuitte. Puis l'eftant Torcy allé affeurer de la bonne affection du Roy & du grand defir que leurs Majeftez auoient de le voir: il y fut & le Marefchal de Coffé party de Gonor en Anjou où il feftoit retiré: fe treuuâs logeztous deux au dôjon du Chafteau. Puis Madame la Marefchale de Montmorency l'y fut voir de laquelle il ne voulut prandre le confeil & moien de fortir fen remetant difoit-il, à la volonté de Dieu. Mais depuis auerty par vn Efcoffois qu'on le refferreroit: fe leue & fabillât vn des vallets de chambre du Roy luy fut dire que fa Majefté le demandoit & le Marefchal de Coffé auffi. Paffé le Pont pour y aller, le Vicomte d'Auchy Capitaine des Gardes fe prefenta: pendant le deuis duquel à l'oreille & fe pourmenans on le voioit fouuent changer de couleur pour la nouuelle de fon emprifonemât. Il enuoia toutesfois le Vicôte fupplier fa Majefté qu'il luy pleuft parler. Dequoy refufé, fut monté en coche & le Marefchal de Coffé auffi que les Suiffes y auoient amenéz Puis voiant que ceftoit vn faire le faut: fe laiffa aller finon à la fortune, du moins à la volonté des hommes defquelz il ne fceut onc defcouurir ou empefcher les penfées plus fecrettes: difant pour toutes chofes au feruiteur, qui malgré les gardes l'auoit toufjours accôpagné: qu'il fe retiraft à fa femme, luy porter ces triftes nouuelles à Chamtilly d'où on la pourfuiuit en vain jufques à Mets auec la Porte, Guidon de la compagnie d'hommes d'armes de fon mary, conduit à la Baftille de Paris, auec groffes gardes tambours fonans huées & fifflemans de plufieurs du peuple, Pour y attendre l'execution de ce que je vous diray ailleurs.

Voila quels eftoient les portemens particulliers des Catholiques mal contans, quelles les actions des confeilliers de fa Majefté pour y obuier. Refte à voir comme les autres politics fe manioient en mefme temps auec leurs affociez Proteftans, vous auez jà veu les ocafions, que les confederez difoient auoir de reprendre les armes : auec la declaration qu'ils firent courir par la France aprez feftre jettez aux champs. Venons maintenant à particularifer les moyens qu' ils tindrent au progrez de leur entreprinfe.

La Noüe General des Proteftans & Catholiques vnis donne ordre en Poitou & les Mirembeau en Saintonge & Angoumois.

Fontenay le Comte ou bas Poitou furpris fur les Catholiques la nuit du Mardy gras par les Proteftans.

La Noüe auoué General des vns & autres de la Rochelle, & auoir donné anis à plufieurs Sieurs, Gentilshommes, & Capitaines de fe faifir des plus de places & rallier le plus d'hômes qu'ils pourroient : fe repofans à la Caze & Mirambeau pour donner ordre en la Saintonge & Angoumois : defcend en Poitou pour rallier la Nobleffe & autres gens de guerre à Fontenay le Comte & Lufignan villes furprifes par les Proteftês parmi les plaifirs & joieux esbatemês du Mardy gras en la forte que je vous diray. Ie vous ay autresfois reprefenté Fontenay, & fon paifage. Venons à la prinfe. Vous auez veu cy deuant comme ceux de Fontenay fe tenoient jour & nuict fur leurs gardes, crainte de la Nobleffe voefine & d'vne defcente de Rochellois. Saint Eftienne toutesfois Beffay & autres Gentilshommes voifins animez par aucuns des habitans Confederez : ne laiffer ent d'y mener foixante cheuaux & deux cens harquebuziers. Lefquels guidez par deux de la ville mefme, aians laiffé paffer la derniere ronde, prefentent & fourniffent l'efcallade fi heureufement qu'encor que la ronde non encor defcenduë criaft aux armes & que ne voiant aucun fortir ny fefuertuer (elle fe feuft jettée du haut en bas pour fe fauuer ou elle fe rompit vne jambe) ils entrerent file à file. Puis auoir ouuert au refte, rompjrent le corps de garde, faififfent les cantons, fourragent les plus riches maifons. Et auoir arrefté les deniers Royaux de Ramée, Receueur dont ils tindrent compte à la Noüe fe rendirent maiftres du tout y atendans le General lequel difpofa de la garde, de la police, des prouifions & fortifications de la ville comme il auifa pour le plus expediant : où ce pendant il donna le rende-vous aux troupes d'Onis à la Rochelle: haut & bas Poitou, fors celles qui fe retirerent à Lufignen furpris le mefme jour du Mardy gras par Luché & Baroniere Gentilshômes voifins, comme je vous diray ailleurs. Puis la Noüe defirant faire vne reueuë de fes trouppes : les mit en campagne. Et tant pour faciliter l'iffue à plufieurs Catholiques & Proteftans qui n'ofoiêt fortir de plufieurs places, crainte d'eftre fuiuiz & recerchez à l'exemple de beaucoup d'autres qu'on y auoit arrefté bien court : Ioint l'efpoir qu'on luy dônoit que les Seigneurs dôt je vous ay parlé : fe joindroient à fon armee auffi toft quil l'auroit acheminée fur le bord de la Riuiere de Loyre : Auffi pour munir & fortifier LVSIGNEN : fe met aux champs auec deux cens cheuaux maitres & quatre cens harquebuziers fes garnifons de Fontenay, Lufignen, Tallemond fur Iar, Luffon & autres bicoques pourueuës comme il auifa pour le mieux croiffant toufjours fes trouppes neantmoins jufques à Loudun & frôtieres de Touraine d'où il ne retira pas tant de gens qu'il penfoit. Et ne peut que doubler fes forces, par la creuë de

La Noüe fe met aux chãps auec fes trouppes & à quelles fins.

ceux

ceux qui s'estoiẽt allé joindre de plusieurs endroitsL.esquelles d'esesperant de croistre en plus *La Noue re-*
grand nõbre & craignans la descente du Duc de Montpensier que le Roy luy enuoioit sur les *tire ses trou-*
bras pour rompre ces tant legieres caualcades:il mena faire leur coup dessay à Verteuil en An- *pes & pour-*
goumois.Où vne bande de gens de cheual assistée de quelques harquebuziers,les oza atendre *quoy.*
sous la faueur de quelques baricades dont elle auoit muny les auenuës du Bourg. L'vne desquelles neãtmoins enfoncée par le Capitaine,& en fin gaignée par la mort de six qu'vns qu'autres : seruit d'ouuerture à ceux qui poursuiuirent leur bon heur jusques au gain de toute la
place . Puis se retirerent en Poitou , sachant la Nouë que les desseins de la plusspart des Sei- *La Noue re-*
gneurs de Court auoient eu telle fin que je vous ay dit. Ce fait s'achemine à la Rochelle le 3. *tourne à la*
Mars pour entretenir & cõforter ceux de la costace desquels il se doutoit le plus: mesmemant *Rochelle*
en vn si facheux&peu fauorable cõmecemãt:resolu de leur faire quelques remõstrances en plei *rager les*
ne assẽblée de l'Echeuinage . C' est la maisõ de ville ou se sõt les assẽblées du corps & College *moiẽs asseu-*
de la ville: Cõposé des Maire, Escheuins & Pairs d'icelle auquel selon les occurrẽces on apelle *rez.*
les bourgeois & habitãs de la ville,desquels neãtmoins l'assẽblée populaire& generale se fait ail *Maison de*
leurs,ou l'õ treuue bon de la cõuocquer,mais cõmunemẽt à l'vn des Tẽples de la ville.S'estãt *Echeuinage*
donques au lendemain de son arriuée treuué à l'Escheuinage & sest tẽdãt par vn assez long dis- *à la Rochel-*
cours sur ce qui s'estoit passé en ceste premiere expeditiõ: dit qu'il faut louër Dieu de ce que *le.*
pour nos pechez il ne lui à pleu donner plus heureux succes à nos entreprises . Et remettre le *Assemblées*
tout à sa prouidãce.Estãs asseurez qu'il n'oubliera les siẽs armez pour vne si juste querelle . Au *de laRochel*
reste qu'il ne faut cõmẽcer à courir,pour demeurer au millieu de la carriere. Mais poursuiure *le où & com*
jusques au bout. Qu'il n'ignoroit point que beaucoup trouueroiẽt biẽ rudes toutes les trauer *ment se font*
ses,& algarades qui sõt coustumieres en guerre:& seroiẽt pres du repẽtir d'auoir tourné le dos *les general-*
à leurs aises & repos où ils s'ẽbloiẽt estre,pour se voir cõtinuellemẽt tallõnez de fascheries & *les par-*
inquietudes. Toutesfois qu'il ne voioit pas que le nõbre de gẽs si chatouilleux & delicats fut *ticulieres.*
grãd en vne ville, qui auoit de lõgue main d'esacoustumé ses aises, plaisirs & cõmoditez parti- *Harengue*
culieres: pour maintenir le pur seruice de Dieu & la trãquilité de ce Roiaume:non seulement *de la Noue*
pour leur particulier mais plustost pour le general.Cõme ils auoiẽt rẽdu vn si insigne tesmoi- *pour confor*
gnage pẽdãt le siege.Apresẽt dõc, qu'il estoit questiõ plus que jamais d'vne perseuerãce & cõ- *ter les Ro-*
tinuatiõ en leur bõ zelle:il s'asseuroit tãt d'eux,qu'ils ne s'y oublieroint aucunemẽt. Et ny espar *chellois en*
gneroiẽt chose qui fust en leur puissãce.A quoy il les exhortoit de grãde affectiõ& viure auec *si petis com-*
cõcorde & vniõ ensẽble:chassãs du milieu d'eux tous debats,piques & autres disputes qui ont *mancemãs*
de coustume de ruiner les villes les plus florissãtes.Leur recõmãdãt au reste la Foy & associatiõ *d'vne si hau-*
mutuelle qu'ils auoiẽt jurée auec la Noblesse.Laquelle de sa part n'y vouloit faillir en vn seul *te entreprise*
point. Ains y exposer la vie & tout ce qu'ils auoiẽt de plus precieux. Atẽdãt de bref l'occurrẽce
que le tẽps d'escouuriroit, pour leur dõner occasiõ de s'esjouïr & esperer vn prõpt secours &
merueilleuse assistãce de Dieu.Il y eut ce mesme jour conseil tenu, auquel furẽt resoluës beau
coup de choses qu'ils jugerẽt des plus necessaires & desquelles furent dressez articles qui de- *Moiens que*
puis ont esté publiez concernans la police & discipline militaire. *tint le Roy*
    Le Roy cependant pour ne se tenir trop à descouuert:mande de toutes pars sa Gẽdarmerie , *Armée & se*
cheuaux legers,les Regimẽs de fanterie & le plus de gẽs de guerre en sõme qu'il peut leuer en *pouruoir cõ-*
sõ Roiaume tant d'ãciẽnes q̃ nouuelles institutiõs selõ les cõmissiõs nouuelles qu'il en auoit *tre les Re-*
ja dressé & fait deliurer aux plus asseurez Capitaines qu'õ luy auoit cõseillé.Enjoignãt aussi à *formez.*
toutes sortes de personnes, jusques au peuple,paysan,& cõmune de se mettre en Armes par les
bourgs & villages pour courre sus au premier toquesain,& à tous ceux des Protestans qui se
seroiẽt leuez en Armes selon le Proclamãt qui en fut enuoié de Paris le 5. Mars 1574. à chacun Gouuerneur & Lieutenant de Prouince en son absence.
            DE PAR LE ROY. *Commande*
    NOSTRE Amé & Feal,voulans pouruoir à la seureté,cõseruation,defence de nostre Estat *mẽt à tous*
& autorité : & que ceux qui se sont esleuez en armes contre leur deuoir & l'obeïssance qu'ils *gẽs de guer*
sont tenus de nous rendre cõme à leur Prince naturel: soient empeschez d'executer leurs per- *re de se met*
nicieux desseins. Auons declaré & declarons par ces presentes: nos vouloir & intention estre. *tre en de-*
Que les Gentils-hommes Catholicques de nos pays & Prouinces:& autres nos bons & loy- *uoir de se-*
aux sujets qui pourrõt se monter d'Armes & cheuaux : se rendent le plus dilligemment que *courir la Ma*
faire ce pourra par deuers les Gouuerneurs nos Lieutenans Generaux chacun en sa Prouince, *jesté.*

Ddd

L'HISTOIRE DE FRANCE.

May, 1574.
Permission à tous jusques aux Paysans de courre sus aux Protestās elleuez.

pour faire ce qu'ils leur feront entendre de nostre part. Ordonnons en outre selon que l'affaire & la necessité le requerra: qu'vn chacun de nos bons sujets des villes, bourgs, bourgades & autres s'assemblent, soit par son du tocsain, & autrement le plus à propos qu'il se pourra faire, afin de resister aux perturbateurs de nostre Estat & du repos de nos sujets: leur courir sus & tailler en pieces ceux qui seront notoirement armez contre nostre seruice & leur oster tout moien de mal faire. N'entendans toutesfois qu'il soit fait aucune offence ne desplaisir à ceux de nos sujets qui ont esté & sont encores de la nouuelle oppinion, qui se contiendront paisiblement en leurs maisons sous la permission & beneffice de nostre Edit de Pacificatiõ faict au mois de Iuillet dernier. Ce que nous deffendons tresexpressement. Ains voulons qu'ils soyent maintenuz & conseruez en la protection nostre & des Gouuerneurs & nos Lieutenans Generaux de nos Prouinces. Et mesme que les Gentils hommes leurs voysins, se chargent de les garentir de toute injure & oppression. Dequoy nous les admonestons & auertissõs: vous mandans & enjoignans faire lire & publier nos presente intention & Ordonnance, par tous les endroits de vostre ressort accoustumés à faire cris & proclamatiõs: à ce que aucun n'y pretende cause d'ignorãce. Ains y tienne la main de tout son pouuoir. Y faisant aussi de vostre part tout bon & soigneux deuoir, car tel est nostre plaisir.

La Nouë part de la Rochelle pour dõner ordre aux Isles.

Ce mesme jour la Nouë part de la Rochelle pour visiter les Isles & y ordõner ce qui estoit necessaire. Mesmement en Ré qui receut Gouuerneur & Garnison dõt Ollerõ s'exẽpta en dõnant vne somme d'argẽt pour la Cause.

Brouage, sõ assiete & representatiõ du Fort.

Mais au moiẽ que Brouage Marẽnes & cartiers voisins cõme de plus grãd danger: meritoient plus lõgue demeure: Il y fit ce que vous entendrez. Brouage autresfois marais & granier, puis bourgade & maintenãt petite ville & forte, est d'enuirõ 600. pas en carré: assize sur sable & pays

Brouage dit Iacopolis quand basti & par qui.

marescageux, & où à grãd difficulté se prẽd fõdemẽt pour bastir. Il n'y a pas 30. ans que les premieres maisons y furẽt basties par le Barõ de Mirebeau Iacques de Pons qui de sõ nõ l'appella Iacopolis. Car Brouage est le nom de la riuiere sur le bort de laqlle la ville est assize prenãt le nõ de Broü, vielle tour jusques ou elle court, entrãt enuirõ 3. ou 4. li. dãs la terre, enuirõnée de costé & d'autre de marais sallãs. C'est biẽ sans doute le meilleur haure de France & principallement pour les grãs Nauires qui de toutes les parties de la Chrestiẽté võt la pour charger le sel. Ou se fait tel traffic & depesche que c'est chose admirable que de la flotte de Nauires qui s'y voit quelques fois. Tant d'Angleterre, Escosse, Flandres, Allemagne, q̃ de toutes ses autres parties Septẽ-

Brouage tousjours desiré par vns & autres mesmemant Cõfederez veu le voisinage de la Rochelle.

trionale. C'este place dõques pour estre de telle cõsequẽce tãt pour la cõmodité de la mer que pour les deniers qui se tirent du sel a tousjours esté soigneusemẽt recerchee par ceux de la Rochelle pour la faire joindre à leur parti. Aussi qu'elle leur est voisine de 7. li. Et à ceste fois il y fut aisé à s'y tourner, tãt pour l'inclinatiõ des habitãs, que de la volõté & puissãce de sõ Sieur Barõ de Mirebeau qui establist pour Gouuerneur Cimandiere auec 300. hõmes pour la Garnison. Et dès l'heure fit cõmancer les fortificatiõs qui peu à peu ont esté esleuées à l'Estat qu'on les voit aujourd'huy faisant bouleuars & bastiõs pour la flãquer fort ingenieusemẽt faits. Le fossé bon & large & dans lequel l'on peut mettre & oster l'eau quãt l'õ veut curer, à l'etour de la ville, & principallemẽt durãt les grãdes marées. Ces fortificatiõs se firẽt auecques grãs frais & au despẽs des Isles & païs voisins cõtraints fournir argẽt où enuoier hõmes pour y trauailler selõ que chacun estoit cotizé. Ceux de la Rochelle y enuoierẽt artillerie & quelques munitions. Voire fut vn tẽps qu'ils en paierẽt la Garnison. Ils ne sont toutesfois n'y de leur Gouuernemẽt, n'y de leur ressort ains de Bourdeaux. Et les autres de Paris encor qu'anciennemãt le pays d'Onis s'estẽdist jusques à S. Iean d'Angeli cõprenãt auec Ré & Oleron les Isles de Marenes & cartiers voisins. Mais la fetardise & pusillanimicté de leurs deuãciers a de tant rogné les aisles à leurs successeurs. L'ordre dõné aux Isles selõ les moiẽs & loisir qu'ils peuuoiẽt auoir: la Nouë se retira dãs la Rochelle affin de pouruoir aux occurrẽces selõ les occasiõs. Or pource que les Rochellois auoiẽt conu & à leurs grãd dõmage que pẽdãt les derniers troubles, ils auoiẽt receu les plus grandes bastonnades de ce costé: auiserẽt aussi premierement de y donner tel ordre, qu'ils peussent faire tousjours entrer viures & munitions dans leur ville: tant d'Angleterre Flandres & Allemagne que d'autres endroits où ils pourroiẽt auoir acces & bõne intelligẽce. Du moins cela cessant (qu'ils jugeoiẽt ne pouuoir aisémẽt auenir) faire guerre ouuerte auec bon nõbre de Nauires tant sur les Espagnols Portugais Italiens & autres de l'vne & l'autre mer. Voire sur ceux du Royaume mesme qui faisoyent profession de la Religion Catholique. Il est vray qu'à cecommancement & pour ne contreuenir à leur protestation publiée: Il n'estoit permis que prandre sur les Catholicques qui directement seroyent trouuez auoir

LIVRE TRENTESEPTIEME. 212.

assisté aux massacres passez où qui faisoyent encores praticques & monopolles pour la ruyne des Protestās. Mais cela fut de peu de durée & s'emācippa ceste restrinction sur le General des Catholicques. Aussi que quelque chose qui eust esté auparauant ordonnée pour cest effect: L'abus & contrauention de ceux qui faisoyent la guerre par mer, y fut tousjours toute manifestée. Tant est forte à brider l'auarice des hommes où difficille à reprimer & contenir la licence que chacun veut prandre en ces Guerres Ciuilles. Ce qui à tousjours tourné au prejudice & scandalle desdits de la Religion & au grand desauancement de leurs affaires.

Licēce des Soldats Protestans.

Il y eut donc d'eslors bon nombre de Nauires equipés en guerre, tant à la Rochelle que en Broüiage, Ré & autres endroicts: tendant leur dessein principallement pour garentir la Radde de Ché de Baye & empescher qu'elle ne feust occuppée des Nauires du Roy, qu'il pouuoit assez tost faire sortir tant de Bourdeaux, Bayonne & Sainct Iean de Luz que des Haures de Bretagne & Normandie comme il auoit faict pendant le siege. Ce qui auoit esté la principalle cause qu'ils auoyent esté presque reduicts à l'extremité de famine. Toutesfois ces choses furent tellement conduittes, & leurs forces si bien multipliées en peu de temps par toute la mer: que de bien petites qu'elles estoyent au commancement, il ne se trouua en fin moins de septante que Nauires que Barques Protestantes courans ordinairement par la mer du Ponant depuis le pas de Calais jusques au destroict de Gillebatar. Faisans infinies prinses sur l'Espagnol, Portugays, Bretons, Normans, Basques & tous autres Catholicques qu'ils amenoyent à la Rochelle ou ils estoyent incontinent jugez par les Officiers de l'Amirauté. De sorte qu'il y eut deslors tel remuement de mesnage par la mer: que l'on ne parloit d'autre chose que des Nauires de la Rochelle. Lesquels estoyent si redoutez, que la nauigation fut renduë fort difficille & hazardeuze aux Catholicques. Et se sont si bien maintenuz les Rochellois de ce costé: que tant que la guerre à duré, ils ont tousjours eu leur porte de derriere ouuerte, & la mer à leur commandement: qui leur à esté vn tresgrand auantage & sans lequel ils eussent receu beaucoup plus d'affaires. Les congez pour faire la guerre par mer estoyent expediez par les Sieurs, Gentils-hommes de la Religion Reformée des principaux de Poitou, Saintonge, Angoulmois, ville & Gouuernement de la Rochelle & signez de la Nouë au nom desdicts Sieurs, & comme Chef reconnu desdites Prouinces. Aussi le Maire de la Rochelle les signoit & y faisoit aposer le seau de la ville apres caution Bourgeoise donnée par les Capitaines des Nauires de l'aller & du retour: & des maluersations qui se pourroyent commettre pendant le voyage au prejudice des ordonnances. Et qui pourtant n'empescherent qu'il ne se fit assez d'abuz & insolances par la mer sur ceux le plus souuent qui n'en pouuoyent mais. Voyre que la plus grand part detestoyent ceste maniere de guerre & entr'-autres les plus aparans Marchās de la Rochelle, disans qu'il y alloit de la conscience. Les autres maintenoient que puisque ceste guerre auoit esté trouuée & declarée juste: c'estoit aussi Iustice de courir à ceux du parti contraire & robbe d'ennemis. Tellemēt que ce qui estoit pris sur iceux: estoit aussi bon sur la mer que sur la terre. Dauātage que le nerf de la guerre estoit l'argēt, lequel ne se pouuoit pour l'heure recouurir d'ailleurs ne plus prōptement que de ces voiages & courses maritimes. Et desaict l'on sçait assez cōbien ces moiés y ont serui. Tant pour les fortifications de la Rochelle, que pour la solde & payement des compagnies. Estant pour c'est effet le quint de toutes les prises qui se faisoient desparti esgallemēt entre la Noblesse & ceux: de la ville suiuant l'association entr'eux faite dés le commancemant de la guerre. Tel fut l'ordre que les Confederez donnerent à leurs affaires de Poitou & la Rochelle: tel fut le commencemant de cete Guerre en ces cartiers. Voions ce qui se remuoit ailleurs en leur faueur.

Armée de mer des Protestans.

Cources assidues & vniuerselles des Rochellois sur les mer de Ponent & Leuant.

Cōgez pour aller enguerre sur mer comme & par qui donnez.

Guerre sur mer detestée & par qui.

Places surprises en Saintonge par les Protestans & l'ordre qu'il y donnerent

Pour le regard de la Saintonge, la Caze, Mirambeau, Mōnguion, Plassac, Vsson, Bretauuille, Sauion, Pouleuain & quelques autres festoient saisis de Pons, Tonecharente, Royan, Talemond, Saint Iean d'Angle, Rochefort, Bouteuille & autres places, esquelles la Nouë ne changea pas beaucoup de ce qu'ils y auoyent ordonné: Tant pour la Police que fait militaire. Pour l'entretien duquel les Bourgs & pays circonuoysins estoyent forcez à contribuer selon leur pouuoir. Mais ils perdirent assez tost la Caze qui auoit esté Gouuerneur du Roy de Nauarre. Lequel poursuiuant vne Compagnie de Fantassins Catholicques qui s'estoyent retirez en vne Bourgade: fut tué d'vne harquebuzade par la teste, qui luy vint de la fenestre de laquelle le Capitaine parlementoit pour sa redition. Sa mort fut regre-

La Caze Mirambeau tué par les Catholicques en parlementant.

Ddd ij.

tée de tous ceux qui le connoiſſoyent pour les graces dont il eſtoit recommandé: & ſur tout pour auoir touſjours & fort heureuſement juſques a ce jour, honnoré la praticque des Armes eſquelles il auoit peu de Superieurs, de la connoiſſance & aſſidu exercice des bonnes lettres: de l'Hiſtoire meſmement, en la remarque de laquelle il auoit aſſez apris pour façonner ceux qu'il honoroit de ſon amitié. La Nouë ſur tous, emporta vn incroyable ennuy pour auoir outre l'amitié vulgaire, vne ſecrete ſimpatie & conuenance d'humeurs auec ce perſonnage qui l'aymoit infiniment. Il auoit ſurpris Pons à vne Diane auec le Seigneur du lieu ancien & mortel ennemy des Proteſtans, ſa femme & enfans: mais il laiſſa tout aller depuis. Voyla comme ſe portoyent les Saintongeois, Poiteuins & Rochellois, eſperans que leurs deſſeins ſeroyent en brief ſecondez par vne plus belle aparence de forces humaines, que celles qu'ils voyoyent & dont peu ſe contentoyent fort, comme je diray ailleurs, apres vous auoir repreſenté les remuëmans des Seigneurs, Gentils-hommes & autres tant de Normandie que Beauſſe, Touraine & contrées circonuoyſines. Entre leſquels Colombiers ayant ja ſurpris Saint Lo & s'aſſeurant de Carentan petites villes Mareſcajeuſes pour le voyſinage de la mer Angleſche: y offroit la deſcente au Comte de Montgommery, ſes enfans & autres de ſa ſuite. Leſquels receus à la deſcente par Colombiers & autre:puis incorporez aux trouppes Normandes: en acreurent le nombre & le courage de pluſieurs qui branloyent au party Catholicque, s'ils n'euſſent veu ce perſonnage auquel ils auoyent vne creance merueilleuſe: & qu'ils receurent tous pour General de leurs trouppes & Guide de leurs deſſeins qui eſtoyent de bien pourueoir & fortifier ces deux places. Puis d'entreprandre l'execution de ce dont on luy auoit ja faict ouuerture ſur quelques Places Catholicques. Mais le Roy qui ne les vouloit laiſſer ſi long temps dormir à leurs aiſe, non plus que les Poiteuins ſur leſquels il auoit ja depeſché le Duc de Montpenſier: commanda à Matignon Gouuerneur de la baſſe Normandie: de laquelle le Comte luy vouloit eclipſer ces deux Places & autres qu'il eſperoit atirer à ſon party: de leuer le plus promptement qu'il pourroit tous les gens de Guerre de ſon Gouuernement, pour enfermer & reſſerrer au pluſtoſt ces bandes Confederées: crainte comme la pelote croiſt & groſſiſt plus elle va en auant ſur chemin de nege: elles ne s'enflaſſent & groſſiſſent, ſi on leur permetoit vaguer par le pays à leur plaiſir. Pour ces occaſions le Roy fit aſſembler le plus de forces qu'il peut, affin de combatre ceux qui ſe ſtoyent eſleuez permier qu'ils feuſſent plus forts & multipliez: ne qu'ils enjambaſſent plus auant: Mais il ſembloit que beaucoup n'y marchoient ſi allegrement que de couſtume. Et principallement la Nobleſſe & autres des plus aparans & des meilleures villes qui deteſtoiẽt infiniment ceſte guerre que l'on voioit à l'œil tirer auec ſoy la ruyne du Royaume: A quoy ils diſoient eſtre facile d'obuier, ſi ceux qui gouuernoient le Roy à leur apetit: vouloient vn peu remettre de leurs paſſions particulieres, où de leurs grandeurs eſperées. Que leur trop grande auctorité & deſir de vengeance, cauſoit tous ces brouillis. Que c'eſtoit la guerre des grans, les maux & inconueniens de laquelle, tomboient cependant ſur les petis. Et qu'il n'y auoit que le poure peuple qui en ſouffroit, eſpuiſé de ſes biens & ſubſtance ne plus n'y moins que de ſangſues. Ainſi rentroit la pluſpart des Catholicques fort difficilement en cete Guerre. Se monſtrant chacun aſſez las des couruées paſſées. Toutesfois le nom d'vn Roy de France duquel les Catholicques ſe ſont touſjours ſceu d'extremant couurir: Et l'Amour naturelle que la Nation Françoiſe porte à ſon Prince: eurent tel efficace, que en bien peu de temps il miſt deux Armées aux champs. L'vne pour tirer en Poitou ſous la conduitte du Duc de Montpenſier. Et l'autre en Normandie commandée par Matignon. Mais cependant que ces forces ſacheminoyent petit à petit: Le Roy monſtroit en aparance auoir vn grang deſir à la Paix par pluſieurs meſſages, allées & venuës en Pais, & ſur tout vers la Nouë & ceux de la Rochelle: vers leſquels il deſpechoit ſouuant pour les induire a ce contenir paiſiblement. Diſant qu'il s'ebayſſoit fort comme ils ſ'eſtoyent tant oubliez, veu le peu d'occaſion qu'ils en auoyent pour les auoir touſjours ſa Maieſté plus fauoriſez que aucuns autres de ſes ſujets. Et la bonne volonté qu'il auoit encor de les maintenir en leurs libertez ſous le beneffice de ſon Edict. Ce qu'ils prenoient toutesfois pour vn moyen à les deſunir & ſeparer des autres. Mais les Rochellois ſur tous quelques belles offres qu'ils receuſſent de jour à autre de la part de ſa Maieſté: n'y vouloyent aucunement entendre: Si ce n'eſtoyt pour le General de tout le Royaume. Et cependant ce paſſa ainſi, vn moys ou ſix ſepmaines en tel-

LIVRE TRENTESEPTIEME

en telles allées & venuës esquelles n'y eut faute de lettres, messages, remonstrances, prieres & practiques. Esquelles s'employoit plus que nul autre, la Royne Mere du Roy; & monstroit par ses lettres y proceder de grande affection n'y espargnant trauail ny peine aucune. En fin Strosse fut depesché auec charge bien ample de communicquer auec la Nouë & autres Gentils-hommes qu'il trouueroyt à la Rochelle pour du moins subtilizer quelque bon moyen de paruenir à quelque Tresue pour certain temps. Pendant lequel le Roy esperoit pouruoir si bien aux plaintes de ses sujets d'vne & d'autre Religion; qu'ils auroyent occasion de se contanter, & jouyr d'vne bonne & heureuse Paix à l'auenir. Strosse s'estant arresté à Aynandes port de mer d'istant de deux lieuës de la ROCHELLE: fut soudain visité de la Nouë & beaucoup d'autres tant de la Noblesse que du tiers Estat. Et y eut entre eux à diuers jours plusieurs Parlemens & Conferances desquelles en fin n'en vint aucun fruit.

La Royne Mere s'emploie animeusement pour laPaix

POVR tousjours mieux esclarcir les matieres par l'ordre & disposition methodique, dont je veux vser en cete Histoire: je vous ay cy dessus parlé seulement des desseins & portemens des Confederez. Sans y auoir inseré aucune particularité des affaires Catholicques, affin de n'interrompre la suitte des accidans passez. Ie vous veux donc maintenant faire part de ce que le Roy entreprint pour rompre l'vnion & les moiens que pensoyent auoir ensemble les Catholicques & Protestans associez. Il enuoya le Duc de Montpensier contre les Poiteuins & Saintongeois commandez par la Nouë. Son fils le Prince Dauphin contre ceux de Dauphiné & cartiers voysins. Le Duc d'Vzez dit Cursol & Ioyeuse contre les Languedos. Et Matignon Lieutenant General du Duc de Bouillon en la basse Normandie, contre le Comte de Montgommery & ses associez. Quant aux remuëmans & occurrances qui auindrent ez autres Prouinces de ce Royaume. Il n'y eut pas tant de faicts remarquables, que nous ne les puissions bien glisser & comprendre parmy le discours des autres plus signallez portemans François. Et pour commancer au Duc de Montpensier, tant pour le merite du personnage, que pour estre enuoyé contre ceux desquels le Roy doutoit plus les entreprises: En Auril assisté des Comte du Lude, Chauigny, Puygaillard, Ruffec, Mortemar, Richelieu qui luy mena dix Enseignes de pietons, les Rochesbaritault, Landreau, Loué, Sanzay Colonel des arrierebans Chemeraud, qui conduisoit la Compagnie du Roy de Pologne, Argence, Fontene, Charandray & grand nombre d'autres suyuis de douz cens cheuaux & quatre mil Fantassins: entre en Poitou pour reserrer la Nouë & autres qui s'esgaioyent à leur plaisir sur le plat pays comme je vous ay dict. Apres toutesfois auoir pris & fait ouuerture à la Nouë d'vne bonne Paix. A laquelle les Confederez se monstroyent tellement affectionnez: qu'ils ne laisserent pourtant d'entreprandre sur les Catholicques au mieux de leur pouuoir. Lesquels au reciproque voyans ceux cy à la retraicte: gangnent le plat pays & en fin s'accommoderent comme pour assieger Fontenay le Comte: d'où la Nouë ne faisoit que partir pour se retirer à la Rochelle: Et comme ceux qui ne vouloyent rien laisser pres d'eux, qui les peut incommoder en ce siege: le Duc donne charge à Puygaillard d'enleuer les autres places Confederées du bas Poitou ce qu'il fist. Puis voyant que Tallemond qui restoit ne se vouloit rendre à sa Sômation: y mena la Caualleric legere & douze Compagnies de gens de pied. Les premiers desquels receus par Renoliere (que la Nouë y auoit mis pour conseruer ce pays & fournir la Rochelle de ses commoditez) & nombres d'arquebuziers sortis de la ville: s'entrecouragerent en fin de sorte, qu'ils les forcerent de se retirer. Puis menacez de six Canons que le Landreau y amena auec commandement du Duc de faire tout mourir puis qu'ils donnoyent la peine d'y mener Artillerie: s'estonnerent en sorte peu à peu, que des la seconde sommatiõ que Puygaillard leur fist faire les Soldats crierent tout haut qu'ils se vouloyent rendre contre l'auis du Chef qui les asseuroit d'vn prompt secours promis & juré qui ne peut estre que de soixante liures de poudre laquelle neātmoins apportée par les sables Dolone fut prise auec le Soldat qui la pensoit bien porter en seureté. Tellement que Renoliere se voyant sans munition & sans obeyssance que de peu de Gentils-hõmes qui luy assistoyent rendit la place auec promesse de vie & bagues sauues le quatrième May. Toutesfois il furẽt tous desualizez fors Renolliere que Roussiere Cudebray & les Granges fauoriserent: au lieu duquel Puygaillard y mit le Cappitaine Crenay à l'eau de Landreau. Tallemond appartyent à la Trimouille, dont ceux des Granges Caquinieres voysins de là, se maintienent

Trois Armées des Catholicques contre les Protestans.

Armée du Duc de Môtpencier en Poitou.

Paix commencée.

Talemond sur lard assiégé par Puygaillard & Landereau.

Ddd iij.

Capitaines hereditaires. Il est situé sur la coste de Poitou auquel il baille la commodité du traffic sur mer pour le canal d'eau qui porte les Barques à demy lieuë de la en plaine mer. La ville à esté autresfois belle & riche, mais non tenable. Le Chasteau se peut deffendre contre le Canon qui ne le peut offencer que de la montagne. Mais faute de sauoir acommodé, pourueu & fortiffié il fut rendu comme vous auez veu cy dessus. Ainsi Puisgaillard remmena ses forces au Duc de Montpensier qui ne desegnoit que la prinse de Fontenay & la conqueste de tout le Poitou.

CEVX qui ont bien remarqué le sit & plan de Fontenay, le treuuent assis sur vn assez roide pendant d'vne grande plaine: sur laquelle il n'a que ce qui court depuis la porte Saint Michel jusques au cartier des Religieuses: la reste descend jusques au pied de la montagne où la ville finist par la rencontre de la Vandée, qui l'abreue de ses claires & netes eaux: petites neantmoins, fors en hyuer qu'elle se desborde assez souuent jusques à inonder presque toute la prée de Fontenay, & les maisons mesmes du Faubourg des Loges: sans les fossez qu'on y à fait autour pour y receuoir & peu à peu faire t'escouler ce petit deluge d'eaux qui sert par ce moyen de fortification au Faux-bourg comme vous verrez. Pres de la ville elle se fend en deux bras, qu'elle rejoint à l'endroit de la Tour de l'abreuoir. Puis courant pour diuiser la ville du faubourg des Loges, elle forme la petite Isle de la Mothe pour se rejoindre aussi tost: d'ou s'escoulant hors la ceinture de Fontenay, tousjours poure & basse d'eaux (cause quelle n'est beaucoup marchande) court com'au milieu d'vne grande estanduë de marets jusques a cé qu'elle aye trouué la Seure Niortoise: le meslinge desquelles va jusques à Marans où il se pert parmy le flus & reflus de la Grand mer. La ville representeroit la face d'vn triangle plus que d'autre forme, n'estoit qu'elle sauance en plusieurs encongneures aux deux costez du Chasteau qui va demy en ruyne. Elle n'auoit que deux fauxbours celuy de Saint Michel qui est aujourd'huy tout ruyné & celuy des Loges. Lequel basty à l'opposite de l'autre, s'estend sur la verdeur d'vne longue & large Campagne qu'ils appellent la Prée, lieu fort plaisant & de grande commodité aux habitans. Soit pour le proffit & plaisir ordinaire qu'ils y prennent: soit pour la commodité des Estrangers, qui de plusieurs endroits de l'Europpe y viennent debiter & enleuer leurs marchandises. Qui fait que les foires de Fontenay & & celles de Niort qui n'en est esloigné que de quatre lieuës: sont estimées des plus belles de la France. Or pour vous faire voir la ceinture de ses murailles: & d'vn mesme traict les fortifications que y ont esté faictes par les Protestans deuant & apres le premier siege: faut sçauoir que du commencement les murs estoyent fort simples & de foible estoffe, pourueuz de quelques Tours si mal percées que vous ne les jugeriez propres qu'aux fleches & autres traicts dont vsoyent les anciens, non pour la scopeterie de ce temps. Elle n'estoit point mieux asseurée de fossez qui ne sont assez profonds ny de largeur conuenable à vne place que veut soustenir l'effort de tel siege que les nostres. Au reste elle à tousjours esté nuë de fortifications & au dedans & au dehors. Soit qu'on ne se voulust resoudre d'y tenir contre la violence du Canon, où qu'autre consideration fust la seule cause de la tenir ainsi d'espourueuë des moyens que les Protestans luy ont presté à se maintenir & deffendre, jusques icy. Ce fut pourquoy la Nouë l'enleua des mains Catholicques auec l'effort d'vn seul Canon & vne Couleurine l'an mille cinq cens septante. Lesquels y retournez par le beneffice d'vne troizième Paix: s'en sont portez Maistres sous l'autorité du Roy & Gouuernement du Comte du Lude jusques au vint-quatriéme Feurier dernier passé, que les Protestans pour s'y retirer s'en saisirent par escallade sous la conduitte de Saint Estienne. Lequel suiuy de quelques Cuirasses & nombre de harquebuziers y entra sans perte d'hommes n'y aucune effusion de sang Catholicque: fors de trois habitans lesquels jugeans par la resolution de leur courage, la hardiesse de leurs compagnons, qu'ils pensoyent se deuoir mettre en mesme deuoir de deffence: aimerent mieux mourir sur la place que d'abandonner leur ville à la deuotion d'vn contraire party. C'este place fut aussi tost la retraicte & Rendé-vous General de tous les Gentils-hommes, Cappitaines Soldats & autres qui de Poitou & quartiers voysins, y furent appellez pour reprandre les armes. Si bien qu'en peu de jours le nombre y accreust de telle sorte: que la Nouë eut moien d'y laisser pour garde deux Compagnies d'arquebuziers commandez par les Cappitaines Moterie & Beauregard, & bien autant de Soldats de ville. Le reste tant Cauallerie que Fanterie, fut commandé sortir en Campagne pour courir tout le

Poitou

Poitou & Lodunois aux fins que je vous ay dict ailleurs. Si qu'auoit batu le haut & bas Poitou auec vn heureux succez: Ils donnent en Sainctonge & Angoumois pour joindre ceux lesquels obstant diuerses occasions, ne se pouuoyent où ne vouloyent les premiers se jetter aux champs: Puis auertis que sa Majesté depeschoit le Duc de Montpensier auec vne forte Armée pour remettre le Poitou en son premier Estat: tirerent de la occasion de mettre en deliberation du Conseil le surplus de leurs affaires. La pluralité des voix fit la resolution de quitter la Campagne & se reserrer sous la faueur des villes de leur nouuelle conqueste, pour ne se voir forces bastantes à soustenir l'effort de l'Armée Catholicque. Joinct qu'en tout euenement ils ne vouloyent abandonner leurs trouppes au hazard d'vne bataille qui ne leur pouuoit estre que sanglante & beaucoup dommageable quelque victoire qu'ils y eussent sçeu acquerir. Firent donc Estat de si bien pouruoir les villes & autres places qu'ils auoyent surprins: que les Catholicques n'y perdroyent auec l'espoir & le temps; que les hommes, frais & l'argent qu'ils y emploieroyent à les prendre par force. La diligence fust telle qu'elles se retreuuerent toutes (eu esgard au peu de temps qu'ils y emploierent) en Estat de soustenir le premier effort des plus eschaufez. Voici l'ordre que le temps & les moiens leur permirēt de donner à Fontenay. Deliberez de maintenir le faux-bourg des loges, ils firent razer celuy de S. Michel. Tant pour auoir la veuë plus libre sur la plaine de cete auenue: que pour empescher les Catholiques de si acommoder au grand dommage des tenans. Puis dresserent vne Cazematte dans le fossé droit au coin lequel descouure toute la ceinture qui deffend jusques à l'eau pour flanquer tant ce quartier que le long du fossé de Saint Michel. Et plus bas, droict au Pont aux cheures, ils en firent faire vn autre, pour d'escouurir jusques à l'encongneure de la ville que faict vne grosse Tour qu'on surnomme de la Lamproye: desquis laquelle jusques à la porte des Loges: la ville se deffend par les murailles & par la Vaudée qui coule à son pied; laquelle pource que la ville va d'eslors en haussant: se separe vn peu des murs, qui sont depuis ceste porte fort simples jusques à la Tour carée du Chasteau: lequel pour n'auoir esté remparé comme il tomboit & se ruyne de jour à autre: n'estoit de malaisé acces, jusques à la grosse Tour qui deffend vn peu ce cartier, & les Courtines du Chasteau dans lequel on fit esleuer quelques terrasses & plates-formes. Depuis c'est endroit les fossez sont vn peu plus bas & plus larges qu'ailleurs. Si bien que jugeans l'endroit du Chasteau plus foible: firent esleuer hors la Contrescarpe du fossé vn petit fort en forme d'esperon droict à la maison de Guinefolle, sans la reuestir n'y autrement accommoder pour la briefueté du temps: fors de quelques barricades qu'ils planterent au dessus pour la seureté des harquebuziers qui le garderoyent. Voyla l'ordre qu'ils y donnerent, laissant à la discretion du Gouuerneur & Chefs particuliers qu'ils y mettroyent en cas de siege: les terrasses, rampars, tranchées & autres sortes de deffences ordinaires & necessaires aux assiegez qui les subtilizent selon les occasiōs que la qualité du lieu & les portemēs de leurs ennemys leur dōnent.

Comme donc le Duc eust estandu ses trouppes sur Saint Hermine & cartiers prochains, attendant la reddition des places Protestantes, & les munitions de son Artillerie pour apres assieger Fontenay: Saint Estienne fils de Vieille Vigne qui y fut laissé Gouuerneur, auerty de la garde de la Compagnie d'hommes d'Armes du Duc logée aux Magnis au Celin quatre lieuës de Fontenay: suyui de cinquante Cuirasses & autant de harquebuziers montez: y entre à la diane & les surprend auec tel effroy, qu'aucun n'eut autre loisir que de fuir: douze Gentilshōmes y furent pris, & cinquante bons cheuaux. Les autres tuez dans le logis par ceux qui ne les pouuoiēt enleuer & quantité de riches meubles, auec lesquels doublans le pas ils se mirent soudain à leur retraite. Crainte de la poursuitte que fist à l'instant des Rochesbaritault auquel le Duc enuoya renfort de Caualllerie pout cercher ces Cōfederez desquels on retirà les prisonniers seulemēt qu'on ne pouuoit faire marcher si tost. Joint que le Chef ne peut faire faire alte à plusieurs soldats pour marcher en bataille & tourner teste au besoin. Ains fuioient comme leuriers esperdus pour metre leur butin à sauueté. Ce qui anima tellement le Duc, qu'il en hasta le siege plustost qu'il n'eust faict. Desorte que deliberé de laisser la porte & toute l'auenuë de Saint Michel libre, pour leur donner quelque occasion de sortir & se retirer à la Rochelle: il assiegea la ville du costé de Nyort. Laissant la venuë de Lusson & des marais pour tirer à la Rochelle sans deffence. Par ainsi campé au bourg de Cherzay fit

Ddd iiij.

Armée des Protestans court le Poitou puis se reserre ez places de conqueste au vent de l'Armée du Duc de Mōtpencier.

Pourquoy les Protestans se retirent.

Dessein des Protestans.

Comme les Protestans accommoderent Fontenay le Cōté.

Fauxbourcs des Loges.

Chasteau de Fontenay

Charge par surprise que fit S. Estienne sur la Cōpagnie d'hōmes d'Armes du Duc de Montpēcier.

faubourg des Loges & sa represen-tatio.

foudain placer ses Canons pour battre le faubourg des Loges contre lequel il enuoia nombre de Cannonades. Le bourg represente la forme d'vn long boiau qui s'eslargist vn peu vers la fin: plus que autre forme. Il n'a qu'vne Rue & ne feust jamais reuestu de murailles. Ains n'a eu autre ceinture que d'vn meschant fossé. N'aiant donc pour toutes murailles, que les maisons & clostures de jardins: les assiegez ne furent conseillez de s'opiniastrer à la deffence: mais bien d'y tenir deux ou trois jours: tant pour amuser les Catholiques & leur faire despédre leur poudre, boulets & autres munitions: que pour juger des efforts & resolution de l'Armée Catholique: par le deuoir qu'ils feroient à le gangner. Pour ce auoir curé le fossé, dressé vn esperon pour flanquer vers la teste du fauxbourg. Esleué trois terrasses pour seruir d'espaules aux maisons prochaines: basty trois Casemates pour maintenir le fossé: & ouuert les murailles des maisons aux endroits plus commodes pour s'en seruir au jour d'vn assaut: se resolurent d'y atendre les Catholiques: lesquels deliberez d'y espreuuer premierement leurs soldats: feirent trois batteries de six pieces tant à la Tour du Pont vers les Iacobins qu'es maisons qu'ils ruinerent: sans toutesfois combler le fossé. Mesmes le Capitaine Anguier sapa la maison qui est contre le grauan(c'est vn Ruisseau qui au cours des grandes eaux remplit le fossé des Loges)qu'vn Canon posé vis à vis du Chasteau batoit. Affin toutesfois que les Catholiques ne le cognussent & que à ceste occasion, ils ne cessassent de la battre: sçachant que la batterie ne leur seroit que fraiz(pourceque la maison sappée tomberoit du costé de la sappe renforsans tousjours les assiegez)on fist en sorte que la maisõ se soustenoit tousjours pour sappée qu'elle feut Et outre ce esleuerent vn rampart & son retranchement derriere ceste maison qu'ils continuerent jusques à la Tour rasée. En fin voians la breche large pour entrer dix hommes de front les Catholiques se voulurent auãcer pour la reconoistre & ensemble le rauelin de plus pres: mais de dix qui se jeterent dans le fossé n'en resta qu'vn en vie. Tous tirez d'vn flanc qui auoit esté reserué à la Tour Odoier & d'vn trou que la Noüe auoit fait faire à la muraille d'vn jardin qui est entre la Casematte du Rauelin & celle qui est plus bas. Le rondachier tapy à terre & contrefaisant le mort tant qu'il sentit les soldats si pres de luy: en fin ne voiant qu'vn goujat qui acheuoit ces demy morts & les despouilloit: fist tant qu'il se retira aux siens. Lesquels au jour suiuant s'auancerent vers la maison de Chamblane pour reconoistre le fossé & la muraille. Mais ils ne feirent que jetter la veuë sous le rondache dedans le fossé & se retirent pour se preparer à l'assaut. Surquoy saint Estienne auoir assemblé le Conseil pour prendre resolution si l'on tiendroit ou non. La plusparts des Chefs, & tous les soldats se virent deliberez à soustenir. Et n'attendoient à autre chose pour n'auoir sceu le commandement de la Noüe. Mais les principaux conclurent à la retraite. Tant pour n'auoir eu commandement que de tenir deux ou trois jours: que pour la crainte de perdre la ville s'ils estoient forcez aux fauxbourg au moien que les plus signallez Chefs & soldats estoient là presens. La plusparts desquels y pourroit demeurer si la breche estoit forcée. Et le reste prenant l'espouuante, ne pourroit soustenir par apres le moindre effort qu'on feroit à la ville. Par ainsi tous les Capitaines commandez de retirer leurs gens & Beauregard ordõné pour demeurer pres la terrasse(vn rampart qu'ils auoient fait prez la porte des loges tirant en la rue du faubourg)tous furent commandez se retirer. Ce qui estonna tellement la plusparts des soldats: qui n'estoient disposez qu'à l'assaut: pour ne sçauoir ny le commandemennt de la Noüe ny la resolution que dessus: qu'aucuns mesdisãs des Chefs, les autres soupçonnant quelque trahison & tous en general prenãs en mauuaise part vne si soudaine & secrette retraite: ressembloient plus gens fuiarts & perduz d'espouuante, que soldats resoluz de soustenir le premier choc de leur ennemy. Lequel ne sejourna gueres apres. Car auerty par vne femme de leur departie, y entrerent pour les poursuiure jusques à la porte: du haut & des murailles de laquelle ils furent tellement saluez qu'ils aymerẽt

Les Catholiques gangnẽt le Fauxbourg des Loges.

mieux s'amuser à se loger és maisons gangnées, que d'aller plus auant

Ainsi fut gangné le fauxbourg des Loges qui fut vn grand auantage pour les Catholiques: lesquels n'y trouuerent pas seulement le couuert à propos, mais aussi quantité de toutes prouisions: si bien qu'encouragez pour vn si heureux succez, ils approcherent leurs pieces pour battre depuis la porte des Loges jusques au coin de sa courtine qui monte vers le Chasteau. Qua-

Preparatifs à la baterie.

tre pieces furent placées tant pour battre la tour qui fait le coing & la courtine: que sa grosse tour carrée, laquelle ils jugeoient deuoir seruir de deffence aux assiegez pour maintenir la breche

LIVRE TRENTESEPTIEME 215.

che. Et deux autres pieces lesquelles pour batre en croix estoient pointées vers la porte des Loges, & le reste de la courtine où elles firent deux breches. Et outre ce abatirent rez pie rez terre l'vne des tours de la porte, fors le costé que regardoit l'embouchure des pieces, lequel leur seruit tousjours de rampar & couuerture pour n'estre empeschez de se mettre en bataille par le dedans. Les quatre desmantelerent la tour du coing: autrement dite de la fontaine. Et vne grande quantité de la courtine. Outre cela pour enleuer les deffences, elles ouurirent la tour carrée prez de son meillieu. Pour remedier à tout cela, aussi tost que ces assiegez, virent la fureur de ces canonnades destinées à cest endroit: firent vn rápart & tireret leurs tranchées tout le long de ce qui estoit batu, depuis la porte jusques au coing de la tour de la fontaine: & dresserent vne casemate dedans ce retranchemēt pour la deffendre des deux costez, & aux derriere ils platerent leurs baricades pour y couurir la gendarmerie qui se disposoit à la sortie quād le besoing le requeroit. Outre ce ils esleuerent derriere le coing de la muraille abatuë d'autres barricades haut & bas, pour leur seruir de flanc. Et pour ce que la ruyne de la tour carrée auoit abatu le mur de dessouz: ils ordōnerent le Capitaine Beauregard & quelques vns de sa compagnie pour deffendre cela: & d'vn mesme deuoir flanquer la grande bresche lors de l'assaut, pour ce qu'il fut ordonné pour garder les flancs. Voyla l'Estat de la ville. Voycy l'ordre qu'ils donnerent tant aux Chefs que soldats & autres qui estoient de deffence en la ville. S. Estienne assisté de soixante cuirasses estoit à la teste de la breche flanqué de trante harquebusiers ausquels Cocqueterie commandoit & trante autres a son flanc gauche: Touuois frere de S. Estienne auoit autant de cuirasses & harquebuziers à le rafreschir. Le Capitaine Beauregard auec quarāte harquebuziers gardoit les flans. Et le Capitaine Moterie le refrechissoit d'autant. La Compagnie du Cheualier de la Bougonniere, estoit pour border les murailles. D'Alme Ministre auoit la charge de jeter les grenades & autres artifices ensemble de distribuer la poudre. Le Maire faisoit la patrouille tant pour empescher qu'aucun ne quitast la Place & sesguerast de peur des coups: que suruenir à toutes les necessitez qui d'ordinaire auienent pendant vn assaut. Le Capitaine Chaudet Sergant Major gardoit le fort de Guinefolle auec partie de sa Compagnie. (Auquel S. Estienne & luy, hors l'assaut, faisoient alternatiuement la garde.) Tous ces preparatifs neantmoins n'empescherent les Catholiques d'aller à l'assaut par l'abreuuoir en si bon ordre & jusques là resolus: que sans l'obstinée opiniastreté des tenans la ville estoit Catholique. Roussiere, Bodinatiere, Brebodet, Beaulieu & autres de la suite du Comte du Lude: Gentilshommes du païs voians les Capitaines refuser le commandement à l'assaut & suiuis de plus de deux cens soldats presque tous volōtaires: mōtent & nonobstant vn milion d'harquebuzades, gangnent aucuns d'eux le haut de la breche: de laquelle considerans ces deffences, nombre de cuirasses se presentans pour les arrester de passer outre & les forcer en fin de se retirer: ne voians de tous costez qu'estincelles d'harquebuzades, lances, cercles, pots, grenades & autres artifices de feu qu'on leur jetoit deuant, derriere & de tous les costez où ils pensoient aller. Somme, la grelle des harquebuzades Protestantes les marteler tous si dru & si auant qu'ils n'en peuuoient souffrir la continuë: furent contraints de tourner dos & se reseruer a plus heureuse occasion. Brebodet ataint de cinq harquebuzades fut emporté pour mort. Il guerit neantmoins à quelque temps de là. La mort de Puiuiaut luy fut tellemant auantageuse à la journée saint Barthelemy à Paris: qu'il en espousa la veufue laquelle auec le nom de Brebodet luy porta plus de six mil liures de rente. Voians donc les Catholiques que les assiegez estoiēt creus de courage: pour auoir fait prēdre parti de retraite aux plus asseurez d'eux: mirent toute peine d'encourager leurs gens, à vne autre charge: lesquels neantmoins fort refroidis & desgoustez d'vn second assaut, entendirent plus à butiner & rauager tout le païs, qu'à plus ennuier les Fontenesiens pour le secours desquels vne petite armée se dressoit comme je vous diray.

Peu aprez que le Duc de Montpensier fut campé pour assieger la place: La Nouë fit ses preparatifs afin de leuer le plus de forces qu'il pourroit pour fauoriser les assiegez, ausquels il auoit promis & juré secours, crainte que manquans de poudres, viures & autres necessitez, cōme les euenemans de tels sieges sont incertains: ils ne fussent en fin forcez à prandre party qu'il leur feust desauantageux. Il se resolut donc de les secourir: voire de presenter la bataille aux Catholiques si les commoditez luy rioient: ou bien de les ennuier en sorte par courses ordi-

Moiens que les assiegez tindrent à soustenir & repousser l'assaut.

Ordre que donnerent les assiegez au deuoir des hōmes.

Assaut es Catholiques.

Trouppe que la Nouë assēblé pour secourir les assiegez de Fontenay le Comte.

Ddd iiiij.

L'HISTOIRE DE FRANCE.

naires, retranchemans de viures, & autres algarades qu'vn ennemy peut faire à l'autre sans se hazarder à vn combat General: qu'il les forceroit en fin a desmordre Fontenay pour laisser les assiegez en la jouïssance de leur premiere liberté: ou du moins les rafreschir de quelques hommes qui leur porteroient à la desrobée le plus de ce qu'il estimeroit leur faire besoin. Pource auoir donné le Rendé-vous de toutes les troupes de Poitou & Saintonge, à Selles : Aussi tost qu'il les vit auoit fourny au mandemant, au nombre de trois cens cinquante bons cheuaux & pres de cinq cens harquebuziers montez: le tout conduit par Frontenay second en la maison de Rohan en Bretaigne, Mirambeau, Plassac, Montendre, Pardaillan, Saint Gelays, Verac, de Thoré & plusieurs autres Chefz: remit au meilleur auis du Conseil quel moien on tiendroit pour secourir les assiegez. Le Conseil se partit en deux auis. Aucuns demandoient bataille tant pour desgager ceste ville, le gain ou perte de laquelle leur estoit la jouïssance ou ruyne certaine de tous les fruits & autres commoditez qu'ils peuuent tirer de Poitou : que pour le deuoir de sang & amitié particuliere qu'ils portoient à tant de parans, alliez, voesins, & amis la vie & honneur desquels ils voioient estre mis en grand hazard, si le siege y prenoit vn plus long trait. A quoy ils estoient d'autant plus incitez qu'ils voioient leurs troupes gaillardes & & au rebours les Gentilshommes & soldats Catholiques se desbander de jour à autre: outre les riotes particulieres qui estoiët entre aucuns de leurs Chefz. Ioint l'asseurance qu'ils auoiët de ceux de dedans: qu'ils sortiroient si brusquement sur l'autre partie de l'armée: qu'ils auanceroient la victoire à leur possible. Mais les autres, qui peut estre plus sages & auisez, consideroient de plus loin que s'ils perdoient la journée (comme toutes choses humaines sont variables & sur tout celles de la guerre tiennent de l'incertain plus que ne sçauroient croire ny peser ceux qui faute d'experience n'ont ny pratiqué ny bien remarqué l'inconstance du trait des armes) non seulement Fontenay, non seulement Poitou, qui est peu au respect de tout le Royaume: Mais toutes les Eglises seroient reduites en grande extremité. Voire que l'armée des Germains & autres estrangers qui s'armoient sous la conduite du Prince de Condé pour remetre les Eglises de France en leur entier: seroit trop retardée, & peut estre en danger de se rompre & desbander qui çà qui laîne voians païs auquel ils peussent treuuer retraite asseurée comme ils esperoyent l'auoir aussi liberale, que leurs deuanciers l'auoient praticqué : Concluerent à ce qu'on suiuist seulement quelque moië pour y faire entrer gens pouureux de poudre: par lesquels auertiz au vray de l'Estat du dedans: on pourroit au par apres, subtiliser autre expediant pour y mieux pouruoir. Bien que cela desplust fort à ceux qui craignoient la perte de ceste place: fermes neantmoins en leur oppinion: firent de rechef mettre la mesme proposition au Conseil. Le precedant auis toutesfois fut suiuy comme le plus seur. Tellement que la Nouë y aiant des-ja enuoié deux Capitaines la Musse & Chaillou qui à diuerses fois y entrerent sous la faueur d'vne nuit obscure: le dernier raporta vne telle resolution des assiegez: que les tenans à la campagne n'eurent qu'a se preparer au retour d'où ils estoient venus.

Entreprinse des Protestans sur Nyort faillie

Pour neantmoins retarder & diuertir les desseins des Catholiques, sans mettre beaucoup de Cõfederez en hazard: La Nouë executa l'entreprise qu'il auoit jà parauant dressée pour la surprinse de Niort eslongné de Fontenay quatre lieuës: où les Catholiques faisoient comme leur magazin de tout ce qui leur estoit necessaire pour aprouisionner leur Camp: & où se retiroiët les blecez. C'estoit en somme toutte la retraitte des plus grands de l'armée. Mais pour ce que les eschelles furët trouuées trop courtes ils ne peurent entrer dedans. Et fut à l'instant l'alarme si chaude entre les Citadins & soldats de la garnison: que force fut à ces entrepreneurs de rechercher toute la nuict du huitiéme May chacun son quartier.

Le Duc de Montpencier descampe deuant Fontenay

Le Duc de Montpensier ce pendant, attendoit coy l'effect de la resolution de leur conseil. Si bien que courant le bruit qu'ils se vouloient hazarder à vne bataille pour la deliurance de leurs assiegez: se preparoit de l'esy receuoir. Mais auoir sceu que leurs trouppes s'escouloiët peu à peu: & que les siénes ja grosses de picorée & prestes d'êfanter vn fruict de diuisiõ se retiroiët sans buletin de leur Chef: n'oublians qu'à dire à dieu : prit resolution d'escamper se voyant appellé par la Royne mere qui craignoit la mort du Roy, & les troubles qui pouuoient auenir en Court à ceste occasion. Ainsi laissa la ville à la discretion des Confederez qui y perdirent peu d'hommes. Des Catholiques, en demeura cent cinquante qu'ils laisserent sans sepulture: si bien que l'ær commençoit à s'infecter, & pres de trois cens blessez, entre autres plusieurs Gentilshommes du pays. Ils retirerent de nuict leurs pieces. Et partirent en telle confusi-

LIVRE TRENTESEPTIEME.

on que si les portes n'eussent esté bouchées, les assiegez en eussent peu tuer beaucoup. Voila cõme partie des Protestans se portoient en Poitou: Voyons comme ils se maintenoient ailleurs. Nous parlerons de la Normandie pour ce que nous en auons entamé le propos bien auant cy dessus.

Donques estant le Comte de Montgōmery auec le Capitaine Lorges, Gallardõ dit du Refuge, ses enfans: party de Gerzay le vnziéme Mars mil cinq cens soixante quatorze pour descendre en Normandie: Colombiers & de Sey auec enuiron cinquante Gentilshommes, le furent receuoir à sa descête aux rades. De la le Côte s'achemine à S. Lo: D'où il partit le lédemain pour assieger Carentan, Laquelle fut contrainte se rendre le troisiéme jour du siege. Peu de jours apres le Comte pour munir Carentan de viures & esloigner les trouppes du pays qu'il vouloit contregarder: tira vers Valloignes. Mais enuiron quinze jours apres ayant receu auertissement de celuy lequel auec sa Cornette gardoit le passage du grand Vay: que les Catholiques auec nouuelles forces de Cauallerie vouloient faire effort de passer le Vay: laissa Valloignes pour leur aller faire teste & les empescher de passer. Le Comte auec la Cauallerie qui estoit de deux cens cheuaux en tout: demeura huit jours au grand Vay durant lesquels deux fois tous les jours aux heures du Vay, ils se presentoient en bataille pour combattre si les Catholiques eussent voulu passer. Lesquels faisoient pareille contenance de l'autre costé de l'eau craignant le mesme de la part du COMTE. Lequel se doutant qu'ils auoient autre dessein: se retira à saint Lo auec la Cauallerie. Ce pendant Matignon & Feruaques s'estans fortifiez de nouuelles compagnies, se vont camper deuant saint Lo, le Samedy dixseptiéme d'Auril. Or d'autant que la ville n'estoit pourueuë de viures pour les cheuaux: Le Comte pour ne perdre la dedans sa cauallerie suiuant la remonstrance de Colombiers & l'auis des principaux Capitaines: auoir donné ordre à la ville, part sur les diz heures du soir le cinquiéme jour du siege. Et sortant par la porte d'Olée auec enuiron huit vints cheuaux sans harquebuziers: rompt la premiere barricade du grand Fauxbourg qui est pres la riuiere, Puis passe outre à trauers le fauxbourg dans lequel estoient les Catholiques, Rompt la seconde barricade & ayant descêdu vn mur de la hauteur d'vn homme: passa la Riuiere auec sa troupe sans perte d'home quelques harquebuzades qu'on luy tirast. Le lendemain il arriue à Adeuille pres du grand Vay où il sejourne quelques jours: pour ce pendant faire fortifier & auitailler Carentan & le Pont d'Ouure, attendant nombre de Gentilshommes qui s'assembloient pour l'aller trouuer. Ce pēdant le Roy amassoit de grandes forces tant de cheual que de pied: lesquels il enuoioit la bas pour enfermer le Comte en ces destroits deuant qu'il peut joindre autres trouppes. Au moien dequoy pour rompre ses desseins & aller joindre six vints cheuaux que on luy deuoit amener du pays de Caux & du costé de la Bretaigne & Anjou: Part d'Adeuille auec vint cheuaux le cinquiéme de May, sur les vnze heures du soir laissant à Carentan le Capitaine Lorges qui tenoit encores le lict d'vn coup d'harquebuze qu'il auoit eu en la jambe en vne escarmouche, Gallardon & autres auec tout le reste des Gentilshommes & soldats qui estoient en ce quartier là. Mais arriué à Domfron le huitiéme May, de Sey, de Cheuigny, du Breul & des Hayes auec enuiron quarante cheuaux y arriuerent aussi. Dequoy auerty Matignon, qui les voit en vne ville foible & mal munie de toutes choses: marche apres en toute diligence auec la cauallerie & quelques harquebuziers a cheual. Tellement que le neufiéme May à huit heures du matin, ils se trouuent deuant Domfronc sans que presque on s'en donnast garde. Car Riberprey Lieutenant de la compagnie de la Milleraie: alla donner jusques à la petite porte de la ville, où n'y auoit grande garde. Et d'vn coup de pistolle tua vn soldat qui estoit sorty. Et lors seulement on descouure la Cauallerie & quelque nombre d'harquebuziers qui auoient mis pied à terre. Le Comte n'auoit en ville & Chasteau que quatre vints harquebuziers sous la charge du Capitaine la Touche: desquels l'Enseigne auoit intelligence auec ceux de dehors. De sorte que finallement conuaincu de trahison il en fut puny. Quand aux habitans de la ville qui estoit fort petite d'autant qu'il n'y en auoit que trois ou quatre de la Religion Protestāte, les autres s'estoient absentez. Les Catholiques arriuez deuant la ville se mettent en bataille sur le haut d'vne montagne qui regarde dans la ville & le Chasteau. Et tout le long du jour depuis les huit heures du matin jusques à la nuit: demeurerent à cheual & en bataille attendant les gens de pied qu'ils faisoient venir en toute diligence. Et ce pendant disposerent sur les passages & sur les auenuës le plus pres qu'ils peurēt des murailles, ce qu'ils auoient amené

Les sieges & prises de S. Lo Domfrõ Carentan & Comte de Montgõmery par les Catholiques.

S. Lo assiegé par Matignon.

Le Comte part de S. Lo.

Le Comte inuesti à Dõfron.

harquebuziers

May. 1574.

harquebuziers crainte des sorties. Sur le soir le Côte feit faire vne saillie de vint cinq cheuaux conduits par Broſſay ſaint Grauey, que Sey du Breul & des Hayes accompagnerent. Mais dautant qu'ils ne pouuoient ſortir qu'vn à vn: les premiers douze ou quinze qui furent dehors auec Broſſay ſans attendre les autres, picquent droit aux Catholiques qui auoient mis au deuant quelque nombre d'harquebuziers derriere vne haye ſur le Chemin. Nonobſtant leſquels ces quinze cheuaux paſſerent outre, donnent dans ce grand hot de Caualerie qui eſtoit encores en bataille & l'enfoncent aſſez toſt ou fut tué Friaize & deux autres pris. Des Catholiques furent tuez ſept Gentilshommes & neuf cheuaux, Riberprey bleſſé d'vn Coup deſtoc. Matignon ce pendant qui commandoit en l'armée: faiſoit toute diligéce pour depeſcher en Court auertir la Royne mere de tout & auoir de forces. Si bien que tous les jours y arriuoient nouuelles compagnies tant de pied que de Cheual & des meilleurs que le Roy euſt. Le Comte ſurce fait faire vne ſortie à pied de huit Gentilshommes bien armez & vint harquebuziers. Les Gentilshommes conduits par le Cappitaine Villeneuſue & les harquezuziers par le Capitaine la Touche le jeune. Ils ſortirēt par la petite porte: car la grande eſtoit condamnée & allerent donner juſques dans vne maiſon ou y auoit vn corps de garde. Lequel ils deffeirent & en tuerent la pluſpart. Puis ils ſe retirent le pas en combattant touſjours ſans perdre vn homme: deux ſoldats ſeulement furent bleſſez. Et comme il auient communement és guerres Ciuilles que ceux d'vn party ont touſjours quelque parent en l'autre: s'approchoient ſouuent des murailles appellans quelque Couſin ou autre de leur conoiſſāce qui eſtoit dans la ville pour parler à luy. Matignon & ceux qui auoient commandement en ſon armée enuoioient fort ſouuent où des trompetres ou des Gentilshommes & Seigneurs qualifiez ſous vmbre de vouloir deuiſer auec quelques vns leurs parens ou amis. Ce que le Comte trouuoit fort mauuais ſe doutant bien que ceux qui venoient ainſi n'eſtoient enuoiez que pour ſonder l'affection & le courage des ſiens. Et que les autres qui venoient ſons vmbre de voir leurs amis: eſtoient enuoiez du Chef de l'armée pour les attirer & coupper ces branches afin que le corps de l'arbre demeuraſt puis apres tout nu. Pource feit defendre de plus parlementer en quelque ſorte que ce fuſt. Mais vne partie de ſes hommes eſtoit deſja tant eſpriſe d'vne eſperance de faire appointement, & l'autre ſi reſoluë à trahiſon qu'eſtans pluſieurs enſemble de meſme conſpiration: il ne leur eſtoit mal aiſé de parler encore ſecretement à ceux de dehors. Dont auint puis apres que la plus part, ſe deſrobans l'abandonnerent. Mais penſans auoir bien fait leur appointement: ils furent la plus part retenuz priſonniers, deualiſez du tout & mis à rançon ſi grande qu'il fut preſque impoſſible à la plus part de la paier. Ce pendant la Royne mere enuoioit de jour à autre à Marignon nouuelles forces & en grand nombre juſques à y faire aller l'armee qui eſtoit deuant ſaint Lo, hors mis la compagnie de Deſtrée & environ ſix Enſeignes de gens de pied. Tellemēt qu'en peu de jours Matignon ſe veit ſi fort deuāt Dōfronc qu'il faiſoit eſtat de quarante deux Enſeignes, qu'il eſtimoit à ſix mil harquebuziers dont eſtoient Chefs Lauerdin, Lucé, ſainte Colombe, Luſſan & autres Colonelz & Capitaines François. Quand à la Caualerie ils faiſoient eſtat de douze cens cheuaux, dont il y auoit dix compagnies de Gens-darmes, aſſauoir celles de Monſieur frere du Roy, de Matignon, de la Milleraie, de Carrouges, de Vaſſey, la Hunaudaye, Malicorne & trois autres. Celles de Longueuille y arriua ſur la fin ſous la conduite du Marquis du Rotelin. Tout ce que le Comte pouuoit auoir dedans la ville & le Chaſteau: eſtoient cinquante cheuaux & quatre vints dix harquebuziers compris les valets des Gentilshommes qui auoient harquebuzes. Le quatorziéme de May vn Capitaine de gens de Cheual de ceux du Comte, faiſant mine de vouloir parler à Feruaques qui pour ce faire s'eſtoit approché: ſe retira au camp auſſi toſt qu'il euſt ſorty. Et depuis ce jour là juſques à la fin du ſiege, il ne paſſa nuit ou jour que quelques vns ne ſe deſrobaſſent par la muraille ou par le Rauelin de la ville, tant de ceux qui portoient le titre de Gentilshōmes, que de ſoldats. Tellement qu'en vne nuit il en ſortit dixhuit par le Rauelin.

La ville & Chaſteau de Domfron ſont ſcituez en lieu haut & pierreux. Toutesfois tellement haut qu'à la portée d'vne harquebuze des murailles, il y a deux hautes montagnes vers le Ponent & Septentrion qui commandent ſi fort & à la ville & au Chaſteau: que ceux de dedans ne ſçauroient faire vn pas qu'ils ne ſoient veuz d'en haut. De ſorte que de là les harquebuziers Catholiques choiſiſſoient aiſément vn homme du dedans. Et ainſi en ont bleſcé & tué beaucoup principallement du coſté du Chaſteau. C'eſt vne fort petite ville, mal peuplée

Sortie de Broſſay S. Graue ſur les Catholiques.

Entreueuë & Parlemās dangereux en vn ſiege.

Armée des Catholiques deuāt Domfron.

Forces du Côte dedās Domfron.

Le Comte abandonné des ſiens.

Domfron & ſa repreſentatiō.

poure

oure & mal baſtie. Les murailles tant de la ville que du Chaſteau, ſont ſi vieilles qu'elles tombent d'elles meſmes. Si eſpeſſe qu'en beaucoup d'endroits & és lieux les plus dangereux: vn homme n'euſt ſceu paſſer deſſus qu'en ſe tenant des deux mains aux creneaux. Le vint troiſiéme Matignon feit batre le Chaſteau, de ſix pieces de Canon aſſiduellement depuis les ſept heures du matin juſques apres midy. Elles battoient contre la tour qui eſt preſque vis à vis la porte du Chaſteau à l'endroit le plus bas de la Court. Le Comte voiant vne tour abatuë & que bien toſt il y auroit grande breche: conſequemment qu'il ſe falloit preparer à l'aſſaut auquel les Catholiques ſe preparoient: reſolut auec l'auis des principaux qui reſtoient, d'abandonner la ville & faire retirer ſes hommes dans le Chaſteau pour tous enſemble faire teſte lors qu'on ſe voudroit preſenter à l'aſſaut. Pource enuoia de Broſſay à la ville pour faire retirer les hommes qui eſtoient là. Mais la pluſpart d'eux qui auoient deliberé de ſe deſrober, faiſant ſemblant de vouloir aller au Chaſteau côme ils voient de Broſſay loin deux: trouuerent moié de ſe deſrober & en perdit trente de bon conte à ceſte fois. Si bien que les Catholiques entrerent aiſément. La batterie ce pendant continuë tellement au Chaſteau qu'il y a breche de quarante cinq pas: ſi raiſonnable qu'vn homme de Cheual y fuſt entré à ſon aiſe. Auſſi la breche faite ils furent incontinant à l'aſſaut. Vray eſt que depuis vne heure juſques à deux ce ne furêt qu'harquebuzades ſans venir aux mains. Mais à deux heures ils y firent marcher tout ce qu'ils auoient ordonné pour l'aſſaut. Qui eſtoit la fleur de leurs hommes pour furieuſement aſſaillir la breche de prez. Ou ils trouuent en teſte le Comte auec quarante hommes ſeulemêt qui ſouſtindrent le Combat fort furieux cinq heures entieres. Les hommes choiſiz de l'armée eſtoiêt, dix Gêtilshommes de chacune compagnie de gendarmes: qui faiſoient cent Gentilshommes ſans ceux la qui y furent des autres compagnies en bon nombre: & le tout bien armé. Auec eux, ſix cens harquebuziers morionnez & cent corſelets picquiers: qui faiſoient huit cens hommes. Leſquels auec les autres qui y furent pouuoient faire mil hommes en tout conduits par Feruaques. Villermois, ſainte Colombe Riberprey, Lauerdin & autres des plus ſignallez de l'armée. Tout ce que le Comte auoit à la breche tant Gentilshommes que ſoldats: eſtoient quarante hommes qu'il auoit diſpoſez en ceſte ſorte. Il ſe meit en la moitie de la breche qui faiſoit le coſté droit & auec luy Broſſay, de Chauuiny, de Coruieres, de Tiers, le Capitaine la Touche le jeune, la Mabilliere, du Crocé, Oulſe & autres juſques au nombre de vint. Pour la moitie gauche de la breche furent ordonnez de Sey, des Hayes, de Vaudoré, du Meſnil, la Sauſaye, Capitaine Villeneufue & les autres qui eſtoient vint en tout. Et ſoudain apres la priere ils virêt deſmarcher fort brauemêt les Catholiques à l'aſſaut qui fut biê ſouſtenu de puis les deux heures juſques à ſept. Leur Canon jouàt touſjours ce pêdãt. Ce qui endommageoit merueilleuſement ceux de dedans principallement des eſclats des pierres. Meſmes le Comte qui combatoit des premiers à la breche, fut bleſſé d'vn eſclat en deux endroits du viſage mais bien peu. Il eut puis apres d'vn coup d'harquebuze au bras droit pres l'eſpaule. Mais ſon braſſard ne fit que preſter. Toutesfois la violence du coup luy fit vne meurtriſſeure large de quatre doits. Là furent tuez & bleſſez beaucoup des aſſaillans & ce peu de ceux du Chaſteau qui eſtoient tuez ou bleſſez leur eſtoit beaucoup pour le peu de gens qu'ils eſtoient côtre vn ſi grand nombre, en vne ſi grande breche non remparée & en vn ſi long aſſaut duquel en fin les Catholiques furent repouſſez y laiſſans morts ſainte Colombe, Doilly Guidon de la compagnie de Milleraie & ſoixante autres. Mais Feruaques, Lauerdin, Contances & autres juſques à cent y furent ſeulement bleſſez. Du coſté du Comte ont eſté tuez Broſſay, de Teru, du Meſnil Miniſtre, Vaudore, la Sauſaye, La Nohe: & douze autres & de bleſſez autant, le Comte, de Villeneuſue, la Riuiere, Houlſe, du Cros Miniſtre. Les Capitaines Maimberte & Courton & ſept autres. La nuit ſuiuant ceux du Chaſteau remparent leur breche. Mais les Catholiques prindrent reſolution à continuër leurs premiers eſſays, aſſauoir de deuiſer auec quelques vns de la dedans dont ils conoiſſoient l'humeur propre à faire marché pour les ſouſtraire de là. Or parloient-ils aiſément auec eux principalement du coſté de la ville, par les fauſſes braies & les caſemates, non ſeulement la nuit ce pendant que le Comte eſtoit couché à la breche mais meſme en plein jour. Tellement que beaucoup ſe deſroberent. Ce pendant ils faiſoient encor marcher du Canon & des poudres pour faire vne ſeconde breche. Ce qu'ils euſſent fait aiſément auec fort peu de poudre du coſté gauche de la premiere breche. Car la muraille eſtoit ſi bonne, que d'vn ſeul coup qu'on y tira le lendemain de l'aſſaut, on y feit

Batterie de ſix Canons.

La ville de Domfron abandonnée par le Comte & gagnée par les Catholiques.

Breche au Chaſteau de 45. pas.

Aſſaut des Catholiques.

Ordre & nôbre des Catholiques à l'aſſaut.

Ordre & nôbre des Proteſtãs pour ſouſtenir l'aſſaut & deſſendre la breche.

Catholiques morts & bleſſez à l'aſſaut.

Proteſtans morts & bleſſez à l'aſſaut.

L'HISTOIRE DE FRANCE.

May.1574.

feit vne feneftre de la largeur de quatre pieds & de la hauteur d'vne picque. Somme que tous se defroboient file à file.Tellement que le lendemain le Comte ne se vit accompagné que des blecez & de quinze ou seze autres. Le vint sixiéme de May, le Baron de Vassey parla trois fois de composition au Comte. Auquel on en auoit desja parlé le Mardy, mais il n'y auoit voulu entédre, esperant tousjours que ce peu d'hómes demeureroit auec luy pour ensemble mourir les armes au poing & à la breche, asseurant bien que consideréées ses actions passées : notamment le coup de lance qui ne se pouuoit effacer du cœur des heritiers de la maison des Valoys : il ne pouuoit receuoir d'eux s'il se laissoit prandre vif, que la plus ignominieuse mort qu'ils luy pourroient faire souffrir. Mais comme il veit que ses gens se deroboient à troupes, & que chacun faisant son marché à part, le laissoit là seul auec les blecez & fort peu d'autres desquels mesmes il voioit vne partie n'estre pas resoluz : Ioint que toutes munitions de guerre, ensemble l'eau defailloient : presta l'ouye a la composition : qui fut que le Comte sortiroit la vie sauue & quelques accouftremens sans autres armes que l'espée & la dague. Toutesfois qu'il demeureroit entre leurs mains quelque certain temps, mais auec bon traitement & seureté de sa vie. Que les autres sortiroient aussi la vie sauue auec l'espée & la dague. Matignon & Vassey promirent & jurerent au Comte de la garder & faire garder & obseruer inuiolablement. A quoy il s'arresta, veu mesmes que Vassey luy estoit parent. Le vintseptiéme de May vn peu apres minuit, Matignon & de Vassay suiuant la composition, allerent au Chasteau querir le Comte. Lequel sortit seul auec eux, Chauuiny sortit aussi. Puis sur les sept heures du matin Matignon retourne au Chasteau pour faire sortir les autres aussi tost que le pont fut baissé : il entre & auec lui tous les soldats qu'ils auoient dans la ville entroient aussi au mesme instant par la breche & par les fausses braies. Puis la plus part des gens de pied au lieu de garder la composition & la foy promise commencent à butiner, frapper & tuer de toutes pars. Ceux qu'ils ne tuerent point furent deualisez, retenuz prisonniers & rançonnez.

Compoſition mal gardée.

LE siege neantmoins continuoit tousjours deuant saint Lo. Car Matignon y auoit laissé six Enseignes de Fantassins & vne compagnie d'hommes d'armes. Mais apres la rediton de Domfron, elle fut de tous points inuestie par l'armée qui y retourna & de tant plus pressée que par auant. La ville est foible & de nulle valleur. Mais le cœur de Colombiers qui la deffendoit, fut si grand qu'il ne voulut oncques entendre à aucune composition, quelque promesse que l'on luy sceut faire. Surquoy les assiegeans s'auiserent de se seruir du Comte de Montgómery ja prisonnier, pour induire Colombiers à se rendre & receuoir composition honnorable. Et pour cest effect le menerent au camp & le feirent parler à Colombiers : Lequel luy entendant tenir tels propos qu'il sçauoit assez neantmoins estre plus par contrainte que de son propre mouuemét : le repoussa fort animeusement & auec vne colere extreme luy jeta parolles si aigres & picquantes que tous en auoient honte. Disant pour fin qu'il auoit resolu de mourir & ne se monstrer si lasche qu'auoit fait ledit Comte, qui par belles parolles & pensát en vain sauuer sa vie, sur les perfides promesses des Catholiques, s'estoit luy mesme liuré à la mort d'autant plus ignominieuse & vituperable que celle qui s'acquiert les armes au poing est recommandable & digne de loüange eternelle. A la verité Colombiers auoit de longue main resolution de mourir pluftost que tóber és mains de ses ennemis : la foy desquels il n'auoit jamais estimé asseurée. Quoy que aux precedás troubles eschappé de la journée saint Barthelemy & sauué en Angleterre, il se fut neantmoins tost apres retiré en sa maison & contenu paisiblement en liberté de conscience. Mais se persuadoit que ce n'estoit qu'vn apas pour l'engraisser auec tous les autres ses semblables apres la prise de la Rochelle, pendant le siege de laquelle ils n'osoient seuir sur les autres Protestans : crainte que par vn desespoir ils ne se rassemblassent & fissent pis. Ainsi donc les Catholiques apres auoir par la mort d'aucuns gangné les fauxbourgs : le dixiéme Iuin, vint deux pieces tirerent des cinq heures jusques à midy que deux breches furent veuës raisonnables entre la tour de la Roze & celle de Beauregard. Les vieilles compagnies marcherent à celle de de la roze bien que non entierement abattuë. Mais à bien assailly bien deffendu. Si bien qu'ils furent forcez d'y laisser nombre des leurs. Puis on redoubla l'autre batterie & y auoir fait assez large entrée on y fut assez resolument à l'assaut. Mais elle fut deffenduë par vn trop grand nombre d'harquebuzades, lesquelles y pleuuoient sans cesse. Les assaillans neantmoins renforcez & rafreschiz gangnerent le haut de la breche apres la mort de Colombiers. Lequel auoit fait secretement sortir son fils : & resolu de mourir

Reprise & continuatió du siege de saint Lo.

Le Cóte de Montgommery mené à S. Lo pour faire rendre la ville & les propos iniurieux que luy dit Colombiers resolu de mourir pluftoft les armes au poin.

Baterie & breche raisónable des Catholiques contre saint Lo

Assaut des Catholicq.

Mort de Colombiers la picque au poing.

LIVRE TRENTESEPTIEME. 218.

en combattant ceda la vie au coup d'vne harquebuzade qui luy perça le cerueau. Les assiegez espouuantez de la perte d'vn Chef si genereux, ayans perdu courage: abandonnerent la deffence & n'eurent le cœur que à se fourrer les vns aux caues les autres en quelques autres lieux qui leur seruit pour euiter la premiere furie des Catholiques. Lesquels entrerēt assez tost pesle mesle en la ville ou il y eut grand nombre de tuez. Et somme saint Lo fut pris par la perte de quatre cēs hommes presque autant d'vns que d'autres & de dix Capitaines Catholiques. *S. Lo pris par les Catholiques*

CARENTAN petite ville prochaine de saint Lo, ne tarda gueres apres de composer auec des conditions assez honnorables & assez bien tenuës. Toutesfois le Capitaine Lorges à present Comte de Montgommery, demeura prisonnier & fut en grand danger d'estre mené à Paris & courir mesme traitement que son pere. Mais la faueur d'vn des principaux de l'armée Catholique, l'exēpta de ce peril & luy dōna les moiēs de se sauuer subtilement. Ce qu'il feist auec grand hazard & difficulté. Tant que par les forests & chemins obliques, il se rendit pres le Croisil ou il trouua moien de s'embarquer pour passer à la Rochelle. *Carentan sōmé & rendu par composition aux Catholicq.*

Le Roy ce pendant bien qu'indispos de sa personne: comme celuy neantmoins qui pour bien conduire son dessein à vne plus asseurée & heureuse fin: veut comme on dit auoir deux cordes en son arc: outre les trois belles armées qu'il entretenoit contre les Protestans: si est ce qu'il eust bien plus desiré lés ramener à deuoir par saines remonstrances que par voies de fait. Et pource ne cessoit de leur enuoier lettres & messagers à ceste fin. Escriuit en outre à tous les Gouuerneurs de ses prouinces: leur commandāt de maintenir tous ses sujets en Paix & ne leur donner occasion de s'esleuer auec les autres Confederez au prejudice de ses Edits. Qui fut enuiron ce temps que les armes furent prises en Poitou, Normandie & ailleurs. D'autant, disoit-il que le mescontentement de ses sujets & la cause commune de la Religion apportoient ces remuemans. Il les prioit de se comporter paisiblement auec ceux de la Religion. Declarant qu'il ne vouloit aucun tort leur estre fait, ny dissemblable traitement en toutes leurs affaires qu'à ces autres sujets Catholiques. Et les faire prandre en la sauue garde de leurs voesins Catholiques pour les faire asseurer & garentir de la violance qu'on leur voudroit faire: de laquelle ou elle seroit entreprise, il commandoit à ses Officiers faire la plus roide & exēplaire Iustice qu'il seroit possible. Les priant d'y tenir la main, appellant Dieu à tesmoin qu'il n'auoit autre volonté que de voir ses sujets en repos. Il prioit aussi les Gouuerneurs des prouinces, que leurs compagnies ne fussent aucunement en charge à ses sujets. Ains paiassent suiuāt l'Ordonnance: par la mesme lettre il dit aussi, qu'aiant esté mallade d'vne fieure carte: il en estoit du tout guary. *Le Roy desire la Paix & escrit à ses Gouuerneurs & Chefs des Protestans. Lettres du Roy aux Gouuerneurs de ses prouinces pour maintenir ses sujets en Paix. Le Roy veut moienner la Paix & commande aux Gouuerneurs des prouinces pe mainte- nir ses sujets en repos.*

Le quatrième jour de May, il escriuit autres lettres aux Gouuerneurs des prouinces de la teneur suiuante. Mon Cousin ayant trouué par le proces fait à la Mole, Comte de Coconas & leurs complices: que les Mareschaux de Montmorency & de Cossé, estoient les Principaux auteurs des conspirations faites contre ma personne & mon Estat, dont je vous donnay auertissement ces jours passez: Et ayant presentement descouuert que continuant leurs malheureuses intentions, ils estoient sur le point de tenter d'executer encor vn coup ce qu'ils auoient failly au parauant. J'ay esté contraint de me saisir de leurs personnes. Et iceux faire mener en la Bastille à Paris dont je vous ay bien voulu auertir. M'asseurant que par quelque raport que ce soit, vous ne diminuerez chose de la fidellité que vous auez à mō seruice. Ains continuerez en icelle, comme mon intention aussi est de pouruoir à la conseruation des bons, & rendre dignes de ma bonne grace ceux qui ont tousjours bien fait comme vous. Qui tiendrez la main à ce que toutes choses se contiennent en vostre Gouuernement sous mon obeissance. Et que tous ceux qui voudront viure paisiblement en leurs maisons: y soient maintenuz & conseruez sans souffrir qu'il leur soit fait aucun tort, mal ny desplaisir en quelque sorte que ce soit. Voulant que contre ceux qui se feroient desja esleuez & se voudroient encor esleuer & prandre les armes: il leur soit par vous couru sus & que les tailliez en pieces. Or ce qui outre sa malladie luy causoit assez d'ennuy: estoit le rapport des nouueaux remuemans qui menaçoient le Royaume & luy mesme de merueilleux inconueniens à cause des meurtres qui s'estoient faits par son Royaume: Puis voiant son frere, son beaufrere, quelque vns des principaux Officiers de la Couronne en si mauuais mesnage auec luy: se ramenteuant le passé & considerant l'Estat presēt des affaires: monstroit euidamment la perplexité de son Esprit. Il demeura longuement en telles, alteres diminuant de jour à auttre. Depuis toutesfois & pour autoriser à l'auenir *Lettres du Roy aux Gouuerneurs de ses prouinces. Ennuy du Roy & les occasions d'iceluy.*

L'HISTOIRE DE FRANCE.

à l'auenir la Royne sa mere il leur en escriuit d'autres: Mais pource que ces lettres sont d'vne mesme teneur: nous auons icy mis la coppie de celles qui furent escrites au Comte de Vantadour desquelles la teneur ensuit.

Lettres du Roy aux Gouuerneurs des Prouinces pour les asseurer de sa malladie & autoriser sa mere en la regence du Royaume

Mon cousin vous auez cy deuãt entẽdu mon indisposition, laquelle depuis vn jour en ça est fort accreuë, & suis aujourd'huy en tel estat que j'aten ce qu'il plaira à Dieu de faire de moy, en la main duquel sont toutes choses humaines: estant tout prest à me conformer à sa sainte volonté. Ce pendant, j'ay prié la Royne Madame & mere, que suppleant au deffaut de ma malladie: elle vueille auoir plus grant soin que jamais de mes affaires & de ceux de mon Royaume. Ainsi que tresdignement elle s'en est aquitée jusques icy. Desirant qu'elle soit obeie en tout ce qu'elle commandera, Tant durant ma malladie, que la ou il plaira à Dieu faire son cõmandement de moy. Iusques à ce que mon frere le Roy de Pologne, qui est mon legitime successeur, soit arriué par de ça. Et quant à vous mon cousin: encores que je m'asseure bien que vous ne deffaudrez en rien de vostre deuoir, à contenir toutes choses en bon repos en vostre Gouuernement, & à faire reconoistre à mes sujets l'autorité de madite Dame & mere, & à les retenir en l'affection & deuotion d'obeissance qu'ils doiuent à mondit frere, en cas qu'il pleust à Dieu, faire sa volonté de moy comme dessus est dit: Si est-ce que je vous en ay bien voulu escrire, & vous prier que en remettant deuant les yeux de tous mes sujets tant de ma Noblesse que autres sortes d'Estats de vostre Gouuernement, la grand fidelité & loiauté qu'ont tousjours gardée les François enuers ceux à qui legitimement est auenué la succession de la Couronne & septre Royal, dont ils ont esté reconeuz par dessus toutes Nations du monde: ils en veillent vser de mesme à l'endroit de mondit frere le Roy de Pologne sur l'accident qui me pourroit auenir. Y tenant de vostre part la bonne main pour aller au deuant de tous les maux qui pourroient resulter à la generalle ruyne & subuersion de mes sujets: La ou ils feroient autrement & se desuoieroient de ce qui est de leur deuoir selon Dieu & la loy de nature: l'ay fait entẽdre ceste mienne volonté à mes freres les Ducs d'Alençon & Roy de Nauarre qui m'ont promis & asseuré de l'ensuiure & d'obeir à madite Dame & mere selon l'amour & bonne affection qu'ils luy portent. Et le desir qu'ils ont à la conseruation du repos General de mon Royaume. Me confiant bien qu'ils y feront tant loyal deuoir de leur part: comme je m'asseure que vous ferez aussi de la vostre: je n'estandray la presente plus auant, que pour prier Dieu mon cousin vous auoir en sa sainte & digne garde. Au Chasteau de Vincennes ce 29. May.

Henry 3. Roy de Pologne auoué successeur legitime & le plus proche au Royaume de Frãce

Le lendemain voiant le Chancellier Birague que le mal du Roy croissoit par la diminution de ses forces: supplia la Majesté de donner ordre à ses affaires & pouruoir sur tout à l'Esta de son Royaume si troublé. Surquoy luy remonstra d'autant que sa malladie empeschoit qu'il ne peust entendre à plusieurs affaires ou sa presence estoit requise: il seroit bon qu'il dõnast autorité de Regence à la Royne sa mere & commandast que lettres en feussent expediées. A quoy sa Majesté ne voulãt contreuenir, declara qu'il en estoit tres-content si elle en vouloit prandre la charge Et cõm'elle lui eut declaré son desir à procurer toutes choses qui luy seroient agreables & de profit à ses sujets: commanda soudain que lettres patentes luy en feussẽt dressées. Toute à l'heure mesme fit venir les Secretaires des commandemens & les Capitaines de ses gardes ausquels il dit. Faites tout ce que la Royne ma mere vous commandera: & luy obeissez comme à moy mesme. Aussi luy fit il dresser lettres portans le pouuoir qu'il luy entendoit donner sur ce fait comme vous verrez cy dessous.

Or pour ne frauder la posterité des plus notables particularitez remarquées tant en la vie qu'en la malladie & violente fin de ce Prince: il tomba mallade à Victry d'vne fieure pulmonique de laquelle il crachoit le sang en grand ennuy. Et qui luy procedoit des grans excez qu'il auoit faits principallement à la chasse (ou il se trauailloit nuit & jour) à courir, jouër, sauter, combatre, picquer cheuaux & tels autres si violens exercices (ausquels il se plaisoit du tout) qu'autre que luy ne les pouuoit souffrir. Vray est que la force & challeur de jeunesse amoindrit quelque temps la grandeur de son mal: occasion que le voyage de son frere Roy de Pologne continua: bien fort aise qu'il allast planter la fleur de lys jusques en Sarmatie ez Regions les plus esloignées de l'Europe & sur les fins des parties Septentrionnalles. Ainsi que leurs ancestres auoient commandé sur les prouinces Grecques & Orientalles. Puis retourné de son voiage fut auerti du bon & hõnorable recueil que les Princes Germains luy auoiẽt fait

Malladie du Roy & ses exercices.

dont

LIVRE TRENTESEPTIEME 219.

dont il receut vn singulier plaisir qui l'accompagna jusques à Sainct Germain en Laye. Où l'on commença à deuiser de la sortie de Monsieur, du reffus à luy faict de la Lieutenance Generale par tout le Royaume.(Auquel grade ses domestiques luy persuadoiēt qu'ō luy vouloit preferer le Duc de Lorraine) du malcontentement des Grands. Du remuëment des Protestans & Catholicques Politics: & plusieurs autres accidens qui ne feirent qu'à croistre le mal du Roy. Lequel donnant dela à Paris & en fin au boys de Vincennes: n'eut relasche de son mal que par le commencement d'vne autre vie. Car il s'afoyblissoit de jour à autre: & sans remedde aucun, on le voyoit fondre à veuë d'œil. Il fut bien seigné & purgé, mais tout en vain. Occasion qu'aucuns presumerent qu'il estoit ensorcelé (dont la Mole fut interrogué à la Torture) par quelques Deuins & Magiciens qui en furent prisonniers & depuis deliurez ayant veu que le mal venoit d'ailleurs. Et bien qu'il feist tout effort à le surmonter: comme l'vn des plus forts & patiens Princes de son temps. Si ne peut il suruiure le trentiésme de May. Auquel auoir exorté Monsieur son frere & le Roy de Navare pour maintenir le Royaume en Paix: Commis la Regence d'iceluy à la Royne sa Mere. Mourut le vint-quatriésme au de son aage & le quatorziésme de son regne assisté d'Amiot Euesque d'Auxerre & Grand Aumosnier de France son Precepteur, & d'Arnauld Sorbin ores Euesque de Neuers son Prescheur: Presens la Royne Mere, les Cardinaux de Bourbon & Ferrare, le Chancelier, Birague, Lansac & autres: bien ennuyez de veoyr mourir si tost & non encor en la fleur de son aage ce Prince qui ne ressentoit rien que Grand, soit aux portemens de corps soit ez desirs & actions de l'esprit. Tousjours en action: bigerre en ses pensées, hastif & soudain en ses entreprises, impatient d'attendre, diligent & prompt à connoistre les hommes: peu mais bien aymant: non adōnné à plaisirs, de bon & subtil jugement, prompte conception & memoire heureuse. Collere au possible, secret si aucun autre, fort dissimulé: mais qui sçauoit d'extremēt couurir son intention. Grand jureur fust en collere, fust en propos ordinaires & familliers. Eloquent de son naturel, aydé neantmoins de quelque acquisitif qui luy donnoit l'agreable en son parler. Il aymoit la Musique & la Poezie jusques à les pratiquer par passe temps, la derniere mesme mement incité par Ronsard, Baif, Dorat & Iamin, ausquels il a faict quelques biens. Mais sans les enrichir (hors le premier) disant que les Poëtes resembloyent en certaines choses, aux genets & autres genereux cheuaux qu'il faut nourrir sans engresser, afin qu'ils ne deuiennent porcs. Sur tout exercice il cherissoit la Venerie plus que Prince qu'on ouyt jamais parler. Pour laquelle le boyre, manger, dormir, deuiser & toutes autres actions ne luy estoyent rien: si qu'en auoir deuisé auec les plus pratics, & remarqué choses fort singulieres: il print plaisir à les rediger par escript d'vne telle sorte & si assidu au trauail: que son mal n'en a esté que trop auancé. Sobre au surplus. Mesmes il laissa l'vsaige du vin pour ce porter mieux: & tousjours esueillé sans dormir que le tiers des autres. Il auoit la face longue & palle, le teint plombé, le nez acquilin, les yeulx farouchez & le regard tranchant. Le col long & la poictrine esleuée de belle & haute taille. Mais vn peu courbée: bien coupé de corps: de membres proportionnez & ausquel toutes sortes d'habitz auenoyent bien. L'Empereur Maximilian luy auoit esté Parrain & luy auoit donné son nom par Procureur lors qu'il fut baptisé, auquel temps Michel nostre Dame de Salon de Craux en Prouence renommé Matematicien: recerche de predire par l'inspection de son horoscope & Natiuité, qu'elle pourroit estre sa vie & le bon ou mauuais cours de sa Royauté: predit qu'elle seroit remarquée d'vne rigueur & accident insigné. Pour le moins quel qu'en soit la cause: l'animeuse longueur des Guerres ciuiles à fait que ses sujets ont presque esté noiez en l'effusion de leur sang propre. Il prenoit plaisir à tuer des asnes, cheuaux, chiens, porceaux, cerfs, sangliers & autres bestes d'esquelles il tiroit les entrailles à belles mains: ce que plusieurs apreuuoient pour mieux l'habituer aux actiōs guerrieres. Cōme les Protestās poursuiuissēt les Catholiques lesquels sortis de Meaux menoiēt sa Majesté à Paris sous la scorte des Suisses. I'aime mieux (dit il) mourir Roy, que vaincre en captiuité. Le jour de la natiuité de sa fille Isabelle qu'il eut d'Isabeau sa femme fille de l'Empereur, on le vit merueilleusement affectionné à regarder l'execution de plusieurs condamnez à mort par Arrest du Parlement, pour mieux remarquer la

Propos du Roy à sa mort.

Naturel du Roy Charles.

Poetes.
Venerie.

La face les portemans & habitude du corps.

Predictions de la vie du Roy Charles.

Eee

L'HISTOIRE DE FRANCE.

May, 1574.

Prince & sa deuoir.

contenance des executez: ce que les Protestans prindrent en mauuaise part & mal-heureux presage pour eux: au rebours des Catholicques lesquels se plaisoyent en toutes ses actions. Mesmement en celles de pieté & Iustice: esquelles ils le disoyent se conformer à l'Empereur Auguste qui disoit que les hommes s'aprochoyent voire se rendoyent semblables aux Dieux par pieté & Iustice. D'où peut estre Charles prit sa deuise pieté & Iustice representeé par deux Colomnes dont il a poursuiuy les effects comme vous auez veu. Il estoit fort liberal, Si que pour entretenir les habilles hommes & ceux qui plus luy venoient à gré: il fut contraint de recercher l'aide du tiers Estat & des Eclesiastiques: disant par deuis ordinaires qu'vn Roy deuoit tousjours donner, d'autant qu'il ressembloit la grande mer & son peuple les fleuues & Riuieres lesquelles de quelques sources & Fontaines que ce soit, trainent toutes leurs eaues en l'Occean: qu'il nommoit pere des eaues, comme le Roy estoit pere de ses sujets. Entre autres seances qu'il feit au Parlement de Paris il y prononça vne harengue le premier poinct de laquelle fut employé en la loüange de sa Mere: Le second de son frere Henry. Puis se plaignant de tant d'abbuz en la Iustice. Mesme du mespris de ses lettres & Edicts.(Ie veux dit il) que vous obeyssiez d'oresnauant à mes Ordonnances sans plus disputer du merite d'icelles. Car je sçay mieux ce qu'il faut faire pour l'honneur & proffit de mon Royaume que vous ne faictes: & ne veux plus que vous perdiez le temps à dresser & m'enuoyer voz remonstrances non plus qu'à les modifier, corriger & interpreter. Car j'entends que tout ce que j'auray dit & faict soit promptement executé. Surquoy ces vieux Senateurs s'esmerueilloyent fort qu'aucun se peut trouuer en France qui pour luy auoir dressé telle harengue, encourageast ce jeune Prince à corrompre les coustumes anciennes du Parlement fondées sur le bon plaisir & sages aduis de tous les Roys ses predecesseurs. Il feit plusieurs Ordonnances. Entr'-autres fut trouué necessaire celle, par laquelle il reigle l'année à commancer en Ianuier. Car comme les autres peuples en prennent le commancement de la Natiuité de IESVS: les François seuls ne la prenoyent qu'au jour de Pasques: Ce qui troubloit le trafficq des Marchans, le cours des debtes, contracts & autres telles occurrences. Il en feit vne autre par laquelle il aneantit le Senatusconsult de Tertilian. Pource qu'il sembloit desraisonnable que les biens & patrimoines des Majeurs, s'en allassent aux estrangers de la race. Ioinct qu'aucunes mauuaises femmes estoyent accusées d'auoir esté l'occasion de telle Ordonnance pource qu'elles auoyent espié la mort de leurs enfans deceddez sans tester. Les Meres ne leur succedent pour faire leurs biens propres. L'ordonnance toutesfois leur en à laissé l'vsufruict. Peu de jours auant ses nopces comme il chassoit en la forest de Leon vn grand Fantosme s'apparut à luy en forme de Feu sautant & bondissant d'vn costé & d'autre, dont sa suitte estonnée se retira soudain. Mais luy sacant l'espée au poing: demeura ferme tirant sans cesse coups de taille contre cela jusques a ce qu'il disparut de sa presence. Puis de retour il disoit que pour chasser l'esprit, il luy estoyt souuenu du Pseaume *Deus adiutor meus: in Deum adiutorem sperabo*. Peu deuant sa mort le Peintre Enot luy porta la figure de son frere Roy de Pologne: considerant laquelle il eut quelque regret de son absence. Puis entrant sur le propos des parens & enfans qu'on laisse apres soy: disoit que ceux estoyent bien heureux qui laissoyent des enfans en aage de connoissance: car de moy j'aime mieux me retirer de ce monde sans hoirs procreez de ma chair que laisser mon Royaume à vn jeune fils qui aye tant à souffrir. Au reste que la France meritoit & auoit besoin d'vn homme & non d'vn garson: veu les brouilleries qui sont en l'Estat. Trois jours auant son decez, la Royne sa Mere luy racontoit la prise du Comte de Montgommery: a quoy il ne s'affectionnoit aucunement. Et comme elle luy eust demandé s'il estoit pas bien joyeux de la prinse de celuy qui auoit fait mourir son Pere. Ie ne me soucie(dit il) plus de cela n'y de toute autre affaire de ce monde. Ce qu'elle prit pour vn grand augure de sa mort. De faict trois jours apres auoir fait appeller le Chancelier Birague & Fizes Secretaire: present François Duc Dalençon & Henry Roy de Nauarre, Charles Cardinal de Bourbon & autres: leur aiãt assez parlé de l'authorité & puissance Royalle: les ayant comm'asseurez du peu de temps qu'il auoit à rester en ce monde & la necessité que la France auoit d'vn Roy qui peust donner à tant d'alterations uenuës en vn corps si cacochimé que celuy du Royaume. Declara le Roy de pologne Roy de France-attendant

Deuise du Roy Pieté & justice.

Harengue du Roy au Parlement de Paris.

Edits & Ordonnances du Roy Charles.

Fantosme s'aparoit au Roy.

Prise du Cõte de Montgommery.

Le dernier propos du Roy.

LIVRE TRENTESEPTIEME. 220.

endāt la venuë duquel il ordōna sa mere regēte par testāmēt, qui fut soudain porté au Parlement de Paris. Ou selō la coustume de ses deuanciers il fut leu, aprouué enregistré & esmologué par la Cour. Il pria & amonesta son jeune frere de ne riē chāger n'y entreprandre cōtre Estat. Luy remōstra que les Roiaumes s'acquierēt par vertu où succession. Qui par mauuais noies aspirēt à se faire plus grās: ne peuuēt que mal finir. Qu'il obeit à sa mere, laquelle ne māquera de son deuoir. Puis les auoir tous adjuré au nom de Dieu & les Officiers mesmes de ne sortir de leur deuoir & suiure les cōmandemēs du Roy son frere sous l'authorité de la Regēte: Il mourut le 24. an de son aage moins 28. jours au bois de Vincēnes Chasteau fort & ancié. Le jour suiuāt le corps fut ouuert par les Medecins & Chirurgiēs pour esclarcir aucuns du soupçon qu'ils auoiēt de l'epoisōnemēt. Mais on luy trouua les parties fort saines & sans aucunes taches. Sōme q̄ faite la ceremonie du seruice acoustumé aux Roys des Frāce qui dura 40. jours son corps fut porté à nostre Dame la Grād où Sorbin dit S. Foy fit l'Oraisō. Puis à S. Denis où il fut enterré au Tōbeau cōmun de ces ancestres. Mais d'autāt que la pōpe & forme tāt des cōroy que des funerailles & enterremēs des Rois de Frāce sont plaines de Majesté, & les ceremonies rares & notables: j'ai pēsé faire chose agreable à plusieurs mesmemāt estrāgers & à nos successeurs qui seront aises de les cōnoistre par mō moiē si je les particularisois icy au vray. Ioint que se sera me soulager d'autant à l'auenir quāt je parleray du decez des autres si Dieu le veut. Ce que je feray auec le plus de brieueté qu'il me sera possible. Si les Historiens Grecs & Latins nous en eussēt autāt laissé par escrit de leurs Princes, nous auriōs plus de cōnoissance des Estats anciēs ausquels nous ne voiōs cōme riē de certain. Nous auriōs plus d'occasiō de nous cōtēter d'eux: qui n'ōt laissé histoire qu'à demy. Mesmes ceux qui font professiō de lire & enseigner l'Estat des anciēs de quelque vaccatiō qu'ils soiēt: ne se treuueroiēt si cōtraires vns aux autres qu'ils se font veoir par l'ignorāce de plusieurs choses notables que ces anciēs Historiographes ont ignoré les premiers ou sans doute, trop indiscrettemēt celé a ceux qui les deuoiēt suiure. Tost apres la mort son corps fut mis en bois & plōb. Puis son effigie faite au vif: fut mise sur vn lit de paremēt de 9. pieds en quarreure, couuert d'vn grād drap d'or frizé, bordé d'hermines de demy aune de large, trainant en terre: sur 3. marches autour du lit. L'effigie auoit les mains jointes reuestuë d'vne camisole de satin cramoysi vne tunique de satin azuré semé aussi de fleurs de lis de riche borderie. Et par dessus vn grād māteau Roial de velours cramoisi violet azuré, semé de fleurs de lis de riche borderie & fourrée d'hermines auec la queuë de cinq aunes. Et sur le collet rond du manteau fourrée d'hermines, assis l'ordre S. Michel. Et en sa teste sur vn bonnet de velours cramoisi, vne riche Couronne garnie de pierrerie. Les jambes chaussées de botines de toille d'or trait, semellées de satin cramoisi. A droit sur l'oreiller de riche borderie en velours cramoisi, vn Sceptre Roial, & à gauche sur tel oreiller la main de Iustice. Aux pieds vn autre oreiller de drap d'or frizé, plus bas sur vn haut escabeau vne croix d'or, & sur vn autre plus bas vn benestier d'or, aux deux costez duquel sur petites selles, deux Roys d'armes ou Heraux. Sur ce lit vn grand & riche Ciel de tapisserie d'or, d'argent & soye. Les pentes de riche Canetille d'or, auec quantité de grosses perles. Aux costez du lit, deux Autels garnis de tapis de singuliere borderie auec chandeliers d'or sur l'Autel, portans cierges de cire blanche. Aux deux coings du lit, deux torchouers d'argent hauts de cinq pieds, sur chacun vne torche de fonte de six liures de cire blanche pour tous luminaires, & les cierges des Autels. Le tour de la salle garny de sieges couuerts de drap d'or pour les Prelats, Seigneurs, & Officiers qui continuellement accompagnoient l'effigie.

<small>Obseques pompes & enterremēt du Roy Charles. Effigie du Roy mort comme reuestue & seruie.</small>

 Pendant les quarante jours qu'elle y fut les formes du seruice, au disner & souper furent gardées comme de son viuant. La table dressée par les Officiers de fourrerie. Le seruice aporté par les Gentils-hommes seruans, Panetier, Eschançon & Escuier tranchant. L'Huissier marchant premier suiuy par les Officiers du retrait du gobelet qui couuroyent la table auec les reuerances & essays accoustumez. Puis le pain dessait, & la viande preparée & seruice conduit par vn Huissier, Maistre d'hostel, Panetier, Pages de la chambre, Escuier de Cuisine & garde vaisselle: La seruiette presentée par le Maistre d'hostel au plus digne qui se treuue present pour essuyer les mains du Seigneur la table benite par quelque Prelat, les bassins à eau à lauer presentez à la chaize du Seigneur. Les

<small>La forme du seruice des Roys de France.</small>

E e e ij.

L'HISTOIRE DE FRANCE.

Mars 1574.

3. seruices cōtinuez sãs oublier la coupe aux heures qu'il estoit coustumier de boire: on dōne à lauer & les graces dites on y ajouste *De profondis* & l'oraisō *Declina Domine aurē tuā*. Assistãs à sō repas les mesmes de sō viuãt. Apres quelques jours, en vne nuit la salle fut chāgée d'acoustremēs triōphans en celuy de dueil & au lieu du lit, la biere du Seigneur sur 3. treteaux couuers d'vn grād drap de velours noir croisé d'vne grāde croix de satin blanc : & dessus, vn autre grād drap d'or frisé croisé: Au tour la biere vne lice ou barriere de 7. piez de large, chargée de 14. grās cierges de cire blāche dix liures de chacun: ardãs jour & nuit: au Chef de la biere sur vn carreau de drap d'or frizé posée la Corone du Seigneur, le Septre d'vn costé, & la main de Iustice d'autre: Sur le pié de la biere la croix d'or & au bas le benoistier, & les Herauts cōme dessus. Sur la biere vn grād Ciel de velours noir de 12. piez en carreure enrichi de gros cordōs d'or frāc & soie noire coifée de fil d'or. Aux 2. costez 2. Autels parez l'vn pour la grāde Chappelle couuert d'vn ders de satin velouté & parsillé d'or & où depuis le point du jour jusques à midi se disoiēt hautes messes, la derniere en musique par les chātres du Seigneur. L'autre pour l'oratoire pour les basses messes auec les chādeliers & autre argenterie requise au seruice: Aussi

L'ordre qu'on tint au conuoy.

demeura le Corps au bois de Vincennes jusques à ce qu'il sust porté en l'Eglise de S. Anthoine des chāps en tel ordre. Premieremēt les Mareschaux des logis & Fourriers partis pour faire les logis, puis deux Maistres d'hostel & quelques Officiers pour le preparatif du disner, cinq cens poures vestus de dueil chacun vne torche de quatre liures de cire jaune armoirée à double des armoiries du Seigneur: estoient guidez par vint conducteurs en dueil vn bastō noir en main. Les cheuaucheurs d'escurie & les maisō des Seigneurs tous à cheual & en dueil. Les cent Suisses de la garde à pied & en dueil leur enseigne dans le fourreau. Cōme les deux cens Gentils-hommes de la maison à cheual. Les menus Officiers du comun & ceux de la bouche comme plus honorables marchoient derriere à cheual. Tous les Officiers le premier Maistre d'hostel le dernier & premier Escuier tranchant, portant le panon fait de velours bleu azuré semé de fleurs de lis de borderie d'or, couuert d'vn crespe noir au trauers duquel on voioit le panon. Six Pages de velours noir auec le chapperō de drap montez sur six grans coursiers housez de velours noir trainans à terre & croisez de satin blanc. Les Ecclesiastiques, les Rois d'armes, les vint quatre Archers du corps vestus sur leurs hocquetons d'orseuerie de robes à cheuaucher de drap noir : les Escuiers portans l'vn des esperons en main, l'autre l'escu, l'autre la cotte d'armes, le heaume, les gātelets couuers de crespe noir, le cheual d'hōneur entierement houslé & couuert de velours violet azuré & semé de fleurs de lis le chariot d'armures ou estoit le corps couuert d'vn grand drap mortuaire de velours noir a la croix blāche de satin enrichi de 8. grādes armoiries de borderie tiré par 6. grās coursiers housiez jusqs à terre de velours noir croisé de satin blāc, les chartiers vestus de velours noir & chapperō de drap. Les Cheualliers de l'ordre & autres Seigneurs. Les 400. Archers de garde leur enseigne ployée. Aprochās S. Anthoine les 24. Crieurs de Paris se mirēt en rāc des poures. Peu apres s'y treuuerēt les Estats de la ville auec quelqs Presidās & Cōseillers de la Cour vestus en dueil. Puis tous se retirerēt fors les domestiques du Seigneur qui accōpagnerēt le corps au seruice qui ce sit à S. Anthoine ce jour 10. Iuillet: Le lēdemain les portes furēt closes pour mettre l'effige sur vn chariot cōme elle estoit au bois de Vincēnes. Si que les Estats de Paris venus. Et Pierre de Gōdi Euesque de Paris auoir dit *Subuenite*: & dōné l'eau beniste pour leuer le corps, marcherēt tous : premieremēt les Capitaines, Archers, & Arbalestiers de Paris en dueil sur leurs hocquetōs d'orseuerie, torches en main aux armoiries de la ville. Les Religieux, les 500. poures, les 24 crieurs sonās leurs clochettes fors aux Carrefours où ils disoiēt priez Dieu pour l'ame de treshaut, trespuissāt & tresmagnanime Charles par la grace de Dieu Roy de Frāce tres-chrestiē 9. de ce nō, Prince Clemēt & victorieux grand zelateur de Pieté & Iustice. Puis le Guet de patrouille, le guet à cheual mais à pié, tous les Sergēs & Iusticiers de Paris. Les Colleges des Religieux. Les maisō des Seigneurs en dueil & sās chapperō pour n'estre Officiers du Seigneur, les Esleus generaux des mōnoies & de la Iustice. Le Chapitre nostre Dame. La S. Chappelle, Aumosniers & chātres du Roy, les Colleges, le Doiē de nostre Dame & le Recteur d'vn mesme pas: & leur suite les cēt Suisses, les 200. Gentilshōmes & leur enseigne & autres cōme dessus à costé du grād Escuier. L'Euesque de Paris en chape auec deux assistās en chapes noires le Candataire & vn Chappelain portant sa crosse. Puis l'effigie du Roy suiuie par ceux du Parlement

LIVRE TRENTESEPTIEME 221.

mēt en robe d'eſcarlate & les quatre Preſidens. Le Duc d'Alençon, le Roy de Nauarre, les petis enfans du Prince de Condé en dueil ſort bas. Ambaſſadeurs des Pape, Empereur, d'Eſpagne Ecoſſe, Veniſe & Ferrare chacun conduit par vn Prelat à cheual. Le Duc d'Aumalle tenant le baſton & le Mareſchal de Rets auprés, les huiſſiers de la chābre, le chaperon aualle entrerēt en l'Egliſe noſtre Dame la Grand toute tapiſſée de dueil, garnie de chaſſes haut & bas, auec innumerables cierges. Et pour recuillir l'effigie au milieu du cœur, vne Chappelle ardāte garnie de petis clochers tous croiſez & infinis luminaires. Les Princes portans le dueil aſſis au haut des hautes chaires, du coſté de celle de l'Eueſque de Paris ſuiuāt les Ducs & autres Princes. Puis les Cheualliers de l'ordre de meſme coſté aux baſſes chaires. 2. Capitaines des gardes vn Capitaine des cens Gentilshōmes & ſuiuāt ce rang les Maiſtres d'hoſtel vis a vis du grād dueil: aux chaires hautes, eſtoiēt les Ambaſſadeurs ſuiuāt le Recteur de l'Vniuerſité & le Parlement. Au grād Autel l'Eueſque & ſes aſſiſtās auprès ſur vne lōgue forme. Les Cardinaux, & ſur vne autre forme au deſſous les Eueſques & Prelats, & riere eux ſur vn banc les Gentilshōmes de la chambre qui reſtoiēt là pendāt le Seruice & Vigiles. Le lēdemain pendant le Seruice, à l'offerte l'vn des maiſtres des ceremonies alla querir le premier Prince du grand dueil qui preſt à baiſer la platine print de la main d'vn Roy d'armes vn cierge de cire blāche ou y auoit cinq eſcus d'or: puis ramené par ledit maiſtre en ſon ſiege marchāt le Roy d'armes apres ledit Prince les autres cōſecutiuemēt. L'offerte finie Sainte Foy fit l'oraiſō funebre. Et la derniere Meſſe dite chacun ſe retira pour aller diſner enuirō vn heure. Les Eſtats de Paris & la Cour auec les Proceſſions allerēt juſques à la croix qui pāche vers S. Denis ou le Cardinal de Lorraine Abé du lieu vint recuillir le corps & l'effigie. Veſpres dites & le Cardinal officiant ſerui d'Archeueſques & Eueſques, on alla à l'offerte cōme deſſus. Et Sainte Foy cōtinua ſ'Oraiſō, puis le Cardinal pres la foſſe & voute preparée pour le corps aporté à vn cercueil (car le cœur eſtoit ja enterré en l'Egliſe des Celeſtins à Paris auec preſque ſemblable pōpe.) Les ceremoies faites le plus ancien des Roys d'armes diſt tout haut, Roys d'armes venez faire voſtre office. Puis deſpoüillerēt leurs cotes d'armes, & les mirēt ſur la foſſe. Apres continuant dit à tous les Capitaines des gardes en particulier apportez l'enſeigne des Suiſſes dōt vous auez la charge. Ainſi aux Archers, & 200. Gentilshōmes chacun en ſon ranc mit ſur la foſſe ce qu'il portoit. Ainſi aux Eſcuiers, Meſſieurs les Eſcuiers aportez les eſperōs. Monſieur l'Eſcuier aportez les gantelets le heaume, l'eſcu Roial, le premier Eſcuier la Cōtte d'armes. Tous mirēt ſur la foſſe, puis les Grās Seigneurs l'vn portoit la main de Iuſtice, l'autre le Septre qu'ils baillerent au Heraut pour mettre ſur le cercueil. En fin cria par trois fois le Roy eſt mort. Et apres on releua la Bāniere de France. Et le Heraut dit lors par trois fois viue le Roy Henry 3. de ce nom à qui Dieu dōne bōne vie: puis chacun releua ce qu'il auoit mis ſur le cercueil & au bord de la foſſe. Ainſi tous ſe retirerēt en la grand ſalle & autres tendues de noir pour diſner. Et graces dites, celuy qui repreſentoit le Grand maiſtre dit à la compagnie. Meſſieurs noſtre maiſtre eſt mort car la maiſon eſt rompue. Et en ſigne de ce rompit ſon baſton quoy fait tous ſe retirerent.

Ordre de laſſiete entre conuoieurs du corps.

Or puis que nous auons parlé de la declaration que le Roy Charles à fait de d'eſtimer ſon frere Henry qui cōmande aux Polonois Roy de France: deuāt que le tirer hors ces froides regions: me ſēble raiſōnable vous faire entendre ce qui ſe paſſa de plus notable tant en Pologne qu'és Regions voiſines depuis qu'il fut eſleu Roy du païs. Et pource qu'entr'autres plus remarquables accidēs on doit mettre les guerres qui furent lors faites en Valachie à l'aide des Polognois cōtre les Turcs: Ie vous repreſenteray premierement au naturel l'vne & l'autre Valachie. Puis vous auoir deſcouuert la vraie ſource de ces differés: je vous expedieray en peu de mots tout ce qui y fut fait de plus memorable. La Valachie eſt aujourd'hui diuiſée en deux, l'vne appellée Trāſalpine bordée du Danube au midy: du couchāt de la Trāſiluanie l'autre nōmé Moldauie à cauſe du fleuue Moldaue, qui paſſe ſ'eſtāt vers la mer Majeur. Depuis le tēps de ce Mahumet qui abolit l'Empire des Grecs & print Cōſtātinople. Les Vaiuodes auoiēt eſté tributaires des Turcs: en telle ſorte que les Modalues auoiēt leurs Vaiuodes apart. Auint qu'eſtans les Turcs empeſchez en autres guerres. Les Vvalaques deuindrēt ſujets partie du Roiaume de Pologne partie de celuy de Hongrie. Mais les Turcs venus plus puiſſās: ramenerēt ſous leur joug les Vvalaques natiō merueilleuſemēt ſujette à ſe mutiner & chāger de Gouuerneur ou Vaiuode. Car ſans cōſiderer de plus haut ſes portemēs. Peu auāt la mort de Solimā les Vvalaques de Moldauie chaſſerent leur Vaiuode Alexandre & en eſleurent vn autre nommé Iacques hom-

Repreſentation de la Valachie & l'Eſtat des affaires de ce pays.

Moldauie.

Valaques inconſtans.

E ee iij.

me docte & qui auoit enseigné les Matematiques en la ville de Rostoch. Peu de temps apres ils tuerent cestuy là, pour reprandre Alexandre, lequel ils chasserent pour la secõde fois à cause de ses insolences & en receurent vn autre nommé Bogdan lequel ils quitterent pour sasujetir à Inouie où Iean : apres la mort duquel inhumainement tué par les Turcs, ils prindrent Pierre. Ces deux changemans auindrent comme il suit. Dautant que Bogdan s'acostoit fort des Polonois, aiant donné à l'vn de leurs Seigneurs sa sœur en Mariage & se preparoit pour espouser vne Damoiselle Polonnoise : les Moldaues deliberent secrettement d'auoir vn autre Vaiuode & appellent vn Gentil-homme Vvalaque nommé Inouie où Iean. (estans ces deux mots d'vne mesme signification) qui estoit lors en la Cour du Turc, faisant profession du Mathumetisme pour leur Vaiuode, mot qui vaut autant que dire que Capitaine où Chef d'armée. Luy qui ne demandoit qu'à commander, assemble incontinent par le congé de Selim vint mille Turcs & autres Soldats voisins pour se metre en possession. Bogdan auoit entendu ces nouuelles sort de Vvalachie (dont Iean s'empare incontinent) & se retire en Pologne. Mais les Vvalaques coururent incontinent au rudde traitement que le nouueau Vaiuode & les Turcs leur faisoient, que leur condition estoit encores plus tolerable sous Bogdan. On recite des cas estranges de la cruauté de ce Iean, laquelle neantmoins aucuns excusent, estimans que sa grãde seuerité estoit la bride necessaire, pour retenir ces peuples volages : qui de fait luy furent plus obeyssans qu'à nul autre qu'ils eussent eu au parauant : Bogdan aiant sollicité quelques Seigneurs de Pologne, à luy fournir gens pour estre restably : Finalement apres que le Roy eut enuoié prier le Turc de luy pardonner s'il auoit forfait : Il amasse enuiron deux mille cheuaux Polonois & enuiron Pasques 1572. entre en Moldauie aiant cete troupe pour Chefs Nicolas Miclecztri Gouuerneur de Podolie & Nicolas Sienia Vvstri fils du Palatin de Russie. Somme qu'apres plusieurs escarmouches & rencontres esquelles les Turcs eurent tousjours du pire par la vaillance des Gentils-hommes Polognois. Bogdan enuoie la dessus vn des Gentils-hommes de Miecztri vers Iean son cõpetiteur, l'exhorter à ne plus faire la guerre ains quitter le rang qu'il auoit vsurpé. Iean au contraire enuoia le Gentil-hõme en Constantinople : où il fut detenu sous le faux donné à entendre par ses ennemis & fait forçat de Galleres, d'où puis apres il fut deliuré comme miraculeusement. Or d'autant que les trouppes de Iean se renforçoient : les Polognois se retirerent du consentement de Bogdan lequel par ce moien fut priué de sa principauté retenuë par Iean qui n'en jouyt pas longuement en paix : toutesfois voicy cõment. Iuonie se voiant Seigneur paisible, reprint sa seuerité acoustumée & fit mourir cruellement plusieurs des parens de Bogdan. La dessus le Palatin de la Vvalachie Transalpine aiant vn frere nommé Pierre lequel il desiroit auancer, sollicite les Bassas & autres grans Seigneurs, de la porte du Turc : pour faire mettre son frere en la place d'Iuonie, promettant double tribut assauoir six vints mil escus par an. Ajoutant à cella qu'Iuonie auoit renoncé le Mathumetisme pour fauoriser aux Chrestiens. Et qu'à l'exẽple de Bogdan il se joindroit aux Polognois pour faire la guerre à toute outrance contre les Turcs. Les Bassas gaignez par l'offre & remonstrances du Palatin : procurent que Selim enuoie homme à Iuonie le sommer de paier anuellement ce double tribut où de quitter son Grade à vn autre qui le paieroit & aller faire ses excuses de surplus à Constantinople. Le Vaiuode aiant consulté en soy mesme & communicqué puis apres auec le Conseil de Vvalachie : refuse le tribut ainsi demandé, & commande à l'Ambassadeur de se retirer tout à l'heure, sans luy faire aucun present. Les Vvalaques sachans bien à quel ennemy ils auoient a faire : apres telle response donnée du consentement de tous : conseillerent leur Vaiuode de demander secours à Henry de Valois lors Roy de Pologne. Ce qu'il fit auec longues & affectueuses remonstrances. Mais Henry & son Conseil refuserent assistance à Inouie, à l'occasion des alliances d'entre les Empereurs Turcs & les Roys de Pologne. Il y a presques ordinairement sur les frontieres de Pologne vers les Moscouites vne sorte de gens de guerre, gens de cheual Polognois : qui ne font que courir & voltiger de lieu a autre : tant pour butiner que pour garder les frontieres & brider en quelque sorte les courses des Tartares qui s'appellent en langage du Pays Cosakes. Inouie les enuoya prier de venir à son secours : leur remonstrant l'equité de la cause auec promesses de grans tresors & riches recompenses. Eux ne craignans pas en cela leur nouueau Roy, duquel en fin toutesfois ils eurẽt congé : quitterent les larges campagnes de Podolie & de Russie pour aller secourir le Vaiuode au nombre de douze cens cheuaux, ayant pour Colonnel vn Gẽtil-homme nõmé Sujercene sage & vaillant Cappitaine : sous lequel ces Kosaques paruenuz en Vvalachie au Camp du

---

May, 1574.

Vaiuode Chef ou Seigneur.

Rigoureux Gouuernemans à qui necessaire.

Tribut anuel que la Valachie dõne au Turc.

Cosakes : coureurs de Pologne en Podolie.

Vaiuode, furent honnorablement & magnifiquement traittez. Et des leurs arriuée au leuer d'vn banquet que leur fit le Vaiuode: dōna au Colonnel & à ses Cappitaines quelques bassins d'argent pleins de Ducats afin de les encourager dauantage. Et mit ordre que tous leurs hommes fussent amplement satisfaits d'vn bon espoir ja conceu. Puis ayant communiqué des affaires auecques eux: ils se preparerent tous à la Guerre. Cela se passoit au moys de May de l'an mil cinq cens septante quatre. Surquoy Selim extremement indigné de la responce du Vaiuode: enuoye incontinent trente mille Turcs & deux mille Hongres au Palatin de la Vvalachie Transalpine: luy commandant se saisir du Vaiuode, l'enuoyer en Constantinople: s'emparer de la Moldauie & en bailler le Gouuernement à son frere Pierre, lequel offroit double tribut. Ce Palatin amasse d'autres forces, tellement que son Armée estoit de cent mille hommes, qui pouuoyent bien conduicts, non seulement conquerir la Moldauie, mais quatre fois autant de païs: auoir passé le fleuue Moldaue fort harassez du chemin & n'estimans que personne n'eust s'aprocher d'eux: ils commancent à s'estendre en Campagne, & se reposer comme en temps de Paix. Le Vaiuode entendant ces nouuelles despeche incontinēt Sujercene auec ses troupes & six mille Moldaues qui entendoyent le langage Turc pour marcher deuant: luy & les siens armez plus pesamment les suiuent. Sujercene desirant faire vn bon seruice au Vaiuode, conduit si dextrement son Auantgarde qu'il enueloppe quatre cens coureurs du Palatin sans qu'vn seul eschappast desquels il prend l'Estat de leur armée. Laquelle ils disoyent estre composée de septante mille Vvalaques, trante mille Turcs & trois mille Hongres. Dont les Kosaques auertirent le Vaiuode le priant de se joindre promptemēt à eux. Cependant ils se reposent enuiron deux heures assez prez du Camp ennemy, où le Vaiuode se trouua. Puis auoir disposé ses troupes qui estoient en grand nombre, les Kosaques commancerent la charge de telle fureur qu'ils esbranslerent toute l'armée du Palatin: faisant vn meurtre incroiable des ennemis ausquels le Vaiuode vint tout soudain donner la seconde charge, en telle sorte qu'il leur estoit impossible de fuir. Car les Modalues auoient fait escarter les cheuaux Turcs & Vvalaques tellement que toute ceste grande Armée fut saccagée, foulée aux pieds des cheuaux & hachée cruellement en pieces: ne restant presques personnes pour porter les nouuelles d'vne si estrange deffaicte que le Palatin son frere Pierre & quelque petit nōbre d'autres qui trouuans moien d'auoir leurs cheuaux de bonne heure se sauuerent de vitesse. Tellement que sur le champ & quelques heures apres, moururent pres de cent mille hommes sans que la Vaiuode eust perdu nombre des siens. Car ils n'eurent autre chose à faire que esgorger ceux a qui la trop grāde asseurance, puis la peur, auoit osté les armes, le cœur & toute adresse à se deffendre. Somme que les Kosaques & Moldaues s'enrichirent tous au butin d'vne si grande armée au lieu de laquelle ils sejournerēt quatre jours pour se reposer & refraischir. Apres cela d'autant que les corps du Palatin & de son frere ne se trouuoient point: Le Vaiuode estimant qu'ils s'estoient sauuez: entre dedans la Vvalachie Transalpine met le feu en toutes les places appartenantes au Palatin, faict tuer sans pitié hommes femmes & enfans. De la il entre en vn quartier de Transiluanie où il sçeut en qu'el lieu le Palatin & son frere s'estoient retirez. Incontinent il approche de ce lieu nommé Brassouie où Brailouie, qui est vne ville assize sur le Danube aiant vn fort Chasteau, au Capitaine duquel le Vaiuode enuoie vne lettre, le priant de rendre promptement le Palatin & son frere. Ce Capitaine ne respondit que menaces niant auoir ceux qu'on demandoit. Dont le Vaiuode extrememēt irrité fit soudain ataquer la ville. Laquelle aiant esté prinse de force: fut entierement saccagée puis rasée jusques aux fondemens & tous les habitans tuez sans que nul eschappast n'y qu'vne seule maison demeurast debout. Comme le Vaiuode vouloit assieger le Chasteau il entend qu'vne armée de quinze mille Turcs venoit pour l'en empescher. Contre lesquels il enuoie incōtinent Sujercene auec ses Kosaques & huit mille cheuaux Moldaues. Lesquels firent telle dilligēce, qu'ils surprindrēt & taillerent en pieces tout cela fors mille cheuaux qui eschapperent à bien courir. Encor Sujercene leur chauffa les esperons de si pres, que la plus part demeura pasture aux Loups, chiens & corbeaux des champs. En fin les suruiuans se sauuent au Chasteau de Thenien appartenant à Selim. Pres de la estoyt vne Armée de Turcs & de Tartares contre laquelle le Vaiuode marcha par l'auis de Sujercene, laissāt le siege de Brailouie & auec les Kosaques desfit & ruina ceste Armée. Cela fait il print vne autre ville nōmée Teime tuāt tout cōme firēt les Kosaques à vne autre ville nommée Bialogrede, appartenante aux Turcs où ils eurent vn grand butin.

Legain & butin affectionne fort l'homme de Guerre.

Armée des Turcs en Valachie rōpue par les Polonois.

Victoire merueilleuse sans grande perte.

Brassouuie ruinée de fons en comble.

L'HISTOIRE DE FRANCE.

Mars 1574.

Ce fait les trouppes du Vaiuode se reposant en ce quartier: les nouuelles d'vne autre Armée de Turcs & de Tartares y estans apportées, soudain les Zosaques auec le congé de les combatre, prindrent du Vaiuode trois mille Moldaues pour renfort: auec lesquels ils chargent si resolument les ennemis bien qu'en plus grand nombre quatre fois: qu'ils les mirent en vau-

Cruauté.

de routte. Si qu'en laissans vne partie sur le champ ils amenerent deux cens prisonniers au Vaiuode fit hacher en pieces auec des faux dont on fauche l'herbe. Le General de ceste Ar-

Honneur & parolle preferée à toutes les richesses.

mée fut prins par les Rosaques: si riche qu'il leur offroit payer six fois son pesant de finances, assauoir deux fois d'or, & trois fois d'argent, & vne fois de perles, moienant qu'ils ne le liurassent point au Vaiuode. Mais estimans plus la promesse qu'ils auoient jurée que tout l'or du monde: le menerent au Vaiuode, qui l'aiant gardé quelques jours & entédu par luy beaucoup de choses de l'Estat des Turcs, le fit deschirer membre apres membre par les Soldats. Puis le Vaiuode se campa en lieu commode pour donner moien à son Armée de se reposer vn long temps, apres tant de courses, combats & trauaux soufferts par le passé. Selim estoit lors à Cõstantinople bien fasché de tant de victoires du Vaiuode. Pour aquoy remedier fit faire les processions & autres solēnitez à leur mode affin d'auoir secours du Ciel puis que celuy de la Terre luy manquoit. Les remedes furent d'enuoier encore vne puissante Armée, tant pour combattre que pour tascher d'auoir le Vaiuode par quelque moien que ce seust pour s'en d'effaire du tout. Le Vaiuode d'ailleurs entendu que Selim enuoioit contre luy vne nouuelle Armée feit venir en son Pauillon Ieremie Zarnieuiche Gouuerneur du Chasteau de Chocim place tresforte en Vvalachie. Lequel auoit esté son compagnon d'armes de long temps. Apres quelque remōstrance: il l'enuoie auec treize mille Vvalaques hommes d'eslite pour empescher aux Turcs le passage du D'anube & cependant l'auertir du nombre de leurs troupes & de leur Estat. Sur-ce aiant les larmes aux yeux, il embrasse Zarnieuiche. Lequel flechissant le genouil promit faire son deuoir & s'e acquita aussi du commancement assez bien: empescha les Turcs de passer, quoy qu'ils y fissent grand effort. Les Bassas bien ennuiez prenent le dernier expedient & enuoient trente mille Ducats à Zarnienicte pour venir secretement parler à eux. Sōme qu'aueuglé d'auarice il passe le Danube & va trouuer Pierre Palatin de la Vvalachie Tran-

Trahison remarquable.

salpine, qui estoit de là auec grosse troupe de Turcs. Pierre fait tant par belles promesses & prieres que Zarnieuiche, faussant la foy au Vaiuode: laissa passer les Turcs librement, aiant retiré ses forces arriere. Puis entassant vne trahisõ sur l'autre, il reuint trouuer le Vaiuode s'excusant de ce qu'il n'auoit peu empescher ce passage à cause que les ennemis estoient en trop grãd nombre. Toutesfois que le Vaiuode les pourroit rompre aisément, attendu qu'ils ne pouuoient estre au plus que quinze mille. Le Vaiuode ajoustant trop legerement foy à tel rap-

Armée des Turcs.

port: se mit en chemin auec les Kosaques pour aller au deuant du Turc, lesquels preuoians aucunement le mal-heur prierent le Vaiuode de bien penser aux affaires. Et cependant ne lais-

Armées des Valaques & Moldanes.

sent de donner à toute bride, auec six mille Moldaues à trauers six mille auantcoureurs Turcs, lesquels ils mirent en route donnans si auant qu'ils eurent assez de moiens à connoistre que Zarnieuiche thraissoit son maistre. De-fait l'Armée des Turcs mōtoit apres de quatre vints mille hommes. Celle du Vaiuode compris les Kosaques estoit d'enuiron trente mil hommes, laquelle fut disposée en trente escadrons, la pluspart de gens de pied combattans auec des faux, Arcs, Cimeterres & leuiers: trainans quatre vints doubles Canons. Vn peu auant la bataille le Vaiuode aiant d'vn costau prochain descouuert la multitude des ennemis, connut lors le meschant tour de Zarnieuiche lequel il fit appeller. Mais il se voulut excuser, disant qu'il se preparoit pour combattre les Turcs. Surce les trompettes sonnent, & Zarnieuiche au lieu de combattre commit vne troisième trahison qui ruyna entierement le Vaiuode. Car suiuant ce qu'il auoit conclud auec les Bassas il commande aux treize mille Moldaues qu'il conduisoit, de baisser les Enseignes, mettre leurs chappeaux au bout des Iauelots & des espées, les hausser en l'air & baisser les testes. Ce que les Turcs voians: hausserent leurs picques & cimeterres, leur faisant signe qu'ils se vinssent joindre à eux: ce qui fut faict. Le Vaiuode entendant ceste reuolte ne perdit courage ains marche resolument au combat. Les Turcs s'auancent aussi & s'attendans bien que les Canons du Vaiuode donneroyent à trauers leurs bataillons,

Thraitres punis.

contraignirent les treize mille Moldaues reuoltez de marcher en front: tuans ceux qui reculoient: Le Vaiuode extremement d'espité de la menée de ces traistres feit d'escharger l'Artillerie qui les despecha presque tous. Les Turcs marchans par dessus ces corps deschirez: vindrent

drent au combat ou les Kosaques se porterent si vaillamment qu'ils mirent en route l'auant-garde auec vn tel carnage que le sang ruisselloit de tous costez. Puis auoir soustenu & repoussé vn autre bataillon de Turcs, se retirent, prés du Vaiuode, lequel ayant fait recharger l'artillerie, donne de rechef à trauers la bataille des Turcs en laquelle y eut vn terrible meurtre de part & d'autre. Finallement les deux armées se separent, & la dessus suruint vne grosse pluye, laquelle rendit l'artillerie du Vaiuode inutile dont vint sa deffaite. Car vint mil Turcs reuindrent à la charge incontinant que la pluye fut arrestée qui furent neantmoins vaillamment soustenus & repoussez par les troupes du Vaiuode. Mais vn autre bataillon de Turcs & de Tartares tous fraiz donnerent à la trauerse qui mirent les Moldaues & Walaques en route. Les Kosaques ayans fait vn merueilleux deuoir quiterent leurs cheuaux & se joignirent aux gens de pied, auec lesquels ils recouurerent soixante pieces d'artillerie que les Turcs auoiēt prinses. Toutesfois d'autant que cela leur donnoit trop de peine à trainer: les laisserent toutes chargées en campagne. Et comme les Turcs s'en pensoient seruir, elles creuerent toutes en les deschargeant. Ce pendant le Vaiuode se retira auec le reste de son armée, montant à vint mil hommes. Si mal auisé de clorre & fortifier son camp en lieu fort incommode d'autant que l'eau en estoit loin tellement que ses gens mouroient de soif extreme. Si que le General Turc ne voulant fuir à si belle occasion, dés le dixiéme jour de Iuin fait enuironner ce camp de toutes pars, afin que personne n'eschapast. Et le lendemain dés le matin cōmencent à canonner, sans grand effet toutesfois, par la dexterité des assiegez, qui en quelques escarmouches tuerent grand nombre des Turcs. Si que les Bassas considerans qu'ils ne pouuoient forcer le camp du Vaiuode sans perdre autant ou plus d'hommes qu'auparauant: enuoie sōmer le Vaiuode de se rendre à bonne composition. A quoy il preste l'ouïe & le promit faire, moiēnant que les Bassas luy jurassent par sept fois, de luy tenir trois choses. L'vne de laisser aller sains & saufs les Kosaques auec leurs cheuaux armes & bagage: L'autre qu'ils ne liurassent vif entre les mains de Selim. La tierce qu'on ne fist aucun tort aux personnes & biens des VValaques & Moldaues qui estoient en son armée. Les Kosaques estoient resolument d'auis que le Vaiuode auec eux & le reste de ses troupes allassent donner de pied & de teste à trauers les bataillons Turcs, & mourir vaillamment les armes au poing, plustost que se fier en ceux qui ne leur tiendroient la foy. Mais le Vaiuode ayant pitié de son armée si harassée & tant trauaillée de soif aima mieux suiure l'autre party, lequel les Bassas promirent obseruer & le jurerent par sept fois. Occasion que le Vaiuode les alla incontinant trouuer ayant dit à Dieu aux Kosaques ausquels il fit encores quelques presens leur donnant son cimeterre & son poignard. Puis aux soldats qui le suiuoient en fit d'autres. Et tout desarmé entra au camp des Turcs ou il se presenta aux Bassas, accompagné d'vn Polonois. Là s'estans mis à deuiser auec quelques Turcs vn Bassa nommé Capuce prenant occasion de se despiter de ce qu'il parloit trop long temps: desgaine son cimeterre & courant sus au Vaiuode luy fendit la teste & perça le ventre le renuersant mort. Incontināt les Ianniffaires le prenent & luy coupent le col. Puis attachēt le corps aux pieds de deux cheuaux qui le deschirerēt en pieces. La teste ainsi couppée & cassée fut mise au bout d'vne picque le corps haché par menus morceaux dont les principaux prindrent chacun vne piece frottant leurs cimeterres au sang qui fumoit encor & le faisoient boire à leurs cheuaux, afin qu'ils fussent plus furieux à la guerre. Or comme celluy qui s'est perjuré vne fois ne fait difficulté de continuër jusques à sept: les Turcs acourent incontināt au camp du Vaiuode & tuent cruellement les soldats qui destituez de leur Chef estoient à demy morts. Les Kosaques voians qu'il n'y auoit moien de retourner en Pologne & que toutes promesses estoient nulles, se rassemblent & d'vn cœur genereux se fourrent à teste baissée parmy les Turcs. Si que las de tuer moururēt tous les armes au poing exceptez quelquesvns qui demeurerent prisonniers au nombre de douze, dont Sujerceue estoit le principal qui eschaperent puis apres moiennant grosse rançon fournie par quelques grans Seigneurs de Pologne. Durant leur captiuité ils furent solicitez plusieurs fois de se ranger au Mahometisme. Mais y bouchans l'oreille se retirerent finallement en leurs pays ou nous les lairrons aller afin de retourner aux affaires de France. Pour reprandre & mieux faire conoistre l'Estat de laquelle aprez le decez de son Roy Charles neufiéme: me semble qu'il sera meilleur de vous faire entendre que l'autorité & puissance de conduire l'Estat fut laissée à la Royne mere selon le pouuoir que son fils luy en fit expedier peu auant sa mort, qui depuis fut autorisé, & pu-

Mort genereuse & remarquable de peu de soldats.

L'HISTOIRE DE FRANCE.

May. 1574.

blié par la Cour du Parlement de Paris tel qui suit.

Lettres patentes de la Regence, Gouuernement & administration du Royaume, pour la Royne mere du Roy attendant la venuë de Henry Roy de Pologne.

CHARLES par la grace de Dieu Roy de France: à tous ceux qui ces presentes lettres verront, Salut. Considerant qu'il est tres-necessaire de pouruoir aux affaires qui se presentent ordinairement, tant au dedans que dehors nostre Royaume pour l'entretenement grandeur & conseruation de ceste Couronne: ny pouuans vacquer ny remedier ainsi qu'il est requis, pour raison de l'indisposition & malladie de laquelle nous sommes à present detenuz: Et pour cest effet nous ne sçaurions faire ellection de personne, sur laquelle nous nous puissions plus reposer, que sur la Royne nostre treshonorée dame & mere: Et qui auec plus de zelle & affection, embrasse ce qui nous touche & cest Estat: tant pour l'amitié maternelle quelle nous porte, que pour la longue esperiance quelle a euë de la direction & maniement des affaires de ce Royaume depuis nostre minorité jusques à present quelle y a esté appelée du consentement & requisition de l'assemblée generalle des Estats qui fut faite apres le decez du feu Roy François nostre treshonnoré Seigneur & frere. Pour ces causes & autres grandes considerations à ce nous mouuans & de nostre propre mouuement pleine puissance & autorité Royale, nous auons donné & donnons à la Royne nostredite dame & mere plein pouuoir, puissance & autorité d'ordonner & commander aux Princes tant de nostre sang, qu'autres nos Cours de Parlement, Mareschaux de France, Gouuerneurs de prouinces, nos Lieutenans Generaux, Capitaines de cent Gentilshommes de nostre maison & de nos gardes, Baillifs, Seneschaux & autres nos Officiers: Et generallement à tous nos sujets de quelque qualité & condition qu'ils soient. Tout ce qu'elle verra & conoistra estre bon, vtille & necessaire pour la conseruatiõ de cest Estat: faire & ordonner toutes les depesches qu'elle auisera deuoir estre faites tant dedans que dehors nostre Royaume. Voulons que nos Conseillers & Secretaires d'Estat ayent à luy obeir & faire ce que par elle leur sera commandé tout ainsi que si c'estoit par nous mesmes. Et que le semblable soit fait par elle pour le fait de nos finances. Commandant par exprez aux Thresoriers de nostre espargne de ne bailler aucunes assignatiõs ne faire aucun paiement que par son expres commandement: exortant & admonestant tous les Archeuesques Euesques & Prelats de cedit nostre Royaume de continuër en leur deuoir & Office. Ainsi qu'ils ont fait jusques à p̃sent. Et ou il plairoit à Dieu faire sa volõté de nous & nous appeller à soy: sachant que apres nous ne laissant point d'hoirs masles par les Loix de tout temps obseruées en ce dit Royaume. Le Roy de Pologne, nostre trescher & tresaimé frere est appelé à la succession de ceste Couronne: En attendant son retour dudit Royaume de Pologne. Et affin que vn chacun se contienne en son deuoir & office. Et pour luy faire rendre l'obeissance qu'il luy sera deuë: Nous auons par mesme moien dit & declaré & ordonné: disons, declarons, voulons & nous plaist. Que la Royne nostre dite dame & mere ayt toute puissance & autorité d'ordonner & commander à tous nos dits sujets de quelque qualité qu'ils soient, tout ce qu'elle verra & cognoistra deuoir estre fait pour rendre l'obeissance qui sera deuë au Roy de Pologne nostre dit frere: Chastier & punir par nos Cours de Parlement & autres nos Iuges & Officiers, tous de ceux qui serõt desobeissãt à leur Roy & prince: faisant assembler s'il en est besoin toutes les forces tant de gens de cheual que de pied qui sont de nos ordonnances & à nostre solde: & tous nos autres sujets de quelque qualité & condition qu'ils soient. Ausquels nous enjoignons tresexpressémens d'obeir à ce qui leur sera ordonné & commandé par la Royne nostre dite dame & mere: tout ainsi qu'ils feroient à nostre propre personne & a celle du Roy de Pologne nostre dit frere. Si donnons en mandement à nos amez & feaux les gẽs tenans nosdites Cours de Parlemens, Gens de nos comtes, Baillifz, Seneschaux & à tous nos autres Iusticiers & Officiers qu'il appartiendra qu'ils aient à faire lire & enregistrer chacun en son endroit en nosdites Cours Sieges & Iurisditions nos presens pouuoir, declaration, vouloir & intention & icelluy garder & faire garder obseruer & entretenir de point en point selon sa forme & teneur. En tesmoin dequoy nous auons fait mettre nostre seel à sesdites presentes car tel est nostre plaisir. Donné au Chasteau du bois de Vincennes le trentiéme jour de May l'an mil cinq cens soixante quatorze. Et de nostre regne le quatorziéme. A huit heures du matin. Signé sur le reply par le Roy. Les Ducs d'Alençon son frere, le Roy de Nauuarre Cardinal de Bourbon & autres presans. Depuis le Roy de Pologne aiant veu & leu ces lettres les autorisa, cõfirma & augmẽta au desir de la Royne sa mere à laquelle il dõna bon espoir de sa prõpte venuë en Frãce. De Cracouie le   Iuillet Publiées & enregistrées Oy requerant & consentant

Puissance & autorité de Regence.

Henry 3. Roy de Pologne destiné Roy de France.

LIVRE TRENTESEPTIEME. 224.

confentât le Procureur general du Roy. Apres que la Royne mere dudit Seigneur fur la priere requefte & fupplication à elle faite, tant par le Duc d'Alençon, le Roy de Nauarre, que le Cardinal de Bourbon, Princes du fang & Pairs de France: enfemble par les Prefidens & Côfeillers commis par ladite Cour à cefte fin: A accepté la regence Gouuernement & adminiftration de ce Royaume. A Paris en Parlement le troifiéme jour de Iuin l'an mil cinq cens foixante quatorze.

Le mefme jour du decez du Roy, la Royne mere fort dolente & empefchée: defpefcha Chemeraut pour aller en Pologne auertir fon fils de ce qui eftoit furuenu affin qu'à quelque pris que ce fut il f'acheminaft en France. Il partit fur les neuf heures du foir de ce jour & fut en Cracouie treze jours apres. Or de peur qu'il ne luy auint quelque empefchement fur le chemin ou par malladie ou autrement: elle voullut que le Mardy fuiuant Neuuy partift auec pareille charge. Craignant au refte que le Roy de Pologne ne peuft partir fi toft: pour mieux affeurer les affaires ce pendant, elle & fon Confeil f'auiferent de trois expediens, l'vn de luy faire apporter lettres patétes du Roy de Pologne confirmatiues de fa Regence. L'autre de traiter quelques trefues auec ceux de Poitou. Car elle tenoit prifonnier le Comte de Montgommery & la ville de faint Lo affiegée. Quand à ceux de Dauphiné ils auoient en tefte le Prince Dauphin. Et pour le Regard du Lāguedo on efperoit les mener à raifon auec le temps & les moiens. Le troifiéme expedient eftoit qu'elle efcriuift & fift efcrire par le Duc Dalençon & le Roy de Nauarre lettres aux Gouuerneurs des Prouinces, affin de leur faire afçauoir ce qui f'eftoit paffé. Et par leur autorité tenir ceux de la Religiō en branfle, attendant autre cōmodité. Nous lairrōs ceux qui couroiēt jour & nuit en Pologne pour confiderer ce qui fe faifoit ailleurs.

**
*

Chemeraut defpefché vers le Roy de Pologne pour luy porter la mort du Roy.

Moiens que tint la Royne pour mieux autorifer fa Regence.

SOMMAIRE
Du Trentehuitiéme Liure.

OCCASIONS que plusieurs Protestants & Catholiques, se disoient auoir pour maintenir & continuer les armes nonobstant la mort du Roy qui en refroidit beaucoup neantmoins. Diuisiōs à la Rochelle ou la guerre sur mer desplaist à quelques habitans. Lettres de la Regente aux Rochellois ausquels elle enuoie l'Abbe de Gadagne pour leur faire poser les armes attendans la venue du Roy de Pologne, duquel elle leur donne tout bon espoir. Treues entre les Catholiques & Confederez faite prez la Rochelle. Le Comte de Mongommery executé à Paris. Henry de Bourbon Prince de Condé ja retiré en son Gouuernement de Picardie sort d'Amiens pour gangner l'Allemagne, ou il se retire auec plusieurs autres. R'escrit aux Protestans de France pour les encourager sur l'espoir de ses negociations à leuer vne armée d'Allemans en leur faueur. Le Mareschal d'Anuille mal content se ligue auec les Protestans: qui donnent nouueau reglement à leurs affaires, apres qu'il à enuoié instructions au Roy de tout l'Estat de son Gouuernement de Languedoc & de ce qu'il luy conseilloit y faire pour maintenir le pays en Paix. Arrests du Parlement de Tolose Capitalle de Languedo contre le Mareschal qu'ils ne reconnoissent plus à Gouuerneur, ni officier de la Couronne. Il ordonne vne treue neantmoins entre les Catholiques & Protestans. Estat de Dauphiné & pays voisins auec les exploits de l'armee Catholique que le Prince Dauphin y mene. Liuron assiegé, battu & vain assaut sur les Protestās. Lettres de la Royne aux Gouuerneurs des prouinces. Causes de la mort du Roy Charles. Lettres du Duc d'Alençon & du Roy de Nauarre aux Gouuerneurs pour autoriser la Royne mere en sa Regence. Calomnies naturelles à tous hommes & ordinaires en tous Estats, nommément és republiques inferieures: au moien d'vne certaine liberté que le peuple s'y donne plus qu'és autres Estats. Declaration du Prince de Condé sur la leuee de Reistres & so acheminement en France à main armée contre les Catholiques. Lettres du Prince au Roy de France & de Pologne auec la resolution & articles sous la condition desquels les Protestans & Catholiques vnis de France assemblez à Millaud en Rouergue, reconnoissent pour Chef general de leurs Eglises le Prince de Conde sous l'autorité du Roy pour les comander & deffendre contre les Catholiques: jusques à ce que par vne legitime assemblee des Estats Generaux il soit autrement pourueu au Royaume. La Noue, le Baron de Frontenay le jeune, Comte de Montgōmery & autres à la Rochelle. La Dame de Bonnenal enuoiée par la Regente pour la Paix à la Rochelle. D'où la Noblesse & autres enuoiēt Popelliniere & le Feure deputez à leurs Confederez de Languedo & quartiers voisins à mesme effet: Qui sont arrestez en Quercy par Clermōt de Lodeue gouuerneur du pays, & depuis relaschez par le commandement de la Regente. Surquoy l'autorité des Ambassadeurs est deduite. Puis la harengue des Depputes eslargiz aux Estats de Millaud. Et pourquoy la Paix ny fust arrestée. Changemans à Florence & la Creatiō de Cosme par le Pape en titre de grand Duc de la Toscane contre les remonstrances & opositions formées par l'Ambassadeur de l'Empereur Ferdinand & autres Potentats d'Italie. Association entre le Mareschal d'Anuille & ses partisans auec les Protestans de France & les conditions sous lesquelles ils le reconnoisset Chef en l'absence du Prince. Auec la Protestation des Eglises Confederées. Exploits de l'Armée Catholique sous le Duc de Montpencier en Poitou, Isles & quartiers voisins. La Noué harengue les Rochellois. Le Roy de Pologne sort secretement de Cracouie pour venir en France. La Boissieue Brisson enuoié par la Regente aux Rochellois: à aucuns desquels apportant lettres, il met tout en soupçon & deffiance. La Noue ne veut aller trouuer le Roy s'il ne plaist à ceux de son party. Terride & Dodou retournans des Estats de Millaud surprennent Castres en Albigeois par escalade sur la minuit & y establissent vne retraite à tous leurs Confederez des cartiers prochains. La forme y est representée auec la ville & son anciencté: ensemble le pays, foy & creance des Albigeois.

LE liure precedant, vous à fait voir les differēs qui auoient derechef partialisé tant de François à se poursuiure si animeusement les vns les autres. Ce qu'on ne treuuera si estrange, quand on considerera que les François ne se sont seulement diuisez en Catholiques & Protestans: Ains chacun party s'est presque plus estrangement bandé en soy mesmes par ligues particulieres, qu'en General. Il est certain que si des Catholiques aucuns desiroient plus la paix que la guerre, qu'ils maudissoient à toute heure, detestans les auteurs & nourrissiers d'icelle: les Protestans estoient encor plus brouillez de differens auis

par

LIVRE TRENTEHVITIEME

par entr'eux. Et bien que le feu en fut aucunement couuert, pendant que les troupes estoiēt emploiées en la campagne: Si est-ce, qu'auec le temps & les forces retirées és garnisons, la cendre ne peut long temps couurir l'ardeur & violence du feu qui en cuida brusler quelques vns à la Rochelle: mesmement entre la Noblesse & ceux de la ville, à cause de plusieurs disputes & diuerses oppinions touchant le droit ou injustice de ceste guerre. Estans plusieurs d'auis, que veu la mort du Roy, l'on ne pouuoit legitimement & en bonne conscience continuër à se maintenir par les armes leuées du viuant de Charles. Et n'en estoit le nombre si petit tant en la Rochelle qu'aux prouinces circonuoisines, qu'ils ne fissent le tiers du party qui eussent bien voulu retirer leur espingle du jeu;& qui aprehendoient terriblement la regēce de la Royne mere & la venuë prochaine du Roy vray heritier de la Couronne: duquel le populaire par toute la France menaçoit estrangemēt ceux de la Religion. Aquoy ils ajoutoient la consideration des malheureux euenemens de presque toutes leur entreprises passées. Notamment la deffaite & prise du Comte de Montgommery, l'infortune duquel leur sembloit auoir attiré la perte de toute la Normandie & pays voisins: le secours desquels s'estoit mesme incorporé pour la plus part aux trouppes ennemies dont le Duc de Montpencier estoit fait Chef pour descendre en Poitou: & mettre fin à tous les moiēs qu'y auoient les Protestās. Ceux qui estoient de contraire auis,& qui desiroiēt courir jusques au bout de la Carriere:disoiēt qu'il falloit entrer plus auāt en besoigne que jamais,&que l'heure estoit venuë que ceux de la Religiō deuoiēt d'autāt plus mōstrer leur courage.Que les desseins des Catholiques sembloiēt estre retardez,à tout le moins fort esbrālez par la mort du Roy.Lequel cōbiē qu'il fut mort n'estoit pourtāt la cruauté dses Conseilliers qui auoit eu la vogue pendāt son regne,encor esteinte & assoupie,estās les principaux Ministres & instrumēs de toutes les cruautez qui s'estoient parauant exercées. Et que l'on sçauoit assez auoir allumé tous les troubles & guerres passées, esleuez pour le jourd'huy aux plus hauts degrez en ce Royaume: voire auec tout tel commandement & puissance,qu'ils auoient jamais peu desirer.Ils mettoient aussi en auant pour contre poix au peu de moiens qu'alleguoient les autres, l'attente certaine qu'ils auoient du grand secours que le Prince de Condé rassembloit en Allemagne sous la creance du Duc Casimir. Les heureux portemens de leurs freres en Dauphiné, Languedoc, Gascongne, Perigord,& autres quartiers: esquels ils ne se sont mostrez moins heureux que les Normans esperduz & disgraciez. Et outre, l'espoir asseuré que les plus grans du Royaume leur donnent d'vn secours prochain,aussi qu'ils en ignorēt & mescroiēt les moiēs & occasiōs.Qu'en tout cas,on ne doit jamais juger du merité d'vne entreprise par les ennemis:non plus qu'à l'apparence exterieure d'icelle,qui sont choses incertaines & trop variables pour y asseoir vn bon jugement: Ains selon la verité & Iustice de la cause, quelque malconduite qu'elle puisse estre, comme il est du tout impossible, voire au plus excellent General d'armée que la nature sçauroit produire, de mettre tous ses desseins à si heureuse fin:à cause de la rencontre de mil & mil inconueniens qui entrauersent ordinairement le cours des plus beaux projets du monde. Mais quand vn Chef se tient tousjours sur soy, sans aller esguarer ses sens pour mieux pouruoir à tout ce qui luy sera possible: il n'est à blasmer,ains à cherir & honnorer d'vn chacun.

La mort du Roy refroidit plusieurs Protestans.

Occasions que pretendoient les Protestans & Catholiques vns à la continuē des armes.

La guerre neantmoins cōmençoit fort à desplaire de plus en plus à quelques particuliers de la Rochelle. Mesmes aucuns des principaux marchans se scandallisoient grandement de tant de prises qui se faisoient ordinairement par la mer. Disans haut & clair que de tous les excez, depredations & autres actes d'hostillité qui se faisoient par ceste voie: le tout redondoit au grand deshonneur & scandalle de la ville: Et que leurs enfans à l'auenir accuseroient à bon droit la memoire de leurs peres d'auoir souffert telles voies de fait, qui n'estoit point vraye guerre mais vne pure ruyne & destruction d'vne infinité de poures marchans. Le principal de ceux qui auoit la matiere plus affectée fut Claude Huet, Escheuin de ladite ville, lequel enuiron ce temps presenta vne rēqueste sous signée de quelques autres marchans tendant à ce que les congez qui auoiēt esté donnez pour faire la guerre par mer fussent reuocquez:A tout le moins la puissance & liberté de prandre autrement moderée & restrainter Guillaume Texier dit dés Fragnez homme de subtil esprit estoit pour lors Maire de la Rochelle. Lequel pour faire droit sur ladite requeste feit surseoir l'execution desdits congez & feit mesmes couuertement retarder quelques Nauires qui estoient prests à sortir. Le tout neantmoins sans prejudicier à l'associatiō qu'ils auoiēt jurée auec la Noblesse & en attendant la venuë de la Nouë.

Guerre par mer deplaist à plusieurs de la Rochelle pourquoy les raisons contraires & l'ordonnance qui s'ensuiuit

Luy

Luy donques arriué à la Rochelle se trouua à l'Escheuinage le vintiéme jour de Iuin ou s'assemblerent les principaux de la ville & grand nombre de peuple. La fut longuement disputé du droit ou injustice de la guerre qui se faisoit par mer & si en bonne conscience l'on pouuoit prandre les biens & marchandises des François Catholiques. Car quand aux Espagnols & Portugais le scrupule sembloit en estre du tout osté. Et s'en trouuoit bien peu qui deffendissent leur cause en cest endroit. Comme estans reconuz en partie pour flambeaux des troubles de Frâce, & ennemis capitaux de ceux qui font telle professiō de l'Euāgille. La Nouë se trouuoit assez perplex sur tant de disputes & desiroit fort estre esclarcy comme on se pourroit gouuerner en cest endroit. Disāt qu'il ne vouloit en rien blesser sa côsciéce pour prandre de l'autruy, & que ceste espece de guerre nauuale auoit esté trouuée bonne comme le plus prompt moien de faire deniers & trouuer argent sans lequel ceste guerre ne se pouuoit continuer. Prioit en somme les assistans que s'il y auoit aucun d'eux qui peut subtiliser autre moien de trouuer finances qu'il le dist & qu'il en seroit tres aise, pour oster toute doute & scrupule de conscience à vn chacun. Et d'autant que d'aucuns estoient d'auis de restraindre les congez sur les estrangers seulement assauoir sur les Portugais & Espagnols, & ne toucher aux François: le tout suiuant la protestation parauant publiée: La Nouë demanda s'il estoit plus licite de courir sus a ces nations estrangeres venans des Indes ou d'autres lointains voiages & viuans paisiblement en leur trafic: que de s'attaquer à nos voisins mesmes, qui faisoient journellement menées & pratiques contre nous: qui auroient encores les mains toutes sanglātes de tant de massacres faits par les meilleures villes de ce Royaume: Et qui ne souhaitoient que l'heure de racler le demourant. Cela ne sembloit que trop aisé à vuidér, sans entrer plus auant en dispute. Ainsi la Nouë à son arriuée ne se pouuoit contenter d'autant mesmes qu'il estoit porté par ladite requeste qui fut leuë en ceste assēblée qu'il auoit esté parauāt arresté au Côseil que les congez seroient reuoquez. Disant la Nouë que cela ne s'estoit deu faire sans appeler la Noblesse autrement que c'estoit contreuenir à l'association. Le Maire allegoit que le tout ne s'estoit fait que par prouision & en attendant sa venuë affin de luy en communiquer & passer par son auis. Pour le faire court il fut resolu que les congez auroient lieu cōme au parauant fors pour le regard des Catholiques qui n'auoient porté les armes & qui ne seroient trouuez du nombre des massacreurs. Le tout suiuant la protestation faite parauant la prise des armes & sans contreuenir à la liberté du trafic octroiée à tous ceux qui voudroiēt venir librement à la Rochelle & autres lieux occuppez par ceux de la Religion tant de Bordeaux, Nantes que autres villes de ce Royaume.

<small>Reglement sur le fait des congez de mer.</small>

TOVCHANT la liberté du trafic dont il est parlé en cest endroit: cela fut permis indifferemment des le commencement à tous marchans quels qu'ils fussent qui voudroient aller à la Rochelle auec grande deffence de leur medire ou mesfaire. Ce qui n'estoit que pour mieux munir & auitailler les places & faire vn nombre infiny d'argent du sel & du Vin qui est tout le trafic du pays: lequel par ce moien se transporteroit en plus grande abondance. Cela fut gardé pour le respect de ceux de Bordeaux principalement bien peu de temps: à cause de quelques menées & praticques qui se faisoient sous ceste couuerture qui feit rompre ceste liberté de commerce. Mais les Ollōnois qui sont les meilleurs mariniers de Poitou & qui plus nauiguent en Espagne que autres de toutes ces costes, s'en trouuerent bien: ayans auec toute liberté & saufs conduit des Rochellois nauigué de toutes pars: tant que la guerre à duré & y ont bien plus gangné qu'ace qu'ils firent aux troisiémes toubles lors qu'ils se banderēt contre les Protestants, qui en fin les ruynerent presque de fons en comble. Outre la perte de quatre à cinq cens de leurs meilleurs hommes qui furent tuez à la prise des Sable d'Ollonne au mois de Mars mil cinq cens soixante dix.

<small>La Royne mere Regēdesire assoupir la guerre par douceur.</small>

<small>Abbé de Gadagne deputé de la Regente ves les Protestans pour les apaiser.</small>

SVR ces entrefaites la Royne mere sachant que le plus seur & plus aisé moien pour contenir ceux qui auoient pris les armes: à tout le moins les principaux & qui plus y pouuoient: estoit de les arrester par douceur & belles remonstrances attendant la venuë du Roy: depescha l'Abbé de Gadagne nouuellement venu de Pologne auec lettres de ladite dame, du Duc de Montpensier & de Strossy tant à la Nouë que à ceux de la Rochelle. Par lesquelles entre autres choses elle les exortoit de rentrer en leur deuoir & ne troubler ainsi le Royaume en l'absēce de celuy auquel legitimemēt il apartenoit: qui pa rauāture s'en pourroit vēger à sō retour ores que naturellement il fust bening & bien resolu de maintenir ses sujets en paix sous l'exercice

<small>Letres de la Regente aux Chefs des Protestans & aux Rochellois</small>

cice de l'vne & l'autre Religion cōme saMajesté auoit assez declaré tant de sa propre bouche à ceux qui l'estoient allé trouuer, que par vne infinité de depesches aux principaux officiers & seruiteurs de la Couronne & aux meilleures villes de ce Royaume. Et qu'il auoit la Paix d'autant plus à cœur, que le malheur & hazard des guerres passées luy auoient assez apris cō-bien tels discords & partialitez ciuilles importoiēt pour le repos d'vn Royaūme: mesmes au nouuel auenement d'vn Roy qui si doit tousjouns tracer & ouurir le chemin plus battu par mansuetude & oubliance du passé: que pour quelque aigreur & appetit de vengeance. Qu'el-le de sa part comme ne voulant abuser du degré ou le feu Roy son fils l'auoit laissée, & ou les Princes du sang & Estats de ce Royaume l'auoient confirmée: estoit bien resoluë de fortifier de plus en plus le Roy en ceste bonne intention qu'il monstroit au bien & repos de ses sujets. Et que pour ce faire elle n'y espargneroit chose qui fust en sa puissance: assurant de sa part les-dits de la Religion, qu'ils n'auroient jamais meilleure Auocate enuers sadite Majesté qu'elle mesmes. Les priant partant de se retirer chacun en sa maison y viuant paisiblement en liberté de cōsciēce selon les Edits du feu Roy en attendant la venuë du Roy de Pologne leur souuerain Seigneur, qui s'estoit ja acheminé pour son retour & qui reconoistroit vn chacun selon le me-rite de son obeissance.

L'ABBE de Gadagne auoit creance de la Royne pour cest effet & n'oublia rien le jour mesme de son ariuée pour persuader les Rochellois par belles remonstrances: & publier hautement les rares & excellentes vertuz du Roy, qu'il sasuroit n'auoir plus grand desir au lieu de martial qu'il s'estoit tousjours monstré en France: que de fermer maintenant le Té-ple de Ianus. Aiant bien apris qu'il n'y auoit chose en ce monde plus propre à ruiner les plus fortes & plus grandes Monarchies, que les guerres & dissentions ciuilles. Rien au contraire pour les maintenir & estandre que l'vnion des sujets & l'amitié qu'ils portent à leur Prince. Mais enfin il coneut assez par les deportemens de ceux ausquels il auoit affaire: combien il es-toit difficile de terminer tel different sur le champ. Encores moins de les faire condescendre à ce qu'il remonstroit de la part de la part ROYNE. Car par tout il n'oioit que plaintes & mescontētemes bien estranges. Principallement a cause de la Captiuité de Monsieur, frere du Roy. Du Roy de Nauarre & des Mareschaux de Montmorency & de Cossé. Son recours donc fut de capituler quelques trefues qu'il demādoit pour trois mois. Et ce pour les prouin-ces de Poitou, Saintonge Angoumois, ville & Gouuernement de la Rochelle: suiuant le pouuoir qu'il monstroit en auoir de la Royne. Sur ce, fut fait vn abouchement à Theré, dis-tant de trois lieuës de la Rochelle, le Dimanche vintseptième Iuin: auquel se trouuerent Bi-ron, Strossi & de Gadagne d'vn costé. La Nouë & Mirambeau d'vn autre.

Harengues de l'Abbé de Gadagne aux Rochellois pour les persuader à quiter les ōrms.

Trefues pour deux mois accor-dées à Teré & les arti-cles.

Dont les articles proposez & debattuz d'vne part & d'autre: furent en fin arrestez sous le bon plaisir de ladite dame le vintseptième Iuin mil cinq cens septante quatre. Premierement ql'il y aura d'vne part & d'autre suspention & cessation d'armes offenciues & deffenciues sans que on se puisse recercher pour s'offencer, assaillir ou surprandre l'vn l'autre en quelque ma-niere que ce soit pour deux mois, commançans le premier jour de Iuillet prochain & finissant le premier jour de Septembre ensuiuant. Sinon que le bon plaisir de sa Majesté feust la prolōger d'vn mois ou dauantage. Ce pendant ledit temps chacun se contiendra sans desor-dre & paisiblement és villes, places, Chasteaux & autres lieux qui sont de present entre leurs mains & les proprietaires d'iceux de quelque qualité qu'ils soient jouyront de leurs fruits & reuenuz en toute seureté & liberté: sans toutesfois qu'ils se puissent preualloir d'aucune au-torité & commandemens esdits lieux & places tenuës par ceux de contraire Religion. Et pour faire cesser les leuées & cueillettes que font ceux de ladite Religion des deniers Royaux & Ecclesiasticques, pour la solde & entretenement de leurs gens de guerre & autres fraiz tāt ordinaires qu'extraordinaires: Lesdits sieurs de Biron & de Gadagne promettent sous le bon plaisir de ladite dame, de leur faire paier & deliurer la somme de trente cinq mil liures tour-nios par chacun mois, qui est pour lesdits deux mois que durera ladite cessation d'armes la sō-me de soixante dix mil liures tournois. De laquelle le premier paiement se fera le vintcin-quième jour de Iuillet prochain & l'autre & second paiement le premier jour d'Aoust ensui-uant. Que lesdits paiemens se feront en la ville de la Rochelle ou en celle de Fontenay. Et à deffaut de l'aquit & paiemēt desdites sōmes ou de l'vne d'icelles audits termes du jour que l'on desfaudra ladite suspētion demeurera nulle. Et ce pendant affin que lesdits de la Religion puis-

Articles de la tresue faite à Teré prez la Ro-chelle.

sent

sent entretenir leursdits gens de guerre, & empescher qu'ils ne prennent aucune chose sur le plat pays: leur sera auancé le premier jour du mois de Iuillet prochain, la somme de dix mil liures. Sauoir six mil liures pour la prouince de Poitou, deux mil liures pour la Saintonge, & pareille somme de deux mil liures pour l'Angoumois, qui sera desduite & rabatuë sur le premier paiement desdits trente cinq mil liures tournois, Et au cas que ladite somme de dix mil liures paiable comme dit est, ne soit deliurée dedans le deuxiéme de Iuillet, lesdits de la Religion pourront faire viure leurs gens de guerre en la campagne. Et les deniers des tailles & autres subcides ordinaires; Lesquels neantmoins seront precomtez sur ladite somme de trente cinq mil liures tournois paiable le vintcinquiéme Iuillet. Comme aussi ce qui aura esté baillé desdits dix mil liures tournois. Sans que pourtant il soit prejudicié à ladite cessation. Et si aucun desdits pays de Poitou, Saintonge & Angoumois auoient satiffait ausdits paiemens pour leur cotté: les gens de guerre qui seront en la prouince de celuy qui aura paié: se retireront & contiendront en leurs garnisons pour y viure de leur solde. Que aussi tost que ladite somme de dix mil liures tournois ou partie d'icelle comme dit est, aura esté touchée: lesdits de la Religion feront retirer leur Caualerie & infanterie dans les places qu'ils tiennent. Et ne sera par eux prins aucune chose ne leué aucuns deniers ordinaires ne extraordinaires sur le peuple: ne pareillement aucuns fruits & reuenuz des biens Ecclésiastiques ne autres de quelque nature qu'ils soiët. Et pour l'asseurance du paiemët desdites sömes: les receueurs de Fontenay & des autres places que tiennent lesdits de la Religion: ne pourront vuider leur mains pour quelques causes que ce soit des deniers de leurs receptes que prealablement lesdites sommes n'aient esté paiées & aquitées. Et pour ce exerceront leurs charges & offices comme ils faisoient au parauant les presens troubles: si bon leur semble ou par leurs commis. Que lesdits de la Religion demeureront quites & deschargez de tous deniers des tailles & autres subcides, qui auroient esté prins & leuez pour eux jusques au premier jour de Iuillet. Et que tous les deniers qui resteront à paier audit jour tant ordinaires que extraordinaires, reuiendront au proffit du Roy. Et moienant ce seront responsables & tiendront cöpte des autres deniers qu'ils auront depuis prins & leuez. Comme aussi ils seront tenus faire restitution de ce qu'ils auront receu au parauant apartenant aux Ecclesiastiques. Sauf la söme de douze mil liures tournois, aquoy ils ont declaré monter & reuenir la recepte qu'ils ont faite desdits biens & reuenuz. A la charge aussi que si aucuns fraiz necessaires auoient esté faits pour la leuée desdits fruits Ecclesiastiques par les fermiers ou cömissaires establyz par lesdits de la Relegion: Ceux à qui apartiennent lesdits benefices seront tenus les rembourcer: ausquels lesdits commissaires ou fermiers rendront bon & loyal compte, des fruits & autres choses qu'ils auroient peu recueillir. Et pour decider des differents qui pourroient interuenir la dessus: seront deputez quelques notables personnes par les Gouuerneurs & Lieutenans de Roy desdites prouinces. Et Monsieur de la Nouë pour en juger & ordonner. Et quand à la mer, lesdits de la Religion n'y peuuent si promptemët y donner reglemët d'autant que la pluspart de leurs Nauires y sont, auecques congez qui ne se peuuent reuocquer ayans faits plusieurs grans fraiz à les equiper & auitailler. Toutesfois ils y pouruoyront au plustost que faire ce pourra. Pourront lesdits de la Religion, de quelque estat & qualité qu'ils soient aller & venir pendant ladite suspencion & cessation d'armes en leurs maisons. Comme aussi les Catholiques, pour pouruoir & donner ordre à leurs affaires & jouyr de leurs biens & cömoditez, sans y estre toublez empeschez ne molestez d'vne part ne d'autre. Que s'il auenoit quelques debats ou altercations pour raison de ladite suspencion d'armes premier que de l'alterer: y sera par le Gouuerneur des prouinces & villes plus proches pouruen. Ladite suspentiö & cessation d'armes, sera offerte à ceux de la Religion d'autres prouinces de ce Royaume qui la voudröt receuoir & accepter. Les Maires, Escheuins, Pairs & autres Bourgeois habitans de ladite ville de la Rochelle: supplient aussi tresnumblement sa Majesté reuocquer leurs ostages qui sont à Poitiers pour retourner en leurs maisons. Et apres que les susdits articles auront esté arrestez & accordez par ladite dame, seront publiez affin que personne n'en puisse pretendre cause d'ignorance. Et seront faites deffences de ny contreuenir sur peine aux infracteurs d'estre puniz comme perturbateurs du repos public. Mais rien ne fut tenu de ce que dessus: obstant disent les Confederez, plusieurs persuasions que les Gouuerneurs & autres donnerent à la Regente. Laquelle d'ailleurs consideroit que tous ces articles estoient trop à l'auantage

des

LIVRE TRENTEHVITIEME

des Proteſtans contre leſquels on enuoioit le Duc de Montpencier reprendre ſon armée qu'il auoit laiſſé rafreſchir ſur les frontieres de Poitou, Touraine & cartiers voiſins: à laquelle on faiſoit marcher pour creuë, celle de Matignō triōphante des deſpouiles Normādes pour remetre le Poitou & Saintōge à deuotiō Catholique. Cōme je vous feray entēdre, apres auoir eſclarcy les moiēs que pratiquoit cependant la Roine Mere pour ſe maintenir & aſſeurer en la Regēce cōtre tous ceux qui l'en voudroiēt inquieter. Ie vous ay moſtré cy deſſus quād, comme & par qui le Cōte de Mōtgōmery fut pris & mené priſonier à Paris. Auoir eſté interrogé & mis à la gehene pour dire ce qu'il ſcauoit de la cōſpiratiō dont on auoit chargé l'Amiral: de l'entrepriſe du Duc D'Alēçō, de ſes portemās en Angleterre & de la fin de ſon deſſein quād il mena quelques Anglois au ſecours de la Rochelle ſous la baniere de la Roine d'Angleterre & pluſieurs autres choſes deſquelles on pretēdoit eſtre plus à plein eſclarci: & n'auoir jamais voulu tenir autre lāgage que pleintes de ſon inocēce en tout cela & de l'infidelité qu'ō pratiquoit en ſon endroit ſ'eſtāt rēdu ſous promeſſe de vie ſauue: finalemēt cōdāné d'auoir la teſte trāchée le 26. Iuin fut executé en Greue deuāt l'hoſtel de ville au grād plaiſir du peuple de Paris & nō moindre regret de pluſieurs Seigneurs de l'Ambaſſadeur d'Angleterre ſupliāt pour luy de la part de ſa Maitreſſe & autres qui ſ'eſtoiēt emploiez pour luy ſauuer la vie. Des Catholiques ceux qui ont fait 2. diſcours de ſa mort, l'vn imprimé à Paris l'autre à Liō, le diſēt auoir eſté au ſuplice d'vn maintiē fort aſſeuré & cōme celuy qui meſpriſant les vanitez & la nulle aſſeurāce du mōde: n'aſpiroit qu'à la vie eternelle vers laquelle il ſembloit dreſſer toute ſon affection. Ainſi dōc le lēdemain de la mort du Roy Charles, la Roine mere eſcrit à tous les Gouuerneurs des Prouinces certaines lettres d'vne meſme teneur. L'vne deſquelles nous auōs icy inſerée mot à mot. Mō couſin vous auez entēdu par la lettre que le feu Roi mōſieur mō fils vous à puis n'agueres eſcrite: quelle à eſté ſa derniere volōté ſur l'adminiſtratiō des affaires de ceſte Corone. Ce qu'il a voulu encor cōfermer par ſes lettres patētes. Depuis il a pleu à Dieu l'appeller à ſoy. Et cōbiē que la perte que j'ay faite en lui: de ſa perſone qui m'eſtoit naturellemēt la plus chere & recōmādée: m'atriſte & aggraue tellemēt de douleur, q̄ je ne deſire rien plus que de remetre & quitter tous affaires, pour cercher quelq̄ trāquillité de vie: neātmoins vaincuë de l'inſtāte priere qu'il m'a faite par ſes derniers propos, d'ēbraſſer c'eſt office au bien du Roy de Pologne mō fils ſō legitime ſucceſſeur & heritier de ceſte Corone. A laquelle je reconois eſtre tenu de tout ce q̄ Dieu ma deſparti: I'ay eſté cōtrainte me charger de ladite adminiſtratiō & de la Regēce qu'il m'a cōmiſe: attēdāt l'ariuée par deça de mōdit fils le Roi de Pologne, qui ſera cōme jeſpere dedans peu de tēps aiant ja dōné ordre de l'auertir de ce deſaſtre. Ie m'aſſeure que chacun à peu conoiſtre le deſir que j'ai touſjours eu au repos de c'eſt Eſtat. Pour aquoy paruenir, je n'ay voulu pardōner a aucune peine, nō pas meſme au dāger de ma perſone, cōme l'ō conoiſtra encores mieux à l'ordre que jeſpere dōner à toutes choſes durāt ſō abſēce: auec telle moderatiō, & par le bō cōſeil de ceux qui y tiēnēt les premiers lieux cōme vous: que je me veux promettre que Dieu fera la grace à ce Roiaume d'y eſtablir quelque bō repos: vous priāt par la deuotiō & affectiō que vous auez touſjours euë au biē & cōſeruatiō d'iceluy: vouloir tenir la main la part ou vous eſtes, d'obuier à toutes entrepriſes qui ſe pourroiēt faire, pour troubler la trāquillité publique. Amoneſtāt ceux de la Nobleſſe & des autres Eſtats, de cōtinuer & perſeuerer au deuoir qu'ils ont touſjours rendu à leurs Rois & Souuerains Seigneurs, dont ils ſont ſi recommandables par toutes nations. Vous ſçauez que l'intention du feu Roy Monſieur & fils: à touſjours eſté de conſeruer tous ceux qui ſe diſpoſoient à viure doucement ſous le benefice deſdites Loix & Edicts. Comme je ſçay que telle eſt la volonté de ſon Succeſſeur. Et ceſt ce que je deſire que faciez obſeruer: affin de conuier vn chacun à recercher & procurer ce qui regarde l'entiere re-vnion de ce Roiaume. Comme auſſi vous vous aiderez de la force & authorité que vous auez en main, contre tous ceux qui s'oublieroyent de tant, que de decliner de l'obeyſſance a laquelle ils ſont tenuz: de maniere qu'ils ſoyent punis & chaſtiez & les bons conſeruez, comme ils meritent. Priant DIEV mon Couſin vous auoir en ſa Sainte & digne garde, Signé CATHERINE & au deſſous FIZEZ. Apres cela ces mots eſtoyent ajouſtez mon Couſin je vous prie eſcrire au Roy Monſieur mon fils: Et luy faites entendre la bonne deuotion & affection qu'auez à ſon ſeruice; Et de luy garder la meſme fidelité qu'auez faict à ſes Predeceſſeurs: M'enuoyant voz lettres que je luy feray tenir incontinant. Et affin que vous ſoyez certain, & ſachez d'où eſt procedé

Gabriel Cōte de Montgōmery exécuté à mort à Paris.

Lettres de la Regente aux Gouuerneurs des Prouinces.

L'HISTOIRE DE FRANCE.

Iuin. 1574.

Suite de la maladie & mort du Roi Charles 9.

la malladie du Roy mondit Sieur & fils pour en ofter tout le fcrupulle que l'on pourroit auoir conceu a montré: Ie vous ay bien voulu auertir que ça esté vne groffe fieure continuë, caufée d'vne inflammation de poulmon que l'on eftime luy eftre procedée des violâs exercices qu'il à faits. Et ayant efté ouuert apres fa mort : l'on a trouué toutes les autres parties de fon corps auffi faines & entieres qu'autres qui fe peuffent voir en hôme biê côpofé. Et eft a prefuppofer que fans ledit viollêt exercice: il eftoit pour viure fort longuemêt. Dont je vous ay bien voulu auertir. Et par mefme moien vous dire que vous vous prenez garde, qu'il ne forte perfonne hors de voftre Gouuernement. Elle enuoia auffi coppie des lettres du feu Roy de fa Regence au Prince de Condé & par autres lettres fort amiables l'exortoit à Pacification.

Lettres du Duc d'Alençõ aux Gouuerneurs des Prouinces pour authorifer la Regence de la Mere.

Celles que le Duc d'Alençon efcriuoit le premier jour de Iuin 1574. à chafque Gouuerneur des Prouinces contenoiêt ce qui fenfuit. Mon Coufin je ne fcaurois affez vous exprimer l'extreme regret que je porte de la mort du Roy Monfeigneur & frere, que Dieu a voulu appeller à foy. Toutesfois me conformât à fa diuine volonté, je m'effaieray de furmôter cefte douleur & perte, le plus patiemment qu'il fera poffible. Par la derniere lettre que ledit Sieur vous à efcritte, vous auez entendu côme il à remis l'adminiftration & intendence de tous les affaires de ce Roiaume à la Roine Madame & Mere: attendant le retour du Roy de Pologne Monfeigneur & frere. Ce qu'elle a accepté, menée de l'affection qu'elle a au bien dudit Roiaume. En quoy reconnoiffant le lieu qu'il à pleu à Dieu me donner en iceluy: Et le deuoir naturel dont je fuis tenu à ladite Dame: je m'efforceray de luy rendre tout feruice & obeïffance. Comme je m'affeure que vous voulez faire de voftre part. Dôt je vous prie bien fort de vouloir donner tel ordre au dedans de voftre Gouuernement: que toutes chofes y paffent au repos & tranquilité qu'il eft requis pour le bien du Roy Monfeigneur & frere. Priant le Createur. Celles du Roy de Nauarre en datte du mefme jour contenoient ce qui fenfuit: Mon Coufin vous entendrez par la lettre que la Royne vous efcrit: Comme il a pleu à Dieu appeller à foy le feu Roy Monfeigneur: qui eft vne perte fi grande a ce Roiaume, que je m'affeure que tous les bons feruiteurs d'iceluy en porteront autant de regret & deplaifir, que le defaftre & inconuenient eft grand. Toutesfois je me confolle en cefte afflictiõ: que fa Majefté preuoiant fa fin, pour tefmoigner le defir qu'il à toujours eu au repos de fes fujets : A voulu & ordóné par fa derniere volonté, que l'adminiftration & Regence des affaires, demeurât à ladite Dame: attêdant l'arriuée du Roy de Pologne. Eftant affeuré que par fa prudence & pour la longue experience qu'elle à d'iceux: Et pour la deuotion finguliere qu'elle à à cefte Courone: elle fcaura difpofer toutes chofes au biê & repos public. En quoy je ne doute auffi que tous ceux qui tiênent les premiers lieux: ne luy affiftent, obeïffent & reconnoiffent felon qu'elle en eft trefdigne pour fes vertus: Comme je defire d'y fatiffaire de ma part. Tant pour l'obligation particuliere que j'ay à ladite Dame: & pour l'obeïffance & reconnoiffance que je dois audit Seigneur Roy de Pologne: faiant noftre Seigneur appelé à cefte Courone. Ce que je m'affeure que voudrez auffi faire de la voftre: eftimant le zelle & affection que vous auez toujours euë au bien de cefte Couronne. Priant Dieu.

Lettres du Roy de Nauarre aux Gouuerneurs des Prouinces pour authorifer la Regence de la Roine Mere.

Ie vous ay cy deffus fait conoiftre, les menées & mouuemens qui fuiuirent le deffein que Monfieur & le Roy de Nauarre auoient fait de fortir de cour pour fe retirer hors de France: & viure en plus de liberté qu'entre les courtifans defquels ils ne fe penfoient refpectez felon le merite de leurs perfonnes. Vous auez veu ceux qui en furent foupçonnez, pourfuiuis & arreftez prifonniers. De ceux qui ne fe laifferent prandre furent les Prince de Condé, Meru, Thoré, le Vicomte Turene, Montagu, & plufieurs autres qui fe retirerêt où ils peurent. Le Prince entre autres, eftant lors en Picardie où par le confentement du Roy il feftoit de frais retiré pour la feureté de fon Gouuernement: fut affez toft auerty des menées qu'on dreffoit pour le ferrer. A quoy pour obuier, nonobftant tous les empefchemens qu'on luy peut dôner: faignât aller à la chaffe fort d'Amiens & par vne grande caualcade auec petit train il feflongne en vne nuit de plus de vint lieuës de fes ennemis. Si que prenant le chemin de Sedan, auec Thoré & autres qui le furent trouuer: gangne l'Allemagne. Où arriué à Strasbourg & auoir reconnu en l'Eglife des François fes portemans apres les Matines de Paris : refolut s'employer pour maintenir le party Proteftant & le bien public du Royaume. Il trouua les deputez de Languedoc & autres Prouinces lefquelles y pratiquoyent vne leuée de Reyftres par le moyen du Prince de la petite Pierre, qui fe faifoit fort de leur mener fix mille cheuaux auec peu d'argent

Le Prince de Condé fe retire de Cour en Picardie fô Gouuernement & de là ez Allemagnes.

Les portemens & negotiations du Prince de Condé eu Allemague.

LIVRE TRENTEHVITIEME.

d'argēt:pourueu qu'il fuſt aſſeuré de retreuuer le premier quartier preſt à ſon entrée en païs. Mais le Prince les deſtourna de ceſte pourſuitte. Et les auoir aſſuré qu'il negocieroit plus heureuſement qu'eux s'en vouloient repoſer à luy:en print deſlors la charge & en eſcriuit bien au long à ceux qui les auoient enuoiez ce qui ſuit.

Meſſieurs eſtant arriué en ce lieu:accōpagné du Sieur de Thoré & autres Sieurs & Gentils hōmes q̄ Dieu à miraculeuſemēt tirez de la Frāce auec moy: I'ay trouué le Sieur de Gaſques lequel vous auez deputé,pour accelerer la leuée qu'auez cōmācée de traiter:Et m'eſtant etxactemēt informé de l'eſperāce qu'ē pourriez auoir:Ie l'ay bien voulu retirer de ceſte pourſuitte: & Ie vous renuoier pour vous faire entēdre que ladite leuée ne pouuoit ſeruir à l'auācemēt des Egliſes.Et d'autāt que Dieu m'a fait ceſte grace de me conduire en ce lieu pour ſeruir à ſa gloire:y receuant ordinairemēt tant d'offices d'amitié, qu'il ſēble que Dieu ait reſerué ceſte occaſion pour nous rēdre certains & aſſeurez,qu'à ce coup il veut deliurer ſon Egliſe de tāt de pouretez & afflictiōs:Ie vous ay bien voulu eſcrire la preſente pour vous prier croire que ma reſolution eſt d'ēbraſſer tellemēt la protection des Egliſes de Frāce:en enſuiuant les recētes veſtiges de Monſeigneur & Pere : que j'employeray tout ce qui ſera en ma puiſſance.Voire ma vie propre pour ne me desjoindre d'auec vous:que nous n'aiōs vne heureuſe & aſſurée Paix. Pour aquoy paruenir je tiēdray la main que ladite leuée qu'on vous auoit promiſe voire plus grāde,ſera pourſuiuie par des plus grans d'Allemagne affectiōnez à la gloire de Dieu,à noſtre protectiō & deliurāce des oppreſſez.Auec des moiēs qu'ils ont de plus patiēmēt attēdre leurs paiemens qui deuront ſuiure le premier.Moiēnant que vous dōniez ordre de prōptemēt faire tenir les deniers que vous auiez promis . Et que tous vous eſuertuiez à en faire leuer le plus qu'il ſera poſſible.Vous aſſurant qu'il y ſera vſé de tel meſnagemēt,que vous aurez occaſiō de vous côter.Et tant plus vous vſerez de dilligēce:& plus toſt vous conoiſtrez que l'on s'efforcera de nous preſēter la Paix:laquelle auec vne belle & forte armée aſſeurerōs ſi biē: que nous ſerons auec l'aide de Dieu remis aux meſmes libertez que nous auons deſiré d'eſtre en noſtre patrie.Comme ledit Sieur de Gaſques vous particulariſera plus amplemēt. Et auquel je vous prie d'ajouſter meſme creance que pourriez faire à ma propre perſonne.Et ſur ceſte eſperance je prieray le Createur noſtre Dieu,qu'il vous maintiēne en ſa ſainte Garde auec heureux ſucces en vos ſaints deſſeins de Sſtrasbourg ce 4.May 1574.Voſtre plus affectionné ami à jamais Henry de Bourbon. Par meſne deſpeſche quelqu'vn eſcriuit à S. Romain preſques ſemblables choſes , fors qu'il l'aſſeuroit que le Prince de la petite Pierre les entretenoit pour auoir moien de tirer 200.mil eſcus qu'il pretend luy eſtre deuz & qu'auoir receu leurs deniers il les emploiroit pluſtoſt à la reduction de Mets Toul & Verdun pour l'Empire qu'à leur ſecours . Par meſme moien de Thoré eſcrit au Mareſchal de Danuille ſon frere:où apres auoir diſcouru ſur la malice de leurs ennemis,qui en la perſonne du Mareſchal de Montmorency s'arrachoient à la maiſon du Coneſtable laquelle ils vouloient ruiner: l'exorte par beaucoup de raiſons, à ouurir les yeux & prādre courage pour ne laiſſer eſchapper l'occaſion qui ſe preſentoit. Aucuns s'aſſeuroiēt que ces lettres eſueilleroiēt le Mareſchal de Dāuille:lequel cōmençoit à ſe faſcher à cauſe de quelques lettres du Roy addreſſātes au Duc d'Vzez. Neātmoins il tenoit tousjours bon contre les Proteſtans.Et pour ſe juſtiffier enuers le Roy & fermer la bouche à tous malveillās au tēps que de Gaſques deputé de Languedoc reuint de Strasbourg:Il depeſcha vn Gētilhōme vers le Roy pour luy faire quelques remōſtrāces. L'inſtructiō contenoit ce qui ſuit.

Le Sieur & Baron de Rieux eſtāt au pres du Roy:ſera entēdre à ſa Majeſté de la part du Sieur de Dāuille Mareſchal de Frāce:cōme par le Capitaine du Perou,& par le Sieur Côte de Martinégo:Il à fait entēdre biē amplemēt à ſa Maje. la diſpoſitiō de ſes affaires du coſté de deça.De maniere que ce ne ſeroit que redite & prolixité d'ē diſcourir autre choſe. Toutesfois au beſoin il lui en repreſētera ce qui en eſt. Cōme celui qui en eſt le mieux inſtruit q̄ tout autre.En quoy à eſté preſēt & aſſiſtāt à la depeſche deſdits Seigneurs Côte de Martinégo & du Perou.Que depuis leur partemēt, le fait de la Cōferēce pour le traité de Pacificatiō: à eſté continué & en eſt reuſſi ce qu'il en a veu & entēdu tāt aupres dudit Sieur Mareſchal que paſſāt par Auignō vers Meſſieurs d'Vzez,de Maugirō,de Calice,S.Suplice & Villeroy auſquels ledit Sieur Mareſchal auroit reiteré l'offre que ceux de la Religion leur auroit fait par la voie du Cōmiſſaire Viart, qui leur auoit eſté expreſſemēt depeſché en la cōpagnie dudit Sieur de Rieux:afin de reſoudre de leur coſté ce qu'ils auroient à faire . Et qu'il ne luy feuſt imputé , auoir de ſa part māqué

Lettres du Prince de Condé aux Egliſes de France.

Lettre de Thoré à ſon frere le Mareſchal Danuille.

Inſtruction donnée par le Mareſchal Danuille au Barō de Rieux pour auertir ſa Majeſté de l'eſtat de Languedoc.

Fff ij.

neglige ou cōniuē en chose, qui peut aporter prejudice au seruice de sa Majesté. Au demeurāt que ledit Sieur Mareschal estāt auerti de la part de plusieurs ses amis, s'estāt aussi apprehēdé par les deportemēs de ceux qui ont en charge de sadite Majesté en ses Cōtrerolles: qu'ō est entré en quelque deffiāce de luy: ores qu'il n'ē pēse auoir dōné occasiō quelcōque. Et qu'il soit prest de rēdre raison & cōpte de son fait: Si tāt est qu'on le puisse & vueille charger, d'auoir cōmis chose qui peust estre cōtre son deuoir: Il n'a peu supporter plus longuement l'extreme regret qu'il en à imprimé en soy: sãs depescher le Sieur de Rieux vers sa Majesté, l'aiāt choisi pour l'vn des plus auctorisez & signalez de tout son Gouuernemēt. Et qui sçait plus de ses actions que tout autre: pour les auoir depuis 18. mois qu'il à demeuré ordinairemēt pres de luy (fors quelque tēps qu'il à esté au lit a cause de sa blessure) pratiqué & assisté à tous ses deportemens. Luy dira dōques le Sieur de Rieux, que jusques icy ledit Sieur Mareschal ne pense auoir cōduit la moindre chose du mōde, au detrimēt de l'hōneur & deuoir qu'il a à Dieu & au seruice de sa Majesté, sa Corone & à la cōseruatiō de son hōneur & reputatiō: qu'il tient si chere qu'il la preferera perpetuellemēt à tous les accidēs qui lui pourroiēt auenir. Et qu'il verra plustost le ciel & la terre reuerser, que dōner argumēt & auātage à ses ennemis: de le voir degenerer aucunemēt, ny varier de l'integrité qui s'est cōceuë en lui & en ceux de la maisō d'où il est sorti. Que si la volōté & intētiō de sa Majesté à esté d'arrester dãs le Chasteau du bois de Vincēnes, Mōsieur de Mōtmorēcy son frere: pour cela il ne doit estre tenu en deffiance: estimāt que sa Majesté ne le fait qu'auec telle occasiō qui luy à pleu. Et que sa debōnaireté & justice accoustumée ne permettra: qu'il lui soit fait tort n'ī injustice. Cōme ledit Sieur de Rieux en supplie tres humblemēt sadite Majesté de la part dudit Sieur Mareschal. Qu'il croit de l'integrité de sondit frere, qu'il ne trouuera en lui que ce qui doit estre recerché en vn si hōme de biē qu'il est, & à esté de tout tēps coneu pour tel. Sur tout qu'il plaise à sa majesté, ne permetre qu'il soit mis entre les mains de ses ennemis. Qui auroiēt biē peu d'argumēt, si par vne autre voie ils n'essaioiēt de luy faire tout l'ēnui & desplaisir qu'ils pourroiēt. Et quad biē il seroit si infortuné, d'auoir cōmis quelque faute: ce n'est pas à dire que pour cela ledit Sieur Mareschal en doiue souffrir, & porter la peine ou estre mis en deffiāce. Et denigrer la qualité qu'il a pleu à sa Majesté luy dōner. N'estāt incōpatible qu'ētre plusieurs freres, parēs & aliez: il n'e y aie quelques de mal auisez, par vne diuersité d'humeur, par le moiē de laquelle ils entrēt quelques fois en soupçō les vns des autres. Aussi auiēt il le plus souuēt, que les plus gēs de biē sont calōniez. Mais à la fin ceste calōnie redōde à leur hōneur & au desauātage de leurs calōniateurs. Qui est la seule cōsideratiō que ledit Sieur Mareschal peut prādre en ce fait. Que jusques à presēt, sadite Majesté à assez coneu la sincerité dudit Mareschal par les effets de ses cōmādemēs & cōportemēs: ossrāt que s'il y a quelques vns qui vueillēt entreprādre de luy mettre sus aucune chose au contraire: d'ē satisfaire sa Majesté tellemēt qu'elle en receura contētemēt. Et si ainsi est que sadite Majesté voulust perseuerer en ceste deffiance dudit Sieur Mareschal: que de le tenir cōme vne personne de neāt & inutille à son seruice. Le supplie luy faire ce biē & c'est honneut de luy accorder les conditions qui s'ēsuiuēt. En premier lieu, d'autāt que sa Majesté la crée Mareschal de Frāce: & que celui seroit autāt que de mourir, de se voir en ce degré rēdu inutile, & mescru de vouloir māquer à la foi & fermēt qu'il à fait d'exercer ceste charge & office cōme le deuoir le luy commāde, à l'augmētation & conseruation de ceste Corone: qu'il plaise à sadite Majesté l'en descharger & y pouruoir de tel que bon lui sēblera. Pareillemēt de luy commāder de rēdre conte, de ce qu'il a fait & exercé en son Gouuernemēt. Et apres lē descharger, a ce qu'il ne luy soit imputé auoir fait, commis & geré chose repugnāte à son deuoir. Et finalemēt luy permettre de se retirer, en tel lieu qu'il plaira à sa Majesté: pour luy oster la deffiāce & le soupçon qu'elle pourroit auoir de luy. Priāt Dieu luy faire ceste grace, que chacun conoisse ou ne puisse nier l'integrité qui l'accompagne en tous ses deportemens audit seruice de sa Majesté. Fait à Montpellier le 18. May 1574. Signé H. de Mōtmorency & pour mesmes occasions il escriuit au Parlement de Tolose Capitale de son Gouuernement.

Lettres du Mareschal Danuille au Parlement de Tolose.

Messieurs depuis 2. jours en ça, on ma fait entēdre de bōne part, que quelques vns & des plus authorisez de vostre ville accoustumez de croire de leger, ou de juger à rebours des actions d'autruy: ont voulu introduire mal-heureusement vne voix parmy le peuple, & persuader a tous les bons seruiteurs du Roy, que j'estois allé à Narbonne expressemēt pour m'en saisir. Et par le moiē d'icelle me rebeller & mettre ce Gouuernemēt hors de l'obeissance de sa Majesté. Et ne faut douter que ce pernicieux discours n'ait esté fait pour le peu d'argument qui fait en

LIVRE TRENTEHVITIEME

e temps miserable, penser d'autrui ce qu'il n'a pas songé, Ie vous ay bië voulu escrire la presëte
par Mōsieur le Barō de Rieux presēt porteur: pour vous dire libremët & frāchemët que si mō
ītētiō eust esté telle, qu'il à esté en mō pouuoir de l'executer: Et cōme les Citoiës de Narbō-
ne en peuuēt dōner tesmoignage, j'en eusse bië eu le moië. Mais aiāt entēdu le bon ordre que
e Sieur de Fourqueuaux sur les entreprises qu'il y auoit descouuertes, m'auoit escrit y auoir
tōné: Ie feis sortir tout aussi tost les cōpagnies que j'y auois mises & n'y sejourné qu'vn jour.
Chose certes bië esloignée de ce que l'ō en dit. Ie ne faits pas doute que ce lāgage ne deriue de
oppiniō qu'ō peut auoir maintenāt sur la detētiō qu'il plaist au Roi faire de Mōsieur de Mōtmorēcy mō frere, auec plusieurs autres des plus grāds de sō Roiaume dans le bois de Vincēnes.
Et qu'ō ne me veille jeter le chat aux jābes. Et presumer de moy ce que ne peut estre. Mais je
ne suis resolu d'autre façō que tels presumptueux pourroiēt pēser: n'estāt si despourueu de jugement, que je ne sçache bië cōme il me faut cōporter & prādre les aduersitez patiēmët: sous
une esperāce que la Iustice de sa Majesté, sera administrée à chacun selō son merite: soit par la
punition si elle y eschet, ou par la justification de ceux qui se trouuerōt innocēs & inculpables. Dont il leur reussira d'autāt plus d'hōneur: ni aiāt jamais eu hōme au mōde qui n'ait esté
sujet à calōnie. Par consequēt, ores que j'estime mon frere tel qu'il doit estre: & si prud'hōme
cōme il est: Ie ne trouue pas estrāge que la volōté de sadite Majesté ait esté telle, que de se vouloir esclarcir de ce dont elle auoit esté mise en doute. Et au pis aller, quand luy ou quelques
autres des miens, se seroiēt tant oubliez que d'auoir failly: Ie ne seray de ma vie si mal auisé à
leur occasion: d'oublier le deuoir que j'ay à Dieu, à mon Roy, à la Couronne & à mon honneur. Et vous prie tous Messieurs de le croire comme je le vous dis: aiant depesché Monsieur
le Baron de Rieux, pour vous supplier d'en prandre asseurance. Cependant quoy qu'on vous
die ou puisse rapporter de moy: souuenez vous de la promesse que je vous en faicts, & vous
tenez pour certains que jamais je n'euz plus d'affection & bonne volonté à la conseruation
de mon Gouuernement, sous l'obeyssance du Roy & à son seruice que maintenant. Estant la
saison que chacun luy doit faire paroistre de quel pied il faut cheminer. En quoy je me ramen-
teuray à toutes heures, les signalez seruices que ceste Couronne à receu de mes predecesseurs: Pour en suiure les vestiges aidant Dieu. Lequel je prieray vous donner. &c.

Les tours neantmoins que l'on auoit joüé à son frere aisné, la fuite de ses deux freres puisnez,
les lettres qui auoyent esté surprinses esquelles il disoit auoir veu la volonté & resolution du
Conseil priué: le mirent en peine & en cholere. Mais cela alloit assez lentement & se compor-
toit en sorte qu'il taschoit d'entretenir & fauoriser les Catholicques & Protestans ensemble.
On voioit toutesfois qu'il s'aprochoit de ceux cy beaucoup plus que de coustume. Mesmes incontinant apres la mort du Roy: il feit trefues auec eux. Lesquelles furent prolōgées sous
esperāce de Paix. Si que ceste familiarité auec ceux de la Religion: metoit les Catholicques,
specialemët ceux de Tolose qui sont les principaux de ce Gouuernemët, en fort grāde peine.
Et notammant de ce que le Mareschal auoit assigné à Montpelier l'assemblée des Estats de la
Prouince où il auoit grand nombre d'hommes à son commandement. Et y faisoit sa demeure
la plus part du temps à cause de la beauté de la ville & commodité du pays. Cela faisoit que
le bruict couroit à Tolose que le Mareschal de Damuille auoit quitté le party des Catholicques & les premiers du Parlement en estoyent entierement persuadez. Somme encor que le
Mareschal tachast leur oster ceste opinion par lettres fort gracieuses qu'il escriuit au Parlement & aux Cappitoulx: Toutesfois il ne gangna rien & mesmes le Parlement de Tolose fit
publier le dixneufiéme Iuin les deux Arrests suiuant.

La Cour sur les Requestes d'aucuns Seneschaux de ce Ressort: tendant à ce qu'il pleust à
icelle, leur ordonner ce qu'ils auroient a faire sur les mandemens à eux enuoyez de la part du
Sieur de Danuille Mareschal de France, portant inonction de publier certains Articles de
suspension d'armes du vint-neufuiéme de May dernier, dict. Veuës les lettres closes dudict
Sieur de Danuille addressées à la Cour, depuis receuës du 9. de ce mois. Ensemble lesdits Articles, & proces verbal y attaché du 27. dudit mois de May. Aiāt deliberé sur ledit fait les deux
chambres grāde & criminelle assemblées: attēdu le deffaut de puissance de ceux qui ont conuenu & accordé ladite Trefue & Articles & le dommage qui seroit fait par le moyen d'iceux
tant en ce païs qu'à l'Estat vniuersel de ce Roiaume. Et à la defence commune & pour autres
consideratiōs a ce mouuans. A delaré & declare n'y auoir lieu de publication d'iceux Articles.

Arrests du Parlement dé Tolose cōtre le Mareschal Danuille.

Treues en Languedoc refusées par le Parlemēt de Tolose.

Fff iij.

L'HISTOIRE DE FRANCE.

Iuin. 1574.

Et à fait inhibitiō & deféces à tous Seneschaux, leurs Lieutenās, Gouuerneurs, Magistrats, Cōsuls & autres aministrateurs des villes de ce ressort d'iceux publier, n'y obtempérer aucunemēt leur enioignāt & à tous autres sujets pour le deuoir de la fidelité qu'ils doiuēt à sa Majesté, & à la cōsideratiō de l'Estat de ce Roiaume: auiser & prandre garde soigneusement sur les villes & lieux à eux cōmis & où ils ont charge & superintēdāce: à ce que sous quelque pretexte ou occasiō que ce soit: ils ne soiēt surprins, sur peine d'ē respondre de leurs vies. Et neantmoins de s'employer d'vn commun consentement & de mesme volonté, de toutes leurs forces à la defence commune pour le bien du seruice de sadite Majesté, manutention de son Estat & conseruation de tous ses fidelles sujets. Prononcé à Tolose en Parlement le dixneufiéme Iuin, 1574.

Autre arrest

La Cour des deux chābres grāde & criminelle assemblée, estant auertie par des lettres que le Sieur de Dāuille Mareschal de Frāce luy à escrites du 14. de ce mois & autres qu'il à enuoiées aux Cappitoulx de ceste ville de Tolose: de l'assēblée qu'il pretēd cōuoquer au secōd du mois prochain à Mōtpessier. Aiāt à cest effet mādé à la Noblesse & aux Dioceses & villes du païs de Lāguedoc d'y enuoier des Deputez: attendu qu'il n'est loisible par les Loix du Roiaume à persōne de quelque authorité qu'il soit, faire vne telle cōuocatiō sans lettres expresses & mādemēt de sa Majesté. Et veu l'Estat de cesdits païs & de ce dit Roiaume. Et pour autres grādes cōsideratiōs à fait & fait inhibitiōs & deféces aux Dioceses, villes & cōmunautez & à toutes persōnes de ce ressort de quelque Estat & cōditiō qu'ils soiēt: de n'aller où deputer en ladite asseblée sās permissiō de sadite Majesté. Sur peine d'estre declaré rebelle & infracteur des Loix.

Estats par qui assemblés.

Sur ce differēt, les Cōfederez cōmēçoiēt à cōmuniquer auec le Mareschal de Danuille par l'ētremise de S. Romain & de Clausōne lesquels allechés par le moiē de ces Trefues: auoiēt grā de esperāce & parloiēt en fort bōne sorte de leur Gouuerneur. En quoy ils estoiēt cōfirmez par l'auis de plusieurs persōnages de Geneue & autres à qui ils en demādoiēt cōseil. Toutesfois aucuns cōdēnoiēt toute ceste vniō, cōme tres dāgereuse pour beaucoup de raisōs dōt le sōmaire estoit que le passé, le present & l'auenir menaçoit ceux de la Religiō de leur entiere ruine s'ils faisoiēt vn tel meslinge. Or cōbiē que l'ō en feist mesmes courir par escrit quelques discours: riē n'epescha q̄ les Protestās ne se joignissēt auec les Politiques. Vous en verrez le progrez & issuë en autre endroit. Cependāt les Cōfederez assignerēt vne assēblée à Millaud en Rouergue au 1. de Iuillet ensuiuāt. Pour auiser à leurs affaires particulieres: qu'à la Cōferāce & associatiō qui leur demandoit le Mareschal Danuille par ses lettres qu'il leur enuoia le 1. Aoust telles.

Association des Protestās auec les Politiques suspecte a plusieurs Protestans

Messieurs, voiāt l'Estat auquel les affaires se disposēt en ce païs, au grād prejudice du seruice du Roy & la totalle ruine de ses sujets: l'ay deliberé cōme Officier de la Corone de Frāce & Gouuerneur de ce dit païs, de m'y opposer & remedier par toutes voies licites. Et d'ēploier tous les bōs sujets de sa Majesté sās exceptiō de Religiō: voulāt liberalemēt embrasser leur cōmune defente cōtre ceux qui fingerēt sās pouuoir vallable, de les oppresser & priuer de l'esperāce que chacun doit auoir en la debōnaireté de nostre bō Roy à sō nouueau auenemēt. Pour ceste cause & afin de prādre vne resolution certaine en ce fait que vous touche plus qu'à nous au moins autāt: & qu'il est questiō d'vn biē vniuersel. Ie vous prie depescher dilligēmēt quelqu'vn de vostre part par deuers moy: auec suffisāt pouuoir & amples memoires & instructions de vos volōtez. Pour aiās parlé ensēble, prādre la voie que nous deuōs. Ie vous en escrits de ceste façō si libremēt cōme de bon cœur attēdāt vostre respōce ie me recōmāde à vos bōnes graces & prie le Createur, Messieurs en parfaite sāté vous dōner heureuse & lōgue vie de Beaucaire ce 1. Aoust 1574. Vostre plus affectioné par fait & meilleur ami à vous seruir de Mōmorency & sur le repli est escrit à Messieurs Messieurs de l'assemblée de France à Millaud. Durāt ces allées & venuës en Lāguedoc: les Dauphinois estoiēt en armes. Le Prince Dauphin auec ses troupes estoit en cāpagne & y auoit 5. enseignes de sō auātgarde bien armées logées au pōt de Roians lesquelles furēt surprinses & deffaites par Mōbrun qui en fit mourir 400. Puis aiāt ramassé toutes ses forces: resolut d'aller assieger Dié laquelle il pēsoit emporter aisémēt d'assaut où par cōposition pource que la Garnison estoit fort harassée & estimoit qu'il y eust biē peu de gens de guerre dedans. Parquoy estimant qu'il n'estoit besoin que de dilligence: auant que le Prince peust secourir les assiegez & estant vn peu trop asseuré à cause de la victoire qu'il venoit obtenir: il se va camper deuant ceste ville qui est assise ez Montagnes de Dauphiné laquelle empeschoit fort les Protestans qui tenoient plusieurs places au tour. Or n'auoit il aucunes pieces de batterie. Neantmoins il persiste & auoir fouragé le pays voesin, tasche la surprandre de nuict par escallade. Glandage Gouuerneur de Dié, ayant descouuert l'intention de

Dauphiné.

Die assiegé par les Protestans.

Montbrun: attendit les assiegeans de pied coy & les repoussa viuemant auec grande perte. Car plusieurs y furent tuez & d'autres blessez. Le fils de Glandage estoit en l'armée de Montbrun ou faisant mine de Protestant d'escouurir l'entreprise aux Catholicques auec lesquels il se retira. Puis Montbrun forcé de descamper logea ses trouppes en Garnison dedans l'Oriol & Liuron villes prochaines du Rosne. Et le reste en d'autres villettes. Nous adjousterons icy ce mot touchant de Montbrun. Vn an apres auoir esté repoussé de Die, il print vne mesme resolution de la surprandre & lors il fut prisonnier & decapité à Grenoble. Or le bruit de ceste perte que nous d'escriuons estant couru en Allemagne & ailleurs:aucuns escrirent & publierent par liures imprimez que Montbrun auoit esté tué pres de Die. Toutesfois sa prinse n'aduint qu'vn an apres dont s'ensuiuit sa mort comme il se verra en son endroict.

Peu apres le Prince D'aulphin assiegea vne petite ville nommée Alez: la bat furieusement & fait donner l'assaut que ceux de dedans soustindrent vaillammant. Mais ne se voyans assez forts pour soustenir le second: quitterent la ville & se retirerent au Chasteau auquel le Prince trouue moyen d'entrer par surprinse:& lors quelques vns des Soldats furent precipitez du haut en bas les autres bruslez dedans. Cela faict il fut assieger vne autre petite ville nommée Oste assise sur la Riuiere de Dionne où il fist breche raisonnable. Mais ceux de dedans en trop petit nombre pour la defendre, quitterent la place la nuict & se retirerent sans perte d'hommes ez autres villes prochaines occuppées par leurs compagnons. Le Prince D'aulphin encouragé de sy heureux succez:delibere d'assieger Liuron & de faict y mene son Camp le vint-troizieme jour de Iuin. C'est vne petite ville du Diocese de Valence foible, de nul renom & estime auant ses Guerres Ciuiles; Et mesmes aux autres troubles n'y les Catholicques n'y ceux de la Religion n'auoyent tenu conte de s'en emparer. La plus part des habitans estoient en ce temps cy Protestans. Et apres la journée de Paris, de Gordes en auoit fait abattre les portes afin que personne ne si peust loger. Neantmoins de Montbrun la feit fortifier aucunement & fut estably Gouuerneur Roesses de Gentil-homme du pays. Somme que le Prince D'auphin feit battre ceste place de six cens soixante coups de Canon:puis y donne vn furieux assaut. Mais il fut rudement repoussé. Ce pendant il auoit à dos Montbrun qui faisoit ses courses jusques au Camp & les assiegez aussi faisoyent des sorties sur les Catholicques en l'vne desquelles ils perdirent vne enseigne & vne piece de batterie qui fut enclouée. Ainsi donc le Prince voyat que c'estoit temps perdu de s'arrester la, leua le siege & logea son armée par Garnisons & sans vne impetueuse bise qui commença à souffler lors que les Catholicques departoyent:ils estoient en grand d'anger à cause que de Montbrun s'estoit apresté auec toutes ses forces pour leur courir sus de toutes parts. Mais l'impetuosité extraordinaire l'empescha de passer outre.

Vessavx petite ville entre Priuas & Aubenas fut prinse en ce temps sur les Protestans par saint Thomas Gouuerneur de Saint Laurent y appellé par quelques vns des habitans qui luy liurerent la place. Où furent tuez quelques soldats le reste se sauua. Au mesme instant les Confederez coduits par Rochegude, se mirét aux champs pour recouurer ceste place laquelle fut soudainement inuestie par eux. Les Catholiques d'autre part sous la conduite du Capitaine Laual voulurét aller secourir les assiegez. Mais ils y furét deffaits. Si qu'auoir perdu quatre vints hommes retournerent d'où ils estoient venus. Par ainsi Vessaux fut repris incontinant. Au mesme temps Pierre Gourde print par coposition vne ville en Viuarets nomée Chaleçon encor que S. Chaumōt & S. Vidal eussent forces du Viuarets & de Vellay pour le empescher. Pres qu'au mesme téps S. Romain secodé par quelques habitās de Nonay l'vne des premieres villes du haut Viuarets:s'é empara au grād regret des Catholicques:& apres y d'auoir establi vn Gouuerneur retourna à Nismes. Ce pendāt le Prince de Condé cōme nous auōs veu cy deuāt estoit en Allemagne où il solicitoit les affaires des Eglises Protestantes,& negocioit en diuers lieux pour auoir vne armée preste au cas qu'il en fut besoin. En ce teps dōc assauoir le premier jour de Iuillet estant en Heidelberg il rescriuit à ceux de Languedoc les lettres qui s'ensuiuēt.

Messieurs j'ay entendu comme il à pleu à Dieu vous faire ceste grace, de non seulement vous opposer vertueusement aux ennemys de vos vies & consciences: Mais aussi de vous employer pour la coseruatio du reste de vos poures freres. Mesmes jusques à auoir recueilly quelque bonne somme de deniers, pour estre emploiez à la cōmune conseruation de tous. Pource que je sçay que depuis qu'auez entédu cōme Dieu m'a miraculeusemét deliuré:vous vous reposez sur moy de ce que appartiét à cest effet:j'ay baillé charge & pouuoir cōme je baille par

Armée Catholicque sous le Prince d'Auphin en D'auphiné & ses exploits.

Liuron assiegé.

Lettres du Prince de Condé aux Eglises de Languedoc.

ces presentes au porteur d'icelles nōmé N. L. F. de l'integrité & suffisāce duquel je suis biē asſuré de receuoir par dela ladite sōme dont la presente vous seruira d'acquit. Ce qu'auray pour agreable comme si vous l'auiez vous mesmes deliuré en mes propres mains. Pour estre entieremēt & soudainemēt employée à la defence cōmune de vous & de nous. Vous priāt bien fort Messieurs qu'aiant esgard au bien qui vous en reuiendra: estant le tout deuëment & en temps executé: & aucontraire à la ruine ineuitable qui vous menace de si pres par faute de deniers. Vous vous esuertuez comme pour vn dernier effort & le tout en telle dilligence que le cas le requiert. Afin que l'occasion presente qui peut estre ne se recouurera jamais: ne se perde par aucun retardement. Et serez aussi persuadez que moy & ceux qui m'acompagnerōt: exposerōs les premiers nos personnes & le reste de nos biens, sans rien reseruer pour ceste commune tant juste & necessaire defence contre les communs ennemis de nostre Patrie. A laquelle nous aurions regret de suruiure. Surquoy Messieurs m'assurant que ne defaudrez de vostre part à ce que dessus: dont je vous prie de rechef, d'autant que vous aimez Dieu la patrie vous mesmes & vos freres: je prie nostre Seigneur vous tenir en sa sainte & digne Garde de Heidelberg ce premier Iuillet, 1 5 7 4. Vostre entierement meilleur & plus fidelle amy. Henry de Bourbon. & au dessus est escrit à Messieurs & bōs amis maniās les affaires tāt en la ville de Nismes qu'ez Prouinces de Languedoc, Viuarez & autres circōuoisines pour la defence de la Religion & du bien public du Royaume.

Calomnies Naturelles à tous hommes & ordinaire en tous Estats nomemant ez republicques pour vne liberté qu'elles ont plus grande que les Principautez.

En ce temps suruint à la Rochelle vn accidant assez notable: Tant pour la qualité de ceux qui en furēt autheurs: que du fait en soy digne d'estre sceu & remarqué de tous pour seruir d'exēple à la posterité. Que la licēce de mesdire commune à tous hōmes & naturelle en tous Estats, est beaucoup plus ordinaire ez republicques & cōmunautez, pour la liberté qu'elles se donnent: qu'en aucune sorte d'Estats. Vous auez veu que les desseins de ceste guerre auoient esté aussi beaux que grandes & hautaines estoient les fantesies des autheurs d'icelle. Ils eurent neantmoins les succez où de moins le cōmancement aussi bas & foible qu'en auoit esté haute l'imaginatiue de ceux qui l'auoient conçeu. Ie vous ay fait voir le peu de places qu'ils surprindrent, les petites trouppes qui se leuerent pour les garder. Et les foibles moiens qu'ils se voyoient auoir contre vn si riche espoir qu'on leur auoit donné de toutes choses grandes & heureuses à l'auenir. Or cōme les hommes jugent à l'aparance, plus qu'à la verité de chacun accidant: du cōmancement duquel ils mesurent leur deuoir plustost que du merite d'iceluy: Plusieurs des Catholiques & Protestans commançoient à juger de l'euenement de toute ceste entreprise par les premiers traicts d'icelle. Ce qui peu à peu les refroidissoit, & renduz doublement mal contans vouloient aussi attirer a pareille persuasiue, tous ceux qu'ils sentoyent prester l'oreille à la consideration du mal-heur present. Si bien que l'aparance de leurs moiens, aiant engendré vn demi desespoir en leurs affaires: Et le desespoir vn refroidissement, ces deux passions leur enfanterent vn tel malcontentemant du passé: que premierement les plaintes en general, puis les propos indiscrets en leur particulier & en fin les calomnies euidantes contre leurs Chefs furent si bien receuës de la plusspart: que les brigues commançoyent ja à se dresser en la ville. Mesmemant ou quelques gens de lettres n'eurent crainte de faire publier par escrit ce qu'ils pensoient de reprehēsible & punissable en plusieurs Chefs. Lesquels informez de tels

Chefs Protestans calomnié par Chesneuert Ministre.

langages s'acheminerēt prōptement à la Rochelle pour y remedier à temps. Chesneuert riche puisné de l'Auboüiniere, docte, eloquent & bien versé ez lettres Hebraiques, Greques & Latines: extraict d'ancienne Noblesse & qui de long temps auoit acquis grande reputation parmy les Protestans: tant pour sa doctrine que pour estre estimé auoir fait son deuoir au siege de la Rochelle: en auoit escript & commencé d'en publier le discours demy imprimé par l'auis des premiers. Mais non au contentement de plusieurs qui ne peuuans souffrir que ces Chefs & d'autres y feussent Calomniez: les en aduertirent aussi tost. Somme que ce discours estant sur la presse à la Rochelle & prest d'estre acheué: fut retardé par la plus saine partie. Non si bien toutesfois qu'il ne restast assez de matiere au cœur d'aucuns pour entretenir le feu de ces inimitiez qui causerēt plusieurs diuisiōs tant à la Rochelle qu'ez païs circōuoisins: jusques à dresser ligues & partialitez d'vne part & d'autre. Aucuns inclinās aux parolles de Chesne vert. Nō toutesfois en nombre esgal a ceux qui soustenoyent l'honneur & vertu des Chefs de Guerre.

Avssi plusieurs de la Noblesse portoient fort impatiēment que tels personnages feussent ainsi calomniez, & requeroient formellement que procez feust fait à l'accusateur & qu'il il fouſtint & prouuaſt ce qu'il auoit eſcrit. Leſquels comme zelateurs de leur honneur ſeſtre plaints en plaine aſſemblée tenuë à l'Eſcheuinage de l'outrage à eux fait: requirent que ſ'ils eſtoient trouuez tels que Cheſneuert les accuſoit: qu'ils feuſſent punis comme traiſtres & parjures meritoient. Ce trouuant auſſi le contraire que l'accuſateur receuſt le ſallaire de l'impoſteure qu'il à voulu braſſer aux innocens. En fin les pratiques furent tellemēt menées d'vne part & d'autre: que Cheſneuert ſe rend priſonnier, reconoiſt ſa faute & vient à reſipiſcence: Les Miniſtres & Conſiſtoire de la Rochelle intercedens pour luy: oppoſent la fragilité humaine & l'erreur de leur frere qu'ils confeſſerent auoir peché en ceſt endroit plus par vn zelle feruant qu'il à ala Religiō à la deffēce & ſeureté du party que par quelque autre animoſité & paſſiō particuliere. Oppoſans en ſome ſon ardent zele à la ſeuerité & rigueur de Iuſtice. Suplioiēt qu'on ſatisfiſt à ces Chefs par quelque moienne voie plus que par l'extremité de la punition que pluſieurs deſiroiēt en ſon endroit. En fin tout ce termina ſi modeſtement pour la benignité & douceur nauturelle de ces Chefs. Que poſtpoſant leur particulier au public: & ſe contenterent de pardōner à Cheſneuert la faute qu'il auoit faire pour veu qu'il en feuſt reconoiſſant en preſence de quelques particuliers. Ce qu'il feiſt le cinquiéme Iuin. Et de ſon conſentement fut tout ce qu'il auoit eſcrit pour ce regard jetté au feu. Puis deffendu à l'Imprimeur de paſſer outre à l'hiſtoire du ſiege apres que ce qu'il en auoit imprimé feuſt retiré & mis en pieces.

Et d'autant que ce ſcandalle auoit eſté general & que beaucoup du ſimple populaire en eſtoit encores mal edifié: Le lendemain ceſte reconoiſſance & ſatisfaction fut diuulguée par les Miniſtres en leurs Preſches: affin d'eſclarcir le peuple de l'opinion qu'il ſ'eſtoit imprimée.

Auoir fait ſortir de France: conduit & arreſté le Prince en Allemagne: il vous faut faire entendre ſes portemens. Auſſi toſt qu'il ſe viſt aſſeuré des moiens qu'il trouua les plus prompts & expedients à rentrer en France: il fit publier la declaration qui ſuit tant ſur les raiſons de ſon depart ſi ſoudain & ſecret du Royaume, que ſur ſa volonté & deſſeins auenir.

COMME ainſi ſoit qu'en ce poure & miſerable temps, il ny ayt choſe ſi juſtement & droitement entrepriſe, qui ne ſoit transformée par mille calomnies & fauſcetez controuuées par les auteurs & fauteurs des miſeres & calamitez, deſquels du temps du regne du feu Roy de bonne memoire Charles neufieme nagueres decedé, le deſolé Royaume de France à eſté reduit en treſmiſerable Eſtat: Nous Henry de Bourbon tant en noſtre nom, que de tous les Seigneurs, Officiers de la Courōne, Gentilhōmes & tous autres de quelque eſtat & cōdition qu'ils ſoiēt, tant de l'vne que de l'autre Religiō: ainſi eſté contraints les vns de ſe retirer de France les autres de ſe deffēdre au dedans dudit Royaume, cōtre la treſ-inique & malheureuſe cruauté & deſeſperée violence des deſuſdits: Proteſtons & declarons ce qui ſ'enſuit deuant Dieu, ſes ſaints Anges, tous Roys, Princes Potentats & republiques de la terre: Les requerans d'adherer à l'equité & raiſon contre telles iniquitez & treſ-cruelles oppreſſions du Royaume nagueres le plus floriſſant de la Chreſtienté & maintenant le plus miſerable.

LES declarations faites ces ans paſſez par les Princes & Seigneurs de la Religion reformée dudit Royaume: monſtroient aſſez de quelles angoiſſes tous les Eſtats d'icelluy ſe lamentoiēt voire les plus grās & inſignez perſōnages à la vie deſquels on n'a jamais voulu pardōner, non pas meſme à leur memoire apres leur mort: les calomniant de rebelliō & autres crimes pource qu'ils eſtoient ennemis du mauuais gouuernement par lequel la France eſt aujourd'huy preſque miſe au bas. Il ſ'eſt peu voir auſſi que ceux qui baſtiſſēt leur grādeur de la ruyne du Roy & du Royaume: ont vſé de tel artifice, qu'ils ont touſjours fait eſpouſer leurs querelles au Roy. Et par menées & pratiques luy ont rendu odieux, les plus fidelles ſeruiteurs & ſujets qu'il euſt: luy faiſant entendre qu'ils vouloient luy oſter la Couronne: ou bien meſmes attenter à ſa propre vie, & autres telles horribles impoſtures & calomnies. Tellement que de là ils ſe ſōt fait le chemin, pour ſe ſaiſir quelque fois audacieuſement du nom & autorité du Roy. Et quelques fois par menées & faux donné à entendre, ont eu puiſſance d'en abuſer. Enquoy eſtans plains de hayne & paſſion, & vuides du deſir au bien du ſeruice du Roy, & de l'amour du public. Ils n'ont eſpargné de hazarder l'hōneur & reputation du Roy deuāt tous peuples & natiōs: violans la foy publique, rompans par diuerſes fois la Paix ſolennellement jurée & renuerſans les Edits faits par le Roy pour la trāquilité de ce Royaume. Dont ſ'en eſt enſuiuy l'effuſion de tant de ſang ciuil, & l'execution de tant de meſchancetez, que les oreilles meſmes des

Declaratiō d'Henry de Bourbon Prince de Condé, Pair de France accōpagné de pluſieurs Seigneurs & Gentilhōmes de l'vne & l'autre Religion à Hepenhein 12 Iuillet. 1574.

plus lointains en sont tresgrandement offencées. Nous ne nous arresterons donc dauātage à discourir de ces choses passées: tāt pource qu'elles sont notoires à tout le mōde, que pour autant que les actes & deportemens lesquels continuent ceux qui gouuernent & qui nous sont plus recens, nous contraignent de nous y arrester.

Meurtres des Proteſtans par la France.

Les assasinats & massacres que l'on a executez en France, ont esté à contre cœur à tous gens de bien: mesmes des Catholiques. Lesquels ne voians esteinte ny assouuie ceste mauuaise affection de nos auersaires, nonobstant tout ce sang par eux espandu: ains qu'aussi alterez que ils en furent oncques: machinoient d'en faire courir encor les ruisseaux: Monseigneur le Duc d'Alençon seconde personne de France, desireux au contraire que tout s'acheminast paisiblement. Et que le Royaume vint à vne bonne concorde, & print resolution auec les plus fidelles seruiteurs. Ne peut mieux à ce que du moins il ne feust plus spectateur de telles desolations que de se retirer hors du Royaume, vers les Princes & anciens amis de ceste Couronne, en intention de faire tant par eux enuers le Roy, qu'il ouuriroit les yeux pour voir la calamité de son peuple, & y remedier par bon & conuenable moien. Mais finalement ladite deliberation estant descouuerte: tant s'en est fallu que l'on ayt eu esgard d'y pouruoir: que l'on a interpreté cela comme si ledit Seigneur Duc eust machiné contre l'Estat & personne dudit feu Seigneur Roy son frere. Chose du tout controuuée par ceux qui fondent & bastissēt leurs desseins, sur calomnies. Et qui eux mesmes sont coustumiers de machiner ce que faucement ils retournent sur les inocens. Le Roy de Nauarre nostre treshonnoré Seigneur & Cousin, premier Prince du sang, les principaux Officiers de la Couronne & autres Seigneurs des principalles & anciennes maisons de France, & desquelles ceste Couronne à receu tant de notable seruices: Ont esté reputez adherans & complices à mesme conspiration. Tellement qu'on est venu jusques là, de se saisir de la personne sacrée de mondit Seigneur le Duc, Et du Roy de Nauarre & autres Seigneurs. Et à poursuiure de mesme zelle nous & autres que Dieu à jusques icy preseruez de leurs mains. Et à on emprisonné leurs seruiteurs domestiques que l'on à torturez, condamnez & executez sous la passion des auersaires. Qui est aujourd'huy la seule loy qui absout ou condamne parmy eux: & la Iustice de ce Royaume. Et ce afin de faire le proces aux susdits Princes & Seigneurs, à nous & plusieurs autres sous confessions extorquées & qui ne sont ne vraies ny vray semblables. Car la verité est que ledit Seigneur, Duc Roy de Nauarre & autres Princes & Seigneurs, fidelles sujets & seruiteurs de ceste Courōne: ne sont en peine & mal voulus sinon pour ne s'estre voulu conformer à ceux qui comblent leur mallice & accompagnent leurs cruautez des plus horribles vices, blasphemes, impietez & paillardises execrables qu'il est possible: dont au grand regret dudit seigneur Duc & des sujets la France est infectée, l'inocence de Monseigneur le Duc & de tous les autres dessusdits seigneurs, estant conuë de Dieu: se manifestera par le temps aussi aux hommes, comme mesmes toutes gens non passionnez le peuuent des-à-present facilement conoistre. Mais ce pendant on peut remarquer l'inegalité qui est aujourd'huy en la dispēsation de la justice de Frāce: cōsiderant que mōdit Seigneur le Duc, demeure emprisōné: Le Roy de Nauarre & autres seigneurs aussi & plusieurs autres fugitifs & d'autres en peyne: & au hazard d'estre tous les jours sacmetez pour ceste entreprise tēdāte au salut du Royaume. Et ce pendāt ne s'est faite aucune instance quāt on a voulu suborner le Roy qui est aujourd'huy: estāt jeune de dix ans pour le transporter hors du Royaume: & sous sō nō prēdre les armes cōtre le Roy. Cōme on peut voir par sa depositiō bien imprimée: par laquelle est declaré ce que dessus. Qui plus est les derniers executez à mort, ont esté condamnez (en faisant desauouër la derniere leuée faite du feu, des deniers, & aux despens du Roy par les Duc Christoffle & Comte Ludouic) sous leur confession d'auoir voulu seulement accompagner Monsieur le Duc en la guerre de Flandres contre le Roy d'Espagne cōme s'il feust allié du Roy. Et ceux qui contre l'expres commandement de sa Majesté sont allez auec les sujets d'icelle en la guerre contre le grand Seigneur allié & amy du Roy n'en ont esté chastiez ny reprins. Ces choses estans telles, nous supplirons treshumblement sa Majesté considerer que la nature enseigne non seulement à nous qui sommes hōmes mais aux moindres animaux, d'entendre à leur conseruation. Outre ce que c'est chose trop griefue à gens d'honneur & de telle estoffe que les dessusdits: de se voir reduits à l'extremité par gens qui ne sont ny de leur rang ny de leur qualité, ny qui aient merité de la Courōne de France le moindre des biens dont ils sont remplis. Ausquels tout est permis en ce temps sous

Monsieur le Duc.

Roy de Nauarre.

pretexte

pretexte de la foy Catholique & d'obeir côme ils difent aux cômâdeurs du Roy. Qu'il plaife dôc à fadite Majefté auifer aux moiés neceffaires pour la reftauratiô & côferuatiô de l'Eftat. Et maintenir le bô droit nô feulemêt des grans & principaux de fon Royaume qui fôt empefchez de jouyr de l'heur de la patrie & des biens à eux acquis par le merite de leurs anceftres & par leur propre vertu & qui font pourfuiuiz de la vie & de l'hôneur: mais auffi fe môftre protecteur des moindres, d'vne infinie multitude que Dieu luy à commife à gouuerner qui crient & lamentent pour les oppreffions qu'ils fuportent. Efperans de fa clemence & debonnaireté apres Dieu le moien de leur deliurance. Nous ne pretendons toutesfois prefcrire a fa Majefté, aucunes voies ne moiens pour l'execution de ces chofes qui tandent à vne defirée & trefneceffaire concorde. Mais côme eftant inftruits par l'experiance du paffé, à bien pêfer à noftre feureté pour l'auenir. Attêdu mefmes que les turbulans de la France fôt autant ou plus enclins à defobeir aux Edits de fa Majefté qu'ils furent oncques. Nous la fupplions tref-humblement nous fûporter, fi nous requerons que les moiens de bonne & aparante feuretté nous foient plainement ouuers, pour pouuoir librement refider en fon Royaume. Et luy rendre le feruice auquel nous fommes tenuz naturellement: apres qu'il luy aura pleu pouruoir par les moiens accouftumez & les meilleurs qui fe pourront trouuer à ce qui eft du tout requis pour remettre fon Royaume en bon & affeuré repos. Affauoir aux reftabliffemens des innocens en leurs biens & honneurs. Et que ceux de la Religion puiffent feruir à Dieu fous la fujection & fincere obeiffance qu'ils entendent rendre à fa Majefté. Et guallement aux defordres manifeftes furuenuz en l'Eftat de ce Royaume, à l'occafion des guerres ciuilles. Et pourtant quant il plaira à fa Majefté nous commander de luy faire deduction plus ample des voies & moiens que nous pretendons en toute humilité requerir pour ceft effet: nous ferons entendre nos griefs. Et comme tref-humbles fujets & feruiteurs de fa Majefté ce qu'il nous femble neceffaire pour reftablir fon Royaume en bonne tranquilité & le rêdre en fa premiere fplandeur & reputatiô. Si proteftons deuant Dieu & fes Anges, Tous Roys, Princes, Potentans, repubIiques & generallement tous autres. Que quelques injures & indignitez que nous aions receuës, tant ceux de l'vne que de l'autre Religion qui nous fômes retirez hors du Royaume: que ne nous en fommes departis auec intention d'alterer quelque chofe en l'Eftat: & moins de nous deftourner de l'affection naturelle que nous portons à la patrie en general. Ny de la fujection & obeiffance que deuons à fa Majefté: ains à noftre tref-grand regret, & par contrainte & pour fauuer nos vies, nous nous fommes retirez vers les anciens amis de la Couronne de France, & des freres Germains de la Nation Françoife. En deliberation & volonté refoluë de pourchaffer le bien & repos d'icelle patrie, par tous juftes & legitimes moiens. Nous faifans forts tant de ceux des Eglifes refformées, qui ont les armes en main pout leur jufte & neceffairê deffence ou efpars en diuers lieux du Royaume: que des Seigneurs, Gentilshommes & autres de la Religion Catholique qui font joints auec nous pource que deffus. Ce pendant prierons Dieu, donner profpere auenement à fa Majefté. Et laquelle nous puiffe faire jouyr du fruit de l'efperance que nous auons fondée fur fa clemence & vertu. Fait à Heppenhein le douziéme Iuillet 1574. Signé Henry de Bourbon.

Nous auons dit en vn mot cy deffus que les reformez auoient affigné vne affemblée à Millaud en Rouergue au dixiéme jour de Iuillet: la fe trouuerent enuiron le feziéme du mefme mois, les depputez des Eglifes de Languedoc, Guienne & Dauphiné en bon nombre. Et quât aux Eglifes diffippées par les guerres: les membres d'aucunes d'icelles efpars és pays eftrangers y enuoierent procuration pour auouër ce qui feroit fait. Plufieurs affaires pour le reglemêt des prouinces & pour la guerre furêt expediées en cefte affêblée. Ie toucheray pour le prefêt deux articles principaux debatuz & refoluz en cefte affemblée. Affauoir de la receptiô du Marefchal d'Anuille & des politicques. Puis de ce qu'ils auoiêt à refpôdre aux lettres du Prince de Condé. Plufieurs des depputez eftimoiêt l'affociatiô du Marefchal d'Anuille & des fiês venir bien apoint aux Eglifes. Et que c'eftoit vn moié pour faire de belles chofes. Partât eftoient d'auis qu'il falloit prendre cefte occafion par les cheueux moiennant que le Marefchal feuft contenu en certaines, juftes & equitables conditions. Il y en auoit d'autres de contraire auis qui redouroieut grandement cefte vnion & rendoient raifons de leur crainte: neantmoins l'auis des premiers fut fuiuy. Et quant aux depputez qui alleguerent n'auoir charge de ce fait On leur donna certificat par efcrit pour leur defcharge enuers leurs Eglifes, Lors fut parlé des

Affemblée des deputez des Eglifes à Millaud en Rouergue, & ce qui y fut refolu.

conditions

Juillet 1574.

conditions selon lesquelles on auroit à receuoir le Mareschal de d'Anuille. Vray est que la conclusion n'en fut pas faite si tost: Pource que le consentement du Mareschal y estoit requis: seulement lors fut dit que ceux de la Religion le reconoissoient pour Gouuerneur du Languedoc sous le nom & autorité de Henry troisiéme Roy de France. Lequel il reçoiuent pour legitime successeur de Charles neufiéme. La fin de ceste association seroit de conseruer la Couronne & les anciennes loix & demeurer fidelles sujets & seruiteurs du Roy & des successeurs legitimes d'icelluy. Quant aux articles: & conditions proposées au Mareschal nous en parlerós cy dessous apres vous auoir fait voir les articles que l'assemblée dressa pour enuoier en Allemagne au Prince de Condé.

Articles arrestez en l'assemblée de Millaud en Rouergue enuoiez au Prince de Condé en Allemagne.

Les Eglises reformées de France, representées par vne assemblée generale tant de ceux de la Noblesse que d'autre Estat, tenuë en la ville de Millaud au mois de Iuillet mil cinq cens septante quatre: apres auoir entendu le raport des deputez de la conferance touchant la negociation de la paix: Autre raport du Sieur de Gasques leur delegué en Allemagne, qui leur aporte lettres de creance de Monseigneur le Prince de Condé à Strasbourg au mois de May dernier passé: contenant declaration de la bonne volonté de mondit Sieur le Prince à prandre les armes pour la deffence desdites Eglises & restauration du bon & paisible Estat de ce Royaume: aians veu pareillement vne coppie d'autre declaration generalle depuis faite tant au nom de mondit Seigneur le Prince de Condé que des Seigneurs Gentilshommes & autres nommez Catholiques: estans chez luy en Allemagne, & de leur part enuoié par Gentilhomme expres ausdites Eglises, en desir & resolution de seruir de leurs personnes, moiens & pouuoirs au restablissement & restauration dudit Estat: tant pour le bien en general de la nation Fraçoise, que pour garder & maintenir ceste Couroñe en son entier, & au tige & ligne Royalle: Ont d'vn commun aduis & consentement, tant au nom des Eglises icy conuoquées & de tous les absens & regnicoles faisans proffession de la Religion reformée: delibere, conclud & arreste ce qui sensuit.

PREMIEREMENT loüent Dieu & luy rendent graces immortelles de ce qu'il à pleu à sa bonté misericordieuse, deliurer ledit Seigneur Prince des mains de ses ennemis: le tirant d'vn gouffre de perdition, le nous rendre & l'ordonner conducteur & protecteur de son peuple, restaurateur de cest Estat contre les perturbateurs, le constituer vray Ministre de l'autorité publique tant pour le Roy nostre souuerain Seigneur Roy de France & de Pologne maintenant absent: que pour le bien & deliurance des oppressez mesmes des freres, beaufreres & officiers principaux de sa Majesté: contre ceux qui occupent injustement & exercent par violence le conseil sacré de tous les grans affaires de ce Royaume. Le commandement des armes & l'administration tant de la Iustice que de la police & finance: gens d'estrange nation ne s'applicquans & ne taschans à rien si soigneusement que a la mutation subuersion & ruine totalle de cest Estat, Hómes sans humanité, sans loy & sans foy, seducteurs de la facilité & credulité tant de la Royne mere du Roy: que de ses princes & Seigneurs & comme leurs facteurs & adherans. Declarans lesdites Eglises que jamais ne leur est entré au cœur, de s'aider de l'ambition & mauuaise intention d'aucun Prince du sang, pour susciter mettre ou entretenir trouble en ce Royaume: ny pour s'auantager d'aucune chose pour les honneurs: ny pour les biens moins encor pour soy soustraire, licentier ou deliurer indignemét de l'obeissance & tres-humble sujection qu'ils doiuent: comme vrays & naturelz sujets de ceste Couronne, à leur vray & naturel Roy leur Prince & souuerain Seigneur. Ains au contraire tenans & croians fermemant que leur Majestez ont esté & sont encores tresmal conseillées, & côtre verité persuadées deliberent puis qu'il à pleu à Dieu leur mettre és mains les armes par juste & legitime vocation: de les emploier & faire seruir à sa gloire procurer & faire rendre audit Sieur Roy de Fráce & de Pologne, le droit de son Royal office: & la vraye dignité de sa Couronne: le vray honneur & splädeur de sa Royauté, la vraye autorité de son glaiue & de sa Iustice: l'entier & bon ordre de cest Estat & monarchie: la prerogatiue, preuillege & inuiolable obseruation des loix de ce Royaume tant publiques que priuées par tous Estats: & specialement la vraye & legitime principauté pour la Noblesse, bien tranquilité & seureté de tous les bons & fidelles sujets. Et pour cest effet poursuiure l'expulsion des perturbateurs, auteurs & premiers Conseillers de ce trouble: ennemis naturelz de la maison de Vallois: expilateurs des deuoirs tant du Roy que du Royaume & inuenteurs de tous nouueaux imposts & subcides à la grande de foulle & oppreſſion inſuportable de tout le peuple. Proteſtans deuant Dieu & ſes Anges que apres le ſeruice de ſa gloire, effaçans oublians & enſeueliſſans entieremẽt & de bon cœur les inimitiez, offences & injures paſſées d'entre eux & leurs compatriotes regnicolles nommez Catholiques: ils priſent, deſirent & cheriſſent d'vne ſinguliere affection, la reconciliatiõ, reünion & communion ciuille auec tous leſdits Catholiques compatriotes & autres: qui par eſprit & ſentimẽt de Religiõ, aymẽt les bõnes loix cõmunes la droiture, l'honeſteté, la Iuſtice & la bonne foy auec, la Paix & conſeruation de la patrie, à l'entretenement d'vne vraie ſocietté humaine & ciuille. Aians en horreur l'effuſion de ſang humain l'Injuſtice, la licence de mal faire & la prefidie. Eſtimant beaucoup leſdites Egliſes, ce qui a eſté ja commancé de ladite reconciliation & reünion tant entre mondit Seigneur le Prince que ceux de la Religion qui l'accompagnẽt d'vne part: & pluſieurs Gentilshommes Seigneurs & autres Catholiques qui en ceſt endroit luy adherent d'autre part. Que auſſi entre les compatriotes des deux Religions en pluſieurs prouinces & villes de ce Royaume: ſpecialement en Normandie, Picardie, Poitou, Guienne, Languedoc & Prouence & prient tous les autres ſujets compatriottes de ſy joindre: tant pour le ſeruice de ſa Majeſté & la reſtauration id'vn bon Eſtat: que pour le ſoulagement du poure peuple ja du tout accablé de charges inſuportables. Et pour reſtablir en ceſte miſerable France, vne ſainte ferme & perdurable Paix. *Vnion des Catholiq. & Proteſtans.*

Sur les ſuſdites declaration & proteſtatiõs, ladite aſſemblée generalle conuoquée des prouinces pays & reſſorts de Languedoc, Dauphiné, Aquitaine & faiſant tant pour les preſentes que pour les abſentes, & autres Egliſes de ce Royaume. Auſquelles promettent le tout faire ratifier: nomẽt eſliſent & prennent deſapreſent pour leur Chef, Gouuerneur general & protecteur mondit Seigneur le Prince de Condé, au nom lieu & autorité dudit Seigneur Roy de France & de Pologne: pour en ſon abſence & empeſchemant les regir, commander & gouuerner par tout ce Royaume en leurs perſonnes en leurs biens en ceſte cauſe & pourſuitte & durant icelle en la forme maniere & conditions ſuiuantes auec leſquelles ſupplient tres-humblement mondit ſieur le Prince vouloir accepter ladite charge & gouuernement general deſdites Egliſes de France, pour le Roy noſtre ſouuerain Prince & Seigneur. *Prince de Cõdé eſleu Chef general des Egliſes de Frãce.*

En premier lieu ſera ſupplié ledit Seigneur Prince de Condé de promettre & jurer preſẽs le depuré ou deputez deſdites Egliſes, en l'aſſiſtãce tant de Tres-Illuſtre & Tres-excellent Prince le Comte Pallatin Electeur & du Duc Caſimir ſon fils: que des Seigneurs & Gentishommes qui l'accompagnent apres la predication & la priere faite en plaine Egliſe & publiquement: de perſeuerer en l'exercice & profeſſion publique de la Religion reformée. Procurer juſques à la mort l'auancement du Regne de Ieſus Chriſt. Le repos ſeureté & proſperité de ſon Egliſe. Et emploier tout ſon pouuoir & moiens à la reſtauration du bon Eſtat, ordre, Iuſtice & police en ce Royaume: au bien commun tant de la Nobleſſe que du commun public: ſans diſtinction des deux Religions. Promettra & jurera auſſi ſ'il luy plaiſt, qu'il ne quitera les armes, ny ladite cauſe & pourſuitte: Et ne fera ou arreſtera paix ſans le conſentement d'vne aſſemblée generalle deſdites Egliſes ou des deputez par icelle à ce ſpecialement fondez. Promettra & jurera ſ'il luy plaiſt, qu'entre ces premieres entrepriſes, il emploiera pareillement toutes ces forces & diligences à faire deliurer & mettre en pleine liberté Meſſeigneurs le Duc d'Alençon & le Roy de Nauarre frere & beaufrere de ſadite Majeſté: Le Duc de Montmorency Pair & Mareſchal de France, & le ſieur de Coſſé auſſi Mareſchal de France. Sauf toutesfois que ou leſdits Seigneurs Mareſchaux ſe trouueront accuſez & preuenuz de conſpiration pretenduë contre la perſonne du Roy dernier decedé: ledit ſieur Prince de Condé ſera tenu les aians deliurez des mains de leurs parties qui les detiennent: les mettre és mains de Iuſtice competante, legitime & non ſuſpecte pour le proces leur eſtre fait & parfait ſelon qu'il apartiẽdra par les loix ciuiles du Royaume. Et pource que notoiremẽt l'adminiſtratiõ & cõmandement de tout ceſt Eſtat ſe treuue empieté & vſurpé és mains violentes & ſanglantes de ceux que tout le monde ſçait & conoiſt: autres toutesfois que la Royne mere du Roy: laquelle on n'entend comprandre en ceſte pourſuite. Ledit ſieur Prince de Condé apres la deliurãce & libre conferance deſdits ſeigneur Duc d'Alençon & Roy de Nauarre: emploiera tout ſon pouuoir & moiens à recouurer ladite adminiſtration & commandement l'oſtant des mains de ceux qui l'occupent & en abuſent ſi licencieuſement. Et ſi Dieu luy eſt & à nous voire à tout ce Royaume tãt fauorable, que de nous mettre en ce point ledit ſieur Prince à meſme inſtãt *Conditions ſous leſquelles il eſt auoué general des Proteſtans & Catholiq̃s.* *Deliurance des Mareſchaux de Montmorẽcy & Coſſé.* *La Royne mere.* *Gouuernement du Royaume.*

ſera

sera tenu de reintegrer du tout ledit sieur Roy de France & de Pologne comme heritier naturel & successeur legitime de ceste Couronne: ou bien mondit sieur le Duc d'Alençon auquel la Regence de ce Royaume apartient de tout droit en cas que ledit sieur Roy de France & de Pologne se trouueroit encores absent dudit Royaume. Et faite ladite reintegration ledit sieur Prince de Condé supplira s'il luy plaist ledit sieur Roy de France & de Pologne, ou en son absence ledit Seigneur Duc d'Alençon tant en son nom que de tous ses adherans: de au plustost conuoquer les Estats generaux de France les faire assembler & tenir librement en vne ville commode & cōmunement agreable : Et par l'auis desdits Estats sera la raison à tous tant d'vn que d'autre party : apaisera tous les differents qui ont esté l'occasion des troubles en ce Royaume: y restablira par tout vn bon ordre & vne Paix ferme & asseurée: Et pour cest effect, procurera mondit sieur le Prince s'il luy plaist, que tous lesdits adherans tant de la Religion que Catholiques paisibles & reconciliez: puissent presenter leurs caiers à sa Majesté en l'assistance desdits Estats. Assauoir ceux de la Religion le caier de leurs doleances & treshumble suplication arrestée à Montauban & autres fois presentée au Roy dernier decedé par leurs deputez sur le traité de la pacification des presens troubles. Auec les autres supplications qu'ils y pourront ajouster. Et les Catholiques adherans leur caier à part si bon leur semble, sur la reformation d'Estat ou autrement que ils auiseront. A quoy pareillement seront receuz pour estre librement ouyz & justement satisfaits, tous les autres nommez Catholiques qui ne seront encores reconciliez & adherans à ladite refformation. Et affin que mondit sieur le Prince de Condé nous puisse mieux & plus seurement conduire & faire paruenir à ce but: Ladite assemblée le supplie treshumblement, qu'il luy plaise pour l'exercice de son Gouuernement, commandement & conduite durant ceste poursuite & voie d'armes: prandre auec luy vn Conseil tant militaire que ciuil de la police & finances de ceste cause, tel & de tels que luy seront nommez & baillez par vne assemblée generalle des Eglises de la plus part d'icelles cōuoquées de son mandement. A laquelle assemblée sera du tout premierement donné auis par les principaux Seigneurs, Gentilshommes & autres notables des deux Religions adherans qui l'accompagnent tant de regnicolles que estrangers. Sans ce Conseil ne se pourra rien faire ny ordonner d'importance en General à ceste cause ou en particulier à quelque prouince ou ville dont se traitera deuant mondit sieur le Prince: ny mesmes à vn particulier si le cas merite Conseil. En somme mondit Seigneur le Prince prandra s'il luy plaist en bonne part que aiant esgard aux esclandres enormes & horribles auenuës en France par l'abus d'vne pretenduë puissance qu'on appelle (tresmal) absoluë vsurpée & tresinjustement introduite en ce Royaume: qu'on supplie tres-humblement sa grandeur de ne prendre le titre de dignité & prerrogatiue de Prince pour en abuser à cōmander en ladite puissāce absoluë. Ains se representera s'il luy plaist, se monstrera & portera en son gouuernement auec telle & si bien reglée moderation qu'il appartient, non pas à vn tiran ou à vn Prince terrible & desordonné: mais à vn vray Iuge d'Israël Esleu de Dieu, Chef, gouuerneur & conducteur de son peuple: aiant continuellement auec soy la foy & ses saintes ordonnances pour les lire & faire garder tout le temps de sa vie sans s'en d'estourner & sans esleuer son cœur sur ses freres ses tres-humbles & tres-affectionnez seruiteurs. Se souuenāt tousjours de la parolle memorable de cest ancien seruiteur de Dieu Gedeon grand Cappitaine, lequel estant semond par le peuple de leur commander en Chef & general gouuerneur souuerain. Et disans domine sur nous toy & tes fils apres toy. Respondit je ne domineray point sur vous ne mes fils. Mais ce sera le Seigneur qui domminera sur vous. Et pour mieux signifier le tesmognage de son integrité, zelle & regard perpetuel à la gloire de Dieu, bien & repos de son Eglise & par mesme moien quand Dieu les voudroit appeller, laisser aux successeurs du Gouuernement General vn exemple de sa droiture, Prandra s'il luy plaist en bonne part qu'on le supplie de soy astreindre & submettre volōtairement & de bon gré durant ceste poursuite, aux loix, reglemens & ordonnances de lassēblée generalle desdites Eglises de France qui est composée tant de la Noblesse que des magistrats & commun. Semblablement ledit Seigneur Prince ne changera, deposera ou mettra gouuerneurs, prouinciaux & des villes, sans l'auis & nomination de la prouince des villes ou ils feront besoin. Pour la justice des crimes, & malefices ou autres cas meritans punition ou chastiment exemplaire contre les gens de guerre: establira & ordonnera s'il luy plaist à sa suitte vn preuost general de camp, homme de bien califié & capable: temoigné & approuué en

Religion

LIVRE TRENTEHVITIEME

Religion & bônes meurs, auec bon nombre d'Archers ſtipendiez du public. Ledit Seigneur Prince conſtituera ſil luy plaiſt, loix & ordônances rigoureuſes ſur la diſcipline militaire: & les fera executer & garder ſans acception de perſône. Fera eſtablir Courts de Iuſtice ou juges par tout ou n'en y a point & ou ils ſont neceſſaires. Ne pourra euoquer à ſoy aucunes cauſes & matieres pendantes és Cours des Iuges ordinaires ſoient ciuilles & criminelles. Eſtablira & ordonnera ſil luy plaiſt deux de ſon Conſeil qui aient l'intendance des finances. Et tiendra la recepte generalle à ſa ſuite auec conterolle par hommes eſprouuez expers & reſponſables qui rendront comte au Conſeil de trois mois en trois mois ou de quatre en quatre: & finallemẽt à l'aſſemblée generalle des Egliſes refformées de France. Et ſe tiendront leſdits Intendans & Conterolleurs des commis approuuez en chaſque prouince. En ladite recepte generalle tomberont & ſeront apportez tous deniers & reuenuz Royaux, tant du domaine que gabelles foraine & equiualant: que d'autres ordinaires extraordinaires & caſuels: hormis ceux des tailles aides, ottrois, creuës & taillons, qui ont accouſtumé d'eſtre demandez & impoſez aux eſtats principaux ou par les eſleuz en temps de paix. Et qui pourront encores eſtre impoſez par les aſſemblées prouincialles auec les autres deniers de leurs fraiz neceſſaires. Deſquelles tailles, aides, ottrois creuës & taillons neâtmoins, le Receueur de mõdit ſieur le Prince ſera renu ou ſes commis faire receu & acquit aux Receueurs prouinciaux: à la charge de compter quant il ſera ordonné par ledit ſieur Prince. Quand aux Receueurs Eccleſiaſtiques, ils appartiendrõt auſſi à la recepte de mondit ſieur le Prince. A la charge que les gages & ſallaires des Miniſtres de la parolle de Dieu, Regents des Eſcolles & Colleges en ſerõt diſtraits & leuez ſur le cõmis & receueur general auquel en ſera baillé l'Eſtat par chacune prouince & Gouuernemãt. Et ou le tout des deſſuſdits deniers ne ſuffiroit aux fraiz de la guerre: ledit ſieur Prince pourra demãder ce qui luy en ſera beſoin. Et leſdites Egliſes ſ'eſforcerõt de luy en dõner tout côtentemẽt & ſatiffactiõ poſſible. Plaira auſſi audit ſieur, ordõner certain bõ reglemẽt ſur la prinſe & reductiõ des villes. A ce que par bon traitemẽt & hôneſte cõpoſition: tous ſoient inuitez à ſe rendre ſans crainte à ce party & receuoir ſes commandemans. Non pas ſopiniaſtrer à tenir pour eſtre pillez & rançonnez. Meſmes ladite aſſemblée trouueroit bon qu'en aucunes villes reduites volontairement, ou apres ſommation: ne ſoit miſe aucune garniſon contre leur gré: Pourueu qu'ils baillent oſtages des principaux habitans à renouueller de trois en trois mois durant ceſte pourſuite. Toutesfois en cecy & autres choſes ſemblables de la guerre: ladite aſſemblée ſ'en remet à la ſage diſcretion dudit ſieur Prince.

L'ASSEMBLEE enuoia incontinant ſes Articles au Prince qui ſ'eſtoit retiré de Strasbourg à Baſle: affin d'eſtre en lieu plus commode pour negotier en Allemagne & entendre nouuelles de ceux de Languedo ou il enuoia incontinant pour auoir argent. Et combien que cela ne ſ'executaſt ſi diligemment & heureuſement qu'ils deſiroient: toutesfois ceux de Languedo luy enuoierent quelques ſommes de deniers lors qu'il eſtoit à Baſle. Pluſieurs politiques ſ'allerent rendre à luy dont l'on parloit diuerſement & quelques vns eſtimoient que tout cela eſtoit vne farce jouée par la Royne mere pour amuſer le Prince de Condé & les Proteſtans. Puis il voiagea par la Suiſſe & fut bien receu en diuers endroits. Sur ce auoir entendu que le Roy Henry troiſieme eſtoit ſorty de Pologne & ſ'acheminoit en France: il luy eſcriuit les lettres qui ſuiuent dreſſant ſur ces entrefaites neantmois les plus grans preparatifs d'armée qu'il luy eſtoit poſſible & comme je vous feray voir ailleurs.

SIRE encores que les appreſts qui ſe font dedans & dehors le Royaume: & les effets qui depuis quelque temps ſ'en ſont enſuiuiz: puiſſent donner occaſion tant à moy, qu'à tous ceux leſquels ſans juſtes cauſes Dieu mercy (comme le temps vous fera paroiſtre) on appelle ſeditieux & rebelles: de preparer ce qui eſt requis à leur juſte & neceſſaire deffence. Ce neantmoins m'arreſtant pluſtoſt à ce qu'il à pleu a voſtre Majeſté me mander par le Seigneur de Neufuy, du deſir qu'elle à de pacifier tous ces troubles par vne bonne, equitable & aſſeurée Paix: outre ce que voſtre Majeſté aura peu aprandre tant par la reſponce que je luy en ay faite que par mes deportemens, teſmoignans aſſez combien voſtre commandement & l'amour que je porte à la patrie à plus de pouuoir ſur moy que tout ce qui me ſauroit eſmouuoir à prandre autre chemin. Toſt apres ma reſponce j'ay expedié vn Gentilhomme expres vers voſtre Majeſté auec vn brief eſcrit, contenant veritable & ample declaration de toutes les doleances deſquelles ont precedé & decoulent encores ces tempeſtes. Eſperant que par la pluſtoſt que

Finances.

Miniſtres & Regens apointez ſur les [...] Eccleſiaſti[...]

Priſe ou reduction de places.

Garniſons.

Lettres du Prince de Condé au Roy de France & de Pologne Henry 3.

par

par les sinistres rapports d'ailleurs, vostre Majesté se representant ce qui y est deduit. Cósidere la puissance que ce grand Dieu luy à donné d'y remedier comme en vn instant fermant le chemin à la voie des armes & faisant ouuerture à Iustice & equité. Mais Dieu à voulu que celuy que j'ay enuoié, n'aiant rien peu comprandre à la verité touchant vostre chemin pour vne infinie diuersité de bruits: s'en est retourné à demy chemin. Surquoy m'estant serui de ce que Monsieur de Thoré pour mesmes effets s'estoit ja approché de Sauoye comme je croy que vostre Majesté aura entendu: je luy ay dressé le mesme escrit presumant qu'il pourroit auoir plus certaines nouuelles du passage de vostre Majesté, pour luy faire tenir auec les presentes. Ie vous supplie donc tres-humblement, Sire, qu'il vous plaise receuoir & prandre en bonne part ce present escrit comme vray tesmoin de ma droite intention & de tous ceux qui sont pour le present en pareille cödition que moy: laquelle intention, nous esperons que Dieu nous fera la grace de prouuer par tel effect de parfaite sujection & obeissence: que tous contredisans auront la bouche close, & vostre Majesté en receura plaine satisfaction: je supplie le createur vous donner, Sire, en tres heureuse & tres-parfaite santé, tresbonne & longue vie à Hepeinheim le 22. Iuillet 1574.

Iuillet 1574. La Noue en Poitou.

Ie vous ay cy dessus dit que la Noue estoit party de la Rochelle pour aller en Poitou donner ordre à Lusignen & Fontenay le Comte à cause que l'armée du Duc de Montpensier s'y acheminoit s'estant de nouueau fortifié des trouppes tant de pied que de cheual, desquelles Matignon s'estoit serui en l'expeditiö de Normädie ausquels la plus part des soldats pris à saint Lo Carétan & Domfron s'estoient incorporez. Ainsi tous enuiron ce temps passerent la Riuiere de Loyre.

Comte de Montgommery à la Rochelle.

Ce pendant le jeune Comte de Montgommery arriua à la Rochelle enuiron le seziéme de ce mois eschappé d'vne infinité de hazardz & dangers: tant qu'en fin il s'embarqua à Peyrac deux lieuës pres du Croisil en habit dissimulé pour passer à la Rochelle. Mais il fut pris par le Cappitane Brunet de l'Isle de Ré. Lequel comme fugitif de son pays à cause des troubles, faisoit sa retraite en Ollonne & autres haures du bas Poitou. Si bien qu'auec quelque chaluppe & barque de guerre espioit par fois sa bonne auenture par mer sur ceux qui alloient & venoient à la Rochelle ou Isles prochaines, Le Comte se rendit à luy ne le conoissant & le prennant pour estranger. Aussi qu'il se disoit Anglois. Ce qu'il creut facilement, d'autant qu'il en parloit fort bien la langue. Et aussi qu'il en portoit l'habit. Il le laissa aller neantmoins se contentant de luy oster douze ou quinze cens liures qu'il auoit. Ainsi se retira à la Rochelle. Quelque temps apres Brunet fut pris par les Protestans & ne trouua plus grand support pour sa deliurance & rançon honneste, que le Comte qui luy vsa de toutes les faueurs dont il ut requis.

Deux jours apres Frontenay puisné de Rohan & la Noue arriuerent à la Rochelle du retour de Lusignen. Ou ils trouuerent le Comte qu'ils s'essaierent en toute sorte de consoler de la mort de feu son pere qu'il n'auoit encore sceué que depuis son arriuée: l'exortant comme bon fils & heritier de son pere, d'imiter pareillemët sa vertu & constance qu'il auoit monstrée jusques à la fin. Et qu'ils s'asseuroient que le souuenir de l'injustice dont l'on auoit vsé à l'endroit de son pere: ne seroit en son endroit qu'vn plus grand feu pour l'enflammer au zele de ceste Cause.

La Dame de Bonneual à la Rochelle.

Tousjous la Royne cependant continuoit ses propos pour induire la Noblesse Protestante & les communautez jointes auec elle de poser les armes à tout le moins les surseoir & faire quelque trefue: pendant laquelle on peut auiser les moiens de faire vne bonne Paix. Pour cest effet sa Majesté depescha à la Rochelle la Dame de Bőneual enuirö le quinziéme jour d'Aoust auec instructions & articles qu'elle proposa de la part de ladite Dame aux Protestäs de Guiëne & Poitou qu'ils receurent. Puis luy respondirent ce qui suit.

Responce des Rochelois à la Dame de Bonneual.

Premierement ils remercient tres-humblemët sa Majesté, que tous ses desseins & deliberations tendent à soulager & donner repos aux poures & affligez sujets de ce Royaume lesquels ont jusques icy enduré & souffrent encores maintenant extremes Calamités pour vouloir viure selon la pureté de l'Euangille: protestans que leur intentiö à tousjours esté & sera de porter volontairement l'honneur, l'obeissance & fidelité au Roy que on sauroit requerir d'vn peuple bien affectionné à son Prince. Cöme ceste nation sur toutes autres à tousjours demöstré. Et

LIVRE TRENTEHVITIEME. 235.

..t de sa subjectir aux Loix du Royaume, esquelles ils supplient tres-humblement la di-
..e Dame les vouloir maintenir, auec les seuretez cy deuant requises : pour oster la des-
.ance & inconueniens esquels leurs ennemys les ont faict tomber. Tesmoignans deuant
) I E V qu'ils n'ont autre desir que de s'employer à la conseruation & grandeur du Roy
.. du Royaume. Et pour y paruenir se monstreront tousjours tresprompts & obeyssans
.oyre jusques à oublier tout ce qui concerne leur particulier. Que si le bon plaisir de
. M A I E S T E est, suyuant ce qui a esté proposé par ladicte Dame de Bonneual, de
.eleguer quelques personnes d'honneur & de qualité pour conferer & resouldre plu-
..eurs differands que les troubles on faict n'aistre : Ils croyent que ce seroit vn moyen
.ropre pour restablir vne tranquilité. Supplians cependant sadicte Majesté, que leurs De-
.utez qu'ils auoyent enuoyé par deuers ceux de Languedoc pour pouuoir faciliter v-
.e bonne Paix auec la permission du sauf conduict du feu Roy & lesquels auec mespris
.. peu de respect de son auctorité ont esté arrestez prisonniers : soyent remis en liberté
.. renuoyez en toute seureté : afin que par cy apres ils n'entrent en deffiance quand il
..ra question de traicter & communicquer des affaires qui regardent le bien & repos de
.e Royaume. Auec cete responce la Dame de Bonneual s'en alla deux jours apres : non
.ins grand soupçon d'aucuns (comme en tels temps les hommes ont les esprits fretil-
.ns, soupçonneux, &propres, à se doubter de tout) qu'elle n'estoit venuë à autre inten-
.ion, que pour brasser quelques menées secretes & praticquer aucuns de la ville. Dont
.nesme elle donnoit quelque attainéte par quelques siennes lettres surprinses & diuul-
.uées.

C'estoit Po-pelinire & Tillerolles.

E N ces mesmes jours quelques trouppes Catholicques coururent ez enuirons de
.a Rochelle. Où ils tuerent & emmenerent quelques prisonniers : & donnerent si prez de la
.ille que plusieurs doubterent de quelques intelligences. Occasion que la Noüe arriué
.n la Rochelle, on fit vne assemblée Generale au Temple Sainct Yon le Ieudy dixneu-
.iesme dudict moys. Où il dict auoir receu aduertissement de bonne part de certaines prati-c-
.ques & intelligences secretes d'aucuns de la ville auec les Catholicques. Lesquels com-
.ne il estoit vray semblable, ne se presentoyent poinct si prez, ne si en petites trouppes
.qu'il n'y eust quelques secrettes menées. A quoy il estoit bien necessaire d'auiser de prez.
Et ne s'arrester tant sur Lusignan & Fontenay où les Catholicques faisoyent semblant d'a-
.dresser leurs desseins : que l'on ne regardast à la Rochelle qui estoit le seul blanc où les
Catholicques visoyent. Leur remontrant que l'ordinaire des plus braues Guerriers, qui
.vouloyent heureusemant conduire & bien asseurer quelque entreprise : auoit tousjours
.esté de faire courre le bruit, ou tenir contenance d'aller ailleurs qu'au lieu desiré : affin
.de le surprendre auec le moins de peine, moins de temps, de frais, hazard & effusion
.de sang qu'ils peuuent. Victoires d'autant plus loüables, qu'elles procedent principale-
.ment de l'Esprit, (la plus noble & excellente partie de l'homme) plus que du Corps.
Les actions & auantages duquel, sont communs auec les plus stupides & plus meschans
.du monde. Voire auec les bestes brutes : la plus part desquelles encor, s'en peuuent pre-
.ualoir sur les hommes. Fut partant proposé de chasser de la ville tous reuoltez & autres
.que l'on tenoit suspects de longue main. Cependant les Gardes furent redoublées & le tra-
.uail des fortifications de beaucoup augmenté.

Assemblée à la Rochel-le pour quel-ques me-nées des Ca-tholicques descouuer-tes.

Des actions des hômes lesquelles plus loüa-bles.

C O M M E doncques les Protestans eussent deliberé de poursuiure la negociation
.de la Paix dont je vous ay parlé : aussi tost que le Roy eut enuoyé les passeports à cest
.effect du quatriéme May, pour deux moys commançans au jour de la certification de
Biron, (auquel il failloit mener les esluz à cete charge) ils choysirent Popelliniere pour
.la Noblesse & le Feure dit Tillerolles pour la Rochelle qu'ils enuoyerent en Dauphiné, Lan-
.guedoc & cartiers prochains. Puis Peletier Secretaire du Roy de Nauarre vers le Comte de
Mõtgõmery & associez. Qui toutesfois tourna bride à my chemin, aiant sceu la prise du Com-
.te de Montgommery & de S. Lo comme vous auez veu. Lesquels auoir pris leurs certificats
.à S. Iean d'Angely où estoit Biron & passé Pons, puis Bergerac ou sur le commancement de
Iuin ils cõmuniquerent auec le Baron de Langoiran : De là prindrent le chemin de Quercy
.pour se rendre à Mõtauban. Mais aprochans de Quossade, s'ils furent arrestez par les coureurs

Commance-ment de la negociatiõ de la Paix. 1574.

Deputez pour laPaix arrestez par les Catho-liques en Quercy

Ggg

de Clermont de Lodeue Gouuerneur de Quercy (forty en ce temps de Cahors auec toutes les Garnisons de son Gouuernement pour prandre Poilac petit fort ou il tenoit en vain quelques harquebuziers assiegez). Doù menez à Cahors auec promesse de liberté au lendemain: apres qu'ils eurent leû leurs instructions, furent toutesfois arrestez par l'auis de toute la Noblesse qui estoyt là assignée pour les Estatz par le commandement du Gouuerneur aussi tost qu'ils eurent sceu la mort du Roy: par le decez duquel les Magistrats & Officiers disoyent que le passeport n'auoit plus n'y force ny vertu. Et qu'au reste leur negociation n'estoit que couleur & pretexte à quelques menées qu'ils alloyent brasser auec leurs freres. Pource, qu'il en failloit auoir l'aduis & bon plaisir de la Royne Mere deuant qu'ils fussent relaschez du logis du Gouuerneur où ils pourroyent demourer en plus de seureté. De quoy extrememant fachez & plus encores que la resolution en auoit esté prise sans les ouyr: prierent le Gouuerneur de les rassembler tous au matin, pour estre du moins receus à desduire leurs raisons pour lesquelles ils en pourroient faire changer l'oppinion à aucuns. Ce que leur estant accordé & introduicts en l'assemblée Popelliniere parla en cete sorte.

Harengue de Popelliniere aux Estats de Quercy pour s'affraschir de prison.

MESSIEVRS nous eussions fort desiré que sur la resolution que vous printes hyer de nous arrester jusques à la premiere depesche que l'on vous enuoyra de Court, nous eussions esté ouys; ou du moins que l'on y eust consideré deux choses. Car bien pesées elles nous eussent moyenné pour ce retardement, vne liberté asseurée de marcher en tous les endroicts où la faueur de nostre passeport semble nous conduire. La premiere est le mal-heur non moins euident que certain: voyre la ruyne ineuitable de tout ce pauure Royaume si l'on rompt ceste negotiation de Paix. Tous hommes n'ont que deux temps & moyens pour reigler & conduire les actions de leur vie: sçauoir est la Paix où la Guerre. Si la Paix est empeschée de produire ses heureux effects: faut par necessité que la Guerre saute en place, afin que d'vne main sanglante & licentieux desbordemens: elle couure l'estenduë de cette monarchie d'vn monde de miseres & si extremes calamitez, que ceux qui desdaignent la Paix (estimans les plus asseurez en temps de Guerre: en seront peut estre les premiers acablez : comme nous auons veu aduenir en tout temps. Or la Paix s'empesche par diuerses sortes. Où par moyens directz, & ouuerts: où par indirects, destournez & inconneus. Les directs & ordinaires sont quand ceux qui negocient la Paix ou qui ont puissance de l'auctoriser disent haut & clair qu'ils n'en veulent poinct : où ne la peuuent receuoir pour certaines raisons. Les indirectz & extraordinaires sont quand on reçoit si mal les entremetteurs d'vn si bon repos: qu'auec le bon vouloir on leur faict perdre l'enuye de poursuiure ce qu'ils auroyent bien commancé. Où que sous quelque couleur on les retarde crainte qu'ils ne passent outre à l'effect d'vn si grand bien. Surquoy je ne puis penser que le semblable ne vous soit aduenu en ceste ville. Et crains fort que tant ceux de nostre party, qu'autres Catholicques qui sont tous affectionnez à la Paix: ne prennent de nostre retardement vne oppinion & asseurance, que nous empeschans de poursuiure, pour la Paix vous ayez choysi la Guerre. Et que semblables inconueniens vous aduiennent qui sont aduenuz à d'autres pour moins de raisons. Vous ne vous pouuez excuser de dire que vous attendez nouuelles de la ROYNE MERE Regente. Car premier qu'elle vous aye escript le temps de deux moys qui est toute la vie de nostre passeport, sera finy: où si auant escoulé qu'il ne nous sauroit rester assez de temps pour parler seulement à ceux de Languedoc: Tant s'en faut que nous ayons assez de loysir pour le retour. Enquoy je considere deux choses dignes d'estre bien remarquées. La premiere que la negociation se perd comme j'ay dict. La seconde que l'on peche en cecy tant par faute particuliere, que par l'exemple de plusieurs qui tous se reigleront en cecy. Les CATHOLICQVES à nous retarder ailleurs comme vous faictes, tant en ceste negociation comme en d'autres. Les PROTESTANS à considerer le tort qu'ils estimeront leur estre faict, retenans ainsi les DEPVTEZ, la personne desquels ils n'estiment moins

que

LIVRE TRENTEHVITIEME. 236.

que la leur. Qui leur fera vne belle occasion d'en faire le semblable à voz Deputez pour chose que ce soit.

L'AVTHORITE & reuerance que les Grecs portoyent aux Irenophilaces receuë comme de main en main par les Romains, pour les Feciaux & depuis confirmée & acreuë par la Majesté de noz Roys vers les Heraux d'Armes: Puis ceux là ne semblans assez suffisans pour traicter chose de grande importance: vers les Ambassadeurs porte Paix: est si notoire par tout, que ce seroit esclairer au Soleil d'en vouloir parler plus au long deuant ceux qui m'en peuuent plus dire que je n'en sçaurois conceuoir. Si est-ce que pour faire mon debuoir sur-ce qui s'offre, je n'oubliray trois exemples: Le faict desquels est si remarquable que l'on ne doit mespriser les inconueniens qui en peuuent aduenir, si nous les sçauons bien accommoder à nostre particulier. Le premier est l'extreme misere: en laquelle les Tarentins l'vn des plus riches & belliqueux peuple d'Italie: se veirent reduicts par les Romains, seulement pour s'estre mocquez de la charge de leurs Ambassadeurs qui les alloyent prier de donner la Paix à ceux de Brindes leurs associez. Car les Romains, ayans jecté vne grosse Armée en Campagnée: y continuerent le siege jusques a ce qu'auec l'honneur les Tarentins y perdirent la vie, leurs biens & la liberté mesme. L'insolence du Marquis de Guast Lieutenant General pour Charles le Quint Empereur en la Lombardie: ne fust elle pas occasion de la plus longue & cruelle Guerre qui fut jamais entre les François & Espagnols par l'excez qu'il commist ez personnes de ANTHOINE RINCON & CEZAR FREGOSE que la Majesté enuoyoit Ambassadeurs vers le Turc? Vous ne trouuerez mauuais, ains prandrez en bonne part s'il vous plaist, ce que je reprandray de plus fresche memoire. Vous protestant neantmoins que je ne reçois moings d'ennuy à le reciter que j'ay receu de fascherie lors du faict & de desplaisir mesmes toutes les fois qu'il m'en souuient. Le Sieur Rapin enuoyé par feu Monsieur le Prince de Condé auec lettres, auctorité, creance & ample passeport du Roy: porter l'Edict de la Paix l'an cinq cens soixante huict à Messieurs de Thoulouze qui auoyent charge de la faire publier, comme les autres Parlemens auoyent ja faict: fut si mal receu & si indignement recongneuës les bonnes nouuelles qu'il portoit: que sa mort leur cousta plus de dix milles Creatures, la perte de la valleur de dix millions d'Or, le feu, le sac & piteux rauage des plus belles maisons de leur Seneschaucée. Somme que l'auctorité des Ambassadeurs mesmement des porte-Paix: le non seul de laquelle vous debuoit faire plorer de joye: à de tous siecles esté telle vers toutes Nations: que chacun les honnoroit, tous s'estimoyent heureux de les carresser: & leur faisoit on largue en tous lieux pour les laisser passer à leur plaisir: Sans porter autre chose que l'habit & la Veruaine pour marque de leur charge à courir par tout le monde: au lieu des passeports de noz Roys qui encores ne suffisent pas. Et quelle plus grande seureté nous pourroyent à l'aduenir donner noz Princes? S'ils n'en ont de plus grande qui osera entreprandre de negocier? Si l'on n'ose se mettre en chemin, comme se pourra faire la Paix? Si elle ne se faict, ou sera la fin de noz maux?

RESTE à respondre aux raisons, sur lesquelles vous fondez la resolution que vous prites hyer de nostre retardement. Si j'ay esté bien informé & que la memoyre ne me faille en ce qu'on m'a rapporté, vous n'insistez que sur deux considerations. La premiere que pour la mort du ROY qui nous à donné le passeport nostre charge est expirée. La deuxiéme n'est qu'vn soupçon que vous auez sur le retardement du passeport qui vous semble auoir esté donné bien tard apres la fin de la Conference demandée. Ce qui vous faict imaginer plusieurs choses contre la verité. Au premier vous considererez le ROY ou comme publicque ou comme priuée personne. Au premier cas il ne meurt jamais non plus que le PAPE, EMPEREVR où autre Potentat. Consequemment le passeport doit tousjours auoir sa force: estant mesmemant depesché par le commandement de la Royne aujourd'huy Regente, qui ne desire pas moins la conseruation des sujets de sa Majesté qu'elle faisoit lors. Dauantage c'est chose asseurée

Ggg ij.

Authorité des Ambassadeurs par toutes Nations.

que de tous tels actes l'on doit considerer la substance & la fin pluftoft que la forme qui n'est qu'vne solemnité exterieure. Mais la substance & but de nostre passeport est la Paix qui n'est pas moins desirable, voire beaucoup plus à souhaitter aujourd'huy que nous ne sçauons pour qui nous combatons, qu'au temps de nostre depesche. Car pour parler sainement, le feu Roy n'auoit point donné ce passeport pour luy, ne pour aucun sien particulier respect. Car soit en Paix soit en Guerre il est tousjours Roy. Mais pour ses subjets qu'il desire exempter de tant de mal-heurs, que ces Guerres ciuilles leur amenent. Puis donc que telle, si honnorable & aduantageuse pour nous tous, est la fin de nostre passeport : me semble que disputter s'il doit estre respecté & resoudre que non : est ouuertement choysir la Guerre & bannir la Paix de son pays. Ie sçay que vous auez vne Maxime ordinaire. Mesmement Messieurs les Magistrats, qui porte que tous mandemens expirent par le deces de celuy qui les a enuoyez. Mais j'ay aussi apris & veu en vne infinité d'endroicts obseruer, que cela n'est qu'entre particuliers & pour faict particulier : non entre personnes & pour affaires publicques : Et qui concerne le bien ou le mal de tout vn pays. Comme il y a vn certain bien en la nature qui est juste, bon, & raisonnable par tout, en tout temps & entre toutes personnes : Aussi doit il estre recherché, suyui & praticqué en tout temps : sans auoir esgard aux personnes desquelles il pourroyt sembler proceder. La Paix est vn si euident & asseuré bien pour tous vniuersellement : que si l'on ne la cherche autant apres le decedz du Roy que deuant : il ny a celluy qui ne nous jugera esguarez de ceruau & si abandonnez de DIEV que l'on nous verra bien tost nous precipiter nous mesmes à nostre euident mal-heur : L'occasion se presente aujourd'uy plus belle que jamais. Et comme elle est chauue, elle se retirera si loing, que nous n'aurons à l'aduenir moindre raison de nous plaindre de nous mesmes, que de regretter le bien que nous reculons de nous auec si maigre apparance. Au soupçon du passeport que vous fondez sur le retardement de la despeche. Vous y auez encores moins de raison. Nommément pour Monsieur de Biron, personnage assez recommandé par les remarquables seruices qu'il a tousjours faicts aux Roys deffuncts. Notamment pour le meruelleux desir qu'il a a la Paix, la peyne qu'il y a prinse & les moyens qu'il y employe pour l'aduancer au mieux de son possible : Voyci donc pour vous esclarcir jour pour jour de ce que le datte du passeport est plus vieil que l'attache de Monsieur de Biron. Le passeport n'est dacté que du sixiésme May : & comme il est asseuré, qu'il ne fut enuoyé aussi tost qu'escript : du moins huict jours s'escoulerent premier que Monsieur de Biron le receut qui enuoya puis apres le faire sauoir à Monsieur de la Nouë afin qu'il esleust personnages pour la negociation de la Paix commancée.

Ce qui ne se peut faire en huict jours, car il fallut assembler toute la Noblesse pour en choysir ou les plus propres ou les plus agreables à telle charge. En fin je fus esleus pource peut estre qu'ils me voyoyent des plus affectionnez à la Paix. Desaict si le mal plaisant souuenir des grandes pertes que j'ay souffert aux Guerres passées m'y doit affectionner : la crainte que j'ay de perdre le reste que DIEV m'a preserué & non moins l'Amour au bien & repos de m'a patrie, my affectionnent encores dauantage. Ce ne fut assez. Car le principal & de plus d'importance estoit la depesche, qu'il enuoya à Monsieur de la Nouë pour le prier que les Deputez allassent prandre les passeports de sa main. Tout cela dis-je ne se peut faire sans retardement. Si bien que tout raisonné nous ne pouuions partir de la ROCHELLE que le vint huictiésme May, quand feust esté pour chose de plus grande consequance que ceste-cy. Ce sont les raisons desquelles il m'est souuenu depuis le soir d'hyer, pour vous les mettre deuant les yeux & les bien peser, afin que craigniez non seulement nous faire tort & à tout le General de la France, mais à vous mesmes principallement mesprisans la Paix qu'on vous presente. Pour aymer mieux vous embrouiller en Guerre si mal-heureuse & plus dommageable mille fois que les passées. Auoir finy le Gouuerneur les prie de se retirer pour prandre resolution sur la remonstrance. Mais quelque temps apres le Gouuerneur leur dist, que pour ne vouloir retracter leur aduis, pres des deux tiers persistoyent en leur premiere conclusion. Et qu'au reste ils ne se fachassent point, attendant nouuelle de la Cour où il enuoya quinze jours apres. A vn

moys

LIVRE TRENTEHVITIEME. 237.

moys defquels la Royne commanda qu'ils fuffent deliurez, conduicts & fauorifez felon leur defir qui fut d'eftre foudain accompagnez à MONTAVBAN où arriuez le lendemain, & trouuant Terride & autres pres de facheminer aux Eftats de MILLAVD en Rouergue y affignez par les Proteftans de la France & où le Prince de Condé & le Marefchal Danuille auoient ja enuoyé: les accompagnerent pour y faire entendre à tous le contenu de leur charges en ces mots.

MESSIEVRS comme je ne fay doubte que les plus auifez ne reiglent leurs affaires felon que fe prefentent les occafions. Et moins encor qu'ils ne changent d'auis felon les occurrances qui fe rencontrent parmy le cours de leurs deffeins: Auffi me tiens-je affuré qu'il y a vn bien en nature lequel conneu par la verité qui eft tenu cachée en chacune chofe: fe retreuue perpetuellement bon & honnorable à tous hommes, en tous temps, en tous lieux & en tous affaires. Ie dis cecy pour deux occafions. Car lors que les Seigneurs, Gentils-hommes & autres de Guyenne & Poytou nous prierent de nous acheminer en ces pays pour la negociation de la Paix: le temps eftoit tout autre qu'il n'eft, les affaires en autre Eftat que je ne les voy. Et que les perfonnes mefmes changées depuis deux mois que nous partifmes de la ROCHELLE. Confequamment ce peut faire qu'or que vous euffiez eu au temps de noftre depefche quelque Religion en la: Paix fi eft-ce que par le laps de temps, les affaires fe portans mieux en apparance que lors: le Roy Charles decedé depuis & autres Seigneurs Catholicques, femble que conformant voz deffeins felon les occafions qui font depuis furuenuës: vous ne deuiez auoir tel zele à la Paix qu'on vous prefente: que vous euffiez peu auoir lors de noftre depefche. Neantmoins fi vous auez efgard à deux raifons. Premierement à ce qui eft bon, honnorable & proffitable en tout temps, en tous affaires & entre toutes perfonnes: puis à l'incertitude & perpetuelle varieté des chofes humaines: Ie m'affure que vous n'y aurez moins d'efgard qu'autresfois. Non que je vous auance ces propos & autres qui fuiuront pour vous perfuader feulement vne Paix. Ains auffi pour vous faire entendre que noftre charge n'eft moins honnorable & proffitable à tous, qu'elle eftoit lors & du depuis que nous auons efté retenus par les Catholicques qui ont retardé noftre negociation. En quoy il ne me femble auoir moins perdu que nous: pour auoir d'autant differé le bien que la France receura; encores que bien tard de la pourfuitte de fon repos. Ie fcay que fi les hommes, mefmement ceux qui ont charge du public: pouuoyent preuoir les bons & mauuais accidens en la pourfuite de leur charge: fans doubte nous aurions beaucoup plus de moyen de conduire à heureufe fin les entreprinfes qui nous font mifes en main. Mais d'autant que DIEV s'eft referué la prefcience de l'auenir, comme grace a luy particuliere: nul de nous ne fe doit plaindre fi par fois le cours de fes deffeins eft entrauerfé par vne mauuaife rencontre. Quand à nous pour vous monftrer que nous ne nous plaignons des trauerfes qu'on nous a donné, finon d'autant que nous en voyons le bien de tous en General retardé: I'en lairay le difcours pour reuenir au poinct de noftre charge.

COMME le Roy eut dés le fixiéfme Mars depefché Monfieur STROSSI vers la Nobleffe Proteftante (qu'il treuua fur les Armes) pour fçauoir l'occafion de leur leuée: & s'ils ne faifoyent point des moyens de ceux qui fous le nom du bien publicq, entreprennent de changer l'Eftat qu'ils eftiment mal gouuerné par quelques particuliers: & que retourné en Court auec refponce euft affeuré fa Majefté qu'ils ne debatoyent que pour le faict de la Religion: il eut charge le vingt-quatriéfme Mars de retourner par deuers eux auec les Sieurs de BIRON & Pinart Secretaire d'Eftat pour auifer aux moyens les plus propres à les contenter par vne Paix, qu'ils auoyent charge de moyenner auec eux. Lefquels neantmoins feirent reffus d'entrer en aucun Traitté fans en communicquer premierement à leurs Confederez de toutes les Eglifes de France. Et que pource il eftoit befoin auoir amples & affurez paffeports pour enuoyer à leurs Compagnons affemblez en diuers endroits de ce Royaume. Dequoy s'excufans les Deputez pour n'en auoir charge: Ioint qu'ils plaignoient le tëps qui cependāt s'efcouleroit en vain: Les Sieurs de la Religion ne fe peurent en fin excufer qu'ils n'entraffent en traitté de Paix pour les cōfiderations

Harengue de Popeliniere aux Eftats affemblez pour les Eglifes Proteftātes en France à Millaud Capitale ville de Rouergue.

Iuillet, Aoust, 1573.

Premierement puis que le Roy les reconnoissoit tous ses sujets: au moins luy deuoyent ils ce deuoir & respect, d'entendre sa volonté: Secondement pour le blasme qu'ils eussent acquis de desobeyssance & rebellion, si fondans leur Guerre sur vne necessité & reffus que leur font les Catholicques de viure en repos: ils bouchassent les ouyes à la Paix dont le Roy dict les vouloir asseurer. Ce qui ne seroit seulement trouué mauuais de tous bons François: mais aussi des estrangers lesquels à ces occasions pourroyent perdre enuie de les fauoriser. Tiercement que comme tous traitez & Conferances ne sont que vaines parolles si l'on ne vient à l'effect: La protestation que feirent les Sieurs de la Religion aux Deputez de sa Majesté de n'entendre par ceste Conferance prejudicier à l'association des Eglises: ains de remettre la conclusion & aueu de tout au consentement & resolution du reste des Confederez: les excuse suffisamment s'ils ont commancé ce pourparler, sans le sceu de leurs Compagnons. Ioint que ce sera auoir d'autant plus auancé la Paix qui pourra suiure de ceste Conferance, qu'on l'aura plustost commancé. Et par consequant les priuer d'autant plus de miseres que la Guerre plus long temps continuée eust apporté. La Conferance ainsi accordée à Enandes pres la Rochelle: les Deputez de sa Majesté insisterent fort qu'aucuns n'y fussent comprins que ceux la qui des susdits pays de Poitou & autres, s'estoyent assemblez en armes: d'autant que le Roy auoit enuoyé d'autres Deputez ez autres Prouinces à semblable effect. A quoy l'on ne voulut prester l'oreille tant pour la promesse reciproque portée par l'association de toutes les Eglises: que pour ne donner tant soit peu d'occasion aux autres Confederez, de penser qu'on se voulut diuiser d'eux comme ils estimoyent que l'on les vouloit partialiser par ce moien. Si qu'en fin y furent receus pour le General.

Raisons pour lesquelles les Protestans de Poitou & Saintonge ne firent plus hautes demandes que de l'entretien de l'Edit de Paix.

Puis entrez en matiere & recherchez des demandes qu'ils vouloyent faire à sa Majesté: se conformerent au plus prez qu'ils peurent aux Articles presentez au Roy par les Estats tenuz en Languedoc & à l'Edict de Pacification de l'An mil cinq cens soixante dix, duquel ils requirent l'entretien & obseruation. Premierement pource qu'ils en auoyent esté injustement priuez comme de chose qui tant justement & si solennellement leur auoit esté donnée. Voire que pour la seconde occasion, il sembloit (disoyent ils) qu'il n'y aye eu qu'aucuns particuliers qui les en ayent frustrez. Veu que le Roy tesmoigne ouuertement par les lettres & autres declarations qu'il en feit apres la journée de Paris, qu'il n'entend l'auoir rompu. Dauantage, puis que estans lors sur l'auantage ou du moins plus forts qu'ils ne se voioient a present: ils s'en sont contentez: leur a semblé raisonnable la demande de cet Edit. Ioinct que ce leur seroit tousjours honneur de suiure les vertueuses traces de tant de Princes & Seigneurs qui les armes en main s'en sont bien trouuez satisfaicts.

Quand aux choses qui sont suruenuës puis apres comme depuis la journée de Paris en çà; ils ont estimé raisonnable d'ajouter quelques Articles à cet Edict de Mil cinq cens soixante dix. Comme pour le regard des Arrests & jugemens donnez contre les decedez & autres: que tout fut cassé, ainsi que le Roy leur auoit promis par c'est Edict, pour les Arrests qui auoyent precedez. Ainsi des fortifications, d'esmentelemens, prises de places, confection de poudre, exactions, emprunts, ventes ypothecques des biens d'Eglises & autres telles choses, y proceder par mesmes Requestes que Messieurs les Princes feirent pour les Guerres des années Mil cinq cens soixante dix. Et ce pour ceux qui ont jusques à present perseueré en la Religion. Mais comme les Deputez Catholicques eussent parlé sy lentement qu'ils en refroidissoyent d'autant les nostres: s'ils n'en auoyent premierement l'aduis de leurs freres & Compagnons: ils feirent tant que le sixiéme May amples passeports nous furent enuoyez sous la faueur desquels icy acheminez, nous ne desirons que sçauoir qu'elle volonté vous auez à la Paix. Et vous asseurer que ceux qui nous ont enuoyez vers vous: sont aussi bonne que jamais, pourueu qu'elle soit honnorable & asseurée à tout le Corps des fidelles. Ce peut faire que vous ne serez si enclins que nous: considerans la condition & project de voz affaires, plus asseuré si vous pourra, sembler que le nostre: Mais encor que l'Estat tant des personnes que des affaires & du temps mesme soit autre & tout changé: si est-ce puis que la Paix est vn bien honnorable & proffitable à tous ceux qui l'embrassent: aucun bien sensé ne fera doubte de l'embrasser comme chose plus auantageuse que la Guerre, incertaine & plaine

plaine de misere. Ie sçay que plusieurs jugeans plus de la Iustice d'vne chacune chose selon l'aparence & euenement que selon le merite d'icelle: pourroyent dire que la Paix ne se doit faire, veu les moyens & grands preparatifs à dresser vne Guerre future. Aucuns passeront outre disans quoy qu'elle se d'eust faire si est-ce veu l'infidellité & peu de tenuë des Catholiques comme tant de fois nous l'auons experimenté à nostre grand dommage, nous ne la deuons faire: Et y en à d'autres qui maintiendront qu'on ne la peut faire. Veu l'absence du Roy, l'authorité duquel semble necessaire pour valider chose de telle importance à tout le Royaume. Quand aux premiers qui n'en veulent point du tout: si je ne les mects au rang de ceux qui ayment & esperent viure mieux de la Guerre que d'autres moyens qu'ils ayent: du moins je les prandray pour juger des choses plus de passion que de verité: reprehensibles tant par raisons euidentes, que par exemple du passé tirez des plus excellens personnages qui furent jamais soit en Paix soit en Guerre. Premierement il ny a doute que pour bien & sainement juger d'vne chose non seulement si la Paix nous est bonne: ains de tout ce qui se presente pour different entre les hommes: le plus seur moyen & la meilleure reigle est de balencer les commoditez & incommoditez qui peuuent sortir de ce surquoy vous cherchez vne resolution. Car si le bien, si l'honneur, si en general les commoditez qu'on en attend sont plus grands que les inconueniens & desastres qui en peuuent suruenir: il faut se resouldre à la prendre. Si au rebours les inconueniens sont plus grands il faut laisser. Or qu'en tout temps, qu'en tous lieux & entre toutes personnes la Paix ne soit plus profitable & honnorable que la Guerre: Il n'en faut doubter. Consequemment à preferer: pourueu qu'elle soit bien asseurée. Ce que je montreray apres que j'auray recité quelques exemples tant pour confirmer cela: que pour entrer au second poinct. Qui est qu'encor que vous ayez de grands moyens, vous ne deuez refuser la Paix qu'on vous offre d'asseurer. C'est chose arrestée qu'aucun ne sceut & nouyt jamais dire qu'homme sage aye jamais refusé Paix. Et si aucun s'est oublié de l'embrasser: que ses affaires s'en sont tousjours mal portées. Ie passeray outre & maintiendray que les plus heureux & auisez Chefs d'Armes ont tousjours les premiers parlé de Paix. Comme nous voyons de Cezar en la conqueste des Gaules & contre Ariouist Roy des Germains & contre Pompée mesme: puis contre le reste des Pompejans ausquels asseuré de ses grandes forces & de sa victoire il offrit toutesfois par quatre fois la Paix pour le bien du publicq: soit que dissimulé il ne voulust que d'autant justifier mieux ses portemans futurs par la necessité à laquelle on le violentoit de se maintenir sur la deffence de ses Armes: où que bien affectionné au bien & repos de son pays il le desirast par ce moyen le garentir de tant de maux qu'il preuoit deuoir sourdre d'vne Guerre si cruelle. De faict luy mort, son heritier & autres firent tant de maux que la republicque s'en est sentie à jamais. D'ailleurs encores que noz forces fussent cent fois plus belles: preposterons nous le deuoir des gens de bien & plus auisez personnages qui ont tousjours preferé le certain à vn hazardeux euenement? Y a il chose au monde plus incertaine que la Guerre & plus variable que le penible train des Armes? Plus inconstant & mal asseuré que l'euenement d'vne entreprise de guerre pour bien & sagemét côceuë qu'elle puisse estre? C'est pourquoy les plus excellans Capitaines du passé, disoyent par denis commun qu'en l'entreprise & côduite d'vne Guerre: la valleur & nombre des hommes: la quantité d'armes & de deniers: Le Conseil & secours des amys: les vitailles & prouisions seruoyent de beaucoup: Mais que la fortune se disoit maistresse de tous les euenemâs qui suruenoiét au fait des armes. Côme s'ils eussent dit que le hazard maistrisoit tout. Pour le regard de ceux qui rejettent la Paix crainte qu'elle ne soit obseruée par les Catholiques: l'on ne doit se destourner d'vn bien de peur que mal en auienne. Mais vser d'vn bien present & s'esuertuer pour obuier au mal auenir. Ce que feront ceux mesmemant, qui par la consideration du passé voudront remedier aux fautes premieres. Pour neant Dieu nous auroit donné la discretiô d'entendement, si nous ne l'apliquions à faire proffit des fautes d'autruy. Et plus encor des nostres propres qui nous doiuent ensagir pluftost que celles d'vn tiers. Si l'on se mocque de celuy qui bronche deux fois à mesme pierre: qu'elle condemnation meriterons nous, si nous nous laissons encor piper à cete fois? Mal vit qui ne s'amande. Encor qu'il vaudroit mieux estre mis au rang de ceux qu'on dit bien heureux qui se rendent sages par la remarque du mal d'autruy. Asseurons donc si bien les conditions de cete Paix: qu'il ne faille plus retourner aux vns n'y aux autres. Et puis que cela gist presque

Ggg iiij.

tout en nous : Nous serons justifiez de tous refusans la Paix, si on ne nous pourueoit de seuretez suffisantes a cet effet. Mais de se plaindre d'vn homme sans sçauoir ce qu'il veut dire: c'est acte d'indiscretion non de preuoiance à l'auenir. Entendons les parler l'ouye ne nous en enchantera pas. Si nous nous ressemblons les mignons & trop delicieux compagnons de Vlisses qui se laissoyent charmer par le chant des Sirennes. Encor ont moins de raison ceux qui refusent la Paix. Pource qu'ils ne voient de Roy en France auec qui l'on peust contracter de nos seuretez. Et quoy? doubtons nous de faire bien pour l'absence de celuy qui n'y a pas tant d'interest que nous? Quand ce Roy y seroit, voudroit il où pourroit il faire mieux qu'vne Paix? Il le faut ainsi presumer d'vn jeune Prince, d'vn Roy nouueau à cette Couronne. Duquel outre cela il ne faut craindre que la diuersité de deux Religions le puisse empescher: veu qu'il en a maintenu neuf en Pollogne plus contraires que ces deux. Ioint la necessité qu'en à son piteux & miserable Roiaume. Puis qu'il le veut, que ne gangnons nous le temps. Aymez vous mieux que la guerre continuant: cent mille hommes meurent miserablement: tant de places se ruynent: tant de belles Prouinces se gastent, tant de biens se perdent: tant de poures ames se damnent par le malheur de ces Guerres attendans sa venuë? Mais dequoy je me plains, c'est que l'on me dit qu'on ne doit & ne peut on faire la Paix & que c'est à luy: Ie maintiens que c'est nous tous François vns & autres qui deuons: puis que nous pouuons faire la Paix seuls sans le Roy, duquel nous n'auons en cecy aucun besoin que pour la ratifier & auctorizer. Premierement pour le bien de qui se fait la Paix? Pour le nostre seul sans doute. Ioint aussi, que la guerre tourne à nostre mal seul & particulier dommage. Les Rois n'en sentent que le vent. Ils viuent tousjours Royallement. Tesmoing Charles sixiéme lequel peu songneux de leuenement de tant d'entreprises que ses ennemis dressoiët sur son Royaume: fut treuué en Cour ne cerchant que ses plaisirs particuliers & genereusement tancé par la Hire & Poton retournans d'vne entreprinse côtre les Anglois qui miserablemët rauageoiët son desolé Royaume. C'est pourquoy la plus part des Empereurs Romains afin que je taise vne infinité d'autre exemples, ne se sont aucunement tourmentez quand ils entendoient que les Barbares couroient les fins & gagnoient tousjours quelque nouueau pays sur l'Empire, aimans mieux viure à leur aise auec peu d'honneur: que pour maintenir l'Empire en son entier, se mettre en mile hazards de perdre la vie & leurs contentemens mondains. Ainsi nos deuanciers François gaignerent le pays des Gaules sur eux & y bastirent en fin les fondemens de cet autrefois florissant Royaume que tient l'ancienne race des Valois. Puis donc qu'il n'y va, que de nostre perte à suiure la guerre: puis qu'à nous principallement, la Paix offre la richesse, le contentement & toutes sortes de commoditez il nous la faut embrasser. Dauantage ignorez vous la puissance de la Roine Mere à c'est effect? Ne sçauez vous pas que le Roy Charles luy donna tout pouuoir & authorité premier que mourir? Que la Regence auctorisée par les Princes du sang & autres Seigneurs & Officiers de la Couronné veuë, emologuée par le Parlement de Paris: & depuis publiée par tout le Roiaume: à esté receuë par tous les Gouuerneurs des Prouinces: qui tous luy ont juré fidellité & obeyssance attëdăt la venuë d'Héry troiziéme Roy de Pologne son fils? Puis qu'elle a esté la seconde inuentrice & l'autre moien de poursuiure ceste negociation de Paix: craignez vous qu'elle ne vueille ou ne puisse faire authoriser le bien qui en prouiendra au Roy venu? Et confirmer par tous les Parlemens & Seigneurs de France? Ne nous arrestons en si beau chemin. Ie vous prie donc prandre cecy en telle part que je le desire. Et n'estimez que je le die pour autre consideration que pour le deuoir de m'a charge. Ioint que la chose me semble si considerable: que quãd nous tournerõs les sens à la Paix aussi volontiers qu'à la Guerre: je ne sçay si nous ne ferions point mieux qu'autrement, veu notamment l'Estat de nos affaires, lequel rapporté à ce qui s'est veu & passé depuis douze ans: nous verrons que nous sommes presque reduits à mesme party que les Latins Prouince des plus riches plus belliqueuses & mieux peuplées de toute l'Italie.

Ils estoient diuisez des Romains: lesquels commançans à jeter les fondemens de la plus excellente Republique qui fut jamais: auoient tellement battu ce peuple qu'il ne sçauoit quel party donner à ses affaires. Car en temps de guerre ils estoient le plus souuent rompus & s'ils estoient forcez à faire la Paix: elle ne leur estoit gueres moins dommageable. Pource que les Romains qui se voioient les plus forts: la rompoient quand l'occasion se presentoit auantageuse. Comme les Catholiques y contreuenans par quatre fois à nostre grand dommage: nous ont

ont reduit à tel point que nous aprochons fort à l'Estat des Samnites qui auec plus de courage que de force & autres moiens, ne pouuans comme on dit durer en leur peau forcez d'ailleurs de prandre les armes pour repousser le jouc de seruitude que les Romains leur vouloiét imposer: prenoient les armes contre eux à toutes occasions qui se presentoient: & d'vne mesme legereté faisoient aussi tost la Paix qu'ils en estoient requis, sans grandement considerer si elle leur estoit asseurée & auantageuse comme ils la desiroient: Tellement que ceux qui nous ont laissé la memoire de leur Estat & declin de republique: disent qu'ils ne pouuoient soustenir la guerre & si ne pouuoient souffrir la Paix. Surquoy rapportant ce que j'ay autres fois leu és discours des histoires anciennes à l'Estat de nos affaires depuis le commencement des troubles: j'ay trouué tref-veritable que de tous les Estats malheureux soient republiques ou principautez celuy l'est dauantage qui ne se peut maintenir en Paix, ny faire la guerre: au rang desquels nous pouuons coucher ceux qui feroient trop offencez & incommodez par les conditions d'vne Paix. Et ausquels d'autre part voulans faire la guerre conuiendroit se jeter en proie à ceux qui leur donneroient secours ou demeurer pour butin de leurs ennemis. Asseurons nous donques d'vne bonne Paix pour ne tomber en si miserable Estat & fuïr les inconueniens esquels on tombé ordinairement par faute de bon Conseil & de party pris sans auoir bien mesuré ses forces. Car l'Estat qui auroit tel jugement de ses moiens qu'il deuroit à peyne pourroit il faillir. Mais si vous estes resoluz à la Paix je vous supplie me dire comme vous en desirez faire la poursuite. Sauoir est si vous enuoirez Deputez aux nostres auec plain pouuoir ou si vous asseurant d'eux pour estre plus pres de Cour, voudrez seulement passer quelque procuration à cest effet. Ou s'ils la vous enuoieront côme curieux de trauailler pour tous. Car nous auons charge de vous dire qu'ils y procederont comme vous auiserez pour faire le tout plus commodement & à moindres fraiz dont ils ont bien affaire ailleurs. Mais quand les oppinions furent nombrées, on rapporta aux Deputez qu'encor qu'ils eussent tous bonne volonté à ce repos. Si est-ce que veu le peu de seureté qui se presentoit du costé Catholique ils ne s'y monstroient si affectionnez qu'au parauant. Craignans que ceste façon de negocier ne feust vn de leurs moiens pour les endormir & apprester ou du moins à sentir dautant la challeur de leurs affaires. Ains se contenterent d'escrire au nom des Estats à ceux de Poitou & la Rochelle: les remercians de leurs bons auis & les prians de ne rien faire au prejudice de l'association generale: les auertissans au reste le l'Estat de leurs affaires: de la jonction du Mareschal d'Anuille & du prompt secours qu'ils esperoient d'Allemagne par la faueur & assistance du Prince de Condé qui les en auoit assurez par le Gentilhomme qui fut ouy en l'assemblée de sa part.

Les Estats de Millaud ne veulent enuoier pour la Paix & leurs raisons.

Il à esté parlé cy dessus comme le Prince de Condé s'estoit retiré en Allemagne au grand desplaisir du feu Roy qui pensoit l'auoir bien contenté: tant à cause du bon accueil qu'il luy auoit tousjours fait depuis son retour du camp de la Rochelle jusques à dire qu'il se contentoit fort de luy & ce que par le raport du Roy de Pologne il sçauoit assez en auoir esté bien serui: que pour le Gouuernement de Picardie duquel il l'auoit honoré apres le decez du Duc de Longueuille. L'ayant en cela bien voulu preferer a tous autres par la priere mesme & instate poursuitte du Roy de Pologne. Le Roy dis-je porta fort impatiemment que le Prince sous pretexte du congé qu'il auoit impetré de sa Majesté pour aller visiter son Gouuernement: se feust ainsi absenté hors du Royaume: luy escriuit toutesfois qu'il se retirast en Pologne deuers le Roy son frere sans remuër aucune chose au prejudice de l'Estat & repos du Royaume. Le Roy de Pologne le solicitoit à mesmes fins & par lettres de mesme substance le priant de se retirer seurement vers luy & qu'il ne changeast sa Religion. Et que quand au mal talent que le Roy son frere pouuoit auoir conceu à cause de sa retraite hors le Royaume: il esperoit apaiser le tout bien aisement. Le Prince toutesfois ny voulut entendre disant qu'il estoit resolu deuât toutes choses de se justifier de ce que l'on luy imposoit & à Monsieur frere du Roy. Aussi s'estoit il bien retiré en Allemagne à autre intention. Mais les moiens de mettre execution sa volonté en cest endroit: estoient bien petis mesmemant à recouurir argent. Car comme il y a souuent dit depuis: Il entra en Allemagne auec huitante quatre escus & en sortit auec vn florin. Il auoir en sa compagnie Meru, & de Thoré enfans du Connestable & tous aussi pourueuz de moiens les vns comme les autres. Meru fut par luy enuoié pour certains affaires en Hollande vers le Prince d'Orange & de la passa en Angleterre vers la Royne: Rien en somme n'estoit

Prince de Condé en Allemagne.

Moiens & portemans du Prince de Condé & ses associez en Allemagne.

Ggg iiij.

L'HISTOIRE DE FRANCE.

Aoust 1574.

Lettres du Prince de Condé aux Rochellois.

obmis pour trouuer moiens à ce besoin. Cependant le Prince escriuit de Strasbourg du douziéme Iuin à la Nouë & aux Maire & Escheuins de la Rochelle. Ces lettres furent receuës par voie d'Angleterre pour responce à la despesche qu'il auoit au parauant receuë par le Capitaine Chenet de la part des Rochellois par laquelle il les remercioit du bon zelle & affection qu'ils auoient tousjours monstré à la Cause generalle, pour laquelle il estoit sorty hors du Royaume. Les priant d'y perseuerer pource qu'il en estoit plus grand besoin que jamais. Que quand à luy il auoit ferme esperance que Dieu luy feroit la grace de faire bien tost paroistre le fruit de son trauail par de là. Et le faire reüssir à la gloire de Dieu & salut commun des poures sujets de ce Royaume. Pour l'effet dequoy il ne sera jamais paresseux de sacrifier sa vie. Les priant pour la fin que pour paruenir à ses desseins qui ne se pouuoient executer sans argent: ils missent peyne de le secourir de leurs moiens. Ce qu'ils ne pouuoient faire plus promptement que en respondant à Messieurs d'Embden de la somme de cent mil escus qu'ils luy auoient promis prester aux conditions que les Rochellois en feissent leur propre dette. Et qu'ils estoient contans de se paier en sel ou autres marchandises propres pour le trafic du pays. Ces lettres furent leuës en pleine assemblée à saint Yon le Lundy vint troisiéme d'Aoust On la Noue exorta les assistans de s'euertuer chacun selon ses moiens pour auancer ce secours d'Allemagne: Que l'experience passée monstroit assez les Allemans ne marcher jamais sans argent. Que n'estoit la premiere fois que l'on auoit fait telles responces & asseurances de deniers & qu'ils en auoient passé par là dés lors du feu Prince de Condé: Lors qu'ils s'obligerent auec luy les feuz Royne de Nauarre, Amiral & autres enuers la Royne d'Angleterre pour le secours de deniers, Artillerie & munitions qu'elle leur enuoia. Dit outre qu'il auoit trouué la Noblesse bien disposée à n'y rien espargner. Et qu'il esperoit d'eux le semblable: Comme vnis & associez ensemble si estroitement. Les Rochellois n'y contredirent & fut arresté qu'ils s'obligeroient mutuellement auec la Noblesse selon la mesme forme & teneur des contrats & obligations precedetes: s'accommodans aux mesmes instructions & solemnitez. Ce que estant depuis executé & le tout enuoié au Prince estant pour lors à Neuf Chastel ne seruit pour lors neantmoins d'aucune chose & n'en peut tirer argent. Car il n'y auoit pas de moien. D'autant que ceste année fut si sterile en sel & en vin qui est tout le trafic & richesse de la Guiene que la cherté fut extreme par tout le pays. Qui fut vn grand desauantage pour les affaires des Protestans lesquels pensoient faire vn grand fons de deniers pour la vente du sel dont il se seit bien peu à raison des pluies continuelles & contraire disposition de l'année que le cent de sel vint à deux mil liures chose que l'on ne trouuoit pas seulement estrange mais quasi prodigieuse.

Assemblée à la Rochelle.

Année mil cinq cens septante quatre sterile en Gienne.

AFFIN de n'oublier le changement notable qui de ce temps auint en Florence: je vous le feray conoistre en trois mots, l'aiant reprins dés sa premiere source. Sur le commencement de l'an mil cinq cens trente sept, le Duc Alexandre fut tué par Laurent de Medecis son cousin. Amateur de l'anciéne liberté, & ennemy des tiranniques complexions du Duc. L'occasion vint qu'Alexandre fut si mal auisé d'aller en la chambre de Laurent pour jouïr d'vne Dame que Laurent promettoit y faire venir. Mais pour cela les Florentins ne retournerent à leur premier Estat, ains eurent pour secod Duc Cosme de Medecis, lequel (quoy que jeune & en l'aage de vint ou vint deux ans) se fit eslire Duc, & sur la difficulté qu'on y faisoit, (aiant quelques Capitaines & nombre de soldats à commandement) fit faire telle scopeterie deuant le Palais, qu'il hasta bien les Seigneurs & Magistrats de passer outre. Par le vouloir de l'Empereur Charles cinquiéme qui se vouloit retenir tel apuy pour ses affaires d'Italie: il espousa Eleonor fille de Pierre de Tolede Viceroy de Naples. Duc estably commença de donner pié pour vn plus asseuré fondement à son Estat fit bastir quelque forteresse, ordonna ses garnisons, & du comancemant neantmoins tousjours armé à couuert, autremet on l'eust tué cent fois car mesmes il se trouua entre plusieurs vn Florëtin qui alla jusques en la chambre du Coseil ou Cosme estoit, & luy donna vn coup de dague pensant qu'il fut desarmé. Encor qu'il s'asseurast de sa mort tant peut le desir d'vne liberté au cœur de plusieurs. Aussi fut il jetté par les fenestres sur la place. Depuis neantmoins Cosme se porta si dextrement, qu'il paracheua ses forteresses acreut sa puissance de la ruine de ceux qui auoient conjuré côtre sa vie & son Estat. Et destourna si acortement toutes les conjurations de ses ennemis que sur la fin il auoit tellement matté les Florentins, & donné parmy cela telle oppinion de ses vertus & moiens à chacun qu'il se pourmenoit seul par la ville en toute liberté de laquelle il tiroit de merueilleux deniers. Brief il fest

Estat de Florence.

il s'est fait voir l'vn des plus grans politiques de nostre aage, en ce notamment que son jouc, bien que pesant à esté souffert par les Florentins (quoy qu'amis de nouueautez & sur tout de leur franchise) de telle sorte qu'ils en ont fait gloire. L'an mil cinq cens soixante neuf le Pape Pie cinquiéme crea Cosme grand Duc de Toscane narrant par ses bulles bien amplement les raisons qui l'auoient esmeu à ce faire. Puis l'an suiuant Cosme fut sacré solemnellement à Rome par le mesme Pape qui luy mit vne Couronne beniste sur la teste & vn sceptre en main quoy que plusieurs Princes en fussent indignez & nonobstant les oppositions & protestes de l'Ambassadeur de Ferdinand lequel pretendoit que Florence estoit ville imperialle & qu'on ne pouuoit esleuer en plus haute dignité le Duc de Florence que du consentement de l'Empereur. Il jouit neātmoins en tout hōneur de ce Grade & mourut le vint vniéme jour d'Aoust mil cinq cens septante quatre laissant son Duché paisible à son fils aisné nommé François auquel le Pape Gregoire treziéme confirma le titre de grand Duc en Thoscane. Il vit encores aujourd'huy. Ses actions feront conoistre si heritier des vertus comme des biens du Pere il aura esgalé, amoindry ou bien augmenté le merite d'iceluy.

Cosme creé grand Duc de Toscane 1570.

IL a esté parlé cy deuant de l'assemblée tenuë à Millaud en Rouergue au mois de Iuillet en laquelle fut traité de l'associaton du Mareschal de d'Anuille auec ceux de la Religion au desir dudit Mareschal porté par ses lettres que je vous ay fait voir cy dessus. Au depart de l'assēblée quelques vns furent deputez pour communiquer auec le Mareschal. Lequel proposa luy mesmes la pluspart des articles cy apres inserez. Pour resoudre de cest affaire vne autre assemble fut assignée au mois d'Aoust en la mesme ville de Millaud. Ou furent dressez les articles suiuans pour estre presentez & receuz par ledit Mareschal afin de conclure ladite association & faire qu'il publiast sa declaration comme il le feit aussi puis apres ainsi qu'il se verra en son endroit.

LES Eglises Reformées de France representées par vne assemblée generalle tant de ceux de la Noblesse que d'autre Estat tenuë en la ville de Millaud au mois d'Aoust mil cinq cens septante quatre. Apres auoir ouy leurs Deputez pour la conferance de la pacification lesquels ont parlé & traité auec Monseigneur de d'Anuille Mareschal de Frāce, Gouuerneur & Lieutenant General pour le Roy au pays de Languedoc: touchant ce qui est de son office & charge pour la restauration & conseruation de cest Estat & de la reconciliation, reünion & communion ciuille qui peut estre mise & entretenuë entre eux & les Catholiques amateurs de Paix & bon ordre: Supplient & remonstrent à mondit Seigneur le Mareschal ce qui sensuit.

Articles des Protestans assemblez à Millaud en Rouergue en Aoust 1574. presentez au Mareschal d'Anuille pour l'associcier auec eux.

Premie. emēt qu'estans ensemble regnicolles sujets naturelz d'vne Monarchie & republique: & par consequent concitoiens & compatriotes: ils sont aussi aujourd'huy cōme plusieurs freres en vne maison & famille enfans d'vn cōmun rigoureux & seuere pere: lequel par fausse impression ou persuasion par colere injuste & excessiue les à mis en combustion: & jusques à son trespas puis n'agueres auenu les à tenus bandez jusques icy ensemble en contraire party. Les vns pour complaire & s'accomoder du tout aux mauuaises volontez du pere non par malice ains par facilité trop indulgente. Les autres pour s'y opposer les empescher y resister auec toute la moderation requise & possible. Si les enfans injustement opressez tombent en la compassion & commiseration de leurs freres trop faciles & indulgens, qui reconoissent le tort & iniquité & sont touchez du sentiment de vraie fraternité: de sorte que par la grace speciale de Dieu ils s'accordent de parler & conferer ensemble amiablement: rejoindre leurs cœurs pouuoirs & cōmuns deuoirs pour s'entr'aimer sincerement & s'entr'aider fidellemēt & s'estre cōmuniquer. Se trouuera il vn esprit si mallin qui vueille je ne dis pas condamner mais empescher vne telle reconciliation & si sainte reünion de freres? Non plus doncques pourra on condēner ou destourner semblable reconciliatiō & reüniō entre lesdits Seigneurs Mareschal & Catholiques paisibles d'vne part: & ceux de la Religion leurs Concitoiens & compatriotes naturelz d'autre: en manifeste danger de l'entiere ruyne de cest Estat. Voire la trouuera on d'autant plus juste, que par icelle sera tesmoigné d'vn costé, la droite intention de maintenir l'Estat & repos public de ce Royaume en son entier: & de l'autre vn exprez desaueu des injustices desbordemens, violences, pillages & generallement de toutes sortes de troubles & oppression publique & priuée exercée en ceste France miserable auec extreme confusion & licence à tout mal & desordre. Specialement ça esté vne action & deuoir treshonnorable à mondit Sieur le mareschal de resueiller ses esprits trop longuement endormis, comme me en vn profond somme ou apoplexie se remettre sur pieds, penser à son office, rendre prôptement & fidellement à Dieu, à ceste Couronne & republique Françoise, ce que doit l'vn des premiers Officiers & principaux Ministres d'icelle. S'opposer à cest horrible desbordement exercé en tout cecorps publiq depuis le sômet de la teste jusques à la plâte des pieds aïat môté jusques aux Princes, propres freres du Roy & descendant sur toute la Noblesse & generallement sur tout le poure peuple. Pour ceste cause lesdits sieur Mareschal, Catholiques paisibles & de la Religion seront bien & conuenablemnent, d'oublier toutes offeces & injures passées en effacer & abolir du tout la memoire pour n'en faire jamais plus mention entre eux en quelque maniere & sous quelque pretexte que ce soit. Reprandre leur ancienne amitié & priuauté, se joindre en entiere communion & vsage libre de toutes choses ciuilles & receus en bône intelligence & poursuitte comme entre les Ministres de cruelle confusion ennemis & perturbateurs de cest Estat & du repos commun de tous les bons. Promettre & jurer de ne faire plus guerre, effort ny injures les vns aux autres. Au contraire sous la commune liberté de leurs consciences & Religion: se maintenir & conseruer tous ensemble auec ceste Couronne & Monarchie d'vne mesme main côme en fermetté perdurable pour suiure viuement la restauration & entretenement du bon Estat de ce Royaume. Specialement des prouinces de leurs naissances & habitation: Faire mettre en liberté Messeigneurs les Duc d'Alençon frere de sa Majesté & le Roy de Nauarre auec conoissance de justice competäte legitime & non suspecte des principaux Officiers & Ministres de ceste Couronne detenus prisonniers pour pretenduë conspiration. Lesdits de la Religion ayans entendu la deuotion & sainte intention de mondit sieur Mareschal, luy offrent & presentent tres-humblement leurs personnes, beins, moiens & pouuoirs pour obeir à ses bons commandemens sous sa direction conduite & gouuernement. Le nommant accordant & choisissant tant comme Mareschal de France & Gouuerneur de Languedoc que autrement pour leur Gouuerneur general par toutes les prouinces dudit Languedoc & circonuoisines. Le suppliant tres-humblement de vouloir au plustost assembler lesdits Catholiques paisibles, pour communiquer a leurs deputez les presens articles: tât pour confermer ceste Election de leur part, que pour les faire entrer en la reünion & communion requise. Et puis qu'il à pleu à Dieu d'appeller le feu Roy dernier decedé: declarent qu'ils entendent reconoistre, côme ils reconoissent pour leur Roy & Souuerain Seigneur Monseigneur le Duc d'Anjou Roy de Pologne par ledit decez vray & naturel heritier de ceste Couronne. Desirent & sont resoluz luy rendre tres-humble sujection & fidelle obeissance de bons & naturelz sujets. S'asseurans que cest l'intention & volonté de mondit Seigneur le Mareschal son tres-affectionné Ministre, officier sujet & seruiteur: entendant le seruir de leur part si fidellemêt en ceste cause & poursuite, que telslêurs Conseils, actions & fins tendent & s'emploient en la susdite communion ciuille, au bien & auancement du regne sacré juste & legitime dudit sieur Roy de France & de Pologne & de ses succeurs à la Courronne, à la restauration de cest Estat & au bien & repos de ce Royaume. Mais pour le bon ordre & plus forte asseurance de ceste communion: remettent tant à cete Election que à ladite cômunion des compatriotes & regnicolles, les conditions & tres-humbles supplications suiuantes sous le bon plaisir de mondit Seigneur le Mareschal.

PREMIEREMENT que sans rien innouer en l'Estat ou sont de present lesdits de la Religion, tant en leur ordre & police qu'en leurs reglemens ciuils & militaires nommement de la Iustice: ny dispenser contre les loix & auis du Consel qui luy sera ordonné: Speciallement de n'introduire és villes & lieux par eux tenuz l'exercice de l'Eglise Romaine & Papistique. Tous Gouuerneurs tant Generaux que particuliers esdites prouinces Capitaines & soldats, Magistrats, Officiers & tous autres de quelque Estat & condition qu'ils soient de la Religion: seront tenuz' de reconoistre ledit sieur Mareschal pour Chef & Gouuerneur General desdites prouinces: & côme à tel luy obeir. Sans toutesfois que pour ce regard soit derogé ny prejudicié au droit qui appartient à Nosseigneurs les Princes du sang en cas qu'il pleust à Dieu nous susciter aucuns ou l'vn d'eux comme desja nous en voiôs de bonnes apparences & en terme declarez. Pour prâdre en sa charge & embraser la restauratiô & portection du bon Estat de ce Royaume en la conseruation de ceste Couronne & Monarchie tant pour le Roy regnât: que pour ses succceurs Princes du sang. Auquel cas lesdits de la Religiô s'asseurent que mondit sieur le Mareschal ne fera difficulté comme tant que besoin est ils l'en supplient,

Puissance du Mareschal D'Anuille sur les Protestans comme reglée.

ent de soumettre son Gouuernement ausdits sieurs Princes du sang. Qu'il plaise à mondit sieur pour les effets que dessus, d'employer & joindre à ceste poursuitte, toutes ses forces & moiens auec ceux de ladite Religion esdites prouinces: promettre & jurer de ne quitter ou se departir de ceste poursuitte sans l'auis, vouloir & consentemēt commun tant des Catholiques paisibles & raliez : que des Eglises Reformées de ce Royaume: Soit pour contracter Paix, tresue ou autre maniere de Capitulation concernant l'Estat de ceste reünion communion & poursuitte. Et pour l'exercice & droite conduite du Gouuernement: trouuera bon s'il luy plaist, qu'il luy soit estably & nommé en l'assemblée Generale tant de la Noblesse que d'autre Estat de ceux de la Religion esdites prouinces: vn Conseil de six ou de huit ou autre nombre qui sera auisé par l'auis duquel Conseil, tel affaires d'Estat & autres importans & meritans Conseil specialement des finances: seront deliberez & resoluz. les ordonnances & mandemens d'iceux signez par mondit Seigneur ou celuy qui presidera en son absence & deux autres dudit Conseil autrement ny aura on esgard. Sera specialement esleu par ladite assemblée le secretaire dudit Conseil. Et quand à celuy ou ceux de mondit sieur Mareschal: sera son bon plaisir de les prādre & choisir de la Religion. Qu'il luy plaise tant pour l'asseurance desdites Eglises : en cas que Dieu le voudroit appeler, que pour autres bonnes considerations qu'il peust par sa prudance trop mieux penser: accorder & bailler au plustost ausdits de la Religion la garde de certaines bonnes villes & leur munir d'artillerie vn arcenal en la ville de Nismes: sans que puissent estre mises esdites villes qui leur seront baillées, autres forces & Gouuerneurs que de ceux de la Religion. Lesquels y pourront faire l'exercice d'icelle librement comme ils font és villes qu'ils tiennent de present. Et quād aux autres villes que ne tiennent lesdits de la Religion: elles seront receuës & tenuës en possession & reünion auec les autres. Chacun viuant & demeurant en icelles auec l'exercice libre de sa Religion & en toute cōmunion ciuille cōme auparauant les troubles. Que par tout entre les associez realiez & reünis esdites prouinces és villes & communautez en assemblée generalle & cōmune des habitans: seront presentez & leuz les articles de ceste reünion & poursuitte Lesquels habitans prometront & jurerōt la main leuée à Dieu. l'estroite & entiere obseruation d'iceux, auec obligation de part & d'autre de respondre ciuillement & criminellement des contrauentions. Notamment le auteurs & promoteurs de noūueaux troubles entre les reünis & Confederez. Les faiseurs de menées & conspirations mauuaises des vns contre les autres. Pour en estre faite punition exemplaire. Par la mesme assemblée Generalle de ceux de la Religion, que nommera ledit Conseil: seront aussi nommez vn Receueur & Contrerolleur generaux, pour la recepte & distribution de toutes especes de deniers publics & finances tant ordinaires qu'extraordinaires & casuelz : Et sera fait bon & deu Estat, rendu bon & loial comte & reliqua sur l'audition, arrest & closture d'vn nombre d'auditeurs deputez par ledit Seigneur & sondit Conseil en pareil nombre tant Catholiques que de la Religion. Que les mandemens tant pour receuoir que pour deliurer seront signez ainsi que dessus par mondit Seigneur & trois dudit Conseil sur peyne au Receueur s'il se trouue auoir receu aucuns deniers sans mandement d'estre puny cōme, de peculat. Trouuent bon lesdits de la Religion, qu'il soit fait & baillé bon & ample Estat à mondit Seigneur: aiant esgard non seulement à l'importance de sa charge. Mais aussi à la grandeur de sa maison & à ses merites auec vne bonne & forte garde à sa discretion. Que par la mesme assemblée sois dressé vn bon reglement tant sur la discipline militaire & sur les finances: que pour les autres choses requises & necessaires durant cest Estat & poursuitte. Auec deuë declaration des causes qui nous ont meu de nous joindre & reünir tous ensemble. Et que le tout soit imprimé & enuoié tant par la France que par Allemagne. Plaira aussi à mondit Sieur Mareschal de faire entretenir les ordonnances anciennes & modernes contre les blasphesmes & juremens exécrables & ne permettre les paillardises à la suitte de son armée.

Conseil dōné au Mareschal.

E n la mesme assemblée de Millaud fut aussi dressée & depuis publiée vne protestation dont la teneur ensuit.

Protestatiō des Egliés reformees de France sur les prēses troubles.

N o v s sous signez, faisans profession de la Religion reformée, assemblez pour les Eglises de France en la ville de Millaud en Rouergue: tant Seigneurs, Gentilshommes qu'autres de tous autres Estats & qualitez. Declarons & protestons par ces presentes deuant Dieu, deuant la Majesté de nostre Roy, deuant tous Seigneurs & Estat de nostre commune patrie du Royaume de France ensemble à tous Roys, Princes, Potentats & Seigneurs de la Chestienté

que

que nous n'auons prins & ne prenons les armes en main par sedition ny rebellion quelconque ny pour aucune siniftre affection que nous aions enuers sa Majesté & son Estat ou la patrie: pour lesquelz au contraire nous sommes prests d'employer corps & biens. Ains seulement aians esté contraints à ce faire pour maintenir nos vies & biens que Dieu nous à donnez & la liberté de nos consciences selon les Edits sur ce faits publiez & jurez comme chacun sçait contre la desloiauté & non jamais ouïe cruauté des mauuais Conseillers de sa Majesté, perturbateurs du repos public & ruineurs du Royaume: couurans leur meschanceté & maudite volonté du voile de la protection de la foy & Religion Catholique. Et d'autant que plusieurs tāt de nos Concitoiens François de part & d'autre: que de Princes estrangers pourroient estimer le contraire de nous, sous ombre que l'on fait courir plusieurs bruits que nous refusons toutes conditions de Paix bonnes & raisonnables: Nous declarons & protestons par ce present escrit en toute sincerité de cœur: nostre intention & desir n'estre autre que de pourchasser vne libre & legitime assemblée des Estats de ce Royaume à la façon de nos ancestres. En laquelle sous l'autorité du Roy, il soit legitimement coneu & decidé. Premierement des torts & injustices à nous faites & cruautez plus qu'inhumaines exercées par les susdits faux & mauuais conseilers: aians abusé par trop de l'autorité dudit sieur Roy & autres executeurs de leurs malheureuses volontez. Secondement de la liberté & exercice de nostre Religiō, qui se trouuera pouuoir & deuoir estre concedé: & permis en toute seureté de nos personnes & biens en attendant que par vn bon saint & vraiemēt legitime Concille national(cōme plusieurs fois nos ancestres l'ont pratiqué voire nōmemēt contre la tirānie des Papes)il soit par la parolle de Dieu decidé entierement des differens de la Religion. Auquel ainsi libre & legitime Concille nous auons tousjours offert & offrons de nous tenir. Tiercement des moiens qui se trouueront necessaires & requis pour remettre ce poure & desolé Royaume, en sa vraye dignité & splendeur pour viure en Paix sous la sujection de sa Majesté. Toutes lesquelles choses estans tresjustes & equitables, nous supplions en toute deuë humilité & reuerence sa Majesté: aiant pitié de son Estat & de ses poures sujets si indignement traitez par ceux qui abusent d'icelle: nous vouloir ottroier ce que dessus. Et au plustost auiser des moiens de ladite assemblée libre & legitime, & telle qu'à bon droit elle ne puisse estre suspecte aux vns ny aux autres. Pendant laquelle nous offrons nous tenir coys & paisibles en se comportant de mesme auec nous. Prions tous vrays François Catholiques & autres se joindre auec nous en la poursuitte d'vne chose si sainte vtille & du tout necessaire à la conseruation de la patrie nostre mere & nourrissiere commune. Supplions aussi tres-humblement tous Princes & Seigneur estrangers: qu'aians compassion des miseres & destruction de l'vn de principaux membres de la Chestienté: de la conseruation duquel eux mesme deppendent en partie: il leur plaise fauoriser & aider par tous moiens à eux en vne si juste & raisonnable demande. Et cas auenant que les Auteurs & entreteneurs de tels maux, ne craignans rien plus que de rendre compte de leurs actions & donnans faussement à entendre à sa Majesté que ladite assemblée des Estats se feroit contre elle & seroit la diminution de sa grandeur, auront plus de credit pour l'empescher que toute equité & raison pour l'obtenir: estans contraints à nostre extreme regret de continuer en nostre tresjuste & tresnecessaire deffence par les armes: nous protestons deuant Dieu & tout le monde, que nous ne serons en coulpe d'vne si malheureuse guerre & des destructions auenuës & qui en auiendront. Estans resoluz de nous deffendre contre vne tant injuste violence, jusques à la derniere goutte de nostre sang. Qui sera redemandée de Dieu en son temps. Et finallement declarons comme aussi nous l'obseruerons en toute sincerité: nostre intention n'estre, de faire la guerre qu'ausdits malfaiteurs & perfides & autres qui par force ouuerte & trahison poussez de haine & vengeance: ne tendent qu'à nostre ruine. Et quant à tous autres qui voudront paisiblement demourer en leurs maisons: ne les tenons pour ennemis. Mais pour amis & compagnons: n'entendans les molester aucunement en leurs consciences, biens ne personnes. Ains protestons d'empescher de tout nostre pouuoir toute violence en leur endroit. Ne desirans rien plus que d'obtenir vne bonne & asseurée pacification commune par le bon & juste moié que dessus. Fait à Millaud en Rouergue le neufiéme d'Aoust mil cinq cens septante quatre. Et Signé par les Deputez des Eglises reformée du Royaume de Frances. Tel estoit l'Estat de Languedoc & pays prochain mil cinq cens septante quatre. Voions les portemans des autres endroits de la France. Ie parleray premierement de Poitou pour ce que les accidens y ont esté veu

plus

LIVRE TRENTEHVITIEME

plus notables. Ioint que de toutes les armées que la Royne mere dressoit en ce temps: celle que le Duc de Montpencier auançoit en ce pays estoit la plus remarquable. Soit pour la qualité des Chefs qui la conduisoient: soit pour le nombre des trouppes qui en faisoient le corps.

L'ARMEE Catholique ce pendant or que le Duc fust à la Foye Monjau, couroit toutesfois non seulement le Poitou, mais aussi le pays prochain de la Charente. Tellement que les Protestans espouuantez de ce qui auoit esté fait à Melle quiterent sans attendre les Catholiques, Soubize, Tonne Charente & Rochefort qui sont places à l'entrée de la Riuiere de Charente. Puygaillard estoit pour lors logé à Soubize auec bonne trouppe de Caualerie. Qui fut occasió d'enuoier de la Rochelle quelques harquebuziers en Brouäge. Ou peu de jours auparauant Mirambeau s'estoit retiré en diligence venant de Pons ou il auoit esté assez longuement en esperance d'aller auec la Nouë joindre le Baron de Langoirant qui estoit à Bergerac auec trouppes de Fantassins. Mais ce voiage fut rompu au moien de la proximité de l'armée Catholique laquelle leur estoit de tous costez sur les bras. Puis le vint septieme d'Aoust les Protestans quiterent Marans & y entrerent les Catholiques. Dôt les Rochellois se trouuerent estonnez se doutans bien que à toutes heures ils auroient les ennemis à leurs portes. De fait des le lendemain ils feirent courses jusques pres de la ville emmenans prisonniers & tout le bestail qu'ils rencontrerent. Des Brueres autres fois Protestant en fut Gouuerneur comme je vous diray. Le Comte de Montgommery sortit auec quelques cheuaux pour les aller descouurir mais la nuit venuë chacun se retira.

Places quitées par les Protestans.

Marans abandonné par les Protestans.

MARANS est vne bonne bourgade à quatre lieuës de la Rochelle & de son Gouuernement. Enuironnée de tous costez de marets & palluz qui rend le chemin inaccessible que par eau si ce n'est aux plus grandes secheresses de l'année encor bien difficillement y peut on passer fors du costé du fort appellé la Bastille qu'il peut estre deffendu par peu de gens contre beaucoup esloigné d'vne lieuë du bourg. Du costé de la Rochelle y à vne chaussée pour aller à Marans qu'ils appellent Bots en ce pays & est enuirônée de costé & d'autre d'eaux de marets tellement que l'entrée est bien aisée à deffendre de ce costé. Au moien d'vne tranchée & d'vn petit fort qui s'appelle la Brune. La Seure de Niort à laquelle se rend la Vnadée de Fontenay coule & passe dedans le bourg & puis se rend au canal du Beraud qui emporte toutes ces eaux a la mer laquelle par son flus & reflus ordinaire la faisant refouiller & grossir jusques dedans & hors le bourg: est cause que de grandes barques & autres gros vaisseaux y vôt charger toutes sortes de fruits pour les transporter puis apres en tel quartier du monde que l'on voudra. Qui est l'occasion du grand trafic & ancienne richesse des habitans si les guerres passées ne les eussent incommodez. La commodité du sel & autres marchandises qui se portent par mer à Marás & de la par la Seure jusques à Nyort: enrichist merueilleusement le pays pour le trafic du bled principallement, que l'on y amene de Poitou. Et est cause que ce lieu à esté autresfois des meilleurs & plus riches que l'on eust sceu souhaiter. Mais pendant ces guerres ciuilles les Catholiques l'ont ruyné deux ou trois fois. Tant à cause des commoditez que les Rochellois en reçoiuen ordinairement qu'en haine de la Religion dont les habitans dudit lieu font de longue main profession. Mesmement l'an mil cinq cens septante que les Catholiques estimans ne le pouuoir garder y mirent le feu & le bruslerent demy: puis en ceste année que pour accommoder les forces du Chasteau & auenuës du bourg les Catholiques ont esté contraints abattre beaucoup de maisons. Il à receu assez d'autres trauerses. Si qu'il n'y a place en France qui plus ait esprouué la furie de ces guerres ciuilles que celle là. Et qui plus soit enuiée des vns & des autres encores qu'elle ne soit tenable sinon auec vn grand nôbre d'hommes pour estre les auenuës fort esloignées vnes des autres. Qui fut la cause que ceux de la Religiô Protestâte la quiterêt à ceste derniere fois. Ce qui à beaucoup importé à ceux de la Rochelle pour le degast de leur Gouuernement qu'ils craignoient fort & pour l'empeschement que les Catholiques leur faisoient à toutes heures en leurs vendanges & racoltes de leurs fruits. A quoy Marans quand ils le tenoient leur seruoit de frontiere & bouleuart. Elle est venuë de la maison de la Trimoile & auec la Seigneurie de l'Isle de Ré donnée à la Contesse de Sancerre pour partage. La caualerie en sortit assez tost & n'y furent laissées que trois Enseignes.

Description de Marans.

Riuiere de Marans.

Or pource qu'aucuns de la Rochelle plaignoiët la perte de ce peu qui leur restoit des guerres passées par les courses ordinaires tant de ceux de Marás que d'autres Catholiques: & aussi pour prendre

Aoust. 1574.

La Nouë conuoque la Noblesse & le peuple à la Rochelle.

prandre resolution à l'auenir. Le vint huitiéme d'Aoust la Nouë conuoqua la Noblesse le Maire & le peuple de la Rochelle par vne assemblée generale qui fut faite à saint Yon. Ou leur auoir remonstré beaucoup de choses sur les occurrences des affaires qui se presentoiēt à cause mesmes de la proximité des Catholiques qui ja fourrageoient jusques aux portes de la ville: il leur dit que ce n'estoit le moien d'euiter l'orage qui s'approchoit que d'ainsi murmurer & se soupçonner les vns des autres. Qui n'estoit autre chose que vne toute manifeste diuision de la Noblesse & de ceux de la ville. Chose de tref-dangereuse consequence comme le seul moien que les Catholiques auoient tousjours pratiqué pour la ruyne non seulement de la ville mais aussi de tous ceux qui font professiō de l'Euangille. Puis les auoir exorté à côcorde & vnion se plaignoit des bruits & murmures que l'on faisoit courir par la ville & des deportemens & actions de plusieurs, contraires à ce qu'il auoit tousjours esperé d'eux. Il dit

Discours de la Nouë parlant aux Rochellois.

que aucuns Gentilshommes se plaignoient fort du traitemēt qu'ils receuoient ordinairemēt en la ville & mesmes ceux à qui l'on auoit fermé les portes lors qu'ils reuenoient de la guerre ou de quelques autres factions qui leur estoient commandées. Chose de tresmauuais exemple & qui ne se pouuoit interpreter que sinistrement à cause mesmes du bruit conforme à cela que l'on disoit estre au camp des Catholiques. Assauoir qu'ils auoient de grandes intelligences dans la ville. Et qu'ils esperoient que quelque jour les Rochellois fermeroient les portes à la Noblesse quand ils seroient sortis dehors pour aller à la guerre. Que la Noblesse & autres refugiez dans la ville, n'auoient pas tort, d'estre soupçonneux en cest endroit: & de craindre vn si lasche tour. Que quand à luy encor qu'il ne fust coustumier de croire de leger: mesmes ce qui venoit de la part des Catholiques qui souuēt vsoient de ces artifices pour rompre l'vnion qui deuoit estre entre eux tous comme membres d'vn mesme chef & Eglise: ce que neantmoins il ne sçauoit que en penser. Car à la verité il trouuoit la plus part des Rochellois bien refroidis au fait de ceste guerre. Et ne voioit point entre eux vn tel zele telle allegresse, prōptitude & affection en toutes choses qu'il auoit trouué aux troubles precedens lors qu'ils luy auoient fait cest honneur de le receuoir pour Chef & le suiure d'vn si bon cœur à la guerre. Qu'il y auoit entre eux de gens de bien & fort affectionez à ceste cause. Mais aussi qu'il y en auoit assez d'autres qui detestans en public ceste guerre, maudissoient ceux qui la faisoiēt, sous vn zele simulé de Paix duquel ils faignoiēt estre guidez. Que c'estoit bien fait de souhaiter la Paix moiennant que l'on eust tousjours ce but proposé que le tout reüssit à l'honneur de Dieu & au repos & soulagement du poure peuple. Mais que nous en estions bien loin. Cōme l'on auoit peu conoistre par la negociation de la Dame de Bonneual. Et que les Catholiques n'auoient pas intention de la leur donner à ce pris. Pareillement que ces Messieurs qui faisoient semblant de tant desirer la Paix: n'estoient pas menez d'vne si sainte affection: qu'ils n'eussent plustost leur proffit & auancement particulier en plus de recommandation que tout autre respect ou consideration. Qu'il ne sçauoit qui les faisoit ainsi abhorrer la guerre & ceux qui desiroient s'y emploier. Veu que depuis sept mois que les armes estoient prises: ils n'auoiēt receu que peu ou point d'incommoditez. Bien estoit vray que les Catholiques estoient à present dans le Gouuernement auec apparence de vouloir faire le gast & autremēt empescher la recolte des fruits. Mais qu'il les auoit auertis de cela, il y auoit ja long temps. Et aussi qu'il pensoit auoir dōné tel ordre qu'on deuoit souhaiter pour le regard de Poitou qui estoit le grenier de leurs fruits: ou il esperoit que les Catholiques ne feroient ce qu'ils voudroient pour auoir donné l'ordre requis à Lusignen & à Fontenay pourueuz d'hommes assez suffisans pour les arrester vn fort long temps: & leur faire receuoir quelque escorne attendāt le secours que Dieu leur sçauroit biē susciter en tēps & lieu. Qu'il estoit extrememēt marry de n'auoir peu empescher les Catholiques d'approcher si pres de leur ville & entrer dās le Gouuernemēt pour le desir qu'il auoit tousjours eu de l'espargner & soulager sur tous autres. Mais qu'il les prioit croire qu'il ne seroit jamais chiche de sa vie pour empescher la ruyne & saccagement de leurs maisons & heritages, & toutesfois & quantes qu'ils trouueroient bon de leur courre sus. Prians Dieu au reste desploier sa vengence & malediction sur luy s'il ne cheminoit d'vn bon pied en ceste querelle. Voire d'vn tel zele & affection qu'vn homme de bien, peut faire. Les suppliant en general ne point dissimuler ce qu'ils pourroient auoir trouué de deffaut en luy. Voire de luy courre sus s'il estoit ou auoit enuie d'estre autre de cœur que sa bouche parloit & luy fermer les portes à luy & aux siens s'il si portoit laschement en la conduite & execution de

tout

tout ce qui cōcernoit c'este cause. Puis pourſuiuāt des plus grāde vehemence ſon propos c'eſt à vous diſoit-il mōſieur le Maire que je m'adreſſe & à qui je ſuis cōtraint faire ces plaintes & remō-ſtrāces cōme Chef & principal Magiſtrat de ceſte ville. Et auquel cōſequēmēt apartiēt d'auoir l'œil ſur tāt de murmures & fauſſes impreſſiōs. Voire d'épeſcher qu'elles ne pullulēt ſi auāt qu'elles attirēt en fin auec la perte de ceſte ville, la ruine vniuerſelle de tous les poures ſujets de ce Roiaume qui deſirēt ſeruir à Dieu en pureté de cōſciēce. Il faut oſter la cauſe pour faire ceſſer les effets. Sil y a du mal au milieu de nous cōme il n'en faut doubter, auiſōs je vous prie à le retrācher. Ie n'ignore point qu'il ny ait bō nōbre de gēs de biē en ceſte ville. Mais auſſi n'y en a il que trop, cōpoſez d'humeurs beaucoup differētes de ceſte qualité. Et qui ne deſirēt que nous voir ſous le joug de nos ennemis. Ie n'entens taxer icy perſōne particulieremēt, & me veux biē perſuader qu'il ny en a point d'autre que de gēs de biē. Toutesfois il ſeroit fort à deſirer & de cela je vous en ſupplie au nō de Dieu, de vous ſeruir en voſtre cōſeil qui doit tousjours eſtre vne choſe ſacrée & inuiolable: des plus affectionez en la Religiō & de ceux dōt les actiōs paſſées peuuēt rēdre bon & aſſeuré teſmoignage de leur merite. Vous nous auez fait tant d'hōneur que de nous receuoir en ceſte ville cōme poures refugiez. Et auons mis entre vos mains noſtre plus precieux meuble aſſauoir nos vies nos libertez & nos familles deſquelles vous eſtes cōme tuteurs. Ie croy que ne les auez ou deuez auoir en moindre eſtime & recōmādatiō que les voſtres propres: eſtās meſme tous enſēble ſy eſtroitemēt vnis & cōjoints: outre la liaiſon cōmune de meſme Religiō dōt nous faiſōs profeſſiō; par l'aſſociatiō mutuelle que nous auōs promiſe & jurée enſēble, qu'il n'eſt pas poſſible nous en pouuoir departir & licētier ſās encourir crime par trop vilain & reprochable. C'eſt choſe cōmune, qu'il ſuruiēne tousjours quelque differēd entre les hōmes. Car noſtre anciē ennemy ne dort jamais en cela. Mais il faut coupper la mauuaiſe herbe, auāt qu'elle ſuffoque la bōne ſemēce. Nous ne trouuōs point eſtrāge les incōmoditez que nous ſouffrōs en ceſte ville. Car auſſi ny ſōmes nous pas venus, pour y cercher nos aiſes. Que ſi ainſi euſt eſté: Il ny a celuy de la Nobleſſe icy preſēte, qui ne ſut demouré en ſa maiſō. Où qui n'euſt trouué parti auec les Catholiques. Et de ma part Dieu m'eſt teſmoin des offres que m'a fait la Roine, ſi je me voulois retirer en Angleterre, & ne me meſler d'aucune choſe. Auec promeſſe de me faire receuoir tous les ans le reuenu de mō biē dix mil eſcus de rente & vint mil eſcus cōtāt. Mais toutes les grādeurs & treſors du mōde ne me feroiēt flechir d'vn pas. Ains ſuis venu icy pour ſeruir à la gloire de Dieu & au ſoulagemēt de vous tous, en tāt qu'il me ſeroit poſſible. Que ſi vous auez autre opiniō de nous, & que ne voulez demeurer en l'vniō que nous auez jurée: Nous vous ſupliōs au nō de Dieu, de nous le declarer. Afin que ne demeuriōs plus ainſi en ſuſpēs: & balāciōs en crainte & deffiāce les vns auec les autres. Quād a moy ſi je ne vois autre choſe: je vous ſupplieray permettre que je ſorte de ceſte ville pour m'en aller viure & mourir ſoit en Broüage & autres lieux que nous tenōs encores. Et où j'eſpere faire conoiſtre que j'ay le ſeruice de Dieu & ſalut de ce Roiaume en trop plus grāde recōmādatiō que beaucoup n'ōt eſtimé. Voire trop plus cher que cēt mil vies quād je les aurois. Ie ne veux auſſi Meſſieurs, paſſer icy ſous ſilence vne choſe que ne merite d'eſtre oubliée en telle cōpagnie. C'eſt que nous auōs receu l'aduertiſſemēt de trois endroits & par Gētilshōmes ſignalez: Qu'il y auoit deux de vos Deputez à Paris auec charges & inſtructiōs biē amples, pour traitter de Paix du moins quelque appointement & recōciliatiō particuliere auec la Roine. Ie n'inciſteray gueres ſur ce propos pour eſtre choſe qui ne ſe peut aiſemēt verifier. Auſſi je ne croiray jamais qu'il ſoit ſeulemēt entré en voſtre cœur, traitter vne affaire de telle cōſequēce à noſtre deſceu, en violāt la foy & promeſſe que auōs ſi ſolēnellemēt jurée les vns aux autres. Qui ſeroit vne choſe par trop inique & reprochable. Outre la faute que vous commettriez en c'eſt endroit, vous ſeparās de toutes les autres Egliſes de ce Royaume ſans l'auis & conſentement deſquelles ne pouuez & deuez entreprādre telle negociatiō. Pour n'eſtre qu'vne meſme cauſe que nous debattons tous enſēble. Puis les auoir exortez à cōcorde & en fin de prādre le tout en bōne part ſe teut.

Or pour eſclarcir aucuns poins de ſa Harēgue il faut ſçauoir que depuis quelque tēps on auoit cōceu fort mauuaiſe oppiniō d'aucuns particuliers de la ville, qui aſſiſtoiēt au cōſeil eſtably pres du Maire & de quelques autres qu'ils appelloiēt reuoltez, qui eſtoiēt abſēs & que l'on diſoit pratiquer beaucoup de choſes au deſauātage de la ville. Si bien que depuis ceſte aſſēblée, ce bruit & ſoupçō acreut de beaucoup: tāt pour l'aproche des Catholi. q̄ pour pluſieurs auertiſſemēs receus de beaucoup d'ēdroits cōformés les vns aux autres. Meſmes qu'ils diſoiēt auoir certaines lettres ſurpriſes: par leſquelles aparoiſſoit que la dame de Bōneual n'aiāt propoſé q̄ choſes de peu aux Roche-

Harēgue de la Noūeaux Rochelois.

Soupçons & deffiances à la Rochele.

L'HISTOIRE DE FRANCE.

Aouſt,
1571.

Reſpōce des Rochelois à la Nouë.

lois:auoit cependāt pratiqué autres affaires ainſi qu'elle reſcriuoit à laRoine.On diſoit auſſi en meſ me téps qu'il y auoit hōmes exprès à la Rochele pour gagner aucuns de la ville & les deſunir d'a uec la Nobleſſe.Pour dōques preuenir ces mal affectiōnez à la Religiō.Et qui ſēbloiēt auoir ſe crete intelligēce auec les Catholi. Tout le peuple reprouuāt ceſte oppiniō fut d'auis qu'il les fal loit chaſſer auec les autres ſuſpects que l'ō cōnoiſſoit.Et qu'il eſtoit plus neceſſaire s'aſſurer du de dās que du dehors de la ville.Criās tout haut,qu'ils reconoiſſoiēt le ſieur de la Nouë pour Chef general en ces Prouinces en l'abſēce de mōſieur le Prince de Cōdé Chef & protecteur de toutes les Egliſes de Frāce.Qu'ils n'auoient autre intētiō que de luy obeir en tout & par tout.N'aiās ja mais eu autre oppiniō de luy que d'vn Gētilhōme biē affectiōné à la gloire de Dieu & repos de la patrie.Le ſupplians prādre bō courage & vſer des graces que Dieu lui auoit faites.Meſmes ne laiſ ſer cōme il auoit propoſé c'eſte leur poure ville pour ſe retirer ailleurs.Qui leur ſeroit vne tache & reproche pour la poſterité:& pour jamais vne notte inſigne d'ingratitude à la Rochelle qui a uoit ſi biē fait.Et delaquelle auoit ſi biē merité:qu'il en ſeroit memoire à jamais. Au regard de la negociatiō de Paix dōt il eſt ci deſſus parlé le Maire & ceux du cōſeil,reſpōdirēt n'ē auoir jamais oui parler.Et aſſeurerēt qu'il ne ſe trouueroit jamais riē de tout cela. Mais que c'eſtoiēt ruſes or dinaires des Cath.qui ne pēſēt auoir meilleur ne plus aſſeuré moiē de les ruiner:que par la diuiſiō de leurs volōtez vnies. Touteſfois cōme ils ſōt tous hōmes & par cōſequēt ſujets à faillir en tēps ſi dur & calamiteux meſmement,auquel il ne faut meſpriſer aucun bō auertiſſemēt:pluſieurs fu rēt d'auis de ſē informer.Mais il ne ſē trouua riē. Or eſtoit desja le bruit eſpars par toute la Frāce

Le Roy de Frāce ſorti de Pologne pour venir en ſon Roiaume

de l'acheminemēt du Roy en ſō Roiaume:De la façō qu'il eſtoit ſorti de Pologne.Et du chemin qu'il tenoit.Cōme il auoit paſſé par les terres de l'Empereur, puis trauerſé le païs de Frioly eſtoit arriué à Veniſe ou la ſeigneurie l'auoit receu en toute magnificence y aiāt fait ſō entrée fort ſuper be & ſumptueuſe doū il prenoit chemin par le Piedmōt.La Roine mere aiāt propoſé de marcher au deuāt de ſa Maje. jusques à Lyon,auec les Seigneurs & Cardinaux qui lors eſtoiēt a la Cour: voulāt biē faire ſçauoir ceſte venuë du Roy aux Proteſtās afin de les intimider & dōner à penſer d'autāt plus que les Catholi. ſēbloient n'auoir autre plus grāde eſperāce que en ſō retour lequel ils attēdoiēt en grāde deuotiō:auec ferme aſſurāce q̄ ſaMajeſté venuē ceux qui auoiēt prins les ar mes ne ſeroiēt de lōgue durée:deſpeſcha à la Rochele Briſſō dit la Boiſſiere de Fōtenay le Cōte a

Lettres de laRoi ne à quel ques parti culiers de la Ro chelle.

uec vn paquet de lettres de ladite Dame eſcrite à Paris le 7.Aouſt q̄ la Boiſſiere enuoia par vn trō pette le Dimāche 29. d'Aouſt l'vne deſquelles s'adreſſoit au Maire de la Rochelle les autres aux Preſidēs,Lieutenās,& principaux de la maiſō de ville qui eſtoiēt Ieā Sallebert dit Villiers Iaques Héry,Claude Huet & quelques autres particuliers & par icelles ſa Maje. ſe diſoit fort eſmerueil lée de ce qui les pouuoit auoir eſmeus à ſe bāder & eſleuer ainſi cōtre le Roy ſō fils ſās qu'ils euſ ſēt jamais receu de lui que toute courtoiſie & bō traitemēt.Qu'elle ſçauoit biē que c'eſtoit à l'ape tit de quelques vns qui s'eſtoiēt retirez à la Rochelle.Leſquels pour leurs paſſiōs & vēgeāces par ticulieres,auoiēt prins les armes nō a autre intētiō que pour piller & ruiner le poure peuple.Mais qu'elle auoit grād regret qu'vn peuple qui auoit tousjours eſté ſi affectiōné à ſō Prince:ſe fut ainſi laiſſé mener par le nez,jusques à ſe liguer auec telles gēs ſās regarder à la rebelliō & felōnie qu'ils cōmettoiēt cōtre le Roy leur Prince & Souuerain ſeigneur.Qui s'ō arriuée pourroit eſtre juſte mēt indigné cōtre eux.Et parauēture leur faire conoiſtre qu'ils l'auoiēt offēſé.Qu'elle s'adreſſoit à eux cōme les principaux Miniſtres & Officiers. Et qui auoit toute la ſuperintēdāce des affaires de la ville.Deſquels partāt eſtoit le deuoir de remōſtrer au peuple la grāde faute qui eſtoit faite d'a uoir ainſi enfraint la Paix & repris les armes cōtre le ſeruice de leur Roy.Et s'ils vouloient rejeter le cōſeil de ceux auec leſquels il s'eſtoient liguez & rentrer en leur deuoir:il y auoit moien,par uāt qu'il y cōuint appliquer le cautere: de recouurir la bōne grace du Roy qui oublieroit tout ce qui s'eſtoit paſſé & leur dōneroit occaſiō de viure en Paix & liberté de cōſciēce.A quoy de ſa part elle s'éploieroit de fort bōne volōté,pour la pitié q̄ luy faiſoit c'eſte poure ville qu'elle voioit ain ſi troublée & priuée de cōmerce & traffic ordinaire.Remettāt le ſurplus de l'intētiō de ſaMajeſté ſur vne creāce qu'elle auoit dōnée audit la Boiſſiere lequel à ceſte fin reſcriuit au Maire demādāt ſauf cōduit pour y aller & cōmuniquer auec eux affaires d'importāce ſelō la charge qu'il en auoit

Lettres du Duc de Mont pencier.

de ſa Maje.Or cōme la Boiſſiere eut ja cōmuniqué ſa charge au Duc de Mōtpēcier ce Prince reſ criuit auſſi de meſme ſubſtāce audit Maire & Eſcheuins de laRochelle:les induiſās par tous moiēs poſſibles à cercher leur apointement & repos. Et ſe remettre en la bōne grace du Roy ſans eſtre cauſe de la ruine du plat païs: qui à bon droit leur pourroit imputer toute la cauſe des miſeres & calamitez que le poure peuple enduroit.De meſme teneur reſcriuirent les oſtages de la Rochel

LIVRE TRENTEHVITIEME. 244.

le qui estoiēt à Poitiers suiuāt ce qui auoit esté accordé par la Paix faite deuāt ladite ville: auec priere à leurs cōcitoiēs de incliner à la Paix & entēdre à la negociatiō dōt la Roine auoit chargé la Boissiere. Et que en ce faisāt ils seroiēt beaucoup pour eux & pour tout le Roiaume. Mais le Maire de la Rochele aiāt receu cete depesche: mōstroit en l'apparēce n'ē estre gueres joieux. Cōme aussi ceux ausquels lesdites lettres s'adressoiēt soupçonās tous qu'il seroit biē auis à plusieurs que cela estoit vne cōfirmatiō de ce que la Nouë auoit allegué le jour precedēt en plaine asseblée touchāt la negociatiō qu'il auoit entēdu se mener sous main & au desceu de la Noblesse par certains deputez des Rochelois pour faire vne Paix à leur particulier seulemēt & accroistre le soupçō que plusieurs en auoiēt desja. Qui fut cause que sur l'heure mesme le Maire & principaux de la ville se retirerēt vers la Nouë: auquel mōstrās les lettres demāderēt sō auis sur ce qu'il seroit expediēt. A quoi il respōdoit que puisque ladite depesche s'adressoit particuliremēt à ceux de la ville c'estoit aussi à eux d'auiser d'y faire respōce. Toutesfois s'il estoit apellé pour en dire sō auis: il ne voudroit faillir d'aider de son cōseil le mieux qui luy seroit possible & selō que sa cōsciēce lui cōmāderoit. Et sur ce aiāt esté trouué bō de faire lecture desdites lettres en la presēce du peuple: fut à l'instāt fait assemblée à l'Echeuinage où les lettres leuës & auoir la plus part d'eux treuué mauuais q̄ la Roine se fust auisée si tard de s'adresser particulieremēt à ceux de la Rochele: laissāt apart la Noblesse auec laquelle on ne pouuoit ignorer qu'ils ne fussēt de lōg tēps vnis & associez: cōme aussi auec toutes les Eglises de Frāce: lors qu'ils enuoierēt leurs Deputez à Millau de Rouergue: interpreterēt ces missiues vn vrai stratageme pour rōpre tāt d'vn costé que d'autre ladite vniō & les induire à chasser la Noblesse qu'ils auoiēt retirée. La quelle estāt vne fois abatuë: que la Paix que la Roine leur offroit seroit pour 15. jours. Et qu'en fin ils n'ē auroiēt pas meilleur marché que les autres pour n'estre pas plusgés de biē que ceux qui estoiēt ainsi depeints par les lettres de la Roine. Et que c'estoit vne ruse qui auoit de tout tēps esté pratiquée en vn affaire que lō tiēt cōme deploré: assauoir de diuiser les mēbres pour venir about du Chef. Y apliquāt aucuns d'eux l'exēple de Philippe Roy de Macedone. Lequel voiāt ses forces māques pour assujetir la ville d'Athenes: persuadoit aux principaux de luy enuoier les Orateurs du peuple. S'assurāt (cōme leur fit entēdre doctemēt l'vn des plus renōmez Auocats) qu'il ne le faisoit à autre intētiō que le loup, lequel induisoit les brebis à lui liurer leur chiēs de garde: Afin que despourueus de forces, veilles & sentinelles: elles fussēt aisémēt apres surprises & mangées par ces bestes impitoiables. Et pour asseurer le peuple sur le doubte qu'il pouuoit auoir, qu'il y eust quelque menée secrette touchāt la negociatiō de Paix dōt cy dessus est parlé. Ou que aucuns de ceux ausquels la Roine escriuoit y fussēt cōsētés: fut remōstré que c'estoit chose de tout tēps coustumiere aux Rois & aux Princes quād il suruiēt quelque emotiō ou trouble en vne ville: de s'ē adresser premieremēt aux principaux Officiers & Magistrats: cōme à ceux qui doiuent auoir l'oeil que toutes choses soient maintenuës selon les Loix & par bon ordre. Voire qui doiuent estre cōtables des fautes qu'vn peuple cōmet souuent par indiscretiō & inauertāce: Mais que graces à Dieu il n'est questiō de ceci en cest endroit. Pource que petis ne grās en ceste ville, ne s'estoiēt mespris enuers la Majesté du Roy & n'auoiēt riē fait en tous ses troubles qu'ils n'i fussēt tenus de tout droit diuin & humain. Cōclusiō que ce n'estoit à eux particulieremēt, que la Roine se deuoit adresser pour vne affaire de telle importāce que la Paix generale du Roiau. qu'ils desiroiēt infinimēt, nō seulemēt pour eux ains pour tout ce poure Roiau. duquel ils estoiēt vn des mēbres. Mais qu'il y auoit vn Prince de Cōdé Chef general des Eglises Reformées de Frāce a qui il se falloit adresser pour traitter la Paix. Et auquel ils se remettoiēt d'ē faire ce qu'il voudroit. Et passeroiēt par ce qui seroit accordé par luy & sō cōseil. Estās biē assurez qu'vn tel Prince & qui appartiēt de s'y pres à la Corone: n'estroit pas en Frāce pour entreprādre sur l'Estat du Roi. Mais seulemēt pour procurer par les armes (puis que les autres voies ny auoiēt peu seruir) vne bōne & seure liberté de cōsciēce. Et par mesme moiē respiter leur vie de la cruauté de ceux qui la guetoiēt de si prés. Qu'ils ne pouuoiēt & vouloiēt en cest endroit faire aucune chose, sās l'aueu & cōsentemēt dudit Prince & à sō absence de la Nouë auquel ils auoiēt toujours deferé de ce qu'ils lui deuoiēt d'obeissāce. Depuis la derniere prise des armes. Brief qu'il leur seroit plus honorable de mourir, q̄ faire chose cōtraire à l'associatiō qu'ils auoiēt promise & jurée à la Noblesse. En laquelle ils desiroiēt viure & mourir. Et que parauāt faire respōce ausdites lettres il les falloit cōmuniquer à la Nouë & selō l'auis des vns & des autres: faire telle respōce à la Roine qu'il seroit trouué expediēt & raisōnable. Quād au sauf conduit que demandoit la Boissiere: encores que plusieurs ne fussent d'auis de le laisser

Hhh ij.

L'HISTOIRE DE FRANCE.

Sept. 1574.
Assemblée à la Rochelle.

entrer pour le conoistre home de menées: toutesfois il en auint ce que vous verrez ailleurs. Au lédemain la Nouë & le Maire de la Rochelle firēt assēblée à S. Yon où le grand Quairay Gētilhōme de Poitou fit au nō de la Noblesse vne petite remōstrāce aux Rochelois: les exortāt sur toutes choses à vniō. Et de n'vser du cōseil de ceux qui taschoiēt par tous moiēs à les distraire & separer de la Noblesse desquels il estoit plus q́ necessaire faire sogneuse recerche pour oster vne maladie du milieu d'eux qui auoit de tout tēps enfāté la ruine & desolatiō des republiques les plus fortes & florissātes. Tesmoins celles des Roiaumes des Grecs, Perses & Babiloniēs. Dit outre que la noblesse desiroit fort sçauoir dudit sieur Maire & du peuple la presēt s'ils desiroiēt entretenir l'associatiō qu'ils auoiēt jurée ensēble pour le fait de la presēte guerre. Et s'ils ne vouloiēt pas s'éploier tous vnanimemēt à repousser les Catholi. qui estoiēt si pres. A quoi estāt respōdu par le Maire & par le peuple à haute voix: qu'ils n'auoiēt jamais eu autre intētiō que d'estre vnis auec la Noblesse auec laq́lle ils esperoiēt n'espargner rien de leurs biēs & vies jusques à vne heureuse issuë de tous ces troubles: fut par le mesme presēté certains articles tāt pour le fait de la guerre que pour l'ordre & police que les sieurs Gētilshōmes trouuoiēt bō estre mise & entretenuë tāt en la ville que parmi leurs troupes. Desquels articles fut fait lecture en ladite assēblée qui les apreuua. Pour le regard du soupçon & sinistres oppiniōs que la plus part auoit cōtre aucuns du cōseil establi pres la persōne du Maire, que l'ō disoit estre tres-mal affectiōnés à la cause generale que l'ō debatoit: cōme mesmes il fut allegué & maintenu à quelques vns la presēs: fut auisé de les oster dudit cōseil & en eslire d'autres tels qu'ils furēt à l'heure mesme nōmez & approuuez par la pluralité des voix. Dōt le Maire ne se pouuoit tenir de dōner signe de mescōtētemēt. Disāt que cela ne se pouuoit legitimemēt faire en ceste assēblée & que c'estoit enfraindre les priuileges de la ville. A quoy fut respōdu q́ ce cōseil auoit esté erigé par les voix & suffrages du peuple. Et que partāt, lui estoit licite de le casser & en eslire d'autres, puis que l'ō s'estoit desja cōformé à y proceder de c'este façō. Or auoit esté ce cōseil dont j'ay parlé establi incōtināt apres la prise des armes pres la persōne du Maire cōposé de 12. persōnages de la ville asçauoir 4. Escheuins, 4. Pers & 4. Bourgeois & auec eux 4. Gētilshōmes esleuz par la noblesse. Lesquels conoissoiēt de toutes causes tant ciuilles q́ criminelles meuës depuis la prise des armes pour en juger souuerainemēt & n'estoit l'exercice & functiō de ceste charge que pour 3. mois. Ce qui fut toutesfois chāgé en ceste assēblée & ordōné que ceux qui auoiēt esté esleus & nōmez demeureroiēt a ce cōseil tāt que l'occasiō seroit venuë d'y pouruoir autremēt. Et ce principallemēt pour la bōne oppiniō que le peuple auoit cōceuë d'eux pour les auoir veu s'emploier vertueusemēt tāt ez 2. & 3. troubles & pēdāt le siege de la ville. Il fut resolu de leuer & entretenir 2. cōpagnies pour la garde de ladite ville. Et que tous les refugiés s'ērolleroiēt sous les Capitaines des quartiers afin de faire quelque seruice: & ne demeurer oisifs. Ainsi sortirēt de ladite assēblée les Gētilshōmes & ceux de la ville fort cōtās & satisfaits cōme il sēbloit les vns des autres. Et le peuple asseuré cōtre le doubte qui les auoit assez lōg tēps de tenus en suspēs.

Chāgemēt d'aucuns qui estoient au Conseil du Maire de la Rochelle.

Quel estoit le Conseil de la Rochelle.

La Boissiere Brusson.

La Boissiere sur ces entrefaites, s'aprocha de la Rochele le 4. Septē. Mais il luy fut cōmādé s'arrester hors la porte de Cōgnes où la Nouë, le Maire & autres des plus apparēs le furēt trouuer. Ausquels il dist beaucoup de choses de la part de la Roine parlāt assez hautemēt & au desplaisir de plusieurs de la Noblesse & autres qui se sētoiēt offēsez par ses propos. N'oublia d'accuser ceux qui faisoiēt la guerre par mer jusques à les titrer ouuertemēt des nōs de Pirates escumeurs de mer qui cōtraignoiēt vn nōbre infini de marchās tāt regnicoles que estrāgers de crier tous d'vne voix cōtre la Rochele. Puis requist affectueusemēt qu'il peust entrer en la ville pour leur dire publiquemēt ce qu'il auoit charge de la Roine. Ce qui lui fut en fin permis cōtre l'oppiniō de plusieurs. Et le lēdemain sur les 7. heu. du matin, il fut cōduit jusques à l'Echeuinage ou il recita sa creāce en la presēce du peuple. Elle estoit verballe & fōdée seulemēt sur les lettres de la Roine. Le sōmaire estoit sās s'arrester au lōg discours qu'il fit, que la Roine desiroit infiniēmēt la Paix & repos de ce Roiaume: & particulieremēt de la Rochele. Luy auoit sa Maje. dōné charge de leur dire de sa part, cōbiē elle trouuoit estrāge la prise des armes qu'ils auoiēt faite sās aucune cause ou vrgēte necessité: les auisoit s'ils auoiēt quelq́ chose à demāder & les prioit de s'adresser au Roy sō fils ou biē à elle & luy presēter leurs doleāces & requestes qui ne faudroiēt estre receuës auec toute benignité & douceur voire auec toutes telles cōditiōs qu'ils auroiēt matiere de se cōtēter & viure paisiblemēt en toute liberté de cōsciēce. Et que c'estoit la le vray moiē pour paruenir a ce repos tāt desiré. Sās cōtinuer ainsi en la ligue qu'ils auoiēt faite auec gēs turbulens & du tout desesperez. Qui mōstroiēt biē n'estre menez d'aucun zele, n'y enuers leur Religiō ny le salut de ce poure Roiaume. Qui mesmes faisoit

Creance de la Boissiere.

itié aux Natiós estrãges. Les exortant de suiure le parti que la Roine leur presentoit cõme le meilleur & lequel de sa part il leur cõseilloit cõme estãt leur voisin & bõ ami. Et qui auoit vn extreme regret & desplaisir de les voir ainsi eux mesmes se precipiter aux dangers qui leur estoiẽt prochains & desquels ils se pourroiẽt aisémẽt garãtir s'ils vouloiẽt recourir au Roy qui ia estoit à l'entrée de ses païs, & lequel ne faudroit leur accorder toutes choses de raison pourueu que cõme loiaux sujets, ils quittassẽt les armes & n'adherassent à ceux qui les auoiẽt ainsi conseillez & seduits. Qu'au reste la Roine les asseuroit par luy, qu'elle leur feroit cõfirmer & entretenir la promesse à eux faite par le Roy l'anée precedẽte: emologuer leurs priuilleges: & que leur ville leur seroit dõnée en garde sãs ostages n'y Garnisõ: sous le sermẽt fait que le Maire & 5. Officiers & principaux de la ville feroiẽt au Roy où a celui qu'il cometroit à cet effet. Pourueu qu'ils chassassent de leur ville tous les estrãgers. Il voulut aussi puis apres sçauoir de la Nouë s'il perseueroit en la volõté qu'il auoit declaré à Strossi & Gadagne, d'aller treuuer sa Majesté: Que le Roy seroit à Lion sur la fin du mois où la Roine se treuueroit pour le presẽter & le faire rẽtrer en ses bõnes graces. Il luy fut respõdu par les Rochellois. Qu'ils remercioient treshumblemẽt la Majesté de la Roine, du bõ desir qu'elle auoit de restablir la Paix en ce poure Roiaume. Et de la bõne affectiõ qu'elle monstroit particulieremẽt auoir en leur endroit. Dõt ils prient Dieu de bõ cœur leur faire la grace d'en voir biẽ tost les effets. Et faire conoistre au Roy leur Souuerain Sieur la Iustice de leur cause & les grãdes & apparẽtes raisons qui les auoiẽt induis, auec les autres bõs & fidelles sujets de ce Roiaume de s'opposer à la tirãnie & cruautez que l'õ entẽdoit derechef s'exercer sur eux. Et luy faire aussi apperceuoir le singulier desir qu'ils auoiẽt de rẽdre le seruice & obeïssãce deuë à sa Majesté. Mais que de renõcer cõme il les suadoit à l'alliãce & association jurée auec messieurs de la Noblesse & les autres Eglises de Frãce: cela ne se pouuoit faire de leur costé, sãs encourir notte d'vne insigne perfidie & punissable deloiauté. Et que cela leur estoit si sacré & inuiolable: que pour la perte de leur vie ils ni voudroiẽt cõtreuenir. Au reste qu'ils voiẽt biẽ peu d'occasiõ de se pouuoir fier à ces parolles & promesses: Tãt pour les choses cy deuãt passées que chacun sçauoit assez: que pour n'estre sa creãce & choses proposées aucunemẽt signées de sa Majesté. Ce qui ne s'estoit jamais veu en cas semblable. Aiãs accoustumé ceux qui sõt deleguez pour manier affaires de telle importãce, de ne parler point par cœur. Mais auoir à tout le moins leurs memoires & instructiõs signées d'vn Secretaire d'Estat: & que les baillant par escrit & de la qualité susdite: l'on y feroit aussi respõce volõtiers: sãs s'oublier en riẽs qui fust de leur deuoir pour entẽdre a ce que concerne l'hõneur de Dieu premierement: Puis au salut & repos general de ce Roiaume: Toutesfois il fut trouué bõ de lui dõner ce jour mesme par escrit la respõce que s'ensuit & qui luy fut portée hors la ville. Encores q̃ la creãce & instructiõ proposée par la Boissiere Boissõ en l'assemblée generale de ceste ville de la Rochelle ou estoiẽt les Sieurs, Gẽtilshõmes, Maire & cõseil, Officiers, Bourgeois, manãs & habitãs & autres ne meritoit respõce d'autãt qu'elle n'est signée de sa Majesté ne d'aucũ Secretaire d'Estat. Et outre qu'elle ne tẽd qu'à diuiser & desvnir les vns d'auec les autres: elle est plaine d'impostures & calõnies impudẽtes cõme de rebelliõ de cõjuratiõ & autres crimes de leze Majesté dõt ils se sentẽt tãt offensez en general & en particulier pour en estre du tout eslognez: que n'eust esté le respect qu'ils portẽt à sa Majesté ils eussẽt peu justemẽt luy faire ressẽtir la peine de son audace. Toutesfois que pour cõtinuer le desir & affectiõ qu'ils ont tousjours eu & ont encores de presẽt au biẽ & repos de ce poure & desolé Roiaume: suppliẽt treshumblemẽt sa Majesté croire qu'ils ne sõt poussez tous ensẽble d'autre volõté: que d'estẽdre à vne bõne Paix, par le moiẽ de laquelle ils puissẽt sous sõ obeïssãce, jouir de l'exercice de leur Religiõ: auec seureté de leurs vies & biẽs. Pour aquoy plus aisémẽt paruenir, s'il plaist à Mõseigneur de Mõtpẽcier faire cesser toutes actiõs de guerres: & enuoier passeport pour cõferer sur la charge q̃ ledit Sieur de la Boissiere à dit en public en auoir de mõ dit Sieur ils serõt tousjours prests à embrasser vne bõne & S. Paix que doit estre negotiée par persõnages dignes & de qualité requise en vn si grãd œuure & tãt importante. Ce jour mesme ils rescriuirent audit Sieur Duc de Montpensier loüans Dieu de la bonne affection que son Excellence monstroit auoir de remettre ce poure Roiaume en sa premiere forme & splendeur. Ce que de leur part ils souhaittoient infiniment sut toutes les villes du monde comme ceux qui ont plus senty & gousté des fruicts de la Guerre que tous autres. Et des pertes & desastres de laquelle ils ne se sauroint jamais releuer. Le suppliãs treshumblement que rememorant le rang & degré que Dieu luy auoit donné en ce Roiaume: Il luy pleust prandre pitié de tant de

Responce des Rochelois à la creance de Boissiere.

Responce des Rochellois à la creãce de la Boissiere.

Lettres des Rochellois au Duc de Mõtpensier.

Aoust, 1574.

La Nouë ne veut aller trouuer le Roy s'il ne plaist à ceux de son party.

poure peuple. Et auoir cômiseration du plat païs, qui ne pourroit longuement subsister sous le faix de tant d'excez & cruautez. Quand à la promesse qu'ils disoiêt que la Nouë auoit faite d'aller treuuer le Roy: on luy dit que lors qu'il estoit en volôté de ce faire: les affaires n'estoiêt en tel estat qu'à donc. Et que depuis choses estoient suruenuës assez suffisantes pour s'eslogner de son premier auis. Ioint qu'ô ne l'eust pas laissé sortir de la ville ores qu'il l'eust desiré: côm'il faisoit par fois quâd il se proposoit les auâtages que ce parti eust peu tirer de son voiage pour la cheminemét d'vne bône Paix. En quoy toutesfois il se raportoit tousjours au côseil de ses côpagnôs: sans l'auis desquels il disoit ne vouloir riê entrepredre. Donques Boissiere ainsi resolu du vouloir & intétiô des Protestâs se retira pour en faire son raport. Surquoy je dônerois volôtiers fin à ce liure si la memoire d'vn notable accidêt auenu en Lâguedoc & Albigeois ne me desroboit l'enuie de le coucher par escrit en vostre faueur & de tous ceux qui à l'auenir voudront repaistre leur memoire de choses gentiles & profitables.

Entreprise sur Castres d'Albigeois.

Terride retournât des Estats Generaux tenus à Millaud en Rouergue accôpagné de Fonterailles, Dodou, Verglac, Moubeton, Popeliniere (qui de Frâce y auoit esté emioié dés la fin de May pour la negociatiô de la Paix) fut auerty d'vne entreprise qu'aucuns dressoiêt sur la ville de Castres. Lesquels le prierent d'ébrasser leur dessein en faueur de tous les Côfederez de ces quartiers. Luy qui consideroit que tous les Protestâs d'Albigeois Lauraguay & quartiers prochains n'auoiêt retraicté de marque que Puy-laurés qui n'est encor pour soustenir l'effort d'vne armée Roialle: pesât d'ailleurs toutes les cômoditez d'vne telle place: y presta volôtiers l'oreille. Pour dôc mieux vous representer au naif les auâtages qu'ê peuuêt tirer ceux qui la maistrisent: Ie vous effigieray premieremét la ville, l'Estat de laquelle je reprâdray des la memoire de ses premiers fôdemés: puis auoir parlé de sô assiette, je vous feray voir le païs qui la soustiêt & nourrist de ses cômoditez pour en fin descêdre à vous particulariser les moiês que on à tenu pour l'éleuer des mains Catholiques. Castres n'est fort anciêne. Mais autresfois petite bourgade sans closture, s'estêdât sur le bord du Goud qui la breuue de ses eauës lesquelles il va perdre puis apres à la rêcontre de Tarnia prins vn presque pareil auâcemêt que Villegodou qui est sis au dela du mesme fleuue. Sô premier bruit vint du téps qũ les Albigeois maintenoient côtre les Catholiques Frâçois, outre la liberté de leur vie & côscience l'exercice de leur Religion peu diferête à celle des Protestâs du jourd'hui. Cômê on peut voir tant par plusieurs fragmês & memoires escrits en vieil langage du païs concernâs l'histoire de ce temps là: que par la dispute publique & solênelle qui fut assignée entre l'Euesque de Pamiers & M. Arnoltot Ministre de Lombers. Laquelle se voit aujourd'huy entiere escrite en langage qui rapporte plus au Catalâ qu'à la lâgue du païs ny aucun terme Frâçois. Voire que plusieurs m'ôt asseuré auoir veu les Articles de leur foy grauez en quelques vieux tableaux qui sôt en Alby du tout côformez à ceux des Protestâs. Aucuns tiênent que Raimôd Côte de Tolose, Quercy, Albigeois, Rouergne, & autres quartiers voisins: l'vn des principaux Chefs des Albigeois, y a plâté son armée la quelle de Castres terme Latin a dôné le nô a Castres. Car côme lors en ce païs mesmemêt, on parloit vne lâgue plus aprochâte du Latin (auquel aussi tous actes publics estoiêt escrits) que du Frâçois ne autre lâgage. Castres fut appellée de Castra qui ne signifie autre chose queCâp ou Armée qui câpege en quelque endroit. Pource que les Albigeois affin que je laisse l'opiniô de ceux qui en reprenêt l'origine des Sarrasins sous Charles Martel: y estendirêt souuent leurs troupes & y côbatirêt en plusieurs rêcôtres les Croizez. Ainsi s'appelloiêt les Catholiques lesquels marchoiêt sous la côduite des Princes de ce téps & par le mâdemêt des Pappes qui leur dônoint entiere absolutiô de tous pechez pourueu que chargeâs la Croix ils fissent la Guerre certain téps côtre les Albigeois. Et ce faisoit tel câpemêt pour les grâdes cômoditez qu'apportoit ce quartier à ceux qui plus dilligês s'en rêdoient maistres les premiers. Soit pour auoir la plaine fort lôgue, large & biê vnie: que pour toutes sortes de biês & bôs fruits qu'elle rapporte à ceux qui meilleurs mesnagers la sçauêt mieux cultiuer & entretenir. Ce fut l'occasiô pour laquelle ce bourg & village ne demourerêt gueres sans estre entournez de murailles & fournis de bons fossez tout au tour pour les mettre hors de surprise & s'asturer au dedâs côtre la force de tous ennemis. Aussi voiôs nous qu'apres que ces malheureuses guerres eurêt duré quelque centaine d'années & plus long temps qu'il n'estoit besoin aux vns & aux autres : qui tous au long aller se rendoient plus cruels & barbares que bestes bruttes. Le Comte Raimond se trouuant a la Court du Roy Loys dedâs Paris fut tellemêt gâgné qu'il passa vn accord auec luy l'an 1228. Par lequel il promit & jura qu'il feroit abattre & razer les murs & combler les fossez

Castres & la represétatiô d'icelle & du pays circôuoisin.

De la Religion & guerre des Albigeois côtre les Catholiques qui par deuotiô se croizoient pour leur faire la guerre.

Le Comte Raimond Chef des Albigeois quitte le party & se recôcilie auec le Roy Loys 1228.

de Tolose, Montauban, & de trente autres que villes, Chasteaux & places fortes entre lesquelles Castres, Lauaur Puylaurens, & autres places voisines sont comprises. Mais la guerre ne cessa pour cela. A laquelle le laps de temps accompagné de la partialité & diuision des Chefs Albegeois (qui sans secourir les vns les autres se contentoient de faire la guerre à part ou peu à peu ils furent ruynez en leurs Gouuernemés) mit vne fin finale plustost que l'effort de leurs ennemis. Lesquels peurét encores moins esteindre par feuz, saccagement, ruynes & toutes telles voies extraordinaires, la Religió semée au cœur des Albigeois. Partie desquels cótraints par les raisons que dessus vuider le païs sur lequel aussi faute de culture & semence on ne pouuoit viure qu'a peine & extreme danger se retira és montagnes. Aucuns s'estendoient plus auant, les autres donnerent jusques en Dauphiné, Sauoie, Prouence, Viuarez & païs prochains de Lyon: pour voir de ce temps la, ces endroits moins peuplez & par consequent plus libres que celluy de leur naissance. La continuans en mesme profession (comme és auersitez nous sommes tousjours plus deuotieux qu'en bonace & temps bien fortuné) & tost apres coneuz d'vn chacun receurent diuers noms pour la profession qu'ils faisoient differente aux autres. Aucuns les nommans les poures de Lyon, en Sauoye & Dauphiné les Vaudois. Ailleurs on les appelloit autrement au plaisir de ceux qui ne s'amusoient qu'a se moquer du desastre & poureté publique de ceux desquels non seulement la Religion, la foy & profession d'vne mesme vie: mais aussi la race continuant de pere en fils dure jusques à nous. A laquelle outre les Catholiques Frãçois, sous le regne & autorité de François premier en Prouéce mesmemét: Emanuel Philibert Duc de Sauoye à faict vne fort dure & lõgue guerre. Mais si peu profitable qu'en fin force luy à esté de leur ottroier partie de ce qu'ils demandoient comme je vous seray voir en temps & lieu. Continuant donc la cruelle guerre des Albigeois & auec le temps icelle finie, en suruenant d'autres pour le miserable (encor que naturel & ordinaire, exercice des François) nommement celle des Anglois qui se sont veuz maistres des deux parts de la Couronne: cótinuerent aussi les deffences & munitions des bónes villes. Ce fut lors que Castres estandant le nom & la puissãce, fut augmentée de ce qui n'auoit esté autresfois qu'vn simple fort appellé Villegodun sis à l'autre Riue du Goud. Lequel embrassé par mesmes murailles & mesmes fossez: bien qu'il aie tousjours retenu le nom ancien si est-ce que celluy de Castres comme plus heureux à depuis ce temps compris l'vn & l'autre. Voila quand à l'origine, progrez & auancement de Castres. De laquelle auoir representé l'ancienneté je viendray à vous mettre deuant les yeux, l'Estat auquel elle à vescu & vit encores de nostre temps.

L'Albigeois pays de petite estanduë & pour la plus part bossu & montagnez (mais riche en bled, riche en vin & encor plus en Pastel que les marchans mienent par toute la Chrestienté auec vn merueilleux proffit pource que le meilleur vient de la) n'est diuisé que par Dioceses. De l'vn est premiere l'Euesché d'Alby: soit pour la richesse, soit pour le nõbre des hõmes, soit pour l'ancieneté de sa memoire ou pour ces trois raisons enséble. Aussi tout le païs préd le nõ de la Metropolitaine. L'Euesché de Castres est cõme mere & principalle de l'autre. A laquelle ceste cy ne doit gueres ny en nõbre de peuple ni en quãtité de richesses nõ plus qu'é la beauté du païs. Mais pour laisser le discours d'Alby à vn autre loisir: Ie vous figureray premieremét le Pays de la secõde. Puis la ville & les moiẽs qu'õ luy à dõné de se defédre. Le païs sur lequel elle à ses fõdemés, est vne grãde & fort vnie Cãpagne raze, la veuë de laquelle court & s'estend de tous costez de la ville jusques à vne lieuë au delà, où elle finit arrestée par l'objet des montagnes lesquelles vous jugeriez n'aistre les vnes des autres pour entourner & munir cette plaine comme vn rampart ou Courone au cœur & beau milieu delaquelle les anciens s'y voulurét enfermer: lesquels neãtmoins voiãs ces mõts accessibles en tous endrois & les auenues fort basses & aisées cõme ils sont presque tous cultiuez de bled, vins & autres fruicts que le naturel double au meilleur mesnager: au iserét de se munir de plus pres, lors mesmes que croissãt la malice des hõmes par le desbordemãt qu'amene tousjours auec soi le malin naturel de la guerre: Ils cogneurét que les bourgs & villages sans closture n'estoient assez suffisante retraicte à ceux qui ne vouloiét s'emãciper de la defésiue. Les premiers murs desquels cete ville se vit enceinte: furét simples & de terre seulemét. Aujourd'hui mesmes plus des 2. tiers sõt encores demourez tels: soit pource qu'en tous ces quartiers la pierre n'est prochaine & à cõmãdemẽt: soit qu'ils craignent la peine & despence à la tirer des montagnes: où qu'ils jugent ceste estoffe suffisante au garand de leur ville. Defaict outre ce que le terrein de ces quartiers, est glueux

Pays d'Albigeois.

Païsage de Castres.

Castres & ses murs.

Hhh iiij.

& tenant: ils pressent si fort la terre à force de gros pilons qu'ils la trouuent aussi durable contre toute violence & du Canon mesme, duquel le boulet y meurt sans effet: que si les murs estoient estoffez ou reuestus de pierre de taille. La sape mesme n'y peut tant auācer que dans les pierres, l'vne desquelles tirée en attire tousjours d'autres qui s'ebranlent par l'absence de celles qui les soustenoient. I'en ay veu de larges six pas dont la terre estoit si serrée que l'œuure en estoit à louër. Les anciens n'y auoient fait aucun flanc. Aussi n'en vsoient ils comme point: fors depuis la guerre des Anglois qu'on feit les Tourions plus ordinaires & frequens aux murailles que par le passé. Encor n'auoient ils chacun plus de deux ou trois ouuertures propres aux fleches, dards & autres tels traits de main. A ceste occasion ces murs demeurerent sans flancs jusques aux troisiémes troubles que les Protestās maistres de la place, reformerēt cela & plusieurs autres choses concernans la guerre qu'ils furent contraints d'inuenter pour la defence & tuition de leurs personnes. Ils y dresserent nombre de flancs, quelques Casemates ez fossez nōmeement pres des portes qui ne leur sembloit autrement assez asseurées: esleuerent aussi six ou sept bastions sur la Contrescarpe du fossé qui n'auoient toutesfois le grandeur, mesure ny proportion conuenable à tels corps de forteresses. Auec ce ils n'estoient reuestuz ny façonnez comme ils deuoient: ne mesme asseurez de fossez, Contrescarpe, Coridor n'y autres tels moiē, que le long vsage des armes nous à depuis descouuert. Si bien qu'encores que tels moiēs de defence eussent peu seruir pour rompre la fureur d'vn premier effort: & la bouillāte fureur de la premiere venuë de François: Si est-ce que la violence du Canon où la secrette trahison d'vne bonne miné: voire la resoluë abordade d'vn nombre de Soldars qui s'en fussent voulus rendre Maistres par escalades: les eust emporté en peu de temps & les murs par apres. Les Catholicques toutesfois qui depuis la Paix faicte mil cinq cens septante deux s'en sont portez maistres jusques icy sous l'authorité du Roy: soit qu'ils ne preueussent ou se souciassent peu des incōueniēs qui leur en pouuoiēt aucnir (cōme toutes choses mesmemēt au fait de guerre tiēnēt d'vne varieté & incōstance incroiable à tous hōmes qui n'ont soigneusement pratiqué les affaires de ce monde) ne se sont pas donné grande peine de les agrandir, reuestir n'y accōmoder. Encores que ceux qui auoient les principalles charges en cete ville fussent estrangers du Roiaume qui coustumieremēt sont plus curieux de cercher tous moiēs d'asseurer leur vie: qui lors qu'ils se voient pres de leurs maisons: nōmement les Italiens & consequemēt ceux que pour leur estre plus prochains participent plus au bien & au mal de ceste nation: lesquels inuentifs sur tous autres le sont encores plus au fait de guerre: je vous ay fait voir ailleurs de cōbien le cœur creut aux Catholiques & rabaissa aux Reformez pour le deluge de la S. Barthelemy à Paris: apres lequel le Roy curieux de s'asseurer de ses Prouinces envoia entr'-autres le Mareschal d'Anuille en Languedoc son Gouuernement pour y contenir ses sujets au deuoir de la plus grande obeïssance qu'il pourroit. Occasion qu'à mesme fin il depescha la Creusete pour entrer à Castre & y maintenir tout le païs à deuotion Catholique. Ce personnage refusé par les Protestans lesquels y estoient plus forts, d'y mettre Garnison: fit en sorte peu à peu auec promesse de se contenter de la Garde ordinaire, permettre l'exercice des deux Religions & autres subtils moiens qu'il s'y rendit Maistre. Et depuis sortans les Reformez & se retirans qui çà qui la crainte de luy: y fit entrer les treupes que dessus apres que plusieurs Protestans y furent tuez & rançonnez. Lesquels aiant depuis S. Felis pour Gouuerneur ne se tormenterēt fort de munir la place com'-elle meritoit ne faisans conte des moiēs de leurs ennemis exilez. Ce neantmoins aucuns d'eux pour accōmoder ceste place au tēps ce semble plustost qu'à la saison de guerre: Ils & les François s'estoient mis en quelque deuoir de la fortifier y ajoustāt a ce que les Cōfederez y auoiēt fait aux troubles precedens ce que vous verrez. Ils auoiēt en quelques endroits eslargis & creusez les fossez & aux courtines qui manquoient de flancs de defence ils auoient auancé nombre de Sentinelles autant esloignées des murailles dehors que dedās: assez larges pour l'aise de six harquebusiers & les appellēt Garites de forme quarrée estoffée de bois entrelassée de brique, simple & de chaux. Puis auoient ouuert quelques nouueaux flancs aux quartiers des murailles qui s'auāçoiēt plus sur le dehors de la ville que le reste de la courtine. Et afin de rendre les murs de plus grande defence notammant contre l'escalade. Et aussi pour donner plus d'aise & liberté aux Rondes où autres qui jour & nuit deuoient faire le tour des murailles: ils auoiēt dressé sur les murs des Galeries closes & fermées de tous costez desquelles on entroit tāt aux garites qu'au Corps de garde. Et y marchoiēt tous à leur aise mesme sās dā-

Italiens

ger de pluie ou mauuis téps. En cas de batterie & furieux assaut ils deliberoient pour leurs retrāchemēs & tels autres moiēs de defence: de faider des lieux & grādes places vuydes que les Protestās y auiēt autresfois desdié riere les murailles. Les portes de la ville sont cōposées de deux petis touriōs de simple pierre, vn peu auācéeshors les murs pour les flāquer. Voila toute la defence du dedās de la ville. Car il ny a point de Chasteau ny autre forteresse de retraicte en cas de surprise: fors le logis de Roquecourbe estoffé de brique haut esleué & assez percé de se nettrages. Mais sans flāc sans fossé ceinture de muraille ne autre prouisiō de defence. Et si n'est joint aux murs de la ville ains est à 20. où 30. pas des murailles de Villegodou aprochāt de la Riuiere vers le Moulin qui fut eschellé cōme je vous diray. Quād aux fossez ils ne sont n'y assez larges ny assez profonds. Et ne sont rēplis d'eau a demy de ce qu'il faut. Mesmes ils sont asséc en plusieurs endroits. Qui fait que la Contrescarpe n'est assez haute ny pour ueuë de Corridor ny telle au reste qu'elle deuroit. Au par sus je vous ay dit que Castres & Villegodou n'estoiēt diuisez que du Goud petite Riuiere qui passe entre deux. A la sortie de laquelle va deux Moulins de pierre taillé. Vn a chacun costé deça & dela qui se regardēt & defēdēt l'vn l'autre pour estre biē percez & accōmodez tous joignāt les murailles desquelles ils sont aussi defendus. Ces Moulins ne sont esleuez de terre plus haut d'vne toise & ont le toit presque tout plat couuert de grosse thuille de laquelle on iroit aisémēt en la ville. Bastis au reste sur arcades munies de gros barreaux de fer pour en defēdre l'entrée aux hommes & la permettre l'issue à l'eauë de la Riuiere. Au deuant de celuy qui fait le coin de Villegodou y a vn bastion de terre dont j'ay parlé cy dessus. Mais qui tōboit piece à piece sans qu'ō se souciast de le redresser & d'iceluy a la muraille y auoit vn mur de pierre taillee: tant pour soustenir le bastion que pour empescher que du bastiō on ne dōnast a ce Moulin. Au reste ils estoiēt d'espourueuz de grosses pieces. Mais ils en auoient quelques vnes de menues. La ville estoit pourueuë de trois cens trente quatre que Corses qu'autres Italiens: repartis en trois Compagnies de fanterie dressée de piquiers bien armez & harquebuziers presque tous Canons & fournimens de Milan: sy bien reglez qu'aucun ne se mescontentoyent d'eux encores qu'ils ne receussent que quatre souls par jour pour paye. Aussi mangeoyent ils si peu & jeusnoyent si souuent que leur vie en sembloit trop austere à la gloutte dissolution des François qui auoient deux belles compagnies d'harquebuziers forains & deux autres de la ville auec vne compagnie de cheuaux legiers. Le tout commandé par saint Felis Gouuerneur de tout le Diocese autres fois Lieutenant de feu Terride. Ils auoient bonne prouision de poudre & auoient outre ce les moiens d'en faire assez pour fournir la ville. Le Gouuernement au surplus n'estoit point excessif encores qu'on exigeast beaucoup par mois pour entretenir la garnison contre les Protestans qui y restoient fort soupçonnez toutesfois les vns desquels reuoltez Catholiques les autres feins & dissimulez & aucuns tenans ferme en leur cœur: estoient beaucoup plus enuiez par leurs Concitoiens que estrangers ausquels ils donnoient argent pour les tourmenter. Tous neantmoins baissoient l'oreille pour la soigneuse garde du Gouuerneur & des estrangers. Sy qu'aucun des Protestans muets n'osoit rien entreprendre ne dire vn seul mot contre l'Estat presant crainte du futur. Depuis mesmement qu'ils furent asseurez que si les Confederez de dehors donnoient plus d'alarmes en ville qu'ils en porteroient la peine & qu'on les feroit tous pendre ou noyer. Ce qui auint à l'occasion de l'entreprise qui auoit fait quelques jours auparauant le Baron de Terrides. Car estant de retour des Estats de Millaud à saint Paul le Aoust partant de là auec Fonterailles, Dodou, Verglac & autres suiuiz de plusieurs Chefz & soldats ramassez des garnisons prochaines: si trouua sur les huit heures du jour pour la surprādre estimant que ceux qui deuoient les premiers presenter l'escallade, deussent fournir au rēde vous. A ceste occasion Verglac aiant pris douze coureurs l'auance pres d'vne harquebuzade des portes. Mais ne descouurant aucun de ceux qu'il y attendoit fait auancer trois des siens qui à toute bride poursuiuent trois Catholiques sortis pour chasser, jusques aux portes. Mais ne peurent tuer qu'vn Capelan se retirans les autres és maisons prochaines. Puis reprindrent le chemin de leurs garnisons. Ce qui donna l'alarme en ville tellement que deux compagnies soustenuës par quelques pistolliers sortirent jusques à vne demie lieuë aux champs à la suitte de ces coureurs. Lesquels desja joints au gros de leur trouppe se retiroient pour attendre la commodité d'vne meilleure occasion qui se presenta le   Car aiant le Vicomte de Paulin General des Albigeois (ainsi que de Millaud il s'en alloit à Fronslay en Languedoc &

Moulins de Villegodou

Garnison Catholique d'Italiens dās Castres.

H hh iiiij.

autres lieux de son Gouuernement) donne charge à Montmiral & Pasquet Gouuerneur de Realmont d'y acheminer le plus de forces qu'ils pourroient, le Baron de Terrides y assembla bonne partie des siens en Lauraguay de Puylaurens, Sorese, Saint Paul Damiate & autres places conduits par Senegas & Delmiez Gouuerneurs des deux derniers & autres Chefs. Si bien que faisant huit cens harquebuziers qu'a pied qu'à cheual & deux cens cheuaux: tous si rendirent deux heures deuāt jour. Ou auoir rangé la fanterie à couuert de la contrescarpe du fossé qui prent depuis le moulin de Villegodou jusques à la plus prochaine porte: Terride seit soudain auancer deux escallades l'vne pour gangner le bastion que j'ay dit plus prochain de ce moulin, l'autre pour monter sur le haut du moulin & de la gangner le dedans de la ville. Aussi tost que l'eschelle fut presentée au bastion aussi tost fut elle fournie de soldats qui gangnerent le haut du bastiō. Mais ils y trouuerēt la muraille qui le sepàre des murs de la ville & du moulin sur lequel ils deliberoient se jetter pour de la entrer en la ville. Outre ce l'eschelle trop foible pour la pesanteur de tant de soldats qui montoient cōme à l'ennuy à qui y seroit le premier romp sous eux. Cet inconuenient neantmoins ny la faute d'auoir mal reconeu cest endroit: ne lez estonna tous que les plus resoluz ne dressassent soudain l'autre eschelle sur la jettée qu'ils appellent la paissiere du moulin. C'est vn ranc de gros pillotis de bois bien serrez & enlassez ensemble, mais en biais de la Riuiere pour forcer l'eau de courir serrée dedans les moulins afin de faire tourner les roües plustost & plus rondement. Lors la sentinelle prompte à son deuoir, tire soudain l'harquebuzade. Et aussi tost que le son de l'alarme & cry redoublé de la sētinelle eut resueillé le corps de garde: fut suiuie de plusieurs autres coups d'harquebuzades qui tous s'adressoient à ce moulin. Occasion que outre vn grand nombre de blessez sept y demeurerent de ceux qui se monstroient les plus diligens à monter l'eschelle: laquelle neantmoins fut soudain remplie d'autres soldats qui conduits par Kascas, la Grange, Capitaine Pasquet, jeune Puicaluel, la Brune & autres: gangnerent soudain le dessus & dedans du moullin par la faueur à ce que aucuns disent du musnier (irrité contre le Gouuerneur du refuz de Iustice contre celuy qui entretenoit sa femme) d'ou descenduz en ville en peu d'heure ils eurēt rompu le corps de garde de la prochaine tour. Ou ils se tindrent quelque temps, pour se deffendre des harquebuzades qui sortoient du logis de Roque Courbe & pour vuider la courtine prochaine des Catholiques. Et par ce moien fauoriser l'entrée à leurs compagnons qui ja montoient sur les murailles par la plus prochaine garite de ceste courtine. Car aux despens de quatre qui y furent tuez en montant, & de plus d'vne douzaine de blessez d'vne infinité d'harquebuzades qui leur sortoient du prochain corps de garde posé en la tour prochaine, & de tous les flancs de la muraille: plus de cent estoient desja montez dans la Garite de laquelle le premier auoir leué les sons auec la teste pource que les aisses dont elle estoit plachée, n'estoiēt clouez: Puis chacun le suiuant file a file tiroit par la main son compagnon. Ainsi se voians bon nombre s'encourageoient à sauter en bas qui n'estoit profond & gangner la ville. Mais ceux du logis de RoqueCourbe les ennuyoient fort de leurs harquebuzades. Et en mesme temps vn Capitaine Corsse bien armé branlant vne ronde picque sort de la Tour auec quelques autres pour dōner teste baissée sur eux. Si que se voians si chaudemēt poursuiuiz plusieurs quiterēt le parapet des murailles & se retirerent en la Tour que Pasquet auoit gangnée cōme j'ay dit: fors quelques vns qui se serrerent dedans la Garite, par laquelle ils estoient entrez. Tant pour y aimer mieux attendre le dernier hazard que de fuir: que pour ne quitter le moien de prandre & aider à monter à tous leurs autres compagnons qui venoient tousjours par ceste eschelle. Si bien qu'en fin renforcez & de cœur & de nombre de soldats: ce fut aux Corses à quitter la place & se retirer par vne porte de derriere au logis de Roque Courbe. Ou il pensoit tenir bō se voiant assisté de cinquante soldats la plus part Corsses. Lesquels neantmoins n'y feirent autre deuoir, tant parce que Roque courbe estonné de voir tant de Confederez si auant en ville: & que le nombre en croissoit d'heure à autre auoit ja eu promesse de vie sauue: pourueu qu'il ne souffrist qu'on tirast de sa maison ce qu'il auoit juré: joint qu'en mesme temps la Noblesse qui estoit dehors voiant tant de soldats engagez en ville si bien pourueuë d'hommes & de toutes munitions se resolut par les remonstrances & particulier exemple de Terride & Verglac d'y entrer à quelque pris que ce fust pour les secourir. Verglac premier apres auoir trouué le moien du rompre à coups de marteaux les barres des arceaux de moulin: entre dedans suiuy du reste qui encouragea tellement les prmieers que la ville estoit ja Protestante. Desja

Pasquet

Surprise de Castres.

Pafquet & plufieurs autres fuiuiz d'vn nombre de foldats auoient gangné le Pont: crainte qu'on ne le leuaſt pour combattre de l'autre coſté & les aculer la, attendant plus de fecours pour les deffaire. Mais ceux cy preuoians & preuenans enfemble le danger: donnerent plus outre jufques au corps de garde de la place, qu'ils enfanglaterent foudain des poures corps qu'ils y trouuerent. Et comme ils commencerent à fe diuifer pour butiner plus richement: ils ne trouuoient homme qui ne paſſaſt par le tranchant de l'efpée, ne fentiſt la roideur de l'efpieu, ou la trop foudaine force d'vne harquebuzade. Dont ceux qui ſ'en penſoient garentir, aimoient mieux fe precipiter dans l'eau pour y laiſſer auec le corps la lumiere de ce monde. Les autres par grandes offres & riches promeſſes rachetoient leur vie au pris de leur bourfe. Plus de trois cens prindrent party de fe fauuer à qui mieux. Mais la Cauallerie qui n'eſtoit encores toute entrée donne deſſus quelques trouppes à la fortie & en deffeit pluſieurs. Saint Felix toutesfois, fuiuy de fix cheuaux efchappa la main ennemie. De ceux qui fe mirent en deffence foit dedans foit dehors la ville: n'en efchappa que bien peu. Ce pendant Verglac, Senegas, Defme & quelques autres arraifonnoient Roque courbe, pour fe rendre vie fauue auec les cinquante Corſſes qui furent conduits par Terride en toute feureté jufques à vne demie lieuë & par d'autres encores plus loin, crainte que le François ne les acheuaſt de rendre miferables & infortunez. Roquecourbe le plus riche & apparent bourgeois de la ville : fut retenu tant pour en tirer rançon que pour le defplaifir que tous receurent de ce qu'il auoit incité le Roy & obtins de fa Majeſté qu'il luy fuſt permis de faire vne Citadelle de fon logis pour tenir en bride perpetuelle vns & autres habitans de Caſtres: nommement en haine des Proteſtans defquels il ne fe pouuoit aſſeurer. Ioint qu'il eſtoit chargé d'auoir fait toutes fortes de menées contre eux. Le butin au reſte ne fut pas grand & n'exceda cent mil liures en tout: pource que les Proteſtans qui eſtoient les plus riches de la ville: auoient ja eſté tous pillez. Ils y trouuerent quantité de bonnes armes, nommemant belles harquebuzes & fourniments, de beaux morions & corſelets grauez dont les Capitaines & foldats ſ'accommoderent. Apres auoir inhumé pres de deux cens morts Catholiques, entre leſquels le Capitaine Anthony & Iamin Lieutenant de faint Felix furent regrettez & quelque vint Confederez: appaifé la ville, donné logis à chacun, aſſigné quartiers aux compagnies pour la garde de la place, eſtably l'ordre & reglement aux plus importans affaires: Terride accompagné des de Verglac Senegas, Defme & autres fuiuy de trois cens harquebuziers & deux cens cheuaux fe retira à Soreze pour y acheuer les Eſtats particuliers de l'Auraguez interrompus par l'entreprife de Caſtres, ou plus de quatre cens harquebuziers & deux cens cheuaux demeurerent fous le Gouuernement de   qui receut & cõmãda les Proteſtãs naturels du lieu y retirez depuis la prife & autres qui furet cõtraints d'y refugier cõme vous entẽdrez ailleurs plus à loiſir.

*

SOMMAIRE
Du Trenteneufiéme Liure.

APRES le siege leué de deuant Fontenay le Comte par les Catholiques La Noüe le fortifie de rechef & est aussi assiegé par la deuxieme fois, par le Duc de Montpensier: Les moiens qu'il tient pour fournir de viures son armée: Qui prend Marans & lieux circonuoisins de la Rochelle. Puis bat & sous le Parlement de composition, prend Fötenay: Quelques efforts que la Noue sceut faire pour le secourir. Du Moulin Ministre pendu. Entreprise de la Noüe sur Marans, Le Roy escrit aux Rochellois pour se maintenir en Paix. Lusignen & le siege qu'y mit le Duc de Môtpencier representé au naturel. Courses des Protestans desguisez par toute la France. Desseins & exploits des trouppes du public que conduisoit la Haye Lieutenant de Poitou: Prinse & rasement de Lusignen par le Duc de Montpensier. Comportemens du Mareschal d'Anuille : & sa declaration se ligant auec les reformez. Reglement que les Protestans & Catholiques vnis firent à Nismes sous son autorité pour leur deffence contre les Catholiques tant sur le fait de la Iustice & Religion: que police & affaires de la guerre. Plaintes du peuple en Poitou. Ligue des Catholiques contre les Protestans en Poitou. Entreprises & portemens diuers de la Haye Lieutenant de Poitou. Auec les occasions & forme de sa mort. Puis les Requestes presentées au Roy en Auril mil cinq cens soixante quinze, par les deputez du Prince de Condé, Mareschal d'Anuille & autres pour la Paix vniuerselle de ce Royaume: & la response du Roy. Armée des Protestans Poiteuins & Saintongeois contre les Reytres & autres Catholiques descendus en Saintonge. Saint Iean d'Angle prins par Russee auec le Canon & reprins par Popelliniere, auec Tonne Boutonne & autres places. Voyage du Roy de Pologne pour prendre la possession du Royaume de France. Les recueils magnifiques que luy firent l'Empereur, la Seigneurie de Venise & autres Potentats d'Italie sur les terres desquels il passoit. La descente, le vie naturel & portemans du Duc de Sauoye Prince de Piemont. Comme, quand, ou & par qui le Roy se resolut à la guerre. Liuron assiegé batu & laissé par les Catholiques. Sacre & Mariage du Roy Henry 3. Son premier Edit venant en France pour faire cesser les armes sous l'asseurance aux Protestans de ses bonnes graces. La Hunaudaye à la Rochelle pour la Paix Election de Iaques Guiton pour Maire à la Rochelle. Deputez Rochellois pour la Paix. Entreprinse des Protestans sur Nyort. Prinse de Benon par les Protestans. Trepas du Vicomte de Rohan & le mariage du Baron de Frontenay son frere & successeur, auec la Damoyselle de Soubize. Prinse de Perigueux par les Protestans & leur grand butin. Armée Catholique en Poitou sous le Comte du Lude. Prinse de Re sur les Protestans par Landereau & la reprinse en mesme jour sur luy par les Rochellois. Auec les moiens qu'y tindret vns & autres pour s'en asseurer: & les desseins des Catholiques d'affamer la Rochelle s'ils eussent peu deffendre l'Isle. Negociation de la Treue en Languedoc. Estat du Dauphiné ou Montbrun est pris & decapité. Armée du Prince de Condé & les preparatifs du Roy contre luy. Besme meurtrier de l'Amiral, pris & tué par les Protestans. Nauires Rochellois font de grans butins en mer sur les Espagnols, & Portugais, François Italiens & autres à tous lesquels ils ont tousjours declaré guerre pendant les troubles.

IE vovs ay cy deuant representé le premier siege de Fontenay. Pour vous faire mieux entendre l'yssuë des desseins du Duc de Montpensier, qui forcé de descamper deuant ceste ville, auoit acreu son armée de celle de Matignon pour venger l'injure que les siens y auoient receuë, faut sçauoir que le siege leué sur la fin du mois de May la Noüe y entra aussi tost, lequel s'employant à reconoistre les plus & moins fois bles endroits crainte d'vn second siege: s'estudia d'y pouruoir mieux que parauant. A ces fin remplissans de terre & de la curée des fossez qu'il feit aprofondir, l'auant mur du portal saint Michel: en dressa vne forme de Bouleuard qu'on nomma depuis le fort Saint Michel. Puis à droite au coin de la muraille, il esleua le fort des Dames. Ainsi nommé pource qu'il fut fait des maisons des Religieuses Cordellieres qui auoient leur conuent en ce lieu. Il seroit de forme carrée, fil ne festrecissoit en auant. Apres la figure du plan on l'esleua de dixhuit pieds de haut, quatre vints six pas de large, & vint pieds de contre escarpe: reuestu de pierre de
taille

La Noue entre en Fontenay & la fortifie pour la seconde fois.

ville fors du costé de la lamproye ou la briefueté du temps ne leur permit de paracheuer le dessein, pour estre assis droit au coin de la muraille qui descend vers la prée il descoure bien tout ce costé : mais pour n'estre à l'equipolent auancé vers le fort saint Michel il ne deffend que la contrescarpe. Son fossé vers la ville, estoit pourueu d'vne haute Casematte à deux estages & d'vne barricade au dessus pour empescher qu'on ne se presentast au bardeau qui est vne jectée de gros pieux, entremeslez de pierres, terre & autres matieres bien pressées, pour arrester le cours de l'eau : afin que la faisant par ce moien enfler & regorger contre la muraille de la prée, l'acces n'en fut si facile à ceux qui voudroient aller à l'assaut de ce costé. Puis suiuent les murailles jusques au coin qu'on nomme l'abreuuoir : battu, assailly & deffendu comme nous auons dit cy dessus. Pour couurir & defendre lequel des Canonnades neantmoins, ils dresserent vne espaule hors les murs qui sembloit garentir cest endroit. De la vous montez au Chasteau. Puis vous trouuez le fort de Guinefole pour maintenir toute ceste auenuë. Ie vous ay dit cy dessus : que pour le peu de loisir ils ne l'auoient mis qu'en demie defence. Depuis on feit oster les Gabionnades, au lieu desquelles fut esleué vn parapet large de douze piedz pour le garand du soldat. Ils auoient outre ce, fait ouurir l'espaule droite du fort qui regarde le Chasteau pour s'en seruir comme de Casematte tant à garder ce costé du fort : que pour flanquer le Chasteau:& n'y entroit on que par le fossé. Voila les fortifications du dehors. Pour celles du dedans. Ils auoient tiré leurs retranchemens derriere tous les murs de la ville fors à l'entre-deux des Casemattes du fort des Dames, qui resta sans tranchée ne rampars: sinon d'vne barriere de charrettes dressées riere le pot aux cheures:& d'vne barricade sur la barriere. la plus part toutesfois, fut faite par les Chefs que la Nouë y laissa. Lesquels deliberez s'y porter selon qu'ils verroient les desseins des Catholiques encommencer, les y bastirent comme ils les veirent aprocher, battre & assaillir ceste place. Toutes lesquelles neantmoins je vous particulariseray quand les occasions si presenteront.

Fontenay comme pourueu au siege.

Dongues le Duc encouragé d'aller en Poitou pour les raisons que dessus: & d'abondant pour y faire autant que Matignon en Normandie: n'eut qu'a prandre ceste armée victorieuse & la plus part des assiegez en Carentan & saint Lo, qui pour auoir la vie s'estoient croisez à la Catholique : pour les faire tous descendre contre les Poeteuins. Lesquels auoient preparé Fontenay comme je vous ay dit, fourny de viures pour trois mois, assez de poudres pour quatre cens soldats qui y furent mis : auec deux Coleurines vne moienne & deux petites pieces sous le Gouuernement de saint Estienne fils de Vieille vigne. Mais au lieu de soixante Gentils-hommes qui le soustindrent:n'en resta pas vint à cestuy cy. Et outre ce presque tous les habitās se retirerent & leur famille à la Rochelle auec le plus beau de leurs meubles. Pource qu'ils n'estimoient si petite place assez roide, pour attendre l'effort d'vne telle armée. Notamment de seze pieces de batterie qu'elle trainoit auec elle. Ioint la ferme resolution qu'auoient à l'employer tant le General que les Chefs qui le secondoient en autorité.

Ce fait des habitans & autres considerations: fut occasion à la Nouë de se raporter au Conseil, du deuoir que les Protestans auoient à tenir sur telle occurrence. Les oppinions y furent diuerses. Aucuns proposerent le desmantellement & abandon de ceste place pour le meilleur auis. A quoy ils se disoient poussez par la consideration du sit de la ville. Laquelle pour estre assise sur vn pendant de montagne, se descoure de toutes pars à ceux qui la veulent battre & ruiner en tous endroits: voire mesmes tous les retranchemens qu'on y sçauroit faire à peyne y peuuent cacher le soldat. Ioint que toutes ses murailles pour estre vieilles & de foible estoffe: ne sauroient durer contre la violence de tant de Canons. Les autres pour contrepoix à ces raisons proposoient le grand proffit & tous les auantages qui leur estoiēt tousjours venuz & prenoient sans cesse du bas Poitou:des reuenuz & cōmoditez duquel, ils ne se pouuoient passer qu'ils ne fussent reduits à grande extremité. Que Fontenay estoit la Clef de ce tresor: l'appuy & la principalle retraite. Laquelle hors de leurs mains, leur feroit abandonner non seulement tout le plat pays & la communication auec ceux de Lusignen pour le haut Poitou: ains aussi toutes les costes de la mer & les places qui y sont. Comme Marans, Noaillé & autres qui suiuent toutes le bon ou mauuais heur de Fontenay. Ne pouuant long temps demeurer hors les mains de celluy qui en sera maistre. Ils proposoiēt d'auantage le deshōneur que ce leur seroit, d'abandonner si tost vne place si bien pourueuë de tout ce qu'il luy est besoin pour trois mois, remplie de cinq cens soldats & assurée de toutes les fortifications qu'on y à

Conseil Protestant assemblé pour resoudre s'ils tiendroient Fontenay ou s'ils le desmantelerōt encore les raisons alleguées d'vne part, & d'autre

Sept. 1574.

y a peu dreſſer. Meſmement qu'elle auoit parauant eſprouué & rendu vains les efforts de ceux meſmes qui y retournent peut eſtre à leur ſecond deshonneur. Outre ce, ils peſoient auec la perte tant de la place que de l'honneur: la conſequence a l'auenir d'eſtre eſtimez auoir craint vne ſi petite armée. Meſmement ſans la voir ny ſentir l'eſpreuue de ſa puiſſance. Outre plus la tenuë de ceſte place, importoit pour la conſequence que le deſmentelement d'icelle apporteroit à toutes les autres villes Proteſtantes, qui en reſteroient moins reſolues a ſe maintenir contre la furie des Catholiques. Au rebours il ny auoit ſi petite place pour ſi peu pourueuë qu'elle fuſt, qui n'oſaſt tenir bon contre leur armée: Si Fontenay qui nuë de fortifications & en ſi poure eſtat de deffence qu'elle auoit touſjours au parauāt eſté eſtimée bicoque pluſtoſt que place de deffence: les arreſtoit ſur cul par vne braue reſolution de ſe defendre cōtre eux. Ils ajouſtoient la conſideration du grand proffit qu'apporteroit à la Rochelle grand mere & principalle retraite des Confederez: l'oppiniaſtreté de ceſte place. Pendant laquelle on auroit tous moiens de jecter toutes ſortes de fruits & autres eſpeces de prouiſions qu'on pourroit enleuer de Poitou pour en accommoder ceſte ville maritime juſques à deux années. Soit qu'on y vouluſt auancer vn autre ſiege, ou ſans icelluy que les habitans & refugiez y veſcuſſent auec beaucoup moindres frais & incommoditez qu'ils ne feroiēt ſans telles prouiſiōs. Au reſte que Dieu auoit autres fois fait la grace aux ſiens d'acculler vne trop plus grāde armée auec moindres auantages. Que ce n'eſtoit la premiere fois qu'vne petite ville n'a ſeulement ſouſtenu: Ains rompu vn plus grand nombre d'ennemis. La grande armée de l'Empereur Charles cinquiéme commandant en perſonne au ſiege qu'il planta deuant ſaintDidier: villette ſimplemēt retranchée en la Picardie. Et le furieux vain aſſaut neantmoins, que nos François, & Suiſſes conduits par Lautrec & Montmorency donnerent à laBicoque contre le marquis del Guaſt: nous en rendent aſſez certains. Mais plus encor les inutils efforts de l'armée du Prince Dauphin deuant Liuron en Dauphiné en May dernier, Et ceux de Loſſes & la Vallette deuant Clerac d'Agenois: qui n'a pour toutes fortifications qu'vne ſimple ceinture de terre. Laquelle toutesfois ils furent contraints d'abandonner au commancement de Iuin dernier: y auoir emploié tous les efforts de la plus belle fanterie & Caualllerie du pays & lieux circēnuoiſins. Telles & autres conſiderations auancées pour la confirmation de ce propos. Ioint l'aſſeurance que ſaint Eſtienne & autres qui luy aſſiſtoient: donnerent à la Nouë qu'ils auoient forces moiens & courages baſtans à faire encor vne fois reculler les Catholiques de Poitou: que le dernier auis fut ſuiuy & auſſi toſt deſpeſcherent en Saintonge, Gaſcongne, & Perigord prier leurs Confederez dreſſer le plus qu'ils pourroient de Caualllerie les garniſons fournies, pour ſe preparer & puis ſe trouuer au Rende-vous qui leur ſeroit dōné afin de pouruoir aux aſſiegez ſelon que les occaſions & moiens ſe preſenteroient fauorables

Entrepriſe ſur Luſignen & l'executiō d'icelle.

LE Duc de Montpenſier ce pendant auançoit ſon armée en Poitou: laquelle il adreſſa à Luſignen premierement. Non pour l'aſſieger comme les Proteſtans jugeoient: Mais pour exequter l'intelligence qu'il eſtimoit auoir bien pratiquée auec quelques Capitaines du dedans: leſquels deſireux d'amuſer ceſte armée pour donner loiſir à ceux de Fontenay de ſe pouruoir, & en fin recompenſer dignement ceux qui ſ'en eſtoiēt voulu ſeruir cōme de traiſtres: nonobſtant la promeſſe d'vn bon nombre de deniers grans Eſtats & plus grandes promeſſes pour rendre la place: auſſi toſt qu'ils veirēt vn nōbre de Cappitaines & ſoldats Catholiques entrez pour la ſurpriſe ſeirēt fermer les portes & fūrēt preſque deux cens braues Catholiques mis à mort. Dequoy le Duc de Mōtpenſier fort indigné & jugeant de la reſolution de ceux de dedās par la hardieſſe d'vn tel trait aſſembla ſon Conſeil. Ou en fin il fut reſolu qu'on iroit aſſieger Fontenay. Parce que il eſtoit de plus grande importance au Roy, plus foible & plus proche desRochellois que Luſignen. Et partant plus commode aux ennemis & plus facile à eſtre ſecouru par ceux qui eſtoient en la Rochelle. Outre ceſte raiſon diſoient les auteurs de cet auis. Si nous eſtions capables de forcer Luſignen: qu'a plus grande raiſon & ſans difficulté nous prēdrions Fontenay. Mais que ſi nous attaquions Luſignen deuant Fontenay: le ſiege ſeroit long & douteux. & que ce pendant les ennemis fortifieroient Fontenay qui nous couſteroit ainſi fortifié autant que Luſignen. Dauantage que l'hiuer venu Fontenay ne nous ſeroit ſi aiſé à prandre. Dautant que la Riuiere croiſtroit & que du coſté ou elle paſſoit il ſeroit aiſé en ce temps, qui eſtoit ſur la fin de l'Eſté l'emporter. Que ſi on attendoit la fin de Luſignen nos ſoldats laſſez & ennuiez de la longueur d'vn tel ſiege perdront les deux tiers de leur ardeur &

courage

ourage. Mais laissans Fontenay, nous lairrons à l'ennemy cent mil escuz, qu'il pourra ce pendant amasser sur le tablier & sur le pays: dont nous auons bien affaire pour l'entretenement de nostre armée. Sans compter que l'on pourroit tirer infinies autres commoditez de la domination de ce pays là qui est grand & fertil,

PREVOIANT le Duc de Montpensier qui auparauant son entrée dans le bas Poitou: les ennemis qui auoiēt tousjours tenu la campagne en iceluy, & qui semblablement sçauoiēt son intention pour empescher le cours de ses entreprises: auroient fait vn degast general par le pays: & aussi trāsporter tous les viures qui estoient au tour des villes & places qu'ils tenoient: afin qu'y allant, son armée ne trouuast les viures requis pour sa nourriture: & craignant que pour vne telle necessité il fut contraint de quiter ou differer le seruice du Roy: aussi pour empescher que les soldats n'abandōnassent leurs Enseignes pour aller cercher leur viures & sous telle coulleur ne ruinassent le pays fit sçauoir son entreprise aux villes de Fontenay, Nyort & Saint Maixant: leur donnant auis qu'il estoit vtille & necessaire, tant pour le seruice de la Majesté du Roy, que pour la conseruation de leur païs: qu'elles deputassent quelques vns de leurs principaux pour ensemblement auiser à la nourriture de son armée: en laquelle il faisoit estat de six mille combatans tant de cheual que de pied. Eux ainsi assemblez: offrirent au Duc de Montpensier, tant pour elles que pour leurs ressorts & tablers: de nourrir & entretenir son armée de viures tant que la necessité & le seruice du Roy le requerroient. Et jusques à ce que toutes les villes & places occupées par les ennemis du Roy: fussent remises en l'obeissance de sa Majesté. Et entre autres la ville de la Rochelle en laquelle comme ils remonstroient s'estoient depuis quinze ans en ça, faites toutes les entreprises menées, complots & deliberations pour subuertir son Estat & ruiner les sujets de sa Majesté. Offroient d'abondant souldoier son armée, moiennant qu'il obtint de la Majesté, que toutes les leuées de deniers tant ordinaires qu'eztraordinaires qui se faisoient en ces prouinces, fussent emploiées pour la solde & entretenement d'icelle. Et à la charge qu'il remit en l'obeissance du Roy, toutes les villes tenuës par les ennemis de sa Majesté: & la Rochelle nōmément pour la reduction de laquelle furent proposez diuers moiens. Or dautant que le temps ne permettoit de pouuoir faire ratifier à la Majesté, ce que les villes desiroient des deniers cy dessus: & que sa Majesté les pouuoit auoir affectez ailleurs: ils feirent pource qui se presentoit, vn marché auec Amorry Bourguignon dit Barberie marchant de Nyort cy deuant munitionnaire des viures du camp deuant la Rochelle en l'année mil cinq cens soixante treze: auec pris & conuenance du pain vin & chair qu'il deuoit fournir chacun jour. Et la somme à laquelle se montoit la nourriture, fut mise & imposée sur les pays ressortissans à ces villes & receuë par les Receueurs ordinaires qui mirent l'argēt entre les mains du marchār munitionāire. Outre ce les plus gros de chacune de ces villes estoiēt: si animez côtre les Rochellois qu'ils firēt encor vne autre ouuerture à leur ruyne. Proposās que les prouinces voisines de la Rochelle qui reçoiuent tant de pertes & de maux de sa rebellion fournioient à ce que dessus ô condition que l'argent ordinaire & extraordinaire imposé sur icelles, leur fust delaissé: souldoieroient & nourriroient vne armée de gens de pied que le Roy enuoieroit deuant la ville sur la fin du prin temps auec vne bōne escorte des compagnies de sa Gendarmerie qui toutes par ordre y seruiroient leur quartier. Que durant le siege les Normans, Bretons, Bisquins, Bourdelois & Aulonnois fourniroient au Roy d'vn nombre de Nauires armez equipez & auitaillez suffisamment, jusques à ce que les Rochellois fussent reduits à ceste extremité de se rendre à la mercy du Roy. Si mieux on n'auisoit d'entretenir de la vente des biens des rebelles vne armée deuant la ville, par laquelle vente ceux qui seroient faits Seigneurs de leurs biens, affectionneroient si bien le seruice du Roy : qu'il se verroient paisibles en leurs acquests premier que de mettre les armes bas. Mais pour plusieurs cōditiōs le Roy ne fut conseillé de poursuiure l'effet de ces discours. Aucuns des Catholiques de Poitou ce pendant, auertis que Touuoy estoit sorty de Fontenay auec cent cinquante harquebuziers montez & quelques cuirasses, pour faire la recolte des fruits & les mettre dans la ville menacée d'vn siege prochain: assemblent le plus de forces qu'ils peurent & le poursuiuent: Mais tenant chemins esguarez & incertains: il ne peut estre surpris. Si que retournans les Roches & Monsoreau: & auoir pris vn messager par lequel saint Estienne mandoit à deux Capitaines pres de la qu'ils se retirassent en ville: les surprindrent à Ozaiz & les chargerent si rudedemēt que Bizot pris, plusieurs morts & le reste en route: Le Duc eut lors aisémēt eu Fōtenay,

Moiens que tint le general de l'armée Catholique pour fournir de viures toutes ses troupes & garentir le pays de picorage

Armée Catholique.

Offre des villes du bas Poitou.

Les villes Catholiques du bas Poitou haïoient fort la Rochelle & font grādes offres au Roy pour l'entretenement de son armée suiuāt ses conquestes à ce qu'elle soit prise.

Les Roches Baritaud & Landereau

Moiēs pour empescher qu'on ne soit suiuy & chargé.

L'HISTOIRE DE FRANCE.

Sept. 1574.
Armée Catholique s'amuse à prendre les forts & bicoques Protestantes du bas Poictou.

fil les eust resserrés aussitost. Mais ils s'amuserēt à prandre la Forest sur Seure, Cheneux Aunay & Melle où Tourne-coupe pour auoir fait mener le Canon à la veuë duquel il se rendit: fu pendu & estranglé auec quinze des siens. Puis le Duc enuoia Chauigny garder l'entredeux de la Rochelle & Marans: ou il feit aller les Roches Baritaud auec les Regimens de Lauerdin & Lucé & les compagnies de la Roussiere & des Brueres qui y entrerent sans resistance tous s'estans retirez a la Rochelle. y Roussiere fut laissé gouuerneur & en fin des Brueres auec cinq

Marans qui tépas les protestans & pris par les Catholi.

Enseignes & vne Cornette de cheuaux legiers: auec lesquels courant incessāmāt tout le Gouuernement d'Onis & jusques aux portes de la Rochelle: il ennuia assez les habitans par la prise & rauage de tout ce qu'ils auoient au plat pays. Puis le Duc seit descendre son armée au pays bas. Ou auoir battu & prins en fin discretion la ville de Melle sur soixāte soldats cōme je

L'armée Catholique court le Poitou & Saintonge ou elle gangne plusieurs places.

vous ay dit trauersāt le Poitou & Saintōge print Marās, Noaillé, Tone Charāte & autres petis forts de la coste Marine. Les Cappitaines desquels estonez au seul bruit de sa venuë quitterent les places sans voir leurs ennemis en face. Puis faisant contenance d'attaquer Pons, choisit toutesfois pour le plus expedient de retourner à Fontenay. Ou il campa le premier de Septembre resolu de y demeurer jusques à la prinse de la place en laquelle les assiegez se porterent comme vous entenderez.

Second siege de Fontenayle Cōte.

Donques les Catholiques auoir fait leurs aproches & retranchemens pour eux & pour les pieces qu'ils placerent contre le faux bourg des Loges sous la faueur de quelques escarmouches & legeres attaques qu'ils dresserent en la prée: ils se presenterent pour enleuer ce faux bourg que les Protestans voulurent debatre quelque temps afin de juger mieux par l'effort qu'ils y feroient tant de la force & suffisance que de la resolution de toute l'armée. Tellement qu'y auoir receu deux cens soixante coups de Canons: & fait quelques legeres attaques sans grande perte d'vne part & d'autre: ils se retirerent tous le septiéme jour dedans la ville. Sur quoy d'autant que le troisiéme membre d'vne compagnie ploia son drappeau à la veuë de

Le Fauxbourgdes Loges quité en effroy.

plusieurs qui combatoient pour l'entrée dedans ce faux bourg: les Catholiques jugerent soudain que les Protestans se retiroient en crainte jamais en suitte pour se sauuer dedans Fontenay. Si bien que s'encourageās les vns les autres: ils les poursuiuirent fort animeusement jusques à la porte de la ville. Mais pource que les Catholiques alloient tous serrez, remplissans toute la Rue de ce fauxbourg & que auec la fumée des maisons les Enseignes qui marchoient deuāt leur empeschoient la veuë de ceux qui s'estoient mis à la retraite: ils ne les pouuoient tirer à leur plaisir cōme faisoient ceux de la ville qui leur enuoioient vn million d'harquebuzades desquelles ils en tuerent plusieurs & en blesserent encor dauantage: ne pouuāt saillir à si grosse mouée de gens. Lesquels pour l'empeschement des drappeaux desploiez: ne pouuoient tirer aux assiegez. De sorte qu'en fin force leur fust apres la mort du Marquis de Salusses toutesfois qui y receut vne harquebuzade en la gorge à l'ētré du fauxbourg & de quelques autres de se retirer pour s'accommoder à qui mieux dedans ces Loges ainsi conquises. Cela fait le Duc de Montpensier se logea au fauxbourg saint Michel. D'où il fit abatre l'escalier du clocher qui descouuroit tout le cartier auec les deffences du portal & de la Tour prochaine. Puis auoir fait leurs aproches de tous costez jusques au pres de la contrescarpe: ils s'amuserent à miner le fort des Dames & le rauelin. Mais tout fut esuāté. Landereau neātmoins y mena

Les fautes premieres en flagissent les hommes aux seconds desseins.
Batteries.

trois canōs & vne Couleurine pout battre la grosse tour joignāt la Riuiere & la muraille de le ville. Outre ce pour ce que les Catholiques auoiēt mieux reconu l'Estat de la ville que lors qu' ils y camperent l'autre fois: & qu'au premier siege ils auoient coneu la force de la place tant du costé saint Michel que des Loges: ils se resolurent de l'attaquer par le Chasteau & par la tour de la lamproie. Pour toutesfois cacher & mieux effectuer ce dessein, ils feirent estat de premiere abordée d'en vouloir aux forts qu'ils attaquerēt presque tous en vn mesme tēps. Notamment celluy de Guinefolle & celuy des Dames: contre lequel Landereau plaça la Coleurine qu'il y auoit menée pour en oster les deffences & les barricades qui estoient dessus. Mais elles estoient garnies d'vn rampart au derriere qui rendit les coups vains de ceste bouche à feu: La force de laquelle fut veuë telle & si merueilleuse que donnant contre vne grosse pierre du parapet des murailles sur laquelle estoit vn harquebuzier: elle seit esleuer le soldat aussi haut qu'il estoit. Tombant neantmoins sur ses piedz ne se feit aucun mal ny mesme à son harquebuze. Puis auoir paracheué leurs tranchées qu'ils conduirent jusques à la contrescarpe du fort des Dames (duquel ils gangnerent en fin le fossé apres en auoir percé la contrescarpe) & auoir

fondé

LIVRE TRENTENEVFIEME.

fondé la ville à leur volonté: conduirent neuf pieces de baterie vers la Tour de la Lamproye, pour la battre & toute son encongneure des deux costez. Celles toutesfois qui batoient du costé des Dames: ne battirent qu'en effleurant pource que les pieces estoyent posées au dela l'eau. Tous ces preparatifs se faisoyent principallement pour couurir le trauail des pionniers & autres maneuures qui jour & nuit trauailloient pour esleuer vne plateforme vis à vis du Chasteau: Sur laquelle ils logerent six pieces de batterie pour rompre depuis la sentinelle que les assiegez auoient auancé à la teste du Chasteau: jusques à la prochaine Tour. Ils auoient encor deux Canons au mesme lieu qu'au premier siege contre le faux-bourg des Loges, pour abattre tout ce qui est de murailles depuis la Tour quarrée jusques à la Sentinelle que dessus. Et ce fait descouurir de tous costez ceux qui se presenteroyent à la defence de la breche. Chose fort aisée pour la foiblesse des murailles & que tout ce quartier va en montant. Bussi d'Amboise & quelques autres auoyent leurs Regimens logez en cest endroict. Sur lesquels peu de jours deuāt la batterie, les Capitaines Montigny, Corchicaut & quelques autres suiuis de quarante harquebuziers sortirent du Chasteau auec vne resolution si heureuse, que sans perte d'vn seul hōme ils faucerent la baricade du Corps de Garde qu'ils mettent en routte par la mort & blessure des plus oppiniastres à la demeure: gaignent & emportent auec vne Enseigne quelques Cuirasses, nōbre de Casquets, morions, espieux, halebardes, piques & harquebuzes que laisserent ceux qui trop effraiez se contenterēt d'en donner l'alarme à toute l'armée. Trois jours apres les Capitaines Montigny, Corchicaut & Sanson firent entreprise de sortir sur l'Artillerie par le fort des Dames auec cent harquebuziers. Sanson auec vne trouppe coule le long de la Contrescarpe du fossé pour se rendre Maistre de la tranchée que les Catholicques auoyent faicte: affin de gaigner l'encogneure de la Casematte. Ou l'attaque fut telle qu'apres leur auoir faict perdre le lieu & blessé quelques vns: fut en fin contraint se retirer auec la perte de deux Gentils-hommes. L'autre bande fut assistée d'vn plus grand heur. Car apres que Pierre Longue eut tout armé, franchy la premiere baricade dressée en la rue qui va du Pont aux cheures au Cimetiere: Les Catholicques qui le voioyent bien suiuy, abandonnerent les deux autres barrieres apres la mort de plusieurs d'eux: Si bien qu'ils pouuoyent donner jusques au pieces si la plaine ne les eust descouuert, occasion qu'ils se retirerent sans perte d'hommes.

Sortie des assiegez sur Bussi d'Amboise & son Regiment.

Autre sortie des assiegez

En ce temps se preparoyent les trouppes Confederées tant de Perigord que Langoiran tenoit à Bergerac & autres places que celles de Gascogne: & de la Haye Lieutenant General en Poitou. Lequel depuis deux mois auoit leué sur le haut Poitou que Protestans que Catholiques Politics cinq cens cheuaux en sallades & harquebuziers montez. Et pource que le Vicomte de Lauedan (duquel la femme & nombre des siens estoient assiegez dedās Ploux en Auuergne par Montal & autres des pays prochains, auec pres de deux mil hommes & quelques Canons) auoit prié la Noue de le secourir: Les Vicomte de Gourdon, Langoiran, la Haye, Viuans & autres auec douze cens hommes s'y acheminerent. Mais aprochez de quatre lieuës Montal trouua pour le plus seur de serrer son Canon & congeer l'armée. Si bien que ces trouppes Confederées de retour qu'elles furent en Perigord: se disposoyent pour aller au Rendez-vous: Quand la Noue delibera de reprandre le Chasteau de Noaile sur quinze ou vints Soldats partie de la Compagnie du Capitaine Bruere qui tenoit le reste au Chasteau de Marans. Tant pour diuertir les troupes Catholiques que pour s'estendre dauantage ez quartiers qui leur auoient esté ostez. Pource le dixiéme Septembre fit sortir de la Rochelle pres de 500. hommes qu'à pied qu'à cheual & vn Canon de batterie. Estimant qu'à la veuë d'iceluy ils se rendroient du moins à composition vies & bagues sauues. Mais les tenans ne respondoient qu'harquebuzades. Si qu'en auoir tué deux & quelques vns blessez: sachans que le Duc de Montpencier auoit ja commandé six cens cheuaux pour y aller au secours sous Chauigny Lieutenant de sa Compagnée prinrent party de retraicte.

Les Protestans & Catholiques Politics secourent le Vicomte de Lauedan assiegé par Montal.

Les Protestans assiegent le Chasteau de Noailé pour diuertir les Catholiques de deuant Fontenay.

La baterie de Fontenay cōmencée & bien entretenue sans interruption: fit en peu de temps ce qu'en desiroient les Catholiques: pour auoir rencontré vne vieille & foible muraille. Si bien qu'on descouuroit tout à laisé le dedans du Chasteau: au dedans lequel, comme à l'endroict de la Tour quarrée tirant à la Tourete prochaine de la grosse Tour: on auoit anciennement conduit vne autre muraille qui estoit aussi pour lors à terre: Si bien que les assiegez n'auoient sūce haut, aucun lieu de retraicte asseurée, ny grand moyen de se defendre contre vn violent

Breche raisonnable au Chasteau de Fōtenay.

Iii

L'HISTOIRE DE FRANCE.

Assaut par le Chasteau où les Catholicques entrent puis sont repoussez.

& renouuellé assaut: sinon de quelques retranchemens & trauerses qu'ils y feirent: & d'vne plate forme qu'ils auoyent esleuée presque vis à vis de la grosse Tour. Laquelle aussi ils auoyent abbattuë à ce second siege pour s'en seruir comme d'vne plateforme. Somme que les Catholicques continuans tousjours de tirer & abattre les murailles: furent sur les quatre heures du Mecredy au soir quinziéme du mois à l'assaut par ceste breche. Laquelle comme fort raisonnable ils franchirent asseztost quelque empeschement qu'y peussent donner les assiegez: Voire que passans outre ils gangnerent tout le dedans qui est vne grande place entre ceste haute & vieille muraille que j'ay dit auoir autres fois esté tirée presque vis à vis de la tour quarrée & de la Tourette qui auoysine tant la grosse Tour que la ceinture du Chasteau. Où ils consulterent neantmoins voyans les retranchemens des assiegez s'ils deuoyent garder leurs conquestes ou les quiter. Mais sur ceste deliberation le Capitaine Braue qui commandoit à la Garde de la Nouë dressée de quarante harquebuziers choysis, assisté de quelques autres Chefs, donne si resolument sur eux que se voyans si droit mirez du costé de la plate forme & aussi chaudement poursuiuis, de l'autre flanc du costé de la Tour carrée d'où sortit presque aussi tost le Capitaine Pip & quelques autres: que force leur fut de quitter prise & se retirer en leur quartier. Bussi y eut le bras percé d'vne harquebuzade & Bellebat aussi. Le Capitaine Moulin y fut tué & plusieurs autres pour lesquels renforcer les Roches Baritaud, Landreau & autres Gentils-hommes du pays marchoyent à la breche. Mais renuersez par ceux qui en fuioyent furent contraincts de se retirer. Les sortis y gangnerent vne Enseigne du Regiment de Bussi, quelques Rondaches & quantité d'autres Armes prises. Plusieurs autres y furent blessez & dix ou douze Soldats y moururent. Les autres neantmoins y retournerent sur le soir. Mais ils ne donnerent plus auant que au dessus de la breche où ils demourerent jusques à la Diane du jour suiuant & s'y accommoderent auec quelques balles de laine & autre matiere. Neantmoins au poinct du jour trouuerent plus expedient de quitter tout & se retirer à leur quartier.

Assaut par l'autre flanc vers le faux-bourg des Loges.

COMME ceux là se carressoyent si furieusement: les autres Catholicques donnoyent l'escallade à la porte des Loges sous le Capitaine Pericard que Serrion y auoit enuoyé & Monsoreau du costé de la Riuiere pour enleuer la ville de tous costez, où du moins diuertir le peu d'assiegez en tant d'endroicts qu'ils en facilitassent l'entreprise de leurs Compagnons qui assailloyent le Chasteau. Mais pour n'y estre receu de moindre courage & animosité que les autres: furent en fin cōtraincts de quitter c'est endroit, par la mort & blessure de quelques vns. Par ainsi les Catholicques estimans que la muraille du Chasteau n'estoit assez ouuerte: resolurent de continuer à d'esmolir depuis ceste Tourette, jusques à la grosse Tour: gangner tout cela, s'y loger en seureté: Puis employer le dernier effort de toute l'Armée a prandre le reste de la ville. Surquoy plusieurs estoyent d'auis de faire vn logis pour trente ou quarante harquebuziers à la breche, d'entre le Tourion & la grosse Tour du Chasteau, pour batre tout le dedans. Chose qui eust tellement incommodé les assiegez: qu'ils n'eussent sceu paroistre qu'en grand danger. Mais la redition de la ville qu'on tramoit d'vne part & d'autre depuis quelques jours: leur fut occasion de changer c'est auis & le laisser pour la deliberation que vous entendrez.

Parlement de redition de place à composition.

Quelques jours parauant, aucuns des plus timides assiegez & des plus apparens: estoient sortis sous couleur de parler a quelques amis qu'ils auoient reconnuz. Lesquels leur auoir assez tost persuadé la grandeur des breches, le peu de moien de les soustenir, les grans moyens & resolution de toute l'Armée à ne partir que la ville prise: y retournerēt pour en tenir propos à S. Estiēne & autres: lesquels cōsiderans l'Estat de la ville tel qu'ils ne la pouuoiēt garder lōg tēps: & n'aiās encore eu nouuelles du secours tant de fois pomis. Ioint qu'ils rapportoiēt leur cōdition à celle des Catholiques: l'armée desquels ne māquoit de rien qui fut necessaire: auec l'obstinée resolutiō de tous les Chefs d'y demeurer jusques à la prise: mirēt l'affaire en deliberatiō du cōseil par entr'eux. Sur ce aucuns Catholiques, voiās les assiegez aucunemēt affectionez à ceste cōpositiō auoiēt ja demādé pour ostages les principaux des assiegez. Et s'affection nerent encores plus, quand les premiers y estans allez: Bessay seul retourna le lendemain auec Monjousseaume & deux autres pour ostages Catholiques: assurans que la composition seroit tenuë signée du Duc de Montpencier, par laquelle il promettoit l'espée & le courtaut aux Gētils-hommes & Capitaines: & l'espée au Fātassin encores que le Duc ne vouslut accorder que

le baston

le baston blanc au Soldat. Or comme ces termes de composition endormissent plusieurs assie- *Moien pour faire rendre vne place & descourager les soldats de la mal affectiōnant contre leurs Chefs*
gez: jusques à ne faire difficulté, receuoir plusieurs Capitaines & soldats Catholiques leur en
parler aux breshes & les asseurer de tout: nōbre d'eux crainte (peut estre) de perdre le butin
qu'il esperoit faire à la prise: s'auancerent à dire que leurs Gentilshōmes ne parloiēt que pour
eux: & que les soldats seroiēt laissez à la discretion du Duc, qui les feroit tous pēdre. Parquoy
les auertissoient en amis, de dōner parti à leurs affaires de bōne heure: se rēdre & fier à eux qui
pour les armes leur saueroient la vie & les cōduiroient en lieu de seureté. Cōme le mal qu'on
reçoit d'vn ami & sur tout inopinemēt, nous vient plus à côtre cœur que si nous le receuions
de ceux desquels nous n'esperōs autre chose que desplaisir: plusieurs s'altererēt si fort prenās ce
propos pour asseuré: que sans leurs Chefs ils se fussēt soudain mutinez cōtre la Noblesse qu'ils
calōnioiēt desja & en tenoiēt tels propos que les plus apparēs n'y estoiēt pas des plus asseurez.
Occasiō que le traité de cōpositiō ne fut si tost signé: Ioint que S. Estiēne demādoit pour les
soldats ce qu'ō ne vouloit accorder. Mais les Catholiques les firēt assez tost recōcilier. Car sur
ces entrefaites la baterie se recōmença de 9. pieces qui ne cesserēt dés les 6. heures du matin
cōtre la tour de la Lāproye & ses 2. courtines: jusques a ce que la breche fut trouuée de tous
raisōnable des deux costez & la tour mesme toute ouuerte. Le Capitaine laCaue Enseigne de
Blōdeau y auoit esté enuoié du Chasteau des le jour precedent pour la garder. Mais la baterie
luy sēbla si furieuse ce Ieudy 16. du mois, qu'il n'y sceut demeurer jusques à 6. heures du matin: & se retira au retrāchemēt. Les principaux Chefs des assiegez cependāt & quelques vns des
particuliers, ennuyez de n'estre secourus attēdoient l'effet de ceste cōposition: sans autremēt se
preparer à la lōgueur du siege. Dequoy se doutās aucuns de l'armée Catholique & que sur ce
il seroit aisé à les surprādre sur le Parlemēt: firēt tant que sur les dix heures les cōpagnies furēt
disposées à l'assaut general. Encor que le Duc de Mōtpēcier eust promis & asseuré que les sol- *Assaut General sur le Parlement d'vne composition.*
dats se retireroiēt de la Cōtrescarpe pour faire mieux jouir les assiegez de l'effet de sa promesse.
Le Capitaine Lago & 7. autres cōpagnies dōnent auec 8. Enseignes bien suiuies jusques à la
Tour & à sa courtine, qui fait l'ētredeux de la porte de l'abreuoir: si resolumēt que le Lieutenāt
de Lago gāgna la tour si logea auec 15. ou 20. soldats. Mais les autres furent si viuement tā-
stez d'harquebuzades: puis repoussez par le Capitaine Renoliere le jeune Gentilhōme Poiteuin & autres qu'ils perdirēt l'enuie d'entrer plus auant. Soudain les assiegez presentēt le feu
à la Tour pour faire brusler ces prisonniers abandonnez de leurs compagnons & l'eussent esté
si Bessay & autres craignans de contreuenir à la composition, n'eussent commandé les laisser la: & le Duc de Montpencier à quelque vns de les retirer. La moururent des assiegez
les Capitaines Champagne Gentil-homme & vn autre Capitaine qui furent tuez d'harquebuzades tirées de la Tour. Le Capitaine Pierre Longue fut aussi emporté d'vne Canonnade derriere la plateforme qui estoit contre le retranchement & Saint Estienne Gouuerneur y
fut blessé à vne jambe des esclats d'vn Canon. Les vieilles bandes de Serriou estoient preparées à l'autre costé vers le fort des Dames. Mais il ne voulut souffrir ses drappeaux bransler *Serriou & son deuoir.*
pour la desmarche: Au moien de la promesse qu'il auoit veu faire a son General, & que luy
mesme auoit fait d'entretenir la composition encores que plusieurs autres le depitassent par
injures & mocqueries contre ses trouppes de ce qu'à vne telle occasion elles n'auoyent fait
pareil deuoir que les autres pour rendre la ville Catholicque. En mesme temps les autres
Enseignes se disposoyent pour aller à l'assaut au Chasteau. Mais voyans les preparatifs, huées
& cris redoublez des tenans qui les y appelloyent: se contenterent de s'y estre offerts n'estans
conduites & n'ayans aussi charge de passer outre & peu à peu se retirerent d'où ils estoyent
partis. Ainsi finit la matinée du Ieudy. Le reste duquel fut plus employé en deuis que les
vns & les autres auoyent de la reddition: qu'en autres moyens de s'offenser. Tellement que
ces Parlemens particuliers auec l'occasion, donnerent la hardiesse à plusieurs d'entrer les
vns par les breches les autres par les forts pour parler de plus pres à leurs connoissans & a-
mis. Surquoy Monjousseaulme importuné par les prieres des Protestans de faire retirer tant
de Catholicques qui sous vmbre de parlementer s'auançoient ainsi dans la ville: les feit en fin
retirer à leurs drappeaux.

CEPENDANT pource que le Duc auoit mandé secours luy vint en ce temps trois cens
hommes de cruë seulement de Fantassins ramassez en la Picardie sous la conduite d'vn sergent
de la Colonelle. Tellement que les choses reduites à tels termes & s'empirans d'heure à autre

L'HISTOIRE DE FRANCE.

Septembre, 1574.

du costé des assiegez: qui sçauoient d'ailleurs les Catholiques resoluz de forcer & piller la ville: Nonobstant la promesse de leur General & notammant le dessein qu'ils auoient à desmenteler tout le Chasteau qui tenoit peu & y tourner l'effort de toute l'armée: furent encor plus desireux de la composition voians à tout heure les soldats Catholiques entrer dedans la ville sous couleur de l'accord ja fait & signé du General. Si bien que ceux qu'on faisoit sortir par vn costé entroient par l'autre. Ioint qu'vn des Capitaines de santerie ausquels on auoit donné le fort de Guinefolle en garde: s'asseurāt peut estre de la mort pour quelques jeunesses passées s'il ne donnoit plus asseuré party à ses affaires: Voyant d'ailleurs qu'on ne leur pouruoiroit d'aucun Chef de respect n'y d'autres seuretés pour les conduire à la Rochelle: car la capitulatiō portoit qu'ils ne pourroiēt se retirer dans Lusignen, Pons n'y Brouage: quita le fort & les armes aux Catholiques la plus part desquels entrerent par cet endroit. Voila pourquoy la ville ne demeura gueres sans estre Catholique. Voicy les raisons que les assiegez alleguoient, pour ne la pouuoir long temps defendre. Qu'on ne pouuoit plus la nuit faire tenir les soldats aux breches: Que la nuit passée n'en estoit demeuré que huit à la grand breche & les dix du Capitaine la Caue à la tour l'espace de 4. heures. Le continuel trauail insupportable à si peu de soldats qui n'eussent sceu estre plus de 400. en ville attaquée par tant d'endroits. Qu'il n'y auoit aucune apparence de secours. Que l'ennemy changeoit de batterie vers le Chasteau tout ruiné & consequēment le plus propre lieu pour gangner la place d'assaut: ou tout seroit mis au fil & tranchent de l'espée. Le mauuais traictement que les soldats receuoient en la ville veuë d'habitans: qui mesmes n'y auoient laissé que peu de poures femmes pour accoustrer les viandes & autres necessitez de soldats. Lesquels à ceste occasion estoient contraints d'habandonner les breches & autres lieux de garde pour aller à la viande. A quoy les Chefs ajoutoient que quād ils sçauroient que la ville se pourroit maintenir par leur vie & leurs seuls moiens qu'ils y emploieroient volontiers jusques à la derniere goutte de leur sang. Mais que ces raisons considerées & l'Estat tant des Catholiques que des assiegez bien rapporté ensemble: estoient d'auis de se sous-mettre à la composition laquelle il auoient tousjours refusée esperant l'auoir plus auantageuse. Que les Chefs & soldats estoient assez chargez d'hōneur, pour le deuoir qu'ils auoiēt fait jusques là. Qu'il falloit sauuer & non pas laisser perdre tant de bons hōmes. Que les villes, le païs mesme, les armes, les drapeaux & autres auantages de guerre, se peuuent aisément recouurer: non pas les hōmes si naturels, si duits & bien resolus au fait de la guerre. Que les Catholiques ne pourroient non plus defendre la place qu'eux. Et peut estre pas si long tēps contre vne semblable armée. Notāmant qu'ils s'asseuroiēt aux promesses faites par le Duc de Mōtpencier, Serriou & principaux Chefs de ses vieilles bādes: de leur faire maintenir la cōpositiō de point en point. Ioint qu'en tout euenement ils n'auoient aucun espoir d'vn prōpt secours. Car bien que la Nouë eust de long tēps prié les forces tant de Saintonge que de Perigord & Gascogne de s'assembler pour se joindre à celles de Poitou: afin de prandre & executer par ensemble vne bonne resolution sur vne si mauuaise occurrence: la distance des païs neantmoins, ou les affaires qu'vn chacun Chef dit auoir en son quartier: ou que ce soit autre chose, fut occasion qu'elles ne se peurent assembler si tost au Rende-vous qui leur estoit donné le 22. Septēbre à Montignac. Tellement que lors que ceste cōposition se feit à Fontenay: les troupes ne faisoient que s'assembler en Gascogne & Perigord. Si bien que deuant qu'elles fussent seulemēt sorties de leur païs: les assiegez furent sousmis au parti non seulemēt d'accepter la cōposition, ains de se voir, demis forcez de laisser entrer les Catholiques par diuers endroits dedās leur ville. Mesmemēt lors que le fort de Guinefolle fut quité. Car aussi tost ils y entrerent presqu'à la foule. Pour n'y estre toutefois entrez en furie d'assaut: Ains à l'amiable & sous ombre de se visiter & garder la cōpositiō cōme les Imperiaux firent à Therouene ou le Mareschal de Mōtmorency fut pris: & l'an 1569. les troupes du Mareschal de Cossé surprindrēt celles de Coqueuille à Saint Valery, ils ne tuerent personne du commancement: ains ne s'employerent qu'à butiner les Armes & cheuaux qui fut presque tout le butin. Car les habitans auoyent emporté le meilleur. Puis se mirent à rançonner les Soldats. En General ceux que le hazard conduisit ez mains des nouuelles bandes furent mal traictez: les vns tuez les autres rançonnez à la rigueur & mis en chemise qui gangnerent la Rochelle le baston blanc au poing. Pour accommoder lesquels les Gentils-hommes & autres aumonerent ce que leur liberalité voulut porter. Mais les vieilles bandes de Serriou firent s'y bonne Guerre aux

Le fort de Guinefolle quité par le Capitaine Masserouffe fert d'entrée aux Catho.

Raisons pour occasionner la recition de la ville.

Armée qui se dressoit pour le secours des assiegez.

Villes prises sous le Parlement de composiciō.

leurs

leurs: qu'ils ont occasion de s'en loüer & de se reuenger de ceste courtoisie Françoise au premier endroit de reconoissance. Enquoy plusieurs eurent occasion de remarquer deux choses. Premieremēt la foy tousjours biē tenuë par ceux qui sont pourueuz d'vne ame plus genereuse. Serriou & aucuns des siēs la tindrēt telle aux assiegez en Sācerre. Secōdemēt que soldats martiaux & pratics au fait de guerre en l'exercice de laquelle esprouuās le bien & le mal ils se sont par vn long vsage habituez à souffrir tous bons & mauuais euenemēs: ne sçauēt seulemēt quel est & jusques où s'estend le deuoir du soldat: Mais prennent à honneur de le monstrer à ceux qui n'ont de guerriers que la mine & vaine piaffe: aussi cruels que Tigres en leur prosperité & moindres que vieilles, si la fortune commance à leur tourner dos. Je dis cela tant aux vns qu'aux autres.

Difference des vieilles bandes aux nouuelles d'vn vieil car a vn auātuier.

Le Ieudy au soir & Vendredy tout le jour 16. & 17. du mois furent employez à tels passetemps. Le Samedy 18. tous y entrerēt à la foule pour acheuer le sac de la ville. Et à ces fins le Duc feit mettre bōne garde à toutes les portes pour en empescher la sortie. Mais les soldats ne laisserēt pour cela de forcer & enleuer plus de 25. à 30. que fēmes que jeunes filles qu'ils emmenerēt au Cāp. Le Samedy il ouyt Messe au Temple auquel les assiegez auoiēt les Moulins & la munition. Puis se transporta deuant le logis de S. Estienne & aussi tost la reuerence faite au Duc fut amené à son Hostel auec pres de 40. autres. Ce fait auoir resolu de partir ordonna quelques Compagnies de fanterie pour la garde & remettre la ville en deffence: à laquelle il laissa les Roche baritaut Gentils-homme du pays pour commander. Ce siege importe aux Protestans de la perte du bas pays & de 30. soldats qu'ils y perdirent. Dont 20. moururent au siege & les autres blessez. Nombre du reste suiuit le Camp des Catholiques. Lesquels y ont fait perte de 200. hommes & pres de 300. blessez: le Duc y laissa auec Roches Baritaud Gouuerneur 400. Soldats & cent cheuaux legiers à la faueur desquels il eut toute charge de remettre la ville en deffence la pouruoir, munir & policer & si bien la gouuerner qu'il eust occasion de se loüer de luy. Pendant neantmoins qu'il redressoit les murailles & accommodoit la ville le Duc ne s'eslogna que jusques à Benet où le Capitaine Bizot & du Moulin Ministre ordinaire de Fontenay luy furent menez. Il auoit offert par voix de trompete 500. escus à qui luy ameneroit les 2. Ministres qui estoient dedans, l'vn eschapa mais cetuicy fut pris, aux faux bourgs de Niort puis enquis des autres & occasions de leur dernier port d'armes: dit qu'il en estoit ignorāt & s'excusoit sur la noblesse qu'il disoit auoir resolu ne cōmuniquer plus d'affaire d'Estat ny de guerre aux Ministres qui ne deuoient enjamber hors leur voccatiō, bastāte pour assez empescher tous leurs sēs. Il chargeoit en somme la Noblesse d'estre seule cause des guerres ciuiles & qu'ō les deuoit chastier (non eux simples & poures gens) pource qu'ils forçoiēt le tiers estat d'executer leurs passions & prandre les armes quād bon leur sēbloit. Ce qui ne seruoit que d'acroistre leur insolēce & dōner lieu aux charges insuportables qu'il reçoit d'eux ajoutant que si on les punissoit selō leur merite la Iustice auroit lieu en France & se maintiendroit tout le Roiaume en vn perdurable & tres-heureux repos. Mais quād on luy voulut faire reiterer ces propos il dit qu'ores qu'il eut parlé en general il n'entēdoit pourtāt parler que d'aucuns qui ne sont nobles que de vent & par opinion ne ressentans rien de cete vertu qui à donné source à la premiere & plus excellēte Noblesse. Il fut pendu & estrāglé en reputatiō d'vn des plus doctes Ministres de la Frāce & qui auoit les trois langues Hebraique, Greque & Latine des plus acōmandemēt. Il estoit fort libre en paroles taxoit tous hōmes sās espargner vn seul. Mais plus aigre & vehement que la condition des hommes de son temps ne sembloit requerir. Puis le Duc marcha de Benet à Vouillé & de là sur le commancemēt d'Octobre deuāt la ville de Lusignen. Ou je lairray les Catholiques trauailler pour faire leurs aproches & retranchemans nonobstant les empesches des Confederez pour vous arrester par vn autre sujet non moins lamentable que les premiers.

Perte d'vns & autres au siege

Le Ministre du Moulin enquis des occasions de la guerre rejecte tout sur la Noblesse.

Du Moulin pendu & estranglé.

Octob. 1574

Nous auons parlé cy dessus de la prise de Marans, & de quelle importāce elle estoit aux Rochellois qui tous les jours auoient infinies alarmes non seulement en la ville mais aussi par les Champs: pour ne pouuoir faire seurement leurs vendanges encores qu'elles fussent bien petites car il se cueillit ceste année bien peu de vins au pays D'aunis: Encores fut ce à la pointe de l'espée. Car ceux de Marans couroiēt ordinairemēt jusques aux portes de la ville & fourageoient le Gouuernement qui contient 82. Parroisses auec grande perte & dōmage pour lesdits Rochelois qui y ont de fort beaux heritages. La Nouë aiāt plusieurs fois failly d'estre pris

L'HISTOIRE DE FRANCE.

Octo. 1574.
Entreprise de la Noüe sur Marans.

de ces coureurs: fit resolution de leur leuer ceste place d'entre les mains. Tellement que sortant de la Rochelle sur le soir du 5. Octobre auec 50. Cuirasses & 400. harquebuziers: & auoir cheminé toute la nuit auec grādes incōmoditez par le Marests: se trouua à la Diane prés le Bourg de Marans. Dedās lequel il dōna à teste baissée mal suiui, toutesfois jusques dedās la hale se persuadāt d'y surprēdre la Garnisō. Mais il y fut rebarré par Desbruieres Gouuerneur de la place & quelques Rōdachers qui se trouuerēt prés de luy. Lesquels firēt teste pēdāt que leurs gens qui auoiēt esté pris à l'improuiste & dont ils auoiēt ja perdu quelques vns se retirerioēt petit à petit & en cōbattāt dās le Chasteau. Si bien que la Noüe s'estāt trop hasté y fut en grād dāger de sa personne & cōbatit quelque tēps nuë teste & main à main: pēdāt que ses troupes dōnoiēt de tous costez dans les auenuës du bourg. Mais non si tost qu'il eust bien esté requis & n'y acquirēt quelques vns pas grād hōneur pour s'estre plus amusez à butiner à l'estrée que a suiure resolumēt leur Chef. Au moien de quoy les Catholiques eurēt loisir de se retirer dans le Chasteau. Duquel ils tirerēt vne infinité d'harquebuzades dōt plusieurs des Protestās furēt tuez & blessez: Les Capitaines Picq & Coqueterie y demeurerēt auec plusieurs soldats. Ainsi le bourg gagné & les Catholiques resserrez dedās le Chasteau, La Noüe qui attēdoit le Canon de la Rochelle pour les forcer: dōna jusques au fort de la Bastille distāt d'vne lieuë de Marās pour reconoistre ceux qui estoiēt dedās. Mais cōme il aprochoit, le Capitaine le Braue Chef de ses Gardes bien renōmé au fait des armes: fut blessé d'vne harquebuzade & estant demeuré prisonier mourut peu de jours apres au lieu mesmes: au grād regret de tous ceux qui l'auoiēt coneu. Ce pendāt la diligēce fut si petite pour le fait du Canon que l'ō amenoit par mer de la Rochelle: fut pour raisō du vent cōtraire ou de quelque autre empeschemēt: que la Noüe fut contraint se retirer auerty du secours prochain que le Duc de Montpencier enuoioit aux assiegez. Aussi qu'il ne vouloit hazarder les forces qu'il auoit sçachant bien qu'il en auroit assez tost affaire ailleurs.

La Noüe se retire sans execution.

Les Protestans & Catholiques malcontans ne se peuuoient persuader que le Roy Henry 3. d'eust ou peut sortir de Pologne pour retourner en France.

Ie vous ay cy dessus parlé de l'acheminemēt du Roy de Pologne en Frāce. Donques le bruit de sa sortie de Pologne estāt cōfirmé par ceux qui l'auoiēt veu à Lyon: Les incredules se persuaderent auoir vn Roy. Si bien que les Rochellois enuoierēt leurs Deputez plus toutesfois pour reconoistre au vray & dilayer le siege de Lusignen, que pour expedier & negotier autres affaires: sy grāde est l'efficace du mēsonge & fausse persuasiō quād elle a vne fois penetré trop auant en nos esprits, qu'elle ne se peut plus aisemēt desraciner. Voiāt mesmes quelque fois deuāt nos yeux, la verité des choses que nous auōs parauāt voulu ignorer & cōme tirer en doute.

Nouembre, Decē. 1574.
Assemblée à la Rochelle.

Ce pendant les Isles de Saintonges & la ville de la Rochelle mesmes, estoient pleines de grand nombre de personnes: Outre les troupes du publicq qui sejournoiēt depuis long temps au païs de Saintonge. Et si ne pouuoit on trouuer moien de mettre gens aux chāps pour secourir ceux de Lusignen, qui fesoit murmurer beaucoup de personnes & sur tous les Rochellois qui ne se pouuoiēt cōtenter de voir tant d'hōmes oisifs cōme inutiles spectateurs de si pitoiables Tragedies. De sorte que en vne assemblée qui se fit à S. Yon: les Ministres remonstrerens beaucoup de choses à la Noüe & au Maire les priant faire curieuses recerches de tant de personnes que l'on voioit assez vouloir demeurer cōme fai-neans en telle & si dangereuse saison. Disans que depuis n'agueres l'on auoit encores receu auertissemēt de se dōner garde du Lieutenant de Poitou. Et qu'il n'estoit freté à autre fin que pour deceuoir ceux qui se fieroient en luy. Et qu'il y en auoit en la ville qui en pourroiēt biē dire quelque chose. Taxās ouuertemēt aucuns des plus apparēs. Pour ceste cause estoiēt les Ministres d'auis que l'ō deuoit vser d'vn reglemēt duquel à ceste fin ils presentērēt certains Articles sur lesquels y eut assez de dispute.

Lettres du Roy aux Rochellois.

Enuiron ce mesme tēps le Roy rescriuit de Lyon aux Rochellois leur mādāt qu'il leur permettoit & à tous autres la liberté de cōsciēce. Mais qu'il entēdoit que l'exercice de la Religiō fust vn peu sursis pour certaines causes. Cependant que tous posasient les armes remettans les villes & places en son obeissance. Il ne faut demander si ces lettres furēt trouuées bien creuës. Aussi fut on en doubte si on les liroit publiquement où non.

Signes veuz au Ciel.

Ce mesme mois & enuiron le 16. d'iceluy: furent veuz de nuit au Ciel, sur la Rochelle & ez enuirons quelques signes & feuz espouuantables l'espace de plus d'vne heure & le virent plusieurs qui ceste nuit estoient de Garde.

Brantosme.

L'Abbé de Brantosme estoit quelques jours auparauant arriué en Broüage de la part du Roy, pour quelque ouuerture de Paix & moiens de la negotier asseurant que le Roy y estoit

fort

LIVRE TRENTENEVFIEME. 254.

fort bien difposé. Le Lieutenant de Poitou fut affez long temps auec luy tant qu'il y eut jour afsigné à Angoulin diftant d'vne lieuë de la Rochelle le 19. dudit mois & à la Conference de fes affaires auec Brantofme, la Nouë & aucuns de la Rochelle: difans qu'ils attendoient leurs Deputez de Lyon. Mais les Deputez eftans de retour trois jours apres la Cõference, n'apporterent autre chofe du Roy (qu'ils auoient veu partir de Lyon pour aller en Auignon) que la liberté de confcience & reddition des villes felon qu'il eft deffus porté: fors qu'il les admoneftoit d'entendre aux moiens de faire vne bonne Paix. Pour faciliter laquelle il leur permetoit enuoier leurs Deputez en Allemagne vers le Prince de Condé & autres leurs aliez auec fauf conduit & toute feureté. Mefmes enuoya le Roger varlet de châbre de fa Majefté pour les cõduire feurement par le Roiaume. Par ainfi le premier jour de Decẽbre les Rochellois enuoyerent leurs Deputez par deuers le Prince de Condé & auec eux Roger varlet de chambre du Roy pour les conduire feurement. Les Articles & inftructions qu'ils portoient eftoient en Latin & en François afin que les Princes & autres Seigneurs eftrangers bien vueillans du Prince en peuffent auoir conoiffance. Mais ils furent curieufement recerchez fils portoient argent au Prince de Condé & foigneufemẽt efclairez à Paris fils prandroiẽt argent ou lettres de châge pour porter en Allemagne. La nuit de leur partemẽt la Nouë f'en alla de la Rochelle à Pôs tant pour affembler quelques troupes de cheual pour le fecours de Lufignen: que pour quelque entreprinfe que l'on auoit faite fur Saintes. Laquelle fallit au moiẽ de celle que auoit fur Saint Iean d'Angely, le Comte de Montgommery qui fous l'efperance de certaines pratiques que aucunspenfoient auoir dedans: donna le 4. dudit mois auec 2. ou 300. cheuaux jufques pres le fauxbourg d'Aunis. Mais ne l'vne ne l'autre defdites entreprifes ne fortit effet. Cependãt la Nouë trouua moiẽ de faire fauoir de fes nouuelles au Chef de Lufignen. Luy mãdant qu'il eftoit preft de monter à cheual & que les affaires alloient mieux que beaucoup ne penfoient. Qu'il eftoit bien marri de la longueur dont il eftoit contraint d'vfer. Toutesfois qu'il efperoit que ce feroit en fin pour le mieux d'autant que la longueur de ce fiege feroit la ruyne de l'armée Gatholique. Le 13. Decembre les Rochelois auertis de quelque entreprife fur leur ville: dõnerent ordre de rẽforcer leurs Gardes tant de jour que de nuit: drefferẽt mefmes des Corps de Gardes en plufieurs endroits de la ville & firent monftre de huit Enfeignes des habitans & des 2. Compagnies foraines fuos lefquelles fe treuuereut pour toutes factions de 12. à 1300. hommes de bonne eftoffe. La Nouë eftoit pour lors au tour Mortaigne fur Gironde où il y eut aucuns des fiẽs que tuez que bleffez, & ne fe fit autre chofe. Plaffac auffi Gouuerneur de Pôs auoit long temps parauant recouuert du Cãnon de la Rochelle & battu le Chafteau de Saint Mefgrin qui luy fut affez foudain rẽdu. Sur la fin de l'an paffé & cõmancemẽt de ceftui cy: les Catholiques & Proteftans fe chatouilloiẽt fi eftrangemẽt au pié des murailles de Lufignẽ fur le haut Poitou: que pour en eftre l'accidẽt des plus memorables qui fe paffoiẽt lors en la Chreftienté: je fuis en deliberation de vous en efclarcir le motif, le progrez & fin d'iceluy.

La ville & Chafteau, font affis fur le fommet d'vne mõtagne longue, haute & fort eftroitte: commandée d'autres montagnes de toutes pars (fors du midy) occafion que l'accez n'y eft moins malaifé aux affiegeãs que la fortie fafcheufe aux affiegez. Car à defcẽdre il y faut paroiftre de toutes pars: Ce qui rẽd la ville meurtriere, & outre ce vne Canonade la peut percer à jour de part en part. Les murailles en font vieilles, foibles & par terre en plufieurs endroits. Il n'y a que 2. portes en la ville & 2. Puys, defquels l'eau eft affez mauuaife & peuuẽt eftre efpuifez facilemẽt. Au Chafteau y en a vn qui eft dedãs la douue au pied de la groffe Tour de Mellufine. La Fontaine qu'õ nõme de Mellufiné eft en vne Tour qui eft és fauffes brayes du cofté du Parc regardãt entre Occident & Septentrion. Elle vient d'vn rocher qui ne jette pas beaucoup d'eau. Du cofté de la baffe ville ez fauffes brayes, y auoit encores vne Fõtaine. Mais tout cela n'eft affez fuffifãt pour fournir vn fiege & mefmes au tẽps d'Efté. Entre la ville & le Chafteau y a vne belle & grande place qui fe nõme la place du Bail, cõmandée de tout le cofté de la baffe ville. De là on trouue le premier portail du Chafteau qui fe nõme le portal du Bail, aiant deuant foy vn pont & des foffez affez profonds & larges. Aux deux coftez de la porte y a deux belles Tours, les couuertures defquelles font par terre. Ce portail eft comme vn petit Rauelin. De là on va droit à vn pont leuis qui eft deuant le fecond portail qui fe nomme le portail de Geoffroy, entre le Midy & l'Occident. Il eft grand, beau & faict de bonne matiere: ayant deuant de grandes douhes affez profondes, larges & bien talucés. Puis on en-

Deputez des Rochellois à Lyon.

Deputez des Rochellois au Prince de Cõdé.

La Nouë à Pons.

Ordre des Rochellois contre les furprifes & intelligences des Catholiques fur leur ville.

Monftres à la Rochele.

Octo. 1574. Ian. 1575.

Reprefentation de L'vfignan en Poitou pour le fiege qu'y mit le Duc de Montpécier.

Iii iiij.

tre dedans vne grande Court dont à droite est la Tour de l'orloge autrement de la lanterne fort haute & descouure tout à l'entour de l'Vsignen. Elle est large & espesse de murailles & belle à merueilles. On à tiré durant le siege plusieurs coups de Canon contre qui ne l'ont que bien peu endōmagée: excepté quelque peu aux defences. Tirant plus auant vers occidāt y a en la Court vne grāge & quelques petis logis. A gauche sōt les grādes Escuries qui de present sont presques toutes ruinées. Le Moulin à cheuaux est là pres. De ce portal de Geoffroy jusques à la grosse Tour de Mellusine par le dehors du Chasteau, y a doubles fausses braies ayans bonnes & fortes murailles. La est la Tour où est la Fontaine de Mellusine. Et joignāt icelle y auoit vne Chappelle qui est maintenant descouuerte. Au pied de ceste Tour y a vne petite porte pour sortir à la Riuiere de la Vousne & aller à la Contrescarpe qui commance au pied de la Tour & va jusques au Rauelin de la Vacherie. Le troisième portal se nomme le portail de l'Eschille qui à deuant son pont leuis & ses douhes bien larges & profondes. Il est de bonne estoffe & bien fait, aiant au dessus quelques chambres. De la on entre en vne petite Court assez longue & estroitte à l'auenant. A droit y auoit vne Chapelle & quelques logis qui sont par terre. Le Canon à tout rompu cela. Plus auant y auoit vn beau corps de logis regardant sur la basse ville & droit vers l'Oriēt: nōmé le logis de la Roine a present par terre & ruiné à coups de Canons. A gauche depuis ce portal y a vn Corps de logis jusques à la Tour de Mellusine qui est fort haute la prenant des le pied. Elle est aussi merueilleusement epesse de murailles & d'vne matiere fort bonne, elle regarde le Septentrion, le Canon ne la sceut gueres endommager. Tirant vers l'Orient & droit à la teste du Chasteau y a vn jeu de paume qui n'est point couuert & au bout de grandes salles tant hautes que basses. Là y auoit de belles chambres qui sont ruynées & par terre: & les salles bien endommagées à cause du Canon qui à souuent donné au trauers. Au haut de ce grand edifice sont les belles & longues Galleries ayans leur regard sur le parc & la prairie: & sur le Septentrion. Elles sont magnifiquememēt lambrissées auec les beaux & plaisans Cabinets & de belles chambres & vne petite salle: estans pour la pluspart aussi ruynées comme tout le reste du Chasteau. Du pied de ses Galleries, y a des fausses brayes assez estroittes, esquelles y a vn Eschallier par lequel on descendoit pour aller au Rauellin de la vacherie. A la teste & poincte du Chasteau y auoit vne belle & grosse Tour qu'on nommoit la Tour Poiteuine. Mais pour l'heure cela est tout renuersé & porté par terre. C'est chose piteuse à veoir que la ruyne de ces beaux edifices. La basse ville estoit vn fort beau & plaisant lieu situé en vn vallon assez estroit aiant à droicte venant de Parenzay, le Rauelin de la vacherie qui est dessous la pointe du Chasteau. Et des fausses brayes jusques à la porte de la basse ville, il n'y a qu'vne longue rue ayant des deux costez de belles maisons pour loger les passans. Ce Bourg estoit sans comparaison plus beau, plus plaisant & plus agreable que la ville. Mais de present il est reduict en cendres. A gauche y a la petite montagne & sur laquelle les Catholicques dressoiēt plusieurs batteries tant contre la ville que le Chasteau. La Font de Cef est vn peu plus auant tirant vers le Midy. Cest vn petit bourg où y auoit de beaux logis qui pareillement sont ruynez & la plus part en cendres. Ce lieu est situé en vn vallon ayant vne belle Fontaine sortant d'vn rocher dont encores le Bourg porte le nom d'icelle. Il n'y a que deux auenues pour aller en ce lieu tant du costé de la ville que de celuy de la basse ville: qui sont assez estroicts & parce faciles à barrer. C'este Fontaine auec quelques autres qui sont la pres, font vn Ruisseau assez recreatif ayans d'vn costé quelques petis Iardins & vne prayrie descendans vers la basse ville & passant par le milieu d'icelle: sur lequel y auoit de grandes & riches Tanneries & vn Moulin. Eniambes est en vn lieu haut, regardant deuers l'Occident. C'estoit vn Temple qui est tout descouuert & ruyné. De là jusques à la ville, auoit plusieurs belles maisons qui a present sont reduites en poudre. Entre la ville & Eniambes y a vne grande trachée fort large qui fut faite par les Anglois cōme l'on dit. Deuāt la porte de la ville & tirāt vers la Fōt de Cef y auoit plusieurs maisōs qui aussi sont par terre & rasées jusques aux fondemēs. Voire que mesmes les autres ont esté remplies de la ruine desdites maisons. La place où ils estoiēt est maintenāt toute explanadée, excepté deuant la porte de la ville: où l'on fit vn fort de terre nommé le fort de Lyon qui couuroit le deuant de la ville. De la porte de la ville à droite descendans vers le parc, est la mothe qu'ils appelloient le Rauelin des dames. Il a tout au tour de beaux fossez assez larges & profons & vne bonne muraille ayant plusieurs petites tours bien flanquées. Du costé de

l'Occident

l'Occidēt est vn beau grād parc réfermé tout au tour de hautes murailles ayant la Riuiere de la Voulne qui passe à trauers & la belle prairie: A l'endroit du Prieuré y auoit vn moulin qui fut tout ruyné de coups de canon.

Le Baron de Frontenay aujourd'huy Seigneur de Rohan, en Bretaigne par la mort de tous ses freres sans enfans masles: s'estoit jecté dedans pour y commander & la deffendre contre tous les efforts des Catholiques: Et d'autant plus animeusement qu'il se voioit suiuy de plus de soixante Gentilshommes du pays & six cens soldats coneuz. Pource au bruit de la venuë du Duc de Montpensier, ne luy restant que vitailles munitions de guerre & le desir des siens à fortifier la place il se meit en deuoir de preparer le tout contre vne armée. Premierement il auisa de plus exactement faire reconoistre la ville, afin de pouruoir promptement à ce qui estoit necessaire pour la fortification és endroits plus foibles d'icelle. Et trouuant la teste de ladite ville és auenuës de la font de Cef aucunement foible & sans deffences bastantes: pour aussi oster aux Catholiques l'auantage que le naturel du lieu demeurât en l'estat leur donnoit à loger leur l'Artillerie: feit explanader le lieu & y dresser vn fort pour rendre ceste auenuë en bonne deffence. Et par mesme moien commanda mettre le feu en la basse ville: apres auoir sur ce prins l'auis des Gentilshommes & Capitaines: comme estant requis & necessaire pour oster tous moiens aux Catholiques de loger pres des murailles. Ce qui fut fait le Mardy vint huitiéme Septembre. Puis le feu fut mis à la font de Cef, Eniambes & autres maisons qui estoient la autour. Et ce pendent ils trauailloient à mettre le fort du Lyon en deffence. Somme qu'à l'exemple du Vicomte de Rohan qui y trauailloit des premiers: chacun mettoit la main à la besongne. Le dernier jour de Septembre l'auant garde fut campée à la font de Cef. Mais le feu estant encores par les maisons & bastimens si allumé & la challeur si grande: que difficillement pouuoient ils demourer par la Ruë: furent contraints de se loger pres des hayes & au pied des murailles ou en fin ils s'accommoderent nonobstant les iterées & assez chaudes sorties des assiegez. Lesquels par fois perdoient autant d'auantage qu'ils en auoient gangné au parauant. Or faut notter que la ville n'estoit gueres bien munie excepté de bled pour attendre vn si long siege, Et y auoit bien peu de vin, de chairs, de bois & de toutes autres choses. Bref les Magasins estoient petis & maigres. Les Gentilshommes departis en quatre compagnies & la fāterie en huit: chacune eut son cartier pour sejour & deffence. Puis sur la my Octobre on dressa vne compagnie de seruiteurs qui faisoient vn corps de garde aux salles du Chasteau. Les quatre Ministres qui estoient en la ville, auoient chacun leur quartier & alloient soir & matin faire les prieres aux corps de garde outre les predications qui se faisoint és jours ordinaires. Les Catholiques commencerent de faire jouër quelques pieces des dixhuit qu'ils auoient de batterie. Sur le soir septiéme Octobre le Capitaine Terrefort descendit au pied du fort du Lyon qu'il auoit en garde & auec hautes plaintes demandoit secours aux Catholiques. Disant qu'il estoit vn poure soldat Catholique Normant qui auoit esté prins à Seuret qui se vouloit rendre à eux & qu'en descendant du fort pour se sauuer il s'estoit rompu vne cheuille du pied. Surquoy recerché s'il estoit seul & auoit respondu qu'ouy, on luy enuoia vn pionnier pour le secourir. Mais il y fut aussi mal venu qu'vn sergent de bande qui voullut se haster d'aller à ce secours qui n'y gangna non plus que ledit piōnier. Mais Terrefort n'eust esté le plus fin contre tant d'autres qui venoient si Puyuidal son Lieutenant & quelques harquebuziers n'eussent sortis sur eux. Si qu'en aians tué & blessé plusieurs & donné l'alarme bien chaude au corps de garde prochain se retirerent en fin sans nul dommage.

Le vnziéme Octobre fut arresté au Conseil des assiegez qu'on ne parlementeroit à ceux de l'armée & que s'il y auoit quelques lettres du Roy ou d'autre part elles seroiēt leuës deuant toute la Noblesse & la responce y seroit faite par l'auis de tous les Gentilshommes. Mais ceste ordonnance ne fut pas longuement obseruée. Car bien tost apres vn chacun se licentia de parler aux Catholiques. Le Mecredy treziéme Octobre on commença des le matin à battre & tirer deux cen squarāte sept coups au portal de Geoffroy & à la tour de Lorloge autremēt de la lanterne. La batterie se faisoit assez lentement de dix ou douze pieces du cōmencement. On tira aussi quelque coups au Temple & à trauers la ville auec peu de perte des assiegez neāt moins. Au lendemain on continua de battre plus furieusement de quinze pieces braquées en trois endroits. Dōt on tira plus de huit cens cinquante Canonades. Au dessus de la basse ville à droite & à gauche on battoit en courtine & de celles qui estoient au millieu, en batterie

Ordre que les Protestans donne rent à Lusignen.

Armée Catholique cāpée deuant Lusignen.

Magazin & prouisions des Confederez dedās Lusignen.

Ministres.

Canons Catholiqnes.

Ruze.

Parlemēs & lettres particulieres deffendues.

Batterie de 300. Canonades.

Octobre 1574.

& toutes au commencement tiroient en vn endroit qui est és fausses braies du Chasteau du costé de la basse ville & à la porte d'icelle tirant vers Parnzay. La batterie fut furieuse & y fit on breche d'enuiron quarante pas qui estoit raisonnable. On battoit aussi depuis ceste porte de la basse ville jusques à l'autre porte prochaine, montant en haut vers la place du bail. Quelques vns des assiegeans marcherent auec leurs rondaches pour reconoistre la breche. Mais ils ny feirent pas long sejour. Le quinziéme Octobre la batterie commencée de grand matin se continua furieusement de mil septāte quatre coups que vint pieces tirerent. La premiere volée fut enuoiée au portal de l'eschelle. Apres on tira quelques coups en diuers endroits du Chasteau. Le reste fut tiré contre ce grand corps de logis qui est à droite entrant au portal de l'eschelle & qui regarde sur la basse ville qu'on nommoit le logis de la Royne. Lequel endura pour le moins sept cens coups de Canon. Au moien dequoy il fut presque tout rasé & porté par terre. On tira aussi à vne chapelle & à quelques autres bastimens qui estoient la prez tirāt vers ledit portal. Furent pareillement tirez quelques coups à la breche faite le jour precedāt. En outre on tira au Rauelin des fausses braies de la vacherie. Somme que la batterie dura jusques enuiron deux heures apres midy. Le reste se feit plus lentement. La nuit on tira quatre coups par la court du donjon dudit Chasteau & à l'entrée dudit portal de l'eschelle d'interualle l'vn de l'autre d'vne heure ou enuiron. Cela se faisoit pour empescher de besongner à vne espaule & quelques tranchées qu'on y faisoit. Six soldats y moururent & plusieurs blessez. Ce pendant chacun par la ville mettoit la main à l'œuure. Les femmes faisoient des sacs, les autres les emplissoient de terre & de fient: autres les portoient au Temple & au Chasteau & en d'autres lieux pour les tenir prests au besoin. Ceux qui auoient la charge des artifices à feu y besongnoient le plus dilligemment qu'ils pouuoient comme à charger & preparer les Grenades & faire des cercles à feu. Quelques Gentilshommes & soldats demeurerent tout ce jour és fausses braies pour garder la breche qui y auoit esté faite le jour precedent. Ces fausses braies est vn lieu fort dangereux & fort meurtrier pource qu'il est au dessous de ce grand corps de logis ou se faisoit la batterie. De façon que tant les boulets que la ruine tomboient en ces fausses braies. Ce qui rendoit le lieu encores plus dangereux. Quelques rondachiers reconeurent la breche de loin. A lapresdisnée du seziéme aucuns sauancerent par le parc & en aprochans faisoient signe auec vn linge blanc demandans saint Gelais. Ce qui despleut aux soldats pource qu'ils ne trouuoient bon qu'on parlast aux Catholiques: se resouuenans du parlement n'agueres fait à Fontenay. Qui fut occasion de leur faire tirer plusieurs coups d'harquebuzes & ne les pouuoit on empescher pour menasse qu'on leur peut faire. Ce qui feit reculer les Catholiques excepté le Capitaine Lagort qui donna jusques au fort commencé au pres de la tour ou est la fontaine de Mellusine. Saint Gelais & quelques Gentilshommes auec luy si trouuerent & là parlerent ensemble. Les propos furent de choses particulieres concernans les affaires de saint Gelais. Ce fait chacun se retira & deux Gentilshōmes conduirent la Gort jusques à la planche saint Gilles. Nonobstant tout ce on luy tira plusieurs harquebuzades apres qu'il eut passé ceste planche. A lapresdisnée la Gort retourna comme le jour precedant disant aux assiegez que s'ils se vouloient rendre, Monsieur le Duc les laisseroit aller chacun chez soy & y viure en toute seureté & liberté de consciēce sans estre en riē recerchez & qu'on donneroit des ostages. A quoy Chaillou feit response qu'ils desiroient vne bonne Paix. Mais que de la faire particuliere pour eux seulement, ils ne pouuoient attendu que c'estoit l'interest du public de toutes les Eglises de France & qu'il falloit parler de cela à Monsieur de la Nouë & à ceux de Languedoc. Toutesfois en attendant si Monsieur le Duc vouloit retirer son armée ailleurs on entendroit à vne trefue. Apres quelques autres propos fut dit qu'il ne retournast plus apporter telles nouuelles. Car on ne pouuoit plus empescher les soldats qu'ils ne luy tirassent. Et de fait ils se mutinoient de ce parlement craignans d'estre deceuz. Le dixhuitiéme les Catholiques enuoierent à lapresdisnée vn Regiment d'infanterie & quelques gens de cheual pour se camper dedans le parc qui jusques à lors leur estoit demouré libre. Mais les Catholiques y descendirent à l'escarmouche sans grand effort. Le vint vniéme ceux de l'armée charrioient quelque artillerie du costé de Pranzay & la menoient dedans le parc ou ils auoient desja fait des tranchées & posé les Gabions. La nuit suiuant ils mirent & braquerent cinq Canons & les pointerent vers le Chasteau & le Rauelin de la vacherie. C'estoit vn fort que les assiegez auoient esleué en cest endroit auec vn grand retranchement pour sa defence

Baterie de 1074. coups.

fence & par de la vn esperon qui commandoit au valon du parc & à tout le plan du Chasteau qui regarde de ce costé. Et outre ce pour garder & deffendre le fossé: ils y auoient dressé des casemattes par lesquelles ils alloient jusques à laRiuiere à couuert & à vn moulin qui leur seruoit fort. Le vint troisiéme le.Canon jöua des le point du jour de plus grande furie que parauant. Car en peu de temps il vomit plus de mil deux cens cinquante coups. Aussi ne le pouuoit on recharger plus promptement & dilligemment qu'on faisoit. Les pieces estoient pointées en trois endroits contre le Rauelin de la Vacherie dont il y en auoit cinq dedans le parc qui au commencement tiroient quelques coups à ľvn des escalliers qui sont dessous les grandes galleries du Chasteau & plus prochain de la teste d'icelluy, par lequel les assiegez descendoient ordinairement pour aller audit Rauelin. Dont l'escallier fut quelque peu endommagé. Puis tirerent au Rauelin & y feirent grande breche du costé du parc. Dont puis apres battoient les assiegez estans dans le Rauelin jusques en leurs tranchées qui n'estoient encores gueres profondes & aussi par ceste dite breche les battoient par derriere, quand il fut question de defendre ľautre breche du costé de la basse ville. En teste comme ľon vient de Pranzay à gauche y auoit trois Canons qui battoient furieusement. Il y auoit aussi d'autres pieces au dessus de la basse ville qui pareillement tiroient à mesme butte. Toutes ces pieces feirent vne breche pour eslargir & fauoriser laquelle les Catholiques ont depuis fait sauter deux mines pour la faire plus grande & raisonnable. Non sans tuer & blesser plusieurs hommes. Mais tant de coups ne le nombre infiny des esclats de pierre qui en sortoient: ne peurent faire quiter ces lieux aux Capitaines & soldats pour bien battuz & ennuyez qu'ils fussent:encores que plusieurs y mourussent & grand nombre de blessez s'en retirassent. En fin les Catholiques voians qu'il y auoit breche suffisante se prepererent à ľassaut sur les deux heures apres midy. A la maniere accoustumée le Duc enuoia reconoistre la breche à quelques rondachiers qui y furent si bien receuz qu'ils ne s'en retournerent pas tous non plus que ceux qui les suiuirent car il en demeura sur la place. Cest assaut dura jusques au soir. Ce pendant les Catholiques vsoient d'vn stratageme & ruze de guerre qui fut cause de la perte de plusieurs vaillans hommes. Car souuent ils faisoient mine de se presenter à ľassaut afin de faire joüer le Canon sur les assiegez quand ils se presenteroient à la breche. Et ce pendant les boulets voloient de de toutes parts vers ceste breche. Vne demie heure de soleil les Catholiques si presenterent resolument & ľassaillirent de grande hardiesse. Tellement qu'on vint aux mains d'vne part & d'autre. Mais ils furent repoussez auec perte de plusieurs de leurs hommes qui furent tuez sur le châp dont les corps ont tousjours demeuré sur la breche & sont la pourris. Bussi d'Amboise y fut blessé & plusieurs autres. Quand aux assiegez goustans de ľaloes auec le miel la victoire leur fut bien triste. Car ils y perdirent sept Gentilshommes tous jeunes hommes : exepté Chaillou quatre moururet sur le champ. Bois Aubin le jeune, Boisséc, Chasteauneuf, Saint Iames qui eut les deux cuisses couppées. Puis la Court de Chiré, Chaillou, Villemuseau & du Bois deBôneuaux y furent blessez. Chaillou fut frappé d'vn boulet par les deux jâbes dôt il les Chirurgiës luy en coupperët vne & le mardy apres mourut. Ce fut grande perte pour eux. Car outre la vaillance il estoit sage & bien entendu en ľart millitaire aians prins vne peine merueilleuse aux fortifications. Ils perdirent seze soldats de blessez y en eut quelque vintaine dont toutesfois plusieurs guerirent. La nuit venuë les Catholiques se retirerent. Ce fait aucuns des assiegez descendirent à la breche & prindrët les armes des Catholiques comme corselets, rondaches, espieux & quelques picques ramparans la breche le mieux qu'ils peurent & creuserent de plus en plus le retranchement dudit Rauelin.

Batterie au Rauelin de la vacherie de 1250 coups.

Reconoissãce de breche.

Assaut.

Le vintuictiéme le Baron de Frontenay aiant appellé les Gentilshommes, les Capitaines & prins Conseil auec eux fut resolu de faire vne sortie sur les Catholiques par vne fausse porte de laquelle on descend dedans les doües par ou ľon va au moulin. Ce qui fut executé enuiron le point du jour. Mais enuiron trois heures auant jour les Catholiques campez dedans le parc sous neuf Enseignes prindrent ľalarme toutesfois fausse. Puis le point du jour venu ce fut à bon essiant. Car les Capitaines Terrefort & du Bien menans quelques harquebuziers attaquerent les tranchées ou estoit le Canon des Catholiques & estans suiuiz d'autres Capitaines se rendirent les Maistres de cinq Canons qu'ils eurent enuiron demie heure à leur denotion. Le Capitaine Luché, du Retail & quelques harquebuziers demourerent au moulin pour seruir à la retraitte & dôner secours sibesoin estoit. Tout cela deuoit estre soustenu par la

sortie des assiegez.

Noblesse

Noblesse à cheual. Tant y a que la charge fut si furieuse:qu'ils feirent habādōner l'artillerie, les tranchées & partie des tentes de ceux du parc qui furent mis en routte & en fut tué plusieurs. Mesmement du Regiment de Lauerdin. Les assiegez ne pouuans remuer lesdits Canons de leur place: à cause de la profondeur des tranchées, lesquelles d'ailleurs estoient bien gabionnées & voians qu'il estoit temps de faire la retraitte les encloueret. Mais à cause que les cloux estoient trop menuz & les lumieres trop grandes on ne feit rien qui vallust: Pource tost apres les pieces furent declouées & tirerent incontinant. On mit le feu dedans la poudre qui se trouua la au malheur toutesfois d'aucuns des sortis qui en eussent este grillez s'ils ne se fussent promptement jettez dans la Riuiere de la Vousne assez proche de la. Pendant ceste alarme & que la Noblesse poursuiuoit la victoire les soldats s'amusoient à butiner. Qui fut cause que la deffaite ne fut si grande qu'ils s'estoient proposez. Voila comment plus souuent l'ardeur du gain empesche le soldat de son deuoir. Ainsi plusieurs s'en retournerent chargez de butin & mesmement d'armes. On mena quelques prisonniers & Enseignes auec quantite d'armes neuf Capitaines y furent tuez & grand nombre de soldats. Mais beaucoup plus de blessez. Le Duc ce pendant pour secours des autres faisoit marcher quelques compagnies & tira son trois canonnades seulement du dessus du Rauelin au trauers du parc. On mena aussi trois tabours prisonniers. Mais incontinant on donna congé à deux. L'autre voulut demeurer auec les assiegez. Vn desquels ayant despouillé vn Catholique tombé mort: trouua dedans ses chausses vn

Magiciens ne peuuent par caracteres ny au tres moiens garentir l'homme de la mort.

parchemin de la grandeur d'vn quart de peau: peint de diuerses coulleurs: Ou y auoit plusieurs & diuers caracteres & des figures estranges: au tour desquelles y auoit escrit plusieurs noms de Dieu tant en Hebrieu qu'en Caldée. Ce poure miserable portoit cela, est à deceu par quelque affroteur Magicien cuidēt bien faire ses besognes par quelques charmes & sorcellerie & volontiers euiter le danger des armes. Mais tant qu'il y a de Diables ne de Sorciers & Magiciens ne peuuent garentir l'homme du coup de la mort.

Batterie cessée.

Apres ce coup d'eschec les assiegez eussent fort desiré vn relasche d'vn labeur si continuel & hazardeux. Les Catholiques aussi y vouloient mettre vne fin. Mais à contre poil toutesfois à faute de poudres & munitions de guerre plus que de bōne volonté. Somme qu'ils ne les presserent gueres pour quinze jours apres l'assaut. Aussi qu'il leur estoit mal aisé de faire breche accessiue en aucun endroit du Chasteau. D'autant que le rocher est couppé sous le fondemēt d'icelluy, la hauteur d'vne picque. Parce ils deliberērent si tost que les munitions seroient venuës de s'adresser à la ville. Toutesfois pour amuser & entretenir l'armée, Ils emploierent le reste de poudres contre le moulin non encores de telle façon qu'ils ne s'en seruissent.

Le Duc de Mōtpensier enuoie raser toutes places fortes des Confederez.

Or d'autant que les Confederez, au commencement de leur port d'armes, s'emparans des villes s'estoiēt aussi par mesme moien emparez des Chasteaux & places qu'ils auoient pensé aucunement tenables. Et dans tous ces lieux mis garnisons pour retraite ez entreprinses qu'ils feroient: que aussi pour plus à leur aise jouir des benefices, leuer les deniers du Roy & auoir plus de moien de tenir la campagne, ennuier les Catholiques & mettre en peyne de mener & conduire le Canon par toutes ces forteresses s'ils les vouloient enleuer: il fut resolu par Monsieur de Montpensier que toutes les places seroient rasées qui ne seruoient que d'ennuyer le Roy & molester le plat pays. D'autant que pour les garder on estoit contraint d'y laisser les garnisons lesquelles on contraignoit le peuple d'autour soudaier. Et pour l'execution de ce furent esleuz commissaires qui s'en sont fort mal acquitez. Et pareillemēt de desmolir les maisons des Gentilshommes du party contraire au Roy, qu'ils auoient comme les autres Chasteaux charge de mettre bas. Aussi prandre leurs fruits pour la nourriture de l'armée du Roy afin de leur en faire la guerre.

Courses des Protestans par toute la France en habit croisé & desguisez.

CEVX qui estoient en la Rochelle durant ce siege, sortoient ordinairement auec quatre ou six cheuaux & auec casaques aians croix passoiēt alloient & venoient par Poitou sans qu'ils fussent reconeuz. Et si ainsi marchans par la campagne: ils trouuoient quelques vns dont ils peussent tirer rançon ou faire butin notable; ils les emmenoient en la Rochelle. Si non prenoiēt langue d'eux. Auertis par ce moien de tout ce qui se faisoit en l'armée des Catholiques. Et des nouuelles du reste de la France. Voire que sur les aisles du camp des Catholiques, ils prindrēt vn des financiers de Poitou appellé Garraut commis de l'extraordinaire des guerres qu'ils emmenerent à la Rochelle. Dauantage aucuns d'eux se sont trouuez si hazardeux, d'aller en l'armée par le moien d'vne familiarité & conoissance qu'ils auoient auec aucuns Catholiques & mesmes

& mesmes entroient dedans les villes de Poitou. Et si la ou par les chemins ils rencontroient compagnie plus foible qu'eux qui allast en quelquel lieu que ce fust: ils s'accompagnoient pour les prandre par les chemins & les emmener à la Rochelle. Quelques vns mesmes qui se disoient Catholiques suiuans l'amée pour la friandise d'vn butin: s'entendoient auec les Confederez esquels ils faisoient prandre ceux qui alloient de compagnie auec eux. Aucuns aussi des Confederez faisoient le semblable aux Catholiques. Si bien que plusieurs en ceste sorte ont experimenté à leur dommage le peu de fidelité qui est en la plusgrande part de ceux qui prtent les armes. Mais pour retourner à nostre siege le peu de soldats qui estoient au camp empescha qu'on entreprist chose notable d'autant que la plus part de l'infanterie des Catholiques s'estoit desbandée tant pour le peu d'esperance qu'elle auoit de prandre par force ceste place: que d'ennuy & fatigue que la longueur du siege leur auoit apporté. Aussi que à la verité les soldats estoient mal accōmodez pour n'auoir autre couuerture que celle du Ciel. Ioint que on esperoit chacun jour que les assiegez se rendroient par defaut de viures. Le Sixiéme de Decembre arriuerent au camp douze cens Reytres & le Capitaine saint Martin auec six cens soldats François trainans quantité de poudres & munitions de guerre. Quelques jours apres le Lieutenant de Poitou (qui six sepmaines au parauant estoit entré en la Rochelle: ou entre autres propos il feit entendre le deuoir qu'il entendoit faire pour la Cause) bien que tout cela fut diuulgué il ne laissa de sejourner en l'armée Catholique plusieurs jours. D'où il s'en alla à la Cour. La venuë & le depart d'icelluy engendroit vne oppinion en l'esprit de plusieurs que toutes ses entreprises tendoient à quelque fin pour le seruice du Roy, comme vous entendrez ailleurs. Ce pendant sur vn auertissement que receut Monsieur de Montpensier quinze jours apres le depart du Lieutenant de Poitou de l'armée que les trouppes que le Lieutenant auoit estoient en la compagne, és enuirons de Pons: depescha Monsoreau auec nombre de cheuaux legers pour les aller combattre. Auquel il donna vne Cornette de Reytres pour l'accompagner en l'execution de sa charge. Outre ce marchant pour cest effet, il auertit de son entreprise les Gouuerneurs de saint Iean & de Saintes auec lesquels il fut trouuer les troupes du public qui s'acheminoient vers la Gascongne. Desquelles il deffeit cent soldats apres quelques escarmouches aiant le reste assez de loisir de se retirer à la faueur de quelques maisons qui leur prestoient plus d'auantage qu'a la Caualerie.

Sur ce les assiegez feirent demander à monsieur de Montpensier vn sauf conduit & permission de faire sortir de Lusignen quelques Damoiselles qui sous sa bonne volonte desiroient de se retirer en toute seureté en leurs maisons. Et singulierement le prierent de le consentir pour quelques Damoiselles enceintes. Ce que Monsieur de Montpensier ne leur voullut accorder: qui pensa que les laissans la dedans enfermées auec leurs enfans cōbattre auec la famine: leurs maris se rendroient plustost que si on leur permettoit faire sortir à leur volonté les personnes qui leur estoient inutilles. Ce mesme deffaut de viures dont on les jugeoit courts feit aussi qu'on ne voulut hazarder des hommes: ne souffrir qu'il fut consommé des munitiōs de guerre ne qu'on s'efforçast d'emporter ceste place de viue force: aimant mieux obtenir ce qu'il desiroit auec le temps que promptement: par vne perte de beaucoup de galans hommes. Apreuuant l'oppinion de Scipion qui aimoit mieux sauuer vn des siés que tuer mil des ses ennemis. Aussi que tout son Conseil jugeoit d'vne mesme voix que la lōgueur du temps qui les tenoit assiegez feroit qu'aians consommé leurs viures: ils se rendroient d'eux mesmes. Et que la faim leur estoit ennemy suffisant pour les y contraindre sans qu'il fut besoin les ennuier ne presser d'ailleurs. Qui fut cause qu'en cest espoir s'escoulerent quelques jours sans aucun fruit. Mais voians les Catholiques quelques jours apres que ceux de dedans contre l'oppinion cōmune ne parloient ny ne faisoient contenance de vouloir parlementer à se rendre: jugeans par la qu'ils n'estoient si courts ny poures de viures comme on auoit pensé. On changea lors d'auis & fut resolu qu'ils tascheroient par vn assaut general d'emporter de force vn fort appellé la Mote qui estoit dedans le fossé de la ville. Sur ces entrefaites entra dans la ville vn homme portāt vn paquet de la Nouë & aiant baillé le paquet & dit sa charge tost apres sortit hors la ville & s'en retourna. Le lendemain à l'yssuë du Presche les lettres de la Nouë furent leuës en la presence de plusieurs Gentilshommes par lesquelles il escriuoit au Baron de Frontenay & à la Noblesse qui estoit auec luy qu'il estoit desja parlé par toute la France de l'assaut qu'ils auoiēt vaillamment soustenu: qu'ils perseuerassent en leur sainte resolution & que les Catholiques auoint auoient desja fait leurs plus grans efforts. Qu'ils n'auoient plus de poudres. Et sur tout qu'on se gardast bien de parlementer d'autant que les langues de ceux à qui nous auoins affaire disoit-il, estoient plus dangereuses que leurs espées. Il ajoustoit à cela, qu'il auoit receu nouuelles de Monsieur le Prince de Condé. Ne falloit non plus douter que Monsieur de d'Anuille ne se fust sauué. Et quand à luy il estoit en bonne volonté. Mais le moien & le pouuoir ne respondoient point à son desir. Car la venuë du Roy en auoit refroidy plusieurs qui luy auoiẽt promis de marcher. Nonobstãt il esperoit qu'en bref les affaires iroiẽt mieux & que les Catholiques seroient bien estonnez. En fin il ajoustoit vne exortation tant à la Noblesse qu'aux soldats. Par laquelle il les prioit de continuer & qu'ils estoient au lieu d'acquerir vne grande loüange. Tost apres ceste lettre fut diuulguée par tout & la curiosité d'vn chacun aidant fort au bruit qui en couroit que plusieurs interpretoient sinistrement ces lettres disans qu'ils estoient frustrez de secours. Toutesfois cela n'en estonna gueres. Enuiron ce temps le Baron de Frontenay receut lettres de la Dame de la Garnache sa sœur par lesquelles elle l'exortoit & prioit instamment d'auiser bien à soy, de ne refuser le moien qu'on luy presentoit de sortir. Et que Monsieur de la Hunaudaye s'offroit à eux luy promettant en particulier toutes faueurs & mesmes de le conduire la part ou il luy plairoit. Et quant à elle comme vne bonne sœur: elle desiroit son bien & son honneur & seroit trop dolente de son desastre. A quoy il feit promptement responce qu'il se sentiroit le plus malheureux Gentilhomme du monde de prẽdre vn tel conseil & qu'il ne voudroit pour nulle chose habandonner la compagnie de tant & si vaillans Gentilshommes qui l'accompagnoiẽt auec lesquels il auoit protesté viure & mourir. Et qu'au reste il la remercioit, la priant qu'elle ne luy escriuist plus de cela. Puis la Hunaudaye, renuoia celuy qui auoit porté lesdites lettres le jour precedant pour luy dire qu'il desiroit bien fort de parler à luy pour chose d'importance. Et que pource faire s'il voulloit il l'iroit trouver en baillant la foy. Ou bien qu'il se trouveroit la part ou il vodroit. A quoy il respondit verbalement qu'il ne voulloit parler auec luy. Mais s'il auoit quelque chose à luy dire pour sõ particulier il enuoiroit volõtiers vn Gentilhõme par devers luy. Et que si c'estoit pour traiter vne bõne Paix il s'en falloit adresser à Mõsieur de la Nouë sãs le bon auis duquel il ne feroit rien. La nuit suiuant ceux de l'armée essaierent d'oster l'eau du moulin. Et de fait la seirẽt destourner seulement vn jour ou d'eux non toute mais la pluspart & puis apres reprint son cours acoustumé. Or tous les soirs & matins les musniers menoient auec plusieurs cheuaux le bled par la porte du Chasteau au moulin & en ramenoient les farines au veu & sceu des Catholiques. Ce qui à duré jusques à la derniere batterie de ce moulin qui fut ruyné. Car ils renuoient reconoistre pour assoir les pieces pour le battre. Ce fut dedans le petit parc du costé d'Eniãbes ou ils dresserẽt vne batterie cõtre ledit moulin & tirerent quelques coups & puis à vne tour estant au Prieuré. Mais ces lieux n'en furent pour cela grandement endommagez. Or quelques jours au parauant le bruit estoit tout commun en la ville qu'on le voulloir battre. mais les autres grandes & vrgentes affaires qui suruenoient coup à coup pour remparer ailleurs empeschoient le rempareḿt du moulin. La nuit suiuant on y mena quelques seruiteurs pour le remparer par dedans. Quoy voians les Catholiques tirerent & le premier coup tua vn jeune homme qui fut occasion de cesser l'œuure encommencée. Puis rompirent toutes les murailles & porterent par terre la couuerture. Ce nonobstant la muraille & la rouë qui estoient en lieu bas & qu'on auoit quelque peu remparé de terre: ne furent point rompus. Si que les soldats qui auoient la garde dudit moulin y demeurerent tousjours durant la batterie nonobstant tous les esclats tant de bois que de pierre. Mais les Catholiques continuerent pour la seconde fois de tirer de trois canons qui estoient dans le parc cinquante coups le reste fut tiré ailleurs par la ville. La nuit suiuant les Catholiques donnerent vne alarme au moulin & y donnerẽt en bon nombre pensans y trouuer le corps de garde qui auoit tousjours demeuré dedans. Mais les soldats s'estoient retirez en vne petite tour prochaine qui faisoit le coin des murailles du parc: pource qu'ils se doutoient bien de ce qui auint. Puis se retirerent les Catholiques & nonobstant tout cela fut rabillé en peu de jours ledit moulin prest à moudre. Ce fut toutesfois à recommencer, apres que les Catholiques eurent receu des Canons & quelques milliers de poudre d'Angoulesme. En quoy ne faut obmettre la dexterité de bien & droitement tirer des Canoniers de l'armée: qui ont plus blessé & tué d'hommes que tout le reste des Catholiques. Et les assiegez au contraire. Car ils n'auoient aucun bon Canonnier.

Et

Et parce peu d'artillerie qu'ils auoient, leur à de peu ou rien seruy. Sur le soir vn tambour de l'armée alla du costé du parc pour dire que du Rouhet, auoit des lettres du Roy & de la Royne: demandant de parler à Chouppes, auquel on feit responce qu'il estoit trop tard qu'il retournast le lendemain au matin & qu'on parleroit à luy. Surquoy le lendemain ceux de l'armée reprochoient aux assiegez qu'ils auoient refusé les lettres du Roy. Ce qui donna occasion à Frontenay d'enuoier vn Trompette au Duc de Montpensier pour demander ces lettres. Dont à l'apresdisnée du Rouhet & deux autres Gentilshommes auec luy descendirent du parc dedans la prée & furent jusques au pont qui est pres la tour, ou est la fontaine de Mellusine. Des assiegez Chouppe & Baronniere y estans assemblez, apres l'honneste accueil & reciproques salutations: du Rouhet aiant tenu quelques propos presenta à Chouppes deux lettres l'vne du Roy l'autre de la Royne. Ces lettres s'adressoient à du Rouhet auquel le Roy escriuoit qu'il auoit receu ses lettres & veu ce qu'il escriuoit touchant les assiegez dedans Lusignen. L'asseurant que s'ils voulloient ils luy feroient seruice agreable & qu'il les en asseurast engageant son honneur & sa foy qu'on les laisseroit viure en liberté de conscience en leurs maisons sans estre recherchez. Et que s'ils ne se contentoient de cela: le Roy en feroit despescher lettres. Il ajoustoit à cela que si on voulloit rendre la place: Monsieur le Duc leueroit son armée & emmeneroit l'artillerie. Lors chacun des assiegez se pourroient librement & en seureté retirer en leurs maisons sans y estre recerchez. Les lettres de la Royne chantoient presque de mesme. Toutesfois il n'y eut pas gras propos pour le peu de fiace qu'auoient les Protestans sur l'asseurance des Catholiques. Tellement qu'vn chacun se retira. Et sur la retraite les soldats tant ceux de l'armée que les assiegez feirent tout deuoir de tirer les vns aux autres plusieurs harquebuzades. En ce temps les assiegez receurent lettres de la Noüe par lesquelles il mandoit qu'il estoit prest de monter à cheual & esperoit qu'en bref ils beuroient ensemble. Au surplus que leurs affaires alloient mieux qu'ils ne pensoient & que c'estoit tousjours pour le mieux de differer le secours: pource qu'vn l'ong siege est la ruyne des assiegeans. Ces nouuelles encouragerent ceux qui commençoient de se fascher d'vn si l'ong siege. Ainsi les vns les autres reprenoient courage. Et pource que ceux de l'armée s'approchoient peu à peu du Rauelin des Dames par leurs tranchées: & qu'ils se voulloient loger dedans le fossé, on auisa de faire vne sortie de ce costé là. Dont la charge fut baillée au Capitaine Terrefort & Puynidal son Lieutenant auec sept corps de cuirasses & dix harquebuziers, sur les neuf ou dix heures de nuit feirent leur sortie. Mais ils ne trouuerent grande resistance. Pource que les Catholiques gangnerent au pied habandonnans ces nouuelles tranchées. Deux ou trois furent tuez sur le champ neanmoins & n'eust esté que les assiegez craignoient de hazarder leurs hommes à cause que le Canon leur en auoit tué & blessé plusieurs: on en eut enuoié d'autres pour poursuiure plus auant l'entreprinse. Les soldats auoient bon courage & ne demandoient qu'à sortir. Mesmes pour ceste occasion on ne leur voulloit permettre la sortie si ordinaire qu'ils eussent bien desiré. Puis les Catholiques entrerent au moulin pendant le rauage & degast duquel les assiegez ne dormoient pas. Car les murailles de la ville & singulierement au Prieuré, furent incontinant bordées d'hommes qui tiroient incessamment vers le moulin: encores que les Catholiques tirassent de leur part de deux pieces de batterie du costé d'Eniambes qui batoient en courtine par le dedans de la ville. Et de quelques autres pieces qui estoient dedans le parc lesquelles tiroient toutes à ce Prieuré. Dont vn boullet emporta tout le dessus du chappeau de M. Marry Ministre comme qui l'eust couppé auec vn cousteau ou de quelques cizeaux sans luy faire aucun mal. Le vent seul du boullet l'estonna vn peu. S'esmerueillat que plusieurs des assiegez ne furent la tuez: attendu que ceste place du Prieuré est petite & commandée des deux lieux ou estoient les pieces qui y tiroient. Le Ministre dit lors à ceux qui s'esmerueilloient du coup: Qu'il auoit pratiqué ce qui est dit au Pseaume 91. Tu n'auras peur de ce qui espouuante de nuit ne de la flesche qui vole de jour, mille cherront à ton costé & dix mille à ta dextre mais elle ne viendra point jusques à toy. Au commencement de Decembre, les Catholiques aians fait leurs approches de la contrescarpe du fossé à la teste du Rauelin des Dames: & apres auoir posé leurs gabions pour couurir leur artillerie & percé des le haut d'icelle contrescarpe jusques au fonds dudit fossé. Le Baron de Frontenay pour preuenir le dessein desdits Catholiques qui estoit de ruyner la casematte & battre la tour qui estoit à la teste dudit fort, pour apres s'y loger: feit promptement remplir de terre ladite tour qui fut occasion

Lettres du Roy & de la Royne aux assiegez dans Lusignen.

Sortie des assiegez.

Moulin rompu.

Decembre.
1574.

L'HISTOIRE DE FRANCE.

casion que les Catholiques pesãs se loger d'emblée au plus haut d'icelle demeurerẽt frustrez de leur esperance. Combien qu'apres plusieurs coups de Canons finallement ils se logerent au pied d'icelle. Et faisans leurs efforts de vuider la terre qui y estoit pour gangner le haut à-pres auoir esté deslogez si logerẽt de rechef & s'y réforcerẽt si pres des assiegez qu'ils pouuoiẽt bailler la main les vns aux autres. Mais ne pouuans faire autre chose changerent leur dessein & commencerent de sapper la muraille qui estoit à la teste dudit fort aians toutesfois descouuert la tranchée qu'on faisoit pour separer la muraille auec la terre du fort. Ne pouuans empescher ladite tranchée quelque effort qu'ils y feissent à grans & furieux coups de Canons cesserent la sape & commencerent à miner. Toutesfois les Catholiques entendans la contre mine que les assiegez faisoient leuerent vn pont pour aller du pied de ladite côtrescarpe sur le haut dudit fort. Ce que voians les assiegez pour garder les Catholiques de se preualloir de l'auantage qu'ils pourroient rapporter de tous ces preparatifs: feirent soudain retrancher en deux endroits ledit fort & auec ce y dresserent de gros flans d'vne part & d'autre qui le rendirent plus fort qu'auparauãt. Côme ces choses se manioient plusieurs des assiegez enduroient fort:

Faute de viures entre les assiegez.

singulierement de pain. Ce mal estoit auenu par la faute de farine, non de bled & de la visitation qui en auoit esté faite duquel ils auoient encores assez bonne prouision. Mais le moulin à eau estant rompu, celuy du Chasteau que les cheuaux faisoient tourner & quelques autres moulins à bras qui estoient par la ville ne pouuoient suffire. Au moien de quoy il y auoit grande disette de pain. Les chats & rats estoient venaison & la patisserie de cheuaux estoit pour delices. Ceux qui auoient des cheuaux estoient en grande peine de les pouuoit garder. Et mesmement la nuit: sur tout quant ils estoient jeunes pource que la chair de ceux la estoit plus tendre. Mesmes ceux qui en mangeoient ne trouuoient pas grande difference entre ceste chair & celle du bœuf. La necessité contraignoit les soldats d'oster le pain d'entre les mains de ceux qui l'apportoient du four. Plusieurs maisons estoient percées de nuit pour auoir des viures. Et parce ceux qui en auoient quelque peu estoient en peyne pour les garder & ceux qui n'en auoient point pour en cercher.

Les Catholiques neantmoins poursuiuans leur effort au Rauelin des Dames où Terrefort estoit en garde: le trouuerent sur ses armes. Car toutes les nuits il estoit au guet pour tirer à quelqu'vn de ceux qu'il pouuoit apperceuoir és tranchées. Ceux du camp auoient pẽdu vn espion qui portoit nouuelles aux assiegez. Surquoy ils prindrẽt occasion de sortir pour l'aller reconoistre. Et pource monterent à la grange qui est au dessus de la basse ville où il y auoit vn corps de garde de la compagnie du Capitaine Beaulieu lequel ils enfoncerent & tuerent neuf soldats qu'ils y trouuerent. Ce fait aians prins les armes des occis & quelque bagage se retirerent. Au lendemain les Catholiques tirerent au Rauelin de la vacherie six coups de Canon & sur les quatre heures du soir, sentans les assiegez s'approcher de bien pres par contre mine: feirent sauter la mine qu'ils auoient faite audit Rauelin. Laquelle joüa plus à leur desauantage qu'à celluy des assiegez. Pource que la grande part de la ruyne tomba sur lesdits Ca-

Assiegez reduits à mauuais party.

tholiques à cause de la contremine que les assiegez auoient faite. On estoit disposé à soustenir l'assaut. Mais les Catholiques le difererent à meilleure saison. Ce pendant les affaires des assiegez alloient de mal en pis. Car outre l'oppiniastreté des Catholiques: ils auoient à combattre la disette de beaucoup de choses qui les pressoit de bien pres. En premier lieu ils auoient l'iniure du temps & si n'auoient point de bois. Sinon des maisons que rompoit le Canon & d'autres qui se demolissoient. Plusieurs beaux meubles de bois se brusloient aussi par la ville. Les soldats estoient mal vestuz, mal couchez & mal blanchis. Et qui pis est encores plus mal nourris & la plus part estoient sans soulliers & si n'auoient ne cuirs n'aucun moien d'en auoir pour y remedier. Par toute la ville y auoit faute de pain. Ce qui prouenoit en partie de la grãde paresse & lascheté de plusieurs qui aimoient mieux endurer la faim que de moudre aux moulins à bras qui estoient par la ville. Au surplus les Catholiques leur faisoient la guerre en l'air par Canonades des boulets desquelles les ruës estoient ja pauées. Sur terre ils combatoiẽt main à main presque en tous endroits. Sous terre par les mines qui ne jouoient que trop souuent & n'auoient plus de pionniers pour contreminer. Entre tant de pouretez les Catholiques feirẽt sauter la mine qu'ils auoient faite au pied de la tour du Rauelin de la vacherie au dessous de la vieille breche. La ruïne de laquelle renuersa tout ou bien peu s'en fallut sur ceux qui l'auoient faite, sans offencer aucun des tenans. Mais bien plusieurs des Catholiques. Incontinãt

apres

LIVRE TRENTENEVFIEME. 259.

apres quelques vns d'eux firent semblant d'aller à l'assaut. Mais les Gentils-hommes & soldats qui y estoient d'estinez soustindrent l'effort & les repousserent en fin par la blessure de quatre des assiegez. Puis le vint-troisiéme ils commancerent dez le point du jour à faire vne batterie de seize cens trente quatre coups que dix-huit Canons & quatre Couleurines vomirent outre les moiennes & Mousquets qu'ils tenoient tousjours pointés ez endroits & auenues des assiegez; Et poursuiuirēt la batterie sur la vieille breche du Chasteau sur la Caue d'au dessous la Chappelle sur le Rauelin de la Vacherie sur la courtine de la ville sur le fort où le Capitaine de Bien faisoit ses Gardes: ensemble sur la teste du Rauelin des Dames où cinq des assiegez furent blessez: Et bien que les Catholiques se feussent tenuz en bataille dés le matin: on se contenta neantmoins de cela sans autrement se presenter à l'assaut. Et ainsi le soir venu chacun se retira. Mais au lendemain veille de Noel les Catholiques recommancerent la batterie dés la Diane autant furieuse que le jour precedent. Et singulierement ez breches de la ville & fort du Bien. Car ils augmenterent ladite batterie de trois Canons qu'ils auoient amenez de nuict & qu'ils braquerent à l'endroit dudit fort du Bien. Et ainsi de toutes leurs pieces ils augmenterent beaucoup lesdites breches, abattirent tous les flancs & defences qu'ils peurent apperceuoir leur estre nuisibles. Ils ruinerēt aussi les deux Corps de Garde dudit du Bien qui furent tous deux reuersez & portez par terre. Tant par la ruine des Tours de la muraille de la ville que par furie du Canon, continuant la batterie jusques enuiron vne heure apres midy que les breches furent grandes & raisonnables. Or dés les dix à vnze heures du matin les Catholiques mirent leurs gens de guerre en bataille: & reduisirent leur armée en 3. bataillōs lesquels tost apres furent acheminez au dessous des 3. pieces qui battoiēt la teste du Rauelin de la Vacherie: L'autre vn peu au dessus la grange où d'ordinaire les Catholiques faisoient vn Corps de Garde qui est au dessus de la basse ville & à l'endroit du fort du Bien: Et l'autre marcha droit à la teste du fort où Rauelin des Dames. Et là lesdits bataillons firent alte jusques à ce que le Canon eust acheué de faire son effort. De façon qu'il les faisoit merueilleusemēt beau voir si bien en conche en si grād nōbre & se tenās ainsi à la veuë des assiegez tous à descouuert: voire assez pres des fossés de la ville où ils tirerent pendant l'assaut enuiron de 400. coups de Canon. Or le signal de l'assaut donné: les troupes furent desbandées & marchans au grand pas de grande alegresse en tresbonne & belle ordonnance: assaillirent tout à la fois les breches du Rauelin de la Vacherie & les deux breches de la ville. Et bien que les assiegez ne fussent assez bastans pour soustenir vne telle charge & en tant de lieux & grandemēt eslongnez l'vn de l'autre: toutesfois ayans la nuict precedente & pendant la batterie dudit jour remparé, retranché, tiré plusieurs secrets flancs & disposé les lieux en la meilleure defence qu'on auoit peu: les assiegez sur ce exortez par les Chefs qui commandoyent ausdites breches; prindrent tous vne telle resolution de bien & courageusement faire leur deuoir apres auoir prié DIEV chacun en son quartier qu'ils munirent les coins de leurs breches de plusieurs armez à l'espreuue & de bons harquebuziers. Chacun Chef en son quartier voyans les Catholicques s'auancer & aucuns monter par escallade & s'approcher du pied de sa breche donna le signal du combat alors tous s'esuertuerent comm'a l'enuy à qui les caresteroit mieux à leur arriuée sans espargner le plus secret & meilleur de leurs flancs. Ce qui estonna tellement les Catholicques, qui se voyans d'ailleurs combattus: & par derriere par les harquebuziers & d'autres petis flancs qui estoyent encores demourez sur les murailles de la ville: qu'en peu d'heure furent contraincts de quitter leur entreprise & se retirer derriere vne petite Tour qui auançoit vn peu hors des murailles où ils se tindrent quelque temps. Mais en fin à coups d'harquebuz & de pierres on les en chassa. C'est assaut dura longuement. Car les Catholicques se tenans en la basse ville assez loing des breches faisoyent tousjours quelque semblant d'y voulloir monter: ce qui estoit occasion de se tenir tousjours en ceruelle. Cependant le Canon tiroit incessammant aux breches où six Soldats furent tuez & grand nombre ez autres endroicts. Le deuoir desquels neantmoins & de leurs suruiuans feirent en fin du tout quiter le jeu aux Catholicques. Lesquels reprenans le chemin par lequel ils estoyent venus, sans regarder derriere eux le laisserent jonché & couuert de plusieurs de leurs gens. Les vns roides morts & les autres bien blessez. Les corps morts ont demeuré la plus part sur le Champ.

Batterie de 1634. coups.

Ordonnance & desmarche pour l'assaut.

Preparatifs & ordre des assiegez à soustenir l'assaut.

Kkk

Decembre, 1574.

Assaut au Rauelin de la Vacherie.

Pendant ce combat le Rauelin de la Vacherie fut assailly par la troupe en laquelle entr'autres estoiët Puy-Gaillard, Mortemart & Lucé accōpagnez de bon nōbre de Gentilshōmes & soldats qui d'vne grāde furie & bōne resolution allerent d'abordée iusques au plus haut de la breche: où les assiegez les attendoient: nonobstāt qu'ils se vissent fort desauātagez au moiē de la perte qu'ils auoient faite par la furie du Canon de tous les meilleurs & plus asseurez flancs du Chasteau: esquels cōsistoit toute la defence des auenues de leur breche. Les receurēt neantmoins fort courageusemēt & en faisant ieter quelques grenades, cercles & lances à feu, en fin vindrent aux mains auec les assiegeās de telle furie qu'ils arresterent tout court les premiers a grans coups de pique & d'espieux. Mais le nōbre des assiegeās croissāt de plus en plus, se seruās de l'occasiō qui leur estoit appareillée, & laissās le cōbat aux premiers attaquez vindrēt à couuert par le derriere de la breche. Et passans sur le chemin que la ruine des murailles auoit apresté par le Canon au bout du retranchemēt qui estoit tout cōblé: gangnerēt le derriere dudit lieu où le Chef Seré se voiant par ce moië assailli de toutes parts ensemble ses soldats: se ieterent dans le retranchemēt pour laisser faire le ieu aux harquebuziers qu'à ceste fin ils auoiēt mis dans les flancs dudit Rauelin. Mais trouuās que la plus part d'iceux estoiēt intimidez d'auoir veu deux de leurs Capitaines blessez qui auoiēt abandōné le lieu, tachoit à ralier la troupe pour se retirer. Les Catholiques neātmoins les chargeās en ceste resolutiō: se rendirēt maistres de ce Rauelin prenās tous les Chefs prisonniers & tuans tous ceux qui se pensoiēt defendre auec certain nōbre de soldats qui y demeurerent morts. Plusieurs autres y furēt blessez lesquels se retirās gangnerēt le Chasteau. A mesme instant vne autre troupe de Catholiques qui dés le matin auoient fait poser 9. eschelles à la teste du fort des Dames fut de grande furie presenter l'escallade audit fort. Mais le Capitaine Terrefort qui en auoit la garde leur tint teste à grans coups de pique secondé des harquebuziers à cest effet laissez aux flancs de la courtine de la ville du costé du Prieuré qui regarde sur le fort. Estāt aussi secouru d'ailleurs par des Gētilshommes & soldats qu'on luy enuoia par la venuē desquels il leur resista courageusemēt. Si que renuersant par terre les premiers entre lesquels estoit vn sien frere: en peu d'heure il appresta matiere aux Catholiques de se retirer par le chemin qu'ils estoient venuz auec grande perte de plusieurs qui demourerent par terre les vns roides morts & les autres bien blessez. Mais comme ces choses se passoient au Rauelin de la Vacherie, la Coste estāt au haut de la breche du Chasteau apperceuant les assiegez reschappez dudit Rauelin se retirer en tres-grād desordre: Le fit incontinant sauoir au Baron de Frontenay: luy exposant le danger qu'il y auoit que les Catholiques qui les talonnoient de sy pres n'entrassent par la porte du degré de leur retraitte pesle mesle auec eux: ce qui fut cause que Frontenay pour obuier à vne telle surprinse & aux inconueniens qui en pourroient auenir, le reuoia pour faire la retraitte desdits reschappez. Et à mesme heure estant rapporté que les Catholiques se preparoient pour aller à l'assaut à la breche du Chasteau: apres auoir admonesté ceux de sa trouppe de leur deuoir, print place de combat & tenant ses trouppes disposées à soustenir l'effort, enuoya souuentesfois recognoistre l'Estat desdicts Catholicques: & luy estant rapporté qu'ils vouloyent aller à l'assaut en fort grand nombre contremont la breche apres l'auoir bien recogneu: feit tirer sur eux si grand nombre d'harquebuzades & ieter plusieurs grenades cercles à feu & grande quantité de pierres qu'ils les arresterent vn peu de court. Mais les Catholicques se voyans grandement fauorisez de leur Canon qui de toutes parts commandoit à plemb sur ladicte breche poursuiuoyent tousiours la poincte d'vne braue resolution: Si qu'ils feirent paroistre le bout des Enseignes au haut de ladicte breche & faisoyent vn assez grand effort de monter sur le couppeau d'icelle. Mais les assiegez tenoyent tousiours bon. Toutesfois estans à la longue tous lassez du combat & recreuz de pauureté & se trouuans d'ailleurs fort endommagez tant de l'escopeterie des harquebuziers que des boullets & des esclas de pierre que faisoit le Canon: furent contraincts de se retirer vn peu arriere & à couuert des Cannonnades. Cōbien que tousiours soustenans l'effort des assiegeās à coups de pierre & de grenades: faisoyent souuent mōter le harquebuzier sur la breche pour entretenir l'escopeterie au moyen dequoy endōmagerent grandemēt les Catholiques & firēt en fin retirer ceux qui ia entroiēt par les degrez pesle mesle des assiegez qui se retiroient au Chasteau. Car les chargeans à grans coups d'espieus: les cōtraignirēt de quiter le pié desdits degrez & de sortir hors la porte. Tellement mêt qu'ils eurent le moien & le loisir de fermer la porte & faire promptement reparer le derriere d'icelle. Les autres restez à la breche entendirent qu'à grands coups de hache les assiegeans rompoyent la porte, respondant à la fausse braye qui est au dessouz de la grande Gallerie au pied du degré par où on y descend de la teste du Chasteau en hors: occasion qu'ils fermerent sur eux la seconde porte respondant aux assiegez, laquelle ils remparerent aucunement & y laisserent quelques Soldats tant pour la garder que pour parachever de la remparer. Or il aduint que les Catholicques ayans acheué de rompre la premiere porte pour gangner le derriere des assiegez & se rendre Maistres du Chasteau, que d'vn coup de boullet de leur Canon vn grand pan du mur qui estoit au bout desdites Galleries tumba sur les assiegans. Ce qui estoit comme tout atitré: N'attendans fors que ladite porte fust rompuë pour enfoncer & donner dans le Chasteau. Qui fut cause que par cest inopiné euenement vne partie des Catholicques demeurerent couuerts de la ruyne & les autres furent contraincts d'eux retirer & quitter la place. Or comme ces choses se passoyent ainsi: les reschappez du Rauelin sestans joincts auec les trouppes susdites: faisoyent devoir de soustenir l'effort des assiegans: lesquels allans au raferschissement s'oppiniastrerent plus qu'auparauant de gangner & franchir le haut de ladite breche. Marchoyent sous cinq drappeaux en si grand nombre & si bien serrez que la breche en estoit toute couuerte depuis le bas jusques au haut. Quatre Rondachiers marchoient les premiers à la teste des drappeaux. Mais les Chefs des assiegez se meirent au plus hault de la breche & a grans coups d'espieux favoriser le nombre d'harquebuzades chargerent les premiers de façon qu'ils furent contraincts d'eux retirer quelque peu en bas. Tellement que se trouuans aussi d'ailleurs grandement endommagez par les lances, grenades, sercles à feu & pierres qu'on leur jectoit: finablement furent contraincts se retirer audit Rauelin & de là apres auoir pourueu à la Garde d'iceluy, chacun se retira en son quartier non sans auoir faict perte notable de plusieurs Gentils-hommes & braues Soldats. Entre lesquels des assiegez fut blessé Lucé qui bien tost apres mourut. Durant ces attacques y eust vn si grand tonnerre de Canon, d'harquebuzades, mousquetades, grenades de toutes parts: qu'auec le bruit & son de tambours & trompettes, rumeur des hommes, & cliquetis des Armes, il sembloit que la ville & le Chasteau couuers & enuironnez d'vne epesse fumée: d'eussent abismer. Les assiegez y perdirent plusieurs hommes. Car le Canon tiroit incessemmant à la breche. Ce qui rendoit le lieu plus dangereux & meurtrier. Le combat dura depuis midy jusques à la nuict. Pendant laquelle les assiegez entrerent tous en Garde quoy qu'ils feussent fort fariguez & recreuz. Les Catholicques se trouuans de mesme passerent la nuict & quelques jours apres sans rien entreprendre les vns sur les autres: En fin lesdicts Catholicques furent contraincts eux loger à couuert audit Rauelin. Cependant les assiegez remparoyent leurs breches le mieux qu'ils pouuoyent. Or les Catholicques ayans quelque peu repris leur haleine: percerent la fausse braye basse du chemin en deux endroicts: firent deux chemins barrez & couuerts de Madiers par l'vn desquels ils se logerent au bas de la Tour Poicteuine. Par l'autre se logerent au pied du pillier qui sert d'arc boutant au corps du logis de la Royne. Et ayant percé ladite Tour, fonderent le rocher pour y faire vne mine: s'attendans d'ailleurs saper ledit pillier & par la sape gangner les Caues qui sont au dessous dudit corps de logis. Mais pour preuenir leur dessein les assiegez firent vn retranchement à trente pas de la breche à l'endroict dudit corps de logis & commancerent vne platte forme à triple defence, bien retranchée auec vne Casematte en chacun desdicts retranchemens. Et par ce moyen, quelque effort que les assiegeans eussent faict en ces endroicts: soit pour la mine où par la sappe: n'eussent sceu que rendre la teste dudit Chasteau en meilleure defence qu'elle fut jamais. En mesme temps les caues dudit Chasteau furêt remparées & plusieurs fortifications faictes tant à la ville qu'ausdits forts. Les assiegez neantmoins considerans la perte d'hommes qu'ils auoyent faicte & les grands efforts passez: depescherent promptement trois Messagers pour aller trouuer la Nouë affin de l'auertir de tout & comme leurs affaires se portoient.

    Cependant pour le desir que les Catholicques auoyent d'entrer dedans: auoir aucuns des Chefs asseuré les assiegez qu'ils auroyent telle composition qu'ils demanderoyent: presenterent à Puy-Gaillard certains Articles qui le jour auparauant auoyent esté dressez & en pleine assemblée du Conseil, que Puy-Gaillard print: promettant d'y

Parlement,

Ianuier.
1575.

faire responce. Ce que toutesfois il ne feit à cause de la malladie qui le saisit pour l'heure. Ains les Catholicques dresserent vne Nouuelle batterie de trois pieces qui furent pointées deuant le Moulin du Chasteau & y tirerent à plomb: Encores que les assiegez y eussent faict vn rampart de terre au deuant. Ils le battirent neantmoins jusques au pied, par ce que la montagne ou les pieces estoyent braquées commandoit au pied dudit Moulin. Au moyen dequoy la muraille & couuerture dudit Moulin furent rompuës & portées à terre par l'effort de cinquante deux coups. Surquoy les Chefs des assiegez feirent faire reueuë de tous les gens de Guerre tant de la Noblesse que d'autres qui estoyent dans Lusignen. Où fut trouué quatre vints Cuirasses & enuiron quatre cens cinquante harquebuziers. Surquoy considerant le Chef qu'il y en pouuoit auoir d'infirmes, & qui ne pourroyent plus longuement supporter la peine & pauureté de sy fascheux siege: fit quelques remonstrances aux Compagnies. Ausquelles il fit entendre sur tout que s'il y auoit quelques vns qui ne peussent endurer la pauureté en laquelle ils estoyent, qu'ils s'en voullussent aller: que librement il leur donneroit congé & ne vouloit tenir personne par force. Aquoy tant Gentils-hommes que autres respondirent vnanimement. Qu'ils estoyent resoluz de viure & mourir auec luy en gardant ladite place & maintenant la Cause de la Religion. Lors il & la Noblesse qui l'accompagnoyt protesterent de n'abandonner nullement les Soldats. Et tost apres par ordonnance & aduis du Conseil, Sainct Gelais & le Ministre de Claire-ville furent Deputez pour se transporter par les Corps de Garde pour sauoir la volonté & intention desdicts Soldats: & leur asseurer tant de la part du Chef que de la Noblesse qu'ils n'entendoyent entrer en quelque capitulation qui ne fust esgallement fauorable & auantageuse pour les vns & pour les autres, estans resoluz de demeurer inseparablement conjoincts soit à la Paix soit la Guerre. Chose qui contenta fort les Soldats: lesquels feirent promesse reciproque d'attendre patiemment l'issue de tout, sans se desbander aucunement. Ce faict lesdicts Soldats firent vne grande scopeterie en tous les forts tant de la ville que du Chasteau. Ce qui estonna aucunement ceux de l'Armée & par la cogneurent qu'ils estoyent dauantage en la ville qu'on ne leur auoit donné à entendre. Terrefort renómé Capitaine, mourut ce jour au grand regret de tous. Son frere auoit vne cōpagnie Catholique. Surce les Catholiques sçachās bien que les assiegez auoient fait reueuë de leurs gens de guerre & qu'ils estoient resoluz de ne rēdre Lusignen qu'à bōnes enseignes: entrerent en volonté de continuer les premiers propos tenus pour entrer en quelque Capitulation d'accord. De sorte que Sarriou estant allé au Corps de Garde qu'ils faisoiēt au bas de la Tour du fort des Dames pour demāder vne leurette appartenāte à la Damoiselle du Fresne: sonda les assiegez s'ils auoiēt enuie de quelque appointement. Surquoy luy aiant esté remonstré le peu de conte qu'ils auoient fait des Articles qu'ils leur auoiēt baillez à cest effet: Sarriou les assura que la malladie de Puy-Gaillard auoit empesché la continuation de ceste ouuerture. Laquelle estoit encores en si bon train qu'il ne tiēdroit qu'à eux qu'il n'y fust mis vne bonne & heureuse fin. Qui fut occasiō qu'on remit au lendemain pour en parler apres en auoir cōmuniqué aux Chefs d'vne part & d'autre. Promettāt ledit Sarriou s'y rendre le lendemain. Desait les assiegez assemblez cōsiderās la grāde necessité de poudres, & meches, onguēts, viures, bois, & chādelle & l'extremité en laquelle estoit le soldat pour auoir desja beaucoup enduré. Le peu de moiē qu'il y auoit tāt de faire trauailler aux sortificatiōs qu'à la confection des poudres & farines: cōme vn chacun estoit desja recreu, & fatigué: auisa estre expediēt d'entrer en vn bon accord. A l'occasiō duquel deputerēt 2. Capitaines pour aller au lieu assigné par Sarriou. Et parce s'estans rendus en ladite Tour d'vne part & d'autre apres que Puy-Gaillard & Sarriou eurēt declaré auoir charge de Monsieur le Duc, d'entrer en Cōferēce & traitter auec les Deputez des assiegez quelque bon accord: fut arresté que les Protestans viendroiēt au lieu de la Rangonniere logis d'icelui Sarriou. Et que la Hunauldaye, dē Milly & quelques autres demourreroiēt en ville pour Ostages jusques à ce que les Deputez des assiegez seroiēt de retour. Ces choses ainsi arrestées & cōcluës, ostages entrerēt en ville. Et par mesme moien les Deputez sortirent & se transporterent à la Rangonniere distant de Lusignen la portée de deux harquebuzes auec Puy-Gaillard & Sarriou. Où apres auoir longuement conferé ensemble: dresserent Articles contenans les demandes des assiegez pour venir à l'accord. Surquoy les Articles cōmuniquez d'vne part & d'autre, furent approuez par les Gentils-hommes & Capitaines des assiegez tels qu'ils suiuent.

Reueuë des assiegez en Lusignen.

Reprinse du Parlement par Sarriou.

Conditions

LIVRE TRENTENEVFIEME.

CONDICIONS & Articles accordez par Monsieur le Duc de Montpencier, Pair de France, Lieutenant General en son armée de Poitou : aux Seigneurs de Frontenay & autres Gentilshômes Capitaines & soldats estans de present dedãs la ville & Chasteau de Lusignen : moiénant lesquels iceux sieurs de Frontenay & autres Gentilshommes, Capitaines & soldats, promettent & jurent audit Sieur de luy bailler & remettre lesdites ville & Chasteau entre ses mains.

LEDIT Seigneur Duc leur baille desapresent pour la seureté de leurs vies sa foy : & promet les faire conduire en toute seureté dedans la ville de la Rochelle & ailleurs où bon leur semblera. Pourueu que ce ne soit en lieu distant de ceste armée plus loin que ladite ville de la Rochelle de six lieuës. Et encores que la foy dudit Sieur soit assez suffisante pour leur dite seureté : Ce neantmoins pour le doubte qu'ils ont de quelques ennemis particuliers : sera enuoyé pour tenir ostage en la ville de la Rochelle jusques à ce qu'ils serōt rendus ez lieux où ils voudront : les Seigneurs de la Hunauldaye & de Milly. Et pour contreseureté, bailleront lesdits assiegez entre les mains dudit Sieur les Sieurs de Chouppes, Frappiniere, Tiffardiere & Boissec qui se rendront & mettront en liberté en remettant ledit Sieur de la Hunauldaye & Milly. Sortiront ledit Sieur de Frōtenay & autres Gentilshōmes auec leurs armes cheuaux & bagages. Les Capitaines Lieutenans & Enseignes auec chacun vn courtaut (s'ils en ont) leurs armes & bagages. Et quand aux soldats auec les harquebuzes, les mesches esteintes & les Enseignes ploiées dans les coffres. L'artillerie demeurera dans ladite place ensemble toutes autres munitions de guerre : pour en estre disposé par ledit Sieur ainsi que bon luy semblera comme au semblable toutes sortes de viures & munitions. S'il se trouue quelque chose des biens appartenans ausdits assiegez saisis de l'authorité dudit Sieur Duc : ledit Sieur Duc leur en baillera pleine & entiere main leuée. Les Ministres sortiront aussi auec leurs familles, & bagages. Et seront menez sous mesme conduite que les autres en ladite ville de la Rochelle. Les Damoiselles & autres femmes qui voudront sortir : seront aussi conduites en leurs maisons auec leurs familles & bagages. Et quand aux habitās s'ils veulent demeurer en leurs maisons ledit Sieur les prandra en sa protection & sauue-garde. Sera baillé passeport dudit Sieur aux Sieurs du Retail, & des Teilles pour aller faire receuoir lesdits ostages audit lieu de la Rochele. Et dés le lendemain qu'ils ou l'vn d'eux seront de retour pour certifier qu'ils les y auront rendus & au plus tard dedans sept jours apres les presens Articles signez & arrestez cestuy comprins : lesdits assiegez sortiront de ladite place & la remettront entre les mains dudit Sieur Duc selon qu'il est porté cy dessus sans aucune remise. Et cependant continueront les Gardes accoustumées d'vne part & d'autre. Et neantmoins ne sera loysible a aucun, de tirer ne jetter coups de pierre : sinon en cas que quelques vns se voulussent auancer plus outre que ce qu'ils tiennent de present. Et ne se fera nulle fortification d'vne part ne d'autre. Le jour que lesdits assiegez sortiront, ne se fera aucune Garde par ceux de l'Armée du costé de leur sortie : & ne s'y trouuera autres forces que celles qui sont ordonnées pour les conduire. Dont seront Chefs les Seigneurs de Puy-Gaillard & Sarriou. Faict au Camp deuant Lusignen le vint-cinquiéme jour de Ianuier an 1576. Ainsi signé Loys de Bourbon, Chauigny, Mortemart, la Hunauldaye, Puy-Gaillard, de Montbron, Sarriou. &c.

SVRCE le Chef desdits assiegez auoir faict retirer les Gardes qui auoyent esté mises aux forts & breches de ladite ville : & en leur lieu & place faict receuoir les Compagnies des Catholicques ordonnez a cet effet : feit en vn mesme instant retirer les gardes posées aux breches du Chasteau. Et faisant alte auec la Noblesse & Caualerie qui estoit en ladite ville à la place du Bal & à la place du Chasteau : feit enuiron les sept heures du matin sortir ses trouppes de ladite ville par la porte du Parc, descendans vers le Moulin. Ou tous furent receuz par lesdits Puy-Gaillard, Sarriou & leurs trouppes. Et poursuiuans leur chemin par le petit parc le long de la Vousne, trouuerent Monsieur le Duc, auec plusieurs Gentils-hommes, Cappitaines & Soldats qui l'accompagnoyent à la sortie du petit portail du Parc tirant vers la Vaulx de Brueil en ordonnance. Et apres qu'on eut faict la reuerence & prins congé de luy : ils s'acheminerent & sortirent de l'Armée dudit Seigneur sans aucun destourbier jusques au village de Souillaud distant de LVSIGNEN de demie lieuë. Où les Soldats du consentement dudit Puy-Gaillard & Sarriou allumerent leurs mesches & marcherent en cest equipage de la en auant : l'ordre qu'ils tenoyent à la sortie, fut que les Capitaines, Lieutenans & Enseignes qui auoyent esté de la Garde de ladite ville : marcherent les premiers & à la teste de leurs gens de pied & apres marcherent le reste des mallades & blessez qui estoiét demeurés auec le bagage. Cōbié que pour le regard du bagage ceux qui le conduisoient, n'aient du tout obserué ceste Ordōnāce. Ains marchoiét deuāt toutes les troupes au moien de quoy s'en est beaucoup perdu par l'imprudēce des cōducteurs. En apres marchoient les Capitaines, Lieutenans & Enseignes qui auoient esté de la garde dudit Chasteau & leurs soldats apres. Finablement le Chef marchoit auec la Noblesse qui l'accōpagnoitaians leurs grās cheuaux & armes. Faut ici notter que ceux qui marchoiét auec les troupes tenant l'ordre dont ci dessus à esté parlé: ont esté cōduits en toute seureté. Mais au cōtraire ceux qui n'ōt cheminé auec les troupes, ne gardé ledit ordre ont presque tous esté deualizez. Le 14. Ianuier ils arriuerēt à Nuailé 3. lieues de la Rochele. Où au bout du pōt, la Noüe, le Cōte de Mōtgōmery plusieurs Seigneurs & Gētilshōmes Protestās qui accōpagnoiēt la Hunaudaie & de Milly: les vindrēt receuoir. Et apres plusieurs reciproques salutatiōs & discours hōnestes qui passerēt ce pont de Nuailé auec lesdits Pui-gaillard & de Sarrion logerēt ceste nuit audit Nuailé & les gēs de pied passerēt outre jusques au village de Loyré distāt dudit Nuailé d'vne lieuë. Où ils trouuerēt la munitiō qu'ō auoit amenée de la Rochelle preste à distribuer. Et lesdits de la Hunaudaye & Milly, la Noüe & Cōte de Montgōmery Seigneurs & Gētilshōmes qui les accōpagnoient en nōbre de 7. à 8. vints cheuaux, retournerent coucher à la Rochelle. Puis le reste les suiuit apres que les ostages furēt rendus d'vne part & d'autre. Ainsi les Confederez furēt assiegez 3. mois & 21. jour. Pēdāt lesquels ceux de l'armée ont fait tous les efforts qu'il est possible de leurs Canons desquels ils ont tiré 7. mil 7. à 800. Canonades sans les coups des petites pieces de cāpagne & mousquetades qu'on tiroit ordinairement. Cōbien qu'à la verité ez jours des grādes bateries malaisemēt pouuoit on cōter les coups. Les assiegez ont perdu 25. Gentilshōmes qui ōt tous esté blessez excepté le Capitaine Terrefort qui est mort d'vne pleuresie & enuiron 200. soldats. Les Catholiques y ont perdu 800. hōmes. Comme les sortis se retiroiēt à la Rochelle: sur quelques remonstrances que firent ceux de Poitiers au Duc de Montpencier: fut en fin resolu que Lusignen seroit non seulement desmātelée, mais aussi que les forts seroient razez & les autres forteresses d'esmolies rez pied rez terre. Dont l'execution fut dōnée à Chemeraud Gentilhōme du païs. Lequel voulant conseruer pour la memoire d'vne place sy Noble, tant vieille & remarquable: la Tour de Mellusine, fut en fin d'auis de ruyner tout. Si bien que s'vne des plus belles forteresses de l'Europe: & telle estimée par l'Empereur Charles 5. lors que le Roy François luy donna le plaisir de la chasse en ce lieu cōme il passoit par France pour punir la reuolte des Gantois: n'est plus qu'vn monceau de ruynes. Et morte marque d'vn desplaisir qu'en receut lors nostre Prince Souuerain ou ses Conseillers.

Nombre des morts & Canonades au siege de Lusignen

Resolution de razer le Chasteau de Lusignen

IE vous ay cy dessus parlé du Mareschal Danuille. Pour retourner à ses portemens il faut entendre que depuis la prise des armes: il faisoit assez demonstration du mal contentement qu'il auoit, tant pour son particulier à cause de la captiuité de son frere, de ses amis, & partisans de sa maison: que pour voir le Royaume conduit & gouuerné autrement qu'il eust bien voulu. Si est-ce qu'encores qu'il eust les forces en main: il s'estoit jusques icy comporté doucement & sans rien alterer. Mesmement par les moiens qu'y tint la Royne Mere qui luy auoit de tout temps porté grande faueur. N'ayant jamais eu autre oppinion de luy que d'vn homme bien affectionné à l'Estat presant. Ce qui le confirmoit aussi en ce portement si paisible, estoyent les lettres frequentes qu'il receuoit du Roy estant au retour de son voyage: & celles mesmes que sa Majesté luy auoit escriptes tant de Venise que de Suze. Par lesquelles il declaroit ouuertement la bonne & sincere intention qu'il auoit de pacifier son Royaume & d'y entrer par vne Paix Generalle à tous ses sujets. Mais s'estant ledit Mareschal acheminé par son commandement au deuant de luy à Turin: & receu cest honneur que de conferer de beaucoup de choses importans le repos de ce Royaume & là dessus entendu l'intention du Roy: il entra en tel soupçon & deffiance, que par le Conseil d'aucuns il se retira en diligence en son Gouuernement. Depuis estant à Montpellier il fut auerty que le Comte de Martinengo & certains autres le marchandoyent de bien prez & aux despens de sa vie. Et que le Duc Duzez en Languedoc, le Mareschal de Retz en Prouence & de Gordes en D'auphiné: luy estoyent designez pour Competiteurs & Contrerolleurs, auec mesmes quelques forces

Comportemens du Mareschal Danuille.

forces estrangeres tant Suisses, Reitres que Italiens & Piedmontois. Tels auertissemens vraiz ou faux qu'ils fussent le hasterent d'auancer ce qu'il auoit de long temps dissimulé & de franchir le saut par la declaration qu'il feit enuiron le commencement de Nouembre des causes qui le mouuoient de prandre le armes. Protestant que c'estoit pour la manutention de la Couronne de France, protection des sujets naturels d'icelle tant d'vne que d'autre Religion, contre tous ceux qui conseilloient le Roy de les ruiner. Et que c'estoit aussi pour procurer la liberté de Monsieur frere de sa Majesté, du Roy de Nauarre, de Mosieur le Prince de Côdé & des autres sieurs & Officiers de la Couronne: tant detenuz prisonniers que refugiez ez pays estranges. Et en general pour procurer vn bon & asseuré repos aux vns & autres: restaurer le tout en sa pristine dignité & spladeur jusques à ce que par la determinatiô du Côcile general ou national: & par l'avis & legitime conuocation des Estats l'on peust voir la Religion & l'Estat de ce poure Roiaume reduit au point ou tous gens de bien le desiroientvoir. Tellement que les deputez du Prince de Côdé & ceux des Eglises Protestantes assemblez par plusieurs fois auec luy d'vn commun auis ils dresserent à Nismes l'association et reglement tel qu'il suit.

Declaratiõ du Mareschal Danuille.

L'ASSEMBLEE generalle faite le mois de Ianuier mil cinq cens soixante quinze en la ville de Nismes par conuocation & mandement de Monseigneur de Danuille Mareschal de France, Gouuerneur & Lieutenant general pour le Roy en Languedoc: tant du Clergé & Catholiques paisibles que des Eglises Reformées de ce Roiaume: tous vnis & confederez par leurs Deputez pour traicter de leur cõmune defence, bien & repos de ce Roiaume & des sujets d'iceluy recognoissans Monseigneur le Prince de Condé pour leur protecteur General & en son absence mondit Seigneur le Mareschal. Considerans qu'ils sont frustrez de l'esperance qu'ils auoiēt, de voir terminer ces cruelles guerres ciuilles & miserables, aians de si long tēps cours en ce Roiaume: par vne bonne & ferme Paix qu'ils se promettoient de la clemēce & debonnaireté de sa Majesté à son nouueau auenement à sa Couronne: & voians qu'au lieu de les releuer de l'oppression, leur tendre les mains de sa faueur & de les embrasser & receuoir en sa protection: sadite Majesté par les mauuais conseils d'aucuns estans pres d'elle, ennemis de son Estat & de ses sujets les veut poursuiure plus que jamais; Apres auoir traicté de leur vnion & confederation pour leur opposition conseruation & defence de leur Religion, vies, biens & honneurs contre l'injustice violence & cruauté barbare de leurs ennemis: & pour la poursuitte de l'exercice libre de leurs Religions respectiuement, restablissemēt de l'Estat de ce Roiaume en son ancienne splendeur & dignité. Ont deliberé conclud & arresté pour le reiglement de la Iustice, police, finance & discipline militaire entre eux sous le bon plaisir de môdit Seigneur le Prince ou de mondit Seigneur le Mareschal ce que s'ensuit.

Association des Catholiques malcontents & Reformez.

Premierement pour leur vnion & conseruation d'icelle.

SERONT les Articles de ladite vnion & confederation sous les conditions y conuenuës & promises respectiuement tant entre mondit Seigneur le Prince de Condé que mondit Seigneur le Mareschal & lesdits Deputez gardez & entretenuz suiuāt leur forme & teneur. Et en toutes les assēblées generalles & Prouincialles & particulierement des villes jurés par les Generaux & Prouinciaux Chefs, Magistrats Côsuls & habitās des villes: & par les soldats gēs de guerre faisās leurs mōstres reueuës & sermēt. Que tous & chacūs les adherās & adherer voulās à ceste poursuitte, de quelque estat, qualité & côdition qu'ils soiēt & sans exceptiō: ensemble les Prouinces, villes, cōmunautez & biēs quelconques: serōt maintenus en toute vniō & repos sous la protectiō & sauue garde du Roy de môdit Seigneur le Prince & de môdit Seigneur le Mareschal. Et en la paisible jouissāce de leurs biēs, Estats, hōneurs, prerogatiues, franchises, libertez, gaiges, exercice d'office sans nul empeschemēt. A la charge qu'ils se presenterōt deuāt mondit Seigneur le Prince ou môdit Seigneur le Mareschal en leurs côseils, pour auec conoissāce de cause estre receuz & admis à ladite vnion & cōfederatiō. Les Estats Generaux des Prouinces de ladite vniō & cōmunion se tiēdront selō que les occasiōs & necessitez des affaires le requerrōt au moins vne fois l'an: en telle ville Cappitalle desdites Prouinces que par môdit Seigneur le Prince où à son absēce par môdit Seigneur le Mareschal sera auisé. Ausquels Estats sera procedé à nouuelle electiō du cōseil ou le precedēt continué, cōme sera ordonné & jugé par ladite assemblée. Les assemblées Prouincialles se tiendront selon les occasions & occurrences des affaires; Sçauoir quand au pays & Gouuernemēt de Lāguedoc auec permissiō de môdit Seigneur le Mareschal sur la requeste que ceux qui y cōmanderōt en son

Police & reglement de l'vnion des Catholiques & Protestans arrestée le 10. Ian. 1575. en l'assemblée des 3. Estats tenus à Nismes en Ianui. 1575. par l'autorité du Mareschal Danuille.

K k k iiij.

absence luy en feront.Et aux autres Prouinces de ceste vnion par la conuocation de ceux qui y commanderont pareillement en son absence. Auec mesme pouuoir de proceder à nouuelle election ou continuation de conseils Prouinciaux comme lesdites assemblées auiseront pour le mieux . Les Deputez des Prouinces & autres particuliers commis pour assister à l'assemblée generalle: se trouueront aux jours & lieux assignez ou se tiendra ladite assemblée. Autrement en leur absence sera procedé auec les presens : & les deliberations y prises executées selon leur forme & teneur. Ez assemblées generalles, auront seance & voix deliberatiue trois Deputez de chacune assemblée Prouinciale. C'est assauoir vn de la Noblesse & deux du tiers Estat.Et les Magistrats & Ministres qui se trouueront sur les lieux, deputeront vn de chacune profession pour porter la parolle & voix deliberatiue durant ceste Guerre & sans consequence . En toutes assemblées generalles & Prouinciales demeurans les Chefs & Generaux en leurs prerrogatiues & preeminances : sera esleu & nommé tel qu'il plaira à ladite assemblée, pour conduire l'action en icelle . Lesdits Seigneurs Generaux s'entresecourront les vns les autres: & communiqueront leurs forces & moiens comme ils seront requis pour la commune defence du publicq sur peine d'estre declarez deserteurs de la Cause.Toutes places

Ministres. terres & Seigneuries assizes & enclozes en vne generalité:dependront & côtribueront à icelle & non ailleurs:Nonobstât que les Generaux d'autre generalité en soient Seigneurs.En toutes assemblées Prouinciales sera esleu vn Sindic pour proposer tous affaires & faire toutes remonstrances necessaires,& vn Greffier pour tenir Registres de toutes deliberations qui seront prinses esdites assemblées:lesquels seront salariez comme il sera auisé par icelle. Les Generaux

Iustice & Finances. des Prouinces assisteront au Conseil le plus souuent que faire se pourra. Et tiendront la main a ce que toutes deliberatiōs & ordōnances dudit Côseil soiët effectuées.Les Generaux & Gouuerneurs ne s'entremettront du fait de la Iustice, creation de Consulz & maniement des finances.Ains en fairont l'entiere administration aux Officiers & cōmis ausdites charges:demeurât la police des villes aux Consulz & côseil politique:Sauf pour le regard de la creatiô des Côsulz en cas de prinse de ville où autre occasion extraordinaire : leur sera permis y pourueoir auec l'auis dudit conseil . Et ne pourront lesdits Generaux , Gouuerneurs Chefs ou Capitaines, bailler aucune exemption des contributions où impositions faites ou qui se feront par cy apres sur les villes villages & particuliers desdites Prouinces ausquels ne sera eu aucun esgard . Est aussi prohibé & defendu à tous Generaux Prouinciaux bailler aucune exemption, sauue garde ou immunité à personnes de quelque Estat, qualité ou condition qu'ils soient estans de parti contraire : ausquels ne sera eu esgard sinon que pour quelque cause speciallement fust autrement ordonné par l'auis du conseil pour le regard des sauue-gardes . Quand il y aura lieu de commettre ou ordonner aucuns Chefs pour commander ez villes Cappitalles & places de consequence en titre & quallité de Gouuerneurs : Le General de la Prouince procedera à la nomination de trois personnages capables de ladite charge par l'auis des Consulz & habitans de la ville où lieu, auquel ledit Gouuerneur sera requis . Laquelle nomination sera enuoiée à mondit Seigneur le Mareschal pour accepter celuy que bon luy semblera: & luy expedier la cōmission necessaire, remettant ausdits Generaux de pourucoir aux autres places des Chefs qui y cōmanderont en titres de Capitaines, obseruée la mesme nominatiō de trois que les habitans des lieux luy en feront.Le tout à la plus grāde cōmodité & soulagemēt que faire se pourra.Lesquels Generaux des Prouinces feront leurs visites & cheuauchées : & demeureront par certain temps en chacune ville Cappitalle des Dioceses de leurs Generallitez selon que les affaires le requerront. En cas de maluersation important l'Estat du pays qui se cōmettra par les Generaux des Prouinces où Gouuerneurs particulliers des villes & places de consequence:mondit Sieur le Mareschal pourueoir a à la suspention, destitution & punition des coupables, selon la grauité & exigence des cas.Permettant aux Magistrats Consuls & plus apparés des villes & lieux en defaut desdits Magistrats & Côsuls, de se saisir & assurer des personnes desdits Generaux & Gouuerneurs particuliers en cas de trahison & non autrement. Et pour le regard des Capitaines des autres villes, places, Chasteaux qui ne porterōt titre de Gouuerneurs: Le General de la Prouince les pourra suspendre, destituer ou punir en la façon que dessus par l'auis du conseil:auec la mesme permission aux Magistrats, Consulz ou plus apparés de se saisir & assurer des coulpables en cas de trahison ou autre enorme excez meritant prōpte prouisiō.Ceux qui aurōt cōmandement general en l'absence de monseigneur le Prince ou de

mondit

LIVRE TRENTENEVFIEME. 263.

mõdit Seigneur le Mareschal:disferontseulemẽt de ce qui leur sera baillé par estat,auec l'auis de leurs cõseils & selõ la teneur d'iceux.Quand aux dons & remunerations,elles serõt reseruées à mondit Seigneur le Prince ou à mõdit Seigneur le Mareschal en leur conseil, sur les Requestes & tesmoignages qui leur serõt rẽdus des merites de ceux ausquels lesdits dõs pourront estre faits.Et pout pouruoir aux abuz patents & entreprinses de plusieurs Gouuerneurs, Chefs, Gentilshõmes, Capitaines & autres:leur est prohibé & defendu de bailler aucuns passeports, permission:n'y establir aucun peage ne tribut sur marchandises, fruits ou dãrées quelconques, à peine d'estre punis cõme rebelles:& aux marchans & autres qui faideront desdirs passeports & saufs cõduits de confiscatiõ de leurs marchandises,de 500. liures d'amende: laissant ausdits Generaux le seul pouuoir & authorité de bailler lesdits passeports, establir les peages & daccẽs par auis du conseil Prouincial & non autremẽt. Dont sera tenu Registre par le Greffier & fait estat au proffit de la Cause.Et lesquels passeports & ordonnances d'esusdites seront signées dudit General, deux du conseil & dudit Greffier:autremẽt n'y sera eu esgard. Les Ordõnances & jugemens donnez par les Generaux des Prouinces & leurs conseils, ne seront suspendus par inhibition. Sinon que lesdites inhibitions ayent esté octroiées auec conoissance de cause par mondit Seigneur le Mareschal & son Conseil. Le labourage sera libre indifferemment: & ne pourra estre empesché pour quelque personne cause ou occasion que ce soit. Et pour cest effect, ne sera faicte aucune execution sur le bestail de labeur & outils destinez ausdit labourage, soit par contributions ou autrement: excepté toutes-fois par droit de represaille: auec permission du General & son Conseil sur l'ennemy au proffit & indemnité des interessez.Est trefexpressement prohibé & deffendu à tous Capitaines, soldats & tous autres, d'inquieter molester, saisir ne rançonner aucuns laboureurs ny autres personnes se portans pacifiquement & contribuables aux charges mises sus & imposée pour la deffence de ceste Cause, sur peyne de la vie: desauoüant tout ce qui aura esté fait au contraire. Le trafique & commerce demeurera libre auec les marchans du party contraire: en paiant au public les droits qui sur ce seront impozez és lieux ou sera ordonné: excepté pour les poudres, Soufres, Salpetres, cordes, chanures, plomb, armes, cheuaux, poix, pois rosine, rouzette, metal & bied qui sont Marchandises de contrebande: dont le transport hors des prouinces villes & lieux de ceste vnion & communion est prohibé & defendu à peyne de confiscation d'icelluy & de punition corporelle. Et pour tenir la main à ce que les abbus & fautes qui se commetent ordinairement au prejudice du precedant article n'aient cours: pourra ledit General & son Conseil composer auec les denonciateurs des fraudes sur ce commises: & accorder pour la denonciation sans exceder toutesfois la quarte partie du profit qui en reuiendra. Aucunes villes ou Chasteaux appartenans à Seigneurs Iurisditionnelz: ne seront gardez aux despens du pays, sinon qu'il soit d'importance pour le public. Dont la conoissance & jugement en appartiendra à mondit Seigneur le Prince où à mõdit Seigneur le Mareschal estans sur les lieux où aux Generaux principaux qui commanderont en absence pour y pouruoir auec l'auis de leurs Conseils.Sera toutesfois loisible aux Seigneurs Iurisditionneiz de contraindre leurs sujets de vacquer par tour & ordre à la garde personnelle de leurs maisons, villes ou villages clos sans la pouuoir conuertir en argent ny pour ce faire aucune imposition: leur defendant d'empescher la leuée des deniers publics en façon que ce soit. Les Generaux prouinciaux auec l'auis de leur Conseil des Ecclesiastiques de l'vnion s'il y en à,& des Ministres & Diocesains ou habitans des villes & lieux, disposeront d'vn sixiéme du reueuu des Ecclesiastiques aux poures indigens, vefues & orphelins: en quoy sera par eux pourueu de façon qu'il ny soit commis abbus ny fraude.Les maisons roturieres appartenans aux Gentilhommes & autres personnes priuillegez: seront sujettes à tout logement & contributions tant pour les garnisons ordinaires que pour les passages de gens de guerre. Et quant aux maisons Nobles sujettes à l'arriere ban:elles seront tenuës & chargées du logement des passages desdits gens de guerre tant seulement: demeureront exemptes des logis pour les garnisons ordinaires & les Chasteaux des Seigneurs Iurisditionnelz, tant de l'vn que de l'autre logement. Les postes seront dressées en toutes prouinces ez villes & lieux plus cõmodes que faire ce pourra:& en chacune poste y aura deux hommes à pied confidens & secrets esleuz par le Chef commandant aux armées, Magistrats & Consuls de lieux. Lesquels seront entretenuz aux despens du public selon la taxe & reglemẽt qui sera sur ce faite en la prochaine assemblée des Estats prouinciaux eu esgard

Trafic & Marchãdise.

Garde de place.

Biens Ecclesiastiq.

Places exẽptes de logis & contributions.

Postes.

K kk iiij

à la distance des lieux: lesquels seront tenuz d'apporter & faire courir de poste en poste les pacquets & depesches par persones aiās charge & autorité publique: qui a ces fins seront parafez au dessus par les Secretaires desdits Chefs ou il y en a, ou par Magistrats & Consuls desdites villes : lesquels outre ce tiendront registres du jour & heure de la depesche: & en chargeront la couuerte du pacquet. Comme pareillement les Magistrats & Consuls des autres villes ou ils passeront feront le semblable & les feront apporter en toute dilligence, leur faisāt *Pacquets & lettres.* inhibitions & defences & à tous autres à peyne de crime de faux, d'ouurir lesdits pacquets iceux retenir ou retarder lesdits postes pour quelque occasion que ce soit. Tous autres pacquets & lettres venās de la part des Chefs ou autres particuliers portez par autres que par voies de poste aians passeports: seront renduz & apportez aux Chefs & Consuls des villes pour laisser passer outre les porteurs s'ils voient que faire se doiue. Prohibant aux gardes des portes, l'ouuerture desdits pacquets & lettres sur semblables peines que dessus. Tous trōpettes, tambours, lettres & pacquets venans de la part des ennemis: seront conduits & renduz *Trompettes & tambours* au Chef commandant au lieu ou ils seront trouuez où aux Magistrats & Consuls en l'absence desdits Chefs, pour estre par eux pourueu à ce qu'il appartiendra. Faisant inhibitions & defences à toutes persones priuées de s'ingerer à retenir ni receuoir lesdites trōpettes, tēbours, lettres & pacquets: & les ouurir sur peyne de rebellion & desobeissāce. Afin que vn chacun soit main tenu & cōserué en repos & trāquilité. Est tresexpressemēt defendu à tous Generaux Chefs Capitaines & autres aians charge és villes & lieux de l'vnion: d'vser d'aucune force & violence ou mauuais traitement à l'endroit des habitans desdites villes. Ains se comporteront le plus doucement que faire ce pourra en toute amitié & concorde. Et en cas d'exces ou malefices commis par lesdits habitans, en laisser la conoissance à la Iustice pour y estre procedé selon l'exigence des cas & ce à peyne d'estre priuez des charges comme indignes & de tous despens *Iustice.* dommages & interests. Les Iuges tant Royaux que des Seigneurs hauts Iusticiers & banerez des prouinces & lieux estans de l'vnion & communion faite entre Monseigneur le Prince de Condé, Monsieur le Mareschal de d'Anuille & les depputez des prouinces continuëront en l'exercice de leurs charges, offices & Iurisditions suiuant les ordonnances & reglemens sur ce ci deuant faits & d'ancienneté accoustumez d'estre gardez & obseruez esdits sieges. Et les appellations de leurs Sentences & Iugemens, seront interjettées aux sieges Presidiaux ou il y en a d'establys estās toutesfois de ladite vnion. Lesquels Iuges Presidiaux conoistrōt & Iugeront de tous cas, differens & matieres tant ciuilles que criminelles: suiuant les susdits reglemens & ordonnance. Et seront leurs Sentences & Iugemens en cas hors de l'Edit, executées par prouision. Les chambres de Iustice nouuellement erigées és villes de Montauban, Millau, Mazeres & autres suiuant le reglement fait en l'assemblée derniere de Millau: demeureront en leur Estat & establissemēt auec tel pouuoir Iurisdictiōs & ressorts qui leur est ordōné & prescrit par ledit reglement. Nonobstant toute autre erection & establissement de Iustice à ce contraire. Mandant pour cest effet à tous Generaux desdites prouinces, Chefs, Officiers, Capitaines, Consuls & autres habitans en icelluy, leur obeir & entendre donner faueurs aide & main forte pour l'execution de leurs jugemens. A peyne de priuation de leurs Estats & d'estre punis comme rebelles. Auffert aussi que les officiers d'icelles Chambres, tiendront ranc cōuenable & condigne à leurs Estats & charges en toutes assemblées. Et pour le regard des Seneschaucées de Tolose, Albigeois, Carcassōne, L'auragais & Castres ou auroient esté establis par les precedētes assemblées quelques sieges de Iustice: à esté resolu que sās faire prejudice en ce qui ressort en la Chambre de Montauban, pour euiter pluralité de sieges & multitude d'officiers : il sera estably en la ville de Castres vne Chambre composée de dix officiers Assauoir neuf Iuges & vn Procureur du Roy qui seront prins premieremenr des officiers de sa Majesté & apres des plus qualifiez qui sont emploiez en ceste cause durāt ces troubles pour juger en dernier ressort de tous proces & instances ciuilles & criminelles d'icelles Seneschaucées suiuant le premier article de la derniere assemblée de Millau. Et que tant pour la nommination & installation desdits officiers que pour la constitution & paiement de gages à eux necessaires: lesdites Seneschaucées & prouinces s'assembleront par les deputez en ladite ville de Castres aux moindres fraiz & le plustost que faire ce pourra pour le plus tard dās vn mois prochain. Et procederont les Iuges establiz ausdites chambres au fait de la Iustice distinctement & seperament sans ceux du conseil politique estably pres du general: ou és villes

Decembre. 1574

& lieux esquelles lesdites chabres sõt ordonnées aux villes cappitalles des prouinces ou il n'y a siege Presidial ny chambres de Iustice nouuellement establies: sera esleu à la prochaine assemblée prouincialle certain nõbre de Iuges qualifiez & de ladite vniõ selon l'estenduë du ressort pour exercer & administrer la Iustice suiuant ledit reglement de Millau: ausquels seront ordonnez tels gages que par ladite assemblée sera auisé. Exortant icelle employer en l'exercice desdites charges, les personnes qui se trouueront ausdits lieux de la susdite qualité & vnion. Tous Gouuerneurs Officiers & Magistrats desdites prouinces chacun endroit soy garderont & feront garder & entretenir & inuiolablement obseruer les reglemens & ordonnances faites par les assemblées generalles & principallement tant de la guerre, Iustice, police que des finances. Et pour l'entiere obseruation les feront lire & publier de trois mois en trois mois en leurs sieges & auditoires. Tous desobeissans aux jugemens & ordonnances de Iustice: soient Officiers, Capitaines & autres demeureront attaints & conuaincuz de rebellion: & n'auront retraitte en autres villes, places & lieux: ains seront saisiz & rendus a la Iustice sur peyne à ceux qui les receleront d'estre punis comme fauteurs & coupables de crime de le leze Majesté. Et sera contre eux procedé selon le reglement des Estats de Millau. Seront gardées, obseruées & entretenuës les ordonnances de Moulins & autres Royaux concernans l'obeissance de Iustice execution & ordonnance d'icelle. Tous juges Royaux & Iurisdionnelz seront tenuz, tant dãs leurs destroits & Iurisdictions que hors iceux: s'enquerir & informer dilligemment des crimes & delits qui se commettront, soit és champs ou és villes de ladite vnion à la premiere requisition qui leur en sera faite ou qu'ils en auront notice & conoissance. Et icelle information faite proceder au decret jusques à emprisonnement du delinquant si le cas le requiert. A la charge toutesfois de remettre le prisõnier auec lesdites charges & procedures par deuers les Iuges naturelz ausquels la conoissance en appartient. Aux villes qui ont esté nouuellement conquises & qui se prandront cy apres: seront remis tous sieges de Iustice pour y estre administrée ainsi qu'il estoit accoustumé d'ancienneté: nonostant tous establissemens nouueaux introduits en autres lieux & villes lesquels demeureront reuoquez suprimez & destituez comme dit est és villes principalles de l'vnion. En chacune prouince sera esleu & estably vn Lieutenant de Preuost, s'il n'y en à par l'assemblé prouincialle. Personnage confident, de bonne integrité prud'hommie & experiance au fait de la Iustice: qui procedera en tous cas dont la conoissance luy est attribuée suiuant les ordonnances & reglemens sur ce faits. Auquel Preuost sera baillé tel nombre d'archers qu'il sera auisé en l'assemblée prouicialle aux gages qui seront aussi ordonnez en icelle. Tous Generaux, Chefs, Capitaines, Consuls, soldats & autres de quelque estat ou condition qu'ils soient: donneront toute aide faueur & main forte tant ausdits Preuosts que autres Officiers de Iustice à la premiere requisition qui leur en sera faite sans vser de conniuence dilaiement ou tergiuersation. Leur deffendant tresexpressement de recourir les prisonners & delinquans, retarder & empescher le cours & executiõ de Iustice directement où indirectement sur peyne de la vie. La conoissance des differens qui suruiendront és causes tant ciuilles que criminelles entre vn des habitans desdites villes & vn soldat appartiendra aux Officiers de la Iustice. Et des cas & exces qui se commettront entre soldats enrollez sous charge de Capitaines: la conoissance en appartiendra au General & Gouuerneur des villes appellez les Capitaines. N'entendant en ce comprande les habitans desdites villes qui porterõt armes pour la garde & sous la charge & commãdemẽt des Capitaines d'icelles. Les differens desquels seront traittez pardeuant leurs Iuges naturels. Attendu qu'il y a plusieurs personnes preuenuës en Iustice de cas remissibles dont ils n'ont moien d'obtenir grace & pardon du Roy en ses Chancelleries suiuant l'Estat, vsage & coustume de France à cause du notoire empeschement des troubles. Il est enjoint à tous juges & Magistrats jugeans en dernier ressort de ceste vniõ & chacun endroit soy en sõ ressort de proceder à l'instructiõ & jugement des proces desdits preuenus suiuant la disposition de droit, nonobstant le deffaut des lettres de grace, remission & pardon & tout ainsi qu'ils feroient ou telles lettres auroient par les preuenus esté obtenues & presentées. Pour la subuention necessaire à la deffence commune desdits vnis: il sera faite imposition & leuée de toute snatures de tailles tant aide, octroy, creuës reparatiõs solde de la gendarmerie, augmẽtatiõ de solde & vstencille, deniers destinez aux reparatiõs, tant sur le pays Gouuernement de Languedoc que sur le pays & Gouuernemẽt de Guienne, Gascongne, Rouergue, Quercy, Agenois, Bazadois, Perigort, Limosin, Saintonge

Finance.

L'HISTOIRE DE FRANCE.

Saintonge, Angoumois, Poitou, Auuergne, Dauphiné, Lyonnois, Forests, Prouence & Bourgongne. Il sera pareillement leué sur ledit Gouuernement de Languedoc les droits de l'equiuallent faisant portion de l'aide. Pareillement seront prins & leuez sur toutes lesdites prouinces les droits du dommaine du Roy, aubeines, espaues, albergues & autres droits & deuoirs des circonstances du dit dommaine. Aussi huit decimes qui seront imposées sur le clergé desdites prouinces & à faute du payement d'icelles tout le reuenu. Toutes gabelles & creuës establies sur les sels de Broüage, Peccaix & autres. Tous deniers qui se trouuerōt deuz aux ennemis de ceste cause de quelque estat qualité ou cōditiō qu'ils soiēt. Tout ce qui sera imposé sur les Nobles sujets au ban & arriereban à faute de rēdre le seruice qu'ils doiuent à sa Majesté. Tous les restes qui se trouueront entre les mains des comptables de toutes natures de deniers, viures munitions & denrées depuis le commencement des premiers troubles jusques à present. Tous les droits des quints qui seront prins sur les butins & rançons de prisonniers de guerre. Plus sera leué sur toutes especes de marchandises cy deuant permises par l'article du commerce & liberté du trafic que sortans des villes & lieux de l'vniō doubles droits de foraine & dommaine forain. Et d'autant qu'il y a plusieurs de grand valleur: & desquelles les estrangers de ce Royaume ne pourroient se passer: Pour ceste cause a esté specialement arresté qu'il sera leué sur chacune balle de pastel trente solz. Sur chacun tonneau de vin soixante solz. Sur chacune liure de saffran cinq solz. Pour chacun quintal de laine surge dix solz. & de l'autre vint solz. Pour chacune cane de bois à brusler qui seront descendues sur les Riuieres de Garonne, L'arige, Lers, Lariege, Ande & Salat. Et pour chacun carrat de bois à bastir qui descendra sur lesdites prouices vint solz. Saufs aux Generaux prouinciaux auec l'auis de leur Conseil d'augmenter lesdits droits selon les cōmoditez qu'ils en pourront auoir. Dont il dresseront estat certain. Seront aussi leuez tous les droits des bources des monnoies de la Rochelle & Montpellier. Les contributions & deniers du clergé de la Conté de Foix laquelle paie ses tailles au Roy de Nauarre. Et pour accelerer la recepte & leuée desdits deniers sera au païs de Lāguedo à la coustume establie en chacun Diocese, vn receueur particulier que en sera chargé entieremēt de quelque nature de deniers que ce soit. Et aux autres prouinces les generaux prouinciaux cōmādās en l'abseçe de mōdit seigneur le Prince, ou de mōdit seigneur le Mareschal auec l'assablée prouinciale de leurs prouinces y pouruoirōt chacun en sō destroit. Et seront icelles receptes deliurées a la meilleure commodité que faire ce pourra à personnes bien receantes soluables & cautionnées à condition d'auancer le premier quartier de leurs receptes entre les mains des receueurs Generaux estans ou qui seront establis és lieux cy apres nommez. Assauoir en la recepte generalle de Mōtpellier seront apportez & payez les deniers des Dioceses de Narbonne, saint Pons, Beziers, Lodesne, Agde, Montpellier, Mande, Nismes, Vzez, Viuiers, le Puy & Auuergne. A Castres sera estably vn receueur & conterolleur general des finances. Et seront apportez & paiez en ladite recepte Generalle tous les deniers des Dioceses de Carcassonne, Allets, & Limoux, Mirepoix, Cumenge, Rieux, Tholoze, Lauaur, Alby, Castres, & saint Papoul. A Mōtauban le receueur & conterolleur generaux qui y sont ordonnez y seront continuez & des deniers des pays d'Agenois, du bas Quercy & du Diocese de Montauban y seront paiez & apportez ensemble des quartiers de Gascongne aux enuirons du Mas du Verdin. A Beaulieu ou à Cardeliac sera estably vn receueur & conterolleur generaux des finances. Et seront paiez & apportez en ladite recepte generalle tous les deniers des pays de Limosin, la marche, le haut Quercy, & haute Auuergne. A Bergerac sera estably vn receueur & conterolleur generaux ausquels seront apportez tous les deniers des pays de Bourdellois & Perigord. A la Rochelle seront establis vn receueur & conterolleur generaux des finances si ja n'y a esté pourueu. Ou seront tous les deniers de Saintonge d'Onis, Angoumōis & Poitou ensemble les gabelles paiez en la recepte generalle. A Castel Ialoux sera estably vn receueur & conterolleur generaux de finaces & serōt paiez en ladite recepte tous les deniers du pays de Gascongne depuis la Riuiere de Garonne, en la vers les Monts pirenées. A Nions en Dauphiné seront establis vn receueur & conterolleur generaux des finances & seront paiez en ladite recepte generalle tous les deniers du Dauphiné & contat de Venise. A Mazeres seront establis vn receueur & cōterolleur generaux des finances ou tous les deniers de la côté de Foix serōt apportez & paiez ensēble du Diocese de Cōserās & du Diocese Cumēge hors le Lāguedo. A Millau en Rouergue serōt establis vn receueur & cōterolleur generaux

Impositions nouuelles.

des

LIVRE TRENTENEVFIEME.

...les finances & tous les deniers de la prouince y seront paiez. En Prouēce mesmes en officiers ausquels les deniers de Prouence seront portez. Lesdits receueurs generaux ne pourront vuider leurs mains des deniers de leur charge, ny en faire aucun paiemēt que par la seulle ordonnāce de Monseigneur le Prince de Condé s'il s'achemine esdites prouinces: où de mondit Seigneur le Mareschal en son absence auec l'auis de leurs Conseils. Et tout ce que par lesdits receueurs Generaux se trouuera auoir esté paié sans ordonnance de mondit Seigneur le Prince où de mondit Seigneur le Mereschal comme dit est: leur sera purement rayé en la despence de leurs comptes. Les Generaux prouinciaux auec l'auis des assemblées generalles prouinciallez de leur resort enuoieront promptement l'estat des gēs de guerre qu'il leur conuiendra entretenir ensemble les gages des Officiers qu'il conuiendra paier suiuant l'vnion de leurs autres despēces extraordinaires à mondit Seigneur le Mareschal en l'absence de môdit Seigneur le Prince: & aussi l'estat au vray des receptes generalles de leurs prouinces pour sur ce leur pouruoir d'assignatiōs auec l'auis du Cōseil. Et icelle sassignatiōs dōneez, lesdits generaux prouinciaux en disposeront auec l'auis de leurs Conseils selon la forme de leurs Estats arrestez & non autrement. Et affin qu'il ny aie nulle exception de deniers esdites receptes generalles ou particulieres: les impositions & Estats en seront faits bien generallement par toutes lesdites prouinces sauf aux comptables de reprādre les non valloir en deniers comptez & non receuz auec acte de dilligéce ou legitimes excuses. Mondit Seigneur le Prince fera payer pour son plat suiuāt ce qu'il luy à pleu demander & des plus clairs deniers par chacun mois trois mil liures tournois. Qui reuient par an la somme de trente six mil liures. Mondit Seigneur le Mareschal fera paier à Monsieur de Chastillon pour la pension qui luy à esté accordée tant qu'il sera destitué de ses biens la somme de cinq cens liures tournois chacun mois & par an six mil liures. Mondit Seigneur le Mareschal se fera paier pour son entretenement & des plus clairs deniers aiant esgard à la grande despence qu'il luy conuient faire & qu'il est entieremēt destitué de ses biens & estats & autres bonnes considerations: la somme de six mil liures tournois chacun mois. Mondit Seigneur le Mareschal auec l'auis de son Conseil dressera l'Estat de la despence de l'extraordinaire de la guerre. Et pour l'entretenemēt de l'armée estāt son sous cōmandemēt selon le temps, les saisons & les occurrences à la moindre foulle & au plus grand soulagemēt du peuple que faire ce pourra. Sera promptemētfaite depesche de la part de mondit Seigneur le Mareschal à tous les Archeueques & Euesques desdites prouinces & leurs sindics & chapellains à ce qu'ils aient à donner asseurance & cautions du paiement des huit decimes qui sont imposées sur eux dans les villes de ce party à condition de les laisser aller paisiblement jouir de leurs biens. Auec intimation que à faute de ce faire sera procedé à l'entiere prinse, saisie & aferme de leurs biens à l'vtilité auancement & soulagement de ceste Cause & du public En chacune generallité sera pourueu par les assemblées prouinciales à l'establissement des bureaux sur les passages par la leuée des droits foraine, dōmaine forain & autres drois ordōnez ou qui sont ou seront ordonnez estre leuez sur les marchandises. Ensemble des receueurs & gardes gens de bien & sans reprehension auec toute la police qui s'y pourra faire pour euiter tous abbus. Et se chargeront lesdits receueurs desdits droits de mois en mois d'apporter leurs deniers en la recepte generalle au plus tard pour euiter qu'ils ne se perdent. Et à ce que plus frequentement & auec tant plus de moien l'on puisse conoistre leur integrité: & pour proceder aux baux aferme des biens & reuenuz tant Royaux, Ecclesiastiques en cas que lesdits Ecclesiastiques ne paient lesdites decimes: que autres reuenans au public suiuant l'Estat particulier & au vray qui sera fait par le Cōseil prouincial. Le general prouincial & sō Cōseil esliront & cōmettrōt en chacun Diocese ou principalle ville suiuant la cōmodité des lieux: vn Cōmissaire suffisāt & capable de prud'hōmie & bōne experiāce. Lequel y procedera suiuāt les instructiōs & reglemēs q̄ luyen seront baillez. Et remettra sa procedure & cōtraits de baux aferme par deuers ledit general & sō Cōseil: pour sur iceux faire & dresser estat ausdits receueurs & particulliers & prouinciaux cōme il appartiēdra. Desquels & de tout ce que dessus sera tenu bō registre par le greffier de leur Cōseil. Auātque proceder ausdits baux à ferme, lesdits cōmissaires serōt tenus s'informer exactemēt des Officiers Cōsuls & autres persōnes notables des lieux ou les biēs sont assis. De l'estat & legitime valleur des fruits & d'iceux. Voir les arrentemens precedens pour aiant esgart à iceux s'en aider pour le biē & auantage du publiq le plus que faire se pourra. Les Gouuerneurs, Gentilshommes, Capitaines, Officiers Consuls & autres personnes publiques

Despence du Prince de Condé & Mareschal d'Anuille & Chastillō

Ecclesiastics.

Fermes.

L'HISTOIRE DE FRANCE

Ian. Feu.
1575.
Personnes
de mauuaise
conuention
non receua-
bles ausser
ues

publiques de difficille conuentiō:& qui par leur faueur & autorité pourroiēt intimider ceux qui auroient volonte deprandre lesdites fermes:ne seront receuz directement ou indirectemēt à encherir lesdites finances & ne pourront apres icelles faites y entrer en aucune portion, n'y cautionner les fermiers à peyne de mil liures d'amende. Prohibant par expres ausdits commissaires les y auertir & receuoir, à peyne d'en respondre en leurs propres & priuez noms: & de tous despens dommages & interests qui s'en pourroient ensuiure. Les commissaires apres deuë publication desdites fermes, procederont auec l'assistance d'vn ou plusieurs officiers & Consuls des lieux à la deliurance d'icelle, au plus offrant & dernier encherisseur à la chandelle esteinte. Prandront & receuront bonnes & suffisantes cautions qui s'obligeront auec les principaux fermiers vn seul pour le tout sans discution comme pour les propres deniers & affaires du Roy àpeine au cōmissaire d'en respōdre en son propre & priué non. En chacune generallité par mondit Seigneur le Mareschal seront commis d'eux personnages de bonne vie integrité & experiance au fait des finances d'autre prouince, pour proceder à l'examen, auditiō arrest & closture des comptes de toutes personnes comptables aians eu maniement charge & aministration publique & particuliere des deniers, biens & reuenuz destinez au public: dont cy dessus est fait estat depuis les premiers troubles. Lesquels ne pourront estre recusez. Et seront remis pardeuant eux tous comptes cy deuant ouyz: actes & procedures faites par autres commissaires pour les receuoir juger & arrester. Et pour accelerer ladite redition de comptes & restitution du reliqua: Les Generaux & leur Conseil feront faire commandement par cry public en toutes les villes & lieux de leurs Generallitez, à tous comptables aians eu administration & maniement desdits deniers & autres choses de dresser leurs cōptes & estats au vray de recepte & despence dans quinzaine apres la publication: pour les exiber & remettre pardeuers les cōmissaires qui sur ce serōt deputez à peyne de 1000. l. & de tous despēs & frais des cōmissaires qui par leur dilatiō & retardemēt s'en pourroient ensuiure. Lesquels cōmissaires vaqueront au fait de leurs charges aux villes capitales des prouinces ou Dioceses: & rechercheront dillegemment toutes actions & administrations desdits comptables. Mesmes des Gouuerneurs, Gentilshommes, Capitaines, Consuls, soldats & autres personnes publiques & priuées qui se sont appropriez les deniers, rentes & reuenuz tant Royaux Ecclesiastiques butins & rançons que autres appartenans au public. Et iceux ensemble tous retenteurs contraindre par corps si besoin est à payer lesdites restes, fruits, deniers, rentes & reuenuz par eux perceuz sans autorité publique. Sera enquis par lesdits commissaires ou Magistrats des lieux des abus fraudes & maluersations commises sur les baux à fermes & arrentemens, cueillette ou recepte des deniers Ecclesiastiques & autres destinez au bien public & procederont contre les coulpables selon l'exigence des cas. Les comptes cloz & arrestez par lesdits commissaires, seront remis auec les procedures, arrests desdits comptes & parties deuës pardeuers Monseigneur le Mareschal & son cnoseil & pareillement deuers le G E N E R A L de la prouince & son C O N S E I L; pour en faire faire estat & recepte ausdits receueurs generaux prouinciaux Est enjoint à tous generaux, Magistrats, Chefs, Capitaines, Consuls, soldats & autresqu'il appartiendra: de bailler toute aide, faueur & main forte à tous commissaires, receueurs commis & autres personnes aians charge desdites finances en l'execution de leurs ordonnances: sur peyne de rebellion & de tous despens dommages & interests qui s'en pourroient ensuiure. Seront contraints tous Capitaines, soldats & autres qui doiuent droits de butin ou rançon de paier la cinquiéme partie d'iceux sans les armes & cheuaux pour l'auenir. Et pour les butins ja faits les droits portez par les reglemens à peyne de peculat. Pour denonciation & declaration qui sera faite des deniers recellez & autres choses appartenans au public: sera permis au general, & Conseil prouincial de composer & accorder auec les denonciateurs, Pourueu qu'ils n'excedent la quarte partie des dettes qui seront declarées. Est inhibé & defendu à tous Seigneurs, Gentilshommes, Chefs, Capitaines soldats & autres: se mesler directement ou indirectement du fait des finances sans commission expresse, & moins empescher la leuée des deniers & reuenuz tant Royaux que Ecclesiastiques, & autres estans de la nature cy denant specifiée, sur peyne de crime de peculat & desaueu en Paix & en guerre. Les Seigneurs Gētilshōmes des prouinces d'vne & d'autre Religiō estās de l'vniō, cōtribuerōt à l'imposition & paiement des deniers exraordinaires qui ont esté imposez pour la solde & entretenement des fornes estrangeres suiuant leurs offres, & pour l'auenir en cas de leuée desdits estrangers y contribueront

Rançon &
butins.

Denoncia-
teurs.

LIVRE TRENTENEVFIEME.

contribueront sansconsequence ny prejudicier aux priuilleges de la Nobleſſe. Comme pareillement les villes nouuellement venuës & qui viendront par cy apres en l'vnion: entreront auſdites impoſitions pour l'auenir & les paiemens ja faits ſuiuant les departemens precedens tiendront lieu ſur le tant moins de leurs portions faites ou qui ſe feront pour l'effet que deſſus. Tous ceux qui ont penſſions aſſignées ſur l'aide, octroy, gabelle, dommaine du Roy & autres, droits & reuenus appartenãs à ſa Majeſté:ſe retireront à mõdit Seigneur le Mreſchal & ſon Cõſeil pour leur pouruoir ſur le paiement d'icelluy en tout ou en partie ſelon le merite, quallité & neceſſité des perſonnes, en aiant eſgard aux moiens & commoditez qui ſeront au pouuoir du public. En toutes les aſſemblées prouincialles ſera ordonné & fait eſtat certain aux Miniſtres pour leur entretenement, aiant eſgard ſi tant eſt qn'ils ſoient mariez, au nombre de leurs enfans & familles & fils les entretiennẽt aux eſcolles, charté de viures & autres charges qu'il leur conuient porter: pour le tout conſideré leur eſtre baillé conuenable & ſuffiſant paiement qui ſe fera de quartier en quartier par anticipation & des premiers & clairs deniers Eccleſiaſtiques & autres de quelque nature qu'ils ſoient qui entreront en la bource deſdits receueurs prouinciaux & particuliers. Et a ces fins ſera fait eſtat certain deſdits Miniſtres en chacune prouince: Et ſur icelluy leur ſera expedié mandement general ſur leſdits receueurs chacun en ſon endroit, pour eſtre paiez par leurs quitances ſans autre mandement ou ordonnances particulieres. Enjoignant auſdits receueurs & leurs commis à la premiere requiſition deſdits Miniſtres: faire leſdits paiemens ainſi que dit eſt ſans vſer de dilaiemens ou ſubterfuges & moins exiger d'eux ny d'autres perſonnes ſur eux aſſignées aucune choſe ſur peyne de concution & de punition exemplaire. D'autant que les gens de guerre doiuent pluſtoſt ſeruir d'exemple de vertu & honneſteté aux autres: que non pas de deſbordement & deſolation: Tous Chefs, Capitaines & ſoldats qui ſont ou ſeront de l'vnion de ceſte pourſuitte: ſont exortez d'vſer de ſi Chreſtiens & ſages deportemens en leurs actions, que Dieu en ſoit honnoré par bonne vie & conuerſation, edifié à toute doctrine & pieté. Et pource que le vice plus frequent qui eſt parmy leſdits gens de guerre, eſt les reniemens & blaſphemes qu'ils font à tous propos contre les commandemens de Dieu, Edits & ordonnances des Roys tant anciens que modernes & ſcandalle de tous bons Chreſtiens: Eſt prohibé & defendu à tous de quelque eſtat, quallité ou conditiõ, jurer & blaſphemer le nõ de Dieu pour quelque cauſe ou occaſiõ que ce ſoit, ſur peyne de cent ſols d'amẽde pour la premiere fois, de dix liures pour la ſecõde, & d'eſtre pour la troiſiéme priuez des armes cõme indignes. Tous les Chefs Capitaines & ſoldats promettrõt garder & obſeruer les reglemẽs tant millitaires que de la Iuſtice & finances ſur les peynes portées par leſdits reglemens. En chacune compagnie des gens de guerre Catholiques y aura vn Preſtre ordinaire pour leur dire la Meſſe & de ceux de la religion y aura vn Miniſtre ou Diacre pour faire le Preſche ou prieres aux jours ordonnez. Et ſeront tous Chefs Capaitaines & ſoldats ſujets à l'ordre & diſcipline Eccleſiaſtique chacun en ſa Religion ſuiuant les reglemens & police des Egliſes de ce Royaume. En chacune compagnie de gens de guerre tant de cheual que de pied il y aura vn de ladite compagnie qui tiendra regiſtre & conterolle des butins & priſonniers qui ſeront par eux faits & tous autres droits appartenans a la Cauſe. Lequel ſera tenu les bailler par extrait & declaration au General & ſon Conſeil pour en eſtre fait recepte par le receueur prouincial ou particulier. Eſt treſexpreſſement prohibé & defendu à tous leſdits gens de guerre ſans exception de perſonne, mener vie lubrique ou ſcandaleuze: tenir ou cõduire ſoit à la ville ou aux champs auſdites compagnies & bandes, aucune femme ſur peyne de la vie, & la femme d'eſtre punie corporellement. Il eſt treſexpreſſement defendu à tous gens de guerre & ſoldats de ne mettre la main aux armes pour injures ou querelles particullieres. Mais pour la deſciſion d'icelles ſe retireront à leurs Chefs & Capitaines pour leur eſtre fait droit comme il appartiendra. Sera procedé en chacune prouince aux deſmentellemens des lieux & places inutiles & non tenables par l'ordonnance du general prouincial & aſſemblées prouincialles. Ce qui ſera fait le plus promptemennt & exactement que faire ce pourra pour le bien & ſoulagement du public. Les compoſitions qui ſe feront pour la redition des villes & autres lieux appartiendront au public. Et pource ſera fait caier & recepte à part des deniers & biens prouenans d'icelluy par ledit receueur General ou prouincial. Ne ſera aucune choſe declarée butin, ſans auoir eſté prealablement jugée par le General prouincial & ſon Conſeil qui jugeront pareillement de tous differents qui auiendrõt

ſur

L'HISTOIRE DE FRANCE.

Ian. Feu.
1575.

sur lesdits butins, prinses & rançons de personnes. Tous Capitaines & soldats declareront & denonceront au General & Conseil les personnes & rançons accordées dans vint quatre heures apres les prinses faites: & ne les pourront eslargir ou deliurer sans expresse ordonnance dudit General & Conseil. Et où ils voudroient garder lesdits prisonniers seront tenuz cautionner suffisamment pour le droit de la Cause. Et ne pourrôt lesdits Generaux Gouuerneurs Capitaines & autres remettre ou moderer le droit desdits butins & rançons deuz au public sur peine de les paier entierement de leur propre. Sera receu pour le droit des butins pour le public de toutes marchandises & autres choses prinses le cinquiéme, ensemble des rançons &

Cinquieme des butins & rançons.

le sur plus sera distribué assauoir aux Capitaines en chef six paies & aux Gouuerneurs des villes s'il y en a vn dixiéme & aux membres des compagnies se trouuans aux factions à l'equipolent de leurs Chefs. Les commissions qui seront baillées & expediées aux Capitaines & autres pour commander seront enregistrées aux registres du Conseil prouincial. Est prohibé & defendu à tous Capitaines & gens de guerre marcher ou tenir les champs auec leurs compagnies sans expres commandement & commission de mondit Seigneur le Mareschal ou du general de la prouince sur peyne de la vie, autrement leur sera couru sus. Pour euiter à la ruyne

Commissaires de charges.

& detriment du peuple qui pourroit auenir pour raison du passage des gens de guerre: sera en chacune prouince ou Diocese deputé vn commissaire qui sera dresser les estappes pour le passage desdits gens de guerre dans la terre de l'ennemy s'il est possible ou autrement au plus grand soulagement du peuple que faire se pourra. Lesquelles estapes se fourniront de viures aux despens du general dudit pays ou Diocese dont sera faite imposition, à la prochaine assiete pour le remboursement d'iceux qui ont fait lesdites auances. Les soldats ne pourront de-

Estapes pour les passages de gês de guerre.

laisser les Capitaines ny habandonner leurs garnisons sans expres congé & permission de leur Chefs & ne seront receuz en autres compagnies sans faire aparoir de leurs congez. Defendât à tous Capitaines les receuoir ou pratiquer les soldats les vns des autres pour les distraire des

Soldats volans.

compagnies à peyne d'estre declarez inhabilles de commander. Et pour reconoistre les soldats estrangers & auoir conoissance de leurs actions: sera tenu registre aux portes des villes de l'entrée & yssuë d'iceux pour en informer incontinant le gouuerneur & Chefs commandans en la ville. Ne sera permis ny loisible aux gens de guerre & autres executer aucunes entreprises qu'ils auroient sur les villes & places sans l'auis & congé du general. Est tresexpresse-

Moien de conoistre les estrangers & espions.

ment defendu à tous Capitaines, soldats & gens de guerre aians receu solde: prandre aucuns viures sans paier & du gré & consentement de leurs hostes & autres sur peyne d'estre punis

Entreprises non executées sans le General.

comme larrons & volleurs. En chacune porte de ville qui sera ouuerte y aura deux Clefs: dont l'vne sera baillée & gardée par celluy qui aura le commandement des armes en ladite ville. Et l'autre par les Consuls d'icelle. Est generallement defendu à toutes persônes de quelque estat & condition qu'ils soient, parlementer, negotier ou trafiquer auec l'ennemy sans permission desdits Generaux & Conseil & sur peyne d'estre traittez comme ennemys. Toutes

Prouisions armes & munitions.

prouisions & munitions de guerre ensemble les reparations & fortifications des villes: se feront des deniers publics par l'ordonnance du General Conseil & Consuls desdites villes sauf les armes qui se feront par Dioceses Bailliages & Seneschaucée selon la coustume des pays. Les paiemens des compagnies tant de pied que de cheual, se ferôt sous môstre & reueuë & non autrement: assistans à icelles les commissaires & conterolleurs generaux des guerres ou en leur absence les Consuls des lieux ou les garnisons seront ordonnées suiuant les ordonnances precedentes sur ce faites. Les Capitaines respondrôt des exces & maluersatiô de leurs soldats, pour les representer à Iustice quand requis en seront. Ne pourront les Generaux, Chefs Cappitaines & autres aians le commandement des places, villes & forts auenant vne Paix: prandre ou s'approprier les viures, munitions ou armes estans en magazin apartenans au

Magazins.

public. Ains les lairront au proffit & pour la subuention desdites villes par bon & loyal inuentaire. Toutes les compagnies de gens de guerre à pied seront reduites au nombre de cent hômes. Les compagnies destinées à tenir garnisô, seront mises & dispersées aux villes & lieux que

Côpagnies de pied de cent hômes.

besoin sera & le plus pres de l'ennemy que faire se pourra. Tous les habitans des villes de ceste vnion & poursuitte: seront tenuz de s'employer à la garde d'icelles & de se pourvoir d'armes chacun selô sa faculté: & esliôt entre eux Capitaines par cartiers pour leur cômâder. Enquoy

Gardes aux portes.

aucun ne pourra estre excusé ne pretêdre priuillege. Et ceux qui defandrôt à leur tour serôt multez par les Côsuls des villes tât pour cômettre en leurs places qu'à l'vtillité du public reseruant à ceux qui commanderõt aufdites villes & au Confulz d'icelles : de reconnoiftre les fufpects, leur defendant les gardes & de commettre en leurs places à leurs defpens qui ne pourront exceder entre le jour & la nuit cinq fols au plus. Sera faite defcription & denombrement des hommes des villes & lieux clos qui feront pour faire la guerre à cheual lors que l'occafion fe prefentera & eflirõt entr'-eux Chef d'experience pour fortir & empefcher les courfes des ennemis. En quoy feront principallement elfeuz ceux qui auront moyen de fe monter & armer. Neantmoins s'il y en a aucuns qui aient de bons cheuaux & ne foient pour faire armes: feront tenus de les prefter fauf leur payer aux defpens du public en cas qu'ils fuffent tuez. Sera defendu à tous Gentils-hommes & autres de ne commettre la garde de leurs cheuaux & maifons fortes, à autres qu'à ceux de cefte vnion & pourfuitte: fur peine de confifcation de leurs maifons & d'eftre razées. Et fur mefmes peines leur fera defendu de ne retenir n'y receller les biens n'y aucunement fauorifer les ennemis de cefte Caufe, ne leur fournir argent n'y munitions de guerre. Mefmes deffences feront faites à tous villageois & adherans a cefte pourfuitte, pour quelque caufe pretexte ou couleur que ce foit: de ne retirer en leurs maifons & lieux, les ennemis: & de leur fournir viures, argent ou armes fur peine de la vie. Et feront tenus deflors qu'ils les defcouuriront, de faire feu, ou autre figne pour en donner aduis à leurs voifins. Et s'ils ont moien de courir fuz les volleurs & brigands : les faifiront & meneront à Iuftice & en cas de defences les mettront en pieces. Les Garnifons qui feront ordonnées dans les villes & lieux clos; feront entretenues aux frais & defpés cõmuns des Dioceses où Prouinces ou lefdites villes & lieux ferõt affis. Les cõpagnies de gés de pied du nõbre de 100. hõmes: ferõt paiées & foudoiées par chacun mois à raifon de 100. liures au Capitaine, 50. au Lieutenãt, 30. a l'Enfeigne à 2. Sergens chacun 15. liures. A 4. Caporaux, vn Piphre, vn Tãbour & vn focier a chacun 12. liures & a chacun Soldat 9. liu. Pour les Cõpagnies qui tiẽdront Garnifon efquelles il n'y aura cent hõmes feront les Capitaines paiez & appointez cõme il fera auifé par le General Prouincial auec l'auis de fon cõfeil. Et moienant ladite folde, lefdits gés de guerre ferõt tenus paier tout ce qu'ils prandront de gré à gré: à taux toutesfois qui fera fait des viures par le General Prouincial auec l'auis des affeblées Prouincialles. Sera defédu aufdits gés de guerre tenãs Garnifon de cõuier les vns les autres en leurs logis pour ne porter fouleà leurs hoftes: lefquels ne ferõt tenus leur fournir pour vftéce que le lit, linge blanc & table & la faculté de cuire leur viande à leur feu. Demeurera à l'optiõ des hoftes de nourir les fimples foldats à leur honnefte ordinaire. Et outre ce leur bailler par chacun mois 60. fols pour achepter foulliers cordes & plomb. A ce qu'aucune fraude ne foit cõmife fur le logement & nourriture defdits foldats: fera deputé par les confeils en chacune ville vn defdits principaux habitãs pour vifiter de fepmaine en fepmaine les foldats qui feront actuellement en la Garnifon. Et tenir Contrerolles des billets qui ferõt expediez pour le logement defdits foldats par vn ou deux autres perfonnages qui feront chargez par lefdits Cõfuls de ce faire. Les billets & rolles du logemẽt des gẽs de guerre, cõtiendrõt leurs noms & furnõs & dequel lieu ils feront & de quelle Cõpagnie & de la maifon ou ils deurõt loger. Lefquels billets & roolles feront Contrerollez par le fufdit Contrerolleur; autrement demeurerõt fans effet. Le remuement des logis de gens de guerre, fera faict de quinze jours en quinze jours ou de moys en moys: comme il fera auifé par les Confuls des lieux pour le foulagemẽt & entretenemãt du peuple. Les Soldats qui feront habitans des villes où ils feront en Garnifon: ne pourront demander logis n'y vftence. Moyennant la folde & entretenement aufdits gens de guerre, ne feront nourris payez n'y deffrayez aucuns cheuaux aux Capitaines ny aux Soldats: & ce pour n'incõmoder le peuple. Leur fera defendu d'auoir efdites Cõpagnies plus que fix cheuaux en tout. Les Soldats tenans Garnifon pour n'incommoder leurs hoftes, n'auront aucuns Goujats que de quatre en quatre vn au plus. La defpence & paiement defdits gens de guerre fera egallement porté par tous contribuables, ayant efgard aux induftries de plufieurs qui n'ont que bien peu de bien roturief. Quand aux gens de guerre à cheual, les Gens-darmes feront montez de deux cheuaux de feruice & d'vn courtaut. Et les Archers & cheuaux legers d'vn cheual de feruice & d'vn courtaut. Et feront payez par chacun moys affauoir pour chacun Cappitaine d'hommes d'armes pour fon eftat la paye de cinq hommes d'armes, à fon Lieutenant la paye de quatre, à chacun Enfeigne & Guydon la paye de trois & a

Ne fauorifer les ennemis & ne faider d'eux

Payes.

Caualerie.

L li

Mars, Auril, 1575.

chacun Mareschal des logis la paye de deux. Et pareillement à chacun Capitaine de cheuaux legers la paye de cinq, à son Lieutenant de quatre, à sa Cornette de trois, à son Mareschal de logis de deux. Esquels moiennant le paiement & solde seront tenus paier de gré à gré tous les viures qui leur seront baillez au taux qui sera fait comme cy deuant est dit. Et ne pourront prandre, fourager n'y exiger sur leursdits hostes que lit, banc & table & faculté de cuyre leur viande au feu de leurs hostes à peine de la vie. Auant que lesdits gens de guerre tant de cheual que de pied puissent receuoir paiement : & pour euiter aussi qu'ils ne se facēt paier comme presens en leurs Garnisons : feront monstre & reueuë de sepmaine en sepmaine. Et seront seulement paiez ceux qui se trouueront actuellement esdites Garnisons. Lesquels faisant lesdites monstres & reueuës, seront tenus prester le serment. Et seront icelles monstres & reueuës faites par les Commissaires & Contrerolleurs des Guerres & en leur absence par les Officiers & Consulz des villes en la forme que cy deuāt il est dit. Et pour le paiemēt desdits gens de Guerre à cheual, est ordonné pour chacun mois à chacun homme d'armes 45. liures & à chacun Archer où cheual leger 30. liures tournois. Fait conclud & arresté en ladite assemblée le 10. jour de Feurier 1575. Ainsi signé Paulin, de Lomaigne. &c.

Iuin, Iuillet. Plaintes publicques du peuple de Poitou au Comte du Lude Gouuerneur.

Peu apres le siege de Lusignen : fut affiché à vn May (planté deuāt la porte du logis du Cõte du Lude à Niort luy estant en icelle :) vne lettre en forme de Requeste. Par laquelle le peuple de Poitou remonstroit que les pertes qu'il auoit souffertes puis 13. ans en ça (lesquelles il disoit estre cause de sa ruine) luy auoient esté faites par ceux qui se disent Gentilshõmes, cõme les effects en faisoient preuue. Par lesquelles il disoit estre facile à juger & conoistre que leur intentiõ n'estoit que de ruiner le marchant & le poure paysant. Et que le noble estoit seul qui en ces guerres ciuiles s'estoit garenti. D'autāt qu'ils se rendoiēt ou faisoient rēdre à quelqu'vn de leurs amis du parti plus fort & d'ou on pouuoit plus tirer de butin. Et qu'ils se sçauoient si bien maintenir & cõseruer les vns les autres : que ny en leurs biens ny en leurs personnes, ils ne receuoient aucune incōmodité, mais plustost proffit des troubles. Que par leur cõportemēt tel, il estoit facile à juger qu'en ces guerres il n'y alloit de la Religion. Et que ne pouuans plus supporter telles charges : 20. mil hõmes tant Catholiques que Huguenots estoiēt prests à sesleuer pour abolir ceux qui les vendent & traittent de ceste façon. Et au dessous estoit escrit *Nusquam tuta fides.* Ce que j'ay allegué non seulement pour monstrer cõbien la longue licence de nos armes mutines, à poussé le cœur du peuple affligé, à dire & faire parolles & entreprises seditieuses : Mais aussi pour inciter ceux qui apres le Roy ont plus de pouuoir & credit en cest estat : d'oster par bonne vie & vraiement nobles remõstrances, toutes occasions de mal contentemens, plaintes & seditions qui ne nous peuuent fuir, si nous ne marchons d'autre pié que de coustume. En ce mesme temps fut aussi diuulguée ez enuirons de Poitiers, vne association suspecte à plusieurs, faite au nom de la Noblesse de Poitou. En la maniere de parler de laquelle suitte & grace d'icelle, aucuns disoint recognoistre le stile du Lieutenant de Poitou. Laquelle pour ceste raison je vous representeray de mot à mot sans y ajouster n'y diminuer : afin que ceux qui l'auront frequenté & reconoistront son stile en puissent juger à leur volonté.

Ligue & association des Catholiques cõtre les Protestans en Poitou.

Estant clair & euident à vn chacun, que les ennemis du Roy, se sont depuis les presens troubles plusieurs fois essayez de prandre les villes & places estans en son obeyssance : & de fresche memoire la ville de Nyort. Et que le bruit commun est qu'ils ont intelligence dans les principalles villes de Poitou : au grand desauantage du seruice de sa Majesté, bien du Royaume à la perte & ruyne de tous les gens de bien de ce pays. Que l'on voit à l'œil les courses & prinses qu'yceux & autres gens sans aueu, font de jour à autre sur les personnes & biens de ses bons subjects. Encores qu'ils n'ayent retraicte reconnuë ne marcable plus pres que la ville de la Rochelle, Bouteuille, & Pons, assez eslongnez de ces quartiers. Et que par ceste raison il est aisé a penser cõme defait on à assez clairement descouuert, que lesdicts ennemis sont fauorisez par les secrettes intelligences qu'ils ont des maisons & personnes de la plus part de ceux de leur party, & de leurs parens : assises en tous les endroits du plat pays où ils font leurs retraictes & assemblées, de dix à dix, plus grand & plus petit nõbre quelques fois. Où de la ils ont leur Rendez-vous aux jours & lieux qu'ils les determinent. Sans que aucun se soit presenté jusques icy pour s'opposer par armes ou autrement à telles entreprises.

Dauantage

Dauantage viennent auertissemens de toutes parts, qu'ils ont grandes intelligences sur les places de l'obeïssance de sadite Majesté & sur les personnes des Seigneurs, Gentilshommes & autres qui sont perseuerans en son seruice selon leur deuoir: il a esté auisé par les Seigneurs sous-signez, tous assemblez pour sçauoir les affaires constituez en si miserable estat selon le bon plaisir & vouloir du Roy & de Monsieur le Comte du Lude son Lieutenant General & Gouuerneur en cedit païs, de promettre & jurer tous ensemble ez mains de Monsieur de que lesdits Seigneurs & Gentilshommes ont esleu pour Chef de ceste sainte & loüable entreprise: dont ils l'ont supplié prandre la charge: de courir sus aux ennemis de sadite Majesté & perturbateurs du repos public. Pour aquoy le fortiffier, ils se sont jurez & promis, jurent & promettent comme le semblable font tous les autres Gentilshommes Catholiques qui sont presens à ceste deliberation, & qui apres sous-signeront ces presentes: de se tenir prests en e-quipage d'hommes & de cheuaux, pour recercher & descouurir à leur pouuoir toutes les allées, venues, retraittes & entreprises desdits ennemis: & en auertir ledit Sieur Comte du Lude où le Chef de ceste sainte association, ensemble & les autres. Au premier mandement desquels dits Seigneurs & d'aucuns desdits Gentilshommes: tous les autres Seigneurs & Gétils-hommes en estans auertis, jurent & promettent de se rendre & trouuer au Rendez-vous qui leur sera donné au lieu à eux assigné par ledit Sieur Comte du Lude où
Et le premier d'eux, pour promptement se trouuer au lieu qu'ils verront l'affaire le requerir, pour courir sus ausdits perturbateurs ainsi assemblez, comme ennemis du Roy & du repos de ses sujets. Sans que aucun d'iceux ennemis soit par lesdits associez & jurez, recouru pour quelque cause que ce soit de leurs mains, ne prins à mercy ne rançon. Bien pourra estre gardé pour en retirer quelque autre desdits associez, s'il auenoit qu'il fust prins par lesdits ennemis. Et pourtant que de si loüable & sainte entreprise, il est certain que lesdits ennemis irritez, s'efforceront particulierement de nuire & courir sus ausdits Sieurs & Gentils-hommes s'opposans à leur malice par le commun aduis & deliberation de tous: Ils ont aussi juré & promis jurent & promettent l'vn à l'autre, que s'il aduient que aucun de tous ceux qui se trouueront signez en ceste deliberation & la sous-signeront cy apres, soit tué, prins, assiegé, poursuiuy ou autrement en quelque sorte que ce soit, offensé en son honneur, personne, biens & amis fauorisans à ceste entreprise & deliberation: tous les autres le vengeront de tout leur pouuoir: & donneront promptement secours & en la dilligence que l'affaire le requerra. Et se sont declarez & declarent ennemis jurez de tous ceux qui contre l'authorité du Roy portent les armes & qui offenseront ses sujets semblablement lesdits associez en leurs personnes, familles & biens. Et outre de se tenir prests pour marcher au premier mandement desdicts Sieurs Comte du Lude & où le premier d'eux qui les auertira. Lequel ils ont promis & promettent d'aller trouuer pour l'executiō de tout ce que pour le seruice du Roy & pour le bien & salut de tous en general ou particulier leur sera ordonné & cōmandé. Et afin de mieux estre liez & jurez d'amitié par ensemble: promettent tous ne s'eploier les vns les autres pour querelles particulieres qui puissét interuenir entre eux: Mais jurét le cas auenāt que s'il y a aucun desdits associez qui aie querelle ou occasiō d'en auoir à l'encontre de ses cō-pagnons associez: qu'il en croira ledit Seigneur Sans que nullemét ils pren-nét les armes les vns côtre les autres: & en passerōt par le jugemét dudit Sieur: qui en prādra l'a uis & oppinion de mondit Sieur Côte du Lude Lieutenāt general pour le Roy en cedit païs; sous l'authorité duquel ils entendēt promettre & jurēt se maintenir & cōduire en toute ladite association & ce qui en depend. Et a celle fin que Dieu assiste à sy bône & sainte intētiō, tous lesdits Seigneurs & Gentilshōmes ont fondé vne Messe ordinaire du S. Esprit, pour estre dite & celebrée par chacun jour au Conuent des Cordelliers de Poitiers à 7. heures du ma-tin. A laquelle serōt tenus & ont promis assister lesdits Sieurs & Gentilshōmes qui se trouue-ront en ladite ville de Poitiers en quelque jour de l'an que ce soit. Et auenant le decez de l'vn desdits Sieurs & Gentilshommes qui seront cy compris: sera fait en l'honneur de Dieu & pour prier Dieu pour l'ame du trespassé: vn seruice solemnel en ladite Eglise. Auquel les armes du-dit deffunt seront representées. Et la cedit jour de seruice se trouueront, les autres associez s'ils y sont semons par les parens du trespassé.

Ie vous ay cy dessus assez souuent parlé des allées & venues en Cour & à la Rochelle du Lieutenant de Poitou. Ensemble des occasions & effects de son mal contentement sur

Comporte-mens d'ou-treuz de la Haye Lieu-

L'HISTOIRE DE FRANCE.

Mars, Auril, 1575. tenant de Poitou, Auec les occasions de sa mort & la forme de l'execution Iusticiere & exemplaire de sõ Corps.

l'viuerselle disposition du Royaume. A son retour de Cour il apporta lettres par lesquelles le Roy en consideration des bons seruices qu'il auoit faicts à la Majesté du feu Roy son frere: luy pardonnoit tout ce qu'il auoit faict durant les guerres dernieres. Et en la mesme faueur le remettoit aussi en ses biens. Pour rendre ces lettres plus authentiques il les feit depescher en patentes & seeller du grand seau. Il faict d'abondant escrire par la Majesté à Monsieur de Montpencier & aux Officiers, Maire & Escheuins de la ville de Poitiers: que, son intention estoit qu'il fust receu en sa maison. Mais les Maire & Escheuins demanderent à estre ouys & faire quelques remonstrances au Roy premier que de le receuoir. Pour le peu d'espoir que conceut lors le Lieutenant de r'entrer en sa maison, si ceux de Poitiers estoyent ouys en vn priué Conseil du Roy: il se retira en vne sienne maison pres la ville de Poitiers appellée la Begaudiere d'où il s'en alla deux jours apres à Surgere & à Tadon, en intention d'entrer en la Rochelle. Ou pour le moins communiquer par l'auis de leurs deputez auec la Noue & associez. Ce qui ne fut trouué bon par le Conseil du Maire: pour la mauuaise oppinion qu'ils auoyent de tout temps du Lieutenant. Au moyen tant des Conferences qu'il faisoit auec Monsieur de Montpencier: de ses voyages en Cour: que pour je ne sçay qu'elle crainte que la Noue & aucuns autres ne fussent esbranlez par ses persuasions & promesses. Pour obuier à ce, en leur lieu deux autres accompagnez du Ministre Magnen furent deputez pour aller parler à luy. Pendant que le Lieutenant y estoit, la Noue luy enuoya des bouteilles plaines de vin & des viures qu'on visita à la porte pour la deffiance. Si que coneut le Lieutenãt le soupçõ qu'on auoit de luy tant de ce qu'il n'auoit peu entrer en la ville que de la visitation cy dessus:& pour tolir le soupçon qu'on pourroit auoir des Chefs par son moyẽ:il remet la conclusion de ces faciendes en sa maison où il s'en retourna de la à quelques jours apres. La quelques Protestans de ses plus priuez & familiers furent conferer auec luy. Et y feirent entre eux des complots pour surprendre les villes du pays de Poitou. Pour effectuer telles entreprises il fut aduisé entre eux, qu'ils feroyent entrer en Poitiers vn bon nombre de Soldats choysis,deguisez en Pelerins de Sainct Iaques & d'autres incogneuz aux habitans de la ville,sinon à ceux qui estoyent de la partie:en la maison desquels ils deuoyent se loger pour mieux conduire l'entreprise. Et quand ces intelligenciers auroyent ces gens en leurs maisons: ils deuoyent pour troubler la ville susciter les Catholicques à courir sur ceux de la Religion Protestante: & à ceste fin leur remonstrer qu'ils ne doiuent souffrir que les principaux de la ville abusans de leur authorité, supportassent les ennemis de D I E V du Roy & les leurs: n'y charger leurs espaules de leur tyrannie estans les plus forts en la ville. Pensans par telles parolles animer le peuple contre aucuns Officiers. Et pource faire se deuoyent assembler en armes à l'heure du Sermon qui se faisoit en Caresme aux Iacobins & la commancer vn piteux jeu qui eust continué par tout ailleurs tant sur les Huguenots que Catholicques qu'ils jugeroyent se deuoir opposer à leur intention. Iusques à ce qu'il en reussist vn trouble, pendant lequel ils deuoyent gangner où le Chasteau où l'vne des portes de la ville,qu'ils pensoyent soudain mettre en la puissance de ceux qui les auoyent suscitez faire ce que dessus qui eussẽt esté la pres pour leur assister. Pẽdãt que ce Chef trauailloit pour effectuer ce complot,il r'escriuoit souuent à des principaux de Poitiers qui luy auoyent esté amis: pour se mettre en bonne oppinion enuers eux: Que les Majestez vouloyent recompenser ses seruices, afin qu'ils creussent que les menées qu'il faisoit tendissent à quelque bonne fin pour le seruice du Roy & bien commun: Et que leurs Majestez se reposoyent sur luy de toutes les charges & affaires d'importance qu'elles auoyent en Poitou. Cuidant que en diuulgant tels propos on se doubteroit moins de luy & que plus aisément il paruiendroit à ses fins.

Entreprise du Lieutenant sur Poitiers.

Entreprise du Lieutenant sur Fontenay le Comte.

Puis s'approchant le temps destiné pour la surprise de Poitiers, il s'absenta de sa maison & s'en alla en vne autre d'vn Gentilhõme Catholique pour dõner perfection à vne entreprise qu'il y auoit: Ou estant il enuoia à Fontenay vn sien seruiteur tant pour reconoistre les forces qui y estoient:que pour praticquer quelques Soldats d'icelle & aucuns de la ville. Apres qu'il y eut sejourné huit jours & qu'il eut en icelle festoyé plusieurs soldats & autres de la ville: Il se retira chez le Gentilhõme où estoit son maistre:qui feit soudain escrire par ce Gentilhõme à vn Capitaine de la Garnison de Fontenay auquel il auoit autresfois cõmandé & qui mesme auoit esté son seruiteur, qu'il s'allast trouuer. Ce que fit Carcassonne. La le Lieutenant s'enquist exactement des compagnies qui estoient en Garnison en la ville:du nombre des soldats qu'il y auoit

auoit en chacune des Compagnies: des Gentilshommes qui suiuoient les Roches Baritauld Gouuerneur de la ville. Et sur tout combien de Soldats il auoit en sa compagnie & s'il s'asseuroit d'eux. Puis en fin il s'enquist de luy des moyens par lesquels on pourroit surprendre la ville: luy disant qu'il s'asseuroit tellement de sa fidelité qu'il ne luy seroit seulement aidant de sa personne pour les rendre Maistres de la ville: Mais aussi qu'il leur enseigneroit des moiens pour y paruenir & pour les rendre en quelque sorte que ce fust les plus forts en icelle. Et apres plusieurs propos ouuertures & moyens deduicts tendans à ce but treuuerent bon. Que le Vendredy deuant la feste de Pasque jour propre pour estre destiné à prieres & Oraisons en l'année Mil cinq ces soixante quinze: pendant que ceux de la ville seroient en deuotion: le Cappitaine Carcassonne feroit faire par de ses plus fidelles & plus asseurez Soldats, en vne certaine Caue d'vne maisonnette apartenante a vne veufue mandiante située en vn coing de la ville peu frequenté: vne ouuerture qui penetreroit jusques dans le fossé. Ce qui se pourroit faire aisément d'autant que le bout de ceste Caue, joignoit aux fondemens des murailles. Et que ceste ouuerture faicte, la nuict du suiuant sur les dix à vnze heures: ils mettroyent dans le fort de Guinefolle situé deuant ceste Caue, trois cens hommes de guerre conduicts par trois, lesquels à vn signal d'vne corde d'harquebuze que les mesmes Soldats qui auoient faict l'ouuerture cy dessus deuoient laisser tomber dans le fossé de la ville: se deuoient incontinant rendre à l'ouuerture de la Caue. Où l'vn de ces Soldats de la ville les attendroit pour leur donner du feu affin d'allumer les meches de leurs harquebuzes: qui de peur d'estre descouuerts, deuoient venir sans feu jusques à l'entrée de la Caue. Et afin que l'entreprise ne fust descouuerte, ces trois Soldats de la ville deuoient estre posez en sentinelle au tour de ceste Caue. Cependant que ces Soldats deuoient descendre du fort dans le fossé & du fossé en la Caue ou l'vn des quatre Soldats les deuoit attendre: vn autre de ses Compagnons deuoit aussi estre là pres en sentinelle au lieu le plus proche de la Caue: où se tenir auec la sentinelle la plus pres pour l'amuser. Entrez que seroient ces Soldats dans la Caue, ils deuoient soudain gangner vne Tour pres de là par le moyen de leur conducteur qui se deuoit nommer à la sentinelle & de là aller au Chasteau & tuer le Corps de Garde qui y estoit: pour apres se saisir de la ville. Tellement qu'en vn mesme temps ce Chef s'attendoit de surprendre, les villes de Poitiers, de Fontenay & de Parthenay. Comme il eust fait sy ses entreprises n'eussent esté descouuertes, aussi tost que tramées: Fors celle de Fontenay qui ne fut descouuerte que sur le point qu'elle deuoit estre executée: à quoy ils faillirent de peu: estant le dessein bien conceu, le lieu esguéré, le jour d'Oraisons publicques, les Soldats d'vne escouadre, d'vne mesme maisonnée, tous en garde ce jour & en vn mesme lieu du Chasteau. L'entreprise faicte sur Poitiers fut descouuerte de bonne heure par le moyen d'vn homme de la ville: qui aduertit Boisseguin Gouuerneur qu'vn habitant luy auoit communiqué & dit qu'il estoit expedient pour leur seureté & liberté commune, de tuer les Huguenots de la ville. Qu'il auisast d'en communiquer à ses amis & à ceux qu'il connoistroit qui luy voudroiët assister: & que vn bon nombre de la ville fauoriseroit leur party. Qui fut cause que ce Poiteuin fut pris, conuaincu du faict & condamné à auoir la teste tranchée. Celle de Fontenay fut descouuerte le soir precedët l'executio par des Roches Baritaud Gouuerneur de la ville suiuant certains aduertissemens generaux qu'il receut quelques jours au parauant Pasques: que les Confederez y tramoient je ne sçay quoy: en aduertit les Officiers, Maires & Escheuins de sa ville. Qui en leur maison commune auiserent que on visiteroit le circuit des murailles, les Casemattes & les Caues joignans les murailles. Et que telles visitations se continueroyent de trois jours l'vn & plus souuent s'il en estoit besoin. Et que le Maire enuoyeroit à ceste fin vn billet à ceux qu'il deputeroit pour faire ceste visitation. Tellement qu'vn Marchãt de la ville qui auoit charge de visiter les Caues le propre jour du Vëdredy S. à son retour de Tenebres, fut visiter la Caue cy dessus accompagné d'vn maistre Maçon qui recõneurent que sur l'heure le Rocher de ceste Caue auoit esté rompu. Et que le jour qui venoit par le fossé dans ceste Caue par ceste ouuerture, manifestoit que ceste ouuerture estoit resceste. Aussi que les coups de marteaux apparoissoiët de nouueau faits tant sur le Roc que sur les pierres d'iceluy, qui estoient tumbées en terre. Dont le Maire auerty & par luy le Gouuerneur en toute dilligence meirent des Maçons pour boufcher ceste ouuerture & obuier au peril: comme il estoit nécessaire premier que cercher l'esclarcissement du

Ordre que ceux de Fõtenay mirent en leur ville contre les surprises & intelligences de leurs ennemis.

Mars, Auril, 1575.

faict. Et d'autant que la nuit empescha de pouuoir si promptement muraillet ce trou, on feit mettre ceste nuict en c'este Caue vn Corps de Garde qui empescha que les entrepreneurs feissent le signal & le reste qu'ils auoyent promis. Toutesfois ceux qui auoyent juré de se rendre dans les fossez qui n'auoyent esté aduertis de ceste descouuerte: ne manquerent de promesse. Mais ne trouuans rien de ce qu'ils esperoyent: ils furent contraincts de s'en retourner. Au lendemain vne femme vefue locataire de ceste maison fut prise. Qui toutesfois ne confessa aucune chose: s'excusant que tout le jour elle auoit esté absente de sa maison. Vn sien enfant de l'aage de six à sept ans, dist qu'en l'absence de sa mere vn laquais vestu de vert estoit descendu en ceste Caue ayant vn marteau. Ce qui fut confirmé par deux autres enfans de sept à huit ans qui deposerent ce qu'ils en auoyent veu. Et d'autant que les Maistres de ce Goujat, estoyent logez la pres: ce Goujat fut recogneu par ses enfans. lequel pris confessa auoir fait l'ouuerture cy dessus par le commandement de l'vn de ses Maistres qui luy auoit promis de luy donner vint escus. Et à ceste fin l'auoit mené à la Caue & luy auoit donné le marteau du quel il auoit rompu & percé le rocher de ceste Caue. Son Maistre confirma tout ce que son goujat auoit dict. Et outre que le mot du guet des ennemis estoit Sainct André. Ces Soldats prins, le Seneschal de la ville Maistre Pierre Brisson disant qu'ez crimes de consequence & d'importance, les seuls desseins sont punissables: & qu'il estoit requis que la punition en fust soudaine: vsa de telle dilligence en la façon des proces de ses accusez: que en deux jours ils furent conuaincus & leur proces faict. Et au troisième qui estoit le lendemain de Pasques ils furent penduz & leurs corps mis aux quatre coings de la ville pour exemple à tous autres. Le Gouuerneur en auoit ja aduerty le Comte du Lude Gouuerneur & Lieutenant General du Roy en Poitou: luy donnant aduis de faire le semblable enuers les Majestez: comme aussi de sa part il le manda ez autres Gouuerneurs & villes du pays de peur qu'elles ne fussent trompées au voyage que n'agueres auoit faict le Lieutenant du Poitou par deuers le Roy. Pour obuier à ce que ceux du pays & autres ne creussent en ses parolles. Et que le pardon que sa Majesté luy auoit octroié ne luy seruist d'vn ret pour en prandre plusieurs qui ne connoissoyent ses desseins, Il leur remonstra par ses lettres puis qu'il s'estoit telement oublié enuers la Majesté de son Roy: que de perdre la souuenance de la douceur & clemence de laquelle il auoit vsé enuers luy: aussi tost qu'il en auoit perdu la presence de s'entendre auec les ennemis declarez de sa Majesté: & contre icelle auec eux conjurer la ruyne de son pays Natal: & la mort de la plus part des bons patriotes que on ne pouuoit desormais esperer, que tout mal de luy. Et que s'il n'auoit peu mettre à chef les entreprises qu'il auoit projecté: qu'il estoit vray semblable qu'il ne cesseroit d'essaier & tenter d'autres moyens & de faire d'autres nouueaux desseins pour y paruenir. Ces lettres feirent que plusieurs du pays qui sembloyent doubter de l'intention & but de ce Chef: le creurent ennemy declaré du bien & repos commun. Et ceux qui luy portoyent amitié furent moins affectionnez à luy: moins credules en ses parolles, plus deffians en ses actions & mieux disposez à luy resister Si bien que se voyant mal suiuy il commença de marcher secret & à petit train, peur d'estre reconnu. Mesmes aduerty de tout ce que dessus & qu'on auoit enuoyé par toutes les villes de Poitou comme il à esté dict: sçachant combien il luy estoit prejudiciable qu'on le creust Chef de telles entreprises: Il pensa que son deuoir estoit au moins de s'en executer. A ceste fin il enuoya lettres au Comte du Lude par lesquelles il luy mandoit que ses ennemis selon leur coustume ancienne diuulgoyent des calomnies contre luy eslongnées de toute verisimilitude. Mais que nonobstant icelles, il l'asseuroit tellement & de la fidelité & sincere affection qu'il auoit reconnu qu'il portoit à la Majesté du Roy: & de sa bonne volonté enuers luy: qu'il ne croiroit jamais qu'il se peust tellement oublier en son deuoir que de luy vouloir oster les villes de son Gouuernement. Pour la conseruation desquelles il auoit tant de fois employé ses moyens & hazardé sa propre vie. Il escriuit d'autres lettres de pareille substance aux Roches Baritaud. Et outre luy manda qu'il ne connoissoit le Cappitaine Carcassonne duquel il disoit desirer que Iustice fust faicte, s'il estoit tel qu'on le publioyt. Il manda à Boisseguin Gouuerneur de POITIERS en l'absence du COMTE du LVDE: que pour auoir toute sa vie à son pouuoir gardé ceste doctrine: Qu'il suffist d'estre exempt de vice: mais qu'il en faut aussi fuyr tout soupçon: qu'il auoit pensé pour le conseruer &
maintenir

Lettres du Lieutenant au Comte du Lude & autres pour s'excuser des entreprises susdites.

maintenir en vne bonne oppinion enuers tous: & mesmement enuers ses amis & concitoyens auec lesquels il deuoit passer le cours de sa vie: luy deuoir escrire & le prier de faire voir sa lettre, & s'asseurer qu'il luy estoit bon & obeïssant parent, alié & seruiable amy & de tous ceux de la ville tant de la Iustice, du Corps de la ville de l'Eglise que de tout le peuple. Et sur le sujet de certaines nouuelles d'vne entreprise de Fontenay lesquelles par le moien d'vn Gentil homme du bas Poitou estoient venues jusques à luy : Il auoit entendu que deux ou trois de la ville au plus, s'en pensoient preualoir contre luy, qui toutesfois vsans de ceste maniere de parler *Le temps* doiuent attendre le boiteux & le dernier venu qui apporte volontiers les plus certaines nouuelles : Pour la verité desquelles jusques à ce qu'on en peust faire jugement certain: qu'il representeroit sa teste en telle part que luy commanderoient les Majestez. S'assurant que telles calomnies redonderoyent à la confusion des imposteurs & inuenteurs d'icelles, qui auoyent conceu ceste mauuaise volonté contre luy pource qu'il ne pouuoit approuuer vn vice & faute au seruice du Roy comme il n'auoit jamais voulu. Et que la ils auoient proposé de se vanger de luy. Mais qu'il falloit vn meilleur sujet d'accusation pour l'attaquer: duquel pour se defendre il ne se vouloit aider des vices d'autruy. Ains de sa seule Iustice & seule innocence. Laquelle il feroit paroistre en public enuers & contre tous ceux qui en voudroient doubter. Le priant sur tout en faire estat & estre certain qu'il ne seroit outre le seruice du Roy auquel il estoit du tout attaché, moins soigneux de son repos particulier, de la garde de sa ville, seureté de tous ses Citoyens petis & grands & de la tranquilité commune que de sa propre vie. Par les lettres d'excuse & de creance qu'il enuoya semblablement au Roy & à la Royne Mere il chargea le porteur de leur demander vn sauf conduict pour aller en Cour les esclarcir de beaucoup de choses de consequence, importantes leur seruice. Et donner vn bon espoir, qu'il remettroit en leur obeyssance la Rochelle & autres places Protestantes pourueu qu'on le laissast faire. Telles lettres feirent, que encores que leurs Majestez feussent auerties du contraire & de la fin ou tendoit ce personnage & qu'elles n'ajoustassent foy à ses excuses: que neantmoins on luy depescha le sauf conduict qu'il demandoit. Ne voulans qu'à si peu l'occasion & moyens de se justiffier luy manquassent. Pour vn Sainct desir que tout bon Prince doit auoir d'ouyr la justiffication & innocence d'vn accusé de crime de telle consequence. Et qui luy augmentoit encores son desir: estoit que ce personnage s'estoit puis quelques années acquis vne plus grande reputation que aucun autre de sa robbe. Aussi que d'ailleurs il estoit recogneu pour auoir autres-fois esté bon & affectionné seruiteur du Roy. Et y auoit quelque apparence de croire qu'il vouloit reparer sa faute & reprandre ceste mesme affection puis qu'il se venoit jeter aux pieds de son Prince lequel il auoit offensé. Ne voulant d'ailleurs mespriser les ouuertures & moyens qu'il disoit auoir pour remettre la ville de la Rochelle en son obeyssance. De fait le sauf conduit receu il s'en alla en Cour. Ou ses belles & grandes *Le Lieutenant en* promesses com'il estoit hardi & bien disant furent ouyes par leurs Majestez : Par deuant *Cour auoue* lesquelles il adnoüa auoir designé l'entreprise de Poitiers. Mais rejetta celle de Fontenay sur *l'intelligence dedans* vn Gentil-homme de Poitou lequel peu auparauant son depart, luy auoit (comme il est *Poitiers.* croiable) promis qu'il porteroit la Marotte de ceste entreprise. Et se confessant autheur de celle de Poitiers : il la disoit auoir faicte à bonne fin pour le seruice & bien General de la France. Ses excuses estoyent que tous les Officiers & la plus part de ceux qui auoyent authorité ez villes de Poitiers & de Fontenay estoyent de la Religion Pretenduë Reformée: qui auoyent maintenu les factieux de telle oppinion & leur auoyent mis les armes en la main pour s'asseurer de leurs villes & en disposer à leur volonté. Que la Noüe s'asseuroit d'eux & eux de luy & qu'ils auoyent assez faict connoistre à sa Majesté qu'ils s'entendoyent auec ses ennemis : en ce qu'ils n'auoyent voulu receuoir aucunes Garnisons qui les eussent empeschez de disposer à leur plaisir de leurs villes. Il se targeoit de ceste excuse pource que leurs Majestez estoyent aucunement chatouillées de ceste oppinion. Aussi que d'ailleurs il sçauoit que toutes les villes du pays de Poitou estoyent resolues de faire tout ce qu'elles pourroyent par supplication & remonstrances pour demourer en leur Estat.

Sachant donc disoit il que les villes du pays de Poitou, estoyent resoluës de se declarer auec leurs ennemis quand l'occasion se presenteroit : n'ayant d'autre meilleur & plus prompt moyen pour se mettre en credit enuers les Protestans : & pour leur oster vne deffiance qu'ils auoient de luy qui empeschoit l'execution & le moien qu'il disoit auoir de re-

L ll iiij.

L'HISTOIRE DE FRANCE.

Les entreprises du Lieutenant tendoient à surprendre la Rochelle.

mettre la Rochelle en leur obeïssance: Il s'estoit essaié de surprandre la ville de Poitiers. Asseurant leurs Majestez que sy son dessein eust reussi selon son desir: que en peu de temps il eust fait le semblable de la Rochelle. Laquelle il remonstroit à leurs Majestez estre de plus grande consequence que toutes les villes de Poitou. Lesquelles quand ores les ennemis les tiendroient on les en dechasseroit plus aisément & à moindres frais que de la Rochelle. Et pour le mieux persuader il faisoit entendre au Roy qu'il auoit conferé auec les Chefs Protestans de ce que dessus lesquels luy auoient promis qu'ils fauoriseroient de tout leur pouuoir ses entreprises qui d'ailleurs comme il luy auoit dict, n'attendoit qu'vne bonne occasion pour faire vn signalé seruice à sa Majesté. Telles & semblables parolles & l'esclarcissemēt qu'il feit à leurs Majestez de certaines menées: fauces ou vraies le Roy en croioit ce qu'il vouloit: furent cause que toute seureté luy fut donnée, liberté & congé de se retirer de la Cour. A quoy luy fut aussi fauorable le Pourparlé de Paix. Pendant lequel sa Majesté quelque auis qui luy en fut donné: ne voulut permettre qu'on feist le procès à celluy qui sous son sauf conduit s'estoit presenté à luy quelques grandes plaintes qu'il receust de ses actions & comportemens. Tant pour l'authorité de sa grandeur que pour l'espoir & sainct desir qu'il auoit de flechir par sa bonté & douceur le cœur de son sujet. Pour lequel encore entretenir & gangner: luy donna commission pour receuoir ses hommages à Montmorillon. Tellement qu'ainsi remis (comme il pensoit) ez bonnes graces du Roy & de la Royne Mere: croiant que on eust adjousté foy à ses discours comme à la simple verité, & auoir pris congé de leurs Majestez: il part contant & satisfaict en luy mesme: tant de ce que ses excuses auoient esté receuës que de sa depesche. Arriué en Poitou: il manda à la Nouë quelque voiage qu'il auoit faict en Court & quelque bon accueil qu'il eust receu des Majestez: qu'il n'auoit changé de volonté. Et qu'il estoit aussi prest à luy faire tous les plaisirs & executer tous les desseins qu'il auoit autresfois designé auec luy & d'autres si l'occasion se presentoit, comme au parauant. A ceux qui luy estoient ou deuoient estre amis: il se loüoit du bon accueil qu'il auoit receu en Court: Et cōme s'il eust fait vn grand effort de sa commission, il la publioit par tout afin que on le creust seruiteur du Roy & comme tel on n'eust plus de deffiance de luy. Cependant il tramoit sous main vne nouuelle entreprise sur la ville de Poitiers. Car comme il eust tousjours nourry en soy, vn bouillant desir de se venger à cœur saoul de ses ennemis qui estoient en Poitiers: & commander absolument en icelle; pour se mettre aussi en credit & reputation, faire parler de luy en quelque sorte que ce fust: & par vne bonne declaration tollir la deffiance que les Reformez auoient de luy: fit qu'il delibera d'esprouuer tous les moiens qu'il pourroit inuenter pour surprendre cete place à quelque peril & hazard de sa vie que ce fust. Pour y paruenir il pratiqua & communiqua à plusieurs personnes d'entreprise & faction ses desseins. Mais d'autant que les entreprises de la consequēce qu'il desseignoit, ne se pouuoient effectuer que par vn grand nombre de personnes ausquelles il estoit besoin de communiquer. Considerant aussi qu'il estoit mal-aisé qu'il ne se descouurist en ce faisant à quelques vns qui n'approuueroient ses desseins: & qui au lieu de luy assister le deceleroient. Pour sonder leurs cœurs, il leur mettoit premierement deuant les yeux le bon & fauorable accueil qu'il auoit receu des Majestez. Et leur disoit que s'ils auoient veu les caresses qu'on luy auoit faict: comme il auoit esté appellé au priué Conseil du Roy pour donner son auis sur plusieurs affaires d'importance: où sçauoient la consequence des affaires que leurs Majestez luy auoient mis en main; tant pour la confiance qu'ils auoyent de luy que pour l'assurance qu'il estoit homme de sens, de conduicte & d'execution: & d'ailleurs capable pour manier telles affaires: ils ne pourroyent comme aucuns de ses ennemis doubter, qu'il ne fust auoué de tout ce qu'il faisoit & voudroit entreprendre. Concluant pour fin qu'ils ne deuoyent en affaires de telle importance pour le seruice du Roy & la tranquilité de ce Royaume craindre de hazarder leurs biens & propres personnes. Si que grand nombre se laissa aller à telles & semblables remonstrāces: cōme il estoit copieux en parolle & en raisōs & aimé de plusieurs pour les grās plaisirs qu'il auoit faits pres qu'à tous ceux qui l'en auoyēt prié. Iusques à tirer d'vne authorité absolue des mains des Sergens, de la Iustice, des prisons & des bourreaux mesmes plusieurs cōuaincus & menez au supplice. Sur tout il mettoit à toute heure deuant les yeux d'vn chacun les derniers propos que la Royne Mere luy auoit tenus prenant congé de sa Majesté: qui estoient qu'elle lui recommandoit l'execution des affaires, que le Roy son fils auoit commis à sa suffisance & fidelité. Que sa charge estoit

Le Lieutenant retourné de Cour bien content cōtre neātmoins auec les Protestans.

Le Lieutenant entreprend sur Poitiers.

Derniers propos de la Royne mere

qu'il

qu'il ce faisist & asseurast en quelque sorte que ce fust de Poitiers pour la remettre entre les mains de quelqu'vn afin qu'il luy fist le semblable d'vne autre ville. Qu'ils ne deuoient craindre de faire tout ce qu'ils pourroient pour paruenir à cela. Et que leurs Majestez l'auroient agreable encores qu'ils fissent perdre la vie à ceux qui s'opposeroient à leur execution. Et que la vie de dix ou douze Citoiens de Poitiers qui peut estre seroient tuez, ne seroit rien eu esgard à la consequence de leur projet. Il sceut dis-je si bien pallier son vouloir que plusieurs luy promirent d'embrasser son dessein & y emploier tous leurs moiens. Estans aucuns incitez en partie à ce faire par vn desir de butin que le Lieutenant leur mettoit deuāt les yeux à la surprinse de Poitiers par le moien de certaines charrettes couuertes de foin dedans lesquelles seroient cachez nombre d'harquebuziers & hallebardiers. Lesquelles ainsi commandées entroient en la ville au mois de Iuillet sur les dix heures du matin. Puis entrées deuoient estre conduites en certains endroits & places de la ville & la sy arrester. Et au mesme instant d'autres se deuoient aussi rompre sur les ponts & à la porte saint Cyprian : par ou eussent pareillement entré deux cens hommes pour loger aux fauxbourgs saint Sornin au jour destiné pour l'execution se saisissans de la porte qui pour lors estoit ouuerte, à cause qu'on racoustroit le portal du Pont à Ioubert. Et affin que cete entreprinse s'executast plus facilement, ce personage deuoit auoir en la ville six hommes resoluz, qui à vn signal deuoient mettre le feu en six diuerses maisons bien eslongnées les vnes des autres. Pour faire courir le peuple & l'empescher à esteindre le feu. Ce pendant les hallebardiers deuoient sortir de leurs charrettes auec lesquels se fussent aussi renduz plusieurs de la ville qui estoient de l'entreprise. Et au mesme instant les deux cens hommes logez aux fauxbourgs de saint Sornin se deuoient pareillemēt saisir de la porte saint Cyprian, s'asseurer du corps de garde ou les charrettes fussent esté cassées pour donner entrée aux autres gens de guerre de leur menée qui estoient meslez auec les Regimens de Lauerdin, Brantaume & autres logez en ce fauxbourg de saint Sornin. Et pour mieux faciliter ce dessein : il y auoit en la ville certaines personnes qui estoient de la partie & qui auoient fait vn trou en la muraille vis à vis le moulin Cornet, qui est deuāt le fauxbourg saint Sornin pour passer vn harquebuzier. Par lequel trou ils deuoient aussi donner passage à ceux qui deuoient escorter les charrettes. Mais tout ce complot se manifesta par le moien du Capitaine Bastardin qui auoit quelque temps esté sergent major du Regiment des vieilles bandes de feu Brissac. Lequel s'estoit puis quelques années marié en Poitou. Car au propre jour ou le jour deuant que se deuoit executer l'entreprise : s'estoit declaré à du Pin sien amy luy conseillant pour l'amitié qu'il luy portoit de serrer sō argent & ses plus precieux meubles d'autant que la ville deuoit estre surprise le mesme jour ou le lēdemain au plus tard. Ce qu'entendant ce Gentilhomme le pria soudain d'entrer en sa maison & le mena en vn sien cabinet ou par vne abondance de prieres & suplications : il luy fit conter dés le commencement l'entreprise qu'il auoit en la ville telle que dessus : sous la promesse & iteré serment neantmoins qu'il seroit des siens. Mais sorty de son cabinet sous quelque pretexte y enferma le Capitaine à la porte duquel pour la garde, il laissa deux de ses seruiteurs ausquels il donna à chacun vne pistolle pour empescher qu'il n'en forçast l'ouuerture pour euader. Ce pendant il enuoia en toute dilligēce querir Boisseguin Gouuerneur de la ville & les principaux Officiers d'icelle. Ou venus & interrogé sur ce qu'il auoit dit confessa tout. Puis fut conduit au Chasteau ou luy fut fait son proces & par iceluy attaint & conuaincu de ceste conjuration. Pour reparation du fait fut condéné à estre decapité & fut sa Sentēce executée en la place de nostre Dame de Poitiers. Lequel d'abondant dist tant par sa confession qu'au supplice : qu'il auoit esté pratiqué pour faire cete entreprise par le Lieutenant de Poitou en la forme que dessus. Comme aussi firent semblable confession quelques autres qui apres luy furent executez. Et sur telles preuues & d'autres pratiques & menées secrettes que le Lieutenant de Poitou auoit fait : il fut aussi par vne sentence de coutumace donnée en vertu d'vne Cōmission de la Cour condamné à auoir la teste tranchée. Laquelle on executa par vn tableau & effigie en la ville de Poitiers en la mesme place de nostre Dame la grand. Bourriq que le Roy auoit en ce tēps enuoié en Poitou, & qui par ce moien s'estoit trouué en la ville de Poitiers lors que l'entreprise fut descouuerte : la fit à son arriuée entendre au Roy. Lequel aussi tost informé d'autres menées & pratiques nouuelles du mesme Chef : renuoya Bourriq à Poitiers. Où il arriua le vintvniéme Iuillet : Puis fut soudain communiquer sa charge à Boisseguin & sainte Souline qui

re au Lieutenant de Poitiers.

Entreprise du Lieutenant de Poitou pour surprendre Poitiers par soldats musses dans des charrettes y entrans.

Lieutenant condemné par contumace à auoir la teste tranchée puis executé en corps & reallemēt

conclurent ensemble que sainte Souline auec trois cens soldats & soixante cheuaux partiroit la nuit ensuiuant pour se saisir du Lieutenant: qui estoit en sa maison de la Begaudiere vne lieuë pres de la ville: auec telle asseurance & presumption de sa valleur: que ne faisant aucun estat de ses ennemis comme ne les estimant assez resoluz pour l'aller attaquer: il ne daignoit si pres d'eux & en vne meschante maison: faire aucune garde, quelques bons auertissemens & ordinaires remonstrances que ses amis, sa femme mesme & ses domestiques luy donnassent. Mais sur cete negligence ces prochains ennemis de peur qu'on se doutast de leur resolution: firent soudain fermer les portes de la ville. Et sur les vnze heures de nuit se mirent en chemin & enuironnerent la maison de la Begaudiere. Les portes de laquelle ils fausserent soudain, d'autant qu'elle n'est forte ne flanquée. A ce bruit le Lieutenant se leue: & auoir deslaché vne pistolle se voiant forcé, il se jetta dans vn petit colombier demandant à haute voix qui estoit leur Chef. Et entendant que c'estoit sainte Souline (lequel il sçauoit auoir offensé) pria les soldats de le faire parler à luy: pensant par ses parolles l'esmouuoir à compassion de luy de sa femme qui l'acōpagnoit & de sa fortune. Mais sainte Souline entrant en la maison trouua le Lieutenant ja blessé de trois coups. Tellement qu'ainsi qu'il pensoit parler à luy, les esprits luy defaillirent. Apres qu'il fut expiré son corps fut mené à Poitiers où la teste luy fut separée du corps en la place où estoit ja son tableau & icelle mise sur le portal de saint Ciprian & ses autres membres dispersez és autres quartiers hors la ville.

Vovs auez veu par le discours des choses passées, come le Roy permeit au Prince de Condé, Mareschal d'Anuille & autres associez que d'vne que d'autre Religion: d'ennoier vers luy telz personnages qu'ils fauiseroient pour l'auancemēt & conclusiō d'vne Paix generale & asseurée à tout son Royaume. S'estans donc les deputez tant du Prince que du Mareschal Languedoc, la Rochelle, Guienne, Prouence & Dauphiné pour toutes les Eglises Protestantes de France: retreuuées à Basle en Suisse pres du Prince de Condé: par vn commun auis ils articulerent les conditions sous lesquelles ils deliberoient demander vn ferme & perdurable repos à sa Majesté. Si bien que dressées en forme de requeste, partis de Basle le vint deuxiéme Mars & arriuez à Paris au cinquième Auril; furent tous mandez l'vnziéme jour par le Roy auquel ils presenterent la requeste qui suit.

Sire le Prince de Condé, Seigneurs, Gentilshommes & autres de la Religion reformée de vostre Royaume, Le Mareschal de d'Anuille Seigneurs, Gentilshommes & autres Catholiques à eux vnis & associez: vos tres-humbles & obeissans sujets & seruiteurs: pour paruenir à vne entiere seure & perdurable pacification des troubles remonstrent en toute humilité.

Premierement louans & remercians Dieu de tout leur cœur de ce qu'il luy à pleu vous appeller & ordonner à ceste Couronne, declarent & protestent deuant vostre Majesté: qu'il n'est jamais entré en leur cœur, se soustraire de la tres-humble, tresobeissante & fidelle sujection qu'ils doiuent à vostre Majesté. Ains d'vn vray amour & ferme loyauté de sujets, ont tousjours reconeu & reconoissent que telle est vostre vocation & condition naturelle ordonnée de Dieu: veullent rendre à vostre Majesté toute sujection deuë par le fidelle vassal & sujet à son Roy & souuerain Seigneur. Et à ce que vostre dite Majesté ne prene en mauuaise part ou condemne la prise des armes qu'ils ont continuée depuis vostre auenement à la Couronne: vous supplient tres-humblement mettre en vostre sage consideration: qu'elles n'ont esté prises par eux, que d'vne extreme necessité, pour la juste defence de leurs hōneurs, vies & biens, contre ceux qui leurs estans capitaux ennemis & aians abbusé de l'autorité du feu Roy vostre frere, s'essaians d'en faire autant de la vostre: les ont reduits à ce dernier point. Et ores que les occasions desdits de la Religion & Catholiques vnis: soient differentes si se trouuera il qu'vne mesme violēce à esté cause de la prinse des armes aux vns & aux autres. Car quant à ceux de la Religion reformée, vostre Majesté sçait qu'apres l'assemblée generalle des Estats du Royaume tenuës à Pontoise: plusieurs deliberations & conseils prins tant auec la Royne vostre mere, Princes de vostre sang & officiers de vostre Couronne, Cheualliers de vostre Ordre: qu'auec les gens de vostre Conseil priué & de vostre Cour de Parlemēt de Paris. Finablement par vne assemblée la plus generalle & solemnelle qu'il fut possible de faire, y estans des plus signallez de toutes vos Courts de Parlement pour vous donner auis auec lesdits Princes & Seigneurs de vostre Conseil priué: fut fait vn Edit au mois de Ianuier mil cinq cens soixante deux, par lequel fut ordonné qu'ils auroient libre, general & public

exercice

LIVRE TRENTENEVFIEME. 272.

exercice de leur Religion: dont toutesfois ils ne peurent jouyr par la violence d'aucuns particuliers. Lesquels par armes & à force ouuerte non seulement empescherent l'execution libre dudit Edit: Ains poursuiuans auec toute aigreur ceux qui faisoient proffession de ladite Religion: les contraignirent d'auoir recours aux armes pour leur juste defence & tuition. Et combien que depuis la mesme liberté auroit esté accordée par le feu Roy vostre frere par plusieurs & diuers Edits: apres lesquels & sur la faueur & asseurance d'iceux ils ont incontinant posé les armes: toutesfois il ne leur à jamais esté permis repos: du moins qui ayt esté de durée par les susdits auersaires. Lesquels à toutes occasions violans l'autorité du feu Roy & la foy publique: tant par force particuliere que par armes descouuertes: n'ont jamais voulu permettre que lesdits de la Religion vescussent en quelque tranquillité. Et tant qu'au mois d'Aoust Mil cinq cens septante deux, voians leur appoint, & le peu d'occasiõ que lesdits de la Religion auoient de se douter d'eux en vn temps de resjouïssance publique par l'heureuse alliance & mariage d'entre le Roy de Nauarre & Madame vostre sœur: leursdits ennemis & auersaires feirent ce cruel massacre & meurtres en vostre ville de Paris, non seulement d'aucuns Officiers de vostre Couronne, Seigneurs, Cheualliers de vostre ordre, Capitaines Gentilshõmes & soldats qui auoient porté les armes durant les troubles: Ains par vne haine inueterée & plus que barbare n'espargnerent ny sexe ny aage de ceux de la Religion. Ains sans faire distinction de personne tuerent ou noierent indifferemment tous ceux qui bon leur sembla: pilleret & saccagerent leurs maisons. Et non contans de ce, feirent tant que cest exemple fut suiuy par toutes les autres villes de vostre Royaume: du moins la plus part d'icelluy. De sorte que lesdits de la Religion voians ceste fureur & rage effrenée ne prandre point de cesse quelque commandement qu'en feist le feu Roy vostre frere: ne peurent ceux qui estoient eschappez autre chose faire, que se tenir ensemble vnis le plus qu'ils peurent & par tous moiens repousser telles violences & cruautez. La mesme occasion qui non seulement faisoit injustice aux particulieres ainsi eslongnéz. Ains en consequence necessaire troubloit tout l'Estat de vostre Royaume: A ceste cause que les Princes de vostre sang, Officiers de vostre Couronne, sieurs Gentilshõmes & autres Catholiques pour la manutention & soustien de vostre estat & Couronné: comme vos tres-humbles & tres-obeissans sujets & seruiteurs: ont este contraints aussi prandre les armes pour reprimer telles & si grandes entreprises contre les principaux d'entre eux, tant pour les faire assassiner, tuer que emprisonner. Neantmoins eux tous associez pour vous faire paroistre le saint & affectionné desir qu'ils ont de la conseruation de vostre estat si esbranlé: que mal aisément peut il estre empesché d'vne ruyne entiere sans vne bonne Paix & reünion de vosdits sujets: voulãs oublier & mettãt en arriere leurs injures pour le public. Suplient tres-humblement vostre Majesté, vouloir pouruoir à vne bonne Paix & reünion finalle & perpetuelle. Pour à laquelle paruenir vous supplient tres-humblement de ce qui sensuit.

Qu'il plaise à vostre Majesté permettre par tout sõ Royaume, pays terres & Seigneuries de son obeïssance & protection: mesmes és pays Messin, Gouuernement de Mets & Verdun, Marquisat de Saluces, pays de Dombes & Barrois: libre, General, publiq & entier exercice de la Religion reformée: suiuant & selon la confession autres fois presentée par les Eglises reformées de vostre Royaume au feu Roy Charles neufiéme dernier decedé. Et ce sans aucune modification ny reseruation de lieux, temps & personnes pour estre librement suiuant ladite confession, faits Presches, prieres, chants de Psalmes aux boutiques, prisons & aux champs: vsage de cloches, administration de Baptesme & de la Cene, la publication & celebration des mariages, visitations des mallades, enterremens des morts en plain jour és lieux anciens & accoustumez, Escolles pour instruire les enfans, leçons publiques Impression & vente libre de tous liures appartenãs à ladite Religion, disciplines & Censures Ecclesiastiques, Consistoires, colloques & sinodes tãt prouinciaux que Generaux, cueillette d'aumosnes pour les poures & necessitez des Eglises. Et generallement toutes choses concernans l'exercice: auec toute liberté de conscience, sans que ladite Religion puisse estre aucunement restrainte, par quelque abjuration cy deuãt faite ou qui se pourra faire cy apres en quelque sorte & maniere que ce soit, par ceux qui voudront retourner & embrasser ladite Religion: ne que pour raison de ce ils puissent estre inquietez, recherchez ou autrement molestez en vertu des promesses sermens ou caution baillées par eux, lesquels vostre Majesté declarera nulles & de nul effet & valleur 2. Et pour faire ledit exercice, pourront lesdits de la Religion faire edifier ou cõstruire

Edit de Ianuier 1562.

Religion & son libre exercice General.

L'HISTOIRE DE FRANCE.

Auril May 1575.

Temples.

re autant de Temples qui leur seront necessaires: outre ceux qu'ils ont desja faits & construits & ceux qui leur sõt occupez leur serõt renduz en l'estat qu'ils sont a presēt: sans qu'ils puissent estre recherchez ny molestez, pour les matieres emploiées ausdits Temples prises des ruynes & demolitions faites durant les troubles 3. Qu'en ceste liberté generalle de conscience & exercice de ladite Religion, soient comprises toutes personnes Ecclesiastiques & religieuses

Mariages.

nonobstant quelsconques veuz & professions par eux faites. Et que les mariages par eux contractez ou à contracter selon la discipline des Eglises reformées, ne soient separez, ains tenus pour bons & valables. Et que les enfans nez d'iceux, soient reputez legitimes pour administrer touttes charges & functions publiques: & tant les peres que lesdits enfans renduz capables de toutes successions & autres droits de vraie legitimation. Ensemble d'auoir & tenir Estats, offices & administration publique. Sans que aux vns ny aux autres puisse estre objicé en Iustice ou ailleurs aucune incapacité ou promotiõ aux ordres de l'Eglise Romaine. Ne qu'ils soient tenuz obtenir pour ce regard ou autre aucun rescrit du Pape. 4. Quand aux diferends qui pourront suruenir touchant les mariages contractez par ceux de la Religion: tant pour determiner de la validité des promesses, que decider quels mariages sont licites ou illicites; qu'iceux soient traittez pardeuant les Iuges Royaux chacun en leur ressort: & jugez selon la discipline des Eglises reformées & l'auis qui en aura esté donné par les consistoires. Neantmoins si les parties sont parentes en troisième ou quatrième degré, ne seront tenuës de recourir au Pape pour en obtenir dispence: comme il est accoustumé en l'Eglise Romaine. Mais elle sera octroiée & expediée en l'vne de vos Chācelleries. 5. Que les Ministres & maistres d'escolle

Ministres & Precepteurs

legitimemēt appellez par l'ordre Ecclesiastique de ladite Religiõ, ores qu'ils soient estrāgers du pays: ne soient empeschez en l'exercice de leur charge non plus que les regnicolles & naturelz dudit Royaume. 6. Qu'en attendant sous le bon plaisir de Dieu, establissement libre de

Recherche pour le fait de Religion

ladite Religion reformée par tout ce Royaume, pays, terres & Seigneuries de vostre obeissance & protection: Soit permis & loisible ausdits de la Religion d'y viure & demeurer sans estre enquis, vexez, molestez ny contraints à faire chose quelconque pour le regard de leur Religion contre leur conscience: ny pour raison d'icelle recherchez és maisons villes & lieux ou ils voudront habiter directement ou indirectement. 7. Et qu'il ne soit fait difference ny distintion pour raison de la Religion à receuoir tant aux vniuersitez, hospitaux, malladeries que aumosnes publiques escolliers, mallades & poures. 8. Que ceux de ladite Religion de quelque qualité & condition qu'ils soient, ne pourront estre contraints de contribuer aux charges qui s'imposeront pour l'observation & entretenement des choses dependantes de l'institution Catholique & Romaine contraire à leur religion: ni pareillemēt faire aucune ceremonie ny assister à icelle ne prester aucun serment pour quelque occasion que ce soit en aucune forme que celle qui est licite par leurdite Religion. 9. Que doresnauant ceux de ladite Religion

Dismes.

reformée seront exempts de dismes des fruits de leurs terres & possessions enuers les Ecclesiastiques: & les pourront emploier à l'entretenement de leurs Ministres a quoy ledit dixme

Contat Venessin & Archeuesché d'Auignon.

est affecté. 10. Et par ce que ceux du contat Venessin & Archeuesché d'Auignon qui font profession de la Religion reformée ont esté receuz en l'association generalle desdits de laReligion: tout ainsi que sujets de sadite Majesté pour estre leurdit pays tellement enclaué dedans vostre Royaume qu'ils ne peuuent estre considerez autrement que s'ils estoient de vostre obeissance: Mesmement aiant tousjours voulu vostre Majesté qu'ils aient esté compris en tous les traittez des trefues & suspensions d'armes faites durant la guerre comme vos propres pays: estant tousjours interuenuë vostre autorité en tout ce qui s'est fait par la pacification dudit pays entre ceux de ladite Religion & les Officiers du Pape. A ceste cause supplient treshumblement vostre Majesté: qu'il luy plaise moienner que ceux dudit Contat & Archeuesché d'Auignon, jouissent de la mesme liberté de Conscience & exercice de ladite Religion audit pays. Et qu'ils y soient receuz en toute liberté & seureté pour y pouuoir venir aller & habiter sans aucune contradiction: auec paisible jouissance de tous & chacuns leurs biens tant meubles que immeubles & restitution des fruits d'iceux perceuz par autres que par eux ou leurs procureurs depuis la pacification des premiers troubles: suiuant les promesses & assurances qui leur en furent faites lors au nom du Roy Charles neufiéme par Monsieur le Mareschal de Vieilleuille: & sur lesquelles ils lascherent plusieurs bonnes & fortes places audit Contat. Et que pour l'assurance de ce leur soit donné en garde outre les places qu'ils tiennent

nent à present dudit Contat: vne des trois villes qu'ils nommeront. Et que les garnisons necessaires pour lesdites places, soient entretenuës aux despens dudit pays. 11. Que vostre Majesté confirmera & entretiendra à jamais à Monsieur le Prince d'Orenge & à ses sujets faisans profession de la Religion en la ville & principauté d'Orenge: les promesses à eux faites par le feu Roy selon qu'il est contenu au trétiéme article de son Edit. 12. Aussi qu'il plaise à vostre Majesté procurer enuers Monsieur de Sauoye, que ses sujets qui sont de ladite Religion en toutes ses terres & pays, puissent viure en toute liberté de cõscience: auec permission de pouuoir aller faire l libre exercice de ladite RELIGION és pays plus commodes esquels ledit exercice sera estably. Et descharger tous ceux qui auoient fait promesse au contraire : auec obligations & cautions sur ce données qui par ce moien demeureront cassées & de nul effet. Et lesdites personnes seront reintegrées & remises en leur premiere liberté Et soit aussi Permis au sdits de la Religion dudit pays, qui se voudront retirer ailleurs, jouyr neantmoins de leurs biens & mesmes les vendre si bon leur semble. 13. Sera aussi le bon plaisir de vostre Majesté faire tant enuers le Roy de Nauarre qu'en ses Royaume de Nauarre & pays souuerain de Bearn, toutes choses demeureront en mesme estat que la feuë Royne de Nauarre les laissa au temps de son decez. Et neantmoins ordonner que les François qui ont porté les armes audit pays, jouïront entierement du benefice de cest Edit. Comme sera pareillemeut declaré des Bearnois qui les ont potrées & viendront demeurer en France & des François aians guerroié au pays de Flandres durant les troubles. 14. Et sera vostre bon plaisir Sire, de declarer lesdits de la Religion exempts & non abstraints à l'obseruation des festes indictes par l'Eglise Romaine fors que le jour de Dimanche, speciallement pour le regard des laboureurs. 15. Qu'il ne sera permis ains tresexpressement defendu sur peyne de la vie, à tous Regnicolles & autres habitans en ce Royaume: de faire profession ou maintenir en public ny en priué autre Religion que la Catholique pour les Catholiques & la reformée pour ceux de ladite Religion: estans toutes deux enrretenuës sous vostre autorité. Et ordõner pour ceste cause que tous athées & libertins manifestes, seront punis exemplairement sans support ne dissimulation quelconque. Enjoignant à tous Iuges de proceder contre eux auec seuerité de Iustice. 16. Et attẽdu l'impunité & dissimulation faite par vos Officiers en la punition de serment, blasphemes & paillardises veuës à present si frequentes & publiques qu'elles sont horreur à tous gens de bien: qu'il plaise à vostre Majesté ordonner, qu'en executant les Edits & ordõnãces sur ce faites ou que vostre Majesté fera, soient exemplairement punis ceux qui cõmettent lesdits blasphemes & paillardises. 17 Et d'autant que la Paix ne peut estre ferme & stable, que par vne reünion & entiere conjonction des volontez des sujets de vostre Majesté les vns auec les autres : laquelle sera de beaucoup facilitée par vne egalle demonstration de bõne affectiõ & amitié de vostredite Majesté enuers vosdits sujets tãt d'vne que d'autre Religiõ supplient humblement vostredite Majesté que comme ils sont tous esgallement vos sujets, que desirez autant des vns que des autres esgalle obeïssance & seruice: il vous plaise aussi vous seruir egallement de tous, & les emploier en tous offices de vostre Couronne, charges dignitez & préeminences selon qu'ils s'en trouueront Capables: sans faire distintion ou auoir esgard de quelle Religion ils sont: tant en Estats & dignitez de vostre Maison, charges en vostre gendarmerie ou place en vos ordonnãces & autres: que és Estats de Iudicature tãt és Cours Souueraines que és sieges Subalternes: Mesmes des Presidens, Baillifs, Seneschaux tãt de courte que de longue robbe & leurs Lieutenans. Et à ceste fin defendre tresexpressement à vos Courts Souueraines sous grandes peynes, qu'ils n'aient à exiger d'aucun pourueu desdits Estats se presentant pour estre par eux pourueu & mis en possession dudit Estat, ne requerir serment ou obligation pour l'astraindre à l'obseruation de la Religion Catholique Romaine: ains auoir esgard seulement aux vies, & meurs, doctrine & suffisance d'iceluy. Pourueu qu'il ait fait ou face profession de l'vne des deux Religions. 18. Et affin que ceux de ladite Religion reformée & Catholique à eux vnis, puissent desormais esperer plus de Iustice des Iuges ordonnez par vostre Majesté qu'ils n'en ont peu obtenir par le passé: la supplient tref-humblement de pouruoir aux offices de Iudicature qui doresnauant viendront à vaquer : de gens de ladite Religiõ le plus que faire ce pourra. Pour les rendre en chacun siege subalterne & cours Souueraines en nombre egal s'il est possible à ceux de la Religion Catholique & ROMAINE affin que ceux de ladite Religion & Catholiques l'vniõ, ne soient contraints de prandre

droit

L'HISTOIRE DE FRANCE.

Auril May.
1575.
Temples

re autant de Temples qui leur seront necessaires: outre ceux qu'ils ont desja faits & construits & ceux qui leur sõt occupez leur serõt renduz en l'estat qu'ils sont a presẽt: sans qu'ils puissent estre recherchez ny molestez, pour les matieres employées ausdits Temples prises des ruynes & demolitions faites durant les troubles 3. Qu'en ceste liberté generale de conscience & exercice de ladite Religion, soient comprises toutes personnes Ecclesiastiques & religieuses

Mariages.

nonobstant quelsconques veuz & professions par eux faites. Et que les mariages par eux contractez ou à contracter selon la discipline des Eglises reformées, ne soient separez, ains tenus pour bons & valables. Et que les enfans nez d'iceux, soient reputez legitimes pour administrer touttes charges & fonctions publiques: & tant les peres que lesdits enfans renduz capables de toutes successions & autres droits de vraie legitimation. Ensemble d'auoir & tenir Estats, offices & administration publique. Sans que aux vns ny aux autres puisse estre objicé en Iustice ou ailleurs aucune incapacité ou promotiõ aux ordres de l'Eglise Romaine. Ne qu'ils soient tenuz obtenir pour ce regard ou autre aucun rescrit du Pape. 4. Quand aux diferends qui pourront suruenir touchãt les mariages contractez par ceux de la Religion: tant pour determiner de la validité des promesses, que decider quels mariages sont licites ou illicites; qu'iceux soient traittez pardeuant les Iuges Royaux chacun en leur ressort: & jugez selon la discipline des Eglises reformées & l'auis qui en aura esté donné par les consistoires. Neantmoins si les parties sont parentes en troisiéme ou quatrieme degré, ne seront tenuës de recourir au Pape pour en obtenir dispence: comme il est accoustumé en l'Eglise Romaine. Mais elle sera octroiée & expediée en l'vne de vos Chãcelleries. 5. Que les Ministres & maistres d'escol

Ministres &
Precepteurs

le legitimemẽt appellez par l'ordre Ecclesiastique de ladite Religiõ, ores qu'ils soient estrãgers du pays: ne soient empeschez en l'exercice de leur charge non plus que les regnicolles & na-

Recherche
pour le fait
de Religion

turelz dudit Royaume. 6. Qu'en attendant sous le bon plaisir de Dieu, establissement libre de ladite Religion reformée par tout ce Royaume, pays, terres & Seigneuries de vostre obeissance & protection: Soit permis & loisible ausdits de la Religion d'y viure & demeurer sans estre enquis, vexez, molestez ny contraints à faire chose quelconque pour le regard de leur Religion contre leur conscience, ny pour raison d'icelle recherchez és maisons villes & lieux ou ils voudront habiter directement ou indirectement. 7. Et qu'il ne soit fait difference ny distinction pour raison de la Religion à receuoir tant aux vniuersitez, hospitaux, malladeries que aumosnes publiques escolliers, mallades & poures. 8. Que ceux de ladite Religion de quelque quallité & condition qu'ils soient, ne pourront estre contraints de contribuer aux charges qui s'imposeront pour l'obseruation & entretenement des choses dependantes de l'institution Catholique & Romaine contraire à leur religion: ni pareillemẽt faire aucune ceremonie ny assister à icelle ne prester aucun serment pour quelque occasion que ce soit en aucune forme que celle qui est licite par leurdite Religion. 9. Que doresnauant ceux de ladite Religion

Dismes.

reformée seront exempts de dismes des fruits de leurs terres & possessions enuers les Ecclesiastiques: & les pourront employer à l'entretenement de leurs Ministres a quoy ledit dixme est affecté. 10. Et par ce que ceux du contat Venessin & Archeuesché d'Auignon qui font

Contat Venessin & Archeuesché
d'Auignon.

profession de la Religion reformée ont esté receuz en l'association generale desdits de la Religion: tout ainsi que sujets de sadite Majesté pour estre leurdit pays tellement enclaué dedans vostre Royaume qu'ils ne peuuent estre considerez autrement que s'ils estoient de vostre obeissance: Mesmement aiant tousjours voulu vostre Majesté qu'ils aient esté compris en tous les traittez des trefues & suspensions d'armes faites durant la guerre comme vos propres pays: estant tousjours interuenuë vostre autorité en tout ce qui s'est fait par la pacification dudit pays entre ceux de ladite Religion & les Officiers du Pape. A ceste cause supplient treshumblement vostre Majesté: qu'il luy plaise moienner que ceux dudit Contat & Archeuesché d'Auignon, jouissent de la mesme liberté de Conscience & exercice de ladite Religion audit pays. Et qu'ils y soient receuz en toute liberté & seureté pour y pouuoir venir aller & habiter sans aucune contradiction: auec paisible jouissance de tous & chacuns leurs biens tant meubles que immeubles & restitution des fruits d'iceux perceuz par autres que par eux ou leurs procureurs depuis la pacification des premiers troubles: suiuant les promesses & asseurances qui leur en furent faites lors au nom du Roy Charles neusième par Monsieur le Mareschal de Vieilleuille: & sur lesquelles ils laschereut plusieurs bonnes & fortes places audit Contat. Et que pour l'assurance de ce leur soit donné en garde outre les places qu'ils tien-

nent

Auril & May 1575.

droit par Iuges à eux suspects & du tout allienez pour la diuersité de Religion. 19. Mais en attendant qu'il ait pleu à DIEV faire voir en ce ROYAVME vn bon effet & execution de ce que dessus: qu'il plaise à vostre Majesté créer & establir de nouueau en titre d'office, pareil nombre de Presidens, Conseillers, Auocats, Procureurs du Roy, Grefiers & autres officiers qu'il y a ja au grand Conseil en pareils gages pensions & préeminences & autoritez que ceux qui y sont desja. Et à toutes lesdites places & offices de nouueau erigez, pouruoir de plus idoines & capables tous de la Religion reformée qui seront pour ceste premiere fois nommez par le Prince de Condé: auec l'auis qui luy sera donné par toutes les Eglises, sans aucun paiement ou desbourcement de finances: soit par forme de prest ou autrement: & lesquels pour cete premiere fois presteront le serment entre les mains de vostre Majesté en vostre Conseil priué. Et auenant vaccation d'vn desdits Estats par mort ou forfaiture: soit pourueu en sa place par vostredite Majesté d'vn autre de ladite Religion d'vn des trois que la compagnie ledit cas auenant nommera à vostredite Majesté: sans qu' autre que l'vn des trois nommez, puisse estre pourueu dudit Estat. Sur peyne de nullité de toutes lesdites prouisions par luy obtenuës, & qu'il s'en puisse aucunement aider. Nonobstant toutes clauses derogations aux derogatoires qui pourroient estre mises en ces prouisions:

Chambres my parties.

sans aussi qu'aucuns des nommez soiõt tenuz paier finance pour l'office en quelque sorte que ce soit mesme par forme de prest. 20. De tout lequel corps accompagné dudit grand Conseil ainsi establi cõme dessus: sera pour le soulagement des plus eslongnées prouinces, extrait le nombre de quarante desdits Iuges my partis des deux Religions. Lesquels seront ordinairement sedentaires & non semestres: pour estre l'vne moitié d'iceux quarante, mis & establis en la ville de Montpellier. Ou ressortiront ceux de ressorts des parlemens de Toloze, Grenoble & Aix, Sauf la Senesenchaucée de Toloze, Albigeois, Lauragais & ce qui est dudit parlement de Tolose & Guienne. 21. Et l'autre moitié d'iceux Iuges sera establie en la ville de Cahors En laquelle ressortiront aussi ceux du Parlement de Bourdeaux & de ladite Senechaucé de Tolose, Albigeois Lauragais. Comme aussi ce qui est du Parlement de Tolose au pays de Guiêne & le pays d'Auuergne. 22. Pour estre lesdites deux chambres cõposées chacune d'elles du nombre de vint Iuges, d'Auocats, Procureur du Roy Grefiers & autres Officiers requis & necessaires: esquelles se feront toutes publications d'Edits de vostre Majesté comme aux autres Cours Souueraines de vostre Royaume. Demeurant au par dessus le corps ancien dudit grand Conseil estant pres de vostre Majesté en son ancienne institution de semestre & ambulatoire. Pour conoistre des differens de toutes les autres prouinces de vostre Royaume selon la declaration cy apres. 23. En chacune desquelles chambres ainsi establies qui seront du corps dudit grand Conseil sera pourueu de Chancellerie pour y estre expediées indifférémét toutes lettres necessaires pour ladite Iustice cõme aux autres Chãcelleries de ce Royaume. Dont le seau sera tenu par l'vn desdits Iuges à leur tour & ordre de mois en mois. 24. Et ordonner que ledit grand Conseil ainsi establi comme dit est & du nombre egal de Iuges de l'vne & de l'autre Religion: soit seul competant à toutes autres Cours: & Iurisdictions Priuatiuement: pour juger decider & terminer souuerainement & en dernier ressort de toutes causes criminelles dont aucuns de ceux de ladite Religion & Catholiques de l'vnion auroient cy deuant esté ou pourroient estre à l'auenir preuenuz & accusez: soit en premiere instance pour les personnes qui par priuillege special ne peuuent estre conuenuz que és Cours Souueraines, ou par la voye commune à toutes autres personnes. Et pareillement de toutes causes & actiõs ciuilles de quelque nature qu'elles soient personnelles, Reales ou mixtes meuës ou à mouuoir ou deppendantes par appel en l'vne desdites Cours ou requestes de l'hostel esquelles vn de la Religion reformée ou Catholique de l'vnion soit partie jointe ou interuenãte en demandeur ou defandeur, joint ou interuenant. Soit appellé en premiere instance pour le regard des priuilleges ou par la voie d'appel comme dessus. Et ce moiennant que lesdits de la Religion reformée ou Catholiques de l'vnion veullent ou requierent le different soit criminel ou ciuil estre renuoié à la conoissance des susdits du grãt Conseil. Et faire signifier deuëment la requisition & declaration de sa volonté à sa partie auerse ou à son procureur. Auquel cas sa Majesté dés apresent comme pour lors, interdit toute Iurisdiction & conoissance à toutes autres Cours. En declarant les jugemens qui interuiendront puis apres esdites Cours & Iurisditions, nulz & de nul effet & valleur: nonobstant toutes euocations & toutes autres choses

contraires

LIVRE TRENTENEVFIEME. 275.

contraires à l'effet de ce que deſſus qui ſeront & demeureront nulles nonobſtant toutes clauſes derogatoires & à la charge de tous deſpens dommages & intereſts contre la partie ou parties qui auroient pourſuiuy le jugement ailleurs qu'audit grand Conſeil depuis ladite declaration. 25. Qu'il vous plaiſe auſſi ordonner que ſil ſuruient difficulté ſur l'interpretation de quelque article contenu au preſent Edit: ledit grand Conſeil ſelon l'eſtabliſſement ſuſdit priuatiuemẽt à toutes autres Cours: puiſſe decider & terminer le differẽd. Et qu'il ſoit enjoint ce faire par les termes & mots contenuz audit Edit. Sans auoir aucun eſgard à toutes reſtrinions, modifications ou interpretations qui pourroient eſtre cy apres obtenuës par ſurpriſe ou autrement eſmanées de voſtre Majeſté contraire au libre & entier effet & execution de tout le contenu au preſent Edit. Et que de ce ſoient tenus leſdits du grand Conſeil preſter ſerment ſolemnel nonobſtant ceſte premiere inſtallation. Mais la renouueller par chacun an en faiſant expreſſement mention de ce preſent Edit en leur ſerment & faiſant promeſſe de gradet les ordonnances. 26. Et d'autant que ſil n'eſtoit pourueu à l'ordre accouſtumé en toutes Cours Souueraines eſtre gardé en la ſeance des Iuges ſelon l'ordre de leur reception: il auiendra qu'ẽ l'vne des Chambres dudit grand Conſeil eſtablie comme deſſus, il y pourroit auoir plus grãd nombre de ceux de la Religion Catholique qui pourroiẽt aneantir l'effet eſperé de ceſte preſente prouiſion. Qu'il plaiſe à voſtre Majeſté ordonner qu'en chacune ſeance & Chambre y aura pareil nombre de ceux d'vne & d'autre Religion, ſi meſlez enſemble que tout ordre de ſeruice ou prerogatiue obmis, apres vn Preſidẽt ou Cõſeiller de la Religion Romaine, ſera & marchera vn Preſidẽt ou Conſeiller de ladite Religion reformée ſelon l'ordre qui ſera eſtably en leur inſtallation. 27. Et à ce que leſdits du grand Conſeil eſtablis comme deſſus, puiſſent plus aiſemẽt terminer & decider tous les differẽs dõt la conoiſſance leur eſt attribuée par ceſt Edit: Caſſer reuoquer & anuller toutes & chacunes les euocations & tous differens & proces qui ne ſont de la qualité ſuſdite dont voſtre Majeſté euoque à ſoy la conoiſſance & renuoie audit grand Conſeil: Et ordonner que nonobſtant icelle les parties aient à ſe pouruoir reſpectiuement deuant les Cours de parlement du reſſort deſquelles elles ſeront. 28. Que pour remedier à la multiplication d'offices qui s'enſuit par ce moien: & qui ne peut eſtre qu'à la foulle du peuple & charge des finances de ſa Majeſté: il plaiſe à voſtre Majeſté ordonner qu'à l'eſgal du nõbre des Preſidens & Conſeillers de la Cour de Parlement de Paris ou autres Cours ainſi qu'il luy plaira auiſer, à meſure que leſdits Eſtats viendront à vaquer: ſeront abolis ſans que à la place des morts il puiſſe eſtre pourueu ſur peyne de nullité des prouiſions. 29. Que tous ceux de la Religion reformée & Catholiques à eux aſſociez, retournent & ſoient remis, conſeruez & gardez en tous & chacuns leurs biens, droits, actions, honneurs, Eſtats, charges, penſions & gages tant pour le paſſé que pour l'auenir ſans autre mandement que du preſent Edit, dignitez, offices Royaux ou Seigneuriaux & beneffices Eccleſiaſtiques, de quelque qualité qu'ils ſoient & d'où ils jouiſſoient au parauant le vint quatriéme Aouſt mil cinq cens ſoixante douze: ſans eſtre aſtrains d'en prẽdre nouuelle prouiſiõ. Et ce nonobſtant les reſignations qu'aucuns d'eux pourroient auoir faites deſdits Eſtats depuis ledit temps. Meſmement en vertu de l'Edit, par lequel leur fut ordonné de reſigner: en rendant touteſfois à ceux qui pour ceſte heure tiennent leſdits Eſtats, offices, dignitez, le pris & ſomme de deniers à eux paiez pour raiſon des reſignations. Auquel cas incontinant apres la reſtitution deſdits deniers ou offre bonne & valable de ce deſſus ſignifiée à ceux qui ſont en poſſeſſiõ deſdits Eſtats: leur ſoit treſexpreſſement defendu de plus exercer leſdits Eſtats: ſur peyne de nullité de tout ce qu'ils feront. Sauf leur recours pour leurs dommages & intereſts contre qui il appartiendra & defences au contraire. 30. Que le pareil ſoit ordõné pour le regard de ceux qui par force & cõtrainte, ont reſigné leurs offices & Eſtats ſi mieux n'aymẽt s'adreſſer & pourſuiure ceux qui leur ont fait ou fait faire leſdites forces & violences. Qui les ont detenus priſonniers és ſuſdits maſſacres pour le principal & pour les dõmages & intereſts, toutes actiõs du droit: tãt cõtre eux & chacun d'eux que leurs heritiers & biens tenãs: le tout au choix & optiõ deſdits reſignãs qui en pourrõt faire la pourſuitte par deuãt le grãd Cõſeil eſtably cõme deſſus. 31. Et pource que pluſieurs Prelats & autres perſõnes Eccleſiaſtiques de l'Egliſe Romaine, aiãs grãs reuenus en icelle ſe ſõt mis de la Religiõ reformée, de laquelle ils ont depuis fait & entendẽt touſjours faire profeſſiõ ouuerte: le feu Roy en faiſãt le dernier Edit de paix auoit de l'auis de la Royne voſtre mere, de voſtre Majeſté & de ſon Cõſeil par articles ſecrets accordé & permis entre

autres

autres choses pour aucuns desdits de la Religion les faire jouyr des reuenuz & pensions à eux accordées par les resignataires : & à ces fins ordonné les contraintes necessaires. Mais la plus part ont demeuré sans effet. Specialement ce qu'il pleut à sa Majesté en accorder au sieur de saint Romain. A ceste cause sera le bon plaisir de vostre Majesté en confirmation de la volonté dudit Seigneur Roy, ordonner que les pacts & accors faits auec les resignataires & les breuets & commandemens sur ce interuenuz: sortiront leur plain & entier effet & jusques à l'entiere & realle execution desdits arrests & constitutiõs de pension par cautiõ & responsion suffisante d'hommes soluables & de facille conuention. Qu'il soit permis ausdits resignans de retenir la jouissance d'autant de reuenuz Ecclesiastiques que montent lesdites pensions, surce que lesdits de la Religion en tiennẽt presentemẽt pour la subuention de ceste guerre & autres 32. Et par mesme raisõ soit declaré en faueur des commandeurs & Cheualliers de l'ordre saint Iean de Ierusalem qui sont maintenant ou seront de la Religion qu'ils jouyront de leurs benefices & commanderies en forme d'Oeconomes: nonobstãt toutes interpellations ou jugemẽs iceux reuoquans &. declarans de nul effet & valleur. 33. Que quand quelqu'vn de la Religiõ reformée ou Catholique associé auroit esté pourueu d'vn estat ou office tãt és cours Souuerains que subalternes: que ceux desdites Cours ou autres qui doiuent proceder à la reception d'icelles soient astrains huit jours ou plus tard apres la publication des lettres: ordonner commission pour informer sur la vie & meurs de celluy qui sera pourueu. Et six sepmaines apres au plus tard que ladite inquisition sera rapportée, luy faire droit sur la reception. Autrement & à faute de ce faire ledit tẽps & icelluy passé luy soit permis se pouruoir par deuãt lesdits du grand Conseil establi comme dessus. 34. Quand ausdits Estats charges & offices obtenuz par ceux de ladite Religion ou Catholiques vnis par resignation, suiuant l'vsage de vostre permission auparauant ces derniers troubles ou depuis dont ils n'auroient peu obtenir les lettres & prouisions necessaires a cause des massacres & autres empeschemens aueunuz: lesdits Estats & offices aians esté ce pendant impetrez & obtenuz par d'autres, ores que lesdits de la Religion ou Catholiques de l'vnion aient paié la finance en tout ou en partie, soit en vos coffres ou és mains des resignans, ou s'en soient obligez par cedulles ou baillé cautiõs & respondans dont aucuns ont esté contraints en Iustice ou autrement de paier ou acquiter lesdites obligations & promesses: . Sera vostre bon plaisir, Sire, de declarer lesdites obligations promesses & jugemens qui surce pourront estre interuenuz, nulz & de nul effet & vallleur. Et sans auoir esgard à iceux: ordonner que les resignataires seront rembourcez de la finance. Sauoir ce qu'ils auoient paié en vos coffres des deniers de vos receptes & le surplus par les resignans qui les auront receuz ou leurs hoirs & successeurs aians droit à cause d'eux. 35. Et pour le regard des Estats charges & offices resignez à ceux desdits Catholiques de l'vnion & de ladite Religion qui n'ont encores esté impetrez par eux ne par aucunes personnes: ou bien qui aians esté impetrez & obtenuz par lesdites de la Religion. n'ont eu moien d'en jouyr ne se faire receuoir en l'exercice d'iceux par les mesmes empeschemẽs des troubles aueunuz: plaise à vostre Majesté ordonner, que toutes lettres & prouisions necessaires, leur seront expediées pour estre receuz & admis en l'exercice & jouissance desdits Estats & offices, en paiant la finance si fait n'a esté. Ores que les resignans, preuenuz de mort violente à l'occasion desdits troubles & massacres, soient decedez dans les quarante jours portez par vostre ordonnance 36. Et d'autant qu'il y à plusieurs differents sur les rançons des prisonniers faits aux troubles passez, dont aucuns sont demeurez indecis, d'autres ont esté jugez pendant les presens troubles: plaise à vostre Majesté ordonner que tous les indecis descendans des troubles terminez par l'Edit de Paix en l'an mil cinq cẽs soixãte & dix, & d'autres jugez durãt les presẽs troubles: seront decidez par Monseigneur frere de vostre Majesté auec tel conseil que son Excellence auisera ou par Messieurs les Mareschaux de France ou l'vn d'iceux. 37. Que les criées & subhastions & ajudications des heritages, lesquelles ne peuuent estre faites selon les solemnitez requises par l'Edit serõt faites au jour de marché public jusques à ce que autrement y ayt esté pourueu. 38. Que les acheteurs des biens Ecclesiastiques allienez par autorité de Messeigneurs les Princes pendant les troubles passez puissent continuer la possession & jouyssance d'iceux sans empeschement: ou bien leur soit constitué pension sur les fruits desdits biens au denier quinze, à mesure desdits deniers qu'ils feront apparoir en auoir paiez fourniz reallement jusques à leur entier remboursement. 39. Toutes dispositiõs entre vifz & testamentaires faites

faites ou à faire en haine de l'vne ou de l'autre Religion ou de la prise des Armes tant des precedens & presens troubles: Semblablement toutes promesses & obligations passées pour choses de la Religion. Et generallement toutes autres conditions restreignans la liberté de conscience: soient des maintenāt declarées nulles & pour non faites: auec inhibitiōs à tous juges d'y auoir aucun esgard. Et si aucuns jugemens estoient interuenus au cōtraire soit à cause de l'vne ou de l'autre Religion: demeureront cassez auec inhibitions & defences à tous de s'en aider.

Dispositions en haine de la Religion reformee

40. Parce qu'au mois de Iuin 1566. seroient auenuz quelques troubles, meurtres, bruslemens & autres exces entre les habitans de la ville de Pamiers en Bearn pour le fait de la Religion: Dont les informatiōs faites d'vne part & d'autre & autres actes & proceddeures, Arrests, jugemens & condēnations ensuiuies auroiēt esté cassées & annullées par lettres patētes du feu Roy, bien justement & deuement informé de la verité du fait, dattées du mois d'Auril, 1568. Par lesquelles il declare & ordonne que sa volonté & intention est que le fait & differend desdites emotions & exces fust des cōprins en l'Edit de Pacification fait en l'an 1568: sans que les habitans aient peu jouïr du fruit de ladite declaratiō: nonobstāt les subterfuges des parties support & dissimulation des Cōmissaires deputez pour l'execution dudit Edit: A ceste cause supplient treshumblement vostre Majesté, ordonner que lesdits de la Religion habitans dudit Pamiers, tant les viuans que les hoirs des defunts, jouiront plainement de l'effet de ladite declaratiō. Au moien & par le beneffice du present Edit de Pacification cōme les autres de la Religion. Et ce faisant qu'ils serōt maintenus en leurs biēs, Estats, hōneurs & charges nonobstāt lesdits Arrests & procedures faites, declarant en tant que besoin sera lesdits faits abolis & cōme non auenus.

Troubles de Pamiers en Bearn.

41. Qu'il plaise à vostre dite Majesté cōmander à Monsieur de Montpencier de faire jouyr les manans & habitās du païs de Dombes qui sont de ladite Religion reformée: du fruit & beneffice dudit Edit. Tout ainsi que vos autres sujets tant pour l'exercice de leur Religion: que pour l'entiere restitution & restablissement en leurs Estats, charges, offices & biens: nonobstant toutes declarations, Arrests jugemens contraires donnez par mondit Sieur de Montpencier, sa Court de Parlement & autres Officiers audit pays: depuis le commencement desdits presens troubles. Le tout quand besoin sera les renoquant & declarant de nul effect.

Sujets du pays de Dōbes au Duc de Montpécier.

42. En semble que vostre Majesté ne pourroyt donner plus fort argument d'vn bon vouloir qu'en declarant expressement deuant Dieu & les hommes par vostre Edict, qu'elle à eu extreme regret & deplaisir, de l'exces & desordre aduenu a Paris le vint-quatriésme d'Aoust l'an mil cinq cens soixante douze. Duquel on se plaint & dont ceste mal-heureuse Guerre est sortie. Et parce vous supplient tres-humblement ordonner, que punition & Iustice exemplaire soit faicte de ceux qui ont commis lesdicts meurtres, massacres violences & extorsions tant ledict vint-quatriésme d'Aoust, que depuis en quelques villes & endroicts de ce Royaume ou tels cas sont aduenuz. Dont la connoissance appartient en premiere & derniere instance audict grand Conseil establi comme dessus.

Iustice des meurtres faits à Paris & ailleurs par le Royaume 24. Aoust, 1572.

43. Et que tous les biens rauis & pillez tant à ceux qui furent lors tuez que autres: soit sous le nom & tiltre de rançon ou autre pretexte quelconque: leur soyent renduz & restituez où à leurs heritiers: auec condemnation de tous dommages & interests contre ceux qui ont commis telles violences & chacun d'eux & leurs hoirs & biens tenans. Dont la connoissance en appartient en premiere instance audict grand Conseil establi comme dessus.

44. Que toutes Sentences, jugemens & procedeures, saisies, ventes & decrets donnez contre lesdicts de la Religion & Catholicques de l'vnion, tant viuans que morts depuis le trespas du feu Roy Henry à l'occasion de ladicte Religion, tumultes, troubles & pretenduës conspirations depuis supposées tant contre ceux de ladicte Religion que Catholicques à eux associez: contre le feu Roy & les siens: mesmes contre le feu Seigneur Comte de Montgommery. Ensemble l'execution d'iceux jugemens Arrests ou decrets soyent desapresent cassez, reuoquez, & annullez: Et à ceste fin raiez & biffez des Registres des Courts de Parlement & autres jurisdictions ou lesdicts jugemens auroyent esté donnez. Comme aussi toutes marques, vestiges & monumens desdites executions, liures, libellez & actes diffamatoires contre leurs persōnes, memoires & posterité: remis & reintegrez en leur bonne fame & renōmée, dignitez, prerogatiues & tant eux que leursdits enfans & heritiers: en jouyssāce entiere & possessiō libre de tous & chacuns leurs biēs. Mesmes des places ausquelles auroient esté faites pour ceste occasion, desmo-

Sentences & procedures contre les reformez nullez.

Avril, May 1575.

litions & rasemans: le tout nonobstant les reunions desdits biens declarez & confiscations adjugées par lesdits Arrests & jugemens en quelque part que lesdits biens soyent situez & assis. 45. Que Messire Gaspar de Colligny, Seigneur de Chastillon, Amiral de France, soit declaré innocent des cas & crimes à luy suposez. Les Arrests & jugemens contre luy donnez cassez rescindez, annullez, razez & biffez des Registres de vostre Court de Parlement: toutes marques vestiges monuemens de laite execution ostez, abattus, brisez, rompus & lacerez: ensemble tous escrits diffamatoires, coppies imprimées dudit Arrest soit a part ou ensuiuies d'autres liures, & autres actes faicts contre la personne dudit defunt. Ses Armoiries remises & redressées en tous lieux ou elles auroient esté rompues & efacées. Et tant luy que sesdits enfans remis & reintegrez en leur bonne reputation & renommée, dignitez & capacitez. Et lesdits enfans en iouissance entiere & possession libre de tous & chacuns leurs biens à eux propres où qui appartient audit defunt leur Pere, tant meubles qu'immeubles quelque part qu'ils soient situez & assis: Le tout nonostant la reunion desdits biens declarez, ou par confiscatió adjugée par lesdits Arrests & jugemens. Et que les pensions charges & autres deniers qui estoient deuz par le feu Roy audit deffunt iusques au iour de son decez; soient paiez à ses enfás. Ausquels aussi sera reparé le gast & dómage faits ez bois dudit deffunt par ceux qui se trouueront l'auoir commis. 46. Et le mesme que dessus soit ordonné pour le regard des Sieurs de Briquemaut & Cauaignes tant pour leur innocence que ce qui concerne leurs enfans heritiers & biens. 47. Et pour entierement assoupir la memoire des choses passées: Plaise à vostre Majesté interdire & defendre toutes processions tát Generalles que particulieres, faites ordonnées & obseruées annuellement soit en la ville de Paris, tant pour la commemoration de la mort de Monsieur le Prince de Condé, que journée Sainct Barthelemy & en la ville de Tolose l'vnziéme May pour la prinse qu'ils disent de la maison de la ville: comme generallement toutes autres Processions & festes ordonnées en toutes les villes de vostre Royaume à l'occasion & en haine de la Religion & souuenance desdits troubles. 48. Et pour le regard des proceddures faites, jugemens, Arrests & prouisions quelsconques donnees contre lesdits de la Religion & Catholiques à eux associez ou leurs enfans & heritiers en quelsconques autres matieres que de la Religion & desdits troubles, ensemble des proscriptions tant legalles, coustumieres que conuentionnelles & saisies feodalles depuis le vint-quatriéme d'Aoust iusques apresent: soyent estimées comme du tout non faites, données ne adueruës: & ne puissent les parties s'en aider aucunement ne pour le principal ne pour les despens: Ains soyent remises en l'Estat qu'elles estoyent auparauant iceux: nonobstant qu'ils ayent esté ouys & defendus par Procureurs. 49. Que tous prisonniers detenuz par authorité de Iustice ou autrement: Mesmes ez Galleres estans de ladite Religion & Catholicques associez à l'occasion des troubles: soyent eslargis & mis en liberté de part & d'autre sans repetition. Mais tout ce qui à esté faict ou pris hors la voye d'hostilité ou par hostilité contre les Regimens publiqs ou particuliers des Prouinces tant de part que d'autre: soit sujet à reparation comme dict est. 50. Comme aussi tous crimes & delicts faicts par personnes de mesme party en temps de troubles, tresues & suspension d'armes: soyent punissables comme s'ils auoyent esté commis en temps de Paix. Et que ceux qui ont imposé, leué: exigé deniers d'authorité priuée tant sur les communautez que particuliers: soyent tenuz de restitution aux interests en Iustice & par toutes voyes requises & raisonnables. 51. Qu'il plaise à vostre Majesté mettre en plaine liberté les enfans des feuz Sieurs de Colligny Admiral & Briquemaut detenuz prisonniers depuis le vint-quatriéme d'Aoust. 52. Supplient tres-humblement vostre Majesté de faire instante Requeste vers Monsieur le Duc de Sauoye pour la deliurance entiere des Corps & biens de ma Dame l'Admiralle: pareillement de tous ceux de ladite Religion detenuz prisonniers aux Galleres dudit Sieur Duc à cause de ladite Religion, tant ses sujets que autres. 53. Que les Preuosts des Mareschaux, Vibaillifs, Visenescheaux, Lieutenans de robbe courte, Iuges, Presidiaux ou tels autres qui peuuent juger souuerainement en matieres criminelles: ne puissent neantmoins esdits cas proceder aux jugemés d'aucuns de la Religió reformée: lesquels en tel cas soiét jugez par autres tant de la susdite Religion que de la Catholique Romaine qui se prédrót aux plus prochains sieges Roiaux ou Presidiaux. 54. Que les meubles qui se trouueront en nature & qui n'auront esté pris par voye d'hostilité ou de Iustice reiglée cóme dessus: soyent rendus à qui ils appartiénent. En rendant

toutesfois

Gaspard de Coligny Amiral.

Briquemaut & Cauaignes.

Festes & Processions contre les Protestans.

Prisonniers soient eslargis.

Enfans de l'Amiral & Briquemaut prisonniers.

L'Amirale d'Entremót prisonniere du Sauoisié

Duc de Sauoye a mis des Protestans aux Galleres.

Protestans ne soient jugez par les Preuosts des Mareschaus

outtesfois aux achepteurs le pris de ceux qui auront esté vendus par authorité de Iustice ou par autre commission ou mandement public tant de l'vne que de l'autre Religion. Et pour l'execution de ce que dessus: soient contraints les detenteurs desdits meubles subjects à restitution, incontinant & sans delay nonobstant toutes oppositions ou exceptions, les rendre & restituer aux proprietaires pour le pris qu'ils en auroiët paié. Et qu'à ceste fin les Commissaires ou autres qui auront procedé à la saisie & vëte desdits meubles, soiët contraints exiber & representer les proces verbaux desdites saisies & vëtes à peine de s'en prandre à eux en leurs propres & priuez nôs, si ce n'estoient matieres emploiées en autre naturel. 55. Et pour le regard des fruits des immeubles: que chacun rëtre en sa maisô & iouisse reciproquemët des fruits de la cueillette de la preseête année, nonobstât toutes saisies & empeschemës faits au cötraire durât les troubles. Côme aussi chacun iouisse des arrerages des rëtes qui n'aurôt esté prises par vostre Majesté ou par son cômademët, permission ou ordôñace: ou de par ceux de ladite Religion ou Catholiques associez, sauf & excepté les fruits des biës Ecclesiastiques pour ladite année. 56. Que ceux desquels tant d'vne part que d'autre on aura occuppé les Chasteaux, maisôs & heritages sans commission expresse du Roy, de ses Lieutenäs generaux ou Chefs de ceux de ladite Religiô ou Catholiques associez: puissët auoir repetition contre qui auroit fait lesdites iniustes occupations, de tous les domages & interests par eux soufferts pour raison desdites violëces commises: auec repetition des deniers qui par leurs Receueurs ou Fermiers ou autre pour eux aurôt esté paiez aux pretëdus Capitaines & soldats qui ont occuppé lesdits Chasteaux & maisons sous le nom & pretexte de Garnisons. 57. Que toutes forces & Garnisons qui sont ou se trouuerôt és maisons, places, villes & Chasteaux appartenäs ausdits de la Religion & Catholiques de l'vniô: soiët contraints de vuider incontinät pour leur en laisser la libre & entiere iouissance cöme ils auoiët auparauät. Et tous ceux qui ont esté spoliez par de ceux du cötraire parti durät ces troubles: sous pretexte que les expoliateurs y pretëdët droit: seront reintegrez nonobstât quelcôques oppositiös & droits pretëdus sans forme ne figure de proces: & sans prejudice en tout du droit des parties en Iustice cömpetante. 58. Que les sujets de sa Majesté de ladite Religion qui ont des biens au Contat Venessin & Archeuesché d'Auignon, soit en proprieté ou vsuffruit: puissët iouir de leursdits biës & fruits d'iceux: Et que en faute de ce il leur soit pourueu de propre moië pour en estre recompensez sur les biës que ceux dudit Contat ont au païs de vostre obeïssance par droit de marque, represaillé ou autremët. Et pource faire se pouruoiront par deuät le Seneschal de Beaucaire & Nismes: ausquels de tout tëps la conoissance en à esté attribuée. 59. Que tous titres pappiers enseignemës & documens pris, soiët rëdus & restituez de part & d'autre à ceux à qui ils appartiëñent. 60. Que libre cômerce & passage soit remis par toutes les villes, bourgs & bourgades de Ponts & passages de ce Roiaume en l'estat qu'ils estoiët auparauät les presës troubles. 61. Que toutes places, villes, & Prouinces demeurët & iouissët de mesmes priuilleges, immunitez, libertez, frächises, foires, marchez, iurisdictiôs & sieges de Iustice: qu'elles faisoiët auparauät les troubles & depuis la mort du feu Roy Henry. Nonobstant tous arrests, iugemës ou prouisions de translation ou suppression: & qu'elles ne soiët tenues cy apres bailler à sa Majesté aucuns Ostages. Ains plaise à vostre Majesté rëuoier libres celles qui ont esté cy deuät baillées. 62. Et que ceux de la Religiô & Catholiques associez, soiët declarez capables de tenir & exercer tous Estats, charges publiques, Roialles, Seigneurialles & des villes de ce Roiaume. Et soiët indifferëmët admis & receus en tous cöseils, deliberations & assemblées, charges tät electiues des Estats des Prouinces cöme autres Estats & functions qui deppëdent des choses susdites, sãs en estre en sorte quelconque rejetez ny empeschez d'ë iouïr. 63. Aussi que lesdits de la Religion & Catholiques de l'vnion ne soiët cy apres surchargez n'y foullez d'aucunes charges ordinaires plus que les Catholiques & selô la proportiô de leurs biës & facultez: Et attëdu les grädes pertes par eux souffertes, qu'ils soiët deschargez de toutes taxes & impositions qui se feront cy apres ez villes ou Estats particuliers des Prouinces: Et soiët appellez aucuns de ladite Religion pour y assister & obuier ausdites surcharges. Et auenät qu'il y ait plainte de ladite surcharge: la conoissance en cas d'appel en appartiëdra audit gräd conseil establi cöme dessus. Côme de toutes autres choses dôt les generaux des aides prouueront que lesdits de la Religion ou Catholiques de l'vnion les reuoquët. 64. Et pource qu'apres la publication de l'Edit qui se fera sur la presëte pacification: les Generaux de la charge ou les Receueurs generaux ou particuliers ou autres intendäs de vos finances: pourront recercher & con-

Meubles & leur restitution.

Chacun rentré en son bien.

Maisons occuppées maintenant

Garnisons vuident.

Contat Venessin & Auignon.

Represailles

Titres & enseignemans

Priuileges.

Estats & charges distribuez egallement.

Impositions sur les Protestans.

Auril, May. 1575.

traindre lesdits de la Religion & Catholiques de l'vnion, ensemble les autres Catholiques qui leur ont cōtribué pour le paiemēt des deniers des tailles, aides, octroy, creuēs, reparatiōs, taillō, vstēcilles des gēs de guerre & autres sēblables subsides & impositiōs escheus depuis ledit 24. d'Aoust 1572. que ces derniers troubles auroiēt cōmācé iusques a presēt: sous pretexte que lesdits deniers n'ōt esté leués & exigés par lesdits de la Religiō tāt sur eux que sur les Catholiques qui leur ont cōtribué pour subuenir aux frais & affaires de la guerre excedēt infinimēt: plaise à vostre Majesté les acquiter & descharger desdites tailles, aides, octroy, creuēs, taillon, reparations, vstēcilles & autres impositiōs & subsides escheus & imposez pēdāt & depuis ces troubles, à cōter dudit 24. d'Aoust 1572. iusques a presēt. Soit par vostre mādemēt & ordōnāce ou par l'auis & deliberatiō des estats, Gouuerneurs des Prouinces, Cours de Parlemēt & autres. Faisant pour cest effect defēces aux Tresoriers de Frāce, Generaux de la charge, Receueurs generaux & particuliers, leurs cōmis & entremetteurs & autres. Intēdās & Cōmissaires de vos fināces: & de les recercher, molester ny inquietter directemēt ni indirectemēt. 65. Et attendu la poureté de ceux de la Religion: & l'impuissance à laquelle ils ont esté reduits par les meurtres cōmis ledit 24. d'Aoust: & depuis és persōnes des plus riches & puisāns d'ētre eux: Qu'il plaise à vostre Majesté les acquiter & desdōmager du paiemēt de l'argēt deu aux Reitres venus au secours de ceux de la Religion aux precedēs troubles a quelā sōme ou sōmes que lesdits paiemēs se puisse mōter. Et à cette fin declarer toutes promesses & obligatiōs faites par ceux de ladite Religiō en general & en particulier pour ce regard, tāt enuers sa Majesté que enuers lesdits Reitres leurs Chefs, Colonels & autres qui se seroiēt entremis de ce fait, nulles, & de nul effet & valeur: Et celles que sa majesté auroit en sa possessiōn, les rēdre ou faire rēdre ausdits obligez ou leurs heritiers ou Procureurs. Que lesdits Reitres leurs Chefs & Colonels facēt le sēblable de celles qu'ils ont par deuers eux. Et notammēt d'acquiter les heritiers de feu Mōsieur l'Amiral de toutes promesses & obligatiōs qu'il auroit faites en son propre & priué nō a quelques persōnes que ce soit pour le paiemēt & satisfaction desdits Reitres. 66. Et pour l'acquit & descharge de plusieurs autres debtes qu'ils ont faites dedās vostre Roiaume a cause des troubles: soit le bō plaisir de vostre Majesté leur accorder en dō la sōme de 200. mil escus: Et a cest effet leur faire expedier assignatiōs sur les plus clairs deniers de vos fināces. 67. Aussi pour l'extreme desolatiō & ruine auenuē par le moiē desdits troubles és Prouinces de Poitou, Saintōge, Angoumois, Gouuernemēt d'Aunis & tout le païs de Guiēne, Lāguedo, Dauphiné: Plaise à vostre Majesté les exēpter du paiemēt de toutes tailles, subsides & impōsts pour 6. années iusques a ce qu'il ait pleu à Dieu leur donner dauātage de moiē pour faire seruice à vostre Majesté. 68. Vous suppliēt treshumblemēt, Sire, qu'il plaise à vostre Majesté de declarer qu'elle tiēt & repute le Prince de Cōdé pour son bō parēt, fidelle sujet & seruiteur. Cōme aussi les sieurs Mareschal de Danuille, de Meru, de Thoré, & tous les autres Seigneurs, Cheualliers, Gentilshommes, Officiers & autres habitās des villes cōmunautez, bourgades & autres lieux de ce Roiaume & païs de vostre obeissāce: de quelque Religiō qu'ils soiēt qui les ont suiuis, secourus & accōpagnez, presté faueur & aide en quelque part que ce soit: pour vos bons loiaux sujets & seruiteurs. Et qu'à bonne & juste cause ils ont pris les armes pour leur tuition de sēce & cōseruatiō de vostre Estat. 69. Auouāt de mesme ceux qui se sont retirez hors de vostre Roiaume depuis la mort du defunt Roy Hēry pour cause de la Religiō & troubles. Et que a ceste fin il plaise à vostre Majesté ordōner, que les enfās nez des susdits depuis ledit tēps hors de vostre Roiaume: seront tenus pour vrais & naturels Frāçois & regnicoles pour vser, de pareils droits, priuilleges et prerogatiues eux et leurs hoirs, comme s'ils auoiēt esté nez dās ledit Roiaume. Sās qu'il leur soit besoin de prēdre aucunes lettres de naturalité ou declaratiō de sa majesté autre que le presēt Edit. 70. Aussi que ledit sieur Prince de Cōdé, ledit sieur Mareschal Danuille et autres Seigneurs et Gētilshōmes, Officiers, corps des villes, cōmunautez et autres qui les ont aidez et secourus de quelq̄ Religiō qu'ils soiēt: specialement ceux de la Rochelle, soiēt deschargez de toutes assēblées generalles & particulieres, establissemēt de Iustice, police & reglemēt entre eux jugemēs & executiō d'iceux: de tous deniers qui ont esté par eux imposez ou par leur ordōnāce prins & leuez tant des receptes & fināces de vostre Majesté a quelques sommes qu'elles se puissent monter: que des villes, cōmunautez & particuliers des rentes, reuenus, argenteries, ventes de bois tant Eclesiastiques que autre bois de haute sustaie appartenans à vostre Majesté ou a autres amendes, butins, rançons & autre nature de deniers

Protestans ne soient tenus contribuer pour les Reitres.

Protestans demandent deux cens mil escus au Roy.

Exemption de toutes impositions.

Le Prince Mareschal Danuille & autres aiouēz pour bōs sujets & seruiteurs du Roy.

Rochelle.

niers par eux prins à l'occasion de la presente guerre: sans qu'eux ny ceux qui ont esté commis par eux à la leuée desdits deniers ou qui les ont baillez ou fournis, en puissent estre aucunement recerchez pour le present ny a l'auenir. Et demeureront quites tant eux que leurs commis de tout ce maniemēt & administration sans qu'eux, leurs commis ne pareillemēt ceux qui les ont baillez & fournis en puissēt estre aucunemēt recerchez pour le presēt n'y à l'auenir. En rapportāt pour toute descharge acquit desdits Prince ou Mareschal: ou des seigneurs Gētilshōmes cōmunauté des villes qui ont eu cōmādemēt en ces guerres, & de ceux qui auroiēt esté cōmis à l'auditiō & closture de leurs côtes. 71. Demeureront aussi quites & deschargez de tous actes d'hostilité & conduite de gens de guerre, fabricatiō de mōnoie, fonte & prise d'artillerie & munitiō tāt és Magasins de vostreMajesté que des particulieres cōfectiōs de poudres & salpestres, prises, fortifications & desmātellemēs, demolitiōs des villes & Chasteaux, entreprises sur iceux, bruslemēs & demolitiōs des Tēples & maisons, establissemēs de Iustice, jugemēs & execution d'iceux, voiages, intelligēces, traittez, negociatiō & cōtrats faits auec tous Princes, cōmunautez, estrāgers, introductiō desdits estrāgers és villes & autres endroits de ceRoiaume. Et generallemēt de tout ce qu'à esté fait, geré & negocié par eux ou leurs associez depuis la mort du RoyHenry jusques à presēt encores qu'il deust estre plus particulieremēt exprimé & specifié. 72. Et notāmāt que les Officiers de sa Majesté à la Rochelle, Maire, Escheuins, Pairs & autres habitās, d'icelle ne soient recerchez, molestez n'y inquietez pour les mādemēs, decrets de prinse de corps tāt en ladite ville que dehors, executiōs des jugemēs depuis ensuiuis pour le fait de la cōspiratiō faite cōtre ladite ville descouuerte au mois de Decē. 1573. Ne pareillemēt pour vn Nauire nōmé l'Hirōdelle & executiō des jugemēs dōnez cōtre ceux de l'equipage d'icelluy: ny autre acte cōtenu plus au lōg au precedēt Article. 73. Et d'autāt qu'il à cōuenu à ceux de la Religiō faire plusieurs traittez & negociatiōs auec les Princes estrāgers pour leur juste defēse & cōseruatiō tāt ez premiers, 2.3.4. q presēs troubles & notāmāt en l'ā 1562. auec la Roine d'Angleterre. Auquel traitté & negociatiō furēt employez pour le feu Prince de Condé les sieurs Vidāsme de Chartres & de Beauuoir son beau frere cōme ledit feu Prince à des son viuāt tresbiē reconeu & auoüé: combiē qu'il ait esté obmis à specifier par lesditsEdis faits sur lesdits troubles. Et encores que la volōté du feu Roy ait esté de reconoistre lesdits traittez pour necessaires & legitimes suiuāt la declaration qui luy pleut en octroier audit sieur Vidāsme: Suppliēt vostreMajesté qu'il luy plaise suiuāt lesdits aueus & declaratiōs faites par le feu Roy tenir aussi & reputer lesdits sieurs Vidasme de Chartres & de Beauuoir pour vos bōs sujets & seruiteurs, auouāt & declarāt lesdits traitez de negociatiōs ainsi par eux faits auec laRoine d'Angleterre cōme dessus en l'ā 1562. auoir esté legitimemēt & justemēt faits pour la juste tuition, cōseruatiō & defēce de vos sujets de ladite Religion suiuāt la volōté dudit feu Roy, cōbiē qu'elle ne fut portée par les precedēs Edits. 74. Que toutes les prises qui ont esté faites en vertu des cōgez & aueus dōnez & lesquelles ont esté jugées par les Iuges de l'Admirauté & autres Cōmissaires a ce deputez par lesdits de la Religion & Catholiques associez, soiēt approuuées & declarées bōnes. Sās que leurs Capitaines, leurs cautiōs & lesdits Iuges, Officiers & autres en puissēt estre cy apres recerchez ny molestez en quelque sorte que ce soit: & par ce moien soiēt toutes lettres de marque & represaille qui ont esté cy deuāt expediées pour ce fait cassees & annullées sans qu'on sē puisse seruir & aider cōtre eux à l'auenir. 75. Que ceux de la Religiō ouCatholiques de l'vnion qui aurōt prins à ferme deuāt les troubles aucuns Greffes ou autre domaine, Gabelles impositiōs, foraines & autres droits appartenās à vostre Majesté: Dont ils n'ōt peu jouir a cause desdits troubles: demeurerōt quites & deschargés des fermes. Nonostāt toutes obligatiōs submissiōs & respōces surce par eux faites. En rēdāt cōte de ce qu'ils se trouuerōt en auoir joui & leué. Et qui n'aura esté pris ny emploié par ceux qui ont eu cōmādemēt sur eux pendant & durant lesdits troubles. 76. Que la vente du sel qui se trouuera auoir esté faite par ceux de ladite Religion & Catholicques de l'vnion a quelques personnes & pour quelque lieu que ce soit: demeurera bonne & vallable encores que la deliurāce dudit sel n'eust esté faite aux achepteurs: pour l'execution desquelles ventes & jusques à la concurrance d'icelles: demeurerōt lesdits vendeurs saisis de la quantité dudit sel par eux vendu. Sans qu'on le puisse repeter sur eux encores qu'il fust trouué en nature entre leurs mains apres le present Edit. 77. Supplyent tres humblement vostre Majesté qu'il luy plaise faire declaration de l'innocence, fidelité, & integrité des sieurs Mareschaux de Montmorency & de Cossé: les remettant en leurs Estats, honneurs, dignitez & prerogatiues par icelle declaration: laquelle fa-

Mmm iij.

Descharge & autre general ou Roy aux Protestans de tout ce qu'ils ont fait pour leur côsereuation de puis le decés du Roy Henry &c.

Aueu du fait du Haure deGrace par les sieurs de Ferreres Vidasme de Chartres & Beauuoir la Nocle.

Prises sur mer.

Lettres de marque & represailes

Fermes prises non leuées par les Protestans.

Vente de sel.

Declaration d'innocēce & deliurance des Mareschaux de Montmorēcy & de Cossé.

L'HISTOIRE DE FRANCE.

dreſſera à voſtre Cour de Parlement de Paris pour la publier & apres la publication faicte en pleine audiāce en voſtre dite Court par l'audiance d'icelle: leſdits ſieurs de Montmorency & de Coſſé ſoiēt eſlargis & mis en liberté, menez & conduits en toute ſeureté par tout le corps de la diteCourt en robbes rouges de ladite Audiēce & aſſis en leur rāg: leur ſigniffiās ladite declaratiō & publicatiō auec atteſtatiō de ladite Cour qu'elle à volōtiers & à bōne raiſō leu & publié icelle: Les declarās innocēs & inculpables de tout ce qui leur pourroit auoir eſté imputé. Et qu'elle les tiēt pour bōs & fideles ſujets & ſeruiteurs de voſtre Majeſté. A laquelle n'y à celle du feu Roy voſtre frere ny des Seigneurs ils n'ōt jamais deſobey n'y fait faute meritāt aucune punition n'y empriſōnemēt, que voſtre Majeſté declarera auoir eſté fait à tort & ſans cauſe meſme qu'il n'a apparu à ladite Cour par informatiōs ſecrettes ny autremēt qu'ils fuſſent chargez d'auoir cōmis aucun crime ou delit. Et qu'icelle Court ordōne en leurs preſēces l'effet & la jouiſſāce de la dite declaratiō & inhibe à tous d'y cōtreuenir. 78. Auſſi ſoiēt declarez innocēs & mis en liberté les ſieurs de Dardois, Treignā & tous autres qui à l'occaſiō deſdits ſieurs Mareſchaux pourroiēt eſtre retenus priſonniers ou qui ſe ſont retirez. 79. Et pour autāt, Sire, que leſdits de la Religion & Catholiques de l'vniō ſçauēt biē & cōfeſſēt que les deſordres & maluerſatiōs cy deuāt auenues ſont procedés de la ſubuerſiō de voſtre Eſtat: pour l'ābitiō & auarice tāt des eſtrāgers que autres: du meſpris de vos bōs & naturels ſujets des nouuelles Loix, introductiōs ſuperfluës & derogatoires à l'ancienē & loüable inſtitutiō de voſtre Corōne: ſujete cōme il eſt aiſé à juger, à vne entiere ruine. Et d'ailleurs vne des principalles ſeuretez qu'ils pourroiēt auoir eſt vne entiere reformatiō de voſtre Eſtat. Pour y paruenir ils vous ſuppliēt treshumblemēt, Sire, qu'il plaiſe à voſtre Majeſté leur accorder & ordōner que les Eſtats generaux de voſtre Roiaume, cōpoſez tāt d'vne que d'autre Religiō ſoiēt cōuoquez & aſſēblez dās certain tēps, en toute ſeureté & liberté dans vne ville paiſible: pour ouïr les plaintes & doleāces aux fins de ladite reformatiō. Et ſurce pouruoir cependāt à la reductiō des tailles cōme elles eſtoiēt au tēps du Roy Loys 12. 80. Et pour euiter que ceux de ladite Religion & Catholiques aſſociez ne puiſſent ſi aiſément retōber és infinies pertes & dōmages ſouffertz par eux en leurs perſones & biēs: Qu'il plaiſe à voſtre Majeſté leur laiſſer en garde les villes, places & Chaſteaux qui ſōt entre leurs mains: ſās que ſa Majeſté y puiſſe mettre aucuns Gouuerneurs Garniſōs ny forces, ne deſmolir les forterreſſes eſtās a preſet eſdites places: ny en baſtir aucunes de nouueau cōtre celles qui ſōt: ne diſtraire, oſter où tranſporter les artilleries, poudres & munitiōs de guerre ou viures qui ſōt a preſent. Et outre les ſuſdits lieux, leur bailler en garde en chacū Gouuernemēt de ce Roiaume 2. villes de bōne & ſeure retraitte des 6. que Mōſieur le Prince de Cōde par l'auis deſdits de la Religiō & deſdits Catholiques aſſociez, luy nōmera. En chacune deſquelles ceux de ladite Religiō ou leurſdits aſſociez ſe puiſſēt retirer & habiter ſils veulēt. Et pour ſeureté de la garde & retraitte, voſtre Majeſté y eſtabliſſe en chacune vn Gouuerneur auec cēt ſoldats à la nomination dudit ſieur Prince par l'auis que deſſus; Entretenus neātmoins & ſoudoiez par votre Majeſté. 81. Que outre leſdites il n'y ait aucune Garniſō en ce Roiaume: ſinō ez villes & lieux de frōtiere & d'ancienē Garniſō. Et où le chemin des cōpagnies allās & venās pour voſtre ſeruice s'adreſſerōt aux villes & lieux gardez par ceux de ladite Religiō ou Catholiques de l'vniō: que ce ſoit en petit nōbre ſi moderé & auec ſi peu de ſejour qu'il n'i ait occaſiō de doubte, ſoupçō ne deffiāce. 82. Voſtre Majeſté prādra en bōne part ſil lui plaiſt: qu'ō la ſupplie treshūblemēt, ordōner que quād vos Gouuerneurs & Lieutenās generaux voudrōt paſſer & viſiter les villes & lieux gardez par leſdits de la Religiō & Catholiques de l'vniō: ils ne pourront entrer forts ne accōpagnez que de leur train ordinaire cōme ils ont accouſtumé. 83. Que des meſmes benefices cōtenus au preſēt Edit, tāt pour le regard de la Religiō, Iuſtice que de toutes autres faueurs & immunitez cōtenuës en iceluy: jouirōt entieremēt les manās & habitās du païs Meſſin & Gouuernemēt de Verdun. 84. Que defences ſoiēt faites à tous Preſcheurs de l'vne & de l'autre Religiō, de faire preſches ſeditieux & cōtre les choſes cōtenuës au preſēt Edit. 85. Et pour plus grād & meilleur effet de votre roialle authorité & bōne volōté à la droite & ſincere obſeruatiō des Articles de ceſte Paix: leſdits de la Religiō & Catholiques de l'vniō ſuppliēt treshumblemēt voſtre Majeſté, que en pleine aſſēblée de voſtre cōſeil priué premieremēt, puis en voſtre Cour de Parlemēt à Paris tenāt le lit de Iuſtice en pleine Audiance, la publication de l'Edit ſoit fait. Et l'entiere & perdurable obſeruation des Articles de ceſte Pacification ſoit ſolennellemēt jurée par voſtre Majeſté, la Roine voſtre mere, Monſieur voſtre frere, les Princes de voſtre ſang, les Mareſchaux de Frāce & autres dudit cōſeil priué: les preſidēs, Cōſeillers & vos Auocas & Procureurs generaux en laditecour. Et que la meſme publication & serment surce soit soit faite en toutes vos autres Cours de Parlemēs & autres tant souueraines que subalternes de ce Roiaume dans six semaines apres la publication faite au Parlement de Paris. Et ce purement & simplement sans vser d'aucunes restrinctions, modifications, ne registres secrets: & sans attendre jussion ne mandement plus expres de vostre Majesté. 86. Que les Gouuerneurs, Baillifs, Seneschaux & leurs Lieutenās, facent jurer aux principaux habitans des villes de ce Royaume d'vne & d'autre Religion dedans 8. jours apres la publication, l'entretenemēt du present Edit. Mettant les vns en la garde des autres, d'exposer leurs vies & biens pour maintenir c'est Edit de Paix cōtre tous perturbateurs & infracteurs de Paix: les chargeans respectiuement & par acte public, de respondre ciuillement des contrauentiōs qui seront faites à cest Edit dedans lesdites villes par les habitans d'icelles. Ou bien de representer ez mains de Iustice lesdits contreuenans. Et que le semblable soit fait à l'endroit de la Noblesse par les Vibaillifs & Seneschaux chacun en son ressort, qui a ceste fin seront tenus les faire assēbler dedans ledit temps ou en personne ou par Procureurs: & lesdits sermens renouuellez annuellement, pour le regard de tous Officiers, Maires, Escheuins, Capitoulx, Iurats, Consulz & autres à l'instalation de leurs charges: afin que tant vos Officiers, Iusticiers, que tous autres vos sujets: soient clairemēt & auec certitude auertis de vostre vouloir & intention pour oster toutes doutes, ambiguitez & cauilations qui pourroient estre faites au moien des precedēs Edits. 87. Plaise à vostre Majesté declarer tous vos autres Edits, declaratiōs faites où qui se pourroient faire cy apres en vos Cours de Parlement & autres concernans le fait de la Religiō & des troubles contre & au prejudice du premier & dernier Edit: estre de nul effet & valleur, auquel & aux derogatoires y contenues, soit par iceluy vostre Edit derogé: & le tout despresent comme pour lors cassé, reuoqué & annullé: declarant par expres vostre vouloir & intention estre que vostre Edit soit seul ferme & inuiolable à jamais. 88. Qu'il plaise à vostre Majesté trouuer bon que la Roine d'Angleterre, Monsieur l'Ecteur Palatin, Monsieur le Duc de Sauoye, & Messieurs des Ligues interuiēnet au preset traitté, coppie duquel leur soit mise entre les mains en bōne forme & autentique. 89. Et afin que le present Edit ne soit frustratoire & sans nul effet: plaise à vostre Majesté pour l'execution d'iceluy qui est de faire jouïr tous vos sujets du fruit par eux attendu: ordōner que les 4. Mareschaux de France se transportent chacun en leur departemēt pour receuoir les plaintes de vos sujets & faire jurer par les villes, Cappitalles de vostre Royaume iceluy Edit. Le faisans entretenir & obseruer inuiolablement: restablissant vos dits sujets en leurs biens & hōneurs. 90. Et d'autant, Sire, que lesdits de la Religiō & Catholiques de l'vnion ont plusieurs grandes causes & suspicions à l'encontre des sieurs Mareschal de Rets & Chancellier qui tiennent les premiers rangs en vostre Conseil: supplient tres-humblement vostre Majesté leur commander qu'ils se deportent de la connoissance & entremises de leurs affaires du present traitté. 91. Et finalement lesdits Catholiques vnis auec lesdits de la Religion desirans que vostre Majesté conoisse qu'ils ont la crainte de Dieu deuant les yeulx: leur Religion en tres-singuliere recommandation: & à ce qu'il vous plaise comprādre la juste occasion qu'ils ont de se douloir de long temps qu'ils ont demeuré sans doctrine & la conoissance telle qu'ils doiuent auoir de Dieu: au moien de l'ignorāce d'aucuns Prelats de leurs Recteurs, de leur non residence & leur insatiabilité: les abbuz & maluersations qui se commettent en l'Eglise Catholique & depuis specialement que les elections sainctement ordonnées ont cessé: & que la vraie institution Ecclesiastique a esté mesprisée & contemnée: mesmemēt ce qui en auoit esté ordonné par le feu Roy vostre frere sur les plaintes des Estats tenuz à Orleans. Ils supplient tres-humblement vostre Majesté pouruoir prōptemēt à ce que tels abbus cessent. Et a ceste fin cōmettre à quelques hōnestes personages & biē affectiōnez à la Religiō Catholique, de vous represēter le moiē d'y paruenir: estāt l'vn des expediés plus asseurez que vostre Majesté puisse auoir (l'hōneur & la crainte de Dieu reseruez) de vous rēdre bien obey, honoré & respecté de vos sujets & la Iustice administrée à vn chacun. Protestans, Sire, deuant Dieu & vostre Majesté que les abbus y sont si grands & tellemēt soufferts par les Officiers de vostre Iustice qui ont la plus part des benefices à eux, leurs enfās & domestiques: que si vostre Majesté ny pouruoit par autre moien que le leur: il n'en peut auenir que tout desordre. Et est à craindre que doresnauāt il ne se dispēsent à retenir le droit du dixme, & essient d'eux mesmes Ministres Eclesiastiques qui leur seront necessaires.

Apres que Beauuoir la Nocle eut presenté à leurs Majestez les lettres du Prince: & ceux

Mareschal de Gondy Comte de Rets, Birague Chancelier.

Aucuns Ecclesiastiques taxez.

Iusticiers taxez.

Auril, May. 1575.

Harengue que fit au Roy l'vn des Deputez du Prince de Condé.

de Languedoc celles du Mareschal Danuille. Darenes l'vn des Deputez du Prince donna tel commancement à la harengue qu'il fit au Roy.

SIRE, Monsieur le Prince de Condé tant pour luy & ceux des Eglises reformées de ce Roiaume: que pour Môsieur le Mareschal de Danuille & Catholiques à eux associez: tous vos tres-humbles & tresobeïssans sujets & seruiteurs: nous a chargez de supplier tres-humblemēt vostre Majesté de croire, que de long temps il ne luy auint chose plus agreable que d'entēdre vostre Majesté desirer mettre & establir vne Paix & seure tranquilité en cestuy vostre Royaume par vne vraie, entiere & sincere re-vnion des volontez de tous vos sujets. Et supplie Dieu vous vouloir de plus en plus accroistre & augmēter ceste sainte affectiō tant qu'on en puisse voir reüssir les effets tant desirez par luy & tous vos bons sujets. Non tant pour leurs cōmoditez particulieres que pour le grand desir qu'ils ont de voir cestuy vostre estat non seulement conserué, ains a creu en toute prosperité & grādeur. Au lieu que toutes ces diuisions qui y sont (si bien tost il n'y est pourueu par vostre royale prudence) semblent le menacer d'vne ruyne prochaine & ineuitable: suiuant ce qui a esté predit par celuy qui ne peut mentir. Tout Royaume en soy diuisé sera desolé & maison tombera sur maison. Ceste desolation, Sire, comme nous auons charge de remonstrer à vostre Majesté: est ja tant auancée au grand regret de tous vos bons sujets: que ceux qui se souuiennent & remettent deuant leurs yeux quel estoit l'estat de cestuy vostre Royaume: & cōbien florissant sous les regnes des feus Roys François & Henry de tres-heureuse memoire vos pere & ayeul: & viennent à en faire comparaison auec l'estat present, y trouuent tant de diuersité & changement, qu'ils n'y recōnoissent que le seul nom du Royaume de France. Car au lieu que y abondoit lors toute felicité & prosperité, repos & vnion entre les sujets, contenuz par l'authorité royale douce & moderée à laquelle chacun s'assujettissoit volontairement sans contradiction aucune: A ceste heure on n'y voit que ports d'armes, diuisions, dissentions: partialitez si dangereuses, que tous les maux qui ont accoustumé d'accompagner les Guerres ciuiles, s'y trouuent y auoir pris si fortes racines, qu'ils ne peuuent estre que mal aisément arrachez. Ces maux sont vne impieté & irreuerence enuers Dieu, diminution de vostre authorité royale, ruyne & perte de vos plus affectionnez sujets, mespris du nom François parmy les Nations voysines & estrangeres, dont vostre Majesté peut auoir eu preuue & connoissance au voiage qu'il luy à conuenu faire en allant & retournant de vostre Royaume de Pologne. Ie ne m'estendray plus au long à vous representer toutes les autres miseres & calamitez; Mesmes la ruyne & destruction totalle de la plus part de vos poures sujets. Tāt pource qu'il ne m'est possible d'en parler qu'auec vn regret inestimable: que pource que la malladie en est si claire & apparente que les plus grossiers la voyent & les plus insensibles la sentent jusques au vif. Quand à la cause de tous ces maux, Sire, qui semble amener cestuy vostre florissant Royaume à quelque declination: nous Chrestiens ne pouuons ny deuons l'attribuer (comme font les fols Astrologues) aux astres & constellations. Et ne croyons quoy qu'ils nous vueillent persuader: que les Royaumes & Regions tirent les influences de leur bon heur & malheur, accroissement ou diminutiō de certaines Estoilles erratiques: qu'il disent auoir puissance & dominatiō sur les Roiaumes & republiques de leur naissance & cōmencement qu'ils ont recerché si curieusement. Aussi peu la trouuerons nous en ces fantasques oppiniōs que Platon quelque diuin qu'il ait esté nōmé: s'est forgée en son cerueau: quand il a voulu faire croire que tous Roiaumes & dominations auoiēt des fatales periodes: ausquelles estās paruenus, il estoit force qu'ils declinassent peu à peu jusques à ce qu'ils paruinssent à leur totalle ruine. Car nous sōmes enseignez par la parolle de Dieu, que tous tels discours sōt plus vains que la vanité mesmes. Mais la cause de tāt de maux doit à nostre auis estre recerchée & puisée de l'escriture sainte. Qui nous enseigne que les grās Roiaumes & Empires ne prennēt point leur accroissemēt ou diminution par cas fortuit, aussi peu par humains cōseils & forces, ou par causes occultes & inscrutables cōme quelqs vns ont voulu dire. Mais que Dieu le seul Dieu, est vraimēt autheur de toute societé humaine: laquelle il ordōne estre conduite & Regie par Empires, Roiaumes, Monarchies et autres especes de gouuernemēt politic: cōme il lui a pleu imprimāt dedās les esprits et cœurs des hōmes par la conoissāce de sa Loy: de rēdre vne volōtaire obeissāce à ceux ou à celui qui par lui sōt establis pour leur cōmāder. Et de le reconoistre leur souuerain cōme vne vraie Image et representatiō de Dieu tout puissāt qui a esleué en tel degré d'hōneur & dignité cōme son Lieutenāt: & duquel il arme & cōduit les mains pour cōtraindre chacun à biē viure selon la Loy de Dieu, sai-

Diuisions occasionnēt la ruine des Estats & l'vnion les maintient.

Conference du Royaume de France ancien à cestui-cy.

Causes des maux de la France & de la corruption de tous Estats.

re obseruer entre ses sujets toute pieté, Iustice & droiture, leur commandant neantmoins en toute clemence & douceur & comme vn bon pere fait à ses enfans selon ce qui est escrit par le Sage. Misericorde & verité gardent le Roy & son Throsne est appuié par la clemence. Et en vn autre endroit. Sans justice les Royaumes sont transferez de Nation en Nation. Pour ceste cause nous ne pouuōs que haut loüer le bon auis du feu Roy vostre frere, en ce qu'il prit pour sa deuise deux colonnes. Pieté & Iustice comme vray soustien & appuy de sa Couronne. Et à la mienne volonté Sire queces deux colonnes eussent peu long temps demeurer fermes & n'eussent esté minées, sapées & quasi totalement abattuës par ceux qui deuoient employer tout leur pouuoir pour les conseruer, appuier, & estançonner. Car vostre Majesté, Sire, peut encores estre memoratiue, comme quasi des le commancement de son regne, on commença à mettre en doute, Quelle est la vraie pieté, laquelle consiste principallement à rendre à Dieu ce que nous luy deuōs non seulemēt en l'aimant de tout nostre cœur, force & puissance: mais aussi en luy rendant le seruice qu'il veut, & requiert de nous. Or pour conoistre ceste sienne volonté: ceux de la Religion reformée supplierent tres-humblement, que les escritures par lesquelles seules, Dieu nous manifeste sa volonté, fussent espluchées & par icelles fust reglé le vray seruice que nous deuons au Dieu souuerain, sans auoir esgard aux inuentions & traditions des hommes depuis suruenuës: qui ont tellement alteré ce seruice diuin, qu'il n'en reste plus que le nom. Du moins qu'il leur fust permis seruir à Dieu selon la pureté de son Euangille, librement & publiquement. Et faire tous actes appartenans à l'exercice de leur Religion, reglée par ce qui est contenu és liures du vieil & nouueau testament. Ce que ne voulans permettre ceux de la Religion Catholique & Romaine: pour euiter debats & contentiōs fut arresté vn Colloque à Poissy: Ou rien n'aiant esté accordé apres plusieurs deliberations prises par le feu Roy vostre frere tant en son Conseil priué, qu'en la court de Parlement de Paris: finallement fut auisé qu'on feroit vne assemblée fort solemnelle: ou furent mandez les plus signallez de toutes vos Cours de Parlement. En icelle fut ordonné que suiuant la requisition faite par les Estats assemblez peu au parauant, seroit permis libre & public exercice de l'vne & de l'autre Religion en toutes les villes de vostre Royaume: du moins és fauxbourgs d'icelles. Ordonnance vrayement tres-vtile & tresnecessaire pour du tout affermir ce premier pillier de la pieté. Car la verité n'aiant peu estre esclarcie par la conference faite à Poissy: elle nous eust esté apportée par le temps duquel (selon le dire des anciens) elle est fille. Qui fait que l'auis de Gamaliel est recité en l'escriture pour bon & saint, quāt se trouuait au Cōseil tenu par les Pharisiēs qui prenoiēt resolutiō d'estouffer par tousmoiens la doctrine de Iesus Christ: il fut d'auis qu'ō luy deuoit dōner son cours & s'asseurer que si elle estoit de Dieu, elle demeureroit & ne seroit en la puissance des hommes de l'estaindre. Aussi si elle n'estoit de Dieu elle se dissiperoit d'elle mesme & s'en iroit en fumée. Et certes il est à estimer que si on eust permis ceste sainte ordōnāce sortir son effet: des long temps nous fussiōs tous d'accord en la Religion ou és principaux points d'icelle. Et que la lumiere de la parolle de Dieu, eust dissipé le plus espais des tenebres des inuentions humaines. Mais nos auersaires ne craignans rien plus ont mieux aimé auoir recours à la force & violence. Vostre Majesté, Sire, sçait tresbien comme toutes choses sont passées. Et quelques Edits de Paix, auec liberté de nos consciences & exercice libre & public de nostre Religion, qu'aions peu obtenir du feu Roy vostre frere: que pourtāt on n'a laissé de nous persecuter en nos vies & biens par toutes sortes de violences particulieres & publiques. Ie ne feray recit des dernieres executions faites à Paris le vint quatriéme d'Aoust mil cinq cens septante deux & les jours ensuiuās & depuis en beaucoup d'autres villes & prouinces de cestuy vostre Royaume. Tant par ce que la plaie en saigne encores, que parce qu'vne telle cruauté & barbarie n'a jamais esté pratiquée entre les humains depuis la creation du monde. Et me semble si indigne du nom François, que j'ay horreur d'en parler. Ce que je dis d'autant plus hardiment qu'elle fut desauoüée par le feu Roy vostre frere & cōmise pour la plus grande part apres ses tresexpresses inhibitions & defences: qui ne peurent onques moderer la rage & furie de nos auersaires. Voila, Sire, la cause de la malladie qui a cōmēcé à affliger vostre Royaume. Assauoir la diuisiō pour le fait de la Religiō. Et qu'on s'est voulu opposer par tous moiens à ce que la parolle de Dieu ne fust simplemēt annōcée cōme elle nous à esté delaissée par Iesus Christ vray Fils de Dieu & par ses saints Prophetes & Apostres. C'est le premier coup de marteau donné contre ce pillier de pieté principal soustien &

Colloque de Poissy

Commencement de l'exercice public de la Religion Protestāte.

Meurtres de Paris & ailleurs sur les Protestans.

Cause des guerres ciuiles & desastres de Frāce.

Mmm iiij.

L'HISTOIRE DE FRANCE.

Auril.Mey.
1575.

Douceur.

Ieunes conseils.

appuy de voſtre Couronne. Car ce mal de diuiſion continuant & prenant ſon accroiſſement au lieu d'eſſaier de le guerir par remedes doux & propres : ainſi que ces ſages premiers politics dont j'ay parlé cy deſſus auoient treſſagement auiſé: ſe ſont trouuez des jeunes comme jadis au pres de Roboam, qui ont voulu preferer l'aigreur & la rigueur au Conſeil doux & gracieux donné par les Anciens. Et le pis eſt, Sire, que leur Conſeil à eſté ſuiuy. Dont eſt auenu que comme en vn corps mal diſpoſé: tant ſen faut que le trop grand & violent remuement des humeurs ſoit ſalutaire: au contraire il engendre des maux trop plus grans. Et les plaies penſées par remedes non propres ſ'aigriſſent: & le chancre ou gangrene ſ'y mettant mange & conſume à la fin tout le corps. Ainſi le premier mal, Sire, qui ſ'eſtoit mis en voſtre Royaume par ceſte diuiſion, eſtant mal penſé : ſ'eſt tousjours trouué plus grand & plus dangereux &(comme le chancre) commence à gangner petit à petit tout le reſte du corps. Car non ſeulement ce pil-

Iuſtice corrompue & meſpriſée.

lier de pieté en demeure ſi esbranlé que la ruyne en eſt prochaine. Mais auſſi en conſequence celluy de la juſtice. N'y aiant rien ſi contraire à la juſtice que la licence des armes meſmes des armes ciuiles. Car comme Marius ce grand Capitaine Romain diſoit, les loix ne ſe peuuent entendre parmy le bruit & cliquettes des armes. Et de fait le defaut de Iuſtice donne mil occaſions de ſe plaindre aux grans & aux petis. Et eſt cauſe d'augmenter beaucoup de deſordres que nous voions. Brief, Sire, il ne ſe peut dire qu'il y ait rien d'entier en ceſtuy voſtre Eſtat, que la contagion du mal n'ait gangné ou commencé fort d'en approcher. Le danger qu'il y a, Sire, que le corps n'en demeure à la fin gaſté & ne puiſſe ſupporter le faix d'vne ſi longue & dangereuſe malladie : à eſté cauſe que Monſieur le Prince pour ſoy que pour Monſieur d'Anuille Mareſchal de France & l'vn des premiers officiers de voſtre Couronne: & tous ſes autres aſſociez pour vous faire paroiſtre & generallement à tous le grand entier & affectionné deſir qu'il à de rendre le treſ-humble ſeruice & obeiſſance qu'il doit à voſtre Majeſté & à voſtre Eſtat & Couronne: nous à chargez de venir par deuers voſtre Majeſté, pour vous ſupplier treſ-humblement, vouloir conoiſtre & juger par voſtre treſſage conſideration quel eſt le mal qui menace voſtre Eſtat, d'où il procede, à quelle occaſion & quels en ont eſté les progrez juſques icy. Ce fait y vouloir pouruoir de remedes que voſtre Majeſté verra plus conuenables par voſtre Royalle prudence. Et pour ne faillir à aucuns points de ce que doit vn treſ-humble & treſ-obeiſſant ſujet & ſeruiteur comme ils vous ont tousjours eſté tous & deſirent demeurer à jamais: pour faciliter vne bonne & ſainte reünion entre tous vos ſujets ſeul moien à ſon auis pour remedier à tant de maux: nous à chargé de preſenter auec toute humilité & reuerence à voſtre Majeſté, ce caier de papier, contenant ſes treſ-humbles requeſtes & ſupplications. Et ores qu'ils ſoit compoſé de beaucoup d'articles ſi trouuera on, Sire, par la lecture d'iceux, que le tout ne tend principallement qu'à ce point, de redreſſer entierement & bien aſſurer ces deux pilliers de Pieté & Iuſtice. Afin que lors vous puiſſiez appuyer ſur iceux auec toute aſſurance comme ſur vn treſſeur fondement, ceſte voſtre jadis tant belle & floriſſante Couronne, pour la rendre par ce moien plus illuſtre, ferme & redoutable qu'elle ne fut jamais. Dont nous prions Dieu, treſ-humblement vous faire la grace.

Reſpóce du Roy aux deputez du Prince de Condé & Mareſchal d'Auille.

LORS le Roy leur feit reſponce. Qu'il eſtoit treſ-aiſe de leur venuë & bonne volonté qu'ils diſoient que ceux qui les auoient enuoiez auoient à la Paix. Que quand à luy, il eſtoit ſorty de Pologne & venu en ceſtuy ſien Royaume les bras tenduz, en treſbonne intention d'embraſſer tous ſes ſujets ſans difference d'aucune Religion. Et qu'à ces fins il les auoit appellez dés ſon arriuée pour venir vers luy en toute ſeureté: pour leur faire declaration ſincere & entiere de ſa bonne volonté. Que ſi ſuiuant cela, ils fuſſent venuz luy rendre l'obeiſſance qui luy eſt deuë, il ne ſ'en fut enſuiuy tant de maux & calamitez qu'on à veu depuis à ſon treſgrád regret. Mais, qu'à preſent que ils y eſtoient venuz, s'ils monſtroient par effect la bonne affection qu'ilz diſent auoir enuers luy, il leur donneroit la Paix & les traitteroit comme ſes bons ſujets. Les aſſeurant en foy de Roy, que tout ce qu'il leur promettoit ſeroit entretenu. Et que pour le faire entretenir il eſpoſeroit (ſ'il eſtoit beſoin) juſques à ſa propre vie. Dont d'Arenes le remercia treſ-humblement & à l'inſtant ſ'adreſſant à la Royne mere luy diſt à part.

Harengue des deputez à la Royne mere.

Madame, Monſieur le Prince de Condé tant pour luy que pour ſes aſſociez: nous à chargez de ſupplier treſ-humblemét voſtre Majeſté d'éploier voſtre autorité & pouuoir en vne ſi ſainte entrepriſe. Et ajouter encores ceſte obligatió aux autres dont la Fráce vous eſt redeuable, de luy tendre la main en vn temps ſi dur & calamiteux pour elle : afin que par voſtre moien elle

ſe

LIVRE TRENTENEVFIEME.

se puisse releuer de tant de maux qui la tiennent opprimée & presque du tout ofusquée. Ie m'asseure Madame que ce vous sera vn grand plaisir de la voir remise en son ancienne dignité & splandeur. Et grande gloire & honneur, qu'vn si grand bien luy soit auenu par vostre moien & obligation tresgrande à nous & à tous bons & naturels François, de prier Dieu, qu'il luy plaise acroistre vostre Majesté en toute prosperité & grandeur.

Surce le Roy aiant pris luy mesme le caier, leur commanda de se retirer en son antichambre. D'où vne heure apres il les feit rappeller & leur dist qu'il auoit fait lire les articles qu'ils luy auoient baillez, lesquels il trouuoit fort estranges & s'esbaïssoit comment ils les auoient osé presenter. Ioint qu'il s'asseuroit qu'ils n'auoient esté deliberez & auisez que ils n'eussent esté du Conseil. Qui luy faisoit croire qu'ils n'aimoient ny cerchoient pas tant la paix de son Royaume, comme ils luy auoient fait entendre. Puis luy demanda s'ils n'auoient autre chose à luy dire. Lors d'Arenes le supplia tres-humblement ne prandre en mauuaise part, ou les eslongner de ses bonnes graces pour le contenu desdits articles desquels ils n'estoient que porteurs. Et supplia tres-humblement sa Majesté leur faire dire les articles qui l'auoient le plus offensé. Car il estimoit que cela pouuoit estre auenu par quelque intelligence mauuaise & contraire à la leur. Le Roy respondit que c'estoit le premier article entre autres. A cela reppliqua d'Arenes que s'il plaisoit à sa Majesté commettre quelques vns de sa part qui leur en feissent conoistre le deffaut: ils seroient tres-aises de s'accommoder à ce que Dieu leur conseilleroit, auquel ils deuoient premier obeïssance: puis obeir à tous les bons commandemens du Roy. *Auis du Roy sur les articles de la Requeste.*

Svrqvoy auoir tenus quelques propos, mesmement sur le premier article qui fut plus debattu: le ROY ordonna trois personnages de son priué conseil pour auec les deputez & deuant soy examiner chacun point, & se resoudre vnanimement surce qui seroit trouué le meilleur pour l'honneur & auantage du Royaume. Mais comme il auient ordinairement que les hommes ne veulent rien ou bien peu quiter de leurs premieres conceptions: les prejugez qu'vns & autres apporterent en ce pourparlé de Paix: furent l'vne des occasions que rien ne s'accorda par entre eux, dont vne bonne Paix se peut conclure & arrester en toutes les conferences qu'ils tindrent pour cest effet. Sinon que pour n'auoir puissance de rien arrester & conclure autre chose que ce qui estoit porté par leurs articles: ils supplioient sa Majesté leur permettre retourner vers ceux qui les auoient enuoiez leur porter ses respõces à chacun point. Affin qu'ils auisassent s'ils s'y voudroiẽt eslargir. Ce qui leur fut permis en May auec injunction de retourner au plustost pour resoudre du tout. Ainsi auoir pris congé des sieurs des Ligues qui s'en alloient aussi, ils retournerent presque tous à ceux qui les auoient enuoiez. Mais chacun des deputez trouuerent leurs Chefs aussi resoluz de ne se departir de leurs premieres demandes: qu'ils auoient laissé leur Majestez arrestées de ne leur accorder. Le Prince toutesfois renuoïa Beauuoir auec d'Arenes (resté en France pour continuer ceste charge) sous espoir que le Roy leur quiteroit plus qu'il n'auoit proposé. Il enuoia aussi en Languedoc à l'assemblée des Eglises Protestantes qui s'y deuoit tenir, Duchelar, (qui peu apres neantmoins mourut à Nismes de malladie ordinaire & naturelle) & Fucqucuille President à Tolose pour exorter l'assemblée à chercher sur les responces du Roy tous bons moiens pour paruenir à vne bõne Paix & asseurée. Ce pendãt & en cas de reffus, les encourager pour continuer jusques au bout en vne si juste & necessaire defence. Non contre la Majesté ny Estats de France: ains pour s'opposer aux pernicieux desseins de ceux, disoit-il, qui sous vmbre de Religiõ Catholique, tachent à perdre & ruyner ce poure Royaume: les complots & machinations desquels il esperoit bien empescher auec l'assistance des vrais François & faueur des Princes estrangers amis de la Fleur de Lys, qui s'offroient à luy de tous costez. Mesmement en Allemague, ou il auoit pratiqué de grandes intelligences comme je vous feray voir ailleurs. *Negociatiõ de Paix differée.*

Le Prince escrit aux assẽblée de Languedoc & autres pour tenir bon.

Ie vovs ay cy dessus parlé, des Reystres que le Duc de Montpencier enuoia en Saintonge sous la Vauguion, le Baron de Vaillac & autres: lesquels à ce moien maistres de la campagne, tenoient la Saintonge & pays circonuoisins à leur deuotion: empeschans les courses Protestantes & les entreueuës des Rochellois & de ceux de Pons, Bouteuille & autres garnisons qui ne se pouuoient plus communiquer ny s'entraider en aucune sorte. Tellement que les Chefs incommodez d'autant, & la Nouë sur tous importuné d'y apporter quelque expediant: resolurent d'assembler leurs forces pour les en chasser, ou du moins entreprendre selon les occasions. Or d'autant que de saint Iean d'Angle (ancien & fort Chasteau entre la Rochelle & *Troupes Protestantes de Poitou & Saintonge assemblée pres de Põs contre les Reystres Catholi.*

Pons

L'HISTOIRE DE FRANCE.

Iuillet,
Aoust
Septembre,
Octobre,
1573.
S. Iean d'Angle pris auec le Canon par Ruffec sur les Proteſtans & repris ſur ceux par Popeliniere.

Pons, ſur les confins des Iſles pris à compoſition par Ruffec, apres que le Canon fut deſcouuert placé pour la batterie) Maiſon Blanche qui y commandoit à vint ſallades & cent harquebuziers montez, couroit ſans ceſſe au grand dommage des Confederez de quelque part qu'ils vinſſent. La Noüe deuant que ſortir de la Rochelle delibera de ſe rendre maiſtre de la place: iugeant que la campagne ne luy ſeroit aſſurée s'il ſortoit pour ſe ioindre aux Proteſtans de Saintonge auſquels il auoit donné le rendez vous pres de Pons. Pource il feit premierement ſortir Popeliniere qui commãdoit à nombre de cuiraſſes & cent harquebuziers montez. Donnant outre ce, commandement au Capitaine Bounet de ſe ioindre à luy auec ſes cent harquebuziers à cheual pour reſſerrer les coureurs de ſaint Iean d'Angle ou bien entreprendre ſur la place comme s'en preſenteroit le moien. Popeliniere s'eſtre barré & accommodé au plus prochain bourg de la place & auoir viuemẽt pourſuiui iuſques aux portes ceux qui en eſtoiẽt ſortiz pour le reconoiſtre: outre ce fait courre le bruit que la Noüe amenoit l'armée auec le canõ ia chargé en Broüage pour met-re la place en poudre & ſagmẽer tous ceux qui s'y trouueroiẽt oppiniaſtres à la defence: Intimida ſi fort les reſſerrez: qu'apres pluſieurs ſorties attaques & chaudes repouſſées iuſque dedans la place: Maiſon Blanche print l'expedient d'en ſortir vne nuit & ſe retirer auec tous ſes gens & bagages au plus toſt qu'il luy fut poſſible. Croiant ce que luy rapporta ſon mal auiſé eſpion qu'il auoit enuoié en Broüage voir ſi l'on chargeoit le Canõ pour le venir battre: auquel aſſez conneu, on monſtra les pieces qu'on deſchargeoit d'vn grand Nauire pour le redouber. Luy faiſant accroire qu'on les enuoioit par eau contre ſaint Iean d'Angle. Par ainſi la Noüe auoit ſceu la priſe de ceſte place, dreſſa ſes troupes & auec autant de gens qu'il en peut tirer, auoir laiſſé garniſon à ſaint Iean d'Angle: ſa chemina droit à Pons ou ſe rendirent deux cens hommes de cheual & huit cens Fantaſſins. Leſquels iõints auec les troupes de Poitou, faiſoient nombre de cinq cens piſtolliers & douze cens harquebuziers: aucuns deſquels eſtoient montez à l'argolette. Pendant que Popeliniere pour touſjours mieux aſſurer le pays: s'auançoit çà & là pour intimider les Catholiques cõme auant coureurs de l'armée Proteſtante. Puis il s'arreſta dedans Tonne boutonne ville mal murée mais aſſez biẽ foſſoiée & deffendüe de la Boutenne laquelle coule à ſon pied, pour porter la commodité de ſes fruits en la Charente, qui les mene auec pluſieurs autres biens à la grand mer d'où le tout eſt porté à la Rochelle ou la part qu'on à plus agreable. Occaſiõ principalle pour laquelle ſous la faueur d'vne longue & groſſe pluie qui auoit fait retirer les Vedetes, il auoit ſurpris ceſte ville, Les habitans de laquelle aians corps de garde aſſidu & vedetes ordinaires ſ'eſtoient iuſques à lors maintenuz tant contre le Regiment de Serrieu qui auoit voulu loger, que contre les Cõfederez pour ſe porter neutres: & hors de peril iuger des coups tout à leur aiſe. Mais Popeliniere en ſortit aſſez toſt la laiſſant en ſa premiere liberté: pour ſouuir à l'eſtre-priſe d'ont je vous parleray cy apres.

Tonchoutõne ſurpris par Popelliniere ſur les Catholiq.

La Noüe ſur ces occurrences cõſeillé de ne rien hazarder en campagne raze contre douze cens hommes de cheual, que François que Germains: attendoit les auantages propres à l'infanterie, de laquelle il ſe pouuoit preualloir de nombre ſur les Catholiques. Leſquels au reciproque ne paroiẽt que de leur Caualerie. Sur laquelle pluſieurs Proteſtans dreſſerẽt aſſez d'entrepriſes vaines pourtant, au moien de la ſongneuſe garde que faiſoient iour & nuit tous les Reyſtres plus ſerrez qu'ils n'auoient encores eſté veuz. Si bien que chacun General eſpiant ſes auantages, laiſſerent eſcouler plus d'vn mois en telles attentes. Au bout duquel le Roy cõſeillé de cõgeér les troupes eſtrangeres veu le peu de proffit ains grand dommage qu'elles faiſoiẽt en tous les endroits ou elles paſſoient: les contremanda preſque toutes pour les licentier hors le Royaume. Surquoy les Proteſtans prindrent occaſion de tourner partie de leurs troupes laiſſans les Saintongeoiſes en leur garniſon: à l'execution des entrepriſes que vous verrez ailleurs.

Troupes Catholiques & Proteſtates aſſemblees en Sainton ge s'eſcoulẽt licẽtiees de leurs Generaux.

Edit du Roy à Lyon pour faire retirer les Proteſtãs en leurs maiſons ſous l'aſſeurance de ſes bonnes graces,

Le Roy ce pendant curieux de regagner ſes ſujets Proteſtans: ou du moins amoindrir les troupes de ceux qui ſ'eſtenoient en pluſieurs endroits: & leur faire poſer les armes ſoit qu'ils feuſſent hors ſoit dedans le Royaume: feit publier vn Edit le dixiéme Septẽbre par lequel il proteſte les receuoir tous en ſa bonne grace, pourueu qu'ils ſe tinſſent coys & luy rendiſſent ſes places occupées: Auec injonction à tous les Gouuerneurs de ſes prouinces de les traitter ſelon ſa volonté portée par ſes Edits & leur pouuoir de toutes ſeurettez. Aucuns y obeirent. Et pource que pluſieurs autrez en euſſent autant fait s'ils euſſent veu par ces Edits vne
defence

defence de les rechercher pour le passé: le treziéme Octobre le Roy expressément fit pourblier vn autre Edit par lequel il estoit pourueu sur ce cas assez à leur auantage.

Aussi tost que par le rapport des medecins, la Royne mere fut asseurée de la mort de son fils : elle despescha Chemeraud en toute diligence au Roy de Polongne pour luy faire sçauoir que Charles l'auoit declaré son successeur à la Couronne de France : & que atendant sa venuë elle auoit esté faite Regente du Royaume. Or bien que la Couronne de Pologne luy feust honorable, voire auantageuse en toute sorte & parce tresagreable: Si est-ce que comme tous hômes sôt naturels à aimer le pays de leur naissâce & nourriture plus que tout autre: mesmement à vn Prince paisible & curieux de son repos: il resolut à l'instât son retour en France. Mais la reuerance & amitié que les Polonois luy portoient: qui d'ailleurs (auoir entendu la malladie incurable de Charles, & par la craignant qu'vn désir de la Courône Françoise, ne luy fist quiter la Pologne) l'obseruoient fort estroitement: luy faisoit fort douter les moiens qu'il auoit à tenir pour sortir du pays. Veu que les Polonois estimâs peu moins leur Royaume que celuy de France : se persuadoient que sans partir du leur & y faisant sa principalle demeure, il deuoit gouuerner les François par vn vice Roy: & non le leur qui meritoit bien sa presence continuelle, ne fust ce que pour en cela reconoistre le grâd hôneur qu'ils luy auoiêt fait de le preferer à tous les Princes Chrestiens pour suiure ses commandemens. Pource auoir ja receu quelques attraintes de ceste leur resolution & asseuré que ce seroit peyne perduë, voire mal sur mal de leur faire entendre sa deliberation de sortir, crainte d'empeschemens: arresta de ce faire par les plus secrets & dilligentz moiens qu'il pourroit, leur laissant par escrit les occasions d'vne tant celée departie. Deuant tout, auoir fait entendre qu'il vouloit celebrer les obseques de son frere: il fit acheter toutes les sarges de Florence qui estoient à Cracouie capitalle du pays pour faire charger le dueil à toute la Court, & ensemble preparer tout ce qui estoit requis à la journée funebre. Puis donna publiquement congé à Bellieure, Ambassadeur de Charles neufiéme de se retirer en France: veu que par le decez de son Maistre sa charge estoit expirée. Et auec luy fit aller presque tous les Gentilshommes & officiers dont il se vouloit seruir & accompagner en son voiage : lesquels luy porterent tous ses joiaux auec ses plus precieux & necessaires meubles pour sa personne. Ce fait les cheuaux disposez par les chemins qu'il deuoit tenir: il banqueta solemnellement tous les Seigneurs Gentilshommes & officiers Polonois qui lors restoient en Court: tous affectionnez à luy pour les Estats & honneurs dôt il les auoit pourueus: les autres s'estans peu au parauant retirez en leurs terres auec licence. Peu apres qu'il fut couché & que le Comte de Tancy premier Gentilhomme de la chambre luy eut fermé le rideau pour dormir: se leue & desguisé d'habits & d'vn bandeau qui luy entrauersoit le visage: sort par derriere & auec le congé que du Halde l'vn de ses vallets de châbre demanda aux gardes, montez sur cheuaux prests : volent au grand galop le plus tost qu'ils peurent pour trouuer les cheuaux de relay qui les porterent aussi tost hors de Pologne, à la premiere ville d'Austriche sans aucun destourbier, pour dilligente voire extreme que fut la suite du Comte Christoffle(que vn Italien habitué en Cracouie auoit soudain auerty du soupçon qu'il auoit en la departie du Roy qu'il jugeoit à sa demarche estre celuy qu'il auoit veu sortir auec du Halde(Comte de Taucy & plusieurs autres Polonois. Qui courus en la châbre sur l'auertissement de l'Italien & n'y trouuâs que le lit & les coffres vuides: fort estonnez se mirent soudain à la poursuitte: laissans tel effroy & desplaisir entre les habitans de Cracouie que les François y restez furent en danger de leurs personnes. La dilligence des Polonois à la suitte de leur Prince fut si grande en somme & si animeusement entretenuë: qu'encor que le Roy eust fait rompre les ponts ou il passoit, crainte de suitte ennuieuse: si est-ce qu'ils furent à vn mesme jour en Austriche. Le Comte de Tancy mesmement. Lequel ores que les portes luy fussent fermées: si est-ce que auoir supplié sa Majesté qu'il luy donnast l'heur de le voir encor vne fois, pour luy dire trois parolles: entré l'assura de l'estonnement & desplaisir extreme que les Polonois auoient receu de tel depart: l'aians condamné en plain côseil, de le representer sur peyne de la vie, comme celluy qui sur tous deuoit auoir vne plus sogneuse charge de sa personne. Mais le voiant resolu d'aller auant & non de reculer: le supplia que du moins il raportast pour marque de sa dilligence affectionnée, quelque signal de son vouloir: ne feust ce dit-il qu'vne eguillite que je puisse mettre venant de vostre main entre ma peau & ma chair pour tesmoigner auec vostre resolution & l'honneur qu'il vous à pleu me faire jusques icy:

Henry Roy de Pologne part secretement de Cracouie pour venir en France prendre la Couronne de France.

non

L'HISTOIRE DE FRANCE.

Septembre 1574.

mon deuoir & perpetuelle deuotion à vous rester toute ma vie tres-humble seruiteur & bien affectionné sujet de vostre Majesté. Le Roy luy donna l'vn de ses aneaux qu'il tira du doit: pour asseurer les Polonois qu'il leur demeureroit tousjours aussi affectioné Prince que jamais. Et les priant de bien traiter les François restez: leur promit de pouruoir en brief aux affaires du Royaume ainsi qu'il leur feroit paroir aussi tost qu'il seroit à repos. Les François ce pendant laissez en ville & ignorans ce de part (crainte du babil de quelque indiscret) n'en furet moins estom̃ez que desplaisans pour se voir à la mercy du peuple si esmeu & despité que le plus asseuré d'eux ne faisoit pas grand estat de sa vie. Toutesfois s'estre tous ralliez ensemble au logis du Palatin Laski que le Roy auoit des plus fauorisé: & peu à peu se refroidissant la chaleur du peule, par le moien de quelques Seigneurs amis du François: ils n'eurent autre mal que la perte de leurs cheuaux & peu de meubles. Si bien que chacun (aiant tous congé de se retirer) se poutueut de charriots & autres montures comme il peut. Et ainsi piece à piece plusieurs retrouuerent le Roy par les chemins. Mais aucuns ne le virent qu'il ne fust en France. Pibrac eut plus d'ennuy que tous. Car comme il feust sorty des premiers: poursuiuy neantmoins, & faute de cheuaux se relaissans en vn estang pour se garentir de la poursuite: fut prins

Recueil fait au Roy de France sur les terres de l'Empereur des Venitiés & autres Potentats d'Italie.

& ramené en Cracouie: D'où depuis toutesfois il s'est retiré en France chargé d'honneur & de quelques reconoissances pour auoir dextrement manié les plus grans affaires du Royaume de Pologne. Le Roy arriué en Austriche receut toutes sortes de courtoisies de l'Empereur: encor qu'il eust gangné la Couronne de Pologne sur les brigues de son fils Ernest. Ce que l'Empereur n'auoit procuré pour aucune mauuaise inclination enuers Henry, & moins encor vers la maison de France dont il s'estoit tousjours monstré singulier amy. Ains seulement pour asseurer dauantage par telle Election: l'Estat de la maison d'Austriche. Ainsi l'Empereur luy fut au deuant des lors qu'il sceut son acheminement à Vienne cappitalle d'Austriche ou il fut receu, caressé, festoié & conduit comme & plus que la propre personne de l'Empereur. La il receut cent mil escus par lettre de change qu'il distribua soudain à tous les Sei-

Liberalité du Roy Henry 3.aux Seigneurs estrãgers en son voiage.

gneurs & officiers tant de l'Empereur qu'autres qui l'accompagnoient. Voire cet argent luy estant plus court que sa liberalité: donna ses chaines, bagues & joiaux pour suplier au defaut de deniers non de bonne volonté à se rendre toutes personnes bien affectionnées: Puis l'Empereur le faisant conduire & d'effraier par honneur jusques sur les terres des Venitiens: La Seigneurie le receut auec toutes les Gentillesses dont elle se peut auiser: aiant paré infinies goudoles en toute magnificence pour accompagner le Bucentor (qu'ils remuent peu souuent) ou estoit le Duc lequel luy offrit auec la bonne volonté tous les moiens de la Seigneurie pour le seruir. Puis de Padoüe terre Venitiene allant à Ferrare ou il fut superbement traitté: donna jusques à Cremone depandance de Millan: dont le Gouuerneur aiant toute charge du Roy Philippe son frere: luy donna les clefs & la garde tant de Suisses que d'Espagnols (: tous lesquels & les Italiens mesmes tant du Milanez ques des prouinces voesines couroient à grosses presses auec le plus de magnificences qu'ils pouuoient pour voir sa Majesté:) il rendit les clefs se fiant aux sujets & seruiteurs de son frere. Mais donnant le mot il retint la garde des Suisses richement en conche. Ce fait il entre au Piemont ou le Duc Emanuel & Madame Marguerite la Duchesse sa femme, Tante du Roy Henry: n'noublierent ny leur deuoir ny tous leurs moiens pour le cõtenter en toutes sortes de plaisirs soit à Turin ou ailleurs.

Emanuel Philibert Duc de Sauoye & Prince de Piemont.

Ce Prince est fils vnique du feu Duc Charles & de Beatrix fille de Manuel Roy de Portugal. L'an mil cinq cens cinquante neuf il espousa Madame Marguerite sœur du Roy Henry deuxiéme. Et moienant ce mariage il rentra au Duché de Sauoie & en la plus part des places de Piemont comme j'ay dit ailleurs. Puis auec le temps il à recouuert les autres, sous Charles neufiéme & Henry troisiéme : auec vne partie des pays conquis sur son pere, par les Bernois, l'an mil cinq cens trente six. Depuis la reception il n'a eu guerre sinon contre ses sujets des vallées d'Angroigne: plus toutesfois par l'importunité de quelques faux raporteurs, que de son propre mouuement. Aussi ses troupes eurent du pire en plusieurs rencontres: tellement qu'en fin il laissa ses sujets en Paix, dont ils jouissent maintenant comme j'ay dit en autre endroit. Des sa jeunesse Emanuel fut nourry en la Court de l'Empereur Charles cinquiéme son Oncle. Ou venu en aage fut esleu Colonnel de quatre mille cheuaux. Puis apres le decez de l'Empereur, eut le Gouuernement des pays bas. Il estoit aussi Lieutenant de l'armée du Roy d'Espagne lors que les François furent deffaits, en la journée de saint Laurens, apres laquelle

quelle saint Quentin, & autres places furent prises comme j'ay montré cy dessus. En tous ses portemens il s'est montré prudent & resolu, maniant ses affaires auec telle dexterité: qu'il à tousjours gangné ou lez autres ont perdu: loué entre autre choses de sçauoir bien temporiser & prandre l'occasion quand elle se presente. Du mariage de luy & de Marguerite de France est yssu vn seul fils lequel à pansion & compagnée de cinquante hommes d'armes des Ordonnances Françoises. Son pere jouist aujourd'huy paisiblement de la Sauoye & Piemont: à Turin Capitale duquel, il fait le plus de sejour ou il à Parlement pour les pays de la les monts comme à Chambery de Sauoye pour le Pays voësin de la France. Il s'entrerient si discretemēt ez faueurs & bonne volonté des Roys d'Espagne & de France que vous le jugeriez neutre esgalement affectionné à tous les deux. Pour reprandre les François.

Comme depuis le depart de Cracouie jusques à Thurin ils n'auoient eu autre sujet que de plaisir & contentement: aussi le Roy continuant son premier dessein de maintenir ses sujets de France en Paix & les embracer tous d'vne pareille faueur: entretenu par les prieres & Cōseils que la plus part des Princes sur les terres desquels il auoit passé, notammēt de la Seigneurie de Venise & de l'Empereur Maximilian (qui luy persuadoient qu'embrassans à sa venuē tāt inesperee, tous ses sujets comme le bon pere de famille fait ses enfans au retour d'vn long & mallaisé voiage: il meist toute peyne de se faire aimer à eux par l'entretien d'vne bonne Paix, plustost que haïr par vne reprinse & continuē malheureuse des guerres ciuiles qui ne luy pouuoient estre honnorables & moins encor profitables quelque fin qu'elles peussent reüssir) ne se stoit jusques la proposé autre chose qu'vn repos à son particulier & paix asseurée à tous ses sujets. Mais le Cōseil du Roy Charles ne fut plustost entré à Turin que luy auoir fait entēdre l'Estat miserable auquel l'ambitiō des vns & l'indiscrete curiosité des autres, entretenoiēt la Frāce: Auec les raisons qui le deuoient mouuoir à purger le corps du Royaume de cet humeur peccant & corrompuē matiere à tout mal prochain. Puis la facilité des moiens lesquels se presentans comme à la main sembloient ne demander que l'autorité & bonne conduitte à l'execution finalle pour apres & bien tost, jouir de ce repos tant desiré: qu'il changea d'auis, resolu sachans les armes leuées du temps de son frere non encor mises bas: de poursuiure par toutes voies ceux qui ne voudroient poser les armes: & se retirer sous l'asseurance de l'Edict (dont je vous ay parlé) qu'il feroit publier portant promesse de ne rechercher aucun pour le fait de cōscience, ny pour chose passée: Mais qu'on se contentast de liberté de conscience sans aucun exercice public. Qui estoit tout le moien que son Conseil luy persuada tenir pour se mettre en tout deuoir de bon Prince vers ses sujets. Contre les remonstrances des autres, qu'il ne deuoit craindre de leur dōner auec cela l'exercice public en vne ou deux villes de chacune prouince. Dont ils se contenteroient & par ce moien finissans auec les passions mondaines, la querelle de la Religiō: la Frāce reprādroit peu à peu sa premiere splādeur à l'hōneur immortel de sa Majesté. Vous verrez ailleurs ce qui auint de tout cela. Telle fut la venuē du Roy de Pologne en France sur le vint vniéme Septembre mil cinq cens soixante quinze. Duquel passant de Piemont par le Dauphiné: la suitte receut quelque destrousse du bagage par les Protestans compagnons de Montbrun qui faisoit la guerre à tous venans. Puis coulé à Lyon & fort despité de telles & si hardies courses: enuoia le Mareschal de Belle Garde contre son vouloir toutesfois & conseil mesme qu'il luy auoit parauāt donné: assieger, battre & prandre la ville de Liuron que les Protestans tenoient sous l'espoir du secours que Montbrun leur promettoit. Le Mareschal neantmoins l'auoir bien battu & donné quelques assauts, apres la perte de plusieurs des siens: fut contraint de desmordre & se reseruer à plus heureuses entreprinses comme nous verrōs ailleurs. Peu apres le Roy se fit sacrer à Reins par le Cardinal de Lorraine & print à femme Loyse de Lorraine fille de Nicolas Comte de Vaudemont. Poussé à ce faire par la beauté & autres rares vertus de cete Damoiselle: plus que pour autres considerations bien que le sang Lorrain duquel elle fait branche: ait autre fois produit des plus signalez Princes de leurs temps.

Les Rochellois ce pendant s'empeschoient à l'election de leur Maire qui se fait tous les ans au jour de Quasimodo dont je vous ay parlé ailleurs plus amplemant. Et d'autant que le jour s'approchoit: les ligues & partialitez à cause des brigues estoient grandes en la ville. Aucuns en voulans eslire vn qui estoit de long temps soupçonné pour peu affectionné à leur religion Et les autres preferoient Iaques Guiton homme bien zelé au party. En fin il fut esleu & luy

presterent

[marginalia:] Dessein du Roy Henry 3 de maintenir la Paix en France comme par qui & ou change.

Montbrun charge & prend le bagage de la suitte du Roy passant en Daufiné.

Liuron assiegé. Mais batu & assailly en vain sur les Protestans par le Mareschal de Bellegarde.

Sacre & mariage du Roi Henry 3.

Election du Maire à la Rochelle.

Mars,Auril,
May 1573.

presterent faueur les Capitaines & autres gens de guerre de la ville que forains que originaires du lieu: iusques à l'esleuer Maire par force & contre les priuilleges vsaces & formes accoustumées en la ville. Qui causa quelques siens enuieux de dire depuis qu'il auoit esté fait Maire à la pointe de l'espée: . Les Catholiques ce pendant, estoient tous les iours dans le Gouuernement de la Rochelle & s'approchoient si pres qu'il y auoit souuent de chaudes allarmes dans la ville. La guerre aussi se renforçoit par mer pour le grãd nombre de Nauires que les Rochellois tenoient dehors : qui tout l'hyuer auoient porté de grans dommages aux Catholiques. Et mesmes aux Bretons & Normans qui estoient ordinairement pris. Occasion que les Malouins qui auoient perdu deux grans Nauires feirent entreprise auec huit bons vaisseaux de s'approcher de la rade de Chef de Baie pour y surprendre & enleuer en recompence de leurs pertes, tous les Nauires qu'ils y trouueroient. Mais ils n'y veirent qu'vn Anglois qu'ils emmenerent des le lendemain . Sur ce plus de six cens Fantassins auec les plus signalez Chefs s'armerent soudain pour les suiure & combattre . Ce qu'ils eussent fait s'ils n'eussent eu le vent arriere. Occasion du retour des Rochellois sans rien faire. Craignans d'aller trop auant & qu'au retour ils eussent vent deuant.

De la guerre Nauale

Ce pendant le Vicõte de Turaine qui nouuellement s'estoit declaré du party de la Religion des Protestans: estoit sur les confins de Gascongne & Perigord auec nombre de gens tãt de pied que de cheual que la Nouë desiroit fort de ioindre, pour tous ensemble se ralier en Saintonge & Angoumois. Puis charger les Reystres & autres compagnies qui ruynoient lesdits pays ou faire quelque autre entreprise . Et comme la Nouë estoit sur son partement pour tirer vers Bergerac il receut lettres du Roy par vn valet de chambre de sa Majesté le vint troisiéme d'Auril par lesquelles il monstroit desirer fort sa venuë en Court. L'asseurant que luy venu la Paix se pourroit faciliter . Et luy escriuit de sa propre main qu'il ne deuoit craindre de l'aller trouuer en toute seureté veu qu'il se deuoit souuenir que autres fois il luy auoit sauué la vie. La Royne mere le solicitoit aussi de ce faire . Mais il s'excusoit le plus qu'il pouuoit . Aussi qu'il ne trouua par cõseil qu'il le deust faire. Ainsi se passa se mois en beaucoup d'allées & venuës, messages &, despesches d'vne part & d'autre. Car le Roy y auoit fait venir pardeuers luy les Deputez des Protestans specialement de Guienne , Poitou, & autres comme ie vous diray ailleurs

Vicõte de Turaine,

Lettres du Roy à la Noue.

Le vint cinquiéme de May les Deputez de la Rochelle furent de retour de Paris. Et aians le lendemain exposé publiquement en l'Escheuinage toute leur negociation tant vers le Prince que depuis en la Court : & presenté les articles de Paix que le Roy auoit fait dresser pour responce à ceux qui luy auoient esté presentez de la part des Protestans & Catholiques leurs associez : il y eut diuers iugemens & beaucoup de dispute touchant lesdits articles. Les deux parts en somme estoient lassez de la guerre & ne demandoient que la Paix. Qui estoit cause qu'vne grande partie approuuoit tacitement ces articles . Et eussent quasi conseillé de les accepter. Les autres au contraire les trouuoient du tout desraisonnables disans qu'il n'y auoit aucun fondement ny apparence pour s'y asseurer. Surquoy fut en fin auisé d'en conferer plus amplement auec leurs aliez. Afin de tous ensemble & par vn mesme auis se resoudre sur les difficultez qui se presentoient: la Nouë & Frontenay aians entendu le retour des Deputez de la Rochelle & du grãd bruit de Paix qui trottoit par la ville, voire qu'il sembloit que beaucoup s'en mesloient vn peu trop auant & plus qu'il ne leur appartenoit : arriuerent par mer à la Rochelle le troisiéme iour de Iuin . Ou la Nouë remonstra aiant entendu la negociation des Deputez, combien Dieu leur faisoit de graces d'auoir disposé le cœur du Roy à la Paix. Laquelle nous deuons dit-il plus cercher que chose du mõde. Mais aussi qu'il nous y falloit conduire de telle sorte que l'honneur de Dieu marchast tousiours le premier. Sans mettre en compte nos aises & commoditez: pour lesquelles il estoit marry de voir que aucuns feissent plus animeuse poursuite de ladite Paix que pour autre meilleur respect. Prioit sur cella ceux de la ville de s'y porter plus sobrement & auec l'vnion & consentement de leurs associez: se donnans bien garde de beaucoup de menées & pratiques desquelles il estoit à craindre que les ennemis n'eussent enuoié de la graine en la ville. Qu'il estoit aisé à conoistre par la responce que le Roy auoit renduë aux articles de Paix que luy auoient portez les Deputez des Eglises reformées: combien nous estions eslongnez du bien que nous esperions & auions tousiours attẽdu de la cõferẽce & negotiatiõ de Paix qui estoit faite à Paris. Laquelle estoit cõme rõpuë sãs

Retour des deputez de la Rochelle.

La Noue & Frontenay à la Rochelle.

aucun

aucun fruit: si bien que c'estoit à recommencer comme deuant.

Or pour parler plus amplement de ceste negociation de paix, elle sestoit menée la plus part en la presence du Roy & de la Roine mere, du Roy de Nauarre, du Cardinal de Bourbon, Duc de Montpencier & Prince Dauphin, Princes du sang, du Mareschal de Rets & des plus signalez du priué Conseil de sa Majesté. Les Deputez du Prince de Condé estoient Beauuais la Nocle, Darenes & du Chelar. Pour le Mareschal Danuille & les Catholiques de l'vnion estoit entre autres Clausonne pour la Guiène & la Rochelle, Mirambeau Desbessons, Desmarez le Presidēt de la Rochelle & des Prises qui tous apres auoir bien au long cōferé auec le Prince: partirent de Basle enuiron le 20. jour de Mars pour aller trouuer le Roy selon son mandement & sauf conduit. Puis arriuerent à Paris sur le 6. d'Auril, où ils presenterent à sa Majesté la Requeste & Articles en nombre de nonante & vn dont ils auoient esté chargez tant par le Prince & autres Protestans que par le Mareschal de Danuille & autres Catholiques associez pour paruenir au bien de la Paix. Ils entrerent en Conference enuiron le 12. du mois d'Auril & y furent jusques au 16. de May que le Roy feit responce aux Articles. Lesquels pour n'estre au contentement des Deputez furent cause que lesdits Deputez furent licentiez hors mis Beauuois & Darenes auec congé & permission de sa Majesté de retourner vers ceux qui les auoient enuoiez & en conferer en semble. Pour puis apres retourner en dilligence par deuers luy & faire ce qui seroit plus necessaire pour l'auancement de la Paix. Sur la fin d'Auril arriuerent en la Court les Ambassadeurs des Lignes tant des Cantons Protestans que Catholiques: afin de tous ensemble seruir D'intercesseurs & Mediateurs enuers le Roy pour donner la Paix à ses sujets auec exercice d'vne & d'autre Religion. Et en firent la plus grande instance qui leur fut possible. L'Ambassadeur de la Roine d'Angleterre faisoit le mesme disant en auoir receu nouuelle recharge de la Roine sa Maistresse. Le Duc de Sauoye aussi en ce mesme temps enuoia des plus signallez de son Conseil vers le Roy pour le supplier sur toutes choses d'entendre à la Paix. Et tous ensemble faisoient grand deuoir pour l'auancer. Le Roy disoit qu'il ne tenoit à luy que les choses ne fussent desja pacifiées. Et que pour y paruenir il auoit contre sa propre Religion & conscience accordé beaucoup de choses que ceux du Conseil mesmes ne trouuoient bonnes ny raisonnables. A quoy toutesfois lesdits Deputez n'auoient voulu entendre. Et que neantmoins il leur donnoit encores terme d'y penser & en communiquer le tout à ceux qui les auoient enuoiez. Et la dessus fut ceste Conference & negociation intermise jusques au retour des Deputez. Puis le Roy depescha la Hunauldaye à la Rochelle. Lequel apres vn long doubte si on le deuoit laisser entrer ou non: receu en ville dist publiquement sa creance dans le Temple Sainct Yon recōmandant sur toutes choses le grand & singulier desir que le Roy auoit à la Paix: comme il auoit assez monstré par la negociation qui sestoit faite à Paris. Enquoy aussi la Roine mere, les Princes du sang & principaux Officiers de la Couronne auoient bien fait preuue du zele qu'ils ont au repos d'icelle. Mais que l'execution de leur bonne volonté & auancement d'vn si grand bien, auoit esté empesché au grand regret du Roy, par la faute mesmes de leurs Deputez. Qui auoient comme fermé l'oreille à toutes les bonnes conditions offertes par sa Majesté & dilayé tousjours la conclusion d'vne si sainte chose. A laquelle le Roy les inuitoit à entēdre. Et de sa part les en prioit tresaffectueusemēt. D'autāt que le Roiaume & leur païs sur tous autres, en auoit vn extreme besoin. En somme estoit d'auis qu'ils pouuoient & deuoient particulieremēt faire pour eux, veu qu'il n'y alloit que de leur Religion. Laquelle le Roy leur permetoit en si grande liberté. Et qu'ils ne deuoiēt se rapporter ou attēdre en cela au Mareschal Danuille & autres Catholiques de l'vniō qui n'estoiēt en armes que pour l'estat ou quelque autre chose qui cōcernoit leur particulier. Mais d'autāt qu'ils prindrēt ces parolles cōme toutes claires pour les desvnir d'auec ledit Mareschal: le Presidēt de la Rochelle fit respōce que lui & ses Deputez auoiēt aussi fait paroistre en leur charge & par le cours de toute la negociatiō qui auoit esté faite à Paris, cōbiē ceux de la Religiō desiroiēt demeurer vnis & associez en ceste cause auec les Catholiques qui sestoiēt declarez. Et cōbiē qu'ētre eux y eust diuersité de Religiō. Si estoit la cause & desēce generalle par eux entreprise pour le biē & soulagemēt du Roiaume si cōjointe & vnie: qu'elle ne se pouuoit dissoudre ou separemēt traitter sans le dommage des vns ou des autres: voire plustost de tous les deux ensemble. Somme d'autant ils tendoient tous à vn mesme but: aussi estoit il necessaire de se conduire par mesme voie & ordonnance: & se bien garder de des-vnion. Aus-

Brief discours de la negociation de la Paix faite à Paris.

Deputez du Prince de Condé Mareschal Danuille & autres Catholiques & Protestans.

Ambassadeurs des Suysses à la Court.

La Hunauldaye à la Rochelle de la part du Roy pour les inciter à vne Paix voire particuliere.

Responce des Rochellois à la Hunauldaie.

Nnn

Iuin. 1575.

si que ledit Mareschal n'auoit point tant prins les armes pour l'Estat ou autre occasiõ particuliere qu'il n'eust premierement protesté qu'il prenoit en sa protection & sauue garde ceux de l'vne & l'autre Religiõ. Et de procurer à chacun d'eux l'exercice d'icelle par toutes voies & en tant qu'il luy seroit possible. Que leur deuoir estoit donc de demeurer conjoints auec luy & ne l'habãdõner. Ce que le Roy mesmes n'auoit trouué mauuais leur aiant permis & dõné sauf conduit de conferer des articles qu'ils auoiẽt receus de sa Majesté les vns auec les autres pour tous ensẽble retourner vers sadite Majesté en faire leur rapport. A quoy ils deliberoiẽt en brief satisfaire. Et de fait, ils partirẽt de la Rochelle le 15. dudit mois de Iuin pour aller vers ledit Mareschal & de la poursuiure le reste de leur legation selon le vouloir & intention que le Roy leur auoit declaré auant leur partement de Paris.

Entreprise de la Nouë sur Niort.

Pẽdãt les 8. jours que la Hunaudaye sejourna à la Rochelle la Nouë fit entreprise sur Niort le 12. Iuin sous l'occasiõ de la Mairie de la ville qui estoit a ce jour. Mais l'entreprise fut descouuerte par aucuns Protestãs simulez. De sorte que estãs la nuit desja quelques eschelles dressées cõtre la muraille tirerẽt tãt d'harquebuzades sur les entrepreneurs qu'ils furẽt cõtraints se retirer & laisser vne de leurs eschelles: dont la Hunauldaye ne se peut cõtẽter que telle entreprise se fust faite en sa presẽce, q̃ de vouloir surprẽdre les places du Roy pẽdãt qu'il parloit de Paix. asseurãt que cela estoit suffisant pour le reculer de la bõne volõté qu'il auoit de la leur dõner. Et que pour son particulier il se sentoit grãdemẽt offensé pour le dãger mesme en quoy l'on le mettoit de le rẽdre suspect & calõnié enuers le Roi. Priãt instãmãt les Rochellois de luy dõner cõgé & luy mesme se presẽta à la porte pour sortir. Mais il en fut empesché & prié d'attẽdre le retour de la Nouë. A l'arriuée duquel on mit en auant quelques propos de trefue pour 3. mois pour les pays de Saintonge, Poitou, Angoumois & la Rochelle. Surquoy la Hunauldaye se faisoit fort de faire sortir les Garnisõs de Marãs & de Benon: mais que pour cest effet il en vouloit cõferer auec les Cõte du Lude, de Ruffec & la Chappelle Lieutenãt de Biron en Saintonge. Toutesfois luy parti pour aller à Niort rescriuit depuis ce qu'il auoit fait pour ce regard & fut coneu qu'il y auoit peu d'apparãce d'auoir ladite trefue. Or ce qui mouuoit les Rochelois entre autres de vouloir entẽdre à la trefue: estoit la promesse de faire vuider les Garnisõs de Marãs & de Benõ qui leur portoiẽt de grãs dõmages mesmes ceux de Benõ qui leur detroussoiẽt toutes les farines qu'ils appellẽt minot & autres viures venãs de Poitou mesme couroiẽt biẽ souuent jusques à leurs portes. La Nouë pour obuier à ces incursions aussi que les paysans faisoiẽt vne infinité de plaintes contre eux a cause de leurs rauages & saccagemens delibera d'emporter la place & reculler si mauuais voisins.

Pour parlé de trefue.

Prise de Benon par les Protestans

Benon est l'vn des anciẽs heritages de la maison de la Trimouille à 5. lieuës de la Rochelle. Le Chasteau pour son antiquité est presque du tout ruiné. Toutesfois depuis ces derniers troubles les Catholiques l'auoiẽt aucunemẽt fortifié: de sorte qu'il n'estoit aisé à forcer sans Canõ. Surquoy la Nouë pour entretenir les soldats veu le peu de gain des entreprises passées: joinct l'instãte poursuitte des Rochellois pour enleuer le Chasteau de Benon (où la Perriere auec 50. soldats coupoit chemin à tous ceux qui de Bagnols & autres cartiers de Poitou menoient sans cesse farines, bleds, minots & autres sortes de cõmoditez à la Rochelle) par la cheuauchée d'vne nuit entiere, il surprit les auenuës de la place crainte qu'on n'auertist le Comte du Lude & Garnisons prochaines de la venuë. Si que Popeliniere auoir rõpu le Corps de garde que les assiegez auoiẽt en la grãge du bourg la plus prochaine du Chasteau où 7. soldats mourirẽt & placé 2. Canons pour mettre le Rauelin (le pied duquel fut gãgné par le Capitaine Mesni) & le Chasteau en poudre pour estre petit serré & mal flãqué: la Perriere fut cõseillé de se rẽdre vie & bagues sauues. Voiãt qu'au seul premier propos de la capitulatiõ, ses gẽs se desroboiẽt pour se jeter des murailles en bas & se rendre aux Protestans. Le Capitaine Mesny fut laissé pour y commander auec soixante harquebuziers que les Rochellois pouruerent soudain de poudres, bleds, vins, chairs, legeres pieces artifices à feu & de tout ce qu'on voulut demander. Si grande estoit leur affection à tenir la place. Mais quelque mois apres des Brueres, Gouuerneur de Marans y auoir fait à diuerses fois entrer cinq de ses soldats qui se feignoient fort mal contans de leur Chef & curieux de reprãdre leur premiere Religion Protestante: aussi tost qu'ils en eurent pratiqué quelques vns de dedans, & qu'ils veirent Mesny hors du fort pour aller à la Rochelle: forcerent ce peu qui restoit de mourir ou sortir pour leuer le pont leuis sur eux. Et nonobstant les prieres, menaces & tous autres moiens que le Meny retourné au cry des siens

siens, y voulut pratiquer pour leur faire reconnoistre le deuoir: tindrent bon jusques à la venuë du secours de Marans qui chassa du tout, le reste des Confederez. Lesquels en fin se contenterent de porter aux Rochellois vne si mal plaisante nouuelle de la perte de ce, pour accommoder quoy ils auoient tant dependu. *Trespas du Vicomte de Rohan.*

En ce mesme mois mourut Henry de Rohan Prince de Leon en Bretaigne en sa maison de Belin, apres auoir esté longuement trauaillé des gouttes. Sa fille aagée de vnze à douze ans mourut aussi peu de jours apres. Ces nouuelles furent portées à Frontenay frere du deffunct qui estoit en Broüage. Si que peu de jours apres fut auancé & conclud ce qu'il monstroit le plus desirer assauoir le Mariage de luy & de l'heritiere vnique de la maison de Soubize Catherine de Parthenay vesue de feu du Pont: qui durant son Mariage porta le nom de Soubize. Dame aussi vertueuse & autant douée de toutes sortes de graces que d'Esprit que de Corps: que autre que la France ait produit en ce Siecle. *Mariage du Vicomte de Rohan le jeune.*

Reprenant le pourparlé & negociatiō de Paix, les Deputez tant des Protestans que des Catholiques associez: estoiēt retournez chacun en leurs Prouinces pour se resoudre sur la responce des Articles qu'ils auoient eu du Roy qui leur auoit cōmandé faire leur retour au plustost. Et pour ne rendre la Paix du tout desesperée auoit trouué bon de retenir aucuns desdits Deputez en Court. La tresue cependant que aucuns pour lors mettoiēt en auant ne peut sortir effet & ny vouloit entendre le Roy: afin que ceux qui demandoiēt la Paix fussent d'autant plus enclins ou pressez à la prendre aux conditions qu'il la vouloit bailler. Occasion de la cōtinuë de tous actes d'hostillité tant par mer que par terre. Mesmes se dressoient nouuelles entreprinses. Entre lesquelles celle de Perigueux est biē digne d'estre remarquée tant pour l'importāce & renommée de la ville Capitalle de la Prouince: que pour la ruze & stratageme guerrier dont on vsa pour s'en saisir. *Prise de Perigueux.*

Le Barō de Langoyrant qui s'estoit tousjours tenu à Bergerac distāt 7. lieuës de là en fit l'étreprise qui fut executée sur la fin dudit mois y aiāt fait en vn jour de marché entrer bō nōbre de soldats en habits de paysans & autres poures artisans. Lesquels auec aucuns de leurs Intelligēciers qui de long tēps estoiēt dās la ville: S'estās saisis de l'vne des portes dōnent entrée à ceux qui les suiuoiēt de pres. Tellemēt qu'elle fut incōtinant prise & pillée pour la plus part. Où les Protestans firent de grands butins specialement sur les Ecclesiastiques & Temples de ladite ville non sans espargner ceux qu'ils voyoient se mettre en deuoir de leur resister. *Ruze pour surprendre vne ville.*

Il y auoit lors quelques Cōpagnies du Regimēt de Sarriou au tour Niort qui s'estoiēt presentées pour entrer dedās depuis que les Protestans l'auoiēt failly cōme auez entēdu. Mais les habitās ne les vouloiēt receuoir. Or en ce tēps l'armée Catholique estoit pour la plus part desbādée: & beaucoup cōme l'on disoit auoiēt refuzé la charge de la cōmāder. En fin le Cōte du Lude se porta pour Chef des troupes esparsses par le Poictou. Si qu'aiant assēblé 7. Cōpagnies d'ordōnāce & 24. Cōpagnies de gēs de pié faisoit cōte d'ē enuoier partie au Gouuernemēt de la Rochelle pour empescher la cuillette des fruits & vne autre partie aux Isles pour empescher les Protestans de se preuallloir du sel qui y est en grande abondance. Vous verrez cy dessous comme ses desseins succederent. *Le Cōte du Lude Chef de l'armée.* *Armée Catholique en Poitou.*

Ie ne veux oublier la prise & reprise memorable que firēt en ce tēps les Catholiques & Confederez Protestās au Mont S. Michel. Du Touchet Gētilhōme voisin de Domfrōt en Normādie auerti que le jour de la Madelaine la plus grād part des habitās & morte-paies du Mont S. Michel, deuoiēt aller en processiō assez loin du lieu: auāce 30. hōmes le 22. Iuil. faignās aller en Pelerinage, qui prindrēt vne guide selō la coutume. Lequel les auoir cōduits, jusques à la porte du Mōt: les auertis qu'il falloit laisser dagues & autres armes pour entrer en ville. Où auoir dejeuné en vne hostellerie: prierēt l'hostesse leur dōner mōnoie pour faire chāter Messe deuāt l'Image S. Michel. Ce qu'elle fit & mōtez en l'Eglise de l'Abbaie qui est au haut du Rocher: ils ouirēt leur Messe. Apres laquelle s'enquerās s'il ny auoit autres lieux de deuotiōs & les y auoir acheuées: tirēt leur dagues sās gardes cachées sous la casaque & les pistolets qu'on nōmé bidets: cōmāçāt le Capitaine mesme à crier tue tue à mort à mort, sur les Moines qui se voulurēt deffēdre & sur leur Prestre qui leur auoit dit la Messe: pendāt q̄ les autres saisis des clefs des portes de l'Abbaie prenāt le Capitaine aagé de 60. ans dit Percōtaut pour auoir les prouisiōs & s'ē aider en cas de siege. Ceux qui estoiēt en garde auoir auisé du Touchet qui par la greue à cource de cheual venoit accōpagné de 12. autres biē armez: fermēt la porte & se rendēt Mai- *Prinse du Mont Saint Michel sur les Catholiques & la reprinse par iceux sur les Protestans en Normandie.*

Aoust, 1575.

stres, les Protestās demeurez en bas. Ceux d'ehaut voiās que du Tonchet retournoit & en tēdans que la ville estoit esmeuë & la porte fermée : craintifs font tōber vne harse de fer qui est à la porte de l'Abbaye por y tenir fort. Ce pendant le bruit court que Sainct Michel est pris auec espouuante de tous les Catholicques prochains. Sur ce de Vique, Enseigne de Matignon vint en toute dilligence à Auranches auec quinze Gentils-hommes : ou il prend vint harquebuziers qu'ils met aux auenues de la place attendant plus grand secours. Dont estonnez les Protestans ores qu'il eussent assez de viures mais point de munitions : se rengerent à composition. A la qu'elle de Vique considerant le sit & force du lieu : leur permit de se retirer le mesme jour de la Prinse leur bagues sauues sans rien emporter du dedans : Mais Matignon auerty à vnze heures du soir de la prise : & par ses depesches à plusieurs accompagné de soixante cheuaux pour le secours, s'arreste à Auranches neantmoins, apres qu'il eut sceu la reprise où il fit trancher la teste à trois des prisonniers qui luy furent amenez dont les testes furent portées au Mont S. Michel. Les autres furent traitez selon que les passions de quelques vns le permirēt. En somme si le bruit de la prise mit les Catholiques en ceruel & doubte merueilleux de leur repos & asseurāce de leurs biēs : la reprise ne les resjouyt moins qu'elle ennuya les Cōfederez qui s'attendoyent a remuer vn bien plus grand mesnage en tous ces cartiers sous la faueur, retraite & assistance d'vne telle place si renommée par tous les cartiers de ce Royaume.

Brouage & les Isles.

Le Viscomte de Rohan, voulant pouruoir à la seureté des Isles en l'absence de la Noué qui s'en estoit reposé sur luy : donna jusques en Broüage le vint-vniésme d'Aoust où il meit vne Compagnie de crué. Puis y auoir laissé Sainct Gelais se retire à la Rochelle. Ce qui donna occasion de mescontentement aux habitans de la place, ausquels il greuoit beaucoup, d'estre commandez par autres que ceux que Mirambeau leur Maistre & Seigneur leur auoit laissez auant qu'il allast en Court. Qui estoit la Cymendiere qu'ils reconnoissoyent pour leur Gouuerneur : Murmurans contre ceux qui vouloyent comme entreprandre sur le Maistre & Seigneur de la place, qui y auoit donné ordre auant que s'en aller dont l'on s'estoit tousjours bien trouué. Or estoit long temps auparauant le Baron de Mirambeau retourné en Court la seconde fois pour se trouuer à la venué des Deputez qui encores estoyent en Languedo. Sur ce Plassac son frere & Gouuerneur de Pons auquel ceux de Broüage feirent entendre ce que dessus, y adjoutans beaucoup d'autres choses : induit aussi par les menées des Aguerres Procureur dudict Broüage & grand confident de Mirambeau : delibera d'y aller le plus fort. Ce qu'il feit si secrettement qu'il y entra auec bonne Compagnie ainsi & à l'heure mesme que Sainct Gelais faisoit faire la monstre de la Garnison. Lequel esbahy d'vne venué sy inopinée de Plassac, qui tenoit contenance d'estre mal contant : se saysit secrettement du fort qui est vers l'Occident & separé de la ville seulement par vne petite muraille. Plassac aduerty de cela, met en Armes les habitans & les Compagnies du Gouuerneur Cymendiere & luy mesme marche deuant le fort. Priant Sainct Gelais qu'il feist sortir ceux qui estoyent dedans autrement qu'il les forceroit. Mais comme ils estoyent prests de venir aux mains & que ja les Soldats couchoyent harquebuze en joué : on trouua moyen de les pacifier : de sorte que l'on sortit du fort. Lequel par le commandement de Plassac fut le lendemain rendu commun auec la ville par la ruyne de la muraille qui les separoit. Dont Sainct Gelais se sentit grandement offensé, prenant l'acte pour vne brauade que l'on luy faisoit auec auantage. De sorte que s'en estant allé deux jours apres à la Rochelle : Il s'en plaignit fort au Vicomte de Rohan qui de son costé ne s'en mal contenta moins. Toutesfois celuy qui ce mesme jour fut enuoyé à la Rochelle de la part de Plassac, remonstra si bien l'occasion de tout ce qui s'estoit passé en cest endroit : qu'il donna comme il sembloit au Vicomte de Rohan & à Sainct Gelais occasion de ne prandre les choses si au pied & de ne les interpreter ainsi sinistrement. Toutesfois la Compagnie du Cappitaine Mesnil fut bien tost apres licentiée. Et pour pacifier le tout, Verac fut enuoyé en Broüage pour y commander en titre de Gouuerneur du consentement des vns & des autres. Ce differend suruint le deuxiésme Septembre & cuida estre cause d'vn grand mal. Car les Catholiques s'apprestoient de tous costez pour entreprandre sur les Isles comme vous entendrez cy apres.

Verac en Brouage.

Entreprise de Laudreau sur l'Isle de Ré.

Nous auons parlé cy dessus comme le Comte du Lude Gouuerneur de Poitou auoit esté declaré Chef de l'Armée Catholique. Ses forces estoyent pour lors encores bien petites, pour mettre à execution ce qu'il enttreprenoit Qui estoit de faire Armée par terre

terre & par mer pour empescher les Rochellois de faire la recolte des fruicts & principallement du sel & du vin. Mais il attendoit le Regiment de Bussi & quelques autres Compagnies que le Duc de Montpencier luy auoit promises. Voyant toutesfois que la saison le pressoit, & specialement pour le costé de la mer: Il enuoya sa Commission à Landreau Chevalier de l'ordre Gentil-homme de bas Poitou, qui se portoit pour son Lieutenant en ce bas pays, costes & Isles de Poitou. Personnage remuant & qui a faict beaucoup de choses qui le rendent assez conneu des vns & des autres: pour entreprendre sur l'Isle de Ré, afin de priuer ceux de la Rochelle des grandes commoditez qu'elle reçoit ordinairement de ceste part. Et mesmes les empescher a ce coup, de se preualoir du sel & du vin qui estoit ceste année en grande abondance en l'Isle. Le Duc de Montpencier luy auoit auparauant donné la charge de ceste mesme entreprise. Pour laquelle aussi il feit vn voyage en Court où il auoit assez asseuré le Roy du moyen qu'il auoit de luy faire vn bon seruice en c'est endroict, & de la volonté dont il s'y deliberoit emploier. Luy faisant vn peu les choses plus faciles qu'il n'estoit besoin. Mais la haine qu'il portoit à ceux de la Religion: mesmes aux Rochellois, ou bien l'esperance du proffit qu'il s'imaginoit en la prise de Ré. Ioincte au desir de bien seruir son Prince & acquerir honneur: le feirent mettre en armes au temps qu'il sembloit que pour le respect de ceux desquels il deppendoyt: & la quallité de la Guerre qui estoit en partie pour l'Estat: on esperoit qu'il se deust tenir coy. Et de faict veu ses comportemens assez paisibles dont il auoit vsé depuis la prinse des Armes: plusieurs estoyent d'oppinion qu'il garderoit les gages durant ceste Guerre. Sa deliberation neantmoins fut de se saisir non seulement de l'Isle de Ré: Mais aussi de celle d'Oleron prochaine de celle d'Aluert: & consequemment de Broüiage qui estoit le plus friand morceau de toutes les Isles. Puis ayant faict vn si bel exploict & receu les Nauires que ce pendant luy seroyent aprestées & enuoyées tant de Bretaigne que de Bourdeaux & Bayonne: combattre les Nauires de la Rochelle pour leur oster le commandement sur la mer & les resserrer de ceste coste jusques aux portes. Ce qu'il presupposoit aisé à faire: pource que leurs Nauires estoyent continuellement en mer à butiner: & ne reuenoyent que à la file: Et partant se pourroit rendre le plus fort à la Rade. Laquelle apres auec quelque nombre de Nauires il esperoit si bien garder, que aucune chose n'entreroit à la Rochelle par ce costé. A quoy le deuoit aider le Baron de la Garde auec ses Galleres & quelques autres Vaisseaux ronds qui ja estoyent prests de sortir de la Riuiere de Nantes. Mais pour n'estre ledict Baron si tost prest qu'il eust esté bien requis: ou bien que Landreau le voulust deuancer pour auoir tout seul l'honneur & le proffit entier: l'êtreprise reüssit comme vous entenderez. [*marginal:* Desseins de Landreau.] Estant Landreau de jour a autre pressé, tant pour les lettres du Roy que du Comte du Lude, de mettre au plustost son entreprise à execution: se delibera de l'acheminer. Enquoy la conduicte si secrette dont il vsa est grandement remarquable, pour auoir esté telle que s'estant embarqué aux Sables d'Olonne auec quarante Gentilshommes & trois cens harquebuziers des plus lestes & gaillards du Regiment de Sarriou, il fit flotte de deux moyens Nauires & de dix-huict à vint tant Pataches, Gallions que Challuppes. Laquelle fut au lendemain matin plustost veuë deuant l'Isle: voire plustost les hommes pied en terre, que l'on n'en auoit ouy parler. Encores que les Retois se ventassent d'auoir de bons auis par les espions qu'ils entretenoiêt par dela: & qu'ils presumassent leurs forces assez suffisantes pour se bien garder de ce costé. Voire jusques à mespriser la Garnison & secours que les Vicomte de Rohan & Maire de la Rochelle leur vouloient donner: leur conseillans de preuenir le mal plustost que d'atendre à cercher le remede quand le mal seroit venu. [*marginal:* Embarquement de Landreau.]

Ie vous ay cy deuãt dit que la Noüe, aiant licencié les troupes assemblées de Poitou & Saintõge pres de Pons: s'estoit retiré à la Rochelle. D'où auoir distribué les forces du païs par Garnisõs, il s'estoit acheminé à Perigueux. Entre autres places qu'il auoit pourueuës à la Requeste des Rochellois: il auoit mis Popeliniere dedãs Charon, pour brider les coursses ennuieuses de la Garnison de Marans qui couroit jour & nuit sur le Gouuernement au grand dõmage des Rochellois: lesquels eurêt paix par ce moië. C'est vn fort petit Chasteau, que les Catholiques aians pris cõme vous auez entêdu: auoiêt plus que demi ruiné. Crainte qu'aucun des Côfederez ne s'y missêt pour les empescher de courir. Et de fait aucû autre n'y voulut demeurer, apres que tous eurent veu que le parapet des murailles estoit fort abattu, les flancs ostez, le fossé presque comble & le logis sans aucune commodité pour y habiter. Popeliniere neantmoins instamment prié d'en entreprendre la garde: & auoir accommodé la place de telle sorte que la Garnison de Marâs ne la peust jamais prendre quelque effort qu'elle y feist à plusieurs fois: y demeura jusques a ce qu'appellé par ceux de Ré qui ja craignoient les desseins des Catholiques pour y amener ses gés auec charge du Vicôte de Rohan & Maire de la Rochelle de se retirer, desmolir ce qu'il y auoit fait & aller en Ré: il quitta la place que soudain la Chenay Lieutenant de des Brueres fit brusler & ruyner du tout: afin qu'elle ne peut aucunement seruir de retraitte aux Protestans. Sur ce Popeliniere esleu Gouuerneur de Ré en l'assemblée de l'Escheuinage par la Noblesse & habitans de la ville: auec permission de faire battre le Tambour pour auec ses gens y mener encores cinq cens hommes: ne fut plustost prest de s'embarquer que lez fugitifs de Ré apporterent nouuelles de la prise de toute l'Isle: à la reprise de laquelle on proceda comme vous entendrez.

Description de l'Isle de Ré.

L'Isle de Ré est à deux lieuës de la Rochelle & à vne lieuë de terre ferme. Elle à cinq grandes lieuës de long & vne lieuë & demie de large pour le plus & en quelques endroicts beaucoup moins, fertile en vins & en sel. Mais beaucoup plus en vins pour estre presque tout pays de Vignoble. Les Rades y sont fort bonnes & les Haures asseurez pour moiens Nauires du costé de Septentrion. Car de l'opposite ou est la mer sauuage qu'ils appellent: elle est du tout innaccessible. Elle est riche & fort peuplée a cause du grand traffic qui s'y faict. Or pour estre de si pres voysine & mesmes du Gouuernement de la Rochelle: Aussi que la pluspart des habitans sont Protestans: elle à tousjours tenu le party des Rochellois. Lesquels pendant les troubles y ont tousjours mis Gouuerneur & leué deniers sur icelle quand les affaires l'ont requis. Ce qu'ils auoyent mesme continué en ceste derniere guerre. Mais estans les Retois gens d'esprit, soupçonneux & difficilles à serrer: ils essaierent pendant ceste Guerre de trois ou quatre Gouuerneurs. Et mesmes du Comte de Montgommery duquel ils monstroyent tousjours auoir quelque occasion de se plaindre & mal contenter. Si qu'en fin ne se pouuans bien accorder ny compatir ensemble: ils secouerent non seulement ce Gouuernement estranger accoustumé depuis la Guerre: Mais aussi auec grandes prieres & remonstrances s'exempterent de la Garnison: disans que puis qu'il ne se remuoit aucune chose du costé de la mer: ils estoyent assez forts & suffisans d'eux mesmes pour la garde de leur Isle: jusques à ce qu'asseurez des desseins du Comte du Lude pour enleuer toutes les Isles & la leur sur toutes la premiere, Ils prierent les Rochellois de secours, & Popeliniere notamment qui estoit en Charon comme j'ay dit. L'opinion de leur propre suffisance neantmoins, vint fort à propos: & fut vn bien specieux pretexte pour auancer & faciliter l'entreprise de Landreau. Lequel estoit de jour a autre aduerty par les Catholicques fugitifs de l'Isle de l'Estat & Gouuernement d'icelle. Et mesmes comme il n'y auoit plus à la Rochelle que les habitans naturels: estans lors les deux Compagnies estrangeres auparauant entretenues en la

Diuisions à la Rochelle

ville, d'elles mesmes licenciées. Et le Comte de Montgommery & quelques Gentils-hommes sortis auec vn merueilleux mescontentement. De sorte que la diuision qu'il sçauoit assez estre parmy les ROCHELLOIS: luy donnoit matiere de penser, qu'ils n'oseroyent entreprendre de secourir ceux de l'Isle. Auec ce qu'il estoit bien aduerty que la Nouë estoit à Perigueux. Somme que Landreau ne pouuoit mieux espier le temps & l'occasion pour faire quelque grand exploit & seurement. Il le feit bien seruir aussi. Car ayant des le grand

Descente de Landreau en Ré.

matin du Vendredy deuxiéme Septembre mis pied à terre, aux Portes & en Loix, sans aucune resistance au lieu ou la descente est la plus aisée qui est le fief d'Ars: Il se resolut de marcher en bon ordre droict au Bourg Sainct MARTIN principale demeure & mieux peuplée des plus aparens de l'Isle. Où il ne sçeut neantmoins se loger qu'il ne fust plus de Midy. Tant pour le chemin qui luy fallut faire depuis sa descente, qui est de trois grandes lieuës: que pour la defence où se mirent ceux du Bourg qui combatirent à leurs barrieres & l'arresterent assez long temps. Mais comme c'est peu de chose en telle affaire d'vne populace qui ne sçait & ne veut obeyr: aussi furent ils bien tost forcez par les Catholicques, qui entrerent pesle mesle par toutes les auenuës du Bourg en bonne & resoluë ordonnance &

Prise du Bourg saint Martin par les Catholicques.

auec vne pointe assez furieuse. Car ils n'estoient moins de quarante Cuirasses & trente Rondaches tellement que en voyans sur la place quelque nombre de morts & de blessez d'vne part & d'autre: & LANDREAV Maistre du principal Bourg: Ce fut à qui se sauueroyt. Aucuns des plus dilligens s'embarquerent en quelques Gallions. Et en peu

d'heure

LIVR TRENTENEVFIEME. 287.

d'heure pour leur estre le vent fauorable porterent ces nouuelles à la Rochelle ou n'y auoit lors que le Vicomte de Rohan. Lequel en ayant conferé auec le Maire de la ville: fut promptement resolu à quelque pris que ce fust de hafter le secours ja resolu d'y estre enuoyé & y combattre l'ennemy premier qu'il print plus auant pied. Pource fut aduisé pour le mieux, de choysir vint des meilleurs de chacune Compaignie & autres volontaires desquels la dilligence à l'exemple des Chefs fut grande à s'embarquer. En quoy plusieurs Protestans se firent bien remarquer: non moins de differens courages que meus de diuerses passions: non seulement en ce que les vns se presentoyent gaillardement pour reconquerir l'honneur & le bien ja perdu de leur freres. Et les autres (que la crainte d'vn peril si grand & si prochain auoit comm' estonnez) s'en reculloient par tous moyens & excuses à eux possibles: jusques à dire les plus seneans d'eux qu'ils n'y meneroyent leurs Compagnies qu'ils n'eussent argent d'auance. Mais que de ceux qui faisoyent mine d'y aller: plusieurs sembloyent debatre, en la haste & auancement de leurs preparatifs, à qui seroit le premier & dernier au combat. Si que les premiers Gallions qui sortoyent gangnoyent tousjours chemin sans attendre leurs Compagnons afin de plustost mettre pied en l'Isle. Faisant POPELINIERE estat que pour estre l'Isle grande: les Catholicques n'auroyent si tost & en si peu de temps sçeu gangner & fournyr toutes les auenuës: Par ainsi que mettant pied à terre en quelque endroict: il s'y maintiendroit jusques à la venuë du secours. Cependant d'autres furent destinez à la voyle pour combattre les Vaisseaux de Landreau & secourir les trouppes de terre comme l'occasion s'en presenteroit. Mais le vent estoit fort contraire. Tellement que sans auancer beaucoup ils furent tousjours contraincts de ramer. Tant que les premiers meirent pied à terre à la poincte de Samblanceau qui est la plus prochaine terre du costé de la Rochelle & le bout opposite de celluy où Landreau estoit descendu. La tous joyeux de si heureuse descente & le Conseil assemblé pour sçauoir si l'on y demoureroit fermes pour attendre le reste ou marcher outre: La plus part se tint au dernier aduis. Si qu'auoir accommodé ce fort (que le Baron de la Garde auoit basty durant le siege de la Rochelle:) y auoir laissé nombre d'hommes auec viures & munitions de Guerre: Le reste marcha joyeux à la rencontre de Landreau crainte que les Catholicques par vn plus grand loysir trouuassent les moyens de se mieux renforcer & munir contre eux de tout ce qui leur seroit besoin. Ioinct qu'ils se persuadoyet les pouuoir surprâdre & ou desbandez à la picorée & grand butin qu'ils auoient faict: ou du moins las harassez d'vne traitte de trois lieuës que Landreau leur auoit faict faire par les sables tous chargez d'Armes & bagages. Lequel informé de la descente des Protestans par les Chefs qu'il auoit estably pour commander aux Corps de Garde & auenuës du Bourg Sainct Martin: leur manda qu'ils se tinssent seulement sur leurs gardes: & se reposassent sur luy, & qu'au lendemain il donneroit vn beau reueille matin aux Rochellois. Il estoit presque nuict premier que tout le secours de la Rochelle fust descendu. Et apres que tout fut mis en bataille il ne se trouua moins de trois cens harquebuziers auec cent des habitans armez le reste des fugitifs ayant demeuré en ville. Auec lesquels POPELINIERE marche jusques à la Flotte à deux lieuës de là, pour rompre le Corps de Garde que les Catholicques du pays y dressoyent desja: prests a y barrer toutes les auenuës. Mais apres les premieres harquebuzades, tous s'esuanouyrent qui çà qui la. Puis auoir faict legierement repaistre les trouppes & prins resolution de donner dans Sainct Martin princippal Bourg de l'Isle ou estoyent toux les Catholicques à demye lieuë de là, il sort: auancé à my chemin: neantmoins aucuns des Chefs le prierent premier que donner dedans quel qu'en feust l'occasion, d'attendre Fromentiniere qu'on disoit amener grand secours. Tellement que les trouppes retournées à la Flotte & les Chefs derechef assemblez en Conseil pour ouyr ce que Fromentiniere rapporteroit du Vicomte de Rohan & Maire de la Rochelle: en fin il arriua auec six Gentils hommes & quinze harquebuziers. Ainsi se perdirent trois heures tant en ceste demeure qu'en la diuersité des oppinions qui furent debattues surce que l'on deuoit faire. Aucuns n'estimans petite entreprise d'attacquer vn si puissant ennemy: accompagné d'vn choix & eslite d'hommes, & desja bariqué dans vn Bourg & encores parmy les Tenebres de la nuict où l'on ne se pourroit reconnoistre. Les autres au contraire alleguoyent la lassitude & trauail ou estoyent les ennemys, tant pour la longue traitte qu'ils auoyent faicte, que le combat qu'ils auoyent soustenu. Autres aussi qu'ils estoyent encores apres

Secours de la Rochelle pour l'Isle de Ré.

Descente en l'Isle par les Rochellois.

Conseil tenu par les Rochellois.

Nnn iiij.

Septembre, 1575.

le pillage & a cercher par les maisons sans se soucier de trop soigneuse garde pour n'estre aduertis de leur descente en tel nombre : Encores moins qu'ils sussent si pres d'eux. Que si on attendoit au lendemain, il ne falloit penser de les combattre pour leur auoir donné loisir de se reposer & reconoistre. Au contraire que les Catholiques les forceroyẽt se retirer auec honte & confusion, estãt le vent propre pour leur faire passer encores des hommes à leur secours. Comme de faict il y en auoit à la prochaine terre du bas Poitou de tous prests à s'embarquer. Somme que le meilleur estoit de donner dedans d'vn bon courage & les surprẽdre moitié endormis : & se my partir en quelques bandes pour donner par toutes les auenues, auec le plus grand bruit & tintamarre qu'il seroit possible de Tabours & autres choses accoustumées pour faire trouuer vne trouppe plus grande & plus forte qu'elle n'est. Et que cela auec l'obscurité de la nuict apporteroit d'autant plus d'espouante à l'ennemy : Ajoustans pour la fin que la querelle est si juste, comme aians affaire à des Massacreurs & Pillars : & qui estoyẽt passez pour exterminer ceux qui faisoyent professsion de la vraie Religion : & pour violer leurs femmes & filles : qu'elle pouuoit d'elle mesme effacer tout ce que les discours & considerations humaines leur pourroyent presenter de peur ou quelque autre infirmité. Que Dieu pour sõ ennemy de toute iniquité seroit la guide de ceux qui s'opposeroyent pour deliurer la patrie de tels ennemis. A tout le moins y mourans, la mort est tousjours glorieuse & memorable de ceux qui meurent pour Dieu & pour leur patrie.

Resolution des Rochelois & ordre establi pour le cõbat.

Somme que la resolution prise à la pluralité des voix de charger le plus promptement qu'on pourroit, l'ordre y fut estably tel : qu'apres le commandement de se diligenter, se taire & obeyr sans s'amuser au pillage jusques à la fin de la victoire : qu'à la teste du gros marcheroyent tous les Capitaines, Lieutenans & Enseignes suiuis des plus resolus de leurs trouppes. Au deuant desquels iroyent cent pas loing : deux trouppes d'enfans perdus : conduicts par bons Chefs & guidez par des habitans de Sainct Martin pour ne faillir aux auenuës qu'on s'asseuroit de trouuer bien barrées. Afin qu'enfoncez par ces deux trouppes : le Gros vint apres pour acheuer le demeurant s'il s'en treuuoit qui voulussent opiniastrer. Les enfans perdus deuoyent donner en deux endroicts deuant & derriere le bourg, pour separer les forces Catholicques & les charger au mesme temps & au mesme signal d'harquebuzades. Mais en sorte que les premiers Soldats attaqueroyent & poursuiuroyent l'ennemy à pointe d'espee jusques à la fin sans s'aider d'harquebuze : auec tous le linge blanc pendu au bras ou au chappeau pour le signal de veuë, & le mot de victoire pour s'entendre & se recognoistre parmy l'obscurité de la nuict. Ainsi commandez, puis exortez de faire leur deuoir par la priere publique que le Ministre y feit : Enuiron la minuit ils sortent de la Flotte & s'acheminerent droit à Sainct Martin. Dedans lequel les premiers enfans perdus conduicts, au refus de tous les Cappitaines, par Popeliniere, & les autres qui deuoyent donner au derriere du Bourg par Carbillac Gentil homme Breton : ils entrerent de grande furie par ces deux auenues. Si qu'ayans renuersé les premieres, secondes & tierces bariquades desquelles sortirent cinq harquebuzades tuerent tout ce qu'ils trouuerent par les ruës, crians victoire pour se faire connoistre par les gens de Carbillac qui chargea apres par le derriere du Bourg. Et soudain que le Gros se fut joinct à eux marchans tousjours plus auant se saisirent de la place en peu d'heure sur les Catholicques. Lesquels n'osans sortir hors & renfermez tant aux maisons qu'en vn fort sur le Haure & au Moulin prochain d'iceluy : tiroyent infinité d'harquebuzades sur les Rochellois à la veuë de leurs meches parmy les tenebres de la nuict. Tellement qu'ils en tuerent & blesserent bon nombre. Mais ils furent bien tost forcez de se rendre. Pour le faire court les Catholiques furent deffaits : & grand nombre se noya se cuidant sauuer dans les Barques & Gallions qui estoyent dans le Haure. Aucunes desquelles enfondrerẽt pour estre trop chargées, ou pour n'auoir de l'est à suffisance, ou pour auoir esté mal gouuernées & cõduictes.

Landreau s'estoit logé à la premiere maison qui est à l'entrée du port nommée le pont verd, ou est pour enseigne la Fortune. Nom cõuenable à son accident. Pource qu'en son malheur le logis luy fut propre & fauorable pour se sauuer. Car dés le commencement de la meslée estant presque asseuré de ce qui auint : mesmement qu'il n'auroit jamais grace des Rochellois : il se jecta en vne chaluppe & auec Grangeoire & autres se sauua à la Tranche la plus prochaine terre du bas Poitou. Où il se trouua enuiron soleil leué, desolé, comme il se peut penser Ainsi fut l'Isle de Ré perduë & regangnée en moins de vint quatre heures. Ou moururent

des

LIVRE TRENTENEVFIEME.

des Catholiques trois cens hommes compris ceux qui furent trouuez noyez apres que la mer se fut retirée & ceux auſſi qui furẽt depuis tuez dãs les vignes & autres endroits ou ils s'eſtoiẽt cachez par les payſans & autres de la populace. Il y eut bon nombre de Gentilshommes & Capitaines ſignallez qui furent menez priſonniers à la Rochelle. Comme la Boucherie Gouuerneur de Tallemont ſur Iart les Capitaines Bernay, la Vallée & pluſieurs autres qui furẽt mis à ranço̧n. La Penardiere Gouuerneur de ſaint Gilles demeura bleſſé & priſonnier: mourut auſſi toſt qu'on l'eut porté par eau à ſaint Gilles apres auoir paié rançon & pluſieurs autres auec leſquels les vainqueurs feirent vn grand butin d'armes & des plus belles. Somme que cete deffaite fut vn grand deſauantage pour les Catholiques. Les deſſeins deſquels tant par mer que par terre, furent du tout rompuz ou à tout le moins bien eſuentez. Les Rochellois y perdirent cinq hõmes. Puis les Proteſtans y laiſſerent groſſe garniſon ſous Fromentiniere & commiſſaires pour vendre les vins, ſel & autres choſes appartenans aux Catholiques pource principallement qu'ils auoient eſté cauſe motiue d'y faire deſcendre Landreau. Meſmes aucuns des plus apparans l'auoient ſuiuy & guidé en ſon entrepriſe. Quatre jours apres les Catholiques pour reuenche de leurs pertes feirent courſes aux enuirons de la Rochelle. Meſmes juſques à la Fons diſtant de demie lieuë de la ville. Tuerẽt & emmenerent pluſieurs priſonniers en haine de la malheureuſe fin de l'entrepriſe de Ré: apres le bon ſuccez de laquelle ils eſtoiẽt reſoluz & comme aſſeurez de prandre toutes les Iſles. Puis eſperans le ſouuerain commandement ſur mer par vne armée Reale qu'ils euſſent aiſément dreſſé tout auſſi toſt: ils ſe propoſoient de bloquer la Rochelle par l'erection de forts & bonnes tranchées qu'ils fourniroient de ſoldats en tous les plus prochains bourgs & villages de la ville pour empeſcher l'entrée & yſſuë à tous les Proteſtans: qu'ils delibereroient ainſi auoir en peu de temps ou par force ou par famine ou parmi diuiſiõs qui ne pouuoiẽt eſtre que trop ſoudaines par eux en ſaiſon ſi faſcheuſe que celle là. Somme qu'en tous ces quartiers ſe recommançoient tous actes d'hoſtilité auec plus grande animoſité qu'au parauant.

nombre des morts.

Deſſeins des Catholi. ſur la Rochelle & tout le party proteſtant s'ils ſe fuſſent peu aſſeurer de Ré.

Les Depurez Proteſtans retardez en Languedoc juſques à ce qu'ils euſſent autre paſſeport que le premier ja expiré: & qu'on leur euſt donné vn autre compagnon que du Chelar decedé le huitiéme Aouſt à Niſmes: attendirent encores Rogier, valet de chambre du Roy empeſché en pluſieurs voiages allées & venuës de la part dudit Mateſchal vers le Duc d'Vzez & de Gordes afin de moienner vne ſurſeance d'armes pour trois mois & particuliere pour ledit païs comme ils auoiẽt accordé entre eux. Mais le Roy ny voulut entẽdre, la ſi treſue n'eſtoit generalle & rẽuoia Rogier des le lendemain de ſon arriuée auec pouuoir de la faire en ceſte qualité. N'aiant enuie qu'il ſe conclut rien, ſinon que les villes de Beaucaire & d'Aiguemores qui auroient eſté priſes depuis ſon arriuée luy fuſſent au prealable renduës. Ce que meſmes l'auoit empeſché comme l'on diſoit de deliurer le Mareſchal de Montmorency quoy qu'il en fut journellement importuné de beaucoup d'endroits.

Negociatiõ d'vne treſue en Lãguedoc

Vovs auez veu cy deſſus partie des courſes & entrepriſes des proteſtans en Dauphiné. Leſquels croiſſans de jour à autre ſurprenoient touſjours quelques places & s'accommodoient des biens Eccleſiaſtiques & autres au grand dommage des Catholiques ſous Montbrun General de leurs troupes. Lequel pour profiter l'heur qui l'accompagnoit, oſa charger les troupes de Gordes gouuerneur en ce pays. Deſquelles neãtmoins attẽdu, bleſſé en pluſieurs lieux & abandonné des ſiẽs: Puis mené à Grenoble fut decapité le douziéme d'Aouſt par Arreſt de Parlement au grand plaiſir de pluſieurs Catholiques & merueilleux ennuy de ſes partiſans.

Dauphiné. Montbrun bleçé pris & decapité à Grenoble.

Deſlors le Roy auerty de la leuée des Reyſtres que le Prince de Condé faiſoit en Allemagne: fit en grande diligence marcher pluſieurs compagnies d'infanterie vers la frõtiere meſmes celles de ſa Garde. Biron y fut enuoié le premier pour donner ordre à toutes choſes: atendant le Duc de Guiſe qui deuoit partir ſur le commencemẽt de Septembre pour aller en champagne dreſſer ſon armée & y mener tant de la Court que autres lieux de la France le plus de gens de guerre qu'il pourroit.

Armée du Prince de Condé & preparatifs du Roy contre luy.

Surce la Nouë retourné de Perigort à la Rochelle auec nombre de gens de pied & de cheual, qu'il amenoit à la priere des Rochellois pour fauoriſer la recolte de leurs vins & garentir le pays d'Aunis des incurſions & rauages des Catholiques: fut joieux d'entendre comme le tout s'eſtoit paſſé en Ré: loüa vne ſi prompte execution puis qu'elle auoit ſi bien ſuccedé Ne pouuant neantmoins diſſimuler que ce n'euſt eſté vn Conſeil bien ſoudain, de hazarder

La Nouë à la Rochelle

N nn iiiij.

L'HISTOIRE DE FRANCE.

Septembre 1575.

Besme meurtrier de l'Amiral pris par les Protestans.

tout ce qui restoit de force en vne telle ville. Lesquelles auenant qu'elles eussent esté desfaites: importoient quasi de la ruyne du pays & possible de la ville mesmes: pour estre ceux qui la pouuoient secourir bien eslongnez d'elle. Puis on proposa aux Rochellois de se cottiser à mil escuz s'ils vouloient auoir Besme Allemand Escuier d'escurie du Duc de Guise que l'on disoit auoir tué feu l'Amiral le jour de la saint Barthelemy à Paris, pour en faire punition exemplaire. Et ce d'autant qu'on conoissoit que chacun s'y affectionnoit pour le desir qu'ils auoient de venger la mort d'vn tel personnage sur le coulpable & meurtrier d'iceluy: on leur remonstra qu'ils se deuoiēt bien eslargir en cela nō seulemēt pour le seul souuenir d'vne mort si prodirement executée & dont l'on tenoit l'executeur: mais aussi pour la poureté des soldats qui l'auoiēt pris. Lesquels meus d'vn bō zele en cest endroit: ne l'auoient voulu liurer ny par prieres des plus grans de ce Royaume, ny pour somme quelque grande qu'elle fust voire excedant dix fois plus qu'ils ne demandoient d'eux qui leur eust esté offerte par les Catholiques. Mais aussi qu'il falloit donner occasiō à ceux qui l'auoiēt pris de se ressentir d'vne telle prise. Qui seroit aussi par mesme voie leur donner moien de s'entretenir & faire plus grand seruice à la Cause generale. Les Rochellois quoy qu'vne bonne partie y inclinast volontairement & s'y cottisast desja aians meurement pesé ce que dessus: trouuerent qu'ils ne le pouuoient & deuoient faire sans mettre en grand hazard leurs ostages qui estoient à Poitiers. Sur lesquels l'on se pourroit venger de mesmes s'ils achetoient à deniers contans le prisonnier pour le faire mourir: prians d'estre dispensez de cela. Et qu'il se trouueroit bien d'autres moiens & honnestes couuertures pour faire Iustice d'vn tel massacreur.

Prise de Besme.

Besme auoit esté pris long temps au parauant par aucuns de la garnison de Bouteuille distant de sept lieues d'Angoulesme comme il retournoit d'Espagne. Se voiant en danger de sa vie il promist grosse rançon: & mesmes de faire rendre Montbrun pour lors encor prisonnier. A quoy ils prestoient l'oreille pour l'honneur & amitié qu'ils portoient à Montbrun: quoy qu'il leur faschast bien de laisser eschapper vn tel homme. Depuis aians entendu la mort de Montbrun: Bertouille gouuerneur de la place le tint tousjours prisonnier. Mais tellement que Besme trouua moien de gangner vn soldat de la garnison auquel Bertouille se fioit le plus: qui luy donna moien de se sauuer & luy mesme sortit auec luy n'aiās qu'vn cheual pour eux deux. Cela toutesfois ne se peut faire si secretement que Bertouille n'en fut à l'instant auerty. Lequel montant à cheual ne leur donna loisir d'aller loin. Besme se met en defence voyant n'estre suiuy que de Bertouille. Lequel s'estāt paré d'vne pistollade que luy tira Besme: l'enfonce & blesse tellement qu'il demeura sur la place ou il fut acheué par les soldats sortis de Bouteuille ou son corps fut porté & depuis enuoié au Baron de Ruffec à sa grande priere qui le feit honnorablement enterrer à Angoulesme. Celuy qui l'auoit sauué estant griefuemēt blessé en fut quite pour vne rançō & chassé dehors.

Besme tué.

Garnison de Ré.

Trois jours apres, la Nouë passa en l'isle de Ré pour y donner ordre. Il y feit faire la monstre des forces estrāgeres qui y estoient ou fut trouué deux cens cinquante hommes sous cinq Enseignes & cinquante cheuaux entre lesquels y auoit quelques sallades.

Prises riches par les Nauires Rochellois.

Enuiron ce temps les Nauires de la Rochelle furent de retour de leur voiage des Essores Isles appartenans au Roy de Portugal ou ils auoient esté pour espier le retour des Espagnols & Portugais venans des Indes. Ils amenerent nombre de prises bien riches. Mesme trouuerent vne Caruelle Portugaise venant du Castel de mine ou y auoit sept quintaux d'or appartenans au Roy de Portugal. Ladite caruelle pour estre bien munie d'hommes & d'artillerie rendit grand combat. Toutesfois elle fut en fin forcée non sans meurtre d'vne part & d'autre & y fut tué celuy qui commandoit dedans auec grand nombre des siens.

SOMMAIRE
Du Quarantiéme Liure.

MONSIEVR, puis le Roy de Nauarre se retirent secrettement de Court, suiuiz assez tost d'vn grand nombre de Seigneurs partisans. Declaration de Monsieur. Diuisions a la Rochelle. Deffaite des Reystres & autres trouppes qu'amenoit en France de deça l'Armée du Prince, de Thoré, ou le Duc de Guyse est blessé au visage. Les Mareschaux deliurez de prison. Lettres de Monsieur aux Rochellois. L'hyuer de l'an mil cinq cens septante cinq. Trèues entre le Roy & Monsieur Porteraux du grand commandeur de Castille en Flandres contre les Confederez. Bataille à Moke perduë pour les Espagnols. Mildebourg capitalle de Zelande prinse par famine des Confederez. Bataille de Zeuerherde ou le Comte Lodouic, & le fils du Comte Palatin sont tuez par les Espagnols. Buere venduë aux Espagnols. Ondeuuater prinse par eux & Schoouhouem. Espagnols se mutinent faute de paie. Moiens de les contenter. Ils pillent Mastrich & saccagent Anuers. Occasion de la ligue & association des quinze prouinces du Pays bas auec le Prince d'Orenge & les Estats d'Holande. Chefs des Protestans & Catholiques vnis en France. Moiens & preparatifs que tint le Roy pour dresser armée. Secours que la ville de Paris & les Ecclesiastiqs ont tousjours donné au Roy ; & la requeste d'iceux a sa Majesté : en laquelle le poure Estat du Royaume de France & les abus qui sont en toutes conditions de personnes sont declarez. Paris & sa prerogatiue sur les autres. Negociation de Paix renouée & concluë. Apanage de Monsieur accreu & les villes a luy données pour seureté. Ruffet denie l'entrée en Angoulesme au Duc de Montpencier par luy enuoié. Monsieur enuoie Rochepot a la Rochelle. Lettres du Prince de Condé & Theodore de Beze aux Rochellois auec leurs responces. Cognac & saint Jean donez par le Roy aux Côfederez au lieu d'Angoulesme. Declaration de Monsieur a ceux de la Rochelle. Maignen Ministre de la Rochelle. Deputez de Monsieur a la Rochelle : & la responce qu'on leur fit. Les Rochellois assiegent battent & prennent Marans sur le po nt que la Paix si conclud plus auantageuse aux Protestans que la precedente. Lettres patentes pour l'accroissement de l'Apanage de Monsieur : auquel on assiere l'assemblée des Estats Generaux de tout le Royaume, pour pouruoir à toutes choses & sur tout retrancher toutes occasions de riottes auenir. Et pource l'on commande que Blois soit desmantelée afin que la ville ou ils se doiuent assembler soit plus libre à tous. l'Estat des Polonois apres le depart de leur Roy. Guerres entr'eux & les Moscouites : Election d'vn nouueau Roy auec l'Estat des Moscouites.

VR ces entrefaites Monseigneur frere du Roy indigné de se voir traitter de jour à autre de telle façon qu'il ne pouuoit se reputer que pour captif: trouue moien à l'aide de quelques vns de ses fauorits de s'affranchir de la condition en laquelle il pensoit auoir esté assez longuement detenu : de sorte qu'il s'absenta de la Court estant lors à Paris enuiron la my Septembre. Et s'estant retiré à Dreux place de son apanage fut incontinant suiuy d'vn bon nombre de Gentils-hommes & de personnages signalez d'vne & d'autre Religion. Puis apres le Roy de Nauarre en feit autant & se retira à Saumur ou les forces que vous verrez cy apres le furent trouuer. Ce qui estonna la Court & donna dequoy penser à toutes sortes de personnes, pour la diuersité des jugemens & opinions qui couroient ça & là pour vne chose si inesperée. Car que Monsieur fut mal cô tant de longue main de se voir peu respecté & en mauuais mesnage auec la maison de Guise depuis vn long temps : c'estoit chose assez manifeste. Mais qu'il eust eu le moien & la volonté de sortir en vne telle saison, bien peu de gens le deuoient esperer. Comme que ce soit, le dixseptiéme Septembre il publia sa declaration fondée premierement sur la conseruation & restablissement des loix & statuts du Royaume. Lesquelles pour estre violées & mises bas, auoient apporté la ruyne & desordre que l'on y voioit. Dont estoit cause l'ambition de ceux qui estoient auancez aux honneurs estats & dignitez qui ne leur appartenoient. Et qui sous

Monsieur se retire de Court puis le Roy de Nauarre lesquels sont allez tost suiuiz d'vn grand nombre de gens de guerre.

Declaratiô de Monsieur

L'HISTOIRE DE FRANCE.

Septembre 1575.

vmbre de Religion entretenoient ces guerres ciuilles pour leur proffit & auancement particulier. Espuisans cependant les finances du Royaume & & succans le poure peuple jusques à la moelle. Ce que n'aians ledit sieur peu porter patiemment & fait quelque demostration de mal contentement: auroit esté calomnié enuers le Roy & longuement detenu comme prisonnier. Ce qu'il auroit supporté: esperant que le Roy estant arriué, donneroit ordre à toutes choses. Au lieu dequoy voiant que tout alloit de mal en pis. Et que tous gens de bien estoient tous les jours tormentez & en plus grand danger que jamais: il s'estoit resolu prandre les armes pour la defence & conseruatio de la Courône, & pour le repos du public contre les estrangers & autres perturbateurs d'iceluy: qui violoiét tous les Edits & ordonnances les meilleures voire les plus anciennes loix du Royaume. Iusques à ce que par l'assemblée des Estats qu'il protestoit de procurer son pouuoir: ce Royaume peust estre remis en son ancié lustre & splãdeur auec la franchise & immunité ancienne tant de la noblesse & du clergé que du tiers Estat. Prenant cependant en sa protection & sauue-garde tous les sujets naturels de ce Royaume tant d'vne que d'autre Religion: Pour lesquels vnir & entretenir chacun d'eux en l'exercice de leur religion il emploieroit volontairement tout ce qu'il auoit de pouuoir & puissance Voire jusques a sa propre vie. La Protestation qu'il feit publier à Romorantin est telle.

Declaratiõ & Protestatiõ de Monsieur sorti de Court.

Nous François fils & frere de Roy, Duc d'Alençon. Comme de l'obseruation des loix deppent la conseruation de tous Royaumes & Seigneuries: & par ce moien se nourrisse & entretienne la paix entre les sujets. Ainsi quand elles ne sont gardées en la pureté qu'elles nous ont esté laissées par nos deuanciers: & qu'elles viennent à languir & sont comme mortes & ensevelies: les sujets se dispensent & abandonnent aisément à toutes dissolutions. Lesquelles causent le plus souuent les guerres ciuilles: & finalement la Ruyne & destruction des Royaumes, Republiques & communautez, si promptement il n'y est pourueu & remedié, par la bonté de Dieu qui suscite quand il luy plaist d'excellens & heroiques personnages, pour s'opposer à la tirannie de ceux qui ne demandent qu'à mettre toutes choses en confusion, pour s'enrichir à quelque pris que soit, du sang des poures & desolez sujets. Et s'emparer puis apres desdits Royaumes & autres Seigneuries. Ce que nous aprenons par la ruyne d'infinis grans & florissans Royaumes & Republiques, qui ont par ce moien prins fin. Qui doit seruir d'exemple à tous vraiz François, pour les stimuler & inciter à remettre sus les anciennes loix & empescher chacun en son endroit, & selon les moiens que Dieu luy a departiz que ce Royaume de France qui a esté par dessus tous le plus puissant & le plus florissant: ne tombe entre les mains de ceux, qui l'aguetent de si long temps. Et pour y paruenir nourrissent & entretiennent le discord que nous y voions. Se couurans du differend qui est en la Religion lequel ils seroient bien marriz de voir appaisé. Comme il s'est veu & coneu par les choses passées: afin de donner couleur aux tailles, imposts & subsides qu'ils inuentent tous les jours & leuent sur le poure peuple la Noblesse & le clergé au nom du Roy & sous vmbre de l'aquiter. Combien que cela ne tend qu'à les enrichir & quelque peu de personnes presque tous estrangers, qui se sont emparez du Roy & des principaux estats & gouuernement du Royaume: contre les loix d'iceluy. Toutes lesquelles entreprises ne pouuans trouuer bonnes: auons esté calomnié enuers le Roy nostre tres-honoré Seigneur & frere. Et à ceste occasion en danger de nostre vie: & detenuz comme chacun sçait. Ce qu'auons souffert esperans que le Roy remedieroit à tant de miseres: & ne se laisseroit plus circonuenir à telles gens: & qu'il conoistroit nostre innocence. Mais voians la plaie s'empirer de jour en jour, & nostre personne plus indignemẽt traittée, Et tant de Princes & Seigneurs, Gentilshômes, gens d'Eglise, Citadins & Bourgeois auoir les yeux fichez sur nous: nous tendre les mains & implorer nostre ayde: vaincu de leurs prieres & compatissans à leurs miseres: nous nous sommes resoluz: Posposant toute crainte de mort qui estoit prochaine, d'essaier à sortir de la captiuité ou nous estions: pour prandre la cause publique en main: & nous opposer aux pernicieux Conseils & desseins des perturbateurs de ce Royaume. En quoy nous auons esté tant fauorisez de Dieu, que le seziéme jour de ce present mois de Septembre nous sommes arriuez en nostre ville de Dreux. Ou se sont renduz à nous plusieurs Seigneurs & Gentilshommes, & autres tant du Clergé que du tiers estat de ce Royaume. Ausquels auons declaré nostre vouloir & intention n'estre d'entreprendre sur l'autorité du Roy nostre Seigneur & frere. Laquelle nous desirons conseruer & accroistre de tout nostre pouuoir. Mais seulement nous emploier de toutes nos forces, voire jusques à n'espargner

gner noſtre vie & biens: pour dechaſſer les perturbateurs du repos public: pourſuiure la juſtice de tant de pilleries, larcins, homicides & maſſacres inhumains, & contre tout droit cõmis & perpetrez au veu & ſceu d'vn chacun: deliurer tant de Seigneurs, Gentiſhommes & autres conſtituez priſonniers ou banniz à tort & ſans cauſe. Les remettre & tous autres gens de bien, en leurs Eſtats & honneurs: abolir toutes tailles, ſubſides & impoſts mis ſur le poure peuple, par la malice & ſuggeſtion des eſtrangers, contre les anciennes loix & ſtatus de ce Royaume: entretenir la Nobleſſe & le Clergé en ſes priuileges Françoiſes & libertez anciennes: & eſtablir en France vne bonne ferme & ſtable Paix. Pour ce faire nous n'entendons vſer ou nous aider d'autres moiens que de ceux, deſquels nos predeceſſeurs ſe ſont aydez: & qui ſont de tout temps vſitez en ce Royaume quand il eſt queſtion de la reformation de la Religiõ & juſtice. Qui ſont les deux colonnes de toutes Monarchies: pour remettre le Royaume en ſa premiere ſplandeur, dignité & liberté. C'eſt aſſauoir par vne aſſemblée generalle & libre des trois Eſtats de ce Royaume, conuoquez en lieu ſeur & libre: de laquelle tous eſtrangers ſoiẽt exclus. Proteſtant deuant Dieu (lequel nous appellõs à noſtre ayde: & lequel auſſi nous nous aſſeurons qu'il guidera noſtre entrepriſe) n'eſtre eſmeuz ou pouſſez à ce faire, d'aucune cupidité de vengence priuée. Combien que pour les torts qui nous ont eſté faits, nous en euſſions juſte occaſion. Ou de grandeur & deſir de commãder plus que nous ne faiſons & ne nous appartient. Nous contentans (comme nous en auons bonne occaſion) des biens, autorité & grãdeur que nous auons receu de Dieu & de ſa benignité & largeſſe. Nous aians fait naiſtre de pere Roy & ordonné la ſeconde perſonne de ce Royaume. Que ſ'il auient qu'il plaiſe à Dieu nous appeller auãt que de pouuoir voir la fin & execution de ceſte tãt ſainte entrepriſe: nous nous reputerons tres-heureux, d'auoir pour icelle employé noſtre vie qui concerne le ſeruice de Dieu, la franchiſe & inmmunité de la Nobleſſe & du clergé: le repos & ſoulagement du peuple & liberté de la patrie. Et pour oſter tous empeſchemens & reünir les cœurs des naturelz François: nous auons prins & prenons en noſtre protection & ſauue-garde: tous tant d'vne que d'autre Religion. Les priant & exortant au nom de Dieu, ſe comporter les vns auec les autres comme freres, voiſins & concitoiens: ſans ſe prouoquer par injures ou autrement. Et juſques à ce que par les Eſtats generaux & aſſemblée d'vn ſaint & libre Cõcile: il ſoit pourueu ſur le fait de la Religion. Permettre & laiſſer jouïr vn chacun de l'exercice d'icelle. Priõs tous Roys, Roines, Princes Seigneurs, Potẽtas, Republiques & cõmunautez voeſins, aliez & Cõfederez de ce Royaume & Courõne, qu'ils nous fauoriſẽt aydẽt & ſecourẽt en ceſte tãt ſainte & loüable entrepriſe. Et ne prãdre autre oppiniõ de nous que celle que nous teſmoignõs par ceſte preſente proteſtation. Prions auſſi tous Princes, Seigneurs, Gentilshommes, Bourgeois, villes & communautez ſujets de la Courone, de nous venir trouuer accompagner & ſecourir de viures, armes, argent & autres leurs moiens: à ce que par leur faute & negligence, l'execution de noſtre dite entrepriſe ſi haute, ne ſoit differée & la Paix retardée. Declarans nos ennemis ceux qui par force ſi oppoſeront & taſcheront d'empeſcher noſtredite entrepriſe. Et nos amis ceux qui ne nous courrõt ſus. Donné à Dreux le dixſeptiéme jour de Septembre mil cinq cens ſeptante cinq. Signé François.

Ce pendant pluſieurs ne laiſſoient de parler diuerſement de l'intention & volonté de Mondit ſieur. Et comme nous ſommes naturellement enclins à mal juger. Les Catholiques diſoiẽt que les Proteſtans n'auoient pas grande occaſion de tant ſ'eſjouïr pour la declaration de Monſieur qui n'eſtoit pouſſé de zele de leur Religion veu qu'il faiſoit profeſſion de la contraire. Mais que c'eſtoit la guerre du bien publiq reſſuſcitée. Et qu'il vouloit par leur aide ſe faire dõner plus grand Apanage. Qui fut la cauſe que Monſieur pour obuier à telles impreſſions feit proteſtation du contraire par ſadite declaration. Autres paſſoient plus auant: ſelon l'humeur qui les pouſſoit. Pluſieurs & meſmemẽt aucuns des Proteſtãs en jugeoiẽt encor plus ſiniſtrement. Remarquoient ces mots, antique ſplandeur: à laquelle il vouloit faire retourner ce miſerable Royaume, ne pouuans comprandre le temps & ſous quel Roy il imaginoit ceſte ſplandeur auoir eſté veuë en France pour l'accõmoder ſainement & auec profit auantageux à l'Eſtat preſent. Ils ſ'eſcarmouchoient encores plus du deſir que Monſieur diſoit auoir à remettre l'eſtat Eccleſiaſtic en ſes premiers honneur & anciene prerogatiue: ne pouuans juger que cela ſe peut faire ſans la ruyne de leur eſtat proteſtãt & interdiction neceſſaire à tout autre exercice que de la Religion Catholique. Et qu'ils diſoient auſſi du tout contraire à ce que ſur la fin Mõſieur

Septembre.
1575.

sieur protestoit de vouloir maintenir l'vne & l'autre Religion en son entier. Telles en somme & plusieurs autres occasions refroidirent grand nombre de protestans & autres Catholiques de se remuer en sa faueur. D'autres au rebours s'en eschaufererent dauātage. Lesquels s'asseurans en ces affectionnez discours & prenans son nom d'Herculés pour vray presage d'vne conformité d'actes qu'il feroit auec les vertueux effets de ce grād dompteur de monstres: s'imaginoiēt que Dieu ne l'auoit suscité que pour reformer l'Estat de mal en mieux; vous verrez comme le tout se porta.

Diuisions à la Rochelle pour le gouuernement des affaires.

Ie vous ay cy dessus parlé des murmures & partialitez Rocheloises. Sur la fin de Septembre il y eut quelques articles proposez aux Rochellois de la part de la Noblesse, tendans raisiblement à ce que l'entier gouuernement & conduite qui se presenteroient cy apres: fut mis entre les mains & en la disposition de la Noblesse.& que l'on s'y gouuernast par son autorité & conseil, auquel le Maire & quelques Escheuins pourroient assister. Cela fut trouué tresmauuais & odieux des Rochellois: Qui n'ont jamais rien eu plus à cœur que cela: & ne veulent reconoistre que le Maire de la ville non seulement pour la police: Mais aussi pour toutes leurs autres affaires. Et à icelluy rēdēt vnanimemēt vne singuliere obeissāce: ne faisāt pour ce regard grand estat des Gentilshommes sinon de grace & quand il leur plaist. Et sur tout craignent leur autorité & trop grande entremise és affaires. Ils maintiennēt que cela est de leurs priuileges, & sēblent qu'ils abhorrent ce nom de gouuerneur: à tout le moins pour le particulier de leur ville. Maintenans que ce n'est qu'vn Seneschal. Somme qu'ils monstrerent appertement le peu d'enuie qu'ils auoient de s'asujetir à la Noblesse en cest endroit: tant par leurs remonstrances que par vne infinite de murmures & partialitez qui deslors se rengregerēt: reuenans aucuns à leurs premiers soupçons & deffiances desquelles la Nouë monstroit apparence de mal contentemēt.

La Nouë va trouuer Mōsieur.

Mesmes se plaignoit fort d'aucuns Capitaines de ladite ville, qui l'auoiēt de long temps cōme on disoit offencé par leurs parolles. Somme rien ne fut accordé de ce que dessus: & sortit la Nouë bien mal contant de la Rochelle pour aller trouuer Monsieur enuiron le premier Octobre. Ce que feit aussi saint Gelais & quelques autres Gentilshommes.

Defaite de Thoré.

ENVIRON ce temps Thoré party d'Allemagne auec deux mil Reystres qu'ils desiroit des premiers mener à Monsieur, attendant le gros de l'armée que conduisoit le Prince de Cōdé: fut deffait en Bourgongne par le Duc de Guyse & de Biron qui le chargerent à l'improuiste au passage d'vne Riuiere. Thoré en fin passa & se retira en petite compagnie à Monsieur.

Le Duc de Guyse blecé au visage.

Mais sa troupe capitula & se rendit en Allemagne par les remonstrances de Biron: auquel estoit lors demouré le principal cōmandement de l'armée l'estant le Duc de Guise retiré pour auoir esté griefuement blessé au visage en la charge: en laquelle toutesfois y eut plus de desroutte que de meurtre d'vne part & d'autre.

La Royne mere cherche la Paix.

La negociation de Paix qui se continuoit à Paris par les Deputez, estant comme rompuë à cause de la sortie de Monsieur: La Royne mere s'achemina vers luy accompagnée des Princes & principaux Officiers de la Couronne & des plus signalez du Conseil priué: Laquelle aiāt charge expresse du Roy: cherchoit tous moiens pour pacifier les choses. Les Mareschaux

Les Mareschaux de Montmorency & de Cossé deliurez de prison.

de Montmorency & de Cossé estans deliurez en ce mesme temps: & ceux aussi qui auoient esté si longuement detenus pour mesme occasion: s'y emploierent auec ladite Dame. Mais tout estoit si brouillé, que l'on n'y pouuoit aisément pouruoir: ne si tost qu'on eut bien desiré. Estant le Royaume menassé de grand nombre d'estrangers qui de tous costez se preparoient pour y entrer.

Lettres de Monsieur à la Rochelle

Ce pēdāt Mōsieur curieux d'ētretenir les Rochellois: leur escriuit le dixhuitiéme Octobre & furent leuës lesdites lettres publiquemēt en l'Escheuinage le vintième du mois, par lesquelles il les prioit de perseuerer en ce qu'ils auoient si fidellement commencé: les auisans qu'il estoit sorty pour le repos general de ce poure Royaume. Et pour y faciliter de tant plus vne Paix. Particulierement aussi pour les fauoriser de ce qui concernoit leurs priuilleges & le biē de leur ville. Les prioit au reste d'auiser de le secourir en vne si juste cause, non seulement d'artillerie & autres munitions de guerre: mais aussi d'argent dont il auoit necessairement affaire.

Entreprise sur les Galeres.

Tout ce mois d'Octobre se passa en allées & venuës pour la negociation: sinon d'vne paix à tout le moins d'vne Tesue. Ce pendāt la guerre & tous actes d'hostilité cōtinuoient tant par terre que par mer: & se bastissoient journellement de nouueaux desseins chacun desirant auoir l'auantage par deuers soy. Popeliniere feit entreprise d'aller à la Riuiere de Nantes enleuer

ce

ce qu'il y trouueroit : Mesmement le Baron de la Garde qui se tenoit auec ses vaisseaux longs à la fosse de Nantes. Pource auec cinquante Capitaines & quatre cens cinquante soldats entré en la Riuiere par petis vaisseaux trouua par l'enuie de quelques vns qui en auoient donné auertissement les Catholiques sur leurs armes. Ce qui l'occasionna de se retirer. Mais rencontrât deux Nauires Basques de plus hauts bois que les siens & les auoir combattuz par six heures: les laissa aussi tost qu'il eut coneu qu'ils n'estoient chargez de chose qui vallust la peyne de s'y arrester: y laissant neantmoins vint cinq hommes des siens & presque autant de Basques sous les eaux. En ce temps le Roy deliura & fit renuoier les ostages que les Rochelois auoiẽt à Poitiers: par-auant tenus temps de les renouueler de trois en trois mois.

Nous auons parlé cy dessus comme la Royne mere faisoit grande poursuite enuers Monsieur pour pacifier les choses. Et pource faire ny espargnoit aucune peyne & trauail de sa personne: quoy que le temps fust assez dur pour auoir esté cest hyuer autant rigoureux en pluie & tourmente de vents impetueux que autre qui se fust veu de memoire d'homme. En fin voiant qu'il seroit bien difficile d'establir si tost vne bonne paix. Et que la continuë des troubles pourroit causer la ruyne du Royaume, pour la proximité des estrangers qui se preparoiẽt d'y entrer en plusieurs endroits: elle s'auisa de rechercher Monsieur d'vne trefue pour six mois. Laquelle apres vn long debat fut en fin accordée à Champigny ou pour lors estoit mondit sieur le vint deuxième dudit mois de Nouembre. Commençant la Trefue generalle au vint deuxième dudit mois pour finir au jour saint Iean Baptiste ensuiuat moiẽnant laquelle le Roy donnoit cinq cẽs mil liures pour le paiemẽt des Reystres leuez par le Prince de Condé: pourueu qu'ils se retirassent & ne passassent au deça du Rhin. Et pour seureté tant des Protestans que associez Catholiques donôit sa Majesté en garde & comme en depost, les villes d'Angoulesme, Nyort, Saumur, Bourges, la Charité & Mezieres qui estoit particulierement pour la retraite du Prince de Condé. Moiẽnant que Monsieur & les principaux de son party jureroiẽt rendre lesdites villes ladite trefue expirée, fust Paix ou guerre en l'estat qu'elles leur estoient données. Et pour la garnison desdites villes deuoit sa Majesté paier deux mil hommes de pied tels que mondit sieur y mettroit, cent Gentilshommes, sa compagnie de gens d'armes, cinquãte Suisses & cent harquebuziers pour la personne dudit sieur. Promettoit aussi sa Majsté faire sortir au plustost toutes les forces estrãgeres qui estoiẽt à son seruice dedãs le Royaume hors mis les Suisses & Escossois de sa garde. Plus que les armes seroiẽt licentices tãt d'vne part que d'autre si tost que lesdites villes auroient esté deliurées. Et pour la fin d'autant que parce nouueau remuëmẽt la negociation de Paix qui s'estoit traitée à Paris, auoit esté discontinuée & comme rompuë: fut accordé que dans le mois de Ianuier mondit sieur, les Princes, Seigneurs Prouinces, villes de son party: enuoieroiẽt leurs Deputez persõnages signalez & de Conseil la part ou il seroit pour auiser des moiens & expediens plus propres de faire establir vne bonne Paix. Le tout fut couché en ces propres mots.

Sur le traité & conference ou la Royne mere du Roy & Monsieur le Duc d'Alençon frere de sa Majesté sont entrez pour auiser aux moiẽs de mettre fin aux miseres & calamitez qui affligent si grieuement le Royaume: Considerant que c'est chose dont la negociation pourra prandre long trait pour l'estat ou sont à present reduits les affaires: & que pendant icelle, la cõtinuation de la guerre outre la ruine qui en depend: pourroit grandement empescher l'auancement dudit traité: voulant y obuier & pouruoir au soulagement de cedit Royaume: attendant qu'il plaise à Dieu y establir vn entier & perdurable repos. Mesmes empescher le grand nombre d'estrangers qui d'vne part & d'autre sont apres à y entrer, pour auec plus de loisir & commodité au plustost que faire se pourra, paruenir à vne bonne Paix: ladite Dame au nom du Roy suiuant son intention & ce qu'il luy à mandé assistée des Princes du sang, Mareschaux de France & plusieurs notables personnages du Conseil priué du Roy: estant au pres de ladite Dame. Et mondit Seigneur tant pour luy que pour Monsieur le Prince de Condé, Monsieur de d'Anuille Mareschal de France & tous autres seigneurs, Cheualliers & Gentilshõmes estãs tant dedans que dehors ce Royaume, gens de guerre, villes Communautez & autres de quelque Religion qualité & condition qu'ils soient tenãs & suiuans son party ont semblablement conuenu & arresté ce qui s'ensuit.

1. Premierement qu'il y aura bône & seure trefue & suspension d'armes par tout ce Royaume, pays, terres & Seigneuries de l'obeissance du Roy: laquelle commencera le vintdeuxième

Hyuer de l'ã 1575. fort dangereux en pluies & tourmentes cõtinuelles

Trefue generalle pour six mois.

Treue generalle entre le Roy, Monsieur & les Protestans 1575.

Trefue accordée entre la Royne mere pour le Roy & Monsieur pour les Protestãs & Catholiques vnis.

du

L'HISTOIRE DE FRANCE.

Nouembre 1575.

du present mois de Nouembre mil cinq cẽs septãte cinq. Et cõtinuëra jusques au jour & feste de de saint Iean Baptiste prochainement venant. Pendant & durant lequel temps, ne seront faites aucunes courses, pilleries, exactions rançonnemens ny attentes aucunes entreprinses sur villes places, Chasteaux & plat pays: ou faire autres actes d'hostilité d'vne part ny d'autre en aucune maniere que ce soit. Ains pourront toutes personnes de quelque estat, quallité & conditiõ qu'ils soient: aller venir & sejourner librement & seuremẽt en tous lieux & endroits ou besoin sera, pour leurs negoces & affaires sans difficulté ne empeschemens. Et sera le commerce & traffic de marchandise exercé tant par mer que par terre, riuieres & passages en toute liberté seureté & comme en pleine Paix: en paiant neantmoins les charges subsides & peages és villes & lieux de present imposez cy deuant & durant ces guerres sur lesdites Riuieres ports & passages par celluy qui commande en la prouince: sans que l'on en puisse imposer de nouueau. Et ou aucune chose seroit faite au contraire de ce que dessus pendant ledit temps: ce qui auroit esté prins, tant villes, Chasteaux, personnes que biens: sera incontinant rendu à qui il appartiendra. Et le tout de bonne foy reparé & remis prõptement au premier estat & deu. 2. Le

Paiement des Reistres.

Roy sera bailler & deliurer pour satisfaire au paiement des Reystres, leuez par mondit Seigneur la sõme de cinq cens mil liures tournois: ou respondant soluable au contentement des Chefs desdits Reystres: à la charge qu'ils se retireront incontinant & ne passerẽt au deça du Rhin. Et moienant ce leur sera ledit paiement fait dans la ville de Strasbourg ou de Francfort: la ou sa Majesté le pourra plus commodement faire: apres qu'ils seront comme dit est retirez dãs les mois, termes & paiemens, dont le Roy pourra accorder auec lesdits Reystres. 3. Que pour

Villes donnees à Monsieur & Princte de Cõdé.

la retraite & seureté tant de la personne de mondit seigneur, que de ceux de sõdit party durant le temps de ladite tresue: sa Majesté luy sera cõsigner & mettre en son pouuoir ou de ceux qu'il deputera à cest effet par forme de deposts les villes d'Angoulesme, Nyort, Saumur, Bourges, la Charité & la ville de Mezieres pour la retraitte de Monsieur le Prince de Condé: auec leurs Chasteaux, Tours, citadelles & forteresses artilleries & munitiõs tant de viures que autres en l'estat qu'elles sont: le tout par bon & loyal inuentaire. Et y seront receuz ceux que mõdit seigneur deputera pour y commander huit jours apres l'accord: horsmis la ville de Mezieres laquelle pour estre si esloignée comme elle est: ne pourra estre si tost baillée que les autres. Et sera accordé du temps pour estre consignée lors de l'arriuée de mondit seigneur le Prince. Les habitans desdites villes tant d'vne Religion que d'autre: seront prealablement dessaisis de leurs armes qui seront mises en tel lieu de chacune desdites ville, qu'il sera auisé. aussi par bon inuẽtaire contenant les noms & sur noms de ceux ausquels appartiendront lesdites armes, pour estre selon ledit inuentaire rẽdus ausdits habitãs apres la restitutiõ qui sera faite d'icelles villes ainsi qu'il sera dit cy apres. Et pour l'execution de ce que dessus, sa Majesté fera despescher toutes commissions, pouuoirs & lettres necessaires. Et seront enuoiez pour cet effet tels Princes & seigneurs qu'il sera auisé. 4. Lesdites six villes Chasteaux & forteresses seront rendues & restituées par mondit seigneur & ceux desõ party au Roy: & cõsignées és mains de ceux que sa majesté deputera à cest effet, auec les artilleries & munitiõs au mesme estat qu'elles leur auront esté deliurées suiuant leur inuentaire. Et ce incontinant & sans delay: au cas que les Reystres & autres estrangers leuez de sa part ne se voudront retirer par son mandement & passeroient au deça ladite Riuiere du Rhin: & entreroiẽt dedans le Royaume. Pareillemẽt succedans la Paix auant l'expiration de ladite Tresue: icelles villes Chasteaux forteresses & munitions seront restituées tout promptement en la forme que dessus apres la conclusiõ & publication d'icelle Paix. Et finallement ou Dieu ne permettroit qu'elle peut ensuiure Mondit Seigneur & ceux de son party: ne laisseront: ains seront, tenuz de les rendre & restituer entierement sans aucune chose en retenir ne reseruer, passé le temps de saint Iean Baptiste ou au plus tard dedans quinze jours apres, qu'ils leur seront donnez outre iceluy terme pour auoir moien d'eux retirer ou bon leur semblera. Pour asseurance dequoy, mondit seigneur baillera sa promesse en bonne forme signée de sa main & seellée de son seel. Et la fera au mesme instant bailler semblable par les principaux seigneurs & Gentilshommes estans au pres de luy, pareillement signée de leurs mains & cachetée du seel de leurs armes: laquelle contiendra en outre que la ou il plairoit à Dieu disposer de mondit seigneur auant l'accomplissement du contenu és presens articles ils satisferont entierement à la restitution desdites villes sans qu'ils en puissent retenir aucune chose ny vser en la restitution d'icelles les cas susdits auenus d'aucune longueur difficulté

culté ou excuſe, ſous quelconque coulleur & occaſion & quelque choſe qui puiſſe ſuruenir: ne autrement faire au contraire de ladite promeſſe directemēt ou indirectemēt en quelque ſorte & maniere que ce ſoit. 5. Semblables promeſſes pour la reſtitutiō deſdites 6. villes ſera faite & baillée par mōdit ſieur le Prince de Condé: en luy conſignāt ladite ville de Maizieres. Et par ledit ſieur Mareſchal de Danuille & tous les autres Seigneurs & Gentilshōmes de la ſuitte & parti de mondit Seigneur n'eſtant a preſent au pres de luy, dedās 3. ſemaines ou vn mois au plus tard apres la datte deſdits preſens articles. 6. Sa Majeſté entretiendra à mondit Seigneur durāt la treſue 2000. hōmes de pied, cēt Gentilshōmes, ſa Compagnie de Gens-darmes & les 50. Suiſſes de ſa garde ordinaire: & cēt harquebuziers. Et iceux fera paier de leurs Eſtats, ſoldes & appointemēs à ſes deſpēs, ſelon l'eſtat qui en ſera fait, pour eſtre departis par mōdit Seigneur ez 6. villes ſuſdites aſſauoir à Angouleſme 400. hōmes de pied à Niort 200. hōmes de pied, à Bourges 600. hōmes de pied, à la Charité 300. hōmes de pied & à Maizieres 200. hōmes de pied. Et leſquels il dōnera ordre de faire viure en bōne diſcipline ſans aucune ſoulde & oppreſſion des habitās d'icelles villes: prandre d'eux ne les cōtraindre de fournir aucunes choſes de leurs biens & viures. Sinon de gré à gré & en paiēt raiſonnablement. 7. Pour c'eſt effet dōnera la charge de cōmander eſdites villes à Gentilshōmes de qualité, ſages & diſcrets: leſquels maintiendroit les habitans d'icelles. Specialement les Eccleſiaſtiques en bon repos & trāquilité: Sans entreprādre ſur iceux habitās ne ſouffrir eſtre entreprins aucune authorité ſoit au fait de la Iuſtice, fināces du Roy ou de la police. Ains ſe cōtenteront de la ſeule garde deſdites villes. Et eſt accordé par ſa Majeſté à chacun deſdits Gouuerneurs pour leur entretenement la ſōme de 200. liures tournois par mois: à la charge qu'ils feront ſermēt particulier à ſa dite Majeſté ez mains de ceux qui leur conſigneront les places: de garder & entretenir tout le contenu en la promeſſe que doiuēt bailler mondit Seigneur & les Princes, Seigneurs & Gentils-hommes de ſon party. Et quelque choſe qui puiſſe auenir ils remettront leſdites villes ez mains & pouuoir de ſadite Majeſté: ſans aucune difficulté incontinant les cas portez par ladite promeſſe aduenus. 8. Les Eccleſiaſtiques ne ſeront troublez eſdites ſix villes n'y ez enuirons en l'exercice de la Religion & ſeruice de l'Egliſe Catholique. Et feront eux & les Chefs principaux Officiers du Roy en la Iuſtice des finances, traittez & reſpectez en tout. Et particulierement pour leurs logis le plus fauorablement que faire ſe pourra. Ne ſeront auſſi tant les Eccleſiaſtiques que autres ſujets du Roy de l'vn ny l'autre party empeſchez en la jouyſſance de leurs biens ne plus ne moins qu'il ſera fait enuers eux n'y les Officiers de la Iuſtice en l'adminiſtration d'icelle. Et ne ſeront faites eſdites ſix villes & lieux circonuoiſins de la part de mōdit Seigneur aucunes leuées de deniers, cheuaux, viures, ny autres choſes quelſconques, ny aucun tort ou violence aux habitans d'icelles & villages circonuoiſins: ſoit en leurs perſonnes, maiſons ou biēs. Pareillemēt ne ſerōt empeſchées ne retardées les fināces de ſa Majeſté eſdites villes en aucune maniere que ce ſoit. 9. Le Roy licētiera & fera ſortir hors du Roiaume toutes leſdites forces eſtrāgeres qu'il a dedās 3. ſemaines apres ledit preſent accord. Excepté les 1200. Suiſſes de la garde de ſa Majeſté qu'elle pourra retenir pres ſa perſonne cōme elle à accouſtumé. Et les Cōpagnies d'Eſcoſſe qui y ſont de preſent eſtans en nōbre de quatre à 500. hōmes ou enuirō. Leſquelles ſerōt miſes en Garniſon ez païs de Dauphiné & Prouēce ſans paſſer deçà le Roſne. Et ne pourra eſtre faite leuée d'aucuns eſtrāgers d'vne part ny d'autre durāt le tēps de ladite treſue. 10. Pendant lequel tēps de la treſue & juſques audit jour & feſte S. Iean Baptiſte prochain venāt, ſi tant elle dure: ſa Majeſté accorde la Religiō pretēduē reformée par proviſiō en attendāt qu'il y ſoit plus amplemēt pourueu par le traitté d'vne bōne Paix finalle: outre les lieux tenus par eux, en tous lieux & endroits permis & accordez à ceux de ladite Religiō, ainſi qu'il eſt porté par les articles qui ont eſté accordez en la derniere conference de la Paix faite à Paris au mois de May dernier. Et ſeront à ceſte fin ordonnez Cōmiſſaires par ſadite Majeſté pour en faire l'eſtabliſſement. Comme auſſi reſpectiuement les Catholiques feront l'exercice de leur Religion en toutes les villes & lieux ſuſdites. Et y ſera eſtably par mondit Seigneur ou ceux qu'il deputtera le pluſtoſt & le plus commodement que faire ſe pourra. Pour le regard des ſix villes cy deſſus accordées à mōdit Seigneur & à mondit Sieur le Prince de Cōdé: ceux qu'ils cōmettrōt à la garde d'icelles & autres qui irōt habiter durāt la dite treſue qui ſerōt de la religiō: y pourrōt auoir ou faire l'exercice d'icelle ſi bō leur ſēble en vne ou deux maiſons particulieres qui ſeront ordōnées par mondit Seigneur. Et ce par prouiſiō & du

Garniſons departies par les ſix villes conſignées.

Forces que le Roy retient.

Religion.

rant le tēps de ladite trefue tant feulement. 12. Et aura lieu ladite trefue tant en la ville d'Auignon que Conté de Veniffe: y demeurans toutes chofes en l'eſtat qu'elles ſont: ſans qu'il y ſoit fait aucun acte d'hoſtilité d'vne part ne d'autre. 13. Les armées du Roy & celles de mondit Seigneur ſeront rōpues & licentiées, auſſi toſt que mondit Seigneur ſera dedans leſdites 6. villes qui luy ſont accordées cy deſſus. Et n'y aura aucune Garniſon à 10. lieuës pres de la ville ou ſera mōdit Seigneur. 14. Et d'autant que la preſente trefue eſt faite & accordée pour pouuoir auec plus de loiſir & cōmodité vaquer au traitté de la Paix pour la reunion de tous les ſujets de ſa Majeſté, ainſi qu'eſt auſſi l'intantion de ladite Dame & de mondit Seigneur: A eſté accordé que dedans le premier jour de Ianuier prochain ou pluſtoſt ſi faire ſe peut, ſeront de leguez & enuoiez de la part de mondit Seigneur & de tous ſes Princes, Seigneurs, Gentilshommes, villes & communautez tenāt ſon parti: des principaux & plus notables gens d'honneur & de qualité auec ample & ſuffiſant pouuoir. Leſquels ſe rendront dedans ledit tēps ou le pluſtoſt que faire ſe pourra la part ou ſera ſadite Majeſté, pour eſtre promptement vaqué au traitté & concluſion de ladite Paix. 15. Tout le contenu cy deſſus ſera inuiolablement gardé, obſerué & entretenu de point en point: ſans y cōtreuenir ny ſouffrir eſtre contreuenu directement ou indirectement d'vne part n'y d'autre en quelque façon & ſous quelque occaſion & cauſe que ce ſoit. Et ainſi a eſté promis, juré & accordé ſur les Saintes Euangiles par ladite Dame & mondit Seigneur fait à Champigny le 22. jour de Nouembre 1575. Signé Catherine & François. Depuis à eſté accordé que les Sieurs & Gentilshommes tant d'vn parti que d'autres jouyront de leurs biens: Excepté ez lieux où les Gouuerneurs & Lieutenans Generaux auront mis Garniſon & les Generaux qui cōmandent aux Prouinces tant d'vne part que d'autre. Peu apres l'armée eſtant à Ruffec on fit publier ce qui ſuit.

De par Monſeigneur fils & frere du Roy.

On fait aſſauoir qu'il y a trefues & ceſſatiō d'armes concluë & arreſtée entre le Roy noſtre ſouuerain Seigneur & Monſeigneur ſon frere juſques au jour S. Iean Baptiſte prochain. Pendant lequel temps pourront les ſujets de ſa Majeſté de l'vn & l'autre parti: aller, venir, traffiquer & negocier librement ſans crainte & en toute bonne foy: tant par mer que par terre. Et eſt de par mondit Seigneur enjoinct à toutes perſonnes de quelque eſtat, qualité & condition qu'elles ſoient: & ſpecialement aux manans & habitans de la Rochelle & Gouuernement d'Aunis & de toutes autres villes Chaſteaux & fortereſſes qui ſe ſont joints à luy: de la garder inuiolablement & defendu d'y contreuenir ſur peine d'eſtre declarez infracteurs d'icelle & punis exemplairement comme ennemis & perturbateurs du repos & tranquillité publique fait au Camp de Ruffec le 23. jour de Decembre l'an 1575. Signé François.

Moïen que tient le Roy pour dreſſer armée.

Pendant neantmoins la pourſuite & concluſion de cete trefue que la Roine mere ſeparée de Cour à cete fin: affectiōnoit en la ſorte que vous auez veu: Le Roy cōſeillé de ſe tenir tourjours & en toutes occurrences le plus fort ſur ſes ſujets: ne laiſſoit de pouruoir à l'auenir: ſi le malheur de la Frāce deſtournoit au pis, le cœur de ceux qui deuoient embraſſer la trefue cōme choſe tant neceſſaire à la conſeruation de l'Eſtat. Tellement que ces nouueaux & tant ineſperez remumās de Mōſieur, du Roy de Nauarre & tant d'autres Seigneurs, leſquels ſuiuis d'vn grand nombre d'hommes que d'vne que d'autre Religion s'efforçoiēt de voir a quelques pris & hazard que ce feuſt la fin de leur malcontentement: donnerent aſſez d'occaſiō au Roy pour le deſir qu'il auoit d'y obuier, ſe tenir fort & en fin rōpre coup aux deſſeins de tous ceux qui ne ſe vouloient conformer à ſa volonté: de recercher d'aide & ſecours les plus apparens de ſes ſujets en cas que la trefue ne reuſciſt à vne bonne Paix. Notāment les Eccleſiaſtics & Pāriſiens qui ſe ſont tousjours monſtrés les plus feruens & mieux zelez à pourſuiure les effets de ſes deſirs. Pource deſirant ſa Majeſté eſtre aſſiſtée de 6. mil Suiſſes: la leuée deſquels cōmençoit ja à ſe dreſſer. Il requiſt les Preuoſt, Eſcheuins, Bourgeois & habitās de Paris de luy dōner 200. mil liures qu'ils pourroiēt eſgaller le fort portāt le foible, ſur tous les habitās de Paris: pour la ſolde de la moitié, leur permettāt s'aſſēbler pour y auiſer. A ceſte fin le 12. & 13. Decēb. 1575. Ils ſe trouuēt en la grād ſalle de l'hoſtel de ville de Paris: où en auoir lōguemēt cōferé ils cōclurēt en fin pour le plus expediēt à retarder le cours de telles demādes: de lui remōſtrer la poureté du peuple & impoſſibilité de plus fournir à la cōduite de ces guerres ciuiles cōme ils auoiēt fait par le paſſé, voians que les affaires cōtre les Proteſtans alloiēt de jour à autre de mal en pis. Du moins q̄ tāt d'armées leuées, tāt de deniers fournis, tāt de deſſeins ingenieuſemēt pourpēſez &

Six mil Suiſſes.

ſecrette-

LIVRE QVARENTIEME. 293.

secrettemēt conduits: n'auoiēt de rien fait la cōditiō des Catholiques meilleure qu'auparauāt. Occasion qu'ils ordōnerēt nōbre de Deputez pour articuler ces remōtrāces en forme de requeste qu'ils presenterent le 19 du mois à sa Majesté estant au Louure lez Paris telle qui suit.

Au Roy leur Souuerain Signeur,

SIRE, vos treshumbles & tresobeissans seruiteurs & sujets, bourgeois & citoiens de vostre ville de Paris: Cōposez du Clergé, Cour de Parlement, chābre des cōtes, Cour des aides, preuosté de Paris & des bourgeois de chacun cartier d'icelle: faisās ēsēble & represētās auec nous Preuost des marchās & Escheuins de vostre dite ville, le corps entier & vniuersel d'icelle estās assēblez par deux diuers jours pour auiser sur les 200. mil liures qu'entēdez estre leuez sur icelle vostre ville & generalité pour le paiemēt de 3. mil Suisses, faisās moitié de 6. mil desquels vostre Majesté fait estat durāt 4. mois pour le secours de vostre Roiaume. Ont esté d'auis d'vne cōmune & meure resolution, de vous supplier en toute humilité, receuoir de bōne part les plaintes & doleances de vostre poure peuple: auec telle clemence que nous promet vostre roialle & naturelle bōté: & telle que peut esperer de son Roy le fidelle & obeissāt sujet. Et croire que leurs remonstrāces ne procedent d'aucun instint & mouuemēt de desobeissance & refroidissemēt de bonne volonté: seulement de grand zele & desir tresaffectionné qu'ils ont à la conseruation & manutention de l'honneur de Dieu & de vostre Estat.

En premier lieu, Sire cōme la vertu, bōté & intelligence des Roys & grās Princes, est plus grāde & penetre plus auāt que celle des autres hōmes, selon qu'escrit Xenophon. Vostre bon plaisir sera de vous rememorer representer & viuemēt imprimer la lōgueur & cōtinuatiō des guerres intestines & ciuiles qui ont prins leur origine par la fin des externes: A l'occasiō desquelles vostre poure peuple a esté tellemēt pillé, vexé & saccagé sās aucune relasche n'y moyen de respirer depuis l'an 1560. jusques a present: qu'il ne lui reste que la voix casse & debille pour vous declarer & exprimer le mieux qu'il sera possible ses oppressiōs & grādes calamitez. Depuis lequel tēps qui est de 15. années, les Majestez de vous & de vos predecesseurs Rois de tres recōmandable memoire: ont esté secourus par les habitās & citoiēs de vostre dite ville de Paris & païs circōuoisins de la sōme de 36. milliōs de liures, outre la sōme de 60. milliōs de liures ou enuirō qui ont esté fournis par le Clergé de vostre Roiaume depuis ledit tēps de 15. ans. Sans les dons & emprunts & subsides leuez extraordinairemēt, tant sur ladite ville que sur les autres païs & Prouinces de vostre dit Roiaume. Sōme suffisante non seulemēt pour cōseruer l'estat de vostre Majesté: Mais aussi auec la terreur de l'anciē nō des Frāçois: vous rēdre redoubté & formidable a tous autres Princes, potētats & natiōs. Nonobstāt lequel secours volōtairemēt fait, tant en purs dons, cōstitutiōs de rente que subsides extraordinaires: les affaires de vostre Roiaume n'ont esté en riē plus auācées, ny aucun meilleur ordre establi: Au cōtraire de grād & puissant que vostre dit Roiaume estoit en l'anée 1560: il à esté cōtraint passer par les mains des forces estrangeres qui ont tiré, succé & emporté le plus beau & le plus precieux, auec vne extreme despence. Outre la substāce de vostre poure peuple, laquelle y a esté entieremēt consommée: & la perte indicible d'vne partie des plus grans & experimētez Capitaines. Tellemēt que l'on peut veritablemēt dire, que vostre Roiaume est apresent destitué d'hommes & espuisé de deniers. Qui sont les vrais nerfs d'vn estat & monarchie. Ce que vosdits sujets, Sire, ne veulēt amplifier, ny exaggerer par ornemēt de lāgage: parce que la seule verité du fait & simple recit des choses passées, est trop plus que suffisante pour mouuoir toutes personnes: mesmes & par especial vostre bonté & clemence roialle à juste pitié & cōmiseratiō. Et ce qui rend nostre cōditiō plus miserable: c'est l'heur & felicité de nos voisins: lesquels jouissent d'vne Paix & abondāce de toutes choses: faisans leur grād proffit a nostre tresgrād dōmage. Encores que leur estat soit biē petit en cōparaison du vostre cōme il est tout notoire. Puis donc, Sire, que le secours des hōmes, n'y l'or, n'y l'argent n'a serui jusques a present pour nous donner vn repos & trāquilité en ce Roiaume: n'y pour rejeter & destourner de nous le dāger & ruine qui est eminente & preste à tumber sur nos testes, nonobstāt la bonne volonté de vos sujets & notāmant des Citoiens de vostre ville de Paris, lesquels n'ont jamais failli ny manqué d'vn seul point de leur deuoir: l'on ne peut penser d'où prouient ce malheur, sinon que la Guerre que nous souffrons vient du Ciel & n'est autre chose que l'ire de DIEV qui se manifeste sur nous. La cause de laquelle n'est si occulte n'estant secrete, qu'elle ne soit appertement remarquée en la corruption vniuerselle de tous les Estats & ordre de vostre dit Roiaume. Car

Requeste des Parisiēs au Roy luy remonstrans la poureté de son Roiaume,

Peuple de France ruiné par la cōtinue des guerres ciuiles.

Deniers que les Rois ont eu des Parisiens & Eclesiastics depuis 1560. jusques a donc pour les frais des guerres ciuiles contre les Protest. sans les impositions extraordinai.

Poure Estat du Roiaume de France.

Les Estats voisins se rient & grādissent de la ruine des François.

Ooo ij.

L'HISTOIRE DE FRANCE.

Decembre 1575.
Causes des guerres ciuilles en la corruption generale de tous Estats pour second de cause à la premiere qui vient du Ciel.
Estat Ecclesiastic & les abus qu'on y doit oster.
Estat de la Iustice & des abus qui y sont.

quant à l'Estat de l'Eglise, la Simonie y est si publiquement soufferte: que l'on ne rougist point d'intenter procez & actions pour l'entretenemēt des conuentions simoniales & illicites. Mais mal-heur auiendra à ceux qui du mal font le bien & de vice vertu: Les benefices Ecclesiastiques sont a present tenus & possedez par femmes & Gentilshōmes mariez. Lesquels employēt le reuenu à leur proffit particulier & ne font aucunemēt le seruice diuin, frustrans en cela l'intētiō de l'Eglise & des fōdateurs: Et n'exercēt aucune charité enuers les poures, cōtre l'intētiō & bonnes coustumes des anciēs beneficiers. Les Euesques & Curez ne resident sur leurs benefices & Euesches: Ains delaissent & abandōnent leur poure trouppeau à la gueule du loup, sans aucune Pasture ou instructiō. D'où prouient que partie de vostre peuple se desbauche & desuoie de l'anciēne & vraie Religion. Et a ceste occasion facilemēt se destourne & retire de vostre obeïssance: Laquelle est specialemēt fondée sur la vraie Religion & la iustice: deux seules & fermes Colonnes de vostre sceptre & Corone. Et sont les Ecclesiastiques si extremēmēt desbordez en luxure, auarice & autres vices: que le scādalle en est trop public. Quand à la iustice par laquelle les Rois regnēt & sont maintenus: Il en reste peu d'apparēce & d'anciēs vestiges. Au moiē de la venalité par trop frequēte des offices de iudicature. Qui est cōme dit l'Empereur Iustinian la vraie source & origine de toute misere & iniquité. Et pourtant nos voisins qui sçauent que c'est de māgier & traffiquer procès: sen moquēt & nous ont en grāde abomination au lieu de ce que anciennemēt nosdits voisins se sousmettoiēt au iugemēt & auis de vos Parlemēs & autres Officiers en la iudicature: mesmes les Empereurs Rois, & grands Seigneurs tant d'Allemagne, Espagne, Italie, qu'autres païs: pour leur prud'hommie, grāde science & vertu. Et de ce est procedé la multiplicité & nombre effrené desdits Officiers & ceste venalité.

Les Empereurs Rois & autres Princes ont autrefois sous-mis leurs differens aux Iusticiers de France.
Estat des gēs de guerre & les abus que le Roy y deuroit reformer.

De laquelle vostre Roiaume peut dire cōme l'Empereur Adrian en mourant que la multitude des Medecins l'auoit tué. Partie desquels Officiers sont notairemēt incapables: prenās leur façō & instructiō aux despens de vostre poure peuple & de la reputatiō de vostre Estat. Les autres sont poures & par la induits & cōme contraints à choses mauuaises & mal hōnestes. En quoy a esté directemēt contreuenu au bon cōseil de Ietro beaupere de Moïse, qui luy cōseilloit deslire, Iuges, gens de bien craignās Dieu & de bōne cōsciēce: sçauās & capables aiās en extreme haine l'auarice & corruptiō. Aussi est ledit Estat de Iustice corrōpu par la facilité trop grāde des remissiōs & impunitez de meurtres de quelque qualité qu'ils soiēt: excitās l'ire de Dieu sur nous, deuāt lequel le sang crie vengeāce. Sēblablement par la facilité des euocations & verificatiōs des Edits dont s'ensuit le mespris & cōtēnemēt de vostre Majesté. Au regard de vostre gendarmerie laquelle a present est rēplie de persōnes de vil estat: non duits ne exercés aux armes (au lieu de ce que anciennement il n'y entroit que Gentilshōmes extraits d'anciēne & Noble race) & les gēs de pied qui sont à vostre solde: la plainte est trop frequēte de leurs rançonnemens ordinaires: inhumanitez & cruautez plus que brutalles & barbaresques, forcemens de filles & de femmes. Se dōnans au surplus si grāde & effrenée licēce que de leuer taille en quelques Prouinces de ce Roiaume sans vostre permissiō & sans aucun respect de vostre Iustice ny cōsentemēt de vostre authorité. Lesquelles pilleries & rançōnemēs sont pratiquez non seulement par vostre gendarmerie. Mais aussi par aucuns de vostre suitte & gardes de vostre corps. Par lesquels les fermes de vos sujets & maisons des poures laboureurs, sont ordinairemēt destruites & pillées. Et entre autres fermes des Ecclesiastiques iusques a celles qui appartiēnent aux hostels Dieu & hospitaux: mesmes celuy de vostre ville de Paris. De maniere que

Les Gardes du corps du Roy.
Hospitaux & malladeries.

les poures demeurēt sans nourriture & entretenemēt necessaire. Et ont esté les Gouuerneurs cōtraints depuis quelques tēps: vēdre pour plus de 4. mil liures d'heritages pour subuenir aux necessitez des poures. Grāde maledictiō en ce Roiaume quād les mēbres de Iesus-Christ, sont delaissez cōtre le deuoir du droit de nature & de la Loy diuine. Qui pis est ne se contētent lesdites gardes & gēs de vostre suitte, de loger & viure à discretiō. Ains abusans de vostre authorité: logēt sous faux titres leurs parēs, amis, voisins & autres personnes. Lesquels sēblablemēt viuent à discretion: pillēt & rāçonent le plat païs. Lequel demeure a present inhabité & abādōné en plusieurs endroits sans aucune culture ny labeur. En sōme, Sire, il n'est possible que la Paix de Dieu soit en ce Roiaume : tant & si lōguemēt que les malefices, abus & corruptiōs susdites serōt soufferts & passez par conniuence. Car en quelle Paix peut estre vn peuple, qui n'a aucune pieté, Religiō ny volōté de biē faire? Et faut si tels maux cōtinuēt que nous attēdiōs en brief, vn iuste iugemēt de Dieu sur nous, s'il n'y est pourueu auāt toute chose. Et deuōs craindre les peines dōt les propheties ont menacé le peuple de Dieu: quād il a preuariqué & transgreſſeſes cōmandemēs. Quant au maniemēt de vos finãces il eſt cōduit de meſme façon. Les dons immenſes,mal & inegallemēt diſtribuez & en tēps ſi calamiteux juſques à reuenir en l'ã 1572.à 2.millions 700.mil liures:moitié de laquelle ſōme eſt cōpoſée d'Offices nouuellemēt erigez à la charge & foulle de voſtre peuple qui emporte & paie les gages. En l'année 1573. reuiennent leſdits dons à deux millions 44. mil liures. L'année 1574. à 540. mil 800. & en l'année preſente depuis 6. mois 955. mil liures.La pluſpart deſquels dons ont eſté refuſez par voſtre chãbre des Côtes & cōmandez par voſtre Majeſté infinies fois.Et depuis paſſez par vos juſſiōs & treſexpres cōmandemēs,ſans cōprēdre les pēſiōs données reuenãs à la ſōme de 200. mil liures:qui ſōt autãt de rētes ſur vos finãces à la diminutiō d'icelles & augmētatiō de la neceſſité &conſequēmēt à la charge & foulle de voſtre poure peuple qui eſt reduit à toute poureté & impuiſſance. A quoy il plaira à voſtre Majeſté auoir eſgard & pouruoir ſ'il luy plaiſt aux remedes plus neceſſaires qu'ils ne furēt onc. Ce que voſtre dit peuple ſe promet,fondé ſur voſtre bōté & clemēce naturelle. L'eſtat duquel & nōmemēt de voſtre dite ville de Paris: eſt entieremēt perdu & reduit à neant:meſmes la marchādiſe ſans laquelle voſtre dit Roiaume demeure deſtitué de ſon anciēne abondance & richeſſe:Entre en vne neceſſité & diſette de toutes choſes,par la diſcōtinuation du Cōmerce. Lequel ne peut auoir cours pour le peu de ſeureté qu'il y a tãt en la mer qu'ē la terre.Outre les grādes daces & impoſitiōs nouuellemēt inuētées & les fermes eſquelles on n'a jamais voulu receuoir les naturels Frãçois,encores qu'ils aiēt of fert meilleure cōditiō. Deſquelles fermes les fermiers obtiēnent donatiō & rabais en pur dō & ſãs aucune verification de perte: contre toute forme de juſtice & de ſōmes notables cōme de 60. mil liures pour vne fois.Dont auiēt que les rētes de la ville,qui ſont aſſignées ſur leſdites fermes & aides:ne peuuēt eſtre paiées. Tãt au moiē deſdits rabais que faute d'aſſignatiōs & rēpliſſemēt:Nonoſtãt les remōſtrãces qui vous ſont ordinairemē faites par les Miniſtres de voſtre Iuſtice & Officiers de voſtre dite ville pour l'entretenemēt de vos cōtrats & ſeureté de la foy publique.Et encores y a vn nōbre de marchãs eſtrangers en ceſte ville de Paris, qui oſtent tous moiēs à vos naturels ſujets de pouuoir traffiquer.Au regard des bourgeois viuãs de leurs rētes&reuenus:ils ne jouïſſent aucunemēt de leurs biēs a cauſe de la licēce effrenée de voſtre gendarmerie.Par laquelle toutes leurs dites fermes ſont pillées & deſtruites.Vn bon nōbre de vos Officiers qui ont acheté leurs Eſtats & Offices:ſōt poures& neceſſiteux y aiãs mis la plus grande partie de leurs biēs & ſubſtāce & faut que voſtre poure peuple paye partie de l'emolumēt de leurs Offices,n'aiãs leſditsOfficiers autre moiē de viure.Au ſur plus les grans & execrables blaſphemes,vſures plus que Iudaiques & autres vices abominables,regnēt en ce Roiaume autāt ou plus qu'ils firēt onques:leſquels doiuēt eſtre ſeueremēt& en grāde dilligēce chaſtiez & extirpez.Autremēt n'eſt poſſible que puiſſiōs nous recōcilier auec Dieu n'y reſtablir l'Eſtat de voſtre Roiaume,ſinō le reduiſant au point qu'il eſtoit lors qu'il à fleury:Et ſi leſdites vſures qui ſont frequētes & ordinaires ne ſōt recerchées juſques au vif & chaſtiées par la ſeuerité des Loix:ne pourra l'Eſtat de marchādiſe entre autres aucunemēt eſtre entretenu.Et en auiendrōt cy apres de plus grās incōueniās eſtãs leſdites vſures facien mal de la Cité (cōme dit Tacite) & cauſe treſfrequēte&ordinaire des troubles& ſeditiōs.Les cauſes ſuſdites ſont perdre l'amitié & vnion qui eſtoit anciēnemēt entre les villes de voſtre Roiaume:& la charité entre vos ſujets chacune deſquelles villes ne cerche à preſēt que ſon intereſt particulier & ne ſe dōne peine ni ſouci de cōſerer au biē public de ce Roiaume par vnion,cōſentemēt & correſpondāce de volonté.Dont s'enſuit la diſſipation & ruine des Monarchies cōme nous ſōmes enſeignes par la Loy diuine & par raiſons politiques.Toutes leſquelles plaintes & juſtes doleances,Sire,pourroiēt eſtre facilemēt dilatées de viue voix ou par eſcrit:eſtãt le chãp & ſujet biē fort ample & meritãt chacune deſdites plaintes & doleāces vn traitté particulier.Mais d'autãt que ſōmes biē aſſurez que touſjours auez medité les choſes immortelles plus que les mortelles (qui eſt l'vn des principaux moyens pour conſeruer voſtre Sceptre & Couronne comme diſoit Chilon l'vn des ſept ſages de la Grece) & qu'eſtes eſtably ſur nous pour faire jugement & Iuſtice: Ayant vne Loy à laquelle vous vous aſſujetiſſez volontairemēt:non Loy eſcrite en quelques Liures ou en quelque boys (comme dit Plutarque) mais la raiſon viue imprimée en voſtre cœur,touſjours demeurāt auec vous,touſjours vous conſeruāt & jamais ne vous abandōnant ſans cōduite:qui eſt (pour parler en vrai Chreſtiē:) l'eſprit & grace de Dieu:Et auſſi que vous ſçauez trop mieux que les Rois qui ont aimé la Religion & vraie pieté : & qui ſe ſont eſtudiez

Ooo iij.

de plaire à Dieu côme ses vrais Ministres: ont longuemēt & heureusemēt regné. C'est la cause Sire, pour laquelle sās entrer au discours particulier de beaucoup de matieres qui s'offrēt: & estans enhardis par vn zele de l'hôneur de Dieu: nous vous priōs d'auoir pitié & cōmiseratiō de vos poures sujets: en dōnant ordre & reformation prōpte auāt toutes choses aux correctiōs des abus & maluersations cy dessus mōstrées: lesquelles prouoquent de plus en plus l'ire de Dieu sur nous. Et de remettre vostre poure peuple en quelque haleine, Establissant s'il y à moiē, vne bōne & seure Paix qui soit à l'hôneur de Dieu & de l'Eglise Catholique: accroissemēt de vostre Majesté & de vostre Estat & au repos de vos poures sujets. Et pour y paruenir vous, Sire, qui estes fils, successeur, heritier & du sang de ce bon Roy S. Loys & qui le voulez estre de toutes ses bōnes & saintes actiōs: Nous suppliōs treshumblemēt vostre Majesté cōseruer & entretenir son intentiō & volōté: & prādre garde aux beaux enseignemēs qu'il dōna à son fils estāt au lit de la mort: lesquels enseignemēs ne voulōs declarer en autres termes que ce bon & S. Roy les à faits & prononcez: ny ajouter aucune chose du nostre: Ains les vous representer selō qu'il les à dits & proferez: & sont escrits & Registrez au tresor de vos Chartres precedentes disans ces mots lesquels, Sire, il vous plaira prandre & receuoir de bonne part.

But de la requeste des Parisiens.

Propos derniers du Roi S. Loys à sō fils.

Oy volōtiers & deuotemēt le seruice de S. Eglise: Aie le cœur piteux & charitable aux poures gés: & les cōforte & aide de tes biēs. Fais garder les bōnes Loix & coustumes de tō Roiaume. Ne prēs tailles n'y aides de tes sujets si vrgēte necessité ne euidēte vtillité ne le fait faire & pour juste cause nō pas volōtairemēt. Car si tu fais autremēt tu ne seras pas reputé pour Roi mais reputé pour tirā. Garde sur toutes choses que aiez sages Cōseillers & de aage meur: & que tes seruiteurs soiēt gens prudēs, secrets & paisibles: & qu'entre autres choses ils ne soiēt point auaricieux, ne facēt ou dient mal à autruy. Car (côme dit Seneque) le bō renom des seruiteurs, accroist la gloire & le los des Seigneurs. S'il y en a aucuns rioteux: garde qu'incōtināt tu les en uoies hors de ta maison. Car ils pourroient gaster les autres & y faire scandalle. Fais & garde Iustice sur toutes choses aux poures cōme aux riches: aux estrāgers cōme aux priuez sans auoir acceptatiō de persōne. Car Iustice est celle par qui les Rois regnēt. Aiez bōs Iuges, Baillifs, Seneschaux: & leur cōmāde que toy ne tes Procureurs en tes fais ne soiēt pas fauorisez autremēt que la raisō le veut plus que seroit vn autre. En ces preceptes est cōprinse vne bonne partie de ce que vostre peuple requiert & desire & vous supplie treshumblemēt les garder cōme ils s'asseurēt qu'ē auez la volōté. Et s'il y en a aucuns qui y veulēt mettre empeschemēt, ce que vostre dit peuple ne peut croire: vous estāt assisté du Cōseil tressage & tresprudēt de la Roine vostre mere, tresaffectiōnée au biē & auācemēt de vostre Estat & de si grās Princes, Seigneurs & Cōseillers. Mais encore, Sire, s'il y en auoit aucūs de mauuaise volōté: Il vous plaise les eslōgner de vous cōme estās ennemis de vostre Estat & Corone & celle de vostre peuple, qui est vni par obeissāce. Et côme auez la dominatiō sur vostre peuple: aussi est Dieu vostre superieur & dominateur auquel deuez rēdre cōte de votre charge jusques au dernier de vos cheueux. Or sçauez trop mieux, Sire, que les Prince qui leue ou exige de son peuple plus qu'il ne doit: Aliene & perd la volōté de ses sujets: de laquelle depēd l'obeissance qu'ō luy doit: tesmoin Roboā & autres Princes sēblables. Mais au cōtraire traittāt votre peuple doucemēt, supportāt sa poureté & necessité: Qu'il vous plaise reformer les abuz crimes & corruptiōs desquelles vostre Roiaume est rēply à vostre tresgrād regret, de la Roine vostre mere & de tous Princes & Seigneurs qui vous assistent en vous aidāt de vos naturels sujets bōs & vertueux, desquels auez vn bō nōbre graces à Dieu & vous abstenāt de faire dons inmēses, defendāt à vostre chābre des Côtes les verifier pendāt le temps de vostre necessité nonobstāt toutes iussiōs, empruntāt s'il vous plaist de ceux qui jouissēt de vostre dite liberalité & dōs plustost que sur chargez vosdits sujets ausquels ne reste plus que la seule fidelité. Iceux s'asseurent que par vostre prudēce, moiennāt la grace de Dieu sera biē tost establie vne bōne & sainte Paix, par le moiē de laquelle sera vostre dit Estat & Roiaume peu à peu restabli & restitué en son entier, auec la bien veillāce de tous vos bōs sujets: qui est la plus grāde force apres Dieu que pourrez souhaitter pour seuremēt & lōguemēt cōseruer vostre dit Estat. Et si Dieu nous veut tant visiter que de ne permettre vn si grād bien & repos: apres que vous, Sire, serez mis & vos sujets en leurs deuoirs: sçaura vostre Majesté tresbien vser des moiens que Dieu luy à donnez & mis entre les mains. Surquoy esperons que prandrez en brief vne bonne resolutiō. A laquelle trouuerez vosdicts Citoyens & sujets de vostre dite ville de Paris biē disposez corps & biens & tout ce qui est en leur puissance, auec asseurāce que tout ainsi que vostredite ville precede les autres en dignité & splendeur,

Prince qui exige trop de ses sujets.

Paris & sa prerogatiue sur les autres du Roiaume.

aussi comme elle à tousjours fait) monstrera aux autres bon exemple de fidelité & secours jusques à l'extremité de la vie & de ce qui en depend pour l'honeur & seruice de Dieu, de leur Religion conseruatiõ de vostre Corone & manutentiõ de vostre dit Estat & seruice d'iceluy. Pour retourner au Traitté & poursuitte de la tresue: Vous auez entẽdu quels en furẽt les principaux Articles arrestés à Champigni le 22. Nouẽ. & publiez à la Rochelle 4. Ianuier 1576. à son de trõpettes & tãbours. Mais cõbiẽ elle fut mal obseruée en la plus part de ses points: La lõgueur & espace du tẽps dont l'on vsa à la publier le mõstre assez. Et les difficultez qui se pre sentoiẽt sur l'execu̴tiõ d'icelle ne furẽt que trop euidẽtes. Aucuns atribuãs l'occasiõ principale du peu de respect qu'on y eut, à ceux qui ne tindrent ou firent semblãt ne pouuoir tenir leurs promesses pour le regard des 6. villes dessus mẽtiõnées. Dont les 3. principales, assauoir Angoulesme, Bourges, & Mezieres fust de volõté deliberée des Gouuerneurs d'icelles, fust par l'aueu ou cõmandemẽt particulier qu'ils en eussent, ou autres occasiõs: ne voulurẽt se cõformer aux cõmandemẽs du Roi: & y fut consommé vn long temps en remises, allées & venuës inutiles à cet effet. Le Prince de Cõdé aussi n'ẽ estoit gueres contãt, & se persuadoit que la tresue estoit plus domageable que auãtageuse au parti, veu le peu d'execu̴tiõ d'icelle: Neãtmoins le 5. Decẽbre S. Gelais, entra dedans Niort pour Monsieur (apres toutesfois long debat des habitans qui disoiẽt auoir deffiãce de luy: Tant pour auoir receu, que pour luy auoir dõné aussi occasiõ de mescontentement:) auec 3. Cõpagnies, & en sortit le jour mesme le Cõte du Lude: apres luy auoir recõmandé les habitans. Au mesme tẽps Clermont d'Amboise fut mis pour Gouuerneur dedans Saumur & dedãs la Charité. Mais Ruffec refusa totallement l'entrée d'Angoulesme au Duc de Mõtpẽcier qui s'y estoit acheminé pour cest effet. Ses raisõs estoiẽt que pour auoir esté toute sa vie affectiõné seruiteur du Roy, & pour auoir sans cõniuẽce fait la guerre aux ennemis de sa Majesté: Il auoit acquis vn grãd nõbre d'ennemis, qui tous auoiẽt cõjuré de luy faire perdre la vie en quelque lieu & sorte que ce fust. Que pour se garder, il ne sauroit trouuer lieu de seureté en ce Roiaume. Et que puis qu'on auoit eu l'audace de tuer mesmes en la presence de sa Majesté & ville Capitale de son Roiaume & siege principal de sa Iustice, le Capitaine Guast, pour ceste seule raison qu'il estoit affectiõné seruiteur du Roy, reconeu pour tel & pour cela aimé de sa Majesté: qu'il estoit vrai semblable, qu'il ne seroit asseuré non pas en la chãbre & cabinet de sa Majesté. Il disoit outre sçauoir bien, que encores que l'intentiõ de Monsieur fust les tresues passées de remettre les villes que le Roy luy auoit accordé pour sa retraitte entre les mains de sa Majesté: Que toutesfois ceux à qui il les dõnoit en garde, auoient autre volõté. Et quelques belles promesses qu'ils luy fissent: ils ne luy seroiẽt non plus fidelles qu'ils auoient esté aux Roys ses freres. Que on ne doit d'vn traistre & desloial, esperer deuoir de fidelité. Que si on leur cõmetoit la garde de la ville d'Angoulesme, ils se feroiẽt Seigneurs de la Guienne, de laquelle il ne seroit en la puissance du Roy de les en chasser. Que si la seule ville de la Rochelle auoit attendu vne armée Roialle tant de mois: que a plus forte raison tant de villes liguées ensemble, situées en Prouinces si fertilles, abondãtes en toutes cõmodités & vnies ensẽble: le pourroiẽt faire estãs soustenuës cõme elles seroient des habitãs de la Guiẽne: qui esliroiẽt de courir leur fortune, plustost que perdre leurs biens, quitter leurs païs & maisons. Que d'ailleurs il n'estoit en sa puissance d'executer l'intentiõ du Roy. Parce que les habitãs d'Angoulesme qui auoiẽt lors les armes en la main, & qui estoiẽt les plus forts en leur ville: trouuoient si dur qu'õ rẽdist leur ville & leurs moiens: que par persuasiõs il estoit impossible d'obtenir cela d'eux. De les cõtraindre par force à ce faire: qu'il ne sauroit & ne pensoit estre equitable ny de son deuoir: leur aiãt promis de les preseruer & ne les metre au pouuoir de leurs ennemis. Et que s'il liuroit vne telle ville aux ennemis du Roy & de sa patrie, pour se defendre desquels les habitãs d'icelle auoient eu recours aux armes & fait si estroitte garde tant de jour que de nuit: son hõneur en seroit à jamais souillé. Lequel luy estoit plus cher n'y que ses biens n'y q̃ sa vie propre. Il disoit auoir d'autres raisõs particulieres qu'il reseruoit à dire aux Majestez du Roy & de la Roine. Il mãda d'ailleurs à Mõsieur q̃ luy faisãt cest hõneur de luy cõmettre la garde d'Angoulesme: il luy cõseruẽroit de telle façõ qu'il en disposeroit plainemẽt sans restriction ne modification, comme les Roys ses aieulx & freres auoient fait. Et qu'il discerneroit en peu de temps la difference de sa fidelité d'auec celle des Protestans, quand ils luy rendroient les villes qu'il leur à dellaissé pour leur seureté durant les tresues. Esquelles villes il n'entreroit aisément le plus fort non plus qu'en la Rochelle. Et que si le païs d'Angoumois luy

Gouuerneurs des villes de seureté.

Ruffec refuse l'entrée en Angoulesme à Mõsieur & au Duc de Mõtpencier les raisons.

Ooo iiij.

Decembre, 1575.

Roche, & le Comte de Montgommery à la Rochelle.

estoit delaissé pour son appennage: que luy & ceux de la ville se mettroient en tout deuoir de le receuoir & reconnoistre leur Seigneur & Prince.

Ce pendant le Baron de Rochepot fut depesché de la part de Monsieur vers les Rochelois ausquels parauant que d'entrer il vouloit faire sçauoir la venuë. Comme aussi fit le Comte de Motgommery qui a ces fins auoit escrit de Niort des le jour precedēt au Maire de la Rochelle pour sçauoir s'il y seroit le bien venu. Et qu'il auoit quelques affaires qui le cōtraignoint d'y aller. Ausquelles aiant donné ordre il n'esperoit faire long sejour. Le conseil assemblé pour cest effet le 19. Decembre resolut de leur permettre. Le Baron de Rochepot s'estant le lendemain

Le sieur de Rochepot à la Rochelle.

trouué en vne assemblée publique faite à l'Escheuinage: presenta les lettres de Mōsieur addressantes au Maire, Escheuins, manans & habitans de la ville escriptes au Camp de S. Mexant le 5. Decembre: cōtenans entre autres choses les occasiōs qui l'auoiēt induit & cōme contraint de faire vne trefue & arrester les forces de la Germanie qui estoint prestes d'entrer: qui auoit esté en partie faute que leur paiement ne peust estre prest à leur arriuée. Les priant a ceste fin de seseuertuer chacun selon sa portée, à fournir bonne somme de deniers & faire fons d'vne autre. A laquelle il ne seroit touché que en cas d'extreme necessité: & auenant que la Paix ne se fist. Auquel temps si tel estoit le plaisir de Dieu que de les affliger encores de ce fleau de Guerre: il seroit plus que necessaire de se preualloir d'vne forte & puissāte armée pour s'opposer aux ennemis. En quoy il protestoit de sa part de s'employer de toute sa puissance. Et embrasser d'vn bō cœur la querelle des Eglises reformées de Frāce: pour leur procurer par vne bōne Paix ou victoire memorable, le libre exercice de leur Religion. Et particulieremēt s'estoit resolu de faire pour eux & en faueur de leurs priuilleges, tout ce qui luy seroit possible jusques au hazard

Creance de Rochepot.

de sa vie. Remettant le reste de sa volonté sur la creance qu'il auoit donnée à Rochepot: lequel prononça & bailla puis apres sa creance par escrit. Contenant en somme la bōne volonté & sincere intention de Monsieur, ses actions, cōportemens & desseins desquels il ne pensoit pas que personne fust ignorant. Puis recita plus au long l'occasion qui l'auoit meu de faire la trefue & arrester les Reistres sur le point qu'ils estoiēt d'entrer. Qui estoit faute de deniers le vray nerf de la guerre & sans lesquels ceste natiō sur toutes les autres ne marche jamais. Et qu'il auoit esté cōtraint de ce faire, crainte qu'à ce qui estoit auenu dernieremēt à Thoré: (dont il pouuoit rēdre bon tesmoignage pour s'estre trouué ne la rēcontre) n'auint derechef ou parauāture pis, quand les Allemans seroiēt arriuez pres la personne de mondit sieur lequel auoit grād besoin d'entretenir ses intelligēces en Allemagne & principallemēt vers le Duc de Cazimir: pour estre l'vn des plus grās & plus genereux Princes de l'Empire: voire des mieux affectiōnez à l'endroit de la nation Françoise: afin de se preualloir de leur aide & secours la Paix ne succedant. Qu'il falloit faire prest & auāce de grās deniers. Pour lesquels trouuer Mōsieur auoit fait de pareilles depesches que a eux, à toutes les Eglises de France. Que la solde des Reitres & autres estrangers que amenoit Monsieur le Prince de Condé, reuenoit à 800. mil liures tournois par mois. Et que par la tresue le Roy n'en dōnoit que 500. mil qui estoit bien peu de chose, veu tāt d'autres frais qu'il cōuiēdroit supporter. Au reste qu'il estoit aisé à juger dequel pié Mōsieur marchoit en ceste querelle. En ce que aiāt esté induit par vne infinité de menées & pratiques de retourner à la Court & pacifier son particulier: il n'y auoit jamais voulu entēdre. D'autant qu'il auoit tousjours preferé le bien public de ce Roiaume à tous autres respects ou cōsideratiōs de sō particulier. Ce que voiāt la Roine s'estoit auisée de le recercher d'vne tresue. A quoy il auoit trouué bō d'étēdre pource qu'elle luy sembloit proffitable, & en fin l'auoit accordée. Et pour la fin reitera les mesmes protestatiōs de mōdit sieur. Preseaux. Sur-intendāt des fināces de l'armée de Monsieur & par luy enuoié auec Rochepot, presēta en ceste assemblée lettres du

Lettres du Prince de Conde aux Rochellois.

Prince de Cōdé escrites de sa main à Strasbourg le 22. Nouē. adressātes l'vne à ceux de la maisō de ville & l'autre aux Ministres & Cōsistoire de Rochelle. Il loüoit Dieu infiniment de la grace qu'il luy faisoit de ce que apres tāt de trauaux & miseres: il se seruiroit de luy pour mener en France au secours des affligez vne grāde & puissante armée telle que l'on n'eust jamais osé esperer. Sēbloit pourtant n'estre fort contāt du bruit de trefue dont il auoit esté auerti, craignāt qu'elle ne feust biē executée. Ains vn vrai piege accoustumé de l'enemy, qui cependāt cōme il disoit les vouloit endormir & couppoit nos desseins. Dōnoit auertissemēt de s'en prēdre garde. Et prioit vn chacun de seseuertuer selō ses moiēs pour le paiemēt des Reistres. Ces lettres estoiēt pleines d'vn zele & vehemēte affectiō enuers ceux de la Rochelle, pour lesquels il desiroit expo-

LIVRE QVARANTIEME. 296.

expoſer ſa vie: diſãt qu'il ne ſeſtimeroit jamais heureux qu'il ne les euſt remis au but ou ils viſoient tous. Et pour la fin les prioit de luy enuoier quelques Miniſtres & gens doctes afin de ſe gouuerner ſelon leur Conſeil & leur donner quant & quant auis de tout ce qui ſe paſſeroit. Ceux du Conſiſtoire receurent pareilles lettres de Theodore de Beſze, de Strasbourg le vint-troiſiéme Nouembre pleines de Conſeil ſur la ſiance que l'on pouuoit auoir aux Catholiques & à leurs promeſſes. Faiſoit vn long diſcours de la puiſſante armée que le Prince conduiſoit: laquelle il eſtoit marry ne pouoir ſuiure à cauſe de l'indiſpoſition de ſa perſonne. Donnant auis de ne ſe laiſſer gangner & endormir par les ennemis à l'heure qu'il falloit ſe reſueiller voiant deuant eux ce qu'ils ont touſjours tant deſiré & . qu'ils n'euſſent preſque oſé eſperer il ny auoit pas deux mois. *Lettres de Theodore de Beſze.*

Le treziéme les Rochellois feirent reſponce à la propoſition & creance de Rochepot. Loüant Dieu de bon cœur de la grace qu'il faiſoit à Monſieur, de l'auoir touché & eſmeu de prandre la protection & defence des poures & affligez de ce Royaume. Et meſmes de ceux de la Religion reformée. Que c'eſtoit vn ouurage vraiement digne d'vn tel Prince que luy. Et auquel ils prioient Dieu le confirmer & fortifier de plus en plus juſques à vne entiere yſſue & heureux accompliſſement de ce qu'il auoit ſi ſaintement entreprins. En quoy comme il eſtoit certain qu'il ſeroit aſſiſté de la faueur & grace ſpecialement de Dieu: auſſi deuoit il croire que les gens de bien & zelateurs du repos de ce Royaume ne luy manqueroient en rien. Non ſeulement de leurs moiens: mais auſſi de ce qu'ils ont le plus precieux en ce mõde. En quoy quãd à eux ils ſeroient treſmarris de ceder à aucuns de ce Royaume quels qu'ils ſeuſſent ſoit en la volonté ſoit en l'effet: conoiſſans meſmes le zele affectionné que Mõſieur leur porte & à ceſte poure ville dont ils remercioient treſ-humblement ſon Excellence. N'aians autre choſe à luy offrir en recõpenſe d'vn ſi grand beneſice qu'vne entiere & perpetuelle affection à ſon ſeruice: cõme ils feroiẽt touſjours preuue en toutes choſes & meſmes en vne ſi ſainte querelle. Le ſuppliãs ne trouuer eſtrãge ſi les moiens deſquels ils le pouuoient ayder pour le preſet: eſtoiẽt trop plus petis qu'ils n'euſſent deſiré. Ce qui deuoit eſtre imputé non à quelque deffaut de bonne volonté: mais aux miſeres & calamitez qu'ils auoient ſouffertes par la malice de tant de guerres & des plus cruelles: deſquelles ledit ſeigneur auoit luy meſmes eſté ſpectateur. Touteſfois qu'ils luy enuoioient dix mil liures: bien marris qu'ils ne pouuoient plus : & dont leurs deputez qu'ils depeſchoient vers ſon Excellence l'informeroient plus au long de l'occaſion. Leſquels furent ſi honorablement & tant gracieuſement receuz qu'au rapport qu'ils en feirẽt depuis: chacun ſ'en loüoit infiniment. Et ſur tout de la bõne volonté qu'il ſe diſoit porter aux Rochellois. Et pource que ceux de Marans ſe renforçoient d'hommes & ſe fortifioient tous les jours cela fut cauſe que les Rochellois feirent prier Monſieur par leurs deputez de moiener enuers la Royne que les garniſons de Marans & Benon vuidaſſent aſſin que plus librement ils peuſſent jouyr du benefice de la Treſue. *Reſponce des Rochelois à la creance de Rochepot.* *Deputez de la Rochelle à Monſieur.*

Il feit lors & long temps apres (& tel fut preſque tout ceſt hyuer) telle & ſi furieuſe tormẽte que l'on ne pouuoit preſque marcher par les champs. Et ſe perdit vn nombre infiny de Nauires aux coſtes de Flandre, d'Eſcoſſe, Angleterre, & Zelande. Comme auſſi de Breraigne Normandie, & Poitou. Voire plus que de memoire d'homme il n'auoit eſté veu ny entendu. *Tourmente en mer.*

Monſieur arriué à Ruffec enuiron la my Decembre: la Royne mere le fut trouuer pour la confirmation de la Treſue & pour le contenter ſurce qui ne l'eſtoit peu encores executer du contenu d'icelle. Et feit tant que ladite Treſue fut publiée à Ruffec le jour de Noel enſuiuant. Puis auoir long temps communiqué auec Monſieur: part pour trouuer le Roy laiſſant à ſon partement plus grande eſperance d'vne Paix que de la Treſue. Diſãt qu'elle ne vouloit voir enſanglanter les eſpées de ſes enſãs en vne ſi miſerable guerre. Et quelle ſ'en alloit pour effectuer toutes les conditions de la Treſue. Pour l'accompliſſement deſquelles ne reſtoit que de conſigner les villes de Bourges, la Charité & Mezieres: & fournir l'argent accordé pour le paiemẽt des Reyſtres. Et pour le regard d'Angouleſme d'autãt que le lieutenãt d'Angoumois auoit fait quelque requeſte verballe à Monſieur: contenant quelques occaſions de reffuz de la conſignation d'icelle entre les mains de mondit ſieur: auec certaines cauſes qu'il deſiroit faire entendre au Roy pour l'vrgent ſeruice de ſa Majeſté: leſquelles comme il eſperoit ſeroient priſes en bonne part par ſadite Majeſté : la Royne mere aſſeura que la principalle occaſion qui la tiroit à la Court eſtoit pour en ſauoir la derniere volonté & reſolution du Roy. Ce pendãt pour *Congnac & ſaint Ieã baillez au lieu d'Angouleſme.*

O oo iiiij.

mõstrer de quel pied elle marchoit en toute ceste negociatiõ:& pour côtetet môdit sieur qui se plaignoit merueilleusement de Ruffec pour le refus qu'il faisoit de luy deliurer Angoulesme:ladite Dame donna en côtre-eschâge Congnac & S.Iean d'Angely.Esquelles peu jours de apres entrerent assauoir à Congnac, Batresse & la Nouë à saint Iean. Puis auant que partir laissa le Duc de Montpensier & Mareschal de Montmorency pres la personne de mondit sieur : tant pour l'entretenir en esperance de l'accomplissemét de la Tresue:que pour luy faire ouurir les villes & passages: & fauoriser son armée de tout ce qui seroit necessaire.

Les Deputez de la Rochelle estans de retour de la legatiõ qu'ils auoient faite vers Monsieur: reciterent publiquement en l'Escheuinage le dernier dudit mois de Decembre ce, qu'ils auoient fait & negotié parlant la Fraignée: qui commença par le gracieux accueil & bon traitement dont Monsieur les auoit receuz & honorez. Et feit vn long recit de la grande affection que son Excellence monstroit auoir à leur endroit : leur aiant donné charge de les prier de sa part de continuer en la bonne volonté dont ils luy auoient fait offre, tant par eux leurs deputez que par leurs lettres. Cela estant plus au long discouru ils presenterent les lettres de Monsieur escrites à Ruffec le vintiéme Decembre.Lesquelles ne contenoient qu'vn discours de sa bonne affection enuers les Rochellois & creance pour cest effet.Furent aussi presentées lettres de Thoré du vint vniéme dudit mois qui les asseura de sa grãde & anciene affection enuers la Rochelle. Les lettres contenoient le zele & affection que le feu Connestable auoit tousjours porté aux Rochellois de laquelle luy qui estoit son fils ne vouloit moins estre heritier que de ses biens. Ce qu'il les prioit de croire & l'emploier à leur besoin: auec asseurãce qu'il ne leur manqueroit en aucune chose de ce qui luy seroit possible.

Outre tout cela neantmoins, faut entendre que Monsieur aiant apres le partemét de la Royne donné fauorable audience aux deputez des Rochellois: & d'iceux entendu bien au long ce qu'ils luy auoient voulu dire & remonstrer de leur part,feit responce par escrit en forme d'vne seconde protestation qui leur fut leuë en l'assemblée susdite dont le sommaire estoit. Comme son dessein & intention estoit de perseuerer resolument en son entreprise,jusques à vne heureuse execution & accomplissement d'icelle,en laquelle il se tenoit tout asseuré que la faueur & assistance diuine ne luy manqueroit. Comme ne s'estant rien proposé ny de proffit ny de vengence particuliere. Au contraire n'auoit rien en plus singuliere recommandation, que le bien public de ce Royaume:amener chacun à l'obeissance de la dignité & Majesté Royalle: de laquelle il ne s'estoit departy & ne se departiroit jamais: & faire jouir vn chacun de l'exercice de sa Religion fust Catholique ou reformée. Ce qu'il pensoit estre le principal point de ce qu'il auoit à faire:afin d'oster la couuerture de laquelle à son auis les vns & les autres s'estoient tousjours seruiz pour allumer & attizer ces guerres ciuilles. Que comme il esperoit estre assisté en vne si sainte entreprise, des plus loiaux sujets de ce Royaume: & des plus zelateurs de l'honneur & repos d'iceluy: aussi se tenoit il pour tout asseuré des Rochellois en cest endroit: de la sincerité & droite intention desquels, il n'auoit jamais douté: veu le loial & si remarquable seruice que leurs predecesseurs auoient rendu à la Couronne.Et que eux aussi auoient desquis continué au Roy: Et particulierement à luy comme il auoit conneu euidemment: tant par leurs lettres que par effet & par la bouche de leurs Deputez. Les remerciant de leur bonne volonté & du secours d'argent qu'ils luy auoient enuoié, Qu'il ne les oublieroit jamais en quelque chose qu'il seit par cy apres: dautant qu'il auoit leurs priuilleges & frãchises en singuliere recommandation. Et que à la premiere entreueuë de la Royne mere & de luy,il procureroit tout ce qu'il luy seroit possible pour leur soulagement & auantage. Et mesmes feroit en sorte que les garnisons:de Marans & de Benon seroient ostées, pour la commodité de la Rochelle: les habitans de laquelle il auoit tousjours aimé des au par-auant le siege & les aimeroit encores plus à l'auenir. Pour fin qu'il enuoieroit de brief gens de sa part,afin de leur faire plus amplement entendre sa volõté:les priant ce pendant de continuër tousjours en leur zele & affection qu'ils auoient monstré à ceste Cause Generalle.

Or par ceste respõce Môsieur remercioit les Rochellois de ce qu'ils le reconoissoient pour Chef & protecteur general de ceste Cause. Ce qui estoit encores pour lors trouué bien nouueau & estrange à quelques vns,ausquels il estoit bien auis que ce titre ne se deuoit oster au Prince de Condé. Veu mesmes que mondit sieur faisoit profession de la Religion Romaine. Mais çela n'estoit pas le neud de la besongne . Car comme je vous ay dit, le nombre n'estoit

pas

pas petit de ceux qui jugeoient autrement des actions & intention de mondit sieur. Et sembloit que la Rochelle fust diuisée en deux ligues. Les vns magnifiãs jusques au Ciel l'entreprise & dessein de Monsieur: qu'ils disoient auoir esté suscité de Dieu pour vne entiere deliurance de tous les maux passez. Les autres en parloient beaucoup plus froidement. Et se fondans sur ce qui s'estoit passé aux nopces du Roy de Nauarre: craignoient que ce fust vn mesme sujet & argument: voire vn mesme artifice pour les faire tomber en la mesme fosse ou tant de leurs freres furent enterrez. Or y auoit lors deux Ministres à la Rochelle bien differens d'oppinions pour ce regard, l'vn soustenant l'entreprise de Monsieur, preschoit publiquement la droite & sincere intention d'iceluy. Laquelle il loüoit & recommandoit hautement comme aiant receu ceste vocation de Dieu qui se vouloit seruir d'vn si grand Prince au temps le plus miserable pour la deliurance de ces enfans. C'estoit Odet de Nort le premier de la ville tant en sçauoir qu'Eloquẽce animosité & autres parties requises au Ministere: & d'ailleurs de grãde authorité & reputation en la ville en laquelle il à continuellement exercé le Ministere depuis quinze ou seze ans. L'autre qui preschoit le contraire estoit Noel Magnen lequel se mõstrant vn peu plus passionné, alleguoit tant en publiq que en particulier beaucoup de choses pour nourrir la deffiance que plusieurs auoient conceuë de mõdit sieur. Et n'y auoit rien qui plus les confirmast en leurs doutes soupçons & prejugez que les presches qu'il en faisoit, auquel en peu de jours le Ministere fut interdit par sentence de ceux du consistoire jusques à ce que le Sinode prouincial il en fust autrement ordonné. Il est vray que ce ne fut par pour ceste seule occasion: ains aussi qu'il opinoit selon l'auis d'aucuns diuersement à ceux de sa Religion en certains points & articles de la foy. Et entre autres de celuy de la Trinité dont il auoit esté de long temps repris & prié de mettre par escrit ce qu'il en sentoit. Ce qu'il n'auoit comme on disoit voulu faire: persistant tousjours en ses oppinions, jusques à ce qu'il fut trouué bon de luy interdire la chaire. Peu de temps apres ledit Magnen se retira en Angleterre d'où appellé par le Prince d'Orenge il receut appointement à sa suitte. Puis mourut à Mildebourg mil cinq cens huitante.

De Noel Magnen Ministre a la Rochelle.

Ce pendant Monsieur party de Ruffec enuiron le jour de Noel pour tirer en Berry & estãt à Charrou le vint septiéme Decembre: il rescriuit au Maire & Escheuins de la Rochelle comme le soir precedent prenant sa collation il luy auoit esté mis du poison dans son vin: duquel la quantité d'eau qu'il y auoit mis & le peu qu'il en auoit pris l'auoit comme il pensoit preserué. Ensemble le sieur de Thoré qui auoit couru mesme danger. Les priant se resjouïr auec luy par vne action de graces a Dieu de ce que le dessein d'vne si enorme & abominable entreprise n'auoit autrement succedé. Ce que le Maire aiant fait entendre publiquement en l'Escheuinage. Ensemble beaucoup d'auertissemens qu'il disoit auoir receuz qu'ils eussent à se tenir sur leurs gardes: dit que c'estoit bien raison de s'y emploier plus que jamais: quoy que l'on ne parlast que de tresue & de Paix qui estoit le temps ou se faisoient coustumierement les plus grandes entreprises par ce fit doubler les gardes concluant que s'estans leurs ennemis adressez à la seconde personne de France: les moindres & plus petis ne seroient exempts de leurs embusches.

Monsieur cuyde estre empoisonné

Les Deputez de Monsieur, Beauuais, la Nocle, Digoine & Foucaudiere maistre de requestes du Roy arriuez à la Rochelle des le jour de Noel: solicitoient la responce d'vn certain reglement fait à vn conseil tenu à Ruffec le vintdeuxiéme Decembre qu'ils auoient presenté au Maire & Escheuins de la Rochelle de la part de mondit sieur. Et lequel son Excellence entendoit estre obserué en toutes les villes qui tenoient son party & de tant plus instamment solicitoient leur depesche que mondit sieur ainsi qu'ils disoient: les auoit mandez qui fut cause que le sixiéme Ianuier mil cinq cens septante six y eut assemblée de Conseil pour deliberer de la responce qu'ils feroient à ces articles lesquels consistoient en trois points en l'ordre & disci pline militaire que Monsieur entendoit estre obseruée non seulement en son armée. Mais aussi dans les villes tenans son party en l'aministration & distribution de la Iustice. Le tiers sur les finances. En toutes lesquelles choses Monsieur protestoit tousjours ne vouloir rien innouer au prejudice des priuilleges de la Rochelle esquels il entendoit de les maintenir. Au lendemain matin le Maire accompagné des principaux de la ville porta responce par escrit ausdits Deputez. Par laquelle ils protestoient en premier lieu de leur obeissance & submission à son Excellence selon que les Rochellois luy auoient escrit & donné charge à leurs Deputez de luy

Deputez de Monsieur à la Rochelle

L'HISTOIRE DE FRANCE.

luy faire entendre: sans toutesfois secouër le joug, ne desroger en aucune chose à l'obeissance qu'ils deuoient à la Majesté: de laquelle ils feroient tousjours bône preuue si & quand il plairoit à Dieu leur donner vne bonne Paix. Disans pour responce à ce qui touchoit le fait d'vn Gentilhomme que Monsieur entendoit ordonner en chacune ville qui le reconoissoit: Que quand à eux ils n'auoient jamais reconneu pour le fait d'vn gouuernemēt politic que le Maire. Et qu'en cela consistoit le principal point de leurs priuilleges esquels mon dit sieur les auoit tousjours asseurez que son intentiō estoit de les maintenir & dont ores ils le supplioiēt tres-humblemēt. Pour le regard de la Iustice qu'elle estoit administrée par les gens & officiers du Roy & dont les appellations ressortissoient au Parlement de Paris. Et que estant à ceste heure sur le but & esperance d'vne bonne Paix: il ny falloit rien changer ny remettre lesdites appellations au Conseil estably pres la personne de mondit sieur. Sur le fait des finances faisoient pareille responce: monstrans en effet ne vouloir aucunement adherer au susdit reglemēt. Ce que les Deputez conoissans requirent vne conference leur estre accordée auec ceux de la ville en leur Conseil: fust en l'Escheuinage ou autre lieu qu'ils auiseroient. Disans qu'ils auoient autre chose à leur dire & proposer de la part de mondit sieur lequel n'entendoit ledit reglement en la sorte qu'ils le prenoient. Aussi qu'ils ne leur auoient presenté comme chose arrestée ou irreuocable: mais seulement en forme d'vn auis & d'vne chose que son Conseil auoit trouué bonne & necessaire. Aquoy fut respondu par Claude Huet, l'vn des Escheuins de la Rochelle qu'il n'estoit à son auis besoin d'autre conference que celle qui en auoit desja esté faite. Et que ceste responce qui leur estoit donnée auoit esté par l'auis du Conseil & de la plus notable compagnie de la ville. Et que partant elle deuoit suffire pour tout. Surquoy Foucaudiere se sentant offencé d'vn parler si libre: dit que c'estoit parler en Roy & qu'il ne luy appartenoit donner la loy à vn si grand Prince. L'aians ja reconeu pour tel qu'il estoit. Et que quand ils ne l'auroient fait leur deuoir seroit de le faire au plustost. Que ce n'estoit ainsi qu'il falloit traitter ceux qui estoient enuoiez de la part d'vn tel Seigneur. Et quand à luy il n'auoit jamais ainsi esté manié quoy qu'il eust negotié beaucoup d'affaires pour les feuz Roys enuers les plus grans Princes de la Chrestienté. Et qu'ils meritoient bien quand il ny auroit que le seul respect de céluy qui les enuoioit, d'estre ouyz en conference. A laquelle ils pourroient faire trouuer si bon leur sembloit quelques Ministres & gens de sçauoir: afin de conoistre s'ils leur proposoient quelque chose derrogeant à l'honneur de Dieu & proffit de leur chose publique. Qui estoit bien l'oposite de l'intention de Monsieur qui cherissoit & aimoit la Rochelle comme la prunelle de son œil. Somme qu'apres lōgue instance, il leur fut permis de se trouuer la presdinée en l'Escheuinage pour les ouïr surce qu'ils auoient à dire, afin de resoudre du tout. Or pour ce que le jour precedent il courut vn bruit que la trefue estoit rompuë: lesdits Deputez asseurerent qu'elle ne le seroit jamais du costé de Monsieur. Trop bien auoiereēt ils qu'ils auoient affaire à vn Roy assez mal conseillé & qui par auanture pourroit bien rompre ladite Trefue à son auantage. Mesmement s'il se voioit vne fort te armée preste. Aquoy aussi mōdit sieur ne se vouloit endormir. Mais se deliberoit tenir sur ses armes. Que quand à eux ils estoient bien aises de voir que l'on se tint bien sur ses gardes à la Rochelle: sçachant le grand besoin qu'ils en auoient. Toutesfois trouuoient estrange que le Ieudy precedent cinquiéme Ianuier, eust esté semé bruit par la ville: qu'il y auoit entreprise sur icelle. Et ce sous vne lettre que le Maire desoit auoir receuë qui n'estoit souscrite ne signée d'aucun. Au moien dequoy il auoit esté cōmandé aux Citadins de porter tous l'espée: disans qu'ils se sentoiēt offecez pour n'en auoir esté auertis veu leur quallité & respect de celuy qui les auoit enuoiez. Et afin aussi que faute d'auertissemēt ils ne fussent demeurez enuelopez au peril & hazard dont l'on auoit fait courir le bruit. Mais de toutes ces choses ils furent satisfaits par beaucoup de raisons & excuses que le Maire leur rendit sur le champ. Si bien qu'apres plusieurs conferences ne pouuant tirer autre chose pour la police & gouuernement de la ville: mais toute obeissance au fait de guerre & bon deuoir vers Monsieur au particulier de tous: ils prindrent l'expedient d'en porter nouuelles à Monsieur. Des le vintquatriéme Ianuier precedent, la Trefue auoit esté publiée à la Rochelle par le Maire & de son autorité. Apres toutesfois vn bien long differend au nom & de par qui elle se publieroit. Et pour raison dequoy & autres petis debats qui estoient suruenus, la Nouë estoit party de saint Iean pour aller à la Rochelle des le premier dudit mois. Mais entendant le bruit de quelque dissention qui s'estoit esmeuë en la ville de

saint

Ianuier 1573.

Responce des Rochellois.

Trefue publiée.

saint Iean: il sen retourna le huitiéme enſuiuant afin de y donner ordre.

OR pour ne laiſſer trop arriere les affaires de Flādres & les reprandre com'en paſſant. Dés la venuë du grand Commandeur que ceux de Fleſſinghe ennuierēt comme je vous ay dit ailleurs. Faut entendre que Dom Loys de Requeſens grand commandeur de Caſtille, eſtoit arriué à Bruxelles y auoit ja pluſieurs mois afin de gouuerner au lieu du Duc par la violence duquel, le Conſeil d'Eſpagne, eſtimoit que les affaires du pays bas commençoient à branſler au prejudice du Roy Philippe. Il ſ'eſtoit ja fait remarquer en pluſieurs endroits pour le ſeruice de ſon Prince. Nōmement à l'heureuſe fin de la guerre de Grenade contre les Mores, de plus douce façon en aparence que le Duc: Si qu'on eſtimoit que les Flamans ne ſe deſplaiſoient pas tant de luy & pourtant qu'il luy ſeroit bien aiſé de les manier. Mais il ne les traita gueres plus doucemēt. Vray eſt qu'au lieu que le Duc deſcouuroit en public ſes rigueurs ceſtuy cy ſe contentoit de les executer ſecrettement: ſans ſe tourmēter des moiens qu'il deuoit garder à perdre ceux qu'il tenoit pour ennemis de l'Inquiſition, pourueu qu'il en feuſt deſchargé Lors qu'il arriua, Mildebourg principalle de Zelande eſtoit aſſiegée par le Prince. Luy voulant faire leuer le ſiege, dreſſa vne flotte en Anuers auec laquelle il fut incontinant aſſaillir les vaiſſeaux ennemis qui l'attendoient. Mais pour la victoire qu'il ſ'eſtoit promiſe il vit du deſſus les digues ou il reſtoit, deffaire les Eſpagnols & Vvallons: pluſieurs deſquels furent noiez les autres amenez priſonniers & ſes vaiſſeaux perduz le vintquatriéme jour de Feurier mil cinq cens ſeptante quatre. Tellement que ceux de Mildebourg mattez d'vn long ſiege & toute l'eſperance qu'ils auoient d'eſtre ſecouruz, tournée en deſeſpoir: apres auoir ſouffert toutes neceſſitez & famine extreme ſe rendirent le vint deuxiéme du mois. La guerre continuoit en Hollande neantmoins & les Eſpagnols ſ'eſtoient campez deuant Leyden: mais en fin ils furēt contraints leuer le ſiege le vint troiſiéme jour de Mars pour aller au deuant du Duc Chriſtoſle fils de l'Electeur Pallatin, des Comtes Ludouic & Henry de Naſſau freres deſcendus au plus fort de l'hyuer vers Maſtrich auec bon nombre de gens de pied & de Cheual. Or dautant qu'ils furent auertis que l'Eſpagnol les venoit trouuer: ils ſ'auancerent pour le charger ou la rencontre fut memorable en vne campagne de bruieres appellée Mookerherde ou leur Lanſquenets crians à la paie refuſent le combat: lequel ces Confederez contraints de ſouſtenir auec tel deſ-auantage furent vaincuz & tuez tous trois, le quatorziéme jour d'Auril. mil cinq cens ſeptante quatre. Sur ce le Cōmandeur eſtimant auoir le reſte auec plus gracieux moiēs que par l'eſuſion du ſang des ſujets de ſon Prince: & pluſtoſt finir ſi miſerable guerre: fait publier vn pardon general en Anuers le vintroiſiéme jour d'Auril: qui ne luy auança pas beaucoup ſes affaires neantmoins, pour le doute qu'on auoit de la ſeureté d'iceluy. Trois jours apres ce pardon publié, les Eſpagnols mutinez à cauſe qu'on ne les paioit poit: entrent en Anuers par la faueur du Chaſteau qui les receut. Contraignent les Bourgeois à leur fournir la ſomme de quatre millions de florins vſans pour ceſt effet de grandes rigueurs neceſſairement ſuiuies d'vne infinité de violences. Et pource que croiſſant de jour à autre la liberté du ſoldat: le Commandeur ne ſ'empeſchoit au deſir de habitans pour refrener telle audace: fut aſſez toſt ſoupçonné d'en eſtre conſentant & auſſi mal voulu que les inſtrumens de ſa volonté qui ne leur pouuoit autrement fournir deniers, veu le petit fons des coffres de ſon Prince. Brief l'Eſpagnol pour auoir tout & ſ'accommoder en toute ſeureté: enuoia les ſoldats Valons hors la ville, afin de ſe gorger mieux à l'aiſe & crainte des Nauires propres de la ville à la garde de laquelle ils eſtoient ordōnez: Maiſ ils les fit tellement eſlongner que la flotte du Prince les aiant deſcouuert, ſ'en ſaiſir aſſez toſt & les emmeine à la veuë du Commandeur: pendant que ſes Eſpagnols ſe donnoient du bon temps au ſac d'Anuers. Ainſi contens & auoir ſceu que durant leur abſence Leydē n'auoit point eſté auitaillée retournerent l'aſſieger, le ſecond de May. Et pour la ſerrer de plus pres qu'auparauant par forme de Bloquus puis que la force ny auoit bien ſuccedé: ils firent des fortz autour juſques au nombre de vint deux, ſur larges & profōs canaux la plus part munis de deux ou trois bonnes pieces de Canon. Ce ſiege continua tout l'eſté ſi bien entretenu qu'il n'y auoit apparance que d'extreme confuſion pour les aſſiegez. Mais le troiſiéme d'Octobre elle fut rafraichie & auitaillée par vn petit nōbre de ſoldats Francois & Valons conduits par Boiſot Amiral de Hollande aidez par le flus de la mer, dont le Prince auoir percé les Digues, rompu & ouuert les Eſcluſes: fit couurir toute la campagne ſur laquelle ſes gens ſ'auancerent dans petis vaiſſeaux, eſquel ils porterent les prouiſiōs requiſes

Bataille naualle perduë par les Eſpagnols contre les Zelandois.

Mildebourg renduë au Prince d'Orenge.

Bataille ou le Comte Ludouic & le fil. du Cōte Palatin furent tuez par les Eſpagnols.

L'HSITOIRE DE FRANCE.

ses aux assiégez. Tellement que les Espagnols auoir quelque temps combatu, & voians l'eau qui les venoit enclorre abandonnent leurs fors leuant le siege pour se garder à plus heureuse occasion.

En Feurier l'an mil cinq cens septante cinq par l'auis du Roy d'Espagne, l'Empereur Maximilian enuoia au pays bas vers le grand commandeur, le Prince & les Estats d'Hollande: le Comte de Schuartzembourg pour auiser aux moiens de paix. Le Comte moienna tant que ostages furent enuoiez vers le Prince pour la seureté des Hollandois: pour ce que l'assemblée se faisoit à Brede en Brabant ou le Comte assista. Mais d'autāt que le Prince & les Hollandois persistoient à l'exercice de leur Religion: le Cōmandeur ny voulant consentir, ceste negociatiō finit sans aucun effet. Puis la ville & Chasteau de Bure apartenans au fils du Prince assiegez des Espagnols furent rendus par le Gouuerneur sans auoir veu ny entendu le Canon à l'occasion dequoy les Estats de Hollande vouloient faire mourir ce Gouuerneur. Mais le Prince se contenta de le faire garder dans le Chasteau de Gonde. Au mois d'Aoust ensuiuāt Ondeuuater assiegée des Espagnols, le Prince se transporta à Gonde pour faire couper les digues & inonder la campagne com'il auoit fait à Leyden. Mais les Espagnols auertis battent furieusement la ville & apres breche faite donnent deux assauts: ausquels auoir esté viuement repoussez ils retournent au troisieme ou demourans les maistres tuent tous les Bourgeois & soldats & bruslēt la plusgart de la ville. Entre ces soldats y auoit deux cōpagnies d'Escossois. Lesquelles ne pouuant plus demeurer sur la breche à cause du Canon & violens efforts des assiegeās se retirerent dedans la ville au pres du grand Temple ou ils combatirent l'espace de quelques heures fort courageusement & moururent tous les armes au point sans s'estre jamais voulu rendre. Quatre jours apres les Espagnols assiegerent Schoouhouen. Le Prince y enuoie prōptement la Garde Colonnel des compagnie Françoises en Hollande auquel (quoy que la ville ne fust tenable & que les Bourgeois se voulussent rendre maugré luy) negocia si bien qu'apres auoir enduré le Canon, breche faite & l'Espagnol prest de donner assaut les Bourgeois se tirans arriere des coups il entra en capitulation & sortit armes & bagues saunes. Ce pendant le Commandeur pratiquoit quelques Hollandois & en atira aucuns à son parti Si qu'au grād estonnement de tous, il passa son armée par les destrois des Isles de saint Anne, Philippe Laud & Duueland & emporte d'assaut la forteresse de Bomené le vint huitieme Septēbre puis assiede incontinant Ziriczée l'vne des principalles villes de Zelance.

En Feurier de l'an mil cinq cens septante six le Prince s'empara d'vne forteresse de grande importance nommée Crimpan, garentissant par icelle Guinde & toutes les autres places circonuoisines. Comme le siege de Ziriczée continuoit, le commandeur mourut de peste à Bruxelles le cinquiéme jour de Mars mil cinq cens septante six. Lors le gouuernement des pays bas fut remis de par le Roy entre les mains du Conseil d'Estat. Au mois de May ensuiuāt Ziriczée n'en pouuāt plus se rendit aux Espagnols lesquels incontinent comencerēt à se mutiner sous couleur des paiements à eux deux & deliberent s'emparer de Bruxelles, puis se paier par leurs mains. Les habitans auertis de ce complot pourueurent si bien à leur seureté que les Espagnols trouuerent les portes closes, ce qui les despita tellement qu'entrez, sans aucune resistance, sur la fin de Iuillet dans Alost ville situèe entre Gand Malines & Bruxelles: ils y traitterent les habitās cōme en place prinse d'assaut. Et pource qu'ils cōtinuoient leurs insolences par la conniuance de quelques vns du Conseil d'Estat, au comencement de Septēbre le Capitaine de Bruxelles bien accompagné entre dans le Palais & au nom des Estats de Brabant constitue prisonniers entre autres les Côtes de Mansfeld & Barlaymont d'Assonuille Conseiller, Berty & Scharemberg Secraiteres & les amene prisonniers. Tost apres les Espagnols furēt declarez rebelles ennemis du Roy & de ses pays par Edit du Cōseil d'Estat publié le vint deuxiéme jour de Septembre. Pour cela neantmoins les Espagnols ne laisserent de courir çà & là, mettans en route ceux qui leur vouloient faire teste en campagne & par l'inteligence qu'ils auoient auec les Lansquenets: entrent dans la ville de Mastrich laquelle ils pillerent. Tost apres ils se joignirent ensemble & marchent contre Anuers entrent dedās par la Citadelle le quatriéme jour de Nouembre & tout soudain assaillent les soldats & tous les habitans de la ville, auec vne resolution & impetuosité telle qu'ils pillent & saccagent plusieurs jours durant ceste ville: l'vne des plus riches & plus marchandes de toute l'Europe. Massacrent plusieurs milliers de personnes de tous aages, sexes, estats & de diuers pays: bruslent

ivn

l'vn des plus riches quartiers de la ville auec la magnifique maison d'icelle. Et y commetent des actes si estranges qu'a peyne pourroiēt ils estre estimez vraiz par la posterité. Alors les Estats des quinze prouinces qui jusques à lors estoient Espagnolles, se fantasians que ceux qui les manioient ainsi ne demādoient qu'a les ruiner: fōt paix Paix auec le Prince & les Estats de Hollande & Zelande le huitième jour de Nouembre en la ville de Gand: les effets & diuers euenemans de laquelle je vous reserue pour vn autre lieu. Mon intention n'estant pas de passer outre pour ce coup. Ioint que les affaires sont encor en brasle, sans que l'on sache pour le present quelle fin elles doiuent auoir. Reuenons donques aux affaires de France & vous resouuenez des Tresues que sa Majesté vouloit faire publier pour apaiser les troubles de la Guiēne & Poitou.

Association des 15. prouinces du pays bas auec le Prince d'Orēge & Estats d'Hollande.

Durant les Tresues & lors que sur le commencement du mois passoient en Poitou les compagnies de Gascongne, Angoumois & Saintonge qui alloient trouuer le Roy de Nauarre à Saumur en Anjou: Les Rochellois qui portoient fort impatiemmēt que l'Isle de Marans distante de quatre lieuës ne fust à leur deuotion: prierent en passant le Capitaine Bourry qui auoit cinq compagnies de Fantassins de les mener à Marans afin de les releuer de l'ennuy & incommodité que leur apportoit la garnison que le Duc de Mōtpensier y auoit laissé. Ce qu'ils obtindrent aisément. Puis ils amasserent ce qu'ils peurent des gens des Isles de Ré, de Marennes, d'Oleron, Broüage & de saint Iean d'Angely, y feirent conduire deux Canons & vne piece de campagne. Les soldats qui estoient dedans l'Isle à l'arriuée des Protestans qui gangnerent le Bot & auenuë du fort de la Brune trop aisément & sans aucune resistance s'enfermerent dans le Chasteau & y feirent tout deuoir les cinq premiers jours. Mais ils se rendirent au sixième faute de cœur. Car aussi tost que les Roches Baritaud eust auertissement de l'entreprise sur ceste Isle. Il manda à Puigaillard & à Landreau qui accompagnez de deux ou trois cens hommes à cheual & quelques Fantassins se rendirent à Maillezais deux jours apres la redition du Chasteau. Lesquels auertis de tout ce que dessus & que la Paix estoit concluë & vne cession d'armes publiée par laquelle toutes voies d'hostilité cessoient, ils se retirerent soudain: apres toutesfois auoir fait desmolir l'auenuë de la Bastille. Depuis ce temps la, ne se feit chose digne de recit par ce que peu de jours apres l'Edit de Paix accordé par le Roy & Monsieur sō frere fut publiée par tout le Royaume duquel la teneur ensuit.

Entreprise des Rochelois sur Marans.

Edit de paix l'an 1576.

Henry par la grace de Dieu Roy de France & de Pologne à tous presens & auenir salut. Nous n'auons rien tant desiré, depuis qu'il à pleu à Dieu nous appeller à ceste Courōne pour la singuliere bienueillance & amour que nous portons à tous sujets: que de les reconcilier à vne parfaite vnion & concorde: & les remettre en bōne paix tranquillité & repos. Pour a quoy paruenir apres auoir cherché tous moiens conuenables à cest effet, & eu sur ce l'auis auec meure & grande deliberation de la Royne nostre tres-honnorée Dame & mere, des Princes de nostre sang, Officiers de nostre Couronne & autres Seigneurs & notables personnages de nostre Conseil priué. Auons par cestuy nostre Edit perpetuel & irreuocable, dit declaré statué: & ordonné disons declarons statuons & ordonnons ce qui s'ensuit.

Premierement que la memoire de toutes choses passées d'vne part & d'autre dés & depuis les troubles auenuz en nostre dit Royaume & l'occasion d'iceux, demeurera esteinte & assoupie, comme de chose non auenuë: & ne sera loisible ny permis à nos Procureurs generaux & autres personnes publiques ou priuées quelcōques, en quelque tēps ny pour quelque occasion que ce soit, en faire mentiō, proces ou poursuitte en aucune court ou Iurisdition 2. Defendōs à tous nos sujets de quelque Estat & quallité qu'ils soiēt qu'ils n'aient à en renouueller la memoire s'ataquer, injurier ne prouoquer l'vn l'autre par reproche de ce q̄ est passé en disputer cōtester, quereller ne souffrager ou offēcer de fait ou de parolles. Mais se cōtenir & viure paisiblemēt ensemble cōme freres, amis & cōcitoiēs. Sur peyne aux cōtreuenans d'estre punis cōme infracteurs de Paix, & perturbateurs du repos public. Ordonnōs que la Religiō Catholique & Romaine sera remise & restablie en tous les lieux & endroits de cestuy notre Royaume & pays de nostre obeissance ou l'exercice d'icelle à esté intermis pour y estre libremēt & paisiblement exercée sās aucun trouble n'ēpeschemēt. Defendāt tresexpressémēt à toutes persōnes de quelque estat quallité ou condition qu'elles soient, sur les peynes que dessus: de ne troubler, molester ne inquieter les Ecclesiasticques en la celebration du diuin seruice, jouyssance & perception des dismes, fruits & reuenuz apparten ans ausdits Ecclesiastiques & qui les detiēnent

&

L'HISTOIRE DE FRANCE.

May. 1576.

Pour la Religion Protestante.

& occupent, leur en delaissent l'entiere possession & paisible jouissance en tels droits, libertez & seuretez qu'ils auoient au par-auant qu'ils en eussent esté desaisiz 4. Et pour ne laisser aucune occasion de troubles & differens entre nos sujets: auons permis & permettons l'exercice libre public & general de la Religion pretenduë reformée, par toutes les villes & lieux de nostre Royaume, sans restriction du temps & personnes: ne pareillement de lieux & places: pourueu qu'iceux lieux & places leur appartiennent, ou que ce soit au gré & consentemēt des autres proprietaires ausquels ils pourroient appartenir. Esquelles villes & lieux ceux de la Religion pourront faire Presches, prieres chants de Psalme, administration de Baptesme & de la Cene, publication & celebration de Mariages, Escolles & leçons publiques, correction selō ladite Religion & toutes autres choses appartenans au libre & entier exercice d'icelle. Pourront aussi tenir Consistoires & Sinodes tant prouinciaux que generaux, appellez nos officiers és lieux ou lesdits Sinodes seront conuoquez & assemblez. Ausquels Sinodes Generaux & prouinciaux, enjoignons à nosdits officiers de assister ou aucuns d'eux. Et neantmoins voulons & ordonnons que ceux de ladite Religion s'abstiennent dudit exercice public en nostre ville de Paris fauxbourgs & deux lieuës és enuirons d'icelle. Lesquelles deux lieuës nous auons limitées & limitons aux lieux qui ensuiuent. Assauoir saint Denis, saint Maur des fossez Pont de Charenton, le Bourg la Royne & port de Nully. Esquels lieux nous n'entendons qu'il soit fait aucun exercice de ladite Religion. Sans toutesfois que ceux d'icelle Religiō puissēt estre recerchez de ce qu'ils ferōt en leurs maisōs pour le fait de ladite Religiō: ny les enfās ou precepteur d'iceux ōtraints de faire aucune chose cōtre & au prejudice d'icelle. S'abstiendront aussi de faire ledit exercice en nostre Court & à deux lieuës és enuirons. Et pareillemēt en nos terres & pays qui sōt de la les mōts. Esquels pays ne serōt recerchez de ce qu'ils ferōt en leurs maisons pour ladite Religion: esperant que Dieu nous fera la grace par la determination d'vn libre & S. Cōcille general, de voir tous nosdits sujets reünis en vne mesme foy Religiō & creanec cōme est nostre desir & principalle intentiō 5. Ne pourrōt en nostre Royaume pays terres & Seigneuries de nostre obeissance, estre venduz aucuns liures sans estre premierement

Impression des liures de la Religion

veuz par nos officiers des lieux ou (pour le regard des liures concernans ladite Religion) par les Chambres cy apres par nous ordonnées en chacun parlement, pour juger des causes & differens de ceux de ladite Religion. Defendant tref-expressement l'Impression, publication & vendition de tous liures libelles & escrits diffamatoires tant d'vne part que d'autre, sur les peynes cōtenuës en nos Ordonnances. Enjoignans à tous nos Iuges & Officiers d'y tenir la main.

Enterremēs des morts.

6. Ordonnons que pour l'enterrement des morts de ceux de ladite Religion estans en nostre dite ville & fauxbourgs de Paris: leur sera baillé le Cimetiere de la Trinité. Et pour toutes les autres villes & lieux leur sera pourueu promptemēt par nos Officiers & Magistrats en chacun lieu d'vne place la plus commode que faire se pourra. Ce que nous enjoignons à nos Officiers de faire & tenir la main que ausdits enterremens soit en nostredite ville de Paris ou ailleurs ne se commete aucun scandalle 7. N'entādons que ceux de ladite Religion soient aucunement astraints ny demeurent obligez, pour raison des abjurations qu'ils auoient cy deuant faites, promesses, sermens ou cautions par eux baillées concernans le fait de ladite Religion, ne qu'ils en puissent estre molestez ny trauaillez en quelque sorte que ce soit 8. Pourront lesdits de la Religion faire Edifier & construire des lieux, pour faire ledit exercice excepté à Paris fauxbourgs & à deux lieuës és enuirōs d'icelle ville. Et ceux qui sont ja par eux edifiez, leur seront renduz en tel estat qu'ils sont. Et ou ils auroient prins pour iceux construire quelques Eglises ou maisons apartenans aux Ecclesiastiques ou autres Catholiques: seront tenuz de les rendre. Sans toutesfois estre recerchez ne molestez pour les matieres qui y auront esté prises de Ruynes & demolitions faites durant les presens ou precedens troubles. 9. Pour le regard des mariages des Prestres & personnes religieuses qui ont esté cy deuant contractez: nous ne voulons ny nētendons pour plusieurs bonnes considerations, qu'ils en soient recherchez ny molestez imposans sur ce silence à nos Procureurs generaux & autres nos officiers. Declarōs neantmoins que les enfans yssuz desdits mariages pourront succeder seulement aux meubles acquests & conquests immeubles de leurs peres & meres: ne voulans que lesdits Religieux & Religieuses profez, puissent venir à aucune succession directe ny collateralle 10. Seront ceux de ladite Religion tenuz garder les loix receuës en l'Eglise Catholique, pour le fait des mariages contractez & à contracter és degrez de consanguinité & affinité: pour euiter aux debats

Abjuration des Protestans.

Temples des Protestans.

Mariages des Prestres & Religieux.

Mariages des Protestans.

bats & proces qui s'en pourroient ensuiure à la ruine de la plus part des bônes maisons de no-stre dit Roiaume:& dissolutiô des liés d'amitié qui s'acquièrēt par mariages & aliāces entre nos sujets. Et neātmoins pour les mariages faits en tiers ou quart degré, ne pourrōt ceux de ladite Religiō estre molestez: n'y la vallidité desdits mariages reuoquée en doubte: Ne pareillement la succession ostée ny querellée aux enfās descēdās desdits mariages, faits ou à faire. Et pour juger de la vallidité des mariages faits & cōtractez par ceux de ladite Religiō:& decider s'ils sōt licites ou illicites: Si celuy de ladite Religiō est defendeur, en ces cas le Iuge Roial conoistra le fait dudit Mariage. Et ou il seroit demādeur & le defendeur Catholique, la conoissāce en appartiēdra à l'Official & Iuge Eclesiastique. 11. Ordōnons qu'il ne sera fait differēce n'y distinc-tiō pour le regard de la Religion, à receuoir tāt ez Vniuersitez, Colleges, Escolles, Hospitaux & Malladeries que aumosnes publiqs, les Escolliers mallades & poures. 12. Ceux de ladite Religion paierōt les droits d'étrée cōme il est accoustumé pour les charges & offices dont ils seront pourueuz: sans estre cōtraints d'assister à aucune ceremonie cōtraire à leur dite Religiō. Et estās appellés par sermēt, ne serōt tenus d'en faire autre que de leuer la main, jurer, & promettre à Dieu qu'ils dirōt la verité. Et ne serōt aussi tenus de prādre dispense du sermēt par eux presté, en passant les contracts & obligatiōs. 13. Voulons & ordōnons que tous nos sujets, tant Catholiques que de ladite Religiō pretēduë reformee, de quelque qualité & conditiō qu'ils soiēt: soiēt tenus & cōtraincts par toutes voies deuës & raisonables & sous les peines cōtenuës en nos precedēs Edits sur ce faits: paier & acquiter les dismes aux Curez & autres Eclesiastics & à tous autres à qui ils appartiēnent selō l'vsance & coustume des lieux. 14. Nostre cher & bein amé Cousin le Prince d'Orenge, sera remis & reintegré en toutes ses terres Iurisdictiōs & Seigneuries qu'il a dās nostre Roiaume & païs de nostre obeissance: ensemble en la principauté d'Orenge, droits, titres, documens & pappiers si aucuns en ont esté pris & trāsportez, par nos Lieutenās Generaux & autres nos Officiers. Lesquels biēs, droits & titres serōt rēdus à nostre dit Cousin: remis & restablis au mesme estat qu'ils estoiēt auparauāt les troubles. Pour en jouyr par lui & les siens d'oresnauāt, suiuāt les prouisiōs, Arrests & declarations qu'auoiēt esté sur ce faites & accordées par le feu Roy Henry nostre treshonoré Seigneur & Pere que Dieu absolue & autres Rois nos predecesseurs tout ainsi qu'il faisoit auāt lesdits troubles. 15. Ceux de ladite Religion serōt tenus garder, & obseruer les Festes indites en l'Eglise Catholique Romaine. Et ne pourront es jours d'icelles besongner, vēdre ny estaller à boutiques ouuertes, Et ez jours esquels l'vsage de la chair est defēdu par icelle les boucheries ne fourirōt. 16. En tous actes actiōs publiques ou sera parlé de ladite Religiō, sera vsé de ces mots Religiō pretēduë reformée. 17. Afin de revnir d'autāt mieux les volōtez de nos sujets, cōme est nostre intentiō: declarons tant les Catholiques vnis & ceux de ladite Religion pretenduë reformée, capables de tenir & exercer tous Estats & dignitez, Offices & charges quelsconques Roialles Seigneurialles ou des villes de nosdits Roiaume, pays terres & Seigneuries de nostre obeyssance. Et d'estre en iceux indifferemment admis & receuz: sans qu'ils soiēt tenus prester autre sermēt ny astraincts d'autres obligations que de bien & fidellemēt exercer leurs Estats, dignitez, charges & Offices. Pour le regard de ceux qui seront en nostre disposition, sera par nous pourueu auenant vaccation indifferēment & sans distinction de Religion de personnes capables comme verrōs estre à faire pour le biē de nostre seruice & de nos sujets. 18. Et d'autāt que l'administratiō de la Iustice est vn des princippaux moiēs pour cōtenir nos sujets en Paix & concorde: Nous inclinās à la Requeste qui nous à esté faite tant de la part des Catholicques associez, que de ceux de ladite Religiō pretēduë reformée: Auons ordōné & ordonnons que en nostre Court de Parlemēt de Paris sera establie vne Chābre cōposée de 2. Presidens & 16. Conseillers moitié Catholiques & moitié de ladite Religiō. Et lesquels Officiers de la Religion seront par nous créez & erigez a ceste fin aux mesmes gages, hōneurs, authoritez & prerogatiues que en nos autres Conseillers de nostre dite Court: Pour par icelle Chābre conoistre & juger souueraineté, dernier ressort & par Arrest priuatiuemēt à tous autres procez & differēs meuz & à mouuoir, esquels procez lesdits Catholiqs associez ou de la Religiō pretēduë reformée du ressort de nostre Court, serōt parties principales ou garēs: en demādāt ou defēdāt en toutes matieres tāt ciuilles que criminelles: soiēt lesdits proces par escrit ou appellations verballes & ce si bon semble ausdites parties & l'vne d'icelles le requiert. Laquelle Chambre ainsi que dit est composée ou establie sera par nous enuoiée en nostre ville de Poitiers, pour y soir & rendre la

Escolliers & poures Pro-tesians.

Protest. dispensez de ceremonies & sermēt à la receptiō des Estats.

Dismes Ecclesiastiqs

Prince d'Orenge.

Festes.

Mot pretenduë.

Protest. & Catholi. vnis capables de tous Estatz.

Chambre my partie & de l'Edit en chacun Parlement.

justice à nosdits sujets Catholiques vnis & de ladite Religion de nos pays de Poitou, Angoumois, Aunis & la Rochelle: en mesme forme & quallité que lors de la seance de ladite chambre en nostre Court de Parlement de Paris. Et ce trois mois durant chacune année commençans le dernier jour d'Aoust jusques au dernier jour d'Octobre. 19. Et pour le ressort de nostre Court de Parlement de Tolose sera establie vne chambre en la ville de Montpellier: composée de deux Presidens & dix-huit Conseillers moitié Catholiques & moitié de ladite Religion. Lesquels Catholiques seront par nous choisis de nos Cours de Parlemens & grand conseil. Et lesdits de la Religion creés & erigez de nouuel aux mesmes gages, honneurs, authoritez prerogatiues & preéminēces que les Presidens & Conseillers de nostre dite Court de Parlement de Tolose. En laquelle chambre seront aussi creés vn Aduocat & vn Procureur general, deux Greffiers l'vn Ciuil & l'autre Criminel 2. Huyssiers & tous autres Officiers necessaires tant pour ladite chambre que pour la Chancellerie qui y sera par nous establie. Tous lesquels Officiers serōt moitié Catholiques & l'autre moitié de ladite Religion. Et conoistra & jugera ladite Chambre en souueraineté dernier ressort & par Arrest priuatiuement à tous autres, des proces & differens meuz & à mouuoir: esquels lesdits Catholiques associez ou de ladite Religion pretenduë reformée du ressort de nostredit Parlement de Tolose seront parties principles ou garēds en demādant ou defendant en toutes matieres tant ciuilles que criminelles: soiēt lesdits procez par escrit ou appellatiōs verballes & ce si bon semble ausdites parties & l'vne d'icelles le requiert. 20. Sēblables Chambres voulons estre establies en nos Courts de Parlemens de Grenoble, Bourdeaux, Aix, Dijon, Rouen & Bretaigne: Composées du nombre de deux Presidens & dix Conseillers en chacune Chambre qui seront comme dit est moitié Catholiques & moitié de la susdite Religion. Et iceux de ladite Religion par nous de nouueau creés à cest effet pour par lesdites Chambres chacune au ressort ou elle sera establie, auoir telle jurisdiction authorité & pouuoir conoistre & juger en la forme & qualité & tout ainsi qu'il est dit cy dessus, pour les ressorts de nos Cours de Parlemēt de Paris & de Tolose. Et sera pour le regard de nostre païs de Dauphiné le seruice de ladite Chambre my partie assauoir six mois audit Grenoble & autres six mois à Saint Marcellin commençant la premiere seance au dit Sainct Marcellin. Vint-vnième. Voulons aussi par maniere de prouision & jusque a ce que l'assemblée generale qu'entendons tenir des Estats de nostre ROYAVME il en soit par nous autrement ordonné: Que de tous jugemens qui serōt donez és procez meuz ou à mouuoir, la ou lesdits Catholiques vnis & de ladite Religiō seront en qualité demādant ou defendāt, parties principales ou garēds en toutes matieres tāt ciuilles q̄ criminelles, par les Officiers de nos sieges Presidiaux ou autres ausquels auriōs donné pouuoir de juger en certaines causes souuerainement & en dernier ressort, il y aura appel esdites Chābres nouuellemēt establies en nosdits Parlemēs chacune en son ressort: Nonobstāt tous Edits cōcernās l'authorité & jurisdictiō desdits Presidiaux. Ausquels pour l'effet susdit nous auōs derogé & derogeōs: sās y preiudicier en autres choses. Lequel appel ez matieres ciuilles Presidialles, aura effet deuolutif seulemēt & non suspensif. Sinō que du cōsentemēt desdites parties fust accordé que leurs procez seroiēt jugez par lesdits Presidiaux en souueraineté. Auquel cas le cōtenu au present article n'aura lieu ne pareillemēt aux sieges ou il y auroit nombre suffisant de ceux de ladite Religiō pour juger lesdits procez. Ce qu'ils pourront faire auec nombre pareil de Catholiques en souueraineté & sans appel ez cas des Edits. Et neantmoins pour certaines causes & consideratiōs a ce nous mouuās, ordonons que l'instructiō & jugemēt des proces criminels intētez ou a intenter au siege du Seneschal de Tolose establi en icelle, esquels procez les Catholiques vnis & ceux de ladite Religion seront defendeurs: ne se fera en ladite ville, ains au plus prochain siege dudit Seneschal auquel nous auons iceux procez des apresent renuoiez & reuoions à la charge de l'appel en la Chambre establie à Montpellier. 22. Les Preuosts de nostres chers & amés Cousins les Mareschaux de Frāce, Vibaillifs, Viseneschaux, Lieutenans de robbe courte & autres Officiers de semblable qualité jugeront selon les ordonnances & reiglemens cy deuant donnez pour le regard des vagabons. Et quand aux domiciliez chargez & preuenus des cas Preuostables, fils sont des Catholicques vnis ou de laite Religion: lesdicts Officiers seront tenus appeller en l'instruction & jugement desdicts proces nombre esgal de nos Officiers de qualité requise tant de Catholicques que de ladicte RELIGION ez plus prochains sieges Presidiaux ou Royaux ez Prouinces ou il ny a point de sieges Presidiaux si tant y en a de

ladicte

Protestans Criminels sous les Preuosts des Mareschaux

de ladicte Religion. Sinon en leur lieu appelleront des Aduocats s'il s'en trouue en ladicte quallité. 23. Ordonnons voulons & nous plaist que nostre trescher & tresaimé beau frere le Roy de Nauarre: nostre trescher & bien amé Cousin le Prince de Condé: nostre trescher & amé Cousin le Sieur de Danuille Mareschal de France: & semblablement tous autres Seigneurs, Cheualliers, Gentils-hommes & autres de quelque quallité ou condition qu'ils soyent tant Catholicques que vnis de ladite Religion: rentreront & seront conseruez en la jouyssance de leurs Gouuernemens, charges, Estats & Offices Royaux dont ils jouissoient au parauant le vint-quatriéme Aoust mil cinq cens septante deux: sans estre astrainct de prandre nouuelles prouisions, & nonobstant tous Arrests & Iugemens contre eux donnez: & les prouisions qui auroyent esté obtenuës desdicts Estats par autres. Pareillement rentreront en la jouyssance de tous & chacuns leurs biens, droicts, noms, raisons & actions nonobstant les jugemens ensuiuis pour raison desdicts troubles. Lesquels Arrests jugemens, prouisions & tout ce qui s'en seroit ensuiuy, nous auons pour cest effect declaré & declarons nuls & de nul effect & valleur. 24. N'entendons par ce qui est cy deuant dit, que ceux qui ont resigné leurs Estats & Offices en vertu de nos lettres patentes ou du feu Roy nostre trescher Seigneur & frere, puissent les recouurer & entrer en la possession d'iceux: leur reseruant neantmoins leur action contre les possesseurs & titulaires desdicts Offices pour le payement du pris contenu entre eux au moyen desdictes resignations. Et pour le regard de ceux qui ont esté contraincts de faict & de force par les particuliers à resigner leursdicts Estats & Offices: leur permettons & à leurs heritiers d'en faire instance & poursuitte par Iustice ciuillement: tant contre ceux qui auront vsé desdictes forces, que contre leurs hoirs & successeurs. 25. Ordonnõs aussi que si aucunes Commanderies de l'ordre Sainct Iean de Ierusalem appartenans aux Catholicques associez ou de ladicte Religion, se trouuoyent saisies par authorité de nos Iuges: ou si par autres à l'occasion & pretexte des troubles ils en estoyent en quelque sorte depossedez: que plaine & entiere main leuée en soit faicte ausdicts Commandeurs. Et eux remis en tel Estat & possession desdites Commanderies qu'ils estoyent deuant le vint-quatriéme Aoust mil cinq cens septante deux. 26. Et quand à ceux tant Catholicques de l'vnion que de ladicte Religion qui auroient esté pourueuz d'Offices & non encores receuz en iceux: voulons & nous plaist qu'ils soyent receuz esdicts Estats, & toutes prouisions necessaires leur en estre expediées. 27. Et semblablement que lesdicts Catholicques vnis, rentrent en la mesme possession & jouyssance de leurs benefices qu'ils auoyent auparauant ledict vint-quatriéme Aoust. Et que ceux qui d'authorité priuée sans mandement ou don de nous, auront jouy & receu les fruicts desdicts benefices appartenans ausdicts Catholicques vnis: soyent tenuz & contraincts leur rendre & restituer. 28. Tous differens concernans les rançons de ceux qui ont esté faicts prisonniers d'vn part & d'autre durant ces troubles, sont reseruez comme nous les reseruons à nous & nostre personne. Defendant aux parties d'en faire ailleurs que deuant nous poursuitte & à tous noz Officiers & Magistratz d'en prandre aucune Court, jurisdiction ne connoissance. 29. Les criées, affiches & subhastations des heritages, dont on poursuit le decret, seront faictes ez lieux & heures accoustumées si faire ce peut suiuant noz Ordonnances: ou bien ez marchez publics si au lieu où sont assis lesdicts heritages y a marché. Et où il n'y en auroit, seront faictes au plus prochain marché estant du ressort du siege ou l'adjudication se doit faire. Et seront les affiches mises au posteau dudict marché & à l'entrée de l'Auditoire du lieu. Et ainsi seront vallables icelles criées: & passé outre à l'interposition du decret sans s'arrester aux nullitez qu'on pourroit alleguer pour ce regard. Trentiéme. Les aquisitions que les CATHOLIQVES associez ou ceux de la Religion pretenduë reformée auroyent faictes par authorité d'autres que de nous pour les immeubles appartenans à l'Eglise: n'auront aucun lieu n'y effect. Ains ordonnons voulons & nous plaist que lesdicts Ecclesiastiques rentrent incontinant & sans delay: & soyent conseruez en la possession & jouyssance réelle & actuelle desdicts biens ainsi alienez: sans estre tenuz de rendre le pris desdictes ventes. Et ce nonobstant lesdicts contracts de vendition: lesquels à cest effect nous auons cassez & reuoquez cõme nuls. Sauf leur recours ausdicts achepteurs contre qui il appartiendra. Et neantmoins seront expediées noz lettres patentes de permission à ceux de ladite Religion, d'imposer & esgaller sur eux les sommes a quoy se monteront lesdictes ventes, pour rembourser les achepteurs des deniers par eux veritable-

Ppp ij.

L'HSITOIRE DE FRANCE.

ment & sans fraude desboursez. Sans que lesdits acquereurs puissent pretendre aucune action pour leurs dommages & interests à faute de jouyssance. Ains se contenteront du remboursemēt des deniers par eux fournis pour le pris desdites aquisitions precōptāt sur iceluy pris les fruicts par eux perceus au cas que ladite vente se trouuast estre faite à trop vil & injuste pris. 31. Les exheredations ou priuations soit par disposition d'entre vifs ou testamentaires, faites en haine de la Religion ou des troubles: n'auront lieu tant pour le passé que pour l'auenir: au prejudice des Catholiques de l'vnion n'y de ceux de ladite Religion pretenduë reformée. Pourueu qu'il n'y ait autre cause que du fait d'icelle Religion & prinse des armes. Entendās aussi que le semblable soit gardé pour le regard des exheredations ou priuations faites en haine de la Religion Catholique Et neantmoins les testamens militaires qui ont esté faits durant lesdits presens & precedens troubles tant d'vne part que d'autre: vaudront & tiendront selon la dispositiō de droit. 32. Les desordres & excez faits le 24. Aoust & jours suiuans en consequence dudit jour à Paris & en autre villes endroits de nostre Roiaume: sont auenus à nostre tresgrād regret & desplaisir. Et pour demōstratiō singuliere de nostre bōté & bien veillāce enuers nos sujets: declarons les vefues & enfās de ceux qui ont esté tuez lesdits jours en quelque part que ce soit de nostre dit Roiaume: exēpts de contribuer aux impositiōs qui se ferōt pour raison de nos ban & arriereban, si leursdits Maris ou Peres estoiēt Nobles. Et ou leurs dits Maris ou Peres auroiēt esté de qualité roturiere & taillables, nous pour les mesmes cōsideratiōs deschargeons lesdites vefues & enfans de toutes tailles & impositions à tout pour & durant l'espace de 6. annees prochaines & cōsecutiues. Defendās à nos Officiers chacun en son endroit de les y cōprandre au prejudice de nos presens vouloir & intētion. 33. Declarons aussi toutes Sētences, jugemēs, Arrests, procedures, saisies, vētes & decrets faits & dōnez contre ceux de ladite Religiō pretēdue reformée tāt vifs qu'morts, depuis le trespas du feu Roy Henry nostre treshonoré Seigneur & Pere: à l'occasiō de ladite Religiō, tumultes & troubles depuis auenus: Ensemble l'executiō d'iceux jugemens & decrets: dés à present cassez reuoquez & annullez & iceux, cassons reuoquons & annullons. Ordonnāt qu'ils seront raiez des Registres & Greffes des Cours tant souueraines qu'inferieures. Cōme nous voulons aussi estre ostées & effacées toutes marques vestiges & monumēs desdites executions, liures & actes diffamatoires contre leurs persōnnes memoire & posterité. Et que les places esquelles ont esté faites pour ceste occasion demolitions ou razemens, seront redués en l'estat qu'elles sont aux proprietaires d'icelles, pour en jouyr & disposer à leur volonté. Le semblable voulons & ordonnons estre faict pour les Catholiques associez. Et nommécment pour raison des Arrests & jugemens donnez contre les Sieurs de la Mole, Coconas & la Haye Lieutenant General de Poitou. Et generallement auons cassé, reuoqué & annullé toutes procedures & informations faictes pour entreprinses quelsconques, charges, pretendus crimes de leze Majesté ou autres: nonobstant lesquelles procedures Arrests & jugemens contenans reunions, incorporations & confiscations, tant lesdicts Catholicques associez que ceux de ladicte Religion, que leurs heritiers rentreront en la possession réelle & actuelle de tous & chacuns leurs biens. 34. Et d'autant qu'au moyen de nostre susdicte declaration, tous Arrests & jugemens donnez contre le feu Sieur de Chastillon Admiral de France & execution d'iceux: demeurent nuls & de nul effect comme chose non faicte ny aduenuë: Nous en consequence d'icelle declaration, voulons & ordonnons que tous lesdicts Arrests, Iugemens, procedures & actes faits contre ledit Sieur de Chastillon soient rayez, biffez & mis hors des Registres, des Greffes, tant de noz Cours de Parlemens que de toutes autres jurisdictions. Et que tant la memoire dudict Admiral que les enfans d'iceluy, demeurent entiers en leurs honneurs & biens pour ce regard: Nonobstant que lesdicts Arrests portent reunion & incorporation d'iceux biens au domaine de nostre Couronne. Dont nous ferons expedier ausdicts enfans plus ample & speciale declaration si bon leur semble. 35. Le semblable voulons estre faict pour le regard des Sieurs de Montgommery, Montbrun, Briquemaut & Cauaignes. 36. Deffendons de ne faire aucunes processions tant à cause de la mort de feu nostre Cousin le Prince de Cōdé, que journée S. Barthelemy, & autres actes qui puissent ramener la memoire des troubles. 37. Toutes procedures faites, jugemens & Arrests dōnez cōtre ceux de la Religiō portās les armes ou absens de ce Roiaume, ou bien retirez ez viles & païs d'iceluy par eux tenues en quelque autre matiere que de la Religion

LIVRE QVARENTIEME.

gion & troubles: Ensemble toutes peremptions d'instance, prescriptions tant legalles conuentionnelles, que coustumieres que saisies feodalles escheuës pendant les presens & precedens troubles: seront estimées comme non faites donées ny auenuës. Et telles les auons declarées & icelles mises au neant: sans que les parties s'en puissent aucunement aider. Encores que ceux de la Religion aient esté oys & defendus par Procureurs. Ains seront remises en l'Estat qu'ils estoient auparauant, nonobstant lesdits Arrests & l'execution d'iceux. Et leur sera renduë la possession en laquelle ils estoient pour le regard desdites choses, le 24. Aoust 1572. Et auoir ce que dessus pareillemēt lieu, pour les Catholiques de l'vnion depuis qu'ils ont prins les armes: ou esté absens de ce Roiaume pour le fait des troubles & pour les enfās mineurs de la qualité susdite qui sont morts durāt lesdits troubles. Declarons aussi nulles, toutes procedures faites & jugemēs donnez durāt le mesme tēps contre les susdits par defaut & contumaces. Ensemble l'execution d'iceux jugemens. Remettāt les parties au mesme estat qu'elles estoient auparauāt sans refondre les despēs n'y estre tenuz de consigner les amēdes. 38. Tous prisonniers qui sont detenuz soit par authorité de Iustice ou autremēt: mesmes ez Galleres à l'occasion des presens & precedēs troubles: seront eslargis & mis en liberté d'vn costé & d'autre sans paier aucune rançon. Cassans & annullans toutes obligations passées pour ce regard. Et deschargeāt les cautions d'icelles. N'entēdons toutesfois que les rāçons qui ont esté ja desboursées & paiées par ceux qui estoiēt prisonniers de guerre seulemēt: puissent estre repetées sur ceux qui les auront receuës. Et quād à ce qui a esté fait & pris hors la voie dh'ostillité cōtre les reiglemēs publics ou particuliers des Chefs ou des cōmunautez & Prouinces qui auoiēt cōmandemēt, & qui n'a esté ou ne sera auoué dās 2. mois apres la publicatiō de ce presēt Edit d'vne part ou d'autre: en pourra estre faite poursuitte par la voye de Iustice ciuillemēt. 39. Ordonnons aussi que punitiō soit faite, des crimes & delicts cōmis entre persōnes de mesme parti en tēps de troubles tresues ou suspetion d'armes. Si ce n'est que lesdits actes fussent auouez par les Chefs d'vne part ou d'autre dans le tēps de 2. mois. Et quād aux leuées exactiōs de deniers ports d'armes & autres exploicts de guerre faits d'authorité priuée & sans aueu: en sera faite poursuitte par la voie de Iustice. 40. Les meubles qui se trouuerront en nature & qui n'auront esté prins par voie d'hostillité: seront rēdus a ceux a qui ils appartiēnent s'ils sont & se trouuēt estre encores lors de la publication de ce presēt Edit ez mains de ceux qui les ont prins, ou de leurs heritiers: sans rēdre aucuns deniers pour la restitutiō d'iceux. Et ou lesdits meubles auroiēt esté vendus & alienez par authorité de Iustice ou par autre cōmission ou mandement public tant des Catholiques que de ceux de ladite Religion: pourront neantmoins estre vendiquez: en rendant le pris d'iceux aux achepteurs. Declarant n'estre acte d'hostillité ce que fut fait à Paris & ailleurs le 23. Aoust 1572. & ez jours consecutifs en consequēce de ce qui fut fait ledit 24. Aoust. 41. Pour le regard des fruits des immeubles, chacun rētrera dās ses maisons & biens: & jouyra reciproquemēt des fruits de la cullete de la presente année: Mesmement les Ecclesiastiques nonobstant toutes saisies & empeschemēs faits au contraire durant lesdits presens & precedens troubles. Cōme aussi chacun jouyra des arrerages des rētes qui n'auront esté prinses par nous, ou nos mandemēs & permission & ordonnāce de Iustice ou par mandemēs des Chefs de l'autre part. 42. Les forces & Garnisons qui sont ou seront ez maisons, places, villes & Chasteaux appartenans à nos sujets de quelque Religion ou qualité qu'ils seroient: vuideront incontināt apres la publication du presēt Edit. Pour en laisser la libre & entiere jouyssance aux proprietaires cōme ils auoient auparauant en estre dessaisis. Nonobstāt toutes pretentions de droit que ceux qui les detiennent pourroient alleguer. Sur lesquelles pretentions se pouruoiront par les voies ordinaires de Iustice: apres qu'ils auront delaissé ladite possession. Ce que specialemēt voulons estre effectué pour le regard des benefices dont les titulaires auroient esté depossedez. 43. Tous titres, pappiers, enseignemens & documens qui ont esté prins seront rendus & restituez d'vne part & d'autre à ceux à qui ils appartiennent. Encores que lesdits pappiers ou les Chasteaux & maisons esquelles ils estoyent gardez, ayent esté prins & saisis soit par nos specialles commissions ou mandemens de nos Lieutenans & Gouuerneurs: ou de l'authorité des Chefs de l'autre part ou sous quelque autre pretexte que ce soit. 44. Le libre commerce & passage sera remis par toutes les villes Bourgs & Bourgades Ponts & passages de nostre dict ROYAVME pays terres & Seigneuries de nostre obeyssance & protection: tant par mer que par terre: riuieres & eaues douces comme ils estoyent auparauant les presens & precedens troubles: & tous nouueaux peages subsides imposez par autre authorité que la nostre du-

Iugemens & poursuitte contre les Protestans & Catholiques vnis.

Prisonniers.

Rançons.

Meubles pris.

Iournee S. Bartelemy n'est acte d'hostillité

Fruits d'immeubles.

Garnisons de places viderōt.

Pappiers & enseignemens.

Traffic remis.

Subsides nouueaux ostez.

P pp iiij.

L'HISTOIRE DE FRANCE.

May, 1576.

Priuileges de toꝰ rendus.

rant iceux troubles oſtez. 45. Toutes places villes & prouinces de noſtre Roiaume païs terres & Seigneuries de noſtre obeïſſance: vſeront & jouïront de meſmes priuilleges, immunitez, libertez, franchiſes, foires, marchez, juriſdictions & ſiege de Iuſtice, quelles faiſoient auparauant les preſens troubles. Nonobſtant les tranſlations d'aucuns deſdits ſieges & toutes lettres contraires. Leſquels ſieges ſeront remis & reſtablis ez villes & lieux ou ils reſtoyent auparauant. 46.

Tous capables d'eſtats.

Dautant que ſi deſſus nous auons declaré, leſdits Catholiques vnis & ceux de la dite Religiõ, capables de tenir tous Eſtats Offices & dignitez & charges quelsconques ſeigneurialles ou des villes de noſtre dit Roiaume, païs terres & ſeigneuries de noſtre obeïſſãce: & d'eſtre en iceux indifferémment admis & receus: nous voulons qu'il puiſſent pareillemẽt tenir les charges de Procureur & ſindics des païs villes & lieux & eſtre admis en tous conſeils deliberatiõs aſſẽblees tãt electiues des Eſtats des Prouinces qu'autres fonctions qui deppẽdet des choſes ſuſdites. Sãs que pour raiſon de ladite Religiõ ou deſdits troubles, ils en puiſſent eſtre rejetez ou empeſchez d'en jouir.

Proteſtans ne ſeront plus chargez que les Catholi. & tous à la portée de leurs biens.

47. Ne pourront leſdits de la Religiõ eſtre cy apres ſurchargez ny foullez d'aucunes charges ordinaires ou extraordinaires plus que leſdits Catholiques & ſelõ la proportiõ de leurs biẽs & facultez & pourrõt les parties qui pretẽdrõt eſtre ſurchargez ſe pouruoir par deuãt les Iuges auſquels la conoiſſãce en appartiẽt. Et ſeront tous nos ſujets de quelque Religion & qualité qu'ils ſoiẽt, deſchargez indifferẽment de toutes charges qui ont eſté impoſees d'vne part & d'autre ſur ceux qui eſtoiẽt abſens & ne jouiſſoiẽt de leurs biẽs à cauſe des troubles: ſans toutefois pouuoir repeter les fruits q̃ auroiẽt eſté employés au paiemẽt deſdites charges.

Proteſtans & Catholi. vnis deſchargez des tailles, crues &c impoſées depuis le 24. Aouſt 1572.

48. N'entẽdõs auſſi que leſdits Catholiques vnis & ceux de ladite Religion ny autres Catholiques qui eſtoiẽt demeurãs ez villes & lieux par eux occuppez & detenus & qui leur ont cõtribué: ſoiẽt pourſuiuis pour le paiemẽt des tailles, aides, octroy, crues, tailles reparatiõs, vſteſilles & autres impoſitiõs & ſubſides eſcheus & impoſez depuis le 24. Aouſt 1572. juſques a preſent: ſoit par nos mãdemẽs ou par l'auis & deliberatiõ deſdits Eſtats Gouuerneurs des Prouinces, Courts de Parlemẽs & autres: dõt nous les auons deſchargez & deſchargeõs. Defendãs aux Treſoriers de Frãce generaux de nos finãces, Receueurs generaux & particuliers leurs commis & entremetteurs & autres intẽdãs & Cõmiſſaires de noſdites finãces, les en recercher moleſter ne inquieter directemẽt ou indirectemẽt en quelque ſorte que ce ſoit.

Seigneurs & autres Proteſtans & Catho. vnis reconeus pour bons ſuiets du Roy.

49. Declarõs que nous reputõs & tenons noſtre treſcher & treſamé frere le Duc Dalençon pour noſtre bon frere noſtre treſcher & treſamé beau frere le Roy de Nauarre, pour noſtre beau frere & bon parẽt. Et noſtre treſcher & bon amy Couſin le Prince de Cõdé pour noſtre parẽt, fidelle ſujet & ſeruiteur. Comme auſſi nous tenons & reputons noſtre treſcher & amé Couſin le ſieur de Danuille Mareſchal de Frãce & tous autres ſeigneurs Cheualliers Gẽtilshõmes Officiers habitãs des villes cõmunautez, bourgs, bourgades & autres lieux de noſtre dit Roiaume & païs de noſtre obeïſſãce qui les ont ſuiuis & ſecourus preſté aide & faueur en quelque ſorte & façon que ce ſoit, pour nos bons & loiaux ſujets & ſeruiteurs. Et apres auoir entẽdu la declaratiõ faite par noſtre dit frere le Duc Dalençon: nous nous tenons biẽ & ſuffiſammẽt ſatisfaits & informez de ſa bõne intẽtion, & n'auoir eſté par luy & par ceux qui y ſont interuenus ou qui ſe ſont en quelque ſorte que ce ſoit meſlez tãt viuãs que morts, riẽ fait que pour noſtre ſeruice. Declarõs tous Arreſts, informatiõs & procedures ſur ce faites & dõnez nuls & de nul effet cõme choſe non faite ny auenuë. Voulãs qu'ils ſoiẽt razez, biffez & mis hors des Regiſtres des Greffes tãt de nos Cours de Parlemẽs que des autres juriſdictiõs ou ils ont eſté enregiſtrez.

Prince Palatin du Rin & Cazimir.

50. Nous tenons auſſi & reputõs pour nos bõs parẽs voiſins, & amis nos treſchers & amez Couſins les Cõte Palatin electeur du S. Empire, & le Duc Iean Cazimir ſon fils. Et que ce qui à eſté fait par eux n'a eſté fait que pour noſtre ſeruice.

Suyſſes.

51. Declarõs pareillemẽt la leuee ſortie des Suiſſes meſmes des Côtes de Neuf Chaſtel, Vallãguin & autres des Cãtons quels qu'ils ſoient n'auoir eſté faite que pour noſtre ſeruice.

Proteſtans nez hors le Roiaume naturalizez Frãçois par cet Edit.

52. Voulõs q̃ les enfãs de ceux qui ſe ſont retirez hors de noſtre Roiau. depuis la mort du feu Roy Hẽry noſtre treshonoré ſeigneur & Pere pour cauſe de la Religiõ & troubles, encores q̃ leſdits enfãs ſoiẽt nais hors noſtre Roiaume ſeront tenus vrais Frãçois & regnicoles, & tels les auõs declarez & declarõs ſãs qu'il leur ſoit beſoin prẽdre aucunes lettres de naturalité ou autres prouiſiõs de nous que le preſẽt Edit. Nonoſtãt nos ordõnãces a ce cõtraires auſquelles nous auons deſrogé & deſrogeõs.

Tous Chefs & autres Proteſtans & Catholi. vnis deſchargez de tout ce qu'ils ont fait.

53. Demeurerõt tant noſtre dit frere le Duc Dalençon le Roy de Nauarre & le Prince de Condé que ledit ſieur de Danuille & autres Seigneurs, Gentilshõmes Officiers corps de villes, cõmunautez & tous autres qui les ont aidez & ſecourus, leurs hoirs & ſucceſſeurs quittes & deſchargez de tous deniers qui ont eſté par eux et leurs ordõnãces pris et leuez tãt de nos receptes et finãces à quelque ſomme qu'ils ſe

puissent monter: que des villes, cõmunautez & particuliers, des rêtes, reuenus, argeteries, vêtes de biens meubles Eclesiastiques & autre bois de haute fustaie à nous appartenãs ou a autres, amendes, butins, rançons ou autre nature de deniers à l'occasion des presens & precedens troubles: sãs qu'eux ny ceux qui ont esté commis par eux à la leuée desdits deniers, où qui les ont baillez ou fournis par leursdites ordonnances en puissent estre aucunemẽt recerchez a present n'y pour l'auenir. Et demeurerõt tant eux que leurs cõmis, quites de tout le maniemẽt & administratiõ desdits deniers, en rapportãt pour toute descharge acquits expediez dãs 4. mois apres la publicatiõ de nostre present Edit faite en nostre Court de Parlemẽt de Paris & de nostre dit frere, du Roy de Nauarre, Prince de Condé, & Mareschal Danuille ou de ceux qui aurõt esté par eux cõmis à l'auditiõ & closture de leurs côtes ou des autres Chefs & cõmunautez des villes qui ont eu cõmãdemẽt & charge durãt les troubles. Demeurerõt pareillemẽt les habitãs de la ville de la Rochele & autres cõmunautez deschargées de toutes assemblées generales & particulieres, establissemẽt de Iustice, police & reiglemẽs faits entre eux jugemés & executiõs d'iceux soit en matiere ciuile ou criminelle: ensẽble de tous actes d'hostilité, leuée & cõduite de gẽs de guerre, fabricatiõ de mõnoie faite selon l'ordonãce desdits Chefs, fonte & prinse d'artillerie & munitiõs tãt en nos Magazins que des particulieres confectiõ, de poudres & salpestres, prinses, fortificatiõs, desmãtelemẽs & demolitiõs de villes & Chasteaux, bourgs & bourgades entreprinses sur icelles bruslemẽs & demolitiõs de Tẽples & maisons, voiages, intelligẽces, negotiatiõs, traittez & cõtrats faits auec tous Princes & cõmunautez estrãgeres ez villes & autres endroits de nostre dit Roiaume. Et generallemẽt de tout ce qui a esté fait, geré, negotié tãt par les Catholiques associez que ceux de ladite Religiõ, durãt les troubles presẽs & passez depuis la mort de feu nostre dit seigneur & Pere: encores qu'il d'eust estre particulieremẽt exprimé & specifié. Entẽdãs q̃ suiuãt nostre presẽte declaratiõ les sieurs Vidasme de Chartres & de Beauuois, soiẽt & demeurẽt deschargez & les deschargẽs speciallemẽt des traittez & negociatiõs par eux faites auec la Roine d'Angleterre en l'ã 1562. ne tenãs ne reputãs en cest endroit rien fait par eux que pour nostre seruice. Encores qu'ez precedẽs Edits de pacificatiõ n'en ait esté fait expresse mẽtiõ. Et moiẽnãt ce que dessus lesdits Catholiques vnis & ceux de ladite Religiõ se departirõt & desisterõt de toutes associatiõs qu'ils ont dedãs & dehors ce Roiaume. Et ne serõt doresnauãt aucunes leuées de deniers sans nostre permissiõ, enrollemẽt d'hõmes cõgregatiõs n'y assẽblées autres que celles qui leur est permis ci dessus & sãs armes. Ce que nous leur prohibõs & defẽdons sur peine d'estre punis rigoureusemẽt cõme contẽteurs & infracteurs de nos ordonnãces. 54. Nos Officiers de la ville de la Rochelle n'y les Maire, Escheuins, Pairs & autres habitãs d'icelle ne serõt recerchez molestez ne inquietez pour les mãdemẽs decrets de prinse de corps faits tãt en ladite ville que dehors, executiõs de leurs jugemẽs depuis ensuiuis tãt pour raison de quelques pretẽdues entreprinses faites côtre ladite ville au mois de Decem. 1573. que pour vn Nauire nomé Hrõdelle & executiõ des jugemẽs dõnez côtre ceux de l'equipage d'iceluy. Ne pour autres actes quelscõques dõt nous les auõs entieremẽt deschargez ainsi qu'il est dit ci dessus. 55. Toutes prinses qui ont esté faites en vertu des cõgez & aueus dõnez & lesquelles ont esté jugées par les Iuges de L'amirauté & autre Cõmissaires a ce deputez par lesdits Catholiques vnis & de ladite Religiõ: demourerõt assoupies sous le benefice de nostre presẽt Edit. Sãs qu'il en puisse estre faite aucune poursuite, n'y les Capitaines leurs cautiõs & lesdits Iuges Officiers & autres recerchés ny molestez en quelque sorte que ce soit: nonobstãt toutes lettres de marque & saisies pẽdantes & non jugées dont nous voulõs leur estre faite plaine & entiere main leuée. 56. Es villes demãtelées pẽdãt les troubles passez & presẽs: pourront les ruines & demãtellemẽs d'icelles estre rediffiez: par les habitãs si bon leur sẽble à leurs frais & despẽs. 57. Ceux des Catholiques vnis & de ladite Religiõ qui auroiẽt prins à ferme, ãuãs les presẽs troubles aucuns Greffes ou autres domaines, Gabelles, impositiõ foraine & autres droits à nous appartenãs dont ils n'õt peu jouir a cause d'iceux troubles: demeurerõt deschargez comme nous les deschargeons de ce qu'ils n'auroiẽt receu de leurs fermes depuis le 24. Aoust 1572. Où qui auroient sans fraude paié ailleurs que ez receptes de nos finances: nonobstant toutes obligations sur ce par eux passées. 58. Et d'autant que l'aigreur & continuation des troubles qui ont dés si long tẽps eu cours en cestui nostre Roiaume: à tellement alteré l'ordre de toutes choses, que sans le restablissemẽt d'iceluy il seroit impossible contenir nos sujets en la bonne vnion & intelligẽce qui doit estre entre eux, pour les faire vi-

Rochelle.

Vidame de Chartres Beauuois la Nocle.

Rochellois deschargez des executions faites de quelques entrepreneurs sur leur ville

Prinses sur mer.

Ruynes de places.

Ppp iiij

L'HSITOIRE DE FRANCE.

May. 1576.

Promesse d'assembler les Estats Generaux du Royau.
Estats Generaux assignez dans six mois à Bloys.
Garnisons Protestans. vuident.

Villes de seureté à monsieur Protestans & Catholi.

Propos injurieux defendus aux Presches.

Magistrats iurent & sont inrez l'entretien & Edit par tout le Royaume.

Tous autres Edits Arrests &c. contraires à ceftuy icy nuls.

tre en tranquilité & repos, qui auroit esté tousjours nostre principal soin & estude: Considerās que pour y prādre vne bōne resolutiō nous ne sçauriōs mieux faire, que d'ouïr surce les remōstraces de nosdits sujets de toutes les Prouinces de nostre Roiaume: nous auriōs a cest effet des nostre auenement à ceste Courōne, delibere faire vne conuocation & assemblée generale des Estats. Ce que n'aurions peu effectuer encores à nostre grand regret au moiē desdits troubles. Ausquels aiant pleu à Dieu donner fin: continuans nostre bonne & sainte intention au bien de nos sujets: nous disons & declarons voulons & nous plaist que lesdits Estats generaux seront par nous mandez & conuoquez en nostre ville de Bloys pour y estre tenus selon les bōnes anciennes & loüables coustumes de ce Roiaume dans six mois prochains, à côter du jour de la publication de nostre present Edit en nostre Court de Parlemēt de Paris. Et a ces fins serōt par nous expediées les Cōmissions pource necessaires. Pour les remonstrances plaintes & doleances qui nous seront faites & presentées de leur part ouïes, estre par nous ordōné ce que verrōs estre requis & conuenable pour le bien de nostre dit Roiaume. 59. Lesdits Catholiques vnis & de ladite Religion serōt tenus incōtināt apres les publicatiōs faites de nostre present Edit: faire vuider toutes garnisons des villes, places, Chasteaux & maisons qu'ils tiēnent, appartenās tant à nous qu'aux particuliers nōmemēt aux Eclesiastiques. Et les delaisser, rēdre & remettre en toute liberté au mesme estat qu'elles estoiēt en plaine paix auparauant les presens & precedens troubles. Et neantmoins pour certaines & bōnes consideratiōs, auons baillé en garde aux Catholiques vnis & ceux de la Religion les 8. villes qui ensuiuent Assauoir Aiguemortes, & Beaucaire en Languedoc, Perigueux & le Mas de Verdun en Guienne, Nions & Serres ville & Chasteau en Dauphiné, Yssoire en Auuergne & Seine la grand Tour & le circuit d'icelle en Prouence. Et promettrōt nostre dit frere, Roy de Nauarre, Prince de Condé Mareschal Danuille & ceux qui seront cōmis à la garde d'icelles, sur leur foy & hōneur de les nous bien & fidellemēt garder. Ne seront aussi mis par nous aucuns Gouuerneurs ny Garnisons ez autres villes qu'ils tiēnent a present & qui par eux serōt rēdus cōme dit est. Sinon qu'il y en eust eu de tout tēps & mesme du regne du feu Roy Henry nostre sieur & Pere. Et pareillement desirans soulager en tout ce qui nous est possible nos sujets de toutes nos autres villes: Declarōs qu'il n'y aura Garnison ny Gouuerneur, sinon ainsi qu'il estoiēt du mesme temps de nostre dit feu Seigneur & Pere. Cōme aussi ne voulons qu'il y ait ez Chasteaux, villes, maisons & biens apparrenās aux particuliers nos sujets de quelque qualité qu'ils soiēt autres Garnisons que celles qui ont accoustumé d'y estre en tēps de Paix. 60. Deffendons à tous Prescheurs, Lecteurs & autres qui parlent en public, de n'vser d'aucunes parolles, discours & propos tēdās à exciter le peuple à sedition. Ains leur auons enjoint & enjoignons de se contenir & conduire modestement: ne dire rien qui ne soit à l'instructiō & edificatiō des auditeurs. Et a maintenir le repos & tranquilité par nous establi en ce Roiaume sur les peines portées par nos precedens Edits. Enjoignāt tresexpressemēt à nos Procureurs generaux & autres nos Officiers y tenir la main. 61. Voulōs, ordōnōs & nous plaist, que tous Gouuerneurs de Prouinces Baillifs, Seneschaux & autres Iuges ordinaires des villes de cestui nostre dit Roiaume: Incontināt apres la receptiō d'iceluy nostre Edit, jurerōt de le faire garder & obseruer chacun en leur destroit, Cōme aussi feront les Maires, Escheuins, Capitoulx & autres Officiers des villes annuels ou perpetuels. Enjoignons aussi à nosdits Baillifs Seneschaux ou leurs Lieutenās & autres Iuges, faire jurer aux principaux habitans des villes tant d'vne que d'autre Religion, l'entretenement du present Edit dans huitaine apres la publicatiō d'iceluy: mettāt tous nosdits sujets en nostre protectiō & sauue garde & les vns en la garde des autres. Sēblable serment sera fait par deuant les Baillis & Seneschaux chacun en son ressort par les Seigneurs & Gentilshōmes, où a ces fins ils serōt tenus les faire assēbler dedās ledit tēps en personne ou par Procureur. Et sera le sermēt pour le regard des Officiers tēporels renouuellé à l'instalation de leurs charges. 62. Et afin que tant nos Officiers qu'autres nos sujets, soient clairement & auec toute certitude auertis de nos vouloir & intention pour oster toutes ambiguitez & doubtes qui pourroient estre faits au moien des precedens Edits: Nous auons declaré & declarons tous autres Edits, lettres declarations, modifications, restrictions, & interpretations, Arrests & Registres, tant secrets qu'autres deliberations cy deuant par nous faites en nos Courts de Parlement & autres qui par cy apres pourroient estre faites au prejudice de cestuy nostre present Edit, concernans le fait de la RELIGION & des troubles auenus en cestuy nostre ROYAVME estre de nul effect & valeur. Ausquels & aux derogations y contenues auons par cestuy noſtre Edit derogé & deſrogeons & deſapreſent comme pour lors, les caſſons, renocquons & annullons: declarant par exprez que nous voulons que ceſtuy noſtre Edit ſoit ſeur & inuiolable, gardé & obſerué tant par noſdicts Officiers & Iuſticiers que ſujets: ſans f'arreſter n'y auoir aucun eſgard à tout ce qui pourroit eſtre contraire & derogeant à icelluy. Et pour tenir la main à l'execution de ceſtuy noſtre Edit, & ouyr les plaintes de noſdits ſujets ſur les contrauentions d'icelluy: ordonnons à nos treſchers & amez couſins les Mareſchaux de France, ſe tranſporter chacun és prouinces de ſon departement & pouruoir promptemẽt à ce qui ſera requis pour l'entretenement & execution d'icelluy Edit 63. Mandõs auſſi à nos amez & feaux les gens de nos cours de Parlement, qu'incontinant apres le preſent Edit receu: ils aient (toutes choſes ceſſantes & ſur peyne de nullité des actes qu'ils feroient autrement:) à faire pareil ſerment que deſſus. Et icelluy noſtre Edit faire publier & enregiſtrer en noſdites cours ſelon ſa forme & teneur, purement & ſimplement: ſans vſer d'aucunes modifications, reſtrinctions, declarations ou regiſtres ſecrets, ny attendre autre juſſion ny mandement de nous: Et à nos Procureurs Generaux en requerir & pourſuiure incontinant & ſans delay ladite publication. Enjoignans pareillemẽt à nos Lieutenãs Generaux & Gouuerneurs de nos prouinces, de le faire incontinant chacun endroit ſoy publier, par tous les lieux & endroits de leurs prouinces: garder & obſeruer ſans attendre la publication de noſdites Courts. A ce que nul n'en pretende cauſe d'ignorãce. Et que plus promptement toutes voies d'hoſtilité, leuées de deniers, prinſes & demolitions d'vne part & d'autre ceſſent. Declarant des apreſent icelles leuées de deniers demolitions, prinſes & rauiſſemens de biens meubles & autres actes d'hoſtilité qui ſe feroient apres ladite publication & ſignification que noſdits lieutenans generaux en auront fait faire: ſujectes à reſtitution punition & reparation. A quoy nous voulons eſtre procedé contre les contreuenans ſelon l'exigence des cas: ſauoir eſt contre ceux qui vſeront d'armes, force & violence en la contrauention & infraction de ceſtuy noſtre preſent Edit, empeſchant l'effet & execution d'icelluy: de peyne de mort ſans eſpoir de grace ne remiſſion. Et quand aux autres contrauentions qui ne ſeront faites par voies d'armes, force & violence ſeront punies par autres peynes corporelles, banniſſemens, amendes honnorables & autres ſelon la grauité des cas à l'arbitre & moderation des Iuges: auſquels en auons donné la conoiſſance: chargeant en ceſt endroit leurs honneurs & conſciences d'y proceder auec la Iuſtice & egallité qu'il appartient ſans exceptiõ ou difference de perſonnes ou de Religion: voulons auſſi que toutes trouppes de gens de guerre tant de cheual que de pied François ou eſtrangers d'vne part & d'autre: excepté les compagnies de nos gardes & les garniſons ordinaires des frontieres, aient à ſ'acheminer pour ſe retirer en leurs pays & maiſons, incontinant apres la publication de noſtre Edit en noſtredite Court de Parlement: viuans le plus doucement & modeſtement & à la moindre foulle de nos ſujets que faire ſe pourra. Sans vſer de force violence ou rançonnemens à peyne de la vie. Si donnons en mandement &c. De Paris en May mil cinq cens ſeptante ſix le deuxiéme du Regne.

Contre les contreuenãs a cet Edit.

Combien que l'Edit contenu cy deſſus ne face aucune mention de l'Apanage de Monſieur Si eſt ce que le Roy luy accorda par accroiſſemẽt les Duchez d'Anjou, Touraine & Berry outre celluy d'Alençon & le Comté du Mayne auec autres membres du domaine de la Courõne de France.

LETRES Patentes du Roy pour l'accroiſſement & augmentatiõ de l'Apanage de Monſieur le Duc d'Alençon ſon frere, leuës & publiées à Paris en Parlement le vintquatriéme jour de May mil cinq cens ſeptãte ſix.
Et en la Chambre des Cõptes ouy ſur ce le Procureur
General du Roy en icelle, aux charges
contenuës en l'arreſt ſur ce
fait le vint huittéme May.
1576.

Henry par la grace de Dieu Roy de France & de Pologne: A tous preſens & auenir ſalut. Conſiderans combien l'vnion & amitié fraternelle eſt agreable à Dieu & recommandable entre les hommes, meſmes entre les Princes Chreſtiens: qui cauſe l'accroiſſement. Et con-

Accroiſſement de l'Apanage de Monſieur.

feruation des Royaumes. Comme son contraire engendre la ruyne & desolation: & desirans faire cognoistre à vn chacun & laisser memoire à la posterité, de la grande & tres-singuliere affection que nous portons à nostre trescher & tresaimé frere le Duc d'Alençon par toutes sortes de gratifications en accroissemens d'honneurs & de biens. Et aians esgard qu'il nous est demeuré seul frere: afin de luy donner moien de paruenir à quelque grand & heureux mariage & party digne de la maison de France dont il est issu: pour de tant plus fortiffier par alliance ceste nostre Couronne au bien, repos & soulagement de nostre peuple. Pour ces causes & autres grandes dignes & justes considerations à ce nous mouuans auons de nostre propre mouuement aias surce prins l'auis de notre tres-honnorée Dame & mere, des Princes de nostre sang & autres grans & notables Seigneurs & gens de nostre Conseil: baillé, cedé, transporté & delaissé & par la teneur de ces presentes baillons, cedons, transportons & delaissons a tousjours par accroissement & augmentation d'Apanage à nostredit trescher & tresaimé frere le Duc d'Alençon & ses hoirs masles & les hoirs masles de ces hoirs masles, qui descendront de luy en vray & loial mariage & ce outre & par dessus les terres à luy cy deuant delaissées. Et qu'il tient à present de nous en Apanage, les Duchez d'Anjou, Touraine & Berry leurs apartenances & deppendances, francs quites & deschargez de toutes alienations & dons faits depuis nostre auenement a la Couronne. & aussi de tous dots & douaires dont nous les auons deschargez & deschargeons par cesdites presentes. Et nous chargeons de la recompense. Sans que pour raison de ce la deliurance & jouissance des choses susdites part ou portion d'icelles soit empeschée ou differée à nostredit frere. Iceux Duchez consistans en Citez, villes, Chasteaux, places, maisons forteresses, fruits, proffits, cens, rentes, reuenus & emolumens, honneurs hommages, vassaux, vasselages & sujets, bois, forests, estancs, Riuieres, fours, moulins, prez pasturages fiefs, arriere fiefs Iustices iurisdictions, patronages, d'Eglises, Collations & presentations de benefices, aubenages, forsaitures, confiscations & amendes, quints requints, lots, ventes, profits de fiefs & tous autres droits & deuoirs quelsconques qui nous appartiennent esdites duchez. Et mesmement des pons, ports, peages, traittes & impositions foraines dont nous jouissions au pays d'Anjou au parauant nostre auenement à la Couronne: & autres appartenances & deppendances desdites Duchez & choses susdites droits, nous, raisons & actions generallement quelsconques. Ensemble la prouision, institution & presentation à tous offices ordinaires. Et quand aux offices extraordinaires, luy en auons accordé la nomination sa vie durant seulement: Et afin que les particuliers ausquels lesdites Duchez parts ou portions d'iceux ont esté alienez & engagez depuis ledit temps de nostre auenement à la Couronne, ne puisse retarder ou empescher l'execution de ceste nostre volonté : nous desapresent leur auons ordonné & assigné: leur ordonnons & assignons rentes sur les receptes Generalles de Touraine & Berry respectiuement suiuant la nature de leurs contrats d'engagemens ou alienation jusques à ce qu'ils aient esté assignez & pourueuz d'ailleurs: le tout selon la verification & assignati qui en sera faite. Et sans que pour raison de ce nostredit frere soit aucunement empesché ou retardé en la possession & jouissance desdites Duchez membres & deppendances d'iceux Et ce nonobstant oppositions ou appellations quelsconques & sans prejudice d'icelles. Pour desdites Duchez membres & dependans d'iceux, jouir par nostredit frere & sesdits hoirs en tous droits, preeminences prerogatiues & autoritez comme ont acoustumé jouir de tout temps les enfans appanagez de la maison de Frâce sans aucune en excepter, reseruer ne retenir à nous ny à nos successeurs fors le ressort & souueraineté & les ville Chasteau & Bailliage d'Amboise. A commencer ladite jouissance du premier jour d'Auril dernier. Et neantmoins les douairieres desdites Duchez receuront les deniers des fermes qui escherront au jour sainct Iean Baptiste prochain. Si donnons en mandement à nos amez & feaux Conseillers les gens tenans nostre Court de Parlement de Paris, Chambre des Comptes & Court de nos aydes Tresoriers de France & Generaux de nos finances, Baillifz, Seneschaux Iuges desdites prouinces & & tous autres qu'il appartiendra: faire lire publier & enregistrer cesdites presentes & du contenu en icelles souffrir & laisser jouyr nostredit frere pleinement & paisiblement. Ensemble ses successeurs come dit est sans en ce luy faire mettre ou donner ne souffrir luy estre fait mis ou donné aucun trouble ou empeschement au cõtraire: Lequel si fait mis ou donné luy estoit facet incontinant le tout remettre & reparer à pleyne & entiere deliurance & au premier Estat & deu. Et rapportant cesdites presentes signées de nostre main ou vidimus d'icelles faites sous

sceel

féel Royal pour vne fois & quitace ou conoiſſance de noſtredit frere de la jouyſſance des choſes ſuſdites: Nous voulons nos Receueurs & autres Officiers qu'il appartiendra ou à qui ce
pourra toucher, eſtre tenuz quites reſpectiuement de la valleur deſdites choſes par les gens
de noſdits Comptes & par tout ailleurs ou il appartiëdra & beſoin ſera, ſans difficulté: nonobſ- — Dommaine
tant les ordonnances par nos predeceſſeurs faites ſur l'alienatiō du dommaine de noſtre Cou- du Roy.
ronne. Auſquelles nous auons en tant que beſoin ſeroit derrogé & derrogeons pour ce regard
& ſans y prejudicier en autres choſes par ceſdites preſentes. Et à quelſconques autres ordonnances, reſtrinctions mandemës ou defences à ce contraires. Et pour ce que de ceſdites preſë-
tes on pourra auoir affaire en pluſieurs lieux nous voulōs que à la Coppie deuëmët collation-
née foy ſoit ajouſtée comme à l'original: auquel en teſmoin de ce nous auons fait mettre noſtre ſeel. Donné à Paris au mois de May l'an de grace mil cinq cens ſoixante ſeze & de noſtre
Regne le deuzième.

Or pour autant que par l'Edit de Paix qui fut publié au Parlement de Paris le quatorziéme
May, le Roy preſent, il auoit accordé l'aſſemblée generalle des Eſtats de ſon Royaume & aſſigné par ſes lettres patentes la conuocation d'iceux au quinziéme de Nouembre a Blois pour- La ville de
ce fait deſmantellée afin que tous n'euſſent occaſion de defiance. Ce neātmoins pour la cō- Blois deſ-
modité des Deputez des prouinces ainſi qu'on diſoit l'aſſignation fut remuée juſques au mois mentelée.
de Decembre.

Vovs aues veu cy deuant l'Election & acheminement d'Henry de Valois Duc d'Anjou
au Royaume de Pologne. Et comme declaré ſucceſſeur de ſon frere Charles neufiéme, il retourna en France prandre la Couronne de ce Royaume hereditaire. Reſte à vous faire entendre, les accidens ſuruenus aux Polonois pendant ſõ abſence & com'ils ſe porterent enuers
luy. Mais pource que telles occurrences concernent les Eſtats voiſins deſquels je ne vous ay
rien dit par cy deuant. Ie ſuis d'auis d'en reprendre le ſujet vn peu plus haut & le plus court
que je pourray.

SIGISMOND premier aiant regné quarante deux ans en Pologne, mourut le premier A-
uril mil cinq cens quarante huit, agé de plus de huitante ans. Laiſſant vn ſeul fils de Bonne
Sforce fille du Duc de Millan nommé Sigiſmond Auguſte: né le deuziéme Aouſt mil cinq
cens vint. Dés l'aage de dix ans ſon pere ja vieil procura tant qu'il fut eſleu & Couronné Roy
de Pologne: & regna dixhuit ans auec ſon pere. Eſtant encores fort jeune il fiança Elizabeth
fille de Ferdinand Roy des Romains & l'eſpouſa l'an mil cinq cens quarante trois. Puis morte
au bout de deux ans & demeuré veuf par quatre ans, eſpouſa en ſecondes nopces contre le gré
des Seigneurs Polognois Barbe de Radzinil, Ducheſſe de Lithuanie: Laquelle deceda incontinant apres auoir eſté Couronnée Royne. En troiſiémes nopces il print à femme par diſpence
du Pape, vne autre fille de Ferdinand nommée Catherine, veufue de François Duc de Mantoüe. Mais ce mariage luy apporta beaucoup plus d'incommodité que de plaiſir. Ioint qu'il
n'euſt enfans de ces trois femmes. Au reſte c'eſtoit vn Prince aimant le repos, & qui ſe montra
ſoigneux de ſ'entretenir en Paix auec ſes voeſins. Toutesfois les affaires de Liuonie le tirerët fi-
nalemët en guerre. Voicy les occaſions. L'an mil cinq cens cinquante neuf, ſuruint tel differëd
entre Guillaume de Brandebourg Archeueſque de Rige & le grand maiſtre ou commandeur
de Liuonie, qu'ils en vindrent aux armes. Si qu'apres quelques rencōtres & legeres eſcarmouches: l'Archeueſque fut enclos en vn Chaſteau & ſerré de ſi pres que finalement luy &
les ſiens furent contraints ſe rendre à la mercy du Commandeur, lequel le traitta rudement en
ſa captiuité. A raiſon dequoy Sigiſmōt enuoia prier, pour la deliurance de ſon nepueu requerant que les differans fuſſent appointes amiablement. Mais le Commādeur aiant rëuoié l'Ambaſſadeur ſans rien executer, Sigiſmont irrité luy enuoia denoncer la guerre & à tous ſes adherans. L'yſſue de laquelle, fut que le Commandeur ne ſe ſentant fort pour reſiſter à la puiſſante armée que menoit Sigiſmond: accorda moienant que l'Archeueſque fut reſtably en ſon premier eſtat, recompenſé & ſatiffait de ſes dommages & intereſts & l'armée Polognoiſe paiée:
parce moien il ſembloit que la Liuonie demeureroit paiſible. Mais le Moſcouite ſe vint fourrer à la trauerſe auec vne armée de trois cens mil hommes: faiſant vn horrible rauage par tous Source des
endroits. Les Liuoniens ſpecialement ceux de Rige ne ſe ſentãs aſſez roides pour reſiſter à vn guerres ëu
tel ennemy: demanderent ſecours à Sigiſmond qui ſy accorda pour diuerſes conditions & couites &
ſ'oppoſa viuement aux Moſcouites. Cela fut cauſe que le grand Duc Iean Baſile des le mois Polonois.
de

de May mil cinq cens soixante deux deffia les Polognois:& sur la fin de Ianuier ensuiuant entra dans la Lithuanie auec vne armée de deux cens mille Moscouites & Tartares. Et des le premier jour de Feurier se campa deuant Plosko ville & Chasteau fort renommez. Puis auoir fait vne tres-furieuse batterie, les assiegez mirent le feu en la ville & se retirent au Chasteau ou ils soustindrent le siege l'espace de quinze jours: en fin desquels auoir repoussé cinq assauts ils furent contraints se rendre. Le Chastellain fut enuoié prisonnier auec sa femme & ses enfans en Moscouie: la plus part des habitans moururent de faim, les enfans au dessous de dix ans tuez, les plus grans trainez en captiuité & vendus aux Tartares, les soldats grand nombre d'hommes & femmes esgorgez jusques au nombre de vint mille sans vn seul excepter, fors les Canonniers desquels le Moscouite auoit affaire & qu'il emmena auec vn merueilleus butin mettant tout à feu & à sang: sur son retour. Il menoit plusieurs centaines de pieces d'artillerie & quarante mille pionniers, Il y auoit lors des troubles en Pologne, tant pour la Religion que pour les affaires d'Estat, qui empescherent Sigismond de pouuoir secourir ceux de Lithuanie. Qui de leur part estoiët si hautsà la main qu'ils ne daignoient prier les Polognois de leur aider desirans ce sembloit qu'on les suppliast de prandre secours. Sigismond en somme craignant quelque plus grand mal pour l'auenir & sachant que les Moscouites se preparoient pour vne autre course, enuoia Ambassadeurs vers le Roy pour traitter quelque accord. Mais ils retournerent sans rien faire. Mesmes sur la fin de la mesme année les Moscouites & Tartares au nombre de septante mil se mirent aux champs (le temps d'hyuer estant propre pour faire la guerre en ces pays là qui sont inaccessibles en Esté, à cause des marescages & estangs lesquels sont si fort glacez en hiuer que l'artillerie & les armées entieres passët seuremët par tout) prenent la route de Liuonie & en chemin rencontrent forces de diuers endroits. Tellement qu'ils se trouuerent en fin prez de cent mil hommes sous la conduite de Schinzki beau frere du Moscouite. Ils s'incorporerent tous le vint troisième jour de Ianuier pres d'vn Chasteau nommé Orche, sur les frontieres de Lithuanie. Et comme ils s'aprestoient à quelque nouueau rauage, Nicolas Radzinil grand Mareschal de Lithuanie sage & craignant Dieu resolu de seruir vn bon coup à sa patrie va au deuant suiuy de quinze mil cheuaux seulement. Mais il disposa ses trouppes auec telle dexterité & charge si furieusement les Moscouites qu'il entre dãs leur camp, les met en route en tue neuf mil sur le champ, & quatre mil en la poursuitte, prend trois mil prisoniers 2000. charriots chargez des bagages & munitiõs de guerre & 5000. autres charriots des particuliers. Vne partie des fuiards mourut dãs les marests & Riuieres, la glace s'estãt rõpuë par vn extraodirnaire accidët. Ainsi la Lithuanie fut en repos tout le reste de ceste année. Deux ans apres les Turcs & Tartares firent courses en Podolie ou ils executerent toutes sorttes de cruautez. Mais le Pallatin de Russie les surprint & tailla presque tous en pieces emmena auectout leur butin douze pieces d'artillerie qu'ils trainoiët quãt & eux. Sigismond toutesfois non côtët de ceste victoire: voulut dõner vne recharge au Moscouite, afin de le harassertellemët qu'ë fin il entrast en voie d'accord. Des lõg temps les Tartares & Moscouites se sõt endõmagés par courses mutuelles. Mais les Tartares cõmençoiët à auoir du pire. Or pour se garãtir du joug qui pëdoit sur leur col, ils demãderët secours au Turc, qui leur fut octroié.

Turcs & Tartares s'allëblent cõtre le Moscouites.

Restoit de trouuer chemin cõmode pour joindre les Turcs & Tartares ensëble. Il n'y en auoit point de plus court ne si propre que par les frõtieres du Royaume de Pologne: à cause dequoy Selim pria Sigismõd son Cõfederé de leur dõner passage. Ce que le Polognois accorda volõtiers, pource que c'estoit au prejudice de son ennemy. Tost apres l'armée des Turcs montant à pres de cent mil hommes deslogea de la basse Hongrie trauersant les larges campagnes de Moldauie & Podolie. Puis se joignit aux Tartares & tous ensemble firët vn estrãge rauage en diuers endroits de la Moscouie en l'an mil cinq cens soixante neuf. Apres qu'ils se furent retirez: le Moscouite enuoia ses Ambassadeurs en Pologne se plaindre de ce que Sigismond auoit donné passage aux Turcs ennemis de la Crestiënté. Il est de la Religion Chrestienne: mais c'est de la Greque. Au contraire Sigismond se plaignoit des ruynes & saccagemens faits en la prinse de Plsrco. Somme qu'apres plusieurs disputes les Deputez de part & d'autre s'assemblerent l'an mil cinq cens septante, pour traitter vne Paix finale. Le Moscouite demandoit que Sigismond ne donnast plus aucun passage par ses pays aux Turcs qui voudroiët entrer en Moscouie. Qu'il recompensast le Moscouite des pertes & dommages receus en ceste derniere course des Tartares: Que le fils du Moscouite fut nourry reçeu & esleué en Pologne & designé

par

par Sigismõd pour estre sõ successeur:ajoustant assez de menasses si l'on refusoit ces cõditiõs. Pour responce Sigismond demandoit recompense de beaucoup plus grans interests. Et quant au fils du Moscouite, declara qu'il ne le pouuoit designer pour successeur, dautant qu'il deliberoit se remarier afin d'auoir enfãs. Quand aux menasses il declaroit que la guerre luy estoit autant que la Paix. Et que si le Moscouite leuoit les armes: il luy enuoieroit deux fois autant de Turcs que l'an passé. Si que ne pouuans s'accorder d'vne bonne Paix, ils capitulerent Trefues pour trois ans le treziéme Iuin mil cinq cens septante. Portant entr'autres articles que Sigismõd jouyroit pendant icelles de tout ce dont il estoit saisi en Liuonie. Et que le trafic seroit ouuert libre d'vne part & d'autre. Vous verrez le reste quand je parleray de la mort de Sigismond deux ans apres & des brigues que plusieurs Princes firent pour luy succeder.

Le premier jour de Iuillet mil cinq cens septante deux, Sigismond mourut en Lithuanie ou il s'estoit retiré des le mois precedent pour soulager aucunemẽt la malladie qui le pressoit d'assez long temps. Il n'auoit grand train auec soy, pource que les Seigneurs estoient demeurez en Pologne afin de pouruoir à l'Electiõ d'vn nouueau Roy. Ce Prince doüé de grãdes graces mourut sãs hoirs & en luy defaillit la race de Iagellon, laquelle auoit regné en Pologne depuis l'an mil trois cens huitante six. Tellement que la Couronne fut posée sur la teste d'vn Prince estranger Henry de Vallois Duc d'Ajou: second de la maison de France comme vous verrez. Lors que Sigismond deceda il estoit en France. Catherine de Medecis sa mere desirant voir son second fils Roy enuoia (par le Conseil de Iean de Monluc Euesque de Valence) vn Gentilhomme vers le Roy Sigismond, pour parler du mariage d'Anne sa sœur auec Henry à telle condition qu'il le feroit receuoir par les Estats pour son successeur, attendu que Sigismond estoit hors d'esperance d'auoir enfans. Et s'il venoit à mourir durant ceste negociation à cause que sa malladie estoit incurable: le Gentilhomme Agent auoit charge de gangner la faueur de quelques Seigneurs du Royaume, sous l'auis & conduite desquels on pourroit puis apres y enuoier gens de marque. Cest Agent ne partit qu'en l'an mil cinq cens septante deux. Tellement qu'il n'arriua en Pologne que peu de temps auant la mort du Roy Sigismond, auquel il ne parla point à cause qu'il estoit en Lithuanie: Mais aiant commencé la poursuitte du second point de ses instructions: il reuint en France sur la fin de Iuillet, laissant quelques soliciteurs au pays. Incontinant l'Euesque de Valance fut depesché pour aller en Pollogne faire la poursuitte qu'il falloit dilligenter. Dautant que l'Empereur Maximilian negotioit pour Ernest son fils. Le Roy de Suede, le Duc de Prusse, le Moscouite & le Vaiuode de Transiluanie pratiquoient aussi pour leur particulier ceste Couronne Polonoise. L'Euesque arriua en Pologne enuirõ le quinziéme jour d'Octobre, ou il negocia si dextremẽt par lettres Ambassades, & diuerses autres pratiques: que le neufiéme jour de May mil cinq cẽs septẽte trois, Henry de Vallois Duc d'Anjou fut esleu Roy de Pologne. Lors ses agents signerẽt les conditiõs que les autres Roys ses predecesseurs sont tenus accepter apres l'Election: mesmes il y auoit quelques articles à part pour le repos de la France. Pendant ce temps Henry estoit campé deuant la Rochelle: ou les nouuelles luy aiant esté apportées de son Election, le dixseptiéme jour de Iuin il fut salué Roy par l'armée & tost apres le siege fut leué au grand soulagement des assiegez. Comme aussi de ceux de Sancerre qui se sentirent en quelque sorte du bien qu'vne nation si eslongnée leur auoit procuré lors qu'il n'y auoit grãde apparẽce de salut. Au commencement d'Aoust les Ambassadeurs Polognois vindrent en France querir leur nouueau Roy: & l'emmerent finalementr. Si qu'apres auoir trauersé l'Allemagne auec grande suitte: il arriua en Pologne au commencement de Feurier mil cinq cens septante quatre & fut Courõné à Cracouie auec les solemnitez accoustumées. Vous auez veu tout cela plus amplememement cy dessus. L'vne des principalles causes qui esmeut les Polognois à choisir Henry apres le merite de sa race & grãdeur sur les autres: fut pour s'asseurer contre la Moscoute qui redoutoit le Turc lequel fauorisoit l'Election de Henry, estant amy & allié des Roys de France. Ils ne vouloient pas le Moscouite pour maistre, encores moins les autres qui sembloient n'auoir moiens si propres pour les conseruer. Dauantage le Roy de France s'obligeoit de les secourir de gẽs & d'argent. Et y auoit grande aparance que ceste Election arresteroit les Moscouites. Mais le treziéme jour de May ensuiuant Charles neufiéme Roy de France estant decedé, Catherine sa mere enuoia prõptement postes sur postes vers son fils Henry, l'auertir que Charles l'auoit nõmé son successeur à la Couronne Françoise. Ce qu'Henry auoir entendu, preferant la France à vn

Pologne.

Negociatiõ de la Roine mere du Roy de Frãce pour faire tomber la Couronne de Pologne sur la chef de son second fils le Duc d'Anjou.

Cõpetiteurs au Royaume de Pologne.

Royaume

L'HISTOIRE DE FRANCE.

Royaume estranger: & voiant s'il attendoit congé des Estats, qu'on le pourroit retenir: se retira secretement de Pologne. Et disant à Dieu par lettres aux Estats du Royaume: courut en dilligence extreme jusques à Vienne en Austriche. D'où honorablement recuilly & conuoié par l'Empereur print le chemin de Venise, puis trauersant le Piemond & la Sauoye se retira en France au commencement de Septembre. Les Polognois estonnez & marriz d'vn tel depart tascherent par lettres & Ambassades de persuader quelque chose à leur Roy. Mais aiant conu par la consideration de l'Estat auquel estoient lors les affaires de France: que Henry les auoit quittez pour jamais, & se cötenteroit du titre ou s'il se mesloit de leurs affaires ce seroit par l'ëtremise d'vn Viceroy, lequel ils ne pourroient supporter pour beaucoup de raisons: ils sassëblerent. Et apres meure deliberatiö firent publier solënelmët que si dedäs le douziéme jour de May mil cinq cens septäte cinq, Henry de Vallois ne retournoit il seroit priué de la dignité Royalle de Pologne. Or dautant qu'il ne comparut en personne il y eut proclamation faite en la ville de Cracouie, le quinziéme jour de Iuillet mil cinq cens septante cinq, par vn heraut en ces propres mots proferez en place publique & deuant tout le peuple (afin de monstrer la coustume & l'autorité des Estats de Pologne.) Seigneurs nous faisons sauoir à tous, que le Roy Henry n'estant comparu en Pologne en la ville de Steczise au douziéme jour de May dernier passé, suiuant l'ordonnance faite au grand & general Parlement des Estats par le commun auis desdits Estats: par laquelle ledit jour luy auoit esté prefix & ordonné par tout le Senat & Estat de Noblesse: à ceste cause au grand & general Parlemët des Estats, tenu n'agueres en la ville de Steczise, tout le Senat & estat de la Noblesse par vn commun accord à reuoqué tout le droit de fidellité & obeissance qui auoit esté promise au Roy Henry, declarant qu'ils ne le veulent plus auoir pour Roy. Et à esté arresté du commun auis de tous, puis qu'il ne s'est trouué au jour à luy prefix qu'il est d'escheu du Royaume, & que des apresët il y a Entreregne tout ainsi que si Henry estoit decedé. C'est arrest à esté incontinent publié deuant tous à Steczise de par les Illustres & Magnifiques Seigneurs des Seigneurs Mareschaux l'vn Marechal du Royaume, l'autre de la Court, afin que la chose soit conue de chacun. Partant moy aussi par l'ordonnance & commandement du Parlement particulier des Estats de ceste prouince & Palatinat de Cracouie: declare & certifie à tous que le Roy Henry n'est plus Roy ou Seigneur du Royaume de Pologne: declarant en termes expres qu'il y a entre regne. C'est ce que je veux estre notoire & entendu d'vn chacun de vous à ce que nul n'en puisse pretendre cause d'ignorance de ceste demission. Durant le sejour de Henry en Pologne, ou il ne demeura que quelque mois, il n'y auint rien de memoire. Si bien que les tresues continuans auec les Moscouites, l'esperance de son retour estant ostée, & ce que dessus publié: les Estats furent assemblez pour proceder à nouuelle Election. Laquelle fut faite quelque temps apres (assauoir au mois de May mil cinq cens septante six) de la personne d'Estienne Battory Seigneur Hongrois Vaiuode de Transsiluanie, lequel combien qu'en Noblesse de race il ne soit aucunement cöparable à celle de Vallois ou de Iagellon, à en recompense les parties requises en vn Roy tel que la Pologne le demande, tant pour la Paix que pour la guerre, estant aimé & redouté de ses sujets: Or afin de vous laisser vn plus entier esclarcissemët des affaires de Pologne: je vous toucheray quelque chose de l'Estat des Moscouites comme les plus redoutez & en mieux aux Polognois.

Meurs & Religion des Moscouites.
Les Moscouites ont presque mesme Religion que les Grecs: leurs Prestres sont mariez, ils ont des Images en leurs Temples, & vsent d'autres cerimonies, partie semblables, parties contraires aux Catholiques. Ils n'empeschent le second mariage: mais ils ne le tienent si honorable ne si legitime que le premier. Le diuorce est commun entre eux & n'appellent adultere que celluy qui retient la femme d'autruy. La condition des femmes y est facheuse. Car ils ne font compte que de celles qui demeurent tellement enfermées en la maison, que jamais elles n'en sortent. Le cömun du peuple est cautelleux & trompeur, né pour seruir non pour jouïr de liberté. Tous sauoüent & cöfessët estre esclaues de leur. & n'y aloi n'y Prince qui cömäde si absolument que luy. Ils chastient rigoureusement les brigans: mais les larrons & meurtriers en querelles, ne sont pas fort recherchez. Leur monnoie est d'argent en forme d'ouale, & non pas ronde comme la nostre. Ils sont richez en fourreures precieuses, dont l'Europe est fournie puis apres. Aussi toute la Moscouie est comme vne forest aiant force sauuagine & grand nombre d'animaux qui leur fournissent des peaux en infinie quantité. L'an mil cinq cens suruindrent

uindrent quelques querelles entre les Moscouites & les Liuoniens qui se guerroierent assez long temps sans exploits autrement memorables. Neantmoins en ce temps estoit grand Duc de Moscouie Basile, parauant nommé Gabriel fils de Iean Basile & d'vne Dame Grecque appellée Sophie fille de Thomas Paleologue, Prince de la Morée. Il espousa Salomé fille de l'vn de ses Barons, laquelle il repudia, l'an mil cinq cés vint six & l'enferma en vn monastere, pource qu'en l'espace de vint vn an que dura leur mariage, elle n'eut aucun enfant. Sa seconde féme fut Helaine sœur de Michel Linski, duquel a esté parlé en la vie de Sigismōd. De laquelle il eut quelques enfans. Iean l'ainé luy succeda au Royaume mil cinq cens vint huit. Et bien que Basile ait esté malheureux en la plus part de ses guerres, & qu'au retour il ne ramenast que la moitié de ses gens: ses sujets ne laissoient de le loüer comme s'il eut esté victorieux disans qu'il n'auoit perdu aucuns de ses soldats. Il n'y à Prince en tout le monde qui soit si absolu Seigneur en ses pays qu'a esté ce Basile, Car il osta à tous les grans & Nobles de son Royaume les Chasteaux & forteresses qu'ils pouuoient auoir, sans espargner mesmes ses propres freres. Et falloit que ceux qui suiuoient sa Court, qui alloient en guerre ou en Ambassade pour luy fissent tout a leurs despés, sans oser refuser ne monstrer cōtenance de mescontentement. Car à la moindre plainte ou defaut, ils estoient enferrez en prison: & mesme si les autres Princes donnoiēt quelque chose aux Ambassadeurs Moscouites, Basile le leur ostoit pour s'en accommoder sans que pas vn d'eux osast ouurir la bouche pour s'en plaindre. Au cōtraire leur commun langage estoit & est encor aujourd'huy, que la volonté de leur Prince est la volonté de Dieu, & que tout ce que leur Prince fait est approuué de Dieu. C'est pourquoy ils l'appellent, le porte clef, le chambrier de Dieu & l'executeur de la volonté diuine. Aussi le grand Duc sçait bien joüer son rolle pour s'autoriser & faire valoir. Car si on le prie pour la deliurance de quelque prisonnier, ou autre cas d'importance: il à accoustumé de respondre: ce prisonnier sera deliuré quand Dieu le cōmandera. Semblablement si quelqu'vn propose vne question douteuse & malaisée à resoudre, les particuliers respondent ordinairement Dieu le sçait & le grand Prince aussi. Aucuns Allemans leurs voisins autrement gouuernez: ne treuuent ces façons bonnes & disent à plusieurs qu'on ne sçauroit juger si la bestialité de ce peuple merite d'estre ainsi tirannizée ou si c'est la tirannie du Prince qui emporte ainsi ceste nation hors des bornes d'humanité & la rend si reuesche & cruelle qu'elle est encor aujourd'huy. Comme que ce soit ils s'estoient attaquez aux Liuoniés qui lors auoient pour grand Commādeur Gautier de Pletembourg Gentilhomme vaillant & sage. Lequel trouua bon de preuenir Basile & entrer dans la Moscouie. Ce qu'il faisoit dautant plus hardiment qu'Alexandre Roy de Pologne luy auoit promis par ses Ambassadeurs de presser d'vn autre costé les Moscouites, dont toutesfois il ne s'acquitta pas comme il falloit. Pourtant le Commandeur entre sur les frontieres de Moscouie auec cinq mil Reystres & cinq mille pietons Liuoniens auec lesquels il chargea resolument l'armée de Basile composée de cent mille Moscouites & trente mille Tartares lesquels furent mis en routte par la dexterité du Commandeur & vaillance de sa petite armée, specialement des gens à cheual accident presque incroiable: Car aucuns tiénent que Basile y perdit plus de septante mil hommes & que le Commandeur ramena tous les siens exceptez trois ou quatre cens au plus. Bref le Moscouite demanda Paix laquelle fut accordée pour cinquante ans. Puis Basile s'adressa aux Polognois & les choses eurent l'issue que nous auons descrite cy dessus. Tant sous la conduite de Constantin Ostroski que de Iean Comte de Taruomi. Tellemēt qu'en fin Basile traitta aussi quelque accord auec les Polognois afin de pouuoir courir sus aux Tartares, sur lesquels il gangna vne grande victoire, l'an mil cinq cens vint sept, tellement qu'ils y perdirent vint mil hommes en vne seule journée. Mais au parauant les Tartares auoient fort endommage le Moscoute, comme ils firent encores depuis. Iean fils de Basile aiāt succedé à son pere demeura en repos assez de temps: se cōtentans sur tout de bien brider les courses des Tartares auec lesquels ils sont en guerre cōtinuelle. Quand aux Liuoniens le traitté de paix s'obseruoit, & ne s'entreprenoit rien de memorable vers la Lithuanie. Mais en l'an mil cinq cens cinquante cinq au plus fort de l'hyuer (temps propre pour mener armées és pays Septantrionnaux qui sont marescageux & inaccessibles en Esté) la guerre s'alluma entre Iean Basile & Gostaue Roy de Suede. L'occasion vint des mauuais deportemés des Gouuerneurs establis par ces Princes és frontieres des pays ou ils faisoient des courses & fourrages pour venger leurs querelles particulieres lesquelles finalement ils rendirent publiques

Roy absolu

Sigismond de Harberstin.

Victoire grande sans perte d'hommes.

Guerre entre les Moscouites & Suedois.

ques. Car le Moſcouite fit vne armée de deux cens mil hommes, laquelle entra dans la Duché de Finland, ou ſe commirent des meurtres, embraſemens & ſaccagemens eſtranges. Goſtaue aiant leué quelques forces d'Allemens & de Suedes : ſe dilligente pour aller au deuant des Moſcouites, qui auertis de ſa venuë reſoluent de ſe retirer auec leurs priſonniers: mais Goſtaue les pourſuiuit juſques en leur pays & eut ſa reuenche, ſaccageant tout & ramenant grand nombre de priſonniers. Il auint entre autres choſes que quatre cens Boiares ou Gentilshommes Moſcouites ſeſtans arreſtez ſur la glace d'vn bras d'eau afin d'auiſer à ce qui eſtoit de faire pour reſiſter aux Suedes, la glace ſe rompit & furent tous noiez. Ce qui effraia ſi forts les Moſcouites, que peu de jours apres ils accorderent les conditions & articles de pacification, paſſez par Goſtaue: leſquels le grand Duc ſigna. Et les auteurs de la guerre (laquelle dura deux ans) furent executez a mort tant en Suede qu'en Moſcouie. Mais toute la fureur & cruauté des Moſcouites ſe deſploia ſur les Liuoniës encor qu'il y eut paix pour cinquäte ans. Ce pays qui eſt de fort grãde eſtãduë en lögueur, eſtãt borné de la mer deSuede à l'Occidët & au Septantrion ceint de Moſcouie, Lithuanie & Pruſſe à l'Orient & Midy, à eſté des long tëps ſous la domination d'vn grand Commandeur de l'Ordre des Cheuallicrs Theutoniques. Outre plus il y a l'Archeueſque de Rige, ville marchande & beau port de mer. Puis les Eueſques de Dorpat, Haſpel, Oſel, & Reuel qui particulierement poſſedent pluſieurs grans biens & ont villes, Chaſteaux & places fortes au pays. Les principalles villes ſont Rige, Renel, Dorpart puis Vvezde (ou le grand Commandeur tient ſa Court) aſſize au millieu de Liuonie, Pardauu, Velin, Vvalmer, Vveſborch, Viteſten, Marne & autres en bon nombre. En ce temps l'Archeueſque de Rige, Guillaume fils de la ſœur de Sigiſmond Roy de Pologne ja fort vieil, delibera auec ſon Chapitre d'eſlire pour ſon ſucceſſeur Chriſtofle fils d'Albert Duc de Meckelbourg: ce qu'eſtant ſuſpect à Guillaume de Fuſtemberg grand Commandeur de Liuonie, la guerre commança, en laquelle l'Archeueſque fut prins & Chriſtofle arreſté auec ſeure garde. Mais le Commandeur fut incontinãt pourſuiuy par Albert Duc de Pruſſe frere de Sigiſmõd Roy de Pologne oncle de l'Archeueſque, lequel fut deliuré & le Commandeur contraint de paier tous les fraiz de la guerre & la ſolde de cinquante mile Poiognois leuez par Sigiſmond tellement que la Liuonie fut lors eſpuiſée de deniers: deſquels elle auoit plus beſoin que jamais pour fournir aux fraiz de la guerre qu'elle pouuoit auoir auec les Moſcouites attëdu que les treſues eſtoient expirées. A quoy toutesfois Iuſte Reck Eueſque de Dorpat donna quelque ordre: Car il obtint prolongation des treſues pour cinq ans. Le Moſcouite promettoit de les continuer puis apres de quinze autres annees ſi en dedans les cinq années on reſtabliſſoit en Liuoiné certeins Temples que les Moſcouites y auoient, auãt que les Ceremonies de l'Egliſe Romaine en euſſent eſté chaſſées: & que la ville de Dorpart auec ſon territoire paiaſt au Moſcouite tous les ans certain tribut par teſte. Apres que Iuſte euſt obtenu les treſues, il ſe retira hors de Liuonie en Vveſtphale & en lieu fut eſleu Eueſque de Dorpart, Herman a Abbé de Falkuanu, lequel fit prolonger les treſues encores de trois ans: auant la fin deſquels les Eſtats de Liuonie enuoierent demander la Paix au Moſcouite. Lequel declara aux Ambaſſadeurs, Puis que les Liuoniens auoient abuſé tant de fois de ſa patience ſans tenir Comte de paier tribut: il les traiteroit d'vne autre façon. Pourtant il renuoia les Ambaſſadeurs par vn long chemin, & ce pendant en dilligence fait tenir lettres au grand Commandeur, à l'Archeueſque de Rige, aux Eueſques, & à tous les Eſtats par leſquelles il remõſtroit au long les torts qu'ils luy auoient faits, pour reparation deſquels il auoit prins les armes reſolu de leur faire le pis qu'il pourroit. De fait les Liuoniens n'eſtoient pas ſans faute enuers le Moſcouite. Aiant empeſché que pluſieurs ouuriers & diuers artiſans partis d'Allemagne du conſentement de l'Empereur & de Ferdinand ſon frere pour aller en Moſcouie inſtruire ceux du pays: ne ſembarquaſſēt à Lubec: & n'aiant auſſi paié le tribut de Dorpart comme auoit eſté accordé par les treſues. Ainſi dõc les Moſcouites & Tartares au nombre de deux cens mille hõmes ou enuirõ entrent en Livonie au commencement de Ianuier mil cinq cens cinquante huit & auoir ſaccage, vne fort longue eſtanduë de pays il s'en retournerẽt emmenãt pluſieurs milliers de perſonnes en captiuité. Qui fut occaſion que le grand Commandeur & ſes conſeillers, craignans vne ſeconde recharge pire encor que la premiere, enuoient demander la paix au Moſcouite laquelle ils euſſent obtenuë ſans vn accidēt qui enaigrit merueilleuſemẽt les affaires. Il y a cõme vne groſſe Riuiere en Liuonie ſortant d'vn gouffre de la mer Septentrionale, & ſallant rendre apres quelque courſe dans le lac de Beibas, qui a de longueur plus de quatre vints lieuës. Ce fleuue nómé Narue, ſepare aſſez pres du goulfe deux villes qui ont le meſme nom ſituées vis à vis l'vne de l'autre. Celle qui eſt du coſté de la mer appartient aux Liuoniens: L'autre appellée Iuano grode par les Ruſſiens, a cauſe d'vne Citadelle que le grand Duc Iean Baſile y fit baſtir: eſt ſous la dominatiō du Moſcouite, comme auſſi l'eſtenduë du pays prochain. Tellement que ce fleuue ſert de borne entre les deux nations. Or ces forterreſſes de ces deux villes auoient leur Garniſon de part & d'autre. Auint vn jour de feſte que les ſoldats Moſcouites lors au nombre de trois mil, ſe baſtans ſans armes (a cauſe qu'il y auoit treſues) en vne grande place: quelques certains ſoldats Liuoniens eſchauſez de vin ou d'autre feu non moins dangereux: laſcherent quelques coups de mouſquets au trauers de ceſte groſſe troupe, & en bleſſerent aucuns, qui toutesfois ne voulurent rompre les treues pour cela: ains enuoient en toute diligence auertir leur Prince de tel accidēt. Alors les Ambaſſadeurs de Liuonie eſtoiēt en ſa Court auec riches preſens pour traitter de la Paix. Occaſion qu'ils furent incontinent renuoiez auec leurs preſens & la guerre denoncée. Par meſme moien le Moſcouite fait marcher ſes troupes droit à Narue de Liuonie, ſe rend maiſtre de la ville & du Chaſteau en peu de temps & chaſſe les Garniſons qui ſe rendirent par compoſition. Ainſi les habitans receurent le Moſcouite pour Seigneur, comme firent auſſi leurs voiſins ſe voians reduites à l'extremité & ſans ſecours. Cela ſe paſſa ainſi encor qu'aucuns dient que le feu ſeſtant prins en quelques maiſons de Narue Liuonique, & tous ceux de dedans occupez à l'eſteindre, les Moſcouites paſſerēt l'eau, & ſen-parerent de la place à viue force. Apres ceſte prinſe les Moſcouites au nombre de quatre vints mille, entrerēt ez terres de l'Eueſque de Dorpat, prenant le fort Chaſteau de Nieuhuſe, & toſt apres Dorpat meſme par compoſition & retiennent l'Eueſque priſonnier. Cela fut en l'Eſté de l'an mil cinq cens cinquante huit. Sur le commancement de l'an mil cinq cens cinquāte neuf le grand commandeur enuoia George Sibourg ſon Ambaſſadeur demander ſecours à Ferdinand & aux Eſtats de l'Empire aſſemblez à Auſbourg. Pour toute aſſiſtance les Eſtats firent offre de cent mil eſcus, que les Liuoniens ne voulurent prandre, eſtimans ce ſupport ſi foible qu'il valloit mieux mourir vne bonne fois que languir ſi long temps auec ſi peu de moiens. Ioint qu'ils eſperoient que les courſes que les Tartares recommancerent en ce meſme temps: contraindroient le Moſcouite de laiſſer la Liuonie & leur accorder quelques treſues. Deſait le Moſcouite retira ſon armée laiſſant quelques Garniſons ez villes par luy prinſes. Mais apres a-uoir chaſſé les Tartares il ramena ſes troupes en Liuonie l'an mil cinq cens ſoixāte: & aſſiegea la ville de Velin dans laquelle eſtoit le grand commandeur auec forces ſuffiſantes pour ſouſte-nir le ſiege. Toutesfois par la couardiſe ou trahiſon des ſiens meſme: la place fut renduë, & lui abandonné de tous, tomba ez mains de ſes ennemis. Apres ceſte prinſe la Liuonie fut ſoura-gée d'vne horrible façon. La fleur des hommes raclez par la violence des armes, grand nom-bre de ſuruiuās emmenez en Moſcouie & traitez fort cruellemēt. Ainſi tout l'eſtat de Liuonie fut renuerſé comme en la meſme année ſuruindrent des changemens notables en diuers en-droits de l'Europe tels que nous les auons veus ez diſcours precedés. Tellement que Gothard Keteler Cheuallier de l'ordre Teutonique aiant eſté ſubrogé au lieu du grand Commandeur Furſtenberg, & voiant qu'il ne falloit attendre aucun ſecours de l'Empire: ſe rendit vaſſal de Sigiſmond Roy de Pologne, à condition qu'il maintiendroit la Liuonie contre le Moſcouite & tous autres ennemis. Par ainſi Gothard fut creé Duc de Curland & Semigalle en Liuonie, tenant ſes pays en fief du Roy de Pologne. Lequel poſſede maintenāt tout ce que les Cheual-liers tenoient ſous vn Lieutenant qui ſe tient à Rige. Quelque temps apres Gothard eſpouſa Anne Princeſſe de Meckelbourg & ſe tint en ſō Duché. Magnus Duc d'Holſace frere de Fre-deric Roy de Danemarch, eut l'Eueſché d'Hapſel, Dorpat & ſon terroir. Narue, Velin & Vite-ſten demeurerēt au Moſcouite: Reuel & Rauaſie ſe rendirēt à Héry Roy de Suede, dont ſenſui-uit la guerre entre luy & ceux de Lubec à cauſe du trafic de la nauigation comme il en a eſté parlé cy deuant. Voila comme la Liuonie fut deſchirée. Mais le Moſcouite deſpité de ce que le Roy de Pologne y auoit ſi grand part: entra en Lithuanie l'an mil cinq cens ſoixan-te trois ou les choſes ſuccederent, ſelon que nous l'auons veu en parlant de Siſgiſmond pre-mier, & l'iſſue en fut vne Treſue laquelle dura juſques apres la mort de Sigiſmond, decedé l'an Mil cinq cens ſeptante deux. Ainſi apres pluſieurs orages & tempeſtes la Liuonie &

Narues.

La Liuonie quand par qui pour quoy & à quelles con-ditions join-te au Roiau-me de Po-logne.

L'HISTOIRE DE FRANCE.

Lithuanie eurent quelque relasche, le Moscouite estant empesché à repousser les Tartares, qui en l'an mil cinq cens septante vn fouragerent la Moscouite, prindrent, pillerent & bruslerent la ville Capitale, deffirent les Moscouites qui les vouloient suiure, resolus de recommancer & continuer tels exercices les années suiuantes. Defait sans ses ennemis qui tiennent le Moscouite en continuel alarme : les pays voisins auroient fort a faire : Mais Dieu à ainsi contrepesé les choses, ne voulant pas lacher la bride plus longue aux peuples violents, ains les trauaille & ruine les vns par les autres pour le soulagement de ceux qu'il supporte par sa grande puissáce. Nous verrons le reste en autre endroit.

* *
*

SOMMAIRE
Du Quarenteuniéme Liure.

LE Prince de Condé refuséde son Gouuernement de Picardie s'emplaint : & ne se voulant trouuer à Bourges auec Monsieur : se retire vers le Roy de Nauarre en Gascongne puis à la Rochelle & lieux voisins. Le Roy de Nauarre entre en la Rochelle. l'Estat de l'Alemagne. Maximilian fils ainé du feu Empereur Ferdinand est fait Roy de Boeme, d'Hongrie, des Romains & puis Empereur des Chrestiens. Siege & composition de la ville de Rostock par le Duc de Mekelbourg. Iournée de l'Empire à Ausbourg où l'Electeur Palatin chargé d'auoir autre Religion que de la confession d'Ausbourg : rend raison de sa foy. Grombach & ses complices mis au ban de l'Empire: assiegez auec IeanFrederic Duc de Saxe en Gothe par Auguste l'Electeur de Saxe sous le mandement de l'Empereur. Puis executez à mort, Frederic estant auec sa femme & ses enfans desheritez prisoniers à Vienne. Monoye des Italiens saisie sur le Rin par le Comte Palatin. Siege de Treues par l'Archeuesque & leur capitulation. La reformation confirmée en Autriche par l'Empereur. Comme les François Catholiques & Protestans ont eu secours des Princes de l'Empire. Les Rois de France & d'Espagne prenent à femmes deux des filles de l'Empereur où les grans ne regardent beaucoup aux degrez de consanguinité au moien des dispences que le Pape leur en donne: Naturel, portemans & mort de l'Empereur Maximilian auquel Rodolfe son fils ainé succede. Stefan Batori de simple Gentilhomme, pour ses vertus est fait Vaieuode de Transsiluanie contre plusieurs pretendans. Puis par le depart du Roy Henry de Pologne declaré & reconu Roy sur les Polonois. La mort de Frederic Electeur Palatin du Rin. Le Prince Cazimir demeurant auec son Armée sur les marches de France contre la Lorraine : n'en veut partir que l'Edit de Paix ne soit executé au desir des Protestans & au contentement de son Armée qui n'estoit encores paiée. Estats de Flandres se reuoltent contre le Roy d'Espagne. Priuilleges de la Rochelle confirmez par le Roy Henry troisieme, Boissiere Brisson deputé par le Roy vers les Rochellois. Diuisions à la Rochelle. Peronne accordée au Prince de Condé pour retraitte. Puis refusée, S. Iean Dangely luy est promis. Ligues des Catholiques contre les Protestans en plusieurs Prouinces de France. Entreueue de la Roine mere, Roy de Nauarre & Prince de Condé. Roy de Nauarre refusé de l'entrée de Bourdeaux Cappitalle de son Gouuernement. La Roine mere auoir reconcilié Monsieur auec le Roy: fait qu'il le va trouuer à Olinuille, puis l'accompagne aux Estats de Bloys. Dom Iean d'Austrie passe deguisé en poste depuis Baionne iusques en Court pour aller en Flandres dompter les sujets de son frere. Le Prince de Condé se veut asseurer de Brouage & les diuerses menées qu'on y pratiqua. Le Prince de Condé fasché contre les Rochellois. Harengue de l'Ambassadeur du Prince Cazimir au Roy Henry troisieme, plaintiue de la poure execution de son Edit de Paix. Ligue sainte des Catholiques pour abolir la Religiõ Protestante: auec la forme, instructions & moiens de l'entretenir. Plaintes du Prince au Roy sur les contrauentiõs à son Edit, auec responce à iceluy. Saint Iean d'Angely & Cognac à luy accordez pour Peronne. Harengue plaintiue du Prince de Condé aux Rochellois qui luy vouloient nier l'entrée en leur ville & la responce d'iceux s'excusans enuers luy. Conseil public: son authorité & diuerses sortes d'iceluy. La Roine Mere & son trauail pour appaiser les differens du Roiaume. Presumptions & preparatifs de guerre. Partialitez & differens à la Rochelle. Anuers s'accage par les Espagnols. Autre harengue du Prince aux Rochellois auec les moiens qu'il mit pour les vnir & faire resoudre à la sixiéme Guerre ciuile des François.

LA cinquiéme Paix faite en May 1576, publiée le 14. du mois le Roy seant au Parlement de Paris & depuis presque par toutes les Prouinces de la France: Puis les forces estrangeres Protestãtes & Catholiques licentiées hors le Roiaume: Chacun auec esperance qu'elle seroit de plus grande & ferme durée que les precedentes: ne fit doubte de se retirer en sa maison & poser volontairement les Armes. Cuidans estre à bout de tant de miseres esquelles la France auoit esté par sy long temps enueloppée. Or viuoient en ceste asseurance les Confederez d'autant plus resolus, qu'ils conoissoient cete Paix leur auoir esté donnée par vn Roy, duquel ils n'auoyent encores receu occasion de deffiance, qu'il la vouluſt par apres enfreindre. Veu mesmes que se dispensant de la faute des Paix preceden-

Paix faite en May, 1576.

tes au dire des Proteſtans : il appelloit ceſte-cy ſa Paix : l'aſſeurant pour ceſte & autres raiſons plus durable que toutes les autres. Or comme du contentement des plus grans depend couſtumierement le repos des plus petis: leſquels par ce moien ſont plus contenus & arreſtez en leur deuoir : comme du contraire naiſſent le plus ſouuent les occaſions de les faire eſleuer & remuer meſnage : Le Roy aiant commencé toſt apres la publication de la Paix de contenter Monſieur ſon frere par vn grand & honnorable Appennage des Duchez de Berry, Touraine & Anjou : eſtimant le Conſeil du Roy que le deſir d'accroiſtre ſon Appennage luy euſt eſté l'vn des principaux motifs de ſe meſcontenter : donnoit ſuffiſante preuue aux Confederez d'eſperer que mondit Seigneur continueroit le bon zelle & affection qu'il auoit auparauant monſtré à l'endroit de ceux par le benefice deſquels diſoient-ils il auoit receu ſi grand auantage. Le Roy de Nauarre s'eſtant des derniers declaré : ſe trouua aſſez à temps pour auoir ſa part du bien de la Paix. Et en pleine aſſeurance comme il ſembloit, ſe preparer à la reueuë de ſes Roiaume & païs. Conſequemmant pluſieurs du parti par les moiés de ces deux Princes: eurent occaſiō de rechercher la continuë d'vn bon repos tāt deſiré. Mais le ſeul Prince de Cōdé cōme mis hors le ſouuenir des hōmes : ſe trouua priué du fruit qu'il en eſperoit en beaucoup

Le Prince de Condé re- tule du Gou- uernement de Picardie.

de ſortes. Et qui luy auoit eſté promis & accordé par la Paix. Ce fut ſans particulariſer d'auantage beaucoup de choſes eſquelles il diſoit qu'on luy auoit manqué de promeſſe: le Gouuernement de Picardie qui luy fut deſnié. Duquel aiant eſté pourueu par le feu Roy Charles apres le decez du feu Duc de Longueuille par l'interceſſion meſmes & inſtante pourſuitte du Roy à preſent regnant: Et en iceluy confirmé par le beneffice de la Paix: Il eut dit il, moins de faueur & priuilege en ceſt endroit que le moindre de ce Roiaume. Ne pouuāt pas ſeulemēt jouir d'vne ſeule ville de Perōne qui luy auoit eſté ſur toutes autres accordée pour ſa ſeureté. Encor lui euſt eſté ce meſpris & contennemēt trop plus facile a digerer, ſi les entrepriſes, diſoit il & attentats contre ſa perſonne deſquels il ſe diſoit auerti de beaucoup d'endroits: ne lui euſſent tranché le cours de l'eſperance qu'il auoit conceuë en vn repos paiſible, & qui fuſt de durée. Cela fut premierement cauſe de diſcontinuer vne plus grande demeure qu'il s'eſtoit propoſé faire auec Monſieur. Meſmes prandre congé de ſon excellence pour ſe retirer en la Guyenne ſur le point

Le Prince de Condé ne ſe voulant reti- rer à Bour- ges auec Monſieur va trouuer le Roy de Na- uarre en Gaſcongne.

qu'il eſtoit preſt de faire ſon entrée à Bourges: A laquelle ledit Prince ne fut cōſeillé de ſe trouuer. D'ailleurs le Roy de Nauarre s'eſtant acquis vne pleine & entiere liberté par l'iſſue que vous auez veuë cy deſſus: tint vne route du tout oppoſite à celle que tenoit Monſieur: monſtrāt n'auoir plus grand deſir ny choſe plus neceſſaire que tirer en ſes païs. A cet effet il enuoia Feruaques en Court pour amener Madame la Princeſſe ſa ſœur. Attendant la venuë de laquelle il fit aſſez long ſejour à Niort & ez enuirons prenant le deſduit de la chaſſe de laquelle il ſe delecte merueilleuſement. Cependant il auiſa de viſiter la Rochelle cōme ville de ſon Gouuernement

Le Roy de Nauarre veut entrer en la Ro- chelle.

& auſſi voir ceux qui de long temps il aimoit. Mais les Rochelois aſſez chatouilleux en telles matieres: n'eurēt pas peu de diſputes entre eux cōme ils ſe gouuerneroiēt en ceſt affaire. Et en quelle qualité & auec quelle conditiō ils luy permettroiēt l'entrée. Non (comme ils diſoiēt) qu'ils tiraſſēt en doubte le degré & authorité que Dieu lui auoit dōnée en ce Roiaume. & particulieremēt en la Guiēne. Encores moins le zele qu'il portoit à leur Religiō en laquelle il auoit eſté nourri dés ſa jeuneſſe. Mais les gens dont on le diſoit accōpagné grans ennemis de la dite Religiō & pluſieurs d'eux aſſez & trop inſolēs en paroles & actions à l'ēdroit de leurs freres: leur dōnoiēt grāde occaſion de deffiance. Outre les auertiſſemens conformes à leurs ſoupçons qu'ils receuoiēt journellemēt de la part de quelques Catholiques meſmes: ne pouuās les Rochellois celer le regret & deſplaiſir qu'ils auoient qu'vn ſi grand Prince & faiſant profeſſion de la Religion ſe laiſſaſt ainſi mener & conduire par ceux qui en eſtoient ennemis capitaulx. Et meſmes qu'il tint en tel rang vn ou deux pres de luy qu'il ſembloit proprement ne dependre que d'eux ſeuls. Et que rien ne fuſt bien dit & bien fait que ce qui partoit de leur induſtrie & conſeil. Cependant ſe continuoient les allées & venues d'vne part & d'autre pour raiſon de ceſte entrée : qui ne plaiſoient gueres au Vicomte de Rohan pour lors ſejournant à la Rochelle : lequel ne ſe pouuoit contenter que lon traitaſt de ceſte façon celuy qui de luy meſme & de ſa ſeule authorité y deuoit entrer à toutes heures & ſans contredit. Ceux de la Rochelle inſiſtans ſur leurs priuilleges accorderēt en fin ſa venuë, pourueu qu'il ſignaſt & promiſt garder leurſdits priuilleges : & reiglaſt ſon train au nombre de cinquante cheuaux. Et auſſi que aucuns ſpecifiez deſquels l'on ſe deffioit: n'entraſſent en leur ville.

Ce que

Ce que aiant promis & accordé: il fachemina de Surgeres auec la Princesse sa sœur & entra en la Rochelle le Ieudy 28. jour de Iuin où il fut receu fort honnorablement: estans allez les principaux de la ville au deuant luy & quelques Compagnies d'harquebuziers: les Rochellois cependant tous en armes & de ranc par les ruës esquelles il deuoit passer. Outre ce y auoit en la place du Chasteau deux Compagnies en bataille auec l'artillerie dont il fut salüé & d'vne escopeterie d'harquebuziers assez longue & à laquelle il print plaisir. Entre tous Feruaques treuua fort estrange que lesdits Rochellois luy eussent refusé l'entrée de la ville: le priuant de la Compagnie du Prince pour le seruice & auantage duquel il s'estoit mis en la disgrace du Roy de France son souuerain Seigneur. Disant à quelques vns que les Rochellois jugeoient tres mal de son intention qui n'auoit esté autre que leur faire seruice. Et qu'ils n'auoient homme qui plus liberallement se fust exposé pour eux ne qui plus volontairemét eust creué pour leur defence sur quelque Bouleuard ou Bastion de leur ville. A quoy les Deputez firent responce que la coustume des Rochellois estoit ne laisser volontiers entrer gens en leur ville en grand nombre. Mesmes de ceux desquels ils pensoient auoir occasion de se deffier. Et qu'ils croioiét que cela seul les auoit preseruez jusques apresent de toutes les embuches que les Catholiques leur auoient tramées: plustost en temps de Paix que en temps de Guerre: & desquelles ils estoient deliberez se donner plus de garde que jamais, sçachans bien le grãd besoin qu'ils en auoient. Sur cela Feruaques aiant dit qu'il estoit bien aise que les Rochellois auoiét deffiance de luy & que cela môstroit qu'il en estoit plus habille hôme puis qu'il leur faisoit peur l'vn desdits Deputez fit responce que ce qu'ils en faisoient n'estoit pour aucune doute ou peur particuliere qu'ils eussent de luy: Mais seulement afin qu'il ne luy fust mesfait en la ville par quelqu'vn malauisé ou par trop passionné de douleur pour le souuenir des Matines de Paris où ils auoient tant perdu de freres. Somme qu'aiant le Roy de Nauarre sejourné à la Rochelle jusques au 4. Iuillet: Il s'embarqua pour aller en Broüage, où de long temps Mirambeau l'attendoit auec deliberation de le receuoir le plus honnorablement qu'il luy seroit possible. Et de fait y estant sa Majesté arriuée sur le Midy il fut receu tresjoieusemét auec vne salué d'vne infinité de Canonades tant de la ville que des Hurques & Nauires estans dans le Haure: la plus grãd part des habitas des Isles en armes & bon equipage rãgez en bataille le long de la Graue. Sur le soir on lui donna l'esbat d'vne infinité de feux artificiels & d'vn combat naual sur la Riuiere. Deux jours apres il print son chemin à Saintes & de là à Perigueux. Pendant son sejour en Broüage le Baron de Langoirãt venu trouuer sa Majesté môstroit signe de desplaisir & mescontentement pour le Gouuernement de Perigueux duquel ledit Sieur Roy vouloit pour voir quelque autre. Ce que Langoirant portoit assez impatiemment: marry que quelque autre luy fust preferé veu le deuoir qu'il auoit fait tant à la conqueste de ladite ville que depuis à la garde & derence d'icelle. Ce qui esmeut principallemét le Roy de Nauarre de s'y acheminer afin d'y donner ordre estant sur le lieu.

Cependant le Prince de Condé auoit choisi la Guyenne pour sa retraitte: attendant que le Roy luy eust fait droit sur les plaintes que Montagu Lieutenant de sa Compagnie d'hommes d'armes & sur-intendant en sa maison luy estoit allé faire de sa part, qui estoit principallement pour le faire jouir de son Gouuernemét & effectuer les côditiôs de la Paix: arriua à Perigueux où il treuua le Roy de Nauarre. Tost apres prenant congé de luy pour quelque temps il fut en Broüage le premier jour d'Aoust. Et le lendemain arriué par mer à la Rochelle fut receu en grande alegresse des habitans. La Compagnie Colonnelle desquels le fut receuoir à sa descente y estant allé deuant le Maire & principaux de la ville en grande compagnie. Son discours fut qu'il les estoit venu veoir comme ses bons amis & pour leur offrir ce qui estoit en lui pour les seruir à leur besoin: les priant de s'en asseurer & que comme bon fils il ne degenereroit du pere, n'y en la bône affection qu'il leur auoit portée ny en aucune chose qui concernast le seruice de Dieu & repos de ce Roiaume. Il se plaisoit fort pendant son sejour de deuiser du siege de la Rochelle & reconoistre les breches & ruines de la ville, les retranchemés, rampars, contremines & autres moiens que les assiegez auoient subtilisez pour se garätir. Et y aiãt demeuré jusques au 13. d'Aoust il partit pour tirer à S. Iean d'Angely & à Cognac où il fut côduit par ceux de la ville. De là il s'achemina à Nerac où il trouua le Roy de Nauarre. Côm'il sejournoit à la Rochelle il receut lettres du Roy & de la Roine mere touchant les plaintes & doleances qu'il auoit enuoiez à leurs Majeztez: ausquelles on luy donnoit esperance de contentement en

Feruaques.

Le Roy de Nauarre en Brouage.

Langoirant se plaint au Roy de Nauarre de ce qu'il luy veut oster le Gouuernement de Perigueux.

Prince de condé en Brouage & de la à la Rochelle.

brief. Et que ce n'eſtoit leur faute que les choſes ſ'eſtoient ainſi paſſées. Deſait la memoire des Armes eſtoit encores ſi freſche, que beaucoup d'inſolences ſe faiſoient en pluſieurs endroicts. Meſmes qu'vn Orfeure & Cheneuert Miniſtre riche & docte Gentilhôme de Poitou, fut tué ces jours à Fôtenay le Côte. Dont le Prince de Côdé enuoia ſoudain faire ſes plaintes au Roy. Côme auſſi d'vn aſſez faſcheux accez que les marchâs de la Rochelle & autres Proteſtâs auoient eu en la foire de Fôtenay côtre la liberté du traffic ordinaire & tous priuileges des foires de ce Roiau. Ce qui eſtoit neâtmoins auenu plus pour le ſoupçô & crainte qu'ils auoient que ſous eſpece de marchâs, nôbre de Capitaines & ſoldats ne les ſurprinſêt. Pour à quoy obuier ils auoiêt prié & perſuadé Landereau d'y aller auec bonne troupe de Gentils-hômes & autres.

Me ſemble vous auoir ci deſſus laiſſé en memoire tout ce qui ſe paſſa de plus ſignalé en Alemagne ſous l'Empereur Ferdinâd. Il eſt dôc raiſonable de vous en faire voir la ſuite des ſe coronemêt de ſon fils en Grade d'Empereur juſques à ſon deces le plus court qu'il ſera poſſible. Maximilian fut fait Roy de Boheme à Prague des le vintiéme Septembre mil cinq cens ſoixâ-te deux, en Nouembre Roy des Romains à Francfort & le huitiéme jour du meſme mois mil cinq cens ſoixante trois Couronné Roy de Hongrie en la ville de Presbourg. La Roine Marie ſa femme fille de l'Empereur Charles 5. ſon Oncle, fut auſſi Couronée Roine de ces 2. derniers Roiaumes. Peu apres la mort de ſon Pere il fut eſleu Empereur, emploiant toute ceſte année auec la pluſpart des autres ſuiuantes à faire teſte aux Turcs qui le forcerent à la Guerre: eſtant de ſoy fort ſoigneux de ſon aiſe non moins que du repos de l'Empire. Mais aſſez de ſuruenues diuertirent ailleurs ſes eſprits. Voicy comment. Le 17. Octobre 1565. Iean Albert Duc de Meckelbourg aſſiegea à l'impourſte la ville de Roſtoch. Enuiron l'an 1325. Iean Roy de Dannemarch auoit vendu cete ville aux Princes de Meckelbourg. Leſquels aians octroié par ſucceſ ſion de temps diuers priuileges aux bourgeois d'icelle: pour recôpenſe ſes bourgeois ſoppo-ſerent de fois à autre à leurs Seigneurs, ou ne tindrent pas tel côte de leurs mandemens qu'il appartenoit. A raiſon dequoy les predeceſſeurs de Iean Albert auoiêt ſouuêt peſé d'y mettre la main. Mais pour ce que la ville eſt forte: ils furent côtraints ſ'en deporter, attendâs quelque ou-uerture plus à leur auantage. Auint que les principaux de la ville & le peuple entrerêt en pic-que à cauſe du maniemêt des deniers publics. Et pource q les grâs ne vouloiêt rêdre conte au peuple: la diſſêſiô creut de plus en plus. Alors les Ducs de Meckelbourg preuoiâs que la breche ſe feroit biê toſt pour entrer en la place: auertirêt l'Empereur Ferdinâd de ce qui ſe paſſoit: luy qui ne demâdoit que Paix en l'Empire, & craignoit que les Rois eſtrâgers ne miſſet le pied en Allemagne: notâmêt le Roy de Suede, auec lequel, on diſoit q ceux de Roſtoch ſ'eſtoiêt liguez: enjoignit à Iêa Albert Duc de Meckelbourg de pourſuiure ſô droit par plus doux & legitimes moiês. Luy de ſa part ſ'y emploia de tout ſô pouuoir. Mais il mourut ſur ces entrefaites, laiſſant pour ſucceſſeur à l'Empire ſô fils Maximiliâ lequel deſiroit ſuiure le meſme expediêt. Au con-traire Iean Albert voiât que par Iuſtice il ne pourroit riê obtenir, aiât affaire à gês obſtinez: il fit leuée de gês ſi ſecrete qu'aucun n'ê peut rien preuoir: & enuelopa cete ville de tous coſtez lors mal pourueuë de munitiôs de guerre & d'hômes ſpecialemêt, à cauſe de la peſte qui en a-uoit emporté vn fort grâd nôbre & chaſſé les autres loin de la. Sôme que les aſſiegez ſe voians trop foibles, apres quelques allées & venuës accorderent, que le Duc entreroit dedâs la ville, lairroit aux habitâs tous les preuilleges q ſes predeceſſeurs leur auoiêt octroiez, ne ſouffriroit aucune violêce eſtre faite à perſone hors Iuſtice. Et en vertu de l'arreſt de l'Empereur appointe roit le differât ſuruenu entre le Magiſtrat & le peuple. Mais d'autant que le peuple le vouloit traiter vn peu plus rudemêt: eſtât dedâs la ville il ſe fit bailler les clefs des portes par les Eſche uins, & y fit entrer ſô armée. Laquelle il logea par les maiſôs & côdâna les habitâs à vne amâde de 60. mil Dallers: oſta les armes aux plus remuâs & fit trâcher les teſtes à 2. mutins. Le dernier jour de Dece. enſuiuât Vlrich Prince de Meckelbourg & frere de Iêa Albert pretêdât tel droit que ſon frere ſur ceſte ville: y vint auec force accompagné de Ambaſſadeurs du Duc de Saxe. Finalemêt les Ambaſſadeurs de l'Empereur qui y vindrêt auſſi, appointerêt les 2. freres & leur firêt côâdemêt de ſortir. A quoi Vlric ſ'accorda & ceux de la ville demâderêt pardô, offrant 60. mille Florins. Mais nonobſtât tout cela Iêa Albert y fit baſtir vne Citadelle au mois de Fe-uri. de l'â ſuiuât pour retenir le peuple en bride. L'Empereur auoit aſſigné ſa premiere journée Imperialle à Ausbourg pour le quatorziéme jour de Ianu. 1566. quelques mois auparauant. Et combien qu'il euſt exorté les Deputez des Eſtats de ſ'y trouuer preciſemêt au jour aſſigné: neantmoins

neantmoins plusieurs demeurez derriere, la journée ne commança que sur la fin du mois ou fut traitté speciallement de la Guerre contre le Turc & le Vayuode de la Transsiluanie. Finalemēt le 21. Mars, Albert Duc de Bauiere proposa au nom de l'Empereur les points desquels il falloit deliberer: assauoir d'entretenir la Paix accordée aux Protestans à cause de la Religiō. Auiser aux moiens d'exterminer certaines sectes nouuelles non cōprinses en ceste Paix. Reigler ce qui auoit esté arresté touchant le repos de l'Empire plusieurs années auparauant. Et trouuer expedient propre d'executer la Sentence de bannissement donnée contre ceux qui auoient saccagé la ville de Vvirtzbourg. Puis auiser comme l'on pourroit reformer la Iustice & abreger les proces suruenans entre les sujets de l'Empire : Sur tout auec quel secours l'on pourroit faire teste au Turc ennemy hereditaire des Chrestiens. Quand a ce dernier poinct l'Empereur demanda aux Estats 40. milles hōmes de pied & 8. mille cheuaux souldoiez pour 8. mois, en fin desquels on lairroit 20. mille Fantassins & 4. mille cheuaux en diuerses Garnisons pour la conseruation de l'Empire. Durant ceste journée le Duc Auguste electeur de Saxe, fut solennellemēt & en grande pompe inuesti de la dignité Electorale & de ses Duchez par le nouueau Empereur. L'on obserua presque mesmes solennitez à l'endroit du grand maistre de Prusse. Fut aussi auisé aux moiens d'accorder les differans suruenus entre les Rois de Dannemarch & de Suede. Dauantage on voulut faire rendre raison à Frederic Electeur Palatin, de ce qu'il estoit chargé d'auoir vn exercice de Religion au Palatinat contreuenant aux Edits de l'Empire. Et qu'il detenoit quelques lieux apartenans à l'Euesque de Vvormes. Ses ennemis pensoiēt auoir lors trouué moien de le bien ennuier. Mais en presence de l'Empereur des Electeurs, Princes & Estats de l'Empire, il rendit raison de sa foy comprinse au Catechisme & au reiglement de la discipline Ecclesiastique par luy publiez: monstrant par longues raisons qu'il n'embrassoit ny aprouuoit en son particulier & n'auoit establi en ses païs autre Religion que celle qui est entierement conforme à la doctrine des Prophetes & Apostres. Et qui ne discorde n'y ne cōtrarie à la confessiō d'Ausbourg & à l'Appologie qui y est ajointe, selon que les Estats de l'Empire qui embrassent ceste confession l'ont aprouuée à Numbourg. Surce il fit presenter par le Duc Iean Cazimir son fils, la Bible & la cōfessiō d'Ausbourg aux Electeurs & autres Princes qui tiennent ceste confession lors presens, & aux Ambassadeurs des Princes absens & des autres Estats de l'Empire: requerant que par ces liures on le conuainquist & luy monstrast ōn ses erreurs. Car il auoit, disoit-il tout haut, des accusateurs & mal vueillans qui le chargeoient de diuerses heresies. Toutesfois personne ne se presenta pour dire vn seul mot contre sa confession & la doctrine preschée en ses païs. Au contraire il demeura en plus grand credit & en meilleure reputation enuers l'Empereur qu'il n'auoit esté auparauāt: jusques là qu'au departir de la journée ou il estoit allé en bonne troupe: L'Empereur luy fit cest hōneur que de l'accompagner jusques hors la ville: honnorant par diuers tesmoignages la constante pieté de ce Prince. En ceste mesme journée & le 13. d'Auril, Grombach & ses adherans furent mis de rechef au ban de l'Empire & charge donnée à l'Electeur de Saxe d'executer par armes la Sentence donnée contre eux. Pour mieux entendre le tout nous deduirons sommairement ceste histoire tout d'vn coup: afin de ne troubler le lecteur en laissāt & reprenāt le propos tāt de fois.

Duc Auguste inuesti de l'Electorat de Saxe par le nouueau Empereur. Grand Maitre de Prusse. Electeur Palatin chargé d'auoir autre Religion que celle de la confession d'Ausbourg rend raison de sa foy.

Il à esté parlé cy dessus du meurtre commis en la personne de Melchior Zobel Euesque de Vvirkbourg par les menées de Grombach son ennemy. Comme Christofle Cretzer l'vn des meurtriers, le confessa par diuerses fois estant prins & craignant les Tortures & supplices preparés, s'estrāgla meurtrier de soi mesme. Depuis Grombach s'attacha de nouueau au successeur de Melchior. Si qu'apres quelques escrits publiez de part & d'autre, les liures surēt chāgez en armes & des plumes l'ō vint aux cousteaux. Auāt que riē executer Grōbach se ligua auec quelques Gētilshōmes, dōt Guillaume Stein, Ernest de Mandeslo & Iossé Zebice estoiēt des premiers. Mais cōsiderant que cela ne le pourroit garentir si les Princes de l'Empire luy vouloient courir sus : il en sollicite deux ses voisins ascauoir Iean Frederic 2. du nom & Iean Guillaume freres, Ducs de Saxe & fils du deffunt Electeur Iean Frederic. Quand à Iean Guillaume, il ne voulut jamais prandre parti auec Grombach. Mais Iean Frederic se laissa paistre & abuser de belles promesses. Nommemant d'estre restably ez biens, Estats & honneurs de son Pere. Grombach ayant ce protecteur, prend les Armes & auec ses trouppes surprend & traicte la ville de Vvirkbourg, comme il en à esté parlé en l'Histoire de FERDINAND. Lequel met ces hommes tumultueux, & violents au ban de l'Empire. Eux s'excusent

Grombach & ses complices mis au ban de l'Empire leurs portemens pour suite contr'eux & leur execution à mort exemplaire.

Guillaume & Federic freres Ducs de Saxe sollicitez par Grombach.

se sentans suportez de Iean Frederic, lequel escrit aussi pour eux à l'Empereur, alleguant ne les auoir retirez & soufferts en ses terres sinon pour les retenir & empescher vn plus grand mal. Ils solliciterent mesme l'Electeur Auguste d'entrer en ligue auec eux: ce qu'il rejeta, detestant leurs meurtres & sedicieux exploicts. Ce fut puis apres celuy a qui ils en voulurent le plus. L'Empereur considerant où tédoient ces entreprinses: perseuera en son premier Arrest: & aiant assigné vne journée à Vvorme, manda aux Princes de l'Empire qu'ils eussent à consulter par leurs Ambassadeurs, de l'ordre propre pour maintenir l'Empire en Paix. Il fut lors arresté de faire vne leuée de 1500. cheuaux: Dont l'Electeur Auguste auroit charge de mille & le Duc de Iuilliers de 500. afin d'empescher qu'en la haute & basse Allemagne, Grombach & les siens ne fissent quelques trouble. En ces entrefaites Ferdinand mourut auquel succeda Maximilian à qui l'Euesque de Vvirtzbourg successeur de Melchior Zobel recommanda l'affaire: insistant a ce que la Sentence donnée contre ses parties fust executée. Depuis ce jour Grombach & les siens se tenoient pour la plufpart du temps aupres de Iean Frederic en la ville & fort Chasteau de Gothe où il firent diuerses assemblées: specialement côtre l'Electeur Auguste. Lequel ne connoissant pas du commancement ce qu'on luy brassoit: pria instammant par plusieurs fois son Cousin Iean Frederic de chasser Grombach & ses supposts: mostrât par plusieurs raisons qu'il ne les deuoit supporter. Autât en fit Frederic & l'Electeur Palatin & Philipe Landgraue de Hesse: Mesme l'Electeur Palatin predit à Iean Frederic ce qu'il en auint depuis & alla jusques à Saxe appointer les deux freres Iean Frederic & Iean Guillaume qui auparauant estoient en grâd discord. Tost apres fut tenuë la journée Imperialle à Francfort dont à esté parlé cy dessus. En laquelle Grombach ensemble tous ses fauteurs & adherans furent mis au ban de l'Empire par publique proclamation d'vn Heraud de l'Empire au son des trompettes fiffes & tambours. Auec commandement à l'Electeur de Saxe d'executer la Sentence si les proscrits & leurs adherans nobeyssoyent. Il estoit aussi enjoint aux Estats de Thuringe, de la basse & haute Saxe, de Franconie & de Vvestphale de fournir gens à l'Electeur. Plus fut ordonné qu'on enuoyeroit Ambassades vers Iehan Frederic afin de luy commander de mettre les proscripts ez mains de l'EMPEREVR ou les representer prisonniers en lieu qu'il seroit assigné: autrement qu'il seroit traité comme receleur & fauteur d'iceux. Auant que l'Electeur Auguste fut de retour en ses païs pour se preparer a ce que dessus: on print quelques voleurs en Saxe qui confesserent volontairemét auoir esté sollicitez par Grombach de tuer l'Electeur. Qui fut auerty aussi par le Comte de Schuarkembourg & Christofle Zebice des entreprinses faites contre sa personne. Ce qu'entandât, il en escriuit a son Cousin Iean Frederic le priant amiablement de donner congé à Grombach & aus siens. Iean Frederic fit responce de bouche & par escrit tant aux Ambassadeurs de l'Empire qu'à ceux de l'Electeur Auguste, en telle sorte qu'il condamnoit la Sentence de l'Empereur & des Estats de l'Empire comme artificiellement pratiquée par ses ennemis. Il excusoit Grombach auec ses adherans & les appelloit ses fideles Conseillers. Au reste il taxoit d'inconstance l'Empereur & sur tout il picquoit aigrement l'Electeur Auguste. Grombach y ajousta ses excuses, specialement sur ce qu'on le chargeoit d'auoir aposté des Assasins pour tuer l'Electeur. Et pour conclusion le menaçoit de mort s'il continuoit à luy courir sus. Or combien que Iean Frederic eust fait semblant de vouloir renuoier les proscrits: Toutesfois ayant eu nouuelle des aprests de Guerre que faisoit le Turc: Et quelque temps apres attendant la prinse de Sigeth, il perseuera en sa premiere deliberation: Nonobstant les remonstrances que luy faisoient les Princes voysins. Mesmes il sollicita plusieurs de la Noblesse specialemét en Franconie de se joindre à son parti & en gaignoit quelques vns. Cela irrita l'Empereur desia indigné de la responce faite par Iean Frederic & dôna à penser aux Princes voisins. L'Electeur Palatin, & L'andgraue de Hesse & le Duc de Iuilliers sollicitoiét derechef Iean Frederic de venir à raisô. Offrâs d'estre Arbitres du differât entre luy & l'Electeur Auguste. Aquoi l'Electeur côdescédoit sâs prejudice de sa dignité. Ieâ Frederic au côtraire n'y voulut aucunemét entêdre. Sur ce l'Empereur voiât le mal qui se pourroit ensuiure des côplots de Grombach: auertit l'Electeur de Saxe de metre en execution la Sentence de l'Empire & pour cet effet enuoia 3. de ses Conseillers cômis pour assister à l'Electeur en ceste guerre asçauoir Ottô Côte de Berstein, Fabiâ Schoueich & Christofle Carlouits. L'Electeur obeissât a ce qui luy estoit enjoint: resolut auec son côseil d'assieger prôptemét les proscrits auec Iean Frederic dedâs la ville de Gothe: ce qui fut executé en plain hiuer auec telle dilligéce que Grombach & les siens se virét enclos & le canô jouer en tems qu'ils n'aten

---

Iun. 1566.

Moiens de tenir l'Alemagne en Paix.

Arrests de l'Empire & sa Forme.

doiēt rien moins que cela à cause de la victoire obtenuë par les Turcs en Hongrie & que l'E- Gothe&Frelecteur Auguste & tout l'Empire n'auoiēt assez de moiēs (à leur auis) pour les assiger l'Auant- deric Duc garde se mōstra deuāt Gothe la veille de Noel. Et auāt que faire aucun acte d'hostilité, l'Em- fiegé auec pereur enuoia vn heraut lequel fit entēdre aux habitans qu'ils estoient absouls du sermēt pres- Grombach té à Iean Frederic, leur enjoignant au nom de l'Empereur, reconoistre pour Seigneur le Duc plices. Iean Cuillaume. Il declara aussi de la part de l'Electeur de Saxe Chef de l'armée: ce qui auiēdroit au cas que les vns & les autres ne satiffissent à ce que le decret de l'Empire requeroit d'eux. Mais pource que l'auāt-garde ne suffisoit pas pour clorre tous les passages & empescher le secours: les assiegez firent entrer renfort de viures & de gens. L'armée Imperialle toutesfois croissoit de jour à autre, mais à cause de la licence que se donnoient les soldats: l'Electeur fut contraint d'y aller en personne le quatorzième jour du siege. Et auoir disposé toutes ses trouppes auec son consin le Duc Iean Guillaume: fit sommer les assiegez de se rendre: ce qu'aians refusé il donna tel ordre aux retranchemēs de son camp & des endroits ou l'artillerie fut logée Les pressans de si court qu'il estoit impossible aux soldats de dedans de parler auec ceux de dehors. Surce les assiegez firent sortir de nuit hors du Chasteau quelques espions auec lettres & quatre mille florins d'or vallant enuiron demy escu piece aiant la marque Electorale de Saxe & le nom de Iean Frederic. Les lettres estoient en chiffre & s'adressoient à Ernest de Mādeslo. Mais les porteurs furent attrappez & declarerent tous les secrets de Iean Frederic & de Grombach. Ensemble les noms des Reitmaistres Colonels, Capitaines & soldats plusieurs desquels se retirerent de bonne heure & firent leur appointement. Peu de temps apres on descouurit dauantage les verifiez desseins des assiegez. Lesquels pour n'auoir esté qu'imagination sans effet il vaut mieux le taire que d'en brouiller le ceruau de tels qui ne s'en pourroient que trop passionner.

Au reste pour contenir le peuple de Gothe en deuoir les Chefs remonstroiēt que l'Empereur, Le Duc Auguste & les Euesques d'Allemagne, ne faisoient la guerre que pour abolir la Religion: tellement que les habitans n'entendans rien des autres affaires, s'employerent l'espace de quelques semaines à diuerses fortifications. Mais auoir entendu finalement que c'estoit à cause de Grombach & des siens qu'ils estoiēt si serrez, pour remedier au malheur qui pendoit sur leur testes, les principaux s'assemblent & apres quelques Conferences, presenterent vne requeste (car ils ne pouuoient auoir autres accez) au Duc Iean Frederic leur Prince: le suppliant d'auiser aux moiens de conseruer luy & eux ses fidelles sujets. Mais au lieu d'auancer quelque bien: ils furent menacez par les proscrits & conurent par le rapport de quelques soldats du Chasteau, que ces forains leur tramoient quelque mal. Ce qui commença à les mutiner. Finallement comme le jour de deuant Pasques Iean Frederic commandast à Iean Hofinā, Capitaine de la ville, fort estimé de tous les habitās: de faire vne sortie pour gāgner quelque fort des Imperialistes Hoffinan qui estoit courageux & vaillant suiuy de quelque soldats tasche d'executer ce qui luy estoit enjoint. Mais il fut tué auec quelques autres. La faute en fut imputée au Capitaine du Chasteau nommé Ierosme Brādenstain, qui auoit abandōné Hoffinan au plus fort de la meslée. Cela r'aluma la mutinerie, à quoy les soldats estrāgers tindrēt la main. Car estans appellez en la court du Chasteau pour renouueller leur serment ils n'en voulurent rien faire, quoy que Brandenstein sceust faire par promesse & menaces. Au contraire les soldats commencerent à se mutiner. Tellement que Iean Frederic y vint pour appaiser tout. Mais ceux de la ville entendans le bruit acourent en trouppes au Chasteau, enfoncēt les portes, & se joignant aux soldats: font prisonnier Brandenstein & demandent les proscrits lesquels s'estoient ja cachez. En fin neantmoins auoir esté trouuez on les ameine liez & garro- Grombach rez en la ville, puis on les met en prison sous seure garde. Les Principaux furent Grombach, & ses adheGuillaume Stein, le docteur Chrestien de Bruck Chancelier, Brandenstein & Iean Beier au- rans faits tresfois Tresorier en l'vne des prouinces de l'Electeur de Saxe. Quelques autres trouuerent prisonniers moien d'eschapper. Notamment Iosse Zebice qui s'estoit venté d'auoir donné le coup de pisto- par le peuple de Go le dont mourut l'Euesque de Vvirkbourg. Ceux de la ville firent incontinant entendre cela the par lettre à l'Electeur Auguste, au Duc Iean Guillaume aux commissaires de l'Empereur & aux principaux de l'armée. Puis demandent du consentement de Iean Frederic jour assigné pour traitter la paix, declarans estre prests rendre les proscrits & la ville moiennant qu'ō leur feist cōposition raisonnable. Iean Frederic enuoia aussi des lettres aux Deputez de l'Empereur

Q qq iiiij.

&comme s'il eust eu vne querelle à part demãdoit tresues de quatorze jours pour appeller l'Electeur Pallatin, le Duc de Iuilliers & le Landgraue de Hesse (mort quelques jours au parauant) pour auiser auec eux à ses affaires & aux conditions de la paix. L'Electeur Auguste estoit allé lors à Cassal assister à l'eterremẽt du L'ãdgraue. Quant aux Commissaires de l'Empereur ils donnerent bonne responce commandant à ceux de la ville de tenir en seure garde les prisonniers iusques au retour de l'Electeur à la venuë duquel les assiegez obtindrent ce qu'ils demandoient excepté Iean Frederic. Sur ce l'on s'assemble & apres les conditions proposées au camp: les Deputez de la ville retournerent faire entendre le tout à leur Prince & au peuple. Puis ils furent rẽuoiez au cãp auec instructiõs pour interceder & obtenir ce qu'ils pourroiẽt pour leurs Princes. Mais ils ne peurẽt riẽ faire pour luy. Au bout de 2. jours emploiez à capituler finallemẽt il fut accordé du cõsentemẽt de Ieã Frederic mesme: qu'il mettroit sãs aucune cõditiõ és mains de l'Empereur sa persone, le Chasteau, la ville, toutes les munitiõs de guerre viures la Chãcellerie & le fisc. Que les proscrits, leurs fauteurs & associez, les vassaux qui auoiẽt fait la guerre cõtre l'Electeur Auguste sãs prealablemẽt auoir esté par luy quittés de leur sermẽt seroiẽt liurez: audit Seigneur Electeur. Qu'ẽ dedãs quatre heures tous gẽs de guerre de quelque qualité qu'ils fussẽt sortiroiẽt de la ville auec leurs armes, Enseignes desploiées & sãs tãbour. Que les sujets de quelque estat que ce fut & notãmẽt ceux de Gothe seroiẽt cõseruez en leurs biẽs immunitez & frãchises ouuriroiẽt leurs portes pour receuoir garnison au Chasteau & dedans la ville: presenteroiẽt les clefs à l'Electeur: & les prisonniers seroient relaschez sans rançon. Que ceux de Gothe enuoieroient huit d'entre eux demander pardon à l'Empereur ou à l'Electeur de Saxe en son lieu. Iureroient solennellement auec les gens de guerre, de ne porter jamais les armes és guerres qui pourroiõt estre esmeuës cõtre l'Empire ou cõtre l'Empereur ou cõtre l'Electeur de Saxe. Promettoiẽt d'estre sujets au Duc Ieã Guillaume & luy feroiẽt hõmage. Son frere Iean Frederic & ses fils demeureroiẽt fort cloz de tout droit de succession. Et si Iean Guillaume decedoit sãs hoirs masle l'Electeur Auguste & ses enfans luy succederoiẽt. Et si les fils de l'Electeur mouroient sans herttiers masles la succession seroit deuoluë aux L'andgraue de Hesse. Cest accord reduit en forme authentique & ratifié de part & d'autre: l'Electeur Auguste accompagné des Ducs Iean Guillaume, Adolfe d'Holsace & de plusieurs Comtes & Barons entra dedans la ville, puis au Chasteau auec grand trouppe de Caualerie le Dimanche treziéme jour d'Auril sur les six heures du soir qui estoit le mesme jour & heure de la prinse de l'Electeur Iean Frederic: vint ans au parauant par l'Empereur Charles le quint: & huit ans precisement apres le meurtre de l'Euesque de Vvirtzbourg. On bailla gardes au prince Iean Frederic, lequel se mit le lendemain és mains des Commissaires de l'Empereur: requerãt qu'on ne l'emmenast point en Austriche ains qu'il fust laissé en la garde de l'Electeur Auguste. Mais au trezième jour il fut arresté prisonnier. Ce pendant les prisõniers mis à la torture & interrogez furent assez tost condamnez sur leurs confessions & lettres trouuées en plusieurs endroits, laquelle fut executée le dixhuitiéme du mesme mois. Grombach & le Chancellier furent escartellez, Guillaume Stein eut la teste tranchée, comme moins coupable puis son corps fut escartellé, Beier pendu, on decapita aussi Brandenstein Capitaine du Chasteau & Dauid Bamugartuër Baron de Suaube. Le garson magicien dont on faisoit pour predire l'auenir de ce siege fut aussi pendu. Apres ceste execution on partagea l'artillerie au nõbre de cẽt soixãte pieces l'Electeur Auguste en choisit sur le tout neuf des plus belles. Puis enuoia les huit plus grosses à l'Empereur. Le reste fut partagé esgallemẽt entre luy & le Duc Iean Guillaume. Ce fait on paia & renuoia l'on les trouppes. Le Chasteau de Gothe fut razé & le Duc Iean Frederic mené prisonnier à Vienne: aiant esté au parauant permis à sa femme d'emporter du Chasteau tous ses meubles, bagues & joiaux. En memoire de cest heureux succez, l'Electeur Auguste fit forger des Dallers au tour desquels estoit escrit ce demy vers Latin. *Tandem bona causa triumphat.* On tient que le Chasteau de Gothe auoit cousté à bastir la somme de sept millions de florins montans à plus de quatre millions d'escus. Au mois d'Aoust suiuant les Deputez des Electeurs & des dix Kreis ou cercles de l'Empire, s'assemblerẽt à Erford, suiuẽt ce qui auoit esté arresté à Ratisbonne, pour taxer les fraiz faits par l'Electeur Auguste & trois Kreis au siege de Gothe, lesquels monterent à neuf cens cinquante trois mil six cens trente quatre florins. Et les despẽs faits à la desmolition du Chasteau à cinquante cinq mil cent cinquante neuf florins: lesquelles sommes furent imposées sur tout l'Empire afin que

que chacun en payast sa portion. Sur la fin du mois de Decembre mil cinq cens soixante sept le Duc Ieā Casimir fils de l'Electeur Pallatin partit de Heidelberg & se redit au pont à Mousson en Lorraine : auec sept mil cinq cens cheuaux & trois mil hommes de pied, pour donner secours au Prince de Condé & à ceux de la Religion. Le sixiéme jour de Ianuier ensuiuant l'Archeuesque de Mayēce assigna à l'instance de l'Empereur vne journée à Fulden ou se trouuerent les Ambassadeurs de l'Empereur & des Electeurs, pour auiser aux moiens de maintenir l'Allemagne en paix parmy tant de remuëmens de gens-d'armes. Car outre ce que le Duc Casimir menoit: son Cousin Iean Guillaume Duc de Saxe alla secourir les Catholiques en France ou il se rendit au mois de Feurier. D'autre costé il y auoit de grans troubles & diuisiōs en Flandres. Tellement que l'Empire estoit plein de gens de guerre en diuers endroits, mais lors assez paisible au dedans. Le troisiéme jour de Feurier les Ambassadeurs assemblez à Fulden se departirent. Entres autres chose fut fait vn Edit par lequel l'Empereur, les Electeurs & Princes de l'Empire mandoient aux Reystres retournans de France & des Pays bas en Allemagne: qu'auāt joindre les frontieres de l'Empire, ils se separassent les vns des autres pour entrer à la file & non en trouppe dedans le pays: se retirans paisiblement vn chacun en leurs maisons sur peyne de confiscation de biens.

Le dixhuitiéme jour du mesme mois, l'Electeur Pallatin aiant entendu que sous coulleur de marchandises les marchans Italiens faisoient charrier sur le Rhin grande quantité de monnoie deffenduë en l'Empire: fit arrester le bateau à Mauhem lieu du peage serrer & les marchās en des chambres separées. Puis les feit conduire à Heildelberg auec toutes leurs balles & tōnes de marchandises qui furent ouuertes en presence de Notaires & tesmoins. Mais l'on n'y trouua autre chose que monnoie detfenduë: laquelle il confisca en vertu de l'Edit Imperial fait l'an mil cinq cens cinquante neuf, quelque instance que fissent Iean Grimaldy, Iean Anthoine son frere, Christofle Centurion au nom de son frere Lucian & Augustin Spinole, Thomas de Fiesque marchant Genois auec lettres de recommandations du Duc de Sauoye & de la Seigneurie de Gēnes, du Duc d'Alue, du Roy d'Espagne & de l'Empereur mesme. Vray est que depuis, leur auoir fait auoüer la faute & confesser que l'argēt appartenoit au Roy d'Espagne: il les traitta plus doucement que plusieurs n'atendoient. Les Espagnols ont escrit que la somme des deniers montoit à cent cinquante mille ducats.

Le dixiéme jour de Iuin Iaques d'Eltz Archeuesque de Treues & Electeur de l'Empire aiant quelques jours au parauant fait amener nombre de pieces d'artillerie en vn sien Chasteau pres la ville de Treues: mit quelques troupes en cāpagne & fit amener tout le Bestail paissant en la prairie auec toutes les personnes qui furent trouuez au champs & tout soudainemēt fit enuironner la ville ostant les viures à ceux de dedans. Puis auoir amassé vne armée de gens de pied & de cheual: les assiegea aiant premierement fait coupper les tuyaux des fontaines afin d'oster l'eau aux assiegez. La cause de ce remuëment vint de ce que l'Archeuesque se plaignoit que les Treuesiens auoient fait des tors insuportables tant à luy qu'à son predecesseur. Maintenant que la ville luy estoit immediatement sujete & pourtant qu'il y auoit toute Iurisdition: Qu'on luy deuoit serment de sujets. Que c'estoit à luy d'imposer tailles & tribus, establir les Magistrats garder les clefs des portes, juger les proces criminels & en faire executer les sentences. Les Treuesiens soustenoient au contraire que tous ces droits leur appartenoient de temps immemorial: & qu'ils n'estoient sujets à l'Archeuesque que sous certaines cōditiōs. Luy donc voiant que pour leur auoir coupé les viures & sequestré les biens qu'ils auoient au champs: ils ne vouloient rien quitter: resolut de les ranger par la force des armes. Or combien que les assiegez eussent obtenu lettres de la Chambre Imperialle pour faire leuer le siege & icelles signifiées au chef de l'armée de l'Archeuesque. Neantmoins ce siege cōtinua jusques au mois d'Aoust. l'Empereur & les Electeurs speciallement le Pallatin, les Archeuesques de Colongne & de Mayence aiant consideré les dangers & incommoditez dont ce siege menaçoit tout l'Empire. Attendu que les Royaumes & pays voisins estoiēt lors en troubles amenerent les affaires à tel point que l'Archeuesque promit de leuer le siege sous certaines conditions lesquelles ceux de la ville acceptérēt finalement. Les principalles estoient que l'Electeur ne toucheroit aux persōnes ny aux biens des assiegez & leur en donneroit asseurēce. Qu'ils le lairroient entrer en la ville auec ques deux Enseignes & quelques gens de cheual. Logeroient les Chefs & membres des compagnies. Les soldats auroient leur retraitte en certains endroits

endroits qu'on leur assigneroit: les gens de cheual qui ne seroient point de la Court de l'Archeuesque, seroient tenuz sortir incontinent hors la ville. Les Capitaines & leurs ajoints seroient tenuz prester le serment aux commissaires de l'Empereur & aux deputez des Electeurs. Que les Treuisiens se comporteroiët tellement à l'entrée de l'Electeur, qu'il auroit occasion de les laisser tost apres en repos. Pour le regard de leurs differens: ils s'en remettoient à l'arbitrage des Deputez de l'Empereur & des Electeurs. Voila comme cette guerre de Treues fut pacifiée par la prudence des Ambassadeurs specialement: de Herman d'Eppingen enuoié par l'Electeur Pallatin, lequel se porta fort dextrement & heureusemët en ceste negociation.

La Réformation confirmée en Austriche par l'Empereur.

En ce mesme mois l'Empereur aiant esté plusieurs fois requis de la part de ceux qui sont reformez en Austriche accorda finallement aux Seigneurs & Gentilhommes l'exercice de la Religion selon la confession d'Ausbourg en leurs Chasteaux villes & villages. Aux conditiös toutesfois de s'accorder des ceremonies auec les Eglises qui tiennët ceste confession. A quoy fut pourueu par Dauid Chitreus Docteur de la confession d'Ausbourg appellé en Austriche pour cest effet,

L'Empereur ne peut empescher que les Princes Protestäs ne secourent les François Protestans ou tel autre party.

L'année precedente, les guerres ciuilles s'estoient rallumées en France entre les Catholiques & les Reformez. Auint qu'au mois de Mars mil cinq cens soixäte huit il y eut Edit de pacification publié deuant Chartres lequel fut rompu tost apres & la guerre presqu'aussi tost renouuellée. Or pource que les reformez auoient esté secouruz par le Duc Casimir & qu'ils solicitoient de rechef quelques Princes d'Allemagne de leur assister: Le Roy Charles tenant le party des Catholiques, enuoia Ambassadeurs vers l'Empereur se plaindre de ceux de la Religion & le prier de ne permettre à aucun de l'Empire de leur venir au secours. L'Empereur auoit ouy l'Ambassade le renuoia de Vienne le seziéme jour d'Octobre, auec lettres bien amples par lesquelles il deploroit la calamité de la France & apres quelques excuses il declaroit au Roy qu'il ne pouuoit voir quel bien pourroit ensuiure de la leuée que l'on pretendoit faire en Allemagne pour les Catholiques. Et qu'il n'estoit pas en sa puissance d'empescher ceux qui voudroient secourir les reformez: attendu que c'estoit mettre l'Empire en danger & faire estimer de soy qu'il voudroit entreprendre quelque chose contre la liberté de l'Allemagne & des Princes de l'Empire. Pour conclusion il exortoit le Roy à la Paix. Ce qui n'eut pas lors grand effet toutesfois.

Ieä Guillaume Duc de Saxe refuse le Roy de France de le secourir pour la secö de fois au moien de la Religion.

En ce mesme temps & le vint septiéme jour de Nouembre ensuiuant, le Duc Iean Guillaume de Saxe solicité de donner secours au Roy de France comme il auoit fait au parauant: insistant à luy remöstrer que les differens esmeus pour la Religion requeroiët d'estre vuidez, par autre moié que par les armes: ne luy voulut point celer qu'il entëdoit qu'entre le Pape, les Roys de France & d'Espagne y auoit vne ligue non seulement contre la confession des François, mais aussi contre celle d'Ausbourg: comme les efforts du Duc d'Alue au pays bas le monstroient assez. Au reste il promettoit s'employer pour le Roy, sauue sa Religiö & conscience.

Secours de Reystres que le Marquis de Bade, Bassompierre, Reingraue & autres mene nt au Roy de Fräce contre les Protestans.

Mais sur la fin de l'année Philibert Marquis de Bade, les Comtes Reingraues, Bassompierre & quelques autres Cötes Allemäs, menerët en Fräce pour le Roy cinq mil cinq cens cheuaux. Et tost apres le Duc des deux Ponts y alla pour les Princes & pour ceux de la Religion auec sept mil cinq cens cheuaux & enuiron huit mil Lansquenets, accompagné de Guillaume de Nassau Prince d'Orëge de ses freres Louys & Henry de Nassau & de plusieurs Seigneurs & Gentilshommes François rendant raison par escrit public de son voiage, auquel il mourut au mois de Iuin l'an mil cinq cens soixante & neuf comme j'ay dit ailleurs.

Iournée Imperialle à Spire.

En Iuin mil cinq cens septante: l'Empereur vint en la ville de Spire auec sa femme trois de ses fils & deux de ses filles. Dont l'vne nommée Elizabeth estoit promise à Charles neufiéme Roy de France. L'autre nommée Marie à son oncle Philippe Roy d'Espagne. Le mesme jour que l'Empereur arriua (qui estoit le treziéme,) y arriuerent aussi les trois Electeurs Ecclesiastiques & les Ambassadeurs du Pallatin & du Duc de Saxe, auec les Deputez des Princes & estats de l'Empire. Apres quelque preface de l'Euesque de Spire President de la Chambre Imperialle: on leut les articles sur lesquels l'assemblée auoit à deliberer. Döt le premier estoit Qu'il falloit regarder aux moiens de pouruoir aux desordres qui surueuoient de jour à autre en Allemagne, par la trop grande licence des gens de guerre ennemis de vertu, de discipline & d'honnesteté: dont ensuiuoit vn mespris des Edits de l'Empire. Et que pour y remedier l'on ne deuoit permettre aux Roys & Princes estrangers de faire aucune leuée de gens en Allemagne sans la permission de l'Empereur. Et que l'on regleroit la solde des Princes, Reitmaistre-

Colonels

Colonnels & foldats qui yroient faire la guerre en pays eftranger. Que les loix & ordonnances millitaires feroiēt dreffées & couchées par efcrit. Et apres que pour maintenir l'Empire en repos & faire valoir les Edits Imperiaux: il falloit eflire vn chef & vn Arfenal en chafque cercle de l'Empire, pour recuillir deniers & ferrer munitions de guerre en tous accidens qui pourroient furuenir. Puis que l'on auifaft à chaftier les perturbateurs du repos public, qui és années paffées auoient fait de grans dommages en plufieurs pays de l'Empire lefquels autrement eftoient paifibles. Le fecond article concernoit la guerre des Turcs. Car l'Empereur demandoit argent pour entretenir vne armée en Hōgrie l'efpace de fix ans & pour y baftir quelques fortereffes contre les courfes des ennemis. Ses raifons eftoient combien que les Eftats de l'Empire euffent fourny groffe fomme de deniers au voiage de l'an mil cinq cens foixante fix: & qu'il y euft Treues pour huit ans auec le Turc: toutesfois l'Empereur auoit beaucoup plus mis que receu pour les fraiz de cefte guerre. Ioint qu'il ne fe falloit point fier aux promeffes du Turc: veu que peu au parauant il auoit denoncé la guerre aux Venitiens contre les treues anciennes. Pourtant il demandoit eftre rembourfé de tout l'argent employé d'plus aux guerres paffées. Et que les Reliquateurs de la contribution impofée pour la guerre du Turc & de Gothe: fuffent auertis à bon efcient de l'aquiter de leur denoir, Auffi demandoit il qu'ō refolut pour la penfion du Duc Iean Frederic prifonnier de fa femme & de fes enfans. Et de l'aquitement des dettes d'iceluy. En apres comment on pourroit reformer la Iuftice ordinaire de la chambre Imperialle & abreger les proces. Que les Eftats auifaffent par quel moien, aux defpens de qui fous quel onduite & en quel lieu l'on deuroit porter les chartres, titres, papiers & enfeignemens qui eftoiēt en la chambre Imperialle à Spire: au cas qu'il furuint quelque guerre, pefte, ou autre calamité publique en ces quartiers là. Il fut auffi parlé du recouurement du doimmaine, de l'obferuation des Edits de Ferdinand fur le fait des monnoies. Et d'appaifer les differens furuenuz pour le rang & degré que denoient tenir les Deputez des Eftats de l'Empire és journées Imperialles: Le premier jour d'Aouft: pendant que les Eftats confultoient fur ces articles: l'Empereur enuoia fa fille pour femme au Roy d'Efpagne accompagnée d'Albert & Vvenceflas deux de fes freres du grand Cōmandeur de Prufle & de l'Euefque de Munftre. Sur la fin du mois arriua à Spire le Comte de Vvoirad de Mafeld chef des trouppes d'Allemagne qui eftoient allées au fecours des Princes. Et de ceux de la Religion en France, dont il ramena les furuiuans de fes trouppes à caufe de l'Edit de pacification. Il fut gracieufement recuilly de l'Empereur & des Princes & apres auoir communiqué particulierement auec l'Empereur: fe retira en fes pays. Le vint deuxiéme jour d'Octobre le Roy de Frāce fiança à Spire par fes Ambaffadeurs Elizabeth fille de l'Empereur laquelle luy fut puis apres menée à Mezieres. Le quarriéme jour de Nouembre enfuiuant le Roy d'Efpagne efpoufa Marie à Segouie en Arragon & le vint fixiéme du mefme mois le Mariage du Roy de France auec Elizabeth fut confommé en la ville de Mezieres. Ainfi nv en mefme mois l'Empereur maria fes deux filles aux deux plus puiffās Roys de la Chreftiēté. Cōbien qu'aucuns trouuoient merueilleufement eftrange & mauuais que le Roy d'Efpagne efpoufaft ainfi fa propre niepce de laquelle au bout de neuf mois il a eu vn fils nommé Charles Lauret pource qu'il naquit au jour dedié à la memoire de ce Saint. Mais les Catholiques fe remetent de tels affaires aux difpenfes qu'en baillé le Pape qui en donna vne autre à Charles Archeduc d'Auftriche fils de l'Empereur. Car il efpoufa au mois de Septembre mil cinq cens feptante vn fa niepce Anne fille d'Albert Duc de Bauieres. L'onziéme jour de Decembre les Eftats aiant longuement debattu fur les articles propofez par l'Empereur en fin luy accorderent deniers pour fortifier les frontieres de Hongrie & y entretenir garnifon. Mais ils rejeterent ce qu'il propofoit. Qu'aucun de l'Empire n'allaft en guerre eftrangere fans fa permiffion Et qu'on baftift des Arcenaux en Allemagne. Neantmoins ils dreffèrent & publièrent des ordonnances pour le reglemēt des gens de guerre. Il fut auffi pourueu au rembourfement des fraix de la guerre de Gothe & à l'entretien des enfans du Duc Iean Frederic aufquels l'Empereur rendit vne partie des pays de leur pere auec des Tuteurs qu'on leur ordonna. Puis la forme de plaider en la chambre Imperialle fut reformée auec affociation de neuf Affeffeurs nouueaux aux trante deux qui y eftoient d'ancienneté. On fit auffi quelques nouuelles ordonnances. Quand aux autres articles du doimmaine, fut auifé de remettre le tout à la prochaine journée affignée au mois d'Aouft de l'an fuiuant à Francfort, & les precedentes ordonnances fur

le

La fille de l'Empereur enuoiée pour fēme au Roy d'Efpagne.

Vvolrad Comte de Manfeld retourneda Frāce auec fes troupes.

Le Roy Charles 9. fiança Elifabeth fille de l'Empereur à Spire.

Le Roy d'Efpagne eut vn fils Charles Laurent de fa niepce.

Les grans conté les Creftiēs ne gardēt gueres les degrezde confanguinité en mariage pource que le Pape en difpenfe de tout.

L'HISTOIRE DE FRANCE.

le fait des monnoies, confermée & publiée de rechef. On traitta de plusieurs autres affaires alors. Car ceux de Rostoch y eurent audience contre les Ducs de Meckelbourg. Outre plus ceux du pays bas chassez & priuez de leurs biens par le Duc d'Alue: presenterent requeste à l'Empereur & aux Estats pour estre secouruz en quelque sorte. Les Ambassadeurs du Roy de Pologne demanderent abolition du bannissement d'Albert Duc de Prusse, & se plaignirent du grand Commandeur. Le Deputé de la Royne de Nauarre, des Princes, de l'Amiral & de ceux de la Religion fit entendre ce qui auoit esté accordé par l'Edit de pacification, remercia les Princes de la Confession d'Ausbourg du secours par eux donné aux Eglises Françoises & de la deliberation qu'ils auoient prinse d'enuoier leurs Ambassadeurs au Roy: comme ils firent sur la fin de ce mois pour le prier d'entretenir inuiolablement son Edit de pacification & luy monstrer les biens qui s'en pourroient ensuiure. Es autres années suiuantes l'Empire demeura en repos par la prudence de l'Empereur, pendant la continuë des horribles confusions de la France & és pays bas ausquels l'Empereur tascha de remedier en quelque sorte, mais sans effet. Pour dire quelque chose du particulier de l'Empereur. Dés lōg temps il auoit prins pour deuise ce que disoit Abraham en son extreme angoisse, lors que son fils luy demandoit ou estoit la beste qu'ils deuoient sacrifier. Car il respondit, Dieu y pouruoira. Ce Prince donc auoit fort souuent ces mots en la bouche & ordinairement monstroit porter reuerence à Dieu tant par prieres & souspirs que par tels autres exercices. Se mocquant de ceux qui attribuoient à fortune la conduitte des affaires de ce monde. Et prenoit singulier plaisir en la contemplation des œuures de Dieu & en la meditatiō de la prouidēce d'iceluy. Ne fut jamais d'auis de forcer les consciences ains parlāt vne fois à l'Euesque d'Olmuës en Boheme, luy dit qu'il n'y auoit peché si grād que de vouloir maistriser sur les cōsciēces, il auint sur la fin du mois de Iuin en l'an 1574. que Hēry de Vallois lors Roy de Pologne quitat ce Royaume pour venir prandre la Couronne de Frāce apres la mort du Roy Charles son frere: se rendit à Viēne en Austriche ou entr'autres propos l'Empereur se souuriāt luy dit. Que ceux qui veulent mestriser les consciences: pensant conquerir le Ciel perdent souuent ce qu'ils possedēt en terre. Il aimoit la paix en vn Estat public & au reste parloit souuent de l'autortié de l'escriture sainte, de l'immortallité des ames, & de la resurrection des corps. Mesme voulut en auoir vn traitté à part qu'il lisoit souuent. L'vne de ses principalles meditations estoit celle de la mort. Comme il le fit bien entendre au seigneur Adam Dietrichstain grand maistre de sa maison: lequel luy gratifioit par lettres de ce qu'il auoit passé l'an soixante troisieme de son aage appellé ordinairement climacterique, Il luy rescriuit ces mots entre autres, Tous ans me sont Climacteriques. Voiant qu'il luy estoit impossible de pacifier les differens suruenuz en la Religion à cause de la trop animeuse passion des hommes ja aigris. Il se contint & modera merueilleusement en cest affaire. Car il fit venir à soy le Docteur Ioachin Camerarius & Christofle Carlouits Cheualier hōmes prudens, fort doctes craignans Dieu & qui par longue experience estoient fort versez en la conoissance des choses tant diuines qu'humaines: tous deux ja fort vieils & leur auoir amplement discouru de sa bonne affection enuers la gloire de Dieu & le salut de tous; leur protesta qu'il vouloit procurer le bien de ses sujets sans se soucier du jugemēt que l'on en pourroit faire, leur demandant Conseil de ce qui estoit bon & expedient. L'on n'a point veu qu'il fust cruel ny tiran, ains fort moderé, humain & fort equitable. Redoutant celluy qui domine sur les plus grans du monde. Les exemples de sa douceur apparurent en tout le cours de son gouuernement. Incontinant apres la mort de son pere Ferdinand, Iean Sigismond Vaiuode de Transsiluanie: tacha par tous moiens de s'emparer du Royaume de Hongrie. Et pour cest effet mit en besongne les Turcs & les Moscouites: solicita les Seigneurs du Royaume à reuolte. Au cōtraire l'Empereur aiant donné ordre aux affaires, oublia toutes les indignitez que Ieā Sigismond luy auoit faits. Mesmes erigea la Transsiluanie en principauté. Et comme le Vaiuode eust enuoié pour Ambassadeur à Spire Gaspar Bekess qui au parauāt auoit fait du pis qu'il auoit peu à la maison d'Austriche: l'Empereur le recueillit fort benignement & luy enuoia au deuant son Medecin pour luy assister en vne colicque qui le tourmentoit: Et d'antant que le Vaiuode demandoit en mariage la fille du Duc de Cleues, l'Empereur solicita tant que le mariage fut accordé: & dissouls tost apres par la mort du Vaiuode, Bekess fit beaucoup de menée pour esté Vaiuode : mais aiant esté contraint quiter la place à Estienne Battory: il se retira en la Court de l'Empereur qui luy fit tout honneste traitement. Ceste douceur laquelle se demōstra

Les chefs Protestan François en uoient remercier les Estats Allemans de leurs secours.

Naturel de l'Empereur Maximilian & sa fin.

Religion forcée.

Ans Climateriques.

Trāssiluanie principauté

Steffan Battory Vaiuode de Transsiluanie aujourd'huy Roy de Pologne.

LIVRE QVARANETVNIEME

ſtra auſſi en pluſieurs ſortes à l'endroit du Duc Iean Frederic de Saxe n'empeſchoit point l'amour de Iuſtice, la prudéce & le ſoin des affaires en cePrince. Lequel en ſon gouuernemét ſe moſtra fort courageux & diſcret. Eſtát choſe aſſurée que ſi les forces de l'Allemagne n'euſſét eſté diſtraittes & tirées hors des limites de l'Empire par les Princes eſtrangers occuppez en guerres ciuilles: il euſt donné beaucoup d'affaires aux Turcs. La mort du vaillant Comte de Serin tué en la prinſe de Sigets lecontriſta beaucoup. Peu de temps apres aiant eu les nouuelles du treſpas de Soliman il ne reſpondit autre choſe ſinon Il a veſcu: Au reſte il trauailla pour joindre le Royaume de Pologne à ſa maiſon: non pour autre cauſe que pour rendre l'Empire plus ferme pour repouſſer mieux l'impetuoſité des Turcs. il n'eſtoit point diſſolu en habits viuoit fort ſobrement & ne demeuroit point plus d'vne heure à Table. Que s'il luy auenoit d'y eſtre plus long temps: c'eſtoit pour deuiſer, ſpecialement à la Philoſophie naturelle à quoy il prenoit plaiſir: aiant conoiſſance de pluſieurs langues, bon jugement, grande memoire, parlant diſcretement & ſentencieuſement, enclin à receuoir toutes requeſtes & à donner liberalement, point curieux de riches cabinets pour en faire monſtre, ny de ſuperbes baſtimens. Quelques fois il ſ'esbatoit à diſpoſer, planter & enter des arbres en quelques jardins ou il ſe recreoit. Il a ainſi paſſé vint neuf ans en mariage & grande amitié auecques ſa femme Princeſſe doüée de grandes vertus: de laquelle il euſt ſeze enfans dont ſix moururent auant luy. Les autres dix ont ſurueſcu aſſauoir Rodolphe aujourd'huy Empereur, Erneſt, Charles, Albert, Vvenceſlas, & les filles Marie, Elizabeth mariées aux Roys d'Eſpagne & de France. Auoir longuement trauaillé & eſté afligé de diuerſes malladies, rendit l'eſprit à Dieu le douziéme jour d'Octobre mil cinq cens ſeptante ſix, aiant gouuerné l'Empire l'eſpace d'enuiron douze ans. Telle fut la fin de ceſt Empereur & au meſme téps mourut l'Illuſtre Prince Frederic Electeur Pallatin du Rhin. Son fils ainé luy à ſuccedé en l'Electorat: Iean Caſimir en d'autres biens. Ceſtuy la ſuiuant la Religion de la confeſſion d'Ausbourg: & ceſtuy cy la Françoiſe comme ſon pere: ſeulement neantmoins differens en la preſence du corps de Chriſt en la Cene. Si que l'Allemagne à fait vne fort grande perte en la mort de ces deux Princes qui apres Dieu luy ſeruoient de fermes colonnes, contre tous mauuais accidens domeſtiques & eſtrangers.

Siget prins.

Pologne pourquoy affectée par Maximilian

Frederic Electeur Palatin meurt.

Les Reyſtres eſtoient encor ſur la frontiere, & differoit le Prince Caſimir ſe retirer que le Roy ne les euſt ſatiſfaits de ce qui leur eſtoit deu. Et ce pendant le pays de Bourgongne & autres prouinces voeſines en enduroient beaucoup. En meſme temps auſſi le Roy eſtoit ſolicité & par les Ambaſſadeurs du Prince d'Orenge & certaines villes du pays bas, d'embraſſer leur defféce & protectió & qu'ils ſe jetroiét entre ſes bras: luy promettát que toutes les villes dudit pays ſe tourneroient en brief cõtre les Eſpagnols. Ils faiſoient pareille inſtance vers Mõſieur frere du Roy, qui faiſoit eſtat d'y vouloir entendre & meſmes en faiſoit parler à pluſieurs Gentilshommes & Capitaines pour y mener compagnies. Tellement qu'aſſez toſt apres ſuruint la reuolte generalle des Eſtats du pays contre les Eſpagnols. Et ſembloit qu'il y eut grand pardon à qui leur courroit ſus. De fait peu apres les Eſpagnols furent contraints comme je vous diray ailleurs ſe retirer dans les Citadelles & ſe deffendre puis apres contre les Flamens.

Prince Caſimir & ſes Reyſtres encor en Lorraine ſur les marches de la France attendãs leur paiement.

Flandres reuoltée cõtre les Eſpagnols.

Comme le Prince de Condé ſejournoit à la Rochelle Monſieur frere du Roy qui peu de jours auparauant auoit fait ſon entrée à Tours, eſcriuit aux Rochellois touchant quelques particularitez. Et entre autres leur demãdoit l'artillerie qui auoit eſté gangnée à Marans pour mettre dans ſõ Chaſteau d'Angers: & auſſi les prioit de le ſubuenir de quelque ſomme de deniers. Dequoy ils ſ'excuſerent mettans en auant l'achat qu'ils auoient fait de ladite artillerie & pour le regard de l'argent que ſon excellence demandoit: alleguoient les grandes dettes & affaires de la ville. Et pour luy faire plus amples remonſtrances la deſſus, furent deputez quelques habitans qui luy porterent l'Eſtat des dettes de la ville & des grans fraiz qu'elle auoit ſuportez tant ez derniers que precedés troubles. Ils receurent auſſi en ce temps la confirmatió de leurs priuileges.

Mõſieur demande argent & artillerie aux Rochellois.

Des le dixneuſiéme dudit mois, le Roy leur auoit reſcrit & auſſi la Royne mere par la Boiſſiere Briſſon de Fontenay le Comte. Lequel arriué à la Rochelle le Vendredy ſeptiéme Septẽbre, des le lendemain ſe trouua en l'aſſemblée publique en l'Echeuinage. Ou fut fait lecture des lettres de ſa Majeſté. Contenans le meſcontentemant qu'il auoit receu de ce que aucuns des ſes ſujets de la Rochelle auoient eſté mal traitez à la derniere foire de Fontenay. Choſe qui luy eſtoit d'autant plus à cœur qu'il auoit touſjours entendu que le trafic fuſt libre & general

Priuileges de la Rochelle veriſiez par le Roy Henry 3.

Boeſſiere Depute de leurs Majeſtez à la Rochelle.

& general par tout pour les vns & pour les autres. Et qu'il auoit donné charge au Comte du Lude de y donner ordre. Luy recommandant sur tout que les mutins & malicieux fussēt chastiez. Et pour plus ample declaration de sa volonté depeschoit vers eux la Boissiere pour les en asseurer & ensemble d'autres choses dont il auoit charge de leur faire entendre. Les lettres de la Royne contenoient principallement la confirmatiō de leurs priuilleges qu'elle disoit auoir moiennez enuers la Majesté du Roy les priant qu'ils luy fussent fidelles. Et que de sa part elle ne leur manqueroit jamais en chose qu'elle peust faire pour eux auec toutes parolles d'offres promesses & demonstrations de bonne volonté. La Boissiere parlant sur sa creance: dit qu'il auoit faict autres fois quelque voiage pour certaine negociation vers eux: Laquelle veu la malice du temps qui lors brusloit de guerre n'auoit esté bien prise. Ains comme toutes choses estoient aigries & quasi prosperées pour lors: aussi tout ce qu'il leur proposa auoit esté pris sinistrement & interpreté en mauuaise part. Ce qui n'estoit toutesfois procedé de luy: comme n'aiant jamais esté meu de fraude ou de quelque mauuaise pratique en leur endroit: ains seulement d'vn bon desir de leur faire quelque bon seruice en si grande necessité: pour estre de si pres leur voisin & comme d'vne mesme patrie. Que à present il auoit de tant meilleur courage pris la charge qu'il auoit pleu à sa Majesté luy donner. Qu'il estoit tresasseuré combien il seroit le bien venu pour estre enuoié de telle part. Et aussi, que l'Estat des affaires de present permettoit bien qu'il fust mieux receu qu'il n'auoit esté parcideuant. Dit, que le Roy auoit receu vn grand contentement & plaisir de leur doux & paisible comportement. Et que tout ainsi qu'ils monstroient le deuoir de bons & obeissans enfans: aussi auoit deliberé de les embrasser & maintenir comme vn bon pere: n'aiant autre intention que de les faire jouïr si bien du benefice de son Edit & particulierement de leurs priuilleges, franchises & libertez: qu'ils auroient bonne occasion de continuër en ceste leur bonne volonté, de laquelle sa Majesté ne doutoit aucunement: & les prioit auoir mesme oppinion de la sienne. Quand à la Royne ils pouuoient assez conoistre par ses lettres & aussi les pouuoit asseurer de sa part, & qu'elle s'estoit viuement emploiée pour la verification de leurs priuilleges. Et qu'elle estoit bien deliberée faire pour eux & pour leur particulier tout ce que sa grandeur & faueur y trouueroient de pouuoir: luy aiant donné charge expresse de les en asseurer & par mesme moien quand ils auroient quelque affaire en Court d'enuoier par deuers elle, & la visiter souuēt par lettres auec asseurance qu'ils n'auoiēt & n'auroiēt jamais à l'endroit du Roy son fils meilleure aduocate qu'elle. Sçachant bien que le merite de leurs predecesseurs qu'ils imitoient & suiuoient de si pres: seroit tousjours assez suffisant pour effacer la memoire de tout ce qui s'estoit passé: & dont le Roy & elle ne se vouloient jamais souuenir. Surquoy aussi ladite Dame les prioit n'ajouster point de foy à beaucoup de faux rapports que l'on leur pouuoit ordinairement faire: qui estoient du tout contraires à l'intention & sincere volonté de leurs Majestez: & aussi peu veritables que les Calomnies & faux donnez à entendre que leursdites Majestez receuoient assez souuent d'eux & de leurs actions. Et mesmes qu'ils aspiroient à s'exempter de la monarchie & se reduire en gouuernement de republique. Ce qu'ils ne croioient aucunement, comme estant mis en auant par leurs calomniateurs & malueillans ausquels ils n'auoient oncques & ne vouloient encores ajouster foy. Estans bien asseurez qu'ils n'ont autre intention que se contenir en l'obeissance du Roy & viure en l'exercice de leur Religion: sās vouloir adherer ou autrement fauoriser ceux qui veulent par auanture troubler l'Estat de ce poure Royaume. Qu'il y en auoit assez qui auoient mis en auant, qu'il leur falloit donner vn gouuerneur. Et qui mesmes en auoient pourchassé l'Estat auec grande instance. Asseurans aucuns d'iceux que les Rochellois auoient pour agreable l'vn des trois qui auoit esté nommé. Mais conoissant que cela derogeoit directement à leursdits priuilleges: elle l'auoit bien voulu empescher pour le respect mesmement de la bonne volonté qu'elle conoissoit de present estre en eux: pour rendre bon & fidelle seruice au Roy. Qu'elle estoit merueilleusement contente de ceste leur bōne volonté, fidelité & obeissance à la Couronne: que leurs Deputez auoient jurée entre les mains du Chancellier. Reconoissans le Roy son fils pour leur Roy & Prince legitime & naturel. Qui estoit chose suffisante pour fermer la bouche à tous leurs ennemis & calomniateurs Toutesfois que ce n'estoit assez de cela: mais qu'il falloit venir aux effets lesquels ils ne pourroient mieux monstrer qu'en asseurant de rechef sa Majesté de leur bon zelle, & intention. Dequoy de sa part il les supplioit tres-humblement. Le Dimanche ensuiuant la Boissiere partit

de

LIVRE QVARANTEVNIEME. 316.

de la Rochelle & luy fut portée jusques à Fontenay la responce, a ce qu'il auoit dit & proposé pleine d'vn zele & deuotion affectionnée au seruice du Roy: auec toutes autres submissions de humbles & obeïssans sujets à l'endroit de leur Prince: & dont sa Majesté pouuoit receuoir occasion de contentement. Le jour de son partement il s'efforça de faire dire la Messe en son logis d'autāt qu'il n'y en auoit point encores eu en la ville depuis les Matines de Paris ou tost apres. Mais le Prestre qu'il auoit enuoié querir pour cest effet s'en dispensa sous quelques legeres excuses. Ce que aussi ledit la Boissiere passa assez legerement disant que ce qu'il en faisoit estoit seulemēt pour pouuoir rapporter au Roy qu'il auoit ouï Messe dans la Rochelle. Ce qui asseureroit d'autant plus sa Majesté de leur obeissance & paisible cōportement selon son Edit qui y permetoit le libre exercice des deux Religions. A quoi fut respōdu par aucuns des princippaux de la ville qu'ils n'auoiēt empesché l'exercice de la Religiō Romaine. Et que les Prestres & autres Ecclesiastiques auoient tousjours esté depuis la publicatiō de la Paix en toute liberté dans la vile & joui paisiblemēt de leurs reuenus. Et que quād ils voudroiēt faire leur seruice qu'ils appeloiēt diuin ils n'ē seroiēt aucunemēt empeschez: au cōtraire maintenus & fauorisez par le Magistrat. La Boissiere dist lors qu'ils estoiēt biē aises de jouïr de leurs reuenus & faire bōne chere sans faire le seruice & se soucier de leur trouppeau & qu'il en aduertiroit le Roy. Cela fut cause que estās accōmodez d'vn petit Tēple où lō fondoit l'artillerie ils cōmancerēt d'y chāter la Messe le Dimāche ensuiuāt 16. dudit mois de Septē. où se trouua biē peu de gēs de qualité & depuis ont tousjours cōtinué sans empeschemēt. Plusieurs trouuoient estrāge la venüe de la Boissiere pour vne si petite occasion & trouuoiēt le pretexte de sa charge biē peu specieux & amissible pour estre venu si solēnellemēt: ne pouuās autre chose penser qu'il n'y eust quelques autres pratiques & menées ausquelles on tenoit de longue main la Boissiere pour hōme biē entēdu. Et cōme les deus familles presuposēt vne Amitie secrete: sō ordinaire & recerchée cōuersatiō auec aucuns des premiers: le fit encor plus soupçōner qu'autre chose. Et ceux qu'il hātoit au reciproque. Tellemēt que les soupçōs cōceus entre gēs si chatouileux que les Rochellois: & acreus auec le tēps: n'auācerēt aucunemēt ses affaires. Ains retarderent voire mirent en danger ceux qui ne marchoient que rondemant auec luy. Vous verrez aileurs ce qui en auint.

D'eflors la ville de S. Iean d'Angely auoit esté accordée au Prince de Condé: attendāt qu'ō luy fit droit sur Peronne laquelle il demandoit instamment. Mais ceux de la ville s'estans depuis quelque temps promis les vns aux autres sous la faueur de la Ligue Sainte de se maintenir mutuellement & ne laisser entrer aucun ny d'vne ou d'autre Religion afin que leur repos ne peust estre tant soit peu alteré semblioient n'estre gueres contans de ce que dessus. Et eurent mesme quelque diuisiō entre eux dés le Samedy prē. Septē. Ioint que la plus part s'asseuroit de la venüe de Biron. Craignāt le Prince que l'intētiō du Roy se chāgeast: donc charge au Capitaine Lucas d'y entrer auec quelque fille de soldats qu'il y pourroit mener. Puis Sainct mesme y estant arriué à l'impourueū, arrêta ceux qui vouloiēt brūler & maintint la ville à sa deuotiō. Auquel tēps l'assēblée des Estats fut publiée par les villes de Guiēne & mesmes à la Rochelle.

Le Roy de Nauarre estoit lors en Quercy & se disposoit pour aller en Foix. Cependant il auoit enuoié Duras en Court pour ses affaires plus particulieres où il fut bien receu & caressé du Roy. La Nouë aussi faisoit beaucoup d'allées & venues tant à la Court que vers Monsieur & depuis aussi vers le Roy de Nauarre. Sur ce Fernaques qui jusques a present auoit paisiblement gouuerné ledit Roy de Nauarre: se retira en sa maison non sans mescontentement de voir la grande faueur qu'il s'estoit plus longuement promise tendre plustost à quelque Eclipse ou declinaison qu'a plus grand auancement à l'auenir.

En ce temps les Seigneurs & Gentilshommes Catholiques de Poitou en nōbre de 60. s'assemblent à S. Hermine enuiron la my Septēbre, où ils firent vne Ligue de laquelle fut Chef la Trimouille pour se maintenir enuers & contre tous. Et defendre leur païs des ennemis de la Religion Catholique & Romaine. Et ce à l'imitation de certaines autres Prouinces qui quelque temps auparauant auoient fait pareilles associations. Les Articles qui en furent dressez ont esté diuulguez par tout & tendoient manifestemēt à vne entiere abolitiō de l'Edit de Paix & ruine des Protestans. Lesquels deslors se tindrent pour bien asseurez des doubtes & soupçons qu'ils auoient desja auparauant conceuz qu'ils ne seroient long temps en repos.

En ce temps le Duc de Montpencier assembla les Estats de Bretaigne à Renes où plusieurs

Rrr

Marginalia:
- La Boissiere veut faire dire la Messe à la Rochelle.
- Messe à la Rochelle quand se cōmāce à dire
- Magistrat ne doit si familier & cōmunicatif mesmemēt à ses ennemis.
- Troubles & diuisions à la Rochelle
- Sainct Iean d'Angely promis au Prince de Condé
- Duras en Court pour le Roy de Nauarre.
- Feruaques se retire du Roy de Nauarre.
- Ligues des Catholi. cōtre les Protestans en quelques Prouinces du Roiaume.

L'HSITOIRE DE FRANCE.

Septē. 1576.

Seigneurs & Gentils-hommes assisterent. Dont le Duc fut trouuer Monsieur à Angiers. Où comme les Protestans le supplialsent de les faire jouyr de l'Edit de Paix & permettre qu'ils se peussent accōmoder dans la ville pour l'exercice de leur Religion: n'y voulut autremēt entendre fors que estāt prest a partir il se remist sur ce que la Hunauldaye leur en diroit plus amplemēt.

Prince de Condé à S. Iean d'Angely.

Cependant le Prince de Condé prenant congé du Roy de Nauarre à Nerac: se resolut de prandre possessiō en personne de la ville de S. Iean d'Angely: où il arriua le Vendredy 12. Octobre. Cōme il passoit pres Bordeaux & estoit à Montferrād, ceux de la ville se dōnerent l'alarme, qu'il porta patiemment comme assez d'autres choses qui suruindrent en ce mesme temps lesquelles il prind comme certains Augures de quelque broullis & remuement de mesnage. Quatre jours apres ceux de la Rochelle auiserent de le visiter. Pour cest effet enuoierent à Saint Iean le Ministre de Nort, Choisi & autres qui furent bien receuz: & sceurēt de luy l'estat des affaires auec plusieurs autres particularitez dont vous verrez cy dessous les effets.

Entreueue de la Roine mere du Roy de Nauarre & du Prince de Condé.

Pour lors s'estoit mis en auant vne entreueuë de la Roine mere, du Roy de Nauarre & du Prince de Condé. Et pour y paruenir la Royne se deuoit en brief trouuer à Cognac auec la Roine de Nauarre sa fille. Le dit Sieur Roy pour cest effet s'estoit aproché de Bourdeaux ville Capitale de son Gouuernement où il esperoit seulement passer sans long sejour. Mais ceux de la ville, le sentans à Candalles mirent bonnes Gardes aux portes qu'ils tenoient la plus part du temps fermees, vne seule ouuerte. Enuoierent toutesfois par deuers luy pour s'excuser du refus qu'ils estoiēt contraints luy faire, alleguans beaucoup de raisons lōgues à reciter: pour lesquelles neantmoins il ne peut tant se contenir que le deplaisir qu'il receut ne luy fit proferer beaucoup de parolles aigres & sortās d'vne passiō extreme. Iusques à rememorer aux Deputez des Bourdellois ce qu'il leur estoit arriué du tēps du feu Cōnestable & les menacer de pareille vēgeāce & punitiō. Cependāt il rebroussa chemin jusques à Agen ou il trouua bō s'arrester attēdant nouuelles du Roy vers lequel il auoit enuoié pour luy faire raison de ce que dessus.

Le Roy de Nauarre refusé de l'entrée de Bourdeaux.

Le Prince de Condé & autres se veulent asseurer de Broüage pour retraitte.

Or cōme en ce tēps plusieurs bruits courussent d'vne Guerre prochaine: pour dōner moiēs à la cōduite de laquelle les Estats se deuoiēt tenir & de la haine que tous disoient qu'ō portoit en Court aux premiers Protestās & sur tous au Prince de Cōdé: quoy que ces bruits fussent du tout ou en partie assez difficiles a croire: mesmement à l'edroit de ceux qui mesuroient le cœur d'autruy selō le leur. Si est-ce que par beaucoup de cōjectures & apparēces, le Prince fut esmeu d'étēdre de plus pres à ses affaires. Et mesmes aiāt de nouueau descouuert certaine entreprise cōtre sa propre persone faite par vn qui en receut sō sallaire: Il se persuadoit que les forces de S. Iean cōme de ville chāpestre ne luy pouuoiēt fournir de moiēs suffisās pour se garētir de la mauuaise volōté de ses ennemis: si tāt estoit qu'ils l'eussēt telle. Et que c'estoit le meilleur de s'asseurer de quelq place où il peust estre en plus grāde seureté. Iusques a ce qu'il peust jouir du benefice de la Paix. Pour cest effet il auoit voulu du cōmācemēt achepter du Barō de Mirabeau la ville de Broüage. Mais il en auoit esté tout a plat refusé. Cōme semblablemēt auoiēt esté parauāt luy le Roy de Nauarre & Vicōte de Rohā. Encores s'estoit Mirabeau excusé enuers le Roy qui luy en auoit fait porter parolles, & persistoit resolumēt à ne se deffaire jamais de ceste place disāt qu'il l'auoit promise en Mariage à sō fils. Mais le Prince auerty que ce marché se mettoit encores en auāt par le moiē de Lāssac que lō disoit en auoir asseuré le Roy: delibera de preuenir cela: & pour la sureté seulemēt de sa persone & pour certain tēps s'asseurer de la place, Ce qu'il doubtoit ne pouuoir aisémēt faire & sās bruit, veu l'ordre que Mirabeau y auoit mis 6. jours auparauāt estāt sur sō partemēt pour aller aux Estats. Car il leur auoit nōmé ceux qui leur cōmāderoiēt en son absēce, ordōné de faire bōne garde & defēdu de ne laisser entrer gēs inconeus en la ville. Sur ce le 3. Nouē. le Prince rescrit particulieremēt à quelques Capitaines de la Rochele ce qu'il auoit resolu de faire de Broüage: les priāt de s'y acheminer deuāt & que luy les suiuroit de pres. Or pēsoit il passer par la Rochelle cōme mesmes il lui auoit esté peu de jours auparauant accordé, & premier qu'il fust bruit de ceste entreprise. Qui fut cause de faire changer de volonté les principaux qui luy auoyent accordé l'entrée. De sorte que s'estant à ceste intention acheminé jusques à Surgeres. Guilaume Gendraut Maire deputa vers son Excellence quelques habitans pour le prier de n'entrer en la ville. Ains differer sa venuē jusques à vne autre fois pour le bruit qui couroit desja de quelque remuëmant de mesnage, duquel ils pourroyent estre calomniez enuers le Roy & tenuz pour autheurs si ledit PRINCE ne se desmouuoit d'entrer a present en leur ville. Ce qu'il pouuoit faire aisémēt & les garentir de ce danger. A quoy ils se supplioyent tres-humblement auoir esgard

Le Prince de Condé supplié de n'entrer en la Rochelle.

& prendre en bonne part, ceste leur priere qui ne tendoit que pour les garentir de ce que l'on leur auoit tousjours imputé par le passé. Ce que le Prince pour le desir de mettre à execution ce qu'il auoit resolu fut contraint passer assez legerement: quoy qu'il fust grandement esmerueillé de si soudain changement de courage. Et prenant son chemin par Tonne Charente, arriue en Brouäge le Mercredy septiéme dudit mois: ou desja estoient entrez plusieurs Capitaines & soldats tant de la Rochelle que de Marennes & autres lieux prochains, qui tous à la file s'y estoient rendus: afin de faciliter l'entrée cas auenant que les habitans eussent entrepris de la luy refuser. Dauantage pour venir à bout de sadite resolution: auerty que le Baron de Mirambeau n'estoit encores party pour aller aux Estats: l'enuoia querir pour venir parler à luy à Sainct Iean, comme s'il luy eust voulu communiquer quelques affaires desquelles il se fust oublié à sa derniere veuë. Luy donc arriué luy fit plainte de ce qu'il auoit entendu: & luy declara la necessité qui le contraignoit de cercher plus grande seureté & la deliberation qu'il auoit de se retirer en Brouäge fust par achapt ou autrement. En quoy il le prioit de le secourir. Mais encores que ledit Prince ne reuoquast point en doubte la fidellité de Mirambeau en la cause de la Religion: Moins l'asseurance qu'il luy donnoit de n'auoir jamais pensé à vendre ladite ville de Brouäge à homme qu'il fust. Neantmoins prenant les choses au pis: il s'estoit bien resolu ne laisser aller Mirambeau que premier il ne fust en Brouäge. Ce qu'il fit tellement qu'il y arriue en sa Compagnie. Au lendemain de leur arriuée Mirambeau connoissant euidemment que le plus grand desir dudit Prince estoit de s'asseurer de Brouäge. Et que pour cest effect il y auoit ja quelques harquebuziers au boys Diers qui n'attendoyent que son commandement pour entrer: s'estant venu trouuer luy dist que non seulemēt Brouäge mais aussi toutes ses autres places estoient vouées à son seruice. Et que pour tesmoignage de cela, il luy mettoit sadite ville entre les mains pour en disposer à son plaisir: & qu'il n'estoit besoin de s'en mettre en plus grande peine: veu que son seul commandement auroit tousjours plus de puissance en son endroict que toutes les forces qu'il pourroit auoir à cest effect. Somme que le neufiéme dudit mois ils signerent vn accord & conuenance portant entre autres choses que Mirambeau laissoit la ville de Brouäge audit Prince pour trois mois. Au bout desquels il promettoit la rendre au mesme estat qu'elle luy estoit consignée & auec l'Artillerie & munitions qui estoyent dedans. Sauf si apres la tenuë des Estats il suruenoit guerre, Il la pouuoit tenir plus longuement selon qu'ils aduiseroyent lors ensemble. Ces conditions reciproquement signées, Mirambeau partit sur le soir pour aller coucher à Sainct Sorlin: non sans apparence de mescontentement à l'endroit de ceux qui s'estoyent trouuez la dedans tant de la Rochelle que de Marennes.

Le Prince de Condé comme il s'asseura de Brouäge.

S'ESTANT ainsi le Prince asseuré de Brouäge: les bruits de Guerre ne furent pas petis par le pays: quoy que le tout se fust conduict en ceste affaire auec plus de douceur que le bruit ne portoit. Tellement que du costé de la mer beaucoup de marchans forains & naturels, commencerent à s'effaroucher. En quoy les aidoyent beaucoup aucuns marchans particulliers de la Rochelle, qui sembloyent n'aprouuer ce qui s'estoit faict en cest endroit, pour la crainte qu'ils auoyent que cela ne donnast quelque escorne à leur repos & traffic qu'ils desiroyent sur toutes choses maintenir: comme leur en estant le fruict d'autant plus agreable, que la jouyssance ne leur en auoit esté que tout fraichemant renduë. Cela estoit la principalle cause que beaucoup murmuroyent à la Rochelle & ne se pouuoyent bonnement contenter de ce faict qu'ils prejugeoient comme vn motif de Guerre auenir. Encores plus sembloyent ils se douloir que sans le sceu & commandemens du Maire aucuns des Capitaines de leur ville s'en fussent meslez si auant, qu'on leur peut à bon droict attribuer vne bonne partie de ce que s'y estoit faict. Et ne sceut le Maire si bien contenir le mescontentement qu'il en auoit qu'il ne pourueust d'vn Capitaine à la Tour de la Chesne en l'absence de celluy qui en auoit esté esleu Chef pour ceste année. Le tout comme l'on disoit sous coulleur qu'il estoit occuppé en ladite execution de Brouäge. Voire que continuant en la crainte que luy & certains autres particuliers s'estoient dōnez, que la venuë du Prince n'apportast quelque prejudice au repos de ce Roiaume: dequoy consequemment la faute leur pourroit estre imputée: deputa vers ledit Prince deux Marchans de la Rochelle qui arriuerēt sur le soir en Brouäge le 9. jour de Nouēbre. Lesquels luy presenterent les lettres du Maire. Desquelles il se sentit à l'instant tellement offencé qu'il n'eut pour commancement de propos ausdits Deputez que ces parolles.

Source & premieres occasiōs des differens & partialitez de la Rochelle. 1576.

L'HISTOIRE DE FRANCE.

Nouembre, 1576.
Le Prince de Condé taché contre les Rochellois

ô quelle difference il y a de ces lettres auec celles que m'eſtoient dernieremẽt eſcrites en Alemagne. Eſt ce le ſallere de ce que j'ay fait pour eux, de me fermer maintenant les portes? C'eſt bien ce que mes ennemis attendent & dequoy ils ſe vantent par tout: à quel plaiſir ce leur ſera quand ils entendront ces nouuelles. Et entrant touſiours en plus grande doulleur & cõmotion d'eſprit, il ne voulut pour ce ſoir ouyr leſdits Deputez (quoy que par pluſieurs fois ils ſ'efforçaſſent de parler) diſant que ces lettres ſuffiſoient pour conoiſtre leur bõne volonté & qu'il n'en vouloit eſtre informé d'auantage, les priant ſe retirer & qu'il n'auoit enuie de faire aucune reſponce. Des ce ſoir & apres que leſdits Deputez ſe furent retirez: le Prince conoiſſant de quelle importance luy eſtoit ce reffus: auiſa de ſolliciter ceux qu'il penſoit luy eſtre le plus fauorables dans la ville comme les Miniſtres & Capitaines auſquels il reſcriuit particulierement par deux Capitaines Rochellois. Sur ce les Deputez de la Rochelle deſiroient fort parler à luy diſans qu'ils le pourroient eſclarcir de beaucoup de choſes que ſon Excellence prenoit à rebours de l'intention de ceux qui les auoient enuoiez: leſquels ils ſ'aſſuroient n'auoir autre deſir que de luy aſſiſter & obeyr. En ſomme firent tant par le moyen de quelques vns qui intercederent pour eux, que le lendemain ils furent ouys. Puis leur remonſtra beaucoup de choſes ſur l'occaſion qui le mouuoit de viſiter les Rochellois. En partie afin de les embraſſer comme amis & leur dire auſſi des choſes qu'il ne leur vouloit eſcrire ne mander. Priant le Maire & les gens de bien d'auiſer à la faute qu'ils feroient de luy refuſer l'entrée: laquelle quãd à luy il ne reputeroit à petite injure: & n'auroient auſſi les Catholiques peu d'occaſiõ de ſenfler de courage & mauuaiſe volonté en ſon endroit: quand ils verroient que ſes plus grans amis luy fermeroient les portes: & qu'il ne ſe falloit fonder que cela fuſt apparence de guerre ou que pour ſon particulier il y vouluſt r'entrer: d'autant qu'il feroit touſiours cognoiſtre cõbien il eſtoit & deuoit eſtre par raiſon eſlongné d'vn tel deſir. Et finablement fit reſponce au Maire par eux le Samedy dixiéme dudit mois. Ce meſme jour il receut lettres du Roy de Nauarre d'Agen vers lequel auſſi paſſa en meſme temps la Nouë aiant quelques iours auparauãt laiſſé Monſieur comme il eſtoit ſur ſon partement pour aller à la Court. Sur le ſoir ledit Prince aſſembla les princippaux de Broüage, Marennes & des Iſles voiſines: auſquels il declara ouuertement la cauſe de ſa venuë en Broüage & ſa reſolution à l'auenir qui ne tendoit a aucun trouble ou remuement. Et les aians trouuez & laiſſez en bonne volonté & affection en ſon endroit: & ordonné Montagu pour Gouuerneur en Broüage, il partit le Dimanche matin vnziéme Nouembre pour aller à Sainct Iean.

Malcontentemens de tous Franç. en General. 1576.

Vous voiez donc par les effets que deſſus, comme tous les François Catholiques, Proteſtans, Neutres & paiſibles: viuoient mal contans les vns des autres: les Catholiques ſur tout ſe faſchoient du long ſejour que l'armée du Prince Cazimir faiſoit ſur la frontiere du Roiaume: Tant pour le gaſt & ruine qu'apportent les armées de ce temps en quelque païs qu'elles puiſſẽt marcher: nõmement ſi faute de paie les neceſſite à deſcharger leur courroux ſur le peuple: que pour la crainte qu'ils auoient tous, que ces troupes malcontentes ou allechées par quelque autre eſpoir que leurs partiſans François leur pourroient preſenter: ne tournaſſent bride ſur le reſte de la France. Les Proteſtans par ſemblable, joieux d'entretenir par grans eſpoirs tous ces eſtrangers: tant pour ſe liberer des promeſſes qu'õ leur auoit faites à leur premiere deſmarche: que pour d'autant plus pouſſer le Roy & ſon Conſeil par la crainte de telles forces & ſi voiſines, à l'entiere execution de ſon Edit de Paix qu'ils maintenoient n'eſtre effectué, que de parolles ez princippaux Articles portez par icelluy: ne trauailloient pas beaucoup à les ſolliciter de ſortir hors du Roiaume. Mais les Neutres & plus paiſibles des François, emportoiẽt biẽ vn plus amer contre cœur. Car ſe repreſentans d'vn œil pitoiable, auoir juſques alors eſté le jouet, la proye, la riſée & le butin du plus fort des deux partis: Ils voioiẽt la miſere de leur cõdition redoubler, par les nouuelles impoſitiõs qu'on vouloit leuer ſur eux aux preparatifs d'vne guerre future: par le cruel & trop inſupportable ſejour de tant d'eſtrangers: prez deſquels deſpourueus de toute affectiõ (que les Compatriotes pourroiẽt auoir pour adoucir & rẽdre plus aiſée la demeure de gẽs de guerre ſur le plat païs:) ils ſe voioient cõme le but & ſeul ſujet ſur lequel ces eſtrãgers pratiquoient de jour a autre les plus violentes & extraordinaires paſſions qu'ils pouuoient auoir. Exemptans & fauoriſans comme ils eſtoient requis ceux des Catholiques & Proteſtans, qui pour la profeſſion des armes ſembloient deuoir eſtre plus reſpectés de

leurs

leurs semblables, qu'autres qui desdaignent ou haissent le mestier des Armes. Pour ces occasions les Chefs des Protestans, auoir prié le Prince Cazimir d'interceder pour eux vers sa Majesté sur l'entiere executiõ de son Edit:Il depescha Vuier à deux fins:la premiere pour cest effet : La deuxiéme pour le supplier de fournir aux promesses qu'il auoit tant de fois faites de contenter les Reistres Maistres qui l'auoient suiui jusques la. Introduit en Conseil, luy fit ceste harengue.

Harengue de Vuier, Deputé par le Prince Cazimir vers le Roy de France.

Combien qu'on s'asseure de vostre bonne volonté pour l'entretenement de la Paix qui à esté faite par vne merueilleuse dilligence de la Roine vostre mere:si est ce qu'en l'executiõ d'icelle on donne tant de trauerses à ceux de la Religion & si grandes occasions de deffiãces à vos sujets:que Monseigneur le Duc Cazimir & ceux de son armée n'ont voulu faillir d'en auertir vostre Majesté, afin qu'elle y remedie prõptemẽt, si elle ne veut voir bien tost le feu des guerres passées derechef plus allumé que jamais.

Plaintes des Protestans au Roy pour le Deputé du Prince Cazimir de ce que l'Edit de Paix n'est executé.

Premierement que remonstrãces ces jours passez à vostre Majesté furẽt faites qu'il y a desja quasi 3. mois depuis la Paix faite:& que neãtmoins l'on n'a voulu encores receuoir par toutes les bonnes villes de vostre Roiaume l'exercice public de ladite Religion. Que la ou on la receuë on à intimidé tellement & les Ministres & les autres par menaces & effets:que ceux de la Religion ny osent & ny veulent plus retourner. A Lyon on à tiré des harquebuzades à mes portes & contre moy. A Gien on a fait le semblable la où le Ministre estoit pour prescher. Au Haure de Grace le Gouuerneur à fait publier defences à tous ceux de la Religion que depuis six mois en ça se sont habituez en ladite ville: de se trouuer aux assemblées sur peine de 50. liures d'amẽde pour la premiere fois, du fouet pour la secõde, & d'estre pẽdus & estrãglez pour la troisiéme.

Pour les Presches & autres exercices de Religion.

A Roüen Monseigneur le Cardinal de Bourbon non auec son train seulement, mais suiui de plusieurs Conseillers de la Court of Parlement de Roüen, des Capitaines de la ville, de l'Euesque Deureux & de son Cordellier: estant assis à la Chaize d'vn Ministre : sollicita le 15. jour de ce mois ceux de la Religiõ de se departir de leur Religion & le reconoistre pour pasteur:les menaçant qu'il ne vouloit que l'exercice se fit cependant qu'il seroit dãs la ville. A S.Lo ceux de la Religion ont esté cõtraints d'aller faire l'exercice de la Religiõ aux faux bourgs & puis hors les fauxbourgs mesme, vne ou 2. lieuës de la ville. Cõme on a fait à Mets & en plusieurs autres villes aussi: Icy pres de Paris 2. lieuës ou enuirõ, on à cité & cõtraint quelques gens de village de donner chacun vne amende & peine pource qu'ils auoient assisté à la presche au village nommé Noisy. Aux villes & places ou l'exercice n'a esté encores receu aucunement: on à esleu les plus sedicieux pour Magistrats des corps des villes: comme on a fait au jour de Sainct Bernard à Troye du Bailly Maire de ladite ville:& presentement on allegue le semblable ez autres villes.

En la plus grande partie des villes se trouue des Prescheurs sedicieux qui menacent ceux de la Religion ouuertement : & blasonnent ceste Paix comme de nulle valleur & non semblable à la Paix de Chartres & à la derniere. Comme en ladite ville de Troye vn Chanoine nommé Hemequin, Bluions & deux Moines dits du May & du Rianny s'y emploient & autres ailleurs. Mesmes trouue on par les villes & villages des Cordelliers y estans enuoiez pour faire auancer des liures de deuineurs pour magnifier la descẽte de Dom Iean Daustrie. Pour inciter le peuple & rendre l'Edit sans effet. Finablement quand à ladite execution de l'Edit, on luy donne tous les jours desja nouuelles interpretations, modifications & restrinctions de la bonne & liberalle volonté de vostre Majesté:au lieu qu'elle se doit largement estendre. On cõtraint en Normandie ceux de la Religion de ne receuoir les estrangers audit exercice: cõme Anglois & tels qui sont aliez & confederez de vostre Couronne· Ausquels & le traffic & le commerce libre est donné par vostre Majesté. Et non seulement appelle on ceux la estrangers: mais aussi vos sujets non habitans ez villes ou l'exercice se fait. Comme à Beaune en Bourgongne on appelle ceux Darnay le Duc. Et audit Haure de Grace on à defendu sur les mesmes peines que dessus, de ne souffrir que aucun non habitué là, entrast audit exercice. Les menaçãs qu'on exigeroit l'amende sur les plus apparés de la Religiõ. Or l'exercice n'est pas libre & vniuersel en ceste façon & par ainsi ny estrangers ny ceux d'vne ville pourroient aller à la Messe à vne autre ville. Ioint que cinq, dix ou vint ou vintcinq en vne ville ou villag,ene pourroiẽt entretenir vn Ministre n'y donner occasion de les soupçonner de vouloir surprandre les villes.

Noue. 1576.
Pour les Chambres de l'Edit & Iustice non renduë aux Protestans.

Le second dont auions parlé à vostre Majesté touchant la Iustice, qu'on n'a pas encores estably aucune Chambre my partie par si long espace de temps. Et combien que vostre Majesté ait voulu receuoir le President icy ainsi que vostre Majesté nous disoit ces iours passez : Si est-ce que Monsieur de Arennes est encores en ceste ville. Et ce n'a pas esté par faute de Presidens & Conseillers. Ains par menaces de quelques vns: par remises longueurs & certaines inuentions & façons non accoustumées que l'on à voulu tenir, pour ne les auouer suffisamment cōme Presidens & Conseillers. Lequel exemple sert aussi pour en auertir les autres Courts soueraines. La ou l'Edit de ces Chambres n'a aussi esté publié & moins executé & y auoit il certains Deputez des autres Parlemens pour empescher auec cesthui-cy de Paris lesdites Chambres. Que Monsieur le Chancellier à fait ordonner par Arrest du Conseil priué, que les causes de ceux de la Religion esquelles le Roy à interest, ne seront aucunemēt renuoiées ez Châbres my parties. Que Messieurs du Conseil priué euoqueront pardeuant eux toutes les causes d'iceux de la Religion pendantes ez Courts soueraines: afin que par ce moien les Chambres my parties n'en conoissent. Que plusieurs de la Religion aians sollicité de soy faire pourueoir en quelques Offices Roiaux : ont esté rejectez, & leurs lettres de prouision refusées par Monsieur le Chancelier à l'occasion de la Religiō. Le troisième point est que la plus part des villes & singulieremēt les Cappitalles, font encores gardes iour & nuit les armes en la main des Catholiques. Que les villes esquelles y a pareil ou plus grand nombre de ceux de la Religion que des Catholiques sont chargées de Garnison. Mesmes qu'à Dieppe, le Haure, Mōtiuillier, Pouteau de mer, Quilebuef, Baieux, Caen & autres villes du pays bas de Normandie: on à de pesché grand nombre de Compagnies pour les mettre la en Garnison. Que on ne laisse sortir des ports de Normandie ceux de la Religion sans laisser caution de se representer. Que plusieurs Gentilshommes Catholiques & autres disent que la moisson prochaine faite: estant Monseigneur le Duc de Cazimir sorti de France: l'on recommancera la Guerre de plus belle. Mais aussi se dressent equipages & se prepare l'ō aux Armes. Ce que monstre le complot dont vostre Majesté mesmes parle de ceux de Picardie pour le fait de Peronne. Qui est le quatriéme point: assauoir le peu d'effet qu'on à monstré à Monseigneur le Prince de Condé de toutes les promesses par vostre Majesté à luy faites, suiuant le traitté de la Pacification: soit pour le rēboursement de ses parties ou pour sa seureté, ou pour l'entretenement des Compagnies. C'est exemple de Peronne non seulement Monsieur de Sainte Marie suiura à d'Orlans comme vostre Majesté nous en à desia dit. Mais aussi la plus grande partie des autres villes & principallement celles qu'on dit auoir fait certaines ligues.

Ligues.

Cela vient de ce que vostre Majesté ne fait renoncer lesdites villes & leurs Chefs à ces ligues & qu'elle ne punist exemplairement & viuement ceux qui donnent si mauuais exemple au commancement de ceste Paix. Cela vient aussi que l'Edit n'a pas esté promptement publié par les Carrefours des villes & singulieremēt des Capitalles. Item que les Magistrats n'ont point iuré & qu'on n'a encores conuoqué les Gentilshommes tant d'vne que d'autre Religion n'y les manās & habitās des villes pour leur faire prester le serment de garder & obseruer vostre Edit. Combien que cela soit porté expressement par ledit Edit. Et de toutes ces contrauentions contre l'Edit estime on estre la principalle cause. Le cinquième point dont nous parlasmes à vostre Majesté assauoir plusieurs princippaux de vostre Conseil priué, de vos Courts de Parlemēt & de vos Gouuerneurs desquels tout le reste depend & ceux principallement qui ne voient volontiers ceste Paix. Ains en voudroiēt volōtiers charger la Roine vostre Mere pour tant de peines soins & trauaux que sa Majesté à eus pour venir a ce bien inestimable de la Paix. Le Conseil priué outre ce qui est dit cy dessus refuse ordinairement les renuois des causes de ceux de la Religion ez Chambres my parties. Le pareil est pratiqué ez Parlemens. Mesmes les Procureurs fondez de procurations specialles pour demander ledit renuoy ne sont ouïs. Les Secretaires & gardes des seaux ne signent n'y expedient, ne séellent lettres à cete fin. Finablement en considerant l'estat des Gouuernemēs: les façōs de faire que l'on y pratique: les deportemēs des Officiers, corps des villes & autres cōstituez en Magistrat ou auctorité: Il seble qu'ils ont tous vne leçō pour se mōstrer en toutes choses empeschans l'exercice de ladite Religiō: l'establissemēt desdites chābres & la seureté de ceux de la Religiō: que toute rigueur retient les mesmes humeurs qu'ils auoiēt auparauāt le traitté de la Paix. Ioint à tout ce que dessus les lōgueurs & remises esquelles vostre Majesté à detenu l'armée de Monsieur le Duc de Cazimir depuis la Paix faite, deuāt que satisfaire

à ce

à ce que voſtre Majeſté leur a promis. La premiere ſeconde & troiſiéme fois. A ces occaſions non ſeulement vos ſujets : mais auſſi les eſtrangers de ladite Armée : meſmes les principaux amis, parens & aliez de mondit Seigneur : luy aians desja eſcrit pour ceſt effet : ne peuuent penſer autre choſe ſinon qu'on veut ainſi matter ceux de la Religion & ſadite Armée. Parquoy nous ſupplions qu'il plaiſe à voſtre Majeſté, de nous declarer par eſcrit ſur leſdites generalles & ſpecialles contrauentions de l'Edit, voſtre volonté: y prädre bon eſgard & remedier ſi viuement & promptement par exemplaire demonſtration contre les contreuenans grans & autres ſoit pour le general ou particulier de Monſeigneur le Prince de Condé: donnant principallement l'exemple, la ou voſtre Majeſté ſera en perſonne: que outre la particuliere ſatisfaction de voir les promeſſes que voſtre Majeſté à faites à ladite Armée: nous en puiſſions rapporter ſes effets: comme le mandement que voſtre Majeſté nous à accordé & la reception & inſtallation du Preſident en la Chambre my partie icy. Aſin que mödit Seigneur le Duc Cazimir puiſſe aſſeurer de voſtre bonne volonté & ferme reſolution tant monſeigneur ſon Pere & ſes autres parens, amis & aliez: que mondit Seigneur le Prince de Condé & uos ſujets: leſquels autrement par faute d'execution de voſtre Edit & par fartifice de ceux qui en ſont cauſe: pour eſtre plus affectionnez à la jalouſie de vos voiſins qu'à voſtre ſeruice, & à l'vnion des Princes de voſtre ſang. Leſquels autrement mondit Sieur voit clairemēt eſtre preſts à tumber en plus grand & dangereux periode de voſtre Roiaume. Pour aquoi obuier meſdits Sieurs l'Electeur & Duc de Cazimir aideront voſtre Majeſté touſjours d'auſſi bonne & ſincere affectiō cöme ils euſſent volontiers fait durant les derniers troubles paſſez quand ils enuoierent moy Vvaier vers voſtre dite Majeſté à Lyon. Venons maintenant aux ligues qui ſe braçoient en toute la France par les Catholiques pour en exterminer la Religion.

Ie vous ay cy deſſus parlé des Deſſeins que les plus animez des Catholiques auoient pour induire le Roy à interpreter, puis modifier, reſtraindre en fin & reuoquer ſō Edit de Paix: pour le regard meſmemēt de l'exercice de la Religion Proteſtante qu'ils ſe taſchoient eſtre entretenue ez lieux ou elle gangnoit de jour a autre nouueaux Religieux. Et pource qu'il ny voioiēt le Roy aſſez animé à leur fantaſie: confererent par pluſieurs fois enſemble ſur les moiens qu'on y deuoit tenir & en fin arreſterēt de ſe liguer & aſſocier tous enſemble pour nettoyer la Frāce d'vne ſi dangereuſe oppinion. Du moins que l'exercice n'en fuſt public en aucun lieu & que tous Miniſtres, Diacres, Surueilans & Anciens feuſſent banis du Roiaume. Somme que ceſte confederation reſoluë premierement en Picardie, fut aſſez toſt imitée par preſque toutes les autres Prouinces de ce Roiaume. Ie vous en veux faire voir premierement les occaſions: Puis les moiens qu'ils y tindrent à l'auancement. Et pour fin le but auquel tous les liguez tendoient.

Moiens que tindrent les Catholi. pour rompre l'Edit de Paix.

Ligue ſainte des Catholiques pour abolir la Religion Proteſtāte.

Les Prelats, Sieurs, Gentilshommes, Capitaines, Soldats habitans des villes & plat païs de Picardie : eſtimans eſtre beſoin de repreſēter les premiers, leur tres-humble fidellité & obeyſſance dont leurs grans, anciens & recommandables ſeruices ont rendu tant de ſuffiſans & certains teſmoignages que l'on n'en peut aucunement doubter: ſupplient tous les bons ſujets du Roy de croire, comme la verité eſt telle, que le ſeul zelle & entiere deuotion qu'ils ont à l'hōneur de Dieu, ſeruice de ſa Majeſté, repos public & conſeruation de leurs vies, biens & fortunes & celles de leurs femmes & enfans auec l'pprehēciō de leur ineuitable malheur & ruine ſi l'y eſtoit prōptemēt pourueu: les à non ſeulemēt induits & pouſſez. Mais d'auātage neceſſitez à la reſolutiō qu'ils ont eſté cōtraints de prēdre. Laquelle ne tēd à aucun chāgemēt ou innouatiō de l'aciēne & premiere inſtitutiō & eſtabliſſemēt de ce Roiaume. Et partāt ne peut eſtre notée ou ſugillée d'aucune mauuaiſe façō, ſoupçō ou deffiāce. Ains ſera touſjours coneuë & demontrée par les effets: que leurs conſeils & intentions ne regardent, que la ſeule manutention & entretenement du ſeruice de Dieu, de l'obeyſſance du Roy & la ſeureté de ſon eſtat. Et voilà biē parce qui s'eſt paſſé juſques icy: que les ennemis n'ōt & n'eurēt oncques autre but, ſinō d'eſtablir les erreurs & hereſies en ce Roiaume de tout temps tres chreſtiē & Catholique: aneantir la Religiō anciēne, exterminer ceux qui en ſōt inuiollable proſeſſiō: Miner peu à peu la puiſſāce & auctorité du Roi: chāger en tout & par tout ſō Eſtat, y introduire autre & nouuelle forme: n'ōt peu moins faire pour le deuoir de leur hōneur & cōſciēces: que d'obuier par vn cōmun accord & ſainte vniō, aux ſiniſtres deſſeins des rebelles, cōjurez ennemis de Dieu des Majeſtez & de la Couronne meſme : Que pour le regard du fait particulier qui ſe preſente

Les occaſiōs & fins de la ligue Catholique contre les Proteſtans.

L'HISTOIRE DE FRANCE.

Juillet Aoust Septembre Octobre 1576.

ils ont esté bien auertis & informez par les Gentilshommes & soldats qui ont accompagné le Prince de Condé:que si tost que la ville de Peronne seroit saisie & emparée de ses troupes le dessein estoit d'y dresser le magazin des deniers & amas de ceux de la nouuelle oppinion. Que de la, l'on proposoit enuoier & eslancer les Ministres par toutes les villes du Gouuernement: depescher les mandemés & ordónances. En cas de moindre refus proceder par Arrests & emprisonnement des Catholiques, saisies & degats de leurs biens & toutes autres rigueurs que le dit sieur Prince conoistroit la promotió & auancemét de sa cause le requerir. De l'execution duquel dessein, ne pourra attendre que la totalle ruine de la Prouince & consequenment de la Cappitalle ville de Paris, plus certain & ordinaire refuge du Roy. Et consideré que auec l'interest de sa Majesté & du public: leur subsistáce y est si tres estroitement conjointe:que lon peut dire sa Majesté & les bons sujets courre inseparablemét vne mesme fortune: outre ce qui est du zele de l'honneur de Dieu:qui doit estre bien auant engraué & imprimé en nos cœurs. Pour ces raisons tres-justes & plus que necessaires occasions, les susdits Prelats, sieurs, Gentilshommes, bons habitans tous Confreres & associez en la presente tres-chrestienne vnion: se sont resolus,apres auoir preallablement appelé l'aide de Dieu auec l'inspiration de son S.Esprit par la communion & participation de son precieux corps: d'emploier leurs biens & vies jusques à la derniere goutte de leur sang, pour la conseruation de ladite ville & de toute la Prouince en l'obeyssance du Roy & en l'obseruance de l'Eglise Catholique Apostolique & Romaine. Pour cest effet supplient sa Majesté auec toute tres-humble reuerence, respect & humilité qu'ils doiuent : que son bon plaisir soit de se rementeuoir auec quelle fidelité & deuotion la Noblesse de Picardie & Citoiens de Peronne, luy ont conserué & à ses predecesseurs icelle ville qui est frontiere: tant contre les sieges & entreprises des ennemis estrangers, que des embusches & conspirations domestiques. Tellement que pour marque & reconoissance de ceste ancienne & incorruptible fidelité: les feuz Rois & sa Majesté à present regnant ont honnoré les habitans de plusieurs grans & speciaux priuilleges : entre lesquels leur est oétroié qu'ils ne peuuent estre distraicts ny demembrez de la Couronne. C'est donc en substance qu'ils desirent demeurer tres-humbles & tres obeyssans seruiteurs & sujets du Roy, zelateurs de l'ancienne & vraie Religion: En laquelle eux & leurs majeurs depuis le regne de Clouis ont esté baptisez, nourris & enseignez. Et pour ces deux occasions protestent ne vouloir non plus espargner leurs vies à l'auenir. Comme nostre sauueur tres-liberallement s'est offert à exposer la siéne pour nostre redemption, nous conuians & appellans à l'imitation de son exéple. C'est qu'ils somment & interpellent tous les bons sujets du Roy, continuer & perseuerer en ceste mesme reconnoissance de l'honneur de Dieu & du seruice de sa Majesté. Sans ceder pour peu que ce soit aux vens, orages, tempestes de rebellion & desobeyssance: & encores moins s'estonner des empeschemens, troubles & trauerses que les Ministres de Satan donnent journellement à la liberté de la sainte & Catholique Religió:à l'auctorité du Roy & au repos de la France. Pour lesquelles choses remettre & restablir en leur premier estat, splendeur & dignité : de rompre toutes les pratiques qu'ils bastissent à leur ruyne. Ils croient leurs biens ne pouuoir estre mieux employez: n'y leur sang plus justement & sainctement respandu. Et estans en ceste ferme deliberation à laquelle l'eminent peril de cest estat les a finablement attirez: ils s'asseurent outre les graces & faueurs qu'ils esperent receuoir de Dieu suiuans ses infaillibles promesses : de la protectió du Roy leur souuerain Seigneur: d'estre assistez, soustenus, aidez & confortez vniuersellement par tous les Princes, Prelats, & Seigneurs de ce Roiaume. D'autant que la mere des Majestez & de Monseigneur fils & frere, l'aneantissemét de la saincte Religion, la ruine du peuple François estant conjurée, monopolée & designée par les rebelles: & le Roiaume par eux exposé en proye à tous les Barbares du monde : Il est desormais plus que temps d'empescher & destourner leurs finesses & conspirations par vne Saincte Chrestienne vnion , parfaite intelligence & correspondance de tous les fidelles loyaux & bons sujets du Roy. Qui est aujourdhuy le vray & seul moyen que Dieu nous à reserué entre noz mains pour restaurer son Sainct seruice & obeyssance de sa Majesté: pour la manutention de laquelle nous ne pouuons que bien prodiguer nos vies & acquerir vne mort tres glorieuse & à nostre posterité vn tres-certain & asseuré repos.

Peronne & ses priuilleges.

Articles concernans la police qui

QVE nous demeurerons tous en l'obeissance de Dieu, & de son Eglise Catholique, Apostolique, & Romaine: en la fidellité & seruice que nous deuons au Roy & aux Lieutenans
&Gou-

& Gouuerneurs qu'il a mis & ordonné en ce pays. Et que nous viurons en l'obeïssance de ses *S'asseruent* Edits & ordonnances. Tiendrons la main aux Officiers & Iusticiers establiz par sadite Majes- *pour les associez &* té és villes & ressorts de leurs Iurisditions: à ce que les meschans soient punis & les bons & *Confederez* vertueux reconeuz: pour tels conseruez & gardez en toute seureté par les maisons & par les *Catholiq.* champs. Que nous honorerons, suiurons & seruirons le chef principal de ladite confederatiõ *contre les* en tout & par tout & contre tous ceux qui l'ataqueront directement ou indirectement à sa per- *Reformez.* sonne, pour luy faire tres-humble seruice & verser tout nostre sãg & nostre vie pour sa grãdeur & conseruation d'icelle. Que nous garderons de toute oppression & violence tant les Eccle- siastiques que le poure peuple: à ce qu'ils puissent en toute seureté s'aquiter de la charge qu'- ils ont de Dieu. Perceuoir & recueillir les fruits de leurs benefices. Viure en repos en leur mai- sons & trauailler & cultiuer la terre en asseurance meilleure qu'ils n'ont fait ci deuant. Que nous exposerons tous nos vies pour la conseruation tuition & deffence des villes vnies & asso- ciées auec nous: & des places & Chasteaux dont ont asseurera ledit sieur chef de la presente vnion. Que nous tiendrons secrets les auis qui seront faits par conseil de ladite association & que nous descouurirons tout ce que nous sçaurons estre fait au prejudice d'icelle. Que nous garderons fidelité les vns aux autres: tant en general qu'en particulier pour nous faire & ren- dre mutuellement toutes sortes d'offices de bonne & immortelle amitié: secourans l'vn l'autre au besoin de nos vies & moiens comme l'occasion le desirera & en toute diligence & prompti- tude. Les debats & querelles qui suruiendront entre nous, seront appointez par le Conseil ou le tout se remettra. L'auis & deliberation duquel, sera resolument gardé & obserué par les debatans. Or pour rendre immortelle & durable ceste Confederation: & pour faciliter les moiens d'y paruenir: sera remonstré à la premiere assemblée qui se fera, qu'il est tresnecessaire qu'auec le sieur que nous aurons pour chef pour nostre vnion: soient aussi nommez six, huit ou douze ou plusieurs d'entre nous en diuers lieux & autres qui auront la charge de faire entendre aux Gentilshommes de leur quartier ce qui ce deura proposer au conseil pour en faire leur rapport: & icelluy entendu resondre ce qui sera mis en auant. Qu'il est besoin de faire entendre aux villes circonuoisines & de nostre parti: ceste nostre resolution & s'asseurer d'icelles à ce qu'elles nous dõnent la foy & promettent toute assistance: comme de nostre part nous exposerons nos biens & tous nos moiens pour les conseruer & garder en toutes occasiõs qui se presenteront. Et pour cest effet seront ordonnez quelques Gentilshommes qui donne- ront à entendre aux corps desdites villes pour prandre ceste asseurance d'eux à leur faire le reciprocque. Le semblable sera fait à l'endroit des Ecclesiastiques par ceux de nous qui seront ordonnez à cest effet: lesquels ainsi qu'ils se pourront bien asseurer de nous: Aussi nous secou- ront des moiens qui leur seront les plus faciles & aisez. Car pour la manutention de l'exer- cice de la Religion Catholique & seureté des pasteurs, Prebstres & Ministres d'icelle: nous sommes resoluz de respandre tout nostre sang à l'exemple du Chef d'icelle nostre Seigneur Ie- sus-Christ, qui nous en à fait le chemin le premier: afin que comme il à fait, nous nous effor- cions de toute nostre puissance & affection à l'imiter. Sera aussi depesché quelque Gentilhõ- me d'entre nous auec lettres de creance aux Confederez des Nations voisines de France qui courent la mesme fortune que nous courons: pour les auertir de nostre vniõ, leur jurer assistã- ce & fidelité: & prandre le mesme d'eux. Sera auisé par le Chef & les esleuz pour luy assister au Conseil du lieu ou plus commodement on se pourra assembler pour traitter des affaires de l'vniõ. Faut qu'en dix ou douze Cantõs de nostre prouince, il y ait de nous vn qui aura la char- ge d'auertir tous les associez autour de luy: dont se fera vn rolle signé des Confederez. Que chacun pour son regard attirera le plus qu'il luy sera possible d'autres Gentilshommes, sol- dats & bons marchans qui auront enuie de se conseruer & aider à parfaire ce que nous auons tant bien commencé. Par ce moien nous sçaurons de quel nombre de forces nous deuons nous asseurer. Conuiendra exorter chacun de nous, à se bien equiper d'armes & cheuaux: afin que quand il sera besoin d'executer vne bonne entreprinse, nous le puissions faire en toute di- ligence & bon equipage. Sera bon d'auiser des Rendez-vous afin que si les ennemis prennent les armes & nous preuiennent comme ils ont accoustumé: nous aions moien de les combat- tre auant qu'ils se soient assemblez. S'asseurer de la fidelité de ceux qui sont aux places, villes & Chasteaux du Roy & des sieurs tenãs nostre party: de peur que l'enemy ne s'en preualle par trahison ou surprinse comme il en est coustumier. Resoudre des moiens que nous aurons d'é-

Rrr iiij.

L'HISTOIRE DE FRANCE.

tretenir vn Gentilhomme à la Court: la fidellité duquel & experience en affaires sera coneuë pour nous auertir des resolutions de ceux qui sont ralliez aux Princes de Normandie, Picardie, Champagne &c. Et de ce qu'il apprendra en Court & pour y faire & negocier les expeditions qui seront requises. Ordonner la façon dont l'on vsera à l'endroit de ceux qui ne faisant estat de leur reputation: sortiront des bornes de leur honneur, & du reglement donné & police faite entre nous. Sera tresnecessaire de promptement deliberer des moiens par lesquels côme sous main, on pourra tenir quelque petit nombre d'hommes dans les places fortes & Chasteaux de ce pays: de peur de surprinse & com'on les pourra stipendier. Conuiendra suplier humblement le Seigneur chef des associez de ceste prouince, de nous asseurer de toutes les places fortes qu'il a dans le pays pour les mettre dans les mains d'hommes fidelles & d'hôneur. Aussi nous luy jurerons & prometrons toute fidellité & seruice & d'employer tous nos moiens & biens tant pour ceste affaire en general qui touche à tous que pour son particulier, pour creuer tous à ses piedz pour sondit seruice: & garde de ses places & autres choses qui luy importeront & toucheront. Et pource qu'il faudra faire des fraiz pour le general des affaires: il sera bon d'auiser des moiens dont l'on vsera pour enuoier en Court vers sa Majesté toutes & quantes fois qu'il en sera besoin, pour receuoir les cômandemens de sa Majesté. Faudra par semblable eslire & choisir quelque docte & galland homme qui dressera les memoires & affaires de Court & d'ailleurs ou il faudra enuoier, lequel sera resident au pres de nostre Chef.

Puis ils enuoierent par toutes les prouinces, Bailliages & Seneschaucées pour animer à l'effet que dessus, toute la Noblesse & les plus apparens des Catholiques suiuant la creance qu'ils auoient particuliere du general & des Chefs particuliers de la prouince. Ie vous seray voir le progrez & effets de tout ce que dessus en son lieu.

AV Nom de la Sainte Trinité, Pere, Filz & Saint Esprit
nostre seul vray Dieu, auquel soit gloire
& honneur.

La forme de la Ligue & le serment que chacun y entrant est tenu protester.

L'ASSOCIATION des Princes, Seigneurs & Gentilshommes Catholiques, doit estre & sera faite pour restablir la Loy de Dieu en son entier, remettre & retenir le saint seruice d'icelluy selon la forme & maniere de la sainte Eglise Catholique, Apostolique & Rommaine; abjurans & renonçans tous erreurs au contraire. Secondement pour conseruer le Roy Henry tiers de ce nom par la grace de Dieu & ses predecesseurs Roys tres-chrestiens en l'Estat splandeur, autorité, deuoir, seruice & obeissance qui luy sont deuz par ces sujets, ainsi qu'il est contenu par les articles qui luy seront presentez aux Estats. Lesquels il jure & promet garder à son sacre & Couronnement. Auec protestation de ne rien faire au prejudice de ce qui sera ordonné par lesdits Estats. Tiercement pour restituer aux prouinces de ce Royaume & Estats d'icelle les droits, prééminences, franchises & libertez anciennes telles qu'elles estoient du temps du Roy Clouis premier Roy Chrestien & encores meilleures & plus profitables: et si elles se peuuent inuenter sous la protection susdite. Au cas qu'il y ait empeschement opposition ou rebellion à ce que dessus, par qui & de quelle part qu'ils puissent estre: seront lesdits associez tenuz & obligez d'employer tous leurs biens & moiens, mesmes leurs propres personnes jusques à la mort pour punir, chastier & courir sus à ceux qui l'auront voulu contredire & empescher: & tenir la main que toutes les choses susdites soient mises à execution reelement & de fait. Au cas que quelques vns des associez, leurs sujets, amis & Confederez fussent molestez, oppressez & recherchez pour les cas dessus dits par qui que ce soit: seront tenuz lesdits associez employer leurs corps, biens & moiens pour auoir vengence de ceux qui auront fait lesdites oppresses & molestes. Soit par la voie de justice ou des armes sans nulle acception de personnes. S'il auient qu'aucun des associez apres auoir fait serment en ladite association, se vouloit retirer ou departir d'icelle sous quelque pretexte que ce soit (que Dieu ne vueille) tels refractaires de leur consentement seront offencez en leurs corps & biens en toutes sortes qu'on se pourra auiser: comme ennemis de Dieu, rebelles & perturbateurs du repos public. Sans que lesdits associez en puissent estre inquietez ne recherchez soit en public ne en particulier. Iureront lesdits associez toute prompte obeissance & seruice au Chef qui

sera

LIVRE QVARANTEVNIEME

sera deputé, suiure & donner conseil, confort & aide: tant à l'entretenement & conseruation de ladite association: que ruyne aux contredisans à icelle: sans acception ne exception de personnes. Et seront les defaillans & dilaians punis par l'autorité du Chef & selon son ordonnance à laquelle lesdits associez se submettront. Tous Catholiques des corps des villes & villages seront auertis & sommez secrettement par les Gouuerneurs particuliers, d'entrer en ladite association, fournir deuëment d'armes & hommes pour l'execution d'icelle selon la puissance & faculté de chacun. Que ceux qui ne voudront entrer en ladite association: seront reputez pour ennemis d'icelle & poursuiuables par toutes sortes d'offences & molestes. Et defendu ausdits associez d'entrer en debats ny querelles l'vn contre l'autre sans la permission du Chef, à l'arbitrage duquel les contreuenans seront punis tant pour la reparation d'honneur que toutes autres sortes. Si pour fortification ou plus grande seureté desdits associez, se fait quelque conuention auec les prouinces de ce Royaume: elle se fera en la forme dessus dite & aux mesmes conditions: soit que ladite association soit poursuiuie enuers lesdites villes ou par elles demandées si autrement n'est auisé par le Chef.

Ie jure Dieu le Createur, touchant ceste Euangille & sur peyne d'anatematizatiō & damnation eternelle: que j'ay entré en ceste sainte association Catholique selon la forme du traitté qui m'y à esté leu presentement, justement, loyaument & sincerement: soit pour y commander ou y obeir & seruir. Et promets sur ma vie & mon honneur, de m'y conseruer jusques à la derniere goutte de mon sang: sans y contreuenir ou m'en retirer pour quelque mandement pretexte excuse ny occasion que ce soit. *Forme de sermēt de l'association*

En ce temps le Prince de Condé feit remonstrer à leurs Majestez: que considerant bien les grandes dettes qu'elles ont à paier il seroit tresmarry de les importuner à present pour le paiement des sommes qui luy ont esté accordées en traittant la paix. Ains se contentera luy estre baillé en assignat les terres & Seigneuries de Congnac & saint Iean d'Angely: pour en jouyr jusques au remboursement desdites sommes: comme chose qui ne leur apporte que commodité sans incommodité aucune. Estant bien plus aisé de luy delaisser la jouissance de vint mil liures de rente, que de luy paier cinq cens mil liures. Dequoy il supplie tres-humblemēt leurs dites Majestez & en ce peu luy faire paroistre ce dont elles l'ont tousjours asseuré de leur bonne volonté. Mesmes par de Foix, qui luy a porté parolle de leur part pour l'assignat de partie desdits deniers. Et d'autant que la poursuitte des assignations pour le paiement des compagnies à luy accordées par ledit traitté, pour la conseruation de la place qui luy seroit baillée pour la retraitte & seureté de sa personne: reuiendroit à grans fraiz & despences estant maintenant eslongné de leurs Majestez: les supplie vouloir accorder l'assignat pour l'auenir sur la recepte d'Angoumois, afin que lesdites compagnies estans bien paiées: aient moien de viure & s'entretenir sans estre contraints & forcez vser de foulle & oppression sur le poure peuple. Plus que par toutes ses depesches elles l'ont tousjours asseuré de leur bonne affection à l'entretenement de la Paix. Et que leur intention est qu'elle soit tresexactement gardée & obseruée: comme chose deppendant de la conseruation de leur autorité. Neantmoins qu'il ne se voit journellement que des contrauentions & desobeïssances: ausquelles toutesfois il n'est nullement pourueu ny remedié. N'aiant peu d'Osquerque Gouuerneur de la ville de Han, r'entrer encores en son Gouuernement quelques lettres que leurs Majestez en aient escrites. De sorte que depuis trois mois qu'il est à la poursuitte il n'a peu rien obtenir. A ceste cause il supplie leursdites Majestez y vouloir pouruoir: Comme à la punition & chastiment de ceux qui se sont saisis de la ville de Peronne sans le commandement & autorité de leursdites Majestez. Et pour les rebellions & desobeïssances qu'ils ont commises en cela, les faire declarer par la Court de Parlement criminelz de leze Majesté, comme perturbateurs du repos public & infracteurs de l'Edit de pacification: & leurs biens acquis & confisquez pour estre reünis à la Couronne. Et attendu que sans ceste procedure, l'on ne peut esperer cy apres, ou d'eux mesmes ou des autres que le semblable ou pis, dont la consequence traine vne bien grande guerre apres soy. N'estāt au reste tant poussé en cela de son mal côtentement & de quelque desir de vēgence pour l'offence qui luy à esté faite: que pour l'injure faite à leursdites Majestez: pour ausquelles faire rendre l'entiere obeïssance qui leur est deuë: il est prest d'exposer sa vie & tous ses moiens quand il leur plaira luy faire cest honneur de luy commander: representant aussi les plaintes de ceux de l'Eglise reformée en la ville de Metz estans compris en l'Edit de pacification

Instruction que le Prince de Condé donne à Meducage pour supplier leurs Majestez de faire executer le contenu en icelle auec la responce du Roy.

Plaintes du Prince sur les contrauentions à l'Edit de Paix

Peronne saisie sans com mandement du Roy par les Catholi.

Protestans de Metz.

tion par lequel il leur est permis l'exercice de leur Religion en ladite ville: disoit auoir cy deuant escrit & supplié leurMajestez de leur faire pour cest effet donner quelque lieu en icelle. Neātmoins dit auoir esté n'agueres auerty que PiēneGouuerneur du pays Meßin leur à assigné l'exercice,& pour y dresser Temple le lieu appellée le retranchement auquel il n'y à aucun bastiment. Et d'autant que ce seroit à tous coups les exposer en danger & à la mercy du peuple qui à ledit lieu fort odieux & à contre-cœur: il supplie de rechef leursdites Majestez d'ordonner qu'il leur sera deliuré autre lieu plus commode basty dedans ladite ville: afin que par ce moië ils se puissēt ressētir du fruit & benefice de la paix.En fin les supplie d'auoir esgard aux pertes du Vidame de Chartres Iean de Ferrieres.Et le recompenser de tous les dōmages qu'il à receuz en ses biens dernierement à l'occasion des guerres. Et aussi establir les Chambres my parties & l'exercice de la Religion ez pays de Gastinois & le long de la Riuiere de Loyre. A quoy fut respondu en ces mots

Vidame de Chartres.
Chambres my parties.

Responce du Roy le 24. Septembre 1576.

S. Iean d'Angely & Cōgnac accordez au Prince pour l'e ronne auec longues difficultez

Assignation de la solde des harquebuziers du Prince.
Contrauentions à l'Edit de Paix

Peronne.

Mets.

Vidasme.

SA Majesté aiant toute telle affection que mondit sieur le Prince sçauroit desirer,de l'accommoder en ses affaires autant qu'il luy est possible: luy à fait expedier l'aquit patent necessaire pour estre assigné & paié des deux cens mil liures qu'elle luy à ci deuant accordé en quatre années:& cōmande tres-expressemēt aux gēs de cōptes le verifier.A ordōné faire apeller deuant elle le sindic du clergé,pour pouruoir à mondit sieur le Prince sur le paiemēt de six vints mil liures dōt il auoit esté assigné sur ledit clergé. Luy à tres volōtiers accordé le reuenu de la terre& seigneurie de Cōgnac auec la ville de S.Iea d'Angely pour sa retraitte & demeure.Et ne seroit moins aisé de le gratifier du reuenu de la terre & seigneurie dudit saint Iean si l'Estat de ses affaires le pouuoit permetre.Dōt mōdit sieur le Prince à si bōne conoissāce qu'il à toute occasion de ne presser dauantage sa Majesté pour ce regard. S'asseurant que en tout ce qu'elle pourra quand Dieu permetra que ses affaires soient en meilleure disposition:elle luy sera tousjours conoistre qu'elle l'aime comme merite le sang dont il luy appartient. Il à esté baillé assignation au tresorier extraordinaire des guerres pour le paiement de douze cens hommes accordez à Mōseigneur frere de sa Majesté.Ce qu'elle ne peut changer ny bailler autre assignation pour ceux qui sont departis à mondit sieur le Prince: Lesquels seront paiez des deniers pour ce destinez comme les autres.C'est au grand regret de sa Majesté qu'elle voit tant de desobeissances que luy font ses sujets.Et que son Edit & ce qui en deppēd ne puisse estre si prōptement executé qu'elle desiroit: chose qui auoit esté assez preueuë lors du traitté d'iceluy. Attendu la licence que la plus part desdits sujets s'estoit donnée durant les troubles. Qui ne promettoit rien moins qu'vne grande difficulté à les ramener du premier coup à leur deuoir. comme sa Majesté à depuis experimenté tant au fait de Dourlens & de Peronne que en plusieurs autres choses. Ce qui luy desplaist autant qu'il est possible. Et est bien resolu de ne rien obmettre,ny espargner à ceux qui ont toute affection à son seruice. Cōme elle asseure de mōdit sieur le Prince pour restablir toutes choses en leur premier Estat. Ceux de Mets ont esté satisfaits de lieu propre pour l'exercice de la Religion pretenduë reformée. De façon qu'ils en sont demeurez contans. Quand à Monsieur le Vidame de Chartres,le Roy sera tousjours bien aise de faire pour luy aux occasions qui s'offriront tout ce qui luy sera possible selon la commodité de ses affaires. La plainte que fait Mondit sieur le Prince pour le dernier article de son instruction: de ce que l'exercice de la Religion pretenduë reformée n'est encores receuë en plusieurs endroits:deppend de la difficulté cy deuant touchée, engendrée par la longue continuation des troubles. Qui est aussi cause que la Religion Catholique n'est non plus remise en beaucoup d'endroits :ny mesmes les Ecclesiastiques & plusieurs autres Catholiques reintegrez en leurs biens. Dont sa Majesté recoit tous les jours assez de plaintes, & fait toutes les meilleures prouisions qu'elle peut auiser pour satisfaire tant aux vns qu'aux autres. Enuoiant pour cest effet entre autres choses des commissaires personnages notables & de quallité par toutes les prouinces.Et aussi a ordonné faire les depesches necessaires pour l'establissement des Chambres my parties:ne laissant rien qui puisse deppendre d'elle pour auancer autant que faire se pourra l'execution de son Edit.

Diuisions à la Rochelle sur l'entrée du Prince de Condé.

Ce pendant les diuisions s'augmentoient de jour à autre entre les Rochellois pour le fait de la venuë du Prince de Condé. Le Maire & quatre ou cinq autres des Principaux, tenans tous les jours Conseil à part: persistoient d'empescher son entrée. A tout le moins estoient d'auis qu'elle se deuoit differer de peur des incōueniēs qui les menassoiēt.Les Cappitaines au cōtraire tenans re tenās ordinairement Conseil auec les Ministres & Consistoires: trouuoient pour le plus expedient le receuoir. Et que c'estoit vne ingratitude & injure trop grande que de refuser la porte à vn tel Prince en vn temps mesmes, qui n'estoit encores bien asseuré. Mettoient en balance les bruits qui couroient par la France, auec la volonté & le dessein du Maire & de ceux de son Conseil: desquels ils ne pouuoient pour ce regard qu'ils n'eussent plus grande deffiance que jamais. Surquoy il ny auoit pas faute de nouueaux rapports & nouuelles occurrences pour les y confirmer dauantage. Et outre ce presque tous les refugiez insistoient à sa venuë & deliberoient à quelque prisque ce fust, s'opposer à tous ceux qui estoiēt d'auis contraire. Et pour cest effet l'enuoierent à saint Iean le treziéme dudit mois supplier de ne differer plus sa venuë & par mesme moien l'asseurer de leur bonne volonté: en laquelle ils auoient aussi trouué vn bō nombre de ladite ville qui ne luy manqueroient au besoin. Le Maire d'autre costé deux jours apres depescha deux marchans vers luy tendans à ces fins premieres. Lesquels retournez le Dimanche dixhuitiéme Nouembre presenterent ses lettres au Maire. Or pour aucunement couurir ce que beaucoup luy imputoient, d'auoir au parauant tenu Conseil estroit d'aucuns particuliers pour le fait dont estoit question, sans admettre ceux lesquels deuoient estre appellez: fau isa de conuoquer en sa maison les Ministres & Capitaines de la ville. Ausquels priuement il communiqua lesdites lettres le vint vniéme dudit mois. Et dautant que par icelles l'on conoissoit assez les mescontentemens dudit Prince pour le reffuz de l'entrée que la plus grande & saine partie de ceux qui estoient la presens portoient impatiemment & en imputoient la cause audit Maire & à quelques autres: feirent serment n'auoir oncques pensé de mescontenter le Prince ne se desunir d'auec luy en chose qui luy importast. Moins de faire chose derrogeant à la profession de la Religion qu'ils tenoient: tous resoluz viure & mourir en icelle. Mais qu'ils pouuoient bien protester en saine conscience: que tout ce que y auoit esté mis en auant n'auoit esté que d'vn bon zelle & pour euiter la ruine des Eglises prochaines qui estoit toute asseurée auenant que si subitement l'on eust receu ledit Prince. Sur ce le vint troisiéme le Maire feit vne assemblée generalle à l'Escheuinage, afin de communiquer les lettres dudit Prince & sçauoir si le peuple approuuoit sa venuë ou non. Ou elles furent leuës & les responces à celles qui luy auoient esté enuoiées de la part du Maire. Et par icelles les remercioit de leur bonne affection enuers luy: En laquelle il les prioit de continuer auec asseurance qu'ils n'estoient & ne seroient jamais si fidelles à eux mesmes, qu'il leur estoit. Au deueurant qu'en peu de jours il se delibereroit aller en Broüage & à l'auenture dōner jusques à la Rochelle pour voir ses bons amis. Ce pendant qu'il les prioit luy enuoier personnages fidelles & qualifiez: ausquels il peust dire chose qu'il ne leur voulloit escrire ne mander. Puis l'vn de ces Deputez rendant publiquement comte de la legation: dit que le Vendredy precedent par commandement du Maire ils estoient arriuez à saint Iean par deuers Monsieur le Prince: auquel aiant presenté les lettres dudit sieur Maire & les auoir leuës: leur auoit dit que ladite lettre contenoit trois points principaux. L'vn le remerciment que Messieurs de la Rochelle luy faisoient de certains auertissemens qu'il leur auoit donnez: touchant quelques pratiques & machinations contre leur ville. Lequel à la verité il leur auoit donné tel qu'il l'auoit receu de bonne part. Qu'ils pouuoient bien conoistre par la que leurs ennemis persistoient encores en leur premiere volonté. Et par tant les prioit se tenir mieux sur leurs gardes que jamais. Le second concernoit les Estats generaux ausquels il estoit marry que ceux de la Rochelle n'auoient encores enuoié leurs Deputez: Dautant qu'il estoit fort à craindre que le petit nombre de gens de bien qui y estoient pour les Eglises: ne fut emporté à la balance par la multitude de ceux qui n'en demādoient que la Ruyne. Le troisiéme concernoit sa venuë à la Rochelle: à laquelle il les reconoissoit aucunement 'encliner & sous conditions: dont il les remercioit. Toutesfois estoit d'auis d'en communiquer à son conseil pour voir ce qu'il en feroit: les priant à ceste fin luy en mander au parauant la forme & maniere. Et que à la verité le desir qu'il auoit eu au parauāt d'y aller, n'auoit esté que comme en ville d'amis & en temps de paix. Qui le faisoit beaucoup esbahir du refus qui luy auoit esté fait. Et veu lequel il n'estoit maintenant deliberé d'y aller que premierement ils ne luy mandassent les conditions. Et si & quand & comment il y entreroit. Toutesfois les prioit ne trouuer estrāge s'il estoit contraint auenant qu'il y allast, d'estre vn peu mieux accompagné que de coustume. Qui ne sera toutesfois que d'vn petit nombre de Gentilshōmes & de trēte harquebuziers, pour le besoin qu'il auoit de faire plus sōgneuse garde

L'HISTOIRE DE FRANCE.

*Nouembre,
1572.*

garde de sa personne. Dautant mesmes que allant dernierement de Broüage à saint Iean, on luy auoit dressé embusches de huit vints cheuaux. Lesquels estoient venuz reconoistre vn des soldats de sa garde: qu'il faisoit côme malade porter dans sô coche. Sur ce le Maire demandant particulieremẽt aux principaux des asistans s'ils trouuoient bon que le Prince entrast & que quand à luy il estoit de cest auis: trouua que la plus grande partie tant de la maison de la ville que des Bourgeois & habitans y enclinoit volontairement, excepté quelques vns desquels sopinion & le Conseil eut aussi peu de poix en ceste assemblée qu'ils furent jugez mal fondez & sur raisons de peu d'apparence de tomber sous le joug & sujection de la Noblesse: dont ils disoient qu'on se deuoit souuenir pour les choses passées pendant les derniers troubles. Nonobstans toutes ces choses & plusieurs autres; la cômune voix fut que leur deuoir estoit d'enuoier supplier tres-humblement ledit Prince de venir quand bon luy sembleroit. Mais auec son train ordinaire & la moindre compagnie que faire se pourroit. Et aussi qu'il jureroit de ne rien faire ny entreprendre au prejudice de leurs priuilleges qui estoient entre autres de n'auoir Gouuerneur ne garnison. Surquoy Odet de Nort, Ministre apres que le Maire feust requis d'oppiner dit que ce seroit la plus grande ingratitude & injustice du monde, que de refuser la porte à vn tel Prince: que Dieu auoit doüé de tant de vertuz & perfections. Et qui desja en si grande jeunesse auoit tãt pour la defence de la Religion ce que autre Prince de Frãce n'auoit parauant fait. Que les Barbares mesmes condemnoient ceux qui refusoient les portes à leurs amis tant petis & estranges fussent ils. Au reste que chacun sçauoir assez que ledit sieur Prince estoit si sage & bien appris: qu'il n'y auoit aucun quel qu'il fust de son aage & quallité digne de luy estre parangonné. Et que aiant perdu ce tant regretté Prince son pere au jour d'vne si funeste & lugubre bataille & pour vne mesme querelle: il n'estoit vraysemblable qu'il oubliast en chose concernant la protection de la vraie Religion & particulierement le bien de la Rochelle. Or dautant que ledit Prince mandoit qu'on luy enuoiast personnages dignes pour conferer auec eux de chose d'importance: ledit de Nort & Pierre Bobineau furent deputez pour aller vers son Excellence. Ce qu'ils feirent le Lundy ensuiuãt. Peu apres le Maire, le Lieutenant & quelques autres particuliers de la maison de ville, s'assemblerent ce jour à l'Escheuinage & depuis en maison particuliere. Où fut deliberé de beaucoup de choses. Dont les Capitaines ne furent gueres contans. Mesmes qu'il eust esté proposé & mis en auãt de les deposseder de leurs charges, & reprendre la premiere forme de faire la garde de leur ville par Connestables personnages peu experimentez au fait des armes mais bien zellez à la defence de la Religion & de leur patrie. Comme ils auoient assez fait de preuue aux derniers & precedens troubles. Tout cela & autres choses en faisoit soupçonner beaucoup. Ioint les remises & delaiz dont l'on vsoit à l'endroit du Prince pour le fait de sa venüe: que le Maire & ceux de son conseil auoient quelque intention de pratique cõforme au bruit qui en couroit parmz les Catholiques. Et que à ceste fin ils se vouloient bien deffaire de ceux qui leur auoient resisté jusques à present. Et qu'ils sçauoient auoir la puissance de les empescher en leurs desseins. Sur le soir, le Maire feit crier à son de trompe de ne donner fauce allarme. Laquelle auenant il estoit commandé à chacun se retirer par deuers luy pour receuoir son commandement: comme celuy que seul on deuoit tenir pour chef & Capitaine de la ville. Ce qui n'aida point pour appaiser les murmures & diuisiõs qui ja estoient assez enflamées. Et sur l'auis d'enuoier gẽs en l'Isle de Ré à cause de l'entreprise des Catholiques (encores que ce bruit fut faux) plusieurs desdits Capitaines & autres fondoient ja le refuz qu'ils en delibereroient faire: crainte que ce fut vn stratageme pour faire sortir de la ville ceux qui poursuiuoient la venüe du Prince & consequẽmẽt pour effectuer les desseins de ceux qui luy estoiẽt côtraires en cest endroit. Ce pendant ils auertirent de rechef ledit Prince de tout ce qui se passoit en la ville le Dimanche vint cinquieme dudit mois. Auquel jour ledit Prince repassoit de l'Isle d'Olleró en Brouage & auoit enuoié par vn sien Laquais lettres à quelques Capitaines de la Rochelle pour ses affaires particulieres leur mandant qu'il se delibereroit venir par mer auec petit train. Toutesfois le vent l'en empescha. Ce pendãt le Maire non contant de tant d'allées & venües. Mesmes qu'on fut allé vers ledit Prince sans l'en auertir: prit de la occasion de tenir quelques jours ensuiuant les portes de la ville fermées fors celle de Maubec qui encores n'estoit ouuerte la plus part du jour. Dauantage il feit fossoier l'entrée de la Chesne & fermer la premiere calle crainte que de basse mer aucun n'entrast ou sortist quand il voudroit. Il s'accompagna d'vne douzaine

Resolution des Rochelois sur l'entrée du Prince de Condé.

Assemblée pour changer les Capitaines en Connestables à la Rochelle.

Soupçõ sur aucuns de la Rochelle.

Ruze pour se deffaire honnestemẽt de ses ennemis.

Ordre du Maire pour s'asseurer de la ville contre les partialitez.

douzaine d'harquebuziers pour marcher deuant luy par la ville. Et pour la nuit establit vn corps de garde deuāt sa maison. Le tout pour le doubte qu'il disoit auoir que quelqu'vn voulut attenter à sa personne. Le vint sixiéme du mois, apres que le Prince eut enuoié le Capitaine de ses gardes à la Rochelle auec lettres tant au Maire qu'a autres particuliers: Le Maire selon qu'il auoit esté resolu en l'assemblée publique dont cy dessus est parlé: enuoie vers ledit Prince Odet de Nort & Bobineau pour le supplier de venir auec les conditions cy deuant recitées. Lesquels l'auoir laissé en Broüage, rapporterent à leur retour qui fut le vint huitiéme ensuiuant: la bonne intention en laquelle ils l'auoient trouué: Mais tant s'en falloit qu'il eust volonté de faire contre leurs Priuilleges: que au contraire il les vouloit signer de son sang: bien marry du mauuais jugement que aucuns auoiēt fait de luy. Qui le garderoit (afin de les esclarcir du contraire) de les aller voir en plus grande compagnie que de huit ou douze Gentilshommes. Mais qu'il leur auoit dit que le mauuais accueil & peu gracieux traittement qu'il auoit entendu estre fait à quelques Gentilshommes: ne pourroit jamais estre pris en bonne part. Et entre autres qu'il voulloit bien prier le Maire d'auoir pour recommandé Mouy qui ne s'estoit acheminé à la Rochelle que pour auoir l'auis des Cirurgiēs sur vne blessure qu'il auoit receuë à la deffaitte de Thoré. Et quant au Comte de Montgommery qui encores estoit en sa compagnie auec son frere, il esperoit de le mettre d'accord auec ceux qui luy pouuoient auoir donné quelque mescontentement. Ainsi le Prince disposé d'aller par terre à la Rochelle & auoir trouué le vent à propos: changea de volonté. De sorte que s'estant sur les huit heures embarqué en Broüage auec petite compagnie comme de Montagu & huit autres Gentilshōmes arriua sur le midy à la Rochelle: Plustost descendu en terre que sa venuë par ce costé n'auoit esté sceuë ou esperée ny des vns ny des autres: Courans à la haste aucuns des Capitaines pour le recueillir à sa descente. Et comme il estoit à my chemin de son logis: le Maire & les principaux de la ville, luy furent faire la reuerence & congratuler sa venuë. Lesquels aussi il receut & caressa selon sa coustume. Puis s'estre trouué au lēdemain en l'Escheuinage où il feit assembler les Maire, Escheuins & principaux de la ville auec grand nombre de peuple tint à tous ces propos.

Le Prince de Condé plustost en. troué soi acheminement seeu à la Rochelle.

MESSIEVRS aiant de long temps assez experimēté l'entiere & sincere affection que m'auez tousjours portée: continuant celle qu'il vous pleut monstrer à l'endroit de feu Monseigneur & pere: lors mesmes qu'il trouua ceste vostre ville pour retraitte asseurée. Ie commenceray par vne action de graces & par vn remerciment de tant de benefices receuz de vostre part. Principallement de ce que m'auez d'aigné tant honnorer pendant ceste derniere guerre que de m'eslire & aouër pour vostre Chef. Moy di-je, qui tant pour ma jeunesse incapable de si grande & honnorable charge: que pour estre refugié en pays estrāge & destitué de tous moiens: ne pouuois vous seruir par de ça comme j'eusse bien desiré & selon la bonne volonté que j'en auois & qui ne m'a oncques manqué. Toutesfois le tout à esté tellement conduit, par la seulle faueur & assistāce de Dieu: & par le moien de vos prieres & de celles des gens de bien: que je suis en fin venu auec vne grande & puissante armée, conduite par le premier & plus grand Prince de l'Empire: voire contre toute esperance humaine. Au moien de quoy nos ennemis ont esté contraints nous accorder la Paix & repos, duquel à present jouyssons & tel que nous deuons bien prier Dieu qu'il luy plaise nous l'asseurer & maintenir. Vous pouuez sçauoir de quel pied j'y ay tousjours marché: de quelle sincerité & integrité de conscience j'ay versé en toutes mes actions. Et de quel courage je me suis emploié non seulement pour le repos general de la Frāce: mais aussi pour le particulier de vostre ville. Dieu me sera tesmoin que je n'y ay oncques espargné ma vie. Et n'y aura hōme ou autre respect quel qu'il soit, qui jamais me puisse destourner de la sacrifier à toutes bonnes occurrences & occasions. Car comme je suis heritier des biēs de feu Monsieur & pere: aussi suis-je resolu de heriter de mesmes au saint zelle & sincere affection qu'il à tousjours monstrée au seruice de Dieu & au repos de cest Estat. Ce qu'il à bien sceu seeller de son sang au jour d'vne memorable bataille: couronnant la fin de toutes ses entreprises & actions par vne mort glorieuse pour rachetter la liberté de toutes les Eglises de France: Et particulierement de vous Messieurs. Il est vray qu'il seroit mal seāt de mettre en compte en cest endroit quelque bien fait ou merite pour s'en vāter & preuailoir. Et de ma part ce n'est ma coustume, ny mon dessein. Vous priant croire que je ne dis ou rememore presentement cecy à autre fin ou intention, que pour faire dautant plus conoistre & remarquer

Harengue & plainte du Prince de Condé aux Rochelois.

remarquer combien est grande l'ingratitude & indignité de laquelle auez vsé à l'endroit d'vn tel Prince que je suis: lors que ces jours passez je deliberois vous venir voir. Aians esté aucuns de vous tous despourueuz de bon jugement ou si peu memoratif de mes actions passées: que de interpreter & prandre mon intention tout au contraire de ce qui en estoit. Et sans vous en auoir jamais donné la moindre occasion du monde. Soupçonner de moy (chose qui m'est plus griefue que la mort) que je venois en ceste ville pour jetter les fondemens de quelques guerre intestine. Comme si j'estois du nombre de ces brouilleurs & remeueurs de mesnage Et que je n'eusse le jugement assez bon, pour conoistre quelle peste & contagion c'est en vn estat, que ces malheureuses guerres ciuilles: que l'on sçait auoir causé de tout temps la ruyne & desolation des plus grandes monarchies & des plus florissantes republiques du monde. Dequoy l'experience passée nous fait assez sentir à nos propres despens l'Estat miserable & calamiteux ou en est pour le present reduit ce poure & desolé Royaume. Auquel aiant telle part que chacun sçait: comme celluy qui en peut attendre la succession quelque jour: Du moins y uoir mes parens apres lesquels je marche. Ce seroit chose bien estrange voire plustost prodigieuse, qu'il me fust seulement tumbé au cœur d'y raporter ce rigoureux fleau de guerre & consequemment procurer la ruyne ineuitable de ceste Couronne. Qui ne seroit autre chose que me ruyner & accabler en fin moy mesmes. Or je vous laisse à penser, s'il me doit bien venir au cœur, d'estre si villainement soupçonné d'vne chose si malheureuse & infame. Et par ceux mesmes à qui je n'en ay jamais donné les occasions. Et lesquels j'eusse tousjours attendu & esperé des premiers de mon costé: pour me garentir de tels blasmes & outrages. Je ne pense homme si constant & asseuré qui n'en fust quasi en danger d'en sortir des bornes de patience. Mais ma bonne conscience me conforte en cest endroit. Et aussi ce qui me peut bien consoler que les gens de bien n'ont jamais rien moins pensé que de me soupçonner tant soit peu d'vn si malheureux dessein. Et voir icy vne si notable compagnie & que je croy m'estre tant affectionnée qu'elle n'a jamais (comme je m'asseure) conceu telle oppinion de moy. Qui me fait vous suplier Messieurs, & de ce je vous conjure au nom de Dieu: de m'esclarcir de la verité de tout ce qui s'est passé en cest endroit. Et satisfaire presentement à la plainte que je vous faits pour mon honneur blessé d'vne si rude attainte. Afin que si je suis trouué auoir eu telle intention que aucuns se sont voulu imprimer à credit: ou que je sois venu en ceste ville pour aucunement desroger & au repos public & à la liberté de vsz priuileges: je reçoiue le chastiment & correction, qui me seroit deu pour ce regard. Pour cest effet je suis venu icy sans armes & en petite compagnie. Je me jette au millieu de vous & en vostre protection. Voire du plus petit & abjet: vous priant me dire d'où peuuent estre venuës telles deffiances & fausses persuasions, qui en peuuent estre & les occasions & les auteurs. Et pour quelle raison l'on s'est tant oublié en mon endroit, que de me desnier l'entrée de ceste ville. Et par mesme moien vous me ferez raison s'il vous plaist, d'vne telle indignité & mespris à l'endroit de celluy que auez autres fois reconeu pour vostre Chef. Et lequel neantmoins traittez à present d'vne si estrange façon que ne pourriez faire pis au moindre de nostre Religion. Ce n'est pas ainsi qu'il faut traitter les Princes de ma quallitté: & desquels il faille juger si legerement à l'apetit de sa propre & particuliere passion. Partant je vous prie de rechef Messieurs & côjure au nom de Dieu & vous pour le premier Monsieur le Maire de cötenter mon esprit en cest endroit: l'esclarcissant de la verité, afin que je puisse conoistre qui sont ceux qui ont eu si mauuaise oppinion de moy. Qu'ils ont esté d'auis de me refuser l'entrée de voz portes. Voire auec telle injure & ingratitude qu'vn moindre que moy s'en ressentiroit bien. Vous asseurant de ma part que je ne suis resolu partir de ce lieu, que n'aiez premierement satisfait à ce que je requiers le plus affectueusement qu'il m'est possible. Et que n'aiez fait droit sur ma plainte. Je suis le premier & le plus grand complaignant. Il me semble que je merite estre escouté en cest endroit. Ces propos finiz le Maire parlant assez bas, luy tint quelques parolles tendantes à excuses. Mais pour n'estre des mieux vsitez à bien parler; moins deuant vn tel Prince; il pria le Lieutenant General Pierre homme qui par la longue pratique de ses vieux ans s'est acquis, auec la conoissance de plusieurs sciences & sur toutes de la jurisprudence, sa principalle vacation: vn jugemant exquis du bien & du mal qui peut auenir és occurrences mondaines: de parler pour tous affin de luy satisfaire: suppliant à ceste fin son Excellence l'escouter patiemment. Il parla en ceste sorte.

MONSEIGNEVR, il y a deux causes qui me peuuent assez par raison induire d'entrer en desfiance de moy mesmes : Tant de me presenter deuant vostre grandeur & Excellence: que de penser satisfaire en aucune chose à ce qu'il vous à pleu nous proposer. La premiere que vostre harengue est de tel poix & grauité: que les plus diserts & eloquens Orateurs du monde:seroient par trop empeschez de s'acquitter de la charge qui maintenant m'a esté commise pour y respondre. L'autre que je me sens tellement incapable & si peu stillé à bien o-rer, mesmes deuant vn si grand Prince: que l'on pourra attribuer à vne presumption trop grande, ou temerité inconsiderée : tout ce que j'en pourray faire en cest endroit. Estant par la grandeur & Excellence de voz parolles, comme par les clairs rayons du Soleil offusquée entierement si peu de lumiere qui pourroit estre en moy. Toutesfois me confiant en la de-bonnaireté & clemence de vostre bon jugement, & pour satisfaire à la charge qui m'en à esté donnée de par Monsieur le Maire & Messieurs cy presens : Ie prendray la hardiesse de m'en acquitter au mieux qu'il me sera possible : & selon la mesure & capacité de mon esprit. Vous sçauez Monseigneur de quel poix & Majesté est le Conseil : comm'-il doit estre sacré & inuiolable. Voire que c'est chose necessaire de s'y astraindre & conformer. Pource prin-cippallement que tout homme de bien ne si doit presenter qu'auec vne ame pure & auec v-ne rondeur & sincerité de conscience : qui faict que d'autant plus nous le deuons admirer & respecter. Et sur toutes choses ne mespriser les resolutions qui s'y font. C'est aussi le re-mede & vray Antidote pour la direction & conduitte de toutes les affaires qui suruiennent que ce Conseil : auquel nous trouuons tousjours nostre plus expedient pour nous y bien conduire & gouuerner, & sans nous mesprandre s'il est possible n'y en la societé ciuille ny en quelque autre chose que ce soit. Par tel Conseil Monseigneur toutes les affaires qui se sont cy deuant passées entre vous & nous: ont esté & debattues & vuidées. Par tel conseil les lettres qui furent dernierement escrites à vostre Excellence : ont esté trouuées bonnes & approuuées pour vous supplier tres-humblement qu'il vous pleust differer vn peu vostre ve-nuë, jusques en vn autre temps. Ce qui nous meut vous faire telle priere, fut le bruit de guer-re qui commençoit à s'espandre: & que les Catholiques disoient estre ja allumé bien pres de nous: ne tenans ceux de la Religion Romaine autre propos par toute la France, sinon que de ceste poure ville comme du cheual de Troye, sortoient toutes les miseres, calamitez & guer-res ciuilles de ce Roiaume. Nos voisins & freres du pays de Poitou : nous rescriuirent aussi au mesme temps, qu'il vous pleust nous faire sçauoir le desir qu'auiez de venir en ceste ville: que nous deuions bien regarder à ce que nous ferions en c'est endroit: & que en cela gisoit parauenture la perte de nostre liberté & repos general ou tous ne faisions qu'entrer. D'autant que les Catholiques prandroient occasion sous ceste couuerture, qu'ils ne demandoient pas meilleure, de les mal traitter:& effectuer la mauuaise volôté qu'ils leur portoient d'assez lôg temps. Nos freres de Poitiers, Nyort & Fontenay nous donnoient vne infinité d'aduertisse-mens du mal qui leur estoit prochain: si nous vous receuions. Qu'ils disoiêt estre autant que si on declaroit la Guerre. Veu mesmes ce qui s'estoit ces jours passez faict en Broüage. Et nous asseuroient que en peu de jours il n'y auroit Eglise debout en tout le pays de Poitou : si nous n'auions pitié d'eux. Dequoy ils nous prioient à jointes mains. Et n'estre cause (pour vne telle occasion qui se pouuoit bien differer) de la ruyne de leurs biens & parauanture de leurs vies. C'estoient raisons assez pertinentes veu l'infirmité naturelle qui est en ceux qui se sont nouuellement retirez de quelque peril: pour nous faire vn peu penser à nous mesmes. Et pour nous mouuoir de supplier vostre Excellence de differer vn peu vostre venuë pour les raisons susdittes. Sur quoy Monseigneur je puis jurer en saine conscience deuant Dieu & deuant vous pour tous ceux qui ont esté de cest auis : & particulierement pour moy : qu'il ne m'est oncques tumbé au cœur la moindre oppinion des soupçons & deffiances qu'-il vous à pleu nous alleguer. Moins auons nous esté menez en cest endroict d'vn zelle mal affectiô né à vostre Excellence. Laquelle nous supplions treshumblemêt nous faire cest hon-neur : que de n'interpreter en telle part la priere que nous vous auons faite de differer vostre voiage en ceste ville, plus par prudence mondaine & accoustumée infirmité, que autre-mêt : & qu'elle ne vueille inferer vn refus absolut & arresté de ne vous receuoir, ou biê auoir de nous quelque sinistre oppinion d'vne mauuaise volonté en vostre endroict. Chose à la

Harengue responciue des Rochel-lois par le Lieutenant general de la ville au Prince de Condé.

Conseil pu-blic sa force & autho: ité enuers tous Grans & Petis.

Occasions sur lesquel les aucuns Rochellois fondoiêt le refus d'en-trer en ville au Prince de Condé.

S ss

quelle jamais homme n'auoit pensé : & ne s'en trouueroit ce que j'oserois bien jurer, aucun en toute la ville qui ne vous soit bien affectionné & disposé pour vostre seruice. Vous suppliant Monseigneur nous tant fauoriser que de le croire ainsi : & deposer la fascherie que en pourriez auoir prise : vous despouillant par mesme moyen de l'opinion que auez conceuë du contraire de l'obeyssance & fidelité que nous vous desirons continuer jusques au bout. Ce que nous remettons volontairement à la prudence de vostre bon jugement & à leguanimité & douceur accoustumée d'icelluy.

LE Prince parauant que passer outre à luy respondre sur ce qu'il auoit desduit cy dessus : dist qu'il vouloit au preallable sçauoir si leurs lettres que leurs Deputez luy auoyent presentées le seiziéme du mois : auoyent esté escriptes du consentement du peuple, & par vne solennelle conuocation d'icelluy, au son de la Cloche comme est la coustume. Et ne d'outant qu'elles estoyent sous-criptes au nom des Maire, Escheuins, Pairs, Bourgeois, manans & habitans de la ville de la Rochelle : desirant en estre informé presentemét par la voix & tesmoignage commun des assistans : lesquels il prioit de ce faire. Lors se leua vn petit bruict & murmure assez sourd du commancement : mais peu apres haut & intelligible, qu'ils se persuaderent tous que c'est affaire auoit esté conduit pour la plus part : au desceu du peuple qui n'y auoit esté appellé qu'vne fois. Ce qui auoit esté plus de six jours apres la rescription des lettres & apres que la resolution en auoir esté prise dez auparauant en certains Conseils tenuz particulierement pour cest effect. Somme qu'apres plusieurs propos & quelques termes piquans voire desauantageux aux vns & autres des habitans tenuz en presence du Prince : Le peuple donna tesmoignage par vne aclamation publique qu'ils n'auoyent onques pensé à luy refuser les portes de la ville. Au contraire qu'ils luy estoyent tres-humbles & tres-obeyssans & comme tels auoient tousjours esté : resolus de luy mettre & leurs biens & leurs vies entre les mains. Lors le Prince bien joyeux de ce qu'il conoissoit vne si bonne & allegre volonté en ce peuple : continuant ses propos leur parla ainsi.

Le Prince continuë son propos.

IE connois bien Messieurs que je n'ay point esté deceu en la bonne oppinion que j'ay tousjours euë de tant de gens de bien que je vois icy presens : comme vostre joyeuse aclamation m'en rend suffisant tesmoignage. Et reconnois l'injure qui m'a esté faicte d'autant plus legiere qu'elle n'est procedée du general. Mais plustost de trois ou quatre particuliers mal affectionnez & à leur Religion & à leur patrie. Lesquels Dieu trouuera bien en temps & lieu. Et de ma part il m'est impossible les pouuoir tenir pour gens de bien. Et pour parler à vous Monsieur le Lieutenant, j'aduouë ce que vous auez dit touchant le Conseil : pourueu qu'il soit legitime & tenu comme il appartient. Et que ceux qui y doyuent estre appellez n'en soyent exclus. L'on sçait que les Conseils & assemblées se doiuent tenir de ceste façon : & telle a esté la coustume de tout temps en ceste ville mesme : où la Cloche vous sert à cest effect. Mais celluy duquel je me plains & d'où sont sorties les lettres que j'ay receuës de vostre part : n'a esté de ceste quallité & n'y à la ceremonie & coustume susdite comme je connois presentement, aucunement esté obseruée. Le Conseil donc n'est ny sacré ny inuiollable. Aussi sçay-je bien qu'il y a princippallement quatre sortes de Conseil. Celuy des Roys, des Republiques, comme de Venise & autres de l'Italie. Des villes & communautez au son de la Cloche comme le vostre. Et celluy des Cappitaines & gens de Guerre. Ce dernier se teint ordinairement à l'improuiste, sur le Champ & selon que les euenemens & occurrences sont subites & inopinées au faict des Armes. A tous ces Conseils le rang & degré que je tiens en ce Royaume me permet librement l'entrée, l'acces & la seance. Voire que les Courts souueraines qui representent la Majesté de noz Roys : ne m'en peuuent exclure. S'ensuit donc que vous qui n'estes que subalternes : vous estes par trop emancippez au lieu de me receuoir, tenir tant de Conseils à part vous : & ne daigner attendre m'a venuë pour y estre introduict. A quoy l'Estat des affaires presentes, vous pouuoit bien de luy mesme esmouuoir. Veu princippallement que je vous feis entendre par plusieurs fois, que tout le desir que j'auois de venir en ceste ville : n'estoit à autre intention que pour vous donner aduis de ce qui se passoit à la Court. Afin que tous ensemble peussions prendre quelque bonne resolution sur les occurrences des grandes affaires qui se presentoyent : qui sont comme il me semble trois princippalles, ausquelles il nous estoit besoin de songneusement regarder.

Conseil la forme force & auctorité d'iceluy.

Diuerses sortes de Conseils.

regarder. L'vne sur le voyage de Monsieur en Court. L'autre sur la venuë de la Royne Mere en ce pays de Guyenne pour l'entreueuë & abouchement d'elle du Roy de Nauarre & de moy. Et la troisiesme sur l'apparence qu'il y a de quelque remuement à cause de l'Edit mal obserué en beaucoup d'endroicts de ce Royaume. Et le bruit des forces du Roy que l'on dit estre toutes prestes & disposées à marcher au premier mandement. Sans compter le nombre d'estrangers que l'on sçait assez n'attendre que l'heure d'entrer en France. Pour le premier j'auois tousjours esté d'auis, que tous ensemble d'vn commun accord feissions vne depesche bien humble à mondit Seigneur: pour le prier qu'il luy pleust de mieux en mieux paracheuer ce qu'il auoit si heureusement commencé, à tenir viuement le party des Eglises reformées de France: & procurer de plus en plus leur liberté & repos quand il se trouueroit aux Estats. Attendu qu'il n'y a que trop peu de gens de bien, qui en telle assemblée voudront entreprandre la defence de nostre cause. Mon aduis dy-je estoit, de le supplier de perseuerer en ceste saincte affection qu'il nous auoit par cy deuant si liberallement descouuerte & monstrée: & de laquelle il nous rend encores à present plus seur & suffisant tesmoignage: s'estant volontairement chargé de tous les cayers pour s'en aller voyre de son bon gré, comme sacrifier sa personne à la Court: sans autrement faire estat des bruicts communs qui courent: ne mettre en la balance beaucoup de choses que l'on sçait assez se remuer de jour à autre au grand prejudice de la foy promise & du repos qu'il à pleu à DIEV nous octroyer par la Paix. Pour le second je vous fis entendre que ce seroit bien faict à vous, d'enuoyer quelqu'vn de vostre part par deuers la Royne Mere pour la congratuler & remercier des peynes & trauaux infinis qu'elle prenoit tous les jours pour l'vnion & accord de ce qui sembloit n'estre encores bien resoulx ne restably. Mesme du grand & singullier desir qu'elle monstroit auoir à l'entretenement de la Paix, & consequemment au repos de ce poure Royaume. Mais au lieu de prandre cest aduertissement en telle part que deuiez: veu le lieu & quallité de celluy qui vous fournoit, je sçay que aucuns de vous ont esté si mal apris, que de dire qu'il falloit faire cela de vous-mesmes sans en estre tenuz à moy. Qui est vne impudence & mespris si grand, que j'ay long temps doubté s'il y pouuoit auoir homme en ceste ville auquel cela fust seulement tumbé en la pensée. Et pour le dernier poinct, d'autant qu'il ne se veoit que par trop, quelle apparence il y a de quelque trouble ou remuement de mesnage en ce Royaume, pour les forces Catholiques tant de pied que de cheual que l'on dit estre prestes de marcher. Les Ligues & complots de noz ennemis tant dans que dehors ce Royaume. Le passage de Dom Iean d'Austriche & d'vn Legat du Pape par la France: & l'accez & communication au Conseil qu'ils ont eu passant par la Court où ils arriuerent en vn mesme jour & par diuers endroicts. Toutes lesquelles choses nous pouuoyent assez tenir en ceruelle: à cause des diuers jugemens & sinistres impressions que beaucoup de personnes s'en donnoyent. Pour cela me sembla il bon de venir en ceste ville: afin que estans tous ensemble bien vnis & alliez, peussions auiser des moiens les plus doux & faciles pour nous conseruer & maintenir en saine conscience, la Paix qu'il a pleu à DIEV nous donner & delaquelle apres sa diuine puissance: vous ne pouuez ignorer que je n'aye esté la principalle cause. Ma venuë donc n'a pas esté pour prandre les armes comme aucuns de vous ont esté si impudens de publier. Moins pour alterer tant soit peu le repos de cest Estat, comme ces beaux Iuges ont Imaginé par fantasie. Car pour bien garder le repos que nous nous sommes acquis au pris de tant de sang: il ne faut pas penser estre du premier coup n'y bon n'y salutaire de venir aux Armes & prandre le Cautere. Mais bien plustost me semble necessaire, empescher la rupture de la Paix par sages aduis & bonnes preuoyances. Lesquelles je vous desirois ouurir selon la capacité de mon jugement. Et m'asseure que les eussiez trouuées bonnes & proffitables. Et croy encores qu'il ne nous faudra autre moyen ne plus propre expedient que cela. Car si par faute de pouruoir & aduiser à noz affaires: la Paix se vient à rompre: il nous conuiendra necessairement alors venir aux Armes. Voire pour le respit & defence de nostre propre vie. S'ensuit donc qu'il nous vaut mieux cercher les moiens les plus doux, pour nous maintenir & empescher de recourir à ce dernier remede, duquel procedent tant de maux & hideuses insolences: que deurions fremir au seul souuenir de ce qu'en auons experimenté par le passé. Et c'estoit aussi la principalle cause de ce que

Voiage de Monsieur en Court apres la reconciliation auec le Roy son frere.

La Royne Mere & son labeur pour apaiser tous differens.

Presumptio & preparatis de Guerre.

plus m'incitoit à venir par deça. Et vous le puis bien jurer en faine conscience. Mais au lieu de prandre ces choses de la façon qu'en toute rondeur & sincerité elles partoyent de mon interieur : vous vous estes forgez vne infinité d'oppinions & deffiances, au prejudice mesmes de mon honneur. Et pour parler de plus pres à vous, Monsieur le Lieutenant : sauriez vous mieux monstrer la deffiance que auez conceuë de moy que par voz propres parolles mesmes ? Vous dites qu'il fut trouué bon au Conseil de me prier de venir en ceste ville auec le moindre train que je pourrois. Ie ne dispute ici de la vallidité où inuallidité de ce pretendu Conseil. Lequel quant a moy je ne tiens pour legitime : non plus que s'il vous appartient me donner Loy en reiglant mon train & ma Compagnie. Ie reuiens seulement à voz friuolles oppinions & mal fondées deffiances. O gens mal auisez & plus infirmes que femmes : en ce qu'auez peur d'vn Prince qu'auez esleu pour vostre Chef : qui vous venoit veoir auec dix ou douze Gentils-hommes. Et ne vous mesfiez pas de cinq cens hommes qui parauenture sont au millieu de vous pour vous trahir & deceuoir. La crainte du mal & danger de voz freres que m'auez alleguée : ne vous à pas tant induict a me faire l'injure que j'ay receuë : que voz propres deffiances & sinistres impressions. Aussi cela est si friuolle pour n'auoir jamais donné de ma part occasion tant petite qu'elle soit aux CATHOLIQUES de mal traitter a present noz freres : que je ne sçay de quelle boutique il pourroit estre sorty : sinon que d'vne couuerture de pouuoir en brief plus librement executer vne plus furieuse rage & mauuaise volonté. A quoy par vostre imprudence ou zelle naturel des choses mondaines, vous auez ouuertement contribué. Vous m'auez puis apres enuoyé voz priuilleges : me priant de les signer auant que venir. Et que cela mesmes vous estoit permis par les Articles de la Paix. Et qui sçait mieux que c'est desdicts Articles & de toute la negociation qui s'en est faicte que moy mesme ? Et qui est cause que soiez pour le jourd'huy maintenus & jouyssans de vosdicts priuilleges que moy ? Ie ne demande en cecy plus suffisant tesmoignage, ainsi que voz Deputez qui lors estoyent presens vous l'ont bien peu rapporter : que les propos que je tins la dessus à la Royne Mere, peu parauant la conclusion de la Paix. M'auanceant jusques là, que de luy dire que s'y on refusoit à vous maintenir en voz priuilleges : pour ce seul point je luy declarerois la Guerre. Et neanmoins vous auez pensé faire beaucoup pour vous que de me prier de vous les signer. Voire quasy auec vne percipitation inacoustumée. Comme si toute vostre fiance deuoit estre attachée a vn morceau de parchemin. Ce que je trouuay grandement estrange, quoy que pour lors je le dissimullasse à voz Deputez : Ouy, ouy, je les signeray toutesfois & quantes que voudrez, non pas en qualitté de quelque petit Greffier : Mais plustost me picquerois de mon espée pour les signer de mon sang : & quand il plaira à DIEV les séeller (comme a faict feu Monsieur & Pere) d'vne glorieuse & memorable mort. Mais j'ay d'autant porté plus impatiemment toutes ces injures & indignitez, qu'elles m'ont esté liurées par mes propres amys : & pour lesquels vous ne pouuez ignorer que je n'aye faict beaucoup : & plus presque que n'eussiez ozé esperer. Car quoy que le pareil m'ait esté dernierement faict par ceux de Bourdeaux : Si est-ce que cela m'a esté plus leger & tollerable : d'autant que ce sont mes ennemys jurez & contre lesquels j'ay porté les Armes : & prest encores à les porter quand l'occasion nous y contraindra. Toutesfois je ne suis hors d'esperance de m'en ressentir quelque jour : & leur faire connoistre combien indignement ils ont traitté le sang Royal. Et ne voudrois que vous mesmes pour m'ayder à ce faire. Mais je ne suis pas venu à telle intention : quoy que j'aye esté grandement offencé où autrement esmeu & poussé de quelque passion particuliere & desir de vengeance. Car j'ay assez apris comme tout cela se doit tousjours postposer au General. Au contraire je remets & pardonne, Messieurs mes bons amys, tout ce qui est cy deuant passé : & quitte de bon cœur l'offence particuliere qui m'a esté faicte. De laquelle je sçay bien n'auoir esté cause vn si grand nombre de gens de bien qui sont icy assemblez & ausquels aussi ce pardon ne s'adresse. Toutesfois je prie ceux qui ont esté autheurs de ce qui est passé pour ce regard : de bien considerer que me pensans faire tort, ils en ont fait vn trop plus grand à ceste poure ville : quand ils y ont semé ceste diuision qui ne tend manifestemēt qu'à nous desvnir les vns d'auec les autres. Et en quoy ils ne sauroyent mieux gratifier à noz ennemys. Desquels l'artifice à tousjours esté pour nous auoir, que de nous desvnir afin de nous sapper pied à pied.

Et de

Et de toutes leurs fortes & puissantes Armées, l'issue à tousjours esté telle qu'ils ne nous ont sceu jamais vaincre & accabler: C'est donc à la diuision ou ils ont presentement recours plus que jamais. Et vous malaisez y courez a bride abattue, sans vous pouuoir conformer en cela, a ce que noz ennemis pratiquent encores si bien aujourdhuy: assauoir vne vnion & simpatie incroiable qu'ils ont entr'eux à nostre prejudice & ruyne. Et defaict voyons nous pas comme non seulement les Catholiques de ce Royaume: Mais aussi de toutes nations estranges jusques aux Turcs & Barbares mesme: sont vnis & alliez ensemble, pour nostre entiere ruyne & destruction? Mais je croy que vous ne sentez pas encores le mal qui vous peut auenir, & ce qu'auez faict en cest endroict. Car comme les malladies corporelles se forment & couuent en nos corps long temps parauant que les sentions, & desquelles toutesfois en fin sensuit la mort asseurée: La diuision est de telle nature. Car rempant petit à petit du commencement se trouue incontinant au milieu de nous & premier quelques fois que nous y ayons pensé. Et d'autant que c'est vne plante tres-dangereuse: aussi le fruict qu'elle produict ne peut estre autre que venimeux & mortel. Jalousie premierement se met au milieu de nous: de jalousie vient deffiance: De desfiance diuision de la diuision le mespris qui est la ruyne & entiere destruction de toutes choses les plus sainctes & les mieux pollicées. Et ceste est la malladie que à mon grand regret je vecy parmy vous. Et m'asseure toutesfois que la plus grand part de vous ne la sent pas, tant vous auez les yeux & les veines de l'entendement oppilées. C'est donc par vostre diuision Messieurs: que vous ouurez la porte à ceux qui de long temps ne vous veulent gueres de bien: & que vous deffiez de celuy, lequel au danger de sa vie voudroit trancher le cours de leur mauuaise volonté. Je vous prie y aduiser & desseiller vn peu voz yeux, pour connoistre la verité de ce que je vous dis. Mettre aussi en balance le tort que vous vous estes voulu faire a vous mesmes: Vous voulans comme separer de communiquer auec moy: & refuser si legerement les aduis & aduertissemens que je vous puis donner tels que les recois tous les jours de bonne part & plus asseurement que ne sauriez faire. Desquels vous estes faict tort de vous vouloir priuer. Car le fruit ne vous en sauroit estre petit: pour m'oser bien vanter qu'il est en moy de vous mieux & plus fidellement conseiller ez affaires qui se presentent: que ne sauriez faire vous mesmes. Car je pense veoir de plus pres & plus clair aux affaires d'Estat que vous.

Diuision & partialitez.

CES propos & autres ainsi discourus par le PRINCE il s'adressa au Maire disant que quand a ceux qui vouloyent innouer l'Estat & troubler le repos particulier de la ville: il n'en connoissoit autre (ce qu'il disoit pour le regard des Capitaines) que ceux qui vouloyent deposer de leurs charges & degrez ceux qui auoyent esté installez d'vn commun consentement, & qui en icelles s'estoyent fidellement acquittez de leur deuoir. Ceux aussi qui en temps de Paix auoyent refusé les portes de leur ville aux Sieurs de Verac, Mouy & autres Gentils-hommes qualifiez & que ledit Sieur Maire mesmes qui s'estoit accompagné d'vne Garde d'harquebuziers extraordinaire: qu'il ne pouuoit penser auoir esté faicte à autre occasion que pour sa venuë. Toutesfois qu'il pensoit que tout le peuple luy estoit amy. Et mesmes que les vint harquebuziers desquels ledit Maire se seruoit: estoyent à luy & le suiuroyent quand il leur commanderoit. Et surce que le Maire mettoit en auant qu'il auoit esté contrainct de ce faire pour la defence de sa personne & que plusieurs l'auoyent menacé: Le Prince allegua comme en riant l'exemple de Pisistratus lequel s'estant esgratigné & nauré lui mesme & sous ceste coulleur impetré du peuple quelques Gardes pour sa persone & vsurpa en fin la tyrannie sur ses Combourgeois par la mesme force qu'ils luy auoyent si indiscretement ordonnée.

Suitte des propos du Prince s'adressant au Maire.

POVR la fin d'autant qu'il auoit souuent dit aux Deputez de la Rochelle qu'il auoit des choses à leur dire qu'il ne vouloit mander ne escrire: il dist que c'estoyent des aduertissemans receuz de deux endroits: de quelque pratique qui estoit dans la ville tramée par aucuns particulliers qu'il ne nommeroit point en telle Compagnie. En laquelle il ne trouuoit bon que telle chose fut encores descouuerte & manifestée. Les auisans cependāt que le dāger du mal dont il leur mōstreroit le lendemain les memoires & auertissemans, estoit tel qu'il importoit la ruyne totalle de leur ville: & deuoit estre execuré dés le quinziéme du present mois: dont l'entreprise n'estoit encores si bien dissipée que le danger ne leur fust prochain & eminent

Suitte des propos du Prince s'adressant aux habitans pour les aduertir des intelligences que les Catholiques auoient dans leur ville.

dans le jour des Roys. Pour aquoy obuier & les informer plainement de tout ce qu'il en sçauoit: Il les prioit que le lendemain matin se trouuassent en son logis ledit Maire, douze Eschenins, douze Pairs, douze Bourgois, les Capitaines, lesdits Ministres & les gens du Roy. Et que ceux qui seroyent esleuz vinssent par deuers luy auec bon adueu du peuple. Les dessusdits s'assemblerent le lendemain en Conseil où ils arresterent de la responce qu'ils luy feroiēt. Laquelle ils luy presenterēt par escrit. Elle côtenoit entre autres choses qu'ils supplioyent son Excellence d'excuser ce qui s'estoit passé: luy promettant que pour l'auenir il seroit tousjours biē receu toutesfois & quantes qu'il luy plairoit venir à la ville: & qu'ils le respecteroyent & obeiroyent comme sa grandeur meritoit. Dont illes remercia de bon cœur. Sur quoy neantmoins ils resterent merueilleusement troublez & deuisez par entr'-eux pour les aduertissemens que dessus. Et comme est la coustume d'vn peuple, en jugeoient chacun selon sa passion: tantost en vne sorte tantost en l'autre. Leur tardant beaucoup que le tout ne fust descouuert. Autres plus temeraires & inconsiderez pour la haine mortelle qu'ils portoyent au Maire: luy imposoient desja le plus grans faix de toute l'accusation qui se pourroit faire: jusques à attacher placarts publics contre luy, ce qui fut pris en tres-mauuaise part par ledit Prince. Brief ce n'estoyt que murmures & dissentions par la ville: pour apaiser lesquelles la presence dudit Prince seruit beaucoup.

Partialitez à la Rochelle.

Monsieur content ne veut toutesfois retourner en Cour & pourquoy

Vovs auez veu l'eslongnement de Court de Monsieur: les peines & trauaux que la Royne Mere prit pour adoucir l'aigreur de son malcontentement, & le faire retourner pres du Roy son frere. Somme qu'elle y vsa de tant d'artifices qu'auec le bon Conseil du Roy & la douceur naturelle de ce Prince, la premiere des fins de la Royne Mere luy fut accordée: Sçauoir est que Monsieur fut rendu contant sous l'espoir de l'accomplissement des Articles & conditions portées par l'Edit de Paix: non pas l'autre fin de le faire retourner en Court. Car la Paix faicte il fut conseillé d'emploier le temps jusques à l'entiere execution de la Paix pour faire ses entrées ez Cappitalles villes des païs & Prouinces que le Roy lui auoit assignées pour l'augmentation de son Appennage. La Royne Mere toutesfois ne desesperant rien du naturel de ses enfans: trauailla tant & subtilisa telles raisons & artifices pour l'vnir de volonté & de desseins auec sa Majesté: qu'elle le feit venir en Court contre l'aduis de Bussy & autres qui luy estoyent parauant les plus fauorits. Dont Bussy mal contant & crainte de tant de Seigneurs & autres que la grandeur de son courage auoit offencez: se retira a Angers dont & du pays mesme Monsieur l'auoit faict Gouuerneur. Au Chasteau duquel des plus forts de la France, il commença de dresser l'asseurance de sa principalle retraite. Le Roy cependant fort resjouy de la reconciliation de son frere: & pour dauantage auctoriser la tenuë des Estats Generaux qu'il auoit remis au quinziéme Decembre: la voulut bien faire sçauoir tant à tous ses subiects que d'vne & d'autre Religion: à ceux cy mesmement pour amoindrir d'autant l'espoir & hauts desseins qu'ils auoyent fondez sur l'assistance d'icelluy: qu'à tous les Princes estrangers ses amis & alliez. Pource, estant le quatriésme Nouembre, Mil cinq cens soixante seize à Paris, il en depescha ses patentes telles, quelles suiuent.

Monsieur enfin retourne en Court.

Bussy d'Amboyse malcontent.

Lettres patentes du Roy pour tesmoigner la venuë & reconciliation de Monsieur auec sa Majesté à Olinuille.

HENRY par la Grace de Dieu Roy de France & de Pologne, à tous Gouuerneurs de Prouinces & noz Lieutenans Generaux, Salut. Chacun à peu connoistre & veoir depuis nostre aduenement à ceste Couronne, de quelle affection & bonne volonté nous auons tousjours desiré & voulu pacifier les Troubles qui ont si longuement continué en nostre Royaume, à la grande ruyne & desolation d'iceluy. Et ce que auec l'ayde & bon Conseil de nostre tres-honnorée Dame & Mere nous auons faict pour y paruenir & mettre en repos noz sujets: sans aucun respect de chose quelconque qui touchast nostre auctorité & interest: Toutesfois aucuns mauuais & seditieux esprits du nombre de ceux qui desirent nourrir & entretenir la Guerre & diuision: font courir parmy noz sujets des bruits & propos de deffiance, tant de ce que nostre Trescher & Tresaimé frere le Dvc d'Anjov nous vient trouuer, pour l'amitié fraternelle & reciproque qui est entre nous: que de l'assemblée prochaine des Estats conuoquez en nostre ville de Bloys au quinziéme du present mois de Nouem. à la Requeste & instante priere tant des Catholiques que de ceux de la Religion pretenduë reformée. Et d'autant que par telles pernicieuses inuentiōs & calomnies, ils voudroint mettre en oppinion & persuader le contraire de noz vouloir & intention & de nostre dit frere:

prenans

prenans & voulans faire prandre aux autres en mauuaise part ce qui est tres-bon, necessaire & desirable. Et en ce faisant troubler & alterer le repos & vnion que tant desirons. A ceste cause vous mandons & ordonnons vous informer & enquerir de ceux qui font ces mauuais offices & deuoir: assurer tous nos sujets tant en general que particulier de nostre bonne & entiere affection & intentiō. Laquelle n'a esté jamais autre qu'au bien & repos vniuersel de ce Royaume. Et de traitter, conseruer, & honnorer tous Princes, Seigneurs, Gentils-hommes, Capitaines & autres nos sujets selon leur rang & degré, quallitez & merites. Et seront tousjours les bien receus par nous quand ils voudront s'y asseurer: auec toute asseurāce de leurs personnes & biens. Les exortans de nostre part de ne croire ce qui sera contraire à nos promesses & parolle: qu'ils ne peuuent n'y doiuent prandre qu'en bonne part le singulier desir que nous auons de voir nostre dit frere pres de nous: & sa deliberation d'y venir pour nous aider à l'entretenement de la Paix & tranquillité de nostre Royaume. N'y aussi ladite assemblée des Estats promise & accordée en toute liberté: tant pour le bien de nos sujets que necessité de nos affaires. Reprenons maintenant les Desseins & portemans du Prince, sejournant à la Rochelle.

Le troisième Decembre sur les trois heures apres midy, ledit Prince se trouua à l'Escheuinage ou le Maire auec les Esleuz & Deputez assemblez, vit les memoires & aduertissemens que le Prince auoit receus tant de la Court que d'autres endroits. Par lesquels plusieurs estoient chargez d'intelligence, pour faire rendre la ville en la main & puissance des Catholiques que a ceste fin ils estoient pensionaires de la Royne Mere & deuoiēt auoir grande somme de deniers. Ce qu'on attribuoit a la Boissiere Brisson que l'on disoit auoir mené ceste pratique au dernier voiage qu'il auoit fait à la Rochelle dont cy dessus est parlé. Accidēt qui acreut les troubles & diuisions à la Rochelle entre les plus grans & qui alluma plus grand feu que auparauant, chacun en parlant selon sa passion. Les accusez n'oublioient rien pour leur defence & justificatiō. Et s'auoiēt beaucoup de partisās & amis qui maintenoiēt leur estre fait tort. Dont plusieurs & mesmes aucuns de la Iustice disoient que l'on ne deuoit auoir esgard à tels memoires, comme ruses & pratiques accoustumées de leurs ennemis: qui vouloyent oster les Chiens pour venir a bout du troppeau. A ces fins se fit au lendemain vne autre assemblée en l'Escheuinage ou se trouua grand nombre de peuple: deuant lequel le Maire & ceux qui estoient accusez; se plaignirent du tort qui leur estoit faict: Se deschargeans de ce qui leur estoit imposé auec grans sermens & execrations: opposās en cest endroit leur vie & actiōs passées bien contraires à ces impostures. Puis auoir demandé partie, requirent que procez leur fust faict affin que s'ils sont trouuez tels que l'on les face mourir de centmil morts. Mettant la dessus en main quelques lettres receuës tant dudit la Boissiere que du Maire & Seneschal de Fontenay par lesquelles on jugeroit de la fausseté ces accusations: & que cela venoit de leurs ennemis. Sur quoy le Prince dist qu'il ne se rend partie. Mais que pour le bon zelle qu'il à a la conseruation de la ville: il ne leur a peu celer les aduertissemans qu'il auoit receuz des choses qui se brassoyent à leur prejudice. Et qu'il se sentoit tenu de ce faire. Mais que de brief & en temps & lieu il leur monstrera celluy qui luy à baillé les memoires pour leur regard. Cependant on enuoie querir la Touche Brisson Aduocat à Fontenay qui ce jour mesme estoit party de la Rochelle que l'on disoit auoir negocié partie de ce que dessus. Somme qu'aians tous la ville, pour prison, l'on depure Iuge pour leur faire parfaire leur proces, desquels on fut assez long temps auant que se pouuoir accorder.

Sur ces entrefaictes nouuelles vindrent du meurtre & pillerie de la ville d'Anuers le quatriéme jour de Nouembre. Dont le recit ne fut moins triste que desplaisant aux Protestans. Ceux d'Anuers aians assez long temps differé de prandre le parti des Estats & soubssigner à la Ligue faite contre les Espagnols: En fin se resolurent d'y entendre & se tourner en ce parti. Les Espagnols qui s'estoyent retirez dans la Citadelle, ayans prins auec eux plus grand nombre qu'ils pouuoyent de leurs Garnisons: & secretement gangné sous la promesse du pillage les Lansquenets qui estoyent en Garnison dans ladite ville: sortirent à l'improuiste & enfonceans le Côte d'Aiguemont & tout ce qu'ils trouuerēt de resistāce, se firent en peu d'heure maistres de la ville qu'ils pillerent entierement: & bruslerent nombre de belles maisons pour amuser & d'autāt retarder les habitās de se deffendre. La maison mesme de la ville l'vn des superbes edifices de l'Europpe & tué de 6. à 7000. persones de tous aages, natiōs, sexes & Estats:

Soupçon à la Rochelle

Anuers saccagé par les Espagnols.

Sss iiij.

L'HISTOIRE DE FRANCE.

Decembre, 1568.

auec rauiſſemens, violences & cruautez ſi eſtranges, qu'il ſeroit impoſſible de les exprimer. Seulement ſuffira que l'vne des plus celebres & fleuriſſantes villes de l'Europe: & qui ſembloit eſtre paruenuë au ſommet de ſa felicité & magnificence: eſt maintenant reduicte en ſi piteux Eſtat, que ce doit bien eſtre exemple aux autres grandes & ſuperbes villes de craindre & ſagement preuoir à l'auenir.

Conſeil ſecret tenu à Rome.

Au meſme temps fut diuulgué en pluſieurs endroits de ce Roiaume certain extraict, d'vn Conſeil ſecret tenu à Rome apres l'arriuée de l'Eueſque de Paris. Où le Pape deſſeigne la ruïne & deſtructiõ de la Religiõ Proteſtãte & profeſſeurs d'icelle au Roiaume de France: auec moiens & artifices exquis: notamant par la force & auctorité de la Sainte Ligue, dõt nous auons quelque peu parlé cy deſſus. Laquelle tous les Confederez & pluſieurs Catholiques ne pouuoiẽt loüer y eſtãt le Roy auec la maiſõ dõt il eſt iſſu eſtrangemẽt depeint & menacé: s'eſtimoient ne pouoir auoir moindre occaſion de s'en reſſentir que les Proteſtans contre leſquels elle fut faite. Laquelle au demeurãt a eſté jugée ſi deſraiſonable en tous ſes points & Articles & tant au deſhonneur des maiſons de Valois & de Bourbõ des plus celebres & Illuſtres de la Chreſtienté: que beaucoup de perſonnes faiſoyent doubte que tout cela ne fuſt apoſté. Mais ce que l'on a veu auenir depuis quelque temps aſſez conforme à ce qui eſt contenu au commencement, à donné grande matiere à quelques vns, d'en ſoupçonner encores dauantage.

Ligue ſainte

Pour ne laiſſer les partialitez & accuſations Rochelloiſes trop en arriere: Le Prince afin d'eſclarcir le peuple dauantage & y donner quelque expedient: fit aſſembler les principaux & le peuple de la ville à S. Yon où le ſeptiéme Decembre, il parla ainſi.

Harengue du Prince de Condé aux Rochellois.

Meſſieurs ce qui m'a eſmeu de me trouuer preſentement en ce lieu: à eſté que vous ayant ces jours paſſez fait bien amplement entendre l'occaſion de ma venuë en ceſte ville: qui n'auoit eſté que pour vous viſiter, honnorer & ſeruir en ce qu'il me ſeroit poſſible: Comme ceux auſquels j'ay de long temps voüé tout ce que Dieu m'a donné de plus precieux en ce mõde. Et vous aiant auſſi, par meſme moien Lundy dernier, fait participans de memoires & aduertiſſemans que j'ay receus de la Court & autres endroits: Par leſquels auez peu connoiſtre quelles entrepriſes ſe tramoient au grand prejudice de voſtre repos & liberté: voire de vos vies meſmes, & les noms de quatre ou cinq des voſtres des plus ſignalez taxez d'eſtre de ceſte partie, ainſi qu'il vous fut loiſible de voir par la communication familliere que je vous en feis: En quoy Dieu m'eſt teſmoin que je n'ay meſlé aucune choſe du mien particulier & moins y ay-je procedé de quelque paſſiõ ou indice. Mais ſelon qu'il m'a eſté enuoié & en partie recité en preſence de pluſieurs Gentils-hommes & gens de bien: tout de meſme, vous l'ay-je voulu bailler & eſclarcir en ſaine conſcience. Et me ſouuient que je vous promis dernierement, que je vous donnerois par le poin celuy qui m'auoit donné partie deſdits aduertiſſemens: Ceux meſmes par leſquels aucuns de vous ſont chargez. Car quand à vous declarer le lieu & de qui je tiens les autres memoires: Il me ſemble que pour la conſequence qui en peut auenir: & pour la perte que nous ferions de n'en receuoir d'ores en auant de telle part: Il ne ſeroit aucunement ny beau ny raiſonnable. Depuis j'ay ſceu comme le bruit s'eſt eſpandu fauſſement parmy ceſte ville par quelques meſchans & malheureux inſtrumens: que le delay & remiſe dont j'uſois à ſatisfaire à ma promeſſe en ceſt endroit: n'eſtoit à autre fin que pour vous amuſer & faire eſcouller le temps, attendant la venuë du Roy de Nauarre que j'auois mandé venir par Courrier ſur Courrier: afin de tous deux enſemble ſaiſir & empieter voſtre ville & vous donner la Loy à noſtre appetit. Choſe ſi malheureuſe & tant eſlõgnée de toute verité: que je ne croiray jamais qu'il vous ſoit entré au cœur d'aſſoir tel jugement d'vn perſonnage de ma qualité, & duquel les actions paſſées vous ont rendu ſi ſuffiſantes preuues du contraire. Mais quittant pour ceſt heure beaucoup de mes diſcours precedés: & aſſez d'autres choſes que je pourrois oppoſer à ces malheureuſes lãgues: Ie ſuis cõtant n'entrer en plus grande juſtificatiõ, de laquelle celuy qui à le cœur net & entier n'a beſoin. Et auſſi les gens de bien n'en veulent autre enqueſte & perquiſition. Toutesfois pour coupper pied entant que en moy ſera à telles impoſtures & meſdiſances: afin auſſi de vous faire connoiſtre combien je deſire ſur toutes choſes eſtre touſjours trouué veritable & en mes actiõs & en mes parolles: Ie vous veux bien dire preſentement que celuy que je vous auois promis eſt le Capitaine Parcelle. Ie vous prie l'enuoier querir & je m'aſſeure qu'il vous dira ce queſçauez que vous ay monſtré: & ſelon que luy meſme me l'a dict & atteſté en preſence de gens de bien. Afin que connoiſſiez par la, que

je

LIVRE QVARANTEVNIEME. 328.

je ne suis auteur & instigateur de ce qui se met en auant. Mais que d'vn bon zelle que jay à ma Religion & particulierement au bien & seureté de vostre ville: perdāt laquelle je perdrois beaucoup de bons amis: je vous ay descouuert ce que j'ay sceu & pris d'autruy. Et comme il ne m'est pas moins grief que à vous autres qui estes chargez d'estre ainsi villainement taxé de perfidie & desloiauté: je vous prie me faire raison de ceux qui ont esté si temeraires & impudens que de desgorger telles fauces parolles contre moy. Dont entre autres vn Procureur de ceste ville à parlé si indiscretement, que patience ne me peut retenir que je ne m'en plaigne & demande justice. Mesmes qu'il y beaucoup de gens de bien qui l'ont ouy. Ce faisant me monstrerez euidemment que n'ajoustez foy à tous ces bruits & que n'auez jamais tiré en doubte la sincerité de laquelle je marche en ceste Cause. N'y auoir autre oppiniō de moy que d'vn Prince tel que je me seray tousjours paroistre. Ne voulant oublier Messieurs, à vous remercier affectueusement de tant d'offres dignes & honnorables contenuz par l'escrit que m'auez presenté ces jous passez. En ce, que toutesfois & quātes qu'il me plaira venir en ceste ville icy seray le tresbien venu & receu. Pour recompense dequoy je vous prie faire Estat de moy comme d'vn Prince bien vostre amy: Et qui aura tousjours en main vne espée bien tranchante pour vostre defence & protection soit dedans soit dehors vostre ville.

Ceux qui estoient presens, le remercierent hautement auec asseurance qu'ils luy tiendroient fidellement tout ce qu'il luy auoit esté promis, & qu'il n'auoit plus fidelles seruiteurs qu'eux. Parcelles comme originaire de Fontenay le Comte auoit eu quelques deuis & communiquation auec la Boissiere Brisson apres son retour de la Rochelle: auec lequel tombant de propos en propos com'entre pris, curieux & remuans, toutes matieres sont mises en jeu au desauantage de qui que ce soit: & auoir tiré com'il disoit & descouuert quelque chose au prejudice de la liberté de la Rochelle: s'estoit auisé d'en auertir le Prince auec d'autres petites particularitez que le Prince fut persuadé à descouurir. Estant donc Parcelles introduit en ceste assemblée, & requis par luy de dire publiquement ce qu'il sçauoit luy auoir reuelé touchant les pratiques mentionnées, afin d'en esclarcir le peuple & les accusez mesmes qui estoient la presés. Dit qu'il ne le pouuoit faire qu'il n'y eust juges legitimes & suffisās ordōnez pour le procez & que a lors il diroit ce qu'il en sçauoit & pouuoit auoir veu: demandant seureté pour sa persōne. Ce que le Prince demāda pour luy & luy feit promettre qu'il ne s'absenteroit de la ville. Le differend dōc gisoit sur l'establissemēt des Iuges, pour conoistre de la matiere. Les acusez demandoient partie. Mais aucun ne s'en voulut mesler. Finallement le Prince voiant tant de disputes, formallitez & petites façōs de pratiques, ausquelles il n'estoit gueres bien vsité: pria les assistans en general d'auoir esgard à ceste affaire au plustost: d'autant qu'il y voioit double mal: tant pour le regard de ce qui pouuoit ensuiure de l'execution d'vne telle pratique: que pour en estre les principaux chargez. Ce qui offensoit les vns & donnoit beaucoup à penser aux autres. En fin Iuges leur furent ordonnez tant des Escheuins, Pairs, & Bourgeois que de la Iustice. Ausquels fut dōné pouuoir de leur faire & parfaire leur procez. Le Prince seit venir aussi pour voir & assister aux procedures & instructiō dudit procez: Les Presidēt Tembé & Cōseiller le Blanc de Saintes. De sorte qu'ils cōmencerent peu de jours apres à y vaquer: apres auoir fait crier à son de trompe si aucun se vouloit rādre partie cōtre ceux qui estoiēt accusez.

Procedure contre les accusez.

Somme qu'en peu de jours les accusez à la Rochelle eurent sentence d'absolution de tout ce qui leur auoit esté imposé le dixhuitéme dudit mois: & leur sentence publiée à son de trōpe: afin que leur innocence ne fust par apres reuoquée en doute. Et bien qu'aucuns dissent qu'ils ne la pouuoient reuoquer en doute, attendu la qualité des IVGES qui estoient comme choisiz & esleuz d'eux mesmes & qui estoient de leurs parens & amis. La plus part neantmoins asseuroient que tout ce que allega le CAPITAINE PARCELLES n'estoit pas beaucoup suffisant pour leur nuire: non pas seulement comme disoient aucuns bastant pour donner la moindre attainte à leur honneur & prud'hommie. Et qu'il luy eust mieux vallu ne mettre ces choses en auant pour le danger des diuisions & partialitez qui en sont tousjours restées depuis au cœur des vns & des autres des plus grans & principaux de la ville. N'attendant à l'auanture que l'heure & le temps (comme cela n'est que trop coustumier en ladite ville) d'en esclorre quelque jour la vengeance au grand dōmage & prejudice d'icelle. A quoy le Prince desirant obuier, n'a depuis rien plus curieusement cherché que ce qu'il feist peu de jours apres. Les aiant fait embrasser les vns & les autres. Dont chacun monstra signe

Reconciliation à la Rochelle.

Sss iiiij.

Ianuier.
1577.

Le Prince parle aux Rochellois pour la guerre.

de joie comme d'vne chose tresnecessaire pour le salut & tranquillité de leur ville.

CELA fut cause que le vint sixiéme dudit mois, le Prince manda venir apres souper en sa chambre: le Maire & douze des plus signallez de la Rochelle, les Ministres & les Capitaines ausquels il communiqua ce que dessus: leur remonstrant l'apparence de guerre qu'il y auoit veu la deliberation des Catholiques. Protestant neantmoins comme deuant Dieu qu'il n'en estoit cause & y entreroit tousjours à son grand regret. Pour tesmoignage dequoy il ne monteroit jamais à cheual que des derniers & lors que l'vigente necessité le presseroit: quoy qu'il ne voulluſt ceder à homme viuant en la bonne affection qu'il auoit de mourir pour la Religion & pour la liberté de sa patrie. Qu'il prioit donc Messieurs de la Rochelle qui estoient la presens, de bien peser ce qu'il leur disoit: & ne penser que ce fussent fables que des memoires & auertissemens qu'il auoit receuz. Et qu'ils deuoient croire que le mal ne leur touchoit moins qu'à luy: pour estre de si long temps escrits en grosses lettres sur le liure de vengeance de nos ennemis. Et par tant qu'il les prioit au nom de Dieu, de se bien vnir & entretenir ensemble: afin de pouruoir à toutes choses requises pour la seureté de leur ville. Qui estoit aussi le blanc ou principallement visoient les Catholiques. Ceux de la Rochelle le remercierent tres-humblement de ses bons auis & affection: l'assurant qu'ils ne l'oublieroient jamais ny en general ny en particulier en chose qui concernast le zelle qu'ils desiroient garder à leur Religion & à la franchise & liberté de ce pouure Royaume.

Mareschal d'Anuille associé aux Protestans.

D'AILLEVRS le Mareschal d'Anuille quoy qu'il fut instamment sollicité par promesses & toutes autres sortes d'artifices de se renger du party des Catholiques: persiſtoit en sa premiere resolution. Et gangna si bien ceux de son Gouuernement tant d'vne que d'autre Religion que la plus grande & saine partie, luy presterent serment de viure & le maintenir tous ensemble selon le dernier Edit de pacification pour supposer & defendre mutuelement enuers & contre tous si on les assailloit pour le regard de la Religion ou autre chose passée. Et que si les Estats determinoient chose au contraire de l'Edit: ils s'y opposeroient tous vnanimemẽt & defendroient le pays d'oppressiõ & pillage. Le Roy de Nauarre tachoit d'en faire autant en beaucoup d'endroits. A quoy plusieurs des Catholiques consentoiẽt. Vous verrez les portemans de l'vn & l'autre plus au long au liure suiuant

* *
*

SOMMAIRE
Du Quarantedeuxiéme Liure.

OCCASIONS & vray motif des sixiémes guerres Ciuiles d'vne part & d'autre. Troubles en la ville du Pont Saint Esprit sur le Rhosne, & les allarmes qu'en prindrent les mal-contans & Confederez. Popeliniere depesché par le Prince, vers le Roy aux Estats de Blois. Lettres du Roy de Nauarre a la Noblesse de Guienne pour se tenir sur leurs gardes. Le Roy de Nauarre se plaint de Bourdeaux. Protestation du Roy de Nauarre. Auec les occasions que les Catholiques & Protestans maintiennent justes pour la sixiéme reprise des Armes. Ensemble les raisons qu'ils alleguent pour asseurer la nullité des Estats Generaux. Promesse du Roy aux Protestans si elle se doit tenir. Protestation du Prince de Condé deuant la guerre. Depputez Protestans & Catholiques Confederez aux Estats. La Reolle prise par Fauas pour le Roy de Nauarre. Ceux de Bourdeaux resserrent les Protestans. Le Prince, la Noüe & Baron de Mirambeau harenguent les Rochellois pour les animer a la guerre. Rendez-vous de l'Armée Protestante. Ordre que les Rochellois donnent pour la defence de la contre-Ligue. Ciuray pris par les Protestans & soudain rendu aux Catholiques par le Chef. Remonstrances du Roy de Nauarre, Prince de Condé, Mareschal d'Anuille, Noblesse & Tiers Estat de diuerses Prouinces Confederées, aux Estats tenuz a Blois.

OR pour vous esclarcir des premiers ou du moins des plus apparans motifs de ces sixiémes guerres: Il vous faut sçauoir que si les Catholiques ne se plaisoiēt gueres à l'entretien de cest Edit de Paix dernier les Protestans ne pensoient auoir moindre occasion de s'en plaindre. Disans l'vn & l'autre party qu'il estoit mal & contre tout droit executé. Mais ceux la maintenoient, que comme la Paix auoit esté violemment tirée de la volonté d'vn Roy mineur: aussi que l'execution ne s'en pouuoit faire contre le deuoir de sa conscience. Ceux cy au rebours: qu'estant faite par les plus Grans & pour le bien de tout le Royaume: l'Edit n'en pouuoit estre rompu que contre le droit diuin, le droit des gens & de nature mesmes: qui veullent que toutes asseurances se terminent en la seulle parolle des hommes & notamment des Princes souuerains. Somme qu'attizans d'vne part & d'autre le feu de leur volonté par tous moiens & toutes les occurrences qui se presentoient: les Ligues dressées & les Deputez aux Estats Generaux resoluz de conclure l'entretien d'vne seulle Religion Catholique Rommaine: Et dressans en tous endroits bien que secretement, les preparatifs d'vne guerre future: les Confederez non moins diligens à preparer les moiens & effets de leur premiere resolution: ne se peurent de tant commander que des ce mois de Decembre, ils ne leuassent plus qu'à demy le masque de leur dessein par l'occurrence du trouble qui parut lors en la ville du Pont saint Esprit sur le Rhosne sous le Gouuernement du Mareschal d'Anuille. Les lettres & auertissemens duquel au Roy de Nauarre diuulguez en toutes parts, occasionnerent les Protestans de commencer le remuë mesnage dont je vous veux parler: encores que le jour entre eux arresté pour prandre les armes ne fut qu'au lendemain de Noel fin de Decembre. Voicy que c'est. Le Capitaine Loynes Gouuerneur du Pont saint Esprit sur le Rhosne pres de Viuiers en Dauphiné sous le Mareschal d'Anuille: persuadé que de Thoré frere du Mareschal auec l'aide de quelques Catholiques & Protestans, se vouloit en son absence rendre maistre de la place: fit en sorte que retourné, y aiant fermé les portés & fait sortir ceux qui luy estoient soupçonnez: il s'asseura en peu de temps de la ville. Aussi tost que de Thoré eut trouué moien de se

retirer

Occasions & vray motif des sixiémes guerres ciuiles d'vne part & d'autre.

La ville du Pont saint Esprit sur le Rhosne.

L'HISTOIRE DE FRANCE.

retirer à Bagnolz, d'où il enuoia ses plaintes à son frere. Lequel soudain preuoiant au lieu de sa charge par tout son Gouuernement: enuoia cest auis au Roy de Nauarre qui aussi tost en auertit le Prince de Condé pour faire tenir tous les Chefs sur leurs armes crainte de pis: estimans tous que tel accident fut vn droit commencement de sixiemes guerres la lettre du jour de Nouembre mil cinq cens soixante seze portoit.

MONSEIGNEVR sur l'auis que j'ay presentement eu que le sieur de Loynes à son retour de la Court à fait prandre les armes aux habitans du Pont saint Esprit. Et mesmes y a saisi mon frere de Thoré & quelques Gentilshommes qui l'y estoient venuz voir. Mesmes qu'il y fait gardes, rondes & patrouilles comme si c'estoit en guerre ouuerte. Et d'autant qu'il fait courir que c'est par commandement de leurs Majestez & de Monseigneur son frere. Ce que je ne puis toutesfois croire, pour auoir journellement de leurs lettres par lesquelles elles me font assez paroistre de combien leur intention en est esloignée. Si est-ce que pour estre chose de telle consequence que chacun peut juger: j'ay auisé d'en donner incontinât auis à leurs Majestez & à vous Monseigneur par ce Gentilhomme present porteur: & les supplier que leur plaisir soit de m'en enuoier vn desaueu. Ce que je me promets qu'elles feront & alors j'espere leur faire conoistre de quelle façon je sçay faire obseruer leurs commandemens & chastier ceux qui y contreuiennent. Cependant pour ne point donner l'alarme parmy mon gouuernemêt je l'ay fait entendre à vn chacun: & donné si bon ordre à toutes choses que je me suis assuré pour le seruice du Roy, de toutes & chacunes les villes qui sont depuis le saint Esprit jusques à Narbonne. Sans que pource il aie esté tiré aucun cousteau ainsi que j'ay donné charge a ce Gentilhomme de vous faire entendre. Sur lequel me remettant je suplieray le Createur. &c. Depuis la presente escrite mondit frere de Thoré m'a fait entendre comme il s'estoit sauué de Bagnols ches moy. Dont je vous ay bien voulu auertir & de l'esperance que j'ay de recouurir les autres Gentilshommes qui sont encores prisonniers.

Au mois suiuant le Mareschal assura par lettres & creance le Roy de Nauarre que tout estoit si bien composé en ces quartiers, qu'il n'en craignoit aucun inconuenient. Surquoy semblablement le Roy de Nauarre print occasion d'en auertir le Prince de Condé pour faire le pareil en ces quartiers & remettre les choses en tel estat qu'elles estoient au parauant les premieres receues: si quelques vns auoient ja remué mesnage & pris les armes sur les Catholiques: comme il estoit mal-aisé autrement, veu les coeurs si alterez d'vne part & d'autre. Toutesfois le Prince de Condé mit tel ordre en Poitou, Saintonge & pays voisins que les plus remuans tindrent bride jusques à vne plus apparente resolution des Estats Generaux: Dont il voulut bien auertir sa Majesté par POPELINIERE qu'il depescha le vint cinquieme Ianuier à ces fins: & luy faire entêdre que encores que ce qui estoit auenu au Pôt saint Esprit eust apporté vn grand remuëment par les pays de Saintonge & Poitou: qu'il y auoit mis telle peyne neantmoins, pour composer & arrester le tout: qu'il ne deuoit rien craindre de ceste part. Suppliant luy faire cest honneur que de croire qu'il ne s'oublieroit jamais de son deuoir ny en cela ny en autre chose qui côcernast sô seruice. Il auoit charge aussi de luy remôstrer le dâger qu'il y auoit: que la resolution que l'on tenoit desja pour toute asseurée de ne souffrir qu'vne Religiô en Frâce m'aportast de grâs maux à ce poure Royaume, pour la crainte d'vne furieuse & plus dâgereuse guerre que jamais. Que sadite Majesté deuoit de tât plus euiter que ce seroit la ruine & desolation totale de son Royaume: duquel il supplioit tres-humblemêt faire ce biê & à luy & à ses sujets que de sen represêter le triste & malheureux Estat qu'il trouueroit le plus difforme & deffiguré du môde & tel que les Barbares mesmes en auroiêt pitié. Popeliniere n'oublia rien de ce que dessus & parlant au Roy & à la Royne mere leur representa bien au vif tout ce qui les pouuoit & deuoit induire à maintenir inuiolablement l'Edit de pacificatiô. A quoy le Roy fit response qu'il n'estoit en doute du bon deuoir que le Prince auoit monstré en cest endroit. Et qu'il l'asseuroit tant de luy, qu'il continueroit ceste bonne volonté dequoy il le prioit & que sadite Majesté ne desiroit rien plus que le repos de ses sujets. Et que pour ce seul respect il auoit assemblé ses Estats à la poursuitte tresinstâte des vns & des autres, lesquels comme il esperoit se conformeroient à ce qui seroit resolu: encores qu'il eust esté auerty de la surprise de plusieurs places en Poitou, Saintonge, Guienne, Languedoc & pays voysin. Ce qu'il attribuoit à l'indiscretion de quelques esprits turbulents & ennemis du repos, plus qu'à la conniuence du Roy de Nauarre & Prince de Condé son cousin. Et sur ce Popeliniere voiant

LIVRE QVARANTEDEVXIEME.

ant la crainte que tous les Protestans auoient en Court pour l'attente d'vne guerre future: se mit à son retour, souz la faueur d'vn ample passeport que leurs Majestez luy firent depescher. Informé neantmoins au prealable par les Deputez des prouinces Cōfederées du peu d'espoir qu'ils auoient que les Estats resoudroient autre chose que la guerre: (veu la forme qu'on auoit tenuë pour assembler tant les Estats particuliers que generaux: veu les personnes qui y presidoiēt: l'honneur & la qualité des Deputez: les Ligues qui se renforçoient par toute la France, & qui ja auoient esleu vn Chef au cas que le Roy n'en voulust prandre la deffence: les propos de plusieurs Seigneurs qui ne ressentoient que la guerre: & les commissions ja données bien que secretes, à plusieurs de la Noblesse pour leuer gens de pied & de cheual, sous l'espoir tant de la liberalité des Ecclesiastiques que de la deuotion de chacune prouince qui deuoit fournir & soldoier nombre de gens:) retourna pour apporter au Prince ce qu'il auoit ouy de leurs Majestez: & apres de l'espoir que tous auoient de la tenuë & resolution des Estats. Mais arriué à la Rochelle il sceut que ja nombre des villes & autres places surprises par les plus diligens, auoient leué les armes au grād desplaisir & non moindre estonnement de plusieurs Catholiques. Aucuns desquels toutesfois esperoiēt ce repos beaucoup plus court que les autres. Ce pendant ores que la resolution des Estats sut à la guerre: Si est-ce, que pour mieux la faciliter, le Roy tant de sa part qu'au nom de l'assemblée Generalle des Estats de tout le Royaume: depescha nombre des plus notables personnages de toutes qualitez, tant d'Eglise, que de la Noblesse & Iustice vers le Roy de Nauarre, Prince de Condé, & Mareschal d'Anuille: afin de les diuertir de prādre les armes: & en tout cas les diuiser si possible estoit, ou se porter neutres & paisibles és occurrences auenir. A ces fins la Mareschalle d'Anuille partit de Court en ce mesme temps & quelques seigneurs pour detourner le Mareschal de remuër aucune chose en son gouuernement: auec offres & promesses que vous verrez si dessous ou le progrez & yssuë de tels mouuemens vous sera bien au long & fidellement representé.

Presumptiō & Preparatifs à laguer\[re\].

LES choses neantmoins s'aigrissans de jour à autre en tous endrois: suruint vn accident pour encores plus dilligenter les Catholiques à primer, ou du moins se tenir couuerts contre les coups des plus actifs Confederez. Ce fut le pacquet des auis Protestens, qui fut surpris par les Catholiques. Car saint Mesmes vn des Chef du Prince, estant en campagne pour quelques exploits: rencontra ceux qui portoient le pacquet du Roy de Nauarre au Prince, tout ouuert par les Catholiques: lesquels en auoient ja asseuré leurs Majestez. Si bien que les desseins des vns & des autres descouuerts: ne pouuoient des meshuy estre teuz ny palliez. Ains poursuiuiz aux despens des plus malheureux que d'vne que d'autre Religion: & bien souuet des plus gens de bien qui ne demandoient que le repos & bien general de toute la Frāce. Sōme que le Roy auerty de tous ces maniemens: & par luy presque tous les Chefs Catholiques en la plus part des prouinces du Royaume: faut s'asseurer qu'ils ne furent paresseux: les vns à surprandre places & hommes pour les tenir & rançonner: les autres à s'vnir pour ensemble resister mieux aux suruenuës Protestantes: & aucuns à dresser entreprises contre les places surprises par les Confederez & se saisir des autres pour s'en r'asseurer contr'eux, attendans la derniere resolution des Estats generaux ou autre mandemēt de leurs Majestez. Ainsi Pons, Royā Merpin, Brouage, Marans & autres places furent prises par les Protestans en Poitou & Saintōge. Mais aussi tost Merpin fut repris & Tallemond ou le Cheuallier de long Champ fut tué par les Catholiques. Ainsi fut poursuiuy par Landreau jusques à Marans le jeune la Garnache que les Protestās nommoiēt le jeune Prince de Nemours fils du Duc & de Madame de la Garnache: par elle nourry de son enfance à Geneue jusques à ce temps qu'on luy fit prandre les armes comme vous entendrez. Puis Landreau se retira à Montagu & s'y fortiffia contre tous. Ainsi fut asseuré Fontenay le Conte des Protestans par les Roches Baritaud qui s'y retira. Talemont sur Iard & autres places de Poitou par le reste des Catholiques auertis comme dessus des desseins Protestans: desquels le Roy de Nauarre auoit sceu les remuëmens en Poitou & Saintōge: r'escriuit à la Noblesse de Guiēne le vint vniéme Decembre, pour les animer à reprādre les armes contre ceux qui façonnent, disoit-il, la volonté du Roy Monseigneur à leur plaisir. La plus part desquels s'esuertua au mieux de son pouuoir, d'executer sa volonté en tous les endroits ou ils pensoient auoir plus de creance, comme vous entendrez cy apres. Ces lettres estoient telles.

Pacquet des Protestans descouuert.

Messieurs, aiant pleu à Dieu apres tant de Calamitez, cōfusions & desolations que les guer-

Lettres du Roy de Nauarre a\[...\]

L'HISTOIRE DE FRANCE.

Ianuier. 1577. la Noblesse de Guienne.

res & discordes ciuiles ont apporté en ce Royaume: toucher le cœur du Roy Monseigneur, de la compassion de si longues & continuelles miseres: & l'encliner à faire son Edit de pacification: chacun a peu voir clairement comme mes actions & deportemens n'ont tendu qu'à le faire bien establir en mon Gouuernement, à reduire la Noblesse & les villes par ou j'ay passé a promettre publiquement & vnanimement de le maintenir: à faire suiuant iceluy, egal traittement, faueur & distribution de Iustice, à ceux de l'vne & de l'autre Religion: & en somme à jouïr de la douceur du bien de la paix: jusques à faire remettre entre les mains des Catholiques plusieurs places & maisons encores occuppées: cóbien que aucuns d'eux me detinssét les miénes propres. Afin de monstrer à tous exemple d'vne vraie reünion, à laquelle on voioit vn General acheminement en ce pays: jusques à ce que Monsieur l'Amiral enuenimé d'aigreur & passion, & chargé de desseins & instructions par ceux qui pensent ne pouuoir parvenir au bien de leurs entreprises, que par la cótinuatió & renouuellemét des troubles & diuisiós: y est venu expres pour y remettre les deffiances & animositez: & jetter la seméce de discorde parmy nous.

Bourdeaux contre lequel le Roy de Nauarre dresse ses plaintes.

Lequel à son arriuée aiant intelligence & correspondence auec cinq ou six esprits turbulants de Bourdeaux, ville capittalle de mondit Gouuernement: a esté auteur & motif de la garde qu'on y fait plus grande qu'en temps d'hostilité: & du reffuz qui a esté fait de m'y receuoir au passage que jettois sur le point d'y faire, pour aller trouuer la Royne mere du Roy Monseigneur, à Congnac souz vn donné à entendre que j'auois entreprinse de me saisir de ladite ville Qui est vne calomnie & imposture trop euidente. Par ce que si j'eusse eu ceste intention & deliberation: le moien m'en auoit esté ouuert au parauant plus à propos, lors que je fus semons par les Deputez de la Court de Parlement & du corps de ladite ville d'y aller. Ce que je differay voiant qu'ils auoient promptement & volótairement embrassé la Paix: Et que pour ce regard, ma presése n'y estoit requise. Ioint que m'accompagnant de Messieurs les Mareschal de Monluc, de Biron, de Lauzun, de Godrin, de Saint Ormis & de plusieurs autres Seigneurs & Gentilshommes Catholiques & dudit Amiral mesmes pour aller lors en ladite ville: il n'est vray semblable que j'eusse, ne la volonté ne le moien de faire vne telle entreprinse: ne que lesdits Seigneurs sás lesquels je ne l'eusse peu executer, m'y eussét voulu prester la main. Mais bien est il croiable & certain, que tous ces calomniateurs n'ont point tel zelle & affection à ce qui touche le bien des affaires du Roy Monseigneur, & la conseruation de son autorité Royalle & fermeté de sa Couróne, que moy, qui ay plus d'interest qu'ils ne peuuent auoir. Depuis aussi ledit Amiral non cótant de ces premiers remuëmens: a mandé à plusieurs de la Noblesse Catholique de ce dit pays, de se tenir prestz auec armes & cheuaux. Et d'autre part fraischemét la ville du pont saint Esprit, a esté saisie ensemble Monsieur de Thoré & les Gentilshommes de sa suitte par le Capitaine de Luynes. Ce qui m'a donné occasion à mon grand regret & contre ma premiere deliberation, de pouruoir en ceste ville à la seureté de ma personne: pour ne tomber aux inconueniens de pareilles surprises. Et par ce Messieurs, que ce sont tous commencemens & comme auant coureurs d'vne alteration de la paix publique. Et que nous auons assez esprouué à nos despens, que toutes nos guerres & diuisiós du passé n'ont serui que de nous reduire souuét jusques à ceste extremité, de toucher au doit la ruyne & dissipation generalle de ce Royaume: esquelles si nous r'entrons à present, il n'en faut rien moins attendre que de voir r'allumer vn feu inextinguible & vne guerre irreconciliable par toute la France: & consequémát vne ruyne ineuitable à ceste Cause. Il est temps de nous dessiller les yeux pour n'estre abusez & empeschez par les artifices accoustumez: de preuoir l'horrible orage qui desja nous menace & de le preuenir par tous bons & legitimes moiens: cóme il est aisé si nous voulons y apporter seulement vne bonne & sincere volonté & droite intention. Car puis que le Roy mon Seigneur à assez declaré qu'il desire l'entretenement de sondit Edit: qui est vne Loy de concorde solennellemét faite sous la foy & autorité publique. Et qu'il entend que chacun viue suiuát iceluy en Paix & tranquillité: il est besoin que vous tous Messieurs tant de la Noblesse que du clergé des villes de ce pays en general & chacun de vous en particulier: vous accordiez vnanimement à faire obeir sa Majesté à suiure & executer ceste sienne volété & declaration. Et puis que la conseruation, le repos & salut du peuple, est la plus juste & equitable de toutes les loix aprouuées de Dieu & des hómes: il faut s'employer tous à vn si vtille & necessaire effet. Empescher tous autres effets cótraires au repos cómun: & s'opposer d'vn cómun accord par intelligéce à tous qui tascherót de le rópre: en renouuelát les deffiéces au millieu de

nous &

nous & nous attiràs aux miseres passées: sàs se laisser desormais circōuenir du pretexte & voile de Religion du seruice du Roy & bien public, dont ils ont trop souuēt accoustumé de se couurir faussement: car la Religion se plante és cœurs des hommes par la force de la doctrine & persuasion: & se confirme par l'exemple de vie & non par le glaiue. Nous sommes tous François, & Concytoiens d'vne mesme patrie. Partant il nous faut accorder par raison & douceur & non par la rigueur & cruauté qui ne seruent qu'a irriter les hommes. Quand au seruice du Roy Monseigneur, on ne luy en peut faire de meilleur ny plus à propos en ce temps: qu'en establissant en son Royaume vne bonne paix & reünion des cœurs & volontez de ses sujets. Au moien de laquelle l'entiere & volōtaire obeissance qui luy est deuë; luy soit renduë: laquelle est la fermeté & gloire de sa COVRONNE: qui le rendra reueré de gens, estimé de ses amis voesins & alliez & redouté de ses ennemis. Ioint que chacun à peu voir que tous les grans efforts qu'on à faits jusques icy par les guerres ciuilles, auec despēces si excessiues qu'elles ont espuisé les finances du Roy Monseigneur & de son Royaume: ensemble toutes les voies legitimes & illegitimes qu'on à tentées pour exterminer ceux de la Religion: n'ont apporté autre effect que de rēplir la Frāce de sang, de feu de cruauté, d'injustice: d'exposer le peuple en proie à la licence & desbordemēt des volleurs & pillars & d'enflammer euidemment de plus en plus l'ire de Dieu contre nous. De sorte que les plus auisez reconoissent aujourd'huy qu'on ne les peut plus ruyner qu'auec la ruyne generale. Et quād au biē public: apres tant de ruynes & desolatiōs il cōsiste selon le jugemt des plus sages & auisez au bien d'vne lōgue & durable Paix laquelle seulle peut remettre la France en son ancien Estat & splendeur, florissante & comblée de biens richesses & prosperité. Prenons doncques ceste bonne & necessaire resolution Messieurs, de pouruoir à nostre conseruation generalle, contre les pratiques & artifices des ennemis de nostre repos. Et je proteste deuant Dieu qui est nostre Iuge: & qui penetre jusques au plus profond de nos cœurs. Que sous l'autorité du Roy Monseigneur je vous maintiendray tous en ma protectiō: l'empescheray de tout mon pouuoir & par vostre auis & Conseil & des officiers de la Couronne, & prīcipaux Seigneurs amateurs de la Paix & tranquillité qui sōt en cedit paix: toutes violēces, foulles & oppressiōs. Ie feray rēdre esgalement justice à vn chacun tant de l'vne que de l'autre Religion. Et auec pareil traittement, je vous tiēdray tous chers comme ma propre vie. Et courray sus auec vous à tous ceux qui entreprandront de troubler nostre concorde publique. Enquoy je n'espargneray ma vie ne tous les moiens que Dieu ma donnez. Lequel je prie vous vouloir MESSIEVRS tenir en sa tressainte & digne garde. Escrit à Agen. Ce vint vnième jour de Decembre mil cinq cens septante six.

Puis le Prince de Condé conformement à la volonté du Roy de Nauarre, dressa & fit publier la protestation que vous verrez cy dessous: apres vous auoir fait entendre les occasiōs qu'vns & autres pretendent pour justifier la leuée d'hommes, d'armes, d'argent & autres preparatifs de ces sixièmes guerres ciuilles.

Ainsi les Frāçois animez contr'eux mesmes, au malheur d'vne sixième guerre: firent sentir à tout le Royaume le mal de leur passiōs reciproques: aussi tost qu'ils eurēt diuulguez d'vne part & d'autre les occasiōs qui les poussoient à si estranges remuëmens. Ce qu'ils firēt durant & apres la tenuë des Estats Generaux. Lesquels resoluz à la ruyne de la Religion Protestante, sans laquelle ils se persuadoiēt que la Catholique ne pourroit subsister en ce Royaume: l'on ne parla plus que de trouuer les moiens pour faire la guerre aux Protestans: En fin le Roy trouua secours d'argent au clergé en quelques villes: & vente d'vn nombre de nouueaux offices qu'il erigea pour cest effet. Et pource que les Confederez, qui d'ailleurs neantmoins dressoient de jour à autre nouueaux preparatifs pour se couurir du coup au mieux de leur possible: semoient ja leurs plaintes par toute la France, qu'ils firent courir puis apres par toutes les autres Nations, que les Catholiques pour troubler le repos commun rompoient sciemment & de malice pour rpensée vn si solemnel & tant necessaire Edit de paix pour commencer vne si malheureuse guerre ciuille: Les Catholiq. feirēt entēdre de viue voix & par escrits imprimés publiez en plusieurs endroits, que les Protestans estoient eux mesmes la vraie seulle occasion de leurt propres maux: & de toutes les miseres lesquelles sortans de leur party descouloient cōme vn Ruisseau de pleurs sur toute l'estāduē de la Frāce. Premieremēt pource que ne s'estās voulu contenter aux guerres passées de conditiōs plus que raisōnables: ains aiant forcé vn Roy mineur

Religion.

Biē publicq.

Protestatiō du Roy de Nauarre.

Occasions de ces sixièmes guerres Ciuilles.

Raisōs qu'alleguoient les Catholiques à la leuée de leurs armes cōtre les Protestans.

mineur & trop debônaire à leur permettre & figner ce qui luy eftoit moins prejudiciable qu'à tout eftat: ils auoient par la donné occafion à ce Prince fait majeur, fe reconoiffant & plus zellé au bien de fa Couronne qu'en fes jeunes ans: de reprandre faparolle & tacher à remetre fes fujets en meilleur chemin que celuy auquel il les auoit laiffé. Ioint que telsEdits ne fōt que prouifionels & qui ne tiennent que tāt qu'il plaira à fa Majefté les entretenir. Portāt mefme la claufe jufques à ce qu'il nous plaife autrement en ordonner. Secondement ceft Edit porte, par l'vnanime confentement de tous François que d'vne que d'autre Religion: mefmes à l'importnu & tant de fois reiterée requefte des Proteftās: que les Eftats Generaux feront conuoquez par le Roy pour auifer aux doleances de fes fujets: Et fur icelles ordonner ce qu'elle trouuera le meilleur, le plus feur & honnorable pour le bien, pour le repos & foulagemēt d'iceluy. En quoy les Deputez de toutes les prouinces n'ont trouué rien plus expedient à la feuretté & manutention de tout l'Eftat: que l'entier eftabliffement de la vraie & ancienne Religiō Catholique, Apoftolique & Rommaine par l'aneantiffement de la contraire Proteftante, qui ne peut eftre tirée du ceruceau de gens fi opiniaftres que par les armes.3. Outre ce toute la France fçait & les plus floriffantes contrées de ce Royaume fentēt par effet: les pernicieux deffeins des Confederez. Lefquels mefmes parauant la refolution publique des Eftats Generaux, auoient ja les premiers leué les armes, furpris les villes, rançonnez les fujets du Roy, dreffé leur magazins, & difpofé de leurs gens de guerre felon leur premiere deliberation. Puis donc qu'vne promeffe violente ne fut jamais trouuée raifonnable, que le Roy ne fait rien que par l'auis de la plus grande affemblée que tout le corps de fon Royaume y reprefenté fçauroit dreffer: & que mefmes il ne fait que feconder les effets de fes ennemis: aucun, difoient-ils, apres quelques autres difcours, ne doit trouuer eftrange fi le Roy fe met en deuoir de pouruoir à la feu-

Raifons des Proteftans pour juftifier la leuée de leurs armes.

retté tant de fa perfonne, que de fon eftat & repos de fes fujets autrement que le paffé. A quoy les Proteftās refpondoiēt affez au lōg. Premieremēt que l'Edit dernier aiant efté fi folemnellement fait, figné & juré par le Roy & les plus grās Seigneurs de fon Royaume, jufques à y prādre pour gage & plus grande affeurance la foy des Princes eftrangers: ne pouuoit eftre rompu pour aucune confideration que ce fuft, non feulement de minorité (car afin de ne f'arrefter à la raifon qu'aucuns alleguent, que la quallité de mineur ne releue pas tousjours la perfonne, mais plutoft la perte & circonuention. Veu qu'il à efté fait au grād proffit de tout le Royaume honneur & contentemēt de tous, lors des ennemis du repos public:) on ne le pouuoit rompre pour la quallité du Roy qui n'eft point confiderée en matiere d'Edits & connenances publiques: Lefquelles concernēt l'Eftat de fon Royaume & manutention de fes fujets: ains feulement l'Eftat & feureté de ceux dont eft parlé en ces traittez publics. Cōme mefme il eft porté par ces Edits, qu'il n'a autre confideration en les faifant executer: qu'au bien de fon Royaume & non à fon particulier qui n'en diminuē jamais fi fes ordonnances font au proffit des fujets. La richeffe, auancemēt, paix & repos defquels à tousjours efté la grādeur des Princes & au cōtraire. Que fi les Edits fōt prouifionelz & tant qu'il plaira à fa Majefté: quelle fermeté qu'elle affeurance pourra il dnrefnauāt auoir aux promeffes du Roy? La feulle & fimple parolle duquel, doit eftre plus ferme & inuiolable que toutes les affeurēces du refte des hōmes? Veu donc que le nombre des plus grans perfonnages de tout le Royaume & des Princes eftrāgers: auec la foible & affez miferable condition des Confederez: oftent toute prefumption de force. Et que la minorité du Roy, non plus que la forme des termes & claufes y portées, ne font confiderables pour la rupture de l'Edit: ils inferoient que les Catholiques n'auoient occafion vallable, pour confeiller fa Majefté, de rompre vn fi faint & profitable Edit. Moins encores pouuoiēt les Catholiques juftifier la rupture de ceft Edit & commencemēt de guerre par l'autorité de Eftats Generaux, la tenuē defquels pour n'auoir efté droitemētcōceuē, legitimement affemblée, n'y bien executée: ils defauoüoiēt. Proteftans de nullité de tout ce qui y auoit efté refolu. Non plus que par la leuée des armes Proteftantes, efquelles pour n'y auoir eu recours qu'apres auoir feceu la refolution du Roy, de fon Confeil & des deputez de cefte cōgregation titrée du nom d'Eftats Generaux, de faire guerre aux Proteftans: ils ne pouuoient tenir que pour juftes & raifonnables. Puifque ne fongeans à offencer aucun, ils ne les prenoiēt que fur la defenciue, contre ceux qui leur auoir ofté les biens, Eftats, creance, franchife & tous autres auantages mondains: ne leur voulloient laiffer la vie feulle par vne liberté de confcience & pur exercice de Religion: comme le fidelle rapport des temps de la conclufion des

Eftats Generaux.

Eftats

LIVRE QVARANTEDEVXIEME. 332.

Estats & de la prise de leurs Armes, peut assez clairement faire entendre aux plus curieux de la verité. Or d'autant que l'authorité des Estats estoit le plus specieux moien de justiffier le remuëment des Catholiques contre ceux cy: Les Protestans insisterent dauantage, pour esclarcir vn chacun de la nullité de ceste assemblée. Le Prince de Condé sur tous, qui la desdaignant du nom d'Estats, ne l'appelloit que ramas de corruptions. Disant que la plus part auoient esté corrompus par le Clergé & Noblesse des l'assemblée des Estats particuliers. Puis presque tout le reste le fut à Bloys, tant par crainte que par honte naturelle: n'osans parler deuant & pres du Roy assisté de tant de forces & Seigneurs, en telle liberté qu'ils auoyent promis à ceux qui les auoyent enuoyé. Ils remarquoyent aussi les nullitez des Estats particuliers source de la nullité des Generaux par la forme & liberté ancienne qui en estoit du tout ostée. Premierement disoyent ils, en la seance y a eu trois fautes notables. Ceux de la Religion en plusieurs lieux non appellez. Comme ainsi soit que le Roy veut qu'ils soyent appellez à toutes choses indifferemment. Les trois Estats assemblez en mesme Salle & tous ensemble. Comme ainsi soit qu'ils ayent à se plaindre les vns des autres. En presence des gens du Roy presidans à l'assemblée: Ou des Gouuerneurs & Lieutenans qui est espece de contraincte contre l'ordre ancien. Ils en remarquoyent aussi deux en l'Election des Deputez: L'vne qu'elle s'est faicte tout haut, chacun nommant à viue voix qui bon luy sembloit. En quoy on craint haine, ou se peut recercher la faueur de quelqu'vn. L'autre que s'il est auenu comme en Vendosmois & à Estampes qu'vn Protestant aye esté esleu, il en a esté rejecté. Et les procurations nulles pour le seul faict de la Religion. Et qui plus est Fontaines Martel, Catholique amateur du repos public, esleu par le Bailliage de Caux: à esté injurié & outragé par celuy qui gouuernoit le païs d'autant qu'il parloit librement & resistoit aux contrauentions qui se faisoyent en l'assemblée contre la Loy ancienne. En l'instruction des memoires & remonstrances: ils en notoyent d'autres de plus grande importance. Les gens du Roy apres l'Election faicte ont admonnesté les Gentils hommes de bailler chacun par escrit apart au Deputé, ce qu'ils desiroyent estre remonstré au Roy signé de sa main. Dont procedoit beaucoup d'inconueniens. Premier. Que les Estats qui sont comm' vne remonstrance & Requeste publique du peuple au Prince: ont esté par ce moyen reduicts à la forme d'vn simple placet. Second. Que l'vtilité de toutes assemblées y est aneantie: qui est de corriger & reformer les auis & oppinions les vns des autres, en les debatant par viues raisons. Troiziéme. Qu'il y a plusieurs cas odieux au Roy. Et le Roy de sa part en fait moins de compte. La ou il y auroit esgard s'il les voyoit parler de mesme voix & par mesme bouche, comme ils ne sont qu'vn corps & ne sauroit à qui s'en prendre suiuant ce que dit la Loy. *Quod omnes faciunt Nemo facit*. S. Ce que tous font, personne ne le faict. Quatriéme. Il est tout apparent, que ce n'a esté pour exclure ceux de la Religion Protestante de l'instruction des memoires. Car ils en ont depuis dressé apart eux, qu'ils ont porté signer de maison en maison, conformes aux imprimez & publiez. Et ont circonuenu de poures personnes qui pour la plus part les ont signez par crainte où par ignorance ou par importunité. Ce qu'ils n'eussent faict s'ils eussent ouy debattre les raisons en pleine assemblée. Mesmes y en à eu des villes de la Preuosté & Vicomté de Paris, desquels les memoires ont esté rejectez en l'Hostel de ville. Parce qu'en teste de leurs Articles, ils ne demandoyent pas qu'il n'y eust qu'vne Religion & leur à esté commandé de les reformer. Cinquiéme. Les memoires qui se doiuent bailler au Deputé auec serment de ne les communiquer jusques à l'assemblé des Estats Generaux: ont esté portez aux Gouuerneurs des pays & par eux enuoyez au Roy. &c. Par ces abbus commis ez Estats particulliers: Ils jugeoyent de ceux se commettront aux Generaux desquels ils vouloyent prouuer la nullité par trois points princippaux. Puis exorter le Roy à maintenir ses sujets en Paix. Le premier pour la forme. Le deuxiéme pour la fin. Le troiziéme pour la consideration des personnes qui se sont assemblez & de leurs Deputez.

Quand au premier disoiēt ils au Roy, vos lettres contenāt la conuocatiō de vos sujets: ont esté publiées à son de trompe & cri public. Mais quād aux conuocatiōs particulieres de la plus part des villes bourgs & villages de vostre Roiaume pour eslire des deputez pour assister pour eux à la tenuë de vos Estats en vostre ville de Bloys: elles ont esté faites clandestinement par la malice d'aucuns Magistrats, appellant seulement ez Messes de Paroysses ceux de l'Eglise Ro-

Ttt

L'HSITOIRE DE FRANCE.

Ianuier, 1577.

maine: sçachans bien que ceux de la Religion reformée ne s'y trouueroiēt pas. Et n'ōt esté faites telles cōuocatiōs à cri public n'y en lieux ou se faisoit les Presches de ceux de la Religiō refor-mé. Et qui pis est ceux de la Religiō n'ont esté seulemēt deuëmēt appellez. Ains aussi voulās e-stre receus s'y offrās à ceste fin & blasmās telles cōuocatiōs, s'ētrée leur à esté interdite. Mais il est tout certain que quād il est questiō de traitter de quelque affaire d'importāce & s'en resoudre: tous ceux lesquels y ont interest doiuēt estre deuëmēt appellez. Mesmemēt quād l'affaire tou-che particulieremēt à vn chacun de plusieurs faisāt vn corps où vne societé. Car lors tous doi-uēt prester cōsētemēt non pas vn pour tous. Pour le 2. il est assez notoire que par vos lettres de conuocation du 6. Aoust & 2. Sepre. 1576. Vous dites que vous les assemblez pour entendre d'eux les plaintes & doleances de vos sujets oppressez: afin sās exceptiō de personnes, d'y dōner

Cause de l'assemblée.

ordre & remede tel que le mal le requerra. Mais cercher les occasiōs de rētrer en vne guerre ciuile plus cruelle & sanguinaire que jamais: & vouloir rōpre vn Edit de Paix: est-ce pouruoir aux remōstrāces & remedier aux plaintes, doleāces & oppressiōs? Tels remedes sont plustost dits recheutes mortelles que guerisō & allegemēt. Dauātage si vous faites assēbler vos Estats pour ouïr les plaintes des affligez: ce n'est donc pas pour traitter du fait de la Religion, n'y en consequence pour rompre vn Edit de Paix. Outre ce, l'Edit de Pacification Article 4. Vostre Majesté a ordōné qu'il sera disputé, cōclud & arresté du fait de la Religiō par vn Cōcile Ge-neral, saint & libre. Ce ne sera dōc pas par les Estats. Et iusques a ce qu'vn Cōcile saint & libre ait esté tenu vous permettrez l'exercice tant de la Religiō reformée que Romaine. Et en conse-quēce puis que vous auez remis le tout à vn S. Cōcile & lui auez attribué tout pouuoir: il fau-droit vne reuocatiō & derogatiō speciale à vostre Edit de Pacificatiō & permissiō aux Estats de ce faire. Ce que ne deuez voire ne pouuez permettre: veu q vous auez cōfirmé vostre Edit par vn juremēt solēnel & pactiōné auec les Princes tāt de vostre sang que estrāgers, de le gar-der inuiolablemēt sās s'ēfreindre. Qui fait que sās leur cōsētemēt, ne pouuez reuoquer le droit

deputez aux Estats Ge-neraux.

lequel par vostre Edit leur est aquis. Quād au dernier point, cōtenāt qui sōt ceux qui sōt assē-blez & quels sont leurs Deputez: il est tout certain que les vns & les autres ne peuuēt traitter du fait de la Religion. Car ce seroit les faire Iuges en leur propre cause, veu que tāt les Ecle-siastiques que ceux de la Noblesse & tiers estat sōt leur fait de la Religiō Romaine & la maintiē-nēt cōme la leur: voulās abolir & exterminer la reformée. Aussi que ordōnāt reformateur cel-luy qui est appellé a reformatiō c'est pareillemēt l'accorder & faire juge de son propre fait. Ce qui est defendu par tout droit, veu que tousjours vn chacun est trāsporté par l'affectiō de son propre gain, proffit & passiō. Dauātage ces pretēdus Deputez, sont ennemis jurez de ceux de la Religiō, poursuiuās leur ruïne & leur faisāt ordinairemēt la guerre. Ce qui rēd les vns incapa-bles d'eslire & les autres inhabilles d'estre esleus: qui fait qu'ils sont recusables. D'abondāt ces cōuoquez où pretēdus Deputez sōt amis, familiers pēsiōnaires & fauorables aux Eclesiastics Catholiques Romains & par tāt recusables. Au surplus ces pretēdus Deputez n'ōt mādemēt, charge n'y cōmissiō expresse (quoy que ce soit la plus grād par d'iceux) pour requerir qu'il ny aie que la Religiō Romaine. Et par ce moiē tous recusables de s'yngerer à requerir sans char-ge. Finallemēt les Canōs & Loix de l'Euesque Romain defēdēt aux Lais (cōme ils disēt) dis-puter ny arrester quelque chose du fait de la Religiō, des articles de la foy, n'i des choses spiri-tuelles. Mesmes au Cōcile de Trēte. Ainsi dōques n'aiās esté deuëmēt cōuoquez les Estats ny leurs Deputez esleus: n'aians aussi esté assemblez pour traiter du fait de Religion: & estans les assemblez & pretēdus esleus, indignes, inhabilles & incapables de telles commissiōs: il est apparent qu'on ne peut à l'assemblée des pretendus Estats, traiter du fait de la Religion ny en arrester aucune chose. Et ne deuez (Sire) à la Requeste des Estats en ordonner aucunement au prejudice de vostre Edit de Pacification: violant vostre foy saintement jurée & promise. Dōques puis qu'on se vente qu'il n'y aura que la Religion Romaine en vostre Roiaume. Puis que les Eclesiastics de l'Eglise Romaine vous persuadent faire la Guerre & rompre vostre Edit de Paix: vous promettant faire les frais de la Guerre. Puis qu'on n'a voulu conuoquer n'y deputer ceux de la Religion reformée pour la tenuë des Estats: ny leur donner seance sinon pour les juger & condēner en leur presence. Puis qu'on à fait des saintes Ligues & asso-ciations pour abolir la Religion reformée & ceux qui font profession d'icelle. Puis qu'on ne veut permettre le Roy de Nauarre & le Prince entrer & cōmander ez villes de leurs Gouue-nemens. Puis qu'on à j'a depesché des Capitaines pour faire la Guerre à ceux de la Religion.

Puis

LIVRE QVARENTEDEVXIEME. 333.

Puis en somme n'y a vne seule chambre de Pacification, establie: Ceux de la Religion reformée n'ont ils pas juste occasion d'entrer en deffiance des Catholiques Romains? & estre en alarme ayans raison de conclure qu'on les veut encores massacrer, & par ce moyen de se tenir sur leur garde? Se resouuenant de tant d'experiences fascheuses qui les doiuent rendre sages & qu'ils ont tant d'ennemis? Puis ils respondoyent à deux raisons que les Catholiques mettoient en auant. La premiere qu'ils ont promis ne porter les Armes pour leur Religion & qu'ils l'ont abjurée. Mais que depuis portans les Armes & estans encores de la Religion reformée: ils ne tiennent leur promesse, & qu'en ne tenans leur promesse, vous n'estes obligé à tenir la vostre. La seconde raison qu'ils sont Heretiques & qu'il ne faut tenir la foy aux Heretiques. Quand à la premiere objection on sçait que ceste promesse qu'ils ont faite, n'est generale à tous ceux de la Religion reformée: ains seulement particuliere. Et qu'elle est faite contre bonnes meurs & contre Dieu & sa Religion, causant peché. Et par ce moyen ne sont ces particuliers qui l'ont fait obligez la tenir. Dauantage c'est vne promesse extorquée par force & par crainte des Massacres, cruautez & tyrannies plus que barbares: Ce qui est suffisant pour absoudre le promettant de sa promesse. Quand à la deuxième objection c'est assauoir qu'il ne faut tenir la foy promise aux Heretiques: ils respondoient que en permettant à ceux de la Religion reformée l'exercice d'icelle, jusques au Concile General vous ne les tenez pour Heretiques. Parquoy vous n'estes desobligé à ne tenir vostre foy par vostre Edict de Pacification promise. Et ne deuez alleguer que l'auez promis par force. Car cela sonneroit mal en la bouche d'vn Roy de France sy puissant & redoubté. Voire entre les Nations estranges, ayant fait declaration de sa Majorité: & qu'il ne veut plus estre tenu & reputé pour mineur. De dire qu'il a esté forcé par ses sujets (obeyssans à tout ce qu'il leur commande & à tous ses Edicts leur Religion sauue, & supportans tant d'impos & subsides voire insuportables) leur accorder vne Paix, c'est Dieu seul fauorisant voz sujets qui vous a induict & inspire leur octroyer vne Paix & l'exercice de leur Religion. Outre ce luy presenterent qu'il n'estoit seul Roy qui à permis l'exercice de la Religion reformée à ses sujets. Car l'Empereur Charles cinquième du nom, permit aux Allemans & le deffunt Roy Charles neufième vostre frere par plusieurs fois à ses sujets: ce qui est auenu de nostre temps sans nous arrester à proposer plusieurs Empereurs lesquels encores qu'ils fussent grãs Massacreurs, Bourreaux & persecuteurs des Chrestiens: il leur ont il permis & accordé l'exercice de leur Religion. Auec ce que s'il l'auoit juré & permis aux Polonois estant leur Roy: à plus forte raison le deuoit il permettre aux François ses anciens, naturels & hereditaires sujets. Ioint que leur permettant l'exercice de leur Religion: il ne diminuoit rien de ses impots, subsides, deuoirs, fidelitez & hommages. Car permettant l'exercice de la vraie Religion à vos sujets: la plus grande part d'iceux viuront en Paix, laboureront, cultiueront & ensemenceront leurs champs. Tellement que recueillãt leurs fruits & trafiquans de leur bien & reuenu annuel: Ils aurõt moien de vous paier vos deuoirs, subsides & impots. Ce qu'ils ne pourront faire durant la Guerre estans cõtraints quitter leurs maisons & delaisser leurs terres en deserts, pour sauuer tant seulement leur vie de la rage & furie des Armes & des soldats. Dauantage non seulement la populace est de la Religion reformée mais aussi la plus grande partie des Princes de vostre sang, de vostre Noblesse & de plus doctes de vostre Roiaume. Pour fin que quelque defence & interdiction qu'il en face: soit par les feuz, Massacres & rigueur: soit par douceur prieres & Requestes: il ne proffitte rien & ne peut exterminer la vraie Religion n'y les amateurs d'icelle. Tant plus pensez le tout esteint & assoupy & plus il y a de vie & de renaissemẽt. D'alleguer qu'on leur permet viure en liberté de cõscience sans l'exercice de leur Religion. C'est pour neant. Car la Religion consiste plus en pratique qu'ẽ Theorique. Ceux de la Religion Romaine vous objetẽt voire menacẽt, que si vous permettrez l'exercice de la Religion reformée ils exciteront vne Guerre, pretendãs exterminer par Armes ceux de la Religion. Mais ils s'asseurent bien aians DIEV pour Chef, & conducteur de leur Armée: qu'ils obtiendront la victoire. Encores que les Atheistes, Libertins, Renegats & ceux du tiers ordre fauorisent, le party contraire & leurs auersaires. Se resouuiennent qu'ils n'ont rien proffitté par cy deuant & que les Israëlites sans Armes & n'ayans forgerons pour en forger, ont deffaict les Philistins bien armez. Que Gedeon auec trois cens hommes à defaict la grande Armée des Madianites. Qu'vn seul Ange en à deffaict & occis en vne nuict cent quatre vints cinq milles du Camp des Assiriens. Et que la puissan

Promesses des Protestans abjurans leur Religion & promettans ne porter plus les Armes, si elle se doit garder.

S'il faut tenir la foy promise aux Heretiques.

T tt ij.

L'HISTOIRE DE FRANCE.

Ianuier, 1577.

ce de Dieu n'est diminuée. Dieu ne laissera jamais au besoin ceux qui l'inuoquent en viue foy. Puis l'exortoyent à ne croire ceux qui luy conseillent rompre son Edit de Paix, & en consequence faire la Guerre: pour autant que la Paix leur est vne Guerre voire vne condemnation & mort honteuse. Considerans que durant la Paix ils seront recerchez des robices, exactions & larrecins qu'ils vous ont faict. Et que leur grandeur accroist durant la Guerre. Ce n'est affection à la Religion Romaine qui les induit à vous conseiller telles abominations, ny aucune bonne affection qu'ils vous portent. Croiez ceux qui vous conseillent maintenir vostre foy & promesse sans y contreuenir aucunement & conseruez voz sujets en Paix. Et pour estre le Roy le plus riche, mieux obey & le plus heureux qui ait commandé au monde: en entretenant voz Edits, permetez l'exercice accordé de la vraye Religion: & establissez les Chambres my parties afin que Iustice soit esgallement administrée à voz sujets.

Ces raisons en somme jointes à d'autres passions particulieres: eschauferent de sorte les François: qu'en peu de temps tout le Royaume sentit pour la sixième fois la fureur de noz armes ciuiles. Pour la justification desquelles le Prince de Condé publia par escrits imprimez la protestation qu'il fit en mesme temps, conforme à la volôté du Roy de Nauarre telle qui suit.

Protestatiō du Prince de Condé Duc d'Anguyen Pair de France & Lieutenant General pour le Roy en Picardie.

Nous Henry de Bourbon Prince de Condé, apres auoir veu & entendu l'injuste & pernicieuse resolution prise aux Estats subornez & corôpus qui ont esté tenus à Bloys: ausquels contre la foy publique & le sacré Serment, l'Edit de Pacification juré par tant de Princes & publié en toutes les Cours souueraines de ce Royaume: à esté rompu & violé contre tout droit diuin & humain: ayans les meschans Conseillers du Roy dissipateurs de ceste Couronne, pensionnaires d'Espagne, autheurs des Massacres: fait arrester & conclure d'abolir la Religion reformée, & ont suscité la fureur des Ligues depuis peu basties dans le Royaume pour opprimer ceux qui en font profession. Mesmement les hommes valeureux, doctes & riches. Encores qu'aux Estats tenus à Orleans l'exercice d'icelle eust esté requis & accordé: pour puis apres n'ayans plus aucune resistance imposer sur les miserables testes des François, le rigoureux joug de la plus barbare tyrannie qui fut onques: S'estans aussi proposé de ruyner par Armes, par poisons & Assassinats les plus grandes & Illustres familles de ce Royaume: Mesmes celles de Bourbon & de Montmorency. Et priuer les meilleurs & plus affectionnez Catholiques des charges & honneurs deuz au merite de leur vertu: pour en reuestir les plus indignes de leur party. Tellement que leur fureur s'estant respandue sur tous les gens de bien de l'vne & l'autre Religion offensez par leurs injustices, desordres, rapines & desloiautez ont esté contraincts de se joindre à nous. Et depuis pour se vouloir opposer à eux, ont esté poursuiuis & enueloppez en nos mesmes miseres & extremitez. Dauantage en auilissant les anciennes & Royalles coustumes de cest Estat: Ils veulent rendre la Noblesse tributaire, espuiser les villes de richesses, saccager le peuple & tenir tous les François entre eux en perpetuelle Guerre, haine & diuision pour regner cependant. Mesmes qu'ils ont fait honteusemēt quitter au Roy nostre souuerain Seigneur, le liberal present qu'on luy faisoit de la protection des pays de Flandres & d'Artois, ancien patrimoine de la Couronne de France: & le bel offre de la Seigneurie de Genes. Si bien qu'il n'y a plus d'esperance, de pouuoir conseruer cest Estat contre vne telle furie, qu'en y employant auec l'aide de Dieu les moiens & forces qu'il nous a données. Pour lesquelles tant legitimes occasions: protestons auec plusieurs Seigneurs, Gentils-hommes & autres qu'estans par la Grace de Dieu tout puissant & inuincible appellez à la tres-juste defence de nostre patrie miserablement prostituée, & voyans infinis peuples affligez recourir à nous: qu'auons à nostre tresgrand regret (pour les tristes euenemens que la Guerre ciuile apporte) pris les Armes par le commandement & sous l'authorité du Roy de Nauarre, premier Prince du sang, protecteur des Eglises reformées & Catholiques associez: Lieutenant General pour le Roy en Guyenne. Sur lesquelles apres Dieu sommes contraincts de nous appuier, pour repousser la violence & cruauté qu'on veut exercer en nos consciences, honneurs, biens & vies: jurans en foy de Prince veritable, d'employer pour vne si saincte querelle: tout ce qui est en nostre puissance & nostre vie jusques au dernier souspir: Et ne poser jamais lesdictes Armes tant qu'ayons restitué ce Royaume en son ancienne splendeur & dignité: & rendu la liberté aux Estats, l'authorité aux Edits, & soullagé le pauure peuple des insupportables tributs inuentez par les Italiens: en deliurant les François de la seruitude infame & tyrannique où ils sont assuje-

ctis

LIVRE QVARANTEDEVXIEME. 334.

&tis : tant par leur nonchallance & des-vnion : que par les artificieuses pratiques de ceux qui veulent cimanter les fondemens de leur grandeur du sang des vrays Princes de France & de la Noblesse : au grand mespris des Loix fondamentalles & coustumes antiques du Royaume : Et declarons desapresent ceux qui s'armeront contre nous, pour opprimer la liberté du pays & nous rendre esclaues a noz ennemys & rebelles à la Couronne. Appellans à nostre secours tous Roys, Roynes, Princes & republiques & sur tous les bons & naturels François aux cœurs desquels reste encores quelque genereux desir de recouurer la franchise de leurs Ancestres & amour enuers leur tresaffligée patrie. Au bas y auoit pour deuise *Deo & victricibus armis*. Comme s'il vouloit dire qu'il esperoit que Dieu par ses armes victorieuses, vengeroit leur miseres par la punition des ennemis communs.

Deputez Protestans aux Estats de Bloys.

COMME les Estats se tenoyent, les Deputez Protestans ouys, n'y se journerent gueres. Mesmes aucuns d'eux comme les Rochellois & autres s'en retirerent sans congé d'aucun rapportans & semans par tout, que le sejour n'y estoit asseuré ny proffitable pour eux. Que les Estats se tenoyent pour contenter les Catholiques : beaucoup desquels ne demandoyent au Roy que la rupture de l'Edit : luy remonstrans qu'il n'auoit esté fait & resolu par son Conseil, que pour retirer son frere : & licencier les forces estrangeres qui rauageoient le plus beau du Royaume. Parce que s'il ne le vouloit rompre du tout : pour le moins il le falloit si dextrement escorner qu'il feust à l'auantage des Catholiques : encores qu'aucuns d'eux ne demandassent auec les Protestans que l'entretien d'iceluy, pour continuer leur vie au repos encommencé dés l'an mil cinq cens septante. Puis les Deputez du Roy de Nauarre & ceux de Guyenne & Poitou, demanderent aussi leur congé à mesmes fins, mais il leur fut refusé.

Reole prise par les Protestans.

EN ces entrefaittes la Reole fut saisie pour le Roy de Nauarre par le Capitaine Fauax au moyen de l'intelligence de quelques vns de dedans sur le commencemant de l'An. Ladite ville est sise sur la Garonne à neuf lieuës de Bourdeaux qui peut empescher par ce moyen qu'aucune chose ne descende à la ville. Les Bourdellois irritez de se voir de si pres auoysiner tant haut que bas sur leur Riuiere : s'en vengerent sur aucuns Protestans lesquels à la poursuitte du Marquis de Villars Amiral de France & de l'authorité de la Court de Parlement furent le lendemain emprisonnez & enfermez en certains Conuens & autres lieux publics jusques au nombre de trois cens des principaux : auxquels ils donnerent à entendre que ce n'estoit pour faire tort ny à leurs biens ny a leur vie. Mais seulement pour empescher qu'ils ne leur feissent le semblable de ce qui auoit esté fait à la Reole : dont ils estoyent aduertis de se donner garde.

Catholi. de Bourdeaux serrent les Confederez

ENTRE les plaintes des Catholiques ils n'obmetroyent l'entreprise des Protestans sur Niort, à la faueur de l'intelligence qu'ils auoyent auec aucuns Protestans de la ville : la plus part desquels soupçonnez par les parolles & portemens de quelques vns d'eux : furent tuez ou emprisonnez. Puis aucuns executez en public. Le reste fut sauué par amis outre ceux qui le gangnerent à debusquer. Surprise qu'ils trouuoyent d'autant plus estrange & punissable, qu'ils la sauoyent faite contre l'accord & vnion parauant dressée entre tous les Catholiques & Protestans de la ville de se maintenir contre tous tels qu'ils fussent sous l'authorité du Roy. Maintenans les Confederez au contraire, que les Catholiques auoyent rompu l'accord en ce mesmemant qu'ils ne leur permetoyent viure selon iceluy : nians au reste l'entreprise qu'ils leur mirent sus pour les chasser de la ville.

Louerie situé au Langon par ceux de Fonrenay.

En ce temps Choppiniere & Louerie Gentilshommes Poiteuins trouuez par ceux de Fontenay au Langon : furent chargez & blecez. Dont Louerie mourut assez tost apres. L'autre fut mené à Fontenay. Puis son procez faict & veu exempt de tout ce qu'on luy vouloit mettre sus : fut absoulz & renuoyé en sa maison. Le Prince de Condé ayant à contre cœur vn tel acte, en escriuit assez animeusement à ceux de Fontenay. Mais ils n'en feirent autrechose.

Le Prince appelle les Rochellois pour se joindre à la 6. Guerre.

LE vnziéme du mois le Prince ayant fait venir en sa chambre le Maire & principaux de la Rochelle en Compagnie de grand nombre de Sieurs Gentils-hommes & Cappitaines leur feist declaration de la necessité de la Guerre à laquelle il disoit, que par apparence le Roy les appelloit & à laquelle à son tresgrand regret ils estoyent contraincts. Leur remonstrant la dessus le desir que le Roy de Nauarre auoit de s'opposer vertueusement aux desseins de leurs ennemis : & entreprandre la protection Generalle des Eglises reformées de ce Royaume. A laquelle aussi il appelloit, & comme le premier apres luy : Encores que de sa

Ttt iij.

L'HSITOIRE DE FRANCE.

part il n'ait jamais eu autre desir que d'exposer sa vie pour vne chose si saincte & honnorable: De laquelle il sçait assez que ceux de la Rochelle ne se voudroyent pour chose du monde departir. Les prie à ceste fin, le joindre & vnir de bon cœur audit Sieur Roy & luy, auec entiere declaration & demonstration du bon zelle qu'ils ont à ceste saincte cause: qu'ils ne sauroient mieux monstrer que par vne saincte & inuiolable association qu'ils jureront mutuellement les vns aux autres. Et laquelle ledit Sieur Roy de Nauarre attend princippallement & eust faict desja quelque chose de bon, s'il estoit asseuré de leur bonne volonté. Les prie donc d'entendre la Noüe sur ce qu'il leur proposera tant de l'estat où sont les affaires, que des moiens de s'opposer tous ensemble aux complots de leurs ennemis: ne pouuans commettre personnage plus digne pour vaquer auec eux à vn affaire tant d'importance, que la Noüe pour l'asseurance de son credit & authorité qu'il à parmy eux depuis si long temps. Aussi qu'il ne leur proposera chose qui ne soit bonne & veritable. Deux heures apres ceux de la maison de ville s'estans assemblez en l'Escheuinage, firent election de douze Bourgeois pour se trouuer à la Conference qui estoit accordée entre eux & la Noüe. Lequel entré en ce Conseil leur remonstra ce qui auoit esté requis & resolu aux Estats: qui estoit de n'auoir qu'vne seule Religion assauoir la Romaine. Et que le Roy monstroit ouuertement n'auoir autre desir & intention que d'exterminer tous ceux qui faisoyent profession de la Religion reformée. Tesmoin entre autres choses la Saincte Ligue qui s'estoit faicte là dessus où le Roy faisoit jurer les Catholiques de courir sus à ceux de ladite Religion: & permet mesme à chacun se jeter sur celuy qui n'y voudroit sous-signer. Que pour s'opposer à vne telle entreprise le Roy de Nauarre, Monsieur le Prince de Condé Messieurs de Montmorency & vne infinité de grands Seigneurs & plus signallez de la Noblesse Françoise, tant d'vne que d'autre Religion: estoient resolus employer & les biens & la vie. Et pour c'est effet pour l'vrgente necessité qui les y contraignoit estoyent deliberez de faire vne Contre-ligue, en laquelle seroyent receus tous ceux qui volontairement y voudroyent entendre & s'associer: veu qu'il y alloit de la police & repos general du Royaume. Afin que les vns & les autres se peussent maintenir en leur ancienne liberté: & garentir de toutes violences. Ce que desja le Mareschal d'Anuille auoit fort bien pratiqué & le Roy de Nauarre estoit apres. Lequel n'attendoit plus en c'est endroict que la volonté & resolution de Messieurs de la Rochelle. Dont Monseigneur le Prince les supplioit faire de brief declaration: d'autant qu'vn plus long retardemēt pourroit de beaucoup importer aux affaires. Qu'il leur pleust donc s'associer au Roy de Nauarre & audit Sieur Prince & à tant de gens de bien qui si liberallement entreprenoyent la defence de ceste cause, de laquelle ledit Prince estoit assez asseuré qu'ils ne se voudroyent separer pour chose du monde: veu ce qu'ils auoyent faict par le passé: & que le temps estoit venu, qu'ils le deuoyent mieux monstrer que jamais. Les suppliant à ceste fin d'en auiser ensemble & luy faire entendre leur bonne volonté au plustost. Surce, s'estans au lendemain assemblez à Sainct Michel & fait election de ceux qui se trouueroyent à la negociation de cest affaire: le Maire & ceux de la maison de ville furent à l'Escheuinage où ils resolurent apres plusieurs propos d'vne part & d'autre, que leur deuoir estoit de se joindre à ceste defence commune. Et que jamais n'en auoyent eu de si grande ne sy specieuse occasion: puisque sa Majesté estoit si mal conseillée que de vouloir exterminer la Religion reformée & faire mourir vn si grand nombre d'hommes de qualité & vertu qui pourroyent faire en tous autres endroits bon seruice au Roy. Lequel monstroit bien a present qu'il n'estoit plus question de la Religion ordinaire & ancien pretexte des Catholiques. Mais que le venin qu'ils auoyent si long temps couué en leur cœur contre ladite Religion: sortoit maintenant en euidence. Au reste que ceste cause leur sembloit si legitime: que quand ils seroyent seuls comme ils auoyent esté autre fois: ils ne si voudroyent en rien oublier, ny de volonté ny de puissance. Ce qu'ils feirent le jour mesme entendre bien amplement au Prince. Mais que pour paruenir à ladite association: il estoit besoin d'en auiser & conferer entre eux bien meurement: afin de dresser leurs Articles par escript en telle forme que le tout reussist au seruice de la Cause Generalle premierement: puis au repos particullier de leur ville. Laquelle comme ils esperoyent seroit tellement maintenuë par ledit PRINCE en ses anciens priuilleges: qu'ils ne seroyent taxez de s'estre mespris en ceste leur declaration au prejudice de leursdicts priuilleges. Et que le Roy n'auroit occasion de se plaindre ou leur imputer à l'auenir qu'ils eussent plus deferé audit Prince qu'à sa Majesté.

La Noüe harengue les Rochellois pour les animer à la Guerre.

Ligue Saincte des Catholiques & Contreligue des Protestans.

Resolutions des Rochellois à la Contreligue.

Dont

LIVRE QVARENTEDEVXIEME.

Dont ils s'exempteroyent aiséement ne receuans en leur ville ne Gouuerneur ne Garnison: qui estoit la principalle cause dont ils auoyent tousjours esté recerchez & poursuiuis par cy deuant & pour laquelle ils auoyent tant enduré. A quoy ils s'asseuroyent que ledit Prince auroit esgard pour les exempter d'vne telle calomnie enuers le Roy. La resolution prise pour faire la Guerre: le Roy de Nauarre & Prince de Condé despescherent sur le champ auis, lettres & commissions pour saisir le plus de places & dresser le plus de Compagnies tant à pied qu'à cheual qu'ils pourroyent: desquels ils ordonnerent le Rendé-vous à Meile hautPoitou. *Plus de la chelle.* *Rendé-vous de l'Armée Protestante.*

POVR lors le Duc de Montpencier estant à Champigny sur son voiage d'aller à Poitiers pour executer la charge qu'il auoit du Roy d'aller trouuer le Roy de Nauarre: depescha son Secretaire vers le Prince pour auoir vn sauf conduict afin de passer seurement pour aller trouuer ledit Sieur Roy la part où il seroit. Ce qui luy fut accordé & enuoyé pendant que les Rochellois continuoyent leur Conseil pour le fait de leur association & s'assembloyent ordinairement au logis du Maire: lequel auec la Nouë s'estoit chargé d'y entendre & vaquer. Mais l'on ne pouuoit si tost en resoudre la fin, pour beaucoup de disputes & difficultez qui s'y treuuoyent. Par les Articles de l'association que les Rochellois presenterent, ils protestoyent se ioindre & associer d'vn bon cœur en ceste cause auec le Roy de Nauarre ledit Sieur Prince & autres: & n'y espargner ne vie ne biens jusques à vne heureuse victoire ou Paix asseurée: & ne se departir jamais d'icelle. Moyennant aussi qu'ils feussent maintenus en leurs priuileges. Qui sont entre autres de n'auoir Gouuerneur ne Garnison que à leur volonté. Ne vouloyent autre que le Maire pour leur commander dans la ville. Lequel pourroit aussi mettre Gouuerneurs & Capitaines dans les places du Gouuernement de la Rochelle: & feroyent serment audit Maire à la charge qu'ils paieroyent les Garnisons. Pour le respect dequoy & des frais qu'il leur conuiendroit faire pour leurs fortifications: Ils leueroyent le reuenu des biens Ecclesiastiques & les tailles du Gouuernement, auec la moytié du droict des prises qui se feroient par mer. Il y auoit beaucoup d'autre choses par lesdits Articles qui seroyent longues à reciter: desquelles aucunes furent retranchées & modifiées & les autres accordées selon qu'il se peut voir ailleurs. Mais le long trait que prenoit ceste affaire desplaisoit beaucoup au Prince, qui les sollicitoit journellement de se resoudre: Leur monstrant lettres qu'il auoit receuës tant de la part du Roy de Nauarre que du Mareschal d'Anuille par lesquelles il estoit pressé de partir. A quoy aussi la necessité des affaires le contraignoit. Les prioit par tant d'y mettre fin au plustost, & ne faire tant de difficultez sur choses menuës & de peu d'importance. Car de sa part il n'auoit & ne vouloit penser à faire chose tant petite fust elle au prejudice de leurs Priuileges & qu'ils deuoyent tenir cela pour tout asseuré. *Moiens que tiennent les Rochellois pour l'association auec le Roy de Nauarre & Prince de Condé.* *Priuilleges de la Rochelle.*

COMME cela se traittoit le Vicomte de Rohan auec bon nombre de Noblesse & autres gens de Guerre passa la Riuiere de Loyre au Pellerin: & ayant enuoyé sa femme à la Rochelle s'arresta en Poitou pour rallier ses trouppes. Cependant Mirambeau retourna des Estats & arriua à la Rochelle le Dimanche vintiéme Ianuier, & ayāt crainte de pis laissé son à Dieu par escript au Roy: Il asseura encores plus ce que plusieurs mettoyent en doubte au prejudice de ce que les Catholiques, disoyent que le Roy entendoit que son Edit de Pacification fust obserué & maintenu. Ce qui fut neantmoins pris & interpreté pour amuser ceux qui estoient desja plus prests pour leur defence que le Roy n'eut pensé, ne voulu. Lequel il disoit auoir esté deuancé de trois mois. Les choses accordées pour le fait de l'association de la Rochelle le Prince accompagné de Meru, Mirambeau, la Roche & plusieurs autres se trouua à l'Escheuinage le Mardy vint-deuxieme jour du moys. Où en la presence du Maire & principaux de la ville, d'vn grand nombre du peuple, recita la cause de sa venuë & les deportemens & actions desquelles il auoit vsé. Que l'on ne pouuoit doubter auoir esté tresnecessaire, à bonne fin & intention. Qu'il estoit bien marry du long sejour qu'il auoit esté contraint y faire: attendant leur resolution. Plus encores de l'occasion qui se presentoit d'en sortir aux conditions d'vne Guerre: laquelle si elle estoit juste ou nom il le remettroit au jugement de ceux qui auoyent quelque affection à leur Religion & patrie. Tant y a qu'il pouuoit protester de sa part, que c'estoit à son tresgrand regret. Mais puisque non seulement l'honneur de DIEV & la dignité ancienne de ce Royaume: Mais aussi le salut de nostre propre vie, nous y appelloyent auec vne tant extreme necessité & contraincte: Il estoit resolu, n'estre jamais chiche de ce que tout homme de bien doit prodigalement deppendre en *Le Vicôte de Rohan & autres.* *Mirambeau retournant des Estats à la Rochelle anime les Protestans.* *Harengue du Prince de Condé aux Rochellois.*

Ttt iiij.

L'HISTOIRE DE FRANCE.

Ianuier, 1577.

vne si sainte querelle, qui est les biens & la vie. Qu'il estoit aucunement fasché du long trait qu'auoyent pris ces affaires pour le regard de leur declaration & volonté. Que neantmoins il se resjouyssoit fort que le tout se soit si bien porté. Puis fut leuë publiquement sa protestation telle que je vous ay fait voir cy dessus. Ceux qui estoyent là presens en grand nombre: ayant entendu ce que dessus & pensé vn peu à tout ce que le Prince leur auoit proposé sur l'Estat des affaires, & resolution que par contrainte il auoit faite de s'y opposer: approuuerent tout ce qu'il auoit dit estre veritable: Protestans de viure & mourir en ceste mesme cause: de l'assister & secourir selon la teneur de leur association sans jamais s'en departir. Ce que le peuple confirma par vne commune voix & joyeuse aclamation, donnant tesmoignage du bon desir qu'ils auoyent de s'employer vertueusement en ceste cause. Disans aucuns que le Roy ne les auoit jamais assaillis auec plus grand auantage de leur costé. Lors Mirambeau parlant aux Rochellois dist qu'il ne falloit plus dissimuler & qu'il les pouuoit bien asseurer que la resolution des Catholiques estoit de rompre la teste à tous ceux de la Religion. Comme mesmes il auoit peu connoistre par les propos des plus grands de la Court apres le Roy: qui luy auoient dit que ores que les Estats ne se fussent tenuz, la resolution toutesfois estoit prise long temps auparauent de ne plus endurer en ce Royaume autre Religion que la Catholique. Et qu'il sçauoit assez que les Estats n'auoyent esté assemblez à autre intention que pour auoir le Roy de Nauarre, le Mareschal d'Anuille & la Rochelle. Mais qu'ils s'estoyent trouuez cours en tous ces trois poincts. Dont nous deuions bien loüer DIEV & esperer sa mesme assistance pour l'auenir. La dessus le Prince dit que c'estoit bien chose asseurée que les Catholiques n'oublioyent aucune chose pour ruyner ceux de la Religion. Et pour cest effect mettoyent toutes pierres en œuure. Mesmes s'estoyent essayez de gangner le Mareschal d'Anuille par grandes promesses & annuels appointemens. Cependant il remercie les Rochellois de leur bonne volonté: les prie d'y perseuerer & les asseure qu'ils seront maintenus en tous les poincts & Articles de leur association: laquelle il promet faire ratiffier au Roy de Nauarre. Sur la fin Odet de Nort Ministre de la Rochelle remonstra en ceste assemblée audit Prince que son deuoir estoit de faire en sorte que comme leur droict estoit bon, il fust aussi debatu auec vne droicture & integrité de conscience: faisant faire punition des vices esquels coustumierement les hommes se desbordent par la licence des Armes. Comme des blasphemes, larcins, & paillardises qu'ils deuoyent croire auoir esté la seule cause de tant de bastonnades receuës depuis si longues années. Et que s'ils ne venoyent à resipiscence & amendement de vie: Il ne falloit pas esperer que DIEV benist ny leurs Armes ny leurs desseins & entreprises. A quoy il le supplioit tres-humblement auoir esgard. Le Prince tesmoigna la dessus que c'estoit ce qu'il auoit de long temps en plus grande recommandation. Et qu'il prioit de bon cœur tous ceux qui auoyent intention de le suiure, de se proposer sur toutes choses de viure sainctement & ne fouler le poure peuple comme l'on auoit trop fait par le passé: Et que quand à luy il n'estoit deliberé de souffrir que le laboureur sur tous fust empesché en son trauail. Ledit Prince parlant quelques jours auparauant de la bonne police qu'il deliberoit en tant que en luy seroit, establir au milieu des Armes: dist qu'il croioit que c'estoit vne chose merueilleuse agreable à DIEV: & qu'il pensoit que par ce seul moyen le Prince d'Orange d'vn tant petit & debille commencement estoit paruenu à si haute execution de ses entreprises. En ce principallement qu'il auoit sur toutes choses maintenu & chery le poure peuple. Le lendemain le Maire de la Rochelle satisfaisant à la priere du Prince: feit faire la monstre des habitans de la ville diuisez en neuf Compagnies ou pouuoyent estre quelques mil hommes bien armez & choysis: Lequel les ayant veus en bataille, dist au Maire qu'il voioit la beaucoup de gens de bien ausquels il auoit cest honneur de commander. Le Maire luy respond qu'ils estoyent tous à son seruice. Dont le Prince le remercia disant, puis qu'il alloit en ceste cause autant pour les vns que pour les autres: que de sa part, il se faisoit Bourgeois de la Rochelle en vne si bonne Compagnie. Ce que semblablement affirma de MERV. Lors le MAIRE print le serment desdites Compagnies present ledit PRINCE qui portoit. Qu'ils juroyent de bien & fidellement s'employer en ceste cause pour la Garde de la ville particullierement, sous le commandement dudit Maire & en General sous l'authorité du Roy de Nauarre protecteur General des Eglises reformées & Catholiques associez de ce Royaume & dudit Prince son Lieutenant general: sans jamais se departir de ceste sainte

Protestatiō du Prince de Condé.

Harengue du Baron de Mirambeau aux Rochellois.

Le Prince repliant à la parolle aux Rochellois.

Harengue d'Odet de Nort Ministre au Prince de Condé.

Responce du Prince de Condé.

Monstres de gens de guerre à la Rochelle & le serment des Soldats.

Serment des gens de guerre de la Rochelle.

ite sainte association. Estant donc le Prince venu a fin des occasions qui le menoient à la Rochelle: il en partit le Lundy vint huitiéme Ianuier apres y auoir seiourné deux mois & s'en alla bien accompagné de Seigneurs & autres à saint Iean d'Angely, ou grand nombre de gës de guerre & autres le furent trouuer.

Or comme les trouppes se dressoient deça delà: plusieurs entreprises se feirent sur les Catholiques. Entr'autres Ciuray petite ville du haut Poitou fut surprise par Saint Gelais. Lequel y aiant enuoié quelques harquebuziers, la surprint par le decez du jeune Tiffardiere qui y mourut auec peu d'autres. Puis se voullant rêdre au gros de l'armée la laissa entre les mains du frere du Seneschal du lieu lequel la rendit aussi tost aux Catholiques. Deuant que vous parler de l'assemblée Generale desquels ie suis d'auis de vous faire entêdre aucuns portemens des premiers Chefs & autres signalez Protestans vers sa Majesté & tenuë des Estats à Blois: pendant lesquels neantmoins ils ne laissoient de pouruoir à leurs affaires le plus accortemët qu'ils pouuoient: comme la suite de ce discours vous fera conoistre.

Ciuray pris par les Protestans ou le jeune Tiffardiere fut tué & depuis rendu Catholique.

Premierement encor que les Chefs mesmement le Roy de Nauarre & Prince de Condé ne fussent conseillez de s'y trouuer: & que la Majesté les eut semons & inuitez par plusieurs fois & la Royne mere sur tout laquelle n'êtreprenoit l'êtreueuë d'elle, du Roy de Nauarre son Gendre & Prince de Condé à Congnac pour autre effect principal que pour les vnir auec le Roy & les faire assister à telle assemblée. Si est-ce qu'ils y enuoierent gens de leur part & des Eglises Protestantes du Royaume à deux fins. La premiere pour remõstrer à sa Majesté & à l'assemblée qu'on n'y deuoit traitter de la Religion, le Reglement de laquelle estoit remis à la resolution d'vn Concille general ou national de ce Royaume: se persuadans que ces Estats n'estoient conuoquez que pour l'abolissement de tel exercice. Secondement de supplier sa Majesté qu'elle fist de point en point entretenir son Edit de Paix par tout son Royaume. Et que d'abondant il l'autorisast & confirmast de nouueau en pleine assemblée de tant de deputez de toutes les prouinces du Royaume. Le Roy de Nauarre y enuoia premieremët S. Genis & Desaguis. Le Prince de Condé Popeliniere. La preuosté & Vicomté de Parisy enuoia les siens, comme fit aussi la Rochelle, Poitou & Saintonge. Le Languedoc & circonuoisins presenterent requeste à Monsieur pour fauoriser la manutention de la Paix & bien publiq du Royaume, duquel parauāt & de fresche memoire il auoit pris la protectiõ: ainsi plusieurs autres prouinces enuoierent Deputez pour faire leur remonstrances que vous verrez. Protestans neantmoins tous, de nullité de tout ce qui seroit resolu en la tenuë de ces Estats contreuenãt à l'edit de Paix dernier & à l'entretien de leur Religion. Et pource ne voulut aucun d'eux entrer en conference auec les Deputez Catholiques afin qu'ils ne fussent veuz approuuer ce qu'ils y voudroient resoudre à la pluralité des voix.

Deputez des Protestans à ceste assemblée.

Les Deputez du Roy de Nauarre auoient telle instruction. De representer les miseres auenuës pour la guerre, & l'heur que la France cõmençoit à sentir par la Paix. La guerre auenuë par les empeschemens & retranchemës faits à l'exercice de la Religion. La Paix par la permission d'icelle. Si l'on retourne aux mesmes empeschemens, semblables effects sont à craindre contre l'intention de ceux qui les voudront susciter. D'autant que par tels moiens elle ne fait que s'accroistre & les forces du Royaume diminuër. La Religiõ introduite à la requisition des Estats tenuz à Orleans, receuë par l'Edit du mois de Ianuier, approuuée par l'execution & consentement du peuple auec l'assistance du Magistrat. Et depuis par autres Edits en consequence du premier. Specialement par le dernier qui a mis fin à toutes disputes: accompagné du serment solemnel fait par tous les ordres de la France, & plusieurs declarations depuis par le Roy sur ce faites: est tellement vnie & incorporée en l'estat du Royaume qu'elle en est inseparable. Ne peuuent les Estats toucher à la Religion ny à l'Edit, d'autant que ce seroit entreprãdre sur l'autorité du Roy & des precedēs Estats. Et par la introduire vn Scisme plus à craindre que la diuersité des deux Religiõs. Lesdits Estats ne sõt tõdez de pouuoir, que par le dernier Edit: contre lequel par consequent ils ne peuuent entreprandre. L'honneur de Monsieur, du Roy de Nauarre & de Messieurs les Princes du sang & conjointement celluy du Roy pour la proximité: est enclos & compris dans l'Edit. Auquel par ce moien ils ont particulier interest. Pour ces causes supplier sa Majesté qu'il ne soit rien alteré audit Edit. Et que ceux qui ont fait Ligues au contraire, soient punis comme infracteurs de la foy publique. Que pour le rendre plus ferme & estable, le Roy sceant en ces Estats declare sa volonté & pous l'obseruation d'i-

Charges & instructions de S. Genis & Desaguis Deputez du Roy de Nauarre vers le Roy aux Estats de Blois.

Ttt iiiij.

celluy: face vne bonne & sainte vnion entre luy, mõdit sieur son frere, tous Messieurs les Princes du sang & les gens des trois Estats. Si aux particulieres assemblées ou en la generalle il estoit proposé quelque chose au contraire: supplier mondit sieur de prandre la defence, & le Roy de n'auoir aucun esgard à telles deliberations: declarer pour ledit sieur Roy de Nauarre, que pour sa Religiõ il n'entend empescher les Catholiques ny les Ecclesiastique en leurs biẽs. Ains les conseruer en tant qu'en luy sera souz l'autorité de sa Majesté. Qu'il à extreme regret des grandes foulles & oppressions du peuple, pour le soulagement duquel sera tres-humble requeste à sa Majesté. Que pour remettre le Royaume en son ancienne dignité: il est besoin de faire vne bonne reformation en tous ordres & estats: pour la police de laquelle ledit sieur Roy de Nauarre offre de se y sousmettre. Et dautant que la meilleure partie de l'execution & entretenement de l'Edit & de l'vnion requise pour cest effet, deppend de l'administration de la Iustice: supplier sa Majesté de l'establir en la forme ordonnée par ledit Edit. Et en consequence de ladite vnion, ordonner que les administrateurs des villes seront esleuz en nombre esgal de l'vne & de l'autre Religion. Pour le fait du gouuernemẽt de Guienne: faire entendre à sa Majesté l'Estat d'icelle, les portemens dudit Seigneur Roy de Nauarre, les empeschemens & desobeïsãce de la ville de Bordeaux. Dõt elle est prouenuë, & les mauuais effets qu'elle à produits Demander raison des calomnies proposées audit Seigneur Roy de Nauarre. Qu'à ces fins les Registres de la Court de Parlement dudit Bordeaux soient apportez, & les porteurs desdites calomnies & faux auertissemẽs, contraints de nõmer leurs denõciateurs. Qu'il soit defendu à la Court de Parlement, de ne se mesler que de la Iustice, & aux Maires & Iurats de la Police seulement: demeurans les affaires d'Estat & des armes entre les mains des Gouuerneurs suiuant leur ancienne institution. Que les armes soient ostées au peuple & consignées en lieu asseuré. Qu'il plaise à sa Majesté permettre audit Seigneur Roy de Nauarre, redresser sa compagnie de gens d'armes & luy en ordonner trois autres, leur donnant & à ses gardes bonnes certaines assignations pour se faire obeïr en son Gouuernement. Enjoindre à toutes les villes Gouuerneurs & Capitaines de sondit Gouuernemẽt, qu'ils aient à luy rendre obeissance pour le seruice de sa Majesté: & à faute de ce les declarer rebelles. Que pour leuer tout soupçon & & deffiance, il à nõmé pour son Conseil les sieurs de Fresmarcon, Gondrin, de Leugnac, de Bajaumont & la Chappelle, L'auziere, de la Mothe Fenelon & de Saintorens, Senechal de Bazadois. Auec lesquels & les sieurs de Monluc & de Foix & autres ordinaires de son Conseil il deliberera des affaires de sondit Gouuernemẽt: Finalemẽt pour les terres qu'il tient en souueraineté & droit de regalle: qu'il ne soit rien alteré en icelles cõtre les anciens traittez. Pour le fait des Eglises reformées, ledit sieur Roy de Nauarre à chargé ses deputez de prandre & receuoir leurs plaintes & en son nom les presenter à sa Majesté.

Vovs auez veu les remõstrãces que Popeliniere auoit charge de faire de la part du Prince de Condé, sa creance & la responce qu'on luy fait à tout. Celles des Deputez la Preuosté & Vicõté de Paris portoient ces mots.

Remonstrances & articles que les Gentilshommes & gens du tiers Estat de la preuosté & Vicomté de Paris estans de la Religion pretenduë reformee: qui n'ont esté admis ny appellez és assemblées nagueres faites pour la tenuë & seance des trois Estats de la Preuosté & Vicomté: presentent au Roy & proposent en l'assemblee desdits Estats. Sur lesquels suppliẽt tres-humblement sa Majesté leur faire droit.

Premieremẽt que les Estats Generaux serõt tenuz en toute liberté, franchise & selon l'ordre & coustume ancienne. Et qu'à ceste fin auant la seance d'iceux, les forces estrangeres soient licentiées & mises hors le Royaume: & les Françoises reduites ainsi qu'elles estoient du temps du Roy Henry. Ou du moins à la raison des articles cinquante neuf & dernier de l'Edit de pacificatiõ. Que les Deputez qui serõt enuoiez ausdits Estats Generaux par vn chacun bailiage ou Seneschaucée, soient egalement ouys & receuz. Et que ce mesme ordre soit gardé és electiõs qui se feront ausdits Generaux. Qu'il plaise à sa Majesté esdits Estats Generaux, faire droit sur chacun point & article qui sera proposé par l'auis desdits Estats. Que les Estats generaux soient cy apres conuoquez de dix ans en dix ans aux affaires & necessitez du Royaume. Qu'il luy plaise ordonner que l'Edit de pacification dernier sera gardé & obserué inuiolablement: & qu'aucune chose ne sera proposée, requise, ou ordonnée en l'assemblée desdits

Estats

Estats tant particuliers que generaux, contre & au prejudice dudit Edit, comme estât iceluy perpetuel & irreuocable: de peur d'alterer le repos & trâquillité publique du Royaume. Que pour faciliter & effectuer l'execution dudit Edit: tous Gentilshommes & officiers tant Royaux que des Seigneurs particuliers & tous autres aians charges publiques: Iureront l'obseruation & entretenement d'iceluy fur les peynes contre les reffufans, qu'il plaira à fa Majesté arbitrer. Que l'exercice libre & general de la Religion pretenduë reformée, soit entretenu comme de la Catholique Rommaine. Es les differens de la Religion remis à la determination d'vn cõcille saint, libre & general suiuant ledit Edit. Ce pendant que toute personne soit tenuë sur griefues peynes, faire exercice de l'vne ou l'autre Religion. Que les Chambres my parties soiét plainement & promptement establies & conoissent des contrauentions & infractions d'iceluy Edit. Et ce pendant soit estroittement & par lettres & mandemens particuliers de sa Majesté, enjoint à tous Gouuerneurs & Baillifz de tenir la main a l'execution d'iceluy. Que les Estats de Iudicature ne soiét plus venaux: dônez par forme de prest ny autrement. Ains electifs pour certain temps & sujets à sindicat. Et qu'aux Courts de Parlemét soit rendu le droit ancien de nomination de trois, pour en estre l'vn d'iceux pourueu par la Majesté. Que desormais il soit pourueu à l'importunité effrenée dont plusieurs vsent pour obtenir lettres d'euocatiõ. Comme estant ceste voie vne vraie corruption, peruertissement & prolongation de Iustice. Et ou les Iuges seroient suspects aux parties, qu'on se côtente de la voie ordinaire de recusation auec conoissance de cause. Qu'il soit ordonné aux Estats Generaux, qu'en chacun gouuernement & prouince, seront choisiz & esleuz dix personnes ou tel nombre qu'il sera trouué expediét de preud'hommie & suffisance conneuz, pour assister aux Gouuernemens desdites prouinces comme Conseillers: & auec eux tenir la main à l'entretenement du repos public. Que les estrangers n'aient non plus d'authorité ne priuilege en France pour le regard des offices, Estats, benefices & autres charges publiques, que les François par my les nations estrangeres. Et parce que la plus grande multitude des officiers qui sont en ce Royaume, est à la foulle & oppressiõ du peuple: que le nombre d'iceux officiers soit restraint par suppression ou autremét ainsi qu'il estoit au temps du Roy Loys douzième. Et principallement les Estats & offices alternatifz. Qu'il soit remedié par tous moiens aux desordres & confusions qui se voient aujourd'huy en tous Estats & singulierement en celluy de la Noblesse chacun se voullant attribuer ceste quallité: & qu'il ne soit permis à aucun prâdre la quallité d'Escuier ne porter escusson & heaume sil ne la monstre tenir de race d'aieuls paternels & maternels, sans y auoir derogé. Et qu'aucun ne puisse jouyr des priuilleges de Noblesse si ce n'est à ce tiltre ou à cause d'Estat & office qu'il porte selon les anciennes constitutions de France. Ou bien par lettres d'anoblissement du Prince deuëment verifiées. Que pour le soulagement de la poure Noblesse, les Es tats affectez aux Gentilshômes par les anciennes constitutions de France: comme de Baillifs, Vui Baillifs, Seneschaux, Preuost des Mareschaux, Archers de la garde, gens des Ordônances de la maison du Roy & autres semblables: ne puissent estre baillez sinon à personnes qui soient bien conneuës de ceste quallité & apres en auoir fait deuëment apparoir. Qu'il soit pourueu par vn bon reglemét au grand nombre de poures mandiens: à ce qu'ils ne soient plus veuz mâdier de porte en porte & importuner les passans. Ce qui se fera sil est enjoint expressémét aufdits poures de se contenir és villes & villages de leurs natiuitez ou demeurances ordinaires sâs vaguer çà & là: Et que les habitans desdits lieux soient cottisez pour la nourriture & entretenement desdits poures. Et ou la cotte ne suffiroit, sera prins ce qui en defaudra sur le reuenu des prochaines Euechez, Abbayes & Prieurez specialement & de tous temps affectez à la subuention des poures. Qu'il plaise à sa Majesté faire garder sur peynes grandes & rigoureuses, les anciennes ordonnances contre les gés de guerre tenans les champs: à ce qu'ils soient tenuz paier leurs hostes de gré à gré sans aucune vexation. Affin que par ce moien les villages & mestairies qui ont esté abandonnées & les terres demeurées en friche: soient doresnauant habitées & cultiuées pour euiter la famine qui seroit à craindre en ce Royaume. Que les deféces des tauernes soient renouuellées sur griefues peynes, mesmes de notte d'infamie. Et tous cabarets soient defenduz & ostez des villes, & permis seullement à la suitte de la Court. Et que par mesme moien soit estroittement enjoint à ceux qui sont du train ou de la suitte des Princes: de paier par les villages par ou ils passent ou sejournent. Sur peyne de punition corporelle

Noblesse.

Monnoies.

L'HISTOIRE DE FRANCE.

porelle par le grand Preuost de l'Hostel contre ceux desquels il y auroit preuue deuëment verifiée. Qu'il soit fait reiglement sur le pris & cours des monnoies establiz par Edit de sa Majesté, qui ne puisse estre excedé ne changé a l'auenir sur griefues peynes. Et que à ceste fin les bonnes ordonnances cy deuant faites desdites monnoies & transport d'icelles hors du Royaume: soient estroittement gardées. Que pour reprimer les impudicitez, paillardises & adulteres qui regnent infiniment par toute la France: au grand des-honneur de Dieu & de la Chrestienté: soient faites & publiées rigoureuses ordonnances pour punir exemplairement lesdits crimes: mesmes les adulteres soient hommes ou femmes de peyne de mort. Pareillement que les loix sumptuaires pour les habits, festins, banquets, jeux & autres choses semblables, serōt renouuellées & estroittement gardées, afin d'oster le luxe qui se voit aujourd'huy, cause & source de beaucoup de maux & de la ruyne de plusieurs bonnes maisons. Et que la confiscation des habits & joiaux de ceux qui y contreuiendront, appartienne au denonciateur. Qu'aussi rigoureuses ordonances soient faites & pratiquées cōtre les blasphemateurs du nom de Dieu: yurongnes, vsuriers & notamment contre les assassinateurs pour reprimer la licence vsurpée d'espandre le sang. Et sera sa Majesté tref-humblement suppliée de ne doner lieu aux importunitez pour octroier remissions aux meurtriers sinon en cas du droit: coupant broche à toutes abolitions par trop frequentes. Que le prix excessif des hostelliers soit moderé, mettāt regle & taux aux viures de six mois en six mois par les Iuges Royaux des & lieux afin d'euiter au monopole & subterfuge desdits hostelliers, ils ou leurs heritiers serōt tenuz continuer le mesme train d'hostellier par eux accoustumé, pour le moins jusques au prochain taux apres l'ordonnance faite. Que par vn bon reglement il soit pourueu aux abbus & degasts qui se cōmettent aux forests de France. Et pource que ce poure Royaume est grandement attenué par les guerres passées & le peuple tant trauaillé & appoury, qu'il ne luy reste plus que la plainte: plaise à sa Majesté en aiant pitié & compassion, le vouloir descharger des tailles, subsides, gabelles & imposts mis & inuentez pour la necessité du temps: & iceux moderer & reduire à la raison qu'ils estoient du temps du Roy Loys douziéme. Que aux habitans des villes, bourgs & villages qui par les guerres dernieres ont receu perte & ruyne notable par bruslement ou saccagement: soit faite diminution des tailles jusques à certain temps selon les dommages qu'ils ont soufferts. Et permis à eux de pouuoir prandre bois à pris raisonnable és prochaines forests pour rebastir leurs maisons. Pour moienner & faciliter l'acquit des dettes du Royaume en soit fait & dressé vn Estat ancien auant que partir de l'assemblée des Estats Generaux. Et que les Ecclesiastiques se chargent d'egaler sur leurs reuenuz par cottisations raisonnables le paiement desdites dettes, auquel ils serōt tenuz fournir & satisfaire dedans dix ans consecutifs. Et moiennant ce, que pendant ce temps ils soient deschargez du paiement des decimes. Et pour le soulagement tant des affaires du Roy que du poure peuple: plaise à sa Majesté reuoquer les dons & largitions immenses faites à quelques personnes que se puisse estre. Que les deniers des fortifications qui se leuent à Paris & ailleurs, & autres leuées de deniers: ne soiēt alterez ny conuertiz en autre vsage que celluy auquel ils sont destinez. Que doresnauant les rentes assignées sur les maisons & hostels des villes de Paris, Rouën & autres: ne soient arrestez ny paiement d'icelles differé ou discontinué au dommage & incommodité des poures sujets de sa Majesté. Ains paiez de terme en terme ainsi qu'elles sont constituées. Et que à ceste fin les deniers d'assignation ne soient arrestez ou pris des mains des Receueurs Generaux & particuliers. Que en general pour le reglement de la justice, police, Noblesse, marchandise tailles impositions & autres fraiz semblables: les ordonnances anciennes nommement celles des Estats d'Orleans, de Roussillon & de Moullins & autres soient estroittement gardées & obseruées sans restriction, modification ny alteratiō quelconque. Que par chacun an, ce qui sera ordōné & arresté aux Estats Generaux: soit leu & publié par toutes les villes & endroits de ce Royaume, en certains lieux ou le peuple soit à cesté fin conuoqué: afin que la memoire en soit rafraischie & le tout mieux entendu, gardé & pratiqué. Que les presentes remonstrances & articles soient à part & separement ajoustées & inserées de mot à mot à la fin des caiers des gens de la Noblesse & du tiers Estat de la Preuosté & Vicomté de Paris pour estre portez aux Estats Generaux,

Las remonstrances des Rochellois estoient ainsi conceuës.

LIVRE QVARANTEDEVXIEME. 338.

ARTICLES pour presenter a la Majesté par les Deputez des Maire, Escheuins Pairs & Bourgeois manans & habitans de la ville de la Rochelle & du plat pays du gouvernement & Isles adiacentes tant Catholiques que de la Religion pretenduë Reformée: ses tres-humbles seruiteurs & suiets en l'assemblée des Estats de la France en la ville de Blois.

PREMIEREMENT d'autant que la Paix est seulle qui maintient les Royaumes tant en general de la monarchie, que polices & œconomies particulieres d'icelle: supplient sadite Majesté de faire entretenir & maintenir son Edit de la Paix dernierement faite & publiée le 14. jour de May. Et en ce faisant maintenir tant les Catholiques que ceux de ladite pretenduë Religion reformée, chacun paisiblement & esgallement en sa Religion & exercice d'icelle suiuant ledit Edit. Et de faire Iustice rigoureuse contre ceux qui y contreuiendront. Que comme ceux de la Religion Catholique ont leurs Euesques & curez treslargement dottez: qu'il plaise à sadite Majesté ordonner que les Ministres de ladite Religion pretenduë reformée auront gages suffisans selon leur charge: ou à tout le moins ordonner que ceux qui ont fait profession de ladite Religion, feront collecte pour amasser sur eux les deniers des gages desdits Ministres. Voire y pourront estre contraints le fort portant le foible, par les Magistrats des lieux ou se fera ledit exercice de ladite Religion pretenduë reformée. Ausquels Magistrats tant Royaux que subalternes, sera mandé d'autoriser lesdites taxes & de bailler les contraintes au cas requises. Quand és Ministres de ladite Religion Catholique: Supplient sesdits tres-humbles seruiteurs & sujets Catholiques de faire garder l'ordonnance du Roy Charles neufiéme faite en son Conseil sur les plaintes, doleances & remostrances des Deputez des trois Estats tenuz en la ville d'Orleans, leuës & publiées en la Court de Parlemēt à Paris le treziéme jour de Septembre, mil cinq cens soixante vn. Et quand au reste desdites ordonnances concernans tant le fait de la Iustice, la Noblesse que marchandise, tailles & subsides: supplient sadite Majesté tous les dessus dits d'vn commun accord: que sadite Majesté face entretenir de point en point ladite ordonnance. Et qu'elle casse tous Edits faits depuis au contraire & en prejudice de ladite ordonnance, & les Estats & offices depuis de nouueau erigez cassez & suprimez. Ajoustās toutesfois sous le bon plaisir de sadite Majesté: que pour l'exercice de la Iustice en chacune de ses villes: les Generaux Tresoriers, ferōt estat par chacun an aux receueurs particuliers desdites villes, de certaine somme de deniers sur le reuenu du dommaine de sadite Majesté pour les fraiz de Iustice: soit que ledit dōmaine se leue par les mains du receueur ou fermiers. Et que le pareil sera obserué par les sieurs hauts Iusticiers. Aussi que lesdits Generaux Tresoriers, seront tenuz ordōner de bōnes & seures prisons en chacune desdites villes accommodées de chambres pour faire par les Iuges les procez criminelz. Que ajoustant aussi ou interpretant ladite ordonnance pour le regard des priuilleges des Escolliers: il plaise à sadite Majesté ordonner que tous Escolliers estudians és Colleges instituez és villes pour l'institution de la jeunesse és bonnes lettres & sept arts liberaux, par priuilleges à elles octroiées par les Roys de la France: jouïront de semblables & pareils priuilleges que ceux qui estudient és vniuersitez approuuées de ce Royaume comme estant l'equité fondée en semblable raison. Que pour trouuer moiens à sadite Majesté de l'acquiter de ses tresgrandes dettes que les guerres ciuilles ont causé, & soulager son poure peuple tant desolé & affoibly par la calamité desdites guerres: est tresexpedient qu'il procede, outre la vente de portion des grans benefices qu'il à commancé faire, de vendre les bois de haute fustaye des Archeueschez, Eueschez & Abbayes & autres grans benefices de ce Royaume dont il pourra amasser de grans deniers. Et outre pource que la plus part desdits Eueschez & Abbayes ne sont fourniez du nombre des Religieux qui y doiuent estre: prandre le reuenu desdites Abbayes qui soulloient estre emploiez à la nourriture desdis Religieux. En quoy sera par sadite Majesté pourueu à l'auarice desdits beneficiers. Lesquels sans faire aucun diuin seruice, ny souffrir la charge de ladite nourriture: emploiēt le tout à leur proffit. Et par mesme moien se fera vne bien grande collecte de deniers pour estre cōuertiz au proffit de sadite Majesté. De tous lesquels deniers & autres destinez pour la manutention de l'Estat de sa Couronne: est tresexpedient sous la correction de sadite Majesté, que icelle dite Majesté, n'en face aucun don à aucune personne de quelque quallité qu'il soit. Ains

Remonstrā-ces des Rochellois aux Estats tenuz à Blois.

qu'il

L'HISTOIRE DE FRANCE.

qu'ils soient employez à l'acquit desdites grosses dettes pour le temps que sadite Majesté verra estre affaire.

Deputez de Languedoc &c.

QVAND à ceux de Languedoc & pays voësins Catholiques vnis & Protestans: ils s'adresserent à Monsieur. Car comme je vous ay dit autres fois, pour faire respirer ce Royaume de tant de miseres & le remettre en son premier lustre: les Protestans & Catholiques vnis, voire bone part des autres nommement des neutres & plus paisibles des François: ne demandoient à leur Prince souuerain apres vne paix, que l'assemblée des Estats generaux de tout le Royaume: pour y reformer solemnellement tant d'abbus, lesquels habituez vont comme enuieilliz en tous estats particuliers: sont la vraie source & plus euident motifs de tant de miseres presetes. Et pource que les Protestans & Catholiques vnis, ne furent jamais des derniers & plus paresseux à se plaindre: ceux de Languedoc esperas que l'assemblée & tenuë des Estats Generaux assignée en Nouembre à Blois, seroit telle qu'ils s'imaginoient: Et que Monsieur ajant par le passé fait publique & telle profession de rechercher la reformatiō des abbus qu'il voioit en ce Royaume, y fauoriseroit leurs desseins & remōstrances, estat ainsi reconcilié auec leurs Majestez s'estre assemblez à Nismes le huitième Octobre luy enuoient presenter & desduire particulierement leurs plaintes à la contrauention de l'Edit de paix derniere en la forme qui suit.

Sur la conuocation des Estats Generaux faite par le Roy en la ville de Blois au mois de Nouembre prochain: Les manans & habitans tant Catholiques vnis que de la Religion reformée des Prouinces de Languedoc, Guienne, Prouence, Dauphiné & Lyonnois: pour la singuliere affection & denoir naturel qu'ils ont au bien & repos de ce Royaume soullagemēt du peuple: & à la parfaite amitié & vnion requise parmy les sujets de sa Majesté: remonstrēt tres-humblement à Monseigneur frere du Roy ce qui s'ensuit.

PREMIEREMENT remercient tres-humblement sadite Majesté, de la sainte & sincere intention qu'il à declarée à son peuple par le Benefice de la Paix, desirant par les effets d'icel le faire cesser & mettre fin aux calamités publiques de son Royaume. Dont lesdits supplians protestent comme ils ont tousjours protesté: de vouloir viure & mourir tre-humbles & tres-obeïssans sujets d'icelle. Se contenir en la parfaite & entiere obeïssance de ses Edits & ordonnances. De l'obseruation desquelles ils ont tousjours estimé deppendre la conseruation & manutention de l'Estat & repos public: comme au contraire de l'infraction & contrauention d'iceux, proceder tout desordre & confusion à la ruyne de sesdits sujets. Et dautant que par ledit Edit il auroit pleu à sadite Majesté vser des remedes dont les Roys de bonne memoire ses predecesseurs ont accoustumé de se seruir, pour guarir les maux de leur Royaume: C'est assauoir d'vser des assemblées publiques & generalles, pour auec le bon auis de leurs peuples & sujets, pouruoir non seulement au bien vniuersel de la France: mais aussi aux plaintes & doleances du poure peuples: lesdits supplians n'ont rien plus cher & ne desirent que d'estre ouïs en leurs remonstrances, & par si sainctes deliberations generalles, voir l'Estat de ce Royaume regy & policé par bonnes loix publiques inuiolablement obseruées. Toutesfois voiant l'Edit dernier la plus part non effectué ny executé: & encores l'Estat des troubles en plusieurs villes & lieux estre continué: lesdits supplians ne peuuent qu'a bonne & juste cause faire les presentes remonstrāces pour sur icelles leur estre pouruen par sadite Majesté comme le bien de son seruice & soulagement du peuple le requiert. Par ledit Edit l'exercice de la Religion reformée est permis par toutes les villes & lieux du Royaume sans distinction ny restriction de personnes, temps & lieux, sauf à Paris & en sa Cour. Toutesfois contreuenans à icelluy, il n'y a encores en la plus part des villes, aucun exercice introduit: ores qu'il y ait plusieurs habitans faisans profession de ladite Religion qui le requierent. Dont en haine de ce, ils sont intimidez tant par les Chefs commandans esdites villes que autres de contraire Religion. En la ville de Toloze depuis la publication de l'Edit, plusieurs enfans Escoliers Catholiques vnis & de ladite Religion estoient allez pour estudier en la Iurisprudence. Lesquels ont esté tellement intimidez à cause de leur Religion & vnion: qu'ils ont esté contraints s'en departir & retourner en leur pays pour les indeues recherches qui se font ordinairement en ladite ville: en les enrolant & baillant en charge à leurs hostes: leur defendant tresexpressement parler de ladite Religion ou exercice d'icelle, s'ils ne veulent voir vne autre seconde feste de saint Barthelemy. Dequoy tous indifferemment estans de ladite Religion & vnion, sont tellement scandalisez qu'ils n'osent aller & trafficquer en ladite ville. A l'exemple de laquelle la plus part des autres

villes

LIVRE QVARANTEDEVXIEME. 339.

villes se conforment & sous de mesmes deportemens & traittemens que audit Tolose. Es villes & lieux ou l'exercice de la Religion est introduit par vertu de l'Edit: ores que par icelluy soit loisible & permis à vn chacun de ladite Religion, aller ouyr les Presches ou leur semblera en toute liberté & seureté. Toutesfois si quelcun des lieux proches & circonuoisins en passant vont au Presche desdites villes: ils en sont chassez & mis hors ignominieusement auec menaces: estant par ce moien toute liberté ostée ausdits supplians. La Iustice qui est vn des principaux fondemens des Estats souuerains: & ce qui en ce Royaume a accoustumé de reluire plus qu'é toute autre natiõ: n'a aucun effet ny executiõ esdites prouinces. A cause que l'establissement des chambres my parties ordonnées au ressort de chacun Parlement, est differé quelque poursuitte & requisition qui s'est fait sur ce faire. D'ou procede vn interest notable au poure peuple, qui demeure par ce moiẽ priué du benefice de la Iustice & sans Iuges souuerains pour conoistre de leurs appellations. Singulierement que le Parlement de Tolose comme suspect recusé & interdit ne peut conoistre de leurs causes & differens. Ceux qui sont mal affectez au bien de la Paix, voiant l'Edit sans execution, l'Estat des troubles encores continué, la Religion & justice sans establissement: se licentient de jour à autre tant aux villes que aux champs à toutes especes de maux & malefices: se promettans toute impunité. Vn chacun vray sujet de sa Majesté, à esperé que de la conuocatiõ & deliberation desdits EstatsGeneraux, n'en pourra reüssir qu'vn vray singulier & souuerain remede à tãt de maux qui ont debilité & alteré grãdement la bonne constitutiõ de ce Royaume tant pour la Religion que justice & police. Mais dautãt que l'on à tousjours pensé que le principal nerf & vertu desdits Estats, estoit qu'ils soiẽt libres & legitimes pour y dire oppiner, & requerir librem ẽt tout ce qui touche & peut appartenir à l'Estat de ce Royaume & au bien & repos public: lesdits supplians se representans l'Estat des prouinces tel que dessus, si mal encores ordonné & establys, l'Edit non effectué, ne peunẽt pour les causes susdites s'y acheminer ny apporter leurs oppiniõs libres comme il seroit requis & qu'il à esté saintement institué par les anciens Reglemens & premiers establissemens desdits Estats Generaux. Et pour monstrer que toute liberé & seureté leur sont ostées: remõstrent tres-humblemẽt que les armes quasi par tout sont encores debout. Et mesmes l'armée des Reystres & autres estrangers encores dedans le Royaume: jaçoit que par l'Edit toutes gens de guerre se deussent retirer & congedier & mesmes toutes les forces estrãgeres: qui cause vne juste desfiance ausdits supplians qui sont encores plus battuz & persuadez de plusieurs propos tendãs plus au renouuellement des troubles & esleuation d'armes qui se prepare aux nations estranges: qu'à vne bonne & asseurée paix. En plusieurs villes comme à Lyon & autres, ores que par l'Edit soit defendu de tenir aucunes garnisons sinon celles qui sont ordonnées pour l'execution & entretenement dudit Edit. Et qu'il soit ordonné qu'incontinant elles vuideroiẽt: toutesfois elles y sont encores & les portes d'icelles gardées en forme d'hostilité. Recherchans les passans & allans, faisans escrire leurs noms & changer de logis de deux jours en deux jours. Qui cause telle tremeur au cœur desdits Catholiques vniz & de ladite Religiõ: qu'ils ne peuuent se persuader le repos & le fruit de Paix qu'ils ont tousjours esperé. Qui reuient au grand prejudice de leurs affaires, & commerce public. Il à pleu à sadite Majesté par ses lettres de conuocation desdits Estats, mander aux gouuerneurs des prouinces & Baillifs, de faire deputer vn de la Noblesse, vn Eclesiastique, & vn du tiers estat. A laquelle deputatiõ & eslection ores qu'elle ne se peut & deust faire sans l'assistance desdits Catholiques vniz & de ladite Religion qui n'ont moindre interest que les autres: toutesfois à cause qu'il n'y à libre accez esdites villes ou lesdites deputations se font: lesdits supplians n'y ont esté assistans ny oppinans pour crainte & fraieur des armes & contrauentions à l'Edit qui se commettent ordinairement esdites villes. D'ou sensuit que les Deputez sont esleuz à la deuotion des Electeurs: & assistans ausdits Estats Generaux: parleront au nom desdits suplians qui n'ont aucunement oppiné ne consenty à leur nomination: & moins encores à leurs instructions qui leur auront esté baillées. Ce qui ne pourra estre qu'au grand prejudice des droits & libertez accordez ausdits supplians par l'Edit de pacification. Et dautant que sa Majesté auroit voulu que six mois apres la publication de l'Edit: lesdits Estats seroient conuoquez & tenuz: lesdits supplians requierent, que par vn prealable ledit Edit soit effectué. Et que les six mois ne doiuent courir que depuis l'entiere execution & non de la seulle publication d'icelluy. Afin que sedits sujets puissent jouir de la seurete & liberté qui est requise à l'assistance & deliberation generalle desdits Estats. Et que voians

la

L'HISTOIRE DE FRANCE.

la face de ce Royaume toute changée: & l'Estat d'icelluy reduit en toute paix & tranquillité: soit permis à tous ses sujets vser de ses loix & ordonnances. Ce que presentement ils ne peuuēt faire & moins en ont ouuerture d'y paruenir sans qu'il plaise à vostre grādeur informer sa Majesté de ce que dessus: & faire pouruoir à leurs justes & equitables remōstrances. Parquoy suiuant le saint zelle & affection qu'auez au bien de ce Royaume & à la splandeur & conseruation d'icelluy & faire cesser toute semēce de trouble & diuision & reconcilier le peuple à vne vraie vnion & concorde qui ne peut estre ny proceder que d'vne entiere & parfaite obseruation dudit Edit de pacification: & pour pouruoir aux inconueniens qui s'en peuuent ensuiure si l'on procede ausdit Estats Generaux, les suppliās non ouyz en leurs droits & remonstrāces: les armes encores dressées, les principaux articles de l'Edit non executez, la Iustice soueraine non establie, les contrauentions patentes aux champs & à la ville auec toute impunité. Plaise à vostre dite grandeur faire entendre & trouuer bon à sadite Majesté que puis qu'il plaist à sa debonnaireté ouïr tous ses sujets ausdits Estats & pouruoir à leurs plaintes & doleances: que auant que ladite assemblée des Estats se tienne, l'Edit de pacification sera effectué & executé suiuant sa forme & teneur comme estant vne loy publique & inuiolable: que par deliberation aucune soit des Estats generaux ou particuliers ne peut estre aucunement alteré & moins reuoqué. Ce faisant que l'exercice de la Religion soit remis & introduit en toutes les villes & lieux suiuant l'Edit. Les chambres de Parlement my parties, establies en chacun ressort. Les armes ostées & les forces estrangeres retirées. Afin que apres le tout deuëmēt effectué, lesdits supplians en toute liberté & seureté puissent par toute humilité & reuerence assister & oppiner ausdits Estats pour le bien, repos, vnion, bon ordre & police de ce Royaume. Et en cas que les Deputez des autres prouinces de cedit Royaume, nonobstant les humbles remonstrances que dessus: passent outre pour deliberer & conclure aucune chose esdits Estats generaux contre & au prejudice de l'Edit en tout ou en la moindre partie: Les suplians des maintenant & par expres protestēt de recourir à sa Majesté pour plus emplement desduire si besoin est, la nullité de ladite assemblée manque & cessitueuse: ensemble de tout ce qui sera arresté. Afin que par leur arrest & conclusion, ne soit faite aucune breche ne prejudicié audit Edi, ne au bien & repos de tout ce Royaume. Et les supplians augmenteront de tant plus leurs tresaffectueuses prieres qu'ils font continuellement a Dieu pour l'Estat grandeur & properité de sa Majesté & la vostre. Mais voians les Conecerez que toutes ces remōstrances ne pouuoient rien gangner entre les Catholiques, Conseils de sa Majesté & moins encor reuoquer la solemnelle resolution des Estats Generaux de toute la France: ne peurent long temps patienter comme j'ay dit ailleurs sans monstrer par armes descouuertes l'effet de ce qui plus les passiōnoit: ainsi que j'ay deliberé vous faire particulierement entendre. Apres vous auoir representé la tenuë des Estats generaux de France conuoquez à Blois depuis le commencement jusques à la fin: sans oublier aucune particularité qui soit digne d'estre remarquée, tant pour le proht public que particulier de celluy qui se veut habiliter & rendre
sage a l'exemple d'autruy plus que
par l'euenement de son
propre mal.

****
***
*

SOMMAIRE
Du Quarantetroiziéme Liure.

LETTRES patentes du Roy pour la conuocation des Estats Generaux à Bloys. Preparatifs des Catholiques à la tenuë des Estats. Forme qu'on y tint. Seance & Harengue du Roy aux Estats de son Roiaume. Harengue du Chancellier Birague. Remerciement des trois Deputez Generaux. Ambassadeurs du Roy & des Estats Generaux au Roy de Nauarre, Prince de Condé & Mareschal d'Anuille auec leurs charges & responces d'icelles par chacun. Harengues des trois Deputez Generaux au Roy: qui leur respond. Où il est parlé de la condition & deuoir de la Noblesse, des Eclesiastics & du tiers Estat. Le Roy haste les Deputez de luy trouuer argent pour ses necessitez & affaire de son Roiaume. Edit de Paix cassé par les Estats. Aquoy s'oppose animeusement le Baron de Mirambeau pour les reformez. Remonstrances au Roy & aux Estats par la maison de ville de Paris pour l'entretenement de la Paix ou est traitté du deuoir & puissance du Roy. Ensemble de la misere de son Roiaume au cnue pour les Guerres ciuiles. Harengue du Duc de Montpencier aux Estats retourné deuers le Roy de Nauarre pour la Paix. Requeste presentée par le tiers Estat General assemblé à Bloys pour entretenir la Paix & reunir tous ses suiets à la Religion Catholique mais sans Guerre. Deputez des Estats de Flandres pour demander secours au Roy & assistance à Monsieur. Biens d'Eglise cóme venus & aquoy affectez. Requeste des Deputez Protestans au Roy & Estats Generaux pour le supplier de maintenir son Edit de Paix. Responce verballe du Roy sur le Champ. Proposition du Roy à quatre fins. Dommaine du Roy & sa qualité. Finances du Roy pour les sixiémes Guerres. Lettres du Roy de Nauarre au Parlement de Bourdeaux auec la responce hautaine d'iceluy: dont il se plaint. Esmeute à Bourdeaux sur les Protestans. Lettres du Roy aux Gouuerneurs de ses Prouinces par lesquelles il les auertit qu'ils se comportent selon la Resolution des Estats Generaux & de son vouloir qu'il leur à donné à entendre.

RESOLV de commencer ce liure par la tenuë des Estats Generaux (action des plus honnorables & necessaires qui ayent jamais esté introduittes en aucune republique de ce monde) le deuoir d'vn Historiographe me semble estre vous en esclarcir le commencement, le progrez & fin d'iceux: par les causes de l'assemblée, par les moyens qu'on y tint & la resolution que y fut prise. Non à la maniere des anciens autheurs de quelque langue qu'ils soyent: lesquels se proposans le discours d'vne chose notable, s'estiment bien acquittez de leur deu, s'ils la traittent le plus brieuement qu'ils peuuent. Persuadez je croy que la faisans gouster seulement, & comme du bout des leures: ils se rendent plus recommandables nous en laissans plus d'enuie de recercher ce qu'ils y ont laissé de malice ou peut estre oublié par ignorance de ce qu'ils deuroyent sçauoir les premiers. Outre ce que dessus ma traditiue vous y fera veoir des accidens peu moins remarquables que les particularitez des Estats. En ce que non contant de vous auoir representé par qui, comme & a quelle fin ils furent tenus: vous y verrez tout ce que ceux qui depuis les premiers troubles n'ont gueres vescu contans: ont peu dire & faire contre ceste assemblée. Pour donques apres le premier motif (qui est la plainte des Protestans & Catholiques vnis) vous faire veoir la plus prochaine cause de telle conuocation. Le Roy curieux de rendre tous ses sujets contans: feit publier ces patentes par l'estenduë de son Roiaume en chacun ressort & Bailliage de ses Prouinces.

Nostre amé & feal, depuis qu'il à pleu à Dieu nous appeller a ceste Couronne: nous n'auōs rien eu en si grād desir & recōmandatiō: que par le moiē d'vne bōne Paix, mettre fin aux trou-

Lettres patentes du

Nouembre, Decembre, 1576.

Roy pour la conuocatiō des Estats.

bles dont ce Roiaume à esté affligé par si long temps; afin de pouruoir à l'alteratiō & desordre qui y est suruenu tāt en l'Estat Eclesiastique que seculier par l'aigreur & cōtinuatiō des guerres ciuiles: & restablir toutes choses en leur premiere splendeur. Mesmes pour le regard de la Iustice, police & discipline. Et sur tout soulager nos sujets à l'auenir des grādes charges, foulles & oppressiōs que la malice du temps les à cōtraints de supporter à nostre tresgrād regret. Ce que nous auōs tousjours estimé ne se pouuoir mieux faire que par vne conuocation & assemblée Generalle des Estats de toutes les Prouinces de nostre Roiaume. Mais le malheur à esté tel que à nostre auenemēt à la Courone: nous auōs trouué les affaires en tel estat, qu'il nous à esté du tout impossible de paruenir si tost que nous desiriōs à vne entiere Pacificatiō & reconciliatiō de nos sujets. Laquelle en fin nous aiāt esté octroiée par la grace de Dieu: nous voulōs leur faire sentir les fruits de nostre premiere intētiō & perpetuel amour & biē veillāce enuers eux. Nous prometans aussi que de leur part ils apporterōt vne droite deuotion & sincere affection à nostre seruice & au bien de nostre Roiaume: et respōdrōt au saint desir que nous auōs tousjours eu de le soulager en tout ce qui nous fe a possible: & les maintenir en Paix, repos & seureté tant de leurs biēs que de leurs persōnes: moienāt la grace de Dieu duquel nous esperōs toute aide & secours en ceste bonne & entiere volonté. A ceste cause nous vous auertissons & signifiōs que nostre intētion est de cōmēcer a tenir les Estats libres & Generaux des 3. ordres de nostre Roiaume au 15. jour du mois de Nouē. prochain en nostre ville de Bloys: ou nous entēdons & desirōs que se trouuēt aucuns des plus notables persōnages de chacune Prouince,

Occasions de l'assemblée.

Bailliage & Seneschaussée de nostre dit Roiaume: pour en pleine assēblée nous faire entendre les remōstrāces, plaintes & doleāces de tous affligez: afin sans exceptiō de persōnes d'y dōner tel ordre & remede tāt en general qu'ē particulier, que le mal requerra. Et leur faire conoistre par effet la grāde & entiere affectiō que nous auōs tousjours euē: & qui nous continuē encores de plus en plus de remetre & restablir toutes choses en bon Estat, & les y maintenir tant & si longuemēt qu'il plaira à Dieu nous faire la grace de regner sur eux. Aussi pour nous dōner auis & prādre auec eux vne bōne resolutiō sur les moiēs d'ētretenir nostre Estat & acquitter la foy des Roys nos predecesseurs & la nostre le plus au soulagement de nos sujets que faire ce

Seconde occasion de l'assemblée des Estats.

pourra. Pour aquoy satisfaire, nous voulons vous mādons & tresexpressemēt enjoignōs que incontināt apres la presente receuē, vous aiez a son de trōpe & cry public ou autremēt à conuoquer & faire assembler en la principalle ville de vostre ressort dedans le plus brief temps que faire ce pourra: tous ceux des trois Estats d'iceluy, ainsi qu'il est accoustumé faire & que cy deuant s'est obserué en sēblable cas: pour cōferer & cōmuniquer ensēblemēt tant des remōstrāces, plaintes & doleāces, que moiens & auis qu'ils auront a proposer en l'assēblée generale de nosdits Estats. Et ce fait eslire, choisir & nōmer vn d'entre eux de chacun ordre qu'ils enuoieront & ferōt trouuer audit jour 15. du mois de Nouēb. en nostre dite ville de Bloys auec amples instructiōs & pouuoirs suffisans, pour selō les anciēnes & loüables coustumes de ce Royaume nous faire entendre de la part desdits Estats, tant leurs dites plaintes & doleāces: que ce qu'il leur sēblera tourner au biē public, soulagemēt & repos d'vn chacun. Ensēble les moiens qui leur sēbleront plus propres & moins dōmageables pour entretenir nostre estat & deliurer nostre dit Roiaume de la necessité en laquelle ils le voiēt reduit à nostre tresgrād regret. Les asseurās que de nostre part ils trouuerōt toute bōne volōté & affectiō d'executer entieremēt ce qui aura esté auisé & resolu ausdits Estats. A ce que vn chacun en son endroit puisse receuoir & sentir les fruits qu'ō peut & doit attēdre & esperer de l'issue d'vne telle & si notable assemblée. Donné à Paris le siziéme jour du mois d'Aoust, 1576.

Preparatis aux Estats Generaux. plainte des Protestans.

Cela publié en la Cappitalle de chacune Prouince, fut soudain enuoié par les Officiers du Roy és ressorts d'icelle pour y faire assembler les 3. ordres qui cōmuniquerent: Puis auoir enuoié les plus suffisans d'eux, le Magistrat de ceste principalle ville, deputoit ceux de tous qui se trouuoient les plus suffisans pour exprimer les plaintes de la Prouince aux Estats Generaux. Surquoy les Protestās & Catholiques vnis, se plaignoient de ce qu'encores que la volonté du Roy s'estendist generallemēt sur tous ses sujets que d'vne que d'autre Religiō: Ils n'auoiēt toutesfois esté cōuoquez ny receus ez assēblées de ces Estats particuliers pour y declarer le sujet & causes de leurs plaintes cōme vous verrez ailleurs. On ne laissa toutefois de poursuiure & se trouuer à Bloys ou premieremēt Moruillier fut enuoié pour policer les affaires du païs: & preparer tāt les cœurs des Catholiques que la seāce des Estats. Le Chācellier Birague puis le 17. Nouembre

LIVRE QVARENTETROISIEME. 341.

Nouembre la Roine Mere s'y trouua par laquelle nombre de Deputez luy auoir fait la reuerence & offert leurs personnes, biens & vies à son seruice, furent remerciez & enuoiez au Chancellier lui en presenter autant: plusieurs trouuans neātmoins fort ridicule de les voir ainsi trotter & adorer ceux à qui ils deuoient hardiment demander compte du passé au nom de toute la France. Au lēdemain le Roy, la Royne & Duc d'Alançon y firent leur entrée assez magnifique aians ja fait passer quatre regimens de pied fort bien en conche par le milieu de Bloys pour aller en leurs quartiers au tout la ville. Les deux cēs Gentils-hommes de la maison du Roy estoient logés à Baugency. Il y auoit aussi douze cens Suisses, les Escossois, les Gardes ordinaires de sa Majesté sans les trouppes que ceux de Guyse & autres Seigneurs y auoient amenez. Si que tout le pays estoit fourny de Caualleire & fanterie. Puis les Deputes furent chacun en leur ordre reuerer sa Majesté. Laquelle les auoir prié regarder au soulagement de son Royaume: les fit aller trouuer son frere qui les receut humainement. Le vintquatriéme, le Roy fit crier que chacun Estat s'assemblast à deux heures de midy pour leur charge & Conference de leurs cayers. L'Eclesiastique à Saint Sauueur, les Nobles au Pallais & le tiers Estat en la maison de ville: la les Deputez de chacune Prouince, furent appellez suiuant l'ordre tenu à Orleans: Et furent leurs noms escrits: ou Auanson Archeuesque d'Ambrun pour le Clergé alla visiter la Noblesse & le tiers Estat auec honnestes remonstrances pour les vnir en mesme volonté. Ce fait l'Huillier Preuost des Marchās de Paris cōme premier Deputé, le remercia & la Noblesse aussi. Puis ces deux Estats deputerent au Clergé pour le remercier de telle courtoisie. Le vintsixiéme & vintseptiéme le Preuost des Marchans fut esleu President au tiers Estat. Le Presidēt des comptes Deputé auec vn Escheuin & Versoris Aduocat pour la ville de Paris, n'ayans eux trois qu'vne voix. Le reste du temps & jours suiuans, furent emploiez à debattre les seances Gouuernemens, nombre, ordre, & preseances d'iceux. Mesmement pour les Gouuernemens d'Orleans & Guyenne. Ou fut arresté par le tiers Estat, que ceux qui estoient en different se feroient regler par le Roy dedans trois jours. Et cependant qu'on opineroit par Gouuernemēs. Ceux de Bourgongne vouloient aussi auoir le premier lieu: alleguans que leur Duché estoit la premiere payrie du Roiaume & quelques exemples anciens de telle prerogatiue. Mais ceux de l'Isle de France maintenoient auoir tousjours eu le premier degré & de fraiche memoire à Orleans. Le Preuost des Marchans l'emporta pour l'Isle de France. La Noblesse ne debatoit moins ceste preseance & l'honneur de rapporter ce qui seroit conclud & arresté entre eux. Mais le Baron de Senescey fils du grand Preuost de l'hostel, le gangna: qui fut esleu par la Noblesse comme, Espinac Archeuesque de Lyon pour le Clergé & Versoris pour le tiers Estat. Au premier Decembre les Deputez de l'Isle de France & ceux de Bourgongne entrerent en different. Sur ce que Bodin Deputé de Vermandois & le premier apres ceux de la ville, Preuosté & Vicomté de Paris pretendoit la seance apres ceux de Paris. Et les Deputes de Senlis, Vallois, Mante, Clermont, Meulan, Dreux & autres de l'Isle de France la vouloient auoir apres le Vermandois. Ce que ceux de Bourgongne & Bretagne empeschoiēt. Ceux de l'Isle de Frāce disoient qu'il leur estoit necessaire d'estre apres ceux de Paris pour opiner tous ensemble au Gouuernement de l'Isle de France comme il auoit esté arresté qu'on opineroit par Gouuernemens. Ceux de Bourgongne disoient qu'aux Estats de Tours & Orleans ils auoient eu seance apres ceux de Paris. Le tout renuoié au Roy en mesme differend entre les Nobles, adjugea la preseance à la Bourgongne. Occasion que Bodin se teust craignant semblable Arrest du Roy. Ce jour les Gouuernemens furent appellez en tel ordre. L'Isle de France, Bourgongne, Champagne, Languedo, Picardie, Orleans, Lyonnois, Dauphiné, Prouēce, Bretagne, Normādie. Sous Guyenne demeura la Rochelle qui n'eut aucun Deputé. Sous Orleans, Poiton, Touraine, le Maine, Anjou, Bloys, Amboyse, Angoumois, & le Marquisat de Saluces sous Dauphiné. Puis le 3. ils verifierent leurs pouuoirs. Et auoir ouuert les cayers, entrerēt en Conference: Premierement sur le point de Religion: Sur laquelle plusieurs concluoient à l'entretenement de l'Edit: les autres furent d'auis de supplier le Roy de les entretenir en la Catholique, Apostolique Romaine mais sans Guerre. Le plus de voix neantmoins emporta par apres au contraire par quelque moyen que ce fust. Le cinquiéme Decembre le tiers Estat enuoya le President & quelques autres supplier le Roy de donner seance au tiers Estat honorable & apart, & qu'il ne fust point riere les deux autres. Fut aussi arresté que s'il sentoit aucun pour former opposition & protester contre les Estats, que le Roy seroit supplié

Deputez, Royne Mere.
Plainte des Protestans
Entrée du Roy &c.
Forces du Roy à Bloys

Premier Deputé.

Differens aux Estats.

Jean Bodin docte amy de Paix & du bien public.

Ordre des Deputez selon leurs Gouuernemens.

Religion.

Tiers Estat Supplié

Vuu ij.

de paſſer outre ſans y auoir eſgard. Puis le Roy reſolu de faire ſa premiere ſeance le ſixiéme Decembre: fut auiſé premier qu'y entrer que le Roy & les Eſtats feroyent Ieuſnes & Proceſſions Generales pour prier Dieu qu'il donnaſt bonne yſſue à ceſte aſſemblée. Durant ces feſtes & aſſemblées publiques, furent veuz & non punis, larrons innumerables, coupeurs de bourſes en tous lieux, voire juſques à coſté du Roy en quelque endroit qu'il fuſt. Tant à creu l'audace par l'impunité des meſchans cauſée par le defaut des Iuſticiers, non moins que des Paſteurs qui deuroient autrement ſurueiller ſur tant de brebis eſgarées de leur deuoir. Mais côme ces defauts ne ſont que trop ordinaires parmi nous: Ce que les gens de bien trouuoient le plus eſtrange eſtoit l'incroiable temerité de ces pandereaux qui auoient l'audace de s'approcher ſi pres du Roy: ſans crainte de punition & reuerence de ſa grandeur. Ce qui ne vient que du trop facile accez qu'on donne à toutes ſortes de gens enuers le Prince ſouuerain. Lequel au lendemain ſur les deux heures apres midy venu en la Salle richement tapiſſée, pourueuë de ſieges & de tout ce qui eſtoit beſoin: fut conduit & mené ſolemnellement ſous vn haut d'aix. Où aſſis en ſon throne eſtoit à ſa dextre au deſſous la Royne Mere. Et au meſme coſté vn peu plus bas le Cardinal de Bourbon, le Marquis de Conty & ſon frere puiſnez du Prince de Condé, le Duc de Montpencier, le Prince Dauphin, Mercur frere, de la Royne les Ducs du Maine. Et riere eux le Duc d'Vzez. A gauche vis à vis eſtoit la Royne & vn peu plus loin trois Pairs du Clergé Eueſques de Langres, Laon & Beauuois. Au bout de ſe theſtre le Chancellier en vne Chaiſe à coſté ſeneſtre comme au milieu du Theatre. Au deuant duquel y auoit douze bancs de ranc du coſté droit & autant à gauche. Sur les ſix premiers à droite eſtoit le Clergé. Sur les ſix gauches la Nobleſſe. Et riere les deux ordres d'vn & d'autre coſté, le tiers Eſtat ſelon l'ordre qu'ils furent appellez: faiſant le Baron Doignon l'Eſtat de grand Maiſtre des Ceremonies abſent. Au trauers des douze bancs y en auoit d'autres au deuant en lôgueur pour les Conſeillers du priué Côſeil. Et le reſte de la Salle plein de toutes ſortes d'hommes ſans ordre, Et au haut de la Salle les Galleries pour les Dames & Gentils-hommes de Court. Au reſte le Theatre eſtoit circuy & enuironé des deux cens Gentils-hommes, les Capitaines des Gardes, Huiſſiers & Herauts d'Armes portans leurs habits accouſtumez en tel cas. Sur ce le Roy apres auoir leué ſon bonnet à l'honneur de l'aſſiſtance, luy tint ces propos de grace & actiô fort belle.

Meſſieurs il n'y a perſonne de vous qui ne ſçache les cauſes deſquelles j'ay eſté eſmeu à cōuoquer ceſte aſſemblée. Pource n'eſt il beſoin de conſommer le temps en parolles à le vous faire entendre. Ie croy auſſi qu'il n'y a celuy qui ne ſoit venu bien inſtruict & preparé pour ſatiſfaire à tout ce que j'ay mandé par mes Commiſſions publiées en chacune Prouince. Et m'aſſure dauantage qu'il n'y a homme en ceſte compagnie qui n'y ayt apporté le zelle & affection qu'vn bon & loyal ſubject doit auoir enuers ſon Roy & le ſalut de ſa patrie. Preſuppoſant cela, j'eſpere qu'en ceſte aſſemblée de tant de gens de bien, d'hôneur & d'experience: ſe trouue tout les moiens pour mettre ce Roiaume en repos: pouruoir aux deſordres & abbus qui y ſont entrez par la licence des troubles: deliurer mon peuple d'oppreſſion: & en ſomme donner remede aux maux dont tout les corps de ceſt Eſtat eſt tellement vlceré, qu'il n'a membre ſain n'y entier, au lieu qu'il ſouloit eſtre le Roiaume plus heureux, plus fleuriſſant & ſur tous autres renômé de Religiô enuers Dieu, d'integrité en Iuſtice & vniô entre les ſujets, d'amour & obeïſſance enuers leur Roy & de bône foy enuers les hômes. Toutes leſquelles choſes ſe voiét maintenāt tant alterées & en pluſieurs endroits ſi effacées, qu'à peine ſ'en reconoiſt vmbre n'y marque. Certainement quand je viens à conſiderer l'eſtrange changement qui ſe voit par tout depuis le têps des Roys de treſloüable memoire mes Pere & ayeul: & que j'être en côparaiſon du paſſé au preſent: Ie conois combien heureuſe eſtoit leur conditiô, & la mienne dure & difficille. Car je n'ignore que de toutes les calamitez publiques & priuées qui auiênent en vn Eſtat: le vulgaire peu clair voiāt en la verité des choſes, de tout maux qu'il ſent il ſ'en prād à ſon Prince, l'en accuſe & appelle à garēd comme s'il eſtoit en ſa puiſſance d'obuier à tous ſiniſtres accidens ou d'y remedier auſſi prôptemét que chacun le demāde. Bien me côforte, qu'il n'y a perſone de ſain jugemét qui ne ſçache la ſource d'ou ſôt venues les troubles qui nous ont produit tāt de miſeres & calamitez: de la coulpe & blaſme deſquelles, le bas aage auql le feu Roy mon frere & moy eſtiôs lors: nous juſtiffie aſſez. Et quād à la Roine m'a Mere, il n'y a perſonne de ce tēps là, qui ait peu ignorer les incroiables peines & trauaux qu'elle prit pour obuier au commēcemét des malheurs & les empeſcher. Mais autre fut la determinatiô de la prouidéce diuine,

diuine: dont elle porta les angoisses & ennuis qui ne se peuuét comprandre pour la singuliere affection qu'elle auoit à ce Royaume, amour & maternelle charité enuers nous ses enfans: voyant le danger de la dissipation de nostre paternel & legitime heritage: la conseruation duquel apres DIEV je luy dois & tous vniuersellement qui aiment la France sont tenus luy rendre immortelles loüanges de la grande vigilance, magnanimité, soin & prudence auec lesquelles elle à tenu le Gouuernail pour sauuer ce Royaume à nostre minorité, contre l'injure des vagues & l'impetuosité des mauuais vents de partiallitez & diuisions dont cest Estat estoit de toutes parts agité. Pareillement il n'y a personne qui ne me doiue rendre tesmoignage, que aussi tost que j'ay attainct l'aage de porter les Armes pour faire seruice au feu Roy mon frere & à ce Royaume: je n'ay espargné labeur ny peyne. I'ay exposé ma personne & ma vie à tous hazardz ou il à esté besoin d'estrier par les Armes a mettre fin aux troubles. Et d'autre part ou il à esté besoin de les pacifier par reconciliation, nul plus que moy ne la desiré: ny plus volontiers que moy n'a presté l'oreille à toutes honnestes & raisonnables conditions de Paix que l'on à voulu mettre en auant. Nul n'ignore aussi le deuoir ou je me meis de pacifier ce Royaume auant que d'en partir pour aller en Pologne. Il est pareillement notoire à tous en quelle combustion je trouuay les choses à mon retour. Plusieurs villes & places fortes occuppées, les reuenus de la Couronne en plusieurs lieux vsurpez, le commerce failly, partie de subjects desbordez en toute licence. Brief tout ce Royaume plein de confusion. Ce que voyant à mon arriuée je m'efforçay par tous les offices & moyens de douceur qui me furent possibles, de faire poser les Armes: leuer les deffiances, assurer chacun, rendre tous mes subjects capables de mon intention: & que ma volonté ne tendoit qu'à pacifier les troubles par vne bonne reconciliation, & faire viure tous mes subjects en Paix & repos sous mon obeyssance. Toutesfois je trauaillay lors en vain, & demeura m'a bonne intention, frustrée. Ce que voyant à mon tresgrand regret, je fus contrainct recourir aux extremes remedes que je m'efforçois d'euiter comme vn rocher en la mer. Ayant ja par experience conneu les maux que les Guerres intestines apportent à vn Estat. Combien de miseres les subjects de ce Royaume auoyent ja supportées par l'injure d'icelles: Et que si le mal-heur estoit qu'elles continuassent: je serois aussi contrainct de continuer les charges & tributs sur mon peuple. Voyre à l'auenture les multiplier: comme les despences desdites Guerres sont infinies & inestimables. Ie consideroy dauantage que toutes occasions & moyens me seroyent tollus au commencement de mon regne, de faire gouster à mes subjects, le fruict de ma benignité & de la volonté auec laquelle je venois les soullager tous & gratifier chacun selon son merité. Preuoiant de la que de ce que plus je desirois adniendroit ce que plus j'abhorrois. Pouuant afferme en verité, que de tous les accidens de ces dernieres Guerres, je n'ay senty si grief, ne qui m'ait penetré dans le cœur si auant: que les oppressions & miseres de mes pauures subjects: la compassion desquels m'a souuent esmeu à prier DIEV de me faire la grace de les deliurer en brief de leurs maux, ou terminer en ceste fleur de mon aage mon regne & ma vie auec la reputation qu'il conuient à vn Prince descendu par longue succession de tant de magnanimes Roys: plustost que de me laisser enuieillir entre les calamitez de mes subjects sans y pouuoir remedier: & que mon regne fust en la memoire de la posterité remarqué pour exemple de regne malheureux. Bien dois-je rendre graces à DIEV que en toutes ces agitations d'orages & tempestes, il m'a tousjours conforté d'vne ferme fiance, qu'il ne m'a point mis ceste Couronne sur la teste pour m'a confusion: ny le Sceptre en la main pour verge de son ire. Mais qu'il m'a colloqué en ce Souuerain degré de Royalle dignité, pour estre instrument de sa gloire, Ministre & dispensateur de ses graces & benedictions sur le nombre infiny de creatures qu'il à mis sous mon obeyssance & protection. Aussi le puis-je appeller à tesmoin, que je me suis proposé pour vnique fin le bien, salut & repos de mes subjects. Et que à cela tendent tous mes pensemens & desseins comme au port de la plus grande gloire & feclicité que je puisse acquerir en ce monde. En ceste intention apres auoir bien consideré les hazards & inconueniens qui estoyent de tous costez à craindre: l'ay finablement pris la voye de douceur & reconciliation. De laquelle l'on à recueilly ce fruict qu'elle à esteint le feu de la Guerre dont tout ce Royaume estoit enflambé: & en danger de les consommer entierement qui n'eust soudainement jetté ceste eaue dessus. Ie sçay bien que d'vne si grande combustion qui à duré si longuement que celle

Le Roy Henry 3. & ses portemens sur le maniement des affaires

Crainte de deshonneur & mauuaise reputation à l'auenir solicite le cœur des Genereux & leur deuoir

Deuois d'vn Roy.

L'HSITOIRE DE FRANCE.

Ianuier, 1577.

des troubles de ce Royaume, il en est demouré beaucoup de Reliques, lesquelles pourroient facilement rallumer le feu qui ne les amortiroit du tout. A quoy je veux principallement trauailler, accommodant autant que possible sera toutes choses pour affermir & assurer vne bonne Paix: laquelle je tiens estre comme le remede seul & vnique pour conseruer le salut de cest Estat. Aussi est il trop euident, que sans la Paix toutes les Ordonnances, prouisions & reiglemens que je ferois icy pour soullager mes subjects, ne proffiteroyent rien. Soyons donc par la raison, par les exemples des mal-heurs d'autruy & le trop d'experience des nostres bien enseignez. Ie croy aussi que si chacun faict son deuoir auec l'ayde de DIEV, ceste assemblée ne se departira point que n'ayons fait les fondemens d'vn repos assuré: trouué les remedes pour soullager mon pauure peuple: pouruoir aux abbus & ranger tous Estats en bon ordre & discipline. Car il n'y a rien sy difficile dont auec le trauail & vniuersel consentement de mes subjects tous lesquels vous representez icy: je ne me puisse promettre l'issuë que je desire. Pour ces causes je vous prie & conjure tous par la foy & loyauté que me deuez: par l'affection que me portez, pour l'amour & charité qu'auez enuers vostre patrie, au salut de vous, voz femmes, enfans, posterité & à la conseruation de voz biens: qu'en ceste assemblée toutes passions mises en arriere: vueillez tous de cœur & volonté vnies mettre viuement la main auec moy à ce bon œuure pour m'ayder & assurer ce repos si necesfaire: extirper autant que faire se pourra les racines & semences des diuisions: reformer les abbus, remettre la Iustice en son integrité: & en somme repurger les mauuaises humeurs de ce Royaume: pour le remettre en sa bonne santé vigueur & disposition ancienne. Quand à moy, ayez je vous prie ceste oppinion, que je reconnois de la Grace de DIEV ce que je suis, que je ne veux pas ignorer pourquoy il m'a mis en ce plus haut lieu d'honneur & dignité. Et moins veux-je mal vser de la souueraine puissance qu'il m'a donnée. Ie sçay que j'auray vne fois à luy rendre compte de m'a charge: & veux aussi protester deuant luy en ceste assistance, que mon intention est de regner comme bon, juste & legitime Roy sur les subjects qu'il à mis en ma conduicte. Que je n'ay autre fin que leur salut & prosperité. Nul si grand desir que de les veoir vnis & viure en Paix sous mon obeyssance: veoir mon pauure peuple soullagé: mon Royaume repurgé des abbus qui y ont pris pied par l'injure du temps & le bon ordre & discipline restably en tous Estats. Vous assurant que à ceste fin je trauailleray jour & nuict: & y emploieray tous mes sens, mon soin & mes labeurs sans y espargner mon sang & m'a vie s'il en est besoin. Au demeurant soyez certains je le vous promets en parolle de Roy, que je feray inuiolablement garder & entretenir tous les reiglemens & Ordonnances qui seront en ceste assemblée par moy faictes. Ie ne donneray dispense au contraire: ny permetray qu'elles soyent aucunement enfraintes. Parquoy si vous correspondez à mon intention, il n'y a rien qui puisse empescher le fruit de noz labeurs. Car il faut croire que DIEV assistera ceste congregation & si saincte entreprise de laquelle si je puis moyennant sa Grace venir à Chef, j'espere que l'on verra sous mon regne ma Couronne aussi fleurissante & mes subjects autant heureux qu'ils ayent jamais esté en autre temps de mes predecesseurs. Chose qui auec tous mes vœus & affectueuses prieres je requiers incessamment à Dieu, comme le plus haut point d'honneur & gloire ou je sçaurois attaindre en ce monde: & auquel si je puis paruenir: je me sentiray tres-heureux & contant.

Sa Harengue finie & auoir dit que son Chancellier leur feroit entendre le surplus de sa volonté. Birague feit deux grandes reuerences au Roy & se tint quelque peu debout luy addressant sa parolle. Puis tourné vers l'assemblée apres ses excuses de ce, qu'il estoyt peu exercé en telles choses comme estranger & septuagenaire: Puis proteste de dire verité: commença par vn discours des Estats de France, duquel il entra sur le Clergé, la Noblesse & Tiers Estat. Puis assez tost ez louänges du Roy & en la justification des Gouuernemens de la Royne Mere. En fin il parla pour auoir argent, seconde fin de ceste assemblée. Puis auoir acheué se leua pour se presenter au Roy, le suppliant de sçauoir s'il y auoit quelqu'vn entre les Deputez qui vouluft proposer quelque chose, & pource leur donnast audience. Ce qu'accorde l'Archevesque de Lyon apres la reuerence remercia le Roy pour tout le Clergé de son bon vouloir, qu'ils s'efforceroyent accomplir. Rochefort pour la Noblesse & l'Huillier de Paris pour le tiers Estat en feirent autant. Ce qui fut tout pour ce jour.

Sages par le mal d'autrui & le leur.

Deuoir de Roy.

Chancelier Birague Harengue.

Les Orateurs remercient le Roy.

Le

LIVRE QVARENTETROISIEME.

Le trente vn de Decembre le Roy fit entendre aux Eſtats par le Preſident premier de la Chambre des comptes: le fons de ſes finances & les debtes contractées par ſes predeceſſeurs qui excedoient cent millions. Qu'à ceſte fin il auoit principallement aſſemblé les Eſtats pour acquitter la foy de ſes Deuanciers & la ſienne: parce qu'ils pourueuſſent à ſes neceſſitez. Surquoy firent Deputez nombre de gens de chacun eſtat pour entendre du Preſident l'Eſtat des finances: En conferer & auiſer pour rapporter ce qu'il auroit eſté communiqué à chacun Eſtat, & ſur ce donner auis. Mais le rapport fait par ces Deputez, ſe trouua qu'on ne pouuoit entendre au vray ledit Eſtat des finances. Attendu qu'il ne bailloit rien qu'en abregé. Et pluſieurs penſoient que les abregez n'eſtoient vray: n'y les dons & penſions portées par iceux qui ne furent communiquez auſdits Eſtats.

Or pource que le Roy de Nauarre, Prince de Condé, Mareſchal d'Anuille & autres Seigneurs que Proteſtans que Catholiques vnis, ne ſ'eſtoiẽt voulu trouuer aux Eſtats comme le Roy les en auoit ſemons & prié: fut auiſé au Conſeil qu'on leur enuoieroit Ambaſſadeurs tant au nom du Roy que des Eſtats auec inſtructions, pouuoirs & creances telles que l'aſſemblée auiſeroit. Pource le 2. Ianuier 1577. le tout eſtant dreſſé fut porté pour eſtre communiqué au trois ordres à charge de n'en rien mettre par eſcrit n'i en Tablettes. Mais les inſtructions ſeuës par diuerſes fois, fut auiſé par le Tiers eſtat de corriger les parolles aigres & piquantes & icelles communiquer aux autres Eſtats. Pour le tout reueu & accordé en eſtre retenu coppie ſignée & miſe par deuers le Greffier. Puis on rapporta que les Eſtats du Clergé & Nobleſſe auoient auiſé que les procurations, lettres & inſtructions ſeroient ſignées ſeulement des Greffiers des Eſtats ſans en retenir coppies. Le tiers eſtat neantmoins ſ'arreſta à ſon premier auis. Pource meſmemẽt que ces inſtructions eſtoiẽt pleines de parolles denonciatiues de la guerre & obligatoires aux fraix d'icelle. Que la coppie demoureroit au Preſidẽt cachetée iuſques à leur retour & que le tiers Eſtat ne paieroit rien des fraix de ces Ambaſſadeurs, veu qu'ils n'eſtoient enuoiez à ſa promotion. Et meſme que chacun Eſtat paieroit les frais de la venuë de ſes Deputez: voiant que les autres vouloient en ce charger le tiers ordre. Le quatrième iour l'Eueſque de Bazas receu au tiers Eſtat auec ſes inſtructions diſt, que le Clergé n'eſtoit promoteur de ceſte legation. Ains le Roy qui vouloit que les parolles rayées y fuſſent remiſes. Il aiouſta que la Nobleſſe n'eſtoit d'auis qu'aucun allaſt vers le Prince de Condé. Somme que l'Archeueſque de Vienne, Rubempre & le General Menager furent deſtinez au Roy de Nauarre vers lequel ils partirent le ſixième iour auec Biron. L'Eueſque d'Autun, Monmorin & le Rat Preſident de Poitiers au Prince. L'Eueſque du Puy, Rochefort, & de Tolé au Mareſchal d'Anuille. Ce fait le Roy fit appeller particulierement pluſieurs Deputez pour le faict de la Ligue & aſſociation dont ie vous ay parlé ailleurs, tendant à maintenir la Religion Catholique, d'extirper la Proteſtante, defendre le Roy & conſeruer le peuple: qu'il enuoia aux Gouuerneurs des Prouinces pour la faire ſigner aux villes & Gẽtilshommes chacun en ſon reſſort. Ce que pluſieurs firent, aucuns differerent & les autres en firent reffus cõme Amiens qui enuoya Deputez exprez pour le faire trouuer bon au Roy. Et pource qu'on doutoit que les villes de Guyenne Catholiques fuſſent priſes ou qu'elles ſe reuoltaſſent: on enuoia Garniſons en pluſieurs qui en partie les receurẽt en partie les refuſerent. Le 12. le Roy leur fit ſauoir qu'il vouloit donner audience le 17. encores que les cayers ne fuſſent expediez. Parce qu'il vouloit que le ſuiet des cõmiſſions qu'il auroit a decerner cy apres, fut pris ſur celuy qui luy ſeroit propoſé par les Harengueurs. Et qu'ils auiſaſſent aux moiens de le ſecourir en ſes affaires. Le 14. les Deputez de Dauphiné firent entendre à tous les Eſtats, la priſe des villes & places fortes par les Proteſtans, & les calamitez dudit païs. Exortans l'aſſemblée d'auiſer aux moyens de ſauuer le païs: autrement proteſtoient de n'aſſiſter à la cloſture du cayer. Autant en firent ceux de Guyenne & Languedoc ſans proteſtation. Le 15. Verſoris Orateur du tiers Eſtat fut exorté par tous d'ajouſter quatre points à ſa harengue qu'il deuoit faire le dixſeptième dont il auoit recité les principaux Articles. Le premier que la re-vnion de tous les ſuiets du Roy à vne Religion ſ'entendoit par doux moyens & ſans Guerre: ſupplier le Roy de maintenir ſon peuple en Paix: re-vnir ſes Princes vnis auec les autres, luy repreſenter les miſeres des guerres ciuiles où luy fut repeté qu'il n'oubliaſt ces mots ſans Guerre & de tendre à la Paix en toutes ſortes. Le deuxième qu'en parlant des Elections des benefices il en parlaſt preciſement, ſans rien remettre à la volonté du Roy. Le troiſieme qu'il touchaſt au vif l'adminiſtration mauuaiſe fai-

Debtes du Roy & le fons de ſes finances

Ambaſſadeurs du Roy & des Eſtats Generaux au Roy de Nauarre Prince de Condé & Mareſchal d'Anuille.

Ligue ſainte des Catholi. contre les Reformez.

Amyens refuſe la Ligue

Garniſons ez villes Catholiques de Guyenne

Proteſtans ſe remuent

Harengue du Tiers Eſtat & le contenu d'icelle.

Vuu iiij.

Ianuier, 1577.

te des finances du Roy & qu'il fen feiſt recerche.& fil faifoit quelques offres au nom du tiers eſtat, qu'elles fuſſent Generalles & non particulieres . Le dernier, qu'il n'oubliaſt le faict des eſtrangers.

Le Roy tiét ſa 2. ſeance pour ouyr les Orateurs

LE dixſeptiéme le Roy ſeant en la grand Salle des trois Eſtats en meſme ordre que deſſus mais en aſſemblée plus preſſee,y eſtant le Duc de Guyſe entre celluy de Mercure & de Neuers & le Duc du Maine grand Chambellan au premier degré de l'eſchafaut des Princes deuant le Roy: apres que le Chancellier eut eu l'auis du Roy . Fut commandé par vn Heraut à l'Archeueſque de Lyon de parler pour le Clergé . Lors ſe mettant à vn Pulpitre de genoux deuant le Roy & auoir dit vne clauſe de ſa harengue ſe leua par le commandement du Roy . Puis ora cinq quarts d'heure. Le Baron de Senelcey demy quart d'heure pour la Nobleſſe & Verſoris heure & demie à genoux pres de demie juſques a ce que le Heraut le feit leuer par commandement du Roy.Et tous les Deputez leuez & deſcouuers quand l'Orateur du Clergé parla & aſſez toſt apres on les fit aſſeoir.Autant en firent quand la Nobleſſe parla.Mais quand au tiers eſtat il demeura touſjours debout & teſtes nuës comme il auoit eſté enjoint entrát en la Salle bien que le Clergé & Nobleſſe fuſſent aſſis & couuerts. Vray eſt que le tiers eſtat à Orleans auoit eſté autant priuilegié que les autres & ſon Orateur meſme parla debout . Le Clergé emporta l'honneur de bien dire: mais Verſoris ne reſpondit pas à l'eſpoir qu'on auoit de luy & pluſieurs ſe plaignoyent qu'il auoit obmis les trois points princippaux dont on l'auoit chargé treſexpreſſement deux jours auant ſa harengue . Celle de la Nobleſſe fut telle.

Harengue de l'Archeueſque de Lyon pour le Clergé.

Tiers Eſtat à genoux & deſcouuert.

Harengue de la Nobleſſe prononcée par le Baron de Senelcey deuant le Roy à Bloys à la ſeance des Eſtats le Ieudi 17. Ianuier 1577 Les loüages & vertus du Roy Henry. 3.

SIRE, puis qu'il n'y a rien plus grand en terre apres Dieu : que le Prince ſouuerain. Il doit eſſaier ſe rendre ſemblable à celuy duquel il tient la place : faiſant les beaux effects les titres d'honneur & de loüange qu'vn chacun mieux affectionné f'efforce d'aquerir. Les ſujets auſſi mis ſous ſa domination, reconnoiſſent que la gloire de bien & fidellement obeyr: eſt auenuë à leur partage: doiuent reuerer & honnorer ſa Majeſté en toute obeiſſance comme l'Image de Dieu viuant : Et ſe remettre touſjours deuant les yeux , la force de gouuerner ſous laquelle ils ſont mis : afin de contenir & arreſter leur vertu dans les bornes eſquelles elle peut & doit croiſtre . Les hommes ordinairement deſdaignent d'obeyr a ceux qui ne ſçauent pas bien commander . Mais quand par quelque heureuſe rencontre le Prince ayant le ſceptre en main , ſe trouue digne de ceſte charge : non ſeulement par la memoire de vertu de ſes predeceſſeurs , mais auſſi par la ſienne propre : lors ce n'eſt plus la neceſſité impoſée aux ſujets d'obeyr que leur fait rendre ce reſpect & deuoir : c'eſt l'opinion qu'ils ont conceut de la vertu, bonté & Iuſtice du Prince , qui fait trouuer ſes commandemens faciles & agreables: & rend l'obeyſſance des ſujets volontaire . C'eſt l'aimant, Sire, auec lequel voſtre Majeſté à attrait, acquis & gangné le cœur , affection & bien vueillance de vos ſujets : Chaines plus fortes & plus ſeures que celles du Sicilien auec leſquelles il diſoit auoir attaché ſa princippauté. Nous ſommes fidelles teſmoins ſans flaterie de voſtre valleur & generoſité : les playes honnorables que pluſieurs de nous ont receu aux meſmes perils où vous expoſiez voſtre Royalle Grandeur & dequoy n'auez eſté exempt, ſont marques qui nous font ſouuenir de voſtre vertu, prudence & bonne conduicte qui ſ'eſt veuë en tant de Batailles qu'auez heureuſement gangnees : & au maniement des plus grandes & importantes affaires de ceſte Couronne ſous le regne du feu Roy Charles voſtre frere : auec ſi heureux portemans que chacun a conneu le bien faire, eſtre en vous maugré les ans & auant meſme que l'experience vous euſt donné loyſir de l'aprandre. Ce qui vous à faict admirer des eſtrangers & rechercher de bien loin aux ſeules marques de vertu & de tant de perfections amaſſées en vn ſeul Prince. Nous deuons donc eſperer de veoir bien toſt le Royaume tant affoibly & diminué remis ſous voſtre obeyſſance en la premiere ſplendeur de laquelle il eſt decheu par le moyen des Guerres & diſſentions Ciuiles : Peſtes treſpernicieuſes & malladies ſecrettes des Eſtats qui les font mourir deuant que attaindre le Periode juſques auquel ils doyuent croiſtre . La Royne voſtre mere, Sire, auec vn trauail non moins admirable aux Eſtrangers : que proffitable & ſalutaire à voz ſubjects: la maintenu & conſerué en ſon entier , pendant voſtre bas aage & celuy des feuz Roys voz freres. Elle à empeſché que par la recheute de trois grandes & perilleuſes Guerres ciuilles, il ne ſoit tombé en terre : reſiſtant par ſa prudence à l'orage & la tempeſte : contraint quelques fois pour exempter vn entier nauffrage caller la voile, n'aſſeruiſſant au deſir de vengeance l'vtillité publique. En quoy elle à merité

Louanges de la Royne Mere.

plus

plus de loüange que ne feiſt jamais autre Royne. Quoy que l'on die de Blanche de Caſtille tant recommandée en nos hiſtoires, pour auoir conſerué le Royaume au Roy ſaint Loys ſon fils pendant ſa minorité. Car lors l'eſtat n'eſtoit diſpoſé à vn ſi mauuais party qui peuſt durer long temps, que il à eſté depuis quinze ou ſeze ans par le moien du voille de Religion, pretexte de treſgrande force. Maintenant, Sire, que vous eſtes majeur: vos ſujets jettent les yeux ſur vous comme font les paſſagers qui regardent au temps d'orage le pillotte duquel ils attendent apres Dieu tout ſecours: ne le pouuant eſperer que de lui. Vous auez touſjours bien fait en paix & en guerre pendant que le fruit de vos labeurs tourne au public & à la gloire du feu Roy voſtre frere. C'eſt aujourd'huy pour vous qui eſtes? oy c'eſt pour la grandeur de voſtre Eſtat, le bien & ſoulagement de vos ſujets. La dignité Royalle eſt vn beau champ pour faire de grandes & loüables œuures quand elle trouue vn Prince de ſoy meſme diſpoſé à bien faire: & que la volonté eſt aydée & ſuiuie de ceux qui la doiuent ſeconder comme nous voions Monſeigneur voſtre frere Prince genereux & treſenclin au bien du Royaume: auoir fort bonne intelligence auec vos Majeſtez. Et croîs que ſi vos volontez jointes par vn lien indiſſoluble & affermy ſur vos bons & loüables deſſeins, donnera celle ſainte & fraternelle vnion, terreur à ceux qui ne voient que auec trop de regret le bien & la poſterité du Royaume. Quand à voſtre Nobleſſe, Sire elle n'a autre inclination que de vous faire obeir, ſeruir & recognoiſtre par tout: nous ſommes tous deſtinez au ſeruice de voſtre ſainte tuition & defence du Royaume par vne hereditaire, religieuſe & inuiolable fidelité. C'eſt la vertu naturellement empraincte & le deuoir qui nous commande auec vn deſir qu'auons touſjours eu de conſeruer le ſaint & precieux heritage d'honneur, pour en laiſſer l'exemple aux ſucceſſeurs: & teſmoignage certain de noſtre vertu à la poſterité. Tant que ceſt ardeur à eſté recogneuë, honnorée & reſpectée de la prerogatiue & du grade que la naiſſance nous donne: le Royaume à fleury: il n'y à eu partie du monde qui n'ait ſenty & experimenté la force de nos armes. Le ſeul nom François à tellement eſté craint & redouté des eſtrangers: que celluy d'iceux ſe reputoit heureux qui pouuoit obtenir noſtre appuy ſupport, alliance ou amitié. Au contraire nous auons aſſez eſprouué quel ſuccez ont eu les affaires depuis qu'on la changé & confondu par vn mauuais meſlange d'vne premiere & ancienne inſtitution: ne nous laiſſans que ce qu'on ne nous à peu oſter. Aſſauoir l'immortelle deuotion qu'auons touſjours au ſeruice de nos Roys & au bien & conſeruation de l'Eſtat. Et toutesfois ny la vertu peu recogneuë & meſpriſée: ny le hazard ores qu'ils fuſt ſans eſpoir d'aucune recompenſe: ne retardera jamais que n'employons le moien & la vie juſques à la derniere goutte de noſtre ſang pour le bien de voſtre ſeruice: & pour teſmoigner de plus en plus noſtre fidellité & obeiſſance. Nous loüons Dieu, Sire, de ce que par ſa bonté il à touché & excité voſtre cœur à vouloir entendre en perſône les miſerables afflictions & juſtes doleances de voſtre poure peuple, afin de pouruoir au ſoulagemêt d'iceluy de ce que nous auez conuoqué & aſſemblé ſous le nom des Eſtats le Conſeil de voſtre Royaume ſeul & ſalutaire auquel vos Majeurs ont touſjours recouru, comme à l'ancre ſacré pour remettre toutes choſes à leur premiere integrité & perfection. De l'iſſuë deſquels chacun ſe permet de voir reſtablir la Religion Catholique Apoſtolique & Rommaine afin que ceſte marque de diuiſion oſtée qui à trop de force és eſprits des hommes & peut ſous le pretexte de Religion ſuſciter de perilleuſes contentions: il ne reſte rien d'aſſez fort pour eſmouuoir à l'auenir nouueau trouble entre vos ſujets. Vos predeceſſeurs Roys qui ont tenu le Septre en main depuis Clouis juſques à voſtre Majeſté ont acquis le nom de treſ-chreſtien eſtably, acreu & conſerué le Royaume. Sur la creance de ceſte ſainte foy: vous auez eſté inſtruit & nourry: auez eſté ſacré, prins la couronne & receu le ſerment de fidelité de vos ſujets auec ſerment ſolemnel non pas d'y perſiſter ſeulement. Mais de luy faire garder pure & nette & inuiolable. Vous ne pouuez eſtre diſpenſé d'vne ſi eſtroitte obligation. Auſſi aux Eſtats voeſins d'Angleterre & Allemagne, les Souuerains qui ont bien preueu de loin que l'iſſuë perilleuſe de ceſte diuiſion ne ſoit ſoufferte entre leurs ſujets: Ains le Prince leur à touſjours dôné la Joy de ſuiure à ſon exemple ce qu'il jugeoit eſtre ſaint & Relagieux. Les anciens Romains les plus ſages politiques du monde: defendoient par leurs premieres loix l'introduction de toute nouuelle pieté creance & Religion: à leur exemple vos ſujets qui ont ſenty les maux de ceſte diuerſité ne voiët que à regret l'exercice de la nouuelle oppinion. Preuoiant eſtre la ruyne de voſtre Eſtat qui continuë & qui cauſe ordinairement la diuiſion juſques aux moindres familles. Suppliant treſ-humblement voſ-

Louanges de Monſieur

Nobleſſe de France.

Eſtats generaux.

Religion.

Introduction d'vne diuerſité de Religion.

V uu iiij.

L'HISTOIRE DE FRANCE.

tre Majesté interdire ledit exercice, sans que neantmoins aucun soit recherché en sa maison ains qu'il y demeure en toute seureté: renouuellât l'ancienne loy d'oubliance pour les choses passées. Et qu'il nous soit permis, les prandre eux leurs familles & biens en nostre protection sous vostre authorité. Nous nous asseurôs de voir la Iustice remise en sa premiere dignité & au lustre qu'elle auoit ancienemêt, lors que les plus grans Princes la venoiêt rechercher de biê loin iusques vers nous: pour y remettre le iugement de leurs plus importantes contentions.

Iustice. Les Elemens du feu & de l'eau ne sont pas plus necessaires à l'vsage & administration de la vie, que la Religiô & la Iustice pour faire maintenir & durer long temps vn Estat. Lequel sans ces deux choses, ne peut subsister non plus qu'vn grand colosse à qui on à desrobé la base sur laquelle estoit l'appuy de sa pesanteur. Ceste vertu de Iustice est le vray manteau Royal & ornement des Roys qui les font reluire & estre en honneur & admiration enuers leurs sujets. Et qui maintiennent la Monarchie en tout honneur & prosperité. Pour ceste raison il est dit que le Throsne de celluy qui fera Iustice demeure perpetuellement ferme & stable. La force &

Discipline militaire. discipline militaire qui faisoit craindre le nom & les armes de François est aussi tresnecessaire. Sans elle vn puissant Estat ne peut demeurer entier qu'il ne soit bien tost entamé des siens ou des voesins des frôtieres qui estoient bien auant estanduës & asseurées entre nous. Et s'espouuantoit les estrangers quand par l'obseruatiô du bon ordre & milité, les gens de guerre estoiêt bien paiez: & consequenement prompts, obeissans, patiens au trauail, sobres & vaillans. Les Chefs aussi choisiz & esleuz aux grandes charges par le merite, valleur & longue experience

Vertu & sa recôpense. honneur. au fait de la guerre. Lors la vertu ne suiuoit pas, mais precedoit beaucoup le loyer à l'exemple des Romains. On ne pouuoit entrer au Temple d'honneur auât que passer par celluy de vertu. L'honneur nourrissoit les cœurs des hommes à faire choses grandes & vertueuses, pour acquerir loier perpetuel pour eux & leur posterité. Auec le bon ordre nos majeurs amasserent trophées sur trophées, triomphes sur triomphes. Le premier sang des ennemis encores bouillant & tout chaud estoit laué par vn autre. Aujourd'huy l'on peut dire que la seule souuenance de ceste premiere valleur nous reste encores: que la France ne soit plus que l'vmbre le simulacre & la statue de ce qu'elle a esté: que nos ennemis mesmes n'eussent osé s'arrester à voir nos ruines, qui leur donnent fraieur ne plus ne moins que la statue d'Alexandre le grâd laquelle faisoit peur à ceux qui la regardoient apres sa mort, tant il auoit esté craint & redouté en son viuant. Les anciens ont bien dit que l'espoir du loier & la crainte de la peyne, sont

Vertu & ses fondemens. les fondemens de la vertu laquelle est bannie d'vne chose publique aussi tost que l'vn ou l'autre defaillent. Quel eguillô peut exciter l'hôme genereux à bien faire? Qu'elle crainte peut retarder le meschant de mal faire? Le bien fait est donné à celluy qui merite punition & au contraire la vertu sans recompense raualée & rabaissée: comme estant le mespris d'vn siecle si corrompu que le nostre. Les Princes panchent aisement du costé que leur inclination naturelle les conduit. Et ne seroit pas raisonnable de leur prescrire les bornes de ce qu'ils doiuent aimer cherir & auancer. Mais parce que la faute du mauuais choix, est trespernicieuse en vn Estat ils en doiuent estre soigneux comme de chose qui leur touche de plus pres qu'à nul autre: & qui appartient du tout a la conseruation de leur authorité & grandeur. Ainsi ne doiuent ils approcher pres d'eux & emploier aux grâdes charges: sinon les hommes choisiz à la seule marque de vertu & suffisance, tels comme estoit Craterus pres d'Alexandre le grand, qui n'aimoit que la grâdeur & dignité de son Maistre. Vostre Majesté en peut tousjours faire vn bon choix

Estrangers. au milieu de son Royaume. Sans qu'il luy soit besoin de suiure l'exemple de ceux qui habitent l'Arabye heureuse: lesquels cherchent le mirrhe chez leurs voisins. Encores que nature ait prodigieusemêt remply leur côtrée de toute sorte d'odeurs. Imitez, Sire, plustost vos majeurs: & remetez s'il vous plaist en vsage toutes les vieilles loix & coustumes du Royaume. Les

Noblesse. sages on bien dit qu'il n'estoit pas bon d'introduire beaucoup d'estrangers en vne republique pour faire demeure. Parce que la conjonction de plusieurs nations assemblées, apporte communement confusion des mœurs auec plus grande mutation de l'ancienne discipline & bien souuent de l'Estat mesme. La Noblesse entre les Grecs & Latins s'opposoit tousjours à l'obseruation de leurs loix jusques à susciter des guerres. Mais les Gentilshommes François, mieux affectionnez enuers leur pays: ne vous demandent que ce qu'ils demanderent au Roy Charlemagne par vn Gentilhôme qui porta la parolle pour la Noblesse. C'est que vous nous laissiez viure & viellir és anciennes loix, coustumes & ordônances de la France. C'est l'espoir

de

LIVRE QVARANTETROISIEME. 345.

de tous vos sujets, Sire, qui fut confirmé & accreu par le discours de votre derniere propositiō. Et toutainsi que les soldats las & pressez de toutes parts en vn grād dāger, regardās la resolutiō de leurs Chefs reprent nouuelles forces & nouueau courage. Aussi ny eut il pas vn en la copagnie pour accablé qu'il fut des miseres, & calamitez passées: qui apres auoir entendu de voltre Majesté, le zelle & affection que vous auez au bien public, au soulagement de vos sujets, ne se remist & reprint cœur. Nous auons assez de tesmoignage, Sire, que vous estes heritier de la vertu & generosité des Roys vos pere & aieulz Princes inuincibles. Maintenant chacun croit que vous estes successeur de leur prudence, sagesse & eloquence. Et en auez donné telle certitude en ces Estats, qu'en demandant conseil à vos sujets: leur aues clos la bouche. Car ils y ont coneu par vos discours que vous estes pourueu de toutes les vertuz requises à ceux qui la doiuent plustost dōner que la receuoir. Tellemēt que nous sommes plus prompts & appareillez à executer par le tranchant de nos espées vos commandemens & ordonnances: que non pas de vous conseiller. Et dautant, Sire, que la Noblesse à cest auantage sur les autres Estats de France, comme tesmoignent nos histoires: que ce fut elle qui mit la Couronne sur la teste du premier Roy: cest aussi à elle pour la foy, obligation & deuoir qu'ils ont, de s'offrir & presenter les premiers à la defence & conseruation d'icelle. Pour cest effet Sire, contre toutes personnes nous vous offrons comme tresloyaux & tresobeissans sujets, nos moiens, nos vies & nos biens jusques à la derniere goutte de nostre sang. Finablement, Sire, la Noblesse m'a chargé de presenter à vostre Majesté les tres-humbles remonstrances qu'elle à pensé pour le bien de vostre seruice & du Royaume estre necessaires & salutaires en ce temps. Supliant tres-humblement vostre Majesté de vostre bonté accoustumée les prandre en bonne part: icelles approuuer confirmer & autoriser de vostre puissance Royalle. Puis les autres auoir harengué la responce du Roy fut briefue. Qu'il auoit agreable la declaration faite par les Deputez l'affection qu'ils auoient à l'honneur de Dieu & son Eglise & de son seruice. (Car les trois Orateurs l'auoient supplié tres-instammēt & vnanimement qu'il voulust reünir tous ses sujets à la Religion Catholique Rommaine) & que les caiers mis en ses mains il pouruoiroit à leurs plaintes par les meilleurs moiens qu'il auiseroit. Ce pendant feit defence à tous les Deputez, de ne partir qu'il n'eust mis vne conclusion à ses Estats: afin d'en rapporter à ceux de leur prouince vn tel effet qu'ils en pourroient esperer. *Responce du Roy aux 3. Estats de son Royaume.*

Or pource que le Roy auoit par plusieurs fois mandé aux Deputez, qu'ils se dilligentassent à chercher les moiens de luy subuenir. Et qu'il se faschoit de ce que le tiers Estat ne vouloit se trouuer à l'assemblée particuliere des Deputez pour auec eux conferer des moiens de luy faire finances: en fin en manda aucuns en son cabinet qui se vantoient d'auoir grandes ouuertures à cest effet. Il y entra Ioullet, de Chastillon, le Cheuallier, Poncet & la Borde qui descouurirent leur inuention: portant en somme que pour tous subsides, aides & gabelles qui demeureroient aboliz: seroit accordé au Roy vn otroy de quinze millions qui se paieroit par feuz le plus haut ne portant que cinquante liures: & le plus petit de douze deniers: asseurans d'en faire & donner les projets aux Deputez promettans d'y faire voir ouuertement les proffits qui en reuiendroient au peuple. Dont chacun print coppie pour y donner auis. Le vint sixiéme le Roy feit proposer par son Chancellier le desir qu'il auoit d'estre secouru selon l'intention proposée par Chastillon, Poncet & la Borde & à luy fournir en deniers cōtans deux milliōs pour fournir aux fraiz de la guerre qui se presentoit. A quoy le President du Tiers Estat auoit remōstré la poureté du peuple par les guerres passées, demanda temps pour y deliberer. Mais le vintuhitiéme fut respondu que les Deputez n'auoient charge de faire aucunes offres. Et sur ce que le dernier Ianuier Monsieur fut en l'assemblée du Tiers Estat accompagné des Ducs du Mayne, Neuers & Moruillier par lequel il demanda pour le Roy les deux millions & l'otroy de quinze millions: luy fut respondu selon la resolution prise le jour precedent: Que les commissions du Roy enuoiées par les prouinces pour assembler les Estats estoient à deux fins. L'vne pour luy faire ses plaintes & doleances: l'autre pour regarder les moiens d'acquiter le Roy sans qu'il fut rien parlé de deux millions. Tellement que les prouinces ne leur auoient donné charge de rien offrir. Mais le Presidāt en auoir rapporté la resolutiō au Roy: le trouua si mal edifié de cela, que luy auoir cōmādé retourner pour remettre de rechef ces deux points sur le bureau, y retourna disāt que le Roy se malcontētoit fort d'eux. Et sur tout des Deputez de l'Isle de Frāce qui detournoient la bonne volonté des autres. Si que le dixneufiéme jour de Feurier on *le Roy haste les Deputez de luy trouuer moiens d'auoir argent. Moien de trouuer argent. Guerre arrestée.*

entra

entra de rechef en cõferance ou les Deputez de Paris s'efforçoient faire accorder le tout. Craignans que pour le fait de la guerre on arrestast les rentes de la maison de ville qui estoient de trois millions cent trẽte deux mil liures de rẽte. Ce qui eut causé vne sedition bien grãde en Paris ou les Deputez ny les plus gransn'eussent esté hors de danger. Ainsi pour sen descharger faisoient, de crainte toutesfois bon marché du bien d'autruy. Mais la resolutiõ paravãt prise fut suiuie pour les raisons que dessus. Ioint que les deux millions otroiez pour six mois, eussent peut estre continué en ordinaire. Veu que c'estoit vn otroy fait par les Estats, bien que sans charge. Outre ce l'on trouua à la porte de la Salle du tiers Estat, vn billet portant qu'on deuoit saisir le rentes de la maison de ville de Paris: veu qu'elle auoit embrazé la Frãce des guerres ciuilles: depuis lequel temps les Deputez de Paris n'alloient gueres à l'assemblée. Le cinquiéme Feurier le caier General du tiers Estat portant quatre cens articles, fut mis au net & le tiers Estat assemblé pour le clorre apres auoir esté signé par le Greffier & parraphé par ces deux assesseurs, qu'on delibera presenter au Roy pour le iuger le plus tost qu'il pourroit.

Or comme on eust par plusieurs fois parlé de la Religion & presque rien resolu pour la repugnance des auis: le dixneusiéme elle fut de rechef mise sur le bureau. Surquoy ceux de Paris & Isle de France baillerent leur auis par escrit. Par lequel ils requirent en somme qu'il ne feust souffert en ce Royaume autre exercice de Religiõ que la Catholique, Apostolique & Rõmaine. Et que tous Ministres eussent à vuider le Royaume. Quoy entendu le Baron de Mirambeau Principal Deputé de Poitou & Saintonge, remonstra que l'on doit regarder les lettres patentes que le Roy a enuoié par les prouinces, en vertu desquelles les Estats sont assemblez. Par lesquelles n'estoit fait mention du fait de la Religion. Et que le faisant se seroit cõtreuenir à l'intention du Roy & forme desdites lettres. Et aussi pour les maux qui en pourroient venir en ce Royaume & retomber és miseres passees dont seroient coulpables & responssables ceux qui pour innouer aucune chose au fait de ladite Religion, en seroient auteurs. Et qu'il sembloit veu ladite proposition, que l'on n'eust plus de souuenance des calamitez de ce Royaume dont le feu, fumée & sang estoient encores par les maisons rués & campagnes: a quoy on nous voudroit ramener. Et au cas que l'on voulust passer outre: proteste de toute nullité requerant que ceste affaire soit remise deuant le Roy à qui la conoissance seule en appartient: aiant tousiours pensé que par le moien de ceste assemblée se seroit renouueller & confirmer vn lien d'amitié & iurer toute protection les vns aux autres. Dont il se voit bien estongné si l'oppinion cy dessus estoit suiuie. Que de sa part il desiroit leur protection & conseruatiõ comme la sienne propre. Et que ce qu'il en disoit, estoit comme bon, vray & naturel François, tresfidelle sujet de sa Majesté. Ne voulant ceder à nul autre d'auoir plus d'affection au maintien de son autorité & grandeur que luy ne qui plus volontiers voulust exposer sa vie & biens pour cest effet. Estant aussi à chacun d'entr'eux frere, compagnon, amy & seruiteur à chacun selõ son degré & quallité. Et qu'il ne trouueroit iamais mauuais que ladite assemblée demandast le maintien & conseruation de leur Religion en quoy il se voudroit employer: Mais que ce ne fut au prejudice & pour mettre au neant la sienne. Suppliant de rechef que cest affaire de la Religion soit remis au Roy veu que sa foy est obligée à l'Edit de paix: l'entretenement duquel il a fait solennellement iurer aux Princes & Seigneurs & Cours de Parlement de son Royaume. A quoy sa Majesté ne autre ne peut desroger. Requerant que chacun rapporte fidellement l'article de son caier sur le fait d'icelle. N'estant chose qui se doiue decider par la pluralité de voix. Affin de voir l'intention de ceux qui nous y ont enuoiez. Aians charge expresse par son caier de demander l'entretenement dudit Edit. Cõme il l'a fait apparoir promptement: demandant que le tout soit inseré au caier general de la Noblesse en l'article concernant la Religion. Et que de son dire luy soit deliuré acte. A quoy Misery, au nom, par le vouloir & consentement de toute l'assemblée respondit que les Estats ont esté assemblez par le Roy pour le restablissement de ce Royaume & pour auiser aux moiens de le remettre en son premier Estat & en vne paix perpetuelle. Ce qui ne pourra iamais estre tandis qu'il y aura diuersité de Religion. A cause dequoy est tresnecessaire que lesdits Estats y auisent & auec tous moiens de paix & douceur, en oster & chasser celle des deux Religions qui leur semblera ny deuoir estre receue. Et quand a l'Edit, c'est chose trescertaine qu'il est nul & indigne de cõsideration. Car outre ce qu'il n'a peu estre fait par les loix de ce Royaume sans le vouloir & consentement des Estats: il a esté fait par le Roy mineur, contraint & violenté par la necessité de ses affaires. Et outre le serment presté à

son

LIVRE QVARANTETROISIEME. 346.

son sacre auquel par serment posterieur il n'a peu desroger. Et finallement à requis audit Mirambeau s'il auoit procuratiõ & charge speciale de faire les remõstrances & protestatiõs qu'il à faites. Surquoy de Mirambeau respondit que n'aians ceux de la Religion estimé qu'õ d'eut traiter aux Estats de ce fait vuidé par l'Edit: ils ne luy ont de ce baillé procuration expresse. Mais qu'en consequence de la charge qu'il à de demander l'entretenemẽt dudit Edit: il a fait la susdite protestation. Et se fera bien auoüer de la charge qu'il à de demander l'entretenemẽt de l'Edit. Dõt du tout il demande acte & qu'il soit inseré au caier general pour y estre pourueu par le Roy. Lesquelles choses entenduës & consideres, fut conclud que sans auoir esgard au protestations de Mirambeau faites sans charge & mandement special: seroit passé outre a la decission du fait de la Religion. Surquoy apres que la plus part eut conclud à la rupture de l'Edit ceux de la maison de ville de Paris feirent ceste remonstrance au Roy & aux Estats.

<small>Les Estats arrestent la rupture de l'Edit de Paix.</small>

 S I R E, les Deputez des trois Estats de vostre Royaume, apres auoir longuement communiqué separement & prins tous ensemble les moiens qu'ils voient plus à propos pour remetre vostre Estat & Couronne en sa premiere splendeur & dignité. Et donner ordre aux abbus qui y sont entrez par le moien des guerres intestines & ciuilles qui y ont eu cours depuis seze ans en ça: se sont en fin presentez deuant vostre Majesté & fait entendre de viue voix bien au long auec grand artifice d'oraisõ pleins d'eloquence, dont estoit procedée cy deuant l'origine de nos maux & quel estoit le remede plus propre pour les esteindre & assoupir. Et en fin ont tous conclud de vous requerir que aiant esgard au nom de tres-chrestien que portez & au serment que vous & vos predecesseurs auez solennellement fait en vous sacrant Roy: de maintenir & cõseruer en vostre Royaume la Religiõ Catholique Apostolique & Romaine: il vous plaise declarer que vous n'entãdez cy apres qu'il y eut autre exercice de Religiõ que la vostre: a l'imitatiõ & exẽple de tous les autres Monarques & Princes Souuerains de la Crestiẽté, lesquels font obseruer dans tout le pays de leur obeissãce la Religiõ qu'ils tiẽnẽt sãs en souffrir d'autre. Et à la verité il est certain que outre toutes ces cõsideratiõs, vostre Majesté à encores de grãdes & pertinẽtes occasiõs de ce faire. Pour oster tout pretexte que les Princes & autres grãs Seigneurs prenẽt de vouloir maintenir la nouuelle oppiniõ introduite en ce Royaume. Pour couurir leur ambitiõ & sous ce malheur auoir suitte & moiẽ de venir à bout de leur entreprinse. Ce qui ne pourroit plus estre si ladite Religiõ estoit du tout abolie & exterminée. Or si les effets en estoient aussi prompts & aisez que les parolles: Il est certain que ce seroit vn grand bien pour la conseruation de vostre Royaume & reputation de vostre grandeur enuers les estrangers: & bien vniuersel de vos sujets de pouuoir coupper la racine cogneuë de toutes nos guerres ciuilles. Mais il est à craindre que en pensant esteindre vn feu, l'on ne l'embrase dauantage. Et que ce que vous en penserez biẽ faire pour la cõseruatiõ de vostre Estat & biẽ de vos sujets ne tourne à reuersiõ à l'encontre de vostre Couronne, ruyne & desobeissance de tous vos poures sujets. Et pour entrer en demonstration plus particuliere je n'vse de figures comparaison & exemple, qui sont le plus souuent conneuz faux & documens pour la difference qu'il y a des temps, des pays, des mœurs & coustumes des nations. En sorte qu'ils ne peuuent estre à propos pour nous. Seulement je mettray en auant des raisons naturelles si euidentes & notoires qu'elles peuuent s'insinuer dans les oreilles d'vn chacun pour prandre la voie & chemin droit qu'il faut tenir. Sire, nous sommes vn bien grand nombre de Catholiques dans vostre Royaume, qui n'auõs jamais suiuy que vostre party nous estans tous rengez sous vostre obeissance. Lesquels sommes d'accord auec Messieurs des Estats, que la Religion Catholique & Romaine, vraie & anciẽne, que l'on à de toute anciẽneté suiuie dedãs ce Royaume & que desirõs auec eux à mains jointes: que tous vos sujets soiẽt reduits à icelle. Mais la questiõ cõsiste assauoir si n'aians peu ceux de la Religion nouuelle estre debellez depuis seze ans en ça, auec tant de batailles & effusion de sang, s'ils voudroient maintenant se remettre au giron de l'Eglise par la douceur & auec les bons exemples & enseignemẽs des Prelats Ecclesiastiques. Ou bien s'il est plus expedient d'auoir vne continuelle guerre ciuile en France. Et si en receurons moins d'incommodité que d'endurer comme l'on à fait le passé deux difformes exercices de Religion. Car il est certain que ce grand nombre de Gentilshommes & autres qui font professiõ de ladite nouuelle Religiõ, ne voudroiõt perdre l'exercice de leur Religiõ ne vuider hors du Royaume auquel ils ont de belles & anciennes pocessions de leurs predecesseurs s'ils ny sont contraints par la force. Et parce que Messieurs des Estats n'ont point discouru sur ce

<small>Remõstrance au Roy & aux Estats par ceux de la maison de ville de Paris pour l'entretenemẽt de la Paix.</small>

<small>Discipline à reunir tous les Frãçois à vne Religion.</small>

point

L'HISTOIRE DE FRANCE.

Ian. 1577.

point qui est le principal sur lequel il se faut resoudre: je ne discourray point sur les malheurs & desolations que la guerre principalement ciuile apporte à vn Royaume: dont nous auons les exemples trop recens à nostre tres-grand regret. Mais seulemet du moien que vostre Majesté peut auoir de faire la guerre contre ceux qui se sont esleuez en plusieurs grandes prouinces de ce Royaume & se sont saisiz des principalles & plus fortes villes. Chacun peut conoistre si ceste guerre est resoluë, que quatre principalles & plus gādes prouinces de ce Royaume seront du tout hors de l'obeissāce de vostre Majesté. Outre plusieurs particulieres villes, & Chasteaux forts dont ceux de ladite Religion nouuelle se sont saisiz & saisiront cy apres par toutes les autres prouinces, par le moien des intelligences qu'ils ont par tout. Et d'autant que le nerf de la guerre consiste en l'argent: il est certain que le secours de vos finances ordinaires & extraordinaires que receuez des prouinces en temps de Paix: se conuertira à l'encontre de vostre Majesté. Et que serez contraint de surcharger dauātage vos autres prouinces qui sont demeurées en vostre obeissance, retenir les gages de vos officiers, & les rentes qu'auez constituées tant en vostre ville de Paris que autre lieux. Dont s'en ensuiura vn sousleuement & rebellion manifeste de la plus grande partie de vos officiers & autres qui ont le plus de moien en vostre Royaume. En sorte que pour vn ennemy qu'auez maintenant, il s'en esleuera cent. L'Estat Ecclesiastique ne vous fait offre que de prieres, & se plaint des alienations qu'auez faites de leur domaine. L'Estat de la Noblesse se plaint de la meilleure part de ceux qui sont morts durant les guerres ciuiles: Et vous offrent leurs personnes pour exposer leurs vies à la guerre. Mais cela s'entend auec grand Estat & appointement qu'ils vous demanderont. Le Tiers Estat se plaint des cruautez exercées & pilleries que les gens de guerre leur ont fait jusques à present Et de la poureté à laquelle il est reduit. Et combien que tacitement ils induisent tous par là qu'ils ne demandent que leur repos: Neantmoins ils mettent tous en auant, qu'il ne faut qu'vne Religiō en ce Royaume. Et encores qu'ils sachent tous que l'origine de nos maux ne procede que de la: & que telle demande ne peut estre effectuee sans guerre & consequemment sans grande somme d'argent: il n'y en à toutesfois aucun en particulier aiant moien, qui veuille donner vn escu de leur reuenu pour en secourir vostre Majesté. Et les autres qui sont accoustumez d'endurer le jouc d'obeissance: n'ont plus aucun moien de satisfaire à ce qu'on leur demande. Et sont aujourd'huy contraints d'estre vagabons & mandiens par les Champs auec leurs femmes & enfans: ne pouuans plus supporter les excessiues demandes qu'on leur faict. De façon qu'il ne faut point faire Estat que les prouinces estans en l'obeissance de vostre Majesté, puissent fournir la vintieme partie de l'argent qu'il est besoin d'auoir pour faire la guerre, vn an durant. Et toutesfois il y a deux cens villes en vostre Royaume occupées par les rebelles, dont la moindre attendra vn mois entier le siege d'vn camp Royal. Ie vous supplie considererez, Sire, que les Princes estrangers qui vous excitent à ceste guerre, ne peuuent & ne veulent vous donner aucun secours. Et qu'ils sont bien aises vous donner ce Conseil pour tousjours vous affoiblir: & auec occasion prandre leur part des fleurs de ceste Couronne. Si le Pape & le Roy d'Espagne ont comme l'on dit, si grand interest que la guerre se recommēce en la France: qu'ils se chargent de la despence qu'il y conuient faire au soulagement de vos poures sujets, qui ne demandent que à respirer & faire en sorte que le pain ne soit osté de la main de leurs enfans, comme l'on à veu faire durant les guerres passées. Mais dira quelqu'vn, faut il donc que vostre Majesté qui doit donner la Loy à ses sujets la reçoiue d'eux? Et qu'elle fausse le serment qu'elle à fait à son sacre? S'il se pouuoit garder auec la conseruation de vostre Estat & le repos de vos sujets: il n'y à doute que ne le deussiez faire. Mais toutes les loix ciuiles & anciennes ont tousjours releué vn chacun du serment qui est fait au dommage du public: Et s'il se pouuoit garder aussi aisement comme ont fait les Roys vos predecesseurs, aucun ne doute de vostre pieté & bonne volonté. Mais vostre Majesté considerera s'il luy plaist qu'elle n'est que gardien, conseruateur & vsufructier de ce Royaume. Et qu'estes tenu de le conseruer à vos successeurs aussi florissāt & entier cōme vous l'ont laissé vos predecesseurs. Et qu'il ne vous est seant ne conuenable de vous laisser transporter à la passion & naturel desir cōme sont les particuliers. Ioint que vous estes le pere & chef commun de tant de millions d'hommes la conseruation desquels Dieu à mis en vous comme à vn geolier: lequel est responsable de ceux qu'il à en sa garde. Et pour conclure ces discours, Sire, s'il y a moiē par l'auis de tant d'hōmes signallez & experimētez qui sont en vostre Royaume desquels pouuez prādre conseil, de

Sur les moiens de faire guerre aux Huguenots.

Estrangers nous poussēt sans nous soustenir.

Serment quand & non tenable

Roy n'est que gardien non proprietaire du Royaume.

reduire

reduire vn chacun de vos sujets à vne seulle Religiõ Catholique telle que vous tenez, sans rafraischir nos douleurs par vn renouuellement de guerre: nous vous en supplions tous instamment d'y mettre la main à prandre les meilleures & plus salutaires voies pour ce faire qui se pourront prandre. Mais si la disposition des affaires de vostre Royaume est telle, que ne puissiez mettre à effet pour le present ce salutaire & desiré dessein: il vous plaira choisir de deux maux le moindre:& nous laisser en repos le reste de nos jours sans enfreindre ny alterer vostre dernier Edit de pacification: en attendant que par vn bon & libre concille, ou par les bons salutaires enseignemens & exemples de nos Prelats Ecclesiastiques, tous les deuoiez de nostre foy, soient remis au giron de nostre Eglise Catholique & Rommaine:en laquelle la plus part d'iceux ont esté Baptizez. Et durant ce relasche que nous pourrons auoir, vous pourrez plus aisément donner ordre à la reformatiõ de l'ordre Ecclesirstique: restablissement de vostre Iustice, reduction de vos officiers & reglement de vos affaires & finances suiuant la requisition qui vous en à esté faite par lesdits Estats.

Toutes ces raisons neantmoins furent de peu d'efficace vers la plus part des autres Deputez. Tellement que la rupture de l'Edit & vniuersel establissement d'vne seulle Religion Catholique Apostolique & Rommaine ja arrestee entre le Clergé & la Noblesse le vint sixiéme Decembre en l'assemblee du tiers Estat (nombre des Deputez duquel y auoient toujours resisté comme j'ay dit ailleurs) fut arresté a la pluralité des Gouuernemens. Que le Roy seroit supplié reünir tous ses sujets à la Religion Catholique & Rommaine par les meilleures & plus saintes voies & moiẽs que faire ce pourroit. Et que tout autre exercice de Religion pretenduë reformée fut osté tant en public qu'en particulier:les Ministres, Dogmatizans, Diacres & Surueillans cõtraints vuider le Royaume dans tel temps qu'il plairoit au Roy ordonner: nonobstant tous Edits faits au contraire. Et que le Roy seroit supplié prandre en sa protection tous ceux de ladite Religion autres que lesdits Dogmatizans, Ministres, Diacres & Surueillans. En attendant qu'ils se reduiroient à la Religion Catholique. Lequel article passa aux voix des Gouuernemens de l'Isle de France, Normandie, Champagne, Languedoc, Orleans, Picardie & Prouence. Mais les Gouuernemens de Bourgongne, Bretagne, Guienne, Lyonnois & Dauphiné furent d'auis qu'on deuoit ajouter audit article, Que l'vnion de ladite Religion se feist par voies douces & pacifiques & sans guerre. Toutesfois les sept Gouuernemens l'emportereẽt. Mais le Gouuernement de Guienne auoit dixsept Deputez & le Gouuernement de Prouence n'en auoit que deux. Lors les Deputez de saint Pierre le Moustier, la Marche & quelques autres d'Auuergne, demanderẽt acte de l'article qui auroit esté fait par leur Gouuernement, pour leur seruir de descharge enuers ceux qui les auoient deputez. Ce qui fut refusé du consentement de l'assemblee, pour ne faire ouuerture aux nullitez & protestations qu'on pourroit former contre l'auis desdits Estats. Et sur ce y eut grandes altercations & plaintes des cinq gouuernemens susdits.

Religion Protestante abatuë le 26. Decem

Nullitez.

Le quinziéme Feurier les Ambassadeurs enuoiez vers le Prince de Condé retournez & faisant leur relation: dirent qu'ils auoient negotié vers le Prince de Condé lequel ils disoient n'auoir voulu ouïr lesdits Ambassadeurs, ny receuoir les lettres des Estats par ce qu'ils se disoiẽt estre deputez par les Estats lesquels il ne reconoissoit point pour Estats. A tẽdu que la forme anciẽne & accoustumée n'y auoit point esté tenuë. Ains estoient les deputez pratiquez, corrõpus & gagnez: voire solicitez par les ennemis jurés de la Courõne. Et qui auoiẽt pratiqué l'abolitiõ de l'Edit à la ruïne & subuersiõ du Royaume duquel il deploroit la calamité. Et pour l'obligation qu'il auoit à la Courõne, de laquelle il auoit cest honneur d'estre si proche, & au salut vniuersel de sa patrie qu'il exposeroit tous moiẽs que Dieu luy auoit mis entre mains jusques dernier souspir de sa vie: s'asseurant qu'il seroit suiuy de la plus part de la Noblesse Françoise & autres desireux de la conseruation de ceste ancienne Monarchie, si miserablement affligée depuis dixhuit ans en ça. L'Euesque d'Autun & ses colleguez dirẽt qu'ils luy presentent dereches lesdites lettres des Estats auec tout hõneur deu à tel Prince. Le supliãs vouloir les receuoir & ouïr leur charge: Mais que le Prince les refusa ne reconoissãt telle assemblee pour Estats. Disãt que s'ils eussẽt esté librement tenuz il s'y fust trouué pour l'affectiõ entiere qu'il portoit au seruice du Roy & repos de sa patrie. Qu'il auoit auis de bõne part, qu'on auoit enuoié aux prouinces pour pratiquer l'electiõ des Deputez. Que quelques vns se seroiẽt tellemẽt prostituez, qu'ils auroient preuariqué & changé leur caiers. En somme qu'il desiroit plustost estre au centre de

Relatiõ des Ambassadeurs retournez deuers le Prince de Condé.

L'HISTOIRE DE FRANCE.

de la terre que voir jouër de si piteuses tragedies, que chacun de jugemēt pouuoit preuoir. Et que pour obuier à la perte de tant de bons François, & ruyne vniuerselle de ce Royaume: il souhaittoit que la guerre se peut decider entre les Chefs & principaux fauteurs de ces miseres. Et qu'il s'estimeroit plus heureux de perdre son sang en preseruāt la vie de tāt braue & gētille Noblesse des deux parties, pour la conqueste de quelque Royaume ou Seigneurie comme l'occasion depuis peu de jours s'estoit presentée. Et en ce faisant retirer sa patrie, du miserable joug de seruitude sous laquelle on vouloit reduire la liberté d'icelle. Et qu'il sasseuroit que le Roy n'estoit point cause d'vn si prochain & euident naufrage. Ains le pernicieux Conseil de ceux qui ne tendoient qu'a s'esjouyr de voir espandre le sang des naturels François, dont il demandoit vengeance a Dieu. Qu'il auoit tousjours cogneu le Roy tres-debonnaire Prince & veritable: son naturel eslongné de tous desordres & grandement desireux de maintenir son peuple en bonne & loyalle concorde. Qui estoit le solide & principal moien de conseruer sa Couronne. A quoy l'Euesque d'Autun auroit respondu que s'il plaisoit audit Seigneur Prince entendre sa charge, ensemble celle de la Noblesse & du tiers Estat. Il conoistroit par bonnes & justes raisons sauf son honneur & reuerence, qu'il auoit esté tresmal informé de la sincerité dont on auoit vsé en ladite conuocation & assemblée desdits Estats. Et à laquelle, s'estoient trouuez les premiers personnages du Royaume: qui y auoient apporté vne grande pureté, bonne volonté & integrité de conscience: dont ils auoient fait euidente preuue par l'ouuerture de tous bons moiens, pour affermir perpetuellement la Paix en ce Royaume, ou le restablir en sa premiere splendeur. Puis presentant les lettres de la part d'iceux Estats audit Seigneur Prince le supplierent leur voulloir donner audience. Ce qu'il refusa: perseuerant en ses premieres remonstrances. Leur disant en fin toutesfois, que si l'Euesque d'Autun auoit quelque chose à luy proposer de la part du Roy, il luy donneroit & aux autres telle audience qu'ils desireroient. A quoy auroit esté respōdu par ledit Euesque d'Autun que luy & ceux qui l'assistoient ne pouuoient porter parolle audit Seigneur Prince en autre quallité que de, Deputez du Clergé de la Noblesse & du tiers Estat. Et neantmoins voians ses requestes n'auoir lieu, le supplia auouer les humbles recommandations que luy faisoient Messieurs du Clergé qui luy offroient tout honneur respect & reuerence comme à vn Prince tres Illustre qui auoit cest honneur d'estre extrait des Roys de France: comme aussi feit le semblable le Seigneur de Montmorin pour la Noblesse & le President de Poitiers pour le tiers Estat. Surquoy le Prince remercia tres-humblement Messieurs du Clergé: disant qu'il les auoit tousjours aimez & hōnorez. Et qu'en tout ce qu'il luy estoit possible, il les maintiendroit & cōserueroit comme aussi Messieurs de la Noblesse estant tout disposé a leur faire seruice. Et pareillement Messieurs du tiers Estat desquels il auoit grand pitié & comiseration pour les grans maux qui pourroient tumber sur leurs testes. Et que c'estoient ceux qui se disoiēt les Estats qui leur couppoient la gorge. Ce fait lesdits Deputez saluerent de rechef ledit Seigneur Prince & se retirerent. Les enuoiez vers le Roy de Nauarre faisant leur relation chacun des trois Estats à part, reciterent que le Chancellier & autres officiers du Roy de Nauarre, les auoiēt receus auec toutes les Courtoisies & hōneurs qu'il estoit possible de faire: estant le Roy empesché pour battre la ville de Marmande pres de Bourdeaux. Laquelle il laissa à la venuë desdits Ambassadeurs apres qu'ils eurent fait quelque submission verballe audit Roy de Nauarre. Lequel estant de retour en la ville d'Agen receut lesdits Ambassadeurs ensemble les lettres desdits Estats & entendit tout ce que lesdits Ambassadeurs auoient à luy dire de leur part suiuant leurs instructions que l'Archeuesque recita, laissant les parolles piquantes & qui auec aigreur sembloit contenir quelques menaces de hazarder son Estat. Lesquelles ledit Archeuesque de Vienne luy feit entendre en son cabinet puis apres. Ce que ledit Roy de Nauarre auoit pris en bonne part: & à icelles fait responce bien douce & pleine de beneuolence. Lesquelles remonstrances l'Archeuesque de Vienne l'eut en pleine assemblée. Quand aux instructions desdits Ambassadeurs elles contenoient trois chefs Le premier vne gratificatiō à sa persōne pour la qualité & grādeur qu'il tenoit en ce Royaume auec vne semōce & priere d'assister aux Estats. Le secōd de se joindre au Roy & aux Estats pour reduire ses sujets en vne Religion Catholique, Apostolique & Rommaine. Le troisiéme des inconueniens & malheurs qui auiendroient de la diuision de luy & des Estats. Et que lesdits Estas estoiēt resoluz d'employer la vie & les biens pour la reductiō des sujets du Roy à vne mesme Religion. **Le Roy de Nauarre** receut tout en bōne part. Si qu'auoir pleuré oiant l'Archenesque uesque de Vienne reciter les calamitez de la guerre sur ce poure Roiaume: fit responce ausdits *Lettres du Roy de Nauarre aux Estats Generaux.* Estats tant par lettres que par instructions bien amples dont la suscription portoit: à Messieurs les gens tenans les Estats à Blois & au dessous des lettres. Vostre plus affectioné & seruiable amy Henry. La lettre estoit telle: Messieurs je vous remercie tresaffectueusemét de ce qu'il vous a pleu enuoier par deuers moy & mesmes tels personnages de telle quallité & merite: lesquels j'ay veus & ouïs tres-volontiers; Comme je receuray tousjours auec toute affection & respect tout ce qui viendra de la part d'vne si honnorable & digne compagnie. Ayant vn extreme regret, de ce que je n'ay peu m'y trouuer & vous monstrer en personne en quelle estime je tiens vne telle assemblée. Et côme je seconde vos volontez en ce que vous desirez tous mettre fin aux maux & miseres dont ce Roiaume est de si long téps affligé: Et pour le remettre en quelque meilleur estat, promouuoir & procurer enuers le Roy Mōseigneur, toutes bōnes & saintes ordōnances & reiglemés. Mais le succés & euenement d'vne si sainte entreprise tendāt à la restauratiō de ce Roiaume: depēd à mon auis de ce que requeriez & cōseillez au Roy, qu'il tende à la Paix. Si vos Requestes & cōseils tendēt à la conseruatiō de la Paix: Il vous sera aisé d'obtenir toutes bonnes prouisions à toutes vos plaintes, & remonstrances & doleances: & les faire executer & entretenir de point en point. Et par ce moien recueillir vous mesmes & transmettre à la posterité, le fruit de vos auis & conseils. Que sy par le moien de quelques vns qui pourueu qu'ils suiuent & seruent à leurs passions ou proffit particulier, ne se souciēt de perdre la France: vous vous laissez eschapper des mains la Paix tant necessaire: j'ay grād peur que vostre desir & le mien, auec celuy de tant de gens de bien qu'il y a en ce Roiaume: & toutes nos esperances de ceste assemblée: ne soient vaines. Et que tout ce Roiaume ne deuiēne non seulement frustré du grand biē qui luy estoit offert par ceste assemblée: Mais qu'il soit encores pis, si tant est qu'il puisse subsister. Et partant Messieurs, je vous prie de tout mon cœur & affectiō, vouloir encores deliberer sur ce point, duquel dependēt tous les autres. Mesmes la consolatiō & contentement que vous desirez & qui importe le plus à l'Estat de ce Roiaume. Et de ceux ausquels on ne peut faillir deux fois. De ma part je reconnois que non seulement mon interest cōme de tous autres Citoyens est conjoint auec le public: Mais apres la personne du Roy Monseigneur & Monseigneur son frere, j'ay plus grand interest à la conseruation & restauratiō de ce Roiaume, que personne de ce mōde. Et par ainsi vous me trouuerez tousjours prest & affectionné a faire auec vous, tout ce entierement qui viendra au bien & repos d'iceluy. Et a y exposer tout ce que Dieu ma donné de moien & ma propre vie: comme aussi à vous complaire & seruir à tous en general: & m'employer pour vn chacun de vous en particulier en tout ce qui me sera possible. Et parce que j'ay respondu plus particulierement à Messieurs vos Deputez en ce que je desire & demande estre receu de vous: Ie feray fin à la presente: priant Dieu Messieurs vous vouloir bien inspirer & illuminer par sa sainte grace & son saint esprit.

Les instructions du Roy de Nauarre estoiēt fort amples & cōmancent par actions de graces enuers les estats de luy auoir enuoié des principaux d'entre eux. Les loué du zele qu'ils ont au bien & repos de ce Roiaume: craint toutesfois que la Requeste qu'ils ont faite au Roy, de ne tolerer en ce Roiaume autre exercice de Religion que la Romaine: ne soit pas la voie pour paruenir a ce repos tant desiré: n'y d'appaiser les troubles qui seront d'autant pires que les precedens, qu'il n'y aura moien de les pacifier quand bien à la fin les deux parties le voudroiēt. Et mesmes depuis qu'on fait des ouuertures si dangereuses & si pernicieuses à tous accords à l'auenir, que de reuoquer en doubte, qu'en ces accors qui ont esté faits par ci deuāt le Roy n'a peu obliger sa foy, pour la conseruation de son estat & de tout ce Roiaume. Que partant ledit Roy de Nauarre prie & reprie ladite assemblée au nom de Dieu, & pour l'obligatiō qu'ils ont au bien du Roy & de la patrie: d'y vouloir bien penser & repenser. Comme estant la plus hazardeuze chose & de la plus grande importance dont on aie jamais deliberé en France. Les prie considerer non seulement ce qu'ils desirent, mais ce que ce poure Royaume peut comporter: Et ce qui se peut faire. Comme le mallade desireux de santé qui ne prand pas ce qu'il trouue agreable & à son goust, mais souuent ce qui est bien desplaisant & amer comme plus conuenable à sa malladie. Que s'il faict mal au cœur des Catholiques qui jouyssent de leur Religion, sans qu'on leur face aucun trouble, veoir ceux de ladite Religion à qui on la veut oster du tout, apres leur auoir tant de fois accordé & si long temps permise. Il desire aussi que les Estats considerent soigneusement qu'en vain on s'est efforcé de la chasser

Instruction du Roy de Nauarre pour les Ambassadeurs des Estats Generaux.

24. 26. Feurier, 1577.

de ce Royaume & des Royaumes d'Angleterre, Hongrie, Boheme, Dannemarc, Ecoſſe, Suede, Suyſſe & Allemagne ou elle à mis le pied. Et que ſa Majeſté à fait ſerment en Pologne, de maintenir l'exercice de ladite Religion & n'y rien changer de peur de troubler l'Eſtat. Ne ſ'arreſter a ce qu'on tient ladite Religion pour hereſie. Car quand ainſi ſeroit (ce que non) elle ne ſe deuroit n'y pourroit oſter par vne telle aſſemblée: Ains par vn Concille General, auquel toutes parties ſont ouyes. Et quand a ce qu'on vouloit l'aider de l'exemple de ſon pays de Bearn, duquel l'exercice de la Religion Catholique fuſt oſté par la deffuncte Royne ſa Mere. Ledit Roy de Nauarre à deliberé & ja commencé d'y remettre ladite Religion. Et partant ledit Roy de Nauarre prie & reprie ladite aſſemblée pour la troiſiéme fois, d'y vouloir bien penſer & remettre l'affaire en deliberation. Quand a ce que ladite aſſemblée deſire que le Roy de Nauarre ſe conjoigne auec le Roy & auec elle. Ledit Roy de Nauarre penſe leur eſtre conjoint par tout lien Naturel & public. Et n'a eu jamais & ne veut auoir autre intention que de luy obeyr & faire tout tres-humble ſeruice. Il à ceſt heur & honneur de luy eſtre ſi proche parent & allié: & reconnoiſt luy eſtre tant obligé par tant d'honneurs & de faueurs qu'il à receu de ſa Majeſté: qu'il ne ſe peut deſirer plus eſtroitte conjonction. Et ſi elle ſe peut accroiſtre par humble ſeruice il le fera. Quand a ce qu'en particulier ils deſirent qu'il ayt à faire qu'il n'y ayt qu'vne Religion Catholique Romaine, & quitter celle dont il fait profeſſion. Il a accouſtumé de prier DIEV & le prie en vne ſi belle aſſemblée: que ſi ſa Religion eſt la bonne comme il croiſt, qu'il vueille luy conſermer & aſſurer. Que ſi elle eſt mauuaiſe, luy face entendre la bonne & illuminer ſon eſprit pour la ſuiure & y viure & mourir. Et apres auoir chaſſé de ſon eſprit tous erreurs, luy donner force & moyen pour luy ayder à la chaſſer de ce Royaume & de tout le monde ſ'il eſt poſſible. L'Archeueſque de Vienne dit que les Miniſtres auoyent faict effacer ceſte clauſe entre ligne. Et que le Roy de Nauarre la feit a jouſter. Prie l'aſſemblée de ſe contenter de ſa reſponce: & neantmoins ſi elle en deſire vne plus ample, la prie ne trouuer mauuais qu'en choſe de telle conſequence & d'importance: il y penſe dauantage & attende aduis d'vne aſſemblée de ceux de ladite Religion & Catholiques vnis qui ſe doit faire par commandement du Roy à Montauban dans peu de jours. Cependant la compagnie ſe peut aſſeurer qu'elle trouuera le Roy de Nauarre touſjours treſenclin & affectioné à la Paix & à tout ce qui appartient vrayement à l'honneur de Dieu, au ſeruice du Roy & repos du Royaume: quand il deuroit pour ceſt effet ſe bannir volontairement & aller pour l'honneur & reputation du Roy expoſer ſa vie hors d'iceluy auec vne bonne trouppe de meſme volonté & affection.

Bearn ou la Religion Catholique fut oſtée par la Royne y eſt remiſe par ſon fils.

Le Roy de Nauarre ſe plaint de l'Eſpagnol.

LE Lundy dix-huitiéme dudit mois, les trois ſuſdits Deputez feirent rapport à l'aſſemblée de ce qu'ils auoyent conferé auec les Deputez des autres Eſtats touchant la reſponce du Roy de Nauarre & qu'ils auoyent pris ſemblable reſolution que le tiers Eſtat: & reſolurent d'en faire la reſponce au Roy. A l'inſtant l'Archeueſque de Vienne & le Sieur de Rubempré deſuſdits Deputez des trois Eſtats, dirent à l'aſſemblée que le Roy de Nauarre les prioit auant que l'aſſemblée ſe departiſt, interceder vers le Roy d'Eſpagne pour luy rendre ſon Royaume qu'il tenoit injuſtement: dont ils auoyent oublié de parler faiſant le diſcours de leur legation. Bigot l'vn des Deputez du tiers Eſtat Auocat du Roy au Parlement de Roüen en fit le recit à l'aſſeblée. Et côme ils auoiét auec les Deputez du Clergé & de la Nobleſſe, fait reſponce au Roy touchât le Roy de Nauarre par la bouche de l'Archeueſque de Lyon & demâda côge pour tous. Mais on ne voulut toucher à la demâde du Roy ſ'excuſans tous qu'ils n'auoient charge de ce par leurs Prouinces. Le Mardy 26. dudit Feurier la compagnie du tiers Eſtat fut aſſemblée apres diſner, pour receuoir ceux qui eſtoient enuoiez vers le Mareſchal d'Anuille, ouïr & entêdre l'effet de leur legatiô. Qui fut que aiât trouué le Mareſchal en la ville de Môtpellier: ils lu_ auoiét preſeté les lettres qui luy eſtoiét eſcrites par les Eſtats: & propoſé les choſes deſquelles ils auoient eſté chargez par leurs memoires & inſtructions. Leſquelles il auoit priſes de bône part. Mettât à l'oppoſite beaucoup de raiſons en auât qui deuoient mouuoir les Eſtats d'étretenir la Paix pluſtoſt que remettre ce Roiaume aux troubles dôt il eſtoit ſorti. Ainſi qu'il eſt plus au long contenu ez inſtructiôs & lettres par lui baillées auſdits Ambaſſadeurs. Mais il faut notter, que les Proteſtâs & Catholiques vnis auec ledit Mareſchal: ne vouloiét pas que les lettres, inſtructiôs & parolles de creâce fuſſét tenuës ſecrettes & cômuniquées ſeulemét audit Mareſchal. Mais le tout fut dit & leu publiquement comme vous verrez.

Ambaſſadeurs au Mareſchal d'Anuille.

Lettres du Mareſchal

LE deſſus portoit à Meſſieurs Meſſieurs de l'aſſemblée ſe tenant preſentement en la ville de Bloys. Parce que ledit Mareschal, Protestãs & Catholiques vnis, ensemble les Deputez du Roy de Nauarre & Prince de Condé: auoyent protesté de nullité côtre lesdits Estats qu'ils tenoyent pour assemblée illegitime des le vint-deuxiéme Septembre, mil cinq cens septante six: & la protestation auoit esté enuoyée au Roy qui fit responce le 28. Octobre ensuiuant.

MESSIEVRS j'ay estimé vn grand honneur & faueur, que vostre assemblée m'ait communiqué par Messieurs du Puy, de Rochefort & de Tollé les Deputez presens porteurs, leur desir sur ce qui se traitte en icelle. Lequel comme Catholique, yssu de la maison qui sest conseruée le nom des premiers Chrestiens, & ayant esté esleué & nourry en ceste Saincte Religion: l'ay trouué & trouue bon. Et pour l'obtenir je sacrifierois tres-volontiers ma propre vie, ne le pouuant faire pour vn meilleur effect. Mais considerant ce qui sest passé & la saison ou nous sommes: j'ay estimé estre mon deuoir comme Officier de ceste Couronne, vray & naturel Conseiller d'icelle: de vous representer par les instructions que jay baillées ausdits Deputez: l'impossibillité d'effectuer ceste intention, M'estant essayé de vous remettre deuãt les yeux ce qu'on doit peser au parauant que de nous plonger au gouffre des mal-heurs, qui nous ont tant affoibly & desquels on esperoit estre a present dehors: tant au moyen de l'Edit de Pacification, que du bon conseil qu'on se proposoit deuoir estre donné au Roy. Vous suppliant le balancer auec cela que j'ay dit de bouche ausdits Sieurs Deputez. Et croyez que j'ay trop faict de preuue de la fidelité & affection que moy & les miens portons au Roy & à ceste Couronne, pour ne manquer au deuoir de vray & fidelle sujet. N'ayant jamais visé que a ce que j'ay estimé pouuoir apporter repos & tranquilité à ce poure & desolé Royaume. Lequel sur tout, nous deuons empescher de tenter vne derniere secousse, pour le voir si fort attenué qu'il n'a quasi plus que la superficie. Ie vous supplie encores derechef Messieurs y bien penser: & estre asseurez que de mon costé j'y presteray tout le moyen & le pouuoir que DIEV m'aura mis ez mains: ainsi que lesdits Sieurs Deputez vous discouront plus particulierement, sur lesquels me remettant je me recommanderay humblement à vos bonnes graces. Et prieray DIEV Messieurs vous donner en santé longue vie. De Montpellier ce septiéme Feurier mil cinq cens soixante dix-sept, & au bas. Vostre bien obeyssant amy à vous faire seruice Henry de Montmorency. Ses Instructions portoyent.

LEDIT Sieur Mareschal à tres juste occasion de rendre de tout son cœur tout le remerciement possible, à Messieurs de ladite assemblée pour l'honneur qu'ils luy font: & l'estime qu'ils ont de luy. Reconnoissans qu'il est yssu ainsi qu'ils luy representent de la Tige de ceste maison qui à produit tant de grands personnages, fidelles à leur Prince & patrie. Qui auec leurs merites ont esté pourueuz & esleuz à de grandes & honnorables charges, esquelles ils ont tousjours faict paroistre combien ils estoyent amateurs du seruice de leur Prince & de l'augmentation de leur Couronne. Si ceux là ont tousjours esté poussez de ceste splendide volonté: & en ont tendu & produit en public les effects, ledit Sieur Mareschal (qui grace à DIEV à tant retenu de la bonne institution & nourriture paternelle, qu'il ne mesconnoist ce qui est de son deuoir) est prest & apareillé de suiure la trace de ses deuanciers: & aymeroit mieux jamais n'auoir esté mis au monde, que de souiller & contaminer cest illustre & fleurissant renom, que la maison de Montmorency sest acquis: de la source de laquelle il est sorty sans degenerer de leur fidelité & affection. Or si par le passé les occasions, esquelles ses deuanciers se sont employez pour la grandeur de ce Royaume, ont esté differentes à celles d'aujourd'huy: il faut croyre que le but à tousjours esté semblable. Et que les trauaux & seruices qu'ils ont faits, tendoyent à la splendeur & felicité de ceste Courõne. Il faut donc considerer que ce a quoy nous voulons pener, est pour ceste seule cause. Et quicõques ne s'estudiera à se sacrifier pour le bië de sa parrie, est indigne d'estre nay en icelle:n'y porter titre d'hõneur quel qu'il soit. Ledit Sieur Mareschal voit & à veu & conneu occulairemët, quels ont esté les maux dõt nous auons esté oppressez: & qui ont quasi rëuersé ce grand & florissant nom François, inuincible & formidable à tout le monde. Mais pense de la cause dont ils nous sont procedez, qu'elle ne se puisse attribuer a autre que à la volõte de Dieu qui pour nos pechez & fautes les nous a enuoyez. Il ne le peut dire quasi autrement. Bien confesse il que DIEV qui retient en son secret jugement les raisons pour lesquelles il nous afflige: a permis dans le cœur des hommes la diuersité de Religion. Mais discourant en son entendement que tous moiens tant ordinaires que extraordinaires, ont esté inuentez & excogitez par tous les plus sages mondains

L'HISTOIRE DE FRANCE.

de ce Royaume pour coupper la racine qui auoit pris pied dans le cœur de la plus part des personnes d'icelluy, pour ladite Religion : lesquels n'y ont peu proffiter. Et que auons esprouué par tant de perte de sang, de violence, & meurtres & infinis autres actes tant hostilles & horribles, que le souuenir qui est encores deuant noz yeux, nous en fait trembler : que la force des hommes ne peut maistriser & domter le cœur de ceux qui ont l'entendement touché de la Religion. Et lesquels se resoluent à patir & perseuerer & se rendre perseuerans aux troubles & afflictions qui leur viennent : il ne peut se representer qu'il soit quasi possible aux hommes de mettre fin à ce que D I E V s'est reserué comme maistre & scrutateur des cœurs d'vn chacun. Et pour confesser iustement de ce qui est de son desir : Il veut dire & attester deuant D I E V & les hommes, qu'il n'y a creature du monde qui le puisse surpasser d'affection & volunté pour l'augmentation de la Religion Catholique, Apostolique & Romaine : En laquelle il a esté nourry & esleué & dont il fait & fera toute sa vie vraye & ouuerte profession : estant poussé d'autant de pieté, zelle & affection pour le soustien d'icelle, que homme puisse estre ; Et prie D I E V qu'il luy face la grace de pouuoir à son honneur & gloire, sacrifier sa vie pour vn si bon, Sainct & iuste effect. Ceux de la Religion apresent sont fondez en tant de diuers Edits & concessions, approuuans leur Religion qu'ils ont sellée de leur sang : qu'il est bien mal aisé de les faire condescendre si aisément à se departir de ce qu'ils ont achepté si precieusement : & qu'ils iugent seul remede pour les faire viure & demourer en ce monde. Et qui plus est, le dernier Edit obtenu tant solemnellement & auec l'intercession des Princes estrangers : leur a fait connoistre que ce que plusieurs disent, que deux Religions fussent incompatibles, n'est vray : veu qu'en si peu de temps que D I E V à faict pleuuoir sur nous ceste benediction de Paix : Ils ont pris telle habitude ensemble, specialement en ce pays de Languedoc, qui est composé de si grand nombre de ceux de la Religion : qu'ils se voyent meslez ez villes, lieux, maisons, familles, voyre iusques au lict : esquels il faudroit mettre vn entier diuorce si la liberté de laquelle ils sont entiers possesseurs, & qu'ils estiment plus que leurs vies : leur estoit tollue & ostée. De maniere que si violemment on vouloit prandre resolution de rompre l'Edict, sur lequel ils se sont entierement fondez : & leur interdire leurdite Religion : Il est tresmal aisé & quasi impossible d'y paruenir. Car il faut considerer que l'vnion & volonté des personnes, les rend forts & inuincibles : comme au contraire la diuision & partialité apporte toute ruyne & subuersion. Or ceux du pays de Languedoc qui est l'vne des plus grandes Prouinces de ce Royaume : estans assemblez en leurs Estats principaux : ont solennellement iuré en presence dudit Sieur Mareschal & du Seigneur de Ioyeuse Lieutenant pour le Roy : l'obseruation & entretenement de l'Edit. Et auec vn cœur ouuert declaré, vouloir viure & mourir en icelluy : comme le iugeant tres-necessaire entre eux pour leur conseruation. Encores qu'on ne puisse dire que esdits Estats il y eust nombre de ceux de la Religion qui les peut contraindre à faire ce Serment, comme il se voit par les actes. Et à cela se sont rendus fichez & arrestez. Il faut donc inferer qu'ayant ceste connoissance, qu'ils ne peuuent demeurer entr'-eux sans equalité : Ils la voudront garder inuiollablement. Et penseront que ceux qui la leur voudront oster, seront violateurs de leur repos & seminateurs de nouueaux maux : qui leur sont encores si recents que la seule aprehension d'y rentrer les transporte au l'obseruance de leur tranquilité. Donques si ainsi est que ceste resolution soit si auant dedans l'interieur de l'ame de tous vnanimement en ce pays : & specialement de ceux de la Religion qui par tant de preuues ont demonstré comme ils veulent achepter ceste liberté à eux donnée par l'Edit : ledit Sieur Mareschal laisse à penser à Messieurs de l'assemblée, s'il est en sa puissance de pouuoir ce qu'ils luy demandent. Et s'ils n'attireront pas sur ce Royaume & specialement sur lesdits pays de Languedoc, tous les mal-heurs qu'on peut imaginer. Lesquels pourront prandre tels traicts, Que au lieu qu'on estime coupper le chemin à la malladie qui à affoibly ce Royaume : on nous plongeroit dans vn gouffre de tel mal-heur, qu'il n'est pas quasi loysible de dire ce qui en peut venir en la fantasie. Car le desespoir transporte les hommes hors de la raison : & les contraint souuent d'oublier leur deuoir. D'autant que naturellemēt chacū est enclin à la saluatiō de sa vie & liberté. Et que pour la cōseruer, on recerche sās autre cōsideratiō tout ce qui peut apporter proffit. Ledit Sieur Mareschal à bié voulu directemēt represēter les dāgers & euenemēs, possible auparauāt

qu'en

LIVRE QVARANTETROISIEME. 350.

qu'en son particulier faire aucune responce. Estimant estre le deuoir d'vn vray François, de faire toucher ce qui cause & peut causer nos maux, à ceux qui ont le moien d'y remedier. Et pour faire entendre ouuertement son intention: Ayant communiqué de ce fait (tant importāt qu'il excede quasi la capacité commune) auec plusieurs notables personnes qu'il a à ceste fin appellez. Il a trouué apres la protestation cy deuant faite (qu'il desire comme Catholique l'auancement & augmentation de sa Religion autant que nul autre) Que ce fait est general & importe à tous les Catholiques & à ceux de la Religion qui ont receu l'Edit & jouyssent d'iceluy specialement au Roy de Nauarre & à Monseigneur le Prince de Condé. Tellement qu'il ne luy est possible de s'en pouuoir resoudre n'y donner surce responce arrestée sans auoir communiqué & conferé auec eux: & tous vnanimement considere les raisons & motifs qui ont poussé ladite assemblée de prandre le chemin auquel ils veullent entrer. Afin que cela leur estant representé tout ainsi que ce fait est general & non particulier: on puisse au nom du General qui a esté interessé: prandre vne bonne & sainte resolution qui puisse apporter contentement à ladite assemblée: & bon repos & soulagement à ce poure Royaume, qui ne peut plus respirer des grandes secousses qu'il à euës. Et lesquels si Dieu ne le regarde de son œil de pitié & illumine ceux qui ont le Timon & administration d'iceluy en main: est en extreme peril de retomber en vn tres-dangereux accident. Lequel sera plus dur à supporter, d'autant qu'il auiendra lors qu'on pensoit veoir le Nauire au port & estre exempt de Naufrage apres vn si grand orage & tempeste qui l'auoit quasi submergé. Tellement que ledit Sieur Mareschal supplie humblement ladite assemblée, auoir agreable sa responce. Laquelle il ne peut, ny ne doit faire autre: considerant que s'il est en leur main de donner relasche à vn si grand & perilleux mal, & ils ne le font; ils encourront à jamais l'ire de Dieu sur eux. Et au lieu de la benediction qu'on se preparoit leur donner pour leurs sages & prudens auis: les execrations & maledictions du peuple qui patira tout le long de ceste cruelle Guerre: sont suffisantes pour les faire rendre odieux à tout le monde. C'est en somme ce que ledit Sieur Mareschal peut apresent faire entendre & remonstrer à ladite assemblée. Laquelle il supplie encores d'en conferer pour donner auis au Roy d'vn affaire qui importe le bien ou le mal de ce Royaume. Et de mettre plus d'vne fois en balance tout ce qu'on peut juger digne de consideratiō. Et eslire plustost la douceur que la cruauté tant desagreable & detestable à Dieu & au monde. Laquelle cruauté sera en regne si les mal-heurs nous font rentrer en nos premiers tourmens. Appellāt le dit Sieur Mareschal Dieu à tesmoin, du regret & desplaisir qu'il a en sō cœur, de se voir reduit aux plus dangereuses & perilleuses extremitez qui se puissent presenter: desquelles il sera deliuré si la prouidēce de ladite assēblée met en poix l'impossibilité qu'il y a de venir à la fin qu'ils desirent. Qui est l'vnion en la Religion Catholique seule, à laquelle de son costé il à plus de cœur que nul; Et la voudroit auoir achetée de son sang: pourueu qu'il se peut faire sans la ruyne & desolation de ce poure Royaume. Duquel estant Officier & de ceux qui y ont authorité: il veut estre jusques à la derniere goutte de son sang vray & fidelle seruiteur. Remerciant humblement ladite assemblée du bon & saint jugement qu'ils font de luy. Enquoy ils ne seront jamais deceuz ny trompez. Ains sera tousjours paroistre qu'il n'y a aucun en ce Royaume, qui le puisse en cela sur passer d'affection. En laquelle il demeurera ferme & inuiolable à jamais. Fait à Montpellier le huitiéme Feurier, mil cinq cens soixante dixsept Henry de Montmorency.

LE rapport fait de leur voyage vers le Mareschal d'Anuille: L'Euesque faisant la relation à l'Eglise, le Gentil-homme à la Noblesse & le troisiéme au tiers Estat: & neantmoins tousjours s'accompagnant les trois ensemble: fut arresté sur l'auertissement qu'ils donnerent que le Clergé & la Noblesse se deuoyent assembler le jour suiuant en l'Eglise Saint Sauueur pour deliberer sur le mesme rapport: comme aussi sur quelque traitté de Paix qui courut depuis le retour de Biron deuers le Roy de Nauarre: que quelques Deputez du tiers Estat se trouueroyent en ladite assemblée & confereroyent aussi auec lesdicts du Clergé & de la Noblesse pour en faire apres leur rapport. Ce qui fut effectué & s'assemblerent le jour suiuant qui fut le penultiéme Feurier au matin. Aucuns des Deputez des trois Estats en l'Eglise Saint Sauueur. En laquelle assēblée fut entr'autres discours fait ouuerture par quelques vns du tiers Estat, de faire instāce de la Paix enuers le Roy & soustenu à l'opposite par d'autres tāt du Clergé que de la Noblesse, que cela ne se pouuoit faire sans contreuenir directement à l'Article de la

Le Mareschal ne veut rien resoudre sans le Roy de Nauarre & Prince de Condé.

Traitté de Paix.

Xxx iij

L'HSITOIRE DE FRANCE.

Feurier, 1577.

Paix.

Religion porté par les Cayers: En sorte que ceste assemblée se departir sans effect. Le dernier du mois les Deputez des trois Estats furent conuoquez a Saint Sauueur, pour ouyr la negociation & remonstrance de la Paix que fit le Duc de Montpencier estant de retour du Roy de Nauarre. Et d'autant que le lieu n'estoit assez capable, il dit aux trois ordres l'vn apres l'autre ce qu'il en auoit fait coucher par escrit dont la teneur s'ensuit.

Harengue du Duc de Montpécier aux Estats retourné de uers le Roy de Nauarre pour la Paix.

MESSIEVRS vous sauez qui à esmeu leurs Majestez de m'enuoier vers le Roy de Nauarre: Et combien la saison ou nous estions lors de mon partement, mon indisposition, aage & longueur du chemin me pouuoit dispenser d'vn si fascheux voiage. Toutesfois postposant ceste peine & trauail, à l'affection que j'ay au treshumble seruice du Roy & repos de la France: Ie n'ay differé de l'entreprandre & aller trouuer ledit Sieur Roy de Nauarre en la ville d'Agen. Ou apres luy auoir bien particulierement fait entendre, l'intention de leurs Majestez: Il m'a representé tant d'occasions de mescontentement & de deffiance qu'il dit auoir: que je me suis veu plusieurs fois en terme de m'en reuenir sans rien tirer de responce de luy, qui peust satisfaire à sadite Majesté. Finallement je luy ay fait tant de bonnes & sainctes remonstrances en public & en particulier, qui le deuoient mouuoir de se ranger à la raison & reconnoistre ce que par droit diuin & humain il doit à son Roy & souuerain Seigneur: que je l'ay laissé en bonne volonté de recercher tous les moiens qu'il pourra pour paruenir à la Paix: Et qu'il ne tiendra à luy que ne l'aions. Ce que auparauant mon arriuée en ceste Court, j'ay fait entendre à leursdites Majestez par Monsieur de Richelieu. Et depuis par Monsieur de Biron afin qu'il leur pleust sur le fait de la negociation prandre quelque bonne resolution. Leur aiant faict par eux proposer tous les moiens & remedes que j'estimois les plus propres pour pacifier les troubles qui de si long temps nous trauaillent. Ie croy Messieurs qu'il n'y a personne de vous qui face doubte du zele que j'ay tousjours porté à l'auancement de l'honneur de Dieu, & soustenement de l'Eglise Catholique & Romaine. Et qu'en vne si saincte querelle & pour le seruice de mon Roy: l'ay à toutes les occasions qui se sont presentées, exposé ma vie & mes biens. Et assisté a plusieurs batailles tant en la presence de sa Majesté que comme son Lieutenant General & ayant charge de son Armée. Ce neantmoins quand je considere les maux que les Guerres passées nous ont apportés: & combien la diuision tend à la ruyne & desolation de ce poure Royaume: Combien nos voisins estrangers font leur proffit de nostre mal-heur: & taschent de nous y nourrir afin de veoir vne subuersion en nostre Estat qui a esté si fleurissant & la Nation Françoise si redoubtée & crainte de toutes autres nations. Quand je pense aussi le peu de moyens que leurs Majestez ont de faire la Guerre. La perte que ce seroit de tant d'hommes experimentez au faict d'icelle & affectionnez à leur seruice: ensemble le defaut de tant de choses necessaires: les forces que tiennent nos ennemis tant en ce Roiaume qu'ez pays estranges: les grandes debtes du Roy & le peu de moien voire de tout nul, de se pouuoir jamais aquiter s'il faut recommencer la Guerre: Que les journées & batailles que nous auons données depuis seize ans en ça, n'ont pas tant profité pour appaiser les troubles & amener à la vraye connoissance de nostre Religion Catholique ceux qui s'en sont diuisez qu'eust fait vn amendement de nos vies auec vne bonne reformation en tous les Estats de ce Roiaume laquelle est tresnecessaire. Dauantage quand je me represente deuant les yeux les calamitez esquelles j'ay veu le poure peuple plongé par tous les lieux ou j'ay passé à mon voiage, & sans esperance de jamais s'en pouuoir releuer sinon par le moien d'vne Paix, laquelle vnanimement & d'vn commun accord tant les Catholiques que ceux de la nouuelle oppinion m'ont fait Requeste de procurer à l'endroit de leurs dites Majestez. Me representant d'ailleurs les pilleries, oppressions, rançonnemens, violences de filles & femmes & autres innumerables indignitez qui se commettent en leur endroit: voire qu'on ne leur donne aucune patience ou relasche, ce qui les met au desespoir: tant pour veoir aussi la marchandise, la griculture & le traffic cesser: que pour estre spolliez de leursdits biens: Aucuns d'eux contraints d'habandonner leur pays & les autres impuniment meurtris & occis. Finallement me resouuenant de la guerre que l'Empereur Charles le quint à eu contre les Potētats d'Allemagne pour mesme occasiō que celle qui s'offre: aiāt eu les principaux autheurs d'icelle captifs & à sa mercy: Et neātmoins reduit à ceste necessité de les laisser viure en l'exercice de ceste Religiō. Et aiāt aussi esgard que le Roy d'Espagne qui est tant Catholique, apres auoir fait si long tēps la Guerre és pais bas: a esté cōtraint pour la cōseruatiō de son obeïssāce accorder à 3. ou 4. des Princes qui

Raisons du Duc de Mōtpencier à persuader la Paix en Frāce auec les reformez.

tiennent

tiénent le premier degré ce qui auoit esté cōclud par les Estats pour le fait de la Religiō. Toutes ces consideratiōs Messieurs & vne infinité d'autres, que je vous pourrois amener pour l'experience de mon aage & le maniement des charges & affaires que j'ay euz:fort que je suis cōtraint donner auis à leurs Majestez de se resoudre à vne Paix. Et adoucissant ce qui est de l'estroitte obseruation de la declaration qu'il a n'agueres fait publier: vouloir ramener ceux de la nouuelle oppinion à quelque bonne raison. Aussi que je leur ay tesmoigné la volonté dudit Sieur Roy de Nauarre estre disposée à retrancher & diminuer de l'Edit de Pacification dernier. Estant le seul remede & le plus expedient que je sçache au mal qui trauaille la France. Et me semble Messieurs que pour la consideration d'iceluy, vous deuez auoir ce mesme sentiment auec moy, & faire Requeste à leurs Majestez d'entendre à la Paix & d'ajouster tels autres moiēs & raisons pour y paruenir, que la necessité qui nous est à tous cōmune le requiert. Non que par cela j'entende approuuer autre Religion que la Catholique & Romaine. Mais estant d'auis seulement de tollerer & souffrir pour quelque temps celle que tiennent ceux de la nouuelle oppinion. Et la leur permettre en quelque lieux qu'on conoistra apporter moins de troubles & dommage à ce Roiaume. Attendant que par vn bon Concile ou autre tenuë d'Estats, ou par autres bons moiens, leurs Majestez aient tellement remis & reconcilié leurs sujets les vns auec les autres: que Dieu nous face la grace de ne voir autre Religiō regner parmy nous que la Catholique & Romaine. Qui est celle que leurs predecesseurs Roys ont tousjours tenuë & suiuie & en laquelle je proteste viure & mourir.

Le Duc aiant acheué, fut remercié par le President Hemard de Bourdeaux pour tout le tiers Estat du soin qu'il auoit de ce poure Roiaume. Et le supplierent de permettre de s'assembler pour en deliberer. Ce que par ledit Sieur estant prins de bonne part: lesdits Deputez du tiers Estat se transporterent à l'instant en la maison de la ville. Où aians mis en deliberation la proposition dudit Sieur, conclurent à la pluralité des voix que le Roy seroit supplié par Requeste escrite de re-vnir ses sujets en la Religion Catholique Apostolique & Romaine par tous moyens saincts & legitimes & sans Guerre: selon & ainsi qu'on auoit donné charge à Versoris de l'en supplier quand il faisoit sa charge, par deliberation sur-ce faite le quinziéme Ianuier dernier: lacte de laquelle seroit attachée à ladite Requeste. En ceste assemblée le Depuré de Carcassonne oppina seul pour le Gouuernement de Languedoc. Car ceux de Tolose ny voulurent assister. Aussi les Deputez des Gouuernemens de Champagne, Picardie & d'Orleans furent d'autre auis. C'est assauoir qu'on se deuoit purement arrester à l'Article du Cayer touchant la Religion. Mais la pluralité l'emporta tellement que la Requeste fut dressée par le President Hemard, Bigot & Bodin. Et leuë & arrestée en vne autre assemblée qui pour cest effet fut faite apres disner. Et affin qu'on ne mist aucune condition en ladite Requeste: il fut arresté que le Roy seroit supplié de nous donner la Paix purement & simplement. Combien que trois Gouuernemens ajoustoyent, si faire se pouuoit. Or d'autant que les autres qui ne vouloyent demander la Paix, auoyent reuoqué en doubte la puissance des Estats: disant qu'ils estoyent finis: Bodin Deputé de Vermandoys, ayant à parler le premier en l'absence des Deputez de Paris remonstra, puis que les Estats prenoyent ouuerture seulement par la proposition du Roy: qu'ils ne pouuoyent prandre fin que par la closture d'icelle: alors que le Roy auroit licencié les Deputez: Ce qu'il n'auoit faict: Ains au contraire leur auoit defendu tresexpressément de partir. Et par consequent que les conuenticules & assemblées particulieres faites le jour precedent au nombre de trente, ne pouuoyent prejudicier à l'assemblée generale du tiers Estat, qui estoit encores de cent cinquante ou enuiron. Et qu'en tout corps & Colleges la pluralité des deux tiers presens, donnoit tousjours Loy au sur plus. Alleguant sur cela les Loix à propos. Et qui plus est les Loix des Romains ne permettoyent point que la Guerre fust concluë & denoncée que par les grands Estats du peuple. Et neantmoins que la Paix se pouuoit conclure & arrester par le menu peuple: attendu les difficultez de la Guerre, le bien & douceur de la Paix. Il auoit auec luy six Deputez de l'Isle de France. Desquels celuy de Clermont voulant desauouër ledit Bodin fut blasmé de la Compagnie & poussé fort rudement des Deputez de Guyenne & de Bretagne. À peu qu'il ne fut chassé de la salle. Ce qui luy fit porter espée les jours suiuans crainte d'estre offencé. Somme que le vintseptieme Feurier la Requeste fut presentée au Roy par la plus part des Deputez qu'il receut: de laquelle la teneur ensuit.

Resolution des Estatz pour la Religion.

Paix,

Estatz leur fin & commancement

Centuriatis comitijs.

L'HISTOIRE DE FRANCE.

Mars, 1577.

Requeste presentée au Roy par le tiers Estat pour entretenir la Paix & reünir tous ses suiets à la Religiō Catholique mais sans Guerre

SIRE, vostre Majesté à assez coneu, comme aussi vn chacun à peu juger: que les Deputez de vostre tiers Estat assemblez en ceste ville par vostre commandement ont tousjours accompagné leurs deliberations de telle integrité & sincerité: que l'on pouuoit souhaitter. Si est-ce qu'ils n'ont peu euiter qu'ō ne leur ait imposé d'auoir fait ouuerture à la Guerre. Comme s'ils l'auoient allumée & embrasée par tous les endroits de cestui vostre Roiaume. Ce qui a esté autant eslongné de leurs intentions, comme ils ont tousjours jugé que par le moyen de la Guerre & troubles auenus en France depuis 15. ou 16. ans en ça: il n'en pouuoit reüssir que la totale ruine des sujets de vostre Majesté: l'esbranlement de vostre Estat, & la subuersion de la Religion Catholique, Apostolique & Romaine: si par la reunion de la volōté de vos sujets il n'y estoit promptemēt pourueu. Ce qui à esmeu lesdits Deputez, resoudre en eux par cy deuant & dés le 15. Iāuier dernier, ainsi qu'il appert par l'extrait de leur registre cy attaché: que vostre Majesté seroit treshumblemēt suppliée vouloir re-vnir tous vos sujets en la Religiō Catholique, Apostolique & Romaine par les plus doux & gracieux moiēs que vostre Majesté auiseroit en Paix & sans Guerre. Dequoy ils ont voulu encores supplier vostre Majesté en toute humilité: auec declaration de leur inuiollable intētion qu'ils n'entēdēt n'y ne veulēt approuuer autre Religion que la Catholique Apostolique & Romaine, en laquelle ils sont resolus viure & mourir sans jamais s'en departir. Cōme celle laquelle ils reconoissent estre la seule vraie donnée de Dieu & receuë de nostre Mere S. Eglise Catholique Romaine. Puis le registre portoit ces mots.

Paix & Guerre.

Cazimir.

Biron depesche vers le Roy de Nauarre pour la Paix.

La presente Requeste à esté accordée en l'assēblée du tiers Estat à la pluralité des voix, le Ieudy matin dernier jour de Feurier l'an 1577. suiuāt la resolution de ladite assemblée faite dés le 15. jour de Iāuier dernier. Et à esté presentée au Roy le Vēdredy 27. jour dudit mois audit an, auec l'extrait de ladite resolution cy apres en la presente fueille transcrite signée Boullanger Secretaire & Greffier dudit Estat. Sur ce le 2. de Mars fut mis en deliberation au Conseil de respondre à la Requeste du tiers Estat & en ce faisant traitter la Paix auec les Princes: La Roine Mere feit merueille de bien dire pour la Paix & fut secondée du Duc de Montpencier Mareschal de Cossé, Biron, Moruillier & Belieure, ainsi qu'on disoit: presques tous les autres tenans le contraire. Le Roy neantmoins se monstroit tousjours enclin à la Paix & l'Ambassadeur du Duc de Cazimir qui demandoit trois millions de liures y donna coup. Le troiziéme Mars Biron partit pour aller vers le Roy de Nauarre & faire retrancher ce qu'on pourroit de l'Edit.

Deputez de Flādres viennent aux Estats de Bloys demāder secours au Roy & le Duc d'Alençon pour protecteur de leur liberté cōtre les rigueurs Espagnoles.

Durant la tenuë des Estats, les Deputez de Flandres & autres païs vindrent en Court: auec charge des Estats de supplier le Roy d'auoir pitié de la miserable seruitude & desolation en laquelle ils auoient esté reduits par les Espagnols. Et que pour si juste occasion son bon plaisir fust de leur octroier le Duc Dalençon pour protecteur. A quoy le Roy ne fut conseillé d'entendre: bien que Monsieur fist demonstration de tout le secours qu'il leur pourroit donner.

Nominatiōs & collations des benefices pretendues par le Roy & par le Clergé.

Entre propos du Chācellier Birague & de l'Espinac Archeuesque de Lyon

Biens d'Eglise dont sont venuz & à qui apparttiennent.

Touchant les nominations & collations des benefices dont nous auons parlé. L'Archeuesque de Lyon insistoit fort qu'elles appartinssent au Clergé selon le droit & coustume anciēne. Mais d'autres les eussent bien voulu faire tumber ez mains du Roy. En fin à la pluralité des voix l'Archeuesque l'emporta & fut cest Article resolu en leur chābre. Toutesfois le Roy l'aiant mādé & assez mal recueilli luy faisoit entendre ses raisons: quād le Chācellier l'interrompant dist au Roy, Sire, je n'ay que deux points pour faire taire cest Euesque. Le premier que le Clergé à d'ācienneté vsurpé aux Roys l'authorité qu'il se veut attribuer aujourd'hui. L'autre non seulement ce droit qu'il demande vous appartient: Mais generallement tous les biens du Clergé de Frāce: la plus part duquel les feus Roys Tres-chrestiens ont enrichy de leurs biens & princippal dommaine. Sur quoy l'Archeuesque ne fut court à respondre: luy disant qu'il s'esbahissoit comm'-il mettoit en auant en presence du Roy, telles parolles. Et que tant s'en falloit que les biens du Clergé & ce qui en deppend luy appartinssent: que mesmes il n'est ny au Roy ny au Clergé: ains est paruenu des aumosnes & causes pies du peuple qu'il à conferez à l'Eglise. Il allegua d'autres raisons par lesquelles Birague se sentit tellement offencé qu'il en tumba mallade de collere & en garda la chambre quelque jours.

Deputez du Roy de Nauarre & Prince de Condé aux Estats.

Or estoiēt ja & dés le cōmācement de Iāuier arriuez les Deputez du Roy de Nauarre & Prince de Cōdé presque à mesmes fins. Toutesfois ores qu'ils eussent promisse d'estre ouïs: & que les Estats se disposassent à les entēdre: ils furēt cōseillez & persuadés de ne si prester par les Deputez Protestans

tez Proteſtans des Prouinces: afin de ne faire aucun acte par lequel on peuſt inferer qu'õ ap- *Les Proteſ-*
prouuoit ceſte aſſemblée pour cõuocation d'Eſtats generaux du Roiaume: & auoir ainſi plus *tãs n'auoüet*
de moien de proteſter de nullité de tout ce qui y feroit reſolu contre l'Edit de paix & entretiẽ *l'aſſemblée*
de leur Religion. Or ces perſonnages enuoiez à Blois par les Proteſtans de l'Iſle de France, *pour Eſtats*
Bourgongne, Normandie, Picardie, Champagne, Brye, Guienne, Poitou, Touraine, Lyon- *Generaux.*
nois & quelques autres particuliers de Berry, Saintonge & Anjou: communiquerent les vns
aux autres les caiers & memoires qu'ils auoiẽt deſdites Egliſes. Mais d'autant que la plus part
des articles contenuz en ces memoires, ne contenoient que les contrauentions ſus mentionnées faites au preiudice de l'Edit: Ils eſtimerẽt qu'il n'eſtoit beſoin remonſtrer cela aux Eſtats
ny moins ſe preſenter à eux: attendu qu'ils eſtoient illegitimes, & ſe faiſoient ſuffiſamment remarquer pour tels. Que ſi l'on ſe preſẽtoit à eux ce ſeroit les auoüer. D'autre part aucuns mettoient en auant qu'il y auoit trop de force tant à pied qu'à cheual autour & dedans Blois. Et
que tout ce qu'on faiſoit n'eſtoit autre choſe qu'vn appareil de nouueaux troubles. Mais voiãs
que les vns auoient fait le ſaut: les autres eſtoient preſts de le faire: & que le bruit couroit par
tout que les trois Eſtats ne demandoient qu'vne Religion aſſauoir la Catholique Rommaine
auec rupture de l'Edit: ils dreſſerent vne requeſte bien ample au Roy, auec vn ſõmaire de leurs
plaintes & remonſtrances,

ENTRE autres points outre ce qui à eſté touché cy deuant, ils remonſtroient qu'aux der- *Remõſtran-*
niers Eſtats tenuz à Orleans l'exercice libre de la Religion auoit eſté permis, à tous ceux qui *ces des De-*
en voudroient faire profeſſion. Que durant l'entretenement de la reſolution qui en fut priſe *putez Pro-*
par les Eſtats: le peuple demeura en paix. Mais auſſi toſt qu'on y voulut contreuenir on com- *teſtans au*
mença à entrer aux guerres ciuiles, qui apporterent en ce Royaume tant de malheurs, que les *Roy.*
playes n'en ſont encores cõſolidées. Que depuis peu de iours, ce Royaume auoit eſté tellemẽt
embraſé du feu de ces cruelles guerres: que les cendres en fumoient encores. Et que ce n'e-
ſtoit raiſon de ſouffler à trauers & les vouloir r'allumer par vn moien tel que prenoient les Eſtats: duquel ils ne pouuoiẽt conoiſtre cõme n'eſtãt de leur fait. Car ce qui depẽd de la cõſciẽ-
ce & Religiõ des hõmes, appartiẽt tãt ſeulemẽt à vn ſeul concille general ou national: & non
aux eſtats. Leſquels auſſi n'õt eſté cõuoquez à ces fins cõme apert par les letres patẽtes du Roy.
Ioint que ladite cõuocatiõ eſt faite en vertu de l'article 58. de l'Edit de pacificatiõ. Meſmes
en l'article 40. d'icelluy, le Roy remet à vn Cõcille la deciſiõ du fait de la foy & de la Religiõ.
Que ce ſeroit vne choſe contradictoire & repugnante à ſoy meſme: ſi l'Edit qui eſt la ſource
de la conuocation deſdits Eſtats, eſtoit rompu par les Eſtats meſmes. Et quand ils auroient ceſte autorité: ſi ne le pourroient ils rompre ſans ouyr ceux de la Religion: qui du moins repre-
ſentent vn œil au chefs deſdits Eſtats, comme font les Catholiques. Et de les condemner
auant que les ouyr: il n'y a homme de ſain iugement qui ne trouue telle condemnation inique
& abuſiue. Parquoy ils ſupplioient tres-humblement le Roy de conſiderer la conſequence que
pourroit apporter l'infraction de l'Edit. Et de n'adherer aux oppiniõs & concluſions priſes par
le Clergé la Nobleſſe & autres Deputez du tiers eſtat. Contre leſquels en adherant aux Proteſtations & remonſtrances faites par les Egliſes des prouinces ſuſdites, de nouueau proteſtoiẽt
de nullité de ce qui eſtoit fait ou a faire par leſdits Eſtats.

Ceſte requeſte fut ſignée par cinq Gentilshommes & certains autres du tiers eſtat: qui ſuplierent le Roy de leur dõner audience, à tel iour, lieu & heure que le loiſir d'entendre leurs
remonſtrances le luy permettroit. Ce qu'il feit & leur donna iour aſſigné. Auquel cinq des
principaux ſe preſenterent au nom de tous auec ceſte requeſte,

SIRE, autant que la memoire des miſeres paſſées & le ſouuenir des guerres ciuiles qui
ont eſté en ce Royaume, rapportée auec la douceur du repos & de la tranquillité tant ſoit peu
gouſtée depuis ſix mois entre vos ſuiets: leur peut donner de deſir & de viue aprehenſion du
fruit & du plaiſir d'vne paix aſſeurée: autant tous ſont ils obligez de deſirer & pourſuiure l'ẽ-
tretenement de voſtre Edit du mois de May dernier, par lequel voſtre Majeſté, de ſa ſinguliè-
re bonté & parfaite bienvueillence qu'elle leur porte: leur à donné le rare & ineſtimable benefice de la Paix & concorde. Or combien que pour vne ſi iuſte occaſion que celle pour laquelle voſtre Majeſté l'a eſtably & ordõné irreuocablement apres vne penible negociation de
deux ans: il deuſt eſtre à iamais inuiolable parce qu'il n'y a riẽ en cet eſtat tãt ſouuerain que ce
que voſtre Majeſté ordõne & cõmãde: ne qui doiue eſtre plus ſaint que la foy publique, iurée

L'HISTOIRE DE FRANCE.

par les Princes de voſtre ſang, vos Cours de Parlemẽt, voſtre Nobleſſe & les villes & cõmunautez de voſtre Royaume. Toutesfois, Sire, vn bruit commun tenu doreſnauant tout aſſeuré, court par tous les endroits de votre Royaume: que les Deputez en vos Eſtats demandent l'infraction d'iceluy. Surquoy, Sire, vos tres-humbles & obeiſſãs ſeruiteurs & ſujets Catholiques vnis & de la Religion pretenduë reformée, Gentilshommes & autres de tous ordres & eſtats en l'Iſle de France, Duchez de Bourgongne, Normandie, Guienne, Poitou, Anjou, Touraine, le Mayne, pays de Picardie, Lyonnois, Champagne, & Brye pour l'obligation & ſujection naturelle de laquelle ils vous ſont redeuables: & touchez d'vn vif ſentimẽt de leurs ruynes & calamitez paſſées: & des feuz cruels de dixſept années qui ont embraſé ce Royaume dont les cendres ne ſont encores que trop viues: ont prins confiance d'enuoier vers voſtre Majeſté & ſe jetter à vos piedz, la ſupplians tres-humblement conſiderer que ledit Edit à eſté & eſt le ſeul moien de r'appeller vos ſujets à vne parfaite vnion & concorde. Et leuer toutes occaſions de troubles & differens entr'eux. Et partant commander auſdits deputez, qu'ils aient à s'abſtenir entieremẽt de parler de tout ce qui concerne le fait d'iceluy. Ou de raier tout ce qu'ils pourroient en auoir dit, fait ou propoſé. Car autrement il ne peut eſtre que comme cet Edit eſt vn corps inſeparable en tous ſes membres: ſi l'eſt offencé en aucune partie d'iceux, que les autres n'en ſouffrent alteration. Et conſequemment la memoire des injures paſſées ne ſe renouuelle. Et que les plaies receuës ne ſe rafraiſchiſſẽt auec la diuiſiõ de vos ſujets aſſoupie par iceluy Edit. Et meſmemẽt que la preſente aſſemblée de vos Eſtats ne ſoit expoſée a eſtre impugnée & debatuë. Ne pouuant l'article par lequel elle auroit eſté ordonnée, demeurer aſſez en ſon entier ſi ledit edit eſt ſubuerty. Et d'autre part, Sire, comme ainſi ſoit que l'Edit ait eſté abſolument definy & conclud ſous l'eſperance de la determination d'vn libre & ſaint concille: n'aiant en ceſt endroit voſtre Majeſté fait aucune remiſe auſdits Eſtats ainſi qu'elle auoit fait particulieremẽt en quelques autres, ſur leſquelles elle les auroit voulu entendre. Et n'eſtans leſdits Eſtats conuoquez que pour le reſtabliſſemẽt des choſes non compriſes par l'Edit ainſi que vos commiſſions expediées teſmoignent. N'auroient peu leſdits Eſtats és aſſemblées particulieres des prouinces, deliberer d'autres faits que ceux pour leſquels ils auroient eſté conuoquez. Et moins pourroient ils à preſent dreſſer & repreſenter articles hors leſdits faits, ny prandre le nom & tiltre des Eſtats. Et les ſuplians qui ſont vne bonne & grande partie de vos ſujets: encores que pour le ſurplus des remoſtrances auiſées en aucunes deſdites aſſemblées particulieres: ſe ſoiẽt fiez & repoſez ſur leurs concitoiens: & conſenty taiſiblement auoir icelles pour agreables. Si eſt-ce que pour le fait dudit Edit, ſi eſdites aſſemblées il en euſt ou deu eſtre traitté, s'ils ſe fuſſẽt trouuez en icelles pour en dire leur auis & donner leur conſeil, en dreſſer leurs articles & nõmer deputez autres que ceux qui ſont de preſent auerſaires cogneuz de tous. Ce qui deppend du fait de ladite Religion leſquels auſſi ne ſont apparoir de leurs charges à ceſte fin. Ou d'iceles n'ont communiqué auec les ordres & Eſtats deſquels ils ſe diſent deputez: ains ſeulement auec aucuns particuliers aſſemblez contre la forme acouſtumée. Ce conſideré, Sire, & que de voſtre ſeule bonté, procede ledit Edit. Et que de ce haut lieu de dignité Royalle auquel Dieu vous à cõſtitué: vous conoiſſiez mieux que tous autres la neceſſité de vos poures ſujets. Plaiſe à voſtre Majeſté conſeruant voſtre dit Edit en ſa force & vigueur, faire leſdites injonctions auſdits deputez Proteſtans: iceux ſupplians que les articles & remonſtrances qu'ils en pourroient faire au contraire ne puiſſent à preſent ne à l'auenir eſtre dites auoir eſté faites par les eſtats: eſtãs en ceſt eſgard perſonnes pures priuées: pour n'y auoir leſdits Catholiques vnis & ceux des Egliſes qui ſont les principalles parties, ouiz & appellez. Ains excluz par intimidation de la continuation des armes: & par menaſſes ouuertes: & pour n'eſtre encores vn grãd nombre d'entre eux reſtabliz en leurs maiſons, biens & eſtats. Et pour eſtre leſdits deputez ſans charge d'eux qui ſont vne partie de ce Royaume compoſée des Princes du ſang, officiers de la Couronne, Seigneurs, Gentilshõmes & Magiſtrats: pour eſtre leſdits Deputez en ce fait de la Religion: parties ennemies & auerſaires des ſuplians. Et pour eſtre leſdits articles contre l'auis des eſtats tenus à Orleãs & à Põtoiſe, cõtre l'autorité des Edits faits à la requiſitiõ deſdits eſtats, en tẽps encores paiſibles & par l'auis des Princes, & officiers de voſtre Courõne & autres des plus notables perſõnages de votre Royaume. Et auſſi cõtre l'autorité des Cours Soueraines interuenuë en la publicatiõ deſdits eſtats, cõtre le biẽ & repos public de voſtre Royaume, cõtre voſtre eſtat & cõtre votre Courõne, & pour ramener les guerres ciuiles en ce Royaume

Guerres ciuiles de France & leur durée de dixſept ans.

accroiſtre & multiplier les charges, ſubſides & tributs: faire habãdõner tout le cõmerce: faire ceſſer tout le labourage des terres. Et finallemẽt mettre toutes choſes en cõfuſiõ & extreme deſolatiõ. Offrãs, Sire, leſdits ſupplians tãt en leurs nõs que deſdits Catholiques aſſociez & de ladite Religion pretenduë reformée des deſſus nommees prouinces: les biens, les perſonnes & les vies pour le ſeruice de voſtre Majeſté, conſeruation de voſtre Royaume, accroiſſement & grandeur de voſtre Eſtat, entretenement & conſeruation de voſtre dit Edit duquel deppend entierement le repos & tranquillité public. Adherans aux remonſtrances faites à voſtre dite Majeſté par les deputez des prouinces de Guienne, Languedoc, Prouence, Dauphiné & autres. Ainſi ſigné. A quoy ſa Majeſté reſpondit en ces termes & verballement le meſme jour.

 I'ay veu la requeſte que m'auez preſentée, qui tend à deux fins l'vne que je defende à mes deputez des trois Eſtats, qu'ils ne deliberent ſur le fait de la Religion. L'autre que j'entretienne l'Edit. A cela je vous reſpons que vous auez eſté ceux qui tres-inſtamment m'auez requis la conuocation de meſdits Eſtats libres & generaux. Ce qu'ils ne ſeroient pas, ſi je leur faiſois la defence dont me requerez. Mais comme il leur eſt permis de me requerir ce qu'ils voudront: auſſi pouuez vous faire le ſemblable. Vous promettant en parolle & promeſſe de Roy & d'homme de bien. Et vous ſouuenez que je le vous promets ce jourd'huy: Que je ordonneray tellement ſur toutes leurs ſupplications & les voſtres que ce ſera pour le ſoulagement & repos de tous mes ſujets & tranquillité de ce Royaume. Car je ſuis à preſent majeur: qui veux que ce qui ſera par moy ordõné, ſoit ferme & aie lieu. Et me veux promettre que vous tous comme mes bons ſujets y obeyrez.

Reſpõce verballe du Roy & ſur le champ à la requeſte des deputez Proteſtãts.
Roy majeur

 LE vintiéme du mois le Roy auoit aſſemblé les Deputez du tiers eſtat & pluſieurs autres aians ja demandé congé de ſe retirer & aucuns meſmes ſ'en eſtre allés ſans licence: leur dit qu'il auoit propoſé voir & decider les caiers qui luy auoient eſté preſentez. Et qu'il deſiroit en enſuiuant vne requeſte qui autres fois luy auoit eſté faite au nom de tous les Deputez: Que certains Deputez aſſiſtaſſent & fuſſet preſens à la deſciſiõ deſdits caiers, pour l'inſtruire des raiſõs qui les auoiẽt meuz à coucher leſdit articles en leurs caiers. Voulãt biẽ de tant gratifier leſdits deputez: encores que ceſte couſtume n'euſt eſté pratiquee aux Eſtats tenuz par ſes predeceſſeurs Roys. Et d'autant que les deputez enuoiez par les Eſtats au Mareſchal d'Auille n'eſtoient de retour par leſquels il auroit fait promettre audit Mareſchal & autres de ſon party toutes les ſeuretez neceſſaires à l'effet deſdites promeſſes. Ioint auſſi que le Prince de Montpenſier deuoit venir dans quatre ou cinq jours qui pourroit apporter quelques nouuelles ſur leſquelles il auroit meſtier de leur cõſel & auis. Et ſi tant eſtoit que Dieu permiſt que ce Royaume retombaſt en quelques troubles: qu'il faudroit par neceſſité qu'ils auiſaſſent quels moiens il y auroit pour le ſecourir. S'aſſurant que la Nobleſſe ne luy manqueroit de ſecours, tel qu'elle auoit touſjours dõné à ſes predeceſſeurs Roys. Qu'il ſe fioit bien auſſi que le Clergé & le tiers Eſtat feroient leur deuoir, comme ils auoient accouſtumé de tous temps. Que de ſa part il eſtoit reſolu de vendre les biens de ſon dommaine pour trois cẽs mil liures de rente à perpetuité. Ce qu'il deſiroit eſtre fait par l'auis deſdits Deputez: auſquels pour ceſt effet il ordonnoit ſ'aſſembler. Et ou il pẽſeroit que le ſejour de ſi peu de jours, ſeroit à la foule des prouinces leur permettoit d'en nommer ſix ou douze de chacun ordre qui repreſenteroient le corps des Eſtats en l'abſence des autres.

Deſciſiõ des caiers Generaux.

Finances au Roy pour la guerre..

 LE Ieudy vint vniéme jour dudit mois, les trois Eſtats ſe raſſemblerent chacun à part pour deliberer ſur la propſition du Roy: qui contenoit quatre chefs. Le premier de demeurer attendãt la reſolutiou des caiers. Le ſecond de luy nommer aucuns pour aſſiſter à ladite reſolution. Le tiers de le ſecourir. Le dernier de luy donner auis ſur l'alienation de ſon dõmaine. Ou fut reſolu par le tiers Eſtat apres auoir deliberé ſur le tout: de ne cõſentir l'alienatiõ du dõmaine à perpetuité, pour le tout ni en partie. Et de ne cõſẽtir que aucuns de deputez aſſiſtaſſẽt à la deſciſiõ des caiers. Et de ne faire offres quelſcõques touchãt le ſecours que le Roy demãdoit faute de puiſſãce. Neantmoins qu'on attẽdroit le retour des Ambaſſadeurs enuoiez par les Eſtats & par le Roy au Mareſchal d'Anuille & au Roy de Nauarre. Et que ladite reſolution ſeroit cõmuniquée au Clergé & à la Nobleſſe pour apres la faire entẽdre au Roy par certains deputez de chacun Gouuernemẽt voici leurs raiſons. Que le Roy n'eſtoit q̃ ſimple vſager du domaine. Et que ſa Majeſté entretenuë & ſes officiers paiez, le ſurplus ſe deuoit garder pour les affaires de la republique. Et quand au fons & proprieté dudit dommaine qu'il appartenoit au peuple

Propoſition du Roy à quatre fins & reſolutiõ ſur toutes.

Dommaine du Roy s'il eſt alienable.

Pour le dõmaine.

& par

& par consequent pourroiët bien consentir l'alienation perpetuelle dudit dommaine, si les prouinces auoient baillé procuration expresse à ceste fin & non autrement. Et neantmoins quãd les prouinces le voudroient bien: Si est-ce que cela ne se doit pas faire, pour le bien du peuple. Car par ce moien le peuple s'obligeroit & toute la posterité à nourrir & entretenir le Roy & le Royaume. Et faisoit vne ouuerture ineuitable a mil impositions: despouillant le Roy de tout ce qu'il peut auoir pour l'entretenement de son Estat. Beaucoup moins se doit il faire par les estats estans plusieurs absens & licenciez & n'aians aucune puissãce. Or Bellieure se trouua par commandemãt du Roy en l'assemblée du tiers estat qui auoit esté remise à ce jour la & sur ce exposãt de rechef l'intentiõ du Roy touchãt l'alienatiõ perpetuelle dudit dõmaine, tacha leur persuader, que ses sujets s'y deuoiẽt cõformer disãt que obéir que par les loix du Roiaume le dõmaine fust sacré & inalienable. Si est-ce que telles loix n'auoiẽt lieu en temps de necessité cõme estoit celle de present. Qu'il y alloit du salut du peuple & de la conseruation de l'estat en ensuiuant la Loy des douze Tables. *Salus populi suprema lex esto.* Et se deuoient telles loix qui auoient esté establies pour la manutention de l'Estat, fauorablement interpreter non pas. *In vetus perniciem trahi. Mesme*, Qu'il estoit plus expedient vendre partie du dommaine pour conseruer le reste. Qu'en ne vendant rien exposer le tout en proie. Et telle vente se doit plustost appeller conseruation qu'alienation du dommaine. Pour lesquelles causes lesdits du tiers estat deuoiẽt consentir l'alienation, ou donner d'autres moiens à sa Majesté pour la guerre qui se presentoit. Surquoy le President Emard Maire de Bordeaux, feit response pour la compagnie. Que ledit sieur Bellieure deuoit prendre en bonne part les raisons pour lesquelles elle n'auoit dõné consentement à ladite alienation qui sont telles en substance. Premierement que lesdits deputez n'auoient charge des prouinces de consentir à ladite alienation ce qui estoit necessaire. Que par la Loy fondamentalle de ce Royaume, ceste alienation estoit prohibée & defenduë. Que le domaine du Roy est comme le fons dotal d'vne femme que le mary ne pouuoit aliener. N'estant le dommaine de l'Eglise tant priuilegié que le dommaine du Roy d'autant que le dommaine de l'Eglise se pouuoit aliener par les saintes constitutiõs en certains cas, & en gardant les solemnitez. Mais quand au dommaine du Roy il n'y auoit cas auquel il peust estre aliené. *Etiam* auec solemnité. Que le dommaine du Roy estoit vne Colonne qui seruoit pour le soustenemẽt de la Couronne, laquelle par tant il falloit plustost regarder à fortifier qu'à demolir & demembrer. Que le dõmaine estant aliené, le moien estoit osté au Roy d'entretenir son Estat, & assigner à l'auenir dots, douaires & appanages. Que c'estoit chose inauite que le dommaine fust vendu à perpetuité & sans rachat, duquel acte les Estats pourroiẽt estre reprins par la posterité: attendu que cela ne s'estoit jamais pratiqué quoy que le Royaume fust venu en trop plus grand danger qu'il n'est à present. Mesmes au temps du Roy Iean pris deuant Poitiers & emmené en Angleterre pour la deliurance duquel il fallut tant donner d'argent de villes & prouinces aux Anglois. Que la necessité des affaires n'estoit telle qu'on deust venir à ce point de vendre le dommaine, d'autant que le Roy auoit fons d'ailleurs pour faire la guerre. Signammant. Par deux millions de liures qu'il faisoit leuer sur le peuple: Pour le secours qu'il tiroit du clergé. Par la retentiõ des rentes constituées, & gages de ses officiers & par la vente de quelques offices par luy nouuellement erigez comme des regratiers à sel & Greffiers de tailles. Que le dommaine estant alliené, il seroit necessaire pour l'etretenemẽt de l'Estat du Roy, d'en remplacer autant qu'il en seroit osté: & que cela retourneroit sur le poure tiers estat seulement & non sur les deux autres qui le consentiroient aisément. Nonobstant lesquelles raisons ainsi deduites dit le President à Bellieure que la cõpagnie delibereroit sur la proposition par luy faite, comme il auint apres la retraitte dudit Belieure. Et la resolution fut prise par l'assemblée. Qu'il ne seroit touché au dõmaine du Roy. Et que si les affaires estoiẽt si vrgentes & pressées: qu'il se pourroit accõmoder de la moitié des rentes constituées, tant sur les villes que communautez de ce Royaume excepté les rentes qui estoient deuës aux vesues & pupilles. Pourroit aussi leuer emprunts sur les financiers & ceux qui ont fait parti auec luy. Et encores vendre du dommaine de l'Eglise jusques a telle sommme qu'il auiseroit estre de besoin. Et pour faire entendre ceste derniere conclusion au Roy: fut deputé le President Emard qui estoit neantmoins à ce qu'aucuns disoient fort indigné de n'auoir peu obtenir le consentement à l'alienation & le Roy encor plus fasché de telle & si libre resolution.

Enuiron ce temps certains enuoiez de la part du Parlement & des Iurats & autres Officiers

[marginalia:]
Bellieure veut prenãner l'alienatiõ du domaine.

Que la premiere loy & principal ce de la republique soit la seureté du peuple

Emard President & Maire de Bordeaux maintenir le domaine non alienable.

Dommaine de l'Eglise.

Finance du Roy pour la 6. guerre.

Resolution.

Moyens du Roy à la guerre.

LIVRE QVARANTETROISIEME.

de Bourdeaux, arriuerent en Court auec vn gros pacquet s'adreſſant au Roy pour affaires d'importance. Les lettres auoient eſté dictées & eſcrites en ce Parlement preſens leſdits Iurats & Magiſtrats. L'vne s'adreſſoit au Roy l'autre à la Royne mere & la tierce au Duc d'Alençon frere du Roy. Ils enuoioient auſſi par meſme moien vne depeſche que le Roy de Nauarre leur auoit enuoiée en dacte du quinziéme Nouembre. En laquelle il ſe meſcontentoit merueilleuſement de la temerité du Parlement & des Iurats, qui auoient mis des garniſons en ladite ville ſans expres commandement du Roy ny de luy ſon Lieutenãt general en Guienne. Que telles façons de faire eſtoient mal ſeantes à tous, & meſmement à gens de leur robbe. Ne deuoient ignorer qu'il eſtoit pres de leur ville. Et que s'il euſt apperceu que leſdites garniſons euſſent eſté neceſſaires pour la garde: il y euſt pourueu ſelon que ſa charge le porte. Et d'autant qu'il deſiroit le ſoulagemẽt des ſujets du Roy, il les prioit de luy mãder le temps auquel ils pourroient receuoir en la quallité que deſſus pour y faire ſon entrée & donner tel ordre à ce qui eſtoit requis de ſa part que chacun ſ'en peuſt reſſentir auec bon contentement.

Parlement de Bordeaux.
Lettres du Roy de Nauarre au Parlement de Bordeaux.
Le Roy de Nauarre refuſe d'entrer à Bordeaux y veut puis apres aller.

CEvx du Parlemẽt trouuoiẽt bien rude vn tel ſtile, ce diſoient ils: Et lui feirent vne aſſez aigre reſpõce: maintenans qu'ils ont peu & deu mettre garniſons en leur ville ſãs l'auertir. Que la neceſſité du temps les y contraignoit. Et qu'ils ne faiſoient rien ſans bon auis & ſans commandement du Marquis de Villars Amiral de France, Gouuerneur de Guienne en l'abſence dudit ſieur Roy de Nauarre. Ioint qu'ils ont eu cy deuant & meſmes en l'année mil cinq cens quarãte huit: tant d'experiences perilleuſes & à leur detrimẽt: que les peynes eſquelles ſe ſont trouuez reduits leurs deuanciers: leur doiuent ſeruir d'exemple à jamais. Au reſte ils ſ'eſbaiſſoient comme il eſtoit ſi curieux de reprandre tant de gens notables en vne choſe de ſi petite conſequence: veu qu'en d'autres bien grandes, il n'en tenoit aucun compte. Qu'il ne falloit mettre en auant pour toutes preuues que les faits de Langoiran & autres de Perigueux, qui s'eſtoient puis nagueres ſaiſis de Bazaz & qui faiſoient charrier nombre de pieces d'artillerie pour inueſtir & ſurprandre pluſieurs villes qui eſtoient en ſon Gouuernement. Pour la fin ils ajouſtoient que les Bourdellois n'eſtoient encores diſpoſez à le receuoir comme il appartenoit. Et qu'ils feroient toute diligence pour mettre les affaires en bon ordre auant ſon arriuée.

Reſpõce hautaine du Parlement de Bordeaux au Roy de Nauarre.
Seditiõ aduenue à Bourdeaux 1548.
L'entrée refuſée au Roy de Nauarre.

QVAND à la lettre du meſme Parlemẽt au Roy: elle eſtoit fort longue contenant leurs doleances contre le Roy de Nauarre. Celles de la Royne mere & du Duc d'Alençon portoient en ſubſtance. Qu'ils ſe voioiẽt en extreme peril pour auoir eſté bons & loiaux ſeruiteurs à leur Roy & ſouuerain Seigneur. Que ceux qui deſirent ſa ruyne les chargent à tort d'auoir mis ſeure garniſon en leur ville. Et d'autant qu'apres le Roy le Duc d'Alençon auoit la meilleure part en ce Royaume: & que la Royne & luy auoiẽt le Principal intereſt en ceſt affaire: ils les ſupplioiẽt humblemẽt de faire accelerer leurs deſpeſches: en ſorte que le Roy leur feiſt conoiſtre qu'il auoit leur exploit pour agreable. Que leurs Majeſtez & l'Alteſſe du Duc d'Alençon, n'auroit jamais de plus fideles ſeruiteurs pour obeir & à receuoir leurs cõmandemẽs que leſdits Parlement & Iurats de Bourdeaux.

Lettres du Parlement.

POVR le regard du Mareſchal d'Anuille, apres auoir fait vn voiage en Sauoie & fait quelques promeſſes aux Cõfederez nonobſtãt le proteſtations par eux faites: ſon Secrataire Charretier feit vn voiage à Blois. D'où eſtant reuenu & ſoupçonné par les Confederez qui conſeilloient ſon maiſtre de le chaſſer le retint comme de couſtume pour les bons ſeruices qu'il en auoit receuz. Ce qui le rendit ſuſpect des Proteſtans. Ce que vous entẽdrez ailleurs en auint.

Mareſchal de d'Anuille ſe laſche.

Toſt apres le Roy eſcriuit aux Gouuerneurs des prouinces. Que les Eſtats de Blois luy ont fait requeſte tendant à ce qu'il ny ait que la Religion Catholique Rommaine en ſon Royaume. Qu'il eſt deliberé leur accorder ceſte requeſte. Qu'eux auiſez ce pendant de tenir toutes choſes en paix. Or pour vous faire voir ce qui en auint: comme vns & autres ſe porterent en l'execution de ces lettres: il me ſemble raiſonnable vous r'amener en memoire l'Eſtat des Proteſtãs que j'ay laiſſé fort mal contens de tout ce que deſſus. Comme ſur tous teſmogna le Prince de Condé que j'ay laiſſé aller à ſaint Iean d'Angely pour y receuoir les Ambaſſadeurs que ſa Majeſté & les Eſtats Generaux luy enuoierent en meſme temps qu'au Roy de Nauarre & Mareſchal d'Anuille aux fins que vous auez entendu.

Lettres du Roy aux gouuerneurs.

SOMMAIRE
Du Quarantequatriéme Liure.

LE Prince de Condé se retire à saint Jean d'Angely surprins par ses partisans, ou les Deputez des Estats le nnt trouuer & les propos qu'il leur tint. Requeste du Prince Casimir au Roy de France: tant pour faire paye des deniers à luy deuz, & à son Armée: que pour le supplier mettre vne derniere fin aux troubles de France, par l'entretié de son Edit de Paix. Autre Requeste par laquelle luy remet & quitte les terres & autres appointemens qu'il luy auoit donné, & promis: afin que cela ne l'oblige à faire chose contre sa conscience & prejudiciable à ses freres Confederez. Le Roy neantmoins enuoie vers luy & autres Princes de l'Empire: tant pour en tirer forces, que pour le destourner de fauoriser les Confederez. Creance de Villequier vers le Duc Jean Casimir. Mort du Conte Palatin Federic. Raisons du Roy à renouueller la guerre. De la diuersité de Religiós en vn Estat. Dettes au Duc Casimir qui respond aux raisons du Roy auec le Conseil qu'il luy dône sur le fait de Religió & maintenemt de só Estat. Responce de Latgraue de Hessen à la creance & raisons que Villequier luy proposa de la part du Roy de France, pour l'induire à ne fauoriser les Protestans François. Auec les remonstrances qu'il luy fait sur la rupture de son Edit de Paix, sur la diuersité de Religions en vn Estat & sur les causes des seditions en son Royaume. Surprise de Concarneau en Bretagne sur les Catholiques: auec la reprise d'icelluy sur les Protestans. La Trimouille Chef de la Ligue en Poitou contre les Protestans. Declaration du Roy sur la requisition des Estats. Brouage rendu au Baron de Mirambeau, puis retiré par les Protestans. Prinse de Montaigu Lieutenant du Prince de Condé par les Catholiques. Entreprises de Miraubeau & ses alliez sur Brouage & ses raisos. Puis il est descouuert, poursuiuy & assiegé dans Mirabeau par le Prince: que le Duc du Mayne Lieutenant General en l'Armée Catholique contraint de desmordre & retirer son armee es Isles & Gouuernemét d'Aunis. Dont les Rochellois furent faschez pour l'insolëce des soldats. Marmande assiegée & battuë en vain par le Roy de Nauarre. Prez lequel le Duc de Montpensier puis Biron negotient & auancent la Paix de la part du Roy. Et ce pendant trenes accordées pour quinze jours. Plainte des Rochellois au Prince contre les soldats d'association: qui sont enuoiez en Oulonne qu'ils prenent, pillent & rançonnent: puis retournent au Gouuernement. Diuisions à la Rochelle pour l'Election d'vn Maire. Pierre Robineau est en fin creé par le peuple & accepté par le Prince. Armée des Catholiques sous le Duc du Maine assiege, bat, prand & saccage Tonne Charente. Puis Marans & autres places voisines: amenant le Canon à vn quart de lieuë de la Rochelle, pres les portes de laquelle se presenté la Caualerie pour donner coup de lance & s'escarmoucher contre aucuns sortis par le mandement du Prince. Les Rochellois ce pendant crainte de perdre la mer & Brouage se preparët à dresser armée Naualle. La Charité assiegee, battuë & en fin rendue par composition à Monsieur General d'vne autre armée Realle: Laquelle ce fait est commandée de tirer à Yssoire ville d'Auuergne prinse & gouuernée par les Protestans.

Le Prince de Condé à saint Iean.

Deputez verz le Prince

LE Prince arriué à saint Iean atendant que les forces fussent prestes pour se jetter en câpagne: trouua ceux que le Roy & les Estats luy auoiët enuoiez pour luy faire aucunes remonstrances sur le peu d'occasion qu'il y auoit de prandre les armes: & pour l'assurer du contraire de ce que ceux de la Religion festoiët proposez pour fonder la leuée de leurs gës. Apres les difficultez du Prince dôt j'ay parlé cy dessus: en fin receuz, ils luy feirët vn bien lóg discours de la droite & sincere intention de sa Majesté, au bien & soulagement de ses sujets & principallement à l'entretenement de son Edit de pacification fors seulement de quelques particuliers articles: desquels toutesfois la consequence estoit si petite que cela ne deuoit causer vn tel remuëmët en ce Royaume: & renouueller la plaie qui n'estoit presque encores commencée à cicatrizer. Entre les deputez estoient l'Euesque de Langres & le President de Poitiers auquel le Prince s'adressa plus que à aucun des autres. Il luy feit de grandes plaintes sur les occasions qui l'auoient contraint

LIVRE QVARANTEQVATRIEME. 355.

traint & preſſé de r'entrer en ce chemin qui eſtoit à ſon tref-grand regret. Il ouït benignemẽt & d'vn bon viſage ceux qui venoient de la part du Roy. Mais quandà ceux qui eſtoient enuoiez par les Eſtats: il dit qu'il eſtoit content de ne les ouyr: pource qu'ils eſtoiẽt la ſource & cauſe principalle de tous les maux que auroit à ſouffrir ce poure Royaume: & qui meſmes à ceſte derniere aſſemblée generalle, auoient crié à toute inſtance, & moienné enuers le Roy pour leur oſter la vraie Religion ſans l'exercice de laquelle ils ne deſiroient viure vne ſuelle minutte d'heure.

Par ſemblable le Roy apres la reſolution des Eſtats, depeſcheau nombre d'autres ſignallez à pluſieurs Potentats de la Chreſtienté: tant pour mieux autoriſer l'entrepriſe qu'il dreſſoit ſur la plus commune oppinion des Eſtats Generaux, & faire voir à l'œil la Iuſtice de ſes deſſeins que pour acourcir touſjours plus les moiẽs à ſes ennemis. Les priant pour le deuoir d'amittié de ſi long temps entretenuë auec la maiſõ de France: de ne preſter ayde ny faueur à ceux qu'il voulloit pourſuiure comme ennemis, en cas qu'ils ſe vouſſiſſent deſtourner du deuoir d'obeiſſance. Nommement en Allemagne comme vous verrez apres vous auoit fait entendre la charge que Butreich auoit du Duc Caſimir, pour venir en France. Car enuiron ce temps le Duc Iean Caſimir (ja ſolicité pluſieurs fois par les Reiſtres maiſtres qu'il auoit amenez en France & autres à qui il ſ'eſtoit obligé pour les preparatifs & conduite de ſon armée:) pour luy faire entendre, comme eſtant preſſé d'executer ſes promeſſes: depeſcha ce perſonnage pour le ſupplier humblement d'effectuer la ſiẽne en ſon endroit. Si qu'arriué à Blois & introduit en Conſeil, il preſenta la requeſte qui ſuit le vint cinquiéme Feurier.

Sire, nous auons charge de la part de Monſeigneur Iean de Caſimir, Conte Palatin du Rhin, Duc de Bauieres tant en ſon nom que des ſieurs, Colonnelz, Reit-maiſtres, Capitaines, & generallemẽt de tous les gens de guerre qui l'ont ſuiuy ce ſecond voiage qu'il a fait en France: apres leurs tref-humbles recommandatiõs, de ſupplier voſtre Majeſté qu'elle vueille effectuer ce qu'elle a promis, ſigné, fait ſeeler & pluſieurs fois cõfirmé par lettres & de bouche touchant le paiement & aſſeurance deſdits gens de guerre: qui eſt la cauſe de noſtre arriuée en voſtre Cour. A la verité nous rougirons de particulariſer par le menu ce qui defaut és promeſſes à nous faites auãt noſtre ſortie de ce Royaume & apres icelle le: lieu ou nous nous retrouuons, ſembleroit rendre le recit odieux: n'eſtoit d'vn coſté la neceſſité qui nous eſt impoſée par le commandement de ceux qui nous ont enuoiez. D'autre part l'aſſeurance que tous ceux auſquels cecy touche, ont conceu, que voſtre Majeſté conoiſſant le ſens de ce fruit, dequoy il y va: & ce qui en depẽd, y mettra ſi prompt & bon ordre, que outre l'accroiſſement de voſtre reputation, en receurons tous tel contentement que nous promettons & deuons eſperer d'vn Roy de France, qui auroit fait promeſſe ſi ſolennelle à nation eſtrangere principallement à la noſtre. Premieremẽt l'obligation de voſtre Majeſté, du vint ſeptiéme Iuillet mil cinq cẽs ſoixante dixſept, porte à Francfort en Septembre ja paſſé, ſeront paiez les troiſiéme, quatriéme & cinquiéme mois. Que les cẽt mil frãcs preſtez à voſtre Majeſté par Monſeigneur le Duc Iean Caſimir, pour ſuppléer au paiement des deux premiers mois, ſeroient acquitez à ladite foire. Que voſtre majeſté enuoieroit Cõmiſſaire audit tẽps pour liquider ce qui eſt deu de reſte à Mõſeigneur le Duc Iean Caſimir, de ſõ premier voiage & ce qui reſte du voiage de feu Mõſieur le Duc des deux Põts. Que voſtre Majeſté accõpliroit au pluſtoſt le nõbre des oſtages promis, & ce auãt noſtre departemãt de la Frãce. Ces articles & pluſieurs autres ſõt promis par voſtre Majeſté: cõtre ſignez par vn Secretaire d'eſtat, & vn Secretaire de vos finãces, & ſeelées du grand ſeau: l'effect deſquelles n'auons encores pour le preſent ſenty. Sans rechercher les choſes de ſi haut, ny des le premier accord que Madame la Royne voſtre mere fit à Chaſtenoy. Cela eſt paſſé. Incontinant que Mõſeigneur euſt receu l'argent de voſtre Majeſté: monſtrãt par effect en preſtant du ſien cent mil liures pour le ſupplement de ce qui defailloit de deux mois, de combien il eſt affectionné à voſtre Couronne. Ce que tous Reyſtres ne feroient pas. Il ſortir hors de France au pluſtoſt, ſans voulloir en attendant l'entier accompliſſemẽt des promeſſes, eſtre grief & moleſte à voſtre peuple. Et quelques auis qu'il receut cõme certes il en a receu pluſieurs & de bõ lieu qu'il y auoit du miſtere caché. Si ne peut on tãt gagner ſur luy: qu'il euſt demonſtré aucun ſigne de deffiance: tant ſ'aſſuroit il ſur voſtre parolle. Depuis voſtre Majeſté luy à fait entendre par pluſieurs lettres: qu'il n'eſtoit poſſible de fournir aucune choſe à la foire de Septembre comme il auoit eſté promis: a cauſe de l'aſſemblée des Eſtats, leſquels ou-

Requeſte du Duc Iean Caſimir au Roy tant pour eſtre paié des deniers qui luy eſtoient deuz que pour mettre fin aux guerres ciuilles de ſon Royaume.

tre

tre la confirmation de l'Edit qui s'estoit fait de vostre puissance absoluë & Roialle: l'on nous asseuroit deuoir traitter des moiens d'acquitter vostre Majesté enuers les estrangers: & de nous contenter que a Noel on repareroit ce defaut. Peu de temps apres Noel & auāt le jour de l'an vostre Majesté manda à Monseigneur que les Estats auoient mis vne difficulté & empeschement en la partie de Castelars: & qu'elle ne pourroit si tost estre vuidée. Ce pendent que vostre Majesté feroit fournir à la foire qui lors estoit à Strasbourg les parties de monseigneur le Duc de Lorraine & de Monseigneur le Duc de Vaudemont. Sire, nous sommes desplaisans de le dire: la verité est telle. Il faut deux cens cinquante mil liures qui est pres de la moitié que n'aions receu ces deux parties la. Ce pendant mondit Seigneur à esté en personne à Strasbourg & y ont esté aucuns des Colonels Reistres maistres, Capitaines & plusieurs soldats l'espace de quinze jours entiers & dauantage auec grans fraiz & despens, ennuy & fascherie que la dilation du paiement à apporté. Or sommes nous presentement prochains de la foire de Pasques qui se tiendra à Francfort à laquelle vostre Majesté nous à promis: Premierement les vieilles & nouuelles debtes deuës à Monseigneur l'electeur Palatin & à Mondit Seigneur le Duc Iean Casimir. Les six & septiéme mois du paiemēt de l'armée. La partie prestée par la Royne d'Angleterre. Lesquelles parties nous specifierons à vostre Majesté si besoin est. Et auons charge commandement expres supplier vostre Majesté vouloir accomplir à ceste foire prochaine de Francfort qui se tiendra à Pasques tous & vn chacun d'iceux, tant du terme escheu que de celluy qui est à eschoir, qui montent pres de quatre millions de francs sans les ostages & interests. Le paiemēt de pareille sōme en tel terme se trouueroit difficile en vn estat florissāt, nō endetté non trauaillé non espuisé par guerres quasi continuelles de quinze ou seze ans: auquel toutes choses seroient habondantes en paix & repos. De sorte que ne pouuans faire que n'en soions en extreme peyne. Ce qui nous trauaille le plus est que voions deuant nos yeux que l'on n'y cherche pas le moien. Au contraire on pratique tout pour nous frustrer de toute esperance de receuoir aucune chose de France en Allemagne, n'y à ceste foire prochaine n'y à l'autre ny de long temps apres. Combien qu'il soit porté par vostre obligatiō que nuls troubles n'empescheront l'effet de vos promesses. Cest je ne sçay quelle ligue, c'est en fin la rupture de l'Edit de pacification, demandée dit on par ceux qui en doiuent acheter le solide establissement de leur propre sang. Laquelle ne peut estre sinon acompagnée de la plus cruelle & calamiteuse guerre qui fut jamais. Ce seroit sās doute les derniers troubles ciuils de vostre Royaume. Nous ne sōmes pas François, cela ne nous touche pas de si pres. Nous sōmes hōmes & Germains qui auōs vne certaine humanité qui nous induit & à cōpassiō a la representatiō de l'esclādre qui ensuiura ceste guerre. Tant s'en faut que la voulussions allumer. Aussi ne sommes nous pas grandement versez aux affaires d'Estat. Toutesfois sçauons nous bien que jamais ligue ne fut autre que exicialle à vn Estat Monarchique. Ligue di-je en l'Estat. Nous n'en auons point de charge. Vostre Majesté māda dernierement qu'elle ne le vouloit pas. Autre fois en auōs nous esté requis par vostre Majesté mesmes de ne nous mesler de vos affaires, ny de celles de vostre Estat: ny de mesurer vos moiēs ou de rechercher les actions qui se passēt par deça. Nous ne l'auōs fait du passé qu'a la poursuitte & instāce de ceux qui vous touchēt le plus pres ou sollicitation des Roys vos predecesseurs, nous auons bien charge & commandement tres-expres d'exposer la necessité presente de nos affaires. Et de mettre en auant les moiens pour y subuenir. Ce qui est tellement conjoint auec vne Generalle & superficielle consideration de vostre Estat: que n'en pouuons parler autremēt. Puis Monseigneur le Duc Iean Casimir Prince voisin, qui outre l'ancienne obligation qu'il à au bien de ceste Couronne: à esté honoré par demonstration de vostre bonne volonté en son endroit de belles terres: d'vne portion d'vne cōpagnie de cent hommes d'armes, & d'vn Estat de Colōnel. Qui sont dignitez qu'il tient encores dont il se sent tant obligé à vostre Majesté, qu'il luy semble que ce seroit faire tort à son deuoir s'il dissimuloit les inconueniens qui peuuent auenir. Lors que la France estoit pleine de gen-darmerie estrangere: tout le monde & grand & petit crioit paix. Et ceux qui pensoiēt que n'y fussions tant enclins comme, nous sommes monstrez par effet: disoient que c'estoit le seul moien d'auoir argent pour nous cōtēter. D'autant, disoit-on, que les despens de la guerre sont inestimables & infinis. La rupture donq de la paix oste & retranche tous moiens de nostre satisfaction. De sorte que pensons y auoir autant d'interest & dauantage que plusieurs autres grans Seigneurs de vos sujets. Et estre de nostre deuoir d'exorter tres-humblement vostre Majesté

LIVRE QVARANTEQVATRIEME.   356.

jesté à l'entretenement & asseurée observance d'icelle. Quand bien le deuoir de charité chrestienne: la Sympathie qui est en vn mesme corps fidelle : l'affection que portons au bien & repos de vostre Couronne: ne nous y pousseroit. Et le desir qu'auons que la reputation de vostre Majesté demeure en son entier enuers les Princes estrangers. Et la confiance que tous vos sujets doyuent auoir enuers vous : ne soit diminuée en aucune façon. Il ny a personne qui ne le sçache. La memoire en est toute fresche. Combien de temps, combien de peine, combien de trauaux, vous premierement, Sire, Madame vostre Mere, Monseigneur vostre frere, Messieurs les Princes de vostre sang, Monseigneur le Duc Iean Cazimir, les gens de vostre Conseil & autres ont pris & supporté. Combien de ruyne, combien d'argent il à cousté auant que y pouuoir paruenir ? Elle à esté desirée de tous bons François, jugée tresvtille & tresnecessaire à vostre Estat: acceptée & receuë de vostre peuple auec allegresse, & à esté signée, sellée, publiée, jurée par les Courts, Bailliages, villes & lieux de ce Royaume. Et notifiée aux estrangers par voz Ambassadeurs au contentement singullier de ceux qui desirent le bien de vostre Couronne. En fin nulle solemnité à esté obmise. Nous en auons, tenons, possedons les arres, les biens & dignitez qu'auez conferé à Monseigneur le Duc Iean Cazimir. Car à autre tiltre ne les à il voulu receuoir, n'accepté les Ostages d'vne partye des bagues de vostre Couronne. Et que nous estimons plus que tout, vostre parolle Royalle. Maintenant que l'on deuroit recueillir les fruicts de ceste Paix. Et nous autres receuoir ce qui nous est promis & deu: que l'on deuroit congratuller à vostre Majesté le repos auquel elle se trouueroit : Il faut changer ce langage en vne deploration de maux qui suiuront la Guerre. Au moins si ou que le destin de la France soit tel : ou de puissance Royalle & absolue, ou par aucunes considerations à nous inconeuës : (comme Allemans & trop grossiers pour les entendre: nostre esprit n'estant pas assez ouuert pour les comprandre) Vostre Majesté ne veut que ses sujets jouyssent du fruict que l'Edit de Pacification apporté. Que cela demure enclos aux limitres de vostre Royaume: & ne s'espande par tous les coings d'Allemagne & vne grande partie de la Suysse: que nous n'en receuions vn si grand & intollerable dommage. Ces considerations ensemble vne infinité d'autres que l'on pourroit amener à ce propos qui voudroit entrer en la consideration de vostre Estat: nous semblent suffisantes pour abolir ou au moins suspendre ceste abolition d'Edit jusques à tant que soyons satisfaicts. Alors y aura il meilleure occasion de dire que ce n'est à nous de nous en mesler. Car ores nous nous meslos de ce qui nous touche. De ce qui touche à nostre hôneur & à nostre reputation & de toute nostre Nation. Encores si c'estoit vn affaire de cinq ou six mois: duquel nous veissions l'issue, ou que l'on en peust aisément venir about: y auroit il quelque esperance, quand à nostre interest particulier. Mais nous sommes certains & asseurez si l'on s'embarque vne fois en ceste Guerre: que nous sommes desja trop vieux pour en veoyr la fin. Ce n'est peu de chose, que la resolution de l'homme reduict à ces extremitez de plustost se ruyner auec autruy, que de perdre auec les biens, la patrie, l'honneur & la vie. Quand l'on en vient jusques la, c'est faict. Tout le respect, tout le deuoir deu à vn costé ou d'autre, s'esuanouist. Le Politique, le Reformé & l'vn & l'autre soublié. Tout ce qui tend à l'vne ou à l'autre fin, semble licite. Ceux qui ont soustenu toutes extremitez l'espace de quinze ou seize ans : n'ont garde de s'espouuanter de tels commancemens, ayant tant d'intelligences & bons aduertissemans de tous costez. Nous les connoyssons pour les auoir frequentez. Il y faudra vn Magazin d'argent, sans l'effusion du sang François. Et y faudra vne oppiniastre resolution d'vne Guerre irreconciliable. Ce peendant ou demoureront noz payes ? L'attente desquelles nous sera autant dure & griefue: combien il sera difficile de les nous enuoyer en Allemagne durant les Guerres ou facile d'opprimer les Huguenots ? Que diront noz Reystres & gens de Guerre : qui s'assemblent à ceste Foyre de Francfort ? I'en laisse parler à ceux qui connoissent quelles gens se sont en matiere de payes deuës. Quel sera le jugement vniuersel des Nations voysines ? Les plus moderez, diront: la France (qui de tout temps à emporté le los d'Humanité enuers les estrangers) se rend incompatible à soy mesme: ne pouuant endurer la Paix n'y supporter la Guerre. Pour conclusion nous supplions vostre Majesté au nom de Monseigneur le Duc Iean Cazi-

Incõueniés des Guerres Ciuiles.

Yyy

Mars, 1577.

mir: qui nous a enuoiez pour luy: & tout le corps de son Armée: de faire fournir & effectuer à ceste Foyre prochaine de Pasques, qui se tiendra à Fracfort: tout ce que l'obligation qu'en auons de vostre Majesté porte selon ce que cy dessus à esté deduit. Voila Sire en somme pour ne parler de vos affaires, sinon en tant qu'il nous touche: ce que auons esté commandé de dire à vostre Majesté pour le present. Laquelle supplions treshumblement n'en receuoir aucun desplaisir. Nous n'auons pas les termes François par choix, & sommes Allemans. Le commandement de ceux qui nous ont enuoyez nous impose la necessité de nous en acquitter. En quoy nous esperons que vostre Majesté aura esgard que tout tend à nostre satisfaction & à la Paix laquelle maintient & conserue tous Estats. Le hazard de la Guerre souuentesfois dissippe, ruyne & desole de grandes Monarchies en vn jour, en vne heure, quelque bel establissement qu'il y eust. Dieu par sa sainte grace vueille conseruer la vostre en son entier. Puis il adjousta. Sire je viens de parler pour Monseigneur le Duc Iean Cazimir & son Armée. Il m'a baillé charge particuliere de supplier vostre Majesté qu'elle ne se vueille laisser emmener par ceux qui vous voudroyent induire à la rupture de la Paix laquelle à esté tant difficille à faire.

Pour l'entretien de l'Edit de Paix. Que s'il y a quelque Article en l'Edit qui passe vostre conscience, ou qui soit trop rigoureux: qu'il vous plaise plustost à chercher vne moderation tollerable de cest Article: que de retuer à la Guerre en rompant l'Edit. Et à c'est effect m'a il commandé de vous offrir tout le credit qu'il peut auoir vers le Roy de Nauarre, le Prince de Condé, le Mareschal Danuille & les Eglises dont il m'a baillé pouuoir suffisant pour moyenner quelque chose tollerable: plustost que de renuerser tout. Mesmes d'en conferer auec les Deputez du Roy de Nauarre. C'est à vostre Majesté d'auiser ce que je pourray faire. Ie m'y offre treshumblement. Puis le huitiéme Mars suiuant il presenta la Requeste qui suit.

Autre Requeste au Roy par le Deputé du Prince Cazimir qui se met & quite au Roy les terres & appointemens qu'il luy auoit donnez.

SIRE je supplie vostre Majesté tres-humblement, ne trouuer mauuais si la presente journée donne fin, & couppe broche aux Calomnies qui ont esté semées par l'Allemagne, la France & autre lieux à l'encontre de Monseigneur le Duc Iean Cazimir mon maistre au prejudice de son honneur & reputation: Que la consideration & respect de son proffit particulier, le tenoit tellement enueloppé & bridé: que cela apportoit prejudice au public & particulier des gens de Guerre qui l'ont suiuy. Son Excellence m'a commandé de remettre entre les mains de vostre Majesté auant mon depart de vostre Court, toutes les terres & Estats desquelles il vous à pleu le grattiffier puis n'agueres: qui sont les Duché d'Estanpes, les neuf

Terres & appointemens donnez par le Roy au Duc Iean Cazimir.

Seigneuries sises au Duché de Bourgongne, la pension & Cappitainerie de cent hommes d'Armes & l'Estat de Colonnel de quatre mil Reistres: de la possession & jouyssance desquelles choses & d'vne chacune d'icelles: son Excellence se deuest & demet sans vouloir à l'aduenir y rien pretendre: & sans en auoir voulu jusqu'a-present recueilir aucune chose. I'en rends à vostre Majesté toutes les lettres & expeditions sur ce faites hors-mis celle des terres assises au Duché de Bourgongne: Lesquelles & Chambre des Comptes à retenu vers soy. Dont l'Arrest est icy joinct. Et au cas que son Excellence eut reciproquement promis & juré à vostre Majesté deuoir aucun: ou se fust obligé à aucune chose soit de bouche, par lettres ou par Procureur: elle entend & veut par ceste reddition en estre a pur & à plain deschargée, comme ayant cela esté faict en consideration des terres & Estats dessus declarez. Renouquant tout autre deuoir & obligation que de bonne correspondance & voysinage: laquelle à de tout temps esté pratiquee entre les Roys de France & la maison des Princes Pallatins. Et d'vn bon desir qu'elle porte au bien de ceste Couronne, duquel ceste redition ne la destourné aucunement. Ie n'ay point charge d'en autrement particulariser les occasions. Mais de dire à vostre Majesté que si elle desire les scauoir: son Excellence ne fera difficulté de les declarer incontinant apres mon retour. Pour nostre regard qui sommes venus sous la foy publique & le sauf conduit qu'il vous à pleu nous enuoyer: j'ay expresse charge de son Excellence de supplier vostre Majesté tres-humblement: nous octroier nostre congé pour retourner le plustost en Allemagne deux de nous. Et moy Beutereich m'en aller en Angleterre selon le commandement de mon Maistre pour les vrgens & importans affaires de son Excellence, nous octroyans à c'est effect deux passeports & sauf conduicts. Faict à Bloys le huitiéme de Mars, Mil cinq cens soixante dix-sept. Signé Pierre Beutereich.

LIVRE QVARENTEQVATRIEME. 357.

Beutereich.

La responce fut courtoise & gracieuse: qui donna toutesfois plus de sujet & occasion au Roy d'enuoier vers le Prince Allemand. Car le Roy ja resolu à la guerre: & pource deliberé d'oster tous moiens aux Protestans de se preualloir du secours estranger: enuoia Villequier en Allemagne nommément vers l'Esecteur Palatin, son frere Cazimir & Lantgraue de Hesse & autres Seigneurs Germains pour les destourner du parti Protestãt. Ou il trouua l'Electeur assez disposé veu la diuersité d'opiniõ qui a tousjours esté entre les Lutheriẽs pour la Cene que suiuit l'Electeur & la plus part des Allemãs: & les Caluinistes que les Frãçois & plusieurs autres approuuẽt. Mais la charge & creãce de Villequier vers le Duc Iean Cazimir & le Lantgraue portoit cecy. *Le Roy enuoie vers les Princes Allemans pour en tirer forces & les destourner de sauoriser les Cõsederez.*

Monseigneur, sur la demãde qu'il vous à pleu me faire ce matin, qui est de vous dõner par escrit la charge que j'ay du Roy Tres-chrestiẽ mõ maistre: Ie ne vous l'ay voulu refuser pour ne vous auoir representé de bouche, que la verité mesme que sa Majesté veut & entend que vous sçachiez. Sa Majesté à esté tresmarrie d'entẽdre la mort de Mõseigneur le Cõte Palatin vostre Pere. A loüé Dieu toutesfois qu'vn si sage Prince cõme est Mõsieur l'Electeur preset ait succedé à la dignité electoralle: lequel sa Majesté m'enuoiât visiter: m'a cõmandé aussi de vous voir en passãt: & vous asseurer qu'elle ne desire riẽ plus que vous aimer cõme elle vous en a fait conoistre les effets jusques ici. Et pour cõfermer d'autãt plus la bõne affectiõ qu'elle vous porte: elle vous à bien voulu faire part par moy de ses nouuelles & de l'estat de ses affaires qui sont. Que sa Majesté aiãt fait cõuoquer les Estats Generaux de sõ Roiaume en la ville de Blois: à plusieurs & lõgues cõferẽces faites les vns auec les autres depuis 3. mois en ça: ont vnanimemẽt requis de sa Majesté en pleines assẽblées ou j'ay assisté: de ne souffrir plus qu'il y ait en sõ Roiaume autre exercice de Religiõ que la Catholique, Apostolique & Romaine. Chose que sa Majesté estoit deliberée à mõ partemẽt de leur accorder: premierement pour seruir au deuoir de sa cõscience; qui l'amõneste d'ainsi le faire à l'exẽple de ses predecesseurs Roys qui ont eu par ce moiẽ leurs regnes paisibles. Puis pour auoir coneu assez apparemment jusques icy que la diuersité d'exercice de Religiõ, à apporté auec soy en tous les endroits de sõ Roiaume ou elle a esté establie: nouuelles occasiõs de dissensiõ entre les sujets: mesmes à ceux qui tõt les plus paisibles. Et auoir seruy à les nourrir en diuisiõs & inimitiez particulieres. Outre ce qu'il n'est que trop notoire que les assemblées desdits de la Religiõ pretẽdue reformée, n'ont point esté tãt desirées d'eux pour satisfaire & contẽter leurs consciẽces; que pour entretenir les factiõs, pratiques & menées qui s'y sõt ordinairemẽt faites cõtre l'authoorité de sadite Majesté. A laquelle ils tessaient par tous moiẽs de s'esgaller en puissãce, en s'establissãt tousjours de plus en plus, afin de luy desobeir à toutes occasions & se deliurer du joug de l'obeissance auquel ils sont naturellemẽt obligez. Dont leurs effets rẽdent assez de tesmoignage par tout: encores que par leurs paroles ils s'en vueillẽt monstrer fort esloignez. Et recemmẽt le demonstre assez le renfort de gens de guerre qu'ils ont mis dedãs la Charité contre ce qui estoit accordé: afin de s'approprier du tout. Aussi les prises de plusieurs villes & Chasteaux qu'ils ont faits ez païs de Poictou, Saintonge, Guyẽne, Dauphiné & Languedo: auec beaucoup de Massacres & inhumanitez exercées à l'encontre des Catholiques. D'autre part sadite Majesté se met deuãt les yeux vne chose digne de consideration: qui est que aians depuis le dernier Edit dõné tout l'ordre qui luy à esté possible pour faire souffrir exercice de la Religion pretendue reformée en plusieurs villes & lieux de sonRoiaume: Il n'a pas esté en sa puissance de l'executer pour les contradictiõs qui y ont faites les Catholiques qui n'ont peu supporter l'indiscretion auec laquelle ils en ont voulu vser. Et de fait s'apperceuans par tous leurs actes & deportemens qu'ils se vouloyent accroistre & agrandir à la ruyne & destruction d'eux & de la Religion Catholique: ils sont tous entrez en association & Ligues les vns auec les autres pour la conseruation d'icelle Religion & la leur aussi: & prandre garde de prez à leurs affaires. De sorte qu'il est cogneu, que l'establissement dudit exercice, estoit plustost pour attiser vn nouueau feu & embrasement de troubles: que pour procurer à son Roiaume quelque repos & tranquilité ainsi qu'on à voulu faire par l'Edit dernier. Les considerations des inconueniens susdits que sa Majesté craint de voir, croistre & s'augmenter dauantage ainsi que l'apparence y est bien grãde: l'induisent fort d'entẽdre à la requisition de tous les Deputez desdits Estats. Mais elle y est aussi beaucoup cõfirmée en ce qui peut toucher la conseruation de son authorité sur ses sujets, par l'exemple de ses predeces-

Creance de Villequier vers le Duc Iean Cazimir.

Mort du Comte Palatin.

Raisõs qu'à le Roy pour oster de son Royaume à la Requeste des Estats Generaux, tout autre exercice de Religiõ que la Catholique Romaine.

Diuersité de Religions.

Ligues des Catholi. contre les Protestans.

Yyy ij.

Mars,
1577.

Les Princes Souuerains de Religion Protestante deffendent tout autre exercice en leur pays.

seurs Roys qui ont eu leurs regnes heureux: & tiré vne grande obeyssance de leurs peuples, pendant qu'ils ont vescu auec le seul exercice de la Religion Catholique. Tout au contraire de ce qui se fait aujourd'huy à son grand regret. D'vn autre costé elle voit aussi que la Royne d'Angleterre & les Princes de la Germanie connoissans tres-prudemment que l'introduction d'autre exercice de Religion que de celle dont fait profession le Prince Souuerain qui commande en vn Royaume, aux Estats: porte auec soy l'aneantissement de l'authorité que Dieu luy a donnée sur ses sujets & donne lieu à vn autre: N'ont jamais voulu permettre en leurs Roiaumes & Estats qu'il y fust fait autre exercice de Religion que de la leur. Afin de ne tomber en danger de se voir auec le temps vn Compagnon & Cœgal. Qui est ce que les Roys & grands Princes Souuerains ont voulu tousjours euiter plus que nulle autre chose, pour estre le vray moyen de la ruyne & extinction de leurs Monarchies. Pour cela sadite Majesté ne veut pas moins aimer ses sujets qui sont profession d'icelle nouuelle Religion: Mais au contraire les tenir en la mesme protection que ses autres sujets Catholiques. Les assurer en mesme repos: & tranquilité, & les laisser viure en la liberté de leurs consciences sans les forcer n'y contraindre à faire chose qui y soit contraire. Moiennant aussi que de leur part il luy rendét l'obeyssance qu'ils luy doiuent naturellement. Ce qu'elle espere qu'ils feront & qu'ils n'en seront point destournez pour leur estre osté ledit exercice, quand ils voudront considerer premierement ce qui est de leur raison & obligation naturelle: puis que c'est euiter pour eux autant d'occasion de receuoir dommage des autres sujets Catholiques: faire cesser la haine & rancune qu'ils conceuroient entre eux en les voiant aller audit exercice. Et au lieu de cela les mettre en bonne amitié les vns auec les autres. Et le seul moien de leur assurer le bon & heureux repos qu'ils ont tousjours dit desirer plus que nulle autre chose. Et la ou ils ne le feroient & se voudroient en cela monstrer desobeyssans à sadite Majesté, & se rendre comme ennemis jurez de leur patrie. Elle vous prie Monseigneur de ne leur porter en si mauuaise cause, aucune faueur n'y secours, quand bien vous en seriez requis. Et ce pour l'obligation d'amitié que vous auez à sadite Majesté & à tout son Royaume. Semblablement aussi de ne vous vouloir mesler en sorte du monde de leur fait, luy en laissant faire comme à vn Roy a qui Dieu à donné toute puissance & superiorité sur ses sujets. Et la doüé de bon sens & entendement auec aage suffisant pour les sçauoir gouuerner maintenir & conseruer comme siens & deuotieux enuers sa Majesté. Outre que ferez chose digne de l'amitié & bien vueillance qu'elle veut attendre de vous: vous pouuez asseurer qu'elle vous fera connoistre de plus en plus aux occasions qui se presenteront, combien elle vous aime, sera plus encliné à vous continuer les biens faits dont elle vous à gratifié cy deuant. Et pour le regard des debtes qui vous sont deuës & à vos Colonnels & Reit-Maistres: sa Majesté donnera ordre de tant plus volontiers a vous en satisfaire par tous moiens possibles. Comme c'est maintenant la chose de ce monde qu'elle en a plus particuliere affection: & regrette beaucoup que jusques icy il ne vous à esté donné vne plus grande satisfaction. Ce qu'elle desire que excusez sur la quallité du temps qui n'a permis de pouuoir faire mieux. Et d'autât Monseigneur qu'il vous à pleu m'alleguer ce matin que n'estât admis librement l'exercice de la Religion susdite en France c'est en tout enfraindre & contreuenir à l'Edit de Pacification que sa Majesté à si solénellement juré & promis: Ie vous respondrai la dessus, qu'aucontraire en satisfaisant à l'vn des articles d'iceluy: ceste assemblé des Estats à esté conuoquée pour apres auoir oüi les plaintes & doleâces des sujets: leur y estre pourueu ainsi qu'il le conoistroit estre requis. A quoy elle ne pése pas pouuoir mieux satisfaire qu'é prenât ceste resolutiô. Qui est selô la requisitiô vnanime des deputez des 3. ordres de sô Roiaume, assaû oir de l'Eglise, de la Noblesse & du tiers Estat. Aussi selô le jugemét de sa propre côsciéce côtre laquelle elle pésoit aller si elle faisoit autremét. Et pour côclusiô d'autât que c'est ce qu'elle estime pouuoir plus seruir & proffiter au bié general de sô Roiaume & de tous ses sujets. A cela signé par Villequier le Duc de Cazimir fit ceste respôce qu'il dôna par escrit signée de sa main.

Debtes au Duc Iean Cazimir & son armée.

Estatz Generaux assemblez à Bloys

Respôce du Duc Iean Cazimir à ce que le Roy de Frâce luy auoit fait entendre par Villequier.

Supplie sa Majesté de prâdre de bône part ceste respôce de point en point: & la receuoir d'aussi bône volôté que ledit Seigneur Duc est affectiôné à la grâdeur, bié & seruice de sa Majesté & de la Couronne de Frâce. Premieremét môdit Seigneur le Duc remercie treshûblemét sa Majesté, de la Condoleâce qu'il luy plaist monstrer auoir du trespas de monseigneur son pere: voulant bien asseurer sa Majesté qu'elle en a de tresgrandes occasions a cause du zelle, soing & affection singuliere qu'il à tousjours eu jusques au dernier souspir de sa vie, à la grandeur & conseruation de la personne de sa Majesté & repos de toute la France. Ledit Seigneur Duc espere aussi que sa Majesté connoistra que Monseigneur l'Electeur son frere, à non seulement succedé à la dignité electoralle : Mais aussi à la mesme bonne volonté & affection. Dequoy ledict Seigneur Duc asseure aussi sa Majesté quand à soy, qu'il ensuiura lesdites sainctes traces de feu son dit Seigneur & Pere tant qu'il luy sera possible. Et le mostrer tousjours auec l'ayde de D I E V. Non seulement à sa patrie: mais aussi à sa Majesté. Et pource comme sa Majesté fait c'est honneur audit Sieur Duc, de le faire visiter en passant par ledit Sieur de Villequier & luy communiquer de ses nouuelles : Aussi ne peut il obmettre d'en remercier tant sa Majesté tres-humblement, qu'en luy declarant rondement qu'entendre son intention telle que ledit Sieur de Villequier luy a dite & laissé par escrit: luy sont veritablement nouuelles. En premier, pource que ceste volonté de sa Majesté est du tout directement contraire aux promesses, sermens & asseurances par lesquels sa Majesté à tousjours protesté de bouche & par escript, vouloir entretenir son Edit de Pacification faict & signé de son authorité par la Royne sa Mere, Princes de son sang & ceux de son Conseil : lors que sa Majesté auoit ses forces si grandes ensemble, qu'il pouuoit faire ce qu'il luy plaisoit. Et ce pour tesmoigner à jamais qu'il la ainsi faict, juré & confermé solennellement de pure franche & liberalle volonté, pour le bien & repos de son Royaume & subjects. Comme non seulement ladicte Dame Royne sa Mere Princes & autres Seigneurs ont protesté de bouche audit Seigneur Duc en traittant la Paix, laquelle ils ont voulu que ledict Seigneur Duc signast pour plus grande confirmation comme il à faict de sa propre main. Mais aussi sa Majesté luy à mandé & confirmé. Dauantage c'este intention de sa Majesté est de tant plus estrange audict Seigneur Duc, qu'il à veu a son tresgrand regret le dernier precipice ou sa Majesté, pour mettre sa volonté en execution: laisse tumber sa personne & tout son Royaume. Dont & de l'Estat present des affaires & de la combustion qui est a venir ledit Seigneur auec les autres Princes d'Allemagne qui ayment la conseruation de la Monarchie Françoise : Estans journellement au vray aduertis (ainsi que ledit Sieur de Villequier l'entendra par eux mesmes & en verra les pappiers & escripts imprimez:) esperoit que cela seroit assez pour destourner sa Majesté de ceste sienne volonté. Et luy faire connoistre la malice de ses gens apostez qui ont vsurpé le nom des Estats: & nom de tous ses subjects luy ont fait vne telle Requeste: De laquelle ils n'ont jamais eu le commandement des sujets de sa Majesté. Et n'en sont aduouez : comme le Sieur de Villequier entendra bien à son retour. Ledit Seigneur Duc peut graces à Dieu, dire rondement qu'il en a de tresfidele & sincere affection auerti sa Majesté: tãt par ses lettres & Ambassadeurs: que par ceux mesmes de sadite Majesté. Premierement estant en France luy à donné auis de la Ligue sainte, dont il voit à c'este heure les fruits tous contraires à la foy & reputation de sa Majesté & au repos de ses sujets. Puis apres estant de retour de pardeça à donné a entendre à sa Majesté par raison mesmes, qui est icy present: les vrais auertissemens qu'il auoit des menées & pratiques qu'on dressoit pour aposter & corrõpre en chacune Prouince & rendre à la deuotion de qui on voit a present, ceux qui deuoient auoir le titre des Estats. C'est à dire pour faire que nuls Estats fussent tenus librement & legitimement & sans distinction de Religion. Y estans presens comme de toute ancienneté il est accoustumé: les Princes du sang & tous ceux qui ont a se plaindre. Puis apres ledit Seigneur Duc a entendu au vray comme on à executé l'Edit de Paix c'est à dire qu'on n'en a rien fait du tout côme on à disposé les Estas ainsi qu'il en estoit bien auerti: y aiãs appellé les Princes du sang pour les y attrapper. Côme on à fauorisé ceux qui se sont offerts a surprandre leurs persones & les villes ou l'Edit est legitimemẽt & sincéremẽt executé. Auec les places ou ceux de la Religiõ sõt cõtraints se tenir. Et ne les abandõner pour leur seureté par faute de l'execution de l'Edit. Aiant en outre esté deuement auerti de ce que n'agueres fait sa Majesté. Dont à esté baillé coppie du sõmaire au Sieur de Villequier. Chose à la verité du tout horrible a entẽdre aux hõmes & tellement estrange que ledit Seigneur Duc ne l'eust jamais peu croire, si les cõtrauentiõs continuelles & recentes à l'Edit, ne le monstroient euidẽment. Et si la propositiõ faite de la part du Roy par ledit Sieur de Villequier, ne le cõfirmoit totallemẽt. Côme aussi lesdites choses sont reciproquement croire audit Seigneur Duc que la resolution de sa Majesté est telle que ledit sieur de Villequier lui a declaré. Mais ledit Seigneur Duc, espere qu'y aiãt deja vn mois que le dit sieur de Villequier est parti: que Dieu aura inspiré sa majesté & lui aura descouuert la poison du cõseil en la vanité des offres de ses pretẽdus Estats. Pour faire souuenir sa Majesté, voir

& toucher au doigt ce qu'elle à prudēmēt & meuremēt eu cy deuāt en tresdigne recōmādatiō. Ce que aussi ses loyaux & entieremēt affectionnez amys & seruiteurs luy ont remonstré: non seulement en France mais par toute la Chrestienté. Et ce qu'en fin la necessité mesmes à faict connoistre tant à sa Majesté qu'à ses predecesseurs par tant d'experiences: quand ils ont essayé tousjours en vain d'extirper la Religion reformée & l'exercice d'icelle, par Guerres, executions & autre manieres horribles a nommer. Ce que ledict Seigneur Duc ne peut obmettre pour la sincere affection qu'il porte à la conseruation de la grandeur de sa Majesté. Et a le veoyr en Paix auec ses subjects. C'est de remettre deuant les yeux de sa Majesté ce peu qui s'ensuit, Qu'en premier lieu il plaise à sa Majesté se souuenir du conseil de Gamaliel, que contre ce qui est de DIEV nulle force ou pratique humaine ne peut rien & que ce qui n'est point de DIEV s'en va & perit de soy mesme. En apres que ez affaires d'Estat est bon ce qui est necessaire. Enquoy sa Majesté regardera au miroüer d'Allemagne, Poulogne, Hongrie, Boheme, Suysse & des pays bas: Non comme on les luy desguise, mais selon la verité comme elle à mesme veu: Car de comparer vn Prince d'Allemagne auec sa Majesté ou toute la France: c'est chose absurde. Mais la France à toute l'Allemagne c'est egalle proportion. Que sa Majesté veoyt que tous les susdicts pays florissent: par-ce qu'on y à trouué moyen de contenter les consciences des subjects. Par lesquels exemples sa Majesté peut connoistre que non pas la permission de la Religion: Mais l'empeschement de l'exercice d'icelle à engendré les maux & calamitez qu'elle veoit aujourd'huy par tout son Royaume. Dauantage que sa Majesté n'ayant peu faire la Paix derniere sans faire son Edit de Pacification: & ne le pouuant garder sans le mettre à execution: elle peut veoyr que l'entretenement de son Edit c'est le seul fondement & moyen de la Paix. Voyre la Paix mesme. Qu'en outre comme ladicte manutention est le moyen de la Paix & deuiter la Guerre: Ainsi est elle le seul moyen qu'à sa Majesté pour recouurer l'obeyssance de ses subjects. Estant tref-certain qu'vn Roy qui se faict Chef de part entre ses subjects: n'est jamais bien obey. Pource qu'il luy est conuenable de se monstrer Pere commun de ses sujets, en les reconciliant les vns aux autres. Ainsi faire & jurer au contraire de ladite manutention, c'est le seul moyen pour mettre les subjects de sa Majesté en plus grande desfiance que jamais. Et par ainsi engendrer la plus cruelle Guerre qu'on ayt encore veuë. Il y à plus que d'alleguer la souueraine authorité du Roy pour faire jurer ces choses là: s'est exposer sa Majesté en perpetuel oprobre à tout le monde: & le faire tenir Prince sans foy, sans Loy, sans honneur & vertu aucune. Car sa Majesté se peut souuenir combien de fois elle à faict profession de bouche & par escript d'estre Prince veritable: & qu'elle n'a rien voulu promettre qu'elle n'ayt voulu tenir. Voyre auoir tousjours esté resoluë de ne promettre plustost rien: Dont tous personnages d'honneur ne peuuent autrement conclure: Que ou il ne falloit pas faire & promettre le contenu en l'Edit; ou il le faut garder. Ainsi que sa Majesté en à vsé en ces mesmes termes. Ledict Seigneur Duc s'asseure ainsi que sa Majesté verra bien qu'auec vn homme qui voudroit tenir le contenu dudict serment ou suiure le Conseil de ses pretenduz Estatz qui n'est autre chose que ledict serment mesmes: encores qu'il n'eust esté juré on ne pourroit jamais auoir aucune commerce. D'autant que n'y parolle, ne promesse, ne sermens, ne obligation ne sceau n'y aucune chose legitime & ordinaire (pour mettre foy entre les hommes & principallement entre les Princes & subjects, veu l'imbecilité desdits subjects au regard des Princes) ne seroyent plus rien. Voyre & ne seruiroyent au contraire que de retz & filletz pour attrapper l'vn & l'autre. Qui plus est sa Majesté considerera bien, que les voisins & estrangers ne se pourront asseurer d'vn Prince duquel les propres subjects ne se fient. Comme ceux de la Religion lesquels on à par trop poursuiuis. Car pour monstrer qu'ils n'ont point commencé: il ne faut autre argument que la proposition mesme dudit Sieur de Villequier, assauoir que le Roy est resolu de ne tenir le principal point de son Edit. Et quand à l'exemple de la Royne d'Angleterre: on scait assez tant de cœur & affection de ladite Dame: que si elle eust veu tant de Princes, Seigneurs, Gentils-hommes & autres de ses subjects de la Religion Romaine en son Royaume & qu'ils s'en eussent requis comme les subjects de sa Majesté ont fait tant de fois: que plustost que d'entrer en telles cōbustions & fausser seulement vne fois sa foy & promesse: sa Majesté leur eust accordé l'exercice de la Religion Romaine. Que sa Majesté doit du moins autant d'affectiō à ses sujets qu'elle qu'elle en à monstré aux Estats des pays bas, en leur congratulant sur la resolution qu'ils ont prise pour le recouurement de leur liberté. Et mesmes interceder enuers iceux Estats pour la reintegrande du Comte d'Aiguemont en ses biens & honneurs. Estant de plus à considerer aussi l'artifice de l'Espagnol qui ne tasche qu'à remettre la Guerre en France pour destourner l'orage de ses pays selon sa bonne coustume. Et quand a ce que sa Majesté allegue qu'elle veut bien laisser la liberté de conscience à ses subjects, Cela asseureroit encores plus la deffiance. D'autant qu'il est indubitable que qui peut viure sans exercice de Religion n'a point de conscience. Et est tout autant comme si sa Majesté disoit je donne la vie à mes subjects: Et que ce pendant elle leur feist oster les viures. En quoy les Papistes donnent assez d'argument qui ne peuuent demeurer sans Messe. Parquoy ledit Seigneur Duc ne peut donner autre meilleur conseil à sa Majesté que s'il veut demeurer Roy & estre tel Prince qu'on puisse traitter & negocier auec sa Majesté, & se fier en luy: qu'il maintienne son Edit & garde sa foy. Faisant reformer les abbus de ses pretendus Estats que sa Majesté allegue, par les moyens qui seront jugez estre raisonnables. D'autant qu'on ne peut tenir ladite assemblée pour Estatz vrays libres & legitimes. Mais plustost pour desloyaux à sa Majesté & à toute la Couronne. Et ne sont pour maintenir & confermer la Paix ains pour la ruyner. Pourquoy faire, ils se sont laissez si villainement suborner ainsi que souuent on à aduerty sa Majesté. Toutes lesquelles choses ledit Seigneur Duc se passeroyt tres-volontiers de dire: s'il n'y estoit contrainct. Tant pour la rondeur de sa conscience & son honneur qui est engagé en la signature de la Paix: que par l'affection singulliere qu'il a au bien, grandeur & seruice de sa Majesté. En laquelle disposition, il demeurera toute sa vie, n'ayant rien plus cher que d'apporter à la conseruation de la Couronne de France & au repos des subjects de sa Majesté, tout ce que Dieu luy donnera jamais de moyens & de conseil sans y rien espargner. Ce que ledit Seigneur Duc supplie tres-humblement sa Majesté de croyre. Et comme tel le tenir du nombre de ses plus fidelles & affectionnez amys & seruiteurs. Voyla tout ce que ledit Seigneur Duc peut remonstrer à sa Majesté en ce qui appartient à sa personne. Mais quand a ce qui touche toute son Armée qui à esté en France. Ledit Seigneur Duc, ses Colonnels, Reitres maistres & Cappitaines; ayans trouué cy deuant bien estrange que sa Majesté ne leur ayt tenu les promesses qu'elle leur auoit faictes & tant de fois reiterées tant à Francfort qu'à Strasbourg pour le faict du payement & des Ostages: Et trouuent infiniément estrange & chose du tout impertinente, qu'vn tel Seigneur que le Seigneur de Villequier venant pardeça Ambassadeur de sa Majesté: non seulement n'en apporte aucune asseurance: Mais n'en parle aucunement: voyre qui plus est que ce qu'il porte en substance est du tout contraire aux obligations & promesses de sa Majesté. Parquoy ledit Seigneur Duc non seulement en son nom: mais de toute son Armée requiert sa Majesté auoir esgard à son honneur & tenir sa foy & ses promesses. Afin qu'à la prochaine Foire de Francfort il y soit satisfaict tant audit Seigneur Duc que Colonnels, Reit maistres & Cappitaines lesquels pour toute l'année se trouueront audit Francfort pour prandre vne bonne resolution sur les affaires selon que le Sieur Beutereich, & les Cappitaines qui ont esté enuoyez auec luy en auront bien amplement aduerty sa Majesté. Tout ce que ledit Seigneur Duc prie affectueusement ledit Sieur de Villequier de faire entendre bien amplement & au long à sa Majesté: auec ce qu'il luy en a respondu de bouche. Sans y vser d'aucune obscurité & ambiguité: & de la mesme rondeur, affection & bonne volonté que ledit Sieur Duc y a procedé, en faisant ceste responce: & desire tousjours proceder enuers sa Majesté.

Pour les debtes du Duc & de son Armée.

Or pource que la charge de Villequier vers le Lantgraue estoit peu differente en substance a celle que dessus aussi la responce en fut presque semblable & telle que vous verrez.

Monseigneur le Tres Illustre & Excellent Prince Guillaume Largraue de Hessen: ayant entendu ce que le Sieur de Villequier Ambassadeur du Roy de France luy a fait sçauoir de la part de sa Majesté. Son Excellence ne peut que en premier elle ne le remercie bien humblement de la continuation de la bône volonté & affectiô qu'elle porte en son endroit. Promettant que de sa part elle sera tousjours preste & appareillée de la cötinuer selon que sadite Majesté n'a jamais peu conoistre autrement par ses actions du passé. S'estant esuertuée tant que possible y a esté de maintenir en son entier l'amitié ja de si long têps contractée enuers la Courône de France

Responce de Lantgraue de Hessé à la charge de Villequier de la part du Roy

& la maison de Hessen. Quand a ce qui touche la principalle charge que ledit Sieur de Villequier a euë de sa Majesté pour faire entendre à mõdit Seigneur le Landgraue, Sçauoir est que sa Majesté à la priere & Requeste des Estats assemblez en la ville de Bloys: leur auoit accordé de n'endurer doresnauant autre exercice de Religion en son Roiaume que la Catholique, Apostolique & Romaine: Son excellence estime que de vray il ne seroit rien plus à desirer en ce monde, sinon qu'il pleust a ce bon Dieu permettre que par sa diuine bonté & misericorde ceste vraie Religion Romaine telle qu'au commencement elle à esté enseignée & plantée à Rome par l'Apostre S. Paul selon le contenu de son Epistre escrite aux Romains: ne fust pas seulement enracinée & maintenuë au Roiaume de France: Ains aussi purement conseruée en tous les endroits de la terre. Mais il est assez notoire tant à sadite Majesté qu'à plusieurs autres gens de bien, mesmes de la Religion Romaine: qu'icelle apres le temps des Appostres & lors que l'authorité Papalle à esté tellement acreuë que mesmes elle a voulu surmonter celle mesme des Empereurs, Roys & autres Monarques de la terre par plusieurs abus, traditiõs humaines, erreurs & Idolatries: à totalement esté corrompuë & falsifiée. Dequoy plusieurs gens de bien de haute & basse condition, se sont non seulement de ceste heure, mais aussi de long temps grandement plaints. Et n'ont desiré rien plus qu'vne bonne reformation Chrestienne de l'Eglise. Mais en vain ainsi qu'il est notoire par toutes Histoires. Qui a causé, que nos ancestres & predecesseurs d'heureuse memoire & autres gens de bien de toutes Nations: ont esté contraints pour le repos de leurs consciences & selon le commandement expres de Dieu: de fuyr l'Idolatrie, se soustraire de l'obeyssance Papalle: & faire eux mesmes vne reformation conforme aux escrits des Saincts Prophettes & Apostres: ne l'ayans peu autrement impetrer estant raisonnable d'obeyr plus à Dieu qu'aux hommes. Or il est aussi notoire comment apres si grands troubles & diuerses Guerres aduenuës au Royaume de France: l'on n'a sceu trouuer remede plus expedient pour assopir tous les mal-heurs que si long temps ont affligé & gasté tout le Royaume: que de permettre à ceux la, qui pour la cause cy dessus mentionnée se sont retirez de l'obeyssance de l'Eglise Papalle: la liberté de leurs consciences, auec libre exercice de la Religion reformée selon leur confession presentée au feu Roy son frere. Ainsi que finallement sa Majesté mesme & par le conseil & auis tant de la Royne sa Mere, Princes de son sang que Officiers de sa Couronne & autre Seigneurs & notables personnages de son Conseil priué: par Edit perpetuel & irreuocable à octroyé, permis & accordé & solénellement juré: non seulement de vouloir conseruer & maintenir en son entier la Paix derniere faite & publiée en tous endroits de son Royaume: Mais aussi mandé tant à son Excellence qu'à plusieurs autres Princes & Seigneurs de l'Empire par lettres & Ambassades de garder à jamais inuiolablement cestuy Edit de Pacification comme premier arre de sa parolle donnée à ses sujets: de laquelle elle se disoit estre vray & fidelle obseruateur. Mais voyant son excellence a present vne si subtile mutation de sa Majesté: contraire à tout ce que dessus & que si aisemẽt elle sest laissé esmouuoir par quelques vns desdits Estats assemblez à Bloys, les Cayers desquels selon les plaintes & doleances que font ceux de la Religion reformée: n'auroyent esté aucunement conformes a ce que leur à esté donné en charge: Ains se seroyent laissé pratiquer & suborner contre tout droit & raison: de reuoquer ce qu'vne fois auec si meure deliberation & bon conseil, elle auoit si solénellement protesté. Assauoir de conseruer a jamais la permissiõ de l'exercice libre de la Religiõ. Et ainsi en ce faisant renouueller le desordre & tumulte qui à grãd peine estoit assoppy en son Roiaume. Son Excelléce à receu ces nouuelles non seulemẽt auec vn regret non pareil: entant que cõcerne la personne & reputatiõ de sadite Majesté & de son Estat. Mais aussi le bien, salut & conseruation de tous sesdits sujets vniuersellement. Car j'açoit que par cy deuant l'on eust rapporté de si estranges nouuelles à son Excellence: Si est-ce qu'elle n'a jamais voulu se laisser persuader d'y ajouster foy, estimant que ce bruit estoit seulement controuué par quelque enuie contre sadite Majesté: en intention de blesser & interesser son honneur vers vn chacun. Qui est cause qu'elle à entendu auec vn merueilleux regret par ledit Sieur Villequier la charge que sadite Majesté luy à dõnée. Le tout conforme a ce que mon dit Seigneur ne s'estoit jamais par cy deuãt peu persuader en façon que ce soit, estre veritable. Or combien que sadite Majesté ne soit tenuë rendre aucun comte à son Excellence de sesdits faits & actions: & que mondit Seigneur en tant que possible seroit ne desireroit rien plus sinon qu'elles fussent telles qu'il les peut verifier vers vn chacun: pour la sincere & bonne affection

qu'il

qu'il porte à sa Majesté. Si est-ce neantmoins que conoissant maintenant par ledit Villequier quel est son voulloir & intention: son Excellence esmeuë dudit zelle qu'elle porte à la conseruation de la grandeur de sadite Majesté: ne peut qu'elle ne luy declare franchemēt sa vollonté. Et selon l'integrité dont elle marche ne remonstre à sa Majesté d'vn cœur pur ce qu'elle estime appartenir non seullement au bien & honneur de sa personne: mais de tout son Estat en general. Priant sa dite Majesté voulloir receuoir le tout d'aussi bonne part, comme la pure intention qui l'esmeut de ce fait le merite. Et en premier lieu ne peut estimer son Excellence ny encores moins estre induit de croire que quelque personnage d'honneur qui que ce soit, & doüé de bon jugement qui desire le bien & auancement de sa Majesté & conseruation de sa Courōne: luy vueille à jamais conseiller de rompre l'Edit de pacificatiō dernier fait & violler ce que si solemnellement elle à juré & protesté voulloir maintenir en son entier. Car premieremēt en ce faisant elle met en hazard tout son honneur & reputation & toute esperāce qu'elle pourroit jamais auoir de sa grandeur: veu qu'il n'y à ornement aucun si precieux & bien seant soit à Roys soit à autres: que de garder inuiolablement sa foy & promesse. Comme aussi il n'y à rien qui les difforme & deshonore tant, qui aliene tant l'honneur des hommes & si prejudiciable & dommageable à leur grandeur, que de dire vne chose & monstrer le contraire en effet. Et nous enseignent les histoires tant Ecclesiastiques que profanes: ensemble les exēples anciens & modernes assez suffisamment: combien ce vice est non seullement infame enuers les hommes, mais aussi enuers Dieu. Mesmes que quelques fois il à fait tres-griefue & dure punition de ceux qui en estoient entachez. Et à ce propos ne peut son Excellence qu'elle ne mette en auant entre autres infiniz exemples celluy de Ladislaus Roy de Hongrie, Boheme & & Pologne: pour s'estre laissé persuader par le Pape & ses Cardinaux sous vmbre d'en estre assez apres facilemēt absous de violer la foy qu'il auoit promise non à vn qui fait profession du Christianisme: Mais a Amurathes Empereur des Turcs & ennemy des Chrestiēs: perdit a cete occasiō non seulemēt ses Royaumes: Mais aussi la vie & tout ce qu'il auoit en ce mōde. Et fut en outre sa teste hōteusemēt portée par toutes les citez d'Asie: selō que plus amplemēt son excellēce à fait entēdre ceste piteuse histoire & autres seruās à ce propos audit sieur de Villequier: poussé de desir qu'elle auroit de pouuoir remedier à l'incōueniēt qui est à craindre pour la sincere affectiōqu'elle veut au biē de la France. Et en intētiō seulemēt qu'elle pourroit seruir de mirouer & exemple aux autres. Non qu'elle desirast en façon que ce soit, que tel inconuenient auint jamais à sadite Majesté. Qui est bien le plus loin de son intention selon que luy pourra faire sçauoir ledit sieur de Villequier: & selō sa discretiō les proposer aux yeux de sa Majesté. Laquelle en outre doit diligemment peser & considerer en soy mesme quels maux & incouenies voire qu'elle effusion de sang elle doit de rechef attendre en son Royaume: & les grandes cōsequences qui de la s'en pourroient ensuiure. Ensemble l'issuë que l'on peut esperer de tout ce fait. Car outre que ce sera chose bien dure & difficile à sadite Majesté, d'exterminer non seullement les plus proches de son sang: mais aussi tāt de mil persōnes & tous du nōbre de ses propres sujets qui ne desiroiēt riē plus q̄ d'éployer la vie & les biēs, voire tout ce qu'ils pourroiēt jamais auoir en ce monde pour le seruice de sadite Majeste. Il est aussi grandement à craindre que ceux la conoissans maintenāt quelle est sa volōté & intentiō: & aiāt perdu tout espoir de pouuoir cy apres estre reconciliez dy acquerir la grace de leur Prince & naturel Seigneur: Et se voiās en outre exclus de se voir jamais en paix & trāquillité: ne soient en fin contraints pour conseruer leurs uies & biens: attenter les derniers remedes qui pourront estre au tresgrād prejudice de sa Majesté & de toute la Couronne de France. Et outre qu'il sera bien dur à sadite Majesté de regimber contre l'esguillon: & arracher par force du cœur de sesdits sujets la verité conceuë: & empescher le cours du saint Euangille que le Seigneur veut estre annoncé de plus en plus. Si est-ce neantmoins, que le cas mesme auenant qu'il fut en la puissance de sa Majesté selon que plusieurs le desireroient bien, d'extirper tous ses sujets qui font profession de la Religion reformée. Que seroit-ce faire autre chose sinon que sadite Majesté au grand prejudice de son Royaume, se rougneroit elle mesmes vn, voire le meilleur de ses propres bras? S'affoiblissant de plus en plus en se desnuant & despouillant de ses propres forces? Encores que l'on vueille persuader sadite Majesté que la diuersité de Religion en vn Royaume soit cause des noises & dissensions qui y auiennent. Et que les endurant les sujets ne peuuent estre maintenuz en l'obeissance qu'ils doiuēt à leurs superieurs. Pourquoy prouuer, l'on allegue les

Y yy iiiij

Mars 1577.

L'HISTOIRE DE FRANCE.

Princes & Electeurs de la Germanie qui en leurs pays ne veulent permettre autre exercice de Religion que celle dont ils font profession. Si est-ce que son Excellence ne fait doute que sadite Majesté ne sache que par l'accord fait à l'Empire pour le fait de la Religion: le libre exercice des deux ny soit permis & octroié selon qu'elle à cogneu le mesme estre obserué au Royaume de Pologne. Ioint aussi que le feu Empereur defunt de tres-heureuse memoire comme aussi la Majesté de celuy qui gouverne à present, enduroit en ses terres le libre exercice des deux Religions. En quoy faisant a esté maintenuë en chasque endroit comme encores le jourd'uy vne bonne paix & concorde en la Germanie. Pareillement aussi estant le Royaume de France composé de plusieurs & diuerses prouinces n'est acomparer aucunement à vn Prince & Electeur d'Allemagne: non seulement pour n'y auoir aucune proportion esgalle. Mais aussi en tant que lesdits Princes & Electeurs n'ont jamais fait ny encores moins promis si solemnellemét à leurs sujets le mesme que sadite Majesté à fait à ceux que Dieu à soubmis en sa puissance. Partant mondit sieur prie de rechef sa Majesté, ne se laisser aucunement persuader que la permission de l'exercice de la Religion reformée ait esté cause des troubles & diuisions qui jusques à ceste heure ont regné en la France. Car ce n'est chose nouuelle que les Chrestiens & fidelles soient accusez cōme estās cause de rebellion & mutinerie: veu que le mesme est auenu non seulement aux saints Prophetes & Appostres mais aussi à la personne de Iesus-Christ mesme. Combien que ce fust contre tout droit & verité. Mais que sa Majesté croie & s'assure plustost que l'empeschement & obstacle que l'on veut faire au cours de la Religion Chrestienne: est seulle cause de toutes les calamitez & miseres cy deuant auenuës & qui pourront auenir cy apres. Partant son Excellence prie & admoneste sa Majesté tant que faire se peut: qu'elle vueille conseruer son honneur, foy & reputation. Et peser quant & quant l'importance de ceste affaire. Et les grans & innumerables inconueniens qui en deppendent. Ne permetāt jamais qu'elle puisse estre induite de voulloir embrasser vn cōseil qui ne peut estre mis en executiō sinō auec vne totale subuersiō de son Estat & effusion de sang nompareille. Lequel aussi est directement contraire à la promesse, foy & loyauté que sa Majesté à donné par cy deuant. Mais que plustost elle maintienne & conserue en son entier son Edit de pacification derniereméc publié. Et le cas auenāt que sadite Majesté desiraft mettre quelque accord au fait de la Religion, qui de vray seroit encores Royal & digne de Chrestien. Que pour y paruenir elle se serue non pas du glaiue tranchant de l'espée: mais à l'exemple de ses predecesseurs de tresnotable memoire Constantin le grand, Theodosius & autres, du tranchant de la parolle de Dieu. Sçauoir est par le moien d'vn Concille libre & national. Car du cōmencement à tousjours esté le propre de l'Eglise Chrestienne & sera encores à jamais par cy apres: veu qu'elle est esté fōdée par sang. Que par l'effusiō d'iceluy, elle ne pourra jamais doresnauāt estre desracinée Mais que tant plus elle sera arousée tant plus aussi prandra son accroissement. Quand à ce qui touche l'autre partie de la charge dōnée audit de Villequier. Sçauoir que sadite Majesté prie mondit Seigneur ne se mesler en sorte que ce soit du fait de la Religiō & ne leur prester aucune ayde ny faueur ou il en seroit requis. Son Excellence veut bien auertir sa Majesté, que jusques à present elle ne s'est meslée le moins qui luy à esté possible des affaires d'autruy. Et sur tout n'a jamais presté d'occasion soit de conseil ou de fait aux sujets de sadite Majesté de s'esleuer à l'encontre d'elle. Esperant son Excellence en tant que faire se pourra sans fouller ny blesser sa conscience: qu'elle pourra tousjours continuer en ceste bonne affection & amitié singuliere qu'elle porte à sadite Majesté. Laquelle en cet endroit elle prie biē humblemēt voulloir prandre tout ce que dessus de bonne part: comme party d'vn cœur qui vraimēt luy est affectionné & qui ne tent à autre but sinon à ce qui touche sa grandeur & prosperité. Se monstrant en ce, comme il appartient à vn Roy qui desiré maintenir son honneur & reputation vers vn chacun selon que mondit Seigneur se confie que Dieu luy en fera la grace. Ce qui reüssira non seulement à la gloire du Seigneur: Mais aussi au salut vniuersel tant de sa persōne que de tous les sujets: & de son Royaume vniuersellemēt. Qui est tout ce que son excellēce à peu respondre sur ce que ledit sieur de Villequier auoit charge luy faire entendre de la part de sadite Majesté Fait à Cassel le 18. Mars. 1577.

Peu de jours apres l'arriuée dudit Prince à saint Iean, il receut nouuelles comme la Vigne Gentilhomme Breton s'estoit saisi auec peu d'hommes & par intelligence, de la ville & Chasteaux de Concarneau l'vne des plus fortes places de la basse Bretaigne. Mais que s'il n'estoit secouru

Cause des seditions de France.

L'Eglise Chrestiéne à creu par rigueurs & esfusion de sang.

Surprise dé Cōcarneau par les Protestans.

LIVRE QVARANTEQVATRIEME.

secouru dans peu de jours tout tourneroit à la confusion & perte des entrepreneurs. Lesquels pour le petit nombre qu'ils estoient & la multitude de la populace dont la place estoit ja enuironnée: ne pourroient longuement subsister. Le Prince rescriuit à du Vigean qui pour la Noblesse estoit demeuré à la Rochelle: qu'il donnast ordre pour secourir Concarneau de quelques poudres & munitions & d'vn bon nombre d'harquebuziers & mesme en rescriuit particullierement aux Capitaines de la Rochelle qui s'y offrirent liberalement auec leurs Nauires. Mais comme ces choses s'executoient assez lentement & aussi que le vent estoit contraire suruindrēt les nouuelles de la reprise de la place qui fut par la menée de celuy mesme qui auoit esté cause de la prise. Assauoir Calebote, citadin de ladite ville lequel apres auoir tué Quermassonet du pays qui gardoit les clefs: ouurit la porte à ceux de dehors. Lesquels aiās regagné la ville: tuerent tous ceux qu'ils trouuerēt dedans du party excepté aucuns qui furent executez depuis à Rennes.

Reprise de Concarneau par les Catholiq.

Povr lors la Trimouille Chefs de le la Ligue de Poitou, en l'absence du Conte du Lude qui luy en debatoit la charge veu son grade de Gouuerneur du pays estoit à Poitiers, tēdant à y mettre garnison de la part du Roy & demandoit quelque somme de deniers les priant de la part du Roy satisfaire à la Ligue qu'ils auoient signée. Mais il sembloit que pour quelques temps ceux de Poitiers marchandassent, disans que ce qui leur auoit esté promis & assuré en signant ladite Ligue: ne se trouuoit en rien effectué ne veritable. Comme entre autres choses du Roy de Nauarre que l'on auoit asseuré deuoir estre en ceste guerre du party du Roy. Et que pour les charges de gendarmerie ou fanterie sous pretexte d'vne garnison pour la defence de leur ville: ils ne voioient encores les choses si mal disposées ne telles forces Protestantes en campagne qu'ils ne fussent plus que suffisans biē que seuls, pour la garde de la ville. Et pour la maintenir en l'obeissance du Roy. Et que pour le regard des deniers qu'on leur demandoit ils supplioient tres-humblement sa Majesté croire qu'ils n'estoient pour supporter de grans fraiz: veu les pertes & dommages qu'ils auoient soufferts depuis tāt d'années a cause des miseres des guerres passées.

La Trimouille General de la Ligue sainte de Poitou à Poitiers.

Cependant le Roy feit publier la declaration de son vouloir & intention sur ce qui auoit esté requis à l'assemblée des Estats: tant pour arrester ceux qui estoient prests de prandre les armes: que pour faire retirer en leur maisons ceux qui par crainte ou defiance de ce qui pourroit ensuiure par la resolution desdits Estats: s'estoient ja absentez du Royaume. Par sa declaration qui n'estoit que prouisionnelle en attendant autre Edit: sa Majesté se plaint que au grād prejudice de sa bonne volonté aucuns de la nouuelle oppinion aient ajousté foy à beaucoup de faux bruits que aucuns malins, & turbulēts esprits ont semé parmi ce Royaume: assauoir qu' incontinant apres la tenuë des Estats sadite Majesté estoit resoluë faire saisir leurs biens & personnes: voire de les exterminer entierement. En laquelle credulité ils estoient mesmes à son tres-grand regret, confirmez par quelques Seigneurs Catholiques se disans au demeurant des plus zelateurs de son seruice. Lesquels guidez de certaine passion particuliere: vsoient expressement de ces artifices pour de tant plus attiser dauantage le feu des troubles passez. A quoy n'auoit onques pensé. Trop bien ne pouuoit il dissimuler que aiant esté requis par les trois Estats de son Royaume: de ne tollerer en iceluy autre exercice de Religion que de la Catholique, Apostolique & Romaine: & prohiber toute autre contraire: conoissant que cela seroit le seul repos & vtilité de ses sujets. S'estoit resoluë d'écliner ausdis Estats & la leur accorder. Ce que mesmes elle auoit biē voulu faire sçauoir par le Duc de Mōtpēsier & autres persōnages tant au Roy de Nauarre qu'au Prince de Condé: auec prieres d'eux conformer en cest endroit au desir & volonté de sadite Majesté. Mais que cela n'estoit ny pour saisir leurs biens ny pour exterminer ceux de ladite nouuelle oppinion & autres leurs associez: Au contraire qu' elle protestoit les prandre tous indifferemment en sa protection & sauue-garde: les defendre de toute injure & oppression: & les tenir pour ses vrais & loiaux sujets, sans les rechercher en leurs consciences, ny molester en leurs maisons: pourueu qu'ils obseruassent ses loix & ordōnances. Le tout en attendant que sadite Majesté face vne declaration de sa volonté sur le fait de la Religion: par laquelle tous ses sujets pourront conoistre qu'elle n'est meuë que d'vn bon zelle & soin qu'elle à de leur conseruatiō & seureté. Ajoustāt pour la fin, côtre ceux qui ne se voudront maintenir paisiblement: mais qui s'esleueront & prandront les armes: toutes les rigueurs possibles, auec cōmandemēt de leur courre sus au son du tocq sain & les poursuiure

Declaratiō du Roy sur la requisitiō des Estats.

L'HISTOIRE DE FRANCE.

Responce des Protestans aux lettres du Roy.

suiure comme infracteurs de paix & rebelles à leur Roy. Ces lettres furent expediées le dernier Ianuier & peu apres publiées & diuulguées par tout. Mais la plus part n'en feit pas grand compte : difans qu'il suffifoit affez pour la prife des armes que le Roy eut prohibé l'exercice de la Religion reformée, qu'ils ne deuoient perdre qu'auec leur vie. Et que quand à la proteftation que fa Majefté faifoit n'auoir jamais pensé d'entreprendre fur leurs biens & perfonnes moins encores de les exterminer: ils le fupplioiēt tref-humblemēt croire que ce dernier quoy qu'il femblaft trefcruel & inhumain: leur feroit tousjours plus doux & fouhaittable que d'eftre priuez de leur Religion, fans laquelle il leur eftoit impoffible de viure. Et partant qu'il eftoit aifé de juger quelle grace leur faifoit fadite Majefté leur oftāt le plus precieux & necessaire qu'ils euffent en ce monde. Et de ce qu'ils pouuoient à la fin esperer de bon quand ils se feroient laiffez aller fous vne fi eftrange feruitude au prejudice mefme de fa foy, fi fouuent & folemnellement promife. Et laquelle fadite Majefté pouuoit affez fçauoir: n'auoir onques efté rompuë en ce Royaume qu'vne infinité de maux & miferes ne l'euffent fuiuy & tallonné de toutes parts.

Ce que j'ay cy deffus affez amplement defduit de ce qui fe paffa entre le Prince & le Baron de Mirambeau pour le fait de Broüage qui fembloit auoir efté comme vne ouuerture & entrée de cefte guerre & pour raifon dequoy les Rochellois s'affectionaffēt affez: print telle fin que vous auez veu. Si que Mirambeau eftant de retour des Eftats auec honeur & reputation d'auoir refolument & fans aucune crainte maintenu le party des Eglifes Proteftantes de France côtre tout vn Royaume la affemblé: feit tāt enuers ledit Prince & a la fraifon de la Neuë que auāt que partir de la Rochelle Broüage fut mis entre fes mains côme au parauāt De forte que fy eftāt acheminé & fejourné aucūs jours, & fen eftre biē affeuré il fen alla à l'ōs furprife par les Côfederez. D'où il tira vne cōpagnie pour enuoier en Brouage. Puis auoir dōné jufques en fa maifō de Mirābeau, le bruit qu'il auoit eu ōlque cōmunicatiō auec fon nepueu de Lāfac fut cause de renouueller les premieres deffiāces que aucuns auoiēt cōceuës cōtre luy pour raifon mefme de Broüage. Dōt l'on difoit Lāffac cōduire le marché pour la faire vendre au Roy. Sur quoy ne faut douter que Mirambeau n'euft quelques ennemis particuliers d'affez grand credit enuers le Prince. Et qui ne laiffoient paffer aucune occafion pour renouueller ce mauuais mefnage & l'entretenir des mefmes defiāces que les paffées. Si biē que le bruit courut que Mirābeau auant que partir de Blois auoit promis Broüage au Roy. Et mefmes de ne porter les armes en cefte guerre. Somme qu'ils luy alleguerent telles conjectures & foupçons. Et pafferent fi auant que le Prince auerty le huitiéme Feurier qu'il y auoit entreprife fur Broüage: fauifa d'y enuoier ce mefme jour Chatelus fon Chambellan auec lettres au Capitaine Nauarre qui auoit fa compagnie en garnifon dans ladite ville de fe faifir du Capitaine des Aguerres homme fur lequel Mirambeau fe repofoit du tout, fon Lieutenāt & Enfeigne & de quelques autres dont l'on fe doutoit. Ce qu'ils feirent le Dimanche enfuiuant apres auoir faifi le corps de garde des habitans qui eftoit à la porte & defarmé la plus part d'iceux mefmes plus affectionnez audit Merambeau. Or fi ce que deffus eftoit affez fuffifant pour beaucoup retarder les affaires mefmes fur vn commencement: ce qui furuint le lendemain les auança encor moins ce fut la prife de Montagu Lieutenant de la compagnie de gendarmes du Prince & Sur-intendant en fa maifon. Lequel auoit entierement gouuerné le Prince & tous fes plus grans affaires depuis fa fortie de Frāce jufques à cefte heure: voire auec vne faueur fi fpeciale: qu'il fembloit rié n'eftre biē fait que ce qui eftoit arrefté par Mōtagu. Voicy le fait cōme on eut raporté que troupe d'ennemis f'approchoit. Mōtagu fauāce pour defcouurir. Mais auffi toft chargé & pris que defcouuert, fut mené à Congnac. Puis trouua moien de fe retirer en fa maifon refolu de ne porter plus les armes pour ce party: encores qu'il eut vne extreme envie de faire feruice à fon maiftre: cōme il luy auoit fait affez paroiftre depuis fa fortie derobée de France: en laquelle & en tous les voiages qu'il feit jufques à ce jour: il s'eft tellement acquité du deuoir de fidelle & affectionné feruiteur, que le Prince à mefme confeffé n'auoir autre occafion que de fen loüer. Et bien qu'il fuft refolu Catholique, Si eft-ce que pour le refpect de fon maiftre il auoit deliberé de courre mefme fortune que luy. Mais l'occafion de f'enfeparer luy furuenant par fa prife contre fes defirs: fit eftat de n'y plus retourner obftant plufieurs caufes de mefcontentemēs qu'il auoit receuz de quelques vns, encores qu'il receuft de fon maiftre vne faueur fi fpeciale & extraordinaire qu'il fembloit le gouuerner à fon plaifir. Comme toutesfois

Brouage rēdu au Baron de Mirambeau puis ofté.

Le Prince fe faifit de rechef de Brouage.

La prife de Montagu.

fois les hommes jugent couſtumierement de toutes choſes ſelon leur fin & euenement d'icelles: voire ſ'arreſtent plus à l'apparence exterieure qu'a la pure verité: auſſi y en eut il, qui parlerent vn temps aſſez diuerſement de ceſte priſe. Diſans que cela eſtoit fait à la main & qu'il y auoit quelque plus grande entrepriſe & deſſein ſur la perſonne du Prince. Et ce qui augmentoit leur ſoupçon & deffiance en ceſt endroit: eſtoit que au dernier voiage que Mōtagu auoit fait en Cour: il auoit pris femme à ce que aucuns diſoient par la faueur de la Royne Mere: aſſauoir la Marquiſe de Neſle, fille du feu Chancellier Olliuier & receu pendant ſon voiage toute faueur & courtoiſie du Roy. Mais le Prince pour la fidelité qu'il auoit touſjours trouuée en Montagu, qui l'auoit touſjours ſuiuy & aſſiſté en ſa plus grande affliction: ne peut jamais eſtre induit de juger ſiniſtrement de ce qui eſtoit arriué en ceſt endroit. Moins encor de reuoquer en doute la ſincerité & rondeur de conſcience de Montagu ne qu'il luy fuſt tombé au cœur d'entreprandre quelque choſe à ſon prejudice. Trop bien auoüa il, qu'il y auoit ja long temps que ledit Montagu l'auoit ſupplié le vouloir licentier de ſon ſeruice. Et pour quelque temps luy permettre de ſe retirer en ſa maiſon. Surquoy il l'auoit touſjours remis de jour à autre.

Comme que ce ſoit eſtant priſonnier à Congnac & ſçachant combien c'eſtoit choſe aiſée d'eſtre calōnié: il reſcriuit au Prince que ſ'il luy plaiſoit, il ſiroit trouuer la part qu'il luy māderoit pour luy rendre bon compte de toutes ſes actions & de ſon innocence pour le fait de ſa priſe meſme. Que pour ceſt effet il auoit obtenu cōge ſous ſa foy de ceux qui le tenoient. Mais voiant qu'il ne pouuoit parler au Prince pour l'eſclarcir de ſes actiōs & que ſes bagues & meubles retenuz à la Rochelle aucuns de ſes amis eſtoient arreſtez priſonniers: ſatisfit tellement à ſon maiſtre par lettres qu'eux eſlargis & ſes meubles deliurez eut moien de ſe retirer. Et biē que paſſant en Cour il fuſt gracieuſement recueilly, & honoré d'Eſtats & gros appointemens ſi eſt-ce qu'auoir remercié & ſuplié leurs Majeſtez de le laiſſer retirer, il ayma mieux deſplaire au Roy & Royne mere en ce la: que de porter jamais les armes ny faire choſe tant peu fut elle deſplaiſante à ſon maiſtre. Le Prince touteſfois importuné par ſes ennemis de ſe ſaiſir & changer la garniſon de Brouage dont les Capitaines eſtoient à la deuotion de Montagu: fauiſa d'y aller luy meſme en perſonne. Et partant tout a l'inſtant de ſaint Iean, ſ'en alla coucher à Surgeres, & le lendemain de grand matin à la Rochelle. Ou aiant ſejourné en attendant ſeulement la marée, il print deux cēs harquebuziers auec leſquels il ſ'embarqua pour tirer en Brouage ou il arriua ſur le ſoir douziéme Feurier. Le lendemain aiant fait deliurer Deſaguerres & ceux qui eſtoient priſonniers. Et neantmois caſſe la cōpagnie des habitans: il ſ'aſſeura de la place ou il laiſſa le Conte de Montgommery pour Gouuerneur & enuoia la compagnie du Capitaine Nauarre en garniſon en l'Iſle de Ré. Cela fait il ſ'embarqua le Ieudy enſuiuant pour tirer à la Rochelle. D'où ſans faire ſejour il ſe retira à ſaint Iean, le quinziéme dudit mois, & de la à Melle ou eſtoit le Rēdez-vous de ſes trouppes qu'il auança ſur le Poitou vers la Riuiere de Loyre: tant pour la croitre de nombre d'hommes que pour autres entrepriſes qui ne reüſcirent touteſfois obſtant le ſoigneux denoir des Catholiques. Occaſion qu'il fut conſeillé de ſe retirer en Saintonge.

Sur ce le Baron de Mirambeau grandement indigné de ce qui luy eſtoit de rechef arriué en Broüage, & qu'il fut venu pour la ſeconde fois en relle reputation enuers les Proteſtans: tourne cela a treſ-grande injure & cherche les moiens de ſ'en venger & à quelque pris que ce ſoit r'entrer en Broüage qu'il maintenoit eſtre ſa maiſō & ſon bien. Dont il ſe tiēt pour dechaſſé à tort. Pour ce faire donc il ne fit difficulté de ſ'aider des Catholiques entr'autres de Lanſac ſon nepueu & du Baron de Vaillac. Deſquels aiant receu quelques trouppes tant de Bordeaux Blaye que de Bourg & meſme vne compagnie de la garniſon de Pons ou pour lors ſon gendre commandoit: feit entrepriſe d'enleuer ſubtilement Broüage moiennant quelque faueur & intelligence qu'il ſe promettoit des habitans ſes ſujets qui luy ont eſté touſjours fort affectionnez pour le gracieux traittement qu'il leur à fait. S'eſtant donc acheminé auec ſes troupes juſques à Cauſe l'vn des plus grans bourgs de Saintonge: ceux qui eſtoient ſortis de Pōs entendans le lieu ou l'on les vouloit mener & l'occaſion pourquoy feirēt difficulté de marcher plus auant. Diſans qu'ils n'entreprendroient jamais contre le Prince. Pendant ce debat & auſſi qu'ils eſtoient fort haraſſez pour le long chemin qu'ils auoient fait en peu d'heure, ceux de Brouage furent ſur le ſoir auertis de ſes deſſeins, & de ſa venuë. Or comme il y auoit forte garniſon auſſi feirent ils double garde aians l'œil de pres ſur les habitans auſquels fut defendu

de

Le Prince en Brouage.

Le Prince en Campagne.

Entrepriſe de Mirambeau ſur Brouage.

L'HISTOIRE DE FRANCE.

Mars 1577

du de sortir de nuit de leurs maisõs. Ainsi Mirambeau frustré de son dessein fausse de rebrousser chemin, aiant mesme sceu cõme le Prince estoit pres de luy auec toutes ses trouppes. Qui l'occasionna de dilligenter sa retraite à Mirambeau. Mais le Prince partant de Barbezieux le suiuit de si prez, qu'à peyne ses gens eurent loisir de barriquer quelques auenues du bourg: ou ils soustindrent assez gaillardement la furie des premiers qui en peu d'heure les enfoncerent auec perte neantmoins de peu d'hõmes tant d'vn costé que d'autre. De sorte que Mirambeau Lansac, Vaillac & leurs trouppes qui n'estoient moins de quatre cens harquebuziers & soixãte dix cuirasses se retirerent dans le Chasteau, bien en serre.

Situation & le siege de Mirambeau.

Mirambeau situé au plus beau & fertile pays de toute la Saintonge à quatre lieuës de Põs est vne Baronnie des plus anciens dommaines & heritages de la maison de Pons. Le Chasteau est haut & quoy qu'il ne soit gueres fortifié ne flanqué si est il toutesfois mal aisé de forcer sãs Canon. Le Prince les aiant inuestis la dedans, auec bien pres de trois mil hommes de pied & cinq cens cheuaux, attendoit le Canon qu'il auoit enuoié querir à la Rochelle: aiant ceste matiere bien à cœur comme fort indigné conte Mirambeau duquel on disoit assez d'outrages.

Plaintes du Prince contre Mirambeau.

Voire si passionné qu'il feit difficulté d'ouyr quelques Ministres retirez auec Mirambeau & qui luy vouloient proposer quelque chose de sa part. Disant qu'il y auoit la dedans des Gentilshommes à qui telle negociation appartenoit & qui n'estoiẽt trop dignes pour venir par deuers luy. Leur reprochant a tous vne follie & temerité en ce qu'ils accompagnoient Mirambeau lequel s'estoit tant oublié que de se seruir des ennemis capitaux de luy & de la Religion, pour venger son particulier. Iusques à leur auoir voulu liurer la place de Brouage. Et que s'il estoit de la Religion comme il se vantoit, il deuroit postposer son particulier au bien public. A quoy neantmoins Mirambeau protestoit de viure & mourir en la Religion reformée & que jamais il n'auoit pensé commettre acte derogeant à icelle. Moins d'offencer tant soit peu le Prince ou faire chose indigne du seruice qu'il luy deuoit. En quoy il delibereroit continuer toute sa vie: quoy que à tort il fust maintenant poursuiuy & recherché par calomnies, impostures & faux

Raisons du Baron de Mirambeau.

donner à entendre de la part de quelques siens ennemis qui auoient à present l'oreille dudit Prince. & manioient toutes les affaires à leur plaisir. Au reste qu'il pensoit n'y auoir hõme qui sceust trouuer estrange l'effort & poursuitte qu'il faisoit pour rẽtrer en son bien. Moins encor si aiant ja esté despouillé d'vne sienne maison auec le grand interest de son honneur & reputation: & à present poursuiui dans vne siẽne autre & recherché de son honneur & de sa vie: il faisoit de ses amis & parẽs: & mettoit toutes pierres en œuure pour sa juste desfẽce sans qu'ẽ cela il y allast de la Religion ne qu'il eust desir s'en departir en aucune sorte. Les particuliers des assiegeans & assiegez ne se poursuiuoient moins animeusemẽt & auec propos assez legers & indiscrets. Quelques jours se passerent en ce siege en tels ou semblables propos & sans faire autre chose memorable: le Prince logé au peu Nyort & faisoit faire les approches assez lentement attendant deux Canons & deux Coulleurines que l'on chargeoit à la Rochelle pour les y mener par mer afin de battre & forcer au plustost la place. Mais la dilligence n'estoit telle qu'il eust bien requis. Aussi que le vent contraire & les nouuelles des forces Catholiques qui se hastoient pour leuer le siege: rompirent du tout l'appresi qui se faisoit pour le regard de l'artillerie. Ce pendant les assiegez feirent vne sortie auec trente cuirasses & quelque nombre d'harquebuziers choisiz: auec lesquels donnans à l'improuiste sur les Protestãs, en tuerẽt quelques vns & emporterent le drappeau du Capitaine la Beausse. Toutesfois ils furent bien tost repoussez & contraints se retirer apres estre venus jusques aux mains.

Sortie par les assiegez sur les Protestans.

Ce pendant le Duc du Mayne Chef de l'armée Catholique accompagné de Puygaillard, Ruffec, des Roches Baritaud & plusieurs autres jusques au nombre de six à sept cens cheuaux arriua en grande dilligence à Saintes, en intention de leuer le siege. Il estoit plus fort de Caualierie que le Prince. Mais il auoit peu de Fantassins. Encores estoient ils demeurez loin derriere pour la grãde caualcade qu'auoit fait le General: qui fut cause que le Prince trouua pour le plus expedient de leuer le siege & marcher au deuant des Catholiques auec bonne deuotiõ de les combattre auant qu'ils se fussent joints en plus grand nombre & vny les forces qui s'approchoient de diuers endroits. Mais le Duc aiant entendu le deslogement du Prince & par ce moien mis afin ce que plus il desiroit: se tint coy à Saintes estant d'auis en temporisãt quelque peu, rompre ceste premiere ardeur de l'armée du Prince & ne s'aller chercher qu'auec vn apparent auantage. Or auoit le Prince quelques jours au parauant receu lettres du Roy de Nauarre

Le Duc du Mayne soustenant gene ral pour le Roy en son armée de Poitou, Saintonge, Aunis & Angoumois.

Siege de Mirãbeau leué.

LIVRE QVARANTEQVATRIEME. 363.

uarre, par lesquelles il le prioit de ne rien hazarder à ce cōmencemēt. Ains attendre plus grād auantage, sans donner curée tant petite fust elle aux Catholiques, comme chose tres-dangereuse à l'entrée de telles affaires. Pour ces raisons se resolut de temporiser vn peu. Et fit à ceste occasion passer ses trouppes la Riuiere de Charente par batteaux a Tonnay-charente: non sans desordre & confusion toutesfois qui eust esté plus grande si les Catholiques mieux auisez en espions qu'ils n'estoient, eussent ce jour bien vsé de l'occasiō qui leur estoit offerte de rompre la plus part de l'infanterie du Prince. Mais ils n'estoit auertiz d'vne si prompte retraitte. De sorte qu'il n'y eust qu'vn bien petit nombre de leur Caualerie qui donna sur la queuë: lequel reconneu des Protestans, amortit aisement la premiere espouuante. Et fera que les Capitaines Lucas, la Fleche & autres auec bon nombre d'harquebuziers, repasserent la Riuiere pour leur faire teste par chaudes & assez dextremēt reprinses escarmouches de leur seterie cōtre ces gēs de cheual, en sorte qu'ils se retirerent peu à peu. Ce fait la plus part de l'infanterie fut enuoiée à Marennes & Isles prochaines: le reste & la caualerie sur le Gouuernement de la Rochelle. Conseil qui fut trouué mauuais & dommageable au party: veu le desbordement & intollerables insolences des gens de guerre de ce temps qui n'auoient la plus part que jeunes Gentilshommes & autres pour Capitaines: lesquels ne leur osoient remonstrer leur deuoir. Joint le Meslinge des Catholiques & Protestans, assez grande occasiō pour renuerser toute discipline militaire. Veu que la libre volonté de laquelle les soldats suiuēt les armes, n'est pas retenuë par autorité Royalle & absoluë, qui peust chastier leurs fautes: comme se pourroit voir en guerre estrangere. Si bien que l'oppinion ne fut suiuie de ceux, qui conseilloient de dresser vn camp vollant des deux tiers de ces trouppes pour fatiguer leur ennemy. Estant le reste distribué pour l'asseurāce des places de plus d'importance: par ainsi le pays eut esté preserué qu'on doit tousjours garder à vne necessité. Et si les Catholiques en eussent esté ennuiez plus qu'ils ne furent. Joint qu'en tous cas, ils ne trouuoient aucunement bon d'habandonner le soldat à sō aise & repos, auquel il se trouuer tousjours plus insolēt & insupportable que lors qu'il se voit l'ennemy sur les bras. Aussi telle retraitte appresta assez & trop de matiere au mescontentemēt & bigerres oppinions de ceux qui parauant maistres estoient chassez de leurs maisōs & incōmodez en la jouïssance de leurs biens plus qu'on ne sçauroit croire.

Retraitte & departremēt de l'armée du Prince, aux Isles de Saintonge & gouuernemēt d'Onis.

Les Catholiques cependant maistres de la campagne passerent la Charente à Saintes & à Taillebourg. Puis donās dās le Bourg de saint Sauinien le pillerent sans grāde resistēce. Pource que le lieu n'est fermé ne tenable. Mais pensans faire le semblable à Tonnay charente en furent repoussez par le Capitaine Lucas qui y commandoit. Ce pendant leurs trouppes se logerent le long de la Riuiere tenans toute ceste lisiere qui est depuis Tonnay-Boutōne & saint Sauinien jusques à Brisambourg & Congnac. Surquoy ceux des Isles espouuantez tant de la subite & inopinée retraitte du Prince: que d'vn si prochain voisinage de Catholiques: enuoierent leurs femmes & enfās auec leur plus precieux à la Rochelle & pour la plus part mesmes s'y retirerent. Qui fut chose assez mal plaisante & de mauuais augure à ce premier commencement

S. Sauinien pillé.

Le Roy de Nauarre ce pādant, auoir emporté la Reolle par escallade qu'y planta & fournit le Capitaine Fauas: & perdu quelques gēs deuāt saint Macaire, que Lāgoiran faillit: auoit en meme temps assiegé Marmāde & battoit de quelques pieces qu'il auoit fait sortir d'Agen: toutesfois il auoit peu d'hommes contre gens resolus qui estoit la cause qu'il faisoit peu de chose la deuant. Aussi qu'il y estoit entré bon nombre de soldats: & paisans pour la defendre aiant laissé passer des le cōmencement assez d'occasions de se saisir de ladite ville sans coup frapper. D'autre costé les Catholiques faisoiēt vn grand appareil d'artillerie & munitions à Paris pour battre la Charité sous la conduite de Monsieur frere du Roy. Ce qui n'estonna pas tous les Protestans. La plus part auoient grande esperance que ceste ville arresteroit longuement les forces Catholiques pour le bon nombre de Gentilshōmes & autres gēs de guerre qui s'y estoiēt retirez entre lesquels estoiēt le jeune la Nocle, Briquemaut & beaucoup d'autres. Lesquels neantmoins ne faisans grande diligence de se pouruoir de munitions & fortifier la ville comme il estoit requis, encores qu'ils feissent entrer de jour à autre toutes les cōtributions du païs circonuoisin: sembloient esperer au secours qu'ils demandoient tant aux deputez Protestans enuoiez aux Estats de Blois qu'au Prince de Cōdé, la Rochelle & autres qui leur respondoiēt n'auoir assez de moiens pour en eslargir à d'autres. Joint la difficulté pour la distance des liux

Siege de Marmande.

Les Catholiques se preparent au siege de la Charité.

de

L'HISTOIRE DE FRANCE.

Mars 1577.

de les y faire conduire en seureté.

Ie vous ay parlé du voiage du Duc de Montpensier vers le Roy de Nauarre. Le Roy l'auoit depesché pour l'informer plainement de son intention sur la demande des trois Estats. Et pour luy faire aucunes remonstrances & ouuertures là dessus tendantes à le desmouuoir de la guerre. En quoy il n'oublia rien qui peust seruir à la matiere. Surquoy auoir ouy & consideré les raisons du Roy de Nauarre & en auoir informé le Roy: concluoit enfin à l'induire à vne bonne paix de laquelle il donnoit auis au Roy. Insistant principalement là dessus, pource que de tous les trauaux & peynes passées & apres la mort de tant de milliers de personnes: la fin auoit esté telle que l'on auoit reduit ceux de la Religion nouuelle dans trois villes, voire dedans vne Rochelle. Deuant laquelle encores le Roy auec toutes ses forces auoit esté côtraint faire la paix. Depuis que ceux qui sembloient si attenuez qu'il ne falloit plus que bien peu de chose pour les acheuer: S'estoient toutesfois encores trouuez aussi forts que deuant. Au moïen mesmes de beaucoup de Catholiques qui s'estoient vnis auec eux & pris leur party: combien qu'ils fussent menez & poussez d'ailleurs. Et que au lieu que le temps passé il les falloit beaucoup piquer parauant qu'on les peust faire esleuer: à present non pas pour vne resolution mais seulement pour vne simple demande & proposition qui auoit esté faite aux Estats d'abolir ou bien de restraindre leur Religion, l'on les auoit veu incontinant tous en armes, voire plus muniz & fauorisez des Catholiques que jamais. Et par les menées & factions desquels ils s'estoient saisiz de plus de cent bonnes places. Tellement q consideràt l'Estat miserable de ce poure Royaume & les maux qui en pouuoient auenir: il suplioit sa Majesté d'étendre à la paix: laquelle se pourroit aisément faire, pour y auoir trouué ceux de ladite Religion assez bien disposez. Et qui ne demandoient autre chose que l'exercice de leur Religion selon qu'il auoit esté accordé par l'Edit dernier. Depuis cela le Mareschal de Biron fut depesché vers ledit Roy de Nauarre. Lequel auoit charge attendant le retour dudit sieur Duc, auec plus ample instruction & depesche pour le fait de la Paix: de faire queque trefue que beaucoup de personnes trouuoient bonne à ce commencement, pour empescher que les choses ne s'aigrissent de façon qu'on les voioit preparer de toutes parts.

Le Prince aiant passé à Soubize estoit côme j'ay dit arriué à Marennes ou il sejourna peu de jours attendant la venuë du Vicôte de Touraine: qui deuoit venir de Perigueux auec quelques tropes: toutesfois les auoir departies pour se journer & se rafraischir il s'embarqua à Brouage tirant à la Rochelle. Ou le lendemain de son arriuée le jeune Mirambeau arriua vers luy de la part du Roy de Nauarre: & apporta vne trefue pour quinze jours finissant au dixiéme Auril que ledit sieur accorda. De laquelle plusieurs se mescontenterent fort. Aussi ne fut elle aucunement obseruée en Poitou ne Saintonge, ne pour le regard de la ville & Gouuernement de la Rochelle: combien que aucuns la trouuassent bonne pour obuier aux maux qui se preparoient de tous costez. Et mesmes pour le regard des places tant assiegées que prestes d'assieger. Mais les autres qui se disoient auoir de longue main remarqué les ruses & autres actions des Catholiques, maintenoient tousjours, que telles trefues n'estoient que vraiz moiens pour endormir, & sous apparence de belles promesses apparesser les Protestans: afin que sous l'asseurance de ce repos & espoir d'vne bonne paix qui s'en ensuiuroit: ils n'auisassent aux moiens de se preparer & de bien côduire leur guerre. Et que ce pendant les Catholiques proffitassent tels delaiz pour auancer les preparatifs de leurs desseins. Sur ce la Nouë comme des plus clairs voians selon l'auis d'aucuns, jugeans le desordre qui deuoit auenir en leurs affaires. Ou bien ne voulant l'asujettir dauantage aux calomnies & algarades qu'il auoit esté côtraint dissimuler au derniers troubles: se retira pres la personne du Roy de Nauarre.

Ce pendàt les Catholiques assiegent Melle en Poitou petite ville & Chasteau, à huit lieues de Poitiers d'assez bonne retraitte & defence toutesfois: le Capitaine Bonnet y estàt auec peu d'hommes auisa de capituller de bonne heure & prandre la composition honnorable que luy offroient les assiegeans: crainte que changeans de volonté: ils ne le traitassent de la façon qu'aux derniers troubles y auoit esté le Cappitaine Tournecoupe. Et par ainsi il rendit la place. Autant en auint aussi peu de jours apres de la place de Merpin ancien Chasteau sur la Charete à vne lieuë de Congnac. Qui fut rendu auant presque que d'estre sommé. Celluy qui commandoit dedans en fut emprisonné à Pons par commandement du Conte de la Rochefoucaut.

Le Duc de Montpésier vers le Roy de Nauarre.

Montpésier est d'auis de la paix.

Biron depesché vers le Roy de Nauarre.

Le Prince à la Rochelle.

Trefue pour 15. jours en Gascongne.

Trefues soupçonées.

Melle & Merpin rendues aux Catholiq.

LIVRE QVARANTEQVATRIEME.

Les trouppes du Prince s'estans retirées & esparses par le Gouuernement de la Rochelle voyre logez jusques aux portes de la ville se comportoyent fort insolemment au dommage des Rochellois. Lesquels pour n'auoir accoustumé tel traittemét par les leurs mesmes: commencent à se plaindre & murmurer disans que la plus grand part estoyent de tres-mauuaise vie. Et tant s'en faut qu'ils fussent de la Religion reformée qu'il estoit apparent par leurs œuures & actions, qu'ils n'en auoyent aucune: quoy que plusieurs s'auouasent Catholiques de l'vnion. Mais nombre d'eux qui commencerent lors à contempler de plus pres les vices & pollutions qui estoient parmy ces trouppes & meslinge des deux Religions au moien de leur association: ne pouuoient taire le regret qu'ils auoyent qu'on eust consenty à telle vnion de laquelle ils n'auoyent senty aucun fruict ny auantage. Ains tousjours veu vne miserable confusion. Voyre vne telle peste & contagion parmy eux: qu'ils disoyent hautement que cela n'estoit procedé que d'vn stratageme de leurs ennemis pour les ruyner du tout, ne pouuans croire plusieurs que estans lesdicts Catholiques de la Religion contraire à la leur: ils fussent meuz d'vn bon zelle à procurer l'auancement de la Religion Protestante ne qu'ils le sceussent faire en bonne conscience. Ou bien que faisans peu d'estat de Religion, ils ne feussent guidés de quelque chose particuliere, de laquelle apres auoir esté satisfaicts & contentez ilz pourroyent aisément quitter le party. Voyre les poursuiure auec les autres de leur Religion. Estant chose certaine, disoyent-ils, qu'il ne vient jamais bien quand on vse de moyens induz & si extraordinaires quoy qu'ils tédent à bonne fin. Assez d'autres discours se faisoyent la dessus qui croissoient de jour à autre selon que sa desbordée insolence de ces trouppes augmentoit par vne infinité de pertes & meschancetez qu'elles y apportoyent: Si bien que plusieurs se representerent assez tost ce qui s'estoit passé à la Rochelle aux derniers troubles durant que la Nouë y commandoit. Comme il s'estoit comporté à soullager & garentir le Gouuernement quoy que l'ennemy fust lors plus fort qu'il n'estoit à present. Voyre qu'il sembloit que ceux de ce temps là auoyent tant calomnié & combattu les deportemens & actions de ce personnage: fussent à present des premiers à le regretter & souhaitter sa presence au tour du Prince: comm'il auient en toutes Republiques populaires nommémant esquelles la vertu peu connëuë, & par ainsi moins prisée: n'est regretée qu'apres la mort ou longue absence de ceux qui sont fait paroistre au profit & honneur de leur patrie.

Telles plaintes s'augmentans de jour à autre au moien des insolences qui se commettoiét journellement au tour de la Rochelle:& à l'occasion d'vn faux bruit semé que on auoit fait ouuerture à quelques vns, qu'il seroit bon de faire entrer pour la garde & seureté de la ville 4. Cópagnies d'hômes bien choisis & desquels on eust bon tesmoignage: aucuns des plus apparens se transporterét auec les Ministres vers ledit Prince le 3. jour d'Auril: pour remóstrer l'estat auquel estoiét les affaires:lesquelles sembloiét prédre tel trait qu'il estoit bien aisé à juger que Dieu auoit la main leuée pour les chastier. Le suppliét à ceste cause de vouloir repurger son armée & oster le mal du milieu d'icelle: D'autát que le fait des armes ne se pouuoit jamais biē cōduire sans vn bō ordre & police militaire tāt recōmādée par les anciens Grecs & Latins mesmemēt. Cōme chose plus que necessaire & que les Païēs mesmes auoiēt biē sceu dire quād ils inuoquoiēt la bōne fortune sur leurs gés. Que c'estoit dōc le point ou il deuoit principalemēt tēdre. Et à bien preuoir tous hazards guerriers & se preualoir contre les desseins des Catholiques qui faisoiēt de grāds apprests pour leur courir sus. A quoy le Prince fit toute telle respōce qu'ō pouuoit esperer de luy:estāt bien matri qu'ils eussent telle occasiō de se plaindre & ne desirāt rien plus que les insolēces qui se cōmettoiēt fussent curieusemēt recerchées & rigoureusemēt punies. A quoy il vouloit selō que c'estoit son deuoir, tenir la main sur toutes choses. Bien leur dist qu'il auoit vn extreme desplaisir de beaucoup de propos que aucuns impudés & mal auisez, auoiēt semé par la ville au grand prejudice & de son hōneur & des gens de bien qui l'accōpagnoient. Mais qu'il prenoit cela cōme venant de la part de ceux qui en pourroiét juger cōme l'aueugle des couleurs. Et en remettroit le jugemēt à celuy qui seul pouuoit juger de son interieur. Disant au surplus qu'il n'auoit fait chose qui ne fust plus que necessaire de faire se raportant au reste à l'auis des plus experimentez au faict de Guerre, qui pour vn bon jugement naturel, aydé par l'aquisitif d'vne longue experience au faict des Armes, sçauroyent droictement juger du merite de ses actions.

Zzz

L'HISTOIRE DE FRANCE.

Mars 1577.

de les y faire conduire en seureté.

Le Duc de Montpensier vers le Roy de Nauarre.

Ie vous ay parlé du voiage du Duc de Montpensier vers le Roy de Nauarre. Le Roy l'auoit depesché pour l'informer plainement de son intention sur la demande des trois Estats. Et pour luy faire aucunes remonstrances & ouuertures la dessus tendantes à le desmouuoir de la guerre. Enquoy il n'oublia rien qui peust seruir à la matiere. Surquoy auoir ouy & consideré les raisons du Roy de Nauarre & en auoir informé le Roy: concluoit en fin à l'induire a vne bonne paix de laquelle il donnoit auis au Roy. Insistant principallement la dessus, pource que de tous les trauaux & peynes passées & apres la mort de tant de milliers de personnes: la fin auoit esté telle que l'on auroit reduit ceux de la Religion nouuelle dans trois villes, voire dedans vne Rochelle. Deuāt laquelle encores le Roy auec toutes ses forces auoit esté côtraint faire la paix. Depuis que ceux qui sembloient si attenuez qu'il ne falloit plus que bien peu de chose pour les acheuer: S'estoiēt toutesfois encores trouuez aussi forts que deuāt. Au moiē mesmes de beaucoup de Catholiques qui s'estoiēt vnis auec eux & pris leur party: côbien qu'ils fussēt meuz & poussez d'ailleurs. Et que au lieu que le temps passé il les falloit beaucoup piquer parauant qu'on les peust faire esleuer: à present non pas pour vne resolution mais seulement pour vne simple demēde & propositiō qui auoit esté faite aux Estats d'abolir ou biē de restraindre leur Religiō, l'on les auoit veu incontināt tous en armes, voire plus muniz & fauorisez des Catholiques que jamais. Et par les menées & factions desquels ils s'estoiēt saisiz de plus de cent bōnes places. Tellemēt ɋ consideraāt l'Estat miserable de ce poure Royaume & les maux qui en pouuoiēt auenir: il suplioit sa Majesté d'ētēdre à la paix: laquelle se pourroit aisémēt faire, pour y auoir trouué ceux de ladite Religion assez bien disposez. Et qui ne demandoient autre chose que l'exercice de leur Religion selon qu'il auoit esté accordé par l'Edit dernier.

Biron depesché vers le Roy de Nauarre,

Depuis cela le Mareschal de Biron fut depesché vers ledit Roy de Nauarre. Lequel auoit charge attendant le retour dudit sieur Duc, auec plus ample instruction & depesche pour le fait de la Paix: de faire queque trefue que beaucoup de personnes trouuoient bonne à ce commencement, pour empescher que les choses ne s'aigrisent de façon qu'on les voioit preparer de toutes parts.

Le Prince à la Rochelle

Le Prince aiant passé à Soubize estoit cōme j'ay dit arriué à Marennes ou il sejourna peu de jours attendant la venuë du Vicōte de Touraine: qui deuoit venir de Perigueux auec quelques tropes: toutesfois les auoir departies pour se journer & se rafraischir il s'embarqua à Brouage tirant à la Rochelle. Ou le lendemain de son arriuuée le jeune Mirambeau arriua vers luy de la part du Roy de Nauarre: & apporta vne trefue pour quinze jours finissant au dixiéme Auril que ledit sieur accorda. De laquelle plusieurs se mescontenterent fort. Aussi ne fut elle aucunement obseruée en Poitou ne Saintonge, ne pour le regard de la ville & Gouuernement de la Rochelle: combien que aucuns la trouuassent bonne pour obuier aux maux qui se preparoient de tous costez. Et mesmes pour le regard des places tant assiegées que prestes d'assieger. Mais les autres qui se disoient auoir de lōgue main remarqué les ruses & autres actions des Catholiques, maintenoiēt tousjours, que telles trefues n'estoient que vraiz moiens pour endormir, & sous apparence de belles promesses apparesser les Protestans: afin que sous l'asiurance de ce repos & espoir d'vne bōne paix qui s'en ensuiuroit: ils n'auisassent aux moiens de se preparer & de bien cōduire leur guerre. Et que ce pendāt les Catholiques proffitassent tels delaiz pour auancer les preparatifs de leurs desseins. Surce la Nouë comme des plus clairs voians selon l'auis d'aucuns, jugeans le desordre qui deuoit auenir en leurs affaires. Ou bien ne voulant s'asujetir dauātage aux calomnies & algarades qu'il auroit esté cōtraint dissimuler au derniers troubles: se retira pres la personne du Roy de Nauarre.

Trefue pour 15. jours en Gascongne.

Trefues soupçōnées.

Melle & Merpin rendues aux Catholiq.

Ce pendāt les Catholiques assiegent Melle en Poitou petite ville & Chasteau, à huit lieus de Poitiers d'assez bonne retraitte & defence toutesfois: le Capitaine Bonnet y estāt auec peu d'hommes auisa de capituler de bonne heure & prandre la composition honnorable que luy offroient les assiegeans: crainte que changeans de volonté: ils ne le traitassent de la façon qu'aux derniers troubles y auoit esté le Cappitaine Tournecoupe. Et par ainsi il rendit la place. Autant en auint aussi peu de jours apres de la place de Merpin ancien Chasteau sur la Charete à vne lieuë de Congnac. Qui fut rendu auant presque que d'estre sommé. Celluy qui commandoit dedans en fut emprisonné à Pons par commandement du Conte de la Rochefoucaut.

Auril,
1577.

Surquoy Meru fasché de tant de plaintes & presupposant comme il est vray semblable que les Rochellois se malcontentassent d'aucuns du Conseil du Prince : dist que ce n'auoit esté son aduis de faire aprocher les trouppes si pres de la Rochelle afin de ne manger en herbe ce qu'il falloit conseruer jusques à l'extremité. Et particularisant la dessus aucunes des actions du feu Connestable son Pere, allegua que ledit Sieur n'auoit jamais rien entrepris ne executé au faict de la Guerre que par le conseil & aduis des principaux Seigneurs & Capitaines de son Armée.

Les Protestans en Ollonne.

OR comme les trouppes Protestantes eussent assez tost tout brouté en vn lieu : il les falloit faire changer de quartier & enuoyer paistre ailleurs. Si bien que le Gouuernement pillé, Mouy & de Lorges furent contraincts descendre au bas Poitou allans tantost en vn lieu tantost en l'autre. En fin s'aduiserent de donner en Ollonne qui est vn Haure fort riche à cause du grand traffic & continuelle nauigation qu'ils font ordinairement en Espagne, Flandres & autres parties de la mer. De sorte qu'il ne se trouueroit moins dans ce Haure que de deux à trois cens bons Nauires moyens & des meilleurs à la voille. Dont les trouppes desiroyent fort auoir la vne curée : se resouuenans du grand butin qui y auoit esté faict pendant les troiziésmes troubles. Mais toute honneste coulleur & juste occasion leur en manquoit a present. Pource que les Ollonnois estoyent en bonne Paix & traffic ordinaire auec les Rochellois. Et n'auoyent pris les Armes comme à l'autre fois. A cause dequoy ils trafficquoyent librement & par tout auec passeports & congez tant du Prince que des Rochellois qui se seruoyent d'eux pour leur traffic & couuert. Leur manquant donc toute cause legitime : la necessité & plus encor l'aigreur des plaintes Rochelloises furent aux Confederez suffisantes occasions pour s'y acheminer & y faire sejourner leurs trouppes. Toutesfois aucuns maintenoyent qu'on auoit receu pour lors quelque occasion de mescontentement des principaux d'Ollonne, en voicy l'occasion.

IL y auoit lors dans le Haure d'Ollonne quelques vint-cinq Nauires chargez de bled pour Espagne & Portugal, que le vent contraire empeschoit de mettre à la voille. De sorte que cela sceu à la Rochelle quelques forains se preparoyent pour les empescher & s'attendoyent de les prandre à la sortie de leur Haure. Et non seulement en auoir adjudication comme de chose bien prise en Guerre : Mais aussi comme de marchandises qui se transportoyent hors le Royaume contre les Edits & Ordonnances du Roy. Et lesquelles consequemment estoyent de bonne prise en temps de Paix mesme. Se que n'ignorans point les Maistres de ces Nauires, & craignans la rencontre des Rochellois : s'estoyent aduisez se retirer par deuers le Prince duquel moyennant la faueur d'aucuns des plus signallez de la Rochelle qui les portoyent ou par quelque faux donné à entendre, ils furent assez aisément dispensez de satisfaire à ce que l'on leur demandoit. Mais obtindrent congé de faire le voiage moyennant certaine somme de deniers qu'ils promettoyent fournir pour la cause generalle. Or comme ces choses se traittoyent : le temps suruenu commode pour leur nauigation : les Ollonnois ne le laisserent perdre. Et monstrerent apres assez euidemment le peu d'enuie qu'ils auoyent d'accomplir leur promesse. Chose comme chacun estima qui accellera le traittement qu'ils receurent bien tost apres des trouppes de Mouy & de Lorges qui faisoyent en tout de huict à neuf cens hommes. Lesquels aisément entrerent dans les Bourgs de la Chaulme & des Sables tous deux separez par le Haure qui asseche à toutes marées. Haure de Barre assez dangereux à qui ne le connoist. La place appartyent au puiné de la maison de la Trimouille dit de Royan : & y a à l'entrée du costé de la Chaulme vn petit Chasteau fort antique assez tenable sans Canon : Dans lequel se retira lors Boullac proche voysin d'Ollonne auec cinquante hommes du pays assez peu vsitez au faict de la Guerre & moins accoustumez de se trouuer en tel accessoire. Neantmoins pour l'esperance qu'ilz auoyent d'estre secouruz à temps : par Landreau ou pour quelque autre respect : ilz s'auiserent de faire teste à ces Compagnies. Et à tout hazard attendre vne capitulation qu'ils s'asseuroient auoir aisément quand ils la demanderoient. Trois ou quatre jours s'estans escoullez en ce petit siege & Mouy connoissant qu'il estoit mal-aisé de forcer la place sans Canon : Et qu'en peu de jours il pourroit auoir sur les bras non seulement vn bon nombre de Cauallerie des Gentils-hommes du bas Poitou : Mais aussi la plus part des Garnisons

Chasteau de la Chaulme assiegé.

sens du pays ausquels bien difficillement il pourroit resister: tant pour estre logé en lieu bien mal retranché: que pour ne veoyr aucune apparence de secours. Aduertit le Prince de l'Estat de ses affaires: luy mandant que s'il luy plaisoit enuoyer le Canon, il luy rendroit à l'instant mesme le Chasteau de la Chaulme: & lors n'auroit occasion de craindre les forces dont il estoit menacé. Au contraire y auoit moyen de tenir aisément la place qui pourroit grandement fauoriser le party: mesmes du costé de la mer. Mais ces aduertissemens estoyent apportez à la ROCHELLE en vne saison mal disposée pour y prester l'oreille & y donner ordre: tant pour l'extreme regret qu'auoyent les Rochelois de ce qui se passoit en Ollonne dont ilz faisoyent vne infinité de plaintes: que pour les brouillis & diuisions qui estoyent lors parmy eux, à cause des brigues qui se faisoyent pour l'Election d'vn nouueau Mayre. Inclinans les vns au party de Gargouilleau que le Prince & la Noblesse portoyent, Les autres de Pierre Bobineau tous deux Citadins de la Rochelle & n'ayans acquis petite reputation parmy leurs Concitoyens depuis le siege de la ville. Mais tous deux diuersement: asçauoir l'vn à l'endroict de ceux seulement qui frequentoyent & faisoyent profession des Armes. Et l'autre tant enuers ceux qui ne demandoyent que le repos & trafficq ordinaire qu'autres de la ville qui auoyent suiuy les Armes & de tous les forains affectionnez à la ville. Specialement de ceux qui sçauoyent le Grand deuoir que Bobineau & sa Compagnie auoyent faict pour la defence de la ville lors du siege & les charges honnorables qu'il eut depuis. Or comme le Prince eust prié bien affectueusement aucuns des plus signallez de la ville de donner leur voix à Gargouilleau: Ceux du party contraire insistoyent totalement pour Bobineau: qui auoit beaucoup de partisans non seulement entre les principaux & ceux qui y pouuoyent le tout: Mais aussi la meilleure & saine partie du populaire. Lequel induict de certaine impression que Gargouilleau suiuoit trop le party & faueur de la Noblesse, pour estant Maire se lascher & ne tenir roide n'y ferme contre elle ou contre ceux qui voudroyent entreprendre quelque chose par dessus leurs priuilleges, comme ils desiroyent qu'il se fist: crioyent haut & clair en faueur de Bobineau qu'ils tenoyent desja en esperance pour Maire & Souuerain Magistrat de la ville. Et tant plus le Prince s'affectionnoit pour vn party plus le peuple s'affectionnoit pour l'autre. Estant aussi à cela induict par les principaux de la ville: mesmes par Gendraut qui pour lors estoit Maire. Desorte qu'aucuns semerent le bruict que la Noblesse vouloit faire vn Maire par force, pour puis apres rompre les priuilleges & anciens statutz de la ville: auec plusieurs autres murmures & parolles accompagnees de peu de respect & de raison que trop ordinaires à tout peuple: qui descouuroit assez l'humeur & presque generalle inclination en tous les habitans.

Brigues & practiques entre les Rochellois.

Diuisions & partialitez à la Rochelle pour l'Election d'vn Maire.

LE PRINCE qui quelques jours auparauant pour la grande consequence de ceste Election: auoit prié les ROCHELLOIS d'y bien auiser: & de laquelle il desiroit auoir connoissance, ensemble de ce qui se feroit par apres pour ce regard: Pource qu'en cela il y alloit non seulement du particullier de leur ville: Mais aussi de tout le general qui se reposoit principallement sur leur ville & sur l'Election du Maire qu'ils feroyent pour ceste Année: Estant aduerty des propos qui couroyent par la ville au prejudice de son intention & de ce qu'il leur auoit auparauant proposé pour cest affaire: fust merueilleusement esmeu contre ceux qu'il auoit entendu estre la cause de tels bruicts. Et mesmes contre le Maire Gendraut. Lequel on luy auoit rapporté, auoir le jour precedent en vne assemblée particuliere faicte à l'Escheuinage, tenu quelques propos conformes aux bruicts qui couroyent par la ville au grand prejudice de l'intention dudit Prince. Qui fut cause qu'estant le lendemain matin: le Maire venu en la Chambre dudict Prince en compagnie des plus grands de la ville, luy tint propos bien aigres. Si qu'irrité outre mesure & luy auoir reproché les propos qu'il auoit tenuz le jour de deuant en la maison de ville: dist tout haut, qu'il estoit las de tant d'indignitez & mesmes qu'il ne pouuoit plus endurer que l'on le fist ainsi passer par la langue d'vn tas de gens de ville: & abjecte condition qui ne faisoient scrupule & estat de mesdire de la Noblesse, auec laquelle ils vouloient faire des compagnōs. Et s'adressāt plus particulieremēt au Maire luy dist, que luy & aucuns de son humeur

Le Prince bien fasché contre les habitans.

Plaintes du Prince contre aucuns de la Rochelle.

Zzz ij.

L'HISTOIRE DE FRANCE.

pensoyent estre Roys & vouloyent comme Souuerains commander aux Princes. Mais que de sa part il ne l'endureroit point. Au contraire qu'il craignoit fort que forçans en fin toute patience, il fust contrainct faire chose dont il seroit tresmarry: & s'addresser de faict à ceux qui le traittoyent si impudemment & qui luy imputoient des calomnies aussi dignes d'eux comme il en estoit eslongné. Car de sa part il n'auoit jamais pensé à faire Gargouillau Maire par force. Trop bien auoit il parlé en sa faueur à aucuns de la maison de ville: les priant de luy estre fauorable, tant pource qu'il l'aymoit que pource aussi qu'ils le tenoyent tous pour vn homme de bien & entendu au faict de la Guerre, & lequel par tant estoit necessaire en vn temps tel qui se presentoit. Mais qu'il ne s'estoit point tant affectionné en cela: qu'il n'eust tousjours remis le tout à leur discretion. Sçachant bien que de tous ceux qui briguoyent pour la Mairie, il n'y en auoit aucun qui n'en fust digne & bien affectionné à sa patrye. Qui estoit aussi ce qu'il auoit tousjours recommandé à ceux qui y donnoyent leur voix, comme la chose la plus necessaire en ce temps ou beaucoup d'orages nous menaçoyent. Qu'il s'esbahissoit au reste, que ayant tousjours parlé à luy par forme seulement de conseil: il eust pris ses parolles tout au rebours de son intention, & eust publié telz propos en l'Escheuinage. Plus encores estoyt esbahy de l'opposition dont il auoit menacé sans occasion ou apparence. Mais au fort que ce n'estoyt la premiere indignité que l'on luy auoit faict receuoir. Et que l'on se deuoit contenter de luy auoir fermé trois fois les portes sans l'indigner & irriter dauantage. Que pleust à DIEV (disoit il) Monsieur le Maire que le party & moy se peussent passer de ceste ville: Ie vous eusse faict paroistre il y a ja long temps, le peu de plaisir que je prans de sejourner parmy vous. Le Vicomte de Rohan & de Meru adoucirent les choses à leur pouuoir. Mais le Prince n'en demeura gueres satisfaict. Quoy que le Maire maintint tousjours n'auoir jamais tenu ny en public ny en particullier les propos que ledict Prince alleguoit. Et que cela luy auoit esté faussement donné a entendre. Aduouoyt il, auoir dict touchant l'opposition: Que si l'on faisoit quelque chose contre les priuileges de la ville: Il ne l'endureroit : ains s'y opposeroit jusques au danger de sa vie. Et que cela estoyt de son deuoir. Somme que le treziésme du moys auoit longuement conferé en l'assemblée tenuë à l'Escheuinage du plus expedient pour le faict de ceste Election qui escherroit au lendemain jour de Quasimodo: les Rochellois accorderent au Prince que si Gargouilleau entroit en l'Election des trois qui seroyent portez: Il seroit accepté & nommé Maire quoy qu'il eust le moins de voix. Car cela gist à la discretion du Lieutenant du Roy à qui appartyent la nomination de l'vn des trois qui luy sont presentez, apres qu'ilz ont tous trois entré en l'Election. Et c'est pourquoy ledict Prince insista sur toutes choses que la nomination & acceptation du Maire luy appartenoit, comme estant Lieutenant du

Prince de Condé Lieutenant du Roy à la Rochelle.

Roy de Nauarre Gouuerneur de Guyenne pour le Roy. Et consequemment que tenant tel degré à present en leur ville, outre l'honneur qu'il auoit d'estre Prince du sang: on luy pourroit bien deferer ce qui estoit permis à vn simple Lieutenant au siege Presidial de la ville en l'absence de Iarnac. Ce qui fut en fin octroyé & en fist ledict Prince la no-

Nominatió & acception du Maire & de son Conseil.

mination par la bouche de P. Pierre Lieutenant Ciuil & Criminel. Luy fut aussi accordé qu'il donneroit au Maire esleu douze de la maison de ville pour son Conseil: sans l'auis desquels il ne pourroit faire aucune chose quand aux affaires extraordinaires. Et que le Mecredy ensuiuant dix-septiéme d'Auril les Mayre & Escheuins se transporteroyent en son logis pour auec luy ordonner des Estatz & Offices de la ville le tout sans prejudicier à leurs priuilleges. Lesquels Articles furent le lendemain signez à l'Escheuinage non sans grand debat, disans aucuns, que le Prince se deuoit contenter de la promesse que l'on luy auoit faite sans en auoir rien par escript. Par ou l'on pourroit connoistre à l'auenir qu'ils auroyent faict contre leurs priuilleges.

Bobineau Maire de la Rochelle.

LE lendemain dix-septiéfme d'Auril les Rochellois s'estans assemblez à l'accoustumée en l'Echeuinage: procederent à l'Election d'vn Maire. Les cent de la maison de ville ayans tous porté leurs voix par de petis bulletins qu'ils mettent dans vne boitte d'argent: fut trouué apres que le Greffier eut recueily lesdites voix, que trois par la pluralité des voix y entroient

Pierre

Pierre Bobineau Efcheuin, Michel Efprinchard Efcheuin & Iean Barbot Pair. Mais Bobineau furmonta de quatre voix, celuy des deux autres qui en auoit le plus. A la fortie de cefte affemblée les Rochellois fe transporterent au logis du Prince. Deuant lequel ayans prefenté les trois Efleuz, luy defererent le choix de l'vn d'eux: lors declara par la bouche du Lieutenant Prefidial qu'il nommoit & acceptoit pour Maire Bobineau. Ce qui fut au grand contentement, de tous les forains & des Rochellois qui l'en remercierent humblement & par ce moyen pacifia tout en vn coup. Chofe que l'on craignoit beaucoup venir à plus grand inconuenient. Et de faict il ne s'en fallut gueres que des parolles on ne vint à l'effect.

LE jour de l'election Gendraut qui n'auoit eu peu de trauerfes & d'algarades pendant fa Mairie, voulut à la façon accouftumée harenguer en la maifon de ville: commençant par vne action de graces à DIEV de la faueur qu'il luy auoit faicte de commencer & parachever fa Magiftrature finon heureufement, à tout le moins fidellement. Qu'il auoit auffi fur toutes chofes à remercier le Roy de Nauarre & Monfeigneur le Prince de Condé par l'aduis, confeil & authorité defquels, il pouuoit dire auoir entrepris & manié le Gouuernail des affaires de cefte ville. Voyre en vn temps des plus miferables & calamiteux. Enquoy il ne pouuoit auffi paffer fous filence la faueur & courtoyfie de ceux de la maifon de ville, qui l'auoyent fi bien aydé & fecondé en la conduicte & direction des affaires. Ne la prompte & fincere obeyffance des Bourgeois & habitans d'icelle fous l'execution de fes commandemens. Dont il les remercioit de tout fon pouuoir. Les fuppliant que s'il auoit donné quelque occafion de mefcontentement à aucun quel qu'il fuft: ne l'imputer à faute ou malice particuliere. Mais feulement au mal-heur du temps auquel il eftoit fort difficile fatiffaire aux vns & aux autres: quoy qu'il y euft fur toutes chofes taché. Au refte qu'il pouuoit protefter auoir faict pendant fa Magiftrature tout ce que l'honneur de DIEV & fa propre confcience luy pouuoyent commander au moins mal qu'il auoit peu. Priant Dieu que à l'aduenir toutes chofes fe peuffent fi bien regir en cefte ville, que le tout reuffift à fon honneur & au falut & profperité d'icelle.

Harengue du Maire precedent finiffant fa charge.

RETOVRNANT au faict d'Ollonne, dez le Samedy precedant l'on auoit embarqué à la Rochelle vn Canon & vne Couleurine auec les munitions requifes pour battre le Chafteau. Mais les chofes trainoyent en longueur, tant à caufe du faict de la Mairie dont deffus eft parlé, que pour le peu de volonté qu'y auoient generalement tous ceux de la Rochelle aufquels ce faict d'Ollonne defplaifoit merueilleufement. Et ce qui l'auançoit encores moins eftoyt que la Nobleffe fe preparoit pour le lendemain aux Ioustes & Mafcarades qui fe firent à la Rochelle apres le baptefme de la fille du Vicomte de Rohan que le Prince prefenta au nom du Roy de Nauarre fon Parrain. Ioint que dez le foir precedent, on auoit donné aduis au Prince, comme fans fecours l'Infanterie ne fe pourroit tirer de là, eftant le chemin de terre rendu bien difficile par la Caualerie Catholique qui ja eftoyt aux aguets. Par la mer le Chafteau les incommoderoit & empefcheroit la retraitte. Ioint auffi qu'ils eftoyent ja affiegez d'vn nombre de Nauires Ollonnois qui tenoyent la Rade & qui mefmes auoyent detrouffé quelques Barques chargées de bled qu'ils enuoyoient à la Rochelle. Qu'il auifaft donc ce qu'il y voudroit eftre faict & enuoiaft quelques Nauires & du Canon au pluftoft.

Embarquement à la Rochelle pour Ollonne.

LE Roy de Nauarre eftoit lors allé à Pau veoir la Princeffe fa fœur: toutesfois par nombre de defpefches fut recerché de Paix: principallement de la part des Eftatz & des Courts de Parlements jufques à faire courre le bruit qu'ils feroyent auec luy ce qu'ils voudroyent. Pource que des le commencement il s'eftoit rendu affez ployable à leurs remonftrances mefme n'auoit tenu fi roidde contre les Deputez des Eftats que le Prince qui n'auoit jamais voulu ouyr ne reconnoiftre pour Eftats.

SVR ce l'on leur raporta que le Baron de Montferrand veu le defplaifir qu'il auoit pris pour le faict de Perigueux dont eft parlé cy deffus: auoit promis fe tenir paifible en fa maifon. Voire l'auoit ainfi juré à aucuns du Parlement de Bourdeaux. Lefquels en ce faifant l'auoient affuré qu'il ne feroit aucunement recerché ne pour fa Religion ne pour le paffé. Mefmes qu'il pourroit auoir quelque nombre d'hommes pour fa feureté dans fes maifons de Montferrand

Le Baron de Montferrand fe retire des Proteftans.

Zzz iij.

& Langoirant.

LE quinziéme d'Auril le fecours ordonné pour les trouppes d'Ollonne fortit de la Rochelle. Il y auoit deux bons Nauires & bien munis d'Artillerie tout frefchement arriuez de Zelande pour offrir leur feruice au Prince: d'autant que la Paix eftoit par les pays bas & les Efpagnols fortis du pays de Flandres & Brabant des le vintiéme de Mars precedent. Il y auoit auffi quelques Barques & Gallions fur lefquels l'on auoit embarqué trois cens harquebuziers pour la conduicte du Canon auec les harquebuziers de la Garde du Prince. Mais cela fuft arrefté par vent contraire aux Raddes de l'Ifle de Ré & de Lefguillon par l'efpace de quatre jours. Cependant la Rade d'Ollonne fut fayfie par vint-cinq Nauires qui toutesfois eftoyent en marchandife & lefquels à leur retour de Flandres, d'Efpagne & des autres parties ou ils font ordinairement voyage: ayans fceu ce qui fe faifoit en leur pays fe refolurent tenir la mer & fe prefentoyent tous les jours à leur Radde plus pour veoyr à l'œil ce qui fe faifoit, la dedans que pour enuye ou puiffance qu'ilz euffent de fy oppofer. Car ilz eftoyent en marchandife & fi foibles que à la premiere venuë d'vn Nauire de Guerre ilz n'euffent failly fe mettre tous au large. Neantmoins à caufe du long fejour que les Proteftans auoyent ja faict en Ollonne: aucuns eftimoyent qu'il y pouuoit auoir parmy eux quelques Nauires en Guerre dez prochains Haures de Bretagne, Et auffi qu'il fe bruioyt desja que certaines Nauires f'equipoyent à Bourdeaux. Occafion que plufieurs furent d'aduis de ne hazarder le Canon auec fi peu de forces puis qu'il y auoit moyen de tirer encores trois ou quatre bons Nauires de la Rochelle & plus d'hommes. Veu auffi qu'il eftoit neceffaire a quelque pris que ce fuft retirer ces trouppes d'Ollonne qui autrement pourroyent demeurer engagées. Mais au lendemain aucuns des principaux d'Ollonne ayans trouué moyen d'aller à la Rochelle: & voyans le grand appareil qui fe faifoit contre leur pays qui feroit la ruyne entiere d'iceluy: prefenterent Requefte au Prince le fuppliants auoir pitié de leur pauure patrie: arrefter le cours des pilleries & infolences qui y eftoyent exercées & fur tout n'y enuoier le Canon ny les forces qui eftoyent preparées defquelles ils affeuroyent fon Excellence n'eftre aucun befoin: Pource que ceux du Chafteau de la Chaulme qui eftoit affiegé, feroyent en ceft endroict ce qu'il luy plaira: dont ilz fe faifoyent fort fur leurs vies. Mefmes de remettre ledict Chafteau entre les mains des Proteftans fi toft qu'ils auroyent parlé aux affiegez. Le fupplians a cefte fin d'enuoyer quelques vns de fa part auec eux fans autres forces, qui pourroyent connoiftre le deuoir qu'ilz feroyent en cela. Ilz promettoyent auffi de conduire par mer les trouppes qui la eftoyent en tel lieu qu'il feroit aduifé. La faueur & priere du Maire & plus fignallez de la Rochelle leur moyenna aifement l'enterinement de cefte Requefte: aux conditions fufdites. Moyennant auffi quelque fomme de deniers qu'ils promirent bailler. De forte que le lendemain tous les Nauires & forces qui y eftoyent deftinées: furent mandées fe retirer, & le Canon mis dans Broüage. Mais les affiegez auoyent ja compofé de rendre la place les vies fauues & fans rançon, auec quelques dix mille liures qu'ils payerent: plufieurs toutesfois furent rançonnez contre la promeffe. Ainfi le gros alla par mer & trois Compagnies de Fantaffins aymerent mieux faire retraite par terre à la veuë des trouppes que Roches Baritaud, Landreau & autres auoyent affemblez pour les charger: laiffans le Chafteau de la Chaulme en garde à ceux qui jurerent le maintenir Neutre contre tous qui le voudroyent faifir. Au refte qui voudroit icy particularizer les pilleries, infolences, blafphemes, violences & toutes autres efpeces de cruautez & ordes vileines dont les trouppes y vferent par trois femaines: Il en faudroit faire vn difcours apart. Encores je fuis d'auis de fuprimer vne hiftoire fi execrable, pluftoft que la laiffer à la pofterité. Eftant chofe monftrueufe que ceux qui fe difoyent armez d'vn zelle de Religion: ayent faict actes que les Scites ne plus barbares Nations ne voudroyent auoir penfé feulement. Car il eft certain que de neuf cens hommes qui eftoient là: les deux tiers faifoient fi peu d'eftat & de Dieu & de la Religion telle qu'elle fuft: n'y d'aucun deuoir humain: que ce feroit chofe horrible que de reciter la ceftiéme partie de ce que l'on en a veu. Or la plus grád part de ces trouppes eftoient pour lors cópofées de ceux qui auoiét par le paffé tousjours porté les armes cótre les Proteftás. Lefquels par vn fecret jugement de Dieu: f'eftoyent meflez parmy: en contrefchange d'vne infinité de Reformez

lefquels

lesquels ayans vomy leur profession, s'estoyent tournez du party Catholique: ausquels on imputoit principallemēt tout le malheur & desordre qui s'est veu non seulement en Ollonne mais aussi par tout ailleurs, tant que ceste derniere Guerre à duré. Toutesfois quand l'on consideroit de pres ce que faisoyent les plus Religieux: mesmes ceux qui auoyent tousjours esté du party Protestant: l'on trouuera que chacun auoit lasché la bride à tous vices. Et que contemplans ce qui se faisoit lors en Ollonne: Il sembloit que ce fust vn vray Chaos de toutes miseres & meschancetez. Estant le tout permis au plus fort & plus audacieux: auec toute licence & impunité. Tant à esté la malice de ce siecle grand & desbordée principallement ez trouppes dont je parle. Ou ne s'est jamais veu respect ne obeyssance quelconque. Voila l'occasion qui à faict tourner les affaires des Protestans à contre-poil & tout au rebours. Car comme ont bien sceu dire les anciens, le fait des Armes ne se peut bien conduire sans bon ordre & police: qui est ce qui amene principallement vne bonne fin & yssue en tous exploicts. Mais que sert la Loy & tout ce qui pourroit estre ordonné de police sur le decours des bonnes meurs: si quant & quand l'obeyssance ne se suit de prez? Laquelle n'est pas moins requise que l'establissement de l'ordonnance? C'est donc de ce defaut d'obeyssance qui à tousjours esté si coustumier ez Guerres ciuiles: & duquel l'on à faict vertu en ceste derniere: que tant de maux & miseres leur sont aduenuës & dont les blasphemes contre Dieu, le mespris du superieur & la concussion du prochain sont ensuiuis auec toutes especes d'insolences & cruautez. Dont aussi les Rochellois furent si indignez qu'ils ne vouloyent voyr ny ouyr parler de la plus part de ces gens là. Et tant s'en faut qu'ils leur permissent l'entrée en la ville: que au contraire ils ne les vouloyent tenir dans le Gouuernement ne les jugeans moins que ennemis. Ceux de l'Isle de Ré se mirent aussi en armes quelques jours pour empescher la descente d'aucuns des trouppes quoy qu'ils feussent en petit nombre.

Dez le vintiéme d'Auril le Duc du Maine ayant faict contenance d'assieger Bouteuille distant de sept lieuës d'Angoulesme: s'estoit cependant aproché de Sainct Iean Dangely & logé à Saint Iullien deux lieuës de ladite ville. La y eut de belles escarmouches entre les 2. parties par quatre jours. Et mesmes jusques à l'entrée des faux-bourgs à la faueur desquels les sorties de ceux de la ville furent aux despens des Catholiques communement. Toutesfois il se perdoit de bons hommes d'vne part & d'autre & ne sçauoit encores lors ou tendoient les desseins du Duc. L'Armée Naualle se dressoit à Bourdeaux cependant: aux fins que vous verrez cy dessous. *Armée des Catholiques pres S. Iullien.*

Svr ces entrefaittes, comme les choses allans de mal en pis donnoyent occasion à tous hommes de mal contentement: les murmures recommencerent comme de plus belle entre les Protestans, auec plaintes parmy la ville attribuans l'vn à l'autre la faute du mauuais ordre que l'on voioyt à l'œil: dont toutes fois s'il faut dire la verité l'vn estoit autant coulpable que l'autre. Mais le peu d'accord & simpathie qui coustumierement se voit entre la Noblesse & le tiers Estat en ce Royaume: & plus encores en la ville de la Rochelle: aidoit beaucoup à tout cela. Semblant à tout homme de sain jugement, que l'vn pour enuie de l'autre ne sortoit que trop volontairement de son deuoir, delaissant le plus necessaire. Sçauoir est vne commune & mutuelle defence que l'on se deuoit disoyent aucuns, proposer contre la puissance des Catholiques qui s'auançoyent de tous costez. Et cependant ils se repaissoyent de haynes, diuisions, maledicences, fausses impressions & deffiances esquelles plusieurs qui peu à peu s'estoyent fourrez parmy eux, sçauoyent bien entretenir leur grand desauantage. Si bien que considerans deslors le pauure Estat des affaires: le peu de trauail que chacun prenoit pour y remedier: il souuenoit à aucuns de ce que dit Tite Liue des Rommains lors que de tout leur Empire les François ne leur ayans laissé que le Capitolle: sembloit que Dieu les eust priuez de sens & de discretion: mesme de ce naturel jugement qu'ont les bestes bruttes de s'exempter de danger tant qu'ils peuuent s'opposer aux desseins & efforts que l'on fait sur leur vie. *Mauuaise conduite des Protestans en leurs affaires.*

Le vint-cinquiésme d'Auril le Dvc du Maine s'approcha de Tonnay Charente pensant s'y loger de prime arriuée. Car il tenoit la place indigne d'attendre vne Armée *Siege & batterie de Tonnay Charente.*

Zzz iiij.

L'HISTOIRE DE FRANCE.

Assiette, &c...

Assiette & fortification de la place

Royalle: tant pour estre de grande garde & nullement fortiffiée: que pour le petit nombre d'hommes qu'il sçauoit estre dedans. Qui fut cause que sans vser d'aucune sommatiõ ou autre ceremonie accoustumée, il la fit battre furieusement de sept Canons & deux Couleurines. Tonnay Charente est à six lieuës de la Rochelle, bastie le long de la Riuiere de Charente. Le Chasteau & la ville sont hauts, mais presque tous ruynes & de nulle defence pour leur antiquité. La basse ville est la mieux peuplée mais le costau luy commande à plomb. Le Capitaine L V C A S s'estant renfermé la dedans auec six vingts harquebuziers & esperant de jour a autre secours, viures & munitions du Prince: En fin voiant qu'il estoit battu par trois endroits & qu'il luy seroit impossible de resister tout à vn coup à si grande force: abandonna la basse ville: & le Lundy vint septieme le Chasteau & haute ville furent battus de grande furie depuis la Diane jusques enuiron les vnze heures que les Catholiques furent à l'assaut: qui

Prise de Tonnay Charente.

ne fut comme peu on point soustenu par les assiegez: desquels bon nombre furent tuez premier que pouuoir gangner le Chasteau dans lequel se retira Lucas, & ceux qui le peurent suiure: lesquels estans tous esperdus n'eurent autre courage que de penser a se sauuer ou prandre party des Catholiques. Ce que voulant des premiers faire Lucas: se feit descendre par vne fenestre du Chasteau du costé des prez. Mais comme il cuidoit gangner la Riuiere pour la trauerser à nage il fut pris & presenté au Duc. Lequel aiant deliberé le faire mourir le lendemain: se contenta pour ce soir qu'il fust seurement gardé. Mais Lucas qui sçauoit assez que a peine pourroit il eschapper pour beaucoup de respects: Il delibera a quelque pris que

Mort du Capitaine Lucas.

ce fust se sauuer. Ce que voulant faire il fust attaint & tué sur le champ. Lucas auoit depuis le siege de la Rochelle acquis bruit & reputation au faict des Armes, & bien fait par tout ou il s'estoit trouué. La plus part moururent ou demeurerent prisonniers auec le pillage accoustumé. Le jour que l'assaut se donna Strossi arriua au Camp auec   Compagnies. Incontinant apres les nouuelles receuës de la prise de Tonnay Charente: Le Prince enuoia son trompete vers le Duc du Maine pour luy recommander les prisonniers & le prier de les traitter comme François. A quoy le Duc fit responce qu'il ne les pouuoit bien traitter en ceste qualité. Au contraire que les ayans trouué occuppans par force & violence les places tant du Roy que de ses sujets: il pouuoit selon son deuoir les mettre en Iustice pour estre punis par les Magistrats & Officiers de sa Majesté comme il seroit trouué par raison. Mais il changea d'auis: remonstré par aucuns qu'estant le fait des armes si inconstãt & variable qu'il auoit tant de fois pratiqué: Maintenant heureux & ores mal encontreux: autant de Catholiques seroient cruellemẽt traittez qu'il en tomberoit a la mercy des Cõfederez. Ioint le deuoir d'humanité qui nous doit pousser à plus grande douceur.

Rochefort quitté par les Protestans.

Ceux qui estoient dans Rochefort dont le Prince auoit donné le commandement à Gargoulleau: auant presque qu'ils sceussent au vray la prise de Tonnay Charente: quitterent la place: en laquelle entra tost apres Maison blanche qui depuis à beaucoup incõmodé les affaires des Protestans en ce quartier, & par ainsi les Catholiques demeurerent maistres & Seigneurs de la Riuiere de Charente en moins de cinq jours.

Les Protestans se desbandent.

Or comme la plus part des hommes se renge du costé des plus forts: & plusieurs jugent des euenemans & fins des entreprinses selon le bon & mauuais commencement d'icelles: entre les Confederez l'on ne parloit que du grand nombre d'entr'-eux qui se desbandoyent d'heure à autre pour se retirer devers les Catholiques & principallement ceux des Garnisons de Marans & de Broüage. En quoy l'on remarquoit specialement ceux qui s'estoient joincts du party en qualité de Catholiques associez. Qui augmentoit de plus en plus les deffiances & soupçons que l'on auoit desja des le commencement conceuës contre ceux de l'vnion. De laquelle comme j'ay dit ailleurs, les plus clairs voyans pour beaucoup de raisons ne preuoioyent rien de bon, estant chose par eux remarquée de prez: que depuis leur as-

Ceux des Isles mal cõtans se retirent à la Rochelle.

sociation toutes leurs affaires auoyent tres mal succedé. Ceux des Isles se retiroyent tous les jours de grand effroy à la R O C H E L L E auec leurs femmes & enfans. Non pas tant comme la plus part d'eux disoyent publiquement, pour la crainte des Catholiques desquels comme trop prochains ils preuoyent vn grand orage sur les pays: que pour le mescontentement qu'ils auoyent des trouppes du Gouuerneur de Broüage desquelles ils se disoyent estrangement traittez & auec toute rigueur. Mesmement par le Regiment du Capitaine Lorges son frere qui estoit à Marennes: continuans la mesme vie qu'ils auoyent menée

menée en Ollonne. Ne mangerent & rauagerent seulement le pays. Mais qui pis est commettoiët en quelques endroits toutes especes de forces & violemës. Et dont le Prince receuoit tāt de plaintes de jour en jour de la part des insulaires: qu'ō le vit prest d'embarquer si le vent ne l'eust empesché pour faire mettre en pieces ceux desquels il receuoit tels raports & qui ne faisoient aucun estat de respecter & obeyr à leur Colonnel.

Or d'autant que le bruit s'augmentoit de plus en plus de l'armée Nauale que les Catholiques dressoient à Bordeaux, pour selon l'apparence entreprendre au premier jour sur les Isles de Saintonge: afin de se preualoir du sei dont les Protestans auoient bien fait leur proffit jusques à lors: le Prince sçachant assez combien il importoit de leur opposer de brief forces par mer pour empescher leur dessein: conuoqua sur le soir du dernier Auril les principaux de ces Isles ausquels il remonstra outre ce que la plus part ne pouuoit ignorer touchant l'armée nauale de Bordeaux: les auertissemens asseurez qu'il auoit receuz de la Court & de quelques autres endroits sur les desseins des Catholiques. Qui estoiët de se saisir des Isles & jetter toutes leurs forces de ce costé tant par mer que par terre. Que quand à luy il estoit resolu comme aussi il auoit trouué de mesme volonté ceux de la Rochelle: de s'employer viuement en ce fait: & n'y espargner chose qui fut possible afin d'empescher ces entrées & commencemens de Blocus de si long tëps projetés par les Catholiques contre la ville. Et qu'il s'asseuroit sur toutes choses pource fait, aux habitans desdites Isles. Lesquels tant pour le zelle qu'ils auoient à leur Religion: que l'amour naturelle qu'ils portoient au repos & defence de leur patrie: ne manqueroiët en chose de leur deuoir. Pour aider de leur auis, forces & moiēs a mettre sus quelques Nauires pour garder les rades & opposer a la premiere venuë de Lāsac, S'asseurant que moiēnant qu'ils s'y voulussent employer allegrement: l'on n'en pourroit esperer que vne bien heureuse yssuë, ioint, que la bonne volonté de la Noblesse & d'vne infinité de gens de bien qui ne faudroient y employer leurs personnes mesmes: le confirmoit grandement en ceste esperance. Priant pour fin ceux des Isles de s'assembler à parr, bien penser à ce que dessus: estre à ce coup prodigues de leurs moiens & luy faire paroir au plustost combien chere leur estoit la conseruation de leur Religion, leur patrie & de leurs femmes & enfans.

Le premier jour de May le Roy de Nauarre auoit depesché vn Gentilhomme vers le Prince pour la negociation d'vne paix ou d'vne tresue: & le prioit d'enuoier des Deputez pour y entendre & vaquer. Le Duc de Montpensier estoit desja pour cest effet arriué à Bergerac aprez lequel auoit aussi esté depesché de la part du Roy, Richelieu: lequel passant par le camp du Duc du Mayne donnoit toute bonne esperance de ceste entremise & negociation. Pour laquelle auancer l'Archeuesque de Vienne & le frere de Descars se rendirent aussi à Bregerac enuiron le sixiéme May attendant le Roy de Nauarre qui estoit à Nerac & lequel ne vouloit venir les trouuer que bien accompagné, d'autant qu'il auoit doute de l'Amiral qui quelques jours auparauant estoit parti de Bordeaux pour certaine entreprise. Au lendemain ce pendāt se tindrent diuers conseils & assemblée à la Rochelle pour le fait d'equipper Nauires & autres preparatifs pour opposer aux forces naualles des Catholiques. Ceux des Isles en sollicitoient instāment l'execution & pource que le fait leur touchoit de plus prez: offroient d'y contribuer raisōnablemēt selon leurs moiens: & se taxerent desiors à certaine sōme, farines, viures, chairs & autres vitailles & munitions requises pour l'entretenement des Nauires qu'ils pourroient mettre dehors. Au semblable les Rochellois s'estans ce mesme jour assemblez en leur maison de ville: apres vn long discours de ce qui se passoit tant par mer que par terre, aux fins de les reduire encores vne fois dans leur ville: resolurent qu'il estoit necessaire de garder leur rade & se munir de Nauires. Que pour cest effet chacun se deuoit esuertuer de ses moiens sans rië y espargner: estans dauis pour la necessité qui se presentoit & en attendant qu'on y peust pouruoir plus meurement & plus à loisir: faire election de cent des habitans de la ville qui ce jour mesme presteroient chacun cent escus pour faire equipper au plustost vint Nauires & nommer vint Capitaines pour y cōmander, ausquels seroit pourueu d'vn Amiral qui seroit esleu par les Capitaines. Plus que l'on arresteroit les hurques qui estoiēt dans Brouage pour se seruir des meilleures au besoin. Ce qui fut fait depuis.

Desja s'estoit le Duc du Mayne disposé pour entrer à Marās & pour cest effet logé à Nouaillé distant de trois lieuës de la Rochelle des le Lundy sixiéme jour de May auec bon nombre de Caualerie & infanterie & quelques pieces de Canon. Or combien que la place de Marans

Assiette de Marans.

soit des plus importantes de la Rochelle : tant à cause de son voisinage : que pour le passage de Poitou qui fournist blez & assez d'autres commoditez en abondance pour le trafic d'aucuns de la Rochelle. Si est-ce que le Prince pour beaucoup de respects & mesmes que la place ne se pouuoit garder sans vn grand nombre d'hommes : n'auoit esté des le commencement d'auis de la garder. Mais son oppinion fut vaincuë par la priere & poursuitte des Rochellois lesquels la desiroient fort maintenir tant qu'il leur seroit possible. Et mesme luy facilitoient assez de moiens à la defendre : asseurans que de leur costé & de l'Isle de Ré ils feroient porter par mer tant de viures & munitions qu'il seroit necessaire pour soustenir vn siege. Or bien que Marans soit vn bourg renfermé de tous costez de marais : inaccessible quand à la caualerie & pour l'infanterie auec grāde peyne & trauail : il y a vne infinité d'auenuës neātmoins fort distātes l'une de l'autre & toutes bien loin du bourg. Qui fait que la place est de grande & difficille garde. Et ne se peut aisément garentir que à la faueur d'vne armée. Comme il s'estoit veu tousjours, pendant les troubles precedans esquels Marans n'auoit apporté que perte & dommage à tous ceux qui s'estoient voulu oppiniastrer la dedans. Ce que plusieurs considerans ne trouuoient bon de faire enfermer la dedans bon nombre d'hommes desquels la perte sembloit desja toute asseurée. Mais nonostant cela & plusieurs autres raisons : la resolution fut prise generalle dés le commencement à garder la place & y enuoier pour Gouuerneur Popeliniere auec deux cens harquebuziers, quarante à cheual & vint cuirasses entretenuz par la Cause. Il reconoist la place, retranche les auenuës, dresse des forts qu'il fournist d'harquebuziers aux plus dangereux endroits, redresse la ceinture & le dedans du chasteau pour s'y accōmoder, parauant vuide & despourueu : nettoie & aprofondist les fossez : fait des flancs ou il voioit les endroits le requerir. Et pource qu'il ne jugeoit de Marans tenable que le Chasteau : dont toutesfois on n'auoit fait compte jusques la en toutes les guerres passées : il se retranche en la court & commence de sorte à s'accommoder qu'aiant eu loisir de paracheuer ses fortifications il esperoit acculer ou du moins receuoir des Catholiques honnorable composition De fait il sceut bien couurir de toutes les surprises que ceux de Nyort, Fontenay & autres places voisines luy dresserent par trois mois. Mais comme il sceut la reprise de Tonnay Charente & le dessein du General Catholique d'attaquer Marans : il supplia le Prince de fournir à sa promesse, & le Maire de luy enuoier viures & plus de munitions qu'il n'en auoit. Le Prince y enuoia renfort de quelques Gentilshommes & deux cens harquebuziers auec prouisions necessaires ausquels POPELINIERE donna l'Isle & le bourg à defendre, retirant partie de ses gardes des auenuës qui furent à l'instant remplies des nouueaux soldats. Mais le reglemēt necessaire en vne garnison leur estant insupportable : & se resouuenans de la licence qu'ils s'estoient tousjours donnée à la campagne : jugeans aussi la place non tenable & pour autre consideration ils se persuaderent vne retraitte plus asseurée que la demeure. Or auoit ja Popeliniere pris toutes leurs prouisions & fait mener au Chasteau pour y tenir, les voians tous prests à monter à cheual, quand auoir gousté ses remoustrances qui les asseuroit entr'autres que les Rochellois leur fermeroient les portes s'ils s'en alloient sans du moins voir l'ennemy : changerent d'auis redemandant les prouisions auec resolution d'y faire deuoir. Sur ce l'armée Catholique s'auance. Si que le Duc auoir trouué toutes les auenuës pourueuës de soldats & fait sōder la profondeur des marets ou trois soldats Catholiques furent pris qui assurerent les assieges de la faute de viures generalle en l'armée : laquelle pour beaucoup d'occasiōs ne pouuoit plus sejourner la quinze jours il fit commencer vn pont entre la Bastille &   au deuant duquel les assiegez dresserent plusieurs forts entretenuz de retranchemens flanquez pour aller de l'vn à l'autre sous la faueur desquels POPELINIERE esperoit bien empescher la descente encores que le pont fust parfait & fourny d'hommes. Voire que les Roches-Baritaud auec les soldats de Poitou & gens de la Ligue sainte, attaquassent desja les forts qui defendent par eau les auenuës du Gué & du langon bien pourueuës. Mais le pont n'auoit encores dix piedz dans le marais que l'espouuante se mit parmy les trouppes Protestantes. Ou Popepeliniere maintint encores que le Chasteau ne fust tenable cōtre l'armée : que les fortifications n'estoiēt pas encores en defence & que trois auenuës estoient ja attaquées : si est-ce que l'on deuoit du moins espronuer le premier effort de l'ennemy qui ne pouuoit estre dangereux. Pource qu'il ne pouuoit si tost combattre en gros ny auec le tiers de ses forces : veu que les auenuës sont si estroites & pourueuës de bons hommes. La pluralité des voix neantmoins resolut que si

dedans

LIVRE QVARANTEQVATRIEME. 369.

dedãs douze heures qui espiroiẽt à trois heures apres minuit: le Prince n'enuoioit assez de gẽs pour soustenir, qu'on se retireroit. Surquoy chacun licencié pour donner ordre à son cartier POPELINIERE tascha par tous moiens de persuader aux siens de tenir bon au Chasteau si les autres s'en alloient comme il les voioit ia intimidez ou que tous fussent forcez en l'Isle. Mais les voiãt se reüoier les vns aux autres: en auoir laissé vint au principal corps de garde: il assemble tout le reste en la basse salle du Chasteau ou il les harengua & par tous moiens tascha par deux heures à leur persuader la demeure: laquelle ils promirent & assurerẽt si la Noblesse leur y monstroit le deuoir autrement non: tellement que retourné au corps de garde pour sçauoir la derniere resolution des Chefs de l'Isle ausquels Seré Gentilhomme du haut Poitou commandoit: fut peu apres sur la minuit auerty que tous estoient à cheual, leur auenuës abandonnées & l'infãterie ia commencer à sortir de l'Isle: dont il receut vn merueilleux ennuy tant pour voir ainsi contreuenir à la resolution du Conseil: que pour auoir fait ceste deliberation sans son auis, comme si on l'eust voulu abandonner pour l'exposer à l'ennemy: Et plus encores de ce qu'vn Capitaine estoit le iour paruant entré en l'Isle pour parler à aucuns & presqu'aussi tost sorty sans qu'on luy en eust rien communiqué. Neantmoins enuoia aux auenuës que ses gens gardoient pour les assembler & mettre dedans le Chasteau. Ce qui luy fut du tout impossible pour ie ne sçay quelle oppinion que tous auoient ia conceuë de ne pouuoir garder la place puis que tous ceux la s'en alloient si tost & sans qu'on luy en eust ouy parler parauant & mesmement à heure de minuit. Le Prince ce pendant persuadé que si grande place & de si difficille garde ne pourroit longuement subsister contre la puissance & effort des Catholiques veu mesme le petit nombre d'hõmes & de munitiõs qui estoit dedãs: regrettoit infiniement que l'on hazardast ainsi comme à credit les Gentilshommes & soldats qui s'y estoient si volontairement entermez. Toutesfois comme retenu en ses plus grandes imaginations: il n'en disoit pas ouuertement à ceux de la Rochelle ce qu'il en pensoit: estant contant acquiesser en cest endroit au desir extreme qu'ils auoient de defendre la place. Enquoy ils se monstroient fort affectiõnez se fondãs sur l'hõneur & profit qu'ils auoient raporté en la defence d'icelle durant les seconds troubles contre le Conte du Lude quoy qu'il fust accompagné de toutes les forces du haut & bas Poitou. Et comme les hommes aïans vne fois prosperé par vn moien n'en cherchent iamais d'autre pour continuer ce chemin: au contraire s'y rendent si oppiniastres qu'il n'est pas possible leur persuader qu'ils peussent bien faire en procedant autrement. Aussi les Rochellois pour vne seule fois que le siege de Marans estoit tourné à leur honneur: fondoient toute leur esperance de le garder encores à ceste fois, sans raporter la foiblesse de leur estat present à la grandeur de celuy des Catholiques: ny mettre en balance la perte & dommage qu'ils auoient receu assez d'autres fois pour auoir voulu defẽdre ladite place contre les ennemis. Apres donc que l'on eust mis le feu aux poudres munitions & autres choses qui ne se pouuoient transporter si promptement qui ne bruslerent toutes neantmoins par la faute d'aucuns: les compagnies sortirent de grand matin de Marans qui pouuoiẽt estre en tout de quatre cens cinquante hommes tant de pied que de cheual. Lors les Rochellois esbahis d'vn si soudain euenemẽt, biẽ cõtraire à ce qu'õ leur auoit donné à entẽdre le iour precedẽt. Et indignez outre mesure que apres s'estre mis en peine: & en fraiz pour l'auitaillement de Marãs: telle chose eust esté cõduite & maniée à leur deceu: monstrerẽt si mauuais visage à ceux qui retournoiẽt: qu'ils fermerẽt les portes aux Chefs & autres desdites troupes (fors à Popeliniere. Mais cete faueur suiuie dé sõ fidelle raport au Prince & au Maire de tout ce q dessus ne luy apporta moinsd'hõneur & d'amitié entre les plus auisez: que d'ẽuie entre ceux qui coupables de telles fautes estimerẽt se n'en pouuoir iamais lauer que par sa mort (laquelle neantmoins ils procurerẽt si estrãgemẽt que sãs le respect du Prince qui maintenoit les deux parties estre de ses domestiques assurãt le Maire de faire faire Iustice prõpte à l'offẽcé: tous les Rochellois tous les forains & refugiez en ville de quelque cõditiõ ils feussẽt, qui aussi tost se mirẽt en armes: leur eussent fait sentir la force d'vne esmotion populaire.) Sõme qu'ils le taxoient ouuertement en parolles piquantes & fort animeuses: les vns en vne sorte les autres d'vne autre façon comme est la coustume d'vne multitude à qui en telle affaire il est fort difficille d'vser de remonstrances ou persuasions qu'elle vueille prandre en paiement. Sur les neuf heures du matin ils entrèrent en conseil en l'Escheuinage ou le Maire remõstra en peu de parolles comme la necessité les cõtraignoit d'auiser à leurs affaires beaucoup de plus prez que iamais, sãs attendre

Mescontentement des Rochellois pour auoir quité Marans.

Assemblée des Rochellois en leur maison de ville.

L'HISTOIRE DE FRANCE.

tendre que le feu fust tellement embrasé qu'il n'y eust plus aucun moien ne remede pour l'esteindre. Qu'ils ne pouuoient ignorer qu'ils ne fussent desja bloquez par la terre aians en si peu de jours perdu les riuieres de Charente & Marans, meres nourricieres de leur ville. Tellemét qu'il ne leur restoit plus que la rade de ché de Baye, laquelle encor par auanturure ne seroit pas à leur deuotion. Qu'ils auoient nouuelles asseurées de l'embarquement de Lansac qui s'estoit aualé à l'entrée de la Riuiere de Bourdeaux, & que le vent conuioit de singler vers ce quartier, pour executer son entreprise. Que l'extremité en laquelle ils auoient esté reduits pédāt le siege, leur aprenon assez de quelle cōsequéce leur estoit vne telle rade. Et combien ils estoient tenuz s'ils aimoient la cōseruation de leur ville, vie & biens à la garder soigneusement & n'y espargner aucuns de leurs moiens. A quoy ilz ne pouuoient plus promptemét paruenir que en guarnissant les Hurques que l'on auoit arrestées dans Brouage en la plus grande dilligence qu'il seroit possible. Et se seruir des autres moiens & petis nauires attendant que les plus grands fussent prests: & sans ceux qui estoient la presens qui estoient les plus aisez de la ville, à s'esuertuer en cela: & que chacun selon ses moiens sans faire estat de ses biens ou commoditez particulieres: lesquels en les pésāt garder seroiēt en fin cōtraints laisser auec la vie aux Catholiques pour gage ... perpetuelle d'vne auarice par trop vilaine & indigne de ceux qui auoient tant sermēt & protesté a la prise des armes de n'espargner rien en ceste querelle. Et que s'ils se monstroient fuedes & refroidis en la defence de leur patrie, de leur vie, femmes & enfans: que pourroient jamais tous ceux du Royaume affligez & poursuiz pour mesme querelle qu'eux, esperer ou attendre de bon de personnages si lasches & pusillanimes? Au reste qu'ils pouuoient bien voir que l'ennemy les tallonnoit de si prez que la mesme necessité combatoit contre eux. Estant au surplus d'auis que la somme de dix mil liures en laquelle cēt des plus aisez auoient esté cotisez quelques jours au parauant: fust leuée par contrainte & emprisonnement & consignée le jour mesme entre les mains du Thresorier de la ville pour estre les deniers emploiez aux affaires de l'armée nauale. Le tout en attendans plus grande leuée de deniers qui se prandroit surtout le general, tant par forme d'emprunt que autrement Ce qui fust trouué bon & ainsi resolu en ceste assemblée: en laquelle aussi fust auisé que les fantassins venuz de Marans n'entreroient dans la ville ains seroient au plustost embarquez sur les Nauires.

Le Duc du Maine deuāt la Rochelle. Or le Duc du Mayne opportunement auerty du mauuais recueil que les Rochellois auoient fait à ceux qui estoient sortis de Marans: la plus part desquels comme desbandez & sans aucun ordre, vaguoient çà & la par le Gouuernement: s'estans aucuns d'eux logez en des villages les plus proches de la Rochelle: fit entreprinse moiennant les bons auertissemens (qui ne luy ont manqué de tout ce qui se faisoit parmy eux) de donner dessus & les charger à l'improuiste. Pour cest effet aiant fait auancer deux Canons afin de forcer ceux qui en attendant secours de la Rochelle se pourroient renfermer dans quelque maison forte comme il y en a quelques vnes dans le pays d'Onis: Il s'achemina sur la minuit auec toute l'eslite de son armée tant de Caualerie que d'infāterie & sur la diane se presenta en bataille à vn quart de lieüe de la ville du costé de la Fons. Toutesfois ne voullant du premier coup donner la dedans pour ne l'auoir fait reconoistre, quelques compagnies s'aprocherent d'vne maison nōmée le Trueil aux filles dans laquelle le maistre de ladite maison s'estoit renfermé auec enuiron trente soldats de ceux de Popeliniere sur lesquelles ils feirent tout deuoir de tirer nombre d'harquebuzades, pour lesquelles ceste maisō estoit assez biē percée: auec quelques flancs & mesmes garnie d'vn petit fossé: aucuns de marque y furent tuez par ceux de dedans qui esperoiēt secours de la ville sy prochaine. Et aussi qu'ilz estoient incertains que les Catholiques fussent venus la auec le gros de leur armée. Moins encores qu'ilz eussent daigné amener le Canō, duquel ils furent en peu d'heure apres saluez, & sommez de se rendre. Ce qu'ils firent moyēnans la promesse des vie sauue. Mais comme ilz vouloient sortir aucuns Gentilshōmes en tuerent jusque à dixhuit. Strosse & autres chefz sauuerent le reste à grande difficulté de la fureur des Gensdarmes irritez pour la perte d'vn Gentilhomme de marque qui auoit esté tué la deuant: les prisonniers neantmoins y furent rēçonez honnestement & en droict de guerre. Aucuns ce pēdans sortis de la ville s'auancerent a l'escarmouche auec nombre de harquebuziers, lesquelz *Sortie de ceux de la Rochelle.* moyennant la faueur des hayes & buyssōs fort espes en ce quartier: auoient belle prise sur la Caualerie qui estoit en bataille dans l'es vignes pour fauoriser l'entreprise de leurs Gens sur le Trueil aux filles. Somme qu'il n'y eut de perte que quatre hommes de cheual Catholiques & vint d'harquebuziers,non de la Caualerie Protestante qui ne fut conseillée d'enfoncer, ny mesme de sortir pour la crainte que les habitans leur fermassent les portes;non plus que les habitans qui craignoient que la Noblesse restant en ville s'ils eussent sorty en grand nombre, se fust renduë maistresse de la place, si grāde estoit la deffiāce, l'amitié & correspōdance si petite pour lors entre ces deux Estats. Les plus eschauffez neantmoins tant de Caualerie que de fanterie, sortis à la premiere descouuerte des Catholiques: s'entretenoient tousjours par diuerses escarmouches qui durerent plus de trois heures. Toutesfois auec peu de perte pource que les vns & les autres ne s'auançoiēt que au pris de leur auantage: ne voullans combattre que à la faueur de deux grans hots de Caualerie qui couuroient des deux costez leur bataillon d'infanterie. Et les reformez de ce village de la Fons & autres chemins remplis d'arquebuziers ou POPELINIERE, Boisseau & autres Capitaines de la ville estoient barriquez, pour empescher que les Catholiques qui faisoient contenance d'y entrer pour y loger leur fanterie & puis passer outre brauant jusques sur la contre-scarpe de la Rochelle: ne donnassent plus auant: & faire contenter le Duc du Mayne de l'honneur d'auoir osté la campagne aux Protestans les auoir aculez dedans leurs retraittes & à leur veuë sans resistance memorable foudroié les maisons de leur Gouuernement.

May 1577.
Brauade du Duc du Mayne sur les Confederez

PENDANT l'escarmouche le Duc enuoia vn Trompette à la Rochelle vers le Prince pour sçauoir s'il luy plaisoit sortir pour rompre vne lance & qu'il estoit là dehors pour l'attendre. Aucuns aussi qui se nommerent manderent par le Trompette qu'ils desiroiēt fort sauoir s'il y auoit quelque Gentilhomme là dedans, qui voulust s'esprouuer pour l'honneur de sa maistresse. Mais outre quelques respects & considerations: les auertissemens que le Prince receuoit tous les jours de prēdre garde à sa personne & craindre aucuns mesmes qui estoient au pres de luy: furēt trouuez suffisās pour luy retrācher le desir qu'il auoit de sortir cōtre les Catholiques. Sōme que la responce du Prince fut que le Duc du Maine deuoit sortir de Saintes lors que dernierement il l'auoit attendu huit heures entieres. Car quand à present il luy quitoit l'auantage de la campagne. Ne pouuant ignorer comme pour vn temps il se retiroit sur sa defenciue. Qu'il luy estoit bien facile vser de ces brauades à present aiant vne armée en main. Mais qu'il ne faisoit chose en cest endroit qu'il ne luy eust fait faire parauant. Au reste que de rompre vne lance contre luy il ne pouuoit ignorer quelle difference il y auoit entre eux deux.

Trompette du Duc du Mayne vers le Prince.

Ce mesme jour le Prince receut nouuelles de la redition de la Charité à Mōsieur frere du Roy, dont plusieurs furēt esbahis: & en parloit chacun diuersemēt & selon sa passiō. Mais les assiegez & habitans pressez tant des choses les plus necessaires qui leur manquoient pour soustenir vne armée Royalle que des promesses de vie sauue ils rēdirent la ville auec composition assez honestē & auantageuse: qui leur fut tenuë par les assiegeans. De là Monsieur suiuy du Duc de Guise auec plusieurs autres Seigneurs furent trouuer sa Majesté pour luy raporter les particularitez de ceste prise.

La Charité renduë aux Catholiq.

Ce pendant le Duc du Mayne aiant laissé bonne garnison dans Marans, ou il mit saint Iean frere des Roches Baritaud pour Gouuerneur: partit de Nouaillé le douziéme May tirāt auec son armée vers Poitou, ou il la fit rafraichir & accōmoder de ce qu'elle auoit besoin. Puis Puygaillard & autres desbādez: leurs compagnies se retirerent chacun en son pays attendant plus grādes forces & commandement de lieu ou ils tireroient.

Armée Catholique en Poitou pour se rastaischir

✻ ✻
✻

SOMMAIRE
Du Quarantecinquiéme Liure.

DESSEINS & preparatifs des Catholiques sur la Rochelle. Armée naualle des Catholiques. Naturel des gens de marine. Clermont & Lansac Generaux des deux armées, s'escarmouchent auec peu de succez. Lansac se presente deuant l'Isle de Ré pour la sommer mais en vain & est forcé de se retirer. Le Duc de Montpensier bien affectionné à la paix. Armées nauales se redressent entre les Catholiques & Protestans. Le Prince de Condé va en Brouage y appaiser les differens & donner ordre à vn siege esperé. Desseins, conseils & resolutions, des Protestans. Harengues du Iance pour animer les Rochellois à redresser l'armée de mer. Harengue du Maire pour à ces fins y eschauffer les plus refroidiz. Les Rochellois enuoient Deputez en Hollande & Zellande vers le Prince d'Orenge & Estats du pays pour auoir Nauires de guerre. Ce pendant l'armée Catholique s'auance & campe deuant Brouage, qui y est representée dés le premier jour de sa naissance. Efforts de l'armée Catholique & des assiegez au reciproque a leur defence. Impost de quarante liures sur cent de sel. Armée nauale du Prince en veue & pour le secours de Brouage auec ses exploits. Sorties de Saugeon Gouuerneur de Royan qui rompt deux compagnies de gens d'armes par la prise de la Guische & Quelus. Sorties des Protestans retirez à Saint Iean d'Angely qui rompirent la compagnie de cheuaux legiers de Palaizeau. Attaque des deux armées nauales & desauantage de la Protestante par les Galleres qui se joignct aux vaisseaux rons en despit des gardes Protestantes. Retraite de l'armée Protestante qui se rompt d'elle mesme. Puis Lansac enuoie ses galleres prandre & brusler le Prince au nez des Rochellois & se saisir de la Floriflatte Vis-amiral dont ils mettent les soldats & equipage à la cadene. Assauts repoussez & sorties heureuses des assiegez en Brouage qui tuét Eschibez autresfois Protestāt & Chemeraut. Brouage en fin reserré par mer & par terre est forcé faute de secours de poudres, viures, eaux douces, meches & autres necessitez de se rendre à honorable composition qui leur fut bien tenue. Dont les Rochellois se malcontenterent fort. Et la plus part des Islois Protestans se retirent aux Catholiques. Du Vigean, Manducage, le Maire Bobineau & plusieurs autres meurent au grand regret des Protestans. La forme qu'on tient aux obseques & enterrement d'vn Maire. Tous desirent la Paix. Le Prince sort de la Rochelle pour joindre les trouppes de saint Iean & Pons auec celles de la Rochelle, aller trouuer le Roy de Nauarre, conseillé par aucuns de leuer le plus de forces qu'il pourroit & donner sur le camp Catholique pour le faire descamper de Brouage. Mais desconseillé par d'autres, rien ne s'executa aymans mieux la plus part attendre la publication d'vne Paix qu'on leur offroit, que rien hazarder se voyans si pres du repos tant desiré. Cependant Lansac maistre de la mer assiege en vain l'Isle de Ré ou les Rochellois estoient allez au secours & forceus nauires François, Anglois, Allemans Escossois & autres prendre leur charge de sel en paiant, dedans Brouage ou il fut laissé Gouuerneur. Les Estats de Flandres au semblable secouans le joug de l'Inquisition & impositions du Roy d'Espagne: se preparēt contre Dom Iean d'Austriche, Lequel retiré à Namur attendant l'effet des intelligences sur les plus notables villes du pays: dressoit son armée pour les remettre à l'obeissance premiere. Mais la mort comme vous entendrez ailleurs, trancha le cours de ses desseins au merueilleux regret des bandes Espagnolles. Edit de la paix receu & publié par la France.

Desseins des Catholi. sur la Rochelle

LES Catholiques aians le vent à gré & leur succedant tout à souhait: dresserent comme l'on a veu cy deuant: le but de leurs desseins sur la Rochelle. Non pour l'assieger & battre à force ouuerte: mais la serrer de forces de tous endroits pour l'affamer en fin. Et pource qu'il ne luy restoit plus que Brouage & les Isles dont elle peust auoir grād secours: leur resolutiō fut de l'assieger par mer & par terre. Puis apres enleuer les Isles & bloquer la Rochelle d'vn siege continuel. A ces fins aiant Lansac charge de dresser vne armée de mer pour clorre les auenuës du Haure côtre le secours de la Rochelle: le Duc du Mayne auoit rafraichy ses trouppes en Poitou par quelques jours qu'il emploia à supplier & soliciter sa Majesté de trouuer deniers & fournir aux moiens necessaires à vn tel siege les remit aussi tost en campagne comme vous entendrez

Armée nāualle des Catholi.

Or dés le douzième de May le Prince auoit receu auis comme ce jour mesme l'armée nauale des Catholiques composée d'vn nombre de Nauires equipez pour asseurer les marchans qui voudront voudroient entrer & sortir de la Riuiere de Bourdeaux: estoit sortie de la Riuiere conduisant vne flotte de 60. Nauires marchās. Et laquelle les auoir mis hors ne faudroit de singler vers les Isles de Ré & d'Olleron pour saisir de la rade de la Rochelle s'il n'y estoit pourueu dilligemment. Assez d'autres auertissemens receuoient de toutes parts les Rochellois du dessein de Lansac sans toutesfois que aucuns en fissent grand compte: ne qu'ils s'y emploiassent d'affectiō: car bien qu'il y eust des lors quelques preparatifs pour dresser armée à la Rochelle si est-ce que l'on y procedoit auec si peu de dilligence qu'il n'y auoit encores pour ce jour vn seul nauire en estat. Ce qui auenoit plus à cause de la diuision & mauuais mesnage qui s'augmentoit de jour à autre entre la Noblesse & le tiers Estat: que pour l'auarice ne des vns ne des autres quoy qu'elle fust assez notoire & que cela aie de beaucoup desauantagé leurs affaires. Somme que chacun voioit assez l'orage prochain. Mais Dieu leur auoit apesanty le cerueau d'vn estourdissement si grand que l'on ne pensoit aucunement à se mettre à couuert. L'ambition d'ailleurs estoit telle parmy les vns & les autres que l'on ne s'estoit peu jusques à l'extremité accorder d'vn Amiral auquel vnanimemēt tous deussent obeir qui estoit la chose la plus requise parmy eux. Car il est certain que au fait de la MARINE non seulement vne bonne police: mais aussi vn seuere & bien comply commandement est sans aucun doute plus requis & necessaire qu'en aucun autre endroit. Comme estans ceux qui font profession de nauiger: coustumierement plus rustiques moins obeissans & plus desbordez en leurs volōtez que ceux de la terre, qui de leur propre mouuement se rangent plus volontairement à tout commandement & discipline militaire toutesfois la necessité les pressant quād ils veirent leur ennemy à la porte. Clermont d'Amboise fut du consentement de tous reconeu pour Amiral. Comme il commençoit à dresser ses preparatifs l'armée Catholiques fut descouuerte dans le pertuis d'Antioche laquelle à petites voilles singloit vers la rade de chef de Baye le treziéme May. Lors le dāger se voiāt à l'œil s'estoit à qui s'embarqueroit le premier pour se mettre sur les Nauires qui estoient à la rade: voire auec telle dilligence que en moins d'vne heure il y eut six moiens nauires garnis d'hommes: lesquels attendans que les Hurques & autres plus grans Nauires qui n'estoient encores pour lors en estat de combatre; fussent munis & pourueūs se mirent à l'heure mesme sur leurs voiles. Si que courans d'vne bande sur l'autre reueillerent l'armée de Lansac à coups de Canon l'espace de deux heures sans autrement s'approcher plus pres. Et faisans en cela comme l'on dit, bonne mine & mauuais jeu donnerent à penser au General Catholique de plus qu'il n'y auoit. Lequel voiant ces Hurques & autres Nauires à la rade qu'il jugea estre munis & pleins d'hōmes: aussi que la nuit s'approchoit: trouua pour le meilleur de mouiller hors la rade à demie lieuē de leurs Nauires. L'armée des Catholiques estoit de douze vaisseaux rons & six tant paraches que gallions: lesquels se monstrerent assez froids à ceste premiere venuē, & ne firent ce que l'on pensoit. Qui estoit d'assaillir en furie les Nauires Rochellois desquels il eut eu à l'heure bon marché. Aussi qu'il pouuoit bien voir, comme n'estant les Hurques & plus grans Nauires garniz ils se retirerent à la faueur & le plus pres de la terre qu'il estoit possible: pour ce pendant recueillir hommes & artillerie que ceux de la Rochelle faisoient embarquer en extreme dilligence. Occasion de les faire esmerueiller comme Lansac laissoit escouller si belle opportunité de rompre à plat tout ce commencemēt d'armée. Mais ils ne jugeoiēt pas qu'il est mal-aisé de conoistre l'estat de son ennemy. L'armée nauale des Protestans consistoit en quatre Hurques d'Allemagne qui auoient esté comme je vous ay dit peu de jours au parauant amenées de Brouäge pour s'en seruir à ce besoin. Et desquelles à l'heure de la venuē de Lansac, n'estoient ne munies ne appareilleēs pour tel exploit. Car il n'y auoit que le simple equipage d'Allemās & l'artillerie de fer de fōte qu'ils ont accoustumé de porter en leurs voiages. Mais ceste nuit fut employée pour les garnir de bōne & forte artillerie, hommes, viures, & toutes autres choses necessaires. Clermont auec nombre de Gentilshommes s'estoit des le soir embarqué & sortoit plus d'hommes de la ville pour s'y trouuer qu'on ne vouloit. De sorte que le lendemain midy l'on peut voir à la rade de chef de Baie quatorze Nauires bien garnis & si pleins d'hommes que le nombre montoit à plus de seze cēs presque tous pié marin & rompus à la marine. Sur ce Lansac des le lendemain matin enuoia cinq nauires pour mouiller l'ancre au plus pres de la pointe de chef de Baye afin de coupper tant plus aisément chemin à ceux qui de la Rochelle voudrōt passer en l'Isle de Re, sur laquelle ils doutoient qu'il eust dessein. Mais on y auoit enuoié Morinuille auec les compagnies

Naturel ordinairé des gens de marine.

Clermont Amiral de l'armée naualle Protestante.

Armée naualle de Lāsac à chef de Baye.

Les armées naualles s'escarmouchēt

Armée naualle des Protestans.

Lansac deuant l'Isle de Ré

de

de Chartres & Nauarre & nōbre d'autres harquebuziers volōtaires. Lesquels auec les habitans de l'Isle firent le plus de deuoir qu'ils peurent pour munir & defendre les auenuës & descentes de l'Isle. Ainsi les Nauires Catholiques s'estans tous mis sur leurs voilles, passerent à la rade qu'on appelle la Pallie & vis à vis de l'Abbaye de Ré: ou (mais fort au large) ils mouillerēt l'ancre iusques au lendemain. Pendant lequel temps Lansac enuoia quelques pataches à Marans & costes de Poitou pour auoir nouuelles des compagnies de gens de pied qu'il s'attendoit trouuer tant à Marans, Tallemont, saint Benoist qu'autres lieux selon qu'il luy auoit esté promis afin de faire descente en l'Isle de Ré. Il trouua neantmoins que toutes choses estoient tresmal disposées pour faire execution si promptement qu'il estoit bien necessaire: estant desja l'armée du Duc du Mayne eslongnée iusques à Melle & Chizay pour se rafraichir & y attendre nouueau commandement. Lansac dōques ne sceut pour l'heure tirer autre chose de ce quartier, fors quelque pain frais & autres vituailles & rafraichissement qui luy furent enuoiez de saint Michel en l'air & autres bourgades maritimes en petites barques & challuppes. L'vne desquelles fut prise par vn gallion de Ré à la veuë de l'armée. Ce pendant il somma ceux de l'Isle à le receuoir & recognoistre comme Gouuerneur & venant de la part du Roy: les exortant de ne se point oppiniastrer en vne chose de laquelle ils ne rapporteroiēt dans peu de iours qu'vne honte & ruyne totalle. Et dont les Rochellois ny toutes leurs forces de mer, à quoy ils auoient leur principalle attente ne les pourroiēt garentir. Les priants de bien penser à leur vie laquelle ils ne pouuoient autremēt garantir qu'en le receuant: ne par autre voie rentrer en la bonne grace de sa Majesté du Roy. Lequel moiennant cela oublieroit le passé. Et quand à luy il leur promettoit de sa part tout le bon traittement qu'ils pouuoient desirer. Ceste sommatiō fut faite ce mesme iour entre la Flotte & saint Martin, mais d'assez loin. D'autant que les challuppes des Catholiques furēt empeschees d'approcher par vne infinité d'harquebuzades qui leur furent tirées presque premier que les vouloir ouyr.

Marginalia: Isle de Ré.
Marginalia: L'Isle de Ré sommée par Lansac.

DIVERS conseils se tenoient ce pendant tant dans les Nauires Protestans que à la Rochelle de ce qui estoit le plus expedient & necessaire en si vrgente necessité. Ces Chefs regardans la contenance de Lansac & ce qu'il auoit fait depuis son arriuée: iugeoient qu'il ne vouloit que temporiser sans attaquer leur armée: ains seulement attendre les forces qui luy viendroiēt de Poitou: Pour icelles recueillies enleuer l'Isle de Ré. Laquelle il pourroit garder aisément en attendant les Galleres & autres Nauires par lesquels ils auoient esperance de resserer en peu de temps les Rochellois & se saisir de leur rade. Et comme souuent les choses qui sont loin & desquelles l'on se doute, troublent & esbranlent communement beaucoup plus que celles qui sont toutes presentes au deuant de nos yeux: Ainsi les forces Catholiques qui estoient en terre & bien loin & que l'on sçauoit, bien estre destinées pour entreprendre sur les Isles: donnoient de tant plus à penser que la consequence en estoit grāde pour la perte qui pouuoit en suiuir desdites Isles qui leur seroit prejudiciable sur toutes autres. Occasiō que le Prince aiant mis tout ce que dessus en deliberation & beaucoup de raisons disputées d'vne part & d'autre fut trouué que le plus expedient & necessaire estoit que leur armée Nauale combatist & allast au plustost attaquer l'armée de Lansac sur laquelle la faueur de la terre de costé & d'autre & le zelle ardent de leur trouppe assemblée de son propre mouuement & en si peu d'heure leur promettoit auantage & vne bien heureuse yssuë. Toutesfois quelques vns desquels le nombre estoit bien petit, n'estoit d'auis que l'on hazardast à ce commencement vne telle force de laquelle auenāt vne perte ou desroute d'icelle, ceux qui resteroiēt à la Rochelle & aux Isles prochaines porteroiēt risque de ruyne toute euidēte. Ioint qu'aucuns ne pouuoient bien esperer d'vne armée si soudainement assemblée. Et en laquelle à grand peyne se reconoissoit encores ny commandement ny obeissance. Monstrans par exemple com'il s'est veu de tout temps qu'il n'y a plus hazardeuse entreprise & plus inutille defēce que celle qui se fait tumultuairement, & sans ordre. Se fermans la au reste que ce seroit bien fait d'attendre plus grandes forces qu'ils esperoient recueillir en peu de temps, quand le Nauire nommé le Prince, qui estoint en Brouage seroit prest. Et que aucuns des meilleurs Nauires de la Rochelle qui estoiēt en leur voiages sur mer seroient de retour lesquels ne pouuoient plus gueres tarder comme de fait il auint. D'autres disoient que ceux la ne regardoient que d'vn costé & qu'il estoit bien plus facille à Lansac de recueillir forces que non pas à eux. Voire pour peu de loisir qu'on luy donneroit de se fortifier des Galleres & d'vn grand Nauire Basque que l'on sçauoit s'equiper pour cest

Marginalia: Resolution des Protestās de cōbatre Lansac.

cest effect: Sans mettre en conte que de tous les Haures de Bretagne & Normandie Nauires pourueus n'y pourroyent venir quand besoin seroit. Mais comme le combat fut en fin vnanimement arresté & que encores gens s'embarquoyēt tant dedans que dehors la Rochelle pour à la premiere commodité attaquer les Catholiques jusques au lieu ou ils estoient à l'ancre: Voicy l'occasion qui s'offrit d'elle mesme pour les releuer de la peine de l'aller trouuer. Car Lansac voiant les choses autrement baster qu'il n'auoit esperé: sans moien de rien entreprandre sur l'Isle de Ré: moins de combatre l'Armée du Prince qui s'estoit faicte & renforcée depuis sa venuë & à sa veuë mesmes: delibera en attendant plus grandes forces se retirer. Et quoy qu'il en feust, ne venir au combat. Aiant donc fait voile peu apres midy, du Ieudy sixiéme du moys il single assez l'entement vers Chef de Baye, pendant que aucuns de ses Pataches & gallions s'aprocherent de l'Isle de Ré, comme s'ils y eussent voulu descendre. Et la costoient de si pres, que les vns & les autres s'entr'entendoient clairement parler. Mais les harquebuzades de ceux de l'Isle dont toute la coste estoit garnie, leur firent quitter le jeu, quand ils furent au droit de la poincte Semblanceau: qui est le lieu le plus proche de la terre ferme. Sur laquelle y auoit vn petit fort assez bien muni d'hommes & d'Artillerie, basti par le Baron de la Garde lors du siege de la Rochelle. Dont furent tirez quelques coups sur les premiers Nauires Catholiques: desquels aussi furent reciproquement tirées Canonades sur ceux dudit fort: tant qu'il y en eut de blessez & quelques cheuaux tuez qui voltigeoient sur ceste coste. A l'heure mesme que se decouuroit par le pertuis d'Antioche vne Hurque d'Embden qui estoit en marchandise. Laquelle aiant esté reconneuë par l'vne des Pataches de l'Armée du Prince: receut quelques hommes dedans: qui donnerent courage au Maistre de passer sans crainte vers l'Armée & suiure sa routte à la Rochelle ou il auoit entrepris d'aller. Ce qu'il fit seurement & malgré l'Armée Catholique. De sorte que à l'heure mesmes, auoir tiré sa vollée de Canonades sur ceste Hurque, de laquelle aussi les Catholiques receurent le contreschange: Lansac se mit en droite route par Antioche pour se retirer d'où il estoit venu. Mais en apparence il ne monstroit que ce fust retraitte: Ains seulement pour les attirer au largue & hors la faueur de la terre qui estoit pour eux. Et qui luy eust aporté venant au combat, vn trop grand desauantage. C'estoit aussi à quoy Clermont Amiral pretendoit l'attirer. Et pour raison dequoy il tint assez longuement l'ancre à pic auec les hurques: esperant que Lansac s'opiniastrant à la poursuitte de la Hurque dont cy dessus a esté parlé: s'en filleroit de tant, qu'il seroit contrainct de combattre à la Rade de Chef de Baye: Ou la faueur des deux pointes sur lesquelles les Rochellois auoient mené quatre pieces de Canon & bon nombre d'Infanterie ce jour & les autres precedens: y, esperans proffitter quelque chose. Sortant donc Lansac par ce pertuis d'Antioche: les Confederez se mirent incontinant à le suiure en queuë. Mais il auoit l'auantage du vent & ne pouuoit estre aproché de pres que par les plus petis Nauires. Car les Hurques toute la force de l'Armée: outre qu'elles sont pesantes de boys: auoient leur charge de sel duquel l'on auoit eu peu de loisir d'en vuider ce qui estoit necessaire, qui les faisoit demeurer de l'arriere: Et par ce moien Lansac auoit le choix de cōbattre ou de se retirer seurement. Il ny eut donc autre chose pour ce jour, fors l'infinité de Canonades tirées d'vne part & d'autre sans grand besoin & peu d'effect. Dont les Protestans ne se monstrerent que trop prodigues jusques à la nuict, que Lansac fit mouiller l'ancre dans le pertuis le trauers de sainte Marie de Ré. Ce que fit aussi Clermōt à vn quart de lieuë de luy. Le lēdemain au poinct du jour, Lansac single à droitte routte, & sans plus dissimuler vers la Riuiere de Bourdeaux. Clermont suiuant le commandement qu'il auoit receu la nuict du Prince: le suit encores & tente de l'attirer au combat. Mais il n'y auoit moien que les meilleurs & plus fors de leurs Nauires peussent faire la moitié du chemin que faisoient ceux de Lansac: lesquels s'eslongnoient d'eux à veuë d'œil quelque dilligence que l'on sceust faire. Cause que les ayans suiuis jusques à la moitié du chemin des Asnes de Bourdeaux ou est l'entrée de la Riuiere: Clermont retire l'Armée à Chef de Baye laquelle aussi ne pouuoit longuement tenir la mer pour le peu de viures qu'il y auoit à si grand nombre d'hommes. Puis chacun se retira & furent les Hurques licenciées. Lansac neantmoins retournant ainsi fasché comme l'on peut croire, ne sceut entrer en la Riuiere à cause du vent contraire, que jusques au Lundy ensuiuant qu'il monta à Blaye sur Gironde. Ou & à Talmond, Meschec & bourgades prochaines, mit la plus part des hommes à terre, & mesmes les Gentils-hommes & Soldats bien malades & fariguez de deux

Lansac retire son Armée.

Lansac met les gens à terre.

Iuillet 1577.

jours de mauuais temps qu'ils auoiēt eu à leur retour. Il seroit malaisé d'exprimer combien le cœur de plusieurs fut esleué pour ceste retraitte de Lansac. Comme si par quelque belliqueux effort, ils en eussent raporté vne signalée victoire. Ou qu'à force de coups il eust esté contraint se retirer. Voire estoit bien auis aux plus simples que a peine il leur pourroit de long temps nuire. Mais qui est plus (tant les hommes sont coustumiers s'enyurer en la prosperité voire en la seule aparance d'icelle & en l'aduersité perdre courage:) l'on n'oioit que Chansons & toutes sortes de risées. Toutesfois il en auint comme vous verrez, que c'est cōmunement vn tresmauuais augure quand l'on chante le triomphe deuant la victoire.

Le Duc de Montpencier bien affectionné au traitté de la Paix.

En mesme temps, les Catholiques & Confederez trauailloient fort à Bergerac pres le Roy de Nauarre pour la negociation d'vne bonne Paix: attendans les Deputez du Prince de Condé qui tardoient beaucoup a cause de la quantité d'affaires suruenuës les vnes sur les autres à la Rochelle tant par mer que par terre. Toutesfois aucuns ne prenans cela en paiement, disoiēt que ceste longue demeure monstroit assez le peu d'affection que ceux de ce costé auoient à l'auancement de la Paix: de laquelle le Duc de Montpencier se monstroit sur tous autres tresaffectionné Zelateur. Et mesmes asseuroit par ses lettres qu'il escriuit particulierement à ceux de la Rochelle: qu'il auroit cest honeur d'estre cause d'vn bien tant souhaitté. Les priāt y enuoier au plustost leurs Deputez. Le Prince ne voulant aussi reculer à vn si saint affaire, y enuoia les siens. Les Rochellois aussi escriuirent par leursdits Deputez bien amplemēt au Duc de Mōtpencier pour luy congratuller & remercier du zele & sincere affection qu'il monstroit (continuant les actes de ceux de sa maison) au bien & repos de ce poure Roiaume. Pour lequel auācer il ne dispensoit d'aucun trauail sa venerable vieillesse: chose qui le recōmanderoit à iamais à la posterité. Le supplians tres humblement d'y continuer iusques à vne heureuse yssue. Dont ils prioient Dieu de bon cœur luy faire la grace: & d'estre le principal instrumēt & mediateur d'vn si grand bien & tant necessaire à ce poure Roiaume.

Lettres des Rochellois au Duc de Montpencier.

Armée Naualle des Catholic. se redresse.

Or cōbien que les Protestans fussent assez auertis des grans preparatifs que Lansac faisoit à Bourdeaux, à Nantes & autres endroits pour remettre son armée: Si est ce qu'il sēbloit que l'on en fist peu d'estat. Et quād aux nauires qui leur restoiēt à la rade il n'y auoit soldat ne mathelot qui se voulust assujetir d'y demeurer tāt soit peu. A quoy ils disoient ne pouuoir estre cōtraints d'autāt qu'ils estoiēt volōtaires & sans solde. Vsurpās par ce moien vne licēce de faire tout à leur plaisir. Pour aquoy obuier, les Rochellois firēt distribuer sōmes de deniers aux Capitaines de Marine & Maistres de Nauires pour dresser leurs equipages. Mais elle fut si petite que l'on n'en pouuoit faire grād chose. Toutesfois ils cōmencerēt d'entendre à dresser l'armée assez lentement, toutesfois. Or le Prince auoit lōg tēps auparāuāt acheté vn Nauire Biscain qui estoit en Broüage du port de 400. tōneaux, lequel il faisoit accoustrer. Mais il ne sceut estre prest à la premiere venuë de Lansac. Toutesfois il dōna ordre de le faire armer & munir de bōne Artillerie de bronze, afin de seruir d'Amiral en ceste necessité: resolu de s'embarquer lui mesme dedās & y cōbatre si la necessité s'y presentoit. Toutesfois cōme on estoit apres, suruint vn accident qui en retarda l'auācement pour quelques iours. Assauoir la prise du ieune la Garnache Neueu du Vicōte de Rohan appellé par les Protestās Prince de Nemours, fils de la Dame de la Garnache de la maison de Rohan. Lequel s'ennuiāt à la Rochelle ou il trouuoit l'air grossier & mal disposé pour sa santé: s'estoit retiré au printēps en vn lieu nōmé la Iarne distāt d'vne lieuë de la Rochelle ou il prenoit vn singulier plaisir. Mais il n'y seiourna pas longuement que ceux des Garnisons de Tonnay charāte, & Rochefort n'en fussent auertis: de sorte qu'ils firēt entreprise de l'esleuer. Ce qu'ils firēt aisemēt le premier iour de Iuin. Puis le menerēt à Tonnay Charēte. Dont le Prince & sur tous le Vicōte de Rohan son Oncle maternel furēt extrememēt faschez pour le dāger auquel ils le craignoiēt de tumber. A quoy pour obuier, l'on fit toute diligence de recercher ceux qui le tenoiēt prisonnier & entre autres le Capitaine maison blanche d'appointement & prandre vne rançon honneste pour la deliurance du prisonnier. Mais toutes les allées & venuës s'en allerent en fumée & fut en fin mené à Angoulesme ou il seiourna long temps, curieusement gardé par nombre de Soldats.

Armée Naualle des Protestans se refait.

Prise du ieune Sieur de Nemours.

Le Prince en Broüage.

SVR ces entrefaictes le Prince aduerty que le dessein du Duc du Maine estoit d'assieger Broüage: s'achemine pour y donner ordre. Ce ne fut sans cause, ains auec grand proffit que le Prince fit ce voyage. Car toutes choses y marchoyent plus que le pas en grand desordre & confusion. Dont la cause principalle fut, sans recercher les autres raisons assez aparentes.

tes: Que tous les habitans dudict Broüage auoyent merueilleusement à cœur que Mirambeau leur Maistre & Seigneur qu'ils aimoyent fort: eust esté à l'apetit comme ils disoyent de quelques siens particuliers ennemis, chassé auec injure de ceste sienne place. Et eux consequemment priuez de son commandement accoustumé & de sa presence qu'ils regrettoient infiniment & n'obeïssoient comme l'on dit que de leures & par vn exterieur simulé au Comte de Montgommery que le Prince leur auoit estably pour Gouuerneur. Duquel ils monstroyent assez ouuertement ne se contenter pas beaucoup: jusques à demeurer fort retifs à la plus part de ses commandemens. Et sur tout en ce qui concernoit les fortiffications de la place: les droicts & deuoirs qui leur auoyent esté imposez parauant: & le Magazin de viures & munitions que l'on y auoit commencé à dresser. En toutes lesquelles choses ils se monstroyent de tant plus refroidis & mal affectionnez, que du temps de Mirambeau ils s'y estoyent employez allegrement & d'vn bon courage. L'autre occasion bien que particuliere, n'aidoit pas beaucoup au General. Voire sembloit donner entrée aux Catholiques pour de tant mieux venir a bout de leurs entreprises & intelligences sur ladite place. C'estoit la diuision & mauuais mesnage qui estoit entre ledit Comte de Montgommery & Manducage: Gentil-homme Picard & bon politic: lequel le Prince auoit ordonné en l'absence du Comte pour Gouuerneur en Broüage. Ou il s'estoit tellement comporté, qu'il auoit comme rauy les cœurs non seulement des habitans de Broüage: mais aussi de tous ceux du pays circonuoysin qui tous l'aimoyent & respectoyent de telle sorte qu'ils prierent instamment le Prince de leur laisser & confirmer pour leur Chef & Gouuerneur. Tel en somme estoit l'estat de Broüage qui restoit presque comme habandonné à l'heure que le Prince y arriua. Et tref-mal fourny de viures & autres choses necessaires pour soustenir vn siege: Quand au dehors, tout le pays estoit mangé dez le commencement de la retraitte du Prince dont cy dessus est parlé. Et depuis les Compagnies de l'Anterie par leur long sejour & vie desordonnée, l'auoyent acheué de peindre. De sorte que bonne partie auoyent esté contraincts de quitter leurs maisons & se retirer à la Rochelle & ailleurs: pour les insolences & mauuais traittemens qu'ils receuoyent de ces Soldats. Lesquels comme il ne s'est que trop veu par tout le cours de ces Guerres ciuilles: couroyent leurs pilleries, insolences & meschancetez incroiables sous couuerture qu'ils estoient chassez de leurs maisons & qu'ils auoyent necessité de toutes choses. Somme qu'il sembloit proprement que telles gens eussent pour lors denoncé la Guerre a toute modestie & honnesteté. Voire qu'ils fussent montez au sommet de toute meschanceté: estant leur vie & discipline militaire, beaucoup pire que celle des plus meschans & mal-heureux Soldats dont on ouyt jamais parler. Pour donques retourner au propos: le Prince qui auoit ce fait de Broüage en grande recommandation: y remist toutes choses par sa presence en assez bon ordre: y establissant pour Gouuerneur Manducage & renforça la Garnison qui y estoit auparauant de quatre Compagnies. Puis auoir le tout recommandé à ceux de dedans & bien particulierement prié les habitans de faire chacun son deuoir: Il se retira à la Rochelle. Mais premier que partir, dez le Lundy precedent: le Capitaine Arnaut auoit esté par luy depesché auec son Nauire & quelques Pataches pour donner dans la Riuiere de Bourdeaux: afin de rapporter certaines nouuelles de l'Armée Catholique qui s'aprestoit la dedans. Aussi que l'on auoit sceu des le jour precedent, que l'vn des Nauires de Lansac estoit seul à l'entrée de ladite Riuiere. Qui esmeut encores dauantage Arnaut pour le desir qu'il auoit de le rencontrer & combattre à executer ceste charge qu'il l'auoit luy mesme instamant pourchassée. Si bien qu'à ce preparé il singla ledit jour vers ladite Riuiere: ou il entra cōme il estoit jour couché: trouuat 2. Pataches des Catholiques qui le reconeurent assez tost: faisans sçauoir ceste venue de Protestans à trois Nauires de Lansac qui estoient à l'ancre deuāt Royā. Entre lesquels estoit l'Amiral de son Armée nōmé la Scitie. C'est vne forme de fuste leuātine à tret carré raze à l'eau, mais foible & propre a descouurir: lequel auec les autres s'estās mis sur la voille & le Nauire du Capitai. Arnaut pesle mesle parmy eux: ne fit autre exploit pour c'este premiere recōtre qu'vne infinité de Canonades tirées de part & d'autre: se retirās les Catholiques deuāt Tallemond & Arnaut deuāt Royā qui estoit du party Protestāt. Mais pēdāt ceste recōtre la patache d'Arnaut cōmādée par vn Basque se rédit & tourna ceste mesme nuit du costé des Catholiques. Or la place de Roian est des appartenances & dōmaine de la maison de la Trimouille petite ville & Chasteau fort ancien assis sur roc tout à l'étrée de la Riuiere de Bourdeaux. Laquelle outre l'assiette naturelle du lieu auoit esté si bien fortifiée, par l'artifice & diligence de Saugeon Gouuerneur qui depuis quatre ans y auoit tousjours demeuré: qu'elle auoit porté tant aux presens que precedans troubles de grandes pertes & dommages aux Nauires Catholiques entrans & sortans de ladite Riuiere. De sorte que le traffic de Bourdeaux estoit par ce moyen merueilleusement difficile & hazardeux. Et lors la place se trouuoit en tel estat qu'elle sembloit bien pouuoir attendre & soustenir vne bonne Armée. A quoy aussi Saugeon estoit bien resolu & s'attendoit dans peu de jours d'estre assiegé. De faict l'Armée du Duc du Maine estant peu auparauant passée en Saintonge: quelques trouppes tant de pied que de cheual s'estoyent presentées à l'escarmouche jusques prez les barrieres de la ville. Mais Saugeon les repoussa promptement. Et combien qu'il eust faict Magazin de viures & munitions en abondance: Si est-ce qu'il auoit pour lors bien peu d'hommes aduenant qu'il fust assiegé: dont il donna l'auis au Prince lequel y pourueut comme vous entendrez.

Armée Nauale des Catholi.

ESTANS donc les desseins des Catholiques si conneuz qu'il n'y auoit plus occasion d'en doubter. Mesmes qu'ils trauailloyent en extreme diligence à mettre sus leur Armée de mer n'attendans plus qu'vn grand Nauire Basque du port de six cens tonneaux qui s'apprestoit pour leur seruir d'Amiral: aussi que les Galleres estoyent prestes à sortir de Nantes pour se joindre: fut resolu en diuers Conseils pour cest effect tenuz à la Rochelle: qu'il falloit combattre sur mer puis qu'il ne leur restoit autre ne plus necessaire defence que par la mer: leurs forces estans si petites du costé de la terre. Ce qui ne se pouuoit faire que en armant au plustost, le plus grand nombre de Nauires qu'il seroit possible. Et auec iceux sans autrement attendre plus grand secours, duquel il n'y auoit encores apparence de se pouuoir asseurer: se jeter en mer & aller combattre jusques dans la Riuiere de Bourdeaux les Nauires de Lansac: auant que les Galleres & les autres forces qu'ils attendoyent fussent jointes. Et qu'en tout euenement, les forces Catholiques s'auallans plus bas jusques deuant Blaye ou ailleurs: il leur resteroit encores c'est auantage que de garder l'entree de ladite Riuiere auec toute faueur & abondance de viures & toutes choses necessaires. Tant à cause de Royan où Saugeon en auoit faict bonne prouision: que des Isles d'Aluert, Ré & Olleron qui leur demeureroyent derriere. Il ne fut donc plus question que d'equipper & armer Nauires en diligence. Le Prince pour y aiguillonner dauantage ceux qui ne sembloyent que trop retifz: se trouue en la maison de ville. Où en grande assemblée il remonstre animeusement la necessité des affaires agitées d'vn si grand orage: que l'effect & execution pour s'euiter, estoit beaucoup plus requise & necessaire que aucuns conseils & deliberations, mesmes si lentes & tardiues comme il s'en voyoit assez souuent parmy eux: Qui estoit la chose la plus dangereuse qui pouuoit aduenir en telles affaires assaillies d'vne telle extremité. Et qui donnoit occasion a quelques vns de penser que cela procedoit de la malice particuliere d'aucuns mal affectionnez à ce party: qui donnoyent tousjours quelques trauerses aux conseils & deliberations pour de tant plus en reculer les effects. Mais aussi qu'il estoit bien asseuré, que Monsieur le Maire & bon nombre de gens de bien là presens, estoyent si bien resolus de faire tout bon office & deuoir en ceste necessité, que cela luy donnoit occasion de bien esperer à l'auenir. Et que DIEV en brief ne remist & eux & leur ville & tous ceux generallement qui auoyent embrassé ce party, de ceste calamité & aduersité presente, en vn repos tranquille & bien heureux. Et combien que cela deppendist seulement de la bonté infinie de DIEV: si est-ce qu'il ne falloit ignorer que nostre deuoir ne fust de nous y efuertuer de tout nostre pouuoir. Et y apporter chacun ce qu'il auoit de plus rare & precieux. En laquelle volonté il auoit trouué la Noblesse si bien disposée sans y espargner ne biens ne vie: qu'il les prioit de s'en tenir pour asseurez. Et de leur costé monstrer à ce besoin (comme ils pouuoyent mieux que aucuns autres) la volonté & puissance qu'ils auoyent de conseruer à la posterité & laisser pour inuiolable l'honneur & louange qu'ils s'estoiét parauant acquise à la defence de tout le party. Le Maire Bobineau là dessus, prie en general la compagnie de s'esuertuer à ce coup de tous leurs moyens: sans vser de reserue que le moins qu'il seroit possible: ne perdre courage en ceste aduersité: & se s'ennuyer de tât d'incômoditez & charges sur charges que la necessité imposoit. Et que la guerre ne se faisoit point auec vn pris arresté de despence limitée: Au contraire que les frais n'en pouuoiét estre taxez n'y prefix, ains deuoiét estre faits & despédus selon les occurréces. Au surplus leur remóstra en peu de parolles, la necessité de dresser en dilligéce vne Armée Naualle:

Conseil, resolution & desseins des Protestans

Conseils & assemblées à la Rochel le pour mettre sus l'armée de mer

Harengue du Prince pour animer les Rochellois à dresser armée sur mer.

Le Maire Bobineau exorte les Rochellois.

Somme

LIVRE QVARANTECINQVIEME. 374.

Somme qu'apres beaucoup de diuerses oppinions il fut arresté de leuer la sōme de 30. milliures sur la ville ; & sur les Isles vne somme raisonnable selon leur portée. Et laquelle seroit le lendemain liquidée en la Conference qu'ils assignerent entre les principaux du païs. Que les Rochellois armeroyent & entretiendroyent sept Nauires, & ceux des Isles cinq. S'estant ja dez auparauant la Noblesse taxée volontairement pour les fraiz & contribution de ceste Armée. Et pource qu'vn si petit nombre de Nauires sembloyent foibles pour soustenir longuement vne Armée Royalle qui se pourroit tous les jours renforcer d'vne infinité de Nauires qui viendroyent de tous costez du Royaume : les Rochellois enuoyerent leurs Deputez en Zelande & Hollande vers le Prince d'Orenge & les Estatz du pays : pour auoir nombre de bons gros Nauires & entr'autres quatre Cromestesuen especes de Hus fort propres à la Guerre : mesmes dans les Riuieres & entre les terres. Car ils tiennent peu de fons s'eslargissans pour soustenir nombre d'Artillerie plus grandes & grosses qu'autres Vaisseaux & trois ou quatre grands Nauires ronds qui pour lors estoyent à Ermue & Iucuse de Zelande. Ayans pour cest effect pouuoir d'obliger les corps & communité jusques à certaines sommes. Et outre porter quelques marchandises pour s'en ayder au besoin ensemble de celles qui estoyent à Mildebourg & autres lieux appartenans à quelques particuliers de la Rochelle & au Maire Bobineau sur tous qui y auoit les plus Riches marchandises. Vous verrez ailleurs ce qui en auint. Sur ce le Prince de Condé vn moys auparauant auoit enuoyé en Hollande, l'Isle Iun de ses Maistres d'hostel homme subtil & de grande negociation tant pour ses affaires particulieres que pour passer par Angleterre y recouurir si possible estoit quelques deniers & autrement negotier au proffit general. Depuis la Personne fut enuoyé vers le Prince d'Orenge au mesme moys de Iuin : pour solliciter ce qui y estoit encommencé. Ce qu'il fit la & ailleurs selon sa charge. Toutesfois l'on à assez conneu à la fin combien en ce temps la crance des grans est petite quand les deniers qui semblent le nerf de la Guerre ne marchent deuant.

Deputez des Rochellois en Zelāde & Hollā.

Des le uint-deuxiéme jour de Iuin l'Armée Catholique conduicte par le Duc du Maine, arriua deuant Broüage. Et s'estans pour la plus part logez dans le village d'Hiers distant d'vn quart de lieuë de la ville donnerent de furie contre la Contrescarpe. Mais ils furent arrestez plustost qu'ilz ne pensoyent par les Protestans qui sortirent à l'escarmouche, & les ayans repoussez jusques dans le boys : se logerent dans vn Moulin à vent distant de trois cens pas de la ville ou a grand haste fut faicte vne petite tranchée auec resolution de la garder & ne le quitter qu'en vn extreme effort. Le Capitaine Iauriguiberry Basque y entra en garde continuant de jour a autre l'escarmouche contre les Catholiques lesquels s'estoyent logez & accommodez dans le boys d'Hiers & bien tost apres retranché au fort des Italiens ainsi appellé pource que pendant les troisiémes troubles le Comte de Coconas & ses trouppes Itallienes (qui pour lors estoyent dans Broüage) l'auoyent faict faire. Lequel ils gagnerent aysément pour n'auoir esté releué, ne autrement fortiffié depuis ce temps. Or est ce fort des Italiens sur le chemin d'Hiers à Broüage entre le boys & Moulin susdit & n'est tout ce grand chemin que comme vne chaussée de sables aians des deux costez Marais sallans de sorte que ce lieu est fort aisé à garder.

Siege de Broüage.

L'armée Catholique gangne Hyers & se loge

Ok pour representer icy ceste place & son assiette. C'est vne petite ville de septante à quatre vints pas en carré nommée Iaco-polis du nom de son Fondateur Iaques de Pons qui enuiron l'An mil cinq cens cinquante cinq y fit edifier les premieres maisons & distribua les places pour y bastir. Ce qui se faict à grande difficulté pour n'y auoir fondement solide & asseuré : estant tout ce Riuage vn Marais lequel par succession de temps auoit esté couuert en cest endroit de sable, cailloux & autres matieres que les Hurques & autres Nauires septatrionaux (qui viennent la en grands Flottes pour charger du sel) deschargeoyent de leurs Nauires. Tellemēt que ce lieu semble auoir esté conquis sur l'eau qui parauāt couuroit toute la place & encor de present en hyuer & durāt les grādes Marées les ruës & bas des maisōs sont tous pleins d'eau. La Riuiere ou bras de mer qui court le long de la ville s'appelle Broüage, à cause d'vne ancienne Tour nōmée Brou qui est deux lieuës plus haut dās la terre. L'ētrée est saine & l'vn des meilleurs Haures de la Guiēne pour les grās Nauires qui y sont à la bry de tous vēts & tousjours en flot. Elle entre 3. ou 4. lieuës dās le pays de Saintōge vers l'Oriēt & à de largeur la portée d'vne harquebuze enuirōnée d'vn costé & d'autre de Marais sallās. Vers l'Occident

Description de Broüage son cōmencement, & accroisse mēt.

Riuiere de Broüage.

A Aa iij.

est l'Isle d'Olleron fertile à merueilles à deux petites lieuës de trauersés. Toutesfois ce n'estoit rien ou bien peu de chose de ceste place lors que enuirõ les troisiésmes troubles, Mirambeau & autres Confederez s'auiserent de la faire fermer de petites tranchées & palissades faites la plus part de planches de Sap & Mats de Nauires remplis par le dedans de gazons terre & petites fascines Qui estoit l'estat auquel elle fut trouuée lors qu'apres la bataille Montcontour la Riuiere Puytaillé en chassa les Protestans contre le retour desquels il l'accommoda beaucoup mieux que parauant & jusques à sept mois apres qu'ils l'assiegerent par mer & par terre sous la conduicte du Comte de la Roche-foucaut deffunct. Et en moins de douze jours contraignyrent Dorienée & Coconas qui lors commandoyent dedans de leur rendre la place par composition faute de poudres & autres prouisions comme j'ay dit ailleurs. Encores qu'ils l'eussent grandement fortifiée & qu'il y eust huict Compagnies de François & Italiens bien completes. Depuis la Paix Mil cinq cens soixante dix Mirambeau pendant les deux années de Paix, print tout son plaisir à donner les places pour y bastir & y recueillir auec toute faueur ceux qui desiroyent s'y habituer: Commençant lors à la faire enuironner du costé d'Yers d'vn bon fossé dans lequel se peut mettre & oster l'eau quand l'on veut. Mais cest ouurage interrompu par la venuë du siege de la Rochelle il fut quelque temps apres & mesmes durant les années Mil cinq cens soixante quatorze & soixante quinze si bien acreu & d'artifice & de trauail par la presence assiduelle de Mirambeau (qui auoit en cela si bien gangné les cœurs non seulement de ses subjects habitans dudict lieu: mais aussi des Isles & pays circonuoysins qu'ils ne fuyoyent aucun trauail ne peyne pour ennoyer ou vaquer en personne aux fortifications) que le lieu fut lors reduict en vraye forme de ville: fermée de tous costez d'vn bõ rempart & murailles garnies de flancs & Rauelins necessaires & bien ordonnez auec bon nombre d'Artillerie. Or estant la place d'vn si petit commencement paruenuë en peu de temps en tel estat, qu'elle sembloit ja maistriser sur les Isles & pays prochain qui ne dependoyent que de la: Ceux de la Rochelle à qui telle fortification auoit pleu au commencement: monstroyent en apparence qu'ils eussent bien desiré qu'elle eust esté plus loing d'eux. Comme presageans le mal qu'ils en ont ja senty & qui peut estre leur pourra tourner à plus grand dommage. D'ailleurs tant les Catholiques que Protestans l'ont tant desirée chacune fois qu'ils ont prins les Armes: qu'apres plusieurs allées & venuës les choses se sont portées jusques icy comme vous auez veu.

RETOVRNANT donques au siege de Broüage il y auoit dedans seize Compagnies mal completes & peu fournies de viures & munitions. Toutesfois tant que le passage fut libre par la mer, il y en entroit tousjours tant de la Rochelle que de l'Isle d'Olleron. Mais en si petite quantité que l'yssue a monstré combien les Protestans estoyent despourueuz de sens & entendement de n'auoir sceu ou voulu durant l'espace d'vn moys qu'ils estoyent Maistres de la mer munir la place qui ja estoit assiegée & battue par terre de ce qui luy estoit necessaire. Puis estant de tous costez inuestie, s'esforcer en vain de passer à trauers d'vne Armée Naualle pour executer ce qu'ils pouuoyent faire sans danger auant l'arriuée d'icelle. Somme que six jours s'estans passez en continuelles escarmouches deuant Broüage: En fin la nuict dix-huitiéme dudit mois les Catholiques donnerent de furie sur ceux qui estoyent au Moullin & auec quelques Canonnades les contraignirent abandonner ce retranchement pour se retirer vers la Contrescarpe. Mais bonne partie furent tuez ou pris auant que la pouuoir gangner au moyen de l'obscurité de la nuict à la faueur de laquelle nombre des Catholiques passez par les marais leur auoient couppé chemin entre le moulin & la ville. En sorte que ceux qui se retiroient passoient à la mercy des Catholiques pensãs rencontrer les leurs qui sortissent pour les soustenir. Cete nuit mesme quelques pataches & gallions de la Rochelle qui entrerent dans la riuiere de Charente. Puis estans deuant Soubize & le Vergerou enfondrerent bon nombre de pain, vin & auoines que l'on chargeoit pour enuoier au camp. Ce pendãt les Rochellois trauailloiẽt pour armer & garnir leurs nauires. Mais la diligẽce estoit biẽ petite pour la grãde necessité causée de l'abition & partialité suruenue parmy les plus grãs mesmes. Joint que ceux des Isles ne se mettoient en tel deuoir qu'ils auoient promis au commencement. Ains s'escusãs les vns sur les autres, sembloit que aucuns ne fissẽt riẽ qu'a regret & entr'autres ceux d'Olleron qui se monstroiẽt merueilleusemãt retifs & peu volõtaires de sorte que l'on fut cõtraint

Faute des Protestans de n'auoir muny Brouage de viures.

Le moulĩ de Brouage gã gné par les Catholiq. sur le Capitaine Serray.

Les Islois assez mal affectionez au party des Protestans & pourquoy

proceder

proceder contr'-eux plus rigoureusement que l'on n'eust voulu. Car ceux des Isles en general sembloyent n'approuuer tout ce qui s'estoit passé pour le faict de Broüage & ne s'y employoient que bien enuis depuis que Mirambeau s'estoit retiré: trouuans grandement estrange la mutation du Gouuernement qu'ils auoyent parauant accoustumé. Toutesfois pour s'exempter d'aller, enuoyer & contribuer pour les fortifications & autres affaires de Broüage: & aussi pour ne receuoir Garnison des Protestans: Ils s'estoyent d'eux mesmes taxez à la somme de douze cens liures qu'ils payoient par chacun mois au Prince. Ils portoyent aussi fort impatiemment le subside nouuellement mis sus de quarante liures pour chacun cent de sel qu'ils disoyent estre vne planche & ouuerture pour continuer le chemin à l'aduenir tant par le Prince que par le Roy apres la Paix: qui estoit ce qu'ils abhorroyent & craignoyent le plus. Et dequoy par le passé ils s'estoyent depestrez de si grande peine. Somme il apparoissoit assez que les volontez des plus gros des Isles, estoyent merueilleusement alliénées (quoy que la plus part abhorre la Religion Romaine) de ce party & cause generale. Et sembloit qu'ils aspirassent couuertement à quelque nouueau Gouuernement: ne se soucians pas beaucoup qui seroit le Maistre pourueu que leur liberté de laquelle ils estoiēt pour l'heure grans zelateurs leur demeurast comme ils la demandoient.

Impositiōs de 40. liures sur cent de sel.

S'estans les Catholiques logez dans ce Moulin & fort des Italiens: commencerent plus que deuant à faire leurs aproches pied à pied dressans vne infinité de fascines & Gabions. A quoy le boys d'Hiers leur estoit merueilleusement commode. Et pource que la porte & Contrescarpe de Broüage estoyent de ce costé totalement descouuertes: les assiegez commencerent à faire vn Rauelin pour couurir cest endroict. De sorte qu'en peu de jours ils s'y accommoderent & se logerent aussi dans la Contrescarpe qu'ils auoyent soigneusement releuée pres du grand Bastion. Si bien qu'ils l'ont tousjours gardée jusques sur la fin que les Catholiques les battans furieusement en flanc & tout le long de la Courtine les contraignent de la quitter.

Aproches des Catholiques sur Brouage.

Svr ces entrefaictes les cinq Galleres sortirent de la Riuiere de Nantes & passans entre la Rochelle & l'Isle de Ré: firent leur routte droict à la Riuiere de Bourdeaux le vintiéme du mois. Dont l'aduertissement donné à la Rochelle par ceux d. la dite Isle: donna occasion de haster le trauail encommencé pour le faict de l'Armée Naualle. Toutesfois ceste mesme nuict au moyen de quelque tourmēte qui neantmoins fut de petite durée: trois de leurs Nauires ne peurent subsister à la Rade de Chef de Baye: dont l'vn fut porté à la coste & les deux autres contraincts de coupper leurs Mastz. Tellement que pour s'accommoder & estancher quelques voies d'eau qu'ils auoient en leurs fons: il leur conuint entrer dans Broüage. Chose qui vint mal à propos pour l'auancement de ceste Armée.

Galleres dans la Riuiere de Bourdeaux.

Le lendemain matin, nombre de Gentils-hommes & Capitaines la plus part de la maison du Vicomte de Rohan & aussi quelques harquebuziers volontaires s'embarquerent pour tirer en Broüage. Ou arriuez se mirent la nuict sur petites Challuppes & voguans le long de la Riuiere, entrerent à l'improuiste dans le bourg de Sainct Iust qu'ils coururent à leur aise apres auoir tué plusieurs des Catholiques. La dedans estoient les Compagnies de Gensdarmes de Sansac & Batresse. Le Lieutenant du premier y fut tué auec quelques autres. Les jours suiuās les assiegez firent quelques autres sorties par la Riuiere & principallemēt à S. Agniam & Sainct Iean Dangle ou il y eut aucuns de tuez, autres prisōniers entre lesquels estoiēt quelques Commissaires ordonnez pour faire vente du sel des Protestans.

Sorties de ceux de Brouage.

Svr ce le Prince auquel il ennuioyt extremément que le faict de son Armée tirast en si grande longueur: delibera auec les Nauires qu'il auoit prestz, d'aller monstrer deuant Broüage: pour encourager les assiegez & tenir en ceruelle les assiegeans. Pour c'est effect s'estant embarqué sur son Nauire nommé le Prince, attendit le long du jour & jusques au lendemain midy que l'embarquement fut faict. Et lors fit faire à la voyle à douze Nauires seulement suiuis de quelques Barques & Pataches auec la plus part de la Noblesse & plus remarquez Soldats de la Rochelle. Ces Nauires estoyent bien guarnies de bonne Artillerie, nombre d'harquebuziers & Mathelots suffisants: la mer estoit bonace pour ce jour. Et mouilla l'Armée du Prince à la bouche de Broüage. Mais bien au large pource que ce n'estoit son dessein de faire la long sejour. Aussi disoient aucuns qu'il eust mieux valu n'y en faire poinct du tout. Mais singler droit à la Riuiere de Bourdeaux comme il auoit esté premierement

Embarquement du Prince & de la Noblesse.

Armée Naualle du Prince deuant Brouage.

L'HISTOIRE DE FRANCE.

arresté. La veuë de ceste Armée neantmoins resjouït fort ceux de Broüage: auec les propos pleins d'asseurance & bône promesse que Clermont Admiral de l'Armée auoit tenus a Manducage de la part du Prince, qui ce soir mesme luy auoit enuoyé gens pour les auertir de la bonne volonté & resolution en laquelle tous ceux de l'Armée estoient d'aller au pluftost trouuer l'Armée de Lansac jusques dans la Riuiere. Prians les assiegez de faire deuoir de ce costé. Pource que le Prince les esperoit garentir de tout ce qu'ils pouuoient craindre du costé de la mer.

Le Duc du Maine cependant s'estoit deslors logé en vne maison seule & à l'escart nõmée la Guilleterie. Laquelle assise au plus haut de la petite montage du boys Diers: estoit fort propre pour le logis d'vn tel General. Comme pouuant voir de costé & d'autre nõ seulement son Armée: Mais aussi vne bonne partie de ce qui pouuoit estre fait dans Broüage. Et outre ce descouuroit au long & au large sur la mer. Depuis la venuë de l'Armée du Prince; le Duc du Maine, Puygaillart, du Lude, Belleuille, Ruflec, & autres plus signallez de l'Armée Catholique, se trouuoient ordinairement de jour & de nuict en leurs tranchées & aproches qu'ils diligentoient auec vn merueilleux trauail & grans artifices. Ceux d'Olleron aussi fournissoient cependant quelques vins & rafraischissemens aux Nauires du Prince & enuoioient tousjours quelque chose dans Broüage & mesme de l'eau. Car il n'y en a point plus pres qu'Yers sinon que en deux Cisternes qui est peu de chose. Et pour l'escorte de ceux qui passoient d'Olleron audit Broüage y auoit deux moiens Nauires de l'Isle mouillez dans le courant d'Olleron.

Entreprise de l'Armée naualle des Protestans pour aller dans la Riuiere de Bourdeaux.

Pertuis d'Antioche.

Le vint-sixieme Iuin, le Prince delibere suiuant la premiere resolution d'aller trouuer l'Armée de Lansac dans la Riuiere: afin d'empescher que le grand Nauire Basque qui estoit prest s'y peust joindre. Si qu'auec dix-sept Nauires & presque autant de Chaluppes & Pataches, sortit par le pertuis d'Antioche qui est vn Canal de trois lieuës de large faisant separatiõ des Isles de Ré & d'Olleron. Mais tout ce jour la mer se trouua calme, poussée toutesfois d'vn bien petit vent lequel se rafreschissant sur le soir: en fin & sur la my nuict se trouua comme en tourmente. Non toutesfois que le vent fust du tout si contraire à la routte de la Riuiere de Bourdeaux, qu'elle ne se peut selon l'oppinion des Mariniers & Pilottes aucunemẽt par faire. Toutesfois aucuns des plus grands prez du Prince: soit qu'ils fussent tourmentez du mal non accoustumé de la mer: soit que dez le commencement ils n'eussent approuué ce voyage & entreprise: le dissuaderent le plus qu'il leur fut possible. Tellement que le Prince qui ne se trouuoit aucunement mallade, condescendit à son tresgrand regret à leur auis: & ce à l'heure que l'on estoit ja bien au large & comme a my trauersée de l'isle d'Olleron & des Asnes de Bourdeaux. Cela toutesfois ne fut fait sans grãd debat & causa depuis grans murmures & sinistres oppinions de plusieurs: jugeans deslors la plus grande partie de l'Armée, que l'on auoit fait en cela vne faute si remarquable: que grand mal ne pouuoit faillir de leur en arriuer. Car le grand Nauire sorty du passage qui est vn Haure à l'entrée de Biscaie entre Fontarabie & S. Sebastien entra aisément accompagné d'vne seule Barque dans la Riuiere de Bourdeaux & se joignit sans rencontre à l'Armée de Lansac le 27. dudit mois enuiron le Midy: à l'heure que l'Armée Protestante pouuoit estre au mesme endroit pour le rencontrer si le voiage eust sorty effect selon qu'il auoit esté arresté. Mais l'Armée du Prince ayant relasché ceste nuict: mouilla l'ancre le lendemain à l'Isle d'Aix: petite Isle inhabitée a my trauersée de la Rochelle & de Broüage ou il receut plusieurs aduertissemens de ce qui se passoit dans la Riuiere de Bourdeaux par le Maire de la Rochelle. Mais encores que le Prince se retirast de l'Armée auec les plus notables d'icelle: Si est-ce qu'il ne voulut permettre que les autres missent pied à terre: Au contraire les pria d'esperer vn petit & attẽdre sõ retour qui seroit pour le plus tard dans trois jours. Toutesfois la tourmente continuant les jours ensuiuans: la plus part des Gentilshommes qui n'auoient accoustumé telle danse & branlement, descendoient pour se rafreschir les vns en Olleron les autres en Broüage à diuerses fins. Cependant les escarmouches estoient ordinaires deuant Broüage. Car c'estoit a qui surprandroit son Compagnon par le moien des chemins tortus & sinueux de ces Marais, dans lesquels se faisoient telles ataques, esquelles ne se pouuoient trouuer les gens de Cheual. Le Dimanche dernier Iuin fut entierement emploié depuis midy jusques au soir en ces escarmouches. Ou furent blessez quelques Capitaines des assiegez mesmes le Capitaine Iauriguiberry qui peu de jours apres en mourut à la Rochelle.

Entreprise rompue & pourquoy.

Le Prince à la Rochelle & l'occasion.

Escarmouches deuant Brouage.

Ce mesme jour au matin, Clermont Amiral de l'armée: tint conseil auquel aiant appellé les

les Capitaines & Maistres des nauires, s'enquist d'vn chacun d'eux particulieremēt de l'estat & force de leurs Nauires & equipage. Et pource que la plus part se plaignoit du peu de viures & munitions qui estoient ausdits Nauires: auoir sceu par leur rapport ce qui leur estoit necessaire en enuoia l'estat au Prince & au Maire de la Rochelle. Et fut trouué espluchant les choses par le menu que ceste armée coustoit par chacun jour douze cens liures. Puis apres Clermont fit mettre à la voille & alla mouiller l'ancre plus prez de l'embouchure de Broüage & de douze Nauires qu'il auoit: car les autres auoient esté enuoiez de ça & de là selon le besoin: il en fit auancer deux qui mouillerent si pres de la coste qu'il leur fut ce mesme jour tiré quelques Canonnades. Ce que coustoit l'armée nauale des Protestans.

Saugeō se voiant deliuré du siege qu'il attēdoit & auoir enuoié vne barque chargée de quelques viures dans Broüage le premier de Iuillet & eu auis que les Catholiques s'estoiēt logez à Saugeon sortit la nuit de Royan auec troupe de gens choisiz. Qui chargerent si courageusement deux compagnies de gensdarmes qu'il en demeura de morts & de prisonniers pres de cinquante. Entre lesquels fut la Guische & Quelus fauorits du Roy. Mais à sa retraitte il fut viuement chargé: de sorte qu'il perdit quelques hommes & entr'autres vn sien frere qui y demeura: & l'autre fort blessé depuis fut porté à la Rochelle. Ceux de la garnison de saint Iean d'Angely portoiēt aussi infiniz dōmages à ceux qui alloient & venoiē tau cāp. Car ils sortoient de jour en jour à grosses trouppes & se disposoient en diuerses enbuscades esquelles les Catholiques estoient souuent attrappez. Voire si loin de ladite ville que Palaizeau tué, sa compagnie de cheuaux legiers fut defaite à saint Cibardeau. Aucuns mesmes & quelques fois croisez à la Catholique: donnoient jusques au de là Poitiers voire outre la riuiere de Loyre pour attraper quelque riche butin. Dont ils paioient le tiers à la Causse du General qui estoit puis apres emploié aux fraiz plus necessaires de la guerre. La Guische prisonnier par Saugeō.
Defaite du sieur de Palaizeau.
Courses lōgues & riches des Cōfederez.

Cependant les Catholiques trauailloient en extreme dilligence à faire leurs aproches deuant Broüage, pour dresser leurs batteries. A quoy Puygaillard se monstroit si affectionné qu'il ne fuioit aucun trauail ne jour ne nuit. Tellement qu'ils s'approchoient tousjours pied à pied de la contre-scarpe. En quoy le sable aisé à remuer, leur aidoit beaucoup plus que le nombre de pionniers qu'ils auoient. Si qu'auoir mis cinq pieces en batterie pres du moullin & à costé droit de la sortie de la V I L L E: commencerent à tirer quelques Canonades dés la diane troiziéme Iuillet tastant la courtine & parapet du rampart: ils continuerent ceste batterie assez lentement plus pour tesmoigner de leur deuoir & sommer Lansac de venir promptemēt auec l'armée de mer pour boucher l'autre auenuë de Broüage, que pour autre fin. Car le Duc du Mayne estoit assez fasché de la trop longue demeure de Lansac. Lequel il solicitoit d'heure à autre de venir pour commencer à sonder les assiegez tout à vn coup & de pleine furie. L'armée des Protestans au rebours se desbandoit fort. Tellement que Clermont pour auiser au plus necessaire & aussi que le sejour que l'on faisoit à l'ancre si pres de Broüage: ne sembloit pas seruir de beaucoup. Au contraire que pour estre tousjours au vent de l'armée de Lāsac que l'on sçauoit deuoir entrer par Antioche: il estoit bō de se retirer vers la Rochelle & l'Isle de Ré: fit leuer l'ācre le troisiéme Iuillet. Si qu'auoir mouillé l'ancre à la Palisse alla trouuer le Prince à la Rochelle pour luy donner auis de ce qu'il auoit trouué expedient pour reünir & mettre hors l'armée laquelle il failloit necessairement tenir si preste, que l'on peust cōbattre Lansac auant qu'il s'aprochast de Broüage. Toutesfois les choses estoiēt si mal disposées pour les diuisions & partialitez que l'on auoit veu entr'eux des le commencement: & lesquelles s'augmenterent lors de plus en plus par les sinistres rapports & fausses impressions que aucuns conceurent de ce qui s'estoit fait touchant le voiage que l'on auoit voulu faire à la Riuiere de Bourdeaux: que plusieurs n'esperoiēt vn heureux succez du mauuais mesnage qui estoit dés le commencement entre la Noblesse & les Rochellois. De sorte que toutes choses ne se faisoient qu'en longueur: y estant plusieurs & des vns & des autres comme il sembloit touchez de peu d'affection. Commencement de batterie deuant Broüage.

Sur ces entrefaites ceux de Brouage aians fait monstre de mil harquebuziers: nombre plus que suffisant pour consommer en peu de jours les viures qu'ils auoient: Pource que journellement ils receuoient hommes sans vitualles & munitiōs qui leur estoit le plus necessaire: faussserét d'en auertir le Prince: non pas tant pour ceste simple occasiō, que pour mettre en conseil & proposer au Prince vne certaine resolution que les assiegez de Brouage auoient trouué bon- Nōbre des assiegez en Brouage.

AA aa iiij.

L'HISTOIRE DE FRANCE.

Iuillet 1577.

ne: affauoir de faire defcendre les meilleurs hômes qui eftoient fur les nauires pour fe joindre à ceux de Brouage & tous enfemble donner courageufement à l'improuifte dans le camp des Catholiques:aufquels y auoit apparence que l'on pourroit donner quelque plus grand efchec & aquerir auantage & honneur pour ce qu'ils n'eftoient encores pourueuz des forces qu'ils ne receurent que long temps apres. Sembloit à aucuns que ce confeil n'eftoit point à rejeter Car de ce qui eftoit fur les nauires & dans Brouage l'on euft peu aifément jetter dans le camp plus de deux mil hommes: qui n'euffent fait peu de chofe fur ceux qui ne pouuoient eftre en plus grand nombre. Car il ny auoit à l'heure la deuant que le regiment de Beauuois de dixfept Enfeignes & celuy des gardes du Roy qui eftoit de douze. Et peu d'autres compagnies. Car celuy de Chemeraut eftoit fur les nauires efquels auffi Stroffy auoit enuoié bon nôbre d'harquebuziers. Et d'autant que le pays eft fort auantageux & fauorable pour l'infanterie: les Proteftans n'auoiêt grande occafion de redouter la gendarmerie Catholique quoy qu'elle ne fuft gueres moindre que de mil cheuaux. Ioint auffi que la conoiffance qu'ils auoient des chemins & auenuës mieux que les Catholiques leur pouuoit donner vn grand auantage.

Armée nauale du Prince à chef de Baie

Le feptiéme Iuillet l'armée du Prince mouilla à chef de Baye, afin de recueillir plus aifément les hõmes & chofes plus neceffaires de la ville. Ioint que le vent eftoit fort propre pour amener l'armée de Lanfac qui eftoit ce mefme jour fortie de la riuiere. Le Capitaine Prouençal eftant forty de Brouage auec fon nauire dans lequel y auoit deux cens hommes fe joignit le jour mefme à l'armée nonobftant les canonades qui luy furêt tirées à la fortie du haure l'vne defquelles rendit vnze hommes que morts que bleffez. L'armée Proteftante fe renforça auffi de quatre nauires Anglois qui ce jour mefme eftoient arriuez à la rade. Lefquels quoy qu'is fuffent en marchandife feftoient toutesfois bien munis d'artillerie. Tellement qu'ils femblerent propres pour f'en feruir apres y auoir mis quelques harquebuziers dedans. Surquoy l'armée de Lanfac fut defcouuerte en mer & entrer par Antioche au foir neufiéme dudit mois & mouilla pour la nuit dans le Goullet à vne lieuë de chef de Baie ou eftoit celle du Prince. Il auoit feze bons nauires fuiuiz de deux grãdes pataches fãs galleres qu'il auoit laiffé dès la riuiere. Pource que à l'heure que l'armée en fortit le vent eftoit bien rude & mal propre pour elles. Lefquelles par ce moien venans derriere pouuoient eftre combatuës & prifes par les Confederez abandonnées de vaiffeau ronds. Mais toutes chofes fe portoient fi mal de ce cofté: que à ce feconde venuë de Lanfac, leurs nauires eftoiêt auffi peu prefts & difpofez pour combatre (combien que l'on fut affeuré de l'heure de fa venuë) que l'on auoit efté à la premiere fois. Tellement que cefte nuit f'emploia pour embarquer les hommes tant de la Rochelle que de port Neuf. Ce qui fe faifoit encores auec difficulté: pource que le vent ne pouuoit gueres feruir. Au lendemain fur les fept heures du matin Lanfac qui ne vouloit que paffer deuant leur armée pour la brauer & fe jetter en Brouage, fingla droit auec vent en poupe vers Brouage & mouilla à l'entrée du haure hors la portee du Canon: eftant par ce moien deliuré du côbat & rencontre qu'on luy euft peu faire en paffãt & logé à feureté au front de l'armée du Duc du Mayne de laquelle à toutes heures il pouuoit recueillir viures & hommes à fon plaifir: faififfant lors le lieu & place que l'armée du Prince pouuoit premierement garder auec toute commodité. Celle du Prince fe trouuant lors de vint quatre nauires & grand nombre de gallions, pataches & challuppes fuiuit en mefme heure & de fort pres, les nauires de Lanfac, môftrant en apparence auoir grand defir de côbatre. Mais toutes chofes y eftoient & alloient prefqu'au rebours de bien. Car il y auoit le tiers de leurs nauires qui ne feruoient que de monftre. Eftant aucuns mal munis d'hommes & chofes les plus neceffaires. Les autres acompagnez de peu d'affection & volonté. Si que en peu d'heure il fut aifé de juger quel eftat on pouuoit faire d'vne bonne partie de cefte armée. Neanmoins le combat fut refolu & ordonné de la forme d'icelluy. Qui eftoit auffi toft qu'ils feroient tous arriuez en ce canal de Brouage (ce qui ce fit en mefme heure): les attaquer & combatre auant qu'ils peuffent receuoir hômes de leur armée de terre. Mais cõme les prieres eftoient ja faites de leur cofté. Et que les Catholiques mouillioent l'ancre: le Prince Amiral de leur armée fut fi mal gouuerné qu'il feschoüa fur vn banc de fable. Comme auffi le Vifadmiral & deux autres nauires des plus puiffans qui demeurerent la affablez jufques au foir qu'ils furent mis à flot. Fors vn d'iceux qui eftoit vn nauire Anglois lequel y fut perdu l'artillerie fauue. Si que priuez par tel accident auenu faute de la conduite des Pillotes d'executer leur deffein & fuiure de plus pres leur ennemy: l'armée

Armée nauale des Catholiq. dans le pertuis d'Antioche.

Armee de Lanfac deuant Brouage.

Armée du Prince pres d'elle deuãt ledit Brouage.

Accident à l'armée des Proteftans.

demeura

demeura la à demie lieuë des nauires de Lansac jusques au lendemain sur le midy, que l'on s'aprocha pluspres l'vn de l'autre & lors les canonnades ne manquerent ny de l'vn ny de l'autre costé.

L'entrée de ce Canal & embouschure du haure de brouage, est fort estroite & sinueuse pour les bâcs de sables & vases qui y sont de costé & d'autre. De sorte que l'on n'y peut entrer ne sortir que par certaines marques de gaules que les mariniers du pays enfoncent sur la terre qu'ils appellent ballises. Encores y est le cours de la mer assez violent: car il est pressé de battures & enuironné de l'Isle d'Olleron & autres terres non lointaines. Ainsi ces deux armées mouillerẽt la dedans & en si peu d'espace, qu'il estoit comme du tout impossible d'entreprandre l'vne sur l'autre qu'auec hazard d'estre mis à la coste ou autrement assablé sur les bancs. Ce que les Catholiques ne pouuoiẽt tant craindre qu'eux à qui il ne restoit de toute ceste coste que bien petite entrée dans le haure. Laquelle seroit encores bien difficile à trouuer en telle extremité. Sur ce fut tenu cõseil par Clermõt qui y appella les Capitaines de l'armée, de ce qu'il estoit de faire. Ou aucuns aiãs proposé qu'il seroit bon d'vser de qlques artifices de feu pour brusler les nauires de l'ẽnemy dõt aucuns se faisoiẽt forts: fut auisé du moien & de la façõ qui fut d'ẽplir quatre moiennes barques de fagots, rousines, gouldrons & autres matieres seches & ardentes & les auoir attachées de trauers l'vne à l'autre auec cables & bons cordages en telles & si grãdes distances qu'elles peussent aisément embrasser la proüe des nauires Catholiques (chose aisée parce que tousjours vn nauire tient sa proüe droit au vent contre le flot) & les nager auec quelques challuppes les plus pres des nauires. A quoy la faueur des tenebres de la nuit donneroit grand auantage. Puis estans assez pres mettre le feu dans ces artifices & laisser aller ces barques sur vn commencemẽt de flot. Lequel pource que la mer seroit basse & les bancs descouuerts: ne faudroit à les porter & conduire par le miran du canal & auec l'aide du vent qui pour lors estoit propre à ceste entreprise à se mesler entre les cables desdits nauires & leur donner beaucoup d'affaires. Ce CONSEIL trouué des meilleurs fut ce sommemes executé selon qu'il auoit esté resolu. Et bien qu'il n'y eust que deux des barques pleines d'artifice qui sortissent effet: si est ce qu'il y eut vne grande allarme & frai eur en l'armée de Lansac. Et comme il n'y à homme tant asseuré qui ne s'esbranle, quand il suruient quelque nouuelleté: ils furẽt assez espouuãtez de ces feuz, pour se garẽtir desquels la Scitie fut cõtrainte quiter cables & ancres: & s'auallea dans le haure à la mercy d'vne infinité de Canonnades & forte scopeterie des assiegez: lesquels deceuz d'vn stratageme que leur jouerent ceux de ce nauire qui crioient tout haut qu'ils se rendoient: laisserent aisément passer ce vaisseau. Lequel moienant sa vitesse & soudaineté du flot fut bien tost porté plus bas que la ville & hors du danger de leur canon. Toutesfois les assiegez entreprindrent le lendemain de le brusler. Mais en vain: Car la Scitie s'estant bi ẽ garnie d'hõmes & de munition: se mit à la voille & s'aualla encores plus bas. De sorte que n'y pouuãs faire autre chose ils dresserẽt vne pallissade de masts, cables & nauires enfondrez à l'entrée du haure pour empescher qu'elle ne repassast la nuit & se joignist à l'armée Car ainsi Clermont leur auoit mandé les priãs d'y auoir l'œil sur toutes choses. Pource que ce seroit autant de diminution des forces de leur armée laquelle l'on esperoit combatre en peu de jours. Toutesfois comme il auient souuent que l'on reçoit plus de dommage de ce qu'on craint le moins la demeure de ce nauire dans ce canal, porta depuis durant le siege plus de dõmage aux assiegez que de proffit: pource que du costé de ceste riuiere ils ne peurent plus receuoir aucuns viures ne rafraich issement cõme ils auoient parauant accoustumé. Au lendemain ceux d'Olleron donnerent auis par vn grand signal de feu qui leur auoit esté ordõné: de la venuë des Galleres lesquelles pour se joindre à leur armée, estoiẽt ja entrées dans le pertuis de Maumusson, Clermont lors depesche six nauires, & douze tant barques, gallions que pataches bien garnies d'harquebuziers pour leur aller au deuant. Lesquels rencontrerent ces cinq Galleres seulles venans à force de rames presqu'au millieu du pertuis. Ce canal de Maumussõ est vn passage bien dãgereux pour vne infinité de bâcs & sable nouueau dont il est couuert il à deux lieuës de long & vne de large faisant separation des Isles d'Aluert & d'Olleron. S'estant donques les vns & les autres rencontrez la dedans: les galleres ne voulant attendre: mais vogant à grande puissance contre vent & marée: sortirent de ce pertuis. Duquel s'estans parées mirent hors leurs trinquet & voile latine. Si qu'en peu d'heure s'eslongnerent des Protestans qui louuoians d'vn bort sur l'autre les suiuirent jusques sur la barre qui est la sortie de

cc

ce canal vers la grand mer. En fin voians qu'ils n'auoient pas receu cōmandement de se mettre plus auant en mer: ils desisterent de les suiure dauantage & retournerent le soir mouiller à l'armée apres auoir laissé trois nauires à la rade de Maumusson & au Couraut d'Olleron: pour estre tousjours sur le chemin des Galleres lesquelles se retirerent au long de la coste d'Aluert attendans nouuelles de ce qui leur seroit commandé. Le jour & autres suiuans, ne se fit autre chose: combien que ces deux armes fussent encores plus proches qu'au parauant. Fors vne infinité de canonnades qui furent tirées & quelques escarmouches des gallions & pataches chacun à la faueur de son auantage. Toutesfois les Protestans tenoient la campagne de la mer & alloient querir les barques & vieux nauires aux rades plus proches de leur camp, pour faire des artifices de feu pareils aux precedens. Auoient aussi enuoié expres à la Rochelle pour en auoir quantité afin de ne donner ou presenter le feu en si petit nombre de barques que l'on auoit fait au parauant. Plusieurs jours se consōmerent en attendās l'execution de ces choses qui se faisoient en bien petite dilligence. Et aussi que aucuns auoient mis en auant d'acoustrer en sorte deux gabarres plattes qu'ō y pourroit mettre sur chacune vn canon pour s'en aider quād besoin seroit contre les nauires des Catholiques. Qui fut neantmoins vne chose de laquelle on ne sceut voir aucun effet.

<small>Galleres dens la Charente.</small>

Les Galleres ce pendant auoir receu cōmandemēt de se joindre à quelque prix que ce fut entrerent par Antioche le Dimanche matin quatorziéme dudit mois. Et sur ce Clermont depescha au deuant quatre nauires auec six gallions & pataches qui les affronterent entre l'Isle d'Ays & la bouche de la Charente: dans laquelle jugeans ne pouuoir lors aisément passer à trauers leur armée, puisque elles estoient desja de si loin descouuertes & poursuiuies: entrerent enuiron vne lieuë dedans & mouillerent l'ancre à Pierre menuë où elles receurēt renfort de quelques harquebuziers auec auis de ce qu'elles auoient à faire. Les Protestans mouillent aussi à l'entrée de cete riuiere vne lieuë pres des galleres en intention de les enfermer la dedans selō que le mādoit Clermōt. Chose toutesfois bien difficille estāt l'etrée de ladite riuiere si large & separée d'vn petit Islet par le millieu. Si que les galleres pourroiēt aisémēt nonobstāt ce petit nōbre de nauires sortir de pleine mer si on n'y faisoit bō guet. Toutesfois les Protestās demeurerēt ainsi qu'il auoit esté cōmandé: & le lendemain, auiserent auoir recuilly quelques forces du gros de l'armée, de les aller de nuit attaquer auec nombre de challuppes. Toutesfois

<small>Feuz artificielz & sans execution.</small>

de ceste resolution comme des autres, on n'en vit que le vent. Sur ce on presente le feu aux nauires des Catholiques. Mais comme il fut mis & conduit temerairement & mal à propos aussi reussist il effet contraire estans aucunes des barques portées à la coste loin des nauires & les autres destournées par les pataches de Lansac qui preuoians ce que dessus, se tenoient la nuit au large de leurs nauires. Sōme que l'ordre & cōduite de l'armée Protestāte estoit si poure & les plus grans estoient presque tant differens de volontez & oppinions auec telle discrepance d'auis en tous les conseils: que l'on en sortoit la plus part du temps sans aucune re-

<small>Mauuaise conduite en l'armée Protestante</small>

solution. Les principaux Capitaines & plus suffisans en telles affaires se plaignoient qu'ils estoient moins escoutez. Ceux des Isles poussez d'ambition & jalousie, se vouloient faire valoir & sembloit qu'ils aspirassent quelque preeminence & autorité sur tous autres en matiere de conseil de mer. Voullans tousjours que l'on deferast à leurs oppinions. Et par ainsi l'vn en despit de l'autre, se disposoit de dire ce qu'il trouuoit le meilleur & plus necessaire pour le fait de ceste armée: consequemment se licentioit du deuoir que Clermont pouuoit esperer d'eux & dequoy il les prioit instamment luy donner auis sans lequel il protestoit tousjours ne voulloir rien faire. D'autre costé les soldats & mathelots se donnoient vne trop grande licence & sur tout ceux des Isles. Car il les falloit presque garder comme forsaires vne bonne partie des mathelots du pays. Lesquels se desroboiēt à la premiere cōmodité & se retiroient en Olleron & Aluert. De sorte que la plus part des nauires & mesmes l'Amiral demeurerent fort mal garnis de mathelots qui estoit neātmoins la chose plus necessaire. Et disoiēt plusieurs que beaucoup de ceste armée s'estans accoustumez depuis sept ou huit ans, à gouster les gains & proffits de la marine par les congez qui leur auoient esté donnez & encores se donnoient tous les jours de prandre Espagnols, Portugais, italiens, François & autres ennemys du party: fussēt deuenuz en lieu de bons combattans par terre, gens de mer non seulement dissoluz & mal obeissans mais peu affectionnez au combat fut en l'vn ou en l'autre. Ce que disoient-ils, Epaminondas empeschoit sur tout le plus qu'il pouuoit, que ceux desquels il auoit à se seruir par terre

terre ne fuſſent longuement empeſchez à courir ſur mer: crainte que le gouſt du profit & d'vne licence effrenée, ne les rendiſt en fin tant ſujets à eux meſmes,& ſi eſlongnez du vray deuoir de ſoldat: que l'on n'en peut tirer le ſeruice ne l'obeiſſance requiſe au beſoin. Or cela ne s'eſt que trop veu & pratiqué en ceſte armée. Sur ces entrefaites Clermont pria le Capitaine la Treille pour l'experience qu'il auoit de nager, d'entreprendre d'aller en Brouage pour ſçauoir l'eſtat des aſſiegez & le principal dont ils auoient beſoin. A quoy la Treille s'y eſtant de luy meſme offert aſſez d'autres fois, il y entra ceſte nuit meſme rapportât le lendemain lettres de Mâducage pleines d'aſſeurance du bon vouloir que petis & grans auoient à la defence de la place & qu'ils eſperoient que l'ennemy ne gangneroit gueres ſur eux. Moiennant auſſi ce que la Treille auoit chargé de dire de bouche, que l'on euſt memoire de les ſecourir à ce beſoin de ce qui leur manquoit. Et meſme de meſche, laquelle leur fuſt bien toſt portée par la Treille & autres qu'il guida la dedans auec peyne & hazard touteſfois.

Et pour autant que l'on parloit lors diuerſement à la Rochelle de ce qui ſe faiſoit en ceſte armée: trouuans aucuns bien eſtrange que l'on n'euſt juſques à lors combatu. Et les autres taxans ouuertement (comme à calomnier vne multitude ne veut ny preuue ny teſmoin) les principaux d'icelle ou de laſcheté ou de certaine pratique: le tout ſans toutesfois aucune apparéce. le Prince voiant que l'honneur de la Nobleſſe qui eſtoit en ceſte armée, eſtoit principallemét peu aſſez reſpecté par ce peuple qui luy imputoit la faute de tout ce qui eſtoit fait juſques a lors: enuoia Monguion Baron de Montendre vers Clermont. Lequel arriué à l'armée fit plainte publique des bruits & murmures que aucuns mal apris & ſeditieux faiſoient courir à la Rochelle au grand deshonneur des Gentilshômes & principaux Capitaines de l'armée que l'on diſoit auoir empeſché le combat. Priant a ceſte fin de la part du Prince, Clermont & autres Seigneurs & Capitaines la preſens, d'auiſer s'il y auoit moien de combatre au pluſtoſt: pour faire ceſſer & eſuanoüyr toutes ces meſdiſances & ſiniſtres oppinions: deſquelles touteſfois les gens de bien n'ignoroient point ce qui en pouuoit eſtre. Or eſtoient ces calônies plus grades que ne l'ô pourroit penſer, auec vne indiſcretiô & inſolence qui croiſſoit de jour a autre entre les femmes meſmes. Ce pendant le Cheuallier de Monluc, aiant receu commandement de ſe joindre auec les Galleres à l'armée: & lequel pour ceſt effect auoit mis de grandes forces dans leſdites Galleres: ſortit de la Charente les plus couuertement qu'il luy fut poſſible enuiron vne heure auant jour ſeziéme jour dudit mois. Il ne pouuoit eſpier ne ſouhaiter temps plus propre pour executer ſon entrepriſe. Tant à cauſe du calme & bonace: que de la mer qui eſtoit en ſon plein. Car c'eſtoit lors la ſaiſon des plus grandes marées de l'année. De ſorte que paſſás par deſſus les bács & batures ſur leſquels y auoit à l'heure aſſez d'eau, ſans eſtre contraintes de ſuiure le canal & conſequemment paſſer à trauers les nauires Proteſtans: elles ſe joignirent en peu d'heure à leur armee: à la teſte de laquelle elles mouilleret apres auoir ſalué les Proteſtás d'une longue brauade de canonnades. Alors Clermont voiant ce qu'il auoit le plus douté eſtre auenu. Et auoir mis ceſt affaire en deliberation de conſeil, reſolut de combattre au preier flot qui ſeroit ſur le midy. Choſe qui fut lors jugée mal conceuë par aucuns. Et ſembloit qu'il y allaſt plus de deſeſpoir que d'autre choſe. Car il n'y auoit homme qui ne peut aiſément juger que veu la nature du canal (dans lequel les vns & les autres eſtoient à l'ancre) & le defaut du vent par lequel les nauires apres qu'ils auroient leué l'ancre, ſe roient ſeulement menez & conduits à l'apetit du flot & courant ſans ſe pouuoir autrement manier: ne combatiſſent directement contre eux auec tout auantage. Auſſi qu'il ſembloit bien ridicule que aians depuis ſept jours differé ce combat en plus grand auantage: s'y vouloir à preſent hazarder que l'ennemy ſ'eſtoit d'heure à autre fortifié en leur preſéce, & auoit meſme fraiſchement receu les galleres qui eſtoit la plus grande force dont il ſe peut preualloir en telle ſaiſon. Auſſi lors de ce conſeil aucuns des plus experimentez Capitaines, conoiſſans combien le lieu & la ſaiſon faiſoient la partie inegalle: tant ſ'en faut qu'ils approuuaſſent vn tel auis qu'au côtraire ils euſſent volontiers conſeillé de faire retirer vn peu leur armée au large à vne lieuë ſeulement: Afin de n'eſtre contraints venant le calme comme il ne tarda gueres: de ſ'expoſer a la mercy des Galleres. Leſquelles ſi proches de leur armée & touſjours à la faueur des nauires, ne faudroient de donner beaucoup d'affaires. Laquelle oppinion combien que l'yſſuë monſtra ce meſme jour qu'elle eſtoit des meilleures, ils ne voulloient neantmoins mettre en auât crainte d'eſtre taxez (côme les calônies n'eſtoiêt que trop ordinaires parmy ceſte armée)

Meſcontentemēt à la Rochelle côtre ceux de l'armée n'auā tledit n'auoir combatu.

Les Galle res ſe joigment à l'arméc

Les Proteſtans veulêt combatre à leur deſauātage & ainſi laiſſe perdre l'occaſion.

ou

ou de pufilanimité & coüardiſe ou de quelque autre mauuaiſe pratique. Toutesfois ceux la ſe teurent lors qu'ils deuoient parler plus hardiment. Auſquels on mit deuant les yeux ce que le Roy Perſes de Macedoine, reprocha à l'vn de ſes Capitaines & Cõſeillers apres qu'il eut eſté deffait par Paulus Æmilius General del'armée Romaine. Qu'ils ne conoiſſoiét le temps & les occaſins de parler. Eſtant donc ſur le midy turuenu le calme: Clermõt perſeuerant en ce qui auoit eſté reſolu le matin: diſpoſe ſes nauires pour le combat & tous mirent l'ancre à picq, faiſás en tous leurs vaiſſeaux les prieres accouſtumées. Surquoy les Catholiques ne pouuoiét juger que contre tant de difficultez l'on deſiraſt les aller combattre: au contraire eſtimoient qu'on ſe vouſiſt retirer plus loin à cauſe de leurs Galleres. Leſquelles à l'inſtant meſme commencerent de saluër d'vne infinité de Canonnades l'Amiral & Viſ-amiral de l'armée. Voire auec tel heur & ſi à propos, qu'il ne ſe perdoit aucun coup & principallement dans l'Amiral ou en peu d'heure ils coupperent vergues, rompirent le pont & lices de la poupe, abattirent le Pauillon: & auec vn millier d'eſclats, tuerent & bleſerent tant d'hommes que demeurans Clermõt & quelques autres en petit nõbre ſur le tillac du nauire: tout le reſte fut cõtraint pour euiter la furie des Canõnades, de deſcédre ſur le leſt en fõs de calle: fors ceux qui non gueres plus hardis que bien auiſez, ſe pendoient aux Aubans du coſté oppoſite de la batterie & autres qui ſe jettoient dans les Chaluppes amarrées le long du bord. De ſorte que c'eſtoit vn piteux ſpectacle de voir ce poure nauire ſi furieuſement battu ſans aucun moien de ſe ſecourir ny ſe pouuoir defendre ny retirer. Car il n'y auoit point de vẽt qui le peut gouuerner: ne aucun autre de l'armée qu'il ne fuſt apres auoir leué l'ancre, porté par le courant ou ſur les bancs & dangers ou ſur les nauires Catholiques. Tellement qu'il luy falloit par neceſſité demeurer ainſi comme butte expoſée à la mercy deſdites Galleres. Il eſt vray que le defaut qui ſe fit de ne ſ'aider en ceſte neceſſité d'vn ſi grand nombre de pieces qui eſtoient dans le nauire: monſtra aſſez l'eſpouuantement de pluſieurs. Meſme des Canoniers qui ne ſ'eſtoient jamais comme ils firent ainſi preſumer, trouuez en telles affaires. Toutesfois la faute venoit aſſez d'ailleurs & n'eſtoit pas en cela particuliere. Cet inconuenient auec l'effroy que les Catholiques pouuoient voir à l'œil, incitoit touſjours les Galleres à ſ'approcher de ſi prez qu'il ne reſtoit que joindre bord à bord: ſecondées d'vn bon nombre de paraches & gallions pour les ſouſtenir: attenât que les Proteſtans qui eſtoient en plus grand nombre: ſe feuſſent tournez cõtre leſdites galleres cõme l'on pouuoit faire aiſement, ſi chacun euſt eu le courage requis. Or pource que le Prince & la Floriſſante Amiral & Viſ-amiral de l'armée: eſtoient mouillez fort pres l'vn de l'autre, & tous deux cõme eſtans à la premiere pointe expoſez à toutes les Canõnades auſquelles l'vn ſeruoit de mire pour l'autre. De ſorte que aucun coup n'eſtoit tiré en vain: Si que ceux de la Floriſſãte aiãs opiniõ qu'ils empeſchoient de ce coſté que l'Amiral ne ſe peut ſeruir de ſon artillerie: auiſerent de leuer l'ancre & ſe mettre plus au large. Ce que voulans faire le peu de vent qu'il faiſoit & lequel eſtoit encores du tout contraire, auec la violence du flot, porta ledit Nauire ſur vn banc à droite de la teſte de leur armée ou il demeura ſi long temps aſſablé que les Galleres eurent loiſir de ſ'approcher & battre à leur plaiſir auec grand perte de ceux de dedãs. Leſquels ſe voians en telle extremité & que tout le ſecours que leurs freres leur pouuoiẽt donner ſeroit bien petit: aians diſpoſé quelques pieces ſur la pouppe tirerent force Canonnades ſur les Galleres qui eſtoiẽt ja fort prez. L'vne deſquelles donna ſur la Royalle: laquelle ciant arriere apres auoir donné ſa volée demeura vn long temps ſur vn bãc ou luy ſeruit biẽ d'eſtre ſecourue des paraches. Joint auſſi que la mer montoit qui la garentit de ce danger. Toutesfois leur furie cõmença lors à ſalentir vn petit & ceſſer leur batterie à l'heure que ſ'ils l'euſſent continué vne heure dauantage c'eſtoit fait de ces deux nauires principallement: qui ne pouuoient plus ſubſiſter pour auoir porté tout le faix. Car quand aux autres, il ſembloit propremẽt qu'ils gardaſſent les gages & qu'ils ne fuſſent que ſpectateurs de ſi piteux euenement. Tant les auoit l'incommodité & deſauátage de toutes choſes auec l'eſpouuantement & confuſion generalle, priuez de pouuoir monſtrer quelque acte de deuoir & vertu en ceſte neceſſité. Sur le ſoir l'armée Proteſtante auoir receu telle perte & dommage de ces cinq Galleres, deſquelles toutesfois les Confederez & principallement les inſulaires ne faiſoient parauant aucun eſtat: (pource que aiſément & par ſurpriſe ils en auoient aux precedens troubles pris deux d'icelles: l'vne en la Charente l'an mil cinq cens ſoixante dix & l'autre de nuit deuant l'Iſle de Ré en l'an mil cinq cens ſoixante douze) ſe retira de ce canal à vne lieuë au large ſeulement. Ou elle demeura tou-

LIVRE QVARANTECINQVIEME. 379.

te la nuict bien poure & defolée pour vn tel accident. Il y auoit aſſez bon nombre de bleſſez qui furent la nuict portez à la Rochelle. Quád aux morts il ne pouuoit eſtre que de trête hõmes, entre leſquelz y auoit quelques Gentilz hommes & Capitaines, meſmement le jeune Varaize Catholique de Poitou Gentilhõme ſeruant & deux pages du Prince. Ce jeune, mais vertueux Gentilhomme, mourant d'vne canonade qui loy auoit emporté les deux cuiſſes, bien qu'il print la mort en gré: ſi proteſta il toutesfois deuant que rendre l'eſprit qu'il ne mouroit pour la Religion & qu'il eſtoit bõ Chreſtien Catholique. Mais ſeulement pour le ſeruice du Prince. Or la veuë des morts & bleſſez eſmouuãt de tãt plus le populaire fut cauſe de plus grãde plainte & murmure que jamais: juſques à taxer aucuns des principaux de l'armée d'auoir eu intelligence auec les Catholiques. En quoy l'audace d'aucuns fut telle, qu'on vit aſſez toſt combien c'eſt choſe aiſée d'eſtre calomnié d'vn peuple. Voire de plus dãgereuſe cõſequẽce en vne ville pour le defaut que fait le magiſtrat de vẽger les injures faites à quelque perſõne ſoit publique ou priuée. Le lendemain l'armée poſa l'ancre deuant l'Iſle d'Ais. En laquelle ſur le ſoir arriua le Prince, biẽ faſché de ce qui eſtoit arriué & voir les plus grãs nauires en tel eſtat & meſmes l'Amiral qu'ils ne pouuoiẽt faire ſeruice ſãs eſtre radoubez. Ce qui ne ſe pourroit faire ſi toſt ne ſi aiſément qu'il eſtoit requis. Toutesfois ne deſeſperãt de pouuoir mettre ſus en peu de jours tous les vaiſſeaux: aſſuroit ceux qu'il conoiſſoit les plus decouragez par tous les moiens qu'il peut: leur remonſtrant que c'eſtoit petite perte que tout ce qui c'eſtoit paſſé & qui n'eſtoit auenu que pour l'occaſion de deux ou trois heures de calme & non pas par vne prudence & vertu particuliere de leurs ennemis. Ceux de la Rochelle enuoierẽt auſſi ce meſme jour, deux des plus ſignalez de la ville qui furent de nauire en nauire pour voir comme toutes choſes ſy portoient, & pour prier ceux qui eſtoiẽt deſſus d'auoir courage. Auec aſſeurance d'eſtre promptement aſſiſtez de leur part de toutes choſes neceſſaires & pour les hommes & pour les nauires. Surquoy le Prince içachant aſſez, combien la retraite de l'armée pourroit refroidir les aſſiegez de Broüage qui auoient veu à l'œil tout ce qui ſen eſtoit paſſé delibera premier que retourner à la Rochelle obuier à ce qui ſen pouuoit enſuiure. D'autant meſme que ceux de Broüage auoient touſjours dit que la principale defence de la place dependoit de l'armée de mer. Laquelle venant à manquer le poure ordre qui y auoit eſté mis dés le commencement: ne permetroit qu'elle peuſt longuement ſubſiſter. A ceſte cauſe il enuoia ce jour meſme dans Broüage le Capitaine la Treille auec lettres à Manducage pour l'auertir de ne perdre courage pour ce qui eſtoit auenu. Et que la retraitte de l'armée ne ſeſtoit faite à l'Iſle d'Ais que pour ſ'accommoder & reparer de quelque petit dommage receu à l'occaſion des Galleres. Mais que dans quatre ou cinq jours il la reuerroit deuãt celle de l'ennemy pour faire tout le deuoir qu'on pourroit ſouhaitter. Ce que la Treille executa rapportant bonne reſponce qu'ils ne mãqueroiẽt de deuoir, pourueu qu'on leur tint promeſſe. Deux jours apres la trouppe des vaiſſeaux Proteſtãs arriua à la rade de chef de Baye. Car elle ne ſe pouuoit plus deſlors reconoiſtre pour armée chacun ſe deſbãdãt & demeurãs la plus part des nauires vuides & deſgarnis. Voire que les autres equipez aux deſpẽs des particuliers & non de la Cauſe coururent bien toſt en mer ſelon leurs congez pour leur proffit particulier. Et auſſi toſt les plaintes & diuiſions furent telles en la ville: entre le Populaire & la Nobleſſe meſmement que c'eſtoit vne guerre plus dangereuſe que celle de dehors. Sans y oublier les principaux de l'armée. Car le peuple ne pouuoit taire le meſcontentemẽt receu du progrez de toute l'entrepriſe comme vous voiez que chacun veut prandre part à l'heureux ſuccez d'vn beau fait. Mais les Chefs portent ſouuent ſeuls, la faute d'vn malheureux euenement. Meſmes la plus part de ceux d'Olleron comme plus voiſins du mal: ne tarderent gueres à prandre party auec les Catholiques & moiennant quelque ſõme de deniers: firent leur appointement & receurent quelques Capitaines & Commiſſaires de Lanſac le Dimanche enſuiuant. Qui fut vn grand bien à l'armée nauale deſdits Catholiques pour les viures & grandes commoditez qu'ils en retiroient tous les jours. Car ladite Iſle eſt grande de ſix à ſept lieuës & pres de deux de large: fertile à merueilles en tout ce qui ſe peut ſouhaitter pour la vie humaine. Les habitãs auoüoient touſjours qu'ils ne ſe pourroient defẽdre d'eux meſmes: qu'ils ne fuſſent ſujets d'eſtre emportez par l'vn des deux qui demeureroit le plus fort par la mer. Car l'Iſle ne ſe pouuoit lors defendre qu'auec grãd nombre d'hõmes d'autãt qu'il y a vne infinité de deſcẽtes. Auſſi que peu de jours auparauant, les forts & places de retraitte de l'Iſle, auoient eſté par commandement du Prince de

Le Prince arriue en l'armée.

Le Capitaine la Treille va en Brouage pour les aſſurer.

Armée des Proteſtans à chef de baye rompue.

Ceux d'Olleron ſe rendent à Lanſac.

Aſſiete & fertilité de l'Iſle d'Olleron.

molis & abatuz. Dauantage la plus part des habitans fait profession de la Religion Catholique, & les autres estoient pour lors comme j'ay dit:si peu affectionez au party Protestant:Que l'on ne pouuoit esperer grande ayde en vn besoin. Ainsi fut perduë l'Isle d'Olleron pour les Confederez.

Sur ce le Roy arriué à Poitiers, enuoie nouuelles forces au siege de Brouage. Entr'autres les Suisses qui y arriuerent peu de jours apres. Or bien qu'il vist les affaires des Protestans aller au declin vers la Rochelle. Si est-ce que pour la pitié de son peuple qui se mangeoit à la continuë de ces guerres: il inclinoit fort à la Paix. Voire que pour cest effet il enuoia ce mesme jour à la Rochelle sauf conduit pour les Deputez: afin de se trouuer au plustost au pour-parlé & negociation de ladite paix encommencée.

Renfort des Suisses au siege de Brouage.

Apres la retraitte de l'armée Naualle, les Catholiques resserrans de plus pres les assiegez: delibererent sur toutes choses de leur trancher si bien le chemin du costé de la Rochelle, qu'ils n'en peussent auoir nouuelles ne secours. Et considerans que à cest effet seruoient de bien peu les cōpagnies qui estoiēt logées dās le bourg de Moaise distant d'vne lieuë dudit Brouage: commencerent de faire vn fort sur le bord de la Riuiere vis à vis de la ville: duquel eut la charge d'Eschillez Gentilhōme du pays qui auoit quitté le party des Protestans depuis quelques années. Mais comme il n'estoit encores en defence: les assiegez n'ignorans de quelle importance cela leur estoit:sortirent enuiron deux heures deuant jour le vint deuxième dudit mois & passans la Riuiere auec nombre de Challuppes, chargerent à l'improuiste ceux du fort desquels ils tuerent bon nombre & mesmes Eschilez qui demeura sur la place: se retirans les assiegez auec vn des drapeaux qu'ils emporterent apres qu'ils eurent mis le reste des Catholiques en routte hors du fort: auquel toutesfois le Duc enuoia nouuelles forces & Chemeraud pour y commander. D'autre costé les Catholiques faisoient tousjours leurs approches auec merueilleux artifice & dilligence. Puis auoir disposé diuerses batteries les vnes en teste les autres en flanc: commencerent de battre le pas du Loup:qui est vn endroit des plus foibles de la ville & ainsi appellé pource que au commencement les loups y passoient facilement. La nuit toutesfois ce lieu fut aisement fortifié d'vn petit rauelin: pource que c'est marais & terre fort grasse. De sorte que pour y entrer il conuenoit aux assiegeans passer par dedās l'eau dont il estoit de tous costez enuironné, qui le rendit de tant plus de grāde defence & difficile accez. Tellement que les Catholiques ne s'y peurent loger:ils batirent donc ce petit rauelin ou plustost petite motte du pas du Loup de cinq cens coups de canon, depuis vne heure jusques à cinq du soir. Et le vint quatrième dudit mois se presentans de furie le feirent quiter à ceux qui l'auoient en garde: toutesfois ils furent contraints l'abandonner aussi tost qu'ils furent entrez:au moïē du prompt secours de leurs compagnons. Lesquels apres la perte de quelques vns se retirerent ramenans Manducage blecé par vn des siens d'vne harquebuzade à la jambe. Le lēdemain sur le soir le Prince fit embarquer entre la pointe de Coreilles & Angoulin pres la Rochelle: le secours ordonné pour Brouage qui estoit d'enuiron deux cens harquebuziers conduits par les Capitaines d'Esrazes, Chardon & Villeneusue. Lesquels auec sept Challupes furent en peu d'heure portez à terre entre la bouche de la Charente & le haure de Brouage, enuiron my chemin de l'vn & de l'autre. Le capitaine la Treille pour la conoissance qu'il auoit du chemin qui est tortu & difficile à tenir:ores que ce fust en plein jour, les guidoit. Or portoit chasque soldat en vn petit sac, enuiron la pesanteur de quinzé liures assauoir trente gallettes de biscuit six liures de poudre & quelques brasses de mesche. Ils ne trouuerent bon d'auertir ceux de Brouage de l'heure de leur venuë: Crainte que celluy qu'ils enuoieroient à ceste fin, estant pris de l'ennemy ne rompist leur entreprise & consequemment ne causast leur ruyne & routte totale: pource qu'estans descouuerts il ne leur restoit aucun lieu de seureté ne de retraite aiās: la Riuiere de la Charēte à doz bordée d'vn & d'autre costé. Toutesfois cela leur porta grād dōmage. Car estās arriuez sur le bord de la Riuiere de Brouag'e peu parauāt le jour: ils furēt plustost descouuerts & chargez de ceux qui estoiēt dās le fort Catholique dont cy dessus est parlé: que apperceuz & secouruz de ceux de Brouage: lesquels quoy qu'ils entēdissēt l'alarme ne pouuoient pourtant du commencement juger que ce pouuoit estre:estimans que ce fussent ruzes & algarades accoustumées que ceux qui estoient en garde de ce costé leur donnoient souuent. En fin ceux qui estoient sur les nauires & barques que l'on auoit armées dans ledit haure pour empescher le retour de la Scitie aians reconneu

Mort d'Eschillez.

Furieuse baterie au pas du Loup.

Moiens d'enuoier le cours aux assiegez.

Secours entre dans Brouage.

LIVRE QVARANTECINQVIEME. 380.

conneu ou entendu aucuns de leurs amys & connoissans: leur furent au deuant auec quelques Challuppes & batteaux, sur lesquels ces gens pour estre de si pres talonnez & poursuiuis des Catholiques, se jetterent en tel desordre & confusion, que beaucoup perdirent leurs armes & la plus grand part les viures & munitions, dont ils estoyent chargez. Si bien que du nombre ordonné il ne peut entrer dans Brouäge que sept vints hommes pour le plus: le reste estant ou mort ou pris. Et entr'autres y demeurerent prisonniers Destazes & Chardon demourez à la retraitte. Toutesfois cela cousta assez cher aux Catholiques qui y perdirent de bons hommes & mesmes Chemeraut qui y fut tué. Ceste perte aduint aux Protestans, principalemét pource qu'à l'heure de leur arriuée la mer estoit basse & le Riuage de la Riuiere conséquemment, si mol & vaseux que l'on y entroit jusques sur le genouil: en sorte qu'aïās l'ennemi en queuë il est facile à penser que le desordre ne pouuoit estre que tresgrand & mal aisé à s'embarquer entre les Protestans & fort auentageux aux Catholiques. *Mort de Chemeraut.*

Nous auons dit cy dessus côme l'Armée nauale des Confederez s'estoit en peu de jours toute rompuë & desbandée: ne restans à la rade de Chef de Baye outre quatre moyens Nauires que le Prince & la Florissante. Le premier ne pouuoit estre mis en seureté dans la Rochelle comme trop profondier: ne le vouloyent aussi laisser à Chef de Baye vuide d'hommes crainte d'imiter par la les Catholiques que l'on sçauoit assez faire partie d'aller en brief visiter ceste Rade, à le prandre & enleuer du premier temps. Quand à l'autre le Capitaine Grand à qui il appartenoit, voyant le peu d'apparence qu'il y auoit de redresser ceste Armée & le pauure ordre voire plustost confusion qui estoit en tous leurs desseins: delibera sans plus supporter tant de frais, s'enuoyer en mer & chercher ses auentures plustost que la laisser au hazard d'estre pris en vne Rade. Ce que craignant aussi le Vicomte de Rohan, fit retirer partie de l'artillerie qu'il auoit fait mettre dans le Prince. De sorte qu'il fut presque du tout desarmé: mais encores plus habandonné d'hommes. Somme qu'on voioit par tout telle confusion, qu'il sembloit que par vn secret jugement de Dieu, la plus part d'eux fussent frappez d'estourdissement en toutes leurs affaires, sans pouuoir obuier à la grande honte qui auint peu apres. Pendant neantmoins que les grans & plus forts Nauires se desarmoyent & desbandoyent qui ça qui la: les Rochellois auiserent d'entretenir & soudoyer pour vn mois trois moyens Nauires: qui ne pouuoyent toutesfois seruir d'aucune chose à tel besoin. Au contraire fut vne despence aussi inutile, que le Conseil en auoit esté donné mal à propos. Si que toutes les entreprises qui se faisoyent ou pour secourir Broüage ou pour garder la Rade de la Rochelle tournoyent à neant. Voyre n'estoit pas à demy conceuës que les Catholiques n'en fussent informez: Encores parmy tant de diuision & desastres sur desastres: Ceux de l'Isle de Ré quoy que le peril les enuironnast de tous costez: marchandoyent pour s'exempter de Garnison. Combien que ce qu'ils auoient de forces extraordinaires consistoit principallemét en petit nombre de Soldats d'estoffe, comme de ceux de la Garde du Prince qui y auoyent esté enuoyez peu de jours auparauant. Et le pis fut, que aucuns leur presterent l'oreille contre ce que tous auoient trouué par experience tres veritable qu'ils ne se pouuoient contregarder que par forces & trouppes foraines. *Armée Nauale des Protestans. Le Prince Amiral de l'armée desarmé de partie de son Artillerie.*

Les Catholiques cependant s'approcherent pié à pié pour gangner le coin du bastion: & s'efforçoient de cobler à force de fascines, sacs de sable & autres choses qu'ils jettoient tousjours deuant eux, son fossé. Ce qui leur estoit de tant plus facille & formidable aux assiegez, que ledit fossé est en cest endroit fort estroit & peu profond. Qui leur donna grande entrée pour se loger dans ledit bastion, duquel conséquemment ils craignoient d'estre grandement incômodez. Pour aquoy obuier les assiegez auiserent de se retrancher par le dedans, depuis le pas du Loup jusques enuiron la moitié de la Courtine & repart tirant vers la porte. Dauantage s'estās les assiegeans logez au bout de la Contrescarpe au coin du bastion susdit, dresserent vn grand Caualler à l'opposite du Rauelin deuāt la porte: Sur lequel ils logerent cinq pieces de Canon desquelles come aussi de leurs autres batteries, ils tirerēt vne infinité de canonades pour enleuer ce petit rauelin. Mais les assiegez le reparoiēt & releuoient les ruines d'iceluy en extreme diligence: faisans quelques sorties pour auec gouldrons & autres feuz artificiels, brusler ce Caualier qu'ils jugeoient chose fort facille, estāt composé de pippes, barriques, fascines & autres grosses pieces de boys aisées à prandre feu. Mais le Duc qui y auoit bien pourueu, y faisoit songneuse garde & s'auançoit tousjours pié à pié pour combler le fossé. *Efforts des Catholiques deuant Brouäge.*

BBbb

L'HISTOIRE DE FRANCE.

Aoust. 1577.

D'AILLEVRS Lansac estoit assez aduerty du pauure estat des affaires Protestantes: mesmes auoit tous les jours deux Galleres en Sentinelle à l'Isle d'Aix qui pouuoient voir à l'œil tout ce qui se passoit, alloit & venoit à la Rade de Chef de Baye. Parquoy estant bien aduerty qu'il y faisoit bon: feist entreprise d'enleuer les Nauires qui y restoyent. De sorte que le leudy matin premier Aoust on descouurit vers l'Isle d'Aix les cinq Galleres, huit Nauires & quelque nombre de Pataches. Les Galleres sauançans les premieres à cause du calme furent en peu d'heure à Chef de Baye. Ou ilz attaquerent le Prince à grands coups de Canon tant qu'ils le percerent à l'eau par trois endroicts. Il n'y auoit comme point d'hommes dedans & mesmes peu de Mathelots: partant ceux qui estoyent dedans se sauuerent les vns en la Challuppe du bord les autres se jetterent en l'eau & trauerserent à la nage à la poicte de Chef de Baye qui n'estoit gueres plus loin que d'vn demy quart de lieuë fors trois ou quatre lesquels emportez des Canonnades furent apres jettez pour pasture aux poissons. Il y auoit lors en la Rade trois moyens Nauires n'on gueres mieux garnis que l'Amiral. Lesquels ne pouuoyent faire grande chose à cause de la bonace & du calme qui ne leur permettoit tirer profit de leurs voyles: mal percez au reste pour faire jouer les auirons. A cause dequoy ils se firent (partie auec si peu de vent qu'il faisoit: partye auec les Challuppes qui les touoyent) porter au plus pres de terre où ils s'eschouërent. Tellement que les Galleres n'ayans affaire qu'au Prince duquel mesmes elles voyoient les hommes se jetter en l'eau: s'inuestirent de tous costez. Et sauoir abordé auec vne moyenne Barque s'efforcerent de le mettre au large pour s'emmener. Mais voyans qu'il couloit en fonds mirent le feu dedans duquel il fut en peu d'heure consumé jusques au raz de l'eau. Il y auoit encores lors dedans dix pieces de bonne Artillerie lesquelles peu de jours apres furent sauuées de l'asse mer. Toutesfois le feu les auoit tellement endommagées qu'elles ne pouuoyent plus seruir qu'à les mettre à la fonte. Ceste honteuse perte receuë si pres d'vne telle ville & à la veuë de tant d'hommes qui en estoyent spectateurs de dessus les Tours, les murailles & la coste qui en estoit toute couuerte n'aduint seule pour ce jour. Mais continuant les premiers airs de leur mal-heur (arriué aux deux principaux Nauires de leur Armée qui furent eschonez sur les bancs de Brouage lors qu'ils pensoyent aller au combat:) il falloit aussi que la Florissante accompagnast ce mesme jour son Amiral en mesme desastre sinon semblable à tout le moins aussi dommageable & honteux pour les Protestans. Or auoit des le matin la Florissante leué l'ancre de la Rade de Chef de Baye pour faire son voyage en mer: & n'attendoit que le Capitaine & quelques vns de l'equipage qui estoyent encores à la Rochelle pour quelques affaires. Cependant aduint auec ce que dessu, que le vent luy tourna contraire sur le midy comme il pensoit mettre à la voyle. De sorte qu'estant la Florissante le trauers de Sainct Martin de Ré fut en brief acostée des Galleres mesmement de celle à laquelle commandoit le Capitaine Normand de la Nonete auquel ceux de dedans qui n'estoyent plus de trente hommes voyans qu'ils ne pouuoyent ganger terre de costé n'y d'autre, se rendirent à la premiere Canonnade. Et au mesme instant prindrent aussi vn autre Nauire de l'Armée. Et furent presque tous les hommes de l'vn & de l'autre mis aux fers pour tirer aux Galleres deux desquelles menerent la Florissante deuant Broüage comme pour trophée de leur victoire. Ou depuis s'est perduë. Puis au lendemain des la poincte du jour les Nauires Catholiques mouillerent à la Rade de Chef de Baye & les trois Galleres au plus pres de la poincte de Coureilles. Ou l'vne d'icelles en signe de derision pendit aux deux bouts de son antene les pauillons de l'Amiral & Vis-Amiral auec grand signe de joye & d'allegresse. Sur le midy les Rochellois menerent quelques Canons & longues Coulleurines sur les deux poinctes desquelles, mesmes de celle de Coureilles furent tirez quelques coups contre les Galleres. Mais en vain pource qu'elles se retirerent au gros de leur Armée deuant Broüage auec salues & autres signes de joye coustumiers en tels cas Lansac mesme ne pouuant assez exprimer le plaisir qu'il en auoit & sembloit qu'il se sentist assez vengé des moqueries & derisions qu'il disoit auoir parauant receuz des Rochellois.

Sur ces entrefaittes les assiegez voians que les viures & munitions de Brouage s'en alloient finir. Et que de secours quelque promesse qu'en fist le Prince l'on en pouuoit bien peu esperer: Veu que l'Armée Naualle estoit deffaitte de tous points: delibererent coucher comme l'on dit du reste à tout hazard. Parquoy sur le midy troiziéme dudit mois s'estans assemblez au logis de

Manducage

Armée de Lansac à Chef de Baye

Le Prince bruslé.

La Florissante prise.

Conseil & resolution entre les assieges de Brouage.

Manducage detenu au lict à cause de sa blessure: les Gentils-hommes & Capitaines de la Garnison: fut proposé que tout le secours qui se pouuoit attendre en vne extreme necessité estoit la vertu & le bon courage, vnique remede à se retirer auec honneur de plus grandes affaires & dangiers qui coustumierement arriuent au faict des Armes: Et ou ils se pouuoyent veoyr ores reduicts. Tellement que contre vne si grande tentation que leur pouuoit presenter ou la force ou la mauuaise volonté de l'ennemy, ou de desespoir de secours promis: on ne connoissoit autre ne plus asseuré moyen & faueur, qu'vne braue & hardie resolution de s'aller chercher la dehors, sans plus longuement languir sous l'esperance d'vn vain secours: lequel pendant que l'on l'attendroit, ils pouuoyent considerer comme ils s'aprestoyent à vne plus cruelle Guerre, que la faim, la soif & disete des choses plus necessaires leur liureroit en peu de jours. Cependant leurs viures & munitions declinent fort: le nombre de leurs hommes sacourcist & leurs aduersaires se multiplient tous les jours. Que pouuons nous donc disoit Seré, esperer autre chose estans comme ils pouuoyent veoyr euidemment destituez de secours humain: sinon que finallement la faim & toutes autres necessitez nous combatrent plus asprement que noz ennemys? Or n'estoit ils pas d'auis d'attendre qu'ils en vinssent la: aussi qu'il y en auoit entr'eux qui sçauoyent assez comme les Rochellois en vserent à la plus grande extremité de leur siege en mesme jour qu'aujourd'huy par vne sortie si memorable & si bien accompagnée de la faueur speciale de D I E V qu'il est à croire que cela fut vne des principalle causes de leur deliurance. Nous ne sommes moindres que ceux qui executerent vne si haute entreprise: au contraire qu'il y en auoit beaucoup d'eux qui estoient de ceste partie là. Tellement qu'ils estoyent les mesmes. Que ceux a qui ils auoyent affaire n'estoyent ne plus vaillans ne plus genereux qu'estoyent les autres: Qu'ils n'auoyent ne quatre bras ne quatre jambes, ny chose plus qu'eux qui les leur peust faire redoubter. Mais plustost auoyent ce point sur eux. Assauoir la Iustice de leur cause qui combattoit pour eux. Parquoy leur aduis estoit de sortir ce jour la sur leurs ennemis. Et c'estoit la cause qui les auoit esmeu de s'assembler, quoy qu'ils ne fussent en doubte les vns des autres de leur bon zelle, ne de la valleur de leurs courages pour en resoudre & seseurer en l'entreprise & execution de ce qui seroit arresté selon qu'ils esperoyent faire. Ceste proposition de Seré aprouuée *Entreprise de ceux de Brouage.* de tous, la resolution en fut de sortir par le Rauelin de la porte auec chemises blanches, pour de la donner dans les tranchées des Catholiques auec nombre de Cuirasses & harquebuziers choisis de toutes les Compagnies. Et pource que cela leur succedant bien, il y auoit moyen de brusler le Cauallier dont cy dessus est parlé & d'enclouer les pieces qu'il portoit. Ceste charge fut donnée au Sergent Major, de sorte que Seré faisant son deuoir auec quelques Gentils-hommes & autres couuerts de Cuirasses, contraignirent en peu d'heure les *Mort de Seré & autres.* Compagnies de la Garde du Roy a quitter leurs tranchées. Mais poursuiuant outre pensant estre suiuis & que chacun fit son deuoir selon qu'il leur auoit este ordonné: s'engagea dans les tranchées des Suysses ou il fut tué auec dix de ceux qui l'auoyent accompagné. Les autres bien blessez se retirerent comme ilz peurent & y demeurerent quelques vns prisonniers entre les mains des Catholiques qui receurent ce jour vne tresgrande perte. Car parmy vn bon nombre qui furent tuez des leurs: se trouuerent quelques Chefs & Capitaines signalez. Or Seré mort, tout le faix & soin de la place tumba sur Beauuois qui deslors s'entremit des affaires fort esbranlées: tant a cause de la mort des sortis, retranchement de viure ordinaire, que de secours dont ils n'auoyent plus d'espoir. Mais à l'heure mesme ils receurent lettres du Prin- *Lettres du Prince à ceux de Brouage* ce par vn Mathelot, par lesquelles il se doulloit auec eux de la mort de Seré & des autres qui l'auoyent accompagné. Les consolans la dessus & les priant de perseuerer en leur premiere resolution, en laquelle il les assisteroit & secourroit en brief de ce qui leur estoit le plus necessaire. Et les prioit s'assurer, qu'il faisoit en cela toute chose possible dont ils verroyent dans peu de jours les effects. Au reste qu'ils n'ajoustassent foy aux trophées de l'ennemy, pour auoir bruslé son Vaisseau & pris la Florissante. Pource que ce n'estoit que du boys pour tout: sans que l'on eust fait perte d'homme: & que tout cela n'empescheroit qu'ils ne fussent secourus a temps.

T R O I S jours auparauant les Rochellois s'estans assemblez en leur Escheuinage: aduiserent que sur les murmures & plaintes generalles que l'on oyoit de tous costez contre les deportemens de plusieurs Catholiques associez: il sembloit plus que necessaire de les faire

L'HISTOIRE DE FRANCE.

Aoust 1577.

Remonstrāce faite par les Rochellois au Prince.

vuider & eslongner de la ville. Veu principallement qu'il ne se faisoit rien qui ne fust incontinent reuelé en l'Armée: & tous les Conseils & entreprises aussi tost diuulguées que conceuës. Dequoy ilz furent d'aduis de faire remonstrance particuliere audit Prince. Ce qu'ils firent le lendemain en compagnie des Ministres qui en porterent la parolle. Lesquels il ouït

Responce.

benignement sur l'aduis & priere qu'ils luy faisoyent, d'eslongner d'autour sa personne quelques siens domestiques de la Religion Catholique: desquels il n'y auoit pas grande apparence (veu mesmes les aduertissemens qui en auoyent esté donnez) de se fier, ne pour le General ne moins encores pour son particulier. Toutesfois il leur fit responce que quand aux seruiteurs Catholiques qu'il tenoit pres de luy: il les auoit pris en sa protection. Comme eux aussi auoyent faict de leur part leurs Concitoyens, parens, alliez ou amis. Et qu'ils pouuoient bien croire qu'il ne les tiendroit pas s'il ne s'en treuuoit bien serui: & qu'il n'eust parauant fait experiance de leur fidelité & de la fiance qu'il pouuoit auoir en eux à l'aduenir. Et mesmes que l'vn d'eux estoit cause apres D I E V qu'il tenoit la vie. Les priant d'auiser à leur faict, en ce qui touchoit le particulier de leur ville premierement. Et que quand à luy il ne l'oublieroit jamais, en chose qui importast tant soit peu le salut du public. Enquoy il fut aisé à connoistre qu'il ne prenoit grand plaisir qu'on luy eust parlé de ceux de sa maison.

Commandement aus Catholi. de vuider de la Rochelle.

Deux jours apres neantmoins, le Maire fit publier à son de trompe par la ville, que tous Catholiques reuoltez & autres ayans parauant porté les armes contre ceux de la Religion reformée: eussent à vuider la ville dans vint-quatre heures à peyne de la vie. Et que le temps expiré, seroit faict recherche de maison en maison afin de proceder contre les contreuenans comme il appartiendroit. Ce qui fut fait les jours ensuiuans. Mais plus contre les forains qu'ilz appellent à la Rochelle estrangers: que ceux de la ville, qui ne manquoyent à ce besoin d'amis ne de faueur. Occasion que la plus part des Gentils-hommes & Capitaines s'en tindrent fort offencez disans que les gens de bien de la ville, auoyent plus à craindre plusieurs Catholiques & Reuoltez naturels ou habituez en la Rochelle qu'on y souffroit en toute liberté: que ceux qui s'y estoyent retirez pour le deuoir de Confederation: concluans que ceux de la ville ne faisoyent tout cela que pour la hayne qu'ils portoyent de longue main à aucuns qui s'estoyent retirez en leur dite ville. Cependant les Rochellois craignans d'estre empeschez en la cuillette de leurs vins, principallement par ceux de la Garnison de Marans qui couroyent tous les jours dans le pays d'Aunis: s'aduiserent de fortiffier la Grimenaudiere, maison assez forte contre coureurs, à demy chemin de Marans à la ville: afin d'arrester leurs courses. Et pour c'est effect soudoyerent quelque nombre d'harquebuziers à cheual: les Contrecourses & surprises desquels sous des Noiers, asseurerent beaucoup mieux les habitans qu'ils n'auoyent esté. Expedions le siege de Broüage.

Fort & baterie du costé de la Riuiere de Broüage.

LES Catholiques enuiron ce temps, logerent trois Couleurines dans le fort qu'ilz auoyent faict sur le bord de la Riuiere vis à vis de Broüage. Dont ils mirent à fonds & autrement endommagerent les Nauires & Barques dont les assiegez se seruoyent contre la Scitie. Et rompirent la Pallissade qu'ils auoyent faicte pour empescher qu'elle ne sortist. Plus abattirent la Courtine en plusieurs endroicts & firent grand dommage aux maisons qui sont sur la greue. Mais ces assiegez, pour euiter ce qui pourroit arriuer de ce costé: firent vn grand retranchement par le dehors le long de la greue: faisant lequel ils trouuerent quelques petites sources d'eau assez douce. Qui fut vn grand plaisir aux blessez & mallades. Combien qu'il ne s'en pouuoit tirer que assez petitement. Le pain aussi y falloit desja. Mais il y auoit

Necessité dãs Brouage.

quantité de poix qui suppleoit aucunement à ce defaut, de vin aussi peu. Car il y auoit ja assez long temps que l'ordinaire pour le Soldat auoit esté limitée à trois Roquilles, qui sont comme les trois demis septiers de Paris. D'eau point de nouuelles que pour les blessez, de poudre bien petitement pour le jour d'assaut qui se preparoit. De sorte que l'on ne pouuoit plus contenir & arrester les hommes que aucuns ne se retirassent toutes les nuicts: suit vers les Catholiques ou la part qu'ils pouuoyent. Quand au secours, plus d'esperance. Et si estoyent menacez par les Catholiques de la venuë de Monsieur, qu'ilz leur disoyent auoir faict monde nouueau à Yssoire: & qu'il leur seroit de mesmes s'ils attendoient. Somme que ce vent abattoit les plus infirmes: & esbranloit les plus asseurez. Occasion qu'ils auertirent encores le PRINCE de leur extreme necessité. Et outre ce, plusieurs particuliers escriuirent à leurs parens & amis de la ROCHELLE se plaignans du peu de deuoir que l'on

faisoit

faifoit à les fecourir: qu'ils ne pouuoyent imputer que à couardife & lafcheté. Alleguans la perte que ce feroit d'vne telle place: pendant laquelle & auenant la mort de tant de gens de bien qui feftoyent fy volontiers enfermez la dedans: l'on pourroit veoir deux cens femmes vefues & cinq cens enfans orphelins qui leur en pourroient faire reproche quelque jour. Sur ces neceffitez, le foir du dixiéme de ce moys, le Capitaine Lofée fut à la Rochelle de la part des affiegez. Lequel bien qu'il n'euft lettres faifans mention du poure eftat de leurs affaires, crainte qu'il fuft pris par le chemin: auoit neantmoins charge de dire de bouche au Prince tout ce qui en eftoit. Mefmes de l'affurer que fy dedans deux jours ilz n'eftoyent fecouruz, ils feroyent contraincts de prendre party. Parquoy le lendemain tout le long du jour fut trauaillé à charger toutes fortes de viures & de munitions en petites Barques & Challuppes chargées & conduictes par Mariniers & Mathelots. Car de Soldatz l'on n'en vouloit charger les Barques, pource qu'il n'y auoit que trop d'hommes dans Brouage. Auffi qu'il falloit que cela s'executaft par furprife & de nuict. Le Prince renuoye ce jour mefme vers les affiegez pour les affeurer de ce fecours qu'il efperoit y faire entrer la nuict. Et lors ils fe mirent en deuoir & eftat pour l'attendre & fauorifer, mais en vain. Car le vent contraire arrefta les Chaluppes & Gallions jufques au quatriéme jour fuiuant. Au rebours Lanfac aduerty de ce deffein, fit faire vne palliffade (comprenant en longueur d'vn & d'autre cofté l'entrée & bouche de la Riuiere) auec Matz groffes pieces de boys & autres matieres entrauerfées & liées enfemble auec Chefnes de fer & gros Cables. Puis au deuant d'icelle, fit jetter les fers aux Galleres & quelques grandes Pataches. De forte que le paffage fut rendu du tout impoffible. Ioint que parauant que paruenir la: il conuenoit paffer au trauers ou à tout le moins à la mercy de leurs Nauires. Le dix-huitiéme deux Nauires de Lanfac eftoyent allez pofer l'ancre à l'Ifle d'Aix. Ou ils fembloyent efpier quelque autre occafion que d'auoir l'œil fur ces petites Barques qui eftoyent à Chef de Baye. Et pource qu'il fut rapporté que ces Nauires eftoyent mal garnis d'hommes, quelques Capitaines firent entreprife de les aller trouuer la nuict auec leurs Nauires qu'ils remplirent d'harquebuziers. Et qu'en tout euenement cela feruiroit à faire efcorte aux Gallions & Pataches chargez de viures pour Brouage: qui eftoyent quatorze en nombre lefquelles mirent à la voyle auec vent fauorable qui toutesfois fut de fi petite durée que les ayans menez jufques bien pres des Catholiques le calme furuenu tout à coup leur fit rebrouffer chemin auec la rame. Mais eftans defcouuerts fur la poincte du jour, enfemble les deux Nauires qui eftoyent fortis de la Rochelle pour les occafions que deffus les Galleres fe mirent à la fuitte d'vne incroyable viteffe. Alors les Gallions & Pataches Proteftantes qui n'auoyent feeu entrer dans Brouage fe mirent à leur retraitte au plus pres de la cofte d'Olleron & auec force d'auirons s'aprocherent en peu d'heure de l'Ifle de Ré. Partant les Galleres ayans laiffé de les pourfuiure, coururent aux Nauires qui fe faifoyent nager auec les Chaluppes. Lefquelles eftoyent venuës au deuant de la ROCHELLE. Ce qui leur vint bien à propos. Car & Nauires & Galleres furent prefque auffi toft les vnes que les autres à Chef de Baye. Mais les Nauires feftans mis au plus pres de terre, ceux de dedans ne voulans endurer la furie des Canonnades aufquelles ilz voioyent les Galleres fe preparer: defcendirent fur les Gallions & Challuppes garnies d'efpoires & grans nombres d'harquebuziers. Auec ce marcherent à l'inftant mefmes contre les Catholiques qui ne voulurent attendre ains fe remirent au large. Toutesfois affez l'entement. Puis voyans que l'on continuoyt toufjours de les chercher & mefmes qu'elles en defcouuroyent d'autres qui venoyent de Ré: lors fans plus arrefter reprindrent leur chemin vers Brouage. Au lendemain l'on depefcha aucunes de ces Barques chargées de viures & des plus legeres pour tenter derechef d'entrer en Brouage. L'vne defquelles chargée de poudres & medicamens dont les affiegez auoyent grande neceffité s'auança jufques bien pres de la palliffade. De forte que tout fut defcouuert auec vne alarme bien chaude qui les fit retirer. Ioint que aucuns des entrepreneurs eftoyent merueilleufement refroidis.

CEPENDANT furuindrent à la Rochelle plus grans troubles & deffiances que jamais au moyen d'vn nommé Loys Ioullain natif de Saumeur lequel venant du Camp des Catholiques & neantmoins affeurant qu'il venoit de Saint Iean fut conftitué prifonnier fur quelques certaines conjectures. Depuis trouué faifi de paffeports tant du Duc du Maine que de quel-

Les affiegez folicitent le Prince à les fecourir.

Palliffade faite par les Catholi. à l'entrée du Haure de Brouage.

Les viures & munitios que l'on enuoie à la Rochelle en pouuent entrer en Brouage.

Galleres à Chef de Baye & leur fubite retraite.

Diuifions & foupcons a la Rochelle.

Aoust, 1577.

ques autres Seigneurs Catholiques auec lettres de chiffre & autres sur lesquelles toutesfois l'on ne trouuoit beaucoup de quoy se fonder: on luy presenta la Genne, où il aduoüa quelques allées & venuës auec certaine pratique qu'il auoit menée à bonne intention pour faire quelque bon seruice au Prince de Condé. Et que cela s'estoit mené au veu & au sceu des plus grans qui l'y auoyent employé. Quoy qu'il en soit, deux jours apres Ioullain fut executé à mort & les autres pris faits prisonniers comme ses Complices: & aucuns mis à la Genne quelque temps apres deliurez. Par ou se peut connoistre qu'il n'y alloit de tant que le peuple faisoit courir, au grand deshonneur de beaucoup de gens de marque: ausquels les Iuges disoient que ce n'estoit assez de viure en gens de bien: mais qu'il se faut garder d'estre soupçoné. Ioint qu'en matiere de Guerre, en tel cas mesmement lettres chiffrées portent leurs condamnations: principalement faites entre Chefs particuliers sans l'aueu du General. Finissons le siege de Brouage.

Occasion des Parlemens deuāt Brouage.

Il à esté dit cy dessus, comme Manducage auoit esté blessé au pas du Loup: Sa playe estoit en la jambe, l'os de laquelle estoit grandement offencé de deux balles d'une harquebuzade qu'un des siens mesmes luy auoit tirée par inaduertance & fort prez toutesfois. Or sa blessure s'empirant de jour à autre, tant pour la faute de bons medicamens que autres alimens necessaires: aussi qu'il estoit assez delicat: il allechout à veuë d'œil deuenoit cōme Etique. Occasion qu'il fut conseillé s'il vouloit guerir de sortir: veu mesmemēt le gros aer de la Marine. Et pource de rescrire a Lansac & Rochepot qu'il sçauoit luy porter particuliere affection. Afin que par leur moien il peust obtenir sauf conduit du Duc du Maine. Mais ils luy respondirent bien tost, que ceste Requeste auoit esté trouuée impertinente. Toutesfois que pour son respect particulier, le Duc consentoit qu'il se retirast en seureté à Saintes, Taillebourg ou autre lieu de leur party. Offrant donner seureté, toute faueur, & secours qu'il pourroit desirer. Or ne fut ce conseil approuué de beaucoup: Pource que encores que les CATHOLIQVES fussent assez auertis de l'estat & affaires des assiegez: sy est ce qu'il sembloit que c'estoit par là cercher quelque ouuerture de parlement ou composition. Laquelle les assiegez n'osoient bonnemēt entamer de leur part: aimans mieux que les assiegeans en fussent les premiers autheurs. Mesmes que le Duc, aussi tost que les autres sou Chefs de l'Armée: y eust voulu entendre fort volontiers, tant pour mesnager la vie de ses hommes: que de crainte qu'autre Seigneur que le Roy y pourroit en fin enuoyer: ne cueillist à son aise le fruit de l'arbre qui l'auoit de si long temps & auec tant de peine & hazard esbranlé. Parquoy Strossy qui des long temps à eu assez bonne creance parmy les trouppes Protestantes: voulant sur ceste occasion sonder le courage des assiegez: fit sçauoir à Maninuille (la mere duquel auoit esté nourrice de son enfance, & par son aduis les fortifications de la place pour la plus part, auoyent esté continuées jusques à ce jour:) qu'il auoit volonté luy communiquer quelque chose d'importance. Ce qu'estant mis en Conseil, fut trouué bon que Maninuille y entendist. Mais accompagné d'un second: car autrement Maninuille protesta de ne s'en mesler aucunement. Disant qu'il estoit assez notoire: combien ceux de ce temps taxoyent coustumierement a credit les actions de ceux qui s'employoient en telles affaires. Le lieu assigné pour communiquer fut le bord du Canal qui tire à Yers assez prez du Bastion du Caillau. Ou se trouuerent Strossy, & Puy-Gaillart, Maninuille & la Valée: sans autre charge toutesfois des assiegez sinon que d'entendre la proposition des Catholiques. Aussi ne fut il fait autre chose à ce premier abouchement: fors que Strossy dist qu'il estoit grandement esbahy & fasché de veoir les assiegez s'opiniastrer là dedans sans aucun moyen ne esperance de secours: comme ils sçauoyent trop mieux qu'eux. Et qu'ils ne pouuoyent ignorer comm'ils estoyent desja logez dessous & dessus leur bastion. Leur fossé & vne partie d'iceluy tellement gangnée & auec tel auantage que leur donnant vn effort tel qu'ils delibereroyent leur donner de brief, il y auoit grande apparence qu'ils ne demourassent sous le faix. Dont il auroit vn extreme regret pour la pitié que leur faisoyēt tant de bons hômes enfermez là dedās, qui pourroiēt bien quelque jour seruir ailleurs, apres que ceste miserable guerre seroit terminée par vne bōne Paix. Les prias d'en auertir leurs compagnons & leur cōseiller de n'attēdre l'extremité. Ce rapport fait, fut auisé de continuer ce pour parler. Pour lequel acheminer esleurent encores deux autres affin d'accompagner ceux là: à charge d'entendre des Catholiques à quelle raison ils se mettroyent en leur rendant la place. Ce qu'ayans proposé le lendemain au lieu assigné tel que le jour precedent: fut respondu par **Strossy**

Conference & traitté pour la redition de Brouage.

Stroffe & Puy-Gaillart que c'estoit aux assiegez à faire ouuerture de leurs demandes, ausquelles ils les pouuoyent asseurer que Monsieur le Duc du Maine satisferoit à leur grand contentement. Mais pour plus les intimider & haster d'entrer en capitulation: Ils n'oublierent à monstrer vne lettre que le Roy escriuoit au Duc du Maine: Par laquelle il luy faisoit sauoir l'acheminement de Monsieur auec ses trouppes pour aller deuant Broüage. Ce qu'ils deuoyent bien craindre, considerans ce qui estoit fraischement aduenu dans Yssoire & qu'ils n'auroyent si bon marché de luy quand il seroit arriué. Somme qu'au retour de leurs Gens, les assiegez dresserent leurs Articles & esleurent deux Gentils hommes pour accompagner les quatre premiers auec charge, memoyres & instructions pour vacquer jusques à l'entiere yssue & accomplissement du tout. Lesquels se trouuans le seiziéme dudit moys sur le soir au lieu accoustumé: presenterent les Articles à Stroffy, Puy-Gaillart, Lansac & Beauuois Nangy pour les communiquer au Duc. Et ce pendant fut faicte Tresue & surseance d'Armes jusques à la responce pour euiter le trauail de costé & d'autre. Car ils estoyent lors si voesins qu'ilz se tiroient coups de pistolles, & hallebardes par les mines esquelles l'on se pouuoit rencontrer. Le lendemain les Articles furent rapportez & signez d'vne part & autre: apres auoir impetré de la part des assiegez vn delay assez brief pour en aduertir le Prince: afin de sçauoir s'il auroit agreable la capitulation & où il luy plairoit de partir les Compagnies de ladite Garnison. Pour l'execution dequoy furent depeschez trois deux, auec Thomassins. La capitulation portoit que les assiegez sortiroyent indifferemment de la ville de Broüage dedans Dimanche ensuiuant heure de Midy, auec leurs Armes & bagues saunes pour se retirer à la Rochelle ou ailleurs. Et que allans par terre, ilz seroyent conduicts par Stroffy & Puy-Gaillart & par mer par Lansac. Que ceux de la ville & Isles prochaines pourroyent demourer si bon leur sembloit auec liberté de conscience & jouyssance de leurs biens. Plus que le Canon & Couleurine qui estoit en ladite ville, seroit par les assiegeans enuoyé à la Rochelle dedans huict jours: moyennant vn passeport auec plusieurs autres ARTICLES & conditions: pour l'effect & execution desquelz furent ordonnez pour Ostages de la part desdicts assiegeans, de Bors Lieutenant de Biron pour le faict de l'Artillerie, & de Bougoin Gentil-homme de Poitou: de la part desdicts assiegez les Capitaines Cormont & Guillonuille. Donques Thomassins & autres arriuez à la Rochelle pour la ratification des Articles: le Prince conseillé de ne les aduouer ny ratifier comme faicts sans l'aduis du Roy de Nauarre & le sien: Ioint que l'occasion sembloit se presenter de les deliurer du siege, en apparence ne les contredit pas: & manda aux assiegez de les accomplir pourueu qu'on y adjoustast vn Article par lequel ceux qui auoyent esté pris sur les Nauires & depuis detenuz aux Galleres seroyent mis en plaine liberté. Ceste depesche estant faicte au veu & sceu de plusieurs: Le Prince ayant tiré à part en son antichambre les Deputez, leur dist qu'il ne pouuoit que grandement loüer le deuoir que les assiegez auoyent fait tout le cours de ce siege: S'asseurant qu'il n'auoit tenu à eux que le tout n'eust autrement succedé. Toutesfois estoit extremement marry, qu'ils fussent entrez en composition à l'heure qu'il y auoit apparence de les secourir dedans quatre jours: comme il leur monstra par vne lettre du Roy de Nauarre qu'il auoit receuë le matin mesme sous coulleur d'apporter nouuelles des Deputez pour le faict de la Paix. Et pour tesmoignage de son intention enuoyoit, le Roy vne espée assez cogneuë dans laquelle y auoit vn petit escript qui donnoit certaine asseurance des trouppes disposées pour secourir Broüage. Pour le faire court le Prince declara que se secours estoit tout prest. Pour lequel joindre il s'achemineroit le soir mesme auec toute la Noblesse pour leur en faire veoyr les effects dans le Mardy prochain. Dont pour en asseurer dauantage les assiegez, il fit ceindre l'espée à l'vn d'eux au lieu de la sienne. Or d'autant qu'on trouuoit l'execution de cela assez difficille: mesmes de temporiser ainsi dans trois ou quatre jours au prejudice de leur foy donnée: Ce que les Catholiques pour l'auantage qu'ils auoyent endureroyent difficilement: on leur remonstra que ce delay se pourroit faire auec honneur & couuerture legitime comme en debattant l'Article dont cy dessus est faict mention. Que les Cappitaines des Razes & Chardon, fussent rendus sans rançon. Que l'Artillerie & Mousquets de la Rochelle, fussent renuoyez & les Ostages promis de la part des Catholiques premier arriuez dans la ville: que les assiegez commençassent à sortir de la place. Toutes lesquelles choses le Prince desiroit estre mises en

Articles de la capitulation de Broüage.

Le Prince ratifie la capitulation.

auant, afin que pendant le debat d'icelles ce petit terme ordonné peuſt eſtre expiré. Auec ceſte reſponce ils partirent ſur le midy de la Rochelle pour s'en retourner, & coucherent pour ce ſoir à Moaiſe: fors Morette trompette du Roy qui donna juſques en Broüage: aſſurant les aſſiegez que le Prince auoit eu ceſte cappitulation pour treſagreable. De ſorte que cela les incita de tant plus à ſe preparer, pour quitter la place le lendemain à l'heure promiſe. Mais eſtans arriuez les Deputez vn peu plus tard qu'il n'eſtoit beſoin pour leur charge: & auoir recité particulierement ce qu'ils auoient entendu du Prince & la prorogation de temps qu'il deſiroit eſtre faicte de la reddition de la place pour les occaſions cy deuant dites: il n'y eut celuy qui ne fuſt grandement esbahy. Iugeans que cela eſtoit du tout impoſſible, pour auoir eſté trop tard aduertis d'vne telle reſolution. Et les Catholiques tellement informez par leur bouche meſme de l'eſtat de leurs affaires, que bien à peine les pourroit on fruſtrer de ce qui leur auoit eſté promis. Meſmes que depuis la Treſue faicte, les vns & les autres conuerſoyent familierement enſemble: s'entre recognoiſſans auec les careſſes & courtoiſies couſtumieres en ces Guerres ciuiles. Voyre y auoit pluſieurs des Catholiques dans la ville, que aucuns ſoldatz y amenoyent & faiſoyent entrer apres qu'ils auoyent eſté en leur Camp. Et ce au grand regret & contre les defences des Chefs qui ne pouuoyent eſtre obeys en ceſt endroict. Toutesfois la reſponce du Prince & creance dudit la Vallée eſtant à l'heure meſme miſe au Conſeil: aucun ne fut d'auis de ſe monſtrer autre en ceſt endroict. Au contraire les principaux reſolurent de fournir à leur promeſſe. Outre ce qu'il eſtoit preſque du tout impoſſible de tenir plus long temps: veu le trait qu'auoient desja pris les affaires & la confuſion & deſobeïſſance cy deſſus alleguée. Ioint que les Soldatz n'eſtoyent deliberez garder plus longuement la place. Mais auſſi ne ſe vouloyent pas ſeulement tenir à la breche ou les Catholiques eſtoient desja les plus forts: Leſquels comme preſageans quelque choſe ſuruenue de nouueau au prejudice de la capitulation, faiſoyent deſcendre gens de pied & de cheual en grand nombre dans leurs tranchées pour venir à la breche. Parquoy il ne reſta aux aſſiegez ſinon que de parler à eux & leur offrir la place moyennant que les Oſtages fuſſent arriuez a la Rochelle comme telle eſtoit l'intention du Prince. Or des autres choſes qu'il demandoit, ce fut peyne perdue que d'en parler. Et quelque choſe qu'en ayt voulu dire, aucuns iugerent bien en apparence que la capitulation n'auoit eſté aucunement conditionnelle: quoy qu'ils en vinſſent depuis aduertir le Prince. Ce qu'ils faiſoyent plus pour ſçauoir ou il luy plairoit departir ceux de ladite Garniſon que autrement. Et de faict les Deputez d'vne part & d'autre alans à la Rochelle n'y porterent point la coppie des Articles de la capitulation. Qui donna matiere à pluſieurs de juger & dire qu'elle n'eſtoit moins precipitée & deſraiſonnable comme faite ſans le ſceu du General: qu'abſolue & ſans condition auant leur partement. Les aſſiegez donc aians prié Stroſſi & Pui-Gaillart qui eſtoyent à la breche: de ne les tant precipiter en l'execution de leur promeſſe, qu'ils n'euſſent premierement eſgard d'enuoyer leurs Oſtages à la Rochelle: fut reſpondu qu'à l'heure meſme ils les verroyent monter à cheual pour ceſt effect. Et que s'ils auoyent aucun doubte, ils ſe conſigneroyent eux meſmes entre leurs mains. Les prians pour la fin de tenir leur parolle & ſe fier auſſi en leur promeſſe. Et que ce ſeroit leur grand proffit. Ce que voyans les aſſiegez, ſortirent de Broüage à l'heure promiſe le vinthuitiéſme Aouſt. Eſtans les bleſſez & mallades conduicts par mer en Barques & Gallions que les Galleres touerent à cauſe du calme juſques bien pres de la Rochelle. Les autres Compagnies furent auſſi ſeurement conduictes les vnes à Pons les autres à la Rochelle au grand honneur des Catholiques, qui ne manquerent en vn ſeul point de leur foy & choſe promiſe: quoy que leſdicts aſſiegez arriuaſſent preſque auſſi toſt en ladite ville de la Rochelle, que les Oſtages qu'on leur donnoit. Le jour meſme le Duc du Maine y entra ſur la Realle: & depuis y laiſſa Lanſac pour Gouuerneur auec forte Garniſon. Lequel pour monſtrer qu'il vouloit bien traicter non ſeulemēt les habitās, mais auſſi ceux des Iſles: fit quelques jours apres publier vne ſauue garde pour tous ceux qui s'y voudroiēt retirer de quelque Religiō qu'ils fuſſent ou quoy qu'ils euſſent porté les Armes: en quoy pluſieurs ſe fierēt les autres non. Mais les Rochellois furēt grandemēt esbays & indignez, quād ils virent le Lundy matin ceux de Broüage qu'ils pēſoiēt deuoir tenir juſques au jour que le Prince leur auoit promis ſecours. Et pour raiſon duquel il s'eſtoit mis en chemin dez le Samedy precedent: ayant dōné charge aux Capitaines de Marine, de faire appreſt de plus grād nōbre de barques, galliōs & challuppes qu'il ſeroit poſſible.

Comme

Redition de place cōme ſe doit faire.

Redition de Broüage.

Meſcontentemēt des Rochellois.

LIVRE QVARANTECINQVIEME. 384.

Comme aussi cela fut fait tant à la Rochelle que de l'Isle de Ré pour auec icelles donner l'alarme du costé de la mer, pendant que les autres viendroient par terre. C'estoit chose estrange de voir les plaintes & murmures qui s'en faisoiēt chacun en parlant selon sa passion. Aucuns taxoient ceux de Brouage de s'estre trop volontairement renduz: n'estans encores reduits à l'extremité telle qu'ils auoient fait courir. Et mesmes pour s'estre trouué grand nombre de poudres & viures apres la redition de la place.

Le Prince donques sous ceste occasion & auec telle esperance partit de la Rochelle le dixseptiéme du mois sur les neuf heures du soir & en sa compagnie toute la Noblesse. Il fut suiuy d'vn nombre de jeunesse tant de la Rochelle que de forains pour le desir que chacun mōstroit de se trouuer à vn tel affaire. De sorte qu'il ne se trouua moins accompagné que de trois cens cheuaux. Le lendemain il arriua à saint Iean d'Angely ou s'estant renforcé d'vn nombre d'hōmes: donna d'vne caualcade jusques à Barbezieux faisant dixhuit grandes lieuës d'vne traitte. Puis auoir passé la Charente à Bassac, se rendit à Pons non sans grand danger. Car la Caualerie Catholique le suiuoit ja en queuë & auoient bordé ladite Riuiere aux endroits ou elle estoit gueable pour l'arrester & le deffaire. Le Conte de la Roche-foucaut y commandoit pour Gouuerneur auec cent cheuaux & six cens hommes de pied aiant mis le reste des forces és garnisōs voisines. Lesquelles se maintenoiēt par les courses ordinaires esquelles ils gangnoient assez souuent pour s'entretenir. Le vint troisiéme d'Aoust le Prince rescriuit de Pons au Maire de la Rochelle, comme il esperoit en peu de jours joindre le Roy de Nauarre, le Vicomte de Turaine, la Nouë & autres Seigneurs, accompagnez de forces bastantes pour faire quelque bon exploit & tenter autre entreprise puisque celle de Brouage manquoit selon que à son tresgrand regret il auoit sceu.

Le Prince part de la Rochelle.

Pons & la garnison.

Lettre du Prince aux Rochellois.

Or arriuerent les Deputez le vint septiéme dudit mois, rapportāt coppie des articles accordez en la negociatiō de la Paix. Excepté de trois qui estoiēt demeurez en differēd & pour vuider lesquels Biron s'estoit acheminé à Poitiers pour sur iceux entendre l'intention & derniere volonté du Roy. Toutesfois les choses estoient desja pour ce regard tellement auancées: que l'on conceut grande esperance d'vn repos futur quoy que ces articles sembloient maigres à plusieurs au pris mesme de la liberté octroiée par le dernier Edit. Mais neātmoins chacun sembloit les desirer tels qu'ils estoiēt, pour estre extrememēt las de la guerre. Aussi que plusieurs jugeoiēt pour vn grand auantage & grace non petite que le Roy aiant telle prise sur ceux de la Religion: se fut contre toute attente d'iceux, eslargy en beaucoup de choses que peu de jours parauant l'on n'eust osé esperer. Or entre tous ceux qui plus desiroient ceste Paix les Rochellois s'y monstroient affectionnez & en public & en particulier: Tant par la representation du malheur qui accompagnoit leurs desseins que pour la souuenance de tant de pertes receuës depuis les seconds jusques à ces derniers troubles. La face desquels se monstroit encores plus miserable que de tous les precedens.

Negociatiō de Paix.

Les Rochellois desirent la paix.

Somme que l'on ne voioit plus en la Rochelle que toute matiere d'enuys: tant pour le souuenir des malheurs passez, que pour le decez de plusieur signallez personnages en la ville. Mesmes à cause de la mort de Pierre Bobineau Maire d'icelle. Lequel six jours apres le partement du Prince estoit decedé le vint troisiéme du mois au grand regret de tous, naturels, habituez & autrement refugiez en la ville: non sans oppinion que le desordre & piteux succez des affaires publiques (outre l'indisposition naturelle reconeuë en sa personne par les Medecins deuant & apres sa mort) ne luy eust de beaucoup auancé le terme de ses jours: Car com'il estoit prompt, chaud de naturel, bouillant d'vn bon zelle à son party: & voiant que faute d'aucuns tout alloit de mal en pis quelque peyne & moiens qu'il y sceut employer pour remettre les affaires en bon estat: en print vn tel & si grand desplaisir, qu'il en mourut peu de jours apres le premier de sa malladie qui l'auoit saisi sur le vintiéme Iuillet: dez lequel Barbot l'vn de ses Coelegues exerça la Magistrature jusques au vint-troisiéme Aoust que Bobineau chāgea de vie. Auquel jour les clefs des portes fermées furēt soudain portées chez Guillaume Gēdraut lors premier Escheuin & dernier Maire jusques à ce que le corps fut enterré: qui fut au lendemain apres midy: que les Enseignes des compagnies trainantes, tambours, couuerts de drap noir, panonceaux des couleurs de la maison de ville soustenus par les sergens de la Mairie: les clefs de la ville és mains des portiers marchās deuant le corps: fut porté & suiuy par les Capitaines de la ville, couuert de vellours noir: dont les quatre anciēs Maires portoient les quatre

Mort de Pierre Bobineau Maire de la Rochelle.

Forme & solēnité qu'on tient à la Rochelle aux obseques & funerailles d'vn Maire.

BB bb iiiij.

L'HISTOIRE DE FRANCE.

Aoust 1577

bonettes depuis son logis iusques au bout de la grād Ruë:& de la le long de la Ruë saint Yon iusques deuant la maison de la ville:accompagné iusques en terre de plusieurs grās Seigneurs & Gentilshommes qui lors se retreuuerent en ville: non moins deuotieusement que de tous les plus apparens & du tiers de la Rochelle: Puis fut laissé reposer au cymetiere saint Sauueur auec vn extreme regret de tous ceux qui le cōduirent: ne laissant à son seul fils pour toute reconoissance de tāt de peynes, fraiz & mises qu'il fit à l'auancemēt ou maintien de son party: que l'honneur d'auoir esté le plus solemnellement & auec plus de tristesse conduit en terre qu'autre Maire qui soit mort y a cinquante ans. Au retour de l'enterrement, Gendraut qui exerçoit la Mairie accompagné d'Eprinchard & Barbot Coclus du desfunct: suiuis des Escheuins & Pairs de la ville furent à l'Escheuinage pour eslire vn des Coclus à Maire iusques à la fin de l'année, ou resolus d'en desferer la nomination au Roy par son Lieutenant General P. Pierre à sa coustumée: & les luy auoir Gendraut presenté à l'auditoire Royal, Iean Barbot fut nōmé & par luy accepté Maire pour ceste année. Si que le serment fait de bien & fidellement exercer sa charge, il fut pourueu des seaux, des clefs des portes, des Tours & de l'autorité requise au maintien d'vne telle Magistrature. Mourut aussi Manducage Gentilhomme Picard Gouuerneur de Broüage pour la blesseure qu'il y auoit receuë. Et bien tost apres du Vigean Gentilhomme de Poictou autresfois Gouuerneur de Lusigen pour le Roy: d'autant plus regreté par les Protestans & Rochellois, qu'il n'auoit onques espargné sa peyne & ses moiens pour maintenir la seureté de son party: il mourut de mort subite à la Rochelle sur le commencement de Septembre ou des le commencement de ces troubles & soudain apres la Confederaion faite entre le Prince & les Rochellois: il auoit esté laissé comme Sur-intendant és affaires qui concernoient la Noblesse & autres retirez sous la faueur du party: Car les Rochellois manioient leur fait à part: tendans tous neantmoins à mesme fin.

Election d'vn Maire

Manducage & du Vigean meurent à la Rochelle

C'estoit au temps que les forces Catholiques tiroient vers Saintes & Congnac. Et s'estoiēt approchées quelques Cornettes de Pons où estoit le Prince, contre lesquelles ceux de dedans sortirent & se disposerent à certaines embuscades pour y attirer les Catholiques. Mais estans les factions trop tost descouuertes ils iugerēt assez tost du stratageme. Toutesfois cela n'empescha que les vns & les autres ne s'approchassēt de si pres que demeurās lōguemēt rēgez en bataille ils s'entendoient aisement parler. Et s'arrestans tout cecy sās entreprise ne d'vn ne d'autre costé sembloit qu'il y eust trefue entre eux se condoullans les vns & les autres du malheur de ces guerres ciuilles qui effaçoit tousiours peu à peu l'ancien lustre & splādeur d'vn si puissant Royaume. Ianissac y fut tué: lequel pris auec Ienlis par les Espagnols, lors qu'il vouloit conduire son armée au secours de Mons en Haynaut, & auoir païé rançon pour se liberer s'estoit nouuellement rendu partisan des Catholiques. Mais ce n'estoit le dessein du Prince de s'arrester plus longuement à Pons. Ioint que s'il y eust fait plus long seiour il portoit risque selon toute apparence d'y estre bien tost assiegé. Il se hazarda donc d'en sortir la nuit pour tirer à Bergerac & bien tost apres le Roy de Nauarre & luy se virent à Mōguion. Cōme aussi le Viconte de Turene & la Nouë qui parauant s'estoient retirez l'vn à Montpont l'autre à sainte Foy, apres le retour de Languedoc pour le secours de Mōrpellier que le Mareschal d'Anuille tenoit assiegé. Ceste entreueuë faite se retira peu de iours apres à Pons, le Roy de Nauarre à Bergerac & le Viconte de Rohan à la Rochelle des les premier iour de Septembre, auec pres d'enuiron trois cens hommes qui auoient accompagné le Prince à sa sortie de la Rochelle.

Le Prince à Pons,

Le Prince à Bergerac.

Or apres la reddition de Broüage Lansac se porta gouuerneur des Isles esquelles il comprenoit aussi l'Isle de Ré cōbien qu'elle soit du gouuernemēr de la Rochelle. Dequoy ceux de l'Isle se seruoient principalement pour responce à toutes les sommations de Lansac lequel à ceste occasion & plus toutesfois pour le grand nombre de nauires qu'il sçauoit aux rades de l'Isle afin de charger du sel: Lesquels il desiroit enuoier en Broüage pour leur y faire prēdre leur charge afin que par ce moien le proffit demeurast de sō costé: s'embarqua bien tost apres sur les Galleres & suiuy de ses nauires se presenta deuāt saint Martin. Où neāmoins il ne fit aucune entreprise ny effort. Parce qu'il pouuoit biē voir à l'oeil, l'ordre qui y auoit esté mis. Merinuille estoit tousiours demeuré dedās auec bōne garnisō depuis la redditō de Broüage & d'abōdāt. Popeliniere y estoit allé auec vn nōbre de gēs esleuz. Si bien qu'il se peuuēt trouuer plus de mil hommes là dedans outre les habitans qui auoient aussi fait prouision d'artillerie tirée

Lansac se vant l'Isle de Ré.

de

de la Rochelle & laquelle ils auient difposée à propos fur les plus dägereufes auenuës. L'Ifle eft peu moins longue & large que l'Ifle d'Olleron & n'eft de tout fi plaifãte & fertile. Tou-
resfois elle eft beaucoup plus frequentée des marchãs à caufe qu'il y a de bonnes rades & haures pour moiens nauires qui manquent à celle d'Olleron. Auſſi qu'elle eſt merueilleuſement
abondante en petis vins blancs du coſté du leuant, & par toute l'Iſle ſe fait grand nombre de
ſel. Or d'autant qu'elle eſt fort proche de la Rochelle & de ſon Gouuernement: ils ont couſtumierement ſuiuy meſme party que les Rochellois: Deſquels ils ont touſjours eſté aſſiſtez & ſecouruz ſelon leur pouuoir. Et à preſent y auoient tellement pourueu, que quelques
forces qu'euſt Lanſac il ne trouua bon de tenter la deſcente. Or y auoit à l'ancre deuant l'Iſle
quelques ſoixante nauires marchãs & la plus part Anglois, les plus forts & mieux equipez.
deſquels auoir fait promeſſe tant à ceux de l'Iſle qu'à vn nauire de guerre de la Rochelle qui
eſtoit la deuant: de ſe mettre en deuoir de defence contre Lanſac. Neantmoins quand ils virent ſon armée ils changerent auſſi toſt de volonté prenans chacun party les vns de ſortir en
mer: les autres d'obeir au plus fort. Mais à cauſe du calme tous furent en fin contraints de
demeurer & prãdre par commandement de Lanſac leur routte en Broüage & Olleron pour
y acheter leur charge de ſel. Dont les Anglois ſe ſcandaliſerent fort: diſans qu'ils eſtoient libres & marchans de bonne foy: qui n'auoient que faire des guerres & diuiſions de France, &
ſe plaignoient auſſi d'auoir eſté aſſez rudement traittez. Tellement que depuis la Royne d'An
gleterre en fit plainte au Roy par ſon Ambaſſadeur & y eut à cauſe de cela quelques nauires
François arreſtez en Angleterre. Autre choſe donc ne fit Lanſac en ceſte expedition, ne pouuant meſmes auoir ce nauire de la Rochelle lequel de nuit ſe mit en mer par le pertuis d'Antioche & ſe retira ledit Lanſac dans Broüage. Auſſi que deſlors l'on auoit grande eſperance de
la Paix. En attendãt laquelle eſtoit interuenuë vne ſurceance d'armes enuiron le dixſeptiéme
du mois. De fait ſur la fin de Septembre le Prince receut à ſaint Iean les articles de la Paix arreſtée & la fit à meſme heure à torches & flambeaux publier par les cantons. & puis à la Rochelle pour teſmoigner de quelle volonté il receuoit ce bien tant deſiré & de ſi long temps attendu.

*EDIT du Roy ſur la pacification des troubles de ce Royaume,
contenant le reglement que ſa Maieſté veut &
entend eſtre gardé pour l'entretenement d'icelle.*

HENRY par la grace de Dieu Roy de France & de Pologne. A tous preſens & auenir,
Salut. Dieu qui eſt ſcrutateur des cœurs des hommes, & voit le fons de toutes leurs penſées,
nous ſera touſjours vray Iuge que noſtre intention n'a jamais eſté autre que de regner ſelon
ſes ſaints commãdemens, & gouuerner nos ſujets en toute droiture & juſtice: Nous rendans
à tous pere cõmun, qui n'a autre fin que leur ſalut & repos. Pour à quoy paruenir nous nous
ſommes inceſſamment efforcez de faire tout ce que nous auons eſtimé plus conuenable
ſelon les occaſions & le temps, meſmement auec ceſt'intention d'eſtablir vn aſſeuré repos
en ceſtuy noſtre Royaume, & pouruoir aux deſordres & abbuz qui y ſont entrez par la licence de ſi longs troubles, & le remettre en ſa premiere dignité & ſplandeur. A ceſte fin nous aurions conuoqué en noſtre ville de Blois nos Eſtats generaux ou furent traittez pluſieurs choſes, ſpecialement ſur le fait de la Religion: Ayant eſté propoſé par aucuns que l'vn des meilleurs remedes eſtoit d'interdire tout exercice d'autre Religion que de la Catholique: Toutesfois Dieu n'a permis qu'en ayons recueilli le fruit que deſirions, ains comme il luy plaiſt quelquesfois viſiter les Royaumes & Potentats, auec ſa verge de rigueur pour les offences & pechez des hommes, les troubles ſe ſeroient r'allumez en noſtre Royaume plus que jamais à noſtre treſgrãd regret & deſplaiſir. Et ce que ſur tous plus nous eſtoit grief feſtoit que l'innocẽt,
c'eſt aſſauoir noſtre poure peuple, portoit le plus de mal, d'oppreſſion & d'injures. Leſquelles choſes ayant jour & nuict cõſiderées, & nous aiant l'experience en noſtre Majorité de vint
cinq ans, fait conoiſtre que de la continuation des armes & de la guerre, ne peut prouenir le
bien que nous auons tant deſiré & procuré. Et croiant fermement qu'il plaira à Dieu par ſa
benignité conuertir en fin ſa rigueur en miſericorde, & que ſes viſitations ſoient ſalutaires a-
monneſtemens pour le reconiſtre & retoùrner le droit chemin de noſtre deuoir. Apres auoir
imploré

imploré son ayde, & supplié de nous inspirer à trouuer les remedes plus & propres couenables pour le bié de nostre estat, & pris sur ce l'auis de la Royne nostre tres-honnorée Dame & mere de nostre tres-cher & tres-amé Frere le Duc d'Anjou, des Princes de nostre sang & autres, des officiers de nostre Courône, & autres Seigneurs & notables personnages de nostre Conseil priué. Auons en attendant qu'il ait pleu à Dieu nous faire la grace par le moien d'vn bon libre & legitime Concille general, de reunir tout nos sujets à nostre Eglise Catholique, par cestui nostre present Edit, perpetuel & irreuocable, dit declaré, statué & ordonné, disons, declarons, statuons & ordonnons ce qui s'ensuit.

1. Premierement que la memoire de toutes choses passées d'vne part & d'autre des & depuis les troubles auenuz en nostre Royaume & à l'occasion d'iceux demeurera estaincte & assoupie comme de chose non auenuë. Et ne sera loisible n'y permis à nos procureurs generaux, n'y autres personnes quelsconques, publiques ne priuées en quelque temps, n'y pour quelque occasion que ce soit en faire mention, procez ou poursuitte en aucunes Courts ou Iurisdictiõs que ce soit. 2. Deffendons à tous nos sujets de quelque estat & qualitté qu'ils soiét d'en renouueller la memoire, s'attaquer ressentir, injurier, n'y prouoquer l'vn l'autre par reproche de ce qui s'est passé pour quelque cause & pretexte que ce soit, en disputer, contester quereller, n'y se ourager ou offencer de fait ou de parolle: mais se contenir & viure paisiblement ensemble comme freres, amis & concitoiens, sur peyne aux contreuenans d'estre puniz comme infracteurs de Paix & perturbateurs du repos public. 3. Ordonnons que la Religion Catholique Apostolique & Romaine soit remise & restablie en tous les lieux & endroits de cestuy nostre Royaume & pays de nostre obeissance, où l'exercice d'icelle à esté intermis, pour y estre paisiblement & librement exercée sans aucun trouble ou empeschement. Deffendant tresexpressement à toutes personnes de quelque estat qualité ou condition qu'elles soient, sur les peynes que dessus, de ne troubler, molester n'y inquieter les Ecclesiastiques en la celebration du Diuin seruice, jouïssance & perception des dixmes, fruits & reuenuz de leurs benefices, & tous autres droits & deuoirs qui leur apppartiennent. Et que tous ceux qui durant les presens & precedens troubles se sont emparez des Eglises, maisons, biens & reuenuz appartenant ausdits Ecclesiastiques, & qui les detiennent & occupent, leur en delaissent l'entiere possessiõ & paisible joyssance en tels droits, libertez & seuretez qu'ils auoiét au parauãt qu'ils en fussent desaisiz: 4. Et pour ne laisser aucune occasiõ de troubles & differens entre nos sujets leur auons permis & permettõs viure & demeurer par toutes les villes & lieux de cestuy nostre Royaume, & pays de nostre obeissance, sans estre enquis, vexez, molestez n'abstraincts à faire chose pour le fait de la Religion contre leur conscience, ne pour raison d'icelle estre recherchez és maisons & lieux où ils voudront habiter, en se comportant au reste, selon qu'il est contenu en nostre present Edit. 5. Nous auons aussi permis à tous Seigneurs, Gentilshõmes, & autres personnes tant regnicoles qu'autres, faisans profession de la Religion preten due reformée, aians en nostre dit Royaume & pays de nostre obeissance haute Iustice ou plain fief de haubert, côme en Normandie, soit en proprieté ou vsufruit en tout ou par moitié ou pour la troisiéme partie, auoir en telle de leurs maisons desdites hautes Iustices ou fiefz susdits qu'ils seront tenuz nommer deuant a nos Baillifz, & Seneschaux, chacun en son destroit pour leur principal domicille, l'exercice de ladite Religion tant qu'ils y seront residens, & en leur absence leur femmes ou famille, dont ils respondront. Nous leur permetõs aussi auoir ledit exercice, en leurs autres maisons de haute Iustice ou fiefz susdits de haubert tant qu'ils y serõt present & non autrement, le tout tant pour eux leus famille sujets que autres qui y voudront aller. 6. Es maisons de fief ou ceux de ladite Religion, n'auront ladite haute Iustice, ou fief de haubert, ne pourront faire ledit exercice que pour leur famille tant seulement: N'entendant toutesfois s'il y suruient de leurs amis jusque au nombre de dix, ou quelque Baptesme pressé en compagnie n'excedant ledit nombre de dix, qu'ils en puissent estre recherchez: Moienant aussi que lesdites maisons ne soient au dedans des villes bourgs & villages appartenans aux Seigneurs hauts Iusticiers Catholiques autres que nous, esquels lesdits Seigneurs Catholiques ont leurs maisons, auquel-cas ceux de la dite Religion ne pourront dans lesdites villes, bourgs & villages faire ledit exercice, si ce n'est par permission & congé desdits Seigneurs hauts Iusticiciers & non autrement. 7. Nous permettons aussi à ceux de ladite Religion, faire & continuer l'exercice d'icelle en toutes les villes & bourgs où il se trouuera publiquemẽt fait le dix-septiéme

septiéme du mois de Septembre: Excepté toutesfois és bourgs appartenans aux Catholiques tenuz à present par ceux de ladite Religion, esquels l'exercice n'estoit fait auant la derniere reprise des armes, & mesmes durant les precedentes paix. 8. Dauantage en chacun des anciens Bailliages, Seneschaucées & Gouuernemens tenans lieu de Bailliage, ressortissant nuement & sans moiés és Courts de Parlemēt: Nous ordōnons que és faux Bourgs d'vne ville, ou il y aura plusieurs villes &en deffaut des viles en vn bourg ou village l'exercice de ladi. eReligiō se pourra faire pour tous ceux qui y voudrōt aller. 9. Deffēdās tresexpressemēt à tous ceux de ladite Religiō faire aucun exerci. e d'icelle tāt pour le ministere, reglemens, discipline ou institutiō publique d'icfans & autres en cestuy nostre dit Royaume & pays de nostre obeissance, en ce qui concerne la Religion fors que és lieux cy dessus permis & octroiez. 10. Comme aussi de faire aucun exercice de ladite Religion en nostre Court & suitte, ny à deux lieuës és enuirons d'icelle, ny pareillement en nos terres & pays qui sont de la les Monts, ny aussi en nostre ville Preuosté & Vicōté de Paris, ny à dix lieuës au tour de ladite ville. Lesquelles lieuës nous auons limitées & limirōs aux lieux qui ensuiuent. Sçauoir est, Senlis & les faux bourgs, Meaux & les fauxbourgs, Meleun & les fauxbourgs, vne lieuë par de la Chastre sous Montlehery, Dourdan & les fauxbourgs, Rābouillet, Houdan & les fauxbourgs, vne lieuë grande par de la Meulan, Tigny, Meru & saint Leu de Serās: Ausquels lieux susdits nous n'entendons qu'il soit fait aucun exercice de ladite Religion. Toutesfois ceux de ladite Religion demourans esdites terres & pays de la les Monts, & en nostre dite ville, Preuosté & Vicōte de Paris, estenduë ainsi que dit est, ne pourront estre recherchez en leurs maisōs, ne contraints à faire chose pour le regard de leur Religion contre leurs consciences, en se comportant au reste selon qu'il est contenu en nostre present Edit. 11. Nous deffendons à tous prescheurs, lecteurs & autres qui parlēt en public, d'vser d'aucunes parolles & propos tendās à exciter le peuple à seditiō: Ains leur auons enjoint & enjoignons de se contenir & comporter modestemēt: ne dire rien qui ne soit à l'institution & edification des auditeurs, & à maintenir le repos & tranquilité, par nous establi en nostre dit Royaume, sur les peynes portées par nos precedens Edits. Enjoignons tresexpressemēt à nos procureurs generaux & autres nos officiers d'y tenir la main. 12. Ceux de ladite Religion ne seront aucunement contraints ny demeureront obligez, pour raison des abjurations promesses & sermens qu'ils auroient cy deuant faits, ou cautions par eux baillées concernans le fait de ladite Religion, & n'en pourront estre molestez ny trauaillez en quelque sorte que ce soit. 13. Serōt tenuz aussi garder & obseruer les festes indictes en l'Eglise Catholique, Apostolique & Romaine. Et ne pourront és jours d'icelles besongner, vendre ny estaller à boutiques ouuertes, & aux jours esquels l'vsage de la chair est desfēdu, les Boucheries ne fourirōt. 14. Ne pourrōt en nostre, dit Royaume pays, terre & Seigneuries de nostre obeissāce estre vēduz aucuns liures sās estre premieremēt veuz par nos officiers des lieux ou (pour le regard des liures cōcernās ladite religiō pretēduë reformée) par les chābres cy apres par nous ordonnées en chacun Parlement, pour juger des causes & differens de ceux de ladite Religion. Deffendant tresexpressement l'impression, publication & venditon de tous liures libelles & escrits diffamatoires, sur les peynes contenues en nos ordonnances. Enjoignant à tous nos Iuges & officiers d'y tenir la main. 15. Ordōnōs qu'il ne sera fait differēce ny distinction pour le regard de ladite Religiō, à receuoir les escoliers pour estre instruits es vniuersitez colleges & escolles, & les mallades & poures és hospitaux, maladeries & aumosnes publiques. 16. Ceux de ladite Religion pretenduë reformée seront tenuz garder les loix de l'Eglise Catholique, Apostolique & Romaine, receués en cestuy nostre dit Royaume, pour le faict des Mariages, contractez & à contracter és degrez de cōsanguinité & affinité, pour euiter aux debats & procez qui s'en pourroient ensuiure, à la ruyne de la plus part des bonnes maisōs d'icelluy, & dissolutions des lyens d'amitié qui s'aquierent par Mariage & alliance entre nos sujets. 17. Pareillement ceux de ladite Religion payeront les droits d'entrée, comme il est accoustumé pour les charges & offices, dont ils serōt pourueuz, sās estre cōtraints assister à aucunes ceremonies cōtraires à leurditeReligiō, & estās apellez per sermēt ne serōt tenuz d'en faire d'autre q̄ de leuer la main, jurer & promettre à Dieu qu'ils dirōt la verité: & ne serōt aussi tenuz prādre dispēce du sermēt par eux presté en passāt les cōtrats & obligatiōs. 18. Voulōs & ordōnons que tous ceux de laditeReligion pretēduë reformée & autres qui ont suiuy leur party, de quelque estat qualité & condition qu'ils soient, soient tenuz & contraints par toutes

voies

voies deuës & raisonnables, & sous les peynes contenues en nos precedens Edits surce faits paier & acquiter lez dixmes aux curez & autres Ecclesiastiques & a tous autres à qui ils appartiennent selon l'vsance & coustume des lieux. 19. Affin de reunir d'aurant mieux le volōtez de nos sujets, comme est nostre intention & oster toutes plaintes à l'auenir, declarons que tous ceux de ladite Religion pretenduë reformée & autres nosdits sujets qui ont suiuy leur party capables de tenir & exercer tous estats, dignitez, offices & charges publiques quelsconques Royalles, Seigneurialles ou des villes de nosdits Royaume, pays, terres & Seigneuries de nostre obeissance, & d'estre indifferemment admis & receuz en iceux sans qu'ils soient tenuz prester autre serment ny abstraints à autres obligations que de bien & fidellement exercer leurs estats, dignitez, charges & offices, & garder les ordonnances, esquels estats charges & offices, pour le regard de ceux qui seront en nostre disposition, il y sera au enant vaccation, par nous pourueu indifferemment & sans distinction de Religion de personnes capables, comme verrons estre affaire pour le bien de nostre seruice. Entendons aussi que ceux de ladite Religion, puissent estre admis & receuz en tous conseils, deliberations, assemblées & functions qui deppendent des choses susdites, sans que pour raisō de laite Religiō ils en puissent estre rejetez ou empeschez d'en jouir. 20. Ordōnōs pour l'enterremēt des morts de ceux de ladite Religion pour toutes les villes & lieux de ce Royaume qu'il leur sera pourueu promptement par nos officiers & magistrats en chacun lieu d'vne place la plus commode que faire se pourra, ce que nous enjoignons à nosdits officiers de faire & tenir la main que ausdits enterrements il ne se commette aucun scandalle. 21. Et afin que la Iustice soit renduë & administrée à nosdits sujets sans aucune suspition, haine ou faueur: comme estant vn des principaux moiens pour les maintenir en paix & concorde. Auons ordonné & ordonnons qu'en chacune de nos Cours de Parlemēts de Paris, Roüē, Dijō & Rēnes, sera establie vne chābre cōposée pour le regard du Parlemēt de Paris d'vn Presidēt & seze cōseillers. Pour celuy de Roüē d'vn Presidēt & 12. cōseillers. Pour ceux de Dijō & Rēnes chacun d'vn Presidēt & dix Cōseillers, lesquels Presidēs & cōseillers serōt par nous prins & choisis du nōbre de ceux desdites cours. 22. Et pour le regard de nos Cours de Parlemēt de Bourdeaux, Grenoble, Aix, sera pareillemēt establie vn chambre en chacun d'iceux cōposée de deux Presidēs, l'vn Catholique, & l'autre de ladite Religion pretenduë reformée, & douze Cōseillers dont les huit seront Catholiques, & les quatre de ladite Religion: Lesquels Presidens & Conseillers Catholiques seront par nous choisiz & nommez du nombre des Presidens & Conseillers desdites Cours: Et quand à ceux de ladite Religion y seront emploiez ceux qui se trouueront à present pourueuz desdits Offices esdites Cours, & ou ils ne seroient nombre suffisant, sera par nous fait erection d'autres offices, autant qu'il sera necessaire pour parfaire le nombre susdit aux mesmes gages, honneurs, autoritez & prerogatiues, que les autres de nosdites Cours, dont seront pourueuz personnages de ladite Religion. 23. Et pour le ressort de nostre Court du Parlement de Toloze, sera semblablement establye vne chambre composée comme les autres de deux Presidens, l'vn Catholique & l'autre de la Religion, & douze Conseillers, huit Catholiques, & les autres quatre de ladite Religion: Lesquels Catholiques seront par nous choisis de nos autres Cours de Parlement & du grand Conseil. Et pour le regard de ceux de ladite Religion y seront colloquez ceux qui se trouueront encores à present pourueuz d'offices en iceluy Parlement de Toloze faisant creation du nombre qui sera besoin pour remplir ladite chambre, ainsi qu'il est dit, pour les autres. Laquelle chambre ainsi composée sera par nous enuoiée en nostre ville de

Et pour le regard de celles de Dauphiné la seāce en sera six mois en nostre ville de Grenoble, & les autres six mois en telle autre ville que nous ordōnerōs par cy apres. 24. Lesquelles chābres cōposées, ainsi que dit est, & establies par tous nosdits parlemēs conoistrōt & jugerōt en souueraineté & dernier ressort par arrest priuatiuemēt à tous autres des procez & differēs meuz & à mouuoir, esqls procez ceux de ladite Religion pretēduë reformée & autres qui ont suiuy leur party, serōt parties principalles ou garāds, en demādāt ou deffēdāt en toutes matieres, tāt ciuilles que criminelles, soiēt lesdits procez, par escrit ou appellatiōs verballes, & ce si bō sēble ausdites parties & l'vne d'icelles le requiert auāt cōtestaō en cause pour le regard des procez à mouuoir. 25. Voulōs aussi par maniere de prouisiō & jusques à ce que en aiōs autrement ordōné. Qu'en tous procez meuz ou à mouuoir la ou ceux de ladite Religion serōt en qualité, demandant ou deffendant, parties principalles ou garands es matieres ciuilles, esquelles

esquelles nos officiers es sieges Presidiaux ont pouuoir de juger souuerainemẽt & en dernier ressort:leur soit permis de requerir que deux de la chambre ou lesdits procés se deuront juger s'abstiennent du jugement d'iceux, lesquels sans aucune expression de cause, seront tenuz de s'en abstenir. Nonobstant l'ordonnance par laquelle les juges ne se peuuent tenir pour recusez sans cause, leur demeurant outre ce les recusations de droit contre les autres. Et és matieres criminelles, esquelles aussi ils jugent souuerainement, pourront les preuenuz estans de ladite Religion, requerir que trois desdits juges s'abstiennent du jugement de leur procés, sãs expression de cause. Et les Preuosts des Maresc haux de France, Vibaillifz, Visenesc haux, Lieutenans de robbe courte, & autres officiers de semblable qualité, jugeront selon les ordonnances & reglemens cy deuant donnez pour le regard des vagabons. Et quand aux domicilliers chargez & preuenuz des cas preuostaux, s'ils sont de ladite Religion, pourront requerir que trois des Juges Presidiaux ou lesdits cas se doiuent juger par les ordonnances, s'abstiennent du jugement de leur procés, & seront tenuz s'en abstenir sans aucune expression de cause, sauf si en la chambre desdits sieges Presidiaux ou lesdits procés se jugeront, se trouuoit jusques au nõbre de deux en matiere ciuille, & trois en matiere criminelle de ladite Religion. Auquel cas ne sera permis de recuser sans expression de cause. N'entendons toutesfois, que lesdits sieges Presidiaux, Preuost des Maresc haux, Vibaillifz & Visenesc haux, en vertu de ce que dit est, prennent conoissance du fait des troubles passez. 26. Ordonnons, voulons & nous plaist que nostre trescher & tresamé frere le Roy de Nauarre, nostre trescher & bien aymé cousin le Prince de Condé, & semblablement tous autres Seigneurs, Cheualliers & Gentils-hommes & autres de quelque qualité ou conditiõ qu'ils soient de ladite Religiõ & autres, qui ont suiuy leur parti r'entrẽt & soiẽt effectuellemẽt cõseruez en la jouissẽce de leur Gouuernemẽs charges, estats & offices Royaux dont ils jouyssoient au parauant le vintquatriéme Aoust, mil cinq cens soixante douze, pour les tenir & en vser tout ainsi & en la mesme forme & maniere que les autres gouuerneurs & officiers de cestuy nostre Royaume, sans estre abstraints prendre nouuelles prouisions. Nonobstant tous arrests & jugemens contre eux donnez, & les prouisions qui auroient par autre esté obtenuës desdits estats. Pareillement qu'ils r'entreront en la jouyssance de tous & chacun leurs biens, droits noms, raisons & actions, nonobstant les jugemens ensuiuiz pour raison desdits troubles. Lesquels arrests, jugemens, prouisions & tout ce qui s'en seroit ensuiuy, nous auons à cette fin declarez & declarons nulz & de nul effect & valleur. 27. N'entendons toutesfois que ceux de ladite Religion & autres qui ont suiuy leur party, lesquels ont resigné leurs estats & offices en vertu de nos lettres patentes, ou du feu Roy nostre treshonoré Seigneur & frere (que Dieu absolue) puissent les recouurer & entrer en la possession d'iceux:leur reseruant neantmoins toutes actions contre les possesseurs & titulaires desdits offices, pour le paiement du pris conuenu entre eux au moien desditez resignations. Et pour le regard de ceux qui ont esté par les particuliers contraints de fait & par force à resigner leursdits estats & offices: Leur permettrons & à leurs heritiers d'en faire instance & poursuitte par justice ciuillement, tant contre ceux qui auront vsé desdites forces, que contre leurs hoirs & successeurs. 28. Et quand à ceux de ladite Religion & autres qui ont suiuy leur party qui auroient esté pourueuz desdits offices auant le vintquatriéme d'Aoust, mil cinq cens soixante douze, & non encores receuz en iceux. Nous voulons qu'ils soient receuz esdits estats, & toutes prouisions necessaires leur en soient expediées. 29. Ordonnons aussi si aucunes commanderies de l'ordre saint Jean de Jerusalem, appartenans à ceux de ladite Religion pretenduë reformée & autres qui ont suiuy leur party, se trouuoient saisies par autorité de justice ou autrement à l'occasion & pretexte seulement des troubles, ils en estoient en quelque sorte que ce soit depossedez, que plaine & entiere main leuée en soit faite ausdits commandeurs & eux remis en tel estat & possessiõ desdites commanderies qu'ils estoient auant le vint quatriéme Aoust, mil cinq cens soixante douze. 30. Les criées, affiches & subhastations des heritages, dont lon poursuit le decret seront faites és lieux & heures accoustumées, si faire se peut, suiuant nos ordonnances, ou bien és marchez publics si au lieu ou sont assis lesdits heritages y à marché. Et ou il n'y en auroit point, seront faites au plus prochain marché estant du ressort du siege ou l'adjudication se doit faire, & seront les affiches mises au poteau dudit marché, & à l'entrée de l'auditoire dudit lieu, & par ce moiẽ serõt bõnes & vallables lesdites criées, & passé outre à l'interpositiõ du decret sãs s'arrester aux nullitez que pourroiẽt estre alleguées pour

ce

ce regard. 31. Les acquisitions que ceux de ladite Religion pretendue reformée & autres qui ont suiuy leur party, auroient faites par autorité d'autres que de nous pour les immeubles appartenans à l'Eglise, n'auront aucun lieu ny effet. Ains ordonnons, voulons & nous plaist que lesdits Ecclesiastiques r'entrent incontinent, & sans delay & soient conseruez en la possession & jouyssance reelle & actuelle desdits biens ainsi alienez, sans estre tenuz de rendre le pris desdites ventes: & ce nonobstant lesdits contrats de vendition, lesquels à c'est effet nous auons cassez & reuoquez comme nuls, sauf leurs recours aux acheteurs contre qu'il appartiendra. Et pour rembourser lesdits acheteurs desdites terres, des deniers par eux veritablement & sans fraude desbourcez: seront expediées nos lettres patentes de permission à ceux de ladite Religion, d'imposer & egaller sur eux les sommes à quoy se monteront lesdites ventes, sans qu'iceux acquereurs puissent pretendre aucune action pour leurs dommages & interests à faute de jouyssance, ains se contenteront du remboursement des deniers par eux fournis pour le pris desdites acquisitions, preecomptant sur icelluy pris les fruits par eux perceuz, en cas que ladite vente se trouuast faite à trop vil & injuste pris. 32. Les exheredations ou priuations soit par disposition d'entreuifs ou testamentaires faites seulement en haine ou pour cause de Religion: n'auront lieu tant pour le passé que pour l'aduenir entre nos sujets, & neantmoins les testamens militaires, qui ont esté faits durant lesdits presens troubles tant d'vne part que d'autre vaudront & tiendront selon la disposition de droit. 33. Les desordres & excez faits lesdits vint quatriéme d'Aoust & jours ensuiuans, en consequence dudit jour en nostre bonne ville de Paris, & autres villes & endroits de nostre dit Royaume: sont auenuz à nostre tresgrád regret & desplaisir, & pour demonstration singuliere de nostre bonté & bien-veillance enuers nos sujets, declarons les veufues & enfans de ceux qui ont esté tuez lesdits jours en quelque part que ce soit de nostre dit Royaume, exempts de contribuer aux impositions qui se feront pour raison du Ban & Arriereban, si leurs maris ou peres estoient nobles: & où leurs dits maris & peres estoient de qualité roturiere & taillable: nous pour les mesmes considerations deschargeons lesdites veufues & enfans de toutes tailles & impositions, le tout pour & durant l'espace de six années prochaines, deffendant à nos officiers chacun en son endroit, de les y comprendre au prejudice de nos presens vouloir & intention. 34. Declarons aussi toutes sentences, jugemens, arrests, procedures, saisies, ventes & decrets faits & donnez contre ceux de ladite Religion pretendue reformée, tant viuans que morts, depuis le trespas du feu Roy Henry nostre tres-honoré Seigneur & pere à l'occasion de ladite Religion, tumultes & troubles depuis auenuz, ensemble l'execution d'iceux jugemens & decrets de à present cassez, reuoquez & annullez, & iceux cassons, reuoquons, & annullons, ordonnans qu'ils soient raiez & ostez des registres des greffes des Cours tant souueraines que inferieures. Comme nous voulons aussi estre ostées & effacées, toutes marques, vestiges & monuments desdites executions, tiltres & actes diffamatoires contre leurs personnes, memoires & posterité. Et que les places esquelles ont esté faites pour ceste occasion demolitiós ou rasemens, soient rendues en tel estat qu'elles sont aux proprietaires d'icelles, pour en jouyr & disposer à leur volonté. Et generallement auons cassé, reuoqué & annullé toutes procedures & informatiós faites pour entreprises quelscóques pretendues crimes de leze Majesté ou autres. Nonobstát lesquelles procedures, arrests & jugemens contenans reunion, incorporation & confiscation, voulons que ceux de ladite Religion & autres qui ont suiuy leur party & leurs heritiers, r'entreront en la possession reele & actuelle de tous & & chacuns leurs biens. 35. Et d'autant qu'au moien de nostre susdite declaration tous arrests & jugemens donnez contre le feu sieur de Chastillon Amiral de France & execution d'iceux, demeurent nulz & de nul effet, comme chose non faite n'y auenuë. Nous en consequence d'icelle declaration. Ordonnons que tous lesdits arrests, jugemens, procedures & actes faits contre ledit sieur de Chastillon, soient raiez, biffez & mis hors des registres des greffes tant de nos Cours de Parlement que de toutes autres Iuridictions, & que tant la memoire dudit Amiral que des enfans d'icelluy demeurent entiere en leur honneur & biens pour ce regard. Nonobstant que lesdits arrests portét reunion & incorporation d'iceux biens au domaine de nostre Couronne, dont nous ferons expedier ausdits enfans plus ample & speciale declaration, si mestier est. 36. Le semblable voulons estre fait pour le regard des sieurs de Montgommery, Mombrun, Briquemaut & Canaignes. 37. Deffendons de faire aucunes processions, tant à cause de la mort de nostre feu Cousin le Prince de Condé, que de ce

qui

qui auint le jour S.Barthelemy, 1572.& autres actes qui puiſſēt ramener la memoire des troubles, 38. Toutes procedures faites, jugemēs & arreſts dōnez contre ceux de laditeReligiō portans les armes ou abſens de noſtre dit Roiaume, ou bien rentrez ez villes & païs d'icelui par eux
tenues en quelque autre matiere que de la Religi & troubles. Enſemble toutes perēptiōs d'in-
ſtāces, preſcriptions, tant legales cōuentiōnales que couſtumieres, & ſaiſies feodalles eſcheues
pēdāt les preſens & precedēs troubles ſeront eſtimées cōme non faites, dōnées ny auenues, &
telles les auōsdeclarées & declarōs, & icelles miſes & mettōs au neāt, ſans que les parties ſen
puiſſent aucunemēt aider, ains ſeront remiſes en l'eſtat qu'ilz eſtoyēt au parauāt, nonobſtāt leſdicts Arreſts & l'execution d'iceux: & leur ſera rendue la poſſeſſion en laquelle ils eſtoyent
pour le regard deſdictes choſes ledit vint-quatriéme d'Aouſt mil cinq cens ſoixante douze.
Ce que deſſus auoir pareillement lieu pour le regard des autres qui ont ſuiuy le party de ceux
de ladite Religion, depuis la derniere repriſe des Armes, ou qui ont eſté abſens de noſtre
Royaume pour le faict des troubles, & pour les enfans mineurs de ceux de la qualité ſuſdite, qui ſont morts pendant leſdicts troubles, remettans les parties au meſme eſtat qu'elles e-
ſtoyent au parauant, ſans refondre les deſpans, ny eſtre tenus de conſigner les amendes.
39. Tous priſonniers qui ſont detenus par auctorité de Iuſtice ou autrement, meſmes ez
Galleres à l'occaſion des preſens & precedens troubles, ſeront eſlargis & mis en liberté d'vn
coſté & d'autre, ſans payer aucune rançon, caſſant & annullant toutes obligations paſſées
pour ce regard, deſchargeant les cautions d'icelles. Inhibant & defendant treſ-expreſſemēt
à ceux ez mains deſquels ſont les dicts priſonniers de n'vſer de force et violance enuers eux,
ny les mal traicter ou leur meſfaire aucunement en leurs perſonnes, ſur peyne d'eſtre punis
et chaſtiez tres-rigoureuſement. N'entendant toutes-fois que les rançons qui auront eſté
ja desbourcées et payées par ceux qui eſtoient priſonniers de Guerre ſeulement, puiſſent eſtre
repetez ſur ceux qui les auront receuës. Et pour le regard des differens, concernant leſdites rançons de ceux qui ont eſté faicts priſonniers d'vne part et d'autre durant leſdits troubles,
la connoiſſance et jugement en eſt reſeruée, comme nous la reſeruons à nous et a noſtre perſonne. Defendant aux parties d'en faire pourſuitte ailleurs que par deuant nous, et a tous
nos Officiers et Magiſtrats d'en prendre aucune cauſe, juriſdiction, ou connoiſſance. 40. Et
quand a ce qui a eſté fait ou pris hors la voye d'hoſtilité, ou par hoſtillité contre les reiglemens publics ou particuliers des Chefs et des communautez ez Prouinces qui auoyent commandement, en pourra eſtre faict pourſuitte par la voye de Iuſtice. 41. Ordonnons auſſi
que punition ſoit faite des crimes et delits commis entre perſonnes de meſme party, en temps
de troubles, treſues, & ſuſpention d'armes, ſi ce n'eſt en actes commandez par les Chefs
d'vne part & d'autre, ſelon la neceſſité, loy & ordre de la Guerre. Et quant aux leuées &
exactions de deniers, ports d'armes & autres exploicts de guerre faicts d'auctorité priuée, &
ſans adueu, en ſera fait pourſuitte par la voye de Iuſtice. 42. Les meubles qui ſe trouueront en nature, & qui auront eſté prins par voye d'hoſtilité, ſeront rendus à ceux à qui ils appartiennent, ſils ſont & ſe treuuent en eſtre encore lors de la publication du preſent Edit, ez
mains de ceux qui les ont prins ou de leurs heritiers, ſans rēdre aucuns deniers pour la reſtitution d'iceux. Et ou leſdits meubles auroiēt eſté vendus ou alienez par auctorité de Iuſtice, ou
par autre cōmiſſion ou mādemēt public, tant des Catholiques que de ceux de ladite Religiō.
Pourront neātmoins eſtre vēdiquez en rendāt le pris d'iceux aux achapteurs, declarant n'eſtre
acte d'hoſtilité ce qui fut fait à Paris & ailleurs, le 24. jour d'Aouſt 1572. & és jours conſecu-
tifs en cōſequēce d'icelui. 43. Pour le regard des fruicts des immeubles, chacun rētrera dās ſes
maiſōs et biēs, & jouïra reciproquemēt des fruits de la preſēte année, qui ne ſe trouuerōt prins
& recueillis le 17. jour de ce preſēt mois de Septē. meſmemēt les Ecleſiaſtiques, nonobſtant
toutes ſaiſies et empeſchemēs faits au cōtraire durāt leſdits preſens & precedēs troubles. Cōme auſſi chacū jouïra des arrerages des rētes qui n'aurōt eſté prinſes par nous ou par nos mādemēs & permiſſiōs ou par ordonnāce de juſtice, ou par mādemēt de noſdits Frere & Couſin
le Roy de Nauarre et Prince de Cōdé, ou autres commādans ſous eux. 44. Tous titres, papiers
enſeignemēs, et documents qui ont eſté prins, ſeront rēdus et reſtituez d'vne part & d'autre à
ceux qu'ils appartiēnēt, encores que leſdits papiers ou les Chaſteaux & maiſons eſquelles ils e-
ſtoiēt gardez aiēt eſté prins & ſaiſis, ſoit par nos ſpeciales cōmiſſiōs ou mādemēs, des gouuerneurs, & Lieutenās generaux de nos Prouinces, ou de l'auctorité des Chefs de l'autre part, ou
ſous quelque autre pretexte que ce ſoit.   CCcc

45. Ceux de ladite Religion ne pourront cy apres estre surchargez n'y foullez d'aucunes charges ordinaires ou extraordinaires plus que les Catholiques & selon la proportiõ de leurs biens & facultez: & pourront les parties qui pretendront estre surchargez se pourvoir par devant les Iuges auxquels la connoissance en appartient. Et seront tous nos sujets de quelque Religion qu'ilz soyent, indifferemment deschargez de toutes charges qui ont esté imposez d'une part & d'autre, sur ceux qui estoyent absens & ne jouyssoyent de leurs biens à l'occasion des troubles, sans toutesfois pouuoir repeter les fruicts qui auroyent esté employez au payement desdictes charges. 46. N'entendons aussi que ceux de ladite Religion, & autres qui ont suiuy leur party, n'y les Catholiques qui estoyent demeurans ez villes & lieux par eux occupez & detenus, & qui leur ont contribué, soyent poursuiuis pour le payement des tailles, aides, octrois, crues, taillon, vstancilles, reparations & autres impositions & subsides escheuz & imposez depuis le vintquatriéme jour d'Aoust, Mil cinq cens soixante douze, jusques à present, soit par nos mandemens ou par l'aduis & deliberation des Gouuerneurs Estats des Prouinces, Courts de Parlemens & autres, dont nous les auons deschargez & deschargeons. En deffendant aux Tresoriers de France, Generaux de nos finances, Receueurs Generaux & particuliers leur commis & entremetteurs, & autres intendans & Commissaires de nosdictes finances, les en rechercher, molester, n'y inquietter directement ou indirectemẽt en quelque sorte que ce soit. 47. Les forces & Garnisons qui sont ou serõt ez maisons, places, Villes, & Chasteaux appartenans à nos sujets, vuyderont incontinent apres la publication du present Edit: pour en laisser la libre & entiere jouyssance aux proprietaires comme ilz avoyent au parauant en estre dessaisis: Nonobstant toutes pretentions de droict que ceux qui les detiennent pourroyent alleguer, sur lesquelles pretentions se pouruoiront par les voyes ordinaires de Iustice, apres qu'ils auront delaissé ladite possession. Ce que specialement voulons estre effectué pour le regard des benefices, dont les titulaires auroyent esté depossedez. 48. Le libre cõmerce & passage sera remis par toutes les villes Bourgs & Bourgades, ponts & passages de nostre Royaume, pays, terres, & Seigneuries de nostre obeyssance & protection tant par mer que par terre, Riuieres, eaues douces comme ilz estoyent au parauant les presens & precedens troubles, & tous nouueaux peages & subsides, imposez par autre auctorité que la nostre durant iceux troubles seront ostez. 49. Toutes places, villes & Prouinces de nostre dit Royaume, pays, terres & Seigneuries de nostre obeyssance, vseront & jouyront de mesmes priuileges, immunitez, libertez, franchises, Foyres, & marchez jurisdictions & siege de Iustice qu'elles faisoyẽt au parauant les presens & precedans troubles. Nonobstant toutes lettres a ce contraires, & les translations d'aucuns desdicts sieges, pourueu qu'elles ayent esté faites seulement à l'occasion des troubles, lesquels sieges seront remis & restablis ez villes & lieux ou ils estoyent au parauant. 50. Ez villes demantelées pendant les troubles passez & presens, pourront les ruynes & demantellemẽs d'icelles estre par nostre permission reedifficés et reparées par les habitans à leurs frais et despans. 51. Ceux de ladite Religion pretenduë reformée et autres qui auroyent suiuy leur party, lesquels auroyent prins à ferme auant les presens troubles, aucuns Greffes ou autres domaine, gabelle, imposition foraine et autres droits à nous appartenans, dont ils n'ont peu jouir à cause d'iceux troubles, demoureront deschargez cõme nous les deschargeons de ce qu'ils n'auroient receu desdites fermes depuis le vintquatriéme d'Aoust, Mil cinq cens soixãte douze, ou qu'ils auroiẽt sans fraude paié ailleurs que ez receptes de nos finances: nonobstant toutes obligations sur ce par eux passées. 52. Et afin qu'il ne soit douté de la droicte intention de nostre dit frere le Roy de Nauarre, et de nostre dit Cousin le Prince de Condé, auons dit et declaré, disons et declarons que nous les tenõs & reputõs nos bons parens, fidelles sujets & seruiteurs. 53. Cõme aussi tous les Seigeurs, Cheualliers, gentil-hõmes, officiers & autres habitãs des villes, cõmunautez, bourgades & autres lieux de nostre dit Royaume & païs de nostre obeïssãce qui les ont suyuis, secourus & fauorisez en quelque part que ce soit, pour nos bõs loyaux sujets & seruiteurs: Declarãs tous arrests, informations, procedures faits & dõnez cõtre ceux à l'occasion desdits troubles nulz & de nul effet, cõme chose nõ faite ny auenue, voulãs qu'ils soiẽt raiez hors des registres des greffes tãt de nos Courts de Parlemẽs q̃ autres juridiciõs ou ils ont esté enregistrez. 54. Pareillemẽt declarõs que nous tenõs & reputõs nostre Cousin le Duc Ieã Casimir, pour nostre bõ voisin parẽt & amy. 55. Et demourerõt tãt nostredit frere & Cousin, le Roy de Nauarre & Prince de Cõdé, que les seigneurs Cheualliers, gẽtilshõmes, Officiers corps des villes & cõ-

LIVRE QVARANTECINQVIEME

munautez, & tous les autres qui les ont aydez & secourus, leurs hoirs & successeurs quittes & deschargez de tous deniers qui ont esté par eux ou leurs ordonnances pris & leuez tant de nos receptes & finances à quelques sommes qu'ilz se puissent monter, que des villes, communautez & particuliers, des rentes, reuenuz, argenteries, ventes de biens, meubles Eclesiastiques & autres boys de haute fustaye à nous appartenans ou à autres, amandes, butins, rançons ou autre nature de deniers par eux prins à l'occasion des presens & precedens troubles, sans que eux ne ceux qui ont esté par eux commis à la levée desdicts deniers ou qui les ont baillez & fourni par leurs ordonnances en puissent estre aucunement recerchez à present ny pour l'aduenir. Et demeureront quittes tant eux que leur commis de tout le maniement & administration desdicts deniers en r'apportant pour toutes descharges dans quatre moys apres la publication de nostre dit present Edit faite en nostre dite Court de Parlement de Paris, acquitz deuëment expediez par nosdicts frere & cousin le Roy de Nauarre ou Prince de Condé, ou de ceux qui auront esté par eux commis à l'audition & closture de leurs comptes, ou des communautez des villes qui ont eu commandement & charge durant lesdicts troubles. Demeureront pareillement quittes & deschargez de tous actes d'hostillité leuée & conduicte de gens de Guerre, fabrication & aualluation de monnoyes faictes selon l'Ordonnance desdicts Chefs, fonte & prise d'Artillerie & munitions tant en nos Magazins que des particuliers, confection de poudre & Salpestres, prises, fortifications, desmantellemens & demolitions de Villes, Chasteaux, Bourgs & Bourgades, entreprises sur icelles, bruslemens & demolitions d'Eglises & maisons, establissement de Iustice, jugement & execution d'iceux soit en matiere Ciuille ou criminelle, police & reglemens faicts entre eux, voyages & intelligences, negociations, traictez & contracts faicts auec tous Princes & communautez estrangeres introductions desdicts estrangers ez villes & autres endroicts de cestuy nostre Royaume: Et generallement de tout ce qui a esté faict geré ou negotié durant les troubles presens ou passez depuis la mort de feu nostre dit Seigneur & Pere, par ceux de ladite Religion pretenduë reformée, & autres qui ont suiuy leur party, encores qu'il deust estre particulierement exprimé & specifié. 56. Aussi ceux de ladite Religion & autres qui ont suiuy leur party, se departiront & desisteront dez a present de toutes pratiques de Ligues & intelligences qu'ils ont hors nostre dit Royaume, comme feront aussi tous nos autres subjects qui en pourroyent auoir. Et seront toutes Ligues, associations & Confrairies faites ou à faire, sous quelque pretexte que ce soit au prejudice de nostre present Edit, cassez & anullez, comme nous les cassons & anullons: Deffendant tresexpressement à tous nos subjects de faire d'oresnauant aucunes cottizations & leuées de deniers sans nostre permission, fortifications, enrollemens d'hommes, congregations & assemblées autres que celles qui leur sont permises par nostre dit present Edit, & sans armes, ce que nous leur prohibons & deffendons, sur peine d'estre punis rigoureusement & comme contempteurs & infracteurs de noz mandemens et Ordonnances. 57. Toutes prises qui ont esté faictes tant par mer que par terre, en vertu des congez et adueuz donnez, et lesquels ont esté jugez par les Iuges de l'Admirauté et autres Commissaires à ce deputez par ceux de ladite Religion, demeureront assoupies souz le benefice de nostre present Edit, sans qu'il en puisse estre faict aucune poursuite, ny les Cappitaines, leurs cautions et les dits Iuges, Officiers et autres, recherchez ny molestez en quelque sorte que ce soit. Nonobstant toutes lettres de marque & saisies pendantes & non jugées, dont nous voulons leur estre faicte pleine & entiere main leuée. 58. Voulons que les enfans de ceux qui se sont retirez hors nostre dit Royaume depuis la mort du feu Roy Henry nostre tres-honoré Seigneur & Pere, pour cause de la Religion & troubles, encores que lesdicts enfans soyent nez hors nostre dit Royaume, soyent tenus pour vrays François & regnicoles, & tels les auons declarez & declarons, sans qu'il leur soit besoin prendre aucunes lettres de naturalité, ou autres prouisions de nous que le present Edit. Nonobstant nos ordonnances à ce contraires, ausquelles nous auons derogé & derogeons. 59. Ordonnons qu'incontinent apres la publication de cestui nostre Edit, toutes troupes & armées, tant par mer que par terre, se separent & retirent. Et seront tenus ceux de ladite Religion & autres qui ont suiuy leur party, vuider toutes Garnisons des villes, & places, Chasteaux & maisons qu'ils tiennent appartenans tant à nous que aux Eclesiastiques, & autres particuliers. Et les delaisser, rendre & remettre en plaine liberté, ainsi qu'elles estoyent en plaine Paix au parauant les presens & precedens troubles: Et neantmoins par ce que plusieurs particuliers ont receu & souffert durāt les troubles tant d'injures & dommages en leurs biens & personnes, que difficilement ils pourront en perdre si tost la memoire comme il seroit bien requis, pour l'execution de nostre intention : voulant euiter tous inconueniens qui en pourroyent aduenir, en attendant que les rancunes & inimitiez soyent adoucies: Nous auons baillé en garde à ceux de ladite Religion pretenduë reformée pour le temps & terme de six ans les villes qui sensuiuent: Assauoir. En Languedoc celles de Montpellier & Aiguemortes. En Dauphiné Nyons & Serre ville & Chasteau. En Prouence Seyne, la grand Tour & le circuit d'icelle. En Guyenne Perigueux, la Reolle & le Mas de Verdun: Lesquelles villes nosdits frere & Cousin le Roy de Nauarre & Prince de Condé & vint Gentils-hommes de ladite Religion, ou autres qui ont suiuy leur party, qui seront par nous nommez, & en outre ceux qui seront commis à la garde desdites villes & Chasteaux d'icelles, jureront & promettront vn seul & pour le tout, pour eux & ceux de ladite Religion & autres de leur party, de les nous bien & fidellement garder, & au bout du terme susdit de six ans, à compter du jour & datte du present Edit, les remettre ez mains de ceux qu'il nous plaira deputer en tel estat qu'elles sont, sans y rien innouer n'y alterer, & sans aucun retardement ou difficulté, pour cause & occasion quelle quelle soit. Au bout duquel terme l'exercice de ladite Religion y sera continué comme lors qu'ils les auront tenues. Neantmoins voulons & nous plaist qu'en icelles villes, tous Eclesiastiques puissent librement rentrer, faire le seruice Diuin en toute liberté, & jouyr de leurs biens: Pareillement tous les habitans Catholiques d'icelles villes. Lesquels Eclesiastiques & autres habitans, nosdicts frere & Cousin, & autres Seigneurs, ensemble les Gouuerneurs & Capitaines desdites villes, & gens de Guerre, & qui y seront mis en Garnison, prendront en leur protection & sauue garde, à ce qu'ils ne soyent empeschez à faire ledit seruice Diuin, molestez & trauaillez en leurs personnes, & en la jouissance de leurs biens. Mais au contraire remis & reintegrez en la pleine possession d'iceux. Voulant en outre que esdites villes nos Iuges y soient restablis & l'exercice de la Iustice remis cōme il souloit estre auparauant les troubles. 60. Deffendāt tresexpressement à tous nos sujets de quelle qualité ou condition qu'ils soient, de faire aucunes entreprises & monopoles, pour surprēdre lesdites villes baillées en garde a ceux de ladite Religion, ny aussi pour prēdre & saisir aucunes des autres villes, Chasteaux & places de nostre dit Royaume & païs de nostre obeissāce, sur peine d'estre punis & chastiez cōme infracteurs de Paix, & perturbateurs du Repos public. 61. Ne serōt mis pour nous aucuns Gouuerneurs, n'y Garnisons ez autres villes que tiennent a present ceux de la Religion, & qui par eux seront delaissées sinon qu'il y en eust eu de tous tēps & mesme du regne du feu Roy Henry nostre dit Seigneur & Pere. Pareillement desirāt soulager en tout ce qui nous est possible, nos sujets de toutes nos autres villes: Nous entēdons que les Gouuerneurs Capitaines & gens de guerre qui y ont esté mis en Garnison à l'occasiō des troubles, en vuidēt, sauf de celles qui sont frōtieres de nostredit Roiaume: lesquelles il est besoin garder pour la defence & seureté d'iceluy. Ne voulons aussi qu'il y ait ez villes, Chasteaux, maisons & biens appartenās particulieremēt à nos sujets de quelque qualité qu'ils soient, autres Garnisons que celles qui ont accoustumé d'y estre en tēps de Paix. 62. Et afin que tant nos Iusticiers, Officiers que autres nos sujets, soiēt clerement & auec toute certitude auertis de nos vouloir & intētiō: & pour oster toutes ambiguitez & doutes qui pourroiēt estre faits au moiē des precedēs Edits pour la diuersité d'iceux: Nous auōs declaré & declarōs, tous autres precedās Edits, Articles secrets, lettres, declaratiōs, modificatiōs, restrictiōs, interpretatiōs, Arrests, registres tant secrets que autres deliberatiōs cy deuant par nous faites en nos Courts de Parlemens & ailleurs concernans le fait de ladite Religion & des troubles auenuz en nostre dit Royaume: estre de nul effet & valleur. Ausquels & & au derogatoires y contenuës, auons par cestuy nostre Edit desrogé & desrogeōs, desapresent comme pour lors les cassons, reuoquons et annulons. Declarans par expres que nous voulons que cestuy nostre Edit soit ferme et inuiolable, gardé et obserué, tant par nosdicts Iusticiers, officiers, que autres: sans s'arrester ny auoir aucun esgard à tout ce qui pourroit estre au cōtraire, ou desrogeant à iceluy. 63. Et pour plus grande asseurance de l'entretenement & obseruation que nous desirons d'iceluy, voulons ordonnons & nous plaist, que tous Gouuerneurs & Lieutenants generaux de nos prouinces, Baillifz, Seneschaux & autres juges ordinaires des

villes

villes de cestuy nostre Royaume, incontinant apres la reception d'icelluy Edit, jurent de la faire garder & obseruer chacun en leur destroit: Comme aussi les Maires & Escheuins, Capitoulz, Consulz & Iurats des villes annuels ou perpetuelz. Enjoignons aussi à nosdits Baillifz, Seneschaux ou leurs Lieutenans ou autres Iuges, faire jurer aux principaux habitans desdites villes, tant d'vne part que d'autre Religion, l'entretenement du present Edit incontinant apres la publication d'icelluy. Mettas tous ceux desdites villes en nostre protectiō & sauue garde, & les vns en la garde des autres, les chargeans respectiuement & par actes publics, de respondre ciuillement des cotrauētions qui seroiēt faites à nostredit Edit, dans lesdites villes par les habitās d'icelles: ou bien representer & mettre és mains de justice lesdits contreuenans. 64. Mādons à nos amez & feaux les gens tenās nos Cours de Parlement, qu'incontinant apres le present Edit receu, ils aient toutes choses cessantes, & sur peyne de nullité des actes qu'ils feroiēt autrement: à faire pareil sermēt que dessus & icelluy nostre Edit faire publier & enregistrer en nosdites Cours, selon la forme & teneur purement & simplement sans vser d'aucunes modifications, restrinctions declarations, ou registres secrets: attendre commission ny mandemēt de nous & à nos procureurs generaux, en requerir & poursuiure incontinant & sans delay ladite publication. Enjoignant pareillement ausdits gouuerneurs & Lieutenans Generaux de nosdites Prouinces, de le faire incontinant publier chacun en l'estenduë de sa charge, par tous les lieux & endroits à ce faire accoustumez: le faire garder & obseruer sans attendre la publication de nosdites Cours de Parlement, à ce que nul n'en pretende cause d'ignorence: & que plus promptement toutes voies d'hostilité, leuées de deniers, paiemens & contributions escheuz & à eschoir, prises, demolicions, fortifications des villes, places, Chasteaux & autres, cessent d'vne part & d'autre. Declarant desapresent icelles leuées de deniers, fortifications, demolitions, contributiōs, prises & rauissemēs de biens meubles & autres actes d'hostillité qui se feroiēt apres ladite publicatiō & verificatiō, que lesdits Gouuerneurs & Lieutenans generaux de nosdites prouinces en auroient fait faire, sujetes à restitution punition & reparation. Sçauoir est cōtre ceux qui vseroient d'armes, forces & violences en la contrauention de nostre dit Edit, empeschant l'effet & execution d'icelluy, de peyne de mort: sans espoir de grace ne remission. Et quand aux autres contrauētiōs qui se feroient faites par voies d'armes, forces & violences, seront punis par autres peynes & corporelles, banissemens, amendes honorables & autres selon la grauité & exigēce des cas, à l'arbitre & moderatiō des Iuges, ausquels nous en auons attribué & attribuons la conoissance: chargeant en cet endroit leur hōneur & conscience d'y proceder auec la justice & egallité qu'il appartient sans acception ou differēce de personne, ny de Religion. 65. Si dōnons en mandement ausdits gens tenans nosdites Cours de parlement &c. Dōné à Poitiers au mois de Septembre. L'an de grace mil cinq cens septāte sept & de nostre Regne le quatorziéme. Signé Henry.

La Paix publiée sur la fin de Septembre: le Prince se retira à la Rochelle ne trouuant place plus asseurée ne si fauorable à sa conseruation.

Dautant qu'il a esté souuent parlé du secours que l'on attendoit auec si grand deuotion de quelques Cromesteuen & Phlibots de la part du Prince d'Orenge & des Estats du pays bas il ne sera hors de propos d'en toucher sōmairement ce qui en est. Les Deputez enuoiez pour cest effet, trouuerent à leur arriuée le Prince disposé de bonne affection seulement: aiant grande cōmiseratiō des malheurs de la France & de l'affection de ceux qui en cest endroit recouroient vers luy: ausquels il estoit extrememēt fasché ne pouuoir autrement ayder que de prieres enuers Dieu. Car quand aux Nauires demandez, il ne les pouuoit dōner sans le vouloir & commun accord de tous les Estats des pays bas: sans le cōsentement desquels il auoit juré en traittant la Paix ne faire aucune chose particulierement. Eux aussi ne trouuoient bon cōme il disoit, de se deffaire de leurs nauires qui estoit toute leur force: en tēps mesmes que les choses sēbloiēt tresmal asseurées pour le repos desdits pays. Et que la Paix tēdoit à declin par les menées & pratiques de Dom Iean: les entreprises duquel furent en ce mesme tēps descouuertes par vn paquet de lettres qu'il enuoioit en Espagne lequel fut surpris aux landes de Bourdeaux par les Protestans François & depuis enuoié par vn Gentilhōme au Prince & Estats qui jugerēt par la de la bōne volōté de l'Espagnol. Lequel ne pouuant venir à ses principalles attaintes sur les meilleures villes de Flandres, Brabāt & autres choses qu'il pensoit executer au tēps du passage de la Royne de Nauarre, qui s'en alloit aux bains du Liege & laquelle il receut & fes-

Discours des affaires du pays bas.

Sept. 1577.

toi a auec honneur: s'estoit enuiron ce mesme temps saisi du Chasteau de Namur, acte qui dōna grand soupçō & espouuantemēt à tous ceux desdits pays. Et mesmes a ceux d'Anuers lesquels aians sceu que Trelon Gouuerneur de la Citadelle auoit fait serment à Dom Iean en sa faueur & pour le party des Espagnols: plusieurs s'estimans cōme perduz, cōmecerent de trousser bagage pour se sauuer par mer en Zelāde & Hollāde, crainte d'estre traittez de la façō qu'ils auoient esté n'y auoit pas long temps. Mais les choses succedans autremēt se saisirent bien tost apres de la Citadelle l'vne des plus beaux ouurages, & mieux accomplies forteresses de l'Europe. Ils ne furent paresseux à la desmolir du costé de la ville auec trauail & allegresse incroiable. Autant en firent les Estats de celle de Gaud & de quelques autres. Ce qui auint enuiron la my Aoust. Auquel temps tous lesdits ests se declarerent & prindrent les armes qu'ils mōstroient toutesfois à ce commencement estre plus pour leur seureté & deffence que pour autrement se rendre agresseurs. Toutesfois, ils assiegerēt bien tost apres (du moins le Prince d'Orenge moiennant leur ayde) les villes de Bosleduc & Breda dans lesquelles s'estoient retirez quelques Compagnies d'Allemans allegans qu'ils vouloient estre paiez des seruices qu'ils auoiēt faits depuis dixhuit mois desquels la paie leur estoit deuë. Voians ceuz du pays qu'il ne tenoit qu'a cela qu'ils ne recouurassent lesdites places composerent auec eux pour en sortir moiennāt six mois qui leur furent paiez partie en drap partie en argent. Ce qui fut enuiron la fin de Septembre. Par ainsi demeura le pays à la deuotion des Estats fors Namur Mastrich & peu d'autres estat de recepit la reuolte generale contre la domination des Espagnols par tous les pays bas: pour les causes cōtenues en la declaration qu'ils en publierēt en ce mois de Septembre. Des le dixhuitiéme duquel le Prince d'Orēge auoit esté merueilleusemēt bien receu en la ville d'Anuers & six jours apres à Bruxelles: tellemēt que c'estoit à qui premier le pourroit receuoir, si grande est la mutation des choses humaines que toutes les villes & bourgades luy tendoient les mains auec honneur & plaisir indicible. Ce que sçachant dom Iean, ne trouua meilleur expedient que se retirer au Duché de Luxembourg attendant l'occasion d'y proceder de force ouuerte. Car comme j'ay dit le Prince d'Orenge ne pouuoit pas beaucoup luy mesme pour le regard des nauires, de moiēs ou d'argent encores moins. Car il est certain qu'à l'heure de la paix il estoit demeuré endebté d'vn grād nōbre de florins. Les Deputez Rochellois auoient bien peu de deniers & moiēs d'en recouurir pour faire grande chose. Toutesfois aucuns s'estre mis en tout denoir & les autres s'estre auisez de remōstrer aux Estats de Flandres & Brabant qu'ils ne se mesprandroient de consentir que secours feust donné aux Frāçois, mesmes pour leuer le siege & autremēt secourir Brouage, que le Duc du Maine frere du Duc de Guise tenoit de si pres assiegé & que cela parauanture empescheroit l'entreprise de l'vn & de l'autre sur le pays bas: les Estats quoy qu'ils differassent tousjours à ne rien faire en cela que le Roy ne leur en eust donné quelque occasion premierement: estoient toutesfois sur le point de se laisser aller & desja se preparoiēt quelques nauires en Hollāde & mesme à Ermuë & Incuse lors que les Deputez receurent auis de la redition de Brouage & de la grande esperāce de paix que chacun auoit auec cōmandemēt du Maire de ne passer plus outre & ne se mettre en plus grans fraiz. Qui fut occasion que tout ce qui s'estoit acheminé pour ce regard fut rompu de tous points.

VOILA mes bons amis, que j'auois enuie de vous discourir pour vous faire conoistre l'insuffisance & valleur de toutes sortes de personnes: les justes & futiles occasions: les grās & foibles effets: l'auātageuse & miserable fin d'vn mal-contētemēt mōdain & Religieux. La force l'heur & malheur des passiōs humaines: la vigueur de l'esprit plus au mal qu'au bien. Quelle est la vanité de l'hōme en ses desirs, quelle est sa foiblesse en ses desseins, quelle son inconstāce en la cōduite & peu de seureté en ses effets. Les moiēs de persuader la paix & la guerre: de bāder & cōtenir vn peuple. Masquer & descouurir ses passiōs. Vous y voiez les plus & moins Chrestiens desseins: les plus courtois & cruelz actes qu'on aie jamais veu. La parolle bien & mal tenue: l'asseurāce & la foy mesme rompue pour peu de chose: les bons & meschans cōplots des voisins, des amis, des parens contre leur semblable: de frere à frere du pere contre le fils & au rebours. Autant les naturels que les estrangers y conoissent cōbien la France est peuplée, comme elle s'est aguerrie & diminuée peu à peu: les moiens de se remettre en meilleur estat que jamais: la richesse & poureté du Royaume: la force & autorité des Estats generaux & particuliers: l'obeissance & peu de respect des François vers leur Prince: le secours qu'il en à receu

Citadelle d'Anuers.

Les Estats se declarent contre Dom Iean.

L'Auteur par le en son particulier non cōme historiographe & pesonne publique.

receu, tant d'hommes que de deniers: enquoy on luy à failly: ses conseils, la magnificence de ses sacrez, Couronnemens, entrees, mariages & festes Royalles: les pompes, la faueur inconstante, & legere varieté de la Court. Le vray fil & cours ouuert de ceste histoire, vous a representé les moiens de bien faire la guerre: si vous auez sin enieux crayó pour les marquer à l'auancement de vostre particulier: de fortiffier, munir & pouruoir vne place pour le besoin: destruire vn pays ennemy: conseruer & soudain ruyner celuy de vos ennemys. Bien assieger, surprédre, forcer & biétenir vne place: gágner & maintenir vn passage: gaster & discipliner le soldat: nourrir sa creance: mesnager, accroitre & souffrir rauallet son autorité: perdre indiscretemét & maintenir ses alliez auec honneur: faire la guerre sans argent: se perdre faute de deniers: pratiquer intelligences: corrompre les plus asseurez: bien jouyr d'vne conqueste: faire camper, desloger, estádre & disposer vne armée à la rencontre: bien poursuiure son heur: dóner le bon coup pour acheuer l'ennemy: Se retirer auec honneur d'vne journée perdue: empescher le victorieux: refaire ses trouppes & luy persuader vne Paix. En somme la France vous est cóme peinte, pour telles & autres trauerses chargée de dueil & suiuie de ses plus paisibles enfans, se prosterner aux pieds de son Monarque: luy demádant le repos auquel ses deuanciers l'auoient si honnorablement & auec tant d'heur entretenue. Puis releuee par la debonnaireté de son Prince, tendre les bras à tous François: Et les auoir la paix faite receus comme siens: mettre peyne de se r'auoir & reprandre la splandeur de son premier estat.

Pour tãt de plaisirs, pour tãt de proffits & auátages que vous receures de mes si longues peynes: je ne vous demáde qu'vne briefue attéte, de l'espoir ç je vous dõne cu corps entier de l'histoire Françoise. Car aiant tracé ce que dessus, seullement pour faire conoistre que je puis quelque chose en paix & en guerre: le serois marry si vous jugiez ma portée n'exceder le merite de ce labeur. Car quand outre la pure verité de l'histoire auenir, je ne vous y apporterois qu'vne traditiue du tout autre, que toutes celles que vous auez jamais veuës: sans parler du langage, ny du choix des matieres, non plus que d'autres singulieres inuentions (que je m'asseure y faire voir sinon plus belles, du moins fort differentes à celles de mes deuanciers) je serois digne d'estre leu par ceux à qui je veux proffiter. Et si ne voudrois de tant m'abaisser moins encor si fort prejudicier a la verité que je porte: que de prãdre le titre d'historiographe d'aucun Prince du monde.

Ce n'est de l'histoire cõme des autres vaccations. Car elles n'assujetissent personne à aucune chose: Comme la verité assujerit l'historien a la representer au naif. Ioint que l'histoire ne despend que d'vne simple mais eternelle verité. Et les autres professions (apuiées sur l'incõstáce des jugemens diuers, mal asseurez & peu durables entre les hommes) d'vne legiere fort incertaine & temporelle oppinion, sur laquelle chacun fonde la conoissance & pratique de sa vacation. Qui fait que le Medecin, le Iurisconsulte, le Theologien, l'Architecte, le Musicien ou autre professeur, se peut à bon droit preualoir de la faueur de quelque personnage, duquel il ne craindra l'auoüer. D'autát que la fin de leurs escrits, ne gist pas à declarer les faits & gestes des hommes: moins encor à y faire juger le bien du mal, la bonne ou mauuaise reputation, l'honneur, ou deshonneur, comme cherche l'histoire. Ains ne tachans tous ces Auteurs, qu'a descrire simplement ce qui leur semble, les plus excellens, & mieux fortunez des Hebrieux, Egyptiens, Grecs, Arabes, Latins & autres, se sont tousjours esleus les plus vertueux ou grãs personnages de leurs temps pour Mecenas: ausquels comm'à protecteurs ils ont dediez leurs escrits: mais non jamais les historiographes. Tant la verité principal fondement de l'histoire s'est acquise de respect & à tousjours eu de poix & de force és esprits des plus auisez. Y a il aussi chose si excellente en tout le monde que la vertu? Et qu'est autre chose que verité de laquelle l'historien fait sa principalle profession? En quoy chose pourroit estre excellente, que pour estre certaine & eternelle? Y a il rien entre les hõmes qui ne soit corruptible incertain & de peu de durée: que la verité tousjours telle & d'vne cõditiõ qui dés jamais s'est fait conoistre nó moins immortelle qu'incorruptible? Me semble dõc que pour n'obscurcir pas tant ceste diuine lumiere historiéne: fon se pourroit titrer du nom d'historiograpge d'Allemagne, d'Angleterre ou d'autre pays: afin de leuer la note d'impudence & de soupçon de mensonge & flaterie entre les plus clairs voians. Car puis que celluy qui se propose le labeur de recueillir en bon ordre les plus excellés faits esguerez en tant d'édroits de ce mõde, pour en enuoier la memoire à nos suruiuans: ne faut point s'il se dit historiographe de son pays à cause qu'il en traitte
les

L'Auteur promet vn corps entier de l'histoire Françoise.

Les qualitez esquel les l'Auteur s'asseure que le corps de son histoire Fran çoise sera differét de celluy des autres.

Pourquoy l'historiographe ne se doit auouer d'aucun cõme les autres Auteurs qui se peuuent dire Medecin, &c. de tel ou tel Prince.

Excellence de l'histoire sur toutes actions humaines

L'HISTOIRE DE FRANCE.

Sept. 1577.

les affaires plus au long & mieux au vray, encor qu'il le soit aussi bien de toutes les autres Prouinces desquelles il entreprend desduire les occurrences. Mais qui se dit historiographe de tel ou tel, il est impossible, mesmes au temps qui court, qu'il ne flate & mente au seul plaisir de celuy qui ne l'a pointé pour dire mal de luy ny des siens: non plus que pour loüer ses ennemys: Ainsi ne vous sera qu'vne fable & puant mensonge, le discours de ce pretedu historié. Cōtentōs nous donc de prier les Princes de ce temps, s'ils sont tant soit peu soigneux d'eterniser leur nom & grauer les gestes heroiques de leur peuples au liure de vie de quelque suffisant historiographe: de nous ayder de tant de memoires & instructiōs qu'ont leurs Ambassadeurs, leurs Secretaires & Conseillers d'Estat. Mais quand plus soigneux d'vn plaisir present que de tant de biens auenir: ils ne feront estat de cest honneur mortel, qu'ils ne peuuent acquerir que par le laborieux trauail des historiographes, ne delesserons pas de tirer les memoriaux d'ailleurs pour en bastir vne histoire eternelle: afin que pour ne faillir à nostre deuoir, nous puissions esclarcir ceux de nostre aage & la posterité de ce qui se fera de plus remarquable entre les hommes.

L'Auteur promet de faire voir en brief la fin re de son histoire.

Ie me doute bien que les plus curieux & insatiables d'apprendre, desireroient que je passasse outre, à leur dōner vne veritable conoissance de tant rares accidents qui se sont faits voir depuis l'an mil cinq cens soixante dixsept, jusques à ce jour. Singulierement des faits notables des Espagnols, Portugais, Barbares, Mores, Africains, Flamans, Indiens, Anglois, Turcs, Italiens, Alemans, Polognois, Tartares, Moscouites, François & autres nations tant Chrestiens que Mahometanes & idolatres. Pource d'autant plus qu'aucuns sçauent, que plusieurs excellens personnages d'vne & d'autre Religiō & vraiement dignes qu'vn plus habille graue leur nom au plus beau du temple d'eternité: recherchent curieusemēt tous ces memoriaux, pour me les faire tenir de jour à autre: afin de me seruir de materiaux en quelque endroit de ce bastiment. Mais comme le bon cheual pour genereux qu'il soit, perd haleine au long aller: & faut que le braue escuier luy lasche les reines & le traitte à reposades s'il s'en veut seruir vne autre fois. Mesmemēt s'il a bien fourny à la carriere, s'il a fait ses passades justes, ses balses agreables ou autremēt manié au desir de son piqueur. Ainsi me ferez vous ceste courtoisie, de me laisser reconoistre & m'aizer vn peu de temps que je n'employeray neant moins qu'à vostre profit. Ce qui est differé n'est pas perdu. Aussi crois je bien que vos yeux harassez d'vne si longue veuë demanderoient le repos plus que la continue d'vn second trauail. Et bien que vostre esprit remuant & de nature immortelle, ne cherche que l'action pour son entretien & nourriture ordinaire. Si est-ce qu'vn autre sujet luy sera plus recreatif. Veu notamment que la nature diuerse en soy mesme, se plaist à la varieté de toutes choses. Ie ne vous tiēdray gueres en suspēs. Viuez donc heureux & moy content en l'asseurance de vos graces.

Pacis & Belli Artibus.

Paix ou Guerre m'est honneur.

Table des choses plus memorables

Contenues au second Tome de l'Histoire de France : dont la lettre l. signifie liure, f. fueillet, a. la premiere page, b. la seconde. & vo. le renuoy au mot qui suit.

A

l'Amiral Gaspard de Coligny se marie auec la Côtesse d'Entraumont l. 12. f. 24.
comme & par qui il est tiré de la Rochelle en Court l. 25. f. 20. b. 21. a.
il enuoye descouurir les Costes des Indes Occidentalles l. 25. f. 21. b.
comme accordé auec le Duc de Guyse & de la poursuitte qui fut faite contre luy l. 26. f. 23. a. b.
il harengue le Roy Charles 9. pour luy persuader la guerre côtre l'Espagnol afin de descharger la France des guerres Ciuilles l. 27. f. 44.
est auerty par plusieurs Reformez de son mal & d'vne entreprinse secrette contre eux dont il se moque. l. 28. f. 59.
est blessé, puis tué, en fin pendu à Monfaucon & puis enterré secrettement. l. 29. f. 64. 65. 67. b.
son meurtrier. l. 29. f. 69.
fautes de l'Amiral. l. 28. f. 63. l. 31 f. 89. b.
sa femm. Contesse d'Entraumôt & ses enfans. l. 31. f. 198. b.
son meurtrier Betme pris par les Protestans. l. 39. f. 288.
justifié de ses actions. l. 40. f. 301. b.
Amiral de Villars & ses portemê l. 33. f. 137. & 141.
Authorité trop grãde comme rabaissée. l. 34. f. 160
Abus en tous Estatz. vo. chacun estat. l. 40. f. 293.
Abus Ecclesiastics. l. 34. f. 156. 157. vo. Eccle.
Abé de Gadagnne. l. 33. f. 132. l. 38. f. 225. 226.
Abé de Brantosme. l. 39. f. 253. b.
Abé de moureilles. l. 32. f. 117.
Aumalle, Duc d'Aumalle tué deuant la Rochelle. l. 33. f. 136.
d'Anuille, Mareschal d'Anuile & ses portemens. l. 33. f. 141. l. 35. f. 175. l. 38. f. 228. l. 43. f. 349. 350. l. 45. f. 354.

se declare malcontant & prend les armes l. 36. f. 194. l. 38. f. 240. 241. l. 39. 262. l. 41. 328. b.
Armes qui premier les doit poser du Roy ou des sujets. l. 32. f. 122. l. 37. f. 200.
Armée nauale des Chrestiens côtre le Turc, reueuë, combat & c. l. 25. & 26. l. 27. f. 41. l. 36. f. 195. 196.
des Reformez François. l. 34. f. 149. l. 37. f. 212. l. 38. f. 225. l. 44. f. 368. l. 45. f. 371. 375. 376. 377.
des Turcs. l. 26
des Flamans & Hollandois. l. 40. f. 398.
des Catholiques François. l. 34. f. 150. l. 45. f. 371. 372. 375. 376.
general d'vne Armée & son deuoir. vo. G. l. 45. f. 371. 374.
moyens de conduire vne armée en pays ennemy. l. 27. f. 55. l. 30. f. 74.
Armée rompue ou mutine faute de paye. l. 30. f 76.
Armée a vn siege & moyens de la fournir de viures. l. 39. f. 250.
Albigeois de mesme Religiõ que les Protestans & leur estat l. 38. f. 245. b.
Albanie l. 26. f. 24. b.
Apanage. l. 40. f. 304.
Antiuari. l. 26. f. 25.
Anuers. l. 40. f. 298. l. 41. f. 327. l. 45. f. 390. b.
Arrests de l'Empire d'Allemagne l. 41. f. 311. b.
Austriche vo. Charles
dom Iean d'Austriche. l. 26. f. 35. l. 36. f. 196. l. 45. f. 390. b.
Autriche reformée. l. 41. f. 313. b.
Angleterre l'Estat d'Angleterre. l. 27. f. 37. l. 34. f. 144. 146. b 159.
seditions en Angleterre à cause de Marie Royne d'Ecosse l. 27. f. 38.
Arrest & execution mortelle du Duc de Nolfoc. l. 27. f. 39.
propos du Mariage d'entre le Duc d'Anjou & la Royne d'Angleterre l. 27. f. 40. b.
Anglois au secours des Flamens côtre l'Espagnol. l. 27. f. 51. 52.

Anglois secourent les François Reformez. l. 34. f. 145. 148. 158. b.
ils prennent tous les nauires des Reformez François refugiez en Angleterre & pourquoy. l. 33. f. 131. l. 34. f. 148.
la Royne Elizabeth commere du Roy Charles 9. l. 33. f. 131.
retraitte des Reformez François d'Angleterre. l. 34. f. 143. 144.
Allemagne, Allemans reçoiuent mal les bãnis de France Reformez l. 34. f. 144. b.
vo. Reistres.
Au secours des François l. 40. f. 289. 290. l. 41. f. 314.
veullent estre payez. l. 44. f. 356.
Allemans recherchez du secours des Catholiques & Reformez l. 44. f. 357. 358.
Ambassadeurs, Ambassadeur arresté l. 26. f. 26. l. 38. f. 355. 356.
outragez l. 31 f. 111. b. l. 34. f. 147. l. 38. f. 256.
differens pour l'honneur entre Ambassadeurs. l. 35. f. 161. b.
Ambassadeurs aux Estatz Generaux l. 43. f. 146. 148. vo. Es.
Auguste Duc de Saxe l. 41. f. 311. &c.
Ambition. vo. honneur.
Ambitieux s'õt jamais contans aspiret à la Souuerainté d'ou viuent ils sont par mort desmontez l. 34. f. 159. b.
moyens de pouruoir à l'Ambitiõ l. 34. f. 160.
Ans climateriaux. l. 41. f. 314.
Ans superficieusement obseruez. l. 41. f. 314.
Association. vo. Ligue.
Aise, choses aisées, ne plaisent tant que les malaisées. l. 28. f. 56.
Anibal, occasion de sa ruyne l. 28. f. 57.
Abiuration. l. 30. f. 79.
Argent moyens d'en faire l. 26. f. 26. b. l. 27. f. 41. l. 30. f. 195. l. 43. f. 345.
Argent necessaire en guerre l. 30. f 76.
Amiens. l. 43 f. 343.
Athées & les inconueniens de l'Atheisme l. 26. f. 31. b.

DDdd

TABLE

Aluë, Duc d'Aluë & ſes portemẽs en Flandres. l. 27. f. 51, 54. l. 30. f. 74.

Angoulesme. l. 40. f. 295.

Acte memorable. vo. Mort.

d'vn ſoldat qui ſe fait battre en vn moulyn & ſort à compoſition d'vne armée l. 32. f. 127. b.

Amour, amitié du Prince & au rebours. l. 37. f. 200. b.

B

Bruſlement de poudre à Canon l. 25. f. 15. b.

moyens pour bruſler nauires & vaiſſeaux l. 45. f. 377

Brouage, ſon eſtat & repreſentatiõ l. 37. f. 211. b. l. 44. f. 361. 362.

entrepriſes ſur Brouage, les habitans malcontans. l. 39. f. 285. b. l. 41. f. 317. l. 44. f. 361. 362.

le Prince de Condé s'en aſſure l. 41 f. 317. l. 44. f. 361. 362.

aſſiegé batu & pris par les Catholiques l. 45. f. 373 &c.

Baie de mer que c'eſt l. 32 f. 118.

Beze. l. 40. f. 296.

Bizerte. l. 36. f. 196.

Buſſy d'Amboiſe. l. 31. f. 251. l. 41. f. 326.

des Brueres Cappitaine. l. 33. f. 132. l. 39. f. 253. b.

Birague Chancelier. l. 39. f. 279

Belle Iſle. l. 34. f. 152. 153.

Beauuoir la Nocle l. 39. f. 279. l. 40. 297. 303.

Beneffices mal conferez. l. 34. f. 157.

Brantome. l. 39. f. 253. b.

Baſſigny. l. 34. f. 160. b.

Benon. l. 39. f. 284. b.

Beſme meurtrier de l'Amiral l. 39 f. 288. b.

Biens & auãtages meſpriſez. l. 44. f. 356.

Bataille, harẽgues & raiſés pour animer à la bataille l. 26. f. 26. 28. b.

Bataille nauale. vo. arm. na. l. 40. f. 298.

Bobinceau eſcuMaire à la Rochelle & ſes portemẽs pour le public l. 44. f. 365. b.

ſa mort l. 45. f. 384.

Banis, leur deuoir. l. 34. f. 147. b. leur miſerable condition. l. 34. f. 144. 147. 159. b.

Banis promettent tout pour auoir ſecours puis s'acordent. l. 34. f. 159. b.

Baniſſemẽt honorable. l. 34. f. 160.

s. Barthelemy, journée ſ. Barthelemy à Paris. l. 29. f. 65.

Bellicure. l. 43. f. 453. b.

Briquemaut executé à mort. l. 29. f. 69. b.

Briquemaut juſtifié. l. 40. f. 301. b.

Biron, ſes moiẽs & actiõs pour entrer comme gouuerneur à la Rochelle. l. 31. f. 103. 104. & c. l. 32.

il y entre & comment. l. 35. f. 178. b.

Biron. l. 43. f. 351. b. l. 44. f. 363. b.

Bazas. l. 43. f. 454.

Bourdeaux, les Reformez y ſont mal traittez. l. 31. f. 109. b. l. 42. f. 334.

le Roy de Nauarre s'en plaint. l. 42. f. 330. b. l. 43. f. 354.

Bourdeaux refuſe l'entrée au Roy de Nauarre & luy eſcrit hautemẽt. l. 43. f. 354.

Broſſay S. Graué. l. 37. f. 216. b.

Bearn. l. 43. f. 348. b.

Bonneual, la Dame de Bonneual. l. 38. f. 234. b.

Bicoques razées. l. 39. f. 256. b.

Bloys ſur Loyre deſmantelé pour les eſtatz. l. 40. f. 305.

Ban de l'Empire. l. 41. f. 311. 313.

Bodin Iuriſconſulte. l. 43. f. 341. 351.

Benefices, nomination: & collat. l. 43. f. 351. b.

Beutrich. l. 44. f. 355.

C

Charles 9. Roy de Frãce marié. vo. M.

ſe ſiet en Parlemẽt & remonſtre a ſes Iuſticiers leur deuoir. l. 24. f. 9. b.

il a vne fille. l. 33. f. 131.

ſecouru du Clergé. l. 34. f. 155. 156. &c.

Charles 9. ennuyé, ſa maladie, deſſeins, mort & conuoy funebre. l. 37. f. 218. 219. 220.

Coligny. vo. l'Amiral. Odet de Coligny dit Cardinal de Chaſtillõ meurt empoiſonné en Angleterre. l. 24. f. 12. b.

ſes enfans. l. 39. f. 265.

la Caze Mirambeau. l 37. f. 212.

Charles d'Auſtriche marié auec la fille du duc de Bauieres. l. 26. f. 24.

Charles 5, Empereur. l. 35. f. 167. 168.

Chef d'armée. vo. general.

Chef de place. vo. gouuerneur.

Chef forcé par ſes ſoldats. l. 34. f. 154. b.

Chef ſeul non pluſieurs en vne place ou. l. 44. f. 369.

Capitaines, quels on doit eſlire & la faute qu'on y fait. l. 27. f. 54.

Capitaine Lucas. l. 44. f. 367.

Capitaine Arnaut donne ſecours à la Rochelle. l. 35. f. 174.

Capitaine la Fleur. l. 35. f. 180. 181. l. 36. f. 190. b.

Calõniez par le peuple. l. 38. f. 230. b.

Cerfs & biches paſſans par vne armée l. 33. f. 135. b.

Catherine de Medecis Roine mere regente de France. l. 37. f. 218. b. 223. vo. Reg.

elle ſollicite la paix. l. 40. f. 290. l. 41. f. 316. b. 325.

Caſtres en Albigeois. l. 31. f. 105. 114.

l. 38. f. 246. 245. &c.

Compoſition mal gardée en ſiege. l. 37. f. 217. b.

Conſeil public & ſon authorité & differences. l. 41. f. 324. a. b.

Climateries. l. 41. f. 314. b.

Croix ſi les Reformez la peuẽt porter. l. 30. f. 77.

Catholiques & leur creance l. 30. f. 79. b.

Catholiques de trois ſortes, fidelles, malcõtãs, & nouueaux. l. 35. f. 173. b.

ils font vendre les biens des Reformez pour la guerre. l. 35. f. 175.

Catholiques aſſociez auec les Reformez Françoys. vo. Proteſtans.

Coriaires François anciennement. l. 34. f. 155.

Court de France & autres, vanitez & legeres inconſtances d'icelles. l. 24. f. 12. b.

Cheſneuert Miniſtre de Poitou. l. 38 f. 230. b. l. 41. f. 310.

Chypre, ſa fertillité, delices & lubricité des femmes, auec les chargemens de ſon eſtat depuis les Empereurs Grecs juſques aux Poiteuins, auſquels le Venitien oſta Chypre que le Turc tient. l. 25.

Candie ſon eſtat & fertilité. l. 26. f. 24. b.

Cyuray. l. 42. f. 336.

Crainte de mal rend pluſieurs obeyſſans & faiſãs leur deuoir plus que l'amour de bien & de vertu. l. 26. f. 31. l. 28. f. 56. b.

Crainte fait quiter Dieu à beaucoup. l. 30. f. 77. &c

Marc Anthoine Colone. l. 36. f. 194 b. 195.

Cardinal Alexandrin. l. 25. f. 21. b.

Cardinal de Lorraine harẽgue au Roy Charles 9. luy offrant ſecours du Clergé. l. 34. f. 155. 156. &c.

Captifs, actes genereux d'vne captiue. l. 25. f. 17.

la Charité aſſiegée batue & priſe par les Catholiques. l. 44. f. 363. 370.

Cauagnes Cõſeiller pendu. l. 29. f. 69. b.

juſtifié depuis. l. 40. f. 301. b.

Cheuallier Teutoniques. l. 40. f. 307.

Ché de boys ſe doit appeller Ché de Baye de la Rochelle & pourquoy. l. 32. f. 118.

Chaſteté, acte genereux d'vne femme pour ſauuer ſa chaſteté. l. 25. f. 17.

Concarneau. l. 44. f. 360. b.

Colombiers. l. 37. f. 217. b.

Candalles. l. 33. f. 141.

Cataro. l. 26. f. 196.

Cognac. l. 40. f. 296.

Cruauté du Turc. l. 25. f. 19.

Cruauté des Catholiques François. l. 29. f. 70. l. 31. f. 108. b. l. 35. f. 168. a. b.

DV DEVXIEME LIVRE.

Cruauté des Reformez à se manger à Sancerre. l.35.f.179.b.
Cruauté des Valaques & voisins.l.37. f.222.b.
Ascagnede la Corne persuade les Chrestiens à la bataille côtre le Turc. l.26.f.26.
Chrestiens partiaux pour l'âbition & honneur. l.25. f.17. b. l.26..f.27.
Chrestiens reniés & leurs portemens vers le Turc & les Chrestiens. l. 26. f.31.
Clermont d'Amboise. l.45. f. 371.
Cossins tué. l. 34. f. 143.
Coconas. l. 37. f. 210.
Carentan en Normandie.l.37.f.216. 218.
Calomnie naturel à tous hommes & plus ordinaire ez gouuernemẽs populaires & qui leur rapportẽt, ailleurs. l. 38. t. 230. b.
Conseil & raisons alleguées pour tenir vne place contre vne armée. l. 39.f.249.
Conseil pour l'abandonner. l. 39. f. 249. b.

D

Desbordemens d'eaux en France. l. 24.t.4.b. l. 25.f. 21. b.
Desbordemens ailleurs.l. 25.f.21.b.
Debtes des Roys de France. l. 43. f. 343.l.44.f. 257. b.359.
Dieu comme il n'opere plus par miracles extraordinaires ains veut que tous trauaillent. l.31.f.100.b.
Dieu de la toute puissance. l. 31.f. 100. b.l. 33 f. 139.
Demandes des Reformez & mal contãs Frãçois au Roy.l.39.f.272.273.
Dannemarc,le Roy ligué auec lubec côtre le Roy de Suede l.32.f.119.b.
Die. l. 38. f. 229.
Des Aguis. l. 42.f. 336.
Dauphiné,son estat apres le meurtre de Paris.l.31.f.108.l.32.f.122.l.35. f.174.176.l.36.f.186.191.193.194 l.38.f.229.b.230.l.39.f.288.
Dispenses de mariage.vo. Ma.
Dulcingue l.26.f.25.
Darenes l.39.f.279.b.
Dardois. l.39.f.278.b.
Douaires entre grans. l.27.f.43. b.
Domaine du Roy & de la Couronne l.40.f.305.l.43.f.353.
Dombes. l.39.f.276.
Dissimulation bonne. l.27.f.49.
Dissimulation mauuaise. l.25.f.19.
Docte guerrier. vo. G.
Domfront en Normandie.l.37.f.216.
Desobeissance en guerre & l'occasiõ. l. 27.f. 53. b.
Desobeyssance grande de petis aux Roys. l.40.f.295.l.44.f.357.
Discipline militaire corrõpue & pour quoy. l.27.f.53.b.54.l.44.f.367.
Diuisions en estat & leur mal. l.39.f. 279.280.l.41.f.326.vo.partialitez.
Dós s'ils & quels doiuẽt estre receuz par les Ambassadeurs Magistrats & autres. l.34.f.159.
Dons des Roys de France.l.40.f.294 l.44.f.356.b.
Dons quitez.l.44.f.356.b.
Douceur ou necessaire. l.39.f.280.d.

E

Empereur des Allemans son honneur & pourquoy les autres Princes ne le reconnoissent. l.24.f.1. b.
Estats generaux, causes de ses assemblées. l.43.f.340.a.b.
Estats comme nuls & defectueux & quels ils doiuent estre. l.42.f.332. 333.l.43.f.352.
Estats generaux de France tenus à Blois: leur seance, requestes, ordre, forme & conclusion. l.42.f.329.b. 331.333.336.& tout le l.43.l. 43.f. 351.
Estats voisins se rient du mal des autres.vo.V.
Estats de France corrompus.l.24.f.10 l. 37.f.209.210.vo.fr.l.39.f.279.b. l.40.f.289.b.293.
corruption & changement d'iceux, auec le moiẽ d'y obuier.l.34.f.159. b. 160. voiez l'epitre du 2. vol.
Estats generaux demandez en France & le biẽ qui en reuiẽt.l.37.f.201.b. 208. b. l.38.f.233.b. 241.b.l.39.f. 278.b.279.280.l.40.f.303.b.
Estats promis & tenus. l. 40. f. 303. 305.
Edits & ordõnances de France cõme verifiez & publiez.l.24.f.10.
Eclesiastics ont fort secouru les Rois de France.l. 34.f.155.156.&c.l.40. f. 293.
abus Eclesiastics. 34. f. 157. l.39. t.279.l.40.f. 293.b.
biens Eclesiastics vendus & rachetez.l.34.f.157.b.
Eclesiastics mal traittez par les Reformez & Catholiques mal côtãs.l.39. f.265.
Eclesiastics qui ont le temporel & spirituel des Côtes &c. Seigneuries. l. 41. f. 313.
biẽs d'Eglise d'ou venus.l.43.f.351.b
l'Eglise a creu par persecution & rigueur & au rebours s'est corrõpue. l.44.f.360.b.
Estats generaux de Lãguedoc & pays voisins,l.36.f.192.vo.l.
Estats comme peuuent estre rendus heureux. l.25.f.19.b.20.
occasion du bien & du mal de tous Estats. l. 25.f.19.b.l.28. f.57. l. 29. f. 73.
moien pour garentir vn Estat de seditions. l.25.f. 20.

le tiers Estat tousiours mesprisé en France. l.31.f.87.b.
Estats par qui se doiuent assembler l. 38.f.229.
Estas & honneurs mesprisez.l. 44. f. 356. b.
Election de Rois. l.35 .f.163.
Empire, Arrest & executiõ de l'Empereur.l.41.f.311. 313.
Entreprises choix requises à toutes entreprises. l.31.f.89. b.
Egalité & ses profits.l.36.f.197.
Eloquence,sa force à persuader l.33. f. 135.
Entramont. l.36.f. 198. b.
Espinace. l.43.f.343. b. 351. b.
Eglise Chrestienne aqui comparée.l. 35.181. b
Extraordinaires actiõs. vo. presages & Actes notables.
sourdons & coquillages de mer pour viande aux Rochellois.l.35. f. 173.
Empereur Maximilian, & ses filles mariées aux Roys de France & d'Espagne. l. 41. 314
Espagne,Phillippes Roy d'Espagne-vo. P.
les Reformez côseillent le Roy de luy faire la guerre.vo. fr.
le Roi d'Espagne Phillip.à vn fils l. 27.f.41.l.41.f.314.
il espousa sa niece fille de l'Empereur Maximilian. l.41.f.314.
Espagnols & Portugais plus louez que tous autres pour les entreprises de mer & descouuerte des Indes. l. 34.f.150.b.
leur droit sur ces terres. l.34.f.151.
Espagnols ne s'asseurent du François Catholique contre les Reformez. l. 36.f.195.
Espagnols ont guerre en Afrique auec les Turcs.l.37.f.205.
Espagnols en Flandres. vo. Fl.
Espagnols mutins, insolens & desobeyssans. l.40.f.298.b.
villes sacagées par eux.l.40.f.298.b.
naturel des Espagnols. l.27.f.46.l. 28.f.60.
Estrangers hais.l.26.f.25.
Estrangers mieux pourueuz que les naturels. l.40.f.294.
Espions. l.26.f.26.
Estoille nouuelle. l.31.f.108.
Excuse des Rochellois vers le Prince de Condé. l.41.f.324.
Echillez. l. 45.f.379.b.

F

France,l'estat de France, l'an 1570. l. 24.f. premier.b.
estat de l'an, 1571. l.24.f.26.
de l'ã,1572. apres le meurtre de Paris. l. 29.f.68.&c.l.31.f.87.
de l'an 1573. l.37.f.200.201.
de l'an 1575. l.40.f.289.

DDdd ij

TABLE.

estat & pouuoir de la Fráce en general l.27.f.45.46.l.37.f.208.269. &c.
estat ancien & moderne.l.39.f.279.b.l.40.f.289.
pauure estat de France. l. 40. f. 293. vo. l'estat & plainte de Dauphiné & Languedoc Protestans.
moien pour la garantir de seditions & la rendre heureuse.l.25.f.19.b,&.20.l.27.f.45.46.
estats de France.vo.E.
Roy de France vo.R.
François Catholiques se plaignēt des Protestãs. l.24.f.5.l.29.f.67.b.l.37.f.42.f.331.
moiens qu'ils tindrent pour les perdre.l.28. 29.l. 31 f.101. b.vo.Ligue sainte.
s'ils ont plus perdu aux guerres ciuilles que les reformez, & de leurs guerres.vo. R.
François pourquoy n'ont descouuert nouueau pays .l.34.f.151.
François anciennement Corsaires. l. 34.f.155.
François Catholi. de 3. sortes. vo.C.
François Catholiques & reformez vnis côtre les Catholiques.vo. Protestã
François Reformez se plaignent des Catholiques.l.24.f.5.l.26.f.32.l.29 f.64.65.66.l.31.f.87.88. &c.l.36.f.185.b. 186.&c. 191. 192.l.37. par tout.l.41.f.318.l.42.f.331.b.
occasions de leur haine reciproque l. 28. f.60.l.39.f.279.280.
occasions & moiens qu'ils proposent au Roy pour faire la guerre côtre l'Espagnol. l.25.f.20.
soupçonnent le Roy contr'eux.l.25 f.21.b.l.28.f.59.60.
François Reformez vont au secours des Flamans contre l'Espagnol. l. 27.f.50.l.28.f.57.58.l.34.f.159.
estat des Reformez François apres la blessure & mort de l'Amiral.l.29. f.64.65.l.31.f.87.114.b.l.34.f. 143. b. 146.l.35.f.175.l.36.f.185.b. 186. &c. 191.192.
François reformez font des departemens en Languedoc & pays voisins qui respondent aux Estats. l. 31. f. 114. b.l.32. f. 123. l.36.f. 186.192. &c.vo.Lan.
font de hautes demandes au Roy. l. 36.f.186.190.l.39.f.272.b.
François veulent estre remis en l'estat du temps du Roy Loys 12.l. 36. f.190.l.39.f.179.b.
paix en Franc.vo. l'Estat d'icelle cy dessus à France.
guerre en France. vo. comme dessus.
Meurtres des reformez François ez villes & autres endroits de France l. 29.f.65.67.70.
François, son naturel & sa deuotion vers son Prince.l.24.f.12.l.29.f.72.

b.l.34.f.147.b.
François leger & inconstant. l. 26. f. 24.l.27.f.40.b.
Fráçois Roys de Pologne.l.35.f.164.
François liguez auec le Turc.l.35.f.167.b.
le Roy de France à ligué auec l'Anglois & Alleman.l.25.f.21.
le Roy de France demande & obtiēt les villes reformées seureté deuāt le temps. l.28.f.57.
la Couronne de France côme changée ez trois races. l.34.f.159.b.
justice de France.vo.I.
la Noblesse Françoise à grād credit vers le peuple. l. 27.f.40.b.
Famagoste de Chypre.l.25.f.14.
Famine. l.28.f.56.b.
Femme genereuse à sauuer sa chasteté. vo. Chas.
Femmes abandonées par leurs maris soustiēnent l'assaut contre les Turcs l.26.f.25.
Femmes hardies en sieges.l.32.f.125. l.33.f.134.
Femmes manians la paix. vo. P.
Fidelité vient souuent de crainte du mal comme aux Chres. reniez entre les Turcs.l.26.f. 31.
Fors & fortificatiós ne soiēt veus par estrangers & ennemis. l. 34. f.144.
Famine pourquoy emporte plustost les jeunes. l.35.f.179.vo. I.
Foy rompue aux heretiques. l. 34. f. 145.b. l.42. f. 353.
Foy mal gardée. l. 37. f. 217. b.
foy doit estre gardée l. 44. f. 360.
Finances, financiers & les abus l. 40. f. 294.
Ferrare. l. 25. f. 21. b.
Florence, Estat de Florence. l. 38. f. 239. 240.
Feruaques. l. 41. f. 310. 316.
Fleur d'arbre en hyuer. l. 29. f. 67. b.
Fin, 2. sortes de fin de vie l. 29. f. 73.
Franchise. l. 34. f. 144.
Final battu & pris par les espagnols l. 26. f. 23.
Foucaudiere l.40. f. 397.
Francourt. l. 29. f. 66.
Fautes des Refor. François.l.29.f.73.
Fautes premieres ensaignent.l. 39. f. 250.b.
Francioti Italien. l. 35. f. 181.
Fortune que c'est l. 26. f. 26. 29. l. 29.f. 73.
Flandres, Estat de Flandres. l. 27. f. 47. b.l. 45. f. 390.
les Reformez de France y veulent transporter leurs guerres ciuilles. l. 27. f. 44. 47. vo. Franc.
ordre & reglement du Duc d'Alue au pays bas. l.27.f. 48. 51.
desseins & moiens du Prince d'Orēge & ses partisās pour retourner en Flandres contre les Espagnols.l.27.f.

48.l.30.f.74.
en Hollande & sur mer. l.40.f.298. l.45.f.390.391.
les estats du pays bas de Flandres se declarēt côtre l'Espa. l.45.f.390.b.
Flessinghen. l.27.f.49.51.52.54.
Fontenay surpris par les Protestās & assiegé par 2.fois par le Duc de Môtpesier. l.37.f.213.214.l.39.f.249.
Fontenay. l.41.f.310.b.
Fontaines entreprend sur Sancerre. l. 31.f.111.
Force, ou contrainte, choses forcées peu durables. l.37.f.201.
Fantosmes. l.37.f.220.

G

Germains & Germanie.vo.Allemans & Allemagne.
les Princes Electeurs enuoiēt congratuler le mariage & la Paix du Roy de France.l.24.f.3.
Gardes du Roy.l.40.f.293.b.
Gerzay & Grenezay Isles.l.34.f.143. b.l.37.f.206.b.
Grimenaudiere assiegée batue & prise sur les Rochellois par les Catholiques.l.32.f.121.
de Gondy Mareschal de Rets. l.33. f.138.b.l.34.f.159.l.39.f.279.
Grammont pris par les Protestans.l. 33.f.142.
Guerres ciuiles produisēt beaucoup de maux. l.24.f.3.b.l.35.f.168.l.38. f.238.l.40.f.295.l.44.f.350.
occasiōs que les Protestans Frāçois alleguēt pour la leuée d'armes.l.24. t. 6. l. 31.f. 89. 101.l.37.f.201.204. 207.l.38.f.225.
source des guerres ciuiles l. 39. f. 278. b. 179. b. 280. l. 40. f. 293. b. 294. l. 44. f. 360. b.
Guerre se nourrist. l. 32. f. 125.
celles des Catholiques. l. 24. f. 7.
Guerre de mer. vo. mer & Ar.
Guerres ciuiles pour la Religion si legitimes. l. 31. f. 89. l. 32. f. 122.
causes qu'elles ont mal succedé aux Reformez. l. 31. f. 89. b.
Guerre necessaire & forcée. l. 31. f. 101.
occasiō de la longueur des guerres ciuiles & qu'elles sont plus necessaires aux malcontans.l. 31 f. 100. b. l. 43. f. 352. b.
es guerres ciuiles qui doit premier poser les armes l. 32. f.122 b.
sixiemes guerres ciuiles en France l.41.f. 328. b.l.42. f. 329. a. b.
l'occasion des guerres d'vne part & d'autre. l.42.f.431.
Guerre ne se doit si tost côclure que la paix & pourquoy l.43.f. 351.
Guerrier, docte Auocat, Ioanneau de Sancerre. l. 36. f. 191.vo. la Caze Gouuerneur, villes qui s'en exemptent vo.V.

puissance des Gouuerneurs de Prouince. l. 38. f. 225.
Garnisons, villes qui s'en exemptent. vo. V. l. 30. f. 76. b.
Baron de la Garde. l. 28. f. 59.
Goas mort deuant la Rochelle. l. 35. f. 174. b.
Goulette. l. 37. f. 205.
Grenoble, parlement de Grenoble. l. 39. f. 288.
Graisse du corps humain vendue. l. 29 f. 70.
General d'armée. vo. Chef.
punition d'vn General. l. 25. f. 17. b.
General mal respecté & son droit. l. 26. f. 27. b.
son deuoir. l. 27. f. 52. 53. l. 32. f. 123. l. 38. f. 233.
ses quallitez requises. l. 31. f. 89.
Generaux des Reformez en Languedoc & voisins. vo. Lan. l. 36. f. 192. l. 38 f. 223.
Generaux sous conditions. l. 38. f. 233. 240. 241.
duc de Guise, poursuite côtre l'Amiral de Chastillon & accord pour le meurtre de son Pere. l. 26. f. 23. a. b.
duc de Guyse blessé au visage à la rêcontre de Thoré. l. 40. f. 290.
Grombac, ses portemens & fin de vie. l. 41. f. 311. 312. &c.
Gothe ville & fort de Saxe en Allemagne assiegée & ruinée. l. 41. f. 313.
Galleres de Frâce venues de Marseille en Brouage puis à l'Isle de Ré, vne est prise par les Confederez. l. 31. f. 113.
Galleres & leurs exploits. l. 31. f. 113. l. 34. f. 151. b. 152. l. 45. f. 375. 377. 378. &c.
Galleres en la mer du nort. l. 35. f. 172.

H

Harêgues des Ambassadeurs des Princes germains au Roy Charles. 9. luy cōgratulâs son mariage & la paix de son Roiaume. l. 24. f. 3.
Harêgue d'Ascagne de la Corn: pour le combat naual contre les Turcs. l. 26. f. 26.
Harengue de Dō Iean D'austrie pour le combat. l. 26. f. 28.
Harêgue du general Turc. l. 26. f. 28. b.
Harengue de Monluc pour persuader les Polonois a prêdre pour Roy Hēry de Valois. l. 35. f. 161. 162. &c.
Harengue des deputez Protestâs pour persuader la paix au Roy Charles. 9. l. 35. f. 181. 182.
Harengue de la Nouë aux Rochellois l. 37. f. 203. 211.
Harêgue de Popeliniere aux Estats de Quercy l. 38. f. 236.
de luymesme aux estats de Languedo assemblez à Millau. l. 38. f. 237.
Harêgue des deputez Protestans pour la paix au Roy Henry. l. 39. f. 279. 280. b. l. 43. f. 350. b.
Harengue de Vuier depute du Prince Cazimir au Roy Henry. 3. l. 41. f. 318. f.
Harengue. vo. Remonstrances.
Harengue du Roy Henry 3. aux Estats generaux a Blois. l. 43. f. 342.
Harengue pour vn combat de mer. l. 34. f. 151.
Harengue pour soustenir vn siege. l. 34. f. 154. b.
Harengues des trois Estats aux generaux. l. 43. f. 343.
Harengue du Prince de Condé aux Rochellois. vo. P.
Harêgue du Duc de Montpencier aux Estats pour la paix. l. 43. f. 350. b.
Henry de Valois Duc d'Anjou assiege la Rochelle. l. 33.
vo. son mariage. a. M.
ses biens & appanages. l. 35. f. 165. b.
dons qu'il reçoit du Clergé. l. 34. f. 158.
son naturel. l. 35. f. 169.
il quite la Rochelle & se retire à Paris. l. 35. f. 185. a. b.
Henry de Valois Roy de Pologne auoué Successeur à la Couronne de Frâce, est enuoyé querir en Pologne. l. 37. f. 218. b. 223. b.
Homme, son naturel volage & indiscret. l. 24. f. 7. b.
la Haye Lieutenant de Poitou. vo. Lieut.
Hospitaux. l. 40. f. 293. b.
Haure de Grace. l. 39. f. 278. l. 40. f. 303
Haure de mer, que c'est. l. 32. f. 118.
Haure bouché par Nauires, ou. l. 32. f. 128. l. 45 f. 382.
Haure de la Rochelle. vo. Rochel. representée. &c. l. 34. f. 149. b.
Haine ne se peut si tost assopir. l. 24. f. 7. b.
Hyuer grand. l. 24. f. 7. b. l. 31. f. 112. b.
Hollande, places d'Hollande qui se rendent au Prince d'Orenge contre l'Espagnol. l. 27. f. 48. 49.
Hongrie, Roys d'Hongrie de la maison de France. l. 35. f. 170. b.
la Hunaudaie enuoié à la Rochelle pour la paix. l. 39. f. 284.
Honneurs, l'ambition des grades & Estats partialisent les hommes. l. 25. f. 17. b. l. 32. f. 28. b.
Honneur par qui preferé à tout. l. 37. f. 222. b.
crainte de honte & de deshonneur rend les hommes bons. l. 43. f. 342.
Honneur. l. 43. f. 344.
Honneurs & richesses mesprisez. l. 44. f. 356. b.
Hommes qui font leur deuoir crainte du mal plus que pour l'amour de vertu. l. 26. f. 31.
mang-hômes Antropo. l. 35. f. 179. b.
Histoire: quelle doit estre & sa sur-excellence à toutes vacations. vo. au commencement du deuxieme vo. au traitté de l'excel. de l'Histoire.

I

Iustice, les Rois & Princes en sont debiteurs à leur sujets l. 24. f. 9. b.
Ioanneau bailly & Capitaine à Sancerre. l. 36. f. 191.
Isle, descête en vne Isle & moyen de la faire auec armée. l. 39. f. 286. 287
Impositions nouuelles des Reformez ou Catholiques mal contans. l. 39. f. 264. b.
Impositions extraordinaires causes des guerres du pays bas. l. 27. f. 49. vo. Tail.
Impositiō du sel 40. liures pour cent. l. 45. f. 375.
Isle, des Isles de Saintonge. l. 44. f. 368. l. 45. f. 374. b.
Ieunes conseils. l. 39. f. 280. b.
S. Iean d'Angely. l. 40. f. 296. l. 41. f. 316.
Inconueniens. vo. mal.
Iniure ne s'efface par combat mais par le temps & actions contraires. l. 27. f. 53.
Iniures remises par qui & comment. l. 28. f. 61.
Iubilé. l. 29 f. 69.
Ieusnes des Reformez. l. 31. f. 103. l. 32. f. 122.
Ienlys deffait & ses trouppes allant en Flandrés meurt en prison. l. 27. f. 54. l. 28. f. 55.
Italiens, leur naturel. l. 28. f. 60.
Italiens trafiquans & leurs subtilitez. l. 41. f. 313.
Iustice en armée. l. 33. f. 134.
Iustice en France bonne. l. 35. f. 163. b. l. 40. f. 293. b.
Iustice mauuaise. l. 39. f. 79. 280. l. 40. 293. b. l. 43. 341.
Impunité cause des fautes & meschancetez. l. 43. f. 341. b.
Ieunes meurent plustost de faim que les plus aagez & pourquoy. l. 35. f. 180.

L

Lieutenant de Poitou la haye & ses portemens l. 37. f. 201. 206. 207. &c. l. 39. f. 257. 268. 269. &c.
sa mort l. 39. f. 271. b.
Laterne & far de la Rochelle. vo. mer
Languillier gentilhomme de Poitou. l. 32. f. 121. b. 128. l. 34. f. 152. b. 158.
conte du Lude & ses portemēs l. 33. f. 140. b. l. 39. f. 247. b.

DDdd iii.

Langue, langue de Belle Isle ny brete ny Françoise. l. 34. f. 153. b.
Langue si necessaire à gouuerner vn Estat l. 34. f. 165. b.
Lettres des Roys & Princes aux Papes & leurs responces. l. 30. f. 81. 82.
Lettres de marque & represailles l. 39. f. 278.
Lusignan en Poitou. vo. P. l. 39. f. 249. b.
Lusignen representé, assiegé, battu reduit à composition puis razé par le Duc de Montpensier l. 39. f. 254. 255. &c.
Langraue de Hessen. l. 41. f. 312. l. 44. f. 359.
Lignerolles mignon de monsieur tué l. 24. f. 12
Liuonie. l. 40. f. 307. b.
Lituanie. l. 40. f. 308. a. b.
Langoiran. l. 39. f. 285.
Lusignen, ancienneté & grandeur de la maison & race des Poiteuins de Lusignen. l. 25. f. 13. b.
Languedoc, estat de ce pays pour les Reformez apres le meurtre de Paris l. 31. f. 107. 114. l. 32. f. 123. l. 33. f. 137 142. l. 35. f. 175. l. 36. f. 185. 186. 191. 192. l. 39. f. 262.
estats & assemblées des Eglises faites en Languedoc. vo. Estats & reglemens. l. 38. f. 232. l. 39. f. 262.
Lubec. l. 32. f. 119. b.
Loup entre en la Rochelle & les presages de la mort. l. 31. f. 112.
Liuron. l. 38. f. 230. l. 39. f. 282
comte Ludouic frere du Prince d'Orenge tué par les Espagnols. l. 40. f. 298.
Larrons de bourse ez Estats generaux l. 43. f. 341.
Legats en France. l. 25. f. 21. b.
Landereau. l. 39. f. 286.
Lyon. l. 29. f. 70.
s. Lo en Normandie. l. 37. f. 216. 218.
Lansac. l. 45. f. 371. 384. 385.
Ligues du Roy de France auec l'Anglois & Alleman. l. 25. f. 21. l. 27. f. 40. b.
Ligue des Pape Espagnol & Venitiens contre le Turc. l. 26. f. 22. b.
Ligne entre le Roy de Dannemarc & Lubec. l. 32. f. 119. b.
des Ligues & associations. l. 33. f. 137 b.
Ligue des François auec le Turc, l. 35 f. 167. b.
Ligues & associations des Reformez. l. 36. f. 192. l. 37. f. 203. 204.
Ligue mal seure entre les Chrestiens. l. 36. f. 195.
Ligues des Reformez auec les Catholiques suspects. l. 38. f. 229. l. 39. f. 162. l. 40. f. 297. l. 44. f. 364.

TABLE.

Ligue saincte des Catholiques contre les Protestans & mal contans Catholiques. l. 39. f. 267. 268. l. 41. f. 316. 318. b. 319. 327. b. l. 42. f. 334. b. l. 43. f. 343. l. 44. f. 357. 361.
Ligue refusée. l. 43. f. 343.
Liberté. l. 26. f. 24.
nations libres en la Chrestienté, quelles. l. 35. f. 162. b.
Lorraine, le Duc en veut oster la Religion reformée. l. 30. f. 85.
duchesse de Lorraine sœur du Roy Charles. l. 31. f. 113.

M

Mariage du Roy Charles 9. auec Ysabeau fille de l'Empereur Maximilia. l. 24. f. 1.
Mariage du Roy Philippe d'Espagne auec l'autre fille de l'Empereur. l. 24. f. 1. b.
Mariage du Roy de Nauarre & de Madame Marguerite fille de France. l. 24. f. 11. l. 25. f. 21. b. l. 27. f. 41. b. 43. l. 28. f. 63. l. 30. f. 81.
Mariage du Prince de Condé. vo. P.
Mariage de l'Amiral auec la Contesse d'Entraumont. vo. A.
Mariage de Telligny. vo. T. & ainsi des autres en leurs noms.
Mariages entre gens de diuerse Religions si legitimes & expediens. l. 27. f. 42.
Mariages auec dispences. l. 30. f. 81. 83. l. 41. f. 314.
Mariage d'Henry Roy de Pologne & de France & son sacre. l. 39. f. 283.
en Mariages les Grads ne regardent gueres les degrez du sang pource que le Pape les en dispense. l. 41. f. 314.
Mezieres. l. 24. f. 2.
Mareschal de Cossé enuoye vers les Protestans à la Rochelle pour plusieurs fins. l. 24. f. 5.
Mareschal de Rets vo. R.
Mareschaux de Cossé & Montmorency prisonniers. l. 36. f. 194. l. 37. f. 210.
ils sont deliurez. l. 38. f. 233.
sont iustifiez l. 29. f. 278.
Mareschal de Belle garde. vo B.
Marchandise & trafic, guerre pour la nauigation & marchandise entre les Roys de Dannemarc & Suede. l. 32. f. 120.
Maire de la Rochelle & son election. l. 39. f. 145. f. 384. b.
Maire taxé. l. 41. f. 316.
forme de l'entertement des Maires de la Rochelle. l. 45. f. 384.
Mal, de deux maux le moindre l. 29. f. 71.
ne faut mal faire afin que bien en vienne. l. 31. f. 100.

Ministres quitans leur Religion. l. 30. f. 77. 79. l. 32. f. 126.
Ministres ont grande force à persuader l. 32. f. 119. l. 33. f. 133. b. 135. vo. Eloquence. l. 33. f. 137. 138. b. l. 39. f. 153.
Ministres en guerre & aux factiós. l. 33. f. 135. b.
Ministres, leur entretien. l. 38. f. 234.
du moulin Ministre. l. 39. f. 253.
Miserables, consolation des miserables. l. 31. f. 100. b.
Magiciens ne peuuent par caracteres & autres choses garantir l'homme. l. 39. f. 256. b.
Malcontans. vo. Reformez François. l. 35. f. 173. l. 37. f. 201. 205. b. l. 41. 317.
Malcontans Catholiques. l. 35. f. 173. l. 36. f. 194. l. 40. f. 298. &c.
Moscouie, guerre entre les Moscouites & Tartares & Suedes. l. 32. f. 120.
guerre entr'eux & les Polonois. l. 40. f. 307.
estat & guerre des Moscouites. l. 40. f. 306. 307.
Mines profitent peu si elles ne sont bien conduittes. l. 35. f. 161. 174. 178.
Maximilian Empereur, ses portemens meurs & fin de vie. l. 41. f. 310. 311. 312
Montmorency prisonnier. l. 36. f. 194. vo. Maresc.
Montpencier. l. 40. f. 295. l. 44. f. 363. b.
Manducage. l. 41. f. 321. l. 45. f. 384. b.
Montauban. l. 31. f. 87. 114. l. 33. f. 137. b. 138.
conte de Mansfeld retourne ses troupes Protest. en Allemagne. l. 41. f. 314
Mobrun n'ose leuer les armes apres le meurtre de Paris. l. 31. f. 108.
Mobrun se reschauffe & prend les armes. l. 35. f. 176. l. 39. f. 283.
Mombrun pris blessé à mort decapité neantmoins à Grenoble. l. 39. f. 288.
Meurtre de Paris sur les Reformez excusé. l. 34. f. 159. b. l. 32. f. 168. b. l. 29. f. 67. b. l. 40. f. 302.
iustice en est demandee. vo. Paris.
s. Michel, ordre s. Michel en France & les solemnitez. l. 31. f. 112.
Mirambeau. l. 37. f. 203. 212. l. 43. f. 345 b. l. 44. f. 361. 362.
Marmande. l. 43. f. 345. b. l. 44. f. 363.
Montagu Lieutenāt du Prince de Condé. l. 44. f. 361. 362.
Mer change de lit & de cours perd & gangne en diuers endroits. l. 32. f. 116. b.
Mer son flus & reflus auec les occasions d'iceux.
far & lanterne pour l'adresse des mariniers. l. 32. f. 117. a. b.
Mariniers François, leurs cours. l. 34. f. 146

Moiens de garder les costes de mer l. 34. f. 150. b.
armée de mer vo. A
fourdôs & coquillages de mer pour viande aux Rochellois l. 35. f. 173
guerre sur mer vo. ar. l. 39. f. 283.
Magistrat soit honoré & le sujet ne soit rebelle l. 34. f. 159.
Magistrat ne familiarise trop & ne s'abaisse l. 41. f. 316.
Marans l. 38. f. 242. l. 39. f. 250. b. l. 40. f. 299. l. 44. f. 368.
Mastrich. l. 40. f. 298.
Magnen ministre à la Rochelle l. 40. f. 297.
Messe quand dite à la Rochelle l. 41. f. 316.
Martinengue contre les Turcs meurt l. 25. f. 17. b. l. 26. f. 25. l. 27. f. 41.
Montgommery l. 29. f. 66. l. 32. f. 128. l. 33. f. 140. l. 37. f. 206. b.
Montgommeri mal receu retournant de Belle isle en Angleterre l. 34. f. 158. b.
Montgommery descend en Normandie l. 37. f. 214. 212. 216.
Montgommery executé à mort l. 38. f. 227.
Maine. Duc de Maine en allant de Italie contre les Turcs est honorablemêt receu à Venise l. 27. f. 41. b.
chef de l'armée Catholique & ses portemens l. 44. f. 362. 363. 370. l. 45.
Mecenas vo. Roys.
Melles l. 44. f. 364.
Merpin l. 44. f. 364.
Mote Fenelon Ambassadeur pour le Roy de France en Angleterre & ses portemens l. 34. f. 148. l. 35. f. 181.
Môferrand vo. Langoirant l. 44. f. 366.
Mons, lit, siege, & prise d'icelle par l'Espagnol l. 27. par tout l. 30. f. 74.
Millaud en Rouergue l. 38. f. 232.
Mildebourg l. 40. f. 298.
Medina celi, Duc de Medina Celi va en Flandres est batu par les malcontans l. 27. f. 154.
Monsoreau l. 39. f. 257.
Monluc Euesque enuoié en Pologne l. 30. f. 85. b.
de ses charges l. 35. f. 167. 172.
Moureilles Abaïe & les biens qu'elle a eu en la Rochelle l. 32. f. 117.
la Mole l. 37. f. 210.
Monsieur malcontant sort de court prend les armes auec les Protestans. l. 37. f. 201. 209. 210. &c.
Monsieur & le Roy de Nauarre reserrez voulans sortir de Court pour remuer mesnage l. 27. f. 210. l. 38. f. 231.
depuis appaisez l. 37. f. 210. l. 38. f. 227.
Monsieur refusé & desobey par gentilshômes François l. 40. f. 295.

Môsieur entretiêt les Rochelois vo. R.
Monsieur faut a estre empoisonné l. 40. f. 297.
Monsieur reconcilié auec le Roy son frere va en Court. l. 41. f. 325. 326.
Môsieur chef de l'armée Catholique contre les reformez & malcontans ses exploits. l. 44. f. 363. &c.
Montgommeri le jeune à la Rochelle l. 38. f. 234. b.
Montgommery le pere. justifié l. 40. f. 301. b.
Moiês pour empescher qu'on ne soit suiuy de l'ennemy l. 39. f. 250.
Moiens pour diuertir vn siege l. 39. f. 251. b.
Mer, descente de mer en terre contre l'ennemy l. 39. f. 286. 287.
naturel des gens de mer l. 45. f. 371.

N

la roine de Nauarre va de la Rochelle en court l. 24. f. 11. b.
la roine de Nauarre meurt à paris auoir fait son testament l. 27. f. 42. b.
le Roy de Nauarre fait Catholique escrit au Pape pour sa reconciliatiô l. 30. f. 81.
le Roy de Nauarre malcôtant auec Monsieur voulât sortir de Court est resserré vo. Mon. l. 38. f. 227. b. 231. b.
le Roy de Nauarre sort de court & ses portemens l. 40. f. 289. &c.
le Roy de Nauarre veut entrer en la Rochelle l. 41. f. 309. 310.
le roy de Nauarre se met aux sixiesmes guerres auquel le Mareschal d'Anuille & le Parlement de Bourdeaux escriuent l. 42. f. 329. b. 335. 336. l. 43. &c
conseil du roy de Nauarre de Catholiques l. 42. f. 336. b.
lettres du roy de Nauarre aux estats generaux. l. 43. f. 348.
le roy de nauarre se plaint de l'Espagnol & demâde secours. l. 43. f. 348. b.
le roy de Nauarre refusé a Bordeaux dont il se plaint. l. 43. f. 454.
Notable acte de femmes vo. f.
d'vn Loup des cerf & bisches passás à trauers vne armée de Sancerre. l. 33. f. 135. b.
Nouuelles, les premieres affectionnent plus & sont de plus de consequence. l. 34. f. 144. b.
Nicosie, de Chypre. l. 25. f. 16. b.
Nismes, son estat apres le meurtre de Paris l. 31. f. 107.
Neutres, neutralité, l. 26. f. 25. 24.
Nopces. vo. Mari.
Necessité justifie les actions des reformez François l. 31. f. 161.
de Nort Ministre. l. 42. f. 335.
Noblesse plus courtoise & gen reuisée

que le populace, l. 34. f. 144. a. b.
Noblesse à creance sur le peuple en France vo. F.
Noblesse taxée en France. l. 39. f. 253. de la Noblesse. l. 42. f. 337. l. 43. f. a. b.
Noaillé l. 39. f. 251
Narues. l. 40. f. 308.
la Nouë comme sorty de Mons est enuoyé & receu à la Rochelle. l. 32. f. 118. 119.
la Nouë façonne tous les soldats de la Rochelle mais enuyé se retiré & pourquoy. l. 32. f. 128. l. 33. f. 135. 140.
la Nouë anime les Rochelois à la guerre. l. 37. f. 203. 204. 207. l. 38. f. 242. 243.
la Nouë se jette aux champs & fait la guerre. l. 37. f. 210. 211.
la Nouë calomnié à la Rochelle. l. 32. f. 128. l. 33. f. 135. 140. l. 38. f. 230. b.
la Nouë depuis desiré à la Rochelle. l. 44. f. 364.
Nauigation. vo. Mer.
guerre pour le trafic & Nauigation entre les Rois de Dannemarc & Suede. l. 32. f. 120.
Nauigation des François & autres tât au Val qu'au Nort. l. 34. f. 153. b.
Nauigation de. France à Danzic & Pologne. &c l. 35. f. 167.
Nauigation en Suede, Pologne, Dannemarc Moscouie &c. l. 35. f. 172.

O

Orenge, Sedition y suruenue l. 24. f. 8.
prince d'Orenge & ses moyens d'entrer en Flandres contre l'Espagnol. vo. Flan. l. 30. f. 75. 76.
prince d'Orenge espouse la fille du Duc de Montpesier. l. 36. f. 198.
Ordre des Cheualliers saint Michel en France vo. M.
Olonne, pris & saccagé par les Protestans. l. 44. f. 364.
Oleron l. 45. f. 379.
Ostracisme. l. 34. f. 160.
Obseques des Roys de France. l. 37. f. 220.
Obseques des Maires de la Rochelle l. 45. f. 384. b.
Occasions des Maux & guerres de Frâce vo. G. F.

P

Paix en France & les Edits sur icelle. l. 24. f. 5. l. 39. f. 289. l. 40. f. 292. interpretations, declarations restrintions & modifications d'icelle l. 24. f. 5.
contrauentoin à icelle l. 41. f. 321. a. b. l. 43. f. 346.

TABLE

commissaires enuoiez pour l'execution d'icelle l. 24. f. 5. l. 26 f. 35.
harengue pour la paix vo. H. & P.
moiés de tenir vn pays en paix l. 41. f. 311. b.
Paix maniée par des femmes l. 38. f. 234. b.
Paix desirable. l. 38. f. 238.
Paix ne peut si tost assoupir le mal côtentement du passé. l. 24. f. 7. b.
Paix refusée l. 33. f. 138. b. l. 36. f. 185. l. 37. f. 133. 178. b. l. 38. f. 239.
Paix 4. aux Françoi l. 35. f. 183. l. 37. &c.
Paix fondée sur egalité. l. 36. f. 197.
Pays patrie, grans qui ont fait la guerre à leur pays & pourquoi l. 26. f. 31. b.
Perigueux l. 39. f. 285.
Peronne. l. 41. f. 319. 321.
Prosperité fait oublier Dieu & auersité non l. 28. f. 56. b.
Preuost, grand Preuost de France. l. 28. f. 63. b.
Preuost de l'Hostel l. 28. f. 63. b.
Patience estrange d'vn soldat reformé estant en la torture l. 33. f. 141.
Pouillac mort deuât la Rochelle. l. 35. f 174. b.
Protestans François taxez au paiemêt des estrangers l. 24. f. 8. l. 26. f. 32.
leurs deputez en Court persuadez de la bonne volonté du Roy Charles vont à la Rochelle persuader les Princes la Royne de Nauarre Amiral & autres d'aller en Court l. 24. f. 11. b.
Protestans & Catholiques François liguez contre les Catholiques l. 37. f. 201. 203. 209. &c. l. 40. f. 289.
Protestâs courent toute la Frâce pour butiner l. 39. f. 256. l. 45. f. 376.
Iugemens & poursuittes contr'eux & les Catholiques malcontens anulez l. 40. f. 301. 302.
Protestans François remercient les Allemans. l. 41. f. 314.
Protestans desbordez à tous vices & incorrigibles l. 44. f. 364.
Protestans l. 44. f. 367.
Priuilles de la Rochelle vo. R.
Priuilleges de Perone vo. P.
Pologne, preparatifs pour y enuoier faire eslire le Duc d'Anjou Roy l. 30. f. 85. l. 40. f. 306.
negociation & harengue de Monluc pour y faire eslire Henry Roy. l. 35. f. 161. 162. &c.
Priuilleges des estats de Pologne l. 35. f. 167.
Roys Polonois de Frâce. l. 35. f. 164. 170. b.
Priuilleges des Polonois l. 35. f. 167.
Henry esleu Roy de Pologne & auec quelles demandes & conditions l. 35. f. 176. 178.
Polonois ont fort seruy à la paix de Francel. 36. f. 190. 196.

Hery va en Pologne l. 36. f. 198. 199.
Hery enuoié querir en Pologne pour prêdre la courône Fràçoi. l. 37. f. 218.
comme il part de Pologne & viêt en France l. 39. f. 282. 283.
Paris, entrée du Roy à Paris & les estats de la ville l. 24. f. 8. b. 9.
tumulte à Paris l. 24. f. 10. b.
matines & meurtre de Paris sur les reformez. l. 29. f. 65.
l'occasion & source d'icelle l. 29. f. 70. b.
sôt lesdits reformez excusez. vo. meurtre.
justice en est demandée l. 39. f. 276. 280.
Parisiés tousiours secourables aux rois aucuns se plaignêt des leuées de deniers & leur requeste l. 40. f. 293.
Proffit & consideration publique soit preferée au particulier. l. 26. f. 27. 35. l. 28. f. 61. l. 32. f. 128. l. 33. f. 140.
Proffit affectionne fort le soldat plus que tout. l. 37. f. 222.
Parlement de Paris ou le Roy tient son lit de justice comme composé & de sa prerrogatiue sur les autres
Parlemens du Royaume. l 24. f. 9. b. 10. b. l. 29. f. 67. b. l. 35. f. 163. b.
Parlement de Bourdeaux. l. 43. f. 454. vo. Bourdeaux.
Parlemês & leur puissâce. l. 38. f. 229.
Parlemens en sieges vo. S.
Popeliniere l. 35. f. 181. l. 38 f. 235. l. 39. f. 281. b. 287. b. l. 42. f. 329. b. l. 44 f. 368.
Prouence, estat ancien & moderne auec le changemêt des impositions de Prouence. l. 36. f. 189.
Philipe Roy d'Espagne marié vo. M.
les reformez de Frâce côseillent le Roy de luy faire la guerre l. 25. f. 20.
il veut faire la paix auec le Prince d'Orenge l. 25. f. 20. b.
Peuple & son naturel. l. 24. f. 10. b. l. 29. f. 73. l. 34. f. 144. b.
voix du peuple voix de Dieu. l. 28. f. 57. b.
ne faut mettre les armes és mains du penple l. 31. f. 88.
Peuple soupçôneux & craintif l. 34. f. 160.
dés peuples à qui le gouuernement rigoureux necessaire l. 37. f. 21. b.
à qui le gouuernement doux.
Peuple de France se plaint l. 40. f. 293.
Pardaillan. l. 29. f. 65.
baron de Piles l. 29. f. 65.
baron de Pôt eu Bretaigne dit Soubize. l. 29. f. 65. b.
la place President l. 29 f. 66.
Pape pie 5. l. 24. f. 11. l. 25. f. 21. b.
l. 26. f 22. b.

Pape Pie 5. meurt & Gregoire 13. est mis en son lieu l. 27. f. 41.
Pape dône le Royaumes & sa puissance. l. 34. f. 151.
les degrez de parenté peu considerez entre les grans és mariages l. 24. f. 11.
Punitiôs sans le sceu du general d'armée. l. 26 f. 27. b.
Punition de chef vo. general. l. 26 f. 35.
Prince vo. Roy.
Prince de Codé marié auec la marquise de l'Isle. l. 24. f. 12
le Prince de Condé fait prisonnier l. 28. f. 70. b. l. 30 f. 79.
Prince ne doit faire la guerre à ses sujers & pourquoy l. 28 f. 61. b. l. 44. f. 358. b.
deuoir de Prince vo. R.
Prince de Condé l. 30. f. 81. 83
le Prince de Condé se retire de Picardie & ses portemens en Allemagne l. 38. f. 227. 228. 230. 231. 233. 234. 239.
Prince de Condé esleu chef general des Eglises de Frâce auec conditiôs l. 38 f. 233.
Poeteuins Rois de Chypre Ierusalem & autres terres l. 25. f. 13. b.
Peuple de poitou se plaint. l. 39. f. 267. b.
Poiteuins Catholiques se liguent côtre les protestans l. 39. f. 267. b.
Presages l. 24. f. 5. l. 25. f. 15. l. 28. f. 57. b. l. 31. f. 112.
Peru & les Indes Occidentalles. l. 27. f. 40. l. 28. f. 58.
Partialitez dangereuses l. 31. f. 89. b l. 38. f. 243. l. 39 f. 286. l. 45. f. 373. vo. diuisions
Partialitez dangereuses en siege sur tout l. 32. f 128. l. 33. f. 139
Partialitez hors la place assiegée. l. 35 f. 173 b.
moiens de partialiser l. 38. f. 243.
Paris sa prerrogatiue sur les autres vil. l. 40. f. 294 b.
remonstrances de ceux de Paris au Roy estats generaux l. 40. f. 294. l. 42. f. 336. l. 43. f. 346.
Poitou à compris la Rochelle Aunis & pardela l. 32. f. 116. a. b.
lieutenant de Poitou la Haye. vo. L
Portugais & Espagnols louez sur tous pour les descouuertes des indes l. 34. f. 150. b.
le droit que les Portugais & Espagnols ont en leurs descouuertes l. 34. f. 151.
Pologne, Polonois Kosaques gens d'armes. l. 37. f 222. b.

DV DEVXIEME TOME.

estat de Pologne l. 40. f. 305.306.
Pourquoy la Pologne affectée par Maximilian Empereur l. 41. f. 315.
Prin. d'Auphin d'auuergne l. 38. f. 230
Plaintes du peuple de France. vo. D'auphiné &lan. &Poitou. l. 40. f. 293.
Plaintes des Protestans. l. 41. f. 321
contre Palatin & ses enfans. l. 40. f. 298. l. 41. f. 311.
conte Palatin meurt l. 41. f. 315. l. 44. f. 357.
Cazimir l. 41. f. 315. l. 43. f. 351. b.
cazimir enuoye au Roy de France pour faire payer son armée & luy faire rendre les terres pensions & appointemés donnez l. 44. f. 355. 356.
Debtes du François à Cazimir. l. 44. f. 357. b.
Parens ne sont espargnez en guerres ciuiles l. 31. f. 113.
Politics de France & Malcontés vo. M. l. 27. f. 206. b. 207.
Pieté nulle en guerre l. 31. f. 113. b.
I. Pierres Lieutenant de la Rochelle l. 41. f. 324.
Pertuis d'Antioche l. 45. f. 375. b.
Pertuis de Maumusso. l. 45. f. 377.
Paisans en armes contre les protestâs l. 37. f. 211.
Paroles & foy preferée à tout l. 37. f. 222. b.
Prince Cazimir. vo. Palatin.
Prince de Condé, la despence que les reformez & malcontens Catholiques paient. l. 39. f. 265.
Prince de Condé escrit d'Allemagne & encourage. l. 40. f. 295. b. 296.
Prince de Condé, ses portemés. l. 41. f. 309. 310.
on veut contenter le Prince. l. 41. f. 316. 321.
le Prince supplié n'entrer en la Rochelle. l. 41. f. 316. 321. b. 322. &c.
Plaintiue harēgue du Prince aux Rochelois & leur responce. l. 41. f. 323. 327. 328.
harengues du Prince pour animer les Rochelois à la guerre. vo. Ro. l. 45. f. 373. &c.
le Prince part de la Rochelle sur le siege de Brouage. l. 45. f. 384.

Q.

Quercy. vo. Montauban.
estat du pays de Quercy depuis le meurtre de Paris. l. 31. f. 114. l. 36. f. 186.
Quossades assiegée en vain par les Catholiques. l. 33. f. 141.

R.

Roy de France son mariage son seruice & les pompes & ceremonies y obseruées. l. 24. f. 2. b. ses richesses. l. 35. f. 171.
charge de plusieurs debtes. l. 36. f. 190.
Roy de Polo. la quite pour aller prēdre la courōne de Frāce l. 39. f. 282.
sacre & mariage du Roy Henry de Pologne. l. 39. f. 283.
mort obseques seruices & enterrement. l. 37. f. 219. 220.
Roy absolu & seigneurial. l. 40. f. 307.
entrée du Roy à Paris. l. 24. f. 8. b.
maison du Roy & ses officiers. l. 24. f. 8. 9.
Roys sacrez pour autoriser la justice. l. 24. f. 9. b.
Roy Charles. vo. C.
Roy ne guerroye ses sujets. vo. Prince l. 37. f. 200.
Roy & son deuoir. l. 24. f. 10. l. 27. f. 40. l. 36. f. 190. l. 40. f. 294. l. 43. f. 343. l. 44. f. 358. Voyez l'Epistre du 2. vol.
les bōs Roys se pourmenoiēt par leur Royaume. l. 27. f. 40. l. 37. f. 200.
droict & naturel des Roys. l. 29. f. 59. 61. 70. 71. l. 31. f. 89. l. 32. f. 122. 123. l. 43. f. 345. b.
Roys causes des vices & vertus de leurs sujets bons ou vicieux, car leur exēple & liberalité les incite a tout bien & tout mal. l. 34. f. 151.
de combien aydez des Ecclesiast. & tiers estat aux guerres ciuilles l. 40. f. 293.
Roy n'est que gardien & vsufructier l. 43. f. 345. b.
Roy de France veut vendre son domaine. l. 43. f. 353.
Roy de France n'est obey l. 40. f. 295. l. 44. f. 357.
Recherche de l'administratiō des deniers. l. 36. f. 190.
Represailles vo. lettres de marque.
Religiōs diuerses en vn estat il y en a eu de tout temps l. 24. f. 3. l. 25. f. 14. l. 28. f. 60. l. 35. f. 182. l. 41. f. 313. b. l. 43. f. 345. a. b. 349. l. 44. f. 360.
Religions diuerses incompatibles en vn estat. l. 30. f. 79. l. 43 f. 344. l. 44. f. 357.
Religion Catholique corrompue l. 44. f. 360. b.
Religion reformée defendue en Frāce l. 29. f. 68. l. 30. f. 79.
Religion qu'elle doit estre aux Protestans. l. 39. f. 272.
Religion & commencement d'icelle l. 39. f. 280.
Religion reniée par plusieurs François l. 29. f. 67. l. 30. f. 79.
on est plus Religieux en auersité qu'en prosperité l. 28. f. 56. b. guerre pour la Religion, si legitime l. 31. f. 88. b. 89.
Religion pretexte à plusieurs. l. 41. f. 313 oubli aisémēt Dieu en choses prosperes cōme on l'honore aux aduersitez. l. 28. f. 56. b.
exercice libre nuist plus à la Religion que le secret & defendu n'a fait l. 28. f. 56. b.
Royaume, pour le garētir de sedition & le rendre heureux l. 25. f. 19. b. 20.
Regence de France à femme l. 37. f. 218. 223. l. 38. f. 225. b. 227. 233. 238. b. 243.
sa puissance & autorité en ladite Regence l. 37. f. 223. b.
Rade de mer que c'est. l. 32. f. 118
Royan. l. 45. f. 373.
Raguse l. 26. f. 24.
Ruse pour inciter au cōbat l. 26. f. 28.
Ruze pour eschaper des ennemis l. 27. f. 49. b.
Ruze pour attirer l'ēnemy à vne embuscade l. 35. f. 178.
Ruze pour surprendre vne place vo. surpri.
Ruze pour se deffaire d'vn ennemy domestique l. 41. f. 322. b.
Reistres, argent à eux deu par les Frāçois l. 36. f. 198.
Rouen, sedition à Rouen. l. 24. f. 7. b. l. 29. f. 70. b.
du Rozier dit Sureau ministre l. 30. f. 77. l. 32. f. 126.
Rochelle ne reçoit Gouuerneur ny garnison & pourquoy l. 28. f. 57.
Rochellois soupçonneux & deffians. l. 28. f. 58. l. 31. f. 102. l. 37. f. 202. l. 38 f. 243. l. 39. f. 270. l. 41. f. 322. b 326. b. 327. l. 44. f. 305.
entreprise des Catholiques sur la Rochelle l. 28 f. 58. a. b. l. 31. f. 102. l. 37. f. 202. l. 39 f. 288.
preparatifs pour assieger la Rochel. le l. 31. f. 101. 102. l. 32. & 33.
preparatifs des Rochellois à se defēdre l. 31. f. 102. 103. 105. 106. 111. 112. &c.
la Rochelle representée auec son origine & priuilleges l. 41. f. 116. 117.
cōme secourue du Conte Mōtgommery & autres par mer l. 34 f. 148. 149.
sourdons & coquillages de mer pour viande aux Rochellois l. 35. f. 173.
secours du Capitaine Arnaut aux Rochellois l. 35. f. 173.
priuilleges de la Rochelle l. 28. f. 57. l. 35. f. 184. l. 41. f. 315. l. 42. f. 335.
Rochellois demandent argent aux Eglises l. 36. f. 194.
Rochellois prenēt Marās l. 40. f. 299
malcontens en la Rochelle particialitez & punitiōs l. 37. f. 202. l. 38 f. 243. l. 39. f. 286. l. 40. f. 290. b. l. 41. f. 316. 317. 322. 323. l. 44. f. 365.
Rochellois solicitez par la noblesse protestante de se liguer pour la guerre quatriéme, l. 37. f. 202. 203.

TABLE.

le Roy les sollicite pour ne se remuer l. 37. f. 205. b.

leur Escheuinage & maison de ville ou se tient le Conseil. l. 37. f. 211.

Rochelois courent sur mer auec grād heur sur les Espagnols & Portugais. l. 37. f. 212.

Rochelois hayent la guerre de mer. l. 37. f. 212. l. 38. f. 225.

le Roy & Royne mere les solicitent à poser les armes. l. 37. f. 212. l. 38. f. 234. b. 243. l. 39. f. 284.

Maire de la Rochelle suspect & son Conseil changé. l. 38. f. 244. b. vo. Maire.

haie des villes de Poitou qui contribuent à sa ruine. l. 39. f. 250.

ilz secourent au besoin & prennent l'Isle de Ré. l. 39. f. 287.

Monsieur les sollicite à la guerre & à le secourir comme ilz font. l. 40. f. 290. 291. 296.

le Prince de Condé les y sollicite & fait entrer. l. 41. f. 328. l. 42. f. 334.

Rochelle deschargée de tout ce que on luy pourroit imputer du passé. l. 40. f. 303.

Rochelois font difficulté de laisser entrer les grans en leur ville. l. 41. f. 309. 310. 316. 317. 322.

quand la Messe recommença à la Rochelle. l. 41. f. 316.

les partialitez se reconcilient à la Rochelle. l. 41. f. 328.

Rochelois s'associent & font Chef de Part auec le Roy de Nauarre Prince de Cōdé & autres. l. 42. f. 335.

Rochellois se plaignent au Prince du desbordement de son Armée. l. 44. f. 364.

l'election de leur Maire l. 44. f. 365. a. b. vo. Maire.

la Rochelle bien reserrée par le Duc de Mayne l. 44. f. 369. 370. l. 45. f. 371. &c.

Recognoissance deue à la vertu. l. 26. f. 35.

Rochepot. l. 40. f. 295. b.

Rochefoucaut. l. 29. f. 65.

Ramus professeur à Paris. l. 29. f. 66.

Ruffec. l. 40. f. 295.

Rapport. vo. Nouuelles.

Remonstrances du Roy Charles 9. à son Parlement de Paris. l. 24. f. 9. b.

Remonstrances de Iean Mique Espagnol pour induire le Turc à la conqueste de Chypre. l. 25. f. 15.

Remonstrances du General Turc à ses gens pour les animer à l'assaut de Famagost. l. 25. f. 18. b.

Remonstrances de l'Euesque de Limisse aux Chrestiens pour repousser les Turcs. l. 25. f. 18. b.

Remonstrances de l'Abé de Gadagne pour induire les Rochellois à se rendre. l. 33. f. 131. 132.

Remonstraces pour ne se rendre

Remonstrances des Rochellois pour persuader les Protestans François à les secourir l. 34. f. 145.

Remōstrāces pour persuader la paix l. 36 f. 196. b. 197.

Remonstrances à se liguer pour vne guerre l. 37. f. 203. 204 l. 38. f. 242. 243.

Remonstrances contre l. 37 f. 203. 206. 205.

Remonstrances du Prince de Condé aux Rochellois l. 41. f. 324. 326.

Reformez corrompus l. 28. f. 56. b.

Reformez morts à paris l. 29. f. 67. s'ils ont plus perdu aux guerres ciuilles que les Catholiques & le jugement de leurs guerres l. 31. f. 100.

Reformation des vniuersitez de France l. 34. f. 158. b.

demandes des Reformez au Roy vo. R. & D.

Retraitte d'armée & departement cōme se doit faire l. 44. f. 363. 364.

Ré Isle. apres le meurtre de paris les Catholiques s'en saisissent & les protestans de la Rochelle entreprenent dessus l. 31 f. 109. 113

Ré prise par Landereau & reprise sur luy l. 39. f. 286.

isle de Ré l. 45. f. 371. 384. b. 385

Racan entreprend sur Sancerre l. 31. f 113.

Rendre, raisons pour induire assiegez ou autres à se rendre vo. remōstrances & harengue.

Raisons pour ne se rendre l. 33. f. 133. 135 l. 33. f. 137. b.

Reis Mareschal & Conte vo. Gondy.

Rigueur à qui necessaire l. 37. f. 221. b. vo. douceur à l'eglise l. 44. fo. 360. b.

Reolle. l. 42. f. 334.

Raisons pour tenir & quitter vne place. vo. Conseil.

Rohan le vicomte de Rohan chef à Lusignan contre les Catholiques l 29. f. 257. b.

son aisné mort il espouse Catherine de Partenay à la Rochelle l. 39. f. 285.

Rohan & ses portemens l. 42. f. 335

S

Seditions vo. guerres ciuilles.

Seditions à Rohan pour le presche l. 24. f. 7. b.

Seditions à Orenge vo. Orenge.

Synode des reformez à la Rochelle l. 24. f. 86.

Synode à Nismes. l. 28. f 56.

Sauoie le duc de Sauoie recueille & conseille le Roy Henry de Pologne & de France l. 39. f. 282. b. duc de Sauoie l. 39. f. 276 b.

roy de Suede fait la guerre à ceux de Lubec & au roy de Danemarc l. 32. f. 119. b.

guerre des Suedes & Moscouites l. 40. f. 307.

Suisses craignent apres le meurtre de Paris sur les reformez l. 31. f. 88.

Suisses au secours du Roy de France contre les Protestans l. 40. f. 292. b.

Suisses deuāt la rochel. l. 35. f. 174.

deputez Suisses ont auancé la paix de France. l. 39. f. 284.

Sorceleries pour se garder en guerre & tels autres moiens l. 39 f. 256.

Sainte souline l. 39. f. 271. b.

Saint Iean d'Anglet. l. 39. f. 281. b.

S. Michel en Normandie l 39. f. 285.

Saint Loys Roy. l. 40. f. 294. b.

Sages par l'exemple d'autruy l. 43. f. 342. b.

Sages soupçonneux l. 37. f. 207.

Soldats, pourquoy les vieux sont mieux le deuoir en tout l. 39. f. 252. 253

Saint Romein chef des Protestans l. 35. f. 175.

Seruiteur fidelle garde la vie à sō maistre aux despens de sa vie l. 35 f. 178.

sacre des Roys de France l. 39. f. 283. vo. Roy de France.

Siege de place si l'on doit & comme empescher les aproches de l'ennemy l. 25. f. 16. b.

Soit la place bien munie du cōmencement l. 45. f. 374. b.

forme de Sieges v. Nicosie, Famagoste, Mons, Rochelle, Fontenay, Lusignan, Brouage.

Siege continué & armée repoussée tout ensemble l. 30. f. 74.

raisons pour induire à se rendre l. 25 f. 19. l. 33. f. 132. 133.

en sieges parlemēs sont dangereux l. 32. f. 126. 127. 128. l. 33. f. 132 139. l. 37. f. 216. b l. 39. f. 252. b. 255.

Siege par bloqus & retranchemens l 33. f. 136. b.

en siege les blecez miserables l. 35. f. 173. b.

pour faire rēdre la place descourageant les assiegez par faux raports ou autrement l. 39. f. 252.

pour les encourager. l. 39. f. 257.

moiens de les secourir l. 45. f. 379. b.

redition de place comme se doit faire l. 45. f. 383. b.

Sel & les impositions l. 45. f. 375.

Sourdós & coquilages de mer l. 35. f. 173.
Seuretez que les protestans François demandēt au Roy l. 36. f. 187. l. 39. f. 278. l. 40. f. 303. b.
baron de Seneicey l. 43. f. 343. b.
duc de Saxe, son estat, guerre sa prise & punition par Auguste l. 41. f. 311. 313.
le duc de Saxe secourt le Roy de France contre les Protestās l. 41. f. 313.
Sancerre famine estrāge l. 35. f. 179.
Sancerre, son estat depuis les meurtres de Paris l. 30. f. 76
son sit & sa represētatiō l. 31. f. 110. 111 les Catholi. entreprenēt sur Sācerre puis l'assiegent & la prenēt l. 31. f. 111. 113. l. 32. 33. &c. l. 35. f. 177 l. 36. f. 190. b. 198. b.
Strasbourg craint apres le meurtre des Reformez à Paris l. 41. f. 88.
Saugeon l. 45. f. 373. b. 376.
Siget. l. 31. f. 315.
Scutary. l. 26. f. 24. b.
Sommieres assiegée batue & prise l. 33. f. 141.
Surprise de place sous l'espoir d'vn passage. l. 27. f. 50.
Surprise de place par cauerne surpri. autremēt. l. 31. f. 108. l. 38. f. 247. b.
Surprise par vn canal. l. 35. f. 174. b.
surprises par courses ordinaires & faux bruit l. 39. f. 281. b.
surprises par faussses enseignes & faux soldats l. 39. f. 285.
Strossy l. 28. f. 57. 59. l. 31. f. 102.
Soubize. l. 29. f. 65. b.
S. Sulpice l. 37. f. 206. b. 207.
S. Estienne l. 37. f. 213. 214. l. 39. f. 253.
Serriou. l. 39. f. 252.

T

Tumulte à Paris pour la croix de Gastine. l. 24. f. 10. b.
Teligny marié auec la fille de l'Amiral l. 24. f. 12. b.
Teligny tué l. 29. f. 65.
Talemond sur Iard en Poitou l. 37. f. 213.
de Thoré l. 38. f. 228. 40. f. 290. b.
Tolose & son Parlement l. 38. f. 229.
Turc, entreprise & droits du Turc pour desmonter les Venitiens de l'Isle de Chypre l. 25. f. 15. b.
forme de guerroier des Turcs sur mer & sur terre l. 25 & 26.
dissimulation & cruauté des Turcs l. 25. f. 19. a. b,
deuotion des Turcs enuers Dieu l. 25. f. 19. b.
de la paix & alliance des François auec les Turcs l. 35. f. 167. b.

guerre en Afrique entre les Turcs & Espagnols l. 37. f. 205
Turcs en valachie font guerre l. 37. f. 222.
Turcs auec les Tartares contre les Moscouites. l. 40. f. 305.
Tartares font guerre aux Moscouites Suedois & Polonois l. 32. f. 120.
Transsiluanie l. 41. f. 314.
Tromper, tous ne veulent que tromper pour bien finir leurs affaires vo. foy violée. l. 34. f. 145. b.
Tailles du Royaume de France quād & comme changées l. 36. f. 189. b. l. 39. f. 278. l. 40. f. 294. a. b.
Treues entre les François 1574. l. 38. f. 226. 229. l. 40. f. 291.
Treues en France aussi soudaines que le commencemēt de guerre vo. tr. l. 40. f. 291.
Treues. l. 41. f. 313.
Tamise premiere Riuiere d'Angleterre l. 34. f. 146.
Tiran, qui. l. 35. f. 168.
Tremble terre. l. 25. f. 21. b.
Toné boutonne. l. 39. f. 281. b.
Temporisemens nuisent. l. 27. f. 47.
Temporisemens profitent
Trahison grande l. 37. f. 222. b.
Trahison punie l. 37. f. 222. b.
Toné Cherante l. 44. f. 367.
Tourmente en mer. l. 40. f. 296.
Terrides dit Serignac. l. 31. f. 87. 114. l. 33. f. 141. b.
Trimouille l. 44. f. 361.
Torture patience en la torture l. 33. f. 141.
Tunes Roy de Tunes chassé l. 26. f. 26.
Tunes l. 36. f. 195. l. 37. f. 205.
vicomte de Turene. l. 39. f. 283.

V

Venitiēs ont plus le proffit que la raison en recōmandatiō mesmemēt en matiere d'estat l. 25. f. 14. 15 &c. les droits que les Venitiens pretēdēt sur l'Isle de Chypre & cōme ils ont acquis & perdu l'isle. l. 25. f. 14. 15. &c.
moiens que tindrent les Venitiens pour soustenir les Turcs. l. 25. & 26.
Venitiens les vont attaquer & leurs exploits. l. 36. f. 195. 196.
Venitiens font paix auec le Turc l. 37. f. 204. b. 205.
Venitiens recueillent honorablement le Roy de France Henri 3. l. 39. f. 282.
Venise, la vierge. l. 25. f. 15. b.
Viuarez, son estat. l. 31. f. 107. b.
Vellay. l. 31. f. 108.
Vallois, Charles de Vallois vo. C.
Héry de vallois Duc d'Anjou vo. H.
Vallaques vallachie, l. 37. f. 221.

Vicomte de Lauedan. l. 39. f. 251.
Voisins estats se rient & gaudissent du mal des autres l. 40. 293. l. 43. f. 345. b.
Ville assiegée. vo. S.
l'entremur & maisons que les Latins appellent Pomeria comme il doit estre aux villes de guerre l. 25. f. 16. b.
Villes franches & qui s'exemptent de gouuerneurs & garnisons l. 27. f. 50. l. 31. f. 105. 106. l. 41. f. 319. b.
surprise de ville. vo. S.
Villes d'asseurance aux reformez & mal contens l. 40. f. 291.
Villes qui refusent l'entrée vo. Rochelle & Bourdeaux.
Ville malheureuse en laquelle deux ou plusieurs chefs cōmandent l. 44. f. 369.
Ville neufue l. 31. f. 107. b. l. 35. f. 174. b.
Vuier deputé du Prince Casimir au Roy de France l. 41. f. 318.
inconstāce & miseres de la vie humaine l. 29. f. 66. b. 67. 72.
fin de le vie. vo. F.
Versoris. l. 43. f. 343.
Vertu reconeue. vo. R.
Vertu ne cerche mais veut estre cerchée & honorée l. 27. f. 53. 54. l. 44. f. 364.
Vertu redoutée plus qu'enuiée & bannie l. 34. f. 160.
Vertu mesprisée puis recerchée l. 44. f. 364.
Vertu. l. 43. f. 344. b l. 44. f. 364.
Victoire, nouuelle de victoire l. 25 f. 19. b. l. 26. f. 35.
butin de la victoire distribué l. 26. f. 36.
Victoire grande auec peu de perte l. 37. f. 222. l. 40. f. 307.
Valenciennes l. 27. f. 51.
Villequier l. 44. f. 357.
Verac. l. 29. f. 285. b.
Villars vo. Amiral.
Venier. l. 36. f. 194. b
Viglius Iurisconsule president l. 27. f. 51.
Vidame de Chartres l. 29. f. 66. l. 40. 303. l. 41. f. 321. b.
du Vigean l. 31. f. 111. l. 45. f. 384. b.
Vniuersitez reformées. vo. R.

Z

Zelande, places de Zelande qui se rendent au prince d'Orenge & se pouruoient contre l'Espagnol l. 27. f. 48. 49. 51. 52.

FIN.

www.ingramcontent.com/pod-product-compliance
Lightning Source LLC
Chambersburg PA
CBHW052034290426
44111CB00011B/1505